中国信托业年鉴 2013—2014（下卷）

ALMANAC OF CHINA'S TRUSTEE

中国信托业协会　编

中国金融出版社

下 卷

中国信托业 2013—2014 年鉴（下卷）

2013年度中国信托公司信息披露分析报告

2013年度中国信托公司信息披露分析报告摘要

第一章　信托公司的基本信息

在本章节中，我们主要介绍了68家信托公司披露的公司基本信息、注册资本以及股东情况等。

第二章　信托公司年度报告的质量评价——关于审计报告

审计报告的类型对公司财务报告的可信性有非常重大的影响，一般在做上市公司排行榜时，会将被出具非标意见审计报告的上市公司剔除。此外，是否执行《企业会计准则》对公司财务信息披露的影响也非常大。在本章节中，我们对信托公司被出具的审计报告类型及执行《企业会计准则》的情况进行分析，以此作为后面章节对信托公司进行分析的一个依据。

第三章　信托公司财务综合排名及单项财务指标排行榜

2012年我们对2011年的评分标准进行了更新和调整，选取固有资产三项数据和信托资产五项数据作为财务综合排名的评分指标，其中固有资产指标得分占总分的20%，信托资产指标得分占总分的80%。

第四章　固有资产报表的总体分析

在本章节中，我们将68家信托公司披露的2013年固有资产部分的会计报表，包括资产负债表、利润表和所有者权益变动表，分别汇总成代表中国信托行业固有资产整体的汇总报表，以此来分析中国信托公司固有资产整体的财务状况和经营成果。

第五章　信托资产报表的总体分析

在本章节中，我们将68家信托公司披露的2013年信托资产部分的会计报表，包括资产负债表和利润表，分别汇总成代表中国信托行业信托资产整体情况的汇总报表，以此来分析中国信托公司信托资产整体的财务状况和经营成果。

第六章　财务报表附注及其他项目的分析

在本章节中，我们分析了在会计报表附注部分披露的包括或有事项、自营资产风险分类、资产损失准备计提以及关联方关系及其交易等各项情况。同时，我们还就信托公司2013年年报中对经营因素的认可情况作了详细的统计，以便于相关部门决策参考。

第七章　公司治理结构及人员结构

截至2013年末，信托公司内部控制的构建以"一法三规"及相关法规为基本依据，以保证国家法律法规的贯彻执行，保证风险管理体系的有效性为目标，以全面性、审慎性、及时性、有效性、独立性等为基本原则，建立了授权体系、监控反馈等制度，形成了一定的公司治理运行机制和分工合理、职责明确、报告清晰的组织结构，实施了组织结构控制，明确了"三会一层"（股东大会、董事会、监事会、经营管理层）的职能和责任。在本章节中，我们将就信托公司的公司治理情况进行分析。

第八章　信托公司年报信息披露的问题与建议

信托公司的信息披露是根据银监会《信托投资公司信息披露管理暂行办法》和《中国银监会办公厅关于修订信托公司年报披露格式规范信息披露有关问题的通知》（银监办发[2009]407号）的要求进行的。我们对2013年68家信托公司年报的信息披露质量进行分析对比，分析这些财务报告的披露是否符合银监会的要求；同时对比上年度年报信息披露中出现的问题，提出意见和建议，以便以后年度各公司年报的信息披露能够更真实、完整地反映信托公司的情况。

编制说明

继2012年对66家信托公司进行信息披露后,2013年新增了中国民生信托有限公司、万向信托有限公司两家公司,合计信息披露的信托公司共68家。

在进行《2013年度中国信托公司信息披露分析报告》的编制过程中,关注到在68家信托公司披露的2013年度审计报告中,共有3家信托公司本年披露的期初净资产与上年披露的年末净资产不一致(本年新增的2家公司视同一致);3家信托公司本年披露的上年净利润与上年披露的当年净利润不一致(本年新增的2家公司视同一致)。在这些产生差异的公司中,有2家信托公司未披露导致比较报表年初数调整的原因。由于年鉴篇幅所限,不可能一一列示其差异产生的原因和数据调整过程,因此在计算本年各项指标排名时以信托公司本年披露的年初数为准,同时列报上年净资产数和上年净利润数,以供信息使用者参考。

在对68家信托公司报表进行汇总统计时,我们采用各公司的合并报表进行统计分析,同时我们注意到信托公司报表所采用的货币单位不一致,大部分公司使用“万元”为单位,部分公司使用“元”为单位。为便于汇总合并,我们统一以“万元”为单位,对于存量部分以“元”为单位的报表进行折算,由于折算差异可能造成部分表格的明细构成与合计数存在尾差。

2013 年度中国信托公司信息披露分析报告

第一章　信托公司的基本信息

一、信息披露情况总览

伴随着金融改革的推进，2013 年信托公司步入了良性稳步发展态势，信托业务规模继续快速增长，信托行业在资金来源结构、资金运用方式、资产投向结构以及业务功能等方面都得到进一步优化，呈现出持续健康的发展趋势。固有资产保持稳步增加，信托公司的整体盈利水平显著提高，信托主业进一步得到确立。

继 2012 年对 66 家信托公司进行信息披露后，2013 年新增了中国民生信托有限公司（简称中国民生信托）、万向信托有限公司（简称万向信托）两家公司，合计信息披露的信托公司共 68 家。在本章节中，我们主要介绍 68 家公司的基本情况，包括信托公司的基本信息、注册资本、股东情况等。

在银监会颁发的《信托投资公司信息披露管理暂行办法》的附件《年度报告内容与格式》中要求公司在“重要提示及目录”中刊登声明：“本公司董事会及董事保证本报告所载资料不存在任何虚假记载、误导性陈述或者重大遗漏，并对其内容的真实性、准确性和完整性承担个别及连带责任。”“公司负责人、主管会计工作负责人及会计机构负责人（会计主管人员）应当声明：保证年度报告中财务报告的真实、完整”。2013 年所有 68 家信托公司披露的年度报告都作了这样的声明，因此之后进行的所有分析均是基于这样的假设：“所有披露的信息内容都是真实、准确、完整的。”

2013 年 68 家信托公司披露固有业务都执行了《企业会计准则》（2006 年版），昆仑信托披露同时还执行了 2001 年颁布的《金融企业会计制度》，但是由于信托公司披露的年度报告没有统一的格式，使得部分公司财务报表格式存在较大的差异：有的公司采用了一般企业的财务报表披露格式，有的公司参考采用了银监会的财务报表格式，还有的公司根据自身业务的特点对相关报表格式进行了调整和补充，导致财务报表列示的科目差别较大，很难统一到一个格式中。为了使各公司的指标具有可比性，我们在统计这些数据时按照统一的口径作了适当的调整。

2013 年信托公司财务报表涉及上年金额和本年金额的披露，部分公司对比较报表年初数进行了调整，但在 2013 年年报中未详细披露数据的调整过程。由于年鉴篇幅所限，无法一一列示其差异原因和数据调整过程，因此本报告中对于公司披露的 2012 年年末数与 2013 年年初数不一致的情况，以 2013 年年初数作为统计口径。

本报告所有的统计都是依据信托公司公开披露的 2013 年年报内容进行的。以下是信托公司披露的基本信息汇总分析。

（一）信托公司披露户数及其地区分布情况

表 1－1－1　信托公司 2011 年、2012 年、2013 年披露户数比较

项目	2011 年	2012 年	2013 年
披露户数	64	66	68

表 1－1－2　披露的信托公司 2011 年、2012 年、2013 年在各省、直辖市、自治区、分布情况表

省份		北京	上海	广东	江苏	山东	陕西	安徽	福建	河南	辽宁	内蒙古	天津	浙江	重庆	甘肃	黑龙江
分布户数	2011 年	10	7	5	4	2	3	2	2	2	1	2	2	3	2	1	1
	2012 年	10	7	5	4	2	3	2	2	2	1	2	2	4	2	1	1
	2013 年	11	7	5	4	2	3	2	2	2	1	2	2	5	2	1	1
省份		湖南	吉林	江西	山西	西藏	新疆	云南	河北	湖北	四川	贵州	广西	宁夏	青海	海南	合计
分布户数	2011 年	1	1	2	1	1	1	1	1	2	2	1			1		64
	2012 年	1	1	2	1	1	2	1	1	2	2	1			1		66
	2013 年	1	1	2	1	1	2	1	1	2	2	1			1		68

信托公司位于北京的有 11 家，上海有 7 家，广东有 5 家，浙江有 5 家，大部分省、直辖市、自治区、有 1～3 家不等，北京和浙江本年各增加 1 家，广西、宁夏、海南三个省或自治区均没有信托公司。

（二）信托公司变更公司名称情况的披露

表 1－1－3　披露的信托公司 2013 年变更公司名称的情况表

公司原法定中文名称	原简称	公司新法定中文名称	新简称
山西信托有限责任公司	山西信托	山西信托股份有限公司	山西信托
大连华信信托股份有限公司	华信信托	华信信托股份有限公司	华信信托

续表

公司原法定中文名称	原简称	公司新法定中文名称	新简称
中投信托有限责任公司	中投信托	中建投信托有限责任公司	中建投信托
新疆长城新盛信托有限责任公司	长城新盛信托	长城新盛信托有限责任公司	长城新盛信托
本年新增		中国民生信托有限公司	中国民生信托
本年新增		万向信托有限公司	万向信托

截至 2013 年 12 月 31 日，共有 4 家公司进行更名，新增 2 家信托公司纳入汇总年鉴。

（三）信托公司基本情况的披露

表 1－1－4　披露的信托公司 2013 年基本情况

公司法定中文名称	公司形式	注册资本（万元）	法定代表人	注册地址	所在省份
安徽国元信托有限责任公司	有限责任公司	200 000.00	过仕刚	安徽省合肥市宿州路 20 号	安徽
安信信托投资股份有限公司	股份有限公司	45 410.98	王少钦	上海市黄浦区广东路 689 号 29 层	上海
百瑞信托有限责任公司	有限责任公司	120 000.00	马宝军	河南省郑州市郑东新区商务外环路 10 号中原广发金融大厦	河南
北方国际信托股份有限公司	股份有限公司	100 099.89	刘惠文	天津经济技术开发区第三大街 39 号	天津
北京国际信托有限公司	有限公司	140 000.00	李民吉	北京市朝阳区安立路 30 号院 1 号、2 号楼	北京
渤海国际信托有限公司	有限公司	200 000.00	金平	石家庄市新石中路 377 号 B 座 22～23 层	河北
长安国际信托股份有限公司	股份有限公司	125 888.00	高成程	西安市高新区科技路 33 号高新国际商务中心 23～24 层	陕西
长城新盛信托有限责任公司	有限责任公司	30 000.00	周礼耀	乌鲁木齐经济技术开发区卫星路 475 号紫金矿业研发大厦 A 座 11 层	新疆
重庆国际信托有限公司	有限公司	243 873.00	报告中未披露	重庆市渝北区龙溪街道金山路 9 号附 7 号	重庆
大业信托有限责任公司	有限责任公司	30 000.00	沈柏年	广州市天河区体育西路 191 号中石化大厦 B 塔 25 层	广东
东莞信托有限公司	有限公司	120 000.00	何锦成	东莞松山湖高新技术开发产业园区创新科技园 2 号楼	广东
方正东亚信托有限责任公司	有限责任公司	120 000.00	余丽	武汉市江汉区长江日报路 77 号投资大厦 11～14 层	湖北
甘肃省信托有限责任公司	有限责任公司	101 819.05	马江河	甘肃省兰州市静宁路 308 号	甘肃
广东粤财信托有限公司	有限公司	150 000.00	汪涛	广州市东风中路 481 号粤财大厦 14 楼	广东
国联信托股份有限公司	股份有限公司	123 000.00	吕建一	无锡市滨湖区金融一街 8 号国联金融大厦	江苏
国民信托有限公司	有限公司	100 000.00	杨小阳	北京市东城区安外西滨河路 18 号院 1 号	北京
国投信托有限公司	有限公司	120 480.00	钱蒙	北京市西城区西直门南小街 147 号 7 层、8 层	北京
杭州工商信托股份有限公司	股份有限公司	50 000.00	虞利明	浙江省杭州市江干区迪凯国际中心 41 层	浙江
湖南省信托有限责任公司	有限责任公司	120 000.00	朱德光	湖南省长沙市城南西路 1 号	湖南
华澳国际信托有限公司	有限公司	60 000.00	余建平	中国上海市浦东新区花园石桥路 33 号花旗集团大厦 1702 室	上海
华宝信托有限责任公司	有限责任公司	200 000.00	郑安国	上海市浦东新区世纪大道 100 号 59 层	上海
华宸信托有限责任公司	有限责任公司	57 200.00	刘晓兵	内蒙古呼和浩特市赛汉区如意西街 23 号	内蒙古
华能贵诚信托有限公司	有限公司	300 000.00	李进	贵州省贵阳市金阳新区金阳南路 6 号购物中心商务楼一号楼 24 层 5 号、6 号、7 号	贵州
华融国际信托有限责任公司	有限责任公司	151 777.00	隋运生	新疆维吾尔自治区乌鲁木齐市中山路 333 号	新疆
华润深国投信托有限公司	有限公司	263 000.00	孟扬	深圳市福田区中心四路 1－1 号嘉里建设广场第三座第 10～12 层	广东
华鑫国际信托有限公司	有限公司	220 000.00	郝彬	北京市西城区宣武门内大街 2 号华电大厦 B 座 11 层	北京
华信信托股份有限公司	股份有限公司	330 000.00	董永成	大连市西岗区大公街 34 号	辽宁
吉林省信托有限责任公司	有限责任公司	159 659.75	高福波	吉林省长春市人民大街 9889 号	吉林
建信信托有限责任公司	有限责任公司	152 727.00	曾见泽	安徽省合肥市九狮桥街 45 号	安徽
江苏省国际信托有限责任公司	有限责任公司	268 389.90	黄东峰	江苏省南京市长江路 2 号 22 至 26 层	江苏
交银国际信托有限公司	有限公司	376 470.59	赵炯	湖北省武汉市江汉区建设大道 847 号瑞通广场 B 座 16～17 层	湖北
昆仑信托有限责任公司	有限责任公司	300 000.00	温青山	浙江省宁波市江东北路 138 号金融大厦 19 楼	浙江
陆家嘴国际信托有限公司	有限公司	106 834.62	常宏	青岛市崂山区梅岭路 29 号综合办公楼 1 号 818 室	山东
平安信托有限责任公司	有限责任公司	698 800.00	童恺	广东省深圳市福田中心区福华三路星河发展中心办公 12 层、13 层	广东
山东省国际信托有限公司	有限公司	128 000.00	相开进	济南市解放路 166 号	山东
山西信托股份有限公司	股份有限公司	135 700.00	郭晋普	山西省太原市府西街 69 号	山西
陕西省国际信托股份有限公司	股份有限公司	121 466.74	薛季民	西安市高新区科技路 50 号金桥国际广场 C 座	陕西
上海爱建信托有限责任公司	有限责任公司	300 000.00	周伟忠	中国上海市外高桥保税区泰谷路 168 号综合楼 5 楼	上海
上海国际信托有限公司	有限公司	250 000.00	潘卫东	中国上海市九江路 111 号	上海
四川信托有限公司	有限公司	200 000.00	刘沧龙	成都市锦江区人民南路 2 段 18 号川信红照壁大厦	四川
苏州信托有限公司	有限公司	120 000.00	朱立教	江苏省苏州市竹辉路 383 号	江苏
天津信托有限责任公司	有限责任公司	150 000.00	王海智	天津市河西区围堤道 125～127 号天信大厦	天津
万向信托有限公司	有限公司	65 000.00	肖 风	杭州市体育场路 429 号天和大厦 12～17 层及 4 层	浙江
五矿国际信托有限公司	有限公司	200 000.00	任珠峰	青海省生物科技产业园纬二路 18 号	青海

续表

公司法定中文名称	公司形式	注册资本(万元)	法定代表人	注册地址	所在省份
西部信托有限公司	有限公司	62 000.00	徐朝晖	陕西省西安市东新街232号	陕西
西藏信托有限公司	有限公司	40 000.00	苏生有	西藏拉萨市经济开发区博达路1号阳光新城别墅区A7栋	西藏
厦门国际信托有限公司	有限公司	160 000.00	洪文瑾	厦门市思明区湖滨北路莲滨里8号	福建
新华信托股份有限公司	股份有限公司	120 000.00	翁先定	重庆市江北区北城一路6号	重庆
新时代信托股份有限公司	股份有限公司	120 000.00	赵利民	内蒙古包头市钢铁大街甲5号信托金融大楼	内蒙古
兴业国际信托有限公司	有限公司	257 600.00	杨华辉	福州市鼓楼区五四路137号信和广场25~26层	福建
英大国际信托有限责任公司	有限责任公司	182 175.45	盖永光	北京市东城区建国门内大街乙18号院1号楼英大国际大厦4层	北京
云南国际信托有限公司	有限公司	100 000.00	刘刚	云南省昆明市南屏街4号云南国托大厦	云南
浙商金汇信托股份有限公司	股份有限公司	50 000.00	徐德良	浙江省杭州市庆春路199号6楼	浙江
中诚信托有限责任公司	有限责任公司	245 666.67	邓红国	北京市东城区安定门外大街2号	北京
中国对外经济贸易信托有限公司	有限公司	220 000.00	王引平	北京市西城区复兴门内大街28号凯晨世贸中心中座6层	北京
中国金谷国际信托有限责任公司	有限责任公司	220 000.00	张勇	北京市西城区金融大街33号通泰大厦C座10层	北京
中国民生信托有限公司	有限公司	100 000.00	卢志强	北京市东城区建国门内大街28号民生金融中心C座19层	北京
中海信托股份有限公司	股份有限公司	250 000.00	陈浩鸣	上海市蒙自路763号36楼	上海
中航信托股份有限公司	股份有限公司	168 648.52	朱幼林	江西省南昌市红谷滩新区赣江北大道1号中航广场24~25层	江西
中建投信托有限责任公司	有限责任公司	166 574.00	杨金龙	浙江省杭州市教工路18号世贸丽晶城欧美中心1号楼(A座)18-19层C、D区	浙江
中江国际信托股份有限公司	股份有限公司	115 578.91	裘强	南昌市北京西路88号江信国际金融大厦	江西
中粮信托有限责任公司	有限责任公司	230 000.00	邬小蕙	北京市朝阳区朝阳门南大街8号中粮福临门大厦11层	北京
中融国际信托有限公司	有限公司	160 000.00	刘洋	黑龙江省哈尔滨市南岗区嵩山路33号	黑龙江
中泰信托有限责任公司	有限责任公司	51 660.00	吴庆斌	上海市中华路1600号黄浦中心大厦17、18楼	上海
中铁信托有限责任公司	有限责任公司	200 000.00	王俊明	成都市航空路1号国航世纪中心B座	四川
中信信托有限责任公司	有限责任公司	120 000.00	蒲坚	北京市朝阳区新源南路6号京城大厦	北京
中原信托有限公司	股份有限公司	150 000.00	黄曰珉	中国河南省郑州市商务外环路24号中国人保大厦	河南
紫金信托有限责任公司	有限责任公司	120 000.00	王海涛	江苏省南京市中山北路2号紫峰大厦30层	江苏

表1-1-5　披露的信托公司2013年基本情况(续)

简称	公司形式	邮编	网址	电子信箱	负责信息披露事务人姓名	年度审计报告出具日期	披露媒体
国元信托	有限责任公司	230001	www.gyxt.com.cn	xtbgs@gyxt.com.cn	虞焰智	2014年3月24日	《上海证券报》
安信信托	股份有限公司	200092	www.anxintrust.com	ax600816@126.com	武国建	2014年3月5日	《中国证券报》、《上海证券报》
百瑞信托	有限责任公司	450018	www.brxt.net	brxt@erxt.net	王克槿	2014年2月9日	《上海证券报》
北方信托	股份有限公司	300457	www.nitic.cn	wanghui@nitic.cn	王向群	2014年2月22日	《金融时报》
北京信托	有限公司	100012	www.bjitic.com	webmaster@bjitic.com	江方	2014年3月5日	《上海证券报》、《金融时报》
渤海信托	有限公司	50090	www.bohaitrust.com	jinglei-ren@hnair.com	任惊雷	2014年2月14日	《证券时报》
长安信托	股份有限公司	710075	www.caitc.cn	gulinqiang@xitic.cn	谷林强	2014年4月10日	《上海证券报》、《金融时报》
长城新盛信托	有限责任公司	830026	www.gwxstrust.com	gwxs@gwxstrust.com	孟庄	未披露	《上海证券报》
重庆信托	股份有限公司	401147	www.cqitic.com	cqitic@cqitic.com	吕维	2014年3月10日	报告中未披露
大业信托	有限责任公司	510620	www.dytrustee.com	info@dytrustee.com	陈俊标	2014年4月3日	《金融时报》
东莞信托	有限公司	523808	www.dgxt.com	bgs@dgxt.com	陈贺健	2014年3月5日	《金融时报》
方正东亚信托	有限责任公司	430015	www.fd-trust.com	info@fd-trust.com	曹阳	2014年3月30日	《金融时报》、《上海证券报》
甘肃信托	有限责任公司	730030	www.gstrust.com.cn	gsxtmail@163.com	石永和	2014年3月5日	《中国证券报》
粤财信托	有限公司	510045	www.gdycxt.com	ycxt@gdyctz.com	陈韵辉	2014年4月22日	《金融时报》
国联信托	股份有限公司	214131	www.gltic.com.cn	gltic@gltic.com.cn	杨飞	2014年3月28日	《金融时报》
国民信托	有限公司	100011	www.natrust.cn	info@natrust.cn	付然	2014年4月25日	《上海证券报》
国投信托	有限公司	100034	www.sdictrust.com.cn	sdictrust@sdic.com.cn	王彬	2014年3月21日	《上海证券报》
杭州工商信托	股份有限公司	310016	www.hztrust.com	hztrust@hztrust.com	张锐	2014年4月29日	《证券时报》、《金融时报》
湖南信托	有限责任公司	410015	www.huntic.com	huntic@huntic.com	张仁兴	2014年3月15日	《金融时报》
华澳信托	有限公司	200120	www.huaao-trust.com	enquiry@huaao-trust.com	郭佳永	2014年4月10日	《上海证券报》
华宝信托	有限责任公司	200120	www.hwabaotrust.com	hbservice@hwabaotrust.com	张晓喆	未披露	《中国证券报》、《上海金融报》、《证券时报》、《上海证券报》、《金融时报》
华宸信托	有限责任公司	10011	www.hctrust.cn	hctrust@hctrust.cn	晋军	2014年2月20日	《金融时报》
华能信托	有限公司	550022	www.hngtrust.com	public@hngtrust.com	王卓	2014年2月26日	《金融时报》
华融信托	有限责任公司	830002	www.huarongtrust.com.cn	hrxt@chamc.com.cn	刘文刚	2014年3月27日	《金融时报》
华润信托	有限公司	518048	www.crctrust.com	crctrust@crctrust.com	李巍巍	2014年4月28日	《证券时报》、《中国证券报》、《上海证券报》

续表

简称	公司形式	邮编	网址	电子信箱	负责信息披露事务人姓名	年度审计报告出具日期	披露媒体
华鑫信托	有限公司	100031	www. cfitc. com	hxxt@ cfitc. com	蔡概还	2014 年 1 月 30 日	《金融时报》
华信信托	股份有限公司	116011	www. huaxintrust. com	huaxin@ hxtic. cn	侯宇	2014 年 3 月 19 日	《金融时报》、《上海证券报》、《中国证券报》、《证券时报》
吉林信托	有限责任公司	130022	www. jptic. com. cn	jptic@ jptic. cn	张巍	2014 年 4 月 8 日	《上海证券报》
建信信托	有限责任公司	230001	www. ccbtrust. com. cn	ccbt@ ccbtrust. com. cn	王金生	2014 年 4 月 26 日	《金融时报》
江苏信托	有限责任公司	210005	www. jsitc. net	jsitc@ jsitc. net	贾宇	2014 年 3 月 18 日	《经济日报》
交银国际信托	有限公司	430015	www. bocommtrust. com	jygx@ bocommtrust. com	赵德刚	2014 年 3 月 28 日	《金融时报》、《上海证券报》
昆仑信托	有限责任公司	315040	www. kunluntrust. com	klinfo@ cnpc. com. cn	黄志斌	2014 年 3 月	《金融时报》
陆家嘴信托	有限公司	266061	www. ljzitc. com. cn	ljzxt@ ljzitc. com. cn	浦凤丹	2014 年 3 月 5 日	《上海证券报》
平安信托	有限责任公司	518048	www. pingan. com	Pub_PATMB@ pingan. com. cn	霍建梅	2014 年 3 月 20 日	《证□时报》、《中国证□报》、《上海证券报》、《证券日报》
山东信托	有限公司	250013	www. sitic. com. cn	zhb@ sitic. com. cn	王映黎	2014 年 3 月 29 日	《上海证券报》
山西信托	股份有限公司	30002	www. sxxt. net	websxxt@ sxgt. net	陈强	2014 年 4 月 30 日	《金融时报》
陕国投	股份有限公司	710075	www. siti. com. cn	sgtdm@ siti. com. cn	孙一娟	2014 年 3 月 25 日	《中国证券报》、《证券时报》
爱建信托	有限责任公司	200131	www. ajxt. com. cn	ajmail –1@ ajfc. com. cn	李洋洋	2014 年 4 月 25 日	《上海证券报》
上海信托	有限公司	200002	www. shanghaitrust. com	info@ shanghaitrust. com	吴海波	2014 年 4 月 24 日	《上海证券报》
四川信托	有限公司	610016	www. schtrust. com	schtrust@ schtrust. com	陈洪亮	2014 年 1 月 29 日	《上海证券报》、《金融时报》
苏州信托	有限公司	215007	www. trustsz. com	sztic@ trustsz. com	张言	2014 年 3 月 28 日	《经济日报》
天津信托	有限责任公司	300074	www. tjtrust. com	office@ tjtrust. com	张维	2014 年 3 月 31 日	《金融时报》
万向信托	有限公司	310006	www. wxtrust. com	wxtrust@ wxtrust. com	陆炯	2014 年 2 月 15 日	《证券时报》
五矿信托	有限公司	810003	www. mintrust. com	mintrust –fortune@ mintrust. com	蔡琦	2014 年 2 月 15 日	《金融时报》
西部信托	有限公司	710004	www. wti –xa. com	wti –xa@ wti –xa. com	张荣超	2014 年 2 月 10 日	《证券时报》
西藏信托	有限公司	850000	未披露	wujy@ ttco. cn	吴嘉怡	2014 年 3 月 5 日	《上海证券报》
厦门国际信托	有限公司	361012	www. xmitic. com	master@ xmitic. com	李自成	2014 年 1 月 22 日	《金融时报》
新华信托	股份有限公司	400023	www. nct –china. com	nct@ nct –china. com	姜志□	2014 年 3 月 21 日	中国银监会指定的全国性报纸
新时代信托	股份有限公司	14030	www. xsdxt. com	xsdxt@ xsdxt. com	陈永利	2014 年 2 月 28 日	《证券日报》
兴业信托	有限公司	350003	www. ciit. com. cn	contact@ ciit. com. cn	杨刚强	2014 年 3 月 21 日	《上海证券报》、《证券时报》
英大信托	有限责任公司	100005	www. yditc. sgcc. com. cn	yditc@ yditc. sgcc. com. cn	吴金宝	2014 年 2 月 13 日	《金融时报》
云南信托	有限公司	650021	www. yntrust. com	ynxt@ yntrust. com	舒广	2014 年 3 月 31 日	《金融时报》
浙金信托	股份有限公司	310006	www. zhejintrust. com/	zjtrust@ zjtrust. com	戴俊	2014 年 4 月 11 日	《金融时报》、《证券时报》、《中国证券报》、《上海证券报》
中诚信托	有限责任公司	100013	www. cctic. com. cn/	contactus@ cctic. com. cn	魏青	2014 年 4 月 13 日	《金融时报》
外贸信托	有限公司	100031	www. fotic. com. cn	fotic@ sinochem. com	张一冰	2014 年 4 月 3 日	《上海证券报》
金谷信托	有限责任公司	100140	www. jingutrust. com	wangchong@ cindamc. com. cn	王崇	2014 年 3 月 20 日	《金融时报》
中国民生信托	有限公司	100005	www. msxt. com	minshengtrust@ msxt. com	李永平	2014 年 3 月 3 日	《金融时报》
中海信托	股份有限公司	200002	www. zhtrust. com	service@ zhtrust. com	周炯	2014 年 2 月 28 日	《中国证券报》、《证券时报》、《上海证券报》
中航信托	股份有限公司	330038	www. avictc. com	zhxt@ avictc. com	王漪澜	2014 年 2 月 28 日	《金融时报》、《证券时报》
中建投信托	有限责任公司	310012	www. jictrust. cn/	jictrust@ jictrust. cn	刘屹	2014 年 4 月 25 日	《金融时报》
中江信托	股份有限公司	330046	www. jxi. cn	yqh –jx@ 163. com	余森清	2014 年 4 月 8 日	《上海证券报》
中粮信托	有限责任公司	100020	www. cofco –trust. com	luofeng@ cofco. com	辛伟	2014 年 3 月 26 日	《金融时报》
中融信托	有限公司	150090	www. zritc. com	Zritc @ zritc. com	黄威	2014 年 2 月 18 日	《金融时报》
中泰信托	有限责任公司	200020	www. zhongtai –trust. com	zhongtai@ zhongtai –trust. com	于潇	2014 年 3 月 5 日	《证券时报》
中铁信托	有限责任公司	610041	www. crtrust. com	crtc@ crtrust. com	陈赤	2014 年 3 月 26 日	《证券时报》
中信信托	有限责任公司	100004	/trust. ecitic. com	citict@ citic. com	王珂	2014 年 2 月 28 日	《金融时报》
中原信托	有限责任公司	450016	www. zyxt. com. cn	info@ zyxt. com. cn	刘飞	2014 年 2 月 27 日	《证券时报》、《金融时报》
紫金信托	有限责任公司	210008	www. zjtrust. com. cn	zjtrust@ zjtrust. com. cn	高晓俊	2014 年 2 月 24 日	《经济日报》

（四）信托公司董事会、监事会及高管对年报意见的披露

1. 董事会对年报意见的披露

根据银监会颁发的《信托投资公司信息披露管理暂行办法》的附件《年度报告内容与格式》，要求公司在“重要提示及目录”中刊登声明：“本公司董事会及董事保证本报告所载资料不存在任何虚假记载、误导性陈述或者重大遗漏，并对其内容的真实性、准确性和完整性承担个别及连带责任。”68 家董事均按要求作了声明保证。

2. 监事会对年报意见的披露

根据银监会颁发的《信托投资公司信息披露管理暂行办法》的附件《年度报告内容与格式》，要求公司监事会应当对本公司依法

运作情况、财务报告是否真实反映公司的财务状况和经营成果等发表独立意见。2013 年年报中 68 家信托公司的监事会均发表了相关意见,认为公司依法运作、财务报告真实反映了公司的财务状况和经营成果。

3. 高管对年报意见的披露

根据银监会颁发的《信托投资公司信息披露管理暂行办法》的附件《年度报告内容与格式》中要求公司在"重要提示及目录"中刊登声明:"公司负责人、主管会计工作负责人及会计机构负责人(会计主管人员)应当声明:保证年度报告中财务报告的真实、完整。"我们看到,68 家公司均按要求完整披露了高管发表的声明。

(五)信托公司重大事项临时公告的披露

表 1-1-6 披露的信托公司 2013 年临时公告情况表

简称	期内临时报告的披露次数	简称	期内临时报告的披露次数
国元信托	2	新华信托	1
安信信托	29	华润信托	1
百瑞信托	2	华信信托	3
北方信托	0	英大信托	0
北京信托	1	云南信托	1
东莞信托	0	中诚信托	0
甘肃信托	0	外贸信托	0
粤财信托	1	中海信托	3
国联信托	0	中融信托	2
国民信托	4	中泰信托	1
国投信托	1	中信信托	2
杭州工商信托	0	中原信托	0
湖南信托	1	重庆信托	2
华宝信托	0	渤海信托	1
华宸信托	0	交银国际信托	2
华融信托	0	中建投信托	2
吉林信托	0	华能信托	2
建信信托	0	浙金信托	0
江苏信托	1	爱建信托	0
昆仑信托	2	新时代信托	3
平安信托	0	中航信托	0
山东信托	0	华澳信托	0
山西信托	1	大业信托	0
陕国投	1	方正东亚信托	1
上海信托	0	华鑫信托	0
苏州信托	2	金谷信托	0
天津信托	0	陆家嘴信托	0
西部信托	2	四川信托	0
兴业信托	0	五矿信托	1
长安信托	1	中粮信托	1
中江信托	0	紫金信托	0
中铁信托	1	长城新盛信托	0
西藏信托	0	中国民生信托	0
厦门国际信托	2	万向信托	0

根据《信托投资公司信息披露管理暂行办法》第十八条规定:"信托投资公司发生重大事项,应当制作重大事项临时报告并向社会披露。重大事项包括(但不限于)下列情况:(一)公司第一大股东变更及原因;(二)公司董事长、总经理变动及原因;(三)公司董事报告期内累计变更超过 50%;(四)信托经理和信托业务人员报告期内累计变更超过 30%;(五)公司章程、注册资本、注册地和公司名称的变更;(六)公司合并、分立、解散等事项;(七)公司更换为其审计的会计师事务所;(八)公司更换为其服务的律师事务所;(九)法律法规规定的其他重要事项。"

上述公司安信信托披露了 29 次公告,国民信托披露了 4 次公告,32 家公司披露了 1 ~3 次不等的临时公告,34 家公司期内无临时公告。

二、信托公司 2013 年实收资本及股东情况

(一)信托公司实收资本及股东 2012 年、2013 年的综合变动情况分析

从整体来说,信托公司平均注册资本 2013 年较 2012 年增加了 14 200. 75 万元,增幅 9. 53%,平均股东数与上年持平,平均持股

10%以上的股东略有减少，第一大股东平均持股比例略有增加，第二大股东平均持股比例略有减少，第三大股东平均持股比例略有增加。应当来说，股本增加而股权构成基本稳定，说明股东对信托公司的发展充满信心。

表 1－2－1　信托公司 2012 年、2013 年注册资本及股东综合情况表

项　　目	2012 年末	2013 年末	增减变动
平均注册资本（万元）	148 968. 37	163 169. 12	14 200. 75
平均股东家数	5. 77	5. 71	－0. 06
平均持股 10% 以上股东家数	2. 05	2. 04	－0. 01
第一大股东平均持股比例（%）	64. 56	65. 02	0. 46
第二大股东平均持股比例（%）	19. 31	18. 68	－0. 63
第三大股东平均持股比例（%）	9. 23	9. 31	0. 08

注：2012 年末披露的信托公司共 66 家。计算平均股东数时不包括安信信托和陕国投两家上市公司，共采用 64 家数据进行平均计算；计算平均持股 10% 以上股东数时各家全部披露，共采用 66 家数据进行平均计算；2012 年末第一大股东平均持股比例计算的基数是 66 家信托公司的平均数据，第二大股东平均持股比例计算的基数是 64 家信托公司的平均数据，第三大股东平均持股比例计算的基数是 52 家信托公司的平均数据。

2013 年末披露的信托公司共 68 家。计算平均股东数时不包括安信信托和陕国投两家上市公司，共采用 66 家数据进行平均计算；计算平均持股 10% 以上股东数时各家全部披露，共采用 68 家数据进行平均计算；2013 年末第一大股东平均持股比例计算的基数是 68 家信托公司的平均数据，第二大股东平均持股比例计算的基数是 67 家信托公司的平均数据，第三大股东平均持股比例计算的基数是 52 家信托公司的平均数据。

表 1－2－2　信托公司 2012 年、2013 年股本情况表（按 2013 年末股本数进行排序）

单位：万元

排名	简称	公司上期末股本	股本增加	股本减少	公司本期末股本	排名	简称	公司上期末股本	股本增加	股本减少	公司本期末股本
1	平安信托	698 800. 00	—	—	698 800. 00	36	山西信托	100 000. 00	35 700. 00	—	135 700. 00
2	交银国际信托	200 000. 00	176 470. 59	—	376 470. 59	37	山东信托	128 000. 00	—	—	128 000. 00
3	华信信托	300 000. 00	30 000. 00	—	330 000. 00	38	长安信托	125 888. 00	—	—	125 888. 00
4	昆仑信托	300 000. 00	—	—	300 000. 00	39	国联信托	123 000. 00	—	—	123 000. 00
5	华能信托	200 000. 00	100 000. 00	—	300 000. 00	40	陕国投	57 841. 30	63 625. 44	—	121 466. 74
6	爱建信托	300 000. 00	—	—	300 000. 00	41	国投信托	120 480. 00	—	—	120 480. 00
7	江苏信托	248 389. 90	20 000. 00	—	268 389. 90	42	百瑞信托	120 000. 00	—	—	120 000. 00
8	华润信托	263 000. 00	—	—	263 000. 00	43	湖南信托	70 000. 00	50 000. 00	—	120 000. 00
9	兴业信托	257 600. 00	—		257 600. 00	44	苏州信托	120 000. 00	—	—	120 000. 00
10	上海信托	250 000. 00	—	—	250 000. 00	45	新华信托	120 000. 00	—	—	120 000. 00
11	中海信托	250 000. 00	—	—	250 000. 00	46	中信信托	120 000. 00	—	—	120 000. 00
12	中诚信托	245 666. 67	—	—	245 666. 67	47	新时代信托	80 000. 00	40 000. 00	—	120 000. 00
13	重庆信托	243 873. 00	—	—	243 873. 00	48	方正东亚信托	100 000. 00	20 000. 00	—	120 000. 00
14	中粮信托	149 981. 25	80 018. 75	—	230 000. 00	49	紫金信托	50 000. 00	70 000. 00	—	120 000. 00
15	外贸信托	220 000. 00	—	—	220 000. 00	50	中江信托	103 658. 18	11 920. 73	—	115 578. 91
16	华鑫信托	220 000. 00	—	—	220 000. 00	51	陆家嘴信托	106 834. 62	—	—	106 834. 62
17	金谷信托	120 000. 00	100 000. 00	—	220 000. 00	52	甘肃信托	101 819. 05	—	—	101 819. 05
18	国元信托	120 000. 00	80 000. 00	—	200 000. 00	53	北方信托	100 099. 89	—	—	100 099. 89
19	中铁信托	200 000. 00		—	200 000. 00	54	国民信托	100 000. 00	—	—	100 000. 00
20	华宝信托	200 000. 00	—	—	200 000. 00	55	云南信托	40 000. 00	60 000. 00	—	100 000. 00
21	渤海信托	200 000. 00	—	—	200 000. 00	56	中国民生信托	23 000. 00	77 000. 00	—	100 000. 00
22	四川信托	130 000. 00	70 000. 00	—	200 000. 00	57	万向信托	65 000. 00	—	—	65 000. 00
23	五矿信托	120 000. 00	80 000. 00	—	200 000. 00	58	西部信托	62 000. 00	—	—	62 000. 00
24	英大信托	182 175. 45	—	—	182 175. 45	59	华澳信托	60 000. 00	—	—	60 000. 00
25	中航信托	150 000. 50	18 648. 02	—	168 648. 52	60	华宸信托	57 200. 00	—	—	57 200. 00
26	中建投信托	150 000. 00	16 574. 00	—	166 574. 00	61	中泰信托	51 660. 00	—	—	51 660. 00
27	厦门国际信托	100 000. 00	60 000. 00	—	160 000. 00	62	东莞信托	50 000. 00	—	—	50 000. 00
28	中融信托	147 500. 00	12 500. 00	—	160 000. 00	63	杭州工商信托	50 000. 00	—	—	50 000. 00
29	吉林信托	159 659. 75	—	—	159 659. 75	64	浙金信托	50 000. 00	—	—	50 000. 00
30	建信信托	152 727. 00	—	—	152 727. 00	65	安信信托	45 410. 98	—	—	45 410. 98
31	华融信托	151 777. 00	—	—	151 777. 00	66	西藏信托	40 000. 00	—	—	40 000. 00
32	粤财信托	150 000. 00	—	—	150 000. 00	67	大业信托	30 000. 00	—	—	30 000. 00
33	天津信托	150 000. 00	—	—	150 000. 00	68	长城新盛信托	30 000. 00	—	—	30 000. 00
34	中原信托	150 000. 00	—	—	150 000. 00		平均数	144 456. 51	18 712. 61	—	163 169. 12
35	北京信托	140 000. 00	—	—	140 000. 00		合计数	9 823 042. 54	1 272 457. 53	—	11 095 500. 07

68家信托公司的股本2013年比2012年总体增加了1 272 457.53万元。其中，增资最大的是交银国际信托，增加了176 470.59万元。

2013年末平均股本比2012年末增加了18 712.61万元，达到了163 169.12万元。超过平均股本的公司有26家，占全部68家公司的38.24%，低于平均注册资本的公司也占61.76%。

表1-2-3 注册资本发生变动的信托公司变动情况明细表

单位：万元

简称	2012年末	2013年末	增减变动	原因
国元信托	120 000.00	200 000.00	80 000.00	报告期内，经公司2012年度股东会审议同意，公司注册资本由12亿元变更为20亿元。此项变更经安徽银监局审核批准，并于2013年8月20日完成了工商注册变更登记。 报告期内，公司注册地和公司名称未发生变更，未发生分立合并事项。
江苏信托	248 389.90	268 389.90	20 000.00	公司于2013年12月18日完成了注册资本及注册地变更的工商登记手续。公司注册资本由248389.9万元增至268 389.9万元，公司注册地址变更为"江苏省南京市长江路2号22~26层"。
中江信托	103 658.18	115 578.91	11 920.73	未披露。
兴业信托	257 600.00	257 600.00	0.00	2014年2月，经中国银监会福建监管局以闽银监复[2013]352号批准，本公司注册资本金由25.76亿元增加至50亿元，并相应调整股权结构。
山西信托	100 000.00	135 700.00	35 700.00	报告期内，经中国银行业监督管理委员会《中国银监会关于山西信托有限责任公司变更组织形式及公司名称等有关事项的批复》（银监复[2013]183号）批准，山西信托由有限责任公司整体变更为股份有限公司，同时更名为山西信托股份有限公司。变更后公司的注册资本为135 700万元。
陕国投	57 841.30	121 466.74	63 625.44	根据公司2013年第七届董事会第二会议决议及2012年度股东会大会决议，以2012年末总股本578 413 026股为基数，按每10股派发现金红利0.35元（含税），送股1股，同时以资本公积转增股本每10股转增10股。送股和转增后公司注册资本由578 413 026.00元增至1 214 667 354.00元。
天津信托	150 000.00	150 000.00	0.00	2014年1月26日，中国银监会天津监管局以津银监复[2014]30号下发了《关于天津信托有限责任公司增加注册资本金的批复》，同意公司增加注册资本金2亿元，即公司注册资本金增至17亿元。4月15日，有关工商登记变更手续办理完毕。
长安信托	125 888.00	125 888.00	0.00	上海证大投资管理有限公司将琪持有的9%的转让给上海景林投资发展有限公司。
厦门国际信托	100 000.00	160 000.00	60 000.00	未披露。
华信信托	300 000.00	330 000.00	30 000.00	报告期内，公司注册资本由300 000万元变更为330 000万元。
云南信托	40 000.00	100 000.00	60 000.00	本公司经2013年5月29日召开的"2012年年度股东会议"审议通过了《关于利润转增资本金方案的议案》，且形成相关决议。2013年10月17日获得《中国银监会云南监管局核准云南信托变更注册资本及修改公司章程的批复》的批准文件，据此，本公司已于2013年11月13日办理完毕工商变更登记手续并按《行政许可办法》完成重大事项信息披露工作。 通过此次转增资本方案的实施，我公司注册资本金已由4亿元变更为10亿元。
中融信托	147 500.00	160 000.00	12 500.00	公司2011年第四次临时股东会决议，同意公司增加注册资本12 500万元。本次增资于2012年8月24日获得中国银行业监督管理委员会黑龙江监管局的批准；2012年12月13日，公司控股股东经纬纺织机械股份有限公司增资款项募集完毕；2013年1月25日，公司股东增资款项入账；2013年1月29日，公司完成变更注册资本、调整股权结构及修改公司章程工商变更登记，注册资本增加至16亿元。
交银国际信托	200 000.00	376 470.59	176 470.59	2013年3月，本公司注册资本增加至317 647.06万元，股东出资比例不变。 2013年11月，本公司注册资本增加至376 470.59万元，股东出资比例不变。
中建投信托	150 000.00	166 574.00	16 574.00	2013年12月17日，经中国银行业监督管理委员会浙江监管局批复，同意公司注册资本由15亿元变更到166 574万元。其中，中国建银投资有限责任公司出资金额为150 000万元，持有公司90.05%的股权；建投控股有限责任公司出资金额为16 574万元，持有公司9.95%的股权。2014年1月27日，公司在浙江省工商行政管理局完成工商登记变更手续，领取新的营业执照。2014年1月30日，公司完成对外临时重大信息披露。
华能信托	200 000.00	300 000.00	100 000.00	公司注册资本由20亿元变更为30亿元。
新时代信托	80 000.00	120 000.00	40 000.00	2013年4月27日，公司以2012年末每股净资产为参考，按每10股配售5股的原则向现有股东配售新股，配股价格为3元/股。此次配股共募集资金120 000万元，其中，40 000万元作为公司新增注册资本，溢价部分转入资本公积。配股方案实施后，公司股本增至120 000万股，公司注册资本由原来的80 000万元变更为120 000万元，同时，对公司章程相应条款进行修改。5月4日公司在证券日报刊登公告。
中航信托	150 000.50	168 648.52	18 648.02	2013年11月27日，中国银监会核准了公司第三期增资扩股与股权调整事项，公司4家股东中航投资控股有限公司、华侨银行有限公司、共青城羽绒服装创业基地公共服务有限公司、江西省财政投资管理公司以溢价方式追加投入8亿元，公司注册资本从150 000.5万元168 648.52万元。

续表

简称	2012 年末	2013 年末	增减变动	原因
方正东亚信托	100 000.00	120 000.00	20 000.00	本报告期内，经湖北银监局批复核准（鄂银监复[2013]541 号），公司以经审计的 2012 年末累计未分配利润为基数，将其中 2 亿元转增注册资本。增资后公司注册资本为 12 亿元，各股东出资比例不变，具体股权结构为：北大方正集团有限公司出资 84 012 万元，出资比例为 70.01%；东亚银行有限公司出资 23 988 万元，出资比例为 19.99%；武汉经济发展投资（集团）有限公司出资 12 000 万元，出资比例为 10.00%。 公司注册地址、公司名称无变动，无分立合并事项。
金谷信托	120 000.00	220 000.00	100 000.00	2013 年 12 月，经公司股东会审议通过，中国银行业监督管理委员会同意，公司注册资本增至 22 亿元，并于 12 月 23 日完成工商变更登记手续，换领新的营业执照。
四川信托	130 000.00	200 000.00	70 000.00	经公司 2013 年第一次临时股东会第二次会议审议通过，公司注册资本（实收资本）增加为 20 亿元。报告期内，公司无变更注册地或公司名称、公司分立合并事项。
五矿信托	120 000.00	200 000.00	80 000.00	报告期内，经公司股东会审议通过，并经中国银行业监督管理委员会《关于五矿国际信托有限公司增加注册资本及调整股权结构的批复》（银监复[2013]576 号）批准同意，公司注册资本由 12 亿元增加至 20 亿元。
紫金信托	50 000.00	120 000.00	70 000.00	2013 年 9 月 3 日，经中国银监会批准（《中国银监会关于紫金信托有限责任公司变更股权、增加注册资本及修改公司章程的批复》银监复[2013]448 号），公司股东住友信托银行股份有限公司所持有的公司 19.99% 的股权由三井住友信托银行股份有限公司持有。公司注册资本由 5 亿元增至 12 亿元。
中国民生信托	23 000.00	100 000.00	77 000.00	2013 年 4 月 16 日，中国银监会下发文号为银监复[2013]181 号的《中国银监会关于中国旅游国际信托投资有限公司重新登记等有关事项的批复》。该批复同意公司注册资本为 10 亿元；公司名称由"中国旅游国际信托投资有限公司"变更为"中国民生信托有限公司"；注册地址由"北京市北京站东街 6 号金安皇都大酒店四层"变更为"北京市东城区建国门内大街 28 号民生金融中心 C 座 19 层"。2013 年 4 月 26 日前，公司完成上述事项的行政登记。

信托公司通过增资扩股可以增强资本实力，增加抗风险的能力，同时还能够通过引进战略投资者进一步完善原有的股权结构。

（二）信托公司截至 2013 年末股东和大股东情况分析

表 1－2－4　披露的信托公司 2013 年年末股东数量及持股比例 10% 以上股东数汇总表

简称	股东家数	其中：持股比例 10% 以上股东家数	简称	股东家数	其中：持股比例 10% 以上股东家数
安信信托	上市公司	1	新华信托	3	2
百瑞信托	9	4	华润信托	2	2
北方信托	27	2	华信信托	18	1
北京信托	10	3	英大信托	6	1
东莞信托	7	2	云南信托	7	4
甘肃信托	3	1	中诚信托	15	3
国联信托	5	1	外贸信托	2	1
国民信托	4	4	中海信托	2	1
国投信托	2	1	中融信托	3	3
国元信托	7	2	中泰信托	6	3
杭州工商信托	10	2	中信信托	2	2
湖南信托	2	1	中原信托	3	3
华宝信托	2	1	重庆信托	6	2
华宸信托	6	3	渤海信托	6	3
华融信托	3	1	交银国际信托	2	2
吉林信托	5	1	中建投信托	2	1
建信信托	3	2	华能信托	9	2
江苏信托	4	2	浙金信托	3	2
昆仑信托	3	2	爱建信托	3	1
平安信托	2	1	新时代信托	4	3
山东信托	5	1	中航信托	5	2
山西信托	3	1	华澳信托	3	3
陕国投	上市公司	2	大业信托	3	3
上海信托	13	2	方正东亚信托	3	3
苏州信托	3	3	华鑫信托	2	2

续表

简称	股东家数	其中:持股比例10%以上股东家数	简称	股东家数	其中:持股比例10%以上股东家数
天津信托	4	2	金谷信托	3	1
西部信托	24	1	陆家嘴信托	2	2
西藏信托	1	1	四川信托	10	3
兴业信托	4	2	五矿信托	4	3
粤财信托	2	1	中粮信托	4	2
长安信托	7	3	紫金信托	5	3
中江信托	15	未披露	长城新盛信托	4	4
中铁信托	17	1	中国民生信托	5	2
厦门国际信托	3	3	万向信托	5	2
			平均数	5.71	2.04

注:计算股东平均数时上市公司未包含在内;根据中国银监会的相关定义,持有一家信托公司10%及以上股权的股东,即被定义为该公司的大股东。截至2013年末,信托公司股东的分散化程度仍较低。

表1-2-5 披露的信托公司2013年年末第一大股东的持股比例排序

排名	简称	第一大股东名称	持股比例(%)	第一大股东性质
1	西藏信托	西藏自治区财政厅	100.00	机关法人
2	平安信托	中国平安保险(集团)股份有限公司	99.88	股份有限公司
3	爱建信托	上海爱建股份有限公司	99.33	股份有限公司
4	粤财信托	广东粤财投资控股有限公司	98.14	有限责任公司
5	华宝信托	宝钢集团有限公司	98.00	有限责任公司
6	华融信托	中国华融资产管理股份有限公司	97.50	股份有限公司
7	吉林信托	吉林省财政厅	97.50	机关法人
8	外贸信托	中国中化股份有限公司	96.22	股份有限公司
9	湖南信托	湖南财信投资控股有限责任公司	96.00	有限责任公司
10	国投信托	国投资本控股有限公司	95.45	有限责任公司
11	中海信托	中国海洋石油总公司	95.00	有限公司
12	甘肃信托	甘肃省国有资产投资集团有限公司	92.58	有限责任公司
13	金谷信托	中国信达资产管理股份有限公司	92.29	股份有限公司
14	山西信托	山西省国信投资(集团)公司	90.70	有限公司
15	中建投信托	中国建银投资有限责任公司	90.05	有限公司
16	山东信托	山东省鲁信投资控股集团有限公司	85.94	有限责任公司
17	交银国际信托	交通银行股份有限公司	85.00	股份有限公司
18	英大信托	国网英大国际控股集团有限公司	84.55	有限公司
19	昆仑信托	中油资产管理有限公司	82.18	有限责任公司
20	江苏信托	江苏省国信资产管理集团有限公司	81.49	有限责任公司
21	厦门国际信托	厦门市金财投资有限公司	80.00	有限公司
22	中信信托	中国中信股份有限公司	80.00	股份有限公司
23	中铁信托	中国中铁股份有限公司	78.91	股份有限公司
24	万向信托	中国万向控股有限公司	76.50	有限公司
25	兴业信托	兴业银行股份有限公司	73.00	股份有限公司
26	新华信托	新产业	72.25	有限公司
27	中粮信托	中粮集团有限公司	72.01	有限公司
28	陆家嘴信托	上海陆家嘴金融发展有限公司	71.61	有限公司
29	苏州信托	苏州国际发展集团有限公司	70.01	有限公司
30	方正东亚信托	北大方正集团有限公司	70.01	有限公司
31	中国民生信托	中国泛海控股集团有限公司	69.30	有限公司
32	华能信托	华能资本服务有限公司	67.58	有限公司
33	建信信托	中国建设银行股份有限公司	67.00	股份有限公司
34	重庆信托	重庆国信投资控股有限公司	66.99	有限公司

续表

排名	简称	第一大股东名称	持股比例(%)	第一大股东性质
35	上海信托	上海国际集团有限公司	66.33	有限公司
36	五矿信托	五矿资本控股有限公司	66.00	有限公司
37	国联信托	无锡市国联发展(集团)有限公司	65.85	有限责任公司
38	中航信托	中航投资控股有限公司	63.18	有限公司
39	渤海信托	海航资本控股有限公司	60.22	有限公司
40	紫金信托	南京紫金投资控股有限责任公司	60.01	有限公司
41	新时代信托	新时代远景(北京)投资有限公司	58.54	有限公司
42	西部信托	陕西省电力建设投资开发公司	57.78	有限公司
43	华信信托	华信汇通集团有限公司	56.00	有限公司
44	浙金信托	浙江省国际贸易集团有限公司	56.00	有限公司
45	杭州工商信托	杭州市金融投资集团有限公司	52.99	有限责任公司
46	天津信托	天津海泰控股集团有限公司	51.58	有限公司
47	华润信托	华润股份有限公司	51.00	股份有限公司
48	华鑫信托	中国华电集团公司	51.00	有限公司
49	华澳信托	北京融达投资有限公司	50.10	有限公司
50	国元信托	安徽国元控股(集团)有限责任公司	49.69	有限责任公司
51	中原信托	河南投资集团有限公司	48.42	有限公司
52	东莞信托	东莞市财信发展有限公司	43.50	有限责任公司
53	大业信托	中国东方资产管理公司	41.67	有限公司
54	长安信托	西安投资控股有限公司	41.30	有限公司
55	中融信托	经纬纺织机械股份有限公司	37.47	股份有限公司
56	华宸信托	包头钢铁(集团)有限责任公司	36.50	行政单位
57	四川信托	四川宏达(集团)有限公司	35.04	有限公司
58	长城新盛信托	中国长城资产管理公司/新疆生产建设兵团国有资产经营公司	35.00	有限公司
59	陕国投	陕西煤业化工集团有限责任公司	34.58	国有法人
60	北京信托	北京市国有资产经营有限责任公司	34.30	有限责任公司
61	安信信托	上海国之杰投资发展有限公司	32.96	有限责任公司
62	中诚信托	中国人民保险集团股份有限公司	32.92	股份有限公司
63	中江信托	领锐资产管理股份有限公司	32.74	股份有限公司
64	北方信托	天津泰达投资控股有限公司	32.33	有限责任公司
65	国民信托	上海丰益股权投资基金有限公司	31.73	有限责任公司
66	中泰信托	中国华闻投资控股有限公司	31.57	有限公司
67	百瑞信托	中国电力投资集团公司	25.33	有限责任公司
68	云南信托	云南省财政厅	25.00	机关法人
		平均数	65.02	

从股权集中度来看，虽然部分信托公司股权较为分散，但仍有49家信托公司的第一大股东持股比例超过了50%，处于绝对控股地位。西藏信托大股东控股比例达到100%。第一大股东平均持股比例为65.02%，说明大股东的控制地位非常牢固，同时我们可以看到在信托公司的实际控制人中，国有资本占据主导地位的仍为绝大多数，实际控制人为民营等其他资本的为少数。

表1-2-6　披露的信托公司2013年年末前三大股东名称及持股比例

简称	第一大股东名称	持股比例(%)	第二大股东名称	持股比例(%)	第三大股东名称	持股比例(%)
国元信托	安徽国元控股(集团)有限责任公司	49.69	深圳中海投资管理有限公司	40.38	安徽皖投资产管理有限公司	9.00
安信信托	上海国之杰投资发展有限公司	32.96	海通证券股份有限公司约定购回式证券交易专用证券账户	1.12	高扬瑜	1.10
百瑞信托	中国电力投资集团公司	25.33	中电投财务有限公司	24.91	摩根大通	19.99
北方信托	天津泰达投资控股有限公司	32.33	津联集团有限公司	11.21	天津市财政局	6.24
北京信托	北京市国有资产经营有限责任公司	34.30	威益投资有限公司(Win Eagle Investments Limited)	19.99	中国石油化工股份有限公司北京石油分公司	14.29

续表

简称	第一大股东名称	持股比例（%）	第二大股东名称	持股比例（%）	第三大股东名称	持股比例（%）
渤海信托	海航资本控股有限公司	60.22	海口美兰国际机场有限责任公司	15.51	海航酒店控股集团有限公司	14.20
长安信托	西安投资控股有限公司	41.30	上海证大投资管理有限公司	30.33	深圳市淳大投资有限公司	11.67
长城新盛信托	中国长城资产管理公司/新疆生产建设兵团国有资产经营公司	35.00	深圳市盛金创业投资发展有限公司	17.00	伊犁哈萨克自治州财信融通融资担保有限公司	13.00
重庆信托	重庆国信投资控股有限公司	66.99	重庆水务集团股份有限公司	23.86	上海淮矿资产管理有限公司	4.10
大业信托	中国东方资产管理公司	41.67	广州金融控股集团有限公司	38.33	广东京信电力集团有限公司	20.00
东莞信托	东莞市财信发展有限公司	43.50	东莞市财政局	30.00	东莞市经济贸易总公司	6.00
方正东亚信托	北大方正集团有限公司	70.01	东亚银行有限公司	19.99	武汉经济发展投资(集团)有限公司	10.00
甘肃信托	甘肃省国有资产投资集团有限公司	92.58	天水市财政局	4.00	白银市财政局	3.42
粤财信托	广东粤财投资控股有限公司	98.14	广东省科技创业投资公司	1.86	无	–
国联信托	无锡市国联发展(集团)有限公司	65.85	无锡国联环保能源集团有限公司	9.76	无锡市地方电力公司	8.13
国民信托	上海丰益股权投资基金有限公司	31.73	璟安股权投资有限公司	27.55	上海创信资产管理有限公司	24.16
国投信托	国投资本控股有限公司	95.45	国投高科技投资有限公司	4.55	无	–
杭州工商信托	杭州市金融投资集团有限公司	52.99	摩根士丹利国际控股公司	19.90	浙江新安化工集团股份有限公司	6.26
湖南信托	湖南财信投资控股有限责任公司	96.00	湖南省国有投资经营有限公司	4.00	无	–
华澳信托	北京融达投资有限公司	50.10	北京三吉利能源股份有限公司	30.00	麦格理资本证券股份有限公司	19.99
华宝信托	宝钢集团有限公司	98.00	浙江省舟山市财政局	2.00	无	—
华宸信托	包头钢铁(集团)有限责任公司	36.50	中国大唐集团资本控股有限公司	32.45	内蒙古自治区人民政府国有资产监督管理委员会	30.20
华能信托	华能资本服务有限公司	67.58	贵州产业投资(集团)有限责任公司	31.45	中国华融资产管理股份有限公司	0.18
华融信托	中国华融资产管理股份有限公司	97.50	新疆凯迪投资有限责任公司	1.48	新疆恒合投资股份有限公司	1.02
华润信托	华润股份有限公司	51.00	深圳市人民政府国有资产监督管理委员会	49.00	无	—
华鑫信托	中国华电集团公司	51.00	中国华电集团财务有限公司	49.00	无	—
华信信托	华信汇通集团有限公司	56.00	大连保税区海涵发展有限公司等	4.48	大连港集团有限公司	3.09
吉林信托	吉林省财政厅	97.50	吉林粮食集团有限公司	0.63	吉林化纤集团有限责任公司	0.63
建信信托	中国建设银行股份有限公司	67.00	合肥兴泰控股集团有限公司	27.50	合肥市国有资产控股有限公司	5.50
江苏信托	江苏省国信资产管理集团有限公司	81.49	江苏苏豪控股集团有限公司	9.25	江苏高科技投资集团有限公司	4.63
交银国际信托	交通银行股份有限公司	85.00	湖北省财政厅	15.00	无	—
昆仑信托	中油资产管理有限公司	82.18	天津经济技术开发区国有资产经营公司	12.82	广博投资控股有限公司	5.00
陆家嘴信托	上海陆家嘴金融发展有限公司	71.61	青岛国信发展(集团)有限责任公司	28.39	无	—
平安信托	中国平安保险(集团)股份有限公司	99.88	上海市糖业烟酒(集团)有限公司	0.12	无	—
山东信托	山东省鲁信投资控股集团有限公司	85.94	山东省高新技术投资有限公司	6.25	山东黄金集团有限公司	3.13
山西信托	山西省国信投资(集团)公司	90.70	太原市海信资产管理有限公司	8.30	山西国际电力集团有限公司	1.00
陕国投	陕西煤业化工集团有限责任公司	34.58	陕西省高速公路建设集团公司	27.14	西安投资控股有限公司	3.46
爱建信托	上海爱建股份有限公司	99.33	上海爱建纺织品公司	0.33	上海爱建进出口有限公司	0.33
上海信托	上海国际集团有限公司	66.33	上海久事公司	20.00	申能股份有限公司	5.00
四川信托	四川宏达(集团)有限公司	35.04	中海信托股份有限公司	30.25	四川宏达股份有限公司	19.16
苏州信托	苏州国际发展集团有限公司	70.01	苏格兰皇家银行公众有限公司	19.99	联想控股有限公司	10.00
天津信托	天津海泰控股集团有限公司	51.58	天津市泰达国际控股(集团)有限公司	42.11	天津盈鑫信恒投资咨询有限公司	5.26
万向信托	中国万向控股有限公司	76.50	浙江烟草投资管理有限责任公司	14.49	浙江省邮政公司	3.97
五矿信托	五矿资本控股有限公司	66.00	西宁城市投资管理有限公司	21.50	青海省国有资产投资管理有限公司	12.44
西部信托	陕西省电力建设投资开发公司	57.78	陕西省产业投资有限公司	8.66	重庆中侨置业有限公司	6.36
西藏信托	西藏自治区财政厅	100.00	无	—	无	—
厦门国际信托	厦门市金财投资有限公司	80.00	厦门建发集团有限公司	10.00	厦门港务控股集团有限公司	10.00
新华信托	新产业	72.25	巴克莱	19.50	中诚信投资有限公司	8.25
新时代信托	新时代远景(北京)投资有限公司	58.54	上海人广实业发展有限公司	24.39	潍坊科微投资有限公司	14.63
兴业信托	兴业银行股份有限公司	73.00	澳大利亚国民银行	16.83	福建华投投资有限公司	9.33
英大信托	国网英大国际控股集团有限公司	84.55	中国电力财务有限公司	5.21	济南市能源投资有限责任公司	4.38

续表

简称	第一大股东名称	持股比例（%）	第二大股东名称	持股比例（%）	第三大股东名称	持股比例（%）
云南信托	云南省财政厅	25.00	涌金实业（集团）有限公司	24.50	上海纳米创业投资有限公司	23
浙金信托	浙江省国际贸易集团有限公司	56.00	中国国际金融有限公司	35.00	传化集团有限公司	9.00
中诚信托	中国人民保险集团股份有限公司	32.92	国华能源投资有限公司	20.35	兖矿集团有限公司	10.18
外贸信托	中国中化股份有限公司	96.22	中化集团财务有限责任公司	3.78	无	—
金谷信托	中国信达资产管理股份有限公司	92.29	中国妇女活动中心	6.25	中国海外工程有限责任公司	1.46
中国民生信托	中国泛海控股集团有限公司	69.30	北京首都旅游集团有限责任公司	30.00	无	—
中海信托	中国海洋石油总公司	95.00	中国中信集团公司	5.00	无	—
中航信托	中航投资控股有限公司	63.18	华侨银行有限公司	19.99	中国航空技术深圳有限公司	9.55
中建投信托	中国建银投资有限责任公司	90.05	建投控股有限责任公司	9.95	无	—
中江信托	领锐资产管理股份有限公司	32.74	江西省财政厅	20.44	北京供销社投资管理中心	17.94
中粮信托	中粮集团有限公司	72.01	蒙特利尔银行	19.99	中粮粮油有限公司/中粮财务有限责任公司	4.00
中融信托	经纬纺织机械股份有限公司	37.47	中植企业集团有限公司	32.99	哈尔滨投资集团有限责任公司	21.54
中泰信托	中国华闻投资控股有限公司	31.57	上海新黄浦置业股份有限公司	29.97	广联（南宁）投资股份有限公司	20.00
中铁信托	中国中铁股份有限公司	78.91	中铁二局集团有限公司	7.23	成都工投资产经营有限公司	3.43
中信信托	中国中信股份有限公司	80.00	中信兴业投资集团有限公司	20.00	无	—
中原信托	河南投资集团有限公司	48.42	河南中原高速公路股份有限公司	33.28	河南盛润创业投资管理有限公司	18.30
紫金信托	南京紫金投资控股有限责任公司	60.01	三井住友信托银行股份有限公司	19.99	三胞集团有限公司	10.00
平均数		65.02		18.68		9.31

注：计算平均持股比例时，相关股东情况未披露的信托公司不包含在内。

第一大股东平均持股比例为 65.02%，第二大股东平均持股比例为 18.68%，第三大股东平均持股比例为 9.31%。前三大股东平均合计持股比例为 93.01%，再次说明信托公司大股东相对比较集中。

（三）2013 年信托公司股东变更情况分析

表 1－2－7　披露的信托公司 2013 年股东变更次数及期内变更详细列示

简称	股东变更次数	期内股东变更详细列示
渤海信托	2	2 月 27 日，海航资本控股有限公司完成股权变更。北方国际信托股份有限公司将所持公司股份 25.627% 转让给海航资本控股有限公司。海航资本控股有限公司，以货币出资 780 435 万元，占注册资本的 100%。 12 月 10 日，北京燕京饭店有限责任公司法定代表人由宋翔变更为白海波。
华能信托	2	华能资本服务有限公司参与公司增资以及收购其他股东转让的股权后为公司第一名股东，占比 67.58%；贵州产业投资（集团）有限责任公司参与公司增资以及吸收合并贵州省贵财投资有限责任公司后为第二名股东，占比 31.45%。 中国华融资产管理公司更名为中国华融资产管理股份有限公司，为公司第三名股东，占比 0.1750%；中国农业银行股份有限公司贵州省分行为公司第四名股东，占比 0.1750%；人保投资控股有限公司为公司第五名股东，占比 0.1629%。
国元信托	1	公司第三大股东首都机场集团公司向公司正式提出，拟转让其持有的国元信托 9% 股权。2013 年 12 月 14 日，公司召开股东会 2013 年第三次临时会议，审议通过了《关于拟转让安徽国元信托有限责任公司股权的议案》，同意首都机场集团公司将其持有的国元信托 9% 的股权转让给安徽皖投资产管理有限公司。股权转让完成后，首都机场集团公司在国元信托的股东权益及债权债务由安徽皖投资产管理有限公司按股权比例承继。2013 年 12 月 31 日，此股权变更事项经安徽银监局审核批准。
百瑞信托	1	未披露。
江苏信托	1	按照中国银监会江苏监管局《关于江苏省国际信托有限责任公司变更注册资本、调整股权结构并修改公司章程的批复》（苏银监复［2013］673 号），公司于 2013 年 12 月 18 日办理完成了注册资本变更、股权结构调整及修改公司章程的工商登记手续。公司注册资本由 248 389.9 万元增至 268 389.9万元，各股东持股比例变更为江苏省国信资产管理集团有限公司 81.4904%，江苏省苏豪集团有限公司 9.2548%，江苏省高科技投资集团有限公司 4.6274%，江苏省农垦集团有限公司 4.6274%。
中江信托	1	报告期内，本公司对原有股东定向增资，公司股权结构发生变化，前五名股东的持股比例分别为领锐资产管理股份有限公司 32.7354%，江西省财政厅 20.4444%，北京供销社投资管理中心 17.9372%，大连昱辉科技发展有限公司 7.1749%，天津瀚晟同创贸易有限公司 7.1749%。
兴业信托	1	2014 年 2 月，经中国银监会福建监管局以闽银监复［2013］352 号批准，本公司注册资本金由 25.76 亿元增加至 50 亿元，并相应调整股权结构。此次增资后本公司股东名称、出资额及出资比例情况如下：兴业银行股份有限公司，出资额为人民币 3 650 000 000 元，出资比例 73%；澳大利亚国民银行（National Australia Bank Limited），出资额为人民币 841 667 000 元，出资比例 16.8334%；福建华投投资有限公司，出资额为人民币 240 426 600 元，出资比例 4.8085%；福建省华兴集团有限责任公司（新股东），出资额为人民币 226 239 900 元，出资比例 4.5248%；南平市投资担保中心，出资额为人民币 41 666 500 元，出资比例 0.8333%。

续表

简称	股东变更次数	期内股东变更详细列示
华宸信托	1	2012年12月6日，公司向内蒙古银监局提出《关于变更股权及调整股权结构、修改公司章程的申请》。2012年12月24日，内蒙古银监局正式受理《关于华宸信托有限责任公司变更股权及调整股权结构、修改公司章程的申请》，并正式签发《行政许可事项受理通知书》。2012年12月28日，内蒙古银监局向中国银监会提交了《关于对华宸信托有限责任公司股权变更及修改〈公司章程〉初审情况的报告》。2013年5月28日，公司获得了中国银监会《关于华宸信托有限责任公司股权变更及修改章程的批复》。2013年6月26日，经呼和浩特市工商局核准，公司完成了股权结构调整及修改公司章程的工商变更工作。
新华信托	1	未披露。
中建投信托	1	2013年12月17日，经中国银行业监督管理委员会浙江监管局批复，同意公司注册资本由15亿元变更到166 574万元，其中，中国建银投资有限责任公司出资金额为150 000万元，持有公司90.05%的股权；建投控股有限责任公司出资金额为16 574万元，持有公司9.95%的股权。2014年1月27日，公司在浙江省工商行政管理局完成工商登记变更手续，领取新的营业执照。2014年1月30日，公司完成对外临时重大信息披露。
中航信托	1	报告期内，因调整股权结构与增资扩股，公司股东单位发生变动由6家减为5家，中国航空工业集团公司将其所持有的中航信托10.2%股权全部转让给中航投资控股有限公司，不再持有公司股权。
五矿信托	1	报告期内，公司实施增资扩股，引入青海省国有资产投资管理有限公司作为新的股东，股东数由三家增加到四家，股东持股比例也发生相应变化。
中粮信托	1	未披露。
万向信托	1	报告期内，根据浙江省人民政府《关于组建浙江省金融控股有限责任公司的批复》，公司原股东浙江省财务开发公司拟将其持有的我公司股份14 183 640股划转至浙江省金融控股有限公司，该事项已经公司股东会、董事会审议通过。 2014年拟向监管部门报请批准。
平均次数	1.14	—

2013年内有14家信托公司共发生了16次股东变更，平均每家变更数为1.14次，说明股东构成还是相对稳定的。

第二章 信托公司年度报告的质量评价

——关于审计报告

在本章节中，我们对信托公司被出具的审计报告类型及执行《企业会计准则》的情况进行分析，以此作为后面章节对信托公司进行分析的依据之一。

一、信托公司 2013 年、2012 年审计报告类型分类汇总情况

表 2-1-1 信托公司 2013 年、2012 年审计报告意见类型汇总比较表

审计意见	2013 年		2012 年	
	份数	百分比(%)	份数	百分比(%)
标准无保留意见	68	100.00	66	100.00
无保留意见+强调事项段				
保留意见				
无法表示意见				
合计	68	100.00	66	100.00

2013 年，会计师事务所对所有 68 家信托公司年报审计均出具了无保留意见的审计报告，表明财务报告在所有重大方面公允反映了被审计信托公司的财务状况和经营成果。2012 年，会计师事务所对所有 66 家信托公司年报审计均出具了无保留意见的审计报告，从审计意见来看，信托公司财务信息的质量比较稳定。

按照《中国注册会计师审计具体准则第 1501 号——审计报告》的相关规定：如果会计师认为财务报表已经按照适用的企业会计准则和相关财务会计法规的规定，在所有重大方面公允反映了被审计单位的财务状况、经营成果和现金流量；并且注册会计师已经按照独立审计准则计划和实施了审计工作，在审计过程中未受到限制；此外也不存在应当调整或披露而被审计单位未予调整或披露的重要事项情形时，注册会计师应当出具无保留意见的审计报告。而如果会计师认为整体财务报表是公允的，但存在会计政策的选用、会计估计的做出或财务报表的披露不符合适用的会计准则和相关会计制度的规定，虽影响重大，但不至于出具否定意见的审计报告；以及因审计范围受到限制，不能获取充分、适当的审计证据，虽影响重大，但不至于出具无法表示意见的审计报告时，注册会计师应当出具保留意见的审计报告。

二、信托公司 2013 年、2012 年会计师事务所审计情况

表 2-2-1 信托公司 2013 年会计师事务所资格情况一览表

简称	聘请的会计师事务所	资格情况
国元信托	华普天健会计师事务所(特殊普通合伙)	证券期货资格
安信信托	立信会计师事务所(特殊普通合伙)	证券期货资格
百瑞信托	天职国际会计师事务所(特殊普通合伙)	证券期货资格
北方信托	中审华寅五洲会计师事务所(特殊普通合伙)	证券期货资格
北京信托	致同会计师事务所(特殊普通合伙)	证券期货资格
渤海信托	中兴华会计师事务所(特殊普通合伙)	证券期货资格
长安信托	希格玛会计师事务所(特殊普通合伙)	证券期货资格
重庆信托	天健会计师事务所(特殊普通合伙)重庆分所	证券期货资格
华信信托	致同会计师事务所(特殊普通合伙)辽宁分所	证券期货资格
大业信托	天职国际会计师事务所(特殊普通合伙)深圳分所	证券期货资格
东莞信托	天职国际会计师事务所(特殊普通合伙)	证券期货资格
方正东亚信托	众环海华会计师事务所(特殊普通合伙)	证券期货资格
甘肃信托	北京中天恒会计师事务所有限责任公司兰州分所	证券期货资格
粤财信托	广东正中珠江会计师事务所(特殊普通合伙)	证券期货资格

续表

简称	聘请的会计师事务所	资格情况
国联信托	江苏公证天业会计师事务所(特殊普通合伙)	证券期货资格
国民信托	安永华明会计师事务所(特殊普通合伙)	证券期货资格
国投信托	立信会计师事务所(特殊普通合伙)	证券期货资格
杭州工商信托	德勤华永会计师事务所(特殊普通合伙)	证券期货资格
湖南信托	天健会计师事务所(特殊普通合伙)湖南分所	证券期货资格
华澳信托	德勤华永会计师事务所有限公司	证券期货资格
华宝信托	瑞华会计师事务所(特殊普通合伙)	证券期货资格
华宸信托	瑞华会计师事务所(特殊普通合伙)	证券期货资格
华能信托	大信会计师事务所(特殊普通合伙)	证券期货资格
华融信托	立信会计师事务所(特殊普通合伙)	证券期货资格
华润信托	中天运会计师事务所有限公司	证券期货资格
华鑫信托	立信会计师事务所(特殊普通合伙)	证券期货资格
吉林信托	中准会计师事务所(特殊普通合伙)	证券期货资格
建信信托	普华永道中天会计师事务所(特殊普通合伙)	证券期货资格
江苏信托	中兴华会计师事务所(特殊普通合伙)	证券期货资格
交银国际信托	德勤华永会计师事务所(特殊普通合伙)	证券期货资格
昆仑信托	立信会计师事务所(特殊普通合伙)	证券期货资格
陆家嘴信托	众华会计师事务所有限公司(特殊普通合伙)	证券期货资格
平安信托	普华永道中天会计师事务所(特殊普通合伙)	证券期货资格
山东信托	天健会计师事务所(特殊普通合伙)	证券期货资格
山西信托	普华永道中天会计师事务所有限公司	证券期货资格
陕国投	希格玛会计师事务所(特殊普通合伙)	证券期货资格
爱建信托	立信会计师事务所(特殊普通合伙)	证券期货资格
上海信托	瑞华会计师事务所(特殊普通合伙)	证券期货资格
四川信托	致同会计师事务所(特殊普通合伙)	证券期货资格
苏州信托	德勤华永会计师事务所(特殊普通合伙)	证券期货资格
天津信托	中审华寅五洲会计师事务所(特殊普通合伙)	证券期货资格
五矿信托	天健会计师事务所(特殊普通合伙)	证券期货资格
西部信托	希格玛会计师事务所(特殊普通合伙)	证券期货资格
西藏信托	天职国际会计师事务所(特殊普通合伙)	证券期货资格
厦门信托	致同会计师事务所(特殊普通合伙)厦门分所	证券期货资格
新华信托	毕马威华振会计师事务所(特殊普通合伙) 上海分所	证券期货资格
长城新盛信托	瑞华会计师事务所(特殊普通合伙)新疆分所	证券期货资格
新时代信托	瑞华会计师事务所(特殊普通合伙)(改名)	证券期货资格
兴业信托	德勤华永会计师事务所(特殊普通合伙)	证券期货资格
英大信托	北京中证天通会计师事务所(特殊普通合伙)	证券期货资格
云南信托	中审亚太会计师事务所有限公司云南分所	证券期货资格
浙金信托	大华会计师事务所(特殊普通合伙)	证券期货资格
中诚信托	中准会计师事务所有限公司	证券期货资格
外贸信托	天职国际会计师事务所(特殊普通合伙)	证券期货资格
金谷信托	德勤华永会计师事务所(特殊普通合伙)北京分所	证券期货资格
中海信托	信永中和会计师事务所(特殊普通合伙)	证券期货资格
中航信托	致同会计师事务所(特殊普通合伙)	证券期货资格
中江信托	大信会计师事务所(特殊普通合伙)	证券期货资格
中粮信托	天职国际会计师事务所(特殊普通合伙)	证券期货资格
中融信托	天职国际会计师事务所有限公司	证券期货资格
中泰信托	中审亚太会计师事务所(特殊普通合伙)	证券期货资格
中铁信托	德勤华永会计师事务所(特殊普通合伙)北京分所	证券期货资格
中建投信托	德勤华永会计师事务所(特殊普通合伙)	证券期货资格
中信信托	致同会计师事务所(特殊普通合伙)	证券期货资格
中原信托	中兴华会计师事务所(特殊普通合伙)	证券期货资格
紫金信托	立信会计师事务所(特殊普通合伙)	证券期货资格
民生信托	中兴华会计师事务所(特殊普通合伙)	证券期货资格
万向信托	大华会计师事务所(特殊普通合伙)浙江万邦分所	证券期货资格

经统计分析，2013 年度审计报告的会计师事务所均是由具有证券期货资格的会计师事务所进行审计的。2013 年度有德勤华永会计师事务所（特殊普通合伙）、立信会计师事务所（特殊普通合伙）、天职国际会计师事务所（特殊普通合伙）、致同会计师事务所（特殊普通合伙）、瑞华会计师事务所有限公司（特殊普通合伙）（原中瑞岳华会计师事务所有限公司）、中兴华会计师事务所、天健会计师事务所（特殊普通合伙）、希格玛会计师事务所（特殊普通合伙）、普华永道中天会计师事务所（特殊普通合伙）等几家事务所，分别为 3 ~8 家信托公司进行了报表审计，其中德勤华永会计师事务所有限公司（特殊普通合伙）及其分公司更是为 8 家信托公司提供了审计，立信会计师事务所（特殊普通合伙）和天职国际会计师事务所（特殊普通合伙）也分别为 7 家信托公司提供了审计，这 9 家事务所共为 51 家信托公司提供了审计服务，占据了整个信托公司 3/4。同时我们注意到 2013 年许多会计师事务所都进行了改制，由有限公司改制为特殊普通合伙，在改制的过程中一些事务所也同时完成了合并重组。

在 68 家信托公司中，有 8 家 2013 年变更了会计师事务所，占 2013 年全部信息披露户数的 11. 76%。我们提请监管部门对信托公司会计师事务所变更事项作必要的要求和监管，对会计师事务所变更应该要求信托公司和前任会计师事务所做出专项声明，以避免有的公司可能通过更换会计师事务所实现其特殊目的。

表 2 -2 -2　信托公司 2013 年与 2012 年会计师事务所及其变更情况统计

简称	2013 年	2012 年
渤海信托	中兴华会计师事务所（特殊普通合伙）	中磊会计师事务所有限责任公司
东莞信托	天职国际会计师事务所（特殊普通合伙）	中审亚太会计师事务所有限公司
粤财信托	广东正中珠江会计师事务所（特殊普通合伙）	致同会计师事务所（特殊普通合伙）广州分所
平安信托	普华永道中天会计师事务所（特殊普通合伙）	安永华明会计师事务所（特殊普通合伙）
山东信托	天健会计师事务所（特殊普通合伙）	中准会计师事务所有限公司
上海信托	瑞华会计师事务所（特殊普通合伙）	上海上会会计师事务所有限公司
西藏信托	天职国际会计师事务所（特殊普通合伙）	中磊会计师事务所有限责任公司
中江信托	大信会计师事务所（特殊普通合伙）	中磊会计师事务所

三、信托公司 2013 年、2012 年执行的会计制度统计

表 2 -3 -1　信托公司 2013 年与 2012 年执行的会计制度比较表

固有业务执行会计制度	2013 年家数	2012 年家数	信托业务执行会计制度	2013 年家数	2012 年家数
《企业会计准则》（2006 年）	67	65	《企业会计准则》（2006 年）	64	62
《企业会计准则》（2006 年） 《金融企业会计制度》（2001 年）	1	1	《信托业务会计核算办法》（2005 年）	2	2
			《企业会计准则》（2006 年） 《金融企业会计制度》（2001 年）	1	1
			《企业会计准则》（2006 年） 《信托业务会计核算办法》（2005 年）	1	1
合计	68	66	合计	68	66

2013 年 68 家信托公司固有业务中，67 家明确披露已执行《企业会计准则》（2006 年），只有 1 家同时执行《企业会计准则》（2006 年）和《金融企业会计制度》（2001 年）。2013 年 64 家信托公司信托业务执行《企业会计准则》（2006 年），有 2 家信托公司信托业务执行《信托业务会计核算办法》（2005 年），1 家信托公司同时执行《企业会计准则》（2006 年）和《金融企业会计制度》（2001 年），1 家信托公司同时执行《企业会计准则》（2006 年）和《信托业务会计核算办法》（2005 年）。

表 2 -3 -2　2013 年 68 家信托公司披露执行的会计制度统计表

简称	固有业务执行会计制度	信托业务执行会计制度
国元信托	《企业会计准则》（2006 年）	《企业会计准则》（2006 年）
安信信托	《企业会计准则》（2006 年）	《企业会计准则》（2006 年）
百瑞信托	《企业会计准则》（2006 年）	《企业会计准则》（2006 年）
北方信托	《企业会计准则》（2006 年）	《企业会计准则》（2006 年）
北京信托	《企业会计准则》（2006 年）	《企业会计准则》（2006 年）
渤海信托	《企业会计准则》（2006 年）	《企业会计准则》（2006 年）
长安信托	《企业会计准则》（2006 年）	《企业会计准则》（2006 年）
重庆信托	《企业会计准则》（2006 年）	《企业会计准则》（2006 年）

续表

简称	固有业务执行会计制度	信托业务执行会计制度
华信信托	《企业会计准则》(2006 年)	《企业会计准则》(2006 年)
大业信托	《企业会计准则》(2006 年)	《企业会计准则》(2006 年)
东莞信托	《企业会计准则》(2006 年)	《企业会计准则》(2006 年)
方正东亚	《企业会计准则》(2006 年)	《企业会计准则》(2006 年)
甘肃信托	《企业会计准则》(2006 年)	《企业会计准则》(2006 年)
粤财信托	《企业会计准则》(2006 年)	《企业会计准则》(2006 年)
国联信托	《企业会计准则》(2006 年)	《企业会计准则》(2006 年)
国民信托	《企业会计准则》(2006 年)	《企业会计准则》(2006 年)
国投信托	《企业会计准则》(2006 年)	《企业会计准则》(2006 年)
杭州工商信托	《企业会计准则》(2006 年)	《企业会计准则》(2006 年)
湖南信托	《企业会计准则》(2006 年)	《企业会计准则》(2006 年)
华澳信托	《企业会计准则》(2006 年)	《企业会计准则》(2006 年)
华宝信托	《企业会计准则》(2006 年)	《企业会计准则》(2006 年)
华宸信托	《企业会计准则》(2006 年)	《企业会计准则》(2006 年)
华能信托	《企业会计准则》(2006 年)	《信托业务会计核算办法》(2005 年)
华融信托	《企业会计准则》(2006 年)	《企业会计准则》(2006 年) 《信托业务会计核算办法》(2005 年)
华润信托	《企业会计准则》(2006 年)	《企业会计准则》(2006 年)
华鑫信托	《企业会计准则》(2006 年)	《企业会计准则》(2006 年)
吉林信托	《企业会计准则》(2006 年)	《企业会计准则》(2006 年)
建信信托	《企业会计准则》(2006 年)	《企业会计准则》(2006 年)
江苏信托	《企业会计准则》(2006 年)	《企业会计准则》(2006 年)
交银国际信托	《企业会计准则》(2006 年)	《企业会计准则》(2006 年)
昆仑信托	《企业会计准则》 《金融企业会计制度》(2001 年)	《企业会计准则》 《金融企业会计制度》(2001 年)
陆家嘴信托	《企业会计准则》(2006 年)	《企业会计准则》(2006 年)
平安信托	《企业会计准则》(2006 年)	《企业会计准则》(2006 年)
山东信托	《企业会计准则》(2006 年)	《企业会计准则》(2006 年)
山西信托	《企业会计准则》(2006 年)	《企业会计准则》(2006 年)
陕国投	《企业会计准则》(2006 年)	《企业会计准则》(2006 年)
爱建信托	《企业会计准则》(2006 年)	《企业会计准则》(2006 年)
上海信托	《企业会计准则》(2006 年)	《企业会计准则》(2006 年)
四川信托	《企业会计准则》(2006 年)	《企业会计准则》(2006 年)
苏州信托	《企业会计准则》(2006 年)	《企业会计准则》(2006 年)
天津信托	《企业会计准则》(2006 年)	《企业会计准则》(2006 年)
五矿信托	《企业会计准则》(2006 年)	《企业会计准则》(2006 年)
西部信托	《企业会计准则》(2006 年)	《企业会计准则》(2006 年)
西藏信托	《企业会计准则》(2006 年)	《企业会计准则》(2006 年)
厦门信托	《企业会计准则》(2006 年)	《企业会计准则》(2006 年)
新华信托	《企业会计准则》(2006 年)	《企业会计准则》(2006 年)
长城新盛信托	《企业会计准则》(2006 年)	《企业会计准则》(2006 年)
新时代信托	《企业会计准则》(2006 年)	《企业会计准则》(2006 年)
兴业信托	《企业会计准则》(2006 年)	《企业会计准则》(2006 年)
英大信托	《企业会计准则》(2006 年)	《企业会计准则》(2006 年)
云南信托	《企业会计准则》(2006 年)	《企业会计准则》(2006 年)
浙金信托	《企业会计准则》(2006 年)	《企业会计准则》(2006 年)
中诚信托	《企业会计准则》(2006 年)	《企业会计准则》(2006 年)
外贸信托	《企业会计准则》(2006 年)	《企业会计准则》(2006 年)
金谷信托	《企业会计准则》(2006 年)	《企业会计准则》(2006 年)
中海信托	《企业会计准则》(2006 年)	《企业会计准则》(2006 年)

续表

简称	固有业务执行会计制度	信托业务执行会计制度
中航信托	《企业会计准则》(2006 年)	《企业会计准则》(2006 年)
中江信托	《企业会计准则》(2006 年)	《信托业务会计核算办法》(2005 年)
中粮信托	《企业会计准则》(2006 年)	《企业会计准则》(2006 年)
中融信托	《企业会计准则》(2006 年)	《企业会计准则》(2006 年)
中泰信托	《企业会计准则》(2006 年)	《企业会计准则》(2006 年)
中铁信托	《企业会计准则》(2006 年)	《企业会计准则》(2006 年)
中建投信托	《企业会计准则》(2006 年)	《企业会计准则》(2006 年)
中信信托	《企业会计准则》(2006 年)	《企业会计准则》(2006 年)
中原信托	《企业会计准则》(2006 年)	《企业会计准则》(2006 年)
紫金信托	《企业会计准则》(2006 年)	《企业会计准则》(2006 年)

表 2-3-3　2012 年 66 家信托公司披露执行的会计制度统计表

简称	固有业务执行会计制度	信托业务执行会计制度
国元信托	《企业会计准则》(2006 年)	《企业会计准则》(2006 年)
安信信托	《企业会计准则》(2006 年)	《企业会计准则》(2006 年)
百瑞信托	《企业会计准则》(2006 年)	《企业会计准则》(2006 年)
北方信托	《企业会计准则》(2006 年)	《企业会计准则》(2006 年)
北京信托	《企业会计准则》(2006 年)	《企业会计准则》(2006 年)
渤海信托	《企业会计准则》(2006 年)	《企业会计准则》(2006 年)
长安信托	《企业会计准则》(2006 年)	《企业会计准则》(2006 年)
重庆信托	《企业会计准则》(2006 年)	《企业会计准则》(2006 年)
华信信托	《企业会计准则》(2006 年)	《企业会计准则》(2006 年)
大业信托.	《企业会计准则》(2006 年)	《企业会计准则》(2006 年)
东莞信托	《企业会计准则》(2006 年)	《企业会计准则》(2006 年)
方正东亚信托	《企业会计准则》(2006 年)	《企业会计准则》(2006 年)
甘肃信托	《企业会计准则》(2006 年)	《企业会计准则》(2006 年)
粤财信托	《企业会计准则》(2006 年)	《企业会计准则》(2006 年)
国联信托	《企业会计准则》(2006 年)	《企业会计准则》(2006 年)
国民信托	《企业会计准则》(2006 年)	《企业会计准则》(2006 年)
国投信托	《企业会计准则》(2006 年)	《企业会计准则》(2006 年)
杭州工商信托	《企业会计准则》(2006 年)	《企业会计准则》(2006 年)
湖南信托	《企业会计准则》(2006 年)	《企业会计准则》(2006 年)
华澳信托	《企业会计准则》(2006 年)	《企业会计准则》(2006 年)
华宝信托	《企业会计准则》(2006 年)	《企业会计准则》(2006 年)
华宸信托	《企业会计准则》(2006 年)	《企业会计准则》(2006 年)
华能信托	《企业会计准则》(2006 年)	《信托业务会计核算办法》(2005 年)
华融信托	《企业会计准则》(2006 年)	《企业会计准则》(2006 年)　《信托业务会计核算办法》(2005 年)
华润信托	《企业会计准则》(2006 年)	《企业会计准则》(2006 年)
华鑫信托	《企业会计准则》(2006 年)	《企业会计准则》(2006 年)
吉林信托	《企业会计准则》(2006 年)	《企业会计准则》(2006 年)
建信信托	《企业会计准则》(2006 年)	《企业会计准则》(2006 年)
江苏信托	《企业会计准则》(2006 年)	《企业会计准则》(2006 年)
交银国际信托	《企业会计准则》(2006 年)	《企业会计准则》(2006 年)
昆仑信托	《企业会计准则》(2006 年) 《金融企业会计制度》(2001 年)	《企业会计准则》(2006 年)《金融企业会计制度》(2001 年)
陆家嘴信托	《企业会计准则》(2006 年)	《企业会计准则》(2006 年)
平安信托	《企业会计准则》(2006 年)	《企业会计准则》(2006 年)
山东信托	《企业会计准则》(2006 年)	《企业会计准则》(2006 年)
山西信托	《企业会计准则》(2006 年)	《企业会计准则》(2006 年)
陕国投	《企业会计准则》(2006 年)	《企业会计准则》(2006 年)

续表

简称	固有业务执行会计制度	信托业务执行会计制度
爱建信托	《企业会计准则》(2006 年)	《企业会计准则》(2006 年)
上海信托	《企业会计准则》(2006 年)	《企业会计准则》(2006 年)
四川信托	《企业会计准则》(2006 年)	《企业会计准则》(2006 年)
苏州信托	《企业会计准则》(2006 年)	《企业会计准则》(2006 年)
天津信托	《企业会计准则》(2006 年)	《企业会计准则》(2006 年)
五矿信托	《企业会计准则》(2006 年)	《企业会计准则》(2006 年)
西部信托	《企业会计准则》(2006 年)	《企业会计准则》(2006 年)
西藏信托	《企业会计准则》(2006 年)	《企业会计准则》(2006 年)
厦门国际信托	《企业会计准则》(2006 年)	《企业会计准则》(2006 年)
新华信托	《企业会计准则》(2006 年)	《企业会计准则》(2006 年)
长城新盛信托	《企业会计准则》(2006 年)	《企业会计准则》(2006 年)
新时代信托	《企业会计准则》(2006 年)	《企业会计准则》(2006 年)
兴业信托	《企业会计准则》(2006 年)	《企业会计准则》(2006 年)
英大信托	《企业会计准则》(2006 年)	《企业会计准则》(2006 年)
云南信托	《企业会计准则》(2006 年)	《企业会计准则》(2006 年)
浙金信托	《企业会计准则》(2006 年)	《企业会计准则》(2006 年)
中诚信托	《企业会计准则》(2006 年)	《企业会计准则》(2006 年)
外贸信托	《企业会计准则》(2006 年)	《企业会计准则》(2006 年)
金谷信托	《企业会计准则》(2006 年)	《企业会计准则》(2006 年)
中海信托	《企业会计准则》(2006 年)	《企业会计准则》(2006 年)
中航信托	《企业会计准则》(2006 年)	《企业会计准则》(2006 年)
中江信托	《企业会计准则》(2006 年)	《信托业务会计核算办法》(2005 年)
中粮信托	《企业会计准则》(2006 年)	《企业会计准则》(2006 年)
中融信托	《企业会计准则》(2006 年)	《企业会计准则》(2006 年)
中泰信托	《企业会计准则》(2006 年)	《企业会计准则》(2006 年)
中铁信托	《企业会计准则》(2006 年)	《企业会计准则》(2006 年)
中投信托	《企业会计准则》(2006 年)	《企业会计准则》(2006 年)
中信信托	《企业会计准则》(2006 年)	《企业会计准则》(2006 年)
中原信托	《企业会计准则》(2006 年)	《企业会计准则》(2006 年)
紫金信托	《企业会计准则》(2006 年)	《企业会计准则》(2006 年)

第三章　信托公司财务综合排名及单项财务指标排行榜

一、信托公司财务综合排名

2013年我们沿用2012年的评分标准，选取固有资产三项数据和信托资产五项数据作为财务综合排名的评分指标，其中固有资产指标得分占总分的20%，信托资产指标得分占总分的80%。评分方法为对68家公司按各项指标进行排名，第一名获得68分，第二名获得67分，依此类推，第六十八名得1分。

表3-1-1　财务综合排名各项指标的分数分布情况表

项　目	指标	最高得分	权数	最高排名得分	占比(%)
固有资产	资产总额	68	0.4167	28.34	20.00
	利润总额	68	0.4167	28.34	
	净资产收益率	68	0.4167	28.34	
信托资产	资产总额	68	1	68.00	80.00
	信托业务收入	68	1	68.00	
	已清算结束信托项目综合实际年化收益率	68	1	68.00	
	信托报酬率	68	1	68.00	
	主动管理型信托资产总额	68	1	68.00	
合计		544		425.00	100

注：1. 固有资产指标："固有资产营业收入"为"利润总额"。
2. 信托资产指标："信托资产营业收入"为"信托业务收入"
3. "信托资产净资产收益率"为"已清算结束信托项目综合实际年化收益率"。

在汇总报表的过程中，我们发现有部分信托公司本年披露固有资产报表年初金额与其上年披露的年末金额不一致，有3家公司净资产与其上年公告的年末净资产不一致，说明这些公司有调整期初损益的项目。根据《金融企业会计制度》和《企业会计准则》的有关规定，凡是有调整年初未分配利润的项目，公司必须在年报中说明调整的内容和原因。但部分信托公司年报中未提供关于年初金额调整的解释，或者有些公司虽然没有调整年初未分配利润，但调整了年初资产与负债。由于无法知道公司调整年初数的原因，因此我们无法确定该调整的合理性。年初数的调整可能会影响公司本年利润的正确反映或某些指标的正确计算，进而影响到排行榜的准确性，所以本次排行中所用的上年数均以本年各公司披露的上年数为准。

在总体排名时，由于本年无出具非标准意见审计报告的公司，故68家公司全部参与排名。排名所有数据均来自审计报告后附的财务报表（经过适当调整后的财务报表）。

表3-1-2　信托公司财务综合排名前五位公司情况表

排名	简称	合计得分
1	中融信托	388.17
2	中信信托	348.58
3	新华信托	340.08
4	平安信托	338.33
5	长安信托	321.67

表 3－1－3　信托公司财务综合排名情况表

排名	简称	2013 年末固有资产资产总计（万元）	得分	2013 年固有资产利润总额（万元）	得分	2013 年固有资产净资产收益率（%）	得分	2013 年末信托资产资产合计（万元）	得分	2013 年信托业务收入（万元）	得分	2013 年已清算结束信托项目综合实际年化收益率（%）	得分	2013 年信托报酬率（%）	得分	2013 年主动管理型信托资产总额（万元）	得分	合计得分
1	中融信托	968 750. 65	26. 25	270 841. 02	27. 50	26. 39	25. 42	47 853 490. 39	66	454 205. 00	68	8. 41	47	1. 23	60	39 687 216. 54	68	388. 17
2	中信信托	1 488 655. 63	27. 92	419 404. 97	28. 33	24. 13	23. 33	72 966 079. 78	68	450 167. 02	67	7. 81	37	0. 70	30	37 543 918. 86	67	348. 58
3	新华信托	397 624. 53	15. 83	72 806. 60	16. 25	20. 48	20. 00	16 594 457. 60	41	171 811. 33	61	9. 68	67	1. 35	62	15 063 380. 25	57	340. 08
4	平安信托	10 137 003. 23	28. 33	348 742. 48	27. 92	8. 06	2. 08	29 031 953. 90	58	250 468. 69	66	8. 07	43	1. 05	48	25 853 741. 87	65	338. 33
5	长安信托	400 173. 77	16. 25	122 548. 90	23. 33	29. 88	27. 08	21 682 939. 58	51	197 424. 88	65	7. 75	35	0. 92	41	20 005 194. 57	63	321. 67
6	华融信托	364 243. 75	15. 00	107 881. 28	20. 83	24. 66	24. 58	9 766 219. 87	26	176 575. 88	63	9. 59	64	2. 11	67	6 987 868. 47	40	320. 42
7	四川信托	732 289. 24	25. 00	155 207. 01	25. 42	28. 48	26. 67	21 867 572. 16	52	181 183. 77	64	8. 67	54	1. 03	46	4 624 881. 62	27	320. 08
8	华润信托	1 328 634. 61	27. 50	217 676. 92	26. 67	14. 41	10. 42	36 430 423. 90	65	172 266. 00	62	7. 71	33	0. 64	26	24 849 402. 52	64	314. 58
9	北京信托	421 777. 12	17. 92	111 698. 27	22. 50	21. 04	20. 83	12 434 795. 36	34	122 704. 00	57	9. 07	58	1. 05	49	10 887 907. 67	50	309. 25
10	外贸信托	558 367. 43	21. 67	170 110. 26	25. 83	24. 39	23. 75	31 737 693. 65	62	108 050. 45	51	7. 90	40	0. 41	16	18 798 214. 01	62	302. 25
11	中铁信托	640 872. 78	23. 75	145 736. 28	23. 75	26. 93	25. 83	15 053 089. 00	39	115 807. 00	55	7. 82	38	0. 93	42	13 725 764. 00	54	301. 33
12	方正东亚信托	252 284. 89	7. 92	96 375. 54	19. 58	32. 21	27. 92	11 181 569. 47	30	111 255. 78	53	8. 78	55	1. 22	59	8 173 305. 78	44	296. 42
13	华信信托	609 088. 22	23. 33	152 116. 15	25. 00	20. 05	19. 17	7 638 487. 05	22	93 382. 47	46	8. 65	53	1. 43	65	6 302 200. 16	36	289. 50
14	华能信托	602 561. 10	22. 92	111 533. 61	22. 08	15. 51	12. 50	29 856 830. 63	60	114 798. 09	54	7. 55	29	0. 49	21	29 856 830. 62	66	287. 50
15	五矿信托	452 640. 66	19. 58	85 522. 21	17. 50	17. 66	16. 67	19 606 736. 70	49	109 146. 90	52	8. 29	46	0. 70	29	12 694 195. 85	53	282. 75
16	兴业信托	538 387. 51	21. 25	146 746. 58	24. 17	22. 10	22. 08	56 500 216. 70	67	163 081. 00	60	6. 53	9	0. 36	8	17 830 165. 00	61	272. 50
17	中诚信托	1 290 487. 81	27. 08	243 983. 10	27. 08	17. 07	15. 83	35 721 118. 26	64	149 818. 40	59	5. 12	1	0. 48	19	14 858 687. 07	56	269. 00
18	昆仑信托	564 343. 87	22. 08	110 707. 92	21. 67	15. 19	12. 08	16 848 427. 09	43	94 786. 29	47	7. 11	23	0. 73	34	16 738 103. 01	58	260. 83
19	上海信托	861 425. 70	25. 42	193 199. 92	26. 25	20. 18	19. 58	19 229 031. 31	48	100 159. 79	50	6. 46	7	0. 65	27	14 248 877. 64	55	258. 25
20	渤海信托	326 763. 53	11. 67	66 729. 11	13. 33	15. 96	14. 17	18 817 904. 08	46	90 657. 24	44	7. 96	42	0. 63	25	17 678 343. 28	60	256. 17
21	中航信托	431 457. 39	18. 33	98 313. 16	20. 00	19. 26	17. 50	22 117 395. 75	53	134 097. 72	58	6. 92	19	0. 75	35	6 227 782. 06	35	255. 83
22	天津信托	274 690. 27	10. 00	66 209. 40	12. 92	19. 88	18. 75	9 949 583. 52	28	98 852. 92	49	8. 41	48	1. 19	56	5 288 320. 40	30	252. 67
23	湖南信托	244 148. 00	7. 50	62 649. 00	12. 08	24. 62	24. 17	6 643 824. 00	19	70 918. 00	34	9. 27	61	1. 22	58	5 538 235. 00	31	246. 75
24	安信信托	160 046. 15	5. 42	40 162. 69	7. 92	32. 33	28. 33	11 581 461. 69	32	78 929. 94	37	9. 63	66	0. 98	45	3 586 303. 51	21	242. 67
25	重庆信托	1 247 879. 41	26. 67	148 707. 37	24. 58	13. 72	9. 17	12 631 179. 09	35	89 651. 05	42	6. 58	11	0. 95	43	10 146 924. 01	48	239. 42
26	中江信托	865 600. 13	25. 83	95 310. 54	18. 75	13. 62	8. 75	16 747 288. 18	42	116 697. 96	56	5. 64	2	0. 77	36	6 549 028. 67	39	228. 33
27	华宝信托	578 147. 38	22. 50	109 862. 03	21. 25	16. 22	14. 58	27 151 685. 52	56	91 469. 45	45	5. 91	4	0. 38	12	11 854 212. 97	51	226. 33
28	中原信托	252 304. 98	8. 33	73 585. 51	16. 67	23. 51	22. 92	11 914 242. 36	33	81 130. 44	39	7. 02	20	0. 82	38	9 614 885. 84	47	224. 92
29	百瑞信托	339 415. 44	13. 75	86 015. 31	17. 92	20. 95	20. 42	11 424 669. 83	31	89 717. 51	43	7. 16	25	0. 97	44	5 109 816. 75	29	224. 08
30	杭州工商信托	144 086. 00	3. 75	45 399. 00	9. 17	27. 98	26. 25	2 263 260. 00	5	59 447. 00	28	12. 92	68	3. 25	68	2 050 313. 00	13	221. 17
31	山东信托	472 324. 46	20. 00	95 694. 32	19. 17	21. 75	21. 67	29 942 135. 14	61	94 946. 15	48	6. 36	6	0. 39	14	5 006 336. 00	28	217. 83
32	建信信托	661 958. 12	24. 17	87 217. 76	18. 33	10. 30	4. 58	32 581 638. 82	63	64 702. 73	33	7. 26	26	0. 20	1	8 808 272. 95	46	216. 08
33	国元信托	431 794. 99	18. 75	68 223. 74	14. 58	13. 14	7. 50	19 053 303. 15	47	63 639. 51	32	7. 78	36	0. 42	17	7 342 863. 55	42	214. 83

续表

排名	简称	2013年末固有资产资产总计（万元）	得分	2013年固有资产利润总额（万元）	得分	2013年固有资产净资产收益率(%)	得分	2013年末信托资产资产合计（万元）	得分	2013年信托业务收入（万元）	得分	2013年已清算结束信托项目综合实际年化收益率(%)	得分	2013年信托报酬率（%）	得分	2013年主动管理型信托资产总额（万元）	得分	合计得分
34	华鑫信托	344 606.41	14.17	65 313.21	12.50	16.39	15.00	14 837 344.01	38	62 294.50	31	7.82	39	0.54	23	7 273 864.74	41	213.67
35	华澳信托	110 301.31	2.08	30 498.09	5.00	26.24	25.00	5 117 844.00	14	52 135.00	25	9.17	60	1.51	66	1 923 490.00	11	208.08
36	江苏信托	728 806.74	24.58	122 000.80	22.92	15.85	13.75	10 334 611.77	29	46 135.48	17	7.32	28	0.52	22	10 235 042.20	49	206.25
37	大业信托	132 705.91	2.92	33 934.18	6.25	30.67	27.50	5 228 599.72	15	48 706.30	22	9.11	59	1.20	57	2 856 100.00	16	205.67
38	北方信托	321 467.17	10.83	69 131.61	15.00	19.04	17.08	29 423 228.00	59	87 606.11	41	7.11	24	0.39	13	4 259 411.00	24	203.92
39	中建投信托	410 494.31	16.67	70 532.74	15.42	15.02	11.67	9 819 195.10	27	74 817.18	35	6.82	16	1.06	51	4 502 507.26	26	198.75
40	陆家嘴信托	152 983.51	4.58	35 345.25	7.08	19.85	18.33	6 755 671.60	20	50 287.00	23	8.64	52	1.06	52	3 370 978.79	20	197.00
41	吉林信托	420 598.41	17.50	56 730.32	10.83	13.11	7.08	4 216 962.06	10	46 327.14	18	9.28	62	1.08	53	3 148 568.00	18	196.42
42	中海信托	491 393.46	20.42	102 472.70	20.42	22.53	22.50	17 744 365.55	44	61 442.46	29	5.90	3	0.41	15	6 386 746.00	38	192.33
43	中泰信托	434 998.64	19.17	72 279.76	15.83	14.78	11.25	6 217 769.34	17	33 088.99	13	8.63	51	0.71	31	6 178 742.63	34	192.25
44	粤财信托	332 248.95	12.50	67 120.30	13.75	16.49	15.42	22 945 876.95	55	62 038.89	30	6.28	5	0.32	6	12 451 528.74	52	189.67
45	新时代信托	329 924.35	12.08	42 063.27	8.75	9.51	3.33	15 842 342.20	40	52 326.22	26	8.10	44	0.37	10	8 723 222.68	45	189.17
46	苏州信托	255 607.47	9.17	47 343.97	9.58	15.74	13.33	6 386 451.42	18	48 576.00	21	7.64	32	1.04	47	6 386 451.42	37	187.08
47	金谷信托	351 656.23	14.58	35 042.24	6.67	8.42	2.50	9 381 081.50	25	84 388.02	40	7.10	22	0.87	39	6 114 343.33	33	182.75
48	东莞信托	291 277.11	10.42	53 200.80	10.42	14.25	10.00	4 132 508.62	9	47 800.99	20	7.57	30	1.31	61	3 635 990.45	23	173.83
49	爱建信托	324 303.38	11.25	49 442.48	10.00	11.57	5.42	3 847 326.69	6	42 000.79	14	8.19	45	1.40	64	2 273 851.20	15	170.67
50	国投信托	339 165.73	13.33	60 766.32	11.67	14.75	10.83	18 462 290.12	45	43 666.68	16	6.55	10	0.29	4	16 928 497.14	59	169.83
51	交银国际信托	515 394.49	20.83	67 673.35	14.17	10.26	4.17	27 991 658.90	57	79 780.18	38	6.49	8	0.37	9	2 998 729.27	17	168.17
52	厦门国际信托	253 144.00	8.75	57 218.00	11.25	19.46	17.92	13 244 024.00	37	55 486.00	27	6.72	15	0.45	18	5 822 843.00	32	166.92
53	英大信托	411 189.66	17.08	74 299.72	17.08	14.21	9.58	21 026 829.31	50	76 765.98	36	6.68	14	0.37	11	2 046 201.27	12	166.75
54	陕国投	392 918.84	15.42	41 845.86	8.33	8.92	2.92	9 068 741.18	24	46 378.44	19	7.58	31	0.49	20	8 115 339.01	43	163.67
55	国联信托	270 263.00	9.58	39 978.00	7.50	12.37	6.25	4 485 387.00	12	29 496.00	11	8.78	56	0.80	37	3 241 846.00	19	158.33
56	西部信托	178 754.38	6.25	25 286.03	3.33	12.58	6.67	5 113 744.90	13	27 553.26	10	9.40	63	0.68	28	4 327 644.90	25	155.25
57	紫金信托	150 790.96	4.17	25 010.71	2.92	13.23	7.92	3 908 703.33	8	32 177.21	12	8.51	49	1.05	50	2 539 291.36	16	150.00
58	浙金信托	68 378.43	0.83	8 080.71	1.67	9.92	3.75	2 190 092.25	4	17 474.05	4	9.60	65	1.10	54	1 776 440.97	9	142.25
59	山西信托	221 109.96	7.08	27 588.72	4.58	11.71	5.83	6 765 471.70	21	51 494.56	24	7.27	27	0.90	40	1 922 754.00	10	139.50
60	云南信托	161 369.43	5.83	32 043.96	5.83	17.09	16.25	22 514 869.57	54	43 456.96	15	6.59	12	0.29	3	3 622 904.73	22	133.92
61	华宸信托	98 163.70	1.25	231.74	0.42	1.34	0.42	1 271 354.91	1	19 670.57	5	8.93	57	1.38	63	971 449.77	4	132.08
62	西藏信托	105 061.19	1.67	18 704.58	2.50	21.13	21.25	12 911 412.50	36	27 473.09	9	8.62	50	0.29	5	1 082 158.50	5	130.42
63	国民信托	200 132.89	6.67	26 105.64	3.75	11.50	5.00	4 251 543.51	11	26 990.53	8	6.84	17	1.14	55	1 164 217.99	6	112.42
64	甘肃信托	155 076.51	5.00	26 272.61	4.17	13.43	8.33	7 786 289.59	23	25 560.10	7	7.95	41	0.33	7	235 841.55	1	96.50
65	中国民生信托	115 488.73	2.50	7 678.38	1.25	5.30	1.25	3 902 603.65	7	10 850.94	3	7.72	34	0.56	24	933 378.41	3	76.00
66	万向信托	140 888.19	3.33	9 480.94	2.08	5.12	0.83	1 601 689.50	3	6 700.43	2	7.05	21	0.72	33	1 601 339.50	7	72.25
67	中粮信托	338 938.48	12.92	30 545.80	5.42	6.83	1.67	5 309 187.41	16	25 256.57	6	6.86	18	0.29	2	1 770 736.23	8	70.00
68	长城新盛信托	45 158.87	0.42	7 626.24	0.83	15.65	12.92	1 449 383.63	2	6 129.94	1	6.63	13	0.72	32	474 485.94	2	64.17

二、信托公司单项财务指标排行榜

(一)固有资产相关指标

表3-2-1　固有资产资产总额排行榜(参与综合排名)

排名	简称	2013年12月31日(万元)	2012年12月31日(万元)	增长(%)
1	平安信托	10 137 003.23	7 389 732.65	37.18
2	中信信托	1 488 655.63	1 182 265.83	25.92
3	华润信托	1 328 634.61	1 194 733.19	11.21
4	中诚信托	1 290 487.81	1 173 954.16	9.93
5	重庆信托	1 247 879.41	987 209.16	26.40
6	中融信托	968 750.65	622 618.70	55.59
7	中江信托	865 600.13	735 076.58	17.76
8	上海信托	861 425.70	753 949.52	14.26
9	四川信托	732 289.24	636 883.37	14.98
10	江苏信托	728 806.74	645 770.70	12.86
11	建信信托	661 958.12	552 824.36	19.74
12	中铁信托	640 872.78	424 695.65	50.90
13	华信信托	609 088.22	568 994.53	7.05
14	华能信托	602 561.10	372 807.46	61.63
15	华宝信托	578 147.38	588 139.29	-1.70
16	昆仑信托	564 343.87	525 601.10	7.37
17	外贸信托	558 367.43	546 768.71	2.12
18	兴业信托	538 387.51	413 198.32	30.30
19	交银国际信托	515 394.49	282 969.82	82.14
20	中海信托	491 393.46	400 008.78	22.85
21	山东信托	472 324.46	301 113.94	56.86
22	五矿信托	452 640.66	212 929.39	112.58
23	中泰信托	434 998.64	398 731.43	9.10
24	国元信托	431 794.99	383 702.20	12.53
25	中航信托	431 457.39	274 907.48	56.95
26	北京信托	421 777.12	350 166.96	20.45
27	吉林信托	420 598.41	502 737.75	-16.34
28	英大信托	411 189.66	367 432.07	11.91
29	中建投信托	410 494.31	300 188.56	36.75
30	长安信托	400 173.77	285 349.14	40.24
31	新华信托	397 624.53	302 581.15	31.41
32	陕国投	392 918.84	356 088.66	10.34
33	华融信托	364 243.75	309 303.82	17.76
34	华鑫信托	344 606.41	293 233.71	-12.07
35	金谷信托	351 656.23	238 619.56	47.37
36	百瑞信托	339 415.44	273 765.57	23.98
37	国投信托	339 165.73	288 690.32	17.48
38	中粮信托	338 938.48	233 305.39	45.28
39	粤财信托	332 248.95	277 646.95	19.67
40	新时代信托	329 924.35	175 439.55	88.06
41	渤海信托	326 763.53	283 310.97	15.34
42	爱建信托	324 303.38	284 916.50	13.82
43	北方信托	321 467.17	253 842.73	26.64
44	东莞信托	291 277.11	108 530.51	168.38

续表

排名	简称	2013年12月31日（万元）	2012年12月31日（万元）	增长（%）
45	天津信托	274 690. 27	220 361. 99	24. 65
46	国联信托	270 263. 00	246 061. 00	9. 84
47	苏州信托	255 607. 47	219 950. 67	16. 21
48	厦门国际信托	253 144. 00	181 511. 00	39. 46
49	中原信托	252 304. 98	212 087. 48	18. 96
50	方正东亚信托	252 284. 89	191 784. 05	31. 55
51	湖南信托	244 148. 00	165 280. 00	47. 72
52	山西信托	221 109. 96	168 704. 26	31. 06
53	国民信托	200 132. 89	169 968. 60	17. 75
54	西部信托	178 754. 38	156 733. 13	14. 05
55	云南信托	161 369. 43	127 592. 14	26. 47
56	安信信托	160 046. 15	95 114. 25	68. 27
57	甘肃信托	155 076. 51	138 892. 07	11. 65
58	陆家嘴信托	152 983. 51	123 540. 53	23. 83
59	紫金信托	150 790. 96	72 219. 69	108. 79
60	杭州工商信托	144 086. 00	115 320. 00	24. 94
61	万向信托	140 888. 19	131 874. 34	6. 84
62	大业信托	132 705. 91	73 473. 40	80. 62
63	中国民生信托	115 488. 73	101 186. 89	14. 13
64	华澳信托	110 301. 31	92 744. 79	18. 93
65	西藏信托	105 061. 19	72 974. 15	43. 97
66	华宸信托	98 163. 70	117 776. 67	-16. 65
67	浙金信托	68 378. 43	60 075. 38	13. 82
68	长城新盛信托	45 158. 87	32 464. 70	39. 10
合计		38 634 989. 54	30 342 427. 36	27. 33
平均		568 161. 61	446 212. 17	27. 33

在固有资产资产规模排行榜中，平安信托资产总额一直处于第一名，并且与第二名的差距逐年增加，2011年差异476. 86亿元、2012年差异620. 75亿元、2013年差异864. 83亿元。超过100亿元的信托公司从2011年的3家上升至2013年的5家。信托行业正处在稳定的增长势头中，但行业集中度也越来越高。

另外五矿信托从2012年的第45名提高至第22名，提高幅度最大，而吉林信托从2012年的第16名下降到2013年的第27名，下降了11位。

本年新增的2家信托公司万向信托和中国民生信托分别位于第61名和第63名。

表3-2-2　固有资产资产总额增减排行榜

排名	简称	2013年12月31日（万元）	2012年12月31日（万元）	增长（%）	增减额（万元）
1	平安信托	10 137 003. 23	7 389 732. 65	37. 18	2 747 270. 58
2	中融信托	968 750. 65	622 618. 70	55. 59	346 131. 95
3	中信信托	1 488 655. 63	1 182 265. 83	25. 92	306 389. 80
4	重庆信托	1 247 879. 41	987 209. 16	26. 40	260 670. 25
5	五矿信托	452 640. 66	212 929. 39	112. 58	239 711. 27
6	交银国际信托	515 394. 49	282 969. 82	82. 14	232 424. 67
7	华能信托	602 561. 10	372 807. 46	61. 63	229 753. 64
8	中铁信托	640 872. 78	424 695. 65	50. 90	216 177. 13
9	东莞信托	291 277. 11	108 530. 51	168. 38	182 746. 60
10	山东信托	472 324. 46	301 113. 94	56. 86	171 210. 52
11	中航信托	431 457. 39	274 907. 48	56. 95	156 549. 91
12	新时代信托	329 924. 35	175 439. 55	88. 06	154 484. 80
13	华润信托	1 328 634. 61	1 194 733. 19	11. 21	133 901. 42
14	中江信托	865 600. 13	735 076. 58	17. 76	130 523. 55
15	兴业信托	538 387. 51	413 198. 32	30. 30	125 189. 19
16	中诚信托	1 290 487. 81	1 173 954. 16	9. 93	116 533. 65
17	长安信托	400 173. 77	285 349. 14	40. 24	114 824. 63

续表

排名	简称	2013年12月31日(万元)	2012年12月31日(万元)	增长(%)	增减额(万元)
18	金谷信托	351 656.23	238 619.56	47.37	113 036.67
19	中建投信托	410 494.31	300 188.56	36.75	110 305.75
20	建信信托	661 958.12	552 824.36	19.74	109 133.76
21	上海信托	861 425.70	753 949.52	14.26	107 476.18
22	中粮信托	338 938.48	233 305.39	45.28	105 633.09
23	四川信托	732 289.24	636 883.37	14.98	95 405.87
24	新华信托	397 624.53	302 581.15	31.41	95 043.38
25	中海信托	491 393.46	400 008.78	22.85	91 384.68
26	江苏信托	728 806.74	645 770.70	12.86	83 036.04
27	湖南信托	244 148.00	165 280.00	47.72	78 868.00
28	紫金信托	150 790.96	72 219.69	108.79	78 571.27
29	厦门国际信托	253 144.00	181 511.00	39.46	71 633.00
30	北京信托	421 777.12	350 166.96	20.45	71 610.15
31	北方信托	321 467.17	253 842.73	26.64	67 624.44
32	百瑞信托	339 415.44	273 765.57	23.98	65 649.87
33	安信信托	160 046.15	95 114.25	68.27	64 931.90
34	方正东亚信托	252 284.89	191 784.05	31.55	60 500.84
35	大业信托	132 705.91	73 473.40	80.62	59 232.51
36	华融信托	364 243.75	309 303.82	17.76	54 939.93
37	粤财信托	332 248.95	277 646.95	19.67	54 602.00
38	天津信托	274 690.27	220 361.99	24.65	54 328.28
39	山西信托	221 109.96	168 704.26	31.06	52 405.70
40	华鑫信托	344 606.41	293 233.71	17.52	51 372.70
41	国投信托	339 165.73	288 690.32	17.48	50 475.41
42	国元信托	431 794.99	383 702.20	12.53	48 092.79
43	英大信托	411 189.66	367 432.07	11.91	43 757.59
44	渤海信托	326 763.53	283 310.97	15.34	43 452.56
45	中原信托	252 304.98	212 087.48	18.96	40 217.50
46	华信信托	609 088.22	568 994.53	7.05	40 093.69
47	爱建信托	324 303.38	284 916.50	13.82	39 386.88
48	昆仑信托	564 343.87	525 601.10	7.37	38 742.77
49	陕国投	392 918.84	356 088.66	10.34	36 830.18
50	中泰信托	434 998.64	398 731.43	9.10	36 267.21
51	苏州信托	255 607.47	219 950.67	16.21	35 656.80
52	云南信托	161 369.43	127 592.14	26.47	33 777.29
53	西藏信托	105 061.19	72 974.15	43.97	32 087.04
54	国民信托	200 132.89	169 968.60	17.75	30 164.29
55	陆家嘴信托	152 983.51	123 540.53	23.83	29 442.98
56	杭州工商信托	144 086.00	115 320.00	24.94	28 766.00
57	国联信托	270 263.00	246 061.00	9.84	24 202.00
58	西部信托	178 754.38	156 733.13	14.05	22 021.25
59	华澳信托	110 301.31	92 744.79	18.93	17 556.53
60	甘肃信托	155 076.51	138 892.07	11.65	16 184.44
61	中国民生信托	115 488.73	101 186.89	14.13	14 301.84
62	长城新盛信托	45 158.87	32 464.70	39.10	12 694.17
63	外贸信托	558 367.43	546 768.71	2.12	11 598.72
64	万向信托	140 888.19	131 874.34	6.84	9 013.85
65	浙金信托	68 378.43	60 075.38	13.82	8 303.05
66	华宝信托	578 147.38	588 139.29	-1.70	-9 991.91
67	华宸信托	98 163.70	117 776.67	-16.65	-19 612.97
68	吉林信托	420 598.41	502 737.75	-16.34	-82 139.34
合计		38 634 989.54	30 342 427.36	27.33	8 292 562.18
平均		568 161.61	446 212.17	27.33	121 949.44

2013 年固有资产总额增加超过 10 亿元的有 22 家，与 2012 年的 20 家略有增加，22 家公司资产总额合计增加 641.00 亿元；占 68 家公司合计增加 829.26 亿元的 77.30%。

2013 年固有资产平均增长 27.33%，2012 年平均增长 26.62%，增长已趋于稳定，集中度增加。本年有 3 家公司资产总额减少，合计减少 11.17 亿元，相比 2012 年的 2 家减少 9.70 亿元变化不大。

表 3-2-3 固有资产营业总收入排行榜

排名	简称	2013 年度（万元）	2012 年度（万元）	较上年增减（%）
1	平安信托	1 451 617.99	1 251 354.78	16.00
2	中信信托	548 683.73	447 595.83	22.58
3	中融信托	489 811.57	380 893.12	28.60
4	中诚信托	324 986.65	277 628.44	17.06
5	上海信托	297 265.57	218 080.00	36.31
6	华润信托	278 096.76	207 922.84	33.75
7	四川信托	247 845.83	178 597.03	38.77
8	长安信托	232 908.78	180 182.92	29.26
9	重庆信托	213 822.16	133 317.11	60.39
10	兴业信托	205 376.48	144 525.23	42.10
11	外贸信托	202 969.31	164 868.83	23.11
12	华融信托	195 930.86	167 851.33	16.73
13	华宝信托	189 168.23	144 790.11	30.65
14	新华信托	186 644.64	144 082.94	29.54
15	中铁信托	175 385.63	133 333.74	31.54
16	中江信托	171 408.75	136 505.55	25.57
17	华信信托	170 843.22	117 947.29	44.85
18	中泰信托	153 821.48	115 690.76	32.96
19	中航信托	153 722.09	128 839.63	19.31
20	北京信托	152 201.68	131 420.22	15.81
21	华能信托	145 120.03	116 439.13	24.63
22	江苏信托	135 618.74	127 117.43	6.69
23	昆仑信托	135 037.77	121 258.37	11.36
24	五矿信托	131 031.18	88 416.51	48.20
25	山东信托	129 278.57	121 935.32	6.02
26	方正东亚信托	127 888.87	75 361.68	69.70
27	中海信托	120 662.95	110 849.16	8.85
28	百瑞信托	116 453.93	81 256.25	43.32
29	北方信托	113 806.45	91 520.35	24.35
30	天津信托	113 601.97	64 042.85	77.38
31	建信信托	113 500.31	108 755.88	4.36
32	金谷信托	109 702.05	94 536.55	16.04
33	中建投信托	102 373.13	53 399.62	91.71
34	渤海信托	100 598.50	70 265.34	43.17
35	交银国际信托	100 552.13	71 141.81	41.34
36	国投信托	100 079.94	79 173.92	26.41
37	英大信托	97 399.21	92 489.78	5.31
38	中原信托	96 117.94	60 173.78	59.73
39	华鑫信托	90 657.49	73 367.61	23.57
40	湖南信托	87 433.00	64 077.00	36.45
41	国元信托	86 936.89	65 644.13	32.44
42	吉林信托	85 404.99	88 445.87	-3.44
43	安信信托	83 762.63	49 287.92	69.95
44	陕国投	83 277.51	57 630.88	44.50
45	厦门国际信托	79 787.00	69 865.00	14.20
46	粤财信托	79 267.09	58 614.92	35.23
47	东莞信托	69 903.11	44 720.57	56.31

续表

排名	简称	2013 年度(万元)	2012 年度(万元)	较上年增减(%)
48	杭州工商信托	69 063.00	52 175.00	32.37
49	新时代信托	67 654.03	50 538.89	33.87
50	苏州信托	67 039.72	52 099.84	28.68
51	爱建信托	65 774.95	42 406.17	55.11
52	华澳信托	56 974.62	37 010.91	53.94
53	陆家嘴信托	56 596.35	27 863.07	103.12
54	大业信托	53 919.20	40 083.43	34.52
55	云南信托	52 996.26	30 856.26	71.75
56	山西信托	52 276.09	41 361.49	26.39
57	国联信托	46 635.00	36 431.00	28.01
58	中粮信托	46 372.17	35 984.09	28.87
59	国民信托	41 062.30	52 886.79	-22.36
60	紫金信托	37 597.66	26 389.23	42.47
61	西部信托	36 876.47	30 399.83	21.30
62	甘肃信托	36 849.48	24 347.67	51.35
63	西藏信托	24 267.89	16 753.49	44.85
64	华宸信托	21 550.02	30 673.71	-29.74
65	浙金信托	19 906.42	11 128.54	78.88
66	万向信托	16 806.74	2 893.24	480.90
67	中国民生信托	16 619.49	814.04	1941.60
68	长城新盛信托	15 449.08	4 160.59	271.32
合计		9 780 051.73	7 652 472.61	27.80
平均		143 824.29	112 536.36	27.80

前 10 名信托公司营业收入合计为 429.04 亿元,占 68 家信托公司合计数的 43.87%,2012 年及 2011 年该比例分别为 45.90%、49.23%,持续下降。

排名第一的平安信托营业收入总额占全部公司营业收入的比例为 14.84%,相比 2012 年的 16.35%略微下降。

2013 年 68 家信托公司的营业收入已全部超过 1 亿元人民币。超过 10 亿元的有 36 家,较上年增加 10 家。

表 3-2-4 固有资产营业总收入增长排行榜

排名	简称	2013 年度(万元)	2012 年度(万元)	增长额(万元)	较上年(%)
1	平安信托	1 451 617.99	1 251 354.78	200 263.21	16.00
2	中融信托	489 811.57	380 893.12	108 918.45	28.60
3	中信信托	548 683.73	447 595.83	101 087.90	22.58
4	重庆信托	213 822.16	133 317.11	80 505.05	60.39
5	上海信托	297 265.57	218 080.00	79 185.57	36.31
6	华润信托	278 096.76	207 922.84	70 173.92	33.75
7	四川信托	247 845.83	178 597.03	69 248.81	38.77
8	兴业信托	205 376.48	144 525.23	60 851.25	42.10
9	华信信托	170 843.22	117 947.29	52 895.93	44.85
10	长安信托	232 908.78	180 182.92	52 725.86	29.26
11	方正东亚信托	127 888.87	75 361.68	52 527.18	69.70
12	天津信托	113 601.97	64 042.85	49 559.12	77.38
13	中建投信托	102 373.13	53 399.62	48 973.51	91.71
14	中诚信托	324 986.65	277 628.44	47 358.21	17.06
15	华宝信托	189 168.23	144 790.11	44 378.12	30.65
16	五矿信托	131 031.18	88 416.51	42 614.67	48.20
17	新华信托	186 644.64	144 082.94	42 561.70	29.54
18	中铁信托	175 385.63	133 333.74	42 051.89	31.54
19	中泰信托	153 821.48	115 690.76	38 130.72	32.96
20	外贸信托	202 969.31	164 868.83	38 100.48	23.11
21	中原信托	96 117.94	60 173.78	35 944.16	59.73

续表

排名	简称	2013 年度(万元)	2012 年度(万元)	增长额(万元)	较上年(%)
22	百瑞信托	116 453.93	81 256.25	35 197.68	43.32
23	中江信托	171 408.75	136 505.55	34 903.20	25.57
24	安信信托	83 762.63	49 287.92	34 474.71	69.95
25	渤海信托	100 598.50	70 265.34	30 333.16	43.17
26	交银国际信托	100 552.13	71 141.81	29 410.32	41.34
27	陆家嘴信托	56 596.35	27 863.07	28 733.27	103.12
28	华能信托	145 120.03	116 439.13	28 680.90	24.63
29	华融信托	195 930.86	167 851.33	28 079.53	16.73
30	陕国投	83 277.51	57 630.88	25 646.63	44.50
31	东莞信托	69 903.11	44 720.57	25 182.54	56.31
32	中航信托	153 722.09	128 839.63	24 882.46	19.31
33	爱建信托	65 774.95	42 406.17	23 368.78	55.11
34	湖南信托	87 433.00	64 077.00	23 356.00	36.45
35	北方信托	113 806.45	91 520.35	22 286.10	24.35
36	云南信托	52 996.26	30 856.26	22 140.00	71.75
37	国元信托	86 936.89	65 644.13	21 292.76	32.44
38	国投信托	100 079.94	79 173.92	20 906.01	26.41
39	北京信托	152 201.68	131 420.22	20 781.45	15.81
40	粤财信托	79 267.09	58 614.92	20 652.17	35.23
41	华澳信托	56 974.62	37 010.91	19 963.71	53.94
42	华鑫信托	90 657.49	73 367.61	17 289.88	23.57
43	新时代信托	67 654.03	50 538.89	17 115.14	33.87
44	杭州工商信托	69 063.00	52 175.00	16 888.00	32.37
45	中国民生信托	16 619.49	814.04	15 805.45	1941.60
46	金谷信托	109 702.05	94 536.55	15 165.50	16.04
47	苏州信托	67 039.72	52 099.84	14 939.88	28.68
48	万向信托	16 806.74	2 893.24	13 913.50	480.90
49	大业信托	53 919.20	40 083.43	13 835.77	34.52
50	昆仑信托	135 037.77	121 258.37	13 779.40	11.36
51	甘肃信托	36 849.48	24 347.67	12 501.81	51.35
52	长城新盛信托	15 449.08	4 160.59	11 288.49	271.32
53	紫金信托	37 597.66	26 389.23	11 208.43	42.47
54	山西信托	52 276.09	41 361.49	10 914.60	26.39
55	中粮信托	46 372.17	35 984.09	10 388.09	28.87
56	国联信托	46 635.00	36 431.00	10 204.00	28.01
57	厦门国际信托	79 787.00	69 865.00	9 922.00	14.20
58	中海信托	120 662.95	110 849.16	9 813.79	8.85
59	浙金信托	19 906.42	11 128.54	8 777.88	78.88
60	江苏信托	135 618.74	127 117.43	8 501.31	6.69
61	西藏信托	24 267.89	16 753.49	7 514.40	44.85
62	山东信托	129 278.57	121 935.32	7 343.25	6.02
63	西部信托	36 876.47	30 399.83	6 476.64	21.30
64	英大信托	97 399.21	92 489.78	4 909.43	5.31
65	建信信托	113 500.31	108 755.88	4 744.43	4.36
66	吉林信托	85 404.99	88 445.87	-3 040.88	-3.44
67	华宸信托	21 550.02	30 673.71	-9 123.69	-29.74
68	国民信托	41 062.30	52 886.79	-11 824.49	-22.36
合计		9 780 051.73	7 652 472.61	2 127 579.11	27.80
平均		143 824.29	112 536.36	31 287.93	27.80

2013 年固有业务营业收入增幅为 27.80%，相比 2012 年、2011 年的 45.07% 和 32.55%，增幅有所降低；增长额为 212.76 亿

元，也比2012年的242.19亿元有所下降。

表3-2-5　固有资产利润总额排行榜（参与综合排名）

排名	简称	2013年度（万元）	2012年度（万元）	增长额（万元）	较上年（%）
1	中信信托	419 404.97	360 762.88	58 642.09	16.26
2	平安信托	348 742.48	379 292.29	−30 549.81	−8.05
3	中融信托	270 841.02	203 491.44	67 349.58	33.10
4	中诚信托	243 983.10	207 826.78	36 156.32	17.40
5	华润信托	217 676.92	162 928.13	54 748.79	33.60
6	上海信托	193 199.92	132 990.79	60 209.13	45.27
7	外贸信托	170 110.26	138 321.38	31 788.88	22.98
8	四川信托	155 207.01	118 047.57	37 159.45	31.48
9	华信信托	152 116.15	102 128.19	49 987.96	48.95
10	重庆信托	148 707.37	108 384.78	40 322.59	37.20
11	兴业信托	146 746.58	103 182.81	43 563.77	42.22
12	中铁信托	145 736.28	108 601.38	37 134.90	34.19
13	长安信托	122 548.90	103 416.99	19 131.92	18.50
14	江苏信托	122 000.80	117 552.46	4 448.34	3.78
15	北京信托	111 698.27	96 307.66	15 390.61	15.98
16	华能信托	111 533.61	80 858.24	30 675.37	37.94
17	昆仑信托	110 707.92	100 373.06	10 334.86	10.30
18	华宝信托	109 862.03	85 635.49	24 226.54	28.29
19	华融信托	107 881.28	87 418.41	20 462.87	23.41
20	中海信托	102 472.70	98 466.25	4 006.45	4.07
21	中航信托	98 313.16	83 502.91	14 810.25	17.74
22	方正东亚信托	96 375.54	52 224.26	44 151.28	84.54
23	山东信托	95 694.32	94 856.71	837.61	0.88
24	中江信托	95 310.54	69 888.25	25 422.29	36.38
25	建信信托	87 217.76	77 635.50	9 582.26	12.34
26	百瑞信托	86 015.31	62 352.46	23 662.85	37.95
27	五矿信托	85 522.21	62 719.71	22 802.50	36.36
28	英大信托	74 299.72	66 853.07	7 446.65	11.14
29	中原信托	73 585.51	42 711.81	30 873.70	72.28
30	新华信托	72 806.60	73 079.48	−272.88	−0.37
31	中泰信托	72 279.76	53 186.19	19 093.57	35.90
32	中建投信托	70 532.74	38 172.03	32 360.71	84.78
33	北方信托	69 131.61	58 869.27	10 262.34	17.43
34	国元信托	68 223.74	51 469.87	16 753.87	32.55
35	交银国际信托	67 673.35	45 434.05	22 239.30	48.95
36	粤财信托	67 120.30	48 941.28	18 179.02	37.14
37	渤海信托	66 729.11	54 987.27	11 741.84	21.35
38	天津信托	66 209.40	33 702.35	32 507.05	96.45
39	华鑫信托	65 313.21	53 180.16	12 133.05	22.81
40	湖南信托	62 649.00	44 610.00	18 039.00	40.44
41	国投信托	60 766.32	41 663.32	19 103.00	45.85
42	厦门国际信托	57 218.00	55 141.00	2 077.00	3.77
43	吉林信托	56 730.32	32 490.01	24 240.31	74.61
44	东莞信托	53 200.80	32 679.33	20 521.47	62.80
45	爱建信托	49 442.48	30 690.77	18 751.71	61.10
46	苏州信托	47 343.97	36 616.36	10 727.61	29.30
47	杭州工商信托	45 399.00	32 337.00	13 062.00	40.39
48	新时代信托	42 063.27	27 358.69	14 704.57	53.75
49	陕国投	41 845.86	34 805.18	7 040.68	20.23
50	安信信托	40 162.69	16 612.14	23 550.55	141.77

续表

排名	简称	2013 年度(万元)	2012 年度(万元)	增长额(万元)	较上年(%)
51	国联信托	39 978.00	30 805.00	9 173.00	29.78
52	陆家嘴信托	35 345.25	16 337.47	19 007.78	116.34
53	金谷信托	35 042.24	68 557.31	-33 515.07	-48.89
54	大业信托	33 934.18	25 113.78	8 820.40	35.12
55	云南信托	32 043.96	20 813.79	11 230.17	53.96
56	中粮信托	30 545.80	24 195.74	6 350.06	26.24
57	华澳信托	30 498.09	17 016.03	13 482.06	79.23
58	山西信托	27 588.72	18 808.71	8 780.01	46.68
59	甘肃信托	26 272.61	17 401.06	8 871.55	50.98
60	国民信托	26 105.64	44 525.53	-18 419.89	-41.37
61	西部信托	25 286.03	21 192.62	4 093.41	19.32
62	紫金信托	25 010.71	16 766.30	8 244.40	49.17
63	西藏信托	18 704.58	10 153.61	8 550.97	84.22
64	万向信托	9 480.94	245.31	9 235.63	3764.88
65	浙金信托	8 080.71	5 249.71	2 831.00	53.93
66	中国民生信托	7 678.38	2 920.82	4 757.56	162.88
67	长城新盛信托	7 626.24	1 658.02	5 968.22	359.96
68	华宸信托	231.74	20 755.67	-20 523.93	-98.88
合计		5 965 806.96	4 767 273.87	1 198 533.08	25.14
平均		87 732.46	70 106.97	17 625.49	25.14

华宸信托 2013 年利润总额大幅下降，仅 231.74 万元，主要系公司计提了 13 492.96 万元的资产减值损失。

表 3-2-6　固有资产净资产排行榜

单位：万元

排名	简称	2013 年 12 月 31 日	本年列报	上年列报	2012 年末与 2013 年初数差异
			2012 年 12 月 31 日	2012 年 12 月 31 日	
1	平安信托	3 311 922.96	3 147 213.07	3 147 213.07	0.00
2	中信信托	1 302 874.97	993 836.39	993 836.39	0.00
3	华润信托	1 223 385.42	1 017 312.44	1 017 312.44	0.00
4	中诚信托	1 115 736.01	1 009 692.91	1 009 692.91	0.00
5	重庆信托	936 596.36	827 328.61	827 328.61	0.00
6	上海信托	785 933.48	679 870.61	679 870.61	0.00
7	中融信托	764 548.46	484 339.17	484 339.17	0.00
8	江苏信托	709 466.06	619 290.69	619 290.69	0.00
9	建信信托	630 850.08	531 920.53	531 920.53	0.00
10	华信信托	587 822.67	547 358.95	547 358.95	0.00
11	昆仑信托	544 827.25	506 121.68	506 121.68	0.00
12	华能信托	538 733.37	325 056.10	325 056.10	0.00
13	外贸信托	531 394.19	515 596.13	515 596.13	0.00
14	中江信托	513 484.40	392 821.85	392 821.85	0.00
15	华宝信托	506 979.22	427 207.75	427 207.75	0.00
16	兴业信托	500 403.32	391 542.66	391 542.66	0.00
17	交银国际信托	494 351.96	266 014.16	266 014.16	0.00
18	五矿信托	422 237.08	193 689.70	193 689.70	0.00
19	国元信托	412 038.92	368 839.74	368 839.74	0.00
20	四川信托	408 843.11	274 430.11	274 430.11	0.00
21	中铁信托	405 603.98	293 295.14	293 295.14	0.00
22	北京信托	389 499.84	328 006.71	328 006.71	0.00
23	英大信托	389 308.93	339 955.72	339 955.72	0.00
24	中航信托	383 871.97	244 930.24	244 930.24	0.00

续表

排名	简称	2013 年 12 月 31 日	本年列报	上年列报	2012 年末与 2013 年初数差异
			2012 年 12 月 31 日	2012 年 12 月 31 日	
25	中海信托	380 800. 66	380 021. 89	380 021. 89	0. 00
26	中泰信托	365 897. 69	336 697. 61	336 697. 61	0. 00
27	中建投信托	354 380. 57	271 955. 44	271 955. 44	0. 00
28	陕国投	350 943. 22	326 282. 59	326 282. 59	0. 00
29	吉林信托	339 311. 47	340 124. 54	337 841. 60	-2 282. 94
30	山东信托	336 766. 09	277 815. 97	277 815. 97	0. 00
31	中粮信托	327 851. 35	225 439. 29	225 439. 29	0. 00
32	华融信托	326 181. 66	286 476. 99	286 476. 99	0. 00
33	金谷信托	323 345. 97	202 357. 69	202 357. 69	0. 00
34	国投信托	320 166. 94	271 505. 12	271 505. 12	0. 00
35	新时代信托	320 155. 63	169 757. 11	169 757. 11	0. 00
36	粤财信托	319 302. 58	270 736. 83	270 736. 83	0. 00
37	渤海信托	318 792. 59	274 155. 27	274 155. 27	0. 00
38	爱建信托	315 450. 45	278 734. 55	278 734. 55	0. 00
39	华鑫信托	310 331. 41	259 458. 20	259 458. 20	0. 00
40	长安信托	309 027. 14	220 454. 06	220 454. 06	0. 00
41	百瑞信托	306 519. 88	238 174. 52	238 174. 52	0. 00
42	东莞信托	278 187. 17	96 001. 11	96 001. 11	0. 00
43	北方信托	274 109. 11	221 887. 19	221 887. 19	0. 00
44	国联信托	265 863. 00	240 896. 00	239 505. 00	-1 391. 00
45	新华信托	263 749. 37	207 371. 55	207 371. 55	0. 00
46	天津信托	258 883. 11	206 784. 52	206 784. 52	0. 00
47	中原信托	237 212. 99	197 735. 71	197 735. 71	0. 00
48	厦门国际信托	235 223. 00	167 413. 00	167 413. 00	0. 00
49	苏州信托	228 839. 94	198 957. 85	198 957. 85	0. 00
50	方正东亚信托	217 893. 19	148 434. 84	148 434. 84	0. 00
51	湖南信托	200 176. 00	132 627. 00	132 627. 00	0. 00
52	山西信托	175 597. 90	154 889. 28	154 889. 28	0. 00
53	国民信托	169 246. 28	149 636. 02	149 636. 02	0. 00
54	西部信托	150 769. 34	134 684. 10	134 684. 10	0. 00
55	甘肃信托	145 562. 10	126 017. 76	127 194. 96	1 177. 20
56	紫金信托	141 312. 73	65 420. 13	65 420. 13	0. 00
57	云南信托	140 032. 65	116 098. 59	116 098. 59	0. 00
58	万向信托	137 196. 87	130 176. 51	本年新增	
59	陆家嘴信托	135 903. 14	114 634. 28	114 634. 28	0. 00
60	杭州工商信托	121 281. 00	97 700. 00	97 700. 00	0. 00
61	中国民生信托	106 504. 59	23 859. 98	本年新增	
62	华宸信托	87 499. 21	84 007. 59	84 007. 59	0. 00
63	华澳信托	86 512. 88	74 811. 43	74 811. 43	0. 00
64	安信信托	86 476. 44	63 057. 36	63 057. 36	0. 00
65	大业信托	82 889. 01	57 462. 86	57 462. 86	0. 00
66	西藏信托	75 587. 29	59 613. 44	59 613. 44	0. 00
67	浙金信托	60 389. 34	54 453. 82	54 453. 82	0. 00
68	长城新盛信托	36 446. 72	31 236. 64	31 236. 64	0. 00
合计		27 835 283. 66	22 711 687. 29	22 555 154. 06	-2 496. 74
平均		409 342. 41	333 995. 40	331 693. 44	

注:报表披露中绝对值差异小于等于 1 万元的视为尾差,不计入不一致范围。共有 3 家信托公司本年披露的期初净资产与上年披露的年末净资产不一致,本年新增的 2 家公司视同一致。其中,吉林信托披露了变动原因,其他 2 家公司甘肃信托和国联信托未披露变动原因。本次排名以公司本年披露的年初数为准,同时列报上年净资产。

68 家公司平均净资产 40. 93 亿元,净资产超过 10 亿元的有 61 家,净资产 5 亿元以下的仅有 1 家。2013 年资产整体固有业务净资产整体规模大幅上升。

表 3－2－7　固有资产净资产增减排行榜

排名	简称	2013 年 12 月 31 日(万元)	2012 年 12 月 31 日(万元)	增减额(万元)	较上年(%)
1	中信信托	1 302 874. 97	993 836. 39	309 038. 58	31. 10
2	中融信托	764 548. 46	484 339. 17	280 209. 29	57. 85
3	五矿信托	422 237. 08	193 689. 70	228 547. 38	118. 00
4	交银国际信托	494 351. 96	266 014. 16	228 337. 80	85. 84
5	华能信托	538 733. 37	325 056. 10	213 677. 27	65. 74
6	华润信托	1 223 385. 42	1 017 312. 44	206 072. 98	20. 26
7	东莞信托	278 187. 17	96 001. 11	182 186. 06	189. 77
8	平安信托	3 311 922. 96	3 147 213. 07	164 709. 89	5. 23
9	新时代信托	320 155. 63	169 757. 11	150 398. 52	88. 60
10	中航信托	383 871. 97	244 930. 24	138 941. 73	56. 73
11	四川信托	408 843. 11	274 430. 11	134 412. 99	48. 98
12	金谷信托	323 345. 97	202 357. 69	120 988. 28	59. 79
13	中江信托	513 484. 40	392 821. 85	120 662. 54	30. 72
14	中铁信托	405 603. 98	293 295. 14	112 308. 84	38. 29
15	重庆信托	936 596. 36	827 328. 61	109 267. 75	13. 21
16	兴业信托	500 403. 32	391 542. 66	108 860. 66	27. 80
17	上海信托	785 933. 48	679 870. 61	106 062. 87	15. 60
18	中诚信托	1 115 736. 01	1 009 692. 91	106 043. 10	10. 50
19	中粮信托	327 851. 35	225 439. 29	102 412. 06	45. 43
20	建信信托	630 850. 08	531 920. 53	98 929. 55	18. 60
21	江苏信托	709 466. 06	619 290. 69	90 175. 37	14. 56
22	长安信托	309 027. 14	220 454. 06	88 573. 08	40. 18
23	中国民生信托	106 504. 59	23 859. 98	82 644. 62	346. 37
24	中建投信托	354 380. 57	271 955. 44	82 425. 13	30. 31
25	华宝信托	506 979. 22	427 207. 75	79 771. 47	18. 67
26	紫金信托	141 312. 73	65 420. 13	75 892. 60	116. 01
27	方正东亚信托	217 893. 19	148 434. 84	69 458. 34	46. 79
28	百瑞信托	306 519. 88	238 174. 52	68 345. 36	28. 70
29	厦门国际信托	235 223. 00	167 413. 00	67 810. 00	40. 50
30	湖南信托	200 176. 00	132 627. 00	67 549. 00	50. 93
31	北京信托	389 499. 84	328 006. 71	61 493. 14	18. 75
32	山东信托	336 766. 09	277 815. 97	58 950. 12	21. 22
33	新华信托	263 749. 37	207 371. 55	56 377. 82	27. 19
34	北方信托	274 109. 11	221 887. 19	52 221. 92	23. 54
35	天津信托	258 883. 11	206 784. 52	52 098. 59	25. 19
36	华鑫信托	310 331. 41	259 458. 20	50 873. 21	19. 61
37	英大信托	389 308. 93	339 955. 72	49 353. 21	14. 52
38	国投信托	320 166. 94	271 505. 12	48 661. 82	17. 92
39	粤财信托	319 302. 58	270 736. 83	48 565. 75	17. 94
40	渤海信托	318 792. 59	274 155. 27	44 637. 31	16. 28
41	国元信托	412 038. 92	368 839. 74	43 199. 18	11. 71
42	华信信托	587 822. 67	547 358. 95	40 463. 72	7. 39
43	华融信托	326 181. 66	286 476. 99	39 704. 67	13. 86
44	中原信托	237 212. 99	197 735. 71	39 477. 28	19. 96
45	昆仑信托	544 827. 25	506 121. 68	38 705. 57	7. 65
46	爱建信托	315 450. 45	278 734. 55	36 715. 90	13. 17
47	苏州信托	228 839. 94	198 957. 85	29 882. 09	15. 02
48	中泰信托	365 897. 69	336 697. 61	29 200. 08	8. 67
49	大业信托	82 889. 01	57 462. 86	25 426. 15	44. 25
50	国联信托	265 863. 00	240 896. 00	24 967. 00	10. 36

续表

排名	简称	2013年12月31日(万元)	2012年12月31日(万元)	增减额(万元)	较上年(%)
51	陕国投	350 943. 22	326 282. 59	24 660. 63	7. 56
52	云南信托	140 032. 65	116 098. 59	23 934. 06	20. 62
53	杭州工商信托	121 281. 00	97 700. 00	23 581. 00	24. 14
54	安信信托	86 476. 44	63 057. 36	23 419. 08	37. 14
55	陆家嘴信托	135 903. 14	114 634. 28	21 268. 86	18. 55
56	山西信托	175 597. 90	154 889. 28	20 708. 62	13. 37
57	国民信托	169 246. 28	149 636. 02	19 610. 26	13. 11
58	甘肃信托	145 562. 10	126 017. 76	19 544. 34	15. 51
59	西部信托	150 769. 34	134 684. 10	16 085. 24	11. 94
60	西藏信托	75 587. 29	59 613. 44	15 973. 85	26. 80
61	外贸信托	531 394. 19	515 596. 13	15 798. 06	3. 06
62	华澳信托	86 512. 88	74 811. 43	11 701. 45	15. 64
63	万向信托	137 196. 87	130 176. 51	7 020. 36	5. 39
64	浙金信托	60 389. 34	54 453. 82	5 935. 52	10. 90
65	长城新盛信托	36 446. 72	31 236. 64	5 210. 07	16. 68
66	华宸信托	87 499. 21	84 007. 59	3 491. 62	4. 16
67	中海信托	380 800. 66	380 021. 89	778. 77	0. 20
68	吉林信托	339 311. 47	340 124. 54	-813. 07	-0. 24
合计		27 835 283. 66	22 711 687. 29	5 123 596. 37	22. 56
平均		409 342. 41	333 995. 40	75 347. 01	22. 56

注:有3家信托公司本年披露的年初净资产与上年披露的期末净资产不一致。本次排名比较以公司本年披露的年初数为准。

表3-2-8 固有资产净利润排行榜

单位:万元

排名	简称	2013年	本年列报的2012年数	上年列报的2012年数	两年列报差异
1	中信信托	314 359. 25	271 697. 44	271 697. 44	—
2	平安信托	267 010. 74	292 879. 94	292 879. 94	—
3	中融信托	201 760. 48	152 431. 19	152 431. 19	—
4	中诚信托	190 499. 75	161 909. 87	161 909. 87	—
5	华润信托	176 250. 69	134 781. 42	134 781. 42	—
6	上海信托	158 621. 89	107 638. 23	107 638. 23	—
7	外贸信托	129 621. 39	105 733. 00	105 733. 01	—
8	重庆信托	128 477. 07	88 129. 62	88 129. 62	—
9	华信信托	117 866. 19	78 751. 58	78 751. 58	—
10	四川信托	116 447. 85	87 855. 68	87 855. 68	—
11	江苏信托	112 480. 80	107 581. 20	107 581. 20	—
12	兴业信托	110 579. 72	77 221. 58	77 221. 58	—
13	中铁信托	109 215. 71	81 400. 49	81 400. 49	—
14	长安信托	92 349. 72	78 400. 58	78 400. 58	—
15	中海信托	85 793. 88	80 728. 05	80 728. 05	—
16	华能信托	83 577. 27	60 218. 73	60 218. 73	—
17	昆仑信托	82 746. 00	74 017. 51	74 017. 51	—
18	华宝信托	82 225. 53	64 233. 78	64 233. 78	—
19	北京信托	81 947. 59	72 020. 76	72 020. 76	—
20	华融信托	80 450. 86	65 182. 09	65 182. 09	—
21	五矿信托	74 561. 60	63 344. 57	63 344. 57	—
22	中航信托	73 941. 78	63 152. 60	63 152. 60	—
23	山东信托	73 231. 47	73 232. 62	73 232. 62	—
24	方正东亚信托	70 191. 26	39 619. 01	39 619. 01	—
25	中江信托	69 933. 82	50 379. 63	50 379. 63	—
26	建信信托	64 970. 82	58 681. 90	58 681. 90	—

续表

排名	简称	2013 年	本年列报的 2012 年数	上年列报的 2012 年数	两年列报差异
27	百瑞信托	64 216. 88	46 772. 96	46 772. 96	—
28	中原信托	55 773. 91	32 332. 76	32 332. 76	—
29	英大信托	55 321. 07	49 199. 30	49 199. 28	—
30	国元信托	54 121. 84	40 890. 16	40 890. 16	—
31	中泰信托	54 066. 17	40 398. 63	40 398. 63	—
32	新华信托	54 021. 09	50 884. 10	50 884. 10	—
33	中建投信托	53 227. 67	29 001. 61	29 001. 61	—
34	粤财信托	52 664. 53	39 616. 75	39 616. 75	—
35	北方信托	52 181. 22	43 272. 24	43 272. 24	—
36	天津信托	51 467. 84	24 860. 16	24 860. 16	—
37	华鑫信托	50 875. 73	38 679. 29	38 679. 29	—
38	渤海信托	50 868. 38	41 540. 44	41 540. 44	—
39	交银国际信托	50 730. 86	33 837. 44	33 837. 44	—
40	湖南信托	49 276. 00	33 929. 00	33 929. 00	—
41	国投信托	47 234. 87	31 552. 84	31 552. 84	—
42	厦门国际信托	45 781. 00	42 726. 00	42 726. 00	—
43	吉林信托	44 498. 87	26 570. 88	26 563. 25	-7. 63
44	东莞信托	39 654. 23	24 113. 90	24 113. 90	—
45	爱建信托	36 508. 56	22 982. 03	22 982. 03	—
46	苏州信托	36 015. 92	27 924. 59	27 924. 59	—
47	杭州工商信托	33 936. 00	24 192. 00	24 192. 00	—
48	国联信托	32 883. 00	24 386. 00	23 995. 00	-391. 00
49	陕国投	31 307. 61	26 063. 00	26 063. 00	—
50	新时代信托	30 443. 52	20 043. 51	20 043. 51	—
51	安信信托	27 960. 17	10 250. 87	10 250. 87	—
52	金谷信托	27 228. 17	51 259. 18	51 259. 18	—
53	陆家嘴信托	26 982. 95	12 167. 79	12 167. 79	—
54	大业信托	25 426. 15	18 795. 32	18 795. 32	—
55	云南信托	23 934. 06	15 549. 61	15 549. 61	—
56	华澳信托	22 701. 45	12 598. 74	12 598. 74	—
57	中粮信托	22 398. 94	17 349. 97	17 349. 97	—
58	山西信托	20 564. 32	13 263. 19	13 263. 19	—
59	甘肃信托	19 544. 35	12 367. 34	13 544. 52	1 177. 18
60	国民信托	19 463. 57	33 341. 07	33 341. 07	—
61	西部信托	18 961. 60	17 895. 26	17 895. 26	—
62	紫金信托	18 692. 60	12 288. 36	12 288. 36	—
63	西藏信托	15 973. 86	8 562. 15	8 562. 15	—
64	万向信托	7 020. 36	176. 51	本年新增	
65	浙金信托	5 990. 65	3 882. 34	3 882. 34	—
66	长城新盛信托	5 704. 73	1 236. 64	1 236. 64	—
67	中国民生信托	5 644. 62	2 635. 60	本年新增	
68	华宸信托	1 170. 19	16 671. 38	16 671. 38	—
合计		4 591 552. 66	3 667 283. 97	3 665 250. 41	778. 55
平均		67 522. 83	53 930. 65	53 900. 74	

注：报表披露中差异绝对值小于等于 1 万元的视为尾差，不计入不一致范围。共有 3 家信托公司本年披露的上年净利润与上年披露的当年净利润不一致，本年新增的 2 家公司视同一致，本次排名以公司本年披露的上年数为准，同时列示上年披露的净利润数。

2013 年净利润超过 1 亿元的有 63 家，与 2012 年一致；超过 10 亿元的有 13 家，比 2012 年增加了 5 家，分别为重庆信托、华信信托、四川信托、兴业信托、中铁信托，13 家公司合计净利润为 213. 32 亿元，占 68 家信托公司净利润合计数的 46. 46%。

表3-2-9 固有资产净利润增减排行榜

排名	简称	2013年	本年列报的2012年数	增减额数
1	上海信托	158 621.89	107 638.23	50 983.66
2	中融信托	201 760.48	152 431.19	49 329.29
3	中信信托	314 359.25	271 697.44	42 661.81
4	华润信托	176 250.69	134 781.42	41 469.27
5	重庆信托	128 477.07	88 129.62	40 347.45
6	华信信托	117 866.19	78 751.58	39 114.61
7	兴业信托	110 579.72	77 221.58	33 358.14
8	方正东亚信托	70 191.26	39 619.01	30 572.25
9	四川信托	116 447.85	87 855.68	28 592.18
10	中诚信托	190 499.75	161 909.87	28 589.88
11	中铁信托	109 215.71	81 400.49	27 815.21
12	天津信托	51 467.84	24 860.16	26 607.68
13	中建投信托	53 227.67	29 001.61	24 226.06
14	外贸信托	129 621.39	105 733.00	23 888.39
15	中原信托	55 773.91	32 332.76	23 441.15
16	华能信托	83 577.27	60 218.73	23 358.54
17	中江信托	69 933.82	50 379.63	19 554.20
18	华宝信托	82 225.53	64 233.78	17 991.75
19	吉林信托	44 498.87	26 570.88	17 927.99
20	安信信托	27 960.17	10 250.87	17 709.30
21	百瑞信托	64 216.88	46 772.96	17 443.92
22	交银国际信托	50 730.86	33 837.44	16 893.42
23	国投信托	47 234.87	31 552.84	15 682.03
24	东莞信托	39 654.23	24 113.90	15 540.33
25	湖南信托	49 276.00	33 929.00	15 347.00
26	华融信托	80 450.86	65 182.09	15 268.77
27	陆家嘴信托	26 982.95	12 167.79	14 815.16
28	长安信托	92 349.72	78 400.58	13 949.14
29	中泰信托	54 066.17	40 398.63	13 667.54
30	爱建信托	36 508.56	22 982.03	13 526.53
31	国元信托	54 121.84	40 890.16	13 231.68
32	粤财信托	52 664.53	39 616.75	13 047.78
33	华鑫信托	50 875.73	38 679.29	12 196.44
34	五矿信托	74 561.60	63 344.57	11 217.03
35	中航信托	73 941.78	63 152.60	10 789.18
36	新时代信托	30 443.52	20 043.51	10 400.01
37	华澳信托	22 701.45	12 598.74	10 102.71
38	北京信托	81 947.59	72 020.76	9 926.84
39	杭州工商信托	33 936.00	24 192.00	9 744.00
40	渤海信托	50 868.38	41 540.44	9 327.95
41	北方信托	52 181.22	43 272.24	8 908.98
42	昆仑信托	82 746.00	74 017.51	8 728.49
43	国联信托	32 883.00	24 386.00	8 497.00
44	云南信托	23 934.06	15 549.61	8 384.45
45	苏州信托	36 015.92	27 924.59	8 091.34
46	西藏信托	15 973.86	8 562.15	7 411.71
47	山西信托	20 564.32	13 263.19	7 301.13
48	甘肃信托	19 544.35	12 367.34	7 177.01
49	万向信托	7 020.36	176.51	6 843.85
50	大业信托	25 426.15	18 795.32	6 630.83
51	紫金信托	18 692.60	12 288.36	6 404.24
52	建信信托	64 970.82	58 681.90	6 288.92
53	英大信托	55 321.07	49 199.30	6 121.77

续表

排名	简称	2013 年	本年列报的 2012 年数	增减额数
54	陕国投	31 307. 61	26 063. 00	5 244. 61
55	中海信托	85 793. 88	80 728. 05	5 065. 83
56	中粮信托	22 398. 94	17 349. 97	5 048. 96
57	江苏信托	112 480. 80	107 581. 20	4 899. 60
58	长城新盛信托	5 704. 73	1 236. 64	4 468. 09
59	新华信托	54 021. 09	50 884. 10	3 136. 99
60	厦门国际信托	45 781. 00	42 726. 00	3 055. 00
61	中国民生信托	5 644. 62	2 635. 60	3 009. 02
62	浙金信托	5 990. 65	3 882. 34	2 108. 31
63	西部信托	18 961. 60	17 895. 26	1 066. 34
64	山东信托	73 231. 47	73 232. 62	-1. 15
65	国民信托	19 463. 57	33 341. 07	-13 877. 50
66	华宸信托	1 170. 19	16 671. 38	-15 501. 19
67	金谷信托	27 228. 17	51 259. 18	-24 031. 01
68	平安信托	267 010. 74	292 879. 94	-25 869. 20
合计		4 591 552. 66	3 667 283. 97	924 268. 68
平均		67 522. 83	53 930. 65	13 592. 19

注：共有 3 家信托公司本年披露的上年净利润与上年披露的当年净利润不一致。本次比较排名以公司本年披露的上年数为准。

2013 年有 4 家公司净利润下降超过 1 亿元，其中平安信托下降最多达 2. 58 亿元。

表 3 -2 -10　固有资产净资产收益率排行榜（参与综合排名）

单位：%

排名	简称	2013 年	2012 年
1	安信信托	32. 33	16. 26
2	方正东亚信托	32. 21	26. 69
3	大业信托	30. 67	32. 71
4	长安信托	29. 88	35. 56
5	四川信托	28. 48	32. 01
6	杭州工商信托	27. 98	24. 76
7	中铁信托	26. 93	27. 75
8	中融信托	26. 39	31. 47
9	华澳信托	26. 24	16. 84
10	华融信托	24. 66	22. 75
11	湖南信托	24. 62	25. 58
12	外贸信托	24. 39	20. 51
13	中信信托	24. 13	27. 34
14	中原信托	23. 51	16. 35
15	中海信托	22. 53	21. 24
16	兴业信托	22. 10	19. 72
17	山东信托	21. 75	26. 36
18	西藏信托	21. 13	14. 36
19	北京信托	21. 04	21. 96
20	百瑞信托	20. 95	19. 64
21	新华信托	20. 48	24. 54
22	上海信托	20. 18	15. 83
23	华信信托	20. 05	14. 39
24	天津信托	19. 88	12. 02
25	陆家嘴信托	19. 85	10. 61
26	厦门国际信托	19. 46	25. 52
27	中航信托	19. 26	25. 78
28	北方信托	19. 04	19. 50

续表

排名	简称	2013 年	2012 年
29	五矿信托	17.66	32.70
30	云南信托	17.09	13.39
31	中诚信托	17.07	16.04
32	粤财信托	16.49	14.63
33	华鑫信托	16.39	14.91
34	华宝信托	16.22	15.04
35	渤海信托	15.96	15.15
36	江苏信托	15.85	17.37
37	苏州信托	15.74	14.04
38	长城新盛信托	15.65	3.96
39	华能信托	15.51	18.53
40	昆仑信托	15.19	14.62
41	中建投信托	15.02	10.66
42	中泰信托	14.78	12.00
43	国投信托	14.75	11.62
44	华润信托	14.41	13.25
45	东莞信托	14.25	25.12
46	英大信托	14.21	14.47
47	重庆信托	13.72	10.65
48	中江信托	13.62	12.83
49	甘肃信托	13.43	9.81
50	紫金信托	13.23	18.78
51	国元信托	13.14	11.09
52	吉林信托	13.11	7.81
53	西部信托	12.58	13.29
54	国联信托	12.37	10.12
55	山西信托	11.71	8.56
56	爱建信托	11.57	8.25
57	国民信托	11.50	22.28
58	建信信托	10.30	11.03
59	交银国际信托	10.26	12.72
60	浙金信托	9.92	7.13
61	新时代信托	9.51	11.81
62	陕国投	8.92	7.99
63	金谷信托	8.42	25.33
64	平安信托	8.06	9.31
65	中粮信托	6.83	7.70
66	中国民生信托	5.30	11.05
67	万向信托	5.12	0.14
68	华宸信托	1.34	19.85
平均值		16.50	16.15

2013 年总体净资产收益率保持在 16% 以上，变动不大，但低于 6% 的有 3 家，比 2012 年多了 1 家。

指标	家数	平均净资产收益率(%)
大于等于 6% 的	65	16.64
3% ~6%(含 3%)	2	5.20
0 ~3%	1	1.34
0 以下	—	—

2013 年新增的 2 家信托公司，收益率均在 3% ~6%，华宸信托 2013 年净资产收益率下降幅度较大。

表 3－2－11　固有资产总资产收益率排行榜

单位：%

排名	简称	2013 年	2012 年	增减额
1	方正东亚信托	27.82	20.66	7.16
2	杭州工商信托	23.55	20.98	2.57
3	外贸信托	23.21	19.34	3.88
4	长安信托	23.08	27.48	-4.40
5	中原信托	22.11	15.25	6.86
6	华融信托	22.09	21.07	1.01
7	中信信托	21.12	22.98	-1.86
8	中融信托	20.83	24.48	-3.66
9	华澳信托	20.58	13.58	7.00
10	兴业信托	20.54	18.69	1.85
11	湖南信托	20.18	20.53	-0.35
12	北京信托	19.43	20.57	-1.14
13	华信信托	19.35	13.84	5.51
14	大业信托	19.16	25.58	-6.42
15	百瑞信托	18.92	17.09	1.83
16	天津信托	18.74	11.28	7.46
17	上海信托	18.41	14.28	4.14
18	厦门国际信托	18.08	23.54	-5.45
19	陆家嘴信托	17.64	9.85	7.79
20	安信信托	17.47	10.78	6.69
21	中海信托	17.46	20.18	-2.72
22	中航信托	17.14	22.97	-5.83
23	中铁信托	17.04	19.17	-2.13
24	五矿信托	16.47	29.75	-13.28
25	北方信托	16.23	17.05	-0.81
26	四川信托	15.90	13.79	2.11
27	粤财信托	15.85	14.27	1.58
28	渤海信托	15.57	14.66	0.90
29	山东信托	15.50	24.32	-8.82
30	江苏信托	15.43	16.66	-1.23
31	西藏信托	15.20	11.73	3.47
32	云南信托	14.83	12.19	2.64
33	华鑫信托	14.76	13.19	1.57
34	中诚信托	14.76	13.79	0.97
35	昆仑信托	14.66	14.08	0.58
36	华宝信托	14.22	10.92	3.30
37	苏州信托	14.09	12.70	1.39
38	国投信托	13.93	10.93	3.00
39	华能信托	13.87	16.15	-2.28
40	东莞信托	13.61	22.22	-8.60
41	新华信托	13.59	16.82	-3.23
42	英大信托	13.45	13.39	0.06
43	华润信托	13.27	11.28	1.98
44	中建投信托	12.97	9.66	3.31
45	长城新盛信托	12.63	3.81	8.82
46	甘肃信托	12.60	8.90	3.70
47	国元信托	12.53	10.66	1.88
48	中泰信托	12.43	10.13	2.30
49	紫金信托	12.40	17.02	-4.62
50	国联信托	12.17	9.91	2.26

续表

排名	简称	2013 年	2012 年	增减额
51	爱建信托	11. 26	8. 07	3. 19
52	西部信托	10. 61	11. 42	-0. 81
53	吉林信托	10. 58	5. 29	5. 29
54	重庆信托	10. 30	8. 93	1. 37
55	交银国际信托	9. 84	11. 96	-2. 11
56	建信信托	9. 81	10. 61	-0. 80
57	国民信托	9. 73	19. 62	-9. 89
58	山西信托	9. 30	7. 86	1. 44
59	新时代信托	9. 23	11. 42	-2. 20
60	浙金信托	8. 76	6. 46	2. 30
61	中江信托	8. 08	6. 85	1. 23
62	陕国投	7. 97	7. 32	0. 65
63	金谷信托	7. 74	21. 48	-13. 74
64	中粮信托	6. 61	7. 44	-0. 83
65	万向信托	4. 98	0. 13	4. 85
66	中国民生信托	4. 89	2. 60	2. 28
67	平安信托	2. 63	3. 96	-1. 33
68	华宸信托	1. 19	14. 16	-12. 96
平均值		11. 88	12. 09	

注:2012 年的总资产收益率系以 2013 年年报的年初数为基础计算得出的,与上年汇总计算的数据有差异。

从 2011 年至 2013 年,整个信托行业的总资产收益率保持在 10% -12% 的范围内变化。

经对 68 家公司的数据分析,高于平均值的有 50 家公司。在指标值低于平均值的 18 家中,已经没有低于 1% 的公司。另外,有 27 家公司总资产收益率比上年有所下降。

表 3-2-12 固有资产货币资金排行榜

单位:万元

排名	简称	2013 年 12 月 31 日	2012 年 12 月 31 日	增减
1	平安信托	1 901 373. 24	1 686 550. 41	214 822. 83
2	中融信托	843 152. 85	493 699. 97	349 452. 87
3	五矿信托	335 889. 21	143 409. 61	192 479. 60
4	四川信托	326 045. 44	284 940. 55	41 104. 89
5	中江信托	321 780. 15	426 006. 85	-104 226. 70
6	中信信托	289 206. 22	477 420. 67	-188 214. 45
7	中诚信托	248 890. 80	214 030. 97	34 859. 83
8	上海信托	200 125. 20	156 041. 54	44 083. 66
9	交银国际信托	182 551. 10	122 139. 37	60 411. 73
10	粤财信托	169 915. 22	135 360. 34	34 554. 88
11	山东信托	156 233. 24	57 091. 35	99 141. 89
12	中粮信托	153 594. 46	125 996. 01	27 598. 45
13	长安信托	136 427. 83	154 196. 78	-17 768. 95
14	金谷信托	136 309. 63	75 849. 60	60 460. 03
15	中海信托	134 313. 30	77 943. 91	56 369. 39
16	北京信托	130 804. 83	122 947. 17	7 857. 66
17	新华信托	113 535. 18	108 855. 81	4 679. 37
18	北方信托	113 074. 26	37 441. 18	75 633. 08
19	渤海信托	112 788. 44	130 467. 83	-17 679. 39
20	陕国投	94 297. 59	80 831. 24	13 466. 35
21	中铁信托	86 729. 37	101 493. 29	-14 763. 92
22	中泰信托	86 292. 61	17 942. 33	68 350. 28
23	华宝信托	85 760. 06	124 358. 12	-38 598. 06
24	华融信托	83 798. 03	40 841. 98	42 956. 05
25	吉林信托	72 585. 36	127 666. 20	-55 080. 84

续表

排名	简称	2013 年 12 月 31 日	2012 年 12 月 31 日	增减
26	建信信托	65 859. 40	25 320. 92	40 538. 48
27	华能信托	63 892. 18	14 263. 22	49 628. 96
28	华润信托	63 604. 06	105 619. 18	-42 015. 12
29	外贸信托	62 884. 05	103 637. 03	-40 752. 98
30	中国民生信托	62 277. 54	100 454. 35	-38 176. 81
31	中建投信托	54 794. 18	34 545. 95	20 248. 23
32	昆仑信托	53 524. 35	22 009. 69	31 514. 66
33	大业信托	53 021. 25	48 039. 24	4 982. 01
34	兴业信托	49 280. 21	27 716. 92	21 563. 29
35	浙金信托	48 081. 42	15 813. 59	32 267. 83
36	国元信托	47 336. 36	27 162. 81	20 173. 55
37	云南信托	47 290. 22	88 760. 32	-41 470. 11
38	国投信托	46 631. 17	45 573. 50	1 057. 67
39	方正东亚信托	44 710. 59	117 964. 84	-73 254. 26
40	华澳信托	43 186. 62	33 895. 71	9 290. 91
41	山西信托	40 690. 48	73 747. 78	-33 057. 30
42	湖南信托	38 490. 00	46 892. 00	-8 402. 00
43	紫金信托	36 246. 51	14 947. 95	21 298. 57
44	天津信托	35 831. 43	33 871. 09	1 960. 34
45	安信信托	35 616. 44	46 194. 99	-10 578. 55
46	英大信托	32 468. 58	110 381. 18	-77 912. 60
47	重庆信托	32 016. 48	47 876. 33	-15 859. 85
48	新时代信托	31 861. 02	21 519. 68	10 341. 34
49	厦门国际信托	30 302. 00	38 559. 00	-8 257. 00
50	中航信托	29 192. 19	36 891. 48	-7 699. 29
51	国联信托	26 268. 00	16 676. 00	9 592. 00
52	甘肃信托	23 980. 28	6 672. 86	17 307. 42
53	百瑞信托	22 012. 64	14 565. 21	7 447. 43
54	西部信托	21 441. 16	29 806. 66	-8 365. 50
55	长城新盛信托	20 382. 75	21 109. 86	-727. 10
56	国民信托	19 715. 43	9 621. 03	10 094. 40
57	杭州工商信托	19 219. 00	36 388. 00	-17 169. 00
58	爱建信托	18 907. 81	47 538. 19	-28 630. 38
59	陆家嘴信托	16 177. 51	27 196. 64	-11 019. 13
60	华信信托	13 992. 58	11 251. 93	2 740. 65
61	中原信托	13 976. 13	11 468. 87	2 507. 26
62	苏州信托	13 007. 87	22 149. 91	-9 142. 04
63	东莞信托	12 821. 59	9 784. 49	3 037. 10
64	万向信托	12 565. 09	63 164. 41	-50 599. 32
65	华宸信托	1 912. 89	5 555. 19	-3 642. 31
66	江苏信托	1 463. 11	45 307. 50	-43 844. 39
67	西藏信托	1 088. 65	32 731. 92	-31 643. 27
68	华鑫信托	912. 20	874. 01	38. 19
合计		7 924 407. 03	7 217 044. 52	707 362. 51
平均		116 535. 40	106 133. 01	10 402. 39

为了使各家公司报告对货币资金披露的一致，表格中的货币资金包括：货币资金、存放中央银行款项、存放同业款项和其他货币资金及贵金属。

2013 年平均货币资金相比 2012 年增幅有所降缓，净增加了 70. 74 亿元，增幅为 9. 80%，而 2012 年增幅为 17. 95%。

表 3 - 2 - 13　固有资产每股净资产排行榜

单位：元

排名	简称	2013 年 12 月 31 日	2012 年 12 月 31 日
1	中信信托	10. 86	8. 28
2	中泰信托	7. 08	6. 52
3	中融信托	4. 78	3. 28
4	平安信托	4. 74	4. 50
5	华润信托	4. 65	3. 87

续表

排名	简称	2013年12月31日	2012年12月31日
6	中诚信托	4.54	4.11
7	中江信托	4.44	3.79
8	建信信托	4.13	3.48
9	重庆信托	3.84	3.39
10	上海信托	3.14	2.72
11	陕国投	2.89	5.64
12	北京信托	2.78	2.34
13	大业信托	2.76	1.92
14	北方信托	2.74	2.22
15	新时代信托	2.67	2.12
16	国投信托	2.66	2.25
17	江苏信托	2.64	2.49
18	山东信托	2.63	2.17
19	百瑞信托	2.55	1.98
20	华宝信托	2.53	2.14
21	长安信托	2.45	1.75
22	西部信托	2.43	2.17
23	杭州工商信托	2.43	1.95
24	外贸信托	2.42	2.34
25	东莞信托	2.32	1.92
26	中航信托	2.28	1.63
27	新华信托	2.20	1.73
28	国联信托	2.16	1.96
29	华融信托	2.15	1.89
30	英大信托	2.14	1.87
31	粤财信托	2.13	1.80
32	中建投信托	2.13	1.81
33	吉林信托	2.13	2.13
34	五矿信托	2.11	1.61
35	万向信托	2.11	2.00
36	国元信托	2.06	3.07
37	四川信托	2.04	2.11
38	中铁信托	2.03	1.47
39	兴业信托	1.94	1.52
40	苏州信托	1.91	1.66
41	安信信托	1.90	1.39
42	西藏信托	1.89	1.49
43	昆仑信托	1.82	1.69
44	方正东亚信托	1.82	1.48
45	华能信托	1.80	1.63
46	华信信托	1.78	1.82
47	天津信托	1.73	1.38
48	国民信托	1.69	1.50
49	湖南信托	1.67	1.89
50	渤海信托	1.59	1.37
51	中原信托	1.58	1.32
52	华宸信托	1.53	1.47
53	中海信托	1.52	1.52
54	厦门国际信托	1.47	1.67
55	金谷信托	1.47	1.69

续表

排名	简称	2013 年 12 月 31 日	2012 年 12 月 31 日
56	华澳信托	1.44	1.25
57	甘肃信托	1.43	1.24
58	中粮信托	1.43	1.50
59	华鑫信托	1.41	1.18
60	云南信托	1.40	2.90
61	交银国际信托	1.31	1.33
62	山西信托	1.29	1.55
63	陆家嘴信托	1.27	1.07
64	长城新盛信托	1.21	1.04
65	浙金信托	1.21	1.09
66	紫金信托	1.18	1.31
67	中国民生信托	1.07	1.04
68	爱建信托	1.05	0.93
	平均	2.49	2.31

68 家信托公司平均每股净资产 2.49 元，较上年有所上升，增长幅度为 7.82%；所有公司的每股净资产均大于 1.00 元，其中 38 家信托公司每股净资产超过了 2.00 元，中信信托的每股净资产达到了 10.86 元。

（二）信托资产相关指标

表 3-2-14　信托资产资产总额排行榜（参与综合排名）

单位：万元

排名	简称	2013 年 12 月 31 日	2012 年 12 月 31 日
1	中信信托	72 966 079.78	59 134 914.18
2	兴业信托	56 500 216.70	33 604 933.68
3	中融信托	47 853 490.39	29 948 632.19
4	华润信托	36 430 423.90	18 651 922.24
5	中诚信托	35 721 118.26	27 136 746.55
6	建信信托	32 581 638.82	35 077 677.25
7	外贸信托	31 737 693.65	21 518 617.76
8	山东信托	29 942 135.14	18 970 041.52
9	华能信托	29 856 830.63	17 363 029.67
10	北方信托	29 423 228.00	16 061 876.56
11	平安信托	29 031 953.90	21 202 472.76
12	交银国际信托	27 991 658.90	15 795 038.32
13	华宝信托	27 151 685.52	21 253 160.62
14	粤财信托	22 945 876.95	16 550 157.39
15	云南信托	22 514 869.57	7 801 550.52
16	中航信托	22 117 395.75	13 954 696.21
17	四川信托	21 867 572.16	13 678 110.96
18	长安信托	21 682 939.58	21 868 194.55
19	英大信托	21 026 829.31	20 228 460.50
20	五矿信托	19 606 736.70	12 001 614.50
21	上海信托	19 229 031.31	12 028 615.50
22	国元信托	19 053 303.15	11 409 304.15
23	渤海信托	18 817 904.08	10 035 614.06
24	国投信托	18 462 290.12	11 829 947.01
25	中海信托	17 744 365.55	12 584 697.56
26	昆仑信托	16 848 427.09	9 379 750.21
27	中江信托	16 747 288.18	13 613 251.96
28	新华信托	16 594 457.60	9 430 813.28

续表

排名	简称	2013年12月31日	2012年12月31日
29	新时代信托	15 842 342. 20	12 653 983. 53
30	中铁信托	15 053 089. 00	10 564 320. 00
31	华鑫信托	14 837 344. 01	8 557 284. 10
32	厦门国际信托	13 244 024. 00	11 290 726. 00
33	西藏信托	12 911 412. 50	5 850 950. 01
34	重庆信托	12 631 179. 09	6 376 362. 19
35	北京信托	12 434 795. 36	12 363 349. 63
36	中原信托	11 914 242. 36	8 036 453. 66
37	安信信托	11 581 461. 69	4 603 602. 00
38	百瑞信托	11 424 669. 83	7 315 577. 77
39	方正东亚信托	11 181 569. 47	7 315 908. 21
40	江苏信托	10 334 611. 77	7 616 229. 95
41	天津信托	9 949 583. 52	6 884 009. 16
42	中建投信托	9 819 195. 10	4 387 386. 57
43	华融信托	9 766 219. 87	7 101 772. 58
44	金谷信托	9 381 081. 50	10 183 453. 45
45	陕国投	9 068 741. 18	10 111 598. 96
46	甘肃信托	7 786 289. 59	7 963 141. 59
47	华信信托	7 638 487. 05	5 643 939. 78
48	山西信托	6 765 471. 70	4 785 063. 37
49	陆家嘴信托	6 755 671. 60	2 772 770. 43
50	湖南信托	6 643 824. 00	5 147 230. 00
51	苏州信托	6 386 451. 42	3 119 891. 34
52	中泰信托	6 217 769. 34	3 162 146. 21
53	中粮信托	5 309 187. 41	12 399 722. 49
54	大业信托	5 228 599. 72	2 991 641. 38
55	华澳信托	5 117 844. 00	1 868 742. 00
56	西部信托	5 113 744. 90	3 115 484. 46
57	国联信托	4 485 387. 00	3 091 361. 00
58	国民信托	4 251 543. 51	607 934. 53
59	吉林信托	4 216 962. 06	4 498 578. 75
60	东莞信托	4 132 508. 62	3 239 928. 05
61	紫金信托	3 908 703. 33	2 298 539. 20
62	中国民生信托	3 902 603. 65	0. 00
63	爱建信托	3 847 326. 69	2 280 204. 41
64	杭州工商信托	2 263 260. 00	1 483 694. 00
65	浙金信托	2 190 092. 25	1 037 269. 74
66	万向信托	1 601 689. 50	272 112. 17
67	长城新盛信托	1 449 383. 63	260 294. 77
68	华宸信托	1 271 354. 91	1 650 121. 06
合计		1 090 307 159. 02	747 016 620. 16
平均		16 033 928. 81	10 985 538. 53

注：大业信托2013年审计报告中披露的年初信托资产总额与2012年披露金额不一致，本次排名以公司本年披露的上年金额为准。

信托资产总额超过1 000亿元的公司有40家，比2012年的32家增加了8家。40家信托公司资产总额达到93 583. 82亿元，占整个信托资产总额的85. 83%。68家信托公司信托资产总额平均为1 603. 39亿元。

表3-2-15 年末信托资产规模资本比例排行榜

排名	简称	净资产（万元）	信托资产（万元）	信托规模资本比例（%）
1	平安信托	3 311 922. 96	29 031 953. 90	11. 41
2	万向信托	137 196. 87	1 601 689. 50	8. 57
3	爱建信托	315 450. 45	3 847 326. 69	8. 20
4	吉林信托	339 311. 47	4 216 962. 06	8. 05
5	华信信托	587 822. 67	7 638 487. 05	7. 70

续表

排名	简称	净资产（万元）	信托资产（万元）	信托规模资本比例（%）
6	重庆信托	936 596.36	12 631 179.09	7.41
7	华宸信托	87 499.21	1 271 354.91	6.88
8	江苏信托	709 466.06	10 334 611.77	6.86
9	东莞信托	278 187.17	4 132 508.62	6.73
10	中粮信托	327 851.35	5 309 187.41	6.18
11	国联信托	265 863.00	4 485 387.00	5.93
12	中泰信托	365 897.69	6 217 769.34	5.88
13	杭州工商信托	121 281.00	2 263 260.00	5.36
14	上海信托	785 933.48	19 229 031.31	4.09
15	国民信托	169 246.28	4 251 543.51	3.98
16	陕国投	350 943.22	9 068 741.18	3.87
17	紫金信托	141 312.73	3 908 703.33	3.62
18	中建投信托	354 380.57	9 819 195.10	3.61
19	苏州信托	228 839.94	6 386 451.42	3.58
20	金谷信托	323 345.97	9 381 081.50	3.45
21	华润信托	1 223 385.42	36 430 423.90	3.36
22	华融信托	326 181.66	9 766 219.87	3.34
23	昆仑信托	544 827.25	16 848 427.09	3.23
24	北京信托	389 499.84	12 434 795.36	3.13
25	中诚信托	1 115 736.01	35 721 118.26	3.12
26	中江信托	513 484.40	16 747 288.18	3.07
27	湖南信托	200 176.00	6 643 824.00	3.01
28	西部信托	150 769.34	5 113 744.90	2.95
29	浙金信托	60 389.34	2 190 092.25	2.76
30	中国民生信托	106 504.59	3 902 603.65	2.73
31	中铁信托	405 603.98	15 053 089.00	2.69
32	百瑞信托	306 519.88	11 424 669.83	2.68
33	天津信托	258 883.11	9 949 583.52	2.60
34	山西信托	175 597.90	6 765 471.70	2.60
35	长城新盛信托	36 446.72	1 449 383.63	2.51
36	国元信托	412 038.92	19 053 303.15	2.16
37	五矿信托	422 237.08	19 606 736.70	2.15
38	中海信托	380 800.66	17 744 365.55	2.15
39	华鑫信托	310 331.41	14 837 344.01	2.09
40	新时代信托	320 155.63	15 842 342.20	2.02
41	陆家嘴信托	135 903.14	6 755 671.60	2.01
42	中原信托	237 212.99	11 914 242.36	1.99
43	方正东亚信托	217 893.19	11 181 569.47	1.95
44	建信信托	630 850.08	32 581 638.82	1.94
45	四川信托	408 843.11	21 867 572.16	1.87
46	甘肃信托	145 562.10	7 786 289.59	1.87
47	华宝信托	506 979.22	27 151 685.52	1.87
48	英大信托	389 308.93	21 026 829.31	1.85
49	华能信托	538 733.37	29 856 830.63	1.80
50	中信信托	1 302 874.97	72 966 079.78	1.79
51	厦门国际信托	235 223.00	13 244 024.00	1.78
52	交银国际信托	494 351.96	27 991 658.90	1.77
53	中航信托	383 871.97	22 117 395.75	1.74
54	国投信托	320 166.94	18 462 290.12	1.73
55	渤海信托	318 792.59	18 817 904.08	1.69

续表

排名	简称	净资产(万元)	信托资产(万元)	信托规模资本比例(%)
56	华澳信托	86 512.88	5 117 844.00	1.69
57	外贸信托	531 394.19	31 737 693.65	1.67
58	中融信托	764 548.46	47 853 490.39	1.60
59	新华信托	263 749.37	16 594 457.60	1.59
60	大业信托	82 889.01	5 228 599.72	1.59
61	长安信托	309 027.14	21 682 939.58	1.43
62	粤财信托	319 302.58	22 945 876.95	1.39
63	山东信托	336 766.09	29 942 135.14	1.12
64	北方信托	274 109.11	29 423 228.00	0.93
65	兴业信托	500 403.32	56 500 216.70	0.89
66	安信信托	86 476.44	11 581 461.69	0.75
67	云南信托	140 032.65	22 514 869.57	0.62
68	西藏信托	75 587.29	12 911 412.50	0.59
合计		27 835 283.66	1 090 307 159.02	2.55
平均		409 342.41	16 033 928.81	2.55

2013 年信托资产规模资本比例整体相比 2012 年略有下降(2012 年平均比例为 3.02%),各家公司的规模比例也在下降,2012 年超过 10% 的有 6 家,2013 年仅平安信托超过 10%。

项目	2013 年	2012 年
大于 10%	1	6
5% ~10%	12	12
1% ~5%以下	50	48
小于 1%	5	0
合计	68	66

表 3-2-16　信托资产营业收入排行榜

单位:万元

排名	简称	2013 年	2012 年
1	兴业信托	3 824 726.74	1 767 985.00
2	中融信托	3 686 527.67	1 988 542.51
3	中信信托	3 318 829.39	3 081 299.03
4	平安信托	2 845 095.47	2 095 642.18
5	外贸信托	2 353 572.07	1 318 808.55
6	长安信托	2 232 414.94	1 368 120.11
7	华润信托	2 209 802.93	1 290 819.23
8	华能信托	2 062 994.74	1 296 005.23
9	山东信托	2 015 563.68	1 136 649.28
10	四川信托	1 906 707.92	917 129.47
11	中诚信托	1 748 931.52	1 742 108.49
12	北方信托	1 683 669.00	922 739.99
13	建信信托	1 629 252.47	1 324 746.25
14	中航信托	1 533 720.05	909 513.71
15	渤海信托	1 480 372.13	927 630.43
16	华宝信托	1 457 073.41	1 191 252.75
17	五矿信托	1 412 350.95	734 136.19
18	粤财信托	1 394 928.73	1 216 488.15
19	交银国际信托	1 391 407.70	861 090.87
20	国元信托	1 380 643.31	708 187.02
21	中铁信托	1 345 521.00	580 076.00
22	新时代信托	1 295 933.93	844 396.33
23	中江信托	1 286 483.80	801 460.21
24	英大信托	1 242 808.68	1 236 924.52

续表

排名	简称	2013 年	2012 年
25	云南信托	1 238 053.09	201 457.58
26	国投信托	1 237 678.24	392 220.55
27	上海信托	1 231 551.58	673 802.42
28	新华信托	1 228 767.28	768 551.26
29	厦门国际信托	1 124 333.00	745 277.00
30	华鑫信托	1 114 538.67	583 093.03
31	中海信托	1 049 179.28	906 026.70
32	中原信托	1 015 533.20	550 172.28
33	金谷信托	937 050.56	805 748.72
34	昆仑信托	896 795.47	574 508.62
35	方正东亚信托	887 335.96	677 516.87
36	西藏信托	832 963.78	318 009.88
37	北京信托	808 178.07	1 181 087.75
38	陕国投	775 766.20	493 332.86
39	华融信托	772 615.43	548 776.24
40	安信信托	767 332.93	295 235.84
41	百瑞信托	747 297.81	424 116.32
42	重庆信托	656 927.06	332 155.19
43	天津信托	656 603.63	444 399.04
44	湖南信托	653 621.00	405 171.00
45	华信信托	639 418.06	479 340.59
46	江苏信托	605 619.04	453 307.79
47	甘肃信托	597 486.75	573 324.35
48	山西信托	569 599.04	325 436.64
49	中建投信托	548 300.09	216 825.99
50	中粮信托	529 415.06	596 886.70
51	陆家嘴信托	505 209.43	98 201.68
52	中泰信托	455 938.11	149 305.80
53	吉林信托	442 974.45	607 443.16
54	西部信托	432 479.82	230 920.24
55	苏州信托	431 664.78	251 586.56
56	大业信托	409 761.65	253 974.19
57	国联信托	402 892.00	251 555.00
58	华澳信托	345 685.00	138 055.00
59	东莞信托	337 684.44	243 874.34
60	紫金信托	288 849.80	136 040.76
61	爱建信托	272 769.22	132 470.40
62	杭州工商信托	212 828.00	200 020.00
63	浙金信托	178 931.00	35 352.89
64	华宸信托	166 621.02	177 468.89
65	国民信托	155 383.86	22 353.27
66	万向信托	83 164.69	3 073.72
67	中国民生信托	80 996.68	—
68	长城新盛信托	53 014.14	4 680.49
合计		74 118 140.60	47 163 909.09
平均		1 089 972.66	693 586.90

注：中国民生信托年初为 0。

2012 年增长比例为 129.90%，2013 年为 57.15%，总体增长幅度仍保持在 2 600 亿元以上。营业务收入达到 100 亿元以上的有 32 家，2012 年为 15 家。

项目	2013 年	2012 年
100 亿元以上	32	15
10 亿～100 亿元	33	47
10 亿元以下	3	4
合计	68	66

表3-2-17 信托业务收入占比排行榜

排名	简称	信托手续费及佣金收入(万元)	其他业务收入中的信托部分收入(万元)	合计(万元)	收入合计(万元)	信托业务收入占比(%)
1	中江信托	116 697.96	—	116 697.96	119 639.18	97.54
2	中融信托	454 205.00	—	454 205.00	490 167.00	92.66
3	新华信托	171 811.33	—	171 811.33	186 761.89	91.99
4	大业信托	48 706.30	—	48 706.30	53 919.20	90.33
5	华融信托	176 575.88	—	176 575.88	195 596.31	90.28
6	安信信托	78 929.94	—	78 929.94	88 866.26	88.82
7	陆家嘴信托	50 287.00	—	50 287.00	56 850.00	88.46
8	华宸信托	19 670.57	—	19 670.57	22 435.36	87.68
9	华澳信托	52 135.00	—	52 135.00	59 736.00	87.28
10	中航信托	134 097.72	—	134 097.72	153 984.21	87.09
11	四川信托	181 183.77	—	181 183.77	209 106.78	86.65
12	杭州工商信托	46 142.00	13 305.00	59 447.00	69 074.00	86.06
13	方正东亚信托	111 255.78	—	111 255.78	129 613.43	85.84
14	渤海信托	90 657.24	—	90 657.24	106 135.66	85.42
15	紫金信托	32 177.21	—	32 177.21	37 742.11	85.26
16	山西信托	51 494.56	—	51 494.56	60 511.23	85.10
17	长安信托	197 424.88	—	197 424.88	233 049.17	84.71
18	中原信托	81 130.44	—	81 130.44	96 693.10	83.91
19	五矿信托	109 146.90	—	109 146.90	131 031.18	83.30
20	云南信托	43 456.96	—	43 456.96	52 996.26	82.00
21	天津信托	98 852.92	1 011.55	99 864.47	122 007.12	81.85
22	中信信托	450 167.02	—	450 167.02	550 311.52	81.80
23	西藏信托	27 473.09	—	27 473.09	33 593.84	81.78
24	湖南信托	70 918.00	—	70 918.00	87 627.00	80.93
25	交银国际信托	69 144.37	10 635.81	79 780.18	100 608.17	79.30
26	浙金信托	17 474.05	—	17 474.05	22 116.88	79.01
27	兴业信托	163 081.00	—	163 081.00	206 732.00	78.89
28	粤财信托	62 038.89	—	62 038.89	79 282.86	78.25
29	北京信托	122 704.00	—	122 704.00	156 815.00	78.25
30	英大信托	76 765.98	—	76 765.98	99 636.21	77.05
31	金谷信托	84 388.02	—	84 388.02	109 755.49	76.89
32	百瑞信托	89 717.51	—	89 717.51	117 057.67	76.64
33	北方信托	87 606.11	—	87 606.11	114 339.54	76.62
34	新时代信托	52 326.22	—	52 326.22	68 750.78	76.11
35	西部信托	27 553.26	—	27 553.26	37 078.96	74.31
36	山东信托	94 946.15	—	94 946.15	129 446.26	73.35
37	华能信托	114 798.09	—	114 798.09	156 580.25	73.32
38	国元信托	63 639.51	—	63 639.51	87 311.57	72.89
39	中铁信托	115 807.00	—	115 807.00	159 328.00	72.68
40	中建投信托	74 817.18	—	74 817.18	103 421.75	72.34
41	苏州信托	48 576.00	—	48 576.00	67 206.00	72.28
42	甘肃信托	25 560.10	—	25 560.10	36 849.48	69.36
43	厦门国际信托	55 486.00	—	55 486.00	80 393.00	69.02
44	华鑫信托	62 294.50	—	62 294.50	90 657.49	68.71
45	东莞信托	47 800.99	—	47 800.99	69 931.39	68.35
46	昆仑信托	94 786.29	—	94 786.29	143 148.03	66.22
47	国民信托	26 990.53	—	26 990.53	41 076.34	65.71
48	中国民生信托	10 850.94	—	10 850.94	16 619.81	65.29
49	国联信托	29 496.00	—	29 496.00	46 635.00	63.25
50	华润信托	172 266.00	—	172 266.00	275 584.33	62.51
51	爱建信托	42 000.79	—	42 000.79	68 554.18	61.27
52	建信信托	64 702.73	—	64 702.73	115 241.10	56.15
53	陕国投	46 378.44	—	46 378.44	84 494.53	54.89

续表

排名	简称	信托手续费及佣金收入(万元)	其他业务收入中的信托部分收入(万元)	合计(万元)	收入合计(万元)	信托业务收入占比(%)
54	华信信托	93 382.47	—	93 382.47	170 844.08	54.66
55	中粮信托	25 256.57	—	25 256.57	46 609.03	54.19
56	吉林信托	46 327.14	—	46 327.14	86 414.07	53.61
57	外贸信托	108 050.45	—	108 050.45	203 012.95	53.22
58	中海信托	61 442.46	—	61 442.46	124 150.37	49.49
59	华宝信托	91 469.45	—	91 469.45	192 006.29	47.64
60	中诚信托	149 818.40	—	149 818.40	325 726.87	46.00
61	国投信托	43 666.68	—	43 666.68	103 948.76	42.01
62	万向信托	6 700.43	—	6 700.43	16 855.68	39.75
63	重庆信托	89 651.05	—	89 651.05	225 559.23	39.75
64	长城新盛信托	6 129.94	—	6 129.94	16 361.75	37.47
65	江苏信托	46 135.48	—	46 135.48	135 624.14	34.02
66	上海信托	100 159.79	—	100 159.79	299 086.78	33.49
67	中泰信托	33 088.99	—	33 088.99	155 186.32	21.32
68	平安信托	250 468.69	—	250 468.69	1 753 119.18	14.29
合计		6 090 342.11	24 952.36	6 115 294.47	10 086 605.38	60.63
平均		89 563.85	366.95	89 930.80	148 332.43	60.63

整个信托行业业务收入占总收入的平均比例为60.63%，比2012年57.80%略有提高。其中超过平均数的公司有51家。信托行业业务收入占比逐年提高，收入稳定性提高。

表3-2-18　信托资产信托报酬率排行榜(参与综合排名)

排名	简称	信托手续费收入(万元)	其他业务信托收入(万元)	合计(万元)	实收信托(万元)		2013年信托报酬率(%)
					2013年	2012年	
1	杭州工商信托	46 142.00	13 305.00	59 447.00	2 222 251.00	1 432 655.00	3.25
2	华融信托	176 575.88	—	176 575.88	9 705 028.44	7 001 024.96	2.11
3	华澳信托	52 135.00	—	52 135.00	5 064 216.00	1 860 210.00	1.51
4	华信信托	93 382.47	—	93 382.47	7 479 022.60	5 542 122.11	1.43
5	爱建信托	42 000.79	—	42 000.79	3 789 265.94	2 231 192.16	1.40
6	华宸信托	19 670.57	—	19 670.57	1 232 930.00	1 624 969.03	1.38
7	新华信托	171 811.33	—	171 811.33	16 229 653.70	9 299 292.86	1.35
8	东莞信托	47 800.99	—	47 800.99	4 082 382.57	3 215 222.53	1.31
9	中融信托	454 205.00	—	454 205.00	45 496 660.72	28 096 338.74	1.23
10	方正东亚信托	111 255.78	—	111 255.78	11 062 734.02	7 148 768.47	1.22
11	湖南信托	70 918.00	—	70 918.00	6 567 178.00	5 066 119.00	1.22
12	天津信托	98 852.92	1 011.55	99 864.47	9 820 723.98	6 735 814.96	1.21
13	大业信托	48 706.30	—	48 706.30	5 174 704.93	2 942 478.58	1.20
14	国民信托	26 990.53	—	26 990.53	4 173 531.63	561 960.73	1.14
15	浙金信托	17 474.05	—	17 474.05	2 161 274.47	1 021 963.00	1.10
16	吉林信托	46 327.14	—	46 327.14	4 163 748.00	4 435 989.85	1.08
17	陆家嘴信托	50 287.00	—	50 287.00	6 725 634.00	2 757 211.73	1.06
18	中建投信托	74 817.18	—	74 817.18	9 768 533.58	4 360 428.48	1.06
19	紫金信托	32 177.21	—	32 177.21	3 870 364.97	2 254 896.45	1.05
20	北京信托	122 704.00	—	122 704.00	12 052 417.60	11 345 250.29	1.05
21	平安信托	250 468.69	—	250 468.69	27 636 367.30	20 152 964.11	1.05
22	苏州信托	48 576.00	—	48 576.00	6 264 007.46	3 076 809.67	1.04
23	四川信托	181 183.77	—	181 183.77	21 639 303.50	13 569 520.69	1.03
24	安信信托	78 929.94	—	78 929.94	11 550 570.76	4 536 006.88	0.98
25	百瑞信托	89 717.51	—	89 717.51	11 230 338.04	7 204 429.85	0.97
26	重庆信托	89 651.05	—	89 651.05	12 512 201.55	6 325 885.89	0.95
27	中铁信托	115 807.00	—	115 807.00	14 682 966.00	10 274 041.00	0.93
28	长安信托	197 424.88	—	197 424.88	21 339 393.26	21 650 275.77	0.92
29	山西信托	51 494.56	—	51 494.56	6 724 815.07	4 743 333.06	0.90

续表

排名	简称	信托手续费收入（万元）	其他业务信托收入（万元）	合计（万元）	实收信托（万元）		2013年信托报酬率（%）
					2013年	2012年	
30	金谷信托	84 388. 02	—	84 388. 02	9 311 356. 21	10 142 335. 85	0. 87
31	中原信托	81 130. 44	—	81 130. 44	11 753 829. 76	7 926 851. 70	0. 82
32	国联信托	29 496. 00	—	29 496. 00	4 375 463. 00	3 039 715. 00	0. 80
33	中江信托	116 697. 96	—	116 697. 96	16 685 512. 83	13 581 362. 94	0. 77
34	中航信托	134 097. 72	—	134 097. 72	21 998 784. 34	13 852 203. 05	0. 75
35	昆仑信托	94 786. 29	—	94 786. 29	16 781 922. 55	9 311 218. 32	0. 73
36	万向信托	6 700. 43	—	6 700. 43	1 589 257. 10	271 610. 00	0. 72
37	长城新盛信托	6 129. 94	—	6 129. 94	1 446 988. 56	259 000. 00	0. 72
38	中泰信托	33 088. 99	—	33 088. 99	6 169 000. 64	3 128 400. 01	0. 71
39	中信信托	450 167. 02	—	450 167. 02	70 439 706. 36	57 646 824. 19	0. 70
40	五矿信托	109 146. 90	—	109 146. 90	19 419 281. 29	11 855 974. 30	0. 70
41	西部信托	27 553. 26	—	27 553. 26	5 013 032. 28	3 064 313. 45	0. 68
42	上海信托	100 159. 79	—	100 159. 79	19 091 960. 63	11 836 668. 44	0. 65
43	华润信托	172 266. 00	—	172 266. 00	35 852 109. 85	18 315 931. 41	0. 64
44	渤海信托	90 657. 24	—	90 657. 24	18 782 834. 90	10 004 795. 70	0. 63
45	中国民生信托	10 850. 94	—	10 850. 94	3 890 847. 83	—	0. 56
46	华鑫信托	62 294. 50	—	62 294. 50	14 698 472. 98	8 500 103. 60	0. 54
47	江苏信托	46 135. 48	—	46 135. 48	10 289 093. 54	7 560 291. 55	0. 52
48	华能信托	114 798. 09	—	114 798. 09	29 610 344. 98	17 202 224. 09	0. 49
49	陕国投	46 378. 44	—	46 378. 44	8 960 317. 55	10 050 485. 65	0. 49
50	中诚信托	149 818. 40	—	149 818. 40	35 681 506. 55	26 784 960. 16	0. 48
51	厦门国际信托	55 486. 00	—	55 486. 00	13 189 264. 00	11 262 573. 00	0. 45
52	国元信托	63 639. 51	—	63 639. 51	18 986 983. 49	11 341 814. 69	0. 42
53	外贸信托	108 050. 45	—	108 050. 45	30 928 562. 08	21 312 730. 80	0. 41
54	中海信托	61 442. 46	—	61 442. 46	17 414 692. 39	12 493 505. 93	0. 41
55	山东信托	94 946. 15	—	94 946. 15	29 782 567. 24	18 748 378. 40	0. 39
56	北方信托	87 606. 11	—	87 606. 11	29 026 921. 00	15 839 841. 96	0. 39
57	华宝信托	91 469. 45	—	91 469. 45	26 604 958. 36	20 971 226. 49	0. 38
58	英大信托	76 765. 98	—	76 765. 98	21 023 250. 35	20 223 334. 70	0. 37
59	新时代信托	52 326. 22	—	52 326. 22	15 787 531. 42	12 561 625. 91	0. 37
60	交银国际信托	69 144. 37	10 635. 81	79 780. 18	27 854 722. 02	15 640 516. 05	0. 37
61	兴业信托	163 081. 00	—	163 081. 00	56 328 644. 46	33 514 477. 20	0. 36
62	甘肃信托	25 560. 10	—	25 560. 10	7 757 159. 94	7 931 526. 66	0. 33
63	粤财信托	62 038. 89	—	62 038. 89	22 270 174. 78	15 989 715. 02	0. 32
64	西藏信托	27 473. 09	—	27 473. 09	12 895 644. 27	5 846 144. 50	0. 29
65	国投信托	43 666. 68	—	43 666. 68	18 378 810. 27	11 814 890. 55	0. 29
66	云南信托	43 456. 96	—	43 456. 96	22 401 782. 01	7 685 330. 88	0. 29
67	中粮信托	25 256. 57	—	25 256. 57	5 279 396. 99	12 358 807. 17	0. 29
68	建信信托	64 702. 73	—	64 702. 73	30 197 951. 58	33 285 475. 71	0. 20
合计		6 090 342. 11	24 952. 36	6 115 294. 47	1 072 372 859. 47	733 624 360. 88	0. 68

注：1. 信托报酬率＝信托业务收入÷实收信托平均余额×100%。
2. 信托业务收入＝信托手续费收入＋其他业务信托收入。
3. 实收信托平均余额＝（期初实收信托余额＋期末实收信托余额）÷2。

2013年度有27家信托公司的信托报酬率小于平均值0. 68%。

表3－2－19 信托业务收入排行榜（参与综合排名）

单位：万元

排名	简称	2013年	2012年	增长额
1	中融信托	454 205. 00	353 381. 10	100 823. 90
2	中信信托	450 167. 02	314 073. 25	136 093. 77
3	平安信托	250 468. 69	272 612. 94	－22 144. 25
4	长安信托	197 424. 88	173 180. 96	24 243. 92

续表

排名	简称	2013 年	2012 年	增长额
5	四川信托	181 183.77	125 536.12	55 647.65
6	华融信托	176 575.88	151 250.95	25 324.93
7	华润信托	172 266.00	116 623.83	55 642.17
8	新华信托	171 811.33	134 582.95	37 228.38
9	兴业信托	163 081.00	108 950.00	54 131.00
10	中诚信托	149 818.40	127 594.73	22 223.67
11	中航信托	134 097.72	109 812.79	24 284.93
12	北京信托	122 704.00	97 673.00	25 031.00
13	中江信托	116 697.96	97 870.12	18 827.84
14	中铁信托	115 807.00	99 432.00	16 375.00
15	华能信托	114 798.09	87 466.23	27 331.86
16	方正东亚信托	111 255.78	67 533.13	43 722.65
17	五矿信托	109 146.90	67 166.54	41 980.36
18	外贸信托	108 050.45	100 633.33	7 417.12
19	上海信托	100 159.79	76 098.22	24 061.57
20	天津信托	99 864.47	55 185.08	44 679.39
21	山东信托	94 946.15	70 774.95	24 171.20
22	昆仑信托	94 786.29	68 510.51	26 275.78
23	华信信托	93 382.47	78 135.39	15 247.08
24	华宝信托	91 469.45	62 025.67	29 443.78
25	渤海信托	90 657.24	60 703.71	29 953.53
26	百瑞信托	89 717.51	61 182.48	28 535.03
27	重庆信托	89 651.05	41 756.82	47 894.23
28	北方信托	87 606.11	73 955.54	13 650.57
29	金谷信托	84 388.02	60 201.56	24 186.46
30	中原信托	81 130.44	51 118.03	30 012.41
31	交银国际信托	79 780.18	60 041.13	19 739.05
32	安信信托	78 929.94	40 213.06	38 716.88
33	英大信托	76 765.98	79 448.71	-2 682.73
34	中建投信托	74 817.18	30 243.17	44 574.01
35	湖南信托	70 918.00	60 105.00	10 813.00
36	建信信托	64 702.73	53 582.47	11 120.26
37	国元信托	63 639.51	48 556.30	15 083.21
38	华鑫信托	62 294.50	51 795.77	10 498.73
39	粤财信托	62 038.89	40 758.15	21 280.74
40	中海信托	61 442.46	30 731.58	30 710.88
41	杭州工商信托	59 447.00	43 185.00	16 262.00
42	厦门国际信托	55 486.00	54 753.00	733.00
43	新时代信托	52 326.22	40 379.77	11 946.45
44	华澳信托	52 135.00	15 597.00	36 538.00
45	山西信托	51 494.56	30 155.94	21 338.62
46	陆家嘴信托	50 287.00	26 473.00	23 814.00
47	大业信托	48 706.30	36 413.96	12 292.34
48	苏州信托	48 576.00	43 140.00	5 436.00
49	东莞信托	47 800.99	34 598.22	13 202.77
50	陕国投	46 378.44	37 737.81	8 640.63
51	吉林信托	46 327.14	52 531.86	-6 204.72

续表

排名	简称	2013 年	2012 年	增长额
52	江苏信托	46 135.48	44 186.98	1 948.50
53	国投信托	43 666.68	24 053.84	19 612.84
54	云南信托	43 456.96	24 352.75	19 104.21
55	爱建信托	42 000.79	29 640.05	12 360.74
56	中泰信托	33 088.99	12 220.97	20 868.02
57	紫金信托	32 177.21	22 959.74	9 217.47
58	国联信托	29 496.00	27 926.00	1 570.00
59	西部信托	27 553.26	15 809.10	11 744.16
60	西藏信托	27 473.09	21 370.95	6 102.14
61	国民信托	26 990.53	7 736.31	19 254.22
62	甘肃信托	25 560.10	22 586.98	2 973.12
63	中粮信托	25 256.57	22 324.11	2 932.46
64	华宸信托	19 670.57	21 830.39	-2 159.82
65	浙金信托	17 474.05	8 582.29	8 891.76
66	长城新盛信托	6 129.94	555.33	5 574.61
67	中国民生信托	10 850.94	本年新增	
68	万向信托	6 700.43	本年新增	
合计		6 115 294.47	4 581 598.62	1 516 144.48

注:2013 年新增的中国民生信托和万向信托无 2012 年数据。

表 3-2-20 信托资产资产总额增减排行榜

排名	简称	2013 年(万元)	2012 年(万元)	增长额(万元)	增长率(%)
1	兴业信托	56 500 216.70	33 604 933.68	22 895 283.02	68.13
2	中融信托	47 853 490.39	29 948 632.19	17 904 858.20	59.79
3	华润信托	36 430 423.90	18 651 922.24	17 778 501.66	95.32
4	云南信托	22 514 869.57	7 801 550.52	14 713 319.05	188.59
5	中信信托	72 966 079.78	59 134 914.18	13 831 165.60	23.39
6	北方信托	29 423 228.00	16 061 876.56	13 361 351.44	83.19
7	华能信托	29 856 830.63	17 363 029.67	12 493 800.96	71.96
8	交银国际信托	27 991 658.90	15 795 038.32	12 196 620.58	77.22
9	山东信托	29 942 135.14	18 970 041.52	10 972 093.62	57.84
10	外贸信托	31 737 693.65	21 518 617.76	10 219 075.89	47.49
11	渤海信托	18 817 904.08	10 035 614.06	8 782 290.02	87.51
12	中诚信托	35 721 118.26	27 136 746.55	8 584 371.71	31.63
13	四川信托	21 867 572.16	13 678 110.96	8 189 461.20	59.87
14	中航信托	22 117 395.75	13 954 696.21	8 162 699.54	58.49
15	平安信托	29 031 953.90	21 202 472.76	7 829 481.14	36.93
16	国元信托	19 053 303.15	11 409 304.15	7 643 999.00	67.00
17	五矿信托	19 606 736.70	12 001 614.50	7 605 122.20	63.37
18	昆仑信托	16 848 427.09	9 379 750.21	7 468 676.88	79.63
19	上海信托	19 229 031.31	12 028 615.50	7 200 415.81	59.86
20	新华信托	16 594 457.60	9 430 813.28	7 163 644.32	75.96
21	西藏信托	12 911 412.50	5 850 950.01	7 060 462.49	120.67
22	安信信托	11 581 461.69	4 603 602.00	6 977 859.69	151.57
23	国投信托	18 462 290.12	11 829 947.01	6 632 343.11	56.06
24	粤财信托	22 945 876.95	16 550 157.39	6 395 719.56	38.64
25	华鑫信托	14 837 344.01	8 557 284.10	6 280 059.91	73.39
26	重庆信托	12 631 179.09	6 376 362.19	6 254 816.90	98.09
27	华宝信托	27 151 685.52	21 253 160.62	5 898 524.90	27.75

续表

排名	简称	2013年（万元）	2012年（万元）	增长额（万元）	增长率（%）
28	中建投信托	9 819 195.10	4 387 386.57	5 431 808.53	123.81
29	中海信托	17 744 365.55	12 584 697.56	5 159 667.99	41.00
30	中铁信托	15 053 089.00	10 564 320.00	4 488 769.00	42.49
31	百瑞信托	11 424 669.83	7 315 577.77	4 109 092.06	56.17
32	陆家嘴信托	6 755 671.60	2 772 770.43	3 982 901.17	143.64
33	中国民生信托	3 902 603.65	0.00	3 902 603.65	0.00
34	中原信托	11 914 242.36	8 036 453.66	3 877 788.70	48.25
35	方正东亚信托	11 181 569.47	7 315 908.21	3 865 661.26	52.84
36	国民信托	4 251 543.51	607 934.53	3 643 608.98	599.34
37	苏州信托	6 386 451.42	3 119 891.34	3 266 560.08	104.70
38	华澳信托	5 117 844.00	1 868 742.00	3 249 102.00	173.87
39	新时代信托	15 842 342.20	12 653 983.53	3 188 358.67	25.20
40	中江信托	16 747 288.18	13 613 251.96	3 134 036.22	23.02
41	天津信托	9 949 583.52	6 884 009.16	3 065 574.36	44.53
42	中泰信托	6 217 769.34	3 162 146.21	3 055 623.13	96.63
43	江苏信托	10 334 611.77	7 616 229.95	2 718 381.82	35.69
44	华融信托	9 766 219.87	7 101 772.58	2 664 447.29	37.52
45	大业信托	5 228 599.72	2 991 641.38	2 236 958.34	74.77
46	西部信托	5 113 744.90	3 115 484.46	1 998 260.44	64.14
47	华信信托	7 638 487.05	5 643 939.78	1 994 547.27	35.34
48	山西信托	6 765 471.70	4 785 063.37	1 980 408.33	41.39
49	厦门国际信托	13 244 024.00	11 290 726.00	1 953 298.00	17.30
50	紫金信托	3 908 703.33	2 298 539.20	1 610 164.14	70.05
51	爱建信托	3 847 326.69	2 280 204.41	1 567 122.28	68.73
52	湖南信托	6 643 824.00	5 147 230.00	1 496 594.00	29.08
53	国联信托	4 485 387.00	3 091 361.00	1 394 026.00	45.09
54	万向信托	1 601 689.50	272 112.17	1 329 577.33	488.61
55	长城新盛信托	1 449 383.63	260 294.77	1 189 088.86	456.82
56	浙金信托	2 190 092.25	1 037 269.74	1 152 822.51	111.14
57	东莞信托	4 132 508.62	3 239 928.05	892 580.57	27.55
58	英大信托	21 026 829.31	20 228 460.50	798 368.81	3.95
59	杭州工商信托	2 263 260.00	1 483 694.00	779 566.00	52.54
60	北京信托	12 434 795.36	12 363 349.63	71 445.73	0.58
61	甘肃信托	7 786 289.59	7 963 141.59	-176 852.00	-2.22
62	长安信托	21 682 939.58	21 868 194.55	-185 254.97	-0.85
63	吉林信托	4 216 962.06	4 498 578.75	-281 616.69	-6.26
64	华宸信托	1 271 354.91	1 650 121.06	-378 766.15	-22.95
65	金谷信托	9 381 081.50	10 183 453.45	-802 371.95	-7.88
66	陕国投	9 068 741.18	10 111 598.96	-1 042 857.78	-10.31
67	建信信托	32 581 638.82	35 077 677.25	-2 496 038.43	-7.12
68	中粮信托	5 309 187.41	12 399 722.49	-7 090 535.08	-57.18
合计		1 090 307 159.02	747 016 620.16	343 290 538.86	45.95
平均		16 033 928.81	10 985 538.53	5 048 390.28	45.95

2013年信托总资产大幅增加，增长率达45.95%，增长额超过1 000亿元的有10家公司，而2012年仅为5家公司，10家公司增长额为14 636.60亿元；有8家公司信托资产总额减少。

表3-2-21　信托资产信托权益（净资产）排行榜

排名	简称	2013年（万元）	2012年（万元）	增长额（万元）	增长率（%）
1	中信信托	72 040 011.71	58 669 874.32	13 370 137.39	22.79
2	兴业信托	56 448 243.09	33 531 105.57	22 917 137.52	68.35
3	中融信托	47 496 000.99	29 769 732.52	17 726 268.47	59.54
4	华润信托	36 143 354.51	18 543 191.60	17 600 162.91	94.91
5	中诚信托	35 596 558.23	26 954 735.93	8 641 822.30	32.06
6	建信信托	32 068 326.52	34 714 805.86	-2 646 479.34	-7.62
7	外贸信托	31 527 195.86	21 406 759.31	10 120 436.55	47.28
8	山东信托	29 915 890.12	18 952 025.21	10 963 864.91	57.85
9	华能信托	29 837 497.29	17 317 032.27	12 520 465.02	72.30

续表

排名	简称	2013 年(万元)	2012 年(万元)	增长额(万元)	增长率(%)
10	北方信托	29 387 942.00	16 025 697.48	13 362 244.52	83.38
11	平安信托	28 565 146.41	20 643 747.83	7 921 398.58	38.37
12	交银国际信托	27 960 115.39	15 764 696.39	12 195 419.00	77.36
13	华宝信托	27 039 067.34	21 211 909.72	5 827 157.62	27.47
14	粤财信托	22 929 232.89	16 506 283.95	6 422 948.94	38.91
15	云南信托	22 464 766.26	7 789 203.15	14 675 563.11	188.41
16	中航信托	22 031 147.67	13 902 946.03	8 128 201.64	58.46
17	四川信托	21 709 440.95	13 652 352.84	8 057 088.11	59.02
18	长安信托	21 620 420.48	21 789 064.98	-168 644.50	-0.77
19	英大信托	21 026 163.11	20 228 418.63	797 744.48	3.94
20	五矿信托	19 556 176.82	11 963 597.79	7 592 579.03	63.46
21	上海信托	19 172 637.36	11 950 398.99	7 222 238.37	60.44
22	国元信托	19 053 265.50	11 392 614.57	7 660 650.93	67.24
23	渤海信托	18 816 446.01	10 033 152.97	8 783 293.04	87.54
24	国投信托	18 458 297.85	11 826 484.06	6 631 813.79	56.08
25	中海信托	17 723 895.67	12 539 911.23	5 183 984.44	41.34
26	昆仑信托	16 821 089.49	9 364 478.05	7 456 611.44	79.63
27	中江信托	16 739 773.65	13 598 755.63	3 141 018.02	23.10
28	新华信托	16 213 742.01	9 298 413.10	6 915 328.91	74.37
29	新时代信托	15 829 725.92	12 652 250.74	3 177 475.18	25.11
30	中铁信托	14 954 959.00	10 450 598.00	4 504 361.00	43.10
31	华鑫信托	14 829 289.24	8 524 441.11	6 304 848.13	73.96
32	厦门国际信托	13 224 642.00	11 250 854.00	1 973 788.00	17.54
33	西藏信托	12 904 872.31	5 849 125.86	7 055 746.45	120.63
34	重庆信托	12 426 892.75	6 281 350.66	6 145 542.09	97.84
35	北京信托	12 393 360.11	12 314 638.97	78 721.14	0.64
36	中原信托	11 887 985.18	7 966 260.33	3 921 724.85	49.23
37	安信信托	11 577 726.79	4 574 621.19	7 003 105.60	153.09
38	百瑞信托	11 218 961.95	7 244 593.29	3 974 368.66	54.86
39	方正东亚信托	11 126 565.49	7 243 365.17	3 883 200.32	53.61
40	江苏信托	10 294 706.03	7 530 758.61	2 763 947.42	36.70
41	天津信托	9 933 229.63	6 878 542.65	3 054 686.98	44.41
42	中建投信托	9 802 086.41	4 381 161.69	5 420 924.72	123.73
43	华融信托	9 731 534.16	7 020 283.74	2 711 250.42	38.62
44	金谷信托	9 362 435.86	10 170 284.73	-807 848.87	-7.94
45	陕国投	9 055 082.43	10 102 600.10	-1 047 517.66	-10.37
46	甘肃信托	7 771 426.50	7 944 604.98	-173 178.48	-2.18
47	华信信托	7 597 321.70	5 612 686.91	1 984 634.79	35.36
48	山西信托	6 759 424.23	4 787 561.60	1 971 862.63	41.19
49	陆家嘴信托	6 751 965.34	2 771 831.65	3 980 133.69	143.59
50	湖南信托	6 621 688.00	5 109 543.00	1 512 145.00	29.59
51	苏州信托	6 307 553.53	3 091 288.05	3 216 265.48	104.04
52	中泰信托	6 188 731.34	3 136 036.34	3 052 695.00	97.34
53	中粮信托	5 296 655.17	12 393 895.56	-7 097 240.39	-57.26
54	大业信托	5 219 955.81	2 973 667.51	2 246 288.29	75.54
55	华澳信托	5 085 756.00	1 862 863.00	3 222 893.00	173.01
56	西部信托	5 082 103.56	3 113 688.14	1 968 415.42	63.22
57	国联信托	4 467 216.00	3 088 614.00	1 378 602.00	44.63
58	国民信托	4 242 423.24	602 364.81	3 640 058.43	604.29
59	吉林信托	4 164 900.11	4 451 739.57	-286 839.46	-6.44
60	东莞信托	4 121 677.95	3 235 168.62	886 509.33	27.40
61	中国民生信托	3 902 415.52	0.00	3 902 415.52	0.00
62	紫金信托	3 899 817.68	2 268 058.89	1 631 758.79	71.95
63	爱建信托	3 775 617.23	2 195 964.38	1 579 652.85	71.93
64	杭州工商信托	2 241 849.00	1 470 893.00	770 956.00	52.41
65	浙金信托	2 187 567.56	1 035 250.80	1 152 316.76	111.31
66	万向信托	1 601 550.44	272 111.69	1 329 438.75	488.56
67	长城新盛信托	1 449 300.31	260 244.76	1 189 055.55	456.90
68	华宸信托	1 253 549.58	1 648 568.90	-395 019.32	-23.96
合计		1 084 906 366.24	743 103 766.98	341 802 599.27	46.00

2013 年信托资产信托权益也大幅增加，增长率达 46.00%，增长额超过 1 000 亿元的有 10 家公司，而 2012 年仅为 5 家公司，10 家公司增长额为 14 545.16 亿元；有 8 家公司信托权益总额减少。

表 3-2-22　信托资产实收信托排行榜

排名	简称	2013 年（万元）	2012 年（万元）	增减额（万元）	增减率（%）
1	中信信托	70 439 706.36	57 646 824.19	12 792 882.17	22.19
2	兴业信托	56 328 644.46	33 514 477.20	22 814 167.26	68.07
3	中融信托	45 496 660.72	28 096 338.74	17 400 321.98	61.93
4	华润信托	35 852 109.85	18 315 931.41	17 536 178.44	95.74
5	中诚信托	35 681 506.55	26 784 960.16	8 896 546.39	33.21
6	外贸信托	30 928 562.08	21 312 730.80	9 615 831.28	45.12
7	建信信托	30 197 951.58	33 285 475.71	-3 087 524.13	-9.28
8	山东信托	29 782 567.24	18 748 378.40	11 034 188.84	58.85
9	华能信托	29 610 344.98	17 202 224.09	12 408 120.89	72.13
10	北方信托	29 026 921.00	15 839 841.96	13 187 079.04	83.25
11	交银国际信托	27 854 722.02	15 640 516.05	12 214 205.97	78.09
12	平安信托	27 636 367.30	20 152 964.11	7 483 403.19	37.13
13	华宝信托	26 604 958.36	20 971 226.49	5 633 731.87	26.86
14	云南信托	22 401 782.01	7 685 330.88	14 716 451.13	191.49
15	粤财信托	22 270 174.78	15 989 715.02	6 280 459.76	39.28
16	中航信托	21 998 784.34	13 852 203.05	8 146 581.29	58.81
17	四川信托	21 639 303.50	13 569 520.69	8 069 782.81	59.47
18	长安信托	21 339 393.26	21 650 275.77	-310 882.51	-1.44
19	英大信托	21 023 250.35	20 223 334.70	799 915.65	3.96
20	五矿信托	19 419 281.29	11 855 974.30	7 563 306.99	63.79
21	上海信托	19 091 960.63	11 836 668.44	7 255 292.19	61.30
22	国元信托	18 986 983.49	11 341 814.69	7 645 168.80	67.41
23	渤海信托	18 782 834.90	10 004 795.70	8 778 039.20	87.74
24	国投信托	18 378 810.27	11 814 890.55	6 563 919.72	55.56
25	中海信托	17 414 692.39	12 493 505.93	4 921 186.46	39.39
26	昆仑信托	16 781 922.55	9 311 218.32	7 470 704.23	80.23
27	中江信托	16 685 512.83	13 581 362.94	3 104 149.89	22.86
28	新华信托	16 229 653.70	9 299 292.86	6 930 360.84	74.53
29	新时代信托	15 787 531.42	12 561 625.91	3 225 905.51	25.68
30	华鑫信托	14 698 472.98	8 500 103.60	6 198 369.38	72.92
31	中铁信托	14 682 966.00	10 274 041.00	4 408 925.00	42.91
32	厦门国际信托	13 189 264.00	11 262 573.00	1 926 691.00	17.11
33	西藏信托	12 895 644.27	5 846 144.50	7 049 499.77	120.58
34	重庆信托	12 512 201.55	6 325 885.89	6 186 315.66	97.79
35	北京信托	12 052 417.60	11 345 250.29	707 167.31	6.23
36	中原信托	11 753 829.76	7 926 851.70	3 826 978.06	48.28
37	安信信托	11 550 570.76	4 536 006.88	7 014 563.88	154.64
38	百瑞信托	11 230 338.04	7 204 429.85	4 025 908.19	55.88
39	方正东亚信托	11 062 734.02	7 148 768.47	3 913 965.55	54.75
40	江苏信托	10 289 093.54	7 560 291.55	2 728 801.99	36.09
41	天津信托	9 820 723.98	6 735 814.96	3 084 909.02	45.80
42	中建投信托	9 768 533.58	4 360 428.48	5 408 105.10	124.03
43	华融信托	9 705 028.44	7 001 024.96	2 704 003.48	38.62
44	金谷信托	9 311 356.21	10 142 335.85	-830 979.64	-8.19
45	陕国投	8 960 317.55	10 050 485.65	-1 090 168.10	-10.85
46	甘肃信托	7 757 159.94	7 931 526.66	-174 366.72	-2.20
47	华信信托	7 479 022.60	5 542 122.11	1 936 900.49	34.95
48	陆家嘴信托	6 725 634.00	2 757 211.73	3 968 422.27	143.93

续表

排名	简称	2013 年(万元)	2012 年(万元)	增减额(万元)	增减率(%)
49	山西信托	6 724 815.07	4 743 333.06	1 981 482.01	41.77
50	湖南信托	6 567 178.00	5 066 119.00	1 501 059.00	29.63
51	苏州信托	6 264 007.46	3 076 809.67	3 187 197.79	103.59
52	中泰信托	6 169 000.64	3 128 400.01	3 040 600.63	97.19
53	中粮信托	5 279 396.99	12 358 807.17	-7 079 410.18	-57.28
54	大业信托	5 174 704.93	2 942 478.58	2 232 226.35	75.86
55	华澳信托	5 064 216.00	1 860 210.00	3 204 006.00	172.24
56	西部信托	5 013 032.28	3 064 313.45	1 948 718.83	63.59
57	国联信托	4 375 463.00	3 039 715.00	1 335 748.00	43.94
58	国民信托	4 173 531.63	561 960.73	3 611 570.90	642.67
59	吉林信托	4 163 748.00	4 435 989.85	-272 241.85	-6.14
60	东莞信托	4 082 382.57	3 215 222.53	867 160.04	26.97
61	中国民生信托	3 890 847.83	0.00	3 890 847.83	
62	紫金信托	3 870 364.97	2 254 896.45	1 615 468.52	71.64
63	爱建信托	3 789 265.94	2 231 192.16	1 558 073.78	69.83
64	杭州工商信托	2 222 251.00	1 432 655.00	789 596.00	55.11
65	浙金信托	2 161 274.47	1 021 963.00	1 139 311.47	111.48
66	万向信托	1 589 257.10	271 610.00	1 317 647.10	485.12
67	长城新盛信托	1 446 988.56	259 000.00	1 187 988.56	458.68
68	华宸信托	1 232 930.00	1 624 969.03	-392 039.03	-24.13
合计		1 072 372 859.47	733 624 360.88	338 748 498.59	46.17

2013 年信托资产实收信托大幅增加，增长率达 46.17%，增长额超过 1 000 亿元的有 9 家公司，而 2012 年仅为 5 家公司，9 家公司增长额为 13 410.36 亿元；有 8 家公司信托权益总额减少，其中中粮信托减少了 707.94 亿元，减少 57.28%。

表 3-2-23 长期股权投资占比排行榜

排名	简称	长期股权投资(万元)	信托资产总额(万元)	长期股权投资占比(%)
1	昆仑信托	6 663 579.66	16 848 427.09	39.55
2	西部信托	1 649 424.63	5 113 744.90	32.25
3	苏州信托	1 690 381.75	6 386 451.42	26.47
4	百瑞信托	2 915 505.45	11 424 669.83	25.52
5	重庆信托	2 789 241.29	12 631 179.09	22.08
6	北京信托	2 659 152.26	12 434 795.36	21.38
7	杭州工商信托	424 450.00	2 263 260.00	18.75
8	中融信托	8 148 028.69	47 853 490.39	17.03
9	大业信托	879 046.53	5 228 599.72	16.81
10	国元信托	2 670 207.70	19 053 303.15	14.01
11	粤财信托	3 198 881.79	22 945 876.95	13.94
12	华融信托	1 345 207.78	9 766 219.87	13.77
13	中诚信托	4 692 352.64	35 721 118.26	13.14
14	天津信托	1 278 417.75	9 949 583.52	12.85
15	新华信托	2 087 006.05	16 594 457.60	12.58
16	平安信托	3 579 999.84	29 031 953.90	12.33
17	东莞信托	507 049.55	4 132 508.62	12.27
18	金谷信托	1 150 663.06	9 381 081.50	12.27
19	中航信托	2 595 611.11	22 117 395.75	11.74
20	山东信托	3 511 388.82	29 942 135.14	11.73
21	中泰信托	681 442.48	6 217 769.34	10.96
22	爱建信托	401 860.22	3 847 326.69	10.45
23	国联信托	455 103.00	4 485 387.00	10.15
24	中信信托	7 365 921.41	72 966 079.78	10.09

续表

排名	简称	长期股权投资（万元）	信托资产总额（万元）	长期股权投资占比（%）
25	方正东亚信托	1 100 564. 00	11 181 569. 47	9. 84
26	华鑫信托	1 348 456. 44	14 837 344. 01	9. 09
27	吉林信托	383 220. 00	4 216 962. 06	9. 09
28	西藏信托	1 093 019. 32	12 911 412. 50	8. 47
29	中江信托	1 343 182. 04	16 747 288. 18	8. 02
30	华能信托	2 279 070. 00	29 856 830. 63	7. 63
31	陕国投	663 058. 00	9 068 741. 18	7. 31
32	华润信托	2 595 226. 88	36 430 423. 90	7. 12
33	渤海信托	1 301 856. 96	18 817 904. 08	6. 92
34	中铁信托	1 031 980. 00	15 053 089. 00	6. 86
35	中粮信托	363 199. 83	5 309 187. 41	6. 84
36	甘肃信托	512 790. 74	7 786 289. 59	6. 59
37	浙金信托	140 410. 00	2 190 092. 25	6. 41
38	国投信托	1 165 020. 00	18 462 290. 12	6. 31
39	四川信托	1 322 502. 90	21 867 572. 16	6. 05
40	五矿信托	1 159 431. 00	19 606 736. 70	5. 91
41	长安信托	1 227 204. 76	21 682 939. 58	5. 66
42	中海信托	988 334. 38	17 744 365. 55	5. 57
43	中国民生信托	215 690. 00	3 902 603. 65	5. 53
44	厦门国际信托	688 671. 00	13 244 024. 00	5. 20
45	安信信托	590 769. 00	11 581 461. 69	5. 10
46	北方信托	1 420 821. 00	29 423 228. 00	4. 83
47	华澳信托	233 865. 00	5 117 844. 00	4. 57
48	交银国际信托	1 231 710. 00	27 991 658. 90	4. 40
49	外贸信托	1 317 751. 32	31 737 693. 65	4. 15
50	上海信托	789 978. 28	19 229 031. 31	4. 11
51	中原信托	486 820. 18	11 914 242. 36	4. 09
52	山西信托	274 437. 33	6 765 471. 70	4. 06
53	长城新盛信托	47 425. 56	1 449 383. 63	3. 27
54	紫金信托	124 900. 00	3 908 703. 33	3. 20
55	陆家嘴信托	213 600. 00	6 755 671. 60	3. 16
56	华宝信托	853 930. 63	27 151 685. 52	3. 15
57	华宸信托	39 000. 00	1 271 354. 91	3. 07
58	建信信托	954 435. 16	32 581 638. 82	2. 93
59	中建投信托	286 031. 85	9 819 195. 10	2. 91
60	湖南信托	191 908. 00	6 643 824. 00	2. 89
61	国民信托	116 950. 00	4 251 543. 51	2. 75
62	新时代信托	319 549. 00	15 842 342. 20	2. 02
63	英大信托	353 160. 00	21 026 829. 31	1. 68
64	江苏信托	170 705. 33	10 334 611. 77	1. 65
65	云南信托	140 031. 31	22 514 869. 57	0. 62
66	华信信托	46 930. 50	7 638 487. 05	0. 61
67	万向信托	9 380. 00	1 601 689. 50	0. 59
68	兴业信托	221 136. 76	56 500 216. 70	0. 39
合计		94 698 037. 92	1 090 307 159. 02	8. 69

2013 年年末资产中长期股权投资占比超过平均值 8. 69% 的有 27 家。

表3-2-24　交易性金融资产占比排行榜

排名	简称	交易性金融资产(万元)	信托资产总额(万元)	交易性金融资产占比(%)
1	西藏信托	5 021 755.85	12 911 412.50	38.89
2	中海信托	6 784 516.57	17 744 365.55	38.23
3	陕国投	2 811 624.69	9 068 741.18	31.00
4	北京信托	3 450 852.33	12 434 795.36	27.75
5	中诚信托	9 376 413.97	35 721 118.26	26.25
6	外贸信托	7 039 567.88	31 737 693.65	22.18
7	北方信托	6 273 875.00	29 423 228.00	21.32
8	华宝信托	5 458 510.29	27 151 685.52	20.10
9	华润信托	7 238 369.73	36 430 423.90	19.87
10	上海信托	2 603 725.41	19 229 031.31	13.54
11	东莞信托	503 275.57	4 132 508.62	12.18
12	山西信托	800 811.21	6 765 471.70	11.84
13	交银国际信托	3 236 415.92	27 991 658.90	11.56
14	长安信托	2 386 710.21	21 682 939.58	11.01
15	华融信托	974 973.34	9 766 219.87	9.98
16	中信信托	7 090 997.74	72 966 079.78	9.72
17	华信信托	609 535.67	7 638 487.05	7.98
18	兴业信托	4 406 408.20	56 500 216.70	7.80
19	江苏信托	805 148.58	10 334 611.77	7.79
20	中融信托	3 143 788.81	47 853 490.39	6.57
21	五矿信托	1 001 928.99	19 606 736.70	5.11
22	平安信托	1 463 582.12	29 031 953.90	5.04
23	重庆信托	629 319.70	12 631 179.09	4.98
24	爱建信托	185 473.54	3 847 326.69	4.82
25	云南信托	1 032 641.65	22 514 869.57	4.59
26	厦门国际信托	547 798.00	13 244 024.00	4.14
27	山东信托	1 192 244.33	29 942 135.14	3.98
28	中泰信托	239 293.06	6 217 769.34	3.85
29	华鑫信托	568 594.05	14 837 344.01	3.83
30	中江信托	519 453.80	16 747 288.18	3.10
31	粤财信托	711 250.55	22 945 876.95	3.10
32	新时代信托	482 705.53	15 842 342.20	3.05
33	建信信托	974 842.36	32 581 638.82	2.99
34	浙金信托	57 771.41	2 190 092.25	2.64
35	西部信托	106 611.36	5 113 744.90	2.08
36	国联信托	92 359.00	4 485 387.00	2.06
37	国投信托	375 034.99	18 462 290.12	2.03
38	四川信托	309 387.40	21 867 572.16	1.41
39	国元信托	265 445.32	19 053 303.15	1.39
40	天津信托	138 170.78	9 949 583.52	1.39
41	昆仑信托	215 497.74	16 848 427.09	1.28
42	新华信托	139 383.83	16 594 457.60	0.84
43	国民信托	10 803.38	4 251 543.51	0.25
44	甘肃信托	12 144.72	7 786 289.59	0.16
45	中原信托	11 442.74	11 914 242.36	0.10
46	百瑞信托	6 816.50	11 424 669.83	0.06
47	湖南信托	3 072.00	6 643 824.00	0.05
48	中铁信托	1 616.00	15 053 089.00	0.01
49	华能信托	100.00	29 856 830.63	0.00
50	苏州信托	36.15	6 386 451.42	0.00
51	安信信托		11 581 461.69	0.00
52	杭州工商信托		2 263 260.00	0.00
53	吉林信托		4 216 962.06	0.00

续表

排名	简称	交易性金融资产(万元)	信托资产总额(万元)	交易性金融资产占比(%)
54	华宸信托		1 271 354. 91	0. 00
55	英大信托		21 026 829. 31	0. 00
56	渤海信托		18 817 904. 08	0. 00
57	中建投信托		9 819 195. 10	0. 00
58	中航信托		22 117 395. 75	0. 00
59	华澳信托		5 117 844. 00	0. 00
60	大业信托		5 228 599. 72	0. 00
61	方正东亚信托		11 181 569. 47	0. 00
62	金谷信托		9 381 081. 50	0. 00
63	陆家嘴信托		6 755 671. 60	0. 00
64	中粮信托		5 309 187. 41	0. 00
65	紫金信托		3 908 703. 33	0. 00
66	长城新盛信托		1 449 383. 63	0. 00
67	中国民生信托		3 902 603. 65	0. 00
68	万向信托		1 601 689. 50	0. 00
合计		91 312 097. 97	1 090 307 159. 02	8. 37

2013 年年末交易性金融资产占比超过平均值 8. 37% 的有 16 家，有 18 家公司没有交易性金融资产项目。

三、信托公司一些总体指标排名

(一)信托公司 2013 年总资产排行榜

总资产 = 固有资产资产总计 + 信托资产资产总计

表 3－3－1　信托公司 2013 年总资产排行榜

排名	简称	2013 年末固有资产资产总计(万元)	2013 年末信托资产资产合计(万元)	2013 年末总资产总计(万元)	固有资产/信托资产(%)
1	中信信托	1 488 655. 63	72 966 079. 78	74 454 735. 41	2. 04
2	兴业信托	538 387. 51	56 500 216. 70	57 038 604. 21	0. 95
3	中融信托	968 750. 65	47 853 490. 39	48 822 241. 04	2. 02
4	平安信托	10 137 003. 23	29 031 953. 90	39 168 957. 13	34. 92
5	华润信托	1 328 634. 61	36 430 423. 90	37 759 058. 51	3. 65
6	中诚信托	1 290 487. 81	35 721 118. 26	37 011 606. 07	3. 61
7	建信信托	661 958. 12	32 581 638. 82	33 243 596. 94	2. 03
8	外贸信托	558 367. 43	31 737 693. 65	32 296 061. 08	1. 76
9	华能信托	602 561. 10	29 856 830. 63	30 459 391. 73	2. 02
10	山东信托	472 324. 46	29 942 135. 14	30 414 459. 60	1. 58
11	北方信托	321 467. 17	29 423 228. 00	29 744 695. 17	1. 09
12	交银国际信托	515 394. 49	27 991 658. 90	28 507 053. 39	1. 84
13	华宝信托	578 147. 38	27 151 685. 52	27 729 832. 90	2. 13
14	粤财信托	332 248. 95	22 945 876. 95	23 278 125. 90	1. 45
15	云南信托	161 369. 43	22 514 869. 57	22 676 239. 00	0. 72
16	四川信托	732 289. 24	21 867 572. 16	22 599 861. 40	3. 35
17	中航信托	431 457. 39	22 117 395. 75	22 548 853. 14	1. 95
18	长安信托	400 173. 77	21 682 939. 58	22 083 113. 35	1. 85
19	英大信托	411 189. 66	21 026 829. 31	21 438 018. 97	1. 96
20	上海信托	861 425. 70	19 229 031. 31	20 090 457. 01	4. 48
21	五矿信托	452 640. 66	19 606 736. 70	20 059 377. 36	2. 31
22	国元信托	431 794. 99	19 053 303. 15	19 485 098. 14	2. 27
23	渤海信托	326 763. 53	18 817 904. 08	19 144 667. 61	1. 74
24	国投信托	339 165. 73	18 462 290. 12	18 801 455. 85	1. 84
25	中海信托	491 393. 46	17 744 365. 55	18 235 759. 01	2. 77

续表

排名	简称	2013 年末固有资产资产总计(万元)	2013 年末信托资产资产合计(万元)	2013 年末总资产总计(万元)	固有资产/信托资产(%)
26	中江信托	865 600.13	16 747 288.18	17 612 888.31	5.17
27	昆仑信托	564 343.87	16 848 427.09	17 412 770.96	3.35
28	新华信托	397 624.53	16 594 457.60	16 992 082.13	2.40
29	新时代信托	329 924.35	15 842 342.20	16 172 266.55	2.08
30	中铁信托	640 872.78	15 053 089.00	15 693 961.78	4.26
31	华鑫信托	344 606.41	14 837 344.01	15 181 950.42	2.32
32	重庆信托	1 247 879.41	12 631 179.09	13 879 058.50	9.88
33	厦门国际信托	253 144.00	13 244 024.00	13 497 168.00	1.91
34	西藏信托	105 061.19	12 911 412.50	13 016 473.69	0.81
35	北京信托	421 777.12	12 434 795.36	12 856 572.48	3.39
36	中原信托	252 304.98	11 914 242.36	12 166 547.34	2.12
37	百瑞信托	339 415.44	11 424 669.83	11 764 085.27	2.97
38	安信信托	160 046.15	11 581 461.69	11 741 507.84	1.38
39	方正东亚信托	252 284.89	11 181 569.47	11 433 854.36	2.26
40	江苏信托	728 806.74	10 334 611.77	11 063 418.51	7.05
41	中建投信托	410 494.31	9 819 195.10	10 229 689.41	4.18
42	天津信托	274 690.27	9 949 583.52	10 224 273.79	2.76
43	华融信托	364 243.75	9 766 219.87	10 130 463.62	3.73
44	金谷信托	351 656.23	9 381 081.50	9 732 737.73	3.75
45	陕国投	392 918.84	9 068 741.18	9 461 660.02	4.33
46	华信信托	609 088.22	7 638 487.05	8 247 575.27	7.97
47	甘肃信托	155 076.51	7 786 289.59	7 941 366.10	1.99
48	山西信托	221 109.96	6 765 471.70	6 986 581.66	3.27
49	陆家嘴信托	152 983.51	6 755 671.60	6 908 655.11	2.26
50	湖南信托	244 148.00	6 643 824.00	6 887 972.00	3.67
51	中泰信托	434 998.64	6 217 769.34	6 652 767.98	7.00
52	苏州信托	255 607.47	6 386 451.42	6 642 058.89	4.00
53	中粮信托	338 938.48	5 309 187.41	5 648 125.89	6.38
54	大业信托	132 705.91	5 228 599.72	5 361 305.63	2.54
55	西部信托	178 754.38	5 113 744.90	5 292 499.28	3.50
56	华澳信托	110 301.31	5 117 844.00	5 228 145.31	2.16
57	国联信托	270 263.00	4 485 387.00	4 755 650.00	6.03
58	吉林信托	420 598.41	4 216 962.06	4 637 560.47	9.97
59	国民信托	200 132.89	4 251 543.51	4 451 676.40	4.71
60	东莞信托	291 277.11	4 132 508.62	4 423 785.73	7.05
61	爱建信托	324 303.38	3 847 326.69	4 171 630.07	8.43
62	紫金信托	150 790.96	3 908 703.33	4 059 494.30	3.86
63	中国民生信托	115 488.73	3 902 603.65	4 018 092.38	2.96
64	杭州工商信托	144 086.00	2 263 260.00	2 407 346.00	6.37
65	浙金信托	68 378.43	2 190 092.25	2 258 470.68	3.12
66	万向信托	140 888.19	1 601 689.50	1 742 577.69	8.80
67	长城新盛信托	45 158.87	1 449 383.63	1 494 542.50	3.12
68	华宸信托	98 163.70	1 271 354.91	1 369 518.61	7.72
合计		38 634 989.54	1 090 307 159.02	1 128 942 148.56	3.54
平均		568 161.61	16 033 928.81	16 602 090.42	

2013 年总资产达到 112 894.21 亿元,2012 年总资产为 77 685.31 亿元 增长了 45.32%,其中固有资产总额增长 28.32%,信托资产总额增长 46.01%。

3 家公司固有资产与信托资产之比低于 1%,平安信托比例达到 34.92%,有 26 家公司比例超过平均值 3.54%。

(二)信托公司2013年总收入排行榜

总收入＝固有资产营业收入＋信托资产营业收入

表3－3－2　信托公司2013年总收入排行榜

排名	简称	2013年固有资产营业收入(万元)	2013年信托资产营业收入(万元)	2013年末总收入合计(万元)	固有资产营业收入/信托资产营业收入(%)
1	平安信托	1 451 617.99	2 845 095.47	4 296 713.46	51.02
2	中融信托	489 811.57	3 686 527.67	4 176 339.24	13.29
3	兴业信托	205 376.48	3 824 726.74	4 030 103.22	5.37
4	中信信托	548 683.73	3 318 829.39	3 867 513.12	16.53
5	外贸信托	202 969.31	2 353 572.07	2 556 541.38	8.62
6	华润信托	278 096.76	2 209 802.93	2 487 899.69	12.58
7	长安信托	232 908.78	2 232 414.94	2 465 323.72	10.43
8	华能信托	145 120.03	2 062 994.74	2 208 114.77	7.03
9	四川信托	247 845.83	1 906 707.92	2 154 553.75	13.00
10	山东信托	129 278.57	2 015 563.68	2 144 842.25	6.41
11	中诚信托	324 986.65	1 748 931.52	2 073 918.17	18.58
12	北方信托	113 806.45	1 683 669.00	1 797 475.45	6.76
13	建信信托	113 500.31	1 629 252.47	1 742 752.78	6.97
14	中航信托	153 722.09	1 533 720.05	1 687 442.14	10.02
15	华宝信托	189 168.23	1 457 073.41	1 646 241.64	12.98
16	渤海信托	100 598.50	1 480 372.13	1 580 970.63	6.80
17	五矿信托	131 031.18	1 412 350.95	1 543 382.13	9.28
18	上海信托	297 265.57	1 231 551.58	1 528 817.15	24.14
19	中铁信托	175 385.63	1 345 521.00	1 520 906.63	13.03
20	交银国际信托	100 552.13	1 391 407.70	1 491 959.83	7.23
21	粤财信托	79 267.09	1 394 928.73	1 474 195.82	5.68
22	国元信托	86 936.89	1 380 643.31	1 467 580.20	6.30
23	中江信托	171 408.75	1 286 483.80	1 457 892.55	13.32
24	新华信托	186 644.64	1 228 767.28	1 415 411.92	15.19
25	新时代信托	67 654.03	1 295 933.93	1 363 587.96	5.22
26	英大信托	97 399.21	1 242 808.68	1 340 207.89	7.84
27	国投信托	100 079.94	1 237 678.24	1 337 758.18	8.09
28	云南信托	52 996.26	1 238 053.09	1 291 049.35	4.28
29	华鑫信托	90 657.49	1 114 538.67	1 205 196.16	8.13
30	厦门国际信托	79 787.00	1 124 333.00	1 204 120.00	7.10
31	中海信托	120 662.95	1 049 179.28	1 169 842.23	11.50
32	中原信托	96 117.94	1 015 533.20	1 111 651.14	9.46
33	金谷信托	109 702.05	937 050.56	1 046 752.61	11.71
34	昆仑信托	135 037.77	896 795.47	1 031 833.24	15.06
35	方正东亚信托	127 888.87	887 335.96	1 015 224.83	14.41
36	华融信托	195 930.86	772 615.43	968 546.29	25.36
37	北京信托	152 201.68	808 178.07	960 379.75	18.83
38	重庆信托	213 822.16	656 927.06	870 749.22	32.55
39	百瑞信托	116 453.93	747 297.81	863 751.74	15.58
40	陕国投	83 277.51	775 766.20	859 043.71	10.73
41	西藏信托	24 267.89	832 963.78	857 231.67	2.91
42	安信信托	83 762.63	767 332.93	851 095.56	10.92
43	华信信托	170 843.22	639 418.06	810 261.28	26.72
44	天津信托	113 601.97	656 603.63	770 205.60	17.30
45	江苏信托	135 618.74	605 619.04	741 237.78	22.39
46	湖南信托	87 433.00	653 621.00	741 054.00	13.38

续表

排名	简称	2013年固有资产营业收入(万元)	2013年信托资产营业收入(万元)	2013年末总收入合计(万元)	固有资产营业收入/信托资产营业收入(%)
47	中建投信托	102 373.13	548 300.09	650 673.22	18.67
48	甘肃信托	36 849.48	597 486.75	634 336.23	6.17
49	山西信托	52 276.09	569 599.04	621 875.13	9.18
50	中泰信托	153 821.48	455 938.11	609 759.59	33.74
51	中粮信托	46 372.17	529 415.06	575 787.23	8.76
52	陆家嘴信托	56 596.35	505 209.43	561 805.78	11.20
53	吉林信托	85 404.99	442 974.45	528 379.44	19.28
54	苏州信托	67 039.72	431 664.78	498 704.50	15.53
55	西部信托	36 876.47	432 479.82	469 356.29	8.53
56	大业信托	53 919.20	409 761.65	463 680.85	13.16
57	国联信托	46 635.00	402 892.00	449 527.00	11.58
58	东莞信托	69 903.11	337 684.44	407 587.55	20.70
59	华澳信托	56 974.62	345 685.00	402 659.62	16.48
60	爱建信托	65 774.95	272 769.22	338 544.17	24.11
61	紫金信托	37 597.66	288 849.80	326 447.46	13.02
62	杭州工商信托	69 063.00	212 828.00	281 891.00	32.45
63	浙金信托	19 906.42	178 931.00	198 837.42	11.13
64	国民信托	41 062.30	155 383.86	196 446.16	26.43
65	华宸信托	21 550.02	166 621.02	188 171.04	12.93
66	万向信托	16 806.74	83 164.69	99 971.43	20.21
67	中国民生信托	16 619.49	80 996.68	97 616.17	20.52
68	长城新盛信托	15 449.08	53 014.14	68 463.22	29.14
合计		9 780 051.73	74 118 140.60	83 898 192.33	13.20
平均		143 824.29	1 089 972.66	1 233 796.95	

2013年68家信托公司总收入为8 389.82亿元,2012年66家信托公司总收入为5 487.44亿元 增长了52.89%,其中固有资产营业收入增长26.79%,信托资产营业收入增长57.16%。

固有资产营业收入与信托资产营业收入之比低于平均值为13.20%,最高的为平安信托比例达到51.02%,有29家公司比例超过平均值。

(三)现金比率排行榜

表3-3-3 现金比率排行榜

排名	简称	2013年	2012年	较上年增减
1	五矿信托	24.14	31.68	-7.53
2	渤海信托	14.26	14.29	-0.03
3	中粮信托	13.94	16.48	-2.54
4	粤财信托	13.47	20.71	-7.24
5	交银国际信托	10.24	9.48	0.76
6	浙金信托	7.86	3.46	4.40
7	中国民生信托	7.06	1.30	5.76
8	国联信托	5.97	3.23	2.74
9	中海信托	5.35	3.94	1.41
10	金谷信托	5.00	2.20	2.80
11	英大信托	4.98	15.50	-10.52
12	中融信托	4.19	3.64	0.55
13	北京信托	4.08	5.55	-1.47
14	紫金信托	3.87	2.24	1.63
15	长城新盛信托	3.55	27.64	-24.09

续表

排名	简称	2013 年	2012 年	较上年增减
16	万向信托	3. 40	37. 20	-33. 80
17	昆仑信托	3. 35	1. 30	2. 05
18	上海信托	3. 27	3. 02	0. 25
19	新时代信托	3. 26	3. 79	-0. 53
20	吉林信托	3. 26	3. 06	0. 20
21	建信信托	2. 99	1. 79	1. 20
22	方正东亚信托	2. 63	5. 26	-2. 63
23	甘肃信托	2. 56	0. 52	2. 04
24	爱建信托	2. 50	8. 09	-5. 59
25	国投信托	2. 48	2. 68	-0. 20
26	天津信托	2. 47	4. 18	-1. 72
27	外贸信托	2. 46	5. 48	-3. 02
28	国元信托	2. 42	1. 85	0. 57
29	华澳信托	2. 41	2. 34	0. 07
30	华融信托	2. 41	1. 91	0. 49
31	北方信托	2. 39	1. 17	1. 22
32	陕国投	2. 36	3. 07	-0. 71
33	云南信托	2. 22	7. 72	-5. 51
34	百瑞信托	2. 13	2. 55	-0. 42
35	厦门国际信托	2. 10	3. 05	-0. 95
36	杭州工商信托	2. 03	3. 53	-1. 50
37	国民信托	1. 93	5. 60	-3. 67
38	中泰信托	1. 70	0. 49	1. 22
39	西部信托	1. 67	2. 96	-1. 29
40	中信信托	1. 59	2. 60	-1. 01
41	长安信托	1. 53	2. 39	-0. 86
42	中诚信托	1. 53	1. 41	0. 12
43	兴业信托	1. 30	1. 28	0. 02
44	华宝信托	1. 25	0. 79	0. 47
45	华能信托	1. 21	0. 38	0. 83
46	山东信托	1. 15	2. 45	-1. 30
47	东莞信托	1. 15	0. 89	0. 26
48	大业信托	1. 06	3. 00	-1. 94
49	苏州信托	1. 04	3. 09	-2. 05
50	四川信托	1. 02	0. 79	0. 22
51	山西信托	1. 01	12. 82	-11. 82
52	中建投信托	1. 00	1. 40	-0. 40
53	陆家嘴信托	0. 95	3. 05	-2. 11
54	中江信托	0. 93	1. 47	-0. 54
55	中原信托	0. 93	0. 80	0. 13
56	湖南信托	0. 88	1. 44	-0. 56
57	新华信托	0. 85	1. 14	-0. 30
58	华润信托	0. 75	0. 65	0. 09
59	华信信托	0. 69	0. 75	-0. 07
60	中航信托	0. 61	1. 23	-0. 62
61	安信信托	0. 55	1. 89	-1. 33
62	平安信托	0. 44	0. 48	-0. 04
63	中铁信托	0. 42	1. 00	-0. 58
64	华宸信托	0. 19	0. 17	0. 03
65	华鑫信托	0. 15	0. 15	-0. 00
66	重庆信托	0. 11	0. 37	-0. 25
67	江苏信托	0. 08	1. 71	-1. 63
68	西藏信托	0. 04	2. 45	-2. 41
平均		1. 02	1. 14	-0. 12

注：1. 平均值由 68 家合计数计算得出。

2. 计算时货币资金为各家报告中的货币资金、现金及存放中央银行款项、存放同业款项、贵金属、其他货币资金汇总金额。

(四)流动比率排行榜

表3-3-4 流动比率排行榜

排名	简称	2013年	2012年	较上年增减
1	五矿信托	28.88	35.23	-6.35
2	交银国际信托	18.60	14.34	4.26
3	国民信托	16.59	75.29	-58.70
4	渤海信托	16.42	14.86	1.55
5	中粮信托	14.42	16.85	-2.42
6	英大信托	13.73	16.54	-2.81
7	粤财信托	13.59	20.79	-7.20
8	中国民生信托	12.97	1.31	11.67
9	方正东亚信托	10.70	7.06	3.64
10	外贸信托	9.40	14.98	-5.58
11	浙金信托	9.32	9.79	-0.48
12	爱建信托	8.85	16.07	-7.22
13	国联信托	7.17	4.24	2.94
14	华融信托	6.68	7.49	-0.81
15	甘肃信托	6.46	2.95	3.51
16	北京信托	6.31	6.79	-0.48
17	兴业信托	6.25	7.44	-1.20
18	国投信托	6.22	2.99	3.23
19	中海信托	5.81	4.24	1.57
20	金谷信托	5.62	3.07	2.55
21	百瑞信托	5.36	3.65	1.71
22	天津信托	4.97	4.25	0.71
23	上海信托	4.70	6.00	-1.30
24	建信信托	4.58	13.56	-8.98
25	紫金信托	4.58	3.48	1.09
26	吉林信托	4.35	3.33	1.02
27	中融信托	4.33	3.88	0.45
28	中诚信托	4.22	3.91	0.31
29	新时代信托	3.84	5.25	-1.41
30	中泰信托	3.66	4.08	-0.42
31	长城新盛信托	3.55	27.64	-24.09
32	陆家嘴信托	3.50	11.42	-7.92
33	昆仑信托	3.43	1.47	1.96
34	万向信托	3.40	37.20	-33.80
35	中建投信托	3.23	4.21	-0.98
36	西部信托	3.16	2.98	0.19
37	长安信托	3.12	3.31	-0.20
38	北方信托	3.06	1.81	1.24
39	华澳信托	2.89	2.35	0.54
40	华信信托	2.70	6.57	-3.86
41	华宝信托	2.66	1.52	1.13
42	国元信托	2.54	2.13	0.41
43	陕国投	2.50	3.18	-0.68
44	云南信托	2.38	7.87	-5.49
45	华能信托	2.34	1.11	1.23
46	厦门国际信托	2.27	3.18	-0.91
47	中原信托	2.24	2.69	-0.44
48	杭州工商信托	2.03	3.53	-1.50
49	中信信托	1.96	2.81	-0.84
50	华宸信托	1.93	1.16	0.77

续表

排名	简称	2013 年	2012 年	较上年增减
51	山东信托	1.85	6.67	-4.83
52	中江信托	1.78	1.83	-0.05
53	山西信托	1.76	15.85	-14.09
54	四川信托	1.73	1.46	0.27
55	华鑫信托	1.65	0.15	1.50
56	新华信托	1.64	1.97	-0.33
57	安信信托	1.61	3.09	-1.47
58	苏州信托	1.61	3.73	-2.13
59	湖南信托	1.43	2.26	-0.84
60	东莞信托	1.38	1.08	0.30
61	华润信托	1.26	1.04	0.21
62	西藏信托	1.25	4.17	-2.92
63	中航信托	1.23	1.62	-0.40
64	大业信托	1.20	3.35	-2.15
65	重庆信托	0.87	1.61	-0.74
66	平安信托	0.73	0.84	-0.11
67	中铁信托	0.51	1.52	-1.01
68	江苏信托	0.09	1.85	-1.76
平均		1.71	1.85	-0.14

注：1. 平均值由 68 家合计数计算得出。
2. 计算时货币资金为各家报告中的货币资金、现金及存放中央银行款项、存放同业款项、贵金属、其他货币资金汇总金额。

在 68 家公司中，2013 年现金比率大于 1 的有 52 家；低于 0.5 的有 7 家，与 2012 年一致。

四、信托公司一些其他指标排名

（一）2013 年固有资产资产负债率增减变动情况排行榜

排名	简称	2013 年 12 月 31 日			2012 年 12 月 31 日			资产负债率增减变动（%）
		资产总计（万元）	负债总计（万元）	资产负债率（%）	资产总计（万元）	负债总计（万元）	资产负债率（%）	
1	山东信托	472 324.46	135 558.37	28.70	301 113.94	23 297.97	7.74	20.96
2	中海信托	491 393.46	110 592.80	22.51	400 008.78	19 986.89	5.00	17.51
3	大业信托	132 705.91	49 816.89	37.54	73 473.40	16 010.54	21.79	15.75
4	长城新盛信托	45 158.87	8 712.16	19.29	32 464.70	1 228.06	3.78	15.51
5	山西信托	221 109.96	45 512.05	20.58	168 704.26	13 814.98	8.19	12.39
6	安信信托	160 046.15	73 569.71	45.97	95 114.25	32 056.89	33.70	12.26
7	平安信托	10 137 003.23	6 825 080.27	67.33	7 389 732.65	4 242 519.58	57.41	9.92
8	西藏信托	105 061.19	29 473.90	28.05	72 974.15	13 360.71	18.31	9.75
9	重庆信托	1 247 879.41	311 283.05	24.94	987 209.16	159 880.55	16.20	8.75
10	中铁信托	640 872.78	235 268.81	36.71	424 695.65	131 400.51	30.94	5.77
11	中建投信托	410 494.31	56 113.74	13.67	300 188.56	28 233.12	9.41	4.26
12	云南信托	161 369.43	21 336.78	13.22	127 592.14	11 493.55	9.01	4.21
13	陆家嘴信托	152 983.51	17 080.36	11.16	123 540.53	8 906.24	7.21	3.96
14	国民信托	200 132.89	30 886.61	15.43	169 968.60	20 332.58	11.96	3.47
15	华融信托	364 243.75	38 062.09	10.45	309 303.82	22 826.83	7.38	3.07
16	浙金信托	68 378.43	7 989.09	11.68	60 075.38	5 621.56	9.36	2.33
17	陕国投	392 918.84	41 975.63	10.68	356 088.66	29 806.08	8.37	2.31
18	华澳信托	110 301.31	23 788.44	21.57	92 744.79	17 933.36	19.34	2.23
19	新华信托	397 624.53	133 875.16	33.67	302 581.15	95 209.60	31.47	2.20
20	北方信托	321 467.17	47 358.07	14.73	253 842.73	31 955.54	12.59	2.14
21	兴业信托	538 387.51	37 984.19	7.06	413 198.32	21 655.66	5.24	1.81

续表

排名	简称	2013 年 12 月 31 日			2012 年 12 月 31 日			资产负债率增减变动(%)
		资产总计(万元)	负债总计(万元)	资产负债率(%)	资产总计(万元)	负债总计(万元)	资产负债率(%)	
22	西部信托	178 754. 38	27 985. 04	15. 66	156 733. 13	22 049. 03	14. 07	1. 59
23	粤财信托	332 248. 95	12 946. 37	3. 90	277 646. 95	6 910. 11	2. 49	1. 41
24	万向信托	140 888. 19	3 691. 32	2. 62	131 874. 34	1 697. 82	1. 29	1. 33
25	北京信托	421 777. 12	32 277. 27	7. 65	350 166. 96	22 160. 26	6. 33	1. 32
26	苏州信托	255 607. 47	26 767. 54	10. 47	219 950. 67	20 992. 82	9. 54	0. 93
27	建信信托	661 958. 12	31 108. 04	4. 70	552 824. 36	20 903. 83	3. 78	0. 92
28	国元信托	431 794. 99	19 755. 77	4. 58	383 702. 20	14 862. 48	3. 87	0. 70
29	爱建信托	324 303. 38	8 852. 93	2. 73	284 916. 50	6 181. 95	2. 17	0. 56
30	杭州工商信托	144 086. 00	22 805. 00	15. 83	115 320. 00	17 620. 00	15. 28	0. 55
31	中泰信托	434 998. 64	69 100. 95	15. 89	398 731. 43	62 033. 82	15. 56	0. 33
32	中航信托	431 457. 39	47 585. 42	11. 03	274 907. 48	29 977. 24	10. 90	0. 12
33	长安信托	400 173. 77	91 146. 62	22. 78	285 349. 14	64 895. 08	22. 74	0. 03
34	中粮信托	338 938. 48	11 087. 13	3. 27	233 305. 39	7 866. 10	3. 37	-0. 10
35	昆仑信托	564 343. 87	19 516. 62	3. 46	525 601. 10	19 479. 43	3. 71	-0. 25
36	新时代信托	329 924. 35	9 768. 72	2. 96	175 439. 55	5 682. 44	3. 24	-0. 28
37	华信信托	609 088. 22	21 265. 55	3. 49	568 994. 53	21 635. 58	3. 80	-0. 31
38	国投信托	339 165. 73	18 998. 79	5. 60	288 690. 32	17 185. 20	5. 95	-0. 35
39	天津信托	274 690. 27	15 807. 16	5. 75	220 361. 99	13 577. 47	6. 16	-0. 41
40	中诚信托	1 290 487. 81	174 751. 80	13. 54	1 173 954. 16	164 261. 25	13. 99	-0. 45
41	国联信托	270 263. 00	4 400. 00	1. 63	246 061. 00	5 164. 00	2. 10	-0. 47
42	厦门国际信托	253 144. 00	17 921. 00	7. 08	181 511. 00	14 098. 00	7. 77	-0. 69
43	中原信托	252 304. 98	15 091. 99	5. 98	212 087. 48	14 351. 77	6. 77	-0. 79
44	渤海信托	326 763. 53	7 970. 94	2. 44	283 310. 97	9 155. 70	3. 23	-0. 79
45	外贸信托	558 367. 43	26 973. 23	4. 83	546 768. 71	31 172. 58	5. 70	-0. 87
46	上海信托	861 425. 70	75 492. 25	8. 76	753 949. 52	74 078. 91	9. 83	-1. 06
47	中融信托	968 750. 65	204 202. 19	21. 08	622 618. 70	138 279. 53	22. 21	-1. 13
48	江苏信托	728 806. 74	19 340. 68	2. 65	645 770. 70	26 480. 02	4. 10	-1. 45
49	华鑫信托	344 606. 41	34 274. 99	9. 95	293 233. 71	33 775. 52	11. 52	-1. 57
50	湖南信托	244 148. 00	43 975. 00	18. 01	165 280. 00	32 654. 00	19. 76	-1. 75
51	交银国际信托	515 394. 49	21 042. 53	4. 08	282 969. 82	16 955. 65	5. 99	-1. 91
52	英大信托	411 189. 66	21 880. 73	5. 32	367 432. 07	27 476. 35	7. 48	-2. 16
53	华能信托	602 561. 10	63 827. 73	10. 59	372 807. 46	47 751. 36	12. 81	-2. 22
54	五矿信托	452 640. 66	30 403. 58	6. 72	212 929. 39	19 239. 69	9. 04	-2. 32
55	紫金信托	150 790. 96	9 478. 23	6. 29	72 219. 69	6 799. 56	9. 42	-3. 13
56	甘肃信托	155 076. 51	9 514. 41	6. 14	138 892. 07	12 874. 31	9. 27	-3. 13
57	百瑞信托	339 415. 44	32 895. 56	9. 69	273 765. 57	35 591. 05	13. 00	-3. 31
58	中信信托	1 488 655. 63	185 780. 66	12. 48	1 182 265. 83	188 429. 44	15. 94	-3. 46
59	中江信托	865 600. 13	352 115. 73	40. 68	735 076. 58	342 254. 73	46. 56	-5. 88
60	华润信托	1 328 634. 61	105 249. 19	7. 92	1 194 733. 19	177 420. 75	14. 85	-6. 93
61	东莞信托	291 277. 11	13 089. 94	4. 49	108 530. 51	12 529. 40	11. 54	-7. 05
62	金谷信托	351 656. 23	28 310. 26	8. 05	238 619. 56	36 261. 87	15. 20	-7. 15
63	方正东亚信托	252 284. 89	34 391. 70	13. 63	191 784. 05	43 349. 21	22. 60	-8. 97
64	四川信托	732 289. 24	323 446. 13	44. 17	636 883. 37	362 453. 25	56. 91	-12. 74
65	吉林信托	420 598. 41	81 286. 92	19. 33	502 737. 75	162 613. 20	32. 35	-13. 02
66	华宝信托	578 147. 38	71 168. 17	12. 31	588 139. 29	160 931. 54	27. 36	-15. 05
67	华宸信托	98 163. 70	10 664. 49	10. 86	117 776. 67	33 769. 08	28. 67	-17. 81
68	中国民生信托	115 488. 73	8 984. 14	7. 78	101 186. 89	77 326. 91	76. 42	-68. 64
合计		38 634 989. 54	10 799 708. 58	27. 95	30 342 427. 36	7 630 740. 09	25. 15	2. 80
平均		568 161. 61	158 819. 24	27. 95	446 212. 17	112 216. 77	25. 15	2. 80

2013 年有 35 家公司资产负债率下降，68 家信托公司资产负债率平均上升了 2.80%，基本保持不变，上升幅度最大的是山东信托，上升了 20.96%。

2013 年披露的 68 家公司中，资产负债率最低的仍然是国联信托，资产负债率只有 1.63%，比上年略有下降；最高的是平安信托，达到 67.33%，比上年增加 9.92%。整个信托行业的平均资产负债率是 27.95%。比上年略有增长。

（二）2013 年已清算结束信托项目综合实际年化收益率排行榜（参与综合排名）

排名	简称	实际信托金额（万元）			加权平均实际年化收益率（%）			综合实际年化收益率（%）
		集合类	单一类	财产管理类	集合类	单一类	财产管理类	
1	杭州工商信托	589 372.00	46 218.00	0.00	12.88	13.42	0.00	12.92
2	新华信托	2 213 208.00	1 198 217.00	153 698.00	9.91	9.73	6.03	9.68
3	安信信托	630 744.40	1 326 310.00	0.00	10.50	9.22	0.00	9.63
4	浙金信托	356 220.00	51 843.38	18 000.00	9.51	10.70	8.15	9.60
5	华融信托	2 655 899.36	778 506.00	185 800.00	10.14	9.19	3.38	9.59
6	西部信托	351 500.35	750 538.00	0.00	12.95	7.74	0.00	9.40
7	吉林信托	1 212 081.25	1 821 120.00	40 000.00	9.92	8.91	6.88	9.28
8	湖南信托	548 699.00	2 156 054.00	3 114.00	8.12	9.57	0.34	9.27
9	华澳信托	888 832.00	481 290.00	0.00	9.38	8.78	0.00	9.17
10	大业信托	886 516.00	829 978.00	82 141.42	8.57	10.30	3.02	9.11
11	北京信托	2 085 841.70	3 178 125.09	874 868.85	9.99	8.98	7.23	9.07
12	华宸信托	219 655.00	661 477.03	0.00	10.41	8.44	0.00	8.93
13	国联信托	450 090.00	1 446 938.00	0.00	4.48	10.12	0.00	8.78
14	方正东亚信托	844 927.00	3 485 148.00	74 600.00	9.40	8.67	6.71	8.78
15	四川信托	3 226 257.00	3 239 235.90	169 000.00	9.29	8.21	5.46	8.67
16	华信信托	1 122 690.00	1 952 823.00	83 600.00	7.54	9.20	10.79	8.65
17	陆家嘴信托	489 364.00	304 795.20	0.00	10.02	6.42	0.00	8.64
18	中泰信托	193 775.00	790 950.00	0.00	9.94	8.31	0.00	8.63
19	西藏信托	480 143.32	3 209 766.49	0.00	9.05	8.56	0.00	8.62
20	紫金信托	509 739.46	668 767.65	194 795.00	8.45	8.28	9.43	8.51
21	天津信托	1 702 927.85	1 502 671.25	20 395.70	8.06	8.93	0.00	8.41
22	中融信托	3 671 545.72	4 222 386.00	1 957 675.00	9.49	7.46	8.43	8.41
23	五矿信托	2 639 330.76	3 609 938.26	325 000.00	8.21	8.48	6.73	8.29
24	爱建信托	495 310.00	320 150.00	78 160.40	9.68	7.88	0.00	8.19
25	新时代信托	3 099 868.00	10 324 582.30	0.00	8.79	7.89	0.00	8.10
26	平安信托	4 151 781.38	6 506 468.85	0.00	8.05	8.08	0.00	8.07
27	渤海信托	794 515.50	5 643 597.80	174 600.00	8.56	8.01	3.78	7.96
28	甘肃信托	227 537.00	3 407 689.28	0.00	8.65	7.90	0.00	7.95
29	外贸信托	6 209 410.20	5 516 954.11	453 900.00	5.82	10.49	4.96	7.90
30	华鑫信托	896 884.56	3 714 528.13	0.00	8.08	7.76	0.00	7.82
31	中铁信托	2 412 451.00	3 021 427.00	16 199.00	9.04	6.88	0.00	7.82
32	中信信托	5 623 465.02	13 607 931.05	764 882.49	9.59	7.01	8.87	7.81
33	国元信托	419 711.00	4 950 232.00	70 000.00	8.63	7.71	7.39	7.78
34	长安信托	2 202 681.00	5 397 929.00	871 595.00	5.89	8.22	9.56	7.75
35	中国民生信托	0.00	173 000.00	0.00	0.00	7.72	0.00	7.72
36	华润信托	1 275 937.01	6 172 235.78	0.00	9.28	7.38	0.00	7.71
37	苏州信托	954 086.00	430 681.00	0.00	7.60	7.73	0.00	7.64
38	陕国投	587 431.00	1 788 268.04	76 997.19	7.20	7.27	17.68	7.58
39	东莞信托	780 460.00	773 056.90	1 307.00	9.68	5.42	21.39	7.57
40	华能信托	3 452 034.00	5 832 614.03	1 121 345.05	8.55	7.18	6.39	7.55
41	江苏信托	472 580.00	1 239 066.97	0.00	8.57	6.84	0.00	7.32
42	山西信托	830 198.00	2 144 136.00	77 930.00	7.74	7.20	4.21	7.27
43	建信信托	841 194.69	433 531.98	9 900.00	7.62	6.73	0.00	7.26
44	百瑞信托	784 550.00	2 144 661.83	0.00	9.21	6.41	0.00	7.16
45	北方信托	749 636.00	6 888 808.00	416 300.00	9.01	7.20	2.31	7.11
46	昆仑信托	1 140 712.00	1 184 472.00	0.00	7.13	7.09	0.00	7.11
47	金谷信托	829 183.30	1 919 803.98	47 850.00	7.85	6.66	11.62	7.10

续表

排名	简称	实际信托金额(万元)			加权平均实际年化收益率(%)			综合实际年化收益率(%)
		集合类	单一类	财产管理类	集合类	单一类	财产管理类	
48	万向信托	10 000.00	69 000.00	0.00	9.49	6.70	0.00	7.05
49	中原信托	870 836.00	4 009 660.53	19 660.60	8.50	6.70	6.59	7.02
50	中航信托	1 781 613.11	7 385 126.24	17 900.00	8.42	6.56	7.63	6.92
51	中粮信托	291 166.18	3 186 205.00	84 585.82	9.23	6.63	7.47	6.86
52	国民信托	9 206.00	146 200.00	0.00	-2.19	7.41	0.00	6.84
53	中建投信托	556 000.01	1 401 027.00	98 046.66	9.40	6.28	0.00	6.82
54	厦门国际信托	642 335.00	6 533 081.00	279 716.00	5.79	6.70	9.35	6.72
55	英大信托	119 177.99	884 488.57	169 832.43	10.69	5.81	8.42	6.68
56	长城新盛信托	26 000.00	179 000.00	0.00	6.99	6.58	0.00	6.63
57	云南信托	453 427.79	2 707 845.00	914 664.61	5.60	6.42	7.60	6.59
58	重庆信托	1 155 573.35	1 610 495.38	248 330.00	6.31	7.35	2.85	6.58
59	国投信托	598 405.46	5 308 093.34	25 466.40	8.39	6.37	0.00	6.55
60	兴业信托	1 623 405.00	18 677 460.00	145 000.00	8.10	6.38	8.70	6.53
61	交银国际信托	677 990.45	5 939 433.35	100 000.00	9.45	6.17	5.40	6.49
62	上海信托	1 488 408.46	3 561 325.26	79 008.00	8.11	5.96	-1.84	6.46
63	山东信托	3 309 675.00	5 367 402.00	57 664.00	7.31	5.78	6.00	6.36
64	粤财信托	1 223 779.80	4 529 571.72	338 097.93	6.08	6.27	7.09	6.28
65	华宝信托	902 558.12	1 710 508.40	130 985.74	7.97	4.76	6.80	5.91
66	中海信托	1 005 062.45	2 405 291.18	0.00	6.67	5.57	0.00	5.90
67	中江信托	6 634 556.80	1 202 212.54	18 990.00	5.70	5.30	7.08	5.64
68	中诚信托	3 187 797.00	9 570 010.11	169 865.70	6.78	4.51	8.00	5.12
平均		1 378 940.44	3 200 475.87	165 609.82	8.22	7.60	4.09	7.66

注:已清算结束信托项目综合实际年化收益率=(集合类实收信托合计×集合类加权平均实际年化收益率+单一类实收信托合计×单一类加权平均实际年化收益率+财产权实收信托合计×财产权类加权平均实际年化收益率)/(集合、单一、财产权实收信托合计)。

(三)2013年信托资产信托报酬率及已清算结束信托项目综合实际年化收益率排名

排名	简称	信托资产信托报酬率(%)	排名	简称	已清算结束信托项目综合实际年化收益率(%)
1	杭州工商信托	3.25	1	杭州工商信托	12.92
2	华融信托	2.11	2	新华信托	9.68
3	华澳信托	1.51	3	安信信托	9.63
4	华信信托	1.43	4	浙金信托	9.60
5	爱建信托	1.40	5	华融信托	9.59
6	华宸信托	1.38	6	西部信托	9.40
7	新华信托	1.35	7	吉林信托	9.28
8	东莞信托	1.31	8	湖南信托	9.27
9	中融信托	1.23	9	华澳信托	9.17
10	方正东亚信托	1.22	10	大业信托	9.11
11	湖南信托	1.22	11	北京信托	9.07
12	大业信托	1.20	12	华宸信托	8.93
13	天津信托	1.19	13	国联信托	8.78
14	国民信托	1.14	14	方正东亚信托	8.78
15	浙金信托	1.10	15	四川信托	8.67
16	吉林信托	1.08	16	华信信托	8.65
17	陆家嘴信托	1.06	17	陆家嘴信托	8.64
18	中建投信托	1.06	18	中泰信托	8.63
19	紫金信托	1.05	19	西藏信托	8.62
20	北京信托	1.05	20	紫金信托	8.51
21	平安信托	1.05	21	天津信托	8.41
22	苏州信托	1.04	22	中融信托	8.41
23	四川信托	1.03	23	五矿信托	8.29

续表

排名	简称	信托资产信托报酬率(%)	排名	简称	已清算结束信托项目综合实际年化收益率(%)
24	安信信托	0.98	24	爱建信托	8.19
25	百瑞信托	0.97	25	新时代信托	8.10
26	重庆信托	0.95	26	平安信托	8.07
27	中铁信托	0.93	27	渤海信托	7.96
28	长安信托	0.92	28	甘肃信托	7.95
29	山西信托	0.90	29	外贸信托	7.90
30	金谷信托	0.87	30	华鑫信托	7.82
31	中原信托	0.82	31	中铁信托	7.82
32	国联信托	0.80	32	中信信托	7.81
33	中江信托	0.77	33	国元信托	7.78
34	中航信托	0.75	34	长安信托	7.75
35	昆仑信托	0.73	35	中国民生信托	7.72
36	万向信托	0.72	36	华润信托	7.71
37	长城新盛信托	0.72	37	苏州信托	7.64
38	中泰信托	0.71	38	陕国投	7.58
39	中信信托	0.70	39	东莞信托	7.57
40	五矿信托	0.70	40	华能信托	7.55
41	西部信托	0.68	41	江苏信托	7.32
42	上海信托	0.65	42	山西信托	7.27
43	华润信托	0.64	43	建信信托	7.26
44	渤海信托	0.63	44	百瑞信托	7.16
45	中国民生信托	0.56	45	北方信托	7.11
46	华鑫信托	0.54	46	昆仑信托	7.11
47	江苏信托	0.52	47	金谷信托	7.10
48	华能信托	0.49	48	万向信托	7.05
49	陕国投	0.49	49	中原信托	7.02
50	中诚信托	0.48	50	中航信托	6.92
51	厦门国际信托	0.45	51	中粮信托	6.86
52	国元信托	0.42	52	国民信托	6.84
53	外贸信托	0.41	53	中建投信托	6.82
54	中海信托	0.41	54	厦门国际信托	6.72
55	山东信托	0.39	55	英大信托	6.68
56	北方信托	0.39	56	长城新盛信托	6.63
57	华宝信托	0.38	57	云南信托	6.59
58	英大信托	0.37	58	重庆信托	6.58
59	新时代信托	0.37	59	国投信托	6.55
60	交银国际信托	0.37	60	兴业信托	6.53
61	兴业信托	0.36	61	交银国际信托	6.49
62	甘肃信托	0.33	62	上海信托	6.46
63	粤财信托	0.32	63	山东信托	6.36
64	西藏信托	0.29	64	粤财信托	6.28
65	国投信托	0.29	65	华宝信托	5.91
66	云南信托	0.29	66	中海信托	5.90
67	中粮信托	0.29	67	中江信托	5.64
68	建信信托	0.20	68	中诚信托	5.12
平均		0.68	平均		7.83

注：1. 信托资产信托报酬率明细详见表3-2-18。

2. 已清算结束信托项目综合实际年化收益率详见“2013年已清算结束信托项目综合实际年化收益率排行榜”。

(四)2013 年固有资产人均净利润排行榜

单位:万元

排名	简称	2013 年人数	2012 年人数人数	净利润	人均净利润
1	江苏信托	77	71	112 480.80	1 520.01
2	重庆信托	83	83	128 477.07	1 472.09
3	中诚信托	222	178	190 499.75	932.91
4	中铁信托	116	105	109 215.71	932.00
5	华信信托	174	152	117 866.19	723.11
6	上海信托	221	192	158 621.89	707.90
7	中信信托	488	436	314 359.25	680.43
8	中海信托	130	113	85 793.88	659.95
9	华润信托	299	282	176 250.69	615.80
10	外贸信托	311	235	129 621.39	611.91
11	西藏信托	41	31	15 973.86	558.04
12	粤财信托	108	84	52 664.53	548.59
13	中航信托	221	186	73 941.78	486.70
14	湖南信托	120	93	49 276.00	463.00
15	北京信托	195	146	81 947.59	445.00
16	渤海信托	134	97	50 868.38	442.33
17	方正东亚信托	160	107	70 191.26	438.70
18	国联信托	57	57	32 883.00	429.84
19	中建投信托	145	105	53 227.67	425.82
20	华融信托	216	168	80 450.86	419.01
21	华能信托	262	149	83 577.27	407.94
22	苏州信托	96	78	36 015.92	400.18
23	百瑞信托	172	152	64 216.88	396.40
24	北方信托	122	111	52 181.22	395.31
25	华鑫信托	145	118	50 875.73	387.00
26	建信信托	190	149	64 970.82	384.44
27	兴业信托	344	235	110 579.72	381.97
28	中原信托	164	134	55 773.91	369.98
29	厦门国际信托	135	115	45 781.00	369.00
30	国元信托	161	137	54 121.84	363.23
31	五矿信托	271	208	74 561.60	354.86
32	昆仑信托	245	216	82 746.00	350.62
33	天津信托	142	139	51 467.84	345.42
34	东莞信托	138	109	39 654.23	321.08
35	交银国际信托	159	128	50 730.86	319.06
36	华宝信托	282	236	82 225.53	317.47
37	英大信托	141	126	55 321.07	310.79
38	中江信托	180	168	69 933.82	308.19
39	平安信托	906	838	267 010.74	306.20
40	爱建信托	155	105	36 508.56	270.43
41	山东信托	158	142	73 231.47	270.23
42	四川信托	432	333	116 447.85	262.95
43	杭州工商信托	140	121	33 936.00	259.05
44	大业信托	98	76	25 426.15	256.83
45	长安信托	436	320	92 349.72	254.14
46	云南信托	134	82	23 934.06	234.65
47	浙金信托	100	69	5 990.65	231.00
48	甘肃信托	91	93	19 544.35	214.77
49	安信信托	163	101	27 960.17	210.23

续表

排名	简称	2013 年人数	2012 年人数人数	净利润	人均净利润
50	国民信托	133	79	19 463. 57	202. 75
51	陆家嘴信托	154	104	26 982. 95	201. 37
52	中泰信托	164	99	54 066. 17	200. 54
53	紫金信托	106	85	18 692. 60	198. 86
54	国投信托	115	103	47 234. 87	198. 47
55	中粮信托	119	103	22 398. 94	182. 61
56	金谷信托	195	133	27 228. 17	166. 02
57	陕国投	216	173	31 307. 61	160. 96
58	华澳信托	157	126	22 701. 45	160. 00
59	中融信托	1221	1151	201 760. 48	142. 16
60	长城新盛信托	57	20	5 704. 73	140. 86
61	西部信托	141 .	105	18 961. 60	136. 41
62	新时代信托	242	204	30 443. 52	125. 80
63	山西信托	164	172	20 564. 32	125. 39
64	万向信托	86	59	7 020. 36	106. 36
65	吉林信托	192	186	44 498. 87	102. 53
66	新华信托	646	578	54 021. 09	88. 27
67	中国民生信托	147	0	5 644. 62	62. 72
68	华宸信托	103	115	1 170. 19	11. 36
合计		14038	11504	4 591 552. 66	359. 53

注：1. 人均净利润以各家公司披露金额为准。
2. 陕国投未披露人均净利润，我们采用本期净进利润/全年平均人数计算得出。
3. 合计行的人均利润我们亦采用本期所有公司净进利润合计数/（2012 年人数 +2013 年人数）×2 计算得出。

68 家公司中，人均净利润超过 100 万元的有 65 家，平均人均净利润为 359. 53 万元，比 2012 年略微提高。

第四章　固有资产报表的总体分析

在本章节中，我们将 2013 年 68 家信托公司固有资产部分的会计报表，包括资产负债表、利润表、所有者权益变动表分别汇总成代表中国信托行业固有资产整体状况的汇总报表，以此来分析中国信托公司固有资产整体的财务状况和经营成果。

一、2013 年固有资产财务状况总体分析

表 4－1－1　2013 年固有资产汇总资产负债表

单位：万元

资产	年末数	年初数	负债和所有者权益（或股东权益）	年末数	年初数
货币资金	5 166 848. 60	4 901 700. 83	向中央银行借款	4 000. 00	4 000. 00
现金及存放中央银行款项	508 136. 69	504 925. 86	同业及其他金融机构存放款项	—	—
存放同业款项	2 179 636. 00	1 807 543. 00	短期借款	383 978. 01	134 792. 95
贵金属	—	—	拆入资金	396 500. 00	184 000. 00
其他货币资金	69 785. 74	2 874. 83	交易性金融负债	32 332. 55	—
拆出资金	20 000. 00	13 857. 00	衍生金融负债	398. 93	—
交易性金融资产	1 850 957. 28	2 010 799. 55	卖出回购金融资产款	2 086 121. 62	2 010 988. 37
衍生金融资产	—	881. 79	吸收存款	25 546. 14	8 130. 99
买入返售金融资产	973 950. 66	638 643. 02	应付款项	80 965. 49	46 506. 66
应收利息	120 792. 42	82 005. 78	应付手续费及佣金	—	—
应收股利	4 484. 58	2 351. 43	预收款项	808 341. 74	603 338. 32
分为贷款和应收款类的投资	1 187 380. 08	865 629. 34	应付职工薪酬	1 124 951. 28	799 168. 53
应收手续费及佣金	15 883. 57	18 931. 69	应交税费	872 304. 78	731 427. 78
应收款项	383 379. 82	281 428. 04	代理买卖证券款	1 372 346. 00	1 335 641. 10
发放中长期贷款	—	—	代理业务负债	1 597. 32	1 611. 07
结算备付金	208 993. 72	119 856. 31	代理兑付证券款	122. 41	122. 41
存出保证金	94 274. 04	47 621. 47	应付利息	53 299. 80	16 833. 02
其他应收款	230 377. 53	252 792. 34	应付股利	18 542. 67	34 631. 89
预付款项	16 573. 13	17 830. 33	其他应付款	521 152. 77	436 425. 44
存货	44 020. 88	111 922. 44	一年内到期的非流动负债	—	—
其他流动资产	225 613. 42	70 334. 22	存入保证金	10 043. 06	9 210. 47
流动资产合计	13 301 088. 16	11 751 929. 26	其他流动负债	—	—
发放贷款和垫款	3 821 922. 37	3 009 844. 97	流动负债合计	7 792 544. 57	6 356 829. 00
可供出售金融资产	10 688 602. 19	7 095 596. 06	递延收益	—	—
长期应收款	—	4 028. 12	长期借款	777 883. 97	180 800. 00
长期股权投资	5 433 626. 01	4 695 294. 12	长期应付款	4 250. 00	4 750. 00
投资性房地产	136 562. 28	154 858. 44	预计负债	10 689. 04	7 585. 23
持有至到期投资	1 201 561. 67	825 449. 80	递延所得税负债	330 730. 57	277 163. 42
固定资产	538 196. 18	513 990. 54	其他负债	1 883 610. 44	803 612. 44
固定资产清理	6. 59	−301. 87	长期负债合计	3 007 164. 01	1 273 911. 09
在建工程	12 559. 68	38 544. 92	负债合计	10 799 708. 58	7 630 740. 09
无形资产	1 216 098. 88	554 589. 73	所有者权益（或股东权益）：		
开发支出	1 721. 49	1 499. 40	实收资本（或股本）	11 165 500. 07	9 823 042. 55
长期待摊费用	23 046. 60	23 192. 93	资本公积	3 012 617. 60	2 688 962. 95
递延所得税资产	465 926. 63	261 838. 53	减：库存股	—	—
抵债资产	1 921. 40	1 157. 96	盈余公积	1 780 621. 97	1 295 961. 46
代理业务资产	—	—	信托赔偿准备金	496 059. 73	379 376. 72
商誉	330 072. 06	330 025. 54	一般风险准备	914 878. 48	681 823. 63
信托受益权	100 202. 35	28 874. 24	未分配利润	9 154 992. 15	6 661 231. 17
其他非流动资产	1 361 877. 72	1 052 014. 69	外币折算差额	−1 644. 60	−424. 17
非流动资产合计	25 333 904. 08	18 590 498. 12	归属于母公司所有者权益合计	26 523 025. 40	21 529 974. 32
			少数股东权益	1 312 258. 26	1 181 712. 97
			所有者权益（或股东权益）合计	27 835 283. 66	22 711 687. 29
资产总计	38 634 992. 24	30 342 427. 38	负债和所有者权益（或股东权益）总计	38 634 992. 24	30 342 427. 38

注：将统计过程中报表数字尾差放在其他非流动资产中，导致披露的资产总额与第三章存在差异。

我们对资产负债表按大类进行了分析，其增减变动情况见表 4－1－2。

表 4－1－2　2013 年固有资产汇总简式资产负债表增减变动明细表

资产	年末数(万元)	年初数(万元)	增减额(万元)	增减率(%)	平均每户增减(万元)
流动资产合计	13 301 088. 16	11 751 929. 26	1 549 158. 90	13. 18	22 781. 75
长期资产及长期投资合计	21 282 274. 51	15 785 071. 50	5 497 203. 01	34. 83	80 841. 22
固定资产合计	550 762. 45	552 233. 59	−1 471. 15	−0. 27	−21. 63
无形资产及其他资产合计	3 034 940. 49	1 991 354. 50	1 043 585. 99	52. 41	15 346. 85
递延税款资产	465 926. 63	261 838. 53	204 088. 10	77. 94	3 001. 30
资产总计	38 634 992. 24	30 342 427. 38	8 292 564. 86	27. 33	121 949. 48
流动负债合计	7 792 544. 57	6 356 829. 00	1 435 715. 57	22. 59	21 113. 46
长期负债合计	3 007 164. 01	1 273 911. 09	1 733 252. 91	136. 06	25 489. 01
负债合计	10 799 708. 58	7 630 740. 09	3 168 968. 49	41. 53	46 602. 48
归属于母公司所有者权益合计	26 523 025. 40	21 529 974. 32	4 993 051. 08	23. 19	73 427. 22
少数股东权益	1 312 258. 26	1 181 712. 97	130 545. 30	11. 05	1 919. 78
负债及所有者权益合计	27 835 283. 66	22 711 687. 29	5 123 596. 37	22. 56	75 347. 01

截至 2013 年末，68 家信托公司固有资产总规模为 3 863. 50 亿元，较 2012 年固有资产总额 3 034. 24 亿元增加了 829. 26 亿元，增加了 27. 33%。平均资产规模为 56. 82 亿元，平均资产增加 12. 19 亿元。

2013 年负债总额增幅较大，2013 年底负债总额为 1 079. 97 亿元，较 2012 年负债总额 763. 07 亿元增加了 316. 90 亿元，增加了 41. 53%，平均负债规模为 15. 88 亿元，平均负债增加 4. 66 亿元。

表 4－1－3　2013 年固有资产汇总资产负债增减情况表

项目	2013 年 12 月 31 日	2012 年 12 月 31 日	增减额	增减(%)
资产总计(万元)	38 634 992. 24	30 342 427. 38	8 292 564. 86	27. 33
负债合计(万元)	10 799 708. 58	7 630 740. 09	3 168 968. 49	41. 53
所有者权益合计(万元)	27 835 283. 66	22 711 687. 29	5 123 596. 37	22. 56
资产负债率(%)	27. 95	25. 15	2. 80	

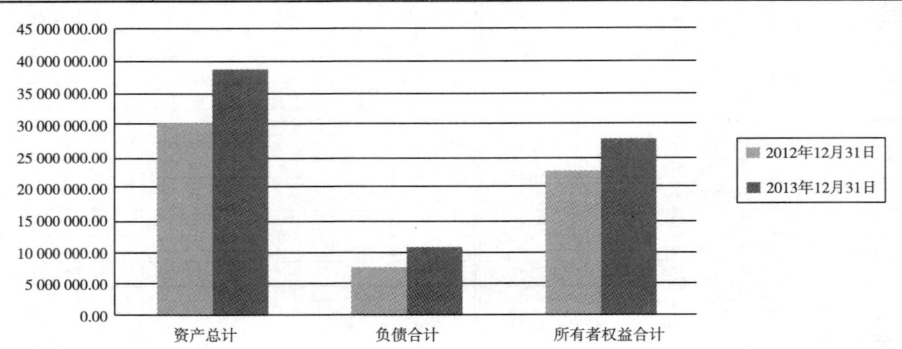

图 4－1－1　固有资产汇总资产负债情况

2013 年与 2012 年相比，资产规模增加幅度低于负债规模的增加幅度，导致 2013 年的资产负债率提高了 2. 80%

二、2013 年固有资产经营成果总体分析

表 4－2－1　2013 年汇总利润表

项目	本年实际数(万元)	上年实际数(万元)	增减数	
			金额(万元)	比例(%)
一、营业总收入	9 780 051. 73	7 652 472. 61	2 127 579. 11	27. 80
1. 营业收入	481 414. 26	417 841. 07	63 573. 19	15. 21
2. 利息净收入	564 646. 86	500 788. 26	63 858. 61	12. 75
利息收入	771 501. 26	612 596. 58	158 904. 67	25. 94
利息支出	206 854. 39	111 808. 32	95 046. 07	85. 01
3. 金融企业往来净收入	1 348. 19	1 365. 63	−17. 44	−1. 28
金融企业往来收入	1 348. 19	1 365. 63	−17. 44	−1. 28
金融企业往来支出	—	—	—	—

续表

项目	本年实际数(万元)	上年实际数(万元)	增减数	
			金额(万元)	比例(%)
4. 手续费及佣金净收入	6 720 160.39	5 118 670.65	1 601 489.74	31.29
手续费及佣金收入	6 872 119.78	5 254 892.09	1 617 227.69	30.78
手续费及佣金支出	151 959.39	136 221.44	15 737.95	11.55
5. 租赁收入	6 176.42	5 773.56	402.86	6.98
6. 投资收益(损失以"-"号填列)	1 544 067.17	1 101 818.35	442 248.82	40.14
其中:对联营企业和合营企业的投资收益	248 841.29	177 762.54	71 078.75	39.99
7. 公允价值变动收益(损失以"-"号填列)	11 939.75	109 000.72	-97 060.97	-89.05
8. 汇兑收益(损失以"-"号填列)	-2 377.50	-1 664.82	-712.68	42.81
9. 其他业务收入	360 540.45	304 011.39	56 529.06	18.59
10. 证券销售差价收入(亏损以"-"号填列)	0.10	129.53	-129.43	-99.92
11. 基金管理收入	92 135.62	94 738.27	-2 602.65	-2.75
12. 补贴收入	—	—	—	—
13. 信托业务收入	—	—	—	—
14. 担保业务收入	—	—	—	—
15. 房地产销售收入	—	—	—	—
二、营业总支出	3 839 937.08	2 928 568.80	911 368.28	31.12
1. 营业成本	173 701.34	172 988.42	712.92	0.41
2. 营业税金及附加	489 993.20	380 687.63	109 305.56	28.71
3. 业务(销售费用)	2 689 981.96	2 134 966.67	555 015.29	26.00
4. 管理费	75 606.15	62 482.95	13 123.20	21.00
5. 财务费用	-107.78	15.29	-123.06	-805.05
6. 资产减值损失	304 227.50	103 230.14	200 997.37	194.71
7. 其他业务成本	106 534.70	74 197.70	32 337.00	43.58
8. 房地产销售成本	—	—	—	—
三、营业利润(亏损以"-"号填列)	5 940 114.65	4 723 903.81	1 216 210.84	25.75
加:营业外收入	81 493.69	56 317.16	25 176.53	44.70
减:营业外支出	55 801.38	12 947.10	42 854.28	331.00
四、利润总额(亏损总额以"-"号填列)	5 965 806.96	4 767 273.87	1 198 533.08	25.14
减:所得税费用	1 374 254.30	1 099 989.90	274 264.40	24.93
五、净利润(净亏损以"-"号填列)	4 591 552.66	3 667 283.97	924 268.68	25.20
六、其他综合收益	-116 361.80	216 898.68	-333 260.48	-153.65
七、综合收益总额	4 475 190.86	3 884 182.65	591 008.21	15.22

2013 年信托公司经营业绩上升幅度大幅降缓,净利润为 447.52 亿元,较上年的 388.42 亿元增加了 15.22%,其中手续费及佣金收入对净利润贡献最大,2013 年手续费及佣金净收入 672.02 亿元,占营业收入的 68.71%,比 2012 年占比 66.89%略微提高;其次是投资收益 154.41 亿元,占营业收入的 15.79%;信托业务收入、担保业务收入和房地产销售收入仍然金额很小。

另外,2013 年有 13 家公司的利润表中其他综合收益为负数,13 家公司金额合计为 -17.24 亿元,导致其他综合收益合计金额为 -11.64 亿元。

三、2013 年固有资产所有者权益总体分析

2013 年所有者权益为 2 783.53 亿元,较上年增加 512.36 亿元,增幅 22.56% 其中股本占比 40.11%,较上年增加 13.67%;资本公积占比 10.82%,较上年增加 12.04%;盈余公积占比 6.40%,较上年增加 37.40%;未分配利润占比 32.89%,较上年增加了 37.44%;风险准备金占比 5.07%,较上年增加 32.96%。从表 4-3-1 看出,所有者权益各项均有所增长。

表 4-3-1 固有资产所有者权益的组成占比一览表

项目	2013 年		2012 年		2013 年增减	
	金额(万元)	比率(%)	金额(万元)	比率(%)	金额(万元)	比率(%)
股本	11 165 500.07	40.11	9 823 042.55	43.25	1 342 457.52	13.67
资本公积	3 012 617.60	10.82	2 688 962.95	11.84	323 654.65	12.04
盈余公积	1 780 621.97	6.40	1 295 961.46	5.71	484 660.51	37.40
未分配利润	9 154 992.15	32.89	6 661 231.17	29.33	2 493 760.98	37.44
风险准备金	1 410 938.21	5.07	1 061 200.35	4.67	349 737.86	32.96
外币折算差额	-1 644.60	-0.01	-424.17	0.00	-1 220.43	287.72
归属于母公司所有者权益合计	26 523 025.40	95.29	21 529 974.32	94.80	4 993 051.08	23.19
少数股东权益	1 312 258.26	4.71	1 181 712.97	5.20	130 545.30	11.05
所有者权益合计	27 835 283.66	100.00	22 711 687.29	100.00	5 123 596.37	22.56

68 家公司 2013 年股本共增加 134.25 亿元,通过增资扩股,信托公司实力得到进一步加强。2013 年股本发生变动的情况分析见第一章。

表 4-3-2　2013 年汇总所有者权益变动表

单位：万元

项目	本年金额											
	归属于母公司所有者权益								少数股东权益	减：资产损失	外币报表折算差额	所有者权益合计
	实收资本（或股本）	资本公积	减：库存股	盈余公积	信托赔偿准备	一般风险准备	未分配利润	其他				
一、上年年末余额	9 823 042.55	2 688 962.96	—	1 295 504.86	378 920.12	681 823.61	6 657 261.70	—	1 181 712.97	—	-424.18	22 706 804.59
加：会计政策变更	—	—	—	—	—	—	—	—	—	—	—	—
前期差错更正	—	—	—	456.59	456.59	—	1 369.76	—	—	—	—	2 282.94
其他	—	—	—	—	—	—	—	—	—	—	—	—
二、本年年初余额	9 823 042.55	2 688 962.96	—	1 295 961.45	379 376.71	681 823.61	6 658 631.46	—	1 181 712.97	—	-424.18	22 709 087.53
三、本年增减变动金额（减少以"-"号填列）	1 342 457.52	323 654.66	—	484 660.54	116 683.02	233 054.86	2 496 360.71	—	130 377.07	—	-1 155.07	5 126 093.29
（一）净利润	—	—	—	—	—	—	4 483 086.23	—	108 465.50	—	—	4 591 551.73
（二）其他综合收益	—	-133 473.04	—	-27 877.37	—	—	-243.87	—	-4 756.04	—	-1 155.07	-167 505.39
1. 可供出售金融资产公允价值变动净额	—	-31 511.73	—	—	—	—	—	—	326.87	—	—	-31 184.86
2. 权益法下被投资单位其他所有者权益变动的影响	—	2 040.37	—	—	—	—	—	—	—	—	—	2 040.37
3. 与计入所有都权益项目相关的所得税影响	—	6 521.67	—	—	—	—	—	—	-81.82	—	—	6 439.85
4. 其他	—	-1 971.89	—	-27 877.37	—	—	-243.87	—	-14.69	—	-75.32	-30 183.14
5. 未披露	—	-108 551.46	—	—	—	—	—	—	-4 986.40	—	-1 079.75	-114 617.62
净利润及其他综合收益小计	—	-133 473.04	—	-27 877.37	—	—	4 482 842.36	—	103 709.46	—	-1 155.07	4 424 046.34
（三）所有者投入和减少资本	1 130 927.33	517 005.23	—	—	—	—	—	—	63 072.35	—	—	1 711 004.90
1. 所有者投入资本	1 130 927.33	503 574.43	—	—	—	—	—	—	61 981.62	—	—	1 696 483.37
2. 股份支付计入所有者权益的金额	—	—	—	—	—	—	—	—	—	—	—	—
3. 分立减资（或其他）	—	13 430.80	—	—	—	—	—	—	1 090.73	—	—	14 521.53
（四）利润分配	—	—	—	519 119.34	120 660.20	232 999.58	-1 822 762.27	—	-48 683.59	—	—	-998 666.74
1. 提取盈余公积	—	—	—	515 535.47	—	—	-515 535.47	—	—	—	—	—
2. 提取信托赔偿准备	—	—	—	—	119 725.57	3 459.16	-123 184.72	—	—	—	—	—
3. 一般风险准备	—	—	—	—	934.63	300 617.15	-301 551.78	—	—	—	—	—
4. 所有者的分配	—	—	—	—	—	—	-878 884.34	—	-48 634.92	—	—	-927 519.26
5. 其他	—	—	—	3 583.87	—	-71 076.73	-3 605.95	—	-48.67	—	—	-71 147.48
（五）所有者权益内部结转	211 530.19	-59 877.53	—	-6 581.43	-3 977.18	55.28	-163 719.39	—	12 278.85	—	—	-10 291.21
1. 资本公积转增资本	62 746.50	-61 229.37	—	—	—	—	-1 517.13	—	—	—	—	-0.00
2. 盈作公积转增资本	—	—	—	-6 581.43	—	—	6 581.43	—	—	—	—	—
3. 盈余公积弥补亏损	—	—	—	—	—	—	—	—	—	—	—	—
4. 其他	148 783.69	1 351.84	—	—	-3 977.18	55.28	-168 783.69	—	12 447.11	—	-65.35	-10 188.30
未披露变更原因的调整事项	—	—	—	—	—	—	—	—	—	—	—	—
四、本年年末余额	11 165 500.07	3 012 617.62	—	1 780 621.99	496 059.73	914 878.47	9 154 992.17	—	1 312 258.29	—	-1 644.60	27 835 283.73

项目	上年金额											
	归属于母公司所有者权益								少数股东权益	减:资产损失	外币报表折算差额	所有者权益合计
	实收资本(或股本)	资本公积	减:库存股	盈余公积	信托赔偿准备	一般风险准备	未分配利润	其他				
一、上年年末余额	8 657 963.22	2 000 130.72	—	929 943.48	282 145.20	483 019.02	4 662 182.43	—	564 059.59	—	-410.55	17 579 033.12
加:会计政策变更	—	—	—	—	—	—	—	—	—	—	—	—
前期差错更正	—	7.42	—	-2 621.22	-329.15	1.64	-6 233.98	—	—	—	—	-9 175.30
其他	—	—	—	-58.89	-29.46	—	-1 088.85	—	—	—	—	-1 177.20
二、本年年初余额	8 657 963.22	2 000 138.14	—	927 263.37	281 786.59	483 020.66	4 654 859.60	—	564 059.59	—	-410.55	17 568 680.62
三、本年增减变动金额(减少以"-"号填列)	1 165 079.32	688 824.78	—	368 241.49	97 133.52	198 802.95	2 002 402.08	—	617 653.38	—	-13.61	5 138 123.91
(一)净利润	—	—	—	—	—	—	3 605 596.17	—	62 857.31	—	-7.26	3 668 446.22
(二)其他综合收益	—	326 538.55	—	—	—	—	55 534.86	—	5 670.77	—	0.24	387 744.42
1. 可供出售金融资产公允价值变动净额	—	95 517.21	—	—	—	—	—	—	-165.47	—	—	95 351.74
2. 权益法下被投资单位其他所有者权益变动的影响	—	1 891.01	—	—	—	—	—	—	—	—	—	1 891.01
3. 与计入所有都权益项目相关的所得税影响	—	-7 763.84	—	—	—	—	—	—	41.37	—	—	-7 722.47
4. 其他	—	49.13	—	—	—	—	116.98	—	-0.02	—	-0.02	166.07
5. 未披露	—	236 845.05	—	—	—	—	55 417.88	—	5 794.89	—	0.26	298 058.08
净利润及其他综合收益小计	—	326 538.55	—	—	—	—	3 661 131.03	—	68 528.08	—	-7.02	4 056 190.64
(三)所有者投入和减少资本	918 591.32	413 578.69	—	—	—	—	-31 400.00	—	594 738.46	—	—	1 895 508.48
1. 所有者投入资本	918 591.32	415 096.59	—	—	—	—	-31 400.00	—	9 764.13	—	—	1 312 052.05
2. 股份支付计入所有者权益的金额	—	—	—	—	—	—	—	—	50.00	—	—	50.00
3. 分立减资(或其他)	—	-1 517.90	—	—	—	—	—	—	584 924.33	—	—	583 406.43
(四)利润分配	—	—	—	368 241.49	97 133.52	198 802.95	-1 432 153.42	—	-45 606.03	—	—	-813 581.48
1. 提取盈余公积	—	—	—	364 518.94	—	—	-364 518.94	—	—	—	—	—
2. 提取信托赔偿准备	—	—	—	—	98 784.77	158.85	-99 392.40	—	—	—	—	-448.78
3. 一般风险准备	—	—	—	—	—	315 646.05	-315 197.28	—	—	—	—	448.77
4. 所有者的分配	—	—	—	—	—	—	-757 607.12	—	-45 567.90	—	—	-803 175.02
5. 其他	—	—	—	3 722.55	-1 651.24	-117 001.95	104 562.32	—	-38.13	—	—	-10 406.45
(五)所有者权益内部结转	246 488.00	-51 292.47	—	—	—	—	-195 175.53	—	-7.14	—	-6.59	6.27
1. 资本公积转增资本	—	—	—	—	—	—	—	—	—	—	—	—
2. 盈作公积转增资本	—	—	—	—	—	—	—	—	—	—	—	—
3. 盈余公积弥补亏损	—	—	—	—	—	—	—	—	—	—	—	—
4. 其他	246 488.00	-51 292.47	—	—	—	—	-195 175.53	—	-7.14	—	-6.59	6.27
未披露变更原因的调整事项	—	—	—	—	—	—	—	—	—	—	—	—
四、本年年末余额	9 823 042.55	2 688 962.92	—	1 295 504.86	378 920.11	681 823.61	6 657 261.67	—	1 181 712.97	—	-424.16	22 706 804.53

注:在编制汇总所有者权益变动表中,存在部分公司与资产负债表数据上的尾差,汇总时未将尾差调整。

四、2013 年固有资产报表结构比率分析

(一)资产结构分析

1. 总体资产结构情况

表 4－4－1　2013 年固有资产汇总报表资产结构分析表

科目	2013 年 12 月 31 日		2012 年 12 月 31 日		增减	
	金额(万元)	占比(%)	金额(万元)	占比(%)	金额(万元)	占比(%)
流动资产	13 301 088.16	34.43	11 751 929.26	38.74	1 549 158.90	13.18
长期投资及长期资产	21 282 274.51	55.09	15 785 071.50	52.02	5 497 203.01	34.83
固定资产	550 762.45	1.43	552 233.59	1.82	－1 471.14	－0.27
无形资产及其他资产	3 034 940.49	7.86	1 991 354.50	6.56	1 043 585.99	52.41
递延税款资产	465 926.63	1.21	261 838.53	0.86	204 088.10	77.94
合计	38 634 992.24	100.00	30 342 427.38	100.00	8 292 564.86	27.33

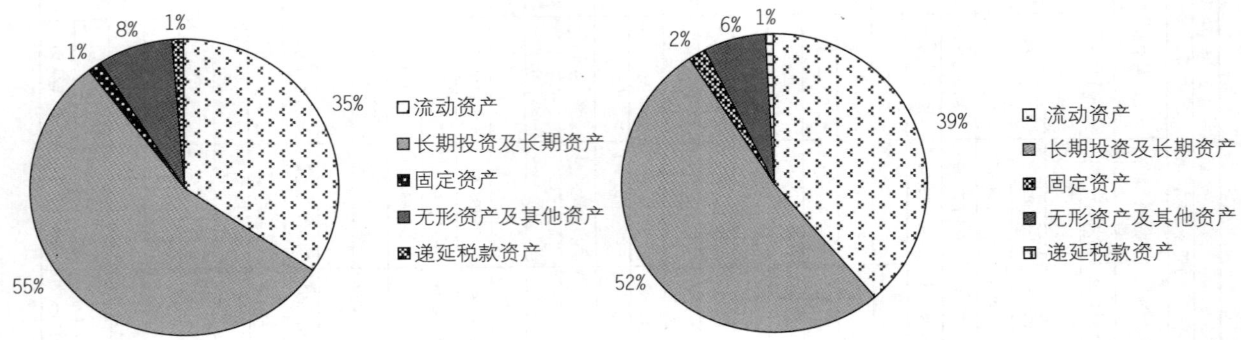

图 4－4－1　2013 年固有资产汇总报表资产结构分析　　图 4－4－2　2012 年固有资产汇总报表资产结构分析

从资产项目结构来看，长期投资及长期资产、流动资产占比依然较大。其中，流动资产占比 34.43%，长期投资及长期资产占比 55.09%，两者共占总资产的 89.52%；比上年的 90.76%下降了 1.24%，已经连续 3 年下降。2013 年流动资产较上年的 1 330.11 亿元增加了 13.18%；长期投资及长期资产较上年的 1 578.51 亿元增加了 34.83%。

2. 流动资产结构情况

表 4－4－2　2013 年固有资产汇总报表流动资产结构分析表

科目	2013 年 12 月 31 日		2012 年 12 月 31 日		增减	
	金额(万元)	占比(%)	金额(万元)	占比(%)	金额(万元)	占比(%)
货币资金	5 166 848.60	38.85	4 901 700.83	41.71	265 147.76	5.41
现金及存放中央银行款项	508 136.69	3.82	504 925.86	4.30	3 210.83	0.64
存放同业款项	2 179 636.00	16.39	1 807 543.00	15.38	372 093.01	20.59
贵金属						
其他货币资金	69 785.74	0.52	2 874.83	0.02	66 910.91	2327.47
拆出资金	20 000.00	0.15	13 857.00	0.12	6 143.00	44.33
交易性金融资产	1 850 957.28	13.92	2 010 799.55	17.11	－159 842.27	－7.95
衍生金融资产	0.00	0.00	881.79	0.01	－881.79	－100.00
买入返售金融资产	973 950.66	7.32	638 643.02	5.43	335 307.65	52.50

续表

科目	2013 年 12 月 31 日		2012 年 12 月 31 日		增减	
	金额(万元)	占比(%)	金额(万元)	占比(%)	金额(万元)	占比(%)
应收利息	120 792. 42	0. 91	82 005. 78	0. 70	38 786. 64	47. 30
应收股利	4 484. 58	0. 03	2 351. 43	0. 02	2 133. 15	90. 72
分为贷款和应收款类的投资	1 187 380. 08	8. 93	865 629. 34	7. 37	321 750. 73	37. 17
应收手续费及佣金	15 883. 57	0. 12	18 931. 69	0. 16	−3 048. 12	−16. 10
应收款项	383 379. 82	2. 88	281 428. 04	2. 39	101 951. 78	36. 23
发放中长期贷款						
结算备付金	208 993. 72	1. 57	119 856. 31	1. 02	89 137. 41	74. 37
存出保证金	94 274. 04	0. 71	47 621. 47	0. 41	46 652. 57	97. 97
其他应收款	230 377. 53	1. 73	252 792. 34	2. 15	−22 414. 81	−8. 87
预付款项	16 573. 13	0. 12	17 830. 33	0. 15	−1 257. 20	−7. 05
存货	44 020. 88	0. 33	111 922. 44	0. 95	−67 901. 56	−60. 67
其他流动资产	225 613. 42	1. 70	70 334. 22	0. 60	155 279. 20	220. 77
流动资产合计	13 301 088. 16	100. 00	11 751 929. 26	100. 00	1 549 158. 90	13. 18

占流动资产比例最高的是货币资金项目(包括货币资金、现金及存放中央银行款项、存放同业款项),合计占流动资产的 59. 73%;其次是交易性金融资产,占流动资产的 13. 92%。2013 年流动资产比 2012 年增加了 154. 92 亿元,本期增长最大仍然是货币资金,合计增加了 55. 37 亿元。

表 4 −4 −3　2013 年固有资产汇总报表非流动资产结构分析表

科目	2013 年 12 月 31 日		2012 年 12 月 31 日		增减	
	金额(万元)	占比(%)	金额(万元)	占比(%)	金额(万元)	占比(%)
发放贷款和垫款	3 821 922. 37	15. 09	3 009 844. 97	16. 19	812 077. 40	26. 98
可供出售金融资产	10 688 602. 19	42. 19	7 095 596. 06	38. 17	3 593 006. 13	50. 64
长期应收款	−	0. 00	4 028. 12	0. 02	−4 028. 12	−100. 00
长期股权投资	5 433 626. 01	21. 45	4 695 294. 12	25. 26	738 331. 90	15. 72
投资性房地产	136 562. 28	0. 54	154 858. 44	0. 83	−18 296. 16	−11. 81
持有至到期投资	1 201 561. 67	4. 74	825 449. 80	4. 44	376 111. 87	45. 56
固定资产	538 196. 18	2. 12	513 990. 54	2. 76	24 205. 64	4. 71
固定资产清理	6. 59	0. 00	−301. 87	0. 00	308. 46	−102. 18
在建工程	12 559. 68	0. 05	38 544. 92	0. 21	−25 985. 24	−67. 42
无形资产	1 216 098. 88	4. 80	554 589. 73	2. 98	661 509. 15	119. 28
开发支出	1 721. 49	0. 01	1 499. 40	0. 01	222. 09	14. 81
长期待摊费用	23 046. 60	0. 09	23 192. 93	0. 12	−146. 33	−0. 63
递延所得税资产	465 926. 63	1. 84	261 838. 53	1. 41	204 088. 10	77. 94
抵债资产	1 921. 40	0. 01	1 157. 96	0. 01	763. 44	65. 93
代理业务资产	—	0. 00	—	0. 00	0. 00	
商誉	330 072. 06	1. 30	330 025. 54	1. 78	46. 52	0. 01
信托受益权	100 202. 35	0. 40	28 874. 24	0. 16	71 328. 10	247. 03
其他非流动资产	1 361 877. 72	5. 38	1 052 014. 69	5. 66	309 863. 02	29. 45
非流动资产合计	25 333 904. 08	100. 00	18 590 498. 12	100. 00	6 743 405. 96	36. 27

非流动资产的增加主要是发放贷款和垫款、可供出售的金融资产以及长期股权投资的增加,合计较 2012 增加了 514. 34 亿元,占增加总额的 76. 27%。

(二)负债结构分析

表4-4-4　2013年固有资产汇总报表负债结构分析表

科目	2013年12月31日		2012年12月31日		增减	
	金额(万元)	比例(%)	金额(万元)	比例(%)	金额(万元)	比例(%)
流动负债合计	7 792 544.57	72.16	6 356 829.00	83.31	1 435 715.57	22.59
长期负债合计	3 007 164.01	27.84	1 273 911.09	16.69	1 733 252.91	136.06
合计	10 799 708.58	100.00	7 630 740.09	100.00	3 168 968.49	41.53

从固有资产负债结构分析表来看,2013年流动负债占比72.16%;长期负债占比27.84%,本期长期负债大幅增加,导致长期负债占比提高。流动负债本年增加143.57亿元,长期负债本年增加了173.33亿元(主要为平安信托本期新增其他负债111.24亿元)。

表4-4-5　2013年固有资产汇总报表流动负债结构分析表

科目	2013年12月31日		2012年12月31日		增减	
	金额(万元)	比例(%)	金额(万元)	比例(%)	金额(万元)	比例(%)
向中央银行借款	4 000.00	0.05	4 000.00	0.06	0.00	0.00
短期借款	383 978.01	4.93	134 792.95	2.12	249 185.06	184.87
拆入资金	396 500.00	5.09	184 000.00	2.89	212 500.00	115.49
交易性金融负债	32 332.55	0.41	-	0.00	32 332.55	
衍生金融负债	398.93	0.01	-	0.00	398.93	
卖出回购金融资产款	2 086 121.62	26.77	2 010 988.37	31.64	75 133.25	3.74
应付款项	25 546.14	0.33	8 130.99	0.13	17 415.15	214.18
应付手续费及佣金	80 965.49	1.04	46 506.66	0.73	34 458.84	74.09
预收款项	808 341.74	10.37	603 338.32	9.49	205 003.42	33.98
应付职工薪酬	1 124 951.28	14.44	799 168.53	12.57	325 782.75	40.77
应交税费	872 304.78	11.19	731 427.78	11.51	140 877.00	19.26
代理买卖证券款	1 372 346.00	17.61	1 335 641.10	21.01	36 704.90	2.75
代理业务负债	1 597.32	0.02	1 611.07	0.03	-13.75	-0.85
代理兑付证券款	122.41	0.00	122.41	0.00	0.00	0.00
应付利息	53 299.80	0.68	16 833.02	0.26	36 466.78	216.64
应付股利	18 542.67	0.24	34 631.89	0.54	-16 089.23	-46.46
其他应付款	521 152.77	6.69	436 425.44	6.87	84 727.33	19.41
其他流动负债	10 043.06	0.13	9 210.47	0.14	832.59	9.04
流动负债合计	7 792 544.57	100.00	6 356 829.00	100.00	1 435 715.57	22.59

注:各项流动负债的比例是按照其占总流动负债的比例计算。

2013年,流动负债比上年增加了143.57亿元,增加幅度与2012年相当,其中金额增加较大的为短期借款、拆入资金和应付职工薪酬,但总体来说,本期流动负债增长保持稳定。在上市公司年报披露中要求,凡报表项目增减变动超过30%的项目都要进行文字性说明。所以我们建议各信托公司能参照该规定进行信息披露,以便投资者能够了解更多的信息。

(三)偿债能力分析

1. 资产负债率分析

资产负债率 = 汇总负债总额/汇总资产总额 ×100%

表 4 -4 -6 2013 年固有资产汇总报表资产负债率分析

项目	2013 年	2012 年	增减(%)
资产负债率(%)	27. 95	25. 15	2. 80

2013 年信托公司汇总资产负债率为 27. 95%,较上年增加 2. 8%,表明资产安全性有所减弱,但资产负债率处于正常范围内,整个信托行业正处于健康发展的良性轨道上。

2. 流动比率分析

流动比率 = 汇总流动资产/汇总流动负债

表 4 -4 -7 2013 年固有资产汇总报表流动比率分析

项目	2013 年	2012 年	增减(%)
流动比率(%)	1. 71	1. 85	-0. 14

2013 年固有资产流动比例为 1. 71,较上年降低了 0. 14,企业短期偿债能力基本保持不变。68 家公司中流动比率小于 2 的有 20 家,小于 1 的有 4 家,总体和上年保持一致。仅有 27 家公司流动比率呈上升趋势,上升最大的为中国民生信托(详见表 3 -3 -4)。

3. 现金比率分析

现金偿债比率 = 汇总(货币资金 + 存放中央银行款项 + 存放同业款项 + 其他货币资金)/汇总流动负债

表 4 -4 -8 2013 年固有资产汇总现金偿债比率分析

项目	2013 年	2012 年	增减(%)
现金偿债比率(%)	1. 02	1. 14	-0. 12

现金偿债比率较上年下降 0. 12。在 2010 年和 2009 年略微下降后,2011 年上升 0. 13,2012 年、2013 年连续两年下降,2013 年现金偿债比率已接近 1. 00,说明信托公司整体上立即偿还到期债务的能力有所降低。

(四)盈利能力分析

1. 营业利润分析

表 4 -4 -9 2013 年固有资产汇总报表营业利润率

项目	2013 年	2012 年	增减
营业收入(万元)	9 780 051. 73	7 652 472. 61	2 127 579. 12
营业利润(万元)	5 940 114. 65	4 723 903. 81	1 216 210. 84
营业利润率(%)	60. 74	61. 73	—

营业利润率与上年基本保持持平,说明信托公司经营中的获利能力未发生较大变化。

2. 收入结构分析

表 4 -4 -10 2013 年固有资产汇总报表营业收入组成明细表

项 目	2013 年		2012 年		增减	
	金额(万元)	比例(%)	金额(万元)	比例(%)	金额(万元)	比例(%)
1. 营业收入	481 414. 26	4. 92	417 841. 07	5. 46	63 573. 19	15. 21
2. 利息净收入	564 646. 86	5. 77	500 788. 26	6. 54	63 858. 61	12. 75
3. 金融企业往来净收入	1 348. 19	0. 01	1 365. 63	0. 02	-17. 44	-1. 28
4. 手续费及佣金净收入	6 720 160. 39	68. 71	5 118 670. 65	66. 89	1 601 489. 74	31. 29
5. 租赁收入	6 176. 42	0. 06	5 773. 56	0. 08	402. 86	6. 98
6. 投资收益(损失以"-"号填列)	1 544 067. 17	15. 79	1 101 818. 35	14. 40	442 248. 82	40. 14
7. 公允价值变动收益(损失以"-"号填列)	11 939. 75	0. 12	109 000. 72	1. 42	-97 060. 97	-89. 05
8. 汇兑收益(损失以"-"号填列)	-2 377. 50	-0. 02	-1 664. 82	-0. 02	-712. 68	42. 81
9. 其他业务收入	360 540. 45	3. 69	304 011. 39	3. 97	56 529. 06	18. 59

续表

项　目	2013 年		2012 年		增减	
	金额（万元）	比例（%）	金额（万元）	比例（%）	金额（万元）	比例（%）
10. 证券销售差价收入（亏损以"－"号填列）	0.10	0.00	129.53	0.00	-129.43	-99.92
11. 基金管理收入	92 135.62	0.94	94 738.27	1.24	-2 602.65	-2.75
12. 补贴收入	—		—		—	
13. 信托业务收入	—		—		—	
14. 担保业务收入	—		—		—	
15. 房地产销售收入	—		—		—	
营业收入合计	9 780 051.72	100.00	7 652 472.61	100.00	2 127 579.11	27.80

注：本期将营业收入单独列示披露。

2013 年营业总收入为 978.01 亿元，较上年 765.25 亿元增加了 212.76 亿元，增长了 27.80%。其中手续费及佣金净收入较上年增加 160.15 亿元，增幅为 31.29%，增幅已经连续 3 年下降（2012 年增幅为 37.86%、2011 年增幅为 62.14%）。

2013 年营业收入构成中，手续费及佣金净收入占比最大，达到 68.71%；其次是投资收益，占比 15.79%，3 年来变化不大。

3. 固有业务净利润分析

表 4－4－11　2013 年固有资产汇总报表净利润情况表

项目名称	2013 年（万元）	2012 年（万元）	增减（%）
净利润	4 591 552.66	3 667 283.97	25.20

2013 年净利润比 2012 年增加 25.20%，但分布依然不均衡。经分析有 63 家公司净利润增长，仅 5 家减少，平安信托减少最多，为 2.59 亿元。

4. 净资产收益率分析

净资产收益率＝汇总本年净利润/汇总年末净资产

表 4－4－12　2013 年固有资产汇总报表净资产收益率情况表

项目名称	2013 年	2012 年	增减（%）
净资产收益率（%）	16.50	16.15	0.35

本年 68 家公司固有资产汇总报表净资产收益率为 16.50%，较上年提高了 0.35%。2013 年净资产收益率超过 5% 的公司有 67 家，仅华宸信托收益率未达到 5%，业绩总体良好（详见表 3－2－10）。

5. 总资产收益率分析

总资产收益率＝汇总本年净利润/汇总年末总资产

表 4－4－13　2013 年固有资产汇总报表总资产收益率情况表

项目名称	2013 年	2012 年	增减（%）
总资产收益率（%）	11.88	12.09	-0.20

总体来讲，2013 年信托公司的资产利用水平有所降低，但变动比例不大，仅 0.20%；超过 5% 的有 64 家公司（详见表 3－2－11）。

6. 固有资产人均利润

表 4－4－14　2013 年固有资产汇总报表人均利润最高最低前五位公司排名表

单位：万元/人

最高五位			最低五位		
序号	简称	人均利润	序号	公司简称	人均利润
1	江苏信托	1 520.01	1	万向信托	106.36
2	重庆信托	1 472.09	2	吉林信托	102.53
3	中诚信托	932.91	3	新华信托	88.27
4	中铁信托	932.00	4	中国民生信托	62.72
5	华信信托	723.11	5	华宸信托	11.36

7. 利润总额分析

表 4－4－15　汇总利润总额变动情况表

项目	2013 年(万元)	2012 年(万元)	增减额(万元)	增减率(%)
营业利润	5 940 114. 65	4 723 903. 81	1 216 210. 84	25. 75
营业外收入	81 493. 69	56 317. 16	25 176. 53	44. 70
营业外支出	55 801. 38	12 947. 10	42 854. 28	331. 00
利润总额	5 965 806. 96	4 767 273. 87	1 198 533. 08	25. 14

表 4－4－16　固有资产利润总额的组成占比一览表

简称	营业利润(万元)	加:营业外收入(万元)	减:营业外支出(万元)	利润总额(万元)	占汇总利润比例(%)
国元信托	68 253. 12	20. 62	50. 00	68 223. 74	1. 14
安信信托	40 197. 19	215. 60	250. 10	40 162. 69	0. 67
百瑞信托	85 469. 59	603. 74	58. 02	86 015. 31	1. 44
北方信托	69 023. 92	238. 80	131. 11	69 131. 61	1. 16
北京信托	111 110. 93	888. 15	300. 80	111 698. 27	1. 87
渤海信托	66 707. 13	21. 98	—	66 729. 11	1. 12
长安信托	122 513. 19	140. 40	104. 69	122 548. 90	2. 05
长城新盛信托	7 271. 21	365. 08	10. 05	7 626. 24	0. 13
重庆信托	146 236. 11	2 541. 27	70. 01	148 707. 37	2. 49
大业信托	33 934. 18	—	—	33 934. 18	0. 57
东莞信托	53 223. 22	28. 28	50. 70	53 200. 80	0. 89
方正东亚信托	94 735. 44	1 724. 56	84. 46	96 375. 54	1. 62
甘肃信托	26 425. 68	—	153. 07	26 272. 61	0. 44
粤财信托	67 134. 53	15. 77	30. 00	67 120. 30	1. 13
国联信托	40 020. 00	—	42. 00	39 978. 00	0. 67
国民信托	26 106. 86	14. 04	15. 26	26 105. 64	0. 44
国投信托	56 944. 82	3 862. 72	41. 23	60 766. 32	1. 02
杭州工商信托	45 471. 00	11. 00	83. 00	45 399. 00	0. 76
湖南信托	62 486. 00	195. 00	32. 00	62 649. 00	1. 05
华澳信托	29 478. 71	1 193. 72	174. 34	30 498. 09	0. 51
华宝信托	108 204. 51	1 752. 52	95. 00	109 862. 03	1. 84
华宸信托	87. 62	154. 60	10. 48	231. 74	0. 00
华能信托	100 802. 36	10 777. 44	46. 19	111 533. 61	1. 87
华融信托	107 947. 78	0. 10	66. 60	107 881. 28	1. 81
华润信托	216 822. 23	990. 59	135. 90	217 676. 92	3. 65
华鑫信托	65 333. 21	—	20. 00	65 313. 21	1. 09
华信信托	152 232. 73	0. 86	117. 44	152 116. 15	2. 55
吉林信托	62 183. 09	204. 99	5 657. 76	56 730. 32	0. 95
建信信托	86 071. 56	1 150. 27	4. 07	87 217. 76	1. 46
江苏信托	123 037. 75	13. 35	1 050. 30	122 000. 80	2. 05
交银国际信托	67 617. 31	116. 04	60. 00	67 673. 35	1. 13
昆仑信托	102 770. 92	7 937. 00	—	110 707. 92	1. 86
陆家嘴信托	35 122. 00	253. 29	30. 03	35 345. 25	0. 59
平安信托	370 444. 47	7 817. 79	29 519. 78	348 742. 48	5. 85
山东信托	96 026. 83	167. 69	500. 20	95 694. 32	1. 60
山西信托	27 380. 52	300. 00	91. 80	27 588. 72	0. 46
陕国投	40 651. 18	1 217. 02	22. 35	41 845. 86	0. 70
爱建信托	47 545. 16	1 917. 32	20. 00	49 442. 48	0. 83
上海信托	192 047. 89	1 299. 15	147. 12	193 199. 92	3. 24
四川信托	155 293. 12	48. 21	134. 32	155 207. 01	2. 60
苏州信托	47 561. 40	166. 24	383. 66	47 343. 97	0. 79
天津信托	61 476. 67	4 951. 70	218. 97	66 209. 40	1. 11

续表

简称	营业利润(万元)	加:营业外收入(万元)	减:营业外支出(万元)	利润总额(万元)	占汇总利润比例(%)
万向信托	9 498. 82	1. 77	19. 65	9 480. 94	0. 16
五矿信托	81 069. 27	4 859. 21	406. 27	85 522. 21	1. 43
西部信托	25 115. 07	194. 93	23. 97	25 286. 03	0. 42
西藏信托	14 257. 16	4 447. 42	—	18 704. 58	0. 31
厦门国际信托	56 617. 00	606. 00	5. 00	57 218. 00	0. 96
新华信托	73 044. 89	117. 25	355. 54	72 806. 60	1. 22
新时代信托	41 001. 31	1 096. 75	34. 80	42 063. 27	0. 71
兴业信托	146 622. 93	300. 00	176. 35	146 746. 58	2. 46
英大信托	72 641. 49	1 658. 66	0. 43	74 299. 72	1. 25
云南信托	32 089. 37	0. 00	45. 41	32 043. 96	0. 54
浙金信托	8 088. 01	12. 70	20. 00	8 080. 71	0. 14
中诚信托	244 056. 44	80. 88	154. 22	243 983. 10	4. 09
外贸信托	170 128. 33	43. 64	61. 71	170 110. 26	2. 85
金谷信托	44 887. 85	53. 44	9 899. 05	35 042. 24	0. 59
中国民生信托	7 693. 39	—	15. 02	7 678. 38	0. 13
中海信托	99 059. 99	3 487. 42	74. 71	102 472. 70	1. 72
中航信托	98 258. 37	100. 58	45. 79	98 313. 16	1. 65
中建投信托	70 611. 75	0. 50	79. 51	70 532. 74	1. 18
中江信托	94 021. 41	2 435. 41	1 146. 28	95 310. 54	1. 60
中粮信托	30 244. 50	346. 00	44. 70	30 545. 80	0. 51
中融信托	270 698. 90	354. 91	212. 80	270 841. 02	4. 54
中泰信托	71 144. 51	1 364. 84	229. 59	72 279. 76	1. 21
中铁信托	141 708. 28	4 279. 91	251. 91	145 736. 28	2. 44
中信信托	419 853. 70	1 614. 97	2 063. 70	419 404. 97	7. 03
中原信托	73 412. 52	575. 16	402. 17	73 585. 51	1. 23
紫金信托	24 886. 26	144. 44	20. 00	25 010. 71	0. 42
合计	5 940 114. 65	81 493. 69	55 801. 38	5 965 806. 96	100. 00

五、2013 年自营资产分布与运用情况分析

表 4 -5 -1　信托公司自营资产分布与组合状况汇总表

资产运用	金额(万元)	占比(%)	资产分布	金额(万元)	占比(%)
货币资产	5 327 861. 32	18. 49	基础产业	864 851. 85	3. 00
短期投资	416. 15	0. 00	房地产业	2 143 565. 47	7. 44
交易性金融资产	1 131 325. 59	3. 93	证券	3 639 338. 14	12. 63
贷款及应收款	4 797 889. 13	16. 65	金融机构	11 579 958. 90	40. 19
其他应收款	234 229. 45	0. 81	股权投资		
发放贷款和垫款	73 640. 50	0. 26	实业	2 226 298. 08	7. 73
其他流动资产	30 940. 00	0. 11	其他	8 362 101. 60	29. 02
可供出售金融资产	8 544 478. 98	29. 65			
长期股权投资	5 348 883. 97	18. 56			
持有至到期投资	1 469 983. 38	5. 10			
固定资产	43 813. 30	0. 15			
其他	1 812 652. 27	6. 29			
资产总计	28 816 114. 04	100. 00	资产总计	28 816 114. 04	100. 00

注:尾差 0. 01 轧在其他中。

从自营资产的运用组合来看,主要集中在可供出售金融资产和长期投资上,合计占比达 48. 21%,说明信托公司目前的经营方式仍以传统业务为主导。

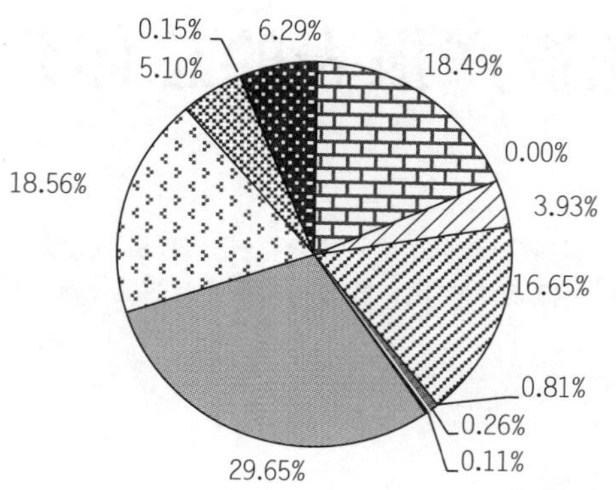

图4－5－1　自营资产运用分析图

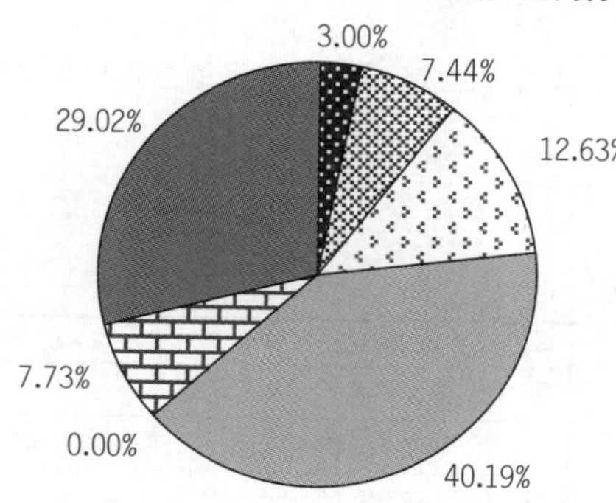

图4－5－2　自营资产运用分布图

第五章　信托资产报表的总体分析

在本章节中，我们将2013年68家信托公司披露的信托资产部分的会计报表，包括信托资产负债表和信托项目利润及利润分配表分别汇总成代表中国信托行业信托资产整体状况的汇总报表，对中国信托公司信托资产的整体财务状况和经营成果进行分析。

一、2013年信托资产汇总报表分析

(一)2013年信托业务报表财务状况基本特点

从2013年信托公司披露的信托业务报表来看，信托业务整体增长相比2012年有所放缓，但依然保持增长势头：资产规模增加了45.95%，营业收入增加57.15%，(2012年信托资产资产规模增加了55.42%，营业收入增加129.88%)；同时，2013年的信托业务的增长率依然高于固有业务的增长幅度。利息收入和投资收益成仍是信托业务的主要利润来源，营业费用等各项管理费用稳步增长，利润率基本保持不变。

(二)2013年信托业务汇总报表

表5-1-1　2013年信托资产的汇总资产负债表

信托资产	年末数(万元)	年初数(万元)	增减额(万元)	增减率(%)
信托资产:				
货币资金	72 072 970.83	70 053 935.62	2 019 035.21	2.88
存出保证金	124 427.93	72 640.08	51 787.85	71.29
交易性金融资产	91 312 097.97	64 236 974.96	27 075 123.01	42.15
应收票据	2 333.53	0.00	2 333.53	
应收利息	275 739.12	144 411.91	131 327.21	90.94
应收股利	4 830.52	1 938.28	2 892.24	149.22
应收款项	43 909 837.78	23 907 113.00	20 002 724.78	83.67
发放贷款	437 415 503.95	274 426 783.84	162 988 720.11	59.39
买入返售资产	30 502 412.18	24 876 477.28	5 625 934.90	22.62
衍生金融资产	1 291.87	1 664.15	-372.28	-22.37
结算备付金	152 115.43	326 766.71	-174 651.28	-53.45
其他应收款	1 580 048.67	1 891 860.60	-311 811.93	-16.48
可供出售金融资产	94 322 238.63	58 267 301.38	36 054 937.25	61.88
持有至到期投资	116 121 398.30	82 285 774.32	33 835 623.98	41.12
客户贷款	52 310 024.70	32 119 801.76	20 190 222.94	62.86
长期股权投资	94 698 037.92	72 685 036.91	22 013 001.01	30.29
其他长期投资	14 500.00	7 900.00	6 600.00	83.54
长期应收款	3 671 495.51	3 772 673.29	-101 177.78	-2.68
固定资产	53 871.01	56 757.97	-2 886.96	-5.09
在建工程	193 763.56	258 793.20	-65 029.64	-25.13
投资性房地产	1 286 702.87	938 950.00	347 752.87	37.04
无形资产	1 328 502.26	207 480.00	1 121 022.26	540.30
长期待摊费用	33 987.21	43 368.29	-9 381.08	-21.63
其他资产	48 919 027.25	36 432 215.57	12 486 811.68	34.27
信托资产合计	1 090 307 159.00	747 016 619.12	343 290 539.88	45.95

续表

信托负债和信托权益	年末数(万元)	年初数(万元)	增减额(万元)	增减率(%)
信托负债:				
应付受托人报酬	317 034.57	266 281.51	50 753.06	19.06
应付托管费	51 537.41	36 589.11	14 948.30	40.85
应付受益人收益	430 337.29	201 150.00	229 187.29	113.94
衍生金融负债	—	52.72	-52.72	-100.00
交易性金融负债	82.00	50.01	31.99	63.97
应付股利	77 251.16	24 458.98	52 792.18	215.84
应付账款	121 234.24	56 105.89	65 128.35	116.08
预收账款	310.00	1 389.52	-1 079.52	-77.69
其他应付款项	4 129 040.10	3 013 536.65	1 115 503.45	37.02
应交税金	34 543.02	30 859.91	3 683.11	11.93
卖出回购资产款	214 369.11	190 818.88	23 550.23	12.34
其他负债	2 743.62	69 526.72	-66 783.10	-96.05
应付销售服务费	4 550.10	5 245.84	-695.74	-13.26
长期应付款	17 760.14	16 786.40	973.74	5.80
应付受托人报酬	317 034.57	266 281.51	50 753.06	19.06
信托负债合计	5 400 792.76	3 912 852.14	1 487 940.62	38.03
信托权益:				
实收资本	1 072 372 859.47	733 624 360.88	338 748 498.59	46.17
资本公积	5 208 173.41	4 574 389.92	633 783.49	13.86
损益平准	—	—		
未分配利润	7 325 333.36	4 905 016.18	2 420 317.18	49.34
外币报表折算差额	—	—		
信托权益合计	1 084 906 366.24	743 103 766.98	341 802 599.26	46.00
信托负债及信托权益合计	1 090 307 159.00	747 016 619.12	343 290 539.88	45.95

注:在统计过程中,由于部分公司报表存在尾差,尾差合计0.02,在汇总报表时将其全部记入"其他资产"科目。

表5-1-2 2013年信托资产的汇总简式资产负债表

信托资产	2013年12月31日(万元)	2012年12月31日(万元)	增减额(万元)	增减率(%)
信托资产合计	1 090 307 159.00	747 016 619.12	343 290 539.88	45.95
信托负债合计	5 400 792.76	3 912 852.14	1 487 940.62	38.03
信托权益合计	1 084 906 366.24	743 103 766.98	341 802 599.26	46.00

2013年信托资产资产总额比2012年增加了34 329.05亿元,增长最多的依然是发放贷款,增加了16 298.87亿元,可供出售金融资产增加了3 605.49亿元以及持有至到期投资增加了3 383.56亿元。其他如应收款项、交易性金融资产、客户贷款及长期股权投资,本年增长也较大。

相比资产总额的大额增加,信托负债增加的金额相对较小,仅148.79亿元,主要是因为其他应付款项增加了111.55亿元。信托资产的权益增加较多,合计增加了34 180.26亿元,主要是实收资本增加了33 874.85亿元。

信托资产主要是代客理财,体现在信托资产和信托权益上,信托负债相对较小。

表5-1-3 2013年信托资产的汇总利润表

项目	2013年度(万元)	2012年度(万元)	增减额(万元)	增减率(%)
一、营业收入	74 118 140.59	47 163 909.09	26 954 231.50	57.15
利息收入	42 335 004.92	25 032 054.80	17 302 950.12	69.12
投资收益	29 076 359.85	17 299 142.20	11 777 217.65	68.08
租赁收入	133 464.44	138 145.88	-4 681.44	-3.39
公允价值变动损益	-847 407.83	2 185 816.67	-3 033 224.50	-138.77
汇兑损益(损失以"-"号填列)	-2 277.50	-1 464.21	-813.29	55.54
其他收入	3 422 996.71	2 510 213.75	912 782.96	36.36

续表

项目	2013 年度(万元)	2012 年度(万元)	增减额(万元)	增减率(%)
二、营业支出	11 252 207. 52	7 526 513. 16	3 725 694. 36	49. 50
三、营业税金及附加	128 730. 45	114 148. 05	14 582. 40	12. 77
四、营业外收支	-8. 67	-33. 40	24. 73	-74. 04
五、扣除资产损失前的信托利润	62 737 193. 95	39 523 214. 48	23 213 979. 47	58. 74
减:资产减值损失	604. 00	-82 331. 15	82 935. 15	-100. 73
加:其他综合收益	1 813 063. 03	1 692 701. 61	120 361. 42	7. 11
六、综合收益	64 549 652. 98	41 298 247. 24	23 251 405. 74	56. 30
加:期初未分配信托利润	4 913 705. 89	-76 926. 72	4 990 632. 61	-6487. 51
加:申购赎回盈余				
加:未分配信托利润平准金	—	—		
加:资本公积补亏				
加:其他转入	6 013. 63	8 930. 71	-2 917. 08	-32. 66
加:执行企业会计准则影响数				
减:年初调整事项	—	—		
减:其他综合收益	1 813 063. 03	1 692 701. 61		
七、可供分配的信托利润	67 656 309. 47	39 537 549. 62	28 118 759. 85	71. 12
减:本期已分配信托利润	60 040 930. 87	35 378 229. 13	24 662 701. 74	69. 71
加:损益平准金	-338 884. 78	675 324. 74	-1 014 209. 52	-150. 18
加:未注明原因的事项				
八、期末未分配信托利润	7 276 493. 82	4 834 645. 23	2 441 848. 59	50. 51

注:对部分未披露上年金额的信托公司,采用 2012 年报告的数据进行统计。导致期末未分配信托利润与信托资产汇总资产负债表不一致。

2013 年信托业务收入 7 411. 81 亿元,比 2012 年的 4 716. 39 亿元增加了 2 695. 42 亿元,上升了 57. 15%。2013 年扣除资产损失前的信托利润为 6 273. 72 亿元,比 2012 年增加了 2 321. 40 亿元。本年将可供分配利润的 88. 74% 用于分配,与 2012 年的 89. 44% 变化不大。年末未分配信托利润 727. 65 万元,比 2012 年增加了 244. 18 亿元。

信托利润点依然来自于利息收入和投资收益,分别占营业总收入的 57. 12% 和 39. 23%。

(三)2013 年信托资产财务状况结构分析

表 5-1-4　2013 年信托资产资产负债率分析表

信托资产	2013 年 12 月 31 日(万元)	2012 年 12 月 31 日(万元)	增减额(万元)	增减率(%)
信托资产合计	1 090 307 159. 00	747 016 619. 12	343 290 539. 88	45. 95
信托负债合计	5 400 792. 76	3 912 852. 14	1 487 940. 62	38. 03
信托权益合计	1 084 906 366. 24	743 103 766. 98	341 802 599. 26	46. 00
资产负债率	0. 50	0. 52		

表 5-1-5　2013 年信托资产结构比率分析表

项目名称	2013 年 12 月 31 日		2012 年 12 月 31 日		增减	
	金额(万元)	占比(%)	金额(万元)	占比(%)	金额(万元)	比率(%)
货币资金	72 072 970. 83	6. 61	70 053 935. 62	9. 38	2 019 035. 21	2. 88
存出保证金	124 427. 93	0. 01	72 640. 08	0. 01	51 787. 85	71. 29
交易性金融资产	91 312 097. 97	8. 37	64 236 974. 96	8. 60	27 075 123. 01	42. 15
应收票据	2 333. 53	0. 00	0. 00	0. 00	2 333. 53	
应收利息	275 739. 12	0. 03	144 411. 91	0. 02	131 327. 21	90. 94
应收股利	4 830. 52	0. 00	1 938. 28	0. 00	2 892. 24	149. 22
应收款项	43 909 837. 78	4. 03	23 907 113. 00	3. 20	20 002 724. 78	83. 67
发放贷款	437 415 503. 95	40. 12	274 426 783. 84	36. 74	162 988 720. 11	59. 39
买入返售资产	30 502 412. 18	2. 80	24 876 477. 28	3. 33	5 625 934. 90	22. 62
结算备付金	152 115. 43	0. 01	326 766. 71	0. 04	-174 651. 28	-53. 45

续表

项目名称	2013 年 12 月 31 日		2012 年 12 月 31 日		增减	
	金额(万元)	占比(%)	金额(万元)	占比(%)	金额(万元)	比率(%)
衍生金融资产	1 291.87	0.00	1 664.15	0.00	-372.28	-22.37
其他应收款	1 580 048.67	0.14	1 891 860.60	0.25	-311 811.93	-16.48
可供出售金融资产	94 322 238.63	8.65	58 267 301.38	7.80	36 054 937.25	61.88
持有至到期投资	116 121 398.30	10.65	82 285 774.32	11.02	33 835 623.98	41.12
长期贷款	—	0.00	0.00	0.00	0.00	
客户贷款	52 310 024.70	4.80	32 119 801.76	4.30	20 190 222.94	62.86
长期股权投资	94 698 037.92	8.69	72 685 036.91	9.73	22 013 001.01	30.29
其他长期投资	14 500.00	0.00	7 900.00	0.00	6 600.00	83.54
长期应收款	3 671 495.51	0.34	3 772 673.29	0.51	-101 177.78	-2.68
固定资产	53 871.01	0.00	56 757.97	0.01	-2 886.96	-5.09
投资性房地产	193 763.56	0.02	258 793.20	0.03	-65 029.64	-25.13
在建工程	1 286 702.87	0.12	938 950.00	0.13	347 752.87	37.04
无形资产	1 328 502.26	0.12	207 480.00	0.03	1 121 022.26	540.30
长期待摊费用	33 987.21	0.00	43 368.29	0.01	-9 381.08	-21.63
其他资产	48 919 027.25	4.49	36 432 215.57	4.88	12 486 811.68	34.27
信托资产运用合计	1 090 307 159.00	100.00	747 016 619.12	100.00	343 290 539.88	45.95

从资产结构构成来看,各项资产的占比未发生较大变化,发放贷款总额为 43 741.55 亿元,占总信托资产的 40.12%;其次持有至到期投资总额达 11 612.14 亿元,占总资产的 10.65%。

资产结构变动与 2012 年相比增幅依然较大,本年交易性金融资产、可供出售金融资产以及持有至到期投资总额比上年合计增加 9 696.57 亿元;本年长期股权投资增加 2 201.30 亿元,增幅 30.29%,比 2012 年的增幅 8.19% 有较大增长。说明信托资产运用渠道正逐渐向多元化信托资产发展。

(四)2013 年信托权益结构分析

表 5-1-6　2013 年信托资产汇总报表信托权益结构表

项目名称	2013 年 12 月 31 日		2012 年 12 月 31 日		增减	
	金额(万元)	占比(%)	金额(万元)	占比(%)	金额(万元)	比率(%)
实收信托	1 072 372 859.47	98.84	733 624 360.88	98.72	338 748 498.59	46.17
资本公积	5 208 173.41	0.48	4 574 389.92	0.62	633 783.49	13.86
损益平准	0.00	0.00	0.00	0.00	0.00	
未分配利润	7 325 333.36	0.68	4 905 016.18	0.66	2 420 317.18	49.34
外币报表折算差	0.00	0.00	0.00	0.00	0.00	
信托权益合计	1 084 906 366.24	100.00	743 103 766.98	100.00	341 802 599.26	46.00

注:部分公司报表不平,导致此处未分配利润与表 5-1-3 不一致。

从表 5-1-6 可以看到,实收信托总额达 107 237.29 亿元 较上年增加了 46.17%,占总信托权益的 98.84%,增速有所放缓,但业务规模继续保持高速增长态势。

(五)2013 年信托资产经营成果结构分析

表 5-1-7　2013 年信托资产汇总报表收入结构分析表

项目名称	2013 年 12 月 31 日		2012 年 12 月 31 日		增减	
	金额(万元)	占比(%)	金额(万元)	占比(%)	金额(万元)	比率(%)
利息收入	42 335 004.92	57.12	25 032 054.80	53.07	17 302 950.12	69.12
投资收益	29 076 359.85	39.23	17 299 142.20	36.68	11 777 217.65	68.08
租赁收入	133 464.44	0.18	138 145.88	0.29	-4 681.44	-3.39
公允价值变动损益	-847 407.83	-1.14	2 185 816.67	4.63	-3 033 224.50	-138.77
汇兑损益	-2 277.50	0.00	-1 464.21	0.00	-813.29	55.54
其他收入	3 422 996.71	4.62	2 510 213.75	5.32	912 782.96	36.36
营业收入合计	74 118 140.59	100.00	47 163 909.09	100.00	26 954 231.50	57.15

以上数据表明营业收入较上年有大幅增加，其中利息收入增加 1 730. 30 亿元，增长 69. 12%，与 2012 年相当；投资收益增加 1 177. 72亿元，增长 68. 08%，与 2012 年的 176. 28% 相比大幅下降，但二者仍然保持高增长。

从公司收入结构分析，利息收入与投资收益是收入的主要来源，这与资产分布情况有差异。发放贷款总计占资产总额的 40. 12%，利息收入占收入的比例为 57. 12%；金融资产（包括交易性金融资产、可供出售金融资产和持有至到期投资）占资产总额的 27. 68%；对外投资（包括短期投资、长期债权投资、长期股权投资及其他长期投资）占资产总额的 8. 69%，投资收益占收入总额的比例为 39. 23%，说明资产的配比与收入有很大的相关性。

表 5 -1 -8　2013 年信托资产汇总报表利润总额结构表

单位：万元

简称	营业收入	营业支出	营业税金及附加	营业外收支	减：资产减值损失	其他综合收益	综合收益
国元信托	1 380 643. 31	170 760. 10	186. 21	—	—	—	1 209 697. 00
安信信托	767 332. 93	185 385. 36	—	—	694. 52	—	581 253. 05
百瑞信托	747 297. 81	104 464. 22	3. 53	—	—	—	642 830. 06
北方信托	1 683 669. 00	261 264. 00	—	—	—	530. 00	1 422 935. 00
北京信托	808 178. 07	203 561. 63	8 224. 31	—	—	—	596 392. 13
渤海信托	1 480 372. 13	262 436. 29	—	—	—	—	1 217 935. 84
长安信托	2 232 414. 94	367 193. 01	—	—	—	—	1 865 221. 93
长城新盛信托	53 014. 14	19 439. 37	—	—	—	—	33 574. 77
重庆信托	656 927. 06	112 230. 13	193. 03	—	—	—	544 503. 90
大业信托	409 761. 65	79 443. 82	159. 01	—	—	—	330 158. 82
东莞信托	337 684. 44	71 066. 33	1 659. 43	—	—	—	264 958. 68
方正东亚信托	887 335. 96	202 779. 75	—	—	—	—	684 556. 21
甘肃信托	597 486. 75	45 506. 80	3. 49	—	—	—	551 976. 46
粤财信托	1 394 928. 73	157 029. 21	1 279. 43	—	—	—	1 236 620. 09
国联信托	402 892. 00	51 947. 00	—	—	—	—	350 945. 00
国民信托	155 383. 86	52 740. 21	0. 13	—	—	—	102 643. 52
国投信托	1 237 678. 24	151 433. 75	—	—	—	—	1 086 244. 49
杭州工商信托	212 828. 00	53 487. 00	545. 00	—	—	—	158 796. 00
湖南信托	653 621. 00	104 793. 00	—	—	—	—	548 828. 00
华澳信托	345 685. 00	69 966. 00	—	—	—	—	275 719. 00
华宝信托	1 457 073. 41	113 097. 39	—	—	—	—	1 343 976. 02
华宸信托	166 621. 02	23 602. 53	—	—	—	—	143 018. 49
华能信托	2 062 994. 74	264 583. 82	—	—	—	—	1 798 410. 92
华融信托	772 615. 43	141 291. 44	—	—	—	—	631 323. 99
华润信托	2 209 802. 93	271 072. 99	6 803. 94	—	—	—	1 931 926. 00
华鑫信托	1 114 538. 67	106 265. 59	—	—	—	—	1 008 273. 08
华信信托	639 418. 06	133 786. 84	—	—	—	—	505 631. 22
吉林信托	442 974. 45	48 470. 17	—	—	—	—	394 504. 28
建信信托	1 629 252. 47	110 235. 97	54. 04	—	—	—	1 518 962. 46
江苏信托	605 619. 04	74 285. 64	91. 80	—	—	—	531 241. 60
交银国际信托	1 391 407. 70	194 743. 07	—	—	—	—	1 196 664. 63
昆仑信托	896 795. 47	117 025. 20	—	—	—	—	779 770. 27
陆家嘴信托	505 209. 43	112 381. 96	—	—	—	-7 721. 47	385 106. 00
平安信托	2 845 095. 47	322 064. 09	27 767. 64	6. 31	—	—	2 495 270. 05
山东信托	2 015 563. 68	277 464. 25	952. 68	—	—	—	1 737 146. 75
山西信托	569 599. 04	93 482. 31	—	—	—	—	476 116. 73
陕国投	775 766. 20	120 683. 45	—	—	—	—	655 082. 75
爱建信托	272 769. 22	60 618. 65	—	—	—	—	212 150. 57
上海信托	1 231 551. 58	162 841. 31	324. 97	—	—	-12 751. 19	1 055 634. 11
四川信托	1 906 707. 92	365 367. 77	—	—	—	—	1 541 340. 15
苏州信托	431 664. 78	77 431. 87	—	—	—	—	354 232. 91
天津信托	656 603. 63	121 367. 31	—	—	—	4 198. 10	539 434. 42
万向信托	83 164. 69	11 655. 44	—	—	—	—	71 509. 25

续表

简称	营业收入	营业支出	营业税金及附加	营业外收支	减:资产减值损失	其他综合收益	综合收益
五矿信托	1 412 350. 95	280 034. 44	296. 99	—	—	—	1 132 019. 52
西部信托	432 479. 82	59 354. 10	—	—	—	—	373 125. 72
西藏信托	832 963. 78	97 658. 86	—	—	—	—	735 304. 92
厦门国际信托	1 124 333. 00	144 075. 00	—	—	—	—	980 258. 00
新华信托	1 228 767. 28	201 829. 35	-0. 39	—	—	4 463. 35	1 031 401. 67
新时代信托	1 295 933. 93	173 517. 93	—	—	—	—	1 122 416. 00
兴业信托	3 824 726. 74	545 896. 98	—	—	—	—	3 278 829. 76
英大信托	1 242 808. 68	73 151. 17	52 919. 54	—	—	—	1 116 737. 97
云南信托	1 238 053. 09	182 666. 93	—	—	—	-19 872. 23	1 035 513. 93
浙金信托	178 931. 00	23 103. 48	221. 44	—	—	—	155 606. 08
中诚信托	1 748 931. 52	285 903. 69	1 964. 25	—	—	—	1 461 063. 58
外贸信托	2 353 572. 07	267 075. 40	5 020. 91	-14. 98	—	—	2 081 460. 78
金谷信托	937 050. 56	154 204. 16	—	—	—	—	782 846. 40
中国民生信托	80 996. 68	16 016. 24	—	—	—	—	64 980. 44
中海信托	1 049 179. 28	126 587. 75	1 396. 69	—	—	—	921 194. 84
中航信托	1 533 720. 05	252 070. 85	—	—	—	—	1 281 649. 20
中建投信托	548 300. 09	76 323. 29	3 478. 57	—	—	—	468 498. 23
中江信托	1 286 483. 80	149 686. 67	—	—	—	—	1 136 797. 13
中粮信托	529 415. 06	45 146. 26	702. 45	—	—	—	483 566. 35
中融信托	3 686 527. 67	791 352. 13	—	—	—	1 844 216. 47	4 739 392. 01
中泰信托	455 938. 11	90 078. 97	21. 29	—	—	—	365 837. 85
中铁信托	1 345 521. 00	178 687. 00	—	—	—	—	1 166 834. 00
中信信托	3 318 829. 39	808 539. 59	14 460. 07	—	-90. 52	—	2 495 920. 25
中原信托	1 015 533. 20	138 437. 74	—	—	—	—	877 095. 46
紫金信托	288 849. 80	40 063. 50	—	—	—	—	248 786. 30
合计	74 118 140. 60	11 252 207. 52	128 730. 45	-8. 67	604. 00	1 813 063. 03	64 549 652. 99

二、2013 年信托资产管理情况分析

(一)2013 年信托资产分布情况分析

表 5-2-1　2013 年信托资产分布及运用情况表

资产运用情况			资产分布情况		
项目	金额(万元)	比例(%)	项目	金额(万元)	比例(%)
货币资产	72 302 934. 45	6. 63	基础产业	279 851 803. 84	25. 67
客户贷款	492 639 709. 98	45. 18	房地产业	107 022 710. 25	9. 82
交易性金融资产	91 409 738. 80	8. 38	证券	108 269 434. 42	9. 93
应收账款	10 875 223. 06	1. 00	实业	259 126 146. 08	23. 77
买入返售金融资产	9 362 639. 80	0. 86	金融	123 751 029. 96	11. 35
可供出售金融资产	97 192 694. 97	8. 91	教育	0. 00	0. 00
持有至到期投资	108 217 494. 36	9. 93	工商企业	50 221 605. 34	4. 61
长期股权投资	92 968 609. 89	8. 53	债券	476 577. 87	0. 04
长期应收款	1 196 780. 76	0. 11	其他	161 629 346. 22	14. 82
投资性房地产	121 420. 00	0. 01	基金	418. 68	0. 00
其他	114 061 826. 59	10. 46			
信托资产总额	1 090 349 072. 66	100. 00	信托资产总额	1 090 349 072. 66	100. 00

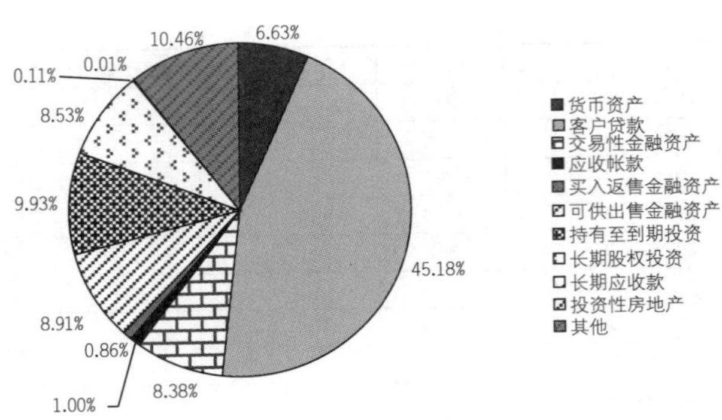

图 5－2－1　信托资产运用分析图

从资产结构情况分析，客户贷款仍是资产的主要组成部分，各项资产比重与 2012 年相比未发生较大规模变动；从资产投向分布分析，主要还是集中在基础产业和实业；其他产业占比 14. 82%，但部分公司并未披露“其他”的明细构成。

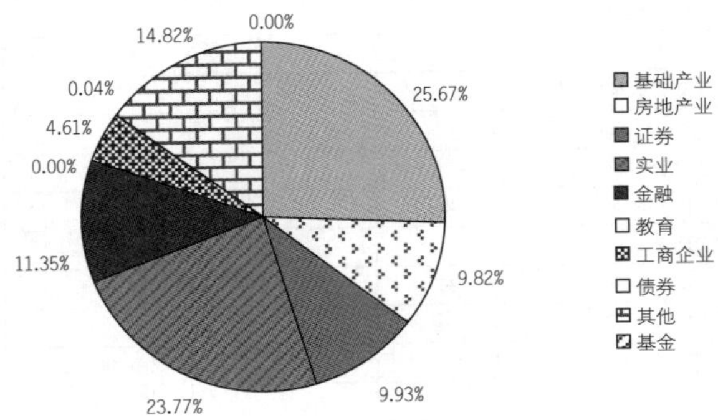

图 5－2－2　信托资产分布分析图

(二) 集合类、单一类资金信托项目和财产管理类信托项目 2013 年变动情况

表 5－2－2　2013 年度中止的集合类、单一类资金信托项目和财产管理类信托项目数量、金额汇总分析

类别	2013 年		2012 年	
	份数（份）	合计金额（万元）	份数（份）	合计金额（万元）
集合类	4 629. 00	93 767 949. 80	5 376. 00	81 157 487. 83
单一类	6 951. 00	217 632 358. 90	6 409. 00	180 660 865. 87
财产管理类	399. 00	11 261 467. 99	202. 00	6 279 837. 30
合计	11 979. 00	322 661 776. 69	11 987. 00	268 098 191. 00

2013 年中止的信托项目数量与 2012 年合计数基本一致，2013 年金额比 2012 年多 5 456. 36 亿元。

表 5－2－3　2013 年度中止的集合类加权平均实际收益率前五名分析

简称	加权平均实际收益率（%）
西部信托	12. 95
杭州工商信托	12. 88
英大信托	10. 69
安信信托	10. 50
华宸信托	10. 41
前五名平均	11. 49

注：明细表详见表 3－4－2。

从披露的中止的集合类加权平均实际收益率看，按 68 家简单平均计算，实际加权收益率约为 8. 22%，略高于银行贷款利率，也高于 2012 年中止的集合类加权平均实际收益率 7. 25%。

表 5－2－4　2013 年度中止的单一类加权平均实际收益率前五名分析

简称	加权平均实际收益率(%)
杭州工商信托	13.42
浙金信托	10.70
外贸信托	10.49
大业信托	10.30
国联信托	10.12
前五名平均	11.01

注:明细表详见表 3－4－2。

从披露的中止的单一类加权平均实际收益率看,按 68 家简单平均计算,实际加权收益率约为 7.60%,较集合类项目收益率低,比上年中止的单一类加权平均实际收益率 6.68% 有所上升,已连续 3 年上升。本年有 66 家信托公司平均收益率超过 5%。

表 5－2－5　2013 年度新增的集合类、单一类资金信托项目和财产管理类信托项目数量、金额汇总分析

类别	份数(份)	合计金额(万元)
集合类	6 616.00	176 545 815.64
单一类	13 209.00	483 716 419.49
财产管理类	611.00	24 168 821.89
新增合计	20 436.00	685 287 138.12
其中:主动管理型	11 640.00	345 169 775.08
被动管理型	8 231.00	324 408 518.23

注:1. 西部信托未披露主动管理型和被动管理型。
2. 部分公司包含的主动管理型与被动管理型合计金额与新增合计金额不一致。

2013 年新增的信托项目中,仍旧是单一类信托项目占主要比例,集合类信托项目金额为单一类项目的 36.50%,相比 2012 年的 37.26% 略有下降,财产管理类信托项目占比仍然很小,尚需大力发展。

表 5－2－6　2013 年度新增的集合类、单一类资金信托项目和财产管理类信托项目数量前五名

单位:万元

简称	数量
兴业信托	1 441.00
山东信托	888.00
粤财信托	749.00
中融信托	730.00
外贸信托	685.00

表 5－2－7　2013 年度新增的集合类、单一类资金信托项目和财产管理类信托项目金额前五名

单位:万元

简称	金额
兴业信托	44 143 364.00
山东信托	36 689 800.00
中信信托	30 169 530.89
中融信托	24 819 170.69
华能信托	22 814 213.89

表 5－2－8　2013 年度新增的集合类、单一类资金信托项目和财产管理类信托项目平均金额前五名分析

单位:万元

简称	项目平均金额
中海信托	79 352.05
建信信托	75 035.98
华能信托	64 629.50
重庆信托	60 724.06
中诚信托	60 559.77

表 5-2-9　2013 年度信托公司主动管理型资产期末合计数排行榜

单位：万元

排名	简称	2012 年 12 月 31 日	2013 年 12 月 31 日	增减额
1	中融信托	28 253 341. 14	39 687 216. 54	11 433 875. 40
2	中信信托	33 419 373. 91	37 543 918. 86	4 124 544. 95
3	华能信托	17 363 029. 67	29 856 830. 62	12 493 800. 95
4	平安信托	17 472 847. 97	25 853 741. 87	8 380 893. 90
5	华润信托	16 646 123. 18	24 849 402. 52	8 203 279. 34
6	长安信托	19 392 295. 42	20 005 194. 57	612 899. 15
7	外贸信托	15 039 866. 05	18 798 214. 01	3 758 347. 96
8	兴业信托	22 876 682. 00	17 830 165. 00	-5 046 517. 00
9	渤海信托	8 343 965. 00	17 678 343. 28	9 334 378. 28
10	国投信托	10 643 097. 45	16 928 497. 14	6 285 399. 69
11	昆仑信托	9 209 218. 32	16 738 103. 01	7 528 884. 69
12	新华信托	8 716 677. 97	15 063 380. 25	6 346 702. 28
13	中诚信托	17 722 562. 49	14 858 687. 07	-2 863 875. 42
14	上海信托	8 620 963. 16	14 248 877. 64	5 627 914. 48
15	中铁信托	9 163 934. 00	13 725 764. 00	4 561 830. 00
16	五矿信托	12 001 614. 50	12 694 195. 85	692 581. 35
17	粤财信托	9 304 981. 02	12 451 528. 74	3 146 547. 72
18	华宝信托	8 024 503. 16	11 854 212. 97	3 829 709. 81
19	北京信托	10 672 408. 22	10 887 907. 67	215 499. 45
20	江苏信托	7 522 568. 11	10 235 042. 20	2 712 474. 09
21	重庆信托	5 587 490. 70	10 146 924. 01	4 559 433. 31
22	中原信托	5 055 532. 28	9 614 885. 84	4 559 353. 56
23	建信信托	5 920 097. 60	8 808 272. 95	2 888 175. 35
24	新时代信托	6 605 073. 11	8 723 219. 61	2 118 146. 50
25	方正东亚信托	5 481 647. 58	8 173 305. 78	2 691 658. 20
26	陕国投	9 629 130. 32	8 115 339. 01	-1 513 791. 31
27	国元信托	6 461 204. 42	7 342 863. 55	881 659. 13
28	华鑫信托	5 648 075. 14	7 273 864. 74	1 625 789. 60
29	华融信托	6 002 674. 96	6 987 868. 47	985 193. 51
30	中江信托	7 029 477. 02	6 549 028. 67	-480 448. 35
31	中海信托	5 329 764. 00	6 386 746. 00	1 056 982. 00
32	苏州信托	3 119 891. 34	6 386 451. 42	3 266 560. 08
33	华信信托	4 221 304. 74	6 302 200. 16	2 080 895. 42
34	中航信托	5 305 913. 93	6 227 782. 06	921 868. 13
35	中泰信托	3 112 053. 71	6 178 742. 63	3 066 688. 92
36	金谷信托	6 935 957. 78	6 114 343. 33	-821 614. 45
37	厦门国际信托	4 837 085. 00	5 822 843. 00	985 758. 00
38	湖南信托	5 063 228. 00	5 538 235. 00	475 007. 00
39	天津信托	4 744 706. 00	5 288 320. 40	543 614. 40
40	百瑞信托	4 020 079. 66	5 109 816. 75	1 089 737. 09
41	山东信托	4 442 526. 00	5 006 336. 00	563 810. 00
42	四川信托	3 928 227. 37	4 624 881. 62	696 654. 25
43	中投信托	2 850 112. 11	4 502 507. 26	1 652 395. 15
44	西部信托	2 880 024. 46	4 327 644. 90	1 447 620. 44
45	北方信托	5 524 346. 56	4 259 411. 00	-1 264 935. 56
46	东莞信托	3 219 455. 84	3 635 990. 45	416 534. 61
47	云南信托	1 387 973. 19	3 622 904. 73	2 234 931. 54
48	安信信托	1 743 176. 92	3 586 303. 51	1 843 126. 59
49	陆家嘴信托	1 796 398. 53	3 370 978. 79	1 574 580. 26

续表

排名	简称	2012年12月31日	2013年12月31日	增减额
50	国联信托	1 705 001.00	3 241 846.00	1 536 845.00
51	吉林信托	4 321 819.00	3 148 568.00	−1 173 251.00
52	交银国际信托	4 424 740.92	2 998 729.27	−1 426 011.65
53	紫金信托	2 257 539.20	2 539 291.36	281 752.16
54	爱建信托	1 750 834.44	2 273 851.20	523 016.76
55	杭州工商信托	1 224 526.00	2 050 313.00	825 787.00
56	英大信托	1 464 776.94	2 046 201.27	581 424.33
57	华澳信托	1 428 410.00	1 923 490.00	495 080.00
58	山西信托	1 967 478.27	1 922 754.00	−44 724.27
59	浙金信托	953 269.70	1 776 440.97	823 171.27
60	中粮信托	3 094 289.55	1 770 736.23	−1 323 553.32
61	万向信托	272 112.17	1 601 339.50	1 329 227.33
62	大业信托	1 519 269.12	1 525 105.24	5 836.12
63	国民信托	262 482.52	1 164 217.99	901 735.47
64	西藏信托	934 997.51	1 082 158.50	147 160.99
65	华宸信托	1 387 888.62	971 449.77	−416 438.85
66	中国民生信托	—	933 378.41	933 378.41
67	长城新盛信托	170 841.02	474 485.94	303 644.92
68	甘肃信托	427 473.05	235 841.55	−191 631.50
合计		457 860 430.04	593 497 433.65	135 637 003.61

分别对2013年度信托公司主动管理型资产结构变动分析如下：

表5－2－10　2013年度证券投资类信托资产占比排名（参与综合排名）

排名	简称	证券投资类信托资产期末金额（万元）	主动管理型信托资产期末总金额（万元）	证券投资类信托资产占比（%）	证券投资类信托资产期初金额（万元）
1	华宝信托	6 555 799.38	11 854 212.97	55.30	4 470 608.01
2	中信信托	20 448 184.25	37 543 918.86	54.46	18 822 324.87
3	陕国投	4 331 583.20	8 115 339.01	53.38	5 647 974.44
4	中海信托	3 141 579.00	6 386 746.00	49.19	3 051 330.00
5	北京信托	4 782 857.71	10 887 907.67	43.93	4 616 896.65
6	云南信托	1 566 432.61	3 622 904.73	43.24	887 604.46
7	外贸信托	7 489 958.09	18 798 214.01	39.84	6 657 035.17
8	江苏信托	3 385 531.47	10 235 042.20	33.08	4 087 797.67
9	中诚信托	4 406 904.23	14 858 687.07	29.66	4 853 175.20
10	华润信托	6 852 841.24	24 849 402.52	27.58	3 389 822.81
11	上海信托	2 783 554.89	14 248 877.64	19.54	1 869 791.88
12	吉林信托	490 857.00	3 148 568.00	15.59	1 085 347.00
13	华融信托	1 030 012.37	6 987 868.47	14.74	837 201.49
14	长安信托	2 896 061.30	20 005 194.57	14.48	3 638 323.45
15	山西信托	270 222.00	1 922 754.00	14.05	318 391.02
16	长城新盛信托	63 260.58	474 485.94	13.33	—
17	华鑫信托	945 440.47	7 273 864.74	13.00	202 951.39
18	厦门国际信托	680 461.00	5 822 843.00	11.69	471 459.00
19	华信信托	691 295.73	6 302 200.16	10.97	308 532.15
20	平安信托	2 688 168.85	25 853 741.87	10.40	684 808.33
21	建信信托	793 713.36	8 808 272.95	9.01	532 719.71
22	五矿信托	1 121 445.68	12 694 195.85	8.83	863 976.75
23	中江信托	563 656.26	6 549 028.67	8.61	1 013 004.48
24	中融信托	3 381 792.23	39 687 216.54	8.52	2 355 083.37
25	兴业信托	1 478 253.00	17 830 165.00	8.29	1 581 463.00
26	浙金信托	144 721.06	1 776 440.97	8.15	321 896.20

续表

排名	简称	证券投资类信托资产期末金额（万元）	主动管理型信托资产期末总金额（万元）	证券投资类信托资产占比（%）	证券投资类信托资产期初金额（万元）
27	粤财信托	845 825.95	12 451 528.74	6.79	736 445.13
28	甘肃信托	15 000.00	235 841.55	6.36	20 287.00
29	重庆信托	640 461.57	10 146 924.01	6.31	884 592.93
30	西部信托	191 170.38	4 327 644.90	4.42	29 206.97
31	交银国际信托	127 522.32	2 998 729.27	4.25	454 093.06
32	东莞信托	139 338.72	3 635 990.45	3.83	56 297.48
33	国民信托	41 750.96	1 164 217.99	3.59	33 309.38
34	山东信托	177 106.00	5 006 336.00	3.54	958 442.00
35	中航信托	220 281.47	6 227 782.06	3.54	302 090.17
36	陆家嘴信托	111 547.36	3 370 978.79	3.31	107 020.01
37	天津信托	160 319.56	5 288 320.40	3.03	444 153.49
38	国元信托	215 809.25	7 342 863.55	2.94	160 802.64
39	国联信托	84 955.00	3 241 846.00	2.62	15 321.00
40	西藏信托	23 663.52	1 082 158.50	2.19	24 463.99
41	昆仑信托	295 105.46	16 738 103.01	1.76	147 007.05
42	爱建信托	36 806.15	2 273 851.20	1.62	2.19
43	中投信托	56 422.84	4 502 507.26	1.25	14 313.03
44	万向信托	18 430.00	1 601 339.50	1.15	—
45	新华信托	145 529.05	15 063 380.25	0.97	174 485.28
46	四川信托	42 914.09	4 624 881.62	0.93	132 551.46
47	华澳信托	12 798.00	1 923 490.00	0.67	—
48	百瑞信托	30 862.22	5 109 816.75	0.60	32 472.95
49	国投信托	68 159.49	16 928 497.14	0.40	116 856.57
50	方正东亚信托	27 541.79	8 173 305.78	0.34	5 903.46
51	北方信托	12 147.00	4 259 411.00	0.29	—
52	新时代信托	21 618.57	8 723 219.61	0.25	260 353.71
53	中泰信托	6 389.09	6 178 742.63	0.10	1 268.76
54	苏州信托	5 003.25	6 386 451.42	0.08	106 858.85
55	湖南信托	3 436.00	5 538 235.00	0.06	7 575.00
56	中铁信托	8 124.00	13 725 764.00	0.06	21 890.00
57	中原信托	5 469.19	9 614 885.84	0.06	9 011.92
58	华能信托	—	29 856 830.62	0.00	—
59	渤海信托	—	17 678 343.28	0.00	—
60	金谷信托	—	6 114 343.33	0.00	—
61	安信信托	—	3 586 303.51	0.00	—
62	紫金信托	—	2 539 291.36	0.00	—
63	杭州工商信托	—	2 050 313.00	0.00	—
64	英大信托	—	2 046 201.27	0.00	—
65	中粮信托	—	1 770 736.23	0.00	—
66	大业信托	—	1 525 105.24	0.00	—
67	华宸信托	—	971 449.77	0.00	—
68	中国民生信托	—	933 378.41	0.00	—
合计		86 776 095.21	593 497 433.65	14.62	77 826 593.98

表 5－2－11　2013 年度股权投资类信托资产占比排名

排名	简称	股权投资类信托资产期末金额（万元）	主动管理型信托资产期末总金额（万元）	股权投资类信托资产占比（%）	股权投资类信托资产期初金额（万元）
1	西藏信托	620 404.82	1 082 158.50	57.33	608 336.50
2	新华信托	7 453 184.11	15 063 380.25	49.48	5 582 598.76
3	陆家嘴信托	1 503 164.28	3 370 978.79	44.59	373 679.50
4	建信信托	3 707 303.83	8 808 272.95	42.09	3 996 692.94

续表

排名	简称	股权投资类信托资产期末金额(万元)	主动管理型信托资产期末总金额(万元)	股权投资类信托资产占比(%)	股权投资类信托资产期初金额(万元)
5	中航信托	2 525 774. 84	6 227 782. 06	40. 56	2 738 594. 26
6	昆仑信托	6 663 579. 66	16 738 103. 01	39. 81	1 763 890. 18
7	中国民生信托	363 437. 48	933 378. 41	38. 94	—
8	苏州信托	2 338 020. 83	6 386 451. 42	36. 61	683 816. 66
9	中原信托	3 068 522. 19	9 614 885. 84	31. 91	1 552 004. 62
10	华宸信托	289 820. 98	971 449. 77	29. 83	278 440. 12
11	华鑫信托	2 165 381. 14	7 273 864. 74	29. 77	2 709 003. 28
12	中江信托	1 841 224. 71	6 549 028. 67	28. 11	2 270 274. 62
13	外贸信托	4 999 810. 68	18 798 214. 01	26. 60	1 472 701. 86
14	金谷信托	1 584 390. 80	6 114 343. 33	25. 91	1 541 568. 91
15	粤财信托	3 168 748. 38	12 451 528. 74	25. 45	1 960 758. 45
16	山东信托	1 117 374. 00	5 006 336. 00	22. 32	337 919. 00
17	百瑞信托	1 084 838. 02	5 109 816. 75	21. 23	724 850. 05
18	杭州工商信托	424 450. 00	2 050 313. 00	20. 70	389 684. 00
19	西部信托	853 909. 43	4 327 644. 90	19. 73	349 202. 71
20	北京信托	1 799 179. 26	10 887 907. 67	16. 52	1 722 226. 78
21	重庆信托	1 634 641. 28	10 146 924. 01	16. 11	2 379 704. 42
22	中粮信托	284 148. 09	1 770 736. 23	16. 05	500 816. 11
23	爱建信托	346 692. 84	2 273 851. 20	15. 25	–
24	方正东亚信托	1 204 554. 76	8 173 305. 78	14. 74	892 726. 75
25	东莞信托	506 454. 78	3 635 990. 45	13. 93	454 240. 76
26	平安信托	3 598 778. 26	25 853 741. 87	13. 92	2 236 539. 05
27	大业信托	201 117. 96	1 525 105. 24	13. 19	215 036. 82
28	华澳信托	253 030. 00	1 923 490. 00	13. 15	244 100. 00
29	北方信托	559 093. 00	4 259 411. 00	13. 13	439 363. 00
30	中融信托	5 138 430. 62	39 687 216. 54	12. 95	4 671 794. 69
31	华润信托	3 165 885. 22	24 849 402. 52	12. 74	1 420 282. 98
32	国联信托	406 488. 00	3 241 846. 00	12. 54	123 517. 00
33	中投信托	552 305. 07	4 502 507. 26	12. 27	192 257. 06
34	吉林信托	384 189. 00	3 148 568. 00	12. 20	403 879. 00
35	四川信托	536 942. 44	4 624 881. 62	11. 61	568 595. 52
36	厦门国际信托	643 184. 00	5 822 843. 00	11. 05	884 541. 00
37	中诚信托	1 583 899. 78	14 858 687. 07	10. 66	1 481 192. 78
38	中信信托	3 954 583. 19	37 543 918. 86	10. 53	4 890 536. 38
39	天津信托	556 866. 38	5 288 320. 40	10. 53	101 175. 71
40	山西信托	150 315. 00	1 922 754. 00	7. 82	225 178. 54
41	国元信托	571 711. 33	7 342 863. 55	7. 79	835 107. 87
42	华能信托	2 279 070. 00	29 856 830. 62	7. 63	1 201 820. 00
43	浙金信托	125 915. 72	1 776 440. 97	7. 09	–
44	五矿信托	870 725. 00	12 694 195. 85	6. 86	301 034. 00
45	华融信托	463 575. 00	6 987 868. 47	6. 63	210 300. 00
46	云南信托	237 540. 41	3 622 904. 73	6. 56	306 598. 93
47	中铁信托	787 900. 00	13 725 764. 00	5. 74	624 625. 00
48	英大信托	110 000. 00	2 046 201. 27	5. 38	50 000. 00
49	紫金信托	124 900. 00	2 539 291. 36	4. 92	100 000. 00
50	兴业信托	850 767. 00	17 830 165. 00	4. 77	1 226 005. 00
51	陕国投	357 259. 23	8 115 339. 01	4. 40	337 693. 65
52	国民信托	50 014. 50	1 164 217. 99	4. 30	—
53	甘肃信托	10 081. 00	235 841. 55	4. 27	12 307. 00
54	渤海信托	705 306. 96	17 678 343. 28	3. 99	559 854. 00
55	国投信托	634 665. 29	16 928 497. 14	3. 75	159 515. 75
56	长安信托	695 786. 11	20 005 194. 57	3. 48	690 619. 67

续表

排名	简称	股权投资类信托资产期末金额（万元）	主动管理型信托资产期末总金额（万元）	股权投资类信托资产占比（%）	股权投资类信托资产期初金额（万元）
57	湖南信托	155 896. 00	5 538 235. 00	2. 81	372 955. 00
58	华宝信托	332 656. 14	11 854 212. 97	2. 81	204 197. 34
59	上海信托	382 068. 05	14 248 877. 64	2. 68	255 135. 26
60	中泰信托	157 088. 32	6 178 742. 63	2. 54	54 324. 76
61	长城新盛信托	11 825. 57	474 485. 94	2. 49	—
62	江苏信托	122 992. 48	10 235 042. 20	1. 20	190 464. 93
63	新时代信托	96 416. 34	8 723 219. 61	1. 11	24 905. 06
64	华信信托	63 044. 35	6 302 200. 16	1. 00	141 473. 41
65	交银国际信托	12 272. 50	2 998 729. 27	0. 41	550 097. 11
66	中海信托	—	6 386 746. 00	0. 00	—
67	安信信托	—	3 586 303. 51	0. 00	—
68	万向信托	—	1 601 339. 50	0. 00	—
合计		83 443 596. 41	593 497 433. 65	14. 06	61 790 754. 51

表 5-2-12 2013 年度融资类信托资产占比排名

排名	简称	融资类信托资产期末金额（万元）	主动管理型信托资产期末总金额（万元）	融资类信托资产占比（%）	融资类信托资产期初金额（万元）
1	万向信托	1 566 080. 82	1 601 339. 50	97. 80	272 112. 17
2	渤海信托	16 912 557. 94	17 678 343. 28	95. 67	7 754 079. 00
3	交银国际信托	2 858 934. 45	2 998 729. 27	95. 34	3 381 857. 46
4	国民信托	1 072 452. 53	1 164 217. 99	92. 12	229 173. 14
5	甘肃信托	210 673. 00	235 841. 55	89. 33	394 678. 50
6	兴业信托	15 501 145. 00	17 830 165. 00	86. 94	19 456 814. 00
7	大业信托	1 323 987. 28	1 525 105. 24	86. 81	1 304 232. 30
8	国投信托	14 687 391. 61	16 928 497. 14	86. 76	9 939 581. 10
9	天津信托	4 571 134. 46	5 288 320. 40	86. 44	4 199 376. 80
10	长城新盛信托	399 399. 79	474 485. 94	84. 18	170 841. 02
11	华澳信托	1 602 548. 00	1 923 490. 00	83. 31	1 035 760. 00
12	东莞信托	2 945 553. 97	3 635 990. 45	81. 01	2 413 623. 50
13	新时代信托	6 914 636. 00	8 723 219. 61	79. 27	6 036 762. 68
14	湖南信托	4 351 950. 00	5 538 235. 00	78. 58	4 576 827. 00
15	华融信托	5 472 281. 10	6 987 868. 47	78. 31	4 955 173. 47
16	山西信托	1 502 217. 00	1 922 754. 00	78. 13	1 315 955. 24
17	五矿信托	9 902 055. 92	12 694 195. 85	78. 00	3 172 869. 49
18	紫金信托	1 963 089. 17	2 539 291. 36	77. 31	1 431 855. 54
19	重庆信托	7 530 055. 66	10 146 924. 01	74. 21	2 022 498. 74
20	山东信托	3 689 202. 00	5 006 336. 00	73. 69	3 146 165. 00
21	西部信托	3 186 356. 70	4 327 644. 90	73. 63	2 481 250. 20
22	方正东亚信托	6 010 541. 10	8 173 305. 78	73. 54	4 029 799. 83
23	厦门国际信托	4 244 375. 00	5 822 843. 00	72. 89	3 479 937. 00
24	吉林信托	2 272 915. 00	3 148 568. 00	72. 19	2 817 617. 00
25	中泰信托	4 455 948. 91	6 178 742. 63	72. 12	1 903 799. 08
26	华宸信托	681 628. 79	971 449. 77	70. 17	1 109 448. 50
27	百瑞信托	3 445 942. 06	5 109 816. 75	67. 44	3 136 796. 09
28	粤财信托	8 345 412. 36	12 451 528. 74	67. 02	6 607 777. 44
29	上海信托	9 522 001. 73	14 248 877. 64	66. 83	5 974 347. 64
30	金谷信托	4 081 375. 39	6 114 343. 33	66. 75	5 116 057. 37
31	中原信托	6 410 123. 53	9 614 885. 84	66. 67	3 346 470. 23
32	北方信托	2 805 454. 00	4 259 411. 00	65. 86	4 320 525. 56
33	江苏信托	6 726 518. 25	10 235 042. 20	65. 72	3 244 305. 51
34	国元信托	4 650 762. 75	7 342 863. 55	63. 34	4 101 431. 30

续表

排名	简称	融资类信托资产期末金额(万元)	主动管理型信托资产期末总金额(万元)	融资类信托资产占比(%)	融资类信托资产期初金额(万元)
35	中铁信托	8 569 442.00	13 725 764.00	62.43	5 901 705.00
36	华能信托	18 364 489.05	29 856 830.62	61.51	15 992 655.07
37	中投信托	2 701 817.14	4 502 507.26	60.01	2 075 044.37
38	四川信托	2 739 397.86	4 624 881.62	59.23	2 187 100.79
39	华信信托	3 730 089.82	6 302 200.16	59.19	3 247 206.84
40	昆仑信托	9 779 417.89	16 738 103.01	58.43	7 298 321.09
41	中江信托	3 748 231.84	6 549 028.67	57.23	3 483 122.14
42	华鑫信托	4 153 039.78	7 273 864.74	57.10	2 726 117.12
43	中航信托	3 481 725.75	6 227 782.06	55.91	2 231 914.50
44	中粮信托	977 881.24	1 770 736.23	55.22	1 617 101.19
45	中国民生信托	514 254.57	933 378.41	55.10	–
46	中诚信托	8 061 729.22	14 858 687.07	54.26	10 778 526.80
47	平安信托	13 994 890.71	25 853 741.87	54.13	8 286 632.12
48	华润信托	13 328 654.76	24 849 402.52	53.64	10 295 446.93
49	长安信托	10 595 477.49	20 005 194.57	52.96	9 385 156.35
50	安信信托	1 846 140.63	3 586 303.51	51.48	1 121 659.17
51	中海信托	3 245 167.00	6 386 746.00	50.81	2 278 434.00
52	陆家嘴信托	1 696 267.12	3 370 978.79	50.32	1 255 698.99
53	苏州信托	3 050 560.31	6 386 451.42	47.77	2 302 306.85
54	建信信托	3 868 615.99	8 808 272.95	43.92	1 382 525.24
55	中融信托	16 318 060.52	39 687 216.54	41.12	7 627 176.04
56	西藏信托	438 090.16	1 082 158.50	40.48	302 197.02
57	陕国投	3 182 351.34	8 115 339.01	39.21	3 578 541.39
58	北京信托	4 148 362.37	10 887 907.67	38.10	4 133 532.19
59	浙金信托	642 264.57	1 776 440.97	36.15	631 373.50
60	中信信托	13 141 151.42	37 543 918.86	35.00	9 706 512.66
61	外贸信托	6 289 610.03	18 798 214.01	33.46	6 910 129.02
62	国联信托	843 781.00	3 241 846.00	26.03	586 172.00
63	华宝信托	2 091 524.13	11 854 212.97	17.64	1 672 168.50
64	新华信托	2 479 631.93	15 063 380.25	16.46	2 697 225.46
65	爱建信托	277 991.43	2 273 851.20	12.23	422 005.70
66	杭州工商信托	96 979.00	2 050 313.00	4.73	320 090.00
67	云南信托	82 722.79	3 622 904.73	2.28	—
68	英大信托	—	2 046 201.27	0.00	—
合计		340 296 512.13	593 497 433.65	57.34	261 313 596.94

表5-2-13　2013年度事务管理类信托资产占比排名

排名	简称	事务管理类信托资产期末金额(万元)	主动管理型信托资产期末总金额(万元)	事务管理类信托资产占比(%)	事务管理类信托资产期初金额(万元)
1	浙金信托	863 539.62	1 776 440.97	48.61	—
2	云南信托	1 715 566.60	3 622 904.73	47.35	—
3	英大信托	822 596.95	2 046 201.27	40.20	489 692.54
4	新华信托	4 985 035.16	15 063 380.25	33.09	262 368.47
5	华能信托	9 213 271.57	29 856 830.62	30.86	168 554.60
6	中投信托	1 191 962.21	4 502 507.26	26.47	568 497.65
7	中铁信托	3 044 833.00	13 725 764.00	22.18	1 746 011.00
8	北方信托	882 717.00	4 259 411.00	20.72	764 458.00
9	中融信托	8 180 909.36	39 687 216.54	20.61	8 441 806.02
10	湖南信托	1 026 953.00	5 538 235.00	18.54	105 871.00
11	苏州信托	992 867.03	6 386 451.42	15.55	26 908.98
12	华信信托	540 845.23	6 302 200.16	8.58	359 878.76

续表

排名	简称	事务管理类信托资产期末金额（万元）	主动管理型信托资产期末总金额（万元）	事务管理类信托资产占比（%）	事务管理类信托资产期初金额（万元）
13	国投信托	1 410 625. 42	16 928 497. 14	8. 33	182 936. 05
14	方正东亚信托	646 128. 48	8 173 305. 78	7. 91	553 217. 54
15	金谷信托	448 577. 14	6 114 343. 33	7. 34	278 331. 50
16	上海信托	1 028 025. 15	14 248 877. 64	7. 21	16 165. 00
17	中江信托	395 915. 86	6 549 028. 67	6. 05	263 075. 78
18	中诚信托	806 153. 84	14 858 687. 07	5. 43	609 667. 71
19	建信信托	438 639. 77	8 808 272. 95	4. 98	8 159. 71
20	厦门国际信托	254 823. 00	5 822 843. 00	4. 38	1 148. 00
21	重庆信托	341 765. 50	10 146 924. 01	3. 37	300 694. 61
22	中粮信托	53 603. 02	1 770 736. 23	3. 03	76 583. 31
23	陕国投	244 145. 24	8 115 339. 01	3. 01	64 920. 84
24	华澳信托	47 783. 00	1 923 490. 00	2. 48	—
25	西部信托	96 208. 39	4 327 644. 90	2. 22	20 364. 58
26	陆家嘴信托	60 000. 03	3 370 978. 79	1. 78	60 000. 03
27	中原信托	130 770. 93	9 614 885. 84	1. 36	148 045. 51
28	长安信托	257 012. 00	20 005 194. 57	1. 28	35 537. 96
29	东莞信托	44 642. 98	3 635 990. 45	1. 23	50 000. 07
30	北京信托	128 355. 63	10 887 907. 67	1. 18	122 648. 63
31	万向信托	16 828. 68	1 601 339. 50	1. 05	—
32	粤财信托	91 542. 05	12 451 528. 74	0. 74	—
33	华润信托	170 958. 37	24 849 402. 52	0. 69	168 886. 73
34	新时代信托	51 958. 87	8 723 219. 61	0. 60	51 958. 87
35	百瑞信托	29 710. 54	5 109 816. 75	0. 58	25 481. 31
36	山东信托	22 654. 00	5 006 336. 00	0. 45	—
37	渤海信托	60 478. 38	17 678 343. 28	0. 34	30 032. 00
38	华融信托	22 000. 00	6 987 868. 47	0. 31	—
39	华鑫信托	10 003. 35	7 273 864. 74	0. 14	10 003. 35
40	外贸信托	18 835. 21	18 798 214. 01	0. 10	—
41	甘肃信托	87. 55	235 841. 55	0. 04	200. 55
42	吉林信托	607. 00	3 148 568. 00	0. 02	14 976. 00
43	平安信托	4 800. 22	25 853 741. 87	0. 02	3 669. 99
44	紫金信托	74. 00	2 539 291. 36	0. 00	60. 00
45	中信信托	—	37 543 918. 86	0. 00	—
46	兴业信托	—	17 830 165. 00	0. 00	612 400. 00
47	昆仑信托	—	16 738 103. 01	0. 00	—
48	五矿信托	—	12 694 195. 85	0. 00	—
49	华宝信托	—	11 854 212. 97	0. 00	—
50	江苏信托	—	10 235 042. 20	0. 00	—
51	国元信托	—	7 342 863. 55	0. 00	—
52	中海信托	—	6 386 746. 00	0. 00	—
53	中航信托	—	6 227 782. 06	0. 00	33 315. 00
54	中泰信托	—	6 178 742. 63	0. 00	—
55	天津信托	—	5 288 320. 40	0. 00	—
56	四川信托	—	4 624 881. 62	0. 00	—
57	安信信托	—	3 586 303. 51	0. 00	8 001. 34
58	国联信托	—	3 241 846. 00	0. 00	—
59	交银国际信托	—	2 998 729. 27	0. 00	38 693. 29
60	爱建信托	—	2 273 851. 20	0. 00	—
61	杭州工商信托	—	2 050 313. 00	0. 00	—
62	山西信托	—	1 922 754. 00	0. 00	31 000. 00
63	大业信托	—	1 525 105. 24	0. 00	—
64	国民信托	—	1 164 217. 99	0. 00	—
65	西藏信托	—	1 082 158. 50	0. 00	—
66	华宸信托	—	971 449. 77	0. 00	—
67	中国民生信托	—	933 378. 41	0. 00	—
68	长城新盛信托	—	474 485. 94	0. 00	—
合计		40 794 810. 33	593 497 433. 65	6. 87	16 754 222. 28

表 5-2-14　2013 年度其他类型信托资产占比排名

排名	简称	其他类型信托资产期末金额(万元)	主动管理型信托资产期末总金额(万元)	其他类型信托资产占比(%)	其他类型信托资产期初金额(万元)
1	杭州工商信托	1 528 884.00	2 050 313.00	74.57	514 752.00
2	爱建信托	1 612 360.78	2 273 851.20	70.91	1 328 826.55
3	国联信托	1 906 622.00	3 241 846.00	58.81	979 991.00
4	安信信托	1 740 162.88	3 586 303.51	48.52	613 516.41
5	四川信托	1 305 627.23	4 624 881.62	28.23	1 039 979.60
6	长安信托	5 560 857.67	20 005 194.57	27.80	5 642 657.99
7	中粮信托	455 103.88	1 770 736.23	25.70	899 788.94
8	中泰信托	1 559 316.31	6 178 742.63	25.24	1 152 661.11
9	华宝信托	2 874 233.32	11 854 212.97	24.25	1 677 529.31
10	平安信托	5 567 103.83	25 853 741.87	21.53	6 261 198.48
11	华信信托	1 276 925.03	6 302 200.16	20.26	164 213.58
12	新时代信托	1 638 592.90	8 723 219.61	18.78	231 092.79
13	中融信托	6 668 023.81	39 687 216.54	16.80	5 157 481.02
14	百瑞信托	518 463.91	5 109 816.75	10.15	100 479.26
15	中铁信托	1 315 465.00	13 725 764.00	9.58	869 703.00
16	五矿信托	799 969.25	12 694 195.85	6.30	7 663 734.26
17	中国民生信托	55 686.36	933 378.41	5.97	—
18	华润信托	1 331 062.93	24 849 402.52	5.36	1 371 683.73
19	方正东亚信托	284 539.65	8 173 305.78	3.48	—
20	国投信托	127 655.33	16 928 497.14	0.75	244 207.98
21	云南信托	20 642.32	3 622 904.73	0.57	193 769.80
22	华澳信托	7 331.00	1 923 490.00	0.38	148 550.00
23	北京信托	29 152.70	10 887 907.67	0.27	77 103.97
24	中信信托	—	37 543 918.86	0.00	—
25	华能信托	—	29 856 830.62	0.00	—
26	外贸信托	—	18 798 214.01	0.00	—
27	兴业信托	—	17 830 165.00	0.00	—
28	渤海信托	—	17 678 343.28	0.00	—
29	昆仑信托	—	16 738 103.01	0.00	—
30	新华信托	—	15 063 380.25	0.00	—
31	中诚信托	—	14 858 687.07	0.00	—
32	上海信托	—	14 248 877.64	0.00	—
33	粤财信托	—	12 451 528.74	0.00	—
34	江苏信托	—	10 235 042.20	0.00	—
35	重庆信托	—	10 146 924.01	0.00	—
36	中原信托	—	9 614 885.84	0.00	—
37	建信信托	—	8 808 272.95	0.00	—
38	陕国投	—	8 115 339.01	0.00	—
39	国元信托	—	7 342 863.55	0.00	—
40	华鑫信托	—	7 273 864.74	0.00	—
41	华融信托	—	6 987 868.47	0.00	—
42	中江信托	—	6 549 028.67	0.00	—
43	中海信托	—	6 386 746.00	0.00	—
44	苏州信托	—	6 386 451.42	0.00	—
45	中航信托	—	6 227 782.06	0.00	—
46	金谷信托	—	6 114 343.33	0.00	—
47	厦门国际信托	—	5 822 843.00	0.00	—
48	湖南信托	—	5 538 235.00	0.00	—
49	天津信托	—	5 288 320.40	0.00	—
50	山东信托	—	5 006 336.00	0.00	—

续表

排名	简称	其他类型信托资产期末金额(万元)	主动管理型信托资产期末总金额(万元)	其他类型信托资产占比(%)	其他类型信托资产期初金额(万元)
51	中投信托	—	4 502 507. 26	0. 00	—
52	西部信托	—	4 327 644. 90	0. 00	—
53	北方信托	—	4 259 411. 00	0. 00	—
54	东莞信托	—	3 635 990. 45	0. 00	245 294. 03
55	陆家嘴信托	—	3 370 978. 79	0. 00	—
56	吉林信托	—	3 148 568. 00	0. 00	—
57	交银国际信托	—	2 998 729. 27	0. 00	—
58	紫金信托	—	2 539 291. 36	0. 00	—
59	英大信托	—	2 046 201. 27	0. 00	—
60	山西信托	—	1 922 754. 00	0. 00	76 953. 47
61	浙金信托	—	1 776 440. 97	0. 00	—
62	万向信托	—	1 601 339. 50	0. 00	—
63	大业信托	—	1 525 105. 24	0. 00	—
64	国民信托	—	1 164 217. 99	0. 00	—
65	西藏信托	—	1 082 158. 50	0. 00	—
66	华宸信托	—	971 449. 77	0. 00	—
67	长城新盛信托	—	474 485. 94	0. 00	—
68	甘肃信托	—	235 841. 55	0. 00	—
合计		38 183 782. 09	593 497 433. 65	6. 43	36 655 168. 28

表 5 -2 -15　2013 年度新增主动类型信托资产规模排名

单位：万元

排名	简称	项目个数	项目金额
1	华能信托	353	22 814 213. 89
2	中融信托	545	17 868 145. 55
3	平安信托	421	16 823 709. 34
4	华润信托	379	16 344 516. 00
5	渤海信托	597	15 301 028. 40
6	外贸信托	531	13 640 924. 35
7	国投信托	396	13 321 574. 00
8	中铁信托	317	12 553 681. 00
9	上海信托	279	11 516 052. 86
10	新华信托	349	10 943 231. 78
11	重庆信托	152	9 719 547. 42
12	长安信托	353	9 045 752. 00
13	中原信托	376	7 846 345. 00
14	兴业信托	365	7 838 311. 00
15	中信信托	138	7 366 944. 00
16	新时代信托	408	6 918 232. 33
17	国元信托	279	6 519 375. 60
18	江苏信托	176	6 027 933. 27
19	昆仑信托	104	5 981 056. 82
20	建信信托	88	5 714 169. 09
21	华信信托	416	5 699 115. 03
22	方正东亚信托	151	5 420 284. 00
23	山东信托	314	5 273 300. 00
24	粤财信托	365	5 230 545. 24
25	中诚信托	100	5 101 934. 02
26	五矿信托	133	4 974 330. 75
27	苏州信托	149	4 696 262. 25
28	华鑫信托	135	4 661 839. 77

续表

排名	简称	项目个数	项目金额
29	华融信托	137	4 558 790. 68
30	中江信托	364	4 461 183. 00
31	中航信托	141	4 321 399. 35
32	厦门国际信托	118	3 950 583. 00
33	中泰信托	84	3 588 975. 35
34	北京信托	81	3 165 087. 34
35	四川信托	159	3 047 597. 00
36	湖南信托	157	3 004 556. 00
37	安信信托	77	2 923 207. 00
38	天津信托	98	2 814 990. 00
39	中建投信托	83	2 754 251. 88
40	云南信托	106	2 750 716. 04
41	西部信托	85	2 616 088. 00
42	中海信托	53	2 603 873. 12
43	北方信托	86	2 334 248. 00
44	百瑞信托	100	2 281 958. 37
45	吉林信托	69	2 131 360. 50
46	陕国投	—	1 989 572. 00
47	东莞信托	131	1 909 510. 00
48	国联信托	49	1 885 000. 00
49	金谷信托	63	1 839 827. 14
50	华宝信托	266	1 814 117. 67
51	陆家嘴信托	57	1 684 147. 30
52	交银国际信托	26	1 659 797. 51
53	紫金信托	72	1 501 051. 00
54	杭州工商信托	29	1 425 970. 00
55	万向信托	81	1 416 297. 10
56	浙金信托	40	1 359 302. 85
57	爱建信托	45	1 297 760. 61
58	华澳信托	87	1 126 858. 00
59	英大信托	52	1 082 471. 95
60	中粮信托	20	1 036 279. 00
61	山西信托	113	955 451. 00
62	中国民生信托	21	953 545. 00
63	国民信托	43	815 160. 00
64	华宸信托	45	451 735. 00
65	长城新盛信托	22	378 213. 56
66	甘肃信托	11	116 489. 00
67	西藏信托	未披露	
68	大业信托	未披露	
合计		11 640	345 169 775. 08

表 5－2－16　2013 年度集合类信托资产规模排名

单位：万元

排名	简称	2012 年 12 月 31 日	2013 年 12 月 31 日
1	中融信托	12 470 795. 94	20 402 146. 56
2	外贸信托	9 474 670. 39	16 571 824. 25
3	华润信托	6 110 692. 06	12 778 870. 20
4	平安信托	9 595 458. 12	12 449 592. 14
5	中信信托	11 378 295. 39	11 983 326. 16
6	粤财信托	5 017 993. 18	9 252 878. 74
7	五矿信托	5 577 995. 23	8 744 595. 75

续表

排名	简称	2012 年 12 月 31 日	2013 年 12 月 31 日
8	上海信托	4 151 955. 15	7 408 568. 84
9	建信信托	3 313 960. 62	7 147 777. 42
10	华宝信托	5 067 714. 29	7 074 907. 46
11	中铁信托	5 025 417. 00	6 433 326. 00
12	华能信托	3 368 471. 36	6 335 264. 30
13	新华信托	5 389 092. 52	6 207 457. 67
14	昆仑信托	3 261 427. 00	5 763 358. 00
15	长安信托	4 673 208. 46	5 758 195. 27
16	中海信托	3 436 978. 00	5 423 207. 00
17	中航信托	3 859 153. 23	5 326 972. 79
18	中诚信托	4 540 849. 46	5 145 954. 93
19	山东信托	4 329 583. 22	5 110 653. 78
20	北京信托	4 822 762. 32	5 094 029. 34
21	四川信托	4 509 339. 38	4 962 059. 04
22	重庆信托	2 048 420. 05	4 875 217. 41
23	华融信托	4 286 691. 00	4 637 146. 32
24	中江信托	3 099 453. 81	4 613 345. 30
25	方正东亚信托	1 860 397. 03	3 748 864. 71
26	百瑞信托	2 499 518. 13	3 668 448. 22
27	华信信托	1 940 032. 12	3 647 854. 38
28	苏州信托	2 225 038. 65	3 500 855. 59
29	新时代信托	2 526 147. 52	3 484 411. 11
30	华鑫信托	1 737 934. 02	3 143 976. 87
31	天津信托	3 158 660. 85	3 006 527. 13
32	大业信托	1 544 444. 16	2 856 096. 21
33	东莞信托	1 714 306. 20	2 737 888. 83
34	兴业信托	2 844 889. 00	2 680 572. 00
35	中建投信托	1 458 958. 17	2 640 472. 06
36	中泰信托	1 534 294. 63	2 470 107. 49
37	安信信托	1 613 553. 56	2 370 692. 72
38	国联信托	1 180 689. 00	2 290 234. 00
39	中原信托	1 641 427. 14	2 276 519. 67
40	金谷信托	2 226 873. 48	2 223 941. 04
41	国元信托	1 604 607. 82	2 066 182. 41
42	山西信托	1 478 235. 36	2 031 446. 00
43	杭州工商信托	1 224 526. 00	1 993 929. 00
44	陆家嘴信托	1 319 868. 48	1 926 105. 48
45	北方信托	1 518 746. 70	1 834 454. 00
46	湖南信托	1 583 376. 00	1 828 966. 00
47	陕国投	1 708 617. 73	1 715 454. 22
48	云南信托	1 214 583. 52	1 704 619. 85
49	爱建信托	1 266 404. 98	1 574 221. 43
50	华澳信托	1 159 995. 00	1 570 940. 00
51	交银国际信托	1 422 386. 40	1 555 490. 59
52	紫金信托	1 087 997. 03	1 454 645. 18
53	江苏信托	805 968. 33	1 383 721. 41
54	厦门国际信托	1 381 690. 00	1 299 776. 00
55	国投信托	990 102. 97	1 264 413. 97
56	西藏信托	934 997. 51	1 082 158. 50
57	国民信托	141 000. 80	1 004 278. 28

续表

排名	简称	2012年12月31日	2013年12月31日
58	渤海信托	779 466.00	984 457.20
59	中国民生信托	—	951 084.43
60	西部信托	872 475.89	898 909.26
61	英大信托	505 372.28	895 038.02
62	吉林信托	1 446 013.00	809 350.00
63	浙金信托	762 869.69	724 734.63
64	中粮信托	1 007 152.00	705 499.45
65	华宸信托	596 066.68	553 091.31
66	万向信托	85 511.72	449 090.79
67	长城新盛信托	—	354 485.32
68	甘肃信托	346 889.55	235 841.55
合计		187 762 462.28	271 100 520.98

表5-2-17　2013年度新增集合类信托资产规模排名

单位：万元

排名	简称	项目个数	实收信托金额合计
1	中诚信托	282	15 272 652.40
2	外贸信托	518	14 709 086.46
3	中融信托	243	9 499 484.88
4	平安信托	298	7 987 679.19
5	华润信托	150	7 213 309.00
6	华能信托	27	6 391 536.14
7	上海信托	121	5 650 178.86
8	山东信托	314	5 273 300.00
9	中信信托	106	5 194 939.23
10	建信信托	64	4 497 311.09
11	中铁信托	167	4 259 467.00
12	新时代信托	319	4 097 648.00
13	四川信托	183	3 659 488.73
14	新华信托	115	3 456 029.33
15	长安信托	132	3 453 857.00
16	重庆信托	49	3 272 724.00
17	中航信托	111	3 236 124.18
18	五矿信托	78	3 103 839.64
19	大业信托	44	3 103 100.00
20	方正东亚信托	72	3 013 294.00
21	中海信托	72	2 991 291.45
22	华融信托	95	2 937 697.11
23	华信信托	172	2 928 672.00
24	昆仑信托	61	2 875 013.00
25	中江信托	304	2 767 183.00
26	粤财信托	323	2 360 290.80
27	苏州信托	56	2 298 524.25
28	华鑫信托	62	2 047 611.67
29	百瑞信托	91	1 999 271.37
30	国元信托	59	1 981 630.00
31	北京信托	60	1 932 287.34
32	华宝信托	259	1 762 989.46
33	兴业信托	134	1 742 878.00
34	中建投信托	50	1 733 908.61
35	中原信托	115	1 609 096.00

续表

排名	简称	项目个数	实收信托金额合计
36	安信信托	20	1 550 259. 00
37	东莞信托	113	1 499 760. 00
38	杭州工商信托	25	1 369 570. 00
39	天津信托	65	1 302 950. 00
40	紫金信托	44	1 217 981. 00
41	山西信托	98	1 213 351. 00
42	陆家嘴信托	39	1 170 190. 00
43	国联信托	33	1 167 500. 00
44	爱建信托	40	1 094 209. 61
45	云南信托	66	1 065 029. 09
46	交银国际信托	22	1 031 898. 00
47	渤海信托	47	1 005 066. 20
48	华澳信托	80	999 075. 00
49	中国民生信托	21	953 545. 00
50	北方信托	46	894 603. 00
51	金谷信托	20	879 332. 30
52	国民信托	44	839 160. 00
53	国投信托	17	807 900. 00
54	湖南信托	98	787 854. 00
55	江苏信托	22	709 258. 00
56	陕国投	53	707 165. 00
57	中粮信托	8	677 400. 00
58	西藏信托	34	661 783. 00
59	厦门国际信托	77	658 213. 00
60	中泰信托	24	651 216. 35
61	吉林信托	16	563 539. 00
62	英大信托	29	514 238. 95
63	浙金信托	17	446 950. 00
64	西部信托	18	435 098. 00
65	长城新盛信托	22	378 213. 56
66	万向信托	24	361 889. 00
67	华宸信托	17	235 645. 00
68	甘肃信托	11	116 489. 00
合计		6 616	178 279 724. 25

表 5-2-18 2013 年度已清算集合类项目加权平均实际年化收益率排行榜

排名	简称	集合类加权平均年化收益率(%)	已清算结束的集合类实收信托合计金额(万元)
1	西部信托	12. 95	351 500. 35
2	杭州工商信托	12. 88	589 372. 00
3	英大信托	10. 69	119 177. 99
4	安信信托	10. 50	630 744. 40
5	华宸信托	10. 41	219 655. 00
6	华融信托	10. 14	2 655 899. 36
7	陆家嘴信托	10. 02	489 364. 00
8	北京信托	9. 99	2 085 841. 70
9	中泰信托	9. 94	193 775. 00
10	吉林信托	9. 92	1 212 081. 25
11	新华信托	9. 91	2 213 208. 00
12	东莞信托	9. 68	780 460. 00
13	爱建信托	9. 68	495 310. 00

续表

排名	简称	集合类加权平均年化收益率(%)	已清算结束的集合类实收信托合计金额(万元)
14	中信信托	9.59	5 623 465.02
15	浙金信托	9.51	356 220.00
16	中融信托	9.49	3 671 545.72
17	万向信托	9.49	10 000.00
18	交银国际信托	9.45	677 990.45
19	中建投信托	9.40	556 000.01
20	方正东亚信托	9.40	844 927.00
21	华澳信托	9.38	888 832.00
22	四川信托	9.29	3 226 257.00
23	华润信托	9.28	1 275 937.01
24	中粮信托	9.23	291 166.18
25	百瑞信托	9.21	784 550.00
26	西藏信托	9.05	480 143.32
27	中铁信托	9.04	2 412 451.00
28	北方信托	9.01	749 636.00
29	新时代信托	8.79	3 099 868.00
30	甘肃信托	8.65	227 537.00
31	国元信托	8.63	419 711.00
32	江苏信托	8.57	472 580.00
33	大业信托	8.57	886 516.00
34	渤海信托	8.56	794 515.50
35	华能信托	8.55	3 452 034.00
36	中原信托	8.50	870 836.00
37	紫金信托	8.45	509 739.46
38	中航信托	8.42	1 781 613.11
39	国投信托	8.39	598 405.46
40	五矿信托	8.21	2 639 330.76
41	湖南信托	8.12	548 699.00
42	上海信托	8.11	1 488 408.46
43	兴业信托	8.10	1 623 405.00
44	华鑫信托	8.08	896 884.56
45	天津信托	8.06	1 702 927.85
46	平安信托	8.05	4 151 781.38
47	华宝信托	7.97	902 558.12
48	金谷信托	7.85	829 183.30
49	山西信托	7.74	830 198.00
50	建信信托	7.62	841 194.69
51	苏州信托	7.60	954 086.00
52	华信信托	7.54	1 122 690.00
53	山东信托	7.31	3 309 675.00
54	陕国投	7.20	587 431.00
55	昆仑信托	7.13	1 140 712.00
56	长城新盛信托	6.99	26 000.00
57	中诚信托	6.78	3 187 797.00
58	中海信托	6.67	1 005 062.45
59	重庆信托	6.31	1 155 573.35
60	粤财信托	6.08	1 223 779.80

续表

排名	简称	集合类加权平均年化收益率(%)	已清算结束的集合类实收信托合计金额(万元)
61	长安信托	5.89	2 202 681.00
62	外贸信托	5.82	6 209 410.20
63	厦门国际信托	5.79	642 335.00
64	中江信托	5.70	6 634 556.80
65	云南信托	5.60	453 427.79
66	国联信托	4.48	450 090.00
67	中国民生信托	0.00	0.00
68	国民信托	-2.19	9 206.00

表 5-2-19　2013 年度已清算单一类项目加权平均实际年化收益率排行榜

排名	简称	单一类加权平均年化收益率(%)	已清算结束的单一类实收信托合计金额(万元)
1	杭州工商信托	13.42	46 218.00
2	浙金信托	10.70	51 843.38
3	外贸信托	10.49	5 516 954.11
4	大业信托	10.30	829 978.00
5	国联信托	10.12	1 446 938.00
6	新华信托	9.73	1 198 217.00
7	湖南信托	9.57	2 156 054.00
8	安信信托	9.22	1 326 310.00
9	华信信托	9.20	1 952 823.00
10	华融信托	9.19	778 506.00
11	北京信托	8.98	3 178 125.09
12	天津信托	8.93	1 502 671.25
13	吉林信托	8.91	1 821 120.00
14	华澳信托	8.78	481 290.00
15	方正东亚信托	8.67	3 485 148.00
16	西藏信托	8.56	3 209 766.49
17	五矿信托	8.48	3 609 938.26
18	华宸信托	8.44	661 477.03
19	中泰信托	8.31	790 950.00
20	紫金信托	8.28	668 767.65
21	长安信托	8.22	5 397 929.00
22	四川信托	8.21	3 239 235.90
23	平安信托	8.08	6 506 468.85
24	渤海信托	8.01	5 643 597.80
25	甘肃信托	7.90	3 407 689.28
26	新时代信托	7.89	10 324 582.30
27	爱建信托	7.88	320 150.00
28	华鑫信托	7.76	3 714 528.13
29	西部信托	7.74	750 538.00
30	苏州信托	7.73	430 681.00
31	中国民生信托	7.72	173 000.00
32	国元信托	7.71	4 950 232.00
33	中融信托	7.46	4 222 386.00
34	国民信托	7.41	146 200.00
35	华润信托	7.38	6 172 235.78
36	重庆信托	7.35	1 610 495.38
37	陕国投	7.27	1 788 268.04
38	山西信托	7.20	2 144 136.00
39	北方信托	7.20	6 888 808.00

续表

排名	简称	单一类加权平均年化收益率(%)	已清算结束的单一类实收信托合计金额(万元)
40	华能信托	7.18	5 832 614.03
41	昆仑信托	7.09	1 184 472.00
42	中信信托	7.01	13 607 931.05
43	中铁信托	6.88	3 021 427.00
44	江苏信托	6.84	1 239 066.97
45	建信信托	6.73	433 531.98
46	厦门国际信托	6.70	6 533 081.00
47	中原信托	6.70	4 009 660.53
48	万向信托	6.70	69 000.00
49	金谷信托	6.66	1 919 803.98
50	中粮信托	6.63	3 186 205.00
51	长城新盛信托	6.58	179 000.00
52	中航信托	6.56	7 385 126.24
53	云南信托	6.42	2 707 845.00
54	陆家嘴信托	6.42	304 795.20
55	百瑞信托	6.41	2 144 661.83
56	兴业信托	6.38	18 677 460.00
57	国投信托	6.37	5 308 093.34
58	中建投信托	6.28	1 401 027.00
59	粤财信托	6.27	4 529 571.72
60	交银国际信托	6.17	5 939 433.35
61	上海信托	5.96	3 561 325.26
62	英大信托	5.81	884 488.57
63	山东信托	5.78	5 367 402.00
64	中海信托	5.57	2 405 291.18
65	东莞信托	5.42	773 056.90
66	中江信托	5.30	1 202 212.54
67	华宝信托	4.76	1 710 508.40
68	中诚信托	4.51	9 570 010.11

表5-2-20　2013年度已清算财产管理类项目加权平均实际年化收益率排行榜

排名	简称	财产管理类加权平均年化收益率(%)	已清算结束的财产管理类实收信托合计金额(万元)
1	东莞信托	21.39	1 307.00
2	陕国投	17.68	76 997.19
3	金谷信托	11.62	47 850.00
4	华信信托	10.79	83 600.00
5	长安信托	9.56	871 595.00
6	紫金信托	9.43	194 795.00
7	厦门国际信托	9.35	279 716.00
8	中信信托	8.87	764 882.49
9	兴业信托	8.70	145 000.00
10	中融信托	8.43	1 957 675.00
11	英大信托	8.42	169 832.43
12	浙金信托	8.15	18 000.00
13	中诚信托	8.00	169 865.70
14	中航信托	7.63	17 900.00
15	云南信托	7.60	914 664.61
16	中粮信托	7.47	84 585.82
17	国元信托	7.39	70 000.00
18	北京信托	7.23	874 868.85

续表

排名	简称	财产管理类加权平均年化收益率(%)	已清算结束的财产管理类实收信托合计金额(万元)
19	粤财信托	7.09	338 097.93
20	中江信托	7.08	18 990.00
21	吉林信托	6.88	40 000.00
22	华宝信托	6.80	130 985.74
23	五矿信托	6.73	325 000.00
24	方正东亚信托	6.71	74 600.00
25	中原信托	6.59	19 660.60
26	华能信托	6.39	1 121 345.05
27	新华信托	6.03	153 698.00
28	山东信托	6.00	57 664.00
29	四川信托	5.46	169 000.00
30	交银国际信托	5.40	100 000.00
31	外贸信托	4.96	453 900.00
32	山西信托	4.21	77 930.00
33	渤海信托	3.78	174 600.00
34	华融信托	3.38	185 800.00
35	大业信托	3.02	82 141.42
36	重庆信托	2.85	248 330.00
37	北方信托	2.31	416 300.00
38	湖南信托	0.34	3 114.00
39	建信信托	0.00	9 900.00
40	安信信托	0.00	0.00
41	百瑞信托	0.00	0.00
42	中铁信托	0.00	16 199.00
43	甘肃信托	0.00	0.00
44	国联信托	0.00	0.00
45	国民信托	0.00	0.00
46	国投信托	0.00	25 466.40
47	杭州工商信托	0.00	0.00
48	江苏信托	0.00	0.00
49	华宸信托	0.00	0.00
50	昆仑信托	0.00	0.00
51	平安信托	0.00	0.00
52	苏州信托	0.00	0.00
53	天津信托	0.00	20 395.70
54	西部信托	0.00	0.00
55	西藏信托	0.00	0.00
56	华润信托	0.00	0.00
57	中海信托	0.00	0.00
58	中泰信托	0.00	0.00
59	中建投信托	0.00	98 046.66
60	爱建信托	0.00	78 160.40
61	新时代信托	0.00	0.00
62	华澳信托	0.00	0.00
63	华鑫信托	0.00	0.00
64	陆家嘴信托	0.00	0.00
65	长城新盛信托	0.00	0.00
66	中国民生信托	0.00	0.00

第六章　财务报表附注及其他项目的分析

在本章节中，我们对财务报表附注披露的一些重要事项进行了分析，包括或有事项、自营资产风险分类情况、资产损失准备计提情况以及关联方关系及其交易等各项情况。同时，本章节还对信托公司在2013年年报中对经营因素的认可情况作了详细的统计，以便于相关部门决策参考。

一、或有事项情况

（一）对外担保和或有事项情况

1. 对外担保总额分析

表6-1-1　2013年末信托公司担保事项汇总一览表

币种	2013年末担保金额（万元）	2012年末担保金额（万元）	增减额（万元）	增减（%）
人民币（万元）	261.815.00	104 518.00	157 297.00	150.50

经过对68家公司的统计，2013年末涉及对外担保的公司共有6家，对外担保金额26.18亿元，比上年增加了15.73亿元。2013年6家公司平均对外担保额为4.36亿元，比2012年5家公司平均对外担保额2.09亿元增加了2.27亿元。2013年末信托公司对外担保的详细情况见表6-1-2。

表6-1-2　2013年信托公司涉及对外担保的详细情况

单位：万元

简称	被担保单位	年初担保金额	年末担保金额
华宝信托	舟山市海峡汽车轮渡有限责任公司	243.00	243.00
吉林信托	长春市盈科商贸有限公司股权质押	5 000.00	3 500.00
厦门国际信托	为厦门市市政项目担保	4 275.00	4 072.00
华润信托	未披露	90 000.00	90 000.00
中诚信托	未披露	5 000.00	6 000.00
中信信托	未披露	0.00	158 000.00
合计		104 518.00	261 815.00

2. 对外担保与净资产的比较分析

68家信托公司披露的2013年末担保事项合计26.18亿元，占68家公司自有净资产总额2 783.53亿元的0.94%。有担保事项的公司年末担保额均没有超过净资产；担保额占净资产比例的平均值为3.81%，超过平均值的有2家，情况详见表6-1-3。

表6-1-3　2013年末信托公司担保金额占自有净资产比例情况表

简称	期末担保金额（万元）	期末净资产（万元）	担保占净资产比（%）
华宝信托	243.00	506 979.22	0.05
中诚信托	6 000.00	1 115 736.01	0.54
吉林信托	3 500.00	339 311.47	1.03
厦门国际信托	4 072.00	235 223.00	1.73
华润信托	90 000.00	1 223 385.42	7.36
中信信托	158 000.00	1 302 874.97	12.13
合计	261 815.00	4 723 510.09	5.54

（二）公司本年发生或存在的重大诉讼事项

2013年68家信托公司中有45家披露没有诉讼事项，23家披露有诉讼事项，情况详见表6-1-4。

23家披露有诉讼事项的信托公司合计存在63件诉讼案件，涉及金额为82.82亿元（其中有9个案件未披露涉案金额），平均每个案件约13 146.26万元。

表6-1-4　披露信托公司诉讼事件表

单位：万元

简称	件数（被诉）	金额（被诉）	件数（起诉）	金额（起诉）	涉诉金额合计
百瑞信托			4	94 040.00	94 040.00
中铁信托			2	2 880.00	2 880.00
甘肃信托			3	7 285.70	7 285.70
国联信托	1	520.00	2	35 000.00	35 520.00
国投信托	1	700.00	1	19 333.00	20 033.00
华宝信托			1	未披露①	
兴业信托			1	18 670.00	18 670.00
华宸信托			1	24 813.81	24 813.81
昆仑信托			1	11 000.00	11 000.00
山东信托			5	未披露②	
山西信托			2	63 380.00	63 380.00
陕国投			1	57 000.00	57 000.00
苏州信托			1	7 839.66	7 839.66
长安信托	1	771.00	2	20 500.00	21 271.00
西部信托	1	297.00			297.00
厦门国际信托	1	未披露③	1	未披露③	
新华信托	5	82 248.00	10	98 720.48	180 968.48
中泰信托			8	128 600.00	128 600.00
爱建信托	1	53.62			53.62
华澳信托			2	84 500.00	84 500.00
方正东亚信托	1	2 000.00			2 000.00
金谷信托			2	68 062.24	68 062.24
中粮信托			1	未披露④	
合计	12	86 589.62	51	741 624.89	828 214.51

注：1. 2013年华宝信托一个信托计划涉及诉讼："华宝泰石1号集合资金信托计划"项下融资方违约，华宝信托对融资方以及担保方提起了诉讼，未披露明确涉案金额。

2. 2013年山东信托在报告期内，无重大诉讼事项发生。以上年度发生未终结的诉讼事项，该公司诉山东泗水北方大地牧业集团有限公司、山东鲁西黄牛原种场有限公司、泗水北方大地肉牛育肥有限公司、山东九福饲料有限公司及山东九九有限公司、北京赛克赛思科技投资有限公司借款、担保合同纠纷案，目前仍在执行中，均未披露明确涉案金额。

3. 2013年厦门国际信托重大诉讼事项有两起，一起为源兴包装案借款人违约，厦门国际信托在与委托人、律师等进行沟通后，完成相关仲裁程序，公司诉求全部得到支持，该案已进入执行程序，公司积极协调担保人代偿事宜。另一起为厦门辉煌装修工程有限公司股权管理信托项目委托人艾某起诉厦门国际信托返还其分红收益案件，均未披露明确涉案金额。

4. 2013年"中粮信托·九合地产股权投资集合资金信托计划"项下相关义务人未履行义务，中粮信托于2013年1月6日在北京市第二中级人民法院对相关义务人提起了营业信托纠纷诉讼，未披露明确涉案金额。

二、自营资产风险分类情况

根据68家信托公司在其2013年年度报告中披露的自营资产及其分类情况统计，2012年末自营资产合计为1249.59亿元，正常类自营资产占94.99%、关注类自营资产3.70%，不良类自营资产占1.31%。2013年纳入分类的自营资产为1618.12亿元，比2012年增加368.52亿元，增加比例为29.49%；2013年末正常类自营资产占95.37%，关注类自营资产占2.99%，不良类自营资产占1.64%。可见，正常类自营资产比例有所增加，关注类比例有所下降 但不良类比例有所上升，详见表6-2-1。

但根据数据统计，2013年末中泰信托的资产不良率达到25.52%，不良资产为3.54亿元；新华信托的资产不良率达到12.22%，不良资产为2.51亿元；中信信托的资产不良率达到7.93%，不良资产为6.42亿元，详见表6-2-3。

表6－2－1　2013年末与2012年末信托公司自营资产五级分类汇总比较表

类别	2013年末		2012年末		增减率(%)
	金额(万元)	比例(%)	金额(万元)	比例(%)	
正常	15 431 646.64	95.37	11 870 158.59	94.99	0.38
关注	484 351.50	2.99	462 565.36	3.70	-0.71
次级	71 661.33	0.44	64 524.84	0.52	-0.08
可疑	80 101.80	0.50	20 467.83	0.16	0.34
损失	113 417.62	0.70	78 216.07	0.63	0.07
合计	16 181 178.89	100.00	12 495 932.69	100.00	—
不良比例		1.64	—	1.31%	—

2012年末不良资产率情况详见表6－2－2。

表6－2－2　2012年末自营资产五级分类不良比例由高到低排序表

简称	不良比例(%)	简称	不良比例(%)
中泰信托	80.29	国投信托	—
西部信托	20.55	建信信托	—
中信信托	7.77	湖南信托	—
华能信托	7.37	吉林信托	—
安信信托	2.96	兴业信托	—
山东信托	2.46	上海信托	—
山西信托	2.37	苏州信托	—
中铁信托	1.83	西藏信托	—
百瑞信托	1.09	厦门国际信托	—
华宝信托	1.06	新华信托	—
陕国投	0.94	华信信托	—
华润信托	0.92	云南信托	—
长安信托	0.87	中诚信托	—
英大信托	0.72	外贸信托	—
爱建信托	0.66	中海信托	—
杭州工商信托	0.63	中融信托	—
甘肃信托	0.50	中原信托	—
昆仑信托	0.46	重庆信托	—
中江信托	0.42	渤海信托	—
新时代信托	0.38	交银国际信托	—
天津信托	0.32	中建投信托	—
华融信托	0.25	浙金信托	—
华宸信托	0.25	中航信托	—
平安信托	0.21	华澳信托	—
江苏信托	0.20	大业信托	—
国元信托	0.13	方正东亚信托	—
粤财信托	0.07	华鑫信托	—
陆家嘴信托	0.0025	金谷信托	—
北方信托	—	四川信托	—
北京信托	—	五矿信托	—
东莞信托	—	中粮信托	—
国联信托	—	紫金信托	—
国民信托	—	长城新盛信托	—

2013 年末不良资产率情况详见表 6 -2 -3。

表 6 -2 -3　2013 年末自营资产五级分类不良比例由高到低排序表

简称	不良比例(%)	简称	不良比例(%)
中泰信托	25.52	国投信托	—
新华信托	12.22	杭州工商信托	—
中信信托	7.93	建信信托	—
金谷信托	6.41	湖南信托	—
江苏信托	5.57	吉林信托	—
五矿信托	4.93	兴业信托	—
华能信托	4.06	山西信托	—
安信信托	3.89	上海信托	—
长安信托	3.21	华融信托	—
百瑞信托	2.89	苏州信托	—
西部信托	2.28	天津信托	—
中诚信托	2.18	西藏信托	—
华宝信托	2.03	厦门国际信托	—
平安信托	1.73	华信信托	—
陕国投	1.65	云南信托	—
山东信托	1.57	中海信托	—
中铁信托	1.18	中融信托	—
华宸信托	0.88	中原信托	—
新时代信托	0.81	重庆信托	—
爱建信托	0.57	渤海信托	—
甘肃信托	0.50	交银国际信托	—
昆仑信托	0.43	中建投信托	—
华润信托	0.42	浙金信托	—
英大信托	0.38	中航信托	—
国元信托	0.11	华澳信托	—
中江信托	0.01	大业信托	—
外贸信托	—	方正东亚信托	—
陆家嘴信托	—	华鑫信托	—
北方信托	—	四川信托	—
北京信托	—	中粮信托	—
东莞信托	—	紫金信托	—
粤财信托	—	长城新盛信托	—
国联信托	—	中国民生信托	—
国民信托	—	万向信托	

注:68 家公司中,国元信托、昆仑信托、五矿信托、新时代信托 4 家公司披露的不良资产率与计算有差异。

三、资产损失准备计提和覆盖情况

(一)资产损失准备的计提

68 家信托公司在 2013 年年报中披露:2013 年初资产损失准备余额为 46.71 亿元,2013 年计提 39.59 亿元,转回 14.04 亿元,核销 1.73 亿元,其他减少 0.34 亿元,2013 年末余额为 70.18 亿元。2013 年末资产损失准备余额大于 2012 年末余额。在资产损失准备余额的构成中,专项准备、可供出售金融资产减值准备和坏账准备为主要的计提内容。此外,各信托公司的资产损失准备的计提差异较大。汇总的资产损失准备计提详见表 6 -3 -1。

表6-3-1　信托公司资产损失准备计提情况

单位：万元

类别	2013年初	2013年计提	2013年转回	2013年核销	2013年其他减少	2013年末
贷款损失准备	266 487.45	67 535.07	88 918.60	3 922.40	—	241 181.52
其中：一般准备	13 720.20	12 694.19	2 454.06	67.79	—	23 892.54
专项准备	252 767.25	54 840.88	86 464.54	3 854.61	—	217 288.98
其他资产减值准备	200 581.96	328 364.90	51 519.32	13 373.39	3 430.01	460 624.14
其中：可供出售金融资产减值准备	44 980.16	150 133.32	15 994.38	3 754.45	—	175 364.65
持有至到期投资减值准备	28 006.66	48 843.68	2 056.07	621.28	—	74 172.99
长期股投资减值准备	35 966.45	9 134.90	877.34	344.51	3 430.01	40 449.49
坏账准备	70 953.25	98 868.82	31 985.24	8 457.58	—	129 379.24
投资性房地产减值准备	3 269.62	1 093.99	—	—	—	4 363.61
其他减值准备	17 405.82	20 290.20	606.29	195.57	—	36 894.16
合计	467 069.41	395 899.97	140 437.92	17 295.79	3 430.01	701 805.66

注：1. 其他减值准备包含：存货跌价准备、拆出资金减值准备、抵债资产减值准备、固定资产减值准备等。

2. 中铁信托、英大信托、华澳信托、金谷信托、四川信托、大业信托这6家公司2013年报告中资产损失准备计提情况的期初数调整了列报口径。

对68家信托公司披露的资产准备余额、风险资产准备余额、非风险资产准备余额进行排序，由高到低的排序结果详见下面3组情况表。

表6-3-2　信托公司2013年末资产准备合计余额情况表

单位：万元

简称	准备合计	简称	准备合计
中信信托	190 591.00	渤海信托	3 093.73
平安信托	50 585.50	中建投信托	3 048.65
新华信托	41 656.49	新时代信托	2 668.75
天津信托	37 779.20	重庆信托	2 512.84
金谷信托	36 422.97	万向信托	2 427.25
中泰信托	35 782.67	西藏信托	2 240.23
华融信托	32 110.52	国民信托	1 914.51
吉林信托	30 663.96	国元信托	1 557.88
中诚信托	22 029.15	中航信托	1 273.85
陕国投	18 161.39	北京信托	1 140.00
四川信托	14 089.25	华澳信托	933.00
五矿信托	13 968.61	外贸信托	843.25
华宝信托	13 515.68	方正东亚信托	829.65
长安信托	11 310.57	兴业信托	748.00
中铁信托	9 708.00	上海信托	489.70
华能信托	9 514.88	中海信托	458.15
安信信托	9 469.97	华宸信托	311.34
山东信托	9 012.30	江苏信托	100.00
北方信托	8 717.96	杭州工商信托	95.00
华鑫信托	8 585.45	国投信托	67.50
山西信托	7 447.68	中江信托	50.00
昆仑信托	6 475.89	中融信托	47.00
百瑞信托	6 122.84	中国民生信托	7.45
交银国际信托	6 086.08	陆家嘴信托	3.00
爱建信托	5 967.35	东莞信托	—
厦门国际信托	5 822.00	粤财信托	—

续表

简称	准备合计	简称	准备合计
建信信托	4 965.06	苏州信托	—
西部信托	4 048.20	华信信托	—
华润信托	3 850.50	云南信托	—
国联信托	3 651.00	浙金信托	—
甘肃信托	3 633.38	大业信托	—
英大信托	3 625.18	紫金信托	—
中原信托	3 322.25	长城新盛信托	—
湖南信托	3 152.00	合计	701 805.66
中粮信托	3 100.00		

2013 年 68 家披露年报的信托公司中有 9 家没有计提资产损失准备。

表 6－3－3　信托公司 2013 年末风险资产准备合计余额情况表

单位：万元

简称	一般准备	专项准备	风险资产准备合计
中信信托	—	117 279.25	117 279.25
中泰信托	—	30 716.06	30 716.06
天津信托	840.00	15 622.00	16 462.00
四川信托	3 053.86	11 035.39	14 089.25
华融信托	—	8 091.00	8 091.00
北方信托	—	6 262.00	6 262.00
华鑫信托	5 930.10	—	5 930.10
中诚信托	—	4 244.55	4 244.55
国联信托	3 651.00	—	3 651.00
西部信托	—	3 576.07	3 576.07
中粮信托	—	3 100.00	3 100.00
交银国际信托	—	2 511.08	2 511.08
重庆信托	2 502.00	—	2 502.00
中建投信托	468.60	2 017.20	2 485.80
万向信托	2 427.25	—	2 427.25
新华信托	59.12	2 364.86	2 423.98
湖南信托	—	2 136.00	2 136.00
平安信托	75.96	1 985.71	2 061.67
爱建信托	—	1 695.00	1 695.00
英大信托	1 080.08	1.88	1 081.96
中铁信托	—	1 058.00	1 058.00
长安信托	—	895.98	895.98
华澳信托	—	832.00	832.00
中原信托	—	823.44	823.44
北京信托	793.00	—	793.00
方正东亚信托	770.86	—	770.86
华能信托	500.00	247.44	747.44
甘肃信托	—	675.67	675.67
昆仑信托	637.50	—	637.50
中航信托	490.00	—	490.00
吉林信托	355.21	—	355.21
五矿信托	175.50	—	175.50
百瑞信托	—	68.40	68.40
国投信托	67.50	—	67.50
中江信托	—	50.00	50.00
国民信托	15.00	—	15.00

续表

简称	一般准备	专项准备	风险资产准备合计
国元信托	—	—	—
安信信托	—	—	—
东莞信托	—	—	—
粤财信托	—	—	—
杭州工商信托	—	—	—
建信信托	—	—	—
华宝信托	—	—	—
江苏信托	—	—	—
兴业信托	—	—	—
华宸信托	—	—	—
山东信托	—	—	—
山西信托	—	—	—
陕国投	—	—	—
上海信托	—	—	—
苏州信托	—	—	—
西藏信托	—	—	—
厦门国际信托	—	—	—
华润信托	—	—	—
华信信托	—	—	—
云南信托	—	—	—
外贸信托	—	—	—
中海信托	—	—	—
中融信托	—	—	—
渤海信托	—	—	—
浙金信托	—	—	—
新时代信托	—	—	—
大业信托	—	—	—
金谷信托	—	—	—
陆家嘴信托	—	—	—
紫金信托	—	—	—
长城新盛信托	—	—	—
中国民生信托	—	—	—
合计	23 892. 54	217 288. 98	241 181. 52

2013 年 68 家披露年报的信托公司中有 32 家没有计提风险资产准备。

表 6－3－4　信托公司 2013 年末非风险资产准备合计情况表

单位：万元

简称	可供出售金融资产减值准备	持有至到期投资减值准备	长期股权投资减值准备	坏账准备	投资性房地产减值准备	其他资产减值准备	合计
中信信托	72 598. 59	—	713. 16	—	—	—	73 311. 75
平安信托	35 072. 64	—	9 937. 75	—	—	3 513. 44	48 523. 83
新华信托	—	21 624. 66	—	17 607. 85	—	—	39 232. 51
金谷信托	26 999. 89	—	—	9 423. 08	—	—	36 422. 97
吉林信托	—	—	—	30 308. 75	—	—	30 308. 75
华融信托	—	21 190. 94	341. 77	2 486. 81	—	—	24 019. 52
天津信托	—	—	1 210. 00	5 207. 20	—	14 900. 00	21 317. 20
陕国投	997. 14	14 978. 13	—	194. 98	—	1 991. 13	18 161. 38
中诚信托	4 915. 58	—	2 591. 60	10 277. 42	—	—	17 784. 60
五矿信托	—	—	—	13 793. 11	—	—	13 793. 11
华宝信托	5 009. 92	—	7 066. 23	1 439. 53	—	—	13 515. 68

续表

简称	可供出售金融资产减值准备	持有至到期投资减值准备	长期股权投资减值准备	坏账准备	投资性房地产减值准备	其他资产减值准备	合计
长安信托	11. 38	5 462. 19	3 571. 49	1 011. 34	—	358. 20	10 414. 60
安信信托	—	—	—	6 751. 60	—	2 718. 37	9 469. 97
山东信托	1 011. 13	5 042. 45	2 958. 72	—	—	—	9 012. 30
华能信托	—	—	—	4 522. 95	—	4 244. 49	8 767. 44
中铁信托	243. 00	—	—	5 661. 00	—	2 746. 00	8 650. 00
山西信托	6 475. 54	—	—	654. 23	305. 11	12. 80	7 447. 68
百瑞信托	6 002. 00	—	43. 79	—	—	8. 65	6 054. 44
昆仑信托	3 716. 00	—	462. 53	1 659. 86	—	—	5 838. 39
厦门国际信托	—	—	5 822. 00	—	—	—	5 822. 00
中泰信托	—	—	—	5 066. 61	—	—	5 066. 61
建信信托	4 965. 06	—	—	—	—	—	4 965. 06
爱建信托	—	—	2 418. 77	562. 79	—	1 290. 79	4 272. 35
华润信托	—	—	—	1 552. 61	1 198. 77	1 099. 12	3 850. 50
交银国际信托	—	—	—	3 575. 00	—	—	3 575. 00
渤海信托	—	—	—	—	2 859. 73	234. 00	3 093. 73
甘肃信托	—	2 581. 95	59. 97	242. 26	—	73. 53	2 957. 71
新时代信托	—	—	—	2 668. 75	—	—	2 668. 75
华鑫信托	1 295. 69	1 262. 13	—	97. 53	—	—	2 655. 35
英大信托	1 009. 77	—	1 512. 39	21. 06	—	—	2 543. 22
中原信托	—	—	—	783. 39	—	1 715. 42	2 498. 81
北方信托	1 830. 96	—	625. 00	—	—	—	2 455. 96
西藏信托	—	1 840. 53	—	—	—	399. 70	2 240. 23
国民信托	1 899. 51	—	—	—	—	—	1 899. 51
国元信托	—	—	—	490. 73	—	1 067. 15	1 557. 88
湖南信托	—	190. 00	—	826. 00	—	—	1 016. 00
外贸信托	—	—	401. 79	441. 46	—	—	843. 25
中航信托	—	—	—	783. 85	—	—	783. 85
兴业信托	748. 00	—	—	—	—	—	748. 00
中建投信托	562. 85	—	—	—	—	—	562. 85
上海信托	—	—	63. 33	—	—	426. 37	489. 70
西部信托	—	—	322. 20	149. 93	—	—	472. 13
中海信托	—	—	—	458. 15	—	—	458. 15
北京信托	—	—	327. 00	20. 00	—	—	347. 00
华宸信托	—	—	—	311. 34	—	—	311. 34
华澳信托	—	—	—	101. 00	—	—	101. 00
江苏信托	—	—	—	100. 00	—	—	100. 00
杭州工商信托	—	—	—	—	—	95. 00	95. 00
方正东亚信托	—	—	—	58. 79	—	—	58. 79
中融信托	—	—	—	47. 00	—	—	47. 00
重庆信托	—	—	—	10. 84	—	—	10. 84
中国民生信托	—	—	—	7. 45	—	—	7. 45
陆家嘴信托	—	—	—	3. 00	—	—	3. 00
东莞信托	—	—	—	—	—	—	—
粤财信托	—	—	—	—	—	—	—
国联信托	—	—	—	—	—	—	—
国投信托	—	—	—	—	—	—	—
中江信托	—	—	—	—	—	—	—
苏州信托	—	—	—	—	—	—	—
华信信托	—	—	—	—	—	—	—

续表

简称	可供出售金融资产减值准备	持有至到期投资减值准备	长期股权投资减值准备	坏账准备	投资性房地产减值准备	其他资产减值准备	合计
云南信托	—	—	—	—	—	—	—
浙金信托	—	—	—	—	—	—	—
大业信托	—	—	—	—	—	—	—
四川信托	—	—	—	—	—	—	—
中粮信托	—	—	—	—	—	—	—
紫金信托	—	—	—	—	—	—	—
长城新盛信托	—	—	—	—	—	—	—
万向信托	—	—	—	—	—	—	—
合计	175 364. 65	74 172. 98	40 449. 49	129 379. 25	4 363. 61	36 894. 16	460 624. 14

2013 年 68 家披露年报的信托公司中有 15 家没有计提非风险资产准备。

(二)资产准备覆盖分析

根据68 家信托公司在2013 年年报中的披露汇总分析,2012 年末风险资产余额为 1 249. 59 亿元,2013 年末风险资产余额为 1 618. 12亿元;2012 年末资产减值准备余额为58. 08 亿元,2013 年末资产减值准备余额为 70. 18 亿元;2012 年末风险资产减值准备总额为 28. 03 亿元,2013 年末风险资产减值准备总额为 24. 12 亿元。根据上述数据计算 2012 年末资产准备覆盖率为 1. 93%,2013 年末资产准备覆盖率为 1. 82%;2012 年末风险资产准备覆盖率为 2. 24%,2013 年末风险资产准备覆盖率为 1. 49%。信托公司的风险资产安全水平略有下降。68 家信托公司汇总的资产准备覆盖情况见表 6 -3 -5。

表 6 -3 -5　信托公司资产损失准备覆盖情况分析

项目	2012 年末	2013 年末
资产总额(万元)	30 055 583. 39	38 634 992. 56
风险资产总额(万元)	12 495 932. 69	16 181 178. 89
全部准备总额(万元)	580 799. 02	701 805. 66
风险资产准备总额(万元)	280 343. 98	241 181. 52
资产准备覆盖率(%)	1. 93%	1. 82%
风险资产准备覆盖率(%)	2. 24%	1. 49%

我们对 68 家信托公司 2013 年末的资产准备覆盖率和风险资产准备覆盖率进行排序,详见表 6 -3 -6 和表 6 -3 -7。

表 6 -3 -6　信托公司 2013 年末资产准备覆盖率

简称	准备合计(万元)	自营报表资产总额(万元)	资产准备覆盖率(%)
天津信托	37 779. 20	274 690. 27	13. 75
中信信托	190 591. 00	1 488 655. 63	12. 80
新华信托	41 656. 49	397 624. 53	10. 48
金谷信托	36 422. 97	351 656. 23	10. 36
华融信托	32 110. 52	364 243. 75	8. 82
中泰信托	35 782. 67	434 998. 64	8. 23
吉林信托	30 663. 96	420 598. 41	7. 29
安信信托	9 469. 97	160 046. 15	5. 92
陕国投	18 161. 39	392 918. 84	4. 62
山西信托	7 447. 68	221 109. 95	3. 37
五矿信托	13 968. 61	452 640. 66	3. 09
长安信托	11 310. 57	400 173. 77	2. 83
北方信托	8 717. 96	321 467. 17	2. 71
华鑫信托	8 585. 45	344 606. 40	2. 49
甘肃信托	3 633. 38	155 076. 51	2. 34
华宝信托	13 515. 68	578 147. 40	2. 34
厦门国际信托	5 822. 00	253 144. 00	2. 30
西部信托	4 048. 20	178 754. 38	2. 26

续表

简称	准备合计(万元)	自营报表资产总额(万元)	资产准备覆盖率(%)
西藏信托	2 240. 23	105 061. 19	2. 13
四川信托	14 089. 25	732 289. 24	1. 92
山东信托	9 012. 30	472 324. 46	1. 91
爱建信托	5 967. 35	324 303. 38	1. 84
百瑞信托	6 122. 84	339 415. 44	1. 80
万向信托	2 427. 25	140 888. 19	1. 72
中诚信托	22 029. 15	1 290 487. 81	1. 71
华能信托	9 514. 88	602 561. 10	1. 58
中铁信托	9 708. 00	640 872. 78	1. 51
国联信托	3 651. 00	270 263. 00	1. 35
中原信托	3 322. 25	252 304. 98	1. 32
湖南信托	3 152. 00	244 151. 00	1. 29
交银国际信托	6 086. 08	515 394. 49	1. 18
昆仑信托	6 475. 89	564 343. 87	1. 15
国民信托	1 914. 51	200 132. 89	0. 96
渤海信托	3 093. 73	326 763. 53	0. 95
中粮信托	3 100. 00	338 938. 48	0. 91
英大信托	3 625. 18	411 189. 67	0. 88
华澳信托	933. 00	110 301. 31	0. 85
新时代信托	2 668. 75	329 924. 35	0. 81
建信信托	4 965. 06	661 958. 12	0. 75
中建投信托	3 048. 65	410 494. 31	0. 74
平安信托	50 585. 50	10 137 003. 23	0. 50
国元信托	1 557. 88	431 794. 99	0. 36
方正东亚信托	829. 65	252 284. 89	0. 33
华宸信托	311. 34	98 163. 70	0. 32
中航信托	1 273. 85	431 457. 39	0. 30
华润信托	3 850. 50	1 328 634. 61	0. 29
北京信托	1 140. 00	421 777. 12	0. 27
重庆信托	2 512. 84	1 247 879. 41	0. 20
外贸信托	843. 25	558 367. 42	0. 15
兴业信托	748. 00	538 387. 51	0. 14
中海信托	458. 15	491 393. 46	0. 09
杭州工商信托	95. 00	144 086. 00	0. 07
上海信托	489. 70	861 425. 72	0. 06
国投信托	67. 50	339 165. 73	0. 02
江苏信托	100. 00	728 806. 74	0. 01
中国民生信托	7. 45	115 488. 73	0. 01
中江信托	50. 00	865 600. 13	0. 01
中融信托	47. 00	968 750. 65	0. 00
陆家嘴信托	3. 00	152 983. 51	0. 00
东莞信托	—	291 277. 11	—
粤财信托	—	332 248. 95	—
苏州信托	—	255 607. 47	—
华信信托	—	609 088. 22	—
云南信托	—	161 369. 43	—
浙金信托	—	68 378. 43	—
大业信托	—	132 705. 91	—
紫金信托	—	150 790. 96	—
长城新盛信托	—	45 158. 87	—
合计	701 805. 66	38 634 992. 56	1. 82

表6-3-7 信托公司2013年末风险资产准备覆盖率

简称	风险资产准备合计(万元)	风险资产总额(万元)	风险资产准备覆盖率(%)
中泰信托	30 716.06	138 787.59	22.13
中信信托	117 279.25	809 694.73	14.48
天津信托	16 462.00	192 742.42	8.54
四川信托	14 089.25	169 813.66	8.30
华融信托	8 091.00	120 554.19	6.71
北方信托	6 262.00	138 249.73	4.53
中粮信托	3 100.00	70 000.00	4.43
湖南信托	2 136.00	95 593.00	2.23
西部信托	3 576.07	177 303.80	2.02
万向信托	2 427.25	138 425.16	1.75
华鑫信托	5 930.10	342 698.60	1.73
中原信托	823.44	49 130.00	1.68
方正东亚信托	770.86	51 390.39	1.50
吉林信托	355.21	25 397.62	1.40
国联信托	3 651.00	268 332.00	1.36
华澳信托	832.00	63 000.00	1.32
中诚信托	4 244.55	353 556.31	1.20
新华信托	2 423.98	205 425.98	1.18
中建投信托	2 485.80	234 405.53	1.06
甘肃信托	675.67	69 778.95	0.97
中航信托	490.00	57 889.35	0.85
交银国际信托	2 511.08	305 501.20	0.82
爱建信托	1 695.00	227 127.65	0.75
国投信托	67.50	10 660.84	0.63
华能信托	747.44	126 205.27	0.59
北京信托	793.00	255 504.00	0.31
英大信托	1 081.96	408 517.62	0.26
长安信托	895.98	411 484.34	0.22
重庆信托	2 502.00	1 221 674.32	0.20
中铁信托	1 058.00	606 811.00	0.17
平安信托	2 061.67	1 580 945.37	0.13
昆仑信托	637.50	499 303.51	0.13
五矿信托	175.50	371 250.32	0.05
百瑞信托	68.40	345 538.28	0.02
中江信托	50.00	410 308.17	0.01
国民信托	15.00	200 132.89	0.01
国元信托	—	124 907.07	—
安信信托	—	156 175.00	—
东莞信托	—	45 168.03	—
粤财信托	—	175 491.64	—
杭州工商信托	—	40 785.00	—
建信信托	—	83 067.93	—
华宝信托	—	70 853.82	—
江苏信托	—	1 796.25	—
兴业信托	—	373 525.00	—
华宸信托	—	34 100.29	—

续表

简称	风险资产准备合计（万元）	风险资产总额（万元）	风险资产准备覆盖率（%）
山东信托	—	453 510. 36	—
山西信托	—	126 594. 82	—
陕国投	—	246 019. 32	—
上海信托	—	67 559. 34	—
苏州信托	—	54 382. 00	—
西藏信托	—	105 061. 19	—
厦门国际信托	—	72 141. 00	—
华润信托	—	410 908. 09	—
华信信托	—	66 926. 55	—
云南信托	—	50 325. 55	—
外贸信托	—	558 367. 42	—
中海信托	—	491 393. 46	—
中融信托	—	846 950. 00	—
渤海信托	—	162 262. 00	—
浙金信托	—	49 931. 24	—
新时代信托	—	4 780. 87	—
大业信托	—	64 829. 42	—
金谷信托	—	205 059. 52	—
陆家嘴信托	—	148 368. 00	—
紫金信托	—	62 635. 38	—
长城新盛信托	—	11 154. 76	—
中国民生信托	—	63 014. 78	—
合计	241 181. 52	16 181 178. 89	1. 49

四、自营股票投资、基金投资、债券投资、长期股权投资和代理业务的分析

根据68家信托公司2013年年报披露，2012年末自营股票投资、基金投资、债券投资、长期股权投资、代理业务和其他投资的总额为1 444. 56亿元，2013年末为1 581. 70亿元，比2012年末增加137. 14亿元，主要是其他投资的增加所致。从构成来看，其他投资业务占47. 16%，为主要业务内容。68家公司整体汇总情况见表6－4－1，各信托公司的具体业务情况见表6－4－2。

表6－4－1　信托公司自营股票投资、基金投资、债券投资、长期股权投资和代理业务情况分析

	2013年末（万元）	2013年末比例（%）	2012年末（万元）	2012年末比例（%）	变动比例（%）
自营股票	1 716 401. 97	10. 85	1 719 144. 81	11. 90	-0. 16
基金	508 192. 45	3. 21	669 981. 27	4. 64	-24. 15
债券	654 339. 98	4. 14	519 041. 95	3. 59	26. 07
长期股权投资	5 124 435. 24	32. 40	4 655 717. 23	32. 23	10. 07
其他投资	7 458 872. 62	47. 16	6 500 087. 61	45. 00	14. 75
代理业务	354 799. 78	2. 24	381 656. 02	2. 64	-7. 04
合计	15 817 042. 04	100. 00	14 445 628. 89	100. 00	9. 49

表 6－4－2　信托公司 2013 年末具体业务情况表

单位：万元

简称	自营股票	基金	债券	长期股权投资	其他投资	代理业务	合计
国元信托	4 577. 12	496. 13	—	294 070. 25	—	—	299 143. 50
安信信托	—	—	—	—	—		—
百瑞信托	8 135. 85	2. 61	—	57 115. 92	122 182. 26	—	187 436. 64
北方信托	2 502. 69	679. 80	13 769. 70	38 577. 09	—	—	55 529. 28
北京信托	7 777. 00	16 230. 00	6 439. 00	32 283. 00	100 787. 00	2 972. 09	166 488. 09
中铁信托	1 112. 00			20 004. 00		3 954. 00	25 070. 00
东莞信托		—	—	16 360. 97	221 114. 88		237 475. 85
甘肃信托	27 930. 76	10 000. 00	—	25 217. 35	18 037. 99	—	81 186. 10
粤财信托	3 554. 91	2 031. 88	—	119 058. 86	26 290. 00	1 080. 00	152 015. 65
国联信托	46 091. 00			151 865. 00	26 782. 00	14 883. 00	239 621. 00
国民信托	5 463. 13	8 776. 00	5 329. 42		145 884. 98		165 453. 53
国投信托	—	25 034. 64	—	80 860. 09	162 969. 84		268 864. 57
杭州工商信托	249. 00	—	—	3 250. 00	93 684. 00	14 816. 00	111 999. 00
建信信托	17 651. 28	20 006. 40	—	76 855. 88	443 895. 68		558 409. 24
湖南信托	1 251. 00	4 989. 00	4 723. 00	60 683. 00	73 287. 00		144 933. 00
华宝信托	40 881. 24	68. 09	0. 10	73 224. 75	270 817. 90		384 992. 08
吉林信托	131 047. 24	—	19 008. 94	135 017. 62	—		285 073. 80
江苏信托	15 446. 78	—	—	551 344. 76	136 692. 10		703 483. 64
中江信托	5 208. 13	3 245. 39	46 488. 00				54 941. 52
兴业信托	3 057. 00	—	209 343. 00	42 815. 00	205 087. 00		460 302. 00
华宸信托	10 284. 18	27 318. 34	9 950. 08	11 901. 21	—		59 453. 81
昆仑信托	—	—	—	45 790. 32	—		45 790. 32
平安信托	24 587. 04	—	—	662 516. 36	629 662. 64		1 316 766. 04
山东信托	14 608. 58	41 063. 55	20 670. 00	61 206. 00			137 548. 13
山西信托	19 973. 19	1 302. 06		32 595. 68			53 870. 93
陕国投	—	—	—	—	—		—
上海信托	27 916. 46	10 537. 73	53 559. 35	242 299. 08	270 907. 53	152 864. 42	758 084. 57
华融信托	37. 06	84 722. 68	5 000. 00	—	155 945. 47		245 705. 21
苏州信托	62 111. 00	—	—	34 481. 00	71 350. 00		167 942. 00
天津信托	6 945. 18	201. 00	17 521. 22	12 163. 53	43 897. 30		80 728. 23
长安信托	9 801. 44	124 441. 95	2 814. 40	6 103. 51	—		143 161. 30
西部信托	68 314. 40	—	—	33 076. 05	—	22 318. 00	123 708. 45
西藏信托	35 520. 24	—	—	—	—		35 520. 24
厦门国际信托	1 414. 00	1 000. 00	—	61 198. 00	113 362. 00	3 308. 00	180 282. 00
新华信托	40 012. 06	5 910. 50	21 460. 36	27 697. 57	71 357. 06	1 188. 79	167 626. 34
华润信托	—	—		640 124. 58	566 821. 26		1 206 945. 84
华信信托	356 414. 74		—	169 541. 61	—	1 120. 45	527 076. 80
英大信托	1 324. 12	—	18 500. 00	35 046. 81	154 472. 69		209 343. 62
云南信托	416. 15	—	—	—	100 202. 35		100 618. 50
中诚信托	18 679. 54	13 212. 58	2 172. 92	276 426. 01	356 403. 10		666 894. 15
外贸信托	126 043. 36	798. 47	—	53 318. 24	270 521. 47		450 681. 54
中海信托	7 520. 63	19 522. 52	5 015. 28	105 398. 29	—		137 456. 72
中融信托	53 955. 00	—	3 044. 00	7 511. 00	—		64 510. 00
中泰信托	17 920. 00	—		21 306. 14	74 047. 39		113 273. 53
中信信托	41 590. 51	—	—	178 190. 38	512 287. 77	72 527. 79	804 596. 45
中原信托	—	—	2 441. 54	78 964. 22	—		81 405. 76
重庆信托	210 038. 55	201. 00		281 787. 41	460 138. 16		952 165. 12
渤海信托		2 097. 56	4 673. 35	39 905. 00	116 000. 00		162 675. 91
交银国际信托	—		15 001. 19	32 000. 00	143 000. 00		190 001. 19

续表

简称	自营股票	基金	债券	长期股权投资	其他投资	代理业务	合计
中建投信托	24 234. 50	—	—	903. 29	142 384. 90	4 379. 97	171 902. 66
华能信托	23 966. 34	2. 20	35 802. 29	—	—		59 770. 83
浙金信托	—	—	6 880. 37	—	2 120. 72		9 001. 09
爱建信托	10. 16	975. 19	24 128. 80	4 837. 53	68 005. 44	59 387. 27	157 344. 39
新时代信托	3 517. 66	—	9 940. 00	43 267. 87	—		56 725. 53
中航信托	—	5 862. 08	13 678. 31	46 522. 00	271 757. 68		337 820. 07
华澳信托	—	—	—	—	37 250. 00		37 250. 00
大业信托	—	—	—	—	—		—
方正东亚信托	3 676. 40	—	5 000. 00	—	134 350. 00		143 026. 40
华鑫信托	147 191. 20	34 712. 00	10 000. 00	—	146 430. 87		338 334. 07
金谷信托	—	—	—	5 000. 00	130 924. 19		135 924. 19
陆家嘴信托	7 086. 00	17 880. 00	26 710. 00	—	78 930. 00		130 606. 00
四川信托	8 426. 30			84 646. 01	42 550. 00		135 622. 31
五矿信托	15 901. 06	10 068. 29	12 494. 60	—	—		38 463. 95
中粮信托	2 654. 32	14 182. 93	14 244. 87	9 510. 00	—		40 592. 12
紫金信托	2 374. 47	619. 88	8 535. 89	597. 00	68 992. 00		81 119. 24
长城新盛信托	—	—	—	—	—	—	—
中国民生信托					51 448. 00		51 448. 00
万向信托					125 840. 00		125 840. 00
合计	1 716 401. 97	508 192. 45	654 339. 98	5 124 435. 24	7 458 872. 62	354 799. 78	15 817 042. 04

五、自营贷款分析

2013 年末 68 家信托公司中有中江信托、陕国投和中国民生信托三家公司没有披露前五名自营贷款的信息，安信信托、华澳信托、西部信托、华鑫信托只披露了前三名自营贷款的信息，在披露自营贷款信息的 68 家信托公司中有 14 家披露无自营贷款。有 30 家信托公司前五名自营贷款占全部自营贷款的比例为 100%，风险非常集中。68 家信托公司前三名自营贷款占自营贷款总额的比例情况详见表 6 –5 –1。

表 6 –5 –1　2013 年信托公司前三名自营贷款占自营贷款总额的比例情况表

简称	前五名自营贷款占总自营贷款比例(%)	简称	前五名自营贷款占总自营贷款比例(%)
建信信托	无自营贷款	交银国际信托	100. 00
华宝信托	无自营贷款	华能信托	100. 00
江苏信托	无自营贷款	新时代信托	100. 00
兴业信托	无自营贷款	华澳信托	100. 00
山东信托	无自营贷款	大业信托	100. 00
山西信托	无自营贷款	金谷信托	100. 00
上海信托	无自营贷款	四川信托	100. 00
华润信托	无自营贷款	五矿信托	100. 00
云南信托	无自营贷款	中粮信托	100. 00
外贸信托	无自营贷款	紫金信托	100. 00
中融信托	无自营贷款	万向信托	100. 00
浙金信托	无自营贷款	吉林信托	100. 00
陆家嘴信托	无自营贷款	中泰信托	100. 00
长城新盛信托	无自营贷款	中诚信托	98. 94
中江信托	未披露	中原信托	98. 61
陕国投	未披露	甘肃信托	96. 37
中国民生信托	未披露	安信信托	95. 24
北京信托	100. 00	中航信托	95. 10
中铁信托	100. 00	湖南信托	93. 26
粤财信托	100. 00	西部信托	90. 76

续表

简称	前五名自营贷款占总自营贷款比例(%)	简称	前五名自营贷款占总自营贷款比例(%)
国联信托	100.00	苏州信托	90.70
国民信托	100.00	方正东亚信托	89.64
国投信托	100.00	英大信托	87.97
杭州工商信托	100.00	东莞信托	82.89
华宸信托	100.00	重庆信托	79.41
昆仑信托	100.00	国元信托	77.17
华融信托	100.00	中建投信托	76.64
长安信托	100.00	华鑫信托	75.85
西藏信托	100.00	天津信托	74.56
厦门国际信托	100.00	百瑞信托	70.53
新华信托	100.00	北方信托	64.03
华信信托	100.00	爱建信托	57.23
中海信托	100.00	中信信托	48.45
渤海信托	100.00	平安信托	5.10

六、关联方关系及其交易的披露

关联交易一直是公司经营的一个瓶颈，在公司业务发展良好和不良两个阶段均会发生大量的关联交易。在业务发展良好时，公司可能会向关联方输送利益；在业务发展不良时，关联方可能会向公司输送利益。即使在公司业务发展一般时，也会由于种种原因与关联方发生关联交易。因此关联交易也就一直成为公众和监管部门关注的重点。

（一）关联方及其交易汇总

经统计，2013 年 68 家信托公司关联方数量为 704 家，关联交易总金额为 4 784.40 亿元。

表 6－6－1　2013 年信托公司关联方交易情况表，关联方交易金额由高到低排序

单位：万元

简称	关联交易方数量	关联交易金额	简称	关联交易方数量	关联交易金额
英大信托	31	14 497 055.81	金谷信托	4	78 722.14
昆仑信托	26	4 917 476.82	湖南信托	2	65 000.00
平安信托	13	4 867 698.64	建信信托	13	58 268.55
兴业信托	2	3 986 461.00	中国民生信托	6	51 191.17
上海信托	3	3 971 623.71	中泰信托	4	50 498.99
华润信托	18	3 608 037.06	安信信托	2	35 195.26
中海信托	5	1 456 720.94	苏州信托	4	28 090.00
中信信托	30	1 447 424.92	大业信托	2	21 168.00
渤海信托	12	1 222 441.00	中粮信托	7	19 155.24
百瑞信托	96	899 942.96	国联信托	2	16 374.00
中原信托	85	809 241.50	厦门国际信托	2	13 500.00
中航信托	11	711 380.34	云南信托	1	5 400.00
国投信托	16	569 901.73	中建投信托	8	3 923.34
长安信托	47	475 491.33	方正东亚信托	4	3 220.58
中江信托	2	397 746.00	国民信托	3	2 469.07
北方信托	5	387 000.00	外贸信托	3	1 782.06
华能信托	7	352 030.55	杭州工商信托	7	1 105.00
江苏信托	29	269 664.02	山西信托	4	858.52
新华信托	1	266 306.63	浙金信托	4	780.13
重庆信托	18	253 989.08	四川信托	2	537.78
五矿信托	8	251 345.69	粤财信托	1	327.22
中铁信托	4	207 873.00	西部信托	2	265.67
东莞信托	8	187 943.71	吉林信托	2	175.00

续表

简称	关联交易方数量	关联交易金额	简称	关联交易方数量	关联交易金额
陕国投	2	170 000. 00	国元信托	1	0. 83
山东信托	10	155 876. 00	西藏信托	0	—
紫金信托	5	150 597. 00	中融信托	0	—
华融信托	1	133 800. 00	爱建信托	0	—
天津信托	2	125 000. 00	新时代信托	0	—
万向信托	3	123 914. 71	华澳信托	0	—
陆家嘴信托	4	120 739. 04	长城新盛信托	0	—
华鑫信托	2	113 200. 00	北京信托	0	—
中诚信托	102	107 777. 45	甘肃信托	0	—
交银国际信托	4	100 225. 00	华宸信托	0	—
华宝信托	2	100 107. 00	华信信托	0	—
			合计	704	47 874 041. 19

（二）固有资产与关联方关联交易

从表 6 -2 -2 分析发现，固有资产与关联方的交易主要集中在投资和其他两个方面，关于其他的具体内容，信托公司年报中未详细披露。总体看来固有资产与关联方之间的交易比上年有所上升。68 家信托公司 2013 年固有资产与关联方交易的汇总表及明细表分别见表 6 -6 -2 和表 6 -6 -3。

表 6 -6 -2　固有资产与关联方关联交易汇总表

项目	2012 年末余额（万元）	2012 年末比例（%）	2013 年末余额（万元）	2013 年末比例（%）	增减率（%）
贷款	13 393. 23	3. 02	2 053. 86	0. 34	-84. 66
投资	150 248. 57	33. 92	224 859. 87	36. 79	49. 66
租赁	2 957. 71	0. 67	3 747. 49	0. 61	26. 70
担保	0	0. 00	90 000. 00	14. 72	
应收账款	47 278. 33	10. 67	56 453. 05	9. 24	19. 41
其他	229 088. 80	51. 72	234 134. 19	38. 30	2. 20
合计	442 966. 64	100. 00	611 248. 46	100. 00	37. 99

表 6 -6 -3　2013 年末固有资产与关联方关联交易余额明细表，由高到低排序

单位：万元

简称	关联交易余额	简称	关联交易余额
长安信托	134 970. 13	上海信托	0. 50
华润信托	101 173. 26	国投信托	0. 13
建信信托	73 902. 73	百瑞信托	—
华信信托	55 131. 00	北京信托	—
兴业信托	47 023. 00	中铁信托	—
安信信托	35 195. 26	东莞信托	—
江苏信托	34 182. 31	甘肃信托	—
新华信托	29 551. 63	粤财信托	—
交银国际信托	23 000. 00	吉林信托	—
中信信托	15 535. 97	中江信托	—
平安信托	12 518. 86	华宸信托	—
中泰信托	12 014. 85	昆仑信托	—
北方信托	11 177. 32	山东信托	—
湖南信托	5 000. 00	山西信托	—
中诚信托	4 800. 00	陕国投	—
爱建信托	3 209. 07	苏州信托	—
方正东亚信托	2 748. 53	天津信托	—

续表

简称	关联交易余额	简称	关联交易余额
重庆信托	2 000.00	西藏信托	—
外贸信托	1 782.06	厦门国际信托	—
国民信托	1 714.52	英大信托	—
万向信托	775.00	云南信托	—
紫金信托	597.00	中海信托	—
五矿信托	549.32	中融信托	—
四川信托	537.78	中原信托	—
杭州工商信托	514.00	渤海信托	—
中国民生信托	391.17	中建投信托	—
国联信托	374.00	新时代信托	—
中粮信托	300.72	中航信托	—
国元信托	231.50	华澳信托	—
华宝信托	200.00	大业信托	—
西部信托	53.86	华鑫信托	—
华能信托	42.98	金谷信托	—
华融信托	31.75	陆家嘴信托	—
浙金信托	18.25	长城新盛信托	—
		合计	611 248.46

（三）信托资产与关联方关联交易

从表6－6－4分析发现，信托资产与关联方的交易主要集中在贷款和其他方面，信托资产与关联方贷款交易约占整个信托资产与关联方交易的36.53%，信托资产与关联方其他交易约占整个信托资产与关联方交易的56.20%。68家信托公司2013年信托资产与关联方交易的汇总表及明细表分别见表6－6－4和表6－6－5。

表6－6－4　信托资产与关联方关联交易汇总分析

项目	2012年末余额（万元）	2012年末比例（%）	2013年末余额（万元）	2013年末比例（%）	增减率（%）
贷款	24 887 469.93	36.53	22 851 346.90	36.53	－8.18
投资	2 900 688.80	4.26	3 621 223.83	5.79	24.84
租赁	347 988.86	0.51	279 032.14	0.45	－19.82
担保	—	—	—	—	—
应收账款	762 298.50	1.12	646 298.50	1.03	－15.22
其他	39 222 752.43	57.58	35 155 978.05	56.20	－10.37
合计	68 121 198.52	100.00	62 553 879.42	100.00	－8.17

表6－6－5　2013年末信托资产与关联方关联交易余额明细表，由高到低排序

单位：万元

简称	关联交易余额	简称	关联交易余额
建信信托	23 782 277.00	湖南信托	60 000.00
英大信托	14 497 055.81	中原信托	55 000.00
平安信托	4 855 179.78	上海信托	50 000.00
兴业信托	3 939 438.00	中泰信托	33 484.14
中诚信托	2 661 973.50	华宝信托	24 152.00
中海信托	1 611 417.33	大业信托	21 168.00
华润信托	1 508 928.46	中粮信托	17 492.46
渤海信托	1 222 441.00	国联信托	16 000.00
华融信托	1 133 800.00	万向信托	15 400.00
中信信托	1 026 400.18	厦门国际信托	13 500.00
中航信托	701 200.00	云南信托	8 400.00

续表

简称	关联交易余额	简称	关联交易余额
昆仑信托	633 597. 20	国元信托	—
国投信托	485 162. 50	安信信托	—
百瑞信托	442 559. 00	北京信托	—
北方信托	412 378. 00	甘肃信托	—
中江信托	397 746. 00	国民信托	—
华能信托	350 000. 00	杭州工商信托	—
长安信托	340 521. 20	吉林信托	—
五矿信托	219 596. 37	华宸信托	—
中铁信托	207 873. 00	山西信托	—
西部信托	207 600. 00	苏州信托	—
东莞信托	187 943. 71	西藏信托	—
陕国投	170 000. 00	新华信托	—
山东信托	155 876. 00	华信信托	—
紫金信托	150 000. 00	外贸信托	—
江苏信托	135 236. 03	中融信托	—
金谷信托	132 787. 27	浙金信托	—
天津信托	125 000. 00	爱建信托	—
陆家嘴信托	120 000. 00	新时代信托	—
交银国际信托	100 000. 00	华澳信托	—
华鑫信托	98 200. 00	方正东亚信托	—
重庆信托	88 250. 00	四川信托	—
中建投信托	73 345. 48	长城新盛信托	—
粤财信托	65 500. 00	中国民生信托	—
		合计	62 553 879. 42

(四)固有财产与信托财产相互交易

表 6-6-6　固有财产与信托财产相互交易汇总分析

单位:万元

项目	2013 年末
余额	5 768 967. 56
发生额	3 593 575. 83

表 6-6-7　2013 年末固有财产与信托财产关联交易余额情况表

单位:万元

简称	2013 年末	简称	2013 年末
平安信托	867 009. 97	华澳信托	37 250. 00
华润信托	451 115. 82	爱建信托	35 505. 44
昆仑信托	320 430. 00	长安信托	31 409. 38
上海信托	270 224. 27	西藏信托	28 866. 46
华宝信托	259 024. 00	厦门国际信托	26 500. 00
中诚信托	251 700. 00	长城新盛信托	23 250. 00
新时代信托	200 419. 51	国联信托	20 797. 00
重庆信托	188 726. 00	甘肃信托	18 038. 00
东莞信托	186 644. 53	华鑫信托	15 000. 00
交银国际信托	150 000. 00	西部信托	13 900. 00
华融信托	149 290. 04	五矿信托	3 600. 00
新华信托	146 373. 00	中粮信托	3 260. 00
中信信托	137 216. 36	浙金信托	2 120. 72
江苏信托	136 692. 10	中泰信托	2 000. 00

续表

简称	2013年末	简称	2013年末
方正东亚信托	134 350. 00	北方信托	—
山东信托	133 303. 00	天津信托	—
兴业信托	124 047. 00	国元信托	—
万向信托	117 840. 00	安信信托	—
中建投信托	114 450. 00	粤财信托	—
百瑞信托	105 810. 00	国民信托	—
云南信托	100 202. 35	湖南信托	—
杭州工商信托	91 867. 00	吉林信托	—
山西信托	89 560. 27	中江信托	—
陕国投	86 741. 74	华宸信托	—
国投信托	84 739. 10	苏州信托	—
中海信托	81 300. 00	华信信托	—
紫金信托	68 992. 00	外贸信托	—
英大信托	68 941. 00	中融信托	—
陆家嘴信托	67 910. 00	渤海信托	—
大业信托	61 730. 00	华能信托	—
中原信托	57 641. 50	中航信托	—
建信信托	56 580. 00	金谷信托	—
北京信托	52 300. 00	四川信托	—
中国民生信托	50 800. 00	合计	5 768 967. 56
中铁信托	43 500. 00		

（五）信托资产与信托财产相互交易

表6-6-8 信托资产与信托财产相互交易汇总分析

单位：万元

项目	2013年末
余额	24 475 639. 07
发生额	13 181 208. 72

表6-6-9 2013年末信托资产与信托财产关联交易余额情况表

单位：万元

简称	2013年末	简称	2013年末
平安信托	10 621 366. 18	国元信托	413. 00
华宝信托	2 801 058. 00	浙金信托	—
昆仑信托	1 602 118. 60	安信信托	—
华润信托	1 546 819. 52	北方信托	—
上海信托	977 345. 95	中铁信托	—
中泰信托	964 410. 00	甘肃信托	—
中原信托	696 600. 00	国民信托	—
交银国际信托	611 054. 00	国投信托	—
中海信托	574 292. 81	湖南信托	—
中诚信托	496 035. 00	吉林信托	—
粤财信托	456 068. 90	江苏信托	—
东莞信托	367 654. 97	中江信托	—
百瑞信托	351 573. 96	华宸信托	—
山西信托	346 267. 00	华融信托	—
中信信托	268 272. 41	天津信托	—
建信信托	234 700. 00	西部信托	—
国联信托	231 604. 00	西藏信托	—

续表

简称	2013 年末	简称	2013 年末
新华信托	184 799. 58	华信信托	—
中建投信托	152 415. 37	英大信托	—
北京信托	124 800. 09	外贸信托	—
兴业信托	108 271. 00	中融信托	—
爱建信托	104 418. 74	渤海信托	—
方正东亚信托	100 646. 00	华能信托	—
紫金信托	99 368. 65	新时代信托	—
杭州工商信托	91 406. 00	中航信托	—
长安信托	87 352. 00	华澳信托	—
陕国投	56 598. 34	大业信托	—
陆家嘴信托	48 024. 00	华鑫信托	—
云南信托	35 490. 00	金谷信托	—
山东信托	32 955. 00	四川信托	—
苏州信托	28 090. 00	长城新盛信托	—
五矿信托	27 600. 00	中国民生信托	—
中粮信托	20 000. 00	万向信托	—
重庆信托	14 500. 00	合计	24 475 639. 07
厦门国际信托	11 250. 00		

七、子公司及其合并情况

2013 年 68 家信托公司中有 40 家公司不需要编制合并报表，在需要编制合并报表的 28 家中，有 24 家披露了合并子公司数量，共计合并了 65 家子公司；安信信托、山西信托、中江信托、中融信托虽编制了合并报表，但未披露合并子公司的情况；另有百瑞信托、天津信托等 9 家公司未披露是否需要编制合并报表及应纳入合并范围的子公司数量。具体情况详见表 6 –7 –1。

表 6 –7 –1　2013 年信托公司对合并范围内的子公司的披露情况

简称	是否编制合并报表	合并子公司数量	简称	是否编制合并报表	合并子公司数量
平安信托	是	23	陕国投	不适用	—
中诚信托	是	6	华融信托	不适用	—
吉林信托	是	5	长安信托	不适用	—
山东信托	是	3	西部信托	不适用	—
上海信托	是	3	西藏信托	不适用	—
华润信托	是	3	厦门国际信托	不适用	—
建信信托	是	2	华信信托	不适用	—
苏州信托	是	2	云南信托	不适用	—
英大信托	是	2	外贸信托	不适用	—
四川信托	是	2	中海信托	不适用	—
北京信托	是	1	渤海信托	不适用	—
中铁信托	是	1	华能信托	不适用	—
国联信托	是	1	浙金信托	不适用	—
国投信托	是	1	爱建信托	不适用	—
杭州工商信托	是	1	新时代信托	不适用	—
华宝信托	是	1	华澳信托	不适用	—
兴业信托	是	1	大业信托	不适用	—
新华信托	是	1	方正东亚信托	不适用	—
中泰信托	是	1	华鑫信托	不适用	—
中信信托	是	1	陆家嘴信托	不适用	—
重庆信托	是	1	长城新盛信托	不适用	—
交银国际信托	是	1	安信信托	是	未披露
中建投信托	是	1	中江信托	是	未披露

续表

简称	是否编制合并报表	合并子公司数量	简称	是否编制合并报表	合并子公司数量
中粮信托	是	1	山西信托	是	未披露
国元信托	不适用	—	中融信托	是	未披露
北方信托	不适用	—	百瑞信托	未披露	未披露
东莞信托	不适用	—	天津信托	未披露	未披露
甘肃信托	不适用	—	中原信托	未披露	未披露
粤财信托	不适用	—	中航信托	未披露	未披露
国民信托	不适用	—	金谷信托	未披露	未披露
湖南信托	不适用	—	五矿信托	未披露	未披露
江苏信托	不适用	—	紫金信托	未披露	未披露
华宸信托	不适用	—	中国民生信托	未披露	未披露
昆仑信托	不适用	—	万向信托	未披露	未披露

八、信托公司2013年年报中对经营因素的认可情况分析

(一)关于经营目标

共有66家公司均对经营目标作出了表述。

从66家披露了经营目标的信托公司年报分析,如表6-8-1所示"认同目标前五名",依次为对全国行业排名或地位提出期望,努力成为卓越金融企业;完善内部管理、提高经营绩效和风控水平;回报股东和信托受益人;扩大业务范围,加强信托主业;为客户提供多样化金融产品,并创造价值。

表6-8-1 认同前五名的经营目标

经营目标	认同公司数
对全国行业排名或地位提出期望,努力成为卓越金融企业	35
完善内部管理、提高经营绩效和风控水平	29
回报股东和信托受益人	17
扩大业务范围,加强信托主业	17
为客户提供多样化金融产品,并创造价值	13

(二)关于经营方针

共有66家公司均披露了经营方针。

从66家披露了经营方针的信托公司年报分析,如表6-8-2所示为"经营方针认同前五名"。

表6-8-2 认同前五名的经营方针

经营方针	认同公司数
强化诚信、稳健、合规的经营思路	39
创新业务模式和盈利模式,扩大信托产品规模,推动信托业务转型	30
加强业务的专业化,有针对性地为客户提供服务	17
完善法人治理结构和内部管理、加强风险控制	15
股东回报或信托受益人收益最大化	14

(三)关于战略规划

共有62家公司均披露了战略规划。

从62家披露了战略规划的信托公司年报分析,如表6-8-3所示,为"战略规划认同前五名"。说明大部分公司将"成为卓越的金融企业,在全行业占有一席之地"作为战略规划的重点。

表 6－8－3　认同前五名的战略规划

战略规划	认同公司数
对全国行业排名或地位提出期望，努力成为卓越金融企业	39
在创新业务领域内实现突破，实现业务转型、培育核心竞争力	20
形成专业的员工队伍，完善激励机制	22
提升风险管理能力	21
结合区域发展规划实现自身发展	19

（四）关于经济形势认识

共有 20 家公司披露了对经济形势的认识，未披露的公司在对经营有利、不利因素的分析中谈及了公司对经济形势的认识。

从 20 家披露了对经济形势认识的信托公司年报分析，如表 6－8－4 所示。

表 6－8－4　认同前三名的经济形势分析

经济形势	认同公司数
国家宏观调控政策的密集出台，为各类金融机构提供了发展机遇	10
经济增速持续下滑 工业生产增长放缓，企业利润增速回落，出口减少	6
经济和政策面临一定的困难和波动，对信托公司业务拓展和风险管理造成一定影响	4

（五）关于金融形势认识

共有 20 家公司披露了对金融形势的认识，未披露的公司在对经营有利、不利因素的分析中谈及了公司对金融形势的认识。

从 20 家披露了对金融形势认识的信托公司年报分析，如表 6－8－5 所示。

表 6－8－5　认同前两名的金融形势分析

金融形势	认同公司数
国民财富的增长对信托行业来说，将对其稳健发展起到一定的推动作用	11
国家通过一系列措施，继续深化金融改革，加快金融市场发展，以及宏观政策的出台促进了对信托行业的发展	9

（六）关于经营有利因素的认识

共有 66 家公司均披露了经营有利因素。

从 66 家披露了经营有利因素的信托公司年报分析，如表 6－8－6 所示，为经营有利因素认同前五名。排名前两位的是对“投资、理财需求”及“信托行业已呈现出良好的发展态势”的认同。

表 6－8－6　认同前五名经营有利因素分析

经营有利因素	认同公司数
投资、理财需求的旺盛	47
信托市场已经初具规模，信托业呈现出了良好的发展趋势，信托行业影响力进一步提升	41
宏观经济政策良好	37
公司自身的转型、管理的完善、雄厚的资金实力、资产质量的改善、品牌形象的树立	33
监管部门的支持、信托新规的完善形成巨大机遇	27

（七）关于经营不利因素的认识

共有 66 家公司均披露了经营不利因素。

从 66 家披露了经营不利因素的信托公司年报分析，如表 6－8－7 所示，为经营不利因素认同前五名。

表 6－8－7　认同前五名的经营不利因素分析

经营不利因素	认同公司数
理财产品市场竞争激烈，其他金融行业构成竞争	48
金融危机波及金融行业，内外宏观经济环境不确定因素较多	40
信托新规对信托业短期发展，尤其是现有信托业务的限制，信托法规有待完善	30
信托业务的开发缺乏更为广阔的市场基础，地区欠发达	9
缺乏宏观决策的关注和存在政策支持力度的问题	9

(八)关于内部控制职能部门的认识

共有68家公司披露了内部控制职能部门。

从68家披露了内部控制职能部门的信托公司年报分析可以看出,对信托公司内部控制认为有效的、应当建立的职能部门前五名的部门为三会及管理层、董事会合规与风险管理委员会、董事会审计委员会、风险及合规管理部、稽核审查部。详见表6-8-8之"认同前五名的对内部控制职能部门认同分析"。

表6-8-8　认同前五名的对内部控制职能部门认同分析

内部控制职能部门	认同公司数
股东会、董事会、监事会及管理层	64
董事会合规与风险管理委员会	47
董事会审计委员会	38
风险及合规管理部	23
稽核审查部	20

(九)关于风险管理可能遇到的风险的认识

共有66家公司均披露了可能遇到的风险。

从66家披露了"可能遇到的风险"的信托公司年报分析可以看出,信托公司认为风险管理可能遇到的前四名风险分别为信用风险、市场风险、操作风险、其他风险。详见表6-8-9之"认同前四名的风险管理可能遇到的风险分析"。

表6-8-9　认同前四名的风险管理可能遇到的风险分析

可能遇到的风险	认同公司数
信用风险	65
市场风险	65
操作风险	65
其他风险	61

(十)关于风险管理基本原则与政策的认识

共有32家公司披露了风险管理的基本原则和政策。

从32家披露了风险管理的基本原则和政策的信托公司年报分析,如表6-8-10所示,为"风险管理基本原则与政策认同前五名"。

表6-8-10　认同前五名的风险管理基本原则与政策的分析

风险管理基本原则与政策	认同公司数
全面性原则	27
独立性原则	20
审慎性原则	19
有效性原则	14
及时性原则	15

(十一)关于风险管理组织机构与职责的认识

共有64家公司披露了风险管理的组织机构与职责。

从64家披露了风险管理的组织机构与职责的信托公司年报分析,如表6-8-11所示,为风险管理基本组织机构与职责认同前五名。

表6-8-11　认同前五名的风险管理组织机构与职责的分析

风险管理组织机构与职责	认同公司数
合规及风险控制委员会:拟订公司的风险管理政策和指导原则,风险的评估、识别、防范和认定	58
董事会:承担风险管理的最终责任 对公司进行全面风险管理,掌握公司面临的各项重大风险及其风险管理状况,作出有效控制风险的决策	56
合规风险部门:发挥日常监督、控制和预警的职能,对公司经营管理和执业行为的监察监督	41
稽核审查部:对各项经营风险控制情况进行全面监督检查和评价	36
公司各职能部门是公司风险控制措施的具体执行部门	33

（十二）关于信用风险状况的认识

共有66家公司认同信用风险，信用风险是指交易过程中由于交易对手方或相关交易方产生的交易不确定性。

66家公司均披露了具体风险点，如表6－8－12所示，信用风险主要存在于贷款和债券等信贷相关业务中。部分公司同时还关注在证券投资、股权投资、同业往来、担保业务中交易相关方所造成的不确定性。

表6－8－12　认同前四名的信用风险状况分析

信用风险	认同公司数
公司贷款业务中贷款对象、债券发行人造成的不确定性	62
担保业务中的相关交易方造成的不确定性	19
证券投资中的券商、股权投资中的被投资人造成的不确定性	8
应收、其他应收款项中的信用风险	5

（十三）关于信用风险管理措施的认识

共有61家公司均披露了信用风险管理措施。

从61家披露了信用风险管理措施的信托公司年报分析，见表6－8－13“信用风险管理措施认同前五名”，公司基本贯彻了事前、事中、事后风险管理，保持了风险管理的连贯性。针对信贷业务中信用风险较高的情况，大部分信托公司均认真落实了加强对交易对手尽职调查等事前防范。

表6－8－13　认同前五名的信用风险管理措施的分析

信用风险管理措施	认同公司数
加强对交易对手尽职调查等事前防范	51
项目结束后及时进行审计和评价 事后定期监控财务指标，足额计提准备	43
事中对交易对手进行动态管理	37
认真落实贷款担保、抵押	28
严格按照业务流程开展业务	16

（十四）关于市场风险状况的认识

共有63家公司均披露了市场风险状况，认为股价、汇率、利率、其他价格等金融市场变量波动对盈利的影响是主要的市场风险。另有个别公司提到了同业竞争风险、通货膨胀和经济周期风险等。

表6－8－14　认同前四名的市场风险状况的分析

市场风险	认同公司数
股价波动的影响	46
利率波动的影响	44
汇率波动的影响	39
其他价格波动的影响	39

（十五）关于市场风险管理措施的认识

共有62家公司均披露了市场风险管理措施。

如表6－8－15所示，大多数公司采取了考验自身投研实力的主动性措施：关注国家宏观政策变化，规避限制类行业和相关项目。

表6－8－15　认同前五名的市场风险管理措施的分析

市场风险管理措施	认同公司数
加强行业风险研究，规避宏观面和行业周期产生的市场风险	39
关注国家宏观政策变化，规避限制类行业和相关项目	35
进行资产组合管理，设置止损，风险对冲，动态调整资产配置方案	32
加强对经济及金融形势的分析预测	23
合理约定信托资金的还款方式、价格、期限及有效的内控措施，避免市场风险带来的信托财产收益的不确定性	12

（十六）关于操作风险状况的认识

共有62家公司均明确披露了操作风险中可能的风险点。

排名前五位的风险点如表6－8－16所示。

表6－8－16　认同前五名的操作风险状况的分析

操作风险	认同公司数
内部管理制度或流程失误	56
操作者个人原因	50
信息系统的不完善	31
外部事件影响	19
内部控制缺失	10

（十七）关于操作风险管理措施的认识

共有66家公司均披露了操作风险管理措施。

排名前五位的操作风险管理措施如表6－8－17所示。

表6－8－17　认同前五名的操作风险管理措施的分析

操作风险管理措施	认同公司数
完善业务流程，加强合规管理	61
加强内控，加强岗位之间的制衡	38
员工加强风险教育，制定奖惩制度	31
对内控制度的执行情况和制度完备性进行定期的检查，并督促及时整改	20
完善信息系统	14

（十八）关于其他风险状况的认识

共有60家公司披露了其他风险状况。

如表6－8－18所示为认同前五名的其他风险状况。

表6－8－18　认同前五名的其他风险状况的分析

其他风险状况	认同公司数
声誉风险：由于公司操作失误，违反有关规定，资产质量下降不能到期偿债和管理不善等原因，对其外部市场造成的不良影响	36
政策风险：宏观政策以及监管政策的变动对公司经营环境和发展所造成的风险	32
道德风险：由于内部人员蓄意违法或与利益主体串通所引起的风险	31
法律风险：公司在业务经营中由于合同内容等方面在法律上有缺陷或不完善而发生法律纠纷等风险	32
合规风险：公司因没有遵循法律、规则和准则可能遭受法律制裁、监管处罚、重大财务损失和声誉损失的风险	20

（十九）关于其他风险管理措施的认识

共有50家公司披露了其他风险管理措施。

如表6－8－19所示为认同前五名的其他风险管理措施。

表6－8－19　认同前五名的其他风险管理措施的分析

其他风险管理措施	认同公司数
加强内控建设和道德教育，控制道德风险	28
加强宏观研究，控制政策风险	24
合规性审查	20
通过尽职管理和充分信息披露以塑造公司的专业和诚信形象，对可能影响公司声誉的业务坚决予以回避	20
设立法务部或聘请律师，加强法律研究	16

第七章　公司治理结构及人员结构

截至 2013 年末，信托公司构建了以“一法三规”及相关法规为基本依据、以保证国家法律法规的贯彻执行，保证风险管理体系的有效性为目标，以全面性、审慎性、及时性、有效性、独立性等为基本原则，建立了授权体系、监控反馈制度等内部控制制度。实施了组织结构控制，形成了一定的公司治理运行机制和分工合理、职责明确、报告清晰的组织结构，明确了“三会一层”(股东大会、董事会、监事会、经营管理层)的职能和责任。本章节将就信托公司的公司治理情况进行分析。

一、2013 年公司股东会、董事会和监事会三会情况分析

(一)股东会、董事会和监事会三会会议次数

2013 年，有 67 家信托公司在年报中不同程度地披露了三会会议的情况，其余 1 家未作披露，详见表 7－1－1 。

表 7－1－1　68 家信托公司 2013 年三会的会议情况表

简称	年度股东会会议次数	年度董事会会议次数	年度监事会会议次数
国元信托	4	3	2
安信信托	1	7	5
百瑞信托	3	13	4
北方信托	3	4	2
北京信托	1	10	2
渤海信托	5	4	3
长安信托	1	28	3
长城新盛信托	5	1	2
重庆信托	3	8	10
大业信托	5	5	2
东莞信托	9	7	2
方正东亚信托	4	2	2
甘肃信托	4	2	1
粤财信托	2	11	2
国联信托	3	5	2
国民信托	8	14	2
国投信托	5	8	2
杭州工商信托	3	3	2
湖南信托	7	20	2
华澳信托	4	5	3
华宝信托	1	4	1
华宸信托	3	4	2
华能信托	3	8	2
华融信托	1	2	2
华润信托	5	7	3
华鑫信托	1	3	2
华信信托	3	5	1
吉林信托	4	10	2
建信信托	2	8	2
江苏信托	2	13	2
交银国际信托	4	6	4

续表

简称	年度股东会会议次数	年度董事会会议次数	年度监事会会议次数
昆仑信托	2	4	3
陆家嘴信托	2	3	1
平安信托	2	3	2
山东信托	2	5	1
山西信托	3	2	2
陕国投	2	6	5
爱建信托	1	3	3
上海信托	3	5	2
四川信托	2	4	3
苏州信托	6	10	2
天津信托	7	11	8
万向信托	2	2	2
五矿信托	3	4	3
西部信托	3	9	1
西藏信托	0	2	1
厦门国际信托	4	2	2
新华信托	7	8	3
新时代信托	1	2	2
兴业信托	4	11	2
英大信托	2	6	2
云南信托	3	5	4
浙金信托	6	9	1
中诚信托	2	3	3
外贸信托	3	11	3
金谷信托	6	5	1
中国民生信托	1	2	1
中海信托	6	10	5
中航信托	3	5	2
中建投信托	3	8	4
中江信托	未披露	未披露	未披露
中粮信托	1	7	1
中融信托	3	6	4
中泰信托	4	10	7
中铁信托	2	13	3
中信信托	2	3	3
中原信托	5	6	2
紫金信托	2	8	2
合计	219	443	174
平均	3. 27	6. 61	2. 60

2013 年有 67 家信托公司披露了三会的会议情况，与 2012 年的 63 家相比，披露的公司数量有所增加。从表 7 -1 -1 可见，67 家信托公司披露的股东会召开次数为 219 次，平均股东会召开次数为 3. 27 次；67 家信托公司披露的董事会召开次数为 443 次，平均董事会召开次数为 6. 61 次；67 家信托公司披露的监事会召开次数为 174 次，平均监事会召开次数为 2. 60 次。2012 年的此三项平均数字分别为 3. 62 次、7. 62 次和 2. 46 次，可见，2013 年度股东会和董事会的平均召开次数与上年同期相比略有减少，而 2013 年度监事会的平均召开次数与上年同期相比略有增加。

(二)董事会及其基本情况分析

1. 董事的变更分析

在68家信托公司中，有46家详细披露了2013年内发生的董事变更次数和变更人员情况；其余22家明确披露了2013年内没有发生董事的变更。具体变更情况详见表7-1-2。

表7-1-2　信托公司2013年董事变更情况表

简称	是否变更	变更次数	董事变更详情列示
国元信托	是	1	2013年3月，经公司股东会2013年第一次临时会议审议和表决通过，靳新中、于上游辞去公司董事职务，聘任吴建斌、朱毅坚先生担任公司董事，2013年8月，经安徽银监局审查核准，吴建斌、朱毅坚先生正式任职。
安信信托	否		
百瑞信托	是	1	2013年11月公司2013年度第三次股东会审议通过第四届董事会董事左足清辞职，提名熊丽生为第四届董事会董事的议案。2014年2月28日河南银监局向公司下发了《河南银监局关于核准熊丽生百瑞信托有限责任公司董事任职资格的批复》（豫银监复[2014]48号），核准熊丽生的任职资格。
北方信托	是	2	1. 2013年第一次临时股东大会一致同意《部分董事人员调整的议案》。同意天津泰达投资控股有限公司提名，选举贾晋平先生为公司董事，邢吉海先生因到龄退休不再担任公司董事；同意天津泰达电力公司提名，选举申小林先生为公司董事，张军先生因人事变动不再担任公司董事；同意天津泰达自来水公司提名，选举李静平女士为公司董事，王友诚先生因人事变动不再担任公司董事；同意天津泰达股份有限公司提名，选举胡军先生为公司董事，吴树桐先生因人事变动不再担任公司董事。 2. 2013年第二次临时股东大会一致同意《关于部分董事、监事人员调整的议案》。同意天津市财政局提名，选举贾鸿潜先生为公司董事，刘建华因到龄退休不再担任公司董事。拟任董事任职材料已报银监局，尚待批准。
北京信托	否		
渤海信托	是	1	3月29日，2012年度股东会选举汪杰宁、李令星、王松奇和王力为第四届董事会董事。
长安信托	否		
长城新盛信托	否		
重庆信托	是	1	报告期内，公司董事会审议通过如下决议：同意何玉柏先生不再担任公司董事长职务，由翁振杰先生代行公司董事长职务，主持公司董事会等日常工作。
大业信托	是	2	1. 2013年2月，余关健先生、雷世俊先生因工作需要辞去公司董事会董事职务；公司股东会选举胡小钢先生、薛贵先生担任公司董事会董事职务。 2. 2013年10月，金立佐先生因任期届满不再担任公司董事会独立董事职务。2013年11月，公司股东会选举俞二牛先生担任公司董事会独立董事职务。截至2013年12月31日，俞二牛先生的任职资格尚待监管部门核准。
东莞信托	是	2	1. 经2013年4月26日召开的东莞信托有限公司2013年度股东会第二次临时会议审议通过如下事项：同意公司董事会进行换届，选举产生第四届董事会组成人员，董事：何锦成、丁暖容、陈锐康、王启波、陈尧燊，独立董事：彭志坚、陈平。本届董事会从选举产生当日起任期三年，并按银监部门规定办理相关任职手续。 2. 经2013年4月26日召开的第四届董事会第一次会议审议通过如下事项： （1）同意选举何锦成为第四届董事会董事长。董事长任期与本届董事会任期相同，并按银监部门规定办理相关任职手续。 （2）同意选举第四届董事会各专门委员会成员如下： 风险管理委员会：彭志坚（主任）；委员：何锦成、陈尧燊； 审计委员会：陈锐康（主任）；委员：陈平、王启波；薪酬委员会：陈尧燊（主任）；委员：丁暖容、陈平； 信托委员会：陈平（主任）；委员：彭志坚、陈锐康。
方正东亚信托	是	1	本报告期内，公司第一届董事会任期届满，股东会选举产生了第二届董事会。余丽女士、李群元先生、周全锋先生、吴志强先生连任董事，宋常先生连任独立董事，王法圣先生、尹焰强先生未连任。冯鹏熙先生当选为第二届董事会董事，刘志敏先生当选为第二届董事会独立董事。2013年11月8日，冯鹏熙先生、刘志敏先生的任职资格获得湖北银监局批复核准（鄂银监复[2013]468号）。
甘肃信托	是	2	1. 2013年4月8日，甘肃省信托有限责任公司2013年度股东会审议并通过了马江河不再担任公司董事职务的股东会决议。甘肃省信托有限责任公司第二届董事会第十二次会议，审议并通过了马江河不再担任公司董事长职务，由公司副董事长邵禹斌代为履行董事长职权的董事会决议。公司章程规定公司董事长为法定代表人，马江河（法定代表人）已于2013年4月8日离职，在此期间公司一直处于股权重组阶段，故公司法定代表人未办理变更。 2. 2013年11月1日，苏志希同志提出申请辞去独立董事职务，现相关手续正在办理中。
粤财信托	否		
国联信托	否		
国民信托	是	3	1. 报告期内，经公司股东会审议通过，李政怀先生辞任公司董事及副董事长职务；石聿新先生、张利华先生辞任公司独立董事；吴祝花女士辞任公司董事。 2. 经公司股东会审议通过，并报北京银监局核准，石俊志先生获批为公司董事；任光明先生、尚健先生获批为公司独立董事。 3. 经公司董事会选举，并报北京银监局核准，叶志衡先生获批为公司副董事长。

续表

简称	是否变更	变更次数	董事变更详情列示
国投信托	是	2	1. 2013年4月3日，吕益民因工作变动申请辞去公司职工董事。公司对吕益民进行了离任审计，并于2013年4月28日向中国银行业监督管理委员会北京监管局递交了离任报告。2013年4月7日，公司职工大会选举傅强为公司董事会职工董事。 2. 2013年4月19日，公司第四届董事会第十五次会议同意聘任傅强为公司总经理。经中国银监会核准任职资格，傅强自2013年8月2日起正式履行董事、总经理职责。
杭州工商信托	是	2	1. 2013年4月18日，公司2012年度股东大会审议通过《关于变更公司董事的议案》，同意许东辉先生辞去公司董事职务，以累积投票制选举陈涛先生为新任董事。上述任职资格已在2013年7月3日获得浙江银监局批复核准确认（浙银监复[2013]416号）。 2. 2013年6月17日，公司2013年第一次临时股东大会审议通过《关于变更公司董事的议案》，同意李明扬先生不再担任公司董事，以累积投票制选举郑齐定先生为新任董事。上述任职资格已在2013年8月23日获得浙江银监局批复核准确认（浙银监复[2013]541号）。
湖南信托	是	2	1. 报告期内，因工作变动原因，经公司2013年度股东会第二次会议审议批准，同意胡军先生辞去董事职务，同意胡小龙先生拟任第四届董事会股东代表董事（待监管部门核准任职资格）。 2. 因工作年龄原因，王晓芸女士辞去职工董事职务。
华澳信托	是	2	1. 原董事翟隽先生于2013年3月25日经股东会批准不再担任董事职务，由Richard Fairbairn Young（杨瑞驰）先生于2013年3月25日经股东会批准担任董事职务。 2. 原独立董事沈斌先生于2013年3月25日经股东会批准不再担任独立董事职务，由朱宁先生于2013年3月25日经股东会批准担任独立董事职务。
华宝信托	否		
华宸信托	是	1	根据中国银监会《关于华宸信托有限责任公司股权变更及修改章程的批复》（[2013]256号文）公司原股东湖南华菱钢铁集团有限责任公司退出 新引进了包头钢铁（集团）有限责任公司和中国大唐集团资本控股有限公司为战略投资者。公司于2013年11月22日召开股权调整后首次股东会会议、第四届董事会第一次会议及第四届监事会第一次会议，选举刘玉瀛、栗宝卿、王温、甄学军、宋弘、张瑞平为新一届董事会董事，郝占魁、范勇宏为新一届董事会独立董事，截至2013年12月31日，刘玉瀛、栗宝卿、宋弘、张瑞平四人的董事任职资格，郝占魁、范勇宏的独立董事任职资格已上报银监部门等待核准。
华能信托	否		
华融信托	是	1	因工作需要，经华融国际信托有限责任公司2013年第一届第六次职工代表大会和2013年第三十次临时董事会审议通过，邹俊同志出任我公司职工董事、副董事长、总经理，任职资格待中国银行业监督管理委员会核准。
华润信托	是	2	1. 2012年8月30日第四次股东会临时会议审议通过了《关于变更董事长、法定代表人的议案》，2012年8月30日第五届董事会第十八次临时会议审议通过了《关于变更董事长、法定代表人的议案》，并报经中国银行业监督管理委员会核准（核准文件：银监复[2013]86号），2013年2月6日公司董事长、法定代表人由蒋伟变更为孟扬。 2. 2012年8月30日第四次股东会临时会议审议通过了《关于变更公司董事的议案》，并报经中国银行业监督管理委员会核准（核准文件：银监复[2013]86号），2013年2月6日公司董事变更为路强，原董事李南峰辞去公司董事职务。
华鑫信托	是	2	1. 根据工作需要，按照股东方中国华电集团公司的提名并经公司股东会选举，郝彬、袁亚男为公司非独立董事，吴晓球、孟向洁、王昊为公司独立董事人选。 2. 按照股东方华电集团财务公司的提名并经公司股东会选举，陈宇、刘蒴为公司非独立董事。因工作原因，胡忠良不再担任公司董事会董事。
华信信托	否		
吉林信托	否		
建信信托	是	1	2013年8月21日，中国银监会核准了高同国的建信信托有限责任公司董事任职资格，俞能宏不再担任公司董事。
江苏信托	否		
交银国际信托	是	1	2013年1月，根据本公司2013年股东会第一次会议决议，王忆军、颇颖、栾立冰任公司董事，林至红、李杨勇、王卫东不再担任董事职务。2013年12月，根据本公司2013年股东会第四次会议决议，吴伟任公司董事，王忆军不再担任董事职务。
昆仑信托	是	1	经换届选举，杨冬艳、王毓信、尹中立卸任公司董事，改聘邢成、施天涛、李忠臣为公司董事。
陆家嘴信托	否		
平安信托	否		
山东信托	否		
山西信托	是	2	1. 公司于2013年5月10日召开了山西信托股份有限公司第一次股东大会，选举产生了山西信托股份有限公司第一届董事会组成人员，第一届董事会成员为郭晋普、杨小勇、曹煜、刘叔肄、张舒毅（拟任）、王建军、张福生、杨有振（独立董事）。 2. 公司于2013年5月10日召开了山西信托股份有限公司第一届董事会2013年第一次会议，会议选举郭晋普担任董事长，杨小勇、曹煜为副董事长。
陕国投	是	2	1. 公司于2013年元月完成了董事会换届，选举薛季民、桂泉海、李骋为董事，原董事杜磊、何熙平、侯文忠、李云亮任期满离任；冯宗宪、王晓芳、张晓明为独立董事，原独立董事陈宇、杨丽荣、赵守国任期满离任；原职工董事王晓雁任期满离任。 2. 2013年11月原董事修军因个人工作变动原因辞去公司第七届董事会董事、总裁职务。

续表

简称	是否变更	变更次数	董事变更详情列示
爱建信托	是	1	2013 年 11 月 4 日，公司召开 2013 年第一次股东会，周伟忠、陈柳青、周磊、胡爱军、张启胜、李玉强、唐华铭当选为公司第四届董事会董事，其中张启胜、李玉强、唐华铭为独立董事。2013 年 11 月 4 日，公司召开四届一次董事会、三届一次监事会。四届一次董事会经与会董事表决，选举周伟忠为公司第四届董事会董事长，选举陈柳青为副董事长。
上海信托	是	3	1. 公司于 2013 年 4 月 19 日召开第三届第十次职工代表大会，同意选举杨逸先生为公司第五届董事会职工董事，任期与公司第五届董事会一致。2013 年 6 月 28 日经中国银监会上海监管局任职资格核准后正式任职。庄维苏女士不再担任公司职工董事职务。 2. 公司全体股东于 2013 年 5 月 15 日以通讯表决方式召开会议，同意选举薛国龙先生为公司第五届董事会董事，任期与公司第五届董事会一致。2013 年 7 月 16 日经中国银监会上海监管局任职资格核准后正式任职。周卫中先生不再担任公司董事职务。 3. 公司全体股东于 2013 年 11 月 5 日以通讯表决方式召开会议，同意选举黄平先生为公司第五届董事会董事，任期与公司第五届董事会一致。2013 年 12 月 12 日经中国银监会上海监管局任职资格核准后正式任职。陆敏先生不再担任公司董事职务。
四川信托	是	1	2013 年 11 月，因公司董事会换届，经公司第一届董事会第二十二次会议、2013 年第一次临时股东会审议通过，由李南峰、陈浩鸣、吴玉明、朱开友、夏斌、李光金、熊敬英等七人出任公司第二届董事会董事，选举李南峰任董事长，陈浩鸣、吴玉明为副董事长，夏斌、李光金、熊敬英为独立董事（李南峰的任职资格尚待监管部门审查批准）。
苏州信托	是	1	报告期内，公司第三届董事会董事张立文先生、王勇先生因个人原因不再担任董事职务。独立董事陈伟恕先生因个人原因辞去公司独立董事职务。2013 年第三次股东大会表决通过选举朱立教女士、袁维静女士、沈光俊先生、李鹏先生、严守敬先生为第四届董事会董事，选举汪文华先生为第四届董事会职工董事，选举胡玉鸿先生、贝政新先生为四届董事会独立董事，沈光俊先生、汪文华先生，以及胡玉鸿先生任职资格尚需江苏银监局批复。
天津信托	是	2	1. 2013 年 6 月 4 日，公司以通讯表决方式召开 2013 年股东会第 1 次临时会议，审议通过了《关于同意刘峰担任天津信托有限责任公司董事的决议》。截至目前，刘峰尚未取得监管部门批准的董事任职资格。 2. 2013 年 10 月 11 日，公司召开 2013 年股东会第 3 次会议，审议通过了《关于同意董建新不再担任天津信托有限责任公司董事的决议》、《关于同意樊振荣不再担任天津信托有限责任公司独立董事的决议》。审议通过了《关于同意天津信托有限责任公司第七届董事会新增董事人选，董事长、副董事长提名人选的决议》，同意原董事会成员王海智、赵毅、张维、李林、钟玲玲、弓劲梅、刘峰、黄书平、马君潞、郭田勇（其中马君潞、郭田勇为独立董事）10 人继续留任，新增董事 1 人，王雪利为股东董事。截至目前，王雪利尚未取得监管部门批准的董事任职资格。本次股东会同意提名王海智同志为天津信托有限责任公司第七届董事会董事长，赵毅同志为副董事长。
万向信托	否		
五矿信托	是	1	2013 年 9 月 12 日，公司召开股东会 2013 年第二次会议，审议通过《关于公司董事会换届选举的议案》，选举产生公司第二届董事会，任珠峰、王晓东、冯鹏、周海春、马忠智、陈方正当选为公司董事。第一届董事会成员、董事闫自军和董事唐伟明任期届满，不再担任公司董事。
西部信托	否		
西藏信托	否		
厦门国际信托	是	1	公司第三届董事会任期届满，经报厦门银监局任职资格核准，公司股东会选举许晓曦先生、陈小林女士、洪文瑾女士、薛荷女士、王文怀先生、余明凤先生担任公司第四届董事会董事，选举刘持金先生、孙立坚先生、陈工先生担任公司第四届董事会独立董事。其中，许晓曦先生、陈小林女士、薛荷女士、王文怀先生、余明凤先生为公司新任董事，刘持金先生、孙立坚先生、陈工先生为公司新任独立董事。第四届董事会继续选举洪文瑾女士为公司董事长。
新华信托	是	3	1. 鉴于公司第四届董事会任期届满，经股东大会和董事会审议并作出决议，第五届董事会成员由翁先定、卢广开、陈雷、许洛圣、郝雅军、赵暖、魏华、李钢（独立董事）、白重恩（独立董事）、戴波（独立董事）组成，欧阳锦绍和秦刚不再担任董事；翁先定继续担任董事长，卢广开、陈雷担任副董事长。相关董事的任职资格请示已于 2013 年 2 月 25 日经中国银监会重庆监管局《关于卢广开等同志任职资格的批复》（渝银监复[2013] 18 号）核准。 2. 鉴于许洛圣辞去董事职务，经股东大会审议并作出决议，同意选举张立文为董事，许洛圣不再担任董事职务。张立文的董事任职资格于 2013 年 10 月 16 日经中国银监会重庆监管局《关于张立文任职资格的批复》（渝银监复[2013]131 号）核准。 3. 鉴于翁先定辞去董事、董事长职务，经股东大会审议作出决议，同意选举鲁钟男为董事；经董事会审议作出决议，同意赵暖为董事长，翁先定不再担任董事长职务，赵暖不再担任副总经理职务。鲁钟男的董事任职资格已于 2013 年 12 月 23 日经中国银监会重庆监管局《关于鲁钟男任职资格的批复》（渝银监复[2013]177）核准。赵暖的董事长任职资格申请材料已于 2014 年 3 月 3 日上报监管部门。
新时代信托	否		
兴业信托	是	1	2013 年 8 月 22 日，本公司 2013 年第三次临时股东会审议同意 Robert Bettridge 先生因个人原因辞去本公司第四届董事会董事职务，并选举蓝玉权先生为本公司第四届董事会董事。蓝玉权先生任职资格已经福建银监局核准。
英大信托	是	1	本年度董事会成员变动情况说明：公司职工董事陈书堂由于工作变动向工会会员大会辞去职工董事职务，工会会员大会同意陈书堂辞去职工董事职务，并选举张传良担任职工董事，该项任职正经中国银监会核准过程中（张传良的董事任职资格已于 2014 年 4 月经中国银监会银监复[2014]238 号文件核准批复）。
云南信托	是	1	2013 年 1 月，监管部门核准杨利华先生担任本公司董事的资格。

续表

简称	是否变更	变更次数	董事变更详情列示
浙金信托	是	1	因李天林先生提出辞去公司董事职务，股东大会于2013年6月选举林光先生为公司董事，浙江银监局于2013年9月核准林光先生公司董事的任职资格。
中诚信托	是	2	1. 2013年6月18日，取得国家工商行政管理总局关于变更周语菡为公司董事的备案通知书，新任董事正式履职。 2. 2013年12月17日，经公司股东会审议通过《关于进行中诚信托公司董事会换届选举的议案》，选举张树忠同志为新一届公司董事，俞小平同志不再担任公司董事职务，选举邓红国、王少华、张树忠、王会娟、张胜东、张毅、周语菡、赵海龙、尹新全、赵荣哲为公司董事，杨化彭、杨胜刚，张晓森为公司独立董事。
外贸信托	是	1	2013年1月21日，公司2013年第一次股东决定书决定选举蒋承宏、程永任外贸信托董事。
金谷信托	是	2	1. 报告期内，因工作需要，经金谷信托2013年第二次临时股东会审议通过，推选徐兴建、张利为公司董事，张勇、罗振宏不再担任公司董事。 2. 因工作需要，经第六届董事会第五次会议审议通过，中国银行业监督管理委员会核准，选举徐兴建为公司董事长、刘学敬为公司副董事长。
中国民生信托	是	2	1. 报告期内，杨自理先生因个人原因，辞去公司董事(含专门委员会委员)、总裁职务。公司董事会同意杨自理先生提出的辞职申请，并委派副董事长冯宗苏先生暂代行总裁职责。 2. 报告期内，谢伯阳先生因个人原因，辞去公司独立董事职务，谢伯阳先生的辞职报告在下任独立董事填补其缺额后生效。
中海信托	是	3	1. 2013年1月25日，股东大会2013年第一次临时会议审议通过《关于修订<中海信托股份有限公司章程>的议案》，同意增加董事会成员人数，由7名增加为8名，并对公司章程进行相应修订；选举周炯为中海信托第二届董事会董事。 2. 2013年12月18日，公司召开股东大会2013年第五次临时会议，审议通过《关于选举中海信托股份有限公司第三届董事会董事的议案》等，选举吴孟飞、窦建中、高建华、陈浩鸣、周炯、王国樑、胡维翊为中海信托股份有限公司第三届董事会董事。其中，王国樑、胡维翊为独立董事。独立董事王国刚、邝志强已履职两届董事会，任职期满，不再继续在新一届董事会任职。 3. 2013年12月18日，公司召开董事会三届一次会议，选举吴孟飞继续担任公司第三届董事会董事长。
中航信托	是	1	本报告期内，公司股东大会对董事会进行了换届，选举了第二届董事会成员，因新任董事任职资格需经过监管部门核准，在此期间，一届董事会继续履职。
中建投信托	是	1	因工作需要，刘屹任公司董事、总经理，张剑平不再担任公司董事、总经理。
中江信托	否		
中粮信托	否		
中融信托	是	1	2013年4月换届选举，2013年第二次临时股东会审议通过独立董事赵林政离任。
中泰信托	是	1	经中国银行业监督管理委员会核准，吴庆斌董事长正式到任，并完成相关工商登记变更及信息披露事宜。
中铁信托	是	1	第三届董事会任期届满，12月17日公司股东会2013年第二次会议选举郭敬辉、景开强、杨良、王大奇、喻培忠为股东董事，选举曾勇、傅代国、周国华为独立董事，公司职代会推选解义才为职工董事，上述9名董事组成第四届董事会。12月17日，四届一次董事会选举郭敬辉为董事长(拟任)。
中信信托	否		
中原信托	是	1	经股东单位申请，股东会选举河南投资集团资产管理一部副主任代岩同志担任董事，崔凯同志不再担任董事。
紫金信托	否		

2. 董事构成分析

在信托公司披露的董事人数设置上，人数最多的北方信托为14人，最少的渤海信托为4人，平均董事人数为8.68人，略少于上年。董事的人数基本合理，但是在68家信托公司中有18家董事人数设置为偶数，不符合董事人数应当为奇数的常规。在董事的性别构成中男性占86.44%，女性占13.39%。在董事的年龄构成中，董事的平均年龄为51.26岁，其中30~39岁的占4.92%，40岁以上的占94.92%。应当来说，不论从董事的人数设置、性别构成或是年龄构成来看均基本合理。

表7-1-3　68家信托公司2013年末董事会人员性别构成分析表

简称	董事会成员人数	其中男性人数	男性人数比例(%)	其中女性人数	女性人数比例(%)
国元信托	9	8	88.89	1	11.11
安信信托	9	7	77.78	2	22.22
百瑞信托	10	8	80.00	2	20.00
北方信托	14	10	71.43	4	28.57
北京信托	11	10	90.91	1	9.09
渤海信托	7	7	100.00	0	0.00
长安信托	9	9	100.00	0	0.00
长城新盛信托	11	9	81.82	2	18.18

续表

简称	董事会成员人数	其中男性人数	男性人数比例(%)	其中女性人数	女性人数比例(%)
重庆信托	12	10	83.33	2	16.67
大业信托	8	8	100.00	0	0.00
东莞信托	7	7	100.00	0	0.00
方正东亚信托	7	6	85.71	1	14.29
甘肃信托	8	8	100.00	0	0.00
粤财信托	6	5	83.33	1	16.67
国联信托	9	9	100.00	0	0.00
国民信托	10	9	90.00	1	10.00
国投信托	7	7	100.00	0	0.00
杭州工商信托	9	9	100.00	0	0.00
湖南信托	7	4	57.14	3	42.86
华澳信托	7	6	85.71	1	14.29
华宝信托	9	8	88.89	1	11.11
华宸信托	8	8	100.00	0	0.00
华能信托	9	8	88.89	1	11.11
华融信托	11	9	81.82	2	18.18
华润信托	9	8	88.89	1	11.11
华鑫信托	7	3	42.86	4	57.14
华信信托	9	7	77.78	2	22.22
吉林信托	5	5	100.00	0	0.00
建信信托	9	9	100.00	0	0.00
江苏信托	9	7	77.78	2	22.22
交银国际信托	8	4	50.00	4	50.00
昆仑信托	9	9	100.00	0	0.00
陆家嘴信托	5	5	100.00	0	0.00
平安信托	9	7	77.78	2	22.22
山东信托	8	8	100.00	0	0.00
山西信托	8	8	100.00	0	0.00
陕国投	6	4	66.67	2	33.33
爱建信托	7	7	100.00	0	0.00
上海信托	11	10	90.91	1	9.09
四川信托	7	6	85.71	1	14.29
苏州信托	6	3	50.00	3	50.00
天津信托	11	8	72.73	3	27.27
万向信托	13	13	100.00	0	0.00
五矿信托	7	7	100.00	0	0.00
西部信托	10	9	90.00	1	10.00
西藏信托	9	9	100.00	0	0.00
厦门国际信托	9	6	66.67	3	33.33
新华信托	10	9	90.00	1	10.00
新时代信托	9	7	77.78	2	22.22
兴业信托	9	7	77.78	2	22.22
英大信托	9	8	88.89	1	11.11
云南信托	11	10	90.91	1	9.09
浙金信托	11	10	90.91	1	9.09
中诚信托	13	10	76.92	3	23.08
外贸信托	8	8	100.00	0	0.00
金谷信托	9	6	66.67	3	33.33
中国民生信托	9	9	100.00	0	0.00
中海信托	7	7	100.00	0	0.00

续表

简称	董事会成员人数	其中男性人数	男性人数比例(%)	其中女性人数	女性人数比例(%)
中航信托	9	9	100.00	0	0.00
中建投信托	5	5	100.00	0	0.00
中江信托	9	8	88.89	0	0.00
中粮信托	8	7	87.50	1	12.50
中融信托	5	4	80.00	1	20.00
中泰信托	9	7	77.78	2	22.22
中铁信托	9	9	100.00	0	0.00
中信信托	9	7	77.78	2	22.22
中原信托	10	7	70.00	3	30.00
紫金信托	7	5	71.43	2	28.57
合计	590	510	86.44	79	13.39
平均	8.68	7.50		1.16	

注:中江信托披露了8名董事的信息,另1名独立董事的情况未披露。

表7-1-4　披露的信托公司2013年末董事会人员年龄构成分析表

简称	董事会成员人数	其中20~29岁人数	20~29岁人数比例(%)	其中30~39岁人数	30~39岁人数比例(%)	其中40岁以上人数	40岁以上人数比例(%)	董事的平均年龄
国元信托	9	0	0.00	1	11.11	8	88.89	48.78
安信信托	9	0	0.00	2	22.22	7	77.78	51.78
百瑞信托	10	0	0.00	0	0.00	10	100.00	48.50
北方信托	14	0	0.00	1	7.14	13	92.86	50.57
北京信托	11	0	0.00	0	0.00	11	100.00	53.09
渤海信托	7	0	0.00	0	0.00	7	100.00	54.86
长安信托	9	0	0.00	0	0.00	9	100.00	48.33
长城新盛信托	11	0	0.00	0	0.00	11	100.00	51.36
重庆信托	12	0	0.00	0	0.00	12	100.00	55.42
大业信托	8	0	0.00	0	0.00	8	100.00	56.25
东莞信托	7	0	0.00	0	0.00	7	100.00	56.71
方正东亚信托	7	0	0.00	0	0.00	7	100.00	49.71
甘肃信托	8	0	0.00	2	25.00	6	75.00	51.25
粤财信托	6	0	0.00	0	0.00	6	100.00	47.50
国联信托	9	0	0.00	0	0.00	9	100.00	48.67
国民信托	10	0	0.00	2	20.00	8	80.00	50.20
国投信托	7	0	0.00	0	0.00	7	100.00	52.43
杭州工商信托	9	0	0.00	1	11.11	8	88.89	51.00
湖南信托	7	0	0.00	0	0.00	7	100.00	53.86
华澳信托	7	0	0.00	0	0.00	7	100.00	48.14
华宝信托	9	0	0.00	0	0.00	9	100.00	51.33
华宸信托	8	0	0.00	0	0.00	8	100.00	51.00
华能信托	9	0	0.00	0	0.00	9	100.00	51.56
华融信托	11	0	0.00	0	0.00	11	100.00	55.18
华润信托	9	0	0.00	0	0.00	9	100.00	51.00
华鑫信托	7	0	0.00	1	14.29	6	85.71	48.29
华信信托	9	0	0.00	0	0.00	9	100.00	53.33
吉林信托	5	0	0.00	1	20.00	4	80.00	47.20
建信信托	9	0	0.00	0	0.00	9	100.00	54.56
江苏信托	9	0	0.00	0	0.00	9	100.00	52.44
交银国际信托	8	0	0.00	0	0.00	8	100.00	50.50

续表

简称	董事会成员人数	其中20~29岁人数	20~29岁人数比例(%)	其中30~39岁人数	30~39岁人数比例(%)	其中40岁以上人数	40岁以上人数比例(%)	董事的平均年龄
昆仑信托	9	0	0.00	1	11.11	8	88.89	50.22
陆家嘴信托	5	0	0.00	0	0.00	5	100.00	50.60
平安信托	9	0	0.00	0	0.00	9	100.00	58.89
山东信托	8	0	0.00	0	0.00	8	100.00	53.13
山西信托	8	0	0.00	0	0.00	8	100.00	50.88
陕国投	6	0	0.00	0	0.00	6	100.00	55.17
爱建信托	7	0	0.00	1	14.29	6	85.71	52.29
上海信托	11	0	0.00	0	0.00	11	100.00	53.18
四川信托	7	0	0.00	0	0.00	7	100.00	53.14
苏州信托	6	0	0.00	0	0.00	6	100.00	53.50
天津信托	11	0	0.00	2	18.18	9	81.82	46.36
万向信托	13	0	0.00	0	0.00	13	100.00	50.54
五矿信托	7	0	0.00	0	0.00	7	100.00	50.86
西部信托	10	0	0.00	1	10.00	9	90.00	50.40
西藏信托	9	0	0.00	0	0.00	9	100.00	51.78
厦门国际信托	9	0	0.00	0	0.00	9	100.00	48.89
新华信托	10	0	0.00	2	20.00	8	80.00	46.00
新时代信托	9	0	0.00	2	22.22	7	77.78	43.89
兴业信托	9	0	0.00	0	0.00	9	100.00	54.11
英大信托	9	0	0.00	0	0.00	9	100.00	50.44
云南信托	11	0	0.00	1	9.09	10	90.91	48.27
浙金信托	11	0	0.00	2	18.18	9	81.82	50.91
中诚信托	13	0	0.00	0	0.00	13	100.00	52.69
外贸信托	8	0	0.00	1	12.50	7	87.50	47.75
金谷信托	9	0	0.00	0	0.00	9	100.00	55.00
中国民生信托	9	0	0.00	1	11.11	8	88.89	56.00
中海信托	7	0	0.00	0	0.00	7	100.00	53.57
中航信托	9	0	0.00	0	0.00	9	100.00	52.00
中建投信托	5	0	0.00	0	0.00	5	100.00	52.20
中江信托	9	0	0.00	0	0.00	8	88.89	53.75
中粮信托	8	0	0.00	0	0.00	8	100.00	50.63
中融信托	5	0	0.00	1	20.00	4	80.00	46.20
中泰信托	9	0	0.00	2	22.22	7	77.78	49.00
中铁信托	9	0	0.00	0	0.00	9	100.00	49.67
中信信托	9	0	0.00	0	0.00	9	100.00	48.33
中原信托	10	0	0.00	1	10.00	9	90.00	47.60
紫金信托	7	0	0.00	0	0.00	7	100.00	53.29
合计	590	0	0.00	29	4.92	560	94.92	
平均	8.68	0.00	0.00	0.43	4.92	8.24	94.92	51.26

注:中江信托披露了8名董事的信息,另1名独立董事的情况未披露。

3. 董事会下设机构情况分析

表7-1-5 68家信托公司2013年末董事会下设机构情况分析表

简称	董事会下是否设置了审计委员会	董事会下是否设置了风险管理委员会	董事会下是否设置了人事薪酬委员会
国元信托	是	是	是
安信信托	是	是	是
百瑞信托	是	是	是
北方信托	是	是	是
北京信托	是	是	是
渤海信托	是	是	否
长安信托	是	是	是
长城新盛信托	是	是	是
重庆信托	是	是	是
大业信托	是	是	是
东莞信托	是	是	是
方正东亚信托	是	是	是
甘肃信托	是	是	是
粤财信托	是	是	否
国联信托	是	是	是
国民信托	是	是	是
国投信托	是	是	否
杭州工商信托	是	是	是
湖南信托	是	是	是
华澳信托	是	是	是
华宝信托	是	是	是
华宸信托	是	是	是
华能信托	是	是	是
华融信托	是	是	是
华润信托	是	是	是
华鑫信托	是	是	是
华信信托	是	是	是
吉林信托	是	是	是
建信信托	是	是	是
江苏信托	是	是	是
交银国际信托	是	是	否
昆仑信托	是	是	是
陆家嘴信托	是	是	是
平安信托	是	否	是
山东信托	是	是	是
山西信托	是	是	是
陕国投	是	是	是
爱建信托	是	是	是
上海信托	是	是	是
四川信托	是	是	否
苏州信托	是	是	是
天津信托	是	是	是
万向信托	是	是	否
五矿信托	是	是	是
西部信托	是	是	是
西藏信托	是	否	是
厦门国际信托	是	否	是
新华信托	是	是	是
新时代信托	是	是	是

续表

简称	董事会下是否设置了审计委员会	董事会下是否设置了风险管理委员会	董事会下是否设置了人事薪酬委员会
兴业信托	是	是	是
英大信托	是	是	是
云南信托	是	是	是
浙金信托	否	是	是
中诚信托	是	是	是
外贸信托	是	是	否
金谷信托	是	是	是
中国民生信托	是	是	是
中海信托	是	是	是
中航信托	是	是	是
中建投信托	是	是	是
中江信托	是	是	是
中粮信托	是	是	否
中融信托	是	是	是
中泰信托	是	是	是
中铁信托	是	是	是
中信信托	是	是	是
中原信托	是	是	否
紫金信托	是	是	是

从表7－1－5可见，68家信托公司都不同程度地设立了审计委员会、风险管理委员会和人事薪酬委员会等类似机构以及相对独立的稽核检查部门，这在一定程度上逐步向防止权利过于集中的方向过渡，体现相互制约的基本原则。但也可以看出，68家信托公司中只有55家完整地设置了审计委员会、风险管理委员会和人事薪酬委员会。

按照银监会的信息披露要求，信托公司应当披露董事会下设机构的年度会议情况，但是在68家信托公司中，有20家未作任何披露，仅有48家公司作了相关披露，见表7－1－6。因此，建立和健全这些委员会使其职能常规化是一个应该重视的问题。

表7－1－6　披露的68家信托公司2013年董事会下设委员会开会情况表

简称	年度董事会下审计委员会会议次数	年度董事会下风险管理委员会会议次数	年度董事会下人事薪酬委员会会议次数
国元信托	3	3	3
安信信托	未披露	未披露	未披露
百瑞信托	10	不适用	6
北方信托	2	2	1
北京信托	未披露	未披露	未披露
渤海信托	未披露	未披露	未披露
长安信托	未披露	未披露	未披露
长城新盛信托	1	38	0
重庆信托	未披露	未披露	未披露
大业信托	1	1	3
东莞信托	0	1	0
方正东亚信托	1	1	1
甘肃信托	0	23	0
粤财信托	1	1	不适用
国联信托	4	4	2
国民信托	未披露	未披露	未披露
国投信托	1	1	不适用
杭州工商信托	未披露	未披露	未披露
湖南信托	2	2	3
华澳信托	未披露	未披露	未披露

续表

简称	年度董事会下审计委员会会议次数	年度董事会下风险管理委员会会议次数	年度董事会下人事薪酬委员会会议次数
华宝信托	2	2	2
华宸信托	0	0	0
华能信托	1	1	1
华融信托	1	1	1
华润信托	1	1	1
华鑫信托	3	3	3
华信信托	4	159	5
吉林信托	未披露	未披露	未披露
建信信托	未披露	未披露	未披露
江苏信托	未披露	未披露	未披露
交银国际信托	未披露	未披露	未披露
昆仑信托	1	1	1
陆家嘴信托	0	0	0
平安信托	2	不适用	2
山东信托	未披露	未披露	未披露
山西信托	2	2	2
陕国投	11	11	2
爱建信托	2	2	1
上海信托	2	2	2
四川信托	未披露	未披露	未披露
苏州信托	3	3	3
天津信托	3	2	3
万向信托	2	2	不适用
五矿信托	2	2	2
西部信托	2	2	5
西藏信托	未披露	未披露	未披露
厦门国际信托	2	不适用	1
新华信托	0	2	2
新时代信托	2	1	1
兴业信托	5	5	1
英大信托	2	2	2
云南信托	3	23	2
浙金信托	未披露	未披露	未披露
中诚信托	1	2	1
外贸信托	3	36	不适用
金谷信托	2	2	2
中国民生信托	未披露	未披露	未披露
中海信托	未披露	未披露	未披露
中航信托	0	0	0
中建投信托	1	1	1
中江信托	未披露	未披露	未披露
中粮信托	2	2	不适用
中融信托	1	1	3
中泰信托	未披露	未披露	未披露
中铁信托	3	3	2
中信信托	1	1	2
中原信托	3	0	不适用
紫金信托	6	6	4

在披露的68家信托公司的年报中，67家信托公司在董事会下设了审计委员会，其中63家信托公司对董事会下设审计委员会的委员人数作了披露，64家信托公司对审计委员会的职能作了披露，详见表7－1－7。通过对63家已经披露的审计委员会委员人数情况分析可见，审计委员会的平均设置人数为3.48人。

表7－1－7　信托公司2013年年末董事会下设审计委员会情况分析表

简称	是否设置	审计委员会人数	审计委员会职能
国元信托	是	5	负责根据公司风险承受能力制定公司风险管理政策，确定合理的风险管理水平，并督促高级管理层采取必要的措施识别、计量、监测和控制风险；负责公司内、外部审计的沟通和对公司经营的监督、检查工作。
安信信托	是	5	检查公司经理层遵守法规、公司章程的情况；研究拟订公司风险管理战略和政策；监督公司内部审计等。
百瑞信托	是	4	审查公司的财务收支、效益、预算执行等经营情况；审查公司内部控制的健全性和有效性的审计报告；审查公司内审部门审计工作计划及工作报告；监督公司内部审计和外部审计中发现的问题及整改情况；提议聘请或更换外部审计机构；审查公司年度报告和审计报告；审查审计管理制度、政策；其他相关工作。
北方信托	是	4	代表董事会对公司经营活动行使审计评价和监督职能，是对公司内、外部审计和内控活动进行监督、核查的机构。
北京信托	是	3	1. 提议聘请或更换外部审计机构。 2. 监督公司的内部审计制度及其实施。 3. 负责内部审计与外部审计之间的沟通。 4. 审核公司的财务信息及其披露。 5. 审查公司内控制度，对重大关联交易进行审计。
渤海信托	是	2	监督公司内部审计制度及其实施；审核公司的财务信息及其披露；决定聘请或更换外部审计机构及有效沟通；审查公司会计处理、内部会计控制、内控制度。
长安信托	是	3	监督公司重大经营活动的合法、合规性，保证有关法律、法规、监管规章的贯彻执行；提议聘请或更换外部审计机构；负责内部审计与外部审计之间的沟通；检查、监督、评价公司内部审计工作情况和内部审计制度的实施情况；审核公司的财务信息及其披露；审核公司的重大关联交易。
长城新盛信托	是	4	1. 审核公司的财务信息及其披露，并对公司披露的定期财务报告（含季报、中报、年报）形成书面意见。 2. 监督公司的内部审计制度及其实施，负责公司内部审计工作，对公司重大关联交易进行审计。 3. 至少每半年向公司董事会提交内部审计报告，同时向银监会报送该报告的副本。 4. 负责内部审计与外部审计之间的沟通、协调以及会计师事务所的选聘工作。委员会应与负责公司外部审计的会计师事务所加强沟通，密切关注注册会计师的工作情况，协助注册会计师开展工作。 5. 提议聘请或更换外部审计机构，对外部审计机构开展公司有关财务审计、资产评估及相关业务活动工作结果的真实性、合法性进行监督。 6. 审查公司内控制度，每年对公司内部控制制度的建立、健全与执行情况至少进行一次检查和评估，并发表专项意见报送公司董事会。 7. 负责拟订对董事和高级管理人员进行离任审计的方案；以及经董事会授权的其他职权。
重庆信托	是	5	负责审定公司内部审计制度；负责提议聘请或更换外部审计机构；负责审定公司内部审计部门的年度审计工作计划；负责公司内部审计负责人的任免；负责研究审定公司内部审计部门报送的审计报告；指导公司内部审计工作，检查、监督公司内部审计实施情况；负责对公司内部审计部门工作或成效进行评价；监督公司业务经营活动的真实性、合法性等。
大业信托	是	3	主要对公司的内部审计制度进行评价，对内部审计工作进行核查。
东莞信托	是	3	主要负责董事会要求的审计事项，监督公司的内部审计制度及其实施，审查公司内控制度。
方正东亚信托	是	未披露	向董事会提交公司全面风险管理年度报告；确定公司风险管理的总体目标、风险偏好、风险承 受度、风险管理策略和重大风险管理解决方案；对公司信托业务和固有业务的风险控制及管理情况进行监督；对公司固有财产和信托财产的风险状况进行定期评估；对公司关联交易业务风险进行评估，对重大关联交易事项进行审查并提交董事会审议；组织制定和修改公司风险控制制度，提出完善公司风险管理和内部控制的建议；审议公司风险管理组织机构设置及其职责；为董事会督导公司风险管理文化建设提供建议；对公司信息披露的真实、准确、完整和 合规性等进行监督；监督公司内部审计制度及其实施；负责内部审计与外部审计之间的沟通；审核公司的财务信息及其披露；检查公司内部控制制度的制定、完善和执行；提议聘请或更换外部审计机构；董事会授予的其他职责。
甘肃信托	是	3	监督管理公司内部审计工作；对公司各项业务及高管人员的经营行为进行检查监督；提请聘请或解聘外部审计机构。
粤财信托	是	3	监督公司的内部审计制度及其实施；审核、批准公司年度审计计划、审计报告；向董事会推荐并聘请外部审计机构对公司进行审计；负责内部审计与外部审计之间的沟通等。
国联信托	是	3	审查和监督公司风险管理政策、制度，并对其执行情况进行评价。
国民信托	是	3	负责公司重大的会计和审计事项；协助董事会对财务报告提供独立审阅及监察意见，并监察外聘审计师是否独立客观及审计程序是否有效；监察公司业绩表现 包括财务报表 账目及正式公告的完整性、准确性等董事会授予的职责。

续表

简称	是否设置	审计委员会人数	审计委员会职能
国投信托	是	4	1. 审议公司内部审计报告。 2. 审议公司全面风险管理年度报告。 3. 对公司内控机制和风险管理方面存在的问题进行评价、分析。 4. 有权向董事会提交内部控制、审计、风险管理方面的议案。 5. 董事会授予的其他职责。
杭州工商信托	是	3	提议聘用或更换会计师事务所;监督公司的内部审计制度的建立及其实施;审阅经营管理委员会提交的公司年度财务报告、审计报告等,审阅公司的财务信息及披露、内审部门提交的内审报告;审查公司的内控制度;对经营管理委员会编制的预算提出建议等。
湖南信托	是	3	负责拟订公司风险控制管理战略、风险管理政策和内部控制流程,并对其实施情况进行监督和评价;监督公司内部审计制度及其实施,审核公司财务情况,提议聘用、更换或解聘公司审计机构等。
华澳信托	是	3	1. 根据国家金融政策、市场情况和公司发展方向,制定重点业务管理及经营风险的防范与控制措施。 2. 负责督促公司依法履行董事会赋予的职责,对公司执行经董事会批准的年度经营计划的过程及结果进行监督和审计。 3. 对公司合规、合法运营进行审计和监督。 3. 对会计报表、会计账目及相关材料进行审计,审查财务收支的真实性、合法性、效益性。 4. 审议董事会不时要求的其他事项。 5. 评估审计报告中所提出的相关问题以及行动建议。 6. 审批审计工作计划。 7. 评估审计团队的工作表现。 8. 参与评估审计稽核部的工作绩效。
华宝信托	是	3	负责公司风险的控制、管理、监督和评估,公司内、外部审计的沟通、监督和核查工作以及重大关联交易的审核。
华宸信托	是	4	提议聘请或更换外部审计机构;监督公司的制度建设及其执行情况;负责内部审计与外部审计之间的沟通;审核公司的财务信息及其披露;审查公司内控制度,对重大关联交易进行审查;董事会授权的其他事项。
华能信托	是	3	拟订公司风险管理政策和重大风险管理解决方案;审议公司风险管理组织机构设置及其职责;定期审查公司风险管理、合规管理、内部审计工作报告,就完善内部控制向董事会提出建议;董事会授予的其他职责。
华融信托	是	3	1. 审查公司内部控制制度以及公司建立的用于监控行为准则遵循情况的规划。 2. 提议聘请或更换外部审计机构。 3. 监督董事会决议的执行情况。 4. 审核公司的财务信息及其披露。 5. 在公司重大财务问题的处理上提出独立的意见,负责内部审计与外部审计之间的沟通等。
华润信托	是	3	负责提议聘请或更换外部审计机构,监督公司的内部审计制度及其实施,审核公司的财务信息及其披露,审查公司的内控制度。
华鑫信托	是	3	负责内、外部审计的沟通、监督和核查工作以及重大关联交易的审核。
华信信托	是	3	监督管理内部审计工作;对高管人员的经营行为进行检查监督。
吉林信托	是	3	负责批准公司内部审计制度、中长期审计规划和年度工作计划,监督公司的内部审计基本制度及其实施及内部审计与外部审计之间的沟通。
建信信托	是	3	1. 向董事会提议聘请或更换外部审计机构。 2. 监督公司的内部审计制度的制定及其实施。 3. 负责内部审计与外部审计之间的沟通。 4. 审核公司的各项相关业务信息及其披露。 5. 评价公司的内控制度。 6. 监督监管机构及其他外部部门对公司提出意见的整改,并向董事会报告。 7. 董事会授予的其他职责。
江苏信托	是	5	审议关于公司财务审计、内部控制的规划、制度、规则、报告等,为董事会决策提供依据和建议;监督公司内部审计制度实施。
交银国际信托	是	3	提议聘请或更换外部审计机构;审议并报请董事会批准内部审计制度并监督实施情况;审议公司经审计的财务信息披露事项;评价公司内部控制和风险管理制度设计的合理性和运行的有效性,并根据需要对重大关联交易、重大投资进行审计等。
昆仑信托	是	3	检查内部审计监督部门职责要求、目标及有关的审计监督政策;监督公司内部审计质量与财务信息披露;检查公司风险及合规状况;负责公司年度审计工作。
陆家嘴信托	是	3	监督公司内部审计制度及其实施;负责内部审计与外部审计之间的沟通;审核公司的财务信息及其披露;提议聘请或更换外部审计机构;董事会授予的其他职责。
平安信托	是	3	提议聘请或更换外部审计机构;审核公司内部审计基本制度;听取并审议外部审计机构报告;监督公司内部审计制度及其实施;监督公司遵守国家法律、法规等合规经营情况;制订公司风险管理策略和原则等。

续表

简称	是否设置	审计委员会人数	审计委员会职能
山东信托	是	4	审查、监督管理层制订的公司的会计政策、财务状况和财务报告程序；提议聘请或更换外部审计机构；监督公司的内部审计制度及其实施；负责内部审计与外部审计之间的沟通；审查公司内部控制制度，对重大关联交易进行核查；董事会授权的其他事项。
山西信托	是	7	审定公司风险管理的原则和政策，在授权范围内，对公司重大事项的风险进行评审，检查、指导公司日常风险管理工作；审定公司内部审计计划，监督公司财务运行，提议聘请或更换外部审计机构。
陕国投	是	3	向董事会提交公司全面风险管理年度报告；确定公司风险管理的总体目标、风险偏好、风险承受度、风险管理策略和重大风险管理解决方案；审议公司风险管理组织机构设置及其职责；对公司信托业务和自营业务的风险控制及管理情况进行监督；对公司自有财产和信托财产的风险状况进行定期评估；对公司关联交易业务风险进行评估，对重大关联交易事项进行审查并提交董事会审议；对公司信息披露的真实、准确、完整和合规性等进行监督；提出完善公司风险管理和内部控制的建议；监督公司内部审计制度及其实施；负责内部审计与外部审计之间的沟通；审核公司的财务信息及其披露；提议聘请或更换外部审计机构；为董事会督导公司风险管理文化建设提供建议；董事会授予的其他职责。
爱建信托	是	3	确定公司风险管理的总体目标和政策；提议聘请或更换外部审计机构；监督公司的内部审计制度及其实施；审核公司的财务信息及其披露；审查公司的内控制度。
上海信托	是	3	监督公司的内部审计制度实施；负责内部审计与外部审计之间的沟通；审核公司的财务信息及其披露；对重大关联交易进行审计；提议聘请或更换外部审计机构；董事会授权的其他事宜。
四川信托	是	3	提议聘请或更换外部审计机构；监督公司的内部审计制度及其实施；负责内部审计与外部审计之间的沟通；审核公司的财务信息及其披露；审查公司内控制度等。
苏州信托	是	4	审核公司内部审计基本制度；监督公司的内部审计制度实施；审核公司的财务信息；提议聘请或更换外部审计机构；听取并审议外部审计机构报告。
天津信托	是	4	负责对公司内、外部审计和信息披露以及重大关联交易进行监督和审查。
万向信托	是	3	确定公司风险管理的总体目标、风险偏好、风险承受度、风险管理策略和重大风险管理解决方案；评估公司关联交易业务风险；监督公司信托业务和自营业务的风险控制及管理；监督公司信息披露的真实、准确、完整和合规性；提出完善公司风险管理和内部控制及内部审计实施的建议等。
五矿信托	是	3	主要负责拟订公司风险管理政策和重大风险管理解决方案，督促公司各项业务的合规、合法运作，以防范和控制业务风险
西部信托	是	3	对管理层的经营情况、内控制度的制定和执行情况的监督检查。
西藏信托	是	未披露	未披露。
厦门国际信托	是	3	决定聘请或更换外部审计机构；审批公司年度审计工作计划；每季度听取并审议审计部的工作报告；审批公司年度审计工作报告，并报董事会审议。
新华信托	是	5	定期向董事会报告审计工作情况，并将审计工作的主要情况通报监事会和高级管理人员；负责任命公司内审稽核部门负责人；检查公司内审稽核部门职责要求、年度目标完成及有关的审计监督政策的执行情况；审议公司内审稽核部门年度工作计划、中长期审计规划，并对其工作进行指导；审议与公司内部审计相关的主要管理制度，并报董事会批准；选定普华永道、德勤、安永及毕马威四家会计师事务所中的一家对公司年度财务情况进行审计，该等选定应由董事会报股东大会批准，并负责把经审计后的年度会计审计报告报董事会及股东大会审批；检查及督促公司对监管部门、内审稽核部和注册会计师检查审计意见或建议的执行情况，对监管部门、内审稽核部门和注册会计师检查意见或建议不执行或执行不力的部门及人员，向公司提出处理意见；负责组织公司内控制度的修订，检查评价公司制度的执行情况；配合监管部门、监事会进行检查活动；公司董事会授予的其他职权。
新时代信托	是	3	专门负责对公司财务活动及其有关经济活动的真实、合法、合规、准确和效益的监督审计，依法审议、拟订内部监督活动方案，指导稽核部门实施稽核审计，为维护公司合法权益，防范金融风险，促进增收节支，提高经济效益服务。
兴业信托	是	5	主要负责本公司审计与风险的控制、管理、评估和监督，同时负责本公司内、外部审计的沟通、监督和核查工作以及重大关联交易的审核。
英大信托	是	3	负责监督公司内、外部审计工作。
云南信托	是	5	监督公司的内部审计制度及其实施。
浙金信托	否		
中诚信托	是	3	对公司内部审计制度进行评价，对内部审计工作进行核查。
外贸信托	是	3	负责内部及外部审计工作，对公司内部控制管理工作进行监督，核查财务信息披露等。
金谷信托	是	3	负责公司的风险控制、管理、监督和评估以及公司内外部审计的沟通、监督和核查等工作。
中国民生信托	是	未披露	未披露。
中海信托	是	2	提议聘请或更换外部审计机构；监督公司的内部审计制度及其实施；负责内部审计与外部审计之间的沟通；审核公司的财务信息及其披露；审查公司内控制度等。
中航信托	是	3	负责监督公司内、外部审计工作。

续表

简称	是否设置	审计委员会人数	审计委员会职能
中建投信托	是	7	1. 根据公司发展战略，制订、审核公司风险管理工作规划，评价公司战略目标和经营计划所涉及的风险因素，并向董事会提出建议。 2. 定期审核、评议公司风险管理政策，促进风险管理政策的合法合规和及时有效。 3. 从风险控制角度，监督公司各项规章制度的执行情况，并对公司重大经营决策进行风险监测和评价。 4. 审阅公司风险管理工作报告，对风险管理工作提出改善意见和建议。 5. 审核、批准公司的风险控制流程与风险计量模型和方法的监测、调整等相关工作。 6. 审核、评议公司年度审计工作规划。 7. 负责对公司内部审计制度的有效性及其执行情况进行监督。 8. 负责内部审计与外部审计之间的沟通与协调。 9. 提议聘请或更换外部审计机构。 10. 董事会授权的其他事宜。
中江信托	是	未披露	未披露。
中粮信托	是	3	1. 制定、审核、批准公司的风险管理和内部控制的政策、程序并报请董事会审议。 2. 对公司信托业务、自营业务及其他业务的风险控制及风险管理政策、程序、执行情况进行监督。 3. 对公司固有财产和信托财产的风险状况进行定期评估。 4. 对公司合规风控部、审计部的工作程序和工作效果进行评议。 5. 提议聘请或更换外部审计机构。 6. 监督公司的制度建设及其执行情况。 7. 监督董事会决议的执行情况。 8. 审核公司的财务信息及其披露。 9. 审查公司内控制度。 10. 公司董事会授权的其他事项。
中融信托	是	1	对公司重大的投资项目、信托资金运用及中介业务进行风险评估和预测，提出风险防范措施；对公司重大的投资项目、信托计划运作及中介业务的执行情况进行监控；针对业务过程中的异常情况做出预警并及时报告董事会等；提议聘请或更换外部审计机构；监督公司内部稽核审计制度实施情况；审核公司重大财务信息及其披露情况；监督公司资金信托业务过程合规性；审查固有业务关联交易合规性、可能导致的各项风险以及是否符合公司长期发展战略。
中泰信托	是	5	负责公司的风险控制、管理、监督和评估，及公司内外部审计的沟通、监督和核查等工作。
中铁信托	是	3	负责公司风险的控制、管理、监督和评估；公司关联交易的审查；公司内、外部审计的监督和核查工作。
中信信托	是	3	负责拟订风险管理战略、风险管理政策和内部控制流程，对其实施情况及效果进行监督和评价；审核公司的年度财务信息及其披露；提议聘用、更换或解聘外部审计机构等。
中原信托	是	5	审议公司年度内部审计计划，提议聘请或更换外部审计机构，监督公司内部审计制度的实施，负责内部审计与外部审计之间的沟通，监督和审核公司的财务信息，监督和审核公司的信息披露，审查公司内控制度有效性，审计重大关联交易。
紫金信托	是	3	1. 合法合规性审查。 2. 风险控制审查。 3. 财务及内控审查。 4. 审计工作及审查。 5. 关联交易审查。 6. 公司董事会授权的其他事宜。

在披露的68家信托公司的年报中，65家信托公司在董事会下设了风险管理委员会，其中62家信托公司对董事会下设风险管理委员会的委员人数作了披露，63家信托公司对风险管理委员会的职能作了披露。风险管理委员会的职能详见表7－1－8。通过对62已经披露的风险管理委员会委员人数情况分析可见，风险管理委员会的平均设置人数为3.85人。

表7－1－8　信托公司2013年末董事会下设风险管理委员会情况分析表

简称	是否设置	风险管理委员会人数	风险管理委员会职能
国元信托	是	5	负责根据公司风险承受能力制定公司风险管理政策，确定合理的风险管理水平，并督促高级管理层采取必要的措施识别、计量、监测和控制风险；负责公司内、外部审计的沟通和对公司经营的监督、检查工作。
安信信托	是	5	检查公司经理层遵守法规、公司章程的情况；研究拟订公司风险管理战略和政策；监督公司内部审计等。
百瑞信托	是	4	监督、检查公司经营活动的合法合规性；审查经营层提交的公司全面风险评估和合规报告，提出整改意见，督促改进；审查重大风险管理解决方案以及重大决策的风险评估报告；审查风险管理制度、政策；其他相关工作。

续表

简称	是否设置	风险管理委员会人数	风险管理委员会职能
北方信托	是	7	代表董事会对公司运作和经营活动中的风险进行监督、控制和管理，是公司风险防范与控制经营风险的机构。
北京信托	是	3	1. 负责制定公司风险管理的目标和政策。 2. 完善和健全公司风险管理的体系建设。 3. 制定公司风险管理的流程管控程序。
渤海信托	是	3	有效识别、度量、监控、防范及化解各类风险；保证公司业务的稳健开展和公司经营目标的实现。
长安信托	是	5	审核、修订公司的风险管理制度，对其实施情况及效果进行监督、检查和评价，并向董事会提出建议；对高级管理层在信托、信贷、市场、操作等方面的风险控制进行监督；对公司的风险状况进行定期评估；董事会授予的其他职责。
长城新盛信托	是	5	1. 对公司开展新的自营业务或项目以及公司重大经营事件或项目进行风险收益评估，研究拟订风险防范方案。 2. 对公司经营的信托业务或项目进行事先风险收益评估，研究拟订风险防范方案。 3. 向董事会提交公司全面风险管理年度报告。 4. 研究公司经营活动及风险状况，提出风险管理需要关注的核心风险问题，对公司可能出现的风险进行预测与评价。 5. 审核风险监控指标体系及风险管理信息分析报告，监督经营管理层对经营风险采取必要的识别、计量、监测和控制措施。 6. 对战略规划的实施过程进行监督和评估，督促经营管理层持续改进风险管控能力。 7. 研究公司经营管理的风险识别、管理技术、风险控制及补偿机制，审核风险管理系统建设规划。 8. 研究、审核公司经营管理中重大风险事件的预警预控、应急预案。 9. 根据国家宏观经济金融政策及市场形势的变化，制定公司风险管理体系，审核公司内部风险控制制度及执行情况。 10. 根据公司发展战略，研究公司的风险管理体系，提出改进风险管理体系的决策程序及建议。 11. 研究公司战略规划的执行步骤及其管理方式，评估风险政策的有效性，提出动态的风险控制建议方案；以及经董事会授权的其他职权。
重庆信托	是	5	评价公司风险概貌、公司总体风险暴露以及各风险类别之间的依存度，批准和定期评审各种风险管理策略；负责公司自有业务、集合资金信托业务和特定的单一信托业务的审批和定价政策的制定；负责对公司信托新产品的风险评判；负责公司风险管理突发事项和紧急事项的应急处理；负责定期评价公司风险管理状况和相关政策的执行状况等。
大业信托	是	3	强化董事会在防范公司经营风险中的作用，并对公司长期发展战略和资产结构、投资方向以及重大投资决策进行审议评价并提出建议。
东莞信托	是	3	建立风险管理制度，对重大业务风险进行识别、监视和综合管理。
方正东亚信托	是	未披露	向董事会提交公司全面风险管理年度报告；确定公司风险管理的总体目标、风险偏好、风险承 受度、风险管理策略和重大风险管理解决方案；对公司信托业务和固有业务的风险控制及管理情况进行监督；对公司固有财产和信托财产的风险状况进行定期评估；对公司关联交易业务风险进行评估，对重大关联交易事项进行审查并提交董事会审议；组织制定和修改公司风险控制制度，提出完善公司风险管理和内部控制的建议；审议公司风险管理组织机构设置及其职责；为董事会督导公司风险管理文化建设提供建议；对公司信息披露的真实、准确、完整和 合规性等进行监督；监督公司内部审计制度及其实施；负责内部审计与外部审计之间的沟通；审核公司的财务信息及其披露；检查公司内部控制制度的制定、完善和执行；提议聘请或更换外部审计机构；董事会授予的其他职责。
甘肃信托	是	5	协助董事会建立和完善公司风险控制制度体系并监督实施；对公司重大投资项目或经营业务中面临或存在的经营风险，进行事先评估、事中监控和事后总结；在公司已投资项目和经营业务出现重大风险时，向董事会行使建议终止权，并提交可行性整改方案。
粤财信托	是	5	审议公司内部管理制度、风险控制制度和监控制度；审议、制定各类操作业务操作细则和财务控制制度；监控投资项目、信托项目的风险；评估公司经营风险并提出整改意见。
国联信托	是	3	审查和监督公司风险管理政策、制度，并对其执行情况进行评价。
国民信托	是	5	负责公司内控和风险管理体系、政策的建立和完善；拟订公司关联交易政策，审议重大关联交易；根据授权，对重要信托项目进行审批；负责组织对公司存在重大风险隐患或出现的重大风险事故的内部调查工作等董事会授予的其他职责。
国投信托	是	4	1. 审议公司内部审计报告。 2. 审议公司全面风险管理年度报告。 3. 对公司内控机制和风险管理方面存在的问题进行评价、分析。 4. 有权向董事会提交内部控制、审计、风险管理方面的议案。 5. 董事会授予的其他职责。
杭州工商信托	是	3	审议公司的风险管理构架、风险战略和风险管理基本政策，并提请董事会批准；提出有效执行的实施建议和行业风险管理建议，研究公司风险约束指标体系，对公司管理内控薄弱环节和存在问题提出整改意见；审阅公司有关风险管理报告、合规报告及风险管理计划，完善公司风险管理和内部控制等。
湖南信托	是	3	负责拟订公司风险控制管理战略、风险管理政策和内部控制流程，并对其实施情况进行监督和评价；监督公司内部审计制度及其实施，审核公司财务情况，提议聘用、更换或解聘公司审计机构等。

续表

简称	是否设置	风险管理委员会人数	风险管理委员会职能
华澳信托	是	3	1. 审议公司的所有对外投资(包括进行和终止投资)。其中500万元以内(含500万元)的,由投资风险控制委员会评审后直接决策;超过500万元的,经投资风险控制委员会审议同意后报董事会审批(业务年度计划内的除外)。 2. 审议公司信托业务的风险控制及投资。 3. 审议公司基金业务的风险控制及投资。 4. 信托产品和服务的定价。 5. 聘请外部顾问,如律师、评估师等。 6. 年度风险控制评估。
华宝信托	是	3	负责公司风险的控制、管理、监督和评估,公司内、外部审计的沟通、监督和核查工作以及重大关联交易的审核。
华宸信托	是	3	对公司信托业务、自营业务及其他业务的风险控制及风险管理情况进行监督;对公司固有财产和信托财产的风险状况进行定期评估;提出完善公司风险管理和内部控制的建议;对公司内部稽核部门的工作程序和工作效果进行评估;董事会授权的其他事项。
华能信托	是	3	拟订公司风险管理政策和重大风险管理解决方案;审议公司风险管理组织机构设置及其职责;定期审查公司风险管理、合规管理、内部审计工作报告,就完善内部控制向董事会提出建议;董事会授予的其他职责。
华融信托	是	3	1. 研究拟订公司的风险管理框架,风险战略、风险管理基本政策和内部风险控制制度和流程。 2. 检查公司风险管理基本政策、经营决策程序、内部风险控制制度和流程执行情况。 3. 审议批准公司的季度、年度风险管理报告,跟踪落实有关执行情况。 4. 定期审阅公司风险状况报告 了解公司风险管理的总体情况及有效性,提出完善公司风险管理和内部控制的意见。 5. 制订风险奖惩办法、对公司重大风险隐患或出现的重大风险事故进行调查。 6. 审核公司资产风险分类标准和风险准备金提取政策,审核呆账核销事项和年度损失准备金提取总额等。
华润信托	是	3	负责对高级管理层在业务、市场、操作等方面的风险控制情况进行监督,对公司的风险状况进行定期评估,对内部稽核部门的工作程序和工作效果进行评价,提出完善风险管理和内部控制的意见
华鑫信托	是	3	负责公司风险的控制、管理、监督和评估。
华信信托	是	3	制订完善公司业务风险管理与控制政策;评估、识别与防范业务风险;审议风险资产分类与不良资产处置方案;审议核准资产五级分类
吉林信托	是	3	负责制定、审核风险控制制度,监督制度执行。对重大业务事项从风险管理角度向董事会提出意见和建议。
建信信托	是	3	1. 根据公司总体战略,研究拟订公司风险战略和风险管理政策,报董事会审定,并对其实施情况进行监督和评价。 2. 监督和评价风险管理部门的设置、组织方式、工作程序,并提出改善意见。 3. 指导公司的风险管理工作和内控制度建设。 4. 审议公司风险和内控报告,对公司风险和内控状况进行定期评估,提出完善公司风险管理和内部控制的意见。 5. 对公司首席风险官的工作进行评价。 6. 审批各项业务管理办法中注明需由董事会审议的重大经营项目,具体的审批权限按董事会相关文件执行。 7. 董事会授予的其他职责。
江苏信托	是	4	审核公司关于风险管理和控制的战略、制度、规则、报告等,为董事会决策提供依据和建议;对公司经营的风险控制及管理情况进行监督。
交银国际信托	是	3	拟订公司风险管理的总体战略和原则;检查和评价公司整体风险和风险管理体系;定期向董事会报告风险管理状况;确定总体风险容忍度及审批总体风险管理相关指标等。
昆仑信托	是	3	组建公司风险管理系统;对公司日常经营管理风险进行整体分析和评估;负责公司的危机处理工作;对公司运作过程中的重大事项进行风险管理和控制。
陆家嘴信托	是	3	向董事会提交公司全面风险管理年度报告;确定公司风险管理的总体目标、风险偏好、风险承受度、风险管理策略和重大风险管理解决方案;提出完善公司风险管理和内部控制的建议;对公司信托业务和固有业务的风险控制及管理情况进行监督;对公司固有财产和信托财产的风险管理状况进行定期评价;对公司关联交易业务风险进行评估,对重大关联交易事项进行审查并提交董事会审议;董事会授予的其他职责。
平安信托	否		
山东信托	是	7	分析、评估公司面临各类风险的状况,并对现存或潜在的各种风险是否得到有效的控制和预防发表意见;审查公司风险管理的体制是否健全、政策措施是否有效、风险控制流程是否合理;监督管理层制定、执行识别、评估、监控、缓解公司风险的内部控制体系及相关控制政策,并对上述体系和政策的有效性和合理性发表意见;审查、监督公司遵守、执行法律、法规的情况;检查公司风险控制的范围是否全面;检查公司应急计划的充分性和完整性;审查公司固有业务的贷款、融资租赁、投资和担保等业务,并对其风险状况发表意见;审查公司发行信托计划业务,并对其风险状况发表意见;审查公司关联交易并对其风险状况发表意见。
山西信托	是	7	审定公司风险管理的原则和政策,在授权范围内,对公司重大事项的风险进行评审,检查、指导公司日常风险管理工作;审定公司内部审计计划,监督公司财务运行,提议聘请或更换外部审计机构。

续表

简称	是否设置	风险管理委员会人数	风险管理委员会职能
陕国投	是	3	向董事会提交公司全面风险管理年度报告；确定公司风险管理的总体目标、风险偏好、风险承受度、风险管理策略和重大风险管理解决方案；审议公司风险管理组织机构设置及其职责；对公司信托业务和自营业务的风险控制及管理情况进行监督；对公司自有财产和信托财产的风险状况进行定期评估；对公司关联交易业务风险进行评估，对重大关联交易事项进行审查并提交董事会审议；对公司信息披露的真实、准确、完整和合规性等进行监督；提出完善公司风险管理和内部控制的建议；监督公司内部审计制度及其实施；负责内部审计与外部审计之间的沟通；审核公司的财务信息及其披露；提议聘请或更换外部审计机构；为董事会督导公司风险管理文化建设提供建议；董事会授予的其他职责。
爱建信托	是	3	确定公司风险管理的总体目标和政策；提议聘请或更换外部审计机构；监督公司的内部审计制度及其实施；审核公司的财务信息及其披露；审查公司的内控制度。
上海信托	是	3	对公司高级管理层在信托业务和自营业务方面的风险控制及管理情况进行监督；对公司固有财产和信托财产的风险状况进行定期评估；提出完善公司风险管理和内部控制的建议；董事会授权的其他事宜。
四川信托	是	3	研究公司发生重大、突发性事项的对策；研究制定总体风险管理、关联交易控制政策供董事会审议；研究公司风险管理的战略结构和资源，并使之与公司的内部风险管理政策相兼容；研究重要的风险边界；对相关的风险管理、关联交易控制政策进行监督、审查和向董事会提出建议等。
苏州信托	是	3	审核和拟订公司的风险管理战略、政策和规程以及内部控制制度，并监督上述战略、政策、规程和内部控制制度的执行。
天津信托	是	4	负责审核公司风险管理的政策和程序，审定公司风险管理目标，督促公司管理层建立必要的风险识别、衡量、监测和控制制度，监督和评价公司风险管理的全面性、有效性以及高级管理层在风险管理方面的履职情况。
万向信托	是	3	确定公司风险管理的总体目标、风险偏好、风险承受度、风险管理策略和重大风险管理解决方案；评估公司关联交易业务风险；监督公司信托业务和自营业务的风险控制及管理；监督公司信息披露的真实、准确、完整和合规性；提出完善公司风险管理和内部控制及内部审计实施的建议等。
五矿信托	是	3	主要负责拟订公司风险管理政策和重大风险管理解决方案，督促公司各项业务的合规、合法运作，以防范和控制业务风险
西部信托	是	5	对公司所面临的风险状况进行评估，并提出相应的意见。
西藏信托	否		
厦门国际信托	否		
新华信托	是	6	组织拟订公司的战略发展规划；对公司风险管理工作情况进行评估，组织制定公司风险管理策略及风险控制标准，并监督该等策略和标准的执行情况；组织实施风险管理的过程监督，以及风险项目的处置方案；针对股东单位、上级监管部门等提出的风险管理工作中存在的重大问题拟订整改方案和措施；审议或拟订公司风险管理机构设置及其职责；审议或拟订与公司风险控制及合规管理相关的主要管理制度（包括警示机制），并监督该等制度的遵守情况；审议和评价公司的创新业务和新产品；组织制定公司业务的行业准入标准；董事会授予的其他职责。
新时代信托	是	5	负责对公司长期发展战略规划、重大战略性投资进行可行性研究，负责全面监督、指导公司风险管理工作，检查公司管理层贯彻和执行董事会确立的风险取向和管理战略的情况，并根据董事会授权进行业务决策的常设机构，对公司董事会负责。
兴业信托	是	5	主要负责本公司审计与风险的控制、管理、评估和监督，同时负责本公司内、外部审计的沟通、监督和核查工作以及重大关联交易的审核。
英大信托	是	3	监督、评估公司的风险管理状况，提出完善风险管理意见，监督、评估公司风险管理部门的工作。
云南信托	是	5	研究、考核公司的风险控制制度，并提出建议。
浙金信托	是	3	审议公司的风险管理构架，风险战略和风险管理基本政策，并提请董事会批准；研究宏观国家经济金融政策、分析市场变化，提出有效执行的实施建议和行业风险管理建议，研究公司风险约束指标体系；监督公司对国家金融方针、政策、法规及各项业务规章的执行情况，对公司管理内控薄弱环节和存在问题提出整改意见，并要求及时进行纠正；研究公司战略风险管理体系，审阅有关风险管理报告、合规报告及风险管理计划，了解公司风险管理决策体系的有效性，提出风险管理的组织构架、控制程序、风险处置等决策建议，完善公司风险管理和内部控制；对战略规划的实施过程进行监督和评估，对公司高级管理层在业务、经营、操作等方面的风险控制及管理情况进行监督；督促高级管理层定期对公司固有财产和信托财产的风险状况进行评估，并采取必要的措施有效识别、检测和控制、缓释风险；审阅公司总经理提议审议的公司提出拟议的创新产品；审阅公司经营管理中重大风险的预警预控、应急预案；组织对公司重大经营风险事件的风险评估工作，审议高级管理层提交的重大突发事件、重大风险的解决方案；董事会授权的其他事宜。
中诚信托	是	3	强化董事会在防范公司经营风险中的作用，对公司长期发展战略、资产结构、投资方向以及重大投资决策进行审议评价并提出建议。
外贸信托	是	4	以全面风险管理为目的，对公司经理层风险管理工作进行指导及监督，为董事会提供决策支持意见和管理改善建议，并在授权范围内进行审批决策。
金谷信托	是	3	负责公司的风险控制、管理、监督和评估以及公司内外部审计的沟通、监督和核查等工作。
中国民生信托	是	未披露	未披露。
中海信托	是	3	研究公司发生重大、突发性事项的对策；研究制定总体风险管理、关联交易控制政策供董事会审议；研究公司风险管理的战略结构和资源，并使之与公司的内部风险管理政策相兼容；研究重要的风险边界；对相关的风险管理、关联交易控制政策进行监督、审查和向董事会提出建议等。

续表

简称	是否设置	风险管理委员会人数	风险管理委员会职能
中航信托	是	3	监督、评估公司的风险管理状况，提出完善风险管理意见，监督、评估公司风险管理部门的工作。
中建投信托	是	7	1. 根据公司发展战略，制订、审核公司风险管理工作规划，评价公司战略目标和经营计划所涉及的风险因素，并向董事会提出建议。 2. 定期审核、评议公司风险管理政策，促进风险管理政策的合法合规和及时有效。 3. 从风险控制角度，监督公司各项规章制度的执行情况，并对公司重大经营决策进行风险监测和评价。 4. 审阅公司风险管理工作报告，对风险管理工作提出改善意见和建议。 5. 审核、批准公司的风险控制流程与风险计量模型和方法的监测、调整等相关工作。 6. 审核、评议公司年度审计工作规划。 7. 负责对公司内部审计制度的有效性及其执行情况进行监督。 8. 负责内部审计与外部审计之间的沟通与协调。 9. 提议聘请或更换外部审计机构。 10. 董事会授权的其他事宜。
中江信托	是	未披露	未披露。
中粮信托	是	3	1. 制定、审核、批准公司的风险管理和内部控制的政策、程序并报请董事会审议。 2. 对公司信托业务、自营业务及其他业务的风险控制及风险管理政策、程序、执行情况进行监督。 3. 对公司固有财产和信托财产的风险状况进行定期评估。 4. 对公司合规风控部、审计部的工作程序和工作效果进行评议。 5. 提议聘请或更换外部审计机构。 6. 监督公司的制度建设及其执行情况。 7. 监督董事会决议的执行情况。 8. 审核公司的财务信息及其披露。 9. 审查公司内控制度。 10. 公司董事会授权的其他事项。
中融信托	是	1	对公司重大的投资项目、信托资金运用及中介业务进行风险评估和预测，提出风险防范措施；对公司重大的投资项目、信托计划运作及中介业务的执行情况进行监控；针对业务过程中的异常情况做出预警并及时报告董事会等；提议聘请或更换外部审计机构；监督公司内部稽核审计制度实施情况；审核公司重大财务信息及其披露情况；监督公司资金信托业务过程合规性；审查固有业务关联交易合规性、可能导致的各项风险以及是否符合公司长期发展战略。
中泰信托	是	5	负责公司的风险控制、管理、监督和评估，及公司内外部审计的沟通、监督和核查等工作 。
中铁信托	是	3	负责公司风险的控制、管理、监督和评估；公司关联交易的审查；公司内、外部审计的监督和核查工作。
中信信托	是	3	负责拟订风险管理战略、风险管理政策和内部控制流程，对其实施情况及效果进行监督和评价；审核公司的年度财务信息及其披露；提议聘用、更换或解聘外部审计机构等。
中原信托	是	8	对公司发展战略和运营模式进行风险与合规性评价；对公司制度体系进行风险与合规性评价；对新业务和重大项目的风险与合规性进行事前评估和事后评价；对公司资产风险状况进行评价；处置重大风险；董事会交办的事项；经营班子提交审议的事项。
紫金信托	是	3	1. 合法合规性审查。 2. 风险控制审查。 3. 财务及内控审查。 4. 审计工作及审查。 5. 关联交易审查。 6. 公司董事会授权的其他事宜。

在披露的68家信托公司的年报中，59家信托公司在董事会下设了人事薪酬委员会，55家信托公司对董事会下设人事薪酬委员会的委员人数的设置作了披露，57家信托公司对董事会下设人事薪酬委员会的职能作了披露，详见表7－1－9。通过对55家已经披露的人事薪酬委员会的委员人数情况分析可见，人事薪酬委员会的平均设置人数为3.58人。

7－1－9　信托公司2013年年末董事会下设人事薪酬委员会情况分析表

简称	是否设置	人事薪酬委员会人数	人事薪酬委员会职能
国元信托	是	5	负责审查公司绩效考核、薪酬管理的政策、实施方案及实施状况。
安信信托	是	5	根据董事及高级管理人员的岗位及职责制定薪酬计划和方案、审查董事和高管人员的履行职责进行年度考评。
百瑞信托	是	4	审查公司内部管理机构的设置、调整方案；审查提请董事会聘任的高级管理人员人选；监督公司年度用工总量；审查公司应付工资总额；审查董事会聘任的高级管理人员的年度考核和薪酬发放方案；审查董事、监事薪酬方案；审查人力资源管理制度、政策；其他相关工作。
北方信托	是	4	代表董事会对公司激励机制建设、薪酬分配进行管理。

续表

简称	是否设置	人事薪酬委员会人数	人事薪酬委员会职能
北京信托	是	3	1. 根据经营活动情况、资产规模和股权结构对董事会的规模和构成向董事会提出建议。 2. 研究董事和经营班子的选择标准和程序，并向董事会提出建议。 3. 广泛搜寻合格的董事和经营班子的人选。 4. 对董事候选人和经理人选进行审查并提出建议。 5. 对须提请董事会聘任的其他高级管理人员进行审查并提出建议。 6. 根据董事及高级管理人员管理岗位的主要范围、职责、重要性以及其他相关企业相关位的薪酬水平制定薪酬计划或方案。 7. 薪酬计划或方案主要包括但不限于绩效评价标准、程序及主要评价体系，奖励和惩罚的主要方案和制度等。 8. 审查公司董事（非独立董事）及高级管理人员履行职责情况并对其进行年度绩效考评。 9. 负责对公司薪酬制度执行情况进行监督。
渤海信托	否		
长安信托	是	3	研究董事、经理人员的选择标准和程序并提出建议；广泛搜寻合格的董事和经理人员的人选；对董事候选人和经理人选进行审查并向董事会提出建议；研究董事与经理人员考核的标准，年终进行考核并提出建议；研究和审查董事、监事、高级管理人员的薪酬政策与方案等；董事会授予的其他职责。
长城新盛信托	是	4	1. 和审查高级管理人员的薪酬及奖惩方案并向董事会提出建议。 2. 拟订业务绩效考核制度方案，按照每年的经营情况，拟订具体的提取金额、分配标准、操作细则以在当年税后利润的一定比例中提取信托经理人激励基金和员工奖励基金，并将该等方案提交公司董事会审议。 3. 对总经理拟订的公司职工工资、福利、奖惩制度等方案提出专业意见。 4. 根据公司内外部情况变化，适时提出薪酬规划、激励计划以及业务绩效考核奖惩制度、业务绩效考核制度的调整意见。 5. 了解公司薪酬制度、激励计划和业务绩效考核奖惩制度、业务绩效考核制度的执行情况；以及经董事会授权的其他职权。
重庆信托	是	5	对董事会的规模和构成向董事会提出建议；制定董事及高级刮泥人员薪酬计划或方案；研究董事、高级管理人员的选择标准和程序，并向董事会提出建议；搜寻合适的独立董事和高级管理人员的人选；对董事、高级管理人员人选进行审查并提出建议；审查公司董事及高级管理人员的履行职责情况；负责对公司薪酬制度执行情况进行监督；董事会授权的其他事宜。
大业信托	是	3	旨在评价公司的绩效考核办法和薪酬管理制度，并提出建议。
东莞信托	是	3	研究和审查高级管理人员的薪酬政策与方案。
方正东亚信托	是	未披露	研究董事、监事、总经理和其他高级管理人员的薪酬标准，根据董事、监事、总经理和其他高级管理人员的职责与重要性，参考同业相关岗位的薪酬水平，制定薪酬计划或方案并监督薪酬计划或方案的实施；拟订考核标准，审查董事、总经理和其他高级管理人员履行职责情况并对其进行年度绩效考评，提交考核评价意见；负责对公司薪酬制度执行情况进行监督；研究董事、高级管理层人员的选择标准和程序，并向董事会提出建议；广泛搜寻合格的董事和经理层人员的人选；对董事、高级管理层人员人选进行审查并提出建议；董事会授予的其他职权。
甘肃信托	是	3	拟订董事、独立董事的选任程序和标准，并对其任职资格进行初步审核；对由董事长提名并由董事会任免的高级管理人员及相关部门负责人任职资格进行初步审核；拟订董事、独立董事、监事的考核办法和薪酬方案；拟订员工绩效考核制度以及激励方案。
粤财信托	否		
国联信托	是	3	负责审核人力资源管理政策，研究薪酬策略，决定薪酬标准
国民信托	是	3	负责检查董事会的架构、人数及组成；研究董事的选择标准和程序，对董事候选人进行审查，并审查独立董事的独立性；拟订公司高级管理人员的薪酬计划和激励考核标准，并依据董事会批准的高级管理人员激励考核标准对其进行考核；拟订公司人力资源发展规划及长期激励机制的方案；对公司的机构设置及人事安排方案进行研究；负责对公司薪酬考核制度执行情况进行检查
国投信托	否		
杭州工商信托	是	3	研究董事、高级管理人员的选择标准和程序并提出建议；研究董事与高级管理人员绩效考核的标准并提出建议；就公司董事及高级管理人员的薪酬政策及架构，以及制定该等政策的程序等薪酬政策向董事会提出建议；对公司薪酬制度的执行情况进行监督等。
湖南信托	是	4	负责拟订公司高级管理人员选择标准、选择程序，对其任职资格和任职条件进行初步审核等；拟订公司薪酬、福利和其他激励计划，并监督实施。
华澳信托	是	3	研究和审查公司薪酬政策与方案。
华宝信托	是	3	负责制定公司董事及高级管理人员的考核标准并进行考核；制定、审查公司董事及高级管理人员的薪酬政策与方案；制订公司长期激励机制和方案，为公司发展提供人才激励保障；制定公司人力资源发展规划。
华宸信托	是	3	寻找符合要求的董事候选人（候选人也可以由股东、董事或其他人推荐），并根据银监会关于金融机构高级管理人员任职资格的要求对其进行初步审查；寻找符合要求的总经理、副总经理、董事会秘书、财务总监候选人（可以由股东、董事或其他人推荐），并根据银监会关于金融机构高级管理人员任职资格的要求对其进行初步审查；拟订执行董事及高级管理人员的薪酬待遇，并就非执行董事的薪酬向董事会提出建议；董事会授权的其他事项。
华能信托	是	3	拟订公司高级管理人员的薪酬与奖励政策，并提请董事会审批；对公司高级管理人员进行考核，并出具绩效评价报告，报董事会核准；审议公司职工的薪酬福利及绩效考核方案；董事会授予的其他职责。

续表

简称	是否设置	人事薪酬委员会人数	人事薪酬委员会职能
华融信托	是	4	根据董事与经营管理层职责、业务范围，研究拟订绩效方案、薪酬政策和考核标准；组织对董事和经营管理层年度履职和绩效完成情况考核；负责对公司绩效管理办法、薪酬制度执行情况的监督、检查和评价等。
华润信托	是	3	负责拟订董事、监事和高级管理层成员的薪酬方案，向董事会提出薪酬方案的建议，并监督方案的实施
华鑫信托	是	3	负责制定公司董事及高级人员的考核标准并进行考核；制定、审查公司董事及高级管理人员的薪酬政策与方案；制定公司长期激励机制和方案，为公司发展提供人才激励保障；制定公司人力资源发展规划。
华信信托	是	3	对公司薪酬体系、绩效考核、人力资源进行规划管理
吉林信托	是	3	负责董事会任命人员提名及资格审核 负责薪酬制度及具体方案的评估、审定以及落实情况的跟踪、监督
建信信托	是	4	1. 组织拟订董事和高级管理人员的选任标准和程序，并对其候选人进行初审，提请董事会决定。 2. 审议公司薪酬方案，提请董事会决定，并监督其执行。 3. 组织拟订公司董事、监事的业绩考核办法和薪酬方案，提交董事会审议。 4. 组织对公司董事、监事及高级管理层的业绩考核，提出对董事、监事及高级管理层薪酬分配的建议，提交董事会审议。 5. 检查及批准向执行董事及高级管理人员支付的与丧失或终止职务或委任有关的赔偿，以确保该等赔偿按有关合同条款决定；若未能按有关合约条款决定，有关赔偿亦须合理适当。 6. 检查及批准因董事行为失当而解雇或罢免有关董事所涉及的赔偿安排，以确保该等安排按有关合约条款决定；若未能按有关合约条款决定，有关赔偿亦须合理适当。 7. 董事会授予的其他职责。
江苏信托	是	5	审议关于公司薪酬考核的规划、制度、规则、报告等，为董事会决策提供依据和建议；监督公司薪酬考核政策实施。
交银国际信托	否		
昆仑信托	是	4	研究拟订公司整体薪酬政策；拟订公司高级管理人员的薪酬制度、考核办法和激励方案；对公司高级管理人员进行绩效考评；对公司整体薪酬制度的执行情况进行指导、监督。
陆家嘴信托	是	3	根据公司经营发展战略、资产规模和业务结构等，对董事会的规模和结构向董事会提出建议；拟订公司董事和高级管理人员的选任程序和标准，对董事和高级管理人员的任职资格和条件进行初步审核，并向董事会提出建议；拟订公司董事和高级管理人员的考核标准，据此进行考核并提出建议；拟订公司董事和高级管理人员的具体薪酬和激励方案，向董事会提出薪酬方案的建议，并监督实施；董事会授权的其他事宜。
平安信托	是	3	审议公司提名与薪酬管理的策略和计划；审核公司人员编制、薪酬总额、薪酬制度、年度薪酬方案、考核方案；审议公司考核与奖惩制度等。
山东信托	是	5	根据高级管理人员管理岗位的主要范围、职责、重要性以及其他相关企业相关岗位的薪酬水平拟订薪酬计划或方案；审查公司高级管理人员履行职责情况；董事会授权的其他事项。
山西信托	是	5	审定公司的薪酬制度，制定公司高级管理人员的绩效评价标准和薪酬标准。
陕国投	是	3	研究董事与高级管理人员考核的标准，进行考核并提出建议；研究和审查董事、高级管理人员的薪酬政策与方案等。
爱建信托	是	3	研究制订高管人员的薪酬计划与考核方案；审查高管人员的职责履行情况并对其进行年度绩效考评；监督公司薪酬制度的制定与执行情况。
上海信托	是	3	研究、拟订和执行公司董事、经理及其他高级管理人员的考核标准和办法，并提出意见或建议；研究、拟订和审查公司董事、经理及其他高级管理人员的薪酬政策和方案，并提出意见或建议；审查公司董事及高级管理人员的履行职责情况并对其进行年度绩效考评；负责对公司薪酬制度执行情况进行监督检查；建议聘请外部中介机构提供专业咨询意见；董事会授权的其他事宜。
四川信托	否		
苏州信托	是	4	审议公司提交的薪酬管理策略和计划；审核公司人力资源计划与安排、薪酬方案和绩效考核的建议方案；跟踪、监督公司薪酬制度的落实情况。
天津信托	是	4	根据董事、高级管理人员和公司员工管理岗位的主要范围、职责、重要性以及其他相关公司相关岗位的薪酬水平制定薪酬计划或方案；薪酬计划或方案主要包括但不限于绩效评价标准、程序及主要评价体系，奖励和惩罚的主要方案和制度等；审查公司董事及高级管理人员履行职责的情况并对其进行年度绩效考评；负责对公司薪酬制度执行情况进行监督；董事会授权的其他事宜。
万向信托	否		
五矿信托	是	3	主要负责拟订公司的薪酬及绩效考核方案，对公司高级管理人员进行考核，研究公司董事、总经理人选的选择标准和程序并提出建议
西部信托	是	3	负责制定公司董事、高管人员的薪酬标准与方案，审查公司董事、高级管理人员履行职责并对其进行年度考核；负责对公司薪酬制度执行情况进行监督。

续表

简称	是否设置	人事薪酬委员会人数	人事薪酬委员会职能
西藏信托	是	未披露	1. 研究董事、监事、总经理和其他高级管理人员的薪酬标准，根据董事、监事、总经理和其他高级管理人员的职责与重要性，参考同业相关岗位的薪酬水平，制定薪酬计划或方案并监督薪酬计划或方案的实施。 2. 拟订考核标准，审查董事、总经理和其他高级管理人员履行职责情况并对其进行年度绩效考评，提交考核评价意见。 3. 负责对公司薪酬制度执行情况进行监督。 4. 研究董事、经理层人员的选择标准和程序，并向董事会提出建议。 5. 广泛搜寻合格的董事和经理层人员的人选。 6. 对董事、经理层人员人选进行审查并提出建议。 7. 董事会授权的其他职权。
厦门国际信托	是	3	研究并提出公司高管人员的薪酬和绩效考核方案；对高管人员进行年度绩效考评；提出高管人员年度薪酬分配数建议，报公司董事会审定。
新华信托	是	6	审议或拟订公司考核、奖惩及薪酬等涉及公司人事管理的主要制度和政策，并检查督导执行情况；审议公司《章程》约定的应由董事会管辖的人员的报酬事项，并对其履行职责情况和年度绩效进行考评，拟订具体的奖惩方案；检查督导公司人事制度的执行情况；董事会授予的其他权限。
新时代信托	是	5	对公司董事和总裁的人选、选择标准和程序进行选择并提出建议，同时对总裁提名的财务负责人，以及总裁提名的其他高级管理人员、董事长提名的董事会秘书人选进行审查并提出建议；负责制定公司董事、高级管理人员以及其他员工的全员考核标准并进行考核，对董事会负责。
兴业信托	是	5	主要负责拟订董事和高级管理人员的薪酬方案、考核标准，监督方案的实施
英大信托	是	3	负责审核公司的人事与薪酬管理制度，监督公司人力资源管理工作，对人力资源管理及绩效考核等工作提出建议和意见。
云南信托	是	5	研究董事、总裁的选择标准和程序及考核标准，并提出建议。
浙金信托	是	3	研究董事、高级管理经理人员的选择标准和程序并提出建议；广泛搜寻合格的董事和高级管理人员的人选；对董事候选人和高级管理人员的人选进行审查并提出建议；研究董事与高级管理人员绩效考核的标准并提出建议；公司董事及高级管理人员的薪酬政策及架构，以及制定该政策的程序等薪酬政策向董事会提出建议；对公司薪酬制定的执行情况进行监督；董事会授权的其他事宜。
中诚信托	是	3	评价公司的绩效考核办法和薪酬管理制度并提出建议。
外贸信托	否		
金谷信托	是	3	负责制定、审查公司高级管理人员（以下简称高管人员）的薪酬政策与方案，拟订公司高管人员的考核标准并进行考核，接受董事会授权的其他事项。
中国民生信托	是	未披露	未披露。
中海信托	是	2	研究董事与总裁人员考核的标准，进行考核并提出建议；研究和审查董事、高级管理人员的薪酬政策与方案等。
中航信托	是	3	研究董事与高级管理人员考核的标准，进行考核并提出建议；研究与审查董事、高级管理人员的薪酬政策与方案。
中建投信托	是	5	1. 研究、拟订公司高级经营管理人员业绩考核办法和薪酬管理办法并提交董事会。 2. 研究并提出公司高级经营管理人员的年度薪酬方案，依据公司高级经营管理人员的业绩，拟订薪酬及奖惩建议方案并提交董事会。 3. 监督公司薪酬制度与奖惩制度的执行情况。 4. 董事会授权的其他事宜。
中江信托	是	未披露	未披露。
中粮信托	否		
中融信托	是	2	制订公司高管人员的考核标准和薪酬标准，对公司高管人员的薪酬及奖励执行情况进行监督、检查并向董事会报告。拟订董事和高级管理人员的选任程序和标准；对董事和高级管理人员的任职资格进行初步审核，并向董事会提出建议。
中泰信托	是	5	负责制定董事及高级管理人员的薪酬政策、考核标准并进行考核。
中铁信托	是	3	负责董事及高级管理人员的任职、薪酬与考核管理。
中信信托	是	3	负责拟订董事、高级管理人员、员工的薪酬、福利和其他激励计划，并监督方案的实施；拟订高级管理人员的选择标准、选择程序；对高级管理人员人选的任职资格和条件进行初步审核等。
中原信托	否		
紫金信托	是	3	1. 审核公司薪酬政策或方案、评价和激励机制等。 2. 审查公司董事及高级管理人员的履行职责情况并对其进行年度绩效考评。 3. 根据公司实际情况对董事会的规模和构成向董事会提出建议。 4. 研究董事、高级管理人员的选择标准和程序，并向董事会提出建议。 5. 向股东会、董事会提名董事和高级管理人员候选人。 6. 对董事、高级管理人员人选进行审查并提出建议。 7. 董事会授权的其他事宜。

（三）独立董事分析

68家信托公司全部披露了独立董事人数，但中江信托未对独立董事的详细情况进行披露。具体情况请见表7－1－10、表7－1－11、表7－1－12。

设立独立董事是加强公司治理的一个重要手段。上市公司一般要求独立董事人数占全部董事人数的三分之一以上，这对公司治理非常重要，共有34家信托公司符合这一标准。除中江信托的1位独立董事未披露性别年龄情况外，其他独立董事男性人数为154人，占总人数的89.53%，女性人数为17人，占总人数的9.88%。其中，30~39岁的人数为3人，占总人数的1.74%；40岁以上的人数为168人，占总人数的97.67%。独立董事的平均年龄为54.93岁，高于董事平均年龄。

表7－1－10　披露的信托公司2013年年末独立董事人数构成分析表

简称	董事会成员人数	独立董事成员人数	独立董事占比（%）
国元信托	9	3	33.33
安信信托	9	3	33.33
百瑞信托	10	3	30.00
北方信托	14	3	21.43
北京信托	11	3	27.27
渤海信托	7	3	42.86
长安信托	9	3	33.33
长城新盛信托	11	3	27.27
重庆信托	12	4	33.33
大业信托	8	2	25.00
东莞信托	7	2	28.57
方正东亚信托	7	2	28.57
甘肃信托	8	3	37.50
粤财信托	6	2	33.33
国联信托	9	3	33.33
国民信托	10	3	30.00
国投信托	7	2	28.57
杭州工商信托	9	3	33.33
湖南信托	7	1	14.29
华澳信托	7	2	28.57
华宝信托	9	3	33.33
华宸信托	8	2	25.00
华能信托	9	3	33.33
华融信托	11	4	36.36
华润信托	9	2	22.22
华鑫信托	7	3	42.86
华信信托	9	3	33.33
吉林信托	5	2	40.00
建信信托	9	3	33.33
江苏信托	9	3	33.33
交银国际信托	8	2	25.00
昆仑信托	9	3	33.33
陆家嘴信托	5	2	40.00
平安信托	9	3	33.33
山东信托	8	2	25.00
山西信托	8	1•	12.50
陕国投	6	3	50.00
爱建信托	7	3	42.86
上海信托	11	3	27.27
四川信托	7	3	42.86
苏州信托	6	2	33.33

续表

简称	董事会成员人数	独立董事成员人数	独立董事占比(%)
天津信托	11	2	18. 18
万向信托	13	4	30. 77
五矿信托	7	2	28. 57
西部信托	10	3	30. 00
西藏信托	9	1	11. 11
厦门国际信托	9	3	33. 33
新华信托	10	3	30. 00
新时代信托	9	3	33. 33
兴业信托	9	3	33. 33
英大信托	9	3	33. 33
云南信托	11	2	18. 18
浙金信托	11	3	27. 27
中诚信托	13	3	23. 08
外贸信托	8	2	25. 00
金谷信托	9	2	22. 22
中国民生信托	9	3	33. 33
中海信托	7	2	28. 57
中航信托	9	3	33. 33
中建投信托	5	2	40. 00
中江信托	9	1	11. 11
中粮信托	8	0	0. 00
中融信托	5	1	20. 00
中泰信托	9	3	33. 33
中铁信托	9	3	33. 33
中信信托	9	3	33. 33
中原信托	10	2	20. 00
紫金信托	7	2	28. 57
合计	590. 00	172. 00	29. 15
平均	8. 68	2. 53	29. 15

表 7－1－11　披露的信托公司 2013 年年末独立董事人员性别构成分析表

简称	独立董事人员数	其中男性人数	男性所占比例(%)	其中女性人数	女性所占比例(%)
国元信托	3	3	100. 00	0	0. 00
安信信托	3	3	100. 00	0	0. 00
百瑞信托	3	2	66. 67	1	33. 33
北方信托	3	1	33. 33	2	66. 67
北京信托	3	3	100. 00	0	0. 00
渤海信托	3	3	100. 00	0	0. 00
长安信托	3	3	100. 00	0	0. 00
长城新盛信托	3	3	100. 00	0	0. 00
重庆信托	4	3	75. 00	1	25. 00
大业信托	2	2	100. 00	0	0. 00
东莞信托	2	2	100. 00	0	0. 00
方正东亚信托	2	2	100. 00	0	0. 00
甘肃信托	3	3	100. 00	0	0. 00
粤财信托	2	2	100. 00	0	0. 00
国联信托	3	3	100. 00	0	0. 00
国民信托	3	3	100. 00	0	0. 00
国投信托	2	2	100. 00	0	0. 00

续表

简称	独立董事人员数	其中男性人数	男性所占比例(%)	其中女性人数	女性所占比例(%)
杭州工商信托	3	3	100.00	0	0.00
湖南信托	1	1	100.00	0	0.00
华澳信托	2	2	100.00	0	0.00
华宝信托	3	3	100.00	0	0.00
华宸信托	2	2	100.00	0	0.00
华能信托	3	2	66.67	1	33.33
华融信托	4	3	75.00	1	25.00
华润信托	2	2	100.00	0	0.00
华鑫信托	3	1	33.33	2	66.67
华信信托	3	2	66.67	1	33.33
吉林信托	2	2	100.00	0	0.00
建信信托	3	3	100.00	0	0.00
江苏信托	3	3	100.00	0	0.00
交银国际信托	2	0	0.00	2	100.00
昆仑信托	3	3	100.00	0	0.00
陆家嘴信托	2	2	100.00	0	0.00
平安信托	3	3	100.00	0	0.00
山东信托	2	2	100.00	0	0.00
山西信托	1	1	100.00	0	0.00
陕国投	3	1	33.33	2	66.67
爱建信托	3	3	100.00	0	0.00
上海信托	3	3	100.00	0	0.00
四川信托	3	2	66.67	1	33.33
苏州信托	2	1	50.00	1	50.00
天津信托	2	2	100.00	0	0.00
万向信托	4	4	100.00	0	0.00
五矿信托	2	2	100.00	0	0.00
西部信托	3	3	100.00	0	0.00
西藏信托	1	1	100.00	0	0.00
厦门国际信托	3	3	100.00	0	0.00
新华信托	3	3	100.00	0	0.00
新时代信托	3	2	66.67	1	33.33
兴业信托	3	3	100.00	0	0.00
英大信托	3	3	100.00	0	0.00
云南信托	2	2	100.00	0	0.00
浙金信托	3	3	100.00	0	0.00
中诚信托	3	3	100.00	0	0.00
外贸信托	2	2	100.00	0	0.00
金谷信托	2	2	100.00	0	0.00
中国民生信托	3	3	100.00	0	0.00
中海信托	2	2	100.00	0	0.00
中航信托	3	3	100.00	0	0.00
中建投信托	2	2	100.00	0	0.00
中江信托	1	未披露		未披露	
中粮信托	0	0		0	
中融信托	1	1	100.00	0	0.00
中泰信托	3	3	100.00	0	0.00
中铁信托	3	3	100.00	0	0.00
中信信托	3	3	100.00	0	0.00
中原信托	2	1	50.00	1	50.00
紫金信托	2	2	100.00	0	0.00
合计	172	154	89.53	17	9.88
平均	2.53	2.26	89.53	0.25	9.88

表 7－1－12　披露的信托公司 2013 年末独立董事人员年龄构成分析表

简称	独立董事人员数	其中 20～29 岁人数	20～29 岁比例（%）	其中 30～39 岁人数	30～39 岁比例（%）	其中 40 岁以上人数	40 岁以上比例（%）	独立董事平均年龄
国元信托	3	0	0.00	0	0.00	3	100.00	47.67
安信信托	3	0	0.00	0	0.00	3	100.00	57.00
百瑞信托	3	0	0.00	0	0.00	3	100.00	52.00
北方信托	3	0	0.00	0	0.00	3	100.00	56.00
北京信托	3	0	0.00	0	0.00	3	100.00	54.00
渤海信托	3	0	0.00	0	0.00	3	100.00	61.67
长安信托	3	0	0.00	0	0.00	3	100.00	52.00
长城新盛信托	3	0	0.00	0	0.00	3	100.00	55.33
重庆信托	4	0	0.00	0	0.00	4	100.00	59.75
大业信托	2	0	0.00	0	0.00	2	100.00	68.00
东莞信托	2	0	0.00	0	0.00	2	100.00	56.50
方正东亚信托	2	0	0.00	0	0.00	2	100.00	55.50
甘肃信托	3	0	0.00	0	0.00	3	100.00	60.33
粤财信托	2	0	0.00	0	0.00	2	100.00	49.00
国联信托	3	0	0.00	0	0.00	3	100.00	48.00
国民信托	3	0	0.00	0	0.00	3	100.00	46.33
国投信托	2	0	0.00	0	0.00	2	100.00	62.50
杭州工商信托	3	0	0.00	0	0.00	3	100.00	60.00
湖南信托	1	0	0.00	0	0.00	1	100.00	65.00
华澳信托	2	0	0.00	0	0.00	2	100.00	47.00
华宝信托	3	0	0.00	0	0.00	3	100.00	55.33
华宸信托	2	0	0.00	0	0.00	2	100.00	50.00
华能信托	3	0	0.00	0	0.00	3	100.00	57.67
华融信托	4	0	0.00	0	0.00	4	100.00	57.50
华润信托	2	0	0.00	0	0.00	2	100.00	59.00
华鑫信托	3	0	0.00	1	33.33	2	66.67	49.00
华信信托	3	0	0.00	0	0.00	3	100.00	53.33
吉林信托	2	0	0.00	1	50.00	1	50.00	39.50
建信信托	3	0	0.00	0	0.00	3	100.00	61.00
江苏信托	3	0	0.00	0	0.00	3	100.00	58.00
交银国际信托	2	0	0.00	0	0.00	2	100.00	58.00
昆仑信托	3	0	0.00	0	0.00	3	100.00	56.33
陆家嘴信托	2	0	0.00	0	0.00	2	100.00	45.50
平安信托	3	0	0.00	0	0.00	3	100.00	75.00
山东信托	2	0	0.00	0	0.00	2	100.00	67.00
山西信托	1	0	0.00	0	0.00	1	100.00	55.00
陕国投	3	0	0.00	0	0.00	3	100.00	57.33
爱建信托	3	0	0.00	0	0.00	3	100.00	60.67
上海信托	3	0	0.00	0	0.00	3	100.00	54.33
四川信托	3	0	0.00	0	0.00	3	100.00	52.67
苏州信托	2	0	0.00	0	0.00	2	100.00	65.00
天津信托	2	0	0.00	0	0.00	2	100.00	52.50
万向信托	4	0	0.00	0	0.00	4	100.00	52.50
五矿信托	2	0	0.00	0	0.00	2	100.00	68.00
西部信托	3	0	0.00	0	0.00	3	100.00	54.00
西藏信托	1	0	0.00	0	0.00	1	100.00	66.00
厦门国际信托	3	0	0.00	0	0.00	3	100.00	52.33
新华信托	3	0	0.00	0	0.00	3	100.00	48.33
新时代信托	3	0	0.00	1	33.33	2	66.67	43.67

续表

简称	独立董事人员数	其中20~29岁人数	20~29岁比例(%)	其中30~39岁人数	30~39岁比例(%)	其中40岁以上人数	40岁以上比例(%)	独立董事平均年龄
兴业信托	3	0	0.00	0	0.00	3	100.00	65.67
英大信托	3	0	0.00	0	0.00	3	100.00	57.00
云南信托	2	0	0.00	0	0.00	2	100.00	46.00
浙金信托	3	0	0.00	0	0.00	3	100.00	58.33
中诚信托	3	0	0.00	0	0.00	3	100.00	56.00
外贸信托	2	0	0.00	0	0.00	2	100.00	54.50
金谷信托	2	0	0.00	0	0.00	2	100.00	67.00
中国民生信托	3	0	0.00	0	0.00	3	100.00	63.67
中海信托	2	0	0.00	0	0.00	2	100.00	54.00
中航信托	3	0	0.00	0	0.00	3	100.00	52.00
中建投信托	2	0	0.00	0	0.00	2	100.00	58.50
中江信托	1	未披露		未披露		未披露		未披露
中粮信托	0	0		0		0		
中融信托	1	0	0.00	0	0.00	1	100.00	43.00
中泰信托	3	0	0.00	0	0.00	3	100.00	56.33
中铁信托	3	0	0.00	0	0.00	3	100.00	48.67
中信信托	3	0	0.00	0	0.00	3	100.00	47.33
中原信托	2	0	0.00	0	0.00	2	100.00	48.00
紫金信托	2	0	0.00	0	0.00	2	100.00	66.00
合计	172	0	0.00	3	1.74	168	97.67	
平均	2.53	0	0.00	0.04	1.74	2.47	97.67	54.93

(四)监事会及其基本情况分析

68家信托公司中,有35家披露没有发生变动、33家披露了监事变更次数和变更的详情,详见表7-1-13。33家披露2013年度发生监事变更的公司大部分发生了1~3次的监事变更。

表7-1-13　披露的信托公司2013年监事变更情况表

简称	是否变更	变更次数	期内监事变更详情列示
国元信托	否		
安信信托	是	1	报告期内,监事李宏由于工作变动,辞去监事一职,经2012年度股东大会选举通过,黄晓敏担任监事。
百瑞信托	否		
北方信托	是	1	2013年第二次临时股东大会一致同意《关于部分董事、监事人员调整的议案》。同意天津市财政局提名,选举梅文女士为公司监事,朱振山因到龄退休不再担任公司监事;同意天津天药药业股份有限公司提名,选举袁跃华先生为公司监事,王喆先生因人事变动不再担任公司监事。 拟任监事任职材料已报银监局,尚待批准。
北京信托	否		
渤海信托	是	1	3月29日,2012年度股东会选举童清为第四届监事会非员工监事。
长安信托	否		
长城新盛信托	否		
重庆信托	否		
大业信托	是	1	2013年2月,宁静女士因工作需要辞去公司监事会监事职务;公司股东会选举邵晓怡女士担任公司监事会监事职务。
东莞信托	是	2	1. 经2013年4月26日召开的东莞信托有限公司2013年度股东会第二次临时会议审议通过如下事项:同意公司监事会进行换届,选举产生第四届监事会组成人员,监事为王兆鹏、姚慧怡、胡德新、唐普新、周杰峰,职工监事为谭利玲、陈建锋、邓颂尧。 2. 经2013年4月26日召开的第四届监事会第一次会议审议通过,同意选举王兆鹏为第四届监事会监事长。监事长任期与本届董事会任期相同,并按银监部门规定办理相关任职手续。
方正东亚信托	是	1	本报告期内,公司第一届监事会任期届满,股东会选举产生了第二届监事会。李国军先生、王焕萍女士、岳建强先生、邹小华先生连任监事,吴宏亮先生未连任。王晶先生当选为第二届监事会监事。
甘肃信托	否		
粤财信托	否		

续表

简称	是否变更	变更次数	期内监事变更详情列示
国联信托	是	1	2013 年 7 月 18 日，由于原职工监事殷宏伟离职，经国联信托股份有限公司职工代表大会选举周志明为公司职工监事。
国民信托	是	2	1. 原监事/监事会主席陈世彪先生因个人原因提交辞职申请，经股东会审议通过，于 2014 年 4 月 2 日正式离任，同时股东会选举郑奉伟先生出任公司监事。 2. 原监事罗明耀先生因任期届满离任，经股东会、监事会审议通过，杨林峰先生出任公司监事/监事会主席。
国投信托	否		
杭州工商信托	是	1	2013 年 6 月 17 日，公司 2013 年第一次临时股东大会审议通过《关于变更公司董事的议案》，大会同时通过《关于变更公司监事的议案》，同意刘翌先生不再担任公司监事，以累积投票制选举黄敬培先生为新任监事。
湖南信托	否		
华澳信托	是	1	原监事 Richard Fairbairn Young（杨瑞驰）先生于 2013 年 3 月 25 日经股东会批准不再担任监事职务，由麦格理公司推荐 Christian Gray Drysdale 先生担任监事职务。
华宝信托	是	1	2013 年 4 月，原职工监事高卫星因工作安排，不再担任监事一职。经公司职工代表大会决议，同意聘请丁杰为职工监事。
华宸信托	是	1	根据中国银监会《关于华宸信托有限责任公司股权变更及修改章程的批复》（[2013]256 号文）公司原股东湖南华菱钢铁集团有限责任公司退出 新引进了包头钢铁（集团）有限责任公司和中国大唐集团资本控股有限公司为战略投资者。公司于 2013 年 11 月 22 日召开股权调整后首次股东会会议、第四届董事会第一次会议及第四届监事会第一次会议，选举张世宏、郝润宝、李独奇为第四届监事会监事，姬文昌为第四届监事会职工监事。
华能信托	否		
华融信托	是	1	报告期内，因工作需要，经 2013 年第二次临时股东会审议通过，选举祝晓军同志为华融国际信托有限责任公司监事，经公司一届九次监事会审议，选举祝晓军监事为华融国际信托有限责任公司监事会主席。
华润信托	是	1	2013 年 3 月 25 日第一次股东会临时会议审议通过了《关于变更华润深国投信托有限公司监事的议案》，2013 年 3 月 25 日第二届监事会第七次临时会议审议通过了《关于选举施长跃为华润深国投信托有限公司监事会主席的议案》，监事会主席及监事变更为施长跃，原监事周日昌退休。
华鑫信托	否		
华信信托	否		
吉林信托	否		
建信信托	否		
江苏信托	否		
交银国际信托	是	1	2013 年 4 月，根据本公司 2013 年股东会第二次会议及第二届监事会第六次会议决议，姚永杰任公司监事长，方建华由于年龄原因不再担任监事长职务。
昆仑信托	是	1	经换届选举，周琳卸任公司董事，改聘邹艳飞为公司监事。
陆家嘴信托	是	1	公司监事万曾炜因个人原因提出辞去监事职务。2014 年 3 月 5 日，公司召开 2014 年第一次股东会，同意选举何勇担任公司监事，万曾炜不再担任公司监事。
平安信托	否		
山东信托	否		
山西信托	是	2	1. 公司于 2013 年 5 月 10 日召开了山西信托股份有限公司第一次股东大会，选举产生了山西信托股份有限公司第一届监事会组成人员；第一届监事会成员为郭志宏、牛海芳、宋晓伟。 2. 公司于 2013 年 5 月 10 日召开了山西信托股份有限公司第一届监事会 2013 年第一次会议，会议选举郭志宏为监事会主席。
陕国投	是	3	1. 公司于 2013 年 1 月完成了监事会换届，选举段小昌为监事会主席，王晓烨为职工监事；原监事杨彬、原职工监事吴滢任期满离任。 2. 2013 年 5 月原监事赵广莉因个人工作变动原因辞去公司第七届监事会监事职务。 3. 根据公司第三大股东西安投资控股有限公司《关于调整陕西省国际信托股份有限公司监事的函》，经公司第七届监事会第二次会议审议，通过了《关于提名周飞为公司第七届监事会监事候选人的议案》，并经公司 2012 年度股东大会选举，周飞先生当选为公司第七届监事会监事。
爱建信托	是	1	2013 年 11 月 4 日，公司召开 2013 年第一次股东会，马金、张凤翔为公司第三届监事会监事，与公司职代会选举的职工监事朱学明共同组成公司第三届监事会。三届一次监事会选举马金为公司第三届监事会主席。
上海信托	否		
四川信托	否		
苏州信托	是	1	报告期内，公司第三届监事会监事江志恒先生因个人原因，不再担任监事。2013 年第三次股东大会表决通过选举张统先生、朱燕琳女士，以及黄慧华女士为第四届监事会（非职工代表）监事，选举陈磊先生、徐李梅女士为第四届监事会职工监事。
天津信托	是	1	审议通过了《关于同意天津信托有限责任公司第七届监事会新增监事人选，监事长提名人选的决议》，同意原监事会成员朱振山、冯金有、王丽、康悦、丁粤军 5 人继续留任。本次股东会同意提名朱振山同志为天津信托有限责任公司第七届监事会监事长。
万向信托	否		

续表

简称	是否变更	变更次数	期内监事变更详情列示
五矿信托	是	1	2013年9月12日,公司召开股东会2013年第二次会议,审议通过《关于公司监事会换届选举的议案》,选举产生公司第二届监事会成员。薛颖、张幼凤当选为公司监事。第一届监事会成员、监事会主席曹大岭任期届满,不再担任公司监事会主席。2013年9月13日,公司召开第二届监事会第一次会议,选举薛颖为公司监事会主席。
西部信托	否		
西藏信托	否		
厦门国际信托	是	1	公司第三届监事会任期届满,公司股东会选举黄威飘、黄昆明、苏东升担任公司第四届监事会成员,其中,苏东升为职工监事。第四届监事会选举黄威飘为监事长。
新华信托	是	1	鉴于修订后的公司章程规定,经股东单位提名,股东大会审议并作出决议,同意选举金锋、毛曙光为监事。
新时代信托	否		
兴业信托	否		
英大信托	否		
云南信托	是	1	2013年5月经全体员工选举朱炜明为公司职工监事。
浙金信托	否		
中诚信托	是	2	1. 2013年2月21日,取得国家工商行政管理总局关于变更吉祥为公司监事的备案通知书,新任监事正式履职。 2. 2013年12月17日,经公司股东会审议通过《关于进行中诚信托公司监事会换届选举的议案》,选举连福忠、刘瑞生、王玉江、吉祥、杨广玉、俞建辉、王言彬为公司监事;王桂华、秦岭为公司职工监事。
外贸信托	否		
金谷信托	否		
中国民生信托	否		
中海信托	是	5	1. 2013年5月31日,公司股东大会2013年第二次临时会议审议通过《关于选举汤全荣为公司监事会监事的提案》,张兆善不再担任公司监事会监事、主席。 2. 2013年6月4日,公司召开监事会二届七次会议,审议通过《关于选举汤全荣为公司第二届监事会主席的议案》,选举汤全荣担任公司第二届监事会主席。 3. 2013年8月29日,公司召开2013年第一次职工代表大会,选举石枫担任公司监事会职工监事,张悦不再担任职工监事。 4. 2013年12月18日,公司召开股东大会2013年第五次临时会议,审议通过《关于选举中海信托股份有限公司第三届监事会监事的议案》。选举逄本利、陈素婷为公司监事会监事,与职工监事共同组成第三届监事会。 5. 2013年12月18日,公司召开监事会三届一次会议,审议通过《关于选举中海信托股份有限公司第三届监事会主席的议案》,选举逄本利先生为公司第三届监事会主席。
中航信托	是	1	本报告期内,公司股东大会对监事会进行了换届,选举了第二届监事会成员。
中建投信托	是	2	1. 因个人原因,曹学文不再公司任职,辞去职工监事一职。 2. 公司职工大会选举李启兵为职工监事。
中江信托	否		
中粮信托	否		
中融信托	否		
中泰信托	否		
中铁信托	是	1	第三届监事会任期届满,12月17日公司股东会2013年第二次会议选举何文、王怀远、陈家均为股东监事,公司职代会推选彭玖雯、严震为职工监事,上述5名监事组成第四届监事会。12月17日,四届一次监事会选举何文为监事长。
中信信托	是	3	1. 2013年6月,舒扬因工作原因辞去公司监事、监事会主席职务。 2. 2013年7月,公司股东会选举吕君芳担任监事职务。 3. 2013年10月,公司监事会选举吕君芳担任监事会主席职务。
中原信托	是	3	1. 经股东单位申请,股东会选举河南中原高速公路股份有限公董事长金雷同志担任监事,关健同志不再担任监事和监事会主席,第四届监事会选举金雷监事担任第四届监事会主席。 2. 经股东单位申请,股东会选举河南投资集团人力资源部业务经理易华同志担任监事,孙彦军同志不再担任监事。 3. 公司内部审计部总经理杨志勇同志被选举为职工监事,孟凡君同志不再担任职工监事。
紫金信托	否		

截至2013年末,68家信托公司均设立了监事及监事会,合计监事274人,平均每家设置监事4人。在监事中有男性198人,占72.26%;女性76人,占27.74%。与董事的性别构成比较,监事的女性占比大于董事的女性占比。从监事的年龄结构来看,20~29岁的人有2人,占0.73%;30~39岁的有43人,占15.69%;40岁以上的有229人,占83.58%;而监事的平均年龄为47.32岁,年龄结构比董事要年轻。总体来说,监事人数及其构成基本合理。

表 7－1－14　披露的信托公司 2013 年末监事会人员性别构成分析表

简称	监事会成员人数	其中男性人数	男性比例(%)	其中女性人数	女性比例(%)
国元信托	2	2	100.00	0	0.00
安信信托	3	1	33.33	2	66.67
百瑞信托	8	5	60.00	3	40.00
北方信托	6	3	66.67	3	33.33
北京信托	7	6	85.71	1	14.29
渤海信托	3	2	33.33	1	66.67
长安信托	6	4	60.00	2	40.00
长城新盛信托	5	4	66.67	1	33.33
重庆信托	3	1	80.00	2	20.00
大业信托	5	2	100.00	3	0.00
东莞信托	8	5	100.00	3	0.00
方正东亚信托	5	4	0.00	1	100.00
甘肃信托	3	3	66.67	0	33.33
粤财信托	3	0	66.67	3	33.33
国联信托	3	2	100.00	1	0.00
国民信托	3	2	100.00	1	0.00
国投信托	3	3	50.00	0	50.00
杭州工商信托	3	2	66.67	1	33.33
湖南信托	3	1	66.67	2	33.33
华澳信托	3	2	100.00	1	0.00
华宝信托	3	3	100.00	0	0.00
华宸信托	4	4	50.00	0	50.00
华能信托	3	3	66.67	0	33.33
华融信托	8	6	100.00	2	0.00
华润信托	3	2	66.67	1	33.33
华鑫信托	3	2	75.00	1	25.00
华信信托	3	2	100.00	1	0.00
吉林信托	4	3	60.00	1	40.00
建信信托	5	5	100.00	0	0.00
江苏信托	6	5	66.67	1	33.33
交银国际信托	3	3	40.00	0	60.00
昆仑信托	5	5	80.00	0	20.00
陆家嘴信托	2	2	100.00	0	0.00
平安信托	3	2	66.67	1	33.33
山东信托	8	8	100.00	0	0.00
山西信托	3	1	100.00	2	0.00
陕国投	3	3	33.33	0	66.67
爱建信托	3	3	100.00	0	0.00
上海信托	3	3	100.00	0	0.00
四川信托	3	1	66.67	2	33.33
苏州信托	5	2	100.00	3	0.00
天津信托	5	4	80.00	1	20.00
万向信托	3	2	66.67	1	33.33
五矿信托	3	0	33.33	3	66.67
西部信托	3	3	50.00	0	50.00
西藏信托	3	2	100.00	1	0.00
厦门国际信托	3	3	60.00	0	40.00
新华信托	5	5	100.00	0	0.00
新时代信托	3	2	66.67	1	33.33
兴业信托	3	1	66.67	2	33.33
英大信托	3	2	80.00	1	20.00
云南信托	7	4	66.67	3	33.33
浙金信托	3	1	88.89	2	11.11

续表

简称	监事会成员人数	其中男性人数	男性比例(%)	其中女性人数	女性比例(%)
中诚信托	9	8	66.67	1	33.33
外贸信托	3	3	80.00	0	20.00
金谷信托	5	2	100.00	3	0.00
中国民生信托	5	4	100.00	1	0.00
中海信托	3	1	66.67	2	33.33
中航信托	5	4	80.00	1	20.00
中建投信托	3	2	66.67	1	33.33
中江信托	3	3	66.67	0	33.33
中粮信托	4	4	80.00	0	20.00
中融信托	3	3	33.33	0	66.67
中泰信托	3	2	66.67	1	33.33
中铁信托	5	4	33.33	1	66.67
中信信托	3	2	66.67	1	33.33
中原信托	5	4	33.33	1	66.67
紫金信托	3	1	66.67	2	33.33
合计	274	198	72.26	76	27.74
平均	4.03	2.91	72.26	1.12	27.74

表7-1-15　披露的信托公司2013年末监事会人员年龄构成分析表

简称	监事会成员人数	其中20~29岁人数	20~29岁比例(%)	其中30~39岁人数	30~39岁比例(%)	其中40岁以上人数	40岁以上比例(%)	监事的平均年龄
国元信托	2	0	0.00	0	0.00	2	100.00	50.00
安信信托	3	0	0.00	2	33.33	1	66.67	39.00
百瑞信托	8	0	0.00	1	40.00	7	60.00	44.25
北方信托	6	0	0.00	0	0.00	6	100.00	50.33
北京信托	7	1	0.00	1	40.00	5	60.00	44.29
渤海信托	3	0	0.00	0	0.00	3	100.00	49.00
长安信托	6	0	14.29	0	28.57	6	57.14	49.50
长城新盛信托	5	0	0.00	2	66.67	3	33.33	44.20
重庆信托	3	0	0.00	0	40.00	3	60.00	50.33
大业信托	5	0	0.00	2	22.22	3	77.78	43.00
东莞信托	8	0	0.00	2	40.00	6	60.00	46.50
方正东亚信托	5	0	0.00	1	0.00	4	100.00	45.20
甘肃信托	3	0	0.00	0	33.33	3	66.67	48.00
粤财信托	3	0	0.00	0	0.00	3	100.00	48.00
国联信托	3	0	0.00	1	66.67	2	33.33	41.67
国民信托	3	0	0.00	1	66.67	2	33.33	42.00
国投信托	3	0	0.00	0	33.33	3	66.67	46.00
杭州工商信托	3	0	0.00	0	0.00	3	100.00	54.67
湖南信托	3	0	0.00	0	0.00	3	100.00	45.33
华澳信托	3	0	0.00	1	66.67	2	33.33	44.00
华宝信托	3	0	0.00	2	33.33	1	66.67	40.33
华宸信托	4	0	0.00	0	0.00	4	100.00	50.75
华能信托	3	0	0.00	0	0.00	3	100.00	51.00
华融信托	8	0	0.00	1	25.00	7	75.00	46.25
华润信托	3	0	0.00	0	0.00	3	100.00	49.67
华鑫信托	3	0	0.00	0	33.33	3	66.67	47.33
华信信托	3	0	0.00	0	0.00	3	100.00	57.33
吉林信托	4	0	0.00	0	0.00	4	100.00	53.00
建信信托	5	0	0.00	0	0.00	5	100.00	47.00
江苏信托	6	0	0.00	1	0.00	5	100.00	47.50

续表

简称	监事会成员人数	其中 20～29 岁人数	20～29 岁比例（%）	其中 30～39 岁人数	30～39 岁比例（%）	其中 40 岁以上人数	40 岁以上比例（%）	监事的平均年龄
交银国际信托	3	0	0.00	0	0.00	3	100.00	53.33
昆仑信托	5	0	0.00	0	0.00	5	100.00	49.40
陆家嘴信托	2	0	0.00	0	20.00	2	80.00	48.50
平安信托	3	0	0.00	1	20.00	2	80.00	48.67
山东信托	8	0	0.00	4	33.33	4	66.67	42.13
山西信托	3	0	0.00	0	33.33	3	66.67	46.33
陕国投	3	0	0.00	0	0.00	3	100.00	48.33
爱建信托	3	0	0.00	0	40.00	3	60.00	46.33
上海信托	3	0	0.00	0	0.00	3	100.00	54.67
四川信托	3	0	0.00	2	0.00	1	100.00	42.00
苏州信托	5	0	0.00	2	0.00	3	100.00	41.20
天津信托	5	0	0.00	0	33.33	5	66.67	53.60
万向信托	3	0	0.00	1	40.00	2	60.00	41.00
五矿信托	3	0	0.00	1	0.00	2	100.00	44.00
西部信托	3	0	0.00	1	0.00	2	100.00	42.00
西藏信托	3	0	0.00	0	33.33	3	66.67	49.33
厦门国际信托	3	0	0.00	0	16.67	3	83.33	45.67
新华信托	5	0	0.00	0	0.00	5	100.00	45.80
新时代信托	3	0	0.00	1	80.00	2	20.00	42.00
兴业信托	3	0	0.00	0	0.00	3	100.00	52.00
英大信托	3	0	0.00	0	33.33	3	66.67	47.00
云南信托	7	0	0.00	4	0.00	3	100.00	41.14
浙金信托	3	0	0.00	0	20.00	3	80.00	55.33
中诚信托	9	1	0.00	1	33.33	7	66.67	46.89
外贸信托	3	0	0.00	0	11.11	3	88.89	53.00
金谷信托	5	0	0.00	0	0.00	5	100.00	49.20
中国民生信托	5	0	0.00	1	0.00	4	100.00	44.80
中海信托	3	0	0.00	1	0.00	2	100.00	42.33
中航信托	5	0	0.00	0	0.00	5	100.00	50.40
中建投信托	3	0	0.00	1	0.00	2	100.00	50.33
中江信托	3	0	0.00	0	20.00	3	80.00	54.00
中粮信托	4	0	0.00	0	0.00	4	100.00	53.50
中融信托	3	0	0.00	0	33.33	3	66.67	46.33
中泰信托	3	0	0.00	0	40.00	3	60.00	51.67
中铁信托	5	0	0.00	1	33.33	4	66.67	47.40
中信信托	3	0	0.00	0	0.00	3	100.00	43.33
中原信托	5	0	0.00	2	33.33	3	66.67	42.00
紫金信托	3	0	0.00	1	0.00	2	100.00	47.67
合计	274	2	0.73	43	15.69	229	83.58	
平均	4.03	0.03	0.73	0.63	15.69	3.37	83.58	47.32

（五）信托公司 2013 年末股东派出董事和监事情况分析

根据 68 家信托公司所披露的情况，由股东派出的董事为 477 人，占这些公司董事会总人数 590 人的 80.85%，平均每家公司派出 7.01 人；由股东派出的监事共 180 人，占这些公司监事会总人数 274 人的 65.69%。由此可见，目前的信托公司的董事和监事绝大部分是由股东派出的，股东对信托公司日常经营的控制非常明显。

表7-1-16　68家信托公司2013年末股东派出董事和监事情况分析表

简称	董事			监事		
	总人数	其中股东单位派出人数	股东单位派出占比(%)	总人数	其中股东单位派出人数	股东单位派出占比(%)
国元信托	9	9	100.00	2	1	66.67
安信信托	9	6	33.33	3	2	66.67
百瑞信托	10	7	71.43	8	5	90.00
北方信托	14	14	100.00	6	5	83.33
北京信托	11	7	63.64	7	5	71.43
渤海信托	7	4	66.67	3	0	0.00
长安信托	9	8	55.56	6	4	60.00
长城新盛信托	11	11	80.00	5	3	66.67
重庆信托	12	12	100.00	3	2	60.00
大业信托	8	5	88.89	5	3	66.67
东莞信托	7	7	100.00	8	5	66.67
方正东亚信托	7	7	100.00	5	3	66.67
甘肃信托	8	4	100.00	3	2	33.33
粤财信托	6	6	66.67	3	2	66.67
国联信托	9	9	100.00	3	1	100.00
国民信托	10	5	100.00	3	2	66.67
国投信托	7	6	66.67	3	2	50.00
杭州工商信托	9	9	100.00	3	2	66.67
湖南信托	7	5	100.00	3	2	66.67
华澳信托	7	7	75.00	3	2	66.67
华宝信托	9	9	77.78	3	2	66.67
华宸信托	8	6	90.91	4	3	50.00
华能信托	9	8	55.56	3	2	66.67
华融信托	11	11	66.67	8	4	66.67
华润信托	9	5	66.67	3	2	66.67
华鑫信托	7	4	60.00	3	2	50.00
华信信托	9	6	100.00	3	2	60.00
吉林信托	5	3	87.50	4	2	60.00
建信信托	9	6	88.89	5	3	66.67
江苏信托	9	8	77.78	6	4	66.67
交银国际信托	8	6	77.78	3	2	80.00
昆仑信托	9	8	88.89	5	3	60.00
陆家嘴信托	5	3	60.00	2	1	66.67
平安信托	9	9	100.00	3	2	66.67
山东信托	8	5	77.78	8	5	100.00
山西信托	8	6	55.56	3	3	100.00
陕国投	6	3	77.78	3	2	100.00
爱建信托	7	7	60.00	3	2	66.67
上海信托	11	7	63.64	3	2	66.67
四川信托	7	7	100.00	3	2	66.67
苏州信托	6	5	87.50	5	4	80.00
天津信托	11	8	58.33	5	4	80.00
万向信托	13	13	100.00	3	2	66.67
五矿信托	7	4	71.43	3	2	66.67
西部信托	10	6	88.89	3	2	66.67
西藏信托	9	8	55.56	3	2	66.67

续表

简称	董事			监事		
	总人数	其中股东单位派出人数	股东单位派出占比(%)	总人数	其中股东单位派出人数	股东单位派出占比(%)
厦门国际信托	9	6	83.33	3	2	100.00
新华信托	10	10	87.50	5	3	66.67
新时代信托	9	3	33.33	3	2	66.67
兴业信托	9	6	66.67	3	2	66.67
英大信托	9	8	91.67	3	2	60.00
云南信托	11	11	100.00	7	4	66.67
浙金信托	11	11	61.54	3	2	77.78
中诚信托	13	8	57.14	9	7	66.67
外贸信托	8	8	66.67	3	2	60.00
金谷信托	9	7	100.00	5	4	66.67
中国民生信托	9	9	71.43	5	5	66.67
中海信托	7	5	88.89	3	2	66.67
中航信托	9	6	100.00	5	3	60.00
中建投信托	5	5	100.00	3	2	66.67
中江信托	9	8	100.00	3	2	100.00
中粮信托	8	8	54.55	4	3	60.00
中融信托	5	4	100.00	3	2	66.67
中泰信托	9	8	100.00	3	2	66.67
中铁信托	9	5	100.00	5	3	66.67
中信信托	9	9	100.00	3	2	66.67
中原信托	10	6	100.00	5	3	66.67
紫金信托	7	7	100.00	3	2	66.67
合计	590	477	80.85	274	180	65.69
平均	8.68	7.01	80.85	4.03	2.65	65.69

二、公司高管情况分析

(一)公司高管变动情况分析

如表7-2-1反映,68家信托公司中有54家公司披露有高管的变动,相比2012年的42家公司增加12家。

表7-2-1 68家信托公司2013年高管变更情况表

简称	是否变更	变更次数	期内高管变更详情列示
国元信托	是	1	2013年2月,经公司董事会决定,并报经安徽银监局审查核准,聘请程碧波女士为公司总裁助理。
安信信托	是	1	经2013年10月25日七届董事会第八次会议审议通过,聘任朱文为合规总监。
百瑞信托	否		
北方信托	否		
北京信托	是	1	报告期内中国银行业监督管理委员会北京监管局(以下简称北京银监局)批复(京银监复[2013]126号、287号、288号、453号)《关于核准沈易明、田耀山、瞿纲、李民吉北京国际信托有限公司任职资格的批复》及到龄退休等原因,北京银监局核准的公司高管人员由上一报告期13人减至12人。
渤海信托	是	2	1. 3月29日,第四届董事会第一次会议,同意聘任任惊雷先生为董事会秘书兼副总裁职务。 2. 3月29日,第四届董事会第一次会议,同意聘任汪杰宁先生为首席风险控制官。
长安信托	是	1	2013年3月28日,公司第一届董事会第四会议同意聘任邹泽、胡鹏、王方军、黄立军为公司总裁助理。
长城新盛信托	是	1	因工作需要王勇先生不再担任本公司副总经理总经理职务。沈富荣先生、段薇女士担任本公司副总经理职务。
重庆信托	否		
大业信托	是	2	1. 2013年5月,张德荣先生因工作需要辞去公司副总经理兼首席风险控制官职务。2013年6月,公司董事会聘任赖革先生担任公司副总经理兼首席风险控制官职务。 2. 2013年10月,陈国权先生因任期届满不再担任公司财务总监职务,公司董事会聘任孙多伟先生担任公司财务总监职务。截至2013年12月31日,孙多伟先生的任职资格尚待监管部门核准。

续表

简称	是否变更	变更次数	期内高管变更详情列示
东莞信托	是	1	经2013年4月26日召开的第四届董事会第一次会议审议通过如下事项:同意聘任丁暖容为公司总经理,聘任刘绮澜、陈贺健、郑建文为公司副总经理,任期与本届董事会任期相同,并按有关规定向银监部门办理任职手续。
方正东亚信托	是	2	1. 本报告期内,经公司第一届董事会第十次会议审议通过,公司任命曹阳先生为总经理助理。2013年9月13日,曹阳先生的任职资格获得湖北银监局批复核准(鄂银监复[2013]379号)。 2. 本报告期内,公司副总经理万泽源先生退休。经公司第二届董事会第一次会议审议通过,万泽源先生任职至2013年12月31日,之后,由曹阳先生接替其工作职责。
甘肃信托	是	3	1. 依据《中共甘肃省国有资产投资集团有限公司委员会关于解冰华同志任职的通知》(甘国投党[2012]21号),解冰华同志任公司党委委员、书记。 2. 依据甘肃省国有资产投资集团有限公司《关于党宏亮等同志任职的意见》(甘国投发[2013]1号),及2013年2月4日中国银行业监督管理委员会甘肃监管局《关于核准甘肃省信托有限责任公司拟任高级管理人员任职资格的批复》(甘银监复[2013]34号),党宏亮、俞静、鲁林岐同志任公司总裁助理。 3. 依据《甘肃省国有资产投资集团有限公司党委关于鲁林岐等同志职务任免的通知》(甘国投党[2013]8号),鲁林岐同志任公司党委副书记、纪委委员、纪委书记。
粤财信托	是	2	1. 2013年2月杨中一先生因个人原因辞去公司副总经理职务,该变动事项未对公司正常业务发展造成重大影响。 2. 2013年7月,公司因发展需要,聘任李亚娟、陈海珍为公司副总经理,聘任刘东辉为总经理助理。
国联信托	是	1	2013年4月2日,经国联信托股份有限公司第二届董事会第七次会议审议通过,同意聘任朱文革、李正全同志为国联信托股份有限公司副总经理。2013年6月7日,《江苏银监局关于朱文革和李正全任职资格的批复》(苏银复[2013]260号)核准了朱文革、李正全信托公司副总经理的任职资格。
国民信托	是	2	1. 经公司董事会审议通过,并报中国银监会核准,石俊志先生获批为公司总经理。 2. 经公司董事会审议通过,并报北京银监局核准,刘晶女士获批为公司副总经理、刘威先生获批为风控总监、莫百愉先生获批为财务总监。
国投信托	是	2	1. 2013年4月19日,公司第四届董事会第十五次会议同意聘任傅强为公司总经理。经中国银监会核准任职资格,傅强自2013年8月2日起正式履行董事、总经理职责。 2. 2013年9月23日,公司第四届董事会第十八次会议同意聘任李涛为公司财务总监(副总经理级)。经北京银监局核准任职资格,李涛自2013年11月14日起正式履行财务总监(副总经理级)职责。
杭州工商信托	是	2	1. 2013年9月12日,公司第六届董事会第五次会议审议通过《关于任免公司高级管理人员的议案》,聘任叶大志先生为基金运营总监,林海滨先生为资产管理总监,马晓涛先生为风险管理总监,康波女士为财务总监,同时免去张建芳女士的财务总监职务。上述任职资格已在2013年11月15日获浙江银监局批复核准确认(浙银监复[2013]731号)。 2. 由于原职工监事马晓涛先生被聘任为公司高级管理人员,2013年12月2日,经公司全体员工投票选举包晓红女士担任新任监事会职工监事,同时免去马晓涛先生职工监事职务。
湖南信托	是	2	1. 经公司第四届董事会第三十六次临时会议审议批准,同意王晓芸女士辞去风控总监职务,根据总裁提名,拟聘任张林新先生为风控总监(待监管部门核准任职资格后正式聘任)。 2. 根据总裁提名,拟聘任李莉芳女士为副总裁,
华澳信托	是	1	翟振明先生经董事会批准担任公司副总裁职务。
华宝信托	是	2	1. 因工作需要,聘请原公司总经理助理王锦凌任公司副总经理,监管部门2013年5月已核准。 2. 因工作需要,董事会2013年5月审议通过高卫星担任公司董事会秘书。
华宸信托	是	1	根据中国银监会《关于华宸信托有限责任公司股权变更及修改章程的批复》([2013]256号文) 公司原股东湖南华菱钢铁集团有限责任公司退出 新引进了包头钢铁(集团)有限责任公司和中国大唐集团资本控股有限公司为战略投资者。公司于2013年11月22日召开股权调整后首次股东会会议、第四届董事会第一次会议及第四届监事会第一次会议,聘任甄学军为总经理,宋弘为副总经理兼财务总监,向旭平、范永胜、于建琳为副总经理。截至2013年12月31日,宋弘、向旭平、范永胜、于建琳的高级管理人员的任职资格已上报银监部门等待核准。
华能信托	否		
华融信托	是	3	1. 因工作需要,经第七次临时董事会审议通过,聘任范海波同志为我公司总经理助理。 2. 因工作需要,经第二十三次临时董事会审议通过,聘任卢奇茂同志为我公司总经理助理。 3. 因工作需要,经华融国际信托有限责任公司2013年第一届第六次职工代表大会和2013年第三十次临时董事会审议通过,邹俊同志出任公司职工董事、副董事长、总经理,任职资格待中国银行业监督管理委员会核准
华润信托	是	2	1. 报告期内,公司财务总监肖立荣于2013年1月1日调往华润集团,不再于公司任职。 2. 公司副总经理王晓薇于2013年4月30日因个人原因离职。公司已对二人开展了离任审计,并将审计报告报送了中国银行业监督管理委员会深圳监管局。
华鑫信托	否		

续表

简称	是否变更	变更次数	期内高管变更详情列示
华信信托	否		
吉林信托	否		
建信信托	是	1	2013 年 3 月 26 日，第一届董事会第 28 次会议批准同意公司副总裁李凤霞退休离任。
江苏信托	是	1	2013 年 8 月 19 日公司召开四届十三次董事会，聘任胡军同志为公司总经理，原公司总经理陆加芳同志退休。2014 年 1 月 27 日，中国银监会批复（银监复［2014］80 号），核准胡军江苏省国际信托有限责任公司总经理的任职资格。
交银国际信托	是	2	1. 2013 年 4 月，根据本公司第二届董事会第十四次会议决议并报监管机构核准任职资格，孟宪宇、谢洁任公司副总裁。 2. 2013 年 9 月，根据本公司第二届董事会第十七次会议并报监管机构核准任职资格，蔡平任公司副总裁。
昆仑信托	是	1	因公司管理需要，董事会聘任盛湘为副总裁。
陆家嘴信托	是	1	2013 年 12 月 12 日，公司召开第二届董事会第八次会议，审议通过了《关于任免公司总经理的议案》，免去陈文陆家嘴国际信托有限公司总经理职务，聘任丁文忠担任陆家嘴国际信托有限公司总经理。丁文忠的高管人员任职资格待中国银监会核准。
平安信托	是	1	高级管理人员新聘任了顾攀先生、李萌先生为总经理助理，何勇先生因个人原因不再担任公司副总经理。
山东信托	是	2	1. 因工作变动，公司四届八次董事会同意解聘王小林先生公司总经理职务，聘任王映黎女士担任公司总经理，总经理任职资格按规定报送中国银监会核准批复。 2. 因公司发展需要，公司四届九次董事会聘任宋冲、岳增光为公司总经理助理；四届十次董事会聘任马文波担任公司财务总监（兼任计划财务部负责人）。
山西信托	是	2	1. 公司于 2013 年 2 月 2 日召开了山西信托有限责任公司 2013 年第一次临时董事会，聘任张福生、雷淑俊、陈强担任公司副总经理，任职资格已按监管部门规定办理了相关任职手续。 2. 公司于 2013 年 5 月 10 日召开了山西信托股份有限公司第一届董事会 2013 年第一次会议，会议聘任刘叔肄为总经理，焦杨为常务副总经理，史庆瑞、张福生、雷淑俊、陈强为副总经理；聘任雷淑俊兼任财务总监，陈强兼任董事会秘书。
陕国投	是	1	公司于 2013 年元月完成了经营层换届，选举杜磊为常务副总裁，姚卫东为董事会秘书，何熙平、赵东为副总裁，李玲为总经济师，李永周为总会计师；原总经济师胡梦琪、总会计师李玲任期满离任。
爱建信托	是	5	1. 2013 年 3 月 20 日，解聘沈富荣公司副总经理职务。 2. 四届一次董事会经与会董事表决，聘任李洋洋为公司董事会秘书。 3. 四届一次董事会聘任周磊为公司总经理。 4. 聘任李洋洋、钱华、张保华为公司副总经理。 5. 聘任吴淳、姚海岚为公司总经理助理。
上海信托	是	1	公司第五届董事会于 2013 年 6 月 9 日以通讯表决方式召开会议，同意聘任杜娜伟女士为公司副总经理，任期与本届经营班子一致。2013 年 7 月 25 日经中国银监会上海监管局任职资格核准后正式任职。
四川信托	是	2	1. 2013 年 1 月，因工作调整，经公司第一届董事会第二十次会议审议通过，免去吕明昭财务总监职务，聘任胡应福担任公司财务总监，其任职资格经四川银监局核准（川银监复［2013］228 号）。 2. 2013 年 1 月，经公司第一届董事会第二十次会议审议通过，聘任吕明昭为公司总稽核。
苏州信托	是	1	报告期内，公司原总裁张立文同志因个人原因，辞去总裁职务。公司第三届董事会第四十五次临时会议审议通过，同意其辞去本公司总裁职务。公司第三届董事会第十三次会议审议同意聘任沈光俊先生为公司总裁。沈光俊先生的总裁任职资格已经中国银监会核准（银监复［2013］519 号）。
天津信托	否		
万向信托	否		
五矿信托	是	2	1. 2013 年 9 月 13 日，公司召开第二届董事会第一次会议，聘任新一届高级管理层。公司原副总经理张岚任期届满，不再担任公司副总经理。 2. 2013 年 10 月 25 日，公司召开第二届董事会第二次会议（临时会议），审议通过《关于聘任蔡琦同志为公司财务总监的议案》，聘任蔡琦同志为公司财务总监，刘雁同志不再担任公司财务总监。2013 年 12 月 20 日，中国银行业监督管理委员会青海监管局核准蔡琦财务总监任职资格（青银监复［2013］187 号）。
西部信托	否		
西藏信托	否		
厦门国际信托	是	1	2013 年 6 月 20 日，第四届董事会通过决议续聘总经理李自成、副总经理林将。2013 年 8 月 31 日，报经厦门银监局核准任职资格后，第四届董事会聘任胡荣炜、蔡炎坤、郭韶红任公司副总经理。
新华信托	是	2	1. 鉴于欧阳锦绍辞去首席运营官职务，经董事会和股东大会审议并作出决议，同意聘任许耀旂为首席运营官，欧阳锦绍不再担任首席运营官职务。许耀旂的任职资格于 2013 年 3 月 12 日经中国银监会重庆监管局《关于许耀旂同志任职资格的批复》（渝银监复［2013］22 号）核准。 2. 经董事会审议并作出决议，同意聘任张立文为首席风险官。张立文的高级管理人员任职资格于 2013 年 6 月 25 日经中国银监会重庆监管局《关于张立文任职资格的批复》（渝银监复［2013］76 号）核准。

续表

简称	是否变更	变更次数	期内高管变更详情列示
新时代信托	是	3	1. 报告期内，聘任陈祥盛先生为公司常务副总裁。 2. 聘任王晓滨先生、闫锋先生为公司副总裁。 3. 聘任崔延辉先生为公司总裁助理。 均已获得内蒙古银监局的任职资格核准批复。
兴业信托	否		
英大信托	是	2	1. 本年度高级管理人员变动情况说明：公司总经理陈书堂由于工作变动，向董事会申请辞去总经理职务，董事会同意其辞职申请，并聘任张传良担任公司总经理。 2. 根据工作需要，董事会聘任王迎新担任公司副总经理。以上任职正经中国银监会核准过程中。（张传良、王迎新的高管任职资格已于2014年4月经中国银监会银监复[2014]238号文件核准批复。）
云南信托	是	1	2013年2月，监管部门核准舒广先生担任本公司副总裁职务的资格。
浙金信托	是	2	1. 经公司总经理提名，董事会于2013年4月聘任朵元先生为公司副总经理，浙江银监局于2013年7月核准朵元先生公司副总经理的任职资格。 2. 2013年11月，因辛洁先生提出辞去公司总经理职务，公司董事会聘任程兴华先生为公司总经理，程兴华先生担任公司总经理的任职资格已报中国银监会审核。
中诚信托	是	1	2013年6月13日，银监会党委任命刘成相同志为公司党委副书记。
外贸信托	是	3	1. 2013年1月8日，公司第五届董事会第五次会议聘任徐卫晖担任外贸信托总经理。 2. 2013年1月11日，公司第五届董事会第六次会议聘任齐斌为公司副总经理。 3. 2013年9月2日，公司第五届董事会第十三次会议决定聘任刘燕松为公司副总经理。齐斌、刘燕松的任职资格银监会尚在审批过程中。
金谷信托	是	2	1. 因工作需要，经第六届董事会第五次会议审议通过，聘任张利为公司总经理。 2. 因工作需要，经第六届董事会第五次会议审议通过，李廷芳不再担任公司常务副总经理。
中国民生信托	是	1	报告期内，杨自理先生因个人原因，辞去公司董事（含专门委员会委员）、总裁职务。公司董事会同意杨自理先生提出的辞职申请，并委派副董事长冯宗苏先生暂代行总裁职责。
中海信托	是	5	1. 2013年1月21日，公司董事会二届十次会议审议通过《关于同意胡旭鹏辞去中海信托副总裁、董事会秘书职务的议案》，同意胡旭鹏辞去公司副总裁、董事会秘书职务。 2. 2013年2月26日，公司董事会二届十一次会议审议通过《关于聘任张德荣担任公司副总裁职务的议案》，董事会同意聘任张德荣担任公司副总裁职务；审议通过《关于聘任余庆军担任公司总裁助理职务的议案》，董事会同意聘任余庆军担任公司总裁助理职务。6月，余庆军的高管任职资格获得上海银监局核准，并已到任。7月，张德荣的高管任职资格获得上海银监局核准，并已到任。 3. 2013年4月7日，公司董事会二届十二次会议审议通过《关于聘任卓新桥担任公司总裁助理职务的议案》，董事会同意聘任卓新桥担任公司总裁助理职务。6月，卓新桥的高管任职资格获得上海银监局核准，并已到任。 4. 2013年9月6日，公司董事会二届十四次会议审议通过《关于免去魏志刚的公司总裁助理职务及聘任其担任公司副总裁的议案》，董事会同意聘任魏志刚为公司副总裁，并免去其公司总裁助理职务。 5. 2013年12月18日，公司召开董事会三届一次会议，审议通过《关于续聘陈浩鸣担任公司总裁的议案》，同意续聘陈浩鸣先生为公司总裁，聘任期同公司第三届董事会。
中航信托	是	1	高级管理人员中，经公司一届董事会十八次会议审议通过，聘任魏颖晖同志担任公司副总经理。魏颖晖任职资格已于2013年10月得到江西银监局核准（赣银监复[2013]378号）。
中建投信托	是	5	1. 因工作需要，刘屹任公司董事、总经理，张剑平不再担任公司董事、总经理。 2. 因工作需要，秦程宏不再担任公司副总经理、财务总监。 3. 余海、江峡任公司副总经理。 4. 吴凌翔任公司首席风险控制官。 5. 张昳任公司总经理助理。
中江信托	否		
中粮信托	是	1	12月31日，公司董事会同意选聘陈德彪先生担任公司副总经理、张文生先生、杨勇先生担任公司总经理助理，张瑜女士担任公司董事会秘书。上述新任副总经理、总经理助理人选的任职资格尚待中国银行业监督管理委员会核准。
中融信托	是	2	1. 2013年4月，由于工作变动，副总裁谢丙武离任，经第三届董事会第二十四次会议审议通过。 2. 竞聘上岗，总裁提名，第四届董事会第二次会议审议通过游宇为常务副总裁，张东为副总裁，杨巍为副总裁。
中泰信托	是	3	1. 公司董事会审议通过，并经中国银行业监督管理委员会上海监管局核准，于潇女士正式就任公司合规总监职务。 2. 公司董事会审议通过，何德见先生不再担任公司总会计师职务，并不再担任公司任何职务。 3. 叶晓军先生辞任公司总裁助理事宜经董事会批准，报告期内，完成相关手续办理工作。
中铁信托	是	1	经理层成员中，新任2人。经中国中铁股份有限公司2013年11月29日批准，董寰由监事长改任副总经理；王兴任副总经理；其他经理层成员没有变化。

续表

简称	是否变更	变更次数	期内高管变更详情列示
中信信托	否		
中原信托	是	1	董事会聘任赵阳同志担任公司副总裁。
紫金信托	是	2	1. 2013 年 4 月 5 日，公司股东三井住友信托银行推荐甲斐伸一郎先生接替浅野寿夫先生担任公司副总裁。2013 年 5 月 3 日，公司一届二十一次董事会通过了聘任甲斐伸一郎先生担任副总裁的议案。2013 年 7 月 16 日，中国银监会江苏监管局核准甲斐伸一郎紫金信托有限责任公司副总裁任职资格(《江苏银监局关于甲斐伸一郎(KAI shinichiro)任职资格的批复》苏银监复[2013]343 号)。 2. 2013 年 7 月 25 日，公司一届二十五次董事会通过了《关于聘任伍兵先生为公司总裁助理的议案》。2013 年 9 月 23 日，中国银监会江苏监管局核准伍兵紫金信托有限责任公司总裁助理任职资格(《江苏银监局关于伍兵任职资格的批复》苏银监复[2013]497 号)。

(二)公司高管处罚情况分析

66 家信托公司明确表示高管未受到处罚。

金谷信托未明确处罚情况，仅披露“中国银监会于 2013 年 2 月 8 日对本公司下发了《中国银监会办公厅关于金谷国际信托有限责任公司的监管意见》(银监办发[2013]47 号)”。

中粮信托也未明确处罚情况，仅披露“2013 年 12 月 30 日中国银监会对本公司下发了《中国银监会办公厅关于中粮信托有限责任公司现场检查意见书》(银监办发[2013]313 号)”。

三、人员结构分析

对年报中所披露的信托公司人员构成来看，各信托公司普遍拥有一定比例的博士研究生、硕士研究生以及本科以上学历的人员，行业从业人员的整体素质较好。就从业经历而言，大多数人员基本具备了相应的业务经验和一定的专业理财能力。岗位分布包括前台一线业务部门、中台二线业务管理部门、后台三线综合管理部门三个层次。其中，前台一线业务部门包括了信托公司自营、信托业务中直接为客户提供服务的部门，如自营资产管理、运作部门；信托业务的产品研发、营销部门等；中台二线业务管理部门包括了直接为公司自营及信托业务运作提供支持、进行管理与监督的部门，如研究、风险控制、财务核算、稽核审计、信息技术、法律等部门；后台三线综合管理部门包括了除一线、二线以外的其他部门，如人力资源部门、行政管理部门、工会、党办、机关党委等。总体来说，信托公司目前的人员构成基本合理。

(一)员工数量分析

68 家信托公司 2013 年均披露了员工人数，员工总人数。

表 7-3-1　2013 年末员工人数前五名信托公司情况表

序号	简称	人数
1	中融信托	1221
2	平安信托	906
3	新华信托	646
4	中信信托	488
5	长安信托	436

表 7-3-2　2013 年末员工人数后五名信托公司情况表

序号	简称	人数
1	西藏信托	41
2	长城新盛信托	57
3	国联信托	57
4	江苏信托	77
5	重庆信托	83

(二)年龄构成分析

1. 全体员工的年龄构成

2013 年 68 家公司披露的员工总人数为 14038 人，通过对 68 家公司人员年龄构成分析可以看出，20～29 岁的人数占 38.01%，30～39 岁的人数占 39.10%，40 岁以上的人数占 22.89%。人员年龄汇总分析如下：

表 7-3-3 2013 年末披露的 68 家信托公司人员年龄汇总分析一览表

年龄段	2013 年员工人数	所占比例
20~29 岁人数	5 336	38. 01
30~39 岁人数	5 489	39. 10
40 岁以上人数	3 213	22. 89
小计	14 038	100. 00

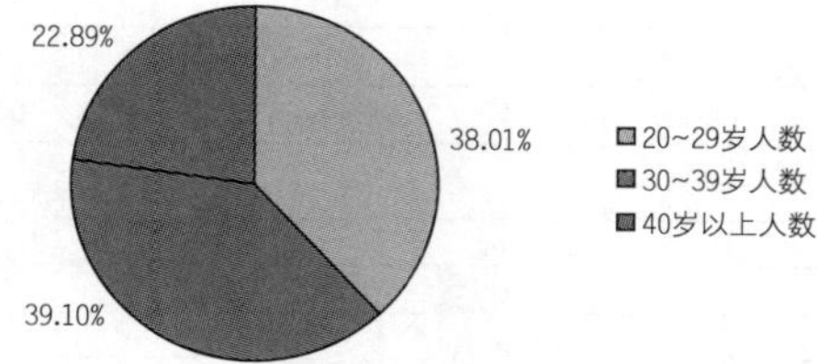

图 7-3-1 2013 年员工年龄汇总分析图

2. 高级管理人员年龄构成分析

2013 年 68 家信托公司的高管总人数为 441 人，平均每家 6. 49 人；2012 年 66 家信托公司的高管总人数为 407 人，平均每家 6. 17 人；2013 年各信托公司的平均高管人数略大于 2012 的平均高管人数。

通过对 68 家公司高管年龄构成的分析可以看出，主要集中在 40 岁以上的年龄段，占 86. 85%。汇总分析如下：

表 7-3-4 2013 年末披露的 68 家信托公司高管年龄汇总分析一览表

分类	人数	所占比例(%)
20~29 岁人数	0	0. 00
30~39 岁人数	58	13. 15
40 岁以上人数	383	86. 85
小计	441	100. 00

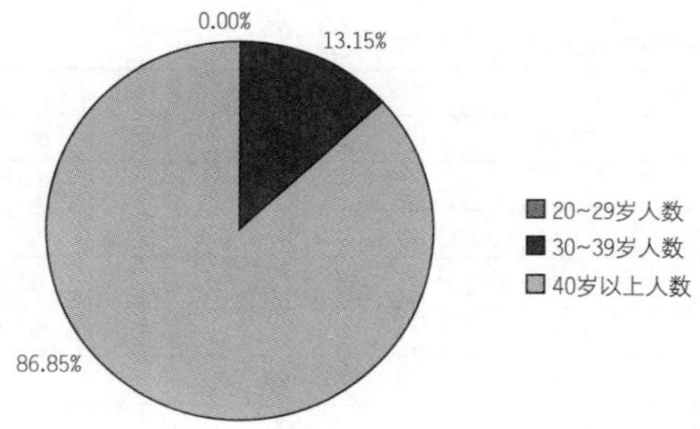

图 7-3-2 2013 年高管年龄汇总分析图

(三)高管性别构成分析

2013 年信托公司 68 家公司中，男性从业人员占 82. 31%，明显高于女性。

表 7-3-5 2013 年末 68 家信托公司高管人员性别汇总分析表

分类	人数	所占比例(%)
男性(人)	363	82. 31
女性(人)	78	17. 69
小计	441	100. 00

(四)学历构成分析

1. 员工的学历构成

2013 年 68 家公司披露的员工总人数为 14 038 人。与 2012 年相比较，2013 年其他类人员学历的比例下降了 0. 42%，大专人员的比例下降了 1. 59%，本科的比例下降了 1. 91%，硕士的比例上升了 4. 07%，博士的比例下降了 0. 15%，说明员工的整体学历水平有所提高。

表 7－3－6　2013 年、2012 年末披露的信托公司员工学历结构比较分析表

学历	2013 年		2012 年		2013 年与 2012 年学历结构比较（%）
	人数	比例（%）	人数	比例（%）	
其他	220	1.57	228	1.99	－0.42
大专	954	6.80	962	8.39	－1.59
本科	6 208	44.22	5 292	46.13	－1.91
硕士	6 326	45.06	4 701	40.99	4.07
博士	330	2.35	287	2.50	－0.15
总计	14 038	100.00	11 470	100.00	

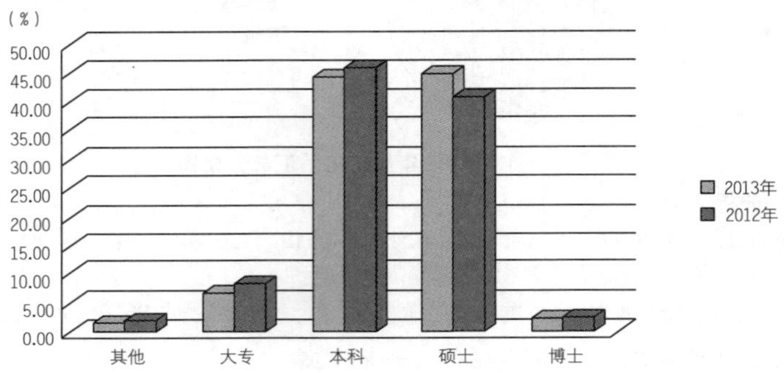

图 7－3－3　员工学历结构比较分析图

2. 高管的学历构成

68 家信托公司中，1 家未在年报中披露高管学历构成。2013 年 67 家信托公司高管的学历构成分析见表 7－3－7。与 2012 年情况相比较，2013 年大专人员的比例下降了 0.65%，本科增加了 0.82%，硕士增加了 0.15%，博士减少了 0.56%，说明高管人员的整体学历水平有所提高。

表 7－3－7　2013 年末高管人员学历结构与上年比较分析表

学历	2013 年		2012 年		2013 年与 2012 年学历结构比较（%）
	人数	比例（%）	人数	比例（%）	
其他	1	0.23	0	0.00	0.23
大专	8	1.83	10	2.48	－0.65
本科	150	34.32	135	33.50	0.82
硕士	236	54.00	217	53.85	0.15
博士	42	9.61	41	10.17	－0.56
总计	437	100.00	403	100.00	

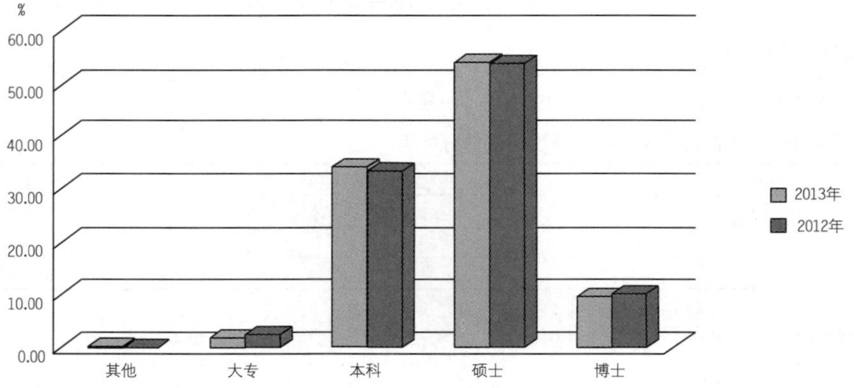

图 7－3－4　高管人员学历结构比较分析图

(五)高管从业年限结构分析

68 家信托公司中,2 家公司未在年报中披露高管从业年限结构,该 2 家高管人数合计为 11 人。在披露的 66 家信托公司中,从业年限 15 年以上的高管人员与上年相比明显增加。

表 7-3-8 2013 年末信托公司高管从业年数与上年比较分析表

学历	2013 年		2012 年		2013 年与 2012 年从业年限比较(%)
	人数	比例(%)	人数	比例(%)	
3 年以下	8	1.86	6	1.54	0.32
3~4 年	10	2.33	10	2.57	-0.25
5~8 年	32	7.44	28	7.20	0.24
9~14 年	85	19.77	86	22.11	-2.34
15 年以上	295	68.60	259	66.58	2.02
合计	430	100.00	389	100.00	

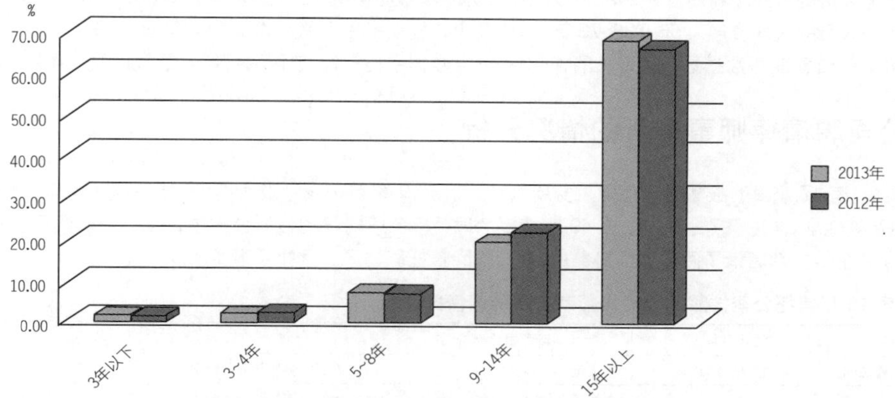

图 7-3-5 高管从业年数比例分析图

(六)员工岗位汇总分析

2013 年 68 家信托公司员工岗位结构分析情况如表 7-3-9。2013 年末信托公司自营业务人员与信托业务人员占公司人数的 60.29%,为主要的员工;董事、监事及高管人员占公司人数的 4.87%,其他人员占公司人数的 34.84%。

表 7-3-9 2013 年末 68 家信托公司已披露的员工岗位汇总分析表

分类	人数	结构比例(%)
董事、监事及高管人员	684	4.87
自营业务人员	681	4.85
信托业务人员	7 783	55.44
其他	4 890	34.84
合计	14 038	100.00

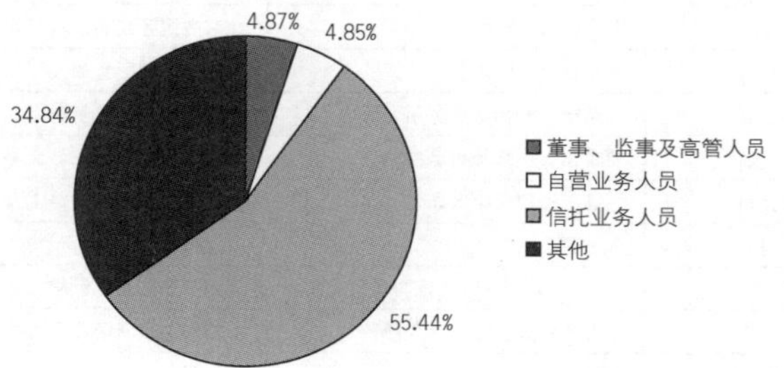

图 7-3-6 员工岗位汇总分析图

表 7-3-10　2013 年末披露的信托公司各岗位与效益分析表

单位：万元

	自营业务	信托业务
人数	681	7 783
营业收入	9 780 051.73	74 118 140.60
人均营业收入	14 361.31	9 523.08
净利润	4 591 552.66	62 737 193.96
人均净利润	6 742.37	8 060.80
资产总额	38 634 989.54	1 090 307 159.02
人均资产总额	56 732.73	140 088.29

对 68 家披露了员工岗位构成的信托公司 2013 年度从事自营业务和信托业务的人员和业务经营效益进行分析后可以得出：

1. 从事自营业务人员的人均营业收入为 14 361.31 万元，比从事信托业务人员的人均营业收入 9 523.08 万元多 4 838.23 万元。

2. 从事自营业务人员的人均净利润为 6 742.37 万元，比从事信托业务人员的人均净利润 8 060.80 万元少 1 318.43 万元。

3. 从事自营业务人员的人均资产为 56,732.73 万元，比从事信托业务人员的人均资产 140 088.29 万元少 833 55.56 万元。

这里应当指出的是，自营业务数据是经过审计的，而信托业务数据未经审计，该因素可能会给数据的计算带来差异。

四、信托公司聘请律师事务所的情况分析

68 家信托公司中，有 17 家没有披露聘请律师事务所的相关情况，2 家明确表示没有聘任律师事务所，其余 49 家披露了聘请的律师事务所的名称及其地址，详见表 7-4-1。在 49 家披露了律师事务所情况的信托公司中，重庆信托、国联信托、国投信托、陆家嘴信托、浙金信托和紫金信托都聘请了两家律师事务所，厦门国际信托聘请了三家律师事务所。

表 7-4-1　2013 年信托公司披露的年度律师事务所聘请情况表

简称	公司中文法定名称	年度律师事务所	律师事务所地址
国元信托	安徽国元信托有限责任公司	中天恒律师事务所	安徽省合肥市濉溪路 287 号金鼎广场 A 座八层
安信信托	安信信托股份有限公司	上海瑛明律师事务所	上海市浦东南路 528 号上海证券大厦北塔 1901 室
百瑞信托	百瑞信托有限责任公司	河南豫都律师事务所	郑州市郑东新区金水东路 49 号绿地原盛国际 3 号楼 A 座 7 楼
北方信托	北方国际信托股份有限公司	未披露	未披露
北京信托	北京国际信托有限公司	北京市华贸硅谷律师事务所	北京市朝阳区慧忠路 5 号远大中心 C 座 17 层
渤海信托	渤海国际信托有限公司	未披露	未披露
长安信托	长安国际信托股份有限公司	北京市康达（西安）律师事务所	西安市南二环西段 68 号世纪星大厦七层 D-E 座
长城新盛信托	长城新盛信托有限责任公司	上海星瀚律师事务所	上海市常德路 1211 号 1204～1207 室
重庆信托	重庆国际信托有限公司	重庆索通律师事务所	重庆市渝中区瑞天路 56 号企业天地 4 号楼九层
		中豪律师事务所	重庆市渝中区邹容路 68 号大都会广场 22 层
大业信托	大业信托有限责任公司	中伦文德律师事务所	中国北京市朝阳区西坝河南路 1 号金泰大厦 19 层
东莞信托	东莞信托有限公司	广东赋诚律师事务所	东莞市莞城区旗峰路 162 号中侨大厦 B 座 23 楼
方正东亚信托	方正东亚信托有限责任公司	未披露	未披露
甘肃信托	甘肃省信托有限责任公司	甘肃正天合律师事务所	甘肃省兰州市通渭路 1 号兰州房地产大厦 15 楼
粤财信托	广东粤财信托有限公司	广东君信律师事务所	广州市农林下路 83 号广发银行大厦 20 楼
国联信托	国联信托股份有限公司	江苏无锡徐刚律师事务所	无锡市金融一街 8 号
		北京天银律师事务所	北京海淀区高梁桥斜街 59 号
国民信托	国民信托有限公司	北京观韬律师事务所	北京市西城区金融大街 28 号盈泰中心 2 号楼 17 层
国投信托	国投信托有限公司	北京市共和律师事务所	北京市朝阳区麦子店街 37 号盛福大厦 19 层/20 层
		北京市天达律师事务所	北京市朝阳区东三环北路 8 号亮马河大厦 2 座 19 层
杭州工商信托	杭州工商信托股份有限公司	浙江天册律师事务所	浙江省杭州市杭大路 1 号黄龙世纪广场 A 座 11 楼
湖南信托	湖南省信托有限责任公司	未披露	未披露
华澳信托	华澳国际信托有限公司	大成律师事务所（上海办公室）	上海市浦东新区世纪大道 100 号上海环球金融中心 24 层
华宝信托	华宝信托有限责任公司	上海市锦天城律师事务所	上海市浦东新区花园石桥路 33 号花旗集团大厦 14 楼
华宸信托	华宸信托有限责任公司	未披露	未披露
华能信托	华能贵诚信托有限公司	北京中盛律师事务所	北京朝阳区建外大街永安东里甲 3 号通用国际中心 1 号楼 A 座 23 层
华融信托	华融国际信托有限责任公司	锦天城律师事务所	北京市东城区东长安街 1 号东方广场 C1 座 6 层

续表

简称	公司中文法定名称	年度律师事务所	律师事务所地址
华润信托	华润深国投信托有限公司	广东经天律师事务所	深圳市滨河大道5022号联合广场A座25层
华鑫信托	华鑫国际信托有限公司	北京市兆源律师事务所	北京市西城区宣武门西大街甲129号金玉大厦
华信信托	华信信托股份有限公司	辽宁双护律师事务所	大连市沙河口区西安路90号广荣大厦1601室
吉林信托	吉林省信托有限责任公司	吉林义理律师事务所	长春市皓月大路739号
建信信托	建信信托有限责任公司	未披露	未披露
江苏信托	江苏省国际信托有限责任公司	江苏世纪同仁律师事务所	南京市北京西路26号4~5楼
交银国际信托	交银国际信托有限公司	上海市锦天城律师事务所	上海市浦东新区花园石桥路33号花旗集团大厦14楼
昆仑信托	昆仑信托有限责任公司	上海市锦天城律师事务所	上海市浦东新区花园石桥路33号花旗集团大厦14楼
陆家嘴信托	陆家嘴国际信托有限公司	上海市锦天城律师事务所	上海市花园石桥路33号花旗集团大厦14楼
		北京大成律师事务所	北京市东城区东直门南大街3号国华投资大厦12层
平安信托	平安信托有限责任公司	未披露	未披露
山东信托	山东省国际信托有限公司	上海市锦天城律师事务所	上海浦东新区花园石桥路33号
山西信托	山西信托股份有限公司	未披露	未披露
陕国投	陕西省国际信托股份有限公司	观韬律师事务所	未披露
爱建信托	上海爱建信托有限责任公司	未披露	未披露
上海信托	上海国际信托有限公司	上海市锦天城律师事务所	上海浦东新区花园石桥路33号花旗集团大厦14楼
四川信托	四川信托有限公司	泰和泰律师事务所	成都市鼓楼南街117号世界贸易中心A座25楼、27楼
苏州信托	苏州信托有限公司	江苏苏州新天伦律师事务所	苏州市学士街361号
天津信托	天津信托有限责任公司	无	无
万向信托	万向信托有限公司	无	无
五矿信托	五矿国际信托有限公司	未披露	未披露
西部信托	西部信托有限公司	北京市金诚同达律师事务所西安分所	西安市沣惠南路华晶广场B座15层
西藏信托	西藏信托有限公司	北京市嘉源律师事务所	北京复兴门内大街158号远洋大厦F408
厦门国际信托	厦门国际信托有限公司	福建理海律师事务所	厦门市厦禾路820号帝豪大厦18楼
		福建天衡联合律师事务所	厦门市厦禾路666号海翼大厦A栋16层、17层
		福建闽翔律师事务所	厦门市嘉禾路267号惠元大厦12层04座
新华信托	新华信托股份有限公司	未披露	未披露
新时代信托	新时代信托股份有限公司	内蒙古晨鹿律师事务所	包头市工商联大厦六楼A2号
兴业信托	兴业国际信托有限公司	未披露	未披露
英大信托	英大国际信托有限责任公司	北京华贸硅谷律师事务所	北京市朝阳区慧中路5号远大中心C座17层
云南信托	云南国际信托有限公司	云南八谦律师事务所	云南省昆明市十里长街德瀛华府综合楼
浙金信托	浙商金汇信托股份有限公司	通力律师事务所	上海市银城中路68号时代金融中心19楼
		上海锦天城律师事务所	上海市浦东新区花园石桥路33号花旗集团大厦14楼
中诚信托	中诚信托有限责任公司	未披露	未披露
外贸信托	中国对外经济贸易信托有限公司	未披露	未披露
金谷信托	中国金谷国际信托有限责任公司	未披露	未披露
中国民生信托	中国民生信托有限公司	未披露	未披露
中海信托	中海信托股份有限公司	上海市锦天城律师事务所	上海市浦东新区花园石桥路33号花旗大厦14层
中航信托	中航信托股份有限公司	北京市君泽君律师事务所	北京市西城区金融大街9号金融街中心南楼6层
中建投信托	中建投信托有限责任公司	北京市金杜律师事务所上海分所	海市淮海中路999号环贸广场写字楼一期17层
中江信托	中江国际信托股份有限公司	未披露	未披露
中粮信托	中粮信托有限责任公司	北京市君泽君律师事务所	北京市西城区金融大街9号金融街中心南楼6层
中融信托	中融国际信托有限公司	中伦律师事务所上海分所	上海市浦东新区世纪大道8号国金中心二期10~11楼
中泰信托	中泰信托有限责任公司	上海市金茂律师事务所	上海市愚园路168号18层
中铁信托	中铁信托有限责任公司	泰和泰律师事务所	成都市高新区天府大道中段199号棕榈泉国际中心16楼、17楼
中信信托	中信信托有限责任公司	北京市嘉源律师事务所	北京市西城区复兴门内大街158号远洋大厦F407室
中原信托	中原信托有限公司	北京市大成律师事务所郑州分所	郑州市紫荆山路60号金成国贸大厦19层
紫金信托	紫金信托有限责任公司	上海市锦天城律师事务所	上海市浦东新区花园石桥路33号花旗集团大厦14楼
		江苏高的律师事务所	南京市长江路69号保险大厦16层

第八章　信托公司年报信息披露的问题与建议

信托公司的信息披露是根据银监会《信托投资公司信息披露管理暂行办法》和《关于修订信托公司年报披露格式规范信息披露有关问题的通知》的要求进行的。2013 年我们对 68 家信托公司年报的信息披露质量进行分析对比，分析这些财务报告的披露是否符合银监会的要求，同时对年报信息披露中出现的问题，提出相关意见和建议，以便以后年度各公司年报的信息披露能够更真实、完整地反映信托公司的情况。

一、关于信托公司执行《企业会计准则》

2007 年 9 月 29 日，银监会发布了《银行业金融机构全面执行 <企业会计准则> 的通知》，要求"政策性银行、中国农业银行、非上市的股份制银行、中国邮政储蓄银行、城市商业银行、信托公司、财务公司、金融租赁公司、汽车金融公司、货币经纪公司、外资银行等从 2008 年起按照新会计准则编制财务报告"。

2013 年 68 家信托公司固有业务中，68 家明确披露已执行《企业会计准则》，其中 1 家还同时执行了《金融企业会计制度》。信托行业固有业务采用统一的会计政策将提高会计信息的可比性和有用性，有利于分析和评价风险状况以及财务成果。

为提高信托业务的会计信息质量，完善信托业务风险管理，银监会决定自 2010 年 1 月 1 日起，要求信托公司信托业务的会计核算执行《企业会计准则》。

2013 年 66 家信托公司信托业务执行《企业会计准则》(2006 年)，其中 1 家同时执行了《金融企业会计制度》(2005 年)，1 家同时执行了《信托业务会计核算办法》；其余 2 家信托公司信托业务执行《信托业务会计核算办法》。2012 年共有统计 66 家信托公司，有 64 家执行了《企业会计准则》，其中 1 家同时执行《信托业务会计核算办法》，1 家同时执行了《金融企业会计制度》；其余 2 家执行《信托业务会计核算办法》；2011 年共有统计 64 家信托公司，有 58 家执行了《企业会计准则》，其中 1 家同时执行《信托业务会计核算办法》，1 家同时执行了《金融企业会计制度》；其余 6 家执行《信托业务会计核算办法》。

2013 年信托公司财务报表涉及上年金额和本年金额的披露，部分公司对比较报表年初数进行了调整，本次统计时全部采用本期报告数据进行汇总，这导致了数据统计前后略有差异。

二、建议各信托公司按照统一的格式进行信息披露

在前几年的年报披露信息分析报告中，我们一直提出虽然大部分公司采用的是统一的会计报表格式，但是仍有部分公司披露的会计报表格式和会计科目归类不同。此次在对 2013 年度年报信息进行汇总时，依然存在下述问题：

1. 信托公司披露的年度报告未按照统一的格式披露，少数公司会计报表的格式与大部分公司有较大差异。虽然 2013 年 68 家信托公司固有业务都披露实行了《企业会计准则》，1 家同时执行《金融企业会计制度》和《企业会计准则》。但是有的公司采用一般企业的财务报表格式，有的公司采用了商业银行的财务报表格式，还有的公司根据自身业务的特点对相关报表格式进行了调整和补充，导致许多报表科目名称有很大的差异，给归类汇总带来了一定困难。为了使会计指标具有可比性，我们在统计这些数据时按照统一的口径作了适当的调整。

2. 一些公司只披露年度报告的摘要部分，未披露全文部分；有的公司披露的报表不完整，未披露固有资产的所有者权益变动表或未披露所有者权益变动表上年金额；有的公司披露的两年比较报表不平，上年年末未分配利润不等于本年年初未分配利润；还有部分公司年报中的表格勾稽关系不准确，导致表格不平。

上述提及的披露报表格式的差异以及对所要求披露的各项财务数据各公司计算口径不统一的情况，将影响各信托公司报表的可比性，并影响最终行业汇总金额的准确性。

根据银监会的要求，信托公司的固有业务和信托业务自 2010 年起均需执行《企业会计准则》，按照"报表需要满足利益相关者"的原则，建议根据新会计科目体系的设置，对信托公司特有报表项目进行创设，制定统一的信息披露要求，统一口径并要求所有信托公司均按照统一标准进行计算和信息披露，以便对整个信托行业的各家信托公司之间可以进行横向比较，在信托行业内统一核算标准，提高披露信息的质量。

三、信托公司应当规范信息披露时间和质量要求，完善信息披露制度

2013 年除 2 家公司外，其余 66 家信托公司均披露了审计报告出具日，但绝大部分公司都未披露签发日或报告日。由于签发或披露报告日与报告出具日之间的时间段在会计上属于资产负债表日后事项。如果这段期间发生了重大事项，根据有关规定应当在年度报告中披露。

《信托投资公司信息披露管理暂行办法》对签发或披露报告日未做相关规定，我们认为对此问题应进行明确和规范。年度报告签发日期应接近审计报告日，以避免间隔时间过长，产生未披露的期后事项，进而影响报告使用者的判断。

在上市公司的信息披露要求中规定，“上市公司应在会计师事务所出具审计报告后两个工作日内完成年度报告的编制工作，并且在董事会审议通过年度报告后两个工作日内向证券交易所报送有关材料”。建议各家公司参照上市公司披露年报的要求，限定在两个工作日内披露。

四、关于2013年期初数调整的事项

在汇总2013年各信托公司报表时，我们发现仍有3家公司年初数与上年公告的年末数不一致，仅1家信托公司披露了年初数变动的原因，仍有2家公司未披露原因。

信托公司应当在年报中将调整年初数的原因进行披露，这样可以方便报告使用者的阅读和判断，同时也可以有效控制部分公司企图通过随意调整年初未分配利润来达到调整当期利润的目的。

此外，我们认为金额重大的追溯调整事项，公司还应报董事会批准通过。

五、信托公司信息披露质量仍需提高

有些公司仍未完全按照《信托投资公司信息披露暂行管理办法》和《关于修订信托公司年报披露格式规范信息披露有关问题的通知》要求进行相关信息的披露。例如与公司治理相关的信息根据规定要求披露：(1)年度内召开股东大会(股东会)情况；(2)董事会及其下属委员会履行职责的情况；(3)监事会及其下属委员会履行职责的情况；(4)高级管理层履行职责的情况；(5)内部控制情况。我们发现按规定披露股东会、董事会以及监事会三会情况的有67家，披露董事会下设机构年度履行职责的公司数量有48家。未见披露股东会等三会情况的1家公司和董事会下设机构开会情况的20家公司中，有多少是实际存在相应的治理机制和实际履行职责的行为而未进行披露，有多少是不存在相应机构履行职责的不得而知。建议各信托公司严格按照《信托投资公司信息披露暂行管理办法》和《关于修订信托公司年报披露格式规范信息披露有关问题的通知》要求进行相关信息的披露。

六、关于信托资产报表的审计问题

《信托投资公司信息披露管理暂行办法》要求对自有资产进行审计，而对信托资产没有作要求。

注册会计师为了确认信托公司是否有“违反信托目的、违背管理职责、管理信托事务不当造成信托资产损失”的情况发生和是否需要“以信托赔偿准备金赔偿”的事项存在，因此认为对信托资产的审计是相当重要的。如仅审计固有资产，而不对信托资产审计，则当发生“违反信托目的、违背管理职责、管理信托事务不当造成信托资产损失的”和“以信托赔偿准备金赔偿”的事宜而影响固有资产情况时，注册会计师会因为无法全面了解而无法对固有资产发表审计意见。

信托公司2013年度年报披露中虽然包括了信托资产报表，但只有部分会计师事务所的审计报告对信托公司固有资产和信托资产发表意见，大多数会计师事务所只是对信托公司固有资产发表审计意见，而未对信托资产发表意见。虽然目前《信托投资公司信息披露管理暂行办法》要求对固有资产进行审计，而没有对信托资产作要求，但我们建议在对固有资产审计时，还应当审计信托资产，因为信托业务是信托公司的主业且信托公司管理的信托资产增长幅度明显大于自营业务资产的增长幅度，这些都表明了信托业务的迅速增长对信托公司利润的影响越来越重要。至于是否对信托资产出具审计报告，可由相关部门来决定。

七、信托公司应当改变股权高度集中的现状

2010年56家信托公司的第一大股东的平均持股比例为65.34%，2011年64家信托公司的第一大股东的平均持股比例为65.59%，2012年66家信托公司的第一大股东的平均持股比例为64.56%，2013年68家信托公司的第一大股东的平均持股比例为65.02%，四年基本持平，股权集中度相当高。股权过于集中，不利于完善公司治理结构，同时也不利于控股股东杠杆效应的发挥。目前，公司的第一大股东往往是一些大的集团公司、机关法人，这种状况有利于信托公司利用集团的信誉和实力拓展业务，但如果信托公司治理结构不完善，信托公司将会成为集团公司的融资平台，加大信托公司自身的风险。因此信托公司应注重分散股权的集中情况，改变这种“一股独大”的局面，加强公司的独立性。

八、信托公司应当严格规范关联交易的披露

信托公司的关联交易是一个比较敏感和重要的问题。过多的关联交易有可能演化成大股东侵占信托公司和委托人利益的行为，导致金融风险。而且在许多信托公司中，其盈利指标的提高更多的是依赖大股东或关联企业的支持，所以规范信托公司的关联交易行为是非常重要的。

在2013年年报中，我们关注到68家公司披露的关联交易总金额为4 784.40亿元，涉及关联方704个。在2012年年报中，我们关注到66家公司披露的关联交易总金额为5 225.63亿元，涉及关联方474个。与以前年度相比较，关联交易方数量增加但交易金额有所下降。信托公司关联交易普遍的现象说明其市场拓展能力尚待提高。

关联交易在经济生活中是一个普遍现象，但是在法制不健全的情况下，关联交易常常成为个别企业转移资产、掩盖风险、挪用信托资金、违规进行投资的工具。因此严格规定关联交易的披露，一定程度上可以揭示问题，防范和减轻风险，对交易事项的内容、时间、性质、定价和交易对象的经济实力等应作出必要的披露，对不按规定进行披露的公司应进行相应的处罚。

九、信托公司应当遵循或有事项准则的要求披露对外担保、未决诉讼等情况

《企业会计准则第13号——或有事项》(2006)第十四条、第十五条规定，企业应当在附注中详细披露与或有事项有关的相关信息，如预计负债的种类、形成原因以及经济利益流出不确定性的说明；各类预计负债的期初、期末余额和本期变动情况；与预计负债有关的预期补偿金额和本期已确认的预期补偿金额。

2013年年报中仍有部分公司未按照会计准则的要求详细披露或有事项，如未决诉讼事项中有3家信托公司未详细披露涉案金额。

2013年度各公司年度报告

安徽国元信托有限责任公司

1. 重要提示

1.1 本公司董事会及董事保证本报告所载资料不存在任何虚假记载、误导性陈述或者重大遗漏，并对其内容的真实性、准确性和完整性承担个别及连带责任。

1.2 未有董事对年度报告内容的真实性、准确性和完整性无法保证或存在异议的情况。

1.3 本公司独立董事鲍金桥、孙晓、宋炳山声明：保证年度报告内容的真实、准确、完整。

1.4 华普天健会计师事务所(特殊普通合伙)根据中国注册会计师审计准则对本公司年度财务报告进行审计，出具了标准无保留意见的审计报告。

1.5 本公司董事长过仕刚、总裁张彦、总会计师兼计划财务部总经理朱先平声明：保证本年度报告中财务报告的真实、完整。

2. 公司概况

2.1 公司简介

2.1.1 公司法定中文名称：安徽国元信托有限责任公司
中文名称缩写：国元信托
公司法定英文名称：Anhui Guoyuan Trst Co. ,Ltd.
英文名称缩写：Guoyuan Trust

2.1.2 法定代表人：过仕刚

2.1.3 注册地址：安徽省合肥市庐阳区宿州路20号
邮政编码：230001
公司国际互联网网址：www. gyxt. com. cn
电子信箱：xtbgs@ gyxt. com. cn

2.1.4 公司信息披露事务负责人：虞焰智
联系电话：(0551)62631010
传真：(0551)62620261
电子信箱：yuyanzhi@ gyxt. com. cn

2.1.5 公司选定的信息披露报纸：《上海证券报》

2.1.6 公司年度报告备置地点：安徽省合肥市庐阳区宿州路20号17层及公司网站

2.1.7 公司聘请的会计师事务所：华普天健会计师事务所(特殊普通合伙)
住所：北京市西城区阜成门外大街22号外经贸大厦920~926

2.1.8 公司聘请的律师事务所：中天恒律师事务所
住所：安徽省合肥市濉溪路287号金鼎广场A座八层

2.2 组织结构

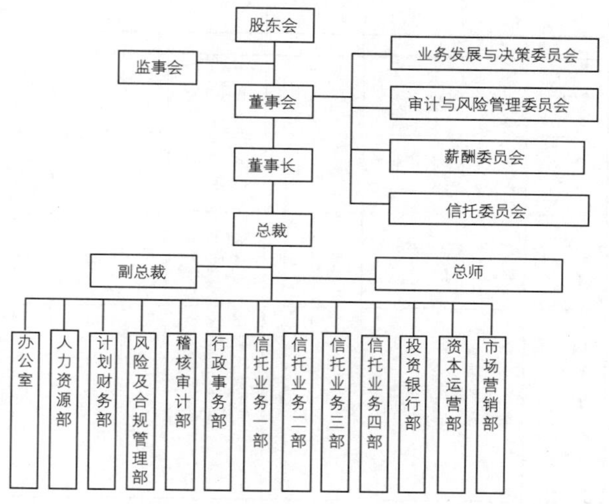

3. 公司治理

3.1 股东

报告期末股东总数7个，前3位股东为安徽国元控股(集团)有限责任公司、深圳中海投资管理有限公司、安徽皖投资产管理有限公司，其中安徽国元控股(集团)有限责任公司和安徽皖投资产管理有限公司为国有独资公司。股东基本情况为：

股东名称	持股比例(%)	法人代表	注册资本(万元)	注册地址	主要经营业务及主要财务情况
安徽国元控股(集团)有限责任公司	49.6875	过仕刚	300 000.00	安徽省合肥市寿春路179号	受权管理国有资产、资本运营、收购兼并等。2013年末资产总额4 117 788.61万元，负债1 908 055.38万元，净资产2 209 733.23万元，净利润150 349.46万元
深圳中海投资管理有限公司	40.375	孔庆平	195 000.00	深圳市福田区海滨广场福星、福安阁裙楼三层302A	股权投资、投资管理、受托资产管理；建筑、投资项目咨询、监理；房地产、国内贸易等。2013年末资产总额为457 664.46万元，负债164 928.13万元，所有者权益292 736.33万元，净利润17 558.99万元
安徽皖投资产管理有限公司	9	葛焱坤	80 000.00	合肥市包河区徽州大道329号兴业商办楼第六层	管理、经营、处置托管资产及不良资产；股权、债权投融资业务；社会化资产管理、服务业务；投资财务咨询服务。2013年末资产总额82 131.86万元，负债1 785.72万元，所有者权益80 346.14万元，净利润129.99万元

3.2 董事

姓名	职务	性别	年龄	选任日期	所推举的股东名称	该股东持股比例(%)	简要履历
过仕刚	董事长	男	57	2012年3月30日	国元集团	49.6875	历任安徽省委办公厅秘书，安徽省国际信托副总经理，国元集团副总经理、党委副书记，国元信托总经理、董事长，现任国元集团总经理，国元信托董事长，第十、第十一届安徽省政协委员。
吴建斌	董事	男	52	2013年8月10日	中海投资	40.375	历任中国海外集团有限公司常务董事、中国海外金融投资有限公司董事长、中国海外发展有限公司副主席、中海投资发展集团有限公司董事长。
许　斌	董事	男	50	2012年3月30日	国元集团	49.6875	历任安徽大学教师、安徽省国际信托法律部主任、国元集团法律部主任、国元信托监事长、国元集团总法律顾问，现任国元集团副总经理。
芦　辉	董事	女	52	2012年3月30日	国元集团	49.6875	历任安徽省国际信托计划财务部科长、副经理，国元集团计划财务部经理、副总会计师，现任国元集团总会计师。
朱毅坚	董事	男	47	2013年8月10日	中海投资	40.3750	历任中国海外集团有限公司助理总经理、纪委书记，中国海外发展有限公司执行董事，中海投资发展集团党务书记兼副总经理。
高　升	董事	男	38	2012年3月30日	中海投资	40.3750	历任中建总公司财务部、中建会计师事务所助理会计师、项目经理，中海集团财务部、CHINASTATE－LELGHTON联营公司、中海财务公司会计师、会计主任、助理总经理，中海实业公司副财务总监、财务总监；现任深圳中海投资公司财务总监。

姓名	所在单位及职务	性别	年龄	选任日期	所推举的股东名称	该股东持股比例(%)	简要履历
鲍金桥	安徽承义律师事务所合伙人、律师	男	48	2012年3月30日	国元集团	49.6875	现任安徽承义律师事务所合伙人、律师，第十一届安徽省政协委员，安徽省政协社会和法制委员会委员。
孙　晓	红塔创新投资股份有限公司总裁	男	51	2012年3月30日	中海投资	40.3750	历任山东新华医疗器械厂副厂长，山东淄博市医药局党委委员、副局长，国家化学工业部生产协调司副处长、处长，国家化学工业部办公厅秘书，国家轻工业局党组秘书、办公厅副主任，红塔创新投资公司副总裁，现任红塔创新投资公司总裁。
宋炳山	北京尊嘉资产管理公司首席投资官	男	44	2012年3月30日	国元集团	49.6875	1991年9月至1993年7月济南通用自动化技术研究所助理工程师；1996年3月至1998年6月国家科技部高技术司信息处科员；1998年7月至2003年9月博时基金管理公司历任研究部研究员，裕阳、裕华基金经理、交易部总经理；2003年至2004年富国基金公司投资副总监、投资决策委员会委员；2006至2008年长盛基金公司副总经理，投资决策委员会主席；2008年至今，北京尊嘉资产管理公司创始合伙人、首席投资官。

3.3 监事

姓名	职务	性别	年龄	选任日期	所推举的股东名称	该股东持股比例(%)	简要履历
熊思迅	监事	男	57	2012年3月30日	中海投资	40.3750	历任中国人民解放军北京卫戍区干部，中国建筑工程总公司人事部处长，中建科置业有限公司办公室主任，中建总公司深圳海丰苑企业管理有限公司副总经理，《中华建筑报》党委书记、中建总公司机关工会副主席，中建鸿达物业管理有限公司副董事长、党委书记，中海物业北京公司总经理、董事，中海集团人力资源部助理总经理、副总经理；现任中海投资发展集团副总经理、深圳中海投资公司副总经理。
陈　康	监事	男	43	2012年3月30日	职工监事		1991年至2001年任职于安徽省国际信托投资公司法律事务部，2001年至2009年3月担任安徽省国元信托有限责任公司法律事务部副主任，2009年3月至今担任国元信托风险及合规管理部总经理。

3.4 高级管理人员

姓名	职务	性别	年龄	选任日期	金融从业年限	学历	专业	简要履历
张彦	总裁	男	54	2012年8月31日	20	研究生	工商管理	历任安徽经济管理干部学院研究室主任，安徽国投证券发行部副经理、投行部副经理、国债部经理、证券总部副总经理兼国债部经理，国元信托副总裁，国元信托党委副书记、监事长；现任国元信托总裁。
黄庆兵	副总裁	男	47	2012年3月30日	17	硕士	工商管理	历任南京大学工程师、直属机关团总支副书记，华泰证券投资银行部业务经理、高级经理、投资银行业务内核委员，中海财务公司助理总经理，中国海外金融投资公司助理总经理，深圳中海投资助理总经理；现任国元信托副总裁。
徐景明	副总裁	男	50	2012年3月30日	33	研究生	金融	历任人民银行肥东县支行副股长、股长、副行长、行长，人民银行合肥中心支行合作处副处长，人民银行淮北市中心支行副行长，淮北银监分局局长，安徽银监局政策法规处处长、非银处处长；现任国元信托副总裁。
魏世春	副总裁	男	43	2012年3月30日	21	硕士	政治经济学	历任安徽省信托投资公司综合计划部科员，营业部副主任，办公室副主任，资金计划部副经理、经理；国元信托董事会秘书兼计划财务部总经理、总经济师。现任国元信托副总裁。
许植	副总裁	男	46	2012年3月30日	15	硕士	法学	历任安徽大学教师，省国际信托、国元信托部门副总经理、总经理；现任国元信托副总裁。
朱先平	总会计师	男	48	2012年3月30日	16	本科	管理	历任巢湖东风矿副科长、科长、副矿长，省国际信托公司部门副经理，国元信托稽核部经理、计划财务部总经理、董事会秘书；现任国元信托总会计师兼计划财务部总经理。
虞焰智	董事会秘书	男	49	2012年3月30日	16	本科	计算机	历任合肥炮兵学院教员，安徽省国际信托电脑中心副主任，国元证券网上经纪业务部副总经理，国元信托信息技术部总经理、办公室主任、人力资源部总经理；现任国元信托董事会秘书。
程碧波	总裁助理	女	48	2013年2月7日	16	硕士	工商管理	历任安徽省国际信托投资公司投资咨询公司副总经理、证券研究部总经理，国元信托信托业务二部总经理；现任国元信托总裁助理。

3.5 公司员工

项目		2013年		2012年	
		人数	比例(%)	人数	比例(%)
年龄分布	25岁以下	10	6.21	4	2.92
	25~29岁	42	26.09	33	24.09
	30~39岁	31	19.25	24	17.52
	40岁以上	78	48.45	76	55.47
学历分布	博士	1	0.62	1	0.73
	硕士	61	37.89	44	32.12
	本科	73	45.34	66	48.18
	专科	26	16.15	26	18.97
	其他	0	—	0	—
岗位分布	董事、监事及高管人员	10	6.21	10	7.3
	自营业务人员	7	4.35	7	5.1
	信托业务人员	91	56.52	74	54.02
	其他人员	53	32.92	46	33.58

4. 经营管理

4.1 经营目标、方针、战略规划

本报告期公司的经营目标：2013年实现总收入和利润总额增长25%，实现总收入8.3亿元，其中信托业务收入6.2亿元；利润总额6.4亿元，净利润5.1亿元；信托业务规模1 200亿元，其中集合信托规模200亿元。

本报告期公司的经营方针：继续坚持“依法合规、稳健经营”理念，围绕提升公司核心竞争力，以“扩规模、调结构、转方式、增效益”为目标，确保项目兑付、深耕信托主业、推动业务创新、加强精细化管理，外部促进业务拓展，内部夯实管理基础，积极支持实体经济和地方建设，实现公司稳健、快速、健康发展。重视并加强公司基础管理工作，持续优化制度建设、人才队伍建设和信息系统建设，全面保障公司发展。

公司的战略规划：中期目标是将公司发展成为在国内具有行业代表性和市场影响力、形象良好、资产优良、资产管理规模大、业务创新能力强、专业化水平高、服务质量好、管理体制灵活、富有竞争力的现代金融企业，达到完善的公司法人治理结构、规范化的经营管理制度、专业化的公司员工队伍和科学合理的业务定位，进而将公司建设成为植根地方、辐射全国，服务地方、服务广大社会投资者的行业先进的财富管理机构。

长期目标是按照“规模化、专业化、市场化、多元化”的经营方针，使公司跻身国内“一流信誉、一流服务、一流人才、一流管理”的信托机构行列，最终达到“资产管理规模化、经营领域多元化、行业地位领先化”的战略目标。

4.2 所经营业务的主要内容

公司业务主要分为信托业务和固有业务两个大类。信托业务主要包括资金信托、财产信托、股权信托、财务顾问等业务，品种主要有集合资金信托、单一资金信托、财产权信托，按运用方式分为贷款、交易性金融资产、持有至到期投资和长期股权投资等。固有业务主要包括贷款、股权投资和金融产品投

资等业务。

自营资产运用与分布表

资产运用	金额（万元）	占比（%）	资产分布	金额（万元）	占比（%）
货币资产	47 336.36	10.96	基础产业	57 200.00	13.25
贷款及应收款	75 418.93	17.47	房地产业	12 640.00	2.93
交易性金融资产	0.04	0.00	证券市场	5 073.25	1.18
可供出售金融资产	5 073.21	1.18	实业	10 500.00	2.43
持有至到期投资	—	—	金融机构	335 966.61	77.80
长期股权投资	294 070.25	68.10	其他	10 415.13	2.41
其他	9 896.20	2.29			
资产总计	431 794.99	100.00	资产总计	431 794.99	100.00

注：其他资产中主要项目包括固定资产、无形资产、递延所得税资产。

信托资产运用与分布表

资产运用	金额（万元）	占比（%）	资产分布	金额（万元）	占比（%）
货币资产	66 169.33	0.35	基础产业	6 821 503.63	35.80
贷款	9 385 695.80	49.26	房地产业	870 881.00	4.57
交易性金融资产	265 445.32	1.39	证券市场	265 445.32	1.39
可供出售金融资产	—	—	实业	8 736 231.76	45.85
持有至到期投资	5 724 785.00	30.05	金融机构	1 445 323.00	7.59
长期股权投资	2 670 207.70	14.01	其他	913 918.44	4.80
其他	941 000.00	4.94			
资产总计	19 053 303.15	100.00	资产总计	19 053 303.15	100.00

4.3 市场分析

4.3.1 影响本公司业务发展的有利因素

4.3.1.1 信托行业获得巨大发展

截至 2013 年末，我国信托行业管理资产总规模已达 10.91 万亿元，信托行业已经成为我国仅次于银行业的第二大金融行业。信托公司固有资本实力不断增厚，信托业务盈利模式持续巩固，盈利能力和利润总额不断增加，优秀财富管理者地位凸显，这些条件为信托机构向财富管理机构转型奠定了坚实基础。

4.3.1.2 正面应对市场变化，积极把握发展新机遇

资产管理“新政”在使信托公司面临更多竞争压力的同时，也打开了其他资产管理机构投资信托产品的“闸门”，为信托公司提供了新的发展机遇和广阔的市场空间。信托公司可以利用与其他资产管理机构的竞合关系，积极创新合作模式，挖掘合作潜力，推动信托业发展再上新台阶。

4.3.1.3 经过多年积累，信托行业具有一定的先发优势

经过多年发展，信托公司在市场份额、管理经验、业务模式、人才队伍、行业成熟度、社会认可度等方面走在了金融行业前列，累积了一定程度的先发优势。下一阶段，信托公司可以依托这些优势，抢抓机遇，迎接挑战，深挖制度优势，深耕信托业务，拓展新兴领域，力争在产品研发、资产运作、财富创造、风险管控等方面继续领跑市场，赢得行业美誉，努力打造资产管理行业第一品牌。

4.3.1.4 就公司内部而言，国元信托始终坚持“依法合规、稳健经营”理念，形成了自身的发展特色。公司法人治理水平不断提升；管理资产规模、综合实力稳健增长；经济效益、创利水平不断提高；严格执行相关政策要求，严守风险底线，牢固树立风险合规意识，合规文化深入人心；业务特色初步形成，信托主业发展水平进一步提高；资产管理能力、员工队伍素质得到有效提升。目前，综合各方面因素，公司具备了较好的可持续发展能力。

4.3.2 影响本公司业务发展的不利因素

4.3.2.1 “泛资产管理时代”已经到来，市场竞争加剧

2012 年下半年以来，银监会、证监会、保监会针对资产管理市场密集出台了一系列“新政”，旨在对信托公司以外的其他金融机构资产管理业务进行“松绑”，各类金融机构开展的资产管理业务本质上均是典型的信托关系。资产管理“新政”的实施，使信托公司受到了多方夹击，资产管理市场面临重新洗牌，信托行业传统业务和渠道维护压力增大。

4.3.2.2 传统业务领域受到侵蚀，粗放经营难以持续

新形势下，银信合作、融资类信托等传统业务领域受到市场冲击，能体现信托金融服务功能的事务管理类信托产品长期缺位。同时，信托行业财富管理能力发展不足，真正体现竞争力的投资管理能力亟需提升。信托公司当前粗放的经营模式很容易为其他资产管理机构所模仿和超越，原有发展道路已不可持续。

4.3.2.3 监管环境相对严格

资产管理“新政”在监管上赋予其他资产管理机构更加宽松的环境，相对而言，信托公司受合格投资者等条件制约，监管则较为严格、规范；同时，当前信托受益权流动性较低，净资本管理更严，渠道建设限制较多，这些都在一定程度上影响了信托公司公平参与市场竞争。

4.3.2.4 公司发展面临的困难和挑战

公司处于内陆省份，相对于沿海发达地区，地区发展水平及合作方、社会投资者对信托工具的认知度仍有差距，客观上影响了公司信托业务的发展。同时，公司员工的知识水平、专业能力和创新能力有待进一步优化和提高。

4.4 内部控制

4.4.1 内部控制环境和内部控制文化

在经营管理中，公司始终坚持“依法合规，稳健经营”的核心理念，强化风险管控，构建了完善的公司治理、内部控制、内部组织架构，建立了与公司经营范围、组织结构、业务规模相适应的内部控制体系。

公司具有完善的法人治理结构。按照“三会分设、三权分开、有效制约、协调发展”的要求，公司设立了由股东会、董事会、监事会和高级管理层构建的公司治理架构。股东会、董事会、监事会和高级管理层之间既相互独立，又相互制衡和相互协调，形成了权力机构、决策机构、监督机构和管理层之间的制衡机制，在公司经营和发展中行使各自的职能，发挥着各自的作用。

公司董事会下设业务发展与决策委员会，负责对公司发展

战略和重大投资决策进行研究并提出建议;下设审计与风险管理委员会,根据公司面临的风险状况与风险承受能力制定公司风险管理政策,确定合理的风险管理水平,并督促高级管理层采取必要的措施识别、计量、监测和控制风险,负责公司内部、外部审计的沟通和对公司经营的监督、检查工作;下设薪酬委员会,负责审查公司绩效考核、薪酬管理的政策、实施方案及实施状况;下设信托委员会,负责督促公司依法履行受托职责,保证公司为受益人的最大利益服务。各委员会独立开展工作,运作正常;高级管理层对董事会负责,全面主持公司日常经营管理工作。

公司高度重视内控文化的培育,注重内控文化的建设与执行。建立以"合规文化"为核心的企业文化,通过多年的经营,形成了审慎稳健、勤勉尽责、理性创新、全员参与的内部控制和风险管理文化。公司以风险教育为重点推进合规管理,加强员工对风险管理、内部控制、合规经营重要性的认识,引导员工建立诚信道德观念,牢固树立合规意识和风险意识,提高职业道德水准,熟练掌握与公司经营活动密切相关的法律法规、行政规章和行业准则等,规范职业行为,形成以"全员参与、内控先行"为主旋律的内控文化,使风险防范意识贯穿到了公司各个部门、各个岗位和各个工作环节。2013 年,公司邀请业内专家、公司高管、中层和业务骨干讲解行业政策和监管要求、公司制度及业务知识等;积极安排专人参加信托业协会举办的从业资格培训考试,安排公司全体员工参加公司内部培训、考试,促进全体员工学习法律法规和业务合规知识,掌握有效的防范风险技能,倡导合规经营,培育合规文化。

4.4.2 内部控制措施

按照信托公司内部控制管理要求,公司建立了清晰的内部控制目标、原则和完善的内部控制体系、制度,确保对风险的事前防范、事中控制、事后监督和检查纠正。

公司建立了全面覆盖业务管理、风险管理、财务管理、合规管理、合同管理、内部审计、责任追究、岗位问责等的内控制度体系。信托业务部门、市场营销部等前台部门进行业务拓展和项目运营、客户开发与维护;计划财务部、风险及合规管理部提供中台服务,进行事前和事中的风险与合规控制;办公室提供信息技术保障支持;稽核审计部进行事后监督检查。

公司建立了中后台对前台的监督制约机制,通过风险控制、内部检查与审计等手段对前台业务进行有效监督制约。计划财务部按照国家颁布的会计准则进行会计核算,严格履行会计监督职能,认真执行财务会计制度,对不相容岗位严格分离、相互制约,对公司自营资产的安全实行有效财务控制,防范和化解财务风险,对集合信托项目进行财务审查,并发表专业审查意见。风险及合规管理部负责参与谈判、起草和修改法律文件,对所有集合信托项目及单一信托合同进行合法、合规性审查,提供专业审查意见;做好法律咨询、普法及法律法规研究,及时向经营管理层提供与公司业务有关的法律法规和政策变化情况,根据监管机构要求开展合规管理工作,培育良好的内控文化,定期或不定期组织实施公司内部检查与风险排查,促进公司业务的可持续健康发展。稽核审计部强化内部审计功能,根据法律法规、董事会和高级管理层的要求开展内部审计工作,并对董事、高管等离职人员实施离任审计。通过上述职能的实现,保障公司业务发展,为实现公司战略目标提供支持。

公司建立了职责明确、分工合理、相互制衡的组织结构和内部制约机制,构建了涵盖公司各项业务和管理活动的内部控制制度体系。公司内部控制建设主要侧重于规范业务流程、完善管理制度和明确部门岗位职责三个方面。在业务开展的过程中,坚持制度先行,每年由风险及合规管理部牵头组成检查小组对公司业务制度执行情况进行检查。

报告期内,根据业务发展需要,公司组织修改完善了公司信托业务相关制度和流程。新的制度、流程进一步明晰了各部门、各岗位的职责边界,进一步完善了公司的内部控制机制。

4.4.3 信息交流与反馈

4.4.3.1 内部信息传达机制

公司及时印发各类文件和规章制度,在办公内网上开辟《最新来文》、《信托研究》、《法律园地》、《合规建设》、《公司文件》等栏目,能够及时将最新的法律法规、监管要求、行业动态以及本单位的经营管理情况传递给员工。

4.4.3.2 信息报告机制

通过总裁办公会、经营分析例会、各部门季度工作情况汇报以及定期、不定期会议等形式,各部门及各岗位能将经营过程中存在的重大问题及时向高级管理层报告,管理层定期向董事会、监事会、股东和监管部门报告。

4.4.3.3 外部沟通机制

公司注重加强与监管部门的沟通和汇报,按时报送非现场监管报表、财务报表、各类统计报表,充分、及时、完整、准确反映公司经营管理状况,重大事项及时报告。此外,公司还积极参加业内举行的各种研讨会、座谈会,加强业内的交流与合作。

公司严格按照法律法规和公司章程的规定,根据监管部门的要求,真实、准确、及时、完整地披露了 2012 年度报告及重大事项临时公告。通过公司网站向客户公开披露公司经营状况、信托财产管理状况等信息,并根据文件约定向相关利益人提交书面文件披露相关信息。此外,公司还通过电话、电子邮件、网络平台等形式与投资者进行交流。报告期内,公司内控制度得到有效执行,未发生因违反内控制度对公司财务状况、经营成果产生重大影响的事项。

4.4.4 监督评价与纠正

4.4.4.1 内部审计监督机制

稽核审计部是公司的内部审计监督机构,具有独立性,由董事长直接分管。公司内部审计每年至少一次,内部专项审计在项目结束后进行。内部审计能及时、全面、准确地发现公司内控存在的缺陷与隐患,及时以审计报告、专项报告等形式向公司报告,并注重审计结果的应用。

4.4.4.2 外部审计监督机制

公司年报审计会计师事务所为华普天健会计师事务所(特殊普通合伙),由董事会选聘,该会计师事务所执业记录良好。公司 2013 年度审计报告是标准无保留意见的。

4.4.4.3 内部控制的评价机制

公司每年对内部控制的建设和执行情况进行检查评价,评价结果能准确反映公司的内控水平。

4.4.4.4 内部控制的纠正机制

公司内外部审计发现的问题能得到限期整改,公司制定了岗位问责和重大事故责任追究制度,并能有效落实。

4.5 风险管理

公司一贯坚持“依法合规、稳健经营”的理念，能够及时识别和度量业务运行中的潜在风险，建立了以董事会、审计与风险管理委员会、高级管理层、风险及合规管理部为主体的风险管理组织体系，形成了防范、控制和处置风险机制。

公司重视风险管理，通过制定健全的内部规章制度，建立职责分工合理的组织机构，设置专业的风险管理机构，结合公司实际情况，将现代风险管理技术与传统风险管理方法相结合，对可能产生的风险及时作出反应，积极采取有效措施进行事前、事中、事后的有效控制与管理，并根据实际需要及时对风险管理体系进行调整。

根据业务发展需要，公司建立了相应的权限管理体系。严格按照规定，分别设立了固有、信托相互独立的运作部门——负责固有财产的资本运营部和负责信托财产的信托业务部门，并由不同的高管人员负责。在财务核算等环节，也做到了固有财产与信托财产的岗位隔离与信息隔离，对每个信托项目设立独立的账套进行核算，并出具独立的财务报告。不断针对各项业务，制定系统的业务制度，完善统一规范的业务标准和操作要求。公司建立了有效的业务决策系统：对于集合项目，各业务部门负责项目的初审，风险及合规管理部、计划财务部分别负责项目复审前合法、合规审查与财务审查，公司复审及终审委员会是公司常设决策机构，对项目进行评审，得出结论。

公司所有合同签署前，必须经过风险及合规管理部审核，集合项目及其他重大业务合同还需经外聘法律顾问审核并出具法律意见书。各部门和岗位职权分明、职能独立，并相互牵制、相互制衡，重要岗位实行双人负责制并有相应的后续监督和整改、纠正措施，能够做到及时完整堵塞漏洞，切实防范各类风险。

公司前中后台设置合理、有效分离，操作上互相独立。各部门负责执行本部门职能范围内的具体风险管理事务。风险及合规管理部作为风险管理职能部门，在公司层级化、专业化、多纬度的风险管理组织架构下统筹公司的风险管理事务，并根据公司要求对各部门业务活动和各风险环节、岗位进行合规检查和监督，向高级管理层报告。稽核审计部负责对公司内部控制情况进行监督和检查，对于检查中所发现的问题，可直接向董事会下设的风险及审计委员会报告。

4.5.1 风险状况

公司经营活动中面对的主要风险是信用风险、市场风险、操作风险、合规风险和其他风险。

4.5.1.1 信用风险状况

信用风险主要指交易对手因履约意愿或履约能力发生变化，违约造成不履行义务的可能性，主要表现在贷款、投资回购、担保、履约承诺等交易过程中，交易对手不履行承诺、不能或不愿履行合同而使固有财产、信托财产遭受潜在损失的可能性。

信托业务方面：截至 2013 年 12 月 31 日，公司管理信托资产总额 1 905.33 亿元，其中集合信托 206.62 亿元，单一信托 1 698.71 亿元。在项目管理中，公司认真履行受托人谨慎尽职义务，有效管理信托项目，2013 年度结清信托项目 367 个，金额 1 272.33 万元，其中集合类项目 54 个，金额 154.88 万元；单一资金类项目 309 个，金额 1 106.75 万元；财产类项目 4 个，金额 10.70 万元，均未发生一例兑付风险。公司对借款人等交易对手制定了严格的筛选标准，为防止发生信用风险，公司在项目设计中设置了以财产抵押、权利抵押、企业保证、实际控制人无限连带责任保证、结构化设计等作为增信措施的防范安排，以合同条款约束交易对手。公司交易对手都具有较好的信用记录，公司可能面临信用风险的债权类信托资产均运作正常。

固有业务方面：报告期内，公司固有业务无信用风险敞口。公司固有业务资产 43.18 亿元；以金融股权投资为主的优质资产，金融股权投资金额为 28.86 亿元。固有资金贷款均拥有土地房产抵押、上市公司股权抵押、企业保证等多重保障措施。固有资产业务布局合理、质量优良，盈利能力、财务状况良好。

按照资产五级分类标准分类，报告期末公司固有业务信用风险资产 124907.07 万元，其中不良资产期末数为 495.65 万元，较期初 506.51 万元减少 10.86 万元，下降 2.14%，已足额计提各项资产减值准备。期末不良资产全部为其他应收账款。一是次级类 1.67 万元，形成时间 2 ~3 年，债务人主要是同受母公司控制的关联企业安徽国元投资有限责任公司，有收回可能。二是可疑类 7.51 万元，形成时间 3 年以上，债务人主要是公司的母公司安徽国元控股（集团）有限责任公司和同受母公司控制的关联企业安徽国元投资有限责任公司，有收回可能。三是损失类 486.47 万元，其中 224.27 万元形成时间 5 年以上，债务人主要是同受母公司控制的关联企业国元证券有限责任公司，有收回可能；262.20 万元形成时间 5 年以上，主要是历史遗留案件垫支款，无法收回。

报告期末公司信托资产 19 053 303.15 万元，均运作正常，无不良资产。

4.5.1.2 市场风险状况

市场风险主要指公司开展资产管理业务过程中，投资于有公开市场价值的金融产品或者其他产品时，因股价、市场汇率、利率及其他价格因素变动，金融产品或者其他产品的价格发生波动导致资产遭受损失的可能性。2013 年，公司信托业务中，因证券市场低迷，未开展诸如私募阳光化有价证券信托等证券市场投资类信托，也未开展投资货币市场的主动型资产管理业务。固有业务中，开展自营股票投资业务控制在一定限额内，原则上不开展市场风险敏感度较高的金融衍生品投资业务及外汇交易业务；固有资金主要用于投资金融股权等中高流动性、低风险的金融产品（含信托产品），具有较高的安全性。

4.5.1.3 操作风险状况

操作风险是指因公司治理、内控机制失效或因有关责任人出现失误、欺诈等问题，公司没有及时充分地做好尽职调查、持续监控、信息披露等工作，未能及时作出应有的反应，或者作出的反应明显有失专业和常理，甚至违约违规；公司没有履行勤勉尽职管理义务，或者无法出具充分有效的证据和记录，证明自己已经履行勤勉尽职管理义务。操作风险表现在信托业务和固有业务的整个管理过程中。公司实行规范化、标准化、制度化管理，管理制度健全，并根据信托新政策及现场检查要求，完善、细化了各项业务操作流程，进一步明确了岗位职责和操作规范。报告期内，公司未发生因操作风险所造成的损失。

4.5.1.4 合规风险状况

合规风险指因没有遵循法律、规则和准则可能遭受法律制裁、监管处罚、重大财务损失和声誉损失的风险。报告期内,公司的各项业务依法合规操作,合规风险管理状况良好,没有因合规问题而遭受法律制裁、监管处罚、财物损失或声誉损失。

4.5.1.5 其他风险状况

其他风险包括政策风险、道德风险和声誉风险等。

政策风险是指国家宏观经济政策的调整可能对公司业务经营或成果造成一定影响。报告期内,公司的各项业务严格按照国家相关政策,依法合规操作,未出现违反国家相关政策及违规事件。

道德风险是指公司内部人员蓄意违规、违法给公司带来损失的可能性。报告期内未发生此类风险。

声誉风险是指因公司操作失误、违反有关规定、资产质量下降不能兑付、不能向服务对象提供高质量金融服务或管理不善等原因,对公司外部市场地位和声誉产生的消极和不良影响。报告期内未发生此类风险。

4.5.2 风险管理

公司秉承受益人利益最大化的目标,建立了相互独立、相互制衡的内部控制体系和统一、规范、高效的内部流程,对经营活动实施全面、持续的风险监控,以专业手段有效管理各类风险。2013年,面对复杂的市场环境和严格审慎的监管政策要求,公司加大系统性风险防范工作力度,提高项目的准入门槛和审查标准,加强项目后期管理,完善相应风险管理措施,增强公司抵御风险能力。

4.5.2.1 信用风险管理

公司信用风险管理主要是通过对交易对手的尽职调查进行事前控制,以交易结构设计、风险定价、设定担保、持续评估风险等手段防范和监督交易对手信用风险变化。

交易前:通过制定尽职调查工作指引等业务规章,强化对交易对手的尽职调查,科学评估交易对手的履约能力和履约意愿;选择有效的、与交易对手信用风险相匹配的信用增级措施;科学、客观、公正评估担保物,严格控制、实时监测不同担保物价值与融资本息的抵(质)押率,注重采用多种有效担保措施提高信用风险的保障系数。

审查阶段:集合项目建立了三级评审体系,对业务进行集体评审与决策,并提出风险控制方面的具体要求。

管理阶段:公司全面收集融资方、担保方等相关各方财务数据、生产经营数据、重大经营情况等资料,定期对企业或者项目进行现场检查,判断项目的风险状况及抵(质)押物价值变化情况;建立项目预警指标,根据业务发展中遇到的新情况、新问题,及时采取应对措施,确保项目信用风险的可控、可测、可承受。

此外,公司加强项目到期前兑付工作检查安排,已形成季度兑付工作安排检查例会,项目经理汇报项目兑付倒计时工作安排。会后由公司内独立第三方根据项目性质与风险大小抽取部分项目到现场检查,了解融资方还款意愿与还款能力、担保方代偿意愿,确保项目如期兑付,降低信用风险,报告期内公司信托项目未出现一单兑付风险。

4.5.2.2 市场风险管理

市场风险管理是识别、计量、监测和控制市场风险的全过程,将市场风险控制在公司可承受的范围之内,实现风险可控前提下的效益最大化。

2013年,公司面临的市场风险主要是指因国家产业政策、财政政策、投资政策调整带来的市场变化和因行业发展环境变化所带来的市场风险。具体说来,即由于国内外经济金融形势发展变化和行业、产业监管政策导向变化以及市场波动所带来的风险等。如国家对房地产行业进行调控,对该行业产生了较大影响;国家对平台贷款的整改,对公司该类业务的开展产生较大影响;证券二级市场持续低迷,对公司证券投资业务及以上市股权作为质押项目带来较大影响等。

(1)严密防范房地产信托风险。公司以极为审慎的态度开展房地产业务,要求选择负债率不高、信托期内没有大量到期负债、实力较强的企业进行合作,同时规定项目"四证"齐全、开发商或其控股股东具备二级资质、项目资本金比例符合国家有关要求。

2013年,公司及时调整房地产信托业务策略,稳健开展该类业务。一是以控制规模、提高质量和档次的原则,谨慎开展房地产类项目。提高合作门槛,选择地方大型房企开展合作,安排充足的抵押措施和第三方责任担保,控制规模,处理好效益和风险的关系。二是项目开展前,严格履行事前审批制,由监管机构对项目进行审核、把关,并征求其同意。三是在项目管理中,提高此类项目关注度,将其纳入风险等级较高的项目进行管理,严格落实受托人职责,并及时关注房地产行业发展动态和融资方的经营管理变化,关注所投项目的市场运行情况和项目运行情况。四是项目兑付前,严格按照公司规定,做好项目到期兑付前倒计时安排,及时跟踪融资方还款准备情况,加大到期前的汇报、检查力度,并将责任落实到岗位、落实到人,以层层负责的方式对可能发生的风险及时报告、提前化解。五是适时开展房地产信贷风险排查工作,严密监测房地产项目风险。

(2)加强融资平台贷款管理工作。公司严格按照监管部门提出的要求,加强融资平台贷款项目风险的管理工作。一是继续完善相关制度建设,2013年在原有相关制度基础上,制定了《2013年地方政府融资平台贷款管理实施方案》,对地方政府融资平台做了进一步规范。二是加强对融资平台贷款项目的实时监测,定期出具融资平台贷款统计表;每月在内网发布"公司投放省内地方融资平台授信额度统计表",通报公司对省内融资平台的授信额度和已授信额度,防止区域性集中风险。三是严格按照受托人职责继续做好存续项目的对照整改和后期跟踪管理工作,并按照监管要求和合同约定进行现场检查,出具相关管理报告和检查报告,促进该项业务规范、健康发展。

(3)加强证券投资业务及以上市股权作为质押项目管理。面对低迷的证券市场,公司审慎开展此类业务,严格按照公司《证券投资管理办法》和《证券投资操作指引》操作。对于以上市股权作为质押的项目,公司密切关注标的股票的市场走势,通过设置预警线、保证金等方式应对股票下跌风险。此外,部分项目还设置了多重担保措施,降低了股价下跌给项目带来的风险。2013年,针对以上市股权作为质押的项目,公司做了专项检查，均未发现可能存在的风险。

4.5.2.3 操作风险管理

在操作风险的管理上，公司要求每项业务在尽职调查、受理申请、交易结构设计、审查审批、营销签约、执行终止各阶段全过程合法合规，按照相关规则、制度办理，建立职责分离、相互监督制约的内控机制，建立和完善有效的投资决策机制，实行严格的复核审核程序，制定严格的信息系统管理制度和档案管理制度，根据监管法规的要求制定符合公司实际的规章制度，从机制和制度上降低操作风险，实现对公司各项业务操作过程的有效控制。

为督促业务部门严格按照相关法律法规及公司制度开展业务，2013 年公司开展了以"查疏漏、促整改、精管理"为目标的多项项目检查工作，主要包括 2012 年末存续项目检查、2013 年上半年新增项目检查、第三方收费项目检查、集合项目兑付工作检查等。

此外，公司每年聘请独立审计机构对公司业务进行审计，持续进行内部审计监督，不断对规章制度进行全面梳理与修订。目前，公司的各项控制制度和操作规程几乎涵盖了所有业务领域和职能工作，实现了对公司各项业务操作过程的有效控制。

4.5.2.4 合规风险管理状况

公司董事会、监事会及高级管理层将合规管理工作视为提升公司内在价值和创造价值的重要手段，始终筑牢并一贯坚持"依法合规、稳健经营"的理念。2013 年，公司密切关注国内外金融形势和监管要求的变化，动态理解和自觉适用监管政策法规，深入开展"合规建设年"活动，进一步完善公司合规管理体系，强化合规风险管理。公司制定了保障合规管理工作正常开展的制度体系和操作流程，合规审核程序覆盖了信托业务和固有业务；积极建立与监管部门的沟通互动机制，明晰对内、对外的合规风险报告路线，建立了合规绩效考核机制和问责奖惩激励机制。

此外，公司适时加强以"合规"为主题的培训，通过公司内网、宣传栏等途径宣传合规文化，强化员工合规意识，积极倡导和培育"合规创造价值"、"全员合规、人人合规"的观念。2013 年，公司进一步加大培训力度，全年组织 18 场专题培训和多场考试。同时，为配合"合规建设年"活动的开展，公司制定了"员工行为风险排查表"，要求全体员工对照排查后填写，增强了员工的合规意识。

4.5.2.5 其他风险管理

公司及时跟踪和研究国家宏观政策和行业政策的调整与变化，加强与政府机构和政策制定部门的沟通，坚持依法合规、稳健经营，保持经营策略与国家政策一致，保证各项业务合法合规。

公司通过完善内控机制，严格岗位管理职责与纪律，加强道德文化教育，提高全员廉洁自律和勤勉尽责的意识，鼓励遵纪守法，培养职业操守，防范道德风险。

4.5.2.6 净资本管理

2013 年末，公司净资本风险控制指标为：净资本 368 875.40万元，各项业务风险资本 268 544.75 万元，净资本与各项业务风险资本之比为 137.36%，净资本与净资产之比为 89.52%，各项指标均符合监管标准。

5. 报告期末及上一年度末的比较式会计报表

5.1 自营资产

5.1.1 会计师事务所审计意见全文

审 计 报 告

会审字[2014]1108 号

安徽国元信托有限责任公司全体股东：

我们审计了后附的安徽国元信托有限责任公司（以下简称国元信托公司）财务报表，包括 2013 年 12 月 31 日的资产负债表，2013 年度的利润表、现金流量表和所有者权益变动表以及财务报表附注。

一、管理层对财务报表的责任

编制和公允列报财务报表是国元信托管理层的责任，这种责任包括：(1) 按照企业会计准则的规定编制财务报表，并使其实现公允反映；(2) 设计、执行和维护必要的内部控制，以使财务报表不存在由于舞弊或错误导致的重大错报。

二、注册会计师的责任

我们的责任是在执行审计工作的基础上对财务报表发表审计意见。我们按照中国注册会计师审计准则的规定执行了审计工作。中国注册会计师审计准则要求我们遵守中国注册会计师职业道德守则，计划和执行审计工作以对财务报表是否不存在重大错报获取合理保证。

审计工作涉及实施审计程序，以获取有关财务报表金额和披露的审计证据。选择的审计程序取决于注册会计师的判断，包括对由于舞弊或错误导致的财务报表重大错报风险的评估。在进行风险评估时，注册会计师考虑与财务报表编制和公允列报相关的内部控制，以设计恰当的审计程序，但目的并非对内部控制的有效性发表意见。审计工作还包括评价管理层选用会计政策的恰当性和作出会计估计的合理性，以及评价财务报表的总体列报。

我们相信，我们获取的审计证据是充分、适当的，为发表审计意见提供了基础。

三、审计意见

我们认为，国元信托财务报表在所有重大方面按照企业会计准则的规定编制，公允反映了国元信托 2013 年 12 月 31 日的财务状况以及 2013 年度的经营成果和现金流量。

华普天健会计师事务所　中国注册会计师　张良文
（特殊普通合伙）
中国·北京　中国注册会计师　卢　珍
二〇一四年三月二十四日

5.1.2 资产负债表

资产负债表

编制单位：安徽国元信托有限责任公司

2013 年 12 月 31 日

单位：万元

项　目	年末余额	年初余额	项　目	年末余额	年初余额
流动资产：			流动负债：		
货币资金	47 336.36	27 162.81	短期借款	—	—
贵金属	—	—	拆入资金	—	—
拆出资金	—	—	交易性金融负债	—	—
交易性金融资产	0.04	395.77	衍生金融负债	—	—
衍生金融资产	—	—	卖出回购金融资产款	—	—
买入返售金融资产	1 670.05	—	应付账款	—	—
应收账款	—	—	预收账款	—	—
预付账款	—	—	应付职工薪酬	5 490.61	4 297.99
应收利息	288.16	265.98	应交税费	8 762.60	7 676.34
应收股利	—	—	应付利息		
其他应收款	230.76	3 274.01	应付利润	720.00	720.00
存货	—	—	其他应付款	4 567.86	1 977.67
一年内到期的非流动资产	—	—	一年内到期的非流动负债		
其他流动资产	153.19	187.52	其他流动负债	27.45	29.48
流动资产合计	49 678.56	31 286.09	流动负债合计	19 568.82	14 701.48
非流动资产：			非流动负债：		
发放贷款和垫款	74 900.00	64 360.00	长期借款		
可供出售金融资产	5 073.21	5 795.39	应付债券		
持有至到期投资	—	—	长期应付款		
长期应收款	—	—	预计负债		
长期股权投资	294 070.25	276 795.42	递延所得税负债	187.25	161.00
投资性房地产	—	—	其他非流动负债		
固定资产	4 580.90	4 859.76	非流动负债合计	187.25	161.00
在建工程	53.75	15.23	负 债 合 计	19 756.07	14 862.48
无形资产	257.48	140.38	所有者权益：		
递延所得税资产	672.37	443.99	实收资本	200 000.00	120 000.00
其他非流动资产	2 508.47	5.94	资本公积	117 838.28	116 760.93
非流动资产合计	382 116.43	352 416.12	减：库存股		
			盈余公积	21 899.71	16 487.53
			一般风险准备	15 191.95	11 697.15
			未分配利润	57 108.98	103 894.13
			所有者权益合计	412 038.92	368 839.73
资产总计	431 794.99	383 702.21	负债和股东权益总计	431 794.99	373 702.21

单位负责人：过仕刚　　　　财务负责人：朱先平　　　　会计机构负责人：朱先平

5.1.3 利润表

利润表

2013 年度

编制单位:安徽国元信托有限责任公司　　　　单位:万元

项　　目	本年金额	上年金额
一、营业收入	86 936. 89	65 644. 13
利息净收入	9 162. 62	7 290. 95
利息收入	9 167. 24	7 294. 91
利息支出	4. 62	3. 96
手续费及佣金净收入	63 879. 51	48 681. 44
手续费及佣金收入	64 228. 95	49 355. 54
手续费及佣金支出	349. 44	674. 10
投资收益(损失以"－"填列)	13 656. 87	9 605. 40
其中:对联营企业和合营企业的投资收益	10 418. 12	6 379. 94
公允价值变动收益(损失以"－"填列)	4. 26	−81. 66
租赁收益		
汇兑收益(损失以"－"填列)	−1. 20	−0. 08
其他业务收入	234. 83	148. 08
二、营业支出	18 683. 77	14 333. 07
营业税金及附加	4 110. 75	3 237. 45
业务及管理费	13 735. 39	11 046. 74
资产减值损失	837. 63	48. 88
其他业务成本		
三、营业利润(亏损以"－"号填列)	68 253. 12	51 311. 06
加:营业外收入	20. 62	169. 73
减:营业外支出	50. 00	10. 92
四、利润总额(亏损以"－"号填列)	68 223. 74	51 469. 87
减:所得税费用	14 101. 90	10 579. 71
五、净利润(净亏损以"－"号填列)	54 121. 84	40 890. 16
六、其他综合收益	1 077. 35	−745. 51
七、综合收益	55 199. 19	40 144. 65

单位负责人:过仕刚　　　　财务负责人:朱先平　　　　会计机构负责人:朱先平

5.1.4 所有者权益变动表

所有者权益变动表

编制单位：安徽国元信托有限责任公司　　2013 年度　　单位：万元

项目	本年金额						上年金额					
	实收资本	资本公积	盈余公积	一般风险准备	未分配利润	所有者权益合计	实收资本	资本公积	盈余公积	一般风险准备	未分配利润	所有者权益合计
一、上年年末余额	120 000.00	116 760.93	16 487.53	11 697.15	103 894.13	368 839.73	120 000.00	117 506.44	12 398.51	9 278.02	69 512.11	328 695.08
加：会计政策变更												
前期差错更正												
其他												
二、本年年初余额	120 000.00	116 760.93	16 487.53	116 97.15	103 894.13	368 839.73	120 000.00	117 506.44	12 398.51	9 278.02	69 512.11	328 695.08
三、本年增减变动金额（减少以"－"号填列	80 000.00	1 077.36	5 412.18	3 494.80	-46 785.15	43 199.19	—	-745.51	4 089.02	2 419.13	34 382.01	40 144.65
（一）净利润	—				54 121.84	54 121.84	—				40 890.16	25 318.80
（二）其他综合收益	—	1 077.36				1 077.36	—	-745.51				
1. 可供出售金融资产公允价值变动净额	—	-541.64				-541.64	—	267.63				
2. 权益法下被投资单位其他所有者权益变动的影响												
3. 权益法下被投资单位其他所有都权益变动的影响	—	1 619.00				1 619.00	—	-1 013.14				
4. 与计入所有都权益项目相关的所得税影响												
5. 其他												
净利润及其他综合收益小计	—	1 077.36			54 121.84	55 199.19	—	-745.51			40 890.16	25 318.80
（三）所有者投入和减少资本												
1. 所有者投入资本												
2. 股份支付计入所有者权益的金额												
3. 分立减资												
（四）利润分配	—		5 412.18	3 494.80	-20 906.99	-12 000.00	—		4 089.02	2 419.13	-6 508.15	
1. 提取盈余公积	—		5 412.18		-5 412.18		—		4 089.02		-4 089.02	
其中：法定盈余公积	—		5 412.18		-5 412.18		—		4 089.02		-4 089.02	
任意盈余公积												
2. 提取一般风险准备	—			3 494.80	-3 494.80		—			2 419.13	-2 419.13	
3. 所有者的分配	—				-12 000.00	-12 000.00	—					
4. 其他												
（五）所有者权益内部结转	80 000.00				-80 000.00							
1. 资本公积转增资本												
2. 盈余公积转增资本												
3. 盈余公积弥补亏损												
4. 其他	80 000.00				-80 000.00							
四、本年年末余额	200 000.00	117 838.29	21 899.71	15 191.95	57 108.98	412 038.92	120 000.00	116 760.93	16 487.53	11 697.15	103 894.13	368 839.73

单位负责人：过仕刚　　财务负责人：朱先平　　会计机构负责人：朱先平

5.2 信托资产

5.2.1 信托项目资产负债汇总表

编制单位:安徽国元信托有限责任公司　　2013 年 12 月 31 日　　单位:万元

信托资产	期末余额	年初余额	信托负债和信托权益	期末余额	年初余额
信托资产:			信托负债:		
货币资金	65 932. 28	65 932. 28	交易性金融负债	—	—
拆出资金	—	—	衍生金融负债	—	—
存出保证金	237. 05	0. 23	应付受托人报酬	—	—
交易性金融资产	265 445. 32	452 603. 53	应付托管费	—	—
衍生金融资产	—		应付受益人收益	—	—
买入返售金融资产	61 000. 00	13 000. 00	应交税费	—	—
其中:买入返售证券	—	—	应付销售服务费	—	—
买入返售信贷资产	—	—	其他应付款项	37. 65	16 689. 58
应收款项	—	0. 19	其他负债	—	—
发放贷款	9 385 695. 80	6 559 017. 10	信托负债合计	37. 65	16 689. 58
其中:基础产业	2 894 104. 70	1 483 921. 00	信托权益:		
房地产	721 881. 00	781 503. 00	实收信托	18 986 983. 49	11 341 814. 69
其他产业	5 769 710. 10	4 293 593. 10	其中:资金信托	18 664 336. 42	11 165 167. 62
可供出售金融资产	—	—	集合	2 030 126. 00	1 597 276. 00
持有至到期投资	5 724 785. 00	1 815 118. 00	单一	16 634 210. 42	9 567 891. 62
长期应收款	—	—	财产信托	322 647. 07	176 647. 07
长期股权投资	2 670 207. 70	2 010 422. 69	资本公积	—	—
其中:基础产业	656 117. 93	739 039. 93	未分配利润	66 282. 01	50 799. 88
房地产	—	—	信托权益合计	19 053 265. 50	11 392 614. 57
其他产业	2 014 089. 77	1 271 382. 76			
投资性房地产	—	—			
固定资产	—	—			
无形资产	—	—			
长期待摊费用	—	—			
其他资产	880 000. 00	484 000. 00			
其中:融资租赁资产	—	—			
信托资产总计	19 053 303. 15	11 409 304. 15	信托负债及信托权益总计	19 053 303. 15	11 409 304. 15

单位负责人:过仕刚　　财务负责人:朱先平　　会计机构负责人:朱先平

5.2.2 信托项目利润及利润分配汇总表

编制单位:安徽国元信托有限责任公司　　2013 年度　　单位:万元

项　目	本年金额	上年金额
1. 营业收入	1 380 643. 31	708 187. 03
1. 1 利息收入	737 415. 09	491 914. 54
1. 2 投资收益	635 290. 77	204 200. 84
1. 2. 1 其中:对联营企业和合营企业投资收益	—	—
1. 3 公允价值变动收益	—	—
1. 4 租赁收入	—	—
1. 5 汇兑收益	—	—
1. 6 其他收入	7 937. 45	12 071. 64
2. 支出	170 946. 31	87 866. 27
2. 1 营业税金及附加	186. 21	89. 88
2. 2 受托人报酬	63 627. 01	48 563. 13

续表

项　目	本年金额	上年金额
2. 3 保管费	21 495. 10	9 923. 98
2. 4 投资管理费	1 863. 86	8 550. 43
2. 5 销售服务费	7 974. 50	6 809. 57
2. 6 交易费用	11. 69	28. 87
2. 7 资产减值损失	—	—
2. 8 其他费用	75 787. 94	13 900. 42
3. 信托净利润	1 209 697. 00	620 320. 75
4. 其他综合收益	—	—
5. 综合收益	1 209 697. 00	620 320. 75
6. 加:期初未分配信托利润	50 799. 88	12 370. 52
7. 可供分配的信托利润	1 260 496. 88	632 691. 28
8. 减:本期已分配信托利润	1 194 214. 88	581 891. 40
9. 期末未分配信托利润	66 282. 00	50 799. 88

单位负责人:过仕刚　　财务负责人:朱先平　　会计机构负责人:朱先平

6. 会计报表附注

6.1 会计报表编制基准不符合会计核算基本前提的说明

报告期内公司无上述事项。

6.2 或有事项说明

报告期内公司无上述事项。

6.3 重要资产转让及其出售的说明

报告期内公司无上述事项。

6.4 会计报表中重要项目的明细资料

6.4.1 自营资产经营情况

6.4.1.1 按信用风险五级分类结果披露信用风险资产的期初数、期末数

信用风险资产五级分类	正常类（万元）	关注类（万元）	次级类（万元）	可疑类（万元）	损失类（万元）	信用风险资产合计（万元）	不良资产合计（万元）	不良资产率(%)
期初数	93 110.59	2 002.15	2.61	—	503.90	95 619.25	506.51	0.13
期末数	124 399.20	12.22	1.67	7.51	486.47	124 907.07	495.65	0.11

注:不良资产合计 = 次级类 + 可疑类 + 损失类。

6.4.1.2 各项资产减值损失准备的期初、本期计提、本期转回、本期核销、期末数

单位:万元

	期初数	本期计提	本期转回	本期核销	期末数
贷款损失准备	40.00	0.00	40.00	—	0.00
一般准备	40.00	0.00	40.00	—	0.00
专项准备	—	—	—	—	—
其他资产减值准备	651.61	903.46	25.84	-28.65	1 557.88
可供出售金融资产减值准备	—	—	—	—	—
持有至到期投资减值准备	—	—	—	—	—
长期股权投资减值准备	—	—	—	—	—
坏账准备	516.45	0.11	25.84	—	490.73
投资性房地产减值准备	—	—	—	—	—
其他减值准备	—	903.35	—	-28.65	932.00

6.4.1.3 按照投资品种分类,固有股票投资、基金投资、债券投资、股权投资等投资业务的期初数、期末数

单位:万元

	自营股票	基金	债券	长期股权投资	其他投资	合计
期初数	5 321.24	869.92	—	276 795.42	—	282 986.58
期末数	4 577.12	496.13	—	294 070.25	—	299 143.50

6.4.1.4 按投资入股金额排序,前五名的自营长期股权投资的企业名称、占被投资企业权益的比例、主要经营活动及投资收益情况等

企业名称	占被投资企业权益的比例(%)	主要经营活动	投资损益（万元）
1. 国元证券股份有限公司	15.69	证券经纪、证券买卖	10 418.12
2. 池州九华农村商业银行	19.92	吸收存款、发放贷款、票据承兑、贴现	960.00
3. 淮南通商农村合作银行	16.28	吸收存款、发放贷款、票据承兑、贴现	1 048.45
4. 徽商银行股份有限责任公司	0.42	吸收存款、发放贷款、票据承兑、贴现	344.78
5. 安徽桐城农村合作银行	14.93	吸收存款、发放贷款、票据承兑、贴现	—

6.4.1.5 前五名的自营贷款的企业名称、占贷款总额的比例和还款情况等

企业名称	占贷款总额的比例(%)	还款情况
1. 宁国经济技术开发区建设投资有限公司	27.24	正常
2. 郎溪经济技术开发区投资发展有限公司	13.35	正常
3. 阜东东兴建设投资有限责任公司	13.08	正常
4. 宁国市国有资产投资运营有限公司	12.82	正常
5. 郎溪道其建设工程有限公司	10.68	正常

6.4.1.6 表外业务的期初数、期末数,按照代理业务、担保业务和其他类型表外业务分别披露表外业务的期初、期末数情况

单位:万元

表外业务	期初数	期末数
担保业务	—	—
代理业务(委托业务)	—	—
其他	—	—
合计	—	—

6.4.1.7 公司当年的收入结构

收入结构	金额(万元)	占比(%)
手续费及佣金收入	64 228.95	73.56
其中:信托手续费收入	63 639.51	72.89
投资银行业务收入	587.22	0.67
利息收入	9 167.24	10.50
其他业务收入	233.63	0.27
其中:计入信托业务收入部分	—	—
投资收益	13 656.87	15.65
其中:股权投资收益	13 138.25	15.05
证券投资收益	285.62	0.33
其他投资收益	233.00	0.27
公允价值变动收益	4.26	—
营业外收入	20.62	0.02
收入合计	87 311.57	100.00

注:1. 手续费及佣金收入、利息收入、其他业务收入、投资收益、营业外收入均应为损益表中的一级科目,其中手续费及佣金收入、利息收入、营业外收入为未抵减掉相应支出的全年累计实现收入数。

2. 其他业务收入中包含汇兑收益、租赁收入等。

6.4.2　信托财产管理情况

6.4.2.1　信托资产的期初数、期末数

单位:万元

信托资产	期初数	期末数
集合	1 604 607.82	2 066 182.41
单一	9 628 040.34	16 664 464.27
财产权	176 655.99	322 656.46
合计	11 409 304.15/594	19 053 303.15

6.4.2.1.1　主动管理型信托业务的信托资产期初数、期末数

单位:万元

主动管理型信托资产	期初数	期末数
证券投资类	160 802.64	215 809.25
股权投资类	835 107.87	571 711.33
融资类	4 101 431.30	4 650 762.75
事务管理类	—	—
合计	6 461 204.42	7 342 863.55

6.4.2.1.2　被动管理型信托业务的信托资产期初数、期末数

单位:万元

被动管理型信托资产	期初数	期末数
证券投资类	312 141.29	52 339.92
股权投资类	1 131 759.40	1 553 725.11
融资类	2 488 852.56	8 446 290.16
事务管理类	183 853.08	330 281.63
合计	4 948 099.73	11 710 439.60

6.4.2.2　本年度已清算结束信托项目

6.4.2.2.1　本年度已清算结束信托项目

已清算结束信托项目	项目个数	实收信托合计金额(万元)	加权平均实际年化收益率(%)
集合类	49	419 711.00	8.63
单一类	221	4 950 232.00	7.71
财产管理类	3	70 000.00	7.39

注:加权平均实际年化收益率=(信托项目1的实际年化收益率×信托项目1的实收信托+…+信托项目n的实际年化收益率×信托项目n的实收信托)/(信托项目1的实收信托+…+信托项目n的实收信托)×100%。

6.4.2.2.2　本年度已清算结束的主动管理型信托项目

已清算结束信托项目	项目个数	实收信托合计金额(万元)	加权平均实际年化信托报酬率(%)	加权平均实际年化收益率(%)
证券投资类	—	—	—	—
投资类	35	418 677.00	1.31	7.47
融资类	147	2 683 516.00	0.59	8.05
事务管理类	—	—	—	—

注:加权平均实际年化收益率=(信托项目1的实际年化收益率×信托项目1的实收信托+…+信托项目n的实际年化收益率×信托项目n的实收信托)/(信托项目1的实收信托+…+信托项目n的实收信托)×100%。

6.4.2.2.3　本年度已清算结束的被动管理型信托项目

已清算结束信托项目	项目个数	实收信托合计金额(万元)	加权平均实际年化信托报酬率(%)	加权平均实际年化收益率(%)
证券投资类	—	—	—	—
投资类	19	620 150.00	0.37	7.98
融资类	69	1 647 600.00	0.41	7.36
事务管理类	3	70 000.00	0.46	7.39

6.4.2.3　本年度新增的信托项目

新增信托项目	项目个数	实收信托合计金额(万元)
集合类	59	1 981 630.00
单一类	538	18 133 719.55
财产管理类	3	253 000.00
新增合计	600	20 368 349.55
其中:主动管理型	279	6 519 375.60
被动管理型	321	13 848 973.95

注:本年新增信托项目指在本报告年度内累计新增的信托项目个数和金额,包含本年度新增并于本年度内结束的项目和本年度新增且至报告期末仍在持续管理的信托项目,包含本年度开放式产品金额。

6.4.2.4　信托业务创新成果和特色业务有关情况

2013年,公司设计发行了"天津渤海租赁有限公司债权投资集合信托计划"、"正奇安徽金融控股有限公司债权受益权集合信托计划"等以债权受益权为投资标的的开放式信托产品。设计发行了"国元信托·民生银行短期融资券投资集合信托计划",该产品累计募集信托资金125亿元,采取伞形信托的交易模式,以开放式设计将信托资金投资于银行间债券交易品种,以多样的投资标的,有效降低产品市场风险,丰富公司业务品种。

同时,公司积极响应政策号召,大力开发信托项目支持实体经济和中小微企业发展。一方面,落实差异化政策,大力发展此类信托产品。另一方面,积极适应形势变化,探索业务创新,提高服务能力,提升专业化水平。公司在以贷款支持小微企业发展的基础上,大力发展股权投资、债权投资、信贷资产转让等类型信托产品,同时积极探索以系列化、开放式的方式发行一揽子计划,支持多家小微企业发展。截至2013年末,公司存续支持实体经济和中小微企业发展信托资金规模为1 088.37亿元,占存续信托资金总规模的57.12%。近两年公司设计发行的"滨湖春晓"集合系列信托计划,共募集资金3.09亿元,分别支持芜湖、肥东、肥西、长丰和合肥市区等地共75家中小微企业的发展。该系列项目的特点是,公司以一个信托计划同时支持一揽子企业的"一对多"形式,将信托融资对企业的支持功能最大限度地发挥出来。同时,以结构化方式,由政府资金认购部分信托产品,通过政府资金的放大和杠杆撬动原理,吸引社会资金有效参与。政府认购部分放弃信托收益,有效地降低了企业融资成本。这样的增信措施,彰显了地方政府对中小微企业发展的支持,大大提高了社会广大投资者对以信托工具功能支持中小微企业发展的认可度和参与积极性,取得了较好的经济效益和社会效益。信托资金支持的方向包括玻璃制造、农产品、汽车部件生产、印刷等行业。其中,"合肥市'滨湖春晓'高新区中小企业贷款集合信托计划"募集资金5 900万元,以贷款方式用于合肥高新区内18家中小微企业,

融资企业涉及电子信息、教育、制造业、农业、服务业等行业，均属高新技术企业或园区扶植中小微企业。该产品在2013年4月《理财周刊》和第一理财网联合举行的“2013年度信托产品评选”中，荣获“2013年度最具创新产品奖”。此外，公司设计发行的“国元信托·巴山蜀水中小企业”系列单一信托计划以系列化产品、开放式设计，将信托资金投向符合产业政策的中小微企业。目前，该系列产品已募集资金16.14亿元，支持当地64家中小微企业发展。

6.4.2.5 本公司履行受托人义务情况

公司作为受托人，严格按照《信托法》、《信托公司管理办法》、《信托公司集合资金信托计划管理办法》及信托文件对受托人义务的规定，在管理信托财产时，恪尽职守，履行诚实、信用、谨慎、有效管理的义务，为受益人的最大利益处理信托事务。

公司将信托财产与其固有财产分别管理、分别记账，并将不同委托人的信托财产设立信托专户，单独记账，单独核算。

按照信托文件的约定，及时履行定期信托计划的信息披露及报告事项。每个信托计划设立后5个工作日内，在公司网站发布成立公告，并按照信托合同的约定，定期发布信托项目管理报告。信托合同终止时，根据信托合同的约定，向受益人支付信托财产及收益。同时，在信托终止后10个工作日内作出处理信托事务的清算报告。

妥善保管处理信托事务的完整记录、原始凭证及有关资料，保存期自本信托终止之日起15年。同时，对委托人、受益人以及处理信托事务的情况和资料依法保密。

报告期内，公司管理的信托项目运作正常，全年到期清算信托项目1 272.33亿元，全部安全、按期交付受益人，未出现因本公司自身责任而导致的信托资产损失情况。信托业务稳健发展，无任何信托财产损失。

6.5 关联方关系及其交易的披露

6.5.1 关联交易方的数量、关联交易的总金额及关联交易的定价政策等

	关联交易方数量	关联交易金额(万元)	定价政策
合计	1	0.83	市场公允价

6.5.2 关联交易方与本公司的关系性质，关联交易方的名称、法定代表人、注册地址、注册资本及主营业务等

关系性质	关联方名称	法定代表人	注册地址	注册资本(万元)	主营业务
同受母公司控制	安徽国元投资有限责任公司	邵文革	安徽省合肥市宿州路20号	100 000.00	项目投资、管理及咨询等

6.5.3 本公司与关联方的重大交易事项

6.5.3.1 固有与关联方交易情况：贷款、投资、租赁、应收账款、担保、其他方式等期初汇总数、本期发生额汇总数、期末汇总数

单位：万元

固有与关联方关联交易				
	期初数	借方发生额	贷方发生额	期末数
贷款	—	—	—	—
投资	—	—	—	—
租赁	—	—	—	—
担保	—	—	—	—
应收账款	—	—	—	—
其他	232.33	—	0.83	231.50
合计	232.33	—	0.83	231.50

6.5.3.2 信托与关联方交易情况：贷款、投资、租赁、应收账款、担保、其他方式等期初汇总数、本期发生额汇总数、期末汇总数

单位：万元

信托与关联方关联交易				
	期初数	借方发生额	贷方发生额	期末数
贷款	—	—	—	—
投资	—	—	—	—
租赁	—	—	—	—
担保	—	—	—	—
应收账款	—	—	—	—
其他	—	—	—	—
合计	—	—	—	—

6.5.3.3 信托公司自有资金运用于自己管理的信托项目(固信交易)、信托公司管理的信托项目之间的相互交易(信信交易)金额，包括余额和本报告年度的发生额

6.5.3.3.1 固有与信托财产之间的交易金额期初汇总数、本期发生额汇总数、期末汇总数

报告期内公司无上述事项。

单位：万元

固有财产与信托财产相互交易				
	期初数	本期发生额	期末数	
合计	—	—	—	

6.5.3.3.2 信托项目之间的交易金额期初汇总数、本期发生额汇总数、期末汇总数

单位：万元

信托资产与信托财产相互交易				
	期初数	本期发生额	期末数	
合计	—	413.00	413.00	

6.5.4 关联方逾期未偿还本公司资金的详细情况以及本公司为关联方担保发生或即将发生垫款的详细情况

报告期内公司无上述事项。

6.6 会计制度的披露

公司固有业务自2008年1月1日起执行财政部2006年颁布的《企业会计准则——基本准则》。

公司信托业务自2010年1月1日起执行财政部2006年

颁布的《企业会计准则——基本准则》。

7. 财务情况说明书

7.1 利润实现和分配情况

2013 年公司实现净利润 54 121.84 万元，加年初未分配利润 103 894.13 万元，可供分配利润为 158 015.97 万元。根据法律法规要求和公司股东会决议，提取盈余公积 5 412.19 万元、提取一般风险准备 3 494.80 万元、支付现金红利 12 000.00万元，转增注册资本 80 000.00 万元后，年末未分配利润为57 108.98万元。

7.2 主要财务指标

指标名称	指标值
资本利润率（%）	14.38
加权年化信托报酬率（%）	0.57
人均净利润（万元）	363.23

注：1. 资本利润率＝净利润/所有者权益平均余额×100%。

2. 加权年化信托报酬率＝（信托项目 1 的实际年化信托报酬率×信托项目 1 的实收信托＋信托项目 2 的实际年化信托报酬率×信托项目 2 的实收信托＋…＋信托项目 n 的实际年化信托报酬率×信托项目 n 的实收信托）/（信托项目 1 的实收信托＋信托项目 2 的实收信托＋…＋信托项目 n 的实收信托）×100%。

3. 人均净利润＝净利润/年平均人数。

4. 平均值采取年初、年末余额简单平均法，公式为：a（平均）＝（年初数＋年末数）/2。

7.3 对本公司财务状况、经营成果有重大影响的其他事项

报告期内公司无上述事项。

8. 特别事项揭示

8.1 前五名股东报告期内变动情况及原因

公司原第三大股东首都机场集团公司向公司正式提出，拟转让其持有的国元信托 9% 的股权。2013 年 12 月 14 日，公司召开股东会 2013 年第三次临时会议，审议通过了《关于拟转让安徽国元信托有限责任公司股权的议案》，同意首都机场集团公司将其持有的国元信托 9% 的股权转让给安徽皖投资产管理有限公司。股权转让完成后，首都机场集团公司在国元信托的股东权益及债权、债务由安徽皖投资产管理有限公司按股权比例承继。2013 年 12 月 31 日，此股权变更事项经安徽银监局审核批准。

8.2 董事、监事及高级管理人员变动情况及原因

2013 年 2 月，经公司董事会决定，并报经安徽银监局审查核准，聘请程碧波女士为公司总裁助理。

2013 年 3 月，经公司股东会 2013 年第一次临时会议审议和表决通过，靳新中、于上游辞去公司董事职务，聘任吴建斌、朱毅坚先生担任公司董事。2013 年 8 月，经安徽银监局审查核准，吴建斌、朱毅坚先生正式任职。

8.3 变更注册资本、变更注册地或公司名称、公司分立与合并事项

报告期内，经公司 2012 年度股东会审议同意，公司注册资本由 12 亿元变更为 20 亿元。此项变更经安徽银监局审核批准，并于 2013 年 8 月 20 日完成了工商注册变更登记。

报告期内，公司注册地和公司名称未发生变更，未发生分立、合并事项。

8.4 公司的重大诉讼事项

报告期内，公司固有业务、信托业务无重大诉讼事项。

8.5 公司及其董事、监事和高级管理人员受到处罚的情况

报告期内，公司及其董事、监事和高级管理人员未发生受到处罚的情况。

8.6 银监会及其派出机构对公司检查的整改情况

本报告期内，安徽银监局对公司进行了一次现场检查。

2013 年 6 月 13 日至 6 月 23 日，安徽银监局检查组对国元信托内部控制情况进行了现场检查。本次内部控制现场检查包括内部控制环境、风险识别与评价、内部控制措施、监督评价与纠正、信息交流与反馈等五个方面内容，涵盖固有业务、信托业务、关联交易、信息披露、会计系统、信息系统、人力资源管理等七项业务活动。对公司的总体评价是：“你公司内部控制体系比较健全，各治理主体履职较为规范，各职能部门间基本做到了分权制衡及良好沟通，各个环节能够较好地执行内控措施，且对某些部门、业务、环节制度执行情况进行了监督检查，能够对主要风险进行识别和评估，内控措施基本到位，内控整体运行状况较好。但检查发现，你公司内控制度有待进一步完善，各治理主体职责尚需进一步厘清，风险识别与评价有待进一步充实，内审力量相对薄弱，制度执行不到位、不合规现象仍然存在。”

公司对监管部门的现场检查高度重视，召开专门会议，通报情况，传达整改要求，研究制定整改措施，提出整改方案。对照检查意见书中涉及的问题，逐项分析成因，明确整改思路，制定了操作性强的整改方案，落实到部门，限期整改。对相关责任人，公司视情节轻重予以处罚。同时，公司举一反三，自我强化。通过整改，进一步完善内控制度，优化业务流程，强化细节管理，落实制度的执行。进一步加强岗位责任制，实行岗位问责，切实增强员工依法合规经营意识，有效控制各类经营风险。进一步加强业务人员对相关政策法规的学习和业务培训，提高员工素质，确保业务操作合规、合法。

8.7 本年度重大事项临时报告的简要内容、披露时间、所披露的媒体及其版面

（1）2013 年 8 月 21 日，公司在《上海证券报》A49 版刊登了公司下列重大事项临时报告内容：

①经公司 2013 年第一次临时股东会会议选举，任职资格

报安徽银监局审核批准，吴建斌先生、朱毅坚先生担任公司第四届董事会董事。

②经公司2012年度股东会审议同意，公司注册资本变更为20亿元人民币。鉴于公司注册资本发生变化，股东会同时对公司章程进行了修改。此变更公司注册资本事项和修改公司章程事项已经安徽银监局审核批准，并于2013年8月20日完成了工商注册变更登记。

(2)2014年1月3日，公司在《上海证券报》B53版刊登了公司下列重大事项临时报告内容：

2013年12月12日，本公司原股东——首都机场集团公司与安徽皖投资产管理有限公司签署股权转让协议书。首都机场集团公司将其持有的本公司9%的权益转让给安徽皖投资产管理有限公司。2013年12月14日，本公司2013年第三次临时股东会审议同意上述股权转让事项。鉴于公司股东发生变化，股东会同时对公司章程进行了修改。2013年12月31日，中国银行业监督管理委员会安徽监管局批准上述股权变更和修改公司章程事项。本公司已就此办理工商变更登记。

8.8 银监会及其省级派出机构认定的其他有必要让客户及相关利益人了解的重要信息

报告期内，公司已按有关规定充分披露相关信息，无银监会及其省级派出机构认定的其他有必要让客户及相关利益人了解的重要信息。

安信信托投资股份有限公司

1. 重要提示

1.1 公司董事会、监事会及董事、监事、高级管理人员保证年度报告内容的真实、准确、完整,不存在虚假记载、误导性陈述或重大遗漏,并承担个别和连带的法律责任。

1.2 公司全体董事出席董事会会议。

1.3 立信会计师事务所(特殊普通合伙)为本公司出具了标准无保留意见的审计报告。

1.4 公司负责人王少钦、主管会计工作负责人赵宝英及会计机构负责人(会计主管人员)赵宝英声明:保证年度报告中财务报告的真实、准确、完整。

1.5 经董事会审议的报告期利润分配预案或公积金转增股本预案:经立信会计师事务所(特殊普通合伙)审计确认,公司2013年度归属于母公司净利润为27 960.18万元,母公司累计可供分配利润为28 655.34万元。本年度拟以2013年末总股本454 109 778股为基数,向全体股东每十股派发现金红利2元(含税),共派发现金红利90 821 955.60元,剩余未分配利润结转下一年度。

该预案尚需提交2013年年度股东大会审议。

1.6 前瞻性陈述的风险声明

本报告中所涉及的未来计划、发展战略等前瞻性描述不构成公司对投资者的实质承诺,敬请投资者注意投资风险。

1.7 是否存在被控股股东及其关联方非经营性占用资金情况?

否。

1.8 是否存在违反规定决策程序对外提供担保的情况?

否。

2. 公司概况

安信信托股份有限公司前身系鞍山市信托投资公司,是由鞍山市人民政府决定、经中国人民银行辽宁省分行以辽银金字[1987]13号文批准、于1987年设立的地方非银行金融机构;1992年经辽宁省经济体制改革委员会辽体改发[1992]18号文件批准改制为股份有限公司,同时更名为鞍山市信托投资股份有限公司(以下简称鞍山信托)。

鞍山信托经中国人民银行辽宁省分行辽银金字[1992]第148号文件批准,于1992年向社会公众公开发行股票;公司股票经中国证监会证监发审字[1994]2号文复审通过、上海证券交易所上证上[1994]字第2004号文审核批准,于1994年1月28日在上海证券交易所上市交易。

鞍山信托于2003年3月13日收到《中国人民银行关于鞍山市信托投资股份有限公司重新登记的批复》(银复[2003]43号),并于2003年3月28日获得中国人民银行沈阳分行颁发的中华人民共和国信托机构法人许可证。公司重新登记后可以经营下列本外币业务:受托经营资金信托业务;受托经营动产、不动产及其他财产的信托业务;受托经营法律、行政法规允许从事的投资基金业务,作为投资基金或者基金管理公司的发起人从事投资基金业务;受托经营公益信托;经营企业资产的重组、购并及项目融资、公司理财、财务顾问等中介业务;受托经营国务院有关部门批准的国债、政策性银行债券、企业债券等债券的承销业务;代理财产的管理、运用和处分;代保管业务;信用见证、资信调查及经济咨询业务;以银行存放、同业拆放、贷款、融资租赁或投资方式运用自有资金;以固有财产为他人提供担保;办理金融同业拆借;中国人民银行批准的其他业务(上述经营范围涉及许可的,凭许可证经营)。

鞍山信托于2004年8月经中国银监会银监办发[2004]124号文、上海市人民政府沪府办函[2004]2号文批准迁址上海,注册地址变更为上海市杨浦区控江路1553~1555号A座3楼301室;经国家工商行政管理总局以(国)名称变核内字[2004]第277号文核准更名为安信信托投资股份有限公司。

2014年2月13日,根据中国银监会《关于安信信托投资股份有限公司变更公司名称和业务范围的批复》(银监复[2014]14号),上海银监局为本公司核发了新的金融许可证,公司名称变更为"安信信托股份有限公司",公司的业务范围变更为"资金信托;动产信托;不动产信托;有价证券信托;其他财产或财产权信托;作为投资基金或者基金管理公司的发起人从事投资基金业务;经营企业资产的重组、购并及项目融资、公司理财、财务顾问等业务;受托经营国务院有关部门批准的证券承销业务;办理居间、咨询、资信调查等业务;代保管及保管箱业务;存放同业、拆放同业、贷款、租赁、投资方式运用固有财产;以固有财产为他人提供担保;从事同业拆借;法律法规规定或中国银行业监督管理委员会批准的其他业务"。

2.1 公司简介

2.1.1 公司法定中文名称:安信信托股份有限公司
公司法定中文名称缩写:安信信托
公司英文名称:Anxin Trust Co. ,LTD.
公司英文名称缩写:AXXT

2.1.2 注册资本:45 411万元

2.1.3 成立时间:1987年

2.1.4 公司法定代表人:王少钦

2.1.5 公司董事会秘书:武国建
电话:021-63410710
传真:021-63410712
E-mail:ax600816@126.com
联系地址:上海市广东路689号29层

2.1.6 公司注册地址:上海市控江路1553~1555号A座3楼301室
公司办公地址:上海市广东路689号29层
邮政编码:200001
公司国际互联网网址:http://www.anxi nt-

rust. com

公司电子信箱:ax600816@126. com

2. 1. 7 公司信息披露报纸名称:《中国证券报》、《上海证券报》

登载公司年度报告的中国证监会指定国际互联网网址:http://www. sse. com. cn

公司年度报告备置地点:上海市广东路 689 号 29 层

2. 1. 8 公司 A 股上市交易所:上海证券交易所

公司 A 股简称:安信信托

公司 A 股代码:600816

2. 1. 9 其他有关资料

公司法人营业执照注册号:310000000038661

公司税务登记号码:310110765596096

公司组织结构代码:76559609 -6

公司聘请的境内会计师事务所名称:立信会计师事务所(特殊普通合伙)

公司聘请的境内会计师事务所办公地址:上海南京东路 61 号新黄浦金融大厦 4 楼

公司聘请的境内律师事务所名称:上海瑛明律师事务所

公司聘请的境内律师事务所办公地址:上海市浦东南路 528 号上海证券大厦北塔 1901 室

2. 2 组织结构

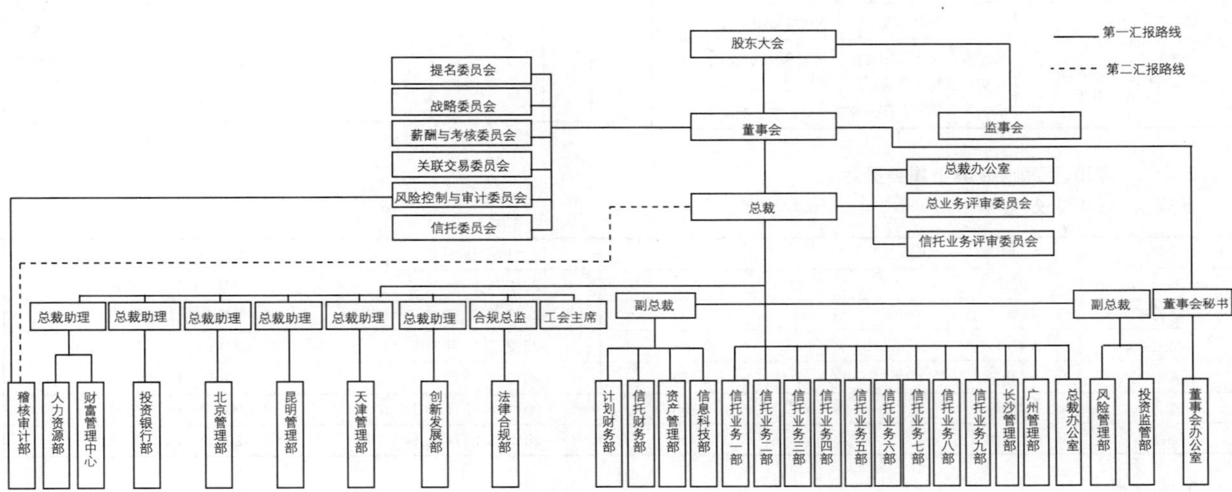

3. 公司治理

3. 1 公司治理结构

3. 1. 1 股东

截止报告期末股东总数(股)	49 999	年度报告披露日前第五个交易日末股东总数				47 722
前十名股东持股情况						
股东名称	股东性质	持股比例(%)	持股总数(股)	报告期内增减(股)	持有有限售条件股份数量(股)	质押或冻结的股份数量(股)
上海国之杰投资发展有限公司	境内非国有法人	32. 96	149 670 672			
海通证券股份有限公司约定购回式证券交易专用证券账户	其他	1. 12	5 095 800			

续表

股东名称	股东性质	持股比例(%)	持股总数(股)	报告期内增减(股)	持有有限售条件股份数量(股)	质押或冻结的股份数量(股)
高扬瑜	境内自然人	1. 10	5 000 011			
徐功荣	境内自然人	0. 86	3 918 900			
何昌珍	境内自然人	0. 69	3 144 182			
张玉龙	境内自然人	0. 66	2 999 905			无
黄锦祥	境内自然人	0. 52	2 368 501			
何国勤	境内自然人	0. 45	2 050 000			无
马世叔	境内自然人	0. 44	1 994 113			无
吴志民	境内自然人	0. 36	1 648 761			

续表

前十名无限售条件股东持股情况		
股东名称	持有无限售条件股份的数量(股)	股份种类及数量
上海国之杰投资发展有限公司	149 670 672	人民币普通股
海通证券股份有限公司约定购回式证券交易专用证券账户	5 095 800	人民币普通股
高扬瑜	5 000 011	人民币普通股
徐功荣	3 918 900	人民币普通股
何昌珍	3 144 182	人民币普通股
张玉龙	2 999 905	人民币普通股
黄锦祥	2 368 501	人民币普通股
何国勤	2 050 000	人民币普通股
马世叔	1 994 113	人民币普通股
吴志民	1 648 761	人民币普通股
上述股东关联关系或一致行动的说明	公司股东中上海国之杰投资发展有限公司为本公司实际控制人高天国先生控制的企业，其余股东本公司未知是否存在关联关系及一致行动的情况。	

第一名有限售条件股东持股数量及限售条件

单位:股

序号	有限售条件股东名称	持有的有限售条件股份数量	有限售条件股份可上市交易情况		限售条件
			可上市交易时间	新增可上市交易股份数量	
1	鞍山市新大地轮胎工程有限公司	260 000			由上海国之杰投资发展有限公司先行代其对价安排，被代对价的非流通股股东在办理其持有的非流通股股份上市流通时，应先征得上海国之杰投资发展有限公司的同意，并由本公司向证券交易所提出该等股份的上市流通申请。

3.1.2 董事、董事会及其下属委员会

董事长、副董事长、董事

姓名	职务	性别	年龄	任期起始日期	任期终止日期
王少钦	董事长	男	57	2012年11月26日	2015年11月26日
杨晓波	董事、总裁	男	39	2012年11月26日	2015年11月26日
赵宝英	董事、副总裁	女	47	2012年11月26日	2015年11月26日
周勤业	董事	男	63	2012年11月26日	2015年11月26日
邵明安	董事	男	55	2012年11月26日	2015年11月26日
高超	董事	女	34	2012年11月26日	2015年11月26日

独立董事

姓名	所在单位及职务	性别	年龄	选任日期	所推举的股东名称	该股东持股比例(%)	简要履历
朱荣恩	独立董事	男	61	2012年11月26日			会计学博士，注册会计师。现任上海财经大学会计学教授、上海新世纪资信评估投资服务有限公司总裁、申能股份有限公司独立董事、华域汽车系统股份有限公司独立董事和上海海立(集团)股份有限公司独立董事。
余云辉	独立董事	男	52	2012年11月26日			曾任海通证券有限责任公司投资银行部项目经理、副总经理，基金部副总经理，交易部总经理，战略合作与并购部总经理；德邦证券有限责任公司常务副总裁、总裁；现任厦门大学金融系客座教授。
邵　平	独立董事	男	58	2012年11月26日			复旦大学经济学博士，高级经济师，中共党员；曾任民生银行总行信贷部副主任，总行信贷业务部副总经理、总经理，上海分行党委书记、行长，总行党委委员、行长助理，总行党委委员、副行长，总行风险管理委员会主席；现任平安银行股份有限公司第八届董事会董事、平安银行股份有限公司行长、美国沃顿商学院董事会亚太地区执行董事。

董事会下属委员会

董事会下属委员会名称	职　责	组成人员姓名	职　务
战略委员会	对公司长期发展战略规划进行研究并提出建议	王少钦	主任
		邵明安	委员
		周勤业	委员
		朱荣恩	委员
		杨晓波	委员

续表

董事会下属委员会名称	职　责	组成人员姓名	职　务
提名委员会	研究公司董事、经理人员的选择标准和程序，并向董事会提出建议	邵　平	主任
		王少钦	委员
		朱荣恩	委员
		余云辉	委员
		杨晓波	委员
风险控制与审计委员会	检查公司经理层遵守法规、公司章程的情况，研究拟定公司风险管理战略和政策，监督公司内部审计等	朱荣恩	主任
		周勤业	委员
		邵　平	委员
		余云辉	委员
		邵明安	委员
关联交易委员会	审核提交董事会和股东大会的关联交易的必要性和公允性	王少钦	主任
		周勤业	委员
		朱荣恩	委员
		余云辉	委员
		邵　平	委员
薪酬与考核委员会	根据董事及高级管理人员的岗位及职责制定薪酬计划和方案，审查董事和高管人员的履行职责情况，进行年度考评	朱荣恩	主任
		邵　平	委员
		余云辉	委员
		赵宝英	委员
		高　超	委员
信托委员会	主要负责督促公司依法履行受托职责，当公司或股东利益与受益人利益发生冲突时，信托委员会应保证公司为受益人最大利益服务	余云辉	主任
		王少钦	委员
		杨晓波	委员
		高　超	委员
		邵明安	委员

3.1.3　监事、监事会及其下属委员会

监事会成员

姓名	职务	性别	年龄	选任日期	所推举的股东名称	该股东持股比例（%）	简　要　履　历
马惠莉	监事长	女	47	2010年1月8日	上海国之杰投资发展有限公司	32.96	黄浦区第三届党代表。曾任上海谷元房地产开发有限公司副总经理，现任上海国之杰投资发展有限公司副总裁、上海三至酒店管理有限公司董事长。
李宏	监事	女	45	2012年11月26日	上海国之杰投资发展有限公司	32.96	上海国之杰投资发展有限公司财务经理。
陈兵	监事	男	38	2009年7月29日	职工监事		曾任上海爱建信托投资有限责任公司财务主管，现任安信信托股份有限公司计划财务部副总经理。
黄晓敏	监事	女	32	2013年5月31日	上海国之杰投资发展有限公司	32.96	曾任上海东洲久信会计师事务所项目经理，2008年至今担任上海国之杰投资发展有限公司集团内审。

注：报告期内，监事李宏由于工作变动，辞去监事一职。经2012年度股东大会选举通过，黄晓敏担任监事。

目前，公司监事会暂未设专业委员会。

3.1.4 高级管理人员

姓 名	职务	性别	年龄	选任日期	金融从业年限	学历	专业
王少钦	董事长	男	57	2012 年 11 月 26 日	19	研究生	工商管理
杨晓波	总裁	男	39	2012 年 11 月 26 日	8	研究生	工商管理
赵宝英	副总裁	女	47	2012 年 11 月 26 日	7	硕士	工商管理
梁清德	副总裁	男	52	2012 年 11 月 26 日	24	硕士	经济管理
武国建	董秘	男	43	2007 年 7 月 11 日	14	本科	会计学
朱文	合规总监	女	47	2013 年 10 月 25 日	5	本科	会计学

3.1.5 公司员工

母公司在职员工的数量（人）	163
在职员工的数量合计（人）	163
母公司及主要子公司需承担费用的离退休职工人数（人）	20
专业构成	
专业构成类别	专业构成人数（人）
财务人员	14
行政人员	23
高级管理人员	6
前台人员（业务部门、投行等）	78
中台人员（风控、合规、信息科技、创新发展、财富管理中心、投资监管等）	39
顾问团	3
合计	163
教育程度	
教育程度类别	数量（人）
本科以下	39
本科	81
硕士研究生	40
博士研究生	3
合计	163

4. 经营管理

4.1 经营目标、方针、战略规划

2013 年，全球经济增速低于预期，缓慢复苏中继续呈分化之势：发达经济体的风险有所缓解，经济趋向温和复苏；新兴市场国家经济增速下滑趋势明显，经济面临持续下滑风险。中国经济增速继续放缓，新一届政府继续调结构、促转型，在实施“双稳健”财政、货币政策的同时，坚持稳中求进、以稳促进的思路，努力释放改革红利，激发市场活力和社会创造力。

一方面，信托业与其他金融同业的竞争进一步加剧，业务被分食，制度红利被削弱，宏观政策的限制增加了信托公司政信、银信合作类业务的不确定性。另一方面，经济下行带来的系统性风险、利率市场化造成的市场风险、“钱荒”引发的流动性风险、个案频发带来的声誉风险等都使信托公司面临重重困阻。然而，信托业的发展速度再一次超出预期，在 2013 年的第三季度末就突破了 10 万亿元大关，经受住了市场的考验。信托公司在复杂多变的经济、市场和政策环境下，继续取得规模与效益的“双赢”，依然得益于其在制度安排上的灵活性和雄厚的市场基础。

2012 年末，公司新一届董事会和管理层走马上任。2013 年初，公司重大资产出售事项顺利完成，公司继续完善法人治理，优化资产结构，提高项目风险把控能力，继续加强团队建设，拓展营销渠道，提升项目流程控制和风险控制能力，为公司的可持续发展奠定了基础。

2013 年 1 月 28 日，公司重大资产出售暨关联交易事项实施完毕，公司非金融股权和投资性房地产等实业资产清理完毕。

2014 年 2 月 13 日，根据中国银监会《关于安信信托投资股份有限公司变更公司名称和业务范围的批复》（银监复［2014］14 号），上海银监局为本公司核发了新的金融许可证。

4.2 经营业务的主要内容

报告期内，公司稳健经营，努力优化业务结构，加大现有公益性、类基金型及其他私人信托产品的研发力度，巩固公司核心竞争力，稳固公司经营绩效，提升管理能力。公司 2013 年度共实现营业总收入 87 925 万元，归属于母公司的净利润为 27 960 万元，归属于母公司的所有者权益为 86 476万元。

4.2.1 固有业务方面

（1）截至报告期末，公司总资产 16 亿元，比上年末增加 6.49 亿元，增幅为 68.27%；负债总额 7.36 亿元。

（2）公司执行固有业务管理制度，固有资金的运用均履行严格的评审程序，所有固有贷款均落实风控措施，并实行持续的贷后跟踪管理。截至 2013 年 12 月 31 日，固有资产拨备充分，无不良资产。

4.2.2 信托业务方面

（1）截至报告期末，存续信托项目 297 个，受托管理信托资产规模 1158.15 亿元；已完成清算的信托项目 65 个，清算信托规模 195.71 亿元；新增设立信托项目 259 个，新增信托规模 979.35 亿元。其中，新增集合类信托项目 20 个，实收信托规模 155.03 亿元；新增单一类信托项目 237 个，实收信托规模 820.63 亿元；新增财产管理类信托项目 2 个，实收信托规模 3.69 亿元。

（2）信托资金投向：公司 2013 年信托资金主要投向涉及基

础产业、房地产、证券投资、实业和其他。与2012年末相比，房地产类占比从17.14%下降至9.36%，实业类占比从44.98%上升至64.13%。在保持温和发展的态势下，公司继续向非房地产领域进行业务拓展，调整业务结构，加大其他领域的拓展力度。

(3)集合资金信托业务：集合资金信托业务占信托资产总规模比例为20.47%，信托规模有一定提升，公司自主发行能力和主动管理能力继续增强。

(4)信托业务风险方面：公司执行各项信托业务管理制度，信托业务的开展及后续管理均严格以受益人利益最大化等为宗旨依法操作。

4.3 市场分析

中国信托业协会2014年2月13日发布的最新数据①显示，2013年，我国信托资产规模再创历史新高，信托资产总规模为10.91万亿元，与上年7.47万亿元相比，同比增长46%；信托公司全行业经营收入总额为832.60亿元，同比增长30.42%；同时，全行业实现利润总额568.61亿元，同比增加28.82%。

信托业信托资产规模虽然再创历史新高，但增速已有趋缓之势，过去支撑信托业快速发展的私募投行业务在新的经济背景下遇到不可避免的挑战，金融市场化改革推进，企业回归以银行贷款为主体的间接融资和以资本市场为主体的直接融资，对信托融资的需求减少，同时来自其他金融同业及非金融理财机构的竞争日益增加，其他资产管理机构的理财产品具有不同程度的类似信托产品的私募融资功能。

信托业务去通道化、回归信托主业、明确"受人之托，代人理财"的功能定位将成为趋势。信托业势必提升资产管理和财富管理能力，开拓新兴、可持续发展的收入来源，拓展投资类信托、基金管理类信托等更能体现信托制度优势的领域。私募投行、另类资产管理和私人财富管理将是可能支撑信托业未来持续发展的业务趋势。信托公司可以根据自身的战略定位和核心竞争力，有选择地重点发展一个或几个业务模式。

4.4 风险管理

4.4.1 风险管理概况

公司在经营活动中可能遇到的风险为信用风险、市场风险、操作风险、流动性风险、法律风险、声誉风险和战略风险等。董事会和高级管理层非常重视风险管理，认为风险控制是金融机构立身之本、展业之本，高度重视在展业过程中的各种风险，由副总裁亲自担任首席风控官。在风险管理的组织结构方面，董事会下设风险控制与审计委员会，负责审议重大决策、重大风险、重大事件及重要业务流程的判断标准或判断机制。在经营层面，设有信托业务评审委员会和固有业务评审委员会，负责公司项目立项和评审，对存续项目定期进行风险评估；设有专门的风险管理部门——风险管理部及投资监管部，风险管理部负责提出风险管理流程、解决方案及日常监控和指导、监督及开展风险管理工作，投资监管部负责房地产业务的后续监管等工作。

4.4.2 风险状况

4.4.2.1 信用风险状况

信用风险主要指交易对手不履行义务的可能性，主要表现为在贷款、资产回购、后续资金安排、担保、履约承诺等交易过程中，借款人、担保人、保管人(托管人)等交易对手不能或不愿履行合约承诺而使信托财产和固有财产遭受潜在损失的可能性。同时，当信用风险发生时，如受托人没有尽职管理、安排预算不恰当，或信托项目因违法违规未能如期执行，会导致发生流动性风险。公司严格按照《中国银行业监督管理委员会关于非银行金融机构全面推行资产质量五级分类管理的通知》，定期对公司资产质量进行五级分类。公司信用风险管理主要是通过对交易对手的尽职调查进行事前控制，通过交易结构设计、风险定价、设定担保措施、持续进行风险评估等手段规避和监控交易对手信用风险变化，明确界定业务部门与风险管理等部门的风险管理职责。公司强调风险管理关口前移，注重业务管理的调研和过程控制，严格授权审批制度、决策限额。公司持续监控交易对手的履约能力，注重贷前调查、贷中审查、贷后检查，强化对交易对手实际控制人的风险管理。注重信用风险的分散和补偿，在产品交易结构设计上，综合运用规避、预防、分散、转移等手段管理风险，尽力降低信用风险敞口。公司通过引入金融机构信用、财产抵押(权利质押)等担保方式，将融资主体的信用风险进行分散、转移。密切关注合作企业财务指标、建设进程、证照取得、销售去化、运营管理等重大事项的进展情况，尽早发现相应风险，尽早应变，以最大限度降低信托及固有项目的运营风险。

4.4.2.2 市场风险状况

市场风险主要指在开展资产管理业务过程中，投资于有公开市场价值的金融产品或者其他产品时，金融产品或者其他产品的价格发生波动导致资产遭受损失的可能性。同时，市场风险还具有很强的传导效应，某些信用风险可能也来自于交易对手的市场风险。公司密切关注各类市场风险，及时调整产品战略，勤勉尽职地履行受托人职责，报告期内公司市场风险可控，未发生因市场风险造成的损失。公司注重研究和防范系统性风险，强调发掘研究的价值，以研究指引投资决策；坚持稳健风格，注重稳健型投资品种的开发。公司关注国家宏观政策变化，避免进入限制类行业和相关项目；公司控制行业集中度，通过业务创新不断拓展多元化的投资领域；充分考虑拟投资项目筛选、评估、运营、退出中的策略、渠道和措施，注重投资项目的调研和分析工作，建立充足的项目储备池，制定风险处理预案，锁定项目退出风险，组建专业化的管理团队，明确项目组织管理结构与投资管理责任，对私人股权直接投资业务则通过受益人大会和定期信息披露向投资者报告项目运行状况，保证信托兑付款来源的安全性。报告期内，公司各项业务面临的市场风险得到了有效的防范和控制。

4.4.2.3 操作风险状况

操作风险表现为由于公司治理机制、内部控制失效或者有关责任人出现失误、欺诈等问题，没有充分、及时地做好尽职调查、持续监控、信息披露等工作，未能及时作出应有的反应，或

① 信托行业数据来源：中国信托业协会《2013年4季度末信托公司主要业务数据》，2014年2月13日。

作出的反应明显有失专业和常理，甚至违规违约；没有履行勤勉尽职管理的义务，或者无法出具充分有效的证据和记录，证明自己已履行勤勉尽职管理的义务。公司要求每项业务在尽职调查、受理、设计、审批、销售、执行和终止的全过程中都合法合规，按照程序操作，杜绝不正当交易等违法行为导致或增加业务风险。各相关主体按照各自的职责在授权范围内独立运作，任何人不能利用自身的权力干预风险评估工作。公司建立了职责分离、相互监督制约的内部控制机制，建立和完善了有效的投资决策机制，明确了各项业务的操作流程，实行严格的复核、审核程序，制定了严格的信息系统管理制度。公司在业务尽职调查、产品规范化管理、外部中介机构管控、风险监测评价、合同档案管理、信息披露等方面不断细化管理要点和规范操作流程，提升业务操作的规范化和标准化水平，消除操作风险隐患，有效管理各类操作风险。

4.4.2.4 其他风险状况

其他风险包括流动性风险、法律政策风险、道德风险和声誉风险等。

流动性风险是指信托期限届满或者在一定的承诺期限内，信托项目没有足够的资金向受益人、信托文件约定人、信托项目债权人支付，没有及时兑现已取得的收益，导致信托业务违约或者未实现预期的可能性。报告期内，我公司无此类风险发生。截至2013年末，我公司固有业务总资产为16亿元，主要为货币资金、对外发放的固有资金贷款及应收款项，且公司已将长期股权投资、投资性房地产等实业资产清理完毕，同时我公司无对外负债业务，因此，公司具备一定的对抗流动性风险的能力。

法律政策风险是指没有遵循法律、规则和准则而使公司遭受法律制裁、监管处罚、重大财务损失和声誉损失的可能性以及由于国家宏观经济政策的调整对公司业务经营或者成果造成一定影响的可能性。公司开展业务时，业务要素、业务方案、业务文件及事务执行等均符合法律法规及相关监管规定，不存在由于公司自身风险管理体系无效或者不完善，未能对法律政策问题作出适当行为而产生的风险。此外，公司重视评估和应对因政策变化而引起的系统性风险，面对较为重大的市场形势和政策变化，及时调整公司风险管理的策略和应对措施。

道德风险是指在不对称信息下，由于观念、公司治理、管理技术、管理经验存在缺陷，或公司内部人员蓄意违规违法给公司造成财产损失、合同违约、业务失败的可能性。声誉风险是指由于公司操作失误、违反有关规定、资产质量下降、不能按期兑付、不能提供高质量的金融服务或者管理不善等原因，对公司外部市场地位和声誉产生消极不良影响的可能性。报告期内，我公司未发生这两类风险。

4.4.3 风险管理

4.4.3.1 信用风险管理

一是严格按照信托业务流程开展信托业务，确保高级管理层能充分了解项目涉及的信用风险，定期进行存续期项目尽职管理的基本作业流程操作。二是加强事前对交易对手（项目）的尽职调查，并在项目正式提交信托业务评审委员会之前，由风险管理部门对项目相关资料进行核实，确保资料的真实性。三是认真落实贷款担保措施，除常规抵押、保证等担保措施外，通过多种交易条件设置获得缓释风险的实质性效果，主要选择信用等级高的机构作为交易对手；聘请外部独立机构客观、公正地评估抵押品，严格控制贷款本金与不同抵押品价值之比，一般控制在50%以下，部分项目甚至控制在30%以下。四是事中对交易对手（项目）进行动态管理，在信托成立后，业务部门及投资监管部定期进行后期检查，形成项目检查报告，并向管理层报告。五是根据财政部《金融企业准备金计提管理办法》（财金[2012]20号）及公司章程，为了防范经营风险，增强金融企业抵御风险能力，按不低于风险资产期末余额的1.5%计提一般准备。

4.4.3.2 市场风险管理

公司产品的投向涉足房地产、基础设施、矿产资源、金融等多领域。控制市场风险的主要方法是加强对经济及金融形势的分析预测，加强相关行业研究，在具体项目尽职调查时，也聘请专业的机构参与调查；在业务决策时，将外部行业专家对项目进行的行业与市场分析作为参考。

4.4.3.3 操作风险管理

公司主要通过引入合规管理来控制操作风险。一是不断梳理和完善公司的各项规章制度，使之更加完整、严密，更加符合公司的实际情况。二是将合规管理与风险管理贯穿公司的所有业务环节之中，严格按照信托业务流程，履行立项及设立程序，通过流程控制使各项业务严格按照公司的制度开展。对于拟开展的业务，先由业务部门对照公司产品策略进行初步的项目筛选，评估风险，然后填写立项审批表；法律合规部及风险管理部进行合规性及风险性审查，报分管领导审批；分管领导同意开展此项目后，业务部门对项目进行详细的尽职调查，评估项目的盈利能力和风险点，制定风险控制措施，然后报法律合规部及风险管理部进行形式审查，包括资料的齐备性、主体资格的合法性、程序的有效性等，风险审查包括信用、市场、流动性等风险审查，提出设立风险审查意见书；信托业务评审委员会（以下简称业委会）对上报项目材料进行审查，提出合规及风险控制意见；法律合规部、风险管理部和业务部门对业委会提出的意见进行落实，必要时风险管理部到项目现场进行核实；在业委会提出的问题都得到落实后，才能形成同意设立的决议并履行内部审批程序，然后向银监局履行报告程序。三是强化操作风险排查工作。根据公司业务发展的特点和金融监管的要求，公司专门组织了信托项目稽核审计工作，并将检查结果在高管联席会上通报，并在规定期内将相关问题彻底解决。四是在信托业务的每一个环节都严格按照法律法规操作。在推介环节，实行信托项目推介联系会议制度，不承诺“保本保息”或最低收益，不通过报刊、电视、广播和其他公共媒体进行营销宣传，不存在委托非金融机构推介信托计划的行为；在信托财产运用和管理环节，不存在通过信托项目为自己和他人谋取不当利益的行为，切实履行了受托管理的责任，持续跟踪说明资金使用和项目进展情况，坚持了信托财产之间、信托财产与固有财产之间分别管理、分别记账的原则，对信托财产管理过程中的各项事务、数据和其他有关情况都保留了真实完整的记录，强化工作底稿和信托管理事务记录的保存；在信托终止清算环节，确保信托安全兑付并及时出具信托项目清算报告。

4.4.3.4 其他风险管理

流动性风险管理:在流动性风险控制方面,公司在开展具体项目时,首先采取降低抵押率(一般控制在50%以下)、工程节点监测、现金流指标监测、保证金机制、分期还款结构设置等措施来控制。其次是加强信托项目的到期兑付工作。对于集合信托,在兑付前一个月,公司向上海银监局报告兑付资金落实情况和清算方案,由信托经理逐日向公司报告兑付资金落实进展情况;在到期前一天,信托经理到资金方现场督促划拨资金。在公司自身流动性方面,公司通过现有业务良好开展不断积累资金,报告期内还实施了将实业投资类资产剥离,转化成货币资金。以上方式将大大增加公司资产流动性和抵御风险的能力,未来公司也将根据发展需要适时通过资本市场进行再融资。

法律政策风险管理:公司设立法律合规部,并聘请专业的法律人员为公司提供法律服务,负责审核公司法律文本,参与重大合同的起草和签约等工作,并为公司重大业务活动提供法律咨询和服务。目前,公司对外的法律文本均由专业律师起草,有效保证了公司法律风险的管理工作。

声誉风险管理:董事会和高级管理层认为声誉是金融机构赖以生存的基础,是立身之本、展业之本,高度重视在展业过程中的各种声誉风险。通过已有案例,不断总结,并在新的业务中加以规范,公司财富管理中心负责处理客户(委托人)的关系,董事会办公室负责处理与公司股东的关系。

5. 报告期末及上一年度末的比较式会计报表

5.1 自营资产(会计报表已经审计)

5.1.1 会计师事务所审计意见全文

审 计 报 告

信会师报字[2014]第110319号

安信信托投资股份有限公司全体股东:

我们审计了后附的安信信托投资股份有限公司(以下简称贵公司)财务报表,包括2013年12月31日的资产负债表和合并资产负债表、2013年度的利润表和合并利润表、2013年度的现金流量表和合并现金流量表、2013年度的所有者权益变动表和合并所有者权益变动表以及财务报表附注。

一、管理层对财务报表的责任

编制和公允列报财务报表是贵公司管理层的责任。这种责任包括:(1)按照企业会计准则的规定编制财务报表,并使其实现公允反映;(2)设计、执行和维护必要的内部控制,以使财务报表不存在由于舞弊或错误导致的重大错报。

二、注册会计师的责任

我们的责任是在执行审计工作的基础上对财务报表发表审计意见。我们按照中国注册会计师审计准则的规定执行了审计工作。中国注册会计师审计准则要求我们遵守中国注册会计师职业道德守则,计划和执行审计工作以对财务报表是否不存在重大错报获取合理保证。

审计工作涉及实施审计程序,以获取有关财务报表金额和披露的审计证据。选择的审计程序取决于注册会计师的判断,包括对由于舞弊或错误导致的财务报表重大错报风险的评估。在进行风险评估时,注册会计师考虑与财务报表编制和公允列报相关的内部控制,以设计恰当的审计程序,但目的并非对内部控制的有效性发表意见。审计工作还包括评价管理层选用会计政策的恰当性和作出会计估计的合理性,以及评价财务报表的总体列报。

我们相信,我们获取的审计证据是充分、适当的,为发表审计意见提供了基础。

三、审计意见

我们认为,贵公司财务报表在所有重大方面按照企业会计准则的规定编制,公允反映了贵公司2013年12月31日的财务状况以及2013年度的经营成果和现金流量。

立信会计师事务所(特殊普通合伙)

中国注册会计师:王一芳

中国注册会计师:包梅庭

中国·上海　二〇一四年三月五日

5.1.2 资产负债表

安信信托投资股份有限公司资产负债表

2013年12月31日

单位:万元

资　产	期末余额	年初余额	负债和所有者权益(或股东权益)	期末余额	年初余额
资产:			负债:		
现金及存放中央银行存款	1.29	2.23	向中央银行借款		
存放同业存款	35 615.15	46 192.76	同业及其他金融机构存放款项		
贵金属			拆入资金		
拆出资金			交易性金融负债		
交易性金融资产	60 091.21		衍生金融负债		

续表

资　产	期末余额	年初余额	负债和所有者权益（或股东权益）	期末余额	年初余额
资产：			负债		
衍生金融资产			卖出回购金融资产款		
买入返售金融资产			吸收存款		
应收利息			应付职工薪酬	16 980. 52	8 727. 49
发放贷款和垫款	52 500. 00	14 030. 00	应交税费	17 045. 25	4 380. 17
可供出售金融资产			应付利息		
持有至到期投资			预计负债	8 089. 32	7 585. 23
长期股权投资			应付债券		
投资性房地产			递延所得税负债		
固定资产	3 004. 57	4 579. 96	其他负债	31 454. 62	11 364. 01
无形资产	707. 51	57. 05			
递延所得税资产					
其他资产	8 126. 42	30 252. 26			
			负债合计	73 569. 71	32 056. 90
			所有者权益（或股东权益）：		
			实收资本（或股本）	45 410. 98	45 410. 98
			资本公积	3 859. 85	3 859. 85
			减：库存股		
			专项储备		
			盈余公积	4 009. 29	1 213. 27
			一般风险准备	4 540. 98	2 814. 33
			未分配利润	28 655. 34	9 758. 93
			所有者权益（或股东权益）合计	86 476. 44	63 057. 36
资产总计	160 046. 15	95 114. 26	负债和所有者权益（或股东权益）总计	160 046. 15	95 114. 26

安信信托投资股份有限公司合并资产负债表

2013 年 12 月 31 日

单位:万元

资　　产	期末余额	年初余额	负债和所有者权益(或股东权益)	期末余额	年初余额
流动资产:			流动负债:		
货币资金	35 616.44	46 194.99	短期借款		
结算备付金			向中央银行借款		
拆出资金			吸收存款及同业存放		
交易性金融资产	60 091.21		拆入资金		
应收票据			交易性金融负债		
应收账款		68.17	应付票据		
预付款项			应付账款		
应收保费			预收款项	25 546.14	8 130.99
应收分保账款			卖出回购金融资产款		
应收分保合同准备金			应付手续费及佣金		
应收利息			应付职工薪酬	16 980.52	8 727.49
应收股利			应交税费	17 045.25	4 380.17
其他应收款	7 968.46	29 258.03	应付利息		
买入返售金融资产			应付股利	90.52	90.52
存货			其他应付款	4 689.88	3 142.49
一年内到期的非流动资产			应付分保账款		
其他流动资产			保险合同准备金		
流动资产合计	103 676.11	75 521.19	代理买卖证券款		
非流动资产:			代理承销证券款		
发放委托贷款及垫款	52 500.00	14 030.00	一年内到期的非流动负债		
可供出售金融资产			其他流动负债		
持有至到期投资			流动负债合计	64 352.31	24 471.66
长期应收款			非流动负债:		
长期股权投资			长期借款		
投资性房地产			应付债券		
固定资产	3 004.57	4 579.96	长期应付款		
在建工程	70.62	254.71	专项应付款		
工程物资			预计负债	8 089.32	7 585.23
固定资产清理			递延所得税负债		
生产性生物资产			其他非流动负债	1 128.08	
油气资产			非流动负债合计	9 217.40	7 585.23
无形资产	707.51	57.05	负债合计	73 569.71	32 056.89
开发支出			所有者权益(或股东权益):		
商誉			实收资本(或股本)	45 410.98	45 410.98
长期待摊费用	87.34	671.34	资本公积	3 859.85	3 859.85
递延所得税资产			减:库存股		
其他非流动资产			专项储备		
非流动资产合计	56 370.04	19 593.06	盈余公积	4 009.29	1 213.27
			一般风险准备	4 540.98	2 814.33
			未分配利润	28 655.34	9 758.93
			外币报表折算差额		
			归属于母公司所有者权益合计	86 476.44	63 057.36
			少数股东权益		
			所有者权益(或股东权益)合计	86 476.44	63 057.36
资产总计	160 046.15	95 114.25	负债和所有者权益(或股东权益)总计	160 046.15	95 114.25

5.1.3 利润表

安信信托投资股份有限公司利润表

2013 年度　　单位：万元

项目	本期金额	上期金额
一、营业收入	83 762.63	48 844.75
其中：利息净收入	8 809.37	3 173.78
利息收入	8 809.37	3 173.78
利息支出		
手续费及佣金净收入	74 227.45	37 433.50
手续费及佣金收入	79 115.48	42 322.17
手续费及佣金支出	4 888.03	4 888.67
投资收益（损失以"－"号填列）	634.60	8 237.47
其中：对联营企业和合营企业的投资收益		
公允价值变动收益（损失以"－"号填列）	91.21	
汇兑收益（损失以"－"号填列）		
其他业务收入		45.54
二、营业支出	43 565.44	30 203.66
其中：营业税金及附加	4 972.02	2 585.26
业务及管理费	31 201.11	24 272.57
资产减值损失	7 392.31	3 329.49
其他业务成本		16.34
三、营业利润（亏损以"－"号填列）	40 197.19	18 641.09
加：营业外收入	215.60	1 364.98
减：营业外支出	250.10	1.95
其中：非流动资产处置损失	40 162.69	20 004.12
四、利润总额（亏损以"－"号填列）	12 202.52	6 358.64
减：所得税费用	27 960.17	13 645.48
五、净利润（亏损以"－"号填列）		
六、每股收益：		
（一）基本每股收益		
（二）稀释每股收益		
七、其他综合收益	27 960.17	13 645.48
八、综合收益总额	83 762.63	48 844.75

安信信托投资股份有限公司合并利润表

2013 年度　　单位：万元

项目	本期金额	上期金额
一、营业总收入	87 924.85	47 530.54
其中：营业收入		2 034.59
利息收入	8 809.37	3 173.78
已赚保费		
手续费及佣金收入	79 115.48	42 322.17
二、营业总成本	48 453.47	38 925.06
其中：营业成本		1 891.58
利息支出		
手续费及佣金支出	4 888.03	4 888.67
退保金		
赔付支出净额		
提取保险合同准备金净额		
保单红利支出		
分保费用		
营业税金及附加	4 972.02	2 702.00
销售费用	31 201.11	24 611.15
管理费用		1 076.36
财务费用		92.17
资产减值损失	7 392.31	3 663.13
加：公允价值变动收益（损失以"－"号填列）	91.21	
投资收益（损失以"－"号填列）	634.60	6 646.05
其中：对联营企业和合营企业的投资收益		
汇兑收益（损失以"－"号填列）		
三、营业利润（亏损以"－"号填列）	40 197.19	15 251.53
加：营业外收入	215.60	1 371.90
减：营业外支出	250.10	11.29
其中：非流动资产处置损失	0.10	8.11
四、利润总额（亏损总额以"－"号填列）	40 162.69	16 612.14
减：所得税费用	12 202.52	6 361.27
五、净利润（净亏损以"－"号填列）	27 960.17	10 250.87
其中：被合并方在合并前实现的净利润		
归属于母公司所有者的净利润	27 960.18	10 768.34
少数股东损益		−517.46
六、每股收益：		
（一）基本每股收益（元）	0.6157	0.2371
（二）稀释每股收益（元）	0.6157	0.2371
七、其他综合收益		
八、综合收益总额	27 960.17	10 250.87
归属于母公司所有者的综合收益总额	27 960.18	10 768.34
归属于少数股东的综合收益总额		−517.46

5.1.4 现金流量表

安信信托投资股份有限公司现金流量表

2013 年度 单位:万元

项目	本期金额	上期金额
一、经营活动产生的现金流量		
客户存款和同业存放款项净增加额		
向中央银行借款净增加额		
向其他金融机构拆入资金净增加额		
收取利息、手续费及佣金的现金	105 408.58	56 456.51
收到其他与经营活动有关的现金	1 560.02	22 670.56
经营活动现金流入小计	106 968.60	79 127.07
客户贷款及垫款净增加额	38 470.00	-1 470.00
存放中央银行和同业款项净增加额		
支付手续费及佣金的现金	3 022.31	4 888.67
支付给职工以及为职工支付的现金	12 255.86	9 221.47
支付的各项税费	4 492.27	9 845.38
支付其他与经营活动有关的现金	10 302.14	19 590.21
经营活动现金流出小计	68 542.58	42 075.73
经营活动产生的现金流量净额	38 426.02	37 051.34
二、投资活动产生的现金流量:		
收回投资收到的现金	97 352.95	17 916.54
取得投资收益收到的现金	628.60	
收到其他与投资活动有关的现金		1 130.04
投资活动现金流入小计	97 981.55	19 046.58
投资支付的现金	141 430.41	
购建固定资产、无形资产和其他长期资产支付的现金	1 014.62	1 014.29
支付其他与投资活动有关的现金		15 000.00
投资活动现金流出小计	142 445.03	16 014.29
投资活动产生的现金流量净额	-44 463.48	3 032.29
三、筹资活动产生的现金流量:		
吸收投资收到的现金		
取得借款收到的现金		
发行债券收到的现金		
收到其他与筹资活动有关的现金		
筹资活动现金流入小计		
偿还债务支付的现金		
分配股利、利润或偿付利息支付的现金	4 541.09	
支付其他与筹资活动有关的现金		
筹资活动现金流出小计	4 541.09	
筹资活动产生的现金流量净额	-4 541.09	
四、汇率变动对现金及现金等价物的影响		
五、现金及现金等价物净增加额	-10 578.55	40 083.63
加:期初现金及现金等价物余额	46 194.99	6 111.36
六、期末现金及现金等价物余额	35 616.44	46 194.99

安信信托投资股份有限公司合并现金流量表

2013 年度 单位:万元

项目	本期金额	上期金额
一、经营活动产生的现金流量		
销售商品、提供劳务收到的现金		2 175.17
客户存款和同业存放款项净增加额		
向中央银行借款净增加额		
向其他金融机构拆入资金净增加额		
收到原保险合同保费取得的现金		
收到再保险业务现金净额		
保户储金及投资款净增加额		
处置交易性金融资产净增加额		

续表

项目	本期金额	上期金额
收取利息、手续费及佣金的现金	105 408.58	56 456.51
拆入资金净增加额		
回购业务资金净增加额		
收到的税费返还		
收到其他与经营活动有关的现金	1 560.02	2 111.61
经营活动现金流入小计	106 968.60	60 743.29
购买商品、接受劳务支付的现金		1 527.33
客户贷款及垫款净增加额	38 470.00	-1 470.00
存放中央银行和同业款项净增加额		
支付原保险合同赔付款项的现金		
支付利息、手续费及佣金的现金	3 022.31	4 888.67
支付保单红利的现金		
支付给职工以及为职工支付的现金	12 255.86	10 203.27
支付的各项税费	4 492.27	10 140.56
支付其他与经营活动有关的现金	10 302.14	20 232.54
经营活动现金流出小计	68 542.58	45 522.37
经营活动产生的现金流量净额	38 426.02	15 220.92
二、投资活动产生的现金流量		
收回投资收到的现金	97 346.95	
取得投资收益所收到的现金	628.60	154.60
处置固定资产、无形资产和其他长期资产收回的现金净额		1 134.04
处置子公司及其他营业单位收到的现金净额	6.00	2 621.88
收到其他与投资活动有关的现金		4 000.00
投资活动现金流入小计	97 981.55	7 910.52
购建固定资产、无形资产和其他长期资产支付的现金	1 014.62	1 097.43
投资支付的现金	141 430.41	
质押贷款净增加额		
取得子公司及其他营业单位支付的现金净额		
支付其他与投资活动有关的现金		19 000.00
投资活动现金流出小计	142 445.03	20 097.43
投资活动产生的现金流量净额	-44 463.48	-12 186.91
三、筹资活动产生的现金流量		
吸收投资收到的现金		
其中:子公司吸收少数股东投资收到的现金		
取得借款收到的现金		3 600.00
发行债券收到的现金		
收到其他与筹资活动有关的现金		
筹资活动现金流入小计		3 600.00
偿还债务支付的现金		3 000.00
分配股利、利润或偿付利息支付的现金	4 541.09	248.04
其中:子公司支付给少数股东的股利、利润		
支付其他与筹资活动有关的现金		
筹资活动现金流出小计	4 541.09	3 248.04
筹资活动产生的现金流量净额	-4 541.09	351.96
四、汇率变动对现金及现金等价物的影响		
五、现金及现金等价物净增加额	-10 578.55	3 385.97
加:期初现金及现金等价物余额	46 194.99	42 809.02
六、期末现金及现金等价物余额	35 616.44	46 194.99

5.1.5 所有者权益变动表

安信信托投资股份有限公司所有者权益变动表

2013 年度

单位：万元

项目	本期金额							
	实收资本（或股本）	资本公积	减：库存股	专项储备	盈余公积	一般风险准备	未分配利润	所有者权益合计
一、上年年末余额	45 410.98	3 859.85			1 213.27	2 814.33	9 758.93	63 057.36
加：会计政策变更								
前期差错更正								
其他								
二、本年年初余额	45 410.98	3 859.85			1 213.27	2 814.33	9 758.93	63 057.36
三、本期增减变动金额（减少以"－"号填列）					2 796.02	1 726.65	18 896.41	23 419.08
（一）净利润							27 960.18	27 960.18
（二）其他综合收益								
上述（一）和（二）小计							27 960.18	27 960.18
（三）所有者投入和减少资本								
1. 所有者投入资本								
2. 股份支付计入所有者权益的金额								
3. 其他								
（四）利润分配					2 796.02	1 726.65	－9 063.77	－4 541.10
1. 提取盈余公积					2 796.02		－2 796.02	
2. 提取一般风险准备						1 726.65	－1 726.65	
3. 对所有者（或股东）的分配							－4 541.10	－4 541.10
4. 其他								
（五）所有者权益内部结转								
1. 资本公积转增资本（或股本）								
2. 盈余公积转增资本（或股本）								
3. 盈余公积弥补亏损								
4. 其他								
（六）专项储备								
1. 本期提取								
2. 本期使用								
（七）其他								
四、本期期末余额	45 410.98	3 859.85			4 009.29	4 540.98	28 655.34	86 476.44

安信信托投资股份有限公司所有者权益变动表（续）

2013 年度

单位：万元

项目	上年同期金额							
	实收资本（或股本）	资本公积	减：库存股	专项储备	盈余公积	一般风险准备	未分配利润	所有者权益合计
一、上年年末余额	45 410.98	3 859.85				1 653.80	－1 558.28	49 366.354
加：会计政策变更								
前期差错更正								
其他								
二、本年年初余额	45 410.98	3 859.85				1 653.80	－1 558.28	49 366.25
三、本期增减变动金额（减少以"－"号填列）					1 213.27	1 160.53	11 317.21	13 691.01
（一）净利润							13 691.01	13 691.01
（二）其他综合收益								
上述（一）和（二）小计							13 691.01	13 691.01
（三）所有者投入和减少资本								
1. 所有者投入资本								
2. 股份支付计入所有者权益的金额								

续表

项　目	上年同期金额							
	实收资本(或股本)	资本公积	减:库存股	专项储备	盈余公积	一般风险准备	未分配利润	所有者权益合计
3. 其他								
(四)利润分配					1 213. 27	1 160. 53	-2 373. 80	
1. 提取盈余公积					1 213. 27		-1 213. 27	
2. 提取一般风险准备						1 160. 53	-1 160. 53	
3. 对所有者(或股东)的分配								
4. 其他								
(五)所有者权益内部结转								
1. 资本公积转增资本(或股本)								
2. 盈余公积转增资本(或股本)								
3. 盈余公积弥补亏损								
4. 其他								
(六)专项储备								
1. 本期提取								
2. 本期使用								
(七)其他								
四、本期期末余额	45 410. 98	3 859. 85			1 213. 27	2 814. 33	9 758. 93	63 057. 36

安信信托投资股份有限公司合并所有者权益变动表

2013 年度

单位:万元

项　目	本期金额									
	归属于母公司所有者权益								少数股东权益	所有者权益合计
	实收资本(或股本)	资本公积	减:库存股	专项储备	盈余公积	一般风险准备	未分配利润	其他		
一、上年年末余额	45 410. 98	3 859. 85			1 213. 27	2 814. 33	9 758. 93			63 057. 36
加:会计政策变更										
前期差错更正										
其他										
二、本年年初余额	45 410. 98	3 859. 85			1 213. 27	2 814. 33	9 758. 93			63 057. 36
三、本期增减变动金额(减少以“-”号填列)					2 796. 02	1 726. 65	18 896. 41			23 419. 08
(一)净利润							27 960. 18			27 960. 18
(二)其他综合收益										
上述(一)和(二)小计							27 960. 18			27 960. 18
(三)所有者投入和减少资本										
1. 所有者投入资本										
2. 股份支付计入所有者权益的金额										
3. 其他										
(四)利润分配					2 796. 02	1 726. 65	-9 063. 77			-4 541. 10
1. 提取盈余公积					2 796. 02		-2 796. 02			
2. 提取一般风险准备						1 726. 65	-1 726. 65			
3. 对所有者(或股东)的分配							-4 541. 10			-4 541. 10
4. 其他										
(五)所有者权益内部结转										
1. 资本公积转增资本(或股本)										
2. 盈余公积转增资本(或股本)										
3. 盈余公积弥补亏损										
4. 其他										
(六)专项储备										
1. 本期提取										
2. 本期使用										
(七)其他										
四、本期期末余额	45 410. 98	3 859. 85			4 009. 29	4 540. 98	28 655. 34			86 476. 44

安信信托投资股份有限公司合并所有者权益变动表(续)

2013 年度

单位:万元

项　目	上年同期金额									
	归属于母公司所有者权益								少数股东权益	所有者权益合计
	实收资本(或股本)	资本公积	减:库存股	专项储备	盈余公积	一般风险准备	未分配利润	其他		
一、上年年末余额	45 410.98	5 463.07				1 653.80	-238.83		3 703.94	55 992.96
加:会计政策变更										
前期差错更正										
其他										
二、本年年初余额	45 410.98	5 463.07				1 653.80	-238.83		3 703.94	55 992.96
三、本期增减变动金额(减少以“-”号填列)		-1 603.22			1 213.27	1 160.53	9 997.76		-3 703.94	7 064.40
(一)净利润							10 768.34		-517.46	10 250.88
(二)其他综合收益										
上述(一)和(二)小计							10 768.34		-517.46	10 250.88
(三)所有者投入和减少资本									-3 186.48	-3 186.48
1. 所有者投入资本										
2. 股份支付计入所有者权益的金额										
3. 其他									-3 186.48	-3 186.48
(四)利润分配					1 213.27	1 160.53	-2 373.80			
1. 提取盈余公积					1 213.27		-1 213.27			
2. 提取一般风险准备						1 160.53	-1 160.53			
3. 对所有者(或股东)的分配										
4. 其他										
(五)所有者权益内部结转		-1 603.22					1 603.22			
1. 资本公积转增资本(或股本)										
2. 盈余公积转增资本(或股本)										
3. 盈余公积弥补亏损										
4. 其他		-1 603.22					1 603.22			
(六)专项储备										
1. 本期提取										
2. 本期使用										
(七)其他										
四、本期期末余额	45 410.98	3 859.85			1 213.27	2 814.33	9 758.93			63 057.36

5.2 信托资产

5.2.1 信托项目资产负债汇总表(信托业务数据未经审计)

信托项目资产负债汇总表

编制单位:安信信托投资股份有限公司　　2013 年 12 月 31 日　　单位:万元

信托资产	期末数	期初数	信托负债和信托权益	期末数	期初数
信托资产			信托负债		
货币资金	18 408.39	34 246.23	交易性金融负债	—	—
拆出资金	—	—	衍生金融负债	—	—
存出保证金	—	—	应付受托人报酬	—	297.78
交易性金融资产	—	348 043.02	应付保管费	9.83	—
衍生金融资产	—	—	应付受益人收益	729.75	549.97
买入返售金融资产	—	—	应交税费	—	—
应收款项	3 640 377.65	1 384 363.82	应付销售服务费	98.47	—
发放贷款	6 485 038.21	2 385 352.75	其他应付款项	2 896.85	28 133.06
可供出售金融资产	—	—	其他负债	—	—
持有至到期投资	846 868.44	309 696.18	信托负债合计	3 734.90	28 980.81
长期应收款	—				
长期股权投资	590 769.00	141 900.00	信托权益		
投资性房地产	—	—	实收信托	11 550 570.76	4 536 006.88
固定资产	—	—	资本公积	—	—
无形资产	—	—	未分配利润	27 156.03	38 614.31
长期待摊费用	—	—			
其他资产	—	—	信托权益合计	11 577 726.79	4 574 621.19
信托资产总计	11 581 461.69	4 603 602.00	信托负债及信托权益总计	11 581 461.69	4 603 602.00

5.2.2 信托项目利润及利润分配汇总表

信托项目利润及利润分配汇总表

编制单位:安信信托投资股份有限公司　2013年12月31日　单位:万元

项目	本年累计数	上年累计数
1. 营业收入	767 332.93	295 235.84
1.1 利息收入	353 483.86	187 611.78
1.2 投资收益	122 312.89	7 854.96
1.2.1 对联营企业和合营企业的投资收益	—	—
1.3 公允价值变动损益	-13.50	13.50
1.4 租赁收入	—	—
1.5 汇兑损益	—	—
1.6 其他收入	291 549.68	99 755.60
2. 支出	186 079.88	57 357.64
2.1 营业税金及附加	—	—
2.2 受托人报酬	80 237.92	21 426.19
2.3 保管费	8 183.36	7 069.38
2.4 投资管理费	—	—
2.5 销售服务费	22 693.28	14 094.76
2.6 交易费用	—	—
2.7 资产减值损失	694.52	—
2.8 其他费用	74 270.80	14 767.31
3. 信托净利润	581 253.05	237 878.20
4. 其他综合收益	—	—
5. 综合收益	581 253.05	237 878.20
6. 加:期初未分配信托利润	38 614.31	26 205.93
7. 可供分配的信托利润	619 867.36	264 084.13
8. 减:本期已分配信托利润	592 711.33	225 469.82
9. 期末未分配信托利润	27 156.03	38 614.31

6. 会计报表附注

6.1 会计报表编制基准不符合会计核算基本前提的说明

6.1.1 会计报表不符合会计核算基本前提的事项

本报告期无会计报表不符合会计核算基本前提的事项。

6.1.2 企业合并及合并财务报表

本报告期无须纳入合并范围的主体、上年度公司的合并子公司均已处置完毕,按相关规定仍编制了合并利润表、合并现金流量表和合并所有者权益变动表。本期为披露上年同期比较数据的需要,仍延续编制了合并财务报表及附注。

6.2 重要会计政策和会计估计说明

6.2.1 计提资产减值准备的范围和方法

6.2.1.1 金融资产(不含应收款项)减值准备计提

除以公允价值计量且其变动计入当期损益的金融资产外,本公司于资产负债表日对金融资产的账面价值进行检查,如果有客观证据表明某项金融资产发生减值的,计提减值准备。

(1)可供出售金融资产的减值准备。

期末如果可供出售金融资产的公允价值发生严重下降,或在综合考虑各种相关因素后,预期这种下降趋势属于非暂时性的,就认定其已发生减值,将原直接计入所有者权益的公允价值下降形成的累计损失一并转出,确认减值损失。

对于已确认减值损失的可供出售债务工具,在随后的会计期间公允价值已上升且客观上与原减值损失确认后发生的事项有关的,原确认的减值损失予以转回,计入当期损益。

可供出售权益工具投资发生的减值损失,不得通过损益转回。

(2)持有至到期投资的减值准备。

持有至到期投资减值损失的计量比照应收款项减值损失计量方法处理。

6.2.1.2 应收款项

(1)单项金额重大的应收款项坏账准备计提。

单项金额重大的判断依据或金额标准:应收款项余额前五名或占应收账款10%以上的款项之和。

单项金额重大应收款项坏账准备的计提方法:单独进行减值测试,如有客观证据表明其已发生减值,按预计未来现金流量现值低于其账面价值的差额计提坏账准备,计入当期损益。单独测试未发生减值的应收款项,将其归入相应组合计提坏账准备。

(2)按组合计提坏账准备应收款项。

组合名称	应收账款计提比例(%)	其他应收款计提比例(%)
按余额百分比法计提坏账准备组合	0.6	0.6

(3)单项金额虽不重大但单项计提坏账准备的应收账款。

单项计提坏账准备的理由:估计可收回性存在较大疑问的应收款项

坏账准备的计提方法:单独进行减值测试,并根据测试结果确定具体的坏账准备比例。

6.2.1.3 长期股权投资

重大影响以下的、在活跃市场中没有报价、公允价值不能可靠计量的长期股权投资,其减值损失根据其账面价值与按类似金融资产当时市场收益率对未来现金流量折现确定的现值之间的差额进行确定。

除因企业合并形成的商誉以外的存在减值迹象的其他长期股权投资,如果可收回金额的计量结果表明,该长期股权投资的可收回金额低于其账面价值的,将差额确认为减值损失。

长期股权投资减值损失一经确认,不再转回。

6.2.1.4 投资性房地产

公司对现有投资性房地产采用成本模式计量。对按照成本模式计量的投资性房地产——出租用建筑物采用与本公司固定资产相同的折旧政策,出租用土地使用权实行与无形资产相同的摊销政策。

公司对存在减值迹象的,估计其可收回金额。可收回金额低于其账面价值的,确认相应的减值损失。

投资性房地产减值损失一经确认,不再转回。

6.2.2　金融资产四分类的范围和标准

管理层按照取得、持有金融资产和承担金融负债的目的，将其划分为：以公允价值计量且其变动计入当期损益的金融资产或金融负债，包括交易性金融资产或金融负债和直接指定为以公允价值计量且其变动计入当期损益的金融资产或金融负债；持有至到期投资；贷款和应收款项；可供出售金融资产；其他金融负债；等等。

6.2.3　交易性金融资产核算方法

以公允价值计量且其变动计入当期损益的金融资产（金融负债），取得时以公允价值（扣除已宣告但尚未发放的现金股利或已到付息期但尚未领取的债券利息）作为初始确认金额，相关的交易费用计入当期损益。

持有期间将取得的利息或现金股利确认为投资收益，期末将公允价值变动计入当期损益。

处置时，其公允价值与初始入账金额之间的差额确认为投资收益，同时调整公允价值变动损益。

6.2.4　可供出售金融资产核算方法

取得时按公允价值（扣除已宣告但尚未发放的现金股利或已到付息期但尚未领取的债券利息）和相关交易费用之和作为初始确认金额。

持有期间将取得的利息或现金股利确认为投资收益。期末以公允价值计量且将公允价值变动计入资本公积（其他资本公积）。

处置时，将取得的价款与该金融资产账面价值之间的差额计入投资损益；同时，将原直接计入所有者权益的公允价值变动累计额对应处置部分的金额转出，计入投资损益。

6.2.5　持有至到期投资核算方法

取得时按公允价值（扣除已到付息期但尚未领取的债券利息）和相关交易费用之和作为初始确认金额。

持有期间按照摊余成本和实际利率计算、确认利息收入，计入投资收益。实际利率在取得时确定，在该预期存续期间或适用的更短期间内保持不变。

处置时，将所取得价款与该投资账面价值之间的差额计入投资收益。

6.2.6　长期股权投资核算方法

6.2.6.1　投资成本的确定

（1）企业合并形成的长期股权投资。

同一控制下的企业合并：公司以支付现金、转让非现金资产或承担债务方式以及以发行权益性证券作为合并对价的，在合并日按照取得被合并方所有者权益账面价值的份额作为长期股权投资的初始投资成本。长期股权投资初始投资成本与支付合并对价之间的差额，调整资本公积中的股本溢价；资本公积中的股本溢价不足以冲减的，调整留存收益。合并发生的各项直接相关费用，包括为进行合并而支付的审计费用、评估费用、法律服务费用等，于发生时计入当期损益。

非同一控制下的企业合并：公司按照购买日确定的合并成本作为长期股权投资的初始投资成本。合并成本为购买日购买方为取得对被购买方的控制权而付出的资产、发生或承担的负债以及发行的权益性证券的公允价值。购买方为企业合并而发生的审计、法律服务、评估咨询等中介费用以及其他相关管理费用于发生时计入当期损益；购买方作为合并对价发行的权益性证券或债务性证券的交易费用，计入权益性证券或债务性证券的初始确认金额。通过多次交易分步实现的非同一控制下企业合并，以购买日之前所持被购买方的股权投资的账面价值与购买日新增投资成本之和，作为该项投资的初始投资成本。本公司将合并协议约定的或有对价作为企业合并转移对价的一部分，按照其在购买日的公允价值计入企业合并成本。

（2）其他方式取得的长期股权投资。

以支付现金方式取得的长期股权投资，以实际支付的购买价款作为初始投资成本。

以发行权益性证券取得的长期股权投资，以发行权益性证券的公允价值作为初始投资成本。

投资者投入的长期股权投资，以投资合同或协议约定的价值（扣除已宣告但尚未发放的现金股利或利润）作为初始投资成本，但合同或协议约定价值不公允的除外。

在非货币性资产交换具备商业实质和换入资产或换出资产的公允价值能够可靠计量的前提下，非货币性资产交换换入的长期股权投资以换出资产的公允价值为基础确定其初始投资成本，除非有确凿证据表明换入资产的公允价值更加可靠；不满足上述前提的非货币性资产交换，以换出资产的账面价值和应支付的相关税费作为换入长期股权投资的初始投资成本。

通过债务重组取得的长期股权投资，其初始投资成本以公允价值为基础确定。

6.2.6.2　后续计量及损益确认

（1）后续计量。

公司对子公司的长期股权投资采用成本法核算，编制合并财务报表时按照权益法进行调整。

对被投资单位不具有共同控制或重大影响，并且在活跃市场中没有报价、公允价值不能可靠计量的长期股权投资，采用成本法核算。

对被投资单位具有共同控制或重大影响的长期股权投资，采用权益法核算。初始投资成本大于投资时应享有被投资单位可辨认净资产公允价值份额的差额，不调整长期股权投资的初始投资成本；初始投资成本小于投资时应享有被投资单位可辨认净资产公允价值份额的差额，计入当期损益。

被投资单位除净损益以外所有者权益其他变动的处理：对于被投资单位除净损益以外所有者权益的其他变动，在持股比例不变的情况下，公司按照持股比例计算应享有或承担的部分，调整长期股权投资的账面价值，同时增加或减少资本公积（其他资本公积）。

（2）损益确认。

成本法下，除取得投资时实际支付的价款或对价中包含的已宣告但尚未发放的现金股利或利润外，公司按照享有被投资单位宣告发放的现金股利或利润确认投资收益。

权益法下，在被投资单位账面净利润的基础上考虑：被投资单位与本公司采用的会计政策及会计期间不一致，按本公司的会计政策及会计期间对被投资单位财务报表进行调整；以取得投资时被投资单位固定资产、无形资产的公允价值为基础计提的折旧额或摊销额以及有关资产减值准备金额等对被投资单位净利润的影响；对本公司与联营企业及合营企业之间发生的未实现内部交易予以抵消等事项的适当调整后，确认应享有或应负担被投资单位的净利润或净亏损。

在公司确认应分担被投资单位发生的亏损时，按照以下顺序进行处理：首先，冲减长期股权投资的账面价值。其次，长期股权投资的账面价值不足以冲减的，以其他实质上构成对被投资单位净投资的长期权益账面价值为限继续确认投资损失，冲减长期应收项目等的账面价值。最后，经过上述处理，按照投资合同或协议约定企业仍承担额外义务的，按预计承担的义务确认预计负债，计入当期投资损失。被投资单位以后期间实现盈利的，公司在扣除未确认的亏损分担额后，按与上述相反的顺序处理，减记已确认预计负债的账面余额，恢复其他实质上构成对被投资单位净投资的长期权益及长期股权投资的账面价值，同时确认投资收益。

在持有投资期间，被投资单位能够提供合并财务报表的，应当以合并财务报表中的净利润和其他权益变动为基础进行核算。

6.2.6.3　确定对被投资单位具有共同控制、重大影响的依据

共同控制是指按照合同约定对某项经济活动所共有的控制，仅在与该项经济活动相关的重要财务和经营决策需要分享控制权的投资方一致同意时存在。投资企业与其他方对被投资单位实施共同控制的，被投资单位为其合营企业。

重大影响是指对一个企业的财务和经营决策有参与决策的权力，但并不能够控制或者与其他方一起共同控制这些政策的制定。投资企业能够对被投资单位施加重大影响的，被投资单位为其联营企业。

6.2.6.4　减值测试方法及减值准备计提方法

重大影响以下的、在活跃市场中没有报价、公允价值不能可靠计量的长期股权投资，其减值损失根据其账面价值与按类似金融资产当时市场收益率对未来现金流量折现确定的现值之间的差额进行确定。

除因企业合并形成的商誉以外的存在减值迹象的其他长期股权投资，如果可收回金额的计量结果表明，该长期股权投资的可收回金额低于其账面价值的，将差额确认为减值损失。

长期股权投资减值损失一经确认，不再转回。

6.2.7　投资性房地产核算方法

投资性房地产是指为赚取租金或资本增值，或两者兼有而持有的房地产，包括已出租的土地使用权、持有并准备增值后转让的土地使用权、已出租的建筑物。

公司对现有投资性房地产采用成本模式计量。对按照成本模式计量的投资性房地产——出租用建筑物采用与本公司固定资产相同的折旧政策，出租用土地使用权采取与无形资产相同的摊销政策。

公司对存在减值迹象的，估计其可收回金额。可收回金额低于其账面价值的，确认相应的减值损失。

投资性房地产减值损失一经确认，不再转回。

6.2.8　固定资产计价和折旧方法

6.2.8.1　固定资产确认条件

固定资产指为生产商品、提供劳务、出租或经营管理而持有，并且使用寿命超过一个会计年度的有形资产。固定资产在同时满足下列条件时予以确认：

(1)与该固定资产有关的经济利益很可能流入企业；

(2)该固定资产的成本能够可靠地计量。

6.2.8.2　各类固定资产的折旧方法

固定资产折旧采用年限平均法分类计提，根据固定资产类别、预计使用寿命和预计净残值率确定折旧率。如固定资产各组成部分的使用寿命不同或者以不同方式为企业提供经济利益，则选择不同折旧率或折旧方法，分别计提折旧。

融资租赁方式租入的固定资产，能合理确定租赁期届满时将会取得租赁资产所有权的，在租赁资产尚可使用年限内计提折旧；无法合理确定租赁期届满时能够取得租赁资产所有权的，在租赁期与租赁资产尚可使用年限两者中较短的期间内计提折旧。

各类固定资产折旧年限和年折旧率如下：

类别	折旧年限(年)	残值率(%)	年折旧率(%)
房屋及建筑物	35	5	2.71
专用设备	3~5	5	19.00~31.67
运输设备	4	5	23.75
其他设备	6	5	15.83

6.2.8.3　固定资产的减值测试方法、减值准备计提方法

公司在每期末判断固定资产是否存在可能发生减值的迹象。

固定资产存在减值迹象的，估计其可收回金额。可收回金额根据固定资产的公允价值减去处置费用后的净额与固定资产预计未来现金流量的现值两者之间较高者确定。

固定资产的可收回金额低于其账面价值的，将固定资产的账面价值减记至可收回金额，减记的金额确认为固定资产减值损失，计入当期损益，同时计提相应的固定资产减值准备。

固定资产减值损失确认后，减值固定资产的折旧在未来期间做相应调整，以使该固定资产在剩余使用寿命内，系统地分摊调整后的固定资产账面价值(扣除预计净残值)。

固定资产的减值损失一经确认，在以后会计期间不再转回。

有迹象表明一项固定资产可能发生减值的，企业以单项固定资产为基础估计其可收回金额。企业难以对单项固定资产的可收回金额进行估计的，以该固定资产所属的资产组为基础确定资产组的可收回金额。

6.2.8.4　融资租入资产的认定依据、计价方法

公司与租赁方所签订的租赁协议条款中规定了下列条件之一的，确认为融资租入资产：

(1)租赁期满后租赁资产的所有权归属于本公司；

(2)公司具有购买资产的选择权，购买价款远低于行使选择权时该资产的公允价值；

(3)租赁期占所租赁资产使用寿命的大部分；

(4)租赁开始日的最低租赁付款额现值，与该资产的公允价值不存在较大的差异。

公司在承租开始日，将租赁资产公允价值与最低租赁付款额现值两者中较低者作为租入资产的入账价值，将最低租赁付款额作为长期应付款的入账价值，其差额作为未确认的融资费。

6.2.9 无形资产计价及摊销政策

6.2.9.1 无形资产的计价方法

(1)公司取得无形资产时按成本进行初始计量。

外购无形资产的成本,包括购买价款、相关税费以及直接归属于使该项资产达到预定用途所发生的其他支出。购买无形资产的价款超过正常信用条件延期支付,实质上具有融资性质的,无形资产的成本以购买价款的现值为基础确定。

债务重组取得债务人用于抵债的无形资产,以该无形资产的公允价值为基础确定其入账价值,并将重组债务的账面价值与该用于抵债的无形资产公允价值之间的差额计入当期损益。

在非货币性资产交换具备商业实质且换入资产或换出资产的公允价值能够可靠计量的前提下,非货币性资产交换换入的无形资产以换出资产的公允价值为基础确定其入账价值,除非有确凿证据表明换入资产的公允价值更加可靠;不满足上述前提的非货币性资产交换,以换出资产的账面价值和应支付的相关税费作为换入无形资产的成本,不确认损益。

以同一控制下的企业吸收合并方式取得的无形资产按被合并方的账面价值确定其入账价值,以非同一控制下的企业吸收合并方式取得的无形资产按公允价值确定其入账价值。

内部自行开发的无形资产,其成本包括开发该无形资产时耗用的材料成本、劳务成本、注册费、在开发过程中使用的其他专利权和特许权的摊销以及满足资本化条件的利息费用,以及为使该无形资产达到预定用途前所发生的其他直接费用。

(2)后续计量。

在取得无形资产时分析判断其使用寿命。

对于使用寿命有限的无形资产,在为企业带来经济利益的期限内按直线法摊销;无法预见无形资产为企业带来经济利益期限的,视为使用寿命不确定的无形资产,不予摊销。

6.2.9.2 无形资产减值准备的计提

对于使用寿命确定的无形资产,如有明显减值迹象的,期末进行减值测试。

对于使用寿命不确定的无形资产,每期末进行减值测试。

对无形资产进行减值测试,估计其可收回金额。有迹象表明一项无形资产可能发生减值的,公司以单项无形资产为基础估计其可收回金额。公司难以对单项资产的可收回金额进行估计的,以该无形资产所属的资产组为基础确定无形资产组的可收回金额。

可收回金额根据无形资产的公允价值减去处置费用后的净额与无形资产预计未来现金流量的现值两者之间较高者确定。

无形资产的可收回金额低于其账面价值的,将无形资产的账面价值减记至可收回金额,减记的金额确认为无形资产减值损失,计入当期损益,同时计提相应的无形资产减值准备。

无形资产减值损失确认后,减值无形资产的折耗或者摊销费用在未来期间做相应调整,以使该无形资产在剩余使用寿命内,系统地分摊调整后的无形资产账面价值(扣除预计净残值)。

无形资产的减值损失一经确认,在以后会计期间不再转回。

6.2.9.3 划分公司内部研究开发项目的研究阶段和开发阶段具体标准

公司内部研究开发项目的支出分为研究阶段支出和开发阶段支出。

研究阶段:为获取并理解新的科学或技术知识等而进行的独创性的有计划调查、研究活动的阶段。

开发阶段:在进行商业性生产或使用前,将研究成果或其他知识应用于某项计划或设计,以生产出新的或具有实质性改进的材料、装置、产品等活动的阶段。

6.2.9.4 开发阶段支出符合资本化的具体标准

内部研究开发项目开发阶段的支出,同时满足下列条件时确认为无形资产:

(1)完成该无形资产以使其能够使用或出售在技术上具有可行性;

(2)具有完成该无形资产并使用或出售的意图;

(3)无形资产产生经济利益的方式,包括能够证明运用该无形资产生产的产品存在市场或无形资产自身存在市场,无形资产将在内部使用的,能够证明其有用性;

(4)有足够的技术、财务资源和其他资源支持,以完成该无形资产的开发,并有能力使用或出售该无形资产;

(5)归属于该无形资产开发阶段的支出能够可靠地计量。

开发阶段的支出不满足上列条件的,于发生时计入当期损益。研究阶段的支出,在发生时计入当期损益。

6.2.10 长期应收款的核算方法

目前无长期应收款资产。

6.2.11 长期待摊费用的摊销政策

长期待摊费用为已经发生但应由本期和以后各期负担的分摊期限在一年以上的各项费用。

6.2.11.1 摊销方法

长期待摊费用在受益期内平均摊销。

6.2.11.2 摊销年限

经营租赁方式租入的固定资产改良支出,按剩余租赁期与租赁资产尚可使用年限两者中较短的期限平均摊销。

6.2.12 合并会计报表的编制方法

本报告期无须纳入合并范围的主体、上年度公司的合并子公司均已处置完毕,按相关规定仍编制了合并利润表、合并现金流量表和合并所有者权益变动表。本期为披露上年同期比较数据的需要,仍延续编制了合并财务报表及附注。

6.2.13 收入确认原则和方法

6.2.13.1 销售商品收入确认和计量原则

(1)销售商品收入确认和计量的总体原则。

公司已将商品所有权上的主要风险和报酬转移给购买方;公司既没有保留与所有权相联系的继续管理权,也没有对已售出的商品实施有效控制;收入的金额能够可靠地计量;相关的经济利益很可能流入企业;相关的已发生或将发生的成本能够可靠地计量时,确认商品销售收入实现。

(2)本公司销售商品收入确认的标准及收入确认时间的具体判断标准。

公司本期主营信托业务和自有资金贷款业务。

对于信托业务,手续费及佣金收入在同时满足以下两个条件时确认:一是相关的服务已经提供;二是根据合同约定,收取的金额可以可靠计量。

对于自有资金贷款业务,按期计提利息,确认收入。

利息收入以实际利率计量,实际利率是指按金融工具的预计存续期间或更短期间将其预计未来现金流入折现至其金融资产账面净值的利率。利息收入的计算需要考虑金融工具的合同条款并且包括所有归属于实际利率组成部分的费用和所有交易成本，但不包括未来贷款损失。当单项金融资产或一组类似的金融资产发生减值时，利息收入将按原实际利率和减值后的账面价值计算。

（3）关于本公司销售商品收入相应的业务特点分析和介绍。

①信托业务根据信托合同约定确认收入；

②自有资金贷款业务根据贷款合同按期确认收入。

6.2.13.2 让渡资产使用权收入的确认和计量原则

（1）让渡资产使用权收入确认和计量的总体原则。

与交易相关的经济利益很可能流入企业，收入的金额能够可靠地计量。分下列情况确定让渡资产使用权收入金额：

①利息收入金额，按照他人使用本企业货币资金的时间和实际利率计算确定。

②使用费收入金额，按照有关合同或协议约定的收费时间和方法计算确定。

（2）本年度，公司不存在让渡资产使用权收入，采用的会计政策与同行业其他上市公司不存在显著差别。

6.2.14 所得税的会计处理方法

采用纳税影响法进行所得税会计处理。

6.2.15 信托报酬确认原则和方法

对于信托业务，手续费及佣金收入在同时满足以下两个条件时确认：

（1）相关的服务已经提供；

（2）根据合同约定，收取的金额可以可靠计量。

6.2.16 主要会计政策、会计估计的变更

6.2.16.1 会计政策变更

本报告期内主要会计政策未变更。

6.2.16.2 会计估计变更

本次会计估计变更按有关规定执行。本次会计估计变更前，公司对非常态方式管理的信托业务单独认定并计提预计负债。本次会计估计变更后，公司对期末存续信托项目按以下方式计提信托业务准备金：

每年末，以公司存续信托项目资产余额为基数按照《信托资产质量评级管理办法》进行五级分类，分别为正常类、关注类、次级类、可疑类、损失类。

对正常类、关注类的信托资产，按照中国银监会《信托公司净资本管理办法》的要求，折算风险资本，并按以下标准计提信托业务准备金：

风险资本类别	信托业务准备金计提比例（%）
正常类单一指定用途信托资产	5
正常类单一非指定用途信托资产	10
关注类信托资产	20

对次级类、可疑类、损失类的信托资产，逐项分析，个别认定；若无法单项认定，则按风险资本100%计提信托业务准备金。

经测算，本次会计估计变更导致当期净利润减少73 948 019.12元。

6.3 或有事项说明

本公司无需要披露的其他或有事项。

6.4 重要资产转让及其出售的说明

本报告期内无重要资产转让及出售。

6.5 会计报表中重要项目的明细资料

6.5.1 自营资产经营情况

6.5.1.1 信用风险资产五级分类情况

信用风险资产五级分类	正常类（万元）	关注类(万元)	次级类（万元）	可疑类（万元）	损失类（万元）	信用风险资产合计（万元）	不良资产合计（万元）	不良资产率（%）
期初数	89 725.99				2 735.17	92 461.16	2 735.17	2.96
期末数	150 097			6 078		156 175	6 078	3.89

注：不良资产合计 = 次级类 + 可疑类 + 损失类。

6.5.1.2 各项资产减值损失准备情况表

单位：万元

	期初数	本期计提	其他原因增减	本期转回	本期核销	期末数
贷款损失准备						
一般准备						
专项准备						
其他资产减值准备	7 572.84	7 392.31	-3430.01		2 065.17	9 469.97
可供出售金融资产减值准备						
持有至到期投资减值准备						
长期股权投资减值准备	3 430.01		-3 430.01			
坏账准备	2 912.19	5 904.58			2 065.17	6 751.60
固定资产减值准备	1 230.64	1 487.73				2 718.37
投资性房地产减值准备						

注：本期长期股权投资减值准备其他原因增减，系2013年我公司已将持有的鞍山自控仪表（集团）股份有限公司37.01%的股权全部对外转让完毕。

6.5.1.3 自营贷款排名

至2013年末公司自营贷款4笔合计52 500万元。

排名如下：

单位：万元

项目	金额
第一名	23 000.00
第二名	20 000.00
第三名	7 000.00
合计	50 000.00

6.5.1.4 公司当年的收入结构

母公司

收入结构	金额（万元）	占比（%）
手续费及佣金收入	79 115.48	89.03
其中：信托手续费收入	78 929.94	
投资银行业务收入		
利息收入	8 809.37	9.91

续表

收入结构	金额(万元)	占比(%)
其他业务收入		
其中:计入信托业务收入部分		
投资收益	634.60	0.71
其中:股权投资收益	6.00	
证券投资收益	304.81	
其他投资收益	323.79	
公允价值变动收益	91.21	0.10
营业外收入	215.60	0.25
收入合计	88 866.26	100.00

本期无合并范围内的子公司。

6.5.2 信托财产管理情况

6.5.2.1 信托资产

单位:万元

信托资产	期初数	期末数
集合	1 613 553.56	2 370 692.72
单一	2 935 932.09	9 119 703.80
财产权	54 116.35	91 065.17
合计	4 603 602.00	11 581 461.69

6.5.2.1.1 主动管理型信托业务的信托资产

单位:万元

主动管理型信托资产	期初数	期末数
证券投资类	—	—
其他投资类	613 516.41	1 740 162.88
融资类	1 121 659.17	1 846 140.63
事务管理类	8 001.34	—
合计	1 743 176.92	3 586 303.51

6.5.2.1.2 被动管理型信托业务的信托资产

单位:万元

被动管理型信托资产	期初数	期末数
证券投资类	—	—
其他投资类	300 029.51	94 002.84
融资类	2 560 395.57	7 901 155.34
事务管理类	—	—
合计	2 860 425.08	7 995 158.18

6.5.2.2 本年度已清算结束的信托项目个数、实收信托合计金额、加权平均实际年化收益率

6.5.2.2.1 本年度已清算结束的信托项目

已清算结束信托项目	项目个数	实收信托合计金额(万元)	加权平均实际年化收益率(%)
集合类	13	630 744.40	10.50
单一类	52	1 326 310.00	9.22
财产管理类	—	—	—

6.5.2.2.2 本年度已清算结束的主动管理型信托项目

已清算结束信托项目	项目个数	实收信托合计金额(万元)	加权平均实际年化信托报酬率(%)	加权平均实际年化收益率(%)
证券投资类	—	—	—	—
其他投资类	6	236 800.00	1.47	11.34
融资类	33	936 654.40	3.93	10.87
事务管理类	1	8 000.00	0.36	35.03

6.5.2.2.3 本年度已清算结束的被动管理型信托项目

已清算结束信托项目	项目个数	实收信托合计金额(万元)	加权平均实际年化信托报酬率(%)	加权平均实际年化收益率(%)
证券投资类	—	—	—	—
其他投资类	—	—	—	—
融资类	25	775 600.00	0.49	7.31
事务管理类	—	—	—	—

6.5.2.3 本年度新增信托项目

新增信托项目	项目个数	实收信托合计金额(万元)
集合类	20	1 550 259.00
单一类	237	8 206 338.75
财产管理类	2	36 948.25
新增合计	259	9 793 546.00
其中:主动管理型	77	2 923 207.00
被动管理型	182	6 870 339.00

6.5.2.4 本公司履行受托人义务情况及因本公司自身责任而导致的信托资产损失情况

近年来,部分信托业务受宏观经济面影响,出现了不同程度的流动性风险。对此,本公司已制定相应的风险管理策略,并建立了有效的危机处理机制。公司根据《信托法》及《信托公司管理办法》等相关法律法规和信托文件的规定,在管理和处分信托财产时,履行了恪尽职守、诚实、信用、谨慎、有效管理的义务,没有发生任何损害受益人利益的情况,也无因自身责任而导致信托财产损失的情况。

6.5.2.5 信托赔偿准备金的提取、使用和管理情况

根据2008年11月18日召开的第二次临时股东大会通过的修改后的公司章程,我公司从2008年度起按母公司税后净利润的5%提取信托赔偿准备金。本年度提取信托赔偿准备金1 398.01万元,信托赔偿准备金余额为3 736.36万元。

6.6 关联方关系及其交易的披露

6.6.1 关联交易方的数量、关联交易的总金额及关联交易的定价政策等

详见6.6.3。

6.6.2 本企业的关联方

关系性质	关联方名称	法定代表人	注册地址	注册资本	主营业务
本公司的母公司	上海国之杰投资发展有限公司	高天国	上海市杨浦区鞍山路1号	393 279.00元人民币	房地产开发,物业管理,投资管理;金属材料,普通机械,电器设备,建筑装潢,计算机及配件,通讯器材及设备销售等
大股东的股东	上海谷元房地产开发有限公司	何宣宏	上海市九江路399号708室	3 000万美元	石油软件的开发应用和经营,石油计算机网络系统设计、安装、调试、维护等

6.6.3 逐笔披露本公司与关联方的重大交易事项

6.6.3.1 固有与关联方交易情况

6.6.3.1.1 控制情况

存在控制关系且已纳入本公司合并会计报表范围的子公司,其相互间交易及母子公司交易已抵销。

6.6.3.1.2 关联租赁情况。

本公司上海总部办公所在地为海通证券大厦,该物业属关联方上海谷元房地产开发有限公司所有。根据双方签订的房屋租赁合同,2012 年支付租金及相关费用 13 362 584.13 元,2013 年支付租金及相关费用 13 621 889.09 元。

6.6.3.1.3 信托业务

无。

6.6.3.1.4 母公司与子公司之间的关联交易

无。

6.6.3.1.5 其他关联交易

股权转让:2012 年 9 月 5 日,公司第六届董事会第二十二次会议审议通过了重大资产出售暨关联交易方案,上海国之杰投资发展有限公司受让本公司持有的银晨网讯科技有限公司 74.0488% 的股权及上海凯盟投资发展有限公司 100% 的股权。

2012 年 9 月 24 日,公司 2012 年第二次临时股东大会审议通过了上述重大资产出售暨关联交易方案。2012 年 11 月 23 日中国证监会发布《关于核准安信信托投资股份有限公司重大资产重组方案的批复》(证监许可[2012]1529 号),核准安信信托本次重组方案。

截至 2013 年 1 月 28 日,上海国之杰投资发展有限公司支付了全部转让款 338 330 700.00 元,该事项已实施完毕。

6.6.3.2 信托与关联方交易情况

本期无信托与关联方之间的交易。

6.6.3.3 信托公司自有资金运用于自己管理的信托项目(固信交易)

本期无固有与信托财产之间的交易。

6.6.4 逐笔披露关联方逾期未偿还本公司资金的详细情况以及本公司为关联方担保发生或即将发生垫款的详细情况

无关联方逾期未偿还本公司资金的情况及本公司为关联方担保发生或即将发生垫款的情况。

6.7 会计制度的披露

固有业务(自营业务)、信托业务均执行财政部制定的企业会计准则。

7. 财务情况说明书

7.1 利润实现和分配情况

2013 年度母公司实现净利润 27 960.18 万元;合并范围内归属于母公司所有者的净利润为 27 960.18 万元,累计可供分配利润为 28 655.34 万元。

根据 2014 年 3 月 5 日召开的第七届董事会第十次会议决议,本年度拟以 2013 年末总股本 454 109 778 股为基数,向全体股东每 10 股派发现金红利 2 元(含税),共派发现金红利 90 821 955.60 元,剩余未分配利润结转下一年度。

7.2 主要财务指标

母公司

指标名称	指标值
资本利润率(%)	37.40
加权年化信托报酬率(%)	1.10
人均净利润(万元)	210.23

合并

指标名称	指标值
资本利润率(%)	37.40
加权年化信托报酬率(%)	1.10
人均净利润(万元)	210.23

7.3 对本公司财务状况、经营成果有重大影响的其他事项

本报告期内无具有重大影响的其他事件。

8. 特别事项揭示

8.1 前五名股东报告期内变动情况及原因

报告期内公司控股股东未发生变化。

8.2 董事、监事及高级管理人员变动情况及原因

姓名	担任的职务	变动情形	变动原因
李宏	监事	离任	工作变动
朱文	合规总监	聘任	2013 年 10 月 25 日 第七届董事会第八次会议审议通过

8.3 变更注册资本、变更注册地或公司名称、公司分立与合并事项

报告期内公司无变更资本、变更注册地以及公司名称、公司分立与合并事项。

8.4 公司的重大诉讼事项

8.4.1 重大未决诉讼事项

报告期内,公司无重大未决诉讼事项。

8.4.2 以前年度发生,于本报告年度内终结的诉讼事项

报告期内,无以前年度发生并于本报告年度内终结的诉讼事项。

8.4.3 本报告年度发生,于本报告年度内终结的诉讼事项

报告期内,未发生于本报告年度发生并终结的诉讼事项。

8.5 公司及其董事、监事和高级管理人员受到处罚的情况

报告期内公司及其董事、监事、高级管理人员、公司股东、实际控制人均未受中国证监会的稽查、行政处罚、通报批评及证券交易所的公开谴责。

8.6　中国银监会及其派出机构对公司检查后提出整改意见的，应简单说明整改情况

中国银监会上海银监局非银处于 2013 年第一季度、第二季度对我公司负责人进行了非现场监管谈话，在对公司净资本管理、合规风险管理体系建设、公司房地产投融资业务的开展和后续管理的整体情况进行了积极评价的同时，也指出了存在的问题和不足，并提出了有关整改意见和监管要求。

针对上海银监局提出的整改意见和监管要求，公司制定了相应的整改方案，主要包括：有计划、有步骤地积极推进公司的换牌和资本金补充方案，尽快完成增资工作并完善净资本管理系统建设；调整业务结构，保持合理的业务规模和发展速度；细化业务合规管理要求，进一步规范房地产投融资业务、政府融资平台业务、银信合作业务，并积极优化信托业务结构，丰富公司产品线；完善业务尽职调查制度；规范业务审批流程；加快信息系统建设，逐步实行办公自动化、项目管理系统化、信息披露网络化等。

落实整改方案后，公司换牌工作已完成，且在房地产信托业务规模控制、房地产信托业务合规性、信托产品多样化、尽职调查工作、审批流程、信息化建设等方面均有不同程度的改善，整改效果较为明显。

8.7　本年度重大事项临时报告的简要内容、披露时间、所披露的媒体及其版面

公告编号	事项	刊载的报刊名称及版面	刊载日期	刊载的互联网网站及检索路径
临 2013－001	关于向特定对象发行股份购买资产暨重大资产出售方案到期失效的公告	《中国证券报》B004 版，《上海证券报》A49	2013 年 1 月 8 日	http://www.sse.com.cn
临 2013－002	重大资产出售暨关联交易实施情况报告书	《中国证券报》A21 版，《上海证券报》A41 版	2013 年 2 月 1 日	http://www.sse.com.cn
临 2013－003	关于媒体报道的澄清公告	《中国证券报》B012 版，《上海证券报》A56 版	2013 年 2 月 22 日	http://www.sse.com.cn
临 2013－004	第七届董事会第二次会议决议公告	《中国证券报》A29 版，《上海证券报》A33 版	2013 年 3 月 7 日	http://www.sse.com.cn
临 2013－005	第七届监事会第二次会议决议公告	《中国证券报》A29 版，《上海证券报》A33 版	2013 年 3 月 7 日	http://www.sse.com.cn
	2012 年度报告摘要	《中国证券报》A29 版，《上海证券报》A33 版	2013 年 3 月 7 日	http://www.sse.com.cn
临 2013－006	关于 2012 年度报告的更正公告	《中国证券报》B005 版，《上海证券报》A25 版	2013 年 3 月 8 日	http://www.sse.com.cn
临 2013－007	关于媒体报道的说明公告	《中国证券报》B005 版，《上海证券报》33 版	2013 年 3 月 9 日	http://www.sse.com.cn
临 2013－008	关于近期媒体报道相关情况的说明公告	《中国证券报》B005 版，《上海证券报》A288 版	2013 年 3 月 29 日	http://www.sse.com.cn
临 2013－009	关于重大资产出售暨关联交易持续督导情况的公告	《中国证券报》B005 版，《上海证券报》A288 版	2013 年 3 月 29 日	http://www.sse.com.cn
临 2013－010	第七届董事会第三次会议决议公告	《中国证券报》B041 版，《上海证券报》A30 版	2013 年 4 月 26 日	http://www.sse.com.cn
	2013 年第一季度报告正文	《中国证券报》B041 版，《上海证券报》A30 版	2013 年 4 月 26 日	http://www.sse.com.cn
临 2013－011	第七届董事会第四次会议决议公告	《中国证券报》B008 版，《上海证券报》32 版	2013 年 5 月 11 日	http://www.sse.com.cn
临 2013－012	关于召开 2012 年度股东大会的通知	《中国证券报》B008 版，《上海证券报》32 版	2013 年 5 月 11 日	http://www.sse.com.cn
临 2013－013	2012 年度股东大会决议公告	《中国证券报》B005 版，《上海证券报》19 版	2013 年 6 月 1 日	http://www.sse.com.cn
临 2013－014	2012 年度利润分配实施公告	《中国证券报》B013 版，《上海证券报》A40 版	2013 年 6 月 18 日	http://www.sse.com.cn
临 2013－015	关于媒体报道的澄清公告	《中国证券报》B013 版，《上海证券报》A32 版	2013 年 6 月 20 日	http://www.sse.com.cn
临 2013－016	第七届董事会第五次会议决议公告	《中国证券报》B005 版，《上海证券报》40 版	2013 年 6 月 29 日	http://www.sse.com.cn
临 2013－017	第七届董事会第六次会议决议公告	《中国证券报》A32 版，《上海证券报》19 版	2013 年 7 月 22 日	http://www.sse.com.cn

续表

公告编号	事项	刊载的报刊名称及版面	刊载日期	刊载的互联网网站及检索路径
	2013年半年度摘要	《中国证券报》A32版，《上海证券报》19版	2013年7月22日	http://www.sse.com.cn
临2013-018	股票交易异常波动的公告	《中国证券报》A24版，《上海证券报》B8版	2013年9月3日	http://www.sse.com.cn
临2013-019	第七届董事会第七次会议决议公告	《中国证券报》B012版，《上海证券报》B24版	2013年9月24日	http://www.sse.com.cn
临2013-020	关于租用办公场所关联交易的公告	《中国证券报》B012版，《上海证券报》B24版	2013年9月24日	http://www.sse.com.cn
临2013-021	第七届监事会第五次会议决议公告	《中国证券报》B012版，《上海证券报》B24版	2013年9月24日	http://www.sse.com.cn
临2013-022	第七届董事会第八次会议决议公告	《中国证券报》B068版，《上海证券报》80版	2013年10月26日	http://www.sse.com.cn
	2013年第三季度报告正文	《中国证券报》B068版，《上海证券报》80版	2013年10月26日	http://www.sse.com.cn
临2013-023	关于股东股份解除质押的公告	《中国证券报》B005版，《上海证券报》B16版	2013年11月13日	http://www.sse.com.cn
临2013-024	关于股东股份解除质押的公告	《中国证券报》B013版，《上海证券报》B016版	2013年11月29日	http://www.sse.com.cn
临2013-025	关于媒体报道的说明和诉讼结果公告	《中国证券报》B024版，《上海证券报》B024版	2013年12月27日	http://www.sse.com.cn

8.8 中国银监会及其省级派出机构认定的其他有必要让客户及相关利益人了解的重要信息

本报告期内，公司已经按有关规定充分披露信息，无中国银监会及其省级派出机构认定的其他有必要让客户及相关利益人了解的重要信息。

8.9 其他重要事项

2014年2月11日，公司第七届董事会第九次会议审议通过非公开发行股票相关事项：公司拟向上海国之杰投资发展有限公司发行不超过25 000万股股票，上海国之杰投资发展有限公司全部以现金方式认购。该交易尚需获得公司股东大会批准、中国银监会批准和中国证监会核准。

9. 监事会意见

9.1 监事会对公司依法运作情况的意见

报告期内，公司在经营管理运作方面，能够依照《公司法》、《证券法》等法律法规和公司章程的规定依法运作，决策程序合法，运行程序规范，法人治理结构基本健全，并建立了较为完善的公司内部控制制度；在开展专项治理活动时，能够认真搞好自查并针对存在的问题进行整改；公司董事以及高级管理人员能够认真履行职责，勤勉尽职，认真贯彻股东大会的各项决议；信息披露能够及时准确，日常工作依法办事，能够围绕公司的实际发展不断提出改革创新的思路和办法，切实维护了公司及全体股东的合法权益，在履职过程中未发现有违反法律法规、本公司章程以及侵犯股东利益的行为。

9.2 监事会对检查公司财务情况的意见

公司监事会认真检查了公司的财务制度和财务管理的情况。公司监事会认为，公司财务制度比较健全，审批程序规范，未发现有违法违规和违反公司财务制度以及资产被违规占用和资产流失的情况。2013年财务报告经立信会计师事务所有限公司出具了标准无保留报告，审计意见客观、真实、公正地反映了公司2013年度的财务状况、经营成果和现金流量。根据公司《信托业务准备金计提制度》，公司对信托业务准备金计提方法进行了变更。本次会计估计变更符合《企业会计准则第28号——会计政策、会计估计变更和会计差错更正》的相关规定，变更的依据真实、可靠，变更后的会计估计能更准确地反映公司财务状况以及经营成果，使会计信息更客观、真实和公允，体现会计谨慎性原则。

9.3 监事会对公司关联交易情况的意见

监事会对2013年度公司发生的关联交易进行了监督和核查，监事会认为公司与关联方发生的关联交易是公司经营发展所需，遵循了公平、公开、公正的原则，经过了相关权力机构的批准，并履行了必要的审议程序。公司董事会在审议关联交易时，关联董事都履行和回避表决的程序，独立董事对关联交易进行了事前认可并发表了独立意见。关联交易的决策、交易的程序符合有关法律法规、政策和公司章程的规定，并履行了信息披露义务，公司的关联交易活动依法公平、公正地运行，交易价格按市场公允价格合理确定，未损害公司及非关联股东的利益。

9.4 监事会对会计师事务所审计意见的意见

报告期内，立信会计师事务所（特殊普通合伙）出具了标准无保留的审计报告，客观公正地反映了公司的经营运行情况，符合国家新会计准则和公司会计制度的有关规定。

9.5 监事会对公司利润实现与预测存在较大差异的意见

报告期内，公司利润实现情况与预测不存在较大差异。

9.6 监事会对内部控制自我评价报告的审阅情况

监事会所有监事认真审阅了董事会出具的内部控制自我评估报告。监事会认为，公司内部控制自我评估报告全面、真实、准确地反映了公司内部控制的实际情况。

百瑞信托有限责任公司

1. 重要提示

本公司董事会及董事保证本报告所载资料不存在任何虚假记载、误导性陈述或者重大遗漏，并对其内容的真实性、准确性和完整性承担个别及连带责任。

公司全体董事出席了董事会。无董事声明异议。

公司独立董事刘亚先生、张明洪先生、姚毅女士声明：保证本年度报告内容的真实性、准确性和完整性。

天职国际会计师事务所（特殊普通合伙）为本公司出具了标准无保留意见的审计报告。

公司总裁马磊先生、董事会秘书兼财务总监王克槿女士和计划财务部总经理刘芳女士声明：保证本年度报告中财务报告的真实、完整。

2. 公司概况

2.1 公司简介

2.1.1 公司历史沿革

公司由郑州信托投资公司改制而来，始建于1986年4月15日，注册资本为1 000万元人民币，注册地为河南省郑州市；1988年7月，公司开始与郑州市财务开发公司合署办公；1990年11月，郑州市财政局将公司的注册资本补充为5 006.7万元人民币；1992年10月，公司与郑州市财务开发公司分设重组，1993年2月18日重组开业；2002年9月，经中国人民银行批准，公司完成重新登记后更名为"百瑞信托投资有限责任公司"，注册资本35 000万元人民币；2007年11月，经中国银行业监督管理委员会（以下简称银监会）批准，公司换领新的金融许可证后更名为"百瑞信托有限责任公司"；2008年3月，经银监会河南监管局批准，公司注册资本增加至60 500万元人民币；2010年12月，经银监会批准，公司引入中电投财务有限公司成为新股东，注册资本增加至120 000万元人民币；2011年10月与2012年3月，经银监会批准，公司又相继引入中国电力投资集团公司、JP Morgan Chase&Co.（以下简称摩根大通）成为公司新股东。

2.1.2 公司法定中文名称：百瑞信托有限责任公司
中文简称：百瑞信托
公司法定英文名称：Bridge Trust Co.，Ltd.
英文缩写：BRTC
公司法定代表人：马宝军
公司注册地址：河南省郑州市郑东新区商务外环路10号中原广发金融大厦
邮政编码：450018
公司网址：www.brxt.net
公司电子信箱：brxt@brxt.net

2.1.3 公司负责信息披露事务的高级管理人员：董事会秘书兼财务总监王克槿女士
联系电话：0371－69177587
电子信箱：wkj@brxt.net

2.1.4 公司负责信息披露事务的联系人：董事会办公室高级法律主管康磊先生
联系电话：0371－69177606
电子信箱：kanglei@brxt.net
传真：0371－69177576

2.1.5 公司选定的信息披露报纸：《上海证券报》

2.1.6 公司年度报告备置地点：公司董事会办公室

2.1.7 公司聘请的会计师事务所：天职国际会计师事务所（特殊普通合伙）
住所：北京市海淀区车公庄路乙19号208～210室

2.1.8 公司聘请的律师事务所：河南豫都律师事务所
住所：郑州市郑东新区金水东路49号绿地原盛国际3号楼A座7楼

2.2 公司组织结构

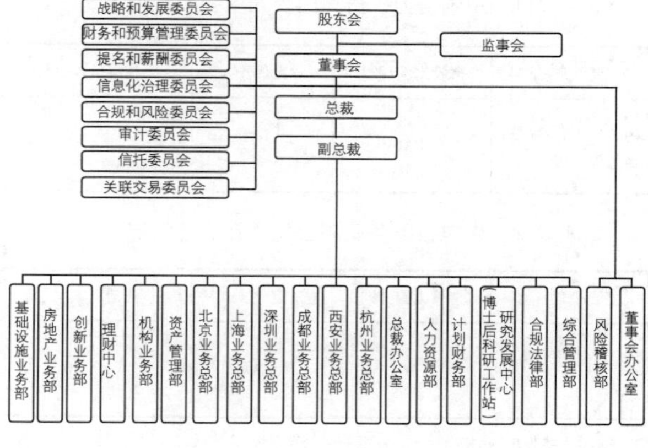

3. 公司治理

3.1 公司股东

3.1.1 截至2013年12月31日，公司共有9家股东，最终实际控制人为中国电力投资集团公司，股东中电投财务有限公司为中国电力投资集团公司二级子公司。以下是持有本公司10%以上（含10%）出资比例的股东情况。

股东名称	持股比例(%)	法定代表人	注册资本(亿元)	注册地址	主要经营业务及2013年末主要财务情况
★ 中国电力投资集团公司	25.328	陆启洲	120	北京市西城区金融大街28号院3号楼	主要经营业务：实业投资管理，电源的开发、投资、建设、经营及管理，组织电力(热力)生产、销售，电能设备的成套、配套、监造、运行及检修，电能及配套的销售，工程建设与监理，招投标代理，电力及相关技术的科技开发，电力及相关业务的咨询服务，培训，物业管理，自营和代理各类商品和技术的进出口(国家限定公司经营或禁止进出口的商品和技术的进出口除外)，承包境外工程和境内国际招标工程，上述境外工程所需的设备和材料出口，对外派遣实施上述境外工程所需的劳务人员。 主要财务情况(合并报表，未审计)：资产总额61 739 159万元，负债总额52 182 553万元，所有者权益9 556 606万元。
中电投财务有限公司	24.912	王祥富	50	北京市西城区西直门外大街18号金贸大厦C1座	主要经营业务：经营集团成员单位的下列人民币金融业务及外汇金融业务：对成员单位办理理财和融资顾问、信用鉴证及相关咨询、代理业务，协助成员单位实现交易款项的收付，经批准的保险代理业务，对成员单位提供担保，办理成员单位之间的委托贷款及委托投资，对成员单位办理票据承兑与贴现，办理成员单位之间的内部转账结算及相应的结算、清算方案设计，吸收成员单位的存款，对成员单位办理贷款及融资租赁，从事同业拆借，经批准发行财务公司债券，承销成员单位的企业债券，对金融机构的股权投资，有价证券投资，成员单位产品的消费信贷、买方信贷及融资租赁。 主要财务情况(合并报表)：资产总额2 753 363万元，负债总额1 876 523万元，所有者权益876 840万元。
摩根大通	19.99	—	—	c/o CT Corporation 1209 Orange Street Wilmington New Castle Delaware DE 19801－1120 USA.	主要经营业务：零售及社区银行，企业及投资银行，商业银行和资产管理。 主要财务情况：资产总额241 568 900万美元，负债总额220 451 100万美元，所有者权益21 117 800万美元。
郑州市财政局	15.65	刘　睿	—	郑州市兴华南街39号	政府职能部门。

注：1. 最终实际控制人在"股东名称"一栏中加★表示。

2. 截至2013年12月31日，摩根大通被批准发行的普通股为90亿股，每股1美元，计90亿美元；被批准发行的优先股2亿股，每股1美元，计2亿美元，共计92亿美元。

3.1.2 公司前三位股东的主要股东情况

3.1.2.1 中国电力投资集团公司主要股东情况

主要股东名称	持股比例(%)	法定代表人	注册资本(亿元)	注册地址	主要经营业务及2013年末主要财务情况
国务院国有资产监督管理委员会	100	—	—	北京市宣武门西大街26号	—

3.1.2.2 中电投财务有限公司主要股东情况

主要股东名称	持股比例(%)	法定代表人	注册资本(亿元)	注册地址	主要经营业务及2013年末主要财务情况
中国电力投资集团公司	77	陆启洲	120	北京市西城区金融大街28号院3号楼	同上

注：此处"主要股东"指持有中电投财务有限公司5%(含5)以上股权的股东。

3.1.2.3 摩根大通主要股东情况

主要股东名称	持股比例(%)	法定代表人	注册资本	注册地址	主要经营业务及2013年末主要财务情况
BlackRock Inc.	6.7	—	—	55 East 52nd Street New York New York	投资管理

注：此处"主要股东"指截至2013年12月31日持有摩根大通5%(含5)以上股份的股东，BlackRock Inc. 的注册地址及主要经营业务从BlackRock Inc. 的年报中取得。

3.2 公司董事

3.2.1 公司董事会成员

姓 名	职 务	性别	年龄	选任日期	任期	所推举的股东名称	该股东持股比例(%)	简 要 履 历
马宝军	董事长	男	51	2011年3月7日	3年	中电投股东	50.24	2002年5月至2003年7月任公司董事长兼总经理,2003年7月至2011年4月任公司董事长,2011年4月至2011年12月在中电投财务有限公司任党组成员兼百瑞信托有限责任公司董事长,2011年12月至今在中电投融和控股投资有限公司、中电投财务有限公司任党组成员兼百瑞信托有限责任公司董事长。
苏琛	董事	女	41	2011年6月21日	3年	中电投股东	50.24	曾在北京压缩机研究所、美国3CX公司北京代表处等公司工作,2005年9月起历任中电投财务有限公司综合管理部职员、劳资管理高级主管、综合管理部人力资源经理、综合管理部总经理助理兼人力资源经理、人力资源部副总经理,2012年2月至今任中电投融和控股投资有限公司、中电投财务有限公司人力资源部总经理。
方晓军	董事	男	40	2013年2月1日	1年1个月	中电投股东	50.24	曾在江苏省淮安市涟水县政府、中国人民大学商学院、中国石油天然气集团公司工作;2005年9月起历任中电投财务有限公司投资咨询部负责人、投资管理部副总经理,兼任中电投保险经纪有限公司副总经理、投资管理部副总经理、风险管理部副总经理;2011年2月至今任百瑞信托有限责任公司首席风险官。
熊丽生	董事	男	46	2014年2月28日	1个月	中电投股东	50.24	曾在江西省粮食局干部学校、西宝电器(深圳)公司、三九集团进出口公司、蔚深证券有限责任公司、英大证券有限责任公司工作,2010年8月至2013年7月任中电投财务有限公司投资管理部经理兼中电投先融期货有限公司董事长,2013年7月至今在中电投融和控股投资有限公司、中电投财务有限公司运营管理部任总经理兼中电投先融期货有限公司董事长。
樊玉涛	董事	男	48	2011年6月21日	3年	郑州股东	29.77	1988年7月起在郑州市财政局工作,历任预算处处长、国库处处长;2009年7月至今任总经济师。
张可欣	董事	男	48	2011年6月21日	3年	郑州股东	29.77	曾任郑州市自来水总公司柿园水厂副厂长,郑州市自来水总公司设计院院长、支部书记,郑州市自来水总公司总经理助理、副总经理;2010年12月至今任郑州自来水投资控股有限公司党委委员、董事会董事、总经理。
Joseph Donald Regan(周历仁)	董事	男	55	2013年2月1日	1年1个月	摩根大通	19.99	曾在美国普华永道会计师事务所工作;1986年起在摩根大通集团工作,历任亚太地区首席财务官、资产管理部财务总监首席运营官、亚太区副主席、资产管理部首席风险官、中国区副主席;2013年2月至7月任摩根大通亚太区首席风险官。

注:根据公司章程,中国电力投资集团公司与中电投财务有限公司合称为"中电投股东",郑州市财政局、郑州自来水投资控股有限公司、郑州市金水区财政局、巩义市财政局、登封市财政局和中牟县财政局合称为"郑州股东"。

3.2.2 公司独立董事

姓名	所在单位及职务	性别	年龄	选任日期	所推举的股东名称	该股东持股比例(%)	简 要 履 历
刘亚	对外经济贸易大学教授	男	55	2011年6月21日	—	—	曾任中国金融学院教授,现任对外经济贸易大学教授。
姚毅	北京市共和律师事务所合伙人律师	女	48	2013年6月21日	—	—	曾在北京市对外经济律师事务所、澳大利亚铭德律师事务所墨尔本办公室等单位工作,1995年5月至今任北京市共和律师事务所合伙人律师。
张明洪	河南宏光奥林匹克置业有限公司副总经理	男	53	2011年6月21日	—	—	曾在郑州市财政局、河南大桥石化有限公司工作,2011年4月至今在河南宏光奥林匹克置业有限公司任副总经理。

3.3 公司监事

姓 名	职 务	性别	年龄	选任日期	任期	所推举的股东名称	该股东持股比例(%)	简 要 履 历
袁先锋	监事会主席	男	43	2011年3月7日	3年	郑州股东	29.77	曾任金水区国有资产经营公司经理、金水投资公司经理，2012年至今任金水区财政局局长。
栾 帅	股东监事	女	41	2011年3月7日	3年	中电投股东	50.24	曾在北京财政学校、中瑞华恒信会计师事务所、中国电力投资集团公司工作；2007年5月起历任中电投财务有限公司结算管理部高级主管、副总经理，投资管理部副总经理、总经理，计划财务部总经理；2012年2月至2013年6月在中电投融和控股投资有限公司、中电投财务有限公司计划财务部任总经理；2013年6月至今在中电投融和控股投资有限公司、中电投财务有限公司任副总会计师兼计划财务部总经理。
王逸馨	股东监事	女	48	2011年3月7日	3年	中电投股东	50.24	曾在东北电业管理局、中国电力国际有限公司、中国电力国际发展有限公司工作，2009年9月起历任中电投财务有限公司结算管理部副总经理、综合管理部副总经理、风险管理部副总经理，2012年2月在中电投融和控股投资有限公司、中电投财务有限公司风险管理部任副总经理。
张元浩	股东监事	男	45	2012年5月25日	1年10个月	摩根大通	19.99	曾在摩根大通银行东京分行、摩根证券东京分行和新加坡分行工作，历任摩根大通银行中国区资金交易部总监、摩根大通银行（中国）有限公司副董事长；2013年3月至12月，任摩根大通亚洲咨询（北京）有限公司非执行董事。
赵克明	股东监事	男	58	2011年3月7日	3年	郑州股东	29.77	曾在巩义市豫剧团工作；1978年12月起在巩义市财政局工作，现任副局长兼巩义市财务开发公司经理。
闫继红	职工代表监事	女	42	2011年3月7日	3年	—	—	1995年起在公司历任国际业务部和投资银行部部门负责人、信托业务部信托经理、合规风险部风控主管，2010年12月至今在公司风险稽核部任副总经理。
高志杰	职工代表监事	男	40	2012年5月25日	1年10个月	—	—	曾在中国建设银行河南濮阳分行工作，任会计、客户经理、票据中心主任；2008年10月起在公司历任研究发展中心研究员、高级研究员；2013年4月至今在公司研究发展中心任副主任。
李二东	职工代表监事	男	37	2012年5月25日	1年10个月	—	—	曾在中国农业发展银行开封市分行、科龙电器股份有限公司、西南财经大学信托研究所工作，2008年2月起在公司历任房地产业务部信托助理、信托经理、高级信托经理、成都业务总部总经理，2014年1月至今在公司房地产业务部任副总经理兼成都业务部总经理。

3.4 高级管理人员

姓 名	职 务	性别	年龄	选任日期	金融从业年限	学历	专业	简 要 履 历
马宝军	董事长	男	51	2002年6月17日	21	硕士研究生	工商管理	—
马磊	总裁	男	46	2006年3月8日	25	硕士研究生	工商管理	曾任公司副总裁，2005年9月至2006年2月任公司执行总裁，2006年2月至今任公司总裁。
石笑东	副总裁	男	42	2005年11月25日	21	硕士研究生	工商管理	曾任公司董事会秘书兼总裁办公室主任，2005年9月至2010年7月任公司董事会秘书兼副总裁，2010年7月至今任公司副总裁。
刘英辉	副总裁	女	46	2010年7月26日	19	硕士研究生	工商管理	曾任公司信托业务一部总经理、业务总监兼信托业务一部和信托业务三部总经理，2010年7月至今任公司副总裁。
王克槿	董事会秘书兼财务总监	女	41	2011年6月21日	19	硕士研究生	经济法	曾任公司总裁办公室副主任和主任、人力资源部总经理、董事会秘书兼人力资源部总经理，2011年3月至今任公司董事会秘书兼财务总监。
方晓军	董事兼首席风险官	男	40	2011年6月21日	9	博士研究生	工商管理	—
罗靖	副总裁	男	39	2012年7月14日	6	博士研究生	金融学	曾任公司研究发展中心高级研究员、研究发展中心主任、业务总监，2012年3月至今任公司副总裁。
苏小军	副总裁	男	41	2012年7月14日	18	硕士研究生	工商管理	曾任公司信托业务二部总经理、业务总监，2012年3月至今任公司副总裁。

注："简要履历"栏中任职时间为公司股东会、董事会审议通过时间，"选任日期"栏中的任职时间为监管部门核准资格时间。

3.5 公司员工

项目		报告期年度		上年度	
		人数	比例(%)	人数	比例(%)
年龄分布	20岁以下	0	0	0	0
	20~29	57	33	59	39
	30~39	79	46	67	44
	40岁以上	36	21	26	17
学历分布	博士	12	7	9	6
	硕士	110	64	95	63
	本科	44	26	43	28
	专科	4	2	3	2
	其他	2	1	2	1
岗位分布	董事、监事及其他高级管理人员	11	6	11	7
	固有业务人员	11	6	12	8
	信托业务人员	98	57	78	51
	其他人员	52	31	51	34

注:"董事、监事及其他高级管理人员"不含未在公司就职的董事和监事。

4. 经营管理

4.1 经营目标、方针和战略规划

4.1.1 经营目标和方针

"追求卓越,与时俱进,做中国信托业的百年老店"一直是公司坚持追求的经营目标,"客户至上,品誉第一,稳健高效,精诚服务"是公司始终秉承的经营方针。公司紧密结合中国资产管理行业的发展,立足信托主业,在继续发挥房地产、基础设施、工商企业三大传统业务优势的基础上,及时把握市场变化,积极开拓创新类信托业务,通过满足客户多样化理财需求提升现有客户的品牌忠诚度,大力扩展高净值客户群体,以市场为导向,在市场中求生存,在竞争中求发展,通过全方位的制度化建设,保证各项业务规范运作,保障公司的可持续发展,提高盈利能力。

4.1.2 战略规划

公司2011年制定了《2011—2015年发展战略规划》,在此基础上,根据行业、公司最新发展态势和股东期望,2013年末公司制定并向股东上报了《2014—2020年发展战略规划》,以保证公司的可持续发展。通过客户中心、产品中心和风控中心三大中心建设,推进公司管理精细化,跻身于行业前列是公司中长期的战略目标。在近几年信托行业和公司由快速发展期向稳定发展期迈进的背景下,公司新的规划力求稳健、有质量的发展;通过持续提升客户服务能力提升客户的品牌忠诚度,大力开拓高净值客户群体;通过做好重点业务布局,根据客户多样化理财需求丰富信托产品种类,提升客户和产品的匹配度,提高公司核心竞争力,形成稳定、可持续的盈利模式,实现公司的长期稳健发展。

4.2 所经营业务的主要内容

自营资产运用与分布表

资产运用	金额(万元)	占比(%)	资产分布	金额(万元)	占比(%)
货币资产	22 012.64	6.49	基础产业	15 400.00	4.54
贷款及应收款	111 548.78	32.86	房地产业	89 620.00	26.40
交易性金融资产	17 992.61	5.30	证券市场	8 135.85	2.40
可供出售金融资产	106 326.11	31.33	实业	115 184.33	33.94
持有至到期投资	—	—	金融机构	30 886.82	9.10
长期股权投资	57 072.13	16.81	其他	80 188.44	23.62
其他	24 463.17	7.21	—	—	—
资产总计	339 415.44	100.00	资产总计	339 415.44	100.00

信托资产运用与分布表

资产运用	金额(万元)	占比(%)	资产分布	金额(万元)	占比(%)
货币资产	112 304.00	0.98	基础产业	4 359 541.40	38.16
贷款	5 568 216.78	48.74	房地产业	1 487 660.12	13.02
交易性金融资产	6816.5	0.06	证券市场	396.4	0.00
可供出售金融资产	522 702.77	4.58	实业	2 465 504.93	21.58
持有至到期投资	30 000.00	0.26	金融机构	593 547.13	5.20
长期股权投资	2 915 505.45	25.52	其他	2 518 019.85	22.04
其他	2 269 124.33	19.86	—	—	—
信托资产总计	11 424 669.83	100.00	信托资产总计	11 424 669.83	100.00

4.3 市场分析

4.3.1 宏观经济金融形势

2013年全球经济增速进一步回落,工业生产低速增长,世界贸易持续低迷。2014年全球经济将筑底回升,我国面临的外部宏观经济形势将逐步转好。2013年,在复杂的国内外形势和没有大规模刺激的情况下,我国GDP比上年增长7.7%,超额完成了7.5%的增长目标,充分显示出国家宏观调控政策的科学性和推动改革、调整结构来保持经济长期平稳较快增长举措的及时性和有效性。2014年中央政府将GDP增速目标设为7.5%,但市场对这一经济增速缺乏信心。新型城镇化是未来拉动投资和消费、促进经济增长的关键路径,但短期内难以取得较大进展。与此同时,面对国民财富的持续快速增长,互联网金融、券商资管等金融理财机构和业务迅速发展,信托公司资产管理业务面对的竞争不断加剧。

2014年人民银行将继续实施稳健的货币政策,保持货币信贷及社会融资规模合理增长,改善和优化融资结构和信贷结构,提高直接融资比重,推进利率市场化和人民币汇率形成机制改革,增强金融运行效率和服务实体经济能力。货币政策的稳健性和连续性为信托继续发挥其灵活性和产品多样性优势提供了空间。

4.3.2 影响本公司业务发展的主要因素

4.3.2.1 促进公司业务发展的有利因素

4.3.2.1.1 公司主力业务与城镇化结合紧密

新型城镇化是未来一段时期内我国经济发展的主要动力，基础设施建设和房地产是新型城镇化的主要任务，工商企业的发展则是新型城镇化能否成功的关键。公司经过多年的经营，形成了以基础设施、房地产和工商企业三大板块为主的主力业务，新型城镇化建设将为这三大业务继续提供广阔的发展空间。

4.3.2.1.2 组织结构调整为公司带来更多的业务机会和发展空间

2013年公司在进一步强化本部三个信托业务部门专业化分工的基础上对组织结构进行了调整，新增加了杭州、西安、成都三个业务总部，同时增加了北京业务总部、上海业务总部和深圳业务总部的部门职能，使六个异地部门成为全功能业务部门。组织机构的调整大大提升了公司信托业务的全国扩展能力，将为公司带来更多的业务机会和发展空间。

4.3.2.1.3 研发实力加强，促进可持续发展

2013年，公司对研发工作的投入进一步增加，博士后科研工作站北京基地成立，并成功从国内外引入多名优秀人才入站，研发实力得到提升。同时，公司赋予研发中心开展创新类信托业务职能，研发工作重点进一步由行业分析向产品研发倾斜，有利于公司业务的拓展。

4.3.2.2 影响公司业务发展的不利因素

2013年，中国证监会2012年末颁布的一系列资管新政作用开始显现，券商和基金全面进军资管业务，对信托行业造成了巨大冲击，直接导致信托增速的降低。2013年末，中国银监会在3月出台《关于规范商业银行理财业务投资运作有关问题的通知》（银监发[2013]8号，又称"8号文"）之后，开始进行银行理财业务方面的创新探索，并推出银行理财管理计划和银行理财直接融资工具，银行理财业务的创新将对传统银信合作业务造成较大冲击，目前银信合作业务将会逐步消失。与此同时，互联网金融开始大规模兴起，信托的客户资源遭到进一步分流，公司拓展新客户的难度进一步增加。

4.4 内部控制

4.4.1 内部控制环境和内部控制文化

为保证公司规范运作，有效防范和化解经营风险，确保公司经营、财务和其他信息真实、准确、完整，最大限度地维护信托当事人、债权人、公司股东及其他利益相关者的合法权益，公司按照《公司法》、《信托公司治理指引》及相关法律法规的要求，建立了包括股东会、董事会、监事会和高级管理层在内的完善的法人治理结构，它们各自根据公司章程确定的职责范围行使职权，在保持相互独立的基础上，做到了有机协调和相互制衡。

公司通过建立和完善法人治理结构，强化决策机制，充分发挥股东会、董事会和监事会的决策与监督作用。公司采用多种方式将良好、诚信的企业文化在公司内传播，通过责任目标的制定、激励考核机制的导向、晋升通道的完善、开展以企业文化为主题的各类活动等增加员工归属感和忠诚度，同时也将"诚信、创新、务实、高效"的理念和"缔造财富价值、责任重于泰山"的精神贯穿于公司的各项制度和日常经营管理中，并最终落实在履行受托人职责上。公司牢固树立"内部控制和风险管理优先"的审慎经营理念，积极培养员工的风险防范意识和营造浓厚的内控文化氛围。

4.4.2 内部控制措施

4.4.2.1 履行内部控制职能的部门

公司根据业务发展的需要设立了业务部门和职能部门，并按照职责分离的原则设立相应的工作岗位，各个岗位都有明确的岗位职责说明和清晰的报告关系。在此基础上，公司努力建立健全内部约束机制，实行前台、中台、后台的岗位职责分离。

4.4.2.2 内部控制的主要政策、制度、程序及执行情况

公司遵循有效性、审慎性、全面性、及时性和独立性原则，确定业务受理及初审、业务决策及风险控制、业务核算及业务监督相分离的部门和岗位，建立了对风险进行事前防范、事中控制、事后监督和纠正的动态机制。

公司内部控制制度由公司法人治理制度、基本管理制度、具体规章和部门内部规章等部分组成。其中，公司法人治理制度包括公司章程、《董事、监事产生办法》、《股东会议事规则》、《董事会议事规则》、《监事会议事规则》等，公司基本管理制度包括《内部控制大纲》、《风险管理制度》、《关联交易管理制度》、《财务管理制度》、《人力资源管理制度》、《信托业务管理制度》、《自营业务管理制度》、《反腐败反贿赂管理制度》、《内部审计制度》和《信息披露管理制度》等，公司具体规章是指公司基本管理制度的实施细则及具体业务管理办法，部门内部规章指部门内部行政和业务管理所必备的工作流程及业务表单等。

公司章程的制定充分考虑了《公司法》及相关法律法规的要求，股东会、董事会、监事会、高级管理层等相应的议事规则切实可行，董事会下属委员会有明确的委员构成、职权权限和工作细则等，公司日常管理和业务经营决策等环节均有章可循。

内部控制执行方面，一是公司各部门负责进行自我评估和分析，对发现的内部控制隐患和缺陷及时报告，并据此对相关规章制度进行调整和补充，使得公司的各项规章制度在实际工作中得到有效执行；二是公司风险稽核部与合规法律部承担独立评价公司业务经营风险、监督落实公司风险管理政策和各项内部控制制度的职责；三是由公司董事会下属的合规和风险委员会监督检查公司经营活动的合法合规性，信托委员会负责督促公司依法履行受托人职责。通过以上措施，公司以合规及风险管理为中心的内部控制体系逐步完善，同时经营层的自律和独立于经营层的外部监督保证了内部控制体系在促进业务稳健经营和持续发展方面能够发挥有效作用。

4.4.3 信息交流与反馈

公司内部信息交流方面，通过建立各项规章制度，明确了公司股东会、董事会、监事会、高级管理层、各部门负责人及员工的职责和报告路径，从而使各级管理者和员工能够及时了解和掌握公司的经营管理情况，有效履行各自的职责。

公司与外部信息交流方面，一是采取书面、媒体发布等形

式，向监管部门、受益人报告公司的重大事项和项目管理情况；二是树立良好的外部形象，让客户了解、认知公司，建立并充分运用外部网站，及时更新和发布公司概况、公司动态、产品推介、信息披露、客户服务等内容；三是通过短信及电话通知、设立“800”免费客服电话和在营业场所提供服务等方式，向客户推介产品信息、解答问题，力求最大限度地履行诚实、信用、谨慎、有效管理的义务，切实维护受益人的利益；四是不断努力提升公司内刊《百瑞财富》和《百瑞研究》的编辑出版质量，并通过向重点客户和合作伙伴免费寄送，使其成为客户了解公司的重要宣传载体，有力地促进了公司品牌宣传和形象提升。

4.4.4 监督评价与纠正

公司的内控监督体系包括三个层面。一是对股东会负责的监事会，主要对董事会、董事及高级管理人员履职情况行使监督职能。二是董事会下属的合规和风险委员会和审计委员会。其中：合规和风险委员会主要负责监督、检查公司经营活动的合法合规性；审查风险管理制度、政策；审查重大风险管理解决方案以及重大决策的风险评估报告；审查经营层提交的公司全面风险评估和合规报告，提出整改意见并督促改进。审计委员会主要负责审查公司的财务收支、效益、预算执行等经营情况，审查公司内部控制的健全性和有效性的审计报告，提议聘请或更换外部审计机构，监督公司内部审计和外部审计中发现的问题及整改情况等。三是对公司董事会负责的风险稽核部和对经营层负责的合规法律部。风险稽核部主要根据董事会的要求，对公司业务和内部管理事项实施内部审计，并对发现的问题进行督促整改，同时对公司整体风险情况进行评估；合规法律部主要根据经营层的要求，对公司开展的业务进行全过程的合规及风险控制。

为了保证稳健经营，防范和化解经营风险，明确风险责任，公司对不履行或不正确履行国家法律法规和公司内部规章制度的人员进行责任追究。

4.5 风险管理

4.5.1 风险管理概况

4.5.1.1 公司经营活动中可能遇到的风险

基于金融行业运营环境和信托业特征，公司在经营活动中可能遇到的主要风险包括合规风险、信用风险、市场风险和操作风险，同时还可能承担流动性风险、法律风险和声誉风险等其他风险。

4.5.1.2 公司风险管理的基本原则和控制政策

为了防范和化解经营风险，保证稳健经营，公司在董事会的领导下，确立了如下风险管理基本原则和政策。

(1)全面性原则。全员参与风险管理，对所有业务进行全程风险管理，对所有种类的风险进行管理，即将信用风险、市场风险、操作风险以及包含这些风险的各种金融资产与资产组合、承担这些风险的各个业务单位、形成这些风险的交易环节和流程纳入到统一的风险管理体系中，全面覆盖公司的所有部门和岗位，逐步渗透到各项业务过程和每一个操作环节。

(2)独立性原则。保持风险管理决策、监控的独立性，并与业务决策适当分离。公司风控中心在董事会、合规和风险委员会的领导下，客观评价公司经营风险，独立履行风险管理职能。在业务调研和决策环节，保持风险管理决策和业务决策的适度分离；在业务实施前，独立进行风险研判和风险提示。

(3)客观性原则。正确认识风险的客观存在，避免利益冲突或偏见，如实反映公司的风险状况，做到内容真实、数字准确、资料可靠。

(4)定量和定性相结合原则。通过建立完善的风险管理技术指标体系，依托定量分析和定性分析手段评价和控制风险。

(5)风险与收益匹配原则。风险评价参与公司业务决策和产品定价环节，逐步量化风险评价指标，项目收益评价加入风险调整因素，指导业务产品定价，实现产品定价覆盖预期损失，保持公司业务发展与风险控制工作并行不悖。

(6)制衡性原则。坚持内控优先，全面分析公司经营环节和业务流程，合理设置体现制衡原则的前台、中台、后台岗位职责，明确划分相关部门之间、岗位之间、上下级机构之间的职责，建立职责分离、横向与纵向相互监督制约的机制。

(7)信托财产单独管理原则

信托业务系统和自营业务系统的部门和人员分离；信托业务和自营业务由不同的高级管理人员分工管理，实现高管人员分工分离；信托财务和自营财务的人员、账表、资产分离，对每项信托业务单独开户、单独核算、单独管理，维护信托财产的独立性，形成管理“防火墙”。

(8)风险信息充分披露原则。培育信托产品的合格投资人，强化风险意识，规避各种形式的信托产品保底承诺，在信托产品设计和销售中充分识别和揭示风险。

4.5.1.3 公司风险管理的组织结构和职责划分

公司建立了以董事会、合规和风险委员会、高级管理层、风控中心和各基层风险单位为主体的风险管理组织体系。

董事会在其下属合规和风险委员会的协助下，负责审核批准公司的风险管理规划、政策等，确定公司总体风险偏好，并监督高级管理层贯彻落实风险管理规划和风险管理政策，倡导公司全员风险管理意识和风险管理文化。

董事会下属合规和风险委员会负责监督、检查公司经营活动的合法合规性；审查风险管理制度、政策；审查重大风险管理解决方案以及重大决策的风险评估报告；审查经营层提交的公司全面风险评估和合规报告，提出整改意见并督促改进。

高级管理层负责执行公司风险管理政策，定期审查监督风险管理程序以及具体操作规程，及时向董事会或其下属委员会、监事会报告风险管理情况。

风控中心通过对风险进行事前防范、事中控制、事后监督和纠正来管理和控制风险，风控中心各部门在其职责范围内开展风险管理工作。风险稽核部负责拟定风险管理规划、政策，监督公司经营层的风险管理策略执行状况，向董事会提供公司存在的重大风险隐患或重大风险事故的调查报告及公司年度风险评估报告。合规法律部负责建立风险管理技术指标体系，以实现对各类风险的有效识别、计量、监测和控制；通过预审核及风险提示加强对项目的事前风险防范；跟踪重点业务进程，独立评价业务风险。综合管理部通过对存续项目进行现场检查、非现场监测等方式加强对存续项目事中风险的管理，并及时将后期管理过程中发现的各种风险信号进行反馈和报告；在项目后期管理过程中，视项目运行情况，对即将清算的项目进行风险情况专项分析并将分析结果向公司有关部门和高级管理层报告。

公司按照组织架构分成若干风险单位，各部门负责人在各自职责范围内承担相应的风险管理职责，负责部门内部基础风险管理工作，将本部门相关风险信息向公司高级管理层和风控中心报告。

4.5.2 风险状况

4.5.2.1 合规风险状况

公司面临的合规风险主要是指公司因没有遵循法律、规则和准则可能遭受法律制裁、监管处罚、重大财务损失和声誉损失的风险。

公司合规管理的目标是通过建立健全合规管理框架，实现对合规风险的有效识别和管理，促进全面合规管理体系建设，确保依法合规经营。同时，公司注意加强合规文化建设，积极倡导和培育优良的合规文化和价值观念，通过合规制度建设、合规培训、合规信息传递等方式，努力营造合规经营、合规决策、合规管理的有效氛围，使合规文化贯穿日常经营的始终，并将合规文化建设融入企业文化建设全过程。2013 年未出现重大违规违法经营行为。

4.5.2.2 信用风险状况

公司面临的信用风险主要来自于交易对手不能或不愿按照合同的约定到期还款付息，履行偿债义务而使公司遭受损失的风险。

公司根据河南银监局《转发 <中国银行业监督管理委员会关于非银行金融机构全面推行资产质量五级分类管理的通知>的通知》（豫银监发[2004]93 号）要求，定期对公司资产质量进行五级分类。

公司按照《金融企业呆账准备提取管理办法》（财政部[2005]49 号）的规定，对承担风险和损失的资产提取呆账准备金，具体包括贷款（含抵押、质押、保证等）、股权和债权投资、存放同业款项、应收账款、其他应收款、应收利息、应收股利等债权和股权。

准备金分为一般准备金和资产减值准备金。一般准备余额原则上不得低于风险资产期末余额的 1.5%，资产减值准备按照资产风险分类结果计提，其中关注类 3%，次级类 30%，可疑类 60%，损失类 100%。

2013 年公司不良资产期初数为 3 010.27 万元，期末数为 9 990 万元，已足额计提资产减值准备。

以动产、不动产、财产权等设定抵押、质押担保的，需提供抵押物、质押物的权属证明及有权部门出具的价值评估报告和证明文件。抵（质）押率是借款本息总额与抵（质）押物净值的比率，公司从业务类型出发制定了相应的抵（质）押率标准，具体设定时结合抵押物评估值、质押物面值、抵（质）押物净值、潜在的价值损失及处置变现的程度从严掌控。

担保人的主体资格调查按照借款人的资格调查方式和要求进行。除此以外，还需符合《担保法》及其司法解释中有关担保人资格禁止性条款的规定。

4.5.2.3 市场风险状况

公司面临的市场风险主要来自于因市场价格（利率、汇率、股票价格等）的不利变动而使公司业务发生损失的风险。市场风险存在于公司的各项交易和非交易业务中，可进一步分为利率风险、汇率风险、证券交易价格波动风险和其他价格风险。

利率风险是指市场利率变动的不确定性给公司造成损失的可能性。公司在开展贷款类业务时，综合对未来利率走势的预测和交易成本等因素，分别采用了挂钩贷款基准利率变化的浮动利率和较高的固定利率两种方式，有效应对可能发生的利率风险。2013 年市场利率的变化对公司经营收益未产生明显影响。

公司 2013 年末外汇业务存量为零，汇率波动未对公司造成影响。

公司密切关注宏观经济政策变化，加强证券投资研究，通过信托产品结构化设计、组合投资策略提高公司抵御证券价格波动风险的能力。2013 年证券价格波动风险对公司整体经营未产生明显影响。

其他价格风险主要是指通货膨胀风险。2013 年该类风险对公司未产生明显影响。

4.5.2.4 操作风险状况

公司面临的操作风险主要是制度和操作流程缺失以及现有制度和流程不能得到有效执行而可能引起的经营风险和损失。前者是指公司制度和流程不能覆盖公司经营的每一个环节，存在制度真空或缺陷；后者是指内控失效，在超越授权和缺少制衡的情况下进行经营操作，各种制度和流程的执行效果和效率未达到预期目标。

目前，公司的内控制度体系已覆盖了各项业务的全部操作环节，建立了完善的授权体系，各项制度和流程的执行效果达到预期目标。报告期内无该类风险发生。

4.5.2.5 其他风险状况

其他风险主要包括流动性风险、法律风险和声誉风险等。

流动性风险主要有两种形式：一是非现金资产的流动性风险，二是资金的流动性风险。前者是指非现金资产不能按现有市场价值及时变现而导致损失的可能性；后者是指现金流不能满足支出的需求而迫使公司提前进行清算，从而使账面潜在损失变为实际损失。报告期内公司非现金资产可正常变现，有稳定的现金流，无该类风险发生。

法律风险是指公司签订合同的内容在法律上有缺陷或不完善而发生法律纠纷甚至无法履约，以及法律的不完善或修订使收益产生的不确定性。报告期内公司无该类风险发生。

声誉风险是指由公司经营、管理及其他行为或外部事件导致利益相关方对公司负面评价的风险。报告期内公司无该类风险发生。

4.5.3 风险管理

4.5.3.1 合规风险管理

公司合规风险管理主要是通过建立健全合规风险管理框架，实现对合规风险的有效识别和管理，促进全面风险管理体系建设，确保依法合规经营。具体措施包括：

（1）公司开展固有与信托相关业务时严格遵循相关金融法规，业务创新不能突破政策底线，最大限度地维护公司股东、委托人、受益人及其他利益相关者的利益。

(2)持续关注法律法规和规范性文件的最新发展，正确理解相关规定及其精神，准确把握相关规定对信托行业经营的影响。

(3)制订并执行风险为本的合规管理计划，包括特定政策和程序的实施与评价、合规风险评估、合规培训与教育等。

(4)建立有效的合规问责制度，严格对违规行为的责任认定与追究，并采取有效的纠正措施，及时改进经营管理流程，适时修订相关政策、程序和操作指南。

(5)保持与监管机构日常的工作联系，跟踪和评估监管意见和监管要求的落实情况。

(6)2013 年，行业继续深入推动合规建设工作，公司以“河南银监局 2013 合规长效机制建设年”活动为契机，继续深入实施规章制度建设、管理规范性、合规法律提示和教育培训等合规管理工作，并采取合规检查和规章制度合规性审核等形式强化合规管理执行力。

4.5.3.2 信用风险管理

公司信用风险管理主要是通过对交易对手的综合信用分析进行事前控制，以及通过交易结构设计、定价、制定借款人限额、定期风险评估等手段规避和监控交易对手信用风险的变化，明确界定各部门的风险管理责任，强调业务管理的前期调研和过程控制，严格授权审批制度、决策限额和投资比例控制。具体措施包括：

(1)根据目前公司的业务构成、规模和经营环境，对信用风险的管理主要采用信用分析和交易监督及控制方法。前者主要是按照监管部门要求，通过业务人员现场调研并填表、中后台人员复核的形式定期对公司资产质量进行五级分类；后者主要是采用定期调查、资金用途控制、抵押担保等方式降低交易对手的信用风险。

(2)交易定价方面，公司根据《金融企业呆账准备提取管理办法》(财政部[2005]49 号)规定，对承担风险和损失的资产提取呆账准备金。

(3)公司认定的抵押财产包括抵押人所有的机器、交通运输工具和其他财产，抵押人依法有处分权的国有土地使用权、房屋和其他地上定着物等。抵(质)押率是借款本息总额与抵(质)押物净值的比率。公司从业务类型出发制定了相应的抵(质)押率标准，具体设定时结合抵押物评估值、质押物面值、抵(质)押物净值、潜在的价值损失及处置变现的程度从严掌控。

(4)公司有关保证担保类贷款的管理措施包括严格筛选保证人、调查与审批相分离等。具体实施过程为：双人现场见证法律文件签署，与保证人以书面形式订立保证合同，保证方式约定采用保证人承担连带责任保证，明确约定承担保证责任的终止时间。担保生效后，公司组织双人定期进行项目检查，对被担保人、反担保人，以及抵(质)押物进行实地检查，定期出具管理报告。

(5)2013 年，公司风控部门优化中介机构前期尽职调查程序，统一管理中介机构，通过制定流程和确立模板明确事前尽职调查的具体工作内容和要求，促进中介机构切实履行独立尽职调查职责，提高风险控制工作的成效和质量。

(6)2013 年，公司继续完善信用风险预警指标体系，加强资产质量分类管理，实行严格的信用风险报告制度。

4.5.3.3 市场风险管理

市场风险管理是指识别、计量、监测和控制市场风险的全过程，其目标是通过将市场风险控制在公司可以承受的合理范围内，实现风险调整后的收益率的最大化。

(1)公司市场风险管理策略。制定了与公司业务性质、规模、复杂程度和风险特征相适应的，与公司总体业务发展战略、管理能力、资本实力和能够承担的总体风险水平相一致的市场风险管理原则和程序；对每项业务和产品中的市场风险因素进行分解和分析，及时、准确识别所有交易和非交易业务中市场风险的类别和性质；建立了完善的市场风险管理内部控制体系，并将其作为公司整体内部控制体系的有机组成部分。

(2)市场风险管理措施。关注国家宏观政策变化，规避限制类行业和相关项目；加强行业风险研究，规避宏观面和行业周期产生的市场风险；进行资产组合管理，动态调整资产配置方案；控制总体证券投资规模和股票持仓数量，设定证券投资限制性指标和止损点；控制行业集中度，拓展多元化投资领域和项目；贷款合同及相关文件进行浮动利率变化的事前约定，规避利率风险；建立证券业务的市场风险模型，科学测量证券投资的安全边际。

4.5.3.4 操作风险管理

公司操作风险管理的基本策略是加强内控制度建设和落实。

(1)公司操作风险管理坚持内控优先，全面分析公司经营环节和业务流程，合理设置体现制衡原则的前台、中台、后台岗位职责，明确划分相关部门之间、岗位之间的职责，建立职责分离、横向与纵向相互监督制约的机制；优化公司经营决策和管理，密切关注信息系统、风险报告和监控系统可能出现的疏漏，建立和完善授权制度，进行不同岗位制衡安排，防患于未然；按照公司责任追究制度、风险管理制度以及业务管理制度中的罚则部分，对违规人员进行问责。

(2)操作风险管理措施。完善公司各项规章制度和操作流程，切实加大执行力度；强调业务管理的过程控制，设置事前、事中和事后相互支持和制约的职责关系；进行合理的岗位设置和有效的职责分离，建立严格的复核和审批程序；制定项目尽职调研和尽职管理指引，规范业务操作流程；加强业务创新，提高产品设计质量和强化风险保障措施；对内控制度的执行情况和制度完备性进行定期检查，并督促及时整改。

4.5.3.5 其他风险管理

公司流动性风险管理策略包括保持足够的可变现资产、合理安排资产的期限组合、针对信托业务设计信托产品的流通平台等。

公司法律风险管理策略包括充分利用法律手段，优化产品结构和法律文本设计；提高公司全员的法律风险意识，强化公司合规法律部的法律风险监督职能；在合规法律部专设法律事务管理岗位，加强公司业务的法律风险管理工作；在公司业务决策和审批流程中加入法律审查环节，引入外部法律顾问参与交易结构设计和法律文本审核等工作。

公司声誉风险管理策略包括将公司声誉构建与公司发展

战略和企业文化进行有机结合，通过尽职管理和充分信息披露塑造公司的专业和诚信形象、对可能影响公司声誉的业务坚决予以回避等。

5. 2013 年度及上年度比较式会计报表

5.1 自营资产

5.1.1 会计师事务所审计意见全文

审 计 报 告

天职业字[2014]1118 号

百瑞信托有限责任公司全体股东：

我们审计了后附的百瑞信托有限责任公司（以下简称百瑞信托）财务报表，包括 2013 年 12 月 31 日的资产负债表，2013 年度的利润表、所有者权益变动表和现金流量表以及财务报表附注。

一、管理层对财务报表的责任

编制和公允列报财务报表是百瑞信托管理层的责任，这种责任包括：（1）按照企业会计准则的规定编制财务报表，并使其实现公允反映；（2）设计、执行和维护必要的内部控制，以使财务报表不存在由于舞弊或错误导致的重大错报。

二、注册会计师的责任

我们的责任是在执行审计工作的基础上对财务报表发表审计意见。我们按照中国注册会计师审计准则的规定执行了审计工作。中国注册会计师审计准则要求我们遵守中国注册会计师职业道德守则，计划和执行审计工作以对财务报表是否不存在重大错报获取合理保证。

审计工作涉及实施审计程序，以获取有关财务报表金额和披露的审计证据。选择的审计程序取决于注册会计师的判断，包括对由于舞弊或错误导致的财务报表重大错报风险的评估。在进行风险评估时，注册会计师考虑与财务报表编制和公允列报相关的内部控制，以设计恰当的审计程序，但目的并非对内部控制的有效性发表意见。审计工作还包括评价管理层选用会计政策的恰当性和作出会计估计的合理性，以及评价财务报表的总体列报。

我们相信，我们获取的审计证据是充分、适当的，为发表审计意见提供了基础。

三、审计意见

我们认为，百瑞信托财务报表在所有重大方面按照企业会计准则的规定编制，公允反映了百瑞信托 2013 年 12 月 31 日的财务状况以及 2013 年度的经营成果和现金流量。

中国注册会计师：

中国注册会计师：

5.1.2 资产负债表

资产负债表

2013 年 12 月 31 日

编制单位：百瑞信托有限责任公司　　单位：万元

项　目	行次	期末数	期初数
资产：	1		
现金及存放同业款项	2	22 012.64	14 565.21
存放中央银行款项	3	—	—
贵金属	4	—	—
拆出资金	5	10 000.00	2 150.00
交易性金融资产	6	17 992.61	3 836.48
衍生金融资产	7	—	—
买入返售金融资产	8	5 000.00	—
应收利息	9	322.67	304.65
发放贷款及垫款	10	109 105.05	118 991.60
可供出售金融资产	11	106 326.11	67 057.32
持有至到期投资	12	—	—
长期股权投资	13	57 072.13	56 102.69
投资性房地产	14	—	—
固定资产	15	5 461.47	5 497.78
固定资产清理	16	—	-301.87
无形资产	17	685.62	443.46
递延所得税资产	18	1 530.71	1 247.14
其他资产	19	3 906.43	3 871.11
资产总计	20	339 415.44	273 765.57

法定代表人：马宝军　　主管会计工作负责人：王克槿　　会计机构负责人：刘芳

资产负债表（续）

2013 年 12 月 31 日

编制单位：百瑞信托有限责任公司　　单位：万元

项　目	行次	期末数	期初数
负债：	21		
向中央银行借款	22	—	—
同业及其他金融机构存放款项	23	—	—
拆入资金	24	—	—
交易性金融负债	25	—	—
衍生金融负债	26	—	—
卖出回购金融资产款	27	—	—
吸收存款	28	—	—
应付职工薪酬	29	263.97	447.00
应交税费	30	10 059.10	5 266.33
应付利息	31	—	—
预计负债	32	—	—
应付债券	33	—	—
递延所得税负债	34	952.85	—
其他负债	35	21 619.64	29 877.72
负 债 合 计	36	32 895.56	35 591.05
所有者权益：	37		
实收资本（股本）	38	120 000.00	120 000.00
资本公积	39	10 467.87	6 339.39
减：库存股	40	—	—
盈余公积	41	19 293.77	12 872.08
一般风险准备	42	16 989.94	10 450.55
未分配利润	43	139 768.30	88 512.50
所有者权益合计	44	306 519.88	238 174.52
负债和所有者权益总计	45	339 415.44	273 765.57

法定代表人：马宝军　　主管会计工作负责人：王克槿　　会计机构负责人：刘芳

5.1.3 利润和利润分配表

利润表

编制单位:百瑞信托有限责任公司　　2013 年度　　单位:万元

项　目	行次	本期金额	上期金额
一、营业收入	1	116 453.93	81 256.25
利息净收入	2	18 401.31	14 702.29
利息收入	3	18 401.31	14 742.68
利息支出	4	—	40.39
手续费及佣金净收入	5	92 686.69	64 887.93
手续费及佣金收入	6	92 686.69	64 887.93
手续费及佣金支出	7	—	—
投资收益(损失以"-"号填列)	8	5 279.38	377.54
其中:对联营企业和合营企业的投资收益	9	—	—
公允价值变动收益(损失以"-"号填列)	10	86.08	1 288.49
汇兑收益(损失以"-"号填列)	11	—	—
其他业务收入	12	0.47	—
二、营业支出	13	30 984.4	18 994.70
营业税金及附加	14	6 995.83	4 656.58
业务及管理费	15	21 035.32	14 201.12
资产减值损失	16	2 953.19	137.00
其他业务成本	17	—	—
三、营业利润(亏损以"-"号填列)	18	85 469.59	62 261.55
加:营业外收入	19	603.74	95.03
减:营业外支出	20	58.02	4.12
四、利润总额(亏损总额以"-"号填列)	21	86 015.31	62 352.46
减:所得税费用	22	21 798.43	15 579.50
五、净利润(净亏损以"-"号填列)	23	64 216.88	46 772.96

法定代表人:马宝军　　主管会计工作负责人:王克槿　　会计机构负责人:刘　芳

利润分配表

编制单位:百瑞信托有限责任公司　　2013 年度　　单位:万元

项　目	本年累计数	上年累计数
本年净利润	64 216.88	46 772.96
加:(一)年初未分配利润	88 512.50	62 576.69
(二)盈余公积弥亏	—	—
(三)其他调整因素		
(四)会计政策变更		
可供分配的利润	152 729.38	109 349.65
减:(一)单项留用的利润	—	—
(二)补充流动资本	—	—
(三)提取法定盈余公积	6 421.69	4 677.30
(四)提取法定公益金	—	—
(五)提取信托赔偿准备金	5 595.42	2 338.65
(六)提取一般准备金	943.97	1 721.20
(七)提取企业发展基金	—	—
(八)利润归还投资	—	—
(九)其他	—	—
可供投资者分配的利润	139 768.30	100 612.50
减:(一)应付优先股股利	—	—
(二)提取任意盈余公积	—	—
(三)应付普通股股利	—	12 100.00
(四)转作资本(股本)的普通股股利	—	—
(五)其他	—	—
未分配利润	139 768.30	88 512.50

5.1.4 所有者权益变动表

所有者权益变动表

编制单位:百瑞信托有限责任公司　　2013 年度　　单位:万元

项　目	行次	本年金额								
		实收资本(或股本)	资本公积	减:库存股	专项储备	盈余公积	Δ一般风险准备	未分配利润	其他	所有者权益合计
一、上年年末余额	1	120 000.00	6 339.39	—	—	12 872.08	10 450.55	88 512.50	—	238 174.52
加:会计政策变更	2	—	—	—	—	—	—	—	—	—
前期差错更正	3	—	—	—	—	—	—	—	—	—
二、本年年初余额	4	120 000.00	6 339.39	—	—	12 872.08	10 450.55	88 512.50	—	238 174.52
三、本年增减变动金额(减少以"—"号填列)	5	—	4 128.49	—	—	6 421.69	6 539.39	51 255.80	—	68 345.36
(一)净利润	6	—	—	—	—	—	—	64 216.88	—	64 216.88
(二)其他综合收益	7	—	4 128.49	—	—	—	—	—	—	4 128.49
综合收益小计	8	—	4 128.49	—	—	—	—	64 216.88	—	68 345.36
(三)所有者投入和减少资本	9	—	—	—	—	—	—	—	—	—
1. 所有者投入资本	10	—	—	—	—	—	—	—	—	—

续表

项目	行次	本年金额								
		实收资本（或股本）	资本公积	减：库存股	专项储备	盈余公积	Δ一般风险准备	未分配利润	其他	所有者权益合计
2. 股份支付计入所有者权益的金额	11	—	—	—	—	—	—	—	—	—
3. 其他	12	—	—	—	—	—	—	—	—	—
（四）专项储备提取和使用	13	—	—	—	—	—	—	—	—	—
1. 提取专项储备	14	—	—	—	—	—	—	—	—	—
2. 使用专项储备	15	—	—	—	—	—	—	—	—	—
（五）利润分配	16	—	—	—	—	6 421.69	6 539.39	-12 961.07	—	—
1. 提取盈余公积	17	—	—	—	—	6 421.69	—	-6 421.69	—	—
其中：法定公积金	18	—	—	—	—	6 421.69	—	-6 421.69	—	—
任意公积金	19	—	—	—	—	—	—	—	—	—
#储备基金	20	—	—	—	—	—	—	—	—	—
#企业发展基金	21	—	—	—	—	—	—	—	—	—
#利润归还投资	22	—	—	—	—	—	—	—	—	—
2. 提取一般风险准备	23	—	—	—	—	—	6 539.39	-6 539.39	—	—
3. 对所有者（或股东）的分配	24	—	—	—	—	—	—	—	—	—
4. 其他	25	—	—	—	—	—	—	—	—	—
（六）所有者权益内部结转	26	—	—	—	—	—	—	—	—	—
1. 资本公积转增资本（或股本）	27	—	—	—	—	—	—	—	—	—
2. 盈余公积转增资本（或股本）	28	—	—	—	—	—	—	—	—	—
3. 盈余公积弥补亏损	29	—	—	—	—	—	—	—	—	—
4. 其他	30	—	—	—	—	—	—	—	—	—
四、本年年末余额	31	120 000.00	10 467.87	—	—	19 293.77	16 989.94	139 768.30	—	306 519.88

法定代表人：马宝军　　　　主管会计工作负责人：王克槿　　　　会计机构负责人：刘芳

所有者权益变动表（续）

编制单位：百瑞信托有限责任公司　　　　2013 年度　　　　单位：万元

项目	行次	上年金额								
		实收资本（或股本）	资本公积	减：库存股	专项储备	盈余公积	Δ一般风险准备	未分配利润	其他	所有者权益合计
一、上年年末余额	1	120 000.00	2 739.33	—	—	8 194.78	6 390.70	62 576.69	—	199 901.50
加：会计政策变更	2	—	—	—	—	—	—	—	—	—
前期差错更正	3	—	—	—	—	—	—	—	—	—
二、本年年初余额	4	120 000.00	2 739.33	—	—	8 194.78	6 390.70	62 576.69	—	199 901.50
三、本年增减变动金额（减少以“—”号填列）	5	—	3 600.05	—	—	4 677.30	4 059.85	25 935.81	—	38 273.01
（一）净利润	6	—	—	—	—	—	—	46 772.96	—	46 772.96
（二）其他综合收益	7	—	3 580.05	—	—	—	—	—	—	3 580.05
综合收益小计	8	—	3 580.05	—	—	—	—	46 772.96	—	50 353.01
（三）所有者投入和减少资本	9	—	—	—	—	—	—	—	—	—
1. 所有者投入资本	10	—	—	—	—	—	—	—	—	—
2. 股份支付计入所有者权益的金额	11	—	—	—	—	—	—	—	—	—
3. 其他	12	—	—	—	—	—	—	—	—	—
（四）专项储备提取和使用	13	—	—	—	—	—	—	—	—	—
1. 提取专项储备	14	—	—	—	—	—	—	—	—	—
2. 使用专项储备	15	—	—	—	—	—	—	—	—	—

续表

项　　目	行次	上年金额								
		实收资本（或股本）	资本公积	减：库存股	专项储备	盈余公积	Δ一般风险准备	未分配利润	其他	所有者权益合计
（五）利润分配	16	—	—	—	—	4 677.30	4 059.85	-20 837.14	—	-12 100.00
1. 提取盈余公积	17	—	—	—	—	4 677.30	—	-4 677.30	—	—
其中：法定公积金	18	—	—	—	—	4 677.30	—	-4 677.30	—	—
任意公积金	19	—	—	—	—	—	—	—	—	—
#储备基金	20	—	—	—	—	—	—	—	—	—
#企业发展基金	21	—	—	—	—	—	—	—	—	—
#利润归还投资	22	—	—	—	—	—	—	—	—	—
2. 提取一般风险准备	23	—	—	—	—	—	4 059.85	-4 059.85	—	—
3. 对所有者（或股东）的分配	24	—	—	—	—	—	—	-12 100.00	—	-12 100.00
4. 其他	25	—	—	—	—	—	—	—	—	—
（六）所有者权益内部结转	26	—	20.00	—	—	—	—	—	—	20.00
1. 资本公积转增资本（或股本）	27	—	—	—	—	—	—	—	—	—
2. 盈余公积转增资本（或股本）	28	—	—	—	—	—	—	—	—	—
3. 盈余公积弥补亏损	29	—	—	—	—	—	—	—	—	—
4. 其他	30	—	20.00	—	—	—	—	—	—	20.00
四、本年年末余额	31	120 000.00	6 339.39	—	—	12 872.08	10 450.55	88 512.50	—	238 174.52

法定代表人：马宝军　　　　主管会计工作负责人：王克槿　　　　会计机构负责人：刘芳

5.2 信托资产

5.2.1 信托项目资产负债汇总表

信托项目资产负债表

编制单位：百瑞信托有限责任公司　　　　2013年12月31日　　　　单位：万元

信托资产	期末余额	期初余额	信托负债和信托权益	期末余额	期初余额
信托资产	—	—	信托负债	—	—
货币资金	112 304.00	60 118.08	交易性金融负债	—	—
拆出资金	—	—	衍生金融负债	—	—
存出保证金	—	—	应付受托人报酬	2 725.71	571.52
交易性金融资产	6 816.50	0.00	应付托管费	—	—
衍生金融资产	—	—	应付受益人收益	3 475.72	1 386.45
买入返售金融资产	921 539.00	538 170.70	应交税费	—	—
应收款项	41 094.66	46 858.51	应付销售服务费	—	—
发放贷款	5 568 216.78	4 331 259.78	其他应付款项	199 506.45	69 026.50
可供出售金融资产	522 702.77	23 430.00	预计负债	—	—
持有至到期投资	30 000.00	30 000.00	其他负债	—	—
长期应收款	—	—	信托负债合计	205 707.88	70 984.47
长期股权投资	2 915 505.45	1 681 929.80	—	—	—
其他长期投资	14 500.00	7 900.00	—	—	—
投资性房地产	—	—	信托权益	—	—
固定资产	—	—	实收信托	11 230 338.04	7 204 429.85
无形资产	—	—	资本公积	0.00	0.00
长期待摊费用	13 221.14	11 803.65	损益平准金	—	—
其他资产	1 278 769.53	584 107.25	未分配利润	-11 376.09	40 163.44
减：各项资产减值准备	—	—	信托权益合计	11 218 961.95	7 244 593.29
信托资产总计	11 424 669.83	7 315 577.77	信托负债和信托权益总计	11 424 669.83	7 315 577.76

法定代表人：马宝军　　　　主管会计工作负责人：王克槿　　　　会计机构负责人：刘芳

5.2.2 信托项目利润及利润分配汇总表

信托项目利润及利润分配表

编制单位：百瑞信托有限责任公司 2013 年度 单位：万元

项 目	本年数	上年数
1. 营业收入	747 297.81	424 116.32
1.1 利息收入	469 424.10	273 983.88
1.2 投资收益（损失以“－”号填列）	111 402.67	68 932.02
1.2.1 其中：对联营企业和合营企业的投资收益	—	—
1.3 公允价值变动收益（损失以“－”号填列）	－43.01	505.09
1.4 租赁收入	—	—
1.5 汇兑损益（损失以“－”号填列）	－1	—
1.6 其他收入	166 514.05	80 695.33
2. 支出	104 467.75	64 998.99
2.1 营业税金及附加	3.53	—
2.2 受托人报酬	74 827.58	42 430.26
2.3 保管费	3 566.15	3 720.93
2.4 投资管理费	450.00	—
2.5 销售服务费	3 983.57	7 079.98
2.6 交易费用	14.20	43.82
2.7 资产减值损失	—	—
2.8 其他费用	21 622.72	11 724.00
3. 信托净利润（净亏损以“－”号填列）	642 830.06	359 117.33
4. 其他综合收益	—	—
5. 综合收益	642 830.06	359 117.33
6. 加：期初未分配信托利润	40 163.44	51 139.55
7. 可供分配的信托利润	682 993.50	410 256.88
8. 减：本期已分配信托利润	694 369.59	370 093.44
9. 期末未分配信托利润	－11 376.09	40 163.44

法定代表人：马宝军 主管会计工作负责人：王克槿 会计机构负责人：刘芳

6. 会计报表附注

6.1 报告年度会计报表编制基准、会计政策、会计估计和核算方法发生的变化

6.1.1 会计报表编制基准不符合会计核算基本前提的说明

报告期内无上述事项。

6.1.2 重要会计政策和会计估计说明

6.1.2.1 计提资产减值准备的范围和方法

6.1.2.1.1 计提资产减值准备的原则

公司根据谨慎性原则，预计各项资产可能发生的损失，对可能发生的各项损失计提一般准备和资产减值准备。

6.1.2.1.2 计提范围和方法

按照《金融企业准备金计提管理办法》（财金［2012］20号）。对承担风险和损失的资产提取准备金，具体包括贷款（含抵押、质押、担保等）、股权和债权投资、存放同业款项、应收账款、其他应收款、应收利息、应收股利等债权和股权。同时，按照中国银监会《非银行金融机构资产风险分类指导原则（试行）》的规定，对各项资产进行风险分类。

准备金，又称拨备，是指金融企业对承担风险和损失的金融资产计提的准备金，包括资产减值准备和一般准备。一般准备是指金融企业运用动态拨备原理，采用内部模型法或标准法计算风险资产的潜在风险估计值后，扣减已计提的资产减值准备，从净利润中计提的、用于部分弥补尚未识别的可能性损失的准备金。标准风险系数暂定为：正常类 1.5%，关注类 3%，次级类 30%，可疑类 60%，损失类 100%。对于其他风险资产，可参照信贷资产进行风险分类，采用的标准风险系数不得低于上述信贷资产标准风险系数。

资产减值准备按照资产风险分类结果比例提取，其中关注类 3%，次级类 30%，可疑类 60%，损失类 100%。

6.1.2.2 金融资产四分类的范围和标准

公司按照取得、持有金融资产和承担金融负债的目的，将其划分为：以公允价值计量且其变动计入当期损益的金融资产或金融负债，包括交易性金融资产或金融负债（和直接指定为以公允价值计量且其变动计入当期损益的金融资产或金融负债）；持有至到期投资；贷款和应收款项；可供出售金融资产；其他金融负债等。

6.1.2.3 交易性金融资产核算方法

取得时以公允价值（扣除已宣告但尚未发放的现金股利或已到付息期但尚未领取的债券利息）作为初始确认金额，相关的交易费用计入当期损益。

持有期间将取得的利息或现金股利确认为投资收益，期末将公允价值变动计入当期损益。

处置时，其公允价值与初始入账金额之间的差额确认为投资收益，同时调整公允价值变动损益。

6.1.2.4 可供出售金融资产核算方法

取得时按公允价值（扣除已宣告但尚未发放的现金股利或已到付息期但尚未领取的债券利息）和相关交易费用之和作为初始确认金额。

持有期间将取得的利息或现金股利确认为投资收益。期末以公允价值计量且将公允价值变动计入资本公积（其他资本公积）。

处置时，将取得的价款与该金融资产账面价值之间的差额计入投资收益；同时，将原直接计入所有者权益的公允价值变动累计额对应处置部分的金额转出，计入投资收益。

6.1.2.5 持有至到期投资核算方法

取得时按公允价值（扣除已到付息期但尚未领取的债券利息）和相关交易费用之和作为初始确认金额。

持有期间按照摊余成本和实际利率（实际利率与票面利率差别较小的，按票面利率）计算确认利息收入，计入投资收益。实际利率在取得时确定，在该预期存续期间或适用的更短期间内保持不变。

处置时，将所取得价款与该投资账面价值之间的差额计入投资收益。

6.1.2.6 长期股权投资核算方法

公司对被投资单位不具有共同控制或重大影响，并且在活跃市场中没有报价、公允价值不能可靠计量的长期股权投资，采用成本法核算；对被投资单位具有共同控制或重大影响的长期股权投资，采用权益法核算。

成本法下的长期股权投资按初始投资成本计价；追加或收回投资时调整长期股权投资的成本；公司确认投资收益，仅限于被投资单位接受投资后产生的累积净利润的分配额，所获得的利润或现金股利超过上述数额的部分作为初始投资成本的收回。

权益法下在公司确认应分担被投资单位发生的亏损时，按照以下顺序进行处理：首先，冲减长期股权投资的账面价值；其次，长期股权投资的账面价值不足以冲减的，以其他实质上构成对被投资单位净投资的长期权益账面价值为限继续确认投资损失，冲减长期应收项目等的账面价值；最后，经过上述处理，按照投资合同或协议约定公司仍承担额外义务的，按预计承担的义务确认预计负债，计入当期投资损失。

6.1.2.7　投资性房地产核算方法

投资性房地产是指为赚取租金或资本增值，或两者兼有而持有的房地产。投资性房地产应当能够单独计量和出售，包括已出租的土地使用权、持有并准备增值后转让的土地使用权和已出租的建筑物。

对于外购投资性房地产按照取得时的成本进行初始计量，成本包括购买价款、相关税费和可直接归属于该资产的其他支出。公司采用成本模式对投资性房地产进行后续计量。

6.1.2.8　固定资产计价和折旧方法

6.1.2.8.1　固定资产确认条件

固定资产指为生产商品、提供劳务、出租或经营管理而持有，并且使用年限超过一年的有形资产。

固定资产在同时满足下列条件时予以确认：与该固定资产有关的经济利益很可能流入企业，该固定资产的成本能够可靠地计量。

6.1.2.8.2　固定资产的分类

固定资产分为房屋及建筑物、专用设备、运输设备、电子设备、其他设备等。

6.1.2.8.3　固定资产的初始计量

固定资产取得时按照实际成本进行初始计量。

外购固定资产的成本，以购买价款，相关税费，使固定资产达到预定可使用状态前所发生的可归属于该项资产的运输费、装卸费、安装费和专业人员服务费等确定。

债务重组取得债务人用于抵债的固定资产，以该固定资产的公允价值为基础确定其入账价值，并将重组债务的账面价值与该用于抵债的固定资产公允价值之间的差额计入当期损益。

6.1.2.8.4　固定资产折旧计提方法

固定资产折旧采用年限平均法分类计提，根据固定资产类别、预计使用寿命和预计净残值率确定折旧率。

各类固定资产预计使用寿命和年折旧率如下：

类　别	年限（年）	年折旧率（%）
房屋建筑物	20～35	2.71～4.75
动力设备	11	8.64
通讯设备	5	19.00
电子设备	3～5	19.00～31.67
电器设备	5	19.00
安全保卫设备	5	19.00
办公及文字处理设备	5	19.00
运输设备	4～5	19.00～23.75

6.1.2.8.5　固定资产后续支出的处理

固定资产的后续支出主要包括修理支出、更新改良支出及装修支出等内容，其会计处理方法为：

固定资产日常修理和大修费用发生时直接计入当期费用；

固定资产装修费用，当其包含的经济利益很可能流入公司且成本能够可靠计量时，在“固定资产”内单设明细科目核算，符合资本化条件的，计入固定资产成本；不符合资本化条件的，计入当期损益。

6.1.2.8.6　固定资产减值准备的确认标准和计提方法

公司于期末按照《企业会计准则第8号——资产减值》的规定，对固定资产进行检查，如发现存在减值迹象，则计算固定资产的可收回金额，以确定资产是否已经发生减值。对于可收回金额低于其账面价值的固定资产，按该资产可收回金额低于其账面价值的差额计提减值准备。计提时按单项资产计提，难以对单项资产的可收回金额进行估计的，按该资产所属的资产组为基础计提。

6.1.2.9　无形资产计价及摊销政策

6.1.2.9.1　无形资产计价

外购无形资产的成本，包括购买价款、相关税费以及直接归属于使该项资产达到预定用途所发生的其他支出。

债务重组取得债务人用于抵债的无形资产，以该无形资产的公允价值为基础确定其入账价值，并将重组债务的账面价值与该用于抵债的无形资产公允价值之间的差额计入当期损益；在非货币性资产交换具备商业实质和换入资产或换出资产的公允价值能够可靠计量的前提下，非货币性资产交换换入的无形资产以换出资产的公允价值为基础确定其入账价值，除非有确凿证据表明换入资产的公允价值更加可靠；不满足上述前提的非货币性资产交换，以换出资产的账面价值和应支付的相关税费作为换入无形资产的成本，不确认损益。

6.1.2.9.2　无形资产使用寿命及摊销

（1）使用寿命有限的无形资产的使用寿命估计情况。对于使用寿命有限的无形资产，在能够为公司带来经济利益的期限内按直线法摊销；无法预见无形资产为公司带来经济利益期限的，视为使用寿命不确定的无形资产，不予摊销，每期末对该项资产进行减值测试，按估计可收回金额低于其账面价值的差额，计提无形资产减值准备。

（2）使用寿命不确定的无形资产的判断依据。按照上述方法仍无法合理确定无形资产为公司带来经济利益期限的，该项无形资产作为寿命不确定的无形资产。期末，对使用寿命不确定的无形资产的使用寿命进行复核。

（3）无形资产的摊销。对于使用寿命有限的无形资产，在为公司带来经济利益的期限内按直线法摊销；无法预见无形资产为公司带来经济利益期限的，视为使用寿命不确定的无形资产，不予摊销，每期末对该项资产进行减值测试，按估计可收回金额低于其账面价值的差额，计提无形资产减值准备。

期末，对使用寿命有限的无形资产的使用寿命及摊销方法进行复核。无形资产的使用寿命及摊销方法与以前估计不同的，应当改变摊销期限和摊销方法。

6.1.2.10　长期应收款的核算方法

长期应收款的核算内容包括融资租赁产生的应收款项和采用递延方式、具有融资性质的提供劳务等产生的应收款项。

出租人融资产生的应收租赁款初始价值按租赁开始日最低租赁收款额与初始直接费用之和进行入账。

采用递延方式分期收款提供劳务产生的长期应收款，在满足收入确认条件时，初始价值按应收的合同或协议价款入账。

6.1.2.11　长期待摊费用的摊销政策

长期待摊费用核算是指本期已经支出，但摊销期限在1年以上（不含1年）的各项费用。费用项目的受益期限内分期平均摊销。如果长期待摊的费用项目不能使公司在以后会计期间受益，则将尚未摊销的该项目的摊余价值全部转入当期损益。

6.1.2.12　合并会计报表的编制方法

公司对合并财务报表按照《企业会计准则第33号——合并财务报表》执行。

合并财务报表以母公司和纳入合并范围的子公司的个别财务报表为基础，以其他有关资料为依据，按照权益法调整对子公司的长期股权投资后，由母公司编制。合并时对内部权益性投资与子公司所有者权益、内部投资收益与子公司利润分配、内部交易事项、内部债权债务进行抵消。

合并成本大于合并中取得的被购买方可辨认净资产公允价值份额的差额，确认为商誉。合并成本小于合并中取得的被购买方可辨认净资产公允价值份额的，其差额计入当期损益。

子公司所采用的会计政策与母公司保持一致。对于子公司所采用的会计政策与母公司不一致的，在编制合并财务报表时，应按母公司会计政策进行必要的调整。

6.1.2.13　收入确认原则和方法

收入确认原则：收入的金额能够可靠地计量；与交易相关的利益很可能能够流入公司；相关的已发生或将发生的成本能够可靠地计量；按有关合同、协议规定的收费时间和方法，劳务已经提供或者有关合同已经履行。

公司主要收入包括利息收入、金融企业往来收入、手续费收入、其他营业收入等。

6.1.2.13.1　利息收入

利息收入是指公司发放自营贷款，按期计提利息所确认的收入。发放贷款到期（含展期，下同）90天后尚未收回的，其应计利息停止计入当期利息收入，纳入表外核算；已计提的贷款应收利息，在贷款到期90天后仍未收回的，或在应收利息逾期90天后仍未收到的，冲减原已计入损益的利息收入，转作表外核算。已核销贷款收回超过原本金部分，以及在表外核算的应收利息如有收回，计入当期利息收入。

6.1.2.13.2　金融企业往来收入

金融企业往来收入是公司存放同业的款项形成的资金存款利息收入。在收到同业支付的资金存款利息时确认收入的实现。

6.1.2.13.3　投资收益

投资收益包括证券投资业务收入和股权投资业务收入。其中，证券投资业务收入是证券出售时，按成交价（扣除实际支付的交易手续费用）与成本价的差额确认收入；股权投资业务收入是在成本法下，按收到股权分红款、收到股权处置款与投资成本的差额确认收入。

6.1.2.13.4　手续费收入

手续费收入是公司进行信托业务取得的信托报酬收入。信托报酬是指公司对信托财产进行管理而收取的管理费或佣金，信托报酬收取的标准一般是与委托人或受益人等有关当事人协商确定的。若信托报酬由信托财产承担，则按照信托合同的约定来计算、提取并确认信托报酬收入；若信托报酬由委托人等有关当事人直接承担，则按协议约定另行向有关当事人收取，并按照信托合同的约定确认信托报酬收入。

6.1.2.13.5　其他收入

以收到款项或取得收取价款的凭证时确认收入。

6.1.2.14　所得税的会计处理方法

公司所得税的会计核算采用资产负债表债务法核算。

公司根据应税暂时性差异计算的未来期间应交的所得税金额确认为递延所得税负债；以很可能取得用来抵扣可抵扣暂时性差异的应纳税所得额为限，确认由可抵扣暂时性差异产生的递延所得税资产。对已确认的递延所得税资产，当预计到未来期间很可能无法获得足够的应纳税所得额用于抵扣递延所得税资产时，应当减记递延所得税资产的账面价值。在很可能获得足够的应纳税所得额时，减记的金额予以转回。

6.1.2.15　信托报酬确认原则和方法

与信托业务相关的利益能够流入公司；收入的金额能够可靠地计量；按照合同、协议约定的收费时间和方法，信托服务已经提供或者有关合同已经履行。

6.2　或有事项说明

报告期内无上述事项。

6.3　重要资产转让及其出售的说明

2011年9月28日郑州市人民政府国有资产监督管理委员会下达的郑国资[2011]212号批复，同意公开处置公司拥有的广东省珠海市吉大区共计17套抵债房产，建筑面积473.16平方米。2012年10月公司再次委托广东鑫光土地房地产与资产评估咨询有限公司对上述房产进行评估，并向郑州市人民政府国有资产监督管理委员会备案；依据批复要求，公司与河南东方拍卖有限公司签订委托拍卖合同，2012年11月23日实施拍卖。上述珠海17套房产共拍得420万元，买受人按约定如数将全部房款划至公司指定账户内，房产过户处置工作于2013年11月全部完成。

6.4　会计报表中重要项目的明细资料

6.4.1　自营资产经营情况

6.4.1.1　信用风险资产的期初数、期末数

信用风险资产五级分类（万元）	正常类（万元）	关注类（万元）	次级类（万元）	可疑类（万元）	损失类（万元）	信用风险资产合计（万元）	不良资产合计（万元）	不良资产率（%）
期初数	269 094.28	4 862.59	10.27	—	3 000.00	276 967.14	3 010.27	1.09
期末数	334 206.55	1 341.73	—	9 990.00	—	345 538.28	9 990.00	2.89

注：不良资产合计＝次级类＋可疑类＋损失类。

6.4.1.2 各项资产减值损失准备的期初、本期计提、本期转回、本期核销、期末数

单位:万元

	期初金额	本期计提金额	本期转回金额	本期核销金额	期末金额
贷款损失准备	3 068.40	-3 000.00	—	—	68.40
一般准备	—	—	—	—	—
专项准备	3 068.40	-3 000.00	—	—	68.40
其他资产减值准备	8.65	—	—	—	8.65
可供出售金融资产减值准备	8.00	5 994.00	—	—	6 002.00
持有至到期投资减值准备	—	—	—	—	—
长期股权投资减值准备	75.71	-31.92	—	—	43.79
坏账准备	40.81	-40.81	—	—	—
投资性房地产减值准备	—	—	—	—	—

6.4.1.3 自营股票投资、基金投资、债券投资、股权投资等投资业务的期初数、期末数

单位:万元

	自营股票	基金	债券	长期股权投资	其他投资	合计
期初数	11 307.21	1 239.15	6 879.54	56 178.39	51 475.91	127 080.20
期末数	8 135.85	2.61	—	57 115.92	122 182.26	187 436.64

6.4.1.4 按投资入股金额排序,前三名的自营长期股权投资的企业名称、占被投资企业权益的比例、主要经营活动及投资收益情况

企业名称	占被投资企业权益的比例(%)	主要经营活动	投资损益(万元)
郑州银行股份有限公司	3.17	吸收公众存款、发放短期、中期和长期贷款、办理国内结算、办理票据贴现、发行金融债券、代理发行、代理兑付、承销政府债券、买卖政府债券、从事同业拆借、代理收付款项业务和经中国银行业监督管理机构批准的其他业务。	—
郑州百瑞创新资本创业投资有限公司	48	创业投资、代理其他创业投资企业等机构或个人的创业投资业务、创业投资咨询业务、为创业企业提供创业管理服务、参与设立创业投资企业与创业投资管理顾问机构。	—
河南汴京农村商业银行股份有限公司	8	吸收公众存款、发放短期、中期和长期贷款,办理国内结算、办理票据承兑与贴现、买卖政府债券和金融债券、从事同业拆借、提供保管箱服务、外汇存款、外汇贷款、外币兑换、结汇、售汇、资信调查、咨询、见证业务、经中国银行业监督管理机构批准的其他业务。	240

注:投资损益是指按照企业会计准则规定,核算股权投资确认损益并计入披露年度利润表的金额。

6.4.1.5 前三名的自营贷款的企业名称、占贷款总额的比例和还款情况

企业名称	占贷款总额的比例(%)	还款情况
郑州第一纺织有限公司	18.32	正常
郑州思念食品有限公司	13.74	正常
洛阳杜康控股有限公司	13.74	正常
河南平原控股集团股份有限公司	13.74	正常

6.4.1.6 表外业务的期初数、期末数

单位:万元

表外业务	期初数	期末数
担保业务	—	—
代理业务(委托业务)	—	—
其他	—	—
合计	—	—

注:代理业务主要反映因客观原因应规范而尚未完成规范的历史遗留委托业务,包括委托贷款和委托投资。

6.4.1.7 公司当年的收入结构

收入结构	金额(万元)	占比(%)
手续费及佣金收入	92 686.69	79.18
其中:信托手续费收入	89 717.51	76.64
投资银行业务收入	—	—
利息收入	18 401.31	15.72
其他业务收入	0.47	—
其中:计入信托业务收入部分	—	—
投资收益	5 365.46	4.58
其中:股权投资收益	3 125.80	2.67
公允价值变动收益	86.08	0.07
其他投资收益	2 153.58	1.84
营业外收入	603.74	0.52
收入合计	117 057.67	100.00

注:1. 手续费及佣金收入、利息收入、其他业务收入、投资收益、营业外收入均应为损益表中的一级科目,其中手续费及佣金收入、营业外收入为未抵减掉相应支出的全年累计实现收入数。

2. 其他业务收入中包含租赁业务收入等收入。

3. 其他投资收益包括证券投资收益 -1 308.65 万元和其他投资收益 3 462.23 万元。

6.4.2 信托资产管理情况

6.4.2.1 信托资产的期初数、期末数

单位:万元

信托资产	期初数	期末数
集合	2 499 518.13	3 668 448.22
单一	4 727 578.27	7 375 321.21
财产权	88 481.37	380 900.40
合计	7 315 577.77	11 424 669.83

6.4.2.1.1 主动管理型信托业务的信托资产期初数、期末数,分证券投资类、股权投资类、融资类、事务管理类分别披露

单位:万元

主动管理型信托资产	期初数	期末数
证券投资类	32 472.95	30 862.22
股权投资类	724 850.05	1 084 838.02
融资类	3 136 796.09	3 445 942.06
事务管理类	25 481.31	29 710.54
其他投资	100 479.26	518 463.91
合计	4 020 079.66	5 109 816.75

6.4.2.1.2 被动管理型信托业务的信托资产期初数、期末数，分证券投资类、股权投资类、融资类、事务管理类分别披露

单位：万元

被动管理型信托资产	期初数	期末数
证券投资类	—	—
股权投资类	360 000.00	1 140 388.54
融资类	2 063 200.18	3 113 942.26
事务管理类	362 748.71	1 998 163.41
其他投资	509 549.22	62 358.87
合计	3 295 498.11	6 314 853.08

6.4.2.2 本年度已清算结束的信托项目个数、实收信托合计金额、加权平均实际年化收益率

6.4.2.2.1 本年度已清算结束的集合类、单一类资金信托项目和财产管理类信托项目个数、实收信托金额、加权平均实际年化收益率

已清算结束信托项目	项目个数	实收信托合计金额（万元）	加权平均实际年化收益率（%）
集合类	38	784 550.00	9.21
单一类	39	2 144 661.83	6.41
财产管理类	—	—	—

注：收益率是指信托项目清算后，给受益人赚取的实际收益水平。加权平均实际年化收益率＝（信托项目1的实际年化收益率×信托项目1的实收信托＋信托项目2的实际年化收益率×信托项目2的实收信托＋…＋信托项目n的实际年化收益率×信托项目n的实收信托）/（信托项目1的实收信托＋信托项目2的实收信托＋…＋信托项目n的实收信托）×100%。

6.4.2.2.2 本年度已清算结束的主动管理型信托项目个数、实收信托合计金额、加权平均实际年化收益率，分证券投资类、股权投资类、融资类、事务管理类分别披露

已清算结束信托项目	项目个数	实收信托合计金额（万元）	加权平均实际年化信托报酬率（%）	加权平均实际年化收益率（%）
证券投资类	—	—	—	—
股权投资类	2	34 384.00	0.59	6.84
融资类	48	1 038 686.00	1.69	8.90
事务管理类	—	—	—	—
其他投资	6	65 530.00	0.23	7.84

注：加权平均实际年化信托报酬率＝（信托项目1的实际年化信托报酬率×信托项目1的实收信托＋信托项目2的实际年化信托报酬率×信托项目2的实收信托＋…＋信托项目n的实际年化信托报酬率×信托项目n的实收信托）/（信托项目1的实收信托＋信托项目2的实收信托＋…＋信托项目n的实收信托）×100%。

6.4.2.2.3 本年度已清算结束的被动管理型信托项目个数、实收信托合计金额、加权平均实际年化收益率，分证券投资类、股权投资类、融资类、事务管理类分别披露

已清算结束信托项目	项目个数	实收信托合计金额（万元）	加权平均实际年化信托报酬率（%）	加权平均实际年化收益率（%）
证券投资类	—	—	—	—
股权投资类	1	2 000.00	1.80	0.003
融资类	17	1 688 611.83	0.23	5.87
事务管理类	3	100 000.00	0.81	10.54

6.4.2.3 本年度新增的集合类、单一类和财产管理类信托项目个数、实收信托合计金额

新增信托项目	项目个数	实收信托合计金额（万元）
集合类	91	1 999 271.37
单一类	87	5 277 096.55
财产管理类	1	300 000.00
新增合计	179	7 576 367.92
其中：主动管理型	100	2 281 958.37
被动管理型	79	5 294 409.55

注：本年新增信托项目指在本报告年度内累计新增的信托项目个数和金额，包含本年度新增并于本年度内结束的项目和本年度新增至报告期末仍在持续管理的信托项目。

6.4.2.4 信托业务创新成果和特色业务有关情况

公司信托业务的快速发展促进了业务创新，在金融创新与产品开发中形成了“在业务中创新，以创新推动业务”模式。2013年，公司信托产品的基金化进一步提高，房地产基金、基础设施建设基金等信托产品相继开展，业务领域向产业基金、农业产业扩展。此外，公司与北京市长江科技扶贫基金会合作，接受委托人（救助中心、基金会、企业/高净值个人等合格投资者）委托设立集合资金信托计划，通过对信托资金的投资运作，使信托财产实现保值增值，并将收益投向脑瘫儿童救助事业，搭建起一个长期、持久、透明的公益救助平台。

在行业研究方面，公司博士后科研工作站先后编辑出版了2009年、2010年、2011年、2012年和2013年五本《信托研究与年报分析》，2012年、2013年连续两年参与撰写巴曙松先生等主编的《2012年中国资产管理行业发展报告》和《2013年中国资产管理行业发展报告》，参与中国银监会“影子银行监管”课题研究。

6.4.2.5 本公司履行受托人义务情况及因本公司自身责任而导致的信托资产损失情况

6.4.2.5.1 本公司履行受托人义务情况

公司作为受托人，严格按照《信托法》等法律法规以及监管部门的要求，履行以下义务：

公司管理信托财产时恪尽职守，本着诚实、信用、谨慎、有效管理的原则为受益人的最大利益处理信托事务；公司妥善保管处理信托事务的完整记录、原始凭证及有关资料，并且按照信托合同的约定将信托财产的管理运用、处分及收支情况，报告委托人和受益人；公司对委托人、受益人以及处理信托事务的情况和资料依法保密；公司以信托财产为限向受益人支付信托利益；法律法规及信托合同规定的其他义务。

6.4.2.5.2 因本公司自身责任而导致的信托资产损失情况

报告期内无上述事项。

6.5 关联方关系及其交易的披露

6.5.1 关联交易方的数量、关联交易的总金额及关联交易的定价政策等

	关联交易方数量	关联交易金额（万元）	定价政策
合计	96	899 942.96	市场价

注：本年度发生的关联交易，其中5笔为信托计划与关联方之间的交易，金额为442 559.00万元；76笔为公司信托项目之间的交易，金额为351 573.96万元；15笔为公司固有业务与信托财产之间的交易，金额为105 810.00万元。

6.5.2　关联交易方与本公司的关系性质，关联交易方的名称、法定代表人、注册地址、注册资本及主营业务等

关系性质	关联方名称	法定代表人	注册地址	注册资本（万元）	主营业务
股东关联企业	贵州元龙房地产开发有限公司	陈端	贵州省贵阳市金阳新区金阳北路2号1~24栋金元国际新城一期	30 000	房地产开发、装饰工程、绿化工程、物业管理、批零兼营、建材。
股东关联企业	眉山启明星铝业有限公司	张志军	四川省眉山市东坡区修文镇	23 400	生产销售电解铝锭、合金铝锭及阳极，高新技术产品的开发与应用，经营电解铝及外延产品，经营进出口业务。（以上范围不含前置许可项目，涉及后置许可的凭许可证经营）
股东关联企业	中电投东北电力有限公司	程志光	辽宁省沈阳市浑南产业区世纪路49号	659 900.5817	从事电力的开发、投资、建设、经营和管理，组织电力、热力的生产和销售；从事电力工程建设监理、招投标、电能设备的运行维护检修，物资经销，科技开发，粉煤灰开发与利用，物业管理及中介服务；从事国内投资业务。
信托公司以托管或信托等其他方式控制的企业	北京富诚宝鼎投资基金管理有限公司	刘英辉	北京市西城区西直门外大街18号金贸大厦3单元16层1609	3 000	从事非证券业务的投资管理、咨询。不得从事下列业务：(1)发放贷款；(2)公开交易证券类投资或金融衍生品交易；(3)以公开方式募集资金；4. 对除被投资企业外的企业提供担保。
信托公司以托管或信托等其他方式控制的企业	兰州新区城市投资发展基金合伙企业	执行事务合伙人：北京富诚宝鼎投资基金管理有限公司	甘肃省兰州市兰州新区商业服务中心4号楼	—	项目投资、股权投资、股权投资管理、投资管理及咨询、企业管理及咨询。

6.5.3　**本公司与关联方的重大交易事项**

6.5.3.1　固有与关联方交易情况

报告期内无上述事项。

6.5.3.2　信托与关联方交易情况

单位：万元

信托与关联方关联交易				
	期初数	借方发生额	贷方发生额	期末数
贷款	75 000.00	0.00	20 000.00	55 000.00
投资	300 000.00	53 000.00	0.00	353 000.00
租赁	0.00	0.00	0.00	0.00
担保	0.00	0.00	0.00	0.00
应收账款	30 000.00	0.00	30 000.00	0.00
其他	19 052.00	15 507.00	0.00	34 559.00
合计	424 052.00	68 507.00	50 000.00	442 559.00

注：信托计划与关联方之间的交易共计5笔，金额为442 559.00万元。

6.5.3.3　信托公司固有资金运用于自己管理的信托项目（固信交易），信托公司管理的信托项目之间的相互（信信交易）交易金额

6.5.3.3.1　固有财产与信托财产之间的交易

单位：万元

固有财产与信托财产相互交易			
	期初数	本期发生额	期末数
合计	46 200.00	59 610.00	105 810.00

注：以固有资金投资公司自己管理的信托项目收益权，或购买自己管理的信托项目的信托资产均应纳入统计披露范围。

6.5.3.3.2　信托项目之间的交易

单位：万元

信托财产与信托财产相互交易			
	期初数	本期发生额	期末数
合计	15 160.00	336 413.96	351 573.96

注：以公司受托管理的一个信托项目的资金购买自己管理的另一个信托项目的收益权或信托项下资产均应纳入统计披露范围。

6.5.4　**关联方逾期未偿还本公司资金的详细情况以及本公司为关联方担保发生或即将发生垫款的详细情况**

报告期内无上述事项。

6.6　会计制度的披露

公司固有业务、信托业务均执行财政部2006年2月15日颁布的《企业会计准则——基本准则》（财政部令2006年第33号）及《财政部关于印发〈企业会计准则第1号——存货〉等38项具体准则的通知》（财会［2006］3号）。

7. 财务情况说明书

7.1　利润实现和分配情况

2013年公司实现净利润64 216.88万元。根据《金融企业准备金计提管理办法》（财金［2012］20号］，从净利润中足额提取一般准备金943.97万元；根据公司章程，以净利润的10%足额提取了法定盈余公积金6 421.69万元；根据董事会决议，公司年末提取信托赔偿准备金5 595.42万元；期末未分配利润累计为139 768.3万元。

7.2　主要财务指标

指标名称	指标值
资本利润率（%）	23.58
加权年化信托报酬率（%）	0.91
人均净利润（万元）	396.40

注：1. 资本利润率＝净利润/所有者权益平均余额×100%。

2. 加权年化信托报酬率＝（信托项目1的实际年化信托报酬率×信托项目1的实收信托＋信托项目2的实际年化信托报酬率×信托项目2的实收信托＋…＋信托项目n的实际年化信托报酬率×信托项目n的实收信托）/（信托项目1的实收信托＋信托项目2的实收信托＋…＋信托项目n的实收信托）×100%。

3. 人均净利润＝净利润/年平均人数。

4. 平均值采取年初、年末余额简单平均法，公式为：a（平均）＝（年初数＋年末数）/2。

7.3 对本公司财务状况、经营成果有重大影响的其他事项

报告期内无上述事项。

8. 净资本、风险资本以及风险控制指标

8.1 净资本

截至2013年12月31日,公司净资产为30.65亿元,净资本为24.73亿元。

8.2 风险资本

截至2013年12月31日,公司各项业务风险资本之和为16.54亿元,其中固有业务风险资本为4.55亿元,信托业务风险资本为11.99亿元。

8.3 风险控制指标

根据《信托公司净资本管理办法》(中国银监会令2010年第5号)的有关规定,信托公司需达到以下风险控制指标要求:

(1)信托公司净资本不得低于人民币2亿元;

(2)信托公司净资本不得低于各项风险资本之和的100%;

(3)信托公司净资本不得低于净资产的40%。

截至2013年12月31日,公司净资本为24.73亿元,净资本比各项业务风险资本之和为149.5%,净资本比净资产为80.7%,符合以上风险控制指标要求。

9. 特别事项揭示

9.1 前五名股东报告期内变动情况及原因

报告期内无上述事项。

9.2 董事、监事及高级管理人员变动情况及原因

2013年11月公司2013年度第三次股东会审议通过第四届董事会董事左足清辞职、提名熊丽生为第四届董事会董事的议案。2014年2月28日河南银监局向公司下发了《河南银监局关于核准熊丽生百瑞信托有限责任公司董事任职资格的批复》(豫银监复[2014]48号),核准熊丽生的任职资格。

9.3 公司的重大未决诉讼事项

9.3.1 公司诉大连实德集团有限公司(以下简称大连实德)借款合同纠纷案

公司于2012年10月向大连市中级人民法院提起诉讼,要求大连实德偿还借款本金19 090万元及利息、借款本金22 650万元及利息。大连市中级人民法院已立案,本案暂未审理。

9.3.2 公司诉天津九策实业集团有限公司(以下简称天津九策)借款合同纠纷案

公司于2013年8月向河南省高级人民法院提起诉讼,要求天津九策偿还借款本金40 000万元及利息。因天津九策未按照河南省高级人民法院于2013年11月出具的调解书履行还款义务,公司已申请强制执行,目前法院正在执行。

9.3.3 公司诉河南来美鑫进出口贸易有限公司(以下简称河南来美鑫)借款合同纠纷案

公司于2013年11月向郑州市中级人民法院提起诉讼,要求河南来美鑫偿还借款本金7 000万元及利息。因河南来美鑫未按照郑州市中级人民法院于2014年1月出具的调解书履行还款义务,公司已申请强制执行,目前法院正在执行。

9.4 公司及其董事、监事和高级管理人员受到处罚的情况

报告期内无上述事项。

9.5 对银监会及其派出机构所提监管意见的整改情况

公司一贯理解、支持和配合各级监管部门的监管工作,对监管部门的监管意见高度重视,及时按照有关要求进行整改,得到了监管部门的肯定。

2013年,公司针对监管部门提出的监管意见和建议,及时逐项制定整改措施,并通过加强领导、责任到人等手段,认真落实到位。整改意见及整改落实情况如下:

(1)进一步明确各治理主体的职责,完善公司治理结构和机制。2013年3月末公司对公司章程与《股东会议事规则》、《董事会议事规则》、《监事会议事规则》进行了修订。同时,根据公司章程与《董事会议事规则》,公司董事会下设董事长办公会及8个专门委员会(战略和发展委员会、财务和预算管理委员会、提名和薪酬委员会、合规和风险委员会、审计委员会、信息化治理委员会、信托委员会、关联交易委员会)已于2013年12月末组建设立,并于2014年1月1日正式履行相关职责。另外,在公司章程基础上,公司已完善了《董事、监事产生办法》、《股东会议事规则》、《董事会议事规则》、《监事会议事规则》,制定了《董事长办公会工作细则》和《战略和发展委员会工作细则》、《财务和预算管理委员会工作细则》、《提名和薪酬委员会工作细则》、《合规和风险委员会工作细则》、《审计委员会工作细则》、《信息化治理委员会工作细则》、《信托委员会工作细则》、《关联交易委员会工作细则》,建立健全公司治理制度体系,逐步提高公司治理水平。

(2)加大业务创新力度,促进公司可持续发展。公司的研发中心和博士后科研工作站自成立以来,为公司在激烈的行业竞争和金融创新压力中不断发展壮大提供了良好的人力和智力上的支持。自2008年6月申请设立博士后科研工作站获批以来,博士后科研工作站为公司高端人才的引进提供了良好的平台,目前已经有1名博士后顺利出站并留在公司工作,7名在站博士后正在进行站内研究工作,未来有望充实到管理和业务岗位,进一步加强公司的人才优势。公司的研发中心和博士后科研工作站大大提升了公司业务研发和产品创新能力。在创新业务研究方面,研发中心每月定期在公司内部刊物上分析行业新产品,为公司领导和业务人员提供产品的创新思路,并为公司的产品创新提供理论基础和设计方案。在金融发展与金融创新的大环境下,围绕公司的整体战略发展规划,立足当前和未来业务发展需要开展研究工作,在快速提升公司形象和影响力的同时,也较好地满足了公司业务发展的需要。近年来,

公司非常重视业务创新研究，不断围绕房地产投资信托基金、资产证券化、TOT产品等多项课题展开深度研究。公司建立了以研发中心和博士后科研工作站为平台、渗透经营各个环节的研发与管理工作体系，逐步形成"在业务中研发、以研发推动业务"的金融创新与产品开发模式。

（3）认真开展合规长效机制建设，夯实发展基石。公司结合监管部门要求开展了一系列合规长效机制建设工作，真正确立公司全员主动合规、人人合规和合规创造价值的合规理念，提升全体员工的合规意识，促进公司自身合规与外部监管的有效互动。一是公司强化教育培训，及时传递各项监管信息，加强各部门兼职合规风险岗以及全体员工的合规培训工作，使得合规理念深入人心；二是公司持续落实合规承诺责任工作，明晰董事长、高级管理层和部门负责人及部门员工的合规管理责任；三是公司严格落实合规检查工作，开展季度违规排查和规章制度执行情况检查工作，有效发现、督促、整改公司经营管理中存在的问题；四是发布公司管理规范性工作及考核方案，持续落实公司经营及管理的规范性工作；五是针对违反公司规章制度的有关人员进行违规问责，强化公司合规管理工作的执行力。

（4）密切关注项目风险，确保项目到期按时兑付。公司密切关注房地产、融资平台业务、矿产能源项目及股票质押项目风险，高度重视到期信托计划的清算工作。为确保信托计划的到期正常清算，公司要求项目管理人员在项目后期管理过程中，通过采取定期现场检查、非现场检测、房地产项目压力测试、定期风险排查等措施，加强对交易对手日常生产经营和项目销售情况、项目回笼情况的检测和分析，重点排查项目还款来源的充足性及可靠性，密切关注抵（质）押等担保措施情况，发现项目风险信号及时反馈，以便公司迅速采取应对措施，确保项目到期按时兑付。集合类信托计划到期前3个月，项目管理人员根据与交易对手的沟通结果及项目的实际情况，撰写集合类信托计划即将终止清算报告报送监管部门；项目清算后10个工作日内，撰写集合类信托计划清算报告报送监管部门。同时，为保证该项工作的有序进行，公司后期管理部门制定了向监管部门报送报告流程，按照流程及时向监管部门报备相关材料。

9.6 本年度重大事项临时报告的简要内容、披露时间、所披露的媒体及其版面

序号	披露内容	披露时间	披露媒体及版面
1	公司2012年度报告摘要	2013年4月26日	《上海证券报》A19版
2	公司章程修改	2013年8月9日	《上海证券报》A11版

9.7 银监会及其省级派出机构认定的其他有必要让客户及相关利益人了解的重要信息

报告期内无上述事项。

10. 公司监事会意见

报告期内，公司监事会成员认真履行职责，恪尽职守，通过查阅相关文件资料、列席董事会等方式，对公司依法运作情况进行监督。在此基础上，监事会发表如下独立意见：

（1）公司依法运作情况。2013年公司董事会按照股东会的决议要求，切实履行了各项决议，决策程序符合《中华人民共和国公司法》、《中华人民共和国信托法》和公司章程及监管部门的有关规定。公司建立了完善的内部控制制度，董事和高级管理人员在履行职责及行使职权时，履行诚信和勤勉尽责的义务，遵守国家法律法规和公司章程，以维护公司股东利益为出发点，认真执行股东会决议。公司目标明确、管理科学、决策民主、运作规范。

（2）检查公司财务情况。公司监事会对本年度财务状况进行了检查，认为公司财务制度健全，内控体系完善，无重大遗漏和虚假记载。天职国际会计师事务所（特殊普通合伙）对公司本年度财务报告进行了审计，出具了标准无保留意见的审计报告（天职业字[2014]1118号）。该审计报告真实、客观地反映了公司2013年度的财务状况和经营成果。

北方国际信托股份有限公司

1. 重要提示

1.1 本公司董事会及董事保证本报告所载资料不存在任何虚假记载、误导性陈述或者重大遗漏，并对其内容的真实性、准确性和完整性承担个别及连带责任。本年度报告摘要摘自年度报告全文，客户及相关利益人欲了解详细内容，应阅读年度报告全文。

1.2 公司董事均出席了董事会并对公司2013年年度报告发表了同意的意见。

1.3 独立董事王爱俭、孔晓艳、苑德军(拟任)、戴金平(拟任)对公司2013年年度报告基于独立判断立场，发表意见如下：公司2013年年度报告属实，内容真实、准确、完整。

1.4 中审华寅五洲会计师事务所出具了标准无保留意见的审计报告。

1.5 公司董事长兼总经理徐立世、主管会计工作负责人王向群、会计部门负责人多艳平声明：保证年度报告中财务会计报告的真实、完整。

2. 公司概况

2.1 公司简介

1	法定名称(及缩写)	北方国际信托股份有限公司(北方信托)
2	英文名称(及缩写)	Northern International Trust Co., Ltd. (NITIC)
3	法定代表人	刘惠文
4	注册地址	天津经济技术开发区第三大街39号
5	邮政编码	300457
6	办公地址	天津市河西区友谊路5号北方金融大厦
7	邮政编码	300201
8	互联网网址	http://www.nitic.cn/
9	负责信息披露高级管理人员	王向群
10	联系人	王辉
11	联系电话	022-28370988
12	传真	022-28370088
13	电子信箱	wanghui@nitic.cn
14	公司信息披露的报纸名称	《金融时报》
15	公司年度报告备置地点	天津市河西区友谊路5号北方金融大厦26层
16	公司聘请的会计师事务所名称及住所	中审华寅五洲会计师事务所 天津市经济技术开发区广场东路20号滨海金融街E7106室

2.2 组织结构

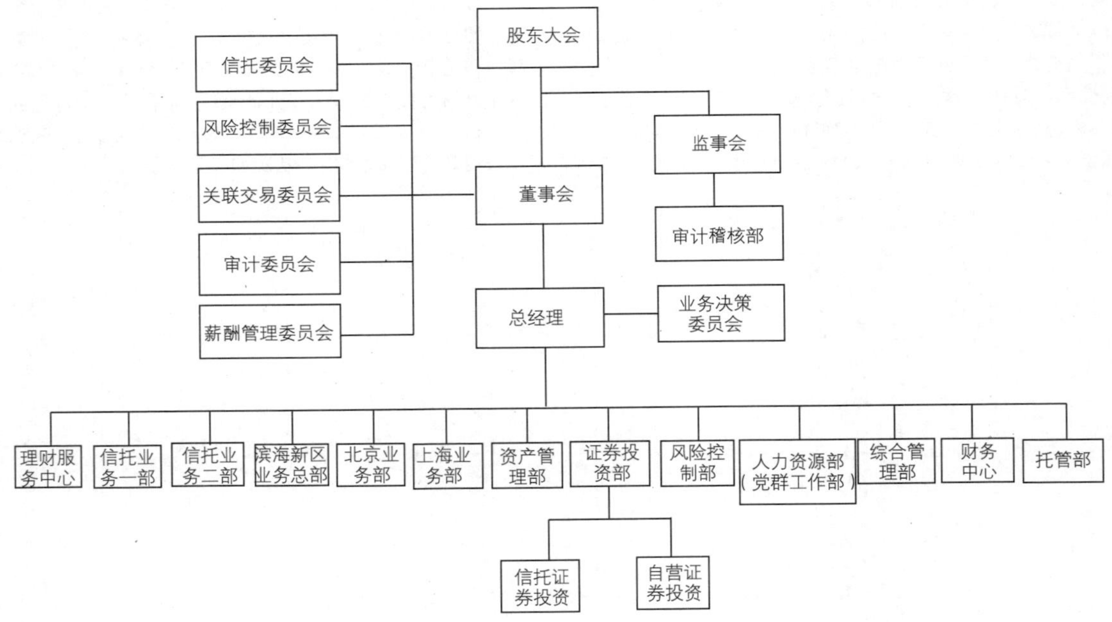

3. 公司治理结构

3.1 股东

报告期末，股东总数 27 家。公司前三位股东情况如下表所示。

股东名称	出资比例(%)	法人代表	注册资本	注册地址	主要经营业务及主要财务情况
天津泰达投资控股有限公司	32.33	张秉军	100 亿元	天津经济技术开发区盛达街 9 号	以自有资金对工业、农业基础设施开发建设、金融、保险、证券业、房地产业等的投资。
津联集团有限公司	11.21		200 万港元	香港干诺道中 168～200 号信德中心招商局大厦 3607－13 室	实业投资、国际贸易、投资咨询服务、各类资产经营服务、国资局授权范围内的国有资产处置等。
天津市财政局	6.23				

3.2 董事

董事长、副董事长、董事

姓 名	职 务	性别	年龄	选任日期	所推举的股东名称	该股东持股比例(%)	简 要 履 历
刘惠文	董事长	男	59	2005 年 12 月 14 日	天津泰达投资控股有限公司	32.33	曾任天津泰达投资控股有限公司党委书记；董事长，天津市泰达国际控股(集团)有限公司党委书记、董事长，天津国际投资有限公司党委书记；2005 年 12 月任我公司党委书记、董事长。
申小林(拟任)	董事	男	47	2013 年 5 月 9 日	天津泰达电力公司	4.31	曾任国家冶金工业部经济发展研究中心经济师、高级经济师，首钢总公司计划财务部副部长、高级会计师，中央企业工作委员会国有重点大型企业监事会专职监事，国务院国资委国有重点大型企业监事会专职监事；现任天津泰达投资控股有限公司副总经理、党委委员，渤海银行股份有限公司董事。
贾晋平(拟任)	董事	男	50	2013 年 5 月 9 日	天津泰达投资控股有限公司	32.33	曾任兰州大学管理学院教师，中国化工进出口总公司甘肃公司业务主办，中粮集团甘肃分公司副科长、科长、总经理助理，天津泰达投资控股有限公司项目评估部副部长、风险控制部副部长；现任天津泰达投资控股有限公司总经理助理兼财务中心主任、风险控制部部长。
朱文芳	董事	女	46	2008 年 11 月 3 日	天津泰达投资控股有限公司	32.33	曾任天津泰达投资控股有限公司证券部副经理、证券部经理，现任天津泰达投资控股有限公司金融事业部经理。
王志勇(拟任)	董事	男	42	2011 年 9 月 26 日	津联集团有限公司	11.21	曾任津联集团有限公司总经理助理、金融市场部总经理，现任津联集团有限公司副总经理、天津发展控股有限公司副总经理、天津发展控股有限公司执行董事。
贾鸿潜(拟任)	董事	男	51	2013 年 5 月 9 日	天津市财政局	6.24	曾任天津财税管理三处一科科员、副科长、科长，天津市财政局征收局三科科长，天津市国有资产经营有限责任公司副总经理，天津市财政投资管理中心副主任；现任天津市国有资产经营有限责任公司董事长、总经理，天津市财政投资管理中心主任。
胡军(拟任)	董事	男	37	2013 年 5 月 9 日	天津泰达股份有限公司	5.43	曾任工商银行天津分行房地产信贷部高级主管，天津泰达投资控股有限公司投资管理部副经理、经理；现任天津泰达集团有限公司副总经理(主持工作)、董事，天津泰达建设集团有限公司董事，天津滨海泰达物流集团股份有限公司董事，天津滨海能源发展股份有限公司董事，天津津滨发展股份有限公司董事。
李静平(拟任)	董事	女	47	2013 年 5 月 9 日	天津泰达自来水公司	4.31	曾任香港兴洋船务有限公司业务主办，天津开发区国际商务投资咨询公司项目经理，天津泰达投资控股有限公司投资部科长，天津经济技术开发区国有资产经营公司及天津经济技术开发区投资有限公司董事长、总经理，天津开发区泰达公共保税仓有限公司董事、副总经理，天津泰达投资控股有限公司财务中心副主任；现任天津泰达投资控股有限公司资产管理部经理。
马贵中	董事	男	58	2006 年 11 月 22 日	天津市医药集团有限公司	4.27	曾任天津市医药集团有限公司副总会计师兼财务部部长，现任天津市医药集团有限公司总会计师、总法律顾问。
王工布	董事	男	59	2010 年 8 月 30 日	天津投资集团公司	4.18	曾任天津投资集团公司副总经理、党委委员，现任天津津融服务集团有限公司董事长。
徐玉高	董事	男	44	2005 年 7 月 8 日	中国海洋石油渤海公司	3.89	曾任中海石油基地集团有限责任公司财务总监，现任中海油能源发展股份有限公司董事、副总经理兼首席财务官。

独立董事

姓　名	所在单位及职务	性别	年龄	选任日期	所推举的股东名称	该股东持股比例（%）	简　要　履　历
王爱俭	天津财经大学副校长	女	59	2008 年 12 月 10 日	天津泰达投资控股有限公司	32.33	天津财经大学副校长、博士生导师。
孔晓艳	天津滨海柜台交易股份有限公司董事长	女	46	2008 年 12 月 10 日	天津泰达投资控股有限公司	32.33	曾任天津市对外经济律师事务所专职律师，香港 Livasari&Co. 律师行中国法律顾问，嘉德律师事务所专职律师、创始合伙人、高级合伙人，嘉德恒时律师事务所专职律师、创始合伙人、高级合伙人，嘉德恒时律师事务所香港简家聪律师行联营律师事务所律师；现任天津滨海柜台交易股份有限公司董事长。
苑德军（拟任）	中国银河证券公司，高级经济学家	男	63	2009 年 12 月 25 日	天津泰达股份有限公司	5.43	曾任天津财经大学学术委员会、学位委员会委员，天津市哲学社会科学“九·五”规划经济学科组成员；现任中国银河证券股份有限公司高级经济学家、博士生导师。

3.3　监事

监事会成员

姓　名	职　务	性别	年龄	选任日期	所推举的股东名称	该股东持股比例（%）	简　要　履　历
田以林	监事长	男	57	2010 年 12 月 27 日	天津泰达投资控股有限公司	32.33	曾任天津市委办公厅正处级机要秘书，北方信托党总支书记、开发区总公司党委委员；现任北方信托党委副书记、纪检书记、工会主席。
徐建新	监事	女	50	2008 年 11 月 3 日	天津泰达投资控股有限公司	32.33	曾任天津泰达投资控股有限公司总法律顾问、公司律师、办公室副主任，现任天津泰达投资控股有限公司总法律顾问、公司律师、董事会秘书（兼）、法务内审部部长。
夏金玲	监事	女	46	2011 年 5 月 13 日	职工代表	—	曾任北方信托计划财务部副经理、托管部经理等，现任北方国际信托股份有限公司审计稽核部副总经理（主持工作）。
张同生	监事	男	63	2008 年 11 月 3 日	天津市宁发集团有限公司	4.75	现任天津市宁发集团有限公司董事长兼总经理。
梅文（拟任）	监事	女	46	2013 年 5 月 9 日	天津市财政局	6.24	曾任天津市财政局财政管理三处科员，天津市财政投资管理中心职员、副部长、部长、办公室主任；现任天津市财政投资管理中心副主任、天津市国有资产经营有限责任公司副总经理。
袁跃华（拟任）	监事	男	40	2013 年 5 月 9 日	天津天药药业股份有限公司	3.37	曾任天津药业集团有限公司财务部副部长、部长，天津金耀氨基酸有限公司总经理助理；现任天津金耀氨基酸有限公司副总经理、天津药业集团有限公司总经理助理。

3.4　高级管理人员

姓　名	职务	性别	年龄	选任日期	金融从业年限	学历	专业
徐立世	总经理	男	57	2006 年 2 月	33	博士	金融
王向群	副总经理	男	56	2008 年 5 月	31	本科	财政
陆妍	副总经理	女	45	2008 年 8 月	17	硕士	工商管理
包立杰	总经理助理	男	43	2010 年 12 月	20	本科	国际金融
王燕滨	总经理助理	男	52	2010 年 12 月	23	硕士	工商管理

3.5　公司员工

项　　目		报告期年度	
		人数	比例（%）
年龄分布	25 岁以下	5	4
	25 ~29 岁	27	22
	30 ~39 岁	32	26
	40 岁以上	58	48

续表

项　　目		报告期年度	
		人数	比例（%）
学历分布	博士	5	4
	硕士	47	39
	本科	62	50
	专科	6	5
	其他	2	2

4. 经营管理

4.1　经营目标、方针、战略规划

以科学发展观为指导，以服务客户、成就员工、回报股东、奉献社会为宗旨，将北方信托办成一个管理科学、运转高效、业绩优良、内外和谐，天津一流、全国领先的现代金融企业。

2014 年，公司总的指导思想是坚守公司使命、愿景和核心价值观，坚持既定的经营思想、管理理念，继续围绕提升核心竞争力这一中心，进一步优化业务布局、组织架构与工作流程，抓好制度建设、队伍建设和企业文化建设，加快转型、升级步伐，加大防范风险力度，苦练内功、夯实基础、稳中求进、创新发展，为跻身于全国一流的信托公司迈出新的步伐。

4.2 所经营业务的主要内容

4.2.1 自营资产运用与分布

自营资产运用与分布表

资产运用	金额（万元）	占比（%）	资产分布	金额（万元）	占比（%）
货币资产	113 074.26	35.17	基础产业	209.00	0.07
贷款及应收款	131 987.73	41.06	房地产业	52 152.94	16.22
交易性金融资产	16 135.99	5.02	证券市场	28 139.35	8.75
可供出售金融资产	816.2	0.25	实业	0.00	0.00
持有至到期投资	0.00	0.00	金融机构	36 702.09	11.42
长期股权投资	38 577.09	12.00	其他	204 263.79	63.54
其他资产	20 875.90	6.49			0.00
资产合计	321 467.17	100.00	资产总计	321 467.17	100.00

4.2.2 信托资产运用与分布

资产运用	金额（万元）	占比（%）	资产分布	金额（万元）	占比（%）
货币资产	3 479 631.00	11.83	基础产业	6 970 786.00	23.69
贷款	12 381 987.00	42.08	房地产	680 981.00	2.31
交易性金融资产	6 273 875.00	21.32	证券	6 487 999.00	22.05
可供出售金融资产	20 281.00	0.07	实业（工商企业）	4 613 372.00	15.68
持有至到期投资	5 513 435.00	18.74	金融机构	1 255 911.00	4.27
长期股权投资	1 420 821.00	4.83	其他	9 414 179.00	32.00
其他	333 198.00	1.13			
资产总计	29 423 228.00	100.00	资产总计	29 423 228.00	100.00

4.3 市场分析

4.3.1 有利因素

宏观层面，中央将继续实施积极的财政政策和稳健的货币政策，中国宏观经济2014年可望继续保持稳定增长。中国仍然存在较大的增长潜力，并有能力应对改制和转型中的一系列矛盾，保持经济增长在一个合理区间运行。

行业层面，中国理财市场的需求潜力巨大，金融理财业仍是朝阳行业；社会经济运行过程中结构型资金短缺的局面不会改变，信托公司只要充分发挥业务的综合性、灵活性和市场化特点，一定能够找到运用资金的客户群；另外，随着经济改革和转型的纵深推进，民营经济和新兴产业的成长，也会为信托业提供新的业务增长点。

公司层面，公司的信托资产规模不断扩大，盈利能力和资本实力不断增强，内部管理和风控能力不断提升，员工队伍不断壮大。公司坐落在天津，天津经济发展对公司影响重大。预计新的一年天津仍可保持高速增长势头，金融体系保持稳定状态，公司仍处于一个较好的地域环境。

4.3.2 不利因素

宏观层面，中国以政府为主导的高投资、高速度、高消耗、高污染的经济运行机制和增长模式已难以为继，转换政府职能、强化市场调节作用、控制产能过剩和"两高一低"行业、加大经济转型力度已势在必行。中国的改革将进入深水区，经济转型到了关键点。深化改革必然触发固有的利益矛盾，推进经济转型必须要忍受阵痛。宏观经济面临的复杂性和不确定性的问题更加突出，总体趋势已处于下行通道，这对中国的金融业，包括信托业，提出了严峻挑战。

行业层面，利率市场化使信托业在资金价格双轨制下的套利空间被压缩；泛资产管理时代的到来，使信托业的牌照优势逐渐消失；信托公司的传统优势业务面临调整（如房地产投资已经过剩，政策调控不会放松，暴利时代已经结束，行业内部出现分化；地方政府负债已经过高，进一步扩张将受到严格管制和风险约束，同时地方政府的融资渠道将会调整，以低成本资金替代信托高成本资金；银信合作的通道类业务，一是受到监管政策打压，二是面临证券、基金以及资管公司的激烈竞争）。

公司层面，一是公司的资本实力相对弱小，进一步发展受到净资本的约束；二是公司业务调整转型的方向、未来的业务模式和核心竞争力尚不清晰，亟待深入研究；三是公司的组织结构、岗位设置、工作流程及办公系统需进一步优化；四是公司的激励约束机制有待进一步完善，文化建设有待进一步深化，员工队伍的综合素质有待进一步提高。

4.4 内部控制概况

公司在保持稳健快速发展的同时，始终将业务的合规性、风险的有效防控作为前提和保证。公司已经建立起一套较完善的内部控制体系，具备明确的内控目标和原则，覆盖公司各项业务、所有部门和人员。公司坚持倡导合规企业文化，注重引导员工树立合规意识和风险意识，并通过完善全员合规管理责任制、监督考核与奖惩制对员工的行为进行规范、监督。

公司已建立了三个层级的内部控制机构，形成了分工合理、职责明确、运行顺畅、制衡有效的风险管理机制。各级机构均严格履行职责，保证对各种业务风险进行事前、事中、事后的有效监管和控制。公司已建立一套涵盖公司经营管理的各个方面及所有业务种类的制度体系。制度中既有原则规范，又包含操作流程、风险点和防范措施，保证可操作性，并根据监管法规政策变化、公司经营管理需要及时进行修订、新订。公司为各项业务的开发、决策、实施、后期管理设定了标准化、规范化的流程，将业务全流程纳入系统管理，并根据需要对系统进行不断升级改造，以保证业务的规范有序开展。

4.5 风险管理概况

公司经营活动中可能遇到的风险包括信用风险、市场风险、操作风险、其他风险等。

信用风险即违约风险，指交易对手不能全部或部分按时履行合约义务而造成财务上损失的风险。公司涉及客户信用风险的业务包括存放同业款项、贷款、担保和应收款项。对于信用风险的管理，注重事前对交易对手、项目的尽职调查，业务方案设定保证担保、资产抵押、权利质押等多种信用增级方式，项目实施过程中加强跟踪检查，项目结束后及时进行稽核和评价。对于固有资产，按要求进行了五级分类管理。对除存放同业款项之外的表内信用类资产计提一般准备和专项准备，一般准备按照信用风险类资产余额的一定比例差额提取，专项准备按照单项资产未来预计损失情况确认准备金额。

市场风险指公司在信托资产及其固有资产合法经营中，因为利率、汇率、股价、股指、商品价格等市场价格的波动而产生的风险。对于市场风险，公司加强对经济及金融形势的分析预测，注重关注市场变动，并提出相应对策及业务调整方案。对于证券市场风险，侧重于把握整体趋势，通过创新产品和业务模式、建立有效的投资组合，设定预警点和止损点，规避股市风险。对于利率风险，在贷款发放过程中，制定合理的固定利率或者浮动利率方案。大力开拓滨海新区建设、市政基础设施建设及非资金推动型业务。对房地产、银信合作、政府融资平台等重点行业、重点类型业务定期进行压力测试，密切关注市场情况，加强风险防范。

操作风险主要指因内控机制不健全、管理失误、操作系统不完善，或其他一些人为的错误而导致损失的可能性。对于操作风险，公司一方面围绕固有和信托资产运营管理、证券投资、会计核算、资金交易、信息系统及文档管理等日常经营和业务开展的各个方面，制定管理规定和操作流程，明确操作权限和内容，严格遵循"决策与操作分离"、"业务操作与风险监控分离"等原则；另一方面，加强对制度执行的检查、评价，推行责任追究机制，同时加强员工培训，提高员工风险意识。通过建立满足业务需要的信息管理系统，将业务全流程纳入系统管理，设定严格的流程与使用权限，赋予风控、审计部门监督权，减少人为的操作风险。

其他风险主要有合规风险、道德风险。合规风险指公司经营活动、业务开展因未能遵循国家法律法规、监管部门规则和公司内部规章制度，而可能遭受法律制裁、监管处罚、财务或声誉损失的风险。道德风险主要表现为公司内部人员蓄意违法违规或与公司的利益主体串通而给信托受益人或公司自身带来损失的可能。对于其他风险，公司将合规风险管理作为公司风险管理的基础，从完善公司治理和内控制度、加强合规组织机构及配套机制建设、培育良好合规文化等方面，构建有效的合规风险管理机制。通过加强员工思想政治方面教育，强化内控机制，严格业务流程与监督制衡，加大检查监督的频率和力度，防范道德风险的发生。

5. 报告期末及上一年度末的比较式会计报表

5.1 自营资产

5.1.1 会计师事务所审计结论

中审华寅五洲会计师事务所认为，公司自营资产财务报表在所有重大方面按照企业会计准则的规定编制，公允反映了公司2013年12月31日的财务状况以及2013年度的经营成果和现金流量。

5.1.2 资产负债表

资产负债表

编制单位：北方国际信托股份有限公司　　2013年12月31日　　单位：万元

资　产	期末数	期初数	负债及股东权益	期末数	期初数
资产：			负债：	—	—
现金	0.19	3.26	拆入资金	—	—
存放同业款项	113 074.07	37 437.92	交易性金融负债	—	—
拆出资金	—	—	应付职工薪酬	18 775.25	14 688.91
交易性金融资产	16 135.99	13 328.45	应交税费	5 110.37	8 513.04
买入返售金融资产	13 549.87	460.00	其他应付款	23 448.86	8 719.65
应收利息	411.54	514.13	预计负债	—	—
其他应收款	1 523.25	6 165.42	应付利息	23.59	23.59
发放贷款和垫款	130 052.94	147 338.88	递延所得税负债	—	10.35
可供出售金融资产	816.20	5 848.28	其他负债		
持有至到期投资	—	—	负债合计	47 358.06	31 955.54
长期股权投资	38 577.09	37 516.34			
投资性房地产	2 088.79	2 188.68	股东权益：		
固定资产	2 285.21	2 313.47	股本	100 099.89	100 099.89
固定资产清理	—	—	减：库存股		
无形资产	—	—	盈余公积	19 443.28	14 225.16
长期待摊费用	670.42	493.23	资本公积	-46.56	-87.24
抵债资产	—	—	一般风险准备	16 695.51	12 552.75
递延所得税资产	2 232.27	185.33	未分配利润	137 916.99	95 096.63
其他资产	49.34	49.34	外币报表折算差额	—	—
			股东权益合计	274 109.11	221 887.19
资产总计	321 467.17	253 842.72	负债和股东权益合计	321 467.17	253 842.72

公司负责人：刘惠文　　主管会计工作负责人：王向群　　会计机构负责人：多艳平

5.1.3 利润表

利润表

编制单位:北方国际信托股份有限公司　　2013 年度　　单位:万元

项　目	本年	上年
一、营业收入	113 806.46	91 520.34
(一)利息净收入	17 797.01	12 212.15
利息收入	17 797.01	12 212.15
利息支出	—	—
(二)手续费及佣金净收入	93 937.31	76 611.49
手续费及佣金收入	94 231.59	76 956.27
手续费及佣金支出	294.28	344.78
(三)投资收益(损失以"-"填列)	1 728.10	2 135.85
其中:对联营企业和合营企业的投资收益	2 181.43	1 764.70
(四)公允价值变动收益(损失以"-"填列)	-205.10	7.76
(五)汇兑收益(损失以"-"填列)	-0.43	-0.02
(六)其他业务收入	549.56	553.12
二、营业支出	44 782.52	33 642.43
营业税金及附加	6 791.10	4 522.92
业务及管理费	29 898.47	29 119.51
资产减值损失	8 092.96	—
其他业务成本	—	—
三、营业利润	69 023.94	57 877.91
加:营业外收入	238.80	1 012.53
减:营业外支出	131.11	21.18
四、利润总额	69 131.63	58 869.26
减:所得税费用	16 950.39	15 597.03
五、净利润	52 181.24	43 272.23
六、每股收益		
(一)基本每股收益	0.52	0.43
(二)稀释每股收益	0.52	0.43

公司法定代表人:刘惠文　　主管会计工作负责人:王向群　　会计机构负责人:多艳平

5.1.4 股东权益变动表

股东权益变动表

编制单位:北方国际信托股份有限公司　　2013 年度　　单位:万元

项　目	本期数					
	实收资本	资本公积	盈余公积	一般风险准备	未分配利润	所有者权益合计
一、上年年末余额	100 099.89	-87.24	14 225.16	12 552.75	95 096.63	221 887.19
二、本年年初余额	100 099.89	-87.24	14 225.16	12 552.75	95 096.63	221 887.19
三、本年增减变动金额	—	40.68	5 218.12	4 142.76	42 820.36	52 221.92
(一)本年净利润	—	—	—	—	52 181.24	52 181.24
(二)直接计入所有者权益的利得和损失	—	40.68	—	—	—	40.68
1. 可供出售金融资产公允价值变动净额	—	68.92	—	—	—	68.92
2. 与计入所有者权益项目相关的所得税影响	—	-28.24	—	—	—	-28.24
上述(一)和(二)小计	—	40.68	—	—	52 181.24	52 221.92
(三)本年利润分配	—	—	—	—	-9 360.89	—
1. 提取盈余公积	—	—	5 218.12	—	-5 218.12	—
2. 提取一般风险准备	—	—	—	4 142.76	-4 142.76	—
四、本年末余额	100 099.89	-46.56	19 443.28	16 695.51	137 916.99	274 109.11

公司负责人:刘惠文　　主管会计工作负责人:王向群　　会计机构负责人:多艳平

5.2 信托资产

5.2.1 信托项目资产负债汇总表

信托项目资产负债表

编制单位：北方国际信托股份有限公司　　2013 年 12 月 31 日　　单位：万元

信托资产	期末数	期初数	信托负债和信托权益	期末数	期初数
信托资产：			信托负债：		
货币资金	3 479 631.00	474 541.36	交易性金融负债		
拆出资金			衍生金融负债		
存出保证金			卖出回购金融资产款		
交易性金融资产	6 273 875.00	3 204 437.24	应付受托人报酬	1 895.00	1 028.60
衍生金融资产			应付托管费	3 082.00	1 246.03
买入返售资产	161 124.00	22 930.15	应付受益人收益	9 102.00	3 387.91
应收款项	169 609.00	78 994.76	应交税费		
发放贷款	12 381 987.00	7 870 174.64	应付销售服务费		
可供出售金融资产	20 281.00		其他应付款项	21 207.00	30 516.54
持有至到期投资	5 513 435.00	3 479 423.79	预计负债		
长期应收款	2 465.00	2 464.68	其他负债		
长期股权投资	1 420 821.00	928 909.94	信托负债合计	35 286.00	36 179.08
投资性房地产			信托权益：		
固定资产			实收信托	29 026 921.00	15 839 841.96
无形资产			资本公积	4 819.00	5 920.20
长期待摊费用			未分配利润	356 202.00	179 935.32
其他资产					
			信托权益合计	29 387 942.00	16 025 697.48
信托资产总计	29 423 228.00	16 061 876.56	信托资产总计	29 423 228.00	16 061 876.56

5.2.2 信托项目利润及利润分配汇总表

信托项目利润及利润分配表

2013 年度

编制单位：北方国际信托股份有限公司　　单位：万元

项目	本年	上年
一、营业收入	1 683 669.00	922 739.99
利息收入	1 345 387.00	539 000.77
投资收益（损失以"－"号填列）投资收入	474 810.00	348 899.30
其中：对联营企业和合营企业的投资收益	0.00	27 293.82
公允价值变动收益（损失以"－"号填列）	－136 656.00	34 839.92
租赁收入		
汇兑损益（损失以"－"号填列）		
其他收入	128	
二、营业支出	261 264.00	93 392.23
营业税金及附加		
业务及管理费	261 264.00	93 392.23
资产减值损失		
三、信托利润（净亏损以"－"号填列）	1 422 405.00	829 347.76
加：其他综合收益	530.00	1 669.50
四、综合收益	1 422 935.00	831 017.26
加：期初未分配信托利润	179 940.00	46 467.07
五、可供分配的信托利润	1 602 875.00	877 484.33
减：本期已分配信托利润	1 246 673.00	697 549.00
六、期末未分配信托利润	356 202.00	179 935.33

6. 会计报表附注

6.1 简要说明报告年度会计报表编制基准、会计政策、会计估计和核算方法发生的变化

6.1.1 计提资产减值准备的范围和方法

计提资产减值准备的范围包括贷款、长期股权投资、固定资产、无形资产、应收款项、抵债资产。

计提资产减值准备的方法：本公司在资产负债表日，以单项资产为基础判断资产是否存在可能发生减值的迹象，存在减值迹象的，按单项资产估计其可收回金额；难以对单项资产的可收回金额进行估计的，以该资产所属的资产组为基础确定资产组的可收回金额。

6.1.2 金融资产四分类的范围和标准

金融资产分为四类：交易性金融资产、可供出售金融资产、持有至到期投资、贷款和应收款项。

本公司将为交易而持有的且初始取得或首次执行会计准则日无限售期的金融资产归入交易性金融资产。

本公司将初始取得或首次执行会计准则日有限售期的金融资产归入可供出售金融资产。

本公司将在活跃市场中有报价、到期日固定、回收金额固定或可确定，且公司有明确意图和能力持有至到期的非衍生金融资产归为持有至到期投资。

本公司将在活跃市场中没有报价、回收金额固定或可确定的非衍生金融资产归为贷款和应收款项。

6.1.3　交易性金融资产核算方法

6.1.4　可供出售金融资产核算方法

6.1.5　持有至到期投资核算方法

6.1.6　长期股权投资核算方法

6.1.7　投资性房地产核算方法

6.1.8　固定资产计价和折旧方法

6.1.9　无形资产计价及摊销政策

公司采用直线法摊销无形资产，并将摊销金额计入当期损益。已计提减值准备的无形资产，其摊销额按扣除已计提的无形资产减值准备累计金额后金额计算。

6.1.10　长期应收款的核算方法

6.1.11　长期待摊费用的摊销政策

公司发生的长期待摊费用按相关法律规定的期限摊销，如果该长期待摊费用不再为公司带来经济利益，则将余额一次摊销完毕。

6.1.12　合并会计报表的编制方法

6.1.13　收入确认原则和方法

收入在与交易相关的经济利益能够流入本公司，且有关收入的金额可以可靠地计量时，具体按以下标准确认：

(1)利息收入 。对于所有以摊余成本计量的金融工具，及可供出售类投资中计息的金融工具，利息收入以实际利率计量。实际利率和合同利率差别较小时，按合同利率计算利息收入。

(2)手续费、佣金及其他收入。信托佣金收入按照信托合同约定，根据合同受益期限进行分摊确认，且相关款项已收到或可以合理估算时确认。

其他手续费收入及其他收入按照合同约定或者在已提供有关服务后，且相关款项已收到或可以合理估算时确认。

6.1.14　所得税的会计处理方法

6.1.15　信托报酬确认原则和方法

信托佣金收入依据信托合同约定按照受益期进行摊销，且相关款项已收到或可以合理估算时确认。

6.1.1至6.1.15核算方法执行《企业会计准则》相关规定。

6.2　或有事项说明

2013年末公司无或有事项。

2013年初担保余额为零元，年末担保余额为零元。无逾期担保情况发生。在被担保单位未履行偿债义务的情况下，公司将承担相应债务。

6.3　重要资产转让及其出售的说明

无。

6.4　会计报表中重要项目的明细资料

6.4.1　披露自营资产经营情况

6.4.1.1　按信用风险五级分类结果披露信用风险资产的期初数、期末数

风险分类	正常类（万元）	关注类（万元）	次级类（万元）	可疑类（万元）	损失类（万元）	信用风险资产合计（万元）	不良资产合计（万元）	不良率（%）
期初数	154 018.43					154 018.43		0
期末数	105 787.79	32 461.94				138 249.73		0

注：不良资产合计＝次级类＋可疑类＋损失类。

6.4.1.2　各项资产减值损失准备的期初数、本期计提、本期转回、本期核销、期末数

单位：万元

	期初数	本期计提	本期转回	本期核销	期末数
贷款损失准备	0	6 262.00		0	6 262.00
一般准备	0			0	
专项准备	0	6 262.00		0	6 262.00
其他资产减值准备	625.00	1 830.96		0	2 455.96
可供出售金融资产减值准备	0	1 830.96		0	1 830.96
持有至到期投资减值准备	0			0	0
长期股权投资减值准备	625.00			0	625.00
坏账准备	0			0	0
投资性房地产减值准备	0	0	0	0	0

6.4.1.3　按照投资品种分类，分别披露固有业务股票投资、基金投资、债券投资、股权投资等投资业务的期初数、期末数

单位：万元

	自营股票	基金	债券	长期股权投资	其他投资	合计
期初数	1 923.15	1 139.8	11 012.78	38 141.34	5 101.00	57 318.07
期末数	2 502.69	679.80	13 769.70	38 577.09	0.00	55 529.28

6.4.1.4　按投资入股金额排序，前五名的自营长期股权投资的企业名称、占被投资企业权益的比例、主要经营活动及投资收益情况等

企业名称	占被投资企业权益的比例（%）	主要经营活动	投资收益（万元）
天津滨海农村商业银行股份有限公司	3.70	吸收存款、发放贷款、办理结算、同业拆借、办理票据兑现和贴现等	822.61
渤海财产保险股份有限公司	8.00	财产损失险、责任险、信用保险和保证保险、短期健康险和意外伤害险等	无
长城基金管理有限公司	17.65	基金募集、基金销售、资产管理等高新技术产业投资及管理，投资咨询等	1 358.82
天津泰达科技风险投资股份有限公司	3.82	高新技术产业投资及管理、投资咨询、吸收公众存款、发放短期和中长期贷款、办理国内结算等	无
长城嘉信资产管理有限公司	22.00	特定客户资产管理业务	无
天津津南村镇银行股份有限公司	6.67	吸收公众存款、发放短期和中长期贷款、办理国内结算等	无

注：投资收益是指按照企业会计准则的规定，核算股权投资确认损益并记入披露年度利润表的金额。

6.4.1.5　前五名的自营贷款的企业名称、占贷款总额的比例和还款情况等（从大到小顺序排列）

企业名称	占贷款总额的比例（%）	还款情况
天津葛城伟业投资有限公司	14.16	未到期
智造（中国）有限公司	13.20	未到期
天津宝利晟辉置业有限公司	13.20	未到期
天津松江建材有限公司	13.20	未到期
天津松江创展投资发展有限公司	10.27	未到期

6.4.1.6　表外业务的期初数、期末数。按照代理业务、担保业务和其他类型表外业务分别披露

单位：万元

表外业务	期初数	期末数
担保业务	0	0.00
代理业务	0	0.00
其他	0	0.00
合计	0	0.00

注：代理业务主要反映因客观原因应规范而尚未完成规范的历史遗留委托业务，包括委托贷款和委托投资。

6.4.1.7　公司当年的收入结构（母公司口径、并表口径同时披露）

收入结构	金额（万元）	占比（%）
手续费及佣金收入	94 231.59	82.00
其中：信托手续费收入	87 606.11	77.00
投资银行业务收入		0.00
利息收入	17 797.01	16.00
其他业务收入	549.14	0.00
其中：计入信托业务收入部分	0	0.00
投资收益	1 728.10	2.00
其中：股权投资收益	2 142.16	2.00
证券投资收益	-560.16	0.00
其他投资收益	146.1	0.00
公允价值变动收益	-205.1	0.00
营业外收入	238.8	0.00
收入合计	114 339.54	100.00

注：其他业务收入549.56万元是指房租收入。手续费及佣金收入、利息收入、其他业务收入、投资收益、营业外收入均应为损益表中的科目，其中手续费及佣金收入、利息收入、营业外收入为未抵减掉相应支出的全年累计实现收入数。

6.4.2　披露信托财产管理情况

6.4.2.1　信托资产的期初数、期末数

单位：万元

信托资产	期初数	期末数
集合	1 518 746.70	1 834 454.00
单一	13 778 671.91	26 049 987.00
财产权	764 457.95	1 538 787.00
合计	16 061 876.56	29 423 228.00

6.4.2.1.1　主动管理型信托业务的信托资产期初数、期末数。分证券投资、股权投资、融资类、事务管理类分别披露

单位：万元

主动管理型信托资产	期初数	期末数
证券投资类		12 147.00
股权投资类	439 363.00	559 093.00
融资类	4 320 525.56	2 805 454.00
事务管理类	764 458.00	882 717.00
合计	5 524 346.56	4 259 411.00

6.4.2.1.2　被动管理型信托业务的信托资产期初数、期末数。分证券投资、股权投资、融资类、事务管理类分别披露

单位：万元

被动管理型信托资产	期初数	期末数
证券投资类	3 756 675.00	8 181 346.00
股权投资类	515 733.00	783 914.00
融资类	6 265 122.00	15 542 487.00
事务管理类		656 070.00
合计	10 537 530.00	25 163 817.00

6.4.2.2　本年度已清算结束的信托项目个数、实收信托合计金额、加权平均实际年化收益率

6.4.2.2.1　本年度已清算结束的集合类、单一类资金信托项目和财产管理类信托项目个数、实收信托金额、加权平均实际年化收益率

已清算结束信托项目	项目个数	实收信托合计金额（万元）	加权平均实际年化收益率（%）
集合类	54	749 636.00	9.0061
单一类	210	6 888 808.00	7.1966
财产管理类	10	416 300.00	2.3118

注：收益率是指信托项目清算后，给受益人赚取的实际收益水平。加权平均实际年化收益率=（信托项目1的实际年化收益率×信托项目1的实收信托+信托项目2的实际年化收益率×信托项目2的实收信托+…+信托项目n的实际年化收益率×信托项目n的实收信托）/（信托项目1的实收信托+信托项目2的实收信托+…+信托项目n的实收信托）×100%。

6.4.2.2.2　本年度已清算结束的主动管理型信托项目个数、实收信托合计金额、加权平均实际年化收益率。分证券投资、股权投资、融资类、事务管理类分别计算并披露

已清算结束信托项目	项目个数	实收信托合计金额（万元）	加权平均实际年化信托报酬率（%）	加权平均实际年化收益率（%）
证券投资类				
股权投资类	10	301 017.00	0.5246	8.3141
融资类	113	2 784 364.00	0.6220	8.4391
事务管理类				

注：加权平均实际年化信托报酬率=（信托项目1的实际年化信托报酬率×信托项目1的实收信托+信托项目2的实际年化信托报酬率×信托项目2的实收信托+…+信托项目n的实际年化信托报酬率×信托项目n的实收信托）/（信托项目1的实收信托+信托项目2的实收信托+…+信托项目n的实收信托）×100%。

6.4.2.2.3　本年度已清算结束的被动管理型信托项目个数、实收信托合计金额、加权平均实际年化收益率。分证券投资、股权投资、融资类、事务管理类分别计算并披露

已清算结束信托项目	项目个数	实收信托合计金额（万元）	加权平均实际年化信托报酬率（%）	加权平均实际年化收益率（%）
证券投资类	11	250 633.00	0.4427	8.8008
股权投资类	1	57 480.00	0.4999	8.0024
融资类	129	4 244 950.00	0.3069	6.5163
事务管理类	10	416 300.00	0.3628	2.3118

6.4.2.3　本年度新增的集合类、单一类和财产管理类信托项目个数、实收信托合计金额

新增信托项目	项目个数	实收信托合计金额（万元）
集合类	46	894 603.00
单一类	350	13 342 745.00
财产管理类	25	1 203 782.00
新增合计	421	15 441 130.00
其中：主动管理型	86	2 334 248.00
被动管理型	335	13 106 882.00

注：本年新增信托项目指在本报告年度内累计新增的信托项目个数和金额，包含本年度新增并于本年度内结束的项目和本年度新增至报告期末仍在持续管理的信托项目。

6.4.2.4　本公司履行受托人义务情况及因本公司自身责任而导致的信托资产损失情况（合计金额、原因等）

无。

6.5　关联方关系及其交易的披露

6.5.1　关联交易方的数量、关联交易的总金额及关联交易的定价政策等

	关联交易方数量	关联交易金额（万元）	定价政策
合计	5	387 000.00	市场定价

注："关联交易"定义应以《公司法》和《企业会计准则第36号——关联方披露》有关规定为准。

6.5.2　关联交易方与本公司的关系性质，关联交易方的名称、法定代表人、注册地址、注册资本及主营业务等

关系性质	关联方名称	法定代表人	注册地址	注册资本	主营业务
公司股东	天津泰达投资控股有限公司	张秉军	开发区盛达街9号	600 000万元	以自有资金对各行业投资、企业资产经营管理、产品加工制造、组织所属企业开展进出口贸易。
同一控制人	天津北信投资有限公司	赵彬	天津开发区第一大街29号	8 000万元	对工业、商业、服务业等各类企业投资，企业管理、投资理财、财务管理、商业信息咨询服务，对房地产企业投资，自有房屋租赁。
同一控制人	渤海财产保险股份有限公司	庐志勇	天津市河西区解放南路256号泰达大厦	137 500万元	财产损失保险、责任保险、信用保险和保证保险、短期健康保险和意外伤害保险、上述业务的再保险业务。
同一控制人	北京鑫丰物业发展有限公司	许立凡	北京市朝阳区光华路15号院1号楼1901～1903室	64 660万元	房地产开发，销售自行开发的商品房，物业管理，出租商业用房，家居装饰，房地产信息咨询（中介除外），投资管理。
公司股东的关联企业	津联集团（天津）资产管理有限公司	王志勇	天津市滨海新区经济技术开发区内	168127.19港元	资产经营管理（金融业务除外），投资、资产管理咨询，理财服务，经济信息咨询及有关的管理服务。
同一控制人	天津北信资产管理有限公司	朱建军	天津开发区第一大街29号	20 000万元	房地产开发、销售、物业管理，室内装潢，国内商业信息服务、技术咨询，对工业商业企业投资、企业管理，房地产代理销售，广告业务，铁合金及相关产品的销售。
公司股东的关联企业	天津第一饭店有限公司	白俊杰	天津市和平区解放北路198号	900万美元	客房、中西餐厅、日本餐厅、酒吧、咖啡室、面包房、会客室、游泳池、舞厅、美容室、洗衣房、卖品部、停车场、饭店服务车、汽车修理、销售零配件、汽车修补漆、汽车检测及相关设备租赁（以上限分支机构经营）；承揽国内外在本公司范围内的广告业务，向社会同行业提供经营管理服务；输出人才业务。（以上经营范围涉及行业许可的凭许可证件，在有效期限内经营，国家有专项专营规定的按规定办理）
公司股东的关联企业	天津泰达集团有限公司	张秉军	天津市开发区第三大街16号	200 000万元	工业、商业、房地产业的投资、房产开发与销售，经营与管理及科技开发咨询业务，化学纤维及其原料、包装物的制造和销售，自营和代理各类商品及技术的进出口业务（国家限定公司经营或禁止进出口的商品及技术除外），对基础设施开发建设进行投资，自有房屋租赁及管理。
控股子公司	泰达宏利基金管理有限公司	章嘉玉	上海市普陀区武威路789号东大楼107室	18 000万元	基金管理业务、发起设立基金、中国证监会批准的其他业务。
公司股东的关联企业	天津滨海新都市投资有限公司	赵海鹏	天津开发区第三大街16号22层2205室	30 000万元	对工业、商业、房地产业、酒店业、建筑业、娱乐及餐饮业的投资，房地产销售，工业厂房和酒店的销售，对基础设施开发建设进行投资，市政工程设计、施工、咨询，自有房屋租赁及管理，房地产开发与经营等。
公司股东的关联企业	天津泰达创业商业地产开发有限公司	赵海鹏	天津开发区黄海路3号六层605～609室	60 000万元	招标代理、商业信息咨询、工程咨询服务、工程项目管理，房地产开发，商品房销售，自有房屋租赁，物业管理，房地产中介服务，房屋拆迁服务等。

续表

关系性质	关联方名称	法定代表人	注册地址	注册资本	主营业务
公司股东的关联企业	天津悦海酒店投资有限公司	赵海鹏	天津开发区第三大街16号29层2912室	2 000 万元	对工业、商业、房地产业、酒店业、建筑业、娱乐及餐饮业的投资，商品房、酒店、工业厂房的销售代理，对基础设施开发建设进行投资，市政工程设计、施工、咨询，自有房屋租赁及管理等。
同一控制人	天津滨海旅游区投资控股有限公司	张继光	天津市滨海新区汉北路269号	500 000 万元	对工业、农业、基础设施开发建设、土地开发与整理、填海造陆、金融业、保险业、证券业、房地产业、交通运输业、电力燃气蒸汽机水的生产和供应业、建筑业、仓储业、邮电通讯业、旅游业、餐饮业、旅馆业、娱乐服务业、广告业、烟酒生产制造业、租赁服务业、食品加工及制造业、教育、文化艺术业、广播电影电视业的投资及管理，咨询服务，企业资产经营及管理服务（金融资产除外），进出口业务等（法律、行政法规另有规定的除外）。以下限分支机构经营：纺织品、化学纤维、电子通讯设备、文教体育用品加工、制造（以上范围内国家有专营专项规定的，按规定办理）。
公司股东的关联企业	上海泰达投资有限公司	申小林	上海市四川北路1885号10楼08室	11 000 万元	实业投资、投资管理、投资咨询、资产委托管理与咨询（经营范围涉及许可经营的，凭许可证经营）。
公司股东	天津泰达热电公司	陈德强	天津开发区第七大街21号	32 000 万元	电力生产，蒸气热水生产和供应，电力、蒸汽、汽水生产技术咨询，热力设施维修，自由厂房、设备租赁，热力设施安装。国家有专项、专管规定的，按规定执行；涉及上述审批的，以审批有效期为准。
公司股东的关联企业	天津梅江国际会展中心有限责任公司	许立凡	天津市西青经济开发区兴华七支路8号	40 000 万元	会展服务、以自有资金对房地产业投资、广告业务、仓储。
同一控制人	天津泰达中塘投资开发有限公司	张秉军	天津市滨海新区大港中塘镇人民政府院内201室	12 500 万元	对基础设施建设的投资（金融性投资除外），室内外装饰装修，物业管理，土地整理、房地产开发与经营，对建筑业、服务业（有前置许可项目的除外）投资，自有房屋租赁与管理。（以上经营范围涉及行业许可的，凭许可证件在有效期内经营。国家有专营专项规定的，按规定办理）
公司股东的关联企业	天津星城投资发展有限公司	卢志永	津南区八里台工业园区建设路6号A座125室	79 900 万元	对土地开发、基础设施建设（含环境工程）、生态环保行业、工业基础设施、农业项目开发的投资，室内外装修装饰、物业管理，房地产开发。（以上经营范围涉及行业许可的，凭许可证件，在有效期限内经营。国家有专营专项规定的，按规定办理）
同一控制人	天津滨海快速交通发展有限公司	张金立	天津开发区第七大街99号	281 275 万元	城市轨道工程的建设管理，工程总承包，招标投标咨询（不含中介）、工程监理，轨道交通的运营集中和开发经营，国内外车辆与机电设备采购、调试、运行、租赁、维修及轨道交通相关业务，房地产开发及商品房销售。
同一控制人	天津泰丰工业园投资（集团）有限公司	张秉军	天津经济技术开发区第四大街99号	2988 万美元	土地开发及基础设施建设，土地转让、房地产开发、销售及物业管理，自有房屋租赁，机械、电子、生物、医药及高科技等国家非限制性领域的投资，咨询与招商项目引进、合作开发与经营管理等。

6.5.3　逐笔披露本公司与关联方的重大交易事项

6.5.3.1　固有财产与关联方：贷款、投资、租赁、担保、应收账款、担保、其他方式等期初汇总数、本期借方和贷方发生额汇总数、期末汇总数

单位：万元

固有与关联方关联交易				
	期初数	借方发生额	贷方发生额	期末数
贷款	0		0	0
投资	11 000.00		0	11 000.00
租赁	0		0	0
担保	0		0	0
应收账款	196.32		19.00	177.32
其他				
合计	11 196.32		19.00	11 177.32

自营资产与关联方重大关联交易具体情况：

无。

6.5.3.2　信托资产与关联方：贷款、投资、租赁、应收账款、担保、其他方式等期初汇总数、本期发生额汇总数、期末汇总数

单位：万元

信托与关联方关联交易				
	期初数	借方发生额	贷方发生额	期末数
贷款	440 500.00	387 700.00	430 202.00	397 298.00
投资	15 080.00	0.00	0.00	15 080.00
租赁				0.00
担保				0.00
应收账款				0.00
其他				0.00
合计	472 155.00	387 700.00	430 202.00	428 953.00

信托资产与关联方重大关联交易具体情况：

单位：万元

关联方名称	交易类型	期初余额	发生金额	归还金额	期末金额
天津泰达集团有限公司	信托贷款	100 000.00	0.00	100 000.00	0.00
天津泰达投资控股有限公司	信托贷款	52 500.00	0.00	52 500.00	0.00
天津泰达投资控股有限公司	信托贷款	20 000.00	0.00	20 000.00	0.00
津联集团(天津)资产管理有限公司	信托贷款	28 800.00	32 000.00	33 500.00	27 300.00
津联集团(天津)资产管理有限公司	信托贷款	15 000.00	0.00	0.00	15 000.00
天津国泰会展有限公司	信托投资	20 000.00	0.00	20 000.00	0.00
天津第一饭店有限公司	信托贷款	3 450.00	0.00	3 450.00	0.00
天津滨海新都市投资有限公司	信托贷款	150 000.00	0.00	150 000.00	0.00
天津泰达创业商业地产开发有限公司	信托贷款	30 000.00	0.00	30 000.00	0.00
天津悦海酒店投资有限公司	信托贷款	20 000.00	0.00	20 000.00	0.00
天津北信资产管理有限公司	信托贷款	750.00	0.00	750.00	0.00
天津泰达中塘投资开发有限公司	信托贷款	0.00	150 000.00	0.00	150 000.00
天津星城投资发展有限公司	信托贷款	0.00	100 000.00	2.00	99 998.00
天津滨海快速交通发展有限公司	信托贷款	0.00	95 000.00	0.00	95 000.00
天津泰丰工业园投资(集团)有限公司	信托贷款	0.00	10 000.00	0.00	10 000.00
泰达宏利基金管理公司	信托投资	4 080.00	0.00	0.00	4 080.00
天津渤海财产保险股份有限公司	信托投资	11 000.00	0.00	0.00	11 000.00

6.5.3.3 信托公司自有资金运用于自己管理的信托项目(固信交易)、信托公司管理的信托项目之间的相互(信信交易)交易金额，包括余额和本报告年度的发生额

6.5.3.3.1 固有与信托财产之间的交易金额期初汇总数、本期发生额汇总数、期末汇总数

单位：万元

固有财产与信托财产相互交易			
	期初数	本期发生额	期末数
合计	5 101	−5 101	0

固有和信托资产之间重大关联交易具体情况：

无。

6.5.3.3.2 信托资产与信托财产之间的交易金额期初汇总数、本期发生额汇总数、期末汇总数

单位：万元

信托资产与信托财产相互交易			
	期初数	本期发生额	期末数
合计	无	0	无

注：以公司受托管理的一个信托项目的资金购买自己管理的另一个信托项目的受益权或信托项下资产均应纳入统计披露范围。

6.5.4 逐笔披露关联方逾期未偿还本公司资金的详细情况以及本公司为关联方担保发生或即将发生垫款的详细情况

无。

6.6 会计制度的披露

固有业务(自营业务)、信托业务执行会计制度的名称及颁布的年份。

本公司自营业务遵循2006年度颁布的新《企业会计准则》、《企业会计准则——应用指南》以及财政部颁布的《企业会计准则实施问题专家工作组意见》及财政部颁布的其他规章制度。信托业务执行2006年度颁布的新《企业会计准则》。

7. 财务情况说明书

7.1 利润实现和分配情况(母公司口径和并表口径同时披露)

7.1.1 母公司口径

2013年公司实现净利润52 181.24万元，按净利润的10%提取盈余公积金5 218.12万元，按7.5%提取信托赔偿准备金3 913.59万元，提取一般风险准备金229.17万元。进行上述分配后，留存净利润42 820.36万元，加上年初未分配利润95 096.63万元，2013年末可供分配利润是137 916.99万元。

7.2 主要财务指标

7.2.1 母公司口径

指标名称	指标值
资本利润率(%)	21.04
加权年化信托报酬率(%)	0.4404
人均净利润(万元)	395.31

注：1. 资本利润率 = 净利润/所有者权益平衡 ×100%。

2. 加权年化信托报酬率 = (信托项目1的实际年化信托报酬率 × 信托项目1的实收信托 + 信托项目2的实际年化信托报酬率 × 信托项目2的实收信托 + … + 信托项目n的实际年化信托报酬率 × 信托项目n的实收信托)/(信托项目1的实收信托 + 信托项目2的实收信托 + … + 信托项目n的实收信托) ×100%。

3. 人均净利润 = 净利润/年平均人数。

4. 平均值采取年初、年末余额简单平均法，公式为：a(平均) = (年初数 + 年末数)/2。

7.3 对本公司财务状况、经营成果有重大影响的其他事项

无。

8. 特别事项揭示

8.1 前五名股东报告期内变动情况及原因

无。

8.2 董事、监事及高级管理人员变动情况及原因

2013 年第一次临时股东大会一致同意《部分董事人员调整的议案》。同意天津泰达投资控股有限公司提名，选举贾晋平先生为公司董事，邢吉海先生因到龄退休不再担任公司董事；同意天津泰达电力公司提名，选举申小林先生为公司董事，张军先生因人事变动不再担任公司董事；同意天津泰达自来水公司提名，选举李静平女士为公司董事，王友诚先生因人事变动不再担任公司董事；同意天津泰达股份有限公司提名，选举胡军先生为公司董事，吴树桐先生因人事变动不再担任公司董事。2013 年第二次临时股东大会一致同意《关于部分董事、监事人员调整的议案》。同意天津市财政局提名，选举贾鸿潜先生为公司董事，刘建华因到龄退休不再担任公司董事；选举梅文女士为公司监事，朱振山因到龄退休不再担任公司监事；同意天津天药药业股份有限公司提名，选举袁跃华先生为公司监事，王喆先生因人事变动不再担任公司监事。

拟任董事、监事任职材料已报天津银监局，尚待批准。

8.3 公司的重大未决诉讼事项

本年度，公司未发生重大诉讼事项。

8.4 对会计师事务所出具的有保留意见、否定意见或无法表示意见的审计报告，公司董事会应就所涉及事项作出说明

中审华寅五洲会计师事务所出具了标准无保留意见的审计报告。

8.5 公司及其董事、监事和高级管理人员受到处罚的情况

无。

8.6 银监会及其派出机构对公司检查后提出整改意见的，应简单说明整改情况

报告期内，天津银监局对公司进行了现场检查，提出了现场检查发现的问题。公司领导高度重视，组织相关部门召开专门会议，要求公司上下要对现场检查出的问题不回避、不推诿，积极落实整改，制定整改措施，对于相关部门和责任人进行了通报批评和经济处罚。

8.7 本年度重大事项临时报告的简要内容、披露时间、所披露的媒体及其版面

无。

8.8 其他重大需披露信息

公司第二届董（监）事会任期届满，根据《公司法》、《商业银行公司治理指引》、《信托公司治理指引》以及本公司章程等相关规定和程序，公司已于 2014 年 4 月 22 日完成第三届董（监）事会换届工作，选举徐立世担任董事长，选举田以林担任监事长。

根据 2014 年第一次股东大会决议，聘请瑞华会计师事务所为公司会计审计机构。

9. 监事会独立意见

监事会认为，公司能够严格按照《公司法》、公司章程及有关法律法规依法运作 各项经营管理活动依法合规，公司董事、高级管理人员执行公司职务时没有违反法律法规、公司章程或损害公司、股东及受益人利益的行为，高级管理层认真执行股东会、董事会的各项决议，经营业绩良好，超额完成了报告期年初制订的经营计划。公司财务报告真实、客观地反映了公司的财务状况和经营成果。

北京国际信托有限公司

1. 重要提示

1.1 本公司董事会及董事保证本报告所载资料不存在任何虚假记载、误导性陈述或者重大遗漏，并对其内容的真实性、准确性和完整性承担个别及连带责任。本年度报告摘要摘自年度报告全文，客户及相关利益人欲了解详细内容，应阅读年度报告全文。

1.2 无董事对年度报告内容真实性、准确性、完整性无法保证或存在异议进行声明。

1.3 独立董事沈四宝、陈建、齐东平三人保证本报告所载资料不存在任何虚假记载、误导性陈述或者重大遗漏，并对其内容的真实性、准确性和完整性承担个别及连带责任。

1.4 致同会计师事务所为本公司出具了无保留意见的审计报告。

1.5 公司负责人董事长李民吉、总经理王晓龙、总会计师吴京林声明：保证年度报告中财务会计报告的真实、完整。

2. 公司概况

2.1 公司简介

北京国际信托有限公司（简称公司或本公司）成立于1984年10月，2000年3月增资改制成为多家企业参股的非银行金融机构。2002年3月，经中国人民银行批准重新登记。2007年，经中国银行业监督管理委员会批准，公司实施了引进境外战略投资人的股权重组，同时按照信托新规的要求换发了新的金融许可证。公司注册资本金14亿元。

公司始终恪守"谨慎、诚信、尽职、创新"的理念，坚持防范风险、合规经营、持续创新、稳健发展的方针。公司在现代企业制度基础上建立了日臻完善的法人治理结构，拥有高素质、专业化的业务管理团队，具备较雄厚的产品研发、创新实力并已形成系列品牌，建立了涵盖各类业务操作流程、内控制度在内的较为完备的风险管理体系。基于健全的内部管理架构和有效的激励机制，并依托于良好和谐的外部环境，公司业务取得了快速发展。截至2013年末，公司净资产达到38.95亿元，受托管理的信托财产余额为1 243.48亿元，分配信托财产收益76.08亿元。公司以自身不断提升的综合实力为投资人创造了安全、稳定的信托财产增值收益，成为广大投资人值得信赖的金融机构。公司为中国信托业协会会员、常务理事单位。

2.1.1 中文名称：北京国际信托有限公司
中文名称缩写：北京信托
英文名称：Beijing International Trust Co.，Ltd.
英文名称缩写：BJITIC

2.1.2 法定代表人：李民吉
地址：北京市朝阳区安立路30号院1号、2号楼
邮政编码：100012
网址：www. bjitic. com
电子信箱：webmaster@ bjitic. com

2.1.3 信息披露事务负责人：江方
电话：010 -59680888
传真：010 -59680999
电子信箱：jiangfang@ bjitic. com

2.1.4 信息披露报纸：《上海证券报》、《金融时报》

2.1.5 年度报告备置地点：北京市朝阳区安立路30号院1号、2号楼

2.1.6 公司聘请的会计师事务所：致同会计师事务所
住所：北京市朝阳区建国门外大街22号赛特广场5层

2.1.7 公司聘请的律师事务所：北京市华贸硅谷律师事务所
住所：北京市朝阳区慧忠路5号远大中心C座17层

2.1.8 财务报表数据口径说明

本公司于2011年5月投资设立北京国投汇成创业投资管理有限公司，持有其100%的股权，自2012年起本公司按照《企业会计准则》编制合并报表。根据《企业会计准则》，本年财务报表同时存在"合并报表"和"公司报表"两个概念。除特殊说明外，本报告中的相关分析均为合并报表数据口径。

2.2 组织结构

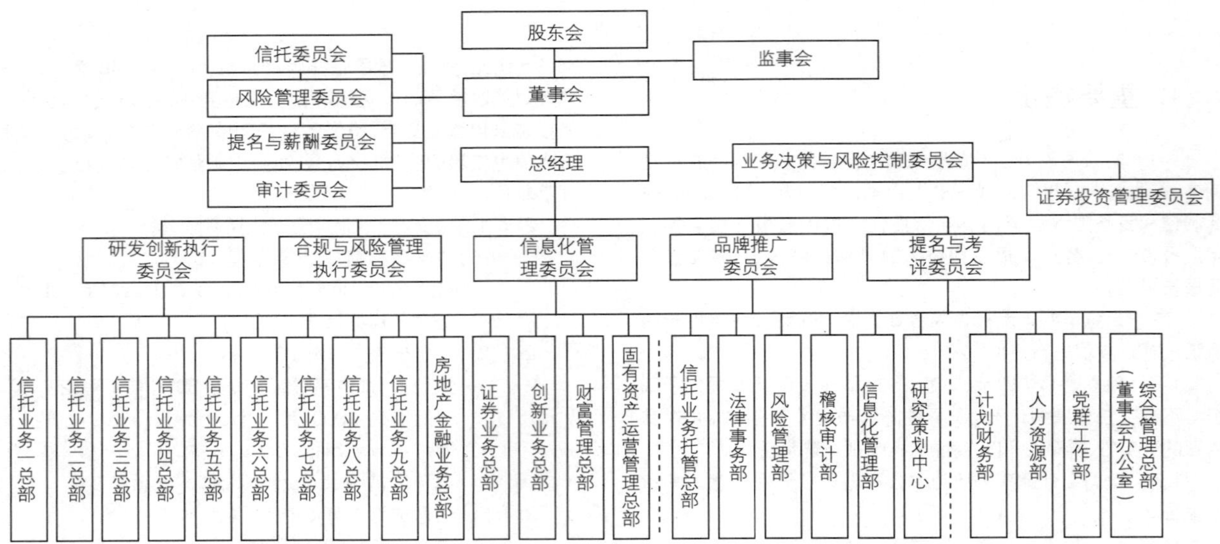

3. 公司治理结构

3.1 股东

公司前三位股东情况

股东名称	出资比例(%)	法人代表	注册资本(万元)	注册地址	主要经营业务及主要财务情况
北京市国有资产经营有限责任公司	34.3	李爱庆	500 000	北京市西城区金融大街19号富凯大厦B座16层	授权范围内的国有资产经营管理，包括国有产(股)权管理，融资与投资，产(股)权的收购、兼并与转让，资产托管。截至2013年末，总资产745.72亿元，总负债467.36亿元，所有者权益合计278.36亿元。
威益投资有限公司(Win Eagle Investments Limited)	19.99	Tim Davis	—	Unit 102 1st Floor Righteous Centre 585 Nathan Road Mongkok Kowloom Hong Kong	持有北京信托股权的特别目的公司。
中国石油化工股份有限公司北京石油分公司	14.29	刘雄华	—	北京市东城区广渠家园6号楼	销售石油化工产品(不含危险化学品及一类易制毒化学品)、汽油、煤油、柴油、润滑油、润滑脂等。截至2013年末，总资产123.70亿元，总负债77.31亿元，所有者权益合计46.39亿元。

3.2 董事

董事长、副董事长、董事

姓 名	职 务	性别	年龄	选任日期	所推举的股东名称	该股东持股比例(%)	简 要 履 历
李民吉	董事长	男	48	2013年9月	北京市国有资产经营有限责任公司	34.3	中国人民大学硕士；历任中国光大国际信托投资公司资金部高级经理、证券部筹备组负责人、上海证券业务部负责人，华夏证券有限公司交易部副总经理、东四十条营业部总经理兼北京证券登记公司董事，武汉国际信托投资公司副总经理兼证券业务总部总经理，武汉金融学会理事，首创证券有限公司副总经理，北京国际信托投资有限公司总裁助理兼北京科技风险投资股份有限公司执行总裁，北京市国有资产经营有限责任公司副总裁，北京国际信托有限公司党委副书记、副董事长、副总经理、董事长(2013年11月任)。
王晓龙	副董事长	男	58	2000年3月	北京市国有资产经营有限责任公司	34.3	北京大学博士；历任国家经济体制改革委员会中国经济体制改革研究所部主任，北京市高新技术产业开发区常务副主任，香港京泰实业(集团)有限公司董事、副总经理，京泰财务有限公司董事、总经理，京泰证券有限公司董事、总经理，京泰工业投资有限公司董事长，北京控股有限公司执行董事兼副总裁，北京科技风险投资股份有限公司副董事长兼总裁，北京国际信托有限公司副董事长、总经理、党委副书记。

续表

姓　名	职　务	性别	年龄	选任日期	所推举的股东名称	该股东持股比例(%)	简　要　履　历
刘建华	股东董事	男	59	2000年3月	北京市国有资产经营有限责任公司	34.3	中国政法大学硕士;历任北京市第二商业局局长助理、局党委副书记,北京食品工贸集团公司党委书记,北京市委商贸工委书记,北京国际信托有限公司党委书记、董事长,2013年办理退休。
Jun Xu	股东董事	男	45	2012年8月	威益投资有限公司	19.99	哥伦比亚大学博士;历任埃克萨斯顾问公司高级研究员、百利银行副总裁、泰信基金管理公司投资总监、信安国际(亚洲)有限公司第二副总裁、建信基金管理公司总经理、安石摩尔投资咨询(北京)有限公司总经理。
李显章	股东董事	男	56	2008年7月	中国石油化工股份有限公司北京石油分公司	14.29	中共中央党校研究生;历任北京市石油产品销售总公司财务部经理,北京石油集团有限责任公司财务部经理,中国石油化工股份有限公司北京石油分公司总会计师。
许汉章	董事	男	57	2011年8月	上海爱使股份有限公司	8.29	中共中央党校经济管理学士;任上海爱使股份有限公司总经理。
汤民强	股东董事	男	56	2010年8月	杭州钢铁集团公司	6.14	上海交通大学学士;历任杭钢集团计财部预算成本处处长、财务部部长,杭钢集团公司总会计师兼财务部部长、副总经理,杭钢集团公司总经理。
江　芳	职工董事	女	43	2000年3月	—	—	对外经济贸易大学法学博士;历任北京国际信托有限公司研究发展部经理助理、董事会秘书兼总经理办公室副主任,董事会秘书兼董事会办公室主任、综合管理总部总经理,董事会秘书兼合规法律风险管理部总经理,北京国际信托有限公司董事会秘书兼财富管理总部总经理。

独立董事

姓　名	职　务	性别	年龄	选任日期	所推举的股东名称	该股东持股比例(%)	简　要　履　历
沈四宝	独立董事	男	67	2008年7月	—	—	北京大学硕士;历任北京大学法律系讲师、副教授,对外经济贸易大学法学院院长、教授、博士生导师,上海大学法学院院长、教授、博士生导师。
齐东平	独立董事	男	53	2008年7月	—	—	中国人民大学经济研究所博士;历任吉林省社会科学院经济研究所研究员、中国国家计划委员会公务员、中国人民大学商学院副教授。
陈　建	独立董事	男	42	2008年7月	—	—	首都经济贸易大学学士;历任毕马威华振会计师事务所审计经理、北京中兆信会计师事务所有限公司主任会计师、北京中企华君诚会计师事务所有限公司主任会计师。

3.3　监事

监事会成员

姓　名	职　务	性别	年龄	选任日期	所推举的股东名称	该股东持股比例(%)	简　要　履　历
李海东	监事会主席	男	48	2008年7月	航天科技财务有限责任公司	7.14	东北财经大学学士;历任航天工业部财务司成本价格处助理员,航天总公司财务司国有资产处处长,国防科工委财务司基建技改财务处处长,国防科工委信息中心副主任,航天科技财务有限责任公司副总经理、党委书记、总经理。
王进才	监事	男	52	2011年11月	天津经济技术开发区投资有限公司	4.29	中国社会科学院博士;历任山西师大政法系助教、讲师,国家民政部社会保险中心基金管理部副部长,北京国际信托投资公司部门经理,天津泰达科技风险投资股份有限公司副总经理,金港信托投资有限责任公司董事长,天津开发区国有资产经营公司副总经理。
孟福增	监事	男	57	2008年7月	鹏丰投资有限公司	2.57	中国社会科学院研究生;历任中国人民银行北京朝阳办事处农村金融管理科科员,中共朝阳区委员会农村工作部副部长,中国农业银行北京分行农业信贷处副处长,中国农业银行朝阳支行党委书记、行长,中国农业银行北京分行副行长。
秦博	监事	男	28	2011年11月	北京宏达信资产经营有限公司	2.14	上海财经大学学士;历任上海虹桥欧森资产管理公司项目助理,上海百融股份有限公司项目经理,北京宏达信资产经营有限公司总裁助理、常务副总裁。
韩新梅	监事	女	46	2000年3月	北京市海淀区欣华农工商公司	0.86	北京广播电视大学财务会计大专;历任北京市海淀区京海农工商公司红艺铝制品厂主管会计、北京市海淀区京海农工商公司会计兼统计、北京市海淀区欣华农工商公司副总经理。
张倞祎	职工监事	男	37	2011年1月	—	—	首都经济贸易大学硕士;历任北京国际信托有限公司职员、业务经理,北京国际信托有限公司财富管理总部高级营销经理、副总经理。
何晓峰	职工监事	男	42	2013年5月	—	—	清华大学经济管理学院硕士;历任北京市烟草公司职员,北京国际信托有限公司高级信托经理、房地产金融业务总部总经理。

3.4 高级管理人员

高级管理人员

姓名	职务	性别	年龄	选任日期	金融从业年限	学历	专业
李民吉	董事长、党委书记	男	48	2013年9月	16	博士	工商管理
王晓龙	副董事长、总经理、党委副书记	男	58	1998年9月	19	博士	经济学
陆石	副总经理、党委副书记、纪委书记	男	59	2008年12月	24	硕士	工商管理
周瑞明	副总经理	男	50	2001年12月	20	博士	管理学
时宝东	副总经理	男	48	2008年7月	11	博士	工商管理
瞿纲	副总经理	男	40	2013年5月	11	硕士	工商管理
田耀山	副总经理	男	40	2013年5月	12	硕士	政治经济学
吴京林	总会计师	男	49	2008年7月	21	硕士	工商管理
幸宇晖	首席风控官	女	49	2013年5月	26	硕士	经济学
江芳	董事会秘书	女	43	2000年3月	20	博士	法学
黄晓炜	总经理助理	女	43	2013年5月	20	硕士	经济学
沈易明	总经理助理	男	47	2013年3月	23	硕士	会计学

3.5 公司员工

报告期内，公司职工人数为195人，平均年龄为36岁。

公司员工

项目		报告期年度（2013年）		基期（2012年）	
		人数	比例（%）	人数	比例（%）
年龄分布	20岁以下	0	0	0	0
	20～29岁	59	30.3	34	23.3
	30～39岁	82	42.1	64	43.8
	40岁以上	54	27.6	48	32.9
学历分布	博士	13	6.7	11	7.5
	硕士	115	58.9	81	55.6
	本科	53	27.2	44	30.1
	专科	14	7.2	10	6.8
	其他	0	0	0	0
岗位分布	高管人员	9	4.6	7	4.8
	自营业务人员	8	4.1	5	3.4
	信托业务人员	153	78.5	117	80.2
	其他人员	25	12.8	17	11.6

4. 经营管理

4.1 经营目标、方针、战略规划

经营目标：以“诚信合规、稳健发展”为理念，充分发挥信托功能，建成战略清晰、实力雄厚、管理严谨、风控完备、队伍精良、执行得力的卓越信托公司。

经营方针：继续坚持防范风险、合规经营、持续创新、稳健发展的方针。

战略规划：将遵循国家和监管部门法规，遵循信托业的发展规律，将安全稳健运作作为公司发展的第一要务，进一步优化公司法人治理结构，在内部组织、决策流程、产品研发和营销、风险控制和管理、信息管理系统、人力资源等方面实施有效管理，进一步加强风险控制的深度管理，强化规范发展，使公司形成具有自身鲜明特色的业务结构和可持续健康发展的盈利模式，形成品种多样、结构合理的新型信托业务结构，扩大信托资产管理规模，确立自身在信托领域的专长优势，为投资者提供一流的信托金融服务，并努力使股东获得较好的回报，共享财富稳定增值收益。

4.2 所经营业务的主要内容

4.2.1 自营资产运用与分布表

资产运用	金额（万元）	占比（%）	资产分布	金额（万元）	占比（%）
货币资产	130 805	31.01	基础产业	—	—
贷款及应收款	93 708	22.22	房地产业	—	—
买入返售金融资产	30 940	7.34	证券市场	61 386	14.55
交易性金融资产	25 212	5.98	实业	109 515	25.97
可供出售金融资产	53 721	12.74	金融机构	233 917	55.46
持有至到期投资	52 300	12.40	其他	16 959	4.02
长期股权投资	32 283	7.65			
其他	2 808	0.67			
资产总计	421 777	100.00	资产总计	421 777	100.00

4.2.2 信托资产运用与分布表

资产运用	金额（万元）	占比（%）	资产分布	金额（万元）	占比（%）
货币资产	338 167.81	2.72	基础产业	3 047 562.23	24.51
贷款	1 529 183.37	12.30	房地产	2 407 347.74	19.36
交易性金融资产	3 450 852.33	27.75	证券市场	3 831 514.55	30.81
可供出售金融资产	558 386.12	4.49	实业	1 965 239.56	15.80
持有至到期投资	2 870 163.34	23.08	金融机构	378 673.25	3.05
长期股权投资	2 659 152.27	21.39	其他	804 458.05	6.47
其他	1 028 890.14	8.27			
信托总资产	12 434 795.38	100.00	信托总资产	12 434 795.38	100.00

4.3 市场分析

4.3.1 宏观经济形势分析

2013年世界经济呈缓慢复苏态势，但无论是发达经济体还是新兴经济体，复苏与经济增长的前景都还面临诸多障碍，主要经济组织对世界和各国经济增长预期普遍低于上年，国际贸易保护主义抬头。不过，随着金融环境逐步改善和悲观情绪提前释放，世界经济在小幅波动中逐渐回暖的迹象明显。

2013年是贯彻落实党的十八大精神的开局之年，是实施“十二五”规划承前启后的关键一年，是为全面建成小康社会奠

定坚实基础的重要一年。随着换届效应的持续发酵、"市场+托底"调控新政对房地产困局的破解等，我国宏观经济在转型调整中呈平稳发展态势。经济在增速趋缓过程中加快去杠杆化、减产能化等结构调整步伐，稳步实现周期形态过渡转换，这预示着2014年我国宏观经济将在依旧复杂但充满朝气的宏观经济环境中前行。

4.3.2 金融形势分析

我国经济在经过前几十年高速发展后，面临一系列调整。2013年在金融监管与货币调控总体政策方向为"保持定力、盘活存量、用好增量"的背景下，社会融资环境中性偏紧，广义货币(M_2)余额为110.65万亿元，同比增长13.6%，比上年末低0.2个百分点；全年社会融资总规模为17.29万亿元，同比仅增长9.7%，比上年末低13.1个百分点；全年新增人民币贷款同比增长8.4%，比上年末低1.4个百分点。中性偏紧的市场环境导致通过信托公司等影子银行实体提供贷款融资的规模呈反周期增长，这部分融资资金总量增至创纪录的5.2万亿元左右，占社会融资总额的30%，比上年末(23%)高出7个百分点。

回顾过去一年，经济发展的各种风险因素错综复杂，发展中不平衡、不协调、不可持续的现象依然存在，经济增长下行压力未有明显缓解，产能相对过剩的矛盾仍然十分突出，企业生产经营成本上升和创新能力不足的问题并存，金融领域存在潜在风险，经济发展和资源环境的矛盾仍然突出。与此同时，我国金融市场各项改革和发展政策措施仍然稳步推进，产品创新不断深化，规范管理进一步加强，金融市场对促进经济结构调整和转型升级的基础性作用进一步发挥。其中，债券发行规模同比增加，公司信用类债券增速有所放缓；银行间市场成交量同比减少，银行间市场债券指数下降；货币市场利率中枢上移明显，国债收益率曲线整体平坦化上移；机构投资者类型更加多元化；商业银行柜台交易量和开户量有所增加；利率衍生产品交易活跃度有所下降；股票市场指数总体下行，市场交易量有所增加。

4.3.3 影响公司业务发展的主要因素

4.3.3.1 有利因素

第一，2013年信托行业信托资产规模达10.91万亿元，同比增幅近40%，稳坐第二把大金融交椅。信托公司的相对优势体现在制度优势和先发优势上。券商、基金、保险等机构在实业领域经验不足，在制度建设、人才培养、信用风险识别等方面尚需时间积累，在投资灵活度方面不如信托公司有优势。

第二，信托公司利用信托制度优势及其在"泛资管"行业的先发优势，其部分创新业务在2013年已经作出了先行试水，如家族信托、土地流转信托等。虽然这些业务的盈利、管理、风险等在业内尚有争议，但是从客户需求角度出发，搭建平台、加强资源联动的操作模式无疑将为信托业打破现有的较为单一的盈利模式，推动可持续发展提供了先行经验。

第三，《关于加强影子银行监管有关问题的通知》(国办发[2013]107号)为原则性监管框架，监管力度并未超出现有监管制度，为信托行业主动管理战略方向的明确提供了必要的制度支持。

4.3.3.2 不利因素

第一，"泛资产管理"政策日益削弱了信托行业的制度红利，加上金融自由化的改革趋势和经济下行周期，使私募融资市场呈现出需求递减、风险递增、竞争加剧的中长期趋势。

第二，集合信托产品高收益优势不再，风险隐患却在扩大。信托"刚性兑付"面临冲击，集合信托产品收益率下滑明显，"类信托"产品抢食导致市场竞争加剧、传统业务开展受阻等。

第三，信托管理资产规模增长导致净资本不足，制度红利被削弱导致信托公司亟需拓宽业务范围。

4.4 内部控制概况

4.4.1 内部控制环境和内部控制文化

公司内部控制遵循以下原则：

一是全面性原则。内部控制覆盖公司的所有部门和岗位，渗透各项业务过程和业务环节。二是审慎性原则。内部控制的核心是有效防范各种风险，公司组织体系的构成、内部管理制度的建立以防范风险、审慎经营为出发点。三是独立性原则。公司内部机构的设置权责分明，各业务部门相对独立，部门之间建立"防火墙"。四是有效性原则。公司内部管理制度具有高度的权威性。五是适时性原则。公司内控制度随着公司经营战略、经营方针、经营理念等内部环境的变化和国家法律法规、政策制度等外部环境的变化进行相应的修改和完善。六是相互制约原则。公司在内部组织结构的设计上形成一种相互制约的机制，建立不同岗位之间的制衡体系。

公司内部控制的主要政策和程序：

一是授权控制。根据业务发展需要，建立相应的权限管理体系，实行法人统一授权和管理。二是岗位分离。明确有关部门分设、有关岗位分离、自营和信托业务人员不相互兼职等。三是资产隔离。对自营资产和信托资产分别管理。四是规范操作。对各项业务制定系统、成文的业务流程和操作指引，实行统一规范的业务标准和操作要求。

4.4.2 组织保障

通过规范法人治理结构、建立内控组织、制定业务运作基本政策和工作流程、完善授权制度、充实内部审计系统等，形成内控制度，主要包括五个层次：

4.4.2.1 董事会

负责建立和完善公司的风险管理体系并保持其有效性，负责督促、检查和评价公司的各项内部控制制度的建立与执行，评价公司经营的主要风险，确定这些风险的可控性和可承受程度，并对其负有最终的责任。

4.4.2.2 监事会

履行程序化的监督检查职能，具体负责监督董事会和经营层相关风险管理制度的执行情况，并形成报告提交股东会审议。

4.4.2.3 风险管理委员会

董事会层面的董事会风险管理委员会侧重宏观、中观的风险管理，履行制定公司风险管理的目标和政策、建立健全公司风险管理体系建设和流程管控程序等职责。业务决策与风险控制委员会作为董事会风险管理委员会下设的经营层面的风险管理机构，侧重微观具体工作，在董事会授权范围内审议公司业务方案及具体项目，对公司经营管理及业务开展过程中的风险防范提出指导意见，审议业务经营管理过程中风险监控的措施，对显现的风险制定化解措施。

4.4.2.4 经营层

经营层负责执行由股东会、董事会批准的年度业务发展计划，履行风险目标设定和资源分配等职能，确定适当的内控政策、各业务系列风险管理的具体目标。公司经营层设立合规与风控执委会，明确其职责为对公司合规与风险管理工作实施全面的组织管理，向总经理办公会和业务决策与风险控制委员会负责。

4.4.2.5　各职能部门和业务管理部门

通过建立合理的业务流程和内部控制制度，明确各部门的职责、部门之间的分工和协作关系。具体为：

合规法律部门负责对全部法律文件的审核，在业务方面提供法律支持；风险管理部门负责对业务风险进行管理，建立风险体系和各类业务流程系统；信托业务托管部门负责信托存续期的日常管理和监控，负责监督、控制信托业务财务运作；稽核审计部门负责完善内部审计流程，定期进行业务全过程管理的检查；计划财务部门负责监督、控制全公司经济效益的落实情况；人力资源部门负责人力资源的配置和管理，考核评价员工风险管理职责的完成情况；研究部门负责公司发展战略的研究及公司信托业务创新平台的建立；

综合管理部门负责公司对外联络、公司形象及宣传和公司内控制度维护，监督公司整个信息系统的安全性和信息流的规范性。

4.4.3　制度保证

本着"规范管理、防范风险"的原则，加强内控制度的建设并不断进行完善，已制定了包括公司治理、业务管理、合规内控、综合管理等在内的类别清晰、体系完整的多项制度，以及实施细则和操作流程，形成较完善的制度保障体系。同时，通过标准合同文本指引方式，规范法律文件，基本形成标准化、规范化、制度化的业务管理体系。为适应业务发展需要，强化制度管理，报告期内按照公司内控制度修订计划，已完成对公司内控制度的全面修订工作，并实施了业务管理流程的优化工作。

4.4.4　流程约束

公司注重执行力管理和程序管理，在既有的五道防范业务风险的"防火墙"的基础上，将每一道"防火墙"继续细化和对接，使业务流程上下环节协调和相互制衡。

一是项目前期尽职调查和内部初审。审慎进行项目前期尽职调查，设立项目组和业务总部的内部初审制筛选项目，切实做好项目的基础调研工作。

二是实行预审会制度，进行严格的法律文件审查。公司设立合规与风险执委会，全面组织和落实公司合规与风险管理工作。同时，由该执委会负责组织项目预审工作，重点把握项目的合规性、资料的完整性、风险揭示的充分性以及中后期管理方案的可行性等内容。实行严格的法律文件审查制度，采取内部法律审查及外部律师相结合的方式，对项目各类法律文本进行严格审查。

三是业务决策与风险控制委员会决策。实行委员问责制的业务决策与风险控制委员会对项目进行综合评判、直接审查，是防范业务风险最重要的环节。

四是财务和风险管理部门在资金拨付前的把关控制、信托业务托管部门对信托项目实行标准化的集中管理。

五是风险管理部门和稽核审计部门的追踪监控和评价预警。严格执行风险控制制度和稽核审计制度，着重对信托项目进行始点管理和过程管理。依据信托项目日常管理及重大事项管理制度、信托财产风险评估制度、信息披露制度及危机处理制度，把控风险控制流程。

4.4.5　信息交流与反馈

公司继续完善综合业务管理系统，从前台信托产品销售、中台项目投资管理到后台财务核算处理的流程控制，实现了数据流、信息流和资金流的共享。公司优化了项目审批及中后期项目管理业务流程系统，该系统针对各个业务环节和操作流程建立了一整套较为规范合理的风险防范和监控功能。公司信息传递路径通畅，各项信息上通下达，交流反馈快捷，确保了公司安全运行和持续发展。

4.4.6　监督评价与纠正机制

公司建立自控、互控、监控三结合的内控机制，对内部控制活动进行检查、评价、监督和纠正。

业务部门对各项业务和项目进行跟踪管理，一旦发现存在问题，及时予以自纠。

风险管理部门按照风险管理的事前严格调查和审查、事中、事后跟踪管理和监控不同阶段的管理特征，规范相应的内部审批、操作和风险管理的程序，细化和完善内控制度，通过制度化、流程化监控、管理信托业务流程的具体执行。

稽核审计部门对业务的各项运作和风险管理进行动态审计和检查，对业务的开展进行合规性检查，并进行有效性评价和风险识别，对相关人员的行为规范进行监督和检查。根据审计的结果撰写审计报告，对被审计项目或信托经理作出客观评价，提出意见或建议，并对内审报告作出的结论和处理意见的执行及整改情况进行后期追踪检查，督促整改落实。

4.5　风险管理

4.5.1　风险管理概况

报告期内公司将全年工作定位于"以风险防控为主线，保证公司稳健运行"，在市场风险不断加大的情况下，坚持进一步完善风险管理架构和风控体系的基础建设，明确了年度风险管理政策和目标，从严管控风险，严守风险底线，全力保证信托财产安全运行，努力做到防风险、保兑付、不出事。

4.5.1.1　进一步强化项目全过程管控，防范发生受托人责任风险

公司着重加强了对项目核心风险的识别与揭示以及提升应急处置能力，健全风险可知、可控、可承受的运行机制，在项目前期尽调、立项启动、审批、运行和中后期管理上强化全过程风险管控。

在项目立项尽调阶段，风险管理部门、法律部门提前介入，将风险监控重点向项目前端延伸，对尽调项目进行复核，通过项目现场实地考察，提前掌握业务动向，在项目交易结构、合规性以及风控措施等多方面进行把关，保证项目进入审议阶段的质量，为立项决策提供了依据。公司加强了对项目基础材料和尽调情况的审慎核查，并采取了对重点标的项目进行现场实地考察，同时聘请专业机构对标的公司进行第三方财务独立审查等方式，加强对项目实质性风险的识别、判断与细节把控，从源头上严格把控风险。同时，通过稽核审计工作对重点项目的全过程介入以及专项重点检查，有效地发挥了内控监督作用，增加了一道防范系统风险的屏障。

在项目存续期的中后期管理阶段，公司随时关注市场和交

易对手变化，每月对存续项目情况进行全面筛查，结合开展的多轮风险排查及对重点项目的持续动态跟踪，使公司对项目风险把控要点更加清晰，项目风险处置更加主动、及时。根据监管要求，公司对即将到期项目由过去提前三个月进入到期管理提前到六个月，逐项跟踪项目进展情况及还款来源，对发现的问题逐一采取应对措施加以完善和补救，较好地履行了公司作为受托人尽责管理信托财产的职责。信托财产托管部门在进一步实现信托业务中后期管理标准化、流程化的基础上，加大了风险监测的力度，发挥了风险提示机制的预警作用。

4.5.1.2　加强舆情监测，防范发生舆情风险

公司全面加强了风险管控的关注面，将声誉风险纳入公司的核心风险、系统性风险的主要内容进行管理。一是将舆情监测内容和职能拓宽，监测载体由网络平台到各类相关媒体，从不同层面和角度开展舆情监测工作；二是产品销售部门与业务部门经常性地组织业务沟通协调会，加强营销端与业务端对存续项目的全方位的信息沟通，防范公司声誉风险；三是进一步细化、落实客户投诉机制，及时解决客户反映的问题，进一步改善了客户服务质量；四是制定了包括舆情监测处置在内的公司重大突发事件应急处置预案，将舆情监测与应急处置机制以制度形式进行有机衔接。

4.5.1.3　完善内控制度体系建设，防范发生合规风险

公司的制度建设始终围绕健全合规风险内控主线进行，根据业务发展和全面实施精细化管理的需求，在2012年基础上，2013年继续完成了内控合规制度的制定和修订工作。制定和重新修订后的制度、流程和指引共计157项，基本覆盖公司业务管理的各个方面，进一步界定和厘清了有关制度及流程相互间的边际，更加适应合规管理和风险内控实际操作的需要。同时，公司就主流业务涉及的信托及交易文件的标准文本进行了全面修订，为规范公司业务运作质量、提高文本质量与审核效率起到了良好的促进作用。合规、法律、风控方面的标准化工作也在推进中。

4.5.1.4　进一步加大信息技术投入，提升业务和管理效能

为适应公司业务发展"大数据"支持及内控管理需求，2013年进一步加大了对中后台管理工作的信息化技术开发投入。围绕确定的信息化建设重点，以财富管理、数据挖掘、信息共享、新业务系统支持为重点工作，加速信息平台开发建设。

4.5.2　风险状况

4.5.2.1　信用风险状况

信用风险主要表现为公司交易对手不能履行合约义务带来的风险，其中包括业务合作伙伴、贷款对象的信用风险，资金往来银行的信用风险，从而导致公司资产价值发生变动、遭受损失的风险。公司自营信用风险资产合计255 504万元，其中正常类信用风险资产为255 504万元，无关注类、次级类、可疑类和损失类资产。不良资产期初数为零，期末数为零，已足额计提资产减值准备。

4.5.2.2　市场风险状况

市场风险主要表现为因市场价格——利率、汇率、股票价格和商品价格等的不利变动而使公司的表内和表外业务发生损失的风险，具体表现为经济运行周期变化风险、金融市场利率波动风险、通货膨胀风险、房地产交易风险、证券市场交易风险、货币市场交易风险等。这些风险的存在不但影响信托财产的价值以及信托收益水平，也会使公司由于资产负债结构不匹配等而导致公司整体的、当前和未来收入的损失。报告期内，公司未发生因市场风险所造成的损失。

4.5.2.3　操作风险状况

操作风险主要是指公司内部控制、系统及运营过程中的错误或疏忽或外部事件可能引起潜在损失的风险，表现在信息系统还不够全面及时，风险评估、风险管理的程序和结构、会计系统还不够完善，以及人员操作不规范和责任心不强等方面。报告期内，公司未发生因操作风险所造成的损失。

4.5.2.4　其他风险状况

其他风险主要是指公司业务开展中的合规风险、政策风险、公司信誉风险、人员道德风险等。报告期内，公司未发生因上述风险所造成的损失。

4.5.3　风险管理

4.5.3.1　信用风险管理

信用风险主要表现为公司交易对手不能履行合约义务带来的风险，其中包括业务合作伙伴、贷款对象的信用风险，资金往来银行的信用风险，从而导致公司资产价值发生变动、遭受损失的风险。为有效规避信用风险，公司主要实施以下风险管理手段：

一是公司通过事前评估、事中控制、事后评价的风险控制体系来防范和规避信用风险。密切结合国家宏观调控政策、产业导向政策和地区经济发展战略，加强对融资对象的运营状况和信用分析；完善业务各环节的责任评议，做到责任到岗、责任考评、责任追究三个环节紧密相扣，环环问责。

二是抵押（质押）品确认的主要原则：抵押（质押）品必须是抵押人所有的或依法有权处分的财产；要求抵押（质押）品所有权人在房产、土地等主管部门办理抵押登记手续；抵押（质押）品价值由公司根据其变现能力并参照法定评估机构的评估价值确定，并在合同中载明；抵押率原则上不超过50%。

三是公司根据财政部《金融企业准备金计提管理办法》（财金[2012]20号）的规定，计提准备金，包括一般准备和相关资产减值准备。一般准备余额原则上不得低于风险资产期末余额的1.5%。

四是公司按不低于净利润5%的比例从税后利润中计提信托赔偿准备。该赔偿准备累计总额达到本公司注册资本的20%时，可不再提取信托赔偿准备金。

2013年公司未发生因信用风险所造成的损失。

4.5.3.2　市场风险管理

市场风险主要表现为因市场价格——利率、汇率、股票价格和商品价格等的不利变动而使公司的表内和表外业务发生损失的风险，具体表现为经济运行周期变化风险、金融市场利率波动风险、通货膨胀风险、房地产交易风险、证券市场交易风险、货币市场交易风险等。这些风险的存在不但影响信托财产的价值以及信托收益水平，也会使公司由于资产负债结构不匹配等而导致公司整体的、当前和未来收入的损失。

公司通过对宏观经济、货币政策、行业政策和利率走势等的分析，进行持续的专项监控；建立完备可靠的管理信息系统识别和量化各种投资组合所面临的风险；制定可能有重大情况发生的应急处置方案。对于利率风险，公司密切关注宏观经济变化，特别是消费物价指数以及社会通货膨胀系数的变动，增强预见性，防范利率调整带来的风险。对于汇率风险，公司随时关

注国际经济动态，观察国家外汇政策的变化并及时采取相应的措施。对于证券投资风险，公司加大市场调研力度，全面了解证券市场及相关金融市场行情，根据市场供求状况及收益与风险情况，及时调整产品策略，避免市场风险。

报告期内公司未发生因市场风险所造成的损失。

4.5.3.3　操作风险管理

操作风险主要是指公司内部控制、系统及运营过程中的错误或疏忽或外部事件可能引起潜在损失的风险，表现在信息系统还不够全面及时，风险评估、风险管理的程序和结构、会计系统还不够完善，以及人员操作不规范和责任心不强等方面。

公司重点加强内控制度和风险管理的落实。风险管理部门严格业务流程管理，加强对操作风险的防控和管理，优化流程，充实、深化内控合规部门的职能；突出抓好重要岗位和薄弱环节管理，界定业务程序，明确岗位职责。运用内部审计和外部审计，保证公司内控制度执行及风险评估的客观性和独立性；集合检查资源，加强对高风险点的监督检查，并通过检查中发现的问题不断完善、修订各项内控制度。通过建立健全培训、考核、考试、激励、淘汰机制，不断提高员工的业务技能。通过不断升级和完善计算机管理系统以及业务操作流程，制定了一系列防范、应对紧急情况的措施。

报告期内公司未发生因操作风险所造成的损失。

4.5.3.4　其他风险管理

公司强化了合法合规经营的制度保障，持续关注法律法规的最新发展，正确理解和准确把握其内涵，并及时对业务程序和操作指引进行梳理和修订；注重员工培训，提高员工的业务技能和风险管理意识；加强职业道德教育，增强员工的工作责任心，提高公司信誉。

报告期内公司未发生因上述风险所造成的损失。

5. 报告期末及上一年度末的比较式会计报表

5.1　自营资产（经审计）

5.1.1　会计师事务所审计结论

审 计 报 告

致同审字（2014）第 110ZB0578 号

北京国际信托有限公司：

我们审计了后附的北京国际信托有限公司（以下简称北京信托公司）财务报表，包括 2013 年 12 月 31 日的合并及公司资产负债表，2013 年度的合并及公司利润表、合并及公司现金流量表、合并所有者权益变动表及公司所有者权益变动表、金融企业国有资本保值增值情况表、资产减值准备情况表以及财务报表附注。

一、管理层对财务报表的责任

编制和公允列报财务报表是北京信托公司管理层的责任，这种责任包括：（1）按照企业会计准则的规定编制财务报表，并使其实现公允反映；（2）设计、执行和维护必要的内部控制，以使财务报表不存在由于舞弊或错误导致的重大错报。

二、注册会计师的责任

我们的责任是在执行审计工作的基础上对财务报表发表审计意见。我们按照中国注册会计师审计准则的规定执行了审计工作。中国注册会计师审计准则要求我们遵守中国注册会计师职业道德守则，计划和执行审计工作以对财务报表是否不存在重大错报获取合理保证。

审计工作涉及实施审计程序，以获取有关财务报表金额和披露的审计证据。选择的审计程序取决于注册会计师的判断，包括对由于舞弊或错误导致的财务报表重大错报风险的评估。在进行风险评估时，注册会计师考虑与财务报表编制和公允列报相关的内部控制，以设计恰当的审计程序，但目的并非对内部控制的有效性发表意见。审计工作还包括评价管理层选用会计政策的恰当性和作出会计估计的合理性，以及评价财务报表的总体列报。

我们相信，我们获取的审计证据是充分、适当的，为发表审计意见提供了基础。

三、审计意见

我们认为，北京信托公司财务报表在所有重大方面按照企业会计准则的规定编制，公允反映了北京信托公司 2013 年 12 月 31 日的合并及公司财务状况以及 2013 年度的合并及公司经营成果和合并及公司现金流量。

致同会计师事务所（特殊普通合伙）　　中国注册会计师

中国注册会计师：李惠琦　卫俏嫔

中国・北京　　二〇一四年三月五日

5.1.2　资产负债表

合并及公司资产负债表

编制单位：北京国际信托有限公司　　2013 年 12 月 31 日　　单位：元

项　目	附注	期末数		期初数	
		合并	公司	合并	公司
资产：					
现金及银行存款	五、1	18 249 677.82	11 773 820.17	34 324 382.35	10 110 617.63
存放中央银行款项					
存放同业款项	五、2	1 289 798 581.78	1 289 798 581.78	1 195 147 278.94	1 195 147 278.94
贵金属					
预付账款	五、3	132 015 086.44	132 015 086.44	141 529 008.48	141 529 008.48
交易性金融资产	五、4	252 122 412.71	252 122 412.71	102 997 807.35	102 997 807.35

续表

项　目	附注	期末数		期初数	
		合并	公司	合并	公司
衍生金融资产					
买入返售金融资产		309 404 594. 00	309 404 594. 00		
应收账款	五、5	10 501 750. 11	10 501 750. 11	19 128 042. 48	19 128 042. 48
应收利息	五、6			8 600 000. 00	8 600 000. 00
其他应收款	五、7	9 482 038. 54	8 492 038. 54	2 024 453. 59	1 034 453. 59
发放贷款和垫款	五、8	785 070 000. 00	785 070 000. 00	448 470 000. 00	448 470 000. 00
可供出售金融资产	五、9	537 210 140. 74	517 210 140. 74	510 230 037. 79	510 230 037. 79
持有至到期投资	五、10	523 000 000. 00	523 000 000. 00	694 780 000. 00	694 780 000. 00
长期股权投资	五、11	322 832 593. 33	348 974 969. 68	315 010 349. 91	341 054 969. 68
投资性房地产					
固定资产原价	五、12	41 900 573. 55	41 900 573. 55	32 611 361. 54	32 611 361. 54
减:累计折旧	五、12	17 887 378. 37	17 887 378. 37	13 207 447. 14	13 207 447. 14
固定资产净值	五、12	24 013 195. 18	24 013 195. 18	19 403 914. 40	19 403 914. 40
减:固定资产减值准备					
固定资产净额	五、12	24 013 195. 18	24 013 195. 18	19 403 914. 40	19 403 914. 40
工程物资					
在建工程					
固定资产清理					
无形资产	五、13	3 202 143. 94	3 202 143. 94	3 393 874. 27	3 393 874. 27
长期待摊费用					
V 递延所得税资产	五、14	868 964. 04	929 214. 04	6 630 482. 10	6 690 732. 10
其他资产					
资产总计		4 217 771 178. 63	4 216 507 947. 33	3 501 669 631. 66	3 502 570 736. 71

企业负责人:李民吉　　主管会计工作负责人:吴京林　　会计机构负责人:魏东华

合并及公司资产负债表(续)

编制单位:北京国际信托有限公司　　2013 年 12 月 31 日　　单位:元

项　目	附注	期末数		期初数	
		合并	公司	合并	公司
负债:					
向中央银行借款					
同业及其他金融机构存放款项					
拆入资金					
交易性金融负债					
衍生金融负债					
卖出回购金融资产款					
应付账款					
应付职工薪酬	五、16	163 073 084. 77	163 073 084. 77	80 292 177. 41	80 292 177. 41
应交税费	五、17	149 311 664. 28	148 655 432. 28	134 004 271. 55	133 978 443. 55
应付利息					
应付股利	五、18				
预收账款					
其他应付款	五、19	7 975 260. 32	7 975 260. 32	7 306 107. 55	7 306 107. 55
递延所得税负债		2 412 736. 32	2 412 736. 32		
预计负债					
其他负债					
负债合计		322 772 745. 69	322 116 513. 69	221 602 556. 51	221 576 728. 51
所有者权益:					
实收资本	五、20	1 400 000 000. 00	1 400 000 000. 00	1 400 000 000. 00	1 400 000 000. 00
国家资本					
集体资本					
法人资本	五、20	1 120 200 000. 00	1 120 200 000. 00	1 120 200 000. 00	1 120 200 000. 00

续表

项　目	附注	期末数		期初数	
		合并	公司	合并	公司
其中：国有法人资本	五、20	926 200 000. 00	926 200 000. 00	926 200 000. 00	926 200 000. 00
集体法人资本					
个人资本					
外商资本	五、20	279 800 000. 00	279 800 000. 00	279 800 000. 00	279 800 000. 00
资本公积	五、21	2 775 739. 07	2 775 739. 07	−2 679 686. 32	−2 679 686. 32
减：库存股					
盈余公积	五、22	398 906 696. 80	398 906 696. 80	317 112 496. 80	317 112 496. 80
一般风险准备	五、23	54 521 519. 41	54 521 519. 41	50 598 369. 69	50 598 369. 69
信托赔偿准备	五、24	330 000 000. 00	330 000 000. 00	330 000 000. 00	330 000 000. 00
未分配利润	五、25	1 708 794 477. 66	1 708 187 478. 36	1 185 035 894. 98	1 185 962 828. 03
外币报表折算差额					
归属于母公司权益合计		3 894 998 432. 94	3 894 391 433. 64	3 280 067 075. 15	3 280 994 008. 20
少数股东权益					
所有者权益合计		3 894 998 432. 94	3 894 391 433. 64	3 280 067 075. 15	3 280 994 008. 20
负债及所有者权益总计		4 217 771 178. 63	4 216 507 947. 33	3 501 669 631. 66	3 502 570 736. 71

企业负责人：李民吉　　主管会计工作负责人：吴京林　　会计机构负责人：魏东华

5. 1. 3　利润表

合并及公司利润表

编制单位：北京国际信托有限公司　　2013 年度　　单位：元

项　目	附注	本期金额		上期金额	
		合并	公司	合并	公司
一、营业收入		1 522 016 769. 92	1 519 798 251. 26	1 314 202 236. 23	1 315 291 854. 00
利息净收入	五、26	179 670 561. 78	179 626 359. 25	155 512 787. 58	155 406 399. 58
利息收入	五、26	179 670 561. 78	179 626 359. 25	155 581 037. 58	155 474 649. 58
利息支出	五、26			68 250. 00	68 250. 00
手续费及佣金净收入	五、27	1 194 706 534. 55	1 192 457 607. 05	1 033 915 422. 52	1 033 915 808. 52
手续费及佣金收入	五、27	1 231 958 108. 39	1 229 708 108. 39	1 065 165 066. 20	1 065 165 066. 20
手续费及佣金支出	五、27	37 251 573. 84	37 250 501. 34	31 249 643. 68	31 249 257. 68
投资收益/损失	五、28	115 295 373. 02	115 369 984. 39	129 622 347. 98	130 817 967. 75
其中：对联营企业和合营企业的投资收益/损失					
公允价值变动收益/损失	五、29	25 491 311. 66	25 491 311. 66	−11 173 678. 27	−11 173 678. 27
汇兑收益/损失		−55 844. 70	−55 844. 70	267. 30	267. 30
其他业务收入	五、30	6 908 833. 61	6 908 833. 61	6 325 089. 12	6 325 089. 12
二、营业支出		410 907 510. 23	410 766 820. 23	365 610 163. 38	365 603 073. 38
营业税金及附加	五、31	76 283 405. 17	76 157 405. 17	67 213 873. 95	67 213 873. 95
业务及管理费		331 155 910. 19	331 141 220. 19	291 446 043. 37	291 443 353. 37
资产减值损失	五、32	3 468 194. 87	3 468 194. 87	3 550 246. 06	3 545 846. 06
其他业务成本				3 400 000. 00	3 400 000. 00
三、营业利润		1 111 109 259. 69	1 109 031 431. 03	948 592 072. 85	949 688 780. 62
加：营业外收入	五、33	8 881 503. 53	8 881 503. 53	17 094 261. 84	17 094 261. 84
减：营业外支出	五、34	3 008 032. 27	3 008 032. 27	2 609 712. 85	2 609 712. 85
四、利润总额		1 116 982 730. 95	1 114 904 902. 29	963 076 621. 84	964 173 329. 61
减：所得税费用	五、35	297 506 798. 55	296 962 902. 24	242 869 063. 10	242 769 335. 10
五、净利润		819 475 932. 40	817 942 000. 05	720 207 558. 74	721 403 994. 51
归属于母公司所有者的净利润		819 475 932. 40	817 942 000. 05	720 207 558. 74	721 403 994. 51
少数股东损益					
六、每股收益					
（一）基本每股收益					
（二）稀释每股收益					
七、其他综合收益	五、36	5 455 425. 39	5 455 425. 39	2 019 576. 88	2 019 576. 88
八、综合收益总额		824 931 357. 79	823 397 425. 44	722 227 135. 62	723 423 571. 39
归属于母公司的综合收益总额		824 931 357. 79	823 397 425. 44	722 227 135. 62	723 423 571. 39
归属于少数股东的综合收益总额					

企业负责人：李民吉　　主管会计工作负责人：吴京林　　会计机构负责人：魏东华

5.1.4 所有者权益变动表

合并所有者权益变动表

编制单位:北京国际信托有限公司　　2012 年度　　单位:元

项　目	本期金额									
	归属于母公司所有者权益								少数股东权益	所有者权益合计
	实收资本	资本公积	减:库存股	盈余公积	一般风险准备	信托赔偿准备	未分配利润	外币报表折算差额		
一、上年年末余额	1 400 000 000.00	−2 679 686.32	—	317 112 496.80	50 598 369.69	330 000 000.00	1 185 035 894.98	—	—	3 280 067 075.15
加:会计政策变更		—								
前期差错更正		—								
其他		—								
二、本年年初余额	1 400 000 000.00	−2 679 686.32	—	317 112 496.80	50 598 369.69	330 000 000.00	1 185 035 894.98	—	—	3 280 067 075.15
三、本年增减变动金额(减少以"−"号填列)	—	5 455 425.39	—	81 794 200.00	3 923 149.72	—	523 758 582.68	—	—	614 931 357.79
(一)净利润	819 475 932.40	819 475 932.40								
(二)直接计入所有者权益的利得和损失	—	5 455 425.39	—	—	—	—	—	—	—	5 455 425.39
1. 可供出售金融资产公允价值变动净额	7 273 900.52	7 273 900.52								
2. 权益法下被投资单位其他所有者权益变动的影响		—								
3. 与计入所有者权益项目相关的所得税影响	−1 818 475.13	−1 818 475.13								
4. 其他		—								
净利润及直接计入所有者权益的利得和损失小计	—	5 455 425.39	—	—	—	—	819 475 932.40	—	—	824 931 357.79
(三)所有者投入和减少资本(减少)	—	—	—	—	—	—	—	—	—	—
1. 所有者投入资本		—								
2. 股份支付计入所有者权益的金额		—								
3. 其他		—								
(四)利润分配(减少)	—	—	—	81 794 200.00	3 923 149.72	—	−295 717 349.72	—	—	−210 000 000.00
1. 提取盈余公积	81 794 200.00	−81 794 200.00		—						
2. 提取一般风险准备	3 923 149.72	−3 923 149.72		—						
3. 提取信托赔偿准备	—		—							
4. 所有者的分配	−210 000 000.00	−210 000 000.00								
5. 其他		—								
(五)所有者权益内部结转(减少)	—	—	—	—	—	—	—	—	—	—
1. 资本公积转增资本		—								
2. 盈余公积转增资本		—								
3. 盈余公积弥补亏损		—								
4. 一般风险准备弥补亏损		—								
5. 其他		—								
(六)其他		—								
四、本年末余额	1 400 000 000.00	2 775 739.07	—	398 906 696.80	54 521 519.41	330 000 000.00	1 708 794 477.66	—	—	3 894 998 432.94

企业负责人:李民吉　　主管会计工作负责人:吴京林　　会计机构负责人:魏东华

合并所有者权益变动表(续)

编制单位:北京国际信托有限公司　　2013 年度　　单位:元

项目	上期金额									
	归属于母公司所有者权益								少数股东权益	所有者权益合计
	实收资本	资本公积	减:库存股	盈余公积	一般风险准备	信托赔偿准备	未分配利润	外币报表折算差额		
一、上年年末余额	1 400 000 000.00	-4 699 263.20	—	244 972 097.35	19 779 228.82	330 000 000.00	777 787 876.56	2 767 839 939.53		
加:会计政策变更	—									
前期差错更正	—									
其他	—									
二、本年年初余额	1 400 000 000.00	-4 699 263.20	—	244 972 097.35	19 779 228.82	330 000 000.00	777 787 876.56	—	—	2 767 839 939.53
三、本年增减变动金额(减少以"-"号填列)	—	2 019 576.88	—	72 140 399.45	30 819 140.87	—	407 248 018.42	—	—	512 227 135.62
(一)净利润	720 207 558.74	720 207 558.74								
(二)直接计入所有者权益的利得和损失	—	2 019 576.88	—	—	—	—	—	—	—	2 019 576.88
1. 可供出售金融资产公允价值变动净额	2 692 769.17	2 692 769.17								
2. 权益法下被投资单位其他所有者权益变动的影响	—									
3. 与计入所有者权益项目相关的所得税影响	-673 192.29	-673 192.29								
4. 其他	—	—								
净利润及直接计入所有者权益的利得和损失小计	2 019 576.88	—	—	—	—	720 207 558.74	—	—	722 227 135.62	
(三)所有者投入和减少资本(减少)	—	—	—	—	—	—	—	—	—	—
1. 所有者投入资本	—									
2. 股份支付计入所有者权益的金额	—									
3. 其他	—									
(四)利润分配(减少)	—	—	—	72 140 399.45	30 819 140.87	—	-312 959 540.32	—	—	-210 000 000.00
1. 提取盈余公积	72 140 399.45	-72 140 399.45	—							
2. 提取一般风险准备	30 819 140.87	-30 819 140.87	—							
3. 提取信托赔偿准备	—	—								
4. 所有者的分配	-210 000 000.00	-210 000 000.00								
5. 其他	—									
(五)所有者权益内部结转(减少)	—	—	—	—	—	—	—	—	—	
1. 资本公积转增资本	—									
2. 盈余公积转增资本	—									
3. 盈余公积弥补亏损	—									
4. 一般风险准备弥补亏损	—									
5. 其他	—									
(六)其他	—									
四、本年年末余额	1 400 000 000.00	-2 679 686.32	—	317 112 496.80	50 598 369.69	330 000 000.00	1 185 035 894.98	—	—	3 280 067 075.15

企业负责人:李民吉　　主管会计工作负责人:吴京林　　会计机构负责人:魏东华

公司所有者权益变动表

编制单位:北京国际信托有限公司　　2013 年度　　单位:元

项　目	本期金额								
	实收资本	资本公积	减:库存股	盈余公积	一般风险准备	信托赔偿准备	未分配利润	外币报表折算差额	所有者权益合计
一、上年年末余额	1 400 000 000. 00	−2 679 686. 32	—	317 112 496. 80	50 598 369. 69	330 000 000. 00	1 185 962 828. 03	—	3 280 994 008. 20
加:会计政策变更									—
前期差错更正									—
其他									—
二、本年年初余额	1 400 000 000. 00	−2 679 686. 32	—	317 112 496. 80	50 598 369. 69	330 000 000. 00	1 185 962 828. 03	—	3 280 994 008. 20
三、本年增减变动金额(减少以"−"号填列)	—	5 455 425. 39	—	81 794 200. 00	3 923 149. 72	—	522 224 650. 33	—	613 397 425. 44
(一)净利润							817 942 000. 05		817 942 000. 05
(二)直接计入所有者权益的利得和损失	—	5 455 425. 39	—	—	—	—	—	—	5 455 425. 39
1. 可供出售金融资产公允价值变动净额		7 273 900. 52							7 273 900. 52
2. 权益法下被投资单位其他所有者权益变动的影响									—
3. 与计入所有者权益项目相关的所得税影响		−1 818 475. 13							−1 818 475. 13
4. 其他									—
净利润及直接计入所有者权益的利得和损失小计	—	5 455 425. 39	—	—	—	—	817 942 000. 05	—	823 397 425. 44
(三)所有者投入和减少资本(减少)	—	—	—	—	—	—	—	—	—
1. 所有者投入资本									—
2. 股份支付计入所有者权益的金额									—
3. 其他									—
(四)利润分配(减少)	—	—	—	81 794 200. 00	3 923 149. 72	—	−295 717 349. 72	—	−210 000 000. 00
1. 提取盈余公积				81 794 200. 00			−81 794 200. 00		—
2. 提取一般风险准备					3 923 149. 72		−3 923 149. 72		—
3. 提取信托赔偿准备							—		—
4. 所有者的分配							−210 000 000. 00		−210 000 000. 00
5. 其他									—
(五)所有者权益内部结转(减少)	—	—	—	—	—	—	—	—	—
1. 资本公积转增资本									—
2. 盈余公积转增资本									—
3. 盈余公积弥补亏损									—
4. 一般风险准备弥补亏损									—
5. 其他									—
(六)其他									—
四、本年末余额	1 400 000 000. 00	2 775 739. 07	—	398 906 696. 80	54 521 519. 41	330 000 000. 00	1 708 187 478. 36	—	3 894 391 433. 64

企业负责人:李民吉　　主管会计工作负责人:吴京林　　会计机构负责人:魏东华

公司所有者权益变动表（续）

编制单位：北京国际信托有限公司　　2013 年度　　单位：元

项　目	上期金额								
	实收资本	资本公积	减：库存股	盈余公积	一般风险准备	信托赔偿准备	未分配利润	外币报表折算差额	所有者权益合计
一、上年年末余额	1 400 000 000. 00	-4 699 263. 20	—	244 972 097. 35	19 779 228. 82	330 000 000. 00	777 518 373. 84	—	2 767 570 436. 81
加：会计政策变更									—
前期差错更正									—
其他									—
二、本年年初余额	1 400 000 000. 00	-4 699 263. 20	—	244 972 097. 35	19 779 228. 82	330 000 000. 00	777 518 373. 84	—	2 767 570 436. 81
三、本年增减变动金额（减少以"－"号填列）	—	2 019 576. 88	—	72 140 399. 45	30 819 140. 87	—	408 444 454. 19	—	513 423 571. 39
（一）净利润							721 403 994. 51		721 403 994. 51
（二）直接计入所有者权益的利得和损失	—	2 019 576. 88	—	—	—	—	—	—	2 019 576. 88
1. 可供出售金融资产公允价值变动净额		2 692 769. 17							2 692 769. 17
2. 权益法下被投资单位其他所有者权益变动的影响									—
3. 与计入所有者权益项目相关的所得税影响		-673 192. 29							-673 192. 29
4. 其他	—								—
净利润及直接计入所有者权益的利得和损失小计		2 019 576. 88	—	—	—	—	721 403 994. 51	—	723 423 571. 39
（三）所有者投入和减少资本（减少）	—	—	—	—	—	—	—	—	—
1. 所有者投入资本									—
2. 股份支付计入所有者权益的金额									—
3. 其他									—
（四）利润分配（减少）	—	—	—	72 140 399. 45	30 819 140. 87	—	-312 959 540. 32	—	-210 000 000. 00
1. 提取盈余公积				72 140 399. 45			-72 140 399. 45		—
2. 提取一般风险准备					30 819 140. 87		-30 819 140. 87		—
3. 提取信托赔偿准备							—		—
4. 所有者的分配							-210 000 000. 00		-210 000 000. 00
5. 其他									—
（五）所有者权益内部结转（减少）	—	—	—	—	—	—	—	—	—
1. 资本公积转增资本									—
2. 盈余公积转增资本									—
3. 盈余公积弥补亏损									—
4. 一般风险准备弥补亏损									—
5. 其他									—
（六）其他									—
四、本年末余额	1 400 000 000. 00	-2 679 686. 32	—	317 112 496. 80	50 598 369. 69	330 000 000. 00	1 185 962 828. 03	—	3 280 994 008. 20

企业负责人：李民吉　　主管会计工作负责人：吴京林　　会计机构负责人：魏东华

5.2 信托资产

5.2.1 信托项目资产负债汇总表

信托项目资产负债表汇总

编制单位:北京国际信托有限公司　　2013 年 12 月 31 日　　单位:万元

信托资产	期初数	期末数	信托负债和信托权益	期初数	期末数
信托资产:			信托负债:		
货币资金	671 442.05	306 535.60	交易性金融负债	—	—
拆出资金	—	—	衍生金融负债	—	—
存出保证金	70 642.91	31 632.21	应付受托人报酬	3 778.19	6 674.03
交易性金融资产	2 967 291.69	3 450 852.33	应付托管费	672.85	1 137.69
衍生金融资产	—	—	应付受益人收益	2 991.51	7 430.80
买入返售金融资产	426 007.04	669 313.28	应交税费	3.92	22.66
应收款项	147 651.57	184 623.25	应付销售服务费	90.89	669.48
发放贷款	875 404.26	1 529 183.37	其他应付款项	41 173.28	25 500.61
可供出售金融资产	1 587 985.01	558 386.11	预计负债	—	—
持有至到期投资	2 663 020.89	2 870 163.34	其他负债	—	—
长期应收款	110 646.72	27 445.35	信托负债合计	48 710.65	41 435.27
长期股权投资	2 800 419.49	2 659 152.26		—	—
投资性房地产	—	—	信托权益:	—	—
固定资产	—	—	实收信托	11 345 250.29	12 052 417.60
无形资产	—	118 365.26	资本公积	729 056.74	265 065.28
长期待摊费用	—	—	损益平准金	—	—
其他资产	42 838.00	29 143.00	未分配利润	240 331.94	75 877.23
减:各项资产减值准备	—	—	信托权益合计	12 314 638.98	12 393 360.11
信托资产总计	12 363 349.62	12 434 795.38	信托负债及信托权益总计	12 363 349.62	12 434 795.38

会计机构负责人:黄明芳　　复核:孟广杰　　制表:马政毅

5.2.2 信托项目资产负债汇总表

信托项目利润及利润分配汇总表

2013 年 12 月

编制单位:北京国际信托有限公司　　单位:万元

项目	本年数	上年数
1. 营业收入	808 178.06	1 181 087.75
1.1 利息收入	373 745.08	287 249.20
1.2 投资收益(损失以"-"号填列)	418 067.75	669 334.35
1.2.1 其中:对联营企业和合营企业的投资收益	—	0.00
1.3 公允价值变动收益(损失以"-"号填列)	-78 762.05	153 919.44
1.4 租赁收入	9 223.61	6 946.43
1.5 汇兑损益(损失以"-"号填列)	—	—
1.6 其他收入	85 903.68	63 638.33
2. 支出	211 785.94	184 541.53
2.1 营业税金及附加	8 224.31	5 955.04
2.2 受托人报酬	124 931.20	99 529.46
2.3 托管费	14 425.48	13 407.18
2.4 投资管理费	16 170.03	7 799.46
2.5 销售服务费	8 528.33	17 574.83
2.6 交易费用	6 391.77	7 624.38
2.7 资产减值损失	—	—

续表

项目	本年数	上年数
2.8 其他费用	33 114.82	32 651.18
3. 信托净利润(净亏损以"-"号填列)	596 392.13	996 546.22
4. 其他综合收益	—	—
5. 综合收益	596 392.13	996 546.22
6. 加:期初未分配信托利润	240 331.94	179 842.54
7. 可供分配的信托利润	836 724.07	1 176 388.76
8. 减:本期已分配信托利润	760 846.84	936 056.82
9. 期末未分配信托利润	75 877.23	240 331.94

会计机构负责人:黄明芳　　复核:孟广杰　　制表:马政毅

6. 会计报表附注

6.1 简要说明报告年度会计报表编制基准、会计政策、会计估计和核算方法发生的变化

6.1.1 计提资产减值准备的范围和方法

根据财政部《金融企业准备金计提管理办法》(财金[2012]20 号)的规定,公司计提一般准备和资产减值准备。原则上,一般准备余额不得低于风险资产期末余额的 1.5%。公司按《中国银行业监督管理委员会关于非银行金融机构全面推行资产质量五级分类管理的通知》(银监发[2004]4 号)实行

以风险为基础的五级分类，按资产风险特征划分为若干组合，计提资产减值准备，包括贷款损失准备、坏账准备和长期投资减值准备。各项组合计提比例如下：

风险程度	计提比例(%)
正常类	1
关注类	2
次级类	25
可疑类	50
损失类	100

6.1.2　金融资产四分类的范围和标准

公司的金融资产于初始确认时分为以下四类：以公允价值计量且其变动计入当期损益的金融资产、持有至到期投资、贷款和应收款项、可供出售金融资产。金融资产在初始确认时以公允价值计量。对于以公允价值计量且其变动计入当期损益的金融资产，相关交易费用直接计入当期损益，其他类别的金融资产相关交易费用计入其初始确认金额。

6.1.3　交易性金融资产核算方法

交易性金融资产是指满足下列条件之一的金融资产：(1)取得该金融资产的目的，主要是为了近期内出售；(2)初始确认时即属于进行集中管理的、可辨认金融工具组合的一部分，且有客观证据表明本公司近期采用短期获利方式对该组合进行管理；(3)属于衍生工具，但是被指定且为有效套期工具的衍生工具、属于财务担保合同的衍生工具、与在活跃市场中没有报价且其公允价值不能可靠计量的权益工具投资挂钩并须通过交付该权益工具结算的衍生工具除外。

交易性金融资产采用公允价值进行后续计量，公允价值变动形成的利得或损失以及与该等金融资产相关的股利和利息收入计入当期损益。

本公司交易性金融资产主要包括从二级市场购入的股票、债券和基金以及从一级市场通过网上配售方式认购的新股等。

6.1.4　可供出售金融资产核算方法

可供出售金融资产是指初始确认时即指定为可供出售的非衍生金融资产，以及除上述金融资产类别以外的金融资产。可供出售金融资产采用公允价值进行后续计量，其折溢价采用实际利率法摊销并确认为利息收入。除减值损失及外币货币性金融资产的汇兑差额确认为当期损益外，可供出售金融资产的公允价值变动确认为其他综合收益并计入资本公积，在该金融资产终止确认时转出，计入当期损益。可供出售金融资产持有期间取得的利息及被投资单位宣告发放的现金股利，分别计入利息收入和投资收益。

本公司将从一级市场通过网下配售方式认购的锁定期三个月(含)以上的新股、认购的封闭期三个月(含)以上的开放式基金，持有上市公司限售股权且对上市公司不具有控制、共同控制或重大影响的，持有非上市公司的股权或股权收益权且不具有控制、共同控制或重大影响的划分为可供出售金融资产。

对于在活跃市场中没有报价且其公允价值不能可靠计量的权益工具投资，以及与该权益工具挂钩并须通过交付该权益工具结算的衍生金融资产，按成本计量。

6.1.5　持有至到期投资核算方法

持有至到期投资是指到期日固定、回收金额固定或可确定，且公司有明确意图和能力持有至到期的非衍生金融资产。对于此类金融资产，采用实际利率法、按照摊余成本进行后续计量，其终止确认、发生减值或摊销产生的利得或损失，均计入当期损益。

6.1.6　长期股权投资核算方法

6.1.6.1　投资成本确定

本公司长期股权投资在取得时按投资成本计量。投资成本一般为取得该项投资而付出的资产、发生或承担的负债以及发行的权益性证券的公允价值，并包括直接相关费用。但同一控制下的企业合并形成的长期股权投资，其投资成本为合并日取得的被合并方所有者权益的账面价值份额。

6.1.6.2　后续计量及损益确认方法

本公司能够对被投资单位实施控制的长期股权投资，以及对被投资单位不具有共同控制或重大影响，且在活跃市场中没有报价、公允价值不能可靠计量的长期股权投资采用成本法核算；对被投资单位具有共同控制或重大影响的长期股权投资，采用权益法核算。

采用成本法核算的长期股权投资，除取得投资时实际支付的价款或对价中包含的已宣告但尚未发放的现金股利或利润外，被投资单位宣告分派的现金股利或利润确认为投资收益，计入当期损益。

本公司长期股权投资采用权益法核算时，对长期股权投资投资成本大于投资时应享有被投资单位可辨认净资产公允价值份额的，不调整长期股权投资的投资成本；对长期股权投资投资成本小于投资时应享有被投资单位可辨认净资产公允价值份额的，对长期股权投资的账面价值进行调整，差额计入投资当期的损益。

本公司在按权益法对长期股权投资进行核算时，先对被投资单位的净利润进行取得投资时被投资单位各项可辨认资产等的公允价值、会计政策和会计期间方面的调整，再按应享有或应分担的被投资单位的净损益份额确认当期投资损益。

本公司与联营企业及合营企业之间发生的未实现内部交易损益按照持股比例计算归属于本公司的部分，在抵销基础上确认投资损益。

对于2007年1月1日之前已经持有的对联营企业及合营企业的长期股权投资，如存在与该投资相关的股权投资借方差额，还应扣除按原剩余期限直线法摊销的股权投资借方差额，确认投资损益。

6.1.6.3　确定对被投资单位具有共同控制、重大影响的依据

共同控制是指按照合同约定对某项经济活动所共有的控制，仅在与该项经济活动相关的重要财务和经营决策需要分享控制权的投资方一致同意时存在。其中，控制是指有权决定一个企业的财务和经营政策，并能据以从该企业的经营活动中获取利益。重大影响是指对一个企业的财务和经营政策有参与决策的权力，但并不能够控制或者与其他方一起共同控制这些政策的制定。在确定能否对被投资单位实施控制或施加重大影响时，已考虑投资企业和其他方持有的被投资单位当期可转换公司债券、当期可执行认股权证等潜在表决权因素。

当本公司直接或通过子公司间接拥有被投资单位20%(含)以上但低于50%的表决权股份时,除非有明确证据表明该种情况下不能参与被投资单位的生产经营决策、不形成重大影响外,均确定对被投资单位具有重大影响;本公司拥有被投资单位20%以下的表决权股份时,一般不认为对被投资单位具有重大影响,除非有明确证据表明该种情况下能够参与被投资单位的生产经营决策,形成重大影响。

6.1.6.4 减值测试方法及减值准备计提方法

本公司对于持有的有市价的长期股权投资单独进行减值测试,计提长期股权投资减值准备。对于持有的有市价的长期股权投资,本公司根据下列迹象判断是否应当计提长期股权投资减值准备:对于市价持续两年低于账面价值、该项投资暂停交易一年以上,被投资单位当年发生严重亏损,被投资单位持续两年发生亏损,被投资单位进行清理整顿、清算或出现其他不能持续经营等迹象,导致可收回金额低于其账面价值的长期股权投资,按其可收回金额低于账面价值的差额计提长期股权投资减值准备。

6.1.7 固定资产计价和折旧方法

6.1.7.1 固定资产的确认条件

公司固定资产是指为生产商品、提供劳务、出租或经营管理而持有的,使用寿命超过一个会计年度的有形资产。

与该固定资产有关的经济利益很可能流入企业,并且该固定资产的成本能够可靠地计量时,固定资产才能予以确认。

公司固定资产按照取得时的实际成本进行初始计量。

6.1.7.2 固定资产分类及折旧政策

公司采用年限平均法计提折旧。固定资产自达到预定可使用状态时开始计提折旧,终止确认时或划分为持有待售非流动资产时停止计提折旧。在不考虑减值准备的情况下,按固定资产类别、预计使用寿命和预计残值,公司确定各类固定资产的年折旧率。

固定资产类别	使用年限(年)	残值率(%)	年折旧率(%)
房屋及建筑物	30~45	3	2.16~3.23
机器设备	10	3	9.70
运输设备	6	3	16.17
电子及其他设备	3~6	3	16.17~32.33

其中,已计提减值准备的固定资产,按扣除已计提的固定资产减值准备累计金额计算确定折旧率。

6.1.8 无形资产计价及摊销政策

公司无形资产按照成本进行初始计量,并于取得无形资产时分析判断其使用寿命。使用寿命为有限的,自无形资产可供使用时起,采用能反映与该资产有关的经济利益的预期实现方式的摊销方法,在预计使用年限内摊销;无法可靠确定预期实现方式的,采用直线法摊销;使用寿命不确定的无形资产,不做摊销。

公司于每年年度终了,对使用寿命有限的无形资产的使用寿命及摊销方法进行复核。与以前估计不同的,调整原先估计数,并按会计估计变更处理。

公司期末预计某项无形资产已经不能给企业带来未来经济利益的,将该项无形资产的账面价值全部转入当期损益。

6.1.9 收入确认原则和方法

营业收入是公司在开展日常业务活动过程中所取得的各项收入,主要包括利息净收入、手续费及佣金净收入、投资收益、公允价值变动收益、汇兑收益及其他业务收入。

在相关的经济利益能够流入及收入的金额能够可靠地计量时,公司确认收入。

6.1.9.1 利息净收入

公司利息净收入是利息收入与利息支出的差额。公司利息收入主要为贷款利息收入、金融企业往来存款利息收入及拆借利息收入。

利息收入按照实际利率法确认。实际利率法是指按照金融资产或金融负债的实际利率计算其摊余成本及各期利息收入或利息支出的方法。实际利率是指将金融资产或金融负债在预期存续期间或适用的更短期间内的未来现金流量,折现为该金融资产或金融负债当前账面价值所使用的利率。在确定实际利率时,公司在考虑金融资产或金融负债所有合同条款的基础上预计未来现金流量,但不考虑未来信用损失。公司支付或收取的、属于实际利率组成部分的各项收费、交易费用及溢价或折价等,在确定实际利率时予以考虑。

贷款利息按期计提并确认。自结息日起,逾期90天(含)以内的应收未收利息,计入当期损益;贷款利息逾期90天以上,无论该贷款本金是否逾期,发生的应收未收利息均不再计入当期损益,在表外核算,实际收回时再计入损益。对已经纳入损益的应收未收利息,在其贷款本金或应收利息逾期超过90天(不含)以后,相应冲减利息收入。

金融企业往来存款利息收入在收到存款银行结息通知单时确认存款利息收入。

拆借利息收入按让渡资金使用权的时间和适用利率计算确定。

公司利息支出主要为拆借利息支出。拆借利息支出按让渡资金使用权的时间和适用利率计算确定。

6.1.9.2 手续费及佣金净收入

公司手续费及佣金净收入是手续费及佣金收入与手续费及佣金支出的差额。

手续费及佣金收入按权责发生制原则在提供相关服务时确认。

公司手续费及佣金收入主要为信托报酬收入、咨询业务收入等。

公司信托报酬收入主要包括佣金收入和转让手续费收入等。信托报酬收入依据信托文件规定或信托合同约定的计提方法和计提标准计算确认并由信托项目承担。其中,佣金收入按照信托产品集中的信托资金比例计算并在提供相关服务时确认,转让手续费收入在提供转让业务服务时确认。

公司咨询业务收入在提供金融咨询服务的结果能够可靠估计的情况下,按合同或协议约定确认。

公司其他服务收入(包括见证业务收入等)在提供服务的结果能够可靠估计的情况下,按合同或协议约定确认。

公司手续费及佣金支出主要为银行业务手续费支出、代理业务手续费支出及佣金支出等。公司按权责发生制原则确认和计量手续费及佣金支出。

6.1.9.3 投资收益

公司投资收益分为持有金融工具产生的投资收益和持有长期股权投资产生的投资收益。

对于持有金融工具产生的投资收益，公司根据持有金融工具的不同，按对应金融工具的确认和计量标准确认投资收益。

对于长期股权投资，在采用成本法核算时，当被投资单位宣告发放现金股利或分派利润时，公司确认投资收益；在采用权益法核算时，根据被投资单位实现的净利润或经调整后的净利润计算应享有的份额，确认投资收益；出售或处置长期股权投资时，按所获得的收入与投资账面价值之间的差额确认投资收益。

6.1.10 所得税的会计处理方法

所得税包括当期所得税和递延所得税。除由于企业合并产生的调整商誉，或与直接计入所有者权益的交易或者事项相关的递延所得税计入所有者权益外，均作为所得税费用计入当期损益。

当期所得税是按照当期应纳税所得额计算的当期应交所得税金额。应纳税所得额系根据有关税法规定对本年度税前会计利润做相应调整后得出。

公司根据资产、负债于资产负债表日的账面价值与计税基础之间的暂时性差异，采用资产负债表债务法确认递延所得税。

于资产负债表日，公司对递延所得税资产和递延所得税负债，按照预期收回该资产或清偿该负债期间的适用税率计量，并反映资产负债表日预期收回资产或清偿负债方式的所得税影响。

于资产负债表日，公司对递延所得税资产的账面价值进行复核。如果未来期间很可能无法获得足够的应纳税所得额用于抵扣递延所得税资产的利益，减记递延所得税资产的账面价值；在很可能获得足够的应纳税所得额时，减记的金额予以转回。

6.1.11 信托报酬确认原则和方法

信托报酬确认原则和方法见6.1.9.2。

6.2 或有事项说明

公司对外担保及其他或有事项的期初数、期末数及其对公司存在的影响

无。

6.3 重要资产转让及其出售的说明

无。

6.4 会计报表中重要项目的明细资料

6.4.1 披露自营资产经营情况

6.4.1.1 按信用风险资产五级分类结果披露信用风险资产的期初数、期末数

信用风险资产五级分类	正常类（万元）	关注类（万元）	次级类（万元）	可疑类（万元）	损失类（万元）	信用风险资产合计（万元）	不良资产合计（万元）	不良资产率（%）
期初数	185 397	0	0	0	0	185 397	0	0
期末数	255 504	0	0	0	0	255 504	0	0

注：不良资产合计＝次级类＋可疑类＋损失类。

6.4.1.2 各项资产减值损失准备的期初数、本期计提、本期转回、本期核销、期末数

单位：万元

	期初数	本期计提	本期转回	本期核销	期末数
贷款损失准备	453	340	0	0	793
一般准备	453	340	0	0	793
专项准备	0	0	0	0	0
其他资产减值准备	340	8	1	0	347
可供出售金融资产减值准备	0	0	0	0	0
持有至到期投资减值准备	0	0	0	0	0
长期股权投资减值准备	319	8	0	0	327
坏账准备	21	0	1	0	20
投资性房地产减值准备	0	0	0	0	0

6.4.1.3 自营股票投资、基金投资、债券投资、长期股权投资等投资业务的期初数、期末数

单位：万元

	自营股票	基金	债券	长期股权投资	其他投资	合计
期初数	5 965	10 146	0	31 501	114 690	162 302
期末数	7 777	16 230	6 439	32 283	100 787	163 516

注："其他投资"为可供出售金融资产、持有至到期投资。

6.4.1.4 按投资入股金额排序，前三名的自营长期股权投资的企业名称、占被投资企业权益的比例及投资收益情况等（依大小顺序排列）

企业名称	占被投资企业权益的比例（%）	投资收益（万元）
1. 国都证券有限责任公司	9.9	1 039
2. 中合供销（上海）股权投资基金管理有限公司	40	0
3. 长城证券有限责任公司	0.33	0

6.4.1.5 前三名的自营贷款的企业名称、占贷款总额的比例和还款情况等（依大小顺序排列）

企业名称	占贷款总额的比例（%）	还款情况
1. 重庆好利来物业发展有限公司	31.53	正常
2. 中圣嘉信投资（北京）有限公司	29	正常
3. 昆山建兴置业有限公司	25.22	正常

6.4.1.6 表外业务的期初数、期末数

单位：万元

表外业务	期初数	期末数
担保业务	0	0
代理业务（委托业务）	2 962.33	2 972.09
其他	0	0
合计	2 962.33	2 972.09

6.4.1.7　公司当年的收入结构

收入结构	金额(万元)	占比(%)
手续费及佣金收入	123 196	78.56
其中:信托手续费收入	122 704	78.25
投资银行业务收入	492	0.31
利息收入	17 967	11.46
其他业务收入	685	0.44
其中:计入信托业务收入部分	0	0
投资收益	11 530	7.35
其中:股权投资收益	1 241	0.79
证券投资收益	-593	-0.38
其他投资收益	10 882	6.94
公允价值变动收益	2 549	1.63
营业外收入	888	0.56
收入合计	156 815	100.00

注:手续费及佣金收入、利息收入、其他业务收入、投资收益、营业外收入均应为损益表中的一级科目,其中手续费及佣金收入、利息收入、营业外收入为未抵减掉相应支出的全年累计实现收入数。

6.4.2　披露信托财产管理情况

6.4.2.1　信托资产的期初数、期末数

单位:万元

信托资产	期初数	期末数
集合	4 822 762.32	5 094 029.34
单一	5 701 090.60	5 655 958.91
财产权	1 839 496.70	1 684 807.13
合计	12 363 349.62	12 434 795.38

6.4.2.1.1　主动管理型信托业务的信托资产期初数、期末数

单位:万元

主动管理型信托资产	期初数	期末数
证券投资类	4 616 896.65	4 782 857.71
股权投资类	1 722 226.78	1 799 179.26
其他投资	77 103.97	29 152.70
融资类	4 133 532.19	4 148 362.37
事务管理类	122 648.63	128 355.63
合计	10 672 408.22	10 887 907.67

注:1. 上市公司股票受益权投资 400 984.67 万元统计在证券投资类。
　2. "其他投资"为信托资金直接投资于艺术品、贵金属等。

6.4.2.1.2　被动管理型信托业务的信托资产期初数、期末数

单位:万元

被动管理型信托资产	期初数	期末数
证券投资类	633 906.49	32 924.78
股权投资类	0.00	0.00
融资类	487 829.15	382 476.72
事务管理类	569 205.76	1 131 486.21
合计	1 690 941.40	1 546 887.71

6.4.2.2　本年度已清算结束的信托项目个数、实收信托合计金额、加权平均实际年化收益率

6.4.2.2.1　本年度已清算结束的集合类、单一类资金信托项目和财产管理类信托项目个数、实收信托金额、加权平均实际年化收益率

已清算结束信托项目	项目个数	实收信托合计金额(万元)	加权平均实际年化收益率(%)
集合	45	2 085 841.70	9.99
单一	16	3 178 125.09	8.98
财产权	5	874 868.85	7.23

注:"实收信托合计金额"是信托本金累计给付额。

6.4.2.2.2　本年度已清算结束的主动管理型信托项目个数、实收信托合计金额、加权平均实际年化收益率

已清算结束信托项目	项目个数	实收信托合计金额(万元)	加权平均实际年化报酬率(%)	加权平均实际年化收益率(%)
证券投资类	14	1 459 098.54	0.65	13.46
股权投资类	6	455 157.00	1.75	9.71
其他投资类	1	33 957.14	2.06	6.90
融资类	41	2 785 230.11	1.24	8.49
事务管理类	1	23 000.00	0.04	0.00

注:1. "实收信托合计金额"是信托本金累计给付额。
　2. 上市公司股票受益权投资统计在证券投资类。
　3. "其他投资"为信托资金直接投资于艺术品、贵金属等。

6.4.2.2.3　本年度已清算结束的被动管理型信托项目个数、实收信托合计金额、加权平均实际年化收益率

已清算结束信托项目	项目个数	实收信托合计金额(万元)	加权平均实际年化报酬率(%)	加权平均实际年化收益率(%)
证券投资类	1	1 252 392.85	0.37	5.71
股权投资类	0	0.00	0.00	0.00
融资类	0	0.00	0.00	0.00
事务管理类	2	130 000.00	0.11	3.92

注:"实收信托合计金额"是信托本金累计给付额。

6.4.2.3　本年度新增的集合类、单一类和财产管理类信托项目个数、实收信托合计金额

新增信托项目	项目个数	实收信托合计金额(万元)
集合	60	1 932 287.34
单一	27	1 588 810.00
财产权	4	360 965.26
合计	91	3 882 062.60
其中:主动管理型	81	3 165 087.34
被动管理型	10	716 975.26

注:"实收信托合计金额"是本年新增信托项目累计新增的实收信托金额。

6.4.2.4　信托业务创新成果和特色业务

报告期内,公司信托业务发展稳中求进,在转型中求发展,明确主攻方向,突出重点业务,围绕转型创新在以下几个领域取得优异成果:一是积极取得创新业务准入资格,为长远发展

做好准备；二是服务实体经济，助推新型城镇化建设；三是围绕服务民生、支持"三农"、生态环保领域开展信托业务；四是围绕中小微企业金融服务和科技金融领域开展信托业务；五是着眼于向资产管理、财富管理方向转型；六是房地产信托业务在创新中稳健发展。

6.5 关联方关系及其交易的披露

6.5.1 关联交易方的数量、关联交易的总金额及关联交易的定价政策等

无。

6.5.2 关联交易方与本公司的关系性质、关联交易方的名称、法定代表人、注册地址、注册资本及主营业务等

无。

6.5.3 本公司与关联方的重大交易事项

6.5.3.1 固有与关联方：贷款、投资、租赁、应收账款、担保、其他方式等期初汇总数、本期借方和贷方发生额汇总数、期末汇总数

单位：万元

固有与关联方关联交易				
	期初数	借方发生额	贷方发生额	期末数
贷款	0	0	0	0
投资	0	0	0	0
租赁	0	0	0	0
担保	0	0	0	0
应收账款	0	0	0	0
其他	0	0	0	0
合计	0	0	0	0

6.5.3.2 信托与关联方交易情况：贷款、投资、租赁、应收账款、担保、其他方式等期初汇总数、本期借方和贷方发生额汇总数、期末汇总数

单位：万元

信托与关联方关联交易				
	期初数	借方发生额	贷方发生额	期末数
贷款	0	0	0	0
投资	0	0	0	0
租赁	0	0	0	0
担保	0	0	0	0
应收账款	0	0	0	0
其他	0	0	0	0
合计	0	0	0	0

6.5.3.3 信托公司自有资金运用于自己管理的信托项目（固信交易）、信托公司管理的信托项目之间的相互交易（信信交易）金额，包括余额和本报告年度的发生额

6.5.3.3.1 固有财产与信托财产之间的交易金额期初汇总数、本期发生额汇总数、期末汇总数

单位：万元

固有财产与信托财产相互交易			
	期初数	本期发生额	期末数
合计	69 478.00	-17 178.00	52 300.00

6.5.3.3.2 信托项目之间的交易金额期初汇总数、本期发生额汇总数、期末汇总数

单位：万元

信托资产与信托财产相互交易			
	期初数	本期发生额	期末数
合计	129 704.53	-4 904.44	124 800.09

6.5.4 逐笔披露关联方逾期未偿还本公司资金的详细情况以及本公司为关联方担保发生或即将发生垫款的详细情况

无。

6.6 会计制度的披露

公司固有业务（自营业务）自2008年1月1日起执行财政部2006年发布的《企业会计准则》，信托业务自2010年1月1日起执行《企业会计准则》。

7. 财务情况说明书

7.1 利润实现和分配情况

单位：万元

项目	金额
利润总额	111 698
减：所得税费用	29 751
净利润	81 948
减：提取法定盈余公积	8 179
提取一般风险准备准备	392
加：期初未分配利润	118 504
减：本期利润分配	21 000
期末未分配利润	170 879

7.2 主要财务指标

指标名称	指标值
资本利润率（%）	22.84
人均净利润（万元）	445

注：1. 资本利润率＝净利润/所有者权益平均余额×100%。

2. 加权年化信托报酬率＝（信托项目1的实际年化信托报酬率×信托项目1的实收信托＋信托项目2的实际年化信托报酬率×信托项目2的实收信托＋…＋信托项目n的实际年化信托报酬率×信托项目n的实收信托）/（信托项目1的实收信托＋信托项目2的实收信托＋…＋信托项目n的实收信托）×100%。

3. 人均净利润＝净利润/年平均人数。

4. 平均值采取年初及各季末余额移动算术平均法，公式为：a（平均）＝（$a_0/2+a_1+a_2+a_3+a_4/2$）/4。

7.3 对本公司财务状况、经营成果有重大影响的其他事项

无。

7.4 公司净资本情况

信托公司风险控制指标监管报表

2013 年 12 月 31 日

项目	期末余额	监管标准	备注
净资本(万元)	314 616	≥20 000	达标
固有业务风险资本(万元)	35 274		
信托业务风险资本(万元)	120 055		
其他业务风险资本(万元)	0		
各项业务风险资本之和(万元)	155 329		
净资本/各项业务风险资本之和(%)	202.55	≥100	达标
净资本/净资产(%)	80.81	≥40	达标

注:此表以母公司数据口径编制。

8. 特别事项简要揭示

8.1 无前五名股东报告期内变动情况

8.2 董事、监事及高级管理人员变动情况及原因

报告期内因中国银行业监督管理委员会北京监管局(以下简称北京银监局)《关于核准沈易明、田耀山、瞿纲、李民吉北京国际信托有限公司任职资格的批复》(京银监复[2013]126 号、287 号、288 号、453 号)及到龄退休等原因,北京银监局核准的公司高管人员由上一报告期的 13 人减至 12 人。

8.3 无公司重大未决诉讼事项

8.4 会计师事务所出具了无保留意见的审计报告

8.5 无公司及其董事、监事和高级管理人员受到处罚的情况

8.6 银监会及其派出机构对公司检查后提出的整改意见之整改情况简要说明

报告期内北京银监局对公司房地产业务开展情况进行了现场检查,并下发了《房地产业务情况的现场检查意见书》(京银监发[2013]134 号)。公司针对北京银监局提出的监管意见,制定了一系列整改措施,进一步加强公司内控体系建设,提高公司房地产业务风险管控能力。一是进一步加强内控制度建设,健全房地产业务管理制度,明确岗位风险责任;二是提高房地产业务尽职调查管理工作水平,确保业务运行合法合规;三是进一步加强房地产业务中后期风险管控,严格监控资金用途;四是加大公司信托项目内控检查力度,及时发现问题,促进整改,实行问责制。

8.7 本年度重大事项临时报告

2013 年 12 月 23 日,公司在《上海证券报》发布法定代表人变更的公告,公司法定代表人由刘建华变更为李民吉。

8.8 无银监会及其派出机构认定的其他有必要让客户及其相关利益人了解的重要信息

9. 公司监事会对公司依法运作情况、财务报告情况的独立意见

公司监事会认为,公司董事会各项决议符合《公司法》等法律法规和公司章程的规定,公司经营管理活动合法合规,高级管理层认真执行股东会、董事会的各项决议,经营业绩良好,圆满完成了报告期年初制订的经营计划。公司经营中未出现违规操作行为,未出现损害公司、股东及受益人利益的行为。公司财务报告真实、客观反映了公司的财务状况和经营成果。

渤海国际信托有限公司

1. 重要提示

1.1 本公司董事会及董事保证本报告所载资料不存在任何虚假记载、误导性陈述或者重大遗漏,并对其内容的真实性、准确性和完整性承担个别及连带责任。

1.2 本公司独立董事陈日进、王松奇和王力对本报告内容的真实性、准确性和完整性表示认可。

1.3 中兴华会计师事务所(特殊普通合伙)为本公司出具了标准无保留意见的审计报告。

1.4 公司董事长金平、总裁郑宏、财务总监郭占刚声明:保证年度报告中财务会计报告的真实、完整。

2. 公司概况

2.1 公司简介

渤海国际信托有限公司前身为河北省国际信托投资有限责任公司,成立于 1982 年 10 月,2004 年 1 月获准重新登记,注册资本金 32 565 万元(含 1 500 万美元)。2006 年 12 月完成重组。2007 年 2 月增资扩股后,注册资本金增加到72 565万元(含 1 500 万美元)。2007 年 11 月,经中国银监会批准,公司名称变更为"渤海国际信托有限公司"。2009 年 3 月原股东再次增资 7 000 万元,注册资本金增加至79 565万元(含 1 500 万美元)。2011 年 6 月,海航资本控股有限公司增资 120 435 万元,注册资本金增加至 200 000 万元(含 1 500 万美元)。

法定中文名称	渤海国际信托有限公司
法定中文缩写名称	渤海信托
公司法定英文名称	Bohai International Trust Co., Ltd.
法定英文缩写名称	BITC
法定代表人	金平
注册地址	石家庄市新石中路 377 号 B 座 22 ~23 层
公司网址	www. bohaitrust. com
邮政编码	050090
信息披露事务联系人	任惊雷,电话:010 -57582318;电子信箱:jinglei - ren@hnair. com
选定的信息披露报纸	《证券时报》
信息披露事务负责人	郑宏
公司年报备置地点	石家庄市新石中路 377 号 B 座 22 ~23 层
聘请的会计师事务所	中兴华会计师事务所(特殊普通合伙)
聘请的会计师事务所住所	北京市西城区阜外大街 1 号四川大厦东座 15 层

2.2 组织结构

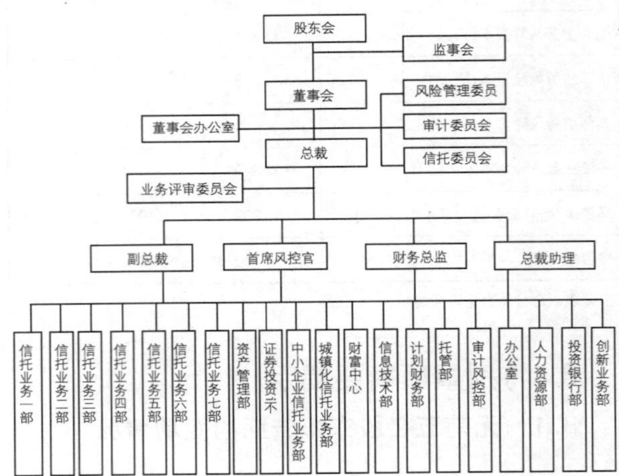

3. 公司治理

3.1 公司治理结构

3.1.1 股东

截至 2013 年末,股东总数 6 家,持有公司 10% 以上股权的股东有 3 家。

股东名称	持股比例(%)	法人代表
海航资本控股有限公司	60.22	刘小勇
海口美兰国际机场有限责任公司	15.51	梁军
海航酒店控股集团有限公司	14.2	董鑫
扬子江地产集团有限公司	7.65	王福林
北京燕京饭店有限责任公司	1.65	白海波
海南海航航空信息系统有限公司	0.77	唐立超

公司前三位股东的主要股东:

(1)海航资本控股有限公司的主要股东:

股东名称	持股比例(%)	法人代表
海航集团有限公司	100.00	陈峰

(2)海口美兰国际机场有限责任公司的主要股东:

股东名称	持股比例(%)	法人代表
海南省发展控股有限公司	25.49	刘明贵
甘肃省公路航空旅游投资集团有限公司	24.3	杨咏中
海航机场集团有限公司	22.7	董桂国

(3)海航酒店控股集团有限公司的主要股东:

股东名称	持股比例(%)	法人代表
海航置业控股集团有限公司	57.77	董鑫
海航集团有限公司	21.32	陈峰

3.1.2 董事、董事会及其下属委员会

董事长、董事

姓 名	职 务	性别	年龄	选任日期	所推举股东名称	该股东持股比例(%)	简 要 履 历
金 平	董事长	男	60	2008年10月	海航资本控股有限公司	60.22	历任国家计委发展战略处处长，神华集团研究室主任、企业策划部总经理，海航资本控股有限公司副董事长兼总裁。
郑 宏	董事	男	48	2012年6月	海口美兰国际机场有限责任公司	15.51	历任海南航空股份有限公司总经理、财务总监，海航集团有限公司财务总监，海航机场集团有限公司首席运营官兼财务总监、副董事长，海航集团华东总部有限公司财务总监，渤海国际信托有限公司执行董事兼总裁。
李令星	董事	男	47	2013年3月	海航资本控股有限公司	60.22	历任河北省国际信托投资有限公司稽核审计部总经理、海航资本控股有限公司合规管理部总经理。
汪杰宁	董事	男	44	2013年10月	海航酒店控股集团有限公司	14.2	历任新希望集团金融事业部副总裁，联华国际信托投资有限公司董事会秘书、副总裁、董事、代总裁，百年城商业地产有限公司董事兼副总裁，渤海国际信托有限公司执行董事兼首席风控官。

独立董事

姓 名	职 务	性别	年龄	选任日期	所推举股东名称	该股东持股比例(%)	简 要 履 历
陈日进	独立董事	男	68	2011年6月	—	—	历任海南省政府副秘书长、财政厅厅长。
王松奇	独立董事	男	62	2013年11月	—	—	历任中国人民大学财经系金融教研室主任、中国社会科学院金融所党委书记兼副所长。
王 力	独立董事	男	55	2013年11月	—	—	历任内蒙古呼伦贝尔盟计划管理委员会经济所副所长、特华投资控股有限公司执行总裁兼任特华博士后科研工作站执行站长。

董事会下属委员会

董事会下属委员会名称	职责	组成人员	职务
风险管理委员会	有效识别、度量、监控、防范及化解各类风险，保证公司业务的稳健开展和公司经营目标的实现。	郑 宏	执行董事
		王力	独立董事
		汪杰宁	执行董事
审计委员会	监督公司内部审计制度及其实施，审核公司的财务信息及其披露，决定聘请或更换外部审计机构及有效沟通，审查公司会计处理、内部会计控制、内控制度。	陈日进	独立董事
		金 平	董事长
信托委员会	负责督促公司依法履行受托职责，当信托公司或其股东利益与受益人利益发生冲突时，保证公司为受益人的最大利益服务。	王松奇	独立董事
		李令星	非执行董事

3.1.3 监事、监事会及其下属委员会

监事会成员

姓 名	职 务	性别	年龄	选任日期	所推举股东名称	该股东持股比例(%)	简 要 履 历
郎国章	监事会 主席	男	59	2013年3月	—	—	历任河北省发改委投资处处长，河北省国际信托投资有限责任公司总经理，渤海国际信托有限公司副董事长、监事长。
唐晓蕾	员工监事	女	41	2013年3月	—	—	历任河北省国际信托投资有限责任公司法律事务主管、渤海国际信托有限公司审计风控部总经理。
童清	外部监事	男	47	2013年3月	—	—	历任华安财产保险股份有限公司董事长特别助理、副总裁、执行董事兼总裁。

3.1.4 公司高级管理人员

姓 名	职 务	性别	年龄	任职日期	金融从业年限	学历	专业	简 要 履 历
郑 宏	总裁	男	48	2012年6月	22	本科	财务会计	历任海南航空股份有限公司总经理、财务总监，海航集团有限公司财务总监，海航机场集团有限公司首席运营官兼财务总监、副董事长，海航集团华东总部有限公司财务总监，渤海国际信托有限公司执行董事兼总裁。

续表

姓 名	职 务	性别	年龄	任职日期	金融从业年限	学历	专业	简 要 履 历
王学江	副总裁	男	51	2012 年 12 月	20	硕士	英美语言文学	历任河北省国际信托投资有限责任公司信托业务部总经理、渤海国际信托有限公司副总裁。
任惊雷	副总裁	男	36	2013 年 12 月	14	硕士	MBA	历任华安财产保险股份有限公司总公司行政管理部总经理、董事会秘书，渤海国际信托有限公司副总裁兼董事会秘书。
汪杰宁	首席风控官	男	44	2013 年 10 月	19	硕士	EMBA	历任新希望集团金融事业部副总裁，联华国际信托投资有限公司董事会秘书、副总裁、董事、代总裁，百年城商业地产有限公司董事兼副总裁，渤海国际信托有限公司执行董事兼首席风控官。
郭占刚	财务总监	男	47	2012 年 8 月	15	本科	工业会计	历任河北省国际信托投资有限责任公司托管部副总经理，渤海国际信托有限公司审计风控部总经理、计划财务部总经理、财务总监。
师增轩	总裁助理	男	57	2010 年 7 月	23	本科	现代经济管理	历任河北省国际信托投资有限责任公司办公室主任、渤海国际信托有限公司总裁助理。
马建军	总裁助理	男	42	2012 年 12 月	15	硕士	金融学	历任渤海国际信托有限公司信托业务部副总经理、信托业务二部总经理、总裁助理。

3.1.5 公司员工

项目		报告期年度		上年度	
		人数	比例(%)	人数	比例(%)
年龄分布	20 岁以下	—	—	—	—
	20～29 岁	53	39.55	45	46.39
	30～39 岁	41	30.60	23	23.71
	40 岁以上	40	29.85	29	29.9
学历分布	博士	3	2.24	—	—
	硕士	57	42.54	44	45.36
	本科	65	48.51	46	47.42
	专科	7	5.22	5	5.16
	其他	2	1.49	2	2.06
岗位分布	董事、监事及高管人员	9	6.72	8	8.25
	自营业务人员	4	2.99	10	10.31
	信托业务人员	71	52.99	36	37.11
	其他人员	50	37.31	43	44.33

4. 经营管理

4.1 经营目标、方针、战略规划

4.1.1 经营目标

公司将立足信托本源，遵循金融本质规律，服务社会经济发展，通过优质的产品和服务，成为客户资产保值增值的理财专家和首选管家。公司注重沉淀长远价值，对国家负责，对社会负责，对员工负责，对股东负责，致力于成长为核心竞争优势明显、可持续发展能力强的综合金融服务机构。

4.1.2 经营方针

坚持"诚信、业绩、创新"的企业理念，以诚信树品牌，以创新促发展，以客户为中心，以市场为导向，规范经营，严控风险，通过优异的经营业绩，实现国家、社会、员工和股东价值的共同增长。

4.1.3 战略规划

以监管部门的要求和公司上市的条件为标准，加大战略投资人引进力度，完善监事会的监督职能，梳理董事会及董事会专业委员会的制度体系，完善公司治理结构。

以投资银行、中小企业培育、城镇化建设为业务方向，不断提高客户资产管理能力和自有资金投资能力，持续夯实中后线金融风险控制的平台，遵循金融信托的本质规律，回归信托本源。

以沉淀公司的长远价值为目标，在产品设计上，围绕服务实体经济、服务国家战略性新兴产业发展、服务国家"新四化"，加大对节能环保、科技创新、现代服务业、文化等产业的金融支持力度；在客户关系维护上，深入挖掘客户需求，通过多种形式加强与客户的沟通交流，做好增值服务，融入客户心智，沉淀一批真实稳定的目标客户群；在营销体系建设上，积极尝试金融交叉销售，逐步形成以多渠道营销为主体、以提高客户直销规模为目标的营销服务体系。

以海航文化为指引，不断提升人性化氛围，培育具有高度信托责任的企业文化元素，打造有代表性、有延续性、有品牌效应的文化项目，出版有分量的文化载体，塑造具有金融信托特色的、可操作的企业文化。

4.2 所经营业务的主要内容

自营资产运用与分布表

资产运用	金额(万元)	占比(%)	资产分布	金额(万元)	占比(%)
货币资产	122 788.44	37.58	基础产业	—	—
贷款及应收款	36 864.46	11.28	房地产业	—	—
交易性金融资产	2 097.56	0.64	证券市场	122 770.91	37.57
可供出售金融资产	118 063.32	36.13	实业	34 500.00	10.56
持有至到期投资	—	—	金融机构	162 693.44	49.79
长期股权投资	39 905.00	12.21	其他	6 799.18	2.08
其他	7 044.75	2.16	—	—	—
资产总计	326 763.53	100.00	资产总计	326 763.53	100.00

信托资产运用与分布表

资产运用	金额(万元)	占比(%)	资产分布	金额(万元)	占比(%)
货币资产	65 678.03	0.35	基础产业	3 341 376.40	17.76
贷款	14 328 203.05	76.14	房地产	1 993 840.00	10.59
交易性金融资产	—	—	证券市场	10 000.00	0.05
可供出售金融资产	80 000.00	0.42	实业	12 498 750.70	66.42
持有至到期投资	3 042 166.04	16.17	金融机构	714 785.60	3.80
长期股权投资	1 301 856.96	6.92	其他	259 151.38	1.38
其他	—	—	—	—	—
信托资产总计	18 817 904.08	100.00	信托资产总计	18 817 904.08	100.00

4.3 市场分析

4.3.1 有利因素

(1)2013年,国内经济延续总体向好的趋势,结构调整稳中有进,转型升级加快推进,为信托公司的业务增长带来机遇。

(2)2013年,居民可支配收入持续增加,高净值人群数量快速增长,催生了巨大的财富管理需求,为信托业提供了快速发展的业务机会。

(3)2013年,信托业不断适应市场变化,先后推出了资产证券化信托、土地流转信托、消费服务信托、公益信托、家族信托等一系列功能全新的信托产品和信托服务,为信托业的整体转型探索了方向。

(4)2013年,公司法人治理结构、风险管理体系及产品营销体系日趋完善,管理信托资产规模进一步扩大,地域及行业影响力稳步提高,综合实力得到了显著增强。

4.3.2 不利因素

(1)2013年,全球经济仍处于低速增长,市场信心不足,国内经济进入结构性减速期,信托业的发展环境更趋复杂。

(2)2013年,信托的牌照优势和利率管制带来的政策红利加速削减,基金、证券、保险等金融机构相继获准开展资管业务,信托业报酬率显著下降,同业竞争进一步加剧。

(3)2013年,受财政部等四部委2012年末发布的《关于制业地方政府违法违规融资行为的通知》(财预[2012]463号)以及2013年3月银监会发布的《关于规范商业银行理财业务投资运作有关问题的通知》(银监发[2013]8号)的影响,政信合作业务和银信合作业务的不确定性进一步增强。

(4)2013年,年中和年末的两次"钱荒"及频繁发生的个案风险事件,导致行业潜在的信用风险和流动性风险上升。

4.4 内部控制

4.4.1 内部控制环境和内部控制文化

公司高度重视内部控制管理体系的建设和完善。公司逐步建立了覆盖全面、执行到位、监督有力的法人治理和内部控制体系,公司内部组织架构分工明确、相互制衡、报告关系清晰。公司股东会、董事会、监事会及其下设的风险管理委员会、审计委员会和信托委员会以及经营管理层的议事规则及决策程序不断健全完善,为公司内部控制的运作提供了良好的基础和环境。

公司重视培育优秀的企业精神和内部控制文化,确立了"科学管理提升效率、有效治理创造价值和依法合规经营是渤海信托生存与发展的生命线"的理念。规范治理、主动治理、有效监督、打造所有者与经营者激励相容的有效激励机制提升了公司价值,依法合规经营、严控风险、警钟长鸣、确保公司稳健和可持续发展的思想,为渤海信托企业文化注入了新的内涵。

公司强化风险管理、内部控制和合规意识,持续推进内部控制体系的优化和升级。公司员工了解相关法律法规和监管政策,熟悉公司制度,依法合规经营意识较强。

4.4.2 内部控制措施

公司根据监管政策变化和业务发展状况不断总结经验,调整内部控制措施,修订或制定新增业务管理制度,以增强其科学性、规范性、适用性和可操作性。2013年,公司实行集合项目预审制度,提高风险识别能力和项目审批效率;风控人员协助业务人员落实项目重要风控措施,降低操作风险;加强项目过程管理监督。

公司充分发挥董事会下设各委员会的控制和监督作用,建立了有效的激励约束机制,逐步形成规章健全、程序严密、运作高效的内部控制机制;报告期内引进多名成熟法务、风控和专业审计人员,充实相关岗位,对各个部门、岗位和各项业务及内部控制实施全面的监督和评价,有效发挥了风险控制和审计监督职能,并通过有效的报告和纠正机制,对内部控制存在的不足、缺陷不断进行弥补和完善。

4.4.3 信息交流与反馈

公司信息反馈机制完善,内部报告路径明确完整,交流渠道通畅,不断加强信息系统建设,逐步实现信息的共享,确保公司董事会和高管层能够及时全面了解公司的经营和内控情况;2013年搭建了信托业务管理平台,打通了信托计划设立、资金募集及投资运用的通道,全面实现信息共享、业务流程电子化,使公司的信息化水平上了一个新台阶。

公司通过监管报表、专项报告、事前报告和重大事项报告等形式向监管部门及时报送各种数据信息和资料;公司严格执行信息披露的监管要求,根据信托文件约定,通过公司网站和书面通知的形式,向当事人全面披露信托财产管理运用的相关信息,按时披露公司年报和重要经营信息等重大事项。

4.4.4 监督评价与纠正

公司通过不断完善内控机制,已形成了以合规审核、风险管理和内部审计为主,业务授权控制、会计控制以及业务流程环节控制等方面共同作用的内部监督评价与纠正机制,实现了内控缺陷的及时发现和自主纠正。监督评价机制的有效运作,一方面促进了业务操作流程的不断优化和完善,另一方面增强了对操作风险的实时掌控,使内部监督制约机制更加健全有效。同时,审计风控部按照监管要求和公司制度对内部控制机制和业务运作进行监督、检查与跟踪评价,发现问题迅速自纠。公司高级管理层高度重视监管意见和专业机构的审计结果,根据监管政策和业务发展现状,及时梳理公司规章制度和业务审批流程,不断修订、完善,确保内部控制体系的科学、有效运行。

4.5 风险管理

4.5.1 风险管理概况

公司高度重视风险管理,认为风险管理能力是公司核心竞争力的重要构成部分,是公司持续稳健发展的基本保障,持续关注业务经营所面临的信用风险、市场风险、操作风险和声誉风险等各类风险。

公司风险管理委员会充分发挥作用,明确公司风险管理的理念、原则以及风险管理政策、程序,确定风险控制标准,部署风险管理的重点工作。业务评审委员会则通过项目评审,严格审查和评估集合信托项目和固有业务风险。审计风控部负责起草各种风险管理政策,拟定各类风险管理制度;按照业务的风险状况进行业务分类,设置不同的管理标准和风控要求;参与公司各类业务项目的事前风险评估,发表独立的审核意见;

在项目管理过程中，审查、督促各业务部门落实各项风控措施，协助进行风险排查，制定风险应急预案。

4.5.2 风险状况

4.5.2.1 信用风险状况

信用风险主要指因交易对手违约造成损失的风险。报告期末公司自营业务信用风险资产按资产质量进行五级分类并按规定标准足额提取呆账准备金，公司按规定提取信托赔偿准备金。信托业务信用风险资产按照资产五级分类标准均为“正常”。报告期内，信托业务均按期清算，无违约和逾期现象出现。

4.5.2.2 市场风险状况

市场风险是指股价、利率、汇率和商品价格等因素的不利变动对公司盈利能力、财务状况造成影响的可能性。公司开展的证券投资业务和接受的证券质押业务比重较小，固有业务和信托业务整体受股价波动的影响较轻；公司融资类业务存在利率风险，面临由于利率水平不利变动产生的收益相对减少的利率风险；商品价格的不利变动可能导致交易对手销售下降或成本上升，收益减少，进而给公司财产或者信托财产带来市场风险；报告期内公司未开展外币业务，汇率变动不会对公司的盈利能力和财务状况产生直接影响。

4.5.2.3 操作风险状况

操作风险是因内部程序、人员和业务系统的不完善或者工作失误给公司造成损失的风险。报告期内，公司业务运行正常，未发生操作风险事件。

4.5.2.4 其他风险状况

公司面临的其他风险主要是指合规风险和声誉风险等。报告期内，公司未发生合规风险和声誉风险事件。

4.5.3 风险管理

4.5.3.1 信用风险管理

公司通过规范尽调程序和尽调报告内容，并对业务人员进行专项培训，不断加强尽职调查工作，实施交易对手信用风险量化管理，审慎选择交易对手，严控项目信用风险。公司融资类信托业务普遍采取实物抵押、权利质押、企业保证等风控措施。报告期内，公司交易对手均具有良好信用记录，没有违约事件发生。在项目前期尽职调查阶段，业务部门切实履行受托责任，确保收集的信息完整真实。在立项审批阶段，业务评审委员会和审计风控部独立评估项目风险及风控措施的充足性、有效性，审核合同资料。在项目操作阶段，业务部门严格落实项目风控方案。在项目执行过程管理中，项目经理实时跟踪评价交易对手的风险状况；审计风控部建立风险管理台账，加强对公司整体信用风险的动态管理，定期向业务部门收集项目履约情况、风控措施落实情况和还款来源落实情况，进行风险监测，并撰写风险管理分析报告提交公司领导。

4.5.3.2 市场风险管理

公司加强对证券交易人员的专业培训，利用外部专业研究机构提供的信息和数据，加强对经济形势、金融市场行情、重点行业状况和行业周期的研究，确定投资范围，设计预警线和止损限额；通过增设专门的实时监控岗位、降低股票质押率和增强信息披露等方式，有效防范股价波动风险；对部分业务通过合同约定实行浮动利率，有效规避利率风险；对于受商品价格影响较大的交易对手，加强对其所处行业的跟踪研究，动态关注其产销情况和盈利能力的变动状况，有效防范商品价格波动带来的风险。报告期内，公司未发生因市场风险造成的损失。

4.5.3.3 操作风险管理

公司高度重视内部控制制度建设，根据监管政策和业务发展需要，不断修订和完善各项业务操作流程，调整授权体系，明确岗位职责和操作规范，实行岗位职责和监督检查相结合，形成不同部门和不同岗位之间既协作配合又监督制衡的关系。风控人员参与项目重要环节操作，并不断完善对过失、越权或违规操作人员问责的相关制度，强化执行效力。加强员工业务技能和企业文化培训，提高员工的业务素质、工作品质和职业道德水平；制定完善各类合同文本模板，提升业务规范化程度和操作效率，降低操作风险隐患。

4.5.3.4 其他风险管理

公司组织员工认真学习金融监管政策，深入研究相关法律法规和政策，开展合规培训，加强合规文化建设，增强员工合规理念；强化全面风险管理，在合规经营和稳健发展的基础上，着力提升公司的品牌价值和市场形象。

5. 报告期末及上一年度末的比较式会计报表

5.1 自营资产

5.1.1 会计师事务所审计意见全文

审 计 报 告

中兴华审字(2014)第 BJ02－028 号

渤海国际信托有限公司全体股东：

我们审计了后附的渤海国际信托有限公司（以下简称贵公司）财务报表，包括 2013 年 12 月 31 日的资产负债表，2013 年度的利润表、现金流量表和所有者权益变动表，以及财务报表附注。

一、管理层对财务报表的责任

编制和公允列报财务报表是贵公司管理层的责任。这种责任包括：(1) 按照企业会计准则的规定编制财务报表，并使其实现公允反映；(2) 设计、执行和维护必要的内部控制，以使财务报表不存在由于舞弊或错误而导致的重大错报。

二、注册会计师的责任

我们的责任是在执行审计工作的基础上对财务报表发表审计意见。我们按照中国注册会计师审计准则的规定执行了审计工作。中国注册会计师审计准则要求我们遵守中国注册会计师职业道德守则，计划和执行审计工作以对财务报表是否不存在重大错报获取合理保证。

审计工作涉及实施审计程序，以获取有关财务报表金额和披露的审计证据。选择的审计程序取决于注册会计师的判断，包括对由于舞弊或错误导致的财务报表重大错报风险的评估。在进行风险评估时，注册会计师考虑与财务报表编制和公允列报相关的内部控制，以设计恰当的审计程序，但目的并非对内部控制的有效性发表意见。审计工作还包括评价管理层选用会计政策的恰当性和作出会计估计的合理性，以及评价财务报表的总体列报。

我们相信，我们获取的审计证据是充分、适当的，为发表审计意见提供了基础。

三、审计意见

我们认为，贵公司财务报表在所有重大方面按照企业会计准则的规定编制，公允反映了贵公司2013年12月31日的财务状况以及2013年度的经营成果和现金流量。

中兴华会计师事务所(特殊普通合伙)

中国注册会计师：李晖

中国 · 北京　　中国注册会计师：杨少雄

二〇一四年二月十四日

5.1.2 资产负债表

资产负债表

单位：元

项　目	期末余额	期初余额
资产：	—	—
现金及存放中央银行款项	13 567. 60	28 385. 52
存放同业款项	1 127 870 801. 71	1 304 649 879. 47
贵金属	—	—
拆出资金	100 000 000. 00	—
交易性金融资产	20 975 613. 40	36 236 262. 41
衍生金融资产	—	—
买入返售金融资产	26 100 261. 00	6 000 060. 00
应收利息	11 624 129. 00	—
其他应收款	12 020 499. 56	10 216 387. 48
发放贷款和垫款	345 000 000. 00	95 000 000. 00
可供出售金融资产	1 180 633 222. 40	940 997 925. 15
持有至到期投资	—	—
长期股权投资	399 050 000. 00	399 050 000. 00
投资性房地产	24 525 904. 64	25 203 207. 92
固定资产	4 049 863. 12	2 907 014. 14
无形资产	789 560. 72	700 822. 23
递延所得税资产	7 734 312. 50	7 734 312. 50
其他资产	7 247 559. 46	4 385 461. 05
资产合计	3 267 635 295. 11	2 833 109 717. 87

资产负债表(续表)

单位：元

项　目	期末余额	期初余额
项目	负债：	—
向中央银行借款	—	—
同业及其他金融机构存放款项	—	—
拆入资金	—	—
交易性金融负债	—	—
衍生金融负债	—	—
卖出回购金融资产款	—	—

续表

项　目	期末余额	期初余额
吸收存款	—	—
应付职工薪酬	49 159 254. 13	18 789 045. 36
应交税费	22 075 139. 66	62 840 558. 96
应付利息	—	—
其他应付款	7 873 553. 38	9 669 473. 05
预计负债	—	—
长期借款	—	—
应付债券	—	—
递延所得税负债	353 882. 57	10 305. 61
其他负债	247 604. 74	247 604. 74
负债合计	79 709 434. 48	91 556 987. 72
所有者权益：	—	—
实收资本	2 000 000 000. 00	2 000 000 000. 00
资本公积	168 873 839. 08	168 873 839. 08
减：库存股	—	—
盈余公积	107 075 134. 35	56 206 751. 30
一般风险准备	53 800 027. 89	47 104 097. 73
信托赔偿准备金	70 526 118. 88	45 091 927. 36
未分配利润	787 650 740. 43	424 276 114. 68
所有者权益合计	3 187 925 860. 63	2 741 552 730. 15
负债和所有者权益总计	3 267 635 295. 11	2 833 109 717. 87

5.1.3 利润表

利润表

单位：元

项　目	本年金额	上年金额
一、营业收入	1 005 984 952. 18	702 653 396. 16
利息净收入	92 373 712. 18	67 119 338. 19
利息收入	92 386 212. 18	67 192 729. 30
利息支出	12 500. 00	73 391. 11
手续费及佣金净收入	870 017 612. 13	593 954 545. 08
手续费及佣金收入	925 155 488. 22	642 109 647. 57
手续费及佣金支出	55 137 876. 09	48 155 102. 49
投资收益(损失以"－"号填列)	42 350 588. 96	35 598 233. 82
其中：对联营企业和合营企业的投资收益	—	—
公允价值变动损益(损失以"－"号填列)	12 175. 62	2 975 971. 71
汇兑损益(损失以"－"号填列))	－1 464. 71	－119. 64
其他业务收入	1 232 328. 00	3 005 427. 00
二、营业支出	338 913 631. 66	187 839 100. 59
营业税金及附加	56 779 166. 48	39 973 844. 18
业务及管理费	281 457 161. 90	147 187 953. 13
资产减值损失	—	
其他业务成本	677 303. 28	677 303. 28
三、营业利润(亏损以"－"号填列)	667 071 320. 52	514 814 295. 57
加：营业外收入	219 821. 78	35 058 452. 63
减：营业外支出	—	—
四、利润总额(亏损总额以"－"号填列)	667 291 142. 30	549 872 748. 20
减：所得税费用	158 607 311. 82	134 468 377. 60
五、净利润(净亏损以"－"号填列)	508 683 830. 48	415 404 370. 60
六、每股收益	—	—
基本每股收益	—	—
稀释每股收益	—	—
七、其他综合收益	—	—
八、综合收益总额	508 683 830. 48	415 404 370. 60

5.1.4 所有者权益变动表

所有者权益（股东权益）变动表

单位:元

项　目	本年金额							
	实收资本(股本)	资本公积	库存股	盈余公积	一般风险准备	信托赔偿准备金	未分配利润	所有者权益合计
一、上年年末余额	2 000 000 000.00	168 873 839.08	—	56 206 751.30	47 104 097.73	45 091 927.36	424 276 114.68	2 741 552 730.15
加:1. 会计政策变更	—	—	—	—	—	—	—	—
2. 前期差错更正	—	—	—	—	—	—	—	—
二、本年年初余额	2 000 000 000.00	168 873 839.08	—	56 206 751.30	47 104 097.73	45 091 927.36	424 276 114.68	2 741 552 730.15
三、本年增减变动金额(减少以"—"号填列)	—	—	—	50 868 383.05	6 695 930.16	25 434 191.52	363 374 625.75	446 373 130.48
(一)本年净利润	—	—	—	—	—	—	508 683 830.48	508 683 830.48
(二)其他综合收益	—	—	—	—	—	—	—	—
上述(一)和(二)小计	—	—	—	—	—	—	508 683 830.48	508 683 830.48
(三)所有者投入资本	—	—	—	—	—	—	—	—
1. 所有者本期投入资本	—	—	—	—	—	—	—	—
2. 股份支付计入所有者权益的金额	—	—	—	—	—	—	—	—
3. 其他	—	—	—	—	—	—	—	—
(四)本年利润分配	—	—	—	50 868 383.05	6 695 930.16	25 434 191.52	-145 309 204.73	-62 310 700.00
1. 提取盈余公积	—	—	—	50 868 383.05	—	—	-50 868 383.05	—
2. 对所有者(或股东)的分配	—	—	—	—	—	—	-62 310 700.00	-62 310 700.00
3. 提取信托赔偿金	—	—	—	—	—	25 434 191.52	-25 434 191.52	—
4. 提取一般风险准备	—	—	—	—	6 695 930.16	—	-6 695 930.16	—
(五)所有者权益内部结转	—	—	—	—	—	—	—	—
1. 资本公积转增资本(或股本)	—	—	—	—	—	—	—	—
2. 盈余公积转增资本(或股本)	—	—	—	—	—	—	—	—
3. 盈余公积弥补亏损	—	—	—	—	—	—	—	—
4. 其他	—	—	—	—	—	—	—	—
四、本年年末余额	2 000 000 000.00	168 873 839.08	—	107 075 134.35	53 800 027.89	70 526 118.88	787 650 740.43	3 187 925 860.63

5.2 信托资产

5.2.1 信托项目资产负债汇总表

信托项目资产负债汇总表

单位:万元

信托资产	2013 年 12 月 31 日	2012 年 12 月 31 日	信托负债和信托权益	2013 年 12 月 31 日	2012 年 12 月 31 日
信托资产:			信托负债:		
货币资金	65 678.03	87 869.08	交易性金融负债	—	—
拆出资金	—	—	衍生金融负债	—	—
存出保证金	—	—	应付账款	—	—
买入返售金融资产	—	—	应付受托人报酬	—	0.02
交易性金融资产	—	—	应付托管费	—	—
衍生金融资产	—	—	应付受益人收益	0.20	0.20
持有至到期投资	3 042 166.04	2 603 928.52	其他应付款项	1 457.87	2 460.87
应收账款	—	—	应交税金	—	—

续表

信托资产	2013 年 12 月 31 日	2012 年 12 月 31 日	信托负债和信托权益	2013 年 12 月 31 日	2012 年 12 月 31 日
应收利息	—	—	卖出回购金融资产款	—	—
应收股利	—	—	其他负债	—	—
应收票据	—	—	信托负债合计	1 458.07	2 461.09
其他应收款	—	—			
长期应收款	—	—			
长期股权投资	1 301 856.96	1 373 954.00			
发放贷款	14 328 203.05	5 899 862.46			
可供出售金融资产	80 000.00	70 000.00	信托权益:		
投资性房地产	—	—	实收信托	18 782 834.90	10 004 795.70
融资租赁资产	—	—	资本公积	—	—
固定资产	—	—	损益平准金	—	—
固定资产清理	—	—	未分配利润	33 611.11	28 357.27
无形资产	—	—	信托权益合计	18 816 446.01	10 033 152.97
长期待摊费用	—	—			
其他资产	—	—			
信托资产总计	18 817 904.08	10 035 614.06	信托负债和信托权益总计	18 817 904.08	10 035 614.06

5.2.2 信托项目利润及利润分配汇总表

信托项目利润及利润分配汇总表

单位:万元

项目	2013 年度	2012 年度
一、营业收入	1 480 372.13	927 630.43
利息收入	1 092 287.09	612 697.46
投资收入	378 787.14	305 568.99
租赁收入	—	—
其他收入	9 297.90	9 363.98
二、营业费用	262 436.29	120 280.82
三、营业税金及附加	—	—
四、扣除资产损失前的信托利润	1 217 935.84	807 349.61
减:资产减值损失	—	—
五、扣除资产损失后的信托利润	1 217 935.84	807 349.61
加:期初未分配信托利润	28 357.27	28 862.82
六、可供分配的信托利润	1 246 293.11	836 212.43
减:本期已分配信托利润	1 212 682.00	807 855.16
七、期末未分配信托利润	33 611.11	28 357.27

6. 会计报表附注

6.1 会计报表编制基准不符合会计核算基本前提的说明

6.1.1 会计报表不符合会计核算基本前提的事项

会计报表无不符合会计核算基本前提的事项。

6.2 重要会计政策和会计估计说明

6.2.1 计提资产减值准备的范围和方法

根据《中国银行业监督管理委员会关于非银行金融机构全面推行资产质量五级分类管理的通知》(银监发[2004]4 号)等相关规定要求,计提相应的资产减值准备。

6.2.2 金融资产四分类的范围和标准

按投资目的和经济实质对金融资产分成以下四类:以公允价值计量且其变动计入当期损益的金融资产,包括交易性金融资产、指定为以公允价值计量且其变动计入当期损益的金融资产;持有至到期投资;贷款和应收款项;可供出售金融资产。

6.2.3 交易性金融资产核算方法

以公允价值计量且其变动计入当期损益的金融资产,以取得时的公允价值作为初始确认金额,相关的交易费用在发生时计入当期损益。支付的价款中包含已宣告发放的现金股利或债券利息,单独确认为应收项目。持有期间取得的利息或现金股利,确认为投资收益。资产负债表日,将其公允价值变动计入当期损益。

6.2.4 可供出售金融资产核算方法

可供出售金融资产指那些被指定为可供出售的非衍生金融资产,或未划分为贷款和应收款项类投资、持有至到期投资和以公允价值计量且其变动计入当期损益的金融资产这三类的其他金融资产。在后续计量期间,该类金融资产以公允价值计量。可供出售金融资产的公允价值变动所带来的未实现收益,在该金融资产被终止确认或发生减值之前,列入资本公积(其他资本公积)。在该金融资产被终止确认或发生减值时,以前计入在资本公积中的累计公允价值变动应转入当期损益。

6.2.5 持有至到期投资核算方法

持有至到期投资是指到期日固定、回收金额固定或可确定,且企业有明确意图和能力持有至到期的非衍生金融资产。持有至到期投资在持有期间应当按照摊余成本和实际利率计算、确认利息收入,计入投资收益。实际利率应当在取得持有至到期投资时确定,在该持有至到期投资预期存续期间或适用的更短期间内保持不变。实际利率与票面利率差别较小的,也可按票面利率计算利息收入，计入投资收益。

6.2.6 长期股权投资核算方法

6.2.6.1 长期股权投资的初始计量

企业合并形成的长期股权投资，按照下列规定确定其初始投资成本：

一是同一控制下的企业合并，合并方以支付现金、转让非现金资产或承担债务方式作为合并对价的，在合并日按照取得被合并方所有者权益账面价值的份额作为长期股权投资的初始投资成本。

合并方以发行权益性证券作为合并对价的，在合并日按照取得被合并方所有者权益账面价值的份额作为长期股权投资的初始投资成本。

二是非同一控制下的企业合并，购买方在购买日按照《企业会计准则第20号——企业合并》确定的合并成本作为长期股权投资的初始投资成本。

除企业合并形成的长期股权投资以外，其他方式取得的长期股权投资，按照下列规定确定其初始投资成本：一是以支付现金取得的长期股权投资，按照实际支付的购买价款作为初始投资成本。初始投资成本包括与取得长期股权投资直接相关的费用、税金及其他必要支出。二是以发行权益性证券取得的长期股权投资，按照发行权益性证券的公允价值作为初始投资成本。三是投资者投入的长期股权投资，按照投资合同或协议约定的价值作为初始投资成本。四是通过非货币性资产交换取得的长期股权投资，其初始投资成本按照《企业会计准则第7号——非货币性资产交换》确定。五是通过债务重组取得的长期股权投资，其初始投资成本按照《企业会计准则第12号——债务重组》确定。

6.2.6.2 长期股权投资的核算

对被投资单位具有共同控制或重大影响的长期股权投资，采用权益法核算；能够对被投资单位实施控制的长期股权投资以及对被投资单位不具有共同控制或重大影响，并且在活跃市场中没有报价、公允价值不能可靠计量的长期股权投资采用成本法核算。

6.2.7 投资性房地产核算方法

6.2.7.1 初始计量

投资性房地产按照成本进行初始计量。外购投资性房地产的成本，包括购买价款、相关税费和可直接归属于该资产的其他支出；自行建造投资性房地产的成本，由建造该项资产达到预定可使用状态前所发生的必要支出构成；以其他方式取得的投资性房地产的成本，按照相关会计准则的规定确定。

6.2.7.2 后续计量

公司期末采用成本模式对投资性房地产进行后续计量。

6.2.7.3 折旧或摊销

采用成本模式计量投资性房地产，采用与固定资产和无形资产相同的方法计提折旧或进行摊销。

6.2.7.4 减值的处理

公司期末对采用成本模式计量的投资性房地产逐项进行检查，如果其可收回金额低于账面价值，则按单项投资性房地产可收回金额低于其账面价值的差额计提减值准备。减值准备一经计提，不予转回。

6.2.8 固定资产计价和折旧方法

6.2.8.1 固定资产的确认标准

固定资产是指同时具有下列特征的有形资产：一是为生产商品、提供劳务、出租或经营管理而持有，二是使用寿命超过一个会计年度。

6.2.8.2 固定资产按实际成本进行初始计量

一是投资者投入固定资产的成本，按照投资合同或协议约定的价值确定。二是非货币性资产交换、债务重组、企业合并和融资租赁取得的固定资产的成本，分别按照《企业会计准则第7号——非货币性资产交换》、《企业会计准则第12号——债务重组》、《企业会计准则第20号——企业合并》和《企业会计准则第21号——租赁》确定。

6.2.8.3 固定资产的折旧方法

公司固定资产折旧采用平均年限法，并按固定资产原价、估计经济使用年限和估计残值率，分类别确定折旧。

固定资产类别	估计经济折旧年限（年）	预计残值率（%）	年折旧率（%）
房屋及建筑物	20~40	5.00	2.38~4.75
运输设备	5	5.00	19.00
电子设备	5	5.00	19.00
机器设备	5	5.00	19.00
办公家具	5	5.00	19.00

对已计提减值准备的固定资产在计提折旧时，按该项固定资产的账面价值，即固定资产原值减去累计折旧和已计提的减值准备以及尚可使用年限重新计算确定折旧率和折旧额。

6.2.8.4 固定资产减值准备的确认标准和计提方法

年末公司对由于市价持续下跌、技术陈旧、损坏、长期闲置等原因导致固定资产可收回金额低于其账面价值，按单项固定资产可收回金额低于其账面价值的差额，计提固定资产减值准备。

对长期闲置不用、在可预见的未来不会再使用，且已无转让价值；或由于技术进步原因，已不可使用；或虽可使用，但使用后产生大量不合格品；或已遭毁损，不再具有使用价值和转让价值及其他实质上不能再给企业带来经济利益的固定资产，全额计提减值准备。固定资产减值准备一经计提，不予转回。

6.2.9 无形资产计价及摊销政策

6.2.9.1 无形资产的计价

无形资产以其成本作为入账价值。内部研究开发项目研究阶段支出，于发生时计入当期损益。内部研究开发项目开发阶段的支出，同时满足下列条件的，确认为无形资产：一是完成该无形资产以使其能够使用或出售在技术上具有可行性。二是具有完成该无形资产并使用或出售的意图。三是无形资产产生经济利益的方式，包括能够证明运用该无形资产生产的产品存在市场或无形资产自身存在市场。无形资产将在内部使用的，可证明其有用性。四是有足够的技术、财务资源和其他资源支持，以完成该无形资产的开发并有能力使用或出售该无形资产。五是归属于该无形资产开发阶段的支出能够可靠地计量。

6.2.9.2 无形资产的摊销

使用寿命有限的无形资产采用直线法按预计使用年限、合同规定的受益年限和法律规定的有效年限三者中最短者分期摊销，按其受益对象分别计入相关资产成本和当期损益。使用寿命不确定的无形资产不予摊销，但在每个会计期末进行减值测试。

6.2.9.3 无形资产减值准备的确认标准和计提方法

期末对无形资产逐项进行检查，当存在以下减值迹象时估计其可收回金额，按可收回金额低于账面价值的差额计提无形资产减值准备：一是已被其他新技术等所替代，使其为企业创造经济利益的能力受到重大不利影响。二是某项无形资产的市价在当期大幅下降，在剩余摊销年限内预期不会恢复。三是某项无形资产已超过法律保护期限，但仍然具有部分使用价值。四是其他足以证明某项无形资产实质上已经发生了减值的情形。

无形资产减值准备一经计提，不予转回。

6.2.10 长期应收款的核算方法

无。

6.2.11 长期待摊费用的摊销政策

本公司长期待摊费用是指已经支出，但受益期限在一年以上（不含一年）的各项费用，包括公司办公楼的装修费用，其摊销方法为直线法。

6.2.12 合并会计报表的编制方法

合并财务报表的合并范围以控制为基础加以确定。公司直接或通过子公司间接拥有被投资单位半数以上的表决权，表明公司能够控制被投资单位，将该被投资单位认定为子公司，纳入合并财务报表的合并范围，但是有证据表明公司不能控制被投资单位的除外。公司拥有被投资单位半数或以下的表决权，满足以下条件之一的，视为公司能够控制被投资单位，将该被投资单位认定为子公司，纳入合并财务报表的合并范围，但是有证据表明公司不能控制被投资单位的除外：通过与被投资单位其他投资者之间的协议，拥有被投资单位半数以上的表决权；根据公司章程或协议，有权决定被投资单位的财务和经营政策；有权任免被投资单位的董事会或类似机构的多数成员；在被投资单位的董事会或类似机构占多数表决权。

合并财务报表以公司和其子公司的财务报表为基础，根据其他有关资料，对子公司的长期股权投资按照权益法调整后由公司编制。

合并资产负债表以公司和子公司的资产负债表为基础，在抵消公司与子公司、子公司相互之间发生的内部交易对合并资产负债表的影响后由公司合并编制。公司对子公司的长期股权投资与公司在子公司所有者权益中所享有的份额相互抵消，同时抵消相应的长期股权投资减值准备。各子公司之间的长期股权投资以及子公司对公司的长期股权投资，比照此规定将长期股权投资的余额与其对应的子公司或公司所有者权益中所享有的份额相互抵消。公司与子公司、子公司相互之间的债权与债务项目相互抵消，同时抵消应收款项的坏账准备和债券投资的减值准备。公司与子公司、子公司相互之间的债券投资与应付债券相互抵消后，产生的差额计入投资收益项目。公司与子公司、子公司相互之间销售商品（或提供劳务，下同）或其他方式形成的存货、固定资产、工程物资、在建工程、无形资产等所包含的未实现内部销售损益抵消。对存贷、固定资产、工程物资、在建工程和无形资产等计提的跌价准备或减值准备与未实现内部销售损益相关的部分抵消。子公司所有者权益中不属于公司的份额，作为少数股东权益。

合并利润表以公司和子公司的利润表为基础，在抵消公司与子公司、子公司相互之间发生的内部交易对合并利润表的影响后由公司合并编制。公司与子公司、子公司相互之间销售商品所产生的营业收入和营业成本抵消。公司与子公司、子公司相互之间销售商品，期末全部实现对外销售的，将购买方的营业成本与销售方的营业收入相互抵消。公司与子公司、子公司相互之间销售商品，期末未实现对外销售而形成存货、固定资产、工程物资、在建工程、无形资产等资产的，在抵消销售商品的营业成本和营业收入的同时，将各项资产所包含的未实现内部销售损益予以抵消。公司与子公司、子公司相互之间持有对方债券所产生的投资收益，与其相对应的发行方利息费用相互抵消。公司对子公司、子公司相互之间持有对方长期股权投资的投资收益，与对方当期净利润相互抵消。公司与子公司、子公司相互之间发生的其他内部交易对合并利润表的影响抵消。子公司当期净损益中属于少数股东权益的份额，在合并利润表"净利润"项目下以"少数股东损益"项目列示。

6.2.13 收入确认原则和方法

销售商品收入同时满足下列条件的，才能予以确认：企业已将商品所有权上的主要风险和报酬转移给购货方；企业既没有保留通常与所有权相联系的继续管理权，也没有对已售出的商品实施有效控制；收入的金额能够可靠计量；相关经济利益很可能流入企业；相关的、已发生的或将发生的成本能够可靠计量。

企业在资产负债表日提供劳务交易的结果能够可靠估计的，应当按照完工百分比法确认提供劳务收入。完工百分比法是指按照提供劳务交易的完工进度确认收入与费用的方法。提供劳务交易的结果能够可靠估计，是指同时具备以下条件：收入的金额能够可靠计量，相关的经济利益很可能流入企业，交易的完工进度能够可靠确定，交易中已发生的和将发生的成本能够可靠计量。企业确定提供劳务交易的完工进度，可以选用下列方法：已完工作的计量，已经提供的劳务占应提供的劳务总量的比例、已发生的成本占估计总成本的比例。

让渡资产使用权收入包括利息收入、使用费收入和现金股利收入。让渡资产使用权收入同时满足下列条件，才能予以确认：相关经济利益很可能流入企业，收入金额能够可靠计量。企业应当区分下列情况确定让渡资产使用权收入金额：利息收入金额，按照他人使用本企业货币资金时间和实际利率计算确定；使用费收入金额，按照有关合同或协议约定的收费时间和方法计算确定；现金股利收入金额，按照被投资单位宣告的现金股利分配方案和持股比例计算确定。

利息收入金额按照他人使用本企业货币资金的时间和实际利率计算确定，使用费收入金额按照有关合同或协议约定的收费时间和方法计算确定。

6.2.14 所得税的会计处理方法

本公司所得税的会计处理采用资产负债表债务法核算。

6.2.15 信托报酬确认原则和方法

在与信托业务相关的经济利益能够流入、收入的金额能够可靠计量的情况下，按有关合同、协议规定的时间和方法确认收入的实现。

6.3 或有事项说明

公司本年无对外担保及其他或有事项。

6.4 重要资产转让及其出售的说明

公司本年无重要资产转让及其出售情况。

6.5 会计报表中重要项目的明细资料

6.5.1 披露自营资产经营情况

6.5.1.1 按信用风险五级分类结果披露信用风险资产的期初数、期末数

信用风险资产五级分类	正常类（万元）	关注类（万元）	次级类（万元）	可疑类（万元）	损失类（万元）	信用风险资产合计（万元）	不良资产合计（万元）	不良资产率（%）
期初数	141 586.63	—	—	—	—	141 586.63	—	—
期末数	162 262.00	—	—	—	—	162 262.00	—	—

注：不良资产合计＝次级类＋可疑类＋损失类。

6.5.1.2 各项资产减值损失准备的期初数、本期计提、本期转回、本期核销、期末数

单位：万元

	期初数	本期计提	本期转回	本期核销	期末数
贷款损失准备	—	—	—	—	—
一般准备	—	—	—	—	—
专项准备	—	—	—	—	—
其他资产减值准备	234.00	—	—	—	234.00
可供出售金融资产减值准备	—	—	—	—	—
持有至到期投资减值准备	—	—	—	—	—
长期股权投资减值准备	—	—	—	—	—
坏账准备	—	—	—	—	—
投资性房地产减值准备	2 859.73	—	—	—	2 859.73

6.5.1.3 按照投资品种分类，分别披露固有业务股票投资、基金投资、债券投资、长期股权投资等投资业务的期初数、期末数

单位：万元

项目	自营股票	基金	债券	长期股权投资	银行理财产品	合计
期初数	308.64	3 314.99	8 699.80	39 905.00	86 000.00	138 228.43
期末数	—	2 097.56	4 673.35	39 905.00	116 000.00	162 675.91

6.5.1.4 按投资入股金额排序，前五名的自营长期股权投资的企业名称、占被投资企业权益的比例、主要经营活动及投资收益情况等（从大到小顺序排列）

企业名称	占被投资企业权益的比例（%）	主要经营活动	投资损益（万元）
东方基金管理有限责任公司	9.00	发起设立基金、基金管理、法律法规允许和中国证监会核准的其他业务	—
国都证券有限责任公司	2.95	代理交易服务（A股、B股、国债和企业债及回购、封闭式基金、开放式基金、权证）、理财规划服务、期货中间介绍业务等	310.00

注："投资损益"是指按照企业会计准则，核算股权投资确认损益并计入披露年度利润表的金额。

6.5.1.5 前五名的自营贷款的企业名称、占贷款总额的比例和还款情况等（从贷款金额大到小顺序排列）

企业名称	占贷款总额的比例（%）	还款情况
山西贝瑞精密工业股份有限公司	27.54	尚未到期
唐山市路桥建设有限公司	14.49	尚未到期
天津滨海发展投资控股有限公司	57.97	尚未到期

6.5.1.6 表外业务的期初数、期末数，按照代理业务、担保业务和其他类型表外业务分别披露

单位：万元

表外业务	期初数	期末数
担保业务	—	—
代理业务（委托业务）	—	—
其他	—	—
合计	—	—

注：代理业务主要反映因客观原因应规范而尚未完成规范的历史遗留委托业务，包括委托贷款和委托投资。

无其他表外业务。

6.5.1.7 公司当年的收入结构（母公司口径、并表口径同时披露）

收入结构	金额（万元）	占比（%）
手续费及佣金收入	92 515.55	87.17
其中：信托手续费收入	90 657.24	85.42
投资银行业务收入	1 858.31	1.75
利息收入	9 238.62	8.70
其他业务收入	123.23	0.12
其中：计入信托业务收入部分	—	—
投资收益	4 235.06	3.99
其中：股权投资收益	310.00	0.29
证券投资收益	3 925.06	3.70
其他投资收益	—	—
公允价值变动收益	1.22	0.00
营业外收入	21.98	0.02
收入合计	106 135.66	100.00

6.5.2 **披露信托财产管理情况**

6.5.2.1 信托资产的期初数、期末数

单位:万元

信托资产	期初数	期末数
集合	779 466.00	984 457.20
单一	8 370 325.00	16 965 579.08
财产权	885 823.06	867 867.80
合计	10 035 614.06	18 817 904.08

6.5.2.1.1 主动管理型信托业务的信托资产期初数、期末数,分证券投资、股权投资、融资类、事务管理类分别披露

单位:万元

主动管理型信托资产	期初数	期末数
证券投资类	—	—
股权投资类	559 854.00	705 306.96
融资类	7 754 079.00	16 912 557.94
事务管理类	30 032.00	60 478.38
合计	8 343 965.00	17 678 343.28

6.5.2.1.2 被动管理型信托业务的信托资产期初数、期末数,分证券投资、股权投资、融资类、事务管理类分别披露

单位:万元

被动管理型信托资产	期初数	期末数
证券投资类	20 000.00	10 000.00
股权投资类	814 100.00	596 550.00
融资类	291 500.00	172 500.00
事务管理类	566 049.06	360 510.80
合计	1 691 649.06	1 139 560.80

6.5.2.2 本年度已清算结束的信托项目个数、实收信托合计金额、加权平均实际年化收益率

6.5.2.2.1 本年度已清算结束的集合类、单一类资金信托项目和财产管理类信托项目个数,实收信托金额,加权平均实际年化收益率

已清算结束信托项目	项目个数	实收信托合计金额(万元)	加权平均实际年化收益率(%)
集合类	22	794 515.50	8.56
单一类	191	5 643 597.80	8.01
财产管理类	9	174 600.00	3.78

注:收益率是指信托项目清算后,给受益人赚取的实际收益水平。加权平均实际年化收益率=(信托项目1的实际年化收益率×信托项目1的实收信托+信托项目2的实际年化收益率×信托项目2的实收信托+…+信托项目n的实际年化收益率×信托项目n的实收信托)/(信托项目1的实收信托+信托项目2的实收信托+…+信托项目n的实收信托)×100%。

6.5.2.2.2 本年度已清算结束的主动管理型信托项目个数、实收信托合计金额、加权平均实际年化收益率,分证券投资、股权投资、融资类、事务管理类分别计算并披露

已清算结束信托项目	项目个数	实收信托合计金额(万元)	加权平均实际年化信托报酬率(%)	加权平均实际年化收益率(%)
证券投资类	—	—	—	—
股权投资类	7	402 887.00	0.65	10.54
融资类	200	5 561 289.60	0.68	7.98
事务管理类	1	35 000.00	0.60	6.50

注:加权平均实际年化信托报酬率=(信托项目1的实际年化信托报酬率×信托项目1的实收信托+信托项目2的实际年化信托报酬率×信托项目2的实收信托+…+信托项目n的实际年化信托报酬率×信托项目n的实收信托)/(信托项目1的实收信托+信托项目2的实收信托+…+信托项目n的实收信托)×100%。

6.5.2.2.3 本年度已清算结束的被动管理型信托项目个数、实收信托合计金额、加权平均实际年化收益率,分证券投资、股权投资、融资类、事务管理类分别计算并披露

已清算结束信托项目	项目个数	实收信托合计金额(万元)	加权平均实际年化信托报酬率(%)	加权平均实际年化收益率(%)
证券投资类	1	20 000.00	0.20	5.30
股权投资类	2	217 550.00	0.30	3.88
融资类	6	328 386.70	0.14	7.15
事务管理类	5	47 600.00	0.17	4.46

6.5.2.3 本年度新增的集合类、单一类和财产管理类信托项目个数,实收信托合计金额

新增信托项目	项目个数	实收信托合计金额(万元)
集合类	47	1 005 066.20
单一类	547	14 228 766.30
财产管理类	7	156 920.00
新增合计	601	15 390 752.50
其中:主动管理型	597	15 301 028.40
被动管理型	4	89 724.10

注:本年新增信托项目指在本报告年度内累计新增的信托项目个数和金额,包含本年度新增并于本年度内结束的项目和本年度新增至报告期末仍在持续管理的信托项目。

6.5.2.4 信托业务创新成果和特色业务有关情况

无。

6.5.2.5 本公司履行受托人义务情况及因本公司自身责任而导致的信托资产损失情况(合计金额、原因等)

在本信托年度,我公司作为受托人,严格遵守《信托法》、《信托公司管理办法》等法律法规以及公司规章制度,每一信托项目分别开立了信托财产专用账户,对不同的信托资产单独进行管理和核算,我公司管理的信托资产与固有资产由不同的部门和人员分别进行管理,信息隔离;同时,我公司始终坚持诚实、信用、谨慎、有效管理的原则,牢固树立"风险管理"的理念,严格按照信托合同中约定的管理方式、权限,忠实地为委托人管理、运用及处分信托财产,保证了信托财产的安全完整和受益人的最大利益。

截至目前,我公司无信托财产损失情况的发生。

6.6 关联方关系及其交易的披露

6.6.1 关联交易方的数量、关联交易的总金额及关联交易的定价政策等

	关联交易方数量	关联交易金额(万元)	定价政策
合计	12	1 222 441.00	公平的协议价格

注:"关联交易"定义应以《公司法》和《企业会计准则第36号——关联方披露》有关规定为准。

6.6.2 关联交易方与本公司的关系性质，关联交易方的名称、法定代表人、注册地址、注册资本及主营业务等

关系性质	关联方名称	法定代表人	注册地址	注册资本（万元）	主营业务
实际控制人	海航集团有限公司	陈峰	海口市海秀路29号海航发展大厦	1115 180	航空运输及机场的投资与管理，酒店及高尔夫球场的投资与管理，信息技术服务，飞机及航材进出口贸易，能源、交通、新技术、新材料的投资开发及股权运作，境内劳务及商务服务中介代理（凡需行政许可的项目，凭许可证经营）。
股东	海航资本控股有限公司	刘小勇	海南省海口市海秀路29号	780 435	企业资产重组、购并及项目策划，财务顾问中介服务，信息咨询服务，交通能源新技术、新材料的投资开发，航空器材的销售及租赁业务，建筑材料、酒店管理，游艇码头设施投资（凡需行政许可的项目，凭许可证经营）。
同一控制	海航旅业控股（集团）有限公司	张岭	海口市海秀路海航发展大厦	410 000	酒店项目开发、管理，旅游项目投资和管理，装饰装修工程，建筑材料，家用电器、电子产品、通讯设备的销售（凡需行政许可的项目，凭许可证经营）。
同一控制	北京首都航空有限公司	胡明波	北京市顺义区后沙峪镇吉祥工业区5－1号	131 500	许可经营项目：国际、国内商务旅游包机及货运业务，公务机出租飞行、医疗救护飞行（不含诊疗活动），航空器代管和直升机引航作业业务，保险兼业代理。 一般经营项目：销售工艺美术品，货物进出口。
股东	海航酒店控股集团有限公司	董鑫	上海市浦东新区金湘路333号1011室	137 730.99	实业投资、酒店经营、酒店管理、酒店用品采购、旅游资源项目开发。（企业经营涉及行政许可的，凭许可证件经营）
同一控制	海航商业控股有限公司	何家福	北京市顺义区南法信镇府前街12号207室	348 000	项目投资及投资管理，货物进出口、技术进出口、代理进出口，专业承包，技术开发、技术咨询、技术服务、技术转让，设备租赁（汽车除外）销售服装鞋帽、五金交电、日用杂品、文化体育用品、日用百货、珠宝首饰、针纺织品。
同一控制	海航航空控股有限公司	王英明	海口市海秀路29号海航发展大厦	935 000	航空运输相关项目的投资管理、资本运营管理、资产受托管理、候机楼服务和经营管理。（凡需行政许可的项目，凭许可证经营）
同一控制	海航国际旅游岛开发建设（集团）有限公司	曾标志	海口市美兰区国兴大道7号新海航大厦15层	544 240	商业、酒店及高尔夫球场的投资与管理，能源、交通、新技术、新材料的投资开发及股权运作，旅游项目开发，农业项目开发；投资咨询服务。
同一控制	海航机场集团有限公司	董桂国	海南省海口市海秀路29号海航发展大厦	1 003 740	机场投资、机场改造，机场运营管理与国内外航空运输有关的地面服务，机场管理咨询服务，仓储业（非危险品），国内外航空运输业务的技术合作及咨询服务。（凡需行政许可的项目，凭许可证经营）。
同一控制	金海重工股份有限公司	李国锋	浙江省岱山县长涂镇金海大道1号	381 000	船舶修造，船用机械、钢结构及零配件制造、销售、修理，起重机制造、安装（上述经营范围不含国家法律法规规定禁止、限制和许可经营的项目）。
同一控制	三亚凤凰国际机场有限责任公司	黄秋	海南省三亚市凤凰路凤凰国际机场	240 926.5777	航空服务；国内航线除香港、澳门、台湾地区航线外航空客、货运销售代理业务（危险品除外）；车辆及设备出租、修理，停车场经营；旅游业（不含旅行社经营）；商业；机场场地、设备的租赁；仓储服务；清洁；广告的设计、制作、发布和代理；航空信息技术和咨询服务；职业培训（凡需行政许可的，凭许可证经营）。
同一控制	海航基础产业集团有限公司	曾标志	海南省海口市琼山区琼州大道21号琼山商务局大楼三楼310号	1 552 574.08	建筑设计、基础设施建设。

6.6.3 逐笔披露本公司与关联方的重大交易事项

6.6.3.1 固有与关联方交易情况：贷款、投资、租赁、应收账款担保、其他方式等期初汇总数、本期借方和贷方发生额汇总数、期末汇总数

单位：万元

固有与关联方关联交易				
	期初数	借方发生额	贷方发生额	期末数
贷款	—	—	—	—
投资	—	—	—	—
租赁	—	—	—	—
担保	—	—	—	—
应收账款	—	—	—	—
其他	—	—	—	—
合计	—	—	—	—

6.6.3.2 信托与关联方交易情况：贷款、投资、租赁、应收账款、担保、其他方式等期初汇总数、本期借方和贷方发生额汇总数、期末汇总数

单位：万元

信托与关联方关联交易				
	期初数	借方发生额	贷方发生额	期末数
贷款	918 164.00	436 681.00	295 544.00	1 059 301.00
投资	178 360.00	114 600.00	129 820.00	163 140.00
租赁	—			—
担保	—			—
应收账款	—			—
其他	—			—
合计	1 096 524.00	551 281.00	425 364.00	1 222 441.00

6.6.3.3 信托公司自有资金运用于自己管理的信托项目（固信交易）、信托公司管理的信托项目之间的相互交易（信信交易）金额，包括余额和本报告年度的发生额

6.6.3.3.1　固有与信托财产之间的交易金额期初汇总数、本期发生额汇总数、期末汇总数

单位:万元

固有财产与信托财产相互交易			
	期初数	本期发生额	期末数
合计	—	—	—

注:以固有资金投资公司自己管理的信托项目受益权,或购买自己管理的信托项目的信托资产均应纳入统计披露范围。

6.6.3.3.2　信托项目之间的交易金额期初汇总数、本期发生额汇总数、期末汇总数

单位:万元

信托资产与信托财产相互交易			
	期初数	本期发生额	期末数
合计	—	—	—

注:以公司受托管理的一个信托项目的资金购买自己管理的另一个信托项目的受益权或信托项下资产均应纳入统计披露范围。

6.6.4　逐笔披露关联方逾期未偿还本公司资金的详细情况以及本公司为关联方担保发生或即将发生垫款的详细情况

无。

6.7　会计制度的披露

固有业务及信托业务均执行2006年财政部颁布的企业会计准则。

7. 财务情况说明书

7.1　利润实现和分配情况(母公司口径和并表口径同时披露)

经中兴华会计师事务所(特殊普通合伙)审计后,我公司2013年实现利润总额66 729.11万元,扣除所得税15 860.73万元,净利润50 868.38万元。根据《信托公司管理办法》及公司章程提取5%的信托赔偿准备金2 543.42万元,根据《金融企业准备金计提管理办法》计提一般风险准备669.59万元,根据《公司法》提取法定盈余公积金5 086.84万元,2013年向股东分配2012年度净利润6231.07万元,期末可供股东分配的利润为78 765.07万元。

7.2　主要财务指标(母公司口径和并表口径同时披露)

指标名称	指标值
资本利润率(%)	17.16
加权年化信托报酬率(%)	0.51
人均净利润(万元)	442.33

注:1. 资本利润率=净利润/所有者权益平均余额×100%。

2. 加权年化信托报酬率=(信托项目1的实际年化信托报酬率×信托项目1的实收信托+信托项目2的实际年化信托报酬率×信托项目2的实收信托+…+信托项目n的实际年化信托报酬率×信托项目n的实收信托)/(信托项目1的实收信托+信托项目2的实收信托+…+信托项目n的实收信托)×100%。

3. 人均净利润=净利润/平均人数。

4. 平均值采取年初、年末余额简单平均法,公式为:a(平均)=(年初数+年末数)/2。

7.3　对本公司财务状况、经营成果有重大影响的其他事项

无。

8. 特别事项简要揭示

8.1　前五名股东报告期内变动情况及原因

2月27日,海航资本控股有限公司完成股权变更。北方国际信托股份有限公司将所持公司股份25.627%转让给海航资本控股有限公司。海航资本控股有限公司以货币出资780435万元,占注册资本的100%。

12月10日,北京燕京饭店有限责任公司法定代表人由宋翔变更为白海波。

8.2　董事、监事及高级管理人员变动情况及原因

3月29日,2012年度股东会选举汪杰宁、李令星、王松奇和王力为第四届董事会董事,选举童清为第四届监事会非员工监事;

3月29日,第四届董事会第一次会议同意聘任任惊雷先生为董事会秘书兼副总裁,同意聘任汪杰宁先生为首席风险控制官。

8.3　变更注册资本、变更注册地或公司名称、公司分立与合并事项

1月8日,海南航空公司全资子公司中国新华航空集团有限公司拟以现金276 090.55万元受让海口美兰国际机场有限责任公司、海航酒店控股集团有限公司、扬子江地产集团有限公司、北京燕京饭店有限责任公司和海南海航航空信息系统有限公司合计持有的渤海国际信托有限公司39.78%的股权。此事项需经中国银行业监督管理委员会审批后方可进行。

8.4　公司的重大诉讼事项

无。

8.5　公司及其董事、监事和高级管理人员受到处罚的情况

公司及其董事、监事和高级管理人员报告期内未受到任何处罚。

8.6　银监会及其派出机构对公司检查后提出整改意见的,应简单说明整改情况

报告期内,中国银监会河北监管局对公司进行多次现场检查和专项业务检查。公司对此高度重视、积极配合,组织相关部门人员,认真学习监管意见,及时制定切实可行的整改措施并予以贯彻落实,切实防范信政合作、中长期贷款和房地产信托业务风险,逐步降低了银信合作业务比例,加强了对实体经济的支持。

8.7　本年度重大事项临时报告的简要内容、披露时间、所披露的媒体及其版面

无。

8.8　银监会及其省级派出机构认定的其他有必要让客户及相关利益人了解的重要信息

无。

9. 公司监事会意见

监事会认为，本报告期内，公司决策程序合法，内部控制制度较为完善，没有发现公司董事、高级管理人员在执行公司职务时有违法违纪和损害委托人、受益人、公司及股东利益的行为。公司财务报告真实、客观地反映了公司的财务状况和经营成果。

长安国际信托股份有限公司

1. 重要提示

1.1 本公司董事会及董事保证本报告所载资料不存在任何虚假记载、误导性陈述或者重大遗漏，并对其内容的真实性、准确性和完整性承担个别及连带责任。

1.2 公司独立董事强力、李成、周春生声明：保证本年度报告内容真实、准确、完整。

1.3 本公司2013年度财务报告经希格玛会计师事务所（特殊普通合伙）审计，并出具了标准无保留的审计报告。

1.4 公司法定代表人高成程、总裁崔进才及会计机构负责人马华声明：保证年度报告中财务会计报告的真实、完整。

2. 公司概况

2.1 公司简介

长安国际信托股份有限公司的前身为西安市信托投资公司，1986年8月经中国人民银行批准成立，系国有独资的非银行金融机构。1999年12月公司增资改制为有限责任公司。2002年4月，经中国人民银行批准，在信托业清理整顿中予以单独保留。2003年12月经中国银行业监督管理委员会陕西监管局批准，换发了新的中华人民共和国金融许可证。2008年1月，经中国银行业监督管理委员会批准，公司名称变更为"西安国际信托有限公司"，注册资本变更为3.6亿元。2009年12月经中国银行业监督管理委员会陕西监管局批准，公司注册资本变更为5.1亿元。2011年7月，经中国银行业监督管理委员会陕西监管局批准，公司注册资本变更为5.58亿元。2011年11月，经中国银行业监督管理委员会批准，公司整体变更并更名为"长安国际信托股份有限公司"，注册资本变更为7.5888亿元。2011年12月，经中国银行业监督管理委员会陕西监管局批准，公司注册资本变更为12.5888亿元。

2.1.1 公司法定中文名称：长安国际信托股份有限公司（简称：长安信托）

公司法定英文名称：Chang'an International Trust Co.，Ltd.（缩写：CITC）

2.1.2 公司法定代表人：高成程

2.1.3 公司注册地址：西安市高新区科技路33号高新国际商务中心23~24层

公司邮政编码：710075

公司国际互联网网址：http://www.caitc.cn

2.1.4 负责信息披露事务人：董事会秘书　谷林强

联系电话：029-87990873

传真：029-87990856

电子信箱：gulinqiang@caitc.cn

2.1.5 公司选定的信息披露报纸：《上海证券报》、《金融时报》

2.1.6 公司年度报告备置地点：西安市高新区科技路33号高新国际商务中心24层

2.1.7 公司聘请的会计师事务所名称：希格玛会计师事务所（特殊普通合伙）

住所：西安市高新路25号

2.1.8 公司聘请的律师事务所名称：北京市康达（西安）律师事务所

住　所：西安市南二环西段68号世纪星大厦七层D~E座

2.2 组织结构

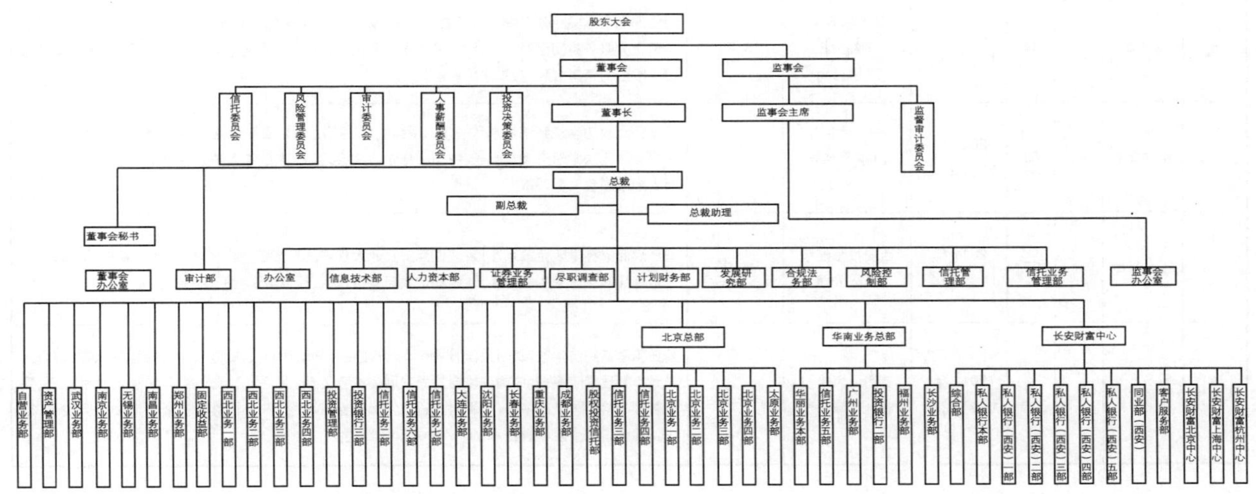

3. 公司治理

3.1 股东

报告期末股东总数	7					
持有本公司 10% 以上（含）股份的股东						
股东名称	年末持股数（万股）	持股比例（%）	法人代表	注册资本（万元）	注册地址	主要经营业务
西安投资控股有限公司	51 988.95	41.30	肖西萍	311 458.49	西安市高新区科技五路 8 号数字大厦四层	投资业务、项目融资、资产管理、资产重组与购并、财务咨询等
上海证大投资管理有限公司	38 185.67	30.33	朱南松	30 000.00	上海市浦东新区民生路 1199 弄 1 号 16 层 1908 室	投资管理、企业资产委托管理、资产重组、收购兼并等
上海淳大资产管理有限公司	1 4687.29	11.67	唐乾山	32 000.00	上海市浦东新区长柳路 100 号一层 G 室	实业投资、投资管理咨询、企业管理咨询等

3.2 董事、独立董事

姓名	职务	性别	年龄	选任日期	所推举的股东名称	该股东持股比例（%）	简要履历
高成程	董事长	男	45	2011 年 11 月 22 日	西安投资控股有限公司	41.30	曾任西安市国际信托投资公司投资租赁部副主任、主任，西安市生产资金管理分局副局长，西安市经济技术投资担保有限公司副总经理、总经理，西安国际信托有限公司董事长；现任长安国际信托股份有限公司董事长。
师胜友	董事	男	52	2011 年 11 月 22 日	西安投资控股有限公司	41.30	曾任陕西省建材机械厂出纳、会计、财务科副科长和西安市财政局工交处综合科副科长、科长、会计处副处长、预算处副处长、企业处处长；现任西安市财政局副局长。
朱南松	董事	男	47	2011 年 11 月 22 日	上海证大投资管理有限公司	30.33	1992 年开始从事证券投资工作，1994 年作为主要创始人参与创建上海证大投资管理有限公司，历任多家上市和非上市公司董事，现任上海证大投资管理有限公司董事长兼总裁。
崔进才	董事	男	45	2011 年 11 月 22 日	上海证大投资管理有限公司	30.33	曾任中信银行总行信贷管理部、公司业务管理部、零售银行业务总部总经理助理、副总经理、总经理等职，中信资产管理有限公司董事、副总经理、业务审查委员会主任、资产收购处置定价小组长，西安国际信托有限公司董事、总经理；现任长安国际信托股份有限公司董事、总裁。
蒋锦志	董事	男	46	2011 年 11 月 22 日	上海淳大资产管理有限公司	11.67	曾就职于深圳证券交易所、国信证券，曾任深圳正达信投资有限公司 CEO、粤海证券（香港）有限公司董事长，现任上海景林投资发展有限公司董事长。
蔡元明	董　事	男	44	2011 年 11 月 22 日	陕西鼓风机（集团）有限公司	6.25	历任深圳安惠实业公司安路电子副总经理，深圳创为实技术发展有限公司董事长、总经理，阿尔斯通电力服务集团全球产品经理，监测集团总经理，阿尔斯通电力集团副总裁，西安陕鼓动力股份有限公司董事会秘书、副总经理。
强　力	独立董事	男	52	2011 年 11 月 22 日	董事会推荐	—	曾任西北政法学院经济法系和法学二系副主任、主任，现为西北政法大学经济法学院院长、中国法学会银行法学研究会副会长、中国证券法研究会理事、陕西省法学会金融法学研究会会长、陕西省金融学会常务理事。
李　成	独立董事	男	57	2011 年 11 月 22 日	西安投资控股有限公司	41.30	曾任陕西财经学院金融系教授；现任西安交通大学经济与金融学院金融系主任、教授、博导，全国金融专业学位研究生教指委员，西安市政府参事，陕西省金融学会副秘书长。
周春生	独立董事	男	47	2011 年 11 月 22 日	上海证大投资管理有限公司	30.33	曾任美联储经济学家，加州大学 Riverside 分校金融学助理教授，香港大学金融学副教授，北京大学光华管理学院教授，中国证监会规划发展委员会委员，北京大学光华管理学院金融系主任、高层管理者培训与发展中心（EDP）主任，香港大学荣誉教授，深圳证券交易所上市委员会委员；现任长江商学院金融学教授、EMBA/ExecEd 学术主任。

姓名	所在单位及职务	性别	年龄	选任日期	所推举的股东名称	所推举的股东持股比例（%）	简要履历
强 力	西北政法大学、教授	男	52	2011年11月22日	董事会	—	曾任西北政法学院经济法系和法学二系副主任、主任；现为西北政法大学经济法学院院长、教授，中国法学会银行法学研究会副会长，中国证券法研究会理事，陕西省法学会金融法学研究会会长，陕西省金融学会常务理事。
李 成	西安交通大学、教授	男	57	2011年11月22日	西安投资控股有限公司	41.30	曾任陕西财经学院金融系教授；现任西安交通大学经济与金融学院金融系主任、教授、博导，全国金融专业学位研究生教指委员，西安市政府参事，陕西省金融学会副秘书长。
周春生	长江商学院、教授	男	47	2011年11月22日	上海证大投资管理有限公司	30.33	曾任美联储经济学家，加州大学Riverside分校金融学助理教授，香港大学金融学副教授，北京大学光华管理学院教授，中国证监会规划发展委员会委员，北京大学光华管理学院金融系主任、高层管理者培训与发展中心（EDP）主任，香港大学荣誉教授，深圳证券交易所上市委员会委员；现任长江商学院金融学教授、EMBA/ExecEd学术主任。

3.3 监事

姓名	职务	性别	年龄	选任日期	所推举的股东名称	该股东持股比例（%）	简要履历
刘峥嵘	监事会主席	男	55	2011年11月22日	西安投资控股有限公司	41.30	曾任西安国际信托投资有限公司部门副主任、主任，西安国际信托有限公司副总经理、监事长；现为长安国际信托股份有限公司监事会主席。
王 萍	监事	女	40	2011年11月22日	上海证大投资管理有限公司	30.33	曾就职于山东省电力公司，曾任上海证大投资管理有限公司研究部研究员，战略投资部项目经理、部门副经理，战略投资部总经理、总裁助理；现任上海证大投资管理有限公司副总裁。
柳志伟	监事	男	47	2011年11月22日	上海淳大资产管理有限公司	11.67	曾任海南汇通国际信托投资有限公司董事长助理，长城证券有限责任公司投资银行部总经理，国信证券有限责任公司收购兼并部总经理，新疆汇通（集团）股份有限公司总经理、董事、董事长、监事长，西安国际信托有限公司董事、监事；现任上海淳大资产管理有限公司董事长。
刘明学	监事	男	53	2011年11月22日	西安高新技术产业开发区科技投资服务中心	1.04	曾就职于陕西省外文书店计划财务科、陕西省机械进出口公司、西安高新区生产力促进中心任会计主管，现任西安高新区管委会会计核算服务中心综合管理部部长。
刘 静	职工代表监事	女	45	2011年11月22日	—	—	曾任西安国际信托投资有限公司投资银行部投资经理、投资银行部副总经理、信托二部副总经理，现任长安国际信托股份有限公司审计部总经理。
白伏波	职工代表监事	男	57	2012年9月20日	—	—	曾任西安国际信托有限公司业务部主任、信托部主任、自营部副总经理、办公室副主任，现任长安国际信托股份有限公司监事会秘书、监事会办公室主任、办公室主任。

3.4 高级管理人员

姓 名	职 务	性别	年龄	选任日期	金融从业年限	学历	专业	简要履历
崔进才	总裁	男	45	2011年11月22日	24	硕士	货币银行学	曾任中信银行总行信贷管理部、公司业务管理部、零售银行业务总部总经理助理、副总经理、总经理等职，在中信资产管理有限公司任董事、副总经理、业务审查委员会主任、资产收购处置定价小组长，曾任西安国际信托有限公司董事、总经理，现任长安国际信托股份有限公司董事、总裁。
陈 英	常务副总裁	男	44	2012年3月23日	19	本科	金融	曾任中信银行总行信贷管理部处副经理、审查部副总经理，中信银行公司银行总部信贷业务部副总经理、公司产品发展部总经理，中信银行青岛分行行长助理、副行长；现任长安国际信托股份有限公司常务副总裁。
徐 谦	副总裁	男	42	2011年11月22日	13	博士	政治经济学	曾任陕西财经学院金融财政学院和西安交通大学经济与金融学院教师，曾在西部证券股份有限公司从事证券市场研究分析和企业财务顾问工作等，曾任我公司投资银行部总经理；现任长安国际信托股份有限公司副总裁。
徐 立	副总裁	男	54	2011年11月22日	34	本科	中文	曾任广东发展银行广州开发区办事处（分行级）主任、国内业务部副总经理，总行营业部负责人、个人业务部总经理；曾在中信银行广州分行担任行长助理兼公司部副总经理。现任长安国际信托股份有限公司副总裁。

续表

姓 名	职 务	性别	年龄	选任日期	金融从业年限	学历	专业	简 要 履 历
瞿文康	副总裁	男	47	2011 年 11 月 22 日	27	硕士	经济管理	曾在西安市财政局、西安市国际信托投资有限公司工作；曾任西安市生产资金管理分局副主任、主任，西安市经济技术投资担保有限公司计财部主任、财务总监、公司副总经理兼财务负责人。现任长安国际信托股份有限公司副总裁。
喻福兴	总裁助理	男	47	2012 年 3 月 23 日	26	大专	金融	曾任建行浙江省信托投资有限公司（后更名为浙江省信托投资有限公司）信贷科科长、金信信托投资有限公司信托业务二部副经理、平安信托投资有限公司浙江营销中心总经理助理、长安国际信托股份有限公司信托六部总经理，现任长安国际信托股份有限公司总裁助理。
邹 泽	总裁助理	男	47	2013 年 3 月 28 日	25	本科	金融	曾任交通银行重庆分行会计、信贷员；中国银行重庆分行信贷员；宝生银行重庆代表处助理、副代表；中国银行重庆分行信贷员、高级客户经理、高级信审员、信审部总助，稽核部、信贷管理部、信贷业务部、资金资本市场部、国际业务部、公司银行部、风险管理部负责人；中信银行贵阳分行副行长、风险主管、纪委书记；长安国际信托股份有限公司西南业务总监兼重庆业务部总经理。现任长安国际信托股份有限公司总裁助理。
胡 鹏	总裁助理	男	38	2013 年 3 月 28 日	10	硕士	金融	曾任山西省国家安全厅二处任科员，中国对外经济贸易信托投资有限公司投资银行部信托经理、信托业务总监；现任长安国际信托股份有限公司总裁助理。
王方军	总裁助理	男	44	2013 年 3 月 28 日	23	本科	经济信息管理	曾任中国人民银行青海省果洛藏族自治州分行计划调研科副科长，青海证券公司办公室负责人、证券营业部副经理（主持工作），中国人民银行青海省分行办公室、外汇管理处副主任科员，中国人民银行西安分行非银处信托公司监管科科长，陕西银监局非银处信托科负责人、现场检查四处非银科负责人、非银处现场和财务公司监管科负责人。现任长安国际信托股份有限公司总裁助理。
黄立军	总裁助理	男	37	2013 年 3 月 28 日	8	硕士	货币银行学	曾任武汉理工大学理学院教师，中国人寿保险股份有限公司投资理部、业务管理部业务主管，安信证券研究中心任金融分析师，宏源证券研究所行业公司部主管、公司战略小组成员、所长助理、副所长；现任长安国际信托股份有限公司总裁助理。

3.5 公司员工

项 目		报告期年度		上年度	
		人数	比例（%）	人数	比例（%）
年龄分布	25 岁以下	37	8	35	11
	25～29 岁	145	33	109	34
	30～39 岁	160	37	106	33
	40 岁以上	94	22	70	22
学历分布	博士	9	2	9	3
	硕士	228	52	175	55
	本科	166	38	114	35
	专科	31	7	20	6
	其他	2	1	2	1
岗位分布	董事、监事及高管	12	3	8	3
	自营业务人员	4	1	7	2
	信托业务人员	230	53	180	56
	其他人员	190	43	125	39

4. 经营管理

4.1 经营目标、经营方针、战略目标

4.1.1 经营目标

公司积极创新业务模式及产品服务，不断拓展新的业务领域，做大做强信托业务，持续扩大管理资产规模，全面提升综合金融服务能力，力争使公司成为具有核心竞争力和特色明显的专业资产管理和财富管理机构，为客户提供更优质、更个性化的金融理财服务，为委托人和受益人的财富管理和财富增值作出贡献。

4.1.2 经营方针

公司坚持“诚信、稳健、专业、创新”的经营管理原则，以提升自主管理能力为着力点，以增强风险控制能力和专业人才队伍建设为保障，通过持续推进业务和产品创新，不断完善资产管理产品线和客户服务体系，树立公司财富管理的品牌优势，逐步实现以融资需求为导向的业务模式向以客户投资需求为导向的业务模式的转变。

4.1.3 战略目标

公司的战略目标是将公司打造成为高净值个人及机构投资者提供资产配置和财富管理服务的专家，跻身于国内一流的信托公司之列。为了实现以上战略目标，一方面，公司将持续聚焦专业资产管理能力的提升，做精做强传统融资类信托业务，努力提升在金融市场及另类资产领域的投资管理能力，积极推动向投资型业务的转型，全面提高主动管理能力，最终构建出具有竞争优势并能满足客户全方位投资需要的完整产品线。另一方面，公司将加快自有直销渠道的拓展 加大个人及机构客户的开发和维护 进一步提升募资能力，逐步实现财富管理中心由单纯卖产品到为客户提供全面资产配置服务的升级。此外，公司还将充分挖掘信托制度优势，积极开拓家族财富管理、资产证券化、QDII 土地信托等创新业务；广泛开展与其他金融机构间的业务合作，条件成熟时通过收购进行多元化布局，最终打造成为一个以信托为主业、适度多元化的综合金融控股

平台。

4.2 所经营业务的主要内容

4.2.1 自营资产运用与分布情况

自营资产运用与分布表

资产运用	金额（万元）	占比（%）	资产分布	金额（万元）	占比（%）
货币资金	136 427.83	34.09	房地产	5 560.00	1.39
贷款及应收款	2 447.48	0.61	金融机构	200 189.10	50.02
交易性金融资产	137 057.79	34.25	其他	30 569.35	7.64
可供出售金融资产	65 112.60	16.27	实业	17 727.67	4.43
持有至到期投资	27 090.19	6.77	证券市场	146 127.65	36.52
长期股权投资	6 103.51	1.53			
其他	25 934.37	6.48			
资产总计	400 173.77	100.00	资产总计	400 173.77	100.00

4.2.2 信托资产运用与分布情况

信托资产运用与分布表

资产运用	金额（万元）	占比（%）	资产分布	金额（万元）	占比（%）
货币资产	354 853.32	1.64	基础产业	3 881 545.80	17.90
贷款	7 707 157.37	35.54	房地产	1 545 720.46	7.13
交易性金融资产	2 386 710.21	11.01	证券市场	2 652 940.14	12.24
买入返售金融资产	3 020 187.18	13.93	实业	8 255 657.31	38.07
持有至到期投资	5 106 604.35	23.55	金融机构	603 476.41	2.78
长期股权投资	1 227 204.76	5.66	其他	4 743 599.45	21.88
其他	1 880 222.38	8.67			
信托资产总计	21 682 939.57	100.00	信托资产总计	21 682 939.57	100.00

4.3 市场分析

4.3.1 影响本公司业务发展的有利因素

近年来，随着社会财富的持续增长和居民收入水平的提高，机构和个人的财富管理需求日益旺盛，为银行、信托公司等专业理财服务机构提供了快速增长的业务机会；随着2007年“新两规”的实施，信托功能定位更加清晰，信托主业突出，信托公司充分发挥信托制度本身的优势，立足信托本源业务，提高自主管理能力，通过产品设计的灵活性和资金运用方式的广泛性，为投资者提供了更加丰富多样的理财产品；随着近几年信托行业管理的信托资产规模快速增长，信托公司、信托行业和信托功能在金融体系中的作用显著增强，信托行业的市场影响力和信托公司的社会认知度都有了显著提高，为信托业务的开展奠定了良好的基础。

4.3.2 影响本公司业务发展的不利因素

近年来，宏观经济金融环境的复杂性和不确定性依然存在，国内宏观经济调控尤其是针对房地产行业的持续调控使得相关信托业务的开展受到很大影响；我国信托财产登记、信托税收等配套制度的缺失严重制约了信托业务的开展；信托行业监管逐步趋严、“泛资产管理/泛信托”趋势下，面对各类金融机构在财富管理和资产管理领域的激烈竞争以及“刚性兑付”可能带来的流动性风险，信托公司面临的市场环境更加严峻，市场竞争加剧，信托公司还缺乏专属业务和体现核心竞争力的“拳头产品”。

4.4 内部控制

4.4.1 内部控制环境和内部控制文化

在内部控制机制建设方面，公司通过不断完善业务流程，积极建设现代、科学的内控管理机制，鼓励竞争，提倡创新，努力营造有序、高效的内部控制环境，形成和谐、统一的内部控制文化。

4.4.1.1 公司治理机制的建设和执行情况

为保证公司规范运作，有效防范和化解经营风险，公司按照《公司法》、《信托业务治理指引》等相关法律法规的要求，建立了股东大会、董事会、监事会和高级管理层为核心的法人治理结构。公司的股东大会、董事会、监事会和高级管理层各项机制运转正常，各层面按照法律法规的有关规定和“三会分设、三权分开、有效制约、协调发展”的原则，独立决策、执行和监督。

董事会制定公司整体经营目标、政策并监督执行，了解和关注公司的主要风险。董事会设置信托委员会、风险管理委员会、审计委员会、人事薪酬委员会、投资决策委员会五个专门委员会，负责对公司各类专门问题进行审议并向公司董事会提出专业意见和建议。监事会履行其监督职责，高级管理层执行董事会的决策并及时反馈执行情况。公司已建立起分工合理、职责明确、报告关系清晰的组织结构。

4.4.1.2 内部控制文化的建设

公司内部控制建设的总体目标是遵循法律法规及监管规定，保证公司经营合法合规；有效整合资源，确保经济、高效地实现公司目标；建立健全内部控制制度，做到有规可循；保障各项业务有序进行、信息传递畅通无误；保障公司资产安全及财务报告质量。

在内控文化建设方面，公司强调内控的约束与激励的双重作用，重视从内控组织文化、制度文化、行为文化和精神文化等多方面加强内控文化建设。着眼于公司作为金融机构的特性，本着“为客户高度负责”的原则，公司始终牢牢把握风险管理的领导权和主动权，坚持风险教育常规化、制度化，风险内控措施具体化，巩固和发扬历年来在风险管理方面业已形成的成熟经验，进一步强调业务发展要以质量为前提、遵守操作规范、按流程办事的工作准则，形成和谐、统一的内部控制文化。

4.4.2 内部控制措施

为实现整体经营目标，公司在大力发展各项业务的同时，始终致力于建立健全各项内部控制制度，从部门设置、制度建设、流程优化等方面着手，不断加强内部控制。

公司根据业务发展的需要设置了业务部门和职能部门，并按照“职责分离”的原则设置了相应的工作岗位，各个岗位都有明确的岗位说明和清晰的报告关系。在此基础上，公司努力建立健全内部约束机制，实现前台、中台、后台的岗位职责分离。

公司目前已建立了一系列完整有效的内部控制制度，涵盖了业务管理、财务管理、人事管理、行政管理等各个方面。报告期内，公司根据业务发展的需要，适时出台、修订了部分制度，以确保公司各部门及各项经营活动均能在公司内部控制制度框架内健康运行，有效保证公司经营效益水平的不断提升和战略目标的实现。

业务流程的不断优化和完善是公司平滑运行的关键因素之一。报告期内，公司对信托业务流程进行了梳理和优化，并制定了信托业务流程，进一步加强和完善了内部管理，有效防范了风险，提高了信托业务运行效率，更好地满足了业务发展的需要。

4.4.3 信息交流与反馈

公司在与外部信息交流方面，一是根据监管相关要求及时报备业务方案，汇报公司管理、经营情况及监管政策执行情况；二是树立良好外部形象，通过公司网络及时更新和发布了公司动态、产品推介、信息披露等方面信息；三是通过“400”免费客户电话、“96668”理财热线、长安财富微信平台等方式向客户介绍产品信息，解答疑问；四是借助公司内刊《信长安》向客户及合作伙伴传递公司声音。

公司在内部信息交流方面，一是通过总裁办公会、季度工作会、信托业务管理例会等各种会议和行业业务动态及信托业务月报、公司业务审批月报、工作周报等各种内部文件，加强公司各部门之间的沟通，并快速解决业务和管理中出现的问题；二是通过公司 OA 系统、门户网站、视频会议系统等信息化平台建设工作的推动，公司内部交流的便利性、保密性进一步加强。

4.4.4 监督评价与纠正

公司建立了多层次的内控监管体系：监事会依法履行监督职能，对公司董事、高级管理层履职情况进行监督；审计部独立行使内部审计监督权，在报告期内，完成审计检查及报告 28 项，基本涵盖了公司全业务条线；风险控制部进一步丰富风险识别手段，及时出台业务指引，做好项目准入门槛的把关；合规法务部在合同文本审核的基础上，加强了对业务合规性的审查；资产管理部承担落实期间管理职责，报告期内主导开展了 11 项专项风险排查工作。

4.5 风险管理

4.5.1 风险管理概况

在风险管理方面，公司坚持“风险控制，人人有责”的全员风险管理理念，推行事前防范、事中控制、事后监督的全方位、全过程、不间断的全面风险管理体系。公司董事会及高级管理层高度重视经营过程中出现的各种风险，董事会设立了风险管理委员会作为其专门工作机构，负责公司的风险控制、管理、监督和评估等工作；设立了投资决策委员会，按照业务权限，负责公司固有业务重大项目的评审。

报告期内，公司制定了《融资类业务风险控制指引》、《房地产集合信托业务指引》、《融资平台类集合信托业务政策指引》、《单一信托业务指引》、《融资类信托业务交易对手准入指导原则》、《证券投资类业务操作指引》等业务指引和规范性文件。目前制定的业务指引已基本覆盖了公司的主要业务类型，从制度上明确了各类项目的准入及风控标准，以便业务部门把好项目筛选第一关。公司结合风险管理工作中的新情况、新问题，在尽职调查部的指导和规范、评审报告的细化和明确、现场调查、抵押物评估、合同库建立和完善、不同项目期间管理手段的明确和落实以及跨区域管理的实施等不同的管理节点出台了一系列的管理制度。在风险管理的组织架构方面，公司对风控、合规、期间管理的重要环节实施精细管理，如风险控制部的三个专业评审小组、合规条线的三个专业单元、资产管理部的五个工作模块等，通过专业化分工，整合了资源，提升了风险管理工作过程的针对性和专业性，并在各条线内部形成了清晰的职能划分和工作流程。

事中控制与事后监督同样得到公司的高度重视。在项目期间运行管理中，公司修订了《信托项目期间管理办法》，根据项目不同风险等级确定不同深度和广度的期间管理要求。公司在信托业务管理部内设立了信托业务运行小组，加大了对项目期间运营的管理力度。资产管理部建立了存续项目的风险预警台账，密切监控项目的运作情况，并不定期地对项目进行专项风险排查。此外，董事会专门下设审计委员会，负责公司内外部审计的沟通、监督和核查等工作。公司审计部为审计委员会日常办事机构，负责对公司的经营活动、财务收支、经济效益等进行内部审计监督，对内部控制制度的建立和执行情况进行检查和评价，并适时对公司开展的业务进行专项审计，及时发现问题，监督纠正。

从业务部门项目发起，到尽职调查部指导尽调，到风险控制部评审项目（重大项目提交董事会评审）、合规法务部合规性审查、资产管理部主导落实期间管理，再到审计部对各条线的内部审计，风险管理条线分工清楚，职责明确，风险管理架构进一步明晰，公司风险管理体系进一步优化。

4.5.2 风险状况

4.5.2.1 信用风险

信用风险主要表现为公司交易对手不能履行合约义务从而导致公司资产价值发生变动、遭受损失带来的风险。

4.5.2.2 市场风险

市场风险主要表现为因市场价格——利率、汇率、股票价格和商品价格等的不利变动而使公司的表内和表外业务发生损失的风险，具体表现为经济运行周期变化风险、金融市场利率波动风险、通货膨胀风险、房地产交易风险、证券市场交易风险、货币市场交易风险等。这些风险的存在不但影响信托财产的价值以及信托收益水平，也会使公司由于资产负债结构不匹配等而导致公司整体的、当前和未来收入的损失。

4.5.2.3 操作风险

操作风险主要是公司内部控制、系统及运营过程中的错误、疏忽或外部事件可能引起潜在损失的风险，表现在信息系统还不够全面及时，风险评估、风险管理的程序和结构还不够完善，以及人员操作不规范和责任心不强等方面。

4.5.2.4 其他风险

其他风险主要是指公司业务开展中的合规性风险、政策风险、公司信誉风险、人员道德风险等。

4.5.3 风险管理

4.5.3.1 信用风险管理

公司通过事前评估、事中控制、事后评价的风险控制体系来防范和规避信用风险。公司强调风险管理关口前移,通过出台尽职调查模板、融资类信托业务现场调查指引等制度文件,提升业务部门尽职调查的质量;通过及时出台各种业务准入标准,不断优化项目评审流程,提高项目甄别和筛选能力,加强对融资对象的运营状况和信用分析;通过构建“千里眼”经济情报系统、全国法院被执行人信息查询系统、企业绩效评价标准值体系、银监会预警系统、人民银行企业征信系统等风险侦查信息系统和工具,丰富风险识别手段;通过建立风险预警台账,加大项目的期间管理力度。

4.5.3.2 市场风险管理

公司通过对宏观经济、货币政策、行业政策和利率走势等的深入分析研究,进行持续的专项监控;建立完备可靠的管理信息系统识别市场风险;制定可能有重大情况发生时的应急处置方案。

4.5.3.3 操作风险管理

公司重点加强内控制度和风险管理制度的落实,对业务流程进行优化,并根据新的业务流程上线了公司 OA 系统,严格业务流程的管理;加强专业部室对操作风险的防控和管理,充实、深化内控合规部门的职能,在信托业务管理部设置综合运营小组,规范信托项目期间运营管理的各项规定动作,防范操作环节的各项风险;突出抓好重要岗位和薄弱环节的管理,界定业务权限,明确岗位职责;运用内部审计和外部审计,评估公司内控制度设计、执行的有效性;集中检查资源,加强高风险点的监督检查;加强员工培训,提高员工的业务技能和风险管理意识。

4.5.3.4 其他风险管理

公司强化全员的合法合规经营意识,持续关注有关法律法规的最新变化,正确理解和准确把握其内涵,并及时对业务程序和操作指引进行梳理和修订;加强职业道德教育,增强员工的工作责任心。

4.5.3.5 净资本管理

2013 年末,公司净资本风险控制指标为:净资本 26.49 亿元,各项业务风险资本之和 19.20 亿元,净资本/各项业务风险资本之和为 138%,净资本/净资产为 85.73%。2013 年,公司积极调整优化资产和业务结构,净资本各项监管指标均达到监管要求。

5. 报告期末及上一年度末的比较式会计报表(披露母公司(信托公司)报表及其合并报表)

5.1 自营资产

5.1.1 会计师事务所审计意见全文

希格玛会计师事务所(特殊普通合伙)

Xigema Cpas(Special General Partnership)

审 计 报 告

希会审字(2014)0603 号

长安国际信托股份有限公司全体股东:

我们审计了后附的长安国际信托股份有限公司(以下简称贵公司)固有财务报表,包括 2013 年 12 月 31 日的资产负债表,2013 年度的利润表、现金流量表和所有者权益变动表以及固有财务报表附注。

一、管理层对固有财务报表的责任

编制和公允列报固有财务报表是贵公司管理层的责任,这种责任包括:(1)按照企业会计准则的规定编制固有财务报表,并使其实现公允反映;(2)设计、执行和维护必要的内部控制,以使固有财务报表不存在由于舞弊或错误导致的重大错报。

二、注册会计师的责任

我们的责任是在执行审计工作的基础上对固有财务报表发表审计意见。我们按照中国注册会计师审计准则的规定执行了审计工作。中国注册会计师审计准则要求我们遵守中国注册会计师职业道德守则,计划和执行审计工作以对固有财务报表是否不存在重大错报获取合理保证。

审计工作涉及实施审计程序,以获取有关固有财务报表金额和披露的审计证据。选择的审计程序取决于注册会计师的判断,包括对由于舞弊或错误导致的固有财务报表重大错报风险的评估。在进行风险评估时,注册会计师考虑与固有财务报表编制和公允列报相关的内部控制,以设计恰当的审计程序,但目的并非对内部控制的有效性发表意见。审计工作还包括评价管理层选用会计政策的恰当性和作出会计估计的合理性,以及评价固有财务报表的总体列报。

我们相信,我们获取的审计证据是充分、适当的,为发表审计意见提供了基础。

三、审计意见

我们认为,贵公司固有财务报表在所有重大方面按照企业会计准则的规定编制,公允反映了贵公司固有业务 2013 年 12 月 31 日的财务状况以及 2013 年度的经营成果和现金流量。

希格玛会计师事务所(特殊普通合伙)

中国注册会计师:张李萍

中国·西安市　　中国注册会计师:曹爱民

二〇一四年四月十日

5.1.2 资产负债表

资产负债表

2013 年 12 月 31 日

编制单位:长安国际信托股份有限公司　　单位:元

资　产	行次	注释	年末数	年初数
资　产:				
现金及存放银行款项	1	五、(一)	1 364 278 265.63	1 541 967 770.38
存放同业款项	2			
拆出资金	3			
买入返售金融资产	4	五、(二)	19 800 000.00	
交易性金融资产	5	五、(三)	1 370 577 929.27	564 228 609.16
应收利息	6	五、(四)	600 230.14	
应收账款	7			
预付款项	8	五、(五)		16 772 082.11
其他应收款	9	五、(六)	24 474 757.51	14 577 687.48

续表

资　产	行次	注释	年末数	年初数
发放贷款及垫款	10	五、(七)		
可供出售金融资产	11	五、(八)	651 126 012. 88	289 844 454. 83
持有至到期投资	12	五、(九)	270 901 917. 13	214 971 600. 00
长期应收款	13			
长期股权投资	14	五、(十)	61 035 118. 04	63 553 415. 64
投资性房地产	15			
固定资产	16	五、(十一)	83 173 381. 58	77 940 780. 61
在建工程	17	五、(十二)	3 959 850. 73	
无形资产	18	五、(十三)	4 565 298. 52	3 742 794. 54
长期待摊费用	19	五、(十四)	19 525 546. 99	
递延所得税资产	20	五、(十五)	127 719 350. 21	65 892 167. 03
其他流动资产	21			
	22			
	23			
	24			
	25			
	26			
	27			
	28			
	29			
	30			
资产总计	31		4 001 737 658. 63	2 853 491 361. 78

资产负债表(续表)

2013 年 12 月 31 日

单位名称：长安国际信托股份有限公司　　　　单位：元

负　债：				
向中央银行借款	32			
同业及其他金融机构存放款项	33			
拆入资金	34			
交易性金融负债	35			
应付账款	36			
预收账款	37	五、(十七)	32 800 000. 00	
卖出回购金融资产款	38			
吸收存款	39			
应付职工薪酬	40	五、(十八)	583 113 683. 33	344 045 198. 04
应交税费	41	五、(十九)	217 918 726. 33	261 962 452. 65
应付利息	42			
应付股利	43	五、(二十)	44 047 953. 02	6 281 553. 02
预计负债	44			
其他应付款	45	五、(二十一)	14 089 568. 02	33 166 944. 78
长期应付款	46			
递延所得税负债	47	五、(十五)	19 496 299. 01	3 494 626. 11
其他负债	48			
负债合计	49		911 466 229. 71	648 950 774. 60
所有者权益(或股东权益)：	50			
实收资本(或股本)	51	五、(二十二)	1 258 880 000. 00	1 258 880 000. 00
资本公积	52	五、(二十三)	256 103. 70	256 103. 70
减：库存股	53			

续表

负　债：				
盈余公积	54	五、(二十四)	198 501 932. 70	106 152 208. 53
一般风险准备	55	五、(二十五)	41 258 477. 13	19 562 812. 04
信托赔偿金	56	五、(二十六)	108 495 355. 72	62 320 493. 63
未分配利润	57	五、(二十七)	1 482 879 559. 67	757 368 969. 28
外币报表折算差额	58			
归属于母公司所有者权益合计	59		3 090 271 428. 92	2 204 540 587. 18
少数股东权益	60			
所有者权益(或股东权益)合计	61		3 090 271 428. 92	2 204 540 587. 18
负债和所有者权益(或股东权益)总计	62		4 001 737 658. 63	2 853 491 361. 78

法定代表人：高成程　　主管会计工作负责人：崔进才　　会计机构负责人：马华

5.1.3　利润表

利润表

2013 年度

单位名称：长安国际信托股份有限公司　　　　单位：元

项　目	行次	注释	本年金额	上年金额
一、营业总收入	1	五、(二十八)	2 329 087 775. 92	1 801 829 165. 08
其中：贷款利息净收入	2		48 365 465. 69	44 704 005. 30
手续费及佣金收入	3		1 974 248 838. 35	1 705 670 822. 35
投资收益(损失以“-”号填列)	4		98 582 142. 05	-17 700 609. 82
其中：对联营企业和合营企业的投资收益	5			
公允价值变动收益(损失以“-”号填列)	6		64 006 691. 60	43 016 396. 12
汇兑收益(损失以“-”号填列)	7		-32 556. 30	-248. 87
其他业务收入	8		143 917 194. 54	26 138 800. 00
二、营业支出	9		1 103 955 895. 83	768 081 711. 05
营业税金及附加	10		123 595 971. 20	97 995 417. 35
营业费用	11		921 977 820. 69	660 909 879. 90
资产减值损失	12		58 382 103. 94	9 176 413. 80
其他业务成本	13			
三、营业利润(亏损以“-”号填列)	14		1 225 131 880. 09	1 033 747 454. 03
加：营业外收入	15	五、(二十九)	1 403 994. 45	423 600. 00
减：营业外支出	16		1 046 871. 40	1 201. 98
四、利润总额(亏损总额以“-”号填列)	17		1 225 489 003. 14	1 034 169 852. 05

续表

项目	行次	注释	本年金额	上年金额
减:所得税费用	18		301 991 761.40	250 164 034.09
五、净利润(净亏损以"-"号填列)	19		923 497 241.74	784 005 817.96
其中:归属于母公司所有者的净利润	20		923 497 241.74	784 005 817.96
少数股东损益	21			
六、每股收益	22			
(一)基本每股收益	23		0.73	0.62
(二)稀释每股收益	24		0.73	0.62
七、其他综合收益	25			
八、综合收益总额	26		923 497 241.74	784 005 817.96

法定代表人:高成程　　主管会计工作负责人:崔进才　　会计机构负责人:马华

5.2 信托资产

5.2.1 信托项目资产负债汇总

信托项目资产负债表

编制单位:长安国际信托股份有限公司　2013 年 12 月 31 日　　单位:万元

信托资产	期末数	信托负债和信托权益	期末数
信托资产	期末数	信托负债和信托权益	期末数
信托资产:		信托负债	
货币资金	354 853.32	交易性金融负债	—
拆出资金	—	应付受托人报酬	—
应收款项	144 211.16	应付托管费	—
买入返售金融资产	3 020 187.18	应付受益人收益	916.73
交易性金融资产	2 386 710.21	其他应付款项	61 602.36
发放贷款	7 707 157.37	应交税金	
可供出售金融资产		其他负债	—
持有至到期投资	5 730 776.35	信托负债合计	62 519.09
长期股权投资	1 227 204.76	信托权益:	
固定资产	—	实收信托	21 339 393.26
无形资产	—	资本公积	—
长期应收款	94 355.08	未分配利润	281 027.22
其他资产	1 017 484.15	信托权益合计	21 620 420.48
信托资产总计	21 682 939.57	信托负债及信托权益总计	21 682 939.57

法定代表人:高成程　　会计主管:李杰　　审核:艾全红　　制表:赵博占

5.2.2 信托项目利润及利润分配汇总表

编制单位:长安国际信托股份有限公司　2013 年 12 月 31 日　　单位:万元

项目	本年累计数
一、营业收入	2 232 414.95
利息收入	1 222 188.43
投资收益	973 304.68
公允价值变动损益	18 362.42
租赁收入	13 037.43
其他收入	5 521.98
二、营业支出	367 193.01
三、信托净利润	1 865 221.94
四、其他综合收益	—
五、综合收益	—
加:期初未分配信托利润	138 789.21
六、可供分配的信托利润	2 004 011.16
减:本期已分配信托利润	1 722 983.93
七、期末未分配信托利润	281 027.22

法定代表人:高成程　　会计主管:李杰　　审核:艾全红　　制表:赵博占

6. 会计报表附注

6.1 简要说明报告年度会计报表编制基准、会计政策、会计估计和核算方法发生的变化

本公司根据企业会计准则、应用指南及准则解释的规定进行确认和计量,在此基础上编制固有业务财务报表。

本期无会计政策及会计估计变更。

6.2 或有事项说明

无。

6.3 重要资产转让及其出售的说明

无。

6.4 会计报表中重要项目的明细资料

6.4.1 披露自营资产经营情况

6.4.1.1 按信用风险五级分类结果披露信用风险资产的期初数、期末数

信用风险资产五级分类	正常类(万元)	关注类(万元)	次级类(万元)	可疑类(万元)	损失类(万元)	信用风险资产合计(万元)	不良资产合计(万元)	不良资产率(%)
期初数	279 318.86	8 959.17			2 540.52	290 818.55	2 540.52	0.89
期末数	389 725.44	8 569.01		10 924.38	2 265.51	411 484.34	13 189.89	3.21

注:不良资产合计=次级类+可疑类+损失类。

逐笔说明不良信用资产的形成时间、债务人、收回可能性。

单位:万元

编号	债务人名称	账面金额(万元)	资产种类	形成时间(年月)	收回可能性
1	陕西东隆投资有限责任公司	630.00	贷款	2004 年 12 月	逐步回收
2	陕西九州生物科技股份有限公司	265.98		2006 年 7 月	清收难度大

续表

编号	债务人名称	账面金额（万元）	资产种类	形成时间（年月）	收回可能性
3	西安经济技术开发区资产投资有限公司	787.56	其他应收款	2006 年 12 月	逐步回收
4	北京国信融诚投资咨询有限公司	28.59		2006 年 12 月	形成损失
5	西安市经济技术投资担保有限公司	195.18		2010 年 6 月	逐步回收
6	政策性房改房职工交纳款与房款差额	358.20	固定资产清理	—	形成损失
7	信集博雅	10 924.38	持有至到期投资	2013 年 3 月	清收难度大
合计		13 189.89			

6.4.1.2 各项资产减值损失准备的期初数、本期计提、本期转回、本期核销、期末数，贷款的一般准备、专项准备和其他资产减值准备应分别披露

单位：元

项 目	期初数	本期增加	本期减少		期末数
			转回	转销	
一、坏账准备	10 163 373.12		50 000.00		10 113 373.12
二、贷款损失准备	11 659 791.50		2 700 000.00		8 959 791.50
三、可供出售金融资产减值准备	92 401.97	21 400.00			113 801.97
四、持有至到期投资减值准备		54 621 917.14			54 621 917.14
五、长期股权投资减值准备	29 196 584.36	6 518 297.60			35 714 881.96
六、投资性房地产减值准备					
七、固定资产减值准备	3 581 983.37				3 581 983.37
八、工程物资减值准备					
九、在建工程减值准备					
十、生产性生物资产减值准备					
十一、油气资产减值准备					
十二、无形资产减值准备					
十三、商誉减值准备					
十四、其他					
合计	54 694 134.32	61 161 614.74	2 750 000.00	0.00	113 105 749.06

6.4.1.3 自营股票投资、基金投资、债券投资、长期股权投资等投资业务的期初数、期末数

单位：万元

	自营股票	基金	债券	长期股权投资
期初数	56 422.86	—	—	6 355.34
期末数	9 801.44	124 441.95	2 814.40	6 103.51

6.4.1.4 前五名的自营长期股权投资的企业名称、占被投资企业权益的比例、主要经营活动及投资收益情况等（从大到小顺序排列）

企业名称	投资比例（%）	经营活动	投资收益情况
长安基金管理有限公司	40	基金募集、基金销售、资产管理和中国证监会许可的其他业务	按投资比例计提减值准备 3 571.49 万元
鄂尔多斯市民生股权投资管理有限公司	25.50	股权投资管理	无
苏州天图兴苏股权投资中心（有限合伙）	1.88	股权投资管理	无

6.4.1.5 前五名的自营贷款的企业名称、占贷款总额的比例和还款情况等（从大到小顺序排列）

企业名称	贷款余额（万元）	占贷款总额的比例（%）	还款情况
陕西东隆投资有限责任公司	630	70.31	损失类资产，正在逐步回收。
陕西九州生物科技股份有限公司	265.98	29.69	损失类资产，清收难度较大。
合计	895.98	100	

6.4.1.6 表外业务的期初数、期末数，按照代理业务、担保业务和其他类型表外业务分别披露

无。

6.4.1.7 公司当年的收入结构

收入结构	金额（万元）	占比（%）
信托收入	211 816.60	90.89
其中：信托手续费收入	197 424.88	84.71
财务顾问费收入	14 391.72	6.18
利息收入	4 836.55	2.08
投资收益	9 858.21	4.22
其中：股票债券基金投资收益	8 680.29	3.72
信托投资收益	108.59	0.05
现金分红	967.33	0.42
其他收益	102.00	0.03
公允价值变动损益及汇兑损益	6 397.41	2.75
营业外收入	140.40	0.06
合计	233 049.18	100.00

6.4.2 **信托资产管理情况**

6.4.2.1 信托资产的期初数、期末数

单位:万元

信托资产	期初数	期末数
集合	4 673 208.46	5 758 195.27
单一	13 170 650.51	12 303 639.68
财产权	4 024 335.58	3 621 104.62
合计	21 868 194.55	21 682 939.57

6.4.2.1.1 主动管理型信托业务的信托资产期初数、期末数

单位:万元

主动管理型信托资产	期初数	期末数
证券投资类	3 638 323.45	2 896 061.3
股权投资类	690 619.67	695 786.11
权益投资类	5 642 657.99	5 560 857.67
融资类	9 385 156.35	10 595 477.49
事务管理类	35 537.96	257 012.00
合计	19 392 295.42	20 005 194.57

6.4.2.1.2 被动管理型信托业务的信托资产期初数、期末数

单位:万元

被动管理型信托资产	期初数	期末数
证券投资类	0	0
股权投资类	224 117.23	0
权益投资类	1 006 105.66	30 000.43
融资类	1 243 305.98	739 707.52
事务管理类	2 370.26	90 8037.05
合计	2 475 899.13	1 677 745

6.4.2.2 本年度已清算结束的集合类、单一类资金信托项目和财产管理类信托项目数量,实收信托合计金额,加权平均实际年化收益率

6.4.2.2.1 本年度已清算结束的集合类、单一类资金信托项目和财产管理类信托项目个数,实收信托金额,加权平均实际年化收益率

已清算结束信托项目	项目个数	实收信托合计金额(万元)	加权平均实际年化收益率(%)
集合类	128	2 202 681	5.8878
单一类	206	5 397 929	8.2225
财产管理类	33	871 595	9.5577

6.4.2.2.2 本年度已清算结束的主动管理型信托项目个数、实收信托合计金额、加权平均实际年化信托报酬率、加权平均实际年化收益率

已清算结束信托项目	项目个数	实收信托合计金额(万元)	加权平均实际年化信托报酬率(%)	加权平均实际年化收益率(%)
证券投资类	62	951 471.00	0.6041	0.6541
股权投资类	9	268 632.00	0.8970	9.6251
其他权益投资	55	1 209 216.13	0.8564	8.9922
融资类	200	4 943 259.00	1.2533	8.9039
事务管理类	17	244 200.00	0.3332	6.0996

6.4.2.2.3 本年度已清算结束的被动管理型信托项目个数、实收信托合计金额、加权平均实际年化信托报酬率、加权平均实际年化收益率

已清算结束信托项目	项目个数	实收信托合计金额(万元)	加权平均实际年化信托报酬率(%)	加权平均实际年化收益率(%)
证券投资类	1	30000.00	0.2465	4.9315
股权投资类	—	—	—	—
其他权益投资	1	39500	0.7100	11.5398
融资类	10	381 928.04	0.4278	7.5661
事务管理类	12	403 999.00	0.4002	6.7640

6.4.2.3 本年度新增的集合类、单一类资金信托项目和财产管理类信托项目个数,实收信托合计金额

新增信托项目	项目个数	合计金额(万元)
集合类	132	3 453 857
单一类	210	4 960 627
财产管理类	16	728 268
新增合计	358	9 142 752
其中:主动管理型	353	9 045 752
被动管理型	5	97 000

6.4.2.4 信托业务创新成果和特色业务有关情况

公司鼓励创新,支持创新。2013 年公司设立投资银行部,着重发挥其在创新产品和投资类信托业务方面的拓展和管理功能。西安交大奖学金公益信托、李家庄房地产股权投资 1 号产品、现金管理产品等项目的推出和实施,对于带动公司整体业务的创新和转型发挥了重要作用。此外,固定收益部以落实对债券业务的自主投资和管理为突破口,全面提升了公司对固定收益业务的整体运营和管理能力,为信托收入的持续快速增长增添了新的动力。

6.4.2.5 本公司履行受托人义务情况及因公司自身责任而导致信托资产的损失情况(合计金额、原因等)

无。

6.5 关联方关系及其交易的披露

6.5.1 关联交易方的数量、关联交易的总金额及关联交易的定价政策等

	关联交易方数量	关联交易金额(万元)	定价政策
合计	47	475491.33	公允价格

注:关联交易是指信托公司以自有资产、信托资产为关联方提供投融资等服务,或以担保等方式为关联方融资提供便利的业务。关联交易的统计范围应基本与银监会非现场监管信息系统中关于关联交易的范围和口径一致,也可增加为关联方提供咨询等其他非投融资类业务服务的信息。

6.5.2 关联交易方与本公司的关系性质，关联交易方的名称、法定代表人、注册地址、注册资本及主营业务等

关系性质	关联方名称	法定代表人	注册地址	注册资本	主营业务
股东关联方	西安市财政局	罗亚民	西安市南大街	—	—
原控股子公司	西安经济技术开发区资产投资有限公司	邓旭升	西安市未央路132号经发大厦27层	1 500万元	投资咨询、接受委托、管理资产等。
股　东	上海淳大资产管理有限公司	唐乾山	上海市浦东新区长柳路100号一层G室	32 000万元	实业投资、投资管理咨询等。
股东关联方	博石资产管理有限公司	唐乾山	上海市浦东新区民生路1199弄1号1906室	5 000万元	资产管理、投资管理及咨询、艺术品的销售、文化交流活动策划等。
股东关联方	西安陕鼓动力股份有限公司	印建安	陕西省西安市高新区沣惠南路8号	163 877万元	各种透平机械的开发、制造、销售、技术咨询等。
股　东	西安投资控股有限公司	肖西萍	西安市高新区科技五路8号数字大厦四层	310 350万元	投资、项目融资、资产管理等。
股东关联方	深圳市证大速贷小额贷款股份有限公司	戴志康	福田区金田路与福中路交界东南荣超经贸中心	1亿元	小额贷款。
股东关联方	上海景林资产管理有限公司	蒋锦志	上海市浦东新区海徐路939号3幢129室	3 000万元	资产管理、企业购并及资产重组策划、实业投资等。
股　东	上海证大投资管理有限公司	朱南松	浦东新区民生路1199弄1号16层1908室	3亿元	投资管理、企业资产委托管理、资产重组、收购兼并等。
股东关联方	上海天物馆文化艺术投资管理有限公司	王尚钧	上海市浦东新区长柳路100号5楼	1 500万元	投资管理、资产管理、工艺品的销售、文化活动策划等。
股东关联方	宝信国际融资租赁有限公司	周飞	西安市高新区科技五路8号数字大厦三层	22 100万元	融资租赁、租赁业务、租赁交易咨询等。
股东关联方	西安西投置业有限公司	巩宝生	西安市高新区科技五路8号数字大厦三层	5 000万元	房地产综合开发，房地产开发咨询，工程管理，商品房销售、租赁，物业管理等。
股东关联方	西安投融资担保有限公司	赵增宽	西安市太白北路320号	82 500万元	贷款担保、票据承兑担保、贸易融资担保等。
参股公司	长安基金管理有限公司	万跃楠	上海市虹口区丰镇路806号3幢371室	20 000万元	基金募集、基金销售等。
参股公司子公司	长安财富资产管理有限公司	黄陈	上海市虹口区广纪路738号2幢428室	5 000万元	特定客户资产管理业务等。

6.5.3 逐笔披露本公司与关联方的重大交易事项

6.5.3.1 固有财产与关联方：贷款、投资、租赁、应收账款担保、其他方式等期初汇总数、本期发生额汇总数、期末汇总数

单位：万元

固有财产与关联方关联交易																				
贷款			投资			租赁			担保			应收账款			其他			合计		
期初	发生额	期末	期初	发生额	期末	期初	发生额	期末	期初	发生额	期末	期初	发生额	期末	期初	发生额	期末	期初	发生额	期末
—	—	—	0	130208.30	130208.30	—	—	—	—	—	—	—	—	—	5796.83	-1035.00	4761.83	5796.83	129173.30	134970.13

6.5.3.2 信托资产与关联方：贷款、投资、租赁、应收账款、担保、其他方式等期初汇总数、本期发生额汇总数、期末汇总数

单位：万元

信托财产与关联方关联交易																				
贷款			投资			租赁			担保			应收账款			其他			合计		
期初	发生额	期末	期初	发生额	期末	期初	发生额	期末	期初	发生额	期末	期初	发生额	期末	期初	发生额	期末	期初	发生额	期末
1 230	20 497.9	21 727.9	20 345	141 786	162 131	13 916.9	-9 554.6	4 362.3	0	0	0	0	0	0	17 000	135 300	152 300	52 491.9	288 029.3	340521.2

6.5.3.3　信托公司自有资金运用于自己管理的信托项目(固信交易)、信托公司管理的信托项目之间的相互交易(信信交易)金额,包括余额和本报告年度的发生额

6.5.3.3.1　固有财产与信托财产之间的交易金额期初汇总数、本期发生额汇总数、期末汇总数

单位:万元

固有财产与信托财产相互交易			
	期初数	本期发生额	期末数
合计	34 600	-3 190.62	31 409.38

6.5.3.3.2　信托项目之间的交易金额期初汇总数、本期发生额汇总数、期末汇总数

单位:万元

信托资产与信托财产相互交易			
	期初数	本期发生额	期末数
合计	5 400	81952	87 352

6.5.4　逐笔披露关联方逾期未偿还本公司资金的详细情况以及本公司为关联方担保发生或即将发生垫款的详细情况

未偿还的关联方款项是西安经济技术开发区资产投资有限公司欠款 792.56 万元 是本公司原控股子公司 注册资本 1 500万元 该欠款主要用于补充其营运资金不足 逾期时间在5年以上。

6.5.5　其他需披露的关联交易事项

公司以信托计划募集资金出资与关联方西安经济技术开发区资产投资有限公司出资共同设立有限合伙企业,通过合伙企业进行证券投资。截至 2013 年 12 月 31 日,以此种模式成立运行的信托项目共计 28 个。

同时,报告期内公司以投资顾问角色为关联方长安基金管理有限公司子公司长安财富资产管理有限公司出具项目投资意见书 33 份。

6.6　会计制度的披露

固有业务(自营业务)、信托业务执行会计制度的名称及颁布的年份。

本公司固有业务和信托业务财务报表均执行 2006 年 2 月 15 日财政部颁布的《企业会计准则——基本准则》(财政部令第 33 号)及《企业会计准则——应用指南》(财会[2006]18 号),根据应用指南及准则解释的规定进行确认和计量。

本公司编制的固有业务财务报表反映了本公司 2013 年 12 月 31 日的财务状况、2013 年度的经营成果和现金流量等信息。

7. 财务情况说明书

7.1　利润实现和分配情况

单位:万元

项目	金额
利润总额(亏损总额以"-"号填列)	122 548.90
减:所得税费用	30 199.18
净利润(净亏损以"-"号填列)	92 349.72
其中:归属于母公司所有者的净利润	92 349.72
少数股东损益	—
每股收益(元)	—
(一)基本每股收益	0.73
(二)稀释每股收益	0.73
其他综合收益	—
综合收益总额	92 349.72

按照公司章程的规定,税后利润按以下顺序进行分配:一是按照 10% 提取法定盈余公积 92 349 724.17 元,二是按照 5% 提取信托赔偿准备金 46 174 862.09 元,三是按照年末风险资产余额的 1.5% 补提一般风险准备 21 695 665.09 元。

4. 向投资者分配利润 具体分配方案由董事会提出预案,股东大会决定。

2013 年末可供分配的未分配利润为 1 482 879 559.67 元。

7.2　主要财务指标

指标名称	指标值
资本利润率(%)	32.63
信托报酬率(%)	0.998
人均净利润(万元)	254.14

注:1. 资本利润率 = 净利润/所有者权益平均余额 ×100%。

2. 信托报酬率 = 信托业务收入/实收信托平均余额 ×100%。

3. 人均净利润 = 净利润/年平均人数。

4. 平均值采取年初及各季末余额移动算术平均法,公式为:$a(平均) = (a_0/2 + a_1 + a_2 + a_3 + a_4/2)/4$。

7.3　对本公司财务状况、经营成果有重大影响的其他事项

无。

8. 特别事项揭示

8.1　前五名股东报告期内变动情况及原因

为满足《信托公司净资本管理办法》对于公司净资本的要求,优化股权结构,建立长效的激励与约束机制,根据中国银行业监督管理委员会陕西监管局《关于长安国际信托股份有限公司股权转让及修改公司章程的批复》(陕银监复[2013]12 号),本公司股东上海证大投资管理有限公司将持有的长安信托 113 299 200 股股份(占长安信托总股本的 9%)转让给上海景林投资发展有限公司,公司就上述股权转让事项对公司章程进行相应修改,并按有关规定完成工商变更登记。

8.2　董事、监事及高级管理人员变动情况及原因

8.2.1　董事变动情况及原因

报告期内公司董事无变动情况。

8.2.2　监事变动情况及原因

报告期内公司监事无变动情况。

8.2.3 高级管理人员变动情况

2013年3月28日，公司第一届董事会第四会议同意聘任邹泽、胡鹏、王方军、黄立军为公司总裁助理。

8.3 变更注册资本、变更注册地或公司名称、公司分立与合并事项

无。

8.4 公司的重大诉讼事项

报告期内，公司固有业务未发生本报告年度起诉或被诉事项。

截至报告期末，公司未发生对经营活动产生重大影响的诉讼、仲裁事项。现有以前年度已取得生效判决但报告年度尚未执行完结的案件总计4件，涉案标的额2 816万元。其中，自营业务2笔，金额共计896万元；信托业务2笔，金额共计1 920万元。诉讼案件两笔，公司为原告的主诉案件一笔，为单一信托业务类型，诉讼标的金额为9 500万元；公司为被告的被诉案件一笔，为集合资金信托业务类型，该信托项目现已兑付完毕，诉讼标的金额为771万元。两笔合计金额为10 271万元。

截至报告期末，公司新增诉讼事项为一笔，为信托业务项下发生的、公司为原告的主诉案件，诉讼标的金额为11 000万元。

截至报告期末，公司原有诉讼案件执行取得一定成效，原有不良资产额有所下降，但由于报告期内信托业务项下新增一项诉讼事项，导致公司诉讼总额较上年度有所增加。为尽职履行受托人职责，公司已加大诉讼事务管理与处置力度，将已查封冻结财产尽快处置，同时密切关注被执行人的资产状况及与之有债权债务关系的相关信息，以实现公司债权的回收。

8.5 公司及其董事、监事和高级管理人员受到处罚的情况

无。

8.6 银监会检查意见的整改情况

中国银行业监督管理委员会陕西监管局于2013年3月向公司送达了《金融监管提示通知书》(陕银监提字[2013]11号)。该文件详细分析了我公司在基础管理、净资本控制、信托业务发展质量、风险管理体系、信托业务规范性和审慎性等五个方面存在的问题，并针对性地提出了七项具体的监管意见。

在认真学习和讨论的基础上，公司制定了切实可行的整改方案并及时对整改落实情况进行了检查督导。

基础管理方面，公司确立了"在合理优化整合公司现有管理资源的基础上，以流程梳理和优化为抓手，深入各个管理环节，有效提升基础管理"的工作思路。公司成立了业务流程优化小组，以业务流程为主线，对公司业务开展中的各个环节的基础管理工作进行了全面梳理和优化。重新修订和新建基础管理制度20余项，扎实地推进了公司基础性管理的各项工作。同时，公司OA办公系统全面上线，实现了信息化和智能化的基础管理，大幅提升了管理效率，改善了管理效果。

净资本控制方面，公司采取了以下措施：第一，进一步提高认识，规范净资本管理，适度控制发展速度，使资本和发展相匹配，准确核算资本占用，提升净资本的使用效率；第二，为扭转净资本不足对业务发展造成的影响，确保对现有业务推进不造成束缚，公司推动增资工作，已取得良好进展；第三，通过采取新的净资本分配管理办法，对各业务部门进行业务指导，保证所有业务有序开展；第四，根据各期净资本余额情况逐步落实监管指导意见；第五，完善信息系统建设，稳步推进净资本模块上线。

信托业务发展质量方面，公司明确提出要从以融资为主转向以投资为主，从资金信托转向财产信托，从被动管理转向主动管理。主要通过充分发挥资管平台优势、积极实施业务创新、加强与保险资金的合作、探索医疗产业信托等方面提升自主管理能力，形成核心竞争力。

风险管理体系方面，公司不断优化风险管控体系，提升风险管控能力。第一，重点关注信托计划兑付风险。第二，完善异地业务管理与风险控制。第三，规范和加强信托项目的期间管理风险。第四，规范新业务风险管理。第五，规范项目营销风险管理。第六，提升声誉管理和舆情风险管理能力。

信托业务规范性、审慎性方面，公司主要通过以下几种方式予以深化改进：第一，加强法规学习；第二，强化制度管理；第三，审慎确立风控与合规标准。

公司将在认真落实监管意见的基础上，不断提升管理水平与风险控制能力，提高自主管理能力，加强规范性管理，立足西部、面向全国，创国内一流信托公司。

8.7 本年度重大事项临时报告的简要内容、披露时间、所披露的媒体及其版面

2013年4月15日，中国银行业监督管理委员会陕西监管局核准长安国际信托股份有限公司股权转让及修改公司章程的申请。公司于2013年4月27日完成工商变更登记，并于2013年5月13日在《上海证券报》第10版发布《长安信托关于股权转让及修改公司章程的公告》。

8.8 银监会及其省级派出机构认定的其他有必要让客户及相关利益人了解的重要信息

无。

9. 公司监事会意见

监事会认为，公司在日常经营中，能够严格遵守国家有关法律法规以及中国银行业监督管理委员会的监管规定。

公司董事会编制的2013年年度报告及其摘要程序符合法律法规的规定，报告内容真实、完整、准确地反映了公司的实际情况，不存在虚假记载、误导性陈述或者重大遗漏。

长城新盛信托有限责任公司

1. 重要提示

1.1 本公司董事会及董事保证本报告所载资料不存在任何虚假记载、误导性陈述或者重大遗漏，并对其内容的真实性、准确性和完整性承担个别及连带责任。本年度报告摘要摘自年度报告全文，客户及相关利益人欲了解详细内容，应阅读年度报告全文。

1.2 公司独立董事李克渊、李华北、马德贵声明：保证年度报告内容的真实性、准确性、完整性。

1.3 执行本公司审计的会计事务所未对公司出具保留意见（或否定意见、无法表示意见的审计报告）。

1.4 公司董事长周礼耀、总经理陈明理、财务总监阚秋声明：保证本年度财务报告的真实、完整。

2. 公司概况

2.1 公司简介

长城新盛信托有限责任公司（以下简称长城新盛信托）是在重组原伊犁哈萨克自治州信托投资公司基础上设立的。伊犁哈萨克自治州信托投资公司设立于1988年12月9日，是经中国人民银行新疆维吾尔自治区新疆分行（新人银[88]金管字第70号文）批准并经伊犁哈萨克自治州工商局登记注册、由新疆伊犁哈萨克自治州财政局独家出资的国有独资地方性金融机构，注册资本3 000万元。2003年12月17日中国银监会下发了《关于同意伊犁州信托投资公司重组方案的复函》（银监函[2003]205号）。由此，伊犁哈萨克自治州信托投资公司被中国银监会列为13家遗留问题信托公司之一。2011年9月30日中国银监会下发了《关于伊犁哈萨克自治州信托投资公司重新登记等有关事项的批复》（银监复[2011]408号），批准由中国长城资产管理公司、新疆生产建设兵团国有资产经营公司、深圳市盛金创业投资发展有限公司（现更名为深圳市盛金投资控股有限公司）、伊犁哈萨克自治州财信融通融资担保有限公司等四家公司在对伊犁哈萨克自治州信托投资公司进行重组的基础上进行增资扩股、更名、改制等事项变更重组。2011年10月8日由中国银监会新疆监管局发放了金融许可证，同日新疆维吾尔自治区工商局经济技术开发区分局换发企业法人营业执照。由此，公司名称由伊犁哈萨克自治州信托投资公司变更为新疆长城新盛信托有限责任公司，公司注册资本由3 000万元变更为30 000万元。2013年11月8日，经国家工商总局核准并经监管部门批准，公司名称再次变更为长城新盛信托有限责任公司。

2.1.1 公司法定名称

公司中文名称：长城新盛信托有限责任公司

公司英文名称：Great Wall Xinsheng Trust Co., Ltd.

公司英文名称缩写：GWXS TRUST

2.1.2 公司法定代表人：周礼耀

2.1.3 公司注册地址：乌鲁木齐经济技术开发区卫星路475号紫金矿业研发大厦A座11层

公司邮政编码：830026

公司国际互联网网址：www.gwxstrust.com

公司电子信箱：gwxs@gwxstrust.com

2.1.4 公司负责信息披露事务人员：

联系人：孟 庄

联系电话：0991-3775363

传真：0991-3775362

电子信箱：mengzhuang@gwxstrust.com

2.1.5 公司信息披露报纸名称：《上海证券报》

年度报告备置地点：乌鲁木齐经济技术开发区卫星路475号紫金矿业研发大厦A座11层

登载年度报告的互联网网址：www.gwxstrust.com

2.1.6 公司聘请的会计师事务所名称：瑞华会计师事务所新疆分所

公司聘请的会计师事务所住所：乌鲁木齐市新华南路140号汇源酒店11~12层

公司聘请的律师事务所名称：上海星瀚律师事务所

公司聘请的律师事务所住所：上海市常德路1211号1204~1207室

2.2 组织结构

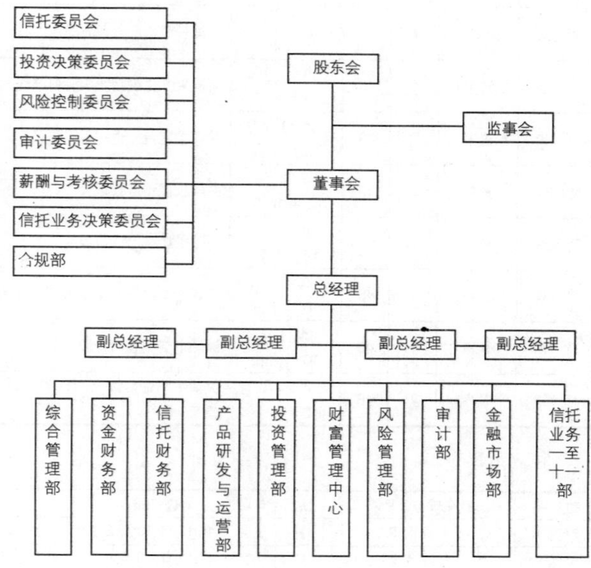

3. 公司治理结构

3.1 股东

报告期末股东总数为 4 家(均持有 10% 以上股份)。按股东持股比例从大到小排列如下:

股东名称	出资比例(%)	法人代表	注册资本(万元)	注册地址	主要经营业务及主要财务情况
中国长城资产管理公司	35	张晓松	1 000 000	北京市西城区月坛北街 2 号	许可经营项目:收购并经营中国农业银行剥离的不良资产;债务追偿,资产置换、转让与销售;债务重组及企业重组;债权转股权及阶段性持股,资产证券化;资产管理范围内的上市推荐及债券、股票承销;直接投资;发行债券,商业借款;向金融机构借款和向中国人民银行申请再贷款;投资、财务及法律咨询与顾问;资产及项目评估;企业审计与破产清算;经金融监管理部门批准的其他业务;除新闻、出版、教育、医疗保健、药品、医疗器械和 BBS 以外的互联网信息服务业务。财务状况良好。
新疆生产建设兵团国有资产经营公司	35	陈一滔	112 300	乌鲁木齐市扬子江路 188 号	新疆生产建设兵团授权范围国有资产经营管理、国有资产产(股)权交易、商业信息咨询。财务状况良好 。
深圳市盛金投资控股有限公司	17	周 琦	8 500	深圳市福田区福华一路国际商会大厦 B 座 1210 室	投资兴办实业(具体项目另行申报);股权投资,股权投资管理,受理资产管理,企业管理咨询,投资咨询,经济信息咨询(以上均不含证券、保险、基金、金融业务、银行业务、人才中介服务及其他限制项目);企业形象策划,文化活动策划;高新技术产业投资,受托管理创业投资企业创业资本,创业投资咨询,为创业企业提供创业管理服务业务(法律、行政法规、国务院决定禁止的项目除外,限制的项目须取得许可证后方可经营);国内贸易(不含专营、专控、专卖商品);财务信息咨询(不含证券咨询及其他限制项目);国内贸易(不含专营、专控、专卖商品)。许可经营项目:无。财务状况良好 。
伊犁哈萨克自治州财信融通融资担保有限公司	13	林 峰	420 93. 35 万元	伊宁市伊犁河路怡安家园 1 号综合楼	许可经营项目:贷款担保、票据承兑担保、贸易融资担保、项目融资担保、信用证担保及其他融资性担保业务,兼营诉讼保全担保,投标担保、预付款担保、工程履约担保、尾付款如约偿付担保等履约担保业务,与担保业务有关的融资咨询、财务顾问等中介服务,以自有资金进行投资,办理债券发行担保业务,国家及自治区规定的其他业务。财务状况良好 。

注:本公司无实际控制人。

3.2 董事

姓 名	职 务	性别	年龄	选任日期	所推举的股东名称	该股东持股比例(%)	简 要 履 历
周礼耀	董事长	男	53	2012 年 11 月 4 日	中国长城资产管理公司	35	下详
陈一滔	副董事长	女	49	2011 年 10 月 8 日	新疆生产建设兵团国有资产经营公司	35	下详
周 琦	副董事长	男	49	2011 年 10 月 8 日	深圳市盛金投资控股有限公司	17	下详
陈明理	董事	男	49	2012 年 10 月 16 日	中国长城资产管理公司	35	下详
范振斌	董事	男	58	2011 年 10 月 8 日	中国长城资产管理公司	35	下详
蔺怀华	董事	男	45	2011 年 10 月 8 日	新疆生产建设兵团国有资产经营公司	35	下详
芦 岗	董事	女	48	2011 年 10 月 8 日	深圳市盛金投资控股有限公司	17	下详
林 峰	董事	男	48	2011 年 10 月 8 日	伊犁哈萨克自治州财信融通投资担保有限公司	13	下详

独立董事

姓 名	所在单位及职务	性别	年龄	选任日期	所推举的股东名称	该股东持股比例(%)	简 要 履 历
李克渊	独立董事	男	64	2011 年 10 月 8 日	中国长城资产管理公司	35	下详
李华北	独立董事	男	51	2011 年 10 月 8 日	新疆生产建设兵团国有资产经营公司	35	下详
马德贵	独立董事	男	51	2011 年 10 月 8 日	新疆生产建设兵团国有资产经营公司	35	下详

3.2.1 **董事长周礼耀**

经济学硕士，复旦大学国际金融专业，高级经济师。历任中国农业银行上海市宝山支行计划科副科长、吴淞营业所副主任（主持工作），中国农业银行上海市分行人事处副处长、处长，中国农业银行上海市分行直属党委副书记兼五角场支行行长，中国长城资产管理公司上海办事处副总经理、工会主席，中国长城资产管理公司上海办事处总经理；现任中国长城资产管理公司副总裁。

3.2.2 **副董事长陈一滔**

硕士研究生，解放军空军工程大学管理科学与工程专业，高级会计师。曾任职于新疆生产建设兵团外经贸局计财处。曾任新疆农垦纺织五矿化工机械进出口公司计财部经理，新疆农垦进出口公司董事、常务副总经理，新疆生产建设兵团国资公司总经理助理兼财务部经理、副总经理、总经理。现任新疆生产建设兵团国有资产经营公司董事长。

3.2.3 **副董事长周琦**

经济学学士，南开大学金融系金融专业。历任中国银行总行国际业务部业务主办、工商银行信托投资公司项目经理、海口太克实业有限公司总经理、深圳市清华至善金融证券研究所总经理、深圳市清华创业投资有限公司董事、深圳力合数字电视有限公司董事，现任深圳市盛金投资控股有限公司董事长。

3.2.4 **董事陈明理**

博士研究生，中国人民大学金融学专业，高级经济师。历任工商银行郑州分行建设路支行信贷员，工商银行总行项目信贷部主任科员、副处长，中国华融资产管理公司股权管理部副处长、高级经理，中国华融资产管理公司沈阳办事处总经理助理、副总经理，中国华融资产管理公司研究发展部副总经理，第一重组办公室副主任、委托业务事业部总经理，中国华融国际信托有限责任公司总裁，中国华融资产管理公司业务审查部总经理；现任长城新盛信托有限责任公司总经理。

3.2.5 **董事范振斌**

经济学学士，东北财经大学工业会计专业，高级经济师。历任辽宁省抚顺市财政局研究所、办公室副主任，农业银行辽宁省抚顺分行副行长，农业银行辽宁省分行研究所副所长、总编、行长助理、副行长，长城资产管理公司沈阳办事处总经理、南京办事处总经理；现任中国长城资产管理公司控股子公司专职董事。

3.2.6 **董事蔺怀华**

法学学士，兰州大学法学专业，律师资格。历任新疆维吾尔自治区高级人民法院审判员、新疆国通律师事务所律师、新疆元正律师事务所律师，现任新疆生产建设兵团国有资产经营公司法律顾问。

3.2.7 **董事芦岗**

经济学学士，南开大学金融学系金融专业。历任国家外汇管理总局汇价处业务主办、海口太克实业有限公司副总经理、深圳市金羽光电实业有限公司董事长、深圳键桥通讯技术股份有限公司董事、深圳力合数字电视有限公司董事，现任深圳市盛金投资控股有限公司总经理。

3.2.8 **董事林峰**

大学本科，中共中央党校函授学院经济管理专业，经济师。历任新疆伊犁毛纺织厂动力科、企业管理办公室科员，伊犁州财政局国债服务部主任，伊犁州信托投资公司证券营业部总经理、公司总经理助理、副总经理、总经理、董事长；现任伊犁州财信融通融资担保有限公司董事长兼总经理。

3.2.9 **独立董事李克渊**

大专学历，上海财经学院夜大金融专修科，高级政工师。历任黑龙江长水河农场农工、连长，人民银行上海市普陀区办事处分理处主任，工商银行上海市普陀区办事处党委副书记、分行纪委专职委员、经打办主任、闸北区办主任、党委书记，人民银行上海市分行金融纪检组副组长、金融纪检组组长、上海大区行纪委书记、党委副书记，上海银监局纪委书记、党委副书记、巡视员，上海市第五、第六、第七届市纪委委员，上海市浦东新区第二和第三届人大代表、第三届人大常委和财经委委员，上海金融法制研究会常务副会长、学术委员会主任。

3.2.10 **独立董事李华北**

文学学士，解放军外国语学院英语（国际关系）专业。曾任职于解放军部队及总参谋部机关，现任鑫海矿业有限公司董事长。

3.2.11 **独立董事马德贵**

硕士研究生，中国社会科学院研究生院工业经济系企业管理专业。历任新疆鄯善县县委办公室文秘，乌鲁木齐市政府办公厅、新疆生产建设兵团党委办公厅秘书，新疆生产建设兵团供销合作公司副总经理，北京鸿运集团新疆分公司总经理，海南睿丰投资公司董事长助理；现任国泰君安证券股份有限公司乌鲁木齐营业部总经理。

3.3 监事

监事会成员

姓名	职务	性别	年龄	选任日期	所推举的股东名称	该股东持股比例（%）	简要履历
王敏	监事会主席	女	45	2011年10月8日	新疆生产建设兵团国有资产经营公司	35	下详
谢村模	监事会副主席	男	57	2011年10月8日	中国长城资产管理公司	35	下详
蒋健	监事会副主席	男	47	2011年10月8日	深圳市深圳市盛金投资控股有限公司	17	下详
郭韬	职工监事	男	36	2011年10月8日	职工代表大会	—	下详
曹继忠	职工监事	男	36	2011年10月8日	职工代表大会	—	下详

3.3.1 监事会主席王敏

硕士研究生，新疆财经学院金融专业，高级会计师。历任兵团经济专科学校教师，新疆进出口股份有限公司财务、财务部、结算部经理，兵团国有资产经营公司研发部副经理、财务总监，新疆宏海房地产开发有限公司总会计、董事；现任兵团国有资产经营公司风险管控部经理。

3.3.2 监事会副主席谢村模

大学本科，中共中央党校函授本科党政管理专业，高级经济师。历任上海市前卫农场液压元件厂金工车间副主任，农业银行上海分行人事处专业技术管理副主任科员，农业银行浦东分行人事处副处长、直属党委副书记、分行副行长、工会主席，长城资产管理公司上海办事处综合管理（人力资源）部副处长、评估管理部处长、纪检委员、纪委办公室主任；现任中国长城资产管理公司上海办事处监察审计部高级经理。

3.3.3 监事会副主席蒋健

经济学学士，南开大学金融学系金融专业。历任福建国际信托投资公司及华福证券公司发行部副经理、经理，福建93发行干事团副主干事长，四川信托投资公司发行部总经理，四川信托投资公司上海证券业务部总经理，四川9家信托公司重组委员会证券组组长，世纪联融控股公司副总裁，北京华申置业开发公司执行董事总经理，重庆天生综合市场投资管理有限公司总经理；现任上海交大教育服务产业投资管理（集团）有限公司总经理。

3.3.4 职工监事郭韬

硕士研究生，中国人民大学经济法学专业。历任长城资产管理公司法律事务部与债权管理部副主任科员，法律事务部主任科员、业务主管、高级副经理；现任长城新盛信托有限责任公司产品研发与运营部总经理兼综合部总经理。

3.3.5 职工监事曹继忠

工学学士，合肥工业大学建筑设计专业。历任安徽中州置业股份有限公司工程管理部副经理、经理，深圳市盛金创业投资发展有限公司上海办事处主任；现任长城新盛信托有限责任公司综合管理部副总经理。

本公司监事会未下设委员会。

3.4 高级管理人员

姓名	职务	性别	年龄	选任日期	金融从业年限	学历	专业
陈明理	总经理	男	49	2012年10月16日	23	博士	金融
沈富荣	副总经理	男	48	2011年4月2日	12	博士	管理工程
杨　辰	副总经理	男	49	2011年10月8日	7	硕士	金融
李　凯	副总经理	男	55	2011年10月8日	32	大专	金融
段　薇	副总经理	女	41	2011年4月2日	19	硕士	法律
阚　秋	财务总监	男	40	2011年10月8日	5	大专	会计

3.4.1 总经理陈明理

关于总经理陈明理介绍请参见3.1.2董事、董事会及其下属委员会4。

3.4.2 副总经理沈富荣

东华大学博士研究生毕业，具有律师执业资格。曾任共青团上海市长宁区委副书记、中共上海市长宁区委政策研究室副主任；上海新虹桥企业有限公司董事兼常务副总经理、上海爱建信托投资有限责任公司 投资银行部总经理、德邦证券有限责任公司副总裁、上海国际信托投资有限责任公司副总经理、上海国盛典当有限公司副总经理、上海爱建信托有限责任公司副总经理、现任长城新盛信托有限责任公司副总经理。

3.4.3 副总经理杨辰

商学硕士，日本早稻田大学商学专业。历任南开大学金融学系讲师，日本安田火灾海上保险公司总部、安田综合研究所委托研究员，日本安田火灾海上保险公司总部国际业务部业务主办，深圳力合数字电视有限公司副总裁，深圳力合传媒有限公司董事，宁波成功多媒体通讯有限公司董事，深圳市盛金投资控股有限公司董事、副总裁，上海飞乐音响股份有限公司董事、战略委员会委员；现任长城新盛信托有限责任公司副总经理。

3.4.4 副总经理李凯

大专学历，福建金融管理干部学院毕业，经济师。历任农业银行石河子支行科员，人民银行石河子分行计划科科员、稽核科副科长、人事科科长，人民银行克拉玛依中心支行副行长，银监会克拉玛依分局局长；现任长城新盛信托有限责任公司副总经理。

3.4.5 副总经理段薇

辽宁大学法学院法律硕士，高级经济师。曾任中国工商银行辽宁省分行商业信贷处、第三产业信贷处、工商信贷处业务综合员，中国华融资产管理公司沈阳办事处股权管理部负责人、投资银行部负责人，东亚银行沈阳分行房地产贷款部负责人、营业部负责人、企业及银团贷款部负责人，华融国际信托有限责任公司投资银行部总经理、信托市场部总经理，中国华融资产管理股份有限公司资产经营部总经理助理、业务审查部总经理助理和副总经理；现任长城新盛信托有限责任公司副总经理。

3.4.6 财务总监阚秋

大专学历，长春金融高等专科学校毕业，注册会计师、资产评估师、注册税务师。历任中国银行吐鲁番分行会计及内部稽核；新疆科麦食品公司财务经理、中天运会计师事务所新疆分行副所长，现任长城新盛信托有限责任公司财务总监。

3.5 公司员工

项目		2013年度		上年度	
		人数	比例(%)	人数	比例(%)
年龄分布	25岁以下	1	1.75	0	0
	25~29岁	13	22.81	1	5
	30~39岁	22	38.60	14	70
	40岁以上	21	36.84	5	25

续表

项目		2013 年度		上年度	
		人数	比例(%)	人数	比例(%)
学历分布	博士	5	8.77	3	15
	硕士	29	50.88	3	15
	本科	20	35.09	9	45
	专科及其他	3	5.26	5	25
岗位分布	高管人员	10	17.54	7	35
	自营业务人员	3	5.26	6	30
	信托业务人员	40	70.18	7	35
	其他	4	7.02	0	0

注:1. "自营业务人员"是指按照岗位分工,专门或至少主要从事固有资金使用和固有资产管理有关业务的职工。

2. "信托业务人员"是指按照岗位分工,专门或主要从事信托资金使用和信托资产管理各项业务的职工。

3. 将人力资源部等无法明确区分的综合部门归为其他人员。

4. 经营管理

4.1 经营目标、方针、战略规划

4.1.1 经营目标

在监管部门和公司股东的指导和支持下,完善公司法人治理,健全内部控制,坚持"依法合规、讲求效益、控制风险"的基本理念,大力发展主动型理财模式的信托主业,加强营销管理,各项业务稳健发展,规范管理框架逐步建立。

4.1.2 经营方针

遵循"稳健、创新、和谐、发展"的经营方针,根据客户需求、风险偏好,充分发挥信托独特的制度优势,采用信托贷款、股权投资、投资理财、资产管理、财务顾问等多种方式,为客户提供多样化的综合金融服务。同时,充分发挥各股东资源优势,在机构客户和高端私人客户领域占有一席之地。

4.1.3 战略规划

以科学发展观为指导,立足当前,着眼长远,面向全国,坚持"客户至上"的理念,坚持依法合规、稳健经营,专心致力于信托主业,不断提高公司市场竞争能力、风险控制能力、业务创新能力和运营管理能力,将公司发展成为规范经营、特色明显、务实创新、业绩优良、具有较强核心竞争力和可持续发展能力的国内一流的专业化金融服务机构。

4.2 所经营业务的主要内容

4.2.1 经营的主要业务、品种

公司业务主要分为资产管理和信托服务两个大类。

资产管理:目前主要从事面向资本市场的项目融资等业务。

信托服务:目前主要开展贷款、收益权及平台等业务。

4.2.2 资产组合与分布

公司自营资产中,货币资产占总资产的比例为 45.14%,持有至到期占 52.13%,其他资产占 2.73%。

自营资产运用与分布表

资产运用	金额(万元)	占比(%)	资产分布	金额(万元)	占比(%)
货币资产	20 382.75	45.14	基础产业		
贷款及应收款			房地产业		
交易性金融资产			证券市场		
可供出售金融资产			实业		
持有至到期投资	23 539.25	52.13	金融机构	43 922.00	97.26
长期股权投资			其他	1 236.87	2.74
其他	1 236.87	2.74			
资产总计	45 158.87	100.00	资产总计	45 158.87	100.00

信托资产运用与分布表

资产运用	金额(万元)	占比(%)	资产分布	金额(万元)	占比(%)
货币资产	2 210.53	0.15	基础产业	190 000.00	13.11
贷款	1 122 779.46	77.47	房地产	851 369.00	58.74
交易性金融资产			证券市场		
可供出售金融资产	68 218.08	4.71	实业	104 713.43	7.22
持有至到期投资			金融机构	68 263.49	4.71
长期股权投资	47 425.56	3.27	其他	235 037.71	16.22
其他	208 750.00	14.40			
信托资产总计	1 449 383.63	100.00	信托资产总计	1 449 383.63	100.00

4.2.3 资本充足率、资产质量和盈利状况

报告期末公司固有资产 4.52 亿元,固有负债 0.87 亿元,所有者权益 3.65 亿元。公司资本充足,所有者权益比率为 80.75%。

公司无不良资产,整体资产质量较好。

报告期内公司实现收入合计 15 449.08 万元,利润总额 7 626.24 万元,净利润 5 704.73 万元。公司 2013 年总资产利润率(税前利润/年均总资产)为 19.65%,资本利润率(净利润/年均所有者权益)为 16.86%,主营业务收益率(净利润/营业总收入)为 36.93%。

4.3 市场分析

4.3.1 有利因素

一是信托行业的监管政策环境总体向好,为信托行业规范、健康发展提供了重要的制度保障。起步阶段专注发展创新型、主动型信托业务,公司组建时日不长,没有因政策调整而带来的业务结构调整的经营负担。

二是国家金融调控频繁,银行有动力大力拓展中间业务收入,信托公司与银行合作的深度、广度等将进一步提升;同时,由于市场融资的主渠道受限,企业融资需求旺盛,为发展信托业提供了充足的市场资源。

三是依托股东各家股东的资源和品牌优势,在市场上有较高的认知度,在业务开展方面具有很多得天独厚的优势条件。

4.3.2 不利因素

一是金融改革渐次拉开，主流融资环境日益宽松，弱化了信托公司与其他金融机构特别是银行之间的竞争性优势。

二是部分业务受到其他金融机构的替代竞争威胁。

三是国家宏观调控可能会对地产以及工业、制造业等实体经济形成深度的影响，以地产业为主导的信托业对项目的风险识别和风险判断难度会继续增加。

四是信托公司尚未树立起核心竞争力，与银行等其他金融结构存在同质竞争现象。

4.4 内部控制概况

4.4.1 内部控制环境和内部控制文化

公司建立了分工合理、职责明确、报告关系清晰的组织机构。报告期内，公司完成了部门岗位设置和人员编制安排。公司董事会和高级管理层重视公司内部控制机制的建设。董事会下设风险管理委员会，负责审核公司内控机制的建设规划。公司股东会按照章程规定，负责风险管理的决策，并通过授权管理、投资决策管理、人力资源管理、财务管理、运营管理和运营保障管理等制度建设，建立公司风险管理的制度体系并维持其有效性。董事会风险管理委员会负责对公司风险管理的政策、项目执行过程实施风险监督和评审，并按照公司风险管理总体要求，制定风险管理监督、风险计量检测和风险控制流程等风险监控制度。公司经营管理层根据股东会和董事会制定的风险管理政策、程序，负责对风险控制过程实施管理，对风险控制过程中出现和可能出现的风险，制定和采取风险控制措施并及时报告董事会和股东会。合规部负责公司风险管理基本政策的制定，起草制定各类风险管理制度，负责建立和完善风险管理体系，进行风险识别、计量和控制，开展公司内部风险评估和报告，参与各类业务的风险评估、管理并对合法性和合规性进行审核，指导公司内部全面开展风险管理。公司风险管理程序是：公司在融资、贷款、投资及重大经营决策上，实行“六审二会”制度。“六审”即部门负责人、分管业务副总裁、风险管理部、合规部、主管风险合规副总裁和总裁审核，“二会”即信托业务审查委员会、信托业务决策委员会（信托业务）或投资决策委员会或董事会、股东会（固有业务）决策。操作程序是：业务部门对项目进行调查并由部门负责人进行初审，通过后报送风险管理部和合规部进行风险及合规性审查，通过后报主管副总裁和总裁审查立项，通过后提请信托业务决策委员会（信托业务）或投资决策委员会或董事会、股东会（固有业务）进行审批决策。

4.4.2 内部控制措施

公司内部控制职能部门为合规部、风险管理部和审计部。公司内部控制遵循“全面、审慎、有效、独立”的原则。公司内部控制活动包括不相容职务分离控制、授权审批控制、业务流程控制、会计系统控制、财产保护控制、运营分析控制、信息系统控制和绩效考评控制，并建立业务预警、应急机制等。报告期内，公司股东会按照章程规定，负责风险管理的决策，并通过授权管理、投资决策管理、人力资源管理、财务管理、运营管理和运营保障管理等制度建设，建立公司风险管理的制度体系并维持其有效性。公司信托业务决策委员会负责对信托项目的审核。公司固有业务按照项目金额大小，按股东会、董事会和经营管理层分层授权审核。董事会风险管理委员会负责对公司风险管理的政策、项目执行过程实施风险监督和评审，并按照公司风险管理总体要求，制定风险管理监督、风险计量检测和风险控制流程等风险监控制度。公司经营管理层根据股东会和董事会制定的风险管理政策、程序，负责对风险控制过程实施管理，对风险控制过程中出现和可能出现的风险，制定和采取风险控制措施并及时报告董事会和股东会。合规部负责公司风险管理基本政策的制定，起草制定各类风险管理制度，负责建立和完善风险管理体系，进行风险识别、计量和控制，开展公司内部风险评估和报告，参与各类业务的风险评估、管理并对合法性和合规性进行审核，指导公司内部全面开展风险管理。

4.4.3 信息交流与反馈

报告期内，公司重点联合泛微开发 OA 办公系统、恒生信托业务管理系统。两个系统完成需求整理、系统测试，正式运营。通过这两个系统，公司的各项财务、人事、行政审批、信托与固有业务权限设置、信托业务审批、固有业务审批、信托业务存续期间管理等权限与流程均得到了有效信息流转与节点控制。

4.4.4 监督评价与纠正

公司通过建立自控、互控、监控三位一体的机制，对内部控制活动进行检查、评价、监督和纠正。业务部门对各项业务跟踪管理，经常检查其经营状况，一旦发现存在问题，迅速予以自纠；财务管理部门和风险合规管理部门分别行使后台监督职能和风险管理职能，相关部门、岗位之间互相制衡、监督，一旦发现问题，均要求限时纠正。

4.5 风险管理概况

4.5.1 风险管理简介

公司业务经营中所面临的主要风险是信用风险、市场风险、操作风险和合规风险。公司风险管理的基本原则是：合规性，即公司经营活动与所涉及的法律、规则和准则及自身规章制度相一致；全面性，即风险管理涵盖各项业务管理的各环节，并渗透到各项业务过程中；制衡性，即明确划分相关部门、岗位之间的职责，建立职责分离、横向与纵向相互监督制约的机制；资产隔离性，即将公司自营资产与信托资产、不同委托人的信托财产分别管理、分别记账、独立核算；流动性，即突出现金流量管理在公司经营活动中的重要性；程序性，即公司风险管理组织系统的安排遵循事前授权审批、事中控制和事后审计监督三道程序；可衡量性，即采用定性分析与定量分析相结合的方法控制风险。公司股东会按照章程规定，负责风险管理的决策，并通过授权管理、投资决策管理、人力资源管理、财务管理、运营管理和运营保障管理等制度建设，建立公司风险管理的制度体系并维持其有效性。公司信托业务决策委员会负责对信托项目的审核。董事会风险管理委员会负责对公司风险管理的政策、项目执行过程实施风险监督和评审，并按照公司风险管理总体要求，制定风险管理监督、风险计量检测和风险控制流程等风险监控制度。公司经营管理层根据股东会和董事会制定的风险管理政策、程序，负责对风险控制过程实施管理，对风险控制过程中出现和可能出现的风险，制定和采取风险控制措施并及时报告董事会和股东会。

合规部负责公司风险管理基本政策的制定，起草制定各类风险管理制度，负责建立和完善风险管理体系，进行风险识别、计量和控制，开展公司内部风险评估和报告，参与各类业务的风险评估、管理及并合法性和合规性进行审核，指导公司内部全面开展风险管理。

4.5.2 风险状况

公司经营活动中可能遇到的主要风险有信用风险、市场风险、操作风险等。

4.5.2.1 信用风险状况

信用风险主要指交易对手不履行义务的可能性，主要表现为在贷款、资产回购、后续资金安排、担保、履约承诺、资金往来、证券投资等交易过程中，借款人、担保人、保管人（托管人）、证券投资开户券商、银行等交易对手，不能或不愿履行合约承诺而使信托财产或固有财产遭受潜在损失的可能性。本公司信用风险资产按五级分为正常类、关注类、次级类、可疑类和损失类。2013年末，本公司不良资产余额为零。本公司根据《中国银监会办公厅关于修订信托公司年报披露格式规范信息披露有关问题的通知》（银监办发[2009]407号），参照中国人民银行《银行贷款损失准备计提指引》（银发[2002]98号），对年末信用风险资产按照关注类资产2%、次级类资产25%、可疑类资产50%、损失类资产100%的比例计提贷款损失准备、坏账准备。

4.5.2.2 市场风险状况

市场风险主要指在金融市场等投资业务过程中，投资于有公开市场价值的金融产品或者其他产品时，金融产品或者其他产品的价格发生波动导致公司信托财产或固有财产遭受损失的可能性。同时，市场风险还具有很强的传导效应，某些信用风险的根源也可能是交易对手的市场风险。报告期内，公司没有在公开市场交易的金融产品，受市场风险影响有限。

4.5.2.3 操作风险状况

操作风险表现为由于公司治理机制、内部控制失效或者有关责任人出现失误、欺诈等问题，公司没有充分及时地做好尽职调查、持续监控、信息披露等工作，未能及时作出应有的反应，或作出的反应明显有失专业和常理，甚至违规违约；公司没有履行勤勉尽职管理的义务，或者无法出具充分有效的证据和记录，证明自己已履行勤勉尽职管理的义务。报告期内，公司通过系统、制度、权限等对操作风险进行有效的管控。

4.5.2.4 其他风险状况

其他风险主要是指公司业务开展中的流动性风险、政策风险、信誉风险、道德风险等。公司固有业务流动性强，发生流动性风险的可能性较小。政策、信誉、道德风险方面，公司没有发生信托财产管理、处分不当或其他信托公司的原因，致使信托财产遭受损失，进而导致公司声誉受损的情况。公司注重将各方股东的优秀企业文化融入到公司内部管理中，致力于塑造诚信、专业的公司形象，通过尽职管理和充分披露等方式，避免对公司产生不良影响事件的发生。

4.5.3 风险管理

4.5.3.1 信用风险管理

一是公司严格实行贷前调查、贷中审查、贷后检查。在贷前调查（项目立项）阶段，公司规范项目尽职调查的程序、重点和方法；在贷中审查（项目审批）阶段，公司合规部、风险管理部进行预审，公司项目评审委员会对业务进行项目可行性风险评估；在贷后检查（项目运营）阶段，公司要求业务部门持续监控交易对手的履约能力。二是注重信用风险的分散和补偿。在产品交易结构设计上，公司综合运用规避、预防、分散、转移、补偿等手段管理风险，尽力降低信用风险敞口。比如，公司通过引入金融机构信用、财产抵押、权利质押等担保方式，将融资主体的信用风险进行分散、转移；为防止因抵（质）押价值变化扩大信用风险敞口，公司对拟抵（质）押资产设置了抵（质）押率上限，作为价值变化的缓冲；通过账户管理归集和监控项目本身的现金流，作为履约的主要资金来源；在可能的情况下监管交易对手账户，监督资金使用，防止挪用；通过信托受益权的优先劣后安排，将具有不同风险偏好和风险承受能力的客户分开；加大交易对手违约成本，使交易对手不敢轻易违约；通过现场过程监控和非现场信息监控，及时了解项目进展、交易对手经营和资金使用状况；安排信托受益权的流通转让，分散信用风险。三是按照中国银监会要求，定期对公司资产进行风险分类。四是严格按财政部和中国银监会的要求，提足包括呆账准备金、信托赔偿准备金在内的各项准备金。

4.5.3.2 市场风险管理

一是加强对经济及金融形势的分析预测，并据此提出资产配置及其调整方案。密切跟踪市场，及时调整投资策略和投资组合，密切关注经济运行状况，严格规避政策导向变化带来的不利影响。二是坚持稳健原则，在投资组合中配置足够的固定收益类低风险投资品种。三是对证券投资组合的净值、仓位和投资集中度等指标事先设定预警点或止损点。四是通过投资分散化（组合对冲）降低非系统性风险。五是在业务决策和管理过程中，分别通过压力测试进行分析和评估，进行动态跟踪管理。六是积极贯彻落实监管部门有关文件精神，及时对公司信托业务中的房地产业务、证券投资业务和银信合作等业务作出风险提示，密切专注市场变化，强化防范业务风险的措施。

4.5.3.3 操作风险管理

一是制定和完善公司内部控制制度，在业务操作、会计系统、信息披露、信息系统、人力资源管理、关联交易、档案管理、紧急事故应变等方面，建立行之有效的内控制度和内控流程。二是明确岗位职责，即在合理的组织机构基础上，将各部门的业务活动和管理活动细化为各个具体的工作岗位，按照岗位确定职责和权限，做到定岗、定责、定职、定编、定人，从而建立起公司内部相互制约、相互督促的工作网络。三是在建立岗位职责的基础上，制定公司的业务授权制度和问责制度。通过授权机制，将从业人员的灵活性和责任制结合起来。四是不断整合公司各项业务流程和管理流程，逐步实现前台、中台、后台分离的业务操作流程化管理。五是建立管理“防火墙”，以信托财产和固有财产为隔离基础，实现信托业务系统和自营业务系统的部门和人员分离；高管人员管理分工分离；信托财务和自营财务的部门、人员、账表、资产和办公场所分离；每个信托财产的分离，即对每项信托业务单独开户、单独核算、单独管理。六是强调信息系统支持。七是制定公司员工行为规范，加强对员工守法意识、职业道德的教育。八是重视合规文化建设，宣传合规政策，使员工牢固树立“风险管理是公司经营的基础、效益的前提和核心竞争力的保证”这一风险管理核心价值观念。

4.5.3.4　其他风险管理

一是加强员工合规培训，要求员工认真学习并执行有关的法律法规，增强合规意识，提高员工的风险管理意识和风险管理水平。二是加强对运作项目的现金流量管理，同时做好公司现金流量预测和安排。三是加强职业道德教育，规范职业行为，把职业道德、职业操守作为员工教育的一个重要内容，不断增强员工的工作责任心，严格控制道德风险。

5. 报告期末及上一年度末的比较式会计报表

5.1　自营资产

5.1.1　会计师事务所审计意见全文

审 计 报 造

瑞华新审字[2014]第021号

长城新盛信托有限责任公司：

我们审计了后附的长城新盛信托有限责任公司（以下简称贵公司）的财务报表，包括2013年12月31日的资产负债表，2013年度的利润表、现金流量表和所有者权益变动表以及财务报表附注。

一、管理层对财务报表的责任

编制和公允列报财务报表是贵公司管理层的责任。这种责任包括：（1）按照企业会计准则的规定编制财务报表，并使其实现公允反映；（2）设计、执行和维护必要的内部控制，以使财务报表不存在由于舞弊或错误导致的重大错报。

二、注册会计师的责任

我们的责任是在执行审计工作的基础上对财务报表发表审计意见。我们按照中国注册会计师审计准则的规定执行了审计工作。中国注册会计师审计准则要求我们遵守中国注册会计师职业道德守则，计划和执行审计工作以对财务报表是否不存在重大错报获取合理保证。

审计工作涉及实施审计程序，以获取有关财务报表金额和披露的审计证据。选择的审计程序取决于注册会计师的判断，包括对由于舞弊或错误导致的财务报表重大错报风险的评估。在进行风险评估时，注册会计师考虑与财务报表编制和公允列报相关的内部控制，以设计恰当的审计程序，但目的并非对内部控制的有效性发表意见。审计工作还包括评价管理层选用会计政策的恰当性和作出会计估计的合理性，以及评价财务报表的总体列报。

我们相信，我们获取的审计证据是充分、适当的，为发表审计意见提供了基础。

三、审计意见

我们认为，上述财务报表在所有重大方面按照企业会计准则的规定编制，公允反映了贵公司2013年12月31日的财务状况以及2013年度的经营成果和现金流量。

5.1.2　资产负债表

资产负债表

单位名称：长城新盛信托有限责任公司　2013年12月31日　单位：元

项　目	注释	年末数	年初数
资产：			
货币资金	七、1	203 827 546.92	211 098 552.68
贵金属			
存放联行款项			
存放同业款项			
拆出资金			
交易性金融资产			
衍生金融资产			
买入返售金融资产			
应收款项类金融资产			
应收利息			
发放贷款和垫款	七、4		109 200 000.00
可供出售金融资产			
持有至到期投资		235 392 476.69	
长期股权投资			
投资性房地产			
固定资产	七、5	2 918 701.94	185 293.01
在建工程			
固定资产清理			
无形资产	七、6	442 643.84	503 532.90
递延所得税资产		203 258.39	
其他资产	七、7	8 804 084.98	2 659 669.75
资产总计		451 588 712.76	324 647 048.34

资产负债表（续）

单位名称：长城新盛信托有限责任公司　2013年12月31日　单位：元

项　目	注释	年末数	年初数
负债：			
向中央银行借款	七、8		
联行存放款项			
同业及其他金融机构存放款项	七、9		
拆入资金			
交易性金融负债			
衍生金融负债			
卖出回购金融资产款			
吸收存款	七、10		
应付职工薪酬	七、11	41 902 392.43	4 449 767.61
应交税费	七、12	15 562 407.19	3 187 491.03
应付利息	七、13		
预计负债			
应付债券			
递延所得税负债			
其他负债	七、14	29 656 762.97	4 643 362.99
负债合计		87 121 562.59	12 280 621.63
股东权益：			
实收资本	七、15	300 000 000.00	300 000 000.00

续表

项　　目	注释	年末数	年初数
资本公积			
减:库存股			
盈余公积	七、16	6 941 372.08	1 236 642.67
信托赔偿准备		3 470 686.05	618 321.34
未分配利润	七、17	54 055 092.04	10 511 462.70
外币报表折算差额			
归属于母公司所有者权益合计			
少数股东权益			
股东权益合计		364 467 150.17	312 366 426.71
负债和股东权益合计		451 588 712.76	324 647 048.34

法定代表人:周礼耀　　主管会计工作负责人:阚秋　　计机构负责人:阚秋

5.1.3 利润表

利润表

单位名称:长城新盛信托有限责任公司　2013 年 12 月 31 日　　单位:元

项　　目	注释	年末数	年初数
一、营业收入		154 490 843.45	41 605 916.12
(一)利息净收入	七、18	10 224 175.69	22 772 620.31
利息收入		10 224 175.69	22 772 620.31
利息支出			
(二)手续费及佣金净收入	七、19	134 904 565.14	18 833 295.81
手续费及佣金收入		140 380 445.14	18 833 295.81
手续费及佣金支出		5 475 880.00	
(三)投资收益(损失以"-"填列)		9 362 102.62	
(四)公允价值变动损益(损失以"-"填列)			
(五)其他收入			
汇兑收益(损失以"-"填列)			
其他业务收入			
二、营业支出		81 778 757.89	25 013 878.63
(一)营业税金及附加	七、20	8 510 746.81	2 157 718.14
(二)业务及管理费		74 068 011.08	22 056 160.49
(三)资产减值损失或呆账损失(转回以"-"填列)	七、21	-800 000.00	800 000.00
(四)其他业务成本			
三、营业利润(亏损以"-"填列)		72 712 085.56	16 592 037.49
加:营业外收入	七、22	3 650 845.00	
减:营业外支出	七、23	100 529.15	11 877.50
四、利润总额(亏损以"-"填列)		76 262 401.41	16 580 159.99
减:所得税费用	七、24	19 215 107.27	4 213 733.28
五、净利润(亏损以"-"填列)		57 047 294.14	12 366 426.71
归属于母公司所有者的净利润		57 047 294.14	12 366 426.71
少数股东损益			
六、每股收益			
(一)基本每股收益			
(二)稀释每股收益			
七、其他综合收益			
八、综合收益总额		57 047 294.14	12 366 426.71
归属于母公司所有者的综合收益总额		57 047 294.14	12 366 426.71
归属于少数股东的综合收益总额			

法定代表人:周礼耀　　主管会计工作负责人:阚秋　　会计机构负责人:阚秋

5.1.4 所有者权益变动表

所有者权益变动表

编制单位:长城新盛信托有限责任公司　　2013 年度　　单位:元

项　　目	本年金额								
	归属于母公司所有者权益								所有者权益合计
	股本	资本公积	减:库存股	专项储备	盈余公积	一般风险准备	未分配利润	其他	
一、上年年末余额	300 000 000.00				1 236 642.67	618 321.34	10 511 462.70		312 366 426.71
加:会计政策变更									—
前期差错更正									—
二、本年年初余额	300 000 000.00	—	—	—	1 236 642.67	618 321.34	10 511 462.70	—	312 366 426.71
三、本年增减变动金额(减少以"-"号填列)	—	—	—	—	5 704 729.41	2 852 364.71	43 543 629.34	—	52 100 723.46
(一)净利润							57 047 294.14		57 047 294.14
(二)其他综合收益	—	—	—	—	—	—	—	—	—
上述(一)和(二)小计	—	—	—	—	—	—	57 047 294.14	—	57 047 294.14
(三)所有者投入和减少资本	—	—	—	—	—	—	—	—	—
1. 所有者投入资本									—
2. 股份支付计入所有者权益的金额									—
3. 其他									—

续表

项　目	本年金额								
	归属于母公司所有者权益								所有者权益合计
	资本	资本公积	减:库存股	专项储备	盈余公积	一般风险准备	未分配利润	其他	
（四）利润分配	—	—	—	—	5 704 729.41	2 852 364.71	-13 503 664.80	—	-4 946 570.68
1. 提取盈余公积					5 704 729.41		-5 704 729.41		—
2. 提取一般风险准备						2 852 364.71	-2 852 364.71		—
3. 对所有者（或股东）的分配							-4 946 570.68		4 946 570.68
4. 其他									—
（五）所有者权益内部结转	—	—	—	—	—	—	—	—	—
1. 资本公积转增资本（或股本）									—
2. 盈余公积转增资本（或股本）									—
3. 盈余公积弥补亏损									—
4. 其他									—
（六）专项储备	—	—	—	—	—	—	—	—	—
1. 当期提取数									—
2. 当期使用数									—
四、本期期末余额	300 000 000.00	—	—	—	6 941 372.08	3 470 686.05	54 055 092.04	—	364 467 150.17

所有者权益变动表（续）

编制单位：长城新盛信托有限责任公司　　2013 年度　　单位：元

项　目	上年金额								
	归属于母公司所有者权益								所有者权益合计
	股本	资本公积	减:库存股	专项储备	盈余公积	一般风险准备	未分配利润	其他	
一、上年年末余额	300 000 000.00								300 000 000.00
加：会计政策变更									—
前期差错更正									—
二、本年年初余额	300 000 000.00	—	—	—	—	—	—	—	300 000 000.00
三、本年增减变动金额（减少以“－”号填列）	—	—	—	—	1 236 642.67	618 321.34	10 511 462.70	—	12 366 426.71
（一）净利润							12 366 426.71		12 366 426.71
（二）其他综合收益	—	—	—	—	—	—	—	—	—
上述（一）和（二）小计	—	—	—	—	—	—	12 366 426.71	—	12 366 426.71
（三）所有者投入和减少资本	—	—	—	—	—	—	—	—	—
1. 所有者投入资本									—
2. 股份支付计入所有者权益的金额									—
3. 其他									—
（四）利润分配	—	—	—	—	1 236 642.67	618 321.34	-1 854 964.01	—	—
1. 提取盈余公积					1 236 642.67		-1 236 642.67		—
2. 提取一般风险准备						618 321.34	-618 321.34		—
3. 对所有者（或股东）的分配									—
4. 其他									—
（五）所有者权益内部结转	—	—	—	—	—	—	—	—	—
1. 资本公积转增资本（或股本）									—
2. 盈余公积转增资本（或股本）									—
3. 盈余公积弥补亏损									—
4. 其他									—
（六）专项储备	—	—	—	—	—	—	—	—	—
1. 当期提取数									—
2. 当期使用数									—
四、本期期末余额	300 000 000.00	—	—	—	1 236 642.67	618 321.34	10 511 462.70	—	312 366 426.71

法定代表人：周礼耀　　主管会计工作负责人：阚秋　　会计机构负责人：阚秋

5.2 信托资产

5.2.1 信托项目资产负债汇总表

信托项目资产负债汇总表

编制单位:长城新盛信托有限责任公司　　2013 年 12 月 31 日　　单位:万元

资　产	期末数	期初数	负债和信托权益	期末数	期初数
资产:			负债:		
现金及存放中央银行款项	2 210.53	1 149.94	向中央银行借款		
其中:现金及银行存款	2 210.53	1 149.94	同业及其他金融机构存放款项		
其他货币资金			拆入资金		
拆出资金			交易性金融负债		
交易性金融资产			衍生金融负债		
衍生金融资产			应付受托人报酬		
买入返售金融资产	208 750.00	0.00	应付保管费		
应收账款			应付受益人收益		
应收股利			应付销售服务费		
应收利息			应交税费		
其他应收款			其他应付款	83.32	50.01
发放贷款和垫款	1 122 779.46	180 000.00	其他负债		
可供出售金融资产	68 218.08	79 144.83	负债合计	83.32	50.01
持有至到期投资					
长期股权投资	47 425.56	0.00	信托权益:		
投资性房地产			实收信托	1 446 988.56	259 000.00
固定资产			资本公积	238.08	144.83
无形资产			未分配利润	2 073.67	1 099.93
其他资产			信托权益合计	1 449 300.31	260 244.76
资产总计	1 449 383.63	260 294.77	负债和信托权益总计	1 449 383.63	260 294.77

法定代表人:周礼耀　　主管会计工作负责人:阚秋　　会计机构负责人:阚秋

5.2.2 信托项目利润及利润分配汇总表

信托项目利润及利润分配汇总表

编制单位:长城新盛信托有限责任公司　2013 年度　　单位:万元

项　目	本年累计数	上年累计数
一、信托营业收入	53 014.14	4 680.49
利息收入	47 225.77	4 397.74
投资收益(损失以"－"号填列)	5 788.37	282.75
其中:对联营企业和合营企业的投资收益		
公允价值变动收益(损失以"－"号填列)		
租赁收入		
汇兑收益(损失以"－"号填列)		
其他业务收入		
二、信托营业支出	19 439.37	749.97
营业税金及附加		
业务及管理费	19 439.37	749.97
资产减值损失		
其他业务成本		
三、利润总额(亏损总额以"－"填列)	33 574.77	3 930.52

续表

项　目	本年累计数	上年累计数
加:期初未分配信托利润	1 099.93	
损益平准金等其他影响额		
四、可供分配的信托利润	34 674.70	3 930.52
减:本期已分配信托利润	32 601.03	2 830.59
五、期末未分配信托利润	2 073.67	1 099.93
六、其他综合收益	238.08	
七、综合收益总额	2 311.75	1 099.93

法定代表人:周礼耀　　主管会计工作负责人:阚秋　　会计机构负责人:阚秋

6. 会计报表附注

6.1 简要说明报告年度会计报表编制基准、会计政策、会计估计和核算方法发生的变化

本公司固有财务和信托财务均遵循 2006 年财政部颁布的《企业会计准则——基本准则》及其后颁布的《企业会计准则——应用指南》、企业会计准则解释规定。2013 年度会计政

策及会计估计和核算方法均未发生变化。

6.2 或有事项说明

本公司2013年度无或有事项。

6.3 重要资产转让及其出售的说明

本公司2013年未发生重要资产的转让。

6.4 会计报表中重要项目的明细资料

6.4.1 自营资产经营情况

6.4.1.1 按信用风险资产五级分类结果披露信用风险资产的期初、期末数

信用风险资产五级分类	正常类（万元）	关注类（万元）	次级类（万元）	可疑类（万元）	损失类（万元）	信用风险资产合计（万元）	不良信用风险资产合计（万元）	不良信用风险资产率（%）
期末数	647.27					647.27		
期初数	7 154.76	4 000.00				11 154.76		

注：不良信用风险资产合计＝次级类＋可疑类＋损失类。

6.4.1.2 各项资产减值损失准备的期初数、本期计提、本期转回、本期核销、期末数

单位：万元

	期初数	本期计提	本期转回	本期核销	期末数
贷款损失准备					
一般准备	80		80		0
专项准备					
其他资产减值准备					
可供出售金融资产减值准备					
持有至到期投资减值准备					
长期股权投资减值准备					
坏账准备					
投资性房地产减值准备					

6.4.1.3 自营股票投资、基金投资、债券投资、长期股权投资等投资业务的期初数、期末数。

单位：万元

	股票	基金	债券	长期股权投资	其他投资	合计
期初数						
期末数						

6.4.1.4 自营长期股权投资的企业名称、占被投资企业权益比例、主要经营活动及投资收益情况等

公司自营2013年末无长期股权投资。

6.4.1.5 自营贷款的企业名称、占贷款总额的比例和还款情况等

企业名称	占贷款总额的比例（%）	还款情况

6.4.1.6 表外业务的期初数、期末数，按照代理业务、担保业务和其他类型表外业务分别披露

公司自营2013年末无表外业务。

6.4.1.7 公司当年的收入结构

收入结构	金额（万元）	占比（%）
手续费及佣金收入	14 038.04	85.80
其中：信托手续费收入	6 129.94	37.47
投资银行业务收入	7 908.10	48.33
利息收入	1 022.42	6.25
其他业务收入		
其中：计入信托业务收入部分		
投资收益	936.21	5.72
其中：股权投资收益		
公允价值变动收益		
其他投资收益	936.21	5.72
营业外收入	365.08	2.23
收入合计	16 361.75	100.00

注："投资银行业务收入"为我公司财务顾问等收入。

本年度公司实现信托业务收入总额6 129.94万元，其中以手续费及佣金确认的信托业务收入金额为6 129.94万元，无以其他形式确认的信托业务收入。

6.4.2 披露信托资产管理情况

6.4.2.1 信托资产的期初数、期末数

单位：万元

信托资产	期初数	期末数
集合		354 485.32
单一	260 294.77	1 094 898.31
财产权		
合计	260 294.77	1 449 383.63

6.4.2.1.1 主动管理型信托业务的信托资产期初数、期末数

单位：万元

主动管理型信托资产	期初数	期末数
证券投资类		63 260.58
股权投资类		11 825.57
融资类	170 841.02	399 399.79
事务管理类		
合计	170 841.02	474 485.94

6.4.2.1.2 被动管理型信托业务的信托资产期初数、期末数

单位：万元

被动管理型信托资产	期初数	期末数
证券投资类		
股权投资类		
融资类		470 001.16
事务管理类	89 453.75	504 896.53
合计	89 453.75	974 897.69

6.4.2.2 本年度已清算结束的信托项目个数、实收信托合计金额、加权平均实际年化收益率

本年度已清算信托项目6个，实收信托合计金额205 000.00万元，加权平均实际年化收益率为6.63%。

6.4.2.2.1 本年度已清算结束的集合类、单一类资金信托项目和财产管理类信托项目个数，实收信托金额，加权平均实际年化收益率

已清算结束信托项目	项目个数	实收信托合计金额(万元)	加权平均实际年化收益率(%)
集合类	1	26 000.00	6.99
单一类	5	179 000.00	6.58
财产管理类			

注:1. 收益率是指信托项目清算后，给受益人赚取的实际收益水平。
2. 加权平均实际年化收益率=(信托项目1的实际年化收益率×信托项目1的实收信托+信托项目2的实际年化收益率×信托项目2的实收信托+…+信托项目n的实际年化收益率×信托项目n的实收信托)/(信托项目1的实收信托+信托项目2的实收信托+…+信托项目n的实收信托)×100%。

6.4.2.2.2 本年度已清算结束的主动管理型信托项目个数、实收信托合计金额、加权平均实际年化收益率

已清算结束信托项目	项目个数	合计金额(万元)	加权平均实际年化信托报酬率(%)	加权平均实际年化收益率(%)
证券投资类				
股权投资类				
融资类				
事务管理类				

注:加权平均实际年化信托报酬率=(信托项目1的实际年化信托报酬率×信托项目1的实收信托+信托项目2的实际年化信托报酬率×信托项目2的实收信托+…+信托项目n的实际年化信托报酬率×信托项目n的实收信托)/(信托项目1的实收信托+信托项目2的实收信托+…+信托项目n的实收信托)×100%。

6.4.2.2.3 本年度已清算结束的被动管理型信托项目个数、实收信托合计金额、加权平均实际年化收益率

已清算结束信托项目	项目个数	合计金额(万元)	加权平均实际年化信托报酬率(%)	加权平均实际年化收益率(%)
证券投资类	1	26 000.00	0.10%	6.99%
股权投资类				
融资类				
事务管理类	5	179 000.00	0.59%	6.58%

6.4.2.3 本年度新增的集合类、单一类和财产管理类信托项目个数、实收信托合计金额

新增信托项目	项目个数	实收信托合计金额(万元)
集合类	22	378 213.56
单一类	17	1 014 800.00
财产管理类		
新增合计	39	1 393 013.56
其中:主动管理型	22	378 213.56
被动管理型	17	1 014 800.00

注:本年新增信托项目指在本报告年度内累计新增的信托项目个数和金额，包含本年度新增并于本年度内结束的项目和本年度新增至报告期末仍在持续管理的信托项目。

6.4.2.4 信托业务创新成果和特色业务有关情况

公司目前正在积极探索创新业务和特色业务。

6.4.2.5 本公司履行受托人义务情况及因本公司自身责任而导致的信托资产损失情况

本公司严格遵守信托法律法规及信托文件对受托人义务的规定，为受益人的最大利益处理信托事务，管理信托财产时，恪尽职守，履行诚实、信用、谨慎、有效管理的义务。

本公司无因自身责任而导致的信托资产损失情况。

6.5 关联方关系及其交易的披露

6.5.1 关联交易方的数量、关联交易的总金额及关联交易的定价政策等

本年度公司以自有资金认购本公司发行的集合资金信托计划，总金额为23 250.00万元，关联交易按照市场公允价格定价。

6.5.2 关联交易方与本公司的关系性质，关联交易方的名称、法定代表人、注册地址、注册资本及主营业务等

6.5.3 逐笔披露本公司与关联方的重大交易事项

6.5.3.1 固有与关联方交易情况:贷款、投资、租赁、应收账款担保、其他方式等期初汇总数、本期借方和贷方发生额汇总数、期末汇总数

单位:万元

固有与关联方关联交易				
	期初数	借方发生额	贷方发生额	期末数
贷款				
投资				
租赁				
担保				
应收账款				
其他				
合计				

6.5.3.2 信托与关联方交易情况:贷款、投资、租赁、应收账款、担保、其他方式等期初汇总数、本期借方和贷方发生额汇总数、期末汇总数

单位:万元

信托与关联方关联交易				
	期初数	借方发生额	贷方发生额	期末数
贷款				
投资				
租赁				
担保				
应收账款				
其他				
合计				

6.5.3.3 信托公司自有资金运用于自己管理的信托项目(固信交易)、信托公司管理的信托项目之间的相互交易(信信交易)金额，包括余额和本报告年度的发生额

6.5.3.3.1 固有与信托财产之间的交易金额期初汇总数、本期发生额汇总数、期末汇总数

单位：万元

固有财产与信托财产相互交易			
	期初数	本期发生额	期末数
合计		23 250.00	23 250.00

注：以固有资金投资公司自己管理的信托项目受益权，或购买自己管理的信托项目的信托资产均应纳入统计披露范围。

6.5.3.3.2 信托项目之间的交易金额期初汇总数、本期发生额汇总数、期末汇总数

单位：万元

信托资产与信托财产相互交易			
	期初数	本期发生额	期末数
合计			

注：以公司受托管理的一个信托项目的资金购买自己管理的另一个信托项目的受益权或信托项下资产均应纳入统计披露范围。

6.5.4 逐笔披露关联方逾期未偿还本公司资金的详细情况以及本公司为关联方担保发生或即将发生垫款的详细情况。

报告期内本公司无上述情况。

6.6 会计制度的披露

本报告期内公司固有业务及信托业务均执行2006版《企业会计准则——基本准则》。

7. 财务情况说明书

7.1 利润实现和分配情况

根据公司2013年度的经营实绩，拟对2013年度利润进行如下分配：当年利润总额7 626.24万元；所得税费用：1 921.51万元；净利润5 704.73万元；提取法定盈余公积金570.47万元；按照《信托公司管理办法》，按照税后利润的5%提取信托赔偿准备金285.24万元；2013年当年我公司可分配利润4 849.02万元；2013年末我公司累计可分配利润5 405.51万元。综上，2013年公司拟分配利润2 424.51万元，各股东按照持股比例进行分配。

7.2 主要财务指标

指标名称	指标值
资本利润率(%)	16.86
加权年化信托报酬率(%)	0.53
人均净利润(万元)	140.86

注：1. 资本利润率 = 净利润/所有者权益平均余额 ×100%。

2. 加权年化信托报酬率 =（信托项目1的实际年化信托报酬率 ×信托项目1的实收信托 + 信托项目2的实际年化信托报酬率 ×信托项目2的实收信托 + … + 信托项目n的实际年化信托报酬率 ×信托项目n的实收信托）/（信托项目1的实收信托 + 信托项目2的实收信托 + … + 信托项目n的实收信托）×100%。

3. 人均净利润 = 净利润/年平均人数。

4. 平均值采取年初、年末余额简单平均法，公式为：a（平均）=（年初数 + 年末数）/2。

7.3 本公司报告期内对财务状况、经营成果有重大影响的其他事项

无。

8. 特别事项揭示

8.1 报告期内公司所有股东均未发生变化

8.2 董事、监事及高级管理人员变动情况及原因

本报告期内，公司董事、监事均未发生变动。因工作需要，王勇先生不再担任本公司副总经理职务。沈富荣先生、段薇女士担任本公司副总经理职务。

8.3 报告期内公司未发生重大诉讼事项

（包括重大未决诉讼事项、以前年度发生并于报告年度内终结的诉讼事项和报告年度发生并于报告年度内终结的诉讼事项）

8.4 报告期内会计师事务所未对公司出具有保留意见、否定意见或无法表示意见的审计报告

8.5 报告期内无公司及其董事、监事和高级管理人员受到处罚的情况

8.6 报告期内新疆银监局对公司进行了检查。针对检查提出的问题，我公司股东会、董会和经营层高度重视，多次召开会议对相关问题进行研究分析，认真落实整改措施 。努力做到公司的决策机制、内控机制，业务决策效率等方面与公司业务发展相匹配；积极制定、完善相关制度办法，在风险可控的前提下，最大限度地优化业务决策流程，提高业务决策效率；本着“强化业务、精干保障”的主导思想，积极组织了人员招聘工作，现已有一批具有金融机构相关工作经验的人员充实到相关部门；不断强化公司员工对监管政策法规的学习制度，提升公司合规管理能力，积极主动识别、监测、评估和控制合规风险，努力培育公司员工的合规意识，在公司上下推行“合规人人有责”、“主动合规”等价值理念，及时修正内部规章制度，从制度上加强公司的风险管控能力；公司还通过强化OA系统的方式，通过流程管理加强业务审批环节的风险管理能力，优化项目的审批效率；已与监管部门建立了定期联系机制，目前已经安排一名高管定期与监管部门进行沟通，同时安排专人负责操作监管信息平台和文件交换系统，确保快速、及时获悉监管政策和要求并定期参加培训，熟练掌握监管信息平台和文件交换系统；公司上下已经充分认识到“发展是硬道理”，树立了“心往一处想、劲往一处使”的共同理念，公司业务规模、经营计划较上年度都有了长足的发展，圆满完成了公司董事会制定的经营目标任务。

8.7 2013年11月8日经国家工商总局核准并经监管部门批准，公司名称由“新疆长城新盛信托有限责任公司”变更为“长城新盛信托有限责任公司”，并于2013年12月18日在《上海证券报》封三版予以公告披露。

8.8 报告期内未发生银监会及其省级派出机构认定的其他有必要让客户及相关利益人了解的重要信息

9. 公司监事会意见

监事会认为，公司 2013 年能够认真贯彻国家法律法规、公司章程和制度的要求，依法合规促发展，不断完善内控制度，持续强化风险管控。董事及高级管理人员能够遵守国家有关金融法律法规和《公司法》的有关规定，认真履职，未发现有违法违规及违章行为，也没有损害公司利益、股东利益和委托人利益的行为。公司 2013 年度财务报告客观真实地反映了公司的实际财务状况和经营成果 中介机构出具了无保留意见的审计报告，本年度报告的内容和格式符合中国银监会的规定。

重庆国际信托有限公司

1. 重要提示

1.1　本公司董事会及董事保证本报告所载资料不存在任何虚假记载、误导性陈述或者重大遗漏，并对其内容的真实性、准确性和完整性承担个别及连带责任。

1.2　公司独立董事雷世文、史锦杰、王友伟、王淑慧认为本报告内容是真实、准确、完整的。

1.3　天健会计师事务所（特殊普通合伙）重庆分所为本公司出具了标准无保留意见的审计报告。

1.4　公司负责人翁振杰先生、财务负责人李坤唯女士及财务部门负责人刘影女士声明：保证年度报告中财务报告的真实、完整。

2. 公司概况

2.1　公司简介

2.1.1　历史沿革

公司的前身是重庆国际信托投资公司，于1984年10月经中国人民银行批准成立，注册资本金3,500万元；2002年1月，公司引入战略投资者，进行增资改制，并经中国人民银行总行《中国人民银行关于重庆国际信托投资有限公司重新登记有关事项的批复》（银复[2002]9号）批准，获准重新登记，注册资本金增至10.3373亿元（含美元1 565万元）；2004年末，公司进一步增资扩股，注册资本金增加到16.3373亿元，取得了中国银行业监督管理委员会重庆监管局颁发的中华人民共和国金融许可证（编号为K10226530H002）和重庆市工商行政管理局颁发的企业法人营业执照（注册号为5000001800019）。2007年10月19日，经中国银行业监督管理委员会《中国银监会关于重庆国际信托投资有限公司变更公司名称和业务范围的批复》（银监复【2007】461号）获准变更公司名称、业务范围并领取新的金融许可证（编号为K0051H250000001）。2010年11月，经中国银行业监督管理委员会《关于批准重庆国际信托有限公司增加注册资本及调整股权结构等有关事项的批复》（银监复【2010】552号）批准，公司注册资本由16.3373亿元增加至24.3873亿元，公司股权结构由重庆国信投资控股有限公司100%持股，变更为多家机构投资者共同持股，上述事项已于2010年12月22日完成工商变更登记（注册号500000000005609）。

2.1.2　公司的法定中文名称：重庆国际信托有限公司

中文名称缩写：重庆信托

公司法定英文名称：Chongqing International Trust　Co.,Ltd.

英文名称缩写：CQITC

2.1.3　公司负责人：翁振杰

2.1.4　注册地址：重庆市渝北区龙溪街道金山路9号附7号

2.1.5　邮政编码：401147

2.1.6　公司国际互联网网址：http//www.cqitic.com

2.1.7　电子信箱：cqitic@cqitic.com

2.1.8　信息披露事务负责人：吕维

联系电话：023－89035888

传真：023－89035998

电子信箱：cqitic@cqitic.com

2.1.9　年度报告备置地点：重庆市渝中区民权路107号

2.1.10　聘请的会计师事务所：天健会计师事务所（特殊普通合伙）重庆分所

住所：重庆市北部新区财富大道13号财富中心财富园2号B幢3～6楼

2.1.11　聘请的律师事务所：

重庆索通律师事务所

住所：重庆市渝中区瑞天路56号企业天地4号楼9层

中豪律师事务所

住所：重庆市渝中区邹容路68号大都会广场22层

2.2　组织结构

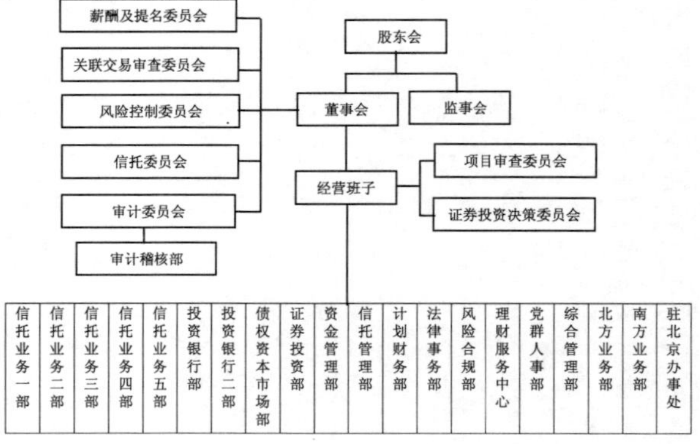

3. 公司治理结构

3.1 前三位股东

股东名称	持股比例（%）	法定代表人或负责人	注册资本（亿元）	注册地址	主要经营业务及主要财务情况
重庆国信投资控股有限公司	66.99	刘勤勤	16.3373	重庆市渝北区龙溪街道金山路9号附7号	依法进行项目投资与管理、投资咨询业务等。2013年末合并资产总额10 428 181.27万元，合并所有者权益1 746 467.80万元，归属于母公司的净利润104 117.55万元。
重庆水务集团股份有限公司	23.86	李祖伟	48	渝中区龙家湾1号	从事城镇给排水项目的投资、经营及建设管理，城镇给排水供应及系统设施的管理给排水工程设计及技术咨询服务等。2013年末资产总额1 988 207.47万元，归属于上市公司股东的所有者权益1 302 816 21万元。2013年度实现上市公司股东的净利润187 720.35万元。
上海淮矿资产管理有限公司	4.10	刘建祥	6	上海市浦东新区浦东南路256号	资产管理、股权投资、股权投资管理、实业投资、企业资产并购与重组策划、投资咨询、财务咨询（不得从事代理记账）、企业管理咨询（除经纪）、知识产权代理（除专利代理）、为企业解散提供清算服务。2013年末资产总额74 899万元，所有者权益74 109万元。

注：公司股东重庆市水务资产经营有限公司为公司第二大股东重庆水务集团股份有限公司控股股东。2013年12月，公司股东重庆水务集团股份有限公司及重庆市水务资产经营有限公司分别将其持有的公司股权在重庆联交所公开挂牌转让，国寿投资控股有限公司通过摘牌成为受让方。目前，转让各方已经签订股权转让协议，正在办理股权交割的相关手续。

3.2 董事

董事长、副董事长、董事

姓名	职务	性别	年龄	选任日期	所推举的股东名称	该股东持股比例（%）	简要履历
翁振杰	董事长（代）	男	51	2011年3月26日	重庆国信投资控股有限公司、重庆水务集团股份有限公司、重庆市水务资产经营有限公司、建银国际（中国）有限公司、安徽省皖投融资担保有限责任公司等	合计95.90	硕士研究生学历，高级经济师。重庆市第四届人大常委，民建中央财政金融委员会副主任，民建重庆市委副主委。历任重庆三峡银行股份有限公司董事长、西南证券股份有限公司董事长、重庆路桥股份有限公司董事等职；现任重庆国际信托有限公司董事长（代）、首席执行官，益民基金管理有限公司董事长，重庆三峡银行股份有限公司董事，重庆渝涪高速公路有限公司董事，西南证券股份有限公司董事。
武秀峰	董事	男	64	2011年3月26日	重庆市水务资产经营有限公司、重庆水务集团股份有限公司	合计26.04	硕士研究生，高级经济师。历任重庆市公交公司团委干事、团市委候补委员、重庆市城建局团委副书记、团市委委员、重庆市公用局团委副书记、重庆市市政委副主任（正厅级）、重庆市水务资产经营有限公司董事长、重庆水务集团股份有限公司董事长等职，现任重庆国际信托有限公司董事。
罗明亮	董事	男	48	2011年3月26日	重庆市水务资产经营有限公司、重庆水务集团股份有限公司	合计26.04	硕士研究生，高级会计师。曾任职于重庆市公共电车公司、重庆市第三公交公司等单位，现任重庆市水务资产经营有限公司监事长、重庆国际信托有限公司董事。
时平生	董事	男	50	2011年3月26日	重庆国信投资控股有限公司	66.99	硕士研究生，助理研究员。历任陕西证券常务副总经理、ITG（香港）风险投资公司北京代表处首席代表等职，现任中国新纪元有限公司董事长、重庆国际信托有限公司董事。
王晓岩	董事	男	53	2011年3月26日	重庆国信投资控股有限公司	66.99	硕士研究生，高级经济师。历任中国科技财务公司总经济师、信贷部总经理等职；现任中国希格玛有限公司董事长、总裁，重庆国际信托有限公司董事。
谢维宪	董事	男	59	2011年3月26日	重庆国信投资控股有限公司	66.99	大学本科学历，高级（管理）工程师。历任中共中央政法委员会干部、北京市公安局海淀分局副局长、公安部正局级干部，现任重庆国信投资控股有限公司董事、北京中关村科学城建设股份有限公司总裁、重庆国际信托有限公司董事。
刘勤勤	董事	男	57	2011年3月26日	重庆国信投资控股有限公司	66.99	研究生学历，讲师、编辑。历任军事经济学院教官、财务理论教研室主任、总后勤部财务结算中心副主任等职，现任重庆国信投资控股有限公司总经理、重庆国际信托有限公司董事。
李寒晨	董事	女	44	2011年3月26日	重庆国信投资控股有限公司	66.99	大学本科学历。曾任职于中国人民银行银行司、中国银监会银行二部，现任重庆国际信托有限公司董事。

独立董事

姓 名	所在单位及职务	性别	年龄	选任日期	所推举的单位名称	该股东持股比例(%)	简 要 履 历
雷世文	北京市天驰律师事务所	男	50	2011年3月26日	重庆国际信托有限公司	—	硕士研究生。曾任职于安徽省机械工业厅、国家工商行政管理局；现任北京市天驰律师事务所合伙人、律师，重庆国际信托有限公司独立董事。
史锦杰	市劳动保障局退休干部	男	66	2011年3月26日	重庆国际信托有限公司	—	大学本科学历，高级经济师。历任重庆市市中区副区长、巴南区区委书记、重庆市劳动保障局局长、重庆市三届政协常委等职，现任重庆国际信托有限公司独立董事。
王淑慧	北京化工大学经济管理学院财务管理系主任	女	53	2011年3月26日	重庆国际信托有限公司	—	大学本科学历，教授，注册会计师、注册税务师、注册资产评估师。历任北京化工大学经济管理学院副院长、会计系主任等职；现任北京化工大学经济管理学院财务管理系主任、硕士研究生导师，重庆国际信托有限公司独立董事。
王友伟	市国资委退休干部	男	70	2011年3月26日	重庆国际信托有限公司	—	高级经济师。历任重庆市团委书记、市总工会常务副主席、市旅游局局长、市企业工委、国资委副书记等职，现任重庆国际信托有限公司独立董事。

3.3 监事

监事会成员

姓 名	职 务	性别	年龄	选任日期	所推举股东名称	该股东持股比例(%)	简 要 履 历
雷万亚	监事长	女	59	2012年4月11日	重庆国信投资控股有限公司	66.99	法律本科，高级管理人员，工商管理硕士，一级高级检察官。曾任重庆市人民检察院副检察长；现任重庆市第四届政协委员，重庆信托党委书记、纪委书记、监事长。
刘建祥	监事	男	52	2011年3月26日	上海淮矿资产管理有限公司	4.10	大学本科，高级会计师。现任上海淮矿资产管理有限公司董事长、淮南矿业集团财务公司董事、重庆信托监事。
胡雪莲	职工监事	女	40	2011年3月21日	重庆信托职代会	—	硕士研究生学历，注册会计师。现任重庆信托信托业务二部总经理、职工监事。

3.4 高级管理人员

高级管理人员

姓 名	职务	性别	年龄	选任时期	金融从业年限	学历	专业
翁振杰	首席执行官	男	51	2005年3月	12	硕士	通信与电子系统
林德琼	副总裁	男	50	2009年6月	13	硕士	工商管理
董尚可	副总裁	男	44	2009年3月	15	硕士	工商管理
吴浩风	副总裁	男	38	2012年9月	12	硕士	工商管理
吕 维	副总裁	女	41	2012年9月	9	硕士	民商法
杨云	总经理助理	男	45	2008年4月	14	大专	会计
李坤唯	总经理助理	女	57	2008年4月	23	本科	企业管理

3.5 公司员工

公司员工

项 目		报告期年度	
		人数(人)	比例(%)
学历分布	博士	1	1.10
	硕士	38	41.76
	本科	43	47.25
	专科	9	9.89
	其他	0	0
总人数(人)		91	
平均年龄(岁)		36	

4. 经营管理

4.1 经营目标、方针、战略规划

公司的经营目标是：突出信托主业地位，以创新为核心推动信托业务拓展，重点为优质客户特别是机构客户提供综合性金融产品和服务；深化与其他金融机构的合作，积极适应金融业混业经营的趋势，不断提高控制、驾驭风险的能力，建立可持续发展的盈利模式和核心竞争力，在信托服务领域奠定全国性的行业领先地位，将公司建设成为全国一流的信托金融机构，充分实现公司价值、股东权益和社会效益的和谐发展。

公司的经营方针是：坚持科学发展观，以诚信树品牌，以创新促发展；严控风险，稳健经营，发展壮大与风险防控并重，坚持依法合规经营。

公司的战略规划是：立足重庆，紧紧抓住城乡统筹综合改革和建设长江上游地区金融中心的契机，调整资产结构和业务重点，以基础设施建设和金融投资为核心，大力发展信托主业，力争公司信托规模、管理水平、盈利能力不断迈向新的高度；同时，积极探索与国内外金融机构的合作，引进优质战略资本及先进管理技术，不断提升公司的资本实力、管理水平和盈利能力。

4.2　经营业务的主要内容

4.2.1　公司经营业务由自营业务、信托业务等构成。自营业务主要开展贷款、金融机构股权投资、证券投资等业务，信托业务主要开展资金信托、财产或财产权信托、信贷（票据）资产转让、投资银行等业务

4.2.2　公司信托业务的主要品种是单一资金信托、集合资金信托、股权信托，按运用方式分为投资类信托、贷款类信托、财产（财产权）管理类信托

4.2.3　资产组合与分布

自营资产运用与分布表

资产运用	金额（万元）	占比（%）	资产分布	金额（万元）	占比（%）
货币资产	18 442.27	1.50	基础产业		
贷款及应收款	413 045.08	33.58	房地产业	170 490.45	13.86
交易性金融资产	43 604.44	3.55	证券市场	210 239.55	17.09
可供出售金融资产	462 273.27	37.58	实业	36 000.00	2.93
持有至到期投资			金融机构	407 095.50	33.10
长期股权投资	281 787.41	22.91	其他	406 159.99	33.02
其他	10 833.02	0.88			
资产总计	1 229 985.49	100.00	资产总计	1 229 985.49	100.00

信托资产运用与分布表

资产运用	金额（万元）	占比（%）	资产分布	金额（万元）	占比（%）
货币资产	201 004.08	1.59	基础产业	2 538 977.07	20.10
贷款及应收款	4 953 826.42	39.22	房地产业	2 877 618.00	22.78
交易性金融资产	637 389.78	5.05	证券市场	629 319.71	4.98
可供出售金融资产	3 810 594.72	30.17	实业	3 458 245.37	27.38
持有至到期投资	238 920.00	1.89	金融机构	1 210 347.71	9.58
长期股权投资	2 789 241.29	22.08	其他	1 916 671.23	15.18
其他	202.80				
信托资产总计	12 631 179.09	100.00	信托资产总计	12 631 179.09	100.00

4.3　市场分析

2013 年，面对错综复杂的国内外经济形势，国民经济呈现出稳中有进、稳中向好的发展态势。国家统计局公布的数据显示，2013 年全年 GDP 增速为 7.7%，基本符合市场预期，国民经济各方面表现出农业生产再获丰收、工业生产增势平稳、固定资产投资较快增长、市场销售平稳增长、进出口增长有所回升、居民消费价格基本稳定、居民收入持续增加、货币信贷平稳增长、人口就业总体平稳的特点。

展望 2014 年，在外部环境逐步回暖、内需仍在积累的进程中，预计经济增速将呈现稳中趋缓的主要特征，投资与消费双双滑向均衡水平。2014 年是十八届三中全会一系列改革方略的践行元年，宏观经济政策将延续底线思维和渐进改革的整体思路，经济产业结构及金融体系面临深度调整，中国经济将发生深刻变化，更加注重运行质量和效率，国内经济增速迈入下行趋势阶段的平台整理期。同时，考虑到目前中央银行继续维持稳健的货币政策，加之财政政策没有超预期，利率市场化有序推进，使得资金价格依然处于较高水平，在没有出现新的增长动能的背景下，经济下行压力仍然存在。

4.3.1　有利因素

一是经济社会发展需要创新的金融服务。2014 年，中国发展处于重要的深化改革、经济转型期，新型工业化、信息化、城镇化、农业现代化不断深入，市场需求潜力巨大。信托作为连接实业与金融资本、股权市场与其他要素市场、虚拟经济与实体经济的新型金融纽带，具有广阔的市场空间。与之相应的是，信托业在金融领域的地位和作用也将不断增强，对经济社会发展的价值将不断凸显，在中国金融体系中的地位和影响力也会不断提升。

二是信托法律及监管的日益完善，推动信托业持续健康发展。近年来，银监会非常重视对信托业的监管，从公司治理结构、内部控制及相关业务指引方面都做了重要工作。随着信托业监管战略的与时俱进，监管部门及其他相关部门尤其重视加强法律法规和制度体系的建设，在配套规章制度逐步得以确立和完善的前提下，实现风险防范与创新发展并举，积极引导信托公司增强主动管理能力和实现内涵式增长，从而促进整个信托业的持续健康发展。

三是经济增长带来的财富管理需求日趋强烈。随着我国经济的不断发展，人们的收入及财产也在逐步增加，对于财产保值增值的需要也更加强烈。信托素有“金融百货超市”的美称，在信托制度下，委托人可以自由选择诸多信托业务品种，自由设立信托目的，自由选定受益人，自由设定信托存续时间，从而最大限度地满足人们对财产管理的个性化需求。伴随着我国金融体系中资产管理市场的成长完善，人们对信托的认知程度和需求程度也将更加深入。

四是“科学发展、富民兴渝”的总思路为公司发展提供了新的机遇。国家深入实施西部大开发、扩大内陆开放、建设丝绸之路经济带和长江经济带等发展战略，为处在战略交汇点的重庆开辟了新的发展空间；五大功能区域发展战略深入推进，有利于重庆发挥直辖市体制优势，加快建设国家中心城市、长江上游经济中心和西部地区重要增长极。2014 年重庆市政府工作报告中提出的“紧紧围绕‘科学发展、富民兴渝’总任务，不断提高经济发展质量和效益，促进经济持续健康发展和社会和谐稳定”，将创造出良好的宏观政策环境，为公司发展带来新的机遇。

五是雄厚的资本实力，助力公司做大做强。公司本着“诚信、稳健、创新、求精”的经营理念，不断提高市场化程度和金融创新能力，科学管理，严控风险，合规经营。截至 2013 年末，公司固有资产总额 123 亿元，所有者权益 91.95 亿元，资本充足，资产优良，结构合理，资本实力位居全国信托公司前列，为进一步提高盈利能力和抗风险能力、实现持续快速健康发展夯实了基础。

4.3.2　不利因素

一是宏观经济环境的复杂性使信托业面临新的挑战。一方面，国家对房地产的调控政策仍然趋紧，同时传递出三大信号：更加注重分类指导、探索发展共有产权房及强化市场监管。

房产销售增速有放缓趋势，导致部分房地产项目风险增加。另一方面，中国经济仍存下行压力，实体经济流动性总体处于中性偏紧状态，而企业盈利能力并没有出现相应提高，内生性现金流入有限，导致融资企业生存环境艰难，还款面临较大压力，甚至存在高杠杆下破产的可能。这些都给信托业发展带来了新的挑战。

二是其他金融机构不断侵蚀信托市场，混业经营成为金融业发展方向。我国金融市场业务“泛同质化”特点，使得信托行业所面临的市场竞争环境日趋严峻，信托公司面临商业银行、证券公司、基金管理公司等其他金融机构的激烈竞争。同时，随着“泛资产管理”时代的来临，在金融市场开放、综合经营的背景下，理财市场竞争激烈，监管规则不统一，信托公司受到更严格的限制，原有的信托制度优势已经被削弱，越来越多其他类型金融机构以信托模式开展资产管理和理财业务。

三是各项新政策一定程度上制约了信托业务拓展。2013年，监管机构对信托业务的开展进行了更加严格的规范，相继出台了一系列监管政策，在规范信托业的同时，也对相关业务的发展形成了制约，尤其是《中国银监会关于规范商业银行理财业务投资运作有关问题的通知》（银监发［2013］8号），以及《中国银监会关于加强2013年地方政府融资平台贷款风险监管的指导意见》（银监发［2013］10号），针对银行理财资金投资于非标准化债权资产和政府平台融资业务提出了更高要求，对信托公司发展银信合作和政信合作相关业务造成了重大影响，也在一定程度上制约了信托业务的拓展空间。

四是信托价值的社会认知度尚需提高，合格投资者仍需培育。相较于银行、证券、保险等传统金融机构，社会大众对信托价值的认知程度尚需大力提高，信托知识亟待普及，而公司地处西部，信息和资源都比较匮乏，老百姓和企业对信托业缺乏相应的了解；与此同时，符合《信托公司集合资金信托计划管理办法》对“合格投资人”明确规定的合格投资者数量与沿海发达地区相比也存在一定差距。

4.4　内部控制

4.4.1　内部控制环境和内部控制文化

公司按照《公司法》、《信托公司管理办法》、《信托公司治理指引》和监管部门的要求完善公司治理的相关制度和实施细则，进一步明确了“三会一层”的权责和制约关系，公司经营班子与下属部门也形成了有效的授权分责关系。

公司坚持“诚信、稳健、创新、求精”的经营理念，坚持以人为本，追求效率与效益，综合运用激励与福利机制，在积极向上的企业文化体系中实现员工与公司共同成长进步。

4.4.2　内部控制措施

公司董事会下设关联交易审查委员会、风险控制委员会、审计委员会、信托委员会、薪酬及提名委员会，各委员会职责清晰、分工明确，协助董事会开展公司各项业务；引入了独立董事制度，并由独立董事出任信托委员会、审计委员会和关联交易审查委员会主任委员，以控制公司重大业务的经营风险，实现公司业务的健康可持续发展；监事会有效履行监督职责。

公司按“职责分离”的原则设置内部各部门。前台部门（业务部门）对业务进行受理和初审，并负责实施项目的具体操作；中台（信托管理部、风险合规部、法律事务部等）对业务进行决策和事中控制；后台（计划财务部等）对业务进行财务核算和管理。通过内部约束机制强化中后台对前台的控制反映和监督评价。

为了进一步完善业务经营机制，防范和化解风险，2013年公司修订完善了《关联交易管理办法》、《金融类产品投资交易（信托业务）管理办法》、《政府融资平台贷款信贷分类标准》、《办理抵押、质押登记及注销业务流程办法》等一批制度和办法，健全和完善了内部管理制度体系。

4.4.3　信息交流与反馈

公司内部建立了良好的信息交流与反馈制度，通过公司内网、会议、座谈、报告等方式，公司经营班子和员工之间开展有效的互动和交流，相互传递政策信息；通过公司外部网站及报纸等媒介，根据法律法规规定向公众披露公司资产经营状况，根据信托文件约定向信托委托人（受益人）及时披露信托财产管理运用等相关信息。

4.4.4　监督评价与纠正

公司通过内部的自我完善和外部的检查督促来实现对内控机制的监督、评价和纠正，并在实际工作中得到检验。一是自我检验纠错；二是经监管部门的检查提示，在出现遗漏或不足时公司会采取相应措施加以完善。

公司从多方面入手，充分发挥内部审计的监督作用。2013年，内部审计工作得到加强，审计的范围和深度进一步加强，全年出具各类内审报告130份。对审计过程中发现的问题及时与各部门沟通，要求限期完善或整改，并采取后续审计等方式进行跟踪，对防止风险出现或扩大，促进业务合法、合规、稳健经营发挥了积极作用。

4.5 风险管理

4.5.1　风险管理概况

公司坚持“宁可错过，不可做错”的风险管理理念，已形成一套比较完善和行之有效的风控机制、规章制度和操作流程，促进公司各项业务可持续发展。公司经营活动中可能遇到的风险主要有信用风险、市场风险、操作风险、其他风险（如政策风险、法律风险、道德风险、声誉风险）等。

4.5.2　风险状况

4.5.2.1　信用风险状况

信用风险主要是交易对手违约带来的风险，信用风险主要来自借款、对外担保、投资等业务。报告期内，公司严格按财政部和中国银监会的要求，提足各项准备金。2013年末公司信用风险资产按照资产五级分类标准分类结果为：正常类资产1 221 132.62万元，关注类资产541.70万元，无次级类资产、可疑类资产、损失类资产。公司不良资产期初数为零，期末数为零。

4.5.2.2　市场风险状况

公司面临的市场风险主要是因股价、市场汇率、利率及其他价格因素变动而产生和可能产生的风险。对于公司开展的股票质押信托业务，侧重于选择业绩面好的股票，设置较低的质押率，同时引入了保证金追加制度和止损线，以有效防范市场波动风险；公司目前暂未开展外币业务，不受汇率市场变动影响；公司的信托贷款项目大部分为固定利率贷款，市场利率的变动对投资者的收益及公司信托报酬影响较小。

4.5.2.3　操作风险状况

操作风险主要表现在由于公司内部程序、人员、系统的不完善或失误，或外部事件而引发的风险。为实现公司标准化、制度化、规范化管理，报告期内，公司进一步清理、修订、拟定了一系列规章制度和操作流程，以提高预防和控制操作风险的能力；同时，公司结合业务发展需要，加强员工培训，提高员工技能，加强流程控制；对于外部事件可能给公司经营带来的风险，公司制定专门应急预案，实行突发事件预案管理。报告期内，公司未发生因操作风险带来的损失。

4.5.2.4　其他风险状况

公司面临的其他风险主要有政策风险、法律风险、道德风险、声誉风险等。报告期内，公司适时关注2013年宏观经济政策、行业发展政策和信托业监管政策的变化对公司经营和业务运作带来的影响，顺应政策要求，合理设计项目方案；加强公司员工专业技能、职业道德培训，提升依法合规意识和风险管控能力。

截至目前，公司信托产品全部实现了按期兑付，得到社会广泛认可。

4.5.3　风险管理

4.5.3.1　信用风险管理

公司对信用风险的管理，一是加强事前对交易对手（项目）或债务人的尽职调查，严格按照业务流程开展业务，强化项目风险控制措施的有效性和合法合规性；二是事中对交易对手（项目）进行跟踪检查，对资产分类进行评级及动态管理；三是对重点项目制定应急处置预案，及时化解已发生的风险，降低损失程度；四是事后对已结束项目进行审计和后续评价，以获取管理经验；五是在产品结构设计时，通过结构化配置和多样化组合投资来分散和降低风险。

在自有业务方面，公司严格控制对外担保，2013年全年未发生对外担保，截至报告日，对外担保余额为零。公司的短期投资主要投资于质地优良、风险低的金融类产品。公司存续的所有自营贷款均根据具体项目采取了抵（质）押或保证担保的风险控制措施，抵押物、质押物的价值能够确保债务的履行；房地产作为抵押物按《重庆国际信托有限公司房地产抵押估价管理暂行办法》相关规定执行，金融类股权作为质押物按《重庆国际信托有限公司金融类股权质押贷款暂行规定》执行，其他抵押物和质押物主要是根据抵押物、质押物的价值以及实现抵押权、质押权的可行性，处置抵押物、质押物的难易程度确定抵（质）押率。保证贷款主要是根据保证人的信用状况、偿还能力而定，确保担保人的担保能力能覆盖贷款金额。

在信托业务方面，公司依法合规履行受托人职责，所有信托项目均是根据委托人指令或信托文件的约定进行管理、运用、处分。

4.5.3.2　市场风险管理

在加强市场风险管理方面，公司采取以下控制措施：发挥现有研发人员作用，积极吸引人才，加强对国家宏观经济政策、货币信贷政策、财政政策等领域的研究，及时掌握市场变化，为调整投资决策提供依据；对产业市场、资本市场等领域实行分散投资，根据公司整体安排，适时调整各领域的投资规模，合理安排期限结构；建立有效的止损防范措施和市场风险预警机制，强化日常风险监控和报告制度，以便及时处置、化解风险。

4.5.3.3　操作风险管理

公司结合国家最新监管规定及公司业务发展需要、部门调整等实际情况，对内部业务及风险管理制度等进行了一系列补充、修订和完善。修订、完善了《金融类产品投资交易（信托业务）管理办法》、《关联交易管理办法》等相关管理制度，进一步规范了业务操作流程，明确各部门、各岗位职责和权限。公司坚持信托财产与固有财产之间、不同信托财产之间“分别管理、分别记账”的原则，在部门设置和人员安排上使前台、中台、后台部门分设和人员分离，业务交易、会计记录和后续管理监督分离；加强对员工的业务技能培训，强化员工的责任意识和道德水准；修改、完善公司各类法律文本，以便规范化、标准化运行；制定应急预案，适时启动奖惩机制等措施防范和控制操作风险。

4.5.3.4　其他风险管理

公司通过加强对宏观经济政策和行业政策的跟踪研究，提高预见性；公司设立法律事务部和合规管理部，对交易行为或合同进行内部审查，聘请专门的律师事务所和会计师事务所协助公司开展项目法律审查和咨询，以防范和控制业务风险；加强职业道德和思想教育，采取开展培训和座谈等措施防范和控制道德风险。公司还将根据业务发展规模的不断扩大和市场变化等情况，对公司风险管理措施进一步修改和完善。

5. 报告期末及上一年度末的比较式会计报表

5.1　自营资产

5.1.1　会计师事务所审计意见

天健会计师事务所（特殊普通合伙）重庆分所审计了公司财务报表，包括2013年12月31日的资产负债表、合并资产负债表，2013年度的利润表、合并利润表和现金流量表、合并现金流量表、股东权益变动表、合并股东权益变动表以及财务报表附注。会计师事务所认为，公司财务报表在所有重大方面按照企业会计准则的规定编制，公允反映了我公司2013年12月31日的财务状况以及2013年度的经营成果和现金流量。

5.1.2　资产负债表

5.1.2.1　母公司资产负债表

资产负债表

2013年12月31日

单位：万元

资　产	期末数	期初数	负债和所有者权益	期末数	期初数
资　产：			负　债：		
现金及存放银行款项	18 442.27	30 297.47	向中央银行借款		
存放中央银行款项			同业及其他金融机构存放款项		
贷款及垫款	247 698.00	201 762.00	拆入资金	90 000.00	

续表

资　产	期末数	期初数	负债和所有者权益	期末数	期初数
拆出资金			交易性金融负债		
交易性金融资产	43 604. 44	29 214. 34	卖出回购金融资产款		
买入返售金融资产			应付职工薪酬	22 162. 25	10 995. 68
应收投资类款项	164 500. 00	89 811. 00	应交税费	19 033. 47	19 978. 75
应收利息			应付账款	247. 35	
应收账款			其他应付款	97 749. 28	83 668. 45
其他应收款	807. 08	43 360. 61	预收账款	49 263. 52	15 738. 23
预付账款	40. 00	40. 00	其他负债		
可供出售金融资产	462 273. 27	302 782. 18	递延所得税负债	31 989. 44	28 739. 33
持有至到期投资			预计负债		
长期股权投资	281 787. 41	263 322. 13	负债合计	310 445. 31	159 120. 44
投资性房地产					
固定资产	4 570. 95	4 667. 06	所有者权益:		
无形资产	84. 23	95. 68	实收资本	243 873. 00	243 873. 00
递延所得税资产	6 168. 77	5 516. 71	资本公积	318 360. 38	316 311. 54
抵债资产	9. 07	9. 07	减:库存股		
其他资产			盈余公积	48 748. 61	35 980. 40
			一般风险准备	12 216. 75	9 626. 48
			信托赔偿准备	25 860. 38	19 476. 28
			未分配利润	270 481. 06	186 490. 11
			所有者权益合计	919 540. 18	811 757. 81
资产总计	1 229 985. 49	970 878. 25	负债和所有者权益总计	1 229 985. 49	970 878. 25

5. 1. 2. 2　合并资产负债表

合并资产负债表

2013 年 12 月 31 日

单位:万元

资　产	期末数	期初数	负债和所有者权益	期末数	期初数
资　产:			负　债:		
现金及存放银行款项	32 016. 48	47 876. 33	向中央银行借款		
存放中央银行款项			同业及其他金融机构存放款项		
贷款及垫款	247 698. 00	201 762. 00	拆入资金	90 000. 00	
拆出资金			交易性金融负债		
交易性金融资产	43 604. 44	29 214. 34	卖出回购金融资产款		
买入返售金融资产			应付职工薪酬	22 383. 58	11 271. 55
应收投资类款项	164 500. 00	89 811. 00	应交税费	19 166. 82	20 129. 15
应收利息			应付账款	247. 35	
应收账款			其他应付款	98 232. 34	84 002. 29
其他应收款	1 604. 64	44 038. 22	预收账款	49 263. 52	15 738. 23
预付账款	40. 00	40. 00	其他负债		
可供出售金融资产	471 654. 10	306 495. 38	递延所得税负债	31 989. 44	28 739. 33
持有至到期投资			预计负债		
长期股权投资	275 468. 94	257 003. 66	负债合计	311 283. 05	159 880. 55
投资性房地产					
固定资产	4 732. 73	4 889. 46	所有者权益:		
无形资产	203. 14	169. 91	实收资本	243 873. 00	243 873. 00
递延所得税资产	6 347. 87	5 899. 79	资本公积	318 455. 17	316 123. 31
抵债资产	9. 07	9. 07	减:库存股		
其他资产			盈余公积	48 820. 54	36 052. 33
			一般风险准备	12 272. 03	9 626. 48
			信托赔偿准备	25 860. 38	19 476. 28
			未分配利润	275 394. 16	191 013. 68
			归属于母公司的权益	924 675. 28	816 165. 08
			少数股东权益	11 921. 08	11 163. 53
			所有者权益合计	936 596. 36	827 328. 61
资产总计	1 247 879. 41	987 209. 16	负债和所有者权益总计	1 247 879. 41	987 209. 16

5.1.3 利润表

5.1.3.1 母公司利润表

利润表

2013 年度　　　　单位:万元

项　目	本年数	上年数
一、营业收入	206 914.66	126 010.32
利息净收入	33 200.16	28 525.66
利息收入	34 447.29	28 685.36
利息支出	1 247.13	159.70
手续费及佣金净收入	86 182.76	45 408.67
手续费及佣金收入	94 130.80	50 958.40
手续费及佣金支出	7 948.04	5 549.73
投资收益(损失以"-"号填列)	72 638.00	43 068.22
其中:对联营企业和合营企业的投资收益	65 806.32	22 108.83
公允价值变动收益(损失以"-"号填列)	13 881.26	7 996.15
汇兑收益(损失以"-"号填列)	-0.39	-0.24
其他业务收入	1 012.87	1 011.86
二、营业支出	61 790.35	19 802.27
营业税金及附加	9 929.02	4 348.96
业务及管理费	21 406.93	14 909.22
资产减值损失	30 454.40	544.09
其他业务成本	—	—
三、营业利润(亏损以"-"号填列)	145 124.31	106 208.05
加:营业外收入	2 525.50	1 068.89
减:营业外支出	69.97	19.72
四、利润总额(亏损总额以"-"号填列)	147 579.84	107 257.22
减:所得税费用	19 897.74	19 907.65
五、净利润(净亏损以"-"号填列)	127 682.10	87 349.57
六、其他综合收益	2 048.84	1 803.46
七、综合收益总额	129 730.94	89 153.03

5.1.3.2 合并利润表

合并利润表

2013 年度　　　　单位:万元

项　目	本年数	上年数
一、营业收入	213 822.16	133 317.11
利息净收入	33 517.24	28 904.22
利息收入	34 764.38	29 063.92
利息支出	1 247.14	159.70
手续费及佣金净收入	86 241.43	45 720.47
手续费及佣金收入	94 190.09	51 270.20
手续费及佣金支出	7 948.66	5 549.73
投资收益(损失以"-"号填列)	72 644.04	43 068.22
其中:对联营企业和合营企业的投资收益	65 806.32	22 108.83
公允价值变动收益(损失以"-"号填列)	13 881.26	7 996.15
基金管理费及销售服务费收入	6 525.71	6 616.44
汇兑收益(损失以"-"号填列)	-0.39	-0.24
其他业务收入	1 012.87	1 011.85
二、营业支出	67 586.05	25 992.19
营业税金及附加	10 297.77	4 736.94
业务及管理费	26 833.87	20 711.16
资产减值损失	30 454.41	544.09
其他业务成本		
三、营业利润(亏损以"-"号填列)	146 236.11	107 324.92
加:营业外收入	2 541.27	1 079.58
减:营业外支出	70.01	19.72
四、利润总额(亏损总额以"-"号填列)	148 707.37	108 384.78
减:所得税费用	20 230.30	20 255.16
五、净利润(净亏损以"-"号填列)	128 477.07	88 129.62
其中:被合并方在合并前实现的净利润		
归属于母公司的净利润	128 071.63	87 731.79
少数股东损益	405.44	397.83
六、其他综合收益	2 626.44	1 744.33
七、综合收益总额	131 103.51	89 873.95
归属于母公司股东的综合收益总额	130 403.49	89 506.28
归属于少数股东的综合收益总额	700.02	367.67

5.1.4 所有者权益变动表

5.1.4.1 母公司所有者权益变动表

所有者权益变动表

2013 年度　　　　单位:万元

项　目	本年金额							
	实收资本	资本公积	减:库存股	盈余公积	一般风险准备	信托赔偿准备	未分配利润	所有者权益合计
一、上年年末余额	243 873.00	316 311.54		35 980.40	9 626.48	19 476.28	186 490.11	811 757.81
加:会计政策变更								
前期差错更正								
其他								
二、本年年初余额	243 873.00	316 311.54		35 980.40	9 626.48	19 476.28	186 490.11	811 757.81
三、本年增减变动金额(减少以"一"号填列)		2 048.84		12 768.21	2 590.27	6 384.10	83 990.95	107 782.37
(一)净利润							127 682.10	127 682.10
(二)其他综合收益		2 048.84						2 048.84

续表

项 目	本年金额							
	实收资本	资本公积	减:库存股	盈余公积	一般风险准备	信托赔偿准备	未分配利润	所有者权益合计
上述(一)和(二)小计		2 048. 84					127 682. 10	129 730. 94
(三)所有者投入和减少资本								
1. 所有者投入资本								
2. 股份支付计入所有者权益的金额								
3. 其他								
(四)利润分配				12 768. 21	2 590. 27	6 384. 10	-43 691. 15	-21 948. 57
1. 提取盈余公积				12 768. 21			-12 768. 21	
2. 提取一般风险准备					2 590. 27		-2 590. 27	
3. 对所有者(或股东)的分配							-21 948. 57	-21 948. 57
4. 其他						6 384. 10	-6 384. 10	
(五)所有者权益(或股东权益)内部结转								
1. 资本公积转增资本(或股本)								
2. 盈余公积转增资本(或股本)								
3. 盈余公积弥补亏损								
4. 一般风险准备弥补亏损								
5. 其他								
四、本年年末余额	243 873. 00	318 360. 38		48 748. 61	12 216. 75	25 860. 38	270 481. 06	919 540. 18

所有者权益变动表(续)

2013 年度

单位:万元

项 目	上年金额							
	实收资本	资本公积	减:库存股	盈余公积	一般风险准备	信托赔偿准备	未分配利润	所有者权益合计
一、上年年末余额	243 873. 00	314 508. 08		27 245. 44	8 488. 41	15 108. 80	179 775. 25	788 998. 98
加:会计政策变更								
前期差错更正								
其他								
二、本年年初余额	243 873. 00	314 508. 08		27 245. 44	8 488. 41	15 108. 80	179 775. 25	788 998. 98
三、本年增减变动金额(减少以"一"号填列)		1 803. 46		8 734. 96	1 138. 07	4 367. 48	6 714. 86	22 758. 83
(一)净利润							87 349. 57	87 349. 57
(二)其他综合收益		1 803. 46						1 803. 46
上述(一)和(二)小计		1 803. 46					87 349. 57	89 153. 03
(三)所有者投入和减少资本								
1. 所有者投入资本								
2. 股份支付计入所有者权益的金额								
3. 其他								
(四)利润分配				8 734. 96	1 138. 07	4 367. 48	-80 634. 71	-66 394. 20
1. 提取盈余公积				8 734. 96			-8 734. 96	
2. 提取一般风险准备					1 138. 07		-1 138. 07	
3. 对所有者(或股东)的分配							-66 394. 20	-66 394. 20
4. 其他						4 367. 48	-4 367. 48	
(五)所有者权益(或股东权益)内部结转								
1. 资本公积转增资本(或股本)								
2. 盈余公积转增资本(或股本)								
3. 盈余公积弥补亏损								
4. 一般风险准备弥补亏损								
5. 其他								
四、本年年末余额	243 873. 00	316 311. 54		35 980. 40	9 626. 48	19 476. 28	186 490. 11	811 757. 81

5.1.4.2 合并所有者权益变动表

合并所有者权益变动表

2013 年度 单位:万元

项目	本年金额								
	归属于母公司股东的权益							少数股东权益	所有者权益合计
	实收资本	资本公积	减:库存股	盈余公积	一般风险准备	信托赔偿准备	未分配利润		
一、上年年末余额	243 873.00	316 123.31		36 052.33	9 626.48	19 476.28	191 013.68	11 163.53	827 328.61
加:会计政策变更									
前期差错更正									
其他									
二、本年年初余额	243 873.00	316 123.31		36 052.33	9 626.48	19 476.28	191 013.68	11 163.53	827 328.61
三、本年增减变动金额(减少以"—"号填列)		2 331.86		12 768.21	2 645.55	6 384.10	84 380.48	757.55	109 267.75
(一)净利润							128 071.63	405.44	128 477.07
(二)其他综合收益		2 331.86						294.58	2 626.44
上述(一)和(二)小计		2 331.86					128 071.63	700.02	131 103.51
(三)所有者投入和减少资本									
1. 所有者投入资本									
2. 股份支付计入所有者权益的金额									
3. 其他									
(四)利润分配				12 768.21	2 590.27	6 384.10	-43 691.15		-21 948.57
1. 提取盈余公积				12 768.21			-12 768.21		
2. 提取一般风险准备					2 590.27		-2 590.27		
3. 对所有者(或股东)的分配							-21 948.57		-21 948.57
4. 其他						6 384.10	-6 384.10		
(五)所有者权益内部结转									
1. 资本公积转增资本									
2. 盈余公积转增资本									
3. 盈余公积弥补亏损									
4. 一般风险准备弥补亏损									
5. 其他									
(六)同一控制下合并结转									
(七)其他					55.28			57.53	112.81
四、本年末余额	243 873.00	318 455.17		48 820.54	12 272.03	25 860.38	275 394.16	11 921.08	936 596.36

合并所有者权益变动表(续)

2013 年度 单位:万元

项目	上年金额								
	归属于母公司股东的权益							少数股东权益	所有者权益合计
	实收资本	资本公积	减:库存股	盈余公积	一般风险准备	信托赔偿准备	未分配利润		
一、上年年末余额	243 873.00	314 348.82		27 317.37	8 488.41	15 108.80	183 916.60	10 795.86	803 848.86
加:会计政策变更									
前期差错更正									
其他									
二、本年年初余额	243 873.00	314 348.82		27 317.37	8 488.41	15 108.80	183 916.60	10 795.86	803 848.86
三、本年增减变动金额(减少以"—"号填列)		1 774.49		8 734.96	1 138.07	4 367.48	7 097.08	367.67	23 479.75
(一)净利润							87 731.79	397.83	88 129.62
(二)其他综合收益		1 774.49						-30.16	1 744.33
上述(一)和(二)小计		1 774.49					87 731.79	367.67	89 873.95
(三)所有者投入和减少资本									
1. 所有者投入资本									
2. 股份支付计入所有者权益的金额									

续表

项　目	上年金额								
	归属于母公司股东的权益							少数股东权益	所有者权益合计
	实收资本	资本公积	减:库存股	盈余公积	一般风险准备	信托赔偿准备	未分配利润		
3. 其他									
(四)利润分配				8 734. 96	1 138. 07	4 367. 48	-80 634. 71		-66 394. 20
1. 提取盈余公积				8 734. 96			-8 734. 96		
2. 提取一般风险准备					1 138. 07		-1 138. 07		
3. 对所有者(或股东)的分配							-66 394. 20		-66 394. 20
4. 其他						4 367. 48	-4 367. 48		
(五)所有者权益内部结转									
1. 资本公积转增资本									
2. 盈余公积转增资本									
3. 盈余公积弥补亏损									
4. 一般风险准备弥补亏损									
5. 其他									
(六)同一控制下合并结转									
(七)其他									
四、本年末余额	243 873. 00	316 123. 31		36 052. 33	9 626. 48	19 476. 28	191 013. 68	11 163. 53	827 328. 61

5.2　信托资产

5.2.1　信托项目资产负债汇总表

信托项目资产负债表

2013 年 12 月 31 日

单位:万元

信托资产	期末余额	期初余额	信托负债和信托权益	期末余额	期初余额
信托资产:			信托负债:		
货币资金	201 004. 08	225 556. 14	交易性金融负债		
拆出资金			衍生金融负债		
存出保证金			应付受托人报酬	232. 03	1. 57
交易性金融资产	629 319. 70	602 903. 30	应付托管费		360. 92
衍生金融资产			应付受益人收益	0. 02	
买入返售金融资产	8 070. 08		应交税费	92. 00	293. 04
应收款项	1 187 937. 08	701 809. 42	应付销售服务费		
发放贷款	3 765 889. 34	1 340 093. 32	其他应付款项	203 962. 29	94 356. 00
可供出售金融资产	3 810 594. 72	1 622 555. 45	预计负债		
持有至到期投资	238 920. 00		其他负债		
长期应收款			信托负债合计	204 286. 34	95 011. 53
长期股权投资	2 789 241. 29	1 882 413. 09			
投资性房地产					
固定资产			信托权益		
无形资产			实收信托	12 512 201. 55	6 325 885. 89
长期待摊费用	202. 80	1 031. 47	资本公积		
其他资产			未分配利润	-85 308. 80	-44 535. 23
减:各项资产减值准备			信托权益合计	12 426 892. 75	6 281 350. 66
信托资产总计	12 631 179. 09	6 376 362. 19	信托负债和信托权益总计	12 631 179. 09	6 376 362. 19

5.2.2 信托项目利润及利润分配汇总表

信托项目利润及利润分配表

2013 年度　　单位:万元

项　　目	本年数	上年数
一、营业收入	656 927.06	332 155.19
利息收入	243 456.04	97 347.06
投资收益(损失以"-"号填列)	440 588.56	151 390.23
其中:对联营企业和合营企业的投资收益		
公允价值变动收益(损失以"-"号填列)	-28 261.09	81 314.64
租赁收入		
汇兑损益(损失以"-"号填列)		
其他收入	1 143.55	2 103.26
二、营业支出	112 423.16	35 334.12
营业税金及附加	193.03	135.86
受托人报酬	54 152.64	20 485.79
保管费	6 527.98	4 034.18
投资管理费	128.88	746.07
销售服务费	8 266.75	1 123.51
交易费用	14.02	0.17
资产减值损失		
其他费用	43 139.86	8 808.54
三、信托净利润(净亏损以"-"号填列)	544 503.90	296 821.07
四、其他综合收益		
五、综合收益	544 503.90	296 821.07
加:期初未分配信托利润	-44 535.23	-67 584.85
六、可供分配的信托利润	499 968.67	229 236.22
减:本期已分配信托利润	585 277.47	273 771.45
七、期末未分配信托利润	-85 308.80	-44 535.23

6. 会计报表附注

6.1 会计报表编制基准、会计政策、会计估计和核算方法的变化

报告年度会计报表编制基准、会计政策、会计估计和核算方法未发生变化。

6.2 或有事项说明

6.2.1 对外担保

单位:万元

项目	年末数	年初数
对外担保	0.00	0.00
合计	0.00	0.00

6.2.2 重大承诺事项

本报告期内公司无重大承诺事项。

6.3 重要资产转让及其出售的说明

本报告期内公司无重要资产转让及其出售情况。

6.4 会计报表中重要项目的明细资料

6.4.1 自营资产经营情况

6.4.1.1 资产风险分类结果

信用风险资产五级分类	正常类(万元)	关注类(万元)	次级类(万元)	可疑类(万元)	损失类(万元)	资产合计(万元)	不良资产合计(万元)	不良资产率(%)
期初数	962 096.43	551.34				962 647.77	0.00	0.00
期末数	1 221 132.62	541.70				1 221 674.32	0.00	0.00

6.4.1.2 各项资产减值损失准备

单位:万元

项　　目	期初数	本期计提	本期转回	本期核销	期末数
贷款损失准备	2 038.00	464.00			2 502.00
一般准备	2 038.00	464.00			2 502.00
专项准备					
其他资产减值准备	11.03	-0.19			10.84
可供出售金融资产减值准备					
持有至到期投资减值准备					
长期股权投资减值准备					
坏账准备	11.03	-0.19			10.84
投资性房地产减值准备					

6.4.1.3 股票投资、基金投资、债券投资、股权投资等投资业务

单位:万元

项目	自营股票	基金	债券	长期股权投资	其他投资	合计
期初数	187 543.73	164.40		263 322.13	234 099.39	685 129.65
期末数	210 038.55	201.00		281 787.41	460 138.16	952 165.12

6.4.1.4 前三名的自营长期股权投资

企业名称	占被投资企业权益的比例(%)	主要经营活动	投资损益(万元)
重庆三峡银行股份有限公司	34.79	人民币业务、吸收存款、发放贷款、办理国内结算等经中国人民银行批准的业务	34 925.07
合肥科技农村商业银行股份有限公司	24.99	吸收公众存款,发放短期、中期和长期贷款,办理国内结算等经中国银行业监督管理委员会批准的业务	10 312.86
益民基金管理有限公司	49.00	基金管理业务	-

6.4.1.5 前三名的自营贷款

企业名称	占贷款总额的比例(%)	还款情况
中房集团瑞安房地产开发有限公司	27.98	尚未到期
重庆协信远创房地产开发有限公司	19.98	尚未到期
重庆绅帝富达实业(发展)有限公司	11.99	于2014年1月26日收回

6.4.1.6 表外业务

单位:万元

表外业务	期初数	期末数
担保业务	0.00	0.00
代理业务(委托业务)	0.00	0.00
其他	0.00	0.00
合计	0.00	0.00

6.4.1.7 公司当年的收入结构

母公司口径

收入结构	金额（万元）	占比（%）
手续费及佣金收入	94 130.80	43.05
其中：信托手续费收入	89 651.05	41.00
投资银行业务收入	4 479.75	2.05
利息收入	34 447.29	15.76
其他业务收入	1 012.48	0.46
投资收益	72 638.00	33.22
其中：股权投资收益	65 807.68	30.10
证券投资收益	-5 457.94	-2.50
其他投资收益	12 288.26	5.62
公允价值变动收益	13 881.26	6.35
营业外收入	2 525.50	1.16
收入合计	218 635.33	100.00

合并口径

收入结构	金额（万元）	占比（%）
手续费及佣金收入	94 190.09	41.76
其中：信托手续费收入	89 651.05	39.75
投资银行业务收入	4 539.04	2.01
基金管理费及销售服务费收入	6 525.71	2.89
利息收入	34 764.38	15.41
其他业务收入	1 012.48	0.45
投资收益	72 644.04	32.21
其中：股权投资收益	65 807.68	29.18
证券投资收益	-5 451.90	-2.42
其他投资收益	12 288.26	5.45
公允价值变动收益	13 881.26	6.15
营业外收入	2 541.27	1.13
收入合计	225 559.23	100.00

6.4.2 信托财产管理情况

6.4.2.1 信托资产

单位：万元

信托资产	期初数	期末数
集合	2 048 420.05	4 875 217.41
单一	3 748 415.05	7 242 804.36
财产权	579 527.09	513 157.32
合计	6 376 362.19	12 631 179.09

6.4.2.1.1 主动管理型信托业务

单位：万元

主动管理型信托资产	期初数	期末数
证券投资类	884 593.93	640 461.57
股权投资类	2 379 704.42	1 634 641.28
融资类	2 022 498.74	7 530 055.66
事务管理类	300 694.61	341 765.50
合计	5 587 491.70	10 146 924.01

6.4.2.1.2 被动管理型信托业务

单位：万元

被动管理型信托资产	期初数	期末数
证券投资类	20 000.00	—
股权投资类	9 000.00	981 400.00
融资类	709 500.33	1 484 855.08
事务管理类	50 370.16	18 000.00
合计	788 870.49	2 484 255.08

6.4.2.2 本年度已清算结束的信托项目

6.4.2.2.1 按信托类型分类

已清算结束信托项目	项目个数	实收信托合计金额（万元）	加权平均实际年化收益率（%）
集合类	34	1 155 573.35	6.31
单一类	61	1 610 495.38	7.35
财产管理类	8	248 330.00	2.85

6.4.2.2.2 主动管理型

已清算结束信托项目	项目个数	实收信托合计金额（万元）	加权平均实际年化信托报酬率（%）	加权平均实际年化收益率（%）
证券投资类	10	439 697.75	1.40	-0.53
股权投资类	14	533 380.00	1.74	8.29
融资类	64	1 648 968.61	1.02	7.82
事务管理类	8	224 012.37	0.80	1.63

6.4.2.2.3 被动管理型

已清算结束信托项目	项目个数	实收信托合计金额（万元）	加权平均实际年化信托报酬率（%）	加权平均实际年化收益率（%）
证券投资类	1	20 000.00	0.10	2.95
股权投资类	0	—	—	—
融资类	4	95 000.00	0.22	5.35
事务管理类	2	53 340.00	0.26	6.42

6.4.2.3 本年度新增的信托项目

新增信托项目	项目个数	实收信托合计金额（万元）
集合	49	3 272 724.00
单一	133	8 019 952.42
财产权	7	184 170.00
新增合计	189	11 476 846.42
其中：主动管理型	152	9 719 547.42
被动管理型	37	1 757 299.00

6.4.2.4 信托业务创新成果和特色业务有关情况

6.4.2.4.1 "两江新区·财富广场"信托贷款集合信托计划

重庆市两江新区是新设立的国家综合配套改革试验区，是中国第三个国家级新区和副省级新区，也是中国中西部地区的"桥头堡"和开放门户。"两江新区·财富广场"由重庆华辰物业发展有限公司倾力打造，位于两江新区空港新城中心，该商业区为集星级酒店、高端写字楼、高档商务公寓、主题公园商业街、金融街等为一体的“都市游憩商业区”。

为加强两江新区建设，为新区打造良好的硬件环境，公司不断加强创新，充分发挥信托优势，在符合相关政策法规和监管要求的前提下，为两江新区提供有力的金融支持。公司经过对“华辰·财富广场”项目的考察，推出了“两江新区·财富广场”信托贷款集合资金信托，募集资金3.5亿元，期限2年，通过信托贷款方式向相关项目公司提供融资，用于“两江新区·财富广场”项目的建设。项目建成后将有力提升该区商业氛围，物业升值空间巨大。

6.4.2.4.2 贵州天能焦化信托贷款资金信托

为响应政府“加快经济可持续发展，加强建设绿色经济”的号召，鼓励企业引进、消化、吸收节能环保、低碳经济等领域的先进技术和设备，公司与贵州黔桂天能焦化有限责任公司合作设立了贵州天能焦化信托贷款资金信托，募集资金4.99亿元，期限2年，信托资金用于130万吨/年循环经济型煤焦化项目建设。

贵州黔桂天能焦化有限责任公司是贵州省委响应国家“大力发展循环经济”的号召，立足本省实际情况，调整产业布局而设立的国有煤焦化综合型企业。该信托资金的投入能够较好地弥补企业的资金缺口，支持清洁能源的开发，积极推动绿色产业集聚，延长产业链，在鼓励企业培育和发展绿色新兴产业的同时更好地保护环境。

6.4.2.4.3 中小企业融资1号集合资金信托计划

近年来，公司积极支持中小企业的发展，全面落实相关政策，努力提升公司金融为实体经济服务的力度，为中小企业的建设和发展提供有力的支持。

中小企业融资1号集合资金信托计划是公司支持重庆市中小企业发展的重要项目之一，该计划共募集信托资金5200万元，向重庆顺越实业集团有限公司等中小企业发放信托贷款，用于企业流动资金周转、购置设备及原材料等，及时弥补了企业的资金缺口，为加快中小企业的建设、支持地方经济的发展作出了应有的贡献。公司将继续积极支持实体经济的发展，运用信托方式为中小企业提供投融资服务。

6.4.2.5 本公司履行受托人义务的情况及因本公司自身责任而导致的信托资产损失情况

公司严格按照国家法律法规和信托合同的约定，作为信托计划的受托人从事信托活动。在信托成立之前，对委托人明示信托投资的风险，不承诺保底收益；在信托计划履行过程中，恪尽诚实、信用、谨慎、有效管理的义务，对所有信托项目均单独开户、单独核算，严格收支管理；在后期管理上，设置专职的信托经理，对信托项目实行及时跟踪管理和书面报告制度，真实记录并全面反映信托项目管理情况和财务状况，并根据法律法规要求及信托文件约定对信托项目的进行情况在公司网站上进行定期的披露。

截至报告期末，所有信托项目均按时分配收益，无拖延拒付情况，也未出现因本公司自身责任而导致信托资产出现损失的情况。

6.5 关联方关系及其交易

6.5.1 关联交易方的数量、关联交易的总金额及关联交易的定价政策

	关联交易方数量	关联交易金额(万元)	定价政策
合计	18	253 989.08	按市价公平定价

6.5.2 关联交易方与本公司的关系性质，关联交易方的名称、法人代表、注册地址、注册资本及主营业务

序　号	关联性质	关联方名称	法定代表人或负责人	注册地址	注册资本（万元）	主营业务
1	母公司	重庆国信投资控股有限公司	刘勤勤	重庆	163 373.00	项目投资与管理
2	同一母公司	重庆路桥股份有限公司	江　津	重庆	90 774.20	城市道路桥梁等基础设施的投资、建设、管理等
3	同一母公司	重庆饭店有限公司	吴成惠	重庆	USD 500.00	饮食、食品加工销售、旅游、车队服务、康乐中心、写字楼出租等
4	同一母公司	重庆未来投资有限公司	卢　俊	重庆	6 000.00	实业、股权及市场开发投资、资产经营管理、国内贸易等
5	同一母公司	重庆普丰置业发展有限公司	郭锋超	重庆	8 000.00	房地产开发，物业管理，房屋及车库租赁、销售，资产经营管理咨询，企业项目投资咨询等
6	被投资单位	益民基金管理有限公司	翁振杰	重庆	10 000.00	基金管理业务、发起设立基金
7	被投资单位	重庆三峡银行股份有限公司	童海洋	重庆	201 179.07	人民币业务。吸收公众存款，发放短期、中期和长期贷款，办理国内结算等经中国人民银行批准的业务
8	被投资单位	合肥科技农村商业银行股份有限公司	刘万霞	合肥	169 844.00	吸收公众存款，发放短期、中期和长期贷款，办理国内结算等经中国银行业监督管理委员会批准的业务

6.5.3 重大关联方交易

6.5.3.1 固有与关联方交易

单位：万元

固有与关联方关联交易				
	期初数	借方发生额	贷方发生额	期末数
贷款	2 000.00			2 000.00
投资				
租赁		1 006.85	1 006.85	

续表

	期初数	借方发生额	贷方发生额	期末数
担保				
应收账款				
其他		232.23	232.23	
合计	2 000.00	1 239.08	1 239.08	2 000.00

6.5.3.2 信托与关联方交易

单位：万元

信托与关联方关联交易				
	期初数	借方发生额	贷方发生额	期末数
贷款	23 500.00			23 500.00
投资				
租赁				
担保				
应收账款				
其他	116 550.00		51 800.00	64 750.00
合计	140 050.00		51 800.00	88 250.00

6.5.3.3 固信交易与信信交易

6.5.3.3.1 固信交易

单位：万元

固有财产与信托财产相互交易			
	期初数	本期发生额	期末数
合计	122 258.00	238 250.00	188 726.00

固有财产与信托财产相互交易本年增加 238 250.00 万元，本年减少 171 782.00 万元。

6.5.3.3.2 信信交易

单位：万元

信托财产与信托财产相互交易			
	期初数	本期发生额	期末数
合计	–	14 500.00	14 500.00

6.5.4 报告期末，无关联方逾期未偿还本公司资金和为关联方担保发生或即将发生垫款的情况

6.6 会计制度的披露

报告年度，公司自营业务、信托业务均执行《企业会计准则——基本准则》。

7. 财务情况说明书

7.1 利润实现和分配情况

7.1.1 利润实现和分配情况（母公司）

本报告期初公司未分配利润 186 490.11 万元，2013 年度实现净利润 127 682.10 万元，提取法定盈余公积 12 768.21 万元，提取信托赔偿准备 6 384.10 万元，提取一般风险准备 2 590.27万元，向股东分配 2012 年现金红利 21 948.57 万元后，剩余可供股东分配的利润为 270 481.06 万元，将用于以后年度分配。

7.1.2 利润实现和分配情况（合并口径）

本报告期初归属于母公司的未分配利润为 191 013.68 万元，2013 年度实现的归属于母公司的净利润 128 071.63 万元，提取法定盈余公积 12 768.21 万元，提取信托赔偿准备 6 384.10万元，提取一般风险准备 2 590.27 万元，向股东分配 2012 年现金红利 21 948.57 万元，剩余可供母公司股东分配的利润为 275 394.16 万元，将用于以后年度分配。

7.2 主要财务指标

7.2.1 主要财务指标（母公司）

指标名称	指标值
资本利润率（%）	14.75
加权年化信托报酬率（%）	0.81
人均净利润（万元）	1 467.61

7.2.2 主要财务指标（合并口径）

指标名称	指标值
资本利润率（%）	14.71
加权年化信托报酬率（%）	0.81
人均净利润（万元）	1 472.09

7.3 对本公司财务状况、经营成果有重大影响的其他事项

无。

8. 特别事项简要揭示

8.1 前五名股东报告期内变动情况及原因

无。

8.2 董事、监事及高级管理人员变动情况及原因

报告期内，公司董事会审议通过如下决议：同意何玉柏先生不再担任公司董事长职务，由翁振杰先生代行公司董事长职务，主持公司董事会等日常工作。

8.3 公司的重大未决诉讼事项

无。

8.4 对会计师事务所出具的有保留意见、否定意见或无法表示意见的审计报告的，公司董事会应就所涉及事项作出说明

无。

8.5 公司及其董事、监事和高级管理人员受到处罚的情况

无。

8.6 银监会及其派出机构对公司检查后提出整改意见的整改情况

报告期内，重庆银监局根据非现场监管和现场走访所掌握的情况，向公司出具了《关于重庆国际信托有限公司 2012 年上半年经营管理情况的监管意见》，肯定了公司在公司治理、完善内控制度、加强风险管控及盈利能力、监管评级提高等方面所取得的成绩。同时，提出了监管要求：做实全面风险排查工作，严防兑付风险；进一步完善公司治理；做好政府融资平台、房地产等重点领域的风险防范；高度重视声誉风险管理；加强 IT 建设系统和人才队伍建设；大力支持实体经济发展；在风险可控

的前提下加快发展。

公司针对监管部门提出的监管要求改进各方面工作，在公司治理、合规建设、内控管理、业务发展等方面不断优化；加强对业务的风险控制，特别是对房地产信托业务、政府平台融资业务的风险管控，确保了到期信托项目的按期清算兑付；公司积极引进人才，加大培训和培养力度，满足了业务开展的需要；IT 建设取得实质性进展，业务系统进入试运行阶段。在监管部门的大力支持和有效监督下，公司沿着稳健道路健康发展。

8.7 本年度重大事项临时报告的简要内容、披露时间、所披露的媒体及其版面

2013 年 2 月 2 日，公司在《上海证券报》披露了何玉柏先生不再担任公司董事长职务，由翁振杰先生代行公司董事长职务，暂时主持公司董事会等日常工作的公告。

2013 年 12 月 23 日，公司在《上海证券报》披露注册地变更并对章程相应条款进行修改的公告。

8.8 银监会及其省级派出机构认定的其他有必要让客户及相关利益人了解的重要信息

无。

9. 公司监事会意见

监事会对任期内公司的生产经营活动进行了监督检查。监事会认为：

2013 年，公司认真贯彻科学发展观，积极应对政策和市场的巨大变化，务实推进信托业务稳步开展，经营业绩再创新高，全年实现利润总额 14.87 亿元，实现归属于母公司的净利润 12.81 亿元，超额完成了年初董事会下达的经营任务和经营指标。2013 年董事会认真执行了股东会的决议，董事会的各项决议符合《公司法》等法律法规和公司章程的要求；

本报告期内，公司财务报告符合相关制度和规定的编制要求，真实地反映了公司的财务状况和经营成果。

大业信托有限责任公司

1. 重要提示

本公司董事会及董事保证本报告所载资料不存在任何虚假记载、误导性陈述或者重大遗漏,并对其内容的真实性、准确性和完整性承担个别及连带责任。

独立董事王仲兴先生、张衢先生认为本报告内容是真实、准确、完整的。

本公司董事长沈柏年、总经理王毅及会计机构负责人肖正峰声明:保证年度报告中财务报告的真实、完整。

2. 公司概况

2.1 公司简介

2.1.1 公司的法定名称

中文名称:大业信托有限责任公司

中文简称:大业信托

英文名称:Daye Trust Co., Ltd.

英文缩写:Daye Trust

2.1.2 公司法定代表人:沈柏年

2.1.3 公司注册地址:广州市天河区体育西路 191 号中石化大厦 B 塔 25 楼

邮政编码:510620

公司国际互联网网址:http://www.dytrustee.com

电子信箱:info@dytrustee.com

2.1.4 公司负责信息披露事务的高级管理人员:陈俊标

电话:020-28028700

传真:020-28028701

电子邮箱:chenjb@dytrustee.com

2.1.5 公司选定的信息披露报纸:《金融时报》

2.1.6 公司年度报告备置地点:广州市天河区体育西路 191 号中石化大厦 B 塔 25 楼

2.1.7 公司聘请的会计师事务所:天职国际会计师事务所(特殊普通合伙)深圳分所

地址:深圳市福田区深南大道 6009 号绿景广场 B 座 17 楼

2.1.8 公司聘请的律师事务所:中伦文德律师事务所

地址:中国北京市朝阳区西坝河南路 1 号金泰大厦 19 层

2.2 组织结构

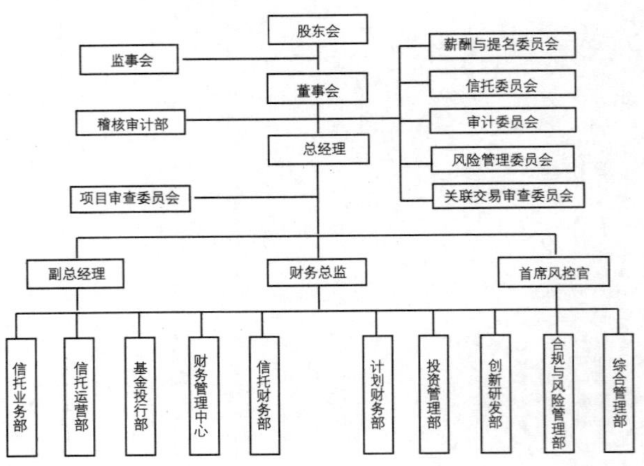

3. 公司治理

3.1 股东

截至报告期末,公司股东共三家。股东情况如下:

股东名称	持股比例(%)	法人代表	注册资本	注册地址	主要经营业务
广州金融控股集团有限公司	38.33	黄子励	334 994.00 万元	广州市天河区体育西路 191 号中石化大厦 B 塔 26 楼 2601~2624 号房	运用自有资金进行授权范围内的国有资产经营及管理
中国东方资产管理公司	41.67	张子艾	100 亿元	北京市东城区建国门内大街 28 号民生金融中心 C 座 6~8 层	收购、管理和处置金融机构不良资产以及提供其他金融服务
广东京信电力集团有限公司	20	许玉琪	18 638.00 万元	佛山市南海区西樵镇新田南海发电一厂行政楼二楼	国内贸易、电力投资、投资策划、商务信息咨询、电力技术的咨询服务、物业管理

3.2 董事

董事会成员

姓名	职务	性别	年龄	选任日期	所推举的股东名称	该股东持股比例(%)
沈柏年	董事长	男	68	2013年10月18日	广州金融控股集团有限公司	38.33
陈俊标	董事、董事会秘书	男	47	2013年10月18日	广州金融控股集团有限公司	38.33
胡小钢	董事	男	51	2013年10月18日	中国东方资产管理公司	41.67
薛贵	董事	男	40	2013年10月18日	中国东方资产管理公司	41.67
江忠友	董事	男	57	2013年10月18日	广东京信电力集团有限公司	20
王毅	职工董事	男	51	2013年10月18日		

3.3 监事

监事会成员

姓名	职务	性别	年龄	选任日期	所推举的股东名称	该股东持股比例(%)
吉金	监事长	男	44	2013年10月18日	广东京信电力集团有限公司	20.00
邵晓怡	监事	女	38	2013年10月18日	中国东方资产管理公司	41.67
曹新华	监事	女	50	2013年10月18日	广州金融控股集团有限公司	38.33
费琳	职工监事	女	39	2013年10月18日		
倪林	职工监事	男	44	2013年10月18日		

3.4 独立董事

姓名	性别	年龄	所在单位	选任日期	任期
王仲兴	男	69	中山大学法学院	2013年10月18日	3年
张衢	男	67	工银瑞信基金管理有限公司	2013年10月18日	3年

3.5 高级管理人员

职　务	姓　名	性别	年龄	选任日期	金融从业年限	学历	专业
总经理	王毅	男	51	2013年10月18日	22年	硕士研究生	经济学
常务副总经理	田明	男	40	2013年10月18日	11年	硕士研究生	工商管理
副总经理	陈玉鹏	男	51	2013年10月18日	30年	硕士研究生	金融
副总经理兼首席风险控制官	赖革	男	47	2013年10月18日	25年	硕士研究生	人文地理
董事会秘书	陈俊标	男	47	2013年10月18日	11年	硕士研究生	工商管理
总经理助理	饶森元	男	44	2013年10月18日	22年	本科	国际金融

3.6 公司员工

报告期末,公司共有正编员工98名,平均年龄约33.8岁。

项　目		报告期年度	
		人数	比例(%)
年龄分布	硕士	65	66.3
	本科	33	33.7
	专科	0	0
岗位分布	经营管理层	8	8.2
	业务人员	44	44.9
	中后台人员	46	46.9

4. 经营概况

4.1 经营目标、方针、战略规划

4.1.1 经营目标

公司以建设国内一流的信托公司为目标,致力于建成比较优势明显、核心业务较为突出、盈利能力较强、内部管理先进的专业资产管理机构。

4.1.2 经营方针

恪守信用,合法经营,以市场为导向,以客户为中心,提供优质金融服务,创造良好经济效益,促进国民经济发展。

4.1.3 战略规划

依托广东省的区位经济金融优势,并充分利用股东方的行业优势地位,以提升自主管理能力为着力点,以增强风险控制能力为保障，通过持续推进业务和产品创新，不断完善理财产品线和客户服务体系，形成公司优势业务和主导产品，树立公司信托理财品牌，实现以产品为导向的业务模式向以客户需求为导向业务模式的转变，逐步形成以投资能力、研发能力、营销能力为主要内容的核心竞争力，成为在部分细分市场领域具有领先地位、在国内具有较大影响力的信托公司。

4.2 所经营业务的主要内容

4.2.1 信托业务

公司坚持发展信托主业，积极顺应监管政策导向，注重内涵式增长，不断培育和增强主动管理能力，大幅增加主动管理规模。

截至 2013 年 12 月 31 日，公司已成立的信托产品规模 988 亿元，存续信托资产余额 523 亿元。

根据信托业务服务内容划分，公司信托业务分为投资类、融资类和事务管理类三大部分。

4.2.1.1 投资类信托

公司将该类业务作为重点发展方向，着力提高产品创新含量、设计水平和管理能力，将自身定位从融资工具转变为个性化产品及基金的设计者和管理者。公司担任受托人和投资管理人，对信托资金的投资运作效果承担责任。截至 2013 年 12 月 31 日，该类业务存续信托资产规模为 165.37 亿元，约占存续信托资产总规模的 32%。其主要业务包括集合资金信托金融投资、集合资金信托直接投资、集合投资类资产流动化信托、单一授权型信托金融投资和单一授权型信托直接投资。

4.2.1.2 融资类信托

公司在该类业务中担任受托人、贷款人和贷款服务商，主要承担融资项目尽职调查、筛选推荐、交易结构设计、债权及担保管理职责。其主要业务包括集合资金信托贷款、集合资金信托结构性融资、集合融资类资产流动化信托和单一授权型信托贷款。截至 2013 年 12 月 31 日，该类业务存续信托资产规模为 240.29 亿元，约占存续信托资产总规模的 46%。

4.2.1.3 事务管理类信托

公司在该类业务中主要担任受托人、账户管理人和财务顾问，按照信托文件约定和委托人指令执行或提出建议。这类业务主要是单一指定型信托。

截至 2013 年 12 月 31 日，该类业务存续信托资产规模为 117.20 亿元，约占存续信托资产总规模的 22%。

4.2.2 固有业务

根据《信托公司净资本管理办法》的要求，结合公司净资本的实际状况以及与信托业务协同发展的需要，公司对固有资金运用制定了高流动性、低风险的投资原则。2013 年公司固有业务整体净收入 5 313 万元。

4.2.3 主要业务的资产组合与分布

4.2.3.1 固有资产运用与分布表

资产运用	金额(万元)	占比(%)	资产运用	金额(万元)	占比(%)
货币资产	53 021	40	房地产业	54 495	41
贷款	5 000	4	金融机构	53 016	40
应收类款项	6 814	5	其他	25 195	19
持有至到期投资	64 095	48			
其他	3 776	3			

4.2.3.2 信托资产运用与分布表

资产运用	金额(亿元)	占比(%)	资产分布	金额(亿元)	占比(%)
贷款	179	34	房地产业	141	27
长期股权投资	84	16	工商企业	98	19
可供出售及持有至到期投资	155	30	基础产业	50	10
其他	105	20	金融机构	47	9
			其他	187	35

4.3 市场分析

4.3.1 经营形势分析

当前，中国经济处在结构调整和转型升级的关键时期。实现经济持续健康发展的积极因素和有利条件依然较多，工业化、城镇化空间还很广阔，区域协调发展还有较大空间，经济结构调整正在取得积极进展，现代服务业、高技术产业及一些新型业态发展势头较好，尤其是一些积极推进转型升级和自主创新的产业和企业呈现出较强的抗风险能力和发展活力，但经济运行中也面临不少风险和挑战，经济发展中不平衡、不协调、不可持续的矛盾和深层次问题仍很突出。部分企业生产经营困难，特别是中小企业和外贸企业，就业总量压力与结构性矛盾并存的局面更加复杂，经济金融领域也存在一些不容忽视的潜在风险。国家在"稳中求进"的政策目标下，采取了加快产业结构调整、继续调控房地产市场、严守财政金融领域风险等重大举措，给宏观经济和金融市场运行带来了深刻影响。监管部门顺应政策环境和市场环境的变化，及时调整监管要求，短期内对信托公司业务开展产生了一定影响。

4.3.2 金融形势分析

金融自由化的改革大幕已经渐次拉开，银行信贷融资市场化和资本市场融资市场化则是金融自由化的题中应有之义。主流融资（银行贷款为主体的间接融资和资本市场为主体的直接融资）环境势必日益宽松，历史上通过信托融资的优质企业和优质项目将渐次回归银行和资本市场，真正需要通过信托融资的客户资质将逐渐降低，未来融资信托市场可能呈现一个需求规模递减而微观风险递增的趋势。同时，利率市场化的推进、存贷利差空间的收窄、金融生态的改变以及互联网金融的崛起等，都在改变当前的金融格局。综合化经营必将是主导趋势，我国资管市场已经进入了机遇与挑战并存的时代。

4.3.3 影响本公司业务发展的主要因素

4.3.3.1 有利条件

一是国民财富不断累积，居民可支配收入和高净值人群的持续增长，使通过信托这类专业财富管理机构投资理财的需求日趋旺盛。

二是信托业近年来发展迅速，信托资产管理总规模已突破十万亿元。信托业在理财市场和资产管理领域的地位和作用及其对中国经济社会发展的价值不断被认识，其在中国金融体系中的地位和影响力不断提升。

三是党的十八大报告提出深化金融体制改革，健全促进宏观经济稳定、支持实体经济发展的现代金融体系；《金融业发展和改革"十二五"规划》提出完善金融调控、优化组织体系、建设金融市场、深化金融改革等规划。这为信托业发展创造了有利环境。

4.3.3.2 不利条件

一是各类金融机构之间的业务边界趋于模糊，交叉融合度大幅度提升，金融同业机构间的竞合关系和深度已达到历史空前的水平，资产管理市场的竞争趋于白热化。

二是公司资本规模偏小。净资本管理办法出台后，资本实力的高低将成为制约未来信托公司业务发展的关键因素。

三是高端客户资源已成为信托公司的核心资源，也是公司能否持续发展的关键因素之一。作为一家新公司，在激烈的市场竞争中要赢得客户的信任、积累形成具有一定规模的客户资源面临较大压力。

4.4 风险管理

4.4.1 风险管理概况

公司风险管理的全局性目标是实现长远发展、资本回报和风险暴露之间的平衡，追求运营的高效率和资源的优化配置，追求公司价值最大化。

4.4.2 风险状况

公司经营活动中面临的风险主要有信用风险、市场风险、操作风险、合规风险及其他风险等。

4.4.2.1 信用风险状况

信用风险主要表现为公司交易对手不能履行合约义务从而导致公司资产价值发生变动、遭受损失带来的风险，其中包括业务合作伙伴、贷款对象的信用风险，资金往来银行的信用风险。

4.4.2.2 市场风险状况

市场风险主要表现为因市场价格——利率、汇率、股票价格和商品价格等的不利变动而使公司的表内和表外业务发生损失的风险，具体表现为经济运行周期变化风险、金融市场利率波动风险、通货膨胀风险、房地产交易风险、证券市场交易风险、货币市场交易风险等。这些风险的存在不但影响信托财产的价值以及信托收益水平，也会使公司由于资产负债结构不匹配等而导致公司整体的、当前和未来收入的损失。

4.4.2.3 操作风险状况

操作风险主要是公司内部控制、系统及运营过程中的错误或疏忽或外部事件可能引起潜在损失的风险，表现在信息系统还不够全面及时，风险评估、风险管理的程序和结构还不够完善，以及人员操作不规范和责任心不强等方面。

4.4.2.4 合规风险状况

合规风险是指公司因没有遵守法律法规和准则而可能遭受法律制裁、监管处罚，从而给公司发展带来重大损失的风险。

4.4.2.5 其他风险状况

政策风险指国家宏观经济政策的调整可能对公司业务经营或成果造成一定影响。

道德风险指由于公司内部人员蓄意违规违法给公司带来损失的可能性。

声誉风险指由于公司操作失误、违反有关规定、资产质量下降不能按期兑付、不能向公众提供高质量的综合金融服务和管理不善等原因，对公司外部市场地位和声誉产生的消极和不良影响。

4.4.3 风险管理

4.4.3.1 信用风险管理

公司信用风险管理主要是通过对交易对手的尽职调查进行事前控制；通过交易结构设计、风险定价、设定担保措施、持续进行风险评估等手段规避和监控交易对手信用风险变化；明确界定业务部门与风险管理等部门的风险管理职责。公司强调风险管理关口前移，注重业务管理的调研和过程控制，严格授权审批制度、决策限额。公司注重信用风险的分散和补偿，关注交易对手的履约能力，并借鉴商业银行信贷管理经验加强该类风险管理。

4.4.3.2 市场风险管理

市场风险管理是识别、计量、监测和控制市场风险的全过程，其目标是通过将市场风险控制在公司可以承受的合理范围内，实现经风险调整后的收益最大化。

公司关注国家宏观政策变化，避免进入限制类行业和相关项目；控制行业集中度，通过业务创新不断拓展多元化的投资领域；充分考虑拟投资项目筛选、评估、运营、退出中的策略、渠道和措施，注重投资项目的调研和分析工作，建立充足的项目储备池，制定风险处置预案，锁定项目退出风险，组建专业化的管理团队，明确项目组织管理结构与投资管理责任，并通过对货币政策、行业政策和利率走势等的深入分析研究，进行持续的专项监控。

4.4.3.3 操作风险管理

公司要求每项业务在尽职调查、受理、设计、审批、销售、执行和终止的全过程中都合法合规，按照程序操作。

构建内部控制环境。目前，公司的各项控制制度和操作规程涵盖了所有业务领域，基本实现了对公司各项业务操作过程的有效控制。

操作风险管理要点包括注重尽职调查、加强产品规范化管理、借助外部中介机构进行管控、进行持续风险监测和风险评价、加强合同档案管理、规范信息披露、加强信息化支持等。

4.4.3.4 其他风险管理

4.4.3.4.1 政策风险管理

公司及时跟踪研究国家宏观政策和行业政策的调整与变化，尽可能准确地分析宏观政策和监管政策的未来趋势；积极研究、分析外部政策法规变化对信托公司发展方向、盈利模式的影响，不断摸索适合公司发展的道路；加强与政策制定部门的沟通，及时调整发展思路和经营理念，保持公司经营策略与国家政策的一致性。

4.4.3.4.2 道德风险管理

公司通过制度设计完善内部控制机制，规范操作流程；严格执行管理制度及纪律要求；公司加强道德文化教育，鼓励员工遵纪守法，构筑道德风险“防火墙”，不断提高员工廉洁自律和勤勉尽职的意识；公司以员工为本，强调和谐共赢，不断加强企业的凝聚力和员工的归属感，避免各类短期行为和“寻租”现象；公司加强制度建设，通过制度建设为防范道德风险提供制度保障。

4.4.3.4.3 声誉风险管理

公司将声誉风险管理纳入公司治理和全面风险管理体系，强调在合规经营和健康发展的基础上，主动、有效、灵活地管理声誉风险和应对声誉事件，主要是通过机制和制度建设明晰声誉风险监控、管理和应对流程，通过充分信息披露等方式实现与投资者的良性沟通，通过履行社会责任等积极提升公司的品牌价值和社会形象。

5. 报告期末及上一年度末的比较式会计报表

5.1 自营资产

5.1.1 会计师事务所审计意见全文

审 计 报 告

天职业字[2014]5720 号

大业信托有限责任公司：

我们审计了后附的大业信托有限责任公司（以下简称大业信托）财务报表，包括2013 年 12 月 31 日的资产负债表，2013 年度的利润表、所有者权益变动表和现金流量表以及财务报表附注。

一、管理层对财务报表的责任

编制和公允列报财务报表是大业信托管理层的责任，这种责任包括：（1）按照企业会计准则的规定编制财务报表，并使其实现公允反映；（2）设计、执行和维护必要的内部控制，以使财务报表不存在由于舞弊或错误导致的重大错报。

二、注册会计师的责任

我们的责任是在执行审计工作的基础上对财务报表发表审计意见。我们按照中国注册会计师审计准则的规定执行了审计工作。中国注册会计师审计准则要求我们遵守中国注册会计师职业道德守则，计划和执行审计工作以对财务报表是否不存在重大错报获取合理保证。

审计工作涉及实施审计程序，以获取有关财务报表金额和披露的审计证据。选择的审计程序取决于注册会计师的判断，包括对由于舞弊或错误导致的财务报表重大错报风险的评估。在进行风险评估时，注册会计师考虑与财务报表编制和公允列报相关的内部控制，以设计恰当的审计程序，但目的并非对内部控制的有效性发表意见。审计工作还包括评价管理层选用会计政策的恰当性和作出会计估计的合理性，以及评价财务报表的总体列报。

我们相信，我们获取的审计证据是充分、适当的，为发表审计意见提供了基础。

三、审计意见

我们认为，大业信托财务报表在所有重大方面按照企业会计准则的规定编制，公允反映了大业信托 2013 年 12 月 31 日的财务状况以及 2013 年度的经营成果和现金流量。

中国・北京　　　　二〇一四年四月三日

中国注册会计师：

中国注册会计师：

5.1.2 资产负债表

资产负债表

编制单位：大业信托有限责任公司　　2013 年 12 月 31 日　　单位：元

项　目	年末余额	年初余额	项　目	年末余额	年初余额
资产			负债		
现金及银行款项	7 212 452. 72	2 392 351. 58	同业存放款项		
存放同业款项	523 000 000. 00	478 000 000. 00	拆入资金		
贵金属			交易性金融负债		
拆出资金			衍生金融负债		
交易性金融资产			卖出回购金融资产款		
衍生金融资产			预收账款	18 421 677. 90	18 269 568. 08
买入返售金融资产			吸收存款		
应收账款	47 596 855. 80	42 469 341. 05	应付职工薪酬	129 746 219. 89	79 267 325. 30
应收利息	8 919 713. 96	6 206 757. 94	应交税费	51 839 306. 08	48 789 379. 15
其他应收款	11 617 521. 21	6 893 704. 55	应付利息		
发放贷款和垫款	50 000 000. 00		其他应付款	298 161 727. 66	13 779 097. 01
可供出售金融资产			预计负债		
持有至到期投资	640 950 000. 00	171 350 000. 00	应付债券		
长期股权投资			递延所得税负债		
固定资产	2 247 642. 61	2 775 841. 23	其他负债		
无形资产	1 372 552. 97	1 381 086. 05	负债合计	498 168 931. 53	160 105 369. 54
长期待摊费用	2 056 813. 48	1 472 186. 32	所有者权益		
递延所得税资产	32 085 525. 12	21 792 724. 52	实收资本	300 000 000. 00	300 000 000. 00
其他非流动资产			资本公积		
			减：库存股		
			盈余公积	52 889 014. 63	27 462 862. 37
			一般风险准备	26 444 507. 32	13 731 431. 19
			未分配利润	449 556 624. 39	233 434 330. 14
			所有者权益合计	828 890 146. 34	574 628 623. 70
资产总计	1 327 059 077. 87	734 733 993. 24	负债及所有者权益合计	1 327 059 077. 87	734 733 993. 24

法定代表人：沈柏年　　主管会计工作负责人：王毅　　会计机构负责人：肖正峰

5.1.3 利润表

利润表

编制单位:大业信托有限责任公司　　2013 年度　　单位:元

项　　目	本期金额	上期金额
一、营业收入合计	539 192 000. 25	400 834 279. 48
(一)利息净收入	52 128 994. 10	35 394 166. 55
利息收入	52 128 994. 10	35 394 166. 55
利息支出		
(二)手续费及佣金净收入	487 063 006. 15	365 440 112. 93
手续费及佣金收入	496 200 030. 56	368 531 412. 93
手续费及佣金支出	9 137 024. 41	3 091 300. 00
(三)投资收益(损失以"-"号填列)		
(四)公允价值变动收益(损失以"-"号填列)		
(五)汇兑收益(损失以"-"号填列)		
(六)其他业务收入		
二、营业成本	199 850 241. 43	149 696 526. 87
营业税金及附加	30 669 954. 85	22 369 832. 12
业务及管理费	169 180 286. 58	127 326 694. 75
资产减值损失		
其他业务成本		
三、营业利润(亏损以"-"号填列)	339 341 758. 82	251 137 752. 61
营业外收入		
营业外支出		
四、利润总额(亏损以"-"号填列)	339 341 758. 82	251 137 752. 61
减:所得税费用	85 080 236. 18	63 184 570. 49
五、净利润(亏损以"-"号填列)	254 261 522. 64	187 953 182. 12

法定代表人:沈柏年　　主管会计工作负责人:王毅　　会计机构负责人:肖正峰

5.1.4 所有者权益变动表

所有者权益变动表

编制单位:大业信托有限责任公司　　2013 年度　　单位:元

项　　目	本期金额						所有者权益合计
	实收资本	资本公积	减:库存股	盈余公积	一般风险准备	未分配利润	
一、上期期末余额	300 000 000. 00	—	—	27 462 862. 37	13 731 431. 19	233 434 330. 14	574 628 623. 70
加:会计政策变更							
前期差错更正							
其他							
二、本期期初余额	300 000 000. 00	—	—	27 462 862. 37	13 731 431. 19	233 434 330. 14	574 628 623. 70
三、本期增减变动金额(减少以"-"号填列)				25 426 152. 26	12 713 076. 13	216 122 294. 25	254 261 522. 64
(一)净利润						254 261 522. 64	254 261 522. 64
(二)其他综合收益						—	—
综合收益小计				—	—	254 261 522. 64	254 261 522. 64
(三)所有者投入和减少资本							
1. 所有者本期投入资本							
2. 股份支付计入所有者权益的金额							
3. 其他							
(四)利润分配				25 426 152. 26	12 713 076. 13	-38 139 228. 39	
1. 提取盈余公积				25 426 152. 26		-25 426 152. 26	
其中:法定盈余公积				25 426 152. 26		-25 426 152. 26	
任意盈余公积							
2. 提取一般风险准备(金融企业填报)					12 713 076. 13	-12 713 076. 13	
3. 对所有者(或股东)的分配							
4. 其他							
(五)所有者权益内部结转							
1. 资本公积转增资本(或股本)							
2. 盈余公积转增资本(或股本)							
3. 盈余公积弥补亏损							
4. 其他							
四、本期期末余额	300 000 000. 00	—	—	52 889 014. 63	26 444 507. 32	449 556 624. 39	828 890 146. 34

所有者权益变动表

编制单位：大业信托有限责任公司　　2013年度　　单位：元

项　目	上年金额						
	实收资本	资本公积	减：库存股	盈余公积	一般风险准备	未分配利润	所有者权益合计
一、上期期末余额	300 000 000.00	—	—	8 667 544.16	4 333 772.08	73 674 125.34	386 675 441.58
加：会计政策变更							
前期差错更正							
其他							
二、本期期初余额	300 000 000.00	—	—	8 667 544.16	4 333 772.08	73 674 125.34	386 675 441.58
三、本期增减变动金额（减少以"－"号填列）				18 795 318.21	9 397 659.11	159 760 204.80	187 953 182.12
（一）净利润						187 953 182.12	187 953 182.12
（二）其他综合收益							
综合收益小计						187 953 182.12	187 953 182.12
（三）所有者投入和减少资本							
1. 所有者本期投入资本							
2. 股份支付计入所有者权益的金额							
3. 其他							
（四）利润分配				18 795 318.21	9 397 659.11	-28 192 977.32	
1. 提取盈余公积				18 795 318.21		-18 795 318.21	
其中：法定盈余公积				18 795 318.21		-18 795 318.21	
任意盈余公积							
2. 提取一般风险准备（金融企业填报）					9 397 659.11	-9 397 659.11	
3. 对所有者（或股东）的分配							
4. 其他							
（五）所有者权益内部结转							
1. 资本公积转增资本（或股本）							
2. 盈余公积转增资本（或股本）							
3. 盈余公积弥补亏损							
4. 其他							
四、本期期末余额	300 000 000.00	—	—	27 462 862.37	13 731 431.19	233 434 330.14	574 628 623.70

法定代表人：沈柏年　　主管会计工作负责人：王毅　　会计机构负责人：肖正峰

5.2　信托资产

5.2.1　信托项目资产负债汇总表

信托项目资产负债汇总表

编制单位：大业信托有限责任公司　　2013年12月31日　　单位：元

信托资产	年初数	期末数	信托负债和信托权益	年初数	期末数
信托资产：			信托负债：		
货币资金	629 488 005.29	465 771 986.90	交易性金融负债		
拆出资金			衍生金融负债		
存出保证金			应付受托人报酬		
交易性金融资产			应付托管费		22 934 198.07
衍生金融资产			应付受益人收益	1 440 999.96	76 821.92
买入返售金融资产			应交税费		
应收款项	1 161 080 000.00	1 760 190 632.51	应付销售服务费		
贷款	10 649 280 000.00	17 921 250 000.00	其他应付款项	178 297 666.66	63 428 089.02
可供出售金融资产		17 320 000.00	预计负债		
持有至到期投资	7 476 755 000.00	15 518 726 231.00	其他负债		
长期应收款			信托负债合计	179 738 666.62	86 439 109.01
长期股权投资	4 550 280 000.00	8 790 465 265.24			
投资性房地产			信托权益：		
固定资产			实收信托	29 424 785 788.32	51 747 049 291.83
无形资产			资本公积		
长期待摊费用			损益平准金		
其他资产	5 449 530 788.32	7 812 273 060.83	未分配利润	311 889 338.67	452 508 775.64
减：各项资产减值准备			信托权益合计	29 736 675 126.99	52 199 558 067.47
信托资产总计	29 916 413 793.61	52 285 997 176.48	信托负债及信托权益总计	29 916 413 793.61	52 285 997 176.48

5.2.2 信托项目利润及利润分配表

信托项目利润及利润分配表

编制单位:大业信托有限责任公司　2013年度　单位:元

项　目	上期累计数	本期累计数
1. 营业收入	2 539 741 883.53	4 097 616 482.16
1.1 利息收入	1 439 190 382.53	1 581 495 322.19
1.2 投资收益(损失以"-"号填列)	1 020 821 100.25	2 302 418 136.18
1.2.1 其中:对联营企业和合营企业的投资收益		
1.3 公允价值变动收益(损失以"-"号填列)		
1.4 租赁收入		
1.5 汇兑损益(损失以"-"号填列)		
1.6 其他收入	79 730 400.75	213 703 023.79
2. 支出	487 322 104.94	796 028 329.91
2.1 营业税金及附加	4 721 578.21	1 590 122.70
2.2 受托人报酬	201 566 966.38	297 749 940.58
2.3 保管费	28 546 910.02	66 509 109.05
2.4 投资管理费	5 317 032.67	
2.5 销售服务费	104 396 987.09	214 092 609.69
2.6 交易费用		
2.7 资产减值损失		
2.8 其他费用	142 772 630.57	216 086 547.89
3. 信托净利润(净亏损以"-"号填列)	2 052 419 778.59	3 301 588 152.25
4. 其他综合收益		
5. 综合收益	2 052 419 778.59	3 301 588 152.25
6. 加:期初未分配信托利润	50 276 119.70	311 889 338.67
7. 可供分配的信托利润	2 102 695 898.29	3 613 477 490.92
8. 减:本期已分配信托利润	1 790 806 559.62	3 160 968 715.28
9. 期末未分配信托利润	311 889 338.67	452 508 775.64

6. 会计报表附注

6.1 会计报表编制基准不符合会计核算基本前提的说明

公司以持续经营为基础,根据实际发生的交易和事项,按照《企业会计准则——基本准则》和其他各项具体会计准则、应用指南及准则解释的规定进行确认和计量,在此基础上编制财务报表。

公司所编制的会计报表符合企业会计准则的要求,真实、完整地反映了公司的财务状况、经营成果、股东权益变动和现金流量等有关信息。

6.2 重要会计政策和会计估计说明

公司自2010年9月开始筹建起执行财政部2006年2月15日颁布的《企业会计准则——基本准则》及其后续规定。

6.2.1 计提资产减值准备的范围和方法

公司计提资产损失准备的范围包括贷款损失准备、长期股权投资减值准备、固定资产减值准备和无形资产减值准备。主要计提方法:

6.2.1.1 贷款损失准备

公司按照贷款资产风险分类后的风险程度和回收的可能性,参照以下比例计提专项准备:

贷款风险类别	计提比例(%)
关注类	2
次级类	25
可疑类	50
损失类	100

计提比例可上下浮动20%。

6.2.1.2 长期股权投资减值准备

期末对单项投资由于市价持续下跌或被投资单位经营状况恶化等原因导致其可收回金额低于账面价值的差额分项提取长期股权投资减值准备。

6.2.1.3 固定资产减值准备

期末对单项资产由于市价持续下跌、技术陈旧、损坏或长期闲置等原因,导致其可收回金额低于账面价值的差额,分项提取固定资产减值准备。

6.2.1.4 无形资产减值准备

期末按单项资产预计可收回金额低于其账面价值的差额,分项提取无形资产减值准备。

6.2.2 短期投资核算方法

6.2.2.1 金融资产四分类的范围和标准

金融资产于初始确认时分为以下四类:以公允价值计量且其变动计入当期损益的金融资产、持有至到期投资、贷款和应收款项、可供出售金融资产。金融资产在初始确认时以公允价值计量。对于以公允价值计量且其变动计入当期损益的金融资产,相关交易费用直接计入当期损益,其他类别的金融资产相关交易费用计入其初始确认金额。

6.2.2.1.1 金融资产的公允价值

存在活跃市场的金融资产,采用活跃市场中的报价确定其公允价值。不存在活跃市场的,本公司采用估值技术确定其公允价值,估值技术包括参考熟悉情况并自愿交易的各方最近进行的市场交易中使用的价格、参照实质上相同的其他金融工具的当前公允价值、现金流量折现法和期权定价模型等。

6.2.2.1.2 金融资产转移

金融资产转移是指本公司将金融资产让予或交付给该金融资产发行方以外的另一方(转入方)。

已将金融资产所有权上几乎所有的风险和报酬转移给转入方的,终止确认该金融资产。保留了金融资产所有权上几乎所有的风险和报酬的,不终止确认该金融资产。既没有转移也没有保留金融资产所有权上几乎所有的风险和报酬的,分别按下列情况处理:放弃了对该金融资产控制的,终止确认该金融资产并确认产生的资产和负债;未放弃对该金融资产控制的,按照其继续涉入所转移金融资产的程度确认有关金融资产,并相应确认有关负债。

6.2.2.2 交易性金融资产核算方法

以公允价值计量且其变动计入当期损益的金融资产,包括交易性金融资产和初始确认时指定为以公允价值计量且其变动计入当期损益的金融资产,采用公允价值进行后续计量,所有已实现和未实现的损益均计入当期损益。

6.5.4 关联方逾期未偿还本公司资金的详细情况以及本公司为关联方担保发生或即将发生垫款的情况

关联方无逾期不偿还本公司资金情况，本公司无为关联方担保发生或即将发生垫款情况。

7. 财务情况说明书

7.1 利润实现和分配情况

2013 年度，公司实现净利润 25 426.15 万元。依据《公司法》、《信托公司管理办法》和公司章程，公司对 2013 年可供分配利润提取 10% 的法定盈余公积金 2 542.62 万元，提取 5% 的信托赔偿准备金 1 271.31 万元。

7.2 主要财务指标

指标名称	指标值
资产收益率(%)	24.66
资本收益率(%)	36.23
信托报酬率(%)	0.96
人均利润(万元)	256.83

注：1. 资产收益率 = 净利润 ÷ 总资产平均余额 ×100%。平均值采取年初、年末余额简单平均法，公式为：平均值 =(年初数 + 年末数) ÷2，下同。

2. 资本收益率 = 净利润 ÷ 所有者权益平均余额 ×100%。

3. 信托报酬率 = $\sum_{i=1}^{n}(A_i \times P_i) \div \sum_{i=1}^{n}(A_i)$（$A_i$——信托项目 i 的实收信托规模，P_i——信托项目 i 的实际年化信托报酬率）。

4. 人均净利润 = 净利润 ÷ 期末人数。

7.3 对本公司财务状况、经营成果有重大影响的其他事项

报告期内无上述事项。

8. 特别事项揭示

8.1 股东报告期内变动情况及原因

股东报告期内无变动。

8.2 高级管理人员变动情况及原因

报告期内，公司高级管理人员发生如下变动：

2013 年 5 月，张德荣先生因工作需要辞去公司副总经理兼首席风险控制官职务。

2013 年 6 月，公司董事会聘任赖革先生担任公司副总经理兼首席风险控制官职务。

2013 年 10 月，陈国权先生因任期届满不再担任公司财务总监职务，公司董事会聘任孙多伟先生担任公司财务总监职务。截至 2013 年 12 月 31 日，孙多伟先生的任职资格尚待监管部门核准。

8.3 变更注册资本、注册地或公司名称、公司分立与合并事项

报告期内无上述事项。

8.4 公司的重大诉讼事项

报告期内公司无重大诉讼事项。

8.5 对会计师事务所出具有解释性说明、保留意见、拒绝表示意见或否定意见的审计报告的，公司董事会就所涉及事项作出说明

天职国际会计师事务所（特殊普通合伙）深圳分所出具了标准无保留意见的审计报告。

8.6 公司及其高级管理人员受到处罚情况

报告期内无上述处罚情况。

8.7 对银监会及其派出机构提出整改意见的整改情况说明

中国银监会广东监管局于 2012 年 9 月 28 日至 11 月 16 日对公司开业以来至 2012 年 9 月 30 日的公司治理、制度建设、经营状况、业务合规情况以及风险管控能力等情况进行了现场检查，并于 2013 年 5 月 27 日出具了《现场检查意见书》（粤银监发〔2013〕67 号，以下简称《意见书》）。《意见书》对公司开业以来的经营管理情况表示肯定，同时针对检查中发现的问题，提出了五方面的监管意见及建议：一是进一步完善公司治理，二是进一步加强内部控制建设，三是切实提高公司自主管理能力，四是加强信托业务风险把控能力，五是加强信托项目中后期管理工作。

公司在收到《意见书》后，按照“认真落实监管要求，深入进行整改工作”的指导思想，开展了为期两个月的整改工作，对《意见书》中指出的各项具体问题确定了责任部门和整改要求，逐一部署并跟进落实。同时，公司还就整改工作中遇到的问题与广东监管局保持充分、持续、有效的沟通和交流，确保整改工作的顺利进行。

在公司上下的一致努力下，公司对《意见书》中提出的问题进行了逐一整改，取得积极成效，并向广东监管局上报了《关于＜现场检查意见书＞整改情况的汇报》。公司也将不断加强内部控制建设，提高信托业务风险把控能力、自主管理能力，加强公司开展项目的中后期管理，确保公司业务的稳健发展。

8.8 重大事项临时报告情况

报告期内无重大事项临时报告。

8.9 银监会及其省级派出机构认定的其他有必要让客户及相关利益人了解的重要信息

报告期内无其他有必要让客户及相关利益人了解的重要信息。

9. 公司监事会意见

监事会认为本公司决策程序符合法律法规和公司章程的规定，并建立了较为完善的内部控制制度，公司董事、管理层认真履行职责，未发生执行职务时违反法律法规、公司章程或损害公司利益的行为。公司财务报告经天职国际会计师事务所（特殊普通合伙）深圳分所审计，真实反映了公司财务状况和经营成果。

东莞信托有限公司

1. 重要提示

1.1　本公司董事会及董事保证本报告所载资料不存在任何虚假记载、误导性陈述或者重大遗漏，并对其内容的真实性、准确性和完整性承担个别及连带责任。

1.2　本公司独立董事彭志坚、陈平声明：保证本年度报告真实、准确和完整。

1.3　本公司2013年度财务报告经天职国际会计师事务所（特殊普通合伙）审计，认为公司财务报表已经按照企业会计准则的规定编制，在所有重大方面公允反映了东莞信托有限公司2013年12月31日的财务状况以及2013年度的经营成果和现金流量。

1.4　本公司董事长何锦成、总经理丁暖容及财务负责人张凌声明：保证年度报告中财务会计报告的真实、完整。

2. 公司概况

2.1　公司简介

法定中文名称/缩写	东莞信托有限公司/东莞信托
英文名称/缩写	Dongguan Trust Co.,Ltd/ Dgtc.
法定代表人	何锦成
注册地址	东莞松山湖高新技术开发产业园区创新科技园2号楼
邮政编码	523808
网址	http://www.dgxt.com
电子邮箱	bgs@dgxt.com
信息披露事务负责人	陈贺健
信息披露事务联系人	姓名：冯杰
	联系电话：（0769）26261010
	传真：（0769）22389630
	电子邮箱：fj@dgxt.com
公司年报信息披露报纸	《金融时报》
公司年报备置地点	东莞松山湖高新技术开发产业园区创新科技园2号楼

续表

公司聘请的会计师事务所	名称：天职国际会计师事务所（特殊普通合伙）
	住所：北京市海淀区车公庄西路19号外文文化创意园12号楼
	电话：（010）88827799
公司聘请的律师事务所	名称：广东赋诚律师事务所
	住所：东莞市莞城区旗峰路162号中侨大厦B座23楼
	电话：（0769）22367780

2.2　公司组织结构

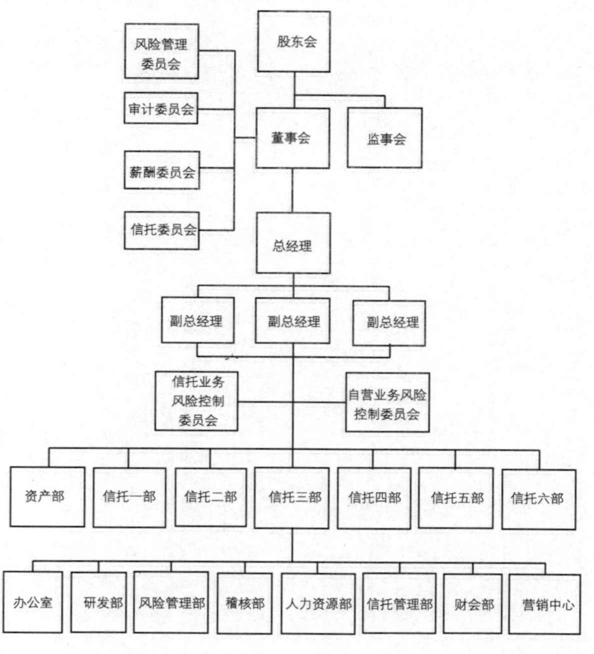

3. 公司治理结构

3.1　股东

报告期末，公司股东总数7家，主要股东为东莞市财信发展有限公司和东莞市财政局，合计持有本公司73.5%的股权，其中东莞市财信发展有限公司持股43.5%，东莞市财政局持股30%，其他股东中有4家股东持股比例为6%、有1家股东持股比例为2.5%。本公司主要股东情况如下表所示：

股东名称	持股比例（%）	法定代表人	注册资本（万元）	注册地址	主要经营业务	主要财务情况
东莞市财信发展有限公司	43.5	何锦成	80 000	东莞松山湖高新技术开发产业园区创新科技园2号楼A室	物业投资、商业投资等	总资产371 560万元，总负债164 075万元，所有者权益207 485万元。
东莞市财政局	30	罗军文	—	东莞市鸿福路99号行政办事中心11楼	—	—

加强对事中风险的控制和事后监督、加强各项业务的合规性审查、加快业务流程的改造等措施，进一步完善公司的内控制度和提升公司风险管理能力。2013 年公司制定了《员工自学考证管理指引》、《房地产项目尽职调查指引》及《费用管理办法》，修订了《公司章程》、《信托业务操作细则》、《内部制度管理办法》及《业务档案管理实施细则》等制度及一系列的授权文件。

4.4.3 信息交流与反馈

我公司积极配合监管部门的监管，按时报送各类报表、报告，主动地向监管部门反映经营状况，并根据监管政策和监管意见对公司内控制度进行不断的完善，使业务合规、健康地发展。严格按照信托合同的约定，定期向监管部门、委托人和受益人披露信托项目执行报告，按时披露年度报告，主动接受社会各界的监督。

4.4.4 监督评价与纠正

公司建立了以风险管理部和稽核部为核心的内部控制监督、评价机制。

稽核部通过常规性稽核和专项稽核，对公司业务活动、财务收支、资金流转、经济效益及内控执行情况等进行全面的稽核、评价，对存在的问题提出整改措施，并结合公司业务发展和监管要求，对公司各项制度提出修订及更新意见；风险管理部不断加强及完善对业务流程的设置、梳理、修改及评价，定期出具风险分析报告，及时修订、更新公司各项业务制度，使内控制度建设不断完善。

4.5 风险管理概况

4.5.1 信用风险状况及其管理策略

4.5.1.1 信用风险状况

信用风险主要表现为交易对手违约造成的风险，自营业务的信用风险主要来自于自营贷款、表外担保业务，信托业务的信用风险主要来自于信托贷款、财产租赁和带回购及结构化的股权投资、带回购股权收益权投资等。

截至 2013 年 12 月末，公司自营贷款余额为 29 800 万元，比年初减少 14 550 万元，下降 32.81%；信托贷款余额为 1 743 014万元，比年初增加 318 163 万元，增长 22.33%；信托租赁余额零万元，较年初减少了 871 万元；带回购的融资业务(包括股权投资、收益权投资、应收账款)余额为 1 291 093 万元，比年初增加 11 648 万元，增长 0.91%；自营表外担保余额为零万元，与年初相比没有变化。

4.5.1.2 信用风险管理

对信用风险，公司不断完善业务的决策流程及操作流程，并针对不同业务的交易对象进行严格的准入审核，加强对客户的尽职调查，对交易对手进行事前、事中、事后的监测、检查、评价，逐步形成交易对手的信用记录，降低其违约风险。

4.5.2 市场风险状况及其管理策略

4.5.2.1 市场风险状况

市场风险主要表现为证券市场由于因股市价格、利率、汇率等的变动而导致公司财产或信托财产未预料到的潜在损失的风险。

4.5.2.1.1 自营证券投资业务

自营证券投资主要是证券一二级市场股票投资、基金投资及委托基金公司的专户理财。截至 2013 年 12 月末，公司自营证券投资成本 32 410 万元，市值 35 284 万元 ，浮盈 2 874 万元，自营证券实现投资收益 7 753 万元。

4.5.2.1.2 信托证券投资业务

至 2013 年末，存续信托证券投资项目 19 个，存续证券类项目证券市值总额 135 621 万元，浮盈 16 770 万元。

4.5.2.2 市场风险管理

4.5.2.2.1 自营证券投资业务

我公司不断调整完善证券业务的经营策略。在自营证券业务方面，通过各种形式(基金专户、有限合伙、信托计划等)寻找优秀的投资管理人和合作伙伴，继续优化自身投资流程，建立科学有效、责任明确的投资决策机制，不断优化固有资产配置组合，确保自营证券获得稳定投资收益。

4.5.2.2.2 信托证券投资业务

在信托证券业务方面，逐步转变为资产管理者角色，择优选择具备市场业绩、口碑优良、背景强大的合作伙伴，着力发展资产配置类业务，设计符合客户风险、收益偏好的产品。公司选择了股权投资、证券投资作为公司业务创新和转型的主要方向，并与基金公司合作 着力培养公司的投资团队 培养公司的竞争实力。

4.5.3 操作风险状况及其管理策略

4.5.3.1 操作风险状况

操作风险是指公司由于内部程序、系统的不完善或操作失误而产生的风险。2013 年公司没有因内部程序和系统不完善、人员操作失误而造成损失的情况发生。

4.5.3.2 操作风险管理

我公司通过整合部门职能、制定业务流程、开发信息系统等手段规范业务前台、中台、后台操作，减少操作风险。我公司根据业务的需要，将原信托业务部门的中后台事务整合至信托管理部。我公司推进了证券投资管理系统、业务管理系统、档案管理系统建设，进一步优化、细化业务流程，加强对各项业务事前、事中的风险监控和预警，构建事前、事中、事后的风险控制体系。

4.5.4 流动性风险状况及其管理策略

截至 2013 年 12 月末，公司流动性资产合计为 14 842 万元，流动性负债为 11 147 万元，流动性比例达 133.14%，不存在流动性的风险问题。目前，公司的其他负债主要是应付税金及应付职工薪酬、股东分红等，不存在对外举债，公司自有资产保持了相当的流动性。

4.5.5 法律风险及声誉风险状况及其管理策略

4.5.5.1 法律风险、声誉风险状况

2013 年，公司能够遵守相关法律法规要求，合规经营，未发生被监管部门行政处罚情况；公司管理的信托资产规模实现较快增长，公司的市场认同度不断增加；未发生到期无法支付或无法履约所带来的声誉损失。

4.5.5.2 法律风险和声誉风险管理

公司通过聘请专业的律师事务所作为公司法律顾问，加强与银监部门、信托业协会联系沟通等途径，及时了解法规政策的变化，得到专业到位的法律咨询服务。

5. 报告期末及上一年度末的比较式会计报表

5.1 自营资产

5.1.1 会计师事务所审计意见全文

审 计 报 告

天职业字[2014]4852 号

东莞信托有限公司：

我们审计了后附的东莞信托有限公司(以下简称贵公司)财务报表,包括2013年12月31日的资产负债表,2013年度的利润表、所有者权益变动表和现金流量表以及财务报表附注。

一、管理层对财务报表的责任

编制和公允列报财务报表是贵公司管理层的责任,这种责任包括:(1)按照企业会计准则的规定编制财务报表,并使其实现公允反映;(2)设计、执行和维护必要的内部控制,以使财务报表不存在由于舞弊或错误导致的重大错报。

二、注册会计师的责任

我们的责任是在执行审计工作的基础上对财务报表发表审计意见。我们按照中国注册会计师审计准则的规定执行了审计工作。中国注册会计师审计准则要求我们遵守中国注册会计师职业道德守则,计划和执行审计工作以对财务报表是否不存在重大错报获取合理保证。

审计工作涉及实施审计程序,以获取有关财务报表金额和披露的审计证据。选择的审计程序取决于注册会计师的判断,包括对由于舞弊或错误导致的财务报表重大错报风险的评估。在进行风险评估时,注册会计师考虑与财务报表编制和公允列报相关的内部控制,以设计恰当的审计程序,但目的并非对内部控制的有效性发表意见。审计工作还包括评价管理层选用会计政策的恰当性和作出会计估计的合理性,以及评价财务报表的总体列报。

我们相信,我们获取的审计证据是充分、适当的,为发表审计意见提供了基础。

三、审计意见

我们认为,贵公司财务报表在所有重大方面按照企业会计准则的规定编制,公允反映了贵公司2013年12月31日的财务状况以及2013年度的经营成果和现金流量。

天职国际会计师事务所有限公司　　中国注册会计师:黎明

中国注册会计师:王冬林

中国·北京市　　二〇一四年三月五日

5.1.2 资产负债表

资产负债表

编制单位:东莞信托有限公司　　2013年12月31日　　单位:万元

序号	资　产	期末余额	年初余额	序号	负债及所有者权益	期末余额	年初余额
1	资产:			27	负债:		
2	货币资金	12 821.59	9 784.49	28	拆入资金	—	—
3	其中:现金	0.04	0.17	29	交易性金融负债	—	—
4	存放同业款项	12 820.37	9 773.22	30	衍生金融负债		
5	其他货币资金	1.18	11.10	31	应付账款	—	—
6	交易性金融资产	—	—	32	应付职工薪酬	6 172.73	4 554.49
7	衍生金融资产	—	—	33	应交税费	4 567.70	4 366.35
8	买入返售金融资产	—	—	34	应付股利	—	1 200.00
9	应收账款	1 908.39	1 487.91	35	其他应付款	406.92	855.92
10	应收股利	—	—	36	预计负债	—	—
11	应收利息	111.82	207.41	37	递延所得税负债	1 942.59	1 098.64
12	其他应收款	526.27	340.84	38	其他负债	—	454.00
13	贴现资产	—	—	39	负债合计	13 089.94	12 529.40
14	拆出资金	—	—	40			
15	发放贷款	29 800.00	44 114.00	41			
16	抵债资产	—	—	42	所有者权益:		
17	持有至到期投资	—	—	43	实收资本	120 000.00	50 000.00
18	可供出售金融资产	221 114.88	27 437.42	44	资本公积	75 827.77	3 295.93
19	长期股权投资	16 360.97	16 242.80	45	盈余公积	16 359.19	12 393.77
20	固定资产	596.55	560.73	46	一般风险准备	4 239.66	1 147.20
21	在建工程	—	—	47	信托赔偿准备	7 725.83	5 743.12
22	无形资产	268.80	7.76	48	未分配利润	54 034.72	23 421.09
23	长期待摊费用	7 767.84	8 288.15	49	所有者权益合计	278 187.17	96 001.11
24	递延所得税资产	—	59.00	50			
25				51			
26	资产总计	291 277.11	108 530.51	52	负债及所有者权益总计	291 277.11	108 530.51

公司负责人:何锦成　　会计机构负责人:张　凌

续表

序号	资　　产	期末余额	年初余额	序号	负债及所有者权益	期末余额	年初余额
9	预付账款	—	—	35	应付托管费	124.86	26.15
10	应收手续费及佣金	—	—	36	应付销售及顾问费	8.89	286.45
11	应收股利	3.68	—	37	应交税费	110.12	—
12	应收利息	2 894.80	1 949.44	38	其他应付款	8 707.26	1 493.40
13	其他应收款	684.22	123 865.22	39	预计负债	—	—
14	拆出资金	—	—	40	递延所得税负债	—	—
15	发放贷款	1 743 014.31	1 424 851.18	41	其他负债:	—	—
16	抵债资产	—	—	42	负债合计	10 830.67	4 759.43
17	持有至到期投资	—	—	43			
18	可供出售金融资产	8 000.00	—	44	所有者权益:		
19	长期股权投资	507 049.55	473 531.70	45	实收信托	4 082 382.57	3 215 222.53
20	投资性房地产	—	871.20	46	资本公积	1 899.02	1 879.85
21	固定资产	—	—	47	盈余公积	—	—
22	无形资产	—	—	48	外币报表折算差数	—	—
23	长期待摊费用	—	17.85	49	未分配利润	37 396.36	18 066.24
24	递延所得税资产	—	—	50	所有者权益合计	4 121 677.95	3 235 168.62
25	其他资产	1 286 702.87	938 950.00	51			
26	资产总计	4 132 508.62	3 239 928.05	52	负债及所有者权益总计	4 132 508.62	3 239 928.05

会计主管:刘　瑜　　　　复核人:莫汇泉　　　　制表人:周晓蕾

5.2.2　信托项目利润及利润分配表

信托项目利润及利润分配表

编制单位:东莞信托有限公司　　　2013 年度　　　单位:万元

序号	项　　目	本年数	上年数
1	一、营业收入	337 684.44	243 874.34
2	利息收入	150 072.01	129 527.86
3	租赁收入	—	196.00
4	投资收益(损失以"-"号填列)	172 853.75	107 992.85
5	其中:对联营企业合营企业的投资收益	—	—
6	公允价值变动损益(损失以"-"号填列)	14 189.07	4 623.99
7	汇竞损益(损失以"-"填列)	—	—
8	其他收入	569.61	1 533.64
9	二、营业支出	72 725.76	48 879.55
10	营业税金及附加	1 659.43	831.63
11	管理费用	71 066.33	48 047.92
12	资产减值损失	—	—
13	其他费用	—	—
14	三、信托净利润(亏损以"-"号填列)	265 958.68	194 994.79
15	四、其他综合收益	—	—
16	五、综合收益(净亏损以"-"号填列)	264 958.68	194 994.79
17	六、加:期初未分配信托利润	18 066.24	38 525.06
18	七、可供分配的信托利润	283 024.92	233 519.85
19	八、减:本期已分配信托利润	245 628.56	215 453.61
20	九、期末未分配信托利润	37 396.36	18 066.24

会计主管:刘　瑜　　　复核人:莫汇泉　　　制表人:周晓蕾

6. 会计报表附注

6.1　简要说明报告年度会计报表编制基准、会计政策、会计估计和核算方法发生的变化

报告期内,本公司会计报表编制基准、会计政策、会计估计和核算方法没有发生变化。

6.2　或有事项说明

报告期内,本公司没有发生或有事项。

6.3　重要资产转让及其出售的说明

报告期内,本公司没有发生重要资产转让及出售。

6.4　会计报表中重要项目的明细资料

6.4.1　披露自营资产经营情况

6.4.1.1　按信用风险五级分类结果披露信用风险资产的期初数、期末数

信用风险资产五级分类	正常类(万元)	关注类(万元)	次级类(万元)	可疑类(万元)	损失类(万元)	信用风险资产合计(万元)	不良资产合计(万元)	不良资产率(%)
期初数	44 370.48	11 800	0	0	0	56 170.48	0	0
期末数	45 168.03	0	0	0	0	45 618.03	0	0

6.4.1.2　各项资产减值损失准备的期初数、本期计提、本期转回、本期核销、期末数

单位:万元

	期初数	本期计提	本期转回	本期核销	期末数
贷款损失准备	236	0	236	0	0
一般准备	0	0	0	0	
专项准备	236	0	236	0	0
其他资产减值准备	0	0	0	0	0
可供出售金融资产减值准备	0	0	0	0	0
持有至到期投资减值准备	0	0	0	0	0
长期股权投资减值准备	0	0	0	0	0
坏账准备	0	0	0	0	0
投资性房地产减值准备	0	0	0	0	0

6.4.1.3 按照投资品种分类，分别披露固有业务股票投资、基金投资、债券投资、长期股权投资等投资业务的期初数、期末数

单位：万元

	自营股票	基金	债券	长期股权投资	其他投资	合计
期初数	1 439.46	0	0	16 242.80	25 997.96	43 680.22
期末数	0	0	0	16 360.97	221 114.88	237 475.85

6.4.1.4 按投资入股金额排序，前三名的自营长期股权投资的企业名称、占被投资企业权益的比例、主要经营活动及投资收益情况等

企业名称	占被投资企业权益的比例(%)	主要经营活动	投资损益(万元)
1. 华联期货有限公司	44	期货经纪业务、期货信息咨询培训	514.16
2. 国投创新(北京)投资基金有限公司	4.536	非证券业务的投资管理、咨询，参与设立投资型企业与管理型企业	0
3. 广发银行股份有限公司	0.0625	吸收公众存款，发放短期、中长期贷款，办理结算，办理票据贴现等经中国银监会批准的其他业务	0

6.4.1.5 前三名的自营贷款的企业名称、占贷款总额的比例和还款情况等(按从贷款金额从大到小顺序排列)

企业名称	占贷款总额的比例(%)	还款情况
1. 广东鸿高建设集团有限公司	27.52	未到期
2. 广东宏远集团药业有限公司	21.98	未到期
3. 东莞市丰华实业发展有限公司	16.78	未到期

6.4.1.6 表外业务的期初数、期末数；按照代理业务、担保业务和其他类型表外业务分别披露

单位：万元

表外业务	期初数	期末数
担保业务	0.00	0.00
代理业务(委托业务)	0.00	0.00
其他	0.00	0.00
合计	0.00	0.00

6.4.1.7 公司当年的收入结构

收入结构	金额(万元)	占比(%)
手续费及佣金收入	50 960.56	72.87
其中：信托手续费收入	47 800.99	68.35
投资银行业务收入	0.00	0.00
利息收入	6 264.74	8.96
其他业务收入	0.00	0.00
其中：计入信托业务收入部分	0.00	0.00
投资收益	12 677.81	18.13
其中：股权投资收益	806.17	1.15
证券投资收益	1 520.30	2.17
其他投资收益	10 351.34	14.81
公允价值变动收益	0.00	0.00
营业外收入	28.28	0.04
收入合计	69 931.39	100.00

报告年度实现信托业务收入总额47 800.99万元，其中以手续费及佣金确认的信托业务收入金额47 800.99万元。

6.4.2 披露信托财产管理情况

6.4.2.1 信托资产的期初数、期末数

单位：万元

信托资产	期初数	期末数
集合	1 714 306.20	2 737 888.83
单一	1 474 248.98	1 349 476.17
财产权	51 372.87	45 143.62
合计	3 239 928.05	4 132 508.62

6.4.2.1.1 主动管理型信托业务的信托资产期初数、期末数，分证券投资、股权投资、融资、事务管理类分别披露

单位：万元

主动管理型信托资产	期初数	期末数
证券投资类	56 297.48	139 338.72
股权投资类	454 240.76	506 454.78
融资类	2 413 623.50	2 945 553.97
事务管理类	50 000.07	44 642.98
合计	3 219 455.84	3 635 990.45

6.4.2.1.2 被动管理型信托业务的信托资产期初数、期末数，分证券投资、股权投资、融资、事务管理类分别披露

单位：万元

被动管理型信托资产	期初数	期末数
证券投资类	0.00	0.00
股权投资类	0.00	0.00
融资类	19 600.04	0.00
事务管理类	872.17	0.00
合计	20 472.21	0.00

6.4.2.2 本年度已清算结束的信托项目个数、实收信托合计金额、加权平均实际年化收益率

6.4.2.2.1 本年度已清算结束的集合类、单一类资金信托项目和财产管理类信托项目个数、实收信托金额、加权平均实际年化收益率

已清算结束信托项目	项目个数	实收信托合计金额(万元)	加权平均实际年化收益率(%)
集合类	67	780 460.00	9.6800
单一类	19	773 056.90	5.4205
财产管理类	1	1 307.00	21.3865

6.4.2.2.2 本年度已清算结束的主动管理型信托项目个数、实收信托合计金额、加权平均实际年化收益率，分证券投资、股权投资、融资类、事务管理类分别计算并披露

已清算结束信托项目	项目个数	实收信托合计金额(万元)	加权平均实际年化信托报酬率(%)	加权平均实际年化收益率(%)
证券投资类	4	15 000.00	2.0479	8.4621
股权投资类	2	32 000.00	3.3337	6.5931
融资类	74	1 453 016.90	1.7151	7.5227
事务管理类	0	0.00	0.00	0.00

8.6　本年度重大事项临时报告的简要内容、披露时间、所披露的媒体及其版面

报告期内，公司没有需要披露的重大事项临时报告。

8.7　银监会及其省级派出机构认定的其他有必要让客户及相关利益人了解的重要信息

报告期内，公司没有需要披露的银监会及其省级派出机构认定的其他有必要让客户及相关利益人了解的重要信息。

9. 公司监事会意见

本报告期内，公司监事会列席了 2013 年度股东会会议、第三届董事会第十六次会议、第四届董事会第一次会议、第四届董事会第四次会议，监督检查了公司依法运作情况、重大决策和重大经营活动情况及公司的财务状况，并在此基础上发表如下独立意见：

一是公司依法运作情况。公司能够严格按照《公司法》、《东莞信托有限公司章程》及国家有关法律法规运作，公司决策程序合法，公司内控制度进一步得到完善，没有发现公司董事、高级管理人员在执行公司职务时存在违法违纪，损害公司利益和委托人、受益人利益的行为。

二是检查公司财务情况。本报告期公司财务状况良好。2013 年度财务报告经天职国际会计师事务所有限公司审计并出具无保留审计意见的审计报告，该报告真实、客观地反映了公司的财务状况和经营成果。

三是报告期内，公司发生的关联交易业务均严格遵循市场公允价值，认真执行《信托公司管理办法》有关规定，未发现损害股东权益及公司利益的情况。

方正东亚信托有限责任公司

1. 重要提示

1.1 本公司董事会及董事保证:本报告所载资料不存在任何虚假记载、误导性陈述或者重大遗漏,并对其内容的真实性、准确性和完整性承担个别及连带责任。

1.2 本公司独立董事宋常先生、刘志敏先生对年度报告内容的真实性、准确性、完整性无异议。

1.3 本公司2013年度财务报告已经众环海华会计师事务所(特殊普通合伙)根据中国注册会计师独立审计准则审计,并出具了标准无保留意见的审计报告。

1.4 本公司董事长(法定代表人)余丽女士、总经理周全锋先生、主管会计工作负责人财务总监李宏先生、会计机构负责人计划财务部袁晓丽女士、信托财务部负责人李艳桃女士声明:保证年度报告中财务报告的真实和完整。

1.5 公司2013年度报告全文同时在公司网站上公布(网址:http://www.fd-trust.com)。欲了解公司更为详细的情况,谨请登录公司网站阅鉴。

2. 公司概况

2.1 公司简介

法定中文名称	方正东亚信托有限责任公司
法定中文缩写名称	方正东亚信托
法定英文名称	Founder BEA Trust Co. Ltd.
法定英文缩写名称	Founder BEA
法定代表人	余丽
注册地址	武汉市江汉区长江日报路77号投资大厦11~14层
邮政编码	430015
国际互联网网址	http://www.fd-trust.com
电子信箱	info@fd-trust.com
信息披露事务负责人	曹阳
信息披露事务联系人	吴全洪

续表

联系方式	联系电话:027-85565766。传真:027-85565776
选定的信息披露报纸	《金融时报》《上海证券报》
公司年报备置地点	武汉市江汉区长江日报路77号投资大厦11层
聘请的会计师事务所	众环海华会计师事务所(特殊普通合伙)
聘请的会计师事务所住所	武汉市武昌区东湖路169号众环大厦2~9层

2.2 公司组织结构

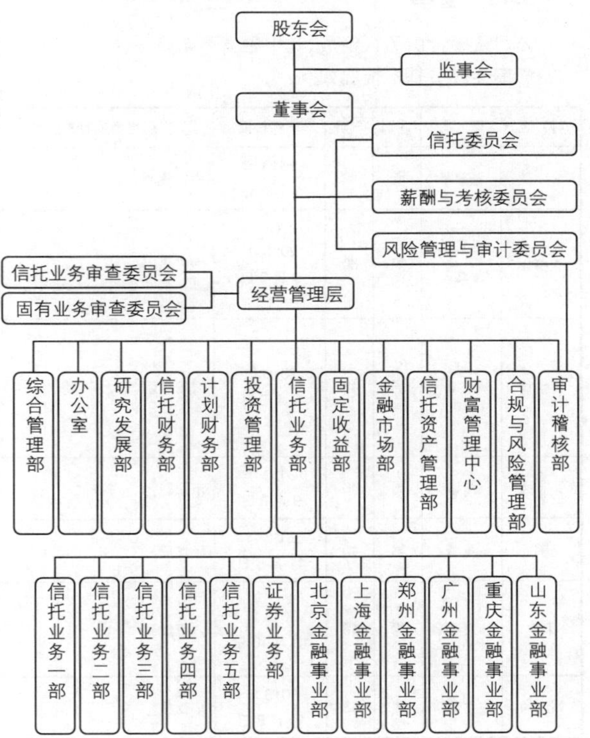

3. 公司治理

3.1 股东

报告期末股东总数为3名。股东之间不存在关联关系。

股东名称	持股比例(%)	法定代表人	注册资本	注册地址	主要经营业务
北大方正集团有限公司★	70.01	魏新	101 428.57万元	北京市海淀区成府路298号	许可经营项目:房地产开发、物业管理。一般经营项目:制造方正电子出版系统、方正-SUPPER汉卡、计算机软硬件及相关设备、通讯设备、仪器仪表、办公自动化设备;技术开发、技术转让、技术咨询、技术服务、技术推广;投资管理;财务咨询(不得开展审计、验资、查账、评估、会计咨询、代理记账等需经专项审批的业务,不得出具相应的审计报告、验资报告、查账报告、评估报告等文字材料);销售电子产品、自行开发的产品、计算机、软件及辅助设备、仪器仪表、机械设备、非金属矿石、金属矿石、金属材料、建筑材料、化工产品(不含危险化学品及一类易制毒化学品);货物进出口、代理进出口、技术进出口;装卸服务;仓储服务;包装服务(未取得行政许可的项目除外)。

续表

股东名称	持股比例(%)	法定代表人	注册资本	注册地址	主要经营业务
东亚银行有限公司	19.99	李国宝	572 377.63 万港元（截至 2013 年 12 月 31 日）	香港中环德辅道中十号	提供多元化的零售和商业银行服务，设有个人银行、企业银行、财富管理、投资银行、中国业务、国际业务等部门；产品和服务涵盖存款、外币储蓄、零售投资和财富管理、按揭贷款、私人贷款、信用卡、电子网络银行服务、银行保险、强制性公积金服务、贸易融资、银团贷款、汇款、外汇孖展交易等。
武汉经济发展投资（集团）有限公司	10	马小援	400 000 万元	武汉市江汉区长江日报路 77 号	开展能源、环保、高新技术、城市基础建设、农业、制造业、物流、房地产、商贸、旅游等与产业结构调整关联的投资业务；企业贷款担保，个人消费贷款担保；信息咨询；建筑装饰材料、金属及非金属材料、农副产品、机械电器批发零售；仓储服务。

注：★代表本公司最终实际控制人。

3.2 董事

公司董事会由 7 人组成，其中独立董事 2 人。

董事会成员基本情况如下：

姓 名	职 务	性别	年龄	选任日期	所推举的股东名称	该股东持股比例(%)	简 要 履 历
余 丽	董事长	女	48	2010 年 9 月 2 日	方正集团	70.01	硕士。现任北大方正集团有限公司董事、总裁、首席财务官；2010 年 9 月至今，任方正东亚信托有限责任公司董事长。
李群元	常务副董事长	男	60	2010 年 9 月 2 日	方正集团	70.01	硕士。2005 年至 2010 年 9 月，任武汉国际信托投资公司总经理；2010 年 9 月至 2011 年 12 月，任方正东亚信托有限责任公司董事、副董事长、总经理；2011 年 12 月至今，任方正东亚信托有限责任公司常务副董事长。
周全锋	董事	男	43	2010 年 9 月 2 日	方正集团	70.01	硕士。2009 年 10 月至 2010 年 9 月，任方正科技集团股份有限公司助理总裁；2010 年 9 月至 2011 年 3 月，任方正东亚信托有限责任公司董事、副总经理、财务总监；2011 年 3 月至 2011 年 12 月，任方正东亚信托有限责任公司董事、副总经理（全面主持工作）；2011 年 12 月至今，任方正东亚信托有限责任公司董事、总经理。
吴志强	董事	男	46	2010 年 9 月 2 日	东亚银行	19.99	工商管理硕士。2009 年 4 月至今，任东亚银行（中国）有限公司常务副行长；2010 年 9 月至今，任方正东亚信托有限责任公司董事。
冯鹏熙	董事	男	40	2013 年 11 月 8 日	经发投	10	管理学博士。现任武汉经济发展投资（集团）有限公司副总经理；2013 年 11 月至今，任方正东亚信托有限责任公司董事。
宋常	独立董事	男	48	2012 年 10 月 16 日	方正集团	70.01%	经济学博士。现任中国人民大学商学院财务与金融系教授、博士生导师；2012 年 10 月至今，任方正东亚信托有限责任公司独立董事。
刘志敏	独立董事	男	63	2013 年 11 月 8 日	东亚银行	19.99	工商管理学士。现任香港百德能控股有限公司董事总经理；2013 年 11 月至今，任方正东亚信托有限责任公司独立董事。

3.3 监事

公司监事会由 5 人组成，监事会成员基本情况如下：

姓 名	职 务	性别	年龄	选任日期	所推举的股东名称	该股东持股比例(%)	简 要 履 历
李国军	监事长	男	39	2010 年 9 月 2 日	方正集团	70.01	英国兰卡斯特大学毕业，现任北大方正集团高级副总裁。
王焕萍	监事	女	50	2010 年 9 月 2 日	东亚银行	19.99	英国伯明翰大学工商管理硕士，现任东亚银行总经理兼中国业务总部主管。
岳建强	监事	男	52	2010 年 9 月 2 日	经发投	10	在职研究生学历，注册会计师。现任武汉经济发展投资（集团）有限公司计划财务部总经理。
邹小华	职工监事	男	44	2010 年 9 月 2 日	选举		武汉大学工商管理硕士，会计师。现任公司投资管理部总经理。
王 晶	职工监事	男	41	2013 年 9 月 30 日	选举		中南政法学院本科，律师。现任公司合规与风险管理部总经理。

3.4 高级管理人员

姓 名	职 务	性别	年龄	选任日期	学历/学位	专业	简 要 履 历
周全锋	总经理	男	43	2011 年 12 月	硕士	工商管理	2009 年 10 月至 2010 年 9 月,任方正科技集团股份有限公司助理总裁;2010 年 9 月至 2011 年 3 月,任方正东亚信托有限责任公司董事、副总经理、财务总监;2011 年 3 月至 2011 年 12 月,任方正东亚信托有限责任公司董事、副总经理(全面主持工作);2011 年 12 月至今,任方正东亚信托有限责任公司董事、总经理。
万泽源	副总经理	男	60	2010 年 9 月	硕士	金融	2009 年 3 月至 2010 年 9 月,任武汉长江世纪投资有限公司副总裁;2010 年 9 月至 2013 年 12 月 31 日,任方正东亚信托有限责任公司副总经理。
谢从斌	副总经理	男	49	2012 年 7 月	硕士	金融学	2004 年至 2010 年 2 月,任湖北银监局非银处科长、副处长;2010 年 9 月至 2012 年 6 月,任方正东亚信托有限责任公司总经理助理;2012 年 7 月至今,任方正东亚信托有限责任公司副总经理。
李 宏	财务总监	男	49	2011 年 5 月	硕士	项目管理	2009 年 5 月至 2011 年 2 月,任方正科技集团股份有限公司区域财务总监;2011 年 5 月至今,任方正东亚信托有限责任公司财务总监。
方灏	首席风险官	男	40	2011 年 5 月	博士	经济学	中国人民大学博士研究生(全日制)毕业,获经济学博士学位;1997 年 6 月至 2007 年 9 月,就职于江西国际信托股份有限公司,任风险管理处处长;2009 年 10 月至 2010 年 8 月 任国民信托有限责任公司风险管理部总经理;2011 年 5 月至今,任方正东亚信托有限责任公司首席风险官。
白艺丰	总稽核	女	57	2010 年 9 月	硕士	国民经济计划与管理	曾任武汉经济发展投资(集团)有限公司计划财务部部长、总经理助理、总会计师;2010 年 9 月至今,任方正东亚信托有限责任公司总稽核。
曹阳	总经理助理/董事会秘书	男	43	2013. 10/ 2010. 9	本科	金融学	2004 年 3 月至 2010 年 9 月,任武汉国际信托投资公司总经理助理;2010 年 9 月至今,任方正东亚信托有限责任公司董事会秘书;2013 年 10 月至今,任方正东亚信托有限责任公司总经理助理。

3.5 公司员工

报告期末,公司职工人数为 160 人,平均年龄为 34 岁。其中,高级管理层 7 人,固有业务人员 9 人,信托业务 60 人,其他人员 84 人。学历分布比率为:博士 3. 13%,硕士 46. 25%,本科 45. 63%。

4. 经营管理

4.1 经营目标、方针、战略规划

4.1.1 经营目标

2013 年公司坚持"以内涵提升和外延扩张两个方面为着力点"的方向,稳步推进业务发展,保持了较高的成长性。2014 年公司要切实推动业务模式转型,从融资类业务向融资类和投资类业务并重进行转型,围绕产品设计形成专业化和差异化优势,全力培育核心竞争力,打造持续盈利能力。

公司力求做到为客户提供优质金融服务、为股东创造理想投资回报、为员工打造和谐发展平台,成为受人尊敬的信托公司。

4.1.2 经营方针

2013 年,在激烈的市场竞争环境下,公司进一步优化战略布局,业务稳健发展;进一步完善了组织结构,充实了人员力量,品牌影响力和社会影响力继续提升。

2014 年,在信托业务上,公司要"多条腿走路",分散经营风险;要进一步加强风险控制,在继续培育业务拓展能力的同时,更要谋求专业受托能力的提升。在传统信托业务巩固的基础上,坚持深耕细作,实现融资转投资,推动投资类信托、固定收益部、房地产基金和基金化产品的发展,同时进一步配备业务人员,拓宽业务类型的覆盖面,实现业务专业化和差异化。继续审慎开展固有业务,进一步完善自有资金的投资组合。在确保安全性的前提下,保持自有资金的流动性,积极拓展股权投资业务,支持公司业务转型。另外,推动营销工作流程专业分工,继续加强直销能力。

4.1.3 战略规划

立足武汉城市圈,辐射中部地区,积极拓展全国性业务,面向社会高端个人和机构客户,培育具有行业领先水平的构建和管理投资组合能力以及专业的资产配置能力,逐步把公司培养成为资产管理高手、财富管理专家。

4.2 所经营业务的主要内容

经中国银监会和公司登记机关核准,公司经营下列本外币业务:

(1)资金信托;

(2)动产信托;

(3)不动产信托;

(4)有价证券信托;

(5)其他财产或财产权信托;

(6)作为投资基金或者基金管理公司的发起人从事投资基金业务;

(7)经营企业资产的重组、购并及项目融资、公司理财、财务顾问等业务;

(8)受托经营国务院有关部门批准的证券承销业务;

(9)办理居间、咨询、资信调查等业务;

(10)代保管及保管箱业务;

（11）存放同业、拆放同业、贷款、租赁、投资方式运用固有财产；

（12）以固有财产为他人提供担保；

（13）从事同业拆借业务；

（14）中国银监会批准的其他业务。

4.2.1 信托业务

公司主要信托业务品种有资金信托、动产信托、不动产信托、有价证券信托、财产或财产权信托、事务管理信托。报告期内，公司信托资产运用与分布情况见下表：

信托资产运用与分布表

资产运用	金额（万元）	占比（%）	资产分布	金额（万元）	占比（%）
货币资产	44 001.84	0.4	基础产业	3 619 330.00	32.37
贷款	4 656 095.12	41.64	房地产	1 151 730.62	10.3
交易性金融资产			证券市场	26 480.00	0.24
可供出售金融资产	434 074.00	3.88	实业	3 972 801.50	35.53
持有至到期投资	4 324 319.30	38.67	金融机构	743 980.00	6.65
长期股权投资	1 100 564.00	9.84	其他	1 667 247.35	14.91
其他	622 515.21	5.57			
信托资产总计	11 181 569.47	100	信托资产总计	11 181 569.47	100

4.2.2 固有业务

报告期内，公司固有资产运用与分布情况见下表：

固有资产运用与分布表

资产运用	金额（万元）	占比（%）	资产分布	金额（万元）	占比（%）
货币资产	44 710.59	17.72	基础产业		
贷款及应收款	186 865.81	74.07	房地产业	40 385.00	16.01
交易性金融资产	1 257.20	0.50	证券市场	6 122.20	2.43
可供出售金融资产	4 865.00	1.93	实业	10 234.53	4.06
持有至到期投资			金融机构	44 710.59	17.71
长期股权投资			其他	150 832.57	59.79
其他	14 586.29	5.78			
资产总计	252 284.89	100.00	资产总计	252 284.89	100.00

4.3 市场分析

4.3.1 经济形势分析

2013年，我国经济"整体平稳、稳中有进、稳中向好"。全年GDP为56.88万亿元，同比增长7.7%，与2012年持平；固定资产投资（不含农户）43.65万亿元，名义增长19.6%；全年进出口总额4.16万亿美元，同比增长7.6%。全年CPI同比上涨2.6%，PPI同比下降1.9%。我国经济稳定增长的基础还不稳固，增长动力有待加强，结构性问题严重，但宏观政策稳定、改革红利释放，以及外需逐渐恢复，都为经济平稳增长提供了支撑，预计2014年GDP增速在7.5%左右。

与此同时，中央经济工作会议指出，做好2014年经济工作，最核心的是要坚持"稳中求进，改革创新"。可见，改革创新是2014年的重要主题。从政策层面看，2013年是改革的总体规划年，2014年将会是细则落实年。信托公司的主要业务领域都受到越来越严格的监管，但并不是"一刀切"，未来的发展关键是要找准契合点。

4.3.2 金融形势分析

2013年，我国金融体系运行平稳，货币信贷和社会融资规模适度增长。2013年M_2余额为110.65万亿元，同比增长13.6%，比2012年低0.2%；全年社会融资规模为17.29万亿元，是年度历史最高水平，比上一年多1.53万亿元。其中，人民币贷款增加8.89万亿元，同比多增6879亿元；信托贷款增加1.84万亿元，同比多增5603亿元。与此同时，银行间市场出现流动性紧张局面，货币市场和债券市场利率中枢明显上升，还曾于6月中旬和12月出现两次高利率的情况。

人民银行发布的《2013年第四季度货币政策执行报告》中明确，下一阶段仍将继续实施稳健的货币政策，坚持"总量稳定、结构优化"的取向，改善和优化融资结构和信贷结构，实现货币信贷和社会融资规模合理增长。随着美国逐步退出量化宽松政策，国内长期利率可能继续上升。一方面，在我国"稳增长、调结构、促改革和防风险"的主基调下，信贷政策和规模会呈现结构性差异，2014年资金成本上行压力较大。另一方面，在利率市场化和互联网金融快速推进的背景下，金融机构降杠杆、稳兑付和保持流动性的压力进一步加大。

4.3.3 影响本公司业务发展的主要因素

4.3.3.1 有利因素

2013年信托资产规模成功突破10万亿元，成为金融行业中的第二位。2014年是十八届三中全会改革决定的落实之年，也是信托公司转型落实之年。

公司业务发展面临的外部有利因素主要有：国民经济的快速发展使得高净值人群不断增多，综合金融服务需求及私人理财需求迅速膨胀；监管机构着力构造影子银行的监管体系，明确了信托业治理体系建设的八大机制，积极引导促进信托业的发展；信托行业逐渐适应了金融创新的客观需要，各类业务创新推进较快，信托公司自身能力和社会影响力在发展中不断提升。

内部有利因素主要有：股东的金融资源背景和雄厚资本实力对公司的资本扩张和业务协同有很好的支持作用；公司高级管理层和业务审查委员会等已经形成了以制度带动流程化的高效决策机制，能够根据市场变化迅速作出反应，更快适应新的发展环境；公司经过三年的发展，始终坚持"宁失效益，不失风控"的原则，业务稳健发展，达到行业中游水平，也为转型奠定了基础。

4.3.3.2 不利因素

随着制度优势逐渐丧失，竞争日渐加剧，信托公司的信托资产规模增速也在2013年呈下滑趋势，信托公司也面临转型的问题。

公司业务发展面临的外部不利因素主要有：2014年我国仍实行稳健的货币政策，且货币供应不再宽松，市场资金成本压力较大；券商资管、基金子公司、银行资管、保险资管等对信托公司业务的抢占还在继续，"余额宝"、"理财通"等互联网金融产品进一步加剧了竞争；传统融资业务受到挤压，创新业务短期内难以大规模负债，且盈利模式尚不清晰；房地产、矿产、能源等类型的信托风险事件不断爆发，信托公司面临的兑付压力较大。

内部不利因素主要有：公司注册资本规模偏小，一定程度上限制业务开展和创新业务资格；公司缺乏资源优势，核心竞争力有待培养和增强，品牌影响力有待提升；公司资金获取能力有待提升，项目后续管理能力亟需加强。

4.4 内部控制

4.4.1 内部控制环境和内部控制文化

公司按照《公司法》和监管机构的要求，不断规范以股东会、董事会、监事会和高级管理层为核心的"三会一层"的公司治理架构，董事会下设信托委员会、薪酬与考核委员会、风险管理与审计委员会，各机构按照规定的工作程序、议事规则运作，做到有机协调和分权制衡。公司独立董事按照公司章程的规定对重大事项发表独立意见；公司监事会按年度对董事履职情况进行评价，强化对董事的约束和监督机制，推进公司治理制度的有效执行。

公司根据内部控制要求和信托业务特点设置内部机构，将组织结构划分为决策层、前台业务层、中台管理与支持层、后台管理与监督层，明确界定总办会、信托业务审查委员会、固有业务审查委员会、各部门和岗位之间的职责及风险控制分工，形成了职责分离、相互监督制约的机制。

公司奉行"方方正正做人，实实在在做事"的核心价值观，秉承"规范、稳健、创新"的经营理念，坚持"宁失效益，不失风控"的风控原则，认真履行受托人职责。公司将内控管理理念融会在各项管理制度和业务流程中，要求员工遵守职业操守和公司规章制度，从制度层面上促进公司合规理念、合规文化的建设。公司组织员工参加信托法律知识考试，开通法律咨询专线，开展案件防控知识讲座，持续向员工传达遵守法律法规和实施内部控制的重要性 引导员工树立合规意识和风险意识 规范员工职业行为，促进公司长期稳健发展。

4.4.2 内部控制措施

公司股东会、董事会、监事会、高级管理层按照公司章程规定的职权，实施内部控制的监督管理；公司前台、中台、后台职责分离，横向与纵向相互监督制约；审计稽核部负责组织对公司内部控制情况进行监督、检查。公司建立了以决策系统、业务审批及操作系统、风险控制系统，以及内部规章制度等为主要内容的内部控制机制。

2013 年，公司根据业务开展和风险管理的需要，以及监管部门的要求，对内控制度进行梳理，新订 11 项制度，修订 23 项制度。公司各项业务均建立了较完善的流程控制，明确业务开展程序，控制风险点，并结合业务运作情况，不断修订、完善业务流程。

公司内部控制制度和业务流程在运行中逐步完善，执行情况良好，各项制度和业务流程覆盖面、可操作性和精细化程度得到加强，有效防范了公司面临的各项风险。

4.4.3 监督评价与纠正

公司建立了多层次的内部控制监督评价机制。在公司治理层面，监事会负责对公司董事及高级管理人员履职情况进行监督，董事会下设的风险管理与审计委员会依据公司章程及议事规则所赋予的职责权限对相关事项进行监督。在公司管理层面，合规与风险管理部对公司业务活动进行全过程监督，审计稽核部对公司经营管理活动进行事后监督评价并督促改进。

4.5 风险管理

4.5.1 风险管理概况

公司坚持"宁失效益，不失风控"的风控原则，通过建立和完善全面风险管理体系，使公司风险管理与战略目标相适应，确保公司风险始终在公司确定的承受水平之内，并在此基础上持续提高风险管理水平，促进各项业务稳健发展，实现客户价值、公司价值最大化。

公司重视制度建设，完善健全各项规章制度。报告期内，公司根据经营发展需要及时修订、增加了一批重要的规章制度，使得公司治理及内部控制水平得到进一步提高。公司现有规章制度覆盖了经营活动各环节，能够满足公司业务发展与风险管理的需要。公司决策、执行、监督、反馈等各个环节及公司的所有业务均受公司制度约束，各项经营活动均做到有章可循，任何决策和操作均有案可查。

公司根据经营管理和风险控制需要，设置了三级风险管理机构，分别是董事会下设专门委员会——风险管理与审计委员会、公司高级管理层常设议事决策机构——信托业务审查委员会及固有业务审查委员会；公司内部设职能部门——合规与风险管理部及审计稽核部。风险管理与审计委员会负责确定公司风险管理重大事项，向董事会提供风险控制建议。两个业务审查委员会分别对信托业务和固有业务进行审查，就风险管理等内容进行审议，并向公司高级管理层提供审查意见。合规与风险管理部发挥日常风险监督、控制和预警的职能，负责对公司经营和业务活动进行全面风险管理。审计稽核部负责对公司业务中的各种风险进行稽核监督。

公司以业务流程为主导，形成了风险识别、风险评估、风控措施的落实、风险监控、风险预警等五级风险管理体系，风险管理职责覆盖到前台、中台、后台的全部流程，实现了风险内部控制机制的有效运作。

4.5.2 风险状况

4.5.2.1 信用风险状况

信用风险不仅包括交易对手和合作方的违约风险，还包括由于交易对手和合作方的信用状况和履约能力上的变化而导致公司各类资产价值发生变动所造成损失的风险。报告期内，公司所面临的信用风险总体上在可控范围内。

4.5.2.2 市场风险状况

市场风险是指在对公司各类财产的经营管理中，因市场利率、汇率和股价等市场参数的波动而产生的风险。

报告期内，公司固有业务和信托业务中 证券投资业务继续保持较低比例 公司盈利能力和财务状况受其影响较小。

报告期内，市场利率和汇率小幅波动，对公司所管理的资产没有显著影响。

4.5.2.3 操作风险状况

操作风险是指由于不完善或有问题的内部程序、员工、信息科技系统或外部事件所造成损失的风险。报告期内，公司未发生因内部原因或外部事件造成的直接或间接损失，也未发现滥用操作权的情况。

4.5.2.4 合规风险状况

合规风险是指因没有遵循法律法规、监管要求、市场规则、行业准则或内部行为准则，可能遭受法律制裁、监管处罚、重大财务损失和声誉损失的风险。报告期内，公司未发生从业人员违反法律法规和职业操守的事件，未发生合规风险。

4.5.2.5 其他风险状况

其他风险包括政策风险、法律风险、流动性风险、员工道德风险等。报告期内，在公司经营管理及业务发展中未出现相关风险事件。

4.5.3 风险管理

4.5.3.1 信用风险管理

公司通过详尽的尽职调查，有效利用各类信用评级系统，对项目信用风险进行充分的事前评估，审慎选择交易对手；通过事中控制、事后检查持续关注交易对手的信用状况、抵（质）押物价值及保证人担保能力的变化，并根据具体情况采取有效的应对措施；通过实施重点客户、区域倾斜，保持一定程度的客户集中度，在依托各种信用增级手段的基础上，切实降低信用风险；选聘外部中介机构在尽职调查中对交易结构、交易对手出具专业意见，通过法律条款的设定，借助外部律师的意见，提高抵御信用风险的能力。

公司本年度建立了项目风险量化指标体系，使公司各类项目的风控审核更加具有客观性。公司将根据市场变化和监管部门的要求适时调整、完善风险量化指标体系。

报告期内，公司加强对存续项目定期及不定期的后续风险检查，定期对存续项目进行风险分类及监控，做到第一时间进行风险预警，并及时采取应对措施防范风险的发生或扩大。

4.5.3.2 市场风险管理

公司建立了市场风险识别、计量、监测和控制程序，以确保市场风险管理能够与业务性质、规模、复杂程度和风险特征相适应，与能够承担的总体市场风险水平相一致；公司加强对宏观经济和市场的研究，及时跟踪市场价格波动情况，对每项业务和产品中的市场风险因素进行分解和分析，以及时、准确识别所有业务中市场风险的类别和性质；通过定期或不定期地对房地产和证券投资等业务进行市场风险压力测试，分析业务对外部市场变化的敏感程度和可能的影响，以制定策略应对市场变化；公司对重大市场风险情况事先制定应急处理方案，积极采取对冲、减少风险暴露等措施降低市场风险水平。

4.5.3.3 操作风险管理

公司明确界定各业务部门和管理部门的操作风险管理职责，确保各部门切实履职；公司根据业务特点、管理流程和复杂程度，逐步确定重点操作风险，通过运用操作风险因素清单、关键风险指标、风险与控制自我评估等工具，定期监测并报告操作风险状况和重大损失情况；公司针对潜在损失不断增大的风险，建立了早期的操作风险预警机制，以便及时采取措施控制、降低风险，降低损失事件的发生频率及损失程度；公司还将履约风险作为重大操作风险，实施专项管理，按照信托合同和其他有关法律文件的规定和要求，勤勉尽职地履行受托人管理义务，避免因操作不当导致风险事件的发生。

4.5.3.4 合规风险管理

公司董事会、监事会及高级管理层的工作职责包括合规管理，并按照相应的权限进行决策、监督、执行和考核。公司设立了满足业务发展需要的合规部门，并配置两名以上关键人员。合规部门具有独立的职责权限，负责对日常经营管理和业务操作进行合规审查，发现和纠正违规现象，保障公司各项业务发展遵照法律法规、监管要求、市场规则、行业准则或内部行为准则执行，避免由此所导致的财产损失和声誉损失。公司保持与监管机构日常的工作联系，跟踪和评估监管意见和监管要求的落实情况。公司建立了有效的合规问责制度，严格对违规行为的责任认定与追究，及时改进经营管理流程，适时修订相关制度、程序。公司要求新产品和新业务的开发必须经过合规性审核的测试，识别和评估新业务的拓展方式、新客户关系的建立以及客户关系的性质发生重大变化等所产生的合规风险。

4.5.3.5 其他风险管理

公司通过加强国家政策分析和研究，提高对政策的理解能力，加强与监管部门及同业间的沟通，以提高对政策的理解度和执行力，保持资金投向与宏观调控方向的一致性，从而防范政策风险；公司内设法律部门，对于重大项目聘请外部律师提供专业意见或法律咨询，尤其是对创新产品强化法律方面的风险管理；公司运用资产负债管理方法加强流动性风险管理，严格匹配资产和负债的合理比例，并定期或不定期地对流动性进行压力测试；公司主要通过制度规范、业务及职业道德培训、内部审计人员的监督与检查来防范员工道德风险。

5. 报告期末会计报表及上一年度末的比较式会计报表

5.1 会计师事务所审计意见全文

审 计 报 告

众环审字（2014）010476 号

方正东亚信托有限责任公司全体股东：

我们审计了后附的方正东亚信托有限责任公司（以下简称方正东亚信托公司）财务报表，包括 2012 年 12 月 31 日、2013 年 12 月 31 日的资产负债表，2012 年度、2013 年度的利润表、所有者权益变动表和现金流量表以及财务报表附注。

一、管理层对财务报表的责任

编制和公允列报财务报表是方正东亚信托公司管理层的责任，这种责任包括：(1)按照企业会计准则的规定编制财务报表，并使其实现公允反映；(2)设计、执行和维护必要的内部控制，以使财务报表不存在由于舞弊或错误导致的重大错报。

二、注册会计师的责任

我们的责任是在实施审计工作的基础上对财务报表发表审计意见。我们按照中国注册会计师审计准则的规定执行了审计工作。中国注册会计师审计准则要求我们遵守职业道德规范，计划和实施审计工作以对财务报表是否不存在重大错报获取合理保证。

审计工作涉及实施审计程序，以获取有关财务报表金额和披露的审计证据。选择的审计程序取决于注册会计师的判断，包括对由于舞弊或错误导致的财务报表重大错报风险的评估。在进行风险评估时，我们考虑与财务报表编制相关的内部控制，以设计恰当的审计程序，但目的并非对内部控制的有效性发表意见。审计工作还包括评价管理层选用会计政策的恰当性和作出会计估计的合理性，以及评价财务报表的总体列报。

我们相信，我们获取的审计证据是充分、适当的，为发表审计意见提供了基础。

三、审计意见

我们认为，方正东亚信托公司财务报表在所有重大方面按照企业会计准则的规定编制，公允反映了方正东亚信托公司2012年12月31日、2013年12月31日的财务状况以及2012年度、2013年度的经营成果和现金流量。

众环海华会计师事务所（特殊普通合伙）

中国注册会计师：朱　烨

中国注册会计师：李　莎

中国　武汉　　2014年3月30日

5.2 资产负债表

单位：元

资产	2013年12月31日	2012年12月31日	负债和所有者权益	2013年12月31日	2012年12月31日
资产：			负债：		
货币资金	447 105 860.67	1 179 648 419.18	向中央银行借款		
存放同业款项			同业及其他金融机构存放款项		
贵金属			拆入资金		
拆出资金			交易性金融负债		
交易性金融资产	12 572 000.00	12 992 000.00	衍生金融负债		
衍生金融资产			卖出回购金融资产款		
买入返售金融资产			吸收存款		
应收利息	18 962 695.46	11 508 689.54	应付职工薪酬	93 490 115.35	78 934 502.18
发放贷款及垫款	506 195 369.87	154 813 916.62	应交税费	76 787 294.13	145 450 311.49
可供出售金融资产	48 650 000.00	49 756 500.00	应付利息		
持有至到期投资			预计负债	25 997 150.00	
应收款项类投资	1 343 500 000.00	379 480 000.00	应付债券		
长期股权投资			递延所得税负债	6 499 287.50	
投资性房地产			其他负债	141 143 135.18	209 107 248.62
固定资产	8 724 826.49	5 656 746.69	负债合计	343 916 982.16	433 492 062.29
在建工程			股东权益：		
无形资产	4 477 262.73	3 691 660.02	实收资本	1 200 000 000.00	1 000 000 000.00
递延所得税资产	7 174 864.47	6 353 093.34	资本公积	18 485 362.50	−182 625.00
其他资产	125 485 983.91	113 939 477.50	减：库存股		
			盈余公积	118 644 366.89	48 453 106.56
			一般风险准备	89 267 919.15	24 226 553.28
			未分配利润	752 534 232.90	411 851 405.76
			外币报表折算差额		
			归属于母公司的股东权益合计	2 178 931 881.44	1 484 348 440.60
			少数股东权益		
			股东权益合计	2 178 931 881.44	1 484 348 440.60
资产总计	2 522 848 863.60	1 917 840 502.89	负债和股东权益总计	2 522 848 863.60	1 917 840 502.89

5.3 利润表

单位：元

项　目	2013年度	2012年度
一、营业收入	1 278 888 656.52	753 600 076.57
利息净收入	55 146 460.52	52 637 572.29
利息收入	55 146 460.52	52 637 572.29
利息支出		
手续费及佣金净收入	1 112 557 755.23	675 331 310.42
投资收益（损失以“－”号填列）	114 539 501.74	28 496 984.35
公允价值变动净收益（损失以“－”号填列）	−420 000.00	−2 632 000.00
汇兑收益（损失以“－”号填列）	−2 935 060.97	−217 055.37

续表

项　目	2013年度	2012年度
其他业务收入		
二、营业支出	331 534 261.61	232 355 807.64
营业税金及附加	62 700 343.20	49 109 512.74
业务及管理费	261 934 294.62	182 720 431.02
资产减值损失	6 899 623.79	525 863.88
其他业务成本		
三、营业利润（亏损以“－”号填列）	947 354 394.91	521 261 004.05
加：营业外收入	17 245 550.57	1 000 002.87
减：营业外支出	844 595.22	18 419.24
四、利润总额（亏损总额以“－”号填列）	963 755 350.26	522 242 587.68

续表

项 目	2013 年度	2012 年度
减:所得税费用	261 842 746.92	126 052 466.85
五、净利润(净亏损以"－"号填列)	701 912 603.34	396 190 120.83
六、每股收益		
(一)基本每股收益		
(二)稀释每股收益		
七、其他综合收益	18 667 987.50	－182 625.00
八、综合收益总额	720 580 590.84	396 007 495.83

5.4 现金流量表

单位:元

项 目	2013 年度	2012 年度
一、经营活动产生的现金流量		
客户存款和同业存放款项净增加额		
向中央银行借款净增加额		
向其他金融机构拆入资金净增加额		
收取利息、手续费及佣金的现金	1 156 651 964.65	792 521 834.28
收到其他与经营活动有关的现金	23 943 534.94	19 290 582.35
经营活动现金流入小计	1 180 595 499.59	811 812 416.63
客户贷款及垫款净增加额	358 312 052.80	－141 919.20
存放中央银行和同业款项净增加额		
支付手续费及佣金的现金	67 331 674.29	
支付给职工以及为职工支付的现金	91 097 798.92	51 286 487.63
支付的各项税费	395 109 830.41	74 165 891.80
支付其他与经营活动有关的现金	130 591 320.88	91 018 826.95
经营活动现金流出小计	1 042 442 677.30	216 329 287.18
经营活动产生的现金流量净额	138 152 822.29	595 483 129.45
二、投资活动产生的现金流量		
收回投资收到的现金	470 580 000.00	2 248 712 333.32
取得投资收益收到的现金	107 048 038.51	17 673 567.69
收到其他与投资活动有关的现金	16 300.00	45 000.00
投资活动现金流入小计	577 644 338.51	2 266 430 901.01
投资支付的现金	1 434 600 000.00	2 518 382 333.32
购建固定资产、无形资产和其他长期资产支付的现金	10 804 658.34	3 761 410.44
支付其他与投资活动有关的现金		
投资活动现金流出小计	1 445 404 658.34	2 522 143 743.76
投资活动产生的现金流量净额	－867 760 319.83	－255 712 842.75
三、筹资活动产生的现金流量		
吸收投资收到的现金		400 000 000.00
发行债券收到的现金		
收到其他与筹资活动有关的现金		
筹资活动现金流入小计		400 000 000.00
偿还债务支付的现金		
分配股利、利润或偿付利息支付的现金		
支付其他与筹资活动有关的现金		
筹资活动现金流出小计		
筹资活动产生的现金流量净额		400 000 000.00
四、汇率变动对现金等价物的影响	－2 935 060.97	－369 258.57
五、现金及现金等价物净增加额	－732 542 558.51	739 401 028.13
加:期初现金及现金等价物余额	1 179 648 419.18	440 247 391.05
六、期末现金及现金等价物余额	447 105 860.67	1 179 648 419.18

6. 财务情况说明书

6.1 利润实现和分配情况

单位:万元

项 目	本年数	上年数
本年净利润	70 191.26	39 619.01
加:年初未分配利润	38 585.43	4 909.27
其他转入		
可供分配的利润	108 776.69	44 528.28
减:提取法定盈余公积	7 019.13	3 961.90
提取法定公益金		
提取信托赔偿准备金	3 509.56	1 980.95
提取一般准备金	2 994.57	
提取职工奖励及福利基金		
提取储备基金		
提取企业发展基金		
利润归还投资		
可供投资者分配的利润	95 253.43	38 585.43
减:应付优先股股利		
提取任意盈余公积		
股利分配		
转作股本的普通股股利	20 000.00	
年末未分配利润	75 253.42	38 585.43

6.2 主要财务指标

指标名称	指标值
资本利润率(%)	38.25
加权年化信托报酬率(%)	0.91
人均净利润(万元)	438.70

注:1. 资本利润率＝净利润/所有者权益加权平均余额×100%。

2. 加权年化信托报酬率＝(信托项目1的实际年化信托报酬率×信托项目1的实收信托＋信托项目2的实际年化信托报酬率×信托项目2的实收信托＋…＋信托项目n的实际年化信托报酬率×信托项目n的实收信托)/(信托项目1的实收信托＋信托项目2的实收信托＋…＋信托项目n的实收信托)×100%。

3. 人均净利润＝净利润/年末人数。

6.3 对本公司财务状况、经营成果有重大影响的其他事项

报告期内没有发生对本公司财务状况、经营成果有重大影响的其他事项。

7. 特别事项揭示

7.1 前五名股东报告期内变动情况及原因

无。

7.2 董事、监事及高级管理人员变动情况及原因

本报告期内，公司第一届董事会任期届满，股东会选举产生了第二届董事会。余丽女士、李群元先生、周全锋先生、吴志强先生连任董事，宋常先生连任独立董事，王法圣先生、尹焰强

先生未连任。冯鹏熙先生当选为第二届董事会董事，刘志敏先生当选为第二届董事会独立董事。2013年11月8日，冯鹏熙先生、刘志敏先生的任职资格获得湖北银监局批复核准（鄂银监复[2013]468号）。

本报告期内，公司第一届监事会任期届满，股东会选举产生了第二届监事会。李国军先生、王焕萍女士、岳建强先生、邹小华先生连任监事，吴宏亮先生未连任。王晶先生当选为第二届监事会监事。

本报告期内，经公司第一届董事会第十次会议审议通过，公司任命曹阳先生为总经理助理。2013年9月13日，曹阳先生的任职资格获得湖北银监局批复核准（鄂银监复[2013]379号）。

本报告期内，公司副总经理万泽源先生退休。经公司第二届董事会第一次会议审议通过，万泽源先生任职至2013年12月31日，之后由曹阳先生接替其工作职责。

7.3 变更注册资本、变更注册地或公司名称、公司分立与合并事项

本报告期内，经湖北银监局批复核准（鄂银监复[2013]541号），公司以经审计的2012年末累计未分配利润为基数，将其中2亿元转增注册资本。增资后公司注册资本为12亿元，各股东出资比例不变，具体股权结构为：北大方正集团有限公司出资84 012万元，出资比例为70.01%；东亚银行有限公司出资23 988万元，出资比例为19.99%；武汉经济发展投资（集团）有限公司出资12 000万元，出资比例为10.00%。

公司注册地址、公司名称无变动，无分立与合并事项。

7.4 公司的重大诉讼事项

7.4.1 重大未决诉讼事项

中信银行股份有限公司深圳福田支行（以下简称中信银行福田支行）于2012年10月28日向武汉市中级人民法院起诉本公司和北大方正集团有限公司，请求法院判令本案两个被告向原告支付同业存款本金2 000万元及相应利息。本案现处于二审审理阶段。

本案源于中信银行福田支行与武汉国际信托投资公司（本公司的前身）于1997年发生的存款合同纠纷，而北大方正集团有限公司在武汉国际信托投资公司重组的过程中，曾于2009年12月1日出具《关于完全承接武汉国际信托投资公司重新登记前未清理的债务的承诺》。基于该承诺，北大方正集团有限公司将妥善处理并确保本案的审理、判决和执行过程，且本案所引发的任何赔偿或其他支付义务不会对本公司造成任何损失。

7.4.2 以前年度发生，于本报告期内终结的诉讼事项

无。

7.5 公司及其董事、监事和高级管理人员受到处罚的情况

无。

7.6 中国银监会及其派出机构对公司的整改意见及公司整改情况

无。

7.7 公司重大事项临时报告的简要内容、披露时间、所披露的媒体及版面

2014年1月1日，公司于《金融时报》第三版刊登了《关于增加注册资本的公告》，对公司完成增加注册资本金至12亿元并相应修改公司章程的事项进行了披露。

7.8 中国银监会及其派出机构认定的其他有必要让客户及相关利益人了解的重要信息

无。

8. 监事会意见

监事会认为，报告期内，公司的决策程序符合国家法律法规和公司章程及相关制度，建立健全了比较有效的内控制度，建立了相对完善的独立董事和董事会下属专业委员会，董事会全体成员及高级管理层全体成员认真履行了职责，未发现有违法违规、违章的行为，也没有损害公司利益、股东利益和委托人利益的行为。报告期内，公司财务报告真实、客观地反映了公司的财务状况和经营成果。

甘肃省信托有限责任公司

1. 重要提示

1.1 本公司董事会及董事保证本报告所载资料不存在任何虚假记载、误导性陈述或者重大遗漏，并对其内容的真实性、准确性和完整性承担个别及连带责任。本年度报告摘要摘自年度报告全文，客户及相关利益人欲了解详细内容，应阅读年度报告全文。

1.2 没有董事声明对年度报告内容的真实性、准确性、完整性无法保证或存在异议。

1.3 独立董事就年度报告内容的真实性、准确性、完整性发表了无异议的独立意见。

1.4 北京中天恒会计师事务所有限责任公司兰州分所为本公司出具了标准无保留意见的审计报告。

1.5 公司董事会郑重声明：保证年度报告中财务报告真实、完整。

2. 公司概况

甘肃省信托有限责任公司的前身为甘肃省投资信托公司，于1980年3月经甘肃省人民政府批准成立，1981年6月经中国人民银行批准续办。1991年、1996年两次经中国人民银行批准进行重新登记，1996年更名为“甘肃省信托投资公司”。2002年4月28日，经中国人民银行批准，由原甘肃省信托投资公司、天水市信托投资公司和白银市信托投资公司合并重组，组建成立“甘肃省信托投资有限责任公司”。2009年2月，经中国银行业监督管理委员会核准，公司名称变更为“甘肃省信托有限责任公司”，注册资本金为31 819.05万元。2010年5月，经中国银行业监督管理委员会批准，公司注册资本金变更为101 819.05万元。

2.1 公司简介

2.1.1 法定中文名称：甘肃省信托有限责任公司

2.1.2 中文名称缩写：甘肃信托

2.1.3 法定英文名称：Gansu Trust Co. Ltd.

2.1.4 英文名称缩写：GTC

2.1.5 法定代表人：马江河

2.1.6 注册地址：甘肃省兰州市静宁路308号

2.1.7 邮政编码：730030

2.1.8 公司互联网地址：www. gstrust. com. cn

2.1.9 公司电子信箱：gsxtmail@163. com

2.1.10 负责信息披露事务人：石永和
信息披露联系人：宣雨辰
联系电话：(0931)4890016
传　　真：(0931)8410739
全国统一客服电话：400－730－6666

2.1.11 公司选定的信息披露报纸名称：《中国证券报》

2.1.12 公司年度报告备置地点：甘肃省兰州市静宁路308号

2.1.13 公司聘请的会计师事务所(甘肃省人民政府国有资产监督管理委员会指定)：北京中天恒会计师事务所有限责任公司兰州分所
地址：兰州市天水南路226号萃英大厦6楼601~610室

2.1.14 公司聘请的律师事务所：甘肃正天合律师事务所
地址：甘肃省兰州市通渭路1号兰州房地产大厦15楼

2.2 组织结构

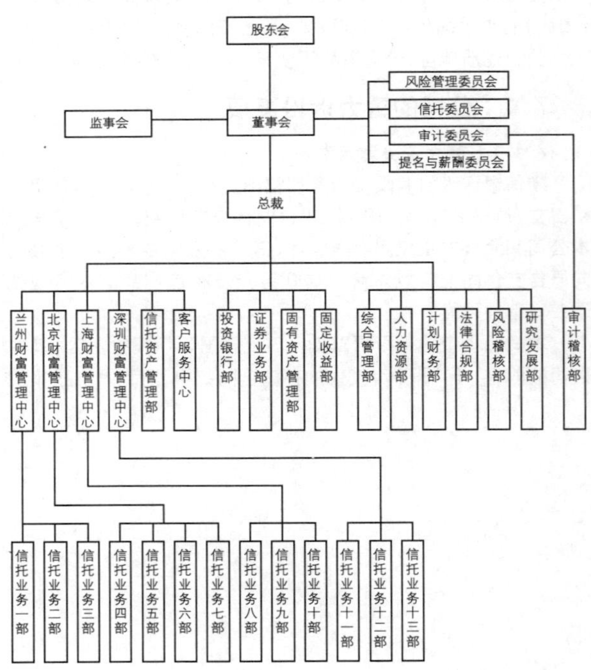

3. 公司治理结构

3.1 股东和股东会

报告期末股东数为3名。

股东名称	持股比例(%)	法人代表	注册资本(万元)	注册地址	主要经营业务
甘肃省国有资产投资集团有限公司	92.58	贾子俊	94 265.21	兰州市静宁路308号	承担全省工业发展投融资主体的角色,从事授权范围内的投资、融资业务,并对投融资金进行管理等。
天水市财政局	4.00	刘永年	4 072.84	天水市合作巷1号	无。
白银市财政局	3.42	马　勤	3 481.00	白银市人民路100号	无。

3.2　董事、董事会及其下属委员会

副董事长、董事

姓　名	职　务	性别	年龄	选任日期	所代表的股东名称	所代表的股东持股比例(%)	简　要　履　历
邵禹斌	副董事长	男	39	2009年12月	甘肃省国有资产投资集团有限公司	92.58	历任酒泉钢铁(集团)有限责任公司副处长、龙泰集团公司常务副总经理,现任甘肃省国有资产投资集团有限公司总经理助理兼公司副董事长。
史光磊	董事	男	33	2009年12月			历任酒泉钢铁(集团)有限责任公司财务部经理,现任甘肃省国有资产投资集团有限公司财务部副部长。
李炜	董事	男	51	2009年12月			历任甘肃省财政厅基本建设处主任科员、经济建设处主任科员,现任甘肃省财政厅企业处副处长。
刘永年	董事	男	55	2010年4月	天水市财政局	4.00	历任天水市财政局副局长、天水市审计局党组书记和局长,现任天水市财政局局长、党组书记。
杨　文	职工董事	男	51	2009年12月			历任天水市信托投资公司国债服务部主任,天水市建设路证券营业部总经理,天水市信托投资公司总经理助理、副总经理,甘肃省信托投资有限责任公司副总裁;现任公司总裁。

董事会下属委员会

董事会下属委员会名称	职　责	组成人员姓名	职　务
信托委员会	审议公司信托业务发展战略;监督公司依法履行受托职责,切实保障受益人的合法权益;监督公司信托业务与固有业务之间建立有效隔离机制,保障信托财产的独立性。	张文义	独立董事
		邵禹斌	副董事长
		杨　文	总裁
审计委员会	监督管理公司内部审计工作,对公司各项业务及高管人员的经营行为进行检查监督,提请聘请或解聘外部审计机构。	包国宪	独立董事
		俞　静	总裁助理
		刘宝生	风险稽核部总经理
风险管理委员会	协助董事会建立和完善公司风险控制制度体系并监督实施;对公司重大投资项目或经营业务中面临或存在的经营风险进行事先评估、事中监控和事后总结;在公司已投资项目和经营业务出现重大风险时,向董事会行使建议终止权,并提交可行性整改方案。	邵禹斌	副董事长
		杨　文	总裁
		解冰华	党委书记、常务副总裁
		党宏亮	总裁助理
		俞　静	总裁助理
提名与薪酬委员会	拟定董事、独立董事的选任程序和标准,并对其任职资格进行初步审核;对由董事长提名并由董事会任免的高级管理人员及相关部门负责人任职资格进行初步审核;拟订董事、独立董事、监事的考核办法和薪酬方案;拟定员工绩效考核制度以及激励方案。	苏志希	独立董事
		鲁林岐	党委副书记、纪委书记
		王　莉	人力资源部总经理

3.3　监事、监事会及其下属委员会

监事会成员

姓　名	职　务	性别	年龄	选任日期	所代表的股东名称	所代表的股东持股比例(%)	简　要　履　历
沈建中	监事会主席	男	51	2009年12月	白银市财政局	3.42	历任白银市信托投资公司办公室主任、证券营业部经理、公司董事,现任白银市中小企业投资担保有限责任公司总经理。
杨林军	监事	男	44	2009年12月	甘肃省国有资产投资集团有限公司	92.58	历任中国蓝星(集团)总公司处长,甘肃兰星律师事务所、甘肃至行律师事务所律师,甘肃中粮可口可乐饮料有限公司法务经理、工会主席;现任甘肃省国有资产投资集团有限公司董事会秘书、战略规划部副部长。
刘宝生	职工监事	男	49	2009年12月			历任公司投资银行部经理、法律事务部经理、投资银行部总经理,现任公司风险稽核部总经理。

监事会无下属委员会。

3.4 独立董事

独立董事

姓 名	所在单位及职务	性别	年龄	选任日期	简要履历
苏志希	甘肃省人大常委会咨询员	男	68	2009年12月	历任甘肃省电子公司总经理、省计委副主任、省政府副秘书长、省财政厅厅长、省人大常委会副主任、省委委员、中共十六大代表，现任甘肃省人大常委会咨询员。
张文义	兰州盛祥物业服务有限责任公司总经理	男	59	2009年12月	历任甘肃省体改委副处长、省国资委产权处调研员，现任兰州盛祥物业服务有限责任公司总经理。
包国宪	兰州大学管理学院院长、博士生导师	男	54	2011年9月	历任兰州大学管理科学学团总支书记、副系主任、副教授、硕士生导师、副院长等，现任兰州大学管理学院教授、博士生导师、院长。

3.5 高级管理人员

高级管理人员

姓名	职务	性别	年龄	任职日期	金融从业年限	学历	专业	简要履历
杨 文	总裁	男	51	2011年9月	27	研究生	财政学	历任天水市信托投资公司国债服务部主任，天水市建设路证券营业部总经理，天水市信托投资公司总经理助理、副总经理，甘肃省信托投资有限责任公司副总裁；现任公司总裁。
解冰华	党委书记 常务副总裁	男	55	2012年12月 2011年6月	31	研究生	金融	历任中国人民银行兰州中支银行管理处副处级调研员，中国人民银行西安分行兰州监管办农行处处长，甘肃银监局工行监管处处长、国有银行监管三处处长、合作处处长；现任公司党委书记、常务副总裁。
鲁林岐	党委副书记 纪委书记 总裁助理	男	48	2013年4月 2013年1月	25	研究生	人力资源	历任甘肃省信托投资有限责任公司办公室副主任、主任，综合管理部总经理，总裁助理；现任党委副书记、纪委书记、总裁助理。
王亚峰	副总裁	男	50	2011年12月	18	本 科	政治理论	历任国泰君安兰州总部证券分析师、公司证券业务总部总经理、证券投资总监，现任公司副总裁。
党宏亮	总裁助理	男	44	2013年1月	21	研究生	会计	历任甘肃省信托投资有限责任公司信托业务部总经理、信托资产管理部总经理，现任公司总裁助理。
俞 静	总裁助理	女	40	2013年1月	18	本 科	会计	历任甘肃省信托投资有限责任公司审计稽核部经理、风险合规部总经理，现任公司总裁助理。

3.6 公司员工

公司2012年末员工人数为93人，2013年末员工人数为91人。

项 目		报告期年度		上年度	
		人数	比例(%)	人数	比例(%)
年龄分布	25岁以下	10	11	8	9
	25~29岁	17	19	17	18
	30~39岁	35	38	37	40岁
	40以上	29	32	31	33
学历分布	博 士	0	0	1	1
	硕 士	19	21	21	23
	本 科	52	57	50	54
	专 科	10	11	11	12
	其 他	10	11	10	10
岗位分布	董事、监事及其高管人员	7	8	4	5
	自营业务人员	11	13	20	22
	信托业务人员	35	38	48	52
	其他人员	38	42	18	18

注："自营业务人员"是指按照岗位分工，专门或至少从事固有资金使用和固有资产管理有关业务的职工；"信托业务人员"是指按照岗位分工，专门或至少从事信托资金使用和信托资产管理各项业务的职工；人力资源部等无法明确区分的综合部门人员归为"其他人员"。

4. 经营概况

4.1 经营目标、方针、战略规划

公司的价值理念为"言善信，托天下"；企业目标为"创新、专业、全面的金融产品集成商"；企业宗旨为"实现公司价值、股东权益、员工福利和社会效益最大化"；经营理念为"规范经营，诚实守信，大胆创新，跨越发展"；公司的战略规划为"巩固和构建主动管理型信托、金融股权投资和证券投资三大核心盈利业务链，积极参与资产证券化、投资银行、企业年金、拟上市企业股权投资等创新业务。进一步健全风险防控体系，提高全员风险防范能力，全面实施品牌战略和人才战略。将甘肃信托构建为信托业最具区域发展特色的综合性金融服务平台，成为具有全国品牌影响力和核心竞争力的智慧型和创新型的信托公司"。

4.2 所经营业务的主要内容

4.2.1 自营资产运用与分布表

资产运用	金额（万元）	占比（%）	资产分布	金额（万元）	占比（%）
货币资产	23 980.27	15.46	基础产业		
贷款及应收款	43 578.72	28.10	房地产	11 000	7.09
交易性金融资产	27 930.76	18.01	证券市场	27 930.76	18.01
可供出售金融资产			实业	39 739.23	25.63
持有至到期投资	25 456.05	16.42	金融机构	35 040.85	22.59
长期股权投资	25 217.35	16.26	其　他	41 365.67	26.68
其　他	8 913.36	5.75			
资产总计	155 076.51	100	资产总计	155 076.51	100

4.2.2 信托资产运用与分布表

资产运用	金额（万元）	占比（%）	资产分布	金额（万元）	占比（%）
货币资产	31 572.47	0.41	基础产业	339 436.29	4.36
贷　款	5 556 219.16	71.35	房地产	1 065 147	13.68
交易性金融资产	12 144.72	0.16	证券市场	15 000	0.19
可供出售金融资产			实业	5 123 271.97	65.80
持有至到期投资	230 188.5	2.96	金融机构	795 837.5	10.22
长期股权投资	512 790.74	6.59	其　他	447 596.83	5.75
其　他	1 443 374	18.53			
信托资产总计	7 786 289.59	100	信托资产总计	7 786 289.59	100

4.3 市场分析

4.3.1 经济形势分析

2013 年，全球经济仍处危机后的调整期，国际环境充满复杂性和不确定性，国内原有竞争优势、增长动力逐渐削弱，经济运行低位趋稳。一方面，我国总需求增长面临下行压力，市场供应方的竞争将进一步加剧；另一方面，随着我国生产要素价格上涨以及人民币不断升值，我国产品出口竞争力出现下降迹象，产业转移、转型和升级需求进一步加大。同时，我国房地产行业的宏观调控仍然直接和间接对其他相关行业产生影响。

4.3.2 金融形势分析

2013 年，经济下行增加了信托公司经营的宏观风险，利率市场化加大了信托公司经营的市场风险，年中和年末的两次“钱荒”引发了对流动性风险的担心，频繁发生的个案风险事件引起了人们对信托业系统性风险的担忧；继 2012 年“资产管理新政”以来，2013 年商业银行和保险资产管理公司资管计划的推出，全面开启了“泛资产管理时代”，进一步加剧了竞争；财政部等四部委 2012 年末发布的《关于制止地方政府违法违规融资行为的通知》（财预[2012]463 号）以及 2013 年 3 月银监会发布的《关于规范商业银行理财业务投资运作有关问题的通知》（银监发[2013]8 号），使信托业务发展的外部环境存在一定的不确定性。

4.3.3 影响本公司业务发展的主要因素

4.3.3.1 有利因素

（1）十八届三中全会对全面深化改革作出了总体部署，将进一步激发发展内生动力和活力。企业及居民信心和预期有望稳定向好，将推动投资、消费平稳增长。

（2）随着产业结构调整力度的加大，工业化、信息化、城镇化、农村现代化加快发展，产业结构调整中形成了一些强劲增长点，加快推进新型城镇化、丝绸之路经济带建设和兰州新区发展等重大战略部署都将带来新的发展机遇。

（3）信托业正处于快速发展期，信托产品创新成为业内共识，居民财富持续增长，信托产品潜在客户增多；信托理财逐渐获得社会认可，信托专业资产管理和投资管理服务能力得到提升。

4.3.3.2 不利因素

（1）支持信托行业的三大板块房地产、平台业务、矿产能源受到不同程度的限制和调控，经营风险增大，公司信托业务亟待转型。

（2）证券、基金等金融子行业资产管理业务发展快速，与信托行业存在竞争关系，对信托行业发展造成不利影响。

（3）信托行业创新能力不足，产品类型较少。伴随信托行业内部竞争加剧，公司资产管理能力、创新能力等需要进一步加强。

4.4 风险管理

4.4.1 风险管理概况

公司风险管理的基本原则是全面性、审慎性、及时性、有效性和独立性。风险管理涵盖公司的各项业务、各个部门和各级人员，渗透到决策、执行、监督、反馈各个环节；风险管理是一项长期持续性工作，贯穿于公司经营过程始终；风险管理的核心是有效防范风险。公司通过制定健全内部控制制度，建立职责分工合理的组织机构，对可能产生的风险及时作出反应，采取有效措施进行事前、事中、事后的有效控制，以促进公司持续、稳健、规范、健康运行。

公司主要风险管理组织机构有董事会、风险管理委员会和审计委员会。公司董事会为最高风险管理、决策机构。风险管理委员会为董事会常设风险管理机构，其职责为：依照法律法规和政策的要求制定完善公司的风险管理与控制的制度、操作规程及合规管理办法；对信托委员会提请审批的信托项目和总裁会议提请审批的自营项目进行风险审查；建立公司业务风险管理体系，识别与防范业务风险；审议核准风险资产的五级分类与不良资产处置方案。公司自营、信托资金运用业务，均须通过风险管理委员会的风险审查。审计委员会主要负责监督管理公司内部审计工作，对公司各项业务及高管人员的经营行为进行检查监督，提请聘请或解聘外部审计机构。下设审计稽核部，审计稽核部对公司日常经营以及公司风险管理流程、体系进行审计监督。

公司在经营活动中存在的主要风险有信用风险、市场风险、操作风险、政策风险、道德风险等。

4.4.2 风险状况

4.4.2.1 信用风险状况

信用风险是指交易对手未能履行约定契约中的义务而造成经济损失的风险，即借款人不能履行还本付息的责任而使公司的预期收益与实际收益发生偏离的可能性，主要表现在资金使用人不能及时、准确披露信息，未经允许擅自改变资金用途，或不能到期还本付息等对资产安全产生的影响。主要来自于贷款类业务中贷款对象的信用风险、同业往来中银行等金融机构的信用风险、证券投资中券商的信用风险等。

4.4.2.2 市场风险状况

市场风险是指因市场价格（利率、汇率、股票价格和商品价格）的不利变动而使银行表内和表外业务发生损失的风险，主要表现在股价、利率、市场汇率及其他价格变动等因素对公司的盈利能力和财务状况可能产生的影响。一是市场价格波动所形成的风险；二是其他金融机构的激烈竞争与挤压，导致公司市场环境恶化与客户资源流失形成的风险。

4.4.2.3 操作风险状况

操作风险是指由不完善或有问题的内部程序、员工和信息科技系统，以及外部事件造成损失的风险。

4.4.2.4 其他风险状况

其他风险主要有政策风险、合规风险和道德风险。政策风险主要表现为宏观政策以及行业政策的变动对公司经营环境和发展所造成的影响。合规风险是指公司因没有遵循法律、规则和准则而可能遭受法律制裁、监管处罚、重大财务损失和声誉损失的风险。道德风险是指员工因违法违规操作而给公司带来的风险。

4.4.3 风险管理

4.4.3.1 信用风险管理

公司对信用风险采取如下防范控制措施：首先，在交易发生前，对交易对手缜密调查，作为事前控制的主要手段。我公司高度重视尽职调查工作，不断提升员工的调查能力，规范调查程序和标准，采用A角、B角独立报告制度等手段确保对交易对手的充分了解，谨慎选择交易对手。在严格执行公司相关制度的前提下，采取融资企业提供担保、办理抵押或质押等必要的防范手段进行风险缓释；建立量化指标，对交易对手整体的信用风险程度进行评估。其次，公司采用备抵法计提一般准备，据实计提专项准备，以充足的拨备防范和化解信用风险。

4.4.3.2 市场风险管理

公司通过业务模式的创新（如结构化信托）、资金分割等强调业务结构多元化和不同业务之间的风险对冲，提高公司抵御市场风险的整体能力；通过强化实地调研和行业研讨选择价值型品种，并进行优化组合来妥善管理和控制股市波动带来的风险；积极关注国家政策变化以采取相应对策和增强预见性来防范利率风险。报告期内公司加强了对风险的量化分析，通过对有关风险指标的跟踪测算、研究和评价，充分研判市场的变化。

4.4.3.3 操作风险管理

公司建立完善的授权审批和业务监控制度、业务操作规程，严格按照规章制度和流程操作业务。每项业务从不同层面和不同控制点对风险进行控制。公司不断加强员工培训，提高员工的责任感和道德水准，提高业务合规管理和风险管理质量；通过技术手段对操作权限和内容进行程序设定，通过制定应急预案等措施控制操作风险。

4.4.3.4 其他风险管理

公司通过对宏观政策和行业政策的跟踪研究，提高预见性，加强政策风险管理。日常经营中严格按照国家法律法规要求办理业务；根据市场和监管政策的变化及时调整公司发展方向和经营策略；注重与监管部门的沟通，保证公司经营符合国家政策的要求。通过建立完善的公司治理结构、内控制度、业务流程，规范公司业务操作和运营，不断加强员工政治思想、法律、业务素质教育，提高员工的道德水平和合规经营理念，有效防范和化解合规、道德风险。通过法律顾问在项目审批前提供法律审核意见，最后在签署法律文件时进行文本审核，做到事前严格控制法律风险，确保公司经营管理与法律、规则、监管规定和自律性行业准则相一致。

5. 报告期末及上一年度末的比较式会计报表

5.1 自营资产

5.1.1 会计师事务所审计意见全文

甘肃省信托有限责任公司2013年审计报告

中天恒兰审字〔2014〕第021号

甘肃省信托有限责任公司全体股东：

我们审计了后附的甘肃省信托有限责任公司（以下简称省信托公司）财务报表，包括2013年12月31日资产负债表，2013年度利润表、现金流量表、所有者权益变动表以及财务报表附注。

一、管理层对财务报表的责任

编制和公允列报财务报表是省信托公司管理层的责任，这种责任包括：(1)按照企业会计准则的规定编制财务报表，并使其实现公允反映；(2)设计、执行和维护必要的内部控制，以使财务报表不存在由于舞弊或错误导致的重大错报。

二、注册会计师的责任

我们的责任是在执行审计工作的基础上对财务报表发表审计意见。我们按照中国注册会计师审计准则的规定执行了审计工作。中国注册会计师审计准则要求我们遵守中国注册会计师职业道德守则，计划和执行审计工作以对财务报表是否不存在重大错报获取合理保证。

审计工作涉及实施审计程序，以获取有关财务报表金额和披露的审计证据。选择的审计程序取决于注册会计师的判断，包括对由于舞弊或错误导致的财务报表重大错报风险的评估。在进行风险评估时，注册会计师考虑与财务报表编制和公允列报相关的内部控制，以设计恰当的审计程序，但目的并非对内部控制的有效性发表意见。审计工作还包括评价管理层选用会计政策的恰当性和作出会计估计的合理性、以及评价财务报表的总体列报。

我们相信。我们获取的审计证据是充分、适当的，为发表审计意见提供了基础。

三、审计意见

我们认为，省信托公司财务报表在所有重大方面按照企业会计准则的规定编制，公允反映了省信托公司2013年12月31日的财务状况以及2013年度的经营成果和现金流量。

北京中天恒会计师事务所有限责任公司兰州分所

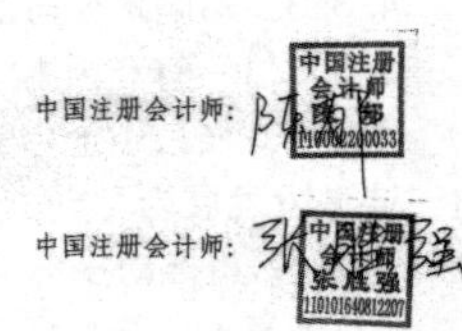

中国注册会计师：

中国注册会计师：

5.1.2 资产负债表

编制单位:甘肃省信托有限责任公司 2013 年 12 月 31 日 单位:万元

资产	期末数	期初数
流动资产:		
库存现金	2.19	0.24
银行存款	23 636.06	4 119.50
其他货币资金	342.03	2 553.12
应收账款	7 478.42	6 402.68
其他应收款	1 053.59	644.18
拆出资金		
贷款	35 046.71	37 011.87
交易性金融资产	27 930.76	20 017.02
代理业务银行存款		
应收股利		
买入返售金融资产		4 000.00
其他流动资产		
流动资产合计	95 489.76	74 748.61
非流动资产:		
可供出售金融资产		
持有至到期投资	25 456.05	30 304.34
投资性房地产		
长期股权投资	25 217.35	25 217.35
固定资产	7 760.65	8 071.64
固定资产清理		
在建工程		
无形资产	138.56	111.05
递延所得税资产	908.34	280.38
其他非流动资产	105.80	158.70
非流动资产合计	59 586.75	64 143.46
资产总计	155 076.51	138 892.07
负债及所有者权益		
流动负债:		
应付账款		
其他应付款	1 551.54	1 589.64
交易性金融负债		
预收账款	1 181.14	6 602.69
应付职工薪酬	1 201.03	225.64
应交税费	5 298.77	4 239.13
代理业务负债		
代理兑付证券款	122.41	122.41
代售证券款		
流动负债合计	9 354.89	12 779.51
非流动负债:		
长期借款		
递延所得税负债	159.52	94.80
其他非流动负债		
非流动负债合计	159.52	94.80
负债合计	9 514.41	12 874.31

续表

资产	期末数	期初数
所有者权益		
实收资本	101 819.05	101 819.05
资本公积	7 730.00	7 730.00
减:库存股		
盈余公积	4 600.70	2 646.26
未分配利润	28 786.30	12 173.61
信托赔偿准备	2 626.05	1 648.84
所有者权益合计	145 562.10	126 017.76
负债及所有者权益总计	155 076.51	138 892.07

单位负责人:邵禹斌 会计主管:陈继辉 复核:卢昌学 制表:丁小凡

5.1.3 利润表

编制单位:甘肃省信托有限责任公司 2013 年 12 月 31 日 单位:万元

项　目	行次	本年数	上年数
一、营业收入	1	36 849.48	24 347.67
利息净收入	2	3 606.77	1 868.66
利息收入		3 606.77	1 868.66
利息支出			
金融企业往来净收入	3	279.25	141.24
金融企业往来收入		279.25	141.24
金融企业往来支出			
手续费及佣金净收入	4	25 560.10	22 586.98
手续费及佣金收入	5	25 560.10	22 586.98
手续费及佣金支出	6		
投资收益	7	6 864.89	−3 868.32
公允价值变动收益		258.91	3 355.93
汇兑收益	8	−0.16	−0.04
其他业务收入	9	279.72	263.22
二、营业支出	10	10 423.81	6 626.22
营业税金及附加	11	2 561.16	1 872.23
业务及管理费	12	5 343.36	4 250.38
资产减值损失	13	2 519.28	503.61
其他业务成本	14		
三、营业利润	18	26 425.67	17 721.45
加:营业外收入	19		
减:营业外支出	20	153.07	320.39
四、利润总额	22	26 272.60	17 401.06
减:所得税费用	23	6 728.26	5 033.72
五、净利润	24	19 544.34	12 367.34
六、每股收益			
(一)基本每股收益			
(二)稀释每股收益			

单位负责人:邵禹斌 会计主管:陈继辉 复核:卢昌学 制表:丁小凡

5.1.4 所有者权益变动表

编制单位：甘肃省信托有限责任公司　　　　2012年12月31日　　　　单位：万元

项目	行次	本年金额						上年金额					
		归属于母公司所有者权益					所有者权益合计	归属于母公司所有者权益					所有者权益合计
		实收资本（或股本）	资本公积	减：库存股	盈余公积	未分配利润		实收资本（或股本）	资本公积	减：库存股	盈余公积	未分配利润	
栏次		1	2	3	4	5	6	7	8	9	10	11	12
一、上年年末余额	1	101 819.05	7 730.00		2 646.26	12 173.61	126 017.77	101 819.05	7 730.00		1 333.35	7 777.15	119 651.94
加：会计政策变更	2												
前期差错更正	3										-58.89	-1 088.85	-1 177.19
其他	4												
二、本年年初余额	5	101 819.05	7 730.00		2 646.26	12 173.61	126 017.77	101 819.05	7 730.00		1 274.46	6 688.31	118 474.76
三、本年增减变动金额（减少以"－"号填列）	6				1 954.43	16 612.69	19 544.34				1 371.80	5 485.31	7 543.01
（一）净利润	7					19 544.34	19 544.34					13 544.52	13 544.52
（二）直接计入所有者权益的利得和损失	8												
△1. 可供出售金融资产公允价值变动净额	9												
2. 权益法下被投资单位其他所有者权益变动的影响	10												
△3. 与计入所有者权益项目相关的所得税影响	11												
4. 其他	12												
净利润及直接计入所有者权益的利得和损失小计	13					19 544.34	19 544.34					13 544.52	13 544.52
（三）所有者投入和减少资本	14												
1. 所有者投入资本	15												
2. 股份支付计入所有者权益的金额	16												
3. 其他	17												
（四）利润分配	18				1 954.43	-2 931.65					1 371.80	-8 059.22	-6 001.51
1. 提取盈余公积	19				1 954.43	1 954.43					1 371.80	-1 371.80	
其中：法定盈余公积	20				1 954.43	1 954.43					1 371.80	-1 371.80	
任意盈余公积	21												
2. 提取一般风险准备（金融企业填报）	22					-977.22						-685.90	
3. 对所有者（或股东）的分配	23											-6 175.03	-6 175.03
其中：国有企业应上交的利润（国有股红利、股息、股利）	24												
普通股股利	25												
转作股本（资本）的普通股股利	26												
4. 其他	27											173.52	173.52
（五）所有者权益内部结转	28												
1. 资本公积转增资本（或股本）	29												
2. 盈余公积转增资本（或股本）	30												
3. 盈余公积弥补亏损	31												
4. 其他	32												
四、本年年末余额	33	101 819.05	7 730.00		4 600.70	28 786.30	145 562.10	101 819.05	7 730.00		2 646.26	12 173.61	126 017.77

单位负责人：邵禹斌　　　　会计主管：陈继辉　　　　复核：卢昌学　　　　制表：丁小凡

5.2 信托资产

5.2.1 信托项目资产负债汇总表

编制单位：甘肃省信托有限责任公司　　2013 年 12 月 31 日　　单位：万元

信托资产	期末数	期初数	信托负债和信托权益	期末数	期初数
信托资产：			信托负债：		
货币资金	31 572.47	66 500.83	交易性金融负债		
拆出资金			衍生金融负债		
存出保证金			应付受托人报酬	9 906.96	9 079.81
交易性金融资产	12 144.72	15 145.64	应付托管费		
衍生金融资产			应付受益人收益	1 568.70	5 269.92
买入返售金融资产	731 761.00	784 710.00	应交税费	351.98	199.47
应收款项	538 563.00	679 753.00	应付销售服务费		
发放贷款	5 556 219.16	5 443 911.38	其他应付款项	3 035.45	3 987.41
可供出售金融资产			其他负债		
持有至到期投资	230 188.50	352 930.00	信托负债合计	14 863.09	18 536.61
长期应收款			信托权益：		
长期股权投资	512 790.74	512 790.74	实收信托	7 757 159.94	7 931 526.66
投资性房地产			资本公积		
固定资产			损益平准金		
无形资产			未分配利润	14 266.56	13 078.32
长期待摊费用					
其他资产	173 050.00	107 400.00	信托权益合计	7 771 426.50	7 944 604.98
信托资产总计	7 786 289.59	7 963 141.59	信托负债及权益总计	7 786 289.59	7 963 141.59

单位负责人：邵禹斌　　会计主管：陈继辉　　复核：巩金堂　　制表：郝丽霞、徐模东

5.2.2 信托项目利润及利润分配汇总表

编制单位：甘肃省信托有限责任公司　2013 年 12 月 31 日　　单位：万元

项　目	本年数	上年数
一、营业收入	597 486.75	573 324.35
1. 利息收入	515 383.10	466 692.30
2. 投资收益	81 470.92	105 239.26
3. 公允价值变动损益	632.73	1 392.77
4. 租赁收入		
5. 汇兑损益		
6. 其他收入		0.02
二、营业费用	45 506.80	66 098.32
三、营业税金及附加	3.49	2.28
四、信托净利润（净亏损以"—"填列）	551 976.46	507 223.75
五、其他综合收益		
六、综合收益	551 976.46	507 223.75
加：期初未分配信托利润	13 078.32	5 540.42
七、可供分配信托利润	565 054.77	512 764.17
减：本期已分配信托利润	550 788.22	499 685.85
八、期末未分配信托利润	14 266.56	13 078.32

单位负责人：邵禹斌　会计主管：陈继辉　复核：巩金堂　制表：郝丽霞、徐模东

6. 会计报表附注

6.1 会计报表编制基准不符合会计核算基本前提的说明

6.1.1 会计报表不符合会计核算基本前提的事项

无。

6.1.2 合并报表说明

无。

6.2 重要会计政策和会计估计说明

会计年度：公历年度，即每年 1 月 1 日起至 12 月 31 日止。

记账本位币：人民币。

计量属性在本期发生变化的报表项目及其本期采用的计量属性：本公司会计核算以权责发生制为基础进行会计确认、计量和报告；对会计要素进行计量时，一般采用历史成本计量；在保证所确定的会计要素金额能够取得并可靠计量的情况下，采用重置成本、可变现净值、现值或公允价值计量；交易性金融资产和金融负债、可供出售金融资产以公允价值进行计量。

现金等价物确定标准：本公司现金指库存现金以及可以随时用于支付的存款，本公司现金等价物指同时具备期限短（一般为从购买日起三个月内到期）、流动性强、易于转换为已知现金、价值变动风险很小的投资，公司现金等价物包括现金、银行存款、其他货币资金。

6.2.1 计提资产减值准备的范围和方法

6.2.1.1 应收款项减值准备的范围和方法

本公司应收款项按下列标准确认坏账损失：

（1）债务人被依法宣告破产、撤销，依照法律清偿程序清偿后其剩余财产确实不足以清偿的应收款项。

（2）债务人死亡或依法被宣告死亡、失踪，其财产或遗产不足以清偿的应收款项。

（3）债务人遭受重大自然灾害或意外事故，损失巨大，以其财产确实无法清偿的应收款项。

（4）债务人逾期未履行偿债义务，经法院裁决，确定无法清偿的应收款项。当债务人无能力履行偿债义务时，经本公司相关会议审核批准，将该等应收款项列为坏账损失。

本公司坏账损失核算采用备抵法。资产负债表日，本公司对应收账款、其他应收款按照期末账面余额的1%计提坏账准备。

6.2.1.2　贷款减值准备的范围和方法

以摊余成本计量的贷款，本公司采用备抵法核算贷款损失准备。贷款损失准备覆盖本公司承担风险和损失的全部贷款。

资产负债表日，本公司对是否存在客观证据表明贷款已经发生减值损失进行检查。其中，对单笔重大贷款进行逐笔检查；对单笔非重大贷款按情况进行逐笔检查或进行组合检查。如果没有客观证据表明进行逐笔检查的贷款存在减值情况，无论该贷款是否重大，本公司将其与其他信贷风险特征相同的贷款一并进行组合减值检查和计量。如有客观证据表明影响该贷款或影响该类贷款组合的未来现金流量的事件已经发生且该等事件的财务影响可以可靠计量，本公司确认该等贷款或贷款组合发生减值损失，并计提贷款损失准备。贷款减值的客观证据包括但不限于借款人逾期支付利息或偿还本金、发生重大财务困难等。

贷款按五级分类结果作为风险特征划分资产组合，正常类贷款按期末余额的1.5%计提，关注类贷款按期末余额的3%计提，次级类贷款按期末余额的30%计提，可疑类贷款按期末余额的60%计提，损失类贷款按期末余额的100%计提。

6.2.1.3　固定资产减值准备

固定资产按照账面价值与可收回金额孰低计价。资产负债表日，本公司根据是否存在下列情形判断固定资产是否存在可能发生减值的迹象：

（1）资产的市价当期大幅度下跌，其跌幅明显高于因时间的推移或者正常使用而预计的下跌幅度。

（2）本公司经营所处的经济、技术或者法律等环境以及资产所处的市场在当期或者将在近期发生重大变化，从而对企业产生不利影响。

（3）市场利率或者其他市场投资报酬率在当期已经提高，从而影响企业计算资产预计未来现金流量现值的折现率，导致资产可收回金额大幅度降低。

（4）有证据表明资产已经陈旧过时或者其实体已经损坏。

（5）资产已经或者将被闲置、终止使用或者计划提前处置。

（6）企业内部报告的证据表明资产的经济绩效已经低于或者将低于预期，如资产所创造的净现金流量或者实现的营业利润（或者亏损）远远低于（或者高于）预计金额等。

（7）其他表明资产可能已经发生减值的迹象。

存在减值迹象的，本公司估计其可收回金额。可收回金额低于其账面价值的，按差额计提资产减值准备。可收回金额根据固定资产的公允价值减去处置费用后的净额与资产预计未来现金流量的现值两者之间较高者确定。

固定资产的公允价值减去处置费用后的净额，根据公平交易中销售协议价格减去可直接归属于该资产处置费用的金额确定；不存在销售协议但存在资产活跃市场的，按照该资产的市场价格减去处置费用后的金额确定；在不存在销售协议和资产活跃市场的情况下，以可获取的最佳信息为基础，估计资产的公允价值减去处置费用后的净额，该净额参考同行业类似资产的最近交易价格或者结果进行估计。公司按照上述规定仍然无法可靠估计固定资产的公允价值减去处置费用后的净额的，以该资产预计未来现金流量的现值作为其可收回金额。固定资产预计未来现金流量的现值，按照该等资产在持续使用过程中和最终处置时所产生的预计未来现金流量，以市场利率为折现率对其进行折现后的金额加以确定。

资产减值损失一经确认，在以后会计期间不再转回。

6.2.1.4　无形资产减值准备

资产负债表日，本公司检查无形资产是否存在各种可能发生减值的迹象，如果发现存在减值迹象，则估计可收回金额。本公司对有迹象表明一项资产可能发生减值的，以单项资产为基础估计其可收回金额。如果难以对单项资产的可收回金额进行估计，则按照该资产所属的资产组为基础确定资产组的可收回金额。可收回金额根据资产的公允价值减去处置费用后的净额与资产预计未来现金流量的现值两者之间较高者确定。可收回金额低于账面价值的，按差额计提减值准备。资产减值损失一经确认，在以后会计期间不再转回。

6.2.1.5　长期股权投资减值准备

资产负债表日，若因市价持续下跌或被投资单位经营状况恶化等原因使长期股权投资存在减值迹象时，根据长期股权投资的公允价值减去处置费用后的净额与长期股权投资预计未来现金流量的现值两者之间较高者确定长期股权投资的可回收金额。长期股权投资的可收回金额低于账面价值时，按其差额计提资产减值准备。所计提的长期股权投资减值准备在以后年度不再转回。

6.2.2　交易性金融资产核算方法

以公允价值计量且其变动计入当期损益的金融资产，包括交易性金融资产和直接指定为以公允价值计量且其变动计入当期损益的金融资产。

本公司购入的股票、债券、基金等，确定以公允价值计量且其变动计入当期损益的金融资产，按照取得时的公允价值作为初始确认金额，相关的交易费用在发生时计入当期损益。支付的价款中包含已宣告但尚未发放的现金股利或债券利息，单独确认为应收项目。

本公司在持有该等金融资产期间取得的利息或现金股利，于收到时确认为投资收益。

资产负债表日，本公司将该类金融资产的公允价值变动计入当期损益。

处置该类金融资产时，该类金融资产公允价值与初始入账金额之间的差额确认为投资收益，同时调整公允价值变动损益。

6.2.3　长期股权投资核算方法

6.2.3.1　确认及初始计量

6.2.3.1.1　对企业合并形成的长期股权投资，区分同一控制下的企业合并和非同一控制下企业合并进行核算

对于同一控制下的企业合并，以支付现金、转让非现金资产或承担债务方式作为合并对价的，本公司在合并日按照取得被合并方所有者权益账面价值的份额作为长期股权投资的初始投资成本，本公司取得的净资产账面价值与支付的合并对价账面价值（或发行股份面值总额）的差额，调整资本公积；资本

公积不足以冲减的，调整留存收益。

对于非同一控制下的企业合并，本公司以合并成本作为长期股权投资的初始投资成本：

（1）一次交换交易实现的企业合并，合并成本为本公司在购买日为取得对被购买方的控制权而付出的资产、发生或承担的负债以及发行的权益性证券的公允价值。

（2）通过多次交换交易分步实现的企业合并，合并成本为每一单项交易成本之和。

（3）本公司为进行企业合并发生的各项直接相关费用计入当期损益。

对合并成本大于合并中取得的被购买方可辨认净资产公允价值份额的差额，确认为商誉；对取得的被购买方可辨认净资产公允价值份额大于合并成本的差额，经复核后记入当期损益。

6.2.3.1.2 其他方式取得的长期股权投资初始投资成本的确定

（1）以支付现金取得的长期股权投资，应当按照实际支付的购买价款作为初始投资成本，包括购买过程中支付的手续费等必要支出，但所支付价款中包含的被投资单位已宣告但尚未发放的现金股利或利润应作为应收项目核算，不构成取得长期股权投资的成本。

（2）以发行权益性证券方式取得的长期股权投资，其成本为所发行权益性证券的公允价值，但不包括应自被投资单位收取的已宣告但尚未发放的现金股利或利润。

为发行权益性证券支付给有关证券承销机构等的手续费、佣金等与权益性证券发行直接相关的费用，不构成取得长期股权投资的成本。该部分费用应自权益性证券的溢价发行收入中扣除，权益性证券的溢价收入不足以冲减的，应冲减盈余公积和未分配利润。

（3）投资者投入的长期股权投资，应当按照投资合同或协议约定的价值作为初始投资成本。

（4）以债务重组、非货币性资产交换等方式取得的长期股权投资，其初始投资成本应按照债务重组、非货币性资产交换的原则进行确认。

6.2.3.2 后续计量及收益确认方法

本公司对不具有共同控制或重大影响的被投资单位，以及对实施控制的被投资单位的长期股权投资以成本法核算，投资收益于被投资公司宣告分派现金股利时确认；对被投资公司具有共同控制或重大影响的长期股权投资按权益法核算，投资收益以取得股权后被投资公司实现的净损益份额计算确定。公司在确认被投资单位发生的净亏损时，以投资账面价值减记零为限，合同约定负有承担额外损失义务的除外。如果被投资单位以后各年实现净利润，本公司在计算的收益分享额弥补未确认的亏损分担额以后，恢复确认收益分享额。

6.2.4 固定资产计价和折旧方法

6.2.4.1 固定资产确认

固定资产是指为生产商品、提供劳务、出租或经营管理而持有的使用年限超过一年、单项价值2 000元以上的有形资产，于该固定资产有关的经济利益很可能流入企业，以及该固定资产的成本能够可靠地计量时予以确认。

6.2.4.2 固定资产计价

固定资产在取得时，按取得时的成本入账。与购买或建造固定资产有关的一切直接或间接成本，在所购建资产达到预定可使用状态前所发生的，全部资本化为固定资产的成本。

6.2.4.3 固定资产折旧方法

固定资产折旧采用直线法平均计算，并按固定资产的原值扣除残值和其预计使用年限确定折旧率。

符合资本化条件的固定资产装修费用，在两次装修期间与固定资产尚可使用年限两者中较短的期间内，采用年限平均法单独计提折旧。

主要固定资产类别的折旧年限和年折旧率如下：

类别	预计使用年限（年）	残值率（%）	年折旧率（%）
房屋建筑物	30~50	5	1.90~3.17
运输工具	6~12	5	7.92~15.83
办公设备	5~8	5	11.88~19.00
电子设备	3~5	5	19.00~31.67
机器设备	5~10	5	9.50~19.00

6.2.5 无形资产计价及摊销政策

6.2.5.1 无形资产的确认

本公司将拥有或者控制的没有实物形态，并且与该资产相关的预计未来经济利益很可能流入企业、该资产的成本能够可靠计量的可辨认非货币性资产确认为无形资产。

6.2.5.2 初始计量

（1）外购无形资产的成本，包括购买价款、进口关税和其他税费以及直接归属于使该项资产达到预定用途所发生的其他支出。

（2）投资者投入的无形资产，按照投资合同或协议约定的价值作为成本，但合同或协议预定价值不公允的除外。

6.2.5.3 无形资产的摊销

土地使用权按土地使用权证所列的使用年限平均摊销，外购的专业软件在估计的其能够带来经济利益的期限内平均摊销。

资产负债表日，本公司将对使用寿命有限的无形资产的使用寿命及摊销方法进行复核。无形资产的使用寿命及摊销方法与以前估计不同的，可改变其摊销期限和摊销方法。

6.2.6 长期待摊费用的摊销政策

无。

6.2.7 合并会计报表的编制方法

无。

6.2.8 收入确认原则和方法

销售商品：已将商品所有权上的主要风险和报酬转移给买方，公司既没有保留通常与所有权相联系的继续管理权，也没有对已售出的商品实施有效控制，与交易相关的经济利益很可能流入本公司，并且相关的收入金额和已发生或将发生的成本能够可靠地计量时，确认商品销售收入的实现。

提供劳务：在同一年度内开始并完成的，在完成劳务时确认收入。如果劳务的开始和完成分属不同的会计年度内，在提供劳务交易的结果能可靠估计的情况下，在资产负债表日按完工百分比法确认相关的劳务收入。公司按已提供劳务占应提供劳务总量的比例或已发生成本占估计总成本的比例确定提供劳务交易的完工进度。在提供劳务交易的结果不能可靠估计的情况下，在资产负债表日对以下情况分别进行处理：如果已经发生的劳务成本预计能够得到补偿，则按已经发生的劳务成本金额确认提供收入，并按相同金额结转成本。如果已经发生的劳务成本预计不能够得到补偿，则将已经发生的成本计入当期损益，不确认提供收入。

公司按照从接受劳务方已收或应收的合同或协议价款确定提供劳务收入总额。

利息收入：按他人使用公司货币资金的时间和实际利率计算确定，使用费或手续费收入按有关合同或协议规定的收费时间和方法计算确定。

6.2.9 所得税的会计处理方法

本公司的所得税采用资产负债表债务法核算。当本公司的可抵扣暂时性差异在可预见的未来很可能转回且未来很可能获得用来抵扣可抵扣暂时性差异的应纳税所得额时，确认递延所得税资产；当本公司存在应纳税暂时性差异时，确认为递延所得税负债。

在资产负债表日，对于当期和以前期间形成的当期所得税负债（或资产），按照税法规定计算的预期应缴纳（或返还）的所得税金额计量；对于递延所得税资产和递延所得税负债，根据税法规定，按照预期收回该资产或清偿该负债期间的适用税率计量。

资产负债表日 本公司对递延所得税资产的账面价值进行复核。除企业合并、直接在所有者权益中确认的交易或者事项产生的所得税外，本公司当期所得税和递延所得税作为所得税费用或收益计入当期损益。

6.2.10 信托报酬确认原则和方法

在收入确认原则的基础上，信托业务手续费收入按照信托合同约定执行。

6.2.11 投资性房地产核算方法

投资性房地产包括已出租的土地使用权、持有并准备增值后转让的土地使用权以及已出租的建筑物。当公司能够取得与投资性房地产相关的租金收入或增值收益以及投资性房地产的成本能够可靠计量时，本公司按购置或建造的实际支出对其进行确认。

公司对投资性房地产的后续支出采用成本模式进行后续计量。对投资性房地产按照公司固定资产或无形资产的会计政策，计提折旧或进行摊销。

当公司改变投资性房地产用途，如用于自用时，将相关投资性房地产转入其他资产。

6.2.12 长期应收款的核算方法

无。

6.2.13 其他资产的核算方法

6.2.13.1 其他资产分类

本公司其他资产分为抵债资产、长期应收款等。

6.2.13.2 抵债资产的计量

抵债资产按取得时的公允价值入账，同时冲销被抵部分的资产账面价值，包括贷款本金，已确认的表内利息以及其他应收款项，与贷款或应收款项对应的贷款损失准备、坏账准备等。抵债资产处置时，如果取得的处置收入大于抵债资产账面价值，其差额计入营业外收入；如果取得的处置收入小于抵债资产账面价值，其差额计入营业外支出。

6.2.13.3 抵债资产的减值

资产负债表日，本公司对抵债资产逐项进行检查，根据抵债资产的性质比照类似资产计提跌价准备。

6.2.14 利润分配

根据《中华人民共和国公司法》和本公司章程规定，税后利润按下列顺序进行分配：弥补以前年度亏损，按税后利润的10%提取法定盈余公积金，按税后利润的5%提取信托赔偿准备金，提取任意公积金，分配股利。

具体分配方案由董事会提出预案，股东会决定。

6.3 或有事项说明

无。

6.4 会计报表中重要项目的明细资料

6.4.1 自营资产经营情况

6.4.1.1 按资产风险五级分类结果披露资产的期初数、期末数

信用风险资产五级分类	正常类（万元）	关注类（万元）	次级类（万元）	可疑类（万元）	损失类（万元）	信用风险资产合计（万元）	不良资产合计（万元）	不良资产率（%）
期初数	67 175.21	2 772.41		111.56	237.50	70 296.68	349.06	0.50
期末数	66 921.58	2 508.31		111.56	237.50	69 778.95	349.06	0.50

注：不良资产合计 = 次级类 + 可疑类 + 损失类。

6.4.1.2 披露资产损失准备的期初数、本期计提、本期转回、本期核销、期末数

单位：万元

	期初数	本期计提	本期转回	本期核销	期末数
贷款损失准备	709.61	105.98	139.92		675.67
一般准备					
专项准备					
其他资产减值准备					
可供出售金融资产减值准备					
持有至到期投资减值准备		2 581.95			2 581.95
固定资产减值准备	73.53				73.53
长期股权投资减值准备	59.97				59.97
坏账准备	270.98	12.34	41.06		242.26
投资性房地产减值准备					
合计	1 114.09	2 700.27	180.98		3 633.38

6.4.1.3 披露自营股票投资、基金投资、债券投资、长期股权投资等投资的期初数、期末数

单位：万元

	自营股票	基金	债券	长期股权投资	其他投资	合计
期初数	20 017.02	10 000.00		25 217.35	20 304.34	75 538.71
期末数	27 930.76	10 000.00		25 217.35	18 037.99	81 186.10

6.4.1.4 按投资入股金额排序，披露前三名的自营长期股权投资的企业名称、占被投资企业权益的比例、主要经营活动及投资收益情况等

企业名称	占被投资企业权益的比例(%)	主要经营活动	投资损益(万元)
兰州银行股份有限公司	2.70	存贷款等	157.62
金川集团财务有限责任公司	5.00	成员单位间投融资服务等	300.00
甘肃宏良皮业股份有限公司	15.38	皮革深加工等	200.00
兰州兰石重型装备股份有限公司	2.32	重新压力容器的研发、制造及成套等	

注:"投资收益"是指按照企业会计准则的有关规定,核算股权投资确认损益并计入披露年度利润表的金额。

6.4.1.5 披露前三名的自营贷款的企业名称、占贷款总额的比例和还款情况等

企业名称	占贷款总额的比例(%)	还款情况
兰州市元森房地产开发有限公司	30.79	正常
嘉联皮革(中国)有限公司	19.78	正常
兰州神骏物流有限公司	19.60	正常
甘肃兰亚铝业有限公司	19.60	正常
白银有色金属公司	6.60	逾期3年以上

6.4.1.6 表外业务的期初数、期末数,按照代理业务、担保业务和其他类型表外业务分别披露

无。

6.4.1.7 公司当年的收入结构

收入结构	金额(万元)	占比(%)
手续费及佣金收入	25 560.10	69.38
其中:信托手续费收入		
投资银行业务收入		
利息收入	3 606.77	9.79
金融企业往来收入	279.25	0.76
其他业务收入	279.72	0.74
其中:计入信托业务收入部分		
汇兑收益	-0.16	0
投资收益	6 864.89	18.63
其中:股权投资收益		
证券投资收益		
其他投资收益		
公允价值变动收益	258.91	0.7
营业外收入		
收入合计	36 849.48	100

6.4.1.8 公司净资本、风险资本以及风险控制指标

根据公司审计报告、《信托公司净资本管理办法》(中国银监会令2010年第5号)和《中国银监会关于印发信托公司净资本计算标准有关事项的通知》(银监发[2011]11号)的规定计算,截至2013年12月31日,公司净资产145 562.10万元;

固有业务风险资本13 673.18万元;

信托业务风险资本62 410.78万元;

其他业务风险资本零;

各项业务风险资本之和76 083.97万元;

公司净资本为117 117.10万元,符合大于等于2亿元的监管标准;

净资本/各项业务风险资本之和为153.93%,符合大于等于100%的监管标准;

净资本/净资产为80.46%,符合大于等于40%的监管标准。

6.4.2 信托资产管理情况

6.4.2.1 披露履行受托人义务的情况

公司作为受托人,严格按照《中华人民共和国信托法》、《信托公司管理办法》等法律法规的规定及信托合同等文件的约定,恪尽职守,诚信、谨慎、高效地管理信托财产,严格履行受托人的义务,为委托人的最大利益处理信托事务,公司管理的所有信托产品均达到或超过了预期收益。

6.4.2.2 披露信托资产的期初数、期末数

单位:万元

信托资产	期初数	期末数
集合	346 889.55	235 841.55
单一	7 394 076.16	7 330 757.44
财产权	190 560.95	190 560.95
合计	7 931 526.66	7 757 159.94

6.4.2.2.1 主动管理型信托业务的信托资产期初数、期末数

单位:万元

主动管理型信托资产	期初数	期末数
证券投资类	20 287.0	15 000.00
股权投资类	12 307.00	10 081.00
融资类	394 678.50	210 673.00
事务管理类	200.55	87.55
合计	427 473.05	235 841.55

6.4.2.2.2 被动管理型信托业务的信托资产期初数、期末数

单位:万元

被动管理型信托资产	期初数	期末数
证券投资类		
股权投资类	1 190 195.74	1 638 860.50
融资类	6 313 857.87	5 369 667.15
事务管理类		512 790.74
合计	7 504 053.61	7 521 318.39

6.4.2.3 本年度已清算结束的信托项目个数、实收信托合计金额、加权平均实际年化收益率

6.4.2.3.1 本年度已清算结束的集合类、单一类资金信托项目和财产管理类信托项目个数、实收信托金额、加权平均实际年化收益率

已清算结束信托项目	项目个数	实收信托合计金额(万元)	加权平均实际年化收益率(%)
集合类	37	227 537.00	8.65
单一类	117	3 407 689.28	7.9
财产管理类			

6.4.2.3.2　本年度已清算结束的主动管理型信托项目个数、实收信托合计金额、加权平均实际年化收益率

已清算结束信托项目	项目个数	实收信托合计金额(万元)	加权平均实际年化信托报酬率(%)	加权平均实际年化收益率(%)
证券投资类	1	5 287.00	0.39	8.81
股权投资类	23	75 274.00	0.38	5.4
融资类	13	146 976.00	1.44	10.3
事务管理类				
合计	37	227 537.00	—	—

6.4.2.3.3　本年度已清算结束的被动管理型信托项目个数、实收信托合计金额、加权平均实际年化收益率

已清算结束信托项目	项目个数	实收信托合计金额(万元)	加权平均实际年化信托报酬率(%)	加权平均实际年化收益率(%)
证券投资类				
股权投资类	27	941 112.50	0.31	8.35
融资类	90	2 466 576.78	0.40	7.73
事务管理类				
合计	117	3 407 689.28	—	—

6.4.2.4　本年度新增的集合类、单一类和财产管理类信托项目数量、实收信托合计金额

新增信托项目	项目个数	合计金额(万元)
集合类	11	116 489.00
单一类	143	3 344 370.56
资产管理类		
新增合计	154	3 460 859.56
其中:主动管理型	11	116 489.00
被动管理型	143	3 344 370.56

6.4.2.5　披露信托财产的损失情况(笔数、合计金额、原因等)

无。

6.4.2.6　披露因本公司自身责任而导致的信托资产损失情况

公司未发生因自身责任而导致的信托资产损失情况。

6.5　关联方关系及其交易的披露

6.5.1　关联交易方的数量、关联交易的总金额及关联交易的定价政策等

无。

6.5.2　关联交易方与本公司的关系性质，关联交易方的名称、法定代表、注册地址、注册资本及主营业务等

无。

6.5.3　逐笔披露本公司与关联方的重大交易事项

无。

6.5.3.1　固有财产与关联方交易情况

无。

6.5.3.2　信托资产与关联方交易情况

无。

6.5.3.3　信托公司自有资金运用于自己管理的信托项目(固信交易)、信托公司管理的信托项目之间的相互(信信交易)交易金额

6.5.3.3.1　固有财产与信托财产之间的交易金额、交易方式等期初汇总数、本期发生汇总数、期末汇总数

单位:万元

期初汇总数	本期发生汇总数	期末汇总数
17 851.20	186.80	18 038.00

6.5.3.3.2　信托资产与信托财产之间的交易金额、交易方式等期初汇总数、本期发生汇总数、期末汇总数

无。

6.5.4　逐笔披露关联方逾期未偿还本公司资金的详细情况以及本公司为关联方担保发生或即将发生垫款的详细情况

无。

6.6　会计制度的披露

固有业务(自营业务)和信托业务执行《企业会计准则——基本准则》(财政部令 2006 年第 33 号)。

7. 财务情况说明书

7.1　利润实现和分配情况

2013 年度公司未进行利润分配。

经北京中天恒会计师事务所有限责任公司兰州分所审计，2013 年度公司实现净利润 19 544.34 万元，提取法定盈余公积 1 954.43 万元，信托赔偿准备 977.22 万元，本期可供投资者分配的利润为 16 612.69 万元。

7.2　主要财务指标

指标名称	指标值
资本利润率(%)	14.36
加权年化信托报酬率(%)	0.42
人均净利润(万元)	214.77

7.3　对本公司财务状况、经营成果有重大影响的其他事项

无。

7.4　其他事项

企业年度财务决算中年初数与上年年末数不一致的情况及主要调整项目如下:

单位:万元

调整资产负债表项目	上年决算数	调整数	本年年初数
应交税费	30 619 374.60	11 771 876.20	42 391 250.80
盈余公积	27 051 584.58	-588 945.02	26 462 639.56
一般风险准备	16 782 898.12	-294 472.51	16 488 425.61
利润分配——未分配利润	132 624 570.23	-10 888 458.67	121 736 111.56

单位:万元

调整利润表项目	上年决算数	调整数	上期金额
营业税金及附加	13 966 158.47	4 756 161.53	18 722 320.00
营业外支出	312 438.10	2 891 457.64	3 203 895.74
所得税	46 212 991.09	4 124 257.03	50 337 248.12
净利润	135 445 229.17	11 771 876.20	123 673 352.97

8. 特别事项揭示

8.1 前五名股东报告期内变动情况及原因

公司2013年第二次临时股东会审议通过了公司股东甘肃省国有资产投资集团有限公司转让持有公司51%股权的事项。2013年8月,通过在甘肃省产权交易所公开挂牌的方式,甘肃省国有资产投资集团有限公司与中国光大(集团)总公司签订股权转让协议。根据相关规定,股权转让相关事项须经国家金融监管机构等有关部门核准后协议方始生效。截至年报披露日,本次交易处于申报审批过程中,相关工商变更登记尚未完成。

8.2 董事、监事及高级管理人员变动情况及原因

2013年4月8日,甘肃省信托有限责任公司2013年度股东会审议并通过了马江河不再担任公司董事职务的股东会决议。

甘肃省信托有限责任公司第二届董事会第十二次会议审议并通过了马江河不再担任公司董事长职务,由公司副董事长邵禹斌代为履行董事长职权的董事会决议。

公司章程规定公司董事长为法定代表人,马江河(法定代表人)已于2013年4月8日离职,在此期间公司一直处于股权重组阶段,故公司法定代表人未办理变更。

2013年11月1日,苏志希同志提出申请辞去独立董事职务,现相关手续正在办理中。

依据《中共甘肃省国有资产投资集团有限公司委员会关于解冰华同志任职的通知》(甘国投党[2012]21号),解冰华同志任公司党委委员、书记。

依据甘肃省国有资产投资集团有限公司《关于党宏亮等同志任职的意见》(甘国投发[2013]1号),及2013年2月4日中国银行业监督管理委员会甘肃监管局《关于核准甘肃省信托有限责任公司拟任高级管理人员任职资格的批复》(甘银监复[2013]34号),党宏亮、俞静、鲁林岐同志任公司总裁助理。

依据《甘肃省国有资产投资集团有限公司党委关于鲁林岐等同志职务任免的通知》(甘国投党[2013]8号),鲁林岐同志任公司党委副书记、纪委委员、纪委书记。

8.3 变更注册资本、变更注册地或公司名称、公司分立与合并事项

无。

8.4 公司的重大诉讼事项

8.4.1 重大未决诉讼事项

(1)甘肃省飞天工贸总公司、飞天大酒店欠公司本息19 143 572.69元的诉讼案件,最高人民法院(2006)民二终字第115号民事判决书判决公司胜诉。2007年12月,甘肃省高级人民法院依法查封飞天大酒店银行账户及中餐厅2 562.48平方米的房产。

(2)飞天大酒店欠公司本息16 153 443.96元的诉讼案件,甘肃省高级人民法院(2007)甘民二初字第7号民事判决书判决公司胜诉。2013年度收回本息2 641 000.00元。

(3)白银有色金属公司欠公司本金共计37 560 000.00元的两笔贷款纠纷两案,分别经最高人民法院(2002)民二终字第187号民事判决书和甘肃省高级人民法院(2002)甘民二初字第39号民事判决书判决公司胜诉。甘肃省高级人民法院已于2003年12月查封白银有色金属公司兰州招待所和位于白银四龙的招待所两处资产。

8.4.2 以前年度发生,于本报告年度内终结的诉讼事项

无。

8.4.3 本报告年度发生,于本报告年度内终结的诉讼事项

无。

8.5 对会计师事务所出具的有解释性说明、保留意见、拒绝表示意见或否定意见的审计报告的,公司董事会应就所涉及事项作出说明

无。

8.6 公司及其董事、监事和高级管理人员受到处罚的情况

无。

8.7 银监会及其派出机构对公司检查后提出整改意见的,应简单说明整改情况

根据《中国银行业监督管理委员会甘肃监管局现场检查通知书》(银监查【2013】40号)的要求,中国银行业监督管理委员会甘肃监管局于2013年6月24日至9月10日对我公司截至2013年6月末房地产信托业务合规性和风险管控情况及2012年现场检查整改情况进行了专项检查,并于9月26日下发了《现场检查意见书》(甘银监查[2013]64号)。甘肃银监局肯定了我公司在房地产信托业务开展过程中贯彻法律法规、银监会规范性文件及设计和执行内部控制制度方面取得的成绩,同时指出了我公司在内控建设及执行、业务合规性、风险管理等方面存在的不足之处,并提出了整改意见及建议。针对意见书中涉及的问题、监管意见和建议,公司高度重视,多次召开会议进行研究,并制定了整改方案,落实责任、时限和目标,各相关部门积极落实整改措施,整改完成后及时向甘肃银监局上报了《甘肃省信托有限责任公司关于落实中国银行业监督管理委员会甘肃监管局现场检查整改意见和要求的情况报告》(甘信[2013]72号)。

8.8 本年度重大事项临时报告的简要内容、披露时间、所披露的媒体及其版面

无。

8.9 银监会及其省级派出机构认定的其他有必要让客户及相关利益人了解的重要信息

无。

9. 公司监事会意见

报告期内，公司监事会严格遵守《公司法》、公司章程的有关规定，按照《监事会议事规则》依法独立履行职责，列席了各次股东会会议及董事会会议，维护了公司和股东的合法权益，促进了公司的规范运作，在此基础上发表以下独立意见：

（1）公司依法运作情况：公司能够严格按照《公司法》、公司章程及国家的有关法律法规运作，决策程序合法，内控制度得到进一步完善。

（2）公司财务情况：报告期内公司财务状况良好。2013年度财务报告经北京中天恒会计师事务所有限责任公司兰州分所审计，出具了标准无保留意见的审计报告，该报告真实、客观、准确地反映了公司财务状况和经营成果。

（3）报告期内无关联交易，无损害股东、公司利益情况。

广东粤财信托有限公司

1. 重要提示

1.1 本公司董事会及董事保证本报告所载资料不存在任何虚假记载、误导性陈述或者重大遗漏,并对其内容的真实性、准确性和完整性承担个别及连带责任。

1.2 公司独立董事对本报告所披露内容进行了认真审查,保证本报告内容的真实性、准确性和完整性。

1.3 广东正中珠江会计师事务所(特殊普通合伙)对本公司年度财务报告进行了审计,出具了标准无保留意见的审计报告。

1.4 公司负责人、主管会计工作负责人及会计部门负责人保证年度报告中财务报告的真实、完整。

2. 公司概况

2.1 公司简介

广东粤财信托有限公司成立于1984年12月,是广东省人民政府批准成立、经中国人民银行和国家外汇管理局核准经营金融业务的国有非银行金融机构,目前是广东省唯一保留的省级信托公司。公司注册资本15亿元。其中,广东粤财投资控股有限公司出资147 209.59万元,出资比例为98.14%;广东省科技创业投资公司出资2 790.41万元,出资比例为1.86%。

公司一直秉承"诚信为本、稳健经营、专业进取、开拓创新"的经营方针,充分发挥专家理财优势,不断开拓创新,通过有效运用信托、信贷、租赁、投资等金融工具,研发并推出各类信托产品,构建专业化的、综合性的金融服务平台,为客户提供全方位的金融需求解决方案。公司将立足广东、面向全国,打造粤财信托理财品牌,致力于以稳健专业的投资管理为客户创造价值,以诚信和优质的服务赢得客户和社会的信任,促进公司长期可持续健康发展。

2.1.1 公司法定中文名称:广东粤财信托有限公司
英文名称:Guangdong Finance Trust Co. Ltd.

2.1.2 法定代表人:汪涛

2.1.3 注册地址:广州市东风中路481号粤财大厦14楼

2.1.4 邮政编码:510045

2.1.5 公司国际互联网网址:http://www.gdycxt.com

2.1.6 公司电子信箱:ycxt@gdyctz.com

2.1.7 公司信息披露事务联系人:陈韶辉
联系电话:020-83063141
传真:020-83063082
电子信箱:ycxt@gdyctz.com

2.1.8 公司本次信息披露报纸名称:《金融时报》

2.1.9 公司年度报告备置地点:广州市东风中路481号粤财大厦14楼

2.1.10 公司聘请的会计师事务所:广东正中珠江会计师事务所(特殊普通合伙)
办公地点:广东省广州市东风东路555号粤海集团大厦10、20楼

2.1.11 公司常年法律顾问:广东君信律师事务所
办公地点:广州市农林下路83号广发银行大厦20楼

2.2 组织结构

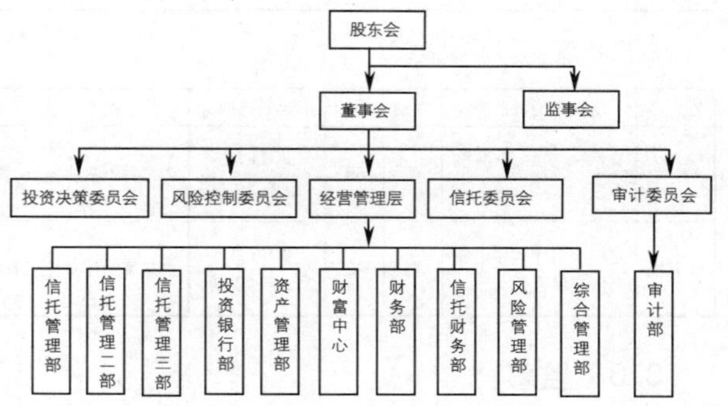

3. 公司治理

3.1 股东

股东构成

股东名称	★广东粤财投资控股有限公司	广东省科技创业投资公司
出资额(万元)	147 209.59	2 790.41
出资比例(%)	98.14	1.86
法人代表	梁棠	黎柏其
注册资本(亿元)	71.48	5
注册地址	广州市东风中路481号粤财大厦15楼	广州市越秀区先烈中路100号高中心大楼14楼
主要经营业务及主要财务情况	主要经营业务:资本运营管理、资产受托管理、投资项目的管理;科技风险投资、实业投资;企业重组、并购咨询服务。主要财务情况(未合并报表):资产总额2 225 554.06万元,净资产967 912.76万元,当年净利润22 119.41万元。	主要经营业务:创业投资业务;创业投资咨询业务;为创业企业提供创业管理服务业务;参与设立创业投资企业与创业投资管理顾问机构。主要财务情况(未审计报表):资产总额96 541.23万元,净资产80 572.85万元,当年净利润3152.75万元。

注:★表示公司实际控制人。

3.2 董事

董事长、董事

职务	姓名	性别	年龄	选任日期	所推举的股东名称	该股东持股比例(%)	简要履历
董事长	汪涛	男	51	2011年12月12日	广东粤财投资控股有限公司	98.14	1995—2005年任公司副总经理,2005年起至今任公司董事长兼粤财控股公司总经理。
董事	黎全辉	男	52	2011年12月12日	广东省科技创业投资公司	1.86	2006年6月起任广东省粤科风险投资集团有限公司董事、党委委员,2013年11月起至今任广东省粤科金融集团有限公司副总经理、党委委员。
董事	邓斌	男	43	2011年12月12日	广东粤财投资控股有限公司	98.14	2005年10月起任公司副总经理;2009年8月起至今任公司总经理,2010年2月年起至今兼任粤财控股公司副总经理。
董事	盛新华	女	41	2011年12月12日	广东粤财投资控股有限公司	98.14	2011年3月起至今任粤财控股公司部门总经理。

独立董事

姓名	所在单位及职务	性别	年龄	选任日期	所推举的股东名称	该股东持股比例(%)	简要履历
王聪	暨南大学经济学院教授	男	55	2011年12月12日	广东粤财投资控股有限公司	98.14	现任暨南大学经济学院金融系教授、金融系主任、国际学院副院长。
张天民	北京市君泽君律师事务所高级合伙人	男	43	2011年12月12日	广东粤财投资控股有限公司	98.14	2004年至今任职于北京市君泽君律师事务所。

3.3 监事

监事会成员

职务	姓名	性别	年龄	选任日期	所推举的股东名称	该股东持股比例(%)	简要履历
监事长	吴佩华	女	50	2011年10月12日	广东粤财投资控股有限公司	98.14	2005年11月至2011年10月任广东粤财信托有限公司综合管理部总经理,2011年10月起任公司监事长。
监事	林绮	女	43	2011年10月12日	广东粤财投资控股有限公司	98.14	2007年8月至今任广东粤财投资控股有限公司计划财务部副总经理。
监事	李湛	女	51	2011年10月12日	职工代表监事		2007年1月至2012年1月任公司证券投资部经理,2012年2月起任公司信托管理三部高级经理。

3.4 高级管理人员

职务	姓名	性别	年龄	任职日期	金融从业年限	学历	专业	简要履历
总经理	邓斌	男	43	2009年8月18日	19	硕士研究生	数量经济学	2005年10月起任公司副总经理,2009年8月起至今任公司总经理,2010年2月至今兼任粤财控股公司副总经理。
副总经理	陈彦卿	女	49	2009年2月16日	26	本科	财政	2008年6月起任广东润达资产经营有限公司副总经理,2009年2月至今任公司副总经理。
副总经理	王波	男	37	2009年6月1日	15	本科	国际会计	2007年8月起任公司部门总经理,2009年6月起任公司总经理助理,2012年6月至今任公司副总经理。
副总经理	李亚娟	女	45	2013年7月15日	20	硕士研究生	经济学	2010年1月起任广东银监局非银处处长,2012年9月起任广东银监局纪委副书记,2013年7月至今任公司副总经理。
副总经理	陈海珍	女	48	2013年7月15日	19	本科	会计学	2012年2月起任公司部门总经理,2013年7月至今任公司副总经理。
总经理助理	刘东辉	男	46	2013.07.15	20年	博士	企业管理	2012.01起任公司部门总经理;2013.07至今任公司总经理助理

3.5 公司员工

项目		报告期年度		上年度	
		人数	比例(%)	人数	比例(%)
年龄分布	30岁以下	44	41	28	33
	30~40岁	40	37	36	43
	40~50岁	20	18	18	22
	50岁以上	4	4	2	2
学历分布	博士	5	5	3	4
	硕士	55	50	37	44
	本科	44	41	39	46
	专科	4	4	5	6
	其他	0	0	0	0
岗位分布	董事、监事及其高管人员	9	9	7	8
	自营业务人员	8	7	8	10
	信托业务人员	69	64	54	64
	其他人员	22	20	15	18

4. 经营管理

4.1 经营目标、方针、战略规划

4.1.1 公司的经营目标

在科学发展观的指引下，坚持可持续发展，以效益为中心，以市场为导向，立足广东、面向全国，打造粤财信托专业理财品牌，构筑核心竞争能力，力争进入国内信托公司领先行列。

4.1.2 公司的经营方针

诚信为本、稳健经营、专业进取、开拓创新。

4.1.3 战略规划

以完善的风险控制系统为基础，以创新为手段，坚持以提高资产管理规模和提高资产管理能力为两条发展主线 不断提高和优化金融服务水平，创造性地满足各类投资者的金融理财需求，把公司建设成为国内一流的资产管理和财富管理平台，实现股东价值、员工价值和客户价值的最大化。

4.2 所经营业务的主要内容

中国银监会核准公司承办以下人民币和外币金融业务：资金信托；动产信托；不动产信托；有价证券信托；其他财产或财产权信托；作为投资基金或者基金管理公司的发起人从事投资基金业务；经营企业资产的重组、购并及项目融资、公司理财、财务顾问等业务；受托经营国务院有关部门批准的证券承销业务；办理居间、咨询、资信调查等业务；代保管及保管箱业务；以存放同业、拆放同业、贷款、租赁、投资方式运用固有财产；以固有财产为他人提供担保；从事同业拆借；法律法规规定或中国银监会批准的其他业务。

本年度，公司自营资产运用与分布和信托财产运用与分布情况请见下表：

自营资产运用与分布表

资产运用	金额(万元)	占比(%)	资产分布	金额(万元)	占比(%)
货币资产	169 915.22	51.14	基础产业		
贷款及应收款	5 580.83	1.68	房地产业		
交易性金融资产			证券市场	3 554.91	1.07
可供出售金融资产	31 876.78	9.60	工商企业	4 000.00	1.20
持有至到期投资			金融机构	318 287.44	95.80
长期股权投资	119 058.86	35.83	其他	6 406.60	1.93
其他	5 817.26	1.75			
资产总计	332 248.95	100.00	资产总计	332 248.95	100.00

信托资产运用与分布表

资产运用	金额(万元)	占比(%)	资产分布	金额(万元)	占比(%)
货币资产	3 238 930.40	14.12	基础产业	3 035 643.68	13.23
贷款	8 224 494.22	35.84	房地产	1 584 950.58	6.91
交易性金融资产	711 250.55	3.10	证券市场	832 297.20	3.63
可供出售金融资产	352 503.19	1.54	工商企业	8 651 232.93	37.70
持有至到期投资	1 913 998.02	8.34	金融机构	5 296 166.41	23.08
长期股权投资	3 198 881.79	13.94	其他	3 545 586.15	15.45
其他	5 305 818.78	23.12			
信托资产总计	22 945 876.95	100.00	信托资产总计	22 945 876.95	100.00

注：资产分布里的其他类（总金额5 305 818.78万元，占比23.12%）包括：(1)存单收益权2 371 560.00万元，占比44.70%；(2)股票收益权176 810.00万元，占比3.33%；(3)股权收益权365 800.00万元，占比6.89%；(4)财产信托268 479.55万元，占比5.06%；(5)其他收益权1 022 606.01万元，占比19.27%；(6)信托产品821 159.93万元，占比15.48%；(7)有限合伙222 810.00万元，占比4.20%；(8)其他56 593.29万元，占比1.07%。

4.3 市场分析

4.3.1 影响本公司业务发展的有利因素

一是我国发展仍处于重要的战略机遇期，国际环境总体上有利于我国和平发展，国内工业化、信息化、城镇化、市场化、国际化深入发展，市场需求潜力巨大，经济发展的基础仍然牢固。2013年起国际经济总体趋稳，发达经济体复苏态势明显，国内经济止跌企稳，中长期内仍可保持平稳较快增长。二是十八届三中全会以来各项社会经济改革全面提速，改革红利的释放将为推动经济发展注入新动力，其中多项改革领域有望成为信托公司发展的新增长点。三是我国居民财富增长迅速，财富管理需求旺盛，高净值人群对信托产品的认同度不断提高。四是公司作为具有多年成功经营历史的广东省属唯一一家省级信托公司，在所属区域内有着良好的社会声誉和品牌影响力。

4.3.2 影响本公司业务发展的不利因素

一是国际政治、经济波动加剧，国内经济回升基础不稳，信用风险及市场风险有所上升。二是银行、证券、基金、保险、期货机构纷纷加入泛资管领域，行业竞争加剧。三是利率市场化、汇率市场化及人民币国际化步伐加快，互联网金融发展迅猛，信托业传统经营模式受到较大冲击。四是信托登记等关键配套法规仍然缺失，投资者消费观念尚未成熟。

4.4 内部控制

公司通过完善的组织架构、内部规章实现内部控制，形成了研究、决策、操作、检查、反馈的 PDCA 管理循环,构建了前台调查、中台审查、后台审计评价相互制衡的内部控制机制。

4.4.1 内部控制环境和内部控制文化

公司按照“合法、高效、精简、制衡”原则设置组织机构,设股东会、董事会和监事会,实行董事会领导下的总经理负责制。公司董事会及其下设投资决策委员会和风险控制委员会为公司决策系统,在董事会领导下的经营管理层及相关业务部门为公司执行系统,监事会以及董事会下设的审计委员会、信托委员会为公司监督及信息反馈系统,三个系统既相互独立又相互联系。公司大力推进合规文化建设,通过开展内控制度培训、内部合规检查、建立风险问责制度等,促进全体员工牢固树立合规经营、按程序办事的意识。

4.4.2 内部控制措施

公司建立多层次内部控制组织架构,根据《公司法》、《信托公司管理办法》《信托公司治理指引》等法律法规,建立《股东会议事规则》、《董事会议事规则》、《监事会议事规则》等规章制度,严格按章办事,确保董事、监事、经营管理层成员的权力有效约束、职责有效履行。

除董事会下属风险控制委员会、投资决策委员会、信托委员会、审计委员会外,专设审计部、风险管理部为内部控制职能部门。审计部职责:根据信托行业法律法规、监管政策和公司章程,制定公司内部审计稽核制度,对公司各部门及有关业务活动进行审计监督,每半年向董事会提交全面审计报告;衔接、配合外部审计部门对公司的检查、审计稽核工作,定期将公司内部审计报告副本上报监管部门。审计部的审计对象覆盖全部业务活动,包括信托业务、资产管理、证券投资、股权投资以及公司内部管理、财务收支等,对公司经营管理活动进行稽核监督,确保公司经营合法合规。

风险管理部作为向经营管理层负责的内部控制部门,主要承担以下职能:拟定公司风险管理制度框架以及风险管理制度体系;制定风险管理办法及其实施细则、合规管理办法,组织修订业务管理制度及流程;对各业务项目进行事中审查和事后监督检查;衔接、配合行业监管部门对公司的检查工作。

公司内部控制职责明确,建立了前中后台分离、集中审批的业务管理架构,确保各业务环节岗位职能分离,相互监督,有效制衡。

4.4.3 信息交流与反馈

公司通过建立详细的工作报告及审核流程,使工作信息得以规范、快速、有序传递;内部控制部门通过办公自动化系统实时传递外部监管意见及内部管理信息,业务部门与风险管理部门保持全流程业务信息共享,有效避免因信息交流不足导致的业务差错、信息递减或效率损耗。公司与监管部门建立了良好的沟通机制,各类业务按规定及时报告或报备,有效落实监管意见,为公司合规经营提供支持。

4.4.4 监督评价与纠正

公司定期对内部控制执行情况实施审计,并于本年度进一步加强内部控制监督工作,充实审计队伍,完善相关制度,年度审计稽核及内部合规检查情况显示公司内控执行情况良好,监管部门外部检查及内控检查发现的问题均已得到及时纠正。

4.5 风险管理

4.5.1 风险管理概况

公司构建以董事会为核心 以风险控制委员会、投资决策委员会、信托委员会、审计委员会为支点的风险管理体系,由内部规章、组织架构、授权制度、技术手段,以及稽核与事后评价等部分组成。在项目运作上建立事前预防、事中控制、事后监督检查的三阶段风险控制流程,在项目审核上经由业务部门、风险管理部门、投资决策委员会等多道环节进行综合风险控制,尤其强调过程控制,使公司在出现风险苗头时能快速反应,及时有效化解。

4.5.2 风险状况

本年度,公司经营状况良好,未发生风险事件。

4.5.2.1 信用风险状况

信用风险是公司面临的主要风险之一。为此,公司严格履行受托人职责,事前对于融资主体的主体资格、专业资质、资本金到位情况等进行认真、全面尽职调查,严把准入关;事中对于企业资金用途真实性、企业财务状况、经营管理情况、未来现金流覆盖、抵(质)押担保措施等进行分析识别,房地产抵押率原则上控制在 50% 以下;放款后定期对融资主体的经营及财务状况、抵(质)押物状况及市场价值变动情况进行检查分析,通过账户监管对项目资金进行严格审核监控,及早沟通信托计划到期兑付问题,做好紧急预案,以保障信托计划顺利清算。2013 年末存量信托项目均正常,未发生信用风险事件。

4.5.2.2 市场风险状况

受整体经济形势、宏观调控政策等影响,公司对于房地产信托业务保持高度警觉,本着审慎原则主动提高房地产信托业务门槛,控制房地产信托业务开展节奏,审慎选择一二线城市具有地段优势、成本优势和市场前景较好的项目适度参与。目前,公司存续房地产信托项目运作正常,担保措施充足,信托资金监管到位,整体风险较低。

受国内外经济形势以及资本市场改革等诸多因素影响,2013 年证券投资风险较大,公司一方面保持对该类业务风险的高度关注,严格履行信托法律法规以及相关信托法律文件规定的义务和责任,审慎对投资者风险偏好、风险承受能力进行分析、识别;另一方面,积极面对债券市场整顿、金融同业流动性风波等市场突发事件带来的冲击,加强对该类项目的信息披露、风险排查,控制投资进度,将有关风险情况、净值变化等及时知会投资者,妥善管理市场风险。

4.5.2.3 操作风险状况

2013 年公司信托业务规模依然较大,信托项目笔数多,资金流量大,交易流程节点多。公司通过严格执行授权制度,统一业务操作流程、工作模板等,明确信托开户、保管、资金划付等岗位责任等,最大限度地降低操作风险。2013 年未发生操作风险事故。

4.5.2.4 其他风险状况

本年度未发生其他风险事件。

4.5.3 风险管理

4.5.3.1 信用风险

公司通过业务部门事前尽职调查、风险管理部门风险审查、公司投资决策委员会审核决策、项目现金流压力测试、抵

(质)押担保、资金监控等予以防范,通过项目实施过程中的跟踪检查以及稽核与评价进行事中、事后控制。在合作机构、交易对手信用风险防范方面,通过选择实力雄厚、信誉卓著、业绩优良的金融机构作为合作伙伴,关注交易对手经营管理及财务状况,适时调整合作规模及产品,控制交易对手风险。

4.5.3.2 市场风险

公司坚持"诚信为本、稳健经营"的经营理念,避免介入不熟悉的领域及风险较大且难以有效控制的项目,审慎介入风险可控的项目,综合运用敏感性分析、情景分析等方法充分评估潜在市场风险,并通过业务部门—风险管理部——投资决策委员会的多层次审核,结合严格的分级授权、系统支持、逐日盯市、预警止损等制度控制市场风险。

4.5.3.3 操作风险

公司通过严格的授权制度和业务操作流程,明确岗位职责,建立内部相互制约、相互督促的工作机制;严格依法建账,将信托财产与固有财产分开管理、分别记账,对信托业务与非信托业务分开核算,对每项信托业务单独核算,对各项经营活动过程及资金运作建立严格的复核和监控程序;通过系统权限设置对证券投资操作权限和内容进行严格划分和分工,在业务和资金流转过程中设立双岗核定、确认制度,防范可能出现的漏洞。风险管理部、审计部分别根据自身职责,独立进行定期、不定期的检查,及时发现问题并督促纠正。

4.5.3.4 其他风险

4.5.3.4.1 政策风险

公司严格依法经营,建立健全内部控制制度、组织架构以规范与控制公司经营行为。公司设立风险控制委员会和投资决策委员会,并由风险管理部负责法律合规事务,对公司的法律合规风险进行识别、评估、监控,提出合规风险提示和修改完善建议;及时梳理、整合、改进公司规章制度和操作流程;组织员工进行合规培训和反洗钱教育;保持与监管部门的密切沟通,及时掌握政策动向,把握公司业务方向以控制政策风险。

4.5.3.4.2 经营风险

公司通过健全法人治理结构,明确董事会和监事会职责,严格执行内部经营管理授权,对经营管理层进行约束,保证稳健经营;通过不断吸收素质高、从业经验丰富的专业人士加盟团队,提高企业经营管理水平,降低经营风险;通过构建健康的企业文化和科学的经营理念及切合自身实际的激励约束机制,逐步提升核心竞争力;通过事中、事后稽核与评价,及时矫正与问责等,控制经营风险。

4.5.3.4.3 声誉风险

公司坚持"诚实守信"原则,审慎尽职履行受托人管理职责,关注各种市场变化、突发事件或风波可能给公司声誉带来的影响,明确舆情管理职责,实时关注舆情信息,加强舆情信息研判,及时披露相关信息,主动接受舆论监督;加强日常分析研究,对可能发生的各类声誉风险事件进行情景分析,制定应急预案,强化声誉风险防范意识,切实防范声誉风险。

4.5.3.4.4 客户风险

公司依法合规,稳健经营,以客户资产保值增值为己任,尽最大努力维护客户利益,维持良好客户关系;公司聘请信誉良好、经验丰富的行业资深律师事务所为顾问,对信托合同等各类法律文件进行规范,对重大信托项目出具专项法律意见;公司严格执行各项操作程序,对客户资信、资金实力、资金来源合法性等进行调查、评估,向客户真实、客观、全面提示风险,根据客户风险偏好及风险承受能力的不同推介不同的信托产品,管理好客户风险。

5. 报告期末及上一年度末的比较式会计报表

5.1 自营资产

5.1.1 会计师事务所审计结论(标准无保留审计意见)

粤财信托财务报表在所有重大方面按照企业会计准则的规定编制,公允反映了粤财信托2013年12月31日的财务状况以及2013年度的经营成果和现金流量。

5.1.2 资产负债表

2013年12月31日

单位:万元

资　产	年末数	年初数	负债及所有者权益	年末数	年初数
资产:			负债:		
现金及存放中央银行款项	4.41	3.10	向中央银行借款	—	—
存放同业款项	169 910.81	135 357.24	同业及其他金融机构存放款项	—	—
贵金属	—	—	拆入资金	—	—
拆出资金	—	—	交易性金融负债	—	—
交易性金融资产	—	—	衍生金融负债	—	—
衍生金融资产	—	—	卖出回购金融资产款	—	—
买入返售金融资产	—	—	应付账款	—	—
应收账款	—	—	预收账款	—	—
应收利息	995.90	318.42	应付职工薪酬	6 010.73	4 289.89
应收股利	—	—	应付股利	—	—
其他应收款	584.94	260.10	应交税费	6 478.73	2 216.53
预付账款	—	—	其他应付款	128.74	31.01

续表

资　产	年末数	年初数	负债及所有者权益	年末数	年初数
发放贷款及垫款	4 000.00	4 300.00	应付利息	—	—
可供出售金融资产	31 876.78	16 464.80	预计负债	—	—
持有至到期投资	—	—	应付债券	—	—
长期股权投资	119 058.86	115 404.20	长期应付款	—	—
固定资产原值	5 685.78	5 574.27	递延所得税负债	328.17	372.68
减:累计折旧	1 466.76	1 197.01	其他负债	—	—
固定资产净值	4 219.02	4 377.27	负债合计	12 946.37	6 910.11
减:固定资产减值准备	—	—			
固定资产净额	4 219.02	4 377.27			
在建工程	—	—	所有者权益:		
固定资产清理	—	—	实收资本	150 000.00	150 000.00
无形资产	125.92	108.78	资本公积	4 310.82	3409.60
商誉	—	—	盈余公积	23 643.32	18 376.87
长期待摊费用	—	—	一般风险准备	13 628.11	10 705.90
递延所得税资产	1 472.31	1 053.04	未分配利润	127 720.33	88 244.46
其他资产	—	—	所有者权益合计	319 302.58	270 736.83
资产总计	332 248.95	277 646.94	负债及所有者权益合计	332 248.95	277 646.94

企业负责人:汪涛　　主管会计机构负责人:王波　　会计机构负责人:徐茹斌

5.1.3 利润表

2013 年度　　单位:万元

项　目	本年累计数	上年同期数
一、营业收入	79 267.09	58 614.92
利息净收入	7 451.50	5 555.06
其中:利息收入	7 451.50	5 555.06
利息支出	—	—
手续费及佣金净收入	62 038.89	40 758.15
其中:手续费及佣金收入	62 038.89	40 758.15
手续费及佣金支出	—	—
投资收益(亏损以"-"号填列)	9 786.52	11 632.91
其中:交易性金融资产投资收益	—	-642.99
对联营企业和合营企业的投资收益	8 619.88	11 406.44
公允价值变动收益(损失以"-"号填列)	—	669.55
汇兑收益(亏损以"-"号填列)	-9.82	-0.75
其他业务收入	—	—
二、营业支出	12 132.56	9 658.41
营业税金及附加	3 607.24	2 384.79
业务及管理费用	8 537.54	7 273.62
资产减值损失	-12.22	—
其他业务成本	—	—
三、营业利润(亏损以"-"号填列)	67 134.53	48 956.51
加:营业外收入	15.77	7.58
减:营业外支出	30.00	22.81
四、利润总额(亏损总额以"-"号填列)	67 120.30	48 941.28
减:所得税费用	14 455.77	9 324.53
五、净利润(净亏损以"-"号填列)	52 664.53	39 616.76
六、其他综合收益	901.22	3 442.47
七、综合收益总额	53 565.75	43 059.22

企业负责人:汪涛　　主管会计机构负责人:王波　　会计机构负责人:徐茹斌

5.1.4 所有者权益变动表

单位：万元

项　目	2013 年度						2012 年度					
	实收资本	资本公积	盈余公积	一般风险准备金	未分配利润	所有者权益合计	实收资本	资本公积	盈余公积	一般风险准备金	未分配利润	所有者权益合计
一、上期期末余额	150 000.00	3 409.60	18 376.87	10 705.90	88 244.46	270 736.83	150 000.00	-32.87	14 415.20	8 069.49	60 225.79	232 677.61
加：会计政策变更	—	—	—	—	—	—	—	—	—	—	—	—
前期差错更正	—	—	—	—	—	—	—	—	—	—	—	—
其他	—	—	—	—	—	—	—	—	—	—	—	—
二、本期期初余额	150 000.00	3 409.60	18 376.87	10 705.90	88 244.46	270 736.83	150 000.00	-32.87	14 415.20	8 069.49	60 225.79	232 677.61
三、本年增减变动金额	—	901.22	5 266.45	2 922.21	39 475.87	48 565.75	—	3 442.47	3 961.68	2 636.41	28 018.67	38 059.22
（一）净利润	—	—	—	—	52 664.53	52 664.53	—	—	—	—	39 616.76	39 616.76
（二）其他综合收益	—	901.22	—	—	—	901.22	—	3 442.47	—	—	—	3 442.47
上述（一）和（二）小计	—	901.22	—	—	52 664.53	53 565.75	—	3 442.47	—	—	39 616.76	43 059.22
（三）所有者投入和减少资本	—	—	—	—	—	—	—	—	—	—	—	—
1. 所有者投入资本	—	—	—	—	—	—	—	—	—	—	—	—
2. 股份支付计入所有者权益的金额	—	—	—	—	—	—	—	—	—	—	—	—
3. 其他	—	—	—	—	—	—	—	—	—	—	—	—
（四）利润分配	—	—	5 266.45	2 922.21	-13 188.66	-5 000.00	—	—	3 961.68	2 636.41	-11 598.09	-5 000.00
1. 提取盈余公积	—	—	5 266.45	—	-5 266.45	—	—	—	3 961.68	—	-3 961.68	—
2. 提取一般风险准备	—	—	—	2 922.21	-2 922.21	—	—	—	—	2 636.41	-2 636.41	—
3. 对所有者（或股东）的分配	—	—	—	—	-5 000.00	-5 000.00	—	—	—	—	-5 000.00	-5 000.00
4. 其他	—	—	—	—	—	—	—	—	—	—	—	—
（五）所有者权益内部结转	—	—	—	—	—	—	—	—	—	—	—	—
1. 资本公积转增资本（或股本）	—	—	—	—	—	—	—	—	—	—	—	—
2. 盈余公积转增资本（或股本）	—	—	—	—	—	—	—	—	—	—	—	—
3. 盈余公积弥补亏损	—	—	—	—	—	—	—	—	—	—	—	—
4. 其他	—	—	—	—	—	—	—	—	—	—	—	—
（六）其他因素调整	—	—	—	—	—	—	—	—	—	—	—	—
四、本期期末余额	150 000.00	4 310.82	23 643.32	13 628.11	127 720.33	319 302.58	150 000.00	3 409.60	18 376.87	10 705.90	88 244.46	270 736.83

企业负责人：汪　涛　　　主管会计机构负责人：王　波　　　会计机构负责人：徐茹斌

5.2 信托资产

5.2.1 信托项目资产负债汇总表

2013 年 12 月 31 日　　单位:万元

信托资产	年末数	年初数	信托负债和信托权益	年末数	年初数
信托资产:	—		信托负债:	—	
货币资金	3 238 930. 40	2 359 761. 99	交易性金融负债	—	—
拆出资金	—	—	衍生金融负债	—	—
存出保证金	—	—	应付受托人报酬	2 641. 93	5 720. 73
交易性金融资产	711 250. 55	357 311. 01	应付托管费	14. 36	11. 42
衍生金融资产	—	—	应付受益人收益	—	—
买入返售金融资产	29 991. 62	17 841. 17	应交税费	—	—
应收款项	3 769. 44	33 861. 60	应付销售服务费	—	—
发放贷款	8 224 494. 22	5 031 859. 47	其他应付款项	13 987. 77	38 141. 29
可供出售金融资产	352 503. 19	452 187. 74	预计负债	—	—
持有至到期投资	1 913 998. 02	1 529 904. 54	其他负债	—	—
长期应收款	—	—	信托负债合计	16 644. 06	43 873. 44
长期股权投资	3 198 881. 79	2 435 857. 34		—	—
投资性房地产	2 325. 26	2 479. 72	信托权益:	—	—
固定资产	—	—	实收信托	22 270 174. 78	15 989 715. 02
无形资产	—	—	资本公积	353 278. 58	417 281. 37
长期待摊费用	—	—	损益平准金	—	—
其他资产	5 269 732. 46	4 329 092. 81	未分配利润	305 779. 53	99 287. 56
减:各项资产减值准备	—	—	信托权益合计	22 929 232. 89	16 506 283. 96
信托资产总计	22 945 876. 95	16 550 157. 40	信托负债及信托权益总计	22 945 876. 95	16 550 157. 40

企业负责人:汪涛　　主管会计机构负责人:王波　　会计机构负责人:徐茹斌

5.2.2 信托项目利润及利润分配汇总表

2013 年度　　单位:万元

项　目	本年累计数	上年同期数
一、营业收入	1 394 928. 73	1 216 488. 16
利息收入	546 106. 40	293 192. 66
投资收益(损失以"-"号填列)	829 361. 87	905 447. 84
其中:对联营企业和合营企业的投资收益	—	—
公允价值变动收益(损失以"-"号填列)	18 696. 97	16 915. 32
租赁收入	459. 16	466. 67
汇兑损益(损失以"-"号填列)	—	—
其他收入	304. 33	465. 66
二、支出	158 308. 63	111 776. 76
营业税金及附加	1 279. 43	471. 69
受托人报酬	55 763. 85	44 348. 61
托管费	9 878. 65	9 664. 03
投资管理费	34 427. 05	9 144. 05
销售服务费	45. 41	—
交易费用	3 718. 67	2 495. 80
资产减值损失	—	—
其他费用	53 195. 58	45 652. 58

续表

项　目	本年累计数	上年同期数
三、信托净利润(净亏损以"-"号填列)	1 236 620. 10	1 104 711. 39
其他综合收益	—	—
四、综合收益	1 236 620. 10	1 104 711. 39
加:期初未分配信托利润	99 287. 56	71 257. 61
五、可供分配的信托利润	1 335 907. 66	1 175 969. 00
减:本期已分配信托利润	1 030 128. 13	1 076 681. 44
六、期末未分配信托利润	305 779. 53	99 287. 56

企业负责人:汪涛　　主管会计机构负责人:王波　　会计机构负责人:徐茹斌

6. 会计报表附注

6.1 报告年度会计报表编制基准、会计政策、会计估计和核算方法发生的变化

本期审定的期初资本公积与 2012 年致同审字(2013)第 440FB0191 号审计报告差异 13 191 902. 25 元 为调整前期对外币报表折算差额的确认。2013 年度会计报表其他编制基准、会计政策、会计估计和核算方法未发生变化。

6.2 或有事项说明

本年度公司未发生重要的或有事项。

6.3 重要资产转让及其出售的说明

本年度公司未发生重要资产转让和出售等事项。

6.4 会计报表中重要项目的明细资料

6.4.1 自营资产经营情况

6.4.1.1 信用风险资产五级分类

信用风险资产五级分类	正常类（万元）	关注类（万元）	次级类（万元）	可疑类（万元）	损失类（万元）	信用风险资产合计（万元）	不良资产合计（万元）	不良资产率（%）
期初数	140 235.75	—	—	—	96.98	140 332.73	96.98	0.07
期末数	175 491.64	—	—	—	—	175 491.64	—	—

注：1. 不良资产合计=次级类+可疑类+损失类。

2. 本公司"信用风险资产"为存放同业款项、贷款、其他应收款和应收利息。

6.4.1.2 各项资产减值损失准备

单位：万元

	期初数	本期计提	本期转回	本期核销	其他减少	期末数
贷款损失准备：						
一般准备	—	—	—	—	—	—
专项准备	—	—	—	—	—	—
其他资产减值准备：						
可供出售金融资产减值准备	—	—	—	—	—	—
持有至到期投资减值准备	—	—	—	—	—	—
长期股权投资减值准备	—	—	—	—	—	—
坏账准备	96.98	—	12.23	84.75	—	—
投资性房地产减值准备	—	—	—	—	—	—
合计	96.98	—	12.23	84.75	—	—

6.4.1.3 投资品种分类

单位：万元

	自营股票	基金	债券	长期股权投资	其他投资	合计
期初数	3 847.09	917.71	—	115 404.20	11 700.00	131 869.00
期末数	3 554.91	2 031.88	—	119 058.86	26 290.00	150 935.65

6.4.1.4 前三名的自营长期股权投资

企业名称	占被投资企业权益的比例（%）	主要经营活动	投资损益（万元）
易方达基金管理有限公司	25.00	15 111.86	
珠江人寿保险股份有限公司	20.00	-4 430.81	
众诚汽车保险股份有限公司	20.00	-2 061.17	

6.4.1.5 前三名的自营贷款

企业名称	占贷款总额比例（%）	还款情况
广州华艺国际拍卖有限公司	100.00	报告期末未还款
合计	100.00	

注：广州华艺国际拍卖有限公司（原名：中国嘉德广州国际拍卖有限公司）的借款本金为4 000万元，2012年发放贷款2 800万元，本年新增1 200万元，该贷款按信用风险资产分类均为正常类。

6.4.1.6 表外业务

单位：万元

表外业务	期初数	期末数
担保业务	—	—
代理业务（委托贷款）	1 080.00	1 080.00
其他	—	—
合计	1 080.00	1 080.00

6.4.1.7 公司当年的收入结构

收入结构	金额（万元）	占比（%）
手续费及佣金收入	62 038.89	78.25%
其中：信托手续费收入	62 038.89	78.25%
投资银行业务收入	—	—
利息收入	7 451.50	9.40%
其他业务收入	—	—
其中：计入信托业务收入部分	—	—
投资收益	9 786.52	12.34%
其中：股权投资收益	8 619.88	10.87%
证券投资收益	—	—
其他投资收益	1 166.64	1.47%
公允价值变动收益	—	—
汇兑收益	-9.82	-0.01%
营业外收入	15.77	0.02%
收入合计	79 282.86	100.00%

6.4.2 信托财产管理情况

6.4.2.1 信托资产

单位：万元

信托资产	期初数	期末数
集合	5 017 993.18	9 252 878.74
单一	10 746 446.96	12 796 648.93
财产权	785 717.26	896 349.28
合计	16 550 157.40	22 945 876.95

6.4.2.1.1 主动管理型信托业务的信托资产

单位：万元

主动管理型信托资产	期初数	期末数
证券投资类	736 445.13	845 825.95
股权投资类	1 960 758.45	3 168 748.38
融资类	6 607 777.44	8 345 412.36
事务管理类	—	91 542.05
合计	9 304 981.02	12 451 528.74

6.4.2.1.2 被动管理型信托业务的信托资产

单位：万元

被动管理型信托资产	期初数	期末数
证券投资类	50 927.39	22 503.50
股权投资类	3 187 163.04	2 754 045.66
融资类	3 417 809.35	7 046 663.95
事务管理类	589 276.60	671 135.10
合计	7 245 176.38	10 494 348.21

6.4.2.2 本年度已清算结束的信托项目分类列示如下：

6.4.2.2.1 本年度已清算结束的信托项目个数为583个，合计金额6 091 449.45万元，加权平均实际年化收益率为6.27%。

已清算结束信托项目	项目个数	实收信托合计金额（万元）	加权平均实际年化收益率（%）
集合类	222	1 223 779.80	6.08
单一类	336	4 529 571.72	6.27
财产管理类	25	338 097.93	7.09

注：收益率是指信托项目清算后，给受益人赚取的实际收益水平。

6.4.2.2.2 本年度已清算结束的主动管理型信托项目个数为227个，实收信托合计1 228 998.77万元，加权平均实际年化收益率为6.09%。

已清算结束信托项目	项目个数	实收信托合计金额（万元）	加权平均实际年化收益率（%）
证券投资类	2	4 939.26	-5.58
股权投资类	85	314 368.51	3.36
融资类	140	909 691.00	7.02
事务管理类	—	—	—

6.4.2.2.3 本年度已清算结束的被动管理型信托项目个数为356个，实收信托合计4 862 450.68万元，加权平均实际年化收益率为6.32%。

已清算结束信托项目	项目个数	实收信托合计金额（万元）	加权平均实际年化收益率（%）
证券投资类	—	—	—
股权投资类	6	1 380 000.00	4.62
融资类	325	3 144 352.75	7.01
事务管理类	25	338 097.93	7.09

6.4.2.3 本年度新增的信托项目

新增信托项目	项目个数	实收信托合计金额（万元）
集合类	323	2 360 290.80
单一类	394	8 380 152.42
财产管理类	32	566 097.03
新增合计	749	11 332 712.75
其中：主动管理型	365	5 230 545.24
被动管理型	384	6 075 995.01

6.4.2.4 信托业务创新成果和特色业务有关情况

（1）报告期内，公司受托管理的广东节能减排促进第二批次项目被评选为“2012年度最佳表现贷款项目”。

公司成立“亚行贷款广东节能减排促进项目资金信托计划”，信托规模为6.49亿元。该信托业务的创新点在于为亚洲开发银行实现首次采用信托模式进行贷款的优化管理，并取得良好成效，已累计发放贷款9.87亿元，扶持广东省中小企业30多个，节能减排效益显著。

该批次项目在机构建设、项目管理、财务管理、合同授予和支付、保障政策的遵守等方面都获得满分，标志着公司与亚洲开发银行在节能减排领域的创新合作模式有着积极的示范意义。

（2）报告期内，公司参与多项信贷资产证券化试点工作和企业资产证券化试点业务。公司成功申请特定目的的信托受托机构资格后，将资产证券化业务视为今后主要发展的业务方向之一，一直大力整合资源，积极推动业务发展，并密切跟踪国内最新业务政策，与各类合作机构保持良好沟通。

6.4.2.5 本公司履行受托人义务情况及因本公司自身责任而导致的信托资产损失情况（合计金额、原因等）

公司已成立信托委员会，并按照信托合同条款的规定，履行诚实、信用、谨慎、有效的管理，为收益人的最大利益处理信托事务，除按规定取得信托报酬外，没有利用信托资产为自己谋取利益。

公司设置独立运作的自营与信托业务、财务部门，对信托资产与固有资产分别管理，并为每个信托项目开设专户，分别记账，分别核算。

公司信托业务部门妥善保存处理信托事务的完整记录，定期将信托财产的管理运用、处分及收支情况报告委托人、收益人，对委托人和收益人的信托资料保密。信托项目结束后，公司以信托财产为限向收益人兑付信托财产及收益，无延期兑付和无法兑付情况发生。

本年度没有发生因公司自身责任而导致的信托资产损失。

6.5 关联方关系及其交易的披露

6.5.1 关联交易方的数量、关联交易的总金额及关联交易的定价政策等

	关联交易方数量	关联交易金额（万元）	定价政策
合计	1	327.22	市场价格

6.5.2 关联交易方与本公司的关系性质，关联交易方的名称、法定代表人、注册地址、注册资本及主营业务等

关系性质	关联方名称	法定代表人	注册地址	注册资本（万元）	主营业务
同一控制方	广州粤财房地产开发有限公司	罗潮明	广州市越秀区东风中路481号粤财大厦5楼	18551.35	在东风中路与德政路交界处西北角地段开发、建设、销售、出租和管理自建的商品楼宇及配套设施

6.5.3 本公司与关联方的重大交易事项

6.5.3.1 固有与关联方交易情况

单位：万元

固有与关联方关联交易				
	期初数	借方发生额	贷方发生额	期末数
贷款	—	—	—	—
投资	—	—	—	—
租赁	—	327.22	327.22	—
担保	—	—	—	—
应收账款	—	—	—	—
其他	—	—	—	—
合计	—	327.22	327.22	—

6.5.3.2 信托与关联方交易情况

单位:万元

信托与关联方关联交易				
	期初数	借方发生额	贷方发生额	期末数
贷款	35 500.00	30 000.00	—	65 500.00
投资	—	—	—	—
租赁	—	—	—	—
担保	—	—	—	—
应收账款	—	—	—	—
其他	—	—	—	—
合计	35 500.00	30 000.00	—	65 500.00

6.5.3.3 公司自有资金运用于自己管理的信托项目(固信交易)、公司管理的信托项目之间的相互交易(信信交易)情况

6.5.3.3.1 固有与信托财产之间的交易情况

单位:万元

固有财产与信托财产相互交易			
	期初数	本期发生额	期末数
合计	—	—	—

6.5.3.3.2 信托项目之间的交易情况

单位:万元

信托财产与信托财产相互交易			
	期初数	本期发生额	期末数
合计	763 396.26	-307 327.36	456 068.90

6.5.4 关联方逾期未偿还本公司资金的详细情况以及本公司为关联方担保发生或即将发生垫款的详细情况

本年度公司无上述情况。

6.6 会计制度的披露

本年度公司自营业务、信托业务执行财政部2006年2月15日颁布的《企业会计准则——基本准则》及其后续规定。

本公司以持续经营为基础,根据实际发生的交易和事项,按照《企业会计准则——基本准则》和其他各项具体会计准则、应用指南及准则解释的规定进行确认和计量,在此基础上编制财务报表。

7. 财务情况说明书

7.1 利润实现和分配情况

本年度公司经审计后实现税后净利润52 664.53万元,年初未分配利润为88 244.46万元,向所有者分配2012年下半年利润5 000.00万元,2013年末可供分配的利润为135 908.99万元。经公司董事会批准,按《信托法》的规定,按净利润的5%提取信托赔偿准备金2 633.23万元;根据《财政部关于印发〈金融企业准备金计提管理办法〉的通知》,以承担风险和损失的资产期末余额的1.5%为其他风险准备金最低限额,补提其他风险准备金288.98万元;按新准则规定提取法定盈余公积5 266.45万元;年末未分配利润为127 720.33万元。

7.2 主要财务指标

指标名称	指标值
资本利润率(%)	17.85
人均净利润(万元)	548.59

注:1. 资本利润率=净利润/所有者权益平均余额×100%。
2. 人均净利润=净利润/年平均人数。
3. 平均值采取年初、年末余额简单平均法。公式为:a(平均)=(年初数+年末数)/2。

7.3 对本公司财务状况、经营成果有重大影响的其他事项

本年度公司无其他须披露的重大影响事项。

8. 特别事项提示

8.1 报告期内公司两家股东没有发生变动

8.2 本报告期内董事未发生变更,监事会成员未发生变更

2013年2月杨中一先生因个人原因辞去公司副总经理职务,该变动事项未对公司正常业务发展造成重大影响。2013年7月,公司因发展需要,聘任李亚娟、陈海珍为公司副总经理,聘任刘东辉为总经理助理。

8.3 本报告期内公司注册地址无变更

8.4 公司无重大诉讼事项

8.5 本报告期内公司及其高管人员无受处罚情况

8.6 银监会及其派出机构对公司检查后提出整改意见的,应简单说明整改情况

本年度广东银监局对公司进行了现场检查,提出尽快修订公司中长期发展战略规划、强化公司内部控制管理、加强业务合规管理、切实提高自主管理能力等四项要求。据此,公司认真进行了整改,一是制定了《广东粤财信托有限公司2014—2016年发展战略规划》;二是加强了内部管理,包括充实内审人员、提高稽核频率、修订完善多项业务管理制度、加强信息披露管理等;三是加强了合规管理,包括加强信托产品设计的合规性审查、加强对净资本测算的核对、完善合同管理等;四是大力提高自主管理能力,包括成立了财富管理中心、加强项目尽职管理能力建设、加强项目风险分类管理等。

8.7 本年度重大事项临时报告情况

公司于2013年2月26日在《金融时报》第六版进行了变更公司会计报表审计机构的公告披露。

8.8 本报告期内银监会及其省级派出机构认定的有必要让客户及相关利益人了解的重要信息

无。

9. 公司监事会意见

报告期内公司以《信托公司净资本管理办法》为核心 强化风险控制，逐步构建新的信托业务管理体系，公司各项规章制度和业务操作规程进一步完善，没有发现公司董事及高级管理人员在执行公司职务时有违法违纪和损害公司利益及股东利益的行为。报告期内公司财务报告真实反映了公司财务状况和经营成果，广东正中珠江会计师事务所（特殊普通合伙）出具了标准无保留意见的审计报告，审计报告真实、客观、准确地反映了公司财务状况。

国联信托股份有限公司

1. 重要提示

本公司董事会及董事保证本报告所载资料不存在任何虚假记载、误导性陈述或者重大遗漏，并对其内容的真实性、准确性和完整性承担个别及连带责任。

公司独立董事胡滨、王则斌、朱增进对公司2013年年度报告基于独立判断立场，发表意见如下：公司2013年年度报告属实，其内容真实、准确、完整。

公司董事长、主管会计工作负责人吕建一、总经理杨飞、会计机构负责人（会计主管人员）李倩声明：保证年度报告中财务报告的真实、完整。

2. 公司概况

2.1 公司简介

国联信托股份有限公司（简称国联信托）前身为无锡市信托投资公司，初创于1987年1月。2003年1月，经中国人民银行批准，公司获准重新登记，更名为"国联信托投资有限责任公司"。2007年6月，经中国银行业监督管理委员会批准，公司获准换领新的金融许可证，并更名为"国联信托有限责任公司"。2007年9月，经增资扩股，公司注册资本由6.15亿元增至12.3亿元。2008年7月，经中国银行业监督管理委员会批准，公司整体变更为股份公司，并更名为"国联信托股份有限公司"。公司控股股东为无锡市国联发展（集团）有限公司。该控股股东是无锡市人民政府出资设立并授予国有资产投资主体资格的国有独资企业集团。

法定名称	国联信托股份有限公司
英文名称（及缩写）	Guolian Trust Co.，Ltd（GLTRUST）
法定代表人	吕建一
注册地址	无锡市滨湖区太湖新城金融一街8号国联金融大厦
邮政编码	214131
公司国际互联网网址	http://www.gltic.com.cn

续表

公司电子信箱	gltic@gltic.com.cn
公司负责信息披露事务高级管理人员	杨　飞
公司负责信息披露事务人	李倩
联系电话	0510－82833729
传真电话	0510－82833803
电子信箱	lvjy@gltic.com.cn
公司信息披露的报纸名称	《金融时报》
公司年度报告备置地点	无锡市滨湖区太湖新城金融一街8号国联金融大厦11楼
公司聘请的会计师事务所名称及住所	江苏公证天业会计师事务所（特殊普通合伙） 江苏省无锡市梁溪路28号
公司聘请的律师事务所名称及住所	江苏无锡徐刚律师事务所 无锡市金融一街8号 北京天银律师事务所　北京海淀区高梁桥斜街59号

2.2 组织结构

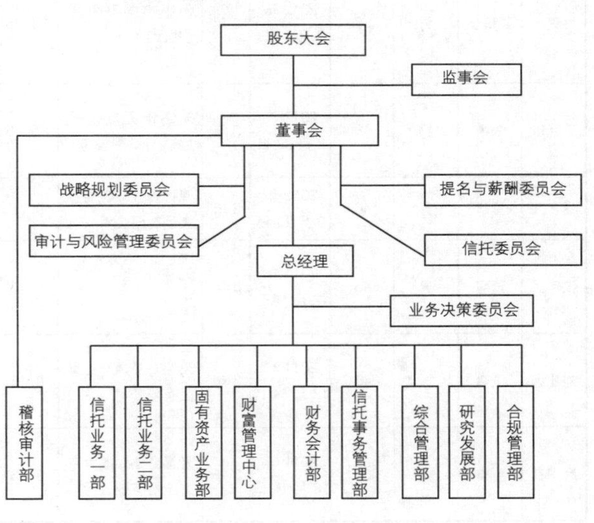

3. 公司治理结构

3.1 股东

2012年度末，公司股东总数5名。

股东名称	持股比例（%）	法人代表	注册资本（万元）	注册地址
★无锡市国联发展（集团）有限公司	65.85	王锡林	800 000	无锡市金融一街8号
无锡国联环保能源集团有限公司	9.76	蒋志坚	16 633	无锡市金融一街8号
无锡市地方电力公司	8.13	毛伟坤	31 950	无锡市金融一街8号
无锡市交通产业集团有限公司	8.13	薛军	553 771	无锡市人民西路109号
无锡商业大厦大东方股份有限公司	8.13	潘霄燕	32 607	无锡市中山路343号

股东名称	主要经营业务	2013年主要财务情况（亿元）		
		总资产	净资产	利润总额
★无锡市国联发展（集团）有限公司	从事资本、资产经营；代理投资、投资咨询及投资服务	446.13	172.14	14.89
无锡国联环保能源集团有限公司	环保行业、能源行业、城市共用基础设施及相关产业的投资等	26.95	17.47	3.23
无锡市地方电力公司	规划全市电力建设和电力销售	4.02	3.92	0.31
无锡市交通产业集团有限公司	受托经营、管理市级交通国有资产，进行国有资产的收益管理和经营；从事交通运输及相关产业投资	274.66	127.43	10.47
无锡商业大厦大东方股份有限公司	国内贸易；金饰品修理改制；二类摩托车维修；家用电器的安装维修；服装、眼镜的加工服务；商品包装；综合货运站普通货运；自有场地出租等	45.71	15.64	2.88

注：1. ★表示公司实际控制人。

2. 关联关系说明：无锡市地方电力公司为无锡市国联发展（集团）有限公司全资子公司，无锡国联环保能源集团有限公司由无锡市国联发展（集团）有限公司出资95%和无锡市地方电力公司出资5%投资组建，其余无关联。

3.2 董事

董事会由9名董事组成，由股东无锡市国联发展（集团）有限公司推荐2名，股东无锡国联环保能源集团有限公司推荐1名，股东无锡市地方电力公司推荐1名，股东无锡市交通产业集团有限公司推荐1名，股东无锡商业大厦大东方股份有限公司推荐1名，独立董事3名。

董事会成员

姓名	职务	性别	年龄	选任日期	任期年限	所推举的股东名称	持股比例（%）	简要履历
吕建一	董事长	男	58	2012年8月23日	3年	无锡市国联发展（集团）有限公司	65.85	高级会计师；曾任无锡探矿机械厂财务科长，无锡国家高新技术产业开发区管委会总会计师，新区财政税务局副局长，新区管委会投资开发部经理；无锡联合高新技术产业发展公司总经理，新电通信有限公司副总经理，无锡市投资开发公司总经理、法人代表，国联信托副总经理、总经理，现任国联信托董事长。
丁武斌	董事	男	48	2012年8月23日	3年	无锡市国联发展（集团）有限公司	65.85	注册会计师，国际内审师，律师；曾任无锡梁溪律师事务所律师，国联集团法律顾问，国联信托信托业务部经理、综合管理部经理、公司副总经理；现任无锡市国联发展（集团）有限公司金融资产管理部经理兼国联期货有限责任公司董事长。
杨飞	董事	男	46	2012年8月23日	3年	无锡国联环保能源集团有限公司	9.76	曾任天同证券有限责任公司投资银行总部总经理助理、战略并购部总经理、国际业务部负责人，国联证券并购融资部副总经理，国联信托副总经理；现任国联信托董事、总经理。
张伟民	董事	男	43	2011年12月14日	3年	无锡市地方电力公司	8.13	曾任职于无锡太湖国家旅游度假区发展总公司物资贸易部、国联证券无锡湖滨路营业部、国联证券投资银行部、无锡市国联发展（集团）有限公司电力投资部，现任无锡国联环保能源有限公司投资管理部经理。
刘建春	董事	男	49	2011年12月14日	3年	无锡市交通产业集团有限公司	8.13	曾任无锡市交通局财务处科员、副处长，无锡市交通资产经营有限公司副总会计师、财务资产部经理，无锡市交通产业集团有限公司财务负责人、副总会计师、财务审计部经理、融资管理部经理；现任无锡市交通产业集团有限公司党委委员、总会计师兼财务负责人。
席国良	董事	男	50	2011年12月14日	3年	无锡商业大厦大东方股份有限公司	8.13	曾任无锡市糖业烟酒公司财务科会计、无锡市商业局财务科会计、无锡市交电采购批发站副总经理，现任江苏无锡商业大厦集团有限公司副总经理、无锡商业大厦大东方股份有限公司总经理。

独立董事

姓名	所在单位及职务	性别	年龄	选任日期	任期年限	所推举的股东名称	持股比例（%）	简要履历
胡滨	中国社科院金融研究所研究员	男	42	2011年12月14日	3年	无锡市国联发展（集团）有限公司	65.85	曾任华安证券高级经理、中信证券高级经理、中国社科院金融所博士后研究人员，现任中国社科院金融所研究员、社科院金融法律与金融监管研究基地主任。
王则斌	苏州大学东吴商学院院长	男	53	2011年12月14日	3年	无锡市国联发展（集团）有限公司	65.85	曾任苏州市大型国有企业的财务顾问和财务总监，现为江苏省会计学会理事、江苏省总会计师协会理事、苏州市会计学会常务理事、苏州大学东吴商学院院长。
朱增进	江苏世纪同仁律师事务所	男	49	2011年12月14日	3年	无锡市国联发展（集团）有限公司	65.85	曾获"江苏省知名律师"称号。曾任中华全国律师协会公司法委员会委员、创业板发审委委员，现为江苏世纪同仁律师事务所律师、高级合伙人。

3.3 监事

监事会由3名监事组成，其中股东无锡市国联发展(集团)有限公司推荐1名，职工监事2名。

姓名	职务	性别	年龄	选任日期	所推举的股东名称	持股比例(%)	简要履历
李建康	监事会主席	男	48	2011年12月14日	无锡市国联发展(集团)有限公司	65.85	曾任无锡市扬名电器厂财务科长、无锡渔港供销社财务科长、无锡汇丰房地产开发有限公司财务科长、无锡鸿意地产发展有限公司财务科长、无锡东华会计师事务所有限公司项目经理、无锡小天鹅股份有限公司审计部长、无锡市国联发展(集团)有限公司审计部项目经理、无锡国联金融投资集团有限公司审计部经理，现任无锡市国联发展(集团)有限公司审计监察部经理。
季羚	监事	女	33	2011年11月28日	职工代表	—	曾任职于无锡市数码通宽带网络有限责任公司，曾任深圳美商化工有限公司、国联信托股份有限公司综合管理部经理助理；现任国联信托股份有限公司综合管理部副经理。
周志明	监事	男	44	2013年7月18日	职工代表	—	曾任无锡市金万达期货经纪有限公司交易员、上海营业部经理、研究发展部经理，国联信托股份有限公司综合管理部副经理、固有资产业务部副经理、信托业务部经理等职务；现任国联信托股份有限公司信托业务一部经理。

3.4 高级管理人员

姓名	职务	性别	年龄	选任日期	金融从业年限	学历	专业	简要履历
杨飞	总经理	男	46	2012年8月23日	12年	博士	跨国金融	曾任天同证券有限责任公司投资银行总部总经理助理、战略并购部总经理、国际业务部负责人，国联证券并购融资部副总经理；现任国联信托总经理。
朱文革	副总经理	男	46	2013年4月2日	16年	本科	食品工程系	曾任无锡幸福食品厂生产调度、车间主任、副厂长，国联证券有限责任公司营业部总经理、投资银行部总经理、研发部总经理，国联基金管理有限责任公司副总经理，国联信托有限责任公司副总经理，国联创投公司总经理；现任国联信托副总经理兼无锡市国联资本管理有限公司总经理、无锡市金融投资有限公司董事长。
李正全	副总经理	男	37	2013年4月2日	2年	博士	政治经济学	曾任甘肃省仕安商贸有限公司总经理助理、无锡市国联发展(集团)有限公司任副总裁(挂职)、无锡市委研究室主任助理、国联证券股份有限公司总裁助理，现任国联信托副总经理。

3.5 公司员工

项目		报告期年度		上年度	
		人数	比例(%)	人数	比例(%)
年龄分布	25岁以下	3	5.26	4	7.02
	25~29岁	20	35.09	18	31.58
	30~39岁	21	36.84	21	36.84
	40岁以上	13	22.81	14	24.56
学历分布	博士	5	8.77	3	5.26
	硕士	22	38.60	22	38.60
	本科	21	36.84	22	38.60
	专科	8	14.04	8	14.04
	其他	1	1.75	2	3.51
岗位分布	董事、监事及高管人员	7	12.28	6	10.53
	自营业务人员	2	3.51	7	12.28
	信托业务人员	30	52.63	28	49.12
	其他人员	21	36.84	18	31.58

注：公司部分高管及职工监事分别为信托业务人员和其他人员，故岗位百分比大于100%。

4. 经营管理

4.1 经营目标、经营方针和战略规划

4.1.1 经营目标

立足江苏，面向长三角，适当辐射发达地区，致力于将国联信托打造成一家以信托为基础，以银行、证券等金融机构为一体，能综合运用金融市场资源，提供综合金融服务，运作规范，在行业内具有影响力的专业化金融公司。

4.1.2 经营方针

秉承“诚信、稳健、规范、创新”的经营理念，严控风险，审慎经营，以多元化的资产管理手段和金融工具，实现金融、资本和实业的融合，在可容忍风险下，谋求信托受益人的利益最大化。

4.1.3 战略规划

以信托制度的创新应用为基础、以风险管控能力为核心，产品和客户并重，建立以项目为导向的传统信托业务、以产品为导向的私募股权投资基金业务体系和以客户为中心的财富管理业务体系三大业务体系，打造具有区域影响力的专业资产管理机构。

4.2 所经营业务的主要内容

4.2.1 自营资产运用与分布表

资产运用	金额（万元）	占比（%）	资产分布	金额（万元）	占比（%）
货币资产	24 938	9.29	基础产业		
贷款及应收款	18 276	6.81	房地产业	2 000	0.75
交易性金融资产投资	3 010	1.12	证券市场	46 091	17.18
可供出售金融资产投资	49 066	18.29	实业	15 400	5.74
持有至到期投资	20 797	7.75	金融机构	151 665	56.52
长期股权投资	151 865	56.60	其他	53 176	19.81
其他	380	0.14			
资产总计	268 332	100.00	资产总计	268 332	100.00

4.2.2 信托资产运用与分布

资产运用	金额（万元）	占比（%）	资产分布	金额（万元）	占比（%）
货币资产	66 254	1.48	基础产业	882 559	19.68
贷款	1 819 247	40.56	房地产	364 339	8.12
交易性金融资产	94 569	2.11	证券市场	94 569	2.11
可供出售金融资产	681 644	15.20	工商企业	693 926	15.47
持有至到期投资	1 333 106	29.72	金融机构	300	0.01
长期股权投资	455 103	10.14	其他	2 449 694	54.61
其他	35 464	0.79			
信托资产总计	4 485 387	100.00	信托资产总计	4 485 387	100.00

4.3 市场分析

4.3.1 有利因素

4.3.1.1 宏观经济平稳运行

2013 年，我国经济保持中高速平稳增长，国内生产总值增速保持在 7.5% ~8% 窄幅波动，整体运行平稳，改革红利不断释放，宏观政策效果逐步显现，结构调整和转型升级方面呈现出新的变化。

4.3.1.2 信托业务和产品不断创新

信托作为唯一可以横跨货币、资本、实业三大市场的金融子行业，具有高度的灵活性和最具活力的创新精神，可以满足客户多元化的金融需求，2013 年信托行业在新型城镇化、资产证券化、养老信托、土地流转信托等新的业务领域推出了众多的创新类产品和服务。

4.3.1.3 信托市场规模不断壮大

近几年来信托行业在金融市场上快速崛起，到 2013 年末信托管理资产规模超过 10 万亿元，信托公司在理财市场和资产管理领域的地位和作用不断增强，社会影响力逐步上升。

4.3.1.4 财富管理市场不断成熟

随着近年来居民收入的不断增加，理财观念深入民心，居民对财富管理的需求日益迫切。由于信托产品预期收益较高，风险相对可控，2013 年信托产品在理财市场上持续受到高收入、高净值人群的青睐。

4.3.2 不利因素

4.3.2.1 宏观经济政策的不确定性

2013 年国内宏观经济虽然总体平稳，但是经济增长进入换档期，一度出现了较为明显的下行压力，产能过剩问题突出，资源环境约束明显增强，微观实体经济持续疲弱，光伏、钢贸、房地产等个别行业、个别区域积聚了较大的风险。

4.3.2.2 监管政策不断加码

2012 年末四部委联合发布的《关于制止地方政府违法违规融资行为的通知》（财预［2012］463 号）和 2013 年 3 月中国银监会发布的《关于规范商业银行理财业务投资运作有关问题的通知》（银监发［2013］8 号）对地方政府平台融资业务和银信同业合作业务进行了较为严格的规范和限制；同时，监管部门对房地产信托业务也保持高度关注，采取了较为审慎的监管策略。

4.3.2.3 信托制度优势不断削弱

随着“泛资产管理时代”的到来，信托公司的主要业务受到来自证券资管、基金子公司、银行资产管理计划等多方面的竞争。另外，私募债和其他新型融资工具也对信托公司的业务构成竞争，信托公司的制度红利逐渐被侵蚀。

4.3.2.4 行业内部分信托产品出现兑付风险

2013 年，个别矿产信托、房地产信托和另类信托产品出现了较大的兑付风波，极大地影响了信托行业在财富管理市场的声誉。银行代销渠道和第三方理财机构不规范的营销模式也给信托行业本身的健康发展带来不利影响。

4.3.2.5 信托行业的配套制度有待完善

信托行业的政策环境虽然有改善，但配套的政策法规尚未完全建立，制约行业发展的信托财产登记、信托财产税负等问题依然没有得到解决，给信托业务拓展和创新带来法律法规上的障碍和不确定性。

4.4 内部控制概况

4.4.1 内部控制环境和内部控制文化

按照“三会分设、三权分开、有效制约、协调发展”的要求，公司设立了由股东会、董事会、监事会和高级管理层构建的公司治理架构。股东会、董事会、监事会和高级管理层之间既相互独立，又相互制衡和相互协调，形成了权力机构、决策机构、监督机构和管理层之间的制衡机制，在公司经营和发展中持续发挥着各自的职能与作用。董事会引入独立董事制度并下设各专门委员会，能够较好地运行，为公司内部控制制度制定与运行提供了一个良好的内部环境。

公司坚持“业务经营与风险管理并重”的原则。通过组织员工培训、学习等办法，培养员工的风险防范意识、并提升了员工的法律意识，道德规范及自身素质，提高了风险管理的自觉性。

4.4.2 内部控制措施

公司在完善内部控制机制的过程中，贯彻“健全、合理、制衡、独立”的原则，建立起内控岗位授权制度、内控报告制度、内控责任制度、内控审计检查制度及考核评价制度。公司内部控制覆盖了环境控制、业务控制、资金管理控制、会计系统控制、电子信息系统控制、内部稽核控制等各个环节和公司的各项业务、各个部门和各级人员,并贯穿于决策、执行、监督、反馈整个流程。各部门和岗位职权分明,职能独立,并相互牵制,相互制衡,重要岗位实行双人负责制;对担任单岗处理的业务,有相应的后续监督。

报告期内,公司严格执行各项内控制度,操作规范,措施有效。

4.4.3 信息交流与反馈

公司加强信息建设,为内控的设计、执行、反馈提供信息保障。一是建立起管理层与内控管理专职部门信息联结和定期联系机制,及时、真实、完整地传导监管意图、交流信息、沟通问题。制定并执行内控报告制度和突发事件应急管理办法。二是严格执行信息披露制度,主动及时向社会公众准确披露有关信息,发挥社会公众对公司内控建设的监督作用。

4.4.4 监督评价与纠正

公司推行事前、事中与事后三位一体的风险管理和监督评价体系,对业务环节和经营管理进行持续性的全方位、全过程监督、评价、后评价与纠正。

2013 年,公司充分发挥内外部审计的监督作用,审计的范围和深度进一步加强,对于审计过程中发现的问题及时与各部门沟通,要求限期完善或整改,并采取后续审计等方式进行跟踪,对防止风险出现或扩大,促进业务合法、合规、稳健经营发挥了积极作用。

4.5 风险管理

4.5.1 风险管理概况

董事会和经营层坚持“业务发展与风险管理并重”的原则。在新业务开展前,充分研判其风险点及控制措施,在确保风险可控前提下开展业务;对于已实施的业务项目实时跟踪,对潜在风险采取积极措施有效监控。公司风险管理水平及管理状况较好,并且建立了较为完善的识别、计量、监测和控制各项风险的组织机构与信息管理系统。不过,业务风险理念和技术水平有待进一步完善提高。

公司经营活动中可能遇到的主要风险有信用风险、市场风险、操作风险及政策风险、法律风险及声誉风险等。

公司风险管理贯彻合法合规性原则、健全性原则、全过程与全方位相结合原则、审慎性原则以及适时性原则。风险控制贯穿于业务活动的各个方面和运行过程的每一环节,对风险着重进行事前防范、实时监控和事后稽查三方面的工作。财务核算方面,严格执行信托财产与公司固有财产分别管理、分别记账,不同信托财产分别管理、分别记账。

公司风险管理的基本策略为:(1)预防:侧重于内控和损失准备,适用于市场风险、信用风险和操作风险;(2)多样化分散:指投资或交易对手分散,适用于非系统性风险;(3)转嫁:要求企业进行担保、抵押等,适用于信用风险和市场风险。

公司风险控制体系包括董事会及专门委员会、监事会、经营层、业务决策委员会、各职能部门,形成了上下联动、多层次的、完整的风险控制结构体系。

4.5.2 风险状况

4.5.2.1 信用风险状况

信用风险主要是交易对手违约带来的风险,信用风险主要来自借款、投资等业务。公司严格按照监管规定足额计提一般准备和资产减值准备,按比例提取信托赔偿准备金,以提高公司抵御风险的能力。报告期内公司不良资产期初、期末数都为零。

4.5.2.2 市场风险状况

市场风险是指公司在业务经营中不可避免地因市场参数的波动而产生的风险。公司面临的市场风险主要是股价波动风险、利率风险及同业竞争形成的风险和购买力风险。这些风险的存在不但影响信托财产的价值以及信托收益水平,也会使公司由于资产负债结构不匹配等而导致公司整体的、当前和未来收入的损失。

4.5.2.3 操作风险状况

操作风险主要表现在相关业务办理过程中,因尽职管理不到位、内部控制缺失或系统的不完善等导致的损失。报告期内公司未发生因操作风险所造成的损失。

4.5.2.4 其他风险状况

公司还面临着诸如政策风险、法律风险和声誉风险等其他风险。政策风险主要指由于宏观政策以及监管政策的变动对公司经营环境和发展所造成的风险。法律风险主要指业务合同的内容在法律上有缺陷或不完善而发生法律纠纷等的风险。声誉风险指由公司在经营、管理及其他行为或外部事件导致利益相关方对公司负面评价的风险。

4.5.3 风险管理

4.5.3.1 信用风险管理

对于信用风险的防范,公司执行“三查”制度,严格实行审贷分离。公司主要通过对融资对象的信用调查,业务决策委员会对项目的审核,信托合同中抵押、担保条款的科学设计来进行风险事前防范;通过项目实施过程中的跟踪管理以及资产分类评级来进行风险事中控制;通过对项目的稽查与评价进行事后控制。

公司选择实力雄厚、信誉卓著、业绩优良的金融机构为合作伙伴,作为公司信托业务的托管银行,以防范来自金融同业的信用风险。

公司按规定对贷款实行五级分类,并足额计提相应资产损失准备。

公司的担保措施:保证方应为实力雄厚、信誉良好的大型企业(集团)或上市公司;抵押品价值主要通过中介机构评估确认,抵押品主要为房屋、土地。

公司无对外担保余额。

4.5.3.2 市场风险管理

为防范市场风险,公司制定管理制度,规范操作程序,配备与业务规模和市场风险管理要求相适应的专业团队,加强项目合同审查和立项论证,加大投资决策委员会的运作力度,通过研究、决策、操作、评价相互制衡的机制,结合严格的授权制度,防范市场风险。公司坚持不仅关注市场风险的控制,更强调市场风险的规避,不盲目追求业务规模和短期的经营业绩,坚持业务规模及复杂程度与公司业务能力相匹配,在市场风险可控前提下开展证券类业务。

4.5.3.3 操作风险管理

为防范操作风险,公司加强对操作流程的监督、检查,及时排除隐患。公司对各部门、各岗位制定明确的职责和权限,坚持信托财产之间、信托财产与固有财产之间分别管理、分别记账等相互分离、相互监督、相互制约的原则，并实施严格的授权制度与过程监控，采用大量的技术手段，如在电脑系统上对操作权限和内容进行程序设定，以及在业务和资金流转过程中实施双岗核定确认等。公司内控部门进行事后评估和总结，以制定相应的制度来堵截可能出现的漏洞，加强员工教育培训，使其增强责任意识和业务技能，避免计算机等的操作失误；结合实际规范业务流程，明确责任，强化协作；加大投入，更换网络、服务器、计算机等硬件设备，实施软件升级，避免出现故障等；通过奖惩激励对员行为进行约束。目前，内部程序系统基本完善有效，各项业务顺利开展，成效明显。此外，还通过制定应急预案等措施控制操作风险。

4.5.3.4 其他风险管理

为防范政策风险，公司加强对国家宏观政策和监管规定的调查研究，加强与监管部门和行业间的沟通、联系，以尽可能准确地判断分析宏观政策和监管政策的未来趋势，来管理政策风险。

为防范法律风险，公司通过设立法务岗位和聘请外部律师事务所的形式，对项目方案、项目操作、各类法律文本等合法合规性进行审查，提出法律审查意见。防范新产品的法律风险，确保创新业务符合政策、市场和运营要求，同时进一步加大合同管理力度，有步骤地建立业务合同标准化体系。

为防范声誉风险，公司将声誉构建与公司发展战略和公司文化进行有机结合，通过尽职管理和充分信息披露塑造公司的专业和诚信形象，对可能影响公司声誉的业务坚决予以回避等。加强员工职业道德教育和公司文化教育，增强员工的工作责任心和团队意识，维护公司信誉，防范声誉风险。

4.6 社会责任履行情况

国联信托自成立以来，始终坚持“合规经营、诚实守信”的基本原则，以维护良好的金融市场环境为己任，不断提高社会责任感。根据地区经济发展的要求，公司发挥信托连接三个市场的独特作用和优势，积极投身地方经济建设和社会事业的发展，通过引导和培育居民投资意识和财富管理理念，实现地方经济发展与国联信托业务拓展、居民收入增长的有机结合。

2013 年，国联信托立足地方，支持区域经济发展，将自身成长与地方经济发展紧密结合起来，大力促进经济结构调整和产业转型升级，积极扶植中小企业发展和科技创新，为地方经济持续、健康、协调发展提供了有力的金融支持，累计为无锡地方经济建设募集资金 80 多亿元，用实际行动呼应了无锡“城市转型、产业升级”的理念。

公司始终秉承“客户价值领先”理念，强调以客户为中心，不断努力提升服务水平。公司不断改进服务，依托国联综合金融平台，开辟了“投 + 保 + 贷”的一条龙金融服务模式，在为企业量身定制一揽子金融产品和服务的同时，为地方百姓的财富收入增长提供了重要的投资渠道。

公司积极响应国家宏观调控政策，主动加强对房地产信托业务的风险综合控制，坚持节能减排，控制“两高”行业的融资；积极投身社会公益事业，组织广大干部员工开展“慈善一日捐”活动；支持教育事业发展，关心弱势群体，努力推动经济、社会与环境的和谐发展。

5. 报告期末及上一年度末的比较式会计报表

5.1 自营资产（经审计）

5.1.1 会计师事务所审计结论

审 计 报 告

苏公 W[2014]A346 号

国联信托股份有限公司全体股东：

我们审计了后附的国联信托股份有限公司（以下简称国联信托）财务报表，包括 2013 年 12 月 31 日的资产负债表，2013 年度利润表、现金流量表、所有者权益变动表，以及财务报表附注。

一、管理层对财务报表的责任

编制和公允列报财务报表是国联信托管理层的责任，这种责任包括：(1)按照企业会计准则的规定编制财务报表，并使其实现公允反映；(2)设计、执行和维护必要的内部控制，以使财务报表不存在由于舞弊或错误而导致的重大错报。

二、注册会计师的责任

我们的责任是在执行审计工作的基础上对财务报表发表审计意见。我们按照中国注册会计师审计准则的规定执行了审计工作。中国注册会计师审计准则要求我们遵守中国注册会计师职业道德守则，计划和执行审计工作以对财务报表是否不存在重大错报获取合理保证。

审计工作涉及实施审计程序，以获取有关财务报表金额和披露的审计证据。选择的审计程序取决于注册会计师的判断，包括对由于舞弊或错误导致的财务报表重大错报风险的评估。在进行风险评估时，注册会计师考虑与财务报表编制和公允列报相关的内部控制，以设计恰当的审计程序，但目的并非对内部控制的有效性发表意见。审计工作还包括评价管理层选用会计政策的恰当性和作出会计估计的合理性，以及评价财务报表的总体列报。

我们相信，我们获取的审计证据是充分、适当的，为发表审计意见提供了基础。

三、审计意见

我们认为，国联信托财务报表在所有重大方面按照企业会计准则的规定编制，公允反映了国联信托 2013 年 12 月 31 日的财务状况以及 2013 年度的经营成果和现金流量。

江苏公证天业会计师事务所（特殊普通合伙）

中国注册会计师：夏正曙

中国注册会计师：赵　明

中国·无锡　　　　2014 年 3 月 28 日

5.1.2 资产负债表

资产负债表

编制单位:国联信托股份有限公司　　2013年12月31日　　单位:万元

资产	附注	合并		母公司	
		期末余额	年初余额	期末余额	年初余额
货币资金		26 268	16 676	24 938	15 565
交易性金融资产			304		304
买入返售金融资产		4 110		3 010	
应收账款		310	52		
应收利息		186		186	
其他应收款		690	4 851	690	4 851
发放贷款和垫款		17 400	7 600	17 400	7 600
可供出售金融资产		49 066	60 279	49 066	60 279
持有至到期投资		20 797	12 067	20 797	12 067
长期股权投资		151 053	142 954	151 865	141 727
固定资产		80	109	77	109
递延所得税资产		303	1 169	303	1 169
资产总计		270 263	246 060	268 332	243 671
预收账款		74			
应付职工薪酬		1 301	953	1 000	802
应交税费		2 848	2 971	2 816	2 895
其他应付款		177	1 239	177	467
递延所得税负债			1		1
负债合计		4 400	5 164	3 993	4 166
实收资本		123 000	123 000	123 000	123 000
资本公积		42 015	40 091	42 406	39 091
盈余公积		16 637	13 500	16 637	13 500
信托赔偿准备		11 860	10 292	11 860	10 292
一般风险准备		3 651	3 422	3 651	3 422
未分配利润		68 700	50 591	66 785	50 200
所有者权益(或股东权益)合计		265 863	240 896	264 339	239 505
负债和所有者权益(或股东权益)合计		270 263	246 060	268 332	243 671

企业负责人:吕建一　　主管会计工作负责人:吕建一　　会计机构负责人:李　倩　　制表:李　倩

5.1.3 利润表

利润表

编制单位:国联信托股份有限公司　　2013年12月31日　　单位:万元

项目	行次	合并		母公司	
		本期金额	上期金额	本期金额	上期金额
一、营业收入	1	46 635	36 431	44 237	35 621
利息净收入	2	2 538	830	2 516	821
利息收入	3	2 538	831	2 516	822
利息支出	4		1		1
手续费及佣金净收入	5	29 496	28 572	28 428	27 926
手续费及佣金收入	6	29 496	28 572	28 428	27 926
手续费及佣金支出	7				
投资收益(损失以"-"号填列)	8	14 598	6 212	13 290	6 057
其中:对联营企业和合营企业的投资收益	9				
公允价值变动收益(损失以"-"号填列)	10	-4	816	-4	816
汇兑收益(损失以"-"号填列)	11				
其他业务收入	12	7	1	7	1
二、营业支出	13	6 615	5 444	5 833	5 106
营业税金及附加	14	1 898	1 694	1 838	1 658
业务及管理费	15	4 717	3 750	3 995	3 448
资产减值损失	16				
其他业务成本	17				

续表

项目	行次	合并		母公司	
		本期金额	上期金额	本期金额	上期金额
三、营业利润（亏损以“－”号填列）	18	40 020	30 987	38 404	30 515
加：营业外收入	19				
减：营业外支出	20	42	182	39	181
四、利润总额（亏损总额以“－”号填列）	21	39 978	30 805	38 365	30 334
减：所得税费用	22	7 095	6 419	7 007	6 339
五、净利润（净亏损以“－”号填列）	23	32 883	24 386	31 358	23 995
六、每股收益	24				
（一）基本每股收益	25	0.27	0.20	0.25	0.20
（二）稀释每股收益	26	0.27	0.20	0.25	0.20

法定代表人：吕建一　　主管会计工作负责人：吕建一　　会计机构负责人：李　倩　　制表：李　倩

5.1.4 所有者权益变动表（合并）

股东权益变动表

2013 年度

编制单位：国联信托股份有限公司　　单位：万元

项　目	附注	2013 年度								2012 年度							
		股本	资本公积	减：库存股	盈余公积	信托赔偿准备	一般风险准备	未分配利润	所有者权益合计	股本	资本公积	减：库存股	盈余公积	信托赔偿准备	一般风险准备	未分配利润	所有者权益合计
一、上年年末余额		123 000	40 091		13 500	10 292	3 422	50 591	240 896	123 000	31 266		11 101	9 092	2 163	44 113	220 735
1. 会计政策变更																	
2. 前期差错更正																	
二、本年年初余额		123 000	40 091		13 500	10 292	3 422	50 591	240 896	123 000	31 266		11 101	9 092	2 163	44 113	220 735
三、本年增减变动金额（减少以“－”号填列）		—	1 924		3 137	1 568	229	18 109	24 967	—	8 825		2 399	1 200	1 259	6 478	20 161
（一）净利润								32 883	32 883							24 386	24 386
（二）直接计入所有者权益的利得和损失		—	2 924						2 924	—	8 825						8 825
1. 可供出售金融资产公允价值变动净额			3 253						3 253		11 474						11 474
2. 权益法下被投资单位其他所有者权益变动			484						484		219						219
3. 与计入所有者权益项目相关的所得税影响			-813						-813		-2 868						-2 868
4. 其他																	
上述（一）和（二）小计		—	2 924					32 883	35 807	—	8 825					24 386	33 211
（三）所有者投入资本		—	-1 000						-1 000	—							
1. 所有者本期投入资本																	
2. 股份支付计入所有者权益的金额																	
3. 其他			-1 000						-1 000								
（四）利润分配		—			3 137	1 568	229	-14 774	-9 840	—			2 399	1 200	1 259	-17 908	-13 050
1. 提取盈余公积					3 137	1 568	229	-4 934					2 399	1 200	1 259	-4 858	
2. 对股东的分配								-9 840	-9 840							-13 050	-13 050
3. 其他																	
（五）所有者权益内部结转		—								—							
1. 资本公积转增资本（或股本）																	
2. 盈余公积转增资本（或股本）																	
3. 盈余公积弥补亏损																	
4. 其他																	
四、本年年末余额		123 000	42 015		16 637	11 860	3 651	68 700	265 863	123 000	40 091		13 500	10 292	3 422	50 591	240 896

法定代表人：吕建一　　主管会计工作负责人：吕建一　　会计机构负责人：李　倩　　制表：李　倩

5.1.4 所有者权益变动表(母公司)

股东权益变动表

编制单位:国联信托股份有限公司　　　　2013 年度　　　　单位:万元

项　目	附注	2013 年度								2012 年度							
		股本	资本公积	减:库存股	盈余公积	信托赔偿准备	一般风险准备	未分配利润	所有者权益合计	股本	资本公积	减:库存股	盈余公积	信托赔偿准备	一般风险准备	未分配利润	所有者权益合计
一、上年年末余额		123 000	39 091		13 500	10 292	3 422	50 200	239 505	123 000	30 266		11 101	9 092	2 163	44 113	219 735
1. 会计政策变更																	
2. 前期差错更正																	
二、本年年初余额		123 000	39 091		13 500	10 292	3 422	50 200	239 505	123 000	30 266		11 101	9 092	2 163	44 113	219 735
三、本年增减变动金额(减少以"-"号填列)		—	3 315		3 137	1 568	229	16 585	24 833	—	8 825		2 399	1 200	1 259	6 087	19 770
(一) 净利润								31 358	31 358							23 995	23 995
(二) 直接计入所有者权益的利得和损失		—	3 315						3 315	—	8 825						8 825
1. 可供出售金融资产公允价值变动净额			3 253						3 253		11 474						11 474
2. 权益法下被投资单位其他所有者权益变动			484						484		219						219
3. 与计入所有者权益项目相关的所得税影响			-813						-813		-2868						-2 868
4. 其他			391						391								
上述(一)和(二)小计		—	3 315					31 358	34 673	—	8 825					23 995	32 819
(三) 所有者投入资本		—								—							
1. 所有者本期投入资本																	
2. 股份支付计入所有者权益的金额																	
3. 其他																	
(四) 利润分配		—			3 137	1 568	229	-14 774	-9 840	—			2 399	1 200	1 259	-17 908	-13 050
1. 提取盈余公积					3 137	1 568	229	-4 934					2 399	1 200	1 259	-4 858	
2. 对股东的分配								-9 840	-9 840							-13 050	-13 050
3. 其他																	
(五) 所有者权益内部结转		—								—							
1. 资本公积转增资本(或股本)																	
2. 盈余公积转增资本(或股本)																	
3. 盈余公积弥补亏损																	
4. 其他																	
四、本年年末余额		123 000	42 406		16 637	11 860	3 651	66 785	264 339	123 000	39 091		13 500	10 292	3 422	50 200	239 505

法定代表人:吕建一　　　　主管会计工作负责人:吕建一　　　　会计机构负责人:李　倩　　　　制表:李　倩

5.2 信托资产

5.2.1 信托资产项目资产负债汇总表

信托项目资产负债汇总表

编制单位:国联信托股份有限公司　　　　2013 年 12 月 31 日　　　　单位:万元

信托资产	行次	年末数	年初数	信托负债和信托权益	行次	年末数	年初数
信托资产:				信托负债:			
货币资金	1	66 255	26 657	交易性金融负债	20		
拆出资金	2			衍生金融负债	21		
存出保证金	3			应付受托人报酬	22		
交易性金融资产	4	92 359	39 049	应付托管费	23		

续表

信托资产	行次	年末数	年初数	信托负债和信托权益	行次	年末数	年初数
衍生金融资产	5			应付受益人收益	24		
买入返售金融资产	6	2 210		应交税费	25		
应收款项	7	35 463	15 182	应付销售服务费	26		
发放贷款	8	1 819 247	1 760 977	其他应付款项	27	18 171	2 747
可供出售金融资产	9	681 644	454 507	预计负债	28		
持有至到期投资	10	1 333 106	652 511	其他负债	29		
长期应收款	11			信托负债合计	30	18 171	2 747
长期股权投资	12	455 103	142 478	信托权益:	31		
投资性房地产	13			实收信托	32	4 375 463	3 039 715
固定资产	14			资本公积	33		
无形资产	15			损益平准金	34		
长期待摊费用	16			未分配利润	35	91 753	48 899
其他资产	17			信托权益合计	36	4 467 216	3 088 614
减:各项资产减值准备	18						
信托资产总计	19	4 485 387	3 091 361	信托负债及信托权益总计	37	4 485 387	3 091 361

法定代表人:吕建一　主管会计工作负责人:吕建一　复核:邹莉　制表人:姜淑英

5.2.2 信托项目利润及利润分配汇总表

信托项目利润及利润分配汇总表

2013 年度

编制单位:国联信托股份有限公司　单位:万元

项　目	行次	本年数	上年数
一、营业收入	1	402 892	251 555
利息收入	2	220 519	173 705
投资收益	3	182 115	78 899
其中:对联营企业和合营企业的投资收益	4		
公允价值变动收益(损失以"－"号填列)	5	－426	－1 049
租赁收入	6		
汇兑损益(损失以"－"号填列)	7		
其他收入	8	684	
二、支出	9	51 947	36 278
营业税金及附加	10		
受托人报酬	11	27 548	25 632
托管费	12	3 248	2 640
投资管理费	13		
销售服务费	14	5 902	3 366
交易费用	15	69	11
资产减值损失	16		
其他费用	17	15 180	4 629
三、信托净利润	18	350 945	215 277
四、其他综合收益	19		
五、综合收益	20	350 945	215 277
加:期初未分配利润	21	48 899	34 196
六、可供分配的信托利润	22	399 844	249 473
减:本期已分配信托利润	23	308 091	200 574
七、期末未分配信托利润	24	91 753	48 899

法定代表人:吕建一　主管会计工作负责人:吕建一　复核:邹　莉
制表人:姜淑英

6. 会计报表附注

6.1 简要说明报告年度会计报表编制基础、会计政策、会计估计和核算方法发生的变化

本公司报告期内的财务报告按照财政部2006 年新修订颁布的《企业会计准则》及其应用指南进行编制。

合并会计报表的范围及子公司基本情况:本公司合并子公司为无锡国联资本管理有限公司,注册资本3 000 万元,所占股权比例为 100%。

会计期间以公历年月划分,会计年度自公历 1 月 1 日起至12 月 31 日止。以权责发生制为基础进行会计确认、计量和报告。在对会计要素进行计量时一般采用历史成本,在保证所确认的会计要素金额能够取得并可靠计量时,采用重置成本、可变现净值、现值、公允价值计量。

根据《财政部关于呆账准备提取有关问题的通知》、《金融企业呆账准备提取及呆账核销管理办法》、《非银行金融机构资产风险分类指导原则(试行)》的规定,在净利润中按风险资产最低提取比例 1.5%计提减值准备即一般风险准备。计提资产减值一般风险准备的范围:交易性金融资产、应收款项、发放贷款和垫款、长期应收款、可供出售金融资产、持有至到期投资、长期股权投资、固定资产、在建工程、无形资产、其他长期资产。

根据《信托公司管理办法》及董事会决议,按净利润的 5%计提信托赔偿准备金,该赔偿准备金累计总额达到公司注册资本的 20%时,可不再提取。

6.2 或有事项

无。

6.3 重要资产转让及其出售

无。

6.4 会计报表中重要项目的明细资料

6.4.1 披露自营资产经营情况

6.4.1.1 按资产风险分类的结果披露资产的期初数、期末数

信用风险资产五级分类	正常类(万元)	关注类(万元)	次级类(万元)	可疑类(万元)	损失类(万元)	信用风险资产合计(万元)	不良资产合计(万元)	不良资产率(%)
期初数	243 671	—	—	—	—	243 671	—	—
期末数	268 332	—	—	—	—	268 332	—	—

注:不良资产合计＝次级类＋可疑类＋损失类。

6.4.1.2 各项资产减值损失准备的期初数、本期计提、本期转回、本期核销、期末数，贷款的一般准备和专项准备和其他资产减值准备

单位：万元

	期初数	本期计提	本期转回	本期核销	期末数
贷款损失准备					
一般准备	3 422	229			3 651
专项准备					
其他资产减值准备					
可供出售金融资产减值准备					
持有至到期投资减值准备					
长期股权投资准备					
坏账准备					
投资性房地产减值准备					

6.4.1.3 自营股票投资、基金投资、债券投资、长期股权投资等投资的期初数、期末数

单位：万元

	自营股票	基金	债券	长期股权投资	其他投资	合计
期初数	51 304	304		141 727	21 042	214 377
期末数	46 091			151 865	26 782	224 738

6.4.1.4 前三名的自营长期股权投资的企业名称、占被投资企业权益的比例、主要经营活动及投资收益情况

企业名称	占被投资企业权益的比例（%）	投资收益（万元）
1. 国联证券股份有限公司	26.801	7 066
2. 无锡农村商业银行股份有限公司	10	2 162
3. 国联财务有限责任公司	20	600

6.4.1.5 前三名的自营贷款的企业名称、占贷款总额的比例和还款情况

企业名称	占贷款总额的比例（%）	还款情况
1. 无锡禾健物流发展有限公司	37.36	贷款未到期，无欠息
2. 无锡市中泽贸易有限公司	28.74	贷款未到期，无欠息
3. 精诚天润投资有限公司	22.41	贷款未到期，无欠息

6.4.1.6 表外业务的期初数、期末数，按照代理业务、担保业务和其他类型表外业务分别披露

单位：万元

表外业务	期初数	期末数
担保业务		
代理业务（委托业务）	14 883	14 883
其他		
合计	14 883	14 883

注：代理业务主要反映因客观原因应规范而尚未完成规范的历史遗留委托业务，包括委托贷款和委托投资。

6.4.1.7 公司当年的收入结构

项目	合并		母公司	
收入结构	金额（万元）	占总收入比例（%）	金额（万元）	占总收入比例（%）
手续费及佣金收入	29 496	63.25	28 428	64.26
其中：信托手续费收入	29 496	63.25	28 428	64.26
投资银行业务收入				
利息收入	2 538	5.44	2 516	5.69
其他业务收入	7	0.02	7	0.02
其中：计入信托业务收入部分				
投资收益	14 598	31.30	13 290	30.04
其中：股权投资收益	11 311	24.25	10 007	22.62
证券投资收益	2 164	4.64	2 164	4.89
其他投资收益	1 123	2.41	1 119	2.53
公允价值变动收益	−4	−0.01	−4	−0.01
收入合计	46 635	100.00	44 237	100.00

注：手续费及佣金收入、利息收入、其他业务收入、投资收益、营业外收入均应为损益表中的一级科目，其中手续费及佣金收入、利息收入、营业外收入为未抵减掉相应支出的全年累计实现收入数。

6.4.2 披露信托资产管理情况

6.4.2.1 信托资产的期初数、期末数

单位：万元

信托资产	期初数	期末数
集合	1 180 689	2 290 234
单一	1 906 055	2 190 536
财产权	4 617	4 617
合计	3 091 361	4 485 387

6.4.2.1.1 主动管理型信托业务期初数、期末数，分证券投资、股权投资、融资、事务管理类分别披露

单位：万元

主动管理型信托资产	期初数	期末数
证券投资类	15 321	84 955
股权投资类	123 517	406 488
融资类	586 172	843 781
事务管理类	—	—
其他投资类	979 991	1 906 622
合计	1 705 001	3 241 846

6.4.2.1.2 被动管理型信托业务期初数、期末数，分证券投资、股权投资、融资、事务管理类分别披露

单位：万元

被动管理型信托资产	期初数	期末数
证券投资类	29 826	7 404
股权投资类	12 000	44 000
融资类	1 219 905	975 466
事务管理类	4 617	4 617
其他投资类	120 012	212 054
合计	1 386 360	1 243 541

6.4.2.2 本年度已清算结束的信托项目个数、实收信托合计金额、加权平均实际年化收益率

本年度已清算结束的信托项目个数为89个，合计金额为1 897 028万元，加权平均实际年化收益率为8.78%。

6.4.2.2.1 本年度已清算结束的集合类、单一类资金信托项目和财产管理类信托项目个数、金额、加权平均实际年化收益率

已清算结束信托项目	项目个数	合计金额（万元）	加权平均实际年化收益率（%）
集合类	22	450 090	4.48%
单一类	67	1 446 938	10.12%
财产管理类			

注：1. 收益率是指信托项目清算后，给受益人赚取的实际收益水平。

2. 加权平均实际年化收益率＝（信托项目1的实际年化收益率×信托项目1的资产总计＋信托项目2的实际年化收益率×信托项目2的资产总计＋…＋信托项目n的实际年化收益率×信托项目n的资产总计）/（信托项目1的资产总计＋信托项目2的资产总计＋…＋信托项目n的资产总计）×100%。

6.4.2.2.2 本年度已清算结束的主动管理型信托项目个数、合计金额、加权平均实际年化收益率，分证券投资、股权投资、融资、事务管理类分别披露

本年度已清算结束的主动管理型信托项目个数为52个，合计金额为991 326万元，加权平均实际年化收益率为5.75%，加权平均实际年化信托报酬率为1.79%。

已清算结束信托项目	项目个数	合计金额（万元）	加权平均实际信托报酬率（%）	加权平均实际年化收益率（%）
证券投资类	3	179 182	0.22	4.65
股权投资类	2	22 295	2.97	7.34
融资类	31	433 340	2.10	8.06
事务管理类	—	—	—	—
其他投资类	16	356 509	2.12	3.39

6.4.2.2.3 本年度已清算结束的被动管理型信托项目个数、合计金额、加权平均实际年化收益率，分证券投资、股权投资、融资、事务管理类分别披露

本年度已清算结束的被动管理型信托项目个数为37个，合计金额为905 702万元，加权平均实际年化收益率为12.10%，加权平均实际年化信托报酬率为0.22%。

已清算结束信托项目	项目个数	合计金额（万元）	加权平均实际信托报酬率（%）	加权平均实际年化收益率（%）
证券投资类	1	5 000	0.24	6.08
股权投资类	—	—	—	—
融资类	28	733 500	0.24	13.14
事务管理类	—	—	—	—
其他投资类	8	167 202	0.11	7.70

6.4.2.3 本年度新增的集合类、单一类和财产管理类信托项目个数、实收信托合计金额

新增信托项目	项目个数	实收信托合计金额（万元）
集合类	33	1 167 500
单一类	57	1 504 641
财产管理类	—	—
新增合计	90	2 672 141
其中：主动管理型	49	1 885 000
被动管理型	41	787 141

注：本年新增信托项目指在本报告年度内累计新增的信托项目个数和金额，包含本年度新增并于本年度内结束的项目和本年度新增至报告期末仍在持续管理的信托项目。

6.4.2.4 信托业务创新成果和特色业务有关情况（此部分为可选项，即公司可自主决定是否披露、部分披露或全部披露）

6.4.2.5 本公司履行受托人义务情况及因本公司自身责任而导致的信托资产损失情况

截至2013年12月31日，本公司未出现因自身责任导致信托资产损失的情况。

6.5 关联方关系及其交易的披露

6.5.1 关联交易方的数量、关联交易的总金额及关联交易的定价政策等

	关联交易方数量	关联交易金额（万元）	定价政策
合计	2	16 374	详见注

注：关联交易的定价政策：（1）本公司对关联方交易价格根据市场价或协议价确定，与对非关联方的交易价格基本一致，无重大高于或低于正常交易价格的情况。（2）固有财产、信托资产与关联方贷款按人民银行规定的利率执行，投资按市场公允价确定。（3）信托财产与信托财产之间的关联交易按交易双方协商价格执行。

6.5.2 关联交易方与本公司的关系性质，关联交易方的名称、法人代表、注册地址、注册资本及主营业务等

关系性质	关联方名称	法定代表人	注册地址	注册资本（万元）	主营业务
股东	无锡市国联发展（集团）有限公司	王锡林	无锡市金融一街8号	800 000	从事资本、资产经营，代理投资、投资咨询及投资服务
股东的关联方	无锡联泰创业投资有限公司	万冠清	无锡滨湖区滨湖街道山水东路28号	10 410	对外投资、受托资产管理等

6.5.3 逐笔披露本公司与关联方的重大交易事项

单位：万元

项目名称	类别	年初数	增加额	减少额	期末数
无锡市国联发展（集团）有限公司	4 000	374	4 000	374	
江苏无锡商业大厦集团有限公司	2 140		2 140		
无锡联泰创业投资有限公司	6 000	10 000		16 000	
合计	12 140	10 374	6 140	16 374	

6.5.3.1 固有财产与关联方：贷款、投资、租赁、应收账款担保、其他方式等期初汇总数、本期发生额汇总数、期末汇总数

单位:万元

项目名称	类别	年初数	增加额	减少额	期末数
无锡市国联发展(集团)有限公司	应收账款	4 000		4 000	
无锡市国联发展(集团)有限公司	租赁		374		374

6.5.3.2 信托资产与关联方:贷款、投资、租赁、应收账款、担保、其他方式等期初汇总数、本期借方和贷方发生额汇总数、期末汇总数

单位:万元

信托与关联方关联交易				
	期初数	借方发生额	贷方发生额	期末数
贷款	6 000	10 000		16 000
投资	2 140		2 140	
租赁				
担保				
其他				
合计	8 140	10 000	2 140	16 000

6.5.3.3 信托公司自有资金运用于自己管理的信托项目(固信交易)、信托公司管理的信托项目之间的相互交易(信信交易)金额,包括余额和本报告年度的发生额

6.5.3.3.1 固有财产与信托财产之间的交易金额期初汇总数、本期发生额汇总数、期末汇总数

单位:万元

固有财产与信托财产相互交易			
	期初数(万元)	本期发生额(万元)	期末数(万元)
合计	12 067	8 730	20 797

注:以固有资金投资公司自己管理的信托项目受益权,或购买自己管理的信托项目的信托资产均应纳入统计披露范围。

6.5.3.3.2 信托资产与信托财产之间的交易金额期初汇总数、本期发生额汇总数、期末汇总数

单位:万元

信托资产与信托财产相互交易			
	期初数(万元)	本期发生额(万元)	期末数(万元)
合计	16 500	215 104	231 604

注:以公司受托管理的一个信托项目的资金购买自己管理的另一个信托项目的受益权或信托项下资产均应纳入统计披露范围。

6.5.4 逐笔披露关联方逾期未偿还本公司资金的详细情况以及本公司为关联方担保发生或即将发生垫款的详细情况

截至2013年12月31日,本公司未发生关联方逾期未偿还本公司资金的情况,也无本公司为关联方担保发生或即将发生垫款的情况。

6.6 会计制度的披露

本公司固有业务、信托业务执行的会计制度为财政部2006年新修订颁布的《企业会计准则》及其应用指南。

7. 财务情况说明书

7.1 利润实现和分配情况

7.1.1 母公司

经江苏公证天业会计师事务所(特殊普通合伙)审计,2013年度公司实现利润38 365万元,企业所得税7 007万元,实现净利润31 358万元。

报告期内,根据2013年度第二次临时股东大会审议通过的2013年度中期利润预分配方案,向全体股东派发现金红利9 840万元。

根据公司章程及财务制度的相关规定,按净利润的10%计提法定盈余公积金3 137万元;根据《信托公司管理办法》(中国银监会令2007年第2号)的规定,按净利润的5%计提信托赔偿准备金1 568万元。根据财政部《金融企业准备金计提管理办法》的规定,按风险资产的1.5%计提一般风险准备229万元;上述各项计提后结余利润26 425万元,加上2013年初未分配利润50 200万元,减去派发2013年度控股股东现金红利9 840万元,2013年末可供股东分配利润为66 785万元。

7.1.2 合并

报告期集团实现净利润32 883万元,2013年初未分配利润为50 591万元,提取盈余公积金3 137万元、一般风险准备229万元、信托赔偿准备金1 568万元,预分配2013年度现金红利9 840万元,2013年末可供股东分配利润为68 700万元。

7.2 主要财务指标

指标名称	合并 指标值	母公司
资本利润率(%)	12.98	12.45
加权年化信托报酬率(%)	1.0375	1.0375
人均净利润(万元)	429.84	550.15

注:1. 资本利润率=净利润/所有者权益平均余额×100%。

2. 加权年化信托报酬率=(信托项目1的实际年化信托报酬率×信托项目1的实收信托+信托项目2的实际年化信托报酬率×信托项目2的实收信托+…+信托项目n的实际年化信托报酬率×信托项目n的实收信托)/(信托项目1的实收信托+信托项目2的实收信托+…+信托项目n的实收信托)×100%。该指标是反映公司实际的信托报酬水平,计算在报告年度真正清算结束的项目。

3. 人均净利润=净利润/年平均人数。

4. 平均值采取年初、年末余额简单平均法,公式为:a(平均)=(年初数+年末数)/2。

7.3 对本公司财务状况、经营成果有重大影响的其他事项

无。

7.4 公司净资本监管指标

指标名称	指标值	监管标准
净资本(万元)	238 448	≥2亿元
各项业务风险资本之和(万元)	82 702	
净资本/各项业务风险资本之和(%)	288.32	≥100
净资本/净资产(%)	90.21	≥40

8. 特别事项简要揭示

8.1 前五名股东报告期内变动情况及原因

无。

8.2 董事、监事及高级管理人员变动情况及原因

2013 年 4 月 2 日，国联信托股份有限公司第二届董事会第七次会议审议通过，同意聘任朱文革、李正全同志为国联信托股份有限公司副总经理。

2013 年 6 月 7 日，《江苏银监局关于朱文革和李正全任职资格的批复》（苏银复［2013］260 号）核准了朱文革、李正全信托公司副总经理的任职资格。

2013 年 7 月 18 日，由于原职工监事殷宏伟离职，经国联信托股份有限公司职工代表大会选举周志明为公司职工监事。

8.3 公司的重大未决诉讼事项

起诉个数为 2 个，金额分别为 2.5 亿元、1 亿元（不含利息）。诉讼对象分别为：(1) 深圳市中技实业（集团）有限公司、成清波；(2) 上海中望投资发展有限公司、高远控股有限公司、上海高远置业（集团）有限公司、邹蕴玉。

被诉个数 1 个，起诉主体为佛山市南海区林海燃料有限公司，金额 520 万元（不含利息）。

注：(1) 上述上海中望案件，截至报告期，已经收回贷款本金及大部分利息；(2) 委托人委托我公司投资华鼎担保有限公司，因华鼎担保经营纠纷引发上述佛山案件；(3) 上述涉诉项目均为单一信托计划，我公司按照相关法律法规和信托文件的规定，履行受托义务，及时揭示风险，并按照委托人的指令进行项目操作，项目风险均由单一委托人自担，上述案件的所有权利、义务均由单一委托人享有与承担。

8.4 对会计师事务所出具的有保留意见、否定意见或无法表示意见的审计报告，公司董事会应就所涉及事项作出说明

无。

8.5 公司及其董事、监事和高级管理人员受到处罚的情况

无。

8.6 银监会及其派出机构对公司检查后提出整改意见的，应简要说明整改情况

2013 年 1 月，江苏银监局下发了《监管意见书》（苏银监发［2013］7 号），指出了公司在法人治理、组织架构及资产管理能力等方面的不足。公司积极整改，逐条落实，进一步优化公司的战略规划，完善了公司的部门架构设置，充实了公司的经营团队，梳理和再造了公司的运营机制和流程，取得了良好的效果。

8.7 本年度重大事项临时报告的简要内容、披露时间、所披露的媒体及其版面

无。

8.8 银监会及其省级派出机构认定的其他有必要让客户及相关利益人了解的重要信息

无。

9. 公司监事会意见

9.1 公司依法运作情况

经检查，监事会认为，报告期内，依据国家有关法律法规和公司章程的规定，公司建立了较完善的内部控制制度，决策程序符合相关规定。公司董事及其他高级管理人员在履行职责时，未发现有违反法律法规、规章以及公司章程等的规定或损害公司及股东利益的行为。

9.2 检查公司财务情况

2013 年度，监事会对公司的财务制度、内控制度和财务状况等进行了认真细致的检查，认为公司目前财务会计内控制度健全，会计无重大遗漏和虚假记载，公司财务状况、经营成果及现金流量情况良好。

9.3 公司关联交易情况

对于公司 2013 年度与日常经营相关的关联交易，监事会认为，交易定价公允，符合市场原则，交易公平、公开，无内幕交易行为，也无损害股东利益，特别是中小非关联股东利益的行为。

9.4 公司对外担保及股权、资产置换情况

2013 年度公司无对外担保，无债务重组、非货币性交易事项、资产置换，也无其他损害公司股东利益或造成公司资产流失的情况。

9.5 内部控制自我评价报告

公司已建立了适合公司运行的内部控制制度体系并能得到有效的执行。公司内部控制的自我评价报告真实、客观地反映了公司内部控制制度的建设及运行情况。本届监事会将继续严格按照《公司法》、公司章程和国家有关法规政策的规定，忠实履行自己的职责，进一步促进公司的规范运作。

国民信托有限公司

1. 重要提示

1.1 公司董事会及董事保证本报告所载资料不存在任何虚假记载、误导性陈述或者重大遗漏，并对其内容的真实性、准确性和完整性承担个别及连带责任。

1.2 公司独立董事蔡启川先生、尚健先生、任光明先生申明：本报告所载资料真实、准确、完整。

1.3 公司2013年度财务会计报告经安永华明会计师事务所审计，并出具了标准无保留意见的审计报告。

1.4 公司法定代表人杨小阳先生、总经理石俊志先生及财务总监莫百愉先生申明：保证本年度报告中财务会计报告的真实、完整。

2. 公司概况

2.1 公司简介

2.1.1 法定中文名称：国民信托有限公司
法定英文名称：The National Trust Ltd.
法定英文名称缩写：Natrust

2.1.2 法定代表人：杨小阳
注册地址：北京市东城区安外西滨河路18号院1号
邮政编码：100011
互联网网址：www.natrust.cn
电子信箱：info@natrust.cn

2.1.3 信息披露报纸：《上海证券报》

2.1.4 信息披露事务负责人：付 然
电话：010－84268088
传真：010－84268000
电子信箱：florafu@natrust.cn

2.1.5 公司年报备置点：北京市东城区安外西滨河路18号院1号
金融许可证机构编码：K0007H211000001
企业法人营业执照注册号：110000008087160

2.1.6 聘请的会计师事务所：安永华明会计师事务所
住所：北京市东城区东长安街1号东方广场安永大楼16层
聘请的律师事务所：北京观韬律师事务所
住所：北京市西城区金融大街28号盈泰中心2号楼17层

2.2 组织结构

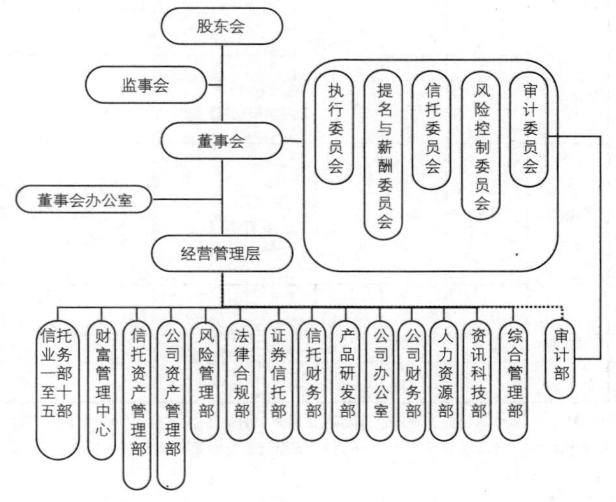

3. 公司治理结构

3.1 股东

公司前三位股东的情况如下：

股东名称	持股金额（元）	持股比例（%）	法定代表人	注册资本（万元）	注册地址	主营业务及财务情况
上海丰益股权投资基金有限公司	317 272 727.28	31.73	张江泳	55 000	上海市浦东新区莲林路15号403室	主营股权投资，财务状况良好
璟安股权投资有限公司	275 472 727.27	27.55	甄岩	23 000	上海市浦东新区绿科路90号1幢301室H座	主营股权投资，财务状况良好
上海创信资产管理有限公司	241 654 545.45	24.16	俞建伟	28 000	浦东南路1952号238室	主营项目投资，财务状况良好

注：公司股东丰益股权投资有限公司于2012年末更名为"上海丰益股权投资基金有限公司"，我公司于2013年9月完成章程变更、工商登记变更及信息披露等相关工作。

3.2 董事及独立董事

董事

姓　名	职　务	性别	年龄	选任日期	所推举的股东名称	代表股东持股比例(%)	简　要　履　历
杨小阳	董事及董事长	男	66	2012 年 8 月 7 日	上海丰益股权投资基金有限公司	31.73	毕业于中南工业大学管理工程专业，获硕士学位；曾在中国农村发展信托投资公司、中国建设银行、中国建银投资有限责任公司、中国建银投资证券有限责任公司、中国光大实业（集团）有限责任公司及中国光大投资管理公司任高级管理职务，具备 23 年金融从业及管理经验。
叶志衡	董事及副董事长	男	38	2012 年 5 月 30 日	上海丰益股权投资基金有限公司	31.73	毕业于加州大学，获经济学最高荣誉学士学位，后修读于美国哈佛大学，获经济学硕士、博士学位，曾任香港交易所集团副营运总裁、汇丰环球投资管理助理董事、美国麦肯锡公司顾问等职务，现任上海丰益股权投资基金有限公司董事、香港公益金董事及多个香港政府委员会委员，具有 13 年的金融、经济管理工作经验。
石俊志	董事	男	60	2013 年 3 月 27 日	—	—	毕业于中国人民银行总行金融研究所金融学专业，获博士学位，高级经济师；曾在中国银行总行国际业务部、中国银行伦敦分行、招商银行总行、东方资产管理公司、渤海银行总行任高级管理职务，具备 25 年的金融从业和管理工作经验。
陈永德	董事	男	64	2012 年 6 月 12 日	上海创信资产管理有限公司	24.16	毕业于加拿大温莎大学商学院，获得学士学位，后取得加拿大安大略省特许会计师资格；长期从事财务、投资及资产管理相关工作，先后任职于 Numac Energy Inc. 石油公司、新世界中国康居发展有限公司及新世界基建有限公司，担任董事及高级管理职务，具有 40 余年的经济工作及管理经验。
曾进	董事	男	54	2014 年 2 月 1 日（连选连任）	—	—	留学德国和奥地利，并毕业于奥地利格拉茨大学经济学院，金融博士，高级经济师；曾在中国工商银行股份有限公司深圳市分行离岸金融业务部、风险资产处置中心、国际业务部等多个部门担任高级管理职务，具备 23 年的金融从业经验。
孙希灏	董事	男	47	2012 年 6 月 12 日	上海丰益股权投资基金有限公司	31.73	毕业于美国南加州大学建筑学专业，获得学士学位，后毕业于美国哈佛大学设计研究专业，获得硕士学位；长期从事房地产及其相关金融产品投资、管理与研究工作，实践经验深厚，先后任职于香港东方惠嘉证券、摩根大通证券及摩根大通资产管理部等国际知名金融机构，担任重要职务，具有 20 多年的经济金融工作及管理经验。
付　然	董事	女	34	2014 年 2 月 1 日（连选连任）	璟安股权投资有限公司	27.55	毕业于中国政法大学法律专业，获学士学位，后修读于英国纽卡斯尔诺森比亚大学国际商法专业，获硕士学位，拥有中华人民共和国律师资格；曾在北京天驰律师事务所、新世界（中国）科技传媒有限公司担任律师助理、法律顾问等职务，具备 10 年的经济、法律从业经验。

注：2013 年初，李政怀先生辞任公司董事、副董事长职务；经股东会选举和监管机构任职资格审核，董事石俊志先生于 2013 年 3 月 27 日正式就任；经董事会选举和监管机构任职资格审核，董事叶志衡先生于 2013 年 5 月 27 日就任公司副董事长；董事吴祝花女士于 2013 年 7 月 24 日正式辞任公司董事职务；2014 年初，经股东会决议，曾进先生、付然女士连选连任公司董事。

独立董事

姓　名	所在单位及职务	性别	年龄	选任日期	所推举的股东名称	代表股东持股比例(%)	简　要　履　历
蔡启川	中新天津生态城投资开发有限公司副总裁（业务与战略策划）	男	44	2012 年 5 月 30 日	—	—	毕业于伦敦经济与政治学院会计与金融系，获荣誉学士学位，曾在新加坡国际企业发展局任中国司司长之职，并曾在美国赛门铁克公司等大型跨国公司中担任高级管理职务，具有 20 多年的经济工作及管理经验。
任光明	北京星轨科技有限公司董事长、北京荣之联科技股份有限公司独立董事	男	49	2013 年 7 月 17 日	—	—	毕业于北京大学中国经济研究中心，获硕士学位，曾在国务院港澳办公室、香港电讯盈科北京公司、港交所北京代表处担任高级管理职务，具有 25 年的经济金融工作及管理经验。
尚　健	上海证券交易所高级专家（兼职）、中国人寿资产管理有限公司高级顾问（兼职）	男	46	2013 年 9 月 12 日	—	—	毕业于美国康涅狄格大学，获博士学位；曾在中国证券监督管理委员会、上海证券交易所、华安基金管理有限公司、银华基金管理有限公司和国投瑞银基金管理有限公司担任高级管理职务，具有 16 年的金融、经济工作及管理经验。

注：石聿新先生、张利华先生分别于 2013 年 7 月 17 日和 2013 年 9 月 12 日辞任公司独立董事；经股东会选举和监管机构任职资格审核，独立董事任光明先生和独立董事尚健先生分别于 2013 年 7 月 17 日和 2013 年 9 月 12 日正式就任；根据北京四维图新科技股份有限公司 2014 年 1 月 27 日公告，任光明先生就任北京四维图新科技股份有限公司独立董事；根据碧生源控股有限公司 2014 年 4 月 22 日公告，任光明先生就任碧生源控股有限公司独立董事。

3.3 监事会

姓名	职务	性别	年龄	选任日期	所推举的股东名称	代表股东持股比例(%)	简要履历
杨林峰	监事及监事会主席	男	47	2014年4月2日	上海创信资产管理有限公司	24.16	毕业于中国纺织大学(现改名为东华大学),管理学硕士,高级经济师;曾在华源集团控股之上市公司、上海大盛资产有限公司担任管理职务,现任上海盛业股权投资基金有限公司执行董事、法定代表人,具有丰富的股权投资及经营管理工作经验。
郑奉伟	监事	男	42	2014年4月2日	璟安股权投资有限公司	27.55	毕业于南京理工大学,工商管理硕士,经济师;曾在工商银行、上海国际汽车城置业有限公司、上海新城发投资管理有限公司任职,现任职于璟安股权投资有限公司,具有丰富的房地产投资与金融股权投资经验。
李静	职工监事	女	37	2012年3月8日	—	—	毕业于大连大学会计专业,获管理学学士学位,后修读于东北财经大学金融专业,获经济学学位;曾服务于安永华明会计师事务所和普华永道会计师事务所,从事金融行业审计及内控咨询服务等工作,具备15年外审及内审工作经验。

注:原监事/监事会主席陈世彪先生因个人原因提交辞职申请,经股东会审议通过,于2014年4月2日正式离任,同时股东会选举郑奉伟先生出任公司监事;原监事罗明耀先生因任期届满离任,经股东会、监事会审议通过,杨林峰先生出任公司监事/监事会主席。

3.4 高级管理人员

姓名	职务	性别	年龄	选任日期	金融从业年限	学历	专业
石俊志	总经理	男	60	2013年1月28日	25	博士研究生	金融学
刘晶	副总经理	女	40	2013年1月10日	13	博士研究生	金融学
何远	副总经理	男	44	2011年10月11日	19	本科	金融学
刘威	风控总监	男	42	2013年7月12日	17	硕士研究生	法律、MBA
莫百愉	财务总监	男	47	2013年11月18日	—	本科	经济学

注:李政怀先生于2013年1月28日正式离任公司总经理;经董事会审议并经中国银监会任职资格审核,石俊志先生已于2013年1月28日正式就任公司总经理;经董事会审议并经北京银监局任职资格审核,公司副总经理刘晶女士已于2013年1月10日正式到任;经董事会审议并经北京银监局任职资格审核,风控总监刘威先生和财务总监莫百愉先生分别于2013年7月12日和2013年11月18日正式到任。

3.5 公司员工

公司报告期内员工人数、年龄分布、学历分布,列示如下:

项目		报告期年度	
		人数	比例(%)
年龄分布	25岁以下	8	6.02
	26~29岁	38	28.57
	30~39岁	53	39.85
	40岁以上	34	25.56
学历分布	博士	5	3.76
	硕士	54	40.60
	本科	63	47.37
	专科	7	5.26
	其他	4	3.01

4. 经营概况

4.1 经营目标、方针、战略规划

4.1.1 经营目标

公司的战略目标是打造中国一流的信托金融服务机构。以完善的内部控制和风险管理为保障,以差异化的研发能力和高端资产管理服务来建立核心竞争力,立足信托主业,根据市场变化及时有效地进行业务创新,通过向高端客户提供高附加值的金融产品和服务,在市场竞争中赢得生存和发展,逐步创建国民信托品牌,致力于客户利益、股东价值和员工满足感的最大化,成为市场领先、客户信赖的综合金融服务商。

4.1.2 经营方针

以敬业的员工、可靠的产品、优质的服务和先进的平台为客户提供最佳的金融理财服务。

4.1.3 战略规划

发展方向:从传统信托业务向以主动资产管理为核心的现代金融业务发展。

业务类型:从以项目为导向的投融资业务转向以客户为中心的私人财富管理和以机构资产管理为主业的信托金融服务。

费率结构:持续增加信托收入,并逐步转为以主动管理类业务的稳定、持续信托报酬收入为主要利润来源。

短期策略:巩固业务基础和客户群,优化资讯科技平台,完善营运系统、制度和流程,建立高效问责的管理和营销团队。信托业务的开展以"上规模、稳收益、控风险"为原则,以项目融资等传统业务为主导,以逐步缩小公司信托规模、信托业务收入等多项主要指标与行业平均值差距为目标。

中长期策略:公司以"控风险、求创新、促发展"为原则,逐步扩大市场和产品的深度和广度,加速产品和服务创新,不断优化投资解决方案和服务流程,强化开放式财富管理平台,逐步建立全国性销售网络和服务团队,改善品牌效应和销售网络,积极发掘潜在客户和业务,并持续深化高净值客户关系。

长期策略:成长为具有重要市场地位的国际性综合金融服务集团。在金融股权投资和信托服务上取得市场领先地位,逐步发展网上银行及证券等与现有业务具有协同效应的配套金融业务,保持优秀的投资业绩、明确的发展策略以及稳健的财务状况。以优越的体制、机制和管理文化吸引并留住人才以取得可持续发展，提升客户利益和股东价值。

4.2 经营业务的主要内容

4.1.1 固有业务

截至2013年12月31日，公司固有资产运用与分布详见下表：

固有资产运用与分布表

2013年12月31日

资产运用	金额（万元）	占比（%）	资产分布	金额（万元）	占比（%）
货币资产	19 715.43	9.85	基础产业	—	—
贷款及应收款	22 163.90	11.07	房地产	—	—
以公允价值计量且其变动计入当期损益的金融资产	129 038.48	64.48	证券市场	22 115.05	11.05
			实业	—	—
			金融机构	129 038.48	64.48
可供出售金融资产	22 115.05	11.05	其他(注)	48 979.36	24.47
其他	7 100.03	3.55			
资产合计	200 132.89	100.00	资产合计	200 132.89	100.00

注：资产分布中，对“其他”事项的说明

单位：万元

资产分布中“其他”事项明细		
货币资产	19 715.43	9.85
信托产品	14 300.00	7.15
贷款、应收账款及其他	14 963.93	7.48
其他合计	48 979.36	24.47

4.2.2 信托业务

截至2013年12月31日，公司受托管理的信托资产运用与分布详见下表：

信托资产运用与分布表

2013年12月31日

资产运用	金额（万元）	占比（%）	资产分布	金额（万元）	占比（%）
货币资产	38 761.84	0.91	基础产业	1 305 065.00	30.70
贷款	2 263 545.20	53.24	房地产	588 170.00	13.83
交易性金融资产	10 803.38	0.25	证券市场	90 701.45	2.13
可供出售金融资产	369 728.23	8.70	金融机构	283 710.16	6.67
长期股权投资	116 950.00	2.75	实业	1 542 607.00	36.28
其他(注)	1 451 754.86	34.15	其他(注)	441 289.90	10.39
信托资产合计	4 251 543.51	100.00	信托资产合计	4 251 543.51	100.00

注：资产运用和资产分布中，对“其他”事项的说明

单位：万元

资产运用中“其他”事项明细			资产分布中“其他”事项明细		
应收账款	283 637.86	6.67	银行存款	38 761.84	0.92
无形资产	1 167 637.00	27.47	应收账款	204 137.86	4.80
买入返售金融资产	480.00	0.01	收益权	194 200.00	4.57
			其他	4 190.20	0.10
其他合计	1 451 754.86	34.15	其他合计	441 289.90	10.39

4.3 市场分析

4.3.1 影响我公司业务发展的有利因素

（1）财富总量稳步增长，资产保值增值需求上升。据权威机构预计，2013年我国个人可投资资产总额将超过85万亿元，同比增长15%以上；千万富翁达105万人，增长3%，亿万富翁6.45万人，增长2%；财富的保值增值需求未来将持续上升。

（2）融资多元化趋势将为信托公司融资类业务的发展提供广阔空间。随着改革红利不断释放，投资机会增多，企业资金需求上升与中央银行中性略有偏紧货币政策之间的矛盾将逐步显现，这必将加快金融产品的创新，尤其是各种非信贷类的创新融资产品潜在需求巨大。

（3）资本项目开放的稳步推进将带来新的发展机遇。资本市场开放的稳健推进，一方面将加快海外资金布局国内资本市场，另一方面也将使国内居民对全球资产的配置需求上升，香港和内地基金互认等措施将大大提升我国资管行业的国际化水平，推动资产管理业务规模的不断扩大。

4.3.2 国内、国际的金融形势给信托公司带来的挑战

（1）2013年信托资产规模继续快速增长使行业潜在的信用风险和流动性风险上升。少量信托项目已经出现兑付风险，整个信托行业的发展都可能会受到一定冲击。

（2）被动型信托市场占有率和费率下滑。2013年随着券商和基金纷纷设立子公司参与被动型项目，信托行业整体市场占有率和费率正在下滑，通过转型升级提升产品价值迫在眉睫。

（3）财富管理行业竞争将更加激烈。银行、保险、基金、券商、第三方理财机构等纷纷加大力度进入财富管理领域，财富管理行业的竞争日趋白热化。信托公司如何正确定位、如何在财富管理领域全方位服务好客户，都是信托公司长期发展面临的不小的挑战。

4.4 内部控制

4.4.1 内部控制环境和文化

按照《信托公司治理指引》和现代企业制度的要求，公司设置了以股东会、董事会、监事会和高级管理层为核心的法人治理结构，明确了公司的议事规则和决策程序。股东会为公司最高权力机构；董事会为公司决策机构；经营管理层为公司执行机构，负责执行董事会批准的各项决策和制度；监事会为公司监督机构，主要对公司财务经营状况及董事、高级管理人员履行职务的行为进行监督。公司董事会下设立了信托委员会、执行委员会、提名与薪酬委员会、风险控制委员会及审计委员会，制定了议事规则，明确了职责权限。公司确立了分工明确、权责相互制衡的公司治理和内部控制机制，实现了董事会对经营管理层经营活动的合理授权和有效监督。

公司在董事会及经营管理层的领导下，通过建立完善的内部控制制度体系，形成了诚实守信、稳健经营、恪尽职守的内部控制文化，对维护公司自身、委托人以及受益人的正当、合法权益发挥了重要作用。

4.4.2 内部控制措施

公司强化内控机构设置和制度建设，强调董事会和经营管

理层的责任，将风险内控管理作为公司内部管理的核心，营造风险管理的环境。建立健全了董事会下风险控制委员会、经营管理层、风险内控管理职能部门和业务部门四个层级的全面风险管理架构，贯彻全面风险管理要求和“全方位管理、全过程和全员风控管理”的原则。实现法律合规部、风险管理部、审计部与业务部门保持相对独立，其中审计部直接向董事会审计委员会负责，保证内部控制机构的独立性和权威性；有效保障风险管理程序的执行力，使公司业务运作和决策更为可扩和可控，也使经营管理层能全面及时地掌握公司的日常经营、财务和风险状况并保证有效执行。

在公司制定的全面风险管理体系架构（ERM）下，内部控制对业务的全过程，即风险目标和政策制定、风险管理的具体实施（包括风险识别、评估和应对）和风险信息披露进行全方位的管理和控制。内部控制的主要工作由法律合规部、风险管理部和审计部具体执行，其中，法律合规部负责法律事务方面的风险管理，风险管理部负责对公司除法律及合规风险之外所有相关风险的管理工作，审计部则对公司业务和经营管理工作进行独立审计和监督。

公司在原有制度基础上，重新编制并颁布了《风险管理制度手册》、《融资类信托业务管理制度手册（试运行稿）》、《投资类信托业务管理制度手册（试运行稿）》、《事务类信托业务管理制度手册（试运行稿）》、《自营业务管理制度手册（试运行稿）》、《信托财务管理制度手册（试运行稿）》、《全面预算管理制度手册（试运行稿）》、《公司会计管理制度手册（试运行稿）》、《公司资金管理制度手册（试运行稿）》及《税务管理制度手册（试运行稿）》等，涵盖自营业务操作流程、信托业务管理制度，涉及股权质押、房地产信托、证券投资等业务领域。针对业务审批流程，公司修订了相关业务审批管理办法，优化了自营业务、信托业务审批流程。通过对业务操作流程和审批流程的不断完善，公司业务开展进一步标准化、规范化和系统化。

4.4.3 监督评价与纠正

公司十分重视内部控制问题的后续追踪整改，对于持续监控、内审稽核、监管检查以及重大事件所反映的内控问题组织持续追踪整改。针对常规内审高风险项目、重大行政监管意见、潜在损失案件中反映的制度和流程缺陷，公司通过合规部门关注重大合规风险识别、评估、整改要求，对重大违规事项整改情况进行跟踪，持续优化制度和流程，从源头上防范内控漏洞，以杜绝类似问题重复发生。公司内部审计人员对业务部门落实整改执行情况进行逐项跟踪，对未按时整改的情况及时予以分析追踪和报告。

2013 年度，公司未出现经营风险，亦未发生违法违规事件，各项业务稳健运行。

4.5 风险管理

4.5.1 风险状况

4.5.1.1 信用风险状况

信用风险不仅包括违约风险，还包括由于交易对手和合作方的信用状况及履约能力上的变化而导致公司资产价值发生变动、造成损失的风险。公司在各项业务中加强了对交易对手、合作方以及业务本身的尽职调查，并根据不同的业务类别形成了标准化的调查、复核和监督机制，有力地保障了公司对信用风险的管控效果。

公司自营业务和信托业务按照资产五级分类标准进行分类，2013 年度末均分类为正常类，资产不良率为零。

4.5.1.2 市场风险状况

市场风险是指公司在对信托财产和固有财产的合法经营中，因市场利率、汇率、股指和商品价格等市场参数的波动而产生的风险，包括利率风险、汇率风险、股市风险和通胀风险等。

2013 年度面临的市场风险主要是证券市场价格波动，全年呈下滑态势，公司自营业务和信托业务证券投资的净值随之波动，市场获利的不确定性增大，但没有出现需要强制平仓或受益人重大损失等情况。整体来说，根据公司的投资策略和决策，相关的风险程度尚在公司的预期和承受范围之内，没有因市场波动风险而出现不可控的状况。

2013 年，公司未发生流动性风险事件，所有到期终止的信托均正常清算分配。

4.5.1.3 操作风险状况

操作风险是指由于内部控制程序和系统的不完善、人员操作失误或外部突发事件等可能导致公司遭受损失的风险。

公司实行规范化、标准化、制度化管理，各项业务的开展都严格执行内部控制程序及业务操作流程。此外，公司还根据市场环境、监管规则及业务发展变化，不断调整和完善业务操作流程。

2013 年，公司未发生操作风险事件给公司带来现实和潜在的损失。

4.5.1.4 其他风险状况

除以上三类风险外，公司还面临合规风险、流动性风险、声誉风险、员工道德风险，以及国家法律法规和政策的不确定性对公司经营产生影响的政策风险等风险。2013 年度，公司没有出现因其他风险对公司造成损失和影响经营活动的情况。

4.5.2 风险管理

4.5.2.1 信用风险管理

公司严格执行信用风险的事前防范、事中控制和事后检查制度。在业务发生前，主要由业务部门对交易对手进行详尽调查，重点确定业务的商业风险可控性、公司收益与风险承担的合理性，法律合规部根据业务部门的尽职调查情况对项目交易结构和合同条款的合规性进行审查，风险管理部对风险识别情况及其控制措施进行充分的评估和审核，两级评审会对项目进行审核和评定，从而尽可能地降低信用风险发生的概率。

一是严格按照业务流程开展信托和自营业务，确保经营管理层能充分了解项目涉及的信用风险。定期进行存续期项目尽职管理的基本作业流程操作。二是加强事前对交易对手（项目）的尽职调查，并在项目正式提交业务评审委员会之前，对项目相关资料进行原件核实，确保资料的真实性。三是认真落实融资业务担保措施，除常规抵押、保证等担保措施外，通过多种交易条件设置，获得缓释风险的实质性效果，主要选择信用等级高的机构作为交易对手；聘请外部独立机构客观、公正地评估抵押品，严格控制贷款本金与不同抵押品价值之比，一般控制在 50% 以下。四是事中对交易对手（项目）进行动态管理。

在信托成立后，业务部门定期进行后期检查，形成项目检查报告，并由风险管理部每月汇总分析后形成风险管理报告，向经营管理层汇报。五是对风险资产提足准备金。根据风险资产分类情况，按关注类资产 2%、次级类资产 25%、可疑类资产 50%、损失类资产 100% 的比例计提准备金。同时，公司按照有关规定，按时足额计提各类风险准备。一般风险准备按照风险资产的 1% 计提，信托赔偿准备按照税后利润的 5% 计提。报告期末，公司自营业务和信托业务按照资产五级分类标准全部为正常类，资产不良率为零。

2013 年度，公司所有到期信托项目都已顺利兑付，均能按信托合同约定的信托终止事项进行清算；所有存续的信托项目均运行良好，没有不可控风险，公司对信用风险的管理措施有效。

4.5.2.2 市场风险管理

控制市场风险的主要方法是加强对经济及金融形势的分析预测，加强相关行业研究，必要情况下在具体项目尽职调查时聘请专业的机构参与调查，在业务决策时参考聘请的外部行业专家对项目进行的行业与市场分析。公司根据业务性质、规模、复杂程度和风险特征，结合总体业务发展战略、管理能力和资本实力，确定总体风险承担水平，并尽量采取分散投资、分散风险的办法。加强对宏观经济和证券市场的研究，坚持价值投资理念，采取稳健的投资策略，建立止损机制，有效防范资本市场风险。定期或不定期地对房地产和证券投资等业务进行市场风险压力测试，分析业务对外部市场变化的敏感程度和可能的影响，以制定策略应对市场变化。

2013 年度，公司对市场风险的分析判断准确，采取了合理的风险控制措施和谨慎的投资策略，有效防范市场风险。

4.5.2.3 操作风险管理

公司建立起一整套内部控制制度，保证了各项业务正常、有序开展。部门间实行明确的职责划分，各部门内部又细分各岗位职责和权限，开展不相容岗位梳理，保证岗位的有效分离与制衡，形成了相互配合、相互监督、相互制约的风险控制机制，各项业务的开展都严格执行内部控制程序及业务操作流程；另外，公司也根据市场及其规则的变化不断调整和完善业务操作流程。

为了更好地满足证券信托部的发展需求，提高资产管理系统的响应速度与安全性，公司对铭创资管系统旧版本 V40 进行了升级，本次升级也满足了公司场外业务的需求，并将原有信托项目数据全部迁移至新版本 V60 进行管理。同时，为满足公司信托财务部定期向各监管部门上报各类报表的需求，且为确保自动化无误地完成上述报表的填报工作，现已开始开发实施相应系统。

运维方面，IT 基础架构扩容满足不断增加的人员编制需求，并完成了异地业务团队 IT 网络搭建及协助建设工作。将原客户呼叫中心系统版本升级到 V3.0，使用户提出的所有系统问题得到圆满解决。完成视频会议系统平台搭建及会议环境优化，进行视频会议系统管理控制单元的搭建，方便异地业务团队更好地与总部沟通交流。完成会议室扩音系统、音响系统和电话会议系统的改造，提供了更好的会议质量。建立申银万国的交易专线和与中债登和外汇交易中心的专线，大幅度提升债券交易、结算的效率及安全性。通过虚拟专用网（SSL VPN）设备的升级部署进一步加固网络安全。

2013 年度，公司的内部控制程序和系统完善且运行有效，操作风险的管理效果明显。

4.5.2.4 其他风险管理

公司加强对国家政策的分析和研究，提高对政策的理解能力，并与监管部门及时沟通，根据要求进行业务调整和制度完善。此外，还不定期地与同行进行业务交流，探讨业务经营管理中发现的问题，以提高对政策的理解度和执行力，从而有效地防范政策风险。

公司高度重视法律风险的防范，法律合规部专职负责法律风险的监控和管理，对于重大项目聘请外部律师事务所等专业服务机构提供专业意见，以强化法律方面的风险管理。

在流动性风险控制方面，公司坚持审慎性原则，充分识别、有效计量、持续监测和适当控制公司整体及在各产品、各业务条线、各业务环节的流动性风险，确保公司无论在正常经营环境中还是在压力状态下，都有充足的资金应对资产的增长和到期债务的支付以及进行信托财产的清算分配。

公司在开展具体信托项目时，首先采取降低抵押率（一般控制在 50% 以下）、优先劣后结构、现金流指标监测、分期还款结构设置等措施来控制流动性风险；其次，在信托项目成立后加强存续期的风险管理，在兑付前，信托经理需提前落实资金，准备清算方案，并将相关情况适时、逐级向主管领导汇报。

公司积极组织员工参加监管部门开展的与信托业务有关的法律法规学习和考试，鼓励员工参加内部和外部培训交流，进一步提高员工的业务能力和专业知识，增强风险意识和预判能力，将风险控制理念融入到业务和管理工作的各方面、各环节。

4.6 净资本风险控制指标

公司报告期末的净资本风险控制指标情况如下：

指标名称	期末数	监管标准
净资本	148 893.95	≥2 亿元
固有业务风险资本（万元）	19 021.13	
信托业务风险资本（万元）	51 426.83	
其他业务风险资本（万元）	—	
各项业务风险资本（万元）	70 447.96	
净资本/各项业务风险资本之和（%）	211.35	≥100%
净资本/净资产（%）	87.97	≥40%

5. 会计师事务所审计意见结论

安永华明会计师事务所对公司 2013 年财务报表出具了标准无保留意见，认为公司财务报表在所有重大方面已经按照企业会计准则的规定编制，公允地反映了国民信托有限公司 2013 年 12 月 31 日的财务状况以及 2013 年度的经营成果和现金流量。

6. 公司财务报表及附注

6.1 资产负债表

单位:万元

	2013年12月31日	2012年12月31日
资产		
货币资金	19 715.43	9 621.03
以公允价值计量且其变动计入当期损益的金融资产	129 038.48	114 105.43
应收账款	6 378.90	5 551.82
发放贷款	1 485.00	1 485.00
可供出售金融资产	22 115.05	26 189.16
应收款项类投资	14 300.00	—
固定资产	869.85	676.31
无形资产	161.70	154.81
其他资产	6 068.48	12 185.04
资产合计	200 132.89	169 968.60
负债及所有者权益		
负债		
应付职工薪酬	5 655.24	1 138.22
应交税费	4 555.59	578.84
递延所得税负债	17 522.88	16 506.05
其他负债	3 152.90	2 109.47
负债合计	30 886.61	20 332.58
所有者权益		
实收资本	100 000.00	100 000.00
资本公积	(141.83)	(288.52)
盈余公积	10 784.16	8 837.81
一般风险准备	368.34	368.34
信托赔偿准备	4 718.21	3 745.03
未分配利润	53 517.40	36 973.36
所有者权益合计	169 246.28	149 636.02
负债及所有者权益合计	200 132.89	169 968.60

6.2 利润表

单位:万元

	2013年度	2012年度
营业收入		
手续费及佣金收入	26 990.53	7 736.31
投资收益/(损失)	1 384.46	(400.51)
公允价值变动收益	7 433.05	40 546.40
利息净收入	476.34	781.33
其他业务收入	4 777.92	4 223.26
营业收入合计	41 062.30	52 886.79
营业支出		
营业税金及附加	1 787.77	678.29
业务及管理费	12 707.80	5 188.50
资产减值损失	459.87	2 501.24
营业支出合计	14 955.44	8 368.03
营业利润	26 106.86	44 518.76
加:营业外收入	14.04	8.26
减:营业外支出	15.26	1.49
利润总额	26 105.64	44 525.53
减:所得税费用	6 642.07	11 184.46
净利润	19 463.57	33 341.07
其他综合收益	146.69	4 399.71
综合收益总额	19 610.26	37 740.78

6.3 所有者权益变动表

所有者权益变动表

2013年度

单位:万元

	实收资本	资本公积	盈余公积	一般准备	信托赔偿准备	未分配利润	所有者权益合计
本年年初余额	100 000.00	(288.52)	8 837.81	368.34	3 745.03	36 973.36	149 636.02
本年增减变动金额							
净利润	—	—	—	—	—	19 463.57	19 463.57
其他综合收益	—	146.69	—	—	—	—	146.69
综合收益总额	—	146.69	—	—	—	19 463.57	19 610.26
利润分配							
提取盈余公积	—	—	1 946.35	—	—	(1 946.35)	—
提取信托赔偿准备	—	—	—	—	973.18	(973.18)	—
对所有者的分配	—	—	—	—	—	—	—
本年年末余额	100 000.00	(141.83)	10 784.16	368.34	4 718.21	53 517.40	169 246.28

所有者权益变动表(续)

单位:万元

2013年度

	实收资本	资本公积	盈余公积	一般准备	信托赔偿准备	未分配利润	所有者权益合计
本年年初余额	100 000.00	(4 688.23)	5 503.70	368.34	2 077.98	15 633.45	118 895.24
本年增减变动金额							
净利润	—	—	—	—	—	33 341.07	33 341.07
其他综合收益	—	4 399.71	—	—	—	—	4 399.71
综合收益总额	—	4 399.71	—	—	—	33 341.07	37 740.78
利润分配							
提取盈余公积	—	—	3 334.11	—	—	(3 334.11)	—
提取信托赔偿准备	—	—	—	—	1 667.05	(1 667.05)	—
对所有者的分配	—	—	—	—	—	(7 000.00)	(7 000.00)
本年年末余额	100 000.00	(288.52)	8 837.81	368.34	3 745.03	36 973.36	149 636.02

6.4 财务报表附注

6.4.1 报告期内，公司财务报表编制基准、会计政策、会计估计和核算方法变化情况

2013年度公司财务报表编制基准、会计政策、会计估计和核算方法与上年度相比，没有发生重大变化。

6.4.2 财务报表主要项目的明细

6.4.2.1 资产风险分类情况

风险分类	正常类（万元）	关注类（万元）	次级类（万元）	可疑类（万元）	损失类（万元）	资产合计（万元）	不良资产合计（万元）	不良资产率（%）
期初数	169 968.60	—	—	—	—	169 968.60	—	—
期末数	200 132.89	—	—	—	—	200 132.89	—	—

注：不良资产合计＝次级类＋可疑类＋损失类。

6.4.2.2 各项资产减值损失准备的期初数、本期计提、本期转回、本期核销、期末数

单位：万元

	期初数	本期计提	本期转回	本期核销	期末数
贷款损失准备	—	—	—	—	—
一般准备	15.00	—	—	—	15.00
专项准备	—	—	—	—	—
其他资产减值准备	—	—	—	—	—
可供出售金融资产减值准备	2 842.25	459.87	—	1 402.61	1 899.51
持有至到期投资减值准备	—	—	—	—	—
长期股权投资减值准备	—	—	—	—	—
坏账准备	—	—	—	—	—
投资性房地产减值准备	—	—	—	—	—

6.4.2.3 固有业务股票投资、基金投资、债券投资、长期股权投资等投资业务的期初数、期末数

单位：万元

	自营股票	基金	债券	长期股权投资	其他投资	合计
期初数	15 261.57	—	6 976.83	—	118 056.19	140 294.59
期末数	5 463.13	8 776.00	5 329.42	—	145 884.98	165 453.53

6.4.2.4 前三名自营贷款的企业名称、占贷款总额的比例和还款情况等

企业名称	占贷款总额的比例（%）	还款情况
深圳市满庭芳资产管理有限公司	100	正常偿还本息

6.4.2.5 前三名自营长期股权投资（包括以公允价值计量且其变动计入当期损益的金融资产）的企业名称、占被投资企业权益的比例、主要经营活动及投资收益情况等

企业名称	占被投资企业权益的比例（%）	投资收益（万元）
汇丰人寿保险有限公司	50	—
北京新域保险经纪有限公司	35	—

6.4.2.6 表外业务的期初数、期末数，按照代理业务、担保业务和其他类型表外业务分别披露

本年度无表外业务。

6.4.2.7 收入结构

收入结构	金额（万元）	占比（%）
手续费及佣金收入	26 990.53	65.71
其中：信托手续费收入	26 990.53	65.71
利息收入	476.34	1.16
其他业务收入	4 777.92	11.63
投资收益/（损失）	1 384.46	3.37
其中：证券投资收益	1 384.46	3.37
其他投资收益	—	0.00
公允价值变动收益	7 433.05	18.10
营业外收入	14.04	0.03
收入合计	41 076.34	100.00

注："其他业务收入"为合营企业的有关收益。

6.4.3 关联方关系及其交易

6.4.3.1 关联交易方的数量、关联交易的总金额及关联交易的定价政策

	关联交易方数量	关联交易金额	定价政策
合计	3	2 469.07	按市场价格或公允原则交易

6.4.3.2 关联交易方与公司的关系性质，关联交易方的名称、法定代表人、注册地址、注册资本及主营业务

报告期涉及关联交易的关联方情况如下：

关系性质	关联方名称	法定代表人	注册地址	注册资本	主营业务
股东	璟安股权投资有限公司	甄岩	上海市浦东新区绿科路90号1幢301室H座	23 000万元	股权投资
股东	上海丰益股权投资基金有限公司	张江泳	上海市浦东新区莲林路15号403室	55 000万元	股权投资
股东间接持有的子公司	上海银信网络科技发展有限公司	黄湘如	上海市浦东新区浦东南路1950号106室	8 000万港元	软件开发、销售及技术咨询等

6.4.3.3 公司与关联方的重大交易事项

固有资产与关联方交易情况：

单位：万元

固有资产与关联方关联交易				
	期初数	借方发生额	贷方发生额	期末数
贷款	—	—	—	—
投资	—	—	—	—
租赁	—	—	—	—
担保	—	—	—	—
应收账款	2 348.12	1 893.69	2 527.29	1 714.52
其他	—	—	—	—
合计	2 348.12	1 893.69	2 527.29	1 714.52

6.4.3.4 关联方逾期未偿还公司资金以及公司为关联方担保发生或即将发生垫款情况

公司未出现关联方逾期未偿还公司资金以及公司为关联方担保发生或即将发生垫款情况。

6.4.4 或有事项说明

截至2013年12月31日,本公司并无须披露的或有事项。

6.4.5 重要资产转让及其出售的说明

截至2013年12月31日,本公司并无须披露的重要资产转让及其出售事项。

6.4.6 会计制度

公司固有业务执行财政部2006年2月颁布的《企业会计准则——基本准则》和38项具体会计准则,其后颁布的应用指南、解释以及其他相关规定(统称企业会计准则)。

7. 财务情况说明

7.1 利润实现和分配情况

公司2013年总收入为41 076.34万元,总支出为14 970.70万元,实现净利润19 463.57万元。2013年公司未向股东分配利润。

7.2 主要财务指标

指标名称	指标值
资本利润率(%)	12.21
加权年化信托报酬率(%)	0.72
人均净利润(万元)	202.75

注:加权年化信托报酬率仅包括本报告年度内已清算结束的信托项目。

7.3 报告期内对公司财务状况、经营成果有重大影响的其他事项

无。

8. 信托财务报表及附注

8.1 信托项目资产负债汇总表

单位:万元

	2013年12月31日	2012年12月31日
信托资产		
货币资金	38 761.84	7 162.40
交易性金融资产	10 803.38	11 950.51
买入返售金融资产	480.00	1 130.01
应收款项	283 637.86	254 880.65
发放贷款	2 263 545.20	53 099.82
可供出售金融资产	369 728.23	73 331.14
长期股权投资	116 950.00	41 400.00
无形资产	1 167 637.00	164 980.00
信托资产总计	4 251 543.51	607 934.53
信托负债和信托权益		
信托负债		
应付受托人报酬	6 292.05	5 551.82
应付托管费	—	0.89
应付受益人收益	46.77	—
其他应付款项	2 781.45	17.01
信托负债合计	9 120.27	5 569.72
信托权益		
实收信托	4 173 531.63	561 960.73
资本公积	16 580.73	10 493.80
未分配利润	52 310.88	29 910.28
信托权益合计	4 242 423.24	602 364.81
信托负债和信托权益总计	4 251 543.51	607 934.53

8.2 信托项目利润及利润分配汇总表

单位:万元

	2013年	2012年
营业收入		
利息收入	74 213.84	10 466.75
投资收益	81 717.47	10 636.70
公允价值变动损失	(559.86)	1 249.82
其他收入	12.41	—
营业收入合计	155 383.86	22 353.27
营业支出		
营业税金及附加	0.13	0.15
受托人报酬	22 995.40	6 806.59
托管费	839.26	215.47
销售服务费	14 010.54	3 158.48
交易费用	79.20	18.10
其他费用	14 815.81	219.88
营业支出合计	52 740.34	10 418.67
信托净(亏损)/利润	102 643.52	11 934.60
其他综合收益	—	—
综合(亏损)/收益	102 643.52	11 934.60
加:期初未分配信托利润	29 910.28	27 500.38
可供分配的信托利润	132 553.80	39 434.98
减:本期已分配信托利润	80 242.92	9 524.70
期末未分配信托收益	52 310.88	29 910.28

8.3 信托资产管理情况

8.3.1 信托资产的期初数、期末数

单位:万元

信托资产	期初数	期末数
集合	141 000.80	1 004 278.28
单一	466 933.73	3 247 165.23
财产权	—	100.00
合计	607 934.53	4 251 543.51

8.3.2 主动管理型信托业务的信托资产期初数、期末数

单位：万元

主动管理型	期初数	期末数
证券投资类	33 309.38	41 750.96
股权投资类	—	50 014.50
融资类	229 173.14	1 072 452.53
事务管理类	—	—
其他	—	—
合计	262 482.52	1 164 217.99

8.3.3 被动管理型信托业务的信托资产期初数、期末数

单位：万元

被动管理型	期初数	期末数
证券投资类	—	—
股权投资类	40 401.64	65 851.37
融资类	6 156.10	2 454 468.14
事务管理类	261 790.95	258 093.81
其他	37 103.32	308 912.20
合计	345 452.01	3 087 325.52

8.3.4 本年度已清算结束的信托项目情况

本年度已清算结束的信托项目为 5 个，实收信托合计 155 406 万元，加权平均年化收益率为 6.84%，加权平均年化报酬率为 0.72%。

8.3.5 本年度已清算结束的集合类、单一类资金信托项目和财产管理类信托项目个数、实收信托金额、加权平均实际年化收益率

已清算结束信托项目	项目个数	实收信托合计金额（万元）	加权平均实际年化收益率（%）
集合类	2	9 206.00	-2.19
单一类	3	146 200.00	7.41
财产管理类	—	—	—

8.3.6 本年度已清算结束的主动管理型信托项目情况

主动管理型已清算信托项目	项目个数	实收信托合计金额（万元）	加权平均实际年化信托收益率（%）	加权平均实际年化报酬率（%）
证券投资类	2	9 206.00	-2.19	3.99
股权投资类	—	—	—	—
融资类	1	120 000.00	7.88	0.48
事务管理类	—	—	—	—

8.3.7 本年度已清算结束的被动管理型信托项目情况

被动管理型已清算信托项目	项目个数	实收信托合计金额（万元）	加权平均实际年化信托收益率（%）	加权平均实际年化报酬率（%）
证券投资类	—	—	—	—
股权投资类	—	—	—	—
融资类	1	5 000.00	12.42	2.03
事务管理类	—	—	—	—
其他	1	21 200.00	3.58	0.32

8.3.8 本年度新增的集合类、单一类和财产管理类信托项目个数、实收信托合计金额

新增信托项目	项目个数	实收信托合计金额（万元）
集合类	44	839 160.00
单一类	86	2 760 043.16
财产管理类	1	100.00
新增合计	131	3 599 303.16
其中：主动管理类	43	815 160.00
被动管理类	88	2 784 143.16

8.4 关联方关系及其交易

8.4.1 信托资产与关联方交易情况

单位：万元

	信托与关联方关联交易			
	期初数	借方发生额	贷方发生额	期末数
贷款	3 000.00	—	—	3 000.00
投资	22 200.00	—	—	22 200.00
租赁	—	—	—	—
担保	—	—	—	—
应收账款	201 948.84	—	—	201 948.84
其他	—	—	—	—
合计	227 148.84	—	—	227 148.84

8.4.2 固有财产与信托财产之间的交易情况

单位：万元

	固有财产与信托财产相互交易		
	期初数	本期发生额	期末数
证券投资集合资金信托	4 100.00	（1 600.00）	2 500.00

8.4.3 信托财产与信托财产之间的交易情况

本年度无信托财产与信托财产之间的交易情况。

8.5 会计制度

信托业务于2010 年1月1 日起全面执行财政部2006 年2月颁布的《企业会计准则——基本准则》和 38 项具体会计准则，其后颁布的应用指南、解释以及其他相关规定（统称企业会计准则）。

9. 特别事项揭示

9.1 前五名股东报告期内变动情况及原因

公司股东丰益股权投资有限公司 2012 年末更名为“上海丰益股权投资基金有限公司”，我公司章程变更等相关工作已在报告期内办理完成；公司股东璟安股权投资有限公司报告期内变更法定代表人。

9.2 董事、监事及高级管理人员变动情况及原因

报告期内，经公司股东会审议通过，李政怀先生辞任公司董事及副董事长职务，石聿新先生、张利华先生辞任公司独立董事，吴祝花女士辞任公司董事。

经公司股东会审议通过，并报北京银监局核准，石俊志先生获批为公司董事，任光明先生、尚健先生获批为公司独立董事。

经公司董事会选举，并报北京银监局核准，叶志衡先生获批为公司副董事长。

经公司董事会审议通过，并报中国银监会核准，石俊志先生获批为公司总经理；经公司董事会审议通过，并报北京银监局核准，刘晶女士获批为公司副总经理，刘威先生获批为风控总监，莫百愉先生获批为财务总监。

9.3 报告期内变更注册资本、变更注册地或公司名称、公司分立与合并事项

无。

9.4 报告期内公司重大诉讼事项

无。

9.5 公司及其董事、监事和高级管理人员在报告期内受到处罚的情况

无。

9.6 中国银监会及其派出机构对公司检查后提出整改意见及整改情况

2012年底，北京银监局向公司出具了《关于推进国民信托有限公司公司治理建设的监管意见书》，对公司治理及内部运行管理情况等方面存在的不足之处提出了加强和改进的意见。公司已组织相关部门和人员对监管意见加以落实，现已基本完成。

2013年，北京银监局向公司出具了《2012年度监管意见书》，对公司治理、内部运营管理、信托业务开展情况等提出了加强和改进意见。公司已组织相关部门和人员对监管意见进行落实，现已基本完善。

9.7 本年度重大事项临时报告的简要内容、披露时间、所披露的媒体及其版面

序号	刊登内容	刊登时间	报纸名称	所属版面
1	国民信托有限公司关于总经理变更的公告	2013年3月12日	上海证券报	A11版
2	国民信托有限公司2012年年度报告摘要	2013年4月26日	上海证券报	B21版
3	国民信托有限公司关于公司章程修改的公告	2013年9月11日	上海证券报	B48版
4	郑重声明（我公司与北京国民信和投资基金有限公司无股权隶属关系、未开展任何业务合作的声明）	2013年12月27日	上海证券报	B4版

9.8 其他重大需披露信息

报告期内，公司未发生中国银监会及其省级派出机构认定的其他有必要让客户及相关利益人了解的重要信息。

10. 公司监事会意见

监事会认为，公司董事会和管理层能够严格遵守法规及政策，稳健经营，业务风险可控，公司业务不存在违法违规情形；本年度财务报告经安永华明会计师事务所审计并出具无保留审计意见的审计报告，该财务报告真实、客观地反映了公司的财务状况和经营成果；致同会计师事务所对公司本年度内部控制情况进行了审核，并出具无保留意见的内部控制鉴证报告，该报告也真实和客观反映了公司合规经营和内控状况。

国投信托有限公司

1. 重要提示

1.1 本公司董事会及董事保证本报告所载资料不存在任何虚假记载、误导性陈述或者重大遗漏，并对其内容的真实性、准确性和完整性承担个别及连带责任。本年度报告摘要摘自年度报告全文，客户及相关利益人欲了解详细内容，应阅读年度报告全文。

1.2 本报告经公司第四届董事会第二十一次会议审议通过。本公司独立董事曹三明先生、阎维杰先生认为本报告内容是真实、准确、完整的。

1.3 立信会计师事务所为本公司出具了标准无保留意见的审计报告。

1.4 公司法定代表人董事长钱蒙先生、总经理傅强先生、财务总监李涛先生及计划财务部临时负责人陈仁龙先生声明：保证年度报告中财务报告的真实、完整。

2. 公司概况

2.1 公司简介

2.1.1 公司法定中文名称：国投信托有限公司

2.1.2 公司法定英文名称：
Sdic Trust Co. ,Ltd.

2.1.3 法定代表人：钱蒙

2.1.4 公司注册地址：
北京市西城区西直门南小街 147 号 7 层、8 层
邮政编码：100034

2.1.5 国际互联网网址：www. sdictrust. com. cn

2.1.6 电子信箱：sdictrust@ sdic. com. cn

2.1.7 信息披露事务负责人：王彬
联系电话：010 -88006600
传真：010 -88006622
电子信箱：sdictrust@ sdic. com. cn

2.1.8 报告期内公司信息披露报纸名称：《上海证券报》

2.1.9 公司年度报告备置地点：
北京市西城区西直门南小街 147 号 7 层

2.1.10 公司聘请的会计师事务所：
立信会计师事务所(特殊普通合伙)
地址：北京市西城区北三环中路 29 号院茅台大厦 28 层

2.1.11 公司聘请的常年律师事务所：
北京市共和律师事务所
地址：北京市朝阳区麦子店街 37 号盛福大厦 19 层/20 层
北京市天达律师事务所
地址：北京市朝阳区东三环北路 8 号亮马河大厦 2 座 19 层

2.2 组织结构

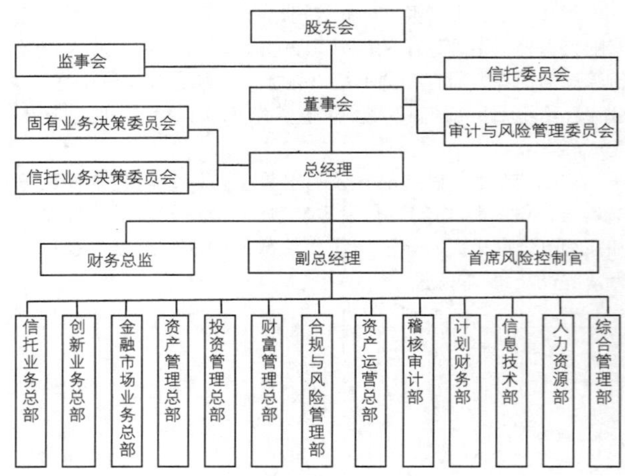

3. 公司治理

3.1 股东

股东名称	出资比例(%)	法人代表	注册资本(亿元)	注册地址	主要经营业务及主要财务情况
国投资本控股有限公司	95.45	钱蒙	25	北京市西城区阜成门北大街 6 号 -6 国际投资大厦 A 座	从事对外投资、资产管理、接受委托对企业进行管理、投资策划及咨询服务。截至 2013 年末，公司合并资产总额 78.8 亿元；2013 年实现合并经营收入 11.4 亿元，合并利润总额 7.4 亿元。
国投高科技投资有限公司	4.55	郝建	6.4	北京市西城区阜成门北大街 6 号 -6 国际投资大厦	从事高科技项目产业化阶段投资业务，主要涉及电子、医药、汽车零部件、新材料等行业。截至 2013 年末，公司合并资产总额 78 亿元；2013 年实现合并经营收入 41.1 亿元，合并利润总额 10.4 亿元。

注：国投资本控股有限公司、国投高科技投资有限公司均为国家开发投资公司全资子公司。

3.2 董事

董事长、副董事长、董事

姓 名	职 务	性别	年龄	选任日期	所推举的股东名称	该股东持股比例(%)	简 要 履 历
钱 蒙	董事长	男	53	2011年4月	国投资本控股有限公司	95.45	大学本科学历,高级工程师。现任国家开发投资公司党组成员、副总经理,国投资本控股有限公司董事长,国投信托有限公司董事长,国投瑞银基金管理有限公司董事长,海峡汇富产业投资基金管理有限公司董事长。曾在国家计委、国家机电轻纺投资公司任职。曾任国家开发投资公司国投机轻有限公司副总经理,国家开发投资公司经营部副主任和主任、金融投资部总经理,国投资产管理公司总经理,安徽省六安市市委副书记(挂职)。
祝要斌	董事	男	51	2011年4月	国投资本控股有限公司	95.45	研究生学历,高级工程师。现任国投资本控股有限公司副总经理。曾在青海西宁特钢公司、国家原材料投资公司、国原实业开发公司、国家开发投资公司、国融资产管理有限公司任职,曾任国投信托有限公司党支部书记、国家开发投资公司资本运营部副总经理。
王文俊	董事	男	46	2011年4月	国投资本控股有限公司	95.45	大学本科学历,会计师,经济师。现任国家开发投资公司经营管理部副主任。曾在北京华飞化工总公司、国家原材料投资公司任职。
李俊喜	董事	男	48	2011年5月	国投高科技投资有限公司	4.55	大学本科学历,高级会计师。现任国投高科技投资有限公司副总经理。曾在交通部、国家交通投资公司任职。曾任国通天港实业开发公司财务部副经理、国投交通实业公司计财部副经理、国投洋浦港副总经理、国投交通公司计财部经理、国投物业有限责任公司副总经理。
傅强	董事	男	44	2013年8月	国投信托有限公司		研究生学历,经济师。现任国投信托有限公司总经理。曾在中国人民银行北京市分行、北京证券有限公司工作,曾任中兴信托投资有限公司资产运营部经理、国融资产管理有限公司证券投资部副经理、国家开发投资公司金融投资部责任项目经理、国投信托有限公司副总经理。

独立董事

姓 名	所在单位及职务	性别	年龄	选任日期	所推举的股东名称	该股东持股比例(%)	简 要 履 历
阎维杰	中国银监会北京监管局,退休	男	58	2011年4月	国投资本控股有限公司	95.45	博士研究生学历,博士,退休前任中国银监会北京监管局处长。曾任北京广播电视大学教师、教务处处长,中国人民银行营业管理部处长。
曹三明	国家法官学院教授	男	67	2011年4月	国投资本控股有限公司	95.45	研究生学历,教授,律师。现任国家法官学院教授。曾任北京大学法律系副教授、国家新闻出版署副司长、国务院法制办司长、最高人民法院行政审判庭负责人、中国应用法学研究所所长、国家法官学院副院长。

3.3 监事

姓名	职务	性别	年龄	选任日期	所推举的股东名称	该股东持股比例(%)	简 要 履 历
李文新	监事会主席	男	49	2011年4月	国投资本控股有限公司	95.45	大学本科学历,高级会计师,中国注册会计师,税务师。现任国家开发投资公司审计部副主任。曾在交通部、国家交通投资公司、国通天港实业开发公司、国家开发投资公司、国投创业投资有限公司任职。曾任国投高科技投资有限公司副总经理。
姚肇欣	监事	男	41	2011年4月	国投资本控股有限公司	95.45	研究生学历,高级经济师。现任国投资本控股有限公司股权管理部经理。曾在燕京集团、北京达人达投资顾问公司、振海集团、世纪兴业公司任职。曾任国家开发投资公司战略部、总裁办业务主管,国务院国资委改革局副处长,国家开发投资公司资本运营部副处长。
汪斌	职工监事	男	48	2012年3月			大学本科学历,高级审计师。现任国投信托有限公司稽核审计部总经理。曾在鞍山市审计局、鞍山市信托投资股份有限公司任职。曾任国投信托有限公司稽核审计部副经理。

3.4 高级管理人员

姓名	职务	性别	年龄	选任日期	金融从业年限	学历	专业
傅 强	总经理	男	44	2013 年 8 月	18	研究生	工商管理
陆俊	副总经理	男	43	2011 年 4 月	17	研究生	工商管理
王 彬	副总经理兼董事会秘书	女	47	2011 年 6 月	9	研究生	工商管理
张仲和	首席风险控制官（总法律顾问）	男	42	2011 年 8 月	2	大学本科	经济法
李 涛	财务总监（副总经理级）	男	39	2013 年 11 月	8	研究生	会计学

3.5 公司员工

项目		报告期年度	
		人数	比例（%）
年龄分布	25 岁以下	6	5
	25 ~29 岁	38	33
	30 ~39 岁	51	44
	40 岁以上	20	18
学历分布	博士	3	3
	硕士	60	52
	本科	51	44
	专科	1	1
	其他	0	0
岗位分布	董事、监事及其高管人员	13	11
	自营业务人员	7	6
	信托业务人员	67	59
	其他人员	28	24

4. 经营管理

4.1 经营目标、方针、战略规划

以“诚实守信，稳健运营，立足市场，创新发展”为经营方针，在健全风控体系、管理机制到位的基础上，做大做强信托业务，持续推进财富管理业务，稳健经营固有业务，积极打造信托与财富管理两大业务板块协同互动、固有业务稳健增值的业务格局，至 2015 年努力建设成为一家具有中等规模、拥有较强创新能力和盈利能力、在 1 ~2 个信托业务领域占据领先地位、品牌形象突出的信托公司。

4.2 所经营业务的主要内容

自营资产运用与分布表

资产运用	金额（万元）	占比（%）	资产分布	金额（万元）	占比（%）
货币资产	5 661.52	2.00	基础产业	—	—
应收款项	566.82	0.20	房地产业	—	—
交易性金融资产	65 034.64	22.99	证券市场	25 034.64	8.85
发放贷款	4 432.50	1.57	实业	4 432.50	1.57
可供出售金融资产	122 969.84	43.46	金融机构	80 860.09	28.58
持有至到期投资	—	—	其他	172 591.09	61.00
长期股权投资	80 860.09	28.58			
其他	3 392.91	1.20			
资产总计	282 918.32	100.00	资产总计	282 918.32	100.00

注：在资产分布中，“其他”资产包括货币资金 5 661.52 万元，应收款项 566.82 万元，公司投资的理财产品和信托产品 162 969.84 万元，其他固定资产投资、在建工程、无形资产和递延所得税资产等 3 392.91 万元。

信托资产运用与分布表

资产运用	金额（万元）	占比（%）	资产分布	金额（万元）	占比（%）
货币资产	28 889.23	0.16	基础产业	3 503 088.50	18.97
贷款	10 366 688.88	56.15	房地产	888 999.00	4.82
交易性金融资产	375 034.99	2.03	证券市场	891 199.39	4.83
可供出售金融资产	1 336 078.16	7.24	实业	7 841 562.71	42.47
持有至到期投资	325 000.00	1.76	金融机构	255 013.77	1.38
长期股权投资	1 165 020.00	6.31	其他	5 082 426.75	27.53
其他	4 865 578.86	26.35			
信托资产总计	18 462 290.12	100.00	信托资产总计	18 462 290.12	100.00

4.3 影响公司业务发展的主要因素

4.3.1 有利因素

2013 年，信托行业在重重压力与困难下实现了持续高速发展，管理资产规模突破 10 万亿元，土地信托、家族信托等成为创新亮点。展望 2014 年，经营形势不容乐观，但从中长期来看，也不乏有利于信托公司发展的因素。

一是宏观政策层面，十八届三中全会提出的新型城镇化建设、国企改革、丰富金融市场层次和产品等改革举措，为信托行业发挥制度优势、实现业务转型提供了更加广阔的空间；二是监管层面，根据中国银监会 2013 年提出的关于完善信托行业治理体系的监管思路，未来将建设信托产品流转平台，实施分级监管、分类经营政策等，引导信托公司更加规范、稳健发展；三是从行业自身来看，激烈竞争迫使信托公司加快创新转型步伐，从粗放型模式向专业化、差异化经营转变，有助于形成和提高行业竞争优势，促进全行业的长期健康发展。

4.3.2 不利因素

2013 年，国内经济持续下行，企业经济效益下滑，流动性偏紧，信托业资产管理规模虽然保持了持续增长，但增速明显放缓，部分存续项目的风险可能暴露，兑付压力增大。在“泛资管”大环境下，金融同业竞争态势严峻，券商、基金子公司、有限合伙企业抢食通道业务的影响显现，商业银行试点资管计划可能带来更大冲击，互联网金融异军突起，资金价格水平上涨，信托资产规模持续高速增长前景堪忧。从监管环境看，原有的银信合作模式难以维系，而作为传统支柱业务的房地产及地方融

资平台项目持续受限，要求愈加严格；监管部门对第三方理财机构代销信托产品的监管加强，加之银行代销渠道的缩减，集合资金募集难度加大。综上所述，信托公司的发展已经从市场机会获利时代转向能力获利时代，信托行业整体亟需通过业务转型重塑核心竞争力。

4.4 内部控制

4.4.1 内部控制环境和内部控制文化

4.4.1.1 治理机制建设和执行情况

股东会是公司的最高权力机构。

公司设立董事会，负责公司的重大决策，并向股东会负责。公司董事会设有信托委员会、审计与风险管理委员会两个专项委员会，专项委员会向董事会负责。董事长为公司的法定代表人。

公司设立监事会。监事会是公司的监督机构，对股东会负责。

公司董事会聘任经营层，依法行使经营权。为严格固有财产与信托业务的分类管理及科学决策，公司设立固有业务决策委员会和信托业务决策委员会，这两个委员会分别对固有业务、信托业务进行决策。

公司设置专职总法律顾问，明确规定总法律顾问参与业务运作、业务决策的职责和权限，赋予其对业务管理事项的参与、审核、发表独立意见等权利。

公司设立信托业务总部、创新业务总部、金融市场业务总部、资产管理总部、投资管理总部、财富管理总部等业务部门，以及合规与风险管理部、资产运营总部、稽核审计部、综合管理部、人力资源部、信息技术部、计划财务部等职能部门。各业务部门和职能部门按照公司确定的部门职责开展工作。业务部门在业务上独立于公司的其他部门，其人员不与公司其他部门人员相互兼职。公司主要从业人员均具备中国银监会及公司规定的职业操守和职业技能。

公司不断完善内部控制制度，通过建立风险防范的三道防线，构筑完整的内控管理架构。三道防线的内控管理架构的构成如下：

第一道防线为各部门对本部门的业务流程和操作流程进行日常维护和管理，对本部门所面临的主要风险点进行识别、自我检查和实施关键控制程序。

第二道防线为风险管理部门对各部门的主要风险点进行独立的日常监控与管理。

第三道防线为稽核审计部门对各部门的业务运行过程和结果进行独立的稽核与检查。

4.4.1.2 内控文化建设和执行情况

公司的经营宗旨是以市场为导向，以效益为中心，依法规范经营，科学管理，维护股东、债权人、信托当事人和公司自身的合法权益。

公司依照“诚实、信用、谨慎、有效”的原则，遵循监管机构的各项法规政策，为受益人的最大合法利益处理信托事务，努力为社会提供优良的信托服务，并使公司股东获得满意的经济效益。

公司倡导“有道而正、信则人任”的企业文化精神。

公司的内控管理理念反映了公司的核心价值，影响企业文化，并指导业务操作。它融汇在公司的管理制度和业务流程中，通过员工的日常操作与管理活动体现出来。

公司加强内控文化建设，组织员工参加公司内部和集团的培训，培育每个员工的内控文化理念，通过建立以风险管理为核心的公司内控文化和内控环境，影响并提高公司所有员工的风险意识。公司要求每个员工都承担内控管理的责任，在各自岗位职责和权限范围内主动识别、管理和防范风险，从而提高公司的整体内控管理能力，促进公司战略的实现。

公司在开展各项工作过程中树立科学的发展观，坚持“内部控制优先，稳健审慎经营”的理念，正确处理好局部与全局、竞争与规范、效益与风险、传统业务与创新业务、短期效益与长期效益的关系，摒弃片面追求效益、忽视所面临风险的倾向，以获得长期发展的持久动力。

4.4.2 内部控制措施

公司根据经营管理和业务开展需要，不断补充、修订业务制度、业务流程，从信托业务、固有业务、合规与风险管理、稽核审计、信息技术管理、财务管理、人力资源管理等多维度健全内控体系，制定了多项基本管理制度、一般管理制度、业务管理制度，以满足监管政策、经营管理、业务发展等各方面的要求。

公司由合规与风险管理部组织、协调各部门参与制定公司的内控制度。发起部门根据日常管理需要和业务管理需要，初步制定公司的内控制度方案，在充分征集其他部门的意见和建议的基础上，修改和完善制度方案，上报公司经营管理层或董事会批准施行。根据实际运行效果，公司持续补充和完善内控制度。

在健全各项内控制度的基础上，公司采取流程化控制的模式，及时根据业务运作的实际情况，不断优化业务流程。通过流程管理明确业务开展程序，控制风险点，并将风险管理责任落实到部门和人员，促使公司业务的风险控制和管理更为科学合理。通过对业务流程的持续优化和改进，进一步提升业务决策和运作效率，促进公司业务健康快速发展。

公司不断完善规章制度和业务流程，强化制度执行力度，内控制度执行情况良好，有效控制了公司所面临的各项风险。

4.4.3 监督评价与纠正

4.4.3.1 内部控制的评价和后评价

公司通过法律法规、监管机构各项规章和公司各项制度的执行情况、执行效果对内部控制进行评价和后评价。公司努力探索内部控制评价方法，定性与定量相结合，对内部控制进行科学评价和后评价。

2013年，公司积极配合股东单位组织的内控评价工作，认真研究内控缺陷，督促落实整改，促进公司健康、可持续发展。

4.4.3.2 内部控制的监督和纠正

风险管理部门监督检查各部门内控执行情况，并就全公司风险控制总体情况向总经理做汇报。稽核审计部门对公司内部控制情况进行稽核审计。

通过各部门自查和风险管理部门监督检查各部门的内控执行情况，以及稽核审计部门审查各部门的执行结果，对于业务操作过程中发现的内部控制方面存在的不足提出弥补意见，按照管辖权限层层上报，经有权管辖的相应层次决定后调整。公司各个管理层次在自己的管理权限内对内部控制存在的问题进行纠正。

结合监管政策的变化，分析对公司现有业务的影响，及时更新公司内控制度以适应监管的要求；针对新业务出现时新增的风险点，及时更新现有内控制度，达到覆盖新增风险点的目的。

4.5 风险管理

4.5.1 风险状况

4.5.1.1 信用风险状况

（1）2013 年末应收账款 567 万元 主要为应收信托项目往来款，信用风险小。

（2）公司固有财产 2013 年未发放新增贷款，期末贷款本金余额为 4 500 万元，属于正常类贷款。

（3）公司 2013 年度运用固有资金发放的贷款业务、运用信托资金发放的贷款业务均未发生信用风险，未发生因信用风险带来的损失。

（4）为公司信托项目提供托管、经纪服务的机构，2013 年均持续经营，运作良好 未出现被吊销营业执照、宣告破产、公司解散等对信托项目产生不利影响的情况。

（5）公司按照财政部的规定，对承担风险和损失的固有资产进行了减值测试 并计提了相关准备。

4.5.1.2 市场风险状况

截至 2013 年末，公司直接投资股票、基金等证券投资余额 25 035 万元，占公司固有财产的 9%。这些投资受市场价格的影响，因此具有市场价格波动引起的收益波动风险。

4.5.1.3 操作风险状况

2013 年，公司未发生因操作风险带来的损失。公司根据外部环境变化和内部经营管理需要，不断完善内控制度，优化业务操作流程，细化岗位职责，加强关键节点监控，有效防范操作风险。

4.5.1.4 其他风险状况

2013 年，公司没有发生因其他风险带来的损失。

4.5.2 风险管理政策及策略

4.5.2.1 信用风险管理

（1）公司加强事前评估和判断、事中管理和控制，防范和规避信用风险。

（2）为加强信用风险防范和管理，2013 年公司制定、修订了多项业务管理制度、业务管理规定。

（3）公司选择声誉良好、资产质量好、资信等级高的交易对手，根据对资金安全性的要求和融资方的实际情况设置担保措施：对于抵押担保，公司按照“产权清晰、管理方便、价值变动较小”的原则评审确定，综合考虑未来变现价值等因素后具体确定；对于保证担保，公司综合评审保证人的经济实力、信誉后确定。

（4）公司通过监管资金账户、监管项目公司印章、提前归集资金等多种控制手段有效防范信用风险。

（5）公司为信托项目选择经营稳健的托管银行、经纪商和投资管理人，并与上述机构签订相关服务协议，规定了由其导致信托财产损失的赔偿责任。

4.5.2.2 市场风险管理

（1）公司根据宏观经济形势、市场情况及时调整投资结构，严控个股投资比例，关注仓位控制以及行业配置，有效降低投资组合的市场风险。

（2）对于证券市场的投资，通过压力测试进行定量判断，发挥信息技术手段对市场风险的监控作用，对业务数据进行及时跟踪监测，并及时预警。重点关注有止损点、预警点设置的信托产品，以采取有力措施，应对市场的变化。

（3）公司对抵押（质押）物价值进行动态跟踪，实时根据市场状况对抵押（质押）物进行合理估值，并根据情况要求合作方增加抵押（质押）物或提供其他增信措施。通过上述办法，有效管理融资类项目的市场风险。

4.5.2.3 操作风险管理

（1）公司通过建立和严格执行相关制度和流程来防范操作风险。

（2）公司严格规范操作程序，要求业务人员严格按照信托文件约定以及公司业务流程的规定操作，履行受托人职责，防范操作风险。

（3）托管银行和经纪商因操作风险导致信托财产损失的，公司将根据与其签订的协议向其主张损害赔偿责任。

（4）公司加强人员培训，开展经常性的风险教育，不断强化员工的风险意识，将合规经营和风险管理理念贯穿到员工的日常行为中，深入到各个业务环节，把操作风险管理的各项措施细化落实到每个环节、每个岗位、每个节点。

4.5.2.4 其他风险管理

（1）公司密切关注监管政策变化，认真研究对策，以化解由此而来的政策风险。

（2）公司运作与既定战略方向一致，组织架构合理，管理职责分工明晰，人力资源培训能满足公司发展需要，能有效控制管理风险。

（3）公司聘请专业法律机构作为顾问，协助控制法律风险。

（4）合规与风险管理部对主要风险进行监控。

（5）稽核审计部对主要业务过程的各种风险进行监督。

5. 报告期末及上一年度末的比较式会计报表

5.1 自营资产

5.1.1 会计师事务所审计结论

立信会计师事务所（特殊普通合伙）审计结论：“贵公司财务报表在所有重大方面按照企业会计准则的规定编制，公允反映了贵公司 2013 年 12 月 31 日的财务状况以及 2013 年度的经营成果和现金流量。”

5.1.2 资产负债表（母公司）

2013 年 12 月 31 日

编制单位：国投信托有限公司　　单位：元

项　目	期末余额	年初余额
流动资产：		
货币资金	56 615 190.64	112 036 744.48
交易性金融资产	650 346 383.06	—
应收账款	—	3 215 732.97
应收利息	0.58	0.40
应收股利	—	—
其他应收款	5 668 185.43	1 482 810.70

续表

项　　目	期末余额	年初余额
存货	—	—
一年内到期的非流动资产	—	—
其他流动资产	—	—
流动资产合计	712 629 759. 71	116 735 288. 55
非流动资产:		
发放贷款及垫款	44 325 000. 00	221 625 000. 00
可供出售金融资产	1 229 698 423. 54	1 356 625 971. 90
持有至到期投资	—	—
长期应收款	—	40 000 000. 00
长期股权投资	808 600 895. 21	584 600 895. 21
投资性房地产	—	—
固定资产原价	8 947 240. 12	6 449 312. 12
减:累计折旧	5 055 094. 88	4 117 780. 00
固定资产净值	3 892 145. 24	2 331 532. 12
减:固定资产减值准备	—	—
固定资产净额	3 892 145. 24	2 331 532. 12
在建工程	1 520 720. 00	1 666 277. 00
工程物资	—	—
固定资产清理	—	—
无形资产	2 993 247. 28	2 462 470. 85
开发支出	—	—
商誉	—	—
长期待摊费用	—	—
递延所得税资产	25 523 009. 51	35 162 097. 58
其他非流动资产	—	—
其中:特准储备物资	—	—
非流动资产合计	2 116 553 440. 78	2 244 474 244. 66
资产合计	2 829 183 200. 49	2 361 209 533. 21
流动负债:		
短期借款	—	—
交易性金融负债	—	—
应付票据	—	—
应付账款	—	—
预收款项	—	—
应付职工薪酬	71 966 451. 81	36 777 725. 18
应交税费	34 660 768. 10	47 455 660. 50
应付利息	—	—
应付股利	—	—
其他应付款	1 163 091. 86	1 181 430. 30
一年内到期的非流动负债	—	—
其他流动负债	—	—
流动负债合计	107 790 311. 77	85 414 815. 98
非流动负债:		
长期借款	—	—
应付债券	—	—
长期应付款	—	—
专项应付款	—	—
预计负债	—	—
递延所得税负债	—	—
其他非流动负债	2 108 206. 68	2 108 206. 68
其中:特准储备基金	—	—
非流动负债合计	2 108 206. 68	2 108 206. 68
负债合计	109 898 518. 45	87 523 022. 66
所有者权益:		
实收资本	1 204 800 000. 00	1 204 800 000. 00
国有资本	1 204 800 000. 00	1 204 800 000. 00
其中:国有法人资本	1 204 800 000. 00	1 204 800 000. 00
减:已归还投资	—	—
实收资本(或股本)净额	1 204 800 000. 00	1 204 800 000. 00
资本公积	235 700 527. 62	182 624 798. 44
减:库存股	—	—

续表

项　　目	期末余额	年初余额
专项储备	—	—
盈余公积	186 572 870. 87	147 320 626. 64
一般风险准备	126 890 432. 43	107 170 117. 78
未分配利润	965 320 851. 12	631 770 967. 69
外币报表折算差额	—	—
归属于母公司所有者权益合计	2 719 284 682. 04	2 273 686 510. 55
少数股东权益	—	—
所有者权益合计	2 719 284 682. 04	2 273 686 510. 55
负债和所有者权益总计	2 829 183 200. 49	2 361 209 533. 21

5. 1. 3　资产负债表(母子公司合并)

2013 年 12 月 31 日

编制单位:国投信托有限公司　　　　单位:元

项　　目	期末余额	年初余额
流动资产:		
货币资金	466 311 729. 60	455 735 033. 67
交易性金融资产	650 346 383. 06	—
应收账款	30 273 214. 02	37 348 503. 77
预付款项	—	—
应收利息	3 858 811. 91	5 292 682. 86
应收股利	—	—
其他应收款	18 502 607. 42	9 544 041. 26
存货	—	—
一年内到期的非流动资产	—	—
其他流动资产	—	—
流动资产合计	1 169 292 746. 01	507 920 261. 56
非流动资产:		
发放贷款及垫款	44 325 000. 00	221 625 000. 00
可供出售金融资产	1 335 701 257. 77	1 486 436 289. 96
持有至到期投资	—	—
长期应收款	—	40 000 000. 00
长期股权投资	697 600 895. 21	473 600 895. 21
投资性房地产	—	—
固定资产原价	41 621 642. 96	39 094 672. 72
减:累计折旧	29 890 595. 40	27 119 644. 19
固定资产净值	11 731 047. 56	11 975 028. 53
减:固定资产减值准备	—	—
固定资产净额	11 731 047. 56	11 975 028. 53
在建工程	4 535 077. 76	4 800 634. 76
工程物资	—	—
固定资产清理	—	—
无形资产	8 551 352. 28	10 132 352. 20
开发支出	—	—
商誉	68 578 612. 63	68 578 612. 63
长期待摊费用	5 411 224. 88	6 677 971. 98
递延所得税资产	43 257 061. 83	52 052 341. 02
其他非流动资产	2 673 000. 26	3 103 800. 26
其中:特准储备物资	—	—
非流动资产合计	2 222 364 530. 18	2 378 982 926. 55
资产合计	3 391 657 276. 19	2 886 903 188. 11
流动负债:		
短期借款	—	—
交易性金融负债	—	—
应付票据	—	—
应付账款	861 612. 64	622 666. 09
预收款项	—	—
应付职工薪酬	105 393 130. 12	74 892 458. 81
应交税费	53 148 614. 19	65 827 229. 72
应付利息	—	—

续表

项　　目	期末余额	年初余额
应付股利	—	—
其他应付款	2 430 268. 83	2 626 193. 13
一年内到期的非流动负债	—	—
其他流动负债	26 046 054. 34	25 775 211. 84
流动负债合计	187 879 680. 12	169 743 759. 59
非流动负债:		
长期借款	—	—
应付债券	—	—
长期应付款	—	—
专项应付款	—	—
预计负债	—	—
递延所得税负债	—	—
其他非流动负债	2 108 206. 68	2 108 206. 68
其中:特准储备基金	—	—
非流动负债合计	2 108 206. 68	2 108 206. 68
负债合计	189 987 886. 80	171 851 966. 27
所有者权益:		
实收资本	1 204 800 000. 00	1 204 800 000. 00
国有资本	1 204 800 000. 00	1 204 800 000. 00
其中:国有法人资本	1 204 800 000. 00	1 204 800 000. 00
减:已归还投资	—	—
实收资本(或股本)净额	1 204 800 000. 00	1 204 800 000. 00
资本公积	233 346 511. 04	182 883 710. 78
减:库存股	—	—
专项储备	—	—
盈余公积	186 572 870. 87	147 320 626. 64
一般风险准备	277 393 102. 91	235 530 061. 19
未分配利润	1 042 515 260. 18	707 507 343. 86
外币报表折算差额	−113 342. 02	−45 708. 97
归属于母公司所有者权益合计	2 944 514 402. 98	2 477 996 033. 50
少数股东权益	257 154 986. 41	237 055 188. 34
所有者权益合计	3 201 669 389. 39	2 715 051 221. 84
负债和所有者权益总计	3 391 657 276. 19	2 886 903 188. 11

5. 1. 4　利润表(母公司)

2013 年度

编制单位:国投信托有限公司　　　　单位:元

项　　目	本期金额	上期金额
一、营业收入	621 690 549. 48	409 678 684. 84
利息净收入	26 753 100. 48	186 090. 64
利息收入	26 813 035. 67	656 219. 59
利息支出	59 935. 19	470 128. 95
手续费及佣金净收入	436 666 812. 63	240 538 375. 87
手续费及佣金收入	436 666 812. 63	240 538 375. 87
手续费及佣金支出	—	—
投资收益(损失以"－"号填列)	154 750 816. 55	166 906 816. 82
其中:对联营企业和合营企业的投资收益	—	—
公允价值变动收益(损失以"－"号填列)	—	—
汇兑收益(损失以"—"号填列)	—	—
其他业务收入	3 519 819. 82	2 047 401. 51
二、营业支出	137 161 925. 05	95 460 268. 12
营业税金及附加	34 094 852. 38	18 988 231. 68
业务及管理费	105 767 072. 67	73 097 036. 44
资产减值损失	−2 700 000. 00	3 375 000. 00
其他业务成本	—	—

续表

项　　目	本期金额	上期金额
三、营业利润(亏损以"－"号填列)	484 528 624. 43	314 218 416. 72
加:营业外收入	1 919 300. 00	2 998 800. 00
减:营业外支出	302 255. 43	4 198. 50
四、利润总额(亏损总额以"－"号填列)	486 145 669. 00	317 213 018. 22
减:所得税费用	93 623 226. 69	61 610 426. 56
五、净利润(净亏损以"－"号填列)	392 522 442. 31	255 602 591. 66
六、每股收益		
(一)基本每股收益	—	—
(二)稀释每股收益	—	—
七、其他综合收益	53 075 729. 18	9 232 711. 18
八、综合收益总额	445 598 171. 49	264 835 302. 84

5. 1. 5　利润表(母子公司合并)

2013 年度

编制单位:国投信托有限公司　　　　单位:元

项　　目	本年金额	上年金额
一、营业收入	1 000 799 367. 25	791 739 219. 06
利息净收入	44 292 732. 22	16 902 795. 68
利息收入	44 352 667. 41	17 372 924. 63
利息支出	59 935. 19	470 128. 95
手续费及佣金净收入	819 090 472. 21	637 001 945. 47
手续费及佣金收入	819 090 472. 21	637 001 945. 47
手续费及佣金支出	—	—
投资收益(损失以"－"号填列)	121 099 720. 21	115 840 251. 98
其中:对联营企业和合营企业的投资收益	—	—
公允价值变动收益(损失以"－"号填列)	—	—
汇兑收益(损失以"—"号填列)	−1 026. 87	−29 091. 77
其他业务收入	16 317 469. 48	22 023 317. 70
二、营业支出	431 351 123. 46	401 873 816. 55
营业税金及附加	56 219 231. 03	42 204 563. 54
业务及管理费	377 831 892. 43	356 294 253. 01
资产减值损失	−2 700 000. 00	3 375 000. 00
其他业务成本	—	—
三、营业利润(亏损以"－"号填列)	569 448 243. 79	389 865 402. 51
加:营业外收入	38 627 211. 79	26 882 411. 17
减:营业外支出	412 273. 22	114 660. 03
四、利润总额(亏损总额以"－"号填列)	607 663 182. 36	416 633 153. 65
减:所得税费用	135 314 478. 60	101 104 768. 20
五、净利润(净亏损以"－"号填列)	472 348 703. 76	315 528 385. 45
归属于母公司所有者的净利润	416 123 202. 27	261 087 546. 55
※少数股东损益	56 225 501. 49	54 440 838. 90
六、每股收益		
(一)基本每股收益	—	—
(二)稀释每股收益	—	—
七、其他综合收益	47 819 725. 33	17 478 740. 80
八、综合收益总额	520 168 429. 09	333 007 126. 25
其中:归属于母公司所有者的综合收益总额	466 518 369. 48	274 525 732. 83
※归属于少数股东的综合收益总额	53 650 059. 61	58 481 393. 42

5.1.6 所有者权益变动表(母公司)

编制单位:国投信托有限公司　　2013 年度　　单位:元

项　目	2013 年度					
	归属于母公司所有者权益					所有者权益合计
	实收资本	资本公积	盈余公积	一般风险准备	未分配利润	
一、上年年末余额	1 204 800 000. 00	182 624 798. 44	147 320 626. 64	107 170 117. 78	631 770 967. 69	2 273 686 510. 55
加:会计政策变更						
前期差错更正						
二、本年年初余额	1 204 800 000. 00	182 624 798. 44	147 320 626. 64	107 170 117. 78	631 770 967. 69	2 273 686 510. 55
三、本期增减变动金额(减少以“ - ”号填列)		53 075 729. 18	39 252 244. 23	19 720 314. 65	333 549 883. 43	445 598 171. 49
(一)净利润					392 522 442. 31	392 522 442. 31
(二)直接计入所有者权益的利得和损失		53 075 729. 18				53 075 729. 18
综合收益小计		53 075 729. 18			392 522 442. 31	445 598 171. 49
(三)所有者投入和减少资本						
1. 所有者投入资本						
2. 股份支付计入所有者权益的金额						
3. 其他						
(四)专项储备提取和使用						
1. 提取专项储备						
2. 使用专项储备						
(五)利润分配			39 252 244. 23	19 720 314. 65	-58 972 558. 88	—
1. 提取盈余公积			39 252 244. 23		-39 252 244. 23	—
其中:法定公积金			39 252 244. 23		-39 252 244. 23	—
任意公积金						
#储备基金						
#企业发展基金						
#利润归还投资						
2. 提取一般风险准备				19 720 314. 65	-19 720 314. 65	—
3. 对所有者的分配						
4. 其他						
(六)所有者权益内部结转						
1. 资本公积转增资本						
2. 盈余公积转增资本						
3. 盈余公积弥补亏损						
4. 其他						
四、本年年末余额	1 204 800 000. 00	235 700 527. 62	186 572 870. 87	126 890 432. 43	965 320 851. 12	2 719 284 682. 04

所有者权益变动表(母公司)(续)

编制单位:国投信托有限公司　　2012 年度　　单位:元

项　目	2012 年度					
	归属于母公司所有者权益					所有者权益合计
	实收资本	资本公积	盈余公积	一般风险准备	未分配利润	
一、上年年末余额	1 204 800 000. 00	173 392 087. 26	121 760 367. 47	80 676 674. 41	428 222 078. 57	2 008 851 207. 71
加:会计政策变更						—
前期差错更正						—
二、本年年初余额	1 204 800 000. 00	173 392 087. 26	121 760 367. 47	80 676 674. 41	428 222 078. 57	2 008 851 207. 71
三、本期增减变动金额(减少以“ - ”号填列)	—	9 232 711. 18	25 560 259. 17	26 493 443. 37	203 548 889. 12	264 835 302. 84
(一)净利润					255 602 591. 66	255 602 591. 66
(二)直接计入所有者权益的利得和损失		9 232 711. 18				9 232 711. 18
综合收益小计	-	9 232 711. 18	—	—	255 602 591. 66	264 835 302. 84
(三)所有者投入和减少资本	—	—	—	—	—	—
1. 所有者投入资本						—
2. 股份支付计入所有者权益的金额						—
3. 其他						—
(四)专项储备提取和使用	—	—	—	—	—	
1. 提取专项储备						
2. 使用专项储备						
(五)利润分配	—	—	25 560 259. 17	26 493 443. 37	-52 053 702. 54	—
1. 提取盈余公积	—	—	25 560 259. 17	—	-25 560 259. 17	—
其中:法定公积金			25 560 259. 17		-25 560 259. 17	
任意公积金			—		—	
#储备基金						
#企业发展基金						
#利润归还投资						
2. 提取一般风险准备				26 493 443. 37	-26 493 443. 37	—
3. 对所有者的分配					—	—
4. 其他						—
(六)所有者权益内部结转	—	—	—	—	—	—
1. 资本公积转增资本						—
2. 盈余公积转增资本						—
3. 盈余公积弥补亏损						—
4. 其他						—
四、本年年末余额	1 204 800 000. 00	182 624 798. 44	147 320 626. 64	107 170 117. 78	631 770 967. 69	2 273 686 510. 55

5.1.7 所有者权益变动表（母子公司合并）

编制单位：国投信托有限公司　　2013 年度　　单位：元

项目	归属于母公司所有者权益							少数股东权益	所有者权益合计
	实收资本	资本公积	盈余公积	一般风险准备	未分配利润	其他	小计		
一、上年年末余额	1 204 800 000. 00	182 883 710. 78	147 320 626. 64	235 530 061. 19	707 507 343. 86	-45 708. 97	2 477 996 033. 50	237 055 188. 34	2 715 051 221. 84
加：会计政策变更									
前期差错更正									
二、本年年初余额	1 204 800 000. 00	182 883 710. 78	147 320 626. 64	235 530 061. 19	707 507 343. 86	-45 708. 97	2 477 996 033. 50	237 055 188. 34	2 715 051 221. 84
三、本期增减变动金额（减少以"－"号填列）		50 462 800. 26	39 252 244. 23	41 863 041. 72	335 007 916. 32	-67 633. 05	466 518 369. 48	20 099 798. 07	486 618 167. 55
（一）净利润					416 123 202. 27		416 123 202. 27	56 225 501. 49	472 348 703. 76
（二）其他综合收益		50 462 800. 26				-67 633. 05	50 395 167. 21	-2 575 441. 88	47 819 725. 33
综合收益小计		50 462 800. 26			416 123 202. 27	-67 633. 05	466 518 369. 48	53 650 059. 61	520 168 429. 09
（三）所有者投入和减少资本									
1. 所有者投入资本									
2. 股份支付计入所有者权益的金额									
3. 其他									
（四）专项储备提取和使用									
1. 提取专项储备									
2. 使用专项储备									
（五）利润分配			39 252 244. 23	41 863 041. 72	-81 115 285. 95		—	-33 550 261. 54	-33 550 261. 54
1. 提取盈余公积			39 252 244. 23		-39 252 244. 23		—	—	—
其中：法定公积金			39 252 244. 23		-39 252 244. 23		—	—	—
任意公积金									
#储备基金									
#企业发展基金									
#利润归还投资									
2. 提取一般风险准备				41 863 041. 72	-41 863 041. 72		—	—	—
3. 对所有者的分配								-33 550 261. 54	-33 550 261. 54
4. 其他									
（六）所有者权益内部结转									
1. 资本公积转增资本									
2. 盈余公积转增资本									
3. 盈余公积弥补亏损									
4. 其他									
四、本年年末余额	1 204 800 000. 00	233 346 511. 04	186 572 870. 87	277 393 102. 91	1 042 515 260. 18	-113 342. 02	2 944 514 402. 98	257 154 986. 41	3 201 669 389. 39

所有者权益变动表(母子公司合并)(续)

编制单位:国投信托有限公司　　2012 年度　　单位:元

项　目	归属于母公司所有者权益							少数股东权益	所有者权益合计
	实收资本	资本公积	盈余公积	一般风险准备	未分配利润	其他	小计		
一、上年年末余额	1 204 800 000. 00	169 439 486. 85	121 760 367. 47	186 454 257. 17	521 055 860. 50	-39 671. 32	2 203 470 300. 67	227 744 775. 21	2 431 215 075. 88
加:会计政策变更							—		—
前期差错更正							—		—
二、本年年初余额	1 204 800 000. 00	169 439 486. 85	121 760 367. 47	186 454 257. 17	521 055 860. 50	-39 671. 32	2 203 470 300. 67	227 744 775. 21	2 431 215 075. 88
三、本期增减变动金额(减少以"-"号填列)	—	13 444 223. 93	25 560 259. 17	49 075 804. 02	186 451 483. 36	-6 037. 65	274 525 732. 83	9 310 413. 13	283 836 145. 96
(一)净利润					261 087 546. 55		261 087 546. 55	54 440 838. 90	315 528 385. 45
(二)直接计入所有者权益的利得和损失		13 444 223. 93				-6 037. 65	13 438 186. 28	4 040 554. 52	17 478 740. 80
综合收益小计	—	13 444 223. 93	—	—	261 087 546. 55	-6 037. 65	274 525 732. 83	58 481 393. 42	333 007 126. 25
(三)所有者投入和减少资本	—	—	—	—	—	—	—	—	—
1. 所有者投入资本							—		—
2. 股份支付计入所有者权益的金额							—		—
3. 其他							—		—
(四)专项储备提取和使用	—	—	—	—	—	—	—	—	
1. 提取专项储备							—		
2. 使用专项储备							—		
(五)利润分配	—	—	25 560 259. 17	49 075 804. 02	-74 636 063. 19	—	—	-49 170 980. 29	-49 170 980. 29
1. 提取盈余公积	—	—	25 560 259. 17	—	-25 560 259. 17	—	—		—
其中:法定公积金			25 560 259. 17		-25 560 259. 17		—		
任意公积金			—		—		—		
#储备基金							—		
#企业发展基金							—		
#利润归还投资							—		
2. 提取一般风险准备				49 075 804. 02	-49 075 804. 02		—		—
3. 对所有者的分配							—	-49 170 980. 29	-49 170 980. 29
4. 其他					—		—		—
(六)所有者权益内部结转	—	—	—	—	—	—	—	—	—
1. 资本公积转增资本							—		—
2. 盈余公积转增资本							—		—
3. 盈余公积弥补亏损							—		—
4. 其他							—		—
四、本年年末余额	1 204 800 000. 00	182 883 710. 78	147 320 626. 64	235 530 061. 19	707 507 343. 86	-45 708. 97	2 477 996 033. 50	237 055 188. 34	2 715 051 221. 84

5.2 信托资产

5.2.1 信托项目资产负债汇总表

2013 年 12 月 31 日

编制单位:国投信托有限公司　　单位:万元

信托资产	期末数	期初数	信托负债和信托权益	期末数	期初数
信托资产:			信托负债:		
货币资金	28 889.23	41 585.00	交易性金融负债	0.00	
拆出资金	0.00		衍生金融负债	0.00	
存出保证金	1.03	1.02	应付受托人报酬	953.75	340.63
交易性金融资产	375 034.99	152 497.21	应付托管费	327.05	410.11
衍生金融资产	0.00		应付受益人收益	55.89	1 715.73
买入返售金融资产	56 670.19	62 230.05	应交税费	0.00	
应收款项	3 399 578.02	1 432 903.51	应付销售服务费	145.31	
发放贷款	10 366 688.88	7 808 844.22	其他应付款项	2 510.27	996.48
可供出售金融资产	1 336 078.16	1 245 973.77	预计负债	0.00	
持有至到期投资	325 000.00	955 00.00	其他负债	0.00	
长期应收款	0.00		信托负债合计	3 992.27	3 462.95
长期股权投资	1 165 020.00	785 087.39		0.00	
投资性房地产	0.00		信托权益:	0.00	
固定资产	0.00		实收信托	18 378 810.27	11 814 890.55
无形资产	0.00		资本公积	0.00	333.77
长期待摊费用	0.00		损益平准金	0.00	
其他资产	1 409 329.62	205 324.84	未分配利润	79 487.58	11 259.74
减:各项资产减值准备	0.00		信托权益合计	18 458 297.85	11 826 484.06
信托资产总计	18 462 290.12	11 829 947.01	信托负债及信托权益总计	18 462 290.12	11 829 947.01

5.2.2 信托项目利润及利润分配汇总表

编制单位:国投信托有限公司　2013 年度　　单位:万元

项　目	本年累计数	上年累计数
1. 营业收入	1 237 678.24	392 220.55
1.1 利息收入	980 996.21	257 316.77
1.2 投资收益(损失以"-"号填列)	181 793.58	112 681.70
1.2.1 其中:对联营企业和合营企业的投资收益	0.00	
1.3 公允价值变动收益(损失以"-"号填列)	57 471.03	18 913.98
1.4 租赁收入	0.00	
1.5 汇兑损益(损失以"-"号填列)	0.00	
1.6 其他收入	17 417.42	3 308.10
2. 支出	151 433.75	57 445.36
2.1 营业税金及附加	0.00	
2.2 受托人报酬	43 110.15	22 577.26
2.3 托管费	25 391.76	12 526.94
2.4 投资管理费	126.78	632.91
2.5 销售服务费	2 117.30	827.06
2.6 交易费用	420.01	1 204.64
2.7 资产减值损失	0.00	
2.8 其他费用	80 267.75	19 676.55
3. 信托净利润(净亏损以"-"号填列)	1 086 244.49	334 775.19

续表

项　目	本年累计数	上年累计数
4. 其他综合收益	0.00	
5. 综合收益	1 086 244.49	334 775.19
6. 加:期初未分配信托利润	11 259.74	-9 812.68
7. 可供分配的信托利润	1 097 504.23	324 962.50
8. 减:本期已分配信托利润	1 018 016.65	313 702.76
9. 期末未分配信托利润	79 487.58	11 259.74

6. 会计报表附注

6.1 简要说明报告年度会计报表编制基准、会计政策、会计估计和核算方法发生的变化

本公司 2013 年度较之 2012 年度,会计报表编制基准、会计政策、会计估计和核算方法未发生变化。

6.2 或有事项说明

截至报告日,公司无对外担保,无重大或有事项。

6.3 重要资产转让及其出售的说明

截至报告日,公司无需披露的重要资产转让及其出售事项。

6.4 会计报表中重要项目的明细资料

6.4.1 自营资产经营情况

6.4.1.1 信用风险资产分类

信用风险资产五级分类	正常类（万元）	关注类（万元）	次级类（万元）	可疑类（万元）	损失类（万元）	信用风险资产合计（万元）	不良资产合计（万元）	不良资产率（%）
期初数	37 836.03	—	—	—	—	37 836.03	—	—
期末数	10 660.84	—	—	—	—	10 660.84	—	—

注：不良资产合计＝次级类＋可疑类＋损失类。

6.4.1.2 各项资产减值损失准备

单位：万元

	期初数	本期计提	本期转回	本期核销	期末数
贷款损失准备	337.50	-270.00	—	67.50	
一般准备	337.50	-270.00	—	67.50	
专项准备	—	—	—	—	
其他资产减值准备	—	—	—	—	
可供出售金融资产减值准备	—	—	—	—	
持有至到期投资减值准备	—	—	—	—	
长期股权投资减值准备	—	—	—	—	
坏账准备	—	—	—	—	
投资性房地产减值准备	—	—	—	—	

6.4.1.3 固有业务投资品种明细

单位：万元

	自营股票	基金	债券	长期股权投资	其他投资	合计
期初数	—	3 000.00	—	58 460.09	132 662.60	194 122.69
期末数	—	25 034.64	—	80 860.09	162 969.84	268 864.57

6.4.1.4 前三名的自营长期股权投资情况

企业名称	占被投资企业权益的比例（%）	主要经营活动	投资损益（万元）
1. 国投瑞银基金管理有限公司	51.00	基金管理	3 491.97
2. 国投财务有限公司	20.00	结算贷款	6 234.59
3. 红塔证券股份有限公司	12.63	证券经纪	1 560.00

6.4.1.5 前三名的自营贷款的企业情况

企业名称	占贷款总额的比例	还款情况
1. 霸州市滨海东方科技有限公司	80	已于2013年12月到期归还
2. 北京唯度恒易科技发展有限公司	20	正常

注：1. 发放给霸州市滨海东方科技有限公司180 000 000.00元，贷款期限为2012年12月26至2013年12月26日，固定年利率11%，取得股权质押权作为霸州市滨海东方科技有限公司履行偿还贷款本息义务的担保。本贷款增信方中国高新为国家开发投资公司全资控股企业，与公司为同一控制人。

2. 发放给北京唯度恒易科技发展有限公司45 000 000.00元 贷款期限为2012年12月31日至2014年6月30日固定年利率12%，该债务取得连带责任保证和补充连带责任保证。

6.4.1.6 表外业务情况

单位：万元

表外业务	期初数	期末数
担保业务	0	0
代理业务（委托业务）	0	0
其他	0	0
合计	0	0

6.4.1.7 公司当年的收入结构

收入结构	母公司		母子合并	
	金额（万元）	占比（%）	金额（万元）	占比（%）
手续费及佣金收入	43 666.68	70.02	81 909.05	78.80
其中：信托手续费收入	43 666.68	70.02	43 666.68	42.01
投资银行业务收入	—	—	—	—
利息收入	2 681.30	4.30	4 435.27	4.27
其他业务收入	351.98	0.56	1 631.75	1.57
其中：计入信托业务收入部分	—	—	—	—
投资收益	15 475.08	24.81	12 109.97	11.65
其中：股权投资收益	11 286.55	18.10	7 794.59	7.50
证券投资收益	—	—	—	—
其他投资收益	4 188.53	6.72	4 315.38	4.15
公允价值变动收益	—	—	—	—
营业外收入	191.93	0.31	3 862.72	3.72
收入合计	62 366.97	100	103 948.76	100

6.4.2 信托财产管理情况

6.4.2.1 信托资产的期初数、期末数

单位：万元

信托资产	期初数	期末数
集合	990 102.97	1 264 413.97
单一	10 656 908.00	15 787 250.71
财产权	182 936.04	1 410 625.44
合计	11 829 947.01	18 462 290.12

6.4.2.1.1 主动管理型信托业务的信托资产

单位：万元

主动管理型信托资产	期初数	期末数
证券投资类	116 856.57	68 159.49
股权投资类	159 515.75	634 665.29
融资类	9 939 581.10	14 687 391.61
事务管理类	182 936.05	1 410 625.42
其他	244 207.98	127 655.33
合计	10 643 097.45	16 928 497.14

6.4.2.1.2 被动管理型信托业务的信托资产

单位：万元

被动管理型信托资产	期初数	期末数
证券投资类	165 770.97	855 597.54
股权投资类	600 001.75	600 001.74
融资类	386 859.59	44 381.15
事务管理类	0	0
其他	34 217.25	33 812.55
合计	1 186 849.56	1 533 792.98

6.4.2.2 本年度已清算结束的信托项目

6.4.2.2.1 本年度已清算结束的集合类、单一类资金信托项目和财产管理类信托项目

已清算结束信托项目	项目个数	实收信托合计金额(万元)	加权平均实际年化收益率(%)
集合类	45	598 405.46	8.39
单一类	187	5 308 093.34	6.37
财产管理类	1	25 466.40	0

6.4.2.2.2 本年度已清算结束的主动管理型信托项目

已清算结束信托项目	项目个数	实收信托合计金额(万元)	加权平均实际年化信托报酬率(%)	加权平均实际年化收益率(%)
证券投资类	1	7 088.94	0.78	1.35
股权投资类	1	139 198.39	0.20	7.41
融资类	191	5 162 633.00	0.30	6.45
事务管理类	1	25 466.40	0.28	0
其他	7	128 566.95	0.29	6.71

6.4.2.2.3 本年度已清算结束的被动管理型信托项目

已清算结束信托项目	项目个数	实收信托合计金额(万元)	加权平均实际年化信托报酬率(%)	加权平均实际年化收益率(%)
证券投资类	19	159 146.52	0.20	6.57
股权投资类	0	0	0	0
融资类	13	309 865.00	0.60	8.36
事务管理类	0	0	0	0
其他	0	0	0	0

6.4.2.3 本年度新增集合类、单一类和财产管理类信托项目

新增信托项目	项目个数	实收信托合计金额(万元)
集合类	17	807 900.00
单一类	371	12 093 055.40
财产管理类	19	1 253 341.00
新增合计	407	14 154 296.40
其中：主动管理型	396	13 321 574.00
被动管理型	11	832 722.40

6.4.2.4 信托业务创新成果和特色业务有关情况

2013年，公司继续保持在艺术品信托方面的创新力度，持续探索此类业务，相继成立了“国投飞龙艺术品基金23号集合资金信托计划”、“国投飞龙艺术品基金24号集合资金信托计划”，合计实收信托金额1.6亿元。积极开拓业务领域，涉足影视文化产业，成立“国投信托影视文化产业基金（一期）集合资金信托计划”，目前实收信托金额5亿元。

6.4.2.5 本公司履行受托人义务情况及因本公司自身责任而导致的信托资产损失情况（合计金额、原因等）

公司严格按照《中华人民共和国信托法》、《信托公司管理办法》、《信托公司集合资金信托计划管理办法》等法律法规的规定及信托合同等文件的约定，诚实、信用、谨慎、有效地管理信托财产，严格履行受托人的义务。报告期内公司没有发生因自身责任而导致的信托资产损失情况。

6.4.3 公司净资本及风险资本情况

截至2013年末，公司净资本为233 238.45万元 公司开展固有业务、信托业务等占用的风险资本为197 424.52万元，公司净资本高于各项风险资本之和，高于公司净资产的40%，符合《信托公司净资本管理办法》规定的风险控制指标。

6.5 关联方关系及其交易的披露

6.5.1 关联交易概况

	关联交易方数量	关联交易金额(万元)	定价政策
合计	16	569 901.73	本公司向关联方提供贷款、管理咨询服务等的交易价格由双方协商确定，与非关联方的交易价格并无重大差异；收取的信托项目手续费按照信托合同的约定确定。

6.5.2 关联交易方情况

关系性质	关联方名称	法定代表人	注册地址	注册资本(亿元)	主营业务
最终控制方	国家开发投资公司	王会生	北京市西城区阜成门北大街6号-6国际投资大厦A座	194.7	能源、交通、农业、科技、金融服务等行业投资及管理。
母公司	国投资本控股有限公司	钱蒙	北京市西城区阜成门北大街6号-6国际投资大厦A座	25	对外投资、资产管理。
受同一最终控制方控制的其他企业	国投高科技投资有限公司	郝建	北京市西城区阜成门北大街6号-6国际投资大厦	6.4	高新技术创业投资及咨询
受同一最终控制方控制的其他企业	国投财务有限公司。	张华	北京市西城区西直门南小街147号9层	20	集团资金管理。
子公司	国投瑞银基金管理有限公司	钱蒙	深圳市福田区金田路4028号荣超经贸中心46层	1	发起设立基金、基金管理业务。
受同一最终控制方控制的其他企业	国投物业有限责任公司	马居利	北京市西城区阜成门北大街6号-6国际投资大厦A栋315室	1	物业管理、房屋租赁、餐饮服务。

续表

关系性质	关联方名称	法定代表人	注册地址	注册资本（亿元）	主营业务
受同一最终控制方控制的其他企业	北京亚华房地产开发有限责任公司	余建平	北京市西城区阜成门北大街6号-6国际投资大厦A栋309室	14	房地产开发、销售。
受同一最终控制方控制的其他企业	国投亚华（上海）有限公司	韩松	上海市虹口区飞虹路360弄9号3630室	6	投资管理、房地产开发、物业管理、会展服务。
受同一最终控制方控制的其他企业	国投电力有限公司	黄昭沪	北京市西城区西直门南小街147号11层	40	电力生产投资、建设、经营管理。
受同一最终控制方控制的其他企业	国投电力控股股份有限公司	胡刚	甘肃省兰州市城关区张苏滩575号	67.86	投资建设、经营管理以电力生产为主的能源项目。
受同一最终控制方控制的其他企业	国投资产管理公司	刘良	北京市西城区西直门南小街147号16层	6.5	资产管理。
受同一最终控制方控制的其他企业	天津国投津能发电有限公司	胡刚	天津市滨海新区汉沽汉南路266号	22	火电开发和经营管理。
受同一最终控制方控制的其他企业	国投昔阳能源有限责任公司	张斗群	山西省昔阳县乐平镇安坪村	10.06	煤炭投资、煤炭开采，能源、电力生产、加工、销售
受同一最终控制方控制的其他企业	国投中谷期货有限公司	祝要斌	上海市东大名路638号五层	3	商品期货经纪、金融期货经纪、期货投资咨询
受同一最终控制方控制的其他企业	国投创新投资管理（北京）有限公司	黄炎勋	北京市西城区广安门外南滨河路1号7层	0.56	投资管理、投资咨询
受同一最终控制方控制的其他企业	雅砻江流域水电开发有限公司	王会生	四川省成都市成华区双林路288号	161	雅砻江流域水电站开发、建设、经营管理和电力销售，从事为水电行业服务的咨询、物业等相关业务

6.5.3 本公司与关联方的重大交易事项

6.5.3.1 固有与关联方交易情况

单位：万元

固有与关联方关联交易				
	期初数	借方发生额	贷方发生额	期末数
贷款	0	0	0	0
投资	0	0	0	0
租赁	0	0	0	0
担保	0	0	0	0
应收账款	0	0	0	0
其他	0.13	6 234.59	6 234.59	0.13
合计	0.13	6 234.59	6 234.59	0.13

6.5.3.2 信托与关联方交易情况

单位：万元

信托与关联方关联交易				
	期初数	借方发生额	贷方发生额	期末数
贷款	472 812.50	129 400.00	117 050.00	485 162.50
投资	0	0	0	0
租赁	0	0	0	0
担保	0	0	0	0
应收账款	0	0	0	0
其他	0	0	0	0
合计	472 812.50	129 400.00	117 050.00	485 162.50

6.5.3.3 信托公司自有资金运用于自己管理的信托项目（固信交易）、信托公司管理的信托项目之间的相互（信信交易）交易金额

6.5.3.3.1 固有与信托财产之间的交易

单位：万元

固有财产与信托财产相互交易			
	期初数	本期发生额	期末数
合计	143 252.61	-58 513.51	84 739.10

6.5.3.3.2 信托项目之间的交易

单位：万元

信托资产与信托财产相互交易			
	期初数	本期发生额	期末数
合计	0	0	0

6.5.4 报告期内关联方逾期未偿还本公司资金 为关联方担保发生或即将发生垫款的情况

无。

6.6 会计制度的披露

报告期内，公司固有及信托业务均执行财政部颁布的《企业会计准则——基本准则》和38项具体会计准则，及其后颁布的企业会计准则应用指南、企业会计准则解释等规定。

7. 财务情况说明书

7.1 利润实现和分配情况

母公司口径：公司累计实现利润总额48 614.57万元，较上年同期增加16 893.27万元，增幅为53.26%。实现净利润39 252.24万元，较上年同期增加13 691.99万元，增幅为53.57%。按相关法规及公司章程提取盈余公积3 925.22万元，提取一般准备金1 972.03万元。

合并口径：公司累计实现利润总额60 766.32万元，较上年同期增加19 103.00万元，增幅为45.85%。实现净利润47 234.87万元，较上年同期增加15 682.03万元，增幅为49.70%。按相关法规及公司章程提取盈余公积3 925.22万元，提取一般准备金4 186.30万元。

7.2 主要财务指标

指标名称	指标值（母公司）	指标值（母子公司合并）
资本利润率（%）	15.72	15.97
加权年化信托报酬率（%）	0.25	0.25
人均净利润（万元）	400.53	198.47

7.3 对本公司财务状况、经营成果有重大影响的其他事项

报告期内无对本公司财务状况、经营成果有重大影响的其他事项。

8. 特别事项揭示

8.1 前五名股东报告期内变动情况及原因

报告期内，公司股东未发生变动。

8.2 董事、监事及高级管理人员变动情况及原因

2013年4月3日，吕益民因工作变动申请辞去公司职工董事职务。公司对吕益民进行了离任审计，并于2013年4月28日向中国银监会北京监管局递交了离任报告。

2013年4月7日，公司职工大会选举傅强为公司董事会职工董事。2013年4月19日，公司第四届董事会第十五次会议同意聘任傅强为公司总经理。经中国银监会核准任职资格，傅强自2013年8月2日起正式履行董事、总经理职责。

2013年9月23日，公司第四届董事会第十八次会议同意聘任李涛为公司财务总监（副总经理级）。经北京银监局核准任职资格，李涛自2013年11月14日起正式履行财务总监（副总经理级）职责。

8.3 公司的重大未决诉讼事项

截至2013年末，公司未决诉讼案件1件，涉案时间为2012年8月，涉案金额700万元，起诉人为沈阳万鹏投资有限责任公司（以下简称万鹏公司）。

万鹏公司收购了对沈阳市经济技术协作开发总公司（以下简称经济总公司）本金为700万元的债权后，以经济总公司“未清算被吊销营业执照”为由，在沈阳市沈河区法院起诉了经济总公司7家股东中的6家，要求这6家股东承担赔偿责任。被诉的6家股东以我公司为经济总公司股东之一为由，向法院申请追加我公司为第三人。法院已同意追加，并通知我公司出庭应诉。我公司已提出管辖权异议和退出申请。现该案已移交沈阳市中级人民法院审理，我公司被确定追加为被告之一。由于我公司于2005年已将持有的经济总公司股权转让给沈阳弘泰，且该股权占经济总公司全部股权的比例不足5%，所以我公司实际承担赔偿责任的可能性较小。

8.4 对会计师事务所出具的有保留意见、否定意见或无法表示意见的审计报告，公司董事会应就所涉及事项作出说明

会计师事务所出具了无保留意见的审计报告。

8.5 公司及其董事、监事和高级管理人员受到处罚的情况

报告期内，公司未发现公司及其董事、监事和高级管理人员受到处罚的信息。

8.6 银监会及其派出机构对公司检查后提出整改意见的，应简单说明整改情况

2013年9月10日至29日，中国银监会北京监管局对公司截至2013年8月末的房地产信托业务进行了现场检查，对业务制度建立、项目前期尽调、后期管理、信托财务管理等方面提出整改建议。公司高度重视整改工作，制订了整改计划，逐一落实，并及时向监管机构汇报整改结果。

8.7 本年度重大事项临时报告的简要内容、披露时间、所披露的媒体及其版面

《国投信托有限公司关于聘任公司总经理的公告》于2013年8月14日在《上海证券报》A56版披露，主要内容为：公司第四届董事会第十五次会议同意聘任傅强先生为公司总经理，傅强先生的总经理任职资格已经中国银监会银监复［2013］390号文核准。

8.8 银监会及其省级派出机构认定的其他有必要让客户及相关利益人了解的重要信息

无。

9. 公司监事会意见

监事会认为，公司2013年度的经营和运作符合法律规范和监管部门的要求；公司各位董事、高级管理人员在执行公司职务时能够恪尽职守，围绕股东会确定的年度目标审慎经营、规范运作，各项决策程序合法有效；公司圆满完成各项年度经营指标和重点工作；公司财务报告客观、真实地反映了公司财务状况及经营成果；未发现公司存在违法违规和损害股东、投资者利益的行为，也未发现公司因违法违规给公司和客户财产造成损失的问题。

杭州工商信托股份有限公司

1. 重要提示

1.1 本报告根据中国银行业监督管理委员会的有关规定编制。本公司董事会及董事保证本报告所载资料不存在任何虚假记载、误导性陈述或者重大遗漏,并对其内容的真实性、准确性和完整性承担个别及连带责任。本年度报告摘要摘自年度报告全文,客户及相关利益人欲了解详细内容,应阅读年度报告全文。

1.2 独立董事 Andrew Gordon Williamson 先生、秦永忠先生、张家仁先生认为本年度报告内容是真实、准确、完整的。

1.3 公司总裁丁建萍先生、主管会计工作负责人康波女士及会计主管人员吴庆元先生声明:保证年度报告中财务报告的真实、完整。

2. 公司概况

2.1 公司简介

2.1.1 公司法定中文名称:杭州工商信托股份有限公司
公司法定英文名称:Hangzhou Industrial & Commercial Trust Co. Ltd.

2.1.2 法定代表人:虞利明

2.1.3 注册地址:浙江省杭州市江干区迪凯国际中心41层

2.1.4 邮政编码:310016

2.1.5 公司国际互联网网址:www. hztrust. com

2.1.6 电子信箱:hztrust@ hztrust. com

2.1.7 信息披露事务负责人:张锐
联系电话/传真:0571 -87213936
电子信箱:zhangrui@ hztrust. com

2.1.8 公司选定的信息披露报纸名称:《金融时报》、《证券时报》

2.1.9 公司年度报告备置地点:浙江省杭州市江干区迪凯国际中心41层

2.1.10 公司聘请的会计师事务所名称:德勤华永会计师事务所(特殊普通合伙)
住所:上海市延安东路222号外滩中心30楼

2.1.11 公司聘请的律师事务所名称:浙江天册律师事务所
住所:浙江省杭州市杭大路1号黄龙世纪广场A座11楼

2.2 组织结构

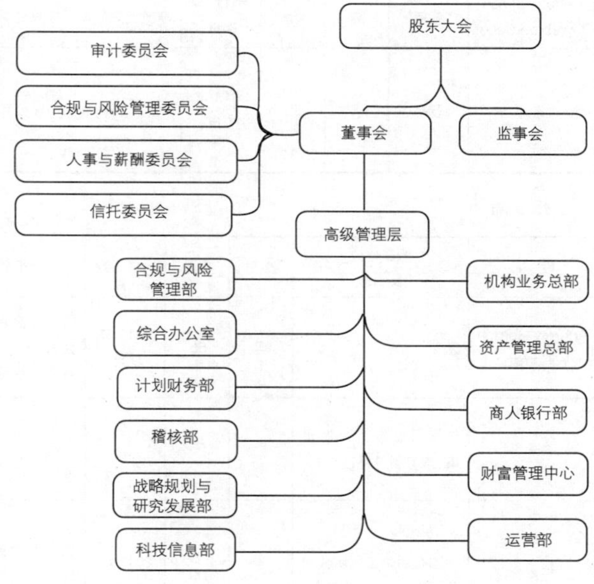

3. 公司治理结构

3.1 股东

公司前三位股东情况:

股东名称	出资比例(%)	法人代表	注册资本	注册地址	主要经营业务及主要财务情况
杭州市金融投资集团有限公司	57.992	虞利明	50亿元	杭州市上城区庆春路155号中财发展大厦12楼	市政府授权范围内的国有资产经营、市政府及有关部门委托经营的资产。2013年末净资产54.08亿元,净利润4.75亿元(本级未审计)。
摩根士丹利国际控股公司	19.9	Harvey B. Mogenson	授权资本:普通股A已授权1 000股,每股面额0.01美元 共10美元;普通股B已授权11 000股,每股面额0.01美元,共110美元;特别股 已授权15 000股,每股面额0.01美元,共150美元;A类累积可赎回特别股已授权10 000股 每股面额0.01美元 共100美元	c/o TheCorporation Trust Company Corporation Trust Center 1209 Orange Street Wilmington DE 19801U. S. A.	摩根士丹利国际控股公司为控股公司,系摩根士丹利美国境外子公司之主要股东;摩根士丹利是摩根士丹利国际控股公司的母公司。摩根士丹利是一家国际性金融服务公司,业务范围涵盖投资银行、证券、投资管理以及财富管理。摩根士丹利国际控股公司财务信息:2013年12月31日,总资产376亿美元,总负债69.3亿美元,净利润18.3亿美元。
浙江新安化工集团股份有限公司	6.2625	王伟	679 184 633元	浙江省建德市新安江镇	化工原料及产品、化工机械、农药、化肥、包装物的制造和经营。2013年末净资产47.7亿元,净利润4.37亿元。

3.2 董事

董事长、董事

姓名	职务	性别	年龄	选任日期	所推举的股东名称	该股东持股比例（%）	简要履历
虞利明	董事长	男	47	2011年9月	杭州市金融投资集团有限公司	57.992	曾任交通银行杭州分行党委委员、副行长，杭州市投资控股有限公司董事长、总经理；现任杭州市金融投资集团有限公司副董事长、总经理。
徐云鹤	董事	男	50	2011年9月	杭州市金融投资集团有限公司	57.992	曾任杭州市投资控股有限公司投资发展部经理、董事、副总经理，现任杭州市金融投资集团有限公司副总经理。
丁建萍	董事	男	48	2011年9月	杭州市金融投资集团有限公司	57.992	曾任海南万通集团有限公司咨讯事业部总经理、新加坡大洋企业有限公司副总经理、杭州市投资控股有限公司投资发展部经理、杭州工商信托股份有限公司执行总经理，现任杭州工商信托股份有限公司总裁、杭州市金融投资集团有限公司副总经理。
郑齐定	董事	男	41	2013年8月	杭州市金融投资集团有限公司	57.992	曾任杭州市投资控股有限公司投资发展部项目经理、经理，现任杭州市金融投资集团有限公司金融投资事业部部长。
Carlos Alfonso Oyarbide Seco	董事	男	55	2011年9月	摩根士丹利国际控股公司	19.9	曾任摩根士丹利（伦敦）董事总经理，摩根士丹利集团子公司首席执行官、首席运营官；现任摩根士丹利董事总经理、中国区首席运营官。
陈涛	董事	男	38	2013年7月	摩根士丹利国际控股公司	19.9	曾任花旗银行中国区风险管理部经理、副总裁及中国区商业银行业务授信审批部主管，富登金融控股中国中小企业业务风险管理部副总裁，法国兴业银行（中国）有限公司高级副总裁；现任杭州工商信托股份有限公司市场及发展总监。

独立董事

姓名	所在单位及职务	性别	年龄	选任日期	所推举的股东名称	该股东持股比例（%）	简要履历
Andrew Gordon Williamson	无	男	55	2011年9月	杭州市金融投资集团有限公司 摩根士丹利国际控股公司	57.992 19.9	曾任Coopers & Lybrand（伦敦）审计主管，汇丰银行集团总部会计师、亚太地区首席会计师，香港会计和银行业的自聘顾问。
秦永忠	中信国安集团公司董事、常务副总经理	男	56	2011年9月	杭州市金融投资集团有限公司 摩根士丹利国际控股公司	57.992 19.9	曾任中信国安总公司财务部经理，中信国安信息产业股份公司副总经理、董事、总经理；现任中信国安集团公司董事、常务副总经理。
张家仁	中国石油化工集团公司原党组成员、副总经理	男	69	2011年9月	杭州市金融投资集团有限公司 摩根士丹利国际控股公司	57.992 19.9	曾任镇海石油化工总厂厂长，镇海炼油化工股份有限公司董事长，中国石油化工集团公司党组成员、副总经理，中国石油化工股份有限公司董事、高级副总裁兼财务总监，中国石化财务有限责任公司董事长，中国石油化工集团公司高级顾问。

3.3 监事

监事会成员

姓名	职务	性别	年龄	选任日期	所推举的股东名称	该股东持股比例（%）	简要履历
王伟	监事会主席	男	63	2011年9月	浙江新安化工集团股份有限公司	6.2625	曾任建德化工厂厂长、建德市经委副主任、建德市工业局局长，现任新安化工集团股份有限公司董事长。
黄敬培	监事	男	55	2013年6月	杭州市金融投资集团有限公司	57.992	曾任浙江省农机公司办公室主任，浙江省农机流通协会秘书长，浙江省通力达贸易公司总经理，浙江广信会计师事务所主任，杭州汇能生物技术公司总会计师，杭州市投资控股有限公司财务总监、总经理助理、资产管理部经理；现任杭州市金融投资集团有限公司审计法务部部长。
包晓红	监事	女	46	2013年12月	职工监事	—	曾先后供职于中国工商银行杭州市分行营业部会计科、杭州工商信托股份有限公司计划财务部和稽核部，现任杭州工商信托股份有限公司稽核部负责人。

3.4 高级管理人员

姓 名	职 务	性别	年龄	选任日期	金融从业年限	学历	专业
丁建萍	总裁	男	48	2011 年 9 月	21	硕士	国际政治
陈涛	市场及发展总监	男	38	2011 年 9 月	16	本科	国际贸易
张锐	行政总监	男	52	2011 年 9 月	33	本科	经济管理
汪勇	投资运营总监	男	41	2011 年 9 月	18	本科	会计学
叶大志	基金运营总监	男	40	2013 年 11 月	10	本科	数理统计
林海滨	资产管理总监	男	37	2013 年 11 月	8	硕士	工商管理
马晓涛	风险管理总监	男	44	2013 年 11 月	26	硕士	EMBA
康波	财务总监	女	49	2013 年 11 月	30	本科	经济管理

3.5 公司员工

报告期内，职工 140 人，平均年龄 33.5 岁。

学历	人数	学历分布比例(%)
博士	2	1.4
硕士	61	43.6
本科	72	51.4
专科	4	2.9
其他	1	0.7

4. 经营管理

4.1 经营目标、方针、战略规划

4.1.1 经营目标

充分发挥和利用信托的制度与功能优势，打造优秀的资产管理团队，为客户提供持续的个性化信托产品和金融服务，打造国内领先的、具有鲜明专业特色的信托资产管理机构。

4.1.2 经营方针

坚持逐步实施以组合投资为主的信托基金的业务模式转型，发展中长期产品，从项目主导过渡到产品主导，培养具有持续性的客户基础，以强大的业务创新能力和内控机制为依托，打造以投资和投资管理为主的资产管理业务体系，拓展基金化、中长期化、投资化的产品体系，构建核心竞争力，为客户提供综合、灵活、创新的金融服务。

4.1.3 战略规划

建立以账户管理为核心的内部管理体系，构建健全的内控体系与资产管理框架，提高公司核心竞争力和风险管理能力，提升公司整体价值，合规经营，稳健发展。

4.2 所经营业务的主要内容

4.2.1 经营业务、品种

4.2.1.1 公司业务主要分为信托业务和固有财产管理两大类

公司目前的信托业务主要包括：

(1)以组合投资管理为主要特征的资产管理业务，包括房地产投资信托等私募投资管理业务。

(2)以项目或企业融资为主的信托投行业务。

(3)事务管理类信托业务。

4.2.1.2 公司目前信托业务品种

公司目前信托业务品种主要有单一资金信托、集合资金信托。按运用方式分，有投资类信托、融资类信托、组合投资管理类信托。

4.2.2 资产组合与分布

自营资产运用与分布表

资产运用	金额(万元)	占比(%)	资产分布	金额(万元)	占比(%)
货币资产	19 021	13.25	基础产业	0	0
贷款及应收款	25 120	17.50	房地产业	10 000	6.96
交易性金融资产投资	0	0	证券市场	249	0.17
可供出售金融资产投资	78 813	54.89	实业	250	0.18
持有至到期投资	0	0	金融机构	19 021	13.25
长期股权投资	3 250	2.26	其他	14 064	79.44
其他	17 380	12.10			
资产总计	143 584	100	资产总计	143 584	100

信托资产运用与分布表

资产运用	金额(万元)	占比(%)	资产分布	金额(万元)	占比(%)
货币资产	33 387	1.48	基础产业	205 647	9.09
贷款	434 920	19.22	房地产	1 707 300	75.44
交易性金融资产投资	0	0	证券市场	0	0
可供出售金融资产投资	0	0	实业	60 870	2.69
持有至到期投资	0	0	金融机构	0	0
长期股权投资	424 450	18.75	其他	289 443	12.78
其他	1 370 503	60.55			
信托资产总计	2 263 260	100.00	信托资产总计	2 263 260	100.00

4.3 市场分析

4.3.1 有利因素

2013 年可谓金融业变革之年。十八届三中全会已吹响新一轮全面改革的号角，加快推进的市场化改革、持续推动的经济转型升级，意味着丰富的投融资机会，而日渐积聚的民众财富则蕴藏着巨大的资产管理需求。信托公司的业务创新空间增大，业务环境更趋市场化，这有利于信托公司更加注重提高主动管理能力，优化业务结构，推进向专业资产管理机构的全面转型。

本公司治理结构完善，内控机制健全，业务战略规划清晰，拥有一支经验丰富、专业敬业、合规意识强烈的经营管理团队。

2013年，公司深化业务转型，推进实施产品化战略，加强基金化产品的精细化管理，调整充实高管团队，初步组建跨部门运作的财富俱乐部，初步构建“大运营”平台，进一步理顺公司的业务流程，完善公司内控机制。公司历年来稳健经营、开拓创新，市场形象良好。

4.3.2　不利因素

信托公司成为真正的资产管理机构的业务转型、客户结构优化和专业团队建设尚未完成，自主管理能力与金融服务水平仍有待提升。自2012年资管业务放开以来，信托公司面临多方面的竞争，其他机构对于信托公司相当部分融资性资产管理业务的替代效应已在显现；资产管理行业竞争日趋激烈，信托行业原有的基于严格分业监管下的制度红利正趋于弱化。与此同时，信托业经过多年的高速发展后，风险有所暴露，行业监管趋严，信托公司面临经营环境变化和经营模式转型的挑战。

4.4　内部控制概况

公司建立了清晰的内部控制目标和原则，高级管理层牢固树立了“内控优先”的风险管理理念，公司前中后台操作独立、运行顺畅。公司根据“一法两规”和相关法律法规的要求，建立了一整套顺应公司业务发展、符合监管政策的内部控制制度体系，并能组织落实公司的合规风险评估，整个控制活动措施到位，内部控制制度涵盖了业务和管理的各个层面，全体员工熟悉公司的业务和管理的内控制度与操作流程，能认真履行岗位职责，正确行使职权。公司制定和实施了有利于企业可持续发展的人力资源政策。公司建立了上传下达、下情上达的充分、合理的信息沟通制度。公司内部监督分为日常监督和专项监督，合规与风险管理部和稽核部职能分离、职责分明、协同合作，成为公司合规风险的前后道防线，帮助公司降低和规避各类风险，通过后续纠正和改进达到合规和降低风险的目的。

4.5　风险管理概况

公司在经营活动中所面临的风险主要包括信用风险、市场风险、操作风险及其他各类风险。针对不同类型的风险，公司进一步提高对交易对手和项目的选择标准，加强项目管理和风险预警以防范信用风险；加强对宏观经济形势和行业特征的研究，适时调整策略以防范市场风险；严格执行并不断补充和完善各项经营管理制度、问责制度，以防范操作风险；认真研究国家政策，聘请专业法律顾问机构，以防范政策风险、法律风险以及其他风险。

报告期内，公司严格执行国家政策、法规，并不断完善公司风险管理框架，加强合规风险管理体系建设，加强项目后期管理，落实各项风险控制措施。目前，公司经营正常 报告期内所有信托计划（项目） 均正常存续 到期项目均按时完成信托财产的清算（分配）工作。

5. 报告期末及上一年度末的比较式会计报表

5.1　自营资产

5.1.1　会计师事务所审计结论

德勤华永会计师事务所有限公司出具了标准无保留审计意见。

5.1.2　资产负债表

资产负债表（母公司）

编制单位：杭州工商信托股份有限公司　　2013年12月31日　　单位：万元

资　产	期末余额	年初余额	负债和所有者权益（或股东权益）	期末余额	年初余额
资产：			负　债：		
现金及存放中央银行款项	1	1	向中央银行借款	0	0
存放同业款项	19 021	35 992	同业及其他金融机构存放款项	0	0
贵金属	0	0	拆入资产	0	0
拆出资金	0	0	交易性金融负债	0	0
交易性金融资产	0	0	衍生金融负债	0	0
衍生金融资产	0	0	卖出回购金融资产款	0	0
买入返售金融资产	0	0	吸收存款	0	0
应收利息	35	22	应付职工薪酬	1 432	2 267
发放贷款和垫款	25 120	35 094	应交税费	7 925	7 959
可供出售金融资产	78 813	27 848	应付利息	0	0
持有至到期投资	0	0	预计负债	0	0
长期股权投资	3 250	3 250	应付债券	0	0
投资性房地产	1 688	1 787	递延所得税负债	0	0
固定资产	681	828	其他负债	13 320	7 244
无形资产	276	213	负债合计	22 677	17 470
递延所得税资产	1 790	863	股东权益：		0
其他资产	12 909	9 065	股本	50 000	50 000
			资本公积	1 581	904

续表

资　　产	期末余额	年初余额	负债和所有者权益（或股东权益）	期末余额	年初余额
			减：库存股	0	0
			盈余公积	13 865	10 491
			一般风险准备	8 786	6 158
			未分配利润	46 675	29 940
			股东权益	120 907	97 493
资产总计	143 584	114 963	负债和股东权益总计	143 584	114 963

企业负责人：虞利明　　财务负责人：康　波　　制表：吴庆元

资产负债表（合并报表）

编制单位：杭州工商信托股份有限公司　　2013 年 12 月 31 日　　单位：万元

资　　产	期末余额	年初余额	负债和所有者权益（或股东权益）	期末余额	年初余额
资　产：			负　债：		
现金及存放中央银行款项	1	1	向中央银行借款	0	0
存放同业款项	19 218	36 387	同业及其他金融机构存放款项	0	0
贵金属	0	0	拆入资产	0	0
拆出资金	0	0	交易性金融负债	0	0
交易性金融资产	0	0	衍生金融负债	0	0
衍生金融资产	0	0	卖出回购金融资产款	0	0
买入返售金融资产	0	0	吸收存款	0	0
应收利息	35	22	应付职工薪酬	1 485	2 267
发放贷款和垫款	25 120	35 094	应交税费	7 998	8 043
可供出售金融资产	79 218	29 396	应付利息	0	0
持有至到期投资	0	0	预计负债	0	0
长期股权投资	2 750	1 250	应付债券	0	0
投资性房地产	1 688	1 787	递延所得税负债	1	12
固定资产	683	831	其他负债	13 321	7 298
无形资产	279	217	负债合计	22 805	17 620
递延所得税资产	1 790	863	股东权益：		0
其他资产	13 304	9 472	股本	50 000	50 000
			资本公积	1 585	940
			减：库存股	0	0
			盈余公积	13 865	10 510
			一般风险准备	8 786	6 158
			未分配利润	47 045	30 092
			股东权益	121 281	97 700
资产总计	144 086	115 320	负债和股东权益总计	144 086	115 320

企业负责人：虞利明　　财务负责人：康　波　　制表：吴庆元

5.1.3　利润表

利润表（母公司）

编制单位：杭州工商信托股份有限公司　　2013 年度　　单位：万元

项　　目	本期累计金额	上期累计金额
一、营业收入	68 556	51 679
利息净收入	2 373	1 618
利息收入	2 373	1 618
利息支出	0	0
手续费及佣金净收入	46 331	33 858
手续费及佣金收入	46 331	33 858
手续费及佣金支出	0	0
投资收益（损失以"－"号填列）	5 636	5 264

续表

项　目	本期累计金额	上期累计金额
其中:对联营企业和合营企业的投资收益	0	0
公允价值变动收益(损失以"－"号填列)	0	0
汇兑收益(损失以"－"号填列)	0	0
其他业务收入	14 216	10 939
二、营业支出	23 352	19 540
营业税金及附加	3 779	3 002
业务及管理费	19 133	14 748
资产减值损失	0	0
其他业务成本	440	1 790
三、营业利润(亏损以"－"号填列)	45 204	32 139
加:营业外收入	11	3
减:营业外支出	83	55
四、利润总额(亏损总额以"－"号填列)	45 132	32 087
减:所得税费用	11 395	8 081
五、净利润(净亏损以"－"填列)	33 737	24 006
六、每股收益		
(一)基本每股收益	0. 67	0. 48
(二)稀释每股收益	0. 67	0. 48

企业负责人:虞利明　　财务负责人:康　波　　制表:吴庆元

利润表(合并报表)

编制单位:杭州工商信托股份有限公司　　2013 年度　　单位:万元

项　目	本期累计金额	上期累计金额
一、营业收入	69 063	52 175
利息净收入	2 377	1 618
利息收入	2 377	1 618
利息支出	0	0
手续费及佣金净收入	46 680	34 207
手续费及佣金收入	46 680	34 207
手续费及佣金支出	0	0
投资收益(损失以"－"号填列)	5 780	5 411
其中:对联营企业和合营企业的投资收益	0	0
公允价值变动收益(损失以"－"号填列)	0	0
汇兑收益(损失以"－"号填列)	0	0
其他业务收入	14 226	10 939
二、营业支出	23 592	19 786
营业税金及附加	3 800	3 030
业务及管理费	19 352	14 966
资产减值损失	0	0
其他业务成本	440	1 790
三、营业利润(亏损以"－"号填列)	45 471	32 389
加:营业外收入	11	3
减:营业外支出	83	55
四、利润总额(亏损总额以"－"号填列)	45 399	32 337
减:所得税费用	11 463	8 145
五、净利润(净亏损以"－"填列)	33 936	24 192
六、每股收益		
(一)基本每股收益	0. 68	0. 48
(二)稀释每股收益	0. 68	0. 48

企业负责人:虞利明　　财务负责人:康　波　　制表:吴庆元

5.1.4 股东权益变动表

所有者权益变动表(母公司)

2013 年 12 月 31 日

单位:万元

	股本	资本公积	盈余公积	一般风险准备	信托赔偿准备	未分配利润	股东权益
一、2012 年 12 月 31 日	50 000	904	10 491	1 103	5 055	29 940	97 493
二、2013 年 1 月 1 日余额	50 000	904	10 491	1 103	5 055	29 940	97 493
三、本年增减变动金额		677	3374	941	1687	16 735	23 414
(一)净利润						33 737	33 737
(二)其他综合收益		677					677
1. 可供出售金融资产公允价值变动净额		677					667
(一)和(二)小计		677				33 737	34 414
(三)股东投入和减少资本							
(四)利润分配							
1. 提取盈余公积			3374			(3 374)	
2. 提取一般风险准备				941		(941)	
3. 提取信托赔偿准备					1687	(1 687)	
4. 对股东的分配						(11 000)	(11 000)
(五)股东权益内部结转							
四、2013 年 12 月 31 日余额	50 000	1 581	13 865	2 044	6 742	46 675	120 907

股东权益变动表(母公司)(续)

2012 年 12 月 31 日

单位:万元

	股本	资本公积	盈余公积	一般风险准备	信托赔偿准备	未分配利润	股东权益
一、2011 年 12 月 31 日	50 000	796	8 091	693	3 855	20 644	84 079
二、2012 年 1 月 1 日余额	50 000	796	8 091	693	3 855	20 644	84 079
三、本年增减变动金额	0	108	2 400	410	1200	9 296	13 414
(一)净利润						24 006	24 006
(二)其他综合收益		108					108
1. 可供出售金融资产公允价值变动净额		108					108
(一)和(二)小计		108				24 006	24 114
(三)股东投入和减少资本							
(四)利润分配							
1. 提取盈余公积			2 400			(2 400)	
2. 提取一般风险准备				410		(410)	
3. 提取信托赔偿准备					1 200	(1 200)	
4. 对股东的分配						(10 700)	(10 700)
(五)股东权益内部结转							
四、2012 年 12 月 31 日余额	50 000	904	10 491	1103	5 055	29 940	97 493

企业负责人:虞利明 财务负责人:康 波 制表:吴庆元

股东权益变动表(合并报表)

2013 年 12 月 31 日

单位:万元

	归属于母公司股东权益						少数股东权益	所有者权益合计
	股本	资本公积	盈余公积	一般风险准备	信托赔偿准备	未分配利润		
一、2012 年 12 月 31 日	50 000	940	10 510	1 103	5 055	30 092		97 700
二、2013 年 1 月 1 日余额	50 000	940	10 510	1103	5055	30 092		97 700
三、本年增减变动金额	0	645	3 355	941	1 687	16 953		23 581
(一)净利润						33 936		33 936
(二)其他综合收益		645						645
1. 可供出售金融资产公允价值变动净额		645						645
(一)和(二)小计		645				33 936		34 581
(三)股东投入和减少资本								

续表

	归属于母公司股东权益						少数股东权益	所有者权益合计
	股本	资本公积	盈余公积	一般风险准备	信托赔偿准备	未分配利润		
（四）利润分配								
1. 提取盈余公积			3 355			（3 355）		
2. 提取一般风险准备				941		（941）		
3. 提取信托赔偿准备					1 687	（1 687）		
4. 对股东的分配						（11 000）		（11 000）
（五）股东权益内部结转								
四、2013 年 12 月 31 日余额	50 000	1 585	13 865	2 044	6 742	47 045		121 281

股东权益变动表（合并报表）（续）

2012 年 12 月 31 日

单位：万元

	归属于母公司股东权益						少数股东权益	所有者权益合计
	股本	资本公积	盈余公积	一般风险准备	信托赔偿准备	未分配利润		
一、2011 年 12 月 31 日	50 000	814	8 091	693	3 855	20 629		84 082
二、2012 年 1 月 1 日余额	50 000	814	8 091	693	3 855	20 629		84 082
三、本年增减变动金额	0	126	2 419	410	1200	9 463		13 618
（一）净利润						24 192		24 192
（二）其他综合收益		126						126
1. 可供出售金融资产公允价值变动净额		126						126
（一）和（二）小计		126				24 192		24318
（三）股东投入和减少资本								
（四）利润分配								
1. 提取盈余公积			2 419			（2 419）		
2. 提取一般风险准备				410		（410）		
3. 提取信托赔偿准备					1200	（1200）		
4. 对股东的分配						（10 700）		（10 700）
（五）股东权益内部结转								
四、2012 年 12 月 31 日余额	50 000	940	10 510	1103	5055	30 092		97 700

企业负责人：虞利明　　财务负责人：康　波　　制表：吴庆元

5.2 信托资产

5.2.1 信托项目资产负债汇总表

信托项目资产负债表（汇总表）

编制单位：杭州工商信托股份有限公司

单位：万元

信托资产	年初数	期末数	信托负债和信托权益	年初数	期末数
信托资产：			信托负债：		
货币资金	48 373	33 387	交易性金融负债	0	0
拆出资金	0	0	衍生金融负债	0	0
存出保证金	0	0	应付受托人报酬	9 807	20 611
交易性金融资产	5 000	0	应付托管费	0	0
衍生金融资产	0	0	应付受益人收益	2 814	0
买入返售金融资产	0	0	应交税费	0	0
应收款项	0	11 850	应付销售服务费	0	0
发放贷款	452 146	434 920	其他应付款项	180	551
可供出售金融资产	0	0	其他负债	0	249
持有至到期投资	0	0	信托负债合计	12 801	21 411
长期应收款	0	0		0	0
长期股权投资	98 840	424 450	信托权益：	0	0
投资性房地产	0	0	实收信托	1 432 655	2 222 251
固定资产	0	0	资本公积	0	0
无形资产	0	0	外币报表折算差额	0	0
长期待摊费用	0	0	未分配利润	38 238	19 598
其他资产	879 335	1 358 653	信托权益合计	1 470 893	2 241 849
信托资产总计	1 483 694	2 263 260	信托负债和信托权益总计	1 483 694	2 263 260

企业负责人：虞利明　　财务负责人：康　波　　制表：寿　佳

5.2.2　信托项目利润及利润分配汇总表

信托项目利润及利润分配表(汇总表)

编制单位:杭州工商信托股份有限公司　　单位:万元

项　　目	本年累计数	上年累计数
一、营业收入	212 828	200 020
利息收入	68 746	45 956
投资收益	22 017	61 325
公允价值变动收益	0	0
财务顾问收入	6 538	1 478
租赁收入	0	0
汇兑损益	0	0
其他收入	115 527	91 261
二、支出	54 032	37 844
营业税金及附加	545	98
受托人报酬	51 855	36 708
保管费	0	0
投资管理费	0	0
销售服务费	89	(44)
交易费用	0	0
资产减值损失	0	0
其他费用	1 543	1 082
三、信托净利润	158 796	162 176
四、其他综合收益	0	0
五、综合收益	158 796	162 176
加:期初未分配信托利润	38 238	15 728
六、可供分配的信托利润	197 034	177 904
减:本期已分配信托利润	177 434	139 666
七、期末未分配信托利润	19 600	38 238

企业负责人:虞利明　　财务负责人:康　波　　制表:寿　佳

6. 会计报表附注

6.1　简要说明报告年度会计报表编制基准、会计政策、会计估计和核算方法发生的变化

无。

6.2　或有事项说明

截至报告日,本公司不存在需要披露的重大或有事项。

6.3　重要资产转让及其出售的说明

无。

6.4　会计报表中重要项目的明细资料

6.4.1　披露自营资产经营情况

6.4.1.1　按信用风险五级分类结果披露信用风险资产的期初数、期末数

信用风险资产五级分类	正常类(万元)	关注类(万元)	次级类(万元)	可疑类(万元)	损失类(万元)	信用风险资产合计(万元)	不良资产合计(万元)	不良资产率(%)
期初数	52 964	0	0	0	450	53 414	450	0.84
期末数	40 785	0	0	0	0	40 785	0	0.00

注:不良资产合计=次级类+可疑类+损失类。

6.4.1.2　各项资产减值损失准备的期初数、本期计提、本期转回、本期核销、期末数,贷款的一般准备、专项准备和其他资产减值准备应分别披露。

单位:万元

	期初数	本期计提	本期转回	本期核销	期末数
贷款损失准备	0	0	0	0	0
一般准备	0	0	0	0	0
专项准备	0	0	0	0	0
其他资产减值准备	678	0	0	583	95
可供出售金融资产减值准备	133	0	0	133	0
持有至到期投资减值准备	0	0	0	0	0
长期股权投资减值准备	0	0	0	0	0
坏账准备	450	0	0	450	0
投资性房地产减值准备	0	0	0	0	0
其他资产减值准备	95	0	0	0	95

6.4.1.3　自营股票投资、基金投资、债券投资、长期股权投资等投资业务的期初数、期末数。

单位:万元

	自营股票	基金	债券	长期股权投资	其他投资	合计
期初数	256	0	0	3 250	53 187	56 693
期末数	249	0	0	3 250	93 684	97 183

6.4.1.4　按投资入股金额排序,前五名的自营长期股权投资的企业名称、占被投资企业权益的比例、主要经营活动及投资收益情况等(从大到小顺序排列)

企业名称	占被投资企业权益的比例(%)	主要经营活动	投资损益(万元)
1. 浙江蓝桂资产管理有限公司	100	资产管理、投资管理、企业管理、商务咨询、实业投资	0
2. 杭州迪佛通信股份有限公司	4.48	通信设备及配件、电子和通信测量仪器、报警器的制造、销售,电话信息服务,交换机设计安装,数据通信服务等	0

注:"投资损益"是指按照企业会计准则的规定,核算股权投资确认损益并计入披露年报利润表的金额。

6.4.1.5　前五名的自营贷款的企业名称、占贷款总额的比例和还款情况等(从大到小顺序排列)

企业名称	贷款金额(万元)	占贷款总额的比例(%)	还款情况
1. 重庆旭鹏房地产开发有限公司	5 000	50	正常收息,未到期
2. 湖州广际房地产开发有限公司	5 000	50	正常收息,未到期
合计	10 000	100	

6.4.1.6　表外业务的期初数、期末数,按照代理业务、担保业务和其他类型表外业务分别披露

单位：万元

表外业务	期初数	期末数
担保业务	0	0
代理业务(委托业务)	19 416	14 816
其他	0	0
合计	19 416	14 816

注：代理业务主要反映因客观原因应规范而尚未完成规范的历史遗留委托业务，包括委托贷款和委托投资。

6.4.1.7 公司当年的收入结构(母公司口径、并表口径同时披露)

收入结构	母公司口径		合并口径	
	金额(万元)	占比(%)	金额(万元)	占比(%)
手续费及佣金收入	46 331	67.57	46 680	67.58
其中：信托手续费收入	46 142	67.29	46 142	66.80
投资银行业务收入	0	0.00	0	0.00
利息收入	2 373	3.46	2 377	3.44
其他业务收入	14 216	20.73	14 226	20.60
其中：计入信托业务收入部分	13 305	19.40	13 305	19.26
投资收益	5 636	8.22	5 780	8.36
其中：股权投资收益	0	0.00	0	0.00
证券投资收益	2	0.00	2	0.00
其他投资收益	5 634	8.22	5 778	8.36
公允价值变动收益	0	0.00	0	0.00
营业外收入	11	0.02	11	0.02
收入合计	68 567	100	69 074	100

注：1. 手续费及佣金收入、利息收入、其他业务收入、投资收益、营业外收入均应为损益表中的一级科目，其中手续费及佣金收入、利息收入、营业外收入为未抵减掉相应支出的全年累计实现收入数。

2. 其他业务收入和营业外收入如超过总收入的5%，应具体说明来自什么业务。

3. 其他业务收入主要来自财务顾问业务、房屋出租等。

6.4.2 披露信托资产管理情况

6.4.2.1 信托资产的期初数、期末数

单位：万元

信托资产	期初数	期末数
集合	1 224 526	1 993 929
单一	259 168	269 331
财产权	0	0
合计	1 483 694	2 263 260

6.4.2.1.1 主动管理型信托业务的信托资产期初数、期末数，分证券投资、股权投资、融资、事务管理类分别披露

单位：万元

主动管理型信托资产	期初数	期末数
证券投资类	0	0
股权投资类	389 684	424 450
组合投资类	510 802	1 524 934
融资类	320 090	96 979
事务管理类	0	0
其他投资	3 950	3 950
合计	1 224 526	2 050 313

6.4.2.1.2 被动管理型信托业务的信托资产期初数、期末数，分证券投资、股权投资、融资、事务管理类分别披露

单位：万元

被动管理型信托资产	期初数	期末数
证券投资类	0	0
股权投资类	0	0
融资类	0	0
事务管理类	259 168	212 947
合计	259 168	212 947

6.4.2.2 本年度已清算结束的信托项目个数、实收信托合计金额、加权平均实际年化收益率

6.4.2.2.1 本年度已清算结束的集合类、单一类资金信托项目和财产管理类信托项目个数、实收信托金额、加权平均实际年化收益率

已清算结束信托项目	项目个数	实收信托合计金额(万元)	加权平均实际年化收益率(%)
集合类	22	589 372	12.8827
单一类	6	46 218	13.4188
财产管理类	0	0	0

注：1. 收益率是指信托项目清算后，给受益人赚取的实际收益水平。

2. 加权平均实际年化收益率 =(信托项目1的实际年化收益率 × 信托项目1的实收信托 + 信托项目2的实际年化收益率 × 信托项目2的实收信托 + … + 信托项目n的实际年化收益率 × 信托项目n的实收信托)/(信托项目1的实收信托 + 信托项目2的实收信托 + … + 信托项目n的实收信托) ×100%。

6.4.2.2.2 本年度已清算结束的主动管理型信托项目个数、实收信托合计金额、加权平均实际年化收益率，分证券投资、股权投资、融资、事务管理类分别披露

已清算结束信托项目	项目个数	实收信托合计金额(万元)	加权平均实际年化信托报酬率(%)	加权平均实际年化收益率(%)
证券投资类	0	0	0	0
股权投资类	6	172 000	4.3187	15.4649
组合投资类	5	136 972	4.2852	12.5997
融资类	11	280 400	2.8386	11.3367
事务管理类	0	0	0	0

6.4.2.2.3 本年度已清算结束的被动管理型信托项目个数、实收信托合计金额、加权平均实际年化收益率，分证券投资、股权投资、融资、事务管理类分别披露

已清算结束信托项目	项目个数	合计金额实收信托(万元)	加权平均实际年化信托报酬率(%)	加权平均实际年化收益率(%)
证券投资类	0	0	0	0
股权投资类	0	0	0	0
融资类	0	0	0	0
事务管理类	6	46 218	1.3215	13.4188

6.4.2.3 本年度新增的集合类、单一类和财产管理类信托项目个数、实收信托合计金额

新增信托项目	项目个数	合计金额(万元)
集合类	25	1 369 570
单一类	4	56 400
财产管理类	0	0
新增合计	29	1 425 970
其中:主动管理型	29	1 425 970
被动管理型	0	0

6.4.2.4 信托业务创新成果和特色业务有关情况(此部分为可选项,即公司可自主决定是否披露、部分披露或全部披露)

报告期内,公司坚持"有所为,有所不为"的业务策略与"基金化、投资化、中长期化、产品化"的业务战略方向,坚定信心,稳中求进,以服务受益人为己任,严控风险底线,推进战略实施与业务转型,加强基金化产品的精细化管理,组建跨部门运作的财富俱乐部平台。2013 年是公司实施业务发展战略的"基金年",当年新增基金化产品规模占比、期末存续基金化产品规模占比均创新高。2013 年,公司新增基金化产品(不包括存续新增)占新增集合信托业务的比重达 53%;截至 2013 年末,存续集合信托业务中,基金化产品规模占比达 66%;存续信托业务中,主动管理型信托业务规模占比达 90%。2013 年,公司受托管理的信托资产规模显著提高,主动管理特征鲜明,资产结构进一步优化。

2013 年公司推出浙江省内首个带有"公益资金"设计的信托产品——杭信·阳光 1 号建工地产欧美金融城投资项目集合资金信托计划,在该信托计划获取一定收益的前提下,投资者的一部分投资收益及受托人的一部分佣金将归集于信托账户的公益资金项下,专门用于青少年儿童公益事项。这是公司探索运用信托功能,支持公益事项的一个尝试。

2013 年 6 月,在由《21 世纪经济报道》主办的第六届中国资产管理"金贝奖"系列评选活动中,公司被评为 "2013 年最佳收益表现信托公司"。7 月,在由证券时报社、《新财富》杂志联合主办的第六届优秀信托公司评选活动中,公司摘得"中国优秀信托公司"殊荣。12 月,在由《浙商》杂志、浙商全国理事会和世界浙商网联合主办的 2013 年浙商最信赖金融机构评选中,公司因在综合实力、产品服务、业务创新、利润比率等推选指标上得到了广大浙商的充分认可,获得"2013 浙商最信赖金融机构"奖项,公司已连续第三年获得该奖项。2014 年 1 月,在由金融界网站与清华大学五道口金融学院主办的 2013 年金融行业年度评选中,公司荣获"产品最佳收益奖"。

6.4.2.5 本公司履行受托人义务情况及因本公司自身责任而导致的信托资产损失情况(合计金额、原因等)

无。

6.5 关联方关系及其交易的披露

6.5.1 关联交易方的数量、关联交易的总金额及关联交易的定价政策等

	关联交易方数量	关联交易金额(万元)	定价政策
合计	7	1 105	市场公允价格

注:"关联交易"定义应以《公司法》和《企业会计准则第 36 号 – 关联方披露》有关规定为准。

6.5.2 关联交易方与本公司的关系性质,关联交易方的名称、法定代表人、注册地址、注册资本及主营业务等

关系性质	关联方名称	法定代表人	注册地址	注册资本	主营业务
同一母公司	杭州国际机场大厦开发有限公司	徐晓	杭州	16 000 万元	杭州国际机场大厦开发
受本公司重要股东控制	摩根士丹利管理服务(上海)有限公司	James Franklin McGill	上海	1 000 000.00 万美元	员工管理服务等
受本公司重要股东控制	摩根士丹利投资咨询合伙企业(有限合伙)	周熙	杭州	承诺出资 51 107 113 万元	股权投资及相关咨询业务
受本公司重要股东控制	摩根士丹利(中国)股权投资管理有限公司	周熙	杭州	100 000 000 万元	股权投资及相关咨询业务
受本公司重要股东管理	杭州长堤股权投资合伙企业(有限合伙)	周熙	杭州	实缴资本 63 341.12 万元,承诺出资 168 123.71 万元	股权投资及相关咨询业务
受本公司重要股东管理	杭州哈而盖投资咨询合伙企业(有限合伙)	白文杰	杭州	承诺出资 11 010 100 万元	股权投资及相关咨询业务
全资子公司	浙江蓝桂资产管理有限公司	李晓强	杭州	3 000 万元	资产管理、投资管理、商务咨询等

6.5.3 本公司与关联方的重大交易事项

6.5.3.1 固有与关联方交易情况:贷款、投资、租赁、应收账款担保、其他方式等期初汇总数、本期借方和贷方发生额汇总数、期末汇总数

单位:万元

固有与关联方关联交易				
	期初数	借方发生额	贷方发生额	期末数
贷款	0	0	0	0
投资	0	514	0	514
租赁	0	0	0	0
担保	0	0	0	0
应收账款	0	0	0	0
其他(收取或支付房租、咨询费)	0	342	249	0
合计	0	856	249	514

6.5.3.2 信托资产与关联方:贷款、投资、租赁、应收账款、担保、其他方式等期初汇总数、本期发生额汇总数、期末汇总数

单位：万元

信托与关联方关联交易				
	期初数	借方发生额	贷方发生额	期末数
贷款	0	0	0	0
投资	0	0	0	0
租赁	0	0	0	0
担保	0	0	0	0
应收账款	0	0	0	0
其他	0	0	0	0
合计	0	0	0	0

6.5.3.3 信托公司自有资金运用于自己管理的信托项目（固信交易）、信托公司管理的信托项目之间的相互（信信交易）交易金额，包括余额和本报告年度的发生额

6.5.3.3.1 固有财产与信托财产之间的交易金额期初汇总数、本期发生额汇总数、期末汇总数

单位：万元

固有财产与信托财产相互交易			
	期初数	本期发生额	期末数
合计	52 275	39 592	91 867

注：以固有资金投资公司自己管理的信托项目受益权，或购买自己管理的信托项目的信托资产均应纳入统计披露范围。

6.5.3.3.2 信托项目之间的交易金额期初汇总数、本期发生额汇总数、期末汇总数

单位：万元

信托资产与信托财产相互交易			
	期初数	本期发生额	期末数
合计	49 737	41 669	91 406

注：以公司受托管理的一个信托项目的资金购买自己管理的另一个信托项目的受益权或信托项下资产均应纳入统计披露范围。

6.5.4 逐笔披露关联方逾期未偿还本公司资金的详细情况以及本公司为关联方担保发生或即将发生垫款的详细情况

无。

6.6 会计制度的披露

固有业务（自营业务）、信托业务：本公司执行财政部于2006年2月15日颁布的企业会计准则。

7. 财务情况说明书

7.1 利润实现和分配情况（母公司口径和并表口径同时披露）

（1）母公司口径：本年度实现利润总额45 132万元，所得税费用11 395万元（其中当期所得税12 548万元，递延所得税-1 153万元），净利润33 737万元，年初未分配利润29 940万元，年末未分配利润46 675万元。

并表口径：本年度实现利润总额45 399万元，所得税费用11 463万元（其中当期所得税12 616万元，递延所得税-1 153万元），净利润33 936万元，年初未分配利润30 092万元，年末未分配利润47 045万元。

（2）母公司口径：按10%提取法定盈余公积3 374万元。

并表口径：按10%提取法定盈余公积3 355万元。

（3）母公司口径：按5%提取信托赔偿准备金1 687万元。

并表口径：按5%提取信托赔偿准备金1 687万元。

（4）母公司口径：按风险资产余额的1.5%计提一般风险准备金941万元。

并表口径：按风险资产余额的1.5%计提一般风险准备金941万元。

（5）母公司口径：年末可供分配的利润为46 675万元。

并表口径：年末可供分配的利润为47 045万元。

7.2 主要财务指标（母公司口径和并表口径同时披露）

指标名称	指标值	
	母公司口径	合并口径
资本利润率（%）	30.89	30.99
加权年化信托报酬率（%）	3.44	3.44
人均净利润（万元）	257.53	259.05

注：1. 资本利润率＝净利润/股东权益平均余额×100%。

2. 加权年化信托报酬率＝（信托项目1的实际年化信托报酬率×信托项目1的实收信托＋信托项目2的实际年化信托报酬率×信托项目2的实收信托＋…＋信托项目n的实际年化信托报酬率×信托项目n的实收信托）/（信托项目1的实收信托＋信托项目2的实收信托＋…＋信托项目n的实收信托）×100%。

3. 人均净利润＝净利润/年平均人数。

4. 平均值采取年初、年末余额简单平均法。公式为：a（平均）＝（年初数＋年末数）/2

7.3 对本公司财务状况、经营成果有重大影响的其他事项

2006年5月，本公司向浙江华辰投资发展有限公司（以下简称华辰公司）以330万元的价格转让所持浙江英特集团股份有限公司2 062 500股的法人股股权（占股本总额的1.79%），但华辰公司未能根据相关股权转让协议的规定办妥前述股权的变更登记手续。

8. 特别事项简要揭示

8.1 前五名股东报告期内变动情况及原因

经本公司2012年第一次临时股东大会审议通过，并且于2012年12月28日经中国银行业监督管理委员会浙江监管局（以下简称浙江银监局）批准（浙银监复[2012]968号），杭州市财开投资集团公司将其持有的本公司全部股权划转至杭州市金融投资集团有限公司。股权变更后，杭州市金融投资集团有限公司持有本公司57.99%的股权。浙江大学将其持有的全部股权转让于浙江大学圆正控股集团有限公司。股权变更后，浙江大学圆正控股集团有限公司持有本公司4.43%的股权。上述股权变更于2013年1月完成工商行政管理变更手续。

8.2 董事、监事及高级管理人员变动情况及原因

2013年4月18日，公司2012年度股东大会审议通过《关于变更公司董事的议案》，同意许东辉先生辞去公司董事职务，

以累积投票制选举陈涛先生为新任董事。上述任职资格已在2013年7月3日获得浙江银监局批复核准确认(浙银监复[2013]416号)。

2013年6月17日,公司2013年第一次临时股东大会审议通过《关于变更公司董事的议案》,同意李明扬先生不再担任公司董事,以累积投票制选举郑齐定先生为新任董事。上述任职资格已在2013年8月23日获得浙江银监局批复核准确认(浙银监复[2013]541号)。大会同时通过《关于变更公司监事的议案》,同意刘翌先生不再担任公司监事,以累积投票制选举黄敬培先生为新任监事。

2013年9月12日,公司第六届董事会第五次会议审议通过《关于任免公司高级管理人员的议案》,聘任叶大志先生为基金运营总监,林海滨先生为资产管理总监,马晓涛先生为风险管理总监,康波女士为财务总监,同时免去张建芳女士的财务总监职务。上述任职资格已在2013年11月15日获浙江银监局批复核准确认(浙银监复[2013]731号)。

由于原职工监事马晓涛先生被聘任为公司高级管理人员,2013年12月2日,经公司全体员工投票选举,包晓红女士担任监事会职工监事,同时免去马晓涛先生职工监事职务。

8.3 公司的重大诉讼事项

无。

8.4 对会计师事务所出具的有保留意见、否定意见或无法表示意见的审计报告,公司董事会应就所涉及事项作出说明

无。

8.5 公司及其董事、监事和高级管理人员受到处罚的情况

无。

8.6 银监会及其派出机构对公司检查后提出整改意见的,应简单说明整改情况

2013年4月11日至4月28日,浙江银监局对公司截至2013年3月末的治理和管理情况、存续固有和信托业务等情况进了现场检查,并下发了《关于杭州工商信托股份有限公司现场检查的意见》(浙银监检[2013]35号),评价指出公司近年来积极采取有效措施,不断加强内部管理,优化业务流程,坚持主动管理、深耕市场的经营特点,持续完善项目准入标准和风险管控措施,不片面追求信托业务规模,形成了自身的经营特色,盈利水平持续表现良好,信托报酬率等部分关键指标保持行业前列,发展总体健康,体现了良好的主动管理能力和风险把控能力。同时,监管机构针对检查中发现的公司存在的主要问题,提出了“进一步完善基础建设,夯实内部管控”、“持续强化合规意识,提升业务操作的规范性”、“强化信托项目各环节管理的精细化程度”等监管意见。

公司向浙江银监局提交了《关于现场检查发现问题的整改情况及监管意见落实情况的报告》,并通过切实落实董事会风险管理职责、进一步完善内部制衡约束机制、进一步强化内审稽核工作、认真整改不合规问题、强化内部制度执行力、改进固有业务管理模式、细化尽职调查工作、加强对设立环节的把关、严格落实项目后期管理措施等工作安排,认真落实监管意见。

8.7 本年度重大事项临时报告的简要内容、披露时间、所披露的媒体及其版面

无。

8.8 本年度净资本管理情况

净资本管理风险控制指标表

项 目	期末余额	监管标准
净资本(万元)	98 276	≥20 000
净资本/各项业务风险资本之和(%)	210.74	≥100
净资本/净资产(%)	81.28	≥40

8.9 银监会及其省级派出机构认定的其他有必要让客户及相关利益人了解的重要信息

无。

9. 公司监事会意见

监事会认为,本报告期内,公司决策程序合法,内部控制制度较为完善,没有发现公司董事、总裁和其他高级管理人员在执行公司职务时有违法违纪或有损公司及股东利益的行为,公司财务报告真实地反映了公司的财务状况和经营成果。

湖南省信托有限责任公司

1. 重要提示

1.1 本公司董事会及其董事保证本报告所载资料不存在任何虚假记载、误导性陈述或者重大遗漏，并对其内容的真实性、准确性和完整性承担个别及连带责任。本年度报告摘要摘自年度报告全文，客户及相关利益人欲了解详细内容，应阅读年度报告全文。

1.2 未有公司董事声明对本年度报告内容的真实性、准确性、完整性存在异议。

1.3 公司独立董事蒋民生声明：保证本年度报告内容真实、准确、完整。

1.4 公司董事长朱德光、财务总监朱昌寿声明：保证本年度报告中财务报告的真实、完整。

2. 公司概况

2.1 公司简介

法定名称	湖南省信托有限责任公司
中文缩写	湖南信托
英文名称(缩写)	HUNAN TRUST CO.,LTD. (HUNAN TRUST)
法定代表人	朱德光
注册地址	湖南省长沙市城南西路1号
邮政编码	410015
公司国际互联网网址	http://www.huntic.com
公司电子信箱	huntic@huntic.com

续表

公司负责信息披露事务人	张仁兴
联系电话	0731-85196916
传真电话	0731-85196911
电子信箱	zhangrx@huntic.com
公司信息披露报纸名称	《金融时报》
公司年度报告备置地点	湖南省长沙市城南西路1号财信大厦9楼917室
公司聘请的会计师事务所名称及住所	天健会计师事务所(特殊普通合伙)湖南分所 湖南省长沙市芙蓉中路二段198号新世纪城大厦19~20层

2.2 组织结构

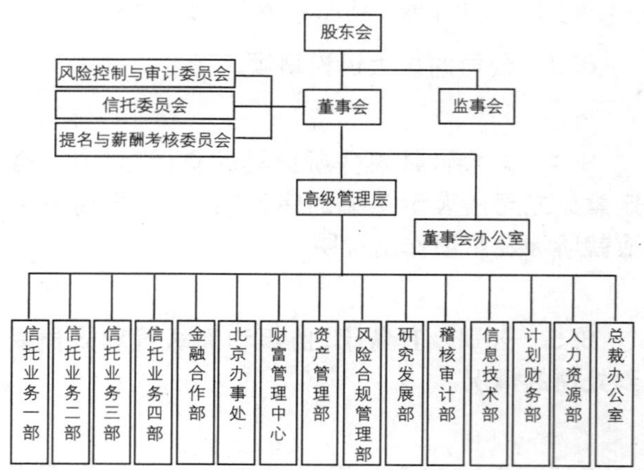

3. 公司治理

3.1 股东

公司2名股东全部为国有独资公司，其中湖南省国有投资经营有限公司系湖南财信投资控股有限责任公司的全资子公司。

股东名称	出资比例(%)	法人代表	注册资本(万元)	注册地址	主要经营业务及主要财务情况
湖南财信投资控股有限责任公司	96	王红舟	354 418.89	长沙市天心区城南西路1号	主要经营业务：省政府授权的国有资产投资、经营及管理，投资策划咨询、财务顾问、担保，酒店经营与管理(具体业务由分支机构凭许可证书经营)，房屋出租。 主要财务情况：截至2013年12月31日，公司资产总额3 320 543.55万元，负债总额2 486 160.27万元，少数股东权益172 147.93万元，所有者权益662 235.35万元，利润总额58 544.49万元。
湖南省国有投资经营有限公司	4	陆小平	33 282.06	长沙市天心区城南西路1号	主要经营业务：授权范围内的国有资产投资、经营、管理与处置，企业资产重组、债务重组，企业托管、并购、委托投资，投资咨询、财务顾问，旅游资源投资、开发、经营(限分支机构凭许可证书经营)，经营商品和技术的进出口业务(国家法律法规禁止、限制的除外)。 主要财务情况：截至2013年12月31日，资产总额132 171万元，负债总额76 952万元，少数股东权益为零，所有者权益55 219万元，利润总额2 317万元。

3.2 董事

董事长、董事

姓　名	职　务	性别	年龄	选任日期	所推举的股东名称	该股东持股比例（%）	简　要　履　历
朱德光	董事长	男	57	2012年4月	湖南财信投资控股有限责任公司	96	曾任湖南省财政厅国有资产管理处副处长、湖南省国有资产管理局副局长、湖南省财政厅外经处处长（兼任湖南省利用国外贷款管理办公室主任），现任湖南财信投资控股有限责任公司党委书记、湖南省信托有限责任公司董事长。
胡小龙	董事	男	56	2013年9月	湖南财信投资控股有限责任公司	96	曾任湖南省国有资产投资经营总公司副总经理、总经理、董事长，湖南省产权交易所有限公司总经理、董事长，湖南财信投资控股有限责任公司常务副总裁，湖南担保有限责任公司总经理；现任湖南财信投资控股有限责任公司总裁。
李旭	董事	女	53	2012年4月	湖南财信投资控股有限责任公司	96	曾任湖南省信托投资公司人力资源部主任，湖南财信投资控股有限责任公司总裁助理、人力资源部总经理；现任湖南财信投资控股有限责任公司副总裁、湖南财信国际商务酒店负责人。
陆小平	董事	男	50	2012年4月	湖南省国有投资经营有限公司	4	曾任湖南省信托投资公司办公室主任、湖南省信托投资有限责任公司总稽核、湖南省信托有限责任公司副总裁，现任湖南省国有投资经营有限公司董事长。
王晓芸	董事	女	52	2012年4月	职工董事	—	曾任泰阳证券财务总监，广州万联证券财务总监、稽核总监，湖南省信托投资有限责任公司信托管理总部总经理、市场营销部总经理、信托业务三部总经理，湖南省信托有限责任公司财务总监、风控总监；现任湖南省信托有限责任公司增资扩股办公室主任。
李莉芳	董事	女	44	2012年4月	职工董事	—	曾任职于湖南省信托投资公司证券营业部、办公室、计划财务部、投资管理总部，曾任湖南省信托有限责任公司总裁办副主任、金融合作部总经理；拟任湖南省信托有限责任公司副总裁。

独立董事

姓名	所在单位及职务	性别	年龄	选任日期	所推举的股东名称	该股东持股比例（%）	简　要　履　历
蒋民生	中国银监会湖南监管局原局长	男	65	2012年4月	湖南财信投资控股有限责任公司	96	曾任人民银行湖南省分行副行长、党组成员、党组副书记，国家外汇管理局湖南省分局副局长，人民银行长沙监管办党组书记、特派员，人民银行武汉分行党委委员，中国银监会湖南监管局党委书记、局长。

3.3 监事

监事会成员

姓　名	职　务	性别	年龄	选任日期	所推举的股东名称	该股东持股比例（%）	简　要　履　历
刘　瑛	监事会主席	女	51	2012年4月	湖南财信投资控股有限责任公司	96	曾任湖南省信托投资有限责任公司人力资源部总经理、湖南省信托有限责任公司行政总监，现任湖南财信投资控股有限责任公司人力资源部总经理。
杨科宇	监事	男	43	2012年4月	湖南省国有投资经营有限公司	4	曾任长沙电表厂设备动能科科员，湖南省信托投资公司证券总部系统维护员、证券分析师，湖南省国有资产投资经营总公司投资发展部经理、总经理助理；现任湖南省国有投资经营有限公司风控总监兼工会主席。
刘　畅	监事	女	42	2012年4月	职工监事	—	曾任湖南省信托投资公司计划财务部会计、湖南省信托投资有限责任公司稽核审计部稽核专员，现任湖南省信托有限责任公司稽核审计部总经理。

3.4 高级管理人员

姓名	职务	性别	年龄	选任日期	金融从业年限	学历	专业
刘格辉	副总裁	男	43	2008年4月	21	研究生	会计学
周江军	副总裁	男	35	2010年5月	10	本科	法学
朱昌寿	财务总监	男	43	2012年4月	15	本科	会计学
杨云	副总裁	男	33	2012年4月	4	研究生	金融信息工程
李莉芳	副总裁（拟任）	女	44	待监管部门核准任职资格	25	大学	法学
张林新	风控总监（拟任）	男	40	待监管部门核准任职资格	4	博士	会计学

3.5 公司员工

共有员工 120 人，平均年龄 33.69 岁。

项目		报告期年度		上年度	
		人数	比例(%)	人数	比例(%)
年龄分布	20 岁以下	—	—	—	—
	20~29 岁	42	35.00	27	29.03
	30~39 岁	48	40.00	36	38.71
	40 岁以上	30	25.00	30	32.26
学历分布	博士	2	1.67	2	2.15
	硕士	33	27.50	24	25.81
	本科	65	54.17	51	54.84
	专科	13	10.83	9	9.68
	其他	7	5.83	7	7.52

4. 经营管理

4.1 经营目标、方针、战略规划

4.1.1 经营目标

坚持以科学发展观统领公司发展全局，继续秉承“风控优先、合规经营、专业专注、创新发展”的经营理念，切实加强基础管理体系、人力资源管理体系和企业文化管理体系建设，大力发展信托主业，积极防范风险，夯实公司生存、改革和发展的基础，大胆探索创新业务模式，积极稳妥增资扩股，增强公司实力和市场竞争力，努力把公司打造成专业的理财机构，实现公司可持续和谐发展。

4.1.2 经营方针

审慎经营，专业专注，创新发展，构建和谐。

4.1.3 战略规划

立足湖南、面向全国、放眼世界，发挥信托的功能优势，创新发展业务，为经济建设服务，为客户创造财富，为股东创造价值，切实加强全面风险管理能力，不断提高核心竞争力，将湖南信托打造成为资本充足、信誉良好、经营稳健、勇于创新的专业理财机构。

4.2 所经营业务的主要内容

公司业务主要分为信托业务和固有业务两大类。在信托业务方面，公司目前主要从事资金信托、财产信托、财产权信托业务，具体的品种为单一资金信托、集合资金信托、银行信贷资产转让类信托、信托受益权转让产品、证券投资信托等业务。在固有业务方面，公司目前主要从事贷款、金融类股权投资、其他金融产品投资等业务。

报告期内，公司自营资产运用与分布和信托财产运用与分布情况见下表：

自营资产运用与分布表

资产运用	金额（万元）	占比（%）	资产分布	金额（万元）	占比（%）
货币资产	38 491	15.77	基础产业	63 863	26.16
贷款及应收款	54 224	22.21	房地产业		
交易性金融资产投资	10 963	4.49	证券市场	10 963	4.49
可供出售金融资产投资			实业	19 923	8.16
持有至到期投资	73 287	30.02	金融机构	81 970	33.57
长期股权投资	60 683	24.85	其他	67 432	27.62
其他	6 503	2.66			
资产总计	244 151	100.00	资产总计	244 151	100.00

注：“资产分布”中“其他”项主要明细说明：主要是贷款及其他应收款 36 160 万元、投资 24 769 万元、固定资产 1 364 万元等。

信托资产运用与分布

资产运用	金额（万元）	占比（%）	资产分布	金额（万元）	占比（%）
货币资产	56 151	0.85	基础产业	2 408 650	36.25
贷款	5 325 289	80.15	房地产	651 135	9.80
交易性金融资产投资	3 072	0.05	证券市场	3 072	0.05
可供出售金融资产投资	—	—	实业	2 135 026	32.14
持有至到期投资	1 010 954	15.22	金融机构	222 679	3.35
长期股权投资	191 908	2.89	其他	1 223 262	18.41
其他	56 450	0.85	—	—	—
信托资产总计	6 643 824	100	信托资产总计	6 643 824	100.00

注：“资产运用”类中的“其他”内容为应收款项 56 450 万元，“资产分布”类中的“其他”包括已清算项目代保管资产 8 534 万元和其他行业运用 1 214 728 万元。

4.3 市场分析

4.3.1 有利因素

(1) 行业发展所带来的机遇。随着广大高端客户理财意识不断增强，由传统单一理财模式向多元化产品配置转变的需求强烈，在股市低迷、理财渠道相对匮乏的情况下，信托产品以相对严格的风险控制措施和较高的收益率水平受到投资者青睐，为信托公司开展财富管理业务提供了有利时机。

(2) 区域经济发展所带来的优势。湖南在中部崛起和“两型”社会建设以及启动内需、扩大消费和深化农村改革方面面临机遇，可积极介入湖南本土重点建设项目，利用信托投融资平台功能为省内交通、能源、污水处理、土地储备、园区建设、轻轨建设等大型基础设施建设服务。

4.3.2 不利因素

(1) 金融混业趋势明显，理财市场竞争加剧，银行、证券、保险、基金、互联网理财业务对信托业务带来极大的冲击。

(2) 公司的资本金规模偏小，没有形成可持续的业务发展模式，面临业务调整和转型的压力。

(3) 营销一直是公司业务发展的短板。

(4) 自有资金主动管理能力不足。

(5) 以市场为导向、与绩效考核挂钩、适应公司发展要求的激励约束机制仍需完善。

4.4 内部控制概况

4.4.1 内部控制环境和内部控制文化

根据国家有关法律法规和公司章程，公司构建了较为完善的法人治理结构，逐步建立起权责分明、制衡合理、报告关系清晰的组织结构与决策程序。公司不断优化内部控制体系，董事会下设风险控制与审计委员会，负责公司风险控制、管理、监督和评估，以确保公司对风险的识别、防范和反馈、纠正等管理活动能够有效开展。

公司积极培育“自立、感恩、和谐”的公司文化，通过各种形式的讲座、交流和培训活动，将有关内部控制的最新制度和要求及时传达给员工，逐步形成了以“风控优先、合规经营”为核心的风险管理文化，引导员工树立合规意识和风险意识，不断提高员工职业道德水准，规范员工职业行为。

4.4.2 内部控制措施

公司通过构建全面风险管理体系，制定风险管理策略，针对管理风险、声誉风险、信用风险、操作风险、合规风险和市场风险等制定具体的内部控制制度，对公司的各项业务以及管理行为实行连续性监督。公司已经形成以风险控制为核心的管理理念，并根据程序制约和内部牵制的原则，将各职能部门业务划分到具体的工作岗位，并以岗位说明书的形式对各岗位职责进行详细描述，以明确责任和权限。公司各部门和各级人员遵守法律法规和银监会的各种相关规定并遵循公司内部控制的要求，在各项业务执行和信息传递中起到相互牵制、相互制衡的作用。

4.4.3 监督评价与纠正

公司通过定期或不定期对内部控制制度的审计，对公司内部控制制度的健全性和有效性进行测试和评价；对公司内部控制制度存在的偏差以及缺陷和薄弱的部分进行纠正，确保内部控制制度的健全和有效。

4.5 风险管理概况

4.5.1 风险状况

4.5.1.1 信用风险状况

信用风险主要是指公司交易对手违约造成损失的风险，主要表现为客户交易违约或借款人信用等级下降等风险。报告期末，公司无不良信用资产。

4.5.1.2 市场风险状况

市场风险主要是指由于利率、汇率或金融市场价格的变动造成损失的风险或按权益法核算的被投资单位因股市下跌对公司的盈利能力和财务状况有不利影响。公司密切关注国家宏观经济政策，对市场风险进行有效的监控，防范利率调整带来的风险。

4.5.1.3 操作风险状况

操作风险主要是指在业务经办过程中由于员工操作不当或由于系统故障而带来损失的风险。公司对项目执行尽职调查和报告管理，并对项目的尽职管理进行有效的监控以规避各种操作风险的产生和扩大。报告期内公司尚未发现因公司内部业务流程、计算机系统、工作人员在操作中的不完善造成损失的风险，也尚未发现公司因外部因素如通讯系统故障等给公司造成损失或影响公司的正常运行。

4.5.1.4 其他风险状况

其他风险主要是指公司在业务开展中存在的合规性风险、声誉风险、政策风险等。报告期内尚未发现该类风险给公司造成损失或影响公司的正常运行。

4.5.2 风险管理的基本政策、策略

公司经营理念是以防范风险为核心 风险管理遵循全面性、审慎性、及时性、有效性、独立性等原则，覆盖公司各项业务、各个部门和各级人员，并渗透到决策、执行、监督、反馈等各个环节，对风险进行事前防范、事中控制、事后监督，促进公司持续、稳健、规范、健康运行。

公司风险管理的基本策略为通过增强自身风险评估能力，针对不同风险类别，明确制定风险偏好和风险承受度方法与工具，并且通过强化、执行依法合规经营的各项规章制度来进行保障。

5. 报告期末及上一年度末的比较式会计报表

5.1 自营资产(经审计)

5.1.1 会计师事务所审计结论

审 计 报 告

天健湘审〔2014〕139 号

湖南省信托有限责任公司董事会：

我们审计了后附的湖南省信托有限责任公司(以下简称湖南信托公司)财务报表，包括 2013 年 12 月 31 日的资产负债表，2013 年度的利润表、现金流量表和所有者权益变动表，以及财务报表附注。

一、管理层对财务报表的责任

编制和公允列报财务报表是湖南信托公司管理层的责任，这种责任包括：(1)按照企业会计准则的规定编制财务报表，并使其实现公允反映；(2)设计、执行和维护必要的内部控制，以使财务报表不存在由于舞弊或错误导致的重大错报。

二、注册会计师的责任

我们的责任是在执行审计工作的基础上对财务报表发表审计意见。我们按照中国注册会计师审计准则的规定执行了审计工作。中国注册会计师审计准则要求我们遵守中国注册会计师职业道德守则，计划和执行审计工作以对财务报表是否不存在重大错报获取合理保证。

审计工作涉及实施审计程序，以获取有关财务报表金额和披露的审计证据。选择的审计程序取决于注册会计师的判断，包括对由于舞弊或错误导致的财务报表重大错报风险的评估。在进行风险评估时，注册会计师考虑与财务报表编制和公允列报相关的内部控制，以设计恰当的审计程序，但目的并非对内部控制的有效性发表意见。审计工作还包括评价管理层选用会计政策的恰当性和作出会计估计的合理性，以及评价财务报表的总体列报。

我们相信，我们获取的审计证据是充分、适当的，为发表审计意见提供了基础。

三、审计意见

我们认为，湖南信托公司财务报表在所有重大方面按照企业会计准则的规定编制，公允反映了湖南信托公司 2013 年 12 月 31 日的财务状况，以及 2013 年度的经营成果和现金流量。

天健会计师事务所(特殊普通合伙)湖南分所

中国注册会计师：李弟扩

中国·长沙　　中国注册会计师：赵　娇

二〇一四年三月十五日

5.1.2 资产负债表

资产负债表

编制单位：湖南省信托有限责任公司 2013 年 12 月 31 日 单位：万元

项目	期末数	期初数	项目	期末数	期初数
资产：			负债：		
现金及银行款项	38 486	46 888	向中央银行借款	4 000	4 000
存放同业款项	4	4	拆入资金		
贵金属			交易性金融负债		
拆出资金			衍生金融负债		
交易性金融资产	10 963		卖出回购金融资产款		
衍生金融资产			其他应付款	21 968	12 150
买入返售金融资产			应付职工薪酬	8 666	6 759
其他应收款	13 259	26 963	应交税费	9 325	9 729
应收利息			应付利息		
发放贷款和垫款	40 964	25 891	预计负债		
可供出售金融资产			应付债券		
持有至到期投资	73 287	15 892	递延所得税负债		
长期股权投资	60 683	45 271	其他负债	16	16
投资性房地产			负债合计	43 975	32 653
固定资产	1 364	1 096			
无形资产	83	92	所有者权益：		
递延所得税资产	4 652	3 164	实收资本（或股本）	120 000	70 000
其他资产	403	19	资本公积	8 113	9 839
			减：库存股		
			盈余公积	11 500	6 573
			一般风险准备	2 872	1 080
			信托赔偿准备	17 564	15 100
			未分配利润	40 128	30 036
			外币折算差额	−1	−1
			所有者权益合计	200 176	132 627
资产总计	244 151	165 280	负债和所有者权益总计	244 151	165 280

法定代表人：朱德光 主管会计工作的负责人：朱昌寿 会计机构负责人：胡爱明

5.1.3 利润表

利润表

2013 年度

编制单位：湖南省信托有限责任公司 单位：万元

项目	本期数	上年同期数
一、营业收入	87 432	64 078
利息净收入	4 531	2 251
利息收入	4 625	2 341
其中：金融企业往来利息收入	976	488
利息支出	93	90
手续费及佣金净收入	71 080	60 270
其中：信托报酬收入	70 918	60 105
手续费及佣金支出		
投资收益（损失以“－”号填列）	11 873	1 556
其中：对联营企业和合营企业的投资收益		
加：公允价值变动收益（损失以“－”号填列）	−51	
汇兑收益	−1	

续表

项目	本期数	上年同期数
其他业务收入		
二、营业成本	24 947	19 467
营业税金及附加	4 277	3 678
业务及管理费	14 183	12 044
资产减值损失	5 337	2 059
其他业务支出	1 150	1 686
三、营业利润（亏损以“－”号填列）	62 485	44 611
加：营业外收入	195	55
减：营业外支出	32	55
四、利润总额（亏损总额以“－”号填列）	62 648	44 610
减：所得税费用	13 373	10 681
五、净利润（净亏损以“－”号填列）	49 275	33 929
六、其他综合收益		
七、综合收益总额	49 275	33 929

法定代表人：朱德光 主管会计工作的负责人：朱昌寿 会计机构负责人：胡爱明

5.1.4 所有者权益变动表

所有者权益变动表

2013 年度

编制单位：湖南省信托有限责任公司　　　　单位：万元

项目	本年金额								上年金额							
	股本	资本公积	盈余公积	信托赔偿准备	一般风险准备	未分配利润	外币折算差额	所有者权益合计	股本	资本公积	盈余公积	信托赔偿准备	一般风险准备	未分配利润	外币折算差额	所有者权益合计
一、上年年末余额	70 000	9 839	6 573	15 100	1 080	30 036	−1	132 627	70 000	10 271	3 180	14 600	1 080	2 690	−1	101 820
加：会计政策变更																
前期差错更正																
其他																
二、本年年初余额	70 000	9 839	6 573	15 100	1 080	30 036	−1	132 627	70 000	10 271	3 180	14 600	1 080	2 690	−1	101 820
三、本期增减变动金额（减少以"－"号填列）	50 000	−1 726	4 928	2 464	1 792	10 092		67 549		−432	3 393	500		27 346		30 807
（一）净利润						49 275		49 275						33 929		33 929
（二）直接计入所有者权益的利得和损失		−1 726						−1 726		−432						−432
上述（一）和（二）小计		−1 726				49 275		47 549		−432				33 929		33 497
（三）所有者投入和减少资本	50 000							50 000								
1. 所有者投入资本	50 000							50 000								
2. 股份支付计入所有者权益的金额																
3. 其他																
（四）利润分配			4 928	2 464	1 792	−39 183		−30 000			3 393	500		−6 583		−2 690
1. 提取盈余公积			4 928			−4 928					3 393			−3 393		
2. 提取一般风险准备					1 792	−1 792										
3. 对所有者（或股东）的分配						−30 000		−30 000						−2 690		−2 690
4. 提取信托赔偿准备				2 464		−2 464						500		−500		
（五）所有者权益内部结转																
1. 资本公积转增资本（或股本）																
2. 盈余公积转增资本（或股本）																
3. 盈余公积弥补亏损																
4. 其他																
（六）专项储备																
1. 本期提取																
2. 本期使用																
四、本期期末余额	120 000	8 113	11 500	17 564	2 872	40 128	−1	200 176	70 000	9 839	6 573	15 100	1 080	30 036	−1	132 627

法定代表人：朱德光　　　　主管会计工作的负责人：朱昌寿　　　　会计机构负责人：胡爱明

5.2 信托资产

5.2.1 信托项目资产负债汇总表

编制单位：湖南省信托有限责任公司　　2013 年 12 月 31 日　　单位：万元

信托资产	期末数	年初数	信托负债和信托权益	期末数	年初数
信托资产	—	—	一、信托负债	—	—
货币资金	56 151	48 859	交易性金融负债	—	—
拆出资金	—	—	衍生金融负债	—	—
存出保证金	—	—	应付受托人报酬	5 834	13 290
交易性金融资产	3 072	7 429	应付托管费	—	—
衍生金融资产	—	—	应付受益人收益	4 299	310
买入返售金融资产	—	—	应交税费	—	—
应收款项	56 450	90 170	应付销售服务费	—	—
发放贷款	5 325 289	3 965 761	其他应付款项	12 003	24 086
可供出售金融资产	—	—	其他负债	—	—
持有至到期投资	1 010 954	715 301			
长期应收款	—	—	信托负债合计	22 136	37 686
长期股权投资	191 908	319 710			
投资性房地产	—	—	二、信托权益		
固定资产	—	—	实收信托	6 567 178	5 066 119
无形资产	—	—	资本公积	—	—
长期待摊费用	—	—	外币报表折算差额	—	—
其他资产	—	—	未分配利润	54 510	43 424
减：各项资产减值准备	—	—	信托权益合计	6 621 688	5 109 543
信托资产总计	6 643 824	5 147 230	信托负债和信托权益总计	6 643 824	5 147 230

公司负责人：朱德光　　财务负责人：朱昌寿　　会计人员：林　莉

5.2.2 信托项目利润及利润分配汇总表

编制单位：湖南省信托有限责任公司　2013 年度　　单位：万元

项　目	本年数	上年数
1. 营业收入	653 621	405 171
1.1 利息收入	468 361	273 058
1.2 投资收益（损失以“-”号填列）	171 690	115 072
1.2.1 其中：对联营企业和合营企业的投资收益	—	—
1.3 公允价值变动收益（损失以“-”号填列）	—	—
1.4 租赁收入	—	—
1.5 汇兑损益（损失以“-”号填列）	—	—
1.6 其他收入	13 570	17 041
2. 支出	104 793	62 251
2.1 营业税金及附加	—	—
2.2 受托人报酬	56 059	39 139
2.3 托管费	10 452	2 098
2.4 投资管理费	30 468	11 527
2.5 销售服务费	4 111	9204
2.6 交易费用	—	—
2.7 资产减值损失	—	—
2.8 其他费用	3703	283
3. 信托净利润（净亏损以“-”号填列）	548 828	342 920
4. 其他综合收益	—	—

续表

项　目	本年数	上年数
5. 综合收益	548 828	342 920
6. 加：期初未分配信托利润	43 424	15340
7. 可供分配的信托利润	592 252	358 260
8. 减：本期已分配信托利润	537 742	314 836
9. 期末未分配信托利润	54 510	43 424

公司负责人：朱德光　　财务负责人：朱昌寿　　会计人员：林　莉

6. 会计报表附注

6.1 简要说明报告年度会计报表编制基准、会计政策、会计估算和核算方法的变化

无。

6.2 或有事项说明

无。

6.3 重要资产转让及其出售的说明

无。

6.4 会计报表中重要项目的明细资料

6.4.1 披露自营资产经营情况

6.4.1.1 按信用风险五级分类的结果披露信用风险资产的期初数、期末数

信用风险资产五级分类	正常类（万元）	关注类（万元）	次级类（万元）	可疑类（万元）	损失类（万元）	信用风险资产合计（万元）	不良资产合计（万元）	不良资产率（%）
期初数	84 266	18 214	0	0	0	102 480	0	0
期末数	87 429	8 164	0	0	0	95 593	0	0

注：不良资产合计＝次级类＋可疑类＋损失类。

6.4.1.2 各项资产减值损失准备的期初数、本期计提、本期转回、资产转让、期末数

单位：万元

	期初数	本期计提	本期转回	本期核销	期末数
贷款损失准备	1 346	790			2 136
一般准备					
专项准备	1 346	790			2 136
其他资产减值准备					
可供出售金融资产减值准备					
持有至到期投资减值准备		190			190
长期股权投资减值准备					
坏账准备	1 390	4 358		4 922	826
投资性房地产减值准备					

6.4.1.3 自营股票投资、基金投资、债券投资、长期股权投资等投资业务的期初数、期末数

单位：万元

	自营股票	基金	债券	长期股权投资	其他投资	合计
期初数				45 271	15 892	61 163
期末数	1 251	4 989	4 723	60 683	73 287	144 933

6.4.1.4 按投资入股金额排序，前三名的自营长期股权投资的企业名称、占被投资企业权益的比例及投资收益情况等

企业名称	占被投资企业权益的比例（%）	投资收益（万元）
1. 华融湘江银行	3.16	900
2. 湖南高速财务集团财务有限公司	15	356
3. 湖南财信创业投资有限责任公司	40	6 659

6.4.1.5 前三名的自营贷款的企业名称、占贷款总额的比例和还款情况等

企业名称	占贷款总额的比例（%）	还款情况
华盛麓峰投资控股集团有限公司	46.40	正常
郴州高科控股有限公司	23.20	正常
湖南华鸿财信创业投资有限公司	11.60	正常

6.4.1.6 表外业务的期初数、期末数，按照代理业务、担保业务和其他类型表外业务分别披露

单位：万元

表外业务	期初数	期末数
担保业务	—	—
代理业务（委托业务）	—	—
其他	—	—
合计	—	—

6.4.1.7 公司当年的收入结构

收入结构	金额（万元）	占比（%）
手续费及佣金收入	71 080	81.12
其中：信托手续费收入	70 918	80.93
投资银行业务收入		
利息收入	4 531	5.17
其他业务收入		
其中：计入信托业务收入部分		
投资收益	11 873	13.55
其中：股权投资收益	8 500	9.70
证券投资收益	138	0.16
其他投资收益	3 235	3.69
公允价值变动收益	−51	−0.06
汇兑损益	−1	0
营业外收入	195	0.22
收入合计	87 627	100

6.4.2 披露信托资产管理情况

6.4.2.1 信托资产的期初数、期末数

单位：万元

信托资产	期初数	期末数
集合	1 583 376	1 828 966
单一	3 543 333	4 798 473
财产权	20 521	16 385
合计	5 147 230	6 643 824

6.4.2.1.1 主动管理型信托业务期初数、期末数，分证券投资、股权投资、融资、事务管理类分别披露

单位：万元

主动管理型信托资产	期初数	期末数
证券投资类	7 575	3 436
股权投资类	372 955	155 896
融资类	4 576 827	4 351 950
事务管理类	105 871	1 026 953
合计	5 063 228	5 538 235

6.4.2.1.2 被动管理型信托业务的信托资产期初数、期末数，分证券投资、股权投资、融资、事务管理类分别披露

单位：万元

被动管理型信托资产	期初数	期末数
证券投资类	—	—
股权投资类	—	—
融资类	84 002	359 500
事务管理类	—	746 089
合计	84 002	1 105 589

6.4.2.2 本年度已清算结束的信托项目个数、实收信托合计金额、加权平均实际年化收益率

6.4.2.2.1 本年度已清算结束的集合类、单一类资金信托项目和财产管理类信托项目个数、金额、加权平均实际年化收益率

已清算结束信托项目	项目个数	实收信托合计金额（万元）	加权平均实际年化收益率（%）
集合类	98	548 699	8.12
单一类	76	2 156 054	9.57
财产管理类	3	3 114	0.34

6.4.2.2.2　本年度已清算结束的主动管理型信托项目个数、合计金额、加权平均实际年化收益率，分证券投资、股权投资、融资、事务管理类分别披露

已清算结束主动管理型信托项目	项目个数	实收信托合计金额（万元）	加权平均实际年化信托报酬率（%）	加权平均实际年化收益率（%）
证券投资类	2	7 770	1.65	-8.17
股权投资类	22	154 285	0.86	9.31
融资类	149	2 349 898	0.69	8.58
事务管理类	3	95 914	0.64	45.66

6.4.2.2.3　本年度已清算结束的被动管理型信托项目个数、合计金额、加权平均实际年化收益率，分证券投资、股权投资、融资、事务管理类分别披露

已清算结束被动管理型信托项目	项目个数	实收信托合计金额（万元）	加权平均实际年化信托报酬率（%）	加权平均实际年化收益率（%）
证券投资类	—	—	—	—
股权投资类	—	—	—	—
融资类	—	—	—	—
事务管理类	1	100 000	0.25	5.59

6.4.2.3　本年度新增的集合类、单一类、资金信托项目和财产管理类信托项目数量、合计金额

新增信托项目	项目个数	实收信托合计金额（万元）
集合类	98	787 854
单一类	86	3 421 072
财产管理类	—	—
新增合计	184	4 208 926
其中：主动管理型	157	3 004 556
被动管理型	27	1 204 370

6.4.2.4　本公司履行受托人义务情况及因公司自身责任而导致的信托资产损失情况（合计金额、原因等）

公司在管理信托财产的过程中，恪尽职守，履行诚实、信用、谨慎、有效管理的义务，公司没有发生损害受益人利益的情况。

报告期内公司没有发生因公司自身责任而导致的信托资产损失情况。

6.5　关联方关系及其交易的披露

6.5.1　关联交易方的数量、关联交易的总金额及关联交易的定价政策等

	关联交易方数量	关联交易金额（万元）	定价政策
合计	2	65 000	市场公允价格

6.5.2　关联交易方与本公司的关系性质，关联交易方的名称、法人代表、注册地址、注册资本及主营业务等

关系性质	关联方名称	法定代表人	注册地址	注册资本	主营业务
母公司	湖南财信投资控股有限责任公司	王红舟	长沙市天心区城南西路一号	35.44亿元	省政府授权的国有资产投资、经营及管理，投资策划咨询、财务顾问，酒店经营与管理，房屋出租。
受同一母公司控制	湖南财信文化产业投资有限公司	成新航	长沙市开福区芙蓉中路一段191号	3 000万元	文化产业投资、房地产项目投资及其他法律、行政法规允许的产业投资，高校资产管理及其他资产管理，企业收购、兼并、重组、企业资产管理咨询、企业策划咨询。

6.5.3　本公司与关联方的重大交易事项

6.5.3.1　固有财产与关联方：贷款、投资、应收账款、担保、其他方式等期初数汇总数、本期发生额汇总数、期末汇总数

单位：万元

固有与关联方关联交易				
	期初数	借方发生额	贷方发生额	期末数
贷款				
投资				
租赁				
担保				
应收款项		5 000		5 000
其他				
合计		5 000		5 000

6.5.3.2　信托资产与关联方交易情况：贷款、投资、租赁、应收账款、担保、其他方式等期初汇总数、本期发生汇总额、期末汇总数

单位：万元

与关联方交易方式	期初数	本期发生数	期末数
贷款	60 000	—	60 000
投资	—	—	—

6.5.3.3　信托公司自有资金运用于自己管理的信托项目（固信交易）、信托公司管理的信托项目之间的相互交易（信信交易）金额，包括余额和本报告年度的发生额

6.5.3.3.1　固有与信托财产之间的交易金额期初汇总数、本期发生额汇总数、期末汇总数

无。

6.5.3.3.2　信托项目之间的交易金额期初汇总数、本期发生额汇总数、期末汇总数

无。

6.5.4　逐笔披露关联方逾期偿还本公司资金的详细情况以及本公司为关联方担保发生或即将发生垫款的详细情况

无。

6.6　会计制度的披露

（1）本公司固有业务（自营业务）已于2008年1月1日起

执行新的《企业会计准则》，同时所有与会计有关的内容均作出相应修改。

(2)信托业务于2010年1月1日起执行新的《企业会计准则》，同时所有与会计有关的内容均作出相应修改。

7. 财务情况说明书

7.1 利润实现和分配情况

经天健会计师事务所(特殊普通合伙)湖南分所审计，公司2013年度实现利润总额62 648万元，企业所得税13 373万元，净利润49 275万元。公司提取法定盈余公积4 928万元，提取信托赔偿准备2 464万元，提取一般准备1 792万元，可供股东分配利润40 091万元，暂不分配不转增。

7.2 主要财务指标

指标名称	指标值
资本利润率(%)	30.18
信托报酬率(%)	1.26
人均净利润(万元)	463

注：1. 资本利润率=净利润/所有者权益平均余额×100%。

2. 所有者权益平均余额是指评级年度内年初及各季度末所有者权益余额的移动算术平均数。公式为：$A(平均)=\frac{(\frac{A_0}{2}+\frac{A_1+A_2+A_3+A_4}{2})}{4}$。

3. 信托报酬率=信托业务收入/实收信托平均余额×100%。

4. 实收信托平均余额是评级年度内年初及各季度末实收信托余额的移动算术平均数。公式为：$A(平均)=\frac{(\frac{A_0}{2}+\frac{A_1+A_2+A_3+A_4}{2})}{4}$

5. 人均净利润=净利润/年平均人数。年平均人数是指评级年度内年初及年末人数的简单平均数。公式为：$A(平均)=\frac{(A_0+A_4)}{2}$

7.3 对本公司财务情况、经营成果有重大影响的其他事项

无。

8. 特别事项揭示

8.1 前五名股东报告期内变动情况及原因

无。

8.2 董事、监事及高级管理人员变动情况及原因

报告期内，因工作变动原因，经公司2013年度股东会第二次会议审议批准，同意胡军先生辞去董事职务，同意胡小龙先生拟任第四届董事会股东代表董事(待监管部门核准任职资格)；因工作年龄原因，王晓芸女士辞去职工董事职务；经公司第四届董事会第三十六次临时会议审议批准，同意王晓芸女士辞去风控总监职务，根据总裁提名，拟聘任李莉芳女士为副总裁，拟聘任张林新先生为风控总监(待监管部门核准任职资格后正式聘任)。

上述董事、高级管理人员的任职资格正在按程序报监管机构核准。

8.3 公司的重大未决诉讼事项

无。

8.4 对会计师事务所出具的有保留意见、否定意见或无法表示意见的审计报告，公司董事会应就所涉及事项作出说明

天健会计师事务所(特殊普通合伙)湖南分所对公司出具无保留审计意见。

8.5 公司及其董事、监事和高级管理人员受到处罚的情况

报告期内未发生公司及其董事、监事和高级管理人员受到处罚的情况。

8.6 银监会及其派出机构对公司的检查意见及其整改情况说明

报告期内，湖南银监局对公司截至2013年6月30日存续的信托业务及2013年6月到期信托项目清算交付情况进行了现场检查，并下发了《现场检查意见书》。公司高度重视，积极组织相关部门落实整改。整改情况如下：

一是完善私人股权投资业务内控制度；二是加强信托项目后期管理；三是规范信托财产专户管理；四是完善法律文本，规范信托合同管理；五是采取措施，进一步加强内部管理。

8.7 本年度重大事项临时报告的简要内容、披露时间、所披露的媒体及其版面

2013年7月24日，《金融时报》第八版刊登了《关于增加注册资本及修改章程的公告》。经本公司2013年度股东会第二次临时会议审议通过，并报经中国银行业监督管理委员会湖南监管局批准(湘银监复[2013]169号)，同意本公司注册资本由7亿元增加到12亿元。

8.8 银监会及其省级派出机构认定的其他有必要让客户及相关利益人了解的重要信息

无。

9. 公司监事会意见

(1)报告期内，公司能够认真贯彻国家法律法规和公司章程、制度的规定，依法合规、稳健经营，不断完善内控制度，持续强化风险管控。未发现公司董事和高级管理人员履行职务时有违反法律法规、公司章程或损害公司利益的行为。

(2)天健会计师事务所(特殊普通合伙)湖南分所对公司2013年度财务报告出具的审计报告所涉及事项是真实、客观、公正的，公司2013年度财务报告能够真实地反映公司的财务状况和经营成果。

(3)报告期内未发现公司有损害受益人、股东权益或造成公司资产流失的行为。

华澳国际信托有限公司

1. 重要提示

1.1 本公司董事会及董事保证本报告所载资料不存在任何虚假记载、误导性陈述或者重大遗漏,并对其内容的真实性、准确性和完整性承担个别及连带责任。

1.2 本公司全体董事出席董事会会议。

1.3 本公司设独立董事制度,独立董事朱宁、LamLee G(林家礼)在此发表独立声明,确认本报告所载资料及内容的真实性、准确性和完整性并无异议。

1.4 本公司已聘请德勤华永会计师事务所根据中国注册会计师审计准则对本公司年度财务报告进行审计,该审计机构已为本公司出具了标准无保留意见的审计报告和审计结论。

1.5 公司法定代表人及董事长余建平、主管会计工作负责人及会计部门负责人(会计主管人员)Diana Ling - Fung Jen(郑玲芳)在此声明:保证本年度报告所载财务资料和内容的真实性、准确性和完整性。

2. 公司概况

2.1 公司简介

2.1.1 历史沿革

公司原名昆明国际信托投资公司(简称昆国投),成立于1992年。1999年2月7日国务院办公厅下发《国务院办公厅转发中国人民银行整顿信托投资公司方案的通知》后,昆国投进入整顿阶段。2003年1月14日经中国人民银行银函[2003]14号文件批准,昆国投得以保留并于2003年3月刊登了公司重新登记公告。2005年11月17日,昆明市财政局和北京三吉利能源股份有限公司签订了《昆明国际信托投资公司重组合作协议》,昆国投进入重组阶段。2008年10月24日,《中国银监会关于昆明国际信托投资公司重组等有关问题的批复》批复了昆国投重组整体方案并同意其迁往上海,公司按照批复文件精神进行了重组后续事项的变更工作。2009年8月21日,根据中国银监会上海监管局批复,公司完成了新牌照的换证工作,领取了新的金融许可证。2009年5月27日,公司名称由"昆明国际信托投资公司"变更为"华澳国际信托有限公司"。2009年8月31日,上海市工商行政管理局向公司正式颁发了新的企业法人营业执照,进行了公司住所变更。2009年9月1日,公司正式开业。

2.1.2 基本信息

2.1.2.1 公司法定中文名称:华澳国际信托有限公司
公司法定中文名称缩写:华澳信托
公司法定英文名称:Sino - Australian International Trust Co., Ltd.
公司英文名称缩写:SATC

2.1.2.2 公司法定代表人:余建平

2.1.2.3 注册地址:中国上海市浦东新区花园石桥路33号花旗集团大厦1702室
邮政编码:200120
公司国际互联网网址:www.huaao-trust.com
公司电子信箱:enquiry@huaao-trust.com

2.1.2.4 公司信息披露事务负责人姓名:郭佳永
联系电话:+86 21 68883098
传真:+86 21 68885995
电子信箱:hadb@huaao-trust.com

2.1.2.5 公司信息披露报纸名称:《上海证券报》

2.1.2.6 公司年度报告备置地点:上海市浦东新区花园石桥路33号花旗集团大厦1702室

2.1.2.7 公司聘请的境内会计师事务所名称:德勤华永会计师事务所有限公司
办公地址:中国上海市延安东路222号外滩中心30楼
联系电话:+86 21 61411830

2.1.2.8 公司聘请的境内律师事务所名称:大成律师事务所(上海办公室)
办公地址:上海市浦东新区世纪大道100号上海环球金融中心24层
联系电话:+86 21 58785888

2.2 组织结构

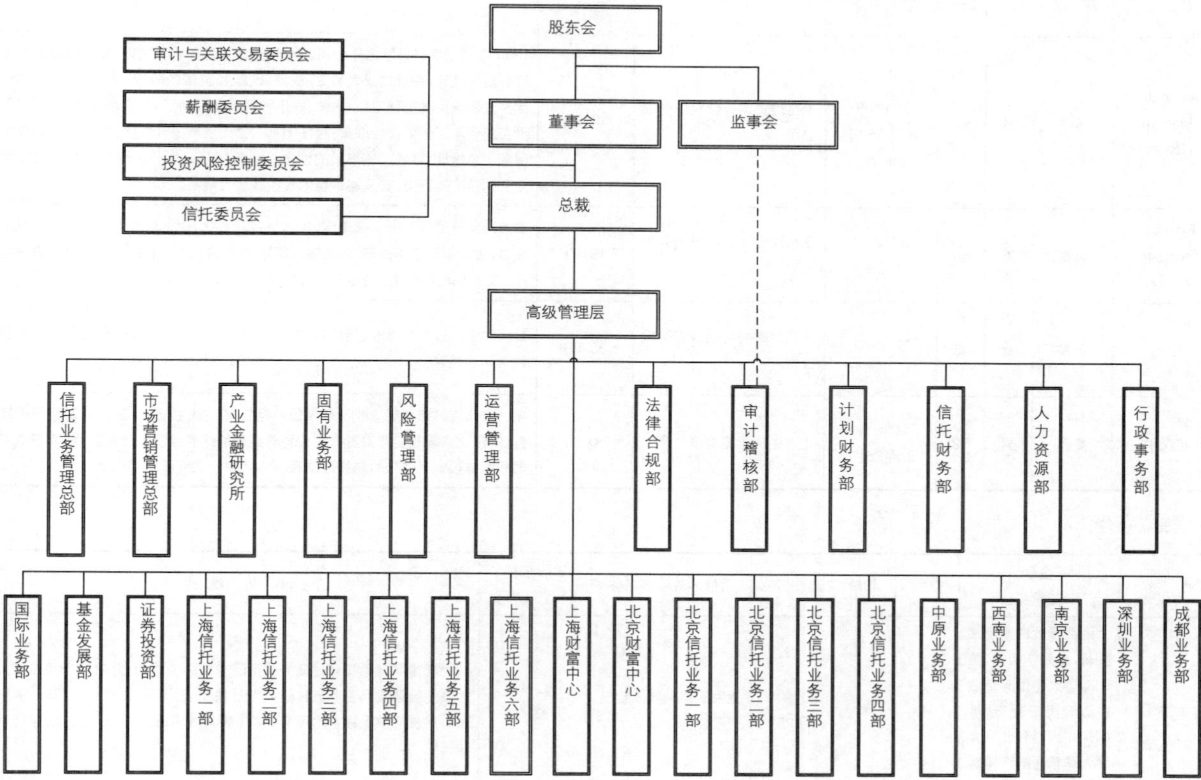

3. 公司治理

3.1 股东

报告期末股东总数为3家。

公司全部股东均持有公司10%（含）以上股份，股东名称及持股情况如下：

股东名称	出资比例（%）	法人代表	注册资本	注册地址	主要经营业务及主要财务情况
北京融达投资有限公司★	50.01	申献斌	30 000万元	北京市海淀区首体南路国兴家园4号楼D1三层	主要投资房地产、煤炭、化工、稀土、金融股权等。
北京三吉利能源股份有限公司	30.00	余建平	96 000万元	北京市丰台区科学城航丰路8号231室	建设、经营电厂（站），电力及能源配套设备制造、加工、销售。
麦格理资本证券股份有限公司	19.99	—	20亿港元	香港中环添美道1号中信大厦19层	证券承销、证券经纪、证券研究、证券配售以及全球存托凭证、美国存托凭证交易等。

注：1. "股东名称"一栏中★为公司最终实际控制人。

2. 股东北京融达投资有限公司、北京三吉利能源股份有限公司之间存在关联关系。

3.2 董事、董事会及其下属委员会

董事长、副董事长、董事

姓 名	职 务	性别	年龄	选任日期	所推举的股东名称	该股东持股比例（%）	简 要 履 历
余建平	董事长	男	57	2013年3月25日	北京三吉利能源股份有限公司	30.00	北京国利能源投资有限公司董事长、总经理、党委书记。先后在北京国利能源投资有限公司、北京三吉利能源公司及北京三吉利能源股份公司担任总经理、董事长等职务，现任华澳国际信托有限公司董事长。

续表

姓 名	职 务	性别	年龄	选任日期	所推举的股东名称	该股东持股比例（%）	简 要 履 历
Alexander Harms Harvey	董事	男	42	2013年3月25日	麦格理资本证券股份有限公司	19.99	1999年从纽约银行家信托公司（Bankers Trust）加入麦格理，在金融服务行业拥有多年经验，领导过澳大利亚、亚洲、欧洲和美国的股权、债务和顾问交易。曾在麦格理资本担任电信、媒体、娱乐和科技部（TMET）的全球主管，同时还是麦格理资本运营委员会成员；担任TMET集团全球主管之前，是麦格理媒体集团董事总经理，领导了该集团的创建及其首次公开发行。现任麦格理亚洲区业务的首席执行官，是麦格理资本直投委员会成员。
Richard Fairbairn Young	董事	男	44	2013年3月25日	麦格理资本证券股份有限公司	19.99	澳大利亚注册会计师。在电讯、媒体、科技行业的企业融资方面拥有多年从业经验，曾就职于普华永道、荷兰银行等著名机构，曾担任麦格理集团董事总经理，曾任华澳国际信托有限公司首席运营官、首席财务官。
田英	董事	女	48	2013年3月25日	北京三吉利能源股份有限公司	30.00	曾任北京三吉利能源股份有限公司总会计师，现任北京三吉利能源股份有限公司副总经理。
刘汉平	董事	男	52	2013年3月25日	北京融达投资有限公司	50.01	先后在北京三吉利能源股份有限公司担任审计室主任、经营计划部经理等职务，曾任北京国利能源投资有限公司总经理助理兼监察审计部经理，现任北京国利能源投资有限公司总经理助理。

独立董事

姓 名	所在单位及职务	性别	年龄	选任日期	所推举的股东名称	该股东持股比例（%）	简 要 履 历
朱宁	上海高级金融学院副院长、金融学教授，美国耶鲁大学国际金融中心教授研究员，美国加州大学和北京大学光华管理学院特聘金融教授	男	40	2013年3月25日	北京三吉利能源股份有限公司	30	曾担任雷曼兄弟和野村证券投资研究高级主管，负责拓展企业在亚太区域的股票交易业务。其研究涉足投资、公司财务、行为金融及金融法。他著有数十篇学术论文，其中多篇发表在国际一流金融、管理及法律期刊。
Lam Lee G（林家礼）	麦格理集团	男	54	2013年3月25日	麦格理资本证券股份有限公司	19.99	曾任正大企业国际有限公司行政总裁兼副董事长、中银国际控股董事总经理兼投资银行部副董事长、中银国际亚洲董事总经理、新加坡科技电信媒体业务执行董事、美国海德思哲国际咨询公司全球华人业务首席合伙人、欧洲MIC移动电话公司亚太区行政总裁、美国科尔尼国际管理顾问公司大中华地区首席合伙人、大东电报局/香港电讯有限公司总经理，现任LeeG. Lam Associates Inc国际投资管理公司董事长。

董事会下属委员会

董事会下属委员会名称	职责	组成人员姓名	职务
信托委员会	审议公司的受托业务，审批公司集合资金信托计划报告； 督促公司依法履行受托职责； 对所有集合资金信托计划相关事务行使诚信原则； 为信托资金受益人最大利益服务； 确保公司以一般谨慎常人应当采取的审慎态度、尽职程度、技术能力进行资金管理； 监督保证信托资金资产相对于其他资金资产的独立性； 保证解释交易以及资金财务记录的会计账目的准确性以及可获取性。	Lam Lee G（林家礼）	独立董事
		张宏	监事长
		Richard Fairbairn Young	董事
投资控制委员会	审议公司的所有对外投资（包括进行和终止投资）。其中500万元（含）以内的，由投资风险控制委员会评审后直接决策；超过500万元的，经投资风险控制委员会审议同意后报董事会审批（业务年度计划内的除外）。 审议公司信托业务的风险控制及投资。 审议公司基金业务的风险控制及投资。 信托产品和服务的定价。 聘请外部顾问，如律师、评估师等。 年度风险控制评估。	Lam Lee G（林家礼）	独立董事
		田英	董事
		Richard Fairbairn Young	董事

续表

董事会下属委员会名称	职责	组成人员姓名	职务
薪酬委员会	研究和审查公司薪酬政策与方案。	余建平	董事长
		Alexander Harms Harvey	董事
		Lam Lee G(林家礼)	独立董事
审计和关联交易委员会	1. 根据国家金融政策、市场情况和公司发展方向,制定重点业务管理及经营风险的防范与控制措施; 2. 负责督促公司依法履行董事会赋予的职责,对公司执行经董事会批准的年度经营计划的过程及结果进行监督和审计; 3. 对公司合规、合法运营进行审计和监督; 4. 对会计报表、会计账目及相关材料进行审计,审查财务收支的真实性、合法性、效益性; 5. 审议董事会不时要求的其他事项; 6. 评估审计报告中所提出的相关问题以及行动建议; 7. 审批审计工作计划; 8. 评估审计团队的工作表现; 9. 参与评估审计稽核部的工作绩效。	朱宁	独立董事
		刘汉平	董事
		Christian Gray Drysdale	监事

3.3 监事、监事会及其下属委员会

监事会成员

姓 名	职 务	性别	年龄	选任日期	所推荐的股东名称	该股东持股比例(%)	简 要 履 历
张 宏	监事长	男	53	2013年3月25日	北京三吉利能源股份有限公司	30	曾任北京国利能源投资有限公司副总经理、华澳国际信托有限公司监事长。拥有在财务、金融投资、资产重组及海外业务等方面丰富的管理经验。现任华澳国际信托有限公司专职监事长。
Christian Gray Drysdale	监事	男	40	2013年3月25日	麦格理资本证券股份有限公司	19.99	现任麦格理集团亚洲区业务董事、总经理,曾就职于毕马威会计师事务所和麦格理印度,拥有澳大利亚注册会计师资质,有着超过13年的金融从业经验,擅长产业分析和亚洲市场进入战略等,熟悉亚洲各国的金融税务及法律,有着证券投资及衍生产品、资产管理、金融投资等方面丰富的从业经验。
高 杰	监事	女	39	2013年3月25日			曾任平安资产管理公司审计负责人、中泰信托投资公司稽核审计部总经理、汇尔顿资产管理有限公司总经理助理,拥有丰富的财务、金融及管理方面的背景和从业经验,现任华澳国际信托有限公司法律合规部合规总监兼审计稽核部总经理。

本报告期公司监事会暂未下设专业委员会。

3.4 高级管理人员

姓名	职务	性别	年龄	选任日期	金融从业年限	学历	专业	简 要 履 历
赵文杰	总裁	男	48	2013年3月25日	26	博士	金融工程	曾任深圳发展银行首席内控执行官和深圳发展银行北京分行行长等职务,拥有在内控、金融投资、人力资源等方面丰富的管理经验。现任华澳国际信托有限公司总裁。
李长忠	副总裁	男	51	2013年3月25日	14	硕士	会计、人力资源	曾任北京能源房地产开发有限责任公司副总、北京三吉利稀土公司董事长、北京新协房地产开发公司总经理、国家开发投资公司财务部处长、北京三吉利能源公司总会计师、煤炭部中国地方煤矿总公司财务处副处长等职务。现任华澳国际信托有限公司副总裁。
Diana Ling-Fung Jen(郑玲芳)	首席财务官	女	51	2013年3月25日	9	硕士	税法学	曾任职于普华永道会计师事务所在芝加哥、北京、上海和广州的分公司,香港创业板上市的长达科技控股有限公司以及在亚太区享有盛誉的里昂证券有限公司。精通境内和国外的会计和税务法规,对重组规划、融资渠道和方式、财务管理及控制等有很好的国际财务管理工作的先进经验。
翟振明	副总裁	男	43	2013年3月25日	25	硕士	管理科学与工程	曾任深圳发展银行北京分行公司业务部副总经理、东直门支行行长,多年从事金融工作,在市场开拓、风险控制方面有所擅长并严格按照合规的理念进行经营管理。

3.5 公司员工

本报告期公司在岗员工 157 人。

项目		报告期年度		2012 年末	
		人数	比例(%)	人数	比例(%)
年龄分布	25 岁以下	6	4	5	4
	25 ~29 岁	45	29	40	32
	30 ~39 岁	85	54	63	50
	40 岁以上	21	13	18	14
学历分布	博士	1	1	1	1
	硕士	66	42	49	39
	本科	86	55	73	58
	专科	4	2	3	2
	其他				
岗位分布	董事、监事及高管人员	5	3	5	4
	自营业务人员	2	1	2	2
	信托业务人员	65	42	47	37
	其他人员	85	54	72	57

4. 经营管理

4.1 经营目标、方针、战略规划

4.1.1 经营目标

引领金融服务和金融创新，并借助其为信托产品的投资者及股东创造较高价值与丰厚的回报，推动公司持续快速健康发展。

4.1.2 经营方针

夯实基础、严控风险、团结奋进、乘势而上。

4.1.3 战略规划

依托中方股东的本土优势及外方股东在国际金融市场多年的成功管理经验，将华澳信托打造成为以发展产业基金及私募股权投资管理为主、以提供多种金融创新服务为辅的有鲜明管理特色的国际化综合金融机构。

为此，公司将致力于努力工作并确保优异的理财管理能力和业绩表现，内部风险控制及资产管理实力不断提升，市场营销、客户群体的开拓及公司知名度持续上升，团队及企业文化建设不断进步。

4.2 所经营业务的主要内容

4.2.1 公司主营业务

公司目前主要以信托为主营业务，在确保风险可控基础上适当开展自营金融业务。

信托业务方面，公司贯彻落实监管部门指导精神，注重培养和提升主动管理能力，积极发展与各优质客户之间紧密持久的战略合作关系，确保信托产品的高起点、精品化。在确保传统信托产品为业务本原的基础上，稳健开展投资类信托、准资产证券化（财产权信托）等信托业务，并逐步加大信托产品创新力度，积极拓展信托业务领域，丰富信托业务品种，在供应链金融、中小企业发展基金、资本市场、基础设施、能源矿产（电力、燃气、新能源、矿业、环保等）、房地产、新兴农业、高科技、传媒、并购等领域不断提升和拓展，在顺应国家产业政策导向的前提下，着力打造公司独具特色的信托产品，以满足高端客户的投资需求。

今后，配合公司增资及依托外方股东国际金融方面的优势背景逐步申请开展企业年金、QDII、PE 等以资产管理为内在核心竞争力驱动的主动管理型信托业务，实现业务战略转型。

固有业务方面主要包括：(1)贷款类业务。贷款类业务是提高固有资金运营效率的重要手段，公司通过对贷款结构、期限、规模的动态调整和优化，积极把握各类行业领域孕育的投资机会，从客户资源、渠道资源、项目资源等方面为信托主业提供有力支持，同时获得风险可控的较高收益。(2)金融产品投资类业务。金融产品投资类业务较为灵活，可根据公司当期资金情况，提高资金使用效率。当配比不同种类的金融产品时，可降低投资组合风险。同时，在风险相对较低的情况下可获得可观收益。目前，金融产品投资类业务主要包括购买信托产品和信贷资产转让。(3)固定收益业务。固定收益业务对公司在优化固有资产投资结构、提升固有资产运营效率等方面发挥着重要作用。公司以确保资金的安全性和资产的流动性为原则，通过对固定收益市场和相关投资品种的深入研究，根据市场环境的变化动态调整和优化资产配置结构，构成稳健的投资组合，获取固定收益。

4.2.2 资产组合与分布

自营资产运用与分布表

资产运用	金额（万元）	占比（%）	资产分布	金额（万元）	占比（%）
货币资产	43 187	39.15	基础产业	—	—
贷款	15 000	13.60	房地产业	—	—
交易性金融资产	—	—	证券市场	—	—
可供出售金融资产	29 350	26.61	工商企业	15 000	13.60
持有至到期投资	—	—	金融机构	80 437	72.92
长期股权投资	—	—	其他	14 864	13.48
其他	22 764	20.64			
资产总计	110 301	100.00	资产总计	110 301	100.00

信托资产运用与分布表

资产运用	金额（万元）	占比（%）	资产分布	金额（万元）	占比（%）
货币资金	48 684.91	0.95	房地产	162 513.28	3.18
贷款	3 382 661.64	66.10	工商企业	3 010 230.69	58.82
应收款项	120 536.10	2.36	基础产业	1 495 210.13	29.22
买入返售金融资产	699 155.00	13.66	金融机构	105 757.47	2.07
可供出售金融资产	612 646.80	11.97	证券	12 798.06	0.25
长期股权投资	233 865.00	4.57	其他	331 334.82	6.47
其他资产	20 295.00	0.40			
合计	5 117 844.45	100	合计	5 117 844.45	100

4.3 市场分析

截至 2013 年末，华澳信托资产管理规模达 506 亿元，客户

总数达5 883人。2013年新增资产管理规模435亿元，新增客户数2 852人。从存续受托资金的投资方向看，工商企业类产品占比56.91%，基础产业类信托占比23.33%，地产类占比3.80%，金融市场信托产品占比2.31%，其他占比13.64%；从资金投向区域来看，存量业务中，云南（17.03%）、江苏（17.49%）、河南（15.05%）、四川（11.78%）四个地区的占比在10%以上；从存续项目类型来看，单一类347亿元（68.58%），集合类154亿元（30.48%）。

2013年，华澳信托配合监管机构调控房地产市场和化解投融资平台风险的要求，压缩地产以及平台类融资项目，持续发挥华澳信托在工商企业类产品方面优势，对资本市场类产品进行探索与创新，提升销售队伍专业度，建立财富管理品牌，扩大市场知名度，提高客户认知度。2014年，公司将继续推进产品创新，推进财富品牌建设，建立VIP俱乐部，进一步规范销售流程，强化合规销售，同时结合自身实际，因地制宜，积极进取，实现差异化发展，初步形成具有华澳特色的竞争优势，力争在同类型公司中处于领先地位。

4.4 内部控制

4.4.1 内部控制环境和内部控制文化

公司高级管理层始终坚持"内控优先"的风险管理理念，并强调公司各部门和岗位对内控和风险管理的重视。

为进一步提高内部控制水平，防范经营风险，保障公司安全稳健运行，根据《关于进一步加强我公司内部控制的指导意见》，公司继续推进内部控制水平提升，明确内部控制目标和原则，并细化内部控制具体实施方案，为公司经营夯实基础。

报告期内，公司聘请了德勤华永会计师事务所作为内控咨询顾问，协助优化内部控制流程，完善公司的内部控制设计，推进了内部控制管理的规范化。

同时，公司通过开展合规培训、组织"反洗钱月"活动以及定期发布合规专刊等活动，加强员工的风险防范意识。总体来说，公司十分重视内控建设，并通过对现行内控体制的定期评估和修改，不断完善内控体系。

4.4.2 内部控制措施

公司从制度流程的梳理和完善、自我风险评估、不断加强IT系统建设等方面加强内部控制管理，本报告期内采取的具体内部控制措施主要包括：

持续梳理、完善各项管理制度以规范各项经营管理活动。报告期内 公司新增、修订、下发的业务类和管理类制度共计63余项，废除旧制度12项。

进一步完善自我风险评估体系，增强自我识别、自我控制风险的能力。本报告期内，公司各部门通过指定兼职内控联络员或业务骨干组成内控自评工作小组，实施了评估工作，并对需要进一步完善的方面提出建议。

梳理业务流程和管理流程，编制流程图。在外部咨询公司协助下，公司通过梳理各条线业务和管理流程，汇总了流程图和控制描述，形成了内部控制手册，以利于进一步控制操作风险，提高沟通和工作效率。

不断加强IT系统建设，推进业务操作流程规范化。本报告期内，恒生业务一体化系统上线并平稳运行，公司官方网站重新更新，开通微信平台以供内部分享经验，上线青海湖论坛以供同业交流探讨，多重系统建设举措进一步提升了业务操作和信息交流的规范性，保障了各项内部控制措施的切实执行，在降低手工操作风险的同时提高了工作效率。

强化内部监督制约机制，完善责任追究制度。本报告期内，公司制定了《违规行为处罚实施办法》等责任追究制度，并通过加强合规宣导、加强审计监督、加大违规处罚力度等举措，进一步夯实了内部监督管理基础，巩固了内控措施的执行力。

4.4.3 信息交流与反馈

本报告期内，公司建立健全了信息交流与反馈机制。在信息传达方面，通过办公自动化系统或专题会议形式，将最新的法律法规、监管要求、信托行业及内部经营风险状况等信息及时传递给相关部门，确保员工充分掌握信息并及时作出反馈。在信息报告方面，制定了清晰的信息报告流程和应急处理方案，确保各部门将经营过程中存在的重大问题和风险事项及时报告高级管理层、董事会、监事会和相关监管部门。在外部沟通方面，公司严格遵循监管要求，与银监会、人民银行等监管部门建立了完备的沟通和报告机制，及时就公司的经营情况、风险状况、内外部审计情况等向监管部门报告。在部门间工作协调方面，公司内部搭建了高效畅通的信息交流渠道，通过定期会议和随时沟通实现跨部门协作。

4.4.4 监督评价与纠正

公司审计稽核部在审计和关联交易控制委员会领导下，对公司各部门的尽责履职情况、各项业务和经营管理活动的合规开展情况、公司资产的安全性和保值增值，以及财务收支的真实性和完整性等方面进行监督、检查和评价，并直接向审计和关联交易控制委员会报告，具有充分的独立性。

审计稽核部日常工作内容包括常规审计、专项审计、项目稽核和离任审计等。专项审计针对重点业务和管理领域不定期开展，项目稽核则是对业务项目按监管要求从实施到清算全程风险管理情况进行监督检查。通过审计报告和管理建议书，汇总审计发现的问题，提出改进意见，追踪意见落实情况，以及时、全面、准确地揭示和排查公司内控管理中可能存在的薄弱之处和风险隐患。

4.5 风险管理

4.5.1 风险管理概况

4.5.1.1 公司风险管理的宗旨

公司风险管理以保护委托人（受益人）和股东最大利益为宗旨。（1）风险管理是公司整体经营和各项业务稳健持续发展的保障。（2）董事会和公司最高管理层对风险的识别和管理负最终责任。（3）分工明确、相互制约的组织架构是公司风险管理的前提。（4）完善的制度体系建设是风险管理的基础。

4.5.1.2 公司风险管理的总体目标

（1）提升公司经营管理效果，促进经营和业务积极稳健发展。（2）确保公司经营合法合规以及公司内部规章制度得以贯彻执行。（3）确保将公司经营和业务风险控制在与公司总体目标相适应并可承受的范围内。（4）确保公司建立各类重大风险（包括但不限于法律合规风险、信用风险、市场风险、流动性风险、声誉风险、道德风险等）的防范和应急处理机制，保护公司不因灾害性风险或人为失误而遭受重大损失。（5）形成良好的风险管理文化，使全体员工不断强化风险防范和风险管理意识。

4.5.1.3　公司风险管理的原则

(1)全面性:公司风险管理应当做到事前、事中、事后控制相统一,覆盖公司的所有业务、部门和人员,渗透到决策、执行、监督、反馈等各个环节,确保不存在风险管理的空白或漏洞。(2)独立性:承担风险管理监督检查职能的部门应当独立于公司其他部门。各业务部门的业务环节应相互独立,各司其职。(3)制衡性:公司部门和岗位的设置应当权责分明、相互制衡,一线业务运作与二线管理支持及三线监督检查应适当分离。

4.5.1.4　公司风险管理的组织架构

公司积极推进全面风险管理体系建设,公司高级管理层及相关部门负责人通过参加项目评审委员会和投资风险控制委员会,评审、审批公司各项业务及投资,及时了解并掌握拟开展项目的风险状况;公司将各业务部门及管理部门按前台、中台、后台进行职能分工,通过不断增加风险管理和风险控制的人力资源配置,通过不断强化全员风险管理理念,实现了从项目尽职调查到项目清算的全流程、全方位的风险防范体系。

董事会:管理并监督公司的风险偏好和风险容忍度。

投资风险控制委员会:负责提出公司经营管理过程中防范和控制风险的指导意见,监督公司风险管理的制度建设;负责审查重大业务风险;对公司风险状况和风险管理能力及水平进行评价,提出完善公司风险管理的建议。

执行委员会:负责公司战略发展规划及业务层面的管理工作,监督业务管理制度、业务流程的制定,组织开展其他日常经营管理工作。

项目评审委员会:负责对公司各项业务的评审,包括对项目合规风险、法律风险、信用风险、市场风险、流动性风险、操作风险、声誉风险等的综合审议;只有经该委员会评审通过的项目方可提交公司投资风险控制委员会审批。

风险管理部:作为公司全面风险管理的牵头协调部门,负责制定公司及各业务的风险管理政策和风险管理制度体系搭建,不断完善公司风险管理文化;依据公司的总体战略和风险偏好,制定风控规划并确定公司风险容忍度;建立风险事件危机管理机制;协调各部门开展项目风险评审及存续项目风险管理工作;维护公司风险管理信息系统,不断提升风险管理水平。

审计稽核部:负责风险管理制度和流程执行的监督、审计并进行独立的风险评估;负责协助公司改进风险管理与内部控制系统;通过评价内部控制的效率与效果,促进内部控制的持续改善;对所发现的重大风险事项可直接向审计委员会及投资风险控制委员会汇报。

法律合规部:负责公司法律合规风险管理和咨询服务,对业务部门送审的项目进行法律合规风险审查,提出独立审查意见;负责牵头处理监管部门有关事务,组织案防、反洗钱相关工作;代表公司处理非诉及诉讼等相关事宜;负责促进公司合规文化建设,确保公司各项经营管理活动合法合规。

运营管理部:作为公司信托业务中后端集中运营服务的管理综合平台,主要承担信托资产存续期的运营处理、核算估值、运营分析和监督控制等职责;负责对信托业务进行有效监督和控制,提示并及时报告风险事项、合规事项等。

信托业务管理总部:负责对公司信托业务进行统筹管理,优化资源配置,提升公司核心盈利能力,促进公司信托业务目标的达成,引领公司信托业务研究与创新;负责针对业务主要风险环节制定相应的业务操作流程。

各业务部门:对风险管理负首要责任。各业务部门负责人是项目风险的第一责任人,履行风险管理和风险控制职能,执行具体的风险管理制度。

中后台其他管理部门:除上述承担管理职能部门以外的中后台其他管理部门,在其岗位职责范围内负责风险管理的相关事务。

4.5.2　风险状况

4.5.2.1　信用风险状况

信用风险主要指交易对手不履行义务的可能性,主要表现在信托贷款、资产回购、后续资金安排、担保、履约承诺等交易过程中,借款人、担保人、保管人(托管人)等交易对手不履行承诺,不能或不愿履行合约承诺而使信托财产和固有财产遭受潜在损失的可能性。同时,当信用风险发生时,如受托人没有尽职管理、安排预算不恰当,或信托项目因违法违规未能如期执行,则可能会发生流动性风险。

报告期内,公司固有业务和信托业务均无不良信用资产。

2013年末公司已按照净利润的5%计提了信托项目赔偿准备金,年末余额2 126万元,较2012年增加了1 135万元;已按风险资产的1.5%计提了一般风险准备,年末余额832万元,较2012年增加了154万元。

4.5.2.2　市场风险状况

市场风险是指公司在运营过程中可能因股价、市场汇率、利率及其他商品价格因素等变动而产生的风险,具体表现为经济运作周期变化、金融市场利率波动、通货膨胀、房地产交易、证券市场变化等造成的风险,这些风险可能影响信托财产的价值及信托收益水平,也可能影响公司固有资产价值或导致损失。报告期内,公司未发生因市场风险所造成的损失。

利率风险主要源于市场利率变动对利率敏感金融工具的公允价值或未来现金流量的影响。根据公司资金运作的实际情况,公司计息资产主要为短期同业存放及一年内到期的短期贷款,受市场利率变动的影响可控。

汇率风险是指因汇率变动产生损失的风险。公司承受汇率风险主要与美元有关,除了公司资本金户外方股东麦格理资本证券股份有限公司美元出资款中尚有513万美元未进行结汇外,公司的其他主要业务活动以人民币计价结算。截至2013年末,公司认为外汇风险对公司的影响有限。公司将密切关注汇率变动对公司美元出资款外汇风险的影响,选择适当的时机逐步结汇,规避外汇风险的影响。

其他价格风险是指金融工具的公允价值因市场利率和外汇汇率以外的市场价格因素变动发生波动的风险。报告期内,公司不存在重大的其他价格风险。

4.5.2.3　操作风险状况

操作风险是指由于不完善或有问题的内部操作过程、人员、系统或外部事件而导致直接或间接损失的风险。

公司所有从业人员均保持良好的道德意识和职业操守,未出现违法、违规、违约现象,未出现较大差错和失误,未发生责任事故。公司严格规范操作流程,严控操作风险。

4.5.2.4　其他风险状况

其他风险主要指公司业务开展中的流动性风险、道德风险和声誉风险等。流动性风险是指没有足够资金满足到期债务支付的风险。根据公司资金运作的实际情况及对流动性的预测,公司的资本金充足,基本能应付日常的业务与投资需求,尚不需要通过外部融资应对流动性风险,因此流动性风险不大。

报告期内,公司未发生因其他风险所造成的损失。

4.5.3 风险管理

4.5.3.1 信用风险管理

为管理和防范信用风险,公司已建立信托项目全过程风险管理体系,风控措施覆盖项目立项、尽职调查、评审审批、发行、存续管理、清算等全过程。

风险管理部项目风险审查人员及法律合规部法律合规审查人员根据公司项目评审及风险防范相关原则,通过参与项目前期尽职调查、审核项目材料、参加项目预沟通会、优化交易方案等方式,有效识别、计量、揭示并控制项目存在的各类风险。

风险管理部存续项目管理人员通过对存续项目进行非现场监测及现场检查,持续监控存续期项目的风险状况;通过定期对交易对手及相关项目开展信用评级,评估风险等级,有效识别并计量项目风险;通过牵头编制存续项目信托季度检查报告、按月出具月度风险管理报告、出具风险提示函等方式,揭示项目风险并将公司整体风险管理状况通报公司高管层及相关人员。

2013年,公司分别于6月和12月开展了两次对所有存续信托项目的风险排查,检查内容包括但不限于项目总体风险状况、实际运行情况,交易对手的经营及财务状况、用款情况、第一还款来源,抵押物的现场状态、价值变动及权属变化,担保方的经营财务情况、总体担保能力等。通过全面摸底,做到心中有数,防范潜在项目风险。

4.5.3.2 市场风险管理

公司于2013年成立产业金融研究所,专门负责实体经济产业、特定产业的金融产品与服务的研究工作,以支持公司业务发展需要,提出指导意见。此外,公司在设计产品前进行的尽职调查涵盖了市场适应性调查;对敏感性行业和国家宏观调控重点行业的投资采取了现场派驻高级监管员、控制所有交易对手重要印章和证照以及设置资金监管账户等多重风险防范措施,并在业务事前尽职调查、抵(质)押率等风险控制措施设计时充分考虑了价格风险因素。

针对证券投资类项目的市场风险,通过采取结构化设计;每日监控投资比例和信托单位净值变动情况;设置预警线和平仓线,出现风险时立即要求次级受益人追加资金;适时修订证券投资信托业务的风险管理指引,强化投资顾问准入及过程监控的管理要求;严格筛选合作伙伴,选择具有较强资产管理能力的私募基金公司等各项措施严控风险。公司还建立资产管理系统,为公司开展证券业务提供系统支持,并作为管理市场风险的有效技术保证。

针对股权投资类项目的市场风险,通过业务创新不断拓展多元化的投资领域;加强对交易对手在其所处行业的市场竞争能力分析,准确把握资金进入时机,密切跟踪市场,及时调整投资策略;充分考虑拟投资项目筛选、评估、运营、退出中的策略、渠道和措施,注重投资项目的调研分析工作,建立充足的项目储备池,制定风险处置预案,提前锁定项目退出风险;明确投资管理责任等各项措施严控风险。

4.5.3.3 操作风险管理

公司采取一系列措施规范操作流程,降低操作风险:(1)建立严格的部门职责和员工岗位职责,梳理各项业务流程和操作规程;(2)建立职责分离、相互监督制约的机制,建立严格的审核、复核程序;(3)建立规范的信息系统管理流程并配置灾备系统;(4)不断完善各项规章制度,使之更加完整严密。

2013年,公司顺利完成两个重点项目:(1)内控体系建设咨询项目。通过本咨询项目,建立适应公司业务发展和需要的内部控制自我评估体系,全面提升公司内部控制规范化管理的能力和水平;建立以风险控制为导向,综合考虑风险、成本、收益的风险资产计量和配置体系,打造行业领先的内部控制和风险管理体系,为公司进行合理的风险定价奠定基础。(2)恒生业务一体化系统平台。该平台使公司信息系统管理水平得到大幅度提高。

通过在业务尽职调查、产品规范化管理、外部中介机构管控、风险监测评价、合同档案管理、信息披露等方面不断细化管理要点和规范操作流程,提升业务操作的规范化和标准化水平,消除操作风险隐患,有效管理各类操作风险。

4.5.3.4 其他风险管理

声誉风险:公司高度重视对声誉风险管理,建立声誉风险监控制度,定期收集公开信息对公司的相关评价和报道,设有专人负责声誉风险控制,建立应对危机的应急预案和处理机制,能够妥善处理日常经营当中可能出现的声誉风险事件。

道德风险:公司通过制度设计完善内部控制机制,规范操作流程;严格执行管理制度及纪律要求;加强道德文化教育,要求员工遵纪守法,不断提高员工廉洁自律和勤勉尽职的意识;以员工为本,强调和谐共赢,不断加强企业的凝聚力和员工的归属感,使员工认识到与公司共同成长的重要性,为防范道德风险提供制度保障。

流动性风险:公司充分重视流动性风险的管理和控制,固有资产流动性充沛,信托业务在方案设计及后续管理中把流动性风险作为重要风险要素之一。公司不断提高识别、监测和调控头寸的能力,随着业务项目的增加,将逐步完善流动性风险管理体系的建设。财务部人员及运营管理部人员对流动性缺口进行测算;风险管理部通过发布月度风险管理报告、流动性风险提示函等方式,及时跟踪并向公司管理层汇报存续项目可能存在的流动性风险;审计稽核部通过对日常经营管理的定期审计、对业务项目常规的阶段性稽核及一个月内到期项目的专项稽核等对流动性管理情况进行监督检查;基本具备缓解和释放信托赔偿责任风险转嫁给固有业务的流动性压力的手段和措施。

5. 报告期末及上一年度末的比较式会计报表

5.1 自营资产(会计报表已经审计)

5.1.1 会计师事务所审计意见全文

审计报告

德师报(审)字(14)第P号

华澳国际信托有限公司全体股东:

我们审计了后附的华澳国际信托有限公司(以下简称贵公司)财务报表,包括2013年12月31日的资产负债表,2013年度的利润表、股东权益变动表和现金流量表以及财务报表附注。

一、管理层对财务报表的责任

编制和公允列报财务报表是贵公司管理层的责任，这种责任包括：(1)按照企业会计准则的规定编制财务报表，并使其实现公允反映；(2)设计、执行和维护必要的内部控制，以使财务报表不存在由于舞弊或错误而导致的重大错报。

二、注册会计师的责任

我们的责任是在执行审计工作的基础上对财务报表发表审计意见。我们按照中国注册会计师审计准则的规定执行了审计工作。中国注册会计师审计准则要求我们遵守中国注册会计师职业道德守则，计划和执行审计工作以对财务报表是否不存在重大错报获取合理保证。

审计工作涉及实施审计程序，以获取有关财务报表金额和披露的审计证据。选择的审计程序取决于注册会计师的判断，包括对由于舞弊或错误导致的财务报表重大错报风险的评估。在进行风险评估时，注册会计师考虑与财务报表编制和公允列报相关的内部控制，以设计恰当的审计程序，但目的并非对内部控制的有效性发表意见。审计工作还包括评价管理层选用会计政策的恰当性和作出会计估计的合理性，以及评价财务报表的总体列报。

我们相信，我们获取的审计证据是充分、适当的，为发表审计意见提供了基础。

三、审计意见

我们认为，贵公司财务报表在所有重大方面按照企业会计准则的规定编制，公允反映了贵公司2013年12月31日的财务状况以及2013年度的经营成果和现金流量。

德勤华永会计师事务所有限公司

中国注册会计师：陶坚　李冰雯

中国·上海　2014年4月10日

5.1.2 资产负债表

2013年12月31日　单位：元

	年末数	年初数
资产：		
货币资金	431 866 230.86	338 957 093.57
应收利息	7 702 310.66	1 772 659.18
可供出售金融资产	293 500 000.00	108 390 000.00
应收款项类投资	79 000 000.00	—
发放贷款和垫款	150 000 000.00	300 000 000.00
固定资产	4 756 061.08	4 227 788.66
无形资产	12 117 514.03	924 750.00
递延所得税资产	24 267 153.02	18 965 810.00
其他资产	99 803 868.52	154 209 774.45

续表

	年末数	年初数
资产合计	1 103 013 138.17	927 447 875.86
负债：		
应付职工薪酬	96 063 362.07	75 863 240.00
应交税费	83 297 870.26	68 950 202.11
其他负债	58 523 147.06	34 520 160.21
负债合计	237 884 379.39	179 333 602.32
所有者权益		
实收资本	600 000 000.00	600 000 000.00
盈余公积	42 512 875.88	19 811 427.36
信托赔偿准备	21 256 437.94	9 905 713.68
一般风险准备	8 318 423.49	6 777 471.81
未分配利润	193 041 021.47	111 619 660.69
所有者权益合计	865 128 758.78	748 114 273.54
负债和所有者权益合计	1 103 013 138.17	927 447 875.86

企业负责人：赵文杰　主管会计工作负责人：Diana Ling－Fung Jen(郑玲芳)　会计机构负责人：钱　旭

5.1.3 利润表

2013年12月31日　单位：元

	本年累计数	上年累计数
一、营业收入	569 746 161.87	370 109 080.43
利息净收入	33 997 646.84	37 479 074.55
其中：利息收入	33 997 646.84	37 479 074.55
利息支出	—	—
手续费及佣金净收入	513 452 487.62	324 975 771.81
其中：手续费及佣金收入	528 026 837.62	364 990 540.44
手续费及佣金支出	(14 574 350.00)	(40 014 768.63)
投资收益	23 394 698.49	7 987 516.35
汇兑损失	(1 098 671.08)	(333 282.28)
二、营业支出	(274 959 035.13)	(205 320 052.78)
营业税金及附加	(31 203 327.83)	(22 160 293.80)
业务及管理费	(247 593 284.20)	(178 316 932.08)
资产减值转回/(损失)	3 837 576.90	(4 842 826.90)
三、营业利润	294 787 126.74	164 789 027.65
加：营业外收入	11 937 198.15	5 487 516.01
减：营业外支出	(1 743 420.59)	(116 210.46)
四、利润总额	304 980 904.30	170 160 333.20
减：所得税费用	(77 966 419.06)	(44 172 904.02)
五、净利润	227 014 485.24	125 987 429.18
六、其他综合收益	—	—
七、综合收益总额	227 014 485.24	125 987 429.18

企业负责人：赵文杰　主管会计工作负责人：Diana Ling－Fung Jen(郑玲芳)　会计机构负责人：钱　旭

5.1.4 所有者权益变动表

2013 年 12 月 31 日　　单位:元

实收资本	盈余公积	信托赔偿准备	一般风险准备	未分配利润	所有者权益	
一、2013 年 1 月 1 日余额	600 000 000.00	19 811 427.36	9 905 713.68	6 777 471.81	111 619 660.69	748 114 273.54
二、本年增减变动金额						
(一)净利润	—	—	—	—	227 014 485.24	227 014 485.24
(二)其他综合收益	—	—	—	—	—	—
(一)和(二)小计	—	—	—	—	227 014 485.24	227 014 485.24
(三)利润分配						
1. 提取盈余公积	—	22 701 448.52	—	—	(22 701 448.52)	—
2. 提取信托赔偿准备	—	—	11 350 724.26	—	(11 350 724.26)	—
3. 提取一般风险准备	—	—	—	1 540 951.68	(1 540 951.68)	—
4. 分配股利	—	—	—	—	(110 000 000.00)	(110 000 000.00)
三、2013 年 12 月 31 日余额	600 000 000.00	42 512 875.88	21 256 437.94	8 318 423.49	193 041 021.47	865 128 758.78

2012 年 12 月 31 日　　单位:元

实收资本	盈余公积	信托赔偿准备	一般风险准备	未分配利润	所有者权益	
一、2012 年 1 月 1 日余额	600 000 000.00	7 212 684.44	3 606 342.22	2 555 541.99	58 752 275.71	672 126 844.36
二、本年增减变动金额						
(一)净利润	—	—	—	—	125 987 429.18	125 987 429.18
(二)其他综合收益	—	—	—	—	—	—
(一)和(二)小计	—	—	—	—	125 987 429.18	125 987 429.18
(三)利润分配						
1. 提取盈余公积	—	12 598 742.92	—	—	(12 598 742.92)	—
2. 提取信托赔偿准备	—	—	6 299 371.46		(6 299 371.46)	—
3. 提取一般风险准备	—	—	—	4 221 929.82	(4 221 929.82)	—
4. 分配股利	—	—	—	—	(50 000 000.00)	(50 000 000.00)
三、2012 年 12 月 31 日余额	600 000 000.00	19 811 427.36	9 905 713.68	6 777 471.81	111 619 660.69	748 114 273.54

企业负责人:赵文杰　　主管会计工作负责人:Diana Ling－Fung Jen(郑玲芳)　　会计机构负责人:钱　旭

5.2 信托资产

5.2.1 信托项目资产负债汇总表

编报单位:华澳国际信托有限公司　　2013 年 12 月 31 日　　单位:万元

信托资产	期末数	年初数	信托负债和信托权益	期末数	年初数
信托资产	—	—	信托负债	—	
货币资金	58 923	48 685	应付受托人报酬	900	
拆出资金			应付托管费	273	
应收款项	59 709	120 536	应付销售服务费	201	
买入返售资产	163 680	699 155	应付受益人收益		46
可供出售金融资产	406 010	612 647	其他应付款项	4 505	32 042
持有至到期投资			卖出回购资产款		
长期股权投资	239 200	233 865	内部往来		
客户贷款	888 695	3 382 661	其他负债		
应收融资租赁款			信托负债合计	5 880	32 088
固定资产			信托权益		
无形资产			实收信托	1 860 210	5 064 216
长期待摊费用			资金公积	65	227
其他资产	52 525	20 295	未分配利润	2 588	21 313
内部往来			信托权益合计	1 862 863	5 085 756
信托资产总计	1 868 742	5 117 844	信托负债和信托权益总计	1 868 742	5 117 844

企业负责人:赵文杰　　复核:Diana Ling－Fung Jen(郑玲芳)　　制表:秦　伟

5.2.2 信托项目利润及利润分配汇总表

编报单位:华澳国际信托有限公司　　2013 年度　　单位:万元

项　目	本年数	上年数
一、营业收入	345 685	138 055
1. 利息收入	210 582	79 156
2. 投资收益	135 077	50 360
3. 租赁收入		
4. 其他收入	26	8 539
二、营业费用	69 966	24 609
三、营业税金及附加		
四、扣除资产减值准备前的信托利润	275 719	113 446
减:资产减值准备		
五、扣除资产减值准备后的信托利润	275 719	113 446
加:期初未分配信托利润	2 588	-8 896
六、可供分配的信托利润	278 307	104 550
减:本期已分配信托利润	256 994	101 962
加:损益平准金		
七、期末未分配信托利润	21 313	2 588

企业负责人:赵文杰　　复核:Diana Ling - Fung Jen(郑玲芳)　　制表:秦　伟

6. 会计报表附注

6.1 会计报表编制基准不符合会计核算基本前提的说明

6.1.1 会计报表不符合会计核算基本前提的事项

本报告期会计报表编制基准不存在不符合会计核算基本前提的事项。

6.1.2 企业合并及合并财务报表

报告期内,本公司无纳入合并财务报表范围的子公司。

6.1.3 重要会计政策和会计估计说明

6.1.3.1 计提资产减值准备的范围和方法

资产负债表日,本公司对固定资产、在建工程、无形资产、递延所得税资产和金融资产等各项资产,根据相适用的会计准则的规定计提资产减值准备。具体方法包括:

对信用风险资产,本公司根据《金融企业准备金计提管理办法》(财金[2012]20 号),对年末信用风险资产按照正常类 1.5%、关注类 3%、次级类 30%、可疑类 60%、损失类 100%的比例计提贷款损失准备、坏账准备。本公司信用风险资产主要为贷款、其他应收款。

对固定资产、在建工程、无形资产等各项资产,本公司在每年末判断相关资产是否存在可能发生减值的迹象。使用寿命不确定的无形资产和商誉,无论是否存在减值迹象,每年都进行减值测试。

资产存在减值迹象的,估计其可收回金额。可收回金额根据资产的公允价值减去处置费用后的净额和资产预计未来现金流量的现值较高者确定。可收回金额低于其账面价值的,将资产的账面价值减记至可收回金额,减记的金额确认为资产减值损失,计入当期损益,同时计提相应的资产减值准备。

上述资产减值损失一经确认,在以后会计期间不得转回。

在资产负债表日对以公允价值计量且其变动计入当期损益的金融资产以外的金融资产的账面价值进行检查,有客观证据表明该金融资产发生减值的,计提减值准备。

以摊余成本计量的金融资产发生减值时,按预计未来现金流量(不包括尚未发生的未来信用损失)现值低于账面价值的差额,计提减值准备。如果有客观证据表明该金融资产价值已恢复,且客观上与确认该损失后发生的事项有关,原确认的减值损失予以转回,计入当期损益。

对于单项金额重大的应收款项,单独进行减值测试。当存在客观证据表明本公司将无法按应收款项的原有条款收回款项时,根据其预计未来现金流量现值低于其账面价值的差额,计提坏账准备。

对于单项金额非重大的应收款项,与经单独测试后未减值的应收款项一起按信用风险特征划分为若干组合,以以前年度与之相同或相类似的、具有类似信用风险特征的应收账款组合的实际损失率为基础,结合现时情况确定应计提的坏账准备。

活跃市场中没有报价且其公允价值不能可靠计量的权益工具投资,或与该权益工具挂钩并须通过交付该权益工具结算的衍生金融资产发生减值时,将该权益工具投资或衍生金融资产的账面价值,与按照类似金融资产当时市场收益率对未来现金流量折现确定的现值之间的差额确认为减值损失,计入当期损益。

可供出售金融资产的发行方或债务人发生严重财务困难,或很可能倒闭或重组,导致公允价值发生严重或非暂时性下跌的,认定可供出售金融资产已发生减值,按账面价值与其公允价值或预计未来现金净流入的差额确认减值损失,同时将原直接计入所有者权益的公允价值下降形成的累计损失转出,计入减值损失。该转出的累计损失,为可供出售金融资产的初始取得成本扣除已收回本金和已摊销金额、当前公允价值和原已计入损益的减值损失后的余额。

6.1.3.2 金融资产四分类的范围和标准

金融资产于公司初始确认时划分为四大类 金融资产具体范围包括股票、债券、票据、基金、银行理财产品、信托计划等。公司划分金融资产类别的主要标准是持有金融资产的目的和金融资产的特点,具体包括:主要目的是为了近期内出售的,划分为交易性金融资产;到期日固定、回收金额固定或可确定,且公司有明确意图和能力持有至到期的非衍生金融资产,划分为持有至到期投资;在活跃市场中没有报价、回收金额固定或可确定的非衍生金融资产,划分为贷款和应收款项;除以上各类及初始确认时即被指定为可供出售的非衍生金融资产,划分为可供出售金融资产。

6.1.3.3 交易性金融资产核算方法

交易性金融资产主要是指公司为了近期内出售而持有的金融资产。比如,公司以赚取差价为目的从二级市场购入的股票、债券、基金等。

公司取得交易性金融资产,按其公允价值初始确认金额,发生的交易费用确认为投资收益,已到付息期但尚未领取的利息或已宣告但尚未发放的现金股利确认为应收利息或应收股利。

交易性金融资产持有期间被投资单位宣告发放的现金股利,或在资产负债表日按分期付息、一次还本债券投资的票面利率计算的利息确认为投资收益。

资产负债表日,交易性金融资产的公允价值变动计入当期损益。

6.1.3.4　可供出售金融资产核算方法

可供出售金融资产包括初始确认时即被指定为可供出售的非衍生金融资产，以及除了以公允价值计量且其变动计入当期损益的金融资产、贷款和应收款项、持有至到期投资以外的金融资产。

可供出售金融资产采用公允价值进行后续计量，公允价值变动形成的利得或损失，除减值损失和外币货币性金融资产与摊余成本相关的汇兑差额计入当期损益外，确认为其他综合收益并计入资本公积，在该金融资产终止确认时转出，计入当期损益。

可供出售金融资产持有期间取得的利息及被投资单位宣告发放的现金股利，计入当期损益。

在活跃市场中没有报价且其公允价值不能可靠计量的权益工具投资，以及与该权益工具挂钩并须通过交付该权益工具结算的衍生金融资产，按照成本计量。

6.1.3.5　持有至到期投资核算方法

持有至到期投资是指到期日固定、回收金额固定或可确定，且本公司有明确意图和能力持有至到期的非衍生金融资产。

持有至到期投资以取得时的公允价值和相关交易费用之和作为初始确认金额。支付的价款中包含的已到付息期但尚未领取的债券利息，单独确认为应收项目。

持有至到期投资在持有期间按照摊余成本和实际利率计算确认利息收入，计入投资收益。实际利率在取得持有至到期投资时确定，在该持有至到期投资预期存续期间或适用的更短期间内保持不变。实际利率与票面利率差别较小的，也可按票面利率计算利息收入，计入投资收益。

处置持有至到期投资时，将所取得价款与该投资账面价值之间的差额计入投资收益。

6.1.3.6　长期股权投资核算方法

以支付现金取得的长期股权投资，以实际支付的购买价款作为初始投资成本。初始投资成本包括与取得长期股权投资直接相关的费用、税金及其他必要支出。

公司能够对被投资单位实施控制的长期股权投资，以及对被投资单位不具有共同控制或重大影响，并且在活跃市场中没有报价、公允价值不能可靠计量的长期股权投资采用成本法核算，被投资单位宣告分派的现金股利或利润，确认为当期投资收益。公司对被投资单位具有共同控制或重大影响的长期股权投资，采用权益法核算，即公司取得长期股权投资后，按照应享有或应分担的被投资单位实现的净损益的份额，确认投资损益并调整长期股权投资的账面价值。公司按照被投资单位宣告分派的利润或现金股利计算应分得的部分，相应减少长期股权投资的账面价值。

期末按长期股权投资个别项目的可收回金额低于投资账面价值的差额分别提取长期股权投资减值准备。

6.1.3.7　投资性房地产核算方法

投资性房地产是指为赚取租金或资本增值，或两者兼有而持有的房地产。投资性房地产按照成本进行初始计量，公司在资产负债表日采用成本模式对投资性房地产进行后续计量并适用固定资产的计价和折旧方法。

6.1.3.8　固定资产计价和折旧方法

固定资产是指为提供劳务或经营管理而持有的、使用寿命超过一个会计年度的有形资产。

固定资产按成本进行初始计量，并考虑预计处置费用因素的影响。固定资产从达到预定可使用状态的次月起，采用年限平均法在使用寿命内计提折旧。各类固定资产的使用寿命、预计净残值和年折旧率如下：

类别	使用寿命(年)	预计净残值率(%)	年折旧率(%)
运输设备	4	5	23.75
电子设备	3	5	31.67
办公设备	5	5	19.00

预计净残值是指假定固定资产预计使用寿命已满并处于使用寿命终了时的预期状态，本公司目前从该项资产处置中获得的扣除预计处置费用后的金额。

与固定资产有关的后续支出，如果与该固定资产有关的经济利益很可能流入且其成本能可靠地计量，则计入固定资产成本，并终止确认被替换部分的账面价值。除此以外的其他后续支出，在发生时计入当期损益。

本公司至少于年度终了对固定资产的使用寿命、预计净残值和折旧方法进行复核，如发生改变，则作为会计估计变更处理。

固定资产出售、转让、报废或毁损的处置收入扣除其账面价值和相关税费后的差额计入当期损益。

6.1.3.9　无形资产计价及摊销政策

无形资产是指公司持有的没有实物形态的非货币性长期资产，包括房屋使用权和土地使用权，购入时按实际成本计价。

无形资产在预计受益期限内平均摊销。

期末按无形资产个别项目的账面价值与预计可收回金额孰低计量，预计可收回金额低于账面价值的差额部分计提无形资产减值准备。

6.1.3.10　长期应收款的核算方法

长期应收款核算本公司融资租赁产生的应收款项。

6.1.3.11　长期待摊费用的摊销政策

长期待摊费用是指已经支出但受益期限在一 年以上(不含一年)的各项费用，长期待摊费用在受益期限内平均摊销。

如果长期待摊费用项目不能使以后会计期间受益，则将其尚未摊销的摊余价值全部转入当期损益。

6.1.3.12　合并会计报表的编制方法

合并财务报表的合并范围以控制为基础予以确定。本公司直接或通过子公司间接拥有被投资单位半数以上的表决权，将该被投资单位认定为子公司，纳入合并财务报表的合并范围但是，有证据表明本公司不能控制被投资单位的除外。本公司拥有被投资单位半数或以下的表决权，满足下列条件之一的，视为本公司能够控制被投资单位，将该被投资单位认定为子公司，纳入合并财务报表的合并范围：(1)通过与被投资单位其他投资者之间的协议，拥有被投资单位半数以上的表决权；(2)根据公司章程或协议，有权决定被投资单位的财务和经营政策；(3)有权任免被投资单位的董事会或类似机构的多数成员；(4)在被投资单位的董事会或类似机构占多数表决权。但是，有证据表明本公司不能控制被投资单位的除外。

编制合并财务报表时，本公司与被合并子公司采用统一的会计政策和期间。合并财务报表以本公司和子公司的财务报表为基础，在抵消本公司与子公司、子公司相互之间发生的内部交易对合并财务报表的影响后，由本公司合并编制。

6.1.3.13　收入确认原则和方法

6.1.3.13.1　利息收入

利息收入按照相关金融资产的摊余成本采用实际利率法确认。实际利率与合同利率差异较小的，也可按合同利率计算。

6.1.3.13.2　手续费及佣金收入

信托报酬收入于服务已经提供且收取的金额能够可靠地计量时，按权责发生制确认。

财务咨询顾问费收入于服务已经提供且收取的金额能够可靠地计量时，按权责发生制确认。

6.1.3.13.3　投资收益

投资收益是指公司交易性金融资产、可供出售金融资产等金融资产的投资收益和长期股权投资收益。主要包括持有交易性金融资产和可供出售金融资产期间取得的现金股利；处置交易性金融资产和可供出售金融资产取得的损益；采用成本法核算的长期股权投资，被投资单位宣告分派的现金股利或利润，确认为当期投资收益；采用权益法核算的长期股权投资，根据被投资单位实现的净利润或经调整的净利润计算应享有的份额确认投资收益；处置长期股权投资取得的损益。

6.1.3.14　所得税的会计处理方法

采用资产负债表债务法，适用所得税税率为25%。

6.1.3.15　信托报酬确认原则和方法

信托报酬的确认以权责发生制为原则。

6.2　或有事项说明

报告期内，本公司未发生对外担保及其他或有事项。

6.3　重要资产转让及其出售的说明

报告期内，本公司未发生重要资产转让及出售情况。

6.4　会计报表中重要项目的明细资料

6.4.1　自营资产经营情况

6.4.1.1　信用风险资产五级分类情况

信用风险资产五级分类	正常类（万元）	关注类（万元）	次级类（万元）	可疑类（万元）	损失类（万元）	信用风险资产合计（万元）	不良资产合计（万元）	不良资产率（%）
期初数	56 437	—	—	—	—	56 437	—	—
期末数	63 000	—	—	—	—	63 000	—	—

注：不良资产合计＝次级类＋可疑类＋损失类。

6.4.1.2　各项资产减值损失准备情况

单位：万元

	期初数	本期计提	本期转回	本期核销	期末数
贷款损失准备	—	—	—	—	—
一般准备	678	154	—	—	832
专项准备	—	—	—	—	—
其他资产减值准备	—	—	—	—	—
可供出售金融资产减值准备	—	—	—	—	—
持有至到期投资减值准备	—	—	—	—	—
长期股权投资减值准备	—	—	—	—	—
坏账准备	484	101	484	—	101
投资性房地产减值准备	—	—	—	—	—

6.4.1.3　按照投资品种分类，固有业务股票投资、基金投资、债券投资、长期股权投资等投资业务的期初数、期末数

单位：万元

	自营股票	基金	债券	长期股权投资	其他投资	合计
期初数	—	—	—		10 839	10 839
期末数	—	—	—		37 250	37 250

6.4.1.4　按投资入股金额排序，前五名的自营长期股权投资的企业名称、占被投资企业权益的比例、主要经营活动及投资收益情况等

报告期末，本公司无长期股权投资。

6.4.1.5　前五名的自营贷款的企业名称、占贷款总额的比例和还款情况等

企业名称	占贷款总额的比例（%）	还款情况（万元）
上海珠光投资发展有限公司	47	按时还款
成都恒跻商贸有限公司	33	按时还款
成都岷江园林绿化有限公司	20	按时还款

6.4.1.6　表外业务的期初数、期末数；按照代理业务、担保业务和其他类型表外业务分别披露

单位：万元

表外业务	期初数	期末数
担保业务	—	—
代理业务（委托业务）	—	—
其他	—	—
合计	—	—

6.4.1.7　公司当年的收入结构

收入结构	金额（万元）	占比（%）
手续费及佣金收入	52 803	88
其中：信托手续费收入	52 135	87
投资银行业务收入		
利息收入	3 400	6
其他业务收入		
投资收益	2 339	4
公允价值变动收益		
营业外收入	1 194	2
收入合计	59 736	100

6.4.2　信托财产管理情况

6.4.2.1　信托资产的期初数、期末数

单位：万元

信托资产	期初数	期末数
集合	1 159 995	1 570 940
单一	708 747	3 499 121
财产权		47 783
合计	1 868 742	5 117 844

6.4.2.1.1　主动管理型信托业务的信托资产期初数、期末数

单位：万元

主动管理型信托资产	期初数	期末数
其他投资类	148 550	7 331
证券投资类		12 798
股权投资类	244 100	253 030
融资类	1 035 760	1 602 548
事务管理类		47 783
合计	1 428 410	1 923 490

6.4.2.1.2　被动管理型信托业务的信托资产期初数、期末数

、

单位：万元

被动管理型信托资产	期初数	期末数
其他投资类	—	94 158
证券投资类		
股权投资类		2
融资类	431 800	3 100 194
事务管理类		
合计	431 800	3 194 354

6.4.2.2　本年度整体已清算结束的信托项目个数、实收信托合计金额、加权平均实际年化收益率

6.4.2.2.1　本年度整体已清算结束的信托项目个数、实收信托金额、加权平均实际年化收益率

已清算结束信托项目	项目个数	实收信托合计金额（万元）	加权平均实际年化收益率（%）
集合类	21	888 832.00	9.38
单一类	21	481 290.00	8.78
财产管理类			

注：加权平均实际年化收益率 =（信托项目 1 的实际年化收益率 × 信托项目 1 的实收信托 + 信托项目 2 的实际年化收益率 × 信托项目 2 的实收信托 + … + 信托项目 n 的实际年化收益率 × 信托项目 n 的实收信托）/（信托项目 1 的实收信托 + 信托项目 2 的实收信托 + … + 信托项目 n 的实收信托）×100%。

6.4.2.2.2　本年度整体已清算结束的主动管理型信托项目个数、实收信托合计金额、加权平均实际年化收益率

已清算结束信托项目	项目个数	实收信托合计金额（万元）	加权平均实际年化信托报酬率（%）	加权平均实际年化收益率（%）
证券投资类				
股权投资类				
融资类	17	698 732	2.23	9.38
事务管理类				
其他投资类	4	190 100	1.75	9.38

注：加权平均实际年化收益率 =（信托项目 1 的实际年化收益率 × 信托项目 1 的实收信托 + 信托项目 2 的实际年化收益率 × 信托项目 2 的实收信托 + … + 信托项目 n 的实际年化收益率 × 信托项目 n 的实收信托）/（信托项目 1 的实收信托 + 信托项目 2 的实收信托 + … + 信托项目 n 的实收信托）×100%。

6.4.2.2.3　本年度整体已清算结束的被动管理型信托项目

已清算结束信托项目	项目个数	实收信托合计金额（万元）	加权平均实际年化信托报酬率（%）	加权平均实际年化收益率（%）
证券投资类				
股权投资类				
融资类	21	481 290	0.34	8.78
事务管理类				

注：加权平均实际年化收益率 =（信托项目 1 的实际年化收益率 × 信托项目 1 的实收信托 + 信托项目 2 的实际年化收益率 × 信托项目 2 的实收信托 + … + 信托项目 n 的实际年化收益率 × 信托项目 n 的实收信托）/（信托项目 1 的实收信托 + 信托项目 2 的实收信托 + … + 信托项目 n 的实收信托）×100%

6.4.2.3　本年度整体新增信托项目个数、实收信托合计金额

新增信托项目	项目个数	实收信托合计金额（万元）
集合类	80	999 075
单一类	91	3 598 998
财产管理类	3	48 783
新增合计	174	4 646 856
其中：主动管理型	87	1 126 858
被动管理型	87	3 519 998

6.4.2.4　信托业务创新成果和特色业务有关情况

公司各类业务创新成果和特色业务有关情况将于公司网站不时披露。

6.4.2.5　本公司履行受托人义务情况及因本公司自身责任而导致的信托资产损失情况

本公司没有发生任何因受托人自身责任或处理信托事务不当而导致所管理信托财产发生损失并致使信托受益人利益受损的情况。

6.5　关联方关系及其交易的披露

6.5.1　关联交易方的数量、关联交易的总金额及关联交易的定价政策等

	关联交易方数量	关联交易金额（万元）	定价政策
合计	—	—	—

6.5.2　关联交易方与本公司的关系性质，关联交易方的名称、法定代表人、注册地址、注册资本及主营业务等

关系性质	关联方名称	法定代表人	注册地址	注册资本（万元）	主营业务
—	—	—	—	—	—

6.5.3　逐笔披露本公司与关联方的重大交易事项

6.5.3.1　固有与关联方交易情况：贷款、投资、租赁、应收账款、担保、其他方式等期初汇总数、本期借方和贷方发生额汇总数、期末汇总数

单位：万元

固有与关联方关联交易				
	期初数	借方发生额	贷方发生额	期末数
贷款	—	—	—	—
投资	—	—	—	—
租赁	—	—	—	—
担保	—	—	—	—
应收账款			—	—
其他			—	
合计			—	—

6.5.3.2 信托与关联方交易情况：贷款、投资、租赁、应收账款、担保、其他方式等期初汇总数、本期借方和贷方发生额汇总数、期末汇总数

单位：万元

信托与关联方关联交易				
	期初数	借方发生额	贷方发生额	期末数
贷款	—	—	—	—
投资	—	—	—	—
租赁	—	—	—	—
担保	—	—	—	—
应收账款	—	—	—	—
其他	—	—	—	—
合计	—	—	—	—

6.5.3.3 信托公司自有资金运用于自己管理的信托项目（固信交易）、信托公司管理的信托项目之间的相互交易（信信交易）金额，包括余额和本报告年度的发生额

6.5.3.3.1 信托公司自有资金运用于自己管理的信托项目期初汇总数、本期发生额汇总数、期末汇总数

单位：万元

自有资金运用于自己管理的信托项目			
	期初数	本期发生额	期末数
合计	10 839	26 411	37 250

6.5.3.3.2 信托公司管理的信托项目之间关联交易

报告期内，本公司管理的信托项目之间未发生关联交易。

6.5.4 逐笔披露关联方逾期未偿还本公司资金的详细情况以及本公司为关联方担保发生或即将发生垫款的详细情况

本公司无关联方逾期未偿还本公司资金的情况及为关联方担保发生或即将发生垫款的情况。

6.6 会计制度的披露

公司执行财政部 2006 年 2 月 15 日颁布的《企业会计准则》。

7. 财务情况说明书

7.1 利润实现和分配情况

报告期内本公司实现利润总额 30 498 万元，企业所得税费用 7 797 万元，实现净利润 22 701 万元。

按有关法律法规规定，对净利润做了如下处理：

（1）按当年度实现的净利润提取 10% 的法定盈余公积金 2 270万元。

（2）按当年度实现的净利润提取 5% 的信托赔偿准备 1 135万元。

（3）按风险资产余额提取 1.5% 的一般风险准备 154 万元。

上述各项提取之后，剩余部分 19 142 万元。

（4）年初未分配利润 11 162 万元，2013 年度按股东会决议，向全体股东分配了 2012 年度利润总额 110 000 000.00 元，

其中北京融达投资有限公司分配比例 50.01%，分配额 55 011 000.00元；北京三吉利能源股份有限公司分配比例 30%，分配额 33 000 000.00 元；麦格理资本证券股份有限公司分配比例 19.99%，分配额 21 989 000.00 元。

2013 年末可供分配的利润为 19 304 万元。

7.2 主要财务指标

指标名称	指标值
资本利润率（%）	28
加权年化信托报酬率（%）	0.75
人均净利润（万元）	160

注：1. 资本利润率 = 净利润/所有者权益平均余额 ×100%。

2. 加权年化信托报酬率 =（信托项目 1 的实际年化信托报酬率 × 信托项目 1 的实收信托 + 信托项目 2 的实际年化信托报酬率 × 信托项目 2 的实收信托 +… + 信托项目 n 的实际年化信托报酬率 × 信托项目 n 的实收信托）/（信托项目 1 的实收信托 + 信托项目 2 的实收信托 +… + 信托项目 n 的实收信托）×100%。

3. 人均净利润 = 净利润/年平均人数。

4. 平均值采取年初、年末余额简单平均法。公式为：a（平均）=（年初数 + 年末数）/2。

7.3 对本公司财务状况、经营成果有重大影响的其他事项

报告期内，本公司没有发生对财务状况、经营成果有重大影响的其他事项。

8. 特别事项简要揭示

8.1 前五名股东报告期内变动情况及原因

报告期内，公司股东未发生变化。

8.2 董事、监事及高级管理人员变动情况及原因

董事变动情况：原董事翟隽先生于 2013 年 3 月 25 日经股东会批准不再担任董事职务，由 Richard Fairbairn Young（杨瑞驰）先生于 2013 年 3 月 25 日经股东会批准担任董事职务。原独立董事沈斌先生于 2013 年 3 月 25 日经股东会批准不再担任独立董事职务，由朱宁先生于 2013 年 3 月 25 日经股东会批准担任独立董事职务。

监事变动情况：原监事 Richard Fairbairn Young（杨瑞驰）先生于 2013 年 3 月 25 日经股东会批准不再担任监事职务，由麦格理公司推荐 Christian Gray Drysdale 先生担任监事职务。

高级管理人员变动情况：翟振明先生经董事会批准担任公司副总裁职务。

8.3 变更注册资本、变更注册地或公司名称、公司分立与合并事项

报告期内，公司注册资本未发生变更，无变更注册地或公司名称、公司分立与合并事项。

8.4 公司的重大诉讼事项

8.4.1 重大未决诉讼事项

报告期内，公司无重大未决诉讼事项。

8.4.2 以前年度发生、于本报告年度内终结的诉讼事项

报告期内，公司固有方面无此前年度发生、于本报告年度内终结的诉讼事宜。公司信托方面此前年度发生、于本报告年度内终结的诉讼事宜共计2笔，公司均作为原告，2笔诉讼事宜基本情况如下：

序号	金额(亿元)	发生时间	诉讼对象	结果
1	2	2012年4月	河南大河新型建材有限公司、大连实德集团有限公司	已结案
2	6.45	2012年4月	大连实德塑料建材有限公司、大连实德集团有限公司	已结案

8.4.3 本报告年度发生、于本报告年度内终结的诉讼事项

报告期内，公司固有及信托方面均无本年度发生、于本报告年度内终结的诉讼事宜。

8.5 公司及其董事、监事和高级管理人员受到处罚的情况

报告期内公司及其董事、监事、高级管理人员、公司股东、实际控制人均未受稽查、行政处罚、通报批评及或公开谴责。

8.6 银监会及其派出机构对公司检查后提出整改意见的，应简单说明整改情况

上海银监局现场检查组于2012年4~6月对公司开业三年来的经营管理情况进行全面的现场检查，并下发了现场检查意见，对公司总体经营情况予以了充分肯定，也在公司内部控制、绩效考核、项目管理等方面提出了更高要求并给出了多项建设性意见。公司对监管意见高度重视并立即着手改进，责成审计稽核部按季度督促和汇报整改执行情况。截至2013年第三季度末，各项整改措施已全部落实到位。

8.7 本年度重大事项临时报告的简要内容、披露时间、所披露的媒体及其版面

本年度公司无重大事项临时报告等披露事项。

8.8 银监会及其省级派出机构认定的其他有必要让客户及相关利益人了解的重要信息

本报告期内，不存在上海银监局认定的有必要让客户及相关利益人了解的我公司未进行披露的重要信息。

9. 监事会意见

公司监事会认为，报告年度内，公司开展的各项业务均履行了合规审查流程，未出现重大违法违规问题。公司董事会和经营管理层严格按照《信托法》、《公司法》、《信托公司治理指引》等法律法规和内部控制规范依法经营，履行内部审批流程，未发生违法违规，损害股东利益、公司利益、信托受益人利益的经营行为。2013年公司聘请的德勤华永会计师事务所依法对公司财务状况进行审计并出具了标准无保留报告，真实地反映了公司的财务状况和经营成果。

华宝信托有限责任公司

1. 重要提示

1.1 本公司董事会及董事保证本报告所载资料不存在任何虚假记载、误导性陈述或者重大遗漏，并对其内容的真实性、准确性和完整性承担个别及连带责任。

1.2 独立董事王连洲、赵欣舸、廖海认为本报告内容是真实、准确、完整的。

1.3 公司负责人董事长郑安国，主管会计工作负责人、副总经理张晓喆及会计部门负责人、计划财务部总经理蒋勋声明：保证年度报告中财务报告的真实、准确、完整。

2. 公司概况

2.1 公司简介

2.1.1 公司历史沿革

华宝信托有限责任公司是于1998年6月5日经中国人民银行《关于舟山市信托投资公司股权转让等事项的批复》（银复[1998]158号）批准，由宝钢集团有限公司（原上海宝钢集团公司）在购并原舟山市信托投资公司的基础上经过更名、迁址、增资扩股设立的非银行金融机构。2007年3月2日，根据《中华人民共和国银行业监督管理法》、《信托公司管理办法》、《信托公司集合资金信托计划管理办法》等法律法规规定，华宝信托有限责任公司首家向中国银行业监督管理委员会申请变更公司名称、业务范围并换发新的金融许可证。2007年4月3日，《中国银监会关于华宝信托投资有限责任公司变更公司名称和业务范围的批复》（银监复[2007]144号）公司首家获准变更公司名称、业务范围并领取新的金融许可证。2011年1月14日，公司完成增资工作，注册资本由10亿元（含1 500万美元）增加到20亿元（含1 500万美元），并完成相关变更登记。

2.1.2 公司的法定中文名称：华宝信托有限责任公司
中文名称缩写：华宝信托
公司的法定英文名称：Hwabao Trust Co., Ltd.
英文名称缩写：Hwabao Trust

2.1.3 法定代表人：郑安国

2.1.4 注册地址：上海市浦东新区世纪大道100号59层

2.1.5 邮政编码：200120

2.1.6 国际互联网网址：www.hwabaotrust.com

2.1.7 电子信箱：hbservice@hwabaotrust.com

2.1.8 负责信息披露的高管人员：张晓喆
联系人：高汭舒
联系电话：021－38506666
传真：021－68403999
电子信箱：gao_ruishu@hwabaotrust.com

2.1.9 信息披露报纸：《中国证券报》、《上海金融报》、《证券时报》、《上海证券报》、《金融时报》

2.1.10 年度报告备置地点：上海市浦东新区世纪大道100号59层

2.1.11 聘请的会计师事务所：瑞华会计师事务所
住所：北京市东城区永定门西滨河路8号院7号楼中海地产广场西塔5～11层

2.1.12 聘请的律师事务所：上海市锦天城律师事务所
住所：上海市浦东新区花园石桥路33号花旗集团大厦14楼

2.2 组织结构

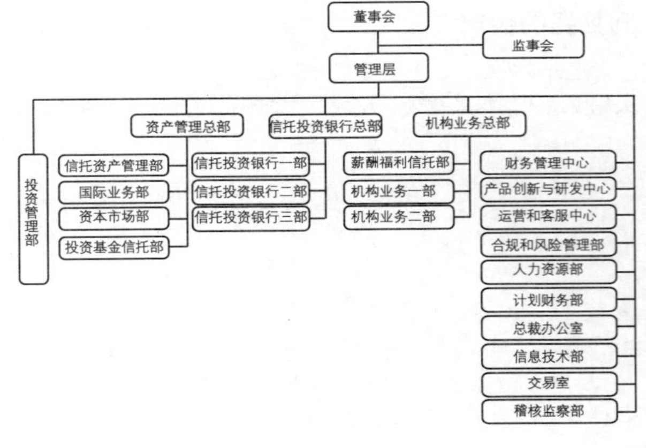

3. 公司治理

3.1 股东

股东总数：2。

股东名称	持股比例（%）	法人代表	注册资本（万元）	注册地址	主要经营业务及主要财务情况
宝钢集团有限公司★	98	徐乐江	5 108 262.10	上海市浦东新区浦电路370号宝钢大厦	经营国务院授权范围内的国有资产，并开展有关投资业务；钢铁冶炼、冶金矿产、化工（除危险品）、电力、码头、仓储、运输、与钢铁相关的业务以及技术开发、技术转让、技术服务和技术管理咨询业务，外经贸部批准进出口业务，国内贸易（除专项规定），商品及技术的进出口服务。
浙江省舟山市财政局	2	姜建明	—	—	政府机关。

注：★表示最终实际控制人。

3.2 董事、董事会及其下属委员会

董事长、董事

姓　名	职　务	性别	年龄	选任日期	所推举的股东名称	该股东持股比例(%)	简　要　履　历
郑安国	董事长	男	50	2011年3月	宝钢集团有限公司	98	曾任南方证券上海分公司副总经理，南方证券公司研究所总经理级副所长，华宝信托投资有限责任公司副总经理、总经理；现任华宝兴业基金管理有限公司董事长、华宝信托有限责任公司董事长、华宝投资有限公司总经理。
孔祥清	董事	男	46	2011年3月	宝钢集团有限公司	98	曾任宝钢计财部资金处外汇管理员，宝钢计财部资金处资金业务主办、主管，宝钢计财部资金处副处长，宝钢集团财务有限责任公司总经理等职；现任华宝信托有限责任公司董事、华宝投资有限公司副总经理、法兴华宝汽车租赁(上海)有限公司董事长、华宝证券董事长。
钱　骏	董事	男	51	2011年3月	宝钢集团有限公司	98	曾任职于美国债券软件公司(Bond－Tech)、美国美洲银行房地产债券部、德意志银行(美国)国际资产债券部、美洲银行(美国)国际资产债券部、摩根士丹利固定收益部、杭州工商信托经营管理委员会，现任华宝信托有限责任公司董事、总经理。
王成然	董事	男	55	2012年9月	宝钢集团有限公司	98	曾任宝钢集团计划财务部投资处综合主管、财务处副处长、资产经营处副处长(主持工作)、资产经营处处长、资产经营部副部长和部长、宝钢集团业务总监、宝钢集团总经理助理兼华宝投资董事长、宝钢集团总经理助理兼审计部部长，现任金融系统党委书记、华宝投资资本运营部总经理 。
贾璐	董事	女	43	2012年3月	宝钢集团有限公司	98	曾任职于宝钢自动化部冶炼室、宝钢自动化部组、国贸人事部人才开发室、宝钢国际人力资源部和党委组织部、宝钢资源有限公司、宝钢资源(国际)有限公司；现任华宝投资有限公司副总经理，宝钢集团金融系统党委副书记、纪委书记、工会主席。
夏小军	董事	男	51	2011年3月	浙江省舟山市财政局	2	曾任舟山定海财税局科长、财政部驻浙江省财政监察专员办事处舟山组副组长、浙江金鹰股份上市公司财务负责人、舟山市财政局企业处处长，现任舟山海洋综合开发投资有限公司副总经理、华宝信托有限责任公司董事。

独立董事

姓　名	所在单位及职务	性别	年龄	选任日期	所推举的股东名称	该股东持股比例(%)	简　要　履　历
王连洲	中国人民大学信托与基金研究所理事长	男	75	2011年3月	宝钢集团有限公司	98	曾在中国人民银行印制管理局、全国人大财经委员会工作。曾担任证券法、信托法、证券投资基金法起草工作组组长，华夏基金管理公司独立董事。现任中国人民大学信托与基金研究所理事长、华宝信托有限责任公司独立董事。
赵欣舸	中欧国际工商学院会计学教授	男	43	2011年3月	宝钢集团有限公司	98	曾任哈尔滨市对外科技交流中心职员、美国威廉与玛丽学院商学院金融学助理教授、中欧国际工商学院金融学与会计学副教授，现任中欧国际工商学院会计学教授、华宝信托有限责任公司独立董事。
廖　海	源泰律师事务所主任合伙人	男	48	2011年3月	宝钢集团有限公司	98	曾任北京市中伦金通律师事务所上海分所合伙人，现任源泰律师事务所主任合伙人、华宝信托有限责任公司独立董事。

3. 3 监事、监事会

监事会成员

姓　名	职　务	性别	年龄	选任日期	所推荐股东名称	该股东持股比例(%)	简　要　履　历
朱可炳	监事长	男	39	2008年11月	宝钢集团有限公司	98	曾任宝钢集团公司财务部分项技术协理(统计管理)、宝钢集团公司财务部分项技术协理(会计管理)、宝钢集团公司资产经营部高级管理师(会计分析)、宝钢集团公司资产经营部高级管理师(房地产)、宝钢集团公司资产经营部企业投资业务块负责人、宝钢股份公司财务部副部长、宝钢集团有限公司财务部副部长、宝钢集团经营财务部总经理兼资产管理总监，现任宝山钢铁股份有限公司财务总监兼董事会秘书。
甘龙华	监事	男	49	2008年3月	宝钢集团有限公司	98	曾在宝钢热轧厂精整分厂、质检站，宝钢集团战略研究室、规划发展部战略研究处、战略发展部工作；现任职于华宝投资有限公司综合财务部。
丁　杰	职工监事	男	33	2013年4月	—	—	2004年8月参加工作，先后担任西藏拉萨师范教师、校长助理。2007年3月加入华宝信托，先后担任人力资源部薪酬绩效主管、人力资源部代理负责人(主持工作)、人力资源部总经理、团委书记。自2011年1月起担任宝钢金融系统党委组织部部长、宝钢金融系统团委书记、华宝投资人力资源部总经理、华宝信托人力资源部总经理。

3.4 高级管理人员

姓名	职务	性别	年龄	选任日期	金融从业年限	学历	专业
钱骏	总经理	男	51	2010年11月	19	博士	工程科学
张晓喆	副总经理	女	43	2009年7月	5	硕士	工商管理
王波	副总经理兼投资总监	男	42	2010年11月	18	硕士	金融学
王锦凌	副总经理	女	43	2013年3月	15	硕士	金融学
高卫星	董事会秘书、合规和风险管理部总经理	女	44	2013年5月	19	硕士	法律、高级管理人员工商管理

3.5 公司员工

项目		报告期年度		上年度	
		人数	比例(%)	人数	比例(%)
年龄分布	25岁以下	37	13	31	13
	25~29岁	99	35	76	32
	30~39岁	111	39	98	42
	40岁以上	35	13	31	13
学历分布	博士	6	2	6	2
	硕士	130	46	103	44
	本科	133	47	117	50
	专科	6	2	4	2
	其他	7	3	6	2
岗位分布	董事、监事及其他高管人员	5	2	4	2
	自营业务人员	4	1	3	1
	信托业务人员	136	48	113	48
	其他人员	137	49	116	49

4. 经营管理

4.1 经营目标、方针、战略规划

公司以高端客户需求为核心，专注于证券、投融资、产融结合等专业领域，提供另类财富管理和综合金融解决方案，打造中国领先的综合金融服务商。

以高端客户的理财及衍生需求为核心，由客户经理和专家团队为其在私募证券、私募股权（含产业基金）、房地产基金等另类投资领域提供个性化、专业化的投资规划和资产配置，重点打造并扩大公司在证券、投融资、产融结合方面的专业管理能力优势。

宝钢新一轮发展将以“成为绿色产业的驱动者、钢铁技术的领先者、员工与企业共同发展的公司典范”为愿景目标，围绕技术领先、服务先行、数字化宝钢、环境经营、产融结合五个方面提升竞争能力。公司作为宝钢金融板块中的重要组成部分，将携信托制度优势和专业管理优势，推动宝钢集团产融结合的有效开展，在产融结合方面成为集团各分（子）企业中最有力的推动者和实践者。

公司近几年来一直坚持以专业化和差异化为基本发展思路，重点推进信托服务与资产管理两项主业，致力于核心竞争力提升、新业务模式拓展、管理资产规模增长和受托人品牌的形成。2013年，信托行业和资产管理行业都面临着较为激烈的市场竞争。公司在市场竞争中，将严控风险放在首位，不以降低风控标准换取业务机会，着力于长期业务部署，重点巩固提高公司内部管理水平和客户维护等基础工作，并加大产品创新力度，提升了信托服务水平、资产管理能力和信托品牌，提高了公司的专业化和差异化的市场地位。

4.2 所经营业务的主要内容

4.2.1 资本充足率、资产质量和盈利状况

按照合并报表口径，期末公司固有资产57.81亿元，固有负债7.12亿元，少数股东权益4.90亿元，所有者权益（扣除少数股东权益）45.79亿元。公司资本充足，所有者权益（扣除少数股东权益）比率为79.21%。

公司对不良资产计提的资产损失准备充足，整体资产质量较好。

按照合并口径，报告期内公司实现收入合计191 741.70万元，利润总额109 862.06万元，净利润82 225.56万元。公司2013年总资产利润率（税前利润/年均总资产）为18.84%，资本利润率（净利润/年均所有者权益）为17.60%，主营业务收益率（净利润/营业总收入）为43.28%。

4.2.2 经营的主要业务、品种

业务主要分为资产管理和信托服务两个大类。

资产管理：目前主要从事面向资本市场的股票、基金、债券及组合投资以及项目融资等业务。

信托服务：目前主要开展私募基金、年金及福利计划和平台等业务。

4.2.3 资产组合与分布

母公司固有资产中，货币资产占总资产的比例为5.39%，贷款及应收款占0.85%，交易性金融资产占0.15%，可供出售金融资产占67.31%，长期股权投资占15.84%，其他资产占10.46%。

固有资产运用与分布表（母公司）

资产运用	金额（万元）	占比（%）	资产分布	金额（万元）	占比（%）
货币资产	24 914.70	5.39	基础产业	—	0.00
贷款及应收款	3 919.54	0.85	房地产业	102.94	0.02
交易性金融资产	712.30	0.15	证券市场	40 949.43	8.86
可供出售金融资产	311 055.03	67.31	实业	—	0.00
持有至到期投资	—	0.00	金融机构	368 957.34	79.84
长期股权投资	73 224.75	15.84	其他	52 139.32	11.28
其他	48 322.71	10.46			
资产总计	462 149.03	100.00	资产总计	462 149.03	100.00

注：“资产运用”中的“其他”包含买入返售金融资产4.06亿元。

信托资产运用与分布表

资产运用	金额（万元）	占比（%）	资产分布	金额（万元）	占比（%）
货币资产	8 944 662.83	32.94	基础产业	5 779 231.24	21.28
贷款及应收款	6 519 121.10	24.01	房地产业	313 709.00	1.16
交易性金融资产	5 458 510.29	20.10	证券市场	5 670 491.71	20.88

续表

资产运用	金额（万元）	占比（%）	资产分布	金额（万元）	占比（%）
可供出售金融资产	4 176 488.89	15.38	实业	1 403 565.71	5.17
持有至到期投资	—	0.00	金融机构	8 888 698.25	32.74
长期股权投资	853 930.63	3.15	其他	5 095 989.61	18.77
其他	1 198 971.78	4.42			
资产总计	27 151 685.52	100.00	资产总计	27 151 685.52	100.00

注："资产分布"中的"其他"中 399 872.89 万元为财产信托，4 696 116.72 万元为其他。

4.3 市场分析

宏观经济：2009 年第三季度以来，中国经济增速经历了 10 个季度的下滑，2013 年仍在继续寻底过程中。第一季度，经济增长率从 2012 年第四季度的 7.9% 降至 7.7%。社会融资总量超过 6 万亿元，为历年来单季度最高，资金面很宽松。第二季度，国务院要求"盘活存量，用好增量"，信贷和财政收紧，6 月银行间市场利率大幅上扬，爆发"钱荒"，市场恐慌加剧，经济增长率快速下行，第二季度的 GDP 增幅触及 7.5%。7 月以后，随着政府相关会议召开，政策基调转向"稳增长"，配合诸如支持小微企业、加速铁路投资、支持外贸出口、下放行政审批权、盘活存量资金、拓宽房企融资渠道等措施，防止了经济过快下行的风险。第三季度末，社会融资总额开始回升，财政支出大幅反弹。第四季度，随着大量资本流入中国，物价与房价上涨，增长延续，但经济继续扩张动力明显不足。2013 年 GDP 增长 7.7%，物价上涨 2.6%，达到全年总体经济调控目标。全年增长的主动力是房地产和基建投资，并依赖于土地来扩张金融，表现为资产负债表的扩张。实体经济的"滞"与金融、资产部门的"涨"同时存在，成本上升与盈利能力下降使得实业趋于虚弱，企业与地方政府的债务风险也在持续累积。展望 2014 年，经济形势仍然较为复杂，去杠杆化、去产能化、改革、经济转型等长期因素和发达经济体复苏、严控地方政府性债务、流动性中性偏紧等短期因素交织在一起，经济将稳中略降，预计全年 GDP 增长 7.4% 左右。

证券市场：2013 年的中国股市一波三折，上证综指收于 2116 点，全年累积下跌 6.75%。从 2012 年末开始的强势反弹一直持续到 2013 年 2 月，而在 3 ~5 月市场开始震荡整理，其后 6 月发生的"钱荒"引发了股市暴跌，上证综指单月下跌 14%，创下 3 年半来最大的单月跌幅，在此之后市场再度反弹，上证综指在下半年的 6 个月中有 4 个月取得正收益。2013 年股市有两大特征：一是两极分化明显。在上证综指下跌的同时，创业板全年上涨 82.73%，中小板上涨 26.34%。行业分化也比较明显，据 Wind 资讯统计，按照申银万园行业分类，全年涨幅最大的行业是信息服务业，累积上涨 51.66%；全年跌幅最大的行业是采掘业，累积下跌 31.18%。二是市场情绪和政策冲击对股市的影响较为显著。2013 年 6 月中下旬，银行间资金市场捉襟见肘，短期资金利率一路飙升。6 月 20 日 SHIBOR 的隔夜利率曾一度在盘中升至 30% 的历史最高水平，资金市场的恐慌情绪波及包括股市在内的整个资本市场。上证综指曾在盘中下探 1849 点，为国际金融危机以来最低，表明市场极度恐慌。2013 年 8 月在上海自贸区政策落实后，相关个股遭到市场热捧。

理财市场：2013 年理财市场继续高速增长。根据 Wind 数据统计，截至 2013 年末，银行理财产品发行量达到 4.9 万款，同比增长 40%。中国社科院陆家嘴研究基地数据显示，2013 年全年银行理财产品余额预计突破 10 万亿元，相较 2012 年的 7.1 万亿元增长 41%。由于 2013 年资金紧张，银行间市场利率飙升，投资利率等银行产品的收益都表现不错，4.9 万款产品没有一例发生违约。从收益率角度来看，呈现明显"前低后高"的态势。2013 年 1 ~5 月银行理财产品平均预期年化收益率为 4.334%。6 月以后，银行理财产品收益率波动剧烈，并呈现趋势性上涨，6 月随着银行间利率水平飙至 4.78%，7 ~11 月为 4.89%，其中 11 月达年度最高值 5.09%。进入 12 月，银行通过提高理财产品的收益来吸纳资金。12 月发行的银行理财产品收益率普遍超过 6%，泉州银行发行的一款 48 天产品收益甚至高达 8%。互联网金融初露头角，天弘基金和支付宝合作的余额宝短短半年时间，规模已经破千亿元。自从百度百发的 8% 收益开始，互联网理财便举起了"高收益"的大旗，东财活期宝、数米胜百八的产品收益率均预计在 8% 以上。

信托业继续高速增长：中国信托业协会发布的数据显示，2013 年，信托公司信托资产总规模为 10.91 万亿元，与上年的 7.47 万亿元相比，同比增长 46%。2013 年全行业 68 家信托公司实现利润总额 568.61 亿元，实现人均利润 305.65 万元，平均每家实现利润 8.36 亿元，与上年 441.40 亿元利润总额、291.30 万元人均利润和平均每家实现利润 6.69 亿元相比，利润总额同比增加 28.82%，人均利润同比增加 4.93%，平均每家利润增长 24.96%。虽然信托资产总规模继续创新高，但就季度环比增速而言，2013 年度前三个季度环比连续下降：2013 年第一季度环比增速为 16.86%，较 2012 年第四季度 18.20% 的环比增速下降了 1.34 个百分点；第二季度环比增速为 8.30%，较第一季度下降了 8.56 个百分点；第三季度为 7.16%，相比第二季度又下降了 1.14 个百分点；虽然第四季度环比增速回升到 7.66%，但与第三季度相比也仅小幅回升了 0.5 个百分点。从同比增速来看，首次结束了自 2009 年以来连续 4 年超过 50% 的同比增长率，2009—2011 年信托资产同比增速分别为 65.57%、50.50%、58.25%，利润增速也较 2012 年的 47.84% 减少一半，行业拐点隐现。

法律法规：(1)2013 年 3 月 25 日，银监会发布《中国银监会关于规范商业银行理财业务投资运作有关问题的通知》(银监发[2013]8 号)，对理财投资非标设定 35%（理财资产）和 4%（总资产）的上限。(2)4 月 15 日，银监会下发《中国银监会关于加强 2013 年地方政府融资平台贷款风险监管的指导意见》(银监发[2013]10 号)，要求推进地方政府融资平台贷款风险管理。(3)5 月下旬，银监会办公厅《中国银监会办公厅关于排查农村中小金融机构违规票据业务的通知》(银监办发[2013]135 号)，加强票据监管。(4)5 月 14 日，银监会办公厅下发《中国银监会办公厅关于防范外部风险传染的通知》(银监办发[2013]131 号)，要求银行业金融机构要重点关注五种外部风险来源，高度关注类金融机构和民间融资行为的潜在风险。(5)7 月 19 日，中国人民银行发布《中国人民银行关于进一步推进利率市场化改革的通知》，决定自 2013 年 7 月 20 日起全面放开金融机构贷款利率管制。(6)8 月 21 日，中国人民银行发布通知，按照《征信业管理条例》的相关要求，人民银行决定将信托公司贷款信息全面纳入金融信用信息基础数据库，并对其提供信用信息服务。(7)8月28日，国务院召开常务会议，决定在严格控制风险的基础上，进一步扩大信贷资产证券化试点。(8)《商业银行同业融资管理办法》拟加强对商业银行同业业务监管。(9)12月，国务院办公厅下发《国务院办公厅关于加强影子监管有关问题的通知》(国办发[2013]107号)厘清了中国影子银行的概念，肯定影子银行出现的必然性与积极意义，同时明确各监督机构的责任分工以及监督制度和办法，并对加快推动信托公司业务转型提出了新的要求。

4.3.1 有利条件

一是中国高净值人群理财需求高速增长。2013年中国人均GDP约7 000美元，中国理财市场的环境与40年前的美国非常接近，都在一个起步的阶段。投资者开始对他们手中的财富如何保值增值有浓厚的兴趣。招商银行和贝恩公司发布的《2013中国私人财富报告》显示，已有约1/3的全部高净值人士、约1/2的超高净值人士开始考虑财富传承。报告预计2013年中国私人财富市场仍将保持增长势头，全国个人总体可投资资产规模预计将达到92万亿元，同比增长14%；中国高净值人群规模将达到84万人，同比增长20%；高净值人群持有的个人可投资资产规模将达到27万亿元，同比增长22%。当前中国巨额货币存量和通胀高企意味着市场上存在大量寻找银行储蓄之外投资机会的资金，同时中国的投资渠道相对狭窄，信托产品的发展正当时。信托公司通过专业化的产品设计，将不具备交易条件的资产进行一定的标准化设计，形成产品面向公众销售，从而起到了较好的资金需求和理财桥梁作用。

二是中国融资需求仍然较为旺盛。中国经济转型需要较长时间完成，依靠大规模投融资拉动增长的现象还将延续较长的时期。在单一银行信贷难以解决企业和地方政府巨量融资难题的情况下，仍需要信托公司积极开展业务，努力满足众多企业和地方政府的相当一部分融资需求，引导社会闲散资金支持国民经济和社会发展。信托公司近年来对市场及政策走向的认识更加敏锐，创新意识大大增强，使该行业能寻找市场发展方向与自身特点的有效契合点，适时进行产品创新，推动信托业务快速发展。

三是十八届三中全会明确要求发展多层次资本市场。在分业经营、分业监管的金融体制下，作为唯一横跨货币市场、资本市场和产业市场的金融子行业公司，信托公司相比其他金融机构，投资范围最为广泛，投资方式最为灵活。信托公司可以充分发挥制度优势，为客户提供综合服务，提升核心竞争力。优良的资产、规范诚信的经营、良好的品牌形象与商誉、专业化的人才队伍，以及控股股东宝钢集团有限公司的大力支持，为我公司业务拓展和健康成长奠定了基础。

4.3.2 不利条件

一是监管加码。在信托业快速增长的同时，信托业的发展也面临一系列风险。2013年出台的银监会8号文和国办发107号文对非标业务和影子银行进行规范，加大了监管力度，对信托业造成较大冲击。未来对信托的监管有继续加强的趋势，信托公司需要进一步关注和防范政策风险。

二是流动性风险。银行、信托、券商、保险、基金子公司等金融机构均通过非标产品争抢资金，竞争激烈。一方面，非标产品资产方提供的收益率不断下降；另一方面，为吸引客户，出售给非标产品客户的收益率却不断上升。为了解决上述矛盾，各金融机构在创设金融产品时，期限错配严重。非标金融产品在流动性较为充足的情况下，可以通过期限错配获得高于产品期限的收益率。目前中央银行正在大力督促金融机构去杠杆化和推进利率市场化，2014年流动性预计中性偏紧，而信托产品创设机构在流动性收紧情况下筹资能力受到影响，面临的流动性压力加剧，可能爆发较多兑付危机。

三是竞争加剧。随着国内金融改革的进一步深化，信托公司现有业务模式将受到利率市场化的冲击，在筹资方面的优势可能发生较大变化。另外，银行、保险、证券、基金等各类金融机构以及第三方理财公司等纷纷将资产管理和财富管理作为发展重点，市场竞争日益激烈。

四是刚性兑付。2012年和2013年，由于房地产宏观调控以及经济整体下行等因素的影响，加之信托公司等金融机构前几年发行的项目陆续进入兑付阶段，部分公司的房地产信托及矿产信托等陆续出现资金流紧张进而导致不能及时偿还信托借款的问题，如山东海龙、江西赛维、上海华夏银行、中信信托三峡全通产品等。截至目前，信托业尚未出现一例集合信托不能按时足额兑付的案例。发行非标产品的金融机构出于监管隐性要求及自身声誉的考虑，往往会通过一系列措施提前堵住窟窿，即所谓"刚性兑付"。"刚性兑付"模糊了金融机构与投资者之间的权责界限，以至于信托公司的自有资金成为了这场接盘游戏中的重要一员，不利于信托业长久发展。

4.4 内部控制

4.4.1 内部控制环境和内部控制文化

公司根据国家有关法律法规和公司章程，构建了完备的法人治理结构，设立了股东会、董事会和监事会，"三会"分工明确并相互制衡、各司其职、规范运作，分别行使决策权、执行权和监督权。

股东会是公司的权力机构；董事会是公司的常设决策机构，向股东会负责；监事会是公司的监督机构，负责对公司董事、高级管理人员及公司财务进行监督。董事会下设信托委员会、人事薪酬委员会、风险管理和审计委员会三个专门委员会，加强对公司长期发展战略、高管任职与考核、重大投资风险控制、重大关联交易的审议、信息披露等方面的管理和监督，以进一步完善治理结构，促进董事会科学、高效决策。其中，风险管理和审计委员会负责审查企业内部控制，监督内部控制的有效实施和内部控制自我评价情况，协调内部控制审计及其他相关事宜。

公司根据自身业务特点和内部控制要求设立了科学、规范的机构及岗位。合规和风险管理部负责组织协调内部控制的建立实施及日常工作。稽核监察部作为内部审计机构对内部控制的有效性进行监督检查。内部审计机构对监督检查中发现的内部控制缺陷，按照企业内部审计工作程序进行报告；对监督检查中发现的内部控制重大缺陷，有权直接向董事会及其审计委员会、监事会报告。

公司明确界定各部门、各岗位的目标、职责和权限，建立相应的授权、检查和逐级问责制度，确保不相容岗位的相互分离及其在授权范围内履行职能；公司控制架构完善，并制定各层级之间的控制程序，保证董事会及高级管理人员下达的指令能够被有效执行。

公司提倡"合规人人有责"和"业务部门是内部控制及风险

管理的第一道防线”的内控文化。

4.4.2 内部控制措施

公司管理层下设投资决策委员会，在董事会的授权范围内以明晰的分级授权制度、健全的投资控制体系、及时完整的过程控制和事后评价，使研究、决策、操作、审核、评价体系既相互配合，又相互制衡。

在日常业务中，公司对固有资产和信托资产设立了相互独立的运作部门，分别是负责固有财产运作的投资管理部和负责信托财产运作的信托资产管理部。同时，在财务核算等环节，通过核算岗位隔离与财务信息隔离，进一步保证了公司固有财产与信托财产的独立管理。

在信托资产运营环节，分别设立了研究部门、决策部门、交易部门和运营部门，实现了研究和决策分离、投资和交易分离、财产运营和监控保管分离。部门间有效配合且相互制衡，确保投资风险可控。

在证券交易过程中，公司通过完善资产管理系统，实现了所有证券交易的系统化，使所有证券交易行为均处于系统的有效控制之下。在资产管理系统中，通过股票池、投资比例指标和人员授权等方面的管理，保证了证券投向、投资比例和不同岗位的投资权限均处于公司的有效控制之下。

在业务流程上，公司通过事前、事中、事后控制三者结合进行综合风险防范，其中尤其强调即时的过程控制，各部门发生异常情况后即时汇报，在风险出现苗头后能立即作出反应，采取相应措施，确保公司内部控制的有效性。

除上述控制措施外，公司还建立了重大风险预警机制和突发事件应急处理机制，明确风险预警标准，对可能发生的重大风险或突发事件制定应急预案，明确责任人员，规范处理程序，确保突发事件得到及时、妥善处理。

4.4.3 信息交流与反馈

公司建立了信息沟通制度，明确内部控制相关信息的收集、处理和传递程序，确保信息及时沟通，促进内部控制有效运行。

公司各业务部门、财务会计部门、合规和风险管理部门及行政管理部门负责收集各自职责范围内的各种内部信息和外部信息，通过财务会计资料、经营管理资料、调研报告、专项信息、内部刊物、办公网络等渠道获取内部信息，通过行业协会组织、社会中介机构、业务往来单位、市场调查、来信来访、网络媒体以及有关监管部门等渠道获取外部信息，并对收集的信息进行合理筛选、核对、整合，提高信息的有用性。

公司重要信息通过专门的联络人员及时传递给董事会、监事会。

公司利用信息技术促进信息的集成与共享，充分发挥信息技术在信息沟通中的作用。公司加强对信息系统开发与维护、访问与变更、数据输入与输出、文件储存与保管、网络安全等方面的控制，保证信息系统安全、稳定运行。

公司建立了反舞弊机制，坚持“惩防并举，重在预防”的原则，明确反舞弊工作的重点领域、关键环节和有关机构在反舞弊工作中的职责权限，规范舞弊案件的举报、调查、处理、报告和补救程序。

公司将下列情形作为反舞弊工作的重点：

(1)未经授权或者采取其他不法方式侵占、挪用公司资产，牟取不当利益。

(2)在财务会计报告和信息披露等方面存在虚假记载、误导性陈述或者重大遗漏等。

(3)董事、监事、经理及其他高级管理人员滥用职权。

(4)相关机构或人员串通舞弊。

公司建立了举报投诉制度和举报人保护制度，设置举报专线，明确举报投诉处理程序、办理时限和办结要求，确保举报、投诉成为公司有效掌握信息的重要途径。

举报投诉制度和举报人保护制度通过员工手册在发布和新员工入职时传达至员工本人。

4.4.4 监督评价与纠正

公司的稽核监察部门负责对公司内部控制的监督评价与纠正。

公司具有较为完善的内部控制机制，公司稽核监察部是公司独立的监督部门，直接向董事会汇报，是对公司经营活动全过程进行的一种内在经济监督，以防范风险、纠正违规、加强内控为工作目标，对公司内控制度、业务经营、财务活动等实施稽核监督。公司合规和风险管理部负责对公司规章制度和操作流程的健全性、有效性进行不断梳理整合，使公司的内部控制更加有效、趋于完善。

4.5 风险管理

4.5.1 风险管理概况

公司重视风险管理，通过制定健全的内部规章制度，建立职责分工合理的组织机构，设置专业的风险管理机构，将现代风险管理技术与传统风险管理方法相结合，对可能产生的风险及时作出反应，采取有效措施进行事前、事中、事后的有效控制与管理，并根据实际需要随时对风险管理体系进行调整。

公司风险管理遵循全面性原则、相互制衡原则、一致性原则、时效性原则、定性与定量相结合原则。

4.5.1.1 公司经营活动中可能遇到的风险

主要有信用风险、市场风险、操作风险、政策风险。

4.5.1.2 公司风险管理的基本原则与政策

风险管理贯彻全面性、审慎性、及时性、有效性、独立性等原则，覆盖到公司各项业务、各个部门和各级人员，并渗透到研究、决策、执行、监督、评价等各个环节；通过事前防范、事中控制、事后监督对风险进行全面综合的管理，促进公司持续、稳健、规范、健康运行。

4.5.1.3 公司风险管理组织结构与职责划分

公司建立了由董事会及管理层直接领导、以风险管理部门为依托、相关职能部门配合且与各个业务部门全面联系的三级风险管理组织架构。

公司董事会承担风险管理的最终责任，负责审批公司风险管理战略、审定公司总体风险水平、监控和评价风险管理的有效性和公司管理层在风险管理方面的履职情况。

董事会风险管理和审计委员会由独立董事担任主任委员，履行董事会的风险管理决策职能，负责拟定公司风险管理策略、风险管理总体目标、风险偏好、风险承受度，对公司经营和业务风险控制及管理情况进行监督。

管理层投资决策委员会分设固有业务投决会和信托业务投决会，分别负责公司管理层权限内的固有业务和信托业务的重要投资决策。

计划财务部通过会计核算和财务管理对公司财务状况及经营情况进行分析管理。

合规和风险管理部负责建立健全公司风险防范、监控制度体系，负责公司风险管理制度执行情况的监督；负责公司各业务风险的日常管理，对公司经营管理活动中的各类风险实施有效的事前评估和过程监控，有效化解和降低公司运营风险；同时，承担公司的政策法律事务，审核相关法律文书及合同，防范法律风险；代表公司对外处理相关法律事务，维护公司的合法权益。

稽核监察部检查公司内部风险管理制度的日常执行情况，对公司内部风险控制制度的合理性、有效性进行分析，提出改进意见并直接向董事会报告。

各业务部门是风险管理的第一责任部门，承担与其业务相关的风险管理责任。各业务部门是公司风险管理的具体实施单位，在公司各项基本管理制度的基础上，根据具体情况制定本部门的业务管理规定、业务操作流程及风险控制规定。

4.5.2 风险状况

4.5.2.1 信用风险状况

信用风险主要是指交易对手违约造成损失的风险，主要表现为公司在开展固有业务和信托业务时，可能会因交易对手违约而给公司或信托财产带来风险。报告期内，公司发生的各类业务均履行了严格的内部评审程序，合法合规，担保措施充足，交易对手信用等级较高，信用风险可控。按母公司口径，不良信用风险资产期初数为 1 439.53 万元，期末数为 1 439.53 万元。

4.5.2.2 市场风险状况

市场风险是指公司在运营过程中可能因股价、市场汇率、利率及其他价格因素等变动而产生的风险，具体表现为经济运作周期变化、金融市场利率波动、通货膨胀、房地产交易、证券市场变化等造成的风险，这些风险可能影响信托财产的价值及信托收益水平，也可能影响公司固有资产价值或导致损失。

2013 年公司密切关注各类市场风险，及时调整产品战略，勤勉、尽职履行受托人职责。2013 年受股票行情影响，公司本着审慎的原则，合理配置投资资金，在股票价格指数波动较大的行情下，当年公司固有业务未发生亏损情况。传统的投资顾问型证券信托产品发行量减少，结构化产品的劣后受益人更趋谨慎。公司凭借在股指期货方面的先发优势，率先开发和发行了量化对冲产品。

4.5.2.3 操作风险状况

操作风险是指公司内部业务流程、计算机系统、员工在操作中的不完善或失误，可能给公司直接或者间接造成损失的风险。

报告期内，公司未发生重大操作风险。

4.5.2.4 其他风险状况

其他风险主要包括法律风险、声誉风险、员工道德风险等。法律风险指公司在业务经营过程中由于不当的法律文书、违约行为或怠于行使自身法律权利等所造成的风险。声誉风险指由于公司内部管理或服务出现问题而引起自身外部社会名声、信誉和公众信任度下降，从而对公司外部市场地位产生消极和不良影响的风险。员工道德风险是指公司员工在执行业务过程中，由于法律意识淡薄、自律性差、责任心不强等因素的影响，可能存在的违法违规、操作失误等行为给公司造成损失、损害的风险。报告期内公司未发生重大其他风险。

4.5.3 风险管理

4.5.3.1 信用风险管理

公司通过事前评估、事中控制、事后监督的风险管理体系来防范和规避信用风险，具体措施包括：(1)严格按照业务流程、制度规定和相应程序开展各项业务，确保决策者充分了解业务涉及的信用风险。(2)对交易对手进行全面、深入的信用调查与分析，形成客观、翔实的尽职调查报告。(3)完善投决会议事规则，坚持横向、纵向相结合和集体决策的评审制度，多方面介入排查风险。(4)严格落实贷款担保等措施，注意对抵押物权属有效性、合法性进行审查，客观、公正评估抵押物。(5)强调事中管理和监控，通过项目实施过程中的业务跟踪及定期的资产五级分类进行风险事中控制。(6)要求定期与不定期地进行后期检查。对重点项目，业务部门会同风险管理部门定期进行现场实地走访，对项目运作、企业财务状况及当地市场环境做进一步调研和分析，形成现场检查报告。对部分股权投资类项目，风险管理部门向项目公司派驻现场监管人员，介入项目公司的资金监管。业务人员和风险管理部门若发现问题，及时上报并采取措施，有效防范和化解各类信用风险。(7)严格按财政部《金融企业准备金计提管理办法》等相关要求，足额计提一般准备；每年从税后利润中按 10%(2009 及以前年度为 5%)的比例提取信托赔偿准备金，本公司按照《金融企业准备金计提管理办法》、《银行信贷损失准备计提指引》，按照金融企业承担风险和损失的资产期末余额的 1.5% 扣除年初一般风险准备余额，提取一般风险准备，以提高公司抵御风险的能力。

4.5.3.2 市场风险管理

2013 年通过对公司各类业务的分析总结，结合项目的实际运作情况，对每项业务和产品中的市场风险因素进行分解和分析，准确识别业务中市场风险的种类和性质，推出了多套风控流程要求、风险控制方法及风控阈值指标，进一步提高了市场风险管理的效率和有效性。具体措施包括：(1)对宏观经济走势、政策变化、投资策略演变及其他影响市场变化的因素进行持续分析研究，为投资决策提供参考；(2)关注国家宏观政策变化，规避限制类行业和相关项目；(3)进行资产组合管理，并动态调整资产配置方案，以规避或降低市场风险；(4)控制行业集中度和交易对手集中度，分散风险，控制总体证券投资规模、设定证券投资限制指标和止损点；(5)加强对投资品种的研究和科学论证，按严格的流程进行控制；(6)密切监控已开展业务的运行情况，根据市场风险情况及时采取投资调整等风险管理措施，避免或降低市场风险引起的损失，同时公司通过业务模式的创新强调业务结构多元化和不同业务之间风险的对冲度，提高公司抵御市场风险的整体能力。

4.5.3.3 操作风险管理

公司以"内控优先、制度先行"为原则，根据业务重点，持续总结整理各项业务规范，梳理操作流程，开展流程优化。2013 年通过加强资源配置、制度建设、IT 建设等措施全面提高风险管理能力，为公司进一步发展提供坚实基础。

2013 年末公司核心业务系统正式切换上线，公司外网同步进行了改造。核心业务系统涵盖了公司范围内主要业务和关键流程。为配合系统顺利上线，公司对线上和线下的操作流程进行全面梳理，组织推动核心业务系统上线前后流程变动的相应准备工作，并制定发布了系统管理制度和细则，建立应急预案和上线保障机制。核心业务管理系统的顺利上线，进一步提升了管控效率并防范了操作风险。

公司持续完善规章制度体系，2013 年对所有规则制度文件的适用性、时效性、执行有效性等展开了全面自查和梳理、修订完善工作，持续关注新业务的流程管控，并在风险可控的前提下持续提升业务处理效率。公司针对重点展业行业发布尽调指引，促进投融资信托业务的健康发展。通过事前建立详细的业务标准和规范流程、事中即时过程监控、事后检查评价有效结合的方式，建立了横向扩展、纵向延伸的管理优化机制，内部控制更加有效和完善，员工行为规范得到强化，管理水平得到有效提升。

4.5.3.4　其他风险管理

公司通过对宏观政策和行业政策的跟踪、研究，提高预见性，控制政策风险。为防范法律风险，公司严格按照相关监管规章，对所有拟开展业务进行合规性审查，确保公司业务开展符合国家相关法律法规规定，并不断优化产品结构和法律文本设计，严格按公司法律文件审批程序进行审批后办理业务；为防范声誉风险，公司把声誉构建与公司发展战略和企业文化进行有机结合，对可能影响公司声誉的业务坚决予以回避，尽职管理受托资产并充分披露，塑造公司专业和诚信的社会形象；为防范员工道德风险，公司通过建立完善的公司治理结构、内控制度、业务流程，从制度、教育、监督、纪律处罚等多方面着手，不断优化激励约束机制，对员工及其行为进行约束和规范，控制道德风险。

5. 报告期末及上一年度末的比较式会计报表

5.1　自营资产

5.1.1　会计师事务所审计意见全文

审 计 报 告

瑞华审字[2014]第 01260015 号

我们审计了后附的华宝信托有限责任公司(以下简称贵公司)的财务报表，包括 2013 年 12 月 31 日合并及公司的资产负债表，2013 年度合并及公司的利润表、合并及公司的现金流量表和合并及公司的所有者权益变动表以及财务报表附注。

一、管理层对财务报表的责任

编制和公允列报财务报表是贵公司管理层的责任。这种责任包括：(1)按照企业会计准则的规定编制财务报表，并使其实现公允反映；(2)设计、执行和维护必要的内部控制，以使财务报表不存在由于舞弊或错误导致的重大错报。

二、注册会计师的责任

我们的责任是在执行审计工作的基础上对财务报表发表审计意见。我们按照中国注册会计师审计准则的规定执行了审计工作。中国注册会计师审计准则要求我们遵守中国注册会计师职业道德守则，计划和执行审计工作以对财务报表是否不存在重大错报获取合理保证。

审计工作涉及实施审计程序，以获取有关财务报表金额和披露的审计证据。选择的审计程序取决于注册会计师的判断，包括对由于舞弊或错误导致的财务报表重大错报风险的评估。在进行风险评估时，注册会计师考虑与财务报表编制和公允列报相关的内部控制，以设计恰当的审计程序，但目的并非对内部控制的有效性发表意见。审计工作还包括评价管理层选用会计政策的恰当性和作出会计估计的合理性，以及评价财务报表的总体列报。

我们相信，我们获取的审计证据是充分、适当的，为发表审计意见提供了基础。

三、审计意见

我们认为，上述财务报表在所有重大方面按照企业会计准则的规定编制，公允反映了华宝信托有限责任公司 2013 年 12 月 31 日合并及公司的财务状况以及 2013 年度合并及公司的经营成果和现金流量。

5.1.2　资产负债表

合并资产负债表

编制单位：华宝信托有限责任公司　　2013 年 12 月 31 日　　单位：万元

项　目	年末余额	年初余额	项　目	年末余额	年初余额
流动资产：			流动负债：		
货币资金	85 760.06	124 358.12	短期借款	—	—
结算备付金	—	—	向中央银行借款	—	—
拆出资金	—	—	吸收存款及同业存放	—	—
交易性金融资产	41 031.27	39 972.17	拆入资金	—	49 000.00
应收票据	—	—	交易性金融负债	—	—
应收账款	4 500.93	3 839.58	应付票据	—	—
预付款项	—	—	应付账款	—	—
应收保费	—	—	预收款项	—	—
应收分保账款	—	—	卖出回购金融资产款	—	—
应收分保合同准备金	—	—	应付手续费及佣金	—	—
应收利息	61.85	1 626.06	应付职工薪酬	20 916.38	14 496.54
应收股利	—	—	应交税费	30 675.69	17 795.82
其他应收款	4 398.88	2 239.31	应付利息	—	—
买入返售金融资产	45 730.05	69 136.15	应付股利	1 303.57	1 303.57

续表

项　　目	年末余额	年初余额	项　　目	年末余额	年初余额
存货	—	—	其他应付款	15 527.03	75 799.01
一年内到期的非流动资产	—	—	应付分保账款	—	—
其他流动资产	334.18	177.48	保险合同准备金	—	—
流动资产合计	181 817.23	241 348.87	代理买卖证券款	—	—
非流动资产：			代理承销证券款	—	—
发放贷款及垫款	—	—	一年内到期的非流动负债	—	—
可供出售金融资产	310 848.23	263 593.91	其他流动负债	—	—
持有至到期投资	—	—	流动负债合计	68 422.67	158 394.94
长期应收款	—	—	非流动负债：	—	
长期股权投资	73 402.98	72 138.52	长期借款	—	—
投资性房地产	102.94	91.10	应付债券	—	—
固定资产	1 580.50	1 498.42	长期应付款	—	—
在建工程	—	—	专项应付款	—	—
工程物资	—	—	预计负债	—	—
固定资产清理	6.59	—	递延所得税负债	2 745.50	2 536.60
生产性生物资产	—	—	其他非流动负债	—	—
油气资产	—	—	非流动负债合计	2 745.50	2 536.60
无形资产	591.91	680.94	负债合计	71 168.17	160 931.54
开发支出	1 721.49	1 499.40	所有者权益：		
商誉	—	—	实收资本	200 000.00	200 000.00
长期待摊费用	3 716.86	4 687.04	资本公积	11 639.07	11 257.16
递延所得税资产	4 358.66	2 601.09	减：库存股	—	—
其他非流动资产	—	—	专项储备	—	—
非流动资产合计	396 330.16	346 790.42	盈余公积	45 936.10	39 144.26
			一般风险准备	42 019.37	34 736.45
			未分配利润	158 454.17	98 746.00
			外币报表折算差额	-21.49	-7.26
			归属于母公司所有者权益合计	458 027.22	383 876.61
			少数股东权益	48 952.00	43 331.14
			所有者权益合计	506 979.22	427 207.75
资产总计	578 147.40	588 139.29	负债和所有者权益总计	578 147.40	588 139.29

法定代表人：郑安国　　主管会计工作负责人：张晓喆　　会计机构负责人：蒋　勋

母公司资产负债表

编制单位：华宝信托有限责任公司　　2013 年 12 月 31 日　　单位：万元

资　　产	年末数	年初数	负债和所有者权益	年末数	年初数
资产：			负债：		
货币资金	24 914.70	62 956.98	向中央银行借款	—	—
贵金属	—	—	同业及其他金融机构存放款项	—	—
拆出资金	—	—	拆入资金	—	49 000.00
交易性金融资产	712.30	9 779.58	交易性金融负债	—	—
衍生金融资产	—	—	卖出回购金融资产款	—	—
买入返售金融资产	40 580.05	69 136.15	吸收存款	—	—
应收账款	—	—	应付账款	—	—
应收股利	—	—	其他应付款	11 795.62	72 145.29
应收利息	—	1 126.83	应付职工薪酬	11 749.14	6 664.31
其他应收款	3 919.54	1 765.53	应交税费	27 419.92	15 927.47
发放贷款及垫款	—	—	应付股利	1 303.57	1 303.57
可供出售金融资产	311 055.03	263 593.91	应付利息	—	—

续表

资　产	年末数	年初数	负债和所有者权益	年末数	年初数
持有至到期投资	—	—	预计负债	—	—
长期股权投资	73 224.75	71 960.29	应付债券	—	—
投资性房地产	102.94	91.10	递延所得税负债	2 747.20	2 536.60
固定资产净额	905.79	878.50	其他负债	—	—
在建工程	—	—	负债合计	55 015.45	147 577.24
固定资产清理	6.59	—	所有者权益:		
无形资产净额	380.27	357.97	实收资本	200 000.00	200 000.00
长期待摊费用	704.29	590.35	资本公积	17 513.29	17 126.28
递延所得税资产	3 921.31	2 668.83	减:库存股	—	—
其他资产	1 721.47	1 499.38	盈余公积	46 663.03	39 871.19
			一般风险准备	42 382.83	35 099.91
		未分配利润	100 574.44	46 730.78	
		所有者权益合计	407 133.58	338 828.16	
资产总计	462 149.03	486 405.40	负债和所有者权益总计	462 149.03	486 405.40

法定代表人:郑安国　　主管会计工作负责人:张晓喆　　会计机构负责人:蒋　勋

5.1.3　利润表

合并利润表

编制单位:华宝信托有限责任公司　2013 年度　单位:万元

项　目	本年金额	上年金额
一、营业总收入	160 679.07	131 285.24
其中:营业收入	58.20	10.00
利息收入	6 432.56	10 914.75
已赚保费	—	—
手续费及佣金收入	154 188.31	120 360.49
二、营业总成本	81 784.64	63 367.88
其中:营业成本	4.78	2.12
利息支出	223.27	51.06
手续费及佣金支出	597.66	561.84
退保金	—	—
赔付支出净额	—	—
提取保险合同准备金净额	—	—
保单红利支出	—	—
分保费用	—	—
营业税金及附加	10 360.57	7 747.10
业务及管理费	65 588.45	55 285.76
管理费用	—	—
财务费用	—	—
资产减值损失	5 009.92	−280.00
加:公允价值变动收益(损失以"－"号填列)	−276.35	2 223.95
投资收益(损失以"—"号填列)	29 851.04	12 150.87
其中:对联营企业和合营企业的投资收益	1 854.15	1 084.15
汇兑收益(损失以"—"号填列)	−264.60	−257.05
三、营业利润(亏损以"－"号填列)	108 204.53	82 035.13
加:营业外收入	1 752.52	3 606.22
减:营业外支出	95.00	5.86
四、利润总额(亏损总额以"－"号填列)	109 862.06	85 635.49
减:所得税费用	27 636.50	21 401.71
五、净利润(净亏损以"－"号填列)	82 225.56	64 233.78
归属于母公司所有者的净利润	73 782.93	57 580.38
少数股东损益	8 442.63	6 653.40
六、每股收益	—	—
(一)基本每股收益	—	—
(二)稀释每股收益	—	—

续表

项　目	本年金额	上年金额
七、其他综合收益	354.01	9 797.94
八、综合收益总额	82 579.57	74 031.72
归属于母公司所有者的综合收益总额	74 150.61	67 385.29
归属于少数股东的综合收益总额	8 428.96	6 646.43

法定代表人:郑安国　　主管会计工作负责人:张晓喆　会计机构负责人:蒋　勋

母公司利润表

编制单位:华宝信托有限责任公司　2013 年度　单位:万元

项　目	本年数	上年数
一、营业收入	132 724.24	98 191.33
利息净收入	3 105.12	7 891.90
利息收入	3 328.39	7 942.96
利息支出	223.27	51.06
手续费及佣金净收入	98 747.41	73 370.00
手续费及佣金收入	99 345.07	73 931.83
手续费及佣金支出	597.66	561.83
投资收益(损失以"－"填列)	31 575.99	15 975.91
其中:对联营企业和合营企业的投资收益	1 854.15	1 084.15
公允价值变动损益(损失以"－"填列)	−459.84	1 201.13
汇兑收益(损失以"－"填列)	−264.44	−257.61
其他业务收入	20.00	10.00
二、营业支出	43 984.14	29 521.92
营业税金及附加	7 233.32	5 098.97
业务及管理费	31 736.12	24 700.83
资产减值损失	5 009.92	−280.00
其他业务成本	4.78	2.12
三、营业利润(亏损以"－"填列)	88 740.10	68 669.41
加:营业外收入	1 462.16	3 079.81
减:营业外支出	95.00	—
四、利润总额(亏损总额以"－"填列)	90 107.26	71 749.22
减:所得税费用	22 188.85	16 567.75
五、净利润(净亏损以"－"号填列)	67 918.41	55 181.47
六、每股收益	—	—
(一)基本每股收益	—	—
(二)稀释每股收益	—	—
七、其他综合收益	387.01	9 812.17
八、综合收益总额	68 305.42	64 993.64

法定代表人:郑安国　　主管会计工作负责人:张晓喆　会计机构负责人:蒋　勋

5.1.4 所有者权益变动表

合并所有者权益变动表

编制单位:华宝信托有限责任公司　　2013 年度　　单位:万元

项目	本年金额									
	归属于母公司所有者权益								少数股东权益	所有者权益合计
	实收资本	资本公积	减:库存股	专项储备	盈余公积	一般风险准备	未分配利润	外币报表折算差额		
一、上年年末余额	200 000. 00	11 257. 16	—	—	39 144. 26	34 736. 45	98 746. 00	-7. 26	43 331. 14	427 207. 75
加:会计政策变更	—	—	—	—	—	—	—	—	—	—
前期差错更正	—	—	—	—	—	—	—	—	—	—
其他	—	—	—	—	—	—	—	—	—	—
二、本年年初余额	200 000. 00	11 257. 16	—	—	39 144. 26	34 736. 45	98 746. 00	-7. 26	43 331. 14	427. 207. 75
三、本年增减变动金额(减少以“-”号填列)	—	381. 91	—	—	6 791. 84	7 282. 92	59 708. 17	-14. 23	5 620. 87	79 771. 47
(一)净利润	—	—	—	—	—	—	73 782. 93	—	8 442. 63	82 225. 56
(二)其他综合收益	—	381. 91	—	—	—	—	—	-14. 23	-13. 67	354. 01
上述(一)和(二)小计	—	381. 91	—	—	—	—	73 782. 93	-14. 23	8 428. 96	82 579. 57
(三)所有者投入和减少资本	—	—	—	—	—	—	—	—	—	—
1. 所有者投入资本	—	—	—	—	—	—	—	—	—	—
2. 股份支付计入所有者权益的金额	—	—	—	—	—	—	—	—	—	—
3. 其他	—	—	—	—	—	—	—	—	—	—
(四)利润分配	—	—	—	—	6 791. 84	7 282. 92	-14 074. 76	—	-2 808. 09	-2 808. 09
1. 提取盈余公积	—	—	—	—	6 791. 84	—	-6 791. 84	—	—	—
2. 提取一般风险准备	—	—	—	—	—	7 282. 92	-7 282. 92	—	—	—
3. 对所有者的分配	—	—	—	—	—	—	—	—	-2 808. 09	-2 808. 09
4. 其他	—	—	—	—	—	—	—	—	—	—
(五)所有者权益内部结转	—	—	—	—	—	—	—	—	—	—
1. 资本公积转增资本	—	—	—	—	—	—	—	—	—	—
2. 盈余公积转增资本	—	—	—	—	—	—	—	—	—	—
3. 盈余公积弥补亏损	—	—	—	—	—	—	—	—	—	—
4. 其他	—	—	—	—	—	—	—	—	—	—
(六)专项储备	—	—	—	—	—	—	—	—	—	—
1. 本年提取	—	—	—	—	—	—	—	—	—	—
2. 本年使用	—	—	—	—	—	—	—	—	—	—
四、本年年末余额	200 000. 00	11 639. 07	—	—	45 936. 10	42 019. 37	158 454. 17	-21. 49	48 952. 00	506 979. 22

法定代表人:郑安国　　主管会计工作负责人:张晓喆　　会计机构负责人:蒋　勋

合并所有者权益变动表(续)

编制单位:华宝信托有限责任公司　　2013 年度　　单位:万元

项目	上年金额									
	归属于母公司所有者权益								少数股东权益	所有者权益合计
	实收资本	资本公积	减:库存股	专项储备	盈余公积	一般风险准备	未分配利润	外币报表折算差额		
一、上年年末余额	200 000. 00	1 444. 9	—	—	33 626. 12	22 468. 14	92 693. 93	—	41 033. 27	391 266. 45
加:会计政策变更	—	—	—	—	—	—	—	—	—	—
前期差错更正	—	—	—	—	—	—	—	—	—	—
其他	—	—	—	—	—	—	—	—	—	—
二、本年年初余额	200 000. 00	1 44. 99	—	—	33 626. 12	22 468. 14	92 693. 93	—	41 033. 27	391 266. 45
三、本年增减变动金额(减少以“-”号填列)	—	9 812. 17	—	—	5 518. 15	12 268. 30	6 052. 07	-7. 26	-6. 97	9 797. 94
(一)净利润	—	—	—	—	—	—	57 580. 38	—	6 653. 40	64 233. 78
(二)其他综合收益	—	9 812. 17	—	—	—	—	—	-7. 26	-6. 97	9 797. 94
上述(一)和(二)小计	—	9 812. 17	—	—	—	—	57 580. 38	-7. 26	6 646. 43	74 031. 72
(三)所有者投入和减少资本	62 039. 01	—	—	—	—	—	—	—	—	62 039. 01
1. 所有者投入资本	62 039. 01	—	—	—	—	—	—	—	—	62 039. 01
2. 股份支付计入所有者权益的金额	—	—	—	—	—	—	—	—	—	—
3. 其他	—	—	—	—	—	—	—	—	—	—
(四)利润分配	—	—	—	—	5 518. 15	12 268. 30	-51 528. 31	—	-4 348. 56	-38 090. 42

续表

项目	上年金额									
	归属于母公司所有者权益								少数股东权益	所有者权益合计
	实收资本	资本公积	减:库存股	专项储备	盈余公积	一般风险准备	未分配利润	外币报表折算差额		
1. 提取盈余公积	—	—	—	—	5 518. 15	—	-5 518. 15	—	—	—
2. 提取一般风险准备	—	—	—	—	—	12 268. 30	-12 268. 30	—	—	—
3. 对所有者的分配	—	—	—	—	—	—	-33 741. 86	—	-4 348. 56	-38 090. 42
4. 其他	—	—	—	—	—	—	—	—	—	—
(五)所有者权益内部结转	—	—	—	—	—	—	—	—	—	—
1. 资本公积转增资本	—	—	—	—	—	—	—	—	—	—
2. 盈余公积转增资本	—	—	—	—	—	—	—	—	—	—
3. 盈余公积弥补亏损	—	—	—	—	—	—	—	—	—	—
4. 其他	—	—	—	—	—	—	—	—	—	—
(六)专项储备	—	—	—	—	—	—	—	—	—	—
1. 本年提取	—	—	—	—	—	—	—	—	—	—
2. 本年使用	—	—	—	—	—	—	—	—	—	—
四、本年年末余额	200 000. 00	11 257. 16	—	—	39 144. 26	34 736. 45	98 746. 00	-7. 26	43 331. 14	427 208. 75

法定代表人:郑安国　　　　主管会计工作负责人:张晓喆　　　　会计机构负责人:蒋　勋

母公司所有者权益变动表

编制单位:华宝信托有限责任公司　　　　2013 年度　　　　单位:万元

项目	本年金额							
	实收资本	资本公积	减:库存股	专项储备	盈余公积	一般风险准备	未分配利润	所有者权益合计
一、上年年末余额	200 000. 00	17 126. 28	—	—	39 871. 19	35 099. 91	46 730. 78	338 828. 16
加:会计政策变更	—	—	—	—	—	—	—	—
前期差错更正	—	—	—	—	—	—	—	—
其他	—	—	—	—	—	—	—	—
二、本年年初余额	200 000. 00	17 126. 28	—	—	39 871. 19	35 099. 91	46 730. 78	338 828. 16
三、本年增减变动金额(减少以“-”号填列)	—	387. 01	—	—	6 791. 84	7 282. 92	53 843. 65	68 305. 42
(一)净利润	—	—	—	—	—	—	67 918. 41	67 918. 41
(二)其他综合收益	—	387. 01	—	—	—	—	—	387. 01
上述(一)和(二)小计	—	387. 01	—	—	—	—	67 918. 41	68 305. 42
(三)所有者投入和减少资本	—	—	—	—	—	—	—	—
1. 所有者投入资本	—	—	—	—	—	—	—	—
2. 股份支付计入所有者权益的金额	—	—	—	—	—	—	—	—
3. 其他	—	—	—	—	—	—	—	—
(四)利润分配	—	—	—	—	6 791. 84	7 282. 92	-14 074. 76	—
1. 提取盈余公积	—	—	—	—	6 791. 84	—	-6 791. 84	—
2. 提取一般风险准备	—	—	—	—	—	7 282. 92	-7 282. 92	
3. 对所有者的分配	—	—	—	—	—	—	—	—
4. 其他	—	—	—	—	—	—	—	—
(五)所有者权益内部结转	—	—	—	—	—	—	—	—
1. 资本公积转增资本	—	—	—	—	—	—	—	—
2. 盈余公积转增资本	—	—	—	—	—	—	—	—
3. 盈余公积弥补亏损	—	—	—	—	—	—	—	—
4. 其他	—	—	—	—	—	—	—	—
(六)专项储备	—	—	—	—	—	—	—	—
1. 本年提取	—	—	—	—	—	—	—	—
2. 本年使用	—	—	—	—	—	—	—	—
四、本年年末余额	200 000. 00	17 513. 29	—	—	46 663. 03	42 382. 83	100 574. 44	407 133. 58

法定代表人:郑安国　　　　主管会计工作负责人:张晓喆　　　　会计机构负责人:蒋　勋

母公司所有者权益变动表（续）

编制单位：华宝信托有限责任公司　　2013 年度　　单位：万元

项　　目	上年金额							
	实收资本	资本公积	减：库存股	专项储备	盈余公积	一般风险准备	未分配利润	所有者权益合计
一、上年年末余额	200 000. 00	7 314. 10	—	—	34 353. 05	22 831. 61	43 077. 62	307 576. 38
加：会计政策变更	—	—	—	—	—	—	—	—
前期差错更正	—	—	—	—	—	—	—	—
其他	—	—	—	—	—	—	—	—
二、本年年初余额	200 000. 00	7 314. 10	—	—	34 353. 05	22 831. 61	43 077. 62	307 576. 38
三、本年增减变动金额（减少以“－”号填列）	—	9 812. 17	—	—	5 518. 15	12 268. 30	3 653. 16	31 251. 78
（一）净利润	—	—	—	—	—	—	55 181. 46	55 181. 46
（二）其他综合收益	—	9 812. 17	—	—	—	—	—	9 812. 17
上述（一）和（二）小计	—	—	—	—	—	—	—	—
（三）所有者投入和减少资本	—	—	—	—	—	—	—	—
1. 所有者投入资本	—	—	—	—	—	—	—	—
2. 股份支付计入所有者权益的金额	—	—	—	—	—	—	—	—
3. 其他	—	—	—	—	—	—	—	—
（四）利润分配	—	—	—	—	5 518. 15	12 268. 30	-51 528. 31	-33 741. 86
1. 提取盈余公积	—	—	—	—	5 518. 15	—	-5 518. 15	—
2. 提取一般风险准备	—	—	—	—	—	12 268. 30	-12 268. 30	—
3. 对所有者的分配	—	—	—	—	—	—	-33 741. 86	-33 741. 86
4. 其他	—	—	—	—	—	—	—	—
（五）所有者权益内部结转	—	—	—	—	—	—	—	—
1. 资本公积转增资本	—	—	—	—	—	—	—	—
2. 盈余公积转增资本	—	—	—	—	—	—	—	—
3. 盈余公积弥补亏损	—	—	—	—	—	—	—	—
4. 其他	—	—	—	—	—	—	—	—
（六）专项储备	—	—	—	—	—	—	—	—
1. 本年提取	—	—	—	—	—	—	—	—
2. 本年使用	—	—	—	—	—	—	—	—
四、本年年末余额	200 000. 00	17 126. 28	—	—	39 871. 19	35 099. 91	46 730. 78	338 828. 16

法定代表人：郑安国　　主管会计工作负责人：张晓喆　　会计机构负责人：蒋　勋

5.2 信托资产

5.2.1 信托项目资产负债汇总表

信托项目资产负债汇总表

编制单位：华宝信托有限责任公司　　2012 年 12 月 31 日　　单位：万元

资　　产	期末数	期初数	负债和信托权益	期末数	期初数
资产：			负债：		
现金及存放中央银行款项	8 846 898. 43	10 747 711. 66	向中央银行借款	—	—
其中：现金及银行存款	8 846 898. 43	10 747 711. 66	同业及其他金融机构存放款项	—	—
其他货币资金	97 764. 40	111 403. 00	拆入资金	—	—
拆出资金	—	—	交易性金融负债	—	—
交易性金融资产	5 458 510. 29	3 694 358. 26	衍生金融负债	—	—
衍生金融资产	—	—	应付受托人报酬	—	—
买入返售金融资产	1 198 971. 79	595 058. 35	应付保管费	—	—
应收票据	2 333. 53	—	应付受益人收益	—	—
应收账款	—	—	应付销售服务费	—	—
应收股利	1 912. 50	1 087. 59	应交税费	—	—
应收利息	—	—	其他应付款	112 618. 18	41 250. 90
其他应收款	447 116. 82	189 124. 50	其他负债	—	—
发放贷款和垫款	6 067 758. 24	3 003 056. 63	负债合计	112 618. 18	41 250. 90
可供出售金融资产	4 176 488. 89	2 664 604. 51			
持有至到期投资	—	—			
长期股权投资	853 930. 63	246 756. 12	信托权益：		
投资性房地产	—	—	实收信托	26 604 958. 36	20 971 226. 49
固定资产	—	—	资本公积	103 200. 18	75 523. 79
无形资产	—	—	未分配利润	330 908. 80	165 159. 44
其他资产	—	—	信托权益合计	27 039 067. 34	21 211 909. 72
资产总计	27 151 685. 52	21 253 160. 62	负债和信托权益总计	27 151 685. 52	21 253 160. 62

法定代表人：郑安国　　主管会计工作负责人：张晓喆　　会计机构负责人：蒋　勋

5.2.2 信托项目利润及利润分配汇总表

信托项目利润及利润分配汇总表

编制单位:华宝信托有限责任公司　2013 年度　单位:万元

项　目	本年累计数	上年累计数
一、信托营业收入	1 457 073.41	1 191 252.75
利息收入	965 515.26	892 248.88
投资收益(损失以"-"号填列)	532 832.07	183 054.09
其中:对联营企业和合营企业的投资收益	—	—
公允价值变动收益(损失以"-"号填列)	-44 132.11	111 301.86
租赁收入	—	—
汇兑收益(损失以"-"号填列)	744.97	275.95
其他业务收入	2 113.22	4 371.97
二、信托营业支出	113 097.39	75 213.91
营业税金及附加	—	—
业务及管理费	113 097.39	75 213.91
资产减值损失	—	—
其他业务成本	—	—
三、利润总额(亏损总额以"-"填列)	1 343 976.02	1 116 038.84
加:期初未分配信托利润	165 159.44	-67 921.38
损益平准金等其他影响额	158 017.65	59 528.38
四、可供分配的信托利润	1 667 153.11	1 107 645.84
减:本期已分配信托利润	1 336 244.31	942 486.40
五、期末未分配信托利润	330 908.80	165 159.44
六、其他综合收益	19 716.93	36 818.31
七、综合收益总额	1 521 710.60	1 212 385.53

法定代表人:郑安国　主管会计工作负责人:张晓喆　会计机构负责人:蒋　勋

6. 会计报表附注

6.1 年度会计报表编制基准、会计政策、会计估计和核算方法发生的变化

报告年度会计报表编制基准、会计政策、会计估计和核算方法未发生变化。

6.2 或有事项说明

截至 2013 年 12 月 31 日,本公司为舟山市海运公司提供 243 万元借款担保该担保系宝钢集团有限公司 1998 年并购舟山信托前的历史遗留问题,舟山市海峡汽车轮渡有限责任公司为此事向本公司提供了反担保。

6.3 重要资产转让及其出售的说明

本公司 2013 年未发生重要资产的转让及其出售事项。

6.4 会计报表中重要项目的明细资料(以下为母公司口径)

6.4.1 固有资产经营情况

6.4.1.1 按信用风险五级分类结果披露信用风险资产的期初、期末数

信用风险资产五级分类	正常类(万元)	关注类(万元)	次级类(万元)	可疑类(万元)	损失类(万元)	信用风险资产合计(万元)	不良信用风险资产合计(万元)	不良信用风险资产率(%)
期末数	69 414.29	—	—	—	1 439.53	70 853.82	1 439.53	2.03
期初数	134 959.22	—	—	—	1 439.53	136 398.75	1 439.53	1.06

注:不良资产合计=次级类+可疑类+损失类。

6.4.1.2 各项资产减值损失准备的期初数、本期计提、本期转回、本期核销、期末数

单位:万元

	期初数	本期计提	本期转回	本期核销	期末数
贷款损失准备	—	—	—	—	—
一般准备	—	—	—	—	—
专项准备	—	—	—	—	—
其他资产减值准备	8 505.76	5 009.92	—	—	13 515.68
可供出售金融资产减值准备	—	5 009.92	—	—	5 009.92
持有至到期投资减值准备	—	—	—	—	—
长期股权投资减值准备	7 066.23	—	—	—	7 066.23
坏账准备	1 439.53	—	—	—	1 439.53
投资性房地产减值准备	—	—	—	—	—

6.4.1.3 固有业务股票投资、基金投资、债券投资、长期股权投资等投资业务的期初数、期末数

单位:万元

	股票	基金	债券	长期股权投资	其他投资	合计
期初数	57 734.91	1 906.13	—	71 960.29	213 732.44	345 333.77
期末数	40 881.24	68.09	0.10	73 224.75	270 817.90	384 992.08

6.4.1.4 固有长期股权投资的企业名称、占被投资企业权益比例、主要经营活动及投资收益情况等

企业名称	占被投资企业权益的比例(%)	主要经营活动	投资收益(万元)
华宝兴业基金管理有限公司	51	基金管理、发起设立基金以及中国证监会批准的其他业务。	2 922.71
华宝证券有限责任公司	40.5592	证券经纪、证券投资咨询、证券自营。	1 854.15

注:投资收益的口径为影响 2013 年损益的长期股权投资收益金额。

6.4.1.5 固有贷款的企业名称、占贷款总额的比例和还款情况等

无。

6.4.1.6 表外业务的期初数、期末数,按照代理业务、担保业务和其他类型表外业务分别披露

单位:万元

表外业务	期初数	期末数
担保业务	243.00	243.00
代理业务(委托业务)	—	—
其他	—	—
合计	243.00	243.00

注:表中担保业务为 1998 年公司并购重组前为舟山市海运公司提供的 243 万元借款担保,舟山市海峡汽车轮渡有限责任公司为此事向本公司提供了反担保。

6.4.1.7 公司当年的收入结构

收入结构	合并口径		母公司口径	
	金额(万元)	占比(%)	金额(万元)	占比(%)
手续费及佣金收入	154 188.31	80.30	99 345.07	73.44
其中:信托手续费收入	91 469.45	47.64	91 469.45	67.62
投资银行业务收入	7 699.11	4.01	7 699.11	5.69

续表

收入结构	合并口径		母公司口径	
	金额(万元)	占比(%)	金额(万元)	占比(%)
利息收入	6 432.56	3.35	3 328.39	2.46
其他业务收入	58.20	0.03	20.00	0.01
其中:计入信托业务收入部分	—	0.00	—	0.00
投资收益	29 574.70	15.40	31 116.14	23.00
其中:股权投资收益	1 854.15	0.97	4 776.86	3.53
公允价值变动收益	−276.35	−0.14	−459.85	−0.34
其他投资收益	27 996.90	14.57	26 799.13	19.81
营业外收入	1 752.52	0.92	1 462.16	1.09
收入合计	192 006.29	100.00	135 271.76	100.00

注:1. 投资银行业务收入为公司信托业务收取的财务顾问费。
2. 以上收入结构表为规定格式,故此处收入合计未含汇兑损益。

本年度公司(母公司口径)实现信托业务收入总额99 168.56万元,其中以手续费及佣金确认的信托业务收入金额93 721.52万元,以业绩报酬形式确认的信托业务收入(浮动报酬)金额5 447.04万元,无以其他形式确认的信托业务收入。

6.4.2 披露信托资产管理情况

6.4.2.1 信托资产的期初数、期末数

单位:万元

信托资产	期初数	期末数
集合	5 067 714.29	7 074 907.46
单一	15 899 430.28	19 676 883.13
财产权	286 016.05	399 894.93
合计	21 253 160.62	27 151 685.52

6.4.2.1.1 主动管理型信托业务的信托资产期初数、期末数

单位:万元

主动管理型信托资产	期初数	期末数
证券投资类	4 470 608.01	6 555 799.38
股权投资类	204 197.34	332 656.14
组合投资类	1 677 529.31	2 874 233.32
融资类	1 672 168.50	2 091 524.13
事务管理类	—	—
合计	8 024 503.16	11 854 212.97

6.4.2.1.2 被动管理型信托业务的信托资产期初数、期末数

单位:万元

被动管理型信托资产	期初数	期末数
证券投资类	72 978.22	191 697.83
股权投资类	45 015.47	95 005.50
组合投资类	980.62	86 361.28
融资类	2 245 230.71	5 790 871.81
事务管理类	10 864 452.44	9 133 536.13
合计	13 228 657.46	15 297 472.55

6.4.2.2 本年度已清算结束的信托项目个数、实收信托合计金额、加权平均实际年化收益率

本公司本年度终止的信托项目个数为76个,本金合计为2 744 052.26万元,加权平均实际年化收益率为5.91%。

6.4.2.2.1 本年度已清算结束的集合类、单一类资金信托项目和财产管理类信托项目个数、实收信托金额、加权平均实际年化收益率

已清算结束信托项目	项目个数	实收信托合计金额(万元)	加权平均实际年化收益率(%)
集合类	44	902 558.12	7.97%
单一类	26	1 710 508.40	4.76%
财产管理类	6	130 985.74	6.80%

6.4.2.2.2 本年度已清算结束的主动管理型信托项目个数、实收信托合计金额、加权平均实际年化收益率

已清算结束信托项目	项目个数	实收信托合计金额(万元)	加权平均实际年化收益率(%)
证券投资类	20	293 912.76	5.17%
股权投资类	—	—	—
融资类	23	631 917.80	9.14%
组合投资类	5	26 818.63	6.32%
事务管理类	—	—	—

6.4.2.2.3 本年度已清算结束的被动管理型信托项目个数、实收信托合计金额、加权平均实际年化收益率

已清算结束信托项目	项目个数	实收信托合计金额(万元)	加权平均实际年化收益率(%)
证券投资类	4	55 407.32	−24.24
股权投资类	—	—	—
融资类	13	1 112 019.95	5.64
组合投资类	—	—	—
事务管理类	11	623 975.80	6.15

6.4.2.3 本年度新增的集合类、单一类和财产管理类信托项目个数、实收信托合计金额

新增信托项目	项目个数	实收信托合计金额(万元)
集合类	259	1 762 989.46
单一类	98	4 261 983.97
财产管理类	5	289 500.00
新增合计	362	6 314 473.43
其中:主动管理型	266	1 814 117.67
被动管理型	96	4 500 355.75

6.4.2.4 信托业务创新成果和特色业务有关情况

公司近年来在产品创新方面做了大量卓有成效的工作。公司通过业务模式的创新,促进业务结构多元化,提高公司抵御市场风险的整体实力。公司顺应监管要求,注重风险控制,提高主动管理水平,通过创新开拓新的业务和市场保持竞争优势。公司率先推动股指期货和“爱心信托”等创新产品的开展,得到了监管部门的认可和支持;公司推出了“流通宝”平台,为客户提供信托受益权转受让及融通服务;公司成功发行了多期“宝幡”系列伞形信托,并完成了新的保本策略产品的设计和发

行;完成首单以保险公司作为投资人的信托计划发行,为险资参与信托投资建立了成功的参考样本,从而体现了强大的业务创新能力。

6.4.2.5 本公司履行受托人义务情况及因本公司自身责任而导致的信托资产损失情况

本公司遵守《信托法》和信托文件对受托人义务的规定,为受益人的最大利益处理信托事务,管理信托财产时,恪尽职守,履行诚实、信用、谨慎、有效管理的义务,没有损害受益人利益的情况。本公司无因自身责任而导致的信托资产损失情况。

6.5 关联方关系及其交易的披露

6.5.1 关联交易方的数量、关联交易的总金额及关联交易的定价政策等

	关联交易方数量	关联交易金额(万元)	定价政策
合计	2	100 107	按市场公允价格定价

注:"关联交易"定义应以《公司法》和《企业会计准则第36号——关联方披露》有关规定为准。

6.5.2 关联交易方与本公司的关系性质,关联交易方的名称、法定代表人、注册地址、注册资本及主营业务等

关系性质	关联方名称	法定代表人	注册地址	注册资本(万元)	主营业务
子公司	华宝兴业基金管理有限公司	郑安国	上海市	15 000.00	在中国境内从事基金管理、发起设立基金;中国证监会批准的其他业务(涉及行政许可的,凭许可证经营)。
同一控制方控制	宝山钢铁股份有限公司	何文波	上海市	1 647 170.00	钢铁冶炼、加工,电力、煤炭、工业气体生产、码头、仓储、运输等钢铁相关的业务,技术开发、技术转让、技术服务和技术管理咨询服务,汽车修理,商品和技术的进出口,有色金属冶炼及压延加工,工业炉窑等。公司的经营范围以公司登记机关核准的项目为准。

6.5.3 逐笔披露本公司与关联方的重大交易事项

6.5.3.1 固有与关联方交易情况:贷款、投资、租赁、应收账款、担保、其他方式等期初汇总数、本期借方和贷方发生额汇总数、期末汇总数

单位:万元

固有与关联方关联交易				
	期初数	借方发生额	贷方发生额	期末数
贷款				
投资	5	330	135	200
租赁				
担保				
应收账款				
其他				
合计	5	330	135	200

6.5.3.2 信托与关联方交易情况:贷款、投资、租赁、应收账款、担保、其他方式等期初汇总数、本期借方和贷方发生额汇总数、期末汇总数

单位:万元

信托与关联方关联交易				
	期初数	借方发生额	贷方发生额	期末数
贷款				
投资	43 950	99 777	119 575	24 152
租赁				
担保				
应收账款				
其他				
合计	43 950	99 777	119 575	24 152

6.5.3.3 信托公司自有资金运用于自己管理的信托项目(固信交易)、信托公司管理的信托项目之间的相互交易(信信交易)金额,包括余额和本报告年度的发生额。

6.5.3.3.1 固有与信托财产之间的交易金额期初汇总数、本期发生额汇总数、期末汇总数

单位:万元

固有财产与信托财产相互交易			
	期初数	本期发生额	期末数
合计	219 221	303 565	259 024

注:以固有资金投资公司自己管理的信托项目受益权,或购买自己管理的信托项目的信托资产均应纳入统计披露范围。

6.5.3.3.2 信托项目之间的交易金额期初汇总数、本期发生额汇总数、期末汇总数

单位:万元

信托资产与信托财产相互交易			
	期初数	本期发生额	期末数
合计	1 957 761	3 134 105	2 801 058

注:以公司受托管理的一个信托项目的资金购买自己管理的另一个信托项目的受益权或信托项下资产均应纳入统计披露范围。

6.5.4 逐笔披露关联方逾期未偿还本公司资金的详细情况以及本公司为关联方担保发生或即将发生垫款的详细情况

本报告期公司无上述情况。

6.6 会计制度的披露

本报告期公司固有业务(自营业务)及信托业务均执行2006版企业会计准则。

7. 财务情况说明书

7.1 利润实现和分配情况

根据公司2013年度的经营实绩,对2013年度利润进行如下分配:

(1)当年利润总额:90 107.26万元。

(2)所得税费用:22 188.85万元(已考虑纳税调整和递延税款)。

(3)净利润:67 918. 41 万元;。

(4)提取法定盈余公积金:6 791. 84 万元。

(5)按照《信托公司管理办法》,按照税后利润的 10% 提取信托赔偿准备金 6 791. 84 万元。

(6)按照《非银行金融机构外汇业务管理规定》,按照税后外汇利润的 50% 提取外汇资本准备金 97. 98 万元。

(7)按照《金融企业准备金计提管理办法》、《银行信贷损失准备计提指引》,按照金融企业承担风险和损失的资产期末余额的 1. 5% 扣除年初一般风险准备余额,提取一般风险准备 393. 10 万元。

(8)2013 年当年公司可分配利润 53 843. 65 万元。

(9)2010 年因华宝投资对华宝证券增资,公司对华宝证券的持股比例由 99. 922% 降至 40. 5592%,相应核算办法也由成本法转为权益法,并进行追溯调整。该事项导致未分配利润增加 11 686. 41 万元(2013 年之前影响金额 10 203. 09 万元 当年 1 483. 32 万元,其中当年数已包含在上述第八条中)。

(10)因 2012 年利润暂未分配,2013 年末公司累计可分配利润 100 574. 44 万元,其中因对华宝证券核算方法转变形成的未分配利润 11 686. 41 万元并未实际得到分配。考虑到公司如对此部分进行利润分配的话需要实际垫付现金,将直接影响经营活动和净资本总额,故对华宝证券权益法核算影响的利润部分暂不做分配。

(11)综上,截至 2013 年末,累计可分配利润 88 888. 03 万元,其中 2013 年当年为 52 360. 33 万元。考虑到公司发展规划及业务拓展的需求,分配 2013 年 50% 的利润即 26 180. 17 万元,其中宝钢集团有限公司 25 656. 57 万元,舟山财政 523. 60 万元。

7. 2 主要财务指标

指标名称	母公司	合并
资本利润率(%)	18. 21	17. 60
人均净利润(万元)	262. 23	317. 47

注:1. 资本利润率 = 净利润/所有者权益平均余额 ×100%。

2. 人均净利润 = 净利润/年平均人数。

3. 平均值采取年初、年末余额简单平均法。公式为:a(平均) = (年初数 + 年末数)/2。

7. 3 对本公司财务状况、经营成果有重大影响的其他事项

无。

8. 特别事项揭示

8. 1 本报告期内公司股东变动情况

无。

8. 2 董事、监事及高级管理人员变动情况及原因

2013 年 4 月,原职工监事高卫星因工作安排,不再担任监事一职。经公司职工代表大会决议,同意聘请丁杰为职工监事。

因工作需要,聘请公司原总经理助理王锦凌任公司副总经理,监管部门 2013 年 5 月已核准。

因工作需要,董事会 2013 年 5 月审议通过高卫星担任公司董事会秘书。

8. 3 变更注册资本、变更注册地或公司名称、公司分立与合并事项

无。

8. 4 公司的重大诉讼事项

报告期内公司有一个信托计划涉及诉讼。“华宝泰石 1 号集合资金信托计划”项下融资方违约,公司对融资方以及担保方提起了诉讼。目前,本案已经通过调解结案,公司的诉讼请求全部得到法院支持,并已经进入执行阶段。

8. 5 本报告期内公司及其董事、监事和高级管理人员受到处罚的情况

无。

8. 6 银监会及其派出机构对公司检查后提出整改意见的,应简单说明整改情况

无。

8. 7 本年度重大事项临时报告的简要内容、披露时间、所披露的媒体及其版面

无。

8. 8 银监会及其省级派出机构认定的其他有必要让客户及相关利益人了解的重要信息

无。

9. 公司监事会意见

监事会认为,本报告期内,公司决策程序合法,内部控制制度较为完善,没有发现公司董事、经理和其他高级管理人员在执行公司职务时有违法违纪和有损公司及股东利益的行为,公司财务报告真实地反映了公司的财务状况和经营成果。

华宸信托有限责任公司

1. 重要提示

1.1 本公司董事会及董事保证本报告所载资料不存在任何虚假记载、误导性陈述或者重大遗漏，并对其内容的真实性、准确性和完整性承担个别及连带责任。本年度报告摘要摘自年度报告全文，客户及相关利益人欲了解详细内容，应阅读年度报告全文。

1.2 本公司独立董事邢成、袁爱平对年度报告内容的真实性、准确性和完整性无异议。

1.3 本公司董事长刘晓兵、主管财务工作负责人杨新良、财务部门负责人王爱钧声明：保证年度报告中财务报告的真实、完整。

2. 公司概况

2.1 公司简介

2.1.1 基本情况简介

公司名称（中文）	华宸信托有限责任公司（简称：华宸信托）
公司名称（英文）	Hua Chen Trust Co.,Ltd.（缩写：HCTRUST）
法定代表人	刘晓兵
注册地址	内蒙古自治区呼和浩特市赛罕区如意西街23号
邮政编码	010011
公司国际互联网网址	http://www.hctrust.cn
电子信箱	hctrust@hctrust.cn
公司信息披露的报纸	《金融时报》
公司年度报告备置地点	内蒙古自治区呼和浩特市赛罕区如意西街23号

2.1.2 联系人和联系方式

	董事会秘书	公司信息披露联系人
姓名	晋军	陈睿
联系地址	内蒙古自治区呼和浩特市赛罕区如意西街23号	内蒙古自治区呼和浩特市赛罕区如意西街23号
电话	0471－4193902	0471－4193901
传真	0471－4193908	0471－4193908
电子信箱	jinjun@hctrust.cn	chenrui@hctrust.cn

2.1.3 公司聘请的会计师事务所：瑞华会计师事务所
地址：北京市东城区永定门西滨河路8号院7号楼中海地产广场西塔5～11层

2.2 组织结构

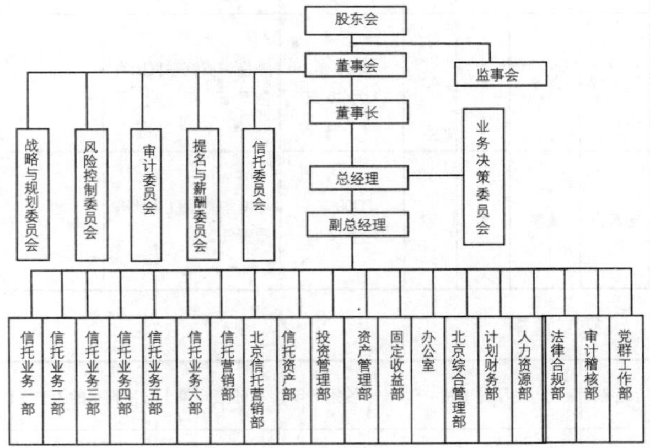

3. 公司治理结构

3.1 股东

股东名称	持股比例（%）	法人代表	注册地址	主要经营业务及主要财务情况
包头钢铁（集团）有限责任公司	36.5	周秉利	包头市昆区河西工业区	钢铁；经营正常
中国大唐集团资本控股有限公司	32.45	胡绳木	北京市丰台区科学城星火路10号B－212室（园区）	投资管理；经营正常
内蒙古自治区人民政府国有资产监督管理委员会	30.2	苏和	呼和浩特市新华大街63号政府大院5号楼	行政单位
呼和浩特市财政局	0.5	银效	呼和浩特市赛罕区大学东街18号	行政单位
巴彦淖尔市国有资金资产监督管理局	0.175	黄海兵	内蒙古巴彦淖尔市临河区新华西街财政大楼	事业单位
天津众兴煤炭集团有限责任公司	0.175	林来嵘	天津空港经济区国际商务园A地块D6号单体	煤炭；经营正常

3.2 董事

姓名	职务	性别	年龄	选任日期	所推举的股东名称	该股东持股比例（%）	简要履历
刘晓兵	董事长	男	53	2009年1月16日	湖南华菱钢铁集团有限责任公司		历任湘财证券有限责任公司深圳办事处主任、副总经理、常务副总经理，上海仪电控股（集团）公司董事长助理，华鑫证券有限责任公司执行董事、代理总经理，东方信能（集团）公司执行总裁，南方建材股份有限公司独立董事，湖南华菱钢铁集团有限责任公司总经理助理，华宸信托有限责任公司董事。

续表

姓　名	职　务	性别	年龄	选任日期	所推举的股东名称	该股东持股比例(%)	简　要　履　历
王　温	董事	男	60	2009年1月16日	内蒙古国有资产监督管理委员会	30.2	历任呼和浩特环保局科长，内蒙古经贸委副处长、处长，内蒙古自治区国资委监事会工作处处长、监事会主席。
甄学军	董事	男	49	2009年1月16日	内蒙古国有资产监督管理委员会	30.2	历任内蒙古农业大学农经系教师、团总支书记，内蒙古信托有限责任公司业务二部副经理、信贷管理部副经理、经理、公司副总经理、总经理、董事。
赵俊生	董事	男	53	2009年1月16日	呼和浩特市财政局	0.5	历任呼和浩特热力公司科长、副总经理，呼和浩特建设局科长、副局长，呼和浩特城发投资有限责任公司总经理。
汪　俊	董事	男	43	2009年1月16日	湖南华菱钢铁集团有限责任公司		历任湖南衡阳钢管厂改制办副主任，湖南华菱钢铁集团有限责任公司证券部副主任，湖南华菱管线股份有限公司董事会秘书、证券部主任，湖南华菱钢铁集团有限责任公司党组成员，湖南华菱管线股份有限公司副总经理兼董事会秘书。
杨新良	董事	男	50	2009年1月16日	湖南华菱钢铁集团有限责任公司		历任湖南韶峰水泥集团有限公司财务处会计、处长、副总会计师，湘财证券有限责任公司财务部副经理，湖南华菱钢铁集团有限责任公司财务部副主任(主任级)，南方建材股份有限公司董事、常务副总经理兼财务总监，江苏无锡钢铁集团有限公司副总经理兼财务总监。

独立董事

姓名	所在单位	性别	年龄	选任日期	所推举的股东名称	简　要　履　历
邢　成	中国人民大学信托与基金研究所执行所长	男	51	2009年1月16日	公司董事会	历任天津市财政局干部，天津财经大学教授、硕士生导师，天津华泰置业发展公司总经理，北方信托投资股份有限公司业务发展部总经理、综合管理总部副总经理、战略发展研究所所长，中国人民大学信托与基金研究所执行所长。
袁爱平	湖南启元律师事务所主任	男	49	2009年1月16日	公司董事会	曾在湖南财经学院和中国人民银行湖南省分行工作，现任湖南启元律师事务所主任、首席合伙人。

3.3 监事

监事会成员

姓　名	职　务	性别	年龄	选任日期	所推举的股东名称	该股东持股比例(%)	简　要　履　历
张世宏	监事会临时召集人	男	45	2013年11月22日	内蒙古自治区人民政府国有资产监督管理委员会	30.2	历任内蒙古自治区经贸委技改处科员、副主任科员、主任科员，内蒙古自治区经贸委企业监督处副处长，内蒙古自治区人民政府国有资产监督管理委员会业绩考核与统计评价处副处长、处长，内蒙古自治区人民政府国有资产监督管理委员会财务监督与统计评价处处长。
郝润宝	监事	男	49	2013年11月22日	包头钢铁(集团)有限责任公司	36.5	历任包头钢铁(集团)有限责任公司财务处会计科干事、副科长，包头钢铁(集团)有限责任公司计划财务部税政科科长，包头钢铁(集团)有限责任公司计划财务部会计处副处长、处长，包头钢铁(集团)有限责任公司计划财务部副部长、部长，包钢钢联股份有限公司监事。
李独奇	监事	男	51	2013年11月22日	中国大唐集团资本控股有限公司	32.45	历任中国水利电力物资武汉公司总经理助理、副总经理、总经理，中国水利电力物资有限公司总经理助理，中国大唐集团财务有限公司信贷部经理，大唐国际香港有限公司党组成员、总经济师、副总经理、总法律顾问，北京大唐燃料有限公司党组成员、副总经理、总法律顾问，大唐融资租赁有限公司副总经理。
姬文昌	职工监事	男	58	2012年3月22日	公司职工代表大会		历任内蒙古信托投资公司信息咨询部、业务三部、资金信托部、信贷管理部职员，内蒙古信托投资有限责任公司(后更名为"华宸信托有限责任公司")计划财务部副经理、审计稽核部审计稽核主管、审计稽核部副经理；现任华宸信托有限责任公司审计稽核部经理。

3.4 高级管理人员

姓 名	职 务	性别	年龄	选任日期	金融从业年限	学历	专业
甄学军	总经理、董事	男	49	2009 年 1 月 16 日	23	本科学历、双学士	农经管理、政教
杨新良	常务副总经理、财务总监、董事	男	50	2009 年 1 月 16 日	12	本科学历	工业财务会计
李建国	副总经理	男	60	2009 年 1 月 16 日	25	本科学历	经济管理
汪文明	副总经理	男	42	2009 年 1 月 16 日	13	研究生学历、硕士学位	政治经济学

3.5 公司员工

截至 2013 年末公司共有在职员工 103 人，平均年龄为 38 岁。学历分布情况为：博士研究生 2 人，占在职员工总数的 1.9%；硕士研究生 38 人，占在职员工总数的 36.9%；大学本科 38 人，占在职员工总数的 36.9%；大学专科及以下 25 人，占在职员工总数的 24.3%。

4. 经营管理

4.1 经营目标、方针、战略规划

4.1.1 经营目标

以创造价值为目标，充分发挥信托功能，搭建连接资本市场、货币市场和产业市场的多元化金融理财平台，为股东和社会创造满意的回报。

4.1.2 经营方针

坚持专业化道路，不求大，不求全，但求强、求实、求特色。

4.1.3 战略规划

充分依托内蒙古地区经济快速增长的宏观背景，以研发为先导，以自有资金为种子基金，以信托计划为产品形式，以产业投资基金原理为运作模式，以 PE 为核心，围绕基础设施、区域性房地产、矿业和钢铁四大产业进行产业投资与产业整合，努力将公司建设成为国内一流的信托机构。

4.2 所经营业务的主要内容

自营资产运用与分布表

资产运用	金额（万元）	占比（%）	资产分布	金额（万元）	占比（%）
货币资产	1 913	1.95	基础产业	0	0.00
买入返售金融资产	0	0.00	房地产业	0	0.00
贷款及应收款	23 839	24.28	证券市场	47 553	48.44
可供出售金融资产	53 853	54.86	实业	13 100	13.35
交易性金融资产	0	0.00	金融机构	11 901	12.12
持有至到期投资	0	0.00	其他	25 610	26.09
长期股权投资	11 901	12.12			
其他资产	6 658	6.78			
资产总计	98 164	100.00	资产总计	98 164	100.00

注："资产分布"中"其他"项目包括货币资产、应收款项、固定资产、递延所得税资产、无形资产等。

信托资产运用与分布表

资产运用	金额（万元）	占比（%）	资产分布	金额（万元）	占比（%）
货币资产	23 586	1.86	基础产业	133 210	10.48
贷款	698 395	54.93	房地产	340 835	26.81
买入返售金融资产	416 380	32.75	证券市场	0	0.00
可供出售金融资产	0	0.00	实业	334 160	26.28
持有至到期投资	50000	3.93	金融机构	85 490	6.72
长期股权投资	39 000	3.07	其他	377 660	29.71
其他	43 994	3.46			
资产总计	1 271 355	100.00	资产总计	1 271 355	100.00

注："资产分布"中"其他"377 660 万元主要包括租赁和商务服务 247 430 万元、采矿 20 758 万元、交通运输和仓储 10 000 万元、卫生和社会保障 15 500 万元、教育 15 010 万元、建筑 10 445 万元、住宿和餐饮 5 000 万元、居民服务 5 000 万元、农林牧渔 3 000 万元、环境和公共设施管理 1 417 万元等。

4.3 市场分析

4.3.1 影响公司发展的有利因素

信托业发展迅速，盈利能力和市场影响力不断提高；公司发展得到内蒙古自治区的高度重视和大力支持；公司法人治理完善，内控体系健全；具有可持续发展的巨大潜力。

4.3.2 影响公司发展的不利因素

世界经济复苏放缓，国内经济增长中存在隐忧；信托公司竞争态势持续加剧；信托业政策法律法规有待完善，信托公司内部管理有待加强。

4.4 内部控制概况

4.4.1 内部控制环境和内部控制文化

公司以全面性、审慎性、及时性、有效性为原则，建立了与经营范围、组织结构、业务规模相适应的内部控制体系。公司设立了以股东会、董事会、监事会和高级管理层为载体的权力、决策、监督和执行的现代企业法人治理构架，股权结构设置科学，股东之间相互制衡，董事会成员构成合理，整体决策水准较高。股东会、董事会、监事会、高级管理层权利与职责划分明确，各项议事规则完善。股东会是公司最高权力机构，董事会下设战略与规划委员会、风险控制委员会、审计委员会、信托委员会及提名与薪酬委员会，高级管理层设立业务决策委员会。各层级职责明晰、运转顺畅，构建了规范、有序、高效、协调的运行机制，保证了公司在一个较高的治理水准上正常运转，有效地规避和降低了公司的各项经营风险。

在经营管理中，公司始终秉承"专业、务实、开放、创新"的宗旨，以"诚信文化"为核心，形成以"全程、全员、立体式"为主旋律的内控文化。公司董事会、监事会和高级管理层充分认识自身对内部控制所承担的责任，并培育公司良好的内部控制文化和风险管理理念，有效防止了内控缺位、内控漏洞，让每位员工明确工作权限、责任和义务，切实将内控制度渗透、覆盖到各项业务全过程，强化员工警惕风险、识别风险、管理风险、合理承担风险的意识，使之成为员工自觉遵循的准则。

4.4.2 内部控制措施

按照信托公司内部控制管理要求，公司建立了清晰的内部控制目标和完善的内部控制制度，确保对风险的事前防范、事

中控制、事后监督和检查纠正，形成操作、决策、稽核与评价相互监督和纠正的内部约束机制。

公司围绕控制环境、风险评估、控制流程、信息沟通和监督等内控要素进行内部控制系统和内部控制制度建设，以合规性管理为基础，构建了业务部门—法律合规部、审计稽核部—高级管理层—业务决策委员会—董事会风险控制委员会—董事会这一层层推进、层层把关的梯次式、立体型的内部控制管理体系，进一步完善公司全面风险管理机制，以最大限度地控制和降低公司经营风险。

内控措施包括：

(1)严格分离。公司建立了健全的隔离墙制度，确保不同性质的资产相互独立、部门与人员设置分离、资产账户管理分离、会计核算分离、业务决策分离等。根据公司战略和业务需要，科学合理地设置公司内部组织机构，明确划分各部门的权利与职责，信托业务部门与自营业务部门相互独立，业务人员不相互兼职，并由不同的高管人员分工管理。

(2)制度保障。公司以业务流程为主线，制定了各部门的业务流程和管理制度，公司所有的业务和管理活动都必须严格按制度和流程执行。

(3)合规管理。公司通过设立专门的机构——法律合规部，保证公司内部组成机构和人员对所有有效规则的遵守，这个有效规则既包括国家颁布的各项法律法规，也包括政府部门尤其是监管部门的部门规章和行政命令，还包括公司内部制定的各项业务和管理制度；强调“合规从高层做起”，大力进行合规文化建设，明确董事会、高级管理层直至每一位员工的合规职责，构建起层层负责、人人合规的合规风险管理体系，以降低法律及合规性风险。

(4)风险评估。公司对与经营相关的各种风险进行定期或不定期的评估，并通过风险评估确定内部控制的关键控制点，有针对性地采取各种风险防范与风险控制措施。

(5)内部审计。公司审计稽核部对公司的各项业务经营情况和管理工作定期开展专项检查和独立的稽核与审计工作，强化内部监督，以确保公司内部控制的合理性、完整性和有效性。

4.4.3 监督评价与纠正

(1)建立多层次内控评价体系。一是股东层面，监事会履行对董事会和公司经营管理情况的监督职能；二是董事会层面，董事会及下设各专业委员会通过召开会议、书面审议等形式，对公司重大经营管理事项进行审议；三是公司管理层面，审计稽核部对公司内控情况定期进行审计，提出问题和整改意见；四是监察层面，公司风险控制委员会实施监督评价程序，督促相关部门和人员限期整改。

(2)强化内审职能。公司设立了独立于业务经营活动之外的审计稽核部，其职责是依据相关法律法规对公司各项业务及工作流程进行稽核审计。通过对公司各项业务经营情况和管理工作定期开展专项检查和独立的稽核与审计，全面、准确地发现公司内控存在的缺陷与隐患，起到规范管理和风险预警的作用。

(3)建立法律监督辅助体系。公司设立的法律合规部通过对各项业务的交易结构、合同文本、项目材料的审查进行事前的审查及法律风险分析。

(4)重视外部监管。积极与监管部门沟通与协调，增强主动接受监督的自觉性，对于监管中提出的问题及时进行整改和落实，并将整改落实结果向监管部门及公司董事会报告，保证业务合法、规范运行。

4.5 风险管理概况

4.5.1 风险状况

4.5.1.1 信用风险状况

信用风险是公司经营过程中面临的主要风险，表现为委托人违约风险和交易对手违约所带来损失的风险。公司的信用风险压力主要表现在融资类、权益类投资信托业务以及固有资金的贷款类业务上。针对报告期内出现交易对手违约事件的信托业务，公司积极采取多项措施化解风险，并在必要时采取法律手段予以解决。

4.5.1.2 市场风险状况

市场风险是公司在业务经营中所不可避免的、因市场参数变动而产生的风险。从报告期业务情况看，公司面临的主要风险是贷款利率风险、同业竞争风险、投资环境变化风险和股价波动风险。截至报告期末，在公司完善市场风险管理体系的基础上，公司市场风险整体可控。

4.5.1.3 操作风险状况

操作风险表现为由于公司治理机制、内部控制失效，公司没有充分及时地做好尽职调查、持续监控、信息披露等工作，未能及时作出应有的反应，或作出的反应明显有失专业，公司没有履行勤勉尽职管理的义务。在公司的经营管理过程中，由于内部业务操作程序不完善或操作系统发生故障，业务人员未能充分获得准确的市场信息，不熟悉市场交易所涉及的法律规定，或者工作效率低下等都会带来操作风险。

报告期内，公司每项业务在尽职调查、受理、设计、审批、销售、执行和终止的全过程中都合法合规，按照程序操作。业务部门对项目的选择、初审和尽职调查工作，业务管理部门或业务决策委员会对项目的评审工作，高级管理层的项目审批工作都做到依法合规进行，各相关主体按照各自的职责在授权范围内独立运作。

4.5.1.4 其他风险状况

除上述风险外，公司还面临着政策风险、合规与法律风险、道德风险、声誉风险等。

政策风险是指国家宏观经济政策的调整可能对公司业务开展或经营成果造成的负面影响。报告期内，公司政策风险整体可控。

加强合规与法律风险管理是公司自身稳健经营、健康发展的内在需要。报告期内，公司合规与法律管理制度和流程得到有效执行，公司未因重大合规和法律问题受到监管处罚及重大财务损失。

道德风险是指由于公司内部人员蓄意违规违法给公司带来损失的可能性。报告期内，公司未发生违法违规现象，未出现较大差错和失误，未发生任何责任事故，道德风险整体可控。

声誉风险是指由于公司操作失误、违反有关规定、资产质量下降而不能按期兑付、不能向公众提供高质量的综合金融服务和管理不善等原因，对公司外部市场地位和声誉产生的消极和不良影响。报告期内，公司声誉风险整体可控。

4.5.2 风险管理

公司针对业务的不同阶段、不同风险特点，保证业务高效、安全、规范运营。针对信用风险、市场风险等可量化风险，严格实施限额控制；针对合规风险、操作风险等非量化风险，明确岗位职责，制定精细化的业务操作流程，实施岗位和流程控制。动态修订和完善已有规章制度、业务流程，完善决策机制，细化制度执行力。

4.5.2.1 信用风险管理

对于信用风险，公司采取不同的方法和政策来进行管理，以降低信用风险发生的可能性和危害程度。信用风险管理的原则及主要控制手段包括：

(1)加强事前对交易对手及保证人的尽职调查。为尽量减少资料失真对信用风险评估所带来的重大负面影响，公司注重对信托项目或交易对手的尽职调查工作。一方面，由投资评估团队开展现场尽职调查；另一方面，聘请外部专业机构开展交易对手财务尽职调查和法律尽职调查，评估项目是否存在风险。

(2)制定完备的贷款业务流程。在项目评审过程中，前台、中台、后台以及管理层、决策层对项目风险层层把关。其中，对自有资金的贷款项目进行授权限额管理，董事会授权公司业务决策委员会对5 000万元(含)以下自有资金贷款项目进行决策。

(3)注重决策过程及项目实施条件的落实。项目决策过程中，充分评估交易对手的履约能力，通过对项目的分析及未来现金流的预测，确定合理的贷款规模及比例；认真落实贷款担保措施，选择信誉卓著的担保机构，要求提供变现能力强的抵押物，并确定合理的抵押率；引入金融机构信用、政府信用、财产抵押、权利质押等担保方式，将融资主体的信用风险进行分散和转移；有条件通过的业务项目，相关业务部门必须落实全部条件，并将落实情况报告业务决策办审核同意后才能实施。

(4)进行贷款组合管理，确保贷款不过于集中在某个特定的行业或某个特定的地区，保证贷款组合足够分散。

(5)对运行中项目的交易对手进行动态管理，关注交易对手的履约能力及履约意愿。

(6)加强贷后监管。通过账户管理，监控项目本身的现金流，作为履约的主要资金来源；进行贷后调查，发现问题，及时采取应对措施；对贷后出现逾期或可能出现逾期情形的项目，公司制定了相应的报告管理程序，一方面及时启动财产保全措施，另一方面通过与项目单位及时沟通，确保资金安全。

(7)公司根据《资产风险五级分类管理办法》的规定，对风险资产进行五级分类，按照风险的暴露程度计提资产减值准备，对不良资产或可能出现的风险资产按季度提取专项准备，从税后利润中按年提取信托赔偿准备，各项准备金提取率都达到了100%，增强了抗风险能力。

4.5.2.2 市场风险管理

市场风险管理是识别、评估、决策、监控、报告和处置市场风险的全过程，其目标是通过将市场风险控制在公司可承受的合理范围内，实现经风险调整后的收益最大化。报告期内，公司科学合理地设置利率，并在合同中标明随利率同比浮动或保持不变，从而减轻利率变化对公司盈利能力和财务状况的影响；在证券市场公司运用分散投资和组合投资的策略，达到降低价格风险的目标；对于委托理财市场竞争，公司主要是在有效控制风险前提下，提高项目盈利能力、尽职服务能力等综合理财能力，以降低市场风险。

4.5.2.3 操作风险管理

公司在报告期内，对各类业务规章制度和操作规程进行了较大幅度的修订，进一步完善了前台、中台、后台的风险控制体系，使之更加系统化、规范化；公司倡导并推动风险文化建设，通过对员工的培训，增进全员操作风险意识；按照监管部门要求，开展"案件防控和内控制度执行年"活动，增强对操作风险、道德风险防范的主动性和自觉性，有效避免了操作风险。

4.5.2.4 其他风险管理

报告期内，公司通过加强对宏观政策和监管规定的调查研究，加强与监管部门和行业间的沟通、联系，以尽可能准确地判断分析宏观政策和监管政策的未来趋势，管理政策风险。

(1)对于流动性风险的管理。公司突出现金流量管理在公司经营活动中的重要性，加强对运作项目的现金流量管理，对存续项目采用较为先进的风险压力测试手段进行压力测试，做好现金流量的测试和安排，保证存续项目正常运行。

(2)对于合规法律风险的管理。公司建立了完善的合同管理办法，公司所签署的合同文本由业务操作部门、法律合规部门、业务操作部门分管领导及法定代表人进行层层审核把关，避免因合同内容的法律缺陷而形成法律纠纷；对于公司创新产品，法律合规部全程参与项目的论证、合同的起草与完善，并根据有关法律法规及政策对新产品进行法律风险分析，为公司决策提供法律意见和法律保障。

(3)对于声誉风险的管理。公司制定了突发公共事件应急预案 通过风险评估正确识别信用风险、市场风险、操作风险、流动性风险中可能威胁公司声誉的风险因素；确保开展的信托业务按期兑付信托本金，分配信托收益；强化声誉风险管理培训，确保及时处理投诉和建议；及时改正监管过程中发现的问题，维护公司声誉。

(4)对于道德风险的管理。公司一贯秉承"诚信为本"原则，强化人才队伍建设，通过各种形式的业务学习、培训以及职业信托经理人道德教育，逐步提高员工综合素质，规避道德风险的发生。

5. 报告期末及上一年度末的比较式会计报表

5.1 自营资产

5.1.1 会计师事务所审计结论

审 计 报 告

瑞华审字[2014]第01560005号

华宸信托有限责任公司全体股东：

我们审计了后附的华宸信托有限责任公司(以下简称华宸信托公司)的财务报表，包括2013年12月31日公司的资产负债表，2013年度公司的利润表、现金流量表和股东权益变动表以及财务报表附注。

一、管理层对财务报表的责任

编制和公允列报财务报表是华宸信托公司管理层的责任。这种责任包括：(1)按照企业会计准则的规定编制财务报表，并使其实现公允反映；(2)设计、执行和维护必要的内部控制，以使财务报表不存在由于舞弊或错误导致的重大错报。

二、注册会计师的责任

我们的责任是在执行审计工作的基础上对财务报表发表审计意见。我们按照中国注册会计师审计准则的规定执行了审计工作。中国注册会计师审计准则要求我们遵守中国注册会计师职业道德守则，计划和执行审计工作以对财务报表是否不存在重大错报获取合理保证。

审计工作涉及实施审计程序，以获取有关财务报表金额和披露的审计证据。选择的审计程序取决于注册会计师的判断，包括对由于舞弊或错误导致的财务报表重大错报风险的评估。在进行风险评估时，注册会计师考虑与财务报表编制和公允列报相关的内部控制，以设计恰当的审计程序，但目的并非对内部控制的有效性发表意见。审计工作还包括评价管理层选用会计政策的恰当性和作出会计估计的合理性，以及评价财务报表的总体列报。

我们相信，我们获取的审计证据是充分、适当的，为发表审计意见提供了基础。

三、审计意见

我们认为，上述财务报表在所有重大方面按照企业会计准则的规定编制，公允反映了华宸信托有限责任公司2013年12月31日公司的财务状况以及2013年度公司的经营成果和现金流量。

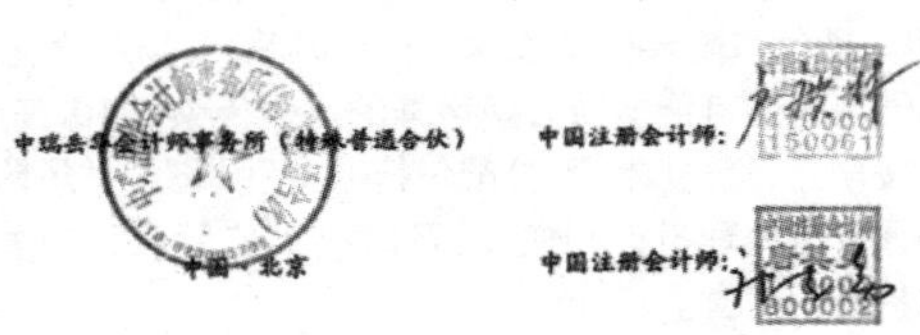

2013年2月20日

5.1.2 资产负债表

资产负债表

编制单位：华宸信托有限责任公司　　2013年12月31日　　单位：元

项　目	注释	年末余额	年初余额
资产：			
货币资金	八、1	19 128 889.42	55 551 945.06
存放同业款项			
贵金属			
拆出资金			
交易性金融资产			
衍生金融资产			
买入返售金融资产	八、2		277 000 000.00
应收股利	八、3		
应收账款	八、4	25 173 937.45	46 387 631.78
其他应收款	八、5	145 214 772.49	3 893 428.92
发放贷款及垫款	八、6	68 000 000.00	95 000 000.00
可供出售金融资产	八、7	538 526 050.83	515 683 315.54
持有至到期投资			
长期股权投资	八、8	119 012 055.04	132 572 037.13
投资性房地产			
固定资产原值	八、9	45 161 313.21	45 096 162.21
减：累计折旧	八、9	19 669 159.41	17 625 559.98

续表

项　目	注释	年末余额	年初余额
固定资产净值	八、9	25 492 153.80	27 470 602.23
在建工程			
无形资产	八、10	472 523.33	540 503.33
递延所得税资产	八、11	40 363 838.96	23 338 922.63
其他资产	八、12	252 781.39	328 358.23
资产总计		981 637 002.71	1 177 766 744.85
负债：			
向中央银行借款			
同业及其他金融机构存放款			
拆入资金			
交易性金融负债			
衍生金融负债			
卖出回购金融资产款			
吸收存款			
应付职工薪酬	八、14	28 240 655.83	31 932 037.97
应交税费	八、15	8 092 959.71	46 917 234.98
应付利息			
应付股利	八、16	27 496 711.59	220 000 000.00
其他应付款	八、17	34 386 235.49	30 413 230.33
预计负债			
应付债券			
递延所得税负债	八、11		
其他负债	八、18	8 428 304.55	8 428 304.55
负债合计		106 644 867.17	337 690 807.83
所有者权益（或股东权益）：			
实收资本（股本）	八、19	572 000 000.00	572 000 000.00
资本公积	八、20	−6 260 073.12	−56 146 337.35
减：库存股			
盈余公积	八、21	80 470 481.14	79 300 292.46
一般风险准备	八、22	53 649 125.43	43 596 097.79
未分配利润	八、23	175 132 602.09	201 325 884.12
所有者权益合计		874 992 135.54	840 075 937.02
负债和股东权益总计		981 637 002.71	1 177 766 744.85

单位负责人：刘晓兵　　主管会计工作负责人：杨新良　　会计机构负责人：王爱钧

5.1.3 利润表

利润表

编制单位：华宸信托有限责任公司　　2013年度　　单位：元

项　目	注释	本年金额	上年金额
一、营业收入		215 500 193.89	306 737 071.09
利息净收入	八、24	15 978 018.80	−6 099 447.85
其中：利息收入	八、24	16 055 952.13	13 938 935.63
利息支出	八、24	77 933.33	20 038 383.48
手续费及佣金净收入	八、25	189 476 264.03	204 361 379.19
其中：手续费及佣金收入	八、25	196 705 721.31	218 303 869.56
手续费及佣金支出	八、25	7 229 457.28	13 942 490.37
投资收益（亏损以"－"号填列）	八、26	9 544 943.06	106 866 566.75
其中：对联营企业和合营企业的投资收益	八、26	−1 009.17	−9 435 288.09
公允价值变动收益（亏损以"－"号填列）			
汇兑收益（亏损以"－"号填列）			
其他业务收入		500 968.00	1 608 573.00
二、营业支出		214 624 023.85	98 638 254.82
营业税金及附加	八、27	13 127 315.05	19 715 268.18
业务及管理费	八、28	66 250 901.30	78 585 286.68
资产减值损失	八、29	134 929 636.06	
其他业务成本		316 171.44	337 699.96
三、营业利润（亏损以"－"号填列）		876 170.04	208 098 816.27
加：营业外收入	八、30	1 546 000.00	1 457.69
减：营业外支出	八、31	104 810.00	543 590.58
四、利润总额（亏损总额以"－"号填列）		2 317 360.04	207 556 683.38
减：所得税费用	八、32	−9 384 526.77	40 842 863.90
五、净利润（净亏损以"－"号填列）		11 701 886.81	166 713 819.48

单位负责人：刘晓兵　　主管会计工作负责人：杨新良　　会计机构负责人：王爱钧

5.1.4 所有者权益变动表

编制单位：华宸信托有限责任公司　　　　2013年度　　　　单位：元

项目	本年金额										
	实收资本（或股本）	资本公积	减：库存股	专项储备	盈余公积	一般风险准备	未分配利润	其他	小计	少数股东权益	所有者权益合计
一、上年年末余额	572 000 000.00	−56 146 337.35			79 300 292.46	43 596 097.79	201 325 884.12		840 075 937.02		840 075 937.02
加：会计政策变更											
前期差错更正											
二、本年年初余额	572 000 000.00	−56 146 337.35			79 300 292.46	43 596 097.79	201 325 884.12		840 075 937.02		840 075 937.02
三、本年增减变动金额（减少以"－"号填列）		49 886 264.23			1 170 188.68	10 053 027.64	−26 193 282.03		34 916 198.52		34 916 198.52
（一）净利润							11 701 886.81		11 701 886.81		11 701 886.81
（二）其他综合收益		49 886 264.23							49 886 264.23		49 886 264.23
综合收益小计		49 886 264.23					11 701 886.81		61 588 151.04		61 588 151.04
（三）所有者投入和减少资本											
1. 所有者投入资本											
2. 股份支付计入所有者权益的金额											
3. 其他											
（四）专项储备提取和使用											
1. 提取专项储备											
2. 使用专项储备											
（五）利润分配					1 170 188.68	10 053 027.64	−37 895 168.84		−26 671 952.52		−26 671 952.52
1. 提取盈余公积					1 170 188.68		−1 170 188.68				
其中：法定盈余公积					1 170 188.68		−1 170 188.68				
任意盈余公积											
储备基金											
企业发展基金											
利润归还投资											
2. 提取一般风险准备						10 053 027.64	−10 053 027.64				
3. 所有者（或股东）的分配							−26 671 952.52		−26 671 952.52		−26 671 952.52
4. 其他											
（六）所有者权益内部结转											
1. 资本公积转增资本（或股本）											
2. 盈余公积转增资本（或股本）											
3. 盈余公积弥补亏损											
4. 其他											
四、本年年末余额	572 000 000.00	−6 260 073.12			80 470 481.14	53 649 125.43	175 132 602.09		874 992 135.54		874 992 135.54

项　目	上年金额										
	实收资本（或股本）	资本公积	减:库存股	专项储备	盈余公积	一般风险准备	未分配利润	其他	小计	少数股东权益	所有者权益合计
一、上年年末余额	572 000 000.00	-51 959 821.17			62 628 910.51	35 260 406.82	359 619 137.56		977 548 633.72		977 548 633.72
加:会计政策变更											
前期差错更正											
二、本年年初余额	572 000 000.00	-51 959 821.17			62 628 910.51	35 260 406.82	359 619 137.56		977 548 633.72		977 548 633.72
三、本年增减变动金额（减少以"-"号填列）		-4 186 516.18			16 671 381.95	8 335 690.97	-158 293 253.44		-137 472 696.70		-137 472 696.70
（一）净利润							166 713 819.48		166 713 819.48		166 713 819.48
（二）其他综合收益		-4 186 516.18							-4 186 516.18		-4 186 516.18
综合收益小计		-4 186 516.18					166 713 819.48		162 527 303.30		162 527 303.30
（三）所有者投入和减少资本											
1. 所有者投入资本											
2. 股份支付计入所有者权益的金额											
3. 其他											
（四）专项储备提取和使用											
1. 提取专项储备											
2. 使用专项储备											
（五）利润分配					16 671 381.95	8 335 690.97	-325 007 072.92		-300 000 000.00		-300 000 000.00
1. 提取盈余公积					16 671 381.95		-16 671 381.95				
其中:法定盈余公积					16 671 381.95		-16 671 381.95				
任意盈余公积											
储备基金											
企业发展基金											
利润归还投资											
2. 提取一般风险准备						8 335 690.97	-8 335 690.97				
3. 所有者（或股东）的分配							-300 000 000.00		-300 000 000.00		-300 000 000.00
4. 其他											
（六）所有者权益内部结转											
1. 资本公积转增资本（或股本）											
2. 盈余公积转增资本（或股本）											
3. 盈余公积弥补亏损											
4. 其他											
四、本年年末余额	572 000 000.00	-56 146 337.35			79 300 292.46	43 596 097.79	201 325 884.12		840 075 937.02		840 075 937.02

单位负责人:刘晓兵　　主管会计工作负责人:杨新良　　会计机构负责人:王爱钧

5.2 信托资产

5.2.1 信托项目资产负债汇总表

编制单位：华宸信托有限责任公司

单位：万元

信托资产	期末余额	期初余额	信托负债和信托权益	期末余额	期初余额
信托资产：			信托负债：		
货币资金	23 586.03	49 777.30	应付受托人报酬	2 528.74	615.47
应收款项	8 503.88	8 818.73	应付托管费	0.00	89.62
交易性金融资产	0.00	0.00	应付受益人收益	138.48	506.30
可供出售金融资产	0.00	0.00	应交税费	0.00	0.00
买入返售金融资产	416 380.00	448 905.00	应付销售服务费	4.02	0.00
持有至到期投资	50 000.00	0.00	其他应付款项	15 134.09	340.77
长期股权投资	39 000.00	271 700.00	预计负债	0.00	0.00
发放贷款	698 395.00	834 615.00	其他负债	0.00	0.00
长期应收款	35 490.00	36 305.03	信托负债合计	17 805.33	1 552.16
固定资产	0.00	0.00	信托权益：	0.00	0.00
长期待摊费用	0.00	0.00	实收信托	1 232 930.00	1 624 969.03
其他资产	0.00	0.00	资本公积	0.00	0.00
减：资产减值准备	0.00	0.00	未分配利润	20 619.58	23 599.87
投资性房地产	0.00	0.00	信托权益合计	1 253 549.58	1 648 568.89
信托资产总计	1 271 354.91	1 650 121.06	信托负债及信托权益总计	1 271 354.91	1 650 121.06

公司负责人：刘晓兵　　会计机构负责人：王爱钧　　主管会计：高智慧

5.2.2 信托项目利润及利润分配汇总表

编制单位：华宸信托有限责任公司

单位：万元

项　目	本年金额	上年金额
1. 营业收入	166 621.02	177 468.89
1.1 利息收入	146 185.70	111 926.62
1.2 投资收益	20 435.32	65 542.27
1.3 公允价值变动损益	—	—
1.4 租赁收入	—	—
1.5 其他收入	—	—
2. 营业支出	23 602.53	26 114.95
3. 信托净利润	143 018.50	151 353.94
4. 其他综合收益	—	—
5. 扣除资产减值准备前的信托利润	143 018.50	151 353.94
6. 减：资产减值损失	—	—
7. 扣除资产减值准备后的信托利润	143 018.50	151 353.94
8. 加：期初未分配信托利润	23 599.87	22 473.03
9. 可供分配的信托利润	166 618.36	173 826.97
10. 减：本期已分配信托利润	145 998.79	150 227.10
11. 期末未分配信托利润	20 619.58	23 599.87

公司负责人：刘晓兵　　会计机构负责人：杨新良　　主管会计：高智慧

6. 会计报表附注

6.1 报告年度会计报表的编制基准、会计政策、会计估计和核算方法发生的变化

2013 年度本公司会计报表的编制基准、会计政策、会计估计和核算方法无变化。

6.2 或有事项说明

2013 年度本公司没有或有事项业务发生。

6.3 重要资产转让及出售的说明

2013 年度公司无重要资产转让、出售业务发生。

6.4 会计报表中重要事项的明细资料

6.4.1 披露自营资产经营情况

6.4.1.1 按资产风险分类的结果披露资产的期初数、期末数

信用风险资产五级分类	正常类（万元）	关注类（万元）	次级类（万元）	可疑类（万元）	损失类（万元）	资产合计（万元）	不良资产合计（万元）	不良资产率(%)
期初数	73 731.54	0.00	0.00	0.00	300.00	74 031.54	300.00	0.25
期末数	33 233.15	567.14	0.00	0.00	300.00	34 100.29	300.00	0.88

注：不良资产合计=次级类+可疑类+损失类。

6.4.1.2 资产减值准备情况

单位：万元

	期初数	本期计提	本期转回	本期核销	期末数
贷款损失准备					
一般准备					
专项准备					
可供出售金融资产减值准备					
持有至到期投资减值准备					
长期股权投资减值准备					
坏账准备	300.00	11.34			311.34
投资性房地产减值准备					

6.4.1.3　自营股票投资、基金投资、债券投资、长期股权投资等投资的期初数、期末数

单位：万元

项目	自营股票	基金	债券	长期股权投资
期初数	18 899.93	0	25 948.40	13 257.20
期末数	10 284.18	27 318.34	9 950.08	11 901.21

6.4.1.4　前三名的自营长期股权投资的企业名称、占被投资企业权益的比例、主要经营活动及投资收益情况等（按公司拥有权益比例从大到小顺序排列）

企业名称	占被投资企业权益的比例（%）	主要经营活动	投资收益（万元）
华宸未来基金管理有限公司	40.00	证券业务	−1 009.17
恒泰证券有限责任公司	4.47	证券业务	196.40
内蒙古银行	0.035	金融服务	0

注：华宸未来基金管理有限公司注册资本 20 000 万元，系本公司与咸阳步长医药科技发展有限公司和未来资产基金管理公司共同出资设立，我公司出资8000 万元，占比40%，不能对该公司实施控制，按权益法核算。该公司于 2012 年 6 月 20 日成立并取得营业执照。

6.4.1.5　前三名的自营贷款的企业名称、占贷款总额的比例和还款情况等（从大到小顺序排列）

企业名称	贷款金额（万元）	占总额比例（%）	还款情况
商都县民宇水泥有限公司	2 000	29.41	上年发放贷款，属于正常类贷款
内蒙古亨利食品工业有限公司	1 800	26.47	上年发放贷款，属于正常类贷款
内蒙古科技大学附属中学	1 500	22.06	本年新发放贷款，属于正常类贷款
中国核工业集团公司二零二厂职工医院	1 500	22.06	本年新发放贷款，属于正常类贷款
合　计	6 800	100	

6.4.1.6　公司表外业务情况

本公司无表外业务。

6.4.1.7　公司当年的收入结构

收入结构	金额（万元）	占比（%）
手续费及佣金收入	19 670.57	87.68
其中：信托手续费收入	19 670.57	87.68
利息收入	1 605.60	7.16
其他业务收入	50.10	0.22
其中：计入信托业务收入部分	0	0
投资收益	954.49	4.25
其中：股票投资收益	−803.72	−3.58
股权投资收益	−812.77	−3.62
债券投资收益	694.03	3.09
其他投资收益	1 876.95	8.37
公允价值变动收益	0	0
营业外收入	154.60	0.69
收入合计	22 435.36	100

6.4.2　披露信托资产管理情况

6.4.2.1　信托资产的期初数、期末数

单位：万元

信托资产	期初数	期末数
集 合	596 066.68	553091.31
单 一	1 054 054.37	718 263.60
财产权		
合 计	1 650 121.05	1 271 354.91

6.4.2.1.1　主动管理型信托业务期初数、期末数，分证券投资、股权投资、融资、事务管理类分别披露

单位：万元

主动管理型信托资产	期初数	期末数
证券投资类		
股权投资类	278 440.12	289 820.98
融资类	1 109 448.50	681 628.79
事务管理类		
合 计	1 387 888.62	971 449.77

6.4.2.1.2　被动管理型信托业务期初数、期末数，分证券投资、股权投资、融资、事务管理类分别披露

单位：万元

被动管理型信托资产	期初数	期末数
证券投资类		
股权投资类		
融资类	262 232.43	299 905.14
事务管理类		
合 计	262 232.43	299 905.14

6.4.2.2　本年度已清算结束信托项目 99 个，实收信托合计金额881 132.03 万元，加权平均实际年化收益率为 8.92%。

6.4.2.2.1　本年度已清算结束的集合类、单一类资金信托项目和财产管理类信托项目个数、金额、加权平均实际年化收益率

已清算结束信托项目	项目个数	合计金额（万元）	加权平均实际年化收益率（%）
集合类	19	219 655	10.41
单一类	80	661 477.03	8.44
财产管理类			

6.4.2.2.2　本年度已清算结束的主动管理型信托项目个数、合计金额、加权平均实际年化收益率，分证券投资、股权投资、融资、事务管理类分别披露

已清算结束信托项目	项目个数	合计金额（万元）	信托报酬率（%）	加权平均实际年化收益率（%）
证券投资类				
股权投资类	7	179 901.28	0.77	7.34
融资类	46	409 105.00	1.72	8.90
事务管理类				

6.4.2.2.3　本年度已清算结束的被动管理型信托项目个数、合计金额、加权平均实际年化收益率，分证券投资、股权投资、融资、事务管理类分别披露

已清算结束信托项目	项目个数	合计金额（万元）	信托报酬率（%）	加权平均实际年化收益率（%）
证券投资类				
股权投资类				
融资类	46	292 125.75	0.34	10.15
事务管理类				

6.4.2.3　本年度新增的集合类、单一类、财产管理类信托项目个数、合计金额

新增信托项目	项目个数	合计金额（万元）
集合类	17	235 645
单一类	38	346 023
财产管理类		
新增合计	55	581 668
其中：主动管理型	45	451 735
被动管理型	10	129 933

6.4.2.4　本公司履行受托人义务情况及因本公司自身责任而导致的信托资产损失情况（合计金额、原因等）

本公司以"诚实、信用、谨慎、有效管理"为原则，在有效防范和着力控制风险的前提下，以受益人的利益最大化为宗旨，恪尽职守地处理各项信托事务，管理信托财产。加强信托项目的后期跟踪管理工作，及时向委托人、受益人披露有关信息，到期信托本金均如期或提前兑付，应分配的信托收益均如期支付给受益人。截至2013年末，公司未发生因本公司自身责任而导致信托财产损失的情况。

6.5　关联方关系及其交易披露

6.5.1　关联交易方的数量、关联交易的总金额及关联交易的定价政策等

本年无关联方交易。

6.6　会计制度的披露

本公司固有业务和信托业务分别于2008年和2010年开始执行财政部2006年2月15日颁布的《企业会计准则》。

7. 财务情况说明书

7.1　利润实现情况和分配情况

公司实现净利润1 170.19万元。根据公司章程依次进行利润分配，按当年税后利润的10%提取法定盈余公积117.02万元，按当年税后利润的5%提取信托赔偿准备58.51万元。

7.2　主要财务指标

指标名称	指标值
资本利润率（%）	1.36
加权年化信托报酬率（%）	1.08
人均净利润（万元）	11.36

注：1. 资本利润率＝净利润/所有者权益平均余额×100%。

2. 加权年化信托报酬率＝（信托项目1的实际年化信托报率×信托项目1的实收信托＋信托项目2的实际年化信托报率×信托项目2的实收信托＋…＋信托项目n的实际年化信托报率×信托项目n的实收信托）/（信托项目1的实收信托＋信托项目2的实收信托＋…＋信托项目n的实收信托）×100%。

3. 人均净利润＝净利润/平均人数。

4. 平均值采取年初、末余额简单平均法。公式为：a（平均）＝（年初数＋年末数）/2。

7.3　对本公司财务状况、经营成果有重大影响的其他事项

本公司无对财务状况、经营成果有重大影响的其他事项。

8. 特别事项简要揭示

8.1　前五名股东报告期内变动情况及原因

2012年12月6日，公司向内蒙古银监局提出《关于华宸信托有限责任公司变更股权及调整股权结构、修改公司章程的申请》。2012年12月24日，内蒙古银监局正式受理该申请，并正式签发行政许可事项受理通知书。2012年12月28日，内蒙古银监局向中国银监会提交了《关于对华宸信托有限责任公司股权变更及修改〈公司章程〉初审情况的报告》。2013年5月28日，公司获得了中国银监会《关于华宸信托有限责任公司股权变更及修改章程的批复》。2013年6月26日，经呼和浩特市工商局核准，公司完成了股权结构调整及修改公司章程的工商变更工作。

调整前，公司股东名称、出资额以及所占注册资本比例为：

内蒙古自治区人民政府国有资产监督管理委员会

出资额：28 714万元，占注册资本的比例为50.2%。

湖南华菱钢铁集团有限责任公司

出资额：28 000万元，占注册资本的比例为48.95%。

呼和浩特市财政局

出资额：286万元，占注册资本的比例为0.5%。

巴彦淖尔市国有资金资产监督管理局

出资额：100万元，占注册资本的比例为0.175%。

天津众兴煤炭集团有限责任公司

出资额：100万元，占注册资本的比例为0.175%。

调整后，公司股东名称、出资额以及所占注册资本比例为：

包头钢铁（集团）有限责任公司

出资额：20 878万元，占注册资本的比例为36.5%。

中国大唐集团资本控股有限公司

出资额：18 562万元，占注册资本的比例为32.45%。

内蒙古自治区人民政府国有资产监督管理委员会

出资额：17 274万元，占注册资本的比例为30.2%。

呼和浩特市财政局

出资额：286万元，占注册资本的比例为0.5%。

巴彦淖尔市国有资金资产监督管理局

出资额：100万元，占注册资本的比例为0.175%。

天津众兴煤炭集团有限责任公司

出资额：100万元，占注册资本的比例为0.175%。

8.2　董事、监事及高级管理人员变动情况及原因

根据中国银监会《关于华宸信托有限责任公司股权变更及修改章程的批复》（银监复［2013］256号文）公司原股东湖南华菱钢铁集团有限责任公司退出 新引进了包头钢铁（集团）有限责任公司和中国大唐集团资本控股有限公司为战略投资者。公司于2013年11月22日召开股权调整后首次股东会会议、第四届董事会第一次会议及第四届监事会第一次会议，选举刘

玉瀛、栗宝卿、王温、甄学军、宋弘、张瑞平为新一届董事会董事，郝占魁、范勇宏为新一届董事会独立董事，张世宏、郝润宝、李独奇为第四届监事会监事，姬文昌为第四届监事会职工监事；聘任甄学军为总经理，宋弘为副总经理兼财务总监，向旭平、范永胜、于建琳为副总经理。截止到 2013 年 12 月 31 日，刘玉瀛、栗宝卿、宋弘、张瑞平四人的董事任职资格，郝占魁、范勇宏的独立董事任职资格，宋弘、向旭平、范永胜、于建琳的高级管理人员任职资格已上报银监部门等待核准。

8.3 公司的重大未决诉讼事项

固有业务：报告期内，公司固有业务无重大未决诉讼事项。

信托业务：

	个数	金额	发生时间	诉讼对象/起诉人
起诉	1	248 138 050.00	2013 年 9 月 22 日	内蒙古巨力实业集团有限责任公司、张义林、那仁达来、白乌仁、鄂尔多斯市天泰房地产开发有限责任公司、巴彦淖尔市兴园物流产业发展有限公司、巴彦淖尔市临河区国有资产管理局、巴彦淖尔市巨力城市建设开发有限公司、巴彦淖尔市宏远投资咨询有限公司、巴彦淖尔市兴园农牧园林科技开发有限公司、乌东其木格、巴音斯仁、张满仓、刘巧云、蔡峰、陈洁、郑春霞
被诉	无			

8.4 对会计师事务所出具的有保留意见、否定意见或无法表示意见的审计报告

无。

8.5 公司及其董事、监事和高级管理人员受到处罚的情况

无。

8.6 整改情况

无。

8.7 本年度重大事项临时报告的简要内容、披露时间、所披露的媒体及其版面

简要内容：关于公司聘用的会计师事务所更名的信息披露

披露时间：2014 年 1 月 22 日

所披露的媒体及其版面：《金融时报》第 7 版

8.8 银监会及其省级派出机构认定的其他有必要让客户及相关利益人了解的重要信息

无。

9. 公司监事会意见

报告期内，股权调整工作取得了成果，为公司战略资源的重构和优化、业务的转型和发展奠定了非常好的基础；公司依法合规经营，符合监管要求，管理效率较高。年度财务报告真实、可信，公允地反映了公司 2013 年度的财务状况、经营成果和现金流量，不存在任何虚假记载、误导性陈述或者重大遗漏。

华能贵诚信托有限公司

1. 重要提示

1.1 公司董事会及董事保证本报告所载资料不存在任何虚假记载、误导性陈述或者重大遗漏，并对其内容的真实性、准确性和完整性承担个别及连带责任。

1.2 公司独立董事对年度报告内容的真实性、准确性、完整性无异议。

1.3 公司总经理田军先生、主管信托会计负责人王卓副总经理、主管会计工作负责人鲍吉胜副总经理声明：保证年度报告中财务报告的真实、完整。

2. 公司概况

2.1 公司简介

华能贵诚信托有限公司成立于2002年，2008年12月29日由华能资本服务有限公司（以下简称华能资本）增资扩股重组而成。2009年2月，经中国银监会批准，公司换发新的金融许可证。目前，公司注册资本金为30亿元。

2.1.1 中文名称：华能贵诚信托有限公司
中文名称缩写：华能信托
英文名称：Huaneng Guicheng Trust Corporation Limited
英文名称缩写：HNGCTC

2.1.2 法定代表人：李进
注册地址：贵州省贵阳市金阳新区金阳南路6号购物中心商务楼一号楼24层5、6、7号
邮政编码：550022
网址：www.hngtrust.com
电子邮箱：public@hngtrust.com

2.1.3 信息披露事务负责人：王卓
联系人：万灵
电话：0851－6825982，0851－6825625
传真：0851－6826139
电子信箱：wangz@hngtrust.com，wanl@hngtrust.com
信息披露报纸：《金融时报》

2.1.4 年度报告备置地点（公司办公地点）：贵州省贵阳市云岩区北京路27号鑫都财富大厦14层

2.1.5 公司聘请的会计师事务所：大信会计师事务所
办公地点：北京市海淀区知春路1号学院国际大厦15层1504号

2.1.6 公司聘请的律师事务所：北京中盛律师事务所
办公地点：北京朝阳区建外大街永安东里甲3号通用国际中心1号楼A座23层

2.2 组织结构

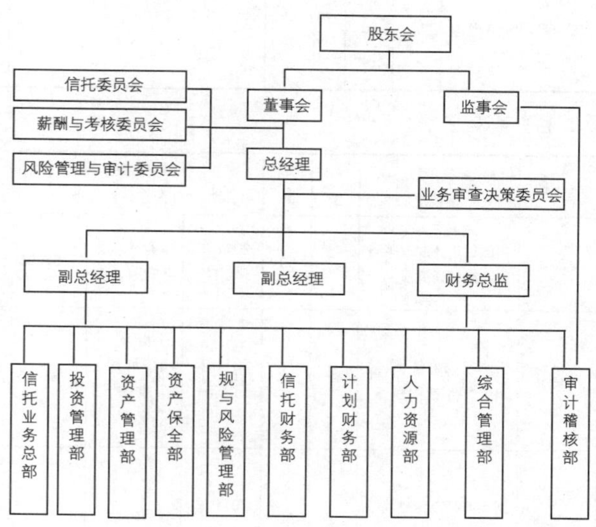

3. 公司治理结构

3.1 股东

3.1.1 报告期末公司股东总数：9个（占公司15%（含）以上出资比例的股东有2个）

股东名称	持股比例(%)	法人代表
华能资本服务有限公司	67.58	郭珺明
贵州产业投资(集团)有限责任公司	31.45	翟　彦

3.1.2 公司第一大股东

股东名称	出资比例(%)	法人代表
华能资本服务有限公司	67.58	郭珺明

3.2 董事

董事会成员

姓　名	职　务	性别	年龄	选任日期	所推举的股东名称	该股东持股比例(%)	简　要　履　历
李　进	董事长	男	47	2011年12月	华能资本服务有限公司	67.58	中国人民银行研究生部硕士。历任华能财务公司计划部经理、副总经理、总经理、党组成员，永诚保险公司总经理，华能资本服务公司党组成员、副总经理。

续表

姓 名	职 务	性别	年龄	选任日期	所推举的股东名称	该股东持股比例(%)	简 要 履 历
李仪华	副董事长	男	56	2011 年 12 月	贵州产业投资（集团）有限责任公司	31.45	中南财经大学硕士研究生学历。历任建行贵阳市分行主任，建行贵州省分行国际业务部经理、计财处副处长，毕节地区分行副行长、行长，省分行业务部总经理、办公室主任；黔隆信托公司副总经理；华能贵诚信托公司副董事长。
杨思东	董事	男	43	2011 年 12 月	华能资本服务有限公司	67.58	中国社科院研究生院研究生学历。先后在北京电加工研究所、河南信托投资公司、中国华能财务公司、招商基金公司、景顺长城基金公司工作。2004 年 2 月起在华能资本服务有限公司公司投资管理部工作，历任副处长、副经理、经理。
李 明	董事	男	41	2011 年 12 月	华能资本服务有限公司	67.58	中国人民大学区域经济研究所硕士研究生学历。先后在中国华能集团公司、华能资本服务有限公司工作，历任副处长、处长、副经理、经理。
张景刚	董事	男	54	2011 年 12 月	贵州产业投资（集团）有限责任公司	31.45	本科学历。历任人民银行贵州省分行副处长、处长，登记公司总经理，黔隆信托公司副总经理，贵州省开发投资公司副总经理，贵州产业投资（集团）有限责任公司副总经理。
田 军	职工董事	男	50	2011 年 12 月			中国社科院研究生部，货币银行专业硕士研究生学历，经济师职称。历任人民银行山西大同分行办公室副主任、主任，大同证券公司副总经理，长城证券公司综合部副主任、董事会秘书兼董事会办公室主任、总裁办公会成员、党委委员、副总裁，华能贵诚信托公司党委书记、总经理。

独立董事

姓 名	所在单位及职务	性别	年龄	选任日期	所推举的股东名称	该股东持股比例(%)	简 要 履 历
吴稼祥	中国经济体制改革研究会高级研究员	男	59	2011 年 12 月	华能资本服务有限公司	67.58	北京大学经济学学士。历任北京中和经济技术公司总经理、北京瑞德投资顾问公司总经理、中国经济体制改革研究会高级研究员。
邓瑞林	贵州省政协常委、经济委员会副主任	男	64	2011 年 12 月	贵州产业投资（集团）有限责任公司	31.45	中国社科院研究生院研究生学历。贵州省政协常委、经济委员会副主任。
矫丽燕	基点商品期货交易公司董事总经理	女	50	2011 年 12 月	其他股东		毕业于北京第二外国语学院外语专业。历任英国施罗德银行（美国纽约）公司业务副总裁、第一劝业银行公司业务副总裁、新加坡大华银行（北京）业务总监、加拿大皇家银行（北京）资本市场副总裁、基点商品期货交易公司（北京）董事总经理。

3.3 监事

姓 名	职 务	性别	年龄	选任日期	所推举的股东名称	该股东持股比例(%)	简 要 履 历
周英序	监事会主席	男	55	2011 年 12 月	贵州产业投资（集团）有限责任公司	31.45	贵州师范大学本科学历。历任贵州省机械厅直属机关党委副书记，贵州省机电产品质量监测总站党委书记，贵州省旅游投资公司办公室主任、贵州省开发公司人力资源部经理，黔隆信托董事、党委副书记、纪委书记，华能贵诚信托有限公司监事会主席。
郭朝晖	监事	男	44	2011 年 12 月	贵州产业投资（集团）有限责任公司	31.45	贵州省委党校研究生学历。先后在贵州省长顺县营盘学校、民族中学、贵州省长顺县人事劳动局、贵州省社会科学院东南亚经济研究所工作，历任黔隆国际信托投资有限责任公司党组秘书、董事会秘书、团工委书记、办公室副主任（兼），贵州省国际会议中心有限责任公司党政办公室主任，现任贵州省开发投资有限责任公司党政办公室主任。现任贵州产业投资（集团）有限责任公司处长。
于新仁	职工监事	男	54	2011 年 12 月			贵州省委党校在职研究生学历。历任贵阳耐火材料厂副处长、总会计师兼财务处长，贵州省国际信托投资公司计财部、审计部副经理，黔隆信托公司审计部经理，华能贵诚信托公司审计部经理。

3.4 高级管理人员

姓名	职务	性别	年龄	任职日期	金融从业年限	学历	专业
田　军	总经理	男	50	2011年12月	29	硕士研究生	货币银行
涂继国	副总经理	男	49	2011年12月	22	学士	经济学
王　卓	副总经理兼董事会秘书	男	42	2011年12月	7	硕士研究生	货币银行
鲍吉胜	副总经理兼财务总监	男	49	2011年12月	25	研究生	财贸经济金融
金志培	副总经理	男	43	2011年12月	19	硕士研究生	货币银行
孙　磊	首席合规官兼合规与风险管理部经理	男	40	2011年12月	9	硕士研究生MBA	金融

3.5 公司员工

报告期内，员工人数262人，平均年龄34岁，博士生占比1%，硕士生占比39%，本科生占比58%，专科生占比2%。

4. 经营管理

4.1 经营目标、方针、战略规划

经营目标：围绕提高公司核心资产管理能力和理财能力，以发展自主管理类信托业务为重点，打造专属产品，逐步培育和形成公司核心竞争力，推动公司发展方式从外延式增长向内涵式增长转变；加强公司各项基础管理，重点提升公司合规与风控能力。通过努力，确保完成董事会下达的各项经营指标，力争信托业务规模和利润迈上新台阶。

经营方针：诚信、专业、创新、和谐。

战略规划：依托股东的管理与资源优势，打造核心竞争力，重点发展面向能源、基础设施行业的产业投资基金业务和企业资产证券化业务(ABS)，把公司建设成为在信托规模、盈利能力和管理水平上具有领先地位的、国内一流的电力、能源行业的信托公司。

4.2 所经营业务的主要内容

自营资产运用与分布表

资产运用	金额(万元)	占比(%)	资产运用	金额(万元)	占比(%)
货币资产	63 892.18	10.60	基础产业		0.00
贷款及应收款	49 500.00	8.21	房地产业		0.00
交易性金融资产投资	59 770.83	9.92	证券市场	59 770.83	9.92
可供出售金融资产投资	405 104.06	67.24	实业		0.00
持有至到期投资	0.00	0.00	金融机构	468 996.24	77.83
长期股权投资	0.00	0.00	其他	73 794.03	12.25
其他	24 294.03	4.03			0.00
资产合计	602 561.10	100.00	资产合计	602 561.10	100.00

信托资产运用与分布表

资产运用	金额(万元)	占比(%)	资产运用	金额(万元)	占比(%)
货币资产	327 734.63	1.10	基础产业	10 998 466.00	36.84
贷款及应收款	12 401 370.01	41.54	房地产业	1 284 923.97	4.30
交易性金融资产投资	100.00		证券市场	—	—
可供出售金融资产投资	365 190.00	1.22	实业	7 141 035.00	23.92
持有至到期投资	2 613 670.00	8.75	金融机构	998 894.00	3.35
长期股权投资	2 279 070.00	7.63	其他	9 433 511.65	31.59
其他	11 869 695.98	39.76	—	—	—
资产合计	29 856 830.62	100.00	资产合计	29 856 830.62	100.00

4.3 市场分析

4.3.1 有利因素

(1)中央政策继续扶持 财政资金的拨付、贵安新区的批复等对于贵州经济势头的持续向好提供了支撑，作为贵州省境内唯一一家信托公司，公司的发展也会借此更上一步。(2)公司主要股东华能资本服务公司和贵州开发投资公司的持续支持有利于公司平稳发展。(3)私人财富迅速积累，个人中长期理财规划意识增强，对财富保障和传承的需求日益突出，为信托业的再次发力提供了契机。(4)信托风控措施多样化、监管模式规范化，对于信托业的健康发展有进一步推动作用。

4.3.2 不利因素

(1)"泛资管"时代到来，同质化竞争加剧，对于信托公司的差异化经营提出了更高要求。(2)受国际经济形势下行影响，全球经济复苏前景不明朗，国内经济走向波动，由此监管力度和政策调控也对信托业的投向造成了一定的影响。(3)信托业规模大幅提升的同时，也对信托模式创新和操作规范提出了挑战，对信托业由通道类业务向主动管理类业务转型增加了压力。

4.4 内部控制概况

公司建立了以股东大会、董事会、监事会、管理层等为主体的法人治理结构，各个管理层面制度健全、运作规范、分权制衡。董事会下设信托、风险管理与审计、薪酬与考核三个专业委员会，制定了董事会各专业委员会议事规则以及独立董事工作规则。董事会信托委员会、风险管理与审计委员会和监事会充分发挥监督职能。在经营层面，公司建立了权责明确、合理制衡、报告关系清晰的组织架构，建立了业务审查决策委员会集体决策机制，建立了合规与风险管理部和审计稽核部定期向董事会提交风险管理、内部审计的报告机制。公司已经形成了分级管理、灵活高效、有效监督的内部运行机制，并进行持续改善。

董事会、管理层大力倡导和培育"诚信为本、规范运作、稳健经营"的企业文化，在开展业务时始终将风险控制放在首位，切实履行受托人职责，致力于在合规的前提下维护受益人利益最大化。公司高度重视内控文化建设，通过各种形式的讲座、交流和研讨活动，通过进行持续教育，及时将有关内控的最新制度、要求和内控经验传递给广大员工，不断提高广大员工的风险意识、合规理念和责任意识，积极营造"管理讲秩序，发展讲风险"的经营氛围。

本着"规范管理、防范风险"的原则，公司建立和完善了员工行为准则、职业道德规范和诚信记录体系，建立了合理授权、有效问责、内部举报和奖惩制度。

公司内部控制的主要政策和程序是：(1)授权控制：根据业务发展需要，建立相应的权限管理体系，实行法人统一授权和管理。(2)资产隔离：对固有资产和信托资产分别管理、分别核算。(3)岗位分离：固有业务和信托业务部门分设，人员不相互兼职。(4)规范操作：按业务流程和操作指引，实行统一规范化操作。

公司不断强化内部管理，保证内部控制的有效执行。公司建立了固有业务和信托业务相互分离的业务管理体系；各项业务均有健全的决策机构和决策程序，前台、中台、后台相对独立；各项业务均有相应的管理办法和操作规定。

公司建立了自控、互控、监控三结合的内控机制，及时对内部控制活动进行检查、评价、监督和纠正。公司建立了业务部门(岗位)自查、业务部门(岗位)互相制约、员工内部举报、合规部门检查、内审部门审计相结合的机制。业务部门(岗位)定期开展自查自纠活动，一旦发现内部控制问题，迅速纠正；办理业务时，相关部门、岗位之间互相监督、制衡；全体员工主动参与公司管理，及时监督和举报公司内部运营缺陷或违规行为；公司合规与风险管理部审核评价内控制度和操作流程的合规性；按照风险管理"事前严格调查和审查"、"事中、事后跟踪管理"的要求，相应规范内部审批、操作和风险管理程序，细化和完善内部控制制度，实行"嵌入式"管理。审计稽核部对业务的各项运作和风险管理进行动态审计和检查，并直接向董事会、管理层报告。管理层根据内部控制的检查情况和审计评价结果，提出整改意见和纠正措施，并督促各部门严格落实。

4.5 风险管理概况

公司风险管理的基本原则是全面性原则、有效性原则、制衡性原则、独立性原则、主动管理原则。

公司建立的董事会风险管理与审计委员会、经营层业务审查决策委员会、合规与风险管理部、各业务部门及管理支持部门内部风险管理岗等四级风险管理体系，形成自上而下垂直形风险管理组织架构，负责对公司整体风险和各项业务风险实施统一管理。四级风险管理体系严格落实风险管理责任制，保证风险控制措施的有效实施，既强化全员、全过程的风险管理，又保证风险管理部门的独立性。

4.5.1 风险状况

公司面临的风险主要包括信用风险、市场风险、操作风险、合规风险。

4.5.1.1 信用风险状况

信用风险主要是指公司在运营过程中可能面临的交易对手不愿或不能履行其义务而使信托财产和固有财产遭受潜在损失的可能性的风险。

报告期内，公司设立的信托项目均履行了严格的内部评审程序，合法合规，符合国家产业政策和宏观调控的要求。交易对手信用等级较高，信用风险可控。公司管理的信托财产全部按期收回，并全部按期向受益人兑付信托收益。

4.5.1.2 市场风险状况

市场风险主要是外部市场的不利变动使公司遭受损失的风险。报告期内 公司信托项下存续的信托项目没有投向证券市场的，而作为项目质押的股票质押率均较低，安全边际较高。贷款类项目全部按照利率对应原则与委托人及借款人签订协议，公司作为受托人本身不承担利率风险。固有项下，公司年末持有的投资类资产，按五级分类口径均为正常类投资，年末无不良投资。

4.5.1.3 操作风险状况

操作风险是指公司由于内部治理机制和内控机制失效、信息系统缺陷以及人为过失而导致出现的风险。操作风险体现在信托业务和固有业务的整个管理过程中。报告期内公司没有因操作风险而导致的损失。

4.5.1.4 合规风险状况

合规风险是指公司因没有遵守法律、部门规章和行业准则，可能遭受法律制裁、监管处罚、重大财务损失和声誉损失的风险。报告期内公司没有因合规问题而遭受法律制裁、重大财务损失或声誉损失。

4.5.1.5 其他风险状况

其他风险包括流动性风险、法律风险、道德风险和声誉风险等。报告期内公司没有因为其他各种风险而出现声誉或财务损失。

4.5.2 风险管理

公司实行 Pvar(程序 + 风险限额)的风险管理基本策略，针对业务的不同阶段、不同风险特点，保证业务高效、安全、规范运营。针对信用风险、市场风险等可量化风险，严格实施风险指标管理和风险限额控制；对合规风险、操作风险等非量化风险，明确岗位职责，制定精细化的业务操作规程、风险控制流程，加强员工风险意识，实施岗位和流程控制。前瞻性地制定各类新业务的操作指引，细化管控要求和准入标准。动态修订已有规章制度、业务流程，完善决策机制，强化制度执行力。

4.5.2.1 信用风险管理

公司信用风险的管理措施主要包括：建立信用风险监测预警机制，对经营状况、管理状况、财务状况进行动态监测和预警；建立信用风险防范机制，严格执行贷前调查、贷时审查和贷后检查制度；建立信用风险转移机制，通过控制信贷集中度降低信用风险，通过信贷资产卖断转移信用风险；建立信用风险补偿机制，充分提取呆账准备金，加强不良资产管理和处置。信用风险控制手段主要包括担保(保证、抵押、质押)、联合管理、资金提存、优先劣后、增信、审计(专项审计和常规审计)、权益转让、建立中介机构为主的外部智库机制等。外部智库直接对合规与风险管理部负责。公司成立专门负责协助实施项目中后期管理的中后期管理部门。建立信托项目风险监测工作制度，定期对客户风险进行监测，收集客户资料，分析客户履约能力，及时防范、化解和处置风险。公司信用风险的控制手段是立体的、组合的、多方位的，公司风险防范的实施以到期清偿为核心，附加过程管理，既维护受益人的利益，也促进信托资金使用方的良性发展。

4.5.2.2 市场风险管理

公司对市场风险实施限额管理，根据业务性质、资本规模和风险承受能力制定对各类业务和各级限额的内部审批程序和操作规程。合规与风险管理部对业务部门交易账户头寸风险进行动态监控。投资风险较大的交易账户逐日重估价值。合规与风险管理部应根据业务授权对风险限额的遵守情况进行动态监控,经营层根据限额实际控制情况对限额进行动态管理。公司合理设立盈利目标,避免过分追求盈利而承受较大风险。针对金融市场或环境的剧烈变化,评估在极端不利情况下的风险承受能力,以此为依据制定相应的应急处理预案。

4.5.2.3 操作风险管理

公司建立规范的内部授权体系,任何个人不得超出授权作出业务决定和风险决策。建立信托业务系统、固有业务系统、客户管理和办公自动化等较为完备的信息系统,固化权限范围。不相容岗位适当分离,避免利益冲突。各项业务按照"职责界定清晰、流程设计合理、信息传导通畅、运营操作规范"的原则建立相应制度,合规与风险管理部参与重要业务制度的审核。各级领导对制度遵守情况逐级进行监督。合规与风险管理部、审计稽核部对公司制度执行情况进行监督,保证各项制度得到有效执行。建立操作风险事故监测、报告机制,保证及时发现操作风险事故。建立重要岗位轮岗机制。对关键岗位不定期进行审计和检查。开办新业务时,事先进行风险评估,并提出相应的风险控制措施,在风险可测、可控、可承受的前提下促进创新业务发展。高度关注信息系统风险,确保信息系统稳定、安全、高效运行。

4.5.2.4 合规风险管理

公司通过完善合规培训、合规审查、合规监控机制,有效防范合规风险。合规与风险管理部持续关注法律法规和准则的最新发展,及时分析对企业的影响,向管理层提出合规建议。公司定期组织开展合规培训和教育。合规与风险管理部持续检查、评估业务的合规性,保证各项业务严格遵守国家各项法律法规。合同协议的制定、涉诉案件的应对均征求公司法律顾问的意见。保持与监管部门的有效沟通,严格执行监管政策,认真听取主管部门的意见要求,始终把监管机构的政策作为业务边界和风险底线,把监管部门的要求及时传达到业务一线,举一反三,健全以风险防控为核心的基础管理制度。

5. 报告期末及上一年度末的比较式会计报表

5.1 自营资产

5.1.1 会计师事务所审计意见全文

审 计 报 告

大信审字[2014]第11-00005号

华能贵诚信托有限公司:

我们审计了后附的华能贵诚信托有限公司(以下简称贵公司)财务报表,包括2013年12月31日的资产负债表,2013年度的利润表、现金流量表、股东权益变动表,以及财务报表附注。

一、管理层对财务报表的责任

编制和公允列报财务报表是贵公司管理层的责任,这种责任包括:(1)按照企业会计准则的规定编制财务报表,并使其实现公允反映;(2)设计、执行和维护必要的内部控制,以使财务报表不存在由于舞弊或错误导致的重大错报。

二、注册会计师的责任

我们的责任是在执行审计工作的基础上对财务报表发表审计意见。我们按照中国注册会计师审计准则的规定执行了审计工作。中国注册会计师审计准则要求我们遵守中国注册会计师职业道德守则,计划和执行审计工作以对财务报表是否不存在重大错报获取合理保证。

审计工作涉及实施审计程序,以获取有关财务报表金额和披露的审计证据。选择的审计程序取决于注册会计师的判断,包括对由于舞弊或错误导致的财务报表重大错报风险的评估。在进行风险评估时,注册会计师考虑与财务报表编制和公允列报相关的内部控制,以设计恰当的审计程序,但目的并非对内部控制的有效性发表意见。审计工作还包括评价管理层选用会计政策的恰当性和作出会计估计的合理性,以及评价财务报表的总体列报。

我们相信,我们获取的审计证据是充分、适当的,为发表审计意见提供了基础。

三、审计意见

我们认为,贵公司财务报表在所有重大方面按照企业会计准则的规定编制,公允反映了贵公司2013年12月31日的财务状况以及2013年度的经营成果和现金流量。

大信会计师事务所(特殊普通合伙)　　中国注册会计师:王進

中国·北京　　中国注册会计师:陈立

二〇一四年二月二十六日

5.1.2 资产负债表

资产负债表

编制单位:华能贵诚信托有限公司　　单位:万元

项　目	2012年12月31日	2013年12月31日
资　产:		
货币资金	14 263.22	63 892.18
其中:现金	0.02	0.05
贵金属		
拆出资金		
交易性金融资产	27 970.54	59 770.83
衍生金融资产		
买入返售金融资产		
应收利息		42.35
发放贷款和垫款	49 500.00	49 500.00
可供出售金融资产	260 388.05	405 104.06
持有至到期投资		
长期股权投资		
投资性房地产		
固定资产	2 000.93	2 080.33
无形资产	265.73	345.35
递延所得税资产	7 849.51	10 768.96
其他资产	10 569.48	11 057.04
资产总计	372 807.46	602 561.10

资产负债表（续）

编制单位：华能贵诚信托有限公司　　单位：万元

项　目	2011 年 12 月 31 日	2012 年 12 月 31 日
负　债：		
向中央银行借款		
同业及其他金融机构存放款项		
拆入资金		
交易性金融负债		
衍生金融负债		
卖出回购金融资产款		
吸收存款		
应付职工薪酬	22 264. 61	34 682. 86
应交税费	15 698. 56	18 205. 97
应付股利		
预计负债		
应付债券		
递延所得税负债	178. 63	301. 21
其他负债	9 609. 56	10 637. 69
负债合计	47 751. 36	63 827. 73
所有者权益：		
实收资本	200 000. 00	300 000. 00
资本公积	47 087. 29	110 187. 30
减：库存股		
盈余公积	11 110. 26	19 467. 98
一般风险准备	11 549. 58	19 117. 92
未分配利润	55 308. 97	89 960. 17
所有者权益合计	325 056. 10	538 733. 37
负债和所有者权益总计	372 807. 46	602 561. 10

5. 1. 3　利润和利润分配表

利润和利润分配表

编制单位：华能贵诚信托有限公司　　单位：万元

项　目	2013 年度	2012 年度
一、营业收入	145 120. 03	116 439. 13
利息净收入	5 492. 49	4 364. 73
利息收入	5 515. 71	4 484. 05
利息支出	23. 22	119. 32
手续费及佣金净收入	115 076. 09	86 977. 98
手续费及佣金收入	115 735. 65	88 422. 66
手续费及佣金支出	659. 56	1 444. 68
投资收益（损失以"－"号填列）	23 839. 04	24 796. 77
其中：对联营企业和合营企业的投资收益		
公允价值变动收益（损失以"－"号填列）	490. 31	72. 24
汇兑收益（损失以"－"号填列）	－0. 53	－0. 04
其他业务收入	222. 63	227. 45
二、营业支出	44 317. 67	35 718. 37
营业税金及附加	7 236. 46	6 680. 48
业务及管理费	37 390. 61	28 702. 89
资产减值损失	－309. 40	335. 00
其他业务成本		
三、营业利润（亏损以"－"号填列）	100 802. 36	80 720. 76
加：营业外收入	10 777. 44	157. 48
减：营业外支出	46. 19	20. 00
四、利润总额（亏损以"－"号填列）	111 533. 61	80 858. 24
减：所得税费用	27 956. 34	20 639. 51
五、净利润（净亏损以"－"号填列）	83 577. 27	60 218. 73
加：年初未分配利润	55 308. 97	38 670. 54
六、可供分配的利润	138 886. 24	98 889. 27
减：提取法定盈余公积	8 357. 73	6 021. 87
提取信托赔偿准备	4 178. 86	3 010. 94
提取一般风险准备	3 389. 48	5 547. 49
其他减少	—	—
七、可供股东分配的利润	122 960. 17	84 308. 97
减：分配股东股利	33 000. 00	29 000. 00
八、未分配利润	89 960. 17	55 308. 97

5. 2　信托资产

5. 2. 1　信托项目资产负债汇总表

信托项目资产负债汇总表

编制单位：华能贵诚信托有限公司　　2013 年 12 月 31 日　　单位：万元

信托资产	期末余额	年初余额	信托负债和信托权益	期末余额	年初余额
信托资产：			信托负债：		
货币资金	327 734. 63	200 653. 50	交易性金融负债	—	—
拆出资金	—	—	衍生金融负债	—	—
存出保证金	—	—	应付受托人报酬	6 516. 82	9 632. 16
交易性金融资产	100. 00	3 000. 89	应付托管费	19. 89	75. 82
衍生金融资产	—	—	应付受益人收益	—	1 982. 50
买入返售金融资产	2 010. 00	—	应交税费	—	—
应收款项	7 321. 01	10 629. 39	应付销售服务费	110. 21	14. 12
发放贷款	12 394 049. 00	7 533 360. 00	其他应付款项	12 686. 41	34 292. 79
可供出售金融资产	365 190. 00	362 004. 68	预计负债	—	—
持有至到期投资	2 613 670. 00	368 400. 00	其他负债	—	—

续表

信托资产	期末余额	年初余额	信托负债和信托权益	期末余额	年初余额
长期应收款	—	30 000.00	信托负债合计	19 333.33	45 997.39
长期股权投资	2 279 070.00	1 201 820.00		—	—
投资性房地产	—	—	信托权益:		
固定资产	—	—	实收信托	29 610 344.98	17 202 224.09
无形资产	—	—	资本公积	—	—
长期待摊费用	—	—	损益平准金	—	—
其他资产	11 867 685.99	7 653 161.21	未分配利润	227 152.31	114 808.18
减:各项资产减值准备	—	—	信托权益合计	29 837 497.29	17 317 032.28
信托资产总计	29 856 830.62	17 363 029.67	信托负债及信托权益合计	29 856 830.62	17 363 029.67

5.2.2 信托项目利润及利润分配汇总表

编制单位:华能贵诚信托有限公司　　单位:万元

项　目	2013 年度	2012 年度
1. 营业收入	2 062 994.75	1 296 005.24
1.1 利息收入	920 937.88	535 498.89
1.2 投资收益(损失以“-”号填列)	1 030 541.78	669 083.02
1.2.1 其中:对联营企业和合营企业的投资收益	—	—
1.3 公允价值变动收益(损失以“-”号填列)	—	—
1.4 租赁收入	196.54	1 066.77
1.5 汇兑损益(损失以“-”号填列)	—	—
1.6 其他收入	111 318.54	90 356.55
2. 支出	264 583.81	162 221.17
2.1 营业税金及附加	—	—
2.2 受托人报酬	78 081.92	64 957.49
2.3 托管费	28 154.22	13 598.52
2.4 投资管理费	—	—
2.5 销售服务费	73 159.73	29 876.52
2.6 交易费用	—	—
2.7 资产减值损失	—	—
2.8 其他费用	85 187.95	53 788.64
3. 信托净利润(净亏损以“-”号填列)	1 798 410.94	1 133 784.07
4. 其他综合收益	—	—
5. 综合收益	1 798 410.94	1 133 784.07
6. 加:期初未分配信托利润	114 808.18	52 440.16
7. 可供分配的信托利润	1 913 219.12	1 186 224.22
8. 减:本期已分配信托利润	1 686 066.81	1 071 416.04
9. 期末未分配信托利润	227 152.31	114 808.18

6. 会计报表附注

6.1 会计报表编制基准、会计政策和会计估计变更、核算方法的说明

编制基础:本公司财务报表以持续经营假设为基础,根据实际发生的交易和事项,按照财政部2006年2月15日颁布的《企业会计准则》及其应用指南的有关规定,并基于重要会计政策、会计估计进行编制。

会计政策、核算方法在报告期均无变化。

信托报酬确认原则和方法:信托报酬的确认主要以权责发生制为原则。信托文件明确规定有收取标准的,以信托文件规定计提信托报酬;信托文件没有明确规定的,待信托项目运作结束时一次性计算收取。

6.2 或有事项说明

无。

6.3 重要资产(不含股权转让)转让及其出售的说明

无。

6.4 会计报表中重要项目的明细资料

6.4.1 披露自营资产经营情况

6.4.1.1 信用风险资产

信用风险资产五级分类	正常类(万元)	关注类(万元)	次级类(万元)	可疑类(万元)	损失类(万元)	信用风险资产合计(万元)	不良资产合计(万元)	不良资产率(%)
期初数	70 944.49	0	145.00	5 018.08	484.09	76 591.66	5 647.17	7.37
期末数	121,087.06	0	145.00	3 583.14	1 390.07	126 205.27	5 118.21	4.06

注:不良资产合计=次级类+可疑类+损失类。

(1)海南贵州大厦应收款项145万元,为2008年公司履行担保责任代海南贵州大厦支付执行款。该公司产权未理顺,经营不善,收回难度大。公司将此款项划分为次级类。

(2) 2003年,公司委托汉唐证券理财,2004年9月3日汉唐证券被行政托管并于2007年宣告破产清算,目前破产清算尚未结束,应收汉唐证券公司的余额为2 801.82万元。公司将此款项划分为可疑类。

(3)盛安房地产开发有限公司款项为781.32万元,其中应付盛安房地产开发有限公司关于台湾大厦9层相关款项201.68万元,应收盛安房地产开发有限公司983万元为代垫台湾大厦后续建设资金。公司将此款项划分为可疑类。

(4)2003年,公司信托资金委托华夏证券理财。华夏证券于2008年7月31日经法院裁定受理破产,现已进入清算程序,应收华夏证券股份有限公司的余额为1 135.38万元。公司将此款项划分为损失类。

(5)贵州银天贸易公司逾期贷款余额247.44万元,为本公司1993年4月发放人民币贷款。所质押的海南发展银行的535.22万元定期存单由于海南发展银行被人民银行关闭清算,该笔定期存单成为清算债权。经清算组确认领取了海南发

展银行债务确认书,截至目前海南发展银行尚未清算完毕。本公司将此款项划分为损失类,全额计提损失准备。

(6)锦屏竹木公司逾期贷款期初余额229.4万元,本年收回23.72万元,余额205.68万元履行相关审批程序后已进行财务核销。

(7)李伟煤款应收款项7.25万元,为2007年子公司信达贸易公司注销转入,法院已判决,但无可执行财产。本公司将此款项划分为损失类,全额计提损失准备。

6.4.1.2 各项资产减值损失准备

单位:万元

	期初数	本期计提	本期转回	本期核销	期末数
贷款损失准备	976.84				747.44
一般准备	500				500
专项准备	476.84	-23.72		205.68	247.44
其他资产减值准备	4244.49				4244.49
可供出售金融资产减值准备	0				0
持有至到期投资减值准备	0				0
长期股权投资减值准备	0				0
坏账准备	4808.63	-285.68			4522.95
投资性房地产减值准备	0				0

6.4.1.3 自营股票投资、基金投资、债券投资、长期股权投资等投资业务

单位:万元

	自营股票	基金	债券	长期股权投资
期初数	15 799.47	3 000	9 171.07	0
期末数	23 966.34	2.2	35 802.29	0

6.4.1.4 前三名的自营长期股权投资的企业名称、占被投资企业权益的比例、主要经营活动及投资收益情况等

无。

6.4.1.5 前三名的自营贷款的企业名称、占贷款总额的比例和还款情况等

企业名称	占贷款总额的比例(%)	还款情况
北京科技园建设(集团)股份有限公司	99.51	尚未到期,正常收息
贵州银天贸易公司	0.49	公司重组前逾期贷款未还

6.4.1.6 表外业务

无。

6.4.1.7 收入结构

收入结构	金额(万元)	占比(%)
手续费及佣金收入	115 735.65	73.91
其中:信托手续费收入	114 798.09	73.32
投资银行业务收入		—
利息收入	5 515.71	3.52
其他业务收入	222.63	0.14
其中:计入信托业务收入部分		—
投资收益	24 328.82	15.55
其中:股权投资收益		—
公允价值变动收益	490.31	0.31
其他投资收益	23 838.51	15.24
营业外收入	10 777.44	6.88
收入合计	156 580.25	100.00

说明:营业外收入10 777.44万元主要为政府补贴收入。

6.4.2 披露信托资产管理情况

6.4.2.1 信托资产

单位:万元

信托资产	期初数	期末数
集合	3 368 471.36	6 335 264.30
单一	10 725 570.67	20 365 702.28
财产权	3 268 987.64	3 155 864.04
合计	17 363 029.67	29 856 830.62

6.4.2.1.1 主动管理型信托业务

单位:万元

主动管理型信托资产	期初数	期末数
证券投资类	—	—
股权投资类	1 201 820.00	2 279 070.00
融资类	15 992 655.07	18 364 489.05
事务管理类	168 554.60	9 213 271.57
合计	17 363 029.67	29 856 830.62

6.4.2.1.2 被动管理型信托业务

无。

6.4.2.2 本年度有183个项目清算,实收信托合计1 040.60亿元,加权平均实际年化收益率为7.55%。

6.4.2.2.1 本年度已清算结束的集合类、单一类资金信托项目和财产管理类信托项目

已清算结束信托项目	项目个数	合计金额(万元)	加权平均实际年化收益率(%)
集合类	26	3 452 034.00	8.55
单一类	131	5 832 614.03	7.18
财产管理类	26	1 121 345.05	6.39

6.4.2.2.2 本年度已清算结束的主动管理型信托项目

已清算结束信托项目	项目个数	合计金额(万元)	信托报酬率(%)	加权平均实际年化收益率(%)
证券投资类	—	—	—	—
股权投资类	5	118 000.00	1.9	12.65
融资类	178	10 287 993.08	0.75	7.52
事务管理类	—	—	—	—

6.4.2.2.3 本年度已清算结束的被动管理型信托项目

无。

6.4.2.3 本年度新增的集合类、单一类和财产管理类信托项目

新增信托项目	项目个数	合计金额(万元)
集合类	27	6 391 536.14
单一类	306	15 515 188.67
财产管理类	20	907 489.08
新增合计	353	22 814 213.89
其中:主动管理型	353	22 814 213.89
被动管理型		

6.4.2.4 信托业务创新成果和特色业务有关情况

(1)不断加强与银行之间的合作,同时积极与保险机构建立业务联系,带动业务发展上规模、上层次。

(2)继续深化与行业龙头企业及国有大型企业集团的战略合作,不断探索业务模式创新,结合企业特色,积极推动融资方式向投资化转型。

(3)获得信贷资产证券化特定项目的受托人资格。

6.4.2.5 本公司履行受托人义务情况及因本公司自身责任而导致的信托资产损失情况

本公司严格遵照行业监管法规和信托合同规定,在信息披露、受托资产管理、信托财务核算、项目到期清算及信托财产分配等方面都能自觉履行受托人义务。2013 年全年不存在任何信托项目因公司自身责任导致信托资产发生损失,与信托当事人之间未发生任何形式的法律纠纷,亦未受到行业监管当局的任何惩戒、警示。

6.5 关联方关系及其交易披露

6.5.1 关联交易方的数量、关联交易的总金额及关联交易的定价政策等。

	关联交易方数量	关联交易金额(万元)	定价政策
合计	7	352 030.55	以市场交易价格为定价依据

6.5.2 关联交易方与本公司的关系性质,关联交易方的名称、法定代表人、注册地址、注册资本及主营业务等

关系性质	关联方名称	法定代表人	注册地址	注册资本(万元)	主营业务
同属一母公司	中国华能财务有限公司	丁益	北京市西城区金融街乙 26 号华实大厦	500 000	对成员单位办理财务和融资顾问、信用鉴证及相关的咨询、代理业务。
同属一母公司	长城证券有限责任公司	黄耀华	深圳市深南大道 6008 号特区报业大厦 16、17 层	206 700	发行和代理各种有价证券、自营和代理买卖各种有价证券。
同属一母公司	华能碳资产经营有限公司	黄坚	北京市西城区复兴门南大街 2 号 4 幢 9 层	15 000	电源开发、投资、建设、经营和管理等。
同受最终控股母公司控制	北方联合电力有限责任公司	吕慧	内蒙古呼和浩特市锡林南路 15 号	1 000 000	开发、投资、建设、经营电力、热力、煤炭资源等。
本公司最终控股母公司	中国华能集团公司	曹培玺	北京市西城区复兴门内甲 6 号	2 000 000	主要从事电源的开发、投资、建设、经营和管理等。
同受最终控股母公司控制	华能庆阳煤电有限责任公司	高冰	甘肃省庆阳市西峰区世纪大道	375 000	煤电投资管理。
同受最终控股母公司控制	华能山东发电有限公司	王文宗	济南市玉函路 36 号	254 018	主要从事电力、热力、煤炭等相关产业的开发、投资、建设、经营和管理。

6.5.3 本公司与关联方的重大交易事项

6.5.3.1 固有财产与关联方

单位:万元

固有财产与关联方关联交易											
贷款			投资			其他			合计		
期初	发生额	期末	期初	发生额	期末	期初	发生额	期末	期初	发生额	期末
						3 296.12	−3 253.14	42.98	3 296.12	−3 253.14	42.98

6.5.3.2 信托资产与关联方

单位:万元

信托资产与关联方关联交易											
贷款			投资			其他			合计		
期初	发生额	期末	期初	发生额	期末	期初	发生额	期末	期初	发生额	期末
750 000	−400 000	350 000	—	—	—	—	—	—	750 000	−400 000	350 000

6.5.3.3 固有财产与信托财产之间的交易

单位:万元

固有财产与信托财产相互交易			
	期初数	本期发生额	期末数
合计	0	0	0

6.5.3.4 信托资产与信托财产之间的交易

单位:万元

信托资产与信托财产相互交易			
	期初数	本期发生额	期末数
合计	0	0	0

6.5.4 关联方逾期未偿还本公司资金的详细情况以及本公司为关联方担保发生或即将发生垫款的详细情况

无。

6.6 会计制度的披露

固有业务:执行财政部 2006 年 2 月颁布的《企业会计准则——基本准则》和 38 项具体会计准则,其后颁布的应用指南、解释以及其他相关规定(统称企业会计准则)。

信托业务:执行财政部于 2005 年 1 月 5 日正式颁布的《信托业务会计核算办法》。

7. 财务情况说明书

7.1 利润实现和分配情况

2013 年,公司实现净利润 83 577.27 万元,按净利润 5%的比例提取信托赔偿准备 4 178.86 万元,按净利润 10%的比例提取盈余公积 8 357.73 万元,计提一般准备 3 389.48万元,当年分配股利 33 000 万元,年末未分配利润 89 960.17 万元。

7.2 主要财务指标

指标名称	指标值
资本利润率(%)	22.19
信托报酬率(%)	0.76
人均净利润(万元)	407.94

7.3 对本公司财务状况、经营成果有重大影响的其他事项

本年政府补贴收入 10 730.99 万元。

7.4 净资本情况

指标名称	指标值
净资本(万元)	438 082.10
风险资本(万元)	307,913.54
净资本/各项业务风险资本之和(%)	142.27
净资本/净资产(%)	81.32

8. 特别事项简要提示

8.1 前五名股东报告期内变动情况

(1)华能资本服务有限公司参与公司增资以及收购其他股东转让的股权后成为公司第一大股东，占比 67.58%。贵州产业投资(集团)有限责任公司参与公司增资以及吸收合并贵州省贵财投资有限责任公司后成为第二大股东，占比 31.45%。

(2)中国华融资产管理公司更名为“中国华融资产管理股份有限公司”，为公司第三大股东，占比 0.1750%。中国农业银行股份有限公司贵州省分行为公司第四大股东，占比 0.1750%。人保投资控股有限公司为公司第五大股东，占比 0.1629%。

8.2 董事、监事及高级管理人员变动情况及原因

无。

8.3 变更注册资本、变更公司名称、地址

公司注册资本由 20 亿元变更为 30 亿元。

8.4 公司重大诉讼事项

无。

8.5 公司及其董事、监事和高级管理人员受到处罚的情况

无。

8.6 银监会及其派出机构对公司检查后的整改情况

公司高度重视，首先从完善和修订管理制度入手，对《固有业务档案管理办法》、《金融产品投资业务管理细则》、《中长期贷款业务管理办法》、《固有财务核算管理办法》、《资金池业务指引》等十多个制度再次进行修订和完善，对各类业务进行了再次全面梳理，制定整改措施 32 项，对存在的问题全部实施整改。到目前为止，除台湾大厦抵债资产尚没有机会进行处置外，所有整改工作基本完成，并将整改结果上报了贵州银监局。

8.7 本年度重大事项临时报告的简要内容、披露时间、所披露的媒体及其版面

(1)公司于 2013 年 5 月 13 日在《金融时报》第八版进行了 2012 年年度报告摘要的公开信息披露。

(2)公司于 2013 年 5 月 25 日在《金融时报》第六版进行了公司股权比例变更等事宜的公告披露。

8.8 银监会及其省级派出机构认定的其他有必要让客户及相关利益人了解的重要信息

无。

9. 公司监事会意见

2013 年，在公司股东会、董事会的正确领导下，一是公司治理结构进一步完善，各层面能依法独立运作；二是公司得益于坚强有力的经营班子，精诚团结，互相支持，砥砺前行，攻坚克难，终于实现 2013 年增资扩股至 30 亿元和突破年利润 10 亿元、在全国信托业务规模排名进入前十名(实际排名第九位)的“双十”目标；三是公司内部风险防范控制体系较为完善，且能有效贯彻执行，信托产品到期全部安全兑付，没有发生重大风险事故；四是公司能坚持审慎原则，在重大经营决策过程中，能坚持调查研究，民主决策；五是董事、总经理等高级管理人员在履行职务时，勤勉尽责，恪尽职守，没有发现公司董事、高级管理人员在执行公司职务时存在违法违纪、损害公司利益的行为，公司也没有收到任何信访及举报案件。

华融国际信托有限责任公司

1. 重要提示

1.1 公司董事会及董事保证本报告所载资料不存在任何虚假记载、误导性陈述或者重大遗漏，并对其内容的真实性、准确性和完整性承担个别及连带责任。

1.2 公司独立董事罗群芳、邢成、何维达声明：保证年度报告内容的真实性、准确性、完整性。

1.3 公司董事长周伙荣（任职资格待中国银行业监督管理委员会核准）、总经理邹俊（任职资格待中国银行业监督管理委员会核准）、会计部门负责人杨艳声明：保证本年度财务会计报告的真实、完整。

2. 公司概况

2.1 公司简介

2.1.1 公司法定中文名称：华融国际信托有限责任公司
公司英文名称：Huarong International Trust Co., Ltd.
公司英文名称缩写：HUARONG TRUST

2.1.2 公司法定代表人：隋运生

2.1.3 公司注册地址：新疆维吾尔自治区乌鲁木齐市中山路333号
邮政编码：830002
公司国际互联网网址：http//www.huarongtrust.com.cn
公司电子信箱：hrxt@chamc.com.cn

2.1.4 公司负责信息披露事务人员：
联系人：刘文刚
联系电话：010－58315987
传真：010－58315608
电子信箱：liuwengang@chamc.com.cn

2.1.5 公司信息披露报纸名称：《金融时报》
公司年度报告备置地点：新疆维吾尔自治区乌鲁木齐市中山路333号
登载年度报告的互联网网址：http//www.huarongtrust.com.cn

2.1.6 公司聘请的会计师事务所名称：立信会计师事务所（特殊普通合伙）
公司聘请的会计师事务所住所：北京市西城区北三环中路29号院3号楼茅台大厦28层
公司聘请的律师事务所名称：锦天城律师事务所
公司聘请的律师事务所住所：北京市东城区东长安街1号东方广场C1座6层

2.2 组织结构

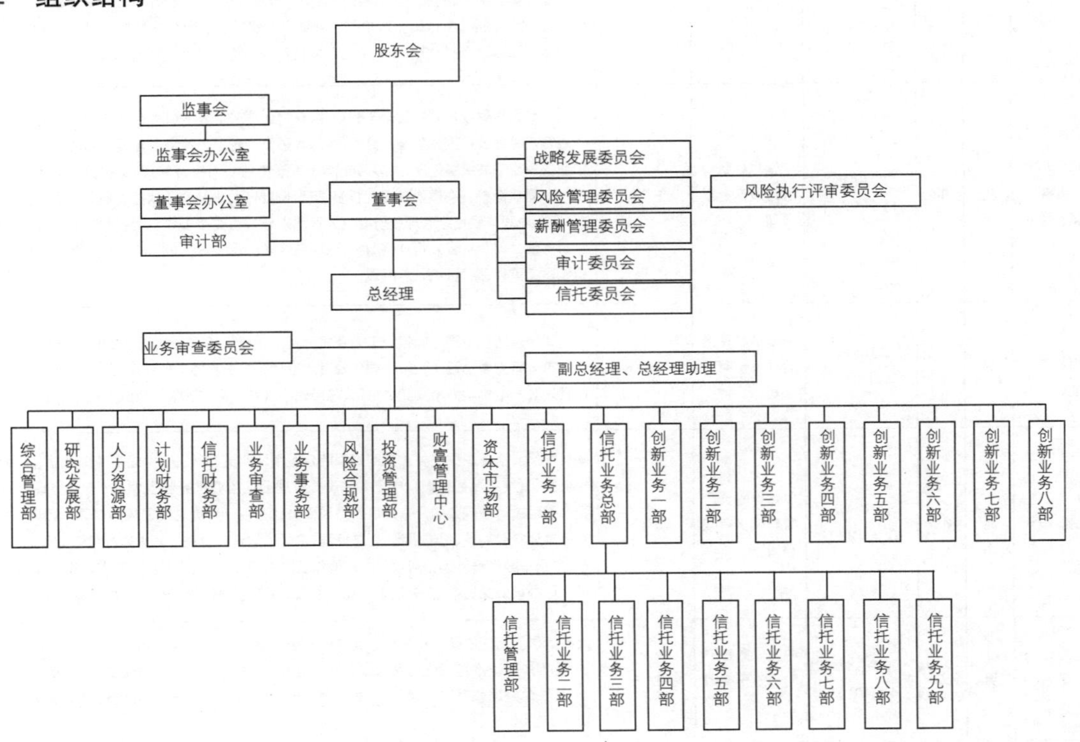

3. 公司治理

3.1 股东

报告期末股东总数为3名,股东持股情况如下:

股东名称	持股比例（%）	法人代表	注册资本（万元）	注册地址	主要经营业务及主要财务情况
中国华融资产管理股份有限公司★	97.5	赖小民	2 583 587	北京市西城区金融大街8号	收购、受托经营金融机构不良资产,对不良资产进行管理、投资和处置;债权转股权,对股权资产进行管理、投资和处置;破产管理;对外投资;买卖有价证券;发行金融债权、同业拆借和向其他金融机构进行商业融资;经批准的资产证券化业务、金融机构托管和关闭清算业务;财务、投资、法律及风险管理咨询和顾问业务;资产及项目评估。财务状况良好。
新疆凯迪投资有限责任公司	1.48	徐国华	42 000	新疆乌鲁木齐市金银路53号	资产管理,证券业投资,房屋、车辆、设备的租赁,项目投资及相关咨询服务。财务状况良好。
新疆恒合投资股份有限公司	1.02	盛占银	11 000	新疆乌鲁木齐市黄河路1号	高新技术产业,新兴产业的风险投资,经营及管理,优势传统产业、资本市场的投资管理,对中小企业的融资担保;投资及融资信息咨询,汽车、房屋及机械设备的租赁。财务状况良好。

注:最终实际控制人在"股东名称"一栏中加★表示。

3.2 董事

董事长、副董事长、董事

姓 名	职 务	性别	年龄	选任日期	所推举的股东名称	该股东持股比例（%）	简 要 履 历
周伙荣	拟任董事长	男	57	2012年9月27日	中国华融资产管理股份有限公司	97.5	武汉大学硕士研究生。历任四会市计委生产办副主任、副科长,四会市人民政府财办副主任,广发银行深圳市君利投资有限公司总经理,广发银行深圳市广控投资有限公司总经理,平安银行(原深圳市商业银行)总行特殊资产清收部副总经理(主持工作)、总经理;平安银行(原深圳市商业银行)总行信贷资产管理部总经理;平安银行总行政府业务总监兼总行特殊资产管理部总经理,中国华融资产管理股份有限公司广州办事处党委委员,中国华融资产管理股份有限公司广州办事处党委副书记、副总经理,中国华融资产管理股份有限公司广东分公司(原广州办事处)党委副书记、副总经理(主持工作),中国华融资产管理股份有限公司广东分公司(原广州办事处)党委书记、总经理。现任华融国际信托有限责任公司党委书记,拟任董事、董事长。
邹俊	拟任职工董事、副董事长	男	42	2013年11月27日	中国华融资产管理股份有限公司	97.5	中央财经大学财政与公共管理学院毕业,获博士学位。曾在江西铜业集团公司任职。历任中国华融资产管理公司股权管理部经理,中国华融资产管理公司资产管理一部,中国华融资产管理公司业务审查部高级副经理,华融国际信托有限责任公司投资管理部副总经理(全面主持部门工作),华融国际信托有限责任公司投资管理部总经理,华融国际信托有限责任公司党委委员、总经理助理,中国华融资产管理股份有限公司北京分公司党委委员、总经理助理,中国华融资产管理股份有限公司北京分公司党委副书记、副总经理。现任华融国际信托有限责任公司党委副书记,拟任职工董事、副董事长、总经理。
王勇	副董事长	男	57	2011年9月10日	中国华融资产管理股份有限公司	97.5	本科学历。历任中国工商银行黑龙江省分行流动资金信贷处处长,中国工商银行黑龙江省齐齐哈尔市分行党委书记、行长,中国华融资产管理公司长春办事处党委委员、副总经理,中国华融资产管理公司哈尔滨办事处党委书记、总经理。现任华融国际信托有限责任公司专职副董事长。
刘士宏	副董事长	男	57	2012年6月12日	中国华融资产管理股份有限公司	97.5	本科学历。历任中央纪委监察部监察综合室主任科员、副处长,中国华融资产管理公司监察室纪检监察员(高级副经理级),中国华融资产管理公司监察室纪检监察员(高级经理级),中国华融资产管理股份有限公司北京办事处党委委员、纪委书记(副总经理级),中国华融资产管理公司北京办事处党委委员、纪委书记、副总经理,中国华融资产管理公司太原办事处党委副书记、副总经理,中国华融资产管理公司太原办事处党委副书记、副总经理(主持工作),中国华融资产管理公司太原办事处党委书记、总经理。现任华融国际信托有限责任公司专职副董事长。
卢江天	董事	男	59	2010年4月28日	中国华融资产管理股份有限公司	97.5	大专学历。历任中国工商银行深圳市分行营业部主任,中国工商银行深圳市分行党组成员、副行长,中国华融资产管理公司深圳办事处党委书记、总经理,中国华融资产管理公司广州办事处党委书记、总经理兼深圳办事处党委书记。现任华融国际信托有限责任公司董事、总经理级巡视员。

续表

姓名	职务	性别	年龄	选任日期	所推举的股东名称	该股东持股比例(%)	简要履历
杨佩	董事	女	50	2008年5月9日	中国华融资产管理股份有限公司	97.5	武汉大学硕士。历任中国工商银行总行法律事务部法律咨询处副处长、处长，中国工商银行总行法律事务部副总经理，中国华融资产管理股份有限公司法律事务部副总经理(主持工作)、总经理，中国华融资产管理股份有限公司首席风险官、风险管理部总经理。
王小选	董事	男	55	2010年3月12日	新疆凯迪投资有限责任公司	1.48	大专学历。历任新疆生产建设兵团农业银行计划处副处长、新疆华融房地产公司总经理、陕西省建设银行房地产公司副总经理(主持工作)、西安德恒证券营业部总经理、新疆凯迪房地产开发有限公司总经理、新疆蓝天阳光投资有限责任公司总经理、新疆凯迪投资有限责任公司副总经理兼任新疆凯迪创业投资有限责任公司执行董事和总经理。

独立董事

姓名	所在单位及职务	性别	年龄	选任日期	所推举的股东名称	该股东持股比例(%)	简要履历
王晓林	退休干部	男	66	2009年3月5日	中国华融资产管理股份有限公司	97.5	资源经济学博士。历任车间党支部书记、技术副科长、副厂长、厂长，太原市政府副秘书长、市长助理兼太原高新技术产业开发区管委会党组书记、主任，山西省科委副主任兼太原高新区管委会主任，太原市副市长兼太原高新技术开发区管委会主任，山西省人民政府副秘书长兼山西引黄工程副总指挥、黄河水源太原城市给水工程总指挥，山西省交通厅党组书记、厅长，山西省交通战备办公室主任，中共山西省第八届委员会委员；十届全国人大代表；省人大常委、省人大城市建设环境保护委员会主任(注：经2014年第一次临时股东会审议通过，免去王晓林同志华融国际信托有限责任公司独立董事职务)。
罗群芳	退休干部	女	60	2009年3月5日	中国华融资产管理股份有限公司	97.5	高级会计师。历任新疆银监局非银行监管处处长，长期在人民银行新疆维吾尔自治区分行任职。
邢成	中国人民大学信托与基金研究所执行所长	男	51	2009年3月5日	中国华融资产管理股份有限公司	97.5	南开大学博士。现任中国人民大学信托与基金研究所执行所长、教授。
何维达	北京科技大学经管学院教授、企业与产业发展研究所所长	男	53	2010年2月26日	中国华融资产管理股份有限公司	97.5	中南财经政法大学博士。现任北京科技大学经济管理学院教授、企业与产业发展研究所长。

3.3 监事

监事会成员

姓名	职务	性别	年龄	选任日期	所推举的股东名称	该股东持股比例(%)	简要履历
祝晓军	监事会主席	男	53	2013年4月26日	中国华融资产管理股份有限公司	97.5	本科学历。历任中国人民银行甘南州中心支行副科长，中国工商银行甘南州中心支行副行长，中国工商银行白银市支行副行长，中国工商银行白银市分行党委书记、行长，中国华融资产管理公司兰州办事处党委委员、副总经理，中国华融资产管理公司沈阳办事处党委副书记、副总经理、党委书记、总经理，中国华融资产管理公司上海办事处党委书记、总经理，中国华融资产管理股份有限公司上海分公司党委书记、总经理，华融国际信托有限责任公司党委副书记、监事会主席。
顾剑飞	监事	男	42	2013年3月7日	中国华融资产管理股份有限公司	97.5	硕士学位。历任中国华融资产管理公司审计部经理、高级经理、总经理助理、副总经理、总经理。
范胜利	监事	男	55	2011年8月15日	—	—	大专学历。历任新疆自治区人民政府财政厅财务资产处处长助理、副处长，新疆自治区人民政府自治区财政厅统计评价处副处长，新疆自治区国资委统计评价处副处长，新疆自治区国资委第六监事会办事处副主任、主任。
张展	监事	男	43	2010年12月31日	新疆凯迪投资有限责任公司	1.48	本科学历。历任德恒证券有限责任公司上海总部投资部首席交易员，上海博银投资咨询有限公司证券分析师，新疆凯迪投资有限责任公司资产管理部副经理、经理。

续表

姓　名	职　务	性别	年龄	选任日期	所推举的股东名称	该股东持股比例(%)	简　要　履　历
盛占银	监事	男	58	2008年3月19日	新疆恒合投资股份有限公司	1.02	研究生学历。历任新疆福海县计划委员会副主任、主任，福海县人民政府县长助理、重点项目建设办公室主任，新疆自治区投资公司阿舍勒铜矿筹建组自治区方代表，新疆自治区投资公司项目部业务主管，新疆哈密新天怡石材有限公司董事、副总经理，新疆自治区投资公司企管部副主任，国电新疆吉林台水电开发有限公司副董事长，天风发电股份有限公司副董事长，新疆投资公司项目开发部主任、第一党支部书记，天彩阿克苏良种公司副董事长，新疆恒合投资股份有限公司董事长。
付　巍	职工监事	女	40	2008年3月19日	职工代表大会	—	硕士学位。历任中国华融资产管理公司投资银行部副经理、经理，中国华融资产管理公司人力资源部经理、高级副经理，华融国际信托有限责任公司综合管理部总经理，华融国际信托有限责任公司人力资源部总经理。
孟　娜	职工监事	女	39	2009年3月11日	职工代表大会	—	硕士学位。历任中国华融资产管理公司股权管理部副经理、经理，中国华融资产管理公司资产管理三部经理，中国华融资产管理公司第一重组办公室经理，华融国际信托有限责任公司信托管理部副总经理和总经理，信托市场部总经理，华融国际信托有限责任公司财富管理中心总经理。
刘杰山	职工监事	男	40	2013年4月26日	职工代表大会	—	研究生学历。曾在中国华融资产管理股份有限公司北京办事处法律事务部、经营管理部、经营管理与计划部任职。曾任中国华融资产管理股份有限公司北京办事处风险内控部助理经理、副经理、高级副经理、高级经理和公司律师，华融国际信托有限责任公司风险合规部总经理。

3.4　高级管理人员

高级管理人员

姓　名	职　务	性别	年龄	选任日期	金融从业年限	学历	专业
邹俊	拟任总经理、党委委员	男	42	2013年11月27日	12	研究生	财政学
杨晓丽	副总经理（总经理级）、党委委员	女	51	2011年6月28日	33	本科	工商管理
刘绍华	副总经理、党委委员	男	49	2011年6月28日	25	本科	工商管理MBA
郭继平	副总经理、党委委员	男	42	2012年6月8日	13	研究生	政治经济学
段建生	总经理助理、党委委员	男	42	2012年12月19日	19	研究生	法学
范海波	总经理助理、党委委员	女	37	2011年6月28日	4	研究生	行政管理

3.5　公司员工

项　目		报告期年度		上年度	
		人数	比例(%)	人数	比例(%)
年龄分布	25岁以下	60	27.69	34	20.24
	25～29岁	51	23.61	40	23.81
	30～39岁	74	34.3	63	37.50
	40岁以上	31	14.4	31	18.45

续表

项　目		报告期年度		上年度	
		人数	比例(%)	人数	比例(%)
学历分布	博士	6	2.8	4	2.38
	硕士	133	61.6	95	56.55
	本科	67	31	58	34.52
	专科及其他	10	4.6	11	6.55
岗位分布	高管人员	6	2.8	5	2.98
	自营业务人员	35	16.2	15	8.93
	信托业务人员	98	45.4	85	50.60
	其他	77	35.6	63	37.49

4. 经营管理

4.1　经营目标、方针、战略规划

4.1.1　经营目标

牢牢把握“底线思维，稳中求进”的主基调，认真做好“重学习、抓治理、转方式、强资本、创利润、防风险、带队伍、促发展”八项中心任务，创新发展方式，提升发展质量，将公司建设成为治理优良、经营规范、创新突出、特色明显、风险管控能力强、主要经营业绩达到信托行业前列的国内一流信托公司。

4.1.2　经营方针

以客户为导向，以创新带动发展，坚持投资与投行、资管与财管“四轮驱动”，以内涵型深耕式发展为指导思想，以主动管理为基本原则，以净资本管理风险指标为发展导向，以投融资等多种手段组合为竞争优势，实现以基金化、高附加值、智力密集信托产品线为支撑的全新业务模式。

4.1.3　战略规划

围绕“服务实体经济”这一本质要求，以传统信托业务为支撑，大力发展金融机构合作业务，快速推进创新业务发展，持续优化资金成本，扩大投资人群，做大做强信托主业，稳健发展固有业务，打造专业化、规范化、规模化的综合信托业务平台，构建风险收益相匹配的可持续增长的信托主业盈利模式。

4.2 所经营业务主要内容

充分挖掘信托制度优势，紧跟行业发展前沿，牢牢把握资产管理、财富管理两大驱动力，探索可持续发展新路子。

4.2.1 资产管理

截至2013年末，华融信托当年新增信托资产规模645.18亿元，管理的存续信托资产规模达970.50亿元。

一是资产结构均衡，资产质量良好。管理的存续信托资产主要投向工商企业、基础产业和证券投资。房地产信托规模占比9.71%，煤炭行业规模占比只有5.3%，资产的行业分布较为均衡，避免了资产过于向高风险领域和单一领域集中，有利于资产的风险分散和资产安全。

二是管理资产含金量高。与行业其他信托公司相比，大部分是自主管理项目。华融信托以占行业0.9%的信托资产规模实现了占行业2.9%的信托业务收入。主营业务能力突出，信托业务收入占公司总收入的90%，这与监管部门关于信托公司履行主动管理职责的要求和导向是一致的。

三是资产管理的方式更为丰富。2013年重点发展专业性强、技术含量高的投资银行业务和投资类业务，发起设立的股权收益权投资集合资金信托项目成功帮助客户参与上市公司股权并购。

四是积极支持新疆经济发展和社会进步。2013年为新疆经济建设新增融资60亿元，支持了新疆城市基础设施建设、能源和煤化工等行业和领域的发展。

4.2.2 财富管理

立足于“受人之托，代人理财”的信托本源，着力打造华融信托特色财富管理服务，自主资金募集能力有了大幅提升。截至2013年末，自主募集资金达143.62亿元。为65户新增机构投资者受托理财规模56.3亿元，规模增长191%，其中17家机构投资者委托金额超亿元。当年新增自然人客户1840个，委托资金56.82亿元，自然人客户个数和委托资金规模分别同比增长20%和27%。新增合作券商伙伴17个，其他金融机构伙伴40个。基本做到了项目发行“多渠道开花”，提升了募集成功率。自主服务客户黏性进一步提升，重复购买率达60%，华融信托的财富管理服务树立起良好的品牌。

4.3 市场分析

4.3.1 有利因素

(1)党的十八届三中全会胜利闭幕，会议全面部署了政治、经济、文化、社会、生态等领域的改革目标和设想，经济体制改革是重中之重，尤其是城镇化建设、土地改革、国企改革等，所蕴含的市场金融需求潜力较大，有利于拓展信托行业发展深度和广度，形成新的增长机遇期。

(2)国民财富不断积累，居民以及机构投资者的资产管理需求不断上升，信托公司近年来为投资者创造了良好的收益回报，行业品牌和社会价值不断得到认可，信托公司在资产管理行业的成长空间依然较大。

(3)信托行业财富管理和资产管理能力不断增强，2013年信托资产管理规模已达到10.91万亿元，稳居四大金融子行业第二位，成为中国金融体系中不容忽视的重要成员，中国信托业对经济社会发展的促进作用不断凸显。

(4)信托行业创新日渐活跃，创新力度逐步增强，信托制度在财富传承、土地流转、企业年金管理、资产证券化等方面的独特优势和价值得到不断挖掘和认可，持续的创新为信托行业不断注入生机和发展活力，逐步形成信托公司核心竞争力。

(5)控股股东中国华融资产管理股份有限公司的市场影响力和品牌优势不断增强，为公司发展提供了诸多得天独厚的优势条件。

4.3.2 不利因素

(1)我国宏观经济增速放缓，受到内生增长动力不足、经济结构矛盾突出、全球宏观经济形势复杂等因素影响，经济下行压力依然较大，信托行业以融资类业务为主导的粗放经营模式面临越来越大的挑战。

(2)“大资管时代”背景下，证券、基金、保险、银行、信托公司围绕资产管理业务展开正面竞争，信托公司项目开发、市场议价都受到更大限制，通道业务、股权质押融资等业务受到较大冲击。同时，以余额宝为代表的互联网理财的崛起也对信托行业发展形成新的竞争态势。

(3)随着经济周期性调整，造船、矿业、煤炭等强周期行业出现全行业性经营困境，光伏、钢铁、水泥等产能过剩行业面临较大经营压力，房地产行业在宏观调控高压之下也存在行业调整需求。因此，信托项目风险管控难度加大，部分重大信托项目风险事件得到社会广泛关注，影响了信托公司声誉和投资者购买信托产品的热情。

(4)监管部门加强地方政府融资平台、银行理财投资非标资产、信托公司非标资产池以及影子银行监管，同时，监管部门对于信托行业的新监管体系和治理思路逐步形成，促进信托公司回归本业，信托公司转型压力越来越大。

(5)公司还需要进一步增强资本实力，积极增资扩股，引进战略投资者，提高公司整体发展水平。

4.4 内部控制

4.4.1 内部控制环境和内部控制文化

华融信托按照现代金融企业制度要求，建立科学的公司法人治理结构，成立股东会、董事会、监事会并制定相应议事规则，根据有关法律法规及公司章程分别行使职责，董事会层面设立战略发展委员会、风险管理委员会、薪酬管理委员会、审计委员会及信托委员会，对公司战略发展、薪酬考核、风险控制等重大事项进行民主决策、集体审议，并制定了各委员会议事规则，使公司在科学决策和风险管控方面增强了独立性、专业性和科学性。风险管理委员会下设风险审查执行机构，强化重点项目风险审查与风险控制。公司设立的独立董事工作制度进一步完善了公司的法人治理结构，加强了公司董事会决策的科学性，强化了对内部董事及经营管理层的约束和监督机制。董事会组建经营管理层，由总经理组织公司日常经营管理工作并对董事会负责。总经理层面设立总经理办公会、业务审查委员会、风险管理和内部控制委员会、资金财务审查委员会，分别负责对公司重大决策事项、重大风险管理解决方案、重大资金运用与支出和各项业务方案等事项进行审查。根据银监会监管要求及实际需要，公司设立董事会办公室、监事会办公室、综合管理部、纪检监察室、研究发展部、人力资源部、风险合规部、业务审查部、法律事务部、计划财务部、信托财务部、投资管理部、信托管理部等一系列职能部室，从而形成一个结构合理、管理科学、内部控制有效的治理结构和机制。

4.4.2 内部控制措施

公司建立了完善的各层级授权制度，明确董事会、监事会、经营管理层的权限及职责。

董事会作为公司决策机构，负责决定公司内部管理机构的设置，制定公司的基本管理制度，决定公司对外重大投资、重大资产处置事项，决定公司资本金运用、资产抵押、对外担保、关联交易等事项。为防范风险，董事会对重大资本金项目、重大信托项目负责审查和审批。董事会严格按照董事会议事规则召开会议。

公司设立监事会。监事会为公司的监督机构。监事会按照《公司法》和公司章程赋予的职责和权利，依法运作，认真履职。

经营管理层通过董事会的授权在权限范围内履行职责，建立健全内部控制体系，保证内部控制的各项职责得到有效履行，负责对内部控制的充分性与有效性进行监测评估，并负责执行董事会批准的各项规划、决策和制度。

公司坚持"制度先行、规范经营"的理念。2013 年，公司根据新实施的监管政策和法规，以及公司业务开展和风险管理的实际需要，对内部控制制度进行了全面优化，对各项制度重新进行了全面的梳理、完善和补充，进一步优化业务流程，有效控制各种风险。

4.4.3 信息交流与反馈

公司建立了信息披露工作制度及信息交流、汇报与反馈程序，通过工作简报、办公会议纪要、专题报告、内部要情通报、每周周报、每月月报、稽核报告等多种形式进行信息交流、汇报和反馈，使董事会和高级管理层能够及时了解业务信息、管理信息以及其他重要风险信息，使所有员工能充分了解相关信息，遵守涉及其责任和义务的政策、程序。及时、真实、完整地向监管机构和外界报告、披露相关信息，及时把与企业既定经营目标有关的信息提供给各级管理层等。

4.4.4 监督评价与纠正

公司自觉接受监事会的监督。公司监事会列席董事会，随时对公司特别是董事和高管人员的合规运作及勤勉尽责情况进行监督。严格按照有关信托法规，进一步完善内部控制制度，做到公司自营业务和信托业务分离，维护委托人和受益人的合法权益。加强内部稽核部门职能，坚持按季度对公司业务进行稽核，并报告董事会、监事会和监管部门。

4.5 风险管理

4.5.1 风险管理概况

公司紧紧围绕公司"抓发展、防风险、强管理、促转型"四项中心任务，并以中国华融成功进行股份制改革为契机，认认真真抓落实，切实提高执行力，进一步做好风险管理工作。继续坚持风险管理原则和全面风险管理理念，始终将"防风险"作为稳健发展的重要保障，牢固树立"审慎经营"理念，不断提高全员风险管理意识，逐步完善风险预警机制，明确和落实各级风险管理职责，积极适应业务发展和业务创新的需要，切实把风险管理工作做深、做实、做细。2013 年公司持续推进"全面风险管理"理念，完善风险制度修订和流程优化，并对后期管理相关制度进行进一步优化，建立全面风险管理制度体系。管好存量，强化后期日常和基础管理，化解存量项目风险隐患，确保公司不出现流动性风险、声誉不受损失。控好增量，加强对监管法规的研究，细化新增项目审查标准，提高审查精准度和专业性，确保经营依法合规、风险可控。推动业务结构调整，优先选择国家支持、鼓励行业开展信托业务，鼓励多做风险资本消耗少的项目。积极参与业务创新和风险管控手段创新，增强前中后台协同能力，提高公司整体的资产管理能力。实施立项、方案审批和后期管理网上审批流程，加强流程与风险管理信息化系统建设。

为加强风险管理，公司在董事会下设风险管理委员会、审计委员会。董事会风险管理委员会下设风险执行评审委员会，负责向风险管理委员会报告公司的风险合规与内部控制等情况，同时负责就提交董事会审议的重大业务项目向董事会提出审查意见。在经营管理层层面设立风险管理和内部控制委员会，分管风险合规部、法律事务部和业务审查部，负责公司的风险工作。其中，风险合规部负责组织推动公司全面风险管理体系建设，组织制定公司风险管理基本政策和基本制度；负责对公司确定的风险项目进行监测、分析和评价；负责和业务、审查等部门就项目的后期管理工作进行衔接、督促检查和评价；负责组织协调业务部门及时拟定风险项目的处置预案，督促处置预案的落实；负责组织开展项目风险案例警示工作；负责牵头组织公司风险项目处置工作；负责对公司拟实施项目出具合规性意见。业务审查部负责对提交公司业务审查委员会审议的项目进行独立业务审查，提出审查意见，并出具审查意见书；负责向业务审查委员会报告并接受委员询问；负责对公司开展业务的审计、评估中介机构的聘用与管理；负责对评估报告的审查工作等。法律事务部负责对公司签署的法律合同、法律文件进行审查，出具法律审查意见，复核非诉事项及诉讼事宜；负责公司业务开展中对律师机构的聘用与管理等。审计委员会主要负责审查公司内部控制制度以及公司建立的用于监控行为准则遵循情况的规划，负责提议聘请或更换外部审计机构，负责监督董事会决议的执行情况，负责审核公司的财务信息及其披露，负责在公司重大财务问题的处理上提出独立的意见，负责内部审计与外部审计之间的沟通等。

4.5.2 风险状况

4.5.2.1 信用风险状况

公司可能面临的信用风险主要是交易对手无法履约的风险。对于信用风险的控制 公司一是注重交易对手的选择，通过项目前期尽职调查、交易结构设计、抵（质）押担保条件的设置以及项目投后尽职管理、现金流的监测、资金监管等措施，从项目的全过程加强对信用风险的防范和控制；二是采用资产五级分类、信贷资产评级等信用度量指标进行信用风险评级 并不断改进信用分析方法和技术；三是公司始终坚持抵押品确认原则，抵押品必须足值、足额、合法、有效、容易变现；四是严格按照规定对信用风险资产合理计提一般准备和专项准备。

公司按照有关规定足额计提各类风险准备。一般准备金的计提比例由公司综合考虑其所面临的风险状况等因素后确定 原则上一般准备金余额不低于贷款期末余额的1%。信托赔偿准备金按照税后净利润的5%计提,累计总额达到公司注册资本的20%时不再提取。

公司严格按照监管制度和公司制度定期对公司资产质量进行五级分类。截至2013年12月31日,我公司不良资产账面值为341.77万元。在信托业务方面,截至2013年12月31日,已到期的信托项目均按期兑付,存续项目也未出现不及时兑付的情况。为防范抵押物、质押物贬值风险,我公司确定的抵(质)押率一般不超过50%,其他担保方式担保方也应具备相应的担保能力。

4.5.2.2　市场风险状况

市场风险指公司因股价、市场汇率、利率及其他价格因素变动给公司盈利能力和财务状况带来的风险。截至2013年12月31日,管理金融产品包括债券、货币基金、债券基金和股票等,账面净值共89 759.74万元。由于货币基金及债券基金主要投资低风险资产,因此受价格变动影响较小,且流动性强,市场风险较低。

4.5.2.3　操作风险状况

操作风险主要表现在由于公司内部人员在相关业务办理过程中操作失误而出现的风险,以及由于内部控制制度不完善引发的缺乏监控、监督风险。截至2013年12月31日,我公司未出现操作风险事件。公司对所有项目均严格进行尽职调查,积极履行受托人职责,尽职管理,忠实执行合同,严格履行信息披露义务,实现了预期目标。公司还规范了信托和固有业务监管账户开立、印章使用、资金划拨、抵(质)押物变更审批等的管理,建立了抵(质)押权证保管登记制度,定期核实保管的权证,严防操作风险。

4.5.2.4　其他风险状况

其他风险主要是合规风险和政策风险。2013年,公司的各项业务严格按照国家相关政策,依法合规操作,未出现违反国家相关政策及违规事件,各项指标均大幅优于监管规定要求。

4.5.3　风险管理

4.5.3.1　信用风险管理

在信用风险管理上 公司一是采用前述资产五级分类、信贷资产评级等信用度量指标进行信用风险评级 并不断改进信用分析方法和技术;二是持续关注抵(质)押物价值变动,确保抵(质)押率保持合理水平、抵(质)押物的担保价值足值;三是严格按照规定对信用风险资产合理计提一般准备和专项准备;四是密切关注宏观经济形势及国家产业政策、信贷政策及其他调控政策的变化,及时研究对策和措施,防控政策风险引起的企业信用风险;五是对交易对手进行事中动态管理,定期了解交易对手经营情况和财务情况,并及时向管理层和董事会报告。

4.5.3.2　市场风险管理

开展各项业务时,全面客观地分析经济形势,谨慎选择项目,对风险难以把握的项目,不轻易进入;在项目开展前,对金融市场有可能产生市场风险的各个因素进行分析研究,提早做好防范措施;尽量采取分散投资、分散风险的办法;公司加强内部控制,加强对项目的审查、决策;对涉及资本市场的项目或质押物设立相关股票的警戒线、止损位及对相关股票价格变动进行动态监测。

4.5.3.3　合规风险管理

为管理合规风险,公司设立了专门的风险合规部,引入具有丰富金融从业经验和法律工作经验的人才,对所承做业务的交易模式、法律要点、合同主要条款的合法问题进行专门把握,确保每项业务重点法律问题的合法、有效和严密。根据《信托公司净资本管理办法》(中国银监会令2010年第5号)规定的披露要求,截至2013年12月31日,我公司净资本规模为28.90亿元,远高于2亿元的监管要求;净资本/各项业务风险资本之和为193%,高于银监会规定的不低于100%的监管标准;净资本/净资产为89%,高于银监会要求的不低于40%的规定。

4.5.3.4　操作风险管理

公司指定部门定期对业务规章制度、操作流程等进行修订完善,通过举办培训班等多种方式加强对员工的制度、业务培训;多层次设置"防火墙",采取事前、事中、事后多角度控制操作风险:一是项目经理作为第一责任人全面负责项目风险;二是风险合规部门定期检查项目执行情况,分析项目风险并向公司提交风险报告;三是审计部门同步跟进;四是公司经营管理层定期向董事会提交公司经营风险报告;五是设计和逐步完善风险控制信息系统,做好系统数据的备份,借助信息技术控制操作风险。

5. 报告期末及上一年度末的比较式会计报表

5.1　自营资产

5.1.1　审计报告

信会师报字[2014]第720319号

我们审计了后附的华融国际信托有限责任公司(以下简称贵公司)财务报表,包括2013年12月31日的资产负债表和合并资产负债表、2013年1~12月的利润表和合并利润表、2013年1~12月的现金流量表和合并现金流量表、2013年1~12月的所有者权益变动表和合并所有者权益变动表以及财务报表附注。

一、管理层对财务报表的责任

编制和公允列报财务报表是贵公司管理层的责任。这种责任包括:(1)按照企业会计准则的规定编制财务报表,并使其实现公允反映;(2)设计、执行和维护必要的内部控制,以使财务报表不存在由于舞弊或错误导致的重大错报。

二、注册会计师的责任

我们的责任是在执行审计工作的基础上对财务报表发表审计意见。我们按照中国注册会计师审计准则的规定执行了审计工作。中国注册会计师审计准则要求我们遵守中国注册会计师职业道德守则,计划和执行审计工作以对财务报表是否不存在重大错报获取合理保证。

审计工作涉及实施审计程序,以获取有关财务报表金额和披露的审计证据。选择的审计程序取决于注册会计师的判断,包括对由于舞弊或错误导致的财务报表重大错报风险的评估。

在进行风险评估时，注册会计师考虑与财务报表编制和公允列报相关的内部控制，以设计恰当的审计程序，但目的并非对内部控制的有效性发表意见。审计工作还包括评价管理层选用会计政策的恰当性和作出会计估计的合理性，以及评价财务报表的总体列报。

我们相信，我们获取的审计证据是充分、适当的，为发表审计意见提供了基础。

三、审计意见

我们认为，贵公司财务报表在所有重大方面按照企业会计准则的规定编制，公允反映了贵公司2013年12月31日的财务状况以及2013年1～12月的经营成果和现金流量。

立信会计师事务所（特殊普通合伙）

中国注册会计师：许培梅

中国·上海　　中国注册会计师：龙　勇

二〇一四年三月二十七日

5.1.2　资产负债表

资产负债表

编制单位：华融国际信托有限责任公司　　2013年12月31日　　单位：万元

项　目	合并		母公司	
	期末余额	年初余额	期末余额	年初余额
现金及存放中央银行款项	—	—	—	—
存放同业款项	83 798.03	40 841.98	83 452.74	40 841.98
拆出资金	—	—	—	—
交易性金融资产	—	—	—	—
买入返售金融资产	—	—	—	—
应收利息	83.49	83.49	83.49	83.49
发放贷款及垫款	13 909.00	12 000.00	6 609.00	12 000.00
可供出售金融资产	89 759.74	124 486.96	89 759.74	124 486.96
持有至到期投资	—	—	—	—
应收款项类投资	148 841.84	119 055.19	155 945.47	119 055.19
投资性房地产	2 315.32	2 448.12	2 315.32	2 448.12
长期股权投资	—	236.96	—	236.96
固定资产	2 027.57	2 046.40	2 027.57	2 046.40
无形资产	276.94	248.61	276.94	248.61
商誉	—	—	—	—
递延所得税资产	8 027.63	5 318.60	8 027.63	5 318.60
其他资产	15 204.19	2 537.51	15 204.19	2 537.51
资产总计	364 243.75	309 303.82	363 702.09	309 303.82

资产负债表（续）

编制单位：华融国际信托有限责任公司　　2013年12月31日　　单位：万元

项　目	合并		母公司	
	期末余额	年初余额	期末余额	年初余额
负债和股东权益	—	—	—	—
向中央银行借款	—	—	—	—
同业及其他金融机构存放款项	—	—	—	—
拆入资金	—	—	—	—
卖出回购金融资产款	—	—	—	—
吸收存款	—	—	—	—
应付职工薪酬	22 437.87	11 245.71	22 437.87	11 245.71
应交税费	12 395.63	10 112.03	12 395.63	10 112.03
应付利息	—	—	—	—
预计负债	—	—	—	—
应付债券	—	—	—	—
递延所得税负债	317.64	153.38	317.64	153.38
其他负债	2 910.95	1 315.71	2 705.29	1 315.71

续表

项　目	合并		母公司	
	期末余额	年初余额	期末余额	年初余额
负债合计	38 062.09	22 826.83	37 856.43	22 826.83
股本	151 777.00	151 777.00	151 777.00	151 777.00
资本公积	890.76	397.96	890.76	397.96
盈余公积	24 872.26	16 860.78	24 872.26	16 860.78
一般风险准备	20 783.59	16 777.84	20 783.59	16 777.84
未分配利润	127 858.05	100 663.41	127 522.05	100 663.41
归属于母公司所有者权益	326 181.66	286 476.99	325 845.66	286 476.99
少数股东权益	—	—	—	—
股东权益合计	326 181.66	286 476.99	325 845.66	286 476.99
负债和股东权益总计	364 243.75	309 303.82	363 702.09	309 303.82

5.1.3 利润表

合并利润表

编制单位：华融国际信托有限责任公司　　2013年1～12月　　单位：万元

项　目	合并		母公司	
	本期金额	上期金额	本期金额	上期金额
一、营业收入	195 930.86	167 851.33	195 591.22	167 851.33
利息净收入	2 010.18	2 337.49	1 487.13	2 337.49
利息收入	2 029.23	2 342.00	1 492.12	2 342.00
利息支出	19.05	4.51	4.99	4.51
手续费及佣金净收入	176 930.36	151 250.95	176 940.88	151 250.95
手续费及佣金收入	176 930.36	151 250.95	176 940.88	151 250.95
手续费及佣金支出	—		—	—
投资收益（损失以"－"号填列）	16 715.91	13 975.53	16 888.80	13 975.53
公允价值变动收益（损失以"－"号填列）				
汇兑收益（损失以"－"号填列）				
其他业务收入	274.41	287.36	274.41	287.36
二、营业支出	87 983.08	80 468.88	87 979.44	80 468.88
营业税金及附加	9 970.63	8 615.49	9 970.63	8 615.49
业务及管理费	67 054.87	65 389.55	67 051.23	65 389.55
资产减值损失	10 841.62	6 347.55	10 841.62	6 347.55
其他业务成本	115.96	116.29	115.96	116.29
三、营业利润（亏损以"－"号填列）	107 947.78	87 382.45	107 611.78	87 382.45
加：营业外收入	0.10	35.96	0.10	35.96
减：营业外支出	66.60	—	66.60	—
四、利润总额（亏损总额以"－"号填列）	107 881.28	87 418.41	107 545.28	87 418.41
减：所得税费用	27 430.42	22 236.32	27 430.42	22 236.32
五、净利润（净亏损以"－"号填列）	80 450.86	65 182.09	80 114.86	65 182.09
归属于母公司所有者的净利润	80 450.86	65 182.09	80 114.86	65 182.09
少数股东损益	—	—	—	—
六、每股收益				
（一）基本每股收益				
（二）稀释每股收益				
七、其他综合收益（亏损以"－"号填列）	492.80	472.25	492.80	472.25
八、综合收益总额	80 943.66	65 654.34	80 607.66	65 654.34
归属于母公司所有者的综合收益总额	80 943.66	65 654.34	80 607.66	65 654.34
归属于少数股东的综合收益总额				

5.1.4 所有者权益变动表

合并所有者权益变动表

编制单位：华融国际信托有限责任公司　　2013 年 1～12 月　　单位：万元

项　目	本年金额							上年金额						
	股本	资本公积	盈余公积	一般风险准备	未分配利润	少数股东权益	股东权益合计	股本	资本公积	盈余公积	一般风险准备	未分配利润	少数股东权益	股东权益合计
一、上年年末余额	151 777.00	397.96	16 860.78	16 777.84	100 663.41	—	286 476.99	151 777.00	-74.29	10 342.57	13 518.74	61 668.03	—	237 232.05
加：会计政策变更	—	—	—	—	—	—	—	—	—	—	—	—	—	—
前期差错更正	—	—	—	—		—	—	—	—	—	—	—	—	—
二、本年年初余额	151 777.00	397.96	16 860.78	16 777.84	100 663.41	—	286 476.99	151 777.00	-74.29	10 342.57	13 518.74	61 668.03	—	237 232.05
三、本年增减变动金额（减少以"（）"号填列）	—	492.80	8 011.49	4 005.74	27 194.65	—	39 704.68	—	472.25	6 518.21	3 259.10	38 995.38	—	49 244.94
（一）净利润	—	—	—	—	80 450.87	—	80 450.87	—	—	—	—	65 182.09	—	65 182.09
（二）其他综合收益	—	492.80	—	—	—	—	492.80	—	472.25	—	—	—	—	472.25
上述（一）和（二）小计	—	492.80	—	—	80 450.87	—	80 943.67	—	472.25	—	—	65 182.09	—	65 654.34
（三）股东投入和减少资本	—	—	—	—	—	—	—	—	—	—	—	—	—	—
1. 股东投入资本	—	—	—	—	—	—	—	—	—	—	—	—	—	—
2. 股份支付计入股东权益的金额	—	—	—	—	—	—	—	—	—	—	—	—	—	—
3. 其他	—	—	—	—	—	—	—	—	—	—	—	—	—	—
（四）利润分配	—	—	8 011.49	4 005.74	-53 256.22	—	-41 238.99	—	—	6 518.21	3 259.10	-26 186.71	—	-16 409.40
1. 提取盈余公积	—	—	8 011.49	—	-8 011.49	—	—	—	—	6 518.21	—	-6 518.21	—	—
2. 提取一般风险准备	—	—	—	4 005.74	-4 005.74	—	—	—	—	—	3 259.10	-3 259.10	—	—
3. 对股东的分配	—	—	—	—	-41 238.99	—	-41 238.99	—	—	—	—	-16 409.40	—	-16 409.40
4. 其他	—	—	—	—	—	—	—	—	—	—	—	—	—	—
（五）所有者权益内部结转	—	—	—	—	—	—	—	—	—	—	—	—	—	—
1. 资本公积转增股本	—	—	—	—	—	—	—	—	—	—	—	—	—	—
2. 盈余公积转增股本	—	—	—	—	—	—	—	—	—	—	—	—	—	—
3. 盈余公积弥补亏损	—	—	—	—	—	—	—	—	—	—	—	—	—	—
4. 其他	—	—	—	—	—	—	—	—	—	—	—	—	—	—
（六）专项储备	—	—	—	—	—	—	—	—	—	—	—	—	—	—
1. 本期提取	—	—	—	—	—	—	—	—	—	—	—	—	—	—
2. 本期使用	—	—	—	—	—	—	—	—	—	—	—	—	—	—
四、本年年末余额	151 777.00	890.76	24 872.27	20 783.58	127 522.05	—	325 845.66	151 777.00	397.96	16 860.78	16 777.84	100 663.41	—	286 476.99

所有者权益变动表

编制单位：华融国际信托有限责任公司　　2013 年 1 ~12 月　　单位：万元

项　目	本年金额							上年金额						
	股本	资本公积	盈余公积	一般风险准备	未分配利润	少数股东权益	股东权益合计	股本	资本公积	盈余公积	一般风险准备	未分配利润	少数股东权益	股东权益合计
一、上年年末余额	151 777.00	397.96	16 860.78	16 777.84	100 663.41	—	286 476.99	151 777.00	-74.29	10 342.57	13 518.74	61 668.03	—	237 232.05
加：会计政策变更	—	—	—	—	—	—	—	—	—	—	—	—	—	—
前期差错更正	—	—	—	—	—	—	—	—	—	—	—	—	—	—
二、本年年初余额	151 777.00	397.96	16 860.78	16 777.84	100 663.41	—	286 476.99	151 777.00	-74.29	10 342.57	13 518.74	61 668.03	—	237 232.05
三、本年增减变动金额（减少以"（）"号填列）	—	492.80	8 011.49	4 005.74	26 858.64	—	39 368.67	—	472.25	6 518.21	3 259.10	38 995.38	—	49 244.94
（一）净利润	—	—	—	—	80 114.86	—	80 114.86	—	—	—	—	65 182.09	—	65 182.09
（二）其他综合收益	—	492.80	—	—	—	—	492.80	—	472.25	—	—	—	—	472.25
上述（一）和（二）小计	—	492.80	—	—	80 114.86	—	80 607.66	—	472.25	—	—	65 182.09	—	65 654.34
（三）股东投入和减少资本	—	—	—	—	—	—	—	—	—	—	—	—	—	—
1. 股东投入资本	—	—	—	—	—	—	—	—	—	—	—	—	—	—
2. 股份支付计入股东权益的金额	—	—	—	—	—	—	—	—	—	—	—	—	—	—
3. 其他	—	—	—	—	—	—	—	—	—	—	—	—	—	—
（四）利润分配	—	—	8 011.49	4 005.74	-53 256.22	—	-41 238.99	—	—	6 518.21	3 259.10	-26 186.71	—	-16 409.40
1. 提取盈余公积	—	—	8 011.49	—	-8 011.49	—	—	—	—	6 518.21	—	-6 518.21	—	—
2. 提取一般风险准备	—	—	—	4 005.74	-4 005.74	—	—	—	—	—	3 259.10	-3 259.10	—	—
3. 对股东的分配	—	—	—	—	-41 238.99	—	-41 238.99	—	—	—	—	-16 409.40	—	-16 409.40
4. 其他	—	—	—	—	—	—	—	—	—	—	—	—	—	—
（五）所有者权益内部结转	—	—	—	—	—	—	—	—	—	—	—	—	—	—
1. 资本公积转增股本	—	—	—	—	—	—	—	—	—	—	—	—	—	—
2. 盈余公积转增股本	—	—	—	—	—	—	—	—	—	—	—	—	—	—
3. 盈余公积弥补亏损	—	—	—	—	—	—	—	—	—	—	—	—	—	—
4. 其他	—	—	—	—	—	—	—	—	—	—	—	—	—	—
（六）专项储备	—	—	—	—	—	—	—	—	—	—	—	—	—	—
1. 本期提取	—	—	—	—	—	—	—	—	—	—	—	—	—	—
2. 本期使用	—	—	—	—	—	—	—	—	—	—	—	—	—	—
四、本年年末余额	151 777.00	890.76	24 872.27	20 783.58	127 522.05	—	325 845.66	151 777.00	397.96	16 860.78	16 777.84	100 663.41	—	286 476.99

5.2 信托资产

5.2.1 信托项目资产负债汇总表

2013 年 12 月 31 日　　单位：万元

序号	项　目	年末余额	年初余额
1	信托资产：		
2	1. 货币资金	45 181.79	147 106.49
3	2. 拆出资金	—	—
4	3. 存出保证金	—	—
5	4. 交易性金融资产	974 973.34	170 488.83
6	5. 衍生金融资产	—	—
7	6. 买入返售金融资产	1 849 993.84	2 025 924.00
8	其中：6.1 买入返售证券	30 550.84	—
9	6.2 买入返售信贷资产	—	—
10	7. 应收款项	362 539.40	415 281.11
11	8. 发放贷款	4 375 221.14	2 024 741.00
12	其中：8.1 基础产业	1 184 031.14	809 678.00
13	8.2 房地产	484 840.00	84 490.00
14	9. 可供出售金融资产	370 691.12	268 200.00
15	10. 持有至到期投资	442 411.46	453 363.90
16	11. 长期应收款	—	—
17	12. 长期股权投资	1 345 207.78	1 596 667.25
18	其中：12.1 基础产业	259 900.00	338 900.00
19	12.2 房地产	30 000.00	115 000.00
20	13. 投资性房地产	—	—
21	14. 固定资产	—	—
22	15. 无形资产	—	—
23	16. 长期待摊费用	—	—
24	17. 其他资产	—	—
25	18. 信托资产总计	9 766 219.87	7 101 772.58
26	19. 各项资产减值准备	—	—

序号	项　目	年末余额	年初余额
27	信托负债：		
28	20. 交易性金融负债	—	—
29	21. 衍生金融负债	—	—
30	22. 应付受托人报酬	1 303.94	655.70
31	23. 应付托管费	288.67	313.61
32	24. 应付受益人收益	9 259.78	905.66
33	25. 应交税费	—	—
34	26. 应付销售服务费	1 139.29	0.39
35	27. 其他应付款项	21 059.80	53 615.11
36	28. 其他负债	1 634.23	25 998.37
37	29. 信托负债合计	34 685.71	81 488.84
38	信托权益：		
39	30. 实收信托	9 705 028.44	7 001 024.96
40	30.1 资金信托	9 149 072.60	6 196 051.15
41	30.1.1 集合	4 637 146.32	4 286 691.00
42	30.1.2 单一	4 511 926.28	1 909 360.15
43	30.2 财产信托	555 955.84	804 973.81
44	30.2.1 信贷资产证券化	—	—
45	30.2.2 其他资产(准)证券化	—	—
46	31. 资本公积	—	—
47	32. 损益平准金	—	—
48	33. 未分配利润	26 505.72	19 258.78
49	34. 信托权益合计	9 731 534.16	7 020 283.74
50	35. 信托负债和信托权益总计	9 766 219.87	7 101 772.58

5.2.2 信托项目利润及利润分配汇总表。

2013 年度　　单位：万元

序号	项目	本年数	上年数
1	1. 营业收入	772 615.43	548 776.24
2	1.1 利息收入	502 207.36	389 246.28
3	1.2 投资收益	194 904.70	146 900.72
4	1.3 公允价值变动收益（损失以"－"号填列）	28 571.09	11 807.70
5	1.4 租赁收入	—	—
6	1.5 其他收入	46 932.28	821.54
7	2. 营业费用	141 291.44	121 093.73
8	3. 营业税金及附加	—	—
9	4. 扣除资产损失前的信托利润	631 323.99	427 682.51
10	5. 减：资产减值损失	—	—
11	6. 扣除资产损失后的信托利润	631 323.99	427 682.51
12	7. 加：期初未分配信托利润	19 258.78	3 960.57
13	8. 可供分配的信托利润	650 582.77	431 643.08
14	9. 减：本期已分配信托利润	624 077.05	412 384.30
15	10. 期末未分配信托利润	26 505.72	19 258.78

6. 会计报表附注

6.1 会计报表编制基准不符合会计核算基本前提的说明

6.1.1 报告期内会计报表不符合会计核算基本前提的事项

无。

6.1.2 报告期公司编制个别会计报表，应纳入合并范围的子公司

6.2 重要会计政策和会计估计说明

公司执行新的企业会计准则，本期未发生会计政策及会计估计变更。公司以人民币为记账本位币，会计年度自公历 1 月 1 日起至 12 月 31 日止。

6.2.1 计提资产减值准备的范围和方法

根据财政部《金融企业准备金计提管理办法》和银监会《中国银行业监督管理委员会关于非银行金融机构全面推行资产质量五级分类管理的通知》，公司对计提坏账准备的资产进行风险分类，并根据风险分类结果确定一般风险准备和专项准备的计提比例。

6.2.2 金融资产四分类的范围和标准

6.2.2.1 金融资产四分类的范围

金融资产包括金融工具和衍生工具，是指形成一个企业的金融资产，并形成其他单位的金融负债或权益工具的合同，具体包括：以公允价值计量且其变动计入当期损益的金融资产，包括交易性金融资产和指定为以公允价值计量且其变动计入当期损益的金融资产；持有至到期投资；贷款和应收款项；可供出售金融资产。

6.2.2.2 金融资产四分类的标准

以公允价值计量且其变动计入当期损益的金融资产，包括：(1) 交易性金融资产，主要是指企业为了近期内出售而持有的金融资产，包括不作为有效套期工具的衍生工具。(2)直接指定为以公允价值计量且其变动计入当期损益的金融资产。

可供出售金融资产是指填报机构初始确认时即被指定为可供出售的非衍生金融资产以及除以公允价值计量且其变动计入当期损益的金融资产、持有至到期投资、贷款和应收款项以外的金融资产。例如，在活跃市场上有报价的股票投资、债券投资等。

持有至到期投资是指填报机构持有的到期日固定、回收金额固定或可确定，且企业有明确意图和能力持有至到期的非衍生金融资产。企业从二级市场上购入的固定利率国债、浮动利率公司债券等，符合持有至到期投资条件的，可以划分为持有至到期投资。购入的股权投资因其没有固定的到期日，不符合持有至到期投资的条件，不能划分为持有至到期投资。持有至到期投资通常具有长期性质，但期限较短(1年以内)的债券投资，符合持有至到期投资条件的，也可将其划分为持有至到期投资。

贷款和应收款项是指持有的缺乏活跃市场报价但具备固定或可确定偿付金额的非衍生金融资产，包括贷款以及应收款项类投资等，例如填报机构发放的贷款、凭证式国债、中央银行定向票据等。填报机构所持证券投资基金或类似基金，不应当划分为贷款和应收款项。

6.2.3 交易性金融资产核算方法

本公司购入的股票、债券、基金等，确定以公允价值计量且其变动计入当期损益的金融资产，按照取得时的公允价值作为初始确认金额，相关的交易费用在发生时计入当期损益。

支付的价款中包含已宣告但尚未发放的现金股利或债券利息，单独确认为应收项目。

本公司在持有该等金融资产期间取得的利息或现金股利，于收到时确认为投资收益。

资产负债表日，本公司将该等金融资产的公允价值变动计入当期损益。

处置该等金融资产时，该等金融资产公允价值与初始入账金额之间的差额确认为投资收益，同时调整公允价值变动损益。

6.2.4 可供出售金融资产核算方法

本公司可供出售金融资产按取得时的公允价值和相关交易费用之和作为初始确认金额。支付的价款中包含已到付息期但尚未领取的债券利息或已宣告但尚未发放的现金股利，单独确认为应收项目。

本公司可供出售金融资产持有期间取得的利息或现金股利，于收到时确认为投资收益。资产负债表日，可供出售金融资产按公允价值计量，其公允价值变动计入资本公积—其他资本公积。

处置可供出售金融资产时，将取得的价款和该金融资产的账面价值之间的差额计入投资收益，同时，将原直接计入所有者权益的公允价值变动累计额对应处置部分的金额转出，计入投资损益。

6.2.5 持有至到期投资核算方法

本公司购入的固定利率国债、浮动利率公司债券等持有至到期投资，按取得时的公允价值和相关交易费用之和作为初始确认金额。

支付的价款中包含已宣告发放债券利息的，单独确认为应收项目。持有至到期投资在持有期间按照摊余成本和实际利率确认利息收入，计入投资收益。

实际利率在取得持有至到期投资时确定，在随后期间保持不变。实际利率与票面利率差别很小的，也可按票面利率计算利息收入，计入投资收益。

处置持有至到期投资时，将所取得价款与该投资账面价值之间的差额确认为投资收益。

如本公司持有意图或能力发生改变，使某项投资不再适合作为持有至到期投资，则将其重分类为可供出售金融资产，并以公允价值进行后续计量。重分类日，该投资的账面价值与公允价值之间的差额计入所有者权益，在该可供出售金融资产发生减值或终止确认时转出，计入当期损益。

6.2.6 长期股权投资核算方法

6.2.6.1 长期股权投资的初始计量

(1)公司合并形成的长期股权投资，按照下列规定确定其初始投资成本：

同一控制下的企业合并，以支付现金、转让非现金资产或承担债务方式作为合并对价的，在合并日按照取得被合并方所有者权益账面价值的份额作为长期股权投资的初始投资成本。

本公司非同一控制下的企业合并，在购买日按照在购买日为取得对被购买方的控制权而付出的资产、发生或承担的负债以及发行的权益性证券的公允价值确认合并成本。

(2)以支付现金取得的长期股权投资，按照实际支付的购买价款作为初始投资成本。通过非货币性资产交换取得的长期股权投资，其初始投资成本按照《企业会计准则第7号——非货币性资产交换》确定。通过债务重组取得的长期股权投资，其初始投资成本按照《企业会计准则第12号——债务重组》确定。

6.2.6.2 长期股权投资的后续计量及投资收益确认方法

(1)采用成本法核算的长期股权投资按照初始投资成本计价。公司确认投资收益，仅限于被投资单位接受投资后产生的累计净利润的分配额，所获得的利润或现金股利超过上述数额的部分作为初始投资成本的收回。

(2)采用权益法核算的长期股权投资，按照应享有的被投资单位实现的净损益的份额，确认投资损益并调整长期股权投资的账面价值。

公司确认被投资单位发生的净亏损，以长期股权投资的账面价值以及其他实质上构成对被投资单位净投资的长期权益减记至零为限。

6.2.6.3 长期股权投资减值准备的计提方法

公司在资产负债表日判断长期股权投资是否发生减值。公司一般以单项长期股权投资为基础估计其可收回金额，可收回金额根据长期股权投资的公允价值减去处置费用后的净额与长期股权投资预计未来现金流量的现值两者之间较高者确定，并计提减值准备。难以对单项长期股权投资的可收回金额进行估计的，以该长期股权投资所属的资产组为基础确定资产组的可收回金额，并按照《企业会计准则第8号——资产减值》有关规定计提长期股权投资减值准备。减值损失一经确认，在以后会计期间不能转回。

6.2.7 投资性房地产核算方法

投资性房地产是指为赚取租金或资本增值，或两者兼有而持有的房地产。本公司投资性房地产包括已出租的土地使用权和已出租的建筑物。

6.2.7.1 投资性房地产的确认

投资性房地产同时满足下列条件，才能确认：

(1)与投资性房地产有关的经济利益很可能流入企业。

(2)该投资性房地产的成本能够可靠计量。

6.2.7.2 投资性房地产初始计量

(1)外购投资性房地产的成本，包括购买价款、相关税费和可直接归属于该资产的其他支出。

(2)自行建造投资性房地产的成本，由建造该项资产达到预定可使用状态前所发生的必要支出构成。

(3)以其他方式取得的投资性房地产的成本，按照相关会计准则的规定确定。

(4)与投资性房地产有关的后续支出，满足投资性房地产确认条件的，计入投资性房地产成本；不满足确认条件的，在发生时计入当期损益。

6.2.7.3 投资性房地产的后续计量

本公司在资产负债表日采用成本模式对投资性房地产进行后续计量。根据《企业会计准则第4号——固定资产》和《企业会计准则第6号——无形资产》的有关规定，对投资性房地产在预计可使用年限内按年限平均法摊销或计提折旧。

6.2.7.4 投资性房地产的转换

本公司有确凿证据表明房地产用途发生改变，将投资性房地产转换为其他资产，或将其他资产转换为投资性房地产的，将房地产转换前的账面价值作为转换后的入账价值。

6.2.7.5 投资性房地产减值准备

采用成本模式进行后续计量的投资性房地产，其减值准备的确认标准和计提方法参照固定资产和无形资产。

6.2.8 固定资产计价和折旧方法

6.2.8.1 固定资产的计价

固定资产按其成本作为入账价值。其中，外购的固定资产的成本包括购买价款、相关税费、使固定资产达到预定可使用状态前所发生的可直接归属于该资产的其他支出；投资者投入的固定资产的成本按照投资合同或协议约定的价值确定。

6.2.8.2 固定资产的分类

公司固定资产分为房屋及建筑物、运输工具、电子设备、其他设备等。

6.2.8.3 固定资产折旧方法

公司固定资产采用年限平均法计提折旧。按固定资产的类别、预计使用年限和预计净残值率确定的年折旧率如下：

固定资产类别	预计使用年限(年)	预计净残值率(%)	年折旧率(%)
房屋、建筑物	30~40	5	2.37~3.17
电子设备	3	5	31.67
运输工具	4	5	23.75
其他设备	5	5	19.00

6.2.9 无形资产计价及摊销政策

6.2.9.1 无形资产的计价方法

无形资产在取得时，按实际成本计量。购入的无形资产，按实际支付的价款作为实际成本；投资者投入的无形资产，按投资各方确认的价值作为实际成本；自行开发的无形资产，其成本包括自满足无形资产确认规定后至达到预定用途前所发生的支出总额，以前期间已经费用化的支出不再调整。

6.2.9.2 无形资产摊销方法

无形资产采用直线法摊销。无形资产的应摊销金额为其成本扣除预计残值后的金额。已计提减值准备的无形资产，还应扣除已计提的无形资产减值准备累计金额。无形资产的摊销金额计入当期损益。使用寿命不确定的无形资产不摊销，期末进行减值测试。

6.2.9.3 无形资减值准备的计提方法

公司一般以单项无形资产为基础估计其可收回金额，可收回金额根据无形资产的公允价值减去处置费用后的净额与无形资产预计未来现金流量的现值两者之间较高者确定。可收回金额的计量结果表明无形资产的可收回金额低于其账面价值的，将其账面价值减记至可收回金额，减记的金额确认为资产减值损失，计入当期损益，同时计提相应的无形资产减值准备。难以对单项无形资产的可收回金额进行估计的，以该无形资产所属的资产组为基础确定资产组的可收回金额，并按照《企业会计准则第8号——资产减值》的有关规定计提无形资产减值准备。减值损失一经确认，在以后会计期间不能转回。

6.2.10 长期应收款的核算方法

新准则设置了“长期应收款”和“未实现融资收益”科目。采用递延方式分期收款销售商品或提供劳务等经营活动产生的长期应收款、实质上具有融资性质的经营活动，满足收入确认条件的，按应收的合同或协议价款借记本科目，按应收合同或协议价款的公允价值(折现值)贷记“手续费及佣金收入”等科目，按其差额贷记“未实现融资收益”科目。涉及增值税的，进行相应处理。

6.2.11 长期待摊费用的摊销政策

长期待摊费用是指已经发生但不能全部计入当年损益，应当在以后年度内分期摊销的各项费用，如开办费、经营租赁方式租入的固定资产发生的改良支出、已提足折旧固定资产改良支出及摊销期限在1年以上的其他待摊费用。

长期待摊费用单独核算，在费用项目的受益期限内分期平均摊销。租入固定资产改良支出应当在租赁期限与租赁资产尚可使用年限两者孰短的期限内平均摊销，其他长期待摊费用应当在受益期内平均摊销。长期待摊的费用项目不能使以后会计期间受益的，应当将尚未摊销的该项目的摊余价值全部转入当期损益，其在资产负债表中的数额反映的是企业各项尚未摊销完毕的长期待摊费用的摊余价值。

6.2.12 公司编制个别会计报表，应纳入合并范围的子公司

无。

6.2.13 收入确认原则和方法

金融企业往来收入按让渡资金使用权的时间和适用利率计算确定，证券销售差价收入在与证券交易清算时按成交价扣除买入成本、相关税费后的净额确认，手续费收入在向客户提供相关服务时确认，贷款利息收入按期计提利息并确认收入。

6.2.14 所得税的会计处理方法

公司所得税的会计核算采用资产负债表债务法。公司在取得资产、负债时，确定其计税基础。资产、负债的账面价值与其计税基础存在的暂时性差异，按照《企业会计准则第18

号——所得税》的有关规定，确认所产生的递延所得税资产或递延所得税负债。

公司所得税分季度预缴，由主管税务机关具体核定。在年终汇算清缴时，少缴的所得税税额在下一年度内缴纳，多缴纳的所得税税额在下一年度内抵缴。

公司所得税采取独立纳税方式缴纳。

6.2.15 信托报酬确认原则和方法

信托业务手续费收入依照信托合同中关于信托报酬的约定确认收入。

6.3 报告期内公司对外担保及其他或有事项

无。

6.4 重要资产转让及其出售的说明

报告期内公司无重大资产转让及出售事项。

6.5 会计报表中重要项目的明细资料

6.5.1 自营资产经营情况

6.5.1.1 信用风险五级分类结果

信用风险资产五级分类	正常类（万元）	关注类（万元）	次级类（万元）	可疑类（万元）	损失类（万元）	信用风险资产合计（万元）	不良资产合计（万元）	不良资产率（%）
期初数	48 395.89	—	—	—	123.66	48 519.55	123.66	0.25
期末数	93 289.80	27 264.39	—	—	—	120 554.18	—	0

注：不良资产合计=次级类+可疑类+损失类。

6.5.1.2 各项资产减值损失准备情况

单位：万元

	期初数	本期计提	本期转回	本期核销	期末数
贷款损失准备	8 000.00	711.00	620.00	—	8 091.00
一般准备	—	—	—	—	—
专项准备	8 000.00	711.00	620.00		8 091.00
其他资产减值准备	13 274.41	10 874.28	—	129.17	24 019.52
可供出售金融资产减值准备	—	—	—	—	—
持有至到期投资减值准备	12 803.47	8 387.47	—	—	21 190.94
长期股权投资减值准备	347.28		—	5.51	341.77
坏账准备	123.66	2 486.81	—	123.66	2 486.81
投资性房地产减值准备	—	—	—	—	—

6.5.1.3 按照投资品种分类的自有资金投资情况

单位：万元

	自营股票	基金	债券	长期股权投资	其他投资	合计
期初数	45.00	119 441.96	5 000.00	236.96	131 055.19	255 779.11
期末数	37.06	84 722.68	5 000.00	—	155 945.47	245 705.21

6.5.1.4 按投资入股金额排序，前五名的自营长期股权投资的企业名称、占被投资企业权益的比例、主要经营活动及投资收益情况等（从大到小顺序排列）

企业名称	占被投资企业权益比例（%）	主要经营活动	投资收益（万元）
新疆金新信托投资股份有限公司	0.90	信托投资业务（已停业）	无收益

6.5.1.5 前五名的自营贷款的企业名称、占贷款总额的比例和还款情况等（贷款金额大到小顺序排列）

单位：万元

企业名称	占贷款总额的比例（%）	还款情况
黑龙江隆祥房地产开发有限公司	61.22	正在还款
孝义市德威煤业有限责任公司	25.17	正常还款
府谷县恒源冶焦发电有限公司	13.61	正常还款

报告期末自营贷款余额为14 700.00万元。

6.5.1.6 表外业务的期初数、期末数，按照代理业务、担保业务和其他类型表外业务分别披露

单位：万元

表外业务	期初数	期末数
担保业务	—	—
代理业务（委托业务）	—	—
其他	—	—
合计	—	—

6.5.1.7 公司当年的收入结构

收入结构	金额（万元）	占比（%）
手续费及佣金收入	176 940.88	90.46
其中：信托手续费收入	176 575.88	90.28
投资银行业务收入		0.00
利息收入	1 492.12	0.76
其他业务收入	274.41	0.14
其中：计入信托业务收入部分		0.00
投资收益	16 888.80	8.64
其中：股权投资收益	1183.03	0.60
证券投资收益	3 710.08	1.90
其他投资收益	11 995.69	6.13
公允价值变动收益		0.00
营业外收入	0.10	0.00
收入合计	195 596.31	100.00

报告期内公司实现的信托业务收入全部是以手续费及佣金确认的信托业务收入。

6.5.2 披露信托财产管理情况

6.5.2.1 信托资产的期初数、期末数

单位：万元

信托资产	期初数	期末数
集合	4 286 691.00	4 637 146.32
单一	1 909 360.15	4 511 926.28
财产权	804 973.81	555 955.84
合计	7 001 024.96	9 705 028.44

6.5.2.1.1 主动管理型信托业务的信托资产期初数、期末数，分证券投资、股权投资、融资、事务管理类分别披露

单位：万元

主动管理型信托资产	期初数	期末数
证券投资类	837 201.49	1 030 012.37
股权投资类	210 300.00	463 575.00
融资类	4 955 173.47	5 472 281.10
事务管理类	—	22 000.00
合计	6 002 674.96	6 987 868.47

6.5.2.1.2　被动管理型信托业务的信托资产期初数、期末数，分证券投资、股权投资、融资、事务管理类分别披露

单位：万元

被动管理型信托资产	期初数	期末数
证券投资类	—	426 071.07
股权投资类	29 700.00	66 038.90
融资类	963 700.00	2 218 600.00
事务管理类	4 950.00	6 450.00
合计	998 350.00	2 717 159.97

6.5.2.2　本年度已清算结束的信托项目个数、实收信托合计金额、加权平均实际年化收益率

2013年1～12月份累计到期清算结束信托项目105个，均按期向受益人进行了信托利益兑付，累计分配信托本金3 620 205.36万元（含跨年分配本金），累计分配信托收益460 579.97万元，加权平均实际年化收益率为9.59%，无违约情况发生。

6.5.2.2.1　本年度已清算结束的集合类、单一类资金信托项目和财产管理类信托项目个数、实收信托金额、加权平均实际年化收益率

已清算结束信托项目	项目个数	实收信托合计金额（万元）	加权平均实际年化收益率（%）
集合类	64	2 655 899.36	10.14%
单一类	39	778 506.00	9.19%
财产权类	2	185 800.00	3.38%

注：收益率是指信托项目清算后，给受益人赚取的实际收益水平。加权平均实际年化收益率＝（信托项目1的实际年化收益率×信托项目1的实收信托＋信托项目2的实际年化收益率×信托项目2的实收信托＋…＋信托项目n的实际年化收益率×信托项目n的实收信托）/（信托项目1的实收信托＋信托项目2的实收信托＋…＋信托项目n的实收信托）×100%。

6.5.2.2.2　本年度已清算结束的主动管理型信托项目个数、实收信托合计金额、加权平均实际年化收益率，分证券投资、股权投资、融资、事务管理类分别计算并披露

已清算结束信托项目	项目个数	实收信托合计金额（万元）	加权平均实际年化信托报酬率（%）	加权平均实际年化收益率（%）
证券投资类	9	483 400.00	0.43	16.50
股权投资类	5	41 500.00	1.31	9.26
融资类	88	2 961 305.36	2.34	8.58
事务管理类	1	20 000.00	—	—

注：加权平均实际年化信托报酬率＝（信托项目1的实际年化信托报酬率×信托项目1的实收信托＋信托项目2的实际年化信托报酬率×信托项目2的实收信托＋…＋信托项目n的实际年化信托报酬率×信托项目n的实收信托）/（信托项目1的实收信托＋信托项目2的实收信托＋…＋信托项目n的实收信托）×100%。

6.5.2.2.3　本年度已清算结束的被动管理型信托项目个数、实收信托合计金额、加权平均实际年化收益率，分证券投资、股权投资、融资、事务管理类分别计算并披露

已清算结束信托项目	项目个数	实收信托合计金额（万元）	加权平均实际年化信托报酬率（%）	加权平均实际年化收益率（%）
证券投资类	—	—	—	—
股权投资类	1	14 000.00	2.02	8.00
融资类	1	100 000.00	0.50	8.20
事务管理类	—	—	—	—

6.5.2.3　本年度新增的集合类、单一类、财产管理类信托项目个数、实收信托合计金额

新增信托项目	项目个数	实收信托合计金额（万元）
集合类	95	2 937 697.11
单一类	77	3 483 080.90
财产管理类	2	31 000.00
新增合计	174	6 451 778.01
其中：主动管理型	137	4 558 790.68
被动管理型	37	1 892 987.33

注：本年新增信托项目指在本报告年度内累计新增的信托项目个数和金额，包含本年度新增并于本年度内结束的项目和本年度新增至报告期末仍在持续管理的信托项目。

6.5.2.4　报告期内因公司自身责任而导致的信托资产损失情况

无。

6.5.2.5　信托赔偿准备金的提取、使用和管理情况

报告期内公司提取信托赔偿准备金4 005.74万元，期末余额20 783.59万元。报告期内正常管理信托赔偿准备金，未使用该准备金。

6.6　关联方关系及其交易的披露

6.6.1　关联交易整体情况

	关联交易方数量	关联交易金额（万元）	定价政策
合计	1	133 800.00	市场交易价格

6.6.2　关联交易方的情况及与本公司的关系

关系性质	关联方名称	法定代表人	注册地址	注册资本（万元）	主营业务
母公司	中国华融资产管理股份有限公司	赖小民	北京市金融街8号	2 583 587	资产管理
与本公司同受一母公司控制	华融致远投资管理有限责任公司	章琳	北京市金融街8号	5 000	投资和资产管理、物业管理

6.6.3　逐笔披露本公司与关联方的重大交易事项

6.6.3.1　固有与关联方交易情况：贷款、投资、租赁、应收账款、担保、其他方式等期初汇总数、本期借方和贷方发生额汇

总数、期末汇总数

单位:万元

固有与关联方关联交易				
	期初数	借方发生额	贷方发生额	期末数
贷款	—	—	—	—
投资	—	—	—	—
租赁	30.41	214.20	212.86	31.75
担保	—	—	—	—
应收账款	—	—	—	—
其他	—	—	—	—
合计	30.41	214.20	212.86	31.75

6.6.3.2 信托与关联方交易情况:贷款、投资、租赁、应收账款、担保、其他方式等期初汇总数、本期借方和贷方发生额汇总数、期末汇总数

单位:万元

信托与关联方关联交易				
	期初数	借方发生额	贷方发生额	期末数
贷款	133 800.00	1 000 000.00	—	1 133 800.00
投资	55 000.00	—	55 000.00	—
租赁	—	—	—	—
担保	—	—	—	—
应收账款	—	—	—	—
其他	12 800.00	—	12 800.00	—
合计	201 600.00	1 000 000.00	67 800.00	1 133 800.00

6.6.3.3 信托公司自有资金运用于自己管理的信托项目(固信交易)、信托公司管理的信托项目之间的相互交易(信信交易)金额,包括余额和本报告年度的发生额

6.6.3.3.1 固有与信托财产之间的交易金额期初汇总数、本期发生额汇总数、期末汇总数

单位:万元

固有财产与信托财产相互交易			
	期初数	本期发生额	期末数
合计	119 858.66	29 431.38	149 290.04

注:以固有资金投资公司自己管理的信托项目受益权,或购买自己管理的信托项目的信托资产均应纳入统计披露范围。

6.6.3.3.2 信托项目之间的交易金额期初汇总数、本期发生额汇总数、期末汇总数

单位:万元

信托资产与信托财产相互交易			
	期初数	本期发生额	期末数
合计	—	—	—

注:以公司受托管理的一个信托项目的资金购买自己管理的另一个信托项目的受益权或信托项下资产均应纳入统计披露范围。

6.6.4 报告期内关联方逾期未偿还本公司资金情况以及本公司为关联方担保发生或即将发生垫款情况

无。

6.7 会计制度的披露

公司执行中华人民共和国财政部于2006年2月份颁布的《企业会计准则——基本准则》和38项具体会计准则,其后颁布的应用指南、解释以及其他相关规定。

7. 财务情况说明书

7.1 利润实现和分配情况

2013年度公司实现利润总额107 545.28万元,当年所得税费用为27 430.42万元,实现净利润80 114.86万元。本年提取信托赔偿准备金4 005.74万元,提取法定公积金8 011.49万元,向股东分配以前年度利润41 238.99万元。

7.2 主要财务指标

指标名称	合并—指标值	本公司—指标值
资本利润率(%)	26.26	26.15
加权年化信托报酬率(%)	—	—
人均净利润(万元)	419.01	417.26

注:1. 资本利润率=净利润/所有者权益平均余额×100%。

2. 加权年化信托报酬率=(信托项目1的实际年化信托报酬率×信托项目1的实收信托+信托项目2的实际年化信托报酬率×信托项目2的实收信托+…+信托项目n的实际年化信托报酬率×信托项目n的实收信托)/(信托项目1的实收信托+信托项目2的实收信托+…+信托项目n的实收信托)×100%。

3. 人均净利润=净利润/年平均人数。

4. 平均值采取年初、年末余额简单平均法。公式为:a(平均)=(年初数+年末数)/2。

7.3 对本公司财务状况、经营成果有重大影响的其他事项

本报告期内未发生对本公司财务状况、经营成果有重大影响的其他事项。

8. 特别事项揭示

(1)报告期内,因工作需要,经2013年第二次临时股东会审议通过,选举祝晓军同志为华融国际信托有限责任公司监事。经公司第一届监事会第九次会议审议,选举祝晓军监事为华融国际信托有限责任公司监事会主席。因工作需要,经第七次临时董事会审议通过,聘任范海波同志为我公司总经理助理。因工作需要,经第十三次临时董事会审议通过,刘士宏董事、副董事长出任董事会审计委员会委员、主任委员。因工作需要,经第二十三次临时董事会审议通过,聘任卢奇茂同志为我公司总经理助理。因工作需要,经华融国际信托有限责任公司2013年第一届职工代表大会第六次会议和2013年第三十次临时董事会审议通过,邹俊同志出任我公司职工董事、副董事长、总经理,任职资格待中国银行业监督管理委员会核准(新疆银监局已于2014年1月17日核准邹俊同志职工董事、副董事长任职资格)。

(2)报告期内,公司未发生变更注册资本、变更注册地或公司名称及分立与合并事项。

(3)报告期内公司无重大诉讼事项。

(4)报告期内会计师事务所没有出具有保留意见、否定意见或无法表示意见的审计报告。

(5)报告期内无公司及其董事、监事和高级管理人员收到

处罚的情况。

(6)2013 年，针对新疆银监局检查提出的整改意见，公司分别在公司治理、内控管理、风险管理等方面作出了整改。在公司治理方面，公司成立了引进战略投资者工作小组，引进战略投资者，扩充股本，增加股东，优化股权结构。在内控管理方面，公司加强了档案文件资料管理，完善了业务审查流程、推介流程及项目信息的披露，同时强化管理，搭建全面风险管理组织框架，明确管理责任。在风险管理方面，公司严格控制风险资产，关注行业风险，严格增量审批，强化存量管理；优化行业准入标准，严控煤炭类项目审批；进行风险大排查与新投项目后期走访；加强存续项目日常风险监测，做实后期管理工作。

8.7 报告期内无重大事项临时报告。

9. 公司监事会意见

监事会认为，报告期内，华融信托董事会和经营班子团结带领全体员工，集中精力抓经营，齐心协力防风险，一心一意谋发展，通过转变经营方式、提高盈利能力、改善利润结构，取得较好经营成果。公司董事会能够严格按照《公司法》及公司章程等有关法律、章程规范运作，依法合规组织召开股东会、董事会和各专业委员会会议，决策程序规范，领导决策能力不断提高。经营层高管人员依法经营，恪尽职守，执行有力。经营管理工作符合董事会提出的要求和希望，能够认真执行董事会决议，执行公司决策部署，积极组织经营管理活动，未发现违反法律法规及公司章程、损害公司和股东利益的行为。公司的财务运作规范，财务状况良好，公司财务数据真实、准确、完整地反映了公司 2013 年取得的经营成果。

华润深国投信托有限公司

1. 重要提示

1.1 本公司董事会及董事保证本报告所载资料不存在任何虚假记载、误导性陈述或者重大遗漏，并对其内容的真实性、准确性和完整性承担个别及连带责任。

1.2 公司独立董事梁伯韬、靳海涛保证本报告内容真实、准确、完整。

1.3 中天运会计师事务所有限公司对本公司年度财务报告进行审计，出具了标准无保留意见的审计报告。

1.4 公司法人代表、董事长孟扬，总经理路强，主管会计工作负责人田洁，财务部负责人卢伦声明：保证本年度报告中财务报告真实、完整。

2. 公司概况

2.1 公司简介

公司于 1982 年 8 月 24 日成立，原名为深圳市信托投资公司，注册资本 5 813 万元。1984 年经中国人民银行批准更名为“深圳国际信托投资总公司”，注册资本 1 亿元，正式成为非银行金融机构，并同时取得经营外汇金融业务的资格。1991 年经中国人民银行批准更名为“深圳国际信托投资公司”，注册资本 2.8 亿元，其中外汇资本金 1 200 万美元。2002 年 2 月经中国人民银行批准重新登记，领取了信托机构法人许可证，注册资本 20 亿元，其中外汇资本金 5 000 万美元，公司同时更名为“深圳国际信托投资有限责任公司”。2005 年 3 月 14 日，深圳市人民政府国有资产监督管理委员会变更登记为公司的控股股东。2006 年 10 月 17 日，华润股份有限公司与深圳市人民政府国有资产监督管理委员会等签订了股权转让及增资协议。股权变更登记后，华润股份有限公司持有公司 51% 的股权，深圳市人民政府国有资产监督管理委员会持有公司 49% 的股权，公司注册资本增加到 26.3 亿元。2008 年 10 月，经中国银行业监督管理委员会批准，公司变更名称及业务范围，换领新的金融许可证，公司更名为“华润深国投信托有限公司”，简称华润信托。

公司的法定中文名称	华润深国投信托有限公司
中文名称缩写	华润信托
公司的法定英文名称	China Resources SZITIC Trust Co.,Ltd.
英文名称缩写	CR Trust
法定代表人	孟扬
注册地址	深圳市福田区中心四路 1－1 号嘉里建设广场第三座第 10～12 层
邮政编码	518048
公司国际互联网网址	http://www.crctrust.com
电子信箱	crctrust@crctrust.com
信息披露事务负责人	李巍巍
信息披露事务联系人	贾国福
联系电话	0755－33031626
传真	0755－33380599
电子信箱	jiagf@crctrust.com

续表

年度报告备置地点	深圳市福田区中心四路 1－1 号嘉里建设广场第三座第 10～12 层
信息披露报纸名称	《证券时报》、《中国证券报》、《上海证券报》
聘请的会计师事务所	中天运会计师事务所有限公司
住所	北京市西城区车公庄大街 9 号五栋大楼 7～8 层
聘请的律师事务所	广东经天律师事务所
住所	深圳市滨河大道 5022 号联合广场 A 座 25 层

2.2 组织结构

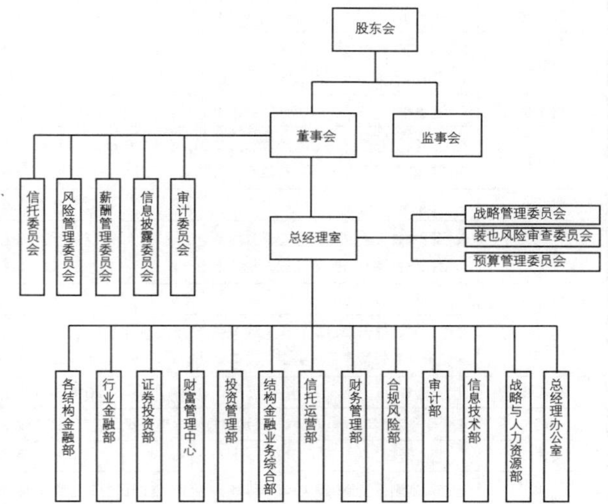

3. 公司治理

3.1 股东

报告期末，股东总数为 2 家。

股东

股东名称	持股比例(%)	法人代表	注册资本(亿元)	注册地址	主要经营业务
★华润股份有限公司	51	宋林	164.67	深圳市南山区滨海大道 3001 号深圳湾体育中心体育场三楼	对金融、保险、能源、交通、电力、通讯、仓储运输、食品饮料生产企业的投资，对商业零售企业(含连锁超市)、民用建筑工程施工的投资与管理，石油化工、轻纺织品、建筑材料产品的生产，电子及机电产品的加工、生产、销售，物业管理，民用建筑工程的外装修及室内装修，技术交流。
深圳市人民政府国有资产监督管理委员会	49	张晓莉		深圳市福田区深南大道 4009 号投资大厦 17 楼	代表国家履行出资人职责，依法对企业国有资产进行监管。

注：★表示实际控制人。

公司第一大股东华润股份有限公司的主要股东为中国华润总公司，持股比例为 99. 996053%，注册资本 116. 93 亿元，注册地址为北京市东城区建国门北大街 8 号华润大厦 2701 ~ 2705，法人代表为宋林，业务范围为经国家批准的二类计划商品、三类计划商品、其他三类商品及橡胶制品的出口，经国家批准的一类、二类、三类商品的进口；接受委托代理上述进出口业务；技术进出口；承办中外合资经营、合作生产；承办来料加工、来样加工、来件装配；补偿贸易，易货贸易；对销贸易，转口贸易；对外经济贸易咨询服务、展览及技术交流；兼营自行进口商品、易货换回商品、国内生产的替代进口商品及经营范围内所含商品的国内销售（国家有专项专营规定的除外），设计和制作影视、广播、印刷品、灯箱、路牌、礼品广告。

3.2 董事

董事会成员

姓 名	职 务	性别	年龄	选任日期	任期年限	所代表的股东名称	股东持股比例（%）
孟 扬	董事长	女	50	2013 年 2 月	3 年		
履历	曾任北京大学教师；公司租赁部副经理、资产管理部经理、总经理助理兼资产管理部经理、总经理助理兼信托业务部经理、公司副总经理、公司总经理。现任华润深国投信托有限公司董事长。						
蒋 伟	董事	男	50	2010 年 5 月	3 年	华润股份有限公司	51
履历	曾任中国华润总公司开发部职员；华润（集团）有限公司财务部资金组主任、副经理、经理，财务部助理总经理、副总经理；华润（集团）有限公司财务部总经理，华润（集团）有限公司 CFO；华润深国投信托有限公司董事长。现任华润（集团）有限公司董事、副总经理兼华润金融控股有限公司董事长。						
魏 斌	董事	男	44	2010 年 5 月	3 年	华润股份有限公司	51
履历	曾任外经贸部审计局公务员，南光（集团）有限公司审计部经理、财务部综合主管，中国华润总公司管理委员兼财务总监，华润（集团）有限公司财务部副总经理，中国华源集团有限公司副总裁兼财务总监。现任华润（集团）有限公司总会计师、首席财务官兼财务部总监。						
宋 群	董事	男	48	2010 年 5 月	3 年	华润股份有限公司	51
履历	曾任日本东工物产株式会社北京办事处经理、澳大利亚和新西兰银行驻华代表处助理首席代表、澳大利亚和新西兰银行总行企业金融财务部经理、摩根大通银行信托部香港业务主管及亚太地区市场开发业务主管、汇丰银行信托服务部全球业务总经理。现任珠海华润银行股份有限公司行长。						
伍 斌	董事	男	58	2010 年 5 月	3 年	深圳市人民政府国有资产监督管理委员会	49
履历	曾任江西财经大学财政税务系副主任、校学术委员会委员、硕士研究生导师，深圳市投资管理公司产权部干部，深圳市体改办企业体制处处长，深圳市人民政府国有资产监督管理委员会企业改革处处长。现任深圳市人民政府国有资产监督管理委员会副主任、党委委员。						
桂自强	董事	男	48	2010 年 5 月	3 年	深圳市人民政府国有资产监督管理委员会	49
履历	曾任职于深圳华达电脑公司、深圳市投资管理公司。现任深圳市人民政府国有资产监督管理委员会企业一处处长。						
梁伯韬	独立董事	男	59	2010 年 5 月	3 年		
履历	曾任百富勤投资集团有限公司董事、总经理，法国巴黎百富勤有限公司行政总裁、集团副董事长，花旗环球金融亚洲有限公司亚洲区主席。现任 CVC Asia Pacific Limited 的大中华区主席及董事合伙人。						
靳海涛	独立董事	男	59	2010 年 5 月	3 年		
履历	曾任中国电子工业总公司系统工程局综合处处长、计划处处长，中国电子工业深圳总公司总经理助理，深圳市赛格集团有限公司副总经理、党委副书记、纪委书记，深圳市赛格集团有限公司常务副总经理兼深圳市赛格股份有限公司副董事长、总经理、党委书记，全球策略投资基金驻中国特别代表。现任深圳市创新投资集团有限公司董事长、党委书记。						
路 强	董事	男	43	2013 年 2 月	3 年		
履历	曾任大连保税区宝利行华润国贸有限公司副总经理，华润投资开发有限公司人事行政部总经理、战略研究部总经理、公司助理总经理、董事、副总经理，华润深国投信托有限公司副总经理。现任华润深国投信托有限公司总经理。						

3. 3 监事

监事会成员

姓 名	职 务	性别	年龄	选任日期	任期年限	所代表的股东名称	股东持股比例（%）
施长跃	监事会主席	男	55	2013 年 3 月	3 年	深圳市人民政府国有资产监督管理委员会	49
履历	曾任北京中航技总公司业务经理，奥地利艾森贝克集团北京公司业务经理，美国凯迪克工业公司项目经理；深圳中航技总公司部门经理，香港深业集团发展公司副总经理，香港深业集团增捷公司总经理兼深业总助，深圳经济特区发展（集团）公司副总经理，深圳市特发集团有限公司副总经理，深圳市特发集团有限公司党委副书记、总经理。现任华润深国投信托有限公司监事会主席。						
俞 建	监事	男	41	2010 年 5 月	3 年	华润股份有限公司	51
履历	曾任职于中信－中国租赁有限公司北京办事处项目经理，中信－中国租赁（香港）有限公司助理总经理，BP 石化战略分析员，BP 亚洲有限公司财务经理、全球资金管理经理，BP 集团伦敦办事处集团融资及资本市场部，集团融资主任，BP 亚洲有限公司香港办事处亚太地区财资经理；现任华润（集团）有限公司财务部资金总监。						

续表

刘娇琳	职工监事	女	49	2010年5月	3年		
履历	曾任湖南财经学院助教；西南财经大学讲师；深圳国际信托投资有限责任公司资金财务部副科长，信托业务部财务科副科长，科长经理、投资部副总经理、总经理，信托一部副总经理、总经理；华润深国投信托有限公司行政管理部总经理、财务管理部总经理。现任华润深国投信托有限公司工会主席、结构金融一部总经理。						

注：本公司监事会未设立下属委员会。

3.4 高级管理人员

高级管理人员

姓 名	职务	性别	年龄	任职日期	金融从业年限	学历	专业
路 强	总经理	男	43	2013年2月	15	本科	世界经济学
履历	曾任大连保税区宝利行华润国贸有限公司副总经理，华润投资开发有限公司人事行政部总经理、战略研究部总经理、公司助理总经理、董事、副总经理。华润深国投信托有限公司副总经理，现任华润深国投信托有限公司总经理。						
田 洁	副总经理	男	41	2010年1月	12	硕士研究生	货币银行学
履历	曾任华润（集团）有限公司财务部高级经理、助理总经理、副总经理，华润保险经纪有限公司总经理，华润投资及资产管理公司董事。现任华润深国投信托有限公司副总经理。						
李巍巍	副总经理	男	46	2010年7月	15	博士研究生	系统工程
履历	曾任广州浪奇实业股份有限公司董事会秘书处主管、主任，国信证券有限责任公司总裁室主任秘书、人力资源部副总经理、人力资源总监，华西证券有限责任公司人力资源总监、副总裁。现任华润深国投信托有限公司副总经理。						

3.5 公司员工

公司员工

项 目		报告期年度		上年度	
		人数	比例（%）	人数	比例（%）
年龄分布	20岁以下	0	0.00	0	0.00
	21~30岁	112	37.46	123	43.60
	31~40岁	140	46.82	106	37.60
	41岁以上	47	15.72	53	18.80
学历分布	博士	8	2.68	8	2.80
	硕士	171	57.19	153	54.30
	本科	98	32.78	95	33.70
	专科	16	5.35	20	7.10
	其他	6	2.01	6	2.10
岗位分布	董事、监事及高管人员	5	1.67	7	2.50
	自营业务人员	11	3.68	8	2.80
	信托业务人员	197	65.89	177	62.80
	其他人员	86	28.76	90	31.90

4. 经营管理

4.1 经营目标、方针、战略规划

4.1.1 经营目标

以客户为导向，通过持续创新，建立专业专长，为客户持续提供定制化、差异化的综合解决方案，成为领先的金融服务公司。

4.1.2 经营方针

不断提高方案结构化能力、组织敏捷化能力、业务专业化能力、产融/融融协同化能力和异化能力，重点打造集合化、基金化、长期化、直销化，同时加强研究开发与产品创新，加强市场营销与项目开拓，加强风险控制与运营管理。

4.1.3 战略规划

为实现公司的战略愿景，公司通过强化文化品牌、加强客户拓展来提升公司品牌的客户认可度，提高业务拓展效率；通过鼓励创新协同、推动业务升级来提升公司的行业影响力；通过明确组织模式、实施流程优化来统筹各项业务发展，形成内部合力；通过提升风险管理、完善系统支持来提升公司风险管理稳健度；通过优化考核体系、调整激励方式来支持战略落地；通过加强团队建设、培养核心人才来实现公司的可持续发展。

4.2 经营业务的主要内容

公司主要经营业务为信托业务和固有业务。

4.2.1 信托业务

4.2.1.1 证券投资信托

证券投资信托是一种专家理财产品，信托资金的主要投向为公开挂牌交易的股票、债券、基金、股指期货及其他可交易的证券品种（如未来出现期权等金融衍生产品）。

4.2.1.2 基建能源类信托

基建能源类信托主要投资于能源电力、交通运输和水务环保等基础设施行业，提供的服务包括债权融资、股权融资、夹层融资、结构融资、基金管理、资产管理等。

4.2.1.3 房地产信托

房地产信托的资金主要用于向各类具有相关资质的房地产企业，以股权、债权、股债结合等方式提供运作资金，具有较高的安全性和收益性。

4.2.1.4 现金管理信托

现金管理类产品具有安全性高和收益性稳定的类存款特性，具有一定程度上的替代存款的作用。现金管理信托目标客户群为拥有大量闲置资金的高净值客户或机构客户。

4.2.1.5 股权投资信托

股权投资信托是指以股权投资方式将信托资金用于投资非上市企业股权，并通过企业上市、并购、原股东回购或管理层回购等方式出售持股而获得投资回报的资金信托。

4.2.2 固有业务

公司于2012年4月5日发布了《固有资金运用管理指引》，并以此为操作指引，认真贯彻固有资金的运用原则，严格执行固有资金的运用流程，积极完善后期管理和退出的工作，确保最终实现固有资金全年的收益目标。

除另有注明外，本报告中所有披露内容均为母公司口径。

自营资产运用与分布表

资产运用	金额（万元）	占比（%）	资产分布	金额（万元）	占比（%）
货币资产	53 077.51	4.03	基础产业	—	—
贷款及应收款	40 171.11	3.05	房地产业	—	—
交易性金融资产	—	—	证券市场	80 301.95	6.10
可供出售金融资产	566 821.26	43.02	实业	—	—
持有至到期投资	—	—	金融机构	693 198.26	52.61
长期股权投资	640 124.58	48.58	其他	544 020.64	41.29
其他	17 326.39	1.32			
资产总计	1 317 520.85	100.00	资产总计	1 317 520.85	100.00

信托资产运用与分布表

资产运用	金额（万元）	占比（%）	资产分布	金额（万元）	占比（%）
货币资产	11 079 661.71	30.41	基础产业	2 815 231.38	7.73
贷款及应收款	12 116 272.30	33.26	房地产业	7 565 572.33	20.77
交易性金融资产	7 238 369.73	19.87	证券市场	8 728 639.17	23.96
买入返售金融资产	1 447 160.00	3.97	实业	3 796 855.54	10.42
可供出售金融资产	1 878 733.28	5.16	金融机构	10 583 820.94	29.05
持有至到期投资	75 000.00	0.21	其他	2 940 304.54	8.07
长期股权投资	2 595 226.88	7.12			
信托资产总计	36 430 423.90	100.00	信托资产总计	36 430 423.90	100.00

4.3 市场分析

4.3.1 影响业务发展的有利因素

宏观经济形势方面，信托行业的发展仍具有广阔的空间。首先，政治方面，十八届三中全会顺利闭幕，全会关于深化改革若干重大问题的决定勾勒了中国未来改革的重点，国家对城乡一体化、自贸区、节能环保、健康养老、多层次资本市场体系等领域的支持或带来结构性商机；其次，经济方面，随着我国经济的快速发展、国民财富规模的迅速增长、投资者理财需求的扩大，消费需求的提升或在中长期利好私人银行和资产管理业务；最后，社会方面，人口老龄化、社会对环境问题的重视或在养老地产、健康医疗、节能环保等产业形成结构性商机。

信托行业形势方面，国家政策和社会各界对信托行业的认可度逐渐提升。信托具有独特的制度优势，较银行、保险、证券等金融机构具有更灵活的资金运用能力和更广泛的投资领域。随着理财市场的发展，信托产品作为唯一连接货币市场、资本市场和实业市场的理财产品，其综合优势得以充分发挥。同时，监管的科学化和规范化也为信托业的发展创造了良好的制度环境。

华润信托自身主要有以下核心优势：

一是品牌优势。华润信托历史悠久，经过30多年的发展，在社会上形成了良好的市场形象、较高的品牌知名度和认知度。此外，公司具有产品设计创新的传统，各类创新产品发行成果显著。另外，雄厚的股东背景为公司提供了强大的品牌效应。公司大股东为华润股份有限公司，隶属华润集团。目前，华润集团下设七大战略业务单元、21家一级利润中心，实体企业2 300多家，在职员工40万人。华润集团在香港拥有5家上市公司。其中，华润创业、华润电力、华润置地位列香港恒生指数成分股，成为华润集团旗下“蓝筹三杰”。华润集团是全球500强企业之一，2013年《财富》公布的全球500强排名中华润集团居第187位。公司的第二大股东为深圳市人民政府国有资产监督管理委员会，旗下拥有大量具有投融资需求的优质企业。雄厚的股东背景为公司提供了坚实的资金支持、优质的项目来源和成熟的项目运作经验。

二是净资本优势。2013年末公司净资本达94.02亿元，为公司业务拓展提供了有力支持。

三是人才优势。公司拥有高素质的人才队伍和融洽、进取的企业文化氛围。作为人力资本密集型企业，公司高度重视人才，从内部培养、外部引进两方面同时进行团队建设。

四是组织优势。战略型组织优势，坚持战略一致性，根据市场变化实时优化战略，以战略引领业务发展和管理提升；精益型组织优势，注重优化组织流程，不断提升运营效率，降低运营风险；学习型组织优势，不断营造学习氛围，以员工能力的提升作为企业发展的最大原动力。这样的组织优势为公司在市场竞争中提供了强大和持续的增长动力。

良好的外部经济环境、行业前景以及公司特有的竞争优势，为我公司的业务拓展和健康成长奠定了基础。

尽管2013年的监管政策变化对信托行业将造成一定冲击，但信托行业充满生命力，公司相信信托行业仍能够凭借灵活的机制和对市场的快速反应在“泛资产管理”行业赢得一席之地，而无论是和其他信托公司相比，还是和公司过去相比，无论是自身已经具备的优势，还是公司所选业务的广阔商机，都说明公司完全有能力持续快速健康发展；战略规划、品牌规划、人才机制等一系列配套体制也将引导、促进公司实现持续快速健康发展目标。

4.3.2 影响业务发展的不利因素

2013年，信托公司面临经济低增长、货币紧缩、市场分化、运营高风险的时代，意味着未来信托业将面对更大的挑战。

宏观经济形势方面，首先，政治方面，放宽金融准入将导致利润率降低和人力成本上升，利率市场化导致投资银行业务受挤压，资金成本上升；其次，经济方面，经济增速放缓，整体融资需求下降，结构失衡，房地产和政府投资对实体经济挤压严重；再次，社会方面，移民倾向导致财富外流；最后，技术方面，互联网金融通过便捷的服务和有竞争力的收益率吸引了大量投资者，间接增添了信托公司资金成本压力。

信托行业形势方面，证监会频频出台为券商以及基金公司“松绑”的政策，造成信托行业的全牌照优势逐渐丧失，传统投资银行业务将陷入激烈竞争。券商和基金子公司对非主动管理型业务的抢夺愈发激烈,导致信托报酬率骤跌,规模下滑,也将在人才市场上造成挤压效应。

短期内,信托行业受到的冲击相对有限。首先,信托的制度优势依然存在,其他金融机构资产管理业务无论如何扩张,其受托资产仍难以具有信托财产的法律地位;其次,信托本身在设立目的方面的灵活性不可能被取代,有利于信托业务创新;最后,信托公司在资产管理领域有自身较为成熟的业务模式及管理模式,并拥有优秀的专业人才队伍和深厚的客户积累。

长期来看,信托业虽面对重重挑战,但行业已基本具备了清晰的发展方向。外部环境的复杂和竞争的激烈可以倒逼信托业转型,从长期来看,有利于信托回归"受人之托,代人理财"的主业,摆脱过去一味依赖融资类业务谋求规模快速增长的粗放式道路,向精耕细作的可持续发展道路转型,有利于信托公司的长期健康发展。

4.4 内部控制

4.4.1 内部控制环境和内部控制文化

公司具有完善的法人治理结构,股东会、董事会(及其专业委员会)、监事会等机构合法运作、科学决策,为公司内部控制制度的制定与运行提供了良好的组织保障。

公司股东会及董事会严格依照公司章程的有关规定,依法履行职责。董事会下设风险管理委员会负责对高级管理层在业务、市场、操作等方面的风险控制情况进行监督,对公司的风险状况进行定期评估,对内部审计部门的工作程序和工作效果进行评价,提出完善风险管理和内部控制的意见;审计委员会负责提议聘请或更换外部审计机构,监督公司的内部审计制度及其实施,审核公司的财务信息披露,审查公司的内控制度;薪酬管理委员会负责拟定董事、监事和高级管理层成员的薪酬方案,向董事会提出薪酬方案的建议,并监督方案的实施;信托委员会负责督促公司依法履行受托职责,保证公司为受益人的最大利益服务;信息披露委员会负责公司的信息披露工作,包括年度报告以及重大事件临时报告的披露;各委员会独立开展工作,运作正常。高级管理层对董事会负责,全面主持公司日常经营管理工作。

公司注重内控文化的建设与执行。通过多年的经营,形成了审慎稳健、勤勉尽责、理性创新、全员参与的内部控制和风险管理文化,引导员工树立诚信道德观念,树立合规意识和风险意识,提高员工职业道德水准,规范员工职业行为,使风险防范意识贯穿到公司各个部门、各个岗位和工作的各个环节。

4.4.2 内部控制措施

按照信托公司内部控制的要求,公司建立了清晰的内部控制目标和原则、完善的内部控制体系和制度,确保公司对风险的事前防范、事中控制、事后监督和反馈纠正。公司建立了职责明确、分工合理、相互制衡的组织结构和内部牵制机制,构筑了基本涵盖公司各项业务和管理活动的内部控制制度体系。

公司负责内部控制的主要职能部门为合规风险部门、财务管理部门、信托运营部门和审计部门。合规风险部门制定公司风险策略,进行风险信息收集、风险分析、风险定价,对各类风险实行组合性管理,培育良好的合规风控文化,促进公司业务可持续发展,保障公司战略目标的实施。信托运营部门是公司信托业务中后端集中运营服务的管理综合平台 主要承担信托资产存续期的运营处理、核算估值、运营分析和监督控制职责,通过对各类信托资产进行财务核算、资产估值、资金清算和划转,对受托资产执行运营管理,对运营情况进行分析反馈,从而实现对信托业务的有效监督和控制,保障公司信托业务有序发展。财务管理部门按国家颁布的会计准则进行会计核算,严格履行会计监督职能;会计不相容岗位严格分离,相互制约;认真执行财务会计制度,对公司自营资产的安全实行有效财务控制;有效防范、化解财务风险。审计部门强化内部审计功能,根据法律法规、董事会和高级管理层的要求,定期或不定期组织实施公司内部制度执行情况审计,并根据规定对董事、高管等离职人员实施离任审计。

公司建立了明确的授权制度,制定了审批程序和审批权限并严格执行。公司建立了全面覆盖业务管理、风险管理、财务管理、合规管理、合同管理、内部审计、员工违规追究等方面的完善的内部控制制度体系。

4.4.3 信息交流与反馈

公司董事会及下设的信息披露委员会按照银监会的要求,按时、规范、全面、准确地披露了 2013 年年度报告及重大事项临时公告;通过公司网站向客户公开披露公司经营状况、信托资产管理状况等信息,并根据文件约定向相关利益人提交书面文件,披露相关信息。

4.4.4 监督评价与纠正

公司每年组织各部门对规章制度进行系统、全面的修订,不断完善加强内控基本管理制度。公司各业务部门对各项业务的经营状况进行经常性检查,及时发现内部控制存在的问题并迅速予以纠正,相关部门、相关岗位之间相互制衡、监督。公司具有独立并有效运作的内审部门,行使后台监督职能,按照内控要求对公司经营情况定期或不定期进行内部审计稽核,并向董事会和高管层报告。公司董事会和高管层在收到这些记录后能够及时采取措施解决内控制度存在的问题。

报告期内,公司内控制度得到有效的执行,未发生因违反内控制度对公司财务状况、经营成果产生重大影响的事项。

4.5 风险管理

4.5.1 风险管理概况

公司经营活动中可能遇到信用风险、市场风险、操作风险等。公司重视风险管理,制定健全的内部规章制度,建立职责分工合理的组织机构,设置专业的风险管理机构,将现代风险管理技术与传统风险管理方法相结合,对可能产生的风险及时作出反应,采取有效措施进行事前、事中、事后的有效控制与管理,并根据实际需要随时对风险管理体系进行调整。

公司风险管理组织架构按照功能的不同划分为决策层、执行层和监督层。通过分离决策层、执行层、监督层,各层级各自履行不同专业化的职能,起到相互独立、相互制衡的作用。决策层由董事会、高级管理层构成,同时还包括行使辅助职能的专业风险审查委员会等专业评审机构。公司董事会下设风险管理委员会,负责对高级管理层在业务、市场、操作等方面的风险控制情况进行监督,对公司的风险状况进行定期评估,就完善风险管理和内部控制提出意见。总经理室下设专业风险审查委员会(简称风控会),负责对业务项目可行性、资产处置等事项提出风险评审意见，为总经理决策提供参考。执行层由各业务部门、合规风险部门和其他职能部门组成，负责执行决策层的决定。公司建立职责明确、分工合理、相互制衡的组织结构和内部牵制机制，前台、中台、后台设置合理、有效分离、操作上互相独立，各部门负责执行本部门职能范围内的具体风险管理事务。合规风险部门作为专业的职能风险管理部门，在公司层级化、专业化、多纬度的风险管理组织架构下整体统筹公司的风险管理事务。监督层由合规风险部门和审计部门组成，合规风险部门有权对各部门的业务活动以及各个风险环节的岗位进行合规检查和监督，向高级管理层报告；审计部门负责对公司内部控制情况进行监督和检查，对于检查中所发现的问题，可直接向董事会下设的审计委员会报告。

2013 年，公司从知名银行、会计师事务所等专业机构引入多名具备丰富风控经验的专业人才，为风险管理工作的开展提供了相应的组织和人力保障。公司风控前移进一步深化，风控部门及早介入项目，在方案设计阶段即与业务部门沟通掌握业务重点与趋势，介入项目前期研判，参与交易结构设计与完善，提升项目成熟度，加强内部监督。此外，公司还制定了重点业务的准入标准及审查指引，完善了房地产股权投资业务全流程风险控制体系，提高了项目的风险识别和筛选能力，进一步强化了投后管理。在风险定价方面，2013 年公司制定了信托项目风险定价办法，建立了科学有效的定价机制。项目风险定价是项目各方所要求的基本回报的综合反映，它将风险因素纳入定价的考虑范围，使价格的高低能够反映项目的风险水平，从而为衡量市场定价的合理性提供依据。

4.5.2 风险状况

4.5.2.1 信用风险状况

信用风险主要指交易对手因履约意愿或履约能力发生变化，违约而导致的交易资产价值损失。

(1)信托业务。公司认真履行受托人谨慎尽职义务，有效管理信托项目，所有信托计划均能按期兑付。公司对借款人等交易对手制定了严格的筛选标准，并履行严格的事前调查、事中审查和事后管理程序。截至目前，公司交易对手都具有较好的信用记录，公司可能面临信用风险的债权类信托资产均运作正常。

(2)固有业务。报告期内公司无信用风险敞口。不良信用风险资产年初余额 3 473.03 万元，年末余额 1 739.18 万元，已实际提取信用风险资产减值准备 1 552.61 万元。

4.5.2.2 市场风险状况

市场风险指公司因股价、市场汇率、利率及其他价格因素变动而产生的风险。公司原则上不开展自营股票投资业务、金融衍生品投资业务及外汇交易业务，固有资金主要用于投资中高流动性、低风险的金融产品(含信托产品)，具有较高的安全性。

4.5.2.3 操作风险状况

操作风险是指因业务人员在办理业务过程中，由于外部事件、内部程序、人员和业务系统的不完善或工作失误给公司造成的风险。操作风险包括合规风险，合规风险是指因没有遵循法律、规则和准则而可能遭受法律制裁、监管处罚、重大财务损失和声誉损失的风险。

报告期内公司未发生上述操作风险。

4.5.3 风险管理

公司秉承"受益人利益最大化"的目标，建立了相互独立、相互制衡的内部控制体系和统一、规范、高效的内部流程，对经营活动实施全面、持续的风险监控，以专业手段有效管理各类风险。

4.5.3.1 信用风险管理

公司高度关注交易对手的履约能力。在事前调查阶段，通过制定尽职调查工作指引等业务规章，强化对交易对手的尽职调查，科学评估交易对手的履约能力和履约意愿；选择有效的、与交易对手信用风险相匹配的信用增级措施；科学、客观、公正评估担保物，严格控制、实时监测不同担保物价值与融资本息的抵(质)押率，注重采用多种有效担保措施提高信用风险的保障系数。

在事中审查阶段，建立了以公司风控会为核心的专业风险评估审查机构，对业务进行集体评审与决策，并提出风险控制方面的具体要求，设定业务承做的前提条件。在提交风控会审议前，由合规风险部门对项目的信用风险、法律合规风险进行全面审查并出具审查意见，为风控会决策提供重要依据。

在事后管理阶段，公司全面收集融资方、担保方等相关各方财务、生产经营数据、重大经营情况等资料，定期对企业或者项目进行现场检查，判断项目的风险状况、抵押物及质押物价值变化情况；建立项目预警指标，根据业务发展遇到的新情况、新问题，及时采取应对措施，确保项目信用风险的可控、可测、可承受。

4.5.3.2 市场风险管理

公司为规避证券市场、汇率波动带来的风险，首先，原则上不开展自营股票业务、金融衍生品投资业务及外汇交易业务。其次，加强对货币信贷政策、财政政策、行业政策等领域的研究，根据市场变化及时调整投资策略和投资组合，坚持低风险、多元化配置，并密切关注经济运行状况，严控因宏观政策调整带来不利影响的风险。

在证券投资信托业务方面，公司按照法律法规规定按期进行信息披露，向投资者充分揭示市场风险；指定专职人员负责逐日盯市，进行风险监控，严格执行信托文件约定的投资限制条件。

4.5.3.3 操作风险管理

在操作风险的管理上，公司建立了职责分离、相互监督制约的组织架构；建立和完善了有效的决策机制，明确各项业务的操作流程；实行严格的复核、审核程序；制定严格的信息系统管理制度；加强对员工的经常性教育，包括职业技术培训、职业道德教育以及法律合规培训等；每年聘请独立审计机构对公司业务进行审计，持续进行内部审计监督；2013 年，公司持续对规章制度进行梳理与完善，目前公司的各项控制制度和操作规程涵盖了所有业务领域和职能工作，实现了对公司各项业务操作过程的有效控制。

5. 报告期末及上一年度末的比较式会计报表

5.1 自营资产

5.1.1 会计师事务所审计意见全文

审 计 报 告

中天运[2014]审字第 00983 号

华润深国投信托有限公司：

我们审计了后附的华润深国投信托有限公司(以下简称华润信托)财务报表，包括 2013 年 12 月 31 日的资产负债表及合并资产负债表,2013 年度的利润表及合并利润表、现金流量表及合并现金流量表和所有者权益变动表及合并所有者权益变动表以及财务报表附注。

一、管理层对财务报表的责任

编制和公允列报财务报表是华润信托管理层的责任,这种责任包括:(1)按照企业会计准则的规定编制财务报表,并使其实现公允反映;(2)设计、执行和维护必要的内部控制,以使财务报表不存在由于舞弊或错误导致的重大错报。

二、注册会计师的责任

我们的责任是在执行审计工作的基础上对财务报表发表审计意见。我们按照中国注册会计师审计准则的规定执行了审计工作。中国注册会计师审计准则要求我们遵守职业道德守则,计划和执行审计工作以对财务报表是否不存在重大错报获取合理保证。

审计工作涉及实施审计程序,以获取有关财务报表金额和披露的审计证据。选择的审计程序取决于注册会计师的判断,包括对由于舞弊或错误导致的财务报表重大错报风险的评估。在进行风险评估时,注册会计师考虑与财务报表编制和公允列报相关的内部控制,以设计恰当的审计程序,但目的并非对内部控制的有效性发表意见。审计工作还包括评价管理层选用会计政策的恰当性和作出会计估计的合理性,以及评价财务报表的总体列报。

我们相信,我们获取的审计证据是充分、适当的,为发表审计意见提供了基础。

三、审计意见

我们认为,华润信托财务报表在所有重大方面按照企业会计准则的规定编制,公允反映了华润信托 2013 年 12 月 31 日的财务状况及合并财务状况以及 2013 年度的经营成果和现金流量及合并经营成果和合并现金流量。

中天运会计师事务所有限公司　　中国注册会计师:黄斌

中国注册会计师:赵志刚

中国·北京　　二〇一四年四月二十八日

5.1.2　资产负债表

资产负债表

编制单位:华润深国投信托有限公司　　2013 年 12 月 31 日　　单位:万元

项　　目	合并		母公司	
	期末数	期初数	期末数	期初数
资产				
货币资金	63 604.06	105 619.18	53 077.51	105 584.05
交易性金融资产	2 500.00	—	—	—
买入返售金融资产	—	—	—	—
应收股利	—	—	—	—
应收利息	850.71	1 973.37	844.47	1 966.87
预付账款	679.24	111.96	628.91	111.96
应收账款	36 921.15	41 855.39	36 283.98	41 855.39
其他应收款	2 598.94	19 150.85	2 413.75	19 150.85
长期应收款	—	—	—	—
贷款及垫付款项	—	—	—	—
可供出售金融资产	571 429.70	424 339.50	566 821.26	416 779.50
持有至到期投资	—	991.00	—	991.00
长期股权投资	630 625.84	582 222.56	640 124.58	588 045.41
投资性房地产原值	6 364.20	4 437.50	6 364.20	4 437.50
减:投资性房地产累计折旧	1 960.91	1 700.96	1 960.91	1 700.96
投资性房地产净值	4 403.29	2 736.54	4 403.29	2 736.54
减:投资性房地产减值准备	1 198.77	409.89	1 198.77	409.89
投资性房地产净额	3 204.52	2 326.65	3 204.52	2 326.65
固定资产原价	21 941.46	20 754.74	21 025.60	20 754.74
减:累计折旧	9 455.34	8 188.51	9 305.74	8 188.51
固定资产净值	12 486.12	12 566.23	11 719.86	12 566.23
减:固定资产减值准备	1 099.12	1 099.12	1 099.12	1 099.12
固定资产净额	11 387.00	11 467.11	10 620.74	11 467.11
在建工程	—	—	—	—
无形资产	2 034.70	1 495.48	1 302.97	1 495.48
递延所得税资产	608.87	1 302.95	608.87	1 302.95
长期待摊费用	2 189.88	1 877.19	1 589.29	1 877.19
资产总计	1 328 634.61	1 194 733.19	1 317 520.85	1 192 954.41

资产负债表(续)

编制单位:华润深国投信托有限公司 | 2013 年 12 月 31 日 | 单位:万元

项目	合并		母公司	
	期末数	期初数	期末数	期初数
负债				
同业存放款项	—	—	—	—
拆入资金	7 600. 00	81 000. 00	7 600. 00	81 000. 00
交易性金融负债	—	—	—	—
卖出回购金融资产款	—	—	—	—
短期借款	—	—	—	—
预收账款	1 877. 35	3 317. 28	1 877. 35	3 317. 28
应付职工薪酬	38 098. 96	30 419. 90	37 392. 87	30 419. 90
应交税费	21 967. 50	9 975. 16	21 764. 03	9 964. 49
应付利息	—	—	—	—
应付股利	—	—	—	—
其他应付款	15 775. 74	37 350. 68	13 929. 14	37 349. 16
预计负债	—	—	—	—
长期借款	—	—	—	—
长期应付款	—	—	—	—
递延所得税负债	19 929. 64	15 357. 73	19 929. 64	15 357. 73
其他负债	—	—	—	—
负债合计	105 249. 19	177 420. 75	102 493. 03	177 408. 56
所有者权益				
实收资本	263 000. 00	263 000. 00	263 000. 00	263 000. 00
资本公积	102 247. 74	82 225. 45	102 247. 74	82 225. 45
盈余公积	105 401. 06	87 455. 09	105 401. 06	87 455. 09
信托赔偿准备金	52 600. 00	52 600. 00	52 600. 00	52 600. 00
一般风险准备金	19 526. 15	17 653. 20	19 526. 15	17 653. 20
未分配利润	673 448. 54	514 378. 70	672 252. 87	512 612. 11
归属于母公司所有者权益合计	1 216 223. 49	1 017 312. 44	1 215 027. 82	1 015 545. 85
少数股东权益	7 161. 93	—	—	—
所有者权益合计	1 223 385. 42	1 017 312. 44	1 215 027. 82	1 015 545. 85
负债及所有者权益合计	1 328 634. 61	1 194 733. 19	1 317 520. 85	1 192 954. 41

5. 1. 3 利润表

利润表

编制单位:华润深国投信托有限公司 | 2013 年度 | 单位:万元

项目	合并		母公司	
	本年数	上年数	本年数	上年数
一、营业收入	278 263. 17	208 211. 42	275 393. 74	207 209. 95
利息收入	3 029. 94	19 253. 68	2 878. 54	19 243. 12
手续费及佣金收入	173 487. 59	116 623. 83	172 266. 00	116 623. 83
其中:信托业务收入	172 266. 00	116 623. 83	172 266. 00	116 623. 83
投资收益	100 493. 21	71 120. 96	98 738. 66	70 130. 05
汇兑收益	-296. 01	-0. 06	0. 96	-0. 06

续表

项目	合并		母公司	
	本年数	上年数	本年数	上年数
公允价值变动收益	—	—	—	—
其他业务收入	1 548. 44	1 213. 01	1 509. 58	1 213. 01
二、营业支出	61 440. 94	45 226. 28	54 934. 55	45 215. 13
利息支出	166. 41	288. 58	166. 41	288. 58
营业税金及附加	10 222. 61	7 227. 13	10 121. 63	7 225. 02
业务及管理费	50 329. 29	37 131. 19	43 923. 88	37 122. 15
资产减值损失	—	—	—	—
其他业务成本	722. 63	579. 38	722. 63	579. 38
三、营业利润(亏损以"－"号填列)	216 822. 23	162 985. 14	220 459. 19	161 994. 82
加:营业外收入	990. 59	132. 04	190. 59	132. 04
减:营业外支出	135. 90	189. 05	130. 87	189. 05
四、利润总额(亏损总额以"－"号填列)	217 676. 92	162 928. 13	220 518. 91	161 937. 81
减:所得税费用	41 426. 23	28 146. 71	41 059. 23	28 135. 80
五、净利润(净亏损以"－"号填列)	176 250. 69	134 781. 42	179 459. 68	133 802. 01
减:少数股东损益	－2 638. 07	—	—	—
六、归属于母公司所有者的净利润	178 888. 76	134 781. 42	179 459. 68	133 802. 01
七、每股收益	—	—	—	—
(一)基本每股收益	—	—	—	—
(二)稀释每股收益	—	—	—	—
八、其他综合收益	20 022. 29	3 175. 35	20 022. 29	3 175. 35
九、综合收益总额	196 272. 98	137 956. 77	199 481. 97	136 977. 36
归属于母公司所有者的综合收益总额	198 911. 05	137 956. 77	199 481. 97	136 977. 36
归属于少数股东的综合收益总额	－2 638. 07	—	—	—

5. 1. 4 所有者权益变动表

所有者权益变动表(合并)

编制单位:华润深国投信托有限公司　　2013 年度　　单位:万元

项目	本年金额								
	归属于母公司所有者权益							少数股东权益	所有者权益合计
	实收资本(或股本)	资本公积	盈余公积	信托赔偿准备金	一般风险准备	未分配利润	小计		
一、上年年末余额	263 000. 00	82 225. 45	87 455. 09	52 600. 00	17 653. 20	514 378. 70	1 017 312. 44	—	1 017 312. 44
二、本年年初余额	263 000. 00	82 225. 45	87 455. 09	52 600. 00	17 653. 20	514 378. 70	1 017 312. 44	—	1 017 312. 44
三、本年增减变动金额(减少以"—"号填列)	—	20 022. 29	17 945. 97	—	1 872. 95	159 069. 84	198 911. 05	7 161. 93	206 072. 98
(一)净利润	—	—	—	—	—	178 888. 76	178 888. 76	－2 638. 07	176 250. 69
(二)其他综合收益	—	20 022. 29	—	—	—		20 022. 29	—	20 022. 29
综合收益小计	—	20 022. 29	—	—	—	178 888. 76	198 911. 05	－2 638. 07	196 272. 98
(三)所有者投入和减少资本	—	—	—	—	—	—	—	9 800. 00	9 800. 00
1. 所有者投入资本	—	—	—	—	—	—	—	9 800. 00	9 800. 00
2. 股份支付计入所有者权益的金额	—	—	—	—	—	—	—	—	—
3. 其他	—	—	—	—	—	—	—	—	—
(四)利润分配	—	—	17 945. 97	—	1 872. 95	－19 818. 92	—	—	—
1. 提取盈余公积	—	—	17 945. 97	—	—	－17 945. 97	—	—	—
其中:法定公积金	—	—	17 945. 97	—	—	－17 945. 97	—	—	—
任意公积金	—	—	—	—	—	—	—	—	—

续表

项目	本年金额								
	归属于母公司所有者权益							少数股东权益	所有者权益合计
	实收资本（或股本）	资本公积	盈余公积	信托赔偿准备金	一般风险准备	未分配利润	小计		
2. 提取信托赔偿准备金	—	—	—	—	—	—	—	—	—
3. 提取一般风险准备金	—	—	—	—	1 872. 95	-1 872. 95	—	—	—
4. 对所有者（或股东）的分配	—	—	—	—	—	—	—	—	—
5. 其他	—	—	—	—	—	—	—	—	—
（五）所有者权益内部结转	—	—	—	—	—	—	—	—	—
1. 资本公积转增资本（或股本）	—	—	—	—	—	—	—	—	—
2. 盈余公积转增资本（或股本）	—	—	—	—	—	—	—	—	—
3. 盈余公积弥补亏损	—	—	—	—	—	—	—	—	—
4. 其他	—	—	—	—	—	—	—	—	—
四、本年年末余额	263 000. 00	102 247. 74	105 401. 06	52 600. 00	19 526. 15	673 448. 54	1 216 223. 49	7 161. 93	1 223 385. 42

所有者权益变动表（合并）（续）

编制单位：华润深国投信托有限公司　　2013 年度　　单位：万元

项目	上年金额								
	归属于母公司所有者权益							少数股东权益	所有者权益合计
	实收资本（或股本）	资本公积	盈余公积	信托赔偿准备金	一般风险准备	未分配利润	小计		
一、上年年末余额	263 000. 00	79 050. 10	74 074. 89	41 164. 69	—	423 459. 13	880 748. 81	—	880 748. 81
二、本年年初余额	263 000. 00	79 050. 10	74 074. 89	41 164. 69	—	423 459. 13	880 748. 81	—	880 748. 81
三、本年增减变动金额（减少以“—”号填列）	—	3 175. 35	13 380. 20	11 435. 31	17 653. 20	90 919. 57	136 563. 63	—	136 563. 63
（一）净利润	—	—	—	—	—	134 781. 42	134 781. 42	—	134 781. 42
（二）其他综合收益	—	3 175. 35	—	—	—	—	3 175. 35	—	3 175. 35
综合收益小计	—	3 175. 35	—	—	—	134 781. 42	137 956. 77	—	137 956. 77
（三）所有者投入和减少资本	—	—	—	—	—	—	—	—	—
1. 所有者投入资本	—	—	—	—	—	—	—	—	—
2. 股份支付计入所有者权益的金额	—	—	—	—	—	—	—	—	—
3. 其他	—	—	—	—	—	—	—	—	—
（四）利润分配	—	—	13 380. 20	11 435. 31	17 653. 20	-43 861. 85	-1 393. 14	—	-1 393. 14
1. 提取盈余公积	—	—	13 380. 20	—	—	-13 380. 20	—	—	—
其中：法定公积金	—	—	13 380. 20	—	—	-13 380. 20	—	—	—
任意公积金	—	—	—	—	—	—	—	—	—
2. 提取信托赔偿准备金	—	—	—	11 435. 31	—	-11 435. 31	—	—	—
3. 提取一般风险准备金	—	—	—	—	17 653. 20	-17 653. 20	—	—	—
4. 对所有者（或股东）的分配	—	—	—	—	—	—	—	—	—
5. 其他	—	—	—	—	—	-1 393. 14	-1 393. 14	—	-1 393. 14
（五）所有者权益内部结转	—	—	—	—	—	—	—	—	—
1. 资本公积转增资本（或股本）	—	—	—	—	—	—	—	—	—
2. 盈余公积转增资本（或股本）	—	—	—	—	—	—	—	—	—
3. 盈余公积弥补亏损	—	—	—	—	—	—	—	—	—
4. 其他	—	—	—	—	—	—	—	—	—
四、本年年末余额	263 000. 00	82 225. 45	87 455. 09	52 600. 00	17 653. 20	514 378. 70	1 017 312. 44	—	1 017 312. 44

所有者权益变动表(母公司)

编制单位:华润深国投信托有限公司　　2013 年度　　单位:万元

项目	本年金额								
	归属于母公司所有者权益							少数股东权益	所有者权益合计
	实收资本(或股本)	资本公积	盈余公积	信托赔偿准备金	一般风险准备	未分配利润	小计		
一、上年年末余额	263 000.00	82 225.45	87 455.09	52 600.00	17 653.20	512 612.11	1 015 545.85	—	1 015 545.85
二、本年年初余额	263 000.00	82 225.45	87 455.09	52 600.00	17 653.20	512 612.11	1 015 545.85	—	1 015 545.85
三、本年增减变动金额(减少以"—"号填列)	—	20 022.29	17 945.97	—	1 872.95	159 640.76	199 481.97	—	199 481.97
(一)净利润	—	—	—	—	—	179 459.68	179 459.68	—	179 459.68
(二)其他综合收益	—	20 022.29	—	—	—		20 022.29	—	20 022.29
综合收益小计	—	20 022.29	—	—	—	179 459.68	199 481.97	—	199 481.97
(三)所有者投入和减少资本	—	—	—	—	—	—	—	—	—
1. 所有者投入资本	—	—	—	—	—	—	—	—	—
2. 股份支付计入所有者权益的金额	—	—	—	—	—	—	—	—	—
3. 其他	—	—	—	—	—	—	—	—	—
(四)利润分配	—	—	17 945.97	—	1 872.95	-19 818.92	—	—	—
1. 提取盈余公积	—	—	17 945.97	—	—	-17 945.97	—	—	—
其中:法定公积金	—	—	17 945.97	—	—	-17 945.97	—	—	—
任意公积金	—	—	—	—	—	—	—	—	—
2. 提取信托赔偿准备金	—	—	—	—	—	—	—	—	—
3. 提取一般风险准备金	—	—	—	—	1 872.95	-1 872.95	—	—	—
4. 对所有者(或股东)的分配	—	—	—	—	—	—	—	—	—
5. 其他	—	—	—	—	—	—	—	—	—
(五)所有者权益内部结转	—	—	—	—	—	—	—	—	—
1. 资本公积转增资本(或股本)	—	—	—	—	—	—	—	—	—
2. 盈余公积转增资本(或股本)	—	—	—	—	—	—	—	—	—
3. 盈余公积弥补亏损	—	—	—	—	—	—	—	—	—
4. 其他	—	—	—	—	—	—	—	—	—
四、本年年末余额	263 000.00	102 247.74	105 401.06	52 600.00	19 526.15	672 252.87	1 215 027.82	—	1 215 027.82

所有者权益变动表(母公司)(续)

编制单位:华润深国投信托有限公司　　2013 年度　　单位:万元

项目	上年金额								
	归属于母公司所有者权益							少数股东权益	所有者权益合计
	实收资本(或股本)	资本公积	盈余公积	信托赔偿准备金	一般风险准备	未分配利润	小计		
一、上年年末余额	263 000.00	79 050.10	74 074.89	41 164.69	—	422 671.96	879 961.64	—	879 961.64
二、本年年初余额	263 000.00	79 050.10	74 074.89	41 164.69	—	422 671.96	879 961.64	—	879 961.64
三、本年增减变动金额(减少以"—"号填列)	—	3 175.35	13 380.20	11 435.31	17 653.20	89 940.15	135 584.21	—	135 584.21
(一)净利润	—	—	—	—	—	133 802.01	133 802.01	—	133 802.01
(二)其他综合收益	—	3 175.35	—	—	—	—	3 175.35	—	3 175.35
综合收益小计	—	3 175.35	—	—	—	133 802.01	136 977.36	—	136 977.36
(三)所有者投入和减少资本	—	—	—	—	—	—	—	—	—
1. 所有者投入资本	—	—	—	—	—	—	—	—	—
2. 股份支付计入所有者权益的金额	—	—	—	—	—	—	—	—	—
3. 其他	—	—	—	—	—	—	—	—	—
(四)利润分配	—	—	13 380.20	11 435.31	17 653.20	-43 861.86	-1 393.15	—	-1 393.15
1. 提取盈余公积	—	—	13 380.20	—	—	-13 380.20	—	—	—

续表

项　目	上年金额								
	归属于母公司所有者权益							少数股东权益	所有者权益合计
	实收资本（或股本）	资本公积	盈余公积	信托赔偿准备金	一般风险准备	未分配利润	小计		
其中：法定公积金	—	—	13 380. 20	—	—	-13 380. 20	—	—	—
任意公积金	—	—	—	—	—	—	—	—	—
2. 提取信托赔偿准备金	—	—	—	11 435. 31	—	-11 435. 31	—	—	—
3. 提取一般风险准备金	—	—	—	—	17 653. 20	-17 653. 20	—	—	—
4. 对所有者（或股东）的分配	—	—	—	—	—	—	—	—	—
5. 其他	—	—	—	—	—	-1 393. 15	-1 393. 15	—	-1 393. 15
（五）所有者权益内部结转	—	—	—	—	—	—	—	—	—
1. 资本公积转增资本（或股本）	—	—	—	—	—	—	—	—	—
2. 盈余公积转增资本（或股本）	—	—	—	—	—	—	—	—	—
3. 盈余公积弥补亏损	—	—	—	—	—	—	—	—	—
4. 其他	—	—	—	—	—	—	—	—	—
四、本年年末余额	263 000. 00	82 225. 45	87 455. 09	52 600. 00	17 653. 20	512 612. 11	1 015 545. 85	—	1 015 545. 85

5. 2　信托财产

5. 2. 1　信托项目资产负债汇总表

信托项目资产负债汇总表

编制单位：华润深国投信托有限公司　　　　2013 年 12 月 31 日　　　　单位：万元

信托资产	期末数	期初数	信托负债和信托权益	期末数	期初数
信托资产：			信托负债：		
货币资金	11 079 661. 71	1 234 040. 65	应付受托人报酬	33 536. 54	38 123. 81
拆出资金	—	—	应付托管费	3 395. 17	4 553. 52
应收款项	1 215 424. 39	232 472. 89	应付受益人收益	29 634. 17	11 136. 47
买入返售金融资产	1 447 160. 00	904 900. 00	其他应付款项	112 043. 50	31 897. 99
交易性金融资产	7 238 369. 73	3 964 013. 31	应交税费	162. 36	—
可供出售金融资产	1 878 733. 28	1 364 206. 81	卖出回购资产款	108 297. 65	23 018. 85
持有至到期投资	75 000. 00	—	交易性金融负债	—	—
长期股权投资	2 595 226. 88	1 073 302. 67	其他负债	—	—
贷款	10 900 847. 91	9 878 985. 91	信托负债合计	287 069. 39	108 730. 64
应收融资租赁款	—	—	信托权益：		
固定资产	—	—	实收信托	35 852 109. 85	18 315 931. 41
无形资产	—	—	资本公积	-4 858. 63	61 287. 68
长期待摊费用	—	—	未分配利润	296 103. 29	165 972. 51
其他资产	—	—	信托权益合计	36 143 354. 51	18 543 191. 60
信托资产总计	36 430 423. 90	18 651 922. 24	信托负债及权益总计	36 430 423. 90	18 651 922. 24

5. 2. 2　信托项目利润及利润分配汇总表

信托项目利润及利润分配汇总表

编制单位：华润深国投资信托有限公司　　2013 年度　　单位：万元

项　目	本年数	上年数
一、营业收入	2 209 802. 93	1 290 819. 23
利息收入	1 659 407. 64	968 802. 13
投资收益	611 088. 56	7 523. 01
公允价值变动损益	-72 005. 68	314 483. 52
汇兑收益	—	—
其他业务收入	11 312. 41	10. 57
二、营业支出	277 876. 93	214 264. 53
利息支出	—	—
营业税金及附加	6 803. 94	1 497. 66

续表

项　目	本年数	上年数
业务及管理费	271 072. 99	212 766. 87
资产减值损失	—	—
其他业务成本	—	—
三、信托营业利润	1 931 926. 00	1 076 554. 70
加：营业外收入	—	—
减：营业外支出	—	10. 00
四、信托利润	1 931 926. 00	1 076 544. 70
加：期初未分配信托利润	165 972. 51	-33 774. 72
五、可供分配的信托利润	2 097 898. 51	1 042 769. 98
减：本期已分配信托利润	1 801 795. 22	876 797. 47
六、期末未分配信托利润	296 103. 29	165 972. 51

6. 会计报表附注

6.1 年度会计报表编制基础及合并报表的并表范围说明

6.1.1 本公司编制会计报表所采用的主要会计政策，是根据财政部2006年2月15日颁布的《企业会计准则》及其补充规定制定的。

6.1.2 本年纳入合并报表范围的子企业基本情况

企业名称	注册地	业务性质	注册资本（万元）	持股比例（%）	享有的表决权(%
深圳红树林创业投资有限公司	深圳	创业投资	10 000	100.00	100.00
华润元大基金管理有限公司	深圳	基金管理	20 000	51.00	51.00
深圳华润元大资产管理有限公司	深圳	资产管理	3 000	51.00	51.00

6.2 重要会计政策和会计估计说明

6.2.1 计提资产减值准备的范围和方法

(1)计提资产减值准备的范围：贷款及应收款项、金融资产、长期股权投资、投资性房地产、固定资产、在建工程、无形资产(包括资本化的开发支出)、商誉等。

(2)计提资产减值准备的方法：

①持有至到期投资、贷款及应收款项减值损失的计量：

公司采用单独减值评估和组合减值评估两种方法评估此类金融资产减值损失：对单项金额重大的金融资产是否存在减值的客观证据进行单独评估，对单项金额不重大的金融资产是否存在减值的客观证据进行组合评估。如果没有客观证据表明单独评估的金融资产存在减值情况，无论该金融资产金额是否重大，公司都将其包括在具有类似信用风险特征的金融资产组别中，再进行组合减值评估。单独进行评估减值并且已确认或继续确认减值损失的资产，不再纳入组合减值评估的范围。

持有至到期投资、贷款及应收款项金融资产确认减值损失后，如有客观证据表明该金融资产价值已恢复，且客观上与确认该损失后发生的事项有关(如债务人的信用评级已提高等)，原确认的减值准备予以转回，计入当期损益。转回后的账面价值不超过假定不计提减值准备情况下该金融资产在转回日的摊余成本。

②可供出售金融资产减值损失的计量：

可供出售金融资产发生减值时，原直接计入股东权益中的因公允价值下降形成的累计损失予以转出，计入当期损益。该转出的累计损失，等于可供出售金融资产的初始取得成本扣除已收回本金和已摊销金额、当前公允价值和原已计入损益的减值损失后的余额。

在活跃市场中没有报价且其公允价值不能计量的权益工具投资发生减值时，将该权益工具投资的账面价值与按照类似金融资产当时市场收益率对未来现金流量折现确定的现值之间的差额确认减值损失，计入当期损益。

已经确认减值损失的可供出售债务工具，在随后的会计期间公允价值已上升且客观上与确认原减值损失后发生的事项有关的，原确认的减值损失予以转回，计入当期损益。可供出售权益工具投资发生的减值损失，不通过损益转回。

③对除金融资产的减值以外的资产减值。

(3)可能发生减值资产的认定。公司在资产负债表日判断资产是否存在可能发生减值的迹象。因企业合并所形成的商誉和使用寿命不确定的无形资产，无论是否存在减值迹象，每年都进行减值测试。存在下列迹象的，表明资产可能发生了减值：

①资产的市价当期大幅度下跌，其跌幅明显高于因时间的推移或者正常使用而预计的下跌幅度；

②公司经营所处的经济、技术或者法律等环境以及资产所处的市场在当期或者将在近期发生重大变化，从而对公司产生不利影响；

③市场利率或者其他市场投资报酬率在当期已经提高，从而影响公司计算资产预计未来现金流量现值的折现率，导致资产可收回金额大幅度降低；

④有证据表明资产已经陈旧过时或者其实体已经损坏；

⑤资产已经或者将被闲置、终止使用或者计划提前处置；

⑥公司内部报告的证据表明资产的经济绩效已经低于或者将低于预期，如资产所创造的净现金流量或者实现的营业利润(或者亏损)远远低于(或者高于)预计金额等；

⑦其他表明资产可能已经发生减值的迹象。

(4)资产可收回金额的计量。资产存在减值迹象的，估计其可收回金额。可收回金额根据资产的公允价值减去处置费用后的净额与资产预计未来现金流量的现值两者之间较高者确定。资产的公允价值根据公平交易中销售协议价格确定；不存在销售协议但存在资产活跃市场的，公允价值按照该资产的买方出价确定；不存在销售协议和资产活跃市场的，则以可获取的最佳信息为基础估计资产的公允价值。处置费用包括与资产处置有关的法律费用、相关税费、搬运费以及为使资产达到可销售状态所发生的直接费用。

(5)资产减值损失的确定。可收回金额的计量结果表明资产的可收回金额低于其账面价值的，将资产的账面价值减记至可收回金额，减记的金额确认为资产减值损失，计入当期损益，同时计提相应的资产减值准备。资产减值损失确认后，减值资产的折旧或者摊销费用在未来期间做相应调整，以使该资产在剩余使用寿命内，系统地分摊调整后的资产账面价值(扣除预计净残值)。资产减值损失一经确认，在以后会计期间不能转回。

6.2.2 金融资产四分类的范围和标准

金融资产应当在初始确认时划分为下列四类：

(1)以公允价值计量且其变动计入当期损益的金融资产。包括交易性金融资产和指定为以公允价值计量且其变动计入当期损益的金融资产。

①取得该金融资产或承担该金融负债的目的，主要是为了近期内出售或回购。

②属于进行集中管理的可辨认金融工具组合的一部分，且有客观证据表明企业近期采用短期获利方式对该组合进行管理。

③属于衍生工具。但是，被指定且为有效套期工具的衍生

工具、属于财务担保合同的衍生工具、与在活跃市场中没有报价且其公允价值不能可靠计量的权益工具投资挂钩并须通过交付该权益工具结算的衍生工具除外。

（2）持有至到期投资。指到期日固定、回收金额固定或可确定，且企业有明确意图和能力持有至到期的非衍生金融资产。

（3）贷款和应收款项。指在活跃市场中没有报价、回收金额固定或可确定的非衍生金融资产。

（4）可供出售金融资产。通常是指企业没有划分为以公允价值计量且其变动计入当期损益金融资产、持有至到期投资、贷款和应收款项的金融资产。

6.2.3 交易性金融资产的核算方法

交易性金融资产取得时以公允价值作为初始确认金额，相关的交易费用在发生时计入当期损益。支付的价款中包含的已宣告但尚未发放的现金股利或已到付息期但尚未领取的债券利息，应当单独确认为应收项目。持有期间将取得的利息或现金股利确认为投资收益，期末将公允价值变动计入当期损益。处置时，其公允价值与账面价值之间的差额确认为投资收益，同时调整公允价值变动损益。

6.2.4 可供出售金融资产的核算方法

可供出售金融资产应当以取得该金融资产的公允价值和相关交易费用之和作为初始确认金额。支付的价款中包含的已到付息期但尚未领取的债券利息或已宣告但尚未发放的现金股利，应单独确认为应收项目。可供出售金融资产持有期间取得的利息或现金股利，应当计入投资收益。资产负债表日，可供出售金融资产应当以公允价值计量，且将公允价值变动计入资本公积—其他资本公积。处置时，将取得的价款与该金融资产账面价值之间的差额计入投资损益；同时，将原直接计入所有者权益的公允价值变动累计额对应处置部分的金额转出，计入投资损益。

6.2.5 持有至到期投资的核算方法

持有至到期投资应当以取得时的公允价值和相关交易费用之和作为初始确认金额。支付的价款中包含的已到付息期但尚未领取的债券利息，应单独确认为应收项目。持有至到期投资在持有期间应当按照摊余成本和实际利率计算确认利息收入，计入投资收益。实际利率应当在取得持有至到期投资时确定，在该持有至到期投资预计存续期间或适用的更短期间内保持不变。实际利率与票面利率差别较小的，也可按票面利率计算利息收入，计入投资收益。处置持有至到期投资时，应将所取得价款与该投资账面价值之间的差额确认为投资收益。

企业将尚未到期的某项持有至到期投资在本会计年度内出售或重分类为可供出售金融资产的金额，相对于该类投资在出售或重分类前的总额较大时，公司将该类投资的剩余部分重分类为可供出售金融资产，且在本会计期间或以后两个完整会计年度内不再将任何金融资产分类为持有至到期，但下列情况除外：出售日或重分类日距离该项投资到期日或赎回日较近（如到期前三个月内），市场利率变化对该项投资的公允价值没有显著影响；根据合同约定的定期偿付或提前还款方式收回该投资几乎所有初始本金后，将剩余部分予以出售或重分类；出售或重分类是由于企业无法控制、预计不会重复发生且难以合理预计的独立事项所引起的。

6.2.6 长期股权投资的核算方法

6.2.6.1 初始计量

6.2.6.1.1 企业合并形成的长期股权投资

同一控制下的企业合并：公司以支付现金、转让非现金资产或承担债务方式以及以发行权益性证券作为合并对价的，在合并日以取得被合并方所有者权益账面价值的份额作为长期股权投资的初始投资成本。长期股权投资初始投资成本与支付合并对价之间的差额，调整资本公积；资本公积不足以冲减的，调整留存收益。合并发生的各项直接相关费用，包括为进行合并而支付的审计费用、评估费用、法律服务费用等，于发生时计入当期损益。

非同一控制下的企业合并：公司在购买日按照《企业会计准则第20号——企业合并》确定的合并成本作为长期股权投资的初始投资成本。

6.2.6.1.2 其他方式取得的长期股权投资

以支付现金方式取得的长期股权投资，以实际支付的购买价款作为初始投资成本。

以发行权益性证券取得的长期股权投资，以发行权益性证券的公允价值作为初始投资成本。

投资者投入的长期股权投资，以投资合同或协议约定的价值（扣除已宣告但尚未发放的现金股利或利润）作为初始投资成本，但合同或协议约定价值不公允的除外。

在非货币性资产交换具备商业实质和换入资产或换出资产的公允价值能够可靠计量的前提下，非货币性资产交换换入的长期股权投资以换出资产的公允价值为基础确定其初始投资成本，除非有确凿证据表明换入资产的公允价值更加可靠；不满足上述前提的非货币性资产交换，以换出资产的账面价值和应支付的相关税费作为换入长期股权投资的初始投资成本。

通过债务重组取得的长期股权投资，其初始投资成本以公允价值为基础确定。

6.2.6.2 被投资单位具有共同控制、重大影响的依据

按照合同约定对某项经济活动所共有的控制，仅在与该项经济活动相关的重要财务和经营决策需要分享控制权的投资方一致同意时存在，则视为与其他方对被投资单位实施共同控制；对一个企业的财务和经营决策有参与决策的权利，但并不能够控制或者与其他方一起共同控制这些政策的制定，则视为投资企业能够对被投资单位施加重大影响。

6.2.6.3 后续计量及收益确认

公司能够对被投资单位施加重大影响或共同控制的，初始投资成本大于投资时应享有被投资单位可辨认净资产公允价值份额的差额，不调整长期股权投资的初始投资成本；初始投资成本小于投资时应享有被投资单位可辨认净资产公允价值份额的差额，计入当期损益。

公司对子公司的长期股权投资采用成本法核算，编制合并财务报表时按照权益法进行调整。

对被投资单位不具有共同控制或重大影响，并且在活跃市场中没有报价、公允价值不能可靠计量的长期股权投资，采用成本法核算。

对被投资单位具有共同控制或重大影响的长期股权投资，采用权益法核算。

成本法下公司确认投资收益，仅限于被投资单位接受投资

后产生的累计净利润的分配额，所获得的利润或现金股利超过上述数额的部分作为初始投资成本的收回。

权益法下在公司确认应分担被投资单位发生的亏损时，按照以下顺序进行处理：首先，冲减长期股权投资的账面价值。其次，长期股权投资的账面价值不足以冲减的，以其他实质上构成对被投资单位净投资的长期权益账面价值为限继续确认投资损失，冲减长期应收项目等的账面价值。最后，经过上述处理，按照投资合同或协议约定企业仍承担额外义务的，按预计承担的义务确认预计负债，计入当期投资损失。

被投资单位以后期间实现盈利的，公司在扣除未确认的亏损分担额后，按与上述相反的顺序处理，减记已确认预计负债的账面余额，恢复其他实质上构成对被投资单位净投资的长期权益及长期股权投资的账面价值，同时确认投资收益。

被投资单位除净损益以外所有者权益其他变动的处理：对于被投资单位除净损益以外所有者权益的其他变动，在持股比例不变的情况下，公司按照持股比例计算应享有或承担的部分，调整长期股权投资的账面价值，同时增加或减少资本公积—其他资本公积。采用成本法核算、在活跃市场中没有报价、公允价值不能可靠计量的长期股权投资，其减值损失根据其账面价值与按类似金融资产当时市场收益率对未来现金流量折现确定的现值之间的差额进行确定。

6.2.7 投资性房地产的核算方法

公司的投资性房地产是指为赚取租金或资本增值，或两者兼有而持有的房地产。主要包括：

(1)已出租的土地使用权；

(2)持有并准备增值后转让的土地使用权；

(3)已出租的建筑物。

公司的投资性房地产采用成本模式计量。

公司对投资性房地产成本减累计减值及净残值后按直线法，按估计可使用年限计算折旧，计入当期损益。

对使用寿命不确定的、已出租的划拨土地使用权不计算折旧。

6.2.8 固定资产计价和折旧方法

6.2.8.1 固定资产确认条件

固定资产指为生产商品、提供劳务、出租或经营管理而持有，并且使用年限超过一年的有形资产。固定资产在同时满足下列条件时予以确认：

(1)与该固定资产有关的经济利益很可能流入企业；

(2)该固定资产的成本能够可靠地计量。

6.2.8.2 固定资产的分类

固定资产分为房屋及建筑物、运输设备、电子设备、其他设备。

6.2.8.3 固定资产的初始计量

固定资产取得时按照实际成本进行初始计量。

外购固定资产的成本，以购买价款、相关税费以及使固定资产达到预定可使用状态前所发生的可归属于该项资产的运输费、装卸费、安装费和专业人员服务费等确定。购买固定资产的价款超过正常信用条件延期支付，实质上具有融资性质的，固定资产的成本以购买价款的现值为基础确定。

自行建造固定资产的成本，由建造该项资产达到预定可使用状态前所发生的必要支出构成。

债务重组取得债务人用于抵债的固定资产，以该固定资产的公允价值为基础确定其入账价值，并将重组债权的账面价值与该用于抵债的固定资产公允价值之间的差额计入当期损益。

在非货币性资产交换具备商业实质和换入资产或换出资产的公允价值能够可靠计量的前提下，换入的固定资产以换出资产的公允价值为基础确定其入账价值，除非有确凿证据表明换入资产的公允价值更加可靠；不满足上述前提的非货币性资产交换，以换出资产的账面价值和应支付的相关税费作为换入固定资产的成本，不确认损益。

以同一控制下的企业吸收合并方式取得的固定资产按被合并方的账面价值确定其入账价值，以非同一控制下的企业吸收合并方式取得的固定资产按公允价值确定其入账价值。

融资租入的固定资产，按租赁开始日租赁资产公允价值与最低租赁付款额现值两者中较低者作为入账价值。

6.2.8.4 固定资产折旧

固定资产以取得时的实际成本入账，并从其达到预定可使用状态的次月起，采用直线法提取折旧。各类固定资产的估计残值率、折旧年限和年折旧率如下：

类别	估计残值率(%)	折旧年限(年)	年折旧率(%)
房屋建筑物	5	50	1.9
电子设备	0~5	3~5	19~33.33
会所设备	5	5	19
运输工具及其他设备	5	4~8	11.875~23.75

6.2.9 无形资产计价及摊销政策

无形资产按照成本进行初始计量。使用寿命有限的无形资产，在其使用寿命内采用直线法摊销，于每年年度终了，对使用寿命有限的无形资产的使用寿命及摊销方法进行复核，必要时进行调整。对使用寿命不确定的无形资产，无论是否存在减值迹象，每年均进行减值测试。此类无形资产不予摊销，在每个会计期间对其使用寿命进行复核。如果有证据表明使用寿命是有限的，则按上述使用寿命有限的无形资产的政策进行会计处理。出售无形资产，应当将取得的价款与该无形资产账面价值的差额计入当期损益。无形资产预计不能为企业带来经济利益的，应当将无形资产的账面价值予以转销。

6.2.10 长期应收款的核算方法

长期应收款核算企业融资租赁产生的应收款项和采用递延方式分期收款、实质上具有融资性质的销售商品和提供劳务等经营活动产生的应收款项。出租人融资租赁产生的应收租赁款，应按租赁开始日最低租赁收款额与初始直接费用之和确认为长期应收款。企业采用递延方式分期收款、实质上具有融资性质的销售商品或提供劳务等经营活动产生的长期应收款，按应收合同或协议价款确认。根据合同或协议每期收到承租人或购货单位(接受劳务单位)偿还的款项，减少长期应收款。长期应收款的期末借方余额，反映企业尚未收回的长期应收款。

6.2.11 长期待摊费用的摊销政策

筹建期间发生的费用，除用于购建固定资产以外，于公司开始生产经营当月起一次性计入当期损益。

其他长期待摊费用在相关项目的受益期内平均摊销。

6.2.12 合并会计报表的编制方法

合并财务报表反映本公司及子公司形成的集团报表整体

财务状况、经营成果和现金流量。

合并财务报表的合并范围以控制为基础予以确定。控制指一个企业能够决定另一个企业的财务和经营政策，并能据以从另一个企业的经营活动中获取利益的权利。

合并财务报表以本公司及子公司的财务报表为基础，由本公司编制。本公司及子公司保持一致的会计政策、会计期间。本公司及子公司的内部交易及余额在编制合并财务报表时予以抵消，归属于子公司的少数股东权益和损益分别在合并资产负债表和合并利润表中单独列示。

子公司少数股东分担的当期亏损超过了少数股东在该子公司期初股东权益中所享有的份额，除公司章程或股东协议规定少数股东有义务承担，并且少数股东有能力予以弥补的部分外，其余部分冲减本公司股东权益。该子公司以后期间实现的利润，在弥补了由本公司股东权益所承担的属于少数股东的损失之前，全部归属于本公司的股东权益。

通过同一控制下企业合并取得的子公司，在编制当期合并财务报表时，视同被合并子公司在最终控制方对其开始实施控制时纳入合并财务报表范围，并对合并财务报表的年初数及前期比较报表进行相应调整，且自最终控制方对被合并子公司开始实施控制时起将合并子公司的各项资产、负债以其账面价值纳入合并资产负债表，被合并子公司经营成果纳入合并利润表。

通过非同一控制下企业合并取得的子公司在编制当期合并财务报表时，以购买日确定的各项可辨认资产、负债的公允价值为基础对子公司的财务报表进行调整，并自购买日起将被购买子公司资产、负债及经营成果纳入合并财务报表中。

6.2.13 收入确认原则和方法

收入在经济利益能够流入本公司，以及相关的收入和成本能够可靠地计量时，根据下列方法确认：

利息收入。利息收入按让渡资金使用权的时间和适用利率计算确定。在与交易相关的经济利益能够流入且有关收入可以可靠计量时，按权责发生制确认。

发放贷款本金到期（含展期，下同）90天后尚未收回的，其应计利息停止计入当期利息收入，纳入表外核算；对已计提的贷款应收利息，如在贷款到期90天后仍未收回，或在应收利息逾期90天后仍未收到，则冲减原已计入损益的利息收入，转作表外核算。

贷款自应计贷款转为非应计贷款后，在收到该笔贷款的还款时，首先冲减本金，待本金全部收回后，再收到的还款则确认为当期利息收入。

（2）信托业务收入。详见6.2.15。

（3）担保业务收入。担保业务收入在同时满足以下条件时予以确认：担保合同成立并承担相应担保责任，与担保合同相关的经济利益能够流入企业，与担保合同相关的收入能够可靠地计量。

6.2.14 所得税的会计处理方法

公司所得税核算采用资产负债表债务法。

公司确认递延所得税资产以很可能取得用来抵扣可抵扣暂时性差异的应纳税所得额为限，确认由可抵扣时间性差异产生的递延所得税资产，但不包括同时具有下列特征的交易中因资产或负债的初始确认所产生的递延所得税资产：

（1）该项交易不是企业合并；

（2）交易发生时既不影响会计利润也不影响应纳税所得额（或可抵扣亏损）。

6.2.15 信托报酬确认原则和方法

信托报酬是指信托公司对信托财产进行管理而收取的管理费或佣金，信托报酬收取的标准一般是与委托人或受益人等有关当事人协商确定的。若信托报酬由信托财产承担，则按照信托合同的约定来计算、提取并按权责发生制确认信托报酬收入；若信托报酬由委托人等有关当事人直接承担，则按协议约定另行向有关当事人收取，并按权责发生制确认信托报酬收入。

6.3 或有事项说明

本公司报告期初对外不可撤销的承诺金额为90 000.00万元，期末对外不可撤销的承诺金额为90 000.00万元。

6.4 重要资产转让及其出售的说明

报告期内，公司无重要资产转让及其出售事项。

6.5 会计报表中重要项目的明细资料

6.5.1 披露自营资产经营情况

6.5.1.1 按信用风险五级分类的结果披露信用风险资产的期初数、期末数

信用风险资产五级分类	正常类（万元）	关注类（万元）	次级类（万元）	可疑类（万元）	损失类（万元）	信用风险资产合计（万元）	不良资产合计（万元）	不良资产率（%）
期初数	372 310.46	—	—	1 733.85	1 739.18	375 783.49	3 473.03	0.92
期末数	409 168.91	—	—	—	1 739.18	410 908.09	1 739.18	0.42

注：不良资产合计=次级类+可疑类+损失类。

6.5.1.2 各项资产减值损失准备的期初数、本期计提、本期转回、本期核销、期末数

单位：万元

	期初数	本期计提	本期转回	本期核销	期末数
贷款损失准备	—	—	—	—	—
一般准备	—	—	—	—	—
专项准备	—	—	—	—	—
其他资产减值准备	1 099.12	—	—	—	1 099.12
持有至到期投资减值准备	—	—	—	—	—
长期股权投资减值准备	—	—	—	—	—
坏账准备	2 397.39	—	844.78	—	1 552.61
投资性房地产减值准备	409.89	788.88	—	—	1 198.77

6.5.1.3 按投资品种分类，分别披露固有业务股票投资、基金投资、债权投资、股权投资等投资业务的期初数、期末数

单位：万元

	自营股票	基金	债券	长期股权投资	其他投资	合计
期初数	—	—	991.00	588 045.41	416 779.50	1 005 815.91
期末数	—	—	—	640 124.58	566 821.26	1 206 945.84

6.5.1.4 前五名的自营长期股权投资的企业名称、占被投资企业权益的比例、主要经营活动及投资收益情况

企业名称	占被投资企业权益的比例(%)	主要经营活动	投资损益(万元)
国信证券股份有限公司	30	证券的代理、承销、咨询及自营买卖业务	63 240.29
华润元大基金管理有限公司	51	基金管理	—
深圳红树林创业投资有限公司	100	创业投资	—

6.5.1.5 前五名的自营贷款的企业名称、占贷款总额的比例和还款情况等

无。

6.5.1.6 表外业务的期初数、期末数

表外业务	期初数	期末数
担保业务	90 000.00	90 000.00
代理业务(委托业务)	—	—
其他	—	—
合计	90 000.00	90 000.00

6.5.1.7 公司当年的收入结构

收入结构	金额(万元)	占比(%)
手续费及佣金收入	172 266.00	62.51
其中:信托手续费收入	172 266.00	62.51
投资银行业务收入	—	—
利息收入	2 878.54	1.04
其他收入	1 510.54	0.55
其中:计入信托业务收入部分	—	—
投资收益	98 738.66	35.83
其中:股权投资收益	63 240.29	22.95
证券投资收益	—	0.00
其他投资收益	35 498.37	12.88
公允价值变动收益	—	—
营业外收入	190.59	0.07
收入合计	275 584.33	100.00

6.5.2 披露信托资产管理情况

6.5.2.1 信托资产的期初数、期末数

单位:万元

信托资产	期初数	期末数
集合类	6 110 692.06	12 778 870.20
单一类	12 430 240.24	23 541 542.69
财产管理类	110 989.94	110 011.01
合计	18 651 922.24	36 430 423.90

注:期初数、期末数均按报告年度信托资产总额填列,非信托规模总额,下同。

6.5.2.1.1 主动管理型信托业务的信托资产期初数、期末数,分证券投资、股权投资、融资、事务管理类等分别披露

单位:万元

主动管理型信托资产	期初数	期末数
证券投资类	3 389 822.81	6 852 841.24
股权投资类	1 420 282.98	3 165 885.22
融资类	10 295 446.93	13 328 654.76
事务管理类	168 886.73	170 958.37
其他类	1 371 683.73	1 331 062.93
合计	16 646 123.18	24 849 402.52

6.5.2.1.2 被动管理型信托业务的信托资产期初数、期末数,分证券投资、股权投资、融资、事务管理类等分别披露

单位:万元

被动管理型信托资产	期初数	期末数
证券投资类	—	842 602.17
股权投资类	—	—
融资类	263 325.22	200 709.54
事务管理类	—	—
其他类	1 742 473.84	10 537 709.67
合计	2 005 799.06	11 581 021.38

6.5.2.2 本年度已清算结束的信托项目个数、实收信托合计金额、加权平均实际年化收益率

6.5.2.2.1 本年度已清算结束的集合类、单一类资金信托项目和财产管理类信托项目个数、实收信托金额、加权平均实际年化收益率

已清算结束信托项目	项目个数	实收信托合计金额(万元)	加权平均实际年化收益率(%)
集合类	38	1 275 937.01	9.28
单一类	162	6 172 235.78	7.38
财产管理类	—	—	—

注:收益率是指信托项目清算后,给受益人赚取的实际收益水平,加权平均实际年化收益率=(信托项目1的实际年化收益率×信托项目1的实收信托+信托项目2的实际年化收益率×信托项目2的实收信托+…+信托项目n的实际年化收益率×信托项目n的实收信托)/(信托项目1的实收信托+信托项目2的实收信托+…+信托项目n的实收信托)×100%。

6.5.2.2.2 本年度已清算结束的主动管理型信托项目个数、实收信托合计金额、加权平均实际年化收益率,分证券投资、股权投资、融资、事务管理类等分别计算并披露

已清算结束信托项目	项目个数	实收信托合计金额(万元)	加权平均实际年化收益率(%)
证券投资类	31	634 647.99	4.70
股权投资类	4	298 407.01	12.97
融资类	157	6 333 854.41	7.76
事务管理类	—	—	—
其他类	7	176 655.52	7.77
合计	199	7 443 564.93	7.71

6.5.2.2.3 本年度已清算结束的被动管理型信托项目个数、实收信托合计金额、加权平均实际年化收益率,分证券投资、股权投资、融资、事务管理类等分别计算并披露

已清算结束信托项目	项目个数	实收信托合计金额(万元)	加权平均实际年化收益率(%)
证券投资类	—	—	—
股权投资类	—	—	—
融资类	1	4 607.86	3.24
事务管理类	—	—	—
其他类	—	—	—
合计	1	4 607.86	3.24

6.5.2.3　本年度新增的集合类、单一类和财产管理类信托项目个数、实收信托合计金额

新增信托项目	项目个数	实收信托合计金额(万元)
集合类	150	7 213 309.00
单一类	229	9 131 207.00
财产管理类	—	—
新增合计	379	16 344 516.00
其中:主动管理型	379	16 344 516.00
被动管理型	—	—

注:本年新增信托项目指在本报告年度内累计新增的信托项目个数和金额,包含本年度新增并于本年度内结束的项目和本年度新增至报告期末仍在持续管理的信托项目。

6.5.2.4　信托业务创新成果和特色业务有关情况

华润信托在2013年金融创新的总体工作情况进展良好。本年度金融创新主要集中在产品服务创新和技术系统创新方面。

本年度公司研发了多个创新产品模型,如信贷资产证券化、信托型ABN、开放式基金、对冲基金等,展现了公司作为老牌信托公司的专业实力以及捕捉市场机会的敏锐度。此外,公司坚持探索管理创新,从公司各条线工作流程梳理入手,以IT技术等实用型工具为依托,优化公司的治理结构,有效控制操作风险,提高管理效率,实现了技术及管理创新的有机结合。

6.5.2.4.1　创新工作组织保障

公司高度重视金融创新,2013年初将产品创新作为重要KPI指标列入公司年度商业计划,并将设立专职金融创新部门的任务提升到公司年度战略高度。

经过前期对组织架构的探索与论证,公司于2013年在结构金融业务综合部下组建了创新协同业务团队。该团队主要负责自主或与其他业务部门合作研究开发创新型产品,并在研发成功后于公司内部推广、复制。2013年,创新协同业务团队推动公司资产证券化产品的立项,自主研发了开放式基金架构,并协助各业务部门在原有产品模式的基础上做延伸性的创新设计,初步起到了对公司整体金融创新工作的统筹指导作用。

6.5.2.4.2　创新工作制度保障

(1)风险控制保障。公司不仅高度重视创新类业务的开展,同时关注业务创新活动可能带来的各类风险,倡导在审慎经营的基础上开展各种创新活动,将金融创新活动的风险管理纳入公司统一的风险管理体系,制定完善的政策、程序和风险限额,确保各类金融创新活动与公司风险管理能力和专业水平相适应。

在公司风险管理体系中,董事会是最高决策层,对风险管理承担最终责任,负责制定公司风险管理战略及政策并监督落实。董事会下设信托委员会、风险管理委员会和审计委员会等专门委员会。其中,信托委员会负责检查公司信托业务情况,督促公司依法履行受托职责;风险管理委员会负责对高级管理层在业务、市场、操作等方面的风险控制情况进行监督,提出完善风险管理和内部控制的意见;审计委员会负责提议聘请或更换外部审计机构,监督公司的内部审计制度及其实施,审核公司的财务信息及其披露。

高级管理层由董事会任命,负责全面领导公司的日常业务运营和风险管理,并向董事会报告战略执行情况。高级管理层下设专业风险审查委员会,负责对项目可行性、后续管理重大事项提出风险评审意见,为高级管理层决策提供参考。公司合规风险部按照公司风险管理政策、制度,对提交专业风险审查委员会审议的项目独立进行前期审核,并对项目的后期运行管理进行指导与监督,以保障创新业务依法合规开展、各类风险得到有效控制。

(2)激励机制保障。目前,公司对金融创新项目在年度考评中予以政策倾斜,并另外设置有专门创新奖项,用于奖励在当年度实现业务创新和管理创新的个人或团队。

6.5.2.4.3　创新工作的落实

在创新业务实践方面,公司取得了诸多显著成果,简述如下:

(1)创新协同价值初现。2013年公司不断探索一体化融资创新模式,一体化融资存续规模已超过125.46亿元。公司积极促进业务的集合化、基金化、长期化和直销化升级,并推出了一些具有高度可复制性的创新型产品,公司的行业影响力得到提升。

2013年1月,公司与台湾元大宝来投信合资成立的金融机构华润元大基金管理有限公司注册成立,其中公司持股51%,台湾元大宝来投信持股49%。华润元大基金管理有限公司的成立是公司进军公募基金行业的初步尝试和探索。

(2)项目管理系统咨询与实施项目立项。项目管理系统咨询与实施项目横跨两类创新:体制和机制创新与系统和技术创新。

该项目是一个结合业务梳理、流程优化、建章立制、系统建设的综合项目。项目管理系统需依托管理对象,以信托项目为主体,纳入客户、合作方、合同等管理对象,并以流程为主线,涵盖线索、立项申请、项目审批、销售、合同订立及放款、信托计划成立、后期管理、项目终结等环节;具体落实到活动、人员,整合利用表单、模型(如财务分析、信用评级、风险预警等)管理工具;兼顾知识管理与绩效管理,并依托公司现有系统建设平台架构,与已有系统有效衔接配合,搭建全公司统一的项目管理平台。

该项目系统是信托行业内较为少有的将业务咨询与系统建设紧密联系在一起的综合IT平台,在咨询的过程中就考虑系统落地需求,能够较好地解决纯咨询项目务虚,项目全面性、前瞻性不足的问题,最终通过配套规章制度保障系统的使用,用系统固化业务管理规章制度的执行。

虽然目前项目仅完成立项,但后续系统建成后,将成为我公司信托业务前中后台全流程化的重要平台,可实现信托项目的快速开发,有效提高审批效率和业务风险管理水平,夯实绩效考核衡量基础。

(3)研发风险定价机制。本年度公司研发了以信托项目风险评级为基础的风险定价机制。具体来讲,风险定价是相关各方所要求基本回报的综合反映,即交易对手需支付的总成本。它从全成本的角度出发,并将风险因素纳入定价的考虑范围,确保项目的整体收益足以覆盖资金成本及项目产生的各项费用,并在此基础上使价格的高低能够与项目的风险水平相匹配。该机制主要有如下特点:突出风险差异,强调风险调整后收益;全成本概念,通过全成本核算确定项目各项成本;通过定价模型,对价格组成的各模块进行量化处理。

该机制的应用,有利于合理确定项目定价,评估及优化公司各项业务成本,从风险调整后收益的角度对信托业务进行绩效评价。

6.5.2.5　本公司履行受托人义务情况及因本公司自身责任而导致的信托资产损失情况

6.5.2.5.1　履行受托人义务情况

公司按照《中华人民共和国信托法》等法律法规的规定严格履行受托人的义务。

严格遵守信托文件的规定,恪尽职守,履行诚实、信用、谨慎、有效管理的义务,为受益人的利益处理信托事务。

每个信托计划设立后,按照信托合同的规定,定期将信托资金运用及收益情况告知信托文件规定的人。

将信托财产与公司固有财产分别管理、分别记账,并对不同的信托财产分别管理,根据不同的信托资金分别开设独立的银行账户。

信托合同到期、集合信托计划终止时,根据信托合同的规定,以信托财产为限向受益人支付信托利益。同时,在信托终止后及时作出处理信托事务的清算报告,按合同约定方式报告。

妥善保管处理信托事务的完整记录、原始凭证及资料,保存期自信托计划终止之日起15年。同时,对委托人、受益人以及处理信托事务的情况和资料依法保密。

根据信托合同及信托计划约定履行其他管理义务。

6.5.2.5.2　2012年因公司自身责任导致而信托资产损失的情况,以及集合信托资产管理重大涉诉及赔付等情况

无。

6.5.2.6　信托赔偿准备金的提取、使用和管理情况

公司根据规定,截至2013年已累计提取信托赔偿准备金52 600.00万元,达到公司注册资本的20%。截至2013年12月31日,公司尚未发生使用信托赔偿准备金的事项。

6.6　关联方关系及其交易的披露

6.6.1　关联交易方的数量、关联交易的总金额及关联交易的定价政策等

	关联交易方数量	关联交易金额(万元)	定价政策
合计	18	3 608 037.06	本公司董事会认为上述交易根据正常的商业交易条件进行,并以一般交易价格为定价基础。

6.6.2　关联交易方与本公司的关系性质,关联交易方的名称、法定代表人、注册地址、注册资本及主营业务等

关系性质	关联方名称	法定代表人	注册地址	注册资本	主营业务
股东	深圳市人民政府国有资产监督管理委员会	张晓莉	深圳市福田区深南大道4009号投资大厦17楼		代表国家履行出资人职责,依法对企业国有资产进行监管。
同一母公司控制公司	华润(集团)有限公司	宋林	香港湾仔港湾道26号华润大厦49楼	900 001万港元	涉及电力、地产、消费品、医药、金融、水泥和燃气等多个领域。
同一最终控制母公司	北京华润大厦有限公司	陈鹰	北京市东城区建国门北大街8号	1 200万美元	在规划范围内进行房屋及附属配套设施开发、建设及物业管理,包括写字楼的出售、商业设施的租售。
同一最终控制母公司	北京优高雅装饰工程有限公司	吴秉琪	北京市东城区东总布胡同5号9层	200万美元	承接国内外各项工程的装饰装修并提供相关服务。
联营公司	国信证券股份有限公司	何如	深圳市罗湖区红岭中路1012号国信证券大厦十六层至二十六层	700 000万元	证券经纪;证券投资咨询;与证券交易、证券投资活动有关的财务顾问;证券承销与保荐;证券自营;证券资产管理;融资融券;证券投资基金代销;金融产品代销;为期货公司提供中间介绍业务;商品期货经纪、金融期货经纪、期货投资咨询、资产管理;受托管理股权投资基金、创业投资业务,代理其他创业投资企业等机构或个人的创业投资业务、创业投资咨询业务,为创业企业提供创业管理服务业务,参与设立创业投资企业与创业投资管理顾问机构;香港证券经纪业务、融资业务及资产管理业务。
同一母公司控制公司	华润深国投投资有限公司	蒋伟	深圳市福田区农林路69号深国投广场二号楼12层1217室	50 000万元	投资兴办实业、投资管理和咨询、在合法取得使用权的土地上从事房地产开发经营、物业管理
同一最终控制母公司	珠海励致洋行办公家私有限公司	俞敏	珠海市香洲区金鼎镇金洲路金鼎工业区	9 200万港元	销售自产的各类家具、上述产品同类商品的销售及进出口业务。
重大影响的其他公司	唐山博志房地产开发有限公司	姜涛	河北省唐山市唐山路北区大里路商业169号	25 000万元	房地产综合开发与经营。
同一最终控制母公司	华润深圳湾发展有限公司	孔小凯	深圳市南山区滨海大道3001号深圳湾体育中心体育场三楼	38 000万港元	从事深圳湾体育中心的开发、建设、经营。

续表

关系性质	关联方名称	法定代表人	注册地址	注册资本	主营业务
母公司重大影响的其他企业	万科企业股份有限公司	王石	深圳市盐田区大梅沙环梅路33号万科中心	1 099 521 万元	房地产开发。
同一最终控制母公司	华润医药商业集团有限公司	陈济生	北京市东城区安定门内大街257号	60 346.34 万元	西药制剂、化学原料药、中成药、中药饮片、医疗器械、医用耗材、生物制品、营养保健品等。
同一最终控制母公司	华润水泥采购有限公司	潘永红	东莞市沙田镇福禄沙村	7 000 万港元	从事水泥、石膏、粉煤灰、包装袋、耐火材料、耐磨材料、建筑材料的批发和进出口业务；从事煤炭的批发及进口业务，润滑油、润滑脂的批发业务。
同一最终控制母公司	华润电力投资有限公司	王帅廷	深圳市罗湖区深南东路5001号华润大厦22楼2205室	30 000 万美元	在国家允许外商投资的领域依法进行投资；受其所投资企业的书面委托，向其所投资企业提供采购、销售、外汇平衡、技术支持、寻求贷款、提供担保等工作；在中国境内设立科研开发中心或部门，从事新产品及高新技术的研究开发、转让研发成果等服务；为其投资者及关联公司提供咨询服务；承接母公司和关联公司的服务外包业务。
同一最终控制母公司	华润置地（泰州）有限公司	迟峰	泰州市医药高新技术产业开发区凤凰街道工业园区88号	9 300 万美元	房地产开发和经营。
同一最终控制母公司	成都恒裕房地产开发有限公司	孔健岷	成都市高新区天泰路112号四川投资大厦写字楼南塔楼8楼	3 000 万元	房地产开发经营。
同一最终控制母公司	辽宁华润万家生活超市有限公司	钟窍	沈阳市铁西区建设中路52号	500 万元	预包装食品兼散装食品、乳制品（含婴幼儿配方乳粉）批发兼零售；卷烟、雪茄烟零售；图书、报刊零售；电子出版物零售；音像制品零售；一般经营项目为计算机及配件、办公用品、工艺美术品、花卉、家具、汽车配件、摩托车配件、五金交电、电讯器材、洗涤化妆品销售；技术信息咨询服务；柜台出租（承租方需另办执照）；农副产品（不含粮食）收购；自有房屋租赁；家用电器现场维修；货物运输代理；冷冻设备租赁。
同一最终控制母公司	华润置地投资有限公司	王印		3 000 万美元	在中国政府鼓励和允许外商投资的领域依法进行投资。受其所投资企业的书面委托（由董事会一致通过），向其所投资企业提供下列服务：(1)协助或代理公司所投资企业从国内外采购该企业自有的机器设备、办公设备和生产所需的原材料、元器件、零部件，在国内外销售其所投资企业生产的产品，并提供售后服务；(2)在外汇管理部门的同意和监督下，在其所投资企业之间平衡外汇；(3)为公司所投资企业提供产品生产、销售和市场开发过程中的技术支持、员工培训、企业内部人事管理等服务；(4)协助其所投资的企业寻求贷款及提供担保。在中国境内设立科研开发中心或部门，从事新产品及高新技术的研究开发，转让其研究开发成果，并提供相应的技术服务。为其投资者提供咨询服务，为其关联公司提供与其投资有关的市场信息、投资政策等咨询服务。承接外国公司和其母公司之关联公司的服务外包业务。从事母公司及其关联公司、子公司所生产产品的进出口、批发、佣金代理（拍卖除外），并提供相关配套服务（涉及配额许可证管理、专项规定管理的商品按照国家有关规定办理）。
同一最终控制母公司	上海万树置业有限公司	孙嘉	上海市闵行区沪青平公路277号5楼A89室	1 000 万元	房地产开发经营。

6.6.3 本公司与关联方的重大交易事项

6.6.3.1 固有与关联方：贷款、投资、租赁、应收账款、担保、其他方式等期初汇总数、本期借方和贷方发生额汇总数、期末汇总数

单位：万元

固有与关联方关联交易				
	期初数	借方发生额	贷方发生额	期末数
贷款	—	—	—	—
投资	—	—	—	—
租赁	—	—	—	—
担保	90 000.00	—	—	90 000.00
应收账款	—	—	—	—
其他应收款项	228.41	198.00	30.40	396.01
其他应付款项	33 700.66	30 016.22	7 092.81	10 777.25
合计	123 929.07	30 214.22	7 123.21	101 173.26

6.6.3.2 信托与关联方交易情况：贷款、投资、租赁、应收账款、担保、其他方式等期初汇总数、本期借方和贷方发生额汇总数、期末汇总数

单位：万元

信托与关联方关联交易				
	期初数	借方发生数	贷方发生数	期末数
贷款	841 900.00	356 304.39	331 900.00	866 304.39
投资	— 400 195.00	—	400 195.00	
租赁	—	—	—	—
担保	—	—	—	—
应收账款	—	—	—	—
其他	114 789.00	215 377.07	87 737.00	242 429.07
合计	956 689.00	971 876.46	419 637.00	1 508 928.46

6.6.3.3 信托公司自有资金运用于自己管理的信托项目（固信交易）、信托公司管理的信托项目之间的相互交易（信信交易）金额，包括余额和本报告年度的发生额

6.6.3.3.1 固有财产与信托财产之间的交易金额期初汇总数、本期发生额汇总数、期末汇总数

单位：万元

固有财产与信托财产相互交易			
	期初数	本期发生数	期末数
合计	316 502.63	134 613.19	451 115.82

6.6.3.3.2 信托项目之间的交易金额期初汇总数、本期发生额汇总数、期末汇总数

单位：万元

信托资产与信托财产相互交易			
	期初数	本期发生数	期末数
合计	912 973.19	633 846.33	1 546 819.52

6.6.4 逐笔披露关联方逾期未偿还本公司资金的详细情况以及本公司为关联方担保发生或即将发生垫款的详细情况

无。

6.7 会计制度的披露

本公司固有业务及信托业务均执行财政部2006年2月15日颁布的《企业会计准则》及其补充规定。

7. 财务情况说明书

7.1 利润实现和分配情况

7.1.1 母公司利润实现和分配情况

经中天运会计师事务所有限公司审计，2013年度母公司利润总额220 518.91万元，扣除所得税费用41 059.23万元，实现净利润179 459.68万元。根据公司章程及财务制度的相关规定，按以下利润分配方案分配2013年度利润：

（1）根据公司章程，按净利润的10%提取法定盈余公积17 945.97万元。

（2）根据《财政部关于印发〈金融企业准备金计提管理办法〉的通知》（财金[2012]20号）的规定，提取一般风险准备金1 872.95万元，提取后的一般风险准备金余额达风险资产期末余额的1.5%。

7.1.2 合并利润实现和分配情况

经中天运会计师事务所有限公司审计，2013年度公司合并利润总额217 676.92万元，扣除所得税费用41 426.23万元，实现净利润176 250.69万元，其中归属于母公司的净利润178 888.76万元。根据公司章程及财务制度的相关规定，按以下利润分配方案分配2013年度利润：

（1）根据公司章程，按母公司净利润的10%提取法定盈余公积17 945.97万元。

（2）根据《财政部关于印发〈金融企业准备金计提管理办法〉的通知》（财金[2012]20号）的规定，提取一般风险准备金1 872.95万元，提取后的一般风险准备金余额达母公司风险资产期末余额的1.5%。

7.2 主要财务指标

指标名称	指标值（合并）	指标值（母公司）
资本利润率（%）	16.02	16.09
加权年化信托报酬率（%）	0.80	0.80
人均净利润（万元）	615.80	617.76

注：1. 资本利润率＝净利润/所有者权益平均余额×100%。

2. 加权年化信托报酬率＝（信托项目1的实际年化信托报酬率×信托项目1的实收信托＋信托项目2的实际年化信托报酬率×信托项目2的实收信托＋…＋信托项目n的实际年化信托报酬率×信托项目n的实收信托）/（信托项目1的实收信托＋信托项目2的实收信托＋…＋信托项目n的实收信托）×100%。

3. 按监管要求，加权年化信托报酬率指标反映的是报告年度清算结束项目的信托报酬率，并不代表我公司报告年度全部项目的实际加权年化信托报酬率。

4. 人均净利润＝净利润/年平均人数。

5. 平均值采取期初、期末余额简单平均法。公式为：平均值＝（期初数＋期末数）/2。

7.3 对本公司财务状况、经营成果有重大影响的其他事项

无。

7.4 本公司净资本情况

风险管理指标监管表

单位：华润深国投信托有限公司 2013 年 12 月 31 日

项目	年末余额	监管标准
净资本(万元)	942 027.29	≥20 000 万元
固有业务风险资本(万元)	140 509.94	
信托业务风险资本(万元)	247 072.98	
其他业务风险资本(万元)	—	
各项业务风险资本之和(万元)	387 582.92	
净资本/各项业务风险资本之和(%)	243.05	≥100%
净资本/净资产(%)	77.53	≥40%

8. 特别事项揭示

8.1 前五名股东报告期内变动情况及原因

无。

8.2 董事、监事及高级管理人员变动情况及原因

8.2.1 董事变动情况及原因

2012 年 8 月 30 日第四次股东会临时会议审议通过了《关于变更董事长、法定代表人的议案》，2012 年 8 月 30 日第五届董事会第十八次临时会议审议通过了《关于变更董事长、法定代表人的议案》，并报经中国银行业监督管理委员会核准(核准文件：银监复[2013]86 号)，2013 年 2 月 6 日公司董事长、法定代表人由蒋伟变更为孟扬。

2012 年 8 月 30 日第四次股东会临时会议审议通过了《关于变更公司董事的议案》，并报经中国银行业监督管理委员会核准(核准文件：银监复[2013]86 号)，2013 年 2 月 6 日公司董事变更为路强，原董事李南峰辞去公司董事职务。

8.2.2 监事变动情况及原因

2013 年 3 月 25 日第一次股东会临时会议审议通过了《关于变更华润深国投信托有限公司监事的议案》，2013 年 3 月 25 日第二届监事会第七次临时会议审议通过了《关于选举施长跃为华润深国投信托有限公司监事会主席的议案》，监事会主席及监事变更为施长跃，原监事周日昌退休。

8.2.3 高级管理人员变动情况及原因

报告期内，公司财务总监肖立荣于 2013 年 1 月 1 日调往华润集团，不再于公司任职；公司副总经理王晓薇于 2013 年 4 月 30 日因个人原因离职。公司已对二人开展了离任审计，并将审计报告报送了中国银行业监督管理委员会深圳监管局。

8.3 变更注册资本、变更注册地或公司名称、公司分立与合并事项

报告期内无上述事项。

8.4 公司的重大诉讼事项

报告期内公司无重大诉讼事项。

8.5 公司及其董事、监事和高级管理人员受到处罚的情况

报告期内无处罚事项。

8.6 银监会及其派出机构对公司检查意见

无。

8.7 本年度重大事项临时报告的简要内容、披露时间、所披露的媒体及其版面

报告期内，公司董事长与总经理发生变更。经公司第四次股东会临时会议及第五届董事会第十八次临时会议审议通过，并报经中国银行业监督管理委员会核准(核准文件：银监复[2013]86 号)，2013 年 2 月 6 日公司董事长由蒋伟变更为孟扬；经公司第五届董事会第十八次临时会议审议通过，并报经中国银行业监督管理委员会核准(核准文件：银监复[2013]86 号)，2013 年 2 月 6 日公司总经理由孟扬变更为路强。

以上信息于 2013 年 3 月 1 日在《证券时报》、《上海证券报》、《中国证券报》信息披露版披露。

8.8 银监会及其省级派出机构认定的其他有必要让客户及相关利益人了解的重要信息

无。

9. 公司监事会意见

监事会认为，在报告期内，公司的决策程序符合国家法律法规和公司的章程及相关制度，建立健全了比较有效的内控制度，董事会全体成员及高级管理人员认真履行了职责，未发现有违法违规、违章的行为，也没有损害公司利益、股东利益和委托人利益的行为。公司财务报告真实反映了公司财务状况和经营成果。

华鑫国际信托有限公司

1. 重要提示

1.1 公司董事会及董事保证本报告所载资料不存在任何虚假记载、误导性陈述或者重大遗漏，并对其内容的真实性、准确性和完整性承担个别及连带责任。

1.2 公司独立董事对年度报告内容真实性、准确性、完整性无异议。

1.3 立信会计师事务所（特殊普通合伙）根据中国注册会计师审计准则对本公司年度财务报告进行审计，出具了标准无保留意见的审计报告。

1.4 公司董事长郝彬先生、公司总经理朱勇先生、首席财务官杨丹青女士、主管信托会计总经理王晓波及主管会计总经理隋仁凤声明：保证年度报告中财务报告的真实、完整。

2. 公司概况

2.1 公司简介

华鑫国际信托有限公司是经中国银监会依法批准设立的非银行金融机构，前身为佛山国际信托投资有限公司，于2008年12月24日重新登记并更名为“华鑫国际信托有限公司”，2009年9月完成验资工作，注册资本金3.2亿元，其中中国华电集团公司占比51%，中国华电集团财务有限公司占比49%；2010年2月9日，取得中国银监会颁发的金融许可证；2010年3月15日，经营地址迁至北京市西城区，并于2010年3月18日正式挂牌开业；2010年12月23日，经股东方同意并报中国银监会批准，股东同比例增资至12亿元；2012年4月9日，经股东方同意并报中国银监会批准，股东同比例增资至22亿元。

公司自重新挂牌营业以来，先后获得《金融理财》杂志举办的金融理财TOP10总评榜“金貔貅奖”、“年度金牌成长潜力信托公司”、“年度金牌风控力信托公司”等称号，连续获得中国华电集团公司“文明单位”、“先进集体”荣誉称号，中国企业文化促进会“企业文化建设百佳单位”、“中国企业诚信文化十佳单位”称号，北京市西城区人民政府“年度发展区域经济突出贡献奖”。

2.1.1 公司法定中文名称：华鑫国际信托有限公司
中文名称缩写：华鑫信托
公司英文名称：China Fortune International Trust Co., Ltd.
公司英文名称缩写：CHINA FORTUNE TRUST

2.1.2 公司法定代表人：郝彬

2.1.3 公司注册地址：北京市西城区宣武门内大街2号华电大厦B座11层
邮政编码：100031
公司国际互联网网址：http://www.cfitc.com
公司电子信箱：hxxt@cfitc.com

2.1.4 公司负责信息披露事务的高级管理人员：蔡概还
公司信息披露联系人：李扬建
联系电话：400-680-1616/010-83568201转
传真：010-83568281
电子信箱：servic@cfitc.com

2.1.5 公司信息披露报纸名称：《金融时报》
备置地点：北京市西城区宣武门内大街2号华电大厦B座11层

2.1.6 公司聘请的会计师事务所名称：立信会计师事务所（特殊普通合伙）
住所：上海市黄浦区南京东路61号四楼

2.1.7 公司聘请的律师事务所名称：北京市兆源律师事务所
住所：北京市西城区宣武门西大街甲129号金玉大厦

2.2 组织结构

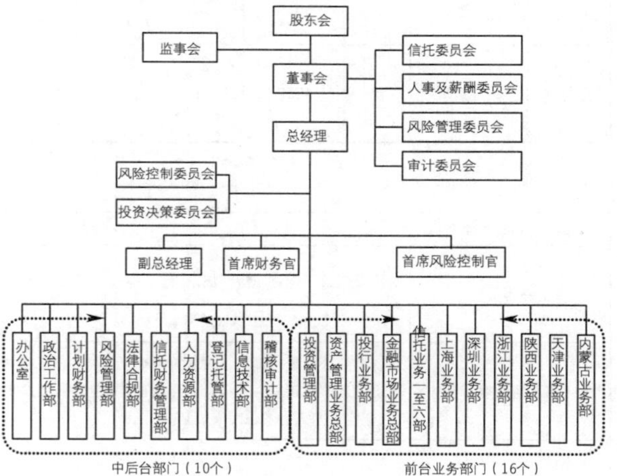

3. 公司治理结构

3.1 股东

股东总数：2个。

股东名称	持股比例（%）	法人代表	注册地址	主营业务
中国华电集团公司★	51	李庆奎	北京市西城区宣武门内大街2号A座	许可经营项目：对外派遣境外工程所需的劳务人员。一般经营项目：实业投资及经营管理，电源的开发、投资、建设、经营和管理等。
中国华电集团财务有限公司	49	陈宇	北京市西城区宣武门内大街2号B座10层	对成员单位办理财务和融资、担保、结算等，从事同业拆借，对金融机构的股权投资，中国银行业监督管理委员会批准的其他业务等。

注：★表示中国华电集团公司为实际控制人。

3.2 董事会成员

董事长、董事

姓名	职务	性别	出生年份	选任时间	简要履历
郝彬	董事长	男	1962	2010 年 10 月 28 日	曾任华信保险公司总经理，中国华电集团资本控股公司党组成员、副总经理；现任中国华电集团公司金融产业部主任，兼华鑫信托董事长。
陈宇	董事	女	1963	2009 年 11 月 2 日	曾任建设银行总行信贷管理部副处、大客户办公室处长、公司业务处长，中国华电财务公司党组成员、副总经理，中国华电集团金融产业部主任；现任中国华电集团财务有限公司党组成员、总经理。
刘薪	董事	男	1971	2011 年 11 月 8 日	曾任山西煤炭进出口集团业务副经理、北京瑞诚创投公司总经理、山西能源产业集团副总经理、山西国际能源集团副总经理，现任中国华电财务公司党组成员、副总经理。
袁亚男	董事	女	1965	2013 年 5 月 30 日	曾任国家开发银行正科级职员、副处长、处长，中国华电集团财务资产部融资管理处处长，中国华电集团资产管理部主任师、副主任；现任中国华电集团资本运营与产权管理部副主任。

独立董事

姓名	职务	性别	出生年份	选任日期	简要履历
吴晓球	独立董事	男	1959	2009 年 11 月 2 日	曾任中国人大财政金融学院副院长、教授、博士生导师、校学术委员会委员、研究生院副院长；现任中国人大校长助理、研究生院常务副院长、校学位委员会委员、秘书长、校学术委员会委员、财政金融学院教授和博士生导师、教育部长江学者特聘教授。
王昊	独立董事	女	1975	2009 年 11 月 2 日	曾任北京市瑞银律所律师合伙人、英国 LAMB CHAMBERS 实习生、黎明网络公司法律事务部经理，现任德国百达律师事务所北京办事处中国法律顾问。
孟向洁	独立董事	女	1958	2012 年 10 月 23 日	曾任财政部办公厅副司级调研员，农业部计划司副司长，中国农村发展信托投资公司副总经理，中农信香港公司董事长，中国诚信证券评估有限公司党委书记、副总经理，北京中兴正元资产管理咨询有限公司董事长；现任北京中资北方投资顾问有限公司董事长。

董事会下属委员会

董事会下属委员会名称	职责	组成人员姓名	职务
信托委员会	负责督促公司依法履行受托职责，了解公司信托业务的发展情况，维护受益人的最大利益。	吴晓球	主任委员
		孟向洁	委员
		刘薪	委员
人事及薪酬委员会	负责制定公司董事及高级人员的考核标准并进行考核；制定、审查公司董事及高级管理人员的薪酬政策与方案；制定公司长期激励机制和方案，为公司发展提供人才激励保障；制定公司人力资源发展规划。	郝彬	主任委员
		陈宇	委员
		吴晓球	委员
风险管理委员会	负责公司风险的控制、管理、监督和评估。	陈宇	主任委员
		袁亚男	委员
		王昊	委员
审计委员会	负责内外部审计的沟通、监督和核查工作以及重大关联交易的审核。	刘薪	主任委员
		陈宇	委员
		王昊	委员

3.3 监事、监事会成员

监事会成员

姓名	职务	性别	出生年份	选任日期	简要履历
李长旭	监事会主席	男	1962	2010 年 10 月 28 日	曾任审计署驻电力部审计局一处主任科员、三处副处长，国家电力公司审计局生产审计处副处长、二处副处长、审计部正处级职员、审计部综合处处长，中国华电集团公司监察审计部副主任、副主任（主持工作）；现任中国华电集团审计部主任。
张学云	监事	女	1962	2009 年 11 月 2 日	曾任职于省武汉供电局财会｜华中电管局（电力部中南审计分局、华中电力集团、国电华中公司）审计部，现任中国华电集团财务有限公司监察审计部经理。
王晓波	监事	男	1973	2010 年 10 月 28 日	曾任黑龙江龙电置业有限公司财务部主管会计，华电能源股份有限公司审计部审计员、审计部副经理、监察审计部副主任、监察审计部主任；现任华鑫国际信托有限公司运营总监兼信托财务管理部总经理。

3.4 高级管理人员

姓名	职务	性别	出生年份	选任日期	简要履历
朱勇	总经理	男	1968	2010年11月2日	曾任中国农业发展银行总行信贷一部主任科员、经济师，中信证券股份有限公司资产管理部研究主管，中信信托有限责任公司资金运用部副总经理（主持工作）、资产管理部副总经理（主持工作）、资产管理部总经理、资本市场业务总监兼资产管理部总经理。现任华鑫国际信托有限公司公司党组成员、总经理。
兰强	党组书记、副总经理、纪检组长、工委主任	男	1972	2010年10月28日	曾任中国有色海南金海机电设备公司总经理助理兼证券期货投资部经理、上海紫江企业集团股份有限公司投资部总经理、上海联合产权交易所产权处处长、中交投资有限公司资产管理部总经理，现任华鑫国际信托有限公司党组书记、副总经理、纪检组长、工委主任。
杨丹青	首席财务官	女	1967	2009年11月2日	曾任中国电力企业联合会财务部干部，电力部经济调节司价格处主任科员，国家电力公司财务产权部价格处副处长，中国华电集团公司财务部处长、主任师；现任华鑫国际信托有限公司党组成员、首席财务官。
蔡概还	首席风险控制官	男	1971	2010年10月28日	曾任全国人大财经委经济法室干部，中国银行业监督管理委员会非银部市场准入处主任科员、业务综合处副处长、法规部立法二处处长。曾担任《中华人民共和国信托法》起草组成员，并曾在中国对外经济贸易信托有限公司挂职，任总经理助理。现任华鑫国际信托有限公司党组成员、首席风险控制官。

3.5 公司员工

项目		报告期年度		上年度	
		人数	比例(%)	人数	比例(%)
年龄分布	25岁以下	7	4.8	6	5
	25~29岁	37	25.5	29	24.8
	30~39岁	76	52.4	67	56.7
	40岁以上	25	17.3	16	13.5
学历分布	博士	3	2.1	3	2.5
	硕士	90	62.1	69	58.7
	本科	45	31.0	42	35.5
	专科	7	4.8	4	3.3
岗位分布	董事、监事及其高管人员	6	4.1	6	5
	固有业务人员	6	4.1	5	4.2
	信托业务人员	71	49.0	51	43.4
	其他人员	62	42.8	56	47.4

4. 经营管理

4.1 经营目标、方针、战略规划

4.1.1 经营目标

本报告期公司的经营目标是坚持以科学发展观为指导，紧紧围绕公司“双提升 创一流”的中心工作，以战略目标为引领，以创收创效为重点，以队伍建设为手段，以业务创新为主线，以风险管控为保障，更新观念，加快发展，大力拓展市场，为建设一流信托公司努力奋斗，力争实现新的跨越式发展。年末公司管理资产规模1 518亿元，实现利润总额6.53亿元。

4.1.2 经营方针

本报告期公司经营方针是：稳健经营、价值至上。

4.1.3 战略规划

以科学发展观为统领，以中国华电集团公司总体发展战略为指导，以“受人之托，代人理财”为根本，秉承“稳健经营、价值至上”的理念，坚持合规经营和依法创新，以提供多元化、专业化、特色化金融服务为目标；以全面风险管理为手段，坚持稳健经营；以高端人才和优秀团队为保障，确保投资者利益最大化，实现公司发展与股东发展相协调、员工利益与公司利益相统一的目标，把公司建设成为业绩优良、管理先进、科学发展、质形俱佳、值得信赖、同业领先的专业化、国际化信托公司，为集团公司发展贡献力量。

坚持一个核心，提升三种能力，实现一个目标，即坚持以信托业务为核心、自营业务为支撑、投行业务为协同，重点发展能源和基础产业信托业务，有效利用社会金融资源和股东资源，为客户提供全面、专业、特色金融服务；全面提升公司产品创新能力、资产管理能力和风险管控能力；合理进行金融机构股权投资，力争用五年时间打造公司核心竞争力，保持公司健康可持续发展。

4.2 所经营业务的主要内容

4.2.1 经营的主要业务及品种

公司经营的主要业务为信托业务和固有业务。

4.2.1.1 信托业务

公司以能源和基础产业信托业务为核心，坚持多领域经营；以提供多元化、专业化、特色化金融服务为手段，坚持业务创新；以全面风险管理为保障，坚持稳健经营、规范运作。主要经营的信托业务包括资金信托，动产信托，不动产信托，有价证券信托，其他财产或财产权信托，作为投资基金或者基金管理公司的发起人从事投资基金业务，经营企业资产的重组、购并及项目融资、公司理财、财务顾问等业务，受托经营国务院有关部门批准的证券承销业务，办理居间、咨询、资信调查等业务，代保管及保管箱业务等。

4.2.1.2　固有业务

主要自营业务包括存放同业、拆放同业、贷款业务、租赁业务、投资业务、以固有财产为他人提供担保、同业拆借、法律法规规定或中国银行业监督管理委员会批准的其他业务。

4.2.2　资产组合与分布

4.2.2.1　固有资产运用与分布表

资产运用	期末余额（万元）	占比（%）	资产分布	期末余额（万元）	占比（%）
货币资产	912.20	0.26	房地产	7 938.10	2.30
发放贷款和垫款	64 208.00	18.63	基础产业	18 500.00	5.37
可供出售金融资产	140 687.50	40.83	工商企业	43 700.00	12.68
持有至到期投资	124 950.65	36.26	证券市场	197 263.33	57.25
其他资产	13 848.05	4.02	金融机构	77 204.97	22.40
合计	344 606.40	100.00	合计	344 606.40	100.00

4.2.2.2　信托资产运用与分布表

资产运用	金额（万元）	占比（%）	资产分布	金额（万元）	占比（%）
货币资产	514 133.78	3.47	房地产	247 987.90	1.67
发放贷款和垫款	7 957 299.38	53.63	基础产业	1 562 311.34	10.53
交易性金融资产投资	568 594.05	3.83	工商企业	7 734 332.04	52.13
可供出售金融资产投资			证券市场	1 427 450.47	9.62
持有至到期投资	4 410 462.00	29.73	金融机构	1 701 837.07	11.47
长期股权投资	1 348 456.44	9.09	其他	2 163 425.19	14.58
其他	38 398.36	0.26			
信托资产总计	14 837 344.01	100.00	信托资产总计	14 837 344.01	100.00

4.3　市场分析

4.3.1　宏观经济形势分析

2013年，国内生产总值同比增长7.7%，居民消费价格指数同比上涨2.6%，经济运行总体平稳。当前中国经济的主要特征是需求衰退周期逐渐转换为供给调整周期，并正由高速增长向中高速增长转换。伴随着这种增速转换，中国经济的结构性调整特征十分明显。全年经济增长速度略有降低，但企业盈利能力有较大幅度提高；工业增速继续下探，但服务业发展动能逐渐增强；制造业投资陷入全面深度调整，但是消费触底后开始稳步回升；物价水平总体保持平稳，结构性通胀并未被有效遏制；一般贸易恢复弱势增长，加工贸易趋势性衰落特征更加突出；中央银行基本维持了偏松的货币投放力度，但资金供需矛盾仍然突出；此外，还有产能过剩、政策效应递减、结构性通货膨胀和潜在金融风险等。

世界经济继续处于政策刺激下的脆弱复苏阶段，总体形势相对稳定，但继续向下滑行，维持着"弱增长"格局。发达经济体总体趋于好转，主要发达经济体经济活动走出低迷开始复苏，成为世界经济增长的主要拉动力量。相比之下，新兴经济体和发展中国家经济增速继续放缓。发达国家经济总需求水平仍不足，明显降低对发展中国家的进口需求，对发展中国家经济产生显著影响。主要新兴经济体结构性调整艰难，加上资金流入减少，金融市场大幅震荡，经济增速低于过去的增长水平。

全球经济逐渐复苏，将为中国对外贸易特别是一般贸易的发展创造良好的外部环境，而一般贸易的发展将比加工贸易产生更大的增长效应。投资消费结构正在悄然发生转换，2000年以来连年流入的外商直接投资、高储蓄下银行对企业信贷的过度扩张以及包括资产价格在内的较高通货膨胀率等因素，促成了中国抑制消费、刺激投资的发展模式的形成，但随着全球化、城镇化和重工业化"三化叠一"时代旺盛的需求出现趋势性回落，中国储蓄率下降、消费率上升将逐渐变成一种趋势。此外，微观企业效益有所改善，除了部分行业企业因产能过剩严重而资产负债表继续恶化外，大多数企业资产负债表状况正在趋于良好，借贷能力和投资信心也相应得到提高。

4.3.2　行业形势分析

在经历了多年的疾进式发展之后，信托业在2013年经历了由市场化竞争加剧带来的转型升级。信托管理资产规模突破10万亿元大关，但资产增速连创新低；传统业务乏力，而创新业务由于制度、人员、盈利模式等多方面的因素而面临发展的困惑；产品收益震荡下跌。

一方面，信托行业面临其他资产管理市场主体的同质化竞争；另一方面，《关于制止地方政府违法违规融资行为的通知》（财预[2012]463号）及银监会《关于规范商业银行理财业务投资运作有关问题的通知》（银监发[2013]8号）的联合实施，让信托行业尤其是传统的银信合作单一资金信托受到限制，其他金融子行业涉足"类信托"业务导致原有的制度红利被削弱。

信托业面临全行业调整转型，系统震荡，资产规模及营业收入爆炸式增长将难以持续。银行、证券、保险、基金资产管理公司逐鹿信托资管，传统经营模式被复制，同质化业务竞争激烈。在经济增长进入弱周期后，国家对房地产业的严控及对地方政府融资平台债务的警惕，导致信托在这些领域的收益下滑。

宏观经济环境的变化和竞争的加剧，对公司而言是挑战与机遇并存。华鑫信托经营期限较短，资产规模、业务种类、资产管理能力、渠道建设及营销能力、利润规模、盈利能力与其他领先公司相比仍有一定差距。但是，公司已经建立相对成熟的证券投资信托、矿产信托、不动产信托、水电能源信托、财产权信托等系列产品线，与多家国有及股份制银行建立了良好的合作关系，与多家上市公司、大中型央企、优质民营企业等一大批优秀企业建立了良好业务合作关系。华鑫信托在面对行业内和行业外的双重竞争的同时，立足现实，坚持科学发展，稳健经营，实施全过程风险管控，深挖市场潜力，抓住机遇，加快模式转型，进一步丰富、扩张产品线，调整业务结构，锻造自身财富投资管理能力，逐步形成差异化竞争的优势品牌，以最大的收益回报社会、回报客户、回报股东。

4.4　内部控制

4.4.1　内部控制环境和内部控制文化

公司坚持"全面风险管理"和"内控优先"的风险管理理念，在制度的设计、决策的进行、业务的开展各个层面加以深入贯彻，形成了科学、清晰、合理的组织架构，前台、中台、后台形成了有效的制衡机制，为公司营造了健康的内部控制环境。公司建立完善了公司治理结构和议事规则，设立了股东会、董事会、监事会，公司董事会下设信托委员会、人事及薪酬委员会、风险管理委员会和审计委员会四个专门委员会，各个治理主体能够按照职责规定和规范程序履行相应职责，实现了分工明确、相互制衡。公司高度重视内部控制文化建设，大力培育合规理念、风险意识。通过公司内部培训、出版刊物等方式提升了员工的合规观念、诚信观念和道德水准，提高了风险管理的自觉性，公司内部控制取得了良好的效果。

4.4.2 内部控制措施

公司管理层下设投资决策委员会和风险控制委员会，在董事会的授权范围内以明晰的分级授权制度、健全的投资控制体系、及时完整的过程控制和事后评价，使研究、决策、操作、审核、评价体系既相互配合，又相互制衡。

公司内部控制目标与原则清晰，并在各项规章制度中予以充分体现。公司以《内部控制指引》为指导，制定了《开展信托业务操作手册》、《上市公司股票质押业务操作指引》、《关于规范房地产信托业务的指导意见》、《地方基础设施信托业务指引》等规范业务开展，制定了《立项评审管理办法》、《风险控制委员会议事规则》、《投资决策委员会议事规则》、《项目流程工作日管理办法》规范业务审查审批，制定了重大风险事件应急预案及各专项预案规范风险事件的处理。风险管理部、法律合规部和稽核审计部作为公司内控管理的主要职能部门，拟定和修订内控制度，监督检查和评价内控的科学性、规范性和可操作性。

4.4.3 信息交流与反馈

公司建立了信息沟通制度，明确内部控制相关信息的收集、处理和传递程序，确保信息及时沟通，促进内部控制有效运行。

公司业务部、财务部、合规部、风险管理部及行政管理部等部门负责收集各自职责范围内各种内部信息和外部信息，通过调研报告、专项信息、内部刊物、办公网络等渠道获取内部信息，通过行业协会组织、社会中介机构、业务往来单位、市场调查、来信来访、网络媒体以及有关监管部门等渠道获取外部信息，并对收集的信息进行合理筛选、核对、整合，提高信息的可利用性。

公司重要信息通过专门的联络人员及时传递给董事会、监事会。

公司利用信息技术促进信息的集成与共享，充分发挥信息技术在信息沟通中的作用。公司加强对信息系统开发与维护、访问与变更、数据输入与输出、文件储存与保管、网络安全等方面的控制，保证信息系统安全稳定运行。

公司建立了反舞弊机制，坚持"惩防并举、重在预防"的原则，明确反舞弊工作的重点领域、关键环节和有关机构在反舞弊工作中的职责权限，规范舞弊案件的举报、调查、处理、报告和补救程序。

4.4.4 监督评价与纠正

公司稽核审计部负责对公司内部控制的监督评价与纠正。

公司具有较为完善的内部控制机制，公司稽核审计部是公司独立的监督部门，直接向董事会汇报，是对公司经营活动全过程进行的一种内在经济监督，以防范风险、纠正违规、加强内控为工作目标，对公司内控制度、业务经营、财务活动等实施稽核监督。公司法律合规部和风险管理部负责优化公司规章制度和操作流程，使公司的内部控制更加有效、趋于完善。

4.5 风险管理

4.5.1 风险管理概况

公司重视风险管理，制定健全的内部规章制度，建立职责分工合理的组织机构，设置专业的风险管理部门，将现代风险管理技术与传统风险管理方法相结合，对可能产生的风险及时作出反应，采取有效措施进行事前、事中、事后的有效控制与管理，并根据实际需要随时对风险管理体系进行调整。

公司风险管理遵循全面性原则、相互制衡原则、一致性原则、时效性原则、定性与定量相结合原则。

4.5.1.1 公司经营活动中可能遇到的风险

公司经营活动中可能遇到的风险主要有信用风险、市场风险、操作风险、政策风险、道德风险等。

4.5.1.2 公司风险管理的基本原则与政策

风险管理贯彻全面性、审慎性、及时性、有效性、独立性等原则，覆盖到公司各项业务、各个部门和各级人员，并渗透到研究、决策、执行、监督、评价等各个环节；通过事前防范、事中控制、事后监督对风险进行全面综合管理，促进公司持续、稳健、规范、健康运行。

4.5.1.3 公司风险管理组织结构与职责划分

公司按照现代公司治理和全面风险管理的基本要求，相继制定了股东会、董事会、监事会、四个专业委员会的议事规则及总经理工作规程等，逐步构建了以董事会为核心覆盖公司整体的风险管理体系。该体系中，公司董事会是风险管理的核心，就全面风险管理工作的有效性向股东会负责，公司高级管理人员负责组织实施董事会批准的风险管理战略，独立的风险管理部门牵头公司日常的风险管理工作，各职能部门和业务部门对相关领域的风险管理承担直接责任。

4.5.2 风险状况

4.5.2.1 信用风险状况

信用风险主要是指交易对手违约造成损失的风险，主要表现为公司在开展业务时，可能会因交易对手违约而给公司或信托财产带来风险。公司的信用风险压力主要体现在融资类及准权益类信托业务和固有板块的贷款业务中。报告期内，公司发生的各类业务均严格履行了内部评审程序，合法合规，担保措施充足，交易对手信用等级较高，公司在项目开展中严格履行了受托人的尽职管理职责，全年到期清算信托产品 155 个，累计到期清算信托本金 446 亿元，分配收益 43 亿元，全部实现到期清算，未发生信用风险状况。

4.5.2.2 市场风险状况

市场风险是指由于未来市场价格（利率、汇率、证券价格和交易所商品价格等）的变动导致公司承担现实或潜在损失的风险。对于本公司而言，市场风险主要体现在证券投资领域，证券市场价格的波动将导致公司资产或公司管理的信托资产的直接损失，进而影响公司的声誉。

2013 年公司密切关注各类市场风险，及时调整产品战略，勤勉、尽职履行受托人职责。

4.5.2.3 操作风险状况

操作风险是指公司内部业务流程、计算机系统、员工在操作中的不完善或失误可能给公司造成损失的风险，公司外部因素例如通讯系统故障等可能给公司造成损失或影响公司正常运行的风险。

报告期内，公司未发生此类给公司及受益人造成损失的风险。

4.5.2.4 其他风险状况

其他风险主要包括法律风险、声誉风险、员工道德风险等。

法律风险指公司在业务经营过程中由于不当的法律文书、违约行为或怠于行使自身法律权利等所造成的风险。

声誉风险指由于公司内部管理或服务出现问题而引起自身外部社会名声、信誉和公众信任度下降，从而对公司外部市场地位产生消极和不良影响的风险。

员工道德风险是指公司员工在执行业务过程中，由于法律意识淡薄、自律性差、责任心不强等因素的影响，可能存在的违法违规、操作失误等行为给公司造成损失、损害的风险。

报告期内公司未发生此类风险。

4.5.3 风险管理

4.5.3.1 信用风险管理

公司通过事前评估、事中控制、事后监督的风险管理体系来防范和规避信用风险，具体措施包括：(1)制定包括决策机制和业务操作程序等在内的相关风险管理制度。(2)加强信用风险过程管理，规范履行尽职调查、公司审查、决策、资金投放、后续管理等程序和职能。(3)通过历史业绩、资产规模、信用状况等多方面评选，择优选择证券经纪商和银行的合作伙伴。(4)制定信托项目运营管理相关规定，根据项目风险情况对资金的使用过程进行监测，形成跟踪、风险反馈、风险预警、风险化解的系统防范体系。后续管理的信用风险管理由相关业务部门负责，信托财务部负责监督非现场后续管理中的信用风险管理情况。(5)采用担保、资金托管等方式控制信用风险，关注抵押物价值下降风险、资金挪用风险等。(6)要求业务部门定期进行后期检查，形成项目检查报告，若发现问题及时采取措施有效防范和化解各类信用风险。(7)严格按《公司资产风险分类管理办法》等相关要求，足额计提相关拨备，每年从税后利润中按5%的比例提取信托赔偿准备金，以提高公司抵御风险的能力，按风险资产1.5%比例计提一般风险准备金。

4.5.3.2 市场风险管理

公司制定并不断完善与总体业务发展战略、管理能力、资本实力和能够承担的总体风险水平相一致的市场风险管理原则和程序，对相关业务和产品中的市场风险因素进行分解和分析，及时准确识别业务中市场风险的类别和性质 通过多种途径进行市场风险的管理。具体措施包括：(1)建立与业务性质相适应的市场风险管理办法，明确投资行业、品种和交易范围，对行业和领域进行筛选，主动压缩和退出那些风险较高、收益较差的领域；(2)建立健全市场风险的止盈止损机制，对市场风险进行控制或规避；(3)建立市场风险的监测程序，对银行账户资产进行定期估值，对证券交易账户资产进行逐日评估；(4)关注公司整体资金投向某行业、领域、区域、客户的比例和集中度，防止风险的过度集中等。

4.5.3.3 操作风险管理

公司通过合理的组织架构和岗位设置，优化业务操作流程，加强规章制度建设；通过专业知识培训，不断提高员工素质和专业知识水平；积极推进系统化建设，将流程嵌入到操作系统中，最大限度减少人工干预；制定应急预案等措施有效地控制操作风险，主动防范并大大降低操作风险。2013年通过“双提升，创一流”活动，对52项工作进行重点督办，深入进行管理诊断，以前中后台三项共性问题作为重点，开展专项提升领域达到13个。报告期内，公司全面梳理完善规章制度，印发首份管理制度汇编；优化用印规则程序，切实加强用印“三专”管理；信息系统建设扎实推进，核心业务系统正式上线运行，管理模块不断丰富；完成对EAST第二批数据报送功能的升级，提高了TA系统的使用效率，从各层面严格控制操作风险。

4.5.3.4 其他风险管理

为防范政策风险，公司及时跟踪研究国家宏观政策和行业政策的调整与变化，动态分析宏观政策和监管政策的变动趋势，不断探索适合公司业务发展的道路，保持公司经营策略与国家政策的一致性。为防范法律风险，公司对要开展业务按照相关监管规章，严格进行合规性审查，坚持“遵纪守法”的经营方针和经营宗旨。报告期内，公司对信托业务进行分类梳理，形成了合规要点提示，完成标准化合同文本库更新，出台业务合同管理办法，引导依法合规开展业务。为防范声誉风险，公司制定了声誉风险管理制度，对声誉事件实行分类分级管理，明确管理权限、职责和报告路径等。报告期内无上述风险发生。

4.6 社会责任

公司以“志向高远，矢志进取，以专业化的经营优势和国际化的发展视野，力争成为业绩优良、管理先进、科学发展、质形俱佳、值得信赖，具有核心竞争力的一流信托公司”为企业愿景，以“以价值思维为引领，坚持稳健经营，以最优质的信托产品和服务为基础，以全面风险管理为手段，以高端人才团队为保障，确保客户利益最大化，实现公司发展与股东发展、社会发展相协调，公司利益与员工利益相一致”为使命，努力培育履行社会责任的企业文化和机制，积极践行《信托公司社会责任公约》，不断丰富公司社会责任实践内容。

4.6.1 坚持合规自律，依法规范经营

公司严格遵守各项法律法规，认真贯彻监管要求；报告期内根据行业监管要求，修订、完善规章制度88项；开展法律合规、风险管理等培训400余人次，积极推进内部控制体系建设，加强自律管理；严格按照有关法律法规、规章履行信息披露义务；自觉履行纳税义务，依法及时足额纳税，被评为北京市西城区“重点突出贡献单位”及北京市“诚信单位”等。

4.6.2 积极响应国家宏观政策，服务实体经济

公司根据国家宏观政策，主动调整业务发展方向，积极探索保障房建设、基础设施建设、加工制造业等领域的资金需求，并成功推出盈鑫基础设施系列、中小企业等多项信托业务，不断加大对国计民生及中小实体经济的投入力度，服务于国家建设，服务于地方经济的振兴。

4.6.3 利用专业优势，积极支持公益事业

报告期内，公司积极支持四川雅安重大灾情公益信托的筹划与运作工作；走进学校，持续开展“牵手同行，共创未来”等青年公益活动。

4.6.4 推广私人财富专业理财知识，提升信托专业服务水平

报告期内，公司与华夏珍宝博物馆联合开展“华鑫信托寻宝中国行”活动，免费为客户提供陶瓷、字画、玉器、青铜、文玩杂项等专业鉴定服务，不断扩广私人理财知识和信托专业服务。

4.6.5 勤勉尽责，维护投资者和受托人的利益最大化

公司认真履行诚信、求真、和谐、创新的受托人专业理财和高效管理信托财产的义务，确保投资安全和受益人利益最大化，本年度如期、安全清算信托本金和收益500亿元。

4.6.6 保护股东权益，促进国有资产保值增值

报告期内，公司实现净利润5.1亿元，国有资产资保值增值率为20%，公司可持续发展能力进一步增强。

5. 报告期末及上一年度末的比较式会计报表

5.1 自营资产

5.1.1 会计师事务所审计意见全文

审 计 报 告

信会师报字〔2014〕第720786号

华鑫国际信托有限公司：

我们审计了后附的华鑫国际信托有限公司（以下简称贵公司）的财务报表，包括2013年12月31日的资产负债表、2013年度的利润表、2013年度的现金流量表、2013年度的所有者权益变动表以及财务报表附注。

一、管理层对财务报表的责任

编制和公允列报财务报表是贵公司管理层的责任。这种责任包括：(1)按照企业会计准则的规定编制财务报表，并使其实现公允反映；(2)设计、执行和维护必要的内部控制，以使财务报表不存在由于舞弊或错误导致的重大错报。

二、注册会计师的责任

我们的责任是在执行审计工作的基础上对财务报表发表审计意见。我们按照中国注册会计师审计准则的规定执行了审计工作。中国注册会计师审计准则要求我们遵守中国注册会计师职业道德守则，计划和执行审计工作以对财务报表是否不存在重大错报获取合理保证。

审计工作涉及实施审计程序。以获取有关财务报表金额和披露的审计证据。选择的审计程序取决于注册会计师的判断，包括对出于舞弊或错误导致的财务报表重大错报风险的评估。在进行风险评估时，注册会计师考虑与财务报表编制和公允列报相关的内部控制，以设计恰当的审计程序，但目的并非对内部控制的有效性发表意见。审计工作还包括评价管理层选用会计政策的恰当性和作出会计估计的合理性，以及评价财务报表的总体列报。

我们相信，我们获取的审计证据是充分、适当的，为发表审计意见提供了基础。

三、审计意见

我们认为，贵公司财务报表在所有重大方面按照企业会计准则的规定编制，公允反映了贵公司2013年12月31日的财务状况以及2013年度的经营成果和现金流量。

立信会计师事务所（特殊普通合伙）

中国注册会计师：

中国注册会计师：

二〇一四年一月三十日

5.1.2 资产负债表

资产负债表

2013年12月31日

单位：万元

资 产	期末余额	期初余额	负债及所有者权益	期末余额	期初余额
资 产：			负 债：		
现金	1.02	0.14	应付职工薪酬	99.65	97.11
存放同业款项	911.18	873.87	应交税费	6 078.15	5 780.63
应收股利	4 484.58		应付利息		
应收利息	4 781.51		预计负债		
发放贷款和垫款	64 208.00	108 300.51	应付债券		
可供出售金融资产	140 687.50	138 048.14	递延所得税负债	103.50	104.34
持有至到期投资	124 950.65	43 975.80	其他负债	27 993.69	27 793.44
长期股权投资			负债合计	34 274.99	33 775.51
投资性房地产			所有者权益（或股东权益）：		
固定资产原值	875.20	829.27	实收资本（或股本）	220 000.00	220 000.00
累计折旧	464.37	302.29	资本公积	310.50	313.01
固定资产净值	410.83	526.98	减：库存股		
无形资产	584.78	332.67	盈余公积	9 266.10	4 178.53
递延所得税资产	3 197.08		一般风险准备	9 773.52	6 469.43
其他资产	389.27	1 175.60	未分配利润	70 981.29	28 497.23
长期待摊费用			所有者权益合计	310 331.41	259 458.20
资产总计	344 606.40	293 233.71	负债和所有者权益总计	344 606.40	293 233.71

5.1.3 利润表

2013 年度　　单位：万元

项　目	本年数	上年数
一、营业收入	90 657.49	73 367.61
利息净收入	8 241.42	13 993.83
利息收入	8 496.18	13 993.83
利息支出	254.76	
手续费及佣金净收入	63 117.68	52 424.20
手续费及佣金收入	66 763.65	52 428.34
手续费及佣金支出	3 645.97	4.14
投资收益（损失以"-"号填列）	19 298.39	6 949.58
二、营业支出	25 324.28	20 318.77
营业税金及附加	5 196.97	4 091.36
业务及管理费	14 594.35	14 604.13
资产减值损失	5 532.96	1 623.28
三、营业利润（亏损以"-"号填列）	65 333.21	53 048.84
加：营业外收入		131.32
减：营业外支出	20.00	
四、利润总额（亏损总额以"-"号填列）	65 313.21	53 180.16
减：所得税费用	14 437.48	14 500.87
五、净利润（净亏损以"-"号填列）	50 875.73	38 679.29

5.1.4 所有者权益变动表

5.1.4.1 本年度所有者权益变动表

所有者权益变动表

2013 年度　　单位：万元

项　目	本年金额					
	归属于母公司所有者权益					所有者权益合计
	实收资本	资本公积	盈余公积	一般风险准备	未分配利润	
栏　次	1	2	3	4	5	7
一、上年年末余额	220 000.00	313.01	4 178.53	6 469.43	28 497.23	259 458.20
加：会计政策变更						
前期差错更正						
其他						
二、本年年初余额	220 000.00	313.01	4 178.53	6 469.43	28 497.23	259 458.20
三、本年增减变动金额（减少以"-"号填列）		-2.52				
（一）净利润					50 875.73	50 875.73
（二）其他综合收益		-2.52				-2.52
综合收益小计		-2.52			50 875.73	50 873.21
（三）所有者投入和减少资本						
1. 所有者投入资本						
2. 股份支付计入所有者权益的金额						
3. 其他						
（四）专项储备提取和使用						
（五）利润分配			5 087.57	3 304.10	-8 391.67	
1. 提取盈余公积			5 087.57		-5 087.57	
其中：法定盈余公积			5 087.57		-5 087.57	
任意盈余公积						
2. 提取一般风险准备				3 304.10	-3 304.10	
四、本年年末余额	220 000.00	310.49	9 266.10	9 773.53	70 981.29	310 331.41

5.1.4.2　本年度所有者权益变动表(续)

2013 年度

单位:万元

项　目	上年金额					
	归属于母公司所有者权益					所有者权益合计
	实收资本	资本公积	盈余公积	一般风险准备	未分配利润	
栏　次	8	9	10	11	12	14
一、上年年末余额	120 000.00		310.6	155.3	2 640.07	123 105.97
加:会计政策变更						
前期差错更正	-					
其他						
二、本年年初余额	120 000.00		310.6	155.3	2 640.07	123 105.97
三、本年增减变动金额(减少以“-”号填列)	100 000.00	313.01	3 867.93	6 314.13	25 857.16	136 352.23
(一)净利润					38 679.29	38 679.29
(二)其他综合收益		313.01				313.01
综合收益小计		313.01			38 679.29	38 992.30
(三)所有者投入和减少资本	100 000.00					100 000.00
1. 所有者投入资本	100 000.00					100 000.00
2. 股份支付计入所有者权益的金额						
3. 其他						
(四)专项储备提取和使用						
(五)利润分配			3 867.93	6 314.13	-12 822.13	-2 640.07
1. 提取盈余公积			3 867.93		-3 867.93	
其中:法定盈余公积			3 867.93		-3 867.93	
任意盈余公积						
2. 提取一般风险准备				6 314.13	-6 314.13	
3. 对所有者(或股东)的分配					-2 640.07	-2 640.07
4. 其他						
四、本年年末余额	220 000.00	313.01	4 178.53	6 469.43	28 497.23	259 458.20

5.2　信托资产

5.2.1　信托项目资产负债汇总表

2013 年 12 月 31 日

单位:万元

信托资产	期末余额	年初余额	信托负债和信托权益	期末余额	年初余额
货币资金	514 133.78	418 045.86	交易性金融负债		
拆出资金			衍生金融负债		
存出保证金			应付受托人报酬	2 018.35	8 307.75
交易性金融资产	568 594.05	168 742.57	应付托管费	244.12	116.64
衍生金融资产			应付受益人收益	13.18	52.87
买入返售金融资产	6 600.07	841 482.00	应交税费		
应收款项	31 798.29	54 559.03	应付销售服务费		
发放贷款	7 957 299.38	3 663 570.70	其他应付款项	5 779.12	24 365.73
可供出售金融资产	—	156 180.00	预计负债		
持有至到期投资	4 410 462.00	2 721 461.20	其他负债		
长期应收款			信托负债合计	8 054.77	32 842.99
长期股权投资	1 348 456.44	533 242.73			
投资性房地产			信托权益		
固定资产			实收信托	14 698 472.98	8 500 103.60
无形资产			资本公积	1 185.37	6 106.30
长期待摊费用			损益平准金		
其他资产			未分配利润	129 630.89	18 231.21
减:各项资产减值准备			信托权益合计	14 829 289.24	8 524 441.11
信托资产总计	14 837 344.01	8 557 284.10	信托负债和信托权益总计	14 837 344.01	8 557 284.10

5.2.2 信托项目利润及利润分配汇总表

2013 年度 单位：万元

项　目	本年金额	上年金额
1. 营业收入	1 114 538.67	583 093.03
1.1 利息收入	519 610.06	274 514.13
1.2 投资收益（损失以"－"号填列）	631 124.50	307 409.37
1.2.1 其中：对联营企业和合营企业的投资收益		
1.3 公允价值变动收益（损失以"－"号填列）	－37 192.49	365.65
1.4 其他收入	996.60	803.88
2. 支出	106 265.59	92 041.31
2.1 营业税金及附加		
2.2 受托人报酬	52 005.21	55 322.42
2.3 托管费	11 207.54	8 873.70
2.4 投资管理费	1 699.69	785.27
2.5 销售服务费	2 473.82	2 420.68
2.6 交易费用	75.59	6.96
2.7 资产减值损失		
2.8 其他费用	38 803.74	24 632.28
3. 信托净利润（净亏损以"－"号填列）	1 008 273.08	491 051.72
4. 其他综合收益		0
5. 综合收益	1 008 273.08	491 051.72
6. 加：期初未分配信托利润	18 231.21	－1503.13
7. 可供分配的信托利润	1 026 504.29	489 548.59
8. 减：本期已分配信托利润	896 873.40	471 317.39
9. 期末未分配信托利润	129 630.89	18 231.20

6. 会计报表附注

6.1 简要说明报告年度会计报表编制基准

报告期内，会计报表编制基准较上年未发生变化。

6.2 重要会计政策、会计估计和核算方法的说明

报告期内，重要会计政策、会计估计和核算方法较上年未发生变化。

6.3 或有事项说明

报告期内，公司无对外担保和其他或有事项。

6.4 重要资产转让及其出售的说明

报告期内，公司无重要资产转让及出售。

6.5 会计报表中重要项目的明细资料

6.5.1 披露固有资产经营情况

6.5.1.1 按信用风险五级分类结果披露信用风险资产的期初数、期末数

信用风险资产五级分类	正常类（万元）	关注类（万元）	次级类（万元）	可疑类（万元）	损失类（万元）	信用风险资产合计（万元）	不良资产合计（万元）	不良资产率（%）
期初数	284 435.82	7 938.10				292 373.92		
期末数	334 760.50	7 938.10				342 698.60		

注：不良资产合计＝次级类＋可疑类＋损失类。

6.5.1.2 各项资产减值损失准备的期初数、本期计提、本期转回、本期核销、期末数

单位：万元

	期初数	本期计提	本期转回	本期核销	期末数
贷款损失准备	1 206.20	5 417.59	693.69		5 930.10
一般准备	1 206.20	5 417.59	693.69		5 930.10
专项准备					
其他资产减值准备					
可供出售金融资产减值准备	1 390.21	974.80	1 069.32		1 295.69
持有至到期投资减值准备	444.20	1 112.13	294.20		1 262.13
坏账准备	11.87	259.29	173.63		97.53

6.5.1.3 按照投资品种分类，披露固有业务股票投资、基金投资、债券投资、长期股权投资等投资业务

单位：万元

	股票	基金	债券	长期股权投资	其他投资	合计
期初数	66 921.00	62 517.35	10 000.00		153 926.71	293 365.06
期末数	147 191.20	34 712.00	10 000.00		146 430.87	338 334.07

6.5.1.4 按照投资入股金额排序，披露前五名的固有长期股权投资情况

本报告期公司无长期股权投资业务。

6.5.1.5 前三名的固有贷款的企业名称、占贷款总额的比例和还款情况

企业名称	占贷款总额的比例（%）	还款情况
北京汇源饮料食品集团	28.37	正常
苏州高新区城市建设投资发展有限公司	26.38	正常
河南中瑞集团有限公司	21.10	正常

6.5.1.6 表外业务的期初数、期末数，按照代理业务、担保业务和其他类型分别披露表外业务

本报告期公司无表外业务。

6.5.1.7 公司当年的收入结构

收入结构	金额（万元）	占比（%）
手续费及佣金收入	63 117.68	69.62
其中：信托手续费收入	62 294.50	68.71
利息收入	8 241.42	9.09
投资收益	19 298.39	21.29
其中：证券投资收益	15 676.39	17.29
其他投资收益	3 622.00	4.00
公允价值变动收益	—	—
营业外收入	—	—
收入合计	90 657.49	100.00

6.5.2 **披露信托财产管理情况**

6.5.2.1 信托资产的期初数、期末数

单位：万元

信托资产	期初数	期末数
集合	1 737 934.02	3 143 976.87
单一	5 809 350.05	10 683 367.12
财产权	1 010 000.02	1 010 000.02
合计	8 557 284.09	14 837 344.01

6.5.2.1.1 主动管理型信托业务期初数、期末数

单位：万元

主动管理型信托资产	期初数	期末数
证券投资类	202 951.39	945 440.47
股权投资类	2 709 003.28	2 165 381.14
融资类	2 726 117.12	4 153 039.78
事务管理类	10 003.35	10 003.35
合计	5 648 075.14	7 273 864.74

6.5.2.1.2 被动管理型信托业务期初数、期末数

单位：万元

被动管理型信托资产	期初数	期末数
证券投资类	182 033.29	632 193.88
股权投资类	658 149.81	2 056 092.54
融资类	741 366.98	3 490 076.77
事务管理类	1 327 658.87	1 385 116.08
合计	2 909 208.95	7 563 479.27

6.5.2.2 本年度已清算结束的信托项目个数、金额、加权平均实际年化收益率

6.5.2.2.1 本年度已清算结束的集合管类、单一资金信托项目和财产管理类信托项目个数、金额、加权平均实际年化收益率

已清算结束信托项目	项目个数	实收信托合计金额（万元）	加权平均实际年化收益率（%）
集合类	59	896 884.56	8.08
单一类	96	3 714 528.13	7.76

6.5.2.2.2 本年度已清算结束的主动理类类信托项目个数、金额、加权平均实际年化收益率

已清算结束信托项目	项目个数	实收信托合计金额（万元）	加权平均实际年化收益率（%）
证券投资类	12	136 577.56	9.32
股权投资类	67	1 434 551.30	8.90
融资类	50	1 748 525.70	8.48%

注：加权平均实际年化收益率 =（信托项目 1 的实际年化收益率 × 信托项目 1 的实收信托 + 信托项目 2 的实际年化收益率 × 信托项目 2 的实收信托 + … + 信托项目 n 的实际年化收益率 × 信托项目 n 的实收信托）/（信托项目 1 的实收信托 + 信托项目 2 的实收信托 + … + 信托项目 n 的实收信托）×100%。

6.5.2.2.3 本年度已清算结束的被动管理型信托项目个数、合计金额、加权平均实际年化收益率分投资、融资、事务类分别披露

已清算结束信托项目	项目个数	实收信托合计金额（万元）	加权平均实际年化收益率（%）
证券投资类	—	—	—
股权投资类	9	629 052.20	3.75
融资类	17	662 705.93	7.30

6.5.2.3 本年度新增的集合类、单一类、财产管理类信托项目个数、合计金额

新增信托项目	项目个数	实收信托合计金额（万元）
集合类	62	2 047 611.67
单一类	194	7 524 611.10
财产管理类		
新增合计	256	9 572 222.77
其中：主动管理型	135	4 661 839.77
被动管理型	121	4 910 383.00

6.5.2.4 信托业务创新成果和特色业务有关情况

报告期内，公司在资本市场上对定向增发类项目的交易结构、合作模式等方面进行了积极研究和业务开拓，尝试在资本市场上寻找信托公司新的经济增长点。

6.5.2.5 本公司履行受托人义务情况及因本公司自身责任而导致的信托资产损失情况

报告期内，公司管理的信托业务运作正常，未出现因本公司自身责任而导致的信托资产损失情况。

6.5.2.6 信托赔偿准备金的提取、使用和管理情况

根据本公司章程及《资产风险分类管理办法》等规定，年度终了在利润分配时提取净利润的5%作为信托赔偿准备金，但该赔偿准备金累计总额达到公司注册资本的20%时，可不再提取。

本报告期，公司计提信托赔偿金 2 543.79 万元，累计 4 633.05万元。公司信托项目运行良好，未发生对信托产品赔偿事项，信托赔偿准备金累计金额小于公司注册资本的20%。

6.6 关联方关系及其交易的披露

6.6.1 关联交易方的数量、关联交易的总金额及关联交易的定价政策

	关联交易方数量	关联交易金额（万元）	定价政策
合计	2	113 200.00	以市场交易价格为依据

6.6.2 关联交易方与本公司的关系性质，关联交易方的名称、法定代表人、注册地址、注册资本及主营业务等

关系性质	关联方名称	法定代表人	注册地址	注册资本（亿元）	主营业务
公司股东	中国华电集团财务有限公司	陈宇	北京市西城区宣武门内大街 2 号 B 座10层	50	对成员单位办理财务和融资、担保、结算等，从事同业拆借，对金融机构的股权投资，中国银行业监督管理委员会批准的其他业务等。

6.6.3 本公司与关联方的重大交易事项

6.6.3.1 固有与关联方交易情况

无。

6.6.3.2 信托资产与关联方：贷款、投资、租赁、应收账款、担保、其他方式等期初汇总数、本期发生汇总额、期末汇总数

单位：万元

信托与关联方关联交易				
	期初数	借方发生额	贷方发生额	期末数
贷款	99 100.00		900.00	98 200.00
合计	99 100.00		900.00	98 200.00

6.6.3.3 信托公司自有资金运用于自己管理的信托项目（固信交易）、信托公司管理的信托项目之间的相互交易（信信）交易金额，包括余额和本报告年度的发生额

6.6.3.3.1 固有与信托财产之间的交易金额期初汇总数、本期发生额汇总数、期末汇总数

单位：万元

固有财产与信托财产相互交易			
	期初数	本期发生额	期末数
合计	29 420.00	−14 420.00	15 000.00

6.6.3.3.2 信托资产与信托财产之间的交易金额期初汇总数、本期发生额汇总数、期末汇总数

单位：万元

信托资产与信托财产相互交易			
	期初数	本期发生额	期末数
合计	0	0	0

6.6.4 逐笔披露关联方逾期未偿还本公司资金的详细情况以及本公司为关联方担保发生或即将发生垫款的详细情况

本报告期，公司无上述事项发生。

6.7 会计制度的披露

本公司固有业务和信托业务均执行财政部2006年颁布的企业会计准则。

7. 财务情况说明书

7.1 利润实现和利润分配情况

本报告期，公司实现利润总额65 313.21万元，所得税费用14 437.48万元，净利润50 875.73万元。

根据《公司法》、《信托公司管理办法》等规定，2013年度利润分配如下：

按净利润的10%，提取法定盈余公积金5 087.57万元；

按净利润的5%，提取信托赔偿准备金2 543.79万元；

按风险资产余额的1.5%，提取一般风险准备760.32万元。

上述各项提取后，加上年初未分配利润，剩余可供股东分配利润为70 981.29万元。

7.2 主要财务指标

指标名称	指标值
资本利润率（%）	17.86
加权平均实际年化信托报酬率（%）	0.54
人均净利润（万元）	387

注：1. 资本利润率＝净利润/所有者权益平均金额×100%。

2. 加权平均实际年化收益率＝（信托项目1的实际年化收益率×信托项目1的实收信托＋信托项目2的实际年化收益×信托项目2的实收信托＋…信托项目n的实际年化收益率×信托项目n的实收信托）/（信托项目1的实收信托＋信托项目2的实收信托＋…＋信托项目n的实收信托）×100%。

3. 人均净利润＝净利润/年平均人数。

4. 平均值采取年初、年末余额简单平均法，即平均值＝（年初数＋年末数）/2。

7.3 净资本和风险资本情况

项　目	期初数	期末数
净资本（万元）	223 383.95	258 814.54
风险资本（万元）	110 868.44	159 643.46
净资本/风险资本（%）	201.49	162.12
净资本/净资产（%）	86.06	83.40

报告期内，公司净资本充足，各项比例符合管理要求。

7.4 对本公司财务状况、经营成果有重大影响的其他事项

报告期内，公司未发生对财务状况、经营成果有重大影响的其他事项。

8. 特别事项揭示

8.1 前五名股东报告期内变动情况及原因

报告期内，前五名股东未发生变动情况。

8.2 董事、监事及高级管理人员变动情况及原因

根据工作需要，按照股东方中国华电集团公司的提名并经公司股东会选举，郝彬、袁亚男为公司非独立董事，吴晓球、孟向洁、王昊为公司独立董事人选。按照股东方华电集团财务公司的提名并经公司股东会选举，陈宇、刘蒴为公司非独立董事。因工作原因，胡忠良不再担任公司董事会董事。

8.3 变更注册资本、注册地或公司名称及公司分立与合并事项

报告期内无上述事项。

8.4 公司的重大诉讼事项

报告期内无上述事项。

8.5 公司及其董事、监事和高级管理人员受到处罚的情况

报告期内无上述事项。

8.6 对银监会及其派出机构所提监管意见的整改情况

报告期内无上述事项。

8.7 本年度重大事项临时报告的简要内容、披露时间、所披露的媒体及其版面

报告期内无上述事项。

8.8 银监会及其省级派出机构认定的其他有必要让客户及相关利益人了解的重要信息

报告期内无上述事项。

9. 公司监事会意见

报告期内,公司监事会认为公司决策程序合法,内部控制制度完善,没有发现董事、经理和其他高级管理人员在执行职务时有违法违纪及有损公司和股东利益的行为,财务报告真实反映了公司的财务状况和经营成果。

华信信托股份有限公司

1. 重要提示

1.1　公司董事会及董事保证本报告所载资料不存在任何虚假记载、误导性陈述或者重大遗漏，并对其内容的真实性、准确性和完整性承担个别及连带责任。本年度报告摘要摘自年度报告全文，客户及相关利益人欲了解详细内容，应阅读年度报告全文。

1.2　独立董事郑少南因工作原因未能参会，书面授权给独立董事张丽代为行使表决权。独立董事郑少南、邢天才、张丽认为公司年度报告内容真实、准确、完整。

1.3　公司年度财务报告经致同会计师事务所（特殊普通合伙）辽宁分所审计，并出具了标准无保留意见的审计报告。

1.4　公司董事长董永成、主管会计工作负责人崔相斌及会计机构负责人王艳杰声明：保证年度报告中财务报告的真实、完整。

2. 公司概况

2.1　公司简介

公司设立于1987年，原名中国工商银行大连市信托投资公司；1988年，改制为股份有限公司，更名为中国工商银行大连信托投资股份有限公司；1997年，更名为大连华信信托投资股份有限公司；2001年，成为全国首批、东北地区首家完成重新登记的信托投资公司；2006年，注册资本增加到10.01亿元；2007年，注册资本增加到12.1亿元；2007年，更名为大连华信信托股份有限公司；2010年，注册资本增加到20.57亿元；2012年，注册资本增加到30亿元；2013年，注册资本增加到33亿元，更名为华信信托股份有限公司。

2.1.1　公司基本情况

法定中文名称	华信信托股份有限公司
中文名称缩写	华信信托
法定英文名称	Huaxin Trust Co.,Ltd.
英文名称缩写	HUAXIN TRUST
法定代表人	董永成
注册地址	大连市西岗区大公街34号
邮政编码	116011
国际互联网网址	www.huaxintrust.com
电子信箱	huaxin@hxtic.cn
选定的信息披露报纸	《金融时报》、《中国证券报》、《证券时报》、《上海证券报》
年度报告备置地点	华信信托理财中心
聘请的会计师事务所	名称：致同会计师事务所（特殊普通合伙）辽宁分所注册地址：大连市中山区鲁迅路35号盛世大厦
聘请的律师事务所	名称：辽宁双护律师事务所 注册地址：大连市沙河口区西安路90号广荣大厦1601室

2.1.2　信息披露事务负责人

姓名	侯　宇
职务	副总裁
联系电话	0411-83611895
传真	0411-83638415
电子信箱	huaxin@hxtic.cn

2.2　组织结构

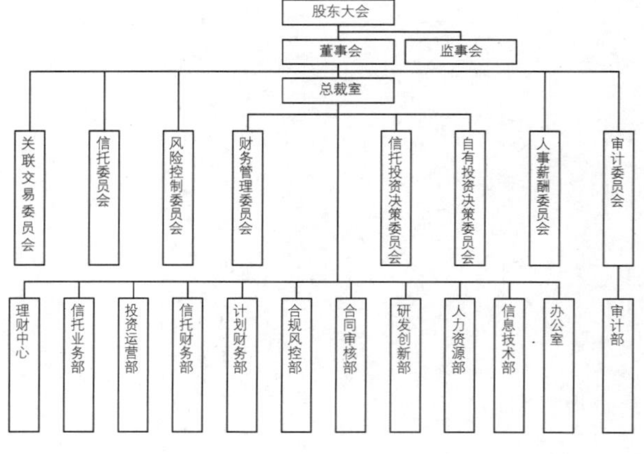

3. 公司治理

3.1　公司治理结构

公司前三位股东：

名称	出资比例（%）	法人代表	注册资本（万元）	注册地址	主要经营业务及财务状况
华信汇通集团有限公司	60	董永成	330 000	北京市西城区金融街28号2号楼19层	投资及资产管理、经济信息咨询、财务咨询等。2013年末，资产总额689 936.52万元，利润总额63 753.26万元（未经审计）。
大连保税区海涵发展有限公司	4.48	刘辉	34 900	大连市保税区市场大厦	项目投资等。2013年末，资产总额54 560.97万元，利润总额2 489.08万元。
北京越达投资有限公司	4.48	张桂芝	21 000	北京市朝阳区东三环南路	项目投资、经济信息咨询等。2013年末，资产总额70 999.68万元，利润总额7 216.85万元。

3.2 董事

董事会成员

姓名	职务	性别	年龄	选任日期	所推举的股东名称	该股东持股比例(%)	简要履历
董永成	董事长	男	57	2010年12月29日	华信汇通集团有限公司	60	曾任中国工商银行大连市分行技改处副处长、中国工商银行大连信托投资股份有限公司总经理,现任华信信托股份有限公司董事长。
刘辉	董事	男	42	2010年12月29日	大连保税区海涵发展有限公司	4.48	曾任海口卉烽粮油有限公司董事长,现任大连保税区海涵发展有限公司董事长、华信信托股份有限公司董事。
侯霞	董事	女	41	2012年4月6日	北京越达投资有限公司	4.48	曾任大连恒元经贸有限公司总经理,大连丰华恒昌公司副总经理、财务总监,加拿大道明金融集团金融分析师;现任北京越达投资有限公司副总经理、华信信托股份有限公司董事。
姜顺杰	董事	男	51	2010年12月29日	大连顺联达集团有限责任公司	4.48	曾任大连纺织厂财务科科长,大连碧海山庄旅游集团财务处长、总经理助理,大连凯撒餐饮有限公司总经理;现任大连保税区顺林石化有限公司董事长、总经理,大连顺联达集团有限责任公司总经理,华信信托股份有限公司董事。
王兰山	董事	男	70	2010年12月29日	沈阳万基实业发展有限公司	4.48	曾任大连炼铁厂厂长,现任沈阳万基实业发展有限公司总经理、华信信托股份有限公司董事。
张凤阁	董事	男	59	2010年12月29日	大连港集团有限公司	3.09	曾任大连港务局总会计师,大连港集团有限公司副总经理、总会计师兼委派财务负责人管理中心主任;现任大连港集团有限公司监事、华信信托股份有限公司董事。
郑少南	独立董事	男	51	2011年11月28日	—	—	曾任大连海运学院研究生部团委书记,大连海事大学校长办公室副主任、主任,人事处处长,大连海事大学党委常委、校长助理、副校长;现任大连海事大学党委副书记兼副校长、华信信托股份有限公司独立董事。
邢天才	独立董事	男	52	2012年2月29日	—	—	曾任东北财经大学投资系讲师、副教授,东北财经大学研究生处副处长,东北财经大学高教研究室主任,东北财经大学高等职业技术学院院长;现任东北财经大学金融学院院长、教授、博士生导师,华信信托股份有限公司独立董事。
张丽	独立董事	女	57	2010年12月29日	—	—	曾任东北财经大学电子商务学院书记兼副院长、东北财经大学网络教育学院书记、东北财经大学经济学院书记兼副院长,现任华信信托股份有限公司独立董事。

独立董事

姓名	所在单位及职务	性别	年龄	选任日期	提名人	简要履历
郑少南	独立董事	男	51	2011年11月28日	董事会	曾任大连海运学院研究生部团委书记,大连海事大学校长办公室副主任、主任,人事处处长,大连海事大学党委常委、校长助理、副校长;现任大连海事大学党委副书记兼副校长、华信信托股份有限公司独立董事。
邢天才	独立董事	男	52	2012年2月29日	董事会	曾任东北财经大学投资系讲师、副教授,东北财经大学研究生处副处长,东北财经大学高教研究室主任,东北财经大学高等职业技术学院院长;现任东北财经大学金融学院院长、教授、博士生导师,华信信托股份有限公司独立董事。
张丽	独立董事	女	57	2010年12月29日	董事会	曾任东北财经大学电子商务学院书记兼副院长、东北财经大学网络教育学院书记、东北财经大学经济学院书记兼副院长,现任华信信托股份有限公司独立董事。

3.3 监事

监事会成员

姓名	职务	性别	年龄	选任日期	所推举的股东名称	该股东持股比例(%)	简要履历
于永顺	监事长	男	63	2011年11月28日	华信汇通集团有限公司	60	曾任中国建设银行总行副处长、处长、审计部总经理、首席审计官,现任华信信托股份有限公司监事长。
初文博	监事	男	60	2010年12月29日	大连坤达铸铁管有限公司、北京翔瑞思科技创业投资有限公司	4.64	曾任大连炼铁厂厂长;现任大连坤达铸铁管有限公司董事长、总经理,华信信托股份有限公司监事。
臧冬青	监事	女	49	2010年12月29日	职工代表	—	曾任铁岭市一中教师、大连甘井子区教师进修学校教师,现任华信信托股份有限公司职员、监事。

3.4 高级管理人员

姓名	职务	性别	年龄	选任日期	金融从业年限	学历	专业
黄 铎	总裁	男	61	2010 年 12 月 29 日	23	大专	管理
崔相斌	副总裁	男	46	2010 年 12 月 29 日	22	研究生	管理
王瑾	副总裁	女	47	2010 年 12 月 29 日	16	本科	统计
付绍波	副总裁	男	37	2010 年 12 月 29 日	15	本科	建筑工程
侯宇	副总裁	女	35	2012 年 7 月 26 日	13	本科	法律

3.5 公司员工

项 目		报告期年度	
		人数（174 人）	比例（%）
年龄分布	25 岁以下	16	9.20
	25～29 岁	58	33.33
	30～39 岁	73	41.95
	40 岁以上	27	15.52
学历分布	博士	1	0.57
	硕士	93	53.45
	本科	76	43.68
	专科	4	2.30
岗位分布	董事、监事及高管人员	8	4.60
	自营业务人员	10	5.75
	信托业务人员	109	62.64
	其他人员	47	27.01

4. 经营管理

4.1 经营目标、方针、战略规划

经营目标：以提升资产管理能力和盈利能力为核心，以风险控制为前提、团队建设为关键、机制完善为保障，致力于发挥信托功能优势，为客户提供安全稳健的信托产品和高效便捷的信托服务，将公司建设成为业内领先、品牌卓著、核心竞争力突出的金融企业。

经营方针：恪守诚信、稳健合规、开拓创新、和谐共赢。

战略规划：充分发挥公司较强的自主管理能力、品牌影响力和协同效应，扩展投资领域，完善投资管理体系，提升资产管理能力和业务规模，带动盈利能力持续提升；提高风险管理能力，建立起科学、高效的风险分析与评价体系，准确识别、控制各类风险；加强企业文化建设，完善人才培养机制和绩效考核机制，建立一支富有创新意识、高素质、高水平的专业团队；丰富理财产品体系，提升客户服务水平，扩大客户群体。

4.2 所经营业务的主要内容

公司业务分为信托业务和固有业务。其中，信托业务主要包括财富管理类信托、融资类信托、投资类信托、特许经营类信托等，固有业务主要包括金融类公司股权投资业务、金融产品投资业务、贷款业务等。

4.3 市场分析

4.3.1 公司发展的有利因素

2013 年，我国保持实施稳健的货币政策，国家新一轮的城镇化建设为信托投融资提供了更多机会；居民可支配收入不断提高、高净值人群数量的持续快速增长、通胀压力使得信托理财需求日趋旺盛；公司作为具有多年成功经营历史的辽宁省唯一一家信托公司，在所属区域内有着较好的社会声誉和品牌影响力，高端客户对于公司品牌的认可度不断提升；公司完成增资扩股，净资产和净资本规模进一步提升；公司经营管理团队经验丰富、人员稳定，员工具有较高的综合素质，业务实践能力较强；公司法人治理结构、业务产品结构、风险管理体系日趋完善，拥有较强的自主管理能力。

4.3.2 公司发展的不利因素

在信托同业竞争加剧的同时，保险、证券、基金、期货、银行等金融机构全面开展资产管理业务，对信托行业构成一定程度上的同质化业务竞争局面；与此同时，互联网金融产品的兴起正在改变着人们的理财观念与习惯，冲击着理财市场格局。

4.4 内部控制

公司始终致力于内控制度的建设及完善，建立了以股东大会、董事会及其下属专业委员会、监事会、管理层等为主体的公司治理组织架构，制定了完备的议事规则和决策程序。建立了健全有效、涵盖全部业务和管理活动的内控制度体系，从公司治理、业务操作、财务管理、风险控制与合规管理、审计监督、人力资源管理和其他事务管理等多方面进行规范。

倡导以“合规”和“诚信”为核心的企业文化，业务发展以合规运作及风险可控为前提，切实履行受托责任，尽职管理信托财产，努力实现受益人利益最大化。

切实发挥监事会、独立董事的监督职能，加强外部监督作用；管理层建立了合理授权、有效问责、内部举报和奖惩制度，鼓励员工举报违法违规、违反职业操守和诚信原则的行为；不断完善风险控制和合规管理。建立了固有业务和信托业务相互分离的业务管理体系，实现了前台、中台、后台分工协作又相对独立的科学、高效的运营机制；严格执行重要岗位的强制休假和岗位轮调制度，强化执行力建设，保证各项内部控制措施的有效执行。建立业务预警及突发事件应急机制，不断提高风险防范和处置能力，保障持续经营。建立并不断完善通畅、双向的信息交流与反馈机制。持续加强信息化建设水平，提升信息系统功能，为信息交流与反馈机制的顺利运转提供技术支持。建立了部门自查、岗位相互制约、员工内部举报、合规检查及内部审计相结合的监督与纠正机制。

4.5 风险管理

公司经营中面临的风险可能有信用风险、市场风险、操作风险、法律政策风险、兑付风险、道德风险、声誉风险等。

信用风险是指因交易对手违约或信用等级下降，给公司造成的可能损失。公司严格按照监管规定足额计提一般准备和资产减值准备，按比例提取信托赔偿准备金，以提高公司抵御风险的能力。截至 2013 年末，公司自营项下信用风险资产 66 926.55万元，信托项下信用风险资产 4 955 381.49 万元，

全部为正常类资产。

市场风险主要指由于利率、汇率、股市价格等因素变动而产生未知潜在损失的风险。公司持有的美元资产、自营贷款业务、信托贷款业务、自营证券投资业务以及证券投资类资金信托业务等均可能面临市场风险。报告期内公司通过资产组合投资等方法分散风险，将市场风险控制在可承受范围内。

操作风险是指由于内部程序、人员、系统不完善或失误，或外部事件造成损失的风险。公司通过完善治理结构、加强内控管理等措施防控操作风险。报告期内未发生因操作风险所造成的损失。

其他风险主要是指公司业务开展中的法律政策风险、兑付风险、道德风险、声誉风险等。报告期内公司未发生因其他风险所造成的损失。公司加强对国家法律、宏观政策的收集、研究，及时作出前瞻性的预测，适时调整经营策略和业务拓展方向，有效规避因法律、政策变化带来的风险；倡导和培育合规文化，并将合规文化融入公司经营管理、内控建设、企业文化建设的全过程，全体员工不断提高合规意识，严格履行合规职责；加强职业道德教育，增强员工的工作责任心；加强对信用风险、市场风险、操作风险、法律风险等业务原发风险的防控，通过有效识别、管理、控制原发风险，有效控制和降低兑付风险、声誉风险等派生风险的发生；公司高度重视声誉风险，对声誉风险的容忍度为零。

4.6 净资本管理

公司依据《信托公司净资本管理办法》实施净资本管理，报告期内公司资本充足，流动性良好，能够抵御各项业务带来的不可预期的风险。截至2013年末，公司净资本539 374.49万元，各项业务风险资本之和为142 929.07万元，净资本/各项业务风险资本之和为377.37%，净资本/净资产为91.76%，均符合《信托公司净资本管理办法》要求，具有较大的业务发展空间。

5. 报告期末及上一年度末的比较式会计报表

5.1 自营资产

5.1.1 会计师事务所审计意见全文

审计报告

致同审字（2014）第210FB0025号

华信信托股份有限公司全体股东：

我们审计了后附的华信信托股份有限公司（以下简称华信信托公司）财务报表，包括2013年12月31日的资产负债表，2013年度的利润表、现金流量表、股东权益变动表以及财务报表附注。

一、管理层对财务报表的责任

编制和公允列报财务报表是华信信托公司管理层的责任，这种责任包括：（1）按照企业会计准则的规定编制财务报表，并使其实现公允反映；（2）设计、执行和维护必要的内部控制，以使财务报表不存在由于舞弊或错误导致的重大错报。

二、注册会计师的责任

我们的责任是在执行审计工作的基础上对财务报表发表审计意见。我们按照中国注册会计师审计准则的规定执行了审计工作。中国注册会计师审计准则要求我们遵守中国注册会计师职业道德守则，计划和执行审计工作以对财务报表是否不存在重大错报获取合理保证。

审计工作涉及实施审计程序，以获取有关财务报表金额和披露的审计证据。选择的审计程序取决于注册会计师的判断，包括对由于舞弊或错误导致的财务报表重大错报风险的评估。在进行风险评估时，注册会计师考虑与财务报表编制和公允列报相关的内部控制，以设计恰当的审计程序，但目的并非对内部控制的有效性发表意见。审计工作还包括评价管理层选用会计政策的恰当性和作出会计估计的合理性，以及评价财务报表的总体列报。

我们相信，我们获取的审计证据是充分、适当的，为发表审计意见提供了基础。

三、审计意见

我们认为，华信信托公司财务报表在所有重大方面按照企业会计准则的规定编制，公允反映了华信信托公司2013年12月31日的财务状况以及2013年度的经营成果和现金流量。

致同会计师事务所（特殊普通合伙）辽宁分所

中国·大连　　中国注册会计师：

中国注册会计师：　　姜　韬　张彦军

二〇一四年三月十九日

5.1.2 资产负债表

编制单位：华信信托股份有限公司　　2013年12月31日　　单位：万元

资　　产	期末数	期初数	负债和所有者权益	期末数	期初数
货币资金	13 992.58	11 251.93	负债：		
买入返售金融资产	26 490.26	74 510.74	代理业务	1 597.32	1 611.07
交易性金融资产			拆入资金		
贷款	6 000.00	30 000.00	交易性金融负债		
应收账款	14 643.67	12 270.04	应付职工薪酬	3 858.08	3 162.99
应收利息			应交税费	9 547.14	7 705.26
应收股利			应付股利	5 378.86	2 451.06

续表

资　产	期末数	期初数	负债和所有者权益	期末数	期初数
持有至到期投资			递延所得税负债	832.57	6 664.97
可供出售金融资产	356 414.74	271 187.23	其他负债	51.58	40.23
长期股权投资	169 541.61	159 148.49	负债合计	21 265.55	21 635.58
投资性房地产			所有者权益：		
固定资产	5 240.91	5 425.40	股本	330 000.00	300 000.00
无形资产	969.71	1 041.22	资本公积	34 303.43	81 705.90
递延所得税资产	9 993.29	198.22	盈余公积	43 299.92	31 513.30
其他资产	5 801.45	3 961.26	信托赔偿准备	20 319.76	14 426.45
			一般风险准备	8 683.37	8 266.17
			未分配利润	151 216.19	111 447.13
			所有者权益合计	587 822.67	547 358.95
资产总计	609 088.22	568 994.53	负债和所有者权益总计	609 088.22	568 994.53

法定代表人：董永成　　主管会计工作负责人：崔相斌　　会计机构负责人：王艳杰

5.1.3　利润表

编制单位：华信信托股份有限公司　　2013 年度　　单位：万元

项　目	当年数	上年数
一、营业收入	170 843.22	117 947.29
利息净收入	3 485.91	6 220.66
利息收入	3 485.91	6 220.66
利息支出		
手续费及佣金净收入	94 046.92	79 858.35
手续费及佣金收入	94 046.92	79 858.35
手续费及佣金支出		
投资收益	73 539.96	29 045.69
其中：对联营企业和合营企业的投资收益	9 962.67	8 664.80
公允价值变动收益		2 769.78
汇兑收益	-312.43	-56.07
其他业务收入	82.86	108.88
二、营业支出	18 610.49	15 983.96
营业税金及附加	8 834.29	5 984.63
业务及管理费	10 156.20	10 019.33
资产减值损失	-380.00	-20.00
其他业务成本		
三、营业利润	152 232.73	101 963.33
营业外收入	0.86	170.00
营业外支出	117.44	5.14
四、利润总额	152 116.15	102 128.19
所得税费用	34 249.96	23 376.61
五、净利润	117 866.19	78 751.58
六、每股收益		
（一）基本每股收益	0.38	0.36
（二）稀释每股收益	0.38	0.36
七、其他综合收益	-47 402.47	26 175.41
八、综合收益总额	70 463.72	104 926.99

法定代表人：董永成　　主管会计工作负责人：崔相斌　　会计机构负责人：王艳杰

5.1.4 所有者权益(股东权益)变动表

编制单位:华信信托股份有限公司　　2013年度　　单位:万元

项　目	股本	资本公积	减:库存股	盈余公积	一般风险准备	信托赔偿准备	未分配利润	所有者权益合计
一、上年年末余额	300 000.00	81 705.90		31 513.30	8 266.17	14 426.45	111 447.13	547 358.95
1. 会计政策变更								
2. 前期差错更正								
二、本年年初余额	300 000.00	81 705.90		31 513.30	8 266.17	14 426.45	111 447.13	547 358.95
三、本年增减变动金额(减少以"-"号填列)	30 000.00	-47 402.47		11 786.62	417.20	5 893.31	39 769.06	40 463.72
(一)本年净利润							117 866.19	117 866.19
(二)其他综合收益		-47 402.47						-47 402.47
(一)(二)项小计		-47 402.47					117 866.19	70 463.72
(三)所有者投入资本	30 000.00							30 000.00
1. 所有者投入资本	30 000.00							30 000.00
2. 股份支付计入所有者权益的金额								
3. 其他								
(四)本年利润分配				11 786.62	417.20	5 893.31	-78 097.13	-60 000.00
1. 提取盈余公积				11 786.62			-11 786.62	
2. 对所有者(或股东)的分配							-60 000.00	-60 000.00
3. 其他(一般风险准备、信托赔偿准备)					417.20	5 893.31	-6 310.51	
(五)所有者权益内部结转								
1. 资本公积转增资本								
2. 盈余公积转增资本								
3. 盈余公积弥补亏损								
4. 其他								
四、本年年末余额	330 000.00	34 303.43		43 299.92	8 683.37	20 319.76	151 216.19	587 822.67

法定代表人:董永成　　主管会计工作负责人:崔相斌　　会计机构负责人:王艳杰

5.2 信托资产

5.2.1 信托项目资产负债汇总表

编制单位:华信信托股份有限公司　　2013年12月31日　　单位:万元

信托资产	期末数	期初数	信托负债和信托权益	期末数	期初数
信托资产:			信托负债:		
货币资金	403 122.17	166 019.44	应付受托人报酬	14 643.67	12 270.04
拆出资金			应付托管费	208.53	121.37
应收款项	31 150.47	4 793.72	应付受益人收益	718.77	1 472.73
买入返售资产	71 280.84	40 570.41	其他应付款项	25 594.38	17 388.73
交易性金融资产	609 535.67	238 285.71	应交税金		
可供出售金融资产			其他负债		
持有至到期投资	4 305 350.90	2 423 325.00	信托负债合计	41 165.35	31 252.87
长期股权投资	46 930.50	109 269.50	信托权益:		
贷款	2 171 116.50	2 661 676.00	实收信托	7 479 022.60	5 542 122.11
应收融资租赁款			资本公积		
固定资产			未分配利润	118 299.10	70 564.80
无形资产					
长期待摊费用					
其他资产			信托权益合计	7 597 321.70	5 612 686.91
信托资产总计	7 638 487.05	5 643 939.78	信托负债及信托权益总计	7 638 487.05	5 643 939.78

法定代表人:董永成　　主管会计工作负责人:崔相斌　　会计机构负责人:李月英

5.2.2 信托项目利润及利润分配汇总表

2013 年度

编制单位：华信信托股份有限公司　　单位：万元

项　目	当年数	上年数
一、营业收入	639 418.06	479 340.59
利息收入	309 639.57	239 551.23
投资收益	381 135.31	211 765.73
公允价值变动收益	-74 299.33	18 853.41
租赁收入		
汇兑收益	-161.23	-126.78
其他收入	23 103.74	9 297.00
二、营业费用	133 786.84	101 334.30
三、营业税金及附加		
四、扣除资产损失前的信托利润	505 631.22	378 006.29
减：资产减值损失		
五、扣除资产损失后的信托利润	505 631.22	378 006.29
加：期初未分配信托利润	70 564.80	17 156.68
其他转入	5 775.55	8 930.71
六、可供分配的信托利润	581 971.57	404 093.68
减：本期已分配信托利润	463 672.47	333 528.88
七、期末未分配信托利润	118 299.10	70 564.80

法定代表人：董永成　　主管会计工作负责人：崔相斌　　会计机构负责人：李月英

6. 会计报表附注

6.1 报告年度会计报表编制基准、会计政策、会计估计和核算方法变化情况

报告期内未发生变化。

6.2 或有事项说明

报告期内无须说明的或有事项。

6.3 重要资产转让及其出售的说明

报告期内 公司将原持有的10 000 万股百年人寿保险股份有限公司股权全部转让。

6.4 会计报表中重要项目的明细资料

6.4.1 披露自营资产经营情况

6.4.1.1 按信用风险五级分类结果披露信用风险资产的期初数、期末数。

信用风险资产五级分类	正常类（万元）	关注类（万元）	次级类（万元）	可疑类（万元）	损失类（万元）	信用风险资产合计（万元）	不良资产合计（万元）	不良资产率（%）
期初数	131 993.41	0	0	0	0	131 993.41	0	0
期末数	66 926.55	0	0	0	0	66 926.55	0	0

6.4.1.2 各项资产减值损失准备的期初数、本期计提、本期转回、本期核销、期末数

单位：万元

	期初数	本期计提	本期收回	本期核销	期末数
贷款损失准备	0	-380.00	380.00	0	0
一般准备	0	0	0	0	0
专项准备	0	-380.00	380.00	0	0
其他资产减值准备	0	0	0	0	0
可供出售金融资产减值准备	0	0	0	0	0
持有至到期投资减值准备	0	0	0	0	0
长期股权投资减值准备	0	0	0	0	0
坏账准备	0	0	0	0	0
投资性房地产减值准备	0	0	0	0	0

6.4.1.3 自营股票投资、基金投资、债券投资、长期股权投资等投资业务的期初数、期末数

单位：万元

	自营股票	基金	债券	长期股权投资
期初数	270 410.23	777.00	0	159 148.49
期末数	356 414.74	0	0	169 541.61

6.4.1.4 按投资入股金额排序，前五名的自营长期股权投资的企业名称、占被投资企业权益的比例、主要经营活动及投资收益情况等

企业名称	占被投资企业权益的比例（%）	投资损益（万元）
大通证券股份有限公司	28.04	2 540.93
丹东银行股份有限公司	18.48	7 421.74
大连银行股份有限公司	4.88	—
大连良运期货经纪有限公司	19.00	—

6.4.1.5 前五名的自营贷款的企业名称、占贷款总额的比例和还款情况等

企业名称	占贷款总额的比例（%）	还款情况
沈阳百格投资有限公司	100	正常付息

6.4.1.6 表外业务的期初数、期末数

单位：万元

表外业务	期初数	期末数
担保业务	0	0
代理业务（委托业务）	1 120.45	1 120.45
合计	1 120.45	1 120.45

6.4.1.7 公司当年的收入结构

收入结构	金额（万元）	占比（%）
手续费及佣金收入	94 046.92	55.04
其中：信托手续费收入	93 382.47	54.66
投资银行业务收入	637.10	0.37
利息收入	3 485.91	2.04
其他业务收入	82.86	0.05
其中：计入信托业务收入部分	0	0
投资收益	73 539.96	43.05
其中：股权投资收益	11 962.67	7.01
证券投资收益	60 791.88	35.58
其他投资收益	785.41	0.46
公允价值变动收益	0	0
汇兑收益	-312.43	-0.18
营业外收入	0.86	0
收入合计	170 844.08	100

6.4.2　披露信托财产管理情况

6.4.2.1　信托资产的期初数、期末数

单位:万元

信托资产	期初数	期末数
集合	1 940 032.12	3 647 854.38
单一	3 407 472.77	3 788 527.62
财产权	284 182.36	180 681.42
合计	5 631 687.25	7 617 063.42

注:合计数小于信托资产负债表的资产总计,不包含推介期和代保管资产。

6.4.2.1.1　主动管理型信托业务的信托资产期初数、期末数

单位:万元

主动管理型信托资产	期初数	期末数
证券投资类	308 532.15	691 295.73
股权投资类	141 473.41	63 044.35
权益投资类	164 213.58	1 276 925.03
融资类	3 247 206.84	3 730 089.82
事务管理类	359 878.76	540 845.23
合计	4 221 304.74	6 302 200.16

6.4.2.1.2　被动管理型信托业务的信托资产期初数、期末数

单位:万元

被动管理型信托资产	期初数	期末数
证券投资类	0	0
股权投资类	0	0
权益投资类	0	0
融资类	958 885.94	881 870.47
事务管理类	451 496.57	432 992.79
合计	1 410 382.51	1 314 863.26

注:主动管理型和被动管理型信托业务的资产总和小于信托资产负债表的资产总计,不包含推介期和代保管资产。

6.4.2.2　2013年度已清算结束的信托项目个数、实收信托合计金额、加权平均实际年化收益率

6.4.2.2.1　2013年度已清算结束的集合类、单一类资金信托项目和财产管理类信托项目个数、实收信托金额、加权平均实际年化收益率

已清算结束信托项目	项目个数	实收信托合计金额(万元)	加权平均实际年化收益率(%)
集合类	127	1 122 690.00	7.54
单一类	253	1 952 823.00	9.20
财产管理类	2	83 600.00	10.79

6.4.2.2.2　本年度已清算结束的主动管理型信托项目个数、实收信托合计金额、加权平均实际年化收益率

已清算结束信托项目	项目个数	实收信托合计金额(万元)	加权平均实际年化信托报酬率(%)	加权平均实际年化收益率(%)
证券投资类	10	48 000.00	1.40	9.09
股权投资类	5	66 287.00	2.61	4.89
权益投资类	45	343 625.00	3.70	7.37
融资类	287	2 314 071.00	2.60	9.22
事务管理类	35	387 130.00	0.18	6.98

6.4.2.2.3　本年度已清算结束的被动管理型信托项目个数、实收信托合计金额、加权平均实际年化收益率报告期内未清算被动管理型信托项目。

6.4.2.3　本年度新增的集合类、单一类和财产管理类信托项目个数、实收信托合计金额

新增信托项目	项目个数	实收信托合计金额(万元)
集合类	172	2 928 672.00
单一类	244	2 770 443.03
财产管理类	0	0
新增合计	416	5 699 115.03
其中:主动管理型	416	5 699 115.03
被动管理型	0	0

6.4.2.4　本公司履行受托人义务情况及因本公司自身责任而导致的信托资产损失情况(合计金额、原因等)

在报告期内,公司作为受托人,严格按照《信托公司管理办法》等法规及信托合同规定履行受托责任,为信托资产安全和受益人利益尽职管理,未出现因本公司自身责任或其他原因导致信托资产损失情况。

6.5　关联方关系及其交易的披露

6.5.1　关联交易方的数量、关联交易的总金额及关联交易的定价政策等

报告期内无发生关联交易的关联方。

6.5.2　关联交易方与本公司的关系性质,关联交易方的名称、法定代表人、注册地址、注册资本及主营业务等

报告期内无发生关联交易的关联方。

6.5.3　逐笔披露本公司与关联方的重大交易事项

6.5.3.1　固有与关联方交易情况

单位:万元

固有与关联方关联交易				
	期初数	借方发生额	贷方发生额	期末数
贷款	0	0	0	0
投资	55 131.00	0	0	55 131.00
租赁	0	0	0	0
担保	0	0	0	0
应收账款	0	0	0	0
其他	0	0	0	0
合计	55 131.00	0	0	55 131.00

注:投资方式的关联交易期末数为2007年和2010年分别增资大通证券股份有限公司25 131.00万元及30 000.00万元。

6.5.3.2　信托与关联方交易情况

报告期内无相关情况。

6.5.3.3　信托公司自有资金运用于自己管理的信托项目(固信交易)、信托公司管理的信托项目之间的相互交易(信信交易)金额

报告期内无相关情况。

6.5.4　逐笔披露关联方逾期未偿还本公司资金的详细情况以及本公司为关联方担保发生或即将发生垫款的详细情况

报告期内未发生相关情况。

6.6 会计制度的披露

固有业务、信托业务会计制度均执行2006年2月15日颁布的企业会计准则。

7. 财务情况说明书

7.1 利润实现和分配情况

（1）利润总额152 116.15万元；
（2）所得税34 249.96万元；
（3）净利润117 866.19万元；
（4）年初未分配利润111 447.13万元；
（5）提取法定盈余公积11 786.62万元；
（6）提取信托赔偿准备金5 893.31万元；
（7）提取一般风险准备417.20万元；
（8）分配2012年度股东红利60 000.00万元；
（9）未分配利润151 216.19万元。

7.2 主要财务指标

指标名称	指标值
资本利润率（%）	21.39
加权年化信托报酬率（%）	1.47
人均净利润（万元）	723.11

7.3 对公司财务状况、经营成果有重大影响的其他事项

报告期内无上述情况。

8. 特别事项揭示

8.1 前五名股东报告期内变动情况及原因

报告期内前五名股东无变化。

8.2 董事及高级管理人员变动情况及原因

报告期内无董事及高级管理人员变动。

8.3 变更注册资本事项

报告期内，公司注册资本由300 000万元变更为330 000万元。

8.4 公司的重大诉讼事项

报告期内无重大诉讼事项。

8.5 公司及其董事、监事和高级管理人员受到处罚的情况

报告期内公司及其董事、监事和高级管理人员未受到处罚。

8.6 银监会及其派出机构对公司检查及整改情况

2013年10月，大连银监局对公司进行了同业合作业务现场检查，并出具了检查意见书，对公司同业合作业务作出“审慎、规范”的总体评价，同时提出了进一步提高风险防范意识、加强法律风险管理、做好历史遗留业务平稳处置等宝贵指导意见。公司高度重视大连银监局检查意见，制定整改方案，并采取有效措施逐条进行落实完善，梳理、修订了法律文书，强化了尽职管理责任履行及留痕，加强与历史遗留银政信合作业务相关各方的沟通协调，做好项目管理和监测，进一步提高同业业务风险防范能力。

8.7 本年度重大事项临时报告的简要内容、披露时间、所披露的媒体及其版面

2013年4月27日在《中国证券报》A14版刊发关于聘请会计师事务所的公告。

2013年10月8日在《中国证券报》A11版刊发关于增资扩股的公告。

2013年11月20日在《中国证券报》A17版刊发关于变更公司名称的公告。

8.8 银监会及其省级派出机构认定的其他有必要让客户及相关利益人了解的重要信息

报告期内无上述事项。

9. 公司监事会意见

监事会认为，报告期内，公司在经营活动中能够遵守《中华人民共和国公司法》、《中华人民共和国信托法》、《信托公司管理办法》等国家法律法规和公司章程的相关规定，公司2013年度财务报告真实、客观、准确地反映了公司的财务状况和经营成果。

吉林省信托有限责任公司

1. 重要提示

1.1 公司董事会及董事保证本报告所载资料不存在任何虚假记载、误导性陈述或者重大遗漏,并对其内容的真实性、准确性和完整性承担个别及连带责任。

1.2 公司独立董事声明本年度报告内容真实、准确和完整。

1.3 公司董事长高福波、主管会计工作负责人邱荣生、会计机构负责人马东生声明:保证年度报告中财务会计报告的真实、完整。

2. 公司概况

2.1 公司简介

2.1.1 公司概况

公司前身为吉林省经济开发公司,成立于1985年。2002年3月1日经中国人民银行《关于吉林省信托投资公司重新登记有关事项的批复》(银复[2002]47号)批准获得重新登记,更名为吉林省信托投资有限责任公司。2009年2月18日,经中国银监会《关于吉林省信托投资有限责任公司变更公司名称和业务范围的批复》(银监复[2009]53号)批准,更名为吉林省信托有限责任公司。金融许可证注册号K0016H222010001,企业法人营业执照注册号营业执照220000000098284,组织机构代码证编号12391664-1。截至报告期末,公司注册资本金15.96亿元(含外汇1 815万美元),吉林省财政厅代表吉林省政府持股97.496%,其余四名股东吉林省能源交通总公司、吉林炭素集团有限责任公司、吉林粮食集团有限公司、吉林化纤集团有限责任公司各持股0.626%。

2.1.2 公司法定名称

公司法定中文名称:吉林省信托有限责任公司

中文名称缩写:吉林信托

公司法定英文名称:Jilin Province Trust Co. Ltd.

英文名称缩写:JPTC

2.1.3 法定代表人:高福波

2.1.4 注册地址:吉林省长春市人民大街9889号

2.1.5 邮政编码:130022

2.1.6 国际互联网网址:www.jptic.com.cn

2.1.7 电子信箱:jptic@jptic.com.cn

2.1.8 负责信息披露事务人:张 巍

联系电话:0431-88993572

传　　真:0431-88993567

电子信箱:zhangwei@jptic.com.cn

2.1.9 信息披露报纸:《上海证券报》

2.1.10 年度报告备置地点:吉林省长春市人民大街9889号

2.1.11 聘请的会计师事务所:中准会计师事务所(特殊普通合伙)

住所:北京市海淀区首体南路22号楼4层

2.1.12 聘请的律师事务所:吉林义理律师事务所

住所:长春市皓月大路739号

2.2 组织结构

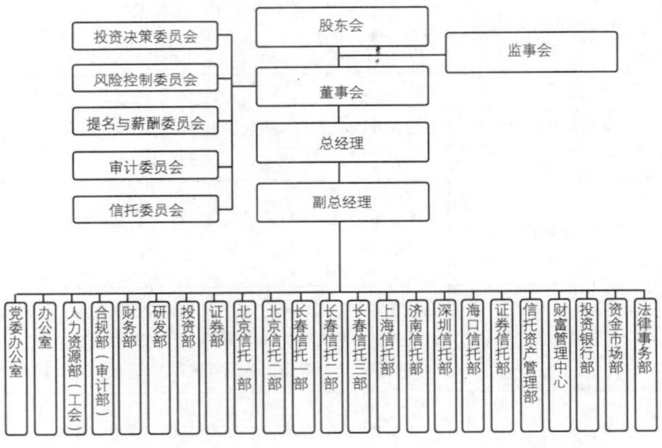

3. 公司治理结构

3.1 股东

公司前三位股东情况如表3.1所示。

股东名称	持股比例(%)	法人代表	注册资本(亿元)	注册地址	主要经营业务及主要财务情况
吉林省财政厅	97.496	刘长龙			
吉林粮食集团有限公司	0.626	孟祥久	6.6	长春市春城大街1515号	粮食、油脂、油料、食品及农副产品收购、加工、销售,粮油机械制造,经济信息咨询服务,商业,物资供销业,批发、零售、代销、代购、自营和代理粮油食品、纺织丝绸、工艺品、轻工业品、化工产品及技术进出口业务。
吉林化纤集团有限责任公司	0.626	王进军	8.1	吉林省吉林市九站街516-1号	国有资产经营;承包境外化纤行业工程及境内国际招标工程,上述境外工程所需的设备、材料出口,对外派遣实施上述境外工程所需的劳务人员。

3.2 董事、董事会及其下属委员会

3.2.1 董事会成员

职务	姓名	性别	年龄	选任日期	代表股东	该股东持股比例(%)	简要履历
董事长	高福波	男	49	2007年6月28日	吉林省财政厅	97.496	曾任人民银行白山市中支科技科科长、办公室主任、副行级助理稽察，白山市农村信用联社理事长、党委书记，吉林省农村信用社联合社资金信贷处处长，吉林省农村信用社联合社副主任；现任吉林省信托有限责任公司董事长、党委书记。
董事	邱荣生	男	59	2001年7月20日	吉林省财政厅	97.496	曾任香港振兴投资公司副总经理，吉林省财政厅规划办公室副主任，吉林省信托投资公司办公室主任、技改处处长、财政委托部经理、机关党委副书记、总经理助理、董事、副总经理、党委副书记；现任吉林省信托有限责任公司董事、总经理兼党委副书记。
董事	王劲松	男	49	2007年12月27日	吉林省财政厅	97.496	曾任吉林省社会科学院软科学所副所长、副研究员，吉林省政府办公厅综合处助理调研员，吉林省委组织部经济干部处助理调研员，吉林省企业工委组织部副部长、调研员，吉林省国资委企业领导人员管理处副处长、调研员，吉林森林工业集团公司董事，通化钢铁集团公司国有股股东代表，吉林省国资委董事会监事会工作处处长，吉林省监事会工作办公室主任；现任吉林省信托有限责任公司董事、党委副书记、纪委书记、工会主席。
董事	蔡立东	男	44	2010年3月19日	独立董事		曾任吉林省交通厅体改法规处科员、副主任科员、主任科员，吉林大学法学院讲师、副教授、教授、博士生导师、法学院副院长。
董事	张巍	男	35	2010年3月19日	职工董事		曾任天富期货经纪有限公司办公室主任、海口营业部负责人，吉林省信托有限责任公司总经理秘书、办公室副主任；现任吉林省信托有限责任公司董事、董事会秘书、办公室主任。

3.2.2 董事会人员变动

报告期内，董事会无重大人员变动情况。

3.2.3 董事会下属委员会

名称	职责	组成人员姓名	职务
风险控制委员会	负责制定、审核风险控制制度，监督制度执行，对重大业务事项从风险管理角度向董事会提出意见和建议	高福波	主任委员
		蔡立东	委员
		张巍	委员
投资决策委员会	就重大投资决策向董事会提出意见和建议	邱荣生	主任委员
		王劲松	委员
		蔡立东	委员
提名与薪酬委员会	负责董事会任命人员提名及资格审核 负责薪酬制度及具体方案的评估、审定以及落实情况的跟踪、监督	邱荣生	主任委员
		王劲松	副主任委员
		张巍	副主任委员
信托委员会	对信托计划设立与发行、信托计划运营、信托财产管理运用或处分、信托计划变更、终止与清算提出意见或建议；了解信托业务开展情况，督促公司依法履行受托职责；对信托利益计算和支付等提出意见或建议，保证公司为受益人的最大利益服务	蔡立东	主任委员
		邱荣生	委员
		王劲松	委员
审计委员会	负责批准公司内部审计制度、中长期审计规划和年度工作计划，监督公司的内部审计基本制度及其实施及内部审计与外部审计之间的沟通	蔡立东	主任委员
		高福波	委员
		张巍	委员

3.3 监事、监事会及其下属委员会

3.3.1 监事会成员

职务	姓名	性别	年龄	选任日期	代表股东	该股东持股比例(%)	简要履历
监事长	钟湘华	男	56	2007年1月22日	吉林省国资委委派		曾任吉林省审计局商贸审计处科员、副主任科员、主任科员，吉林省审计局商贸处、金融审计处副处长，吉林省审计局（厅）金融审计处处长，吉林省政府办公厅财务处处长，吉林省政府驻上海办事处副主任、党组成员，吉林省省属国有企业监事会主席（副厅长级）；现任吉林省信托有限责任公司监事会主席。
监事	林有君	男	56	2007年1月22日	省国资委委派		曾任吉林省财政厅会计处副主任科员、涉外部副主任和主任，吉林省财政厅会计师事务所副所长、所长，吉林建元会计师事务有限公司主任会计师，吉林中信会计师事务有限公司副所长，省政府派驻省直属国家投资企业监事会专职监事，省属国有企业外派监事会专职监事（正处长级）；现任吉林省信托有限责任公司监事。

续表

职务	姓名	性别	年龄	选任日期	代表股东	该股东持股比例(%)	简要履历
监事	项前	男	50	2003年3月12日	职工监事		曾任吉林省信托投资有限责任公司审计稽核研发部副经理、自营基金部经理助理、合规监控部副经理，现任吉林省信托有限责任公司监事、法律事务部总经理。
监事	郭燕	女	50	2005年11月8日	职工监事		曾任吉林省信托投资公司党委人事部副经理，吉林省信托投资有限责任公司人力资源部经理、信托业务部经理；现任吉林省信托有限责任公司监事、投资总监、投资部总经理。

3.3.2　监事会未设立下属委员会。

3.4　主要高级管理人员

姓名	职务	性别	年龄	选任日期	金融从业年限	学历	专业	简要履历
邱荣生	总经理	男	59	2005年11月7日	20	大学	财政	曾任香港振兴投资公司副总经理，吉林省财政厅规划办公室副主任，吉林省信托投资公司办公室主任、技改处处长、财政委托部经理、机关党委副书记、总经理助理、董事、副总经理、党委副书记；现任吉林省信托有限责任公司董事、总经理兼党委副书记。
崔学斌	副总经理	男	44	2008年3月	18	硕士	会计	曾任吉林省国际信托投资公司财务处会计，吉林省国际经济贸易开发公司财务处会计、科长、副处长，吉林省兴业国际有限公司财务部经理，东北证券有限责任公司计划财务部总经理、稽核审计部总经理，吉林省信托投资有限责任公司计划财务部经理；现任吉林省信托投资有限责任公司副总经理。
吕文龙	副总经理	男	49	2008年8月	24	硕士	金融	曾任人民银行吉林省分行金融管理处办事员、科员、副处长，银行处副处长，外汇管理处副处长，非银行处副处长；中国证监会长春特派办机构处处长、稽查处处长；中国证监会吉林监管局期货处处长；吉林省信托投资有限责任公司总经理助理。现任吉林省信托有限责任公司副总经理。
张如石	总经理助理	男	55	2008年8月	16	大学	财政金融	曾任吉林省财政厅研究所副主任、主任、助研、副研究员，吉林省中青年财金研究会秘书长，吉林省财务会计咨询公司常务副总经理，吉林省创业投资基金管理公司研究中心主任，吉林省信托投资有限责任公司研究员(注册会计师)、市场创新研发部经理、审计总监，吉林省信托有限责任公司副总经理；现任总经理助理。

3.5　公司员工

项目		上一年度(2012年)		报告期年度(2013年)	
		人数	比例(%)	人数	比例(%)
年龄分布	20岁以下	0	0	0	0.0
	20~29岁	81	43.5	78	41
	30~39岁	51	27.4	56	29
	40岁以上	54	29.1	58	30
学历分布	博士	16	8.6	12	6
	硕士	39	21	53	28
	本科	110	59.1	103	54
	专科	14	7.5	16	8
	其他	7	3.8	8	4
岗位分布	董事、监事及高管人员	12	6.35	9	5
	自营业务人员	14	7.41	14	7
	信托业务人员	61	32.28	109	56
	其他人员	102	53.97	63	32

注：公司在册人员192人，岗位分布人员统计为195人，含国资委派驻监事2名、独立董事1名。

4. 经营概况

4.1　经营目标、方针、战略规划

4.1.1　经营目标

珍视所托，专业服务，铸就诚信，努力将自身打造成为极具核心竞争力的金融信托机构。通过各种金融创新，力求在政府层面理财、企业资产管理、个人财富保值增值等各方面达到业内最优，为社会和公众提供值得信赖的、高质量的信托理财和财富管理服务。

4.1.2　经营方针

遵循"面向市场、规模适度、资本充足、风险最小、效益最大、回报最高"的宗旨和"恪尽职守、诚信为本、客户至尊"的理念，始终以风险防范为主线，不断加大业务创新和产品研发的力度，根据客户对风险和收益的不同偏好，在资本市场、货币市场、实业投资领域为客户提供金融信托、基金管理、证券投资、投资银行、风险投资、融资租赁、期货经纪等多样化、个性化、专业化的金融服务，最大限度地满足客户的需求。

4.1.3　战略规划

通过引进战略投资者增资扩股，壮大公司资本实力，提高管理水平，吸引更多优秀人才；明确公司发展的战略目标，在把信托主营业务做精、做细、做专、做好的基础上，构建集信托、基金、期货、证券、商行、保险于一体的现代金融控股集团，打造前卫的市场化运营机制，打造稳定的盈利模式，打造一流的高端财富管理机构。

4.2 所经营业务的主要内容

按照中国银行业监督管理委员会规定的业务范围，公司开展的业务主要分为信托业务和固有资产管理业务两类。信托业务主要包括资金信托、财产信托等业务。资金信托包括单一资金信托和集合资金信托。按资金运用方式划分，包括投资类信托、融资类信托等。固有资产管理业务主要为金融企业股权投资、贷款、证券投资、资金市场业务、担保等。

4.3 市场分析

4.3.1 影响本公司业务发展的有利因素

（1）十八届三中全会的改革蓝图赋予了信托业更多的展业机遇：第一，多层次资本市场体系的构建为信托公司提供综合性金融服务搭建了舞台，从而为提升核心竞争力带来契机。第二，富裕阶层的扩大为信托公司向财富管理转型奠定良好基础。第三，新兴产业与民营经济投资有望启动新的信托业务增长点。

（2）信托理财的市场环境改善，监管政策引导信托业改革创新和健康发展。我国经济多年的快速发展和金融改革不断深化为信托业带来了广阔的发展空间。这对信托公司主营业务的突出、盈利模式的多样化、稳健发展和核心竞争力的形成有着重大的积极影响。

（3）信托优势逐步凸显。信托制度具有所有权与收益权相分离、信托财产独立性、受托人有限责任、受益人保护、信托管理连续性等有别于其他法律关系的显著特征，《信托法》赋予信托公司经营范围的广泛性、金融功能的综合性以及产品开发的灵活性。随着理财需求的不断旺盛，信托公司通过发挥信托功能优势，设计推出了类型丰富的信托品种，为合格投资者提供了灵活多样的信托理财服务，社会大众对信托理财的认知不断深化。

（4）国家的区域发展战略为我公司发展提供了历史机遇。公司是吉林省内唯一一家信托公司，在支持经济发展、提供投融资服务等方面发挥了重要作用。多年来，公司同地方政府、大型企业、上市公司、域内外金融机构等保持了紧密的联系，建立了良好的合作关系，从而使公司在金融领域的激烈竞争中占有一定优势。随着东北老工业基地建设的深入、长吉图开发列为国家级战略以及地方经济发展步伐进一步加快，经济结构调整不断深化，各个领域中的融资需求和投资需求会进一步增加，将给公司带来更好的发展机会。

4.3.2 影响本公司业务发展的不利因素

（1）十八届三中全会以后，伴随着经济和金融各种改革的展开，信托业面临着一些挑战：首先是利率市场化将挤压信托同业合作的套利空间。利率市场化会产生一个结果，即过去依靠满足其他同业金融机构规避监管的需求而获取资金和利润的模式不可持续。其次，信托公司业务结构面临调整。房地产信托和基建信托是信托业最为重要的两类融资业务，而相关改革措施或将倒逼信托公司对这两类业务进行调整。

（2）信托业务受证券、基金、保险"资管新政"冲击较大。随着各监管部门对机构创新的鼓励力度逐渐加大，尤其是2012年下半年以来，针对证券、保险、基金等纷纷出台的"资产管理新政"对现有的信托传统业务模式产生较大的影响。

（3）政策调整对信托传统业务影响较大。在政信合作业务方面。为了制止地方政府及其融资平台违法违规融资，2012年12月24日，四部委联合下发的《财政部、发展改革委、人民银行、银监会关于制止地方政府违法违规融资行为的通知》（财预[2012]463号，以下简称463号文）进一步规范融资平台公司融资行为，坚决制止地方政府违规担保承诺行为。由于基础设施类信托大多都有地方政府的显性或隐性担保463号文对政信合作业务影响很大。

在银信理财业务合作方面。2013年3月25日，银监会发布《中国银监会关于规范商业银行理财业务投资运作有关问题的通知》（银监发[2013]8号），规范商业银行理财资金直接或通过非银行金融机构、资产交易平台等间接投资于"非标准化债权资产"业务，对非银行系的信托、券商等的渠道建设和产品管理则提出了挑战。在房地产信托业务方面，2013年房地产市场回暖之势延续，具体表现为商品房销售情况明显好转，部分房地产企业销售回款增加、负债率降低、流动性改善，融资风险有所下降。然而，三四线城市房地产市场的风险隐患也引起了众多信托公司的密切关注，因此房地产信托规模继续增长的空间有限。

（4）公司自身存在的问题，仍然制约公司快速发展。公司是国有独资公司，多元化股权结构没有建立起来，体制、机制不够灵活，在一定程度上制约了公司发展活力的完全释放。产品创新能力还在培育，自主理财能力有待增强，业务转型所需要的相关人才有待培养和引进。

4.4 内部控制

4.4.1 内部控制环境和内部控制文化

（1）企业内控环境是有效实施内部控制的一项基本保障。2013年公司继续加大风险控制力度，不断优化内部控制环境，完善法人治理结构，形成权力机构、决策机构、监督机构和管理层之间的相互制衡机制。通过建立权责明确、关系清晰的组织结构和科学的决策系统，制定科学的激励与约束机制，完善制度体系建设，公司治理机制运行合理、执行有效，切实保障了委托人、受益人和出资人合法利益的顺利实现。

（2）培育良好的内部控制文化，在全体员工中树立"合规经营"和"风险控制第一"的经营理念，并将其作为公司一贯遵循的原则。针对新的法律法规、监管政策及公司创新业务的开展，及时梳理和完善相关规章制度，捋顺操作流程，保证规章制度能覆盖关键风险点，促进公司内控管理的规范化、流程化和标准化。

4.4.2 内部控制措施

公司内部控制措施主要包括授权审批控制、业务流程控制、会计系统控制、信息系统控制、绩效考评控制，以及重大事项预警、应急处置机制等。公司内部不同层次之间有明确的业务审批权限，每类业务都有相应的操作规程和风险管理措施。公司建立重大事项报告机制，设立风险化解领导小组，建立应急处置机制。公司实现信托业务系统和固有业务系统之间的部门分离、人员分离、财务分离，以防范风险传递。

4.4.3 信息交流与反馈

公司已基本实现管理信息化，建立了清晰完整的报告路径，建立了有效的信息共享、信息交流和信息反馈机制，不断完善信息识别、收集、处理、交流、沟通、反馈、披露的渠道和方式，确保董事会、监事会和高级管理层及时了解本公司的经营和风险状况，确保每一项信息均能传递给相关的员工，各部门和员工的有关信息均能够顺畅反馈。信息交流和反馈机制运行有效。

4.4.4 监督评价与纠正

公司已建立起一个立体的、全方位的监督制约体系：纵向监督体现为董事会、监事会对管理层的监督制约，管理层对业务部门的监督制约；横向监督主要体现为五个管理委员会（风险控制委员会、投资决策委员会、提名与薪酬委员会、审计委员会和信托委员会）对管理层的监督制约，部门之间、岗位之间的相互监督制约。

4.5 风险管理

4.5.1 风险管理概况

4.5.1.1 公司经营活动中可能遇到的风险

主要有信用风险、市场风险、操作风险、政策风险、其他风险。

4.5.1.2 公司风险管理的基本原则与政策

风险管理贯彻全面性、及时性、有效性、制约性、审慎性、独立性等原则，覆盖公司各项业务、所有机构、部门和岗位，渗透到决策、执行、监督、反馈各个环节，成为业务流程、管理架构和公司整体体系及员工责任的有机组成部分，对风险进行事前防范、事中控制、事后监督，促进公司规范经营、持续发展。

4.5.1.3 公司风险管理组织结构与职责划分

（1）公司董事会：对风险管理负最终责任。

（2）董事会投资决策委员会：就重大投资决策向董事会提出意见和建议。

（3）董事会风险控制委员会：负责制定风险控制制度，并监督制度执行，对重大业务事项从风险管理角度向董事会提出意见和建议。

（4）董事会审计委员会：监督公司审计稽核制度的实施。

（5）管理层面的投资决策委员会：负责对业务事项进行整体评价，是业务审批的综合评议机构。

（6）管理层面的风险控制委员会：负责对拟开展项目进行风险分析和风险揭示。

（7）业务部：业务部指定专人负责识别和控制风险工作，负责人对本部门经营活动的风险负首要责任。

（8）合规部：负责对公司业务项目进行合规风险审查，提出合规审查意见。

（9）法律事务部：公司聘请常年法律顾问，与法律事务部共同负责日常法律咨询及公司业务法律风险防范、控制工作，并负责业务相关合同的审查工作。

（10）资产管理部：负责对风控、投决会议意见的落实情况进行监督，与业务部门共同对公司存量资产进行后期跟踪、监督管理。

（11）审计部：负责公司内部审计工作。

4.5.2 风险状况

4.5.2.1 信用风险状况

公司面临的信用风险主要是在业务开展中交易对手或贷款类资产贷款对象违约的风险，以及因其他信托公司的信用危机而引发的信托行业的信用风险。

4.5.2.2 市场风险状况

市场风险主要指股价、汇率、利率变动所产生的风险。公司的市场风险主要是由于国家汇率政策变化及相应股票价格变动可能给公司带来的损失。

4.5.2.3 操作风险状况

操作风险主要是由于内部业务流程、系统不完善或工作人员操作失误可能给公司造成损失的风险，公司外部因素如网络安全问题、通讯系统故障等原因也可能给公司造成损失或影响公司正常运营。

4.5.2.4 其他风险状况

其他风险主要指政策风险、道德风险和声誉风险等。政策风险表现为政策变动可能对公司经营和发展产生的影响；道德风险主要是指由于公司内部人员主观原因不能诚信、合法、合规经营给公司带来的影响和损失；声誉风险是指由于公司违反有关规定、不能按期终止清算和管理不善等原因，对公司外部市场地位和声誉产生的消极和不良影响。

4.5.3 风险管理

4.5.3.1 信用风险管理

主要通过事前对交易对手信用状况详尽调查、设定担保、事前审查、资产风险分类、计提风险准备、聘请外部律师等措施防范信用风险。对贷款项目均要求设定担保，以抵押登记手续完备和可变现为抵押品确认原则，根据抵押品价值可能变动情况及可变现值分别确定抵押品与贷款本金的比例；对保证类贷款，在《融资性担保公司管理暂行办法》中不仅规定了借款人和担保人的条件、范围，而且详细规定了对此类业务的审查标准。公司根据《中国银行业监督管理委员会关于非银行金融机构全面推行资产质量五级分类管理的通知》文件规定实行以风险为基础的资产五级分类管理。公司按照财政部《金融企业准备金计提管理办法》的规定计提各项准备，风险准备金余额原则上不低于风险资产期末余额的1.5%。报告期内公司不良资产期初数为零，期末数为零。

4.5.3.2 市场风险管理

通过科学选择、组合投资、分散投资规避股市风险；通过关注国家汇率政策变化并采取相应对策化解汇率风险；通过加强信息研发，关注金融运行状况，增强预见性，防范利率风险。2013年度公司密切关注经济发展的变化趋势，通过全面客观分析经济形势，科学选择，组合投资，分散投资，跟踪分析汇率、利率变动走势等方式，把股价和利率变动造成的影响控制在合理范围之内，确保资产安全。由于市场原因，煤炭行业产生系统性风险，公司“山西福裕能源项目”未能按期兑付，目前公司正与各方积极推进重组，尽量化解风险。

4.5.3.3 操作风险管理

公司建立信息化操作管理系统，减少手工操作可能导致的损失，同时采用明确岗位职责、完善业务流程、加大技术手段投入、强化业务过程监控、提高业务技能等一系列措施控制操作风险。

4.5.3.4 其他风险管理

通过对宏观政策和行业政策的及时跟踪研究，把握和调整经营方向，规避政策风险。通过完善公司治理结构、内控制度、激励和约束机制、员工行为规范，加强思想教育，控制道德风险。通过加强企业文化建设，坚持依法合规稳健经营，高度重视自身声誉，防范声誉风险。

5. 报告期末及上一年度末的比较式会计报表

5.1 自营资产

5.1.1 会计师事务所审计意见全文

审计报告

中准审字〔2014〕1224 号

吉林省信托有限责任公司：

我们审计了后附的吉林省信托有限责任公司（以下简称吉林信托）母公司财务报表，包括 2013 年 12 月 31 日的资产负债表，2013 年度的合并利润表、合并所有者权益变动表和合并现金流量表以及合并财务报表附注。

一、管理层对财务报表的责任

编制和公允列报财务报表是贵公司管理层的责任。这种责任包括：（1）按照企业会计准则的规定编制合并财务报表，并使其实现公允反映；（2）设计、执行和维护必要的内部控制，以使合并财务报表不存在由于舞弊或错误导致的重大错报。

二、注册会计师的责任

我们责任是在执行审计工作的基础上对合并财务报表发表审计意见。我们按照中国注册会计师审计准则的规定执行了审计工作。中国注册会计师审计准则要求我们遵守中国注册会计师职业道德守则，计划和执行审计工作以对合并财务报表是否不存在重大错报获取合理保证。

审计工作涉及实施审计程序，以获取有关合并财务报表金额和披露的审计证据。选择的审计程序取决于注册会计师的判断，包括对由于舞弊或错误导致的合并财务报表重大错报风险的评估。在进行风险评估时，注册会计师考虑与合并财务报表编制和公允列报相关的内部控制，以设计恰当的审计程序，但目的并非对内部控制的有效性发表意见。审计工作还包括评价管理层选用会计政策的恰当性和作出会计估计的合理性，以及评价财务报表的总体列报。

我们相信，我们获取的审计证据是充分、适当的，为发表审计意见提供了基础。

三、审计意见

我们认为，吉林信托合并财务报表在所有重大方面按照企业会计准则的规定编制，公允反映了吉林信托 2013 年 12 月 31 日的合并财务状况以及 2013 年度的合并经营成果和合并现金流量。

中准会计师事务所（特殊普通合伙）

中国·北京

中国注册会计师：

中国注册会计师：

二〇一四年四月八日

审计报告

中准审字〔2014〕1225 号

吉林省信托有限责任公司：

我们审计了后附的吉林省信托有限责任公司（母公司）财务报表，包括 2013 年 12 月 31 日的资产负债表，2013 年度的合并利润表、所有者权益变动表和现金流量表以及财务报表附注。财务报表已由吉林省信托有限责任公司管理层按照附注二 –2 编制基础编制。

一、管理层对财务报表的责任

编制和公允列报财务报表是吉林省信托有限责任公司（母公司）管理层的责任。这种责任包括：（1）按照企业会计准则的规定编制财务报表，并使其实现公允反映；（2）设计、执行和维护必要的内部控制，以使财务报表不存在由于舞弊或错误导致的重大错报。

二、注册会计师的责任

我们责任是在执行审计工作的基础上对合并财务报表发表审计意见。我们按照中国注册会计师审计准则的规定执行了审计工作。中国注册会计师审计准则要求我们遵守中国注册会计师职业道德守则，计划和执行审计工作以对合并财务报表是否不存在重大错报获取合理保证。

审计工作涉及实施审计程序，以获取有关合并财务报表金额和披露的审计证据。选择的审计程序取决于注册会计师的判断，包括对由于舞弊或错误导致的合并财务报表重大错报风险的评估。在进行风险评估时，注册会计师考虑与合并财务报表编制和公允列报相关的内部控制，以设计恰当的审计程序，但目的并非对内部控制的有效性发表意见。审计工作还包括评价管理层选用会计政策的恰当性和作出会计估计的合理性，以及评价财务报表的总体列报。

我们相信，我们获取的审计证据是充分、适当的，为发表审计意见提供了基础。

三、审计意见

我们认为，吉林省信托有限责任公司（母公司）财务报表在所有重大方面按照企业会计准则的规定编制，公允反映了吉林省信托有限责任公司（母公司）2013 年 12 月 31 日的财务状况以及 2013 年度的经营成果及现金流量。

四、对报告使用者和使用目的的限定

本报告仅供吉林省信托有限责任公司（母公司）为 2013 年度报送信托业单体报告之目的使用，不得用作其他任任目的，因此该财务报表可能不适用于其他用途，公司应限制分发范围，由于分发不当产生的责任与本所及注册会计师无关。

中准会计师事务所（特殊普通合伙）

中国·北京

中国注册会计师：

中国注册会计师：

二〇一四年四月八日

5.1.2 资产负债表

合并资产负债表

编制单位：吉林省信托有限责任公司　　2013 年 12 月 31 日　　单位：万元

资　产	期末余额	年初余额	负债和所有者权益	期末余额	年初余额
资　产：			负　债：		
现金及存放中央银行款项	2 545.13	2.79	向中央银行借款	—	—
存放同业及其他金融机构款项	70 040.23	127 663.41	同业及其他金融机构存放款项	—	—
贵金属	—	—	拆入资金	14 000.00	34 000.00
拆出资金	—	—	交易性金融负债	—	—
交易性金融资产	24 172.94	11 146.36	衍生金融负债	—	—
衍生金融资产	—	—	卖出回购金融资产款	—	—
买入返售金融资产	—	—	吸收存款	—	—
应收利息	251.98	182.92	应付职工薪酬	2 676.61	3 184.93
发放贷款及垫款	17 991.09	33 850.60	应交税费	5 618.50	4 532.16
可供出售金融资产	129 574.54	157 149.27	应付利息	—	—
持有至到期投资	300.00	—	预计负债	—	—
长期股权投资	115 300.62	73 919.45	应付债券	—	—
投资性房地产	—	—	递延所得税负债	14 928.70	19 227.57
固定资产	21 406.23	21 954.49	其他负债	44 063.11	101 668.54
在建工程	—	—	负债合计	81 286.92	162 613.20
无形资产	457.28	438.53	所有者权益：	—	—
递延所得税资产	8 686.89	8 626.76	实收资本	159 659.75	159 659.75
其他资产	29 871.48	67 803.17	资本公积	46 537.88	62 315.24
	—	—	减：库存股	—	—
	—	—	盈余公积	9 115.27	28 333.96
	—	—	一般风险准备	5 002.82	5 002.82
	—	—	信托赔偿准备	31 931.95	11 169.29
	—	—	未分配利润	71 868.83	61 494.54
	—	—	外币报表折算差额	—	—
	—	—	归属于母公司的所有者权益合计	324 116.50	327 975.60
	—	—	少数股东权益	15 194.97	12 148.94
	—	—	所有者权益合计	339 311.47	340 124.54
资产总计	420 598.41	502 737.75	负债和所有者权益总计	420 598.41	502 737.75

法定代表人：高福波　　主管会计工作负责人：邱荣生　　会计机构负责人：马东生

母公司资产负债表

编制单位：吉林省信托有限责任公司　　2013 年 12 月 31 日　　单位：万元

资　产	期末余额	年初余额	负债和所有者权益	期末余额	年初余额
资　产：			负　债：		
现金及存放中央银行款项	2 540.49	1.03	向中央银行借款	—	—
存放同业及其他金融机构款项	48 771.40	104 439.19	同业及其他金融机构存放款项	—	—
贵金属	—	—	拆入资金	14 000.00	34 000.00
拆出资金	—	—	交易性金融负债	—	—
交易性金融资产	20 481.64	7 573.60	衍生金融负债	—	—
衍生金融资产	—	—	卖出回购金融资产款	—	—
买入返售金融资产	—	—	吸收存款	—	—
应收利息	213.38	—	应付职工薪酬	2 675.31	3 180.33
发放贷款及垫款	17 085.09	33 844.60	应交税费	4 266.25	4 422.56
可供出售金融资产	129 574.54	157 149.27	应付利息	—	—
持有至到期投资	—	—	预计负债	—	—
长期股权投资	135 017.62	91 636.45	应付债券	—	—
投资性房地产	—	—	递延所得税负债	14 928.70	19 227.57

续表

资　　产	期末余额	年初余额	负债和所有者权益	期末余额	年初余额
固定资产	19 037. 97	19 655. 26	其他负债	28 019. 31	71 617. 22
在建工程	—	—	负债合计	63 889. 57	132 447. 68
无形资产	111. 77	117. 11	所有者权益：	—	—
递延所得税资产	8 686. 89	8 626. 76	实收资本	159 659. 75	159 659. 75
其他资产	12 347. 51	42 000. 77	资本公积	44 703. 72	59 498. 26
	—	—	减：库存股	—	—
	—	—	盈余公积	9 115. 27	28 333. 96
	—	—	一般风险准备	5 002. 82	5 002. 82
	—	—	信托赔偿准备	31 931. 95	11 169. 29
	—	—	未分配利润	79 565. 22	68 932. 28
	—	—	所有者权益合计	329 978. 73	332 596. 36
资产总计	393 868. 30	465 044. 04	负债和所有者权益总计	393 868. 30	465 044. 04

法定代表人：高福波　　主管会计工作负责人：邱荣生　　会计机构负责人：马东生

5. 1. 3　利润表

合并利润表

编制单位：吉林省信托有限责任公司　　2013 年 12 月 31 日　　单位：万元

项　　目	本期金额	上期金额
一、营业收入	85 404. 99	88 445. 87
利息净收入	4 218. 23	16 469. 14
利息收入	5 022. 32	16 596. 94
利息支出	804. 09	127. 80
手续费及佣金净收入	54 079. 48	59 982. 87
手续费及佣金收入	54 079. 48	59 982. 87
手续费及佣金支出	—	—
投资收益（损失以“－”号填列）	26 566. 68	11 329. 12
其中：对联营企业和合营企业的投资收益	—	—
公允价值变动收益（损失以“－”号填列）	315. 84	538. 36
汇兑收益（损失以“－”号填列）	-55. 51	-4. 53
其他业务收入	280. 27	130. 91
二、营业支出	23 221. 90	61 671. 35
营业税金及附加	4 131. 84	4 267. 03
业务及管理费	23 044. 18	23 393. 20
资产减值损失	-4 039. 27	33 975. 73
其他业务成本	85. 15	35. 39
三、营业利润（亏损以“－”号填列）	62 183. 09	26 774. 52
加：营业外收入	204. 99	6 364. 82
减：营业外支出	5 657. 76	649. 33
四、利润总额（亏损总额以“－”号填列）	56 730. 32	32 490. 01
减：所得税费用	12 231. 45	5 919. 13
五、净利润（净亏损以“－”号填列）	44 498. 87	26 570. 88
归属于母公司所有者的净利润	43 034. 76	26 659. 40
少数股东损益	1 464. 11	-88. 52
六、每股收益		
（一）基本每股收益		
（二）稀释每股收益		

法定代表人：高福波　　主管会计工作负责人：邱荣生　　会计机构负责人：马东生

母公司利润表

编制单位：吉林省信托有限责任公司　　2013 年 12 月 31 日　　单位：万元

项　　目	本期金额	上期金额
一、营业收入	71 671. 43	79 669. 70
利息净收入	3 516. 03	15 344. 63
利息收入	4 320. 12	15 472. 43
利息支出	804. 09	127. 80
手续费及佣金净收入	41 406. 52	52 569. 36
手续费及佣金收入	41 406. 52	52 569. 36
手续费及佣金支出	—	—
投资收益（损失以“－”号填列）	26 553. 26	11 347. 83
其中：对联营企业和合营企业的投资收益	—	—
公允价值变动收益（损失以“－”号填列）	76. 13	362. 41
汇兑收益（损失以“－”号填列）	-55. 51	-4. 53
其他业务收入	175. 00	50. 00
二、营业支出	11 532. 09	52 232. 22
营业税金及附加	3 406. 36	3 843. 10
业务及管理费	12 079. 85	14 333. 21
资产减值损失	-4 039. 27	33 975. 73
其他业务成本	85. 15	80. 18
三、营业利润（亏损以“－”号填列）	60 139. 34	27 437. 48
加：营业外收入	63. 27	5 812. 51
减：营业外支出	5 657. 76	648. 43
四、利润总额（亏损总额以“－”号填列）	54 544. 85	32 601. 56
减：所得税费用	11 251. 43	5 902. 09
五、净利润（净亏损以“－”号填列）	43 293. 42	26 699. 47
六、每股收益		
（一）基本每股收益		
（二）稀释每股收益		

法定代表人：高福波　　主管会计工作负责人：邱荣生　　会计机构负责人：马东生

5.1.4 所有者权益变动表

合并所有者权益变动表

编制单位：吉林省信托有限责任公司　　2013 年 12 月 31 日　　单位：万元

项　目	本期金额							
	归属于母公司所有者权益						少数股东权益	所有者权益合计
	实收资本	资本公积	盈余公积	一般风险准备	信托赔偿准备	未分配利润		
一、上年年末余额	159 659. 75	62 315. 24	27 877. 37	5 002. 82	10 712. 70	60 124. 78	12 148. 94	337 841. 60
加：会计政策变更	—	—	—	—	—	—	—	—
前期差错更正	—	—	456. 59	—	456. 59	1 369. 76	—	2 282. 94
其他	—	—	—	—	—	—	—	—
二、本年年初余额	159 659. 75	62 315. 24	28 333. 96	5 002. 82	11 169. 29	61 494. 54	12 148. 94	340 124. 54
三、本年增减变动金额（减少以“－”号填列）	—	-15 777. 36	-19 218. 69	—	20 762. 66	10 374. 29	3 046. 03	-813. 07
（一）净利润	—	—	—	—	—	43 034. 76	1 464. 11	44 498. 87
（二）直接计入所有者权益的利得和损失	—	-16 794. 54	-27 877. 37	—	—	-239. 13	—	-44 911. 04
1. 可供出售金融资产公允价值变动净额	—	-12 927. 99	—	—	—	—	—	-12 927. 99
（1）计入所有者权益金额	—	-12 927. 99	—	—	—	—	—	-12 927. 99
（2）转入当期损益的金额	—	—	—	—	—	—	—	—
2. 现金流量套期工具公允价值变动净额	—	—	—	—	—	—	—	—
（1）计入所有者权益金额	—	—	—	—	—	—	—	—
（2）转入当期损益的金额	—	—	—	—	—	—	—	—
（3）计入被套期项目初始确认金额中的金额	—	—	—	—	—	—	—	—
3. 权益法下被投资单位其他所有者权益变动的影响	—	—	—	—	—	—	—	—
4. 与计入所有者权益项目相关的所得税影响	—	—	—	—	—	—	—	—
5. 其他	—	-3 866. 55	-27 877. 37	—	—	-239. 13	—	-31 983. 05
上述（一）和（二）小计	—	-16 794. 54	-27 877. 37	—	—	42 795. 63	1 464. 11	-412. 17
（三）所有者投入和减少资本	—	1 017. 18	—	—	—	—	1 581. 92	2 599. 10
1. 所有者投入资本	—	1 017. 18	—	—	—	—	2 900. 00	3 917. 18
2. 股份支付计入所有者权益的金额	—	—	—	—	—	—	—	—
3. 其他	—	—	—	—	—	—	-1 318. 08	-1 318. 08
（四）利润分配	—	—	8 658. 68	—	20 762. 66	-32 421. 34	—	-3 000. 00
1. 提取盈余公积	—	—	8 658. 68	—	—	-8 658. 68	—	—
2. 提取一般风险准备	—	—	—	—	—	—	—	—
3. 提取信托赔偿准备	—	—	—	—	20 762. 66	-20 762. 66	—	—
4. 对所有者的分配	—	—	—	—	—	-3 000. 00	—	-3 000. 00
5. 其他	—	—	—	—	—	—	—	—
（五）所有者权益内部结转	—	—	—	—	—	—	—	—
1. 资本公积转增资本	—	—	—	—	—	—	—	—
2. 盈余公积转增资本	—	—	—	—	—	—	—	—
3. 盈余公积弥补亏损	—	—	—	—	—	—	—	—
4. 一般风险准备弥补亏损	—	—	—	—	—	—	—	—
5. 其他	—	—	—	—	—	—	—	—
四、本年年末余额	159 659. 75	46 537. 88	9 115. 27	5 002. 82	31 931. 95	71 868. 83	15 194. 97	339 311. 47

合并所有者权益变动表（续）

编制单位：吉林省信托有限责任公司　　2013 年 12 月 31 日　　单位：万元

项目	上期金额							
	归属于母公司所有者权益						少数股东权益	所有者权益合计
	实收资本	资本公积	盈余公积	一般风险准备	信托赔偿准备	未分配利润		
一、上年年末余额	159 659. 75	4 859. 16	23 913. 99	2 204. 27	5 718. 08	55 104. 50	9 392. 31	260 852. 06
加：会计政策变更								
前期差错更正			-1 374. 98		-343. 74	-5 156. 20		-6 874. 92
其他								
二、本年年初余额	159 659. 75	4 859. 16	22 539. 01	2 204. 27	5 374. 34	49 948. 30	9 392. 31	253 977. 14
三、本年增减变动金额（减少以"-"号填列）		57 456. 08	5 338. 36	2 798. 55	5 338. 36	10 176. 48	2 756. 63	83 864. 46
（一）净利润						26 651. 75	-88. 52	26 563. 23
（二）直接计入所有者权益的利得和损失		57 643. 70						57 643. 70
1. 可供出售金融资产公允价值变动净额		57 643. 70						57 643. 70
（1）计入所有者权益金额		57 643. 70						57 643. 70
（2）转入当期损益的金额								
2. 现金流量套期工具公允价值变动净额								
（1）计入所有者权益金额								
（2）转入当期损益的金额								
（3）计入被套期项目初始确认金额中的金额								
3. 权益法下被投资单位其他所有者权益变动的影响								
4. 与计入所有者权益项目相关的所得税影响								
5. 其他								
上述（一）和（二）小计		57 643. 70				26 651. 75	-88. 52	84 206. 93
（三）所有者投入和减少资本		-187. 62					2 887. 15	2 699. 53
1. 所有者投入资本		-187. 62					2 400. 00	2 212. 38
2. 股份支付计入所有者权益的金额								
3. 其他							487. 15	487. 15
（四）利润分配			5 338. 36	2 798. 55	5 338. 36	-16 475. 27	-42. 00	-3 042. 00
1. 提取盈余公积			5 338. 36			-5 338. 36		
2. 提取一般风险准备				2 798. 55		-2 798. 55		
3. 提取信托赔偿准备					5 338. 36	-5 338. 36		
4. 对所有者的分配						-3 000. 00	-42. 00	-3 042. 00
5. 其他								
（五）所有者权益内部结转								
1. 资本公积转增资本								
2. 盈余公积转增资本								
3. 盈余公积弥补亏损								
4. 一般风险准备弥补亏损								
5. 其他								
四、本年年末余额	159 659. 75	62 315. 24	27 877. 37	5 002. 82	10 712. 70	60 124. 78	12 148. 94	337 841. 60

法定代表人：高福波　　主管会计工作负责人：邱荣生　　会计机构负责人：马东生

母公司所有者权益变动表

编制单位：吉林省信托有限责任公司　　　　2013 年 12 月 31 日　　　　单位：万元

项　　目	本期金额						
	实收资本	资本公积	盈余公积	一般风险准备	信托赔偿准备	未分配利润	所有者权益合计
一、上年年末余额	159 659.75	59 498.26	27 877.37	5 002.82	10 712.70	67 562.52	330 313.42
加：会计政策变更	—	—	—	—	—	—	
前期差错更正		—	456.59	—	456.59	1 369.76	2 282.94
其他		—	—	—	—	—	—
二、本年年初余额	159 659.75	59 498.26	28 333.96	5 002.82	11 169.29	68 932.28	332 596.36
三、本年增减变动金额（减少以"－"号填列）		－14 794.54	－19 218.69	—	20 762.66	10 632.94	－4 617.63
（一）净利润		—	—	—	—	43 293.42	43 293.42
（二）直接计入所有者权益的利得和损失		－16 794.54	－27 877.37	—	—	－239.14	－44 911.05
1. 可供出售金融资产公允价值变动净额		－12 927.99	—	—	—	—	－12 927.99
（1）计入所有者权益金额		－12 927.99	—	—	—	—	－12 927.99
（2）转入当期损益的金额		—	—	—	—	—	—
2. 现金流量套期工具公允价值变动净额		—	—	—	—	—	—
（1）计入所有者权益金额		—	—	—	—	—	—
（2）转入当期损益的金额		—	—	—	—	—	—
（3）计入被套期项目初始确认金额中的金额		—	—	—	—	—	—
3. 权益法下被投资单位其他所有者权益变动的影响		—	—	—	—	—	—
4. 与计入所有者权益项目相关的所得税影响		—	—	—	—	—	—
5. 其他		－3 866.55	－27 877.37	—	—	－239.14	－31 983.06
上述（一）和（二）小计		－16 794.54	－27 877.37	—	—	43 054.28	－1 617.63BH
（三）所有者投入和减少资本		2 000.00	—	—	—	—	—
1. 所有者投入资本		2 000.00	—	—	—	—	—
2. 股份支付计入所有者权益的金额		—	—	—	—	—	—
3. 其他		—	—	—	—	—	—
（四）利润分配		—	8 658.68	—	20 762.66	－32 421.34	－3 000.00
1. 提取盈余公积		—	8 658.68	—	—	－8 658.68	—
2. 提取一般风险准备		—	—	—	—	—	—
3. 提取信托赔偿准备		—	—	—	20 762.66	－20 762.66	—
4. 对所有者的分配		—	—	—	—	－3 000.00	－3 000.00
5. 其他		—	—	—	—	—	—
（五）所有者权益内部结转		—	—	—	—	—	—
1. 资本公积转增资本		—	—	—	—	—	—
2. 盈余公积转增资本		—	—	—	—	—	—
3. 盈余公积弥补亏损		—	—	—	—	—	—
4. 一般风险准备弥补亏损		—	—	—	—	—	—
5. 其他		—	—	—	—	—	—
四、本年年末余额	159 659.75	44 703.72	9 115.27	5 002.82	31 931.95	79 565.22	327 978.73

母公司所有者权益变动表（续）

编制单位：吉林省信托有限责任公司　　2013 年 12 月 31 日　　单位：万元

项　目	上期金额						
	实收资本	资本公积	盈余公积	一般风险准备	信托赔偿准备	未分配利润	所有者权益合计
一、上年年末余额	159 659. 75	1 854. 56	23 913. 99	2 204. 27	5 718. 08	62 502. 17	255 852. 82
加：会计政策变更							
前期差错更正			-1 374. 98		-343. 74	-5 156. 20	-6 874. 92
其他							
二、本年年初余额	159 659. 75	1 854. 56	22 539. 01	2 204. 27	5 374. 34	57 345. 97	248 977. 90
三、本年增减变动金额（减少以"－"号填列）		57 643. 70	5 338. 36	2 798. 55	5 338. 36	10 216. 55	81 335. 52
（一）净利润						26 691. 82	26 691. 82
（二）直接计入所有者权益的利得和损失		57 643. 70					57 643. 70
1. 可供出售金融资产公允价值变动净额		57 643. 70					57 643. 70
（1）计入所有者权益金额		57 643. 70					57 643. 70
（2）转入当期损益的金额							
2. 现金流量套期工具公允价值变动净额							
（1）计入所有者权益金额							
（2）转入当期损益的金额							
（3）计入被套期项目初始确认金额中的金额							
3. 权益法下被投资单位其他所有者权益变动的影响							
4. 与计入所有者权益项目相关的所得税影响							
5. 其他							
上述（一）和（二）小计		57 643. 70				26 691. 82	84 335. 52
（三）所有者投入和减少资本							—
1. 所有者投入资本							—
2. 股份支付计入所有者权益的金额							—
3. 其他							—
（四）利润分配			5 338. 36		5 338. 36	-16 475. 27	-5 798. 55
1. 提取盈余公积			5 338. 36			-5 338. 36	—
2. 提取一般风险准备				2 798. 55		-2 798. 55	—
3. 提取信托赔偿准备					5 338. 36	-5 338. 36	—
4. 对所有者的分配						-3 000. 00	
5. 其他							
（五）所有者权益内部结转							
1. 资本公积转增资本							
2. 盈余公积转增资本							
3. 盈余公积弥补亏损							
4. 一般风险准备弥补亏损							
5. 其他							
四、本年年末余额	159 659. 75	59 498. 26	27 877. 37	5 002. 82	10 712. 70	67 562. 52	330 313. 42

法定代表人：高福波　　主管会计工作负责人：邱荣生　　会计机构负责人：马东生

5.2 信托资产

5.2.1 信托项目资产负债汇总表

信托项目资产负债表

编制单位:吉林省信托有限责任公司　　2013 年 12 月 31 日　　单位:万元

信托资产	期末数	年初数	信托负债和信托收益	期末数	年初数
信托资产:			信托负债:		
货币资金	8 407.97	25 243.64	应付受托人报酬	1 152.25	6 043.23
拆出资金	0	0	应付托管费	82.93	122.38
应收款项	29 961.93	32 805.89	应付受益人收益	6 266.97	1 430.69
买入返售资产	36 960.00	55 410.00	其他应付款项	44 559.80	39 242.88
交易性金融资产	0	4 939.37	应交税金	0	0
持有至到期投资	1 795 902.50	2 380 745.00	卖出回购资产款	0	0
长期股权投资	383 220.00	772 758.25	其他负债	0	0
客户贷款	1 466 850.50	853 211.60	信托负债合计	52 061.95	46 839.18
应收融资租赁款	0	0	信托权益:		
固定资产	0	0	实收信托	4 163 748.00	4 435 989.85
无形资产	0	0	资本公积	0	0
长期待摊费用	0	0	未分配利润	1 152.11	15 749.72
其他资产	495 659.16	373 465.00	信托权益合计	4 164 900.11	4 451 739.57
信托资产总计	4 216 962.06	4 498 578.75	信托负债及信托权益总计	4 216 962.06	4 498 578.75

公司负责人:高福波　　主管会计工作负责人:邱荣生　　会计机构负责人:高　岩

5.2.2 信托项目利润及利润分配汇总表

信托项目利润及利润分配汇总表

编制单位:吉林省信托有限责任公司　2013 年 12 月 31 日　单位:万元

项 目	本年累计数	上年累计数
一、营业收入	442 974.45	607 443.16
利息收入	83 267.86	110 041.89
投资收益	359 706.58	497 334.20
租赁收入	0	0
其他收入	0.01	67.07
二、营业费用	48 470.17	94 753.93
三、营业税金及附加	0	0
四、扣除资产损失前的信托利润	394 504.28	512 689.23
减:资产减值损失	0	0
五、扣除资产损失后的信托利润	394 504.28	512 689.23
加:期初未分配信托利润	15 749.72	37 919.16
减:调整期初未分配利润	0	0
六、可供分配的信托利润	410 254.00	550 608.39
减:本期已分配信托利润	409 101.90	534 858.67
七、期末未分配信托利润	1 152.10	15 749.72

公司负责人:高福波　主管会计工作负责人:邱荣生　会计机构负责人:高　岩

6. 会计报表附注

6.1 简要说明报告年度会计报表编制基准、会计政策、会计估计和核算方法发生的变化

无。

6.2 或有事项说明

公司对外提供担保期初余额为 5 000 万元 期末余额为 3 500 万元 未到期,暂无风险。

6.3 重要资产转让及其出售的说明

无。

6.4 会计报表中重要项目的明细资料

6.4.1 自营资产经营情况

6.4.1.1 公司信用风险资产五级分类结果如下:

风险分类	正常类(万元)	关注类(万元)	次级类(万元)	可疑类(万元)	损失类(万元)	信用风险资产合计(万元)	不良资产合计(万元)	不良资产率(%)
期初数	73 212.78	0	—	—	—	73 212.78	—	—
期末数	19 344.53	6 053.09	—	—	—	25 397.62	—	—

6.4.1.2 资产损失准备的期初数、本期计提、本期转回、本期核销、期末数

单位:万元

	期初数	本期计提	本期转回	本期核销	期末数
贷款损失准备	515.40	274.81	435.00		355.21
一般准备	515.40	274.81	435.00		355.21
专项准备	0				0
其他资产减值准备	34 187.83	25 298.65	29 177.73		30 308.75
可供出售金融资产减值准备					
持有至到期投资减值准备					
长期股权投资减值准备					
坏账准备	34 187.83	25 298.65	29 177.73		30 308.75
投资性房地产减值准备					

6.4.1.3 自营股票投资、基金投资、债券投资、长期股权投资等投资的期初数、期末数

单位：万元

	自营股票	基金	债券	长期股权投资	其他投资	合计
期初数	157 727.32	995.55	6 000.00	91 756.64	—	256 479.51
期末数	131 047.24	—	19 008.94	135 017.62	—	285 073.80

6.4.1.4 公司前三名的自营长期股权投资的企业名称、占被投资企业权益的比例、主要经营活动及投资收益情况

企业名称	占被投资企业权益的比例(%)	主要经营活动	投资收益
九台农村商业银行	15.57	人民币存款、贷款、票据贴现、国内结算业务，人民币个人储蓄业务，代理其他银行的金融业务，代理收付款项及受托代办保险业务，买卖政府债券、代理发行、代理兑付、承销政府债券，保管箱业务，按规定从事同业拆借；经中国银行业监督管理委员会批准的其他业务。	本年度分红3 884万元
中融人寿保险股份有限公司	20	意外伤害保险、健康保险、传统人寿保险、人寿保险新型产品、传统年金保险、年金新型产品、其他人身保险业务、上述保险业务的再保险业务、国家法律法规允许的保险资金运用业务、经中国保监会批准的其他人身保险业务。	本年度未分红
吉林银行股份有限公司	1.42	吸收公众存款，发放短期、中期和长期贷款，办理国内结算，办理票据承兑与贴现，发行金融债券，代理发行、代理承兑、承销政府债券，买卖政府债券、金融债券，从事同业拆借，从事银行卡业务，提供担保，代理收付款项及代理保险业务，提供保管箱服务，办理地方财政信息周转使用资金的委托存款业务，经中国银行业监督管理委员会批准的其他业务。	本年度分红800万元

6.4.1.5 公司前三名的自营贷款的企业名称、占贷款总额的比例和还款情况

企业名称	占贷款总额的比例(%)	还款情况
吉林粮食集团有限公司	51.61	贷款尚未到期
抚松县鑫鼎林产工业有限责任公司	20.53	贷款已到期
浙江百川世家有限责任公司	12.61	贷款尚未到期

6.4.1.6 表外业务的期初数、期末数

单位：万元

表外业务	期初数	期末数
担保业务	5 000.00	3 500.00
代理业务(委托业务)		
其他		
合计	5 000.00	3 500.00

本公司对外提供担保形成的或有负债情况如下：

担保对象	担保方式	担保金额		贷款到期日	备注
		人民币	美元		
长春市盈科商贸有限公司	保证	3 500.00万元		2014年6月20日	股权质押反担保
合计		3 500.00万元			

6.4.1.7 公司当年的收入结构

收入结构	合并		母公司	
	金额(万元)	占比(%)	金额(万元)	占比(%)
手续费及佣金收入	54 079.48	62.58	41 406.52	57.08
其中：信托业务手续费收入	46 327.14	53.61	41 359.02	57.02
利息类收入	5 022.32	5.81	4 320.12	5.96
其他业务收入	280.27	0.32	175.00	0.24
其中：计入信托业务收入部分				
投资收益	26 566.68	30.74	26 553.26	36.61
其中：股权投资收益	9 395.28	10.87	9 395.28	12.95
证券投资收益	17 129.40	19.82	17 115.98	23.60
其他投资收益	42	0.05	42	0.06
公允价值变动收益	315.84	0.37	76.13	0.10
汇兑损益	−55.51	−0.06	−55.51	−0.08
营业外收入	204.99	0.24	63.27	0.09
收入合计	86 414.07	100.00	72 538.79	100.00

6.4.2 信托资产管理情况

6.4.2.1 信托资产的期初数、期末数

单位：万元

信托资产	期初数	期末数
集合	1 446 013.00	809 350.00
单一	2 679 095.00	2 873 783.00
财产权	373 471.00	480 615.00
合计	4 498 579.00	4 163 748.00

6.4.2.1.1 主动管理型信托业务的信托资产期初数、期末数，分证券投资、股权投资、融资、事务管理类分别披露

单位：万元

主动管理型信托资产	期初数	期末数
证券投资类	1 085 347.00	490 857.00
股权投资类	403 879.00	384 189.00
融资类	2 817 617.00	2 272 915.00
事务管理类	14 976.00	607.00
合计	4 321 819.00	3 148 568.00

6.4.2.1.2 被动管理型信托业务的信托资产期初数、期末数，分证券投资、股权投资、融资、事务管理类分别披露

单位：万元

被动管理型信托资产	期初数	期末数
证券投资类		330 001.00
股权投资类	0	0
融资类	176 760.00	723 331.00
事务管理类	0	15 062.00
合计	176 760.00	1 068 394.00

6.4.2.2　本年度已清算结束的信托项目个数、实收信托合计金额、加权平均实际年化收益率

6.4.2.2.1　本年度已清算结束的集合类、单一类资金信托项目和财产管理类信托项目个数、实收信托合计金额、加权平均实际年化收益率

已清算结束信托项目	项目个数	实收信托合计金额(万元)	加权平均实际年化收益率(%)
集合类	65	1 212 081.25	9.92
单一类	60	1 821 120.00	8.91
财产管理类	1	40 000.00	6.88

6.4.2.2.2　本年度已清算结束的主动管理型信托项目个数、实收信托合计金额、加权平均实际年化收益率

已清算结束信托项目	项目个数	实收信托合计金额(万元)	加权平均实际年化信托报酬率(%)	加权平均实际年化收益率(%)
证券投资类	32	928 740.00	0.67	8.63
股权投资类	16	567 258.25	0.92	9.20
融资类	67	1 529 203.00	1.50	9.65
事务管理类	7	0		

6.4.2.2.3　本年度已清算结束的被动管理型信托项目个数、实收信托合计金额、加权平均实际年化收益率

已清算结束信托项目	项目个数	实收信托合计金额(万元)	加权平均实际年化信托报酬率(%)	加权平均实际年化收益率(%)
证券投资类	1	30 000.00	0.3	8.90
股权投资类	0	0	0	0
融资类	3	18 000.00	0.37	5.96
事务管理类	0	0	0	0

6.4.2.3　本年度新增的集合类、单一类资金信托项目和财产管理类信托项目数量、合计金额

新增信托项目	项目个数	实收信托合计金额(万元)
集合类	16	563 539.00
单一类	74	2 128 553.00
财产管理类	1	200 000.00
新增合计	91	2 892 092.00
其中:主动管理型	69	2 131 360.50
被动管理型	22	760 731.50

6.4.2.4　信托业务创新成果和特色业务有关情况

公司把推进业务转型、提升自主理财能力提到了公司发展的战略高度。经过经营战略调整,研发团队建设不断完善,创新业务拓展及创新模式研究成果显著,公司信托产品的含金量和附加值大幅提升。同时,以理财顾问团为核心的专家理财队伍为公司走上专业化理财机构的发展道路奠定了坚实的基础。

6.4.2.4.1　创新业务

(1)新型券商与信托合作模式。2013年资产管理市场的混业现象更加多见,公司将定向资产管理计划与股票托管相结合,将限额特定资产管理计划与集合资金信托计划相结合,将定向增发项目与定向资管计划相结合,将股票质押类定向资管计划与信托计划相结合,创新性地提出了信证合作的四种全新模式。

(2)类股票质押业务。2013年公司对传统股票质押、大宗交易过户、约定购回、价值管理、协议转让等五种模式进行优势分析及适用性探讨,提出了几种有别于传统做法的、现实可行的模式,实现了股票的"真实过户",解决了传统模式处理质押物的最大难题——司法渠道的时滞性。

(3)基础设施建设类项目。为支持地方政府的市政建设,公司提出对接保险资金、买断资产包、对接券商资管计划、对接基金子公司、对接施工方的债权买断等五种模式,为地方基础设施建设提供了多元化的融资方案。

6.4.2.4.2　特色业务

(1)上市公司股权受益权类信托。公司面向上市公司股东推出一系列融资类和投资类信托产品,为股票质押融资、增持上市公司股票、盘活持仓股票资产、定向增发等提供专业化服务,满足其多样化的金融服务需求。

(2)类PE股权投资信托。股权投资是公司对信托资金运用的主要方式之一。经过多年的经验积累,公司逐步由被动式管理向主动式管理转变。

(3)财产权投资信托。公司积极利用信托制度优势,探索资产衍生出的相关权益类信托产品,如股权受益权、项目收益权、物业收益权、信托受益权、矿产资源收益权、特许经营收费权、应收账款以及其他特定资产未来收益权等业务,灵活运用投资、投资附带回购、投资优先分配收益、投资附带转让、融资租赁等多种资金运用方式,为委托人和企业量身定做信托理财产品。

(4)农牧业信托。东北是中国农业主产区,吉林信托在多年服务地方农业发展的基础上形成了较为丰富的农牧业投融资经验。近年来,公司发行大成生物、吉林正方、李岳新农村、白城牧业园区股权投资等项目,顺应国家产业政策导向,通过灵活多样的资金运用方式为现代化农业发展与升级提供金融支持。

6.4.2.4.3　研究成果

目前,公司研发成果已经形成了五大研究报告的成熟体系。2013年,共完成《信托市场周报》40期,为业务部门提供信托行业动态、业务发展趋势以及宏观经济金融形势的分析和预判;完成《行业分析月报》11期,对热点行业的现状、存在的问题、未来发展趋势进行研判,为相关领域信托业务的开展提供理论支持和现实依据;完成《集合信托产品月报》11期,对集合信托产品进行月度汇总分析,把握信托产品的期限及收益特点,总结资金投向及运作规律,运用自主研发的模型对集合信托产品进行综合评级;完成《收益定价月报》9期,对房地产、矿产能源、基础设施、上市公司股票质押、工商企业等重点行业进行专属风险评价,对特定时期、特定行业的风险进行合理评价,根据产品风险评价确定信托产品价格区间;完成《创新业务研究报告》11篇,对创新业务和创新模式进行设计思路探讨,比如券商资管计划与信托对接的几种模式、类股票质押业务模式、上市公司股权质押类项目创新思路、大宗交易市场股票投资信托计划方案、有限合伙制银信合作交易模式、政府平台类

项目运作的几种模式、伞形信托研究、土地流转信托研究等。

此外，公司紧随经济社会发展大势，完成了十八届三中全会对金融、信托的影响，利率市场化改革及金融改革深化对信托业的影响等研发报告。在信托业协会发起的课题项目“信托公司风险缓释机制研究”中，执笔撰写了第一章。

6.4.2.5 本公司履行受托人义务的情况及因本公司自身责任而导致的信托资产损失情况

公司遵守《信托法》和信托文件对受托人义务的规定，为受益人的最大利益管理信托事务。管理信托财产时，恪尽职守，履行诚实、信用、谨慎、有效管理的义务，没有损害受益人利益的情况。本公司无因自身责任而导致信托财产损失的情况。

6.4.2.6 信托赔偿准备金的提取、使用和管理情况

公司根据《信托公司管理办法》及吉林省国资委《关于对吉林信托提高信托赔偿准备金提取比例的批复》（吉国资发预算[2013]155 号），按公司注册资本的20%提足准备。截至报告期末，尚未发生信托业务损失，信托赔偿准备金尚未使用，信托赔偿准备金期末余额为31 932 万元。

6.5 关联方关系及其交易

6.5.1 关联交易方的数量、关联交易的总金额及关联交易的定价政策

	关联交易数量	关联交易金额（万元）	定价政策
合计	2	175	双方协议确定

6.5.2 关联交易方与本公司的关系性质，关联交易方的名称、法人代表、注册地址、注册资本及主营业务

关系性质	关联方名称	法定代表人	注册地址	注册资本（万元）	主营业务
二级子公司	天富期货有限公司	李野	长春市	15 000	国内商品期货代理、咨询、培训。
二级子公司	天治基金管理有限公司	赵玉彪	上海市	16 000	发起设立基金、基金管理。
三级子公司	吉林省汇通典当有限责任公司	高松岩	长春市	1 000	动产、财产权利质押典当业务，房地产抵押典当业务等。
三级子公司	吉林省汇富投资咨询有限公司	李野	长春市	2 300	利用自有资金对外进行项目投资及投资管理，受投资人委托对投资人资金进行经营、管理，投资理财（需专项审批除外），投资咨询，经济信息咨询，企业管理咨询，企业理财顾问，商务信息咨询，企业形象策划，承办会展，企业营销策划、市场经济调研，金属、化工产品（化学危险品除外）、农产品销售。
三级子公司	天治资产管理有限公司	赵玉彪	北京市	5 000	特定客户资产管理业务以及中国证监会许可的其他业务。

续表

关系性质	关联方名称	法定代表人	注册地址	注册资本（万元）	主营业务
被投资企业	吉林九台农村商业银行	高兵	九台市	195 006	办理存贷款、国内结算、票据承兑与贴现；代理发行、兑付、承销政府债券；买卖政府债券、金融债券，参与货币市场；同业拆借；代理收付及代理保险业务；提供保管箱服务；代理买卖基金、信托产品及其他理财产品；银行卡业务；外汇业务等。

6.5.3 逐笔披露公司与关联方的重大交易事项

6.5.3.1 固有财产与关联方交易事项

单位：万元

固有财产与关联方关联交易				
	期初数	借方发生额	贷方发生额	期末数
贷款	0	0	0	0
投资	0	0	0	0
租赁	0	175	175	0
担保	0	0	0	0
应收账款	0	0	0	0
其他	0	0	0	0
合计	0	175	175	0

6.5.3.2 信托资产与关联方交易

单位：万元

信托资产与关联方关联交易				
	期初数	借方发生额	贷方发生额	期末数
贷款	0.00	0.00	0.00	0.00
投资	0.00	0.00	0.00	0.00
租赁	0.00	0.00	0.00	0.00
担保	0.00	0.00	0.00	0.00
应收账款	0.00	0.00	0.00	0.00
其他	0.00	0.00	0.00	0.00
合计	0.00	0.00	0.00	0.00

6.5.3.3 信托公司自有资金运用于自己管理的信托项目（固信交易）、信托公司管理的信托项目之间的相互交易（信信交易）金额

6.5.3.3.1 固有财产与信托财产

单位：万元

固有财产与信托财产相互交易			
	期初数	本期发生额	期末数
合计	0	0	0

6.5.3.3.2 信托资产与信托财产

单位：万元

信托资产与信托财产相互交易			
	期初数	本期发生额	期末数
合计	0	0	0

6.5.4 逐笔披露关联方逾期未偿还本公司资金详细情况以及公司为关联方担保发生或即将发生垫款的详细情况

报告期内公司无上述情况。

6.6 会计制度

本公司固有业务、信托业务均执行《企业会计准则——基本准则》及《企业会计准则——应用指南》等相关规定。

7. 财务情况说明书

7.1 利润实现和分配情况(母公司口径与并表口径)

单位:万元

指标名称	合并口径	母公司
利润总额	56 730.32	54 544.85
所得税费用	12 231.45	11 251.43
少数股东损益	1 464.11	
归属于母公司所有者的净利润	43 034.76	43 293.42
提取盈余公积	8 658.68	8 658.68
提取信托赔偿准备金	20 762.66	20 762.66
提取一般准备	0.00	0.00
上缴国有资本收益	3 000.00	3 000.00

7.2 主要财务指标(母公司口径与并表口径)

指标名称	合并指标值	母公司指标值
资本利润率(%)	13.10	13.07
加权年化信托报酬率(%)		
人均净利润(万元)	102.53	226.67

7.3 公司净资本情况

2013年末,公司净资本余额为246 350万元,各项业务风险资本之和为85 845万元,净资本/各项业务风险资本之和为286.97%,净资本/净资产为74.66%,以上指标符合《信托公司净资本管理办法》(中国银行业监督管理委员会令2010年第5号)各项监管指标要求。

7.4 对公司财务状况、经营成果有重大影响的其他事项

公司无上述事项。

8. 特别事项揭示

8.1 前五名股东报告期内变动情况及原因

公司股东无变化。

8.2 董事、监事及高级管理人员变动情况及原因

无。

8.3 变更注册资本、变更注册地或公司名称、公司分立与合并事项

无。

8.4 公司的重大诉讼事项

8.4.1 重大未决诉讼事项

无。

8.4.2 以前年度发生、于本报告年度内终结的诉讼事项

无。

8.4.3 本报告年度发生、于本报告年度内终结的诉讼事项

无。

8.5 公司及其董事、监事和高级管理人员受到处罚的情况

无。

8.6 银监会派出机构对公司检查结论和公司整改情况

吉林银监局于2013年9~10月对公司2012年度开展的集合资金信托业务和房地产信托业务合规性及风险状况现场检查中发现的问题、风险的整改和监管意见的落实等情况进行了后续现场检查,并于检查后下发了现场检查意见书。按照该意见书的要求,公司组织相关业务部室针对检查中存在的问题进行梳理和分析,制定了切实可行的整改方案,认真落实各项监管意见和要求,以使公司信托业务依法合规稳健开展。具体做法:一是强化风险理念,审慎合规展业,健全完善内控体系;二是继续夯实内部管理基础,强化对信托事务的规范化管理;三是提升员工素质,促进公司依法合规经营。

8.7 本年度重大事项临时报告的简要内容、披露时间、所披露的媒体及其版面

无。

9. 公司监事会意见

本报告期内公司依法运作,决策程序合法,内部控制制度较为完善。2013年度财务报告客观、真实地反映了公司2013年12月31日的合并财务状况和2013年度的合并经营成果及合并现金流量。

建信信托有限责任公司

1. 重要提示

1.1　本公司董事会保证本报告所载资料不存在任何虚假记载、误导性陈述或者重大遗漏，并对其内容的真实性、准确性和完整性承担个别及连带责任。

1.2　公司独立董事康立国、王巍、范成法保证本报告内容真实、准确、完整。

1.3　普华永道中天会计师事务所对本公司年度财务报告进行审计，出具了审计报告。

1.4　公司法定代表人曾见泽、副总裁王宝魁、财务部门负责人江涛声明：保证本年度报告中财务报告真实、完整。

2. 公司概况

2.1　公司简介

建信信托有限责任公司（以下简称建信信托）是经中国银监会批准，由中国建设银行股份有限公司投资控股，在原合肥兴泰信托有限责任公司（以下简称兴泰信托）增资扩股的基础上重组设立的非银行金融机构。原兴泰信托前身为合肥市信托投资公司，成立于1986年11月，2003年12月经《中国银行业监督管理委员会关于合肥兴泰信托投资有限责任公司重新登记有关事项的批复》（银监复[2003]122号）批准，分立重组为独立法人信托机构；2007年6月经中国银监会批准，变更名称为“合肥兴泰信托有限责任公司”，同时相应变更业务范围；根据《中国银监会关于批准合肥兴泰信托有限责任公司变更注册资本、调整股权结构及变更名称的批复》（银监复[2009]57号），2009年7月末，公司名称变更为“建信信托有限责任公司”，注册资本增加至152727万元，股权结构调整为中国建设银行、合肥兴泰控股集团有限公司、合肥市国有资产控股有限公司分别持有67.00%、27.50%、5.50%的股权。

2.1.1　公司法定中文名称：建信信托有限责任公司

中文名称缩写：建信信托

公司法定英文名称：Ccb Trust Co.，Ltd.

英文名称缩写：CCBT

2.1.2　法定代表人：曾见泽

2.1.3　注册地址：安徽省合肥市九狮桥街45号

邮政编码：230001

网　　址：www.ccbtrust.com.cn

2.1.4　信息披露分管领导：王金生

信息披露联系人：高朝晖

联系电话：(010)67596155　15605603198

传　　真：(010)657596590

电子邮箱：ccbt@ccbtrust.com.cn

2.1.5　信息披露报纸名称：《金融时报》

2.1.6　年度报告备置地点：公司网站和公司办公楼地点

2.1.7　会计师事务所：普华永道中天会计师事务所

住所：上海市浦东新区陆家嘴环路1318号星展银行大厦6楼

2.2　组织结构

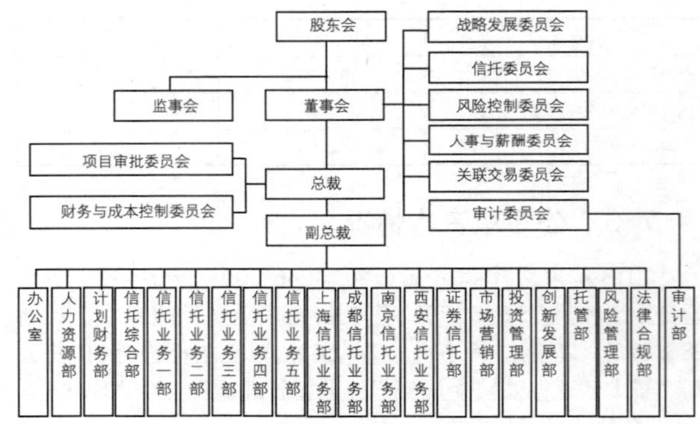

3. 公司治理结构

3.1　股东

报告期末，公司股东总数3家，最终实际控制人为中国建设银行股份有限公司。

股东名称	出资比例（%）	法人代表	注册资本（亿元）	注册地址	主要经营业务及主要财务情况
★中国建设银行股份有限公司	67.00	王洪章	2500.11	北京市西城区金融大街25号	公司银行业务、个人银行业务、资金业务、投资银行业务及海外业务。截至2013年末，公司总资产153632.10亿元，总负债142888.81亿元，净利润2151.22亿元。
合肥兴泰控股集团有限公司	27.50	程儒林	20.00	合肥市九狮桥街45号	对授权范围内的国有资产进行经营以及从事企业策划、管理咨询、财务顾问、公司理财、产业投资以及经批准的其他经营活动。截至2013年末，集团合并报表总资产115.36亿元，总负债24.14亿元，净利润总额3.07亿元。
合肥市国有资产控股有限公司	5.50	高同国	20.00	合肥市花园街安徽科技大厦	授权范围内的国有资本运营，权益型投资、债务型投资，信用担保服务，资产管理，理财顾问，企业策划，企业管理咨询，企业重组、兼并、收购。截至2013年末，集团合并报表总资产212.68亿元，总负债136.72亿元，净利润5.56亿元。

注：加★号表示最终实际控制人。

3.2 董事

董事长、非独立董事

姓名	职务	性别	年龄	选任日期	所推举的股东名称	该股东持股比例(%)	简要履历
曾见泽	董事长	男	59	2009年7月16日	中国建设银行	67.00	曾任中国建设银行北京市分行副行长、纪委书记、党委副书记，天津市分行行长、党委书记；现任建信信托董事长。
程双起	董事	男	56	2009年7月16日			曾任中国建设银行张家口分行行长、党组书记，河北省分行副行长、党委副书记；现任建信信托董事、总裁。
谢瑞平	董事	男	49	2009年7月16日			曾任中国建设银行资产负债管理委员会办公室总经理助理、副总经理，现任中国建设银行股权与投资管理部副总经理、建信信托董事。
张明合	董事	男	43	2009年7月16日			曾任中国建设银行计划财务部总经理助理、投资银行部总经理助理、投资银行部业务总监，现任中国建设银行授信审批部副总经理、建信信托董事。
孙立强	董事	男	52	2009年7月16日	合肥兴泰控股集团有限公司	27.50	曾任合肥市财政局副局长、国资局局长、国资办主任、合肥兴泰信托有限责任公司董事长、合肥兴泰控股集团有限公司董事长，现任合肥市国有资产监督管理委员会主任和党委书记、建信信托董事。
高同国	董事	男	49	2013年4月18日	合肥市国有资产控股有限公司	5.50	曾任合肥市国有资产管理局副局长、百大集团监事会主席、合肥市产权交易中心主任、合肥市技术产权交易所董事长、合肥兴泰控股集团总裁，现任合肥市国有资产控股公司董事长、建信信托董事。

独立董事

姓名	所在单位及职务	性别	年龄	选任日期	简要履历
康立国	无	男	65	2009年7月16日	曾任中国人民银行南京分行合肥金融监管办事处党组委员、助理特派员，安徽银监局局长助理、党委委员、副巡视员；现任建信信托独立董事。
王巍	万盟并购集团有限公司董事长，兼全国工商联并购公会会长	男	55	2010年12月20日	曾任职于中国建设银行、中国银行，曾担任美国化学银行分析师、美国世界银行顾问、中国南方证券有限公司副总裁、万盟投资管理有限公司董事长，以及中化国际、上海医药、方正证券独立董事；现任万盟并购集团有限公司董事长，同时兼全国工商联并购公会会长，以及中体产业、光大银行、嘉实基金独立董事，建信信托独立董事。
范成法	安徽省担保协会副会长	男	63	2011年3月21日	曾任安徽省财政厅预算外资金管理办公室主任、综合处处长、金融处处长，兼任安徽省推进皖江城市带承接产业转移示范建设领导小组办公室融资组组长；现任安徽省担保协会副会长、建信信托独立董事。

3.3 监事

监事会成员

姓名	职务	性别	年龄	选任日期	所代表股东	股东持股比例(%)	简要履历
王金生	监事长	男	49	2010年4月9日	合肥兴泰控股集团有限公司	27.50	曾任合肥市粮食局财务处长；合肥市大米公司经理(法人代表)；合肥西七国家粮食储备库主任；合肥天谷粮食集团董事长；合肥市产权交易管理办公室副主任；合肥市国有资产管理局局长助理、综合处长；合肥市国有资产控股公司副总经理；丰乐种业股份有限公司外部董事；合肥市财政局(国资办)专职副主任 主持国资办工作，分管财政局企财工作；合肥市国有资产监督管理委员会副主任、党委委员。现任建信信托监事长。
					合肥市国有资产控股有限公司	5.50	
田国林	监事	男	51	2009年7月16日	中国建设银行	67.00	曾任中国建设银行信贷风险管理部分行监管二处处长、综合处经理，现任中国建设银行风险管理部副总经理。
吴胜春	监事	男	43	2009年7月16日			曾任中国建设银行法律事务部非诉讼事务处高级经理、法律事务部总经理助理，现任中国建设银行法律事务部副总经理、建信信托监事。
王彦青	职工监事	男	50	2010年9月20日	—	—	曾任建行河北省分行资产保全部副总经理、建行河北省总审计室现场一处高级副经理(主持工作)、现任建信信托审计部总经理。
周志賽	职工监事	男	42	2010年9月20日	—	—	曾任建行北京长安支行国际业务部经理、建行北京分行个人银行业务部副总经理、建行北京分行城建和建国支行风险主管，现任建信信托风险总监，兼风险管理部总经理。

监事会无下属委员会。

3.4 高级管理人员

姓名	职务	性别	年龄	选任日期	金融从业年限	学历	专业
程双起	总裁	男	56	2009年7月16日	31	本科	基建财务与信用
李凤霞	副总裁	女	61	2009年7月16日	36	本科	国际金融
王宝魁	副总裁	男	50	2009年12月30日	27	本科	基本建设经济
钟四清	副总裁	男	48	2009年12月30日	27	研究生	系统工程
黄建峰	副总裁	男	51	2009年7月16日	14	硕士研究生	工商管理
许晔	副总裁	男	38	2011年3月28日	17	硕士研究生	法律

注:2013年3月26日,公司第一届董事会第28次会议批准同意公司副总裁李凤霞退休离任。

3.5 公司员工

截至2013年12月31日,公司共有员工190人,平均年龄36岁,其中博士学历7人,占比3.7%;硕士学历89人,占比46.8%;本科学历82人,占比43.2%;专科学历12人,占比6.3%。

4. 经营管理

4.1 经营目标、方针、战略规划

经营目标:成为机制完善、服务卓越、内控严密、业绩优异、人力高效的国内一流信托公司,实现综合性、多元化经营发展,树立让股东、员工和客户"深感满意和信赖"的企业形象,打造具有市场影响力的财富管理品牌。

经营方针:以科学发展观为指引,全面贯彻建设银行综合性、多功能、集约化经营的战略定位,积极落实与建设银行集团的全面战略协同,以转型创新为驱动,以提升市场份额、行业位次为重点,持续增强核心竞争力、风险控制力和价值创造力,为客户提供优质服务,为股东创造更大价值。

战略规划:依托建设银行丰富的资源,加强产品研发和业务创新,在符合集团风险偏好要求的前提下,实现受托管理信托资产规模较快发展,保持行业领先地位。同时,根据建设银行整体发展战略,利用信托的制度和功能优势,提升建设银行品牌效应和整体竞争力,为建设银行的综合化经营、丰富产品线、满足客户多样化的需求作出应有的贡献。

4.2 所经营业务的主要内容

公司目前经营的业务品种主要包括信托业务、投资银行业务和固有业务。

信托业务品种主要包括单一资金信托、集合资金信托、财产信托和股权信托等。信托财产的运用方式主要有贷款和投资。

投资银行业务主要包括财务顾问、股权信托、债券承销等。

固有业务主要是自有资金的贷款、股权投资、证券投资等。

固有资产运用与分布表

资产运用	金额(万元)	占比(%)	资产分布	金额(万元)	占比(%)
货币资产	61 327.43	9.32	基础产业		
贷款及应收款			房地产业		
交易性金融资产	28 045.43	4.26	证券市场	23 951.94	3.64
可供出售金融资产	453 507.93	68.95	实业		
持有至到期投资			金融机构	513 229.33	78.03
长期股权投资	76 855.88	11.69	其他	120 519.75	18.32
其他	37 964.35	5.77			
资产总计	657 701.02	100.00	资产总计	657 701.02	100.00

注:"资产分布"中的"其他"为PE基金投资79 455.88万元、对子公司的投资9 400万元、应收款项15 440.02万元、固定资产13 180.96万元以及投资性房地产2 093.56万元。

信托资产运用与分布表

资产运用	金额(万元)	占比(%)	资产分布	金额(万元)	占比(%)
货币资产	10 603 343.04	32.54	基础产业	1 906 834.00	5.85
贷款	4 568 150.00	14.02	房地产	2 193 625.00	6.73
交易性金融资产	974 842.36	2.99	证券市场	13 290 297.80	40.79
可供出售金融资产	552 036.88	1.69	实业	644 720.00	1.98
持有至到期投资	13 719 984.98	42.11	金融机构	12 125 394.36	37.22
长期股权投资	954 435.16	2.93	其他	2 420 767.66	7.43
其他	1 208 846.40	3.72			
信托资产总计	32 581 638.82	100.00	信托资产总计	32 581 638.82	100.00

4.3 市场分析

4.3.1 影响业务发展的有利因素

2013年,我国发展处于重要的战略机遇期,外部环境趋于改善,市场预期不断好转,经济基本面依然较好,为信托业发展创造了有利环境。中国经济的持续增长促进了多元化市场主体的逐步形成,并积聚了巨额的财富,由此催生了巨大的资产管理服务需求。信托业在中国金融体系中的地位和影响力不断提升,为信托业发展提供了广阔的市场空间。

4.3.2 影响业务发展的不利因素

2013年,国际经济形势依然错综复杂,国内经济面临转型升级,信托业发展环境更趋复杂。我国经济金融领域的矛盾和隐患仍然较多,企业生产经营困难问题短期内难以明显缓解,房地产市场运行的不确定因素增加,资源配置方式与经济利益重构改革对投融资市场的影响具有不确定性。

监管部门顺应政策环境和市场环境的变化,及时调整监管要求,也对信托公司业务开展产生了一定影响。"泛资产管理"政策日益削弱了信托行业的制度红利,信托融资市场呈现客户分流、风险递增、竞争加剧的趋势,信托业传统经营模式面临挑战,转型发展迫在眉睫。

4.4 内部控制概况

公司建立了权责明确、制衡合理的治理结构和前后台分

离、报告关系清晰的组织架构。董事会对公司内部控制有效性承担最终责任，经营管理层对内部控制制度的有效执行承担责任，监事会、独立董事对内部控制负有监督职责。

公司内部设置了 21 个职能部门，实现了高管分离、部门人员分离、财务分离和前中后台分离的“四个分离”，明确界定了各部门的职责和权限，确保其在授权范围内行使职能。

公司按照全面性、重要性、制衡性、适应性和遵循性的原则逐步健全各项内部控制制度，完善内部控制机制，使内部控制渗透到公司决策、执行、监督、反馈等各个环节，覆盖公司的所有业务、部门和岗位。

公司建立了内部控制检查、报告和纠正机制，确保内控制度的执行落实和对发现问题的及时整改。

报告期内，公司开展了内部控制规范工作，内部控制体系不断完善。

4.5 风险管理概况

公司依托“三会一层”和内设部门，逐步构建起涵盖全面、层次清晰、职责明确的风险管理架构，形成了四个层级、三道防线的风险控制体系。

公司坚持“依法合规”的经营理念，不断健全科学的风险管理体系，培育健康的风险管理文化，防范和化解经营过程中面临的各种风险，促进公司持续健康发展。

4.5.1 信用风险状况及其管理

信用风险主要是指公司在经营过程中因交易对手不能或不愿按期履行义务而使受益人或公司遭受损失的可能性。2013 年末，公司信托业务资产总额为 3 258.16 亿元，存续项目资产质量较好，到期信托项目均按期清算兑付；公司固有业务资产总额为 65.77 亿元（母公司口径），不良资产余额为零，各项资产减值准备余额为 4 965.06 万元。

公司强调风险管理关口前移，注重业务调研和过程控制。通过对交易对手的尽职调查进行事前控制，通过交易结构设计、风险定价、设定担保措施、持续进行风险评估等手段规避和监控交易对手信用风险变化。

公司根据国家宏观政策、地区和行业发展变化情况，考虑到集团整体风险偏好，制定了公司信托产品风控要点，加强对项目前期风险评估工作，提高项目甄别和筛选能力，重视对交易对手经营状况、资信状况的尽职调查，审慎选择交易对手。严格审查项目资金监管，持续关注交易对手的履约能力，强化对项目运行管理的监督力度。按风险等级分类对项目进行后期管理，加大重点项目监督检查力度，并建立风险预警制度，有效防范信用风险。

4.5.2 市场风险状况及其管理

市场风险主要指公司在经营过程中因股价、汇率、利率及其他价格因素变动而造成财产损失的风险以及对公司盈利能力、财务状况的影响。

目前，公司由证券信托部对证券投资信托业务实施专业化管理。

公司及时关注国家政策和市场环境的变化，加强对经济及金融形势的分析预测，提出相应对策及业务调整方案。

公司通过建立有效的投资组合、设置投资比例和投资限制、聘请经验丰富的投资顾问规避证券市场风险。在产品设计时，结合经济金融形势，充分考虑利率变化对受益人或公司收益的影响，采取升息保护、浮动利率机制等合理措施规避利率风险。

加强对证券投资产品单位净值、抵（质）押物价格变化的日常监控，安排专人进行盯市，按期进行估值，及时披露信托单位净值，严格执行信托文件中对警戒线及平仓线的具体约定，防范市场价格波动带来的风险。持续跟踪关注抵（质）押品市场价格波动情况，及时发现并预防市场风险。

4.5.3 操作风险状况及其管理

操作风险主要是指公司在运营过程中由于内部程序、人员、系统的不完善或外部事件等原因所带来的风险。报告期内，公司未发生因操作风险所造成的损失。

公司逐步健全法人治理结构，规范各项业务的操作流程，明确操作权限和内容，不断完善前台、中台、后台的内部控制体系。公司在业务尽职调查、产品规范化管理、风险监控、合同档案管理、信息披露等方面不断细化管理要求和规范操作流程，提升业务操作的规范化和标准化水平，消除操作风险隐患，有效管理各类操作风险。

4.5.4 其他风险状况及其管理

公司面临的其他风险主要包括政策风险、法律风险、道德风险、关联交易风险和声誉风险等。

政策风险主要指因宏观经济政策、行业发展政策、行业监管政策的变动对公司经营环境和业务发展所造成的影响。

法律风险主要是指公司在业务开展过程中对相关法律法规的理解或执行出现偏差导致对公司经营造成影响，公司签订的合同在法律上有缺陷或不完善而发生法律纠纷甚至无法履约。

道德风险主要指公司内部人员蓄意违法违规或与公司的利益主体串通，给信托受益人或公司自身带来损失而产生的风险。

关联交易风险主要指公司在开展业务过程中涉及关联交易时，由于制度缺失、关联方控制、价格不公允等原因产生的风险。

声誉风险主要指由于公司操作失误、违反有关规定、信托资产质量下降不能到期兑付、不能向公众提供高质量的金融服务和管理不善等原因，对外部市场地位产生的消极和不良影响。

报告期内，公司未发生因其他风险所造成的损失。

公司深入分析国家宏观经济政策、行业发展政策、监管政策以及国家法律法规，加强与政策制定部门的沟通，提高预见性和应变能力，及时调整发展战略和经营策略。

公司制定相关办法，加强法律合同制定、使用、审查和归档等管理。对交易行为或合同进行法律审查，重大事项征询律师意见。

公司不断加强员工职业道德和思想教育。制定了科学、清晰的业务流程，强化内部控制机制。制定了相关办法，明确了责任追究的相关程序和惩罚措施。

公司从保护股东、信托各方当事人的利益，尤其是委托人、受益人的利益角度出发，不断加强关联交易风险管理，确保关联交易的识别、统计、报告工作及时准确。不断完善关联交易相关制度和操作流程，加强关联交易业务审查。对涉及关联交易的业务，事前按照要求及时向监管部门报告，及时、完整地披露关联交易。

公司把声誉构建与公司发展战略和企业文化进行有机结合，将声誉风险管理纳入公司治理和全面风险管理体系，强调在依法合规经营、持续稳健发展的基础上，主动、有效、灵活地管理声誉风险和应对风险事件。公司制定了相关制度，明确规定了对声誉风险的监控、管理和应对流程。公司加强对信息披露工作的管理，规范公司的信息披露行为，保护受益人、股东及其他利益相关人的合法权益。在日常经营管理过程中，根据监管要求公司及时披露年度报告，增强对公众、客户的透明度，塑造专业和诚信形象。根据相关法律法规和信托文件的约定，公司向受益人及时披露信托计划的运行情况。

5. 报告期末及上一年度末的比较式会计报表

5.1 固有资产

5.1.1 会计师事务所审计意见全文

审 计 报 告

普华永道中天审字〔2014〕第 22083 号

建信信托有限责任公司董事会：

我们审计了后附的建信信托有限责任公司（以下简称建信信托公司）的财务报表，包括 2013 年 12 月 31 日的合并及公司资产负债表，2013 年度的合并及公司利润表、合并及公司所有者权益变动表和合并及公司现金流量表以及财务报表附注。

一、管理层对财务报表的责任

编制和公允列报财务报表是建信信托公司管理层的责任。这种责任包括：（1）按照企业会计准则的规定编制财务报表，并使其实现公允反映；（2）设计、执行和维护必要的内部控制，以使财务报表下存在由于舞弊或错误导致的重大错报。

二、注册会计师的责任

我们的责任是在执行审计工作的基础上对财务报表发表审计意见。我们按照中国注册会计师审计准则的规定执行了审计工作。中国注册会计师审计准则要求我们遐守中国注册会计师职业道德守则，计划和执行审计工作以对财务报表是否不存在重大错报获取合理保证。

审计工作涉及实施审计程序，以获取有关财务报表金额和披露的审计证据。选择的审计程序取决于注册会计师的判断，包括对由于舞弊或错误导致的财务报表重大错报风险的评估。在进行风险评估时，注册会计师考虑与财务报表编制和公允列报相关的内部控制，以设计恰当的审计程序，但目的并非对内部控制的有效性发表意见。审计工作还包括评价管理层选用会计政策的恰当性和作出会计估计的合理性，以及评价财务报表的总体列报。

我们相信，我们获取的审计证据是充分、适当的，为发表审计意见提供了基础。

三、审计意见

我们认为，上述建信信托公司的财务报表在所有重大方面按照企业会计准则的规定编制，公允反映了建信信托公司 2013 年 12 月 31 日的合并及公司财务状况以及 2013 年度的合并及公司经营成果和现金流量。

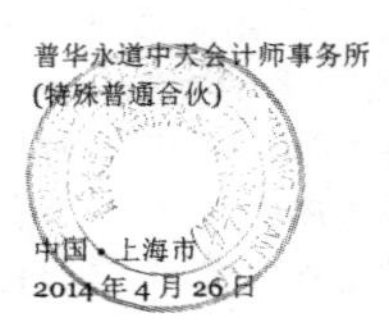

普华永道中天会计师事务所（特殊普通合伙）　　注册会计师 薛竞

中国·上海市　　注册会计师 叶尔甸

2014 年 4 月 26 日

5.1.2 资产负债表

资产负债表

编制单位：建信信托（母公司）　　2013 年 12 月 31 日　　单位：万元

资　产	期末余额	年初余额	负债和所有者权益	期末余额	年初余额
资产：			负债：		
现金及存放同业款项	61 327.43	23 287.20	递延收益		
交易性金融资产	28 045.43	45 265.27	应付职工薪酬	10 477.88	9 664.01
应收利息	36.75	243.84	应交税费	11 433.94	4 113.66
贷款和应收款项		116 820.00	递延所得税负债	496.74	
可供出售金融资产	453 507.93	250 987.61	其他负债	8 380.31	6 033.91
买入返售金融资产	6 300.66		负债合计	30 788.87	19 811.58
长期股权投资	76 855.88	66 798.99	所有者权益：		
投资性房地产	2 093.56	1 342.10	实收资本	152 727.00	152 727.00
固定资产	13 180.96	13 787.55	资本公积	282 619.38	248 660.64
在建工程	246.42	8.85	盈余公积	20 395.18	14 003.94
无形资产	269.28	162.39	一般风险准备	8 941.15	7 333.18
递延所得税资产		4 062.09	信托赔偿准备	9 787.74	6 592.12
其他资产	15 836.72	26 086.65	未分配利润	152 441.70	99 724.08
			所有者权益合计	626 912.15	529 040.96
资产总计	657 701.02	548 852.54	负债和所有者权益总计	657 701.02	548 852.54

资产负债表

编制单位:建信信托(合并)　　2013 年 12 月 31 日　　单位:万元

资　产	期末余额	年初余额	负债和所有者权益	期末余额	年初余额
资产:			负债:		
现金及存放同业款项	65 859. 40	25 320. 92	递延收益	—	
交易性金融资产	28 693. 70	49 040. 72	应付职工薪酬	10 479. 60	9 664. 01
应收利息	37. 75	244. 01	应交税费	11 545. 89	4 455. 01
贷款和应收款项		116 820. 00	递延所得税负债	504. 01	0. 06
可供出售金融资产	454 507. 93	250 987. 61	其他负债	8 578. 54	6 784. 75
买入返售金融资产	6 300. 66		负债合计	31 108. 04	20 903. 83
长期股权投资	74 075. 15	63 932. 91	所有者权益:		
投资性房地产	2 093. 56	1 342. 10	实收资本	152 727. 00	152 727. 00
固定资产	13 181. 78	13 788. 78	资本公积	282 619. 38	248 660. 64
在建工程	246. 42	8. 85	盈余公积	20 395. 18	14 003. 94
无形资产	281. 58	162. 39	一般风险准备	8 941. 15	7 333. 18
递延所得税资产	28. 94	4 066. 92	信托赔偿准备	9 787. 74	6 592. 12
其他资产	16 651. 25	27 109. 15	未分配利润	155 716. 88	101 969. 04
			少数股东权益	662. 75	634. 61
			所有者权益合计	630 850. 08	531 920. 53
资产总计	661 958. 12	552 824. 36	负债和所有者权益总计	661 958. 12	552 824. 36

5. 1. 3　利润表

利润表

编制单位:建信信托(母公司)　　2013 年　　单位:万元

项　目	本年数	上年数
一、营业收入	111 922. 43	105 422. 63
利息净收入	5 433. 01	6 076. 73
利息收入	5 447. 38	6 095. 03
利息支出	14. 37	18. 30
手续费及佣金净收入	76 149. 42	72 230. 25
手续费及佣金收入	76 479. 14	72 338. 89
手续费及佣金支出	329. 72	108. 64
投资收益	30 748. 86	25 141. 33
公允价值变动损益	−967. 03	1 274. 44
其他业务收入	558. 17	699. 88
二、营业支出	27 230. 78	30 800. 68
营业税金及附加	6 099. 83	5 268. 73
业务及管理费	21 936. 91	20 030. 28
资产减值损失	−930. 25	5 395. 31
其他业务成本	124. 29	106. 36
三、营业利润	84 691. 65	74 621. 95
加:营业外收入	1 150. 27	152. 31
减:营业外支出	4. 07	8. 68
四、利润总额	85 837. 85	74 765. 58
减:所得税费用	21 925. 40	18 234. 84
五、净利润	63 912. 45	56 530. 74
六、其他综合收益	17 119. 12	2 786. 60
七、综合收益总额	81 031. 57	59 317. 34

利润表

编制单位:建信信托(合并)　　2013 年　　单位:万元

项　目	本年数	上年数
一、营业收入	113 500. 31	108 755. 88
利息收入	5 444. 43	6 080. 49
利息收入	5 458. 80	6 098. 79
利息支出	14. 37	18. 30
手续费及佣金净收入	77 436. 35	75 178. 38
手续费及佣金收入	78 012. 50	76 588. 99
手续费及佣金支出	576. 15	1 410. 61
投资收益	30 990. 58	25 371. 18
公允价值变动损益	−967. 03	1 274. 44
其他业务收入	595. 98	851. 39
二、营业支出	27 428. 75	31 264. 01
营业税金及附加	6 150. 96	5 524. 90
业务及管理费	22 025. 84	20 066. 27
资产减值损失	−930. 25	5 395. 31
其他业务成本	182. 20	277. 53
三、营业利润	86 071. 56	77 491. 87
加:营业外收入	1 150. 27	152. 31
减:营业外支出	4. 07	8. 68
四、利润总额	87 217. 76	77 635. 50
减:所得税费用	22 246. 94	18 953. 60
五、净利润	64 970. 82	58 681. 90
归属于母公司股东的净利润	64 942. 68	58 654. 26
少数股东收益	28. 15	27. 63
六、其他综合收益	17 191. 12	2 779. 26
七、综合收益总额	82 089. 94	61 461. 16
归属于母公司股东的综合收益总额	82 061. 79	61 434. 99
归属于少数股东的综合收益总额	28. 15	26. 17

5.1.4 所有者权益变动表

所有者权益变动表

编制单位：建信信托（母公司） 单位：万元

项目	实收资本	资本公积	盈余公积	风险准备	未分配利润	所有者权益合计
一、2012 年 1 月 1 日余额	152 727.00	245 874.04	8 350.86	8 508.67	54 263.05	469 723.62
二、2012 年度增减变动金额						
1. 净利润					56 530.73	56 530.73
2. 其他综合收益		2 786.60				2 786.60
3. 利润分配						
提取盈余公积			5 653.07		(5 653.07)	
提取一般准备				2 590.09	(2 590.09)	
提取信托赔偿准备				2 826.54	(2 826.54)	
三、2012 年 12 月 31 日余额	152 727.00	248 660.65	14 003.94	13 925.30	99 724.08	529 040.96
一、2013 年 1 月 1 日余额	152 727.00	248 660.65	14 003.94	13 925.30	99 724.08	529 040.96
二、2013 年度增减变动金额						
1. 净利润					63 912.45	63 912.45
2. 其他综合收益		17 119.12				17 119.12
3. 所有者投入和减少资本						
其他		16 839.61				16 839.61
4. 利润分配						
提取盈余公积			6 391.25		(6 391.25)	
提取一般准备				1 607.97	(1 607.97)	
提取信托赔偿准备				3 195.62	(3 195.62)	
三、2013 年 12 月 31 日余额	152 727.00	282 619.38	20 395.18	18 728.89	152 441.70	626 912.15

所有者权益变动表

编制单位：建信信托（合并） 单位：万元

项　目	归属于母公司所有者权益					少数股东权益	股东权益合计
	股本	资本公积	盈余公积	风险准备	未分配利润		
一、2012 年 1 月 1 日余额	152 727.00	245 879.91	8 350.86	8 508.67	54 384.48	608.44	470 459.37
二、2012 年度增减变动金额							
1. 净利润					58 654.26	27.63	58 681.90
2. 其他综合收益		2 780.73				(1.47)	2 779.26
3. 利润分配							
提取盈余公积			5 653.07		(5 653.07)		
提取一般风险准备				2 590.09	(2 590.09)		
提取信托赔偿准备				2 826.54	(2 826.54)		
三、2012 年 12 月 31 日余额	152 727.00	248 660.65	14 003.94	13 925.30	101 969.04	634.61	531 920.53
一、2013 年 1 月 1 日余额	152 727.00	248 660.65	14 003.94	13 925.30	101 969.04	634.61	531 920.53
二、2013 年度增减变动额	—	—	—	—	—	—	—
1. 净利润	—	—	—	—	64 942.68	28.15	64 970.83
2. 其他综合收益	—	17 119.12	—	—	—	—	17 119.12
3. 所有者投入和减少资本							
其他		16 839.61					16 839.61
4. 利润分配	—	—	—	—	—	—	—
提取盈余公积	—	—	6 391.25	—	(6 391.25)	—	—
提取一般风险准备	—	—	—	1 607.97	(1 607.97)	—	—
提取信托赔偿准备	—	—	—	3 195.62	(3 195.62)	—	—
三、2013 年 12 月 31 日余额	152 727.00	282 619.38	20 395.18	18 728.89	155 716.88	662.75	630 850.09

5.2 信托资产

5.2.1 信托项目资产负债汇总表

编制单位:建信信托有限责任公司　　2013年12月31日　　单位:万元

信托资产	期末数	期初数	信托负债和信托权益	期末数	期初数
信托资产:			信托负债:		
货币资金	10 602 181.16	14 815 864.43	交易性金融负债	0.00	0.00
拆出资金	0.00	0.00	衍生金融负债	0.00	0.00
存出保证金	1 161.88	0.00	应付受托人报酬	13 272.04	7 736.23
交易性金融资产	974 842.36	580 812.34	应付保管费	10 340.00	6 964.42
衍生金融资产	0.00	0.00	应付受益人收益	24 271.79	12 516.91
买入返售金融资产	333 071.47	1 193 736.24	应交税费	63.27	48.33
应收款项	865 874.93	728 771.04	应付销售服务费	34.58	0.00
贷款	4 568 150.00	1 894 847.91	其他应付款项	465 330.62	335 605.50
可供出售金融资产	552 036.88	250 304.32	预计负债	0.00	0.00
持有至到期投资	13 719 984.98	15 213 891.88	其他负债	0.00	0.00
长期应收款	0.00	0.00	信托负债合计	513 312.30	362 871.39
长期股权投资	954 435.16	324 979.09			
投资性房地产	0.00	0.00	信托权益:		
固定资产	0.00	0.00	实收信托	30 197 951.58	33 285 475.71
无形资产	0.00	0.00	资本公积	-2 671.73	-17 501.00
长期待摊费用	0.00	0.00	损益平准金	0.00	0.00
其他资产	9 900.00	74 470.00	未分配利润	1 873 046.67	1 446 831.15
减:各项资产减值准备	0.00	0.00	信托权益合计	32 068 326.52	34 714 805.86
信托资产总计	32 581 638.82	35 077 677.25	信托负债和信托权益总计	32 581 638.82	35 077 677.25

5.2.2 信托项目利润及利润分配汇总表

编制单位:建信信托有限责任公司　2013年12月31日　　单位:万元

项　目	当年数	上年数
1. 营业收入	1 629 252.47	1 324 746.25
1.1 利息收入	994 567.13	751 214.56
1.2 投资收益(损失以"-"号填列)	625 201.71	567 250.84
1.2.1 其中:对联营企业和合营企业的投资收益	0.00	0.00
1.3 公允价值变动收益(损失以"-"号填列)	2 990.99	0.00
1.4 租赁收入	0.00	0.00
1.5 汇兑损益(损失以"-"号填列)	0.00	0.00
1.6 其他收入	6 492.64	6 280.85
2. 支出	110 290.01	89 379.56
2.1 营业税金及附加	54.04	392.00
2.2 受托人报酬	64 751.21	52 516.52
2.3 托管费	15 879.35	14 604.18
2.4 投资管理费	43.32	0.00
2.5 销售服务费	159.66	0.00
2.6 交易费用	17.35	0.00
2.7 资产减值损失	0.00	0.00
2.8 其他费用	29 385.08	21 866.86
3. 信托净利润(净亏损以"-"号填列)	1 518 962.46	1 235 366.69
4. 其他综合收益	0.00	0.00
5. 综合收益	1 518 962.46	1 235 366.69
加:期初未分配信托利润	1 446 831.15	12 099.41

续表

项　目	当年数	上年数
加:损益平准金	-521 629.56	603 246.02
6. 可供分配的信托利润	2 444 164.05	1 850 712.12
减:本期已分配信托利润	571 117.38	403 880.97
7. 期末未分配信托利润	1 873 046.67	1 446 831.15

6. 会计报表附注

6.1 会计报表编制基准不符合会计核算基本前提的说明

公司会计报表编制基准不存在不符合会计核算基本前提的情况。

公司执行财政部2006年2月15日颁布的《企业会计准则——基本准则》及其后续规定。公司以持续经营为基础,根据实际发生的交易和事项,按照《企业会计准则——基本准则》和其他各项具体会计准则、应用指南及准则解释的规定进行确认和计量,在此基础上编制财务报表。

6.2 或有事项说明

报告期内本公司无对外担保及其他或有事项。

6.3 重要资产转让及其出售的说明

报告期内公司无重要资产转让及出售事项。

6.4 会计报表中重要项目的明细资料

6.4.1 固有资产经营情况

6.4.1.1 信用风险五级分类情况

信用风险资产五级分类	正常类（万元）	关注类（万元）	次级类（万元）	可疑类（万元）	损失类（万元）	信用风险资产合计（万元）	不良资产合计（万元）	不良资产率（%）
期初数	166 974. 62	0. 00	0. 00	0. 00	0. 00	166 974. 62	0. 00	0
期末数	83 067. 93	0. 00	0. 00	0. 00	0. 00	83 067. 93	0. 00	0

6.4.1.2 各项资产减值损失准备情况

单位：万元

	期初数	本期计提	本期转回	本期核销	期末数
贷款损失准备	1 180. 00	−1 180. 00	0. 00	0. 00	0. 00
一般准备	0. 00	0. 00	0. 00	0. 00	0. 00
专项准备	1 180. 00	−1 180. 00	0. 00	0. 00	0. 00
其他资产减值准备	4 715. 31	249. 75	0. 00	0. 00	4 965. 06
可供出售金融资产减值准备	4 715. 31	249. 75	0. 00	0. 00	4 965. 06
持有至到期投资减值准备	0. 00	0. 00	0. 00	0. 00	0. 00
长期股权投资减值准备	0. 00	0. 00	0. 00	0. 00	0. 00
坏账准备	0. 00	0. 00	0. 00	0. 00	0. 00
投资性房地产减值准备	0. 00	0. 00	0. 00	0. 00	0. 00

6.4.1.3 股票投资、基金投资、债券投资、长期股权投资等投资业务情况

单位：万元

	自营股票	基金	债券	长期股权投资	其他投资	合计
期初数	24 696. 10	32 307. 42	0. 00	66 798. 99	239 249. 36	363 051. 87
期末数	17 651. 28	20 006. 40	0. 00	76 855. 88	443 895. 68	558 409. 24

6.4.1.4 长期股权投资情况

企业名称	占被投资企业权益的比例（%）	主要经营活动	投资损益（万元）
建信（北京）投资基金管理公司	100. 00	非证券业务的投资管理和咨询。	0
建信财富（北京）股权投资基金管理公司	80. 00	非证券业务的投资管理和咨询。	0
北京建信股权投资基金（有限合伙）	45. 25	非证券业务的投资管理和咨询。	−969. 05
北京建信财富股权投资基金（有限合伙）	31. 17	非证券业务的投资管理和咨询。	808. 73
北京金石农业投资基金管理中心	33. 00	非证券业务的投资，代理其他投资企业或个人的投资。	88. 29
陕西延长石油财务有限公司	8. 00	对成员单位办理财务和融资顾问、信用鉴证及相关的咨询和代理业务，协助成员单位实现交易款项的收付，经批准的保险代理业务，对成员单位提供担保，办理成员单位之间的委托贷款，对成员单位办理票据承兑与贴现，办理成员单位之间的内部转账结算以及相应的结算、清算方案设计，吸收成员单位的存款，对成员单位办理贷款及融资租赁，从事同业拆借。	0

6.4.1.5 固有贷款情况

企业名称	占贷款总额的比例（%）	还款情况
—	0. 00	—

6.4.1.6 表外业务情况

单位：万元

表外业务	期初数	期末数
担保业务	0. 00	0. 00
代理业务（委托业务）	0. 00	0. 00
其他	0. 00	0. 00
合计	0. 00	0. 00

6.4.1.7 公司当年的收入结构

6.4.1.7.1 母公司收入结构

收入结构	金额（万元）	占比（%）
手续费及佣金收入	76 479. 14	67. 43
其中：信托手续费收入	64 702. 73	57. 05
投资银行业务收入	11 760. 78	10. 37
利息收入	5 447. 38	4. 80
其他业务收入	558. 17	0. 49
其中：计入信托业务收入部分		
投资收益	30 748. 86	27. 11
其中：股权投资收益	3181. 26	2. 80
证券投资收益	3828. 2	3. 38
其他投资收益	23 739. 40	20. 93
公允价值变动收益	−967. 03	−0. 85
营业外收入	1 150. 27	1. 01
收入合计	113 416. 79	100. 00

6.4.1.7.2 合并收入结构

收入结构	金额（万元）	占比（%）
手续费及佣金收入	78 012. 50	67. 70
其中：信托手续费收入	64 702. 73	56. 15
投资银行业务收入	11 760. 78	10. 21
利息收入	5 458. 80	4. 74
其他业务收入	595. 98	0. 52
其中：计入信托业务收入部分		
投资收益	30 990. 58	26. 89
其中：股权投资收益	3296. 61	2. 86
证券投资收益	3828. 2	3. 32
其他投资收益	23 865. 77	20. 71
公允价值变动收益	−967. 03	−0. 84
营业外收入	1 150. 27	1. 00
收入合计	115 241. 10	100. 00

6.4.2 披露信托财产管理情况

6.4.2.1 信托资产

单位：万元

信托资产	期初数	期末数
集合	3 313 960. 62	7 147 777. 42
单一	31 749 169. 32	25 419 314. 30
财产权	14 547. 31	14 547. 10
合计	35 077 677. 25	32 581 638. 82

6.4.2.1.1　主动管理型信托业务的信托资产

单位：万元

主动管理型信托资产	期初数	期末数
证券投资类	532 719.71	793 713.36
股权投资类	3 996 692.94	3 707 303.83
融资类	1 382 525.24	3 868 615.99
事务管理类	8 159.71	438 639.77
合计	5 920 097.60	8 808 272.95

6.4.2.1.2　被动管理型信托业务的信托资产

单位：万元

被动管理型信托资产	期初数	期末数
证券投资类	16 719 513.17	13 067 308.14
股权投资类	12 383 810.18	10 673 078.65
融资类	39 072.39	0.00
事务管理类	15 183.91	32 979.08
合计	29 157 579.65	23 773 365.87

6.4.2.2　本年度已清算结束的信托项目情况

本年度已清算结束的信托项目58个，实收信托合计金额1 284 626.67万元，加权平均实际年化收益率为7.2602%。

6.4.2.2.1　本年度已清算结束的信托项目

已清算结束信托项目	项目个数	实收信托合计金额（万元）	加权平均实际年化收益率（%）
集合类	30	841 194.69	7.6173
单一类	27	433 531.98	6.7329
财产管理类	1	9 900.00	0.0011

6.4.2.2.2　本年度已清算结束的主动管理型信托项目

本年度已清算结束的主动管理型信托项目51个，实收信托合计1 187 594.69万元，加权平均实际年化收益率为7.3240%。

已清算结束信托项目	项目个数	实收信托合计金额（万元）	加权平均实际年化信托报酬率（%）	加权平均实际年化收益率（%）
证券投资类	1	37 560.00	0.1799	6.2952
股权投资类	10	340 014.69	1.0372	5.0295
融资类	38	796 620.00	1.7016	8.4256
事务管理类	2	13 400.00	2.9415	0.2387

6.4.2.2.3　本年度已清算结束的被动管理型信托项目

本年度已清算结束的被动管理型信托项目7个，实收信托合计97 031.98万元，加权平均实际年化收益率为6.4789%。

已清算结束信托项目	项目个数	实收信托合计金额（万元）	加权平均实际年化信托报酬率（%）	加权平均实际年化收益率（%）
证券投资类	0	0.00	0.0000	0.0000
股权投资类	1	31.98	0.0250	2.3071
融资类	5	94 000.00	0.1749	6.3561
事务管理类	1	3 000.00	0.4503	10.3693

6.4.2.3　本年度新增信托项目

本年度新增集合类、单一类和财产管理类信托项目100个，实收信托合计7 503 597.93万元。

单位：万元

新增信托项目	项目个数	实收信托合计金额（万元）
集合类	64	4 497 311.09
单一类	36	3 006 286.84
财产管理类	0	0.00
新增合计	100	7 503 597.93
其中：主动管理型	88	5 714 169.09
被动管理型	12	1 789 428.84

6.4.2.4　信托业务创新成果和特色业务有关情况

2013年，公司在业务创新方面继续深入探索，为转型发展和可持续增长创造有利条件。积极开拓资产证券化、企业年金、养老金等领域的业务合作与产品创新，推进与大型央企合作的产业基金项目，综合化、多元化的产品体系不断丰富。

6.4.2.5　本公司履行受托人义务情况及因本公司自身责任而导致的信托资产损失情况

我公司在信托财产的管理运用和处分过程中，严格按信托合同等信托文件的约定对信托财产进行管理，切实履行了受托人的诚实、信用、谨慎、有效管理的义务，维护了受益人的最大利益。本年度没有发生因公司自身责任而导致的信托资产损失情况。

6.5　关联方关系及其交易的披露

6.5.1　关联交易方的数量、关联交易的总金额及关联交易的定价政策等

	关联交易方数量	关联交易金额（万元）	定价政策
合计	13	58 268.55	市场公允价格

6.5.2　关联交易方情况

关系性质	关联方名称	法定代表人	注册地址	注册资本	主营业务
股东	中国建设银行股份有限公司	王洪章	北京市西城区金融大街25号	2 500.11亿元	公司银行业务、个人银行业务、资金业务、投资银行业务及海外业务。
股东	合肥兴泰控股集团有限公司	程儒林	合肥市九狮桥街45号兴泰大厦	20亿元	授权范围内的国有资本运营，权益型投资、债务型投资，信用担保服务，资产管理，理财顾问，企业策划，企业管理咨询，企业重组、兼并、收购。
股东	合肥市国有资产控股有限公司	高同国	合肥市花园街安徽科技大厦	20亿元	授权范围内的国有资本运营，权益型投资、债务型投资，信用担保服务，资产管理，理财顾问，企业策划，企业管理咨询，企业重组、兼并、收购。
兄弟公司	建信人寿保险有限公司	章更生	上海市浦东新区源深路1088号8楼、9楼及1602、1603、1604单元	449 578.9473万元	人寿保险、健康保险、意外伤害保险等各类人身保险业务，上述业务的再保险业务，国家法律法规允许的保险资金运用业务，经中国保监会批准的其他业务。

续表

关系性质	关联方名称	法定代表人	注册地址	注册资本	主营业务
兄弟公司	建信基金管理有限责任公司	江先周	北京市西城区金融大街7号英蓝国际金融中心16层	2亿元	基金募集、基金销售、资产管理和中国证监会许可的其他业务。
一级子公司	建信财富（北京）股权投资基金管理有限公司	许晔	北京市丰台区西站南路168号1幢1114室	3 000万元	非证券业务的投资管理、咨询。
一级子公司	建信（北京）投资基金管理有限公司	王宝魁	北京市丰台区西站南路168号1009室	7 000万元	非证券业务的投资管理、咨询。
被投资单位	北京建信财富股权投资基金（有限合伙）	许晔	北京市丰台区西站南路168号1008室	6亿元（实缴资本5.1亿元）	非证券业务的投资、投资管理、咨询。
被投资单位	北京建信股权投资基金（有限合伙）	王宝魁	北京市丰台区西站南路168号1幢1201室	11.05亿元（实缴资本5.65亿元）	非证券业务的投资、投资管理、咨询。
被投资单位	北京金石农业投资基金管理中心（有限合伙）	建业丰德（委派杨晓斌为代表）	北京市朝阳区吉庆里14号佳汇国际中心A座1603	3 000万元	非证券业务的投资、投资管理、咨询。
被投资单位	北京农业产业投资基金（有限合伙）	金石农投管理中心（委派杨晓斌为代表）	北京市朝阳区吉庆里14号佳汇国际中心A座1602	6.2亿元	非证券业务的投资。
被投资单位	中铁建信（北京）投资基金管理有限公司	张继华	北京市丰台区丽泽路18号院1号楼501－24室	5 000万元	非证券业务的投资管理、咨询。
被投资单位	中铝建信投资基金管理（北京）有限公司	马晓玲	北京市昌平区回龙观镇发展路6号10幢	3 000万元	非证券业务的投资管理、咨询。
被投资单位	信达建信（重庆）股权投资基金管理有限公司	吴松云	重庆市江北区复盛镇正街（政府大楼）4－31	3 000万元	从事股权投资管理、投资咨询服务。

6.5.3 逐笔披露与关联方的重大交易情况

单位：万元

交易事项	期初数	借方发生额	贷方发生额	期末数
存放建行	17 892.21	35 799.43		53 691.64
购买建信基金发行的货币基金		20 006.39		20 006.39

6.5.3.1 固有与关联方交易情况

单位：万元

固有与关联方关联交易				
	期初数	借方发生额	贷方发生额	期末数
贷款	0	0	0	0
投资	0	0	0	0
租赁	0	0	0	0
担保	0	0	0	0
应收账款	3 612.84	82.7	3 515.66	179.88
其他	17 909.31	58 185.85	2 372.31	73 722.85
合计	21 522.15	58 268.55	5 887.97	73 902.73

6.5.3.2 信托与关联方交易情况

单位：万元

信托与关联方关联交易				
	期初数	借方发生额	贷方发生额	期末数
贷款	0.00	0.00	0.00	0.00
投资	0.00	0.00	0.00	0.00
租赁	0.00	0.00	0.00	0.00
担保	0.00	0.00	0.00	0.00
应收账款	0.00	0.00	0.00	0.00
其他	31 282 669.23	4 043 226.66	11 543 618.89	23 782 277.00
合计	31 282 669.23	4 043 226.66	11 543 618.89	23 782 277.00

注：表中“其他”项数据主要为公司与控股股东中国建设银行开展的银信合作业务。

6.5.3.3 固信交易、信信交易情况

6.5.3.3.1 固有财产与信托财产之间的交易

单位：万元

固有财产与信托财产相互交易			
	期初数	本期发生额	期末数
合计	59 650.00	−3 070.00	56 580.00

6.5.3.3.2 信托项目之间的交易

单位：万元

信托资产与信托财产相互交易			
	期初数	本期发生额	期末数
合计	283 550.00	−48 850.00	234 700.00

6.5.4 关联方逾期未偿还本公司资金的详细情况以及本公司为关联方担保发生或即将发生垫款的详细情况

报告年度，公司无上述情况。

6.6 会计制度的披露

公司执行财政部于2006年2月15日颁布的《企业会计准则——基本准则》和38项具体会计准则，其后颁布的《企业会计准则——应用指南》、企业会计准则解释以及其他相关规定。

7. 财务情况说明书

7.1 利润实现和分配情况

7.1.1 母公司情况

2013年公司实现净利润63 912.45万元，根据公司章程、《信托公司管理办法》、《金融企业财务规则》的规定，提取法定盈余公积6 391.24万元，提取信托赔偿准备3 195.62万元，提取一般风险准备1 607.97万元。2013年末可供股东分配利润152 441.70万元，不分配不转增。

7.1.2 合并口径情况

2013年实现的归属本公司净利润64 942.68万元，提取法定盈余公积6 391.24万元，提取信托赔偿准备3 195.62万元，提取一般风险准备1 607.97万元。

7.2 主要财务指标

指标名称	母公司指标值	合并指标值
资本利润率(%)	11.06	11.18
加权年化信托报酬率(%)	0.25	0.25
人均净利润(万元)	378.18	384.44

7.3 对本公司财务状况、经营成果有重大影响的其他事项

报告年度,本公司未发生对财务状况、经营成果有重大影响的其他事项。

8. 特别事项揭示

8.1 前五名股东变动情况及原因

报告年度,公司股东无变动。

8.2 董事、监事、高级管理人员变动情况及原因

8.2.1 董事变动情况及原因

2013年8月21日,中国银监会核准了高同国的建信信托有限责任公司董事任职资格,俞能宏不再担任公司董事。

8.2.2 监事变动情况及原因

报告年度,公司监事无变动。

8.2.3 高级管理人员变动情况及原因

2013年3月26日,第一届董事会第28次会议批准同意公司副总裁李凤霞退休离任。

8.3 公司的重大未决诉讼事项

报告年度,公司无重大未决诉讼事项。

8.4 会计师事务对审计报告所出具保留意见、否定意见或无法表示意见的情况

无。

8.5 公司及其董事、监事和高级管理人员受到处罚的情况

报告年度,公司无上述处罚情况。

8.6 银监会及其派出机构对公司检查后提出整改意见及整改情况

本报告年度内,银监会及其派出机构未对公司进行检查。

8.7 本年度重大事项报告

无。

8.8 银监会及其省级派出机构认定的其他有必要让客户及相关利益人了解的重要信息

无。

8.9 净资本、风险资本以及风险控制指标等情况

按照《中国银监会关于印发信托公司净资本计算标准有关事项的通知》(银监发[2011]11号),截至2013年12月31日,公司净资产626 912.15万元,净资本514 712.96万元,各项业务风险资本之和264 261.59万元,净资本与净资产比例82.10%,净资本与各项业务风险资本比例194.77%。

9. 公司监事会意见

报告期内,公司依法经营,规范运作,实现健康快速发展。

公司董事会、经营层及其成员认真落实监管要求,稳健经营,勤勉尽责,廉洁自律,切实维护了股东、员工和受益人的利益。董事会充分发挥战略管理和统筹引领作用,制定了2013—2015年发展规划,做好决策、协调和服务,全力支持经营层的工作;经营层认真落实董事会决策,克服困难,战胜挑战,圆满完成了年度工作任务和经营目标。

业务发展方面,公司通过调研分析、改进机制、优化流程,大幅提升项目运作效率,成功扭转有效资产不足局面,积极拓展多元化产品销售渠道,客户结构、区域结构、产品结构不断优化,有效突破业务发展"瓶颈"。年末,主动管理类信托规模881亿元,同比增长49%;集合资金信托业务规模715亿元,同比增长115%。

内部控制和风险管理方面,公司推进全面风险管理,进一步健全了与业务发展相适应的内部控制和风险管理体系;认真落实集团统一风险偏好,严格项目审批,着力加强项目后期管理,公司各项业务整体运营稳健、风险可控。

财务管理方面,公司严格执行财务管理制度和股东会批准的财务预算;会计核算质量和效率明显提升;在各项内外部审计和检查中,未提出财务管理方面的严重缺陷;财务制度的健全性、合理性、遵循性进一步提高;年度财务报告数据真实准确、信息齐全,真实地反映了公司财务状况和经营成果。

江苏省国际信托有限责任公司

1. 重要提示

1.1 江苏省国际信托有限责任公司(以下简称公司)董事会及董事保证本报告所载资料不存在任何虚假记载、误导性陈述或者重大遗漏,并对其内容的真实性、准确性和完整性承担个别及连带责任。本年度报告摘要摘自年度报告全文,客户及相关利益人欲了解详细内容,应阅读年度报告全文。

1.2 公司独立董事对本报告内容真实性、完整性和准确性无异议。

1.3 公司编制的2013年度财务报告已经中兴华会计师事务所(特殊普通合伙)审计,并出具了标准无保留意见的审计报告。

1.4 公司法定代表人黄东峰、主管会计工作负责人胡军和会计部门负责人赵清声明并保证年度报告中财务报告的真实和完整。

2. 公司概况

2.1 公司简介

2.1.1 公司历史沿革

公司前身为江苏省国际信托投资公司,于1981年10月经国家外资管理委员会和江苏省人民政府批准正式成立。2001年8月,江苏省政府决定对江苏省国际信托投资公司和江苏省投资管理有限责任公司进行集团化重组改制,组建江苏省国信资产管理集团有限公司。2002年8月,经中国人民银行批准,江苏省国际信托投资公司予以重新登记,并更名为"江苏省国际信托投资有限责任公司",注册资金为248 389.9万元。2007年6月,根据新两规要求,经中国银监会批准,江苏省国际信托投资有限责任公司更名为"江苏省国际信托有限责任公司",同时变更业务范围。2013年12月,公司注册资本增至268 389.9万元。

公司坚持"发展、创新、高效、稳健"的经营理念,积极按照新两规要求,发挥"受人之托、代人理财"的特点,立足信托本业,探索业务创新,加强人才开发,完善治理结构,改善经营机制,经济效益稳步增长,切实维护了受益人的最大利益。公司已经发展成为我国信托业中资产质量优良、管理规范、经营合规、信息透明、风控能力较强的信托公司。

2.1.2 公司的法定名称

公司法定中文名称:江苏省国际信托有限责任公司

中文缩写:江苏信托

公司法定英文名称:Jiangsu International Trust Corporation Limited

英文缩写:JSITC

2.1.3 公司法定代表人:黄东峰

2.1.4 公司注册地址:江苏省南京市长江路2号22至26层

邮编:210005

公司国际互联网网址:http://www.jsitc.net

公司电子邮箱:jsitc@jsitc.net

2.1.5 公司负责信息披露事务的高级管理人员:胡 军

公司信息披露事务联系人:贾 宇

联系电话:025-89667797

传真:025-89667700

电子信箱:jiayu@jsitc.net

2.1.6 公司选定的信息披露报纸:《经济日报》

2.1.7 年报备置地点:江苏省南京市长江路2号26层

2.1.8 公司聘请的会计师事务所:中兴华会计师事务所(特殊普通合伙)

办公地址:北京市西城区阜外大街1号东塔楼15层

2.1.9 公司聘请的律师事务所:江苏世纪同仁律师事务所

办公地址:南京市北京西路26号4~5楼

2.2 组织结构

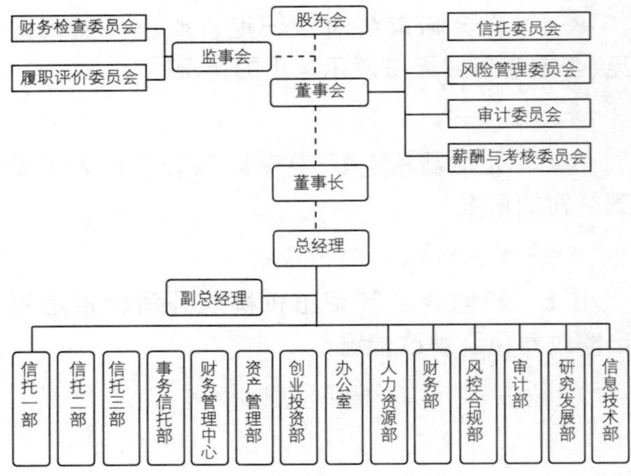

3. 公司治理结构

3.1 股东

报告期末公司股东总数为4家,持有本公司股份的股东及持股情况如下:

股东名称	持股比例(%)	法人代表	注册资本(亿元)	注册地址	主要经营业务及主要财务情况
江苏省国信资产管理集团有限公司(以下简称国信集团)★	81.4904	董启彬	200	江苏省南京市长江路88号	主要经营范围:江苏省政府授权范围内的国有资产经营管理、转让、投资,企业托管,资产重组以及经批准的其他业务。2013年末,集团总资产1 345.67亿元,净资产575.75亿元,营业收入526.72亿元,利润总额60.42亿元。
江苏苏豪控股集团有限公司(以下简称苏豪控股)	9.2548	王正喜	20	江苏省南京市软件大道48号	主要经营范围:金融、实业投资,授权范围内国有资产的经营、管理,国贸毛衣,房屋租赁,茧丝绸、纺织服装的生产、研发和销售。2013年末,集团总资产231.23亿元,净资产81.37亿元,营业收入204.24亿元,利润总额6.24亿元。
江苏高科技投资集团有限公司(以下简称江苏高投)	4.6274	徐锦荣	15	江苏省南京市山西路128号	主要经营范围:发起和设立创业投资公司、遴选创业投资管理公司、投资和投资管理、投资咨询、资产托管经营、实物租赁、国内贸易。2013年末,集团总资产99.82亿元,净资产65.19亿元,营业收入11.7亿元,利润总额9.62亿元。
江苏省农垦集团有限公司(以下简称江苏农垦)	4.6274	李春江	20	江苏省南京市珠江路4号	主要经营范围:农林牧渔及食品加工、医药制造、贸易物流及相关服务、投资及房地产、通用设备制造等。2013年末,集团总资产193.87亿元,净资产80.68亿元,营业收入184.09亿元,利润总额21.13亿元。

3.2 董事

董事会成员

姓　名	职　务	性别	年龄	选任日期	所推举的股东名称	该股东持股比例(%)	简　要　履　历
黄东峰	董事长	男	54	2012年3月	国信集团	81.4904	大学文化,国信集团党委委员、副总经理。
陆加芳	董事	女	55	2012年3月	国信集团	81.4904	中共党员,大学文化,会计师,江苏信托原总经理。
陆建萍	董事	女	55	2012年3月	国信集团	81.4904	党校研究生,高级会计师,国信集团财务部原副总经理。
薛炳海	董事	男	43	2012年3月	苏豪控股	9.2548	公共管理硕士学位,高级会计师,苏豪集团总裁助理。
应文禄	董事	男	48	2012年3月	江苏高投	4.6274	南京大学商学院EMBA毕业,高级工商管理硕士,高级会计师,注册会计师,江苏高投副总经理。
王会清	职工董事	男	43	2012年3月	职工大会		苏州大学会计专业本科毕业,江苏信托财务部原总经理。

注:本届董事会任期三年,自2012年3月至2015年3月。

独立董事

姓名	所在单位及职务	性别	年龄	选任日期	所推举的股东名称	该股东持股比例(%)	简　要　履　历
黄正威		男	67	2012年3月	国信集团	81.4904	大学文化,中国人民银行南京分行原副行长。
范　健	南京大学法学院教授、博士生导师	男	56	2012年3月	国信集团	81.4904	硕士研究生,南京大学法学院教授、博士生导师。
俞妙根	富越汇通金融服务(上海)有限公司首席执行官、副董事长	男	51	2012年3月	国信集团	81.4904	大学学历,高级经济师,中欧国际工商学院工商管理硕士。历任上海国投副总经理,华安基金总经理、董事长。

3.3 监事

监事会成员

姓名	职务	性别	年龄	选任日期	所推举的股东名称	该股东持股比例(%)	简　要　履　历
王惠荣	监事长	男	62	2012年3月	国信集团	81.4904	党校研究生,正高级经济师,国信集团原党委副书记、总经理。
浦宝英	监事	女	50	2012年3月	国信集团	81.4904	硕士研究生,国信集团财务部总经理。
徐文进	监事	男	36	2012年3月	国信集团	81.4904	硕士研究生,高级经济师,国信集团人力资源部副总经理。
乔如栋	监事	男	50	2012年3月	江苏农垦	4.6274	中共中央党校函授学院经济管理专业毕业,高级经济师,农垦集团财务原部部长。
陆振东	职工代表监事	男	42	2012年3月	职工大会		对外经济贸易大学国际经济法专业学士学位,江苏信托审计部总经理。
魏　东	职工代表监事	男	45	2012年3月	职工大会		大学本科,江苏信托财富管理中心高级经理。

3.4 高级管理人员

姓名	职务	性别	年龄	任职日期	金融从业年限	学历	专业	简要履历
黄东峰	董事长	男	54	2002年7月	19	本科	机械制造	国信集团党委委员、副总经理，江苏信托董事长
胡军	拟任总经理	男	45	2013年8月	18	硕士研究生	金融	江苏信托拟任总经理
唐宁	副总经理	男	50	2004年3月	21	硕士研究生	财政金融	江苏信托副总经理

3.5 公司员工

项目		报告期年度	
		人数	比例（%）
年龄分布	25岁以下	2	3
	25~29岁	16	21
	30~39岁	26	34
	40岁以上	33	43
平均年龄		37	
学历分布	博士	2	3
	硕士	28	36
	本科	40	52
	专科	6	8
	其他	1	1
岗位分布	董事、监事及高管人员	7	9
	自营业务人员	8	10
	信托业务人员	36	47
	其他人员	26	34
总人数		77	

4. 经营管理

4.1 经营目标、方针、战略规划

4.1.1 公司的战略规划目标

以成为一流的金融企业、财富管理机构和信托服务机构为方向谋求转型和发展，进一步提升行业地位，力争跨入行业第一方阵；积极支持江苏的社会经济发展，服务国家经济发展战略、产业政策和区域规划；力争成为在国内和行业内都具有重要影响力的非银行金融机构，为江苏建设金融强省作出应有的贡献。

4.4.2 公司的经营目标

以科学发展观为指导，顺应不断变化的内外部环境，抢抓国内发展方式转变和区域经济发展的战略机遇，锐意进取，改革创新；以业务发展为主线，以内部治理为基础，以风险控制为保障，加快推进业务流程再造，着力打造信托融资、受托服务、基金投资和固有业务四大业务平台，全面提升服务品质，深入加强品牌建设，大力推进人才战略，持续增强核心竞争力，积极培育先进的企业文化，促进企业又好又快发展。

4.1.3 公司的经营方针

高效、稳健、务实、创新。

4.2 经营业务的主要内容

4.2.1 公司经营业务和品种

公司经营业务主要分为自营业务和信托业务。

自营业务主要包括股权投资、自营贷款、自营证券、金融产品投资等。信托业务是本公司的主营业务和主要收入来源，主要包括集合资金信托、单一资金信托、财产权信托等。

4.2.2 公司资产组合和分布

自营资产运用与分布表

资产运用	金额（万元）	占比（%）	资产分布	金额（万元）	占比（%）
货币资产	1 463.11	0.20	基础产业	—	—
贷款及应收款	234.43	0.03	房地产业	—	—
可供出售金融资产	15 446.78	2.12	金融机构	517 275.15	70.98
持有至到期投资	136 692.10	18.76	实业	—	—
长期股权投资	551 344.76	75.65	证券	152 138.88	20.87
其他	23 625.56	3.24	其他	59 392.71	8.15
资产总计	728 806.74	100.00	资产总计	728 806.74	100.00

信托资产运用与分布表

资产运用	金额（万元）	占比（%）	资产分布	金额（万元）	占比（%）
货币资产	2 693 005.82	26.06%	基础产业	1 367 326.00	13.23%
贷款	4 766 057.00	46.12%	房地产业	1 374 115.74	13.30%
交易性金融资产	805 148.58	7.79%	金融机构	2 837 988.97	27.46%
持有至到期投资	1762076.16	17.05%	证券	805 148.58	7.79%
长期股权投资	170 705.33	1.65%	实业	3 492 280.98	33.79%
其他	137 618.88	1.33%	其他	457 751.50	4.43%
资产总计	10 334 611.77	100.00%	资产总计	10 334 611.77	100.00%

4.3 市场分析

4.3.1 影响公司发展的有利因素

（1）良好的区域经济环境。公司地处经济发达的长三角地区，区域经济活跃度高，融资需求旺盛，民间资本富余，特别是江苏经济的快速发展以及江苏沿海开发战略的实施为公司业务发展提供了良好机遇。

（2）良好的资产质量和股东背景。公司拥有较高的净资本，资产质量好，可开展业务空间宽裕。公司股东都是江苏省属国有企业集团，实力雄厚，经营各具特色，为公司业务拓展提供了有力支持。

（3）良好的品牌信誉。公司经过年的发展，在社会上形成了良好的市场形象，具有较高的品牌知名度和认知度。

（4）日趋完善的公司治理。公司内部机构设置完备，责权清晰，管理规范，制度完善，有良好的企业文化，塑造和培养了一支高素质的员工队伍，是公司业务开拓的坚实基础。

4.3.2　影响公司发展的不利因素

(1)经济增速逐步放缓,实体经济表现不振,地方负债压力沉重,经济发展中不平衡、不协调、不可持续的矛盾和问题仍然突出,公司获取优质项目资源的难度不断加大。

(2)随着金融市场化改革的深入,资产管理市场进一步放开,监管政策也在调整之中,信托公司竞争环境日趋激烈,公司经营压力不断增大。

(3)建立现代化、市场化的经营管理体制既是公司治理结构完善的要求,也是公司保持持续稳定发展的基础,公司在此方面需要进一步完善和加强。

4.4　内部控制

公司建立了“三会一层”各司其职、各负其责、相互制约的治理机制,并且营造合规经营的内部控制文化;从组织结构、业务流程、关联交易和会计管理四个方面采取不同的措施,使公司的内部控制得到了进一步的加强,风险也得到了有效的防范和控制;公司建立有效的信息交流和反馈机制,确保监管部门、社会公众、公司股东、董监事及时了解本行业、本公司的经营和风险状况,确保信息能够传递给相关的人员;公司根据检查结果和内审部门提出的改进意见,明确提出整改意见,并督促相关部门落实。

4.5　风险管理

公司针对经营活动中可能会遇到的信用风险、市场风险、操作风险、道德风险、政策风险、法律风险等,建立了“以事前预防为主、事中控制及事后补救为辅”的风险控制基本原则,切实开展各项工作,及时防范、化解风险,保障公司业务工作的正常开展。

公司制定了信用风险管理制度,持续关注交易对手的资信状况、履约能力及其变化,并及时采取相应措施。公司对风险资产同时计提一般准备和专项准备。公司防范和控制市场风险的主要做法有:开展各项业务时,全面、客观分析经济形势,谨慎选择项目,对于不熟悉的领域或风险难以把握的项目,不轻易进入;在项目开展前,对金融市场有可能产生市场风险的各个因素进行分析研究,提早做好防范措施,尽量采取分散投资、分散风险的办法;公司加强内部控制,加大各部门的运作力度,采取研究、决策、操作、评价相互制衡的机制。

公司不断完善内部控制制度,对部门、岗位制定了明确的职责和权限,职责的制定体现“岗位相互分离”的原则,能够实现中台、后台对前台的监督;对公司的各项业务制定了具体的业务操作流程,消除人为因素而造成的风险,保障风险控制体系的有序、规范运行。

5. 报告期末及上一年末的比较式会计报表

5.1　自营资产(经审计)

5.1.1　会计师事务所审计意见全文

审 计 报 告

中兴华会计师事务所(特殊普通合伙)

中兴华鉴字[2014]JS076 号

江苏省国际信托有限责任公司:

我们审计了后附的江苏省国际信托有限责任公司(以下简称江苏信托公司)财务报表,包括 2013 年 12 月 31 日的资产负债表,2013 年度利润表、现金流量表和所有者权益变动表以及财务报表附注。

一、管理层对财务报表的责任

编制和公允列报财务报表是江苏信托公司管理层的责任,这种责任包括:(1)按照企业会计准则的规定编制财务报表,并使其实现公允反映;(2)设计、执行和维护必要的内部控制,以使财务报表不存在由于舞弊或错误导致的重大错报。

二、注册会计师的责任

我们的责任是在执行审计工作的基础上对财务报表发表审计意见。我们按照中国注册会计师审计准则的规定执行了审计工作。中国注册会计师审计准则要求我们遵守中国注册会计师职业道德守则,计划和执行审计工作以对财务报表是否不存在重大错报获取合理保证。

审计工作涉及实施审计程序,以获取有关财务报表金额和披露的审计证据。选择的审计程序取决于注册会计师的判断,包括对由于舞弊或错误导致的财务报表重大错报风险的评估。在进行风险评估时,注册会计师考虑与财务报表编制和公允列报相关的内部控制,以设计恰当的审计程序,但目的并非对内部控制的有效性发表意见。审计工作还包括评价管理层选用会计政策的适当性和作出会计估计的合理性,以及评价财务报表的总体列报。

我们相信,我们获取的审计证据是充分、适当的,为发表审计意见提供了基础。

三、审计意见

我们认为,江苏信托公司的财务报表在所有重大方面按照企业会计准则的规定编制,公允反映了江苏信托公司 2013 年 12 月 31 日的财务状况以及 2013 年度的经营成果和现金流量。

中兴华会计师事务所(特殊普通合伙)

中国注册会计师:苗强华

中国注册会计师:姜亦民

中国·南京　　二○一四年三月十八日

5.1.2　资产负债表

资产负债表

2013 年 12 月 31 日

编制单位:江苏省国际信托有限责任公司　　单位:万元

资　　产	附注	期末余额	期初余额
资产:			
现金	附注 5.1	1.29	0.08
银行存款	附注 5.1	1 461.43	43 470.27
其他货币资金	附注 5.1	0.39	1 837.15
拆出资金		—	—
交易性金融资产		—	—
衍生金融资产		—	—

续表

资　　产	附注	期末余额	期初余额
买入返售金融资产		—	—
应收账款		—	—
应收利息		—	—
发放贷款	附注 5.2	—	3 259.26
其他应收款	附注 5.3	234.43	484.59
可供出售金融资产	附注 5.4	15 446.78	36 168.31
持有至到期投资	附注 5.5	136 692.10	62 378.00
长期股权投资	附注 5.6	551 344.76	475 592.53
投资性房地产		—	—
固定资产	附注 5.7	23 464.08	360.29
在建工程	附注 5.8	—	22 076.95
无形资产	附注 5.9	85.35	67.14
递延所得税资产	附注 5.10	25.00	25.00
其他资产	附注 5.11	51.13	51.13
		—	—
资产总计		728 806.74	645 770.70

公司法定代表人：黄东峰　　主管会计工作负责人：胡　军　　会计机构负责人：赵　清

资产负债表（续）

2013 年 12 月 31 日

编制单位：江苏省国际信托有限责任公司　　单位：万元

负债和所有者权益（或股东权益）	附注	期末余额	期初余额
负债：			
拆入资金			
交易性金融负债			
衍生金融负债			
卖出回购金融资产款			
应付职工薪酬	附注 5.12	683.68	534.33
应交税费	附注 5.13	2 301.42	6 902.55
应付利息		—	—
其他应付款	附注 5.14	14 048.31	15 431.56
预计负债		—	—
应付股利	附注 5.15	1 407.54	3 578.53
递延所得税负债	附注 5.16	899.73	33.05
其他负债		—	—
负债合计		19 340.68	26 480.02
		—	—
		—	—
所有者权益（或股东权益）：		—	—
实收资本（或股本）	附注 5.17	268 389.90	248 389.90
资本公积	附注 5.18	131 509.71	126 976.15
盈余公积	附注 5.19	141 232.20	76 368.24
一般风险准备	附注 5.20	10 558.04	8 670.51
信托风险准备	附注 5.21	59 302.02	50 152.68
未分配利润	附注 5.22	98 474.19	108 733.21
所有者权益（或股东权益）合计		709 466.06	619 290.68
负债和所有者权益（或股东权益）总计		728 806.74	645 770.70

公司法定代表人：黄东峰　　主管会计工作负责人：胡　军　　会计机构负责人：赵　清

5.1.3　利润表

利润表

2013 年度

编制单位：江苏省国际信托有限责任公司　　单位：万元

项　　目	附注	本期金额	上期金额
一、营业收入	附注 5.23	135 618.74	127 117.43
利息净收入	附注 5.23	421.06	737.22
利息收入	附注 5.23	421.06	737.22
利息支出	附注 5.23	—	—
手续费及佣金净收入	附注 5.23	46 168.97	44 268.75
手续费及佣金收入	附注 5.23	46 168.97	44 268.75
手续费及佣金支出	附注 5.23	—	—
投资收益（损失以"－"号填列）	附注 5.23	89 034.11	82 112.57
其中：对联营企业和合营企业的投资收益	附注 5.23	83 405.64	76 562.70
公允价值变动收益（损失以"－"号填列）		—	—
汇兑收益（损失以"－"号填列）		-5.40	-1.11
其他业务收入		—	—
二、营业支出		12 580.99	9 435.92
营业税金及附加	附注 5.24	2 828.66	2 777.69
业务及管理费	附注 5.25	9 752.33	6 658.23
资产减值损失		—	—
其他业务支出		—	—
三、营业利润（损失以"－"号填列）		123 037.76	117 681.51
加：营业外收入	附注 5.26	13.35	-
减：营业外支出	附注 5.27	1 050.30	129.05
四、利润总额（损失以"－"号填列）		122 000.81	117 552.46
减：所得税费用	附注 5.28	9 520.00	9 971.26
五、净利润（损失以"－"号填列）		112 480.81	107 581.20
六、每股收益		—	—
（一）基本每股收益		—	—
（二）稀释每股收益		—	—
七、其他综合收益		4 533.56	3 870.66
八、综合收益总额		117 014.37	111 451.86

公司法定代表人：黄东峰　　主管会计工作负责人：胡 军　　会计机构负责人：赵　清

5.1.4　所有者权益变动表

所有者权益变动表

编制单位：江苏省国际信托有限责任公司　　2013 年度　　单位：万元

项　　目	实收资本	资本公积	盈余公积	信托赔偿准备	一般风险准备	未分配利润	所有者权益合计
一、上年年末余额	248 389.90	126 976.15	76 368.24	50 152.68	8 670.51	108 733.21	619 290.68
加：会计政策变更		—	—	—	—	—	—
前期差错更正		—	—	—	—	—	—

续表

项　　目	实收资本	资本公积	盈余公积	信托赔偿准备	一般风险准备	未分配利润	所有者权益合计
二、本年年初余额	248 389.90	126 976.15	76 368.24	50 152.68	8 670.51	108 733.21	619 290.68
三、本年增减变动	20 000.00	4 533.56	64 863.96	9 149.34	1 887.53	-10 259.02	90 175.38
（一）净利润		—	—	—	—	112 480.81	112 480.81
（二）直接计入所有者权益的利得和损失		4 533.56	—	—	—	—	4 533.56
1. 可供出售金融资产公允价值变动净额		2 699.20	—	—	—	—	2 699.20
（1）计入所有者权益的金额		2 699.20	—	—	—	—	2 699.20
（2）计入当期损益的金额		—	—	—	—	—	—
2. 现金流量套期工具公允价值变动净额		—	—	—	—	—	—
（1）计入所有者权益的金额		—	—	—	—	—	—
（2）计入当期损益的金额		—	—	—	—	—	—
（3）计入被套期项目初始确认金额中的金额		—	—	—	—	—	—
3. 权益法下被投资单位其他所有者权益变动的影响		1 834.36	—	—	—	—	1 834.36
4. 与计入所有者权益项目相关的所得税影响		—	—	—	—	—	—
5. 其他		—	—	—	—	—	—
上述（一）和（二）小计		4 533.56	—	—	—	112 480.81	117 014.37
（三）所有者投入和减少资本		—	—	—	—	—	—
1. 所有者投入资本		—	—	—	—	—	—
2. 股份支付计入所有者权益的金额		—	—	—	—	—	—
3. 其他		—	—	—	—	—	—
（四）利润分配		—	64 863.96	9 149.34	1 887.53	-102 739.83	-26 838.99
1. 提取盈余公积		—	11 248.08	—	—	-11 248.08	—
2. 提取信托赔偿准备		—	—	9 149.34	—	-9 149.34	—
3. 提取一般风险准备		—	—	—	1 887.53	-1 887.53	—
4. 对所有者（或股东）的分配		—	—	—	—	-26 838.99	-26 838.99
5. 提取任意盈余公积		—	53 615.88	—	—	-53 615.88	—
6. 其他		—	—	—	—	—	—
（五）所有者权益内部的结转	20 000.00	—	—	—	—	-20 000.00	—
1. 资本公积转增资本（或股本）		—	—	—	—	—	—
2. 盈余公积转增资本（或股本）		—	—	—	—	—	—
3. 盈余公积弥补亏损		—	—	—	—	—	—
4. 一般风险准备弥补亏损		—	—	—	—	—	—
5. 其他	20 000.00	—	—	—	—	-20 000.00	—
四、本年年末余额	268 389.90	131 509.71	141 232.20	59 302.02	10 558.04	98 474.19	709 466.06

公司法定代表人：黄东峰　　主管会计工作负责人：胡　军　　会计机构负责人：赵　清

5.2 信托资产

5.2.1 信托项目资产负债汇总表

信托项目资产负债表

编制单位：江苏省国际信托有限责任公司　　2013 年 12 月 31 日　　单位：万元

资　　产	行次	期末数	年初数
资产：	1		
现金及存放中央银行款项	2	94 174.52	1 851 499.91
存放同业款项	3	2 598 831.30	1 166 032.30
拆出资金	4	—	—
交易性金融资产	5	805 148.58	914 852.53
衍生金融资产	6	—	—
买入返售金融资产	7	65 040.11	9 750.07
应收账款	8	—	—
应收利息	9	—	—
应收股利	10	—	—
其他应收款	11	—	—
贷款	12	4 766 057.00	2 215 251.60
可供出售金融资产	13	—	—
持有至到期投资	14	1 762 076.16	1 180 959.44
长期应收款	15	55 447.44	35 106.36
未实现融资收益	16	-2 747.44	-4 806.36
长期股权投资	17	170 705.33	227 705.33
投资性房地产	18	—	—
固定资产	19	—	—
无形资产	20	—	—
长期待摊费用	21	—	—
其他资产	22	19 878.77	19 878.77
	23	—	—
资产合计	24	10 334 611.77	7 616 229.95

（续表）

公司法定代表人：黄东峰　　主管会计工作负责人：胡　军　　会计机构负责人：赵　清

信托项目资产负债表（续）

编制单位：江苏省国际信托有限责任公司　　2013 年 12 月 31 日　　单位：万元

负债及所有者权益	行次	期末余额	期初余额
负债：	25		
拆入资金	26		
交易性金融负债	27		
衍生金融负债	28		
卖出回购金融资产款	29	34 362.00	83 560.00
应付受托人报酬	30	23.36	131.50
应付托管费	31	353.35	32.23
应付受益人收益	32	0.72	—
应交税费	33	47.00	40.22
应付利息	34	—	—
其他应付款	35	5 119.30	1 707.39
预计负债	36	—	—
其他负债	37	—	—
	38	—	—
负债合计	39	39 905.74	85 471.34
所有者权益	40	—	—
实收信托	41	10 289 093.54	7 560 291.55
资本公积	42	2 003.91	5.84
盈余公积	43	—	—
一般风险准备	44	—	—
信托赔偿准备	45	—	—
未分配利润	46	3 608.58	-29 538.78
所有者权益合计	47	10 294 706.03	7 530 758.61
负债及所有者权益总计	48	10 334 611.77	7 616 229.95

公司法定代表人：黄东峰　　主管会计工作负责人：胡　军　　会计机构负责人：赵　清

5.2.2　信托项目利润及利润分配汇总表

信托项目利润及利润分配表

2013 年

编制单位：江苏省国际信托有限责任公司　　单位：万元

项　目	序号	本期金额	上期金额
一、营业收入	1	605 619.04	453 307.79
利息收入	2	439 486.23	267 233.69
手续费及佣金收入	3	35 299.88	14 746.55
投资收益	4	152 416.51	93 664.59
公允价值变动损益	5	-27 570.16	71 122.68
其他收入	6	5 986.58	6 540.28
二、支出	7	74 377.44	62 652.27
营业税金及附加	8	91.80	129.73
业务及管理费	9	74 285.64	62 522.54
资产减值损失	10	—	—
其他费用	11	—	—
其他业务成本	12	—	—
三、营业利润	13	531 241.60	390 655.52
加：营业外收入	14	—	—
减：营业外支出	15	—	—
四、利润总额	16	531 241.60	390 655.52
加：期初未分配信托利润	17	-29 538.77	-73 281.70
五、可供分配的信托利润	18	501 702.83	317 373.82
减：本期已分配信托利润	19	498 094.25	346 912.59
六、期末未分配信托利润	20	3 608.58	-29 538.77

公司法定代表人：黄东峰　　主管会计工作负责人：胡　军　　会计机构负责人：赵　清

6. 会计报表附注

6.1　简要说明报告年度会计报表编制基准、会计政策、会计估计和核算方法的变化

6.1.1　报告年度会计报表编制基准、会计政策、会计估计和核算方法发生的变化

无。

6.1.2　期末公司纳入合并会计报表范围的控股子公司

6.2　或有事项说明

6.2.1　报告期内对外担保事项

报告期内，公司未发生对外担保事项。截至 2013 年 12 月 31 日，公司对外担保余额为零。

6.2.2　报告期内诉讼事项

报告期内，公司未发生诉讼事项。

6.3　重要资产转让及其出售的说明

报告期内，公司未发生重要资产转让及出售行为。

6.4　会计报表中重要项目的明细资料

6.4.1　自营资产经营情况

6.4.1.1　信用风险资产分类

信用风险资产五级分类	正常类（万元）	关注类（万元）	次级类（万元）	可疑类（万元）	损失类（万元）	信用风险资产合计（万元）	不良资产合计（万元）	不良资产率（%）
期初数	48 951.27				100.00	49 051.27	100.00	0.20
期末数	1 696.25		—	—	100.00	1 796.25	100.00	5.57

注：不良资产合计＝次级类＋可疑类＋损失类。

6.4.1.2　各项资产减值准备的计提及转回

单位：万元

	期初数	本期计提	本期转回	本期核销	期末数
贷款损失准备	48.89	—	48.89	—	—
一般准备	48.89	—	48.89	—	—
专项准备	0	—	—	—	—
其他资产减值准备	100.00	—	—	—	100.00
可供出售金融资产减值准备	—	—	—	—	—
持有至到期投资减值准备	—	—	—	—	—
长期股权投资减值准备	—	—	—	—	—
坏账准备	100.00	—	—	—	100.00
投资性房地产减值准备		—	—	—	—

6.4.1.3　固有投资业务按投资品种分类

单位：万元

	自营股票	基金	债券	长期股权投资	其他投资	合计
期初数	31 893.25	4 275.06	—	475 592.53	62 378.00	574 138.84
期末数	15 446.78	—	—	551 344.76	136 692.10	703 483.64

6.4.1.4　前五名的自营长期股权投资企业情况

企业名称	占被投资单位权益的比例(%)	主要经营活动	投资收益(万元)
江苏银行股份有限公司	8.76	存贷款等银行业务	78 022.88
江苏省国信集团财务有限公司	13.33	成员单位资金业务	2 358.39
江苏国投衡盈创业投资中心(有限合伙)	20.00	创业投资业务	-739.74
利安人寿保险股份有限公司	6.00	人寿保险业务	—
江苏民丰农村商业银行股份有限公司	6.00	存贷款等银行业务	450.00

注:投资收益是指按照企业会计准则的规定,核算股权投资确认损益并计入披露年度利润表的金额。

6.4.1.5　公司前三名的自营贷款情况

报告期末,公司自营贷款余额为零。

6.4.1.6　表外业务

报告期内,公司自营资产无表外业务。

6.4.1.7　公司本年的收入结构情况

收入结构	金额(万元)	占比(%)
手续费及佣金收入	46 168.97	34.04
其中:信托业务收入	46 135.48	34.02
投资银行业务收入	24.77	0.02
利息收入	421.06	0.31
其他业务收入	—	0.00
其中:计入信托业务收入部分	—	
投资收益	89 034.11	65.65
其中:股权投资收益	84 047.44	61.97
证券投资收益	238.79	0.18
其他投资收益	4 747.88	3.50
公允价值变动损益	—	
营业外收入	—	0.00
收入合计	135 624.14	100.00

注:手续费及佣金收入、利息收入、其他业务收入、投资收益、营业外收入均为损益表中的科目,其中手续费及佣金收入、利息收入、其他业务收入、投资收益、营业外收入为未抵减相应支出的全年累计实现收入数。

6.4.2　信托资产管理情况

6.4.2.1　信托资产的期初数、期末数

单位:万元

信托资产	期初数	期末数
集合	805 968.33	1 383 721.41
单一	6 790 366.12	8 930 994.73
财产权	19 895.50	19 895.62
合计	7 616 229.95	10 334 611.76

6.4.2.1.1　主动管理型信托资产

单位:万元

主动管理型信托资产	期初数	期末数
证券投资类	4 087 797.67	3 385 531.47
股权投资类	190 464.93	122 992.48
融资类	3 244 305.51	6 726 518.25
事务管理类	—	—
合计	7 522 568.11	10 235 042.20

注:"合计"行要求填主动管理型信托项目的总额,它包含所有运用方式的主动型产品,"证券投资类"、"股权投资类"、"融资类"、"事务管理类"是主动管理型信托中的几个重点类别,包含在"合计"中,但是与"合计"行没有勾稽关系,"合计"行应大于或等于这四类之和。

6.4.2.1.2　被动管理型信托资产

单位:万元

被动管理型信托资产	期初数	期末数
证券投资类	—	—
股权投资类	37 705.63	48 706.15
融资类	55 956.21	50 863.41
事务管理类	—	—
合计	93 661.84	99 569.56

注:"合计"数与主动管理类同理。

6.4.2.2　信托项目清算情况

6.4.2.2.1　本年度已清算信托项目

已清算结束信托项目	项目个数	实收信托合计金额(万元)	加权平均实际年化收益率(%)
集合	14	472 580.00	8.57
单一	68	1 239 066.97	6.84
财产权	—	—	—

6.4.2.2.2　已清算主动管理型信托项目

已清算结束信托项目	项目个数	实收信托合计金额(万元)	加权平均实际年化信托报酬率(%)	加权平均实际年化收益率(%)
证券投资类	2	35 998.00	0.43	6.52
股权投资类	5	147 000.00	3.42	9.18
融资类	74	1 527 648.97	0.96	7.16
事务管理类	—	—	—	—

6.4.2.2.3　已清算结束的被动管理型信托项目

已清算结束信托项目	项目个数	实收信托合计金额(万元)	加权平均实际年化信托报酬率(%)	加权平均实际年化收益率(%)
证券投资类	—	—	—	—
股权投资类	—	—	—	—
融资类	1	1 000.00	0.14	—
事务管理类	—	—	—	—

6.4.2.3　新增信托项目情况

新增信托项目	项目个数	实收信托合计金额(万元)
集合	22	709 258.00
单一	155	5 333 075.27
财产权	0	0.00
新增合计	177	6 042 333.27
其中:主动管理型	176	6 027 933.27
被动管理型	1	14 400.00

6.4.2.4　信托业务创新成果和特色业务有关情况

2013年,江苏信托充分发挥信托灵活多变的优势,将政府、企业、银行等资源合理整合,灵活运用股权投资、收益权投资、信托贷款等方式为合作方量身设计投融资方案,提供金融服务。在业务创新中,引入了"不固定预期收益"的概念,首次将信托资金的收益率与项目销售收入直接挂钩;开发了首单债权买断型信托产品,将上中下游连为一体,充分发挥了信托公司作为受托计划管理平台的信托中介功能。

6.4.2.5　本公司履行受托人义务情况及因本公司自身责

任而导致的信托资产损失情况

公司严格按照《信托法》、《信托公司管理办法》、《信托公司集合资金信托管理办法》开展各项信托业务。公司作为受托人，严格遵守信托文件的规定，为受益人的最大利益处理信托事务，管理信托财产，恪尽职守，履行诚实、信用、谨慎、有效管理的义务，在信托业务的设立、运用、内控、终止等环节和全过程做到合法、合规。

公司信托财产没有因公司自身责任而导致损失的情况。

6.4.2.6 信托赔偿准备金的提取、使用和管理情况

单位：万元

年初数	本年计提	年末数
50 152.68	9 149.34	59 302.02

报告期内未发生信托财产损失的情况，信托赔偿准备金未使用。

6.5 关联方关系及其交易事项

6.5.1 关联交易方的数量、关联交易的总金额及关联交易的定价政策等

	关联交易方数量	2013 年关联交易总金额（万元）		定价政策
		增加额	减少额	
合计	29	4 329.27	265 334.75	（1）本公司对关联方交易价格根据市场价或协议价确定，与对非关联方的交易价格基本一致，无重大高于或低于正常交易价格的情况。（2）固有财产、信托资产与关联方贷款按人民银行规定的利率执行，投资按市场公允价确定。

6.5.2 关联交易方与本公司的关系性质，关联交易方的名称、法人代表、注册地址、注册资本及主营业务等

关系性质	关联方名称	法定代表人	注册地址	注册资本（万元）	主营业务
母公司	江苏省国信资产管理集团有限公司	董启彬	江苏省南京市	2 000 000.00	国有资产经营、管理、转让、投资，企业托管，资产重组等业务。
同一母公司	江苏省投资管理有限责任公司	徐祖坚	江苏省南京市	100 000.00	实业投资、投资咨询、国内贸易。
同一母公司	江苏省房地产投资有限责任公司	蒋旭升	江苏省南京市	190 000.00	房地产开发、销售。
同一母公司	江苏省国信集团财务有限公司	王家宝	江苏省南京市	150 000.00	成员单位资金结算等。
同一母公司	江苏国信象山地产有限公司	梅泽铭	江苏省南京市	6 000.00	房地产开发、销售。
同一母公司	新沂市国信置业有限公司	梅泽铭	江苏省徐州市	10 000.00	房地产开发、销售。
同一母公司	江苏淮阴发电有限责任公司	李宪强	江苏省淮安市	52 539.80	火力电力供应。

续表

关系性质	关联方名称	法定代表人	注册地址	注册资本（万元）	主营业务
同一母公司	江苏射阳港发电有限责任公司	刘晓龙	江苏省盐城市	83 302.00	电力、热力生产。
同一母公司	江苏沙河抽水蓄能发电有限公司	李贵桃	江苏省溧阳市	15 100.00	抽水蓄能发电。
同一母公司	江苏国信靖江发电有限公司	胡美成	江苏省泰州市	149 200.00	电力生产、销售。
同一母公司	盐城发电有限公司	胡美成	江苏省盐城市	50 458.55	电力生产、粉煤灰销售。
同一母公司	江苏国信瀛洲发电有限公司	王惠荣	江苏省盐城市	24 750.00	对电力热力生产供应业的投资。
同一母公司	江苏新海发电有限公司	崔少银	江苏省连云港	23 900.00	电力生产、销售。
同一母公司	江苏省国信信用担保有限公司	陈亮	江苏省南京市	74 000.00	融资性担保。
同一母公司	江苏省软件产业股份有限公司	张向荣	江苏省南京市	19 800.00	软件服务。
同一母公司	江苏省医药公司	管斌	江苏省南京市	10 000.00	中西药品批发零售等。
同一母公司	江苏国信如东生物质发电有限公司	柏杨	江苏省南通市	9 609.00	秸秆发电 新能源项目技术开发。
同一母公司	江苏国信淮安生物质发电有限公司	张金宝	江苏省淮安市	12 000.00	发电供热。
同一母公司	江苏国信泗阳生物质发电有限公司	梁兵	江苏省宿迁市	12 000.00	生物质发电、秸秆收购、灰渣销售。
同一母公司	江苏东凌风力发电有限公司	王东向	江苏省南通市	36 000.00	风力发电。
同一母公司	江苏省外事旅游汽车公司	解玉洪	江苏省南京市	12 000.00	外事旅游接待、服务，汽车租赁。
同一母公司	连云港云台宾馆有限责任公司	蒋旭升	江苏省连云港	12 000.00	客房、餐厅、娱乐。
同一母公司	南京状元楼酒店有限责任公司	王晓航	江苏省南京市	21 340.28	客房、餐厅、娱乐。
同一母公司	雅都大酒店	陈玉松	江苏省苏州市	34 218.77	客房、餐饮、酒吧、商场等。
同一母公司	淮安国信大酒店	李晓军	江苏省淮安市	10 000.00	大型餐馆、宾馆服务等。
同一母公司	南京国信大酒店有限公司	孙家银	江苏省南京市	2 000.00	客房、餐厅、酒吧。
同一母公司	江苏舜天足球俱乐部有限公司	刘军	江苏省南京市	3 000.00	组织体育竞赛、承办体育广告等。
同一母公司	连云港神州宾馆	王小晓	江苏省连云港	6 920.17	住宿、餐饮。
联营企业	江苏银行股份有限公司	夏平	江苏省南京市	1 039 000.00	存贷款等银行业务。

6.5.3 本公司与关联方的重大交易事项

6.5.3.1 固有财产与关联方交易

固有财产与关联方关联交易

单位:万元

	期初数	借方发生额	贷方发生额	期末数
贷款	3 259.26	—	3 259.26	—
投资	24 000.00	—	—	24 000.00
租赁	—	160.67	160.67	—
担保	—	—	—	—
应收账款	143.53	168.60	129.82	182.31
其他	10 000.00	4 000.00	4 000.00	10 000.00
合计	37 402.79	4 329.27	7 549.75	34 182.31

6.5.3.2 信托资产与关联方交易

信托与关联方关联交易

单位:万元

	期初数	借方发生额	贷方发生额	期末数
贷款	363 928.00		257 782.00	106 146.00
投资	29 090.03			29 090.03
租赁	—	—	—	—
担保	—	—	—	—
应收账款	—	—	—	—
其他	—	—	—	—
合计	393 018.03	—	257 782.00	135 236.03

6.5.3.3 信托公司自有资金运用于自己管理的信托项目及信托公司管理的信托项目之间的相互交易

6.5.3.3.1 固有与信托财产之间的交易情况

单位:万元

项目名称	期初数	本期发生数	期末数
吴江中南世纪城股权投资集合资金信托计划	548.00	-548.00	—
南京白下高新技术产业园区建设项目集合资金信托计划	915.00	-915.00	—
江苏万成置业股权投资集合信托计划	3 067.00	-3 067.00	—
江苏中小企业投融资集合资金信托计划十一期	3 000.00	-3 000.00	—
江苏中小企业投融资集合资金信托计划(十期)	4 180.00	-4 180.00	—
江苏信托—新城房地产投资基金(一期)	15 000.00	-15 000.00	—
南通弘阳股权投资集合信托计划	9 811.00	-4 905.50	4 905.50
溧水万辰置业股权投资集合资金信托	5 176.00	—	5 176.00
上海世纪海景园销售收入收益权集合资金信托	1 162.00	-232.40	929.60
江苏信托—江苏县城发展一期(射阳)集合资金信托计划	1 500.00	—	1 500.00
开放式(理财型)集合信托计划	3 000.00	74 012.00	77 012.00
江苏县域发展二期(东台)集合资金信托计划	1 000.00	—	1 000.00
江苏信托泰州美好易居城项目集合资金信托计划	6 000.00	—	6 000.00

续表

项目名称	期初数	本期发生数	期末数
海门中南世纪锦城房地产贷款集合资金信托计划	4 919.00	930.00	5 849.00
南京恒盛江旭三汊河特定资产收益权集合资金信托计划	3 100.00	—	3 100.00
江苏沿海开发(连云港二期)集合资金信托计划		5 000.00	5 000.00
江苏城镇化建设(十期)泗洪山河佳苑项目集合信托		2 992.00	2 992.00
江苏城镇化建设(十二期)海安集合资金信托计划		4 636.00	4 636.00
东渡国际青年城北区(一期)贷款项目		1 554.00	1 554.00
六合双客厂债权项目集合资金信托计划		4 060.00	4 060.00
江苏城镇化建设(十九期)淮安集合资金信托计划		2 951.00	2 951.00
江苏县域发展三期(苏州木渎)集合资金信托计划		7 775.00	7 775.00
镇江城投集团集合资金信托计划		2 252.00	2 252.00
合计	62 378.00	74 314.10	136 692.10

6.5.3.3.2 信托项目之间的交易情况

报告期内公司无信托资产与信托财产之间的交易事项。

6.5.4 逐笔披露关联方逾期未偿还本公司资金的详细情况以及本公司为关联方担保发生或即将发生垫款的详细情况

报告期内,公司未发生以上所述情况。

6.6 会计制度

固有业务和信托业务均执行《企业会计准则》(2006年颁布)。

7. 财务情况说明书

7.1 利润实现和分配情况

经中兴华会计师事务所(特殊普通合伙)审计,2013年度公司实现利润总额122 000.81万元,扣除所得税费用9 520.00万元,实现净利润112 480.81万元,加上年初未分配利润108 733.21万元,可供股东分配的利润为221 214.02万元。根据法律法规要求和公司股东会决议,计提法定盈余公积11 248.08万元、任意盈余公积53 615.88万元、信托赔偿准备9 149.34万元、一般风险准备1 887.53万元,转增注册资本20 000.00万元,分配现金红利26 838.99万元,年末未分配利润98 474.19万元。

7.2 主要财务指标

指标名称	指标值
资本利润率(%)	16.93
信托报酬率(%)	0.52
人均净利润(万元)	1 520.01

注:1. 资本利润率=净利润/所有者权益平均余额×100%=112 480.81/664 378.37×100%=16.93%。

2. 信托报酬率=信托业务收入/实收信托平均余额×100%=46 135.48/8 924 692.55×100%=0.52%。

3. 人均净利润=净利润/年平均人数=112 480.81/[(71+77)/2]=1 520.01(万元)。

4. 平均值采取年初及年末余额简单平均法。公式为:a(平均)=(年初数+年末数)/2。

7.3 报告期内对公司财务状况、经营成果产生重大影响的其他事项

无。

8. 特别事项简要提示

8.1 股东报告期内变动情况及原因

按照中国银监会江苏监管局《关于江苏省国际信托有限责任公司变更注册资本、调整股权结构并修改公司章程的批复》（苏银监复[2013]673号），公司于2013年12月18日办理完成了注册资本变更、股权结构调整及修改公司章程的工商登记手续。公司注册资本由248 389.9万元增至268 389.9万元，各股东持股比例变更为：江苏省国信资产管理集团有限公司81.4904%，江苏省苏豪集团有限公司9.2548%，江苏省高科技投资集团有限公司4.6274%，江苏省农垦集团有限公司4.6274%。

8.2 董事、监事及高级管理人员变动情况及原因

2013年8月19日公司召开第四届董事会第十三次会议，聘任胡军同志为公司总经理。原公司总经理陆加芳同志退休。2014年1月27日，中国银监会批复（银监复[2014]80号）核准胡军江苏省国际信托有限责任公司总经理的任职资格。

8.3 公司的重大未决诉讼事项

无。

8.4 执行本年度审计的会计师事务所出具意见情况

中兴华会计师事务所（特殊普通合伙）对本公司2013年度财务报告出具了标准无保留意见的审计报告。

8.5 公司及其董事、监事和高级管理人员受到处罚情况

无。

8.6 银监会现场检查情况及整改措施

无。

8.7 公司重大事项临时报告

2014年1月7日公司在《金融时报》第七版披露《关于变更注册资本、股东持股比例、住所并修改公司章程的公告》。

8.8 其他有必要让客户及相关利益人了解的重要信息

根据《信托公司净资本管理办法》，公司净资本监管风险控制指标执行情况如下：

净资本/各项业务风险资本之和 = 600 499.53/291 693.00×100%

=205.87%≥100%（监管标准）

净资本/净资产 = 600 499.53 /709 466.06×100%

=84.64%≥40%（监管标准）

9. 公司监事会意见

报告期内公司决策程序合法有效，内控制度进一步完善，公司董事及高级管理人员能够按照国家有关法律法规和公司章程的规定履行职责，未发现有违法违纪和损害公司利益及股东利益的行为。公司财务报告内容完整、真实地反映了公司的财务状况和经营成果。

交银国际信托有限公司

1. 重要提示

1.1 本公司董事会及董事保证本年度报告所载资料不存在任何虚假记载、误导性陈述或者重大遗漏,并对其内容的真实性、准确性和完整性承担个别及连带责任。

1.2 公司独立董事李惠珍女士、张纯女士声明:保证本年度报告内容的真实、准确和完整。

1.3 德勤华永会计师事务所有限公司根据中国注册会计师审计准则对本公司2013年度财务报告进行审计,出具了标准无保留意见的审计报告。

1.4 公司法人代表、董事长赵炯、分管财务副总裁蔡平、预算财务部总经理李原声明:保证本年度报告中财务报告的真实、完整。

2. 公司概况

2.1 公司简介

法定中文名称	交银国际信托有限公司
法定中文缩写名称	交银国际信托
公司法定英文名称	Bank of Communications International Trust Co., Ltd.
法定英文缩写名称	BOCOMMTRUST
法定代表人	赵炯
注册地址	湖北省武汉市江汉区建设大道847号瑞通广场B座16~17层
邮政编码	430015
国际互联网网址	www. bocommtrust. com
电子信箱	jygx@ bocommtrust. com
信息披露事务联系人	赵德刚
信息披露事务联系人联系方式	电话:021-32169666 传真:021-62706820
选定的信息披露报纸	《金融时报》、《上海证券报》
公司年报备置地点	湖北省武汉市江汉区建设大道847号瑞通广场B座16层
聘请的会计师事务所	德勤华永会计师事务所有限公司
聘请的会计师事务所住所	上海市延安东路222号外滩中心30楼
聘请的律师事务所	上海市锦天城律师事务所
聘请的律师事务所住所	上海市浦东新区花园石桥路33号花旗集团大厦14楼

2.2 公司组织结构

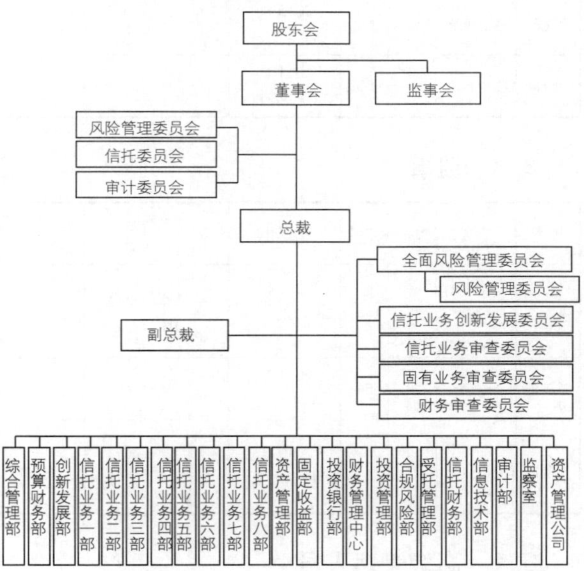

3. 公司治理结构

3.1 股东

报告期内,公司股东总数2家,出资比例及股东情况如下:

股东

序号	股东名称	持股比例(%)	法定代表人(负责人)	注册资本(亿元)	注册地址	主要经营业务	主要财务状况
1	★交通银行股份有限公司	85	牛锡明	742.63	上海市浦东新区银城中路188号	银行业务	2013年末,资产总额59 609.37亿元,负债总额55 394.53亿元,每股净资产5.65元,全年实现净利润622.95亿元。
2	湖北省财政厅	15	王文童	—	武汉市武昌区中北路8号	行政机关	—

注:★表示实际控制人。湖北省财政厅为国家行政机关。

3.2 董事

姓名	职务	性别	年龄	选任日期	所推举的股东名称	该股东持股比例(%)	简要履历
赵炯	董事长	男	52	2012年6月4日	交通银行股份有限公司	85	硕士，高级经济师，曾任交通银行乌鲁木齐分行人事教育处处长，纪委书记兼营业部总经理，行长、党委书记；现任交银国际信托有限公司董事长、总裁、党组书记。
黄建宏	董事	男	53	2010年11月5日	湖北省财政厅	15	硕士，高级政工师、经济师，曾任共青团荆州地委副书记、书记，共青团荆州（沙）市委书记、党组书记，公安县委书记，荆州市政府副市长，荆州市委常委、常务副市长、市政府党组副书记；现任湖北省国资委副主任、党委委员。
阮红	董事	女	49	2010年11月5日	交通银行股份有限公司	85	博士，高级经济师，曾任交通银行办公室综合处处长，海外机构管理部副总经理、总经理，上海分行副行长，交通银行资产托管部总经理；现任交通银行投资管理部总经理。
吴伟	董事	男	44	2013年12月27日	交通银行股份有限公司	85	博士，高级会计师，曾任交通银行财务会计部财务处副处长、财务会计部副总经理、预算财务部副总经理、总经理，辽宁省分行行长、党委书记；现任交通银行投资银行部总经理。
颇颖	董事	女	42	2013年1月25日	交通银行股份有限公司	85	硕士，高级会计师，曾任交通银行南宁分行计划处副处长，总行财务会计部副处长、高级经理，苏州分行党委委员、副行长；现任交通银行预算财务部副总经理。
栾立冰	董事	男	48	2013年1月25日	交通银行股份有限公司	85	硕士，曾任中国银监会银行监管一部工行处调研员、综合处调研员、交行处处长、准入处处长、办公室主任；现任交通银行法律合规部副总经理（主持工作）。
李惠珍	独立董事	女	66	2010年11月5日	—	—	大专，高级经济师，曾任中国工商银行上海分行组织处副处长，交通银行上海分行副行长，海通证券董事长、总经理，上海国际集团副总经理，上海国际信托投资公司总经理。
张纯	独立董事	女	50	2011年7月28日	—	—	博士，曾任上海财经大学讲师、副教授、硕士研究生导师、研究员、教授、博士研究生导师；现任上海财经大学会计学院教授、博士研究生导师、会计与财务研究院专职研究员。

3.3 监事

姓名	职务	性别	年龄	选任日期	所推举的股东名称	该股东持股比例(%)	简要履历
姚永杰	监事长	男	55	2013年4月2日	交通银行股份有限公司	85	硕士，高级经济师，曾任交通银行洛阳分行行长，昆明分行党委副书记（主持工作）、副行长，西安分行行长、党委书记，华中审计部总经理；现任交银国际信托有限公司监事长、党组成员。
郭德湘	监事	男	54	2011年4月15日	湖北省财政厅	15	硕士，经济师，曾任湖北省经贸委经济运行处副处长，湖北省委企业工委副处长、办公室主任（正处级），湖北省国资委业绩考核处处长；现任湖北省国有企业第二监事会主席。
韩泽民	职工监事	男	51	2010年11月5日	—	—	本科，经济师，曾任湖北省国际信托投资公司金融部、国际金融部经理，湖北国信集团公司纪检监察党务办公室副主任，湖北省国际信托投资有限公司办公室副主任；现任交银国际信托有限公司综合管理部副总经理。

3.4 高级管理人员

姓名	职务	性别	年龄	任职日期	金融从业年限	学历	专业
赵炯	总裁	男	52	2008年9月1	20	硕士	工商管理
李依贫	副总裁	男	49	2007年9月29日	17	硕士	财务金融
孟宪宇	副总裁	男	36	2013年4月28日	14	硕士	企业管理
谢洁	副总裁	男	40	2013年4月28日	13	硕士	世界经济
蔡平	副总裁	男	51	2013年9月3日	1	硕士	管理工程

3.5 公司员工

报告期末，员工总数为159人，平均年龄32岁，学历分布比率为：博士1.88%；硕士53.46%；本科42.77%；专科0.63%；其他1.26%。

4. 经营管理

4.1 经营目标、方针、战略规划

紧密围绕交通银行“两化一行”总体战略，按照“做大做强，做专业，做特色”的发展要求，深入推进公司“跟跑—竞跑—领跑”三步走发展战略，坚持以创新为引领，坚持多元化、低风险、轻资本发展策略，继续巩固提升融资业务、大力扩展资管业务、积极培育受托业务，严守兑付和合规底线，逐步将公司打造成具有银行系特色的全国大型一流信托金融机构。

4.2 所经营业务的主要内容

信托业务：(1)信托融资业务：信托贷款（流动资金贷款、项目融资）、资产流动化（应收账款、应收租金、项目收益权、股权受益权等）、供应链信托、融资租赁、房地产信托业务及综合性信托融资等。(2)信托投资类业务：现金管理、固定收益投资、私募证券投资、私募股权投资、另类投资等。(3)事务管理类业务：资金池事务管理信托、财产权信托、信贷资产证券化、企业

年金受托管理、员工福利计划受托管理、股权激励计划、员工股权代持信托等。

自营业务：按照“轻资本、低风险、多元化”的配置原则管理运用自有资金，配置品种包括自营贷款、理财产品、股票、基金、股权投资等类别，兼顾权益类和固定收益类，充分考虑资产流动性、期限和收益之间的合理平衡。

信托资产运用与分布表

资产运用	金额（万元）	占比（%）	资产分布	金额（万元）	占比（%）
货币资产	2 397 248.10	8.56	基础产业	10 975 676.25	39.21
贷款	16 382 431.00	58.53	房地产	1 571 306.00	5.61
交易性金融资产	3 236 415.92	11.56	证券市场	3 180 787.69	11.36
可供出售金融资产	287 428.41	1.03	实业	3 846 441.87	13.74
持有至到期投资	1 057 013.96	3.78	金融机构	835 196.41	2.99
长期股权投资	1 231 710.00	4.40	其他	7 582 250.68	27.09
其他	3 399 411.51	12.14			
信托资产总计	27 991 658.90	100.00	信托资产总计	27 991 658.90	100.00

自营资产运用与分布表

资产运用	金额（万元）	占比（%）	资产分布	金额（万元）	占比（%）
货币资产	182 551.10	35.42	基础产业		
贷款及应收款	246 748.65	47.88	房地产业	50 443.00	9.79
交易性金融资产			证券市场	17 518.28	3.40
可供出售金融资产	17 518.28	3.40	实业		
持有到期投资	15 001.19	2.91	金融机构	22 000.00	4.27
长期股权投资	22 000.00	4.27	其他	425 433.21	82.54
其他	31 575.27	6.12	—	—	
资产总计	515 394.49	100.00	资产总计	515 394.49	100.00

4.3 市场分析

4.3.1 有利因素

（1）同业竞合空间增大，业务领域推陈出新。伴随市场需求的不断扩大和持续深化，信托凭借独特优势打造金融创新的综合平台，持续推动专项资管以及保险资金与信托产品的对接，行业运作空间不断放大。

（2）交银集团深化“二次改革”，联动发展孕育新机遇。交银集团未来将按照统一标准，将子公司产品嵌入集团产品线，发挥信托在财富管理银行建设中的基础配置作用，担当集团的产品供应商，健全联动信息共享平台。

（3）金融市场不断开放，财富管理需求增长强劲。中央经济工作会议强调把改革贯穿于经济社会发展的各个领域，全面深化金融业改革开放。同时，社会投资者对信托业的认知度日益加深，将为信托业提供新的发展机遇。

（4）制度改革释放红利，行业规范不断健全。十八届三中全会为实体经济注入了发展活力，“城镇化”战略、“升级调整”战略以及释放农村集体土地流转的积极信号，都将给信托业带来巨大的发展潜力和拓展空间。信托业2013年年会上八项指导性意见的提出，将进一步规范信托行业发展，降低经营风险和系统性风险，为行业长期可持续发展创造了良好环境。

4.3.2 不利因素

（1）全球低速增长成为常态，国内经济缺乏活力。国际方面，全球维持“弱增长”格局。国内方面，经济增长进入换挡期，将对信托业的发展和风险管理形成较大压力。

（2）利率市场化和需求多元化进程加快，转型发展更加紧迫。信托面对资金端成本上升、资产端质量和收益率下滑、资本硬约束持续强化的三重压力，这将会对信托公司规模增长和报酬提升产生重大影响。

（3）金融风险日益暴露，监管环境更趋严苛。经济增速进入换挡期、结构调整进入阵痛期、前期刺激政策进入消化期的“三期”叠加效应，导致金融风险将会逐步暴露显现，市场对信托产品风险的担忧日益显露。

（4）金融边界趋于模糊，信托行业发展拐点初现。随着资产管理市场的进一步放开，在经济下行、政策约束从紧以及市场竞争加剧的背景下，信托收益率水平持续承压，信托业难以再现前期的高速成长，转而进入调整放缓的态势。

4.4 内部控制

4.4.1 内部控制环境和内部控制文化

公司按照“纵到底、横到边、全覆盖”的要求，着力营造氛围和谐、运转高效的内部控制环境。（1）持续改进公司治理，不断完善公司治理架构。（2）强化内部审计监督作用，促进内部控制稳健运行。（3）强化制度建设与执行，确保业务运行的各环节均有章可循。第四，按照权责分明、相互制约的原则设置部门和岗位。

公司积极弘扬全员合规与内控优先的内部控制文化。（1）“三会一层”均牢固树立合法合规经营的理念，营造合规经营的文化环境。（2）加强监管政策学习，开展合规管理和专题业务培训。（3）建立公司员工行为准则、职业道德规范和诚信记录，坚持内控优先，狠抓制度执行。

4.4.2 内部控制措施

公司坚持“内控优先、规范运行”的管理理念，持续加强内控制度体系建设和完善细化工作，制定出台多项业务管理和基础管理制度。公司建立健全防火墙制度，实现4个分离：即信托业务与自营业务相分离；不同的信托财产之间相分离；同一信托财产运用与保管相分离；业务操作与风险监控相分离。

对于信托业务，在设立环节，公司严格按照制度规定开展信托项目审批，制定规范的信托文件和项目尽职调查标准；在资金运用环节，公司严格履行受托人职责，依法运用信托财产，实现审批、运用和保管分离；在管理环节，公司不断完善风险识别、评估、监控、报告体系，前台、中台、后台紧密配合，形成职责明晰、相互制约的管理机制；在清算终止环节，公司严格依据法律法规、信托文件制作清算报告，并向受益人进行信息披露，持续完善信托业务档案管理制度。截至2013年末，公司信托赔付率为零。

对于固有业务，公司建立健全固有业务决策机制，2013年初制定科学合理的年度自有资金配置计划与风险容忍度，并严格按照相关程序进行审批，实现固有业务协调发展；通过动态的监控机制、严密的账户管理、严格的资金审批调度、规范的交易操作以及完善的业务档案管理，公司严格控制固有资金的投资风险，重要投资均有详细的风险分析支持。截至2013年末，公司不良资产率为零。

4.4.3 监督评价与纠正

2013年度公司监督评价与纠正机制成效显著。一是内部审计和外部检查工作保持常态化。内审部门按照年度审计工作计划实施了项目审计检查评价工作；外部监管和审计机构对公司进行了监管检查和内部控制审计等外部监督工作。二是内审部门职能不断优化和完善。2013年内审职能工作重心转为全面内控审计和重要业务环节专项审计，并通过制定《公司非现场审计工作暂行办法》提高审计监督的实时性。三是通过制定公司内部控制评价暂行办法和修订《内部审计结果挂钩绩效考核实施细则》等制度，完善对公司各职能部门和经营部门内部控制情况的监督评价机制，强化审计整改或完善落实。

4.5 风险管理

4.5.1 风险管理概况

公司经营活动中面临的风险主要有：信用风险、市场风险、操作风险及其他风险等。在进行风险管理时，遵循全面、审慎、及时、有效和独立性原则，根据业务类别制定相应的风险控制措施，形成了"事前防范、事中控制、事后评价"的风险管理机制，建立了以董事会及其下设的风险管理委员会和经营管理层及其下设的风险管理委员会以及合规风险部等机构为主线的风险管理体系。

4.5.1.1 信用风险状况

（1）信托业务信用风险状况。截至2013年12月31日，公司存续信托项目565个，存续受托规模27 854 722.02万元，信托赔付率为零，按照相关部门要求计提一般准备与专项准备。2013年，交易对手履约情况正常，公司信托业务信用风险处于较低水平。

（2）固有业务信用风险状况。截至2013年12月31日，公司自有资金贷款余额为100 443.00万元，固有业务信用风险资产均为正常类，不良资产的期初数与期末数均为零，按照相关部门要求计提一般准备与专项准备。2013年，交易对手履约情况正常，公司固有业务信用风险处于较低水平。

4.5.1.2 市场风险状况

截至2013年12月31日，信托资产投资、固有资产投资市场风险情况正常；自有资金证券投资未突破公司确定的风险容忍度限额。

4.5.1.3 操作风险状况

公司建立完善的操作风险控制体系，并持续推进综合业务系统建设，严控各类操作风险。截至2013年12月31日，公司未发生因操作风险所造成的损失。

4.5.1.4 其他风险状况

其他风险主要有合规风险、政策风险等。截至2013年12月31日，公司未发生因上述风险造成的损失。

4.5.2 风险管理

4.5.2.1 信用风险管理

公司加强项目运行前端风险管控，以尽职调查为重要风控抓手，科学评估交易对手的履约能力，筛选有现金流并且有牢固第二还款来源保障的项目，审慎评估保证人的履约能力等，注重采用多种有效的担保措施提高信用风险的保障系数。在项目运行过程中，公司深入研究影响交易对手履约能力的各种风险因素，持续跟踪抵（质）押物价值对融资本息的保障系数，加强监测有关还款来源的变化情况，持续高效地开展项目后续管理，并根据具体问题研究采取相关的应对措施，确保项目信用风险的可控、可测、可承受。

4.5.2.2 市场风险管理

（1）详细评估项目的市场风险，密切关注有关的风险因子、情景的变化情况，采取有针对性的举措。（2）配备专业团队，对市场风险的认识较为充分、投资行为较为审慎。（3）加强形势分析预测，制订年度自有资金配置计划与风险容忍度。（4）公司高度重视市场价格风险因素的管理，不断强化对自有资金投资项目的科学决策与管理 密切关注经济运行状况，严控因宏观政策调整带来不利影响的风险。

4.5.2.3 操作风险管理

（1）公司建立了严格的部门职责、员工岗位职责、业务流程和操作规程，形成了职责分明、相互监督制约的机制和严格的审核、复核程序；（2）公司持续推进综合业务系统开发上线，并建立了全面的、规范的、现代化的信息系统管理流程；（3）公司不断完善各项规章制度，持续完善操作风险管理机制，切实提高业务管理的精细化水平。截至2013年12月31日，公司未出现重大差错和失误，未发生重大责任事故。

4.5.2.4 其他风险管理

公司严格按照国家法律法规和监管部门的有关要求开展业务；公司不断完善突发事件应急处理机制，以应对可能发生的突发事件。

4.5.3 净资本管理

2013年末，公司净资本风险控制指标为：净资本436 283.16万元，各项业务风险资本264 765.07万元，净资本与各项业务风险资本之比为164.8%，大于监管要求的100%标准；净资本与净资产之比为88.3%，大于监管要求的40%标准。2013年末净资本监管各项指标全面达标。

5. 报告期末及上一年末的比较式会计报表

5.1 自营资产

5.1.1 会计师事务所审计意见全文

审 计 报 告

德师报（审）字（2014）第P1431号

交银国际信托有限公司董事会：

我们审计了后附的交银国际信托有限公司（以下简称"贵公司"）的财务报表，包括2013年12月31日的公司及合并资产负债表，2013年度的公司及合并利润表、公司及合并所有者权益变动表和公司及合并现金流量表以及财务报表附注。

一、管理层对财务报表的责任

编制和公允列报财务报表是贵公司管理层的责任，这种责任包括：（1）按照企业会计准则的规定编制财务报表，并使其实现公允反映；（2）设计、执行和维护必要的内部控制，以使财务报表不存在由于舞弊或错误而导致的重大错报。

二、注册会计师的责任

我们的责任是在执行审计工作的基础上对财务报表发表审计意见。我们按照中国注册会计师审计准则的规定执行了审计工作。中国注册会计师审计准则要求我们遵守中国注册会计师职业道德守则，计划和执行审计工作以对财务报表是否不存在重大错报获取合理保证。

审计工作涉及实施审计程序，以获取有关财务报表金额和披露的审计证据。选择的审计程序取决于注册会计师的判断，包括对由于舞弊或错误导致的财务报表重大错报风险的评估。在进行风险评估时，注册会计师考虑与财务报表编制和公允列报相关的内部控制，以设计恰当的审计程序，但目的并非对内部控制的有效性发表意见。审计工作还包括评价管理层选用会计政策的恰当性和作出会计估计的合理性，以及评价财务报表的总体列报。

我们相信，我们获取的审计证据是充分、适当的，为发表审计意见提供了基础。

三、审计意见

我们认为，贵公司财务报表在所有重大方面按照企业会计准则的规定编制，公允反映了贵公司 2013 年 12 月 31 日的公司及合并财务状况以及 2013 年度的公司及合并经营成果和公司及合并现金流量。

德勤华永会计师事务所（特殊普通合伙）

中国注册会计师　曾　浩　吴凌志

2014 年 3 月 28 日

5.1.2　公司及合并资产负债表

2013 年 12 月 31 日　　单位：元

资　产	附注八	合并		公司	
		期末余额	期初余额	期末余额	期初余额
货币资金	1	1 825 510 995. 15	1 221 393 735. 49	1 794 897 409. 07	1 121 210 062. 00
交易性金融资产		—	405 494 266. 29	—	405 494 266. 29
可供出售金融资产	2	175 182 770. 99	80 031 450. 83	175 182 770. 99	80 031 450. 83
持有至到期投资	3	150 011 863. 01	—	150 011 863. 01	—
应收款项类投资	4	1 488 167 165. 48	219 901 830. 10	1 418 167 165. 48	219 901 830. 10
发放贷款和垫款	5	979 319 250. 00	490 600 000. 00	979 319 250. 00	490 600 000. 00
长期股权投资	6	220 000 000. 00	220 000 000. 00	320 000 000. 00	320 000 000. 00
固定资产	7	25 330 688. 96	26 601 236. 76	25 330 688. 96	26 601 236. 76
无形资产	8	11 703 572. 00	6 000 454. 60	11 703 572. 00	6 000 454. 60
递延所得税资产	9	15 091 359. 77	4 621 242. 73	15 091 359. 77	4 621 242. 73
其他资产	10	263 627 209. 01	155 053 940. 58	263 627 209. 01	155 118 087. 58
资产总计		5 153 944 874. 37	2 829 698 157. 38	5 153 331 288. 29	2 829 578 630. 89
负债					
应付职工薪酬	12	112 348 965. 21	83 975 768. 37	112 348 965. 21	83 975 768. 37
应交税费	13	65 847 526. 83	44 848 165. 18	65 825 744. 78	44 788 283. 56
其他负债	14	32 228 797. 95	40 732 609. 12	32 228 797. 95	40 702 609. 12
负债合计		210 425 289. 99	169 556 542. 67	210 403 507. 94	169 466 661. 05
所有者权益					
实收资本	15	3 764 705 882. 35	2 000 000 000. 00	3 764 705 882. 35	2 000 000 000. 00
资本公积	16	11 387 078. 24	23 588. 12	11 387 078. 24	23 588. 12
盈余公积	17	116 742 662. 39	66 011 802. 67	116 683 481. 98	66 008 838. 18
一般风险准备	18	49 575 186. 23	17 729 834. 36	49 575 186. 23	17 729 834. 36
信托赔偿准备	19	282 053 181. 99	104 460 739. 63	282 053 181. 99	104 460 739. 63
未分配利润	20	719 055 593. 18	471 915 649. 93	718 522 969. 56	471 888 969. 55
归属于母公司所有者权益合计		4 943 519 584. 38	2 660 141 614. 71	4 942 927 780. 35	2 660 111 969. 84
所有者权益合计		4 943 519 584. 38	2 660 141 614. 71	4 942 927 780. 35	2 660 111 969. 84
负债和所有者权益总计		5 153 944 874. 37	2 829 698 157. 38	5 153 331 288. 29	2 829 578 630. 89

附注为财务报表的组成部分

公司负责人：赵　炯　　主管会计工作负责人：蔡　平　　会计机构负责人：李　原

5.1.3 公司及合并利润表

2013年12月31日　　单位：元

资　产	附注八	合并		公司	
		本期余额	上期余额	本期余额	上期余额
一、营业收入		1 005 521 324.68	711 418 097.89	1 004 770 716.13	711 234 424.40
利息收入	21	105 620 886.44	78 489 586.78	104 870 277.89	78 305 913.29
手续费及佣金收入	22	691 443 717.74	419 607 124.75	691 443 717.74	419 607 124.75
投资收益	23	91 840 866.25	32 517 208.91	91 840 866.25	32 517 208.91
其他业务收入	24	116 636 854.25	180 804 177.45	116 636 854.25	180 804 177.45
汇兑损失		(21 000.00)	—	(21 000.00)	—
二、营业支出		329 348 211.04	257 304 866.31	329 347 148.04	257 160 719.31
营业税金及附加	25	55 733 227.68	38 874 387.62	55 733 227.68	38 874 387.62
业务及管理费	26	226 215 033.36	204 969 678.69	226 213 970.36	204 825 531.69
资产减值损失	27	47 399 950.00	13 460 800.00	47 399 950.00	13 460 800.00
三、营业利润		676 173 113.64	454 113 231.58	675 423 568.09	454 073 705.09
加：营业外收入		1 160 372.73	529 493.58	1 160 372.73	529 493.58
减：营业外支出		600 000.00	302 247.93	600 000.00	302 247.93
四、利润总额		676 733 486.37	454 340 477.23	675 983 940.82	454 300 950.74
减：所得税费用	28	169 424 889.17	115 966 120.23	169 237 502.78	115 956 238.61
五、净利润		507 308 597.20	338 374 357.00	506 746 438.04	338 344 712.13
其中：					
归属于母公司股东的净利润		507 308 597.20	338 374 357.00	506 746 438.04	338 344 712.13
六、其他综合收益	29	11 363 490.12	1 095 672.91	11 363 490.12	1 095 672.91
七、综合收益总额		518 672 087.32	339 470 029.91	518 109 928.16	339 440 385.04
其中：					
归属于母公司股东的综合收益总额		518 672 087.32	339 470 029.91	518 109 928.16	339 440 385.04

公司负责人：赵　炯　　主管会计工作负责人：蔡　平　　会计机构负责人：李　原

5.1.4 合并所有者权益变动表

公司所有者权益变动表

2013年12月31日　　单位：元

	本期数						
	实收资本	资本公积	盈余公积	一般风险准备	信托赔偿准备	未分配利润	所有者权益合计
一、2013年1月1日余额	2 000 000 000.00	23 588.12	66 011 802.67	17 729 834.36	104 460 739.63	471 915 649.93	2 660 141 614.71
二、本年增减变动金额							
（一）净利润	—	—	—	—	—	507 308 597.20	507 308 597.20
（二）其他综合收益	—	11 363 490.12	—	—	—	—	11 363 490.12
上述（一）和（二）小计	—	11 363 490.12	—	—	—	507 308 597.20	518 672 087.32
（三）所有者投入和减少资本							
1. 所有者投入和减少资本	1 764 705 882.35	—	—	—	—	—	1 764 705 882.35
（四）利润分配							
1. 提取盈余公积	—	—	50 730 859.72	—	—	(50 730 859.72)	—
2. 提取一般风险准备	—	—	—	31 845 351.87	—	(31 845 351.87)	—
3. 提取信托风险准备	—	—	—	—	177 592 442.36	(177 592 442.36)	—
4. 对所有者的分配	—	—	—	—	—	—	—
（五）所有者权益内部结转	—	—	—	—	—	—	—
三、2013年12月31日余额	3 764 705 882.35	11 387 078.24	116 742 662.39	49 575 186.23	282 053 181.99	719 055 593.18	4 943 519 584.38

公司负责人：赵　炯　　主管会计工作负责人：蔡　平　　会计机构负责人：李　原

公司所有者权益变动表(续)

2013 年 12 月 31 日

单位:元

	上期数						
	实收资本	资本公积	盈余公积	一般风险准备	信托赔偿准备	未分配利润	所有者权益合计
一、2012 年 1 月 1 日余额	2 000 000 000. 00	(1 072 084. 79)	32 174 366. 97	10 410 817. 29	16 087 183. 47	263 071 301. 86	2 320 671 584. 80
二、本年增减变动金额							
(一)净利润	—	—	—	—	—	338 374 357. 00	338 374 357. 00
(二)其他综合收益	—	1 095 672. 91	—	—	—	—	1 095 672. 91
上述(一)和(二)小计	—	1 095 672. 91	—	—	—	338 374 357. 00	339 470 029. 91
(三)所有者投入和减少资本							
1. 所有者投入和减少资本	—	—	—	—	—	—	—
(四)利润分配							
1. 提取盈余公积	—	—	33 837 435. 70	—	—	(33 837 435. 70)	—
2. 提取一般风险准备	—	—	—	7 319 017. 07	—	(7 319 017. 07)	—
3. 提取信托风险准备	—	—	—	—	88 373 556. 16	(88 373 556. 16)	—
4. 对所有者的分配	—	—	—	—	—	—	—
(五)所有者权益内部结转	—	—	—	—	—	—	—
三、2012 年 12 月 31 日余额	2 000 000 000. 00	23 588. 12	66 011 802. 67	17 729 834. 36	104 460 739. 63	471 915 649. 93	2 660 141 614. 71

公司负责人:赵 炯　　主管会计工作负责人:蔡 平　　会计机构负责人:李 原

公司所有者权益变动表

2013 年 12 月 31 日

单位:元

	本期数						
	实收资本	资本公积	盈余公积	一般风险准备	信托赔偿准备	未分配利润	所有者权益合计
一、2013 年 1 月 1 日余额	2 000 000 000. 00	23 588. 12	66 008 838. 18	17 729 834. 36	104 460 739. 63	471 888 969. 55	2 660 111 969. 84
二、本年增减变动金额							
(一)净利润	—	—	—	—	—	506 746 438. 04	506 746 438. 04
(二)其他综合收益	—	11 363 490. 12	—	—	—	—	11 363 490. 12
上述(一)和(二)小计	—	11 363 490. 12	—	—	—	506 746 438. 04	518. 109 928. 16
(三)所有者投入和减少资本							
1. 所有者投入和减少资本	1 764 705 882. 35	—	—	—	—	—	1 764 705 882. 35
(四)利润分配							
1. 提取盈余公积	—	—	50 674 643. 80	—	—	(50 674 643. 80)	—
2. 提取一般风险准备	—	—	—	31 845 351. 87	—	(31 845 351. 87)	—
3. 提取信托风险准备	—	—	—	—	177 592 442. 36	(177 592 442. 36)	—
4. 对所有者的分配	—	—	—	—	—	—	—
(五)所有者权益内部结转	—	—	—	—	—	—	—
三、2013 年 12 月 31 日余额	3 764 705 882. 35	11 387 078. 24	116 683 481. 98	49 575 186. 23	282 053 181. 99	718 522 969. 56	4 942 927 780. 35

公司负责人:赵 炯　　主管会计工作负责人:蔡 平　　会计机构负责人:李 原

公司所有者权益变动表(续)

2013 年 12 月 31 日

单位:元

	上期数						
	实收资本	资本公积	盈余公积	一般风险准备	信托赔偿准备	未分配利润	所有者权益合计
一、2012 年 1 月 1 日余额	2 000 000 000. 00	(1 072 084. 79)	32 174 366. 97	10 410 817. 29	16 087 183. 47	263 071 301. 86	2 320 671 584. 80
二、本年增减变动金额							
(一)净利润	—	—	—	—	—	338 344 712. 13	338 344 712. 13
(二)其他综合收益	—	1 095 672. 91	—	—	—	—	1 095 672. 91
上述(一)和(二)小计	—	1 095 672. 91	—	—	—	338 344 712. 13	339 440 385. 04
(三)所有者投入和减少资本							
1. 所有者投入和减少资本	—	—	—	—	—	—	—
(四)利润分配							
1. 提取盈余公积	—	—	33 834 471. 21	—	—	(33 834 471. 21)	—
2. 提取一般风险准备	—	—	—	7 319 017. 07	—	(7 319 017. 07)	—
3. 提取信托风险准备	—	—	—	—	88 373 556. 16	(88 373 556. 16)	—
4. 对所有者的分配	—	—	—	—	—	—	—
(五)所有者权益内部结转	—	—	—	—	—	—	—
三、2012 年 12 月 31 日余额	2 000 000 000. 00	23 588. 12	66 008 838. 18	17 729 834. 36	104 460 739. 63	471 888 969. 55	2 660 111 969. 84

公司负责人:赵 炯　　主管会计工作负责人:蔡 平　　会计机构负责人:李 原

5.2 信托资产

5.2.1 信托项目资产负债汇总表

信托项目资产负债汇总表(未经审计)

2013 年 12 月 31 日

编制单位:建信信托有限责任公司　　单位:万元

序号	项　目	期末余额	年初余额
1	信托资产		
2	1. 货币资金	2 397 248. 10	1 609 330. 60
3	2. 拆出资金	—	—
4	3. 存出保证金	—	—
5	4. 交易性金融资产	3 236 415. 92	1 934 514. 81
6	5. 衍生金融资产	—	—
7	6. 买入返售金融资产	3 082 687. 97	2 591 118. 12
8	7. 应收款项	82 793. 54	33 118. 08
9	8. 发放贷款	16 382 431. 00	7 806 980. 00
10	9. 可供出售金融资产	287 428. 41	—
11	10. 持有至到期投资	1 057 013. 96	832 684. 00
12	11. 长期应收款	150 000. 00	478 916. 04
13	12. 长期股权投资	1 231 710. 00	364 376. 67
14	13. 投资性房地产	—	—
15	14. 固定资产	—	—
16	15. 无形资产	—	—
17	16. 长期待摊费用	—	—
18	17. 其他资产	83 930. 00	144 000. 00
19	18. 信托资产总计	27 991 658. 90	15 795 038. 32
20	19. 各项资产减值准备	—	—
21	信托负债		
22	20. 交易性金融负债	—	—
23	21. 衍生金融负债	—	—
24	22. 应付受托人报酬	4 550. 32	2 243. 27
25	23. 应付托管费	2 178. 27	2 718. 07

续表

序号	项　目	期末余额	年初余额
26	24. 应付受益人收益	52. 51	1 340. 44
27	25. 应交税费	533. 34	185. 80
28	26. 应付销售服务费	3. 22	—
29	27. 其他应付款项	24 225. 85	23 854. 35
30	28. 其他负债	—	—
31	29. 信托负债合计	31 543. 51	30 341. 93
32	信托权益		
33	30. 实收信托	27 854 722. 02	15 640 516. 05
34	31. 资本公积	—	—
35	32. 外币报表折算差额	—	—
36	33. 未分配利润	105 393. 37	124 180. 34
37	34. 信托权益合计	27 960 115. 39	15 764 696. 39
38	35. 信托负债和信托权益总计	27 991 658. 90	15 795 038. 32

公司负责人:赵 炯　　主管信托会计工作负责人:李依贫

信托会计机构负责人:张悦迎

5.2.2 信托项目利润及利润分配汇总表

信托项目利润及利润分配汇总表

2013 年 12 月 31 日

编制单位:建信信托有限责任公司　　单位:万元

项目	本期数	上期数	
1	1. 营业收入	1 391 407. 70	861 090. 87
2	1. 1 利息收入	1 142 129. 62	613 489. 80
3	1. 2 投资收益(损失以"-"号填列)	274 390. 14	109 857. 72
4	1. 2. 1 其中:对联营企业和合营企业的投资收益	—	—
5	1. 3 公允价值变动收益(损失以"-"号填列)	-43 110. 41	1 411. 72
6	1. 4 租赁收入	—	—
7	1. 5 汇兑损益(损失以"-"号填列)	—	—
8	1. 6 其他收入	17 998. 35	136 331. 63

续表

项目	本期数	上期数	
9	2. 支出	194 743.07	113 657.31
10	2.1 营业税金及附加	—	—
11	2.2 受托人报酬	62 801.98	35 384.45
12	2.3 托管费	10 575.68	8 704.96
13	2.4 投资管理费	3 659.12	289.58
14	2.5 销售服务费	2 091.01	7 185.55
15	2.6 交易费用	558.49	444.99
16	2.7 资产减值损失	—	—
17	2.8 其他费用	115 056.79	61 647.78
18	3. 信托净利润(净亏损以"－"号填列)	1 196 664.63	747 433.56
19	4. 其他综合收益	—	—
20	5. 综合收益	1 196 664.63	747 433.56
21	6. 加:期初未分配信托利润	124 180.34	52 736.37
22	7. 可供分配的信托利润	1 320 844.97	800 169.93
23	8. 减:本期已分配信托利润	1 215 451.60	675 989.59
24	9. 期末未分配信托利润	105 393.37	124 180.34

公司负责人:赵　炯　　　主管信托会计工作负责人:李依贫

信托会计机构负责人:张悦迎

6. 会计报表附注

6.1　会计报表编制基准不符合会计核算基本前提的说明

本公司及下属子公司(以下简称本集团)执行财政部于2006年2月15日颁布的《企业会计准则——基本准则》(下称新会计准则),合并财务报表的合并范围以控制为基础予以确定。控制是指本集团能够决定另一个企业的财务和经营政策,并能据以从该企业的经营活动中获取利益的权力。

子公司采用的主要会计政策和会计期间按照本公司统一规定的会计政策和会计期间厘定。本公司与子公司之间的所有重大账目及交易于合并时抵销。

会计报表编制无不符合会计核算基本前提事项。

6.2　或有事项说明

报告期内,公司未发生对外担保及其他或有事项。

6.3　重要资产转让及其出售的说明

报告期内,无重要资产转让或出售。

6.4　会计报表中重要项目的明细资料

6.4.1　披露自营资产经营情况

6.4.1.1　按信用风险五级分类结果披露信用风险资产的期初数、期末数

信用风险资产五级分类	正常类(万元)	关注类(万元)	次级类(万元)	可疑类(万元)	损失类(万元)	信用风险资产合计(万元)	不良资产合计(万元)	不良资产率(%)
期初数	94 558.70	0.00	0.00	0.00	0.00	94 558.70	0.00	0.00
期末数	305 501.20	0.00	0.00	0.00	0.00	305 501.20	0.00	0.00

6.4.1.2　各项资产减值损失准备的期初、本期计提、本期转回、本期核销、期末数

单位:万元

项　目	期初数	本期计提	本期转回	本期核销	期末数
贷款损失准备	940.00	1571.08	0.00	0.00	2511.08
一般准备	0.00	0.00	0.00	0.00	0.00
专项准备	940.00	1571.08	0.00	0.00	2511.08
其他资产减值准备	406.08	3168.92	0.00	0.00	3575.00
可供出售金融资产减值准备	0.00	0.00	0.00	0.00	0.00
持有至到期投资减值准备	0.00	0.00	0.00	0.00	0.00
长期股权投资减值准备	0.00	0.00	0.00	0.00	0.00
坏账准备	406.08	3168.92	0.00	0.00	3575.00
投资性房地产减值准备	0.00	0.00	0.00	0.00	0.00

6.4.1.3　自营股票投资、基金投资、债券投资、长期股权投资等投资的期初数、期末数

单位:万元

项目	自营股票	基金	债券	长期股权投资	其他投资
期初数	0.00	40 549.43	0.00	32 000.00	21 600.00
期末数	0.00	0.00	15 001.19	32 000.00	143 000.00

6.4.1.4　按照投资入股金额排序,前五名的自营长期股权投资的企业名称、占被投资企业权益的比例、主要经营活动及投资收益情况等

本集团

企业名称	投资总额(万元)	投资占例(%)
中国航油集团财务有限公司	12 000.00	10.00
陕西煤业化工集团财务有限公司	10 000.00	10.00

本公司

企业名称	投资总额(万元)	投资占例(%)
中国航油集团财务有限公司	12 000.00	10.00
陕西煤业化工集团财务有限公司	10 000.00	10.00
交银国信资产管理有限公司	10 000.00	100.00

6.4.1.5　前五名的自营贷款的企业名称、占贷款总额的比例和还款情况

企业名称	占贷款总额的比例(%)	还款情况
上海中星(集团)有限公司	14.83	正常
绿地控股集团有限公司	49.78	正常
上海闵润置业有限公司	35.39	正常

6.4.1.6　表外业务的期初数、期末数,按照代理业务、担保业务和其他类型表外业务分别披露

报告期内,本公司无代理业务、担保业务和其他类型表外业务。

6.4.1.7　公司当年的收入结构

收入结构	金额(万元)	占比(%)
手续费及佣金收入	69 144.37	68.73
其中:信托手续费收入	69 144.37	
投资银行业务收入		
利息收入	10 562.09	10.49

续表

收入结构	金额（万元）	占比（%）
其他业务收入	11 663.68	11.60
其中：计入信托业务收入部分	10 635.81	
投资收益	9184.09	9.13
其中：股权投资收益	263.40	
证券投资收益	1 436.00	
其他投资收益	7 484.69	
汇兑收益	−2.10	
营业外收入	56.04	0.05
收入合计	100 608.17	100

其他业务收入主要指公司为融资企业提供财务顾问、咨询及融资方案设计等服务，获得的财务顾问费收入。

本报告年度共实现信托业务收入总额为 79 780.18 万元，其中手续费及佣金收入 69 144.37 万元、财务顾问费收入 10 635.81万元。

6.4.2 披露信托财产管理情况

6.4.2.1 信托资产的期初数、期末数

单位：万元

信托资产	期初数	期末数
集合	1 422 386.40	1 555 490.59
单一	14 247 804.05	26 337 671.35
财产权	124 847.87	98 496.96
合计	15 795 038.32	27 991 658.90

6.4.2.1.1 主动管理型信托业务的信托资产期初数、期末数。分证券投资、股权投资、融资、事务管理类分别披露

单位：万元

主动管理型信托资产	期初数	期末数
证券投资类	454 093.06	127 522.32
股权投资类	550 097.11	12 272.50
融资类	3 381 857.46	2 858 934.45
事务管理类	38 693.29	0.00
合计	4 424 740.92	2 998 729.27

6.4.2.1.2 被动管理型信托业务的信托资产期初数、期末数。分证券投资、股权投资、融资、事务管理类分别披露

单位：万元

被动管理型信托资产	期初数	期末数
证券投资类	3 801 116.75	6 377 554.10
股权投资类	0.00	1 335 162.54
融资类	7 569 180.65	17 131 978.21
事务管理类	0.00	148 234.78
合计	11 370 297.40	24 992 929.63

6.4.2.2 本年度已清算结束的信托项目个数、实收信托合计金额、加权平均实际年化收益率

6.4.2.2.1 本年度已清算结束的集合类，单一类资金信托项目和财产管理类信托项目个数、实收信托金额、加权平均实际年化收益率

已清算结束信托项目	项目个数	实收信托合计金额（万元）	加权平均实际年化收益率（%）
集合类	30	677 990.45	9.45
单一类	222	5 939 433.35	6.17
财产管理类	1	100 000.00	5.40

6.4.2.2.2 本年度已清算结束的主动管理型信托项目个数、实收信托合计金额、加权平均实际年化收益率，分证券投资、股权投资、融资、事务管理类分别计算并披露

已清算结束信托项目	项目个数	实收信托合计金额（万元）	加权平均实际年化信托报酬率（%）	加权平均实际年化收益率（%）
证券投资类	4	2 863.70	0.34	8.08
股权投资类	3	64 503.75	0.67	4.07
融资类	33	846 838.35	1.20	9.43
事务管理类	0	0.00	0.00	0.00

6.4.2.2.3 本年度已清算结束的被动管理型信托项目个数、实收信托合计金额、加权平均实际年化收益率，分证券投资、股权投资、融资、事务管理类分别计算并披露

已清算结束信托项目	项目个数	实收信托合计金额（万元）	加权平均实际年化信托报酬率（%）	加权平均实际年化收益率（%）
证券投资类	4	20 793.00	0.40	6.92
股权投资类	2	150 000.00	0.49	6.29
融资类	207	5 632 425.00	0.27	5.83
事务管理类	0	0.00	0.00	0.00

6.4.2.3 本年度新增的集合类、单一类和财产管理类信托项目个数、实收信托合计金额

单位：万元

新增信托项目	项目个数	实收信托合计金额（万元）
集合类	22	1 031 898.00
单一类	463	16 697 621.70
财产管理类	4	83 930.00
新增合计	489	17 813 449.70
其中：主动管理型	26	1 659 797.51
被动管理型	463	16 153 652.19

6.4.2.4 信托业务创新成果和特色业务有关情况

2013 年，公司紧扣客户需求，提高产品内涵，研发了并购基金信托、信贷资产买断信托、投资基金信托、国内贸易应收账款信托、信贷资产流转信托、自主管理类现金池和类资产证券化信托；设计了并购贷款模式、指令化股权投资模式、TOT 及双 SPV 信托管理模式等创新产品模式。同时，公司成功中标中国邮政储蓄银行个人住房抵押贷款证券化业务和交通银行资产证券化业务。主要推出如下创新产品：

（1）自主管理类现金池信托。公司成立了首单短期限高流动性资产管理业务创新产品——“交银国信·现金管理 1 号组合投资集合资金信托计划”，信托计划每个工作日均可以进行申购、追加申购及赎回，按日估值，按日计息，聘请交通银行为本信托提供财务顾问服务。信托计划具有期限灵活、流动性

强、操作便捷、稳健增值的特点。

(2)信贷资产流转信托。公司发起设立"交银国信·信远1号单一财产权信托",信托规模3亿元,将银行持有的贷款债权及相关担保权进行信托,并由银行担任贷款管理人履行贷款本息的回收、催缴、转付、处置及其报告等相关义务,由交银国信作为受托人进行管理、运用和处分的信贷资产流转信托,该产品目前已在"全国银行业金融资产转让登记系统"平台上顺利流转。

(3)投资基金信托。公司发起设立"交银国信·节能产业投资基金系列信托 "募集资金,将信托资金分期投资于合伙企业有限合伙份额。某产业基金管理公司作为普通合伙人及执行事务合伙人,合伙企业以自身名义对外开展投资活动。进行投贷联动、实业投资、并购重组、定向增发、资源整合等各类业务。合伙企业以投资收益和其他收益,按季度优先分配有限合伙人收益。通过开展此类业务,信托公司不仅与优质大型集团建立了紧密的合作关系,建立了长期投资长效机制,同时也不断介入了项目筛选和管理,提高了专业的自主管理能力。

(4)国内贸易应收账款投资信托。公司发起设立"交银国信·聚信Ⅱ系列国内贸易应收账款投资001号单一资金信托",信托总体规模不超过10亿元,信托期限不超过2年。该创新业务将信托资金投资于应收账款转让方在国内贸易过程中形成的应收账款,并约定采用国内延期信用证形式进行结算与支付。该产品业务模式具有较强的可复制及推广性,符合信托资金支持实体经济的政策方向,具有较低的信用风险和市场风险。

(5)类资产证券化信托。公司发起设立了"交银国信·类资产证券化系列单一资金信托",向各类优质客户发放多笔信托贷款。通过测算资产池在不同时段产生的现金流,将发放的多笔信托贷款打包设立独立的资产池,运用资产证券化技术,并设计同一信托计划项下依照不同期限设立不同分类、规模与收益率的信托计划收益凭证。在信托管理期间,聘请银行监控融资客户的资金账户并负责保管信托资金。该产品解决了部分企业因融资规模较小不能独立开展信托融资的矛盾,降低了融资成本,改善了融资环境。

6.4.2.5 本公司履行受托人义务情况及因本公司自身责任而导致的信托资产损失情况

报告期内,本公司无因本公司自身责任而导致的信托资产损失情况。

6.5 关联方关系及其交易的披露

6.5.1 关联交易方的情况

	关联交易方数量	关联交易金额	定价政策
合计	4家	100 225.00	按市场价格交易;若无市场价格,则按公允原则,以不优于对非关联方同类交易的条件定价交易。

6.5.2 关联交易方的情况

关系性质	关联方名称	法定代表人	注册地址	注册资本(亿元)	主营业务
控股股东	交通银行股份有限公司	牛锡明	上海市浦东新区银城中路188号	742.63亿元	银行业务。

续表

关系性质	关联方名称	法定代表人	注册地址	注册资本(亿元)	主营业务
受同一母公司控制	交银施罗德基金管理有限公司	钱文挥	上海市浦东新区银城中路188号	20 000万元	基金募集、基金销售、资产管理和中国证监会许可的其他业务。
受同一母公司控制	上海交银企业管理服务有限公司	周笑雷	上海市长宁区仙霞路18号	640万元	企业管理、提供信息、中介服务、大楼物业管理、住宿、计算机租赁秘修理、大楼清洗等(企业经营涉及行政许可的,凭许可证件经营)。
全资子公司	交银国信资产管理有限公司	孟宪宇	上海市虹口区欧阳路218弄1号楼3楼313室	10 000万元	资产管理、股权投资、股权管理、实业投资、投资管理、投资顾问(企业经营涉及行政许可的,凭许可证件经营)

6.5.3 公司与关联方的重大交易事项

6.5.3.1 固有财产与关联方交易情况

单位:万元

固有财产与关联方关联交易				
	期初数	借方发生额	贷方发生额	期末数
贷款	0.00	0.00	0.00	0.00
投资	0.00	0.00	0.00	0.00
租赁	0.00	0.00	0.00	0.00
担保	0.00	0.00	0.00	0.00
应收账款	0.00	0.00	0.00	0.00
其他	48 000.00	15 000.00	40 000.00	23 000.00
合计	48 000.00	15 000.00	40 000.00	23 000.00

6.5.3.2 信托与关联方交易情况:贷款、投资、租赁、应收账款、担保、其他方式等期初汇总数、本期借方和贷方发生额汇总数、期末汇总数

单位:万元

信托与关联方关联交易				
	期初数	借方发生额	贷方发生额	期末数
贷款	0.00	0.00	0.00	0.00
投资	0.00	0.00	0.00	0.00
租赁	0.00	0.00	0.00	0.00
担保	0.00	0.00	0.00	0.00
应收账款	0.00	0.00	0.00	0.00
其他	100 000.00	0.00	0.00	100 000.00
合计	100 000.00	0.00	0.00	100 000.00

6.5.3.3 信托公司自有资金运用于自己管理的信托项目(固信交易)、信托公司管理的信托项目之间的相互(信信交易)金额,包括余额和本报告年度的发生额

6.5.3.3.1　固有与信托财产之间的交易

单位：万元

固有财产与信托财产相互交易				
	年初数	本年借方发生额	本年贷方发生额	年末数
合计	21 600.00	172 100.00	43 700.00	150 000.00

6.5.3.3.2　信托项目之间的交易金额期初汇总数、本期发生额汇总数、期末汇总数

单位：万元

信托资产与信托财产相互交易			
	期初数	本期发生额	期末数
合计	15 000.00	596 054.00	611 054.00

注：以公司受托管理的一个信托项目的资金购买自己管理的另一个信托项目的受益权或信托项下资产均应纳入统计披露范围。

6.5.4　关联方逾期未偿还公司资金的情况

无。

6.6　会计制度的披露

公司固有业务和信托业务的会计核算执行中华人民共和国财政部2006年颁布的《企业会计准则——基本准则》及其相关规定。

7. 财务情况说明书

7.1　利润实现和分配情况

2013年度本集团合并净利润50 730.86万元，利润分配情况如下：

(1)根据《公司法》、公司章程规定，按照净利润的10%计提法定公积金5 073.08万元。

(2)根据《信托公司管理办法》及相关监管规定，并经股东会批准同意，按照母公司净利润的50%计提信托赔偿准备25 337.32万元。

(3)根据财政部《金融企业准备金计提管理办法》(财政部财金[2012]20号)的规定，按照年末母公司风险资产账面余额的1.5%差额提取一般风险准备3 184.54万元。

(4)扣除上述利润分配项目后，公司2013年剩余净利润17 135.92万元，加上期初未分配利润31 966.05万元，累计未分配利润为49 101.97万元，经公司股东会审议，同意不予分配。

7.2　主要财务指标

指标名称	指标值
资本利润率(%)	13.34
加权年化信托报酬率(%)	0.41
人均净利润(万元)	319.06

7.3　对公司财务状况、经营成果有重大影响的其他事项

2013年公司股东增资176 470.59万元，注册资本增加到376 470.59万元 股东及股东持股比例保持不变。

8. 特别事项揭示

8.1　前五名股东报告期内变动情况及原因

报告期内，股东无变动情况。

8.2　董事、监事及高级管理人员变动情况及原因

报告期内，本公司董事、监事及高级管理人员变动情况如下：

2013年1月，根据本公司2013年股东会第一次会议决议，王忆军、颇颖、栾立冰任公司董事，林至红、李杨勇、王卫东不再担任董事职务。2013年12月，根据本公司2013年股东会第四次会议决议，吴伟任公司董事，王忆军不再担任董事职务。

2013年4月，根据本公司2013年股东会第二次会议及第二届监事会第六次会议决议，姚永杰任公司监事长，方建华由于年龄原因不再担任监事长职务。

2013年4月，根据本公司第二届董事会第十四次会议决议并报监管机构核准任职资格，孟宪宇、谢洁任公司副总裁。2013年9月，根据本公司第二届董事会第十七次会议并报监管机构核准任职资格，蔡平任公司副总裁。

8.3　公司的重大未决诉讼事项

无。

8.4　公司及其高级管理人员受到处罚的情况

报告期内，无公司及其董事、监事和高级管理人员受处罚情况。

8.5　中国银监会及其派出机构对公司检查后提出的整改意见

无。

8.6　本年度重大事项临时报告的简要内容、披露时间、所披露的媒体及其版面

2013年3月18日 公司在《金融时报》第3版刊登了《交银国际信托有限公司增加注册资本及修改章程公告》，注册资本由2 000 000 000.00元增加至3 176 470 588.23元，股东出资比例不变。

2013年11月8日 公司在《上海证券报》封三刊登了《交银国际信托有限公司增加注册资本及修改章程公告》，注册资本由3 176 470 588.23元增加至3 764 705 882.35元，股东出资比例不变。

8.7　中国银监会及其省级派出机构认定的其他有必要让客户及相关利益人了解的重要信息

无。

9. 监事会意见

监事会认为，报告期内，公司的决策程序符合国家法律、法

规和公司章程及相关制度，建立健全了比较有效的内控制度，建立了相对完善的独立董事和董事会下属专业委员会，董事会全体成员及高级管理层认真履行职责，未发现有违法、违规、违章行为，也没有损害公司利益、股东利益和委托人利益的行为。

报告期内，公司财务报告真实、客观地反映了公司的财务状况和经营成果。

昆仑信托有限责任公司

1. 重要提示

1.1 本公司董事会及董事保证本报告所载资料不存在任何虚假记载、误导性陈述或者重大遗漏，并对其内容的真实性、准确性和完整性承担个别及连带责任。

1.2 独立董事邢成先生、施天涛先生、李忠臣先生认为本报告内容真实、准确、完整。

1.3 本公司法定代表人董事长温青山先生及公司财务总监张建慧女士声明：保证年度报告中财务报告的真实、完整。

2. 公司概况

2.1 公司简介

昆仑信托有限责任公司前身是中国工商银行宁波市信托投资公司，成立于 1986 年 11 月，1994 年改组为有限责任公司。1997 年 6 月，公司与工商银行脱钩，更名为宁波市金港信托投资有限责任公司。2002 年 5 月，公司增资扩股，获准重新登记。2005 年 5 月，天津经济技术开发区国有资产经营公司收购部分原股东股权后成为控股股东。2008 年 10 月，公司换发金融许可证，变更经营范围，公司名称变更为金港信托有限责任公司。2009 年 5 月，公司增资扩股，中油资产管理有限公司成为控股股东，公司名称变更为“昆仑信托有限责任公司”，注册资本为人民币 30 亿元。

公司法定中文名称	昆仑信托有限责任公司
中文缩写	昆仑信托
公司法定英文名称	Kunlun Trust Co.，Ltd.
英文缩写	KUNLUN TRUST
法定代表人	温青山
注册地址	浙江省宁波市江东北路 138 号金融大厦 19 楼

续表

邮政编码	315040
国际互联网网址	www. kunluntrust. com
电子信箱	klinfo@ cnpc. com. cn
信息披露负责人员	黄志斌
信息披露联系人员	卫荣华
联系电话	0574 -87031701
传真	0574 -87031700
电子信箱	weironghua@ cnpc. com. cn
公司信息披露的报纸名称	《金融时报》
公司年度报告备置地	公司本部
公司聘请的会计师事务所及其住所	立信会计师事务所有限公司 上海市南京东路 61 号 4 楼
公司聘请的律师事务所及其住所	上海市锦天城律师事务所 上海市浦东新区花园石桥路 33 号花旗集团大厦 14 楼

2.2 组织结构

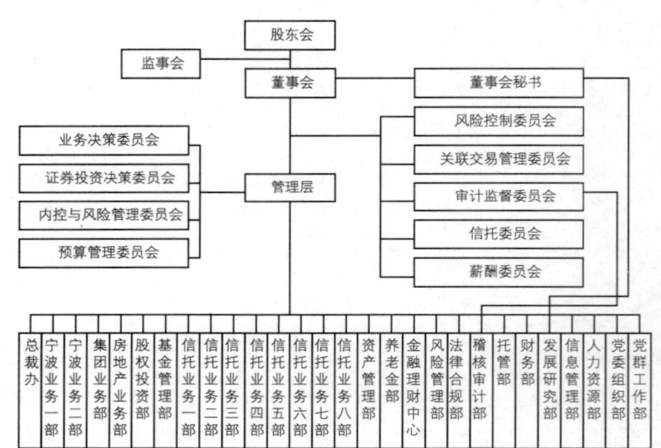

3. 公司治理

3.1 股东

本报告期末，公司共有 3 家法人股东，其中持有本公司 10% 以上出资比例的股东 2 家。

股东名称	持股比例（%）	法人代表	注册资本（万元）	注册地址	主要经营业务及主要财务情况
★中油资产管理有限公司	82.18	王亮	502 000	北京市东城区东直门北大街 9 号	资产经营管理、投资、资本运营策划与咨询。截至 2012 年末，中油资产管理有限公司资产总额 897 819 万元，负债总额 111 811 万元，所有者权益 786 007 万元。公司实现利润 114 509 万元，实现净利润 85 164 万元。
天津经济技术开发区国有资产经营公司	12.82	叶旺	1 280 000	天津经济技术开发区宏达路 19 号	投资、参股及国有资产的股权管理，国有资产评估、验资，房地产开发、服务及咨询。
广博投资控股有限公司	5.00	胡志明	48 000	宁波市鄞州区石矸镇街道雅渡村	项目投资。

注：★表示控股股东。股东之间无关联关系。

3.2 董事

3.2.1 董事会成员

姓 名	职务	性别	年龄	选任日期	所推举的股东名称	该股东持股比例(%)
温青山	董事长	男	55	2013年9月26日	中油资产管理有限公司	82.18
简要履历	教授级高级会计师，曾任中国石油天然气集团公司财务资产部副总会计师、副主任、主任。					
王 亮	董事	男	51	2013年9月26日	中油资产管理有限公司	82.18
简要履历	高级会计师，曾任中国石油天然气集团公司财务资产部副总会计师，辽宁省财政厅副厅长、中意财产保险有限公司董事长、中国石油天然气集团公司川庆钻探工程有限公司总会计师；现任昆仑信托有限责任公司总裁。					
周远鸿	董事	男	45	2013年9月26日	中油资产管理有限公司	82.18
简要履历	高级会计师，曾任中国石油天然气股份有限公司天然气与管道分公司财务处副处长，中国石油天然气集团公司资本运营部股权处置处处长；现任中国石油天然气集团公司所投资公司监事，中石油山东天然气管道有限公司监事会主席。					
王利平	董事	男	53	2009年7月21日	广博投资控股有限公司	5.00
简要履历	高级经济师，曾任广博集团股份有限公司董事长、浙江省第十一届人大代表，现任宁波广博纳米新材料股份有限公司董事长，宿迁广博控股集团有限公司董事长，广博集团股份有限公司董事，宁波广博建设开发有限公司董事，宁波通商银行股份有限公司监事，浙江省第十二届人大代表、第十二届全国人大代表，中国文教体育用品协会副理事会长、纸品本册专业委员会主任委员。					
叶 旺	董事	男	48	2013年9月26日	天津经济技术开发区国有资产经营公司	12.82
简要履历	曾任天津开发区管委会政策研究室办公室主任、天津开发区财政局副局长。现任天津经济技术开发区国有资产经营公司总经理。					
李效熙	董事	男	31	2013年9月26日	职工推选	
简要履历	曾任北京国际信托投资有限公司投资银行部经理，金港信托有限责任公司信托一部副总经理，总裁助理、战略发展及执行委员会副主席、主席、副董事长；现任昆仑信托有限责任公司副总裁。					

3.2.2 独立董事

姓名	职务	性别	年龄	选任日期	所推举的股东名称	该股东持股比例(%)
邢 成	独立董事	男	51	2013年9月26日	中油资产管理有限公司	82.18
简要履历	经济学博士，教授，曾任天津市财政局干部，天津财经大学教授，北方信托股份有限责任公司战略发展研究所所长兼业务发展总部总经理；现任中国人民大学信托与基金研究所执行所长					
施天涛	独立董事	男	51	2013年9月26日	中油资产管理有限公司	82.18
简要履历	法学博士，教授，曾任清华大学法学院副院长，中国商法研究会常务理事，北京市高级人民法院特约监督员，北京仲裁委员会仲裁员，新加坡东亚政治经济研究所研究员，美国斯坦福大学法学院访问教授；现为清华大学法学院法学教授、博士生导师。					
李忠臣	独立董事	男	67	2013年9月26日	中油资产管理有限公司	82.18
简要履历	高级会计师，曾任大庆石油管理局采油四厂财务科科员、副科长、科长，大庆石油管理局财务处副处长、处长，大庆石油管理局副总会计师、总会计师，国家会计准则咨询专家，中国总会计师协会常务理事，黑龙江省企业管理协会副理事长。					

3.3 监事

姓名	职务	性别	年龄	选任日期	所推举的股东名称	该股东持股比例(%)
孙金瑜	监事会主席	男	59	2013年9月26日	中油资产管理有限公司	82.18
简要履历	教授级高级经济师，曾任石油工业部劳动工资司劳动组织处经济师，中国石油天然气总公司劳动工资局劳动组织处经济师，塔里木石油会战指挥部人事处副处长，中国石油天然气总公司劳动工资局劳动力处处长，中国石油天然气集团公司人事劳资部劳动组织处处长，中国石油天然气股份有限公司人事部副总经济师兼劳动组织处处长，中国石油天然气集团公司人事部副主任，中国石油天然气股份有限公司人事部副总经理；现任中国石油天然气集团公司、股份公司内控与风险管理部主任(总经理)。					
盖文国	监事	男	47	2013年9月26日	中油资产管理有限公司	82.18
简要履历	高级会计师，曾任中国石油天然气集团公司锦州石油化工公司股改办公室副主任，锦州石化股份有限公司董事会秘书、证券部主任，中国石油天然气集团公司资本运营部股权管理与综合处副处、股权投资处负责人；现任中国石油天然气集团公司所投资公司监事。					
胡志明	监事	男	50	2013年9月26日	广博投资控股有限公司	5.00
简要履历	高级会计师，曾任广博集团股份有限公司财务总监，董事；现任广博投资控股有限公司董事长、宁波广博建设开发有限公司董事、宿迁广博控股集团有限公司董事。					
马荣伟	职工监事	男	41	2013年9月26日	职工推选	
简要履历	高级经济师，曾任中国石油天然气集团公司、股份公司法律事务部高级主管；现任昆仑信托有限责任公司法律合规部经理。					
邹艳飞	职工监事	男	50	2013年9月26日	职工推选	
简要履历	高级政工师，曾任辽河油田旅游服务公司经理办秘书、副主任，辽河石油勘探局(后为辽河油田公司)党委办公室科长、副主任；现任昆仑信托有限责任公司纪委副书记、工会副主席、党群工作部部长。					

3.4 高级管理人员

姓名	职务	性别	年龄	选任日期	金融从业年限	学历	专业
王　亮	总裁	男	51	2010 年 3 月 22 日	5 年	学士	经济管理
简要履历	参见 3.2.1　董事会成员						
姚　飞	副总裁	男	46	2010 年 4 月 20 日	8 年	硕士	技术经济
简要履历	高级经济师，曾任中国石油天然气集团公司大庆石油管理局资本运营部副经理、财务资产部副经理、内控办主任，中油资产管理有限公司综合部经理兼财务部负责人、副总经理，大庆市商业银行独立董事。						
李效熙	副总裁	男	31	2010 年 4 月 20 日	9 年	硕士	经济学
简要履历	参见 3.2.1　董事会成员						
朱佳平	副总裁	男	50	2009 年 6 月 11 日	32 年	硕士	工商管理
简要履历	高级经济师，曾任中国工商银行宁波市信托投资公司上海证券交易营业部经理、公司副总经理，金港信托有限责任公司总经理、总裁、副董事长、副总裁、代总裁。						
刘　刚	副总裁	男	42	2010 年 8 月 10 日	4 年	硕士	工商管理
简要履历	会计师，曾任中国石油天然气股份有限公司华东销售分公司财务处高级主管，中国石油天然气股份有限公司江西销售分公司总会计师兼财务资产处处长。						
黄志斌	副总裁董事会秘书	男	47	2010 年 12 月 24 日	31 年	硕士	工商管理
简要履历	经济师，曾国中国工商银行宁波市信托投资公司信托业务部经理、总经理助理、副总经理，宁波市信托投资公司信托业务部经理、总经理助理、副总经理，金港信托有限责任公司副总经理、副总裁、常务副总裁。						
吴怀镛	副总裁	男	49	2011 年 3 月 3 日	13 年	硕士	管理学
简要履历	高级会计师，曾任大港油田财务处成本价格科副科长、科长，财务结算中心副主任，大港油田集团财务资产部副主任，大港油田矿区服务事业部计划财务部主任，中国石油集团渤海钻探工程有限公司财务资产处副处长兼财务结算中心主任。						
张建慧	财务总监	女	41	2012 年 3 月 16 日	4 年	硕士	管理学
简要履历	高级会计师，曾任中国华油集团公司财务资产处高级主管，中国石油天然气集团公司财务资产部会计处高级主管、财务稽查处副处长、综合授信处负责人，中油财务有限责任公司综合授信处负责人，昆仑信托有限责任公司财务部总经理。						
盛　湘	副总裁	男	46	2013 年 9 月 26 日	18 年	硕士	工商管理、文学
简要履历	曾任北京国际关系学院教师，中国农村发展信托投资公司国际金融部职员，中国石油天然气集团公司资本运营部股权管理处副处长，中银国际证券有限责任公司稽核总监，南洋商业银行（中国）银行稽核负责人、董事会秘书、总裁办公室总经理。						
贾南征	总裁助理	男	35	2010 年 5 月 31 日	11 年	学士	经济学
简要履历	先后任职于加拿大 PROVEST 管理公司、瑞泰人寿，曾任金港信托有限责任公司信托业务部副总经理、总裁助理。						
姚少杰	总裁助理	男	40	2011 年 3 月 3 日	13 年	学士	机械
简要履历	先后供职于北京建工集团三建公司任工程师，在中国中化集团人力资源部从事管理工作，2002 ~2011 年任外经贸信托金融产品部总经理。						

3.5 公司员工

项目		报告期年度		上一年度	
		人数	比例（%）	人数	比例（%）
年龄分布	20 岁以下	0	0	0	0
	20 ~29 岁	91	37	83	38
	30 ~39 岁	96	39	88	41
	40 岁以上	58	24	45	21
学历分布	博士	8	3	7	3
	硕士	127	52	112	52
	本科	102	42	89	41
	专科	8	3	8	4
	其他	0	0	0	0
岗位分布	董事、监事及其高管人员	12	5	11	5
	自营业务人员	9	4	7	3
	信托业务人员	162	66	140	65
	其他人员	62	25	58	27

4. 经营管理

4.1 经营目标、方针、战略规划

4.1.1 经营目标

公司致力于成为在能源领域具有核心竞争力的一流信托公司，业务规模和盈利能力达到信托行业领先水平，在管理机制、内控机制、激励机制、人才机制等方面达到国内金融机构的一流水平，昆仑信托成为金融业的一流品牌。

4.1.2 经营方针

依托股东优势资源，立足京津冀、长三角地区和主要油气等能源产业区，在大规模开展常态业务、规模业务和成熟业务的同时，利用基金化等创新模式，最终成为在油气等能源资源、节能环保以及高端制造等领域为社会高端客户和机构客户提供一流财富管理服务的专业化提供商。

4.1.3 战略规划

当前，公司发展的目标与定位是到 2015 年公司整体实现 “32111” 的总体发展目标。即：公司综合实力位居行业前三名；

行业监管评级二级；实现净利润10亿元；信托资产规模1 000亿元以上；高端客户1万名。

在中国石油集团公司建设综合性国际能源公司的战略指引下，本着"高起点、快发展、可持续"的发展原则，依托集团公司的优势资源，坚持内控优先、合规经营的管理理念，走自主化、专业化、特色化、国际化的经营发展道路，打造国内一流的产融结合平台、财富管理平台和战略共赢平台。

昆仑信托发展的战略定位是依托大股东的优势资源，坚持内控优先、合规经营的管理理念，走自主化、专业化、特色化、国际化的经营发展道路，打造国内一流的财富管理平台、产融结和平台和战略共赢平台。

4.2 所经营业务的主要内容

公司业务分为信托业务和自营业务两个大类。信托业务主要品种包括单一资金信托、集合资金信托、财产信托等，自营业务主要开展金融股权投资、金融产品投资及贷款等业务。

4.2.1 自营资产运用与分布表

资产运用	金额（万元）	占比（%）	资产分布	金额（万元）	占比（%）
货币资产	53 524.35	9.48	基础产业	195280	34.60
贷款及应收款	79 152.29	14.03	房地产业	186100	32.98
交易性金融资产投资			证券市场	6000	1.06
可供出售金融资产投资	367 884.00	65.19	实业	59217	10.49
持有至到期投资			金融机构	2250	0.40
长期股权投资	45 790.32	8.11	其他	115496.87	20.47
其他	17 992.91	3.19			
资产总计	564 343.87	100.00	资产总计	564 343.87	100.00

4.2.2 信托资产运用与分布表

资产运用	金额（万元）	占比（%）	资产分布	金额（万元）	占比（%）
货币资产	130 144.14	0.77	基础产业	2 349 290.00	13.94
贷款	4 183 715	24.83	房地产	2 506 059.00	14.87
交易性金融资产投资	302 858.34	1.80	证券市场	215 497.05	1.28
可供出售金融资产投资	0	0.00	实业	4814729.66	28.58
持有至到期投资	5 568 064.81	33.05	金融机构	593953	3.53
长期股权投资	6 663 579.66	39.55	其他	6368898.38	37.80
其他	65.14	0.00			0.00
信托资产总计	16 848 427.09	100	信托资产总计	16 848 427.09	100

4.3 市场分析

4.3.1 有利因素

4.3.1.1 信托业良性发展态势持续

2013年，信托业发展的外部环境充满了前所未有的不确定性。经济下行增加了信托公司经营的宏观风险，利率市场化加大了信托公司经营的市场风险，年中和年末的两次"钱慌"引发了对流动性风险的担心，频繁发生的个案风险事件引起了对信托业系统性风险的担忧；但2013年末信托公司主要业务数据表明，信托业经受住了上述考验，继续保持了良性的发展态势，再次交出了满意的答卷。

一是信托资产规模再创历史新高。2013年，信托公司信托资产总规模为10.91万亿元，与上年7.47万亿元相比，同比增长46.00%。二是固有资产规模继续稳步增加。2013年，信托行业固有资产总规模为2871.41亿元，与上年2282.08亿元相比，同比增加25.82%；平均每家固有资产42.23亿元，与上年平均每家34.58亿元相比，同比增加22.12%（2013年68家，2012年66家）。三是经营效果持续保持良好势头。2013年，信托公司全行业经营收入总额832.60亿元，平均每家12.24亿元，与上年638.42亿元总额与每家9.67亿元相比，同比分别增长30.42%和26.58%；经营收入中，信托业务收入占比达到73.44%，同比略减0.48个百分点。全行业实现利润总额568.61亿元，实现人均利润305.65万元，平均每家实现利润8.36亿元。

信托行业2013年之所以能够在复杂多变的经济、市场和政策环境下，继续获得规模与效益的双丰收，保持良性发展态势，仍然得益于信托业务在制度安排上的灵活性以及理财市场的成长性。灵活的制度安排和雄厚的市场基础，不仅是在过去，还是在现在和未来，将一直是信托业保持发展活力的根本源泉。

4.3.1.2 昆仑信托的自身优势

4.3.1.2.1 公司的区位优势

长三角地区金融生态环境较为成熟，信用基础好。公司注册地为宁波市，金融环境位居中国前列，各类金融机构齐全，金融生态非常成熟，企业和居民的投资理财理念十分超前，信用基础很好。以宁波为注册地，业务辐射长三角地区，能够享受长三角地区经济快速增长带来的业务机会，充分利用该地区的金融资源，撬动高净值客户的理财需求，实现公司业务的持续快速发展。

公司实际运营总部设在北京。这种布局既不放弃注册地经济发达、民间经济富庶的优势，又充分享受公司股东所在地政治、文化、经济以及与股东资源方便对接的区位优势。

4.3.1.2.2 公司的股东优势

（1）品牌优势。昆仑信托属于央企控股型信托公司，其母公司中国石油天然气集团公司是国有重要骨干企业。在理财产品市场上，昆仑信托发行的产品无形中带有中石油集团的品牌，更容易被投资者所接受。在项目开拓方面，融资方往往也倾向于选择大型央企控股的信托公司作为交易对手，减少交易中存在的信用风险。通过借助集团公司的品牌，可以在开展项目时具有一定的优势，融资方认可度较高。

（2）资金与信用支持优势。借助集团公司和中国石油资产较为充沛的闲置资金，股东可以为昆仑信托提供一定额度的流动性支持，以满足项目推进的需要，增强公司对外业务谈判能力。同时，便于公司设计灵活多样的信托产品，鼓励公司进行业务创新。

（3）具有专业的人才资源、项目资源、销售资源、技术资源等油气能源资源领域的潜在优势，为设计开发能源特色类信托产品提供有利条件。

4.3.2 不利因素

4.3.2.1 金融环境日趋复杂

金融自由化的改革大幕已经渐次拉开，银行信贷融资市场化和资本市场融资市场化是金融自由化的题中应有之义，主流融资环境（银行贷款为主体的间接融资和资本市场为主体的直接融资）势必日益宽松，历史上通过信托融资的优质企业和优质项目将渐次回归银行和资本市场，真正需要通过信托融资的客户资质将逐渐降低，甚至主要表现为"垃圾债"。其结果就是，未来融资信托市场将呈现一个需求规模递减而微观风险递增的趋势。

4.3.2.2　经济环境风险增大

2012年开始，我国经济增长结束了过去平均高达2位数的增速，开始步入了一个调整的下行通道之中。新的增长动力的形成涉及到政治、经济、技术、文化、社会等方方面面的进一步改革，其过程将充满着艰险。可以预见，在未来相当长的时间内，我国的经济增长在宏观上将处于一个弱增长周期之中。这意味着，未来信托公司以融资信托方式从事私募投资银行业务时，其基础资产的宏观风险与过去相比，将大大放大。

4.3.2.3　经营环境竞争激烈

2012年以前，信托公司从制度安排上讲，几乎是唯一能够从事私募投资银行业务的资产管理机构，享有制度红利。但是，2012年下半年各监管部门陆续推出了资产管理"新政"，赋予其他资产管理机构的理财产品具有不同程度的类似信托产品的私募融资功能，资产管理泛信托时代已经到来。这意味着在私募投资银行业务市场上，信托公司将面临多方面的竞争。

4.3.2.4　信托个案风险事件时有发生

2013年个案信托项目风险事件时有发生，引发了社会对信托业系统性风险的担忧。据统计，2012年信托行业到期清算出现问题的信托项目大约有200亿元，相比当时7.47万亿元的信托资产总规模，不良率仅为2.68‰；2013年被媒体曝光的信托项目风险事件又有10多起，问题项目的总金额也有所上升，但是相对于10万亿元的规模而言，不良率仍是非常低的。由于信托项目实行独立的信息披露制度，信托行业的风险事件很难被隐瞒，尽管经济下行通道中包括信托资产在内的金融资产不良率会有所提升，但从已经披露的问题信托项目看，仍然属于个别事件，不属于普遍现象。而且，由于监管部门长期以来对信托业实行信托赔偿准备金制度和净资本约束制度，信托行业的风险抵御能力也不断增强。截至2013年末，全行业计提的信托赔偿准备金已达90.60亿元，可以覆盖200亿元问题资产的45.30%；全行业净资产高达2555.18亿元，是200亿元问题资产的12.78倍。因此，信托资产质量到目前为止总体表现相当优良，不可能发生系统性风险，所谓的系统性风险显然是被夸大了。但行业也应受到警示，不断地暴露出来的个案风险对行业的声誉会产生不利影响。

4.4　内部控制

4.4.1　内部控制环境和内部控制文化

报告期内，公司内部控制环境持续优化，股东会、董事会、监事会和高级管理层之间既相互独立，又相互制衡、相互协调，形成了权力机构、决策机构、监督机构和经营管理层之间的制衡机制。顺利完成董事会、监事会以及董事会各专门委员会的换届工作，审议通过修改公司章程、《股东会议事规则》等30多项议案；及时披露相关信息；加强宏观形势和监管政策研判，提高了公司的应对能力。公司高级管理层在董事会决策基础上，通过董事长办公会等议事程序有效地执行董事会有关战略并决定重大经营管理事项。

公司高度重视企业文化建设，"低风险偏好、零风险容忍"的内控理念深入每个员工的思想。"信誉无价、托付有道"的企业形象正在树立，"诚信稳健、分享共赢，服务社会、造福民生"的企业品格逐步形成。报告期内，公司持续开展大庆精神、铁人精神再学习再教育再深入活动，以大庆精神、铁人精神为灵魂，以"我为祖国献石油"为核心价值观，不断丰富发展体现时代特征、具有石油特色的金融企业文化。这些企业文化在实际工作中发挥了积极的引领作用。

4.4.2　内部控制措施

公司董事会、经营层始终高度重视公司的内部控制工作，通过制定和实施一系列制度、程序和管理办法，内部控制体系较健全，基本适应公司风险控制的需要，同时充分满足监管机构的要求；根据内部控制制度和流程在执行过程中的效力和效果，公司不断补充、修订、完善内控体系，使其有效性得到充分体现。

公司主要职能部门之间建立了防火墙制度，实行岗位分离，保证了自营、信托业务各成体系、独立运行；严格信托业务前台、中台、后台的工作职责，形成有监督、有制衡的业务运作体系；通过具体、明确、合理的分工与授权，严格执行操作规程，确定各部门的目标、职责和权限，使其在授权范围内行使职能、操作相互独立；定期或不定期检查和评价有关内控制度建设与执行情况，及时改进内控制度，确保公司稳健发展。

报告期内，公司先后修订、制定了《轮岗管理办法》、《信息系统备份管理制度》、《档案管理办法》、《中后期管理办法》、《信访工作管理办法》、《舆情监测报告处置管理办法》等多项规章制度。公司从制度建设入手，对各项业务流程、会计基础工作、人员轮岗问责等方面进行全面梳理、修订和完善，并进行汇编。通过整章建制，避免了公司各项制度之间的交叉重复、相互矛盾；进一步健全了制度，明确了各操作环节的管理责任和经办职责；落实了岗位制约的内控要求；加强了内部控制和管理。

公司特聘上海立信会计师事务所对项目管理系统的一般控制和应用控制进行后评价，加强了信息科技风险管理。

公司持续加强管理流程信息化建设工作。实施了证券项目信息系统优化工作，实现了中后台管理流程信息化，拓展了信息化管理的应用范围，进一步强化工作的规范性。

根据《反洗钱法》和中国人民银行有关监管法规的要求，公司认真履行反洗钱义务。通过学习、宣传、检查等措施，不断提升员工反洗钱意识及工作能力，不断完善反洗钱内控制度的严密性和有效性。

4.4.3　监督评价与纠正

公司建立了内部控制评价、监督、纠正机制。公司稽核审计部受审计监督委员会和公司管理层双重领导，承担公司内部控制的监督、评价工作，有效地发挥内控第三道防线的作用。2013年，稽核审计部完成组织开展了关联交易专项检查、预算执行情况专项检查、职务消费专项检查、相关人员离任审计、到期信托项目审计、操作风险专项检查、信息系统评价等审计项目。通过审计监督揭示和分析梳理了相关业务流程的薄弱环节并提出改进建议，有效地推动了内控设计的不断完善和业务的规范运营。

通过学习相关文件、规章,公司扎实推进了案件防控工作;增强了员工内控、案防意识和制度执行力,持续保持了公司无案件发生的良好态势。

4.5 风险管理

4.5.1 风险状况

4.5.1.1 公司经营活动中可能遇到的风险

主要有信用风险、市场风险、操作风险、合规风险、政策风险、集中度风险。

4.5.1.2 公司风险管理的基本原则与政策

遵循合规性、全面性、审慎性、适时性原则,坚持以制度为基础、以流程为依托,充分识别和评估各类风险,将风险管理覆盖到公司经营管理的各个环节和岗位中。依据风险管理决策流程,根据业务分类实施相应的控制措施,形成"事前防范、事中控制、事后评价"的风险管理机制。

公司坚持低风险的总体偏好,秉承合规、稳健的经营思路,追求风险可控的经济效益。

公司针对各业务类型,分别确定相应的风险容忍度,并确保总体的风险敞口在公司的风险容忍度的范围内。

公司针对不同业务领域的风险性质、风险类型和风险评估结果,恰当选择风险承担、风险规避、风险转移、风险转换、风险对冲、风险补偿、风险控制等风险对策。

4.5.1.3 公司风险管理组织结构与职责划分

风险控制委员会:负责审核、批准公司的风险管理和控制的政策及制度,对风险进行整体分析和评估,以及对公司运作过程中的重大事项进行风险管理和控制。

关联交易管理委员会:负责公司关联交易的管理与监督,防范不正当关联交易导致的风险。

审计监督委员会:负责审核公司内控制度,监督内部审计制度的实施状况与效果。

业务决策委员会:负责公司业务的控制、管理、监督和评估,在授权范围内对各项业务进行最终的风险审核。

证券投资决策委员会:负责公司自营业务、信托证券的投资控制、监督和评估,在授权范围内进行运营风险决策。

风险管理部:负责公司自营业务、信托业务的风险管理,不断完善公司经营风险管理体系和内部风险控制制度。

法律合规部:负责法律事务管理、合规管理、确保依法经营;制定并执行合规管理职责和计划,实施合规风险管理流程。

托管部:核算和监督信托财产运用部门按照信托文件约定运用信托财产。

财务部:核算和监督自营业务运用部门按照合同文件约定运用管理。通过会计核算和财务管理对公司财务状况及经营情况进行分析管理和监督。

稽核审计部:对公司日常经营以及公司风险管理流程的执行进行审计监督;

公司各部门负责人是非业务操作风险、道德风险、商誉风险等风险的第一责任人。

公司自营业务与信托业务分离,在资金、账户、部门、人员、信息以及财务核算等方面严格分开;信托财产运用部门独立于其他部门,并分别设立16个信托业务部门。

4.5.2 风险管理政策、策略

4.5.2.1 信用风险状况

信用风险指由于金融企业各项金融业务的交易对手不能履行合同义务,或者信用状况的不利变动而造成损失的风险。

公司充分利用行业和企业信息,进行信用风险评估,审批项目,监测风险资产,进行风险预警和风险处置,形成信用风险分析报告。

2013年公司自有资产保持较好的资产质量,不良资产期初为2 430万元,期末为2 430万元,不良资产率期初为0.46%,期末为0.43%。风险资产分类:截至2013年12月31日,公司风险资产合计499 303.51万元,其中正常类资产483 406.84万元,关注类资产13 466.67万元,次级类资产2 430万元,可疑类资产0万元,损失类资产0万元。

2013年公司一般准备按风险资产五级分类的比例计提;专项准备——信托赔偿金按税后利润5%计提。

2013年公司信托财产运营基本正常,集合类信托资金均按期兑付。

截至2013年12月31日,公司信托信用风险资产共计16 357 359.47万元,其中正常类财产16 281 359.47万元,关注类财产76 000万元,次级类财产0万元,损失类财产0万元,不良资产率0%。

4.5.2.2 市场风险状况

市场风险包括经济周期风险、通货膨胀风险、利率风险、汇率风险、商品风险和金融市场风险等,是市场的波动导致信托业务的资产遭到损失的可能性。这些市场波动主要包括:利率、证券价格、商品价格、汇率、其他金融产品价格的波动;市场发展方向、供求关系的变动;市场流动性的变动等。

市场风险主要体现在投资于证券市场、货币市场的自营业务和信托产品。截至2013年12月31日,公司自有资金涉及证券投资领域0万元,主要是公司持有的股票已清仓。证券投资信托业务共8个,金额合计215 498万元,主要用于二级市场证券投资。

4.5.2.3 操作风险状况

公司内部业务流程、计算机系统、工作人员在操作中的不完善或失误,可能给公司造成损失的风险。公司外部因素例如通讯系统故障等 可能给公司造成损失或影响公司正常运行的风险。

4.5.2.4 合规风险状况

合规风险是指金融企业因没有遵循法律、规则和准则或者员工因不合规的经营管理行为可能遭受法律制裁、监管处罚、重大财务损失和声誉损失的风险。合规风险包括反洗钱以及资本(充足率)管理的风险。

4.5.2.5 其他风险状况

其他风险主要指政策风险和集中度风险。政策风险集中表现为国家宏观政策、法律法规以及行业政策的变动对公司经营环境和未来发展所造成的影响。集中度风险是指交易集中于某一交易对手,或交易对手如果集中于某一行业或地区或共同具备某些经济特性,其风险通常会相应提高。

5. 报告期末及上一年度末的比较式会计报表

5.1 自营资产

5.1.1 会计师事务所审计意见全文

审 计 报 告

信会师报字(2014)第121708号

昆仑信托有限责任公司：

我们审计了后附的昆仑信托有限责任公司（以下简称贵公司）财务报表，包括2013年12月31日的资产负债表、2013年度的利润表、现金流量表、所有者权益变动表以及财务报表附注。

（一）管理层对财务报表的责任

编制和公允列报财务报表是贵公司管理层的责任。这种责任包括：(1)按照企业会计准则的规定编制财务报表，并使其实现公允反映；(2)设计、执行和维护必要的内部控制，以使财务报表不存在由于舞弊或错误导致的重大错报。

（二）注册会计师的责任

我们的责任是在执行审计工作的基础上对财务报表发表审计意见。我们按照中国注册会计师审计准则的规定执行了审计工作。中国注册会计师审计准则要求我们遵守中国注册会计师职业道德守则，计划和执行审计工作以对财务报表是否不存在重大错报获取合理保证。

审计工作涉及实施审计程序，以获取有关财务报表金额和披露的审计证据。选择的审计程序取决于注册会计师的判断，包括对由于舞弊或错误导致的财务报表重大错报风险的评估。在进行风险评估时，注册会计师考虑与财务报表编制和公允列报相关的内部控制，以设计恰当的审计程序，但目的并非对内部控制的有效性发表意见。审计工作还包括评价管理层选用会计政策的恰当性和作出会计估计的合理性，以及评价财务报表的总体列报。

我们相信，我们获取的审计证据是充分、适当的，为发表审计意见提供了基础。

（三）审计意见

我们认为，贵公司财务报表在所有重大方面按照企业会计准则的规定编制，公允反映了贵公司2013年12月31日的财务状况以及2013年度的经营成果和现金流量。

立信会计师事务所（特殊普通合伙）

中国注册会计师：江　强

中国注册会计师：黄　容

中国·上海　　二〇一四年三月　日

5.1.2 资产负债表

单位：万元

资　　产	年末余额	年初余额	负债和所有者权益	年末余额	年初余额
资产	—	—	负债	—	—
现金及存放中央银行存款			向中央银行借款		
存放同业存款	53 524.35	22 009.69	同业及其他金融机构存放款项		
贵金属			拆入资金		
拆出资金			交易性金融负债		
交易性金融资产			衍生金融负债		
衍生金融资产			卖出回购金融资产款		
买入返售金融资产			吸收存款		
应收利息	1 190.92	2 820.22	应付职工薪酬	307.61	200.18
发放贷款和垫款	63 112.50	74 250.00	应交税费	15 666.29	16 704.48
可供出售金融资产	367 884.00	365 770.00	应付利息		
持有至到期投资			预计负债		
长期股权投资	45 790.32	42 960.91	应付债券		
投资性房地产			递延所得税负债		
固定资产	13 876.54	1 982.70	其他负债	3 542.72	2 574.77
在建工程	770.41	11 222.62			
无形资产	1 701.19	1 278.44			
递延所得税资产	1466.5	277.36	负债合计	19 516.62	19 479.42
其他资产	15 027.14	3 029.16			
			所有者权益		
			实收资本	300 000.00	300 000.00
			资本公积	62 663.74	62 663.74
			减：库存股		
			盈余公积	31 109.73	22 835.13
			一般风险准备	15 330.05	11 192.75
			未分配利润	135 723.73	109 430.06
			所有者权益合计	544 827.25	506 121.68
资产总计	564 343.87	525 601.10	负债及所有者权益总计	564 343.87	525 601.10

法定代表人：温青山　　财务总监：张建慧　　财务部负责人：康剑桥　　填表人：张淑华

5.1.3 利润表

单位：万元

项 目	本年金额	上年金额
一、营业收入	135 037.77	121 258.37
（一）利息净收入	10 765.47	8 232.31
利息收入	10 765.47	8 232.31
利息支出		
（二）手续费及佣金净收入	95 115.49	69 931.32
手续费及佣金收入	95 288.76	69 931.32
手续费及佣金支出	173.27	
（三）投资收益	29 051.87	39 196.14
其中：对联营企业和合营企业的投资收益		
（四）公允价值变动收益		3 729.40
（五）其他收入	104.94	169.20
汇兑收益		
其他业务收入	104.94	169.20
二、营业支出	32 266.85	25 755.31
（一）营业税金及附加	7 248.97	6 142.68
（二）业务及管理费	20 371.54	18 895.78
（三）资产减值损失或呆账损失	4646.34	687.57
（四）其他业务成本		29.28
三、营业利润	102 770.92	95 503.06
加：营业外收入	7 937.00	4 920.00
减：营业外支出		50.00
四、利润总额	110 707.92	100 373.06
减：所得税费用	27 961.92	26 355.55
五、净利润	82 746.00	74 017.51
归属于母公司所有者的净利润	82 746.00	74 017.51
少数股东损益		
六、其他综合收益		2 511.34
七、综合收益总额	82 746.00	76 528.85

法定代表人：温青山　　财务总监：张建慧　　财务部负责人：康剑桥　　填表人：张淑华

5.1.4 所有者权益变动表

单位：万元

项 目	本年金额						
	实收资本（或股本）	资本公积	盈余公积	一般风险准备	未分配利润	其他	所有者权益合计
一、上年年末余额	300 000.00	62 663.74	22 835.13	11 192.74	109 430.06		506 121.68
加：会计政策变更	—						
前期差错更正	—						
二、本年年初余额	300 000.00	62 663.74	22 835.13	11 192.74	109 430.06		506 121.68
三、本年增减变动金额（减少以"－"号填列）			8 274.60	4 137.30	26 293.67		38 705.57
（一）净利润	—				82 745.99		82 745.99
（二）其他综合收益							
综合收益小计					82 745.99		82 745.99
（三）所有者投入和减少资本							
1. 所有者投入资本							
2. 股份支付计入所有者权益的金额							
3. 其他							
（四）专项储备提取和使用							

续表

项　目	本年金额						
	实收资本（或股本）	资本公积	盈余公积	一般风险准备	未分配利润	其他	所有者权益合计
1. 提取专项储备	—						
2. 使用专项储备	—						
（五）利润分配			8 274. 60	4 137. 30	-56 452. 32		-44 040. 42
1. 提取盈余公积			8 274. 60		-8 274. 60		
其中：法定盈余公积	—		8 274. 60		-8 274. 60		
任意盈余公积	—						
储备基金	—						
企业发展基金	—						
利润归还投资	—						
2. 提取一般风险准备	—			4 137. 30	-4 137. 30		
3. 所有者（或股东）的分配	—				-44 040. 42		-44 040. 42
4. 其他							
（六）所有者权益内部结转							
1. 资本公积转增资本（或股本）							
2. 盈余公积转增资本（或股本）							
3. 盈余公积弥补亏损	—						
4. 其他							
四、本年年末余额	300 000. 00	62 663. 74	31 109. 73	15 330. 04	135 723. 73		544 827. 25

法定代表人：温青山　　财务总监：张建慧　　财务部负责人：康剑桥　　填表人：张淑华

5.2　信托资产

5.2.1　信托项目资产负债汇总表

单位：万元

项目	期末余额	期初余额
信托资产		
1. 货币资金	130144. 14	138 216. 88
2. 拆出资金	0	0
3. 存出保证金	0	0
4. 交易性金融资产	215497. 74	137 927. 05
5. 衍生金融资产	0	0
6. 买入返售金融资产	87360. 60	9 080. 00
其中：6. 1 买入返售证券	87360. 60	9 080. 00
6. 2 买入返售信贷资产	0	0
7. 应收款项	65. 14	0
8. 发放贷款	4183715. 00	2 755 272. 00
其中：8. 1 基础产业	640450. 00	558 450. 00
8. 2 房地产	1165000. 00	431 216. 00
9. 可供出售金融资产	0	0
10. 持有至到期投资	5568064. 81	4 575 364. 10
11. 长期应收款	0	0
12. 长期股权投资	6663579. 66	1 763 890. 18
其中：12. 1 基础产业	571000. 00	330 000. 00
12. 2 房地产	130000. 00	55 000. 00
13. 投资性房地产	0	0
14. 固定资产	0	0
15. 无形资产	0	0
16. 长期待摊费用	0	0
17. 其他资产	0	0
18. 信托资产总计	16 848 427. 09	9 379 750. 21

续表

项目	期末余额	期初余额信托资产
19. 各项资产减值准备	0	0
信托负债		
20. 交易性金融负债	0	0
21. 衍生金融负债	0	0
22. 应付受托人报酬	21. 79	0. 6
23. 应付托管费	7. 80	5. 27
24. 应付受益人收益	0. 00	10. 79
25. 应交税费	4. 66	33. 3
26. 应付销售服务费	0. 00	0
27. 其他应付款项	27303. 35	15 222. 20
28. 其他负债	0. 00	0
29. 信托负债合计	27 337. 60	15 272. 16
信托权益		
30. 实收信托	16 781 922. 55	9 311 218. 32
30. 1 资金信托	16 781 922. 55	9 311 218. 32
30. 1. 1 集合	5763358. 00	3 261 427. 00
30. 1. 2 单一	11018564. 55	6 049 791. 32
30. 2 财产信托	0	0
30. 2. 1 信贷资产证券化	0	0
30. 2. 2 其他资产（准）证券化	0	0
31. 资本公积	17164. 23	14 236. 14
32. 外币报表折算差额	0. 00	0
33. 未分配利润	22002. 71	39 023. 59
34. 信托权益合计	16 821 089. 49	9 364 478. 05
35. 信托负债和信托权益总计	16 848 427. 09	9 379 750. 21

法定代表人：温青山　　财务总监：张建慧
托管部负责人：武义双　　填表人：邵国忠

5.2.2　信托项目利润及利润分配汇总表

单位:万元

	本年度累计	上年度累计
一、营业收入	896795.47	574508.62
利息收入	278415.40	157 583.04
投资收入	618 375.20	415 425.58
租赁收入		
其他收入	4.87	1 500.00
二、营业费用	117025.2	92055.05
三、营业税金及附加	0	0
四、扣除资产减值准备前的信托利润	0	0
减:资产减值损失	0	0
五、扣除资产减值准备后的信托利润	779770.27	482 453.57
加:期初未分配信托利润	39023.59	28 243.26
六、可供分配的信托利润	818793.86	510 696.83
减:本期已分配信托利润	796791.15	471 673.24
其中:损益平准金		
七、期末未分配信托利润	22 002.71	39 023.59

法定代表人:温青山　　财务总监:张建慧　　托管部负责人:武义双　填表人:邵国忠

6. 会计报表附注

6.1　会计报表编制基准不符合会计核算基本前提的说明

无。

6.1.2　重要会计政策和会计估计说明

6.1.2.1　计提资产减值准备的范围和方法

6.1.2.1.1　金融资产减值

除以公允价值计量且其变动计入当期损益的金融资产外,本公司于期末对其他金融资产的账面价值进行检查,如果有客观证据表明某项金融资产发生减值的,计提减值准备。

以摊余成本计量的金融资产发生减值时,按预计未来现金流量现值低于账面价值的差额,计提减值准备。如果有客观证据表明该金融资产价值已恢复,且客观上与确认该损失后发生的事项有关,原确认的减值损失予以转回,计入当期损益。

当可供出售金融资产的公允价值发生较大幅度或非暂时性下降,原直接计入股东权益的因公允价值下降形成的累计损失予以转出并计入减值损失。对已确认减值损失的可供出售债务工具投资,在期后公允价值上升且客观上与确认原减值损失确认后发生的事项有关的,原确认的减值损失予以转回,计入当期损益。对已确认减值损失的可供出售权益工具投资,在期后公允价值上升且客观上与确认原减值损失确认后发生的事项有关的,原确认的减值损失予以转回,直接计入股东权益。

6.1.2.1.2　部分固有信用风险类资产的各种准备金

本公司根据《金融企业准备金计提管理办法》(财金[2012]20号)和《信托公司管理办法》计提准备金。准备金是指本公司对承担风险和损失的金融资产计提的准备金,包括一般准备和相关资产减值准备。

资产减值准备是指本公司对债权、股权等金融资产预计其未来现金流量现值低于账面价值的部分提取的用于弥补资产损失的准备金。本公司对应收利息、发放贷款和垫款、可供出售金融资产、长期股权投资、其他应收款和长期应收款等风险资产按照风险资产五级分类制度进行管理,即对分类为正常类的风险资产按照不低于1%的比例计提资产减值准备;关注类风险资产按照不低于2%的比例计提资产减值准备;次级类风险资产按照不低于25%的比例计提资产减值准备;可疑类按照不低于50%的比例计提资产减值准备;损失类按照100%的比例计提资产减值准备。

一般准备是指本公司从净利润中提取、用于弥补尚未识别的可能性损失的准备金。2013年,本公司按净利润的5%计提一般准备。

6.1.2.1.3　固定资产减值准备的确认标准和计提方法

本公司于期末对固定资产进行检查,如发现存在下列情况,则评价固定资产的可收回金额,以确定资产是否已经发生减值。对于可收回金额低于其账面价值的固定资产,分别按该单项固定资产可收回金额低于其账面价值的差额计提减值准备。固定资产减值准备一经计提,在以后会计期间不得转回。

(1)资产的市价当期大幅度下跌,其跌幅明显高于因时间推移或者正常使用而预计的下跌。

(2)本公司经营所处的经济、技术或法律环境以及资产所处的市场在当期或将在近期发生重大变化,从而对本公司产生不利影响。

(3)市场利率或其他市场投资回报率当期已经提高,从而影响本公司计算资产预计未来现金流量现值的折现率,导致资产可收回金额大幅度降低。

(4)有证据表明该资产已经陈旧过时或其实体已经损坏。

(5)该资产已经或将被闲置、终止使用或者计划提前处置。

(6)内部报告的证据表明该资产的经济绩效已经低于或者将低于预期,资产所创造的净现金流量或者实现的营业利润(或者亏损)远远低于(或者高于)预计金额。

(7) 其他表明该资产可能已经发生减值的迹象。

6.1.2.1.4　无形资产减值准备的确认标准和计提方法

本公司期末对使用寿命不确定的无形资产及使用寿命确定、存在下列一项或若干项情况的无形资产,按其预计可收回金额低于账面价值的差额计提无形资产减值准备。

(1)已被其他新技术所代替,使其为本公司创造经济利益的能力受到重大不利影响;

(2)市价在当期大幅下跌,在剩余摊销年限内预期不会恢复;

(3)某项无形资产已超过法律保护期限,但仍然具有部分使用价值;

(4)其他足以证明实质上已经发生减值的情形。

6.1.2.2　金融资产四分类的范围和标准

本公司按投资目的和经济实质对拥有的金融资产分为以公允价值计量且其变动计入当期损益的金融资产、持有至到期投资、贷款和应收款项、可供出售金融资产四大类。

以公允价值计量且其变动计入当期损益的金融资产是指持有的主要目的是短期内出售的并以公允价值计量且其变动计入当期损益的金融资产,在资产负债表中以交易性金融资产列示。

持有至到期投资是指到期日固定、回收金额固定或可确定，且管理层有明确意图和能力持有至到期的非衍生金融资产。

贷款和应收款项是指在活跃市场中没有报价，回收金额固定或可确定的非衍生金融资产，包括应收票据、应收账款、应收利息及其他应收款等。

可供出售金融资产包括初始确认时即被指定为可供出售的非衍生金融资产及未被划分为其他类的金融资产。

6.1.2.3 交易性金融资产核算方法

交易性金融资产以公允价值进行初始确认，取得时发生的相关交易费用直接计入当期损益。当某项金融资产收取现金流量的合同权利已终止或与该金融资产所有权上几乎所有的风险和报酬已转移至转入方的，终止确认该金融资产。

以公允价值计量且其变动计入当期损益的金融资产按照公允价值进行后续计量 公允价值变动计入公允价值变动损益；在资产持有期间所取得的利息或现金股利，确认为投资收益；处置时，其公允价值与初始入账金额之间的差额确认为投资损益，同时调整公允价值变动损益。

6.1.2.4 可供出售金融资产核算方法

可供出售金融资产以公允价值进行初始确认。取得时发生的相关交易费用计入初始确认金额。当某项金融资产收取现金流量的合同权利已终止或与该金融资产所有权上几乎所有的风险和报酬已转移至转入方的，终止确认该金融资产。

可供出售金融资产按照公允价值进行后续计量；但在活跃市场中没有报价且其公允价值不能可靠计量的权益工具投资，按照成本计量。可供出售金融资产的公允价值变动计入所有者权益；持有期间按实际利率法计算的利息，计入投资收益；可供出售权益工具投资的现金股利，于被投资单位宣告发放股利时计入投资收益；处置时，取得的价款与账面价值扣除原直接计入所有者权益的公允价值变动累计额之后的差额，计入投资损益。

6.1.2.5 持有至到期投资核算方法

持有至到期投资以公允价值进行初始确认。取得时发生的相关交易费用计入初始确认金额。当某项金融资产收取现金流量的合同权利已终止或与该金融资产所有权上几乎所有的风险和报酬已转移至转入方的，终止确认该金融资产。

持有至到期投资采用实际利率法，以摊余成本列示。持有期间应当按照实际利率法确认利息收入，计入投资收益。实际利率应当在取得持有至到期投资时确定，在随后期间保持不变。处置时，应将所取得价款与该投资账面价值之间的差额确认为投资收益。

6.1.2.6 长期股权投资核算方法

6.1.2.6.1 长期股权投资的初始计量

通过同一控制下的企业合并取得的长期股权投资，在合并日按照取得被合并方所有者权益账面价值的份额作为长期股权投资的初始投资成本。通过非同一控制下的企业合并取得的长期股权投资，以在合并（购买）日为取得对被合并（购买）方的控制权而付出的资产、发生或承担的负债以及发行的权益性证券的公允价值作为合并成本。在合并（购买）日按照合并成本作为长期股权投资的初始投资成本。

除上述通过企业合并取得的长期股权投资外，长期股权投资通过支付的现金、付出的非货币性资产或发行的权益性证券的方式取得的，以其公允价值作为长期股权投资的初始投资成本；长期股权投资通过债务重组方式取得的，以债权转为股权所享有股份的公允价值确认为对债务人的初始投资成本；长期股权投资是投资者投入的，以投资合同或协议约定的价值作为初始投资成本，但合同或协议约定价值不公允时，则以投入股权的公允价值作为初始投资成本。

6.1.2.6.2 长期股权投资的后续计量

本公司对子公司的投资是指本公司对其拥有实际控制权的股权投资。本公司对子公司投资采用成本法核算，编制合并财务报表时按权益法进行调整。

本公司对合营公司的投资是指按照合同约定对某项经济活动所共有的控制，仅在与该项经济活动相关的重要财务和生产经营决策需要分享控制权的投资方一致同意时存在的股权投资。对合营投资本公司采用权益法核算。

本公司对联营公司的投资是指本公司对其具有重大影响的股权投资。对联营投资本公司采用权益法核算。

本公司对不具重大影响，并且在活跃市场中没有报价、公允价值不能可靠计量的长期股权投资，采用成本法核算。本公司对不具有重大影响，但在活跃市场中有报价或公允价值能够可靠计量的长期股权投资，在可供出售金融资产项目列报，采用公允价值计量，其公允价值变动计入所有者权益。

采用成本法核算的长期股权投资，按被投资单位宣告分派的现金股利或利润，确认为当期投资收益。

采用权益法核算的长期股权投资，本公司按应享有或应分担的被投资单位的净损益份额确认当期投资损益。确认被投资单位发生的净亏损，以长期股权投资的账面价值以及其他实质上构成对被投资单位净投资的长期权益减记至零为限，但本公司负有承担额外损失义务且符合或有事项准则所规定的预计负债确认条件的，继续确认投资损失和预计负债。被投资单位除净损益以外股东权益的其他变动，在持股比例不变的情况下，本公司按照持股比例计算应享有或承担的部分直接计入资本公积。被投资单位分派的利润或现金股利于宣告分派时按照本公司应分得的部分，相应减少长期股权投资的账面价值。

6.1.2.6.3 长期股权投资核算方法的转换

（1）权益法改按成本法。本公司因减少投资等原因对被投资单位不再具有共同控制或重大影响的，并且在活跃市场中没有报价、公允价值不能可靠计量的长期股权投资，应当改按成本法核算；本公司因追加投资等原因能够对被投资单位实施控制的，应当改按成本法核算。

（2）成本法改按权益法。本公司因追加投资等原因能够对被投资单位实施共同控制或重大影响但不构成控制的，或因处置投资等原因对被投资单位不再具有控制但能够对被投资单位实施共同控制或重大影响的，应当改按权益法核算。

6.1.2.6.4 长期股权投资的处置

处置长期股权投资，其账面价值与实际取得价款的差额，应当计入当期投资收益。采用权益法核算的长期股权投资，因被投资单位除净损益以外所有者权益的其他变动而计入所有者权益的，处置该项投资时应当将原计入所有者权益的部分按相应比例转入当期投资收益。

处置长期股权投资时，应同时结转已计提的减值准备。部分处置某项长期股权投资时，应按相应比例结转已计提的减值准备。

6.1.2.7　投资性房地产核算方法

报告期内,本公司无投资性房地产。

6.1.2.8　固定资产计价和折旧方法

固定资产是指为生产商品、提供劳务、出租或经营管理而持有的,使用寿命超过一个会计年度的有形资产。

6.1.2.8.1　固定资产的计价方法

固定资产按其成本作为入账价值。其中,外购的固定资产的成本包括买价、增值税(可抵扣的增值税进项税额除外)、进口关税等相关税费,以及为使固定资产达到预定可使用状态前所发生的可直接归属于该资产的其他支出;自行建造固定资产的成本,由建造该项资产达到预定可使用状态前所发生的必要支出构成;投资者投入的固定资产,按投资合同或协议约定的价值作为入账价值,但合同或协议约定价值不公允的按公允价值入账;融资租赁租入的固定资产,按租赁开始日租赁资产公允价值与最低租赁付款额现值两者中较低者,作为入账价值。

除已提足折旧仍继续使用的固定资产,及按照规定单独估价作为固定资产入账的土地等情况外,本公司对所有固定资产计提折旧。折旧方法为平均年限法,固定资产预计残值为资产原值的0~5%。固定资产分类、折旧年限和折旧率如下表:

资产类别	折旧年限(年)	年折旧率(%)
运输设备	7~15	6.33~14.29
工具及仪器	4~14	6.79~25
房屋	8~40	2.38~12.5

6.1.2.9　在建工程的计价

6.1.2.9.1　在建工程的计价

本公司按实际发生的支出确定在建工程的工程成本,包括建筑费用、其他为使在建工程达到预定可使用状态所发生的必要支出以及在资产达到预定可使用状态之前所发生的符合资本化条件的借款费用。

6.1.2.9.2　在建工程结转固定资产的标准

本公司建造的固定资产在达到预定可使用状态之日起,根据工程预算、造价或工程实际成本等,按估计的价值结转固定资产并于次月起开始计提折旧。待办理了竣工决算手续后,再按照实际决算金额调整原来固定资产暂估价值,但不调整原已计提的折旧。

6.1.2.10　无形资产计价及摊销政策

无形资产是指本公司拥有或控制的没有实物形态的可辨认非货币性资产,包括专利权、非专利技术、商标权、著作权、土地使用权、特许权等。本公司的主要无形资产是电脑软件等。

6.1.2.10.1　无形资产的计价方法

无形资产在取得时,按实际成本计量。购入的无形资产,按实际支付的价款和相关的其他支出作为实际成本;投资者投入的无形资产,按投资合同或协议约定的价值确定实际成本,但合同或协议约定价值不公允的,按公允价值确定实际成本。

6.1.2.10.2　无形资产摊销方法和期限

使用寿命有限的无形资产,应当自无形资产可供使用时起,至不再作为无形资产确认时止,在使用寿命期采用直线法摊销,使用寿命不确定的无形资产不应摊销。本公司于每年年度终了,对使用寿命有限的无形资产的预计使用寿命及摊销方法进行复核。并于每个会计期间,对使用寿命不确定的无形资产的预计使用寿命进行复核,对于有证据表明无形资产的使用寿命是有限的,则估计其使用寿命并在预计使用寿命内摊销。

6.1.2.11　长期应收款的核算方法

长期应收款是指期限超过1年的应收款项,按照合同或协议价款作为初始入账金额。

6.1.2.12　长期待摊费用的摊销政策

本公司长期待摊费用是指已经支出,但摊销期限在1年以上的各项费用。长期待摊费用在受益期内平均摊销。

6.1.2.13　合并会计报表的编制方法

本公司无纳入合并范围的子公司。

6.1.2.14　收入确认原则和方法

本公司的营业收入主要包括利息收入、手续费及佣金收入和让渡资产使用权收入等,其收入确认原则如下:

(1)利息收入,按让渡资金使用权的时间和适用利率计算确定。

(2)手续费及佣金收入可分为信托报酬和中间业务收入(如财务顾问费等),信托报酬按照信托合同约定的计提方法、时间和比例确认,合理的中间业务收入在收到时一次性确认收入。

(3)让渡资产使用权收入,在与交易相关的经济利益能够流入,收入的金额能够可靠计量的情况下,按有关合同、协议规定的时间和方法确认收入的实现。

6.1.2.15　所得税的会计处理方法

本公司所得税采用资产负债表债务法核算。

递延所得税资产和递延所得税负债根据资产和负债的计税基础与其账面价值的差额(暂时性差异)计算确认。对于按照税法规定能够于以后年度抵减应纳税所得额的可抵扣亏损和税款抵减,视同暂时性差异确认相应的递延所得税资产。资产负债表日,递延所得税资产和递延所得税负债,按照预期收回该资产或清偿该负债期间的适用税率计量。

递延所得税资产的确认以本公司很可能取得用来抵扣可抵扣暂时性差异、可抵扣亏损和税款抵减的应纳税所得额为限。对已确认的递延所得税资产,当预计到未来期间很可能无法获得足够的应纳税所得额用以抵扣递延所得税资产时,应当减记递延所得税资产的账面价值。在很可能获得足够的应纳税所得额时,减记的金额予以转回。

6.1.2.16　信托报酬确认原则和方法

本公司按照信托合同约定的计提方法、时间和比例确认受托人报酬。

6.2　或有事项说明

无。

6.3　重要资产转让及其出售的说明

报告期内,本公司无重要资产转让及出售。

6.4 会计报表中重要项目的明细资料

6.4.1 自营资产经营情况

6.4.1.1 信用风险资产的期初数、期末数

信用风险资产五级分类	正常类（万元）	关注类（万元）	次级类（万元）	可疑类（万元）	损失类（万元）	信用风险资产合计（万元）	不良资产合计（万元）	不良资产率（%）
期初数	122 205.57	0	2 430	0	0	124 635.57	2 430	0.46
期末数	483 406.84	13 466.67	2 430	0	0	499 303.51	2 430	0.43

注：不良资产合计＝次级类＋可疑类＋损失类。

6.4.1.2 各项资产减值损失准备的期初、本期计提、本期转回、本期核销、期末数

单位：万元

	期初数	本期计提	本期转回	本期核销	期末数
贷款损失准备	750.00	−112.50			637.50
一般准备	750.00	−112.50			637.50
专项准备					
其他资产减值准备					
可供出售金融资产减值准备		3 716.00			3 716.00
持有至到期投资减值准备					
长期股权投资减值准备	433.95	28.58			462.53
坏账准备	645.61	1 014.25			1 659.86
投资性房地产减值准					

6.4.1.3 自营股票投资、基金投资、债券投资、股权投资等投资业务的期初数、期末数

单位：万元

	自营股票	基金	债券	长期股权投资
期初数				42 960.91
期末数				45 790.32

6.4.1.4 前五名的自营长期股权投资的企业名称、占被投资企业权益的比例及投资收益情况

企业名称	占被投资企业权益的比例（%）	投资收益（万元）
1. 华电福新能源有限公司	3.49	589.38
2. 中意资产管理有限责任公司	10	
3. 国联产业投资基金管理（北京）有限公司	49	762.99
4. 融源广达（天津）股权投资管理合伙企业（有限合伙）	47.5	207.13
5. 上海大众保险股份有限公司	0.20	

6.4.1.5 前五名的自营贷款的企业名称、占贷款总额的比例和还款情况

企业名称	占贷款总额的比例（%）	还款情况
1. 天津中冠网球中心投资有限公司	54.51	未到还款期
2. 鄞州区土地储备中心	45.49	未到还款期

6.4.1.6 表外业务的期初数、期末数

无表外业务。

6.4.1.7 公司当年收入结构

收入结构	金额（万元）	占比（%）
手续费及佣金收入	95 288.75	66.57
其中：信托手续费收入	94 786.29	66.22
投资银行业务收入		
利息收入	10 765.47	7.52
其他业务收入	104.94	0.07
其中：计入信托业务收入部分		
投资收益	29 051.87	20.30
其中：股权投资收益	1 559.51	1.09
其他投资收益	27 492.36	19.21
公允价值变动收益		
营业外收入	7 937.00	5.54
收入合计	143 148.03	100.00

注：手续费及佣金收入、利息收入、其他业务收入、投资收益、营业外收入均应为损益表中的一级科目，其中手续费及佣金收入、利息收入、营业外收入为未抵减掉相应支出的全年累计实现收入数。

6.4.2 信托资产管理情况

6.4.2.1 信托资产的期初数、期末数

单位：万元

信托资产	期初数	期末数
集合	3 261 427.00	5 763 358
单一	6 049 791.32	11 018 564.55
财产权	0	0
合计	9 311 218.32	16 781 922.55

6.4.2.1.1 主动管理型信托业务期初数、期末数

单位：万元

主动管理型信托资产	期初数	期末数
证券投资类	147 007.05	295 105.46
股权投资类	1 763 890.18	6 663 579.66
融资类	7 298 321.09	9 779 417.89
事务管理类	0	0
合计	9 209 218.32	16 738 103.01

6.4.2.1.2 被动管理型信托业务期初数、期末数

单位：万元

被动管理型信托资产	期初数	期末数
证券投资类	0	14 819.54
股权投资类	0	0
融资类	102 000.00	29 000.00
事务管理类	0	0
合计	102 000.00	43 819.54

6.4.2.2 本年度已清算结束的信托项目个数、实收信托合计金额、加权平均实际年化收益率

6.4.2.2.1 本年度已清算结束的集合类、单一类资金信托项目和财产管理类信托项目个数、实收信托金额、加权平均实际年化收益率

已清算结束信托项目	项目个数	合计金额（万元）	加权平均实际年化收益率（%）
集合类	39	1 140 712.00	7.13
单一类	29	1 184 472.00	7.09
财产管理类	0	0	0

6.4.2.2.2　本年度已清算结束的主动管理型信托项目个数、实收信托合计金额、加权平均实际年化收益率、加权平均实际年化收益率

已清算结束信托项目	项目个数	合计金额（万元）	信托报酬率（%）	加权平均实际年化收益率（%）
证券投资类	10	219 586.80	0.91	-5.03
股权投资类	8	680 762.87	2.42	7.01
融资类	50	1 424 834.00	0.90	9.03
事务管理类	0	0	0	0

6.4.2.2.3　本年度已清算结束的被动管理型信托项目个数、实收信托合计金额、加权平均实际年化收益率

已清算结束信托项目	项目个数	合计金额（万元）	信托报酬率（%）	加权平均实际年化收益率（%）
证券投资类	0	0	—	—
股权投资类	0	0	—	—
融资类	0	0	—	—
事务管理类	0	0	—	—

6.4.2.3　本年度新增的集合类、单一类和财产管理类信托项目个数、实收信托合计金额

新增信托项目	项目个数	合计金额（万元）
集合类	61	2 875 013.00
单一类	45	4 074 894.82
财产管理类	0	0
新增合计	106	6 049 907.82
其中：主动管理型	104	5 981 056.82
被动管理型	2	68 851.00

6.4.2.4　本公司履行受托人义务情况及因公司自身责任而导致的信托资产损失情况

本公司根据《信托法》、《信托投资公司管理办法》等相关法律法规的规定，在管理或处分信托财产时，履行了恪尽职守，诚实、信用、谨慎、有效管理的义务。具体为：

（1）遵守信托文件的规定，为受益人的最大利益处理信托事务。

（2）将受托人的固有财产与信托财产进行分别管理、分别记账，并将不同委托人的信托财产分别管理、分别记账。

截至2013年12月31日，本公司未发生因自身责任导致信托资产损失的情况。

6.5　关联方关系及其交易的披露

6.5.1　关联交易方的数量、关联交易的总金额及关联交易的定价政策

	关联交易数量	关联交易金额（万元）	定价政策
合计	26	4 917 476.82	坚持价格公允原则，由当事人依据市场价格通过合同约定。

注：关联交易以《公司法》和《企业会计准则第36号——关联方披露》有关规定为准。

6.5.2　关联交易方与本公司的关系性质、关联交易方基本信息

关系性质	关联方名称	法定代表人	注册地址	注册资本（万元）	主营业务
受控于同一实际控制人	辽阳市宏伟区龙泽房地产开发有限公司	王　路	辽宁省辽阳市荣华大街东段2号	1 100万元	房地产开发。
	大庆久隆房地产开发股份有限公司	孙洪海	黑龙江省大庆市龙凤区龙凤大街北1号楼	5 000万元	房地产开发与经营。
	海南中油深南石油技术开发有限公司	石彦民	海南省澄迈县华侨农场盐丁作业区仁荣村	10 200万元	天然气技术开发及应用。
	中国石油集团济柴动力总厂	姜小兴	山东济南市经十西路11966号	60 895万元	机械、加工。
	宝鸡石油机械有限责任公司	张永泽	宝鸡市金台区东风路2号	251 214万元	机械、加工。
	北京华油房地产开发有限公司	孙成龙	北京市平谷区平谷镇新平西路金谷园	10 000万元	房地产开发与经营。
	四川家益石油房产地开发有限公司	陈　灵	四川成都市青羊区狮子巷55号华油楼4-5号楼	4 700万元	房地产开发。
	廊坊中油管理房地产开发有限公司	姜永强	廊坊市广阳区金光道46号	4 000万元	房地产经营，房屋租赁。
	大庆恒新房地产开发有限公司	陈志华	黑龙江省大庆开发区	2 000万元	房地产开发。
	葫芦岛宏程房屋开发有限公司	胡晓明	葫芦岛市连山区新华大街42号	800万元	房地产开发与经营。
	中国石油天然气集团公司商业储备油分公司	肖燕明	北京市西城区六铺炕街6号1号楼523房间	500 000万元	石油和天然气开采辅助活动。
	大庆油田房屋建设开发有限责任公司	袁　宇	黑龙江省大庆市让胡路区西柳街13号	8 327万元	房地产开发。
	锦州天元房地产开发有限公司	王家彦	锦州市古塔区重庆路一段8-88号	800万元	房地产开发经营。
	抚顺石化房地产综合开发股份有限公司	卜　凡	抚顺市顺城区河堤北路7号	826万元	房地产开发等。
	兰州高阳房地产开发公司	孙成龙	兰州市安宁区银滩路247号	47 300万元	房地产开发。
	大庆油田海南人才培训中心	徐　川	海南省琼海市博鳌旅游开发区	1 000万元	房地产开发经营；本单位人才培训、职工疗养度假，文化、信息服务，百货销售（凡需行政许可的项目凭许可证经营）。
	北京国联能源产业投资基金（有限合伙）	无法人	北京市昌平区科技园区创新路7号2号楼2027号	505亿元	投资、投资管理、投资咨询服务
	中油资产管理有限公司	王　亮	北京市东城区东直门北大街9号	50亿元	资产管理

6.5.3 本公司与关联方的重大交易事项

6.5.3.1 固有财产与关联方交易情况

单位：万元

	期初数	借方发生额	贷方发生额	期末数
贷款	—	—	—	—
投资	—	1 662.67		
租赁	—	1 935.28		
其他	—	566.64		
合计	—	4 164.59		

6.5.3.2 信托与关联方交易情况

单位：万元

	期初数	借方发生额	贷方发生额	期末数
贷款	663 500	556 000	61 500	663 500
投资	52 000	3 320 200	12 000	52 000
租赁	0	0	0	0
担保	0	0	0	0
应收账款	0	0	0	0
合计	713 847.2	245 526.82	560 097.2	713 847.2

6.5.3.3 固信交易与信信交易情况

6.5.3.3.1 固信交易情况

单位：万元

固有财产与信托财产相互交易			
	期初数	本期发生额	期末数
合计	327 200.00	−6 770.00	320 430.00

6.5.3.3.2 信信交易情况

单位：万元

信托资产与信托财产相互交易			
	期初数	本期发生额	期末数
合计	887 757.00	714 361.60	1 602 118.60

6.5.4 关联方逾期未偿还本公司资金情况及本公司为关联方担保垫款情况

报告期内，无逾期未偿还情况发生。

6.6 会计制度的披露

固有业务（自营业务）。本公司执行2006年版《企业会计准则——基本准则》和《金融企业会计制度》及相关规定。

信托业务。本公司执行2006年版《企业会计准则——基本准则》和《金融企业会计制度》及相关规定。

7. 财务情况说明书

7.1 利润实现和分配情况

2013年利润总额110 708万元，同比增加10 335万元，增长10.3%。净利润82 746万元，同比增加8 728万元，增长11.79%。

报告期未分配利润变动情况。

单位：万元

项　目	金额
本年年初余额	109 430.06
本年增加额	82 745.99
其中：本年净利润转入	82 745.99
其他调整因素	
本年减少额	56 452.32
其中：本年提取盈余公积	8 274.60
本年提取一般风险准备	4 137.30
本年分配现金股利数	44 040.42
转增资本	
其他减少	
本年年末余额	135 723.73

7.2 主要财务指标

指标名称	指标值
资本利润率（%）	15.75
加权年化信托报酬率（%）	0.63%
人均净利润（万元）	350.62

7.3 对本公司财务状况、经营成果有重大影响的其他事项

无。

8. 特别事项揭示

8.1 前五名股东报告期内变动情况及原因

报告期内，股东情况无变动。

8.2 董事、监事及高级管理人员变动情况及原因

职务	前任	现任	变动原因
董　事	温青山、王亮、杨冬艳、周远鸿、叶旺、李效熙、王毓信、尹中立、王利平	温青山、王亮、周远鸿、叶旺、王利平、李效熙、邢成、施天涛、李忠臣	换届选举
监　事	孙金瑜、盖文国、胡志明、马荣伟、周琳	孙金瑜、盖文国、胡志明、马荣伟、邹艳飞	换届选举
高级管理人员	总裁：王亮副总裁：姚飞、李效熙、朱佳平、刘刚、黄志斌、吴怀镛 财务总监：张建慧	总裁：王亮 副总裁：姚飞、李效熙、朱佳平、刘刚、黄志斌、吴怀镛、盛湘 财务总监：张建慧	因公司管理需要，董事会聘任盛湘为副总裁

8.3 公司的重大诉讼事项

8.3.1 未决诉讼事项

无。

8.3.2 以前年度发生，本报告年度内终结诉讼事项

无。

8.3.3 本报告年度发生并终结诉讼事项

固有业务涉及诉讼的情况：青岛展冠投资有限公司以齐鲁证券股票质押的方式向公司融资11 000万元，因其违约，公司

于2013年7月19日向法院申请强制执行质押股票，现已成功追回全部损失并结案。

信托业务涉及诉讼情况：无。

8.4 公司及其董事、监事和高级管理人员受到处罚情况

无。

8.5 本年度重大事项临时报告情况

《昆仑信托有限责任公司2012年度报告摘要》，披露于2013年4月22日《金融时报》08版。

《昆仑信托有限责任公司关于修订公司章程的公告》，披露于2013年12月12日《金融时报》12版。

8.6 其他重要信息

18.6.1 净资本管理情况

截至2013年末，公司各项净资本管理指标均符合中国银监会的监管要求。年末净资本余额438 161万元，较年初增加51 475万元；各项业务风险资本之和357 072万元，较年初减少1 470万元，其中：固有业务风险资本92 607万元，较年初增加1 403万元；信托业务风险资本264 465万元，较年初减少2 873万元。

净资本监管指标：

序号	指标名称	指标值（亿元）	监管要求
1	净资本余额（亿元）	43.82	≥2亿元
2	净资本/各项业务风险资本之和（%）	122.71	≥100%
3	净资本/净资产（%）	80.42	≥40%

8.6.2 社会责任履行情况

公司积极履行社会责任，（1）通过公益信托，建立“昆仑信托慈善基金”，捐助北京太阳村和四川泸定中小学教育事业；开展了“慈善一日捐”、扶贫帮困、无偿献血等多项公益活动，树立了良好的社会形象。（2）关心员工成长，重视人才培养，与北京大学经济管理学院签署实习基地协议，建立轮岗机制，优化公司、部门、员工三个层面的培训体系，鼓励“能人举手”，为员工搭建公平竞争的平台。（3）组建社会责任管理团队，明确管理组织、工作机制和工作要点，明晰履责目标、履责思路和关键履责领域，探索构建社会责任长效工作机制。（4）积极宣传社会责任理念、先进履责事迹，提高员工对社会责任工作的认识，在企业内部营造社会责任工作氛围；重视投资者教育，普及金融知识，通过主流媒体和网站传播公司的社会责任理念和实践经验，扩大社会责任影响力。

9. 公司监事会独立意见

9.1 关于公司依法运作情况的意见

2013年，公司坚持依法合规经营，不断完善内部控制制度，决策程序符合法律、法规及公司章程的有关规定。董事会、高级管理层成员认真履行职责，未发现有违反法律、法规或损害公司利益的行为。

9.2 关于公司财务报告的意见

公司2013年度财务报告按照中国企业会计准则编制。经立信会计师事务所审计过的公司财务报表，真实、公允地反映了公司的财务状况和经营成果，会计师事务所出具的无保留意见书是客观公正的。

9.3 关于关联交易的意见

公司2013年关联交易业务，符合商业原则和中国银监会的监管要求，未发现有损害股东利益、公司利益和信托受益人利益的情形。

陆家嘴国际信托有限公司

1. 重要提示

1.1 本公司董事会及董事保证本报告所载资料不存在任何虚假记载、误导性陈述或者重大遗漏,并对其内容的真实性、准确性和完整性承担个别及连带责任。

1.2 本公司独立董事杨德红、殷剑峰声明:保证年度报告内容的真实、准确、完整。

1.3 上海众华会计师事务所有限公司根据中国注册会计师审计准则对本公司年度财务报告进行审计,出具了标准无保留意见的审计报告。

1.4 本公司董事长常宏、总经理(拟任)丁文忠、副总经理舒榕怀、财务总监浦凤丹声明:保证年度报告中财务报告的真实、完整。

2. 公司概况

2.1 公司简介

2.1.1 公司历史沿革

陆家嘴国际信托有限公司(以下简称陆家嘴信托或公司)是上海陆家嘴金融发展有限公司(以下简称陆金发)控股的信托机构,注册资本为10.68亿元。公司注册地为青岛市,在部分城市设立业务团队。公司前身为2003年10月15日经中国银监会批准成立的青岛海协信托投资有限公司(以下简称海协信托)。公司经过重组,2011年1月26日,中国银监会批复同意新疆威仕达实业(集团)股份有限公司、新疆棉花产业(集团)有限责任公司、中铁十八局集团有限公司、安徽丰原集团有限公司4家股东合计持有的海协信托71.606%的股权转让给陆金发;2011年5月5日,经工商变更登记,陆金发成为海协信托股东。2011年9月16日,中国银监会批复同意山东海川集团控股公司和青岛联宇时装有限公司2家股东合计持有海协信托28.394%的股权转让给青岛国信发展(集团)有限责任公司(以下简称青岛国信);2011年10月27日,经工商变更登记,青岛国信成为海协信托股东。2012年2月27日,中国银监会批复同意公司名称变更为陆家嘴信托,同意公司根据《信托公司管理办法》的有关规定开展中国银监会批准的业务。至此,海协信托重组工作取得重大突破,为公司稳健成长揭开了崭新的一页。2012年11月5日,中国银监会青岛监管局批复同意公司注册资本金由31 500万元变更为106 834.62万元,股权结构不变,有效地增强了资金实力、主业协同和风险缓冲能力。

2.1.2 基本信息

2.1.2.1 公司法定中文名称:陆家嘴国际信托有限公司
中文名称缩写:陆家嘴信托
公司法定英文名称:Lujiazui International Trust Corporation Limited
英文缩写:Lujiazui Trust

2.1.2.2 法定代表人:常 宏

2.1.2.3 注册地址:青岛市崂山区梅岭路29号综合办公楼1号818室
邮政编码:266061
公司国际互联网网址:http://www.ljzitc.com.cn
电子信箱:ljzxt@ljzitc.com.cn

2.1.2.4 公司负责信息披露事务的高级管理人员:浦凤丹
公司信息披露联系人:张拂宇
联系电话:021-50587808转
传真:021-50588225
电子信箱:ljzxt@ljzitc.com.cn

2.1.2.5 公司选定的信息披露报纸:《上海证券报》
公司年度报告备置地点:青岛市市南区香港中路26号远雄国际广场14楼
上海市浦东新区世纪大道1600号30楼/25楼

2.1.2.6 公司聘请的会计师事务所:上海众华会计师事务所有限公司
住所:上海市延安东路550号海洋大厦12楼

2.1.2.7 公司聘请的律师事务所:上海市锦天城律师事务所
住所:上海市花园石桥路33号花旗集团大厦14楼北京大成律师事务所
住所:北京市东城区东直门南大街3号国华投资大厦12层

2.2 组织结构

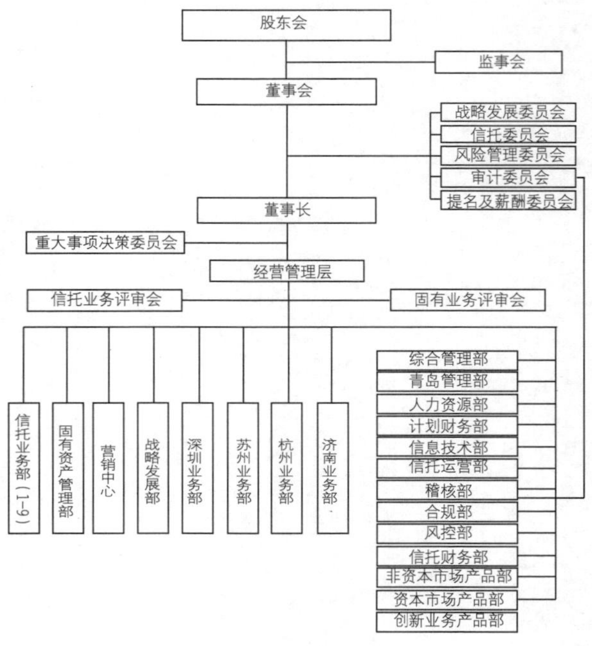

3. 公司治理

3.1 股东

报告期末股东总数2家。

股东名称	持股比例(%)	法人代表	注册资本(万元)	注册地址	主要经营业务及主要财务情况
上海陆家嘴金融发展有限公司★	71.606	杨小明	474 500	上海市浦东新区世纪大道1600号2506室	金融产业、工业、商业、城市基础设施等项目的投资、管理,投资咨询,企业收购、兼并。(企业经营涉及行政许可的,凭许可证件经营)。截至2013年末,公司资产总额为74.17亿元。
青岛国信发展(集团)有限责任公司	28.394	王建辉	300 000	青岛市市南区东海西路15号	一般经营项目:城乡重大基础设施项目投资建设与运营;政府重大公益项目的投资建设与运营;经营房产、旅游、土地开发等服务业及经批准的非银行金融服务业;经政府批准的国家法律、法规禁止以外的其他资产投资与运营。(以上范围需经许可经营的,须凭许可证经营)。截至2013年末,公司资产总额约为401亿元(未经审计)。

注:表3.1.1股东名称一栏中★为公司最终实际控制人。

3.2 董事

董事长、副董事长、董事

姓 名	职 务	性别	年龄	选任日期	所推举的股东名称	该股东持股比例(%)	简 要 履 历
常 宏	董事长	男	50	2011年10月	上海陆家嘴金融发展有限公司	71.606	曾任上海浦东新区管理委员会副处长、领导秘书,美国大都会人寿公司投资顾问,Sino-century Capital& Development Co. Ltd. 创始合伙人,汉世纪投资管理有限公司董事长,张江汉世纪创业投资有限公司总经理;现任陆家嘴国际信托有限公司董事长,爱建证券有限责任公司董事长,上海陆家嘴金融发展有限公司总经理,中银消费金融有限公司董事。
舒榕怀	董事	男	61	2011年10月	上海陆家嘴金融发展有限公司	71.606	曾任浙江省湖州市教师进修学院副院长,上海陆家嘴城市建设开发投资有限公司副总经理,上海陆家嘴金融发展有限公司总经理助理,青岛海协信托投资有限公司重组小组成员;现任陆家嘴国际信托有限公司董事、副总经理。
徐国君	董事	男	51	2011年11月	青岛国信发展(集团)有限责任公司	28.394	曾任北京林业部干部学院助教,青岛大学系副主任、教授,中国海洋大学教授、系主任、院长、校长助理;现任青岛国信发展(集团)有限责任公司董事、副总经理、总会计师,中国海洋大学教授、博士生导师、博士后联系人。

独立董事

姓名	所在单位及职务	性别	年龄	选任日期	所推举的股东名称	该股东持股比例(%)	简 要 履 历
杨德红	上海国际集团有限公司副总裁	男	47	2011年12月	—	—	曾任上海国际信托投资公司投资银行总部总经理,上海国际集团资产经营有限公司总经理,上海国际集团有限公司总经理助理;现任上海国际集团有限公司党委委员、副总裁,兼任爱建股份有限公司党委副书记、总经理。
殷剑峰	中国社会科学院金融研究所副所长	男	44	2011年10月	—	—	曾任香港TTM有限公司安徽办事处高级经理,中国社科院金融所研究室主任、所长助理;现任中国社科院金融所副所长,中国社科院陆家嘴研究基地秘书长,中国社会科学院金融研究所财富管理研究中心主任。

3.3 监事

监事会成员

姓 名	职 务	性别	年龄	选任日期	所推举的股东名称	股东持股比例(%)	简 要 履 历
杨小明	监事长	男	60	2011年10月	上海陆家嘴金融发展有限公司	71.606	曾任浦东新区党委组织部副部长,劳动人事局兼新区机关党委副书记,上海市外高桥保税区新发展有限公司党委书记、总经理,上海市金桥出口加工区开发公司党委书记、总经理,上海市金桥(集团)有限公司总经理、党委副书记等职务;现任浦东新区区委委员,上海陆家嘴(集团)有限公司党委书记、总经理,陆家嘴功能区域党工委副书记、管委会副主任,上海陆家嘴金融发展有限公司董事长。

续表

姓　名	职　务	性别	年龄	选任日期	所推举的股东名称	股东持股比例(%)	简　要　履　历
汪　晖	监事	男	37	2011年9月	职工代表	—	曾任中国银行上海市分行风险管理处金融分析师，华鑫证券财务部总会计师，加拿大安省交通部财务部高级金融分析师等职务；现任陆家嘴国际信托有限公司信托财务部总经理。

注：本报告期内，公司监事会未设下属委员会。

3.4　高级管理人员

姓名	职务	性别	年龄	选任日期	金融从业年限	学历	专业
丁文忠	总经理(拟任)	男	43	2013年12月	20	本科	机械工程
舒榕怀	副总经理	男	61	2011年11月	4	研究生	城市经济
崔　斌	副总经理	男	40	2011年12月	10	本科	经济学
叶晓军	副总经理	男	44	2011年11月	11	研究生	经济学
浦凤丹	财务总监	女	38	2011年12月	16	本科	经济学

3.5　公司员工

学历分布	人数	比例(%)
博士	4	2.60
硕士	74	48.05
本科	63	40.91
专科	10	6.49
其他	3	1.95

4. 经营管理

4.1　经营目标、方针、战略规划

4.1.1　经营目标

公司作为陆家嘴金融体系的旗舰企业，是陆家嘴金融打造综合金融分业经营的核心平台。公司要围绕建设"上海国际金融中心"和"青岛蓝色经济区"的国家战略，立足区域经济建设，辐射长三角地区、山东半岛等广阔区域，借助上海自贸区的契机及作为青岛市发展财富中心的重要载体，"一体两翼"打造上海市及青岛市双主场，服务社会，造福民生，为客户创造价值。

4.1.2　经营方针

秉持诚信原则、稳健原则、创新原则，以财富管理、资产管理、融资业务为依托，建设行业内独具特色的创新型信托公司，成为全面的信托产品供应、专业的金融服务与综合的财富管理专家。

4.1.3　战略规划

公司主要采取三大发展战略：一是双核驱动战略，通过资金和资产交互驱动，实现产品作为内核来带动业务外核，共同促进公司业务的发展和创新，提升资金和资产的匹配效率，更大程度地利用公司现有资金资源，提升公司的业务竞争力。二是主动管理策略，公司作为受托人，发挥主导性作用，在尽职调查、产品设计、项目决策和后期管理等方面发挥决定性作用并承担主要管理责任。三是创新文化战略，秉承"心所善，可信托"的核心理念，通过建立追求创新、高效的企业文化，以事业舞台成就人，以价值创造引导人，以学习氛围发展人，以和谐环境团结人。

4.2 所经营业务的主要内容

公司主要业务分为信托业务和自营业务。

4.2.1　信托业务

信托业务：从委托人数量看，包括单一信托和集合信托；从委托人交付信托财产的性质看，主要包括资金信托、不动产信托、财产权信托等；从信托财产运用方式看，包括贷款类信托、投资类信托等。

相关信托业务：包括与基本信托业务相关的项目融资、财务顾问等信托业务品种。

信托资产运用与分布表

资产运用	金额(万元)	占比(%)	资产分布	金额(万元)	占比(%)
货币资产	241 977.42	3.58	基础产业	3 309 624.00	48.99
贷款	2 975 240.00	44.04	房地产	460 160.00	6.81
交易性金融资产	—	—	证券市场	502 266.16	7.44
可供出售金融资产	2 530 071.56	37.45	实业	1 581 062.70	23.40
持有至到期投资	27 786.60	0.41	金融机构	377 786.60	5.59
长期股权投资	213 600.00	3.16	其他	524 772.14	7.77
其他	766 996.02	11.36			
信托资产总计	6 755 671.60	100.00	信托资产总计	6 755 671.60	100.00

注：其他资产中主要包括买入返售金融资产及应收款项。

4.2.2　固有业务

本报告期内公司固有业务主要包括投资类业务，投资类业务主要包括金融产品投资。

自营资产运用与分布表

资产运用	金额(万元)	占比(%)	资产分布	金额(万元)	占比(%)
货币资产	27 198	17.78	基础产业		
贷款及应收款	1 582	1.04	房地产业		
交易性金融资产	30 936	20.22	证券市场	67 715	44.26
可供出售金融资产	84 650	55.33	实业		
持有至到期投资	4 000	2.61	金融机构	16 177	10.58
长期股权投资			其他	69 092	45.16
其他	4 618	3.02			
资产总计	152 984	100.00	资产总计	152 984	100.00

4.3　市场分析

4.3.1　市场环境影响公司经营的有利条件

(1)国民经济总体运行良好，虽然经济增速有所放缓，但仍保持相对稳健的步伐，我国经济增长处于增长长周期，宏观经济政策主基调没有发生变化。(2)“十二五”期间我国不断加强工业化和城镇化建设，成为经济发展的主要推动力，土地流转、医疗养老、环保、消费等领域有了新的发展。(3)经济结构调整促进经济健康增长，一批出口型企业、高能耗型以及部分高成本房产企业遭遇倒闭、重组、兼并和收购，一批节能环保、绿色制造、生物医疗和新一代 IT 等新兴产业呈现新的盈利机会。(4)上海战略性地设立了国家(上海)自由贸易试验区，是新形势下我国推进改革开放的重大举措，有利于探索各项金融改革模式，增强金融服务功能。(5)泛资产管理行业主体扩大到全部金融行业，在利率市场化大背景下，金融脱媒加速，泛资产管理行业的市场空间越来越大，各大金融行业呈现出“你中有我，我中有你”的竞合模式。(6)居民的理财需求持续高涨，并且对于信托产品的认同度不断提高、购买需求旺盛。(7)信托全行业资产规模继续大幅增长，至年末存量已突破 11 万亿元，作为规模仅次于银行的金融子行业，信托业在国民经济中的地位和社会影响继续显著提高。

4.3.2 市场环境影响公司经营的不利条件

(1)金融动荡导致外需明显下降，国内高通胀下的投资拉动模式难以为继，土地财政拉动经济空间缩小，经济增速呈现逐渐回落趋势。(2)经济结构失衡问题较为突出，过渡依赖投资，不仅影响消费，也存在生产能力过剩和闲置，加大金融风险隐患。(3)房地产调控措施继续收紧，部分三线、四线城市出现区域性房地产风险。(4)继 2012 年“资产管理新政”以来，2013 年商业银行和保险资产管理公司推出资产管理计划，全面开启“泛资产管理时代”，进一步加剧了竞争。(5)财政部等四部委 2012 年末发布的规范地方政府融资行为的“463 号文”以及 2013 年 3 月中国银监会发布的规范商业银行理财业务投资运作的“8 号文”等监管文件，增加了信托公司政信合作业务和银信合作业务的不确定性。(6)随着宏观经济风险逐渐增大，信托产品个案风险事件时有发生，由于社会舆论对信托行业的关注度日益提高，关于信托公司和信托产品的负面舆情也时有出现。

4.4 内部控制

4.4.1 内部控制环境和内部控制文化

公司构建由股东会、董事会、监事会和高级管理层构成的现代公司治理机制，三会分设，形成有效制约、协调发展。公司各治理主体职责明确，严格按照法律法规、公司章程及相关制度的规定，相对独立地开展工作，充分发挥有效的制衡作用。

公司以建立良好的公司治理为目标，以树立合法合规经营的理念和风险控制优先的意识为前提，形成业务不断发展和风险有效控制的运行机制。公司高度重视内部控制文化建设，大力培育全面风险管理理念，通过各类培训、内刊刊载、研讨活动等形式，提升员工的法治观念、诚信观念和道德水准，提高风险管理的自觉性。

4.4.2 内部控制措施

公司按照现代企业制度的要求，遵循全面性、重要性、制衡性、适应性、审慎性、独立性、成本效益、防火墙的原则和决策、执行、交流、监督、反馈的内控制度程序，采取五个方面的措施来加强公司的内控制度建设。

4.4.2.1 组织结构内部控制

公司依据业务系统、决策系统、执行系统、监督系统相互制衡的原则，建立科学的、相互制约的前中后台组织机构设置。公司各职能部门按照职责分工履行各自的管理职责并实现经营目标。公司采取自营业务和信托业务相分离的机构安排，构建权责清晰、目标明确、相互制衡、协调统一的组织机构设置。主要包括：

股东层面：股东会审议批准董事会制定的各项政策与经营计划。董事会负责审批公司的整体经营战略和重大政策；批准公司基本管理制度；任命高级管理层；董事会对管理层、审计机构、监管机构的内部控制评估报告进行审查，并监督管理层落实整改措施。

经营层面：高管层负责实施经董事会批准的内部控制的总体政策及策略，并通过制定相应的内部管理制度和业务管理制度来具体执行；采取固有财产与信托财产隔离、前中后台职责分离的管理理念，分设前台(固有业务部门、信托业务部门、营销中心)、中台(合规部、风控部、战略发展部、信托运营部、产品中心等支持部门)和后台(计划财务部、信托财务部、稽核部、人力资源部、综合管理部、信息技术部等管理部门)，其中，非资本市场产品部、资本市场产品部和创新业务产品部是公司为了完善机构配置而新增的部门。通过部门设置的不断完善，公司形成了相互制衡的控制体系，有效地降低公司的经营风险。

监督层面：监事会负责检查公司整体运营情况和风险管理情况。董事会下设的信托委员会、风险管理委员会、审计委员会、提名和薪酬委员会和战略发展委员会，分别履行职能：信托委员会负责监督公司依法履行的受托职责；风险管理委员会负责公司的风险控制、管理、监督和评估，以及重大关联交易的审核；审计委员会负责公司内部、外部审计的沟通、监督和核查工作的审核；提名及薪酬委员会负责提名公司高管，拟定董事及高管的考核标准并进行考核，审查董事和高管的薪酬政策和方案；战略发展委员会根据金融市场的发展及政策变化，研究金融行业在各个时段的特征，对公司业务发展方向提出指导性的意见。稽核部门负责对各部门、各岗位、各项业务的开展情况实施全面的监督检查和评价。

4.4.2.2 授权内部控制

公司建立统一、完善的授权体系，形成层级分明、权限清晰的授权理念。同时，公司建立以基本授权和特别授权为内容的授权管理制度，明确各部门、各岗位的管理及业务操作、审批权限，并将权限管理与业务系统、审批程序相结合，保证各级管理人员和操作人员在各自授权范围内行使职权并承担责任。公司各项投资决策按规定程序办理，并保留相应的记录，严控各种违反授权行为的发生。

4.4.2.3 业务内部控制

公司在业务管理上，除了制定较为完善的业务管理制度、业务操作流程、岗位操作手册外，还注重资产的合理配置，以防范资产过度集中于高风险领域，保障资产安全性。同时，公司着力做好固有业务和信托业务的内部防火墙工作，具体包括：公司的自营业务和信托业务相互分离，分别由不同的业务部门管理；公司固有财产和信托财产分开管理、分别核算，并由不同的会计人员负责；自营业务和信托业务做到信息隔离，各业务信息相互独立，业务人员做到对工作中知悉的未公开的业务信息保密。

4.4.2.4 关联交易内部控制

公司为加强关联交易决策和监督的控制，防范关联交易所导致的风险，制定关联交易管理制度，包括但不限于关联交易的范围、关联方的范围、公允价格的确定、董事会或者经营决策机构对关联交易的监督管理、重大关联交易识别等。公司做好日常对关联方的信息收集与管理工作、回避制度、内部审计监督、信息披露等内容。关联交易按照国家法律法规的规定和中国银监会的要求，做到比例控制，逐笔报告，充分信息披露。

4.4.2.5 突发事件处理机制

公司为了防范突发事件给公司正常经营造成困难，制定了《项目异常处理办法》、《信托项目异常处理预案》。当信托项目异常性质触发项目异常处置小组成立条件，则项目异常处理预案启动。启动后，由风控分管领导和业务分管领导牵头，落实项目处置方案与程序，寻找项目对接资金，并积极同资产管理公司、金融同业、交易对手共同商议处置办法，以降低项目异常造成的损失。

4.4.2.6 制度内部控制

公司本着规范管理、防范风险的原则，不断加强内部控制制度的建设和完善。公司通过制定基本管理制度、具体规章制度、部门规章制度，建立层次分明、权责清晰、管控合理的规章制度体系。随着公司的发展，公司不断建立、健全各级规章制度，以加强内部控制，降低各类风险事件的发生；内部规章制度所涉及的范围包括但不限于：业务管理、财务会计、风险管理、内部控制、行政人事等。

4.4.3 监督评价与纠正

公司建立有效的报告和纠正机制，业务部门和其他部门员工发现内部控制问题时，及时向合规部报告，合规部负责整改和监督落实情况。

公司设立稽核部门，负责内部控制的监督评价，发现内部控制的隐患和缺陷时，及时报告与纠正；对内部控制的制度建设和执行情况定期进行检查评价，并根据检查结果提出内部控制缺陷及改进建议。

公司设立监事会，负责监督公司整体运营情况和风险管理情况，并进行评价。

公司根据监管机构检查结果和所提的改进意见，明确整改措施，并督促相关部门落实。

4.5 风险管理

4.5.1 风险状况

公司经营活动中可能遇到的主要风险有：信用风险、市场风险、操作风险等。

4.5.1.1 信用风险状况

信用风险主要是指交易对手不能或不愿按期偿还债务而使委托人或公司遭受损失的可能性。报告期内，公司发生的各类业务均经过严格的内部评审程序，合法合规，保障措施充分，交易对手信用度较好，信用风险可控。报告期末，公司无不良资产。

4.5.1.2 市场风险状况

市场风险主要是指由于金融市场的波动或行情的变化给公司或其他信托当事人带来损失的可能性，主要表现为因经济运作周期变化、金融市场利率波动、通货膨胀、房地产交易、证券市场变化等造成的风险，这些风险可能影响信托财产的价值及信托收益水平，也可能影响公司固有资产价值或导致损失。2013年公司密切关注各类市场风险，勤勉、尽职履行职责。报告期内，公司未发生因该类风险所造成的损失。

4.5.1.3 操作风险状况

操作风险主要指由于内部程序、人员、系统的不完善或失误，或外部事情造成直接或间接损失的风险，即由公司内部操作流程、人为因素、体制及外部事件引起的风险。报告期内，公司未发生此类风险致使公司及受益人造成损失。

4.5.1.4 其他风险状况

其他风险主要包括法律风险、政策风险、声誉风险等。法律风险指公司在业务经营过程中由于不当的法律文书、违约行为或怠于行使自身法律权利等所造成的风险。政策风险是因国家宏观政策或监管政策发生变化，而导致经营风险、项目风险上升。声誉风险指由于公司内部管理或服务出现问题而引起自身外部社会名声、信誉和公众信任度下降，从而对公司外部市场地位产生消极和不良影响的风险。报告期内，公司未发生此类风险。

4.5.2 风险管理

4.5.2.1 信用风险管理

公司通过事前评估、事中控制、事后监督的风险管理体系来防范和规避信用风险，具体措施包括：(1)严格按照业务流程、制度规定和相应程序开展各项业务，确保决策者充分了解业务涉及的信用风险。(2)对交易对手进行全面、深入的信用调查与分析，形成客观、详实的尽职调查报告。(3)完善评审规则和流程，坚持集体决策的评审制度，全方面排查风险。(4)严格落实项目的保障措施，注意对抵押物权属有效性、合法性进行审查，客观、公正评估抵押物。(5)业务部门、风控部进行项目期间管理，跟踪交易对手情况、监控担保品价值及项目进度，若发现问题及时采取措施有效防范和化解各类风险。(6)严格按要求，足额计提相关资产减值准备，并按规定比例提取信托赔偿准备金，以提高公司抵御风险的能力。

4.5.2.2 市场风险管理

公司制定并不断完善市场风险管理原则和程序，对每项业务和产品中的市场风险因素进行分解和分析，及时准确识别业务中市场风险的类别和性质，具体措施包括：(1)对宏观经济走势、政策变化、投资策略演变及其他影响市场变化的因素进行持续分析，为投资决策提供参考。(2)关注国家宏观政策变化，规避限制类行业和相关项目。(3)进行资产组合管理，并动态调整资产配置方案，以规避或降低市场风险。(4)控制行业集中度，控制总体证券投资规模、设定证券投资限制指标和止损点。(5)加强对投资品种的研究和科学论证，按严格的流程进行控制。(6)密切监控已开展业务的运行情况，根据市场风险情况及时作出投资调整，避免或降低市场风险引起的损失。同时，公司通过做好实时监控、风险敞口限额控制、止损设置、压力测试等措施，最大限度降低风险。

4.5.2.3 操作风险管理

公司通过不断完善规章制度，对部门、岗位制定了明确的职责和权限，职责的制定体现岗位相互分离的原则，能够实现中台、后台对前台的监督；对公司的各项业务制定了具体的业务操作流程，消除人为因素而造成的风险，保障风险控制体系的有序规范运行，并通过事后评价和总结，防止相类似的风险发生。公司定期或不定期对员工进行培训，并对渎职、越权或违背操作规定的人员进行问责；公司定期对内部的计算机信息系统进行维护和保养，加强技术系统的管理，保证其正常运行，消除风险隐患。

4.5.2.4　其他风险管理

对于法律风险，公司设置合规部，配备法律专业人员，同时聘请外部法律顾问，处理公司的各项法律、合规事务，帮助公司把好守法合规经营关；同时，公司通过员工教育和培训，强化合法合规意识，培育内部法律合规环境。

对于政策风险，公司严格依法合规经营，与监管部门保持紧密联系，及时获得和了解政策动向；公司定期或不定期组织员工学习相关政策文件，加强对宏观形势的分析研究。

良好的声誉是一家金融机构健康发展的重要资源。公司对可能影响公司声誉的业务坚决予以回避，尽职管理受托资产，履行承诺事项，并充分披露相关信息，塑造公司专业和诚信的社会形象。

5. 报告期末及上一年度末的比较式会计报表

5.1　自营资产(经审计)

5.1.1　会计师事务所审计意见

审 计 报 告

众会字〔2014〕第0438号

陆家嘴国际信托有限公司全体股东：

我们审计了后附的陆家嘴国际信托有限公司(以下简称陆家嘴信托公司)财务报表，包括2013年12月31日的资产负债表，2013年度的利润表、现金流量表、所有者权益变动表以及财务报表附注。

一、管理层对公司财务报表的责任

编制和公允列报财务报表是陆家嘴信托公司管理层的责任，这种责任包括：(1)按照企业会计准则的规定编制财务报表，并使其实现公允反映；(2)设计、执行和维护必要的内部控制，以使财务报表不存在由于舞弊或错误导致的重大错报。

二、注册会计师的责任

我们的责任是在执行审计工作的基础上对财务报表发表审计意见。我们按照中国注册会计师审计准则的规定执行了审计工作。中国注册会计师审计准则要求我们遵守中国注册会计师职业道德守则，计划和执行审计工作以对财务报表是否不存在重大错报获取合理保证。审计工作涉及实施审计程序，以获取有关财务报表金额和披露的审计证据。选择的审计程序取决于注册会计师的判断，包括对由于舞弊或错误导致的财务报表重大错报风险的评估。在进行风险评估时，注册会计师考虑与财务报表编制和公允列报相关的内部控制，以设计恰当的审计程序，但目的并非对内部控制的有效性发表意见。审计工作还包括评价管理层选用会计政策的恰当性和作出会计估计的合理性，以及评价财务报表的总体列报。

我们相信，我们获取的审计证据是充分、适当的，为发表审计意见提供了基础。

三、审计意见

我们认为，陆家嘴信托公司财务报表在所有重大方面按照企业会计准则的规定编制，公允反映了陆家嘴信托公司2013年12月31日的财务状况以及2013年度经营成果和现金流量。

众华会计师事务所(特殊普通合伙)

中国注册会计师

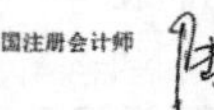

中国注册会计师

中国·上海　　　　二〇一四年三月五日

5.1.2　资产负债表

编制单位：陆家嘴国际信托有限公司　　　　2013年12月31日　　　　单位：元

项　目	行次	年初数	年末数	项　目	行次	年初数	年末数
资产：				负债：			
现金	1	3 051.94	4 500.94	向中央银行借款	28		
存放同业款项	2	271 963 393.49	161 770 615.90	联行存放款项	29		
贵金属	3			同业及其他金融机构存放款项	30		
存放联行款项	4			拆入资金	31		
存放央行款项	5			交易性金融负债	32		
拆出资金	6			衍生金融负债	33		
交易性金融资产	7	345 841 806.43	309 356 640.57	卖出回购金融资产款	34		
衍生金融资产	8			吸收存款	35		
买入返售金融资产	9	390 112 090.30	110 204 986.00	应付职工薪酬	36	48 949 578.83	117 545 091.66
应收款项类金融资产	10			应交税费	37	34 238 881.75	45 883 509.66
应收利息	11	3 473 519.43	10 194 720.53	应付利息	38		
其他应收款	12	5 307 187.01	5 625 149.00	其他应付款	39	5 873 987.79	7 375 046.79
发放贷款和垫款	13			预计负债	40		
可供出售金融资产	14	164 555 500.32	846 498 318.00	应付债券	41		
持有至到期投资	15	40 000 000.00	40 000 000.00	递延所得税负债	42		

续表

项　目	行次	年初数	年末数	项　目	行次	年初数	年末数
长期股权投资	16			其他负债	43		
投资性房地产	17			负债合计	44	89 062 448. 37	170 803 648. 11
固定资产	18	4 586 846. 53	5 284 339. 10	所有者权益（或股东权益）:			
在建工程	19			实收资本（或股本）	45	1 068 346 200. 00	1 068 346 200. 00
固定资产清理	20			国家资本	46		
无形资产	21	2 626 586. 48	5 371 670. 24	集体资本	47		
商誉	22			法人资本	48	1 068 346 200. 00	1 068 346 200. 00
长期待摊费用	23	2 570 025. 41	1 759 733. 27	其中:国有法人资本	49	1 068 346 200. 00	1 068 346 200. 00
抵债资产	24			个人资本	50		
递延所得税资产	25	3 528 036. 99	32 949 061. 96	外商资本	51		
其他资产	26	837 235. 60	815 323. 39	资本公积	52	−120 081. 43	−4 029 463. 39
				减:库存股	53		
				盈余公积	54	7 811 671. 30	34 794 619. 82
				一般风险准备	55	13 167 682. 05	17 580 214. 44
				信托赔偿准备金	56	3 905 835. 65	19 575 370. 74
				未分配利润	57	53 231 523. 99	222 764 469. 18
				外币报表折算差额	58		
				归属于母公司所有者权益合计	59	1 146 342 831. 56	1 359 031 410. 79
				少数股东权益	60		
				所有者权益（或股东权益）合计	61	1 146 342 831. 56	1 359 031 410. 79
资产总计	27	1 235 405 279. 93	1 529 835 058. 90	负债和所有者权益（或股东权益）总计	62	1 235 405 279. 93	1 529 835 058. 90

总经理:陈　文　　财务总监:浦凤丹　　会计机构负责人 :浦凤丹　　制表:陈　燕

5. 1. 3　利润表

编制单位:陆家嘴国际信托有限公司　　2013 年度　　单位:元

项　目	行次	上年数	本年数	项　目	行次	上年数	本年数
一、营业收入	1	278 630 748. 89	565 963 466. 63	（四）其他业务成本	18		
（一）利息净收入	2	5 907 887. 37	6 275 656. 62	三、营业利润（亏损以“ − ”号填列）	19	162 395 459. 23	351 219 952. 49
利息收入	3	5 907 887. 37	6 275 656. 62	加:营业外收入	20	983 210. 76	2 532 852. 87
利息支出	4			减:营业外支出	21	4 004. 84	300 300. 00
（二）手续费及佣金净收入	5	264 759 999. 82	502 872 489. 90	四、利润总额（亏损以“ − ”号填列）	22	163 374 665. 15	353 452 505. 36
手续费及佣金收入	6	264 759 999. 82	502 872 489. 90	减:所得税费用	23	41 696 735. 53	83 623 020. 18
手续费及佣金支出	7			五、净利润（亏损以“ − ”号填列）	24	121 677 929. 62	269 829 485. 18
（三）投资收益（损失以“ − ”号填列）	8	6 687 632. 26	63 586 740. 91	归属于母公司所有者的净利润	25		
其中:对联营企业和合营企业的投资收益	9			少数股东损益	26		
（四）公允价值变动收益（损失以“ − ”号填列）	10	1 275 229. 44	−6 771 420. 80	六、每股收益:	27		
（五）其他收入	11			（一）基本每股收益（元）	28		
汇兑收益（损失以“ − ”号填列）	12			（二）稀释每股收益（元）	29		
其他业务收入	13			七、其他综合收益	30	−120 081. 43	−3 909 381. 96
二、营业支出	14	116 235 289. 66	214 743 514. 14	八、综合收益总额	31	121 557 848. 19	265 920 103. 22
（一）营业税金及附加	15	14 862 796. 32	28 468 454. 03	（一）归属于母公司所有者的综合收益总额	32		
（二）业务及管理费	16	98 968 713. 66	188 678 839. 79	（二）归属于少数股东的综合收益总额	33		
（三）资产减值损失或呆账损失（转回金额以“ − ”号填列）	17	2 403 779. 68	−2 403 779. 68				

总经理:陈　文　　财务总监:浦凤丹　　会计机构负责人 :浦凤丹　　制表:陈　燕

5.1.4　所有者权益变动表

编制单位:陆家嘴国际信托有限公司　　　　2013 年度　　　　单位:元

项　目	行次	本年金额										上年金额									
		归属于母公司所有者权益								少数股东权益	所有者权益合计	归属于母公司所有者权益									
		实收资本(或股本)	资本公积	减:库存股	盈余公积	信托赔偿准备金	一般风险准备	未分配利润	其他			实收资本(或股本)	资本公积	减:库存股	盈余公积	信托赔偿准备金	一般风险准备	未分配利润			
一、上年年末余额	1	1 068 346 200.00	-120 081.43		7 811 671.30	3 905 835.65	13 167 682.05	53 231 523.99			1 146 342 831.56	315 000 000.00						-43 561 216.63			271 438 783.37
加:会计政策变更	2																				
前期差错更正	3																				
二、本年年初余额	4	1 068 346 200.00	-120 081.43		7 811 671.30	3 905 835.65	13 167 682.05	53 231 523.99			1 146 342 831.56	315 000 000.00						-43 561 216.63			271 438 783.37
三、本年增减变动金额(减少以"-"号填列)	5		-3 909 381.96		26 982 948.52	15 669 535.09	4 412 532.39	169 532 945.19			212 688 579.23	753 346 200.00	-120 081.43		7 811 671.30	3 905 835.65	13 167 682.05	96 792 740.62			874 904 048.19
(一)净利润	6							269 829 485.18			269 829 485.18							121 677 929.62			121 677 929.62
(二)其他综合收益	7		-3 909 381.96								-3 909 381.96		-120 081.43								-120 081.43
1. 可供出售金融资产产生的利得(损失)	8		-3 909 381.96								-3 909 381.96		-120 081.43								-120 081.43
2. 按照权益法核算的在被投资单位其他综合收益中所享有的份额	9																				
3. 现金流量套期工具产生的利得(或损失)	10																				
4. 外币财务报表折算差额	11																				
5. 其他	12																				
上述(一)和(二)小计	13		-3 909 381.96					269 829 485.18			265 920 103.22		-120 081.43					121 677 929.62			121 557 848.19
(三)所有者投入和减少资本	14											753 346 200.00									753 346 200.00
1. 所有者投入资本	15											753 346 200.00									753 346 200.00
2. 股份支付计入所有者权益的金额	16																				
3. 其他	17																				
(四)利润分配	18				26 982 948.52	15 669 535.09	4 412 532.39	-100 296 539.99			-53 231 523.99				7 811 671.30	3 905 835.65	13 167 682.05	-24 885 189.00			
1. 提取盈余公积	19				26 982 948.52			-26 982 948.52							7 811 671.30			-7 811 671.30			
2. 提取一般风险准备	20						4 412 532.39	-4 412 532.39									13 167 682.05	-13 167 682.05			
3. 提取信托赔偿准备金	21					15 669 535.09		-15 669 535.09								3 905 835.65		-3 905 835.65			
4. 对所有者(或股东)的分配	21							-53 231 523.99			-53 231 523.99										
5. 其他	22																				
(五)所有者权益内部结转	23																				
1. 资本公积转增资本(或股本)	24																				
2. 盈余公积转增资本(或股本)	25																				
3. 盈余公积弥补亏损	26																				
4. 一般风险准备弥补亏损	27																				
5. 其他	28																				
四、本年年末余额	29	1 068 346 200.00	-4 029 463.39		34 794 619.82	19 575 370.74	17 580 214.44	222 764 469.18			1 359 031 410.79	1 068 346 200.00	-120 081.43		7 811 671.30		13 167 682.05	53 231 523.99			1 146 342 831.56

总经理:陈　文　　财务总监:浦凤丹　　会计机构负责人:浦凤丹　　制表:陈　燕

5.2 信托资产

5.2.1 信托项目资产负债汇总表

信托项目资产负债汇总表

编制单位：陆家嘴国际信托有限公司　　2013 年 12 月 31 日　　单位：万元

信托资产	期末数	期初数	信托负债和信托权益	期末数	期初数
信托资产			信托负债		
货币资金	241 977.42	18 077.31	交易性金融负债	—	—
拆出资金	—	—	衍生金融负债	—	—
存出保证金	—	—	应付受托人报酬	—	—
交易性金融资产	—	—	应付托管费	0.03	—
衍生金融资产	—	—	应付受益人收益	1 241.90	—
买入返售金融资产	751 920.00	532 980.00	应交税费	—	—
应收款项	15 076.02	2 398.78	应付销售服务费	—	—
发放贷款	2 975 240.00	1 128 179.20	其他应付款项	2 464.33	938.78
可供出售金融资产	2 530 071.56	995 155.14	预计负债	—	—
持有至到期投资	27 786.60	—	其他负债	—	—
长期应收款	—	—	信托负债合计	3 706.26	938.78
长期股权投资	213 600.00	95 980.00	信托权益		
投资性房地产	—	—	实收信托	6 725 634.00	2 757 211.73
固定资产	—	—	资本公积	7 513.47	208.00
无形资产	—	—	外币报表折算差额	—	—
长期待摊费用	—	—	未分配利润	33 844.81	14 411.92
其他资产	—	—	信托权益合计	6 751 965.34	2 771 831.65
信托资产总计	6 755 671.60	2 772 770.43	信托负债及信托权益总计	6 755 671.60	2 772 770.43

公司负责人：陈　文　　复　核：汪　晖　　制表：嵇磊浩

5.2.2 信托项目利润和利润分配汇总表

信托项目利润及利润分配汇总表

编制单位：陆家嘴国际信托有限公司　　2013 年度　　单位：万元

项目	本年金额	上年金额
1. 营业收入	505 209.43	98 201.68
1.1 利息收入	272 496.12	57 097.71
1.2 投资收益	232 713.49	41 103.75
1.2.1 对联营企业和合营企业的投资收益	—	—
1.3 公允价值变动损益	—	—
1.4 租赁收入	—	—
1.5 汇兑损益	—	—
1.6 其他收入	0.18	0.22
2. 支出	112 381.96	49 695.23
2.1 营业税金及附加	—	—
2.2 受托人报酬	46 986.37	22 070.72
2.3 托管费	6 020.32	869.60
2.4 投资管理费	—	—
2.5 销售服务费	14 433.66	7 478.60
2.6 交易费用	5.19	0.73
2.7 资产减值损失	—	—
2.8 其他费用	44 936.42	19 275.58
3. 信托净利润	392 827.47	48 506.44
4. 其他综合收益	7 721.47	208.00
5. 综合收益	385 106.00	48 714.44
6. 加：期初未分配信托利润	14 411.92	—
7. 可供分配的信托利润	408 699.67	48 547.34
8. 减：本期已分配信托利润	374 854.86	34 135.42
9. 期末未分配信托利润	33 844.81	14 411.92

公司负责人：陈　文　　复　核：汪　晖　　制　表：嵇磊浩

6. 会计报表附注

6.1 会计报表编制基准不符合会计核算基本前提的说明

本公司会计报表按照财政部 2006 年 2 月 15 日颁布的《企业会计准则——基本准则》和 38 项具体会计准则、其后颁布的《企业会计准则应用指南》、《企业会计准则解释》以及其他相关规定编制，无不符合会计核算基本前提的事项。

6.2 或有事项说明

本报告期内，本公司未发生影响本财务报表阅读和理解的重大或有事项。

6.3 重要资产转让及其出售的说明

本报告期内，无重要资产转让或出售。

6.4 会计报表中重要项目的明细资料

6.4.1 披露自营资产经营情况

6.4.1.1 按信用风险五级分类结果披露信用风险资产的期初数、期末数

信用风险资产五级分类	正常类（万元）	关注类（万元）	次级类（万元）	可疑类（万元）	损失类（万元）	信用风险资产合计（万元）	不良资产合计（万元）	不良资产率（%）
期初数	110 347	12 019	0	0	3	122 369	3	0
期末数	148 365	0	0	0	3	148 368	3	0

注：不良资产合计＝次级类＋可疑类＋损失类。

6.4.1.2 各项资产减值损失准备的期初、本期计提、本期转回、本期核销、期末数

单位：万元

	期初数	本期计提	本期转回	本期核销	期末数
贷款损失准备	0	0	0	0	0
一般准备	0	0	0	0	0
专项准备	0	0	0	0	0
其他资产减值准备	243	0	240	0	3
可供出售金融资产减值准备	240	0	240	0	0
持有至到期投资减值准备	0	0	0	0	0
长期股权投资减值准备	0	0	0	0	0
坏账准备	3	0	0	0	3
投资性房地产减值准备	0	0	0	0	0

6.4.1.3 按照投资品种分类，分别披露固有业务股票投资、基金投资、债券投资、股权投资等投资业务的期初数、期末数

单位：万元

	自营股票	基金	债券	长期股权投资	其他投资	合计
期初数	0	18 528	17 752	0	58 011	94 291
期末数	7 086	17 880	26 710		78 930	130 606

6.4.1.4 按投资入股金额排序，前五名的自营长期股权投资的企业名称、占被投资企业权益的比例、主要经营活动及投资收益情况等

本报告期内，本公司无长期股权投资。

6.4.1.5 前五名的自营贷款的企业名称、占贷款总额的比例和还款情况等

本报告期内，本公司无自营贷款。

6.4.1.6 表外业务的期初数、期末数；按照代理业务、担保业务和其他类型表外业务分别披露

本报告期内，本公司无表外业务。

6.4.1.7 公司当年的收入结构

收入结构	金额（万元）	占比（%）
手续费及佣金收入	50 287	88.46
其中：信托手续费收入	50 287	88.46
投资银行业务收入		
利息收入	628	1.1
其他业务收入		
其中：计入信托业务收入部分		
投资收益	6 359	11.19
其中：股权投资收益		
证券投资收益	6 359	11.19
其他投资收益		
公允价值变动收益	−677	−1.2
营业外收入	253	0.45
收入合计	56 850	100

注：手续费及佣金收入、利息收入、其他业务收入、投资收益、营业外收入均应为损益表中的科目，其中手续费及佣金收入、利息收入、营业外收入为未抵减掉相应支出的全年累计实现收入数。

6.4.2 披露信托财产管理情况

6.4.2.1 信托资产的期初数、期末数

单位：万元

信托资产	期初数	期末数
集合	1 319 868.48	1 926 105.48
单一	1 452 901.95	4 829 566.12
财产权	—	—
合计	2 772 770.43	6 755 671.60

6.4.2.1.1 主动管理型信托业务的信托资产期初数、期末数

单位：万元

主动管理型信托资产	期初数	期末数
证券投资类	107 020.01	111 547.36
股权及其他投资类	373 679.50	1 503 164.28
融资类	1 255 698.99	1 696 267.12
事务管理类	60 000.03	60 000.03
合计	1 796 398.53	3 370 978.79

6.4.2.1.2 被动管理型信托业务的信托资产期初数、期末数

单位：万元

被动管理型信托资产	期初数	期末数
证券投资类	—	—
股权及其他投资类	120 311.68	587 214.87
融资类	856 060.22	2 797 477.94
事务管理类	—	—
合计	976 371.90	3 384 692.81

6.4.2.2 本年度已清算结束的信托项目表

6.4.2.2.1 本年度已清算结束的信托项目

已清算结束信托项目	项目个数	实收信托合计金额（万元）	加权平均实际年化收益率（%）
集合类	26	489 364.00	10.02
单一类	14	304 795.20	6.42
财产管理类	—	—	—

注：收益率是指信托项目清算后，给受益人赚取的实际收益水平。加权平均实际年化收益率＝（信托项目1的实际年化收益率×信托项目1的实收信托＋信托项目2的实际年化收益率×信托项目2的实收信托＋…信托项目n的实际年化收益率×信托项目n的实收信托）/（信托项目1的实收信托＋信托项目2的实收信托＋…信托项目n的实收信托）×100%。

6.4.2.2.2　本年度已清算结束的主动管理型信托项目

已清算结束信托项目	项目个数	实收信托合计金额（万元）	加权平均实际年化信托报酬率（%）	加权平均实际年化收益率（%）
证券投资类	—	—	—	—
股权及其他投资类	11	182 500.00	1.35	8.28
融资类	18	392 364.00	2.36	10.09
事务管理类	—	—	—	—

注：加权平均实际年化信托报酬率 =（信托项目 1 的实际年化信托报酬率 × 信托项目 1 的实收信托 + 信托项目 2 的实际年化信托报酬率 × 信托项目 2 的实收信托 +… + 信托项目 n 的实际年化信托报酬率 × 信托项目 n 的实收信托）/（信托项目 1 的实收信托 + 信托项目 2 的实收信托 +… + 信托项目 n 的实收信托）×100%。

6.4.2.2.3　本年度已清算结束的被动管理型信托项目

已清算结束信托项目	项目个数	实收信托合计金额（万元）	加权平均实际年化信托报酬率（%）	加权平均实际年化收益率（%）
证券投资类	—	—	—	—
股权及其他投资类	5	34 300.00	0.96	8.42
融资类	6	184 995.20	0.42	5.94
事务管理类	—	—	—	—

6.4.2.3　本年度新增的信托项目

新增信托项目	项目个数	实收信托合计金额（万元）
集合类	39	1 170 190.00
单一类	83	3 188 344.00
财产管理类	—	—
新增合计	122	4 358 534.00
其中：主动管理型	57	1 684 147.30
被动管理型	65	2 674 386.70

注：本年新增信托项目指在本报告年度内累计新增的信托项目个数和金额。包含本年度新增并于本年度内结束的项目和本年度新增至报告期末仍在持续管理的信托项目。

6.4.2.4　信托业务创新成果和特色业务有关情况

根据公司在年初把发展主动管理型现金管理产品作为重点创新业务，经过流程梳理和系统开发测试，公司迈出以 TOT 模式进行开放式现金管理的第一步，深化了与银行的合作深度。金融城弘裕 1 号完成首期发行，为公司后续加强主动管理和营销打下基础。组合投资产品“丰收 · 信福”系列资金规模从上年末的 24.59 亿元增加到 72.82 亿元，规模翻了 3 倍，实现了一定的规模效应。公司还积极尝试真实股权投资，通过吴中集投股权投资集合信托发起设立吴中集投公司，积极参与新一轮城镇化带来的发展机会。在风险缓释机制建设方面，与长城资产管理公司签订战略合作协议，积极探索商业化的风险缓释机制。

6.4.2.5　本公司履行受托人义务情况及因本公司自身责任而导致的信托资产损失情况

本公司遵守信托法和信托文件对受托人义务的规定，为受益人的最大利益处理信托事务，管理信托财产时，恪守职守，履行诚实、信用、谨慎、有效管理的义务，没有损害受益人利益的情况。本公司无因自身责任而导致的信托资产损失情况。

6.5　关联方关系及其交易的披露

6.5.1　关联交易方的数量、关联交易的总金额及关联交易的定价政策等

单位：万元

	关联交易方数量	关联交易金额	定价政策
合计	4	120 739.04	关联交易遵循公平、公开、公允的原则进行定价。存在市场价格的，按照市场价格定价；不存在市场价格的，以不优于非关联方同期同类型交易的条件进行定价。

注：“关联交易”定义以《公司法》和《企业会计准则第 36 号——关联方披露》有关规定为准。

6.5.2　关联交易方与本公司的关系性质、关联交易方的名称、法定代表人、注册地址、注册资本及主营业务等

关系性质	关联方名称	法定代表人	注册地址	注册资本（万元）	主营业务
控股股东	上海陆家嘴金融发展有限公司	杨小明	上海市浦东新区世纪大道 1600 号 30 楼 2506 室	4 7450 000.00	金融产业、工业、商业、城市基础设施等项目的投资、管理，投资咨询，企业收购、兼并。
参股公司	陆家嘴财富管理（上海）有限公司	何勇	上海市浦东新区世纪大道 1600 号 25 楼 6～7 室	2 000.00	投资管理，资产管理，商务信息咨询、企业管理咨询、投资咨询（以上咨询均除经纪），财务咨询（不得代理记账），会务服务。
控股股东的控股股东	上海陆家嘴（集团）有限公司	杨小明	上海市浦东新区浦东大道 981 号	235 731.00	房地产开发经营，市政基础设施，建设投资，投资咨询，实体投资，国内贸易（除专项规定），资产管理经营、信息。
与控股股东受同一公司控股	上海陆家嘴金融贸易区开发股份有限公司	李晋昭	上海市浦东新区浦东大道 981 号	186 768.40	房地产开发、经营、销售、出租和中介；市政基础设施的开发建设（涉及许可经营的凭许可证经营）。

6.5.3　逐笔披露本公司与关联方的重大交易事项

6.5.3.1　固有与关联方交易情况：贷款、投资、租赁、应收账款担保、其他方式等期初汇总数、本期借方和贷方发生额汇总数、期末汇总数

本报告期，公司固有业务未发生与关联方的关联交易。

6.5.3.2 信托与关联方交易情况：贷款、投资、租赁、应收账款、担保、其他方式等期初汇总数、本期借方和贷方发生额汇总数、期末汇总数。

单位：万元

信托与关联方关联交易				
	期初数	借方发生额	贷方发生额	期末数
贷款	0.00	100 000.00	0.00	100 000.00
投资	0.00	0.00	20 000.00	20 000.00
租赁	—	—	—	—
担保	—	—	—	—
应收账款	—	—	—	—
其他	—	—	—	—
合计	0.00	100 000.00	20 000.00	120 000.00

6.5.3.3 信托公司自有资金运用于自已管理的信托项目(固信交易)、信托公司管理的信托项目之间的相互(信信交易)交易金额，包括余额和本报告年度的发生额

6.5.3.3.1 固有与信托财产之间的交易金额期初汇总数、本期发生额汇总数、期末汇总数

单位：万元

固有财产与信托财产相互交易				
	期初数	本期发生额	期末数	
合计	9 000.00	58 910.00	67 910.00	

注：以固有资金投资公司自己管理的信托项目受益权，或购买自己管理的信托项目的信托资产均纳入统计披露范围。

6.5.3.3.2 信托项目之间的交易金额期初汇总数、本期发生额汇总数、期末汇总数

单位：万元

信托资产与信托财产相互交易				
	期初数	本期发生额	期末数	
合计	0.00	48 024.00	48 024.00	

注：以公司受托管理的一个信托项目的资金购买自己管理的另一个信托项目的受益权或信托项下资产均纳入统计披露范围。

6.5.4 逐笔披露关联方逾期未偿还本公司资金的详细情况以及本公司为关联方担保发生或即将发生垫款的详细情况

本报告期内，公司未发生关联方逾期未偿还本公司资金以及本公司为关联方担保发生或即将发生垫款的情况。

6.6 会计制度的披露

公司固有业务和信托业务，同时执行财政部2006年2月15日颁布的《企业会计准则——基本准则》和38项具体会计准则、其后颁布的企业会计准则应用指南、企业会计准则解释以及其他相关规定。

7. 财务情况说明书

7.1 利润实现和分配情况

2012年公司实现净利润26 983万元。公司在提取10%法定公积金2 698万元、提取5%信托赔偿准备金1 567万元、提取一般风险准备441万元后，可供分配利润22 277万元。

7.2 主要财务指标

指标名称	指标值(%)
资本利润率(%)	21.52
加权年化信托报酬率(%)	1.61
人均净利润(万元)	201.37

注：1. 资本利润率=净利润/所有者权益平均余额×100%。

所有者权益平均余额=(年初所有者权益/2+第一季度末所有者权益+第二季度末所有者权益+第三季度末所有者权益+第四季度末所有者权益/2)/4。

2. 加权年化信托报酬率=(信托项目1的实际年化信托报酬率×信托项目1的实收信托+信托项目2的实际年化信托报酬率×信托项目2的实收信托+…+信托项目n的实际年化信托报酬率×信托项目n的实收信托)/(信托项目1的实收信托+信托项目2的实收信托+…+信托项目n的实收信托)×100%。

加权年化信托报酬率指标反映的是报告年度清算结束项目的信托报酬率。

3. 人均净利润=净利润/年平均人数。

4. 年平均人数=Σ每月末人数/12。

7.3 净资本和风险资本情况

指标名称	期末数	监管指标
净资本(万元)	121 576.14	大于监管要求的2亿元
风险资本(万元)	86 212.44	—
净资本/风险资本(%)	141.02	大于监管要求的100%
净资本/净资产(%)	89.46	大于监管要求的40%

7.4 对本公司财务状况、经营成果有重大影响的其他事项

本报告期内，未发生对本公司财务状况、经营成果有重大影响的其他事项。

8. 特别事项揭示

8.1 前五名股东报告期内变动情况及原因

本报告期内，公司股东未发生变动。

8.2 董事、监事及高级管理人员变动情况及原因

本报告期内，公司董事未发生变动，部分监事及高级管理人员发生变动。

8.2.1 监事变动情况

公司监事万曾炜因个人原因提出辞去监事职务。2014年3月5日，公司召开2014年第一次股东会，同意选举何勇担任公司监事，万曾炜不再担任公司监事。

8.2.2 高级管理人员变动情况

2013年12月12日，公司召开第二届董事会第八次会议，审议通过了《关于任免公司总经理的议案》，免去陈文陆家嘴国际信托有限公司总经理职务，聘任丁文忠担任陆家嘴国际信托有限公司总经理。丁文忠的高管人员任职资格待中国银监会核准。

8.3 公司的重大未决诉讼事项

本报告期内，公司未发生诉讼案件。

8.4 对会计师事务所出具的有保留意见、否定意见或无法表示意见的审计报告的，公司董事会应就所涉及事项作出说明

会计师事务所对公司出具了标准无保留意见的审计报告。

8.5 公司及其董事、监事和高级管理人员受到处罚的情况

本报告期内，公司及其董事、监事和高级管理人员未发生受到处罚的情况。

8.6 中国银监会检查意见的整改情况

2013年9月至10月，中国银监会青岛监管局对公司进行了全面现场检查并下发现场检查意见书。根据检查意见，公司进行了整改并报告青岛银监局。

（1）完善相关制度，进一步加强内部控制。进一步梳理和明确部门职责和岗位职责；调整公司高管分工等。

（2）加强净资本及风险资本管理。严格按照监管规定，对银信合作项目及关联交易项目计提风险资本；在风控部门设置AB角，对项目风险资本进行双人复核等。

（3）审慎、合规开展信贷资产转让业务。对信贷资产转让业务进行彻查并梳理风险，强化开展信贷资产转让业务的管理要求；修改和完善《单一指定用途信托业务管理办法》、《买入返售单一信托操作要点》、《银信合作业务指引》等相关制度，进一步明确信贷资产转让业务的准入条件、开展原则、操作要求等。

（4）持续加强房地产信托业务管理。进一步加强对房地产信托业务的审查力度，严禁以各种形式向房地产开发企业变相提供流动资金贷款；加强对房地产信托业务的管理，做好对房地产企业的尽职调查，严格落实房地产贷款担保，密切监控资金用途，加强项目管理；修改和完善《房地产融资信托业务操作指引》，进一步明确此类业务的准入条件、开展原则、操作要求等。

（5）进一步加强政信合作业务管理。全面梳理现有政信合作项目的风险隐患，进一步加强政信合作业务的审查力度；修订和完善《信政合作业务操作指引》，进一步明确此类业务的准入条件、开展原则、操作要求等。

8.7 本年度公司重大事项临时事项披露内容

本报告期内，公司未进行重大事项临时事项披露。

8.8 中国银监会及其省级派出机构认定的其他有必要让客户及相关利益人了解的重要信息

本报告期内，公司未发生中国银监会及其派出机构认定的其他有必要让客户及相关利益人了解的重大信息。

9. 公司监事会意见

公司第二届监事会根据《监事会议事规则》及相关法律法规，监督检查了公司重大决策、重大经营活动情况及财务状况，认为公司能依法规范运作，公司董事、高级管理人员在履行公司职务时未发生违反法律、法规、公司章程或损害公司利益的行为，公司年度报告真实反映了公司的财务状况和经营成果。

平安信托有限责任公司

1. 重要提示

本公司董事会及董事保证本报告所载资料不存在任何虚假记载、误导性陈述或者重大遗漏,并对其内容的真实性、准确性和完整性承担个别及连带责任。本年度报告摘要摘自年度报告全文,客户及相关利益人欲了解详细内容,应阅读年度报告全文。

独立董事夏立平、鲍友德、李罗力认为,本报告真实、准确、完整地披露了公司2013年度的经营管理情况。

普华永道中天会计师事务所(特殊普通合伙)为本公司出具了标准无保留意见的年度审计报告。

公司董事长童恺、主管会计工作负责人封群、财务部负责人李佩锋保证年度报告中财务报告的真实、完整。

2. 公司概况

2.1 公司简介

2.1.1 公司法定中文名称:平安信托有限责任公司
公司法定英文名称:Ping An Trust Co. ,Ltd.(缩写为PATC)

2.1.2 公司法定代表人:童恺

2.1.3 公司注册地址:广东省深圳市福田中心区福华三路星河发展中心办公12~13层
邮政编码:518048
公司国际互联网网址:http://www. pingan. com
电子邮箱:Pub_PATMB@ pingan. com. cn

2.1.4 信息披露事务负责人:霍建梅
信息披露事务联系人:张翼飞
电话:4008866338
传真:(0755)82415828
电子邮箱:Pub_PATMB@ pingan. com. cn

2.1.5 公司选定的信息披露报纸:《证券时报》、《中国证券报》、《上海证券报》、《证券日报》
公司年度报告备置地点:公司董事会秘书处

2.1.6 公司聘请的会计师事务所名称:普华永道中天会计师事务所(特殊普通合伙)
会计师事务所办公地址:上海市湖滨路202号普华永道中心11楼

2.2 组织结构

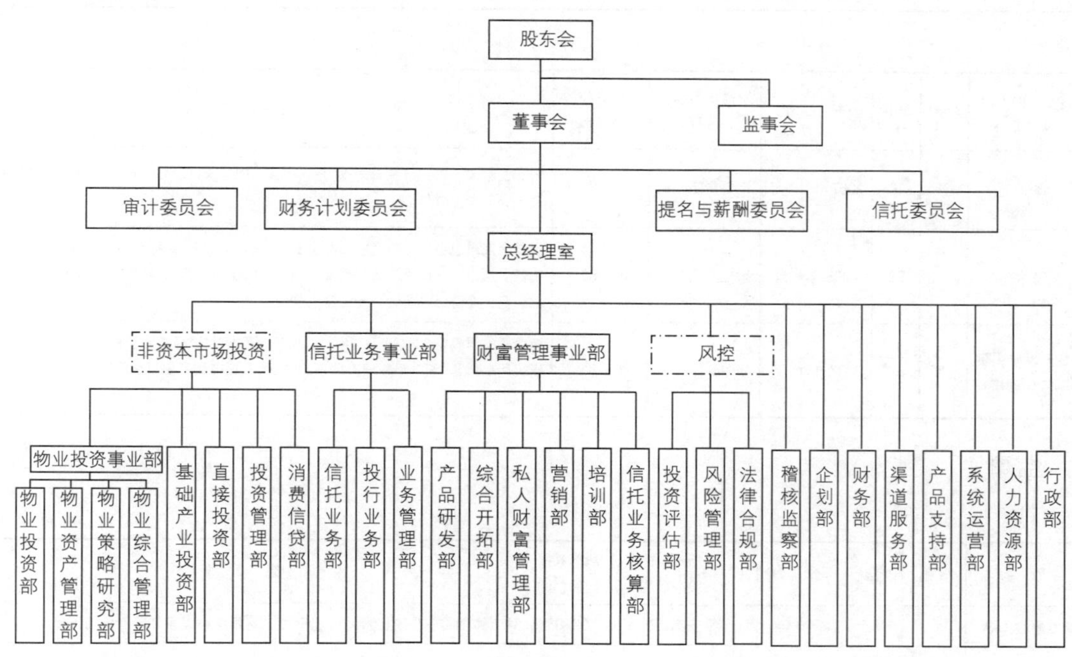

3. 公司治理

3.1 股东

报告期末公司股东总数为2个。

股东名称	持股比例(%)	法定代表人	注册资本(亿元)	注册地址	主要经营业务及主要财务情况
★中国平安保险(集团)股份有限公司(以下简称平安集团公司)	99.88	马明哲	79.16	深圳市	投资保险企业，监督管理控股投资企业的各种国内、国际业务，开展资金运用业务；2013年末其资产总额33,603.1亿元。
上海市糖业烟酒(集团)有限公司	0.12	葛俊杰	3.21	上海市	食品贸易，产业投资与管理，现代服务业等；2013年末其资产总额281.6亿元。

★为公司最终实际控制人

3.2 董事

董事长、副董事长、董事

姓名	职务	性别	年龄	选任日期	所推举的股东名称	该股东持股比例(%)	简要履历
童恺	董事长	男	43	2004年9月	平安集团公司	99.88	2004年7月加入平安信托公司，现任平安信托有限责任公司董事长兼CEO；曾任高盛(亚洲)有限责任公司执行董事，亚太区保险投行业务主管(除日本外)，获牛津大学ORIEL学院工程学硕士学位和欧洲商学院(INSEAD)工商管理硕士学位。
王佳芬	副董事长	女	63	2012年1月	平安集团公司	99.88	2012年1月加入平安信托公司，现任平安信托有限责任公司副董事长，曾任光明乳业股份有限公司董事长、总裁一职，获得上海电视大学工业管理系学士学位，中欧国际工商管理学院EMBA硕士学位。
任汇川	董事	男	44	2011年4月	平安集团公司	99.88	1992年10月加入平安集团公司，现任中国平安保险(集团)股份有限公司总经理，获北京大学工商管理硕士学位。
王利平	董事	女	57	2007年10月	平安集团公司	99.88	1989年6月加入平安集团公司，原任中国平安保险(集团)股份有限公司副总经理；获南开大学货币银行学硕士学位。
姚波	董事	男	43	2007年10月	平安集团公司	99.88	2001年5月加入平安集团公司，现任中国平安保险(集团)股份有限公司副总经理，曾任职德勤会计师事务所精算咨询高级经理，获美国纽约大学工商管理硕士学位。
葛俊杰	董事	男	55	2004年9月	上海市糖业烟酒(集团)有限公司	0.12	上海市糖业烟酒(集团)有限公司董事长兼总裁，光明食品集团副总裁，获上海财经大学商业经济专业学位。

独立董事

姓名	所在单位及职务	性别	年龄	选任日期	所推举的股东名称	该股东持股比例(%)	简要履历
夏立平	退休	男	76	2007年10月	平安集团公司	99.88	曾历任中国人民银行金管司副司长、稽核司副司长、货币金银司司长等。获安徽财贸学院银行专业学士学位。
鲍友德	退休	男	82	2008年8月	平安集团公司	99.88	现任上海市总会计师研究会名誉会长、上海市会计学会顾问、上海市财政税务学会顾问。曾任上海市税务局第二分局副局长、副处长，上海市财政局及上海市税务局局长、党委书记。获上海财经学院会计专业学士学位。
李罗力	综合开发研究院(深圳)副理事长	男	67	2007年10月	平安集团公司	99.88	综合开发研究院(深圳)副理事长。曾历任南开大学经济研究所副所长、国家物价局物价研究所副所长、深圳市政府办公室副主任、深圳市委副秘书长等。获南开大学经济学硕士学位。

3.3 监事

监事会成员

姓名	职务	性别	年龄	选任日期	所推举的股东名称	股东持股比例(%)	简要履历
叶素兰	监事会主席	女	57	2006年3月	平安集团公司	99.88	现任中国平安保险(集团)股份有限公司副总经理兼首席稽核执行官。
肖建荣	监事	男	53	2004年9月	平安集团公司	99.88	现任中国平安保险(集团)股份有限公司党群工作部总经理。
方渭清	监事	男	36	2010年12月	职工代表	—	现任平安信托有限责任公司稽核监察部副总经理。

3.4 高级管理人员

报告期末，公司在职高级管理人员情况。

姓　名	职　务	性别	年龄	选任日期	金融从业年限	学　历	专　业
宋成立	总经理	男	53	2003 年 7 月	23	硕士	管理学
张礼庆	副总经理	男	48	2006 年 8 月	22	博士	金融
封群	副总经理	男	44	2010 年 8 月	20	硕士	工商管理
韩晓	总经理助理	男	43	2011 年 4 月	19	本科	历史学
庄汉平	总经理助理	男	46	2012 年 1 月	16	博士后	环境工程
顾攀	总经理助理	男	50	2013 年 5 月	16	博士	计算机
李萌	总经理助理	男	38	2013 年 5 月	15	硕士	工商管理

3.5　公司员工

报告期末，公司职工人数为 906 人，平均年龄 32 岁，其中博士学历占 2%、硕士学历占 44%、本科学历占 46%、其他学历占 8%。

4. 经营管理

4.1　经营目标、方针、战略规划

经营目标：成为中国最大最强的信托公司，打造中国最大的另类投资商，企业最佳财务顾问和事业发展伙伴，高净值客户最值得信赖的私人财务顾问，实现公司资产规模和盈利快速增长。

经营方针：领先增长、优化结构、部署未来。

战略规划：聚焦另类资产管理、私募投资银行和私人财富管理三大核心领域；专注另类产品并做深行业投资，统一“对公”和“个人”渠道布局；建立一流的投资队伍，最有效的投融资平台，为客户提供最安全、回报最优的产品；保持中国一流的、最具创新力的信托公司的行业领先地位。

4.2　经营业务的主要内容

本公司向高净值客户提供私人财富管理服务，截至 2013 年 12 月 31 日，信托计划资产管理规模 2 903.20 亿元，同比增长 37%。此外，向机构客户及本公司其他子公司直接提供投资和资产管理服务，资产管理规模达 140 亿元。注册资本为 69.88 亿元，净资产为 171.34 亿元，总资产为 185.63 亿元。

2013 年，信托行业保持快速增长，行业规模突破 10 万亿元。随着中国证监会对券商、基金资产管理业务政策开放，中国银监会对银行外资金投向非标准化债权资产的监管趋严，目前信托业主营业务模式亟待转型，根据本公司与麦肯锡合作发布的《中国信托行业发展研究报告(2013 年)》，目前行业收入中约有 88% 存在不确定性，信托公司的通道业务将在五年内趋于消亡，这也迫使信托行业加速转型。该报告同时指出，未来中国信托行业发展三大方向将是私人财富管理、另类资产管理和私募投资银行。

在极端挑战的市场环境下，本公司不断加强创新突破，在产品、渠道、运营服务三大引擎的共同推动下，私人财富管理业务再创新高，以个人客户为主的集合信托产品实收规模 1 758 亿元，比年初增长 47%，领先行业；活跃高净值客户数已突破 2.1 万户，比年初增长 14%；客均资产管理规模显著增长。产品方面，本公司为满足客户全方位的投融资需求，推出应收账款质押、股指期货、A 股结构化证券类、家族信托等创新产品，进一步丰富了产品线。渠道方面，稳步推进销售渠道建设，提升理财经理专业能力，注重存量客户深度开发，联合平安银行发行业内首张财富管理银行卡“私财卡”。运营服务方面，IT 三年规划落地完成，130 个子项目上线，158 个流程再造，时效提升 50% 以上；同时，搭建客户分层服务体系，完善服务流程和客户风控体系，进一步提升客户体验。

另类投资业务进一步做大，带来资产管理费及财务顾问费收入稳步增加。物业投资方面，业务规模持续扩大，2013 年帮助集团保险资金成功购买伦敦劳合社大楼，实现海外并购不动产第一单。在基础产业投资方面，本公司积极推进保险资金、信托资金投资于基础产业，并积极尝试股权、债权及夹层融资等多种投资方式，打造以交通基础设施、能源电力、矿产资源为主的基础产业投资组合。PE 投资方面，围绕国家“十二五”规划，投资七大新兴战略产业，坚守“做中国优秀企业的成长伙伴”理念，为公司及客户取得理想回报，截至 2013 年末，为集团及客户管理资产规模超 200 亿元；为了进一步帮助被投资企业成长，本公司打造了强大的投后管理，联合麦肯锡多次举办“领导力发展项目”，大力推广“全面预算管理”，多次举办被投资企业 PE 年会、行业论坛，帮助被投资企业提升战略规划和执行力，拓宽业务。

此外，本公司建立了一套基于《巴塞尔新资本协议》精神的业内领先的风险管理体系来识别、计量、监控以及管理各类风险。通过风险限额、净资本等指标体系管理公司市场风险、信用风险、流动性风险、合规风险、集中度风险、操作风险等六大风险。通过建立更加严格的内部信用评级系统，选择优质的交易对手和项目。2013 年到期项目全部顺利兑付，未发生兑付风险，其中房地产项目全部顺利兑付超 200 亿元。

2013 年，本公司凭借优秀业绩、突出表现和良好口碑，先后摘得多个行业权威奖项，四度蝉联由《上海证券报》、中国证券网共同评定的“年度诚信托卓越公司奖”；由《第一财经日报》评选出的“2013 年度第一财经金融价值榜 · 最佳市场影响信托公司”；由《证券日报》颁发的“中国证券市场年会 – 优秀信托公司金钥匙奖”；荣获第三届德勤中国风险智能榜“年度法律专项治理奖”和“综合实力优胜奖”，是唯一一家获奖的信托公司；荣获金融时报社与中国社会科学院金融研究所联合打造的“中国金融机构金牌榜‘金龙奖’最佳信托公司”；平安信托私人财富管理系统荣获“深圳市金融创新奖”。

本公司(本报告中所称的本公司或公司，均指母公司；本报告中所称的本集团或集团，则为本公司及其子公司)的主要经营业务。

自营资产运用与分布表

资产运用	金额（万元）	占比（%）	资产分布	金额（万元）	占比（%）
货币资产	44 948.05	2.42	基础产业	—	—
贷款及应收款	2 948.56	0.16	房地产业	128 588.02	6.93
可供出售金融资产	654 249.68	35.24	证券市场	24 587.04	1.32
长期股权投资	662 516.36	35.69	实业	551 621.10	29.72
应收股利	109 500.00	5.90	金融机构	1 061 217.73	57.17
其他应收款	234 229.45	12.62	其他	90 299.86	4.86
其他	147 921.65	7.97			
资产总计	1 856 313.75	100.00	资产总计	1 856 313.75	100.00

注：除特别说明外，本报告中数据均以人民币计量。资产运用中“其他”项主要包括固定资产、无形资产、递延所得税资产、持有待售资产等。

信托资产运用与分布表

资产运用	金额（万元）	占比（%）	资产分布	金额（万元）	占比（%）
货币资产	747 518.06	2.57	基础产业	6 120 796.38	21.08
贷款	13 522 440.70	46.58	房地产	6 935 156.13	23.89
交易性金融资产	1 463 582.12	5.04	证券市场	3 981 636.87	13.71
可供出售金融资产	5 221 924.90	17.99	实业	6 239 614.57	21.49
持有至到期投资	256 819.94	0.88	金融机构	3 973 342.96	13.69
长期股权投资	3 579 999.84	12.33	其他	1 781 406.99	6.14
买入返售资产	2 953 959.31	10.17			
其他	1 285 709.03	4.44			
资产总计	29 031 953.90	100.00	资产总计	29 031 953.90	100.00

4.3 市场分析

4.3.1 影响公司业务发展的有利因素

（1）经济处于转型中，新兴产业蕴藏巨大投资价值。经济转型必将带来产业结构升级。为加快产业转型升级，国家将节能环保、新一代信息技术、生物、高端装备制造、新能源、新材料和新能源汽车七个产业列为战略性新兴产业。目前这些产业占GDP的比重很低，未来有很大的市场空间，具备长期投资价值。

（2）城镇化进展加快，投融资需求巨大。十八届三中全会决定推进城镇化建设。城镇化进程与土地制度改革、基础设施建设、工业转型发展、人口流动等因素紧密相关，其投融资需求巨大。另外，城镇化过程中蕴藏资产资本化、融资多元化、资本金融化等重大趋势。信托作为唯一可以横跨货币市场、资本市场、实业投资的金融机构，能更好的抓住城镇化进程中的市场机会，为客户提供全方位的金融服务。

（3）传统信贷放缓，社会投融资缺口巨大。根据平安信托与麦肯锡合作发布的《中国信托行业发展研究报告（2013年）》报告指出，中国经济中每年的融资缺口达3万~5万亿元，无法被银行体系和资本市场所满足。全社会巨大的融资缺口，为信托业带来发展机遇。

（4）高净值人士财富高速增长，私人财富管理业务进入黄金发展期。根据平安信托与麦肯锡合作发布的《中国信托行业发展研究报告(2013年)》，到2015年，中国高净值人群人数的年增长率接近17%，可投资总资产规模预计将继续保持年增长率22%，2015年达到近58万亿元。届时，中国将成为亚洲仅次于日本的第二大在岸财富管理市场。公司凭借过去几年形成的产品优势和客户资源，具备抓住私人财富管理业务发展机遇的能力。

4.3.2 影响公司业务发展的不利因素

（1）经济增长稳中有降，投资风险不断加大。2013年，我国GDP增速为7.7%，创14年来新低，未来经济增速仍将继续保持稳中有降的态势。实体经济的持续疲弱，导致股市持续低迷，非资本市场投资难度加大，对阳光私募类、PE类、物业类、基建类等信托业务产生较大影响。

（2）业务监管力度收紧，亟待寻求可持续发展模式。近年来监管频频加码对信托业的监管，行业在经历高速增长后扩张步伐逐渐放缓，叫停票据类信托业务，加强对同业存款类业务、资金池信托业务、政信信托业务的监管力度。而针对房地产信托业务的监管力度，监管始终未放松。随着更趋严格的监管环境，信托公司业务发展瓶颈日益凸显，迫使信托业重新思考业务的持续发展及业务模式创新，以寻求新的业务增长点。

（3）行业兑付压力加大，违约风险增加。据中信证券研究部最新统计数据显示，预计2014年将有7 966只集合信托产品到期，规模共计达9 071亿元；考虑到结合利息支付等因素，2013年集合信托需兑付的本息将近1万亿元。在2013年到期的集合信托中，房地产、平台信托占比最高，分别达27.34%和24.82%，到期规模预计分别为2 479亿元和2 251亿元。随着宏观经济增速放缓，煤炭、房地产等强周期行业面临的行业风险会逐渐增加，信托贷款违约事件未来仍会不断发生。

（4）市场竞争加剧，给信托行业带来巨大压力和挑战。2012年起，中国证监会对券商、基金资产管理业务政策开放，券商资产管理、基金子公司均可开展类信托业务，银行推出资产管理计划，致使信托制度红利逐步弱化，资产管理业务同质化严重、竞争加剧。此外，互联网金融异军突起，加快资金从金融机构脱媒。市场竞争不断加剧，使得信托公司经营面对巨大压力与挑战。

4.4 内部控制

4.4.1 内部控制环境和内部控制文化

公司一向致力于构建全面完善的内部控制管理体系。公司内部控制旨在实现合理保证企业经营管理合法合规、保证企业资产安全、确保财务报告及相关信息真实完整、提高经营效率和效果、促进企业实现发展战略等目标，建立了覆盖全面、针对性强、执行到位、监督有力的内部控制体系。公司率先采用国际会计师审计、聘请独立的国际咨询公司，并在同行中率先引入海外高级管理人才和国际先进的管理体系，为公司持续稳健发展提供了保障。

公司根据《中华人民共和国公司法》、《中华人民共和国信托法》、《信托公司管理办法》、《信托公司治理指引》及《企业内部控制基本规范》等国家相关法律法规和公司章程的要求，建立了由股东大会、董事会、监事会和高级管理层组成的法人治理结构，形成了权力机构、决策机构、监督机构和管理层之间分工配合、相互协调、相互制衡的运行机制。公司的股东大会、董事会、监事会均按照相关法律、法规、规范性文件及公司章程的规定，规范有效地运作。公司完善的法人治理结构为公司内部控制目标的实现提供了合理保证。

公司积极营造合规文化，为合规管理工作的开展和内部控制建设创造出优越的内部环境。多年来，公司制定并不断完善《员工行为准则》，对违纪类型、违纪处理流程等作出明确规定，倡导员工诚信守法、廉洁自律，遵守公司内部规章制度，维护公司形象和荣誉，维护社会公共秩序和良好风俗；同时公司贯彻“品质优先，利润导向；遵纪守法，挑战新高”的方针，用遵纪守法、诚实经营要求各级干部和员工，用《“红、黄、蓝”牌处罚制度》来惩戒公司经营管理中存在的不合规行为，营造了一个良好的内控环境。

4.4.2 内部控制措施

公司董事会负责内部控制的建立健全和有效实施，董事会下设审计委员会负责审查企业内部控制，监督内部控制的有效实施和内部控制自我评价情况。2013年，公司继续深入完善内控架构体系，法律合规部、风险管理部和稽核监察部专职从事内部控制工作，形成了事前、事中、事后“三位一体”的风险管理和监督检查体系，搭建信息共享、工作衔接的统一系统平台，实现内部控制“促管理、促发展、促效益”的目标。

2013年，公司进一步完善并实施了覆盖业务管理、风险管理、信息管理、后台管理等一系列内部控制制度和流程，业务运作基本实现了前台、中台、后台严格分离及各部门之间高效衔接、密切合作。公司主要业务部门之间建立了健全的隔离墙制度，确保不同业务部门、不同性质的资产相对独立，包括部门与人员设置分离，资产账户管理分离、会计核算分离、业务决策分离等。公司制定了各项制度严格资金监控，对资金实行集中统一管理和收支两条线管理，明确规定了各类资金转入转出的流程和各种资金支付的审批权限；公司严厉禁止挪用客户委托资产的行为、不同账户资产混合经营的行为以及将不同委托人的信托财产进行相互交易的行为，确保客户资产的安全、完整与增值。

2013年，公司开展《企业内部控制基本规范》遵循项目，成立了领导小组，并由专项工作小组积极落实。目前，公司已如期完成公司层面控制、信托管理、财务报告与信息披露、投后管理等流程的检视梳理和整改，满足《企业内部控制基本规范》要求。同时公司持续关注主要业务和新增业务的合规发展和内部控制，各级内控人员通过有效识别、评估并防范和化解内控风险，为公司的稳健经营提供了有力的保障。通过内控项目的实施，公司内控管理和风险防范水平得到进一步提升。

4.4.3 信息交流与反馈

公司不断建立完善信息交流与反馈制度，包括内部信息交流及报告与披露。

公司建立了顺畅、双向的内部信息交流制度。公司开通各种信息交流渠道，通过公司公文、公告、制度库等传递和获取信息；充分利用信息技术，通过网络、视频会议、电话会议、邮件等方式在公司内部传递信息，确保能够将决策层的战略、政策、制度及相关规定等信息及时传达给员工；加强对信息系统开发与维护、访问与变更、数据输入与输出、文件储存与保管、网络安全等方面的控制，保证信息系统安全稳定运行；通过重大事项报告制度，以及内部信息反馈机制让员工将业务经营、内部控制、风险管理中存在的问题及时向各级管理层报告；促进部门间、部门内部协调高效运作。同时，公司强调信息沟通在反舞弊工作中的作用，通过教育预防、制度保障、检查监督的方法预防、发现、惩戒舞弊行为。

报告与披露侧重于公司与外部的信息交流与反馈，公司先后制定了《关联交易管理制度》、《危机管理办法》、《信息管理制度》、《新闻管理制度》等信息披露和报告管理制度。公司设置专门部门负责对内对外的信息整合与发布、媒体关系管理及危机管理，确保了及时、真实、完整地向监管部门和外界披露相关信息，确保公司与外部投资者、客户、中介机构等有关方面之间进行有效交流，也确保了信息交流过程中发现的问题及时得到解决。

4.4.4 监督评价与纠正

公司目前正着力推行事前、事中与事后“三位一体”的风险管理和监督评价体系，对业务环节和经营管理进行持续性的全方位、全过程的监督、评价与纠正。2013年全面完成了内部控制检查评价计划，符合《企业内部控制基本规范》等监管规定和公司完善治理结构、强化内部控制体系建设的总体要求。

事前监督主要从制度建设、制度与流程检视与完善，风险信息收集、识别与监测整合等方面展开，对公司的内部控制进行事前管理；事中监控包括法律合规部的业务评审、风险管理部的业务监控、业务部门的持续监控及审计平台的过程监督；事后监督通过常规稽核、专项稽核、离任稽核、远程审计等模式发现、评价、后评价公司经营中存在的制度、流程和执行缺陷，并建立规范的后续整改跟踪程序确保改进措施得到落实，有效地提升了公司的内控水平。

4.5 风险管理

4.5.1 风险管理概况

公司认为有效的风险管理是公司得以生存、发展的关键。因此，公司建立了一套完整的风险管理体系来识别、计量、监控以及管理公司的各类风险，包括信用风险、市场风险、流动性风险、操作风险等。

公司的风险管理架构由信托决策层、风险管理部及投资评估部组成，各层级协同管理公司风险。信托决策层负责公司所有投资项目及重大事项的决策，从公司整体层面考虑项目投资是否符合公司利益；风险管理部负责制定公司整体以及各产品风控政策，负责识别、量化、监控公司整体及各产品的各项风险指标，向管理层汇报，并提供风险缓释建议；投资评估部负责公司财富、PE、物业、基建各个业务条线业务的审批，分析业务的风险及收益，并根据分析向公司决策层提供是否开展业务的建议。

公司建立了一套基于新资本协议精神的风险管理体系，公司的风险管理体系以风险加权资产（Risk Weighted Asset，RWA）计量风险、以核心资本限制公司风险承受能力、以资本充足率控制公司总体风险偏好，确保公司所承担的风险在公司的承受能力与意愿范围之内。资产风险权重越大，需要的风险费用就越多。不同的产品线代表其资产的不同风险及收益属性，按产品线做风险预算，公司能有更清晰的公司风险、收益图谱；公司能够有计划的去执行公司的投资。同时，按照业务线分配风险资本并对使用情况进行监控，鼓励各业务线在创造利润同时，注重总体风险控制，考虑风险调整后的每项投资的回报。

4.5.2 风险状况

4.5.2.1 信用风险状况

信用风险是指交易对手未能履行合同所带来的经济损失风险。公司的信用风险主要表现为：在信托贷款、资产回购、后续资金安排、担保、履约承诺等交易过程中，借款人、担保人、保管人（托管人）等交易对手不履行承诺，不能或不愿履行合约承诺而使信托资产或自有资产遭受潜在损失的可能性。

4.5.2.2 市场风险状况

市场风险是指由于市场价格或利率波动而导致的对金融工具的资产价值产生负面波动的风险，可以区分为系统性风险和非系统性风险两大类。公司所面临的市场风险主要是指由于市场价格，如利率、股票价格、债券价格等波动而造成的信托资产、自有资产损失的风险。

4.5.2.3 流动性风险

流动性风险是指公司短期内资金周转困难无力偿付到期负债而造成损失或破产的风险。本公司对流动性风险高度重视，从监控流程、制度、识别分析、压力测试等多角度进行管理，确保公司稳健经营。

4.5.2.4 操作风险状况

操作风险是指由于不完善或有问题的内部操作过程、人员、系统或外部事件而导致的直接或间接损失的风险，但不包含策略性风险和声誉风险。

4.5.2.5　其他风险状况

公司面临的其他风险有政策风险和道德风险等。政策风险是指因与公司相关的宏观政策和监管政策变化给公司经营带来的风险。道德风险主要是指由于公司内部人员蓄意违规、违法或与公司的利益主体串通而给信托受益人或公司自身带来损失的可能性。

4.5.3　风险管理

4.5.3.1　信用风险管理

公司信用风险管理主要通过对交易对手的信用评级和尽职调查进行事前控制；通过设定抵（质）押担保措施、引入风险转移措施、风险定价等手段规避或减少信用风险；通过贷后交易对手持续跟踪信用评价进行事后控制。公司强调风险管理关口前移，注重业务管理的调研和过程控制，通过设置信用级别底限、单一信用风险限额、行业风险集中度等措施控制公司信用风险敞口。公司资产分类和准备金计提严格执行中国银行业监督管理委员会制订的贷款质量五级分类管理的规定。

2013 年公司将信用评级作为控制信用风险的重要措施之一，对信用类业务均要求评估或提供交易对手的信用级别。在已发生的信托业务后续运营期间，为做好事后信用风险管理，对交易对手的信用状况做持续跟踪评价，根据交易对手公布的财务数据和经营状况，评价信用变化状况，并向管理层报送相关报告。

为尽量减少由于资料失真对信用风险评估所带来的重大负面影响，公司注重对于信托项目或交易对手的尽职调查工作。一方面由投资评估团队开展现场尽职调查；另一方面聘请外部专业机构开展交易对手财务尽职调查和法律尽职调查，评估项目是否存在信用风险。

为提升内部信用评级的能力，购买了外部的行业信用评级模型，同时内部团队建立了 10 个行业信用评级模型，初步搭建平安信托的内部信用评级标准，评级标准不断优化和完善，保证信用评级标准的公平、稳定和适当公开。另外，基本按照行业建立不同专家专业负责制度，进一步提升对交易对手信用风险的专业判断和把控力。

为减少信用风险可能带来的损失，公司在固有业务和信托业务中均大力推进抵（质）押担保措施，缓冲交易对手违约可能带来的损失风险，在违约风险（PD）不变的情况下，降低违约损失率（LGD）。

4.5.3.2　市场风险管理

公司通过使用对各种有市场风险敞口的资产进行组合化管理，设置各种资产的头寸限额和指标，来达到控制市场风险的目的。具体包括：通过设置单一交易资产集中度限额，避免某一单一交易资产承担过大的的市场风险；通过对每个资产组合的单日风险价值（Valueat Risk，VaR）进行限额管控，以达到对组合的市场风险敞口进行限制；通过设定相应的止损限额 确保公司的损失最小化，公司严格履行受托人的尽职管理职责，严格按照信托文件进行操作和处理信托事务，均符合相关规定。公司投资涉足各个行业和领域，使得整个公司较好地将风险分散在不同的层面。

根据公司目前所面临的市场风险，主要采用的市场风险监控指标是风险价值。VaR 是一种应用广泛的市场定量工具，是用来评价包括利率风险在内的各种市场风险的概念。其具体度量值定义为在足够长的一个计划期内，在一种可能的市场条件变化之下市场价值变动的最大可能性。它是在市场正常波动情形下对资产组合可能损失的一种统计测度。VaR 分析方法的优点是在于其分析方法可以测量不同市场、不同金融工具构成的复杂的证券组合和不同业务部门的总体市场风险。而且 VaR 提供了统一的方法来测量风险，因此公司管理层可以比较不同业务部门或者产品之间的风险大小，进行绩效评估，设定风险限额。

4.5.3.3　操作风险管理

公司继续监控操作风险的关键风险指标（KRI），通过设计分层级关键风险指标（KRI）监测公司操作风险，对比 KRI 的运行趋势和实际发生的操作风险，验证 KRI，并对其不断完善。同时定期执行 KRI 的运行趋势报告，对监控期间公司发生的操作风险向管理层报告。在风险数据库的基础上，公司根据新资本协议的模型验证方法，选择合适的评估模型。

在以上定量分析操作风险的同时，公司也加强内部流程的操作风险管理，规范各部门的操作风险管理责任，降低公司操作风险。操作风险主要来源于人为失误和利益驱动。为此，公司将逐步优化 IT 操作系统，实施人机复核，减少人为失误事件。公司同时也不断优化业务流程，避免利益驱动带来的操作风险事件。2013 年，本公司发布《关键岗位员工行为准则》，严格禁止利用岗位上的便利谋取利益，明确罚则与公司各类行为准则的处理一致，规范各类关键岗位人员执业行为，加强信托公司关键岗位员工的自我管理，维护公司利益。同时，将进一步跟踪投资审批决策流程后的公司经营活动，跟踪各投资决策风控措施的落实，保证投资活动中的风控措施落到实处。

信托的本质是代客理财，公司通过各种措施降低客户投资风险，保障客户利益以及公司的长远发展。2013 年公司加大了销售过程中的操作风险的管理。

一是规范、全面的披露信托产品风险，在 2013 年销售风险披露工作基础上，将《风险申明书》拓宽到全产品线，要求投资者亲笔抄写针对特定产品的风险披露内容的确认文字；同时在系统上投入大量资源，设置了相应的控制措施，要求每个合格投资者提交该份申明书，并对揭示书签署执行情况进行月度统计、报告管理层，促使投资者购买符合自身承受能力的信托产品有效地帮助客户全面了解特定产品的各类风险点。

二是对客户适当性管理进行了大量深入研究，开发了基于客户风险承受能力的风险适配模型，客户在认购产品前进行风险偏好测试，将其与产品的风险五级分类进行匹配，确保公司在募资过程中，对投资者风险承受能力进行评估，明确具有一定资本实力、对投资风险有一定认识，并可以接受相应损失的投资者才能认购信托产品，确保客户认购产品在其风险承受能力范围以内；对于风险超配客户，在流程管理上要求销售总监对其进行投资再教育，提醒其风险承受能力不适应该产品的风险程度，如果客户希望继续购买产品，需要再次亲笔签署《投资风险确认函》。

从系统上线实施后定期跟踪情况看，截至 2013 年末，公司总共完成了 412 个新发行信托产品风险等级分类，并对 7 716 名预约客户完成风险匹配度测试，在 146 名超配客户有中 117 名客户完成投资风险确认函签署，适配率达 98.1%（表示项目上线后购买新产品的个人客户中，有 98.1% 的“准客户”是购买的与其风险承受能力相匹配的信托产品，100% 的个人客户认可其购买产品的投资风险，并已在公司保留有确定认购相应产品的投资风险确认文件，0.4%的“准客户”因为风险不匹配，或者其他原因改变或延迟了原投资计划），有效地降低了销售过程中发生风险事件的可能性。有效地降低了销售过程中发生风险事件的可能性。

4.5.3.4 流动性风险管理

本公司在流动性风险的管理工作中，坚持定性定量分析相结合。测算资产负债久期比，判断资产负债结构是否合理，分析当月公司的投资情况，未来数月的资金计划情况，计量公司的资金流入、流出金额，确定资金流动性缺口大小，识别判断公司的流动性风险；定期发送报告，对公司、产品的运行做到持续监控。此外，为了更好地了解公司、产品流动性风险，提高公司、产品的抗风险能力，本公司还采取多种有效手段检测流动性风险，如通过历史情景分析公司的流动性状况，通过压力测试检测公司、产品的承压能力，并定期对模型进行调整和更新等。

4.5.3.5 其他风险管理

2013 年公司通过加强对宏观政策和监管规定的调查研究，加强与监管部门和行业间的沟通、联系，以尽可能准确地判断分析宏观政策和监管政策的未来趋势，来管理政策风险。

坚持“遵纪守法”、“守法 +1”的经营方针和经营宗旨，保证公司的各项业务在完全合法合规的前提下开展。公司主要通过制度规范和加强员工职业道德培训来防范道德风险。严格履行受托人的监管义务，妥善管理信托投资项目，把道德风险控制在最低限度。

2013 年随着房地产行业系统性风险加大，公司加大了对交易对手信用风险的关注，对项目设定了严格的风控措施，投后持续跟踪，本公司的房地产信托均成功实现了兑付，信用风险稳定可控；对资金池类信托，面对市场流动性紧张的情况，本公司通过事前预警、事中监控，严格控制产品流动性风险，成功缓解了钱荒带来的流动性冲击。

5. 会计报表

5.1 自营资产

5.1.1 会计师事务所审计结论

审 计 报 告

普华永道中天审字(2014)第 21604 号

平安信托有限责任公司董事会：

我们审计了后附的平安信托有限责任公司的财务报表，包括 2013 年 12 月 31 日的合并及公司资产负债表，2013 年度的合并及公司利润表、合并及公司所有者权益变动表和合并及公司现金流量表以及财务报表附注。

一、管理层对财务报表的责任

编制和公允列报财务报表是平安信托有限责任公司管理层的责任。这种责任包括：(1)按照企业会计准则的规定编制财务报表，并使其实现公允反映；(2)设计、执行和维护必要的内部控制，以使财务报表不存在由于舞弊或错误导致的重大错报。

二、注册会计师的责任

我们的责任是在执行审计工作的基础上对财务报表发表审计意见。我们按照中国注册会计师审计准则的规定执行了审计工作。中国注册会计师审计准则要求我们遵守中国注册会计师职业道德守则，计划和执行审计工作以对财务报表是否不存在重大错报获取合理保证。

审计工作涉及实施审计程序，以获取有关财务报表金额和披露的审计证据。选择的审计程序取决于注册会计师的判断，包括对由于舞弊或错误导致的财务报表重大错报风险的评估。在进行风险评估时，注册会计师考虑与财务报表编制和公允列报相关的内部控制，以设计恰当的审计程序，但目的并非对内部控制的有效性发表意见。审计工作还包括评价管理层选用会计政策的恰当性和作出会计估计的合理性，以及评价财务报表的总体列报。

我们相信，我们获取的审计证据是充分、适当的，为发表审计意见提供了基础。

三、审计意见

我们认为，上述平安信托有限责任公司的财务报表在所有重大方面按照企业会计准则的规定编制，公允反映了平安信托有限责任公司 2013 年 12 月 31 日的合并及公司财务状况以及 2013 年度的合并及公司经营成果和现金流量。

普华永道中天会计师事务所(特殊普通合伙)注册会计师

陈岸强

中国·上海市　　注册会计师　罗　剑

2014 年 3 月 20 日

5.1.2 资产负债表

单位：万元

资产	本集团		本公司	
	期末数	期初数	期末数	期初数
货币资金	1 901 373.24	1 686 550.41	44 948.05	212 477.96
结算备付金	155 350.91	71 079.51	—	—
以公允价值计量且其变动计入当期损益的金融资产	329 719.84	687 380.23	—	—
买入返售金融资产	512 345.57	252 514.00	—	—
衍生金融资产	—	382.14	—	—
应收利息	73 261.98	53 094.32	329.09	111.84
应收账款	74 989.34	61 442.61	—	—
发放贷款及垫款	656 600.65	117 563.68	2 948.56	7 525.26

续表

资产	本集团		本公司	
	期末数	期初数	期末数	期初数
存出保证金	86 276.94	37 990.25	—	—
存货	43 950.96	111 859.68	—	—
可供出售金融资产	2 604 859.07	1 886 375.55	654 249.68	393 955.47
长期股权投资	1 076 216.40	707 001.98	662 516.36	616 501.90
商誉	279 245.90	279 245.90	—	—
投资性房地产	51 122.21	67 891.66	—	—
固定资产	149 892.85	156 776.44	2 458.92	4 024.44
无形资产	1 097 989.00	449 769.53	1 322.90	1 044.75
递延所得税资产	110 782.66	21 013.96	14 304.08	9 138.63
其他资产	933 025.71	741 800.80	473 236.11	362 455.76
资产总计	10 137 003.23	7 389 732.65	1 856 313.75	1 607 236.01

5.1.2 资产负债表（续）

单位：万元

负债及所有者权益	本集团		本公司	
	期末数	期初数	期末数	期初数
短期借款	379 780.01	134 792.95	—	—
拆入资金	284 900.00	20 000.00	—	—
卖出回购金融资产款	1 882 051.53	1 885 658.44	—	—
代理买卖证券款	1 022 825.33	872 173.87	—	—
应付账款	47 071.33	38 437.57	—	—
预收账款	486 900.85	430 705.58	—	—
应付职工薪酬	108 543.83	86 884.64	24 237.06	21 769.65
应交税费	79 001.08	56 375.87	27 997.54	28 726.52
应付利息	52 832.57	14 037.49	—	—
长期借款	777 883.97	180 800.00	—	—
递延所得税负债	182 873.51	115 065.03	—	—
衍生金融负债	398.93	—	—	—
其他负债	1 520 017.33	407 588.14	90 684.82	42 073.39
负债合计	6 825 080.27	4 242 519.58	142 919.42	92 569.56
实收资本	698 800.00	698 800.00	698 800.00	698 800.00
资本公积	242 279.40	321 228.15	232 552.34	225 267.77
盈余公积	82 283.60	63 139.27	82 283.60	63 139.27
一般风险准备	64 845.80	49 357.46	64 845.80	49 357.46
未分配利润	1 371 619.84	1 198 180.71	634 912.59	478 101.95
外币报表折算差额	−1 268.43	−209.66	—	—
归属于母公司所有者权益合计	2 458 560.21	2 330 495.93	1 713 394.33	1 514 666.45
少数股东权益	853 362.75	816 717.14	—	—
所有者权益合计	3 311 922.96	3 147 213.07	1 713 394.33	1 514 666.45
负债和所有者权益总计	10 137 003.23	7 389 732.65	1 856 313.75	1 607 236.01

5.1.3 利润表

单位:万元

项目	本集团		本公司	
	本期数	上期数	本期数	上期数
一、营业总收入	1 745 301.39	1 446 529.56	436 303.89	372 805.73
利息收入	149 911.08	57 156.46	-1 103.53	8 330.81
手续费及佣金收入	568 926.55	482 496.35	294 341.60	296 113.49
营业收入	477 005.39	407 337.22	—	—
投资收益	296 116.87	261 854.90	142 651.29	67 991.56
公允价值变动损失	-5 189.82	10 551.95	—	247.13
汇兑损益	683.44	5.28	-48.39	-3.96
其他业务收入	257 847.88	227 127.40	462.92	126.70
二、营业总支出	-1 374 856.92	-1 061 825.84	-219 143.86	-181 171.82
利息支出	-195 210.88	-106 062.94	-0.18	-40.03
手续费及佣金支出	-98 472.52	-89 111.84	-82 705.07	-69 054.14
营业成本	-171 702.62	-169 034.79	—	—
营业税金及附加	-61 087.56	-54 134.11	-16 551.01	-16 870.37
业务及管理费	-721 814.36	-578 947.21	-94 699.13	-95 250.94
资产减值损失	-33 860.91	-6 400.88	-25 011.72	225.34
其他业务成本	-92 708.07	-58 134.07	-176.75	-181.68
三、营业利润	370 444.47	384 703.72	217 160.03	191 633.91
加:营业外收入	7 817.79	2 928.91	1 243.90	183.27
减:营业外支出	-29 519.78	-8 340.34	-179.62	-6869.71
四、利润总额	348 742.48	379 292.29	218 224.31	184 947.47
减:所得税费用	-81 731.74	-86 412.35	-26 781.00	-31 991.51
五、净利润	267 010.74	292 879.94	191 443.31	152 955.96
归属于母公司所有者的净利润	208 071.80	269 599.45	—	—
少数股东损益	58 938.94	23 280.49	—	—
六、其他综合收益/(亏损)	-86 421.95	97 009.78	7 284.58	-3 279.31
七、综合收益/(亏损)总额	180 588.79	389 889.72	198 727.89	149 676.65
归属母公司所有者的综合收益/(亏损)总额	126 712.45	362 421.79	—	—
归属少数股东的综合收益/(亏损)总额	53 876.34	27 467.93	—	—

5.1.4 所有者权益变动表

2013 年度

单位：万元

项　目	本集团								本公司					
	归属于母公司所有者权益						少数股东权益	所有者权益合计						
	实收资本	资本公积	盈余公积	一般风险准备	未分配利润	外币报表折算差额			实收资本	资本公积	盈余公积	一般风险准备	未分配利润	所有者权益合计
一、年初余额	698 800.00	321 228.15	63 139.27	49 357.46	1 198 180.71	-209.67	816 717.14	3 147 213.06	698 800.00	225 267.77	63 139.27	49 357.46	478 101.95	1 514 666.45
二、本年增减变动金额														
（一）净利润	—	—	—	—	208 071.80	—	58 938.94	267 010.74	—	—	—	—	191 443.31	191 443.31
（二）其他综合收益	—	-80 300.59	—	—	—	-1 058.76	-5 062.60	-86 421.95	—	7 284.57	—	—	—	7 284.57
综合收益总额	—	-80 300.59	—	—	208 071.80	-1 058.76	53 876.34	180 588.79	—	7 284.57	—	—	191 443.31	198 727.88
（三）利润分配	—	—	—	—	—	—	—	—	—	—	—	—	—	—
1. 提取盈余公积	—	—	19 144.33		-19 144.33	—	—	—	—	—	19 144.33	—	-19 144.33	—
2. 提取一般风险准备	—	—	—	15 488.34	-15 488.34	—	—	—	—	—		15 488.34	-15 488.34	—
（四）向少数股东分红	—	—	—	—	—	—	-29 452.05	-29 452.05	—	—	—	—	—	—
（五）与少数股东的权益性交易	—	-885.57	—	—	—	—	3 409.81	2 524.24	—	—	—	—	—	—
（六）其他	—	2 237.41	—	—	—	—	8 811.51	11 048.92	—	—	—	—	—	—
三、年末余额	698 800.00	242 279.40	82 283.60	64 845.80	1 371 619.84	-1 268.43	853 362.75	3 311 922.96	698 800.00	232 552.34	82 283.60	64 845.80	634 912.59	1 713 394.33

2012 年度

单位：万元

项　目	本集团								本公司					
	归属于母公司所有者权益						少数股东权益	所有者权益合计						
	实收资本	资本公积	盈余公积	一般风险准备	未分配利润	外币报表折算差额			实收资本	资本公积	盈余公积	一般风险准备	未分配利润	所有者权益合计
一、年初余额	698 800.00	230 327.67	47 843.67	35 426.01	957 808.31	-213.62	215 932.04	2 185 924.08	698 800.00	228 547.08	47 843.67	35 426.01	354 373.04	1 364 989.80
二、本年增减变动金额														
（一）净利润	—	—	—	—	269 599.45		23 280.49	292 879.94	—	—	—	—	152 955.96	152 955.96
（二）其他综合收益	—	92 818.38	—	—	—	3.96	4 187.44	97 009.78	—	-3 279.31	—	—	—	-3 279.31
综合收益总额	—	92 818.38	—	—	269 599.45	3.96	27 467.93	389 889.72	—	-3 279.31	—	—	152 955.96	149 676.65
（三）利润分配														
1. 提取盈余公积	—	—	15 295.60	—	-15 295.60	—	—	—	—	—	15 295.60		-15 295.60	—
2. 提取一般风险准备	—	—	—	13 931.45	-13 931.45	—	—	—	—	—		13 931.45	-13 931.45	—
向少数股东分红	—	—	—	—	—	—	-14 306.49	-14 306.49	—	—	—	—	—	—
（四）收购子公司	—	—	—	—	—	—	422 231.15	422 231.15	—	—	—	—	—	—
（五）处置子公司	—	—	—	—	—	—	-100 584.05	-100 584.05	—	—	—	—	—	—
（六）与少数股东的权益性交易	—	-13 714.52	—	—	—	—	213 164.46	199 449.94	—	—	—	—	—	—
（七）其他	—	11 796.62	—	—	—	—	52 812.10	64 608.72	—	—	—	—	—	—
三、年末余额	698 800.00	321 228.15	63 139.27	49 357.46	1 198 180.71	-209.66	816 717.14	3 147 213.07	698 800.00	225 267.77	63 139.27	49 357.46	478 101.95	1 514 666.45

5.2 信托资产

5.2.1 信托项目资产负债汇总表

单位:万元

信托资产	期末数	期初数	信托负债	期末数	期初数
货币资金	656 989.04	1 257 607.25	应付受托人报酬	62 135.26	66 357.17
拆出资金	—	—	应付托管费	6 528.16	4 340.50
存出保证金	90 529.02	—	应付受益人收益	97 909.21	17 365.94
交易性金融资产	1 463 582.12	1 431 643.49	应交税费	29 177.14	24 930.85
买入返售金融资产	2 953 959.31	1 127 506.45	应付销售服务费	—	—
应收款项	1 215 690.73	959 558.07	其他应付款项	271 057.72	445 730.47
发放贷款	13 522 440.70	10 625 787.36	其他负债	—	—
可供出售金融资产	5 221 924.90	1 704 130.91	信托负债合计	466 807.49	558 724.93
持有至到期投资	256 819.94	—	信托权益		
长期股权投资	3 579 999.84	3 542 657.79	实收信托	27 636 367.30	20 152 964.11
投资性房地产	70 018.30	134 022.28	资本公积	181 544.18	55 206.43
固定资产	—	2 145.17	未分配利润	747 234.93	435 577.29
其他资产	—	417 413.99	信托权益合计	28 565 146.41	20 643 747.83
资产总计	29 031 953.90	21 202 472.76	负债和权益总计	29 031 953.90	21 202 472.76

5.2.2 信托项目利润及利润分配汇总表

单位:万元

项目	本期数	上期数
一、营业收入	2 845 095.47	2 095 642.18
利息收入	1 189 298.54	1 056 385.26
投资收入	1 635 457.13	928 537.99
租赁收入	10 025.44	25 244.40
公允价值变动损益	-10 320.02	53 836.78
汇兑损益	27.05	90.64
其他收入	20 607.33	31 547.11
二、营业费用	322 064.09	356 364.16
三、营业税金及附加	27 767.64	18 864.93
加:营业外收入	6.31	0.03
减:营业外支出	—	23.92
四、扣除资产减值损失前的信托利润	2 495 270.05	1 720 389.20
减:资产减值损失	—	—
五、净利润	2 495 270.05	1 720 389.20
加:期初未分配信托利润	435 577.29	400 518.28
六、可供分配的信托利润	2 930 847.34	2 120 907.48
减:本期已分配信托利润	2 183 612.41	1 685 330.19
七、期末未分配信托利润	747 234.93	435 577.29

6. 会计报表附注

6.1 会计报表编制基准不符合会计核算基本前提的说明

6.1.1 公司会计报表编制基准不存在不符合会计核算基本前提的情况

6.1.2 公司财务报表是据财政部于2006年2月及以后期间颁布的《企业会计准则——基本准则》和具体会计准则、企业会计准则应用指南、企业会计准则解释以及其他相关规定(统称企业会计准则)编制;此外,编制本财务报表时,本集团与平安集团公司一致,提前采用了财政部于2014年2月17日颁布的《企业会计准则第33号——合并财务报表》。

6.1.3 计提资产减值准备的范围和方法

金融资产。本集团于资产负债表日对金融资产的账面价值进行检查,有客观证据表明该金融资产发生减值的,计提减值准备。

递延所得税资产。本集团于资产负债表日对递延所得税资产的账面价值进行复核,如果未来期间很可能无法获得足够的应纳税所得额用以抵扣递延所得税资产的利益,减记递延所得税资产的账面价值。

存货。于资产负债表日,存货按照成本与可变现净值孰低计量。当其可变现净值低于成本时,提取存货跌价准备。

其他资产。本集团于资产负债表日判断资产是否存在可能发生减值的迹象,存在减值迹象的,本集团将估计其可收回金额,进行减值测试。

6.1.4 金融资产分类的范围和标准

本集团的金融资产于初始确认时分类为:以公允价值计量且其变动计入当期损益的金融资产、贷款和应收款项、可供出售金融资产。本集团在初始确认时确定金融资产的分类。金融资产在初始确认时以公允价值计量。对于以公允价值计量且其变动计入当期损益的金融资产,相关交易费用直接计入当期损益,其他类别的金融资产相关交易费用计入其初始确认金额。

6.1.5 交易性金融资产核算方法

以公允价值计量且其变动计入当期损益的金融资产,包括交易性金融资产和初始确认时指定为以公允价值计量且其变动计入当期损益的金融资产。交易性金融资产,是指满足下列条件之一的金融资产:取得该金融资产的目的是为了在短期内出售;属于进行集中管理的可辨认金融工具组合的一部分,且有客观证据表明企业近期采用短期获利方式对该组合进行管理;属于衍生工具,但是,被指定且为有效套期工具的衍生工具、属于财务担保合同的衍生工具、与在活跃市场中没有报价且其公允价值不能可靠计量的权益工具投资挂钩并须通过交付该权益工具结算的衍生工具除外。对于此类金融资产,采用公允价值进行后续计量，所有已实现和未实现的损益均计入当期损益。与以公允价值计量且其变动计入当期损益的金融资产相关的股利或利息收入，计入当期损益。

6.1.6　可供出售金融资产核算方法

可供出售金融资产是指初始确认时即指定为可供出售的非衍生金融资产，以及除上述金融资产类别以外的金融资产。对于此类金融资产，采用公允价值进行后续计量。其折价或溢价采用实际利率法进行摊销并确认为利息收入或费用。除减值损失及外币货币性金融资产的汇兑差额确认为当期损益外，可供出售金融资产的公允价值变动作为其他综合收益于资本公积中确认，直到该金融资产终止确认或发生减值时的累计利得或损失转入当期损益。与可供出售金融资产相关的股利或利息收入，计入当期损益。

对于在活跃市场中没有报价且其公允价值不能可靠计量的权益工具投资，按成本计量。

6.1.7　长期股权投资核算方法

本集团对被投资单位不具有共同控制或重大影响，且在活跃市场中没有报价、公允价值不能可靠计量的长期股权投资，采用成本法核算。

本集团对被投资单位具有共同控制或重大影响的，长期股权投资采用权益法核算。本公司能够对被投资单位实施控制的长期股权投资，在本公司个别财务报表中采用成本法核算。

6.1.8　投资性房地产核算方法

投资性房地产按照成本进行初始计量。与投资性房地产有关的后续支出，如果与该资产有关的经济利益很可能流入且其成本能够可靠地计量，则计入投资性房地产成本。否则，于发生时计入当期损益。

6.1.9　固定资产计价和折旧方法

固定资产仅在与其有关的经济利益很可能流入本集团，且其成本能够可靠地计量时才予以确认。与固定资产有关的后续支出，符合该确认条件的，计入固定资产成本，并终止确认被替换部分的账面价值；否则，在发生时计入当期损益。

固定资产按照成本进行初始计量，并考虑预计弃置费用因素的影响。购置固定资产的成本包括购买价款，相关税费，以及为使固定资产达到预定可使用状态前所发生的可直接归属于该资产的其他支出。

固定资产的折旧采用年限平均法计提，各类固定资产的预计使用寿命、预计净残值率及年折旧率。

项目	预计使用寿命（年）	预计净残值率（%）	年折旧率（%）
房屋及建筑物	20～40	1～10	2.25～4.75
办公及通讯设备	3～15	0～10	6.00～33.33
运输设备	5～10	1～10	9.00～19.80

本集团至少于每年年度终了，对固定资产的使用寿命、预计净残值和折旧方法进行复核，必要时进行调整。

6.1.10　无形资产计价及摊销政策

无形资产仅在与其有关的经济利益很可能流入本集团，且其成本能够可靠地计量时才予以确认，并以成本进行初始计量。但企业合并中取得的无形资产，其公允价值能够可靠地计量的，即单独确认为无形资产并按照公允价值计量。

无形资产按照其能为本集团带来经济利益的期限确定使用寿命，无法预见其为本集团带来经济利益期限的作为使用寿命不确定的无形资产。

各项无形资产的预计使用寿命：

项目	预计使用寿命
高速公路收费经营权	20～30年
土地使用权	30～50年
计算机软件系统	3～5年
商标权	20～40年、无确定年限
专利权及其他专利技术	8～14年
合同权益	2～28年
客户关系	14年

本集团用以取得高速公路收费经营权的支出已资本化为无形资产，期后以直线法在合同期限内进行摊销。

本集团取得的土地使用权，通常作为无形资产核算。

6.1.11　长期待摊费用的摊销政策

公司长期待摊费用按实际发生额核算，在项目的受益期限内分期平均摊销。

6.1.12　合并会计报表的编制方法

合并财务报表的合并范围以控制为基础确定，包括本公司及全部子公司截至2013年12月31日年度的财务报表。子公司是指被本公司控制的企业或主体。

编制合并财务报表时，子公司采用与本公司一致的会计年度和会计政策。本集团内部各公司之间的所有交易产生的余额、交易和未实现损益及股利于合并时对重大往来交易进行抵销。

6.1.13　收入确认原则和方法

本集团各项业务的收入在经济利益很可能流入本集团、且金额能够可靠计量，并同时满足下列条件时予以确认。

6.1.13.1　手续费及佣金收入

信托业务手续费及佣金收入包括本集团从事信托业务而收取的信托报酬等。本集团作为信托业务受托人取得的信托报酬，在相关服务已经提供且根据信托合同约定，收取的金额可以可靠计量时确认为收入。

证券、期货代理买卖佣金收入和货币经纪业务手续费及佣金收入，于所提供的服务完成时予以确认。证券承销收入，于证券承销完成时确认收入。

基金手续费收入是指本集团按权责发生制在开放式证券投资基金投资者申购、赎回或转换申请获得确认，且收到价款或取得收取价款的证据时，确认基金手续费收入。

6.1.13.2　利息净收入

利息收入和利息支出都按存出资金或让渡资金的使用权的时间及实际利率计算确定。

6.1.13.3　销售商品收入

本集团已将商品所有权上的主要风险和报酬转移给购货方，并不再对该商品保留通常与所有权相联系的继续管理权和实施有效控制，且相关的已发生或将发生的成本能够可靠地计量，确认为收入的实现。

6.1.13.4　提供劳务收入

于资产负债表日，本集团在提供劳务交易的结果能够可靠估计的情况下，按完工百分比法确认提供劳务收入；否则按已经发生并预计能够得到补偿的劳务成本金额确认收入。

提供劳务收入包括积分管理收入、物业管理费收入以及基金管理费收入等。

6.1.14 所得税的会计处理方法

所得税包括当期所得税和递延所得税。除由于企业合并产生的调整商誉,或与直接计入所有者权益的交易或者事项相关的计入所有者权益外,均作为所得税费用或收益计入当期损益。

6.1.15 信托报酬确认原则和方法

根据信托合同规定的计提方法、计提标准确认应由信托项目承担的受托人报酬。

6.2 或有事项说明

报告期末,公司无对外担保及其他或有事项。

6.3 重要资产转让及其出售的说明

报告期内,公司无需披露的重要资产转让及其出售。

6.4 会计报表中重要项目的明细资料

6.4.1 自营资产经营情况

6.4.1.1 信用资产风险分类情况

本公司报告期的信用风险资产分类情况。

信用风险资产五级分类	正常类(万元)	关注类(万元)	次级类(万元)	可疑类(万元)	损失类(万元)	信用风险资产合计(万元)	不良资产合计(万元)	不良资产率(%)
期初数	1 181 606.70	2 398.52	1 423.60	160.63	944.51	1 186 533.96	2 528.74	0.21
期末数	1 552 513.97	1 087.32	603.81	481.20	26 259.07	1 580 945.37	27 344.08	1.73

注:以上资产数据未包括货币资金等非风险资产。

6.4.1.2 资产损失准备情况

本公司报告期的资产减值损失准备情况。

单位:万元

项目	期初数	本期计提	本期转回	本期核销	期末数
贷款损失准备	2 066.35	525.57	-465.25	65.00	2 191.67
一般准备	141.75	—	-65.79	—	75.96
专项准备	1 924.60	525.57	-399.46	65.00	2 115.71
其他资产减值准备	2 499.40	1 014.04	—	—	3 513.44
可供出售金融资产减值准备	5 909.33	29 163.31	—	—	35 072.64
持有至到期投资减值准备	—	—	—	—	—
长期股权投资减值准备	9 247.53	690.22	—	—	9 937.75
坏账准备	—	—	—	—	—
投资性房地产减值准备	—	—	—	—	—

6.4.1.3 投资情况

本公司报告期自营股票投资、基金投资、债券投资、长期股权投资等投资的期初数、期末数。

单位:万元

项目	自营股票	基金	债券	长期股权投资	其他投资	合计
期初数	45 530.98	—	—	616 501.90	348 424.48	1 010 457.36
期末数	24 587.04	—	—	662 516.36	629 662.64	1 316 766.04

6.4.1.4 前五名自营长期股权投资的企业情况

本公司报告期的前五名长期股权投资的企业情况。

名称	占被投资企业权益的比例(%)	主要经营活动	2013年投资损益(万元)
深圳市平安创新资本投资有限公司	100.00	投资控股	109 500.00
平安证券有限责任公司	86.77	证券投资与经纪	—
台州市商业银行股份有限公司	5.33	商业银行	1 438.97
平安大华基金管理有限公司	60.70	基金管理	—
平安利顺国际货币经纪有限责任公司	67.00	货币经纪	938.00

6.4.1.5 前五名自营贷款情况

本公司报告期的前五名自营贷款情况如下:

企业名称	占贷款总额比例(%)	还款情况
深圳市嘉捷科技发展有限公司	1.72	已逾期
深圳市宝利斯科技有限公司	1.19	已逾期
深圳市苏迪服装有限公司	0.74	已逾期
深圳市飞卓电路科技有限公司	0.73	已逾期
深圳市旺达旺五金塑胶机械有限公司	0.72	正常还款未逾期

6.4.1.6 表外业务情况

本公司报告期的表外业务情况。

表外业务	期初数	期末数
担保业务	—	—
代理业务(委托业务)	—	—
其他	—	—
合计	—	—

6.4.1.7　公司当年的收入结构

收入结构	本集团		本公司	
	金额(万元)	占比(%)	金额(万元)	占比(%)
手续费及佣金收入	568 926.55	32.45	294 341.60	67.27
其中:信托手续费收入	250 468.69	14.29	281 899.96	64.43
投资银行业务收入	38 669.86	2.21	—	—
利息收入	149 911.08	8.55	-1 103.53	-0.25
营业收入	477 005.39	27.21	—	—
租赁收入	31 405.81	1.79	—	—
物业管理费收入	7 260.74	0.41	—	—
咨询服务费	128 328.50	7.32	—	—
其他业务收入	90 852.83	5.19	462.92	0.11
其中:计入信托业务收入部分	—	—	—	—
投资收益	296 116.87	16.89	142 651.30	32.60
其中:股权投资收益	46 795.08	2.67	111 896.99	25.57
证券投资收益	195 542.65	11.15	30 754.31	7.03
其他投资收益	53 779.14	3.07	—	—
公允价值变动收益	-5 189.82	-0.30	—	—
汇兑损益	683.44	0.04	-48.39	-0.01
营业外收入	7 817.79	0.45	1 243.90	0.28
收入合计	1 753 119.18	100.00	437 547.80	100.00

6.4.2　信托财产管理情况

6.4.2.1　信托资产的期初数、期末数

单位:万元

信托资产	期初数	期末数
集合	9 595 458.12	12 449 592.14
单一	11 578 324.02	16 209 568.85
财产权	28 690.62	372 792.91
合计	21 202 472.76	29 031 953.90

6.4.2.1.1　主动管理型信托业务的信托资产期初数、期末数

单位:万元

主动管理型信托资产	期初数	期末数
证券投资类	684 808.33	2 688 168.85
股权投资类	2 236 539.05	3 598 778.26
融资类	8 286 632.12	13 994 890.71
事务管理类	3 669.99	4 800.22
其他	6 261 198.48	5 567 103.83
合计	17 472 847.97	25 853 741.87

6.4.2.1.2　被动管理型信托业务的信托资产期初数、期末数

单位:万元

被动管理型信托资产	期初数	期末数
证券投资类	—	—
股权投资类	—	4 146.10
融资类	3 554 993.68	3 140 686.57
事务管理类	58 646.02	33 378.14
其他	115 985.09	1.22
合计	3 729 624.79	3 178 212.03

6.4.2.2　本年度信托项目清算情况

6.4.2.2.1　本年度已清算结束的信托项目

已清算结束信托项目	项目个数	实收信托合计金额(万元)	加权平均实际年化收益率(%)
集合类	109	4 151 781.38	8.05
单一类	71	6 506 468.85	8.08

6.4.2.2.2　本年度已清算结束的主动管理型信托项目

已清算结束信托项目	项目个数	实收信托合计金额(万元)	加权平均实际年化收益率(%)
证券投资类	30	311 278.80	7.79
股权投资类	7	548 510.00	7.25
融资类	62	3 835 225.00	9.44
事务管理类	4	100 203.00	0.82
其他	69	5 195 239.43	7.70

6.4.2.2.3　本年度已清算结束的被动管理型信托项目

已清算结束信托项目	项目个数	实收信托合计金额(万元)	加权平均实际年化收益率(%)
证券投资类	2	203 335.00	4.29
股权投资类	—	—	—
融资类	5	452 500.00	5.30
事务管理类	1	11 959.00	1.27
其他	—	—	—

6.4.2.3　本年度新增信托项目情况

单位:万元

新增信托项目	项目个数	实收信托合计金额(万元)
集合类	298	7 987 679.19
单一类	118	8 479 931.46
财产管理类	6	360 244.69
新增合计	422	16 827 855.34
其中:主动管理型	421	16 823 709.34
被动管理型	1	4 146.00

6.4.2.4　信托业务创新成果和特色业务情况

本公司继续秉承财富管理的核心理念,持续搭建开放式产品平台建设,持续保持创新产品能力和进一步提升投资管理能力。本公司凭借在私人财富管理方面的领先优势立足资本市场和非资本市场,为客户提供专业、全方位、一站式的理财服务。

2013年,本公司调整战略布局,增加宏观研究力量,并组建海外资本市场团队积极拓展海外市场投资业务,为国内投资者全方位参与全球金融市场提供了更多渠道和机会。同时,证券投资类信托业务获得多样化发展,推出安全垫私募产品、股指期货产品、夹层等产品,挂钩产品大量发行,投资范围从美股、港股、大宗商品、高收益债券基金延伸至英股、汇率、房地产指数基金等;本公司的家族信托继续做大,并相继推出了应收账款融资、仓单融资等产品,兼顾投、融双向服务,更好的满足了客户的多样化需求。

6.4.2.5　履行受托人义务情况

本公司作为信托项目的受托人,严格按照《中华人民共和国信托法》、《信托公司管理办法》、《信托公司集合资金信托计

划管理办法》等法律法规的规定及信托合同等文件的约定，恪尽职守，诚实、信用、谨慎、有效地管理信托财产，严格履行受托人的义务，为受益人的最大利益处理信托事务，公平、公正地处置信托财产。本年度无因本公司自身责任而导致的信托财产损失情况。

6.4.2.6　信托赔偿准备金提取、使用和管理情况

根据《信托公司管理办法》的规定，信托赔偿准备金按照税后利润的5%提取，累计总额达到公司注册资本的20%时，可不再提取。截至2013年末，本公司提取的信托赔偿准备金余额为41 131.62万元。

6.5　关联方关系及其交易

6.5.1　关联方交易

本公司报告期关联交易方的数量、关联交易的总金额及关联交易的定价政策等如下：

	关联交易方的数量	关联交易总金额（万元）	定价政策
合计	13	4 867 698.64	本公司2013年发生的关联方交易均根据一般正常的交易条件进行，并以市场价格作为定价依据

6.5.2　关联交易方

报告期涉及关联交易的关联方情况如下：

关系性质	关联方名称	法定代表人	注册地址	注册资本（万元）	主营业务
母公司控制的公司	中国平安人寿保险股份有限公司	丁新民	深圳	3 380 000	人身保险
母公司控制的公司	平安科技（深圳）有限公司	陈心颖	深圳	3 000万美元	IT服务
母公司控制的公司	深圳平安不动产有限公司	邹益民	深圳	200 000	投资管理
母公司控制的公司	平安银行股份有限公司	孙建一	深圳	952 075	银行
母公司控制的公司	平安数据科技（深圳）有限公司	顾敏[注]	深圳	3 000万美元	信息技术和业务流程外包服务
合并子公司	深圳市平安创新资本投资有限公司	童恺	深圳	400 000	投资控股
合并子公司	深圳市平安置业投资有限公司	宋成立	深圳	180 000	房地产投资
合并子公司	深圳市平安德成投资有限公司	封群	深圳	30 000	投资咨询
合并子公司	玉溪平安置业有限公司	杨敬玉	玉溪	3 850	物业出租
合并子公司	平安大华基金管理有限公司	杨秀丽	深圳	30 000	基金投资
合并子公司	深圳平安大华汇通财富管理有限公司	李克难	深圳	3 000	资产管理
合并子公司	安徽新中侨基建投资有限公司	李宇航	合肥	35 000	高速公路
合并子公司	北京汇安投资管理有限公司	元磊	北京	300	投资咨询

注：顾敏于2014年1月15日起退任平安数据科技（深圳）有限公司董事长职务，由陈心颖担任董事长职务。

6.5.3　本公司与关联方的重大交易事项

6.5.3.1　固有与关联方交易情况

单位：万元

固有与关联方关联交易				
	期初	借方发生额	贷方发生额	期末数
贷款	—	—	—	—
投资	—	—	—	—
租赁	—	—	—	—
担保	—	—	—	—
应收账款	—	—	—	—
其他	30 448.21	12 590.21	30 519.56	12 518.86
合计	30 448.21	12 590.21	30 519.56	12 518.86

6.5.3.2　信托与关联方交易情况

单位：万元

信托与关联方关联交易				
	期初数	借方发生额	贷方发生额	期末数
贷款	19 500.00	475 263.84	4 000.00	490 763.84
投资	—	432 457.89	—	432 457.89
租赁	—	—	—	—
担保	—	—	—	—
应收账款	—	—	—	—
其他	2 545 071.99	1 720 236.04	333 349.98	3 931 958.05
合计	2 564 571.99	2 627 957.77	337 349.98	4 855 179.78

6.5.3.3　固有与信托财产之间交易情况

单位：万元

固有财产与信托财产相互交易			
	期初数	本期发生额	期末数
合计	560 918.37	306 091.60	867 009.97

6.5.3.4　信托项目之间交易情况

单位：万元

信托财产与信托财产相互交易			
	期初数	本期发生额	期末数
合计	7 954 123.44	2 667 242.74	10 621 366.18

6.5.4　报告期，无关联方逾期未偿还本公司资金的事项以及无本公司为关联方担保发生或即将发生垫款的事项。

6.6　会计制度的披露

公司固有业务自2007年起执行新《企业会计准则——基本准则》（财政部2006年颁布）；并与母公司中国平安保险（集团）股份有限公司一致，提前采用了财政部于2014年2月17日颁布的《企业会计准则第33号——合并财务报表》。

公司信托业务自2009年起执行新《企业会计准则——基本准则》（财政部2006年颁布）。

7. 财务情况说明书

7.1　利润实现和分配情况

报告期本公司实现净利润191 443.31万元，期初未分配

利润为 478 101.95 万元，提取盈余公积 19 144.33 万元，提取一般风险准备 15 488.34 万元，期末累计未分配利润为 634 912.59万元。为了更好地支持业务发展，公司决定 2013 度不对股东派发股利。

报告期本集团实现净利润 267 010.74 万元，期末累计未分配利润为 1 371 619.84 万元。

7.2 主要财务指标

本公司报告期的主要财务指标如下：

指标名称	指标值		计算公式
	本公司	本集团	
资本利润率（%）	11.86	8.27	净利润/所有者权益平均余额×100%
人均净利润（万元）	219.55	306.20	净利润/年平均人数

7.3 对本公司财务状况、经营成果有重大影响的其他事项

报告期内，没有对本公司财务状况、经营成果有重大影响的其他事项。

8. 特别事项揭示

8.1 前五名股东报告期内变动情况及原因

报告期内，本公司股东没有发生变动。

单位：%

股东名称	期初持股比例	期末持股比例
中国平安保险（集团）股份有限公司	99.88	99.88
上海市糖业烟酒（集团）有限公司	0.12	0.12
合计	100.00	100.00

8.2 董事、监事及高级管理人员变动情况及原因

报告期内，公司董事、监事人员没有变动，高级管理人员新聘任了顾攀先生、李萌先生为总经理助理，何勇先生因个人原因不再担任公司副总经理。

8.3 更注册资本、变更注册地或公司名称、公司分立合并事项

报告期内，注册资本、注册地或公司名称变更、公司分立合并事项均未发生。

8.4 公司的重大诉讼事项

报告期内，公司没有重大诉讼事项发生。

8.5 公司及其董事、监事和高级管理人员受到处罚的情况

报告期内，公司及其董事、监事和高级管理人员依法经营，没有违法、违规及受到监管部门处罚的事项发生。

8.6 中国银监会及其派出机构对公司检查的情况

2013 年 1 月，深圳银监局对公司内部控制检查情况出具了现场检查意见书（深银监发［2013］14 号），对公司法人治理结构、内部组织架构、风险管理机制、固有业务和信托业务制度等方面给予了充分肯定，同时也对日常经营情况提出检查意见。公司高度重视，积极组织相关部门召开专题会议，深入分析检查意见，制订了优化方案和行动计划，并及时向深圳银监局提交了《关于对〈现场检查意见书〉反馈意见的报告》。2013 年，公司采取有效措施，根据监管意见进一步完善了公司治理、规章制度、档案管理等相关制度和流程，持续优化内部控制管理体系，以促进公司业务稳健发展。

8.7 本年度重大事项临时报告的简要内容、披露时间、所披露的媒体及其版面

报告期内，公司无重要事项临时报告。

8.8 中国银监会及其省级派出机构认定的其他有必要让客户及相关利益人了解的重要信息

报告期内，没有发生中国银监会及其省级派出机构认定的其他有必要让客户及相关利益人了解的重要事项。

9. 公司监事会意见

监事会认为，报告期内公司能够按照合法决策程序对重大事项进行决策，所开展的业务经营活动符合《公司法》、《信托法》、《信托公司管理办法》及《信托公司治理指引》等有关法律法规的规定。监事会认为，普华永道中天会计师事务所（特殊普通合伙）出具的 2013 年度无保留意见的审计报告，真实、客观地反映了公司的财务状况和经营结果。

山东省国际信托有限公司

1. 重要提示

1.1 本公司董事会及董事保证本报告所载资料不存在任何虚假记载、误导性陈述或者重大遗漏,并对其内容的真实性、准确性和完整性承担个别及连带责任。

1.2 公司独立董事黄可华、李相启声明:保证本年度报告内容的真实性、准确性、完整性。

1.3 公司拟任董事长相开进,主管会计工作负责人及会计部门负责人马文波声明:保证年度报告中财务会计报告的真实、完整。

2. 公司概况

2.1 公司简介

2.1.1 公司基本情况

山东省国际信托有限公司(以下简称山东信托)初创于1987年3月,是经中国人民银行和山东省人民政府批准设立的非银行金融机构。2002年8月,完成了增资改制和重新登记工作,由国有独资公司转变为有限责任公司。2007年6月,获得中国银监会批复同意换发新的金融许可证,名称变更为目前的山东省国际信托有限公司。截至2013年12月末,山东信托注册资本为14.67亿元。山东信托自成立以来,充分发挥信托职能,在诸多业务领域进行了卓有成效的探索,目前主要业务为山东省基本建设基金管理、资金信托、财产信托、投资银行、融资租赁、资产管理和证券投资基金等。

2.1.2 公司的法定中文名称:山东省国际信托有限公司
中文名称缩写:山东信托
公司的法定英文名称:Shandong International Trust Corporation
英文名称缩写:SITC

2.1.3 法定代表人:相开进

2.1.4 注册地址:济南市解放路166号

2.1.5 邮政编码:250013

2.1.6 国际互联网网址:www.sitic.com.cn

2.1.7 电子信箱:zhb@sitic.com.cn

2.1.8 负责信息披露事务的高级管理人员:王映黎
信息披露事务联系人:王超
联系电话:0531-86566563
传真:0531-86968708
电子信箱:zonghe@sitic.com.cn

2.1.9 公司选定的信息披露报纸:《上海证券报》

2.1.10 年度报告备置地点:济南市解放路166号鲁信大厦10F

2.1.11 聘请的会计师事务所:天健会计师事务所
住所:杭州市西溪路128号9楼

2.1.12 聘请的律师事务所:上海市锦天城律师事务所
住所:上海浦东新区花园石桥路33号

2.2 组织结构

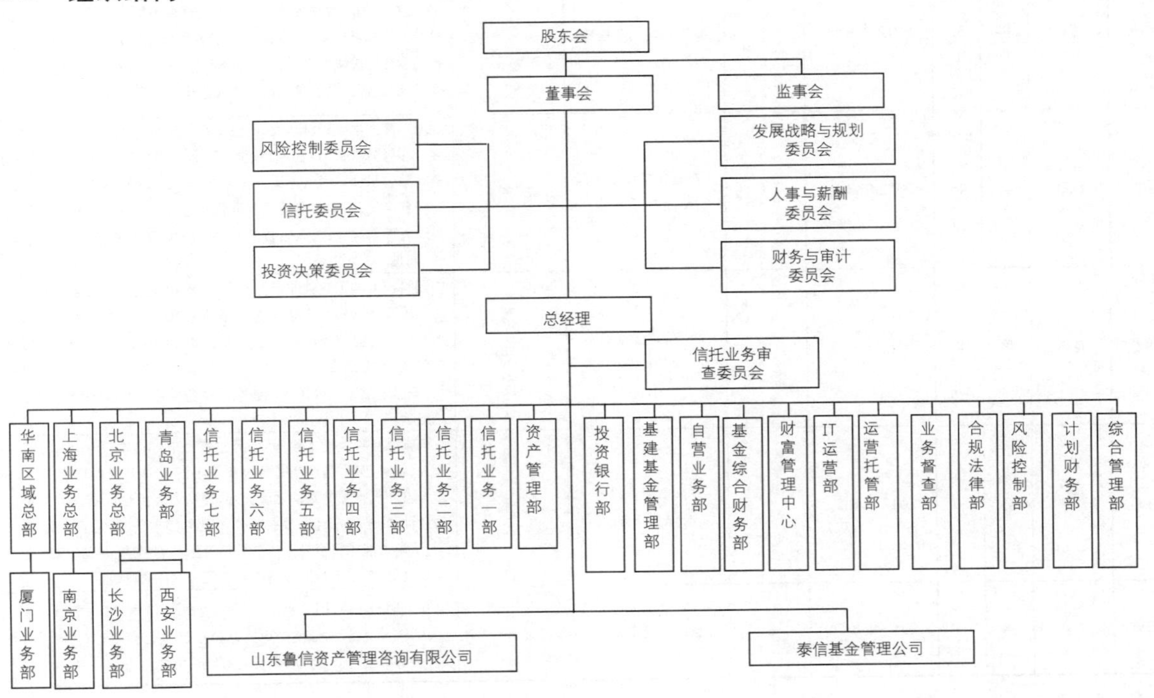

3. 公司治理

3.1 股东

公司前三位股东的主要股东的名称、出资比例、法定代表人、注册资本、注册地址、主要经营业务和主要财务情况（本年度）等。若股东之间存在关联关系，应予以说明。

股东名称	持股比例（%）	法人代表	注册资本（万元）	注册地址	主要经营业务及主要财务情况
山东省鲁信投资控股集团有限公司	85.94	汲斌昌	300 000	济南市解放路166号	对外投资（不含法律法规限制行业）及管理，投资咨询（不含证券、期货的咨询），资产管理，资本运营等。总资产167.30亿元，净资产100.96亿元，实现营业总收入43.69亿元，利润总额14.68亿元。
山东省高新技术创业投资有限公司	6.25	王飚	116 572	济南市解放路166号	创业投资及资本运营（不含金融业务）等（上市公司未披露年报，相关经营指标暂不刊登）。
山东黄金集团有限公司	3.13	于常青	127 261.80	济南市舜华路2000号舜泰广场3号楼	黄金地质探矿、开采、选冶，贵金属、有色金属制品、黄金珠宝饰品提纯、加工、生产、销售等业务。合并资产总额670.20亿元，净资产132.95亿元，营业总收入621.21亿元，利润总额-1.40亿元，净利润-6.64亿元。

公司第一大股东山东省鲁信投资控股集团有限公司系公司第二大股东山东省高新技术创业投资有限公司的实际控制人。

3.2 董事

董事会成员姓名、职务、性别、年龄、选任日期、任期、所推举的股东名称及该股东持股比例、简要履历等；独立董事还应披露其所在单位及职务。

董事

姓名	职务	性别	年龄	选任日期	任期年限	所推举的股东名称	该股东持股比例（%）	简要履历
相开进	董事长（拟任）	男	49	2012年6月	3	山东省鲁信投资控股集团有限公司	85.94	山东大学毕业，南开大学EMBA、历任山东省计委培训中心教师，山东省计委主任科员，山东省国际信托投资公司部经理助理、副经理、经理，山东省国际信托有限公司副总经理、总经理。
王小林	董事	男	50	2012年8月	3	职工代表大会推选		复旦大学企业管理专业毕业，历任山东省国际信托投资公司办公室秘书，山东省国际信托投资公司证券管理总部副总经理，山东省高新技术投资公司总经理助理（期间任山东省国际信托有限公司监事），山东省鲁信投资控股集团有限公司办公室主任，山东省国际信托有限公司党委书记；现任山东省鲁信投资控股集团有限公司副总经理。
金同水	董事	男	48	2012年8月	3	山东省鲁信投资控股集团有限公司	85.94	北京工商大学会计学毕业，历任山东省国际信托投资公司计划财务部会计、副科长，鲁信（香港）投资有限公司财务经理，山东省国际信托投资有限公司计划财务部高级业务经理，山东省国际信托有限公司计划财务部经理，富国基金管理有限公司监事长，山东省国际信托有限公司风险管理部经理，山东省鲁信投资控股集团有限公司产权管理部副部长、部长。
李国红	董事	男	43	2012年8月	3	山东黄金集团有限公司	3.13	中国科技大学工商管理专业毕业，历任安徽安英路工业集团副科长，上海凯贝投资有限公司总经理，安徽安泰蚌烟物流公司财务负责人，兼任蚌埠市中小企业信用担保有限公司董事，蚌埠市企业上市指导办公室副主任，安徽中烟工业公司财务部国有资产管理组组长、审计部审计组组长，安徽中烟工业公司合肥卷烟厂财务总监，山东黄金集团有限公司副总经理。
张守合	董事	男	50	2012年6月	3	济南市能源投资有限责任公司	2.34	山东省委党校大学本科毕业，历任济南市郊区物资局燃料公司财务负责人、团支部书记，济南齐鲁经济贸易开发总公司助理会计师，济南市政府驻外机构服务站助理会计师，深圳济南实业有限公司主管会计、助理会计师，济南市经济发展总公司财务部主任、副总会计师、总经理助理，济南市能源投资有限责任公司计财部副经理、经理、高级会计师、党支部委员，济南市能源投资有限责任公司副总经理。
王曰普	董事	男	51	2012年8月	3	潍坊市投资公司	2.34	南开大学EMBA，历任昌乐县计划委员会科员、潍坊市计划委员会科员、副科长、科长。潍坊市电力办公室副主任、潍坊市投资公司副总经理，潍坊市投资公司党委委员、副总经理、总经理。

独立董事

姓名	所在单位及职务	性别	年龄	选任日期	任期年限	所推举的股东名称	该股东持股比例(%)	简要履历
黄可华		男	69	2012年6月	3			解放军通信兵学院第四系学员，中国科技大学获工学硕士学位，济南市财税局党委副书记、副局长，省财政厅厅长、党组书记，省社科联副主席、省政府党组成员，省政府副省长、省政府党组成员，省人大常委会副主任、党组成员，省人大财政经济委员会主任委员。
李相启		男	65	2012年8月	3			兰州大学毕业，历任陕西省委政策研究室财贸处处长、室务委员、副主任等职，陕西省经济体制改革委员会党组成员、副书记、副主任、党组书记，并兼任陕西省证券委员会副主任、省证券监管委员会主席、省住房制度改革委员会副主任等职，期间任南京市市长助理，中国证监会济南证管办党委书记、主任，济南稽查局局长，山东证监局局长。上海证券交易所理事会理事、产品委员会主任。

3.3 监事

监事会成员职务、姓名、性别、年龄、选任日期、任期、所推举的股东名称、该股东持股比例、简要履历等。

监事会成员

姓名	职务	性别	年龄	选任日期	任期年限	所推举的股东名称	该股东持股比例(%)	简要履历
张　峰	监事长	男	39	2012年6月	3	山东黄金集团有限公司	3.13	中央广播电视大学毕业，历任山东黄金集团财务部科员，山东黄金集团计划财务部副部长，山东黄金集团财务部副经理，山东黄金集团资本运营部经理。
杨公民	监事	男	56	2012年6月	3	山东省鲁信投资控股集团有限公司	85.94	山东大学毕业，历任山东轻工业学院马列主义教研室助教，山东省计委综合处主任科员、副处长，山东省国际信托投资公司研究发展部经理，山东省鲁信投资控股集团有限公司投资管理部经理、所属公司监事会主席。
黄　群	监事	男	38	2012年6月	3	山东省高新技术创业投资有限公司	6.25	山东财政学院毕业，历任山东省国际信托投资公司项目经理，泰信基金管理有限公司北京办事处总监、监察稽核部经理，山东鲁信投资集团股份有限公司综合部经理，山东省鲁信投资控股集团有限公司风险管理部高级业务经理。
丁　健	监事	男	39	2012年6月	3	济南市能源投资有限责任公司	2.34	济南市能源投资有限责任公司出纳、会计、计划财务部经理。
陈宝庆	监事	男	48	2012年6月	3	潍坊市投资公司	2.34	中国海洋大学毕业，工程师，现任潍坊市投资公司总会计师，历任原潍坊第三制药厂技术员，潍坊市投资公司办公室科员、副主任、主任、总经理助理兼办公室主任、总经理助理、总会计师。
于　晖	监事	男	34	2011年12月	3	职工代表大会推选		山东师范大学汉语言文学专业毕业，历任山东省鲁信投资控股集团有限公司办公室秘书，山东省国际信托有限公司综合管理部副主任、主任。
田志国	监事	男	41	2011年12月	3	职工代表大会推选		山东大学法学专业毕业，历任山东省电子经济贸易中心员工，山东省国际信托有限公司风险管理部项目经理业务五部项目经理，业务五部副经理、副总经理。
张如明	监事	男	42	2011年12月	3	职工代表大会推选		山东大学法律硕士，历任山东省国际信托投资有限公司风险管理部业务经理、副经理、业务督察部副总经理。

3.4 高级管理人员：职务、姓名、性别、年龄、任职日期、金融从业年限、学历、专业

姓名	职务	性别	年龄	选任日期	金融从业年限	学历	专业
王映黎	总经理(拟任)	女	51	2013年9月	19	硕士	工商管理
李高峰	副总经理	男	38	2011年10月	15	硕士	法学
周建蕖	副总经理	女	40	2011年10月	17	硕士	工商管理
马文波	财务总监(拟任)	男	40	2013年11月	—	本科	会计学
宋冲	总经理助理(拟任)	男	35	2013年9月	13	本科	经济学
岳增光	总经理助理(拟任)	男	40	2013年9月	6	本科	会计学

3.5 公司员工

报告期内职工人数、学历分布比率。

2013年，公司职工162人，学历分布比率如下：

学历	人员分布比例(%)
博士	3.16
硕士	62.03
本科	30.38
专科及以下	4.43

4. 经营管理

4.1 经营目标、方针、战略规划

2014年山东信托总体经营目标和方针是：结合山东信托实际，稳中求进，巩固传统业务，夯实内部管理，加大对业务转型的研究和支持，为公司全面转型奠定基础。在严格控制项目风险和合理控制业务规模的情况下，努力实现信托报酬收入和信托项目收益率双提升。

围绕"差异化金融服务的提供商和专业化的财富管理者"的定位，以提供差异化金融服务为着力点，以客户需求为导向，加快产品结构调整和业务创新步伐，拓宽业务领域，加强渠道建设，创新营销模式，进一步增强投资能力、产品设计能力、自主营销能力，努力为客户提供财富管理和投融资服务，推动信托规模和收入实现稳步增长；不断提升内部管理水平，加强制度体系建设，建立健全符合信托公司实际和适应行业长远发展需要的风险管控和合规管理体系，加大研发和品牌宣传力度，加快推进信息化建设，进一步深化激励约束机制改革，加强人才队伍建设，积极开展富有信托公司特色的企业党的建设、廉洁从业建设和企业文化建设，推动公司实现健康快速可持续发展。

4.2 所经营业务的主要内容

自营资产运用与分布表

资产运用	金额（万元）	占比（%）	资产分布	金额（万元）	占比（%）
货币资产	139 245.22	31.33	基础产业	—	—
贷款及应收款	22 331.01	5.02	房地产业	—	—
交易性金融资产投资	72 176.09	16.24	证券市场	89 354.86	20.10
可供出售金融资产投资	17 178.77	3.86	实业	—	—
持有至到期投资	128 260.40	28.86	金融机构	179 466.40	40.38
长期股权投资	61 206.00	13.77	其他	175 676.80	39.52
其他	4 100.57	0.92			
资产总计	444 498.06	100.00	资产总计	444 498.06	100.00

信托资产运用与分布表

资产运用	金额（万元）	占比（%）	资产分布	金额（万元）	占比（%）
货币资产	1 587 947.47	5.30	基础产业	3 370 165.00	11.26
贷款	17 585 943.47	58.73	房地产	3 679 379.00	12.29
交易性金融资产投资	1 192 244.33	3.98	证券市场	1 182 635.00	3.95
可供出售金融资产投资	—	—	实业	12 013 463.00	40.12
持有至到期投资	5 553 182.15	18.55	金融机构	419 465.00	1.40
长期股权投资	3 511 388.82	11.73	其他	9 277 028.15	30.98
其他	511 428.91	1.71			
信托资产总计	29 942 135.15	100.00	信托资产总计	29 942 135.15	100.00

4.3 市场分析

从宏观经济形势看，中国经济进入经济增速换挡期、结构调整阵痛期和前期政策消化期，这使得面临的经济形势更趋复杂。一方面，总体看我国仍处于工业化、城市化、消费结构升级、收入较快增长阶段，且一些新的增长拉动因素正在形成，经济基本面仍然良好。从消费方面看，对文化、教育、医疗、养老和旅游等服务类需求增长迅速；从投资看，在城市轨道交通、环境治理、城市排水、保障房和农村基础设施等方面存在着较大的需求。另一方面，地方政府债务高企、偿债能力下降的问题日益凸显，由产能过剩、地方政府债务等问题所引发的金融风险逐步累积，由于劳动力成本持续上升以及融资难、融资贵等问题，企业生产经营困难的问题短期内难以明显缓解，这都对未来经济运行带来一定的不确定性。

从行业发展态势看，伴随着信托行业在资产规模方面跃居为仅次于银行业的第二大金融部门，以及行业影响力不断提高，信托行业加快由"量变"走向"质变"、推动行业转型升级的需要愈来愈迫切。一是证券、基金、保险、资产管理公司等机构已突破分业经营体制，实质开展信托业务，信托公司面临行业内外双重竞争压力。二是银行去信托通道化趋势将进一步加快。长期以来，以银信合作为代表的传统通道类业务为信托公司贡献了相当利润。但银行理财直接融资工具试点的推出，必将进一步压缩通道业务规模和利润贡献。三是以债权融资为主的业务模式的不可持续性逐步显现。随着利率市场化改革的逐步推进，将在一定程度上分流部分信托资金，增加信托资金成本，削弱信托产品的竞争力。资产证券化业务也在一定程度上影响了信托公司对基础资产的获取，包含高收益债券市场在内的直接融资市场的逐步发展和完善，将在融资端（资产端）对信托形成挤出效应。四是全行业兑付风险显现。受经济增速放缓影响，导致实体领域风险正在向信托行业传递，行业单体风险暴露频率有加快趋势，政府融资平台、房地产信托等领域风险集中度较高；特别是矿业信托近期集中暴发多起风险。同时，由于国内信托产品缺乏流动机制，投资者在产品结束前基本无法退出，也没有渠道通过转让等方式分散风险 也在客观上增加了信托公司的兑付压力。

4.4 内部控制

4.4.1 内部控制环境和内部控制文化

为进一步适应监管政策和信托业务快速发展的需要，公司不断加强内控管理工作，优化公司治理，完善制度体系，深化内部改革，进一步夯实了管理基础，有力地促进了公司业务发展。

公司建立了较为完善的公司治理体系，通过规范股东会、董事会、监事会和经营层的权责，形成权力机构、决策机构、监督机构和经营者之间有效的制衡机制，保证公司各项决策和业务活动科学、规范、有效。董事会下设投资决策委员会、风险控制委员会、信托委员会、战略与发展规划委员会、财务与审计委员会和人事与薪酬委员会，各主体均有明确的工作职责、权限及议事规则，各司其职，各负其责，既相对独立地开展工作又能够充分发挥制衡作用，有效地保证了公司的健康发展。公司按照业务性质设置部门并明确了部门、岗位职责，制定了明晰、完善的业务流程和操作规范，保障了各项工作的顺利开展。

公司建立健全了一系列与公司企业文化、经营目标、经营战略和控制环境相一致的薪酬制度、奖惩措施、风控及内审办法等，充分发挥了各项制度的作用，进一步丰富和完善了法人治理机制。

4.4.2 内部控制措施

报告期内，公司加强治理基本制度建设，健全“三会一层”与各专业委员会的定期沟通和决策制衡机制，公司董事会下设的各委员会在授权范围内按照明晰的分级授权制度进行决策，通过体系建设和及时完整的过程控制，使决策、研发、操作、审核及监督评价程序化、体系化。

根据公司业务运转的实际和监管部门的监管要求，进一步优化了业务决策流程，成立了信托业务审查委员会，制定了专门议事规则。并将项目评审改为票决制，做到信托项目全方位风险揭示，实现科学民主决策；调整了运营托管部职能，细化信托项目操作规程；设立业务督察部，负责公司审计及项目贷后检查等工作，突出对存续项目的独立检查；成立了信托项目临时问题协调工作组，对存续信托项目运作过程中临时性问题提出意见和建议，增强了公司风险处置效能。通过对公司风险控制与合规管理职能的重新梳理，进一步完善了公司风险控制和合规管理体系。

组织开展风险辨识与风险评估，通过风险管理系统的有效预警，科学制定风险管理策略，提出解决方案；按照风控前移的工作要求，推动风控人员参与尽调，全方位了解评价项目，严把准入关；对存续项目分类别、有重点的开展中后期检查，定期对融资平台类、房地产、“两高一剩”行业、股票质押融资等重点行业和重点领域项目进行风险排查。通过上述工作，初步实现了事前、事中、事后控制相结合的全流程风险管控。

公司还建立了重大风险预警机制和突发事件应急处理机制，明确风险预警标准，对可能发生的重大风险或突发事件，制订应急预案，明确责任人员、规范处理程序，确保突发事件得到及时妥善处理。

4.4.3 监督评价与纠正

公司定期对内部控制的建设和执行情况进行检查评价，并按照规定及时报告相关部门，公司还根据监管部门的监管评价对有关问题进行针对性整改。合规法律、业务督察及风险控制部门作为对公司内控体系的健全性、合理性和有效性进行检查和评价的专门机构，负责事前评估和事中检查监督，揭示风险，制定风险防范和控制措施；公司相关部门之间相互制衡、相互监督，发现问题，及时纠正；公司业务督察部门在已获得公司经营信息和管理信息的基础上，对公司各项业务实施全面监督、评价，并将检查、评价结果直接向董事会和高管层报告，公司董事会和高管层在收到这些报告后及时采取措施解决内控中存在的问题；公司每年组织有关部门对规章制度进行系统、全面的修订。本年度制定及修订了《信托公司合规风险管理办法》和《信托公司内部审计制度》，出台了《反对不正当利益输送管理办法》等办法和制度，并能有效落实。

4.5 风险管理概况

公司高度重视风险管理，实行全面风险管理，构建了日常风险信息搜集、报告和处理机制，重大风险监控和预警机制，形成了对风险的动态管理体系。坚持“全面、审慎、独立、有效、制衡、经济”的内部控制原则，形成了“事前防范、事中控制、事后监督”的风险控制机制。针对集合信托业务和单一信托业务以及不同类别的业务模式，实施差异化的决策流程，确保了项目运转高效和科学民主决策。

公司经营活动中面临的主要风险是：信用风险、市场风险、操作风险和其他风险。

公司积极推进全流程风险管控。组织开展了风险辨识与风险评估，通过风险管理系统的有效预警，科学制定风险管理策略，提出解决方案。按照风控前移的工作要求，推动风控人员决策前深入业务一线参与尽职调查，全方位了解评价项目，严格准入把关。对存续项目进行划分，分类别、有重点的开展中后期贷后检查。定期对融资平台类、房地产、“两高一剩”行业、股票质押融资等重点行业和重点领域的存续项目进行风险排查，重点关注交易对手信用风险、偿债能力、财务状况以及抵（质）押物现状等情况。风险管理部门定期对项目信用风险进行压力测试，从而使管理层及时了解公司信用风险的整体状况，适时调整风险政策并对信用风险采取有效的处置应对措施。

公司在运营过程中可能面临的市场风险为市场汇率、利率及其他价格对公司盈利能力的影响。公司通过建立完备可靠的管理信息系统和风险管理系统，实现风险信息在线收集、风险状态多维展示，在充分汇集和评估风险的基础上，及时发现由于市场环境等变化带来的项目风险，动态监控、评估相关风险，根据需要及时改进风险管理策略及措施，切实做好风险防控工作，确保实现风险管理目标。对于利率风险，公司密切关注宏观经济特别是物价指数的变动，增强预判性分析，防范利率变动带来的风险。对于汇率风险，公司深入研究国际金融发展趋势，加强对汇率风险的全面性、趋势性研判，及时调整业务发展方向。对证券市场投资风险，公司加大对行业和公司调研力度，细致掌握证券市场和相关金融市场行情，及时调整产品力度，避免市场风险。

报告期内，公司不断加强风险管理制度建设，出台了《反对不正当利益输送管理办法》、《重大事项报告管理办法》，进一步规范了授权委托书办理流程。修订完善了《集合信托融资类业务合作企业综合考核评价实施细则》，进一步规范了融资类业务的考核评价标准。重新梳理了集合信托、单一信托操作流程，并初步形成了《贷款类集合房地产信托业务操作指引》、《融资平台集合信托项目业务操作指引》等专项操作指引，进一步规范了信托合同变更、查询、挂失以及集合资金信托计划发行等事宜，形成了前中后台相互支持、相互监督的有序机制。

公司通过对国家宏观经济政策和行业政策的分析、研究，提高预见性和应变能力，控制政策风险。通过建立健全法人治理结构、内部控制制度、业务操作流程，保证工作程序的完整、科学。不断加强员工思想教育，树立恪尽职守的观念和先进的风险管理理念，避免道德风险。通过加强法制意识教育，深入开展全体员工廉洁从业教育活动。设置专门的法律岗位，聘请常年法律顾问等，有效控制法律风险。

4.6 社会责任

作为一家国有金融企业，山东信托积极承担社会责任，将追求经济效益与承担社会责任有机结合，将为社会创造价值作为公司发展的核心目标之一，立足信托制度的特殊优势，创造性地履行社会责任。

对股东，公司十分注重维护股东利益，通过股东会，及时向各股东单位报告公司年度经营情况、年度重点事项，让股东及时了解公司的战略和最新经营动态。

对投资者，公司在日常经营中切实承担起受托人职责，借助自身专业化的投资管理优势，努力实现广大投资者资产的保值增值。2013 年累计结束信托产品 584 只，支付受益人信托收益 175.07 亿元，是公司自身信托报酬收入的 19 倍，创造了较好的社会效益。同时，积极开展各类客户交流活动和投资者教育活动，进一步丰富投资者的投资理财知识，引导投资者切实维护自身合法权益。

对社会，山东信托将追求经济效益与承担社会责任有机结合，立足信托制度优势，创造性地履行社会责任。引导社会资金助力中小微企业、“三农”、重要战略经济区的发展。截至 2013 年末，公司为中小企业融资余额超过千亿元，为“蓝、黄”战略经济区重点企业融资余额 620 亿元，为“一圈一带”经济区融资余额 540 亿元，履行社会责任成效明显。同时，积极开展公益活动，与民间 NGO 组织合作发起捐衣、捐书活动。2013 年 4 月，向四川芦山地震灾区捐款 1 042 450 元，为地震灾区群众送去爱心。

对员工，公司严格遵守国家劳动法律法规的有关规定，营造公平公正的人才招聘、录用和选拔环境。公司为所有员工缴纳“五险一金”，同时为工作满一年员工建立企业年金，保障员工各项权益。公司每年下达员工培训计划，针对员工关心和工作中遇到的问题开展培训活动。同时，公司鼓励员工参加各项外派培训，提高工作技能。在日常经营管理中坚持以人为本，着眼于关心人、尊重人、爱护人、培育人，先后组织开展了足球比赛、金融同业青年联谊会等丰富多彩的职工文体活动，进一步增强了员工队伍凝聚力和向心力。

5. 报告期末及上一年度末的比较式会计报表[披露母公司(即信托公司)报表及合并报表]

5.1 自营资产(须经审计)

5.1.1 会计师事务所审计意见全文

审 计 报 告

天健审[2014]4 -4 号

山东省国际信托有限公司全体股东：

我们审计了后附的山东省国际信托有限公司(以下简称山东信托公司)财务报表，包括 2013 年 12 月 31 日的合并资产负债表，2013 年度的合并利润表、合并现金流量表、合并所有者权益变动表，以及财务报表附注。

一、管理层对财务报表的责任

编制和公允列报财务报表是山东信托公司管理层的责任，这种责任包括：(1)按照企业会计准则的规定编制财务报表，并使其实现公允反映；(2)设计、执行和维护必要的内部控制，以使财务报表不存在由于舞弊或错误导致的重大错报。

二、注册会计师的责任

我们的责任是在执行审计工作的基础上对财务报表发表审计意见。我们按照中国注册会计师审计准则的规定执行了审计工作。中国注册会计师审计准则要求我们遵守中国注册会计师职业道德守则，计划和执行审计工作以对财务报表是否不存在重大错报获取合理保证。

审计工作涉及实施审计程序，以获取有关财务报表金额和披露的审计证据。选择的审计程序取决于注册会计师的判断，包括对由于舞弊或错误导致的财务报表重大错报风险的评估。在进行风险评估时，注册会计师考虑与财务报表编制和公允列报相关的内部控制，以设计恰当的审计程序，但目的并非对内部控制的有效性发表意见。审计工作还包括评价管理层选用会计政策的恰当性和作出会计估计的合理性，以及评价财务报表的总体列报。

我们相信，我们获取的审计证据是充分、适当的，为发表审计意见提供了基础。

三、审计意见

我们认为，山东信托公司财务报表在所有重大方面按照企业会计准则的规定编制，公允反映了山东信托公司 2013 年 12 月 31 日的合并财务状况以及 2013 年度的合并经营成果和现金流量。

天健会计师事务所(特殊普通合伙)

中国注册会计师：刘家宝

中国・杭州　　中国注册会计师：史钢伟

二〇一四年三月二十九日

5.1.2 资产负债表

资产负债表

编制单位:山东省国际信托有限公司(母公司) 2013年12月31日 单位:万元

项　目	年初余额	年末余额	项目	年初余额	年末余额
流动资产					
现金及银行存款	46 391.50	139 245.22	向中央银行借款	—	—
存放中央银行款项	—	—	联行存放款项	—	—
贵金属	—	—	同业及其他金融机构存放款项	—	—
拆出资金	—		拆入资金	—	—
交易性金融资产	90 043.09	72 176.09	交易性金融负债	—	—
衍生金融资产	—	—	衍生金融负债	—	—
买入返售金融资产	—	—	卖出回购金融资产款	—	—
应收款项类金融资产	—	—	应付职工薪酬	1 267.71	1 375.57
应收利息	—	—	应交税费	16 030.87	14 268.51
其他应收款	8 545.04	22 331.01	应付利息		
发放短期贷款和垫款	—	—	其他应付款	1 169.64	113 597.45
信托资产	—	—	信托负债	—	—
其他流动资产	—	—	其他流动负债	—	—
流动资产合计	144 979.63	233 752.32	流动负债合计	18 468.22	129 241.53
非流动资产	—	—	非流动负债	—	—
发放中长期贷款	—	—	应付债券	—	—
可供出售金融资产	26 349.11	17 178.77	预计负债	—	—
持有至到期投资	50 268.39	128 260.40	递延所得税负债	—	—
长期股权投资	51 206.00	61 206.00	其他非流动负债	30.00	—
投资性房地产	—	—	非流动负债合计	30.00	—
固定资产	2 790.19	2 938.79	负债合计	18 498.22	129 241.53
在建工程	—	—	所有者权益	—	—
固定资产清理	—	—	实收资本	128 000.00	128 000.00
无形资产	136.92	299.32	资本公积	2 116.38	473.44
商誉	—	—	盈余公积	29 538.36	40 289.96
长期待摊费用	—	—	一般风险准备	3 607.10	4 665.41
抵债资产	—	—	未分配利润	94 760.24	141 827.72
递延所得税资产	790.06	862.46	外币报表折算差额	—	—
其他非流动资产	—	—	归属于母公司所有者权益合计	258 022.08	315 256.53
非流动资产合计	131 540.67	210 745.74	少数股东权益	—	—
	—		所有者权益合计	258 022.08	315 256.53
资产总计	276 520.30	444 498.06	负债和所有者权益总计	276 520.30	444 498.06

资产负债表

编制单位:山东省国际信托有限公司(合并) 2013年12月31日 单位:万元

项目	年初余额	年末余额	项　目	年初余额	年末余额
流动资产					
现金及银行存款	57 091.35	156 233.24	向中央银行借款	—	—
存放中央银行款项	—	—	联行存放款项	—	—
贵金属	—	—	同业及其他金融机构存放款项	—	—
拆出资金	—	—	拆入资金	—	—

续表

项目	年初余额	年末余额	项　目	年初余额	年末余额
交易性金融资产	90 043.09	72 176.09	交易性金融负债	—	—
衍生金融资产	—	—	衍生金融负债	—	—
买入返售金融资产	—	—	卖出回购金融资产款	—	—
应收款项类金融资产	1 038.68	1 203.16	应付职工薪酬	3 374.24	3 520.43
应收利息	—	19.62	应交税费	16 424.11	14 374.38
其他应收款	7 139.41	20 927.23	应付利息	—	—
发放短期贷款和垫款	—	—	其他应付款	3 469.62	117 663.56
信托资产	—	—	信托负债	—	—
其他流动资产	—	—	其他流动负债	—	—
流动资产合计	155 312.53	250 559.34	流动负债合计	23 267.97	135 558.37
非流动资产	—	—	非流动负债	—	—
发放中长期贷款	—	—	应付债券	—	—
可供出售金融资产	34 747.26	22 608.30	预计负债	—	—
持有至到期投资	50 268.39	128 960.40	递延所得税负债	—	—
长期股权投资	42 206.00	52 206.00	其他非流动负债	30.00	—
投资性房地产	—	—	非流动负债合计	30.00	—
固定资产	16 013.40	15 589.99	负债合计	23 297.97	135 558.37
在建工程	—	—	所有者权益	—	—
固定资产清理	—	—	实收资本	128 000.00	128 000.00
无形资产	808.12	826.97	资本公积	2 269.86	699.64
商誉	—	—	盈余公积	29 538.36	40 289.96
长期待摊费用	—	—	一般风险准备	3 607.10	4 665.41
抵债资产	—	—	未分配利润	98 581.06	146 347.88
递延所得税资产	1 758.24	1 573.46	外币报表折算差额	—	—
其他非流动资产	—	—	归属于母公司所有者权益合计	261 996.38	320 002.89
非流动资产合计	145 801.41	221 765.12	少数股东权益	15 819.59	16 763.20
			所有者权益合计	277 815.97	336 766.09
资产总计	301 113.94	472 324.46	负债和所有者权益总计	301 113.94	472 324.46

5.1.3　利润表

利润表

2013 年度

编制单位：山东省国际信托有限公司（母公司）　　单位：万元

项　目	本年累计数	上年同期数
一、营业收入	115 952.94	111 132.39
（一）利息净收入	107.83	—
利息收入	107.83	—
利息支出	—	—
（二）手续费及佣金净收入	94 946.15	70 758.01
手续费及佣金收入	94 964.48	70 774.95
手续费及佣金支出	18.33	16.94
（三）投资收益（损失以"—"号填列）	3 481.81	39 017.83
其中：对联营企业和合营企业的投资收益	—	—
（四）公允价值变动收益（损失以"—"号填列）	1 910.51	3 240.07
（五）其他收入	15 506.64	-1 883.52
金融机构往来收入	1 331.23	851.25
证券销售差价收入	5 850.14	-6 285.03

续表

项　目	本年累计数	上年同期数
汇兑收益（损失以"-"号填列）	-18.41	-2.96
其他业务收入	8 343.68	3 553.22
二、营业支出	22 125.78	15 082.46
（一）营业税金及附加	5 932.89	4 199.54
（二）业务及管理费	12 910.65	8 343.08
（三）资产减值损失或呆账损失（转回金额以"-"号填列）	—	-439.00
（四）其他业务成本	3 282.24	2 978.84
三、营业利润（亏损以"-"号填列）	93 827.16	96 049.93
加：营业外收入	32.23	75.84
减：营业外支出	500.00	0.16
四、利润总额（亏损以"—"号填列）	93 359.39	96 125.61
减：所得税费用	21 681.99	21 674.64
五、净利润（亏损以"—"号填列）	71 677.40	74 450.97
归属于母公司所有者的净利润	71 677.40	74 450.97
少数股东损益	—	—

利润表

2013 年度

编制单位:山东省国际信托有限公司(合并)　　　　单位:万元

项　　目	本年累计数	上年同期数
一、营业收入	129 278.57	121 935.32
(一)利息净收入	107.83	—
利息收入	107.83	—
利息支出	—	—
(二)手续费及佣金净收入	106 986.40	80 567.85
手续费及佣金收入	107 004.80	80 584.87
手续费及佣金支出	18.40	17.02
(三)投资收益(损失以“－”号填列)	3 481.81	38 927.83
其中:对联营企业和合营企业的投资收益	—	—
(四)公允价值变动收益(损失以“－”号填列)	1 910.51	3 240.07
(五)其他收入	16 792.02	－800.43
金融机构往来收入	1 777.28	1 218.10
证券销售差价收入	6 614.39	－6 285.03

续表

项　　目	本年累计数	上年同期数
汇兑收益(损失以“－”号填列)	－18.41	－2.96
其他业务收入	8 418.76	4 269.46
二、营业支出	33 251.74	27 667.98
(一)营业税金及附加	6 621.08	4 794.28
(二)业务及管理费	23 348.42	18 001.50
(三)资产减值损失或呆账损失(转回金额以“－”号填列)	—	1 858.26
(四)其他业务成本	3 282.24	3 013.94
三、营业利润(亏损以“－”号填列)	96 026.83	94 267.34
加:营业外收入	167.69	589.67
减:营业外支出	500.20	0.30
四、利润总额(亏损以“－”号填列)	95 694.32	94 856.71
减:所得税费用	22 462.85	21 624.09
五、净利润(亏损以“－”号填列)	73 231.47	73 232.62
归属于母公司所有者的净利润	72 376.73	73 853.24
少数股东损益	854.74	－620.62

5.1.4　所有者权益变动表

所有者权益变动表

编制单位:山东省国际信托有限公司(母公司)　　2013 年度　　单位:万元

项　　目	归属于母公司所有者权益										
	实收资本(或股本)	资本公积	减:库存股	专项储备	盈余公积	一般风险准备	未分配利润	其他	小计	少数股东权益	所有者权益合计
一、上年年末余额	128 000.00	2 116.38	—	—	29 538.36	3 607.10	94 760.24	—	258 022.08	—	258 022.08
加:会计政策变更	—	—	—	—	—	—	-	—		—	-
前期差错更正	—	—	—	—	—	—	-	—		—	-
二、本年年初余额	128 000.00	2 116.38	—	—	29 538.36	3 607.10	94 760.24	—	258 022.08	—	258 022.08
三、本年增减变动金额(减少以“－”号填列)	—	－1 642.94	—	—	10 751.61	1 058.31	47 067.48	—	57 234.46	—	57 234.46
(一)净利润	—	—	—	—	—	—	71 677.40	—	71 677.40	—	71 677.40
(二)其他综合收益	—	－1 642.94	—	—	—	—	—	—	－1 642.94	—	－1 642.94
(三)所有者投入和减少资本	—	—	—	—	—	—	—	—	—	—	—
1. 所有者投入资本	—	—	—	—	—	—	—	—			
2. 股份支付计入所有者权益的金额	—	—	—	—	—	—	—	—	—	—	—
3. 其他	—	—	—	—	—	—	—	—	—	—	—
(四)专项储备提取和使用											
1. 提取专项储备	—	—	—		—	—		—			
2. 使用专项储备	—	—	—		—	—		—			
(五)利润分配					10 751.61	1 058.31	－24 609.92				－12 800.00
1. 提取盈余公积					7 167.74	—	－7 167.74				
其中:法定公积金	—	—	—	—	7 167.74	—	－7 167.74	—	—	—	—
任意公积金	—	—	—	—		—		—	—	—	—
#储备基金	—	—	—	—		—		—	—	—	—
#企业发展基金	—	—	—	—		—		—	—	—	—
#利润归还投资	—	—	—	—		—		—	—	—	—
2. 提取一般风险准备	—	—	—	—	—	1 058.31	－1 058.31	—	—	—	—
3. 对所有者(或股东)的分配	—	—	—	—	—	—	－12 800.00	—	—	—	－12 800.00
4. 其他	—	—	—	—	3 583.87		－3 583.87	—	—	—	—
(六)所有者权益内部结转	—	—	—	—	—	—	—	—	—	—	—
1. 资本公积转增资本(或股本)	—	—	—	—	—	—		—	—	—	—
2. 盈余公积转增资本(或股本)	—	—	—	—	—	—		—	—	—	—
3. 盈余公积弥补亏损	—	—	—	—	—	—	—	—	—	—	—
4. 其他	—	—	—	—	—	—	—	—	—	—	—
四、本年年末余额	128 000.00	473.44	—	—	40 289.96	4 665.41	141 827.72	—	315 256.53	—	315 256.53

所有者权益变动表

编制单位：山东省国际信托有限公司（合并）　　2013 年度　　单位：万元

项　目	归属于母公司所有者权益										
	实收资本（或股本）	资本公积	减：库存股	专项储备	盈余公积	一般风险准备	未分配利润	其他	小计	少数股东权益	所有者权益合计
一、上年年末余额	128 000.00	2 269.86	—	—	29 538.36	3 607.10	98 581.06	—	261 996.38	15 819.59	277 815.97
加：会计政策变更	—	—	—	—	—	—	—	—	—	—	—
前期差错更正	—	—	—	—	—	—	—	—	—	—	—
二、本年年初余额	128 000.00	2 269.86	—	—	29 538.36	3 607.10	98 581.06	—	261 996.38	15 819.59	277 815.97
三、本年增减变动金额（减少以"－"号填列）	—	－1 570.22	—	—	10 751.61	1 058.31	47 766.82	—	58 006.51	943.61	58 950.12
（一）净利润	—	—	—	—	—	—	72 376.73	—	72 376.73	854.74	73 231.47
（二）其他综合收益	—	－1 570.22	—	—	—	—	—	—	－1 570.22	88.87	－1 481.35
（三）所有者投入和减少资本	—	—	—	—	—	—	—	—	—	—	—
1. 所有者投入资本	—	—	—	—	—	—	—	—	—	—	—
2. 股份支付计入所有者权益的金额	—	—	—	—	—	—	—	—	—	—	—
3. 其他	—	—	—	—	—	—	—	—	—	—	—
（四）专项储备提取和使用	—	—	—	—	—	—	—	—	—	—	—
1. 提取专项储备	—	—	—	—	—	—	—	—	—	—	—
2. 使用专项储备	—	—	—	—	—	—	—	—	—	—	—
（五）利润分配	—	—	—	—	10 751.61	1 058.31	－24 609.92	—	－12 800.00		－12 800.00
1. 提取盈余公积	—	—	—	—	7 167.74	—	－7 167.74	—	—	—	—
其中：法定公积金	—	—	—	—	7 167.74	—	－7 167.74	—	—	—	—
任意公积金	—	—	—	—	—	—	—	—	—	—	—
#储备基金	—	—	—	—	—	—	—	—	—	—	—
#企业发展基金	—	—	—	—	—	—	—	—	—	—	—
#利润归还投资	—	—	—	—	—	—	—	—	—	—	—
2. 提取一般风险准备	—	—	—	—	—	1 058.31	－1 058.31	—	—	—	—
3. 对所有者（或股东）的分配	—	—	—	—	—	—	－12 800.00	—	－12 800.00	—	－12 800.00
4. 其他	—	—	—	—	3 583.87	—	－3 583.87	—	—	—	—
（六）所有者权益内部结转	—	—	—	—	—	—	—	—	—	—	—
1. 资本公积转增资本（或股本）	—	—	—	—	—	—	—	—	—	—	—
2. 盈余公积转增资本（或股本）	—	—	—	—	—	—	—	—	—	—	—
3. 盈余公积弥补亏损	—	—	—	—	—	—	—	—	—	—	—
4. 其他	—	—	—	—	—	—	—	—	—	—	—
四、本年年末余额	128 000.00	699.64	—	—	40 289.96	4 665.41	146 347.88	—	320 002.89	16 763.20	336 766.09

5.2 信托资产

5.2.1 信托项目资产负债汇总表

信托项目资产负债汇总表

编制单位：山东省国际信托有限公司　　2013 年 12 月 31 日　　单位：万元

资产	年初余额	期末余额	负债和权益	年初余额	期末余额
资产			负债		
货币资金	1 861 760.79	1 467 126.41	交易性金融负债	—	—
拆出资金	—	—	衍生金融负债	—	—
结算备付金	322 218.85	120 821.06	应付账款	—	—
交易性金融资产	851 208.50	1 192 244.33	应付受托人报酬	1 049.45	1 612.21
衍生金融资产	—	—	应付受益人收益	2 556.39	8 994.76
买入返售金融资产	244 880.01	—	应付托管费	624.77	319.56
应收账款	353 000.00	310 000.00	应付销售服务费	—	—
应收利息	6 257.85	2 089.86	应交税费	591.51	276.49
应收股利	—	—	应付利息	—	—
应收申购款	477.40	14 000.00	其他应付款	13 194.19	15 042.01
应收票据	—	—	其他负债	—	—

续表

资产	年初余额	期末余额	负债和权益	年初余额	期末余额
其他应收款	11 939.23	12 753.31			
存出保证金	—	—			
发放贷款	10 290 808.88	17 585 943.47	负债合计	18 016.31	26 245.03
长期应收款	222 653.22	172 585.73			
可供出售金融资产	—	—			
持有至到期投资	2 962 289.29	5 553 182.15			
长期股权投资	1 842 547.50	3 511 388.82	权益		
投资性房地产	—	—	实收信托	18 748 378.40	29 782 567.24
融资租赁资产	—	—	资本公积	33 099.38	16 320.12
固定资产	—	—	损益平准	—	—
固定资产清理	—	—	未分配利润	170 547.43	117 002.76
无形资产	—	—	权益合计	18 952 025.21	29 915 890.12
长期待摊费用	—	—			
其他资产	—	—			
信托资产总计	18 970 041.52	29 942 135.15			
减:各项资产减值准备	—	—			
资产总计	18 970 041.52	29 942 135.15	负债和权益总计	18 970 041.52	29 942 135.15

5.2.2 信托项目利润及利润分配汇总表

信托业务利润及利润分配汇总表

编制单位:山东省国际信托有限公司　　2013 年度　　单位:万元

项目	本年累计数	上年累计数
一、收入	2 015 563.68	1 136 649.28
利息收入	1 336 403.33	721 167.55
投资收益(损失以"-"号填列)	571 545.06	330 111.12
其中:对联营企业和合营企业的投资收益	—	—
公允价值变动收益(损失以"-"号填列)	-1 446.74	11 333.93
租赁收入	15 900.78	14 178.62
汇兑损益(损失以"-"号填列)	-63.38	-5.17
其他收入	93 224.63	59 863.23
二、支出	278 416.93	188 178.05
营业税金及附加	952.68	1 579.66
受托人报酬	87 392.75	64 109.88
托管费	31 503.09	20 504.88
销售服务费	2 166.32	5 431.97
交易费用	373.32	3 038.39
利息支出	—	—
资产减值损失	—	—
其他费用	156 028.77	93 513.27
三、净利润(净亏损以"-"号填列)	1 737 146.75	948 471.23
四、其他综合收益	—	—
五、综合收益	1 737 146.75	948 471.23
六、期初未分配利润	170 547.43	86 586.65
六、本期已分配信托利润	1 790 691.42	864 510.45
七、期末未分配利润	117 002.76	170 547.43

6. 会计报表附注

6.1 简要说明报告年度会计报表编制基准、会计政策、会计估计和核算方法发生的变化

无变化。

6.2 或有事项说明

公司对外担保的年初数为 0 万元,期末数为 0 万元。

6.3 重要资产转让及其出售的说明

本年度未发生重要资产转让及其出售事项。

6.4 会计报表中重要项目的明细资料

6.4.1 披露自营资产经营情况

6.4.1.1 按信用风险五级分类结果披露信用风险资产的期初数、期末数

信用风险资产五级分类	正常类(万元)	关注类(万元)	次级类(万元)	可疑类(万元)	损失类(万元)	信用风险资产合计(万元)	不良资产合计(万元)	不良资产率(%)
期初数	282 669.30	—	—	—	7 122.45	289 791.75	7 122.45	2.46
期末数	446 387.91	—	—	—	7 122.45	453 510.36	7 122.45	1.57

注:不良资产合计=次级类+可疑类+损失类。

6.4.1.2 各项资产减值损失准备的期初、本期计提、本期转回、本期核销、期末数

单位:万元

项目	期初数	本期计提	本期转回	本期核销	期末数
贷款损失准备	—	—	—	—	—
一般准备	—	—	—	—	—
专项准备	—	—	—	—	—
其他资产减值准备	—	—	—	—	—
可供出售金融资产减值准备	5 270.29	—	4 259.15	—	1 011.13
持有至到期投资减值准备	5 042.45	—	—	—	5 042.45
长期股权投资减值准备	2 958.72	—	—	—	2 958.72
坏账准备	—	—	—	—	—
投资性房地产减值准备	—	—	—	—	—
合　计	13 271.46	—	—	—	9 012.30

6.4.1.3 固有业务股票投资、基金投资、债券投资、股权投资等投资业务的期初数、期末数

单位：万元

项目	自营股票	基金	债券	长期股权投资
期初数	27 251. 46	37 829. 38	42 500	51 206. 00
期末数	14 608. 58	41 063. 55	20 670. 00	61 206. 00

6. 4. 1. 4　前五名的自营长期股权投资的企业名称、占被投资企业权益的比例、主要经营活动及投资收益情况等（从大到小顺序排列）

被投资企业名称	占被投资企业权益的比例（%）	主要经营活动	投资收益（万元）
1. 泰山财产保险有限公司	9. 85	财产保险等	2013 无分红
2. 金鼎租赁有限公司	20. 00	融资租赁等	2013 无分红
3. 泰信基金管理公司	45. 00	基金管理等	2013 无分红
4. 德州市商业银行	5. 00	存款及放款等	2013 分红 385 万元
5. 民生证券有限公司	2. 903	证券投资等	2013 无分红

6. 4. 1. 5　前五名的自营贷款的企业名称、占贷款总额的比例和还款情况等（从大到小顺序排列）

截至 2013 年末，本公司无自营贷款。

6. 4. 1. 6　表外业务的期初数、期末数，按照代理业务、担保业务和其他类型表外业务分别披露

单位：万元

表外业务	期初数	期末数
担保业务	—	—
代理业务（委托业务）	—	—
其他	—	—
合计	—	—

注：代理业务主要反映因客观原因应规范而尚未完成规范的历史遗留委托业务，包括委托贷款和委托投资。

6. 4. 1. 7　公司当年的收入结构

母公司

收入结构	金额（万元）	占比（%）
手续费及佣金收入	94 946. 15	81. 86
其中：信托手续费收入	94 946. 15	81. 86
投资银行业务收入	—	—
利息收入	107. 83	0. 09
其他业务收入	15 506. 33	13. 37
其中：计入信托业务收入部分	—	—
投资收益	5 392. 32	4. 65
其中：股权投资收益	3 481. 81	3. 00
公允价值变动收益	1 910. 51	1. 65
其他投资收益	—	—
营业外收入	32. 23	0. 03
收入合计	115 984. 86	100. 00

2013 年实现信托业务收入 94 946. 15 万元，占全部收入的 80% 以上，主营业务突出。

合并

收入结构	金额（万元）	占比（%）
手续费及佣金收入	106 986. 40	82. 65
其中：信托手续费收入	94 946. 15	73. 34
投资银行业务收入	—	—
利息收入	107. 83	0. 08
其他业务收入	16 792. 02	12. 97
其中：计入信托业务收入部分	—	—
投资收益	5 392. 32	4. 17
其中：股权投资收益	3 481. 81	2. 69
公允价值变动收益	1 910. 51	1. 48
其他投资收益	—	—
营业外收入	167. 69	0. 13
收入合计	129 446. 26	100. 00

手续费及佣金收入中基金管理费收入实现 12 040. 25 万元，占收入合计的 9. 31%。

6. 4. 2　披露信托资产管理情况

6. 4. 2. 1　信托资产的期初数、期末数

单位：万元

信托资产	期初数	期末数
集合	4 329 583. 22	5 110 653. 78
单一	13 017 837. 93	23 029 698. 54
财产权	1 622 620. 37	1 801 782. 83
合计	18 970 041. 52	29 942 135. 15

6. 4. 2. 1. 1　主动管理型信托业务期初数、期末数，分证券投资、股权投资、融资、事务管理类分别披露

单位：万元

主动管理型信托资产	期初数	期末数
证券投资类	958 442. 00	177 106. 00
股权投资类	337 919. 00	1 117 374. 00
融资类	3 146 165. 00	3 689 202. 00
事务管理类	—	22 654. 00
合计	4 442 526. 00	5 006 336. 00

6. 4. 2. 1. 2　被动管理型信托业务期初数、期末数，分证券投资、股权投资、融资、事务管理类分别披露

单位：万元

被动管理型信托资产	期初数	期末数
证券投资类	290 598. 00	1 164 898. 00
股权投资类	370 106. 00	1 515 481. 00
融资类	10 433 528. 00	19 896 961. 00
事务管理类	3 433 283. 52	2 358 459. 15
合计	14 527 515. 52	24 935 799. 15

6. 4. 2. 2　本年度已清算结束的信托项目个数、实收信托合计金额、加权平均实际年化收益率

6. 4. 2. 2. 1　本年度已清算结束的集合类、单一类资金信托项目和财产管理类信托项目个数、金额、加权平均实际年化收益率

已清算结束信托项目	项目个数	实收信托合计金额（万元）	加权平均实际年化收益率（%）
集合类	298	3 309 675	7.31
单一类	281	5 367 402	5.78
财产管理类	7	57 664	6.00

注：加权平均实际年化收益率 =（信托项目 1 的实际年化收益率 × 信托项目 1 的资产总计 + 信托项目 2 的实际年化收益率 × 信托项目 2 的资产总计 +…+ 信托项目 n 的实际年化收益率 × 信托项目 n 的资产总计）/（信托项目 1 的资产总计 + 信托项目 2 的资产总计 +…+ 信托项目 n 的资产总计）×100%。

6.4.2.2.2　本年度已清算结束的主动管理型信托项目个数、实收信托合计金额、加权平均实际年化收益率，分证券投资、股权投资、融资、事务管理类分别披露

已清算结束信托项目	项目个数	合计金额（万元）	加权平均实际年化信托报酬率（%）	加权平均实际年化收益率（%）
证券投资类	38	614 264	0.33	7.95
股权投资类	6	136 526	1.54	9.43
融资类	253	2 255 445	1.17	7.64
事务管理类	1	303 440	0.06	1.89

6.4.2.2.3　本年度已清算结束的被动管理型信托项目个数、合计金额、加权平均实际年化收益率，分证券投资、股权投资、融资、事务管理类分别披露

已清算结束信托项目	项目个数	合计金额（万元）	加权平均实际年化信托报酬率（%）	加权平均实际年化收益率（%）
证券投资类	1	76 923	0.5	5.00
股权投资类	3	48 168	0.6	23.34
融资类	268	5 193 375	0.4	6.15
事务管理类	16	106 600	0.10	2.75

6.4.2.3　本年度新增的集合类、单一类和财产管理类信托项目个数、实收信托合计金额

新增信托项目	项目个数	实收信托合计金额（万元）
集合类	314	5 273 300
单一类	565	31 133 800
财产管理类	9	282 700
新增合计	888	36 689 800
其中：主动管理型	314	5 273 300
被动管理型	574	31 416 500

6.4.2.4　信托业务创新成果和特色业务有关情况

2013 年，公司进一步加快信托产品结构转变进程，以证券信托、产业信托、上市公司股权质押信托为重点，积极拓展了私募股权投资（PE）信托、绿色投资系列信托、保障房信托、酒类信托等创新型信托产品，实现业务内生式增长和外延式扩张的有机结合。

一系列创新业务陆续推出，努力提升自主管理能力，尊岳进取 2 号证券信托产品满一年净值为 1.24 元，客户实现资产增值 18%；艺术品信托逐渐形成品牌和规模；过户式股票质押、白酒现货收益权等新的业务模式得以尝试，专业能力和服务水平继续提升。

6.4.2.5　本公司履行受托人义务情况及因本公司自身责任而导致的信托资产损失情况（合计金额、原因等）

本公司本年无上述情况。

6.4.2.6　信托赔偿准备金的提取、使用和管理情况

公司每年按照本期净利润的 5% 计提信托赔偿准备金，截至 2013 年末信托赔偿准备金 12 839.34 万元，迄今为止信托赔偿准备金未曾使用。

6.5　关联方关系及其交易的披露

6.5.1　关联交易方的数量、关联交易的总金额及关联交易的定价政策等

单位：万元

项目	关联交易数量	关联交易金额	定价政策
合计	10	155 876	按市场公允价格定价

注：关联交易是指信托公司以自有资产、信托资产为关联方提供投融资等服务，或以担保等方式为关联方融资提供便利的业务。关联交易的统计范围应基本与银监会非现场监管信息系统中关于关联交易的范围和口径一致，也可增加为关联方提供咨询等其他非投融资类业务服务的信息。

6.5.2　关联交易方与本公司的关系性质、关联交易方的名称、法定代表人、注册地址、注册资本及主营业务等

关系性质	关联方名称	法定代表人	注册地址	注册资本（万元）	主营业务
母公司	山东省鲁信投资控股集团有限公司	汲斌昌	济南市解放路 166 号	300 000.00	对外投资及管理，资本运营。
同一母公司	山东鲁信房地产投资开发有限公司	万众	济南市解放路 166 号	30 000.00	房地产开发及销售。
同一母公司	山东鲁信天地置业有限公司	李鹰	烟台莱山区迎春大街 131 号	5 000.00	房地产开发、物业管理、建筑材料、装饰材料、普通机械销售。
同一母公司	山东鲁信恒基投资有限公司	万众	济南市解放路 166 号	6 000.00	对外投资及管理，资本运营。
同一母公司	济南市历下区鲁信小额贷款股份有限公司	苏文强	济南市解放路 166 号	20 000.00	小额贷款业务。
同一母公司	山东鲁信文化旅游产业有限公司	魏立强	青岛市四方区永丰路 8 号 2079 室	30 000.00	旅游产业投资与旅游管理，海洋科研科普技术培训，园区内旅游服务，水生物养殖、展示及销售，动漫设计与展示。
同一母公司	山东鲁信实业集团有限公司	万众	济南市解放路 166 号	70 000.00	对外投资及管理，企业管理咨询服务，商品信息咨询服务。

续表

关系性质	关联方名称	法定代表人	注册地址	注册资本（万元）	主营业务
同一母公司	山东耀华鲁信节能投资有限公司	邱强	莱芜市钢城区双泉路31号	10 000.00	节能环保项目投资与管理，合同能源管理与运营，新能源开发项目投资，节能技术开发及咨询服务，能源审计，节能环保设备销售及租赁。
同一母公司	鲁信投资集团股份有限公司	万众	济南市解放路166号	31 000.00	一般经营项目：产业投资开发，科技开发，房屋出租；信息咨询、服务（国家专项审批的除外）。

6.5.3　逐笔披露本公司与关联方的重大交易事项

6.5.3.1　固有财产与关联方：贷款、投资、租赁、应收账款担保、其他方式等期初汇总数、本期发生额汇总数、期末汇总数

单位：万元

固有与关联方关联交易																				
贷款			投资			租赁			担保			应收账款			其他			合计		
期初	发生额	期末	期初	发生额	期末	期初	发生额	期末	期初	发生额	期末	期初	发生额	期末	期初	发生额	期末	期初	发生额	期末
—	—	—	—	—	—	—	—	—	—	—	—	—	—	—	—	—	—	—	—	—

6.5.3.2　信托资产与关联方：贷款、投资、租赁、应收账款、担保、其他方式等期初汇总数、本期发生额汇总数、期末汇总数

单位：万元

信托与关联方关联交易				
	期初数	借方发生额	贷方发生额	期末数
贷款	151 700	120 900	116 874	155 726
投资	30 150	—	30 000	150
租赁	—	—	—	—
担保	—	—	—	—
应收账款	—	—	—	—
其他	—	—	—	—
合计	181 850	120 900	146 874	155 876

6.5.3.3　信托公司自有资金运用于自己管理的信托项目（固信交易）、信托公司管理的信托项目之间的相互交易（信信交易）交易金额，包括余额和本报告年度的发生额

6.5.3.3.1　固有财产与信托财产之间的交易金额期初汇总数、本期发生额汇总数、期末汇总数

单位：万元

固有财产与信托财产相互交易			
项目	期初数	本期发生额	期末数
合计	64 532	68 771	133 303

6.5.3.3.2　信托项目之间的交易金额期初汇总数、本期发生额汇总数、期末汇总数

单位：万元

信托资产与信托财产相互交易			
项目	期初数	本期发生额	期末数
合计	70 247	37 292	32 955

6.5.4　逐笔披露关联方逾期未偿还本公司资金的详细情况以及本公司为关联方担保发生或即将发生垫款的详细情况

本公司本年不存在上述情况。

6.6　会计制度的披露

固有业务（自营业务）自2008年1月1日开始执行新企业会计准则、信托业务自2009年7月1日起执行新企业会计准则。

7. 财务情况说明书

7.1　利润实现和分配情况（母公司和并表口径同时披露）

7.1.1　母公司利润实现和分配情况

（1）利润总额：93 359.39万元；

（2）所得税费用：21 681.99万元；

（3）净利润：71 677.40万元；

（4）加年初未分配利润余额（调整后净额）：94 760.24万元；

（5）可供分配利润：166 437.64万元；

（6）提取法定公积金（净利润的10%）：7 167.74万元；

（7）依据公司章程，按照本年实现净利润的5%提取信托赔偿准备金3 583.87万元；

（8）提取一般准备1 058.31万元；

（9）向公司股东分配股利12 800万元；

（10）期末未分配利润141 827.72万元。

7.1.2　合并利润实现和分配情况

（1）利润总额：95 694.32万元；

（2）所得税费用：22 462.85万元；

（3）归属于母公司的净利润：72 376.73万元；

（4）加年初未分配利润余额（调整后净额）：98 581.06万元；

（5）可供分配利润：170 957.79万元；

（6）提取法定公积金（净利润的10%）：7 167.74万元；

（7）依据公司章程，按照本年实现净利润的5%提取信托赔偿准备金3 583.87万元；

（8）提取一般准备1 058.31万元；

（9）向公司股东分配股利12 800万元；

（10）期末未分配利润146 347.88万元。

7.2　主要财务指标（母公司和并表口径同时披露）

母公司

指标名称	指标值
资本利润率（%）	25.25
加权年化信托报酬率（%）	0.38
人均净利润（万元）	471.56

合并

指标名称	指标值
资本利润率(%)	24.05
加权年化信托报酬率(%)	0.38
人均净利润(万元)	270.23

注:1. 资本利润率=净利润/所有者权益平均余额×100%。
2. 信托报酬率=信托业务收入/实收信托平均余额×100%。
3. 人均净利润=净利润/年平均人数。
4. 平均值采取年初及各季末余额移动算术平均法,公式为:$a(平均)=(a_0/2+a_1+a_2+a_3+a_4/2)/4$。

7.3 对本公司财务状况、经营成果有重大影响的其他事项

无。

8. 特别事项简要揭示

8.1 前五名股东报告期内变动情况及原因

无。

8.2 董事、监事及高级管理人员变动情况及原因

因工作变动,公司四届八次董事会同意解聘王小林先生公司总经理职务,聘任王映黎女士担任公司总经理,总经理任职资格按规定报送中国银监会核准批复。

因公司发展需要,公司四届九次董事会聘任宋冲、岳增光为公司总经理助理;四届十次董事会聘任马文波担任公司财务总监(兼任计划财务部负责人)。

8.3 公司的重大诉讼事项(包括重大未决诉讼事项、以前年度发生并于报告年度内终结的诉讼事项和报告年度发生并于报告年度内终结的诉讼事项)

报告期内,公司没有重大诉讼事项发生。

以前年度发生未终结的诉讼事项,本公司诉山东泗水北方大地牧业集团有限公司、山东鲁西黄牛原种场有限公司、泗水北方大地肉牛育肥有限公司、山东九福饲料有限公司及山东九九有限公司、北京赛克赛思科技投资有限公司借款、担保合同纠纷案,目前仍在执行中。

8.4 对会计师事务所出具的有保留意见、否定意见或无法表示意见的审计报告的,公司董事会应就所涉及事项作出说明

无。

8.5 公司及其董事、监事和高级管理人员受到处罚的情况

无。

8.6 中国银监会及其派出机构对公司检查后提出整改意见的,应简单说明整改情况

报告期内中国银监会及其派出机构未对公司进行现场检查。

8.7 本年度重大事项临时报告的简要内容、披露时间、所披露的媒体及其版面

无。

8.8 中国银监会及其省级派出机构认定的其他有必要让客户及相关利益人了解的重要信息

无。

9. 公司监事会意见

监事会认为,本报告期内,公司决策程序符合国家相关法律、法规和公司章程的规定,内部控制制度较为完善,没有发现公司董事和高级管理人员在履行公司职务时有违反法律法规、公司章程和侵害股东利益的行为。公司财务报告真实反映了公司的财务状况和经营成果。

山西信托有限责任公司

1. 重要提示

1.1 本公司董事会及董事保证本报告所载资料不存在任何虚假记载、误导性陈述或者重大遗漏，并对其内容的真实性、准确性和完整性承担个别及连带责任。本年度报告摘要摘自年度报告全文，报告全文刊载于本公司网站（http://www.sxxt.net），客户及相关利益人欲了解详细内容，应阅读年度报告全文。

1.2 未有公司董事声明对本年度报告内容的真实性、准确性、完整性存在异议。

1.3 公司独立董事杨有振保证本年度报告内容真实、准确、完整。

1.4 普华永道中天会计师事务所有限公司对本公司年度财务报告进行审计，出具了标准无保留意见的审计报告。

1.5 公司董事长郭晋普、主管会计工作负责人总经理刘叔肆、副总经理兼财务总监雷淑俊、计划财务部总经理刘拓旺声明：保证年度报告中财务会计报告的真实、完整。

2. 公司概况

2.1 公司简介

1	法定中文名称	山西信托有限责任公司（中文缩写：山西信托）
2	法定英文名称	Shanxi Trust Co.,Ltd（英文缩写：STC）
3	法定代表人	郭晋普
4	注册地址	山西省太原市府西街69号
5	邮政编码	030002
6	国际互联网网址	http://www.sxxt.net
7	公司电子信箱	websxxt@sxgt.net
8	信息披露事务负责人	陈　强

续表

9	信息披露事务联系人	武　旭
10	联系电话	0351-8686777
11	传　　真	0351-8686111
12	电子信箱	websxxt@sxgt.net
13	本次信息披露报纸	《金融时报》
14	年度报告备置地点	山西省太原市府西街69号山西国际贸易中心A座37层
15	公司聘请的会计师事务所及其住所	普华永道中天会计师事务所有限公司 地址：上海湖滨路202号普华永道中心

2.2 组织结构

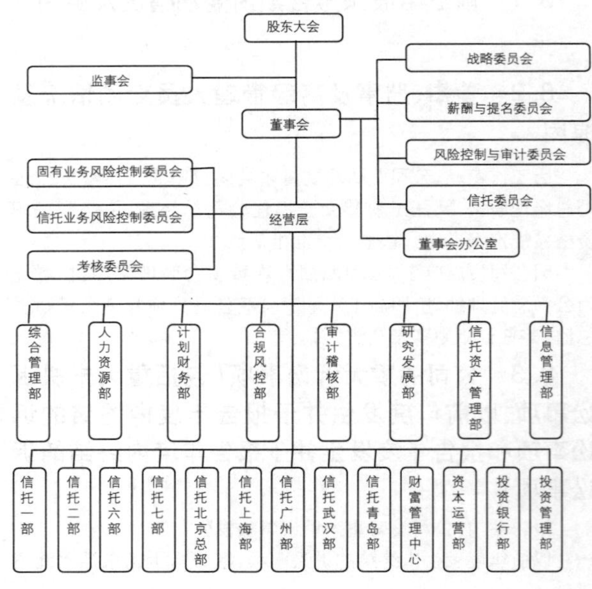

3. 公司治理结构

3.1 股东

股东名称	出资比例（%）	法人代表	注册资本（亿元）	注册地址	主要经营业务及主要财务情况
山西省国信投资（集团）公司★	90.7	张广慧	32.719	太原市府西街69号	投资业务，资产委托管理，资产重组并购，公司理财，财务顾问及咨询，房地产投资，代理财产管理等。
太原市海信资产管理有限公司	8.3	冯企康	1.0073	太原市府西街141号	投资及资产委托管理，投资咨询及企业财务法律咨询。
山西国际电力集团有限公司	1	刘建中	60	太原市劲松北路27号	电、热的生产和销售，发电、输变电工程的技术咨询，电力调度、生产管理及电力营销服务等。

注1. 本公司3个股东之间不存在关联关系。

2. 股东财务状况数字截至2013年12月31日。

3. ★号表示公司最终实际控制人。

3.2 董事

董事

姓名	职务	性别	年龄	选任日期	所推举的股东名称	该股东持股比例(%)	简要履历
郭晋普	董事长	男	57	2013年5月	山西省国信投资(集团)公司	90.7	曾任长治锻压机床厂生产副厂长,山西省信托投资公司房地产开发部、投资实业总部副总经理,山西国际贸易中心有限公司总经理,山西信托有限责任公司副董事长,山西信托有限责任公司党委书记、董事长;现任山西省国信投资(集团)公司副总经理,山西信托股份有限公司党委书记、董事长。
杨小勇	副董事长	男	50	2013年5月	山西省国信投资(集团)公司	90.7	曾任山西省委组织部处长,山西省信托投资公司副总经理,山西省国信投资(集团)公司副总经理,山西信托投资有限责任公司副董事长,山西信托有限责任公司副董事长;现任山西省国信投资(集团)公司党委书记,山西信托股份有限公司副董事长。
曹煜	副董事长	男	50	2013年5月	山西省国信投资(集团)公司	90.7	曾任共青团太原市委青农部副部长,共青团山西省委青农部部长助理、副部长,共青团山西省委常委、宣传部部长,中共祁县县委副书记、县长,中共榆社县委书记,山西信托有限责任公司副董事长;现任山西省国信投资(集团)公司副总经理,山西信托股份有限公司副董事长。
刘叔肄	董事	男	48	2013年5月	山西省国信投资(集团)公司	90.7	曾任山西省信托投资公司运城证券营业部经理、运城办事处副主任,山西信托投资有限责任公司地市信托部经理,太原资产管理公司经理,汇丰晋信基金公司副督察长,山西信托有限责任公司总经理;现任山西信托股份有限公司总经理。
张舒毅	董事(拟任)	男	51	2013年5月	太原市海信资产管理有限公司	8.3	曾任清徐县财政局局长、发展和改革局局长,太原市海信资产管理有限公司副总经理;现任太原市海信资产管理有限公司总经理。
王建军	董事	男	41	2013年5月	山西国际电力集团有限公司	1	曾任山西国际电力集团工程管理公司工程部经理、产业部经理,通宝能源有限公司党委书记、总经理;现任山西国际电力集团有限公司产业管理部经理。
张福生	董事	男	55	2013年5月	职工董事		曾任山西省统计局副处长,山西省信托投资公司技改处处长、办公室主任、党总支专职副书记,山西信托有限责任公司党委工作部主任、纪委书记;现任山西信托股份有限公司副总经理、纪委书记。

独立董事

姓名	所在单位及职务	性别	年龄	选任日期	所推举的股东名称	该股东持股比例(%)	简要履历
杨有振	山西财经大学副校长、教授、博士生导师	男	55	2013年5月	独立董事		曾任山西财经大学财政金融学院院长、教务处处长;现任山西财经大学副校长、教授、博士生导师。

3.3 监事

监事会成员

姓名	职务	性别	年龄	选任日期	所推举的股东名称	该股东持股比例(%)	简要履历
郭志宏	监事会主席	男	47	2013年5月	山西省国信投资(集团)公司	90.7	曾任中国人民银行长子县支行副行长,长治市信用社总经理,长治市商业银行副行长(主持工作)、行长,山西信托有限责任公司监事长;现任山西信托股份有限公司监事、监事会主席。
牛海芳	监事	女	43	2013年5月	太原市海信资产管理有限公司	8.3	曾任太原市信托投资公司会计,太原市海信资产管理有限公司财务科科长,现任太原市海信资产管理有限公司副总经理。
宋晓伟	监事	女	49	2013年5月	山西国际电力集团有限公司	1	曾任太原理工天成科技股份有限公司副总经理,通宝能源有限公司总会计师;现任山西国际电力集团有限公司法律审计部经理。

3.4 高级管理人员

姓名	职务	性别	年龄	选任日期	金融从业年限	学历	专业
刘叔肄	总经理	男	48	2013年5月	21	硕士研究生	经济
焦　杨	常务副总经理	男	47	2013年5月	17	硕士研究生	金融
史庆瑞	副总经理	男	57	2013年5月	25	本科	农业
乔彦林	党委委员	男	50	2010年2月	28	本科	经济
张福生	副总经理、纪委书记	男	55	2013年5月	21	研究生	金融
雷淑俊	副总经理、财务总监	女	44	2013年5月	21	本科	金融
陈　强	副总经理、董事会秘书	男	45	2013年5月	20	研究生	经济

3.5 公司员工

职工人数（人）		164
平均年龄（岁）		42
学历分布比例（%）	硕士	25.61
	本科	55.49
	专科	8.54
	其他	10.36

4. 经营管理

4.1 经营目标、方针、战略规划

经营目标：服务客户、成就员工、奉献社会、回报股东。

经营方针：信守承诺、珍视托付、稳健创新、超越期待。

战略规划：以市场为导向，以服务地方经济发展为宗旨，以转型跨越发展为主线，以创新为动力，以科学发展观统领各项工作，通过不断完善法人治理结构，健全风险防控机制，努力改善经营环境，创造业务保障机制等措施，全方位支持业务的发展，积极加快业务结构调整步伐，构建科学、合理、稳定的盈利模式，努力提高核心竞争力，促进公司全面、协调、可持续发展，力争成为客户不可或缺的卓越理财顾问和专业资产管理机构，努力使自身成长为业务领域全面、覆盖范围广泛、充满活力和创新精神的全国一流金融服务商。

4.2 所经营业务的主要内容

自营资产运用与分布表

资产运用	金额（万元）	占比（%）	资产分布	金额（万元）	占比（%）
货币资产	37 535.22	19.62	基础产业		
贷款及应收款			房地产业		
交易性金融资产投资	1 302.06	0.68	证券市场	21 275.26	11.12
可供出售金融资产投资	97 177.10	50.79	实业		
持有至到期投资			金融机构	32 595.68	17.04
长期股权投资	32 595.68	17.04	其他	137 460.60	71.84
其他	22 721.48	11.87			
资产总计	191 331.54	100.00	资产总计	191 331.54	100.00

注：资产分布中，"其他"类资产主要包括货币资金、固定资产、无形资产、可供出售金融资产等。

信托资产运用与分布表

资产运用	金额（万元）	占比（%）	资产分布	金额（万元）	占比（%）
货币资产	131 917.19	1.95	基础产业	1 005 182.90	14.86
贷款	3 959 410.50	58.52	房地产	642 061.70	9.49
交易性金融资产投资	800 811.21	11.84	证券市场	824 661.60	12.19
买入返售金融资产	980.00	0.01	实业	3 799 076.10	56.15
可供出售金融资产投资	9 128.26	0.13	金融机构	4 949.80	0.07
持有至到期投资	1 588 053.22	23.47	其他	489 539.60	7.24
长期股权投资	274 437.33	4.06			
其他	733.99	0.01			
信托资产总计	6 765 471.70	100.00	信托资产总计	6 765 471.70	100.00

注：资产分布中，"其他"类资产主要包括货币资金、收益权类资产等。

4.3 市场分析

4.3.1 影响本公司业务发展的有利因素

（1）经过改革开放30多年的高速发展，人民收入水平不断提高，大量积聚的社会财富为理财市场的进一步繁荣和发展提供了广阔的空间。

（2）金融同业资产管理业务的"松绑"，促使信托公司与其他资产管理机构之间逐步形成"在竞争中合作"的态势，对信托业的发展不仅是挑战，更是机遇。

（3）信托创新业务的不断发展，土地流转信托、家族信托、养老信托、消费信托等创新产品的相继推出，为信托公司实现业务转型奠定了坚实基础。

（4）公司制订了第二个五年发展规划，完成了股份制改造，积极引进战略投资者，不断提升风险控制能力和业务拓展能力，有效地助推了公司的可持续发展。

4.3.2 影响本公司业务发展的不利因素

（1）宏观经济增速放缓带来的流动性风险、声誉风险，以及针对影子银行等陆续出台的监管政策变化，使信托公司传统业务面临诸多挑战。

（2）信托业与其他金融同业的竞争进一步加剧，削弱了信托公司的制度优势，业务领域被蚕食，利润和发展空间被压缩，面临着巨大的转型压力。

（3）2013年行业信托资产规模虽然再创历史新高，但同比增速较2012年有所下降，且新增信托资产规模开始出现负增长，行业发展增速趋缓。

4.4 内部控制概况

公司按照现代企业制度的要求，建立了产权明晰、责任明确、管理科学的企业制度；根据法人治理机制的需要，建立了权责分明、有效制衡、协调运作的治理结构；依照金融企业运行的要求，加快内控文化的建设，制定了相对完善的内控制度；牢固树立内控优先的风险理念，不断增强全体员工的内控与依法经营意识；建立了责任追究制度，真正把内控文化的建设和执行

落到实处，营造良好的内控环境。

4.5　风险管理概况

风险管理是公司的一项基础性工作，公司始终遵循"事前预防、事中控制、事后监督"的原则，建立了多层次、全覆盖的风险控制体系，对公司开展的各项经营活动，进行全面的风险管理，确保将各种风险控制在合理水平，保障公司业务稳健运行。

4.5.1　信用风险

公司严格依据相关规定，对资产进行风险分类评级，并计提呆账准备；严格限制保证贷款，对于抵（质）押贷款按照抵（质）押品登记手续合法完备、易变现等原则确认，并根据抵（质）押品价值可能波动情况及可变现值确定抵（质）押率。

4.5.2　市场风险

公司关注国家宏观政策，加强行业风险研究，规避行业周期产生的市场风险；遵循组合投资、分散风险的原则，制定投资比例和投资策略，确立风险止损点；根据市场变化积极调整证券投资规模，优化证券投资结构，防范证券跌价风险；控制投资于同一行业的项目规模和数量，避免风险过于集中，积极拓展多元化投资领域和项目。

4.5.3　操作风险

公司坚持前台、中台、后台分离和部门、岗位之间相互制衡原则；明确工作职责，严格执行操作规程和权限设置，定期对业务规章和操作流程进行修订和完善；加大信息化建设投入，加强对员工技能培训，完备相应管理记录，防范操作风险。

4.5.4　其他风险

公司根据国家法律、宏观政策和行业政策的导向，积极调整经营策略和业务拓展方向，确保公司经营与国家政策的一致性；公司通过加强员工的风险管理教育，强化内控机制建设，完善业务制度和流程，加大检查监督的力度等措施，防范道德风险的发生；公司将发展战略和企业文化与声誉构建进行有机结合，通过尽职管理和充分信息披露塑造公司的专业和诚信形象，加强业务的评审和风险管理，有效规避声誉风险。

5. 报告期末及上一年度末的比较式会计报表

5.1　自营资产

5.1.1　会计师事务所审计结论

普华永道中天会计师事务所有限公司对本公司年度财务报告进行审计，并出具了标准无保留意见的审计报告（合并财务报表范围包括本公司及应当纳入合并的特殊目的主体，上一报告期无符合纳入合并范围内的特殊目的主体，故合并报表无期初数）。

5.1.2　资产负债表

资产负债表

编报单位：山西信托有限责任公司　　　　单位：万元

资产：	合并	母公司		负债及所有者权益	合并	母公司	
	期末数	期末数	期初数		期末数	期末数	期初数
存放同业款项	40 690.48	37 535.22	73 747.78	应付职工薪酬	4 272.13	4 272.13	2 073.11
交易性金融资产	27 948	1 302.06	1 744.35	交易性金融负债	32 332.55		
应收利息	2 552.53	2 552.53	80.26	应交/（预缴）税费	3 859.34	3 859.34	3 678.82
贷款和应收款项			15 599.14	预计负债		2 554.14	
可供出售金融资产	97 177.10	97 177.10	36 827.08	其他负债	5 048.03	5 048.03	8 063.05
投资性房地产	177.96	177.96	532.8	负债合计	45 512.05	15 733.64	13 814.98
长期股权投资	32 595.68	32 595.68	32 437.62	实收资本	135 700.00	135 700.00	100 000.00
固定资产	4 382.47	4 382.47	4 413.95	资本公积	10 697.14	10 697.14	9 035.70
在建工程	218.00	218.00	218.00	盈余公积	2 056.43	2 056.43	6 581.44
无形资产	89.66	89.66	74.18	风险准备	16 919.96	16 919.96	13 835.31
递延所得税资产	2 010.04	2 010.04	253.31	未分配利润	10 224.37	10 224.37	25 436.83
其他资产	13 268.04	13 290.83	2 775.79	所有者权益合计	175 597.90	175 597.90	154 889.28
资产总计	221 109.95	191 331.54	168 704.26	负债和所有者权益总计	221 109.95	191 331.54	168 704.26

董事长：郭晋普　　总经理：刘叔肄　　计划财务部总经理：刘拓旺　　制表：刘　强

5.1.3　利润表

利润表

编报单位：山西信托有限责任公司　　　　单位：万元

项　目	合并	母公司	
	2013 年度	2013 年度	2012 年度
一、营业收入	52 276.09	60 211.23	41 361.49
利息净收入	166.79	1 438.21	3 703.67
利息收入	1 456.26	1 438.21	3 703.67
利息支出	1 289.47		
手续费及佣金净收入	51 466.51	51 489.31	30 305.64
手续费及佣金收入	51 471.77	51 494.56	30 335.36
手续费及佣金支出	5.26	5.26	29.72
投资收益（损失以"－"号填列）	10 512.65	7 196.72	6 695.95
公允价值变动损益（损失以"－"号填列）	−9 790.41	166.44	67.65
汇兑收益（损失以"－"号填列）	−157.36	−157.36	−13.1

续表

项　目	合并	母公司	
	2013 年度	2013 年度	2012 年度
其他业务收入	77.91	77.91	601.68
二、营业支出	24 895.57	30 276.57	22 570.21
营业税金及附加	3 307.63	3 307.63	2 223.64
业务及管理费	19 343.13	19 328.87	16 911.23
资产减值损失（转回以"－"号填列）	2 195.08	7 590.34	3 085.64
其他业务支出	49.73	49.73	349.7
三、营业利润（损失以"－"号填列）	27 380.52	29 934.66	18 791.28
加：营业外收入	300.00	300.00	28.66
减：营业外支出	91.80	2 645.94	11.23
四、利润总额（损失以"－"号填列）	27 588.72	27 588.72	18 808.71
减：所得税费用	7 024.40	7 024.40	5 545.52
五、净利润（损失以"－"号填列）	20 564.32	20 564.32	13 263.19
其他综合收益	144.31	144.31	1 499.57
综合收益总额	20 708.62	20 708.62	14 762.76

董事长：郭晋普　　总经理：刘叔肄　　计划财务部总经理：刘拓旺　　制表：刘　强

5.1.4 所有者权益变动表

所有者权益变动表

编报单位：山西信托有限责任公司　　　　单位：万元

项目	2013年						2012年					
	实收资本（股本）	资本公积	盈余公积	一般风险准备	未分配利润	所有者权益合计	实收资本（股本）	资本公积	盈余公积	一般风险准备	未分配利润	所有者权益合计
1. 上年年末余额	100 000.00	9 035.70	6 581.43	13 835.31	25 436.83	154 889.28	100 000.00	7 536.13	5 255.11	11 845.83	15 489.44	140 126.51
2. 会计政策变更及差错更正						—						—
3. 本年年初余额	100 000.00	9 035.70	6 581.43	13 835.31	25 436.83	154 889.28	100 000.00	7 536.13	5 255.11	11 845.83	15 489.44	140 126.51
4. 本年增减变动金额合计（减少以"－"号填列）	35 700.00	1 661.44	-4 525.00	3 084.65	-15 212.46	20 708.63	—	1 499.57	1 326.32	1 989.48	9 947.39	14 762.76
4.1 净利润					20 564.32	20 564.32					13 263.19	13 263.19
4.2 直接计入所有者权益的利得和损失		144.31				144.31	—	1 499.57	—	—	—	1 499.57
4.2.1 可供出售金融资产公允价值变动净额												—
4.2.2 权益法下被投资单位其他所有者权益变动的影响												—
4.2.3 与计入所有者权益项目相关的所得税影响												—
4.2.4 其他						—						—
4.3 所有者投入和减少资本	—	—	—	—	—	—	—	—	—	—	—	—
4.3.1 所有者投入资本						—						—
4.3.2 股份支付计入所有者权益的金额						—						—
4.3.3 其他						—						—
4.4 利润分配			2 056.43	3 084.65	-5 141.08	—	—	—	1 326.32	1 989.48	-3 315.8	—
4.4.1 提取盈余公积			2 056.43		-2 056.43	—			1 326.32		-1 326.32	—
4.4.2 提取一般风险准备				3 084.65	-3 084.65	—				1 989.48	-1 989.48	—
4.4.3 对股东的分配						—						—
4.4.4 其他						—						—
4.5 所有者权益内部结转	35 700.00	1 517.13	-6 581.43		-30 635.70	—	—	—	—	—	—	—
4.5.1 资本公积转增资本（或股本）		1 517.13				—						—
4.5.2 盈余公积转增资本（或股本）			-6 581.43			—						—
4.5.3 盈余公积弥补亏损						—						—
4.5.4 一般风险准备弥补亏损						—						—
4.5.5 其他					-30 635.70	—						—
4.6 外币报表折算差额						—						—
5. 本年年末余额	135 700.00	10 697.14	2 056.43	16 919.96	10 224.37	175 597.90	100 000.00	9 035.70	6 581.43	13 835.31	25 436.83	154 889.28

董事长：郭晋普　　总经理：刘叔肄　　计划财务部总经理：刘拓旺　　制表：刘　强

5.2 信托资产

5.2.1 信托项目资产负债汇总表

信托项目资产负债汇总表

编报单位：山西信托有限责任公司　　　　单位：万元

资产	2013.12.31	2012.12.31	负债	2013.12.31	2012.12.31
货币资金	131 917.19	113 200.03	交易性金融负债		
拆出资金			衍生金融负债		
存出保证金			应付受托人报酬	4 511.58	−3 777.25
应收款项	733.99	12.11	应付受益人款项	−31.42	570.00
交易性金融资产	800 811.21	167 735.05	应付管理人报酬		
衍生金融资产			应付托管费	108.98	17.66
买入返售金融资产	980.00	19 630.00	应付利息		
贷款	3 959 410.50	2 500 285.50	应交税金		
可供出售金融资产	9 128.26	113 665.85	其他应付款	1 458.33	683.40
持有至到期投资	1 588 053.22	1 571 197.50	递延所得税负债		
长期股权投资	274 437.33	299 337.33	其他负债	0.00	7.96
投资性房地产			负债合计	6 047.47	−2 498.23
固定资产			所有者权益		
应收账款			实收信托	6 724 815.07	4 743 333.06
减：坏账准备			资本公积	0.00	−13 296.15
无形资产			盈余公积		
递延所得税资产			未分配利润	34 609.16	57 524.69
其他资产			所有者权益合计	6 759 424.23	4 787 561.60
资产总计	6 765 471.70	4 785 063.37	负债和所有者权益总计	6 765 471.70	4 785 063.37

董事长：郭晋普　　总经理：刘叔肄　　计划财务部总经理：刘拓旺　　制表：贺小兵

5.2.2 信托项目利润及利润分配汇总表

信托项目利润及利润分配汇总表

编报单位：山西信托有限责任公司　　单位：万元

项　目	2013 年度	2012 年度
一、营业收入	569 599.04	325 436.64
利息收入	386 847.96	133 092.05
投资收益（损失以"－"号填列）	223 017.97	177 849.00
租赁收入		
公允价值变动收益（损失以"－"号填列）	−40 266.89	14 409.53
汇兑收益（损失以"－"号填列）		
其他业务收入	0.00	86.06
二、营业支出	93 482.31	55 046.56
业务及管理费	93 482.31	55 046.56
营业税金及附加		
资产减值损失		
其他业务支出		
三、营业利润（亏损以"－"号填列）	476 116.73	270 390.08
加：营业外收入		
减：营业外支出		
四、本期利润总额（亏损总额以"－"号填列）	476 116.73	270 390.08
加：期初未分配利润	57 524.69	577.06
减：本期已分配利润	499 032.26	213 442.45
五、期末未分配信托利润	34 609.16	57 524.69

董事长：郭晋普　　总经理：刘叔肄

计划财务部总经理：刘拓旺　　制表：贺小兵

6. 会计报表附注

6.1 与上一期年度报告相比，会计政策、会计估计和核算方法发生变化的情况说明

（1）重要会计政策变更内容。2013 年与上年相比，无重要会计政策的变更。

（2）重要会计核算方法变更内容。2013 年与上年相比，无重要会计核算方法的变更。

6.2 或有事项说明

本公司管理的信裕 15 号集合资金信托计划（以下简称信裕 15 号）原本于 2014 年 2 月 4 日到期，因债务方山西联盛能源集团无法按时兑付到期资金，根据信托合同延期 6 个月至 2014 年 8 月 4 日。信裕 15 号信托规模 5 亿元，项目担保措施包括：（1）山西柳林金家庄煤业有限公司 35% 的股权质押。（2）山西联盛能源投资有限公司 10% 的股权质押。（3）山西省联盛能源投资有限公司提供连带责任保证担保。（4）山西联盛能源集团实际控制人邢利斌先生．李风晓女士提供无限连带责任担保。（5）孝义市岩电力煤化工有限公司提供连带责任担保。（6）孝义市岩电力煤化工有限公司实际控制人温克忠先生、刘艳萍女士提供无限连带责任担保。

截至本财务报表批准日，山西联盛能源集团正在进行债务重组。鉴于山西柳林金家庄煤业有限公司 35% 的质押股权的价值能完全覆盖信裕 15 号本息，本公司管理层判断本公司无须以固有资金承担信裕 15 号的兑付，故未计提预计

负债。

6.3 重要资产转让及其出售的说明

本公司报告期没有发生重要资产转让及其出售的情况。

6.4 会计报表中重要项目的明细资料

6.4.1 披露自营资产经营情况

6.4.1.1 按信用风险五级分类结果披露的信用风险资产

信用风险资产五级分类	正常类（万元）	关注类（万元）	次级类（万元）	可疑类（万元）	损失类（万元）	信用风险资产合计（万元）	不良资产合计（万元）	不良资产率（%）
期初数	82 664.55	9 713.84			3 998.93	96 377.32	3 998.93	2.37
期末数	121 199.56	5 395.26				126 594.82		

注：不良资产合计＝次级类＋可疑类＋损失类。

6.4.1.2 各项资产减值损失准备情况

单位：万元

	期初数	本期计提	本期转回	本期核销	期末数
贷款损失准备	3 636.62		255.69	3 380.93	0
一般准备					
专项准备	3 636.62		255.69	3 380.93	0
其他资产减值准备	10 414.7	7 404.88	10 371.9		7 447.68
可供出售金融资产减值准备	10 371.90	6 475.54	10 371.90		6 475.54
持有至到期投资减值准备					
长期股权投资减值准备					
坏账准备	30	624.23			654.23
投资性房地产减值准备	0	305.11			305.11

6.4.1.3 自营股票投资、基金投资、债券投资、股权投资等投资业务的情况

单位：万元

	自营股票	基金	债券	长期股权投资	其他投资	合计
期初数	36 827.08	1 744.35		32 437.62		71 009.05
期末数	19 973.19	1 302.06		32 595.68		53 870.93

6.4.1.4 前五名的自营长期股权投资的企业名称、占被投资企业权益的比例、主要经营活动及投资收益情况（从大到小顺序排列）

企业名称	占被投资企业权益的比例（%）	主要经营活动	投资收益（万元）
1. 长治市商业银行股份有限公司	9.97	商业银行业务	498.5
2. 汇丰晋信基金管理有限公司	51	证券投资基金管理	285.56

6.4.1.5 前三名的自营贷款的企业名称、占贷款总额的比例和还款情况（从大到小顺序排列）

本公司报告期内无自营贷款的情况说明。

6.4.1.6 表外业务的情况

本公司报告期无表外业务需说明情况。

6.4.1.7 公司当年的收入结构

收入结构	余额（万元）	占比（%）
手续费及佣金收入	51 489.31	85.09
其中：信托手续费收入	51 494.56	
投资银行业务收入		
利息收入	1 438.21	2.38
其他业务收入	77.91	0.13
其中：计入信托业务收入部分		
投资收益	7 196.72	11.89
其中：股权投资收益	760.98	
证券投资收益	2 640.27	
汇兑损益	－157.36	－0.26
公允价值变动收益	166.44	0.28
营业外收入	300.00	0.49
收入合计	60 511.23	100.00

注：手续费及佣金收入、利息收入、其他业务收入、投资收益、营业外收入均应为损益表中的一级科目，其中手续费及佣金收入、利息收入、营业外收入为未抵减掉相应支出的全年累计实现收入数。

6.4.2 信托资产管理情况

6.4.2.1 信托资产的情况

单位：万元

信托资产	期初数	期末数
集合	1 478 235.36	2 031 446.00
单一	3 143 857.79	4 658 936.00
财产权	162 970.22	75 090.00
合计	4 785 063.37	6 765 472.00

注：截至 2013 年末，本公司代保管资产余额为 75077.77 万元。

6.4.2.1.1 主动管理型信托业务的情况

单位：万元

主动管理型信托资产	期初数	期末数
证券投资类	318 391.02	270 222.00
股权投资类	225 178.54	150 315.00
融资类	1 315 955.24	1 502 217.00
事务管理类	31 000.00	0.00
其他类	76 953.47	0.00
合计	1 967 478.27	1 922 754.00

6.4.2.1.2 被动管理型信托业务的情况

单位：万元

被动管理型信托资产	期初数	期末数
证券投资类	18 936.68	554 439.00
股权投资类	300.07	0.00
融资类	2 552 253.56	4 020 632.00
事务管理类	246 094.79	267 647.00
其他类	0.00	0.00
合计	2 817 585.10	4 842 718.00

6.4.2.2 本年度已清算结束的信托项目的情况

6.4.2.2.1 本年度已清算结束的集合类、单一类资金信托项目和财产管理类信托项目的情况

已清算结束信托项目	项目个数	实收信托合计金额(万元)	加权平均实际年化收益率(%)
集合类	75	830 198.00	7.74
单一类	64	2 144 136.00	7.20
财产管理类	1	77 930.00	4.21

注:收益率是指信托项目清算后,给受益人赚取的实际收益水平。加权平均实际年化收益率=(信托项目1的实际年化收益率×信托项目1的实收信托+信托项目2的实际年化收益率×信托项目2的实收信托+…+信托项目n的实际年化收益率×信托项目n的实收信托)/(信托项目1的实收信托+信托项目2的实收信托+…+信托项目n的实收信托)×100%。

6.4.2.2.2 本年度已清算结束的主动管理型信托项目的情况

已清算结束信托项目	项目个数	实收信托合计金额(万元)	加权平均实际年化收益率(%)
证券投资类	9	88 257.00	3.82
股权投资类	5	111 706.00	8.80
融资类	82	1 133 870.00	7.72
事务管理类			
其他类	2	6 000.00	10.25

注:加权平均实际年化信托报酬率=(信托项目1的实际年化信托报酬率×信托项目1的实收信托+信托项目2的实际年化信托报酬率×信托项目2的实收信托+…+信托项目n的实际年化信托报酬率×信托项目n的实收信托)/(信托项目1的实收信托+信托项目2的实收信托+…+信托项目n的实收信托)×100%。

6.4.2.2.3 本年度已清算结束的被动管理型信托项目的情况。

已清算结束信托项目	项目个数	实收信托合计金额(万元)	加权平均实际年化收益率(%)
证券投资类			
股权投资类			
融资类	39	1 329 601.00	7.72
事务管理类	2	82 830.00	4.60
其他类	1	300 000.00	4.77

6.4.2.3 本年度新增的集合类、单一类和财产管理类信托项目的情况

单位:万元

新增信托项目	项目个数	合计金额
集合类	98	1 213 351.00
单一类	103	3 513 220.00
财产管理类	0	0.00
新增合计	201	4 726 571.00
其中:主动管理型	113	955 451.00
被动管理型	88	3 771 120.00

注:本年新增信托项目指在本报告年度累计新增的信托项目个数和金额。包含本年度新增并于本年度内结束的项目和本年度新增至报告期末仍在持续管理的信托项目。

6.4.2.4 信托业务创新成果和特色业务有关情况

公司高度重视信托业务研发和创新工作,根据监管政策导向和行业发展方向,深挖信托制度优势,积极探索土地流转信托、慈善信托、家族信托、养老信托等新型信托业务,不断丰富信托理财产品种类,满足不同客户群的个性化理财需求,着力提升公司资产管理能力与核心竞争力。

6.4.2.5 本公司履行受托人义务情况及因本公司自身责任而导致的信托资产损失情况

本公司作为受托人,已经建立了完整的信托事务管理制度,严格遵守相关法律、行政法规以及信托合同的约定,恪尽职守,履行诚实、信用、谨慎、有效管理的义务。本着忠实于委托人、争取受益人最大利益的原则处理信托事务。

截至本报告期末,本公司未发生因自身责任导致信托财产损失情况。

6.5 关联方关系及其交易的披露

6.5.1 关联交易方的数量、关联交易的总金额及关联交易的定价政策

单位:万元

	关联交易方数量	关联交易金额	定价政策
合计	4	858.52	本公司在正常业务过程中发生的关联交易遵守一般商业条款;关联交易的价格主要参考市场价格经双方协商后确定。

6.5.2 关联交易方与本公司的关系性质、关联交易方的名称、法定代表人、注册地址、注册资本及主营业务

关系性质	关联方名称	法定代表人	注册地址	注册资本(万元)	主营业务
母公司	山西省国信投资(集团)有限公司	张广慧	山西省太原市府西街69号	327 190	投资管理等。
受同一母公司控制	山西证券股份有限公司	侯巍	山西省太原市府西街69号	251 872	证券自营 证券代理 投资咨询等。
受同一母公司控制	山西国际贸易中心有限公司	郭晋普	山西省太原市府西街69号	45 000	酒店经营管理等。
受同一母公司控制	山西国贸物业管理有限公司	郭晋普	山西省太原市府西街69号	300	物业管理等。

6.5.3 本公司与关联方的重大交易事项

6.5.3.1 固有财产与关联方关联交易情况

报告期内固有财产与关联方无重大关联交易发生。

6.5.3.2 信托资产与关联方关联交易情况

报告期信托资产与关联方无重大关联交易发生。

6.5.3.3 信托公司自有资金运用于自己管理的信托项目(固信交易)、信托公司管理的信托项目之间的相互(信信交易)交易情况

6.5.3.3.1 固有财产与信托财产之间的交易情况

单位：万元

	期初数	本期变动	期末数
合计	32 812.21	56 748.06	89 560.27

6.5.3.3.2 信托资产与信托财产之间的交易情况

单位：万元

	期初数	本期新增	期末数
合计	116 901.00	229 366.00	346 267.00

6.5.4 关联方逾期未偿还本公司资金的详细情况以及本公司为关联方担保发生或即将发生垫款的详细情况

报告期本公司无上述情况发生。

6.6 会计制度的披露

公司固有业务和信托业务，同时执行财政部2006年2月15日颁布的《企业会计准则——基本准则》和38项具体会计准则、其后颁布的企业会计准则应用指南、企业会计准则解释以及其他相关规定。

7. 财务情况说明书

7.1 利润实现和分配情况

2013年度，公司实现净利润20 564.32万元。提取法定盈余公积2 056.43万元，提取一般风险准备2 056.43万元，提取信托赔偿准备1 028.22万元。年末可供分配的利润10 224.37万元。

7.2 主要财务指标

指标名称	指标值
资本利润率（%）	12.44
加权年化信托报酬率（%）	0.77
人均净利润（万元）	125.39

注：1. 资本利润率＝净利润/所有者权益平均余额×100%。

2. 加权平均实际年化信托报酬率＝（信托项目1的实际年化信托报酬率×信托项目1的实收信托＋信托项目2的实际年化信托报酬率×信托项目2的实收信托＋…＋信托项目n的实际年化信托报酬率×信托项目n的实收信托）/（信托项目1的实收信托＋信托项目2的实收信托＋…＋信托项目n的实收信托）×100%。

3. 人均净利润＝净利润/年平均人数。

4. 平均值采取年初、年末余额简单平均法，公式为：a（平均）＝（年初数＋年末数）/2。

7.3 公司净资本监管指标

指标名称	指标值	监管标准
净资本（亿元）	15.16	≥2亿元
净资本/各项业务风险资本之和（%）	151.36	≥100
净资本/净资产（%）	85.45	≥40

本公司无对财务状况、经营成果有重大影响的其他事项。

8. 企业社会责任

8.1 守法合规稳健发展

公司始终坚持"合规为本"，严格遵循项目风控程序，建立了多层次、全覆盖的风险控制体系，对公司开展的各项经营活动，进行全面的风险管理，确保将各种风险控制在合理水平，保障公司业务稳健运行。

8.2 注入经济调整活力

实体经济的持续健康发展离不开金融支持，而金融业也只有与实体经济结合在一起，相互促进，共同发展，才能取得双赢。公司一直坚持以服务实体经济为己任，大力助推实体经济发展。

8.3 推动民生事业发展

保障和改善民生 是实现全面建设小康社会宏伟目标的必然要求 公司长期关注社会民生事业的发展，在坚持商业化运作原则的前提下，积极推动社会公共事业发展，在改善民生方面进行了积极探索和不懈努力。

8.4 致力推进财富管理

公司秉承"受人之托、代人理财"的经营理念，通过多种方式，依托专业管理，充分发挥信托制度优势，合理配置资源，为受益人资产增值保值，分享社会发展成果。

8.5 热心参与社会事业

根据国家"金融业服务实体经济"总体要求，公司积极开展符合国家政策、监管导向和市场需求的各类信托业务。同时，积极履行社会责任，进一步支持民生、绿色环保、公益项目。

8.6 全力帮助员工成长

公司注重人才发展，积极创新用人机制，建立多元化的人才结构，培养和造就各类复合型人才，全力打造一流员工团队。

9. 特别事项揭示

9.1 报告期内股东变动情况

无。

9.2 董事、监事及高级管理人员变动情况及原因

公司于2013年2月2日召开了山西信托有限责任公司2013年第一次临时董事会，聘任张福生、雷淑俊、陈强担任公司副总经理，任职资格已按监管部门规定办理了相关任职手续。

公司于2013年5月10日召开了山西信托股份有限公司第一次股东大会，选举产生了山西信托股份有限公司第一届董事会、监事会组成人员，第一届董事会成员为郭晋普、杨小勇、曹煜、刘叔肄、张舒毅（拟任）、王建军、张福生、杨有振（独立董事）；第一届监事会成员为郭志宏、牛海芳、宋晓伟。

公司于2013年5月10日召开了山西信托股份有限公司第一届董事会2013年第一次会议，会议选举郭晋普担任董事长，杨小勇、曹煜为副董事长；聘任刘叔肄为总经理，焦杨为常务副总经理，史庆瑞、张福生、雷淑俊、陈强为副总经理；聘任雷淑俊兼任财务总监，陈强兼任董事会秘书。

公司于2013年5月10日召开了山西信托股份有限公司第一届监事会2013年第一次会议，会议选举郭志宏为监事会主席。

9.3　报告期内公司重大未决诉讼事项

固有业务。报告期内未发生重大诉讼事项。

信托业务。公司起诉案件2件。2013年10月23日，公司向法院提起诉讼，起诉对象为山西中景泰房地产有限责任公司，金额10,859万元，目前该案件尚在审理阶段。2013年10月23日，公司按委托人指令向法院提起诉讼，起诉对象为甘肃7个井矿业有限公司，金额52 521万元，该项目为被动管理类，目前该案件尚在审理阶段。

9.4　对会计师事务所出具的有保留意见，否定意见或无法表示意见的审计报告的，公司董事会应就所涉及事项做出说明

报告期内，无相关事项。

9.5　报告期内发生公司及其董事、监事和高级管理人员受到处罚的情况

无。

9.6　中国银监会及其派出机构对公司的检查意见及整改情况说明

山西银监局于2013年5月13日至6月25日、11月11日至23日分别对公司银信合作业务、不规范经营专项治理"回头看"及房地产贷款质量分类真实性分别进行了专项现场检查，并出具了现场检查意见，检查意见中提出公司要不断提升主动管理能力，进一步明确信托业务风险分类标准及实施方法，同时也提出需强化内控制度建设等问题。针对检查意见，公司高度重视，认真落实，进行了积极整改。

9.7　报告期内公司重大事项临时报告

2013年5月31日，公司在《金融时报》第三版发布重大事项临时报告。报告内容：经中国银行业监督管理委员会《中国银监会关于山西信托有限责任公司变更组织形式及公司名称等有关事项的批复》（银监复[2013]183号）批准，山西信托有限责任公司（以下简称公司）以2012年6月30日经审计的净资产折股整体变更为股份有限公司，同时更名为山西信托股份有限公司。变更后公司的注册资本为135 700万元，总股本为135 700万股，原股东山西省国信投资（集团）公司、太原市海信资产管理有限公司、山西国际电力集团有限公司作为股份有限公司的发起人，发起人在股份有限公司的持股比例保持不变。由于上述变更，发起人签署了山西信托股份有限公司章程，公司换领了新的金融许可证。2013年5月27日，在山西省工商行政管理局换领了新的《企业法人营业执照》。

现将变更后相应事项列示如下：

中文全称：山西信托股份有限公司

英文全称：Shanxi Trust Co. Ltd.

公司住所：太原市府西街69号

法定代表人姓名：郭晋普

公司注册资本：人民币135 700万元

公司类型：股份有限公司

公司经营范围保持不变。

本次变更后，原山西信托有限责任公司的债权债务均由山西信托股份有限公司享有及承担。

9.8　报告期内中国银监会及其省级派出机构认定的其他有必要让客户及相关利益人了解的重要信息

无。

10. 公司监事会意见

10.1　监事会对公司依法运作情况的独立意见

监事会认为：公司董事会、经营层能够按照国家有关法律、法规和公司章程的规定履行职责，决策程序合规有效；本报告期内未发现董事、高级管理人员履行职务时有违法违规、违反公司章程或损害公司及投资人利益的行为。

10.2　监事会对公司财务状况的独立意见

监事会认为：公司能够认真贯彻执行国家有关政策和法律法规，公司财务报告内容完整，客观真实地反映了公司的财务状况和经营成果。

陕西省国际信托股份有限公司

1. 重要提示

本年度报告摘要来自年度报告全文，投资者欲了解详细内容，应当仔细阅读同时刊载于深圳证券交易所网站等中国证监会指定网站上的年度报告全文。

2. 公司概况

2.1 公司简介

2.1.1 公司信息

股票简称	陕国投 A	股票代码	000563
变更后的股票简称（如有）	无		
股票上市证券交易所	深圳证券交易所		
公司的中文名称	陕西省国际信托股份有限公司		
公司的中文简称	陕国投		
公司的外文名称（如有）	Shaanxi International Trust Co.，Ltd.		
公司的外文名称缩写（如有）	SITI		
公司的法定代表人	薛季民		
注册地址	西安市高新区科技路 50 号金桥国际广场 C 座		
注册地址的邮政编码	710075		
办公地址	西安市高新区科技路 50 号金桥国际广场 C 座		
办公地址的邮政编码	710075		
公司网址	http://www.siti.com.cn		
电子信箱	sgtdm@siti.com.cn		

2.1.2 联系人和联系方式

	董事会秘书	证券事务代表
姓　　名	姚卫东	孙一娟
联系地址	西安市高新区科技路 50 号金桥国际广场 C 座	西安市高新区科技路 50 号金桥国际广场 C 座
电　　话	（029）81870262/81870266/88851988	（029）81870262/81870266/88851988
传　　真	（029）88851989	（029）88851989
电子信箱	sgtdm@siti.com.cn	sgtdm@siti.com.cn

2.2 公司组织结构

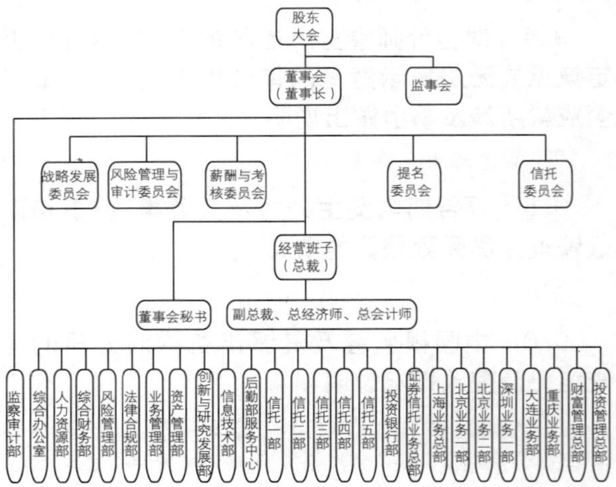

3. 主要会计数据和财务指标

	2013 年	2012 年	本年比上年增减（%）	2011 年
营业收入（元）	832 775 089.53	576 308 789.42	44.5	304 422 023.04
归属于上市公司股东的净利润（元）	313 076 135.49	260 629 986.53	20.12	154 354 276.23
归属于上市公司股东的扣除非经常性损益的净利润（元）	248 748 572.08	257 971 524.01	-3.58	102 864 096.25
经营活动产生的现金流量净额（元）	-86 034 754.97	-580 955 335.10	85.19	-18 688 457.09
基本每股收益（元/股）	0.2577	0.2457	4.88	0.2051
稀释每股收益（元/股）	0.2577	0.2457	4.88	0.2051
加权平均净资产收益率（%）	9.24	10.83	减少 1.59 个百分点	19.39
	2013 年末	2012 年末	本年末比上年末增减（%）	2011 年末
总资产（元）	3 929 188 447.31	3 560 886 609.43	10.34	1 212 088 634.92
归属于上市公司股东的净资产（元）	3 509 432 173.40	3 262 825 853.10	7.56	849 560 011.71

4. 前10名股东持股情况

报告期末股东总数	69 841	年度报告披露日前第5个交易日末股东总数				68 689		
持股5%以上的股东或前10名股东持股情况								
股东名称	股东性质	持股比例(%)	报告期末持股数量(股)	报告期内增减变动情况(股)	持有有限售条件的股份数量(股)	持有无限售条件的股份数量(股)	质押或冻结情况	
							股份状态	数量(股)
陕西煤业化工集团有限责任公司	国有法人	34. 58	420 000 000	220 000 000	420 000 000	0		0
陕西省高速公路建设集团公司	国家	27. 14	329 667 576	170 731 639	0	329 667 576		0
西安投资控股有限公司	国有法人	3. 46	42 000 000	22 000 000	42 000 000	0		0
人保投资控股有限公司	国有法人	0. 47	5 670 000	270 000	0	5 670 000		0
夏建文	境内自然人	0. 3	3 700 617	3 700 617	0	3 700 617		0
盛天重	境内自然人	0. 19	2 296 577	2 296 577	0	2 296 577		0
庆安集团有限公司	国有法人	0. 19	2 268 000	1 188 000	0	2 268 000		0
盛仁	境内自然人	0. 17	2 053 916	2 053 916	0	2 053 916		0
宋宝林	境内自然人	0. 16	2 000 000	1 611 331	0	2 000 000		0
陕西省邮电管理局	境内非国有法人	0. 15	1 769 040	926 640	0	1 769 040		0
战略投资者或一般法人因配售新股成为前10名股东的情况(如有)(参见注3)		无						
上述股东关联关系或一致行动的说明		(1)公司第一大股东和第二大股东均为省属国有独资企业,本公司实际控制人仍为陕西省国资委。(2)公司第一大股东陕西煤业化工集团有限责任公司与除第二大股东陕西省高速公路建设集团公司外其他前10名股东之间不存在关联关系,也不属于《上市公司股东持股变动信息披露管理办法》中规定的一致行动人;未知前10名其他股东之间是否存在关联关系和是否属于《上市公司股东持股变动信息披露管理办法》中规定的一致行动人。						

前10名无限售条件股东持股情况			
股东名称	报告期末持有无限售条件股份数量(股)	股份种类	
		股份种类	数量(股)
陕西省高速公路建设集团公司	329 667 576	人民币普通股	329 667 576
人保投资控股有限公司	5 670 000	人民币普通股	5 670 000
夏建文	3 700 617	人民币普通股	3 700 617
盛天重	2 296 577	人民币普通股	2 296 577
庆安集团有限公司	2 268 000	人民币普通股	2 268 000
盛仁	2 053 916	人民币普通股	2 053 916
宋宝林	2 000 000	人民币普通股	2 000 000
陕西省邮电管理局	1 769 040	人民币普通股	1 769 040
西安航空装备有限公司	1 568 000	人民币普通股	1 568 000
杜海峰	1 320 000	人民币普通股	1 320 000
前10名无限售流通股股东之间,以及前10名无限售流通股股东和前10名股东之间关联关系或一致行动的说明	公司第二大股东陕西省高速公路建设集团公司与其他前10名无限售条件股东之间不存在关联关系,也不属于《上市公司股东持股变动信息披露管理办法》中规定的一致行动人;未知其他前10名无限售条件股东之间是否存在关联关系和是否属于《上市公司股东持股变动信息披露管理办法》中规定的一致行动人。		
前十大股东参与融资融券业务股东情况说明(如有)(参见注4)	(1)公司股东夏建文除通过普通证券账户持有1 500股公司股份外,还通过中信证券股份有限公司客户信用交易担保证券账户持有3 699 117股公司股份,实际合计持有3 700 617股公司股份。(2)公司股东盛天重通过海通证券股份有限公司客户信用交易担保证券账户持有2 296 577股公司股份。(3)公司股东盛仁通过海通证券股份有限公司客户信用交易担保证券账户持有2 053 916股公司股份。		

5. 以方框图形式披露公司与实际控制人之间的产权及控制关系

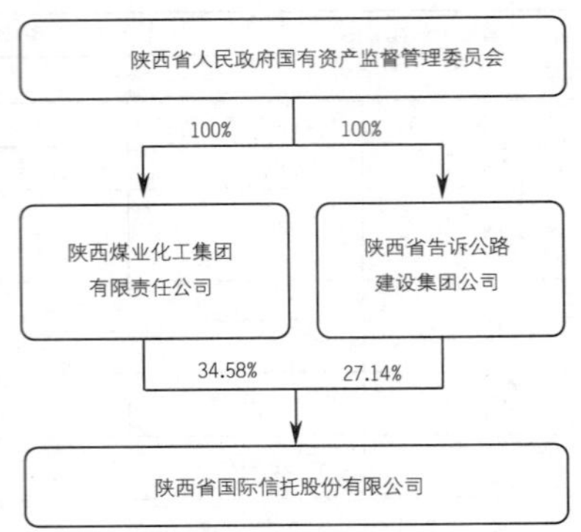

6. 管理层讨论与分析

本报告期，公司积极应对经济下行和行业发展环境变化等带来的经营压力，克难攻坚，深化改革，强化经营，取得良好经营成效。全年实现营业收入 8. 33 亿元，比上年增长 44. 5%，其中，信托手续费及佣金收入 4. 6 亿元；实现利润总额 4. 18 亿元，比上年增长 20. 23%；实现净利润 3. 13 亿元，比上年增长 20. 12%；新增信托规模 276 亿元，截至 12 月末，公司存续信托规模 896 亿元。

（1）积极推进战略性工作，为公司长远发展奠定基础。为解决公司获取全牌照业务资格的问题，在完成年度财务审计的同时，公司着眼长远发展拟定了注册资本扩张方案。2013 年 7 月，公司实施了 10 送 1 转 10 的高送转方案，注册资本随之增至 12. 15 亿元，公司基本面有效转变，具备了申请受托境外理财、保险资金受托投资基础设施等业务资格的条件。与此同时，公司请德勤管理咨询公司根据行业新形势进一步完善发展规划，以求指导实现“十二五”发展目标。

（2）多措并举，促使信托主业保持持续发展态势。为了适应经济下行、泛资管市场竞争加剧等给信托业务拓展带来的挑战，公司采取了一系列措施强化经营。一是实施新一轮机构改革和全员竞争上岗，进一步充实业务条线力量；二是推进全国性布局，增设了大连、重庆业务部，整体搬迁证券业务部至北京；三是支持各部门积极开展业务创新；四是进一步加强与金融同业的合作。经过努力，本报告期，新增信托项目 99 个，信托规模 276 亿元，其中，单一类规模 204 亿元，集合类规模 72 亿元，集合类占比 26. 1%，相比上年提高 16%。全年实现信托手续费净收入 4. 64 亿元，比去年增长 22. 90%。

（3）积极回馈受托人，公司理财产品的品牌价值逐步彰显。本报告期，公司积极履行受托人责任，为广大信托投资客户创造了理想收益。全年到期清算信托项目 130 个，信托规模 245 亿元，全年累计向委托人支付信托收益 58. 1 亿元，有效增加了广大信托投资客户的财产性收入，较好地履行了信托责任。

（4）多元运作自有资金，努力实现综合效益。一是重点围绕西咸新区、西安高新区和阎良航空高技术产业基地等开展融资业务；二是着眼于战略发展和调整业务结构，积极调研和捕捉长期投资机会；三是对可交易性金融资产进行了适时运作，获得了较丰厚的收益；四是加大了自营证券的运作力度。此外，从确保主业持续发展、维护股东权益等大局出发受让了信托项目的受益权。通过多举措运作，全年实现固有业务收入 3. 7 亿元，比上年增长 86%，有效支撑了公司业绩。

（5）着力强化内部管理，积极提升整体运营水平。一是 3 月启动了新一轮机构改革和全员竞争上岗，进一步优化了体制机制；二是推行了改革措施以强化风险管理和内部控制；三是以深入开展党的群众路线教育实践活动为契机，积极转作风、强管理；四是获批设立博士后科研工作站，以求创设引领人才创新、业务创新的新机制。

报告期，经过公司上下的不懈努力，公司获得了较快的发展。同时，经营管理中存在的问题和不足急需解决、强化。譬如，激励约束机制尤其是管理层的激励机制急需调整优化；整体的市场拓展能力和业务创新能力需要进一步加强；营销体制机制需要加快改革。2014 年，公司已经并将继续坚持问题导向，强化经营管理，以提升发展质量。

7. 按中国银监会要求需披露的其他信息

7.1 信用资产五级分类表

信用风险资产五级分类	正常类（万元）	关注类（万元）	次级类（万元）	可疑类（万元）	损失类（万元）	信用风险资产合计（万元）	不良资产合计（万元）	不良资产率（%）
2012 年	183 140. 60	1 045. 74	43. 94	1. 32	1 699. 99	185 931. 59	1 745. 25	0. 94
2013 年	239 327. 59	2 630. 63	2 586. 95	43. 94	1 430. 21	246 019. 32	4 061. 10	1. 65

7.2 信托公司风险控制指标监管报表

2013 年 12 月 31 日

项 目（信托公司）	期末余额	监管标准
净资本（万元）	269 148. 19	≥2 亿元
固有业务风险资本（万元）	40 238. 49	
信托业务风险资本（万元）	58 504. 26	
其他业务风险资本（万元）	0. 00	
各项业务风险资本之和（万元）	98 742. 75	
净资本/各项业务风险资本之和（%）	272. 58	≥100
净资本/净资产（%）	76. 69	≥40

7.3 信托财务报告

7.3.1 信托项目资产负债汇总表

信托项目资产负债表

编报单位：陕西省国际信托股份有限责任公司　　2013 年 12 月 31 日　　单位：元

信托资产	期末余额	年初余额	信托负债和信托权益	期末余额	年初余额
信托资产：			信托负债：		
货币资金	4 861 030 099. 31	4 107 647 070. 35	交易性金融负债	—	—
拆出资金	—	—	衍生金融负债	—	—
交易性金融资产	28 116 246 930. 16	20 945 127 578. 78	卖出回购金融资产款	—	—
衍生金融资产	—	—	应付利息	—	—
买入返售金融资产	5 427 196 056. 66	738 690 576. 38	应付受托人报酬	—	—
应收票据	—	—	应付受益人收益	—	—
应收账款	—	—	应付保管费	469 808. 22	963 204. 12
应收利息	—	22 860 000. 00	其他应付款	136 117 635. 28	89 025 435. 46
应收股利	—	—	应交税费	—	—
其他应收款	15 612 039. 55	74 886 575. 00	其他负债	—	—
贷款	23 758 603 000. 00	24 112 173 000. 00			
可供出售金融资产	4 402 511 352. 50	4 118 962 284. 73			
持有至到期投资	13 719 941 732. 30	37 768 090 000. 00			
长期股权投资	6 630 580 000. 00	7 047 970 000. 00	信托负债合计	136 587 443. 50	89 988 639. 58
长期应收款	40 000 000. 00	—	信托权益：		
投资性房地产	—	—	实收信托	89 603 175 512. 20	100 504 856 494. 12
固定资产	—	—	资本公积	431 682 512. 59	745 755 700. 38
无形资产	—	—	未分配利润	515 966 310. 62	-224 611 237. 57
长期待摊费用	—	—			
其他资产	3 715 690 568. 43	2 179 582 511. 27	信托权益合计	90 550 824 335. 41	101 026 000 956. 93
信托资产总计	90 687 411 778. 91	101 115 989 596. 51	信托负债和信托权益总计	90 687 411 778. 91	101 115 989 596. 51

公司负责人：薛季民　　主管会计工作的公司负责人：李永周　　会计机构负责人：李掌安

7.3.2 信托项目利润及利润分配汇总表

信托项目利润及利润分配表

编报单位：陕西省国际信托股份有限公司　　2013 年度　　单位：元

项　目	本年数	上年数
一、营业收入	7 757 662 049. 38	4 933 328 605. 82
利息收入	2 621 760 621. 01	2 147 474 734. 99
投资收益（损失以"-"填列）	4 992 897 608. 15	2 069 556 572. 38
公允价值变动收益（损失以"-"填列）	-97 466 054. 56	499 714 295. 90
汇兑收益（损失以"-"填列）	—	—
其他业务收入	240 469 874. 78	216 583 002. 55
二、营业支出	1 206 834 522. 02	946 191 621. 61
利息支出	—	—
手续费及佣金支出	8 856 906. 67	15 731 273. 88
营业税金及附加	—	—
业务及管理费	1 197 977 615. 35	930 460 347. 73
资产减值损失	—	—
其他业务成本	—	—
三、信托营业利润（损失以"-"填列）	6 550 827 527. 36	3 987 136 984. 21
加：营业外收入	—	—
减：营业外支出	—	—
四、信托利润（损失以"-"填列）	6 550 827 527. 36	3 987 136 984. 21
加：期初未分配信托利润	-224 611 237. 57	-899 000 847. 91
五、可供分配的信托利润	6 326 216 289. 79	3 088 136 136. 30
减：本期已分配信托利润	5 810 249 979. 17	3 312 747 373. 87
六、期末未分配信托利润	515 966 310. 62	-224 611 237. 57

公司负责人：薛季民　　主管会计工作的公司负责人：李永周

会计机构负责人：李掌安

7.3.3 信托报酬确认原则和方法

本公司信托报酬按照信托文件的规定，以权责发生制原则为基础进行确认和计量。

7.3.4 信托资产运用与分布表

资产运用	金额（万元）	占比（%）	资产分布	金额（万元）	占比（%）
货币资金	486 103. 01	5. 37	基础产业	2 693 057. 17	29. 70
交易性金融资产	2 811 624. 69	31. 00	房地产业	287 000. 00	3. 16
买入返售金融资产	542 719. 61	5. 98	证券市场	3 744 127. 78	41. 29
贷款	2 375 860. 30	26. 20	实　业	1 141 685. 30	12. 59
可供出售金融资产	440 251. 14	4. 85	金融机构	978 223. 82	10. 79
持有至到期投资	1 371 994. 17	15. 13	其　他	224 647. 11	2. 47
长期股权投资	663 058. 00	7. 31			
其他资产	371 569. 06	4. 10			
应收款项	5 561. 20	0. 06			
合计	9 068 741. 18	100. 00	合计	9 068 741. 18	100. 00

7.3.5 信托资产的期初数、期末数

单位：万元

类 别	年初数	期末数
集合	1 708 617.73	1 715 454.22
单一	8 310 543.15	7 324 139.47
财产权	92 438.08	29 147.49
合 计	10 111 598.96	9 068 741.18

7.3.5.1 主动管理型信托业务的信托资产

单位：万元

类 别	年初数	期末数
证券投资类	5 647 974.44	4 331 583.20
股权投资类	337 693.65	357 259.23
融资类	3 578 541.39	3 182 351.34
事务管理类	64 920.84	244 145.24
合 计	9 629 130.32	8 115 339.01

7.3.5.2 被动管理型信托业务的信托资产

单位：万元

类 别	年初数	期末数
证券投资类	0	0
股权投资类	308 869.25	308 869.29
融资类	160 010.84	582 252.45
事务管理类	13 588.55	62 280.43
合 计	482 468.64	953 402.17

7.4 本期已清算结束的信托项目的有关情况

7.4.1 本期已清算结束的集合类、单一类资金信托项目和财产管理类信托项目

类 别	项目个数	实收信托合计金额（万元）	加权平均实际收益率（%）
集合类	49	587 431.00	7.20
单一类	78	1 788 268.04	7.27
资产管理类	3	76 997.19	17.68
合 计	130	2 452 696.23	7.31

7.4.2 本期已清算结束的主动管理型信托项目

类 别	项目个数	实收信托合计（万元）	加权平均实际年化信托报酬率（%）	加权平均实际收益率（%）
证券投资类	21	271 819.04	0.51	5.53
股权投资类	4	183 409.00	0.76	9.15
融资类	96	1 723 880.00	0.89	7.83
事务管理类	0			

7.4.3 本期已清算结束的被动管理型信托项目

类 别	项目个数	实收信托合计（万元）	加权平均实际年化信托报酬率（%）	加权平均实际收益率（%）
证券投资类				
股权投资类				
融 资 类	3	260 000.00	0.19	5.74
事务管理类	6	13 588.19	0.18	5.36

7.5 本期新增的集合类、单一类和财产管理类信托项目的有关情况

类 别	项目个数	实收信托合计金额（万元）
集合类	53	707 165.00
单一类	44	2 037 700.00
财产管理类	2	13 707.09
合 计	99	2 758 572.09
其中：主动管理型		1 989 572.00
被动管理型		769 000.09

7.6 本公司履行受托人义务情况及因自身责任而导致的信托资产损失情况

本公司根据《信托法》及《信托公司管理办法》等相关法律法规和信托文件的规定，在管理和处分信托财产时，履行了恪尽职守、诚实、信用、谨慎、有效管理的义务。没有发生过任何损害受益人利益的情况，也无因自身责任而导致信托资产损失的情况。

7.7 信托与关联方交易情况

单位：万元

项目	年初数	本期增加额	本期减少额	期末数
贷款	100 000.00	340 000.00	270 000.00	170 000.00
投资				
租赁				
担保				
应收账款				
其他				
合计	100 000.00	340 000.00	270 000.00	170 000.00

7.8 固有资产投资信托计划

单位：万元

期初数	本期发生额	期末数
25 489.00	61 252.74	86 741.74

7.9 信托项目投资信托项目（TOT）

单位：万元

期初数	本期发生额	期末数
160 847.22	-104 248.88	56 598.34

7.10 会计制度的披露

信托业务执行财政部于2006年2月15日颁布的《企业会计准则——基本准则》、《企业会计准则第1号——存货》等38项具体准则和企业会计准则应用指南及各项企业会计准则解释。

7.11 主要财务指标

指标名称	指标值
加权年化信托报酬率(%)	0.48

8. 经营管理

8.1 经营目标、经营方针

(1)经营目标:以打造国内一流信托公司为目标,以服务实体经济为核心,紧扣"稳中求进、转型升级"的总基调,加快推进体制机制创新,加快推进人才队伍建设,加快推进业务转型升级,提升整体发展质量,做强做优上市信托品牌。

(2)经营方针:以"稳中有为,提质增效"战略为指导,牢牢把握抓改革、抓市场、抓风控、抓落实主线,审时度势,前瞻思维、积极应变,在深化传统业务的基础上,潜心开发符合政策导向、具有信托本源属性的自主管理型创新业务,提升公司的可持续发展能力。

8.2 市场形势等的分析

8.2.1 有利因素

(1)十八届三中全会对全面深化改革作出了总体部署,将进一步激发发展内生动力和活力。企业及居民信心和预期有望稳定向好,将推动投资、消费平稳增长。

(2)随着产业结构调整力度的加大,工业化、信息化、城镇化、农村现代化加快发展,产业结构调整中形成了一些强劲增长点,加快推进新型城镇化、丝绸之路经济带建设和西咸新区发展等重大战略部署,都将带来新的发展机遇。

(3)公司已经聚拢了一批专业优秀人才,塑造了良好的品牌,实行了市场化的机制,为转型发展奠定了基础。

(4)公司注册资本超过12亿元,具备了申请多项创新业务资格的条件。

8.2.2 不利因素

(1)经济增速换挡期、结构调整阵痛期、前期刺激政策消化期"三期叠加"带来的不稳定、不确定因素依然较多,一些产能过剩行业的"出血点"仍在增加,金融资产的不良率在上升。

(2)证券、基金、保险等金融子行业对信托公司业务的替代性进一步加大,利率市场化改革将持续推进金融同业竞争加剧。

(3)部分地方融资平台融资风险加大,兑付压力较大,增加了展业的风险。

(4)民间融资风险值得高度警惕,风险管控形势更趋复杂。

8.3 内部控制

8.3.1 内部控制环境和内部控制文化

报告期,公司根据《公司法》、《证券法》、《信托法》、《企业内部控制基本规范》及其配套指引等法律、法规的要求,逐步建立健全了符合公司实际的组织制度和法人治理结构:股东大会、董事会、监事会相关机构分工明确并相互制衡、各司其职、规范运作,分别行使决策权、执行权和监督权,在保持相互独立的基础上,做到了有机协调和相互制衡。董事会下设战略发展委员会、薪酬与考核委员会、风险管理与审计委员会、信托委员会、提名委员会5个专门委员会,加强对公司长期发展战略、高管任职与考核、重大投资风险控制、信息披露等方面的管理和监督,有效促进了董事会管理决策的科学高效。

公司以规范的业务管理、风险管理、财务管理、合规管理、合同管理、内部审计、员工违规追究等内部控制制度体系为载体,建立起了较为全面的风险管控体系。通过签订目标责任书、开展企业文化主题活动等多种方式,引导员工树立"诚信、务实、创新、奉献"的企业文化和"内部控制优先、风险管理优先"审慎经营理念,公司还在报告期内组织公司员工参加了财政部组织的企业内部控制知识竞赛,取得优异成绩,使员工的内控意识不断增强。

8.3.2 内部控制措施

(1)深化改革,加强管理。报告期内,公司为加强内控建设,提升管理水平,从合规与风险管理部分设出法律合规部,增设了业务管理部,使公司的内控管理效能得到一定提升。

公司董事会设立有风险管理与审计委员会,在其指导下,公司风险管理部和监察审计部积极开展对公司内部控制的日常管理和监督检查工作,通过定期或不定期检查和监督内部控制制度的运行情况,确保公司内部控制制度的有效实施,确保公司的规范运作和健康发展。

(2)调整优化,完善制度。公司机构改革后,又对制度体系进行了新一轮的梳理。报告期内,公司编制修订了《固有和信托业务尽职调查管理办法》、《信托业务风控标准指引》、《合同管理办法》、《自有资金管理办法》等多项制度,并依据制度修订情况对内控手册进行了更新。

(3)合规运作,强化执行。按照上市公司内控规范建设要求,公司从组织机构设置、业务流程、事权管理、授权管理、责任追究等方面进一步优化了内控管理体系,有效地保证了公司经营管理水平的不断提升和战略规划的实施。董事会风险管理与审计委员会、监事会、经营层、职能部门分别按照各自职责开展内控工作,形成了有效且相互制衡的决策、执行和监督机制,取得了良好的效果。公司监察审计部加强了效能监察,强化了对公司决策执行情况的检查、督导,执行效率得到有效提升。详细情况见公司《2013年内部控制自我评价报告》。

8.3.3 信息交流与反馈

公司不断完善信息交流与反馈机制。结合机构改革以及内控制度完善等工作,进一步明确了股东大会、董事会、监事会、高级管理层、各部门及员工的职责和报告路径,做到了内部信息传输顺畅、有效;根据监管要求,采取多种形式向监管部门、受益人报告公司重大事项和项目管理情况,并充分运用公司网站,及时发布和更新相关信息,树立公司良好的管理人形象。报告期内,公司信息传递路径通畅,各项信息上通下达,交流反馈快捷,确保了公司安全运行,持续发展。

8.3.4 监督评价与纠正

公司建立了内部控制监督评价与纠正机制,能够按照各项业务不同阶段的管理特征规范相应的内部审批、操作和风险管理程序,通过制度化、流程化来监控和管理各项业务,并按照风险管理原则对拟开展业务进行严格的事前审查,对已开展业务进行事中持续跟踪管理和监控;公司监事会对股东大会负责,对公司财务以及公司董事及高管履行职责的合法性进行监督,维护公司及股东的合法权益;公司监察审计部对内部控制制度的健全性、有效性进行动态检查评价，对各项业务开展进行合规性检查及风险识别，对相关人员的行为规范进行监督和检查，对被审计项目或信托经理做出客观评价，提出意见或建议，并对审计结论和处理意见的执行及整改情况进行后期追踪检查，督促整改落实。

8.4 风险管理

8.4.1 风险管理概况

公司在经营活动中可能遇到的风险主要包括信用风险、市场风险、操作风险、法律风险、声誉风险、员工道德风险等。报告期内，公司根据宏观经济增速下滑的发展大环境，进一步强调了稳健经营的重要性，严格了项目评审决策程序，对于煤炭、房地产、政府融资平台等领域的项目，采取了更为审慎的评审决策方法。制定了《信托业务风控标准指引》，对《固有和信托业务尽职调查管理办法》和《信托项目审查、决策管理办法》与《固有业务审查、决策管理办法》等制度进行了修订。根据净资本监管政策、信托行业变化情况及业务发展的新形势，适时调整、优化公司的净资本管理措施。同时，加强了对存续项目的风险排查，强化了事中管理措施。

8.4.2 风险状况

8.4.2.1 信用风险状况

信用风险主要是指交易对手违约造成损失的风险，主要表现为公司在开展自有资金运作和信托投融资理财等业务时，可能会因交易对手违约而给我公司或信托财产带来风险。报告期内，面对经济下行压力，公司提高了对交易对手的信用等级要求，对发生的各类业务均履行了严格的内部评审程序和事中控制、事后监督等，担保措施充足，整体信用风险可控。

8.4.2.2 市场风险状况

市场风险是指公司在运营过程中可能因股价、市场汇率、利率及其他商品价格因素等变动而产生的风险。具体表现为经济运作周期变化、金融市场利率波动、通货膨胀、房地产交易、证券市场变化等造成的风险，这些风险可能影响信托财产的价值及信托收益水平，也可能影响公司固有资产价值或导致损失。2013 年公司密切经济增速放缓带来的不利影响，加强了对煤炭、钢铁、房地产、太阳能光电等领域的风险防范，对此等领域的项目采取了更为审慎的态度。加强了存续项目的事中管理，定期不定期派专人到现场检查财务执行情况、项目工程进度和销售情况等，持续监控信托资金使用和项目销售，对公司的所有项目进行了全面风险排查。

8.4.2.3 操作风险

公司面临的操作风险主要是制度和操作流程以及现有制度和流程不能得到有效执行而可能引起的经营风险。2013 年公司深入贯彻全面风险管控理念，加强了员工风险防范意识和风险防范责任教育，强化了风险识别技巧培训，员工的操作风险防范意识和能力得到提升。

8.4.2.4 其他风险

其他风险主要包括法律风险、声誉风险、员工道德风险等。随着信托行业竞争的进一步加剧，声誉风险已成为需要防范的重点风险之一，报告期内，公司从理财产品销售、兑付等环节入手，进一步强化了声誉风险管理。报告期内公司未发生此类风险。

8.4.3 风险管理

8.4.3.1 信用风险管理

报告期，公司从提升尽职调查水平入手，从项目论证、评审、贷后管理等方面防范和规避信用风险，具体措施包括：(1)对交易对手进行全面、深入的信用调查与分析，形成客观、详实的尽职调查报告。(2)强化业务评审规范建设，制定了信托业务风控标准指引等，从项目准入上予以规范。(3)坚持风险防控端口前移的作法，对交易复杂的项目，风控部门配合业务部门深入现场落实相关问题，实地评估项目，注意对抵（质）押物权属有效性、合法性进行审查，客观、公正评估抵押物。(4)加强了事后信用风险管理，对交易对手的财务数据、经营状况和信用状况进行持续跟踪评价。(5)加强了对存续项目事中管理，定期到现场进行财务、项目工程进度和销售情况的检查，督导资金使用。(6)严格按照国家法律、法规相关要求，足额计提相关资产减值准备、一般准备、信托赔偿准备，提升了公司的风险抵御能力。

8.4.3.2 市场风险管理

紧跟宏观经济形势的变化，密切关注和防范市场风险，具体措施包括：(1)根据宏观经济形势的变化，加强了对煤炭、钢铁等经济下行趋势下影响较大行业的研究，对公司业务发展提出了分行业指导意见。(2)以控制规模、提高质量为原则，选择负债率不高、信托期内没有大量到期负债的实力较强的企业为交易对手，谨慎开展房地产信托业务，同时，高度重视即将到期的房地产信托产品的安全兑付问题。(3)严格按照监管部门提出的“降旧控新”目标开展平台贷款的整改工作，继续做好存续项目的对照整改和后期管理工作。(4)继续严格执行以风险预警和止损为核心的风险管控制度，严控证券投资信托业务风险。(5)密切监控已开展业务的运行情况，根据市场风险情况及时作出投资调整、提前结束等风险管理措施，避免或降低市场风险引起的损失。

8.4.3.3 操作风险管理

在操作风险的防范上，公司要求每项业务在尽职调查、受理申请、交易结构设计、审查审批、营销签约、执行终止各阶段全过程合法合规。建立了职责分离、相互监督制约的内控机制，建立和完善有效的投资决策机制，实行严格的复核审核程序，制定严格的信息系统管理制度和档案管理制度，根据监管法规的要求制定了符合公司实际的规章制度，从机制和制度上降低操作风险，实现对公司各项业务操作过程的有效控制。强化流程控制，严格执行不兼容岗位分离制度，严格执行复核、审批程序，将合规与风险管理贯穿于业务各环节之中。结合内控规范建设，进一步加强了强化了监事会、监察审计等的合力监督职能。

8.4.3.4 其他风险管理

对于法律风险，公司严格按照相关监管规章，对所有拟开展业务进行合规性审查，确保公司业务开展符合国家相关法律法规规定，并不断优化产品结构和法律文本设计，严格按公司法律文件审批程序进行审批后办理业务；对于声誉风险，公司把声誉构建与公司发展战略和企业文化进行有机结合，对可能影响公司声誉的业务坚决予以回避，尽职管理受托资产，并充分披露，塑造公司专业和诚信的社会形象；对于员工道德风险，公司从制度、教育、监督、纪律处罚等多方面着手，不断优化激励约束机制,对员工及其行为进行约束和规范。

9. 涉及财务报告的相关事项

9.1 与上年度财务报告相比,会计政策、会计估计和核算方法发生变化的情况说明

与上年度财务报告相比,会计政策、会计估计和核算方法未发生变化。

9.2 报告期内发生重大会计差错更正需追溯重述的情况说明

无。

9.3 与上年度财务报告相比,合并报表范围发生变化的情况说明

无。

9.4 董事会、监事会对会计师事务所本报告期"非标准审计报告"的说明

无。

上海爱建信托有限责任公司

1. 重要提示

1.1 本公司董事会及董事保证本报告内容的真实、准确和完整，不存在重大错报及虚假记载、误导性陈述或重大遗漏，并对其承担个别及连带责任。本年度报告摘要摘自年度报告全文，客户及相关利益人欲了解详细内容，应阅读年度报告全文。

1.2 独立董事张启胜（拟任）、李玉强（拟任）、唐华铭（拟任）认为本报告：公司年报所记载的资料不存在重大错报及虚假记载，也没有误导性陈述和重大遗漏，本报告的内容真实、准确、完整。

1.3 本公司年度财务报告已经立信会计师事务所（特殊普通合伙）根据中国注册会计师审计准则审计，并出具了标准无保留意见的审计报告。

1.4 公司董事长周伟忠，总经理周磊，分管自营财务负责人、信托财务负责人姚海岚，自营财务部门负责人黄晓，信托财务部门负责人陈幸华声明：保证年度报告中财务报告的真实、完整。

2. 公司概况

2.1 公司简介

公司法定中文名称：上海爱建信托有限责任公司　缩写"爱建信托"

公司法定英文名称：Shanghai Aj Trust Co.，Ltd. 缩写"AJT"

法定代表人：周伟忠

注册地址：中国上海市外高桥保税区泰谷路168号综合楼5楼

邮政编码：200131

办公地址：上海市零陵路599号

邮政编码：200030

国际互联网网址：http://www.ajxt.com.cn

电子信箱：ajmail-1@ajfc.com.cn

信息披露事务负责人：李洋洋

联系电话：021-64397377　传真：021-64395082　电子信箱：lyy@ajfc.com.cn

信息披露报纸名称：《上海证券报》

年度报告备置地点：上海市零陵路619号一楼财富中心营业大厅

聘请的会计师事务所：立信会计师事务所（特殊普通合伙）

住所：上海市南京东路61号4楼

2.2 组织结构

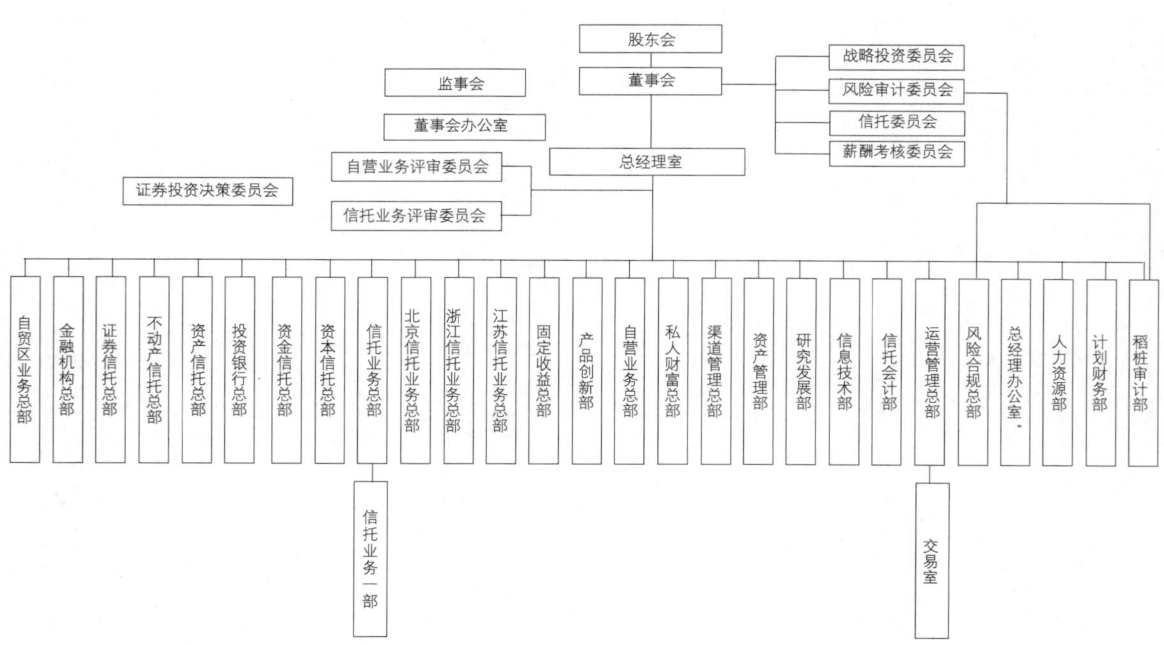

3. 公司治理结构

3.1 股东

股东名称	持股比例（%）	法定代表人	注册资本	注册地址	主要经营业务及主要财务情况
★上海爱建股份有限公司	99.33	范永进	11 054 万元	上海浦东新区泰谷路168号	实业投资，投资管理，外经贸部批准的进出口业务（按批文），商务咨询（涉及行政许可的凭许可证经营） 2013 年营业收入 80 986.81 万元，净利润 47 525.47 万元。
上海爱建纺织品有限公司	0.33	许平	1 400 万元	上海香港路 59 号	针纺织品、建筑装饰材料、纺织原料（除棉花）、服装（含加工）、服饰及辅料、百货、从事货物及技术进出口业务、附设分支（涉及行政许可的凭许可证经营）。 2013 年营业收入 26 919.89 万元，净利润 18.12 万元。
上海爱建进出口有限公司	0.33	许平	3 000 万元	上海浦东新区乳山路 227 号 3 楼 D－46 室	经营和代理除国家组织统一经营的进出口商品外的商品及技术的进出口业务、经营进料加工和"三来一补"业务、经营对销贸易和转口贸易业务、从事对外贸易咨询服务、从事出口基地实业投资业务，预包装食品（不含熟食卤味、冷冻冷藏凭许可证经营）的销售。 2013 年营业收入 311.04 万元，净利润 -32.04 万元。

★说明：股东之间存在关联关系，上海爱建股份有限公司为上海爱建纺织品公司和上海爱建进出口有限公司的唯一股东。

3.2 董事

董事长、副董事长、董事

姓名	职务	性别	年龄	选任日期	所推举的股东名称	该股东持股比例（%）	简要履历
周伟忠	董事长	男	50	2011 年 12 月 30 日	爱建股份	99.33	曾任中国人民银行舟山市分行普陀区支行副行长、行长，中国人民银行舟山市分行行长助理、副行长、行长兼国家外汇管理局舟山市外汇管理支局局长，中国人民银行上海分行金融稳定处处长，中国人民银行上海总部金融稳定部综合处处长、金融稳定部副主任，爱建信托公司副总经理、总经理；现任爱建股份公司副总经理，爱建信托公司董事长，爱建资产管理公司董事长。
陈柳青	副董事长（拟任）	男	55	2013 年 11 月 4 日	爱建股份	99.33	曾任上海爱建股份有限公司研发部副经理，上海爱建信托有限责任公司总经理助理、副总经理、董事会秘书、党总支书记、监事会主席；现任上海爱建信托有限责任公司副董事长。
周　磊	董事 （拟任）	男	35	2013 年 11 月 4 日	爱建股份	99.33	曾任上海国际信托投资有限责任公司投资银行部业务员，上海国际集团资产经营有限公司融资安排部项目经理、经理，上海国际集团资产管理有限公司融资安排总部总经理，上海国际集团资产管理有限公司项目开发副总监，上海爱建信托有限责任公司副总经理；现任上海爱建信托有限责任公司董事、总经理。
胡爱军	董事 （拟任）	男	44	2013 年 11 月 4 日	爱建股份	99.33	曾任上海市信息化委员会征信行业监管处处长，上海市经济和信息化委员会信用管理处处长；现任上海爱建股份有限公司人力资源总部总经理、党办主任；上海爱建信托有限责任公司董事。

独立董事

姓名	所在单位及职务	性别	年龄	选任日期	所推举的股东名称	该股东持股比例（%）	简 要 履 历
张启胜	独立董事 （拟任）	男	61	2013 年 11 月 4 日	爱建股份	99.33	曾任中国人民银行上海总部公开市场部副主任，中国人民银行上海总部人力资源部兼公开部主任 副主任（兼）；现任上海爱建信托有限责任公司独立董事。
李玉强	独立董事 （拟任）	男	60	2013 年 11 月 4 日	爱建股份	99.33	曾任工行上海市分行副行长、党委委员，现任工行上海市分行资深专家，上海爱建信托有限责任公司独立董事。
唐华铭	独立董事 （拟任）	男	61	2013 年 11 月 4 日	爱建股份	99.33	曾任中国证监会上海监管局副巡视员，现任上海市证券同业公会副会长兼秘书长（负责人），上海爱建信托有限责任公司独立董事。

3.3 监事

监事会成员

姓名	职务	性别	年龄	选任日期	所推举的股东名称	该股东持股比例（%）	简要履历
马　金	监事会主席	男	43	2013 年 11 月 4 日	爱建股份	99.33	曾任上海国际信托投资公司投资银行总部总经理助理、副总经理，上投国际投资咨询有限公司副总经理，上海国际集团资产经营有限公司副总经理，上海国际集团投资管理有限公司总经理，爱建信托公司副董事长；现任爱建股份公司副总经理，爱建信托公司监事会主席，爱建融资租赁公司董事长，爱建财富管理公司董事长，爱建（香港）有限公司董事长。
张凤翔	监事	男	46	2013 年 11 月 4 日	爱建股份	99.33	曾任上海市高级法院任民四庭审判长助理、民二庭审判长；现任上海爱建股份有限公司合规与风险管理总部总经理。
朱学明	职工监事	男	50	2013 年 11 月 4 日	职工代表	—	曾任上海爱建信托有限责任公司自营业务总部法律事务主管、资产保全首席代表，资产管理部副经理（主持工作）、经理。

3.4 高级管理人员

姓　名	职　务	性别	年龄	选任日期	金融从业年限	学历/学位	专业
周　磊	总经理	男	35	2011 年 12 月 30 日	12	硕士	EMBA
李洋洋	副总经理/董事会秘书（拟任）	男	45	2013 年 11 月 4 日	12	研究生/博士	经济及金融
钱　华	副总经理（拟任）	男	49	2013 年 11 月 4 日	22	研究生/硕士	EMBA
张保华	副总经理（拟任）	男	42	2013 年 11 月 4 日	16	研究生/硕士	EMBA
吴　淳	总经理助理（拟任）	男	41	2013 年 11 月 4 日	21	本科/硕士	MBA
姚海岚	总经理助理（拟任）	女	44	2013 年 11 月 4 日	23	本科/硕士	会计

3.5 公司员工

报告期内在编、在岗职工人数 155 人，平均年龄 32.07 岁，学历分布比率为：博士 2.58%，硕士 36.77%，本科 54.20%，专科 1.93%，其他 4.52%。

4. 经营管理

4.1 经营目标、方针、战略规划

公司以“爱国建设”为宗旨，坚持“诚信务实、安全高效、便利周到、稳建发展”的质量方针，发扬“稳健、诚信、创新、发展”的企业精神，培育公司的核心竞争力，为股东创造价值，同时承担相应的社会责任。

4.2 所经营业务的主要内容

自营资产运用与分布表

资产运用	金额（万元）	占比（%）	资产分布	金额（万元）	占比（%）
货币资产	18 907.81	5.72	基础产业	0.00	0.00
交易性金融资产	12 779.26	3.87	房地产业	129 303.40	39.15
贷款及应收款	173 139.15	52.42	证券市场	76 895.06	23.28
可供出售金融资产	484.91	0.15	实业	67 119.59	20.32
持有至到期投资	22 130.89	6.70	金融机构	55 628.07	16.84
长期股权投资	4 837.53	1.47	其他	1 324.61	0.41
其他	97 991.18	29.67			
资产总计	330 270.73	100.00	资产总计	330 270.73	100.00

注：该表与资产负债表资产总额的差额（5 967.35 万元）系计提的资产减值准备。

信托资产运用与分布表

资产运用	金额（万元）	占比（%）	资产分布	金额（万元）	占比（%）
货币资产	21 078.84	0.54	基础产业	2 046 680.76	52.64
贷款	1 809 561.20	46.55	房地产	628 309.00	16.16
交易性金融资产	185 473.55	4.77	证券市场	203 771.51	5.24
可供出售金融资产	123 984.25	3.19	工商企业	849 028.42	21.84
持有至到期投资	11 984.70	0.31	金融机构	0.00	0.00
买入返售	5 781.72	0.15	其他	160 049.20	4.12
长期股权投资	401 860.22	10.34			
长期应收款	1 196 780.76	30.78			
投资性房地产	121 420.00	3.12			
应收账款	9 913.65	0.25			
信托资产总计	3 887 838.89	100.00	信托资产总计	3 887 838.89	100.00

注：该表与资产负债表资产总额的差额（40 512.20 万元）系计提的资产减值准备。

4.3 市场分析

2013 年信托业资产管理规模延续高增长，截至 2013 年末，信托资产规模达 10.91 万亿元，比 2012 年末增长 46%，稳

居第二大金融子板块。其中，集合资产规模超过2.7万亿元，同比增长44.2%。全行业经营收入和利润保持较快增长，2013年末分别达到832.6亿元和568.6亿元，同比增长30.4%和28.8%。行业资本实力明显增强，2013年末所有者权益达到2 555.18亿元。公司在大股东的积极支持和全体员工的共同努力下，2013年实现的业绩增长显著高于行业平均水平。

但种种迹象表明，信托行业资产规模在跨入10万亿元以后调整态势也愈发明显，如信托资产规模、收入及利润增速均逐季放缓，信托综合报酬率也呈下降趋势。从原因上分析，行业调整压力主要来自三方面：一是过去几年信托爆发式增长所依赖的制度红利正在减弱，利率市场化进程加快、资管行业的管制放松以及互联网金融的崛起使信托公司传统业务面临更加激烈竞争。二是行业在爆发式增长阶段所累积的风险目前已开始释放，近期信托产品信用违约事件明显增多，市场对信托产品的风险预期明显增强。同时，宏观经济下行压力加大和央行维持中性偏紧的货币政策可能使更多行业和企业所面临的流动性风险上升，由此或导致信用风险在2014年加速暴露。三是监管当局加强对影子银行的规范清理可能对部分信托业务的开展产生一定冲击，同时银行渠道、第三方理财机构销售信托产品或被叫停，也将对信托产品销售产生较大影响。

我们预计2014年信托行业发展将延续放缓态势，行业的爆发式增长已成为历史，未来行业将进入整固调整和平稳增长时期，转型谋变和风险消化将成为行业下一阶段发展的新特征。公司目前正努力通过强化管理、完善流程风控、扩大直销等措施积极应对宏观和信托行业经营环境的变化。

4.4 内部控制概况

4.4.1 内部控制环境和内部控制文化

公司按照现代企业制度的要求，建立了以股东会、董事会、监事会以及经营管理层为核心的内部法人治理结构。不断完善和深化管理体制，规范股东会、董事会、监事会和经营管理班子的权责关系，明确了四者的议事规则和决策程序。设置权责明确、分工合理的决策系统、执行系统和监督系统，建立了以岗位职责、授权体系、风险管理、监督检查与评价为基础的内控体系。不断强化风险管理意识，完善风险管控体系，持续提高风险控制能力。公司始终将提高风险防范与管控能力作为工作重点，并贯穿于全年。一是公司经营层大力倡导合规经营风险控制为先的经营理念。二是为公司稳健发展建立制衡机制的不断推进，2013年在双重审批机制的业务决策模式上，关注业务评审中所揭示的风险控制薄弱环节预防措施的制定和落实及信息反馈，强化风控前置与运营事中的风险管控及检查监督职责，以期达到对重要风险识别充分，防控措施适当，执行有效，剩余风险控制在公司可接受的范围中。三是加强制度建设，完善制度体系，致力于构建覆盖全过程、全岗位的风险管理与控制的制度体系。2013年，公司制定了《关联交易管理暂行办法》、《计算机信息系统操作用户权限管理规定》、《结构化证券投资信托业务操作规程（试行）》、《企业信用信息基础数据库操作管理规定》、《信托业务外派董事、监事、管理人员管理细则》、《信托业务重大风险事件应急管理办法》、《信托项目成立操作规程（试行）》、《应收账款质押/转让登记管理规定》等制度，修订了《内部控制制度》、《合同管理规定》等39个制度。通过不断完善风险管理与控制制度，有效减少了经营活动全过程的风险控制薄弱环节。四是树立全员风险意识，将提高员工的职业操守和诚信意识作为公司的一项长期工作，营造全体员工充分了解并履行职责的文化氛围。通过建立有效的激励约束机制，不断强化风险防范和合规经营理念，培育良好的内部控制文化，提高了全员参与的风险控制意识和效果，使风险管控贯穿于经营活动的全过程，营造了风险控制为先的企业文化。

4.4.2 内部控制措施

自营业务部门和信托业务部门相互独立，明确界定各部门的目标、职责和权限，确保自营业务和信托业务各部门及员工在授权范围内行使相应的职责。

设置专门的信托会计部进行信托财产的记录、核算与估值，并与固有资产分离，对每项信托业务设立独立的信托财产账户，分别进行会计核算和会计控制。强化信托资产管理能力，完善信托项目管理流程是公司2013年重要工作事项之一。通过项目资料及相关合同的归口管理，严格对信托项目成立、存续及清算过程中各环节可能存在的操作风险进行控制和监督，以保障项目运行中相关合同条款能够切实有效地执行。

公司以业务流程为主线，致力于建立健全前台、中台、后台并重的内控体系，致力于控制措施覆盖业务流程重要环节。

报告期间，通过明确的业务、风控、合规、运营、稽核审计在风险管理工作中的职能定位，各司其职，开展经营活动各领域的风险识别、评估、管理和监督管理控制，以及对管理控制效果进行的再监督和评价，合理保证公司对风险能够进行事前识别和防范、事中控制和化解、事后检查和纠正，形成有效的风险控制和反馈机制。强化业务决策机制，自营、信托业务评审委员会按照《项目评审工作规则》进行业务评审，给决策层提供决策依据，为业务拓展树立起坚实的防范风险的屏障。通过ISO9001:2008质量管理体系，实现全员全过程全方位实施对业务操作流程进行控制，提升公司各领域的工作质量，保障公司质量目标的实现。报告期间，公司不断推进ISO质量体系文件的完善与修订和执行力检查，纠正执行偏差。2013年顺利通过香港品质保证局的年度审核。

在内部控制的执行中，按照程序制约和内部牵制原则，公司业务条线清楚，员工岗位职责分明，且固有资产和信托资产分别建账，分别核算；每项信托业务分别设立专用账户，独立核算，公司严格执行了信托财产单独管理的规定。业务决策实行双重审批，使风险管控从业务流程的准入开始。强化项目的事中、事后管理，风险控制渗透于业务开展各环节，风险评估与检查、业务运作、资产管理、会计监督控制和稽核审计再监督评价相互独立，构建了全过程风险管理控制体系。保障项目安全稳健运行。公司内部控制效果得到持续提升。

4.4.3 监督评价与纠正

公司建立了自控、互控与监控三结合的监督机制，对内部控制活动进行检查、监督和纠正。通过对业务项目的尽职调查、风控合规事前评估和业务及运营的事中检查以及监督，实现对业务活动事前事中管理和控制的检测，揭示风险，制定风险防范和控制措施。通过ISO9001:2008质量控制程序促进业务管理质量的不断提升，促进业务操作流程在适当性和可操作性方面不断完善，出现问题，迅速予以纠正。通过相关部门之间相互制衡、监督，发现问题，要求限时纠正。通过稽核审计的再监督，对公司各项业务实施全面监督、评价，直接向总经理和董事会报告，并督促审计意见整改落实。

报告期内，开展稽核审计项目12个，其中终止及提前终止的集合资金信托计划9个，银监局要求的专项稽核审计项目3个，提出稽核审计意见和建议23条。揭示了经营活动与项目运行管理中存在的控制薄弱环节、公司现行制度有待改进和完善方面、执行力有待进一步提高等情况。针对稽核审计中发现的问题，督促及时改进并跟踪检查。在所提的23条稽核审计意见和建议中，后续业务中重点关注的18条，已得到落实和改进的3条，正在实施改进和推进的2条。通过对稽核审计揭示问题的整改落实，促进了经营活动中风险管理与控制能力的不断提高，制度不断完善，执行力不断加强。

4.5 风险管理概况

4.5.1 风险状况

4.5.1.1 信用风险状况

公司增资后，固有资产规模和信托资产规模增长迅速。公司自营及信托的不良贷款率与2012年相比继续下降，历史遗留不良贷款已足额提取坏账准备。公司业务产品线更为丰富，除了房地产客户，公司交易对手还包括地方政府平台公司、中小企业等。相比以往年度，公司的交易对手类别更多，情况更复杂，公司信用风险保持中等水平。

4.5.1.1.1 内在风险水平描述

(1)自营信贷组合

①不良信用资产余额1 287.56万元，比上年末1 329.93万元下降42.37万元，降幅3.19%，不良资产率为0.57%；比上年末0.66%下降0.09个百分点，降幅13.64%。不良贷款余额0万元。

正常类及关注类贷款中逾期91天以上占比无，次级类贷款中271天以上逾期占比无；逾期90天以上贷款余额0万元，不良贷款比例为0%。

公司严格按照中国银监会的要求进行资产五级分类，并按照相关规定计提了减值准备，截至2013年末，公司计提各项资产减值准备5 967.35万元。

②产品类型有抵押贷款、质押贷款、银团贷款及保证贷款。

信贷余额和增长：新增抵押贷款19笔，金额182 000.00万元。新增质押贷款3笔，金额20 000.00万元。新增银团贷款1笔，金额1 000.00万元。

③信贷评级分布：贷款余额169 500.00万元均为正常类贷款。

④产品和行业多样性：其中房地产业109 000.00万元，占贷款总额的64.31 %；建筑业4 500.00万元，占贷款总额2.65%；批发和零售业45 000.00万元，占贷款总额26.55%；制造业10 000.00万元，占贷款总额5.90%；租赁和商务服务业1 000.00万元，占贷款总额0.59%。

⑤借款人组成：企业占贷款总额的100%。

⑥贷款期限分布：其中89 500.00万元为1年以内到期贷款，占贷款总额的52.80%，80 000.00万元为2年内到期贷款，占贷款总额的47.20%。

⑦不良贷款的水平和发展趋势：公司2013年新增贷款203 000.00万元，都为正常贷款，公司已连续两年年末无不良贷款。

拨备充足率为100%。

(2)信托业务

①公司2013年末信托贷款的规模为1 809 561.20万元，占信托业务总规模的比重为46.55%。

②贷款期限分布：2014年到期贷款399 650.00万元，占贷款总额的22.09%；2015年到期贷款1 035 470.00万元，占贷款总额的比重为57.22%；2016年到期贷款104 300.00万元，占贷款总额的比重为5.76%；2016年后到期贷款229 629.00万元，占贷款总额的比重为12.69%。逾期贷款40 512.20万元，均已计提足额减值准备。

③贷款行业分布：房地产贷款221 240.00万元，占贷款总额的比重为12.23%；其他行业贷款1 588 321.20万元，占贷款总额的比重为87.77%。

④信贷评级分布：其中1 769 049.00万元为正常类贷款，占贷款总额的比重为97.76%，其余均为损失类贷款，占贷款总额的比重为2.24%，已足额计提减值准备。

⑤2013年度末，计提贷款减值准备40 512.20万元，较上年无变化。

⑥非贷款融资类信托项目资产规模1 196 780.76万元。

(3)委托业务

公司2013年末委托贷款余额59 387.27万元，比上期同期减少802.00万元。公司无尚未放贷的委托存款。公司在贷款业务方面主要是做好清理工作，因目前现存的委托贷款的资产质量较差，基本上都为逾期贷款，且逾期时间较长，清理工作有一定的难度。

4.5.1.1.2 信用风险管理政策

公司规定，新型业务开展前应制定该类型业务风控指引，作为新业务的承接标准；就交易对手实施融资限额管理；重视对交易对手的尽职调查，评估交易对手的信用，关注现金流的覆盖率；由运营管理总部会同业务部门办理抵押品的抵押登记，并负责抵押权证保管。

4.5.1.2 市场风险状况

公司的市场风险主要表现在：利率波动、汇率波动、证券市场价格波动、房地产市场价格波动的风险。当前国内国际宏观经济形势复杂多变，利率市场化进程加快，房地产市场仍然受到政策调控，前景不明朗。虽然公司存量证券信托业务较少，但股票收益权等证券信托业务是公司2013年的重点推进业务类型之一。公司主要面对利率、房地产价格波动和证券市场价格波动的风险。公司市场风险处于中等水平。

4.5.1.2.1 自营业务分析

(1)投资余额97 957.12万元，其中：股权投资余额4 837.53万元，占投资总额97 957.12万元的4.94%、占总资产(未减：各项减值准备)330 270.73万元的1.46%、占资本净额(310 612.92万元)的1.56%。

股票投资余额10.16万元，占投资总额的0.01%、占总资产的0.003%、占资本净额的0.003%。

基金投资余额474.75万元，占投资总额的0.48%、占总资产的0.14%、占资本净额的0.15%。

企业债券投资余额24 128.80万元，占投资总额的24.63%、占总资产的7.31%、占资本净额的7.77%。

货币基金投资余额500.44万元，占投资总额的0.51%、占总资产的0.15%、占资本净额的0.16%。

理财产品投资(含信托计划)余额68 005.44万元，占投资总额的69.42%、占总资产的20.59%、占资本净额的21.89%；

(2)公司交易性账户余额为25 114.15万元、银行账户投资余额为72 842.97万元。其中交易性账户余额主要反映债券，基金及股票投资；银行账户投资余额主要反映长期股权投资和信托产品投资。

(3)公司长期股权投资中全部为可疑类，共计4 837.53万元。其中金融企业股权投资1家(天安保险股份有限公司)计1 628.46万元，待清理实业投资1家(上海正浩资产管理有限公司)计3 209.07万元。针对长期股权投资质量情况已足额计提减值准备，其中正常类股权投资因会计政策对原计提的减值准备不予冲回，故公司计提的长期股权投资准备非常充分。

4.5.1.2.2　信托业务分析

信托业务中长期股权投资401 860.22万元，其中主动管理类股权投资341 845.00万元。

4.5.1.3　操作风险状况

公司以业务流程为核心，建立了较完整的管理制度，操作风险低。公司的主要操作风险在于现有信息系统已不能满足业务快速发展的需要。2013年，公司对现行信息系统进行了升级改造，以恒生信托业务管理平台系统为基础，升级开发了新一代综合业务管理系统，可实现信托计划全生命周期风险监控。通过该系统，因人员误操作等因素导致的操作风险得以保持于低水平。

2013年，公司业务和会计操作遵循公司的各项规章制度，审批程序清晰，未出现特例情况，也没有发生内部和外部的欺诈情况。

4.5.2　风险管理

4.5.2.1　信用风险管理

信用风险是指交易对手未能履行合同所带来的经济损失风险。公司的信用风险主要表现为：在信托贷款、资产回购、后续资金安排、担保、履约承诺等交易过程中，借款人、担保人、保管人(托管人)等交易对手不履行承诺，不能或不愿履行合约承诺而使信托资产或自有资产遭受潜在损失的可能性。

公司充分重视尽职调查，把交易对手的信用风险放在首位，从制度上明确了调查的要求、步骤，提供了调查报告的参考模板，要求内容包括但不限于基本情况(股东构成、注册资本、管理团队等)、财务状况、经营状况、内控制度、风险管理状况等方面。公司对信贷、融资以及担保业务实行严格审查，通过加强交易对手信息采集、现金流分析，通过贷款资金的使用监控，定期贷后现场检查和风险预警；通过采取抵(质)押物和担保的风险缓释措施，严格实行抵(质)押品评估制度，落实抵(质)押品的价值，逐级降低、化解信用风险。公司对固定收益总部的投资业务根据不同的业务品种设置不同的资信要求和交易方式，在投资环节上采取了增设风控部门审签的方式把控投资风险。

公司在积极响应监管部门的房地产抵押物风险压力测试、地方政府融资平台统计等工作要求时，同时对存续业务每半年进行一次风险排查和压力测试。经过对测试统计结果进行进一步的分析，发现重点业务风险，为公司风险政策和业务风控指引修正决策提供参考。

4.5.2.2　市场风险管理

市场风险是指由于市场价格或利率波动而导致的对金融工具的资产价值产生负面波动的风险，可以区分为系统性风险和非系统性风险两大类。公司所面临的市场风险主要是指由于市场价格，如利率、股票价格、债券价格等波动而造成的信托资产、自有资产损失的风险。

公司通过使用对各种有市场风险敞口的资产进行组合化管理，设置各种资产的头寸限额和指标，来达到控制市场风险的目的。例如，公司设置单一交易资产限额，防止某一单一交易资产的市场风险过大。公司在政信业务中针对同一区域、同一交易对手均在风控指引中设有额度控制，自营业务实行了分散化投资，对投资品种总量和单一规模均有限额，并由风控部门事中控制，及时预警。股票质押融资业务，公司交易室安排专人对质押标的券逐日盯市，跟踪评估，严格实行补仓平仓制度。通过涉足多种业务类型和分散客户所处行业领域，公司能较好地将风险分散在不同的层面。

在具体的业务操作中，公司不断加强规范化管理，颁布实施了一系列实施细则或操作规程文件，引进了资产管理系统，为公司开展证券业务提供系统支持，并作为管理市场风险的有效技术保证。

除了在前期的产品策划和选择方面就考虑市场风险因素之外，在产品营销环节，公司历来十分重视向客户充分揭示信托产品可能面临的市场风险，请客户在充分了解包含市场风险在内的各种风险的基础上，确认自己具备承受风险的能力，当面签署风险申明书等相关文件。

4.5.2.3　操作风险管理

操作风险是指由于不完善或有问题的内部操作过程、人员、系统或外部事件而导致的直接或间接损失的风险，但不包含策略性风险和声誉风险。

公司通过制度规范业务流程，定期对已有流程进行剖析分析，整合和优化投资审批流程。流程上实行环节责任到岗，前一环节对后一环节负责，后一环节对前一环节有核查义务，每周五下午安排进行信托业务和企业文化的培训，提高员工的专业能力和工作责任心，有效地降低了操作风险。在业务的成立环节和事中管理中，信托会计部、运营管理部和风控合规部门分工协作，加强资金、抵押品、放款、信托利益兑付和收息收贷的管理工作。

在信息技术方面，公司积极顺应监管部门提出的信托行业要充分利用IT系统提升核心能力的要求，积极推进业务信息化。公司2013年形成了统一的信托业务综合管理系统，能够在以下几个方面有效提升公司风险管理能力：形成业务全资产、全流程、全风控的集成管理，实现了公司业务核算的自动化作业，建立了企业级的数据中心，实现全公司范围的数据信息共享，为进一步数据挖掘提供了基础条件，风险管理未来可通过模块化的系统拓展来实现，通过系统控制降低人员误操作机率，大大降低了公司的操作风险。

在营销过程中，特别注意合规性监管法规的要求，信托业务推介前营销部门先制作营销方案，报风控部门审核后严格按照营销方案进行推介。推介中理财经理不得承诺"保本保息"或最低收益，不通过报刊、电视、广播和其他公共媒体进行营销宣传，不存在参与单个集合信托计划自然人超过 50 人（单笔委托金额在 300 万元以上的自然人投资者除外）或单笔委托金额低于 100 万元的情况。不存在未取得异地集合资金信托业务资格而开办异地业务的情况。

在信托财产运用和管理环节，公司不存在通过信托项目为自己和他人谋取不当利益的行为，切实履行了受托管理的责任，持续跟踪了解资金使用和项目进展情况，坚持信托财产之间、信托财产与固有财产之间分别管理、分别记账的原则，对信托财产管理过程中的各项事务、数据和其他有关情况保留记录；在信托终止清算环节，不存在新信托项目的财产置换或用固有财产垫付到期信托项目的行为，并及时出具信托项目清算报告。

5. 报告期末及上一年度末的比较式会计报表

5.1 自营资产

5.1.1 立信会计师事务所（特殊普通合伙）审计意见

上海爱建信托有限责任公司财务报表在所有重大方面按照企业会计准则的规定编制，公允反映了贵公司 2013 年 12 月 31 日的财务状况以及 2013 年度的经营成果和现金流量。

5.1.2 资产负债表

2013 年 12 月 31 日　　单位：万元

资产类	期末余额	年初余额	负债及所有者权益类	期末余额	年初余额
资产			负债		
现金及存放中央银行款项	11.11	10.93	向中央银行借款	—	—
存放同业款项	18 896.70	47 527.26	同业及其他金融机构存放款项	—	—
贵金属	—	—	拆入资金	—	—
拆出资金	—	—	交易性金融负债	—	—
交易性金融资产	12 779.26	21 089.70	衍生金融负债	—	—
衍生金融资产	—	—	卖出回购金融资产款	—	—
买入返售金融资产	35 091.80	25 000.00	吸收存款	—	—
应收利息	138.53	831.53	应付职工薪酬	3 074.48	1 442.10
发放贷款和垫款	167 805.00	124 245.00	应交税费	4 482.83	4 434.66
可供出售金融资产	484.91	17 268.83	应付利息	—	—
持有至到期投资	22 130.89	27 000.00	预计负债	—	—
长期股权投资	2 418.76	2 418.76	应付债券	—	—
投资性房地产	—	—	递延所得税负债	34.37	—
固定资产	313.49	102.66	其他负债	1 261.25	305.19
无形资产	333.69	359.02			
递延所得税资产	448.80	562.92	负债合计	8 852.93	6 181.95
其他资产	63 450.44	18 499.89			
			所有者权益		
			实收资本	300 000.00	300 000.00
			资本公积	9 368.37	9 161.03
			减：库存股	—	—
			盈余公积	6 864.19	6 864.19
			一般风险准备	842.04	842.04
			信托赔偿准备	1 825.04	—
			未分配利润	-3 449.19	-38 132.71
			所有者权益合计	315 450.45	278 734.55
资产总计：	324 303.38	284 916.50	负债及所有者权益总计：	324 303.38	284 916.50

法定代表人：周伟忠　　主管会计工作负责人：姚海岚　　会计机构负责人：黄　晓

5.1.3 利润表

2013 年度　　单位：万元

项　目	行号	本期金额	上期金额
一、营业收入	1	65 774.95	42 406.17
利息净收入	2	21 124.71	11 698.76
利息收入	3	21 124.71	11 698.76
利息支出	4	—	—
手续费及佣金净收入	5	41 293.89	29 407.58
手续费及佣金收入	6	42 038.29	29 701.15
手续费及佣金支出	7	744.40	293.57
投资收益（损失以"-"号填列）	8	2 589.45	1 401.89
其中：对联营企业和合营企业的投资收益	9	—	—
公允价值变动收益（损失以"-"号填列）	10	378.16	-98.40
汇兑收益（损失以"-"号填列）	11	-117.51	-9.81
其他业务收入	12	506.25	6.15

续表

项　目	行号	本期金额	上期金额
二、营业支出	13	18 229.79	11 964.21
营业税金及附加	14	3 706.92	2 325.88
业务及管理费	15	14 247.30	8 272.03
资产减值损失	16	275.57	1 366.30
其他业务成本	17	—	—
三、营业利润（亏损以"-"号填列）	18	47 545.16	30 441.96
加：营业外收入	19	1 917.32	250.46
减：营业外支出	20	20.00	1.65
四、利润总额	21	49 442.48	30 690.77
减：所得税费用	22	12 933.92	7 708.74
五、净利润（净亏损以"-"号填列）	23	36 508.56	22 982.03
六、每股收益：	24	—	—
（一）基本每股收益	25	—	—
（二）稀释每股收益	26	—	—

法定代表人：周伟忠　　主管会计工作负责人：姚海岚　　会计机构负责人：黄　晓

5.1.4 所有者权益变动表

2013年12月31日

单位：万元

项目	上年金额							本年金额						
	实收资本	资本公积	减:库存股	盈余公积	一般风险准备	未分配利润	所有者权益合计	实收资本	资本公积	减:库存股	盈余公积	一般风险准备	未分配利润	所有者权益合计
一、上年年末余额	100 000.00	9 213.58		6 864.19	842.04	−61 114.74	55 805.07	300 000.00	9 161.03		6 864.19	842.04	−38 132.71	278 734.55
加:会计政策变更	—	—		—	—	—	—	—	—		—	—	—	—
前期差错更正	—	—		—	—	—	—	—	—		—	—	—	—
二、本年年初余额	100 000.00	9 213.58		6 864.19	842.04	−61 114.74	55 805.07	300 000.00	9 161.03		6 864.19	842.04	−38 132.71	278 734.55
三、本年增减变动金额	200 000.00	−52.55				22 982.03	222 929.48		207.34			1 825.04	34 683.52	36 715.90
(一)净利润						22 982.03	22 982.03						34 683.52	34 683.52
(二)直接计入所有者权益的利得和损失		−52.55					−52.55		207.34					207.34
1. 可供出售金融资产公允价值变动净额		−52.55					−52.55		207.34					207.34
(1)计入所有者权益的金额		−52.55					−52.55		207.34					207.34
(2)转入当期损益的金额														
2. 现金流量套期工具公允价值变动净额														
(1)计入所有者权益的金额														
(2)转入当期损益的金额														
(3)计入被套期项目初始确认金额中的金额														
3. 权益法下被投资单位其他所有者权益变动的影响														
4. 与计入所有者权益项目相关的所得税影响														
5. 其他														
上述(一)和(二)小计	—	−52.55		—	—	22 982.03	22 929.48	—	207.34		—	—	34 683.52	34 890.86
(三)所有者投入和减少资本	200 000.00						200 000.00							
1. 所有者投入资本	200 000.00	—					200 000.00		—					
2. 股份支付计入所有者权益的金额														
3. 其他														
(四)利润分配				—	—	—	—				—	1 825.04	—	1 825.04
1. 提取盈余公积				—		—	—				—		—	—
2. 提取一般风险准备					—	—	—					—	—	—
3. 对所有者(或股东)的分配						—	—						—	—
4. 其他												1 825.04		1 825.04
(五)所有者权益内部结转	—	—		—	—	—	—	—	—		—	—	—	—
1. 资本公积转增资本(或股本)	—	—					—	—	—					—
2. 盈余公积转增资本(或股本)	—			—			—	—			—			—
3. 盈余公积弥补亏损				—		—	—				—		—	—
4. 一般风险准备弥补亏损					—	—	—					—	—	—
5. 其他														
四、本年年末余额	300 000.00	9 161.03		6 864.19	842.04	−38 132.71	278 734.55	300 000.00	9 368.37		6 864.19	2 667.08	−3 449.19	315 450.45

法定代表人:周伟忠　　主管会计工作负责人:姚海岚　　会计机构负责人:黄　晓

5.2 信托资产

5.2.1 信托项目资产负债汇总表

2013 年 12 月 31 日　　单位：万元

资产类	期末余额	年初余额	负债及所有者权益类	期末余额	年初余额
资产			负债		
现金及存放中央银行款项			向中央银行借款		
存放同业款项	21 078.84	31 455.77	同业及其他金融机构存放款项		
贵金属			拆入资金		
拆出资金			交易性金融负债		
交易性金融资产	185 473.54		衍生金融负债		
衍生金融资产			卖出回购金融资产款		
买入返售金融资产	5 781.72		吸收存款		
应收利息			应付职工薪酬		
发放贷款和垫款	1 769 049.00	482 310.00	应交税费		
可供出售金融资产	123 984.25		应付利息		
持有至到期投资	11 984.70		预计负债		
长期股权投资	401 860.22	200 472.47	应付债券		
投资性房地产	121 420.00	121 420.00	递延所得税负债		
固定资产			其他负债	71 709.46	84 240.03
无形资产					
递延所得税资产			负债合计	71 709.46	84 240.03
其他资产	1 206 694.42	1 444 546.17			
			所有者权益		
			实收信托	3 789 265.94	2 231 192.16
			资本公积		
			减：库存股		
			盈余公积		
			一般风险准备		
			未分配利润	-13 648.71	-35 227.78
			所有者权益合计	3 775 617.23	2 195 964.38
资产总计：	3 847 326.69	2 280 204.41	负债及所有者权益总计：	3 847 326.69	2 280 204.41

法定代表人：周伟忠　　主管会计工作负责人：姚海岚　　会计机构负责人：陈幸华

5.2.2 信托项目利润及利润分配汇总表

2013 年度　　单位：万元

项　目	行号	本期金额	上期金额
一、营业收入	1	272 769.22	132 470.40
利息净收入	2	129 278.32	45 456.08
利息收入	3	129 278.32	45 456.08
利息支出	4	—	—
手续费及佣金净收入	5	—	—
手续费及佣金收入	6	—	—
手续费及佣金支出	7	—	—
投资收益（损失以“-”号填列）	8	131 340.20	86 961.87
其中：对联营企业和合营企业的投资收益	9	—	—
公允价值变动收益（损失以“-”号填列）	10	12 029.94	—
汇兑收益（损失以“-”号填列）	11	—	—
其他业务收入	12	120.76	52.45
二、营业支出	13	60 618.65	-42 242.99
营业税金及附加	14	—	—
信托管理费用	15	60 618.65	40 419.38
资产减值损失	16	0.00	-82 662.37
其他业务成本	17	—	—
三、营业利润（亏损以“-”号填列）	18	212 150.57	174 713.39

续表

项　目	行号	本年累计数	上年同期数
加：营业外收入	19	—	—
减：营业外支出	20		
四、利润总额	21	212 150.57	174 713.39
减：所得税费用	22	—	—
五、净利润（净亏损以“-”号填列）	23	212 150.57	174 713.39
六、每股收益：	24		
（一）基本每股收益	25		
（二）稀释每股收益	26		
七、期初未分配信托利润	27	-35 227.78	-130 655.04
八、本期已分配信托利润	28	190 437.68	79 286.13
九、期末未分配信托利润	29	-13 648.71	-35 227.78

法定代表人：周伟忠　　主管会计工作负责人：姚海岚　　会计机构负责人：陈幸华

6. 会计报表附注

6.1 报告年度会计报表编制基准、会计政策、会计估计和核算方法发生的变化

6.1.1 会计报表编制基准

公司以持续经营为基础，根据实际发生的交易和事项，按照《企业会计准则—基本准则》和其他各项会计准则的规定进行确认和计量，在此基础上编制财务报表。

6.1.2 会计政策和会计估计

6.1.2.1 计提资产减值准备的范围和方法

6.1.2.1.1 计提资产减值准备范围

公司按照谨慎性原则，每季末进行减值测试对各项资产进行减值测试，对可能发生损失的资产计提减值准备。

6.1.2.2 计提方法

(1)信用资产(除应收账款类资产)、长期股权投资、抵债资产按照《中国银行业监督管理委员会关于非银行金融机构全面推进资产质量五级分类管理的通知》(银监发[2004]4号)有关规定进行五级(正常、关注、次级、可疑、损失)分类，并计提各项减值准备。

正常：能够按账面价值随时变现；有足够理由证明现值大于或等于账面价值(以成本与市价孰低原则衡量)；交易对手能够履行合同或协议，没有足够理由怀疑债务本金和收益不能按时足额偿还。计提损失准备1%。

关注：有足够理由证明资产价值的减值程度控制在2%以内；尽管交易对手目前有能力偿还，但存在一些可能对偿还产生不利影响的因素的债权类资产；交易对手的现金偿还能力出现明显问题，但交易对手抵押或质押的可变现资产大于等于其债务的本金及收益。计提损失准备2%。

次级：有足够理由证明资产价值的减值程度可以控制在2%~25%；交易对手的偿还能力出现明显问题，完全依靠其正常经营收入无法足额偿还债务本金及收益，即使执行担保，也可能会造成一定损失。计提损失准备25%。

可疑：有足够能力证明资产价值的减值程度可以控制在25%~50%；交易对手无法足额偿还债务本金及收益，即使执行担保，也肯定要造成较大损失。计提损失准备50%。

损失：有足够理由证明资产价值的减值程度在50%以上；在采取所有可能的措施或一切必要的法律程序后，资产及收益仍然无法收回，或只能收回极少部分；由于技术更新的原因造成固定资产、无形资产的贬值损失。计提损失准备100%。

(2)应收款项质量以账龄作为主要参考因素，分为四档，其主要分类的标准和计提损失准备的比例为：

第一档：账龄为1~180天，计提损失准备6%。

第二档：账龄为181~360天，计提损失准备25%。

第三档：账龄为361~720天，计提损失准备50%。

第四档：账龄为720天以上，计提损失准备100%。

(3)金融资产，除以公允价值计量且其变动计入当期损益的金融资产外，本公司于每期末对金融资产的账面价值进行检查，如果有客观证据表明某项金融资产发生减值的，计提减值准备。

(4)可供出售金融资产的减值准备。

期末如果可供出售金融资产的公允价值发生较大幅度下降，或在综合考虑各种相关因素后，预期这种下降趋势属于非暂时性的，就认定其已发生减值，将原直接计入所有者权益的公允价值下降形成的累计损失一并转出，确认减值损失。

对于已确认减值损失的可供出售债务工具，在随后的会计期间公允价值已上升且客观上与确认原减值损失确认后发生的事项有关的，原确认的减值损失予以转回，计入当期损益。

可供出售权益工具投资发生的减值损失，不得通过损益转回。

(5)固定资产的减值测试方法、减值准备计提方法

公司于每期末判断固定资产是否存在可能发生减值的迹象。

固定资产存在减值迹象的，估计其可收回金额。可收回金额根据固定资产的公允价值减去处置费用后的净额与固定资产预计未来现金流量的现值两者之间较高者确定。

当固定资产的可收回金额低于其账面价值的，将固定资产的账面价值减记至可收回金额，减记的金额确认为固定资产减值损失，计入当期损益，同时计提相应的固定资产减值准备。

固定资产减值损失确认后，减值固定资产的折旧在未来期间作相应调整，以使该固定资产在剩余使用寿命内，系统地分摊调整后的固定资产账面价值(扣除预计净残值)。

固定资产的减值损失一经确认，在以后会计期间不再转回。

有迹象表明一项固定资产可能发生减值的，企业以单项固定资产为基础估计其可收回金额。企业难以对单项固定资产的可收回金额进行估计的，以该固定资产所属的资产组为基础确定资产组的可收回金额。

6.1.2.2 金融资产四分类的范围和标准

本公司按照《企业会计准则第22号—金融工具确认和计量》规定范围和标准，将其划分为：以公允价值计量且其变动计入当期损益的金融资产(交易性金融资产)、持有至到期投资、可供出售金融资产、贷款及应收款。

6.1.2.3 交易性金融资产核算方法

取得时以公允价值作为初始确认金额，相关的交易费用计入当期损益。

持有期间将取得的利息或现金股利确认为投资收益，期末将公允价值变动计入当期损益。

处置时，其公允价值与初始入账金额之间的差额确认为投资收益，同时调整公允价值变动损益。

6.1.2.4 可供出售金融资产核算方法

取得时按公允价值(扣除已宣告但尚未发放的现金股利或已到付息期但尚未领取的债券利息)和相关交易费用之和作为初始确认金额。

持有期间将取得的利息或现金股利确认为投资收益。期末以公允价值计量且将公允价值变动计入资本公积(其他资本公积)。

处置时，将取得的价款与该金融资产账面价值之间的差额，计入投资损益；同时，将原直接计入所有者权益的公允价值变动累计额对应处置部分的金额转出，计入投资损益。

6.1.2.5 持有至到期投资核算方法

取得时按公允价值(扣除已到付息期但尚未领取的债券利息)和相关交易费用之和作为初始确认金额。

持有期间按照摊余成本和实际利率(如实际利率与票面利率差别较小的，按票面利率)计算确认利息收入，计入投资收益。实际利率在取得时确定，在该预期存续期间或适用的更短期间内保持不变。

处置时，将所取得价款与该投资账面价值之间的差额计入投资收益。

6.1.2.6 长期股权投资核算方法

6.1.2.6.1 初始计量

(1)企业合并形成的长期股权投资

同一控制下的企业合并:公司以支付现金、转让非现金资产或承担债务方式以及以发行权益性证券作为合并对价的,在合并日按照取得被合并方所有者权益账面价值的份额作为长期股权投资的初始投资成本。长期股权投资初始投资成本与支付合并对价之间的差额,调整资本公积;资本公积不足冲减的,调整留存收益。合并发生的各项直接相关费用,包括为进行合并而支付的审计费用、评估费用、法律服务费用等,于发生时计入当期损益。

非同一控制下的企业合并:公司在购买日按照《企业会计准则第20号——企业合并》确定的合并成本作为长期股权投资的初始投资成本。

(2)其他方式取得的长期股权投资

以支付现金方式取得的长期股权投资,按照实际支付的购买价款作为初始投资成本。

以发行权益性证券取得的长期股权投资,按照发行权益性证券的公允价值作为初始投资成本。

投资者投入的长期股权投资,按照投资合同或协议约定的价值(扣除已宣告但尚未发放的现金股利或利润)作为初始投资成本,但合同或协议约定价值不公允的除外。

在非货币性资产交换具备商业实质和换入资产或换出资产的公允价值能够可靠计量的前提下,非货币性资产交换换入的长期股权投资以换出资产的公允价值为基础确定其初始投资成本,除非有确凿证据表明换入资产的公允价值更加可靠;不满足上述前提的非货币性资产交换,以换出资产的账面价值和应支付的相关税费作为换入长期股权投资的初始投资成本。

通过债务重组取得的长期股权投资,其初始投资成本按照公允价值为基础确定。

6.1.2.6.2 被投资单位具有共同控制、重大影响的依据

按照合同约定对某项经济活动所共有的控制,仅在与该项经济活动相关的重要财务和经营决策需要分享控制权的投资方一致同意时存在,则视为与其他方对被投资单位实施共同控制;对一个企业的财务和经营决策有参与决策的权力,但并不能够控制或者与其他方一起共同控制这些政策的制定,则视为投资企业能够对被投资单位施加重大影响。

6.1.2.6.3 后续计量及收益确认

公司能够对被投资单位施加重大影响或共同控制的,初始投资成本大于投资时应享有被投资单位可辨认净资产公允价值份额的差额,不调整长期股权投资的初始投资成本;初始投资成本小于投资时应享有被投资单位可辨认净资产公允价值份额的差额,计入当期损益。

公司对子公司的长期股权投资,采用成本法核算,编制合并财务报表时按照权益法进行调整。

对被投资单位不具有共同控制或重大影响,并且在活跃市场中没有报价、公允价值不能可靠计量的长期股权投资,采用成本法核算。

对被投资单位具有共同控制或重大影响的长期股权投资,采用权益法核算。

成本法下公司确认投资收益,仅限于被投资单位接受投资后产生的累积净利润的分配额,所获得的利润或现金股利超过上述数额的部分作为初始投资成本的收回。

权益法下在公司确认应分担被投资单位发生的亏损时,按照以下顺序进行处理:首先,冲减长期股权投资的账面价值。其次,长期股权投资的账面价值不足以冲减的,以其他实质上构成对被投资单位净投资的长期权益账面价值为限继续确认投资损失,冲减长期应收项目等的账面价值。最后,经过上述处理,按照投资合同或协议约定企业仍承担额外义务的,按预计承担的义务确认预计负债,计入当期投资损失。

被投资单位以后期间实现盈利的,公司在扣除未确认的亏损分担额后,按与上述相反的顺序处理,减记已确认预计负债的账面余额、恢复其他实质上构成对被投资单位净投资的长期权益及长期股权投资的账面价值,同时确认投资收益。

被投资单位除净损益以外所有者权益其他变动的处理:对于被投资单位除净损益以外所有者权益的其他变动,在持股比例不变的情况下,公司按照持股比例计算应享有或承担的部分,调整长期股权投资的账面价值,同时增加或减少资本公积(其他资本公积)。

6.1.2.7 固定资产计价和折旧方法

公司将使用期限在1年以上的电子设备、运输工具、机具设备、业务设备、家具设备和其他与经营有关的设备、器具、工具等以及虽不属于主要经营设备的物品,但单位价值在2 000元以上,并且使用期限超过2年的,都作为固定资产。各类固定资产预计使用寿命和年折旧率如下:

类　别	折旧年限(年)	净残值率(%)	年折旧率(%)
电子设备	3~5	5	19~31.67
运输工具	4~5	5	19~23.75
机具设备	5	5	19
业务设备	5	5	19
家具设备	5	5	19
其他	5	5	19

折旧方法:年限平均法。

6.1.2.8. 无形资产计价及摊销政策

本公司无形资产按照成本法进行初始计量,摊销政策原则上按受益期摊销,其中计算机软件按5年摊销。

6.1.2.9 收入确认原则和方法

6.1.2.9.1 利息收入

(1)发放贷款及垫款利息收入。按照客户使用本企业货币资金的时间和实际利率计算确定。实际利率与合同约定利率差别较小的,按合同约定利率确认为当期收入。

(2)买入返售证券收入。按返售价格与买入成本价格的差额,确认为当期收入。实际利率与合同约定利率差别较小的,按合同约定利率确认为当期收入。

(3)存放同业利息收入。在相关的收入金额能够可靠地计量,相关的经济利益可以收到时,按资金使用时间和实际利率确认利息收入。

6.1.2.9.2 手续费及佣金收入

(1)信托管理费收入

于信托合同到期,与委托人结算时,按信托合同规定的比例计算应由公司享有的管理费收益,确认为当期收益;或合同中规定公司按约定比例收取管理费和业绩报酬,则在合同期内分期确认管理费和业绩报酬收益。

(2)顾问及咨询费收入

按照有关合同或协议约定,在向客户提供相关服务并收到

款项时确认收入。

6.1.2.10 递延所得税资产和递延所得税负债

对于可抵扣暂时性差异确认递延所得税资产，以未来期间很可能取得的用来抵扣可抵扣暂时性差异的应纳税所得额为限。

对于应纳税暂时性差异，除特殊情况外，确认递延所得税负债。

不确认递延所得税资产或递延所得税负债的特殊情况包括：商誉的初始确认；除企业合并以外的发生时既不影响会计利润也不影响应纳税所得额（或可抵扣亏损）的其他交易或事项。

当拥有以净额结算的法定权利，且意图以净额结算或取得资产、清偿负债同时进行时，当期所得税资产及当期所得税负债以抵销后的净额列报。

当拥有以净额结算当期所得税资产及当期所得税负债的法定权利，且递延所得税资产及递延所得税负债是与同一税收征管部门对同一纳税主体征收的所得税相关或者是对不同的纳税主体相关，但在未来每一具有重要性的递延所得税资产及负债转回的期间内，涉及的纳税主体意图以净额结算当期所得税资产和负债或是同时取得资产、清偿负债时，递延所得税资产及递延所得税负债以抵销后的净额列报。

6.2 或有事项说明

本公司无上述情况。

6.3 重要资产转让及出售说明

本公司无上述情况。

6.4 会计报表中重要项目的明细资料

6.4.1 自营资产经营情况

6.4.1.1 信用风险资产情况

信用风险资产五级分类	正常类（万元）	关注类（万元）	次级类（万元）	可疑类（万元）	损失类（万元）	信用风险资产合计（万元）	不良资产合计（万元）	不良资产率（%）
期初数	200 863.50	474.39	730.31	407.44	192.18	202 667.82	1 329.93	0.66
期末数	224 124.37	1 715.72	1 105.72	56.52	125.32	227 127.65	1 287.56	0.57

注：不良资产合计＝次级类＋可疑类＋损失类。

6.4.1.2 各项资产减值损失准备情况

单位：万元

	期初数	本期计提	本期转回	本期核销	期末数
贷款损失准备	1 255.00	2 030.00	1 590.00	—	1 695.00
一般准备	—	—	—	—	—
专项准备	1 255.00	2 030.00	1 590.00	—	1 695.00
其他资产减值准备	4 436.78	744.80	909.23		4 272.35
可供出售金融资产减值准备	—	—	—	—	—
持有至到期投资减值准备	—	—	—	—	—
长期股权投资减值准备	2 418.77	—	—	—	2 418.77
坏账准备	727.22	744.80	909.23	—	562.79

6.4.1.3 固有业务股票投资、基金投资、债券投资、股权投资等投资业务情况

单位：万元

	自营股票	基金	债券	长期股权投资	其他投资	合计
期初数	4.36	334.88	29 996.95	4 837.53	47 652.34	82 826.06
期末数	10.16	975.19	24 128.80	4 837.53	68 005.44	97 957.12

6.4.1.4 前三名的自营长期股权投资情况

企业名称	占被投资企业权益的比例（%）	主要经营活动	投资损益（万元）
1. 上海正浩资产管理有限公司	12.75	资产经营管理	—
2. 天安保险股份有限公司	0.33	保险	—
3. 无			—

注：投资损益是指按照《企业会计准则》规定，核算股权投资确认损益并计入披露年度利润表的金额。

6.4.1.5 前三名的自营贷款情况

企业名称	占贷款总额的比例（%）	还款情况
1. 保利（重庆）投资实业有限公司	17.70	贷款尚未到期
2. 上海荣联房地产有限公司	11.80	贷款尚未到期
3. 南昌申标房地产发展有限公司	10.03	贷款尚未到期

6.4.1.6 表外业务情况

单位：万元

表外业务	期初数	期末数
担保业务	—	—
代理业务（委托业务）	60 189.27	59 387.27
其他	6 600.00	66 000.00
合计	66 789.27	125 387.27

注：其他主要反映信托代保管项目。

6.4.1.7 公司当年的收入结构

收入结构	金额（万元）	占比（%）
手续费及佣金收入	42 038.29	61.32
其中：信托手续费收入	42 000.79	61.32
投资银行业务收入	—	—
利息收入	21 124.71	30.81
其他业务收入	506.25	0.74
其中：计入信托业务收入部分	—	—
投资收益	2 589.45	3.78
其中：股权投资收益	0.04	—
证券投资收益	801.26	1.17
其他投资收益	1 788.15	2.61
公允价值变动收益	378.16	0.55
营业外收入	1 917.32	2.80
收入合计	68 554.18	100.00

注：手续费及佣金收入、利息收入、其他业务收入、投资收益、营业外收入均应为损益表中的科目，其中手续费及佣金收入、利息收入、营业外收入为未抵减掉相应支出的全年累计实现收入数。收入结构表中未包含汇兑收益。

6.4.2 信托财产管理情况

6.4.2.1 信托资产情况

单位：万元

信托资产	期初数	期末数
集合	1 266 404.98	1 574 221.43
单一	684 436.25	1 891 637.64
财产权	369 875.38	421 979.82
合计	2 320 716.61	3 887 838.89

注：本表以信托资产总规模为统计口径。

6.4.2.1.1 主动管理型信托业务的信托资产情况

单位：万元

主动管理型信托资产	期初数	期末数
证券投资类	2.19	36 806.15
股权投资类	—	346 692.84
融资类	1 328 826.55	1 612 360.78
其他类	422 005.70	277 991.43
合计	1 750 834.43	2 273 851.20

6.4.2.1.2 被动管理型信托业务的信托资产情况

单位：万元

被动管理型信托资产	期初数	期末数
证券投资类	—	166 853.92
股权投资类	—	1 450.02
融资类	427 856.99	1 259 767.10
事务管理类	142 025.19	140 916.35
其他类		45 000.30
合计	569 882.18	1 613 987.69

6.4.2.2 本年度已清算的信托项目情况

6.4.2.2.1 本年度已清算的信托项目情况

已清算结束信托项目	项目个数	实收信托合计金额（万元）	加权平均实际年化收益率（%）
集合类	19	495 310.00	9.68
单一类	20	320 150.00	7.88
财产管理类	1	78 160.40	—

6.4.2.2.2 本年度已清算结束的主动管理型信托项目情况

已清算结束信托项目	项目个数	实收信托合计金额（万元）	加权平均实际年化信托报酬率（%）	加权平均实际年化收益率（%）
证券投资类				
股权投资类				
其他投资类	2	61 200.00	1.38	9.34
融资类	20	511 110.00	2.58	9.16
事务管理类				

6.4.2.2.3 本年度已清算结束的被动管理型信托项目情况

已清算结束信托项目	项目个数	实收信托合计金额（万元）	加权平均实际年化信托报酬率（%）	加权平均实际年化收益率（%）
证券投资类				
股权投资类				
其他投资类				
融资类	15	236 150.00	0.35	8.62
事务管理类	3	85 160.40	1.86	4.94

6.4.2.3 本年度新增的信托项目情况

新增信托项目	项目个数	实收信托合计金额（万元）
集合类	40	1 094 209.61
单一类	56	1 490 837.00
财产管理类	2	85 000.00
新增合计	98	2 670 046.61
其中：主动管理型	45	1 297 760.61
被动管理型	53	1 372 286.00

6.4.2.4 信托业务创新成果和特色业务有关情况

无。

6.4.2.5 公司履行受托人义务情况及因本公司自身责任而导致的信托资产损失情况

无。

6.5 关联方关系及其交易

6.5.1 关联交易

	关联交易数量	关联交易金额（万元）	定价政策
自营业务	0	0	按协议价
信托业务	0	0	
合计	0	0	

6.5.2 关联方关系

关系性质	关联方名称	法定代表人	注册地址	注册资本（万元）	主营业务
母公司	上海爱建股份有限公司	范永进	上海市浦东外高桥保税区泰谷路168号	110 549.22	实业投资，投资管理，外经贸部批准的进出口业务（按批文），商务咨询，（涉及行政许可的凭许可证经营）。
持股12.75%	上海正浩资产管理公司	屠旋旋	青浦	25 500	资产经营管理。

6.5.3 本公司与关联方的重大交易事项

6.5.3.1 固有与关联方之间交易情况

单位：万元

	期初数	借方发生额	贷方发生额	期末数
贷款	—	—	—	—
投资	3 209.07	—	—	3 209.07
租赁	—	—	—	—
担保	—	—	—	—
应收账款	—	—	—	—
其他	—	—	—	—
合计	3 209.07	—	—	3 209.07

6.5.3.2 信托与关联方交易情况

单位：万元

	期初数	借方发生额	贷方发生额	期末数
贷款	14 000.00	—	14 000.00	0.00
投资	93 750.00	—	93 750.00	0.00
租赁	—	—	—	—
担保	—	—	—	—
应收账款	—	—	—	—
其他	—	—	—	—
合计	107 750.00	—	107 750.00	0.00

6.5.3.3 信托公司自有资金运用于自己管理的信托项目（固信交易）、信托公司管理的信托项目之间的相互（信信交易）交易情况

6.5.3.3.1 固有与信托财产之间的交易情况

单位：万元

固有财产与信托财产相互交易			
	期初数	本期发生额	期末数
合计	12 630.00	22 875.44	35 505.44

6.5.3.3.2 信托项目之间的交易情况

单位：万元

信托资产与信托财产相互交易			
	期初数	本期发生额	期末数
合计	87 543.60	16 875.14	104 418.74

6.5.4 关联方逾期未偿还本公司资金的详细情况以及本公司为关联方担保发生或即将发生垫款的详细情况

无。

6.6 会计制度的披露

（1）本公司固有业务自2007年起执行财政部2006年颁布的《企业会计准则——基本准则》进行会计核算；并根据《企业会计准则第30号——财务报表列表》有关规定及应用指南中商业银行会计报表格式进行编制。

（2）本公司信托业务自2010年起执行财政部2006年颁布的《企业会计准则》进行会计核算；并参照《企业会计准则第30号——财务报表列表》有关规定及应用指南中商业银行会计报表格式进行编制。

7. 财务情况说明书

7.1 利润实现和分配情况

2013年度，公司实现净利润36 508.56万元，因公司未分配利润为负值，根据金融企业财务规则第四十四条“金融企业本年实现净利润（减弥补亏损），应当按照提取法定盈余公积金、提取一般（风险）准备金、向投资者分配利润的顺序进行分配。法律、行政法规另有规定的从其规定”的规定，不进行利润分配。

7.2 主要财务指标

指标名称	指标值
资本利润率（%）	12.29
加权年化信托报酬率（%）	1.85
人均净利润（万元）	270.43

注：1. 资本利润率＝净利润/所有者权益平均余额×100%。

2. 加权年化信托报酬率＝（已清算信托项目1的实际年化信托报酬率×已清算信托项目1的实收信托＋已清算信托项目2的实际年化信托报酬率×已清算信托项目2的实收信托＋…＋已清算信托项目n的实际年化信托报酬率×已清算信托项目n的实收信托）/（已清算信托项目1的实收信托＋已清算信托项目2的实收信托＋…＋已清算信托项目n的实收信托）×100%。

3. 人均净利润＝净利润/年平均人数。

4. 平均值采取年初、年末余额简单平均法，公式为：a（平均）＝（年初数＋年末数）/2。

7.3 对本公司财务状况、经营成果有重大影响的其他事项

无。

8. 特别事项揭示

8.1 前五名股东报告期内变动情况及原因

无。

8.2 董事、监事及高级管理人员变动情况及原因

2013年3月20日，解聘沈富荣公司副总经理职务。

2013年11月4日，公司召开2013年第一次股东会，周伟忠、陈柳青、周磊、胡爱军、张启胜、李玉强、唐华铭当选为公司第四届董事会董事，其中张启胜、李玉强、唐华铭为独立董事；马金、张凤翔为公司第三届监事会监事，与公司职代会选举的职工监事朱学明共同组成公司第三届监事会。

2013年11月4日，公司召开四届一次董事会、三届一次监事会。四届一次董事会经与会董事表决，选举周伟忠为公司第四届董事会董事长，选举陈柳青为副董事长，聘任李洋洋为公司董事会秘书，聘任周磊为公司总经理，聘任李洋洋、钱华、张保华为公司副总经理，聘任吴淳、姚海岚为公司总经理助理。三届一次监事会选举马金为公司第三届监事会主席。

8.3 公司的重大未决诉讼事项

无。

8.4 对会计师事务所出具的有保留意见、否定意见或无法表示意见的审计报告的说明

无。

8.5 公司及其董事、监事和高级管理人员受到处罚的情况

无。

8.6 监管意见及整改情况

2013 年 8 月 29 日至 2013 年 11 月 29 日，上海银监局现场检查组对公司截至 2013 年 7 月 31 日的公司治理、内部控制健全性、有效性，固有及信托业务的合规、风险状况，以及案件防控的相关情况等进行了现场检查。根据检查结果，于 2013 年 12 月 25 日提出了监管意见：经现场检查发现，公司法人治理、内部控制、业务经营合规性、业务风险管理等方面基本符合《信托法》、《信托公司管理办法》、《信托公司集合资金信托计划管理办法》等相关法规政策的规定，法人治理结构基本齐全，部门管理职能基本清晰，业务操作基本符合政策规定与制度流程，在业务开展过程中采取了一定的风险防范及控制措施。但公司在制度建设、内部控制、尽职调查与审批、后续管理、营销管理、IT 系统等方面仍存在一些问题，部分制度与流程缺失或未得到有效执行，部分业务和产品存在一定的风险隐患。根据现场检查的结果，上海银监局提出了 8 项具体监管意见：(1) 公司应完善法人治理机制，切实提高公司治理水平；(2) 公司应细化相关制度，提升业务和内容管理水平；(3) 公司应严格遵守信托及固有各项业务的合规性要求；(4) 公司应强化尽职调查与产品结构设计，透彻把握项目风险状况；(5) 公司应强化事中管理，加强对项目资金使用的监控；(6) 公司应强化后续管理，有效监控交易对手及项目情况；(7) 公司应修补市场营销环节漏洞，强化投资者权益保护；(8) 公司应提高运营管理的科学化和精细化水平。

公司对监管意见十分重视，迅速向公司董事会进行专项汇报，并组织相关部门和人员进行了专题研究，于 2014 年 1 月 22 日向监管部门报送了整改报告，针对监管部门提出的 8 项监管意见逐条制订了改进措施和计划，按时间节点推进整改工作。

8.7 本年度重大事项临时报告

无。

8.8 中国银监会及其省级派出机构认定的其他有必要让客户及相关利益人了解的重要信息

无。

9. 公司监事会意见

9.1 监事会对《上海爱建信托有限责任公司 2013 年年度报告》的独立意见

本监事会对《上海爱建信托有限责任公司 2013 年年度报告》进行了审议，并提出如下独立意见：

(1) 公司 2013 年年度报告的编制和审议程序符合法律、法规、公司章程和公司内部制度的各项规定。

(2) 公司 2013 年年度报告的内容与格式符合监管部门的要求和规定，所包含的信息能从各方面真实的反映出公司 2013 年的经营管理和财务状况等事项。

(3) 在提出本意见前，没有发现参与年度报告编制和审议的人员有违反保密规定的行为。

(4) 立信会计师事务所（特殊普通合伙）对本公司出具的《上海爱建信托有限责任公司审计报告及财务报表（2013 年 1 月 1 日至 2013 年 12 月 31 日止）》是独立、公正的。

9.2 监事会对公司关联交易的独立意见

本监事会对公司关联交易进行了审议，并提出如下独立意见：

报告期内，公司无与固有关联方之间的交易。

上海国际信托有限公司

1. 重要提示

1.1 本公司董事会及董事保证本报告所载资料不存在任何虚假记载、误导性陈述或者重大遗漏,并对其内容的真实性、准确性和完整性承担个别及连带责任。本年度报告摘要摘自年度报告全文,客户及相关利益人欲了解详细内容,应阅读年度报告全文。

1.2 本公司10名董事出席董事会会议(薛国龙董事因公务未能出席会议,书面委托潘卫东董事行使表决权)。3名监事列席了本次会议。

1.3 本公司独立董事万晓枫、陈世敏、李宪明声明:保证年度报告内容的真实、准确、完整。

1.4 瑞华会计师事务所(特殊普通合伙)根据中国注册会计师审计准则对本公司年度财务报告进行审计,出具了标准无保留意见的审计报告。

1.5 本公司董事长潘卫东、总经理傅帆、主管会计工作副总经理陈兵、会计部门负责人朱红声明:保证年度报告中财务报告的真实、完整。

2. 公司概况

2.1 公司简介

上海国际信托有限公司(以下简称公司)成立于1981年,注册资本金25亿元。公司成立以来,始终坚持稳健经营、创新发展,在市场上树立了良好的品牌形象,综合实力居全国信托公司前列。公司曾被国务院指定为全国对外融资十大窗口之一;获地方金融机构最高信用评级(穆迪Baa2、标普BBB-);被指定为非银行金融机构首家合规试点单位;被推举为中国会计学会信托分会会长单位;发起设立中国第一家信托登记机构——上海信托登记中心,并被推选为理事长单位;被一致推选为中国信托业协会常务理事和副会长单位。近年来,公司先后荣获《上海证券报》、《证券时报》等权威媒体评选的多项行业大奖;公司"红宝石"安心进取伞形配置信托计划荣获上海市政府首次颁发的"2010年上海金融创新二等奖";公司自主开发的新一代信托业务管理系统荣获"2012年上海市金融创新三等奖";公司"铂金系列"大中华债券投资集合信托计划荣获"2013年上海市金融创奖三等奖";公司财富中心荣获上海金融系统五星级"优质服务网点"称号;公司还荣获"上海市文明单位"称号,获得行业内外的广泛好评。

公司长期致力于推进产品创新,较早获得资产证券化、代客境外理财(QDII)业务受托人资格,并在全国率先推出"优先劣后"受益权结构性信托产品,在证券投资、不动产和股权投资等领域逐渐形成产品特色。近年来,公司加大创新力度,相继推出业内首个伞形配置自主管理信托产品、首个自主管理的PIPE基金、首个另类投资信托产品"香花石"艺术品投资信托、首个QDII产品及海外投资集合资金信托计划,并推出新虹桥健康产业股权投资信托、个人汽车抵押贷款支持证券的资产证券化业务,信托主业和创新业务得到快速健康发展。2013年,公司继续稳步推进资产证券化业务和基金化业务,进一步加快了业务转型,增强了公司可持续发展能力。

2.1.1 基本信息

2.1.1.1 公司法定中文名称:上海国际信托有限公司
中文名称缩写:上海信托
公司法定英文名称:Shanghai International Trust Corp., Ltd.
英文缩写:Shanghai Trust

2.1.1.2 法定代表人:潘卫东

2.1.1.3 注册地址:中国上海市九江路111号
邮政编码:200002
公司国际互联网网址:www.shanghaitrust.com
电子信箱:info@shanghaitrust.com

2.1.1.4 公司信息披露联系人:吴海波
联系电话:021-23131111转
传真:021-63235348
电子信箱:info@shanghaitrust.com

2.1.1.5 公司选定的信息披露报纸:《上海证券报》
公司年度报告备置地点:上海市天津路155号名人商业大厦21楼

2.1.1.6 公司聘请的会计师事务所:瑞华会计师事务所(特殊普通合伙)
住所:上海市浦东新区陆家嘴东路166号中国保险大厦18~19层
联系电话:021-20300000

2.1.1.7 公司聘请的律师事务所:上海市锦天城律师事务所
住所:上海市花园石桥路33号花旗集团大厦14楼
联系电话:021-61059000

2.2 组织结构

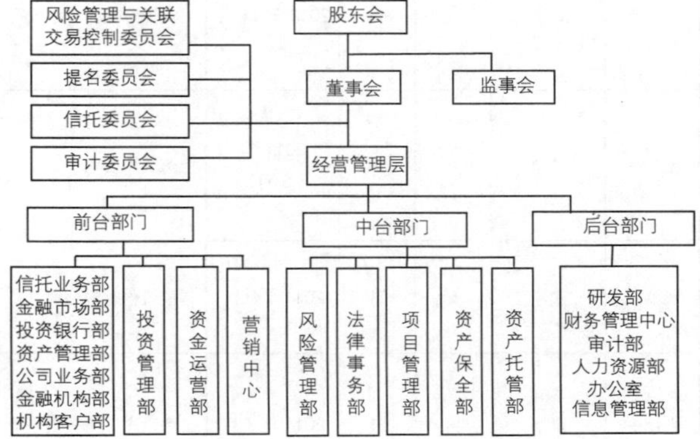

3. 公司治理

3.1 股东

公司前三位股东的主要情况：

股东名称	出资比例(%)	法人代表	注册资本(万元)	注册地址	主要经营业务	主要财务情况(万元)	
上海国际集团有限公司★	66.33	沈骏	1 055 884	上海市威海路511号	开展以金融为主、非金融为辅的投资、资本运作与资产管理业务，金融研究，社会经济咨询(上述经营范围涉及许可经营的凭许可证经营)。	资产总额	8 518 784.72
						负债总额	4 181 870.43
						利润总额	475 396.35
						净利润	410 757.58
						所有者权益	4 336 914.29
上海久事公司	20.00	张惠民	2 527 000	上海市中山南路28号	利用国内外资金，投资及综合开发经营。	资产总额	37 051 192.50
						负债总额	23 514 491.71
						利润总额	−671 962.74
						净利润	88 053.55
						所有者权益	13 536 700.79
申能股份有限公司	5.00	吴建雄	4 552 038 316	上海市虹井路159号	电力建设、能源、节能、资源综合利用及相关项目；与能源建设相关的原材料、高新技术和出口创汇项目的开发，投资和经营。	资产总额	4 140 769.81
						负债总额	1 385 643.32
						利润总额	384 708.54
						净利润	330 703.56
						所有者权益	2 755 126.49

注：股东名称一栏中★为公司最终实际控制人。

3.2 董事

董事长、副董事长、董事

姓 名	职 务	性别	年龄	选任日期	所推举的股东名称	该股东持股比例(%)	简 要 履 历
潘卫东	董事长	男	47	2011年9月	上海国际集团有限公司	66.33	经济学硕士研究生，中共党员，高级经济师，在中国人民银行杭州市分行计划资金处参加工作，曾任上海浦东发展银行宁波分行副行长，上海浦东发展银行昆明分行行长、党组书记，上海市金融服务办公室机构处处长(挂职)、上海国际集团有限公司总经理助理；现任上海国际集团有限公司副总裁，上海国际信托有限公司党委书记、董事长、法人代表。
傅 帆	副董事长	男	49	2011年9月	上海国际集团有限公司	66.33	工学硕士研究生，中共党员，经济师，在上投实业公司参加工作，曾任上海联合财务有限公司高级经理，上投实业公司项目一部经理、总经理助理、副总经理，上海国际集团有限公司董事会办公室主任，上海国际信托有限公司副总经理兼投资银行总部总经理，上投摩根基金管理有限公司副总经理；现任上海国际信托有限公司党委副书记、副董事长、总经理。
黄 平	董事	男	49	2013年11月	上海国际集团有限公司	66.33	会计专业本科学历，高级会计师，在国家教育委员会(现教育部)全国自考办参加工作，曾任上海国际信托投资公司财务部科员、副科长、科长，上海国际集团有限公司计划财务部经理助理、副总经理；现任上海国际集团有限公司财务管理总部总经理，上海国际信托有限公司董事。
张建伟	董事	男	59	2011年9月	上海久事公司	20.00	工商管理硕士，中共党员，高级经济师，曾任上海新沪玻璃厂副厂长，上海光通信器材公司副总经理，上海久事公司实业管理总部总经理、发展策划部经理、公司总经理助理等职；现任上海久事公司副总经理，上海国际信托有限公司董事。
周燕飞	董事	女	51	2011年9月	申能股份有限公司	5.00	中文专业本科毕业，中共党员，高级经济师；曾任上海市农委党校讲师，申能股份有限公司策划部副经理、经理；现任申能股份有限公司董事会秘书兼证券部经理，上海国际信托有限公司董事。
张广生	董事	男	61	2011年9月	上海汽车工业有限公司	2.00	经济学硕士，中共党员，研究员，曾任上海市体改办处长，市体改研究所副所长，市政府研究室主任，市委研究室主任，市委副秘书长，上海汽车工业(集团)总公司副董事长等职；现任十一届市政协经济委员会副主任(常务)、上海国际信托有限公司董事。

续表

姓　名	职　务	性别	年龄	选任日期	所推举的股东名称	该股东持股比例(%)	简　要　履　历
薛国龙	董事	男	49	2013年5月	上海石化城市建设综合开发公司	1.33	在职大学学历,中共党员,曾任金山县审计局金山审计师事务所查证部主任,金山区国资委资产投资经营公司副总经理,上海金山城市建设投资有限公司副总经理,上海新金山投资控股集团有限公司副总经理;现任上海新金山投资控股集团有限公司党委委员、副总经理(主持行政工作),上海石化城市建设综合开发公司董事长、法定代表人,上海国际信托有限公司董事。
杨逸	职工董事	男	57	2013年4月	—	—	会计专业硕士研究生班结业,中共党员,高级会计师,曾任上海第二十漂染厂、第十七漂染厂财务科长、副总会计师,浦发银行总行资金财务部科长、上海地区总部资金财务部科长,上海文汇新民联合报业集团计划资金部主任,上海国际信托有限公司计划财务部总经理助理、风险管理部副总经理;现任上海国际信托有限公司风险管理部总经理、合规部总经理,公司合规总监,纪委副书记,工会主席,上海国际信托有限公司职工董事。

独立董事

姓　名	所在单位及职务	性别	年龄	选任日期	所推举的股东名称	该股东持股比例(%)	简　要　履　历
万晓枫	上海银行党委副书记兼纪委书记(已退休)	男	64	2011年9月	–	–	哲学硕士,中共党员,曾任上海市委办公厅干部、副处长、处长,上海市委办公厅副主任,浦发银行党委副书记、监事,上海银行党委副书记兼纪委书记;现任上海国际信托有限公司董事。
陈世敏	中欧国际工商学院 会计学教授	男	55	2011年9月	—	—	会计学博士研究生,教授,美国注册管理会计师,曾任 Clarion University of Pennsylvania,会计学副教授、教授,The University of Louisiana at Lafayette,会计学副教授,香港岭南大学,会计学副教授,香港理工大学,会计学副教授;现任中欧国际工商学院,会计学教授,上海国际信托有限公司独立董事。
李宪明	上海市锦天城律师事务所合伙人	男	44	2011年9月	—	—	法学博士研究生,中共党员,执业律师,曾在吉林大学法学院工作;现任上海市锦天城律师事务所合伙人,上海国际信托有限公司独立董事。

3.3　监事

监事会成员

姓　名	职　务	性别	年龄	选任日期	所推举的股东名称	该股东持股比例(%)	简　要　履　历
祝幼一	监事长	男	60	2011年9月	上海国际集团有限公司	66.33	企业管理硕士研究生,中共党员,高级经济师,曾任卢湾区劳动服务公司党总支副书记、副经理,卢湾区劳动局副局长,卢湾区计经委副主任、主任、党组书记,卢湾区副区长,上海城市合作银行党委副书记、纪委书记、副行长,国泰君安证券股份有限公司党委书记、董事长,上海国际集团有限公司副总裁、党委委员;现任上海国际集团有限公司党委委员、副董事长,上海国际信托有限公司监事长。
马名驹	监事	男	52	2011年9月	锦江国际(集团)有限公司	1.34	工商管理硕士,中共党员,高级会计师,曾任凤凰股份有限公司副董事长、总经理,上海东方上市企业博览中心副总经理;现任锦江国际(集团)有限公司副总裁兼计划财务部经理及金融事业部总经理,上海锦江国际投资管理有限公司董事长兼总经理,锦江麦德龙现购自运有限公司副董事长,华安基金管理有限公司董事,长江养老保险股份有限公司董事,大众保险股份有限公司董事,上海国际信托有限公司监事。
张汉	职工监事	男	52	2011年9月	职工代表	—	经济管理专业本科毕业,中共党员,会计师,曾任上海警备区司务长,武警上海总队财务处副处长、二支队处长,上海国际信托投资有限公司风险管理部科长、人力资源部科长、审计稽核部科长等职,现任上海国际信托有限公司监事,审计稽核部副总经理。

本报告期公司监事会未设下属委员会。

3.4 高级管理人员

姓 名	职 务	性别	年龄	选任日期	金融从业年限	学历(位)	专 业
傅帆	总经理	男	49	2011年9月	13	研究生工学硕士	工业工程管理
杜娜伟	副总经理	女	48	2013年6月	28	研究生EMBA	工商管理
林彬	副总经理	男	58	2011年9月	21	大专EMBA	工商管理
刘响东	副总经理	男	43	2011年9月	14	研究生经济学硕士	国际金融
陈兵	副总经理 董事会秘书	男	45	2011年9月	18	研究生管理学博士	企业管理
应华	副总经理	男	38	2012年4月	15	本科工学硕士	软件工程

3.5 公司员工

本报告期公司在岗员工221人，上年度公司在岗员工192人。

项 目		报告期年度		上年度	
		人数	比例(%)	人数	比例(%)
年龄分布	25岁以下	28	12.67	22	11.46
	25～29岁	71	32.13	58	30.21
	30～39岁	66	29.86	63	32.81
	40岁以上	56	25.34	49	25.52
学历(位)分布	博士	7	3.17	8	4.17
	硕士	118	53.39	100	52.08
	本科	78	35.30	66	34.38
	专科	14	6.33	13	6.77
	其他	4	1.81	5	2.60

4. 经营管理

4.1 经营目标、方针、战略规划

4.1.1 经营目标

本报告期内公司的经营目标是坚持稳中求进、创新发展的主基调，加大市场拓展力度，做强做大信托主业，持续推进业务创新，增强可持续发展能力；以机制创新为切入点，优化组织架构设置，推进战略资源优化配置，积极提升核心竞争力；发挥公司品牌优势，创新财富管理模式，积极布局海外市场；全面提升风控水平，强化大运营管理，优化新系统功能，构建长效保障机制，全力推动上海信托创新发展新局面。公司全年争取实现受托资产规模1 200亿元，实现利润总额10.41亿元，实现信托业务收入7.5亿元。

4.1.2 经营方针

本报告期公司的经营方针是：诚信、专业、稳健、创新。

4.1.3 战略规划

公司的战略规划是：切实转变经营理念，探索信托发展有效路径；以自主创新为动力，勇于开拓市场，做大做强信托业务；以优化配置为核心，提高运作效率，增强自有资金效益；以深化理财理念为重点，大力发展直销业务，积极拓展客户，全力为合格投资者服务；以加强内控为保障，审慎规范运营流程，全面提升经营管理水平；以监管指引为导向，完善法人治理结构，理顺经营机制，突破发展瓶颈制约，努力把公司打造成为业内一流的资产管理和财富管理金融机构。

4.2 所经营业务的主要内容

4.2.1 经营的主要业务及品种

公司经营的主要业务为信托业务和自营业务。

4.2.1.1 信托业务

信托业务主要品种包括：(1)金融产品配置组合类信托。以高端客户的财富管理需求为出发点，凭借强大的投资管理能力和专业的资产配置能力，将投资者的资金在多种金融工具间进行组合投资，为投资者获取稳定安全的投资收益。(2)不动产金融类信托。选择房地产行业的优秀企业和优质项目，采用灵活多样的业务手段设计“风险适度、期限灵活、回报丰厚”的信托产品，让投资者分享房地产行业的成长收益。(3)证券投资类信托。汇聚全新产品设计理念和技术，投资于股票、基金及债券等金融产品，综合采用结构化设计、聘请投资顾问、应用CPPI投资策略与数量投资工具等多种方式，开创投资者在风险市场上获取稳定收益的业务新模式。(4)股权信托及并购信托。对于优质的成长性企业，通过股权受益权融资、股权投资、并购融资、受托股权管理、财务顾问等形式提供全面的金融服务。(5)债权投资类信托。公司将募集的信托资金运用于购买各种债权，主要包括银行信贷资产、各类依法合规的受益权以及优秀工商企业的应收账款等，通过回收本息或转让等方式兑现信托财产，实现信托收益。(6)公司及项目金融类信托。通过信托贷款、债权融资以及股权投资等方式，协助优秀企业获取融资，推动基础设施类项目顺利开展。(7)国际理财类信托。以大类资产配置为基础理念，与境外金融机构开展深度合作，捕捉海外市场投资机遇，采用结构性票据、指数投资、各类现货和期货投资、外币贷款等灵活运用方式，实现投资者财富增值。(8)另类投资信托。运用结构化设计，有效结合金融资本与实业经济，将公司专业化投资优势和外部投资顾问专业能力相结合，投资于包括酒类、艺术品、茶类、古董以及贵金属在内的非传统投资领域，满足高净值财富群体的投资期望和艺术文化消费。(9)养老保障、福利计划等信托服务。利用公司在信托服务领域积累的宝贵经验，根据企业员工在养老保障、福利提升、激励促进等方面的具体要求，为企业员工量身定制持续优质的资产管理服务，实现企业改革发展及员工福利改善的有机结合。(10)资产证券化信托服务。充分利用信托公司资源配置、破产隔离的制度优势，充当各类资产证券化项目的资产受托机构，搭建协同平台，探索国内资产证券化的新路径和模式，为各类优质资产提供流动性。(11)财产权信托服务。公司接受委托人的委托，将其合法拥有并且交付给公司的财产权设立财产权信托，依据信托文件的约定忠实受托人职责，为受益人利益或特定目的，管理或处分该财产权。

4.2.1.2 自营业务

自营业务主要包括：(1)固定收益业务。以确保资金的安

全性和资产的流动性为原则，通过对固定收益市场和相关投资品种的深入研究，根据市场环境的变化动态调整和优化资产配置结构，构建稳健的投资组合，获取固定收益。目前，固定收益业务主要包括货币市场投资和债券市场投资。(2)股权投资业务。通过对股权投资结构、期限、规模的动态调整和优化，把握各类行业领域孕育的投资机会，开展具有战略意义的金融股权投资或与信托主业联动的直接股权投资，从客户资源、渠道资源、项目资源等方面为信托主业提供有力支持，同时获得长期稳定的投资收益。(3)证券投资业务。追求适度风险条件下的绝对收益最大化，坚持稳健投资的原则，注重对宏观经济动向、重点行业发展趋势和相关个股的深入分析。公司已建立了专业化的证券投资管理团队，锤炼了与公司经营风格相适应的投资理念，形成了科学严谨的投资决策体系，提升了证券投资的主动管理能力和投资收益水平。

4.2.2 资产组合与分布

4.2.2.1 自营资产运用与分布表

资产运用	金额（万元）	占比（%）	资产分布	金额（万元）	占比（%）
货币资产	61 365.12	8.57	基础产业	—	—
贷款及应收款	—	—	房地产业	—	—
交易性金融资产	76 544.59	10.69	证券市场	93 187.89	13.02
可供出售金融资产	286 376.48	40.00	实业	—	—
持有至到期投资	—	—	金融机构	576 195.85	80.47
长期股权投资	242 299.08	33.84	其他	46 627.20	6.51
其他	49 425.67	6.90	—	—	—
资产总计	716 010.94	100.00	资产总计	716 010.94	100.00

注：资产运用中其他项目主要包括递延所得税资产、固定资产、无形资产和抵债资产。

4.2.2.2 信托资产运用与分布表

资产运用	金额（万元）	占比（%）	资产分布	金额（万元）	占比（%）
货币资金	189 368.18	0.98	基础产业	6 287 564.67	32.70
贷款	9 805 536.33	50.99	房地产业	1 819 720.00	9.46
交易性金融资产	2 603 725.41	13.54	证券	1 974 361.44	10.27
长期股权投资	789 978.28	4.11	工商企业	3 772 808.33	19.62
可供出售金融资产	5 259 918.85	27.35	金融机构	198 349.07	1.03
持有至到期投资	100 000.00	0.52	其他	5 176 227.80	26.92
买入返售金融资产	105 533.37	0.55	—	—	—
其他	374 970.89	1.96	—	—	—
合计	19 229 031.31	100.00	合计	19 229 031.31	100.00

4.3 市场分析

在宏观经济方面，2013 年世界经济呈现缓慢复苏态势，国际金融危机的后续效应依然存在，在周期性和结构性因素的共同作用下，世界经济增速仍处于低位水平。中国经济总体平稳发展，结构调整进展显著，政府着力转变宏观政策调控方式，明确经济运行的合理区间，通过推进贷款利率市场化等金融改革、建立中国上海自由贸易试验区、国有企业改革放宽市场准入、减少行政审批等举措，激发市场活力和经济发展内生动力。总体看，国内经济增长的主动力来自房地产和基建投资。房地产市场方面，伴随持续三年的限购政策威力递减，2013 年行业全面回暖，全国房价表现出持续上涨势头，全年房地产开发投资增长始终保持在 20% 以上，资金需求强烈。基础设施投资方面，政府继续在税收、融资和财政上对基建投资进行支持，基础设施投资增速同比大幅增加，交通、水利以及节能环保等项目都成为政策支持的对象。实体经济方面，成本上升与盈利能力下降使得实业趋于疲弱，导致企业对资金的需求逐渐降低。资本市场方面，股票市场依旧处于震荡态势，全年呈三涨三跌走势，但结构分化、行业分化明显；债券市场呈现出明显的先涨后跌过山车形态；同时监管部门对多个重大案件的处罚以及国债期货推出、IPO 重启“有准”、国资国企改革、强化上市公司分红等多项改革举措，也表明了其重塑市场规则的基本态度。

在理财市场环境方面，证券公司和基金子公司快速入场，商业银行和保险公司资管计划相继推出，全面开启并加速“泛资产管理时代”的到来，信托业面临的市场竞争更加激烈。而互联网金融的异军突起和第三方理财公司的出现也对传统金融业务造成了一定的冲击。形式多样的理财产品发展推动了利率市场化进程加快，反过来利率市场化的推进又促进理财产品进行差异化产品设计和定价。在市场资金面维持紧张的格局下，信托业受托资产规模继续保持大幅增长，并一举突破 10 万亿元大关，2013 年末存续规模达到 10.91 万亿元。尽管信托业整体风险可控，但频繁发生的个案风险、兑付压力显现、业绩增长初现疲态等现象引起了市场对信托业流动性风险以及可持续发展潜力的关注。

在信托行业政策方面 监管机构坚持采取审慎监管的原则，坚守风险底线，严防行业出现系统性风险，出台了一系列规范性的监管政策。一是对银信合作业务继续进行规范，对商业银行理财业务中“非标准化债权资产”进行总量限制，并对银行理财资金对接单一信托、代销信托产品等多方面予以规范。二是继续对地方融资平台贷款业务进行风险管理，提出优化贷款结构和隔离风险的监管新方向。三是信托法修订工作启动，由信托业协会牵头组织的一系列准备工作正在有序进行。四是提出对未来信托业建立八项科学合理的机制，包括完善的公司治理机制、产品登记制度、分级经营机制、资本约束机制、社会责任机制、恢复与处置机制，行业稳定机制和监管评价机制，对信托公司转型发展的监管思路做了全面规划。

4.4 内部控制

4.4.1 内部控制环境和内部控制文化

董事会和高级管理层重视公司内部控制机制和内控文化建设，公司建立了分工合理、职责明确、报告关系清晰的组织机构。董事会下设风险管理委员会，负责审核公司内控机制建设规划，公司管理层组织各部门认真落实全年内控建设措施。报告期内，公司紧密围绕战略转型和年度目标，根据形势发展及时调整内部架构，强化和充实核心业务领导力量，加大拓业力度，集中专业力量做好前瞻性研究和市场分析，进一步提高公司自主管理能力和资产管理市场核心竞争力。为确保公司战略目标的实施，吸引和留住优秀人才队伍，公司加大市场化改革步伐，不断完善薪酬市场化改革方案，通过薪酬机制创新，为公司战略转型进一步注入动能和活力。同时，公司不断加强内部控制文化建设，努力构建诚信、稳健、创新的企业文化，通过合规培训、合规园地等多种渠道，培养员工合规理念，员工的法治观念、诚信观念和道德水准得到了进一步的提升，职业行为得到进一步规范。

4.4.2 内部控制措施

公司内部控制职能部门为合规部、风险管理部和审计稽核部。

公司内部控制遵循全面、审慎、有效、独立的原则。公司内部控制活动包括：不相容职务分离控制、授权审批控制、业务流程控制、会计系统控制、财产保护控制、运营分析控制、信息系统控制和绩效考评控制，并实行业务预警、应急机制和净资本管理。

公司业务流程严格按照前台、中台、后台划分：前台负责业务受理、初审及具体操作，完成项目审批前的尽职调查、信托方案设计和提交、项目审批后的合同签署、产品发售、投资交易、运作管理和客户服务等工作；中台贯穿业务决策程序和管理环节，负责信托项目的合法合规性审核、风险评估、议事决策、业务综合管理和过程控制，和前台部门共同完成事前防范和事中控制，对系统性风险提出指导意见和改进措施，对个别性风险发出预警信号；后台负责对业务的财务管理及会计核算、信息化支持、行政保障、人力资源管理和审计监督。

公司建立危机事件预警机制和突发事件应急处理机制，明确风险预警标准，规范处置程序，制定《信托业务异常情况报告制度》和《信托业务危机事件应急预案》，完善信息科技突发事件应急处置流程，确保突发事件得到及时妥善处理。公司特别强调项目随访制度的执行，密切关注到期项目的流动性风险和交易对手违约风险，一旦发生预警信息，将及时进行业务预警和风险处置。

公司根据中国银监会发布的《信托公司净资本管理办法》，对各项业务实行净资本管理，使公司业务协调、高效、有重点地运行，并符合监管及公司战略发展要求。

公司进一步加强制度体系建设，及时制定和修订《项目评审委员会评审规则》、《银行间债券交易监控管理办法（试行）》、《信息系统灾难恢复管理办法》、《计算机软件建设与维护管理办法》、、《计算机网络和通信系统管理办法》等 14 项内控制度，保证了业务开展的合规性和可操作性。

报告期内，随着新一代业务系统正式运行，公司进一步优化系统功能，建立运营操作流程，优化升级客户证件信息、QDII 多币种业务及网上信托支付等多项配套功能。同时全面提升风险控制，加大项目实质性风险点的审查力度，有效地降低了业务风险，提高了项目推进效率，为信托业务创新提供了有效保障。

4.4.3 监督评价与纠正

公司通过建立自控、互控、监控三位一体的机制，对内部控制活动进行检查、评价、监督和纠正。业务部门对各项业务跟踪管理，经常检查其经营状况，一旦发现存在问题，迅速予以自纠；财务管理部门和风险管理部门分别行使后台监督职能和风险管理职能，相关部门、岗位之间互相制衡、监督，一旦发现问题，均要求限时纠正；审计稽核部门对公司内部控制进行再监督，对公司业务每半年进行一次内部审计，对公司自营业务和信托业务进行专项审计，对业务开展过程中发现的问题随时进行稽核，并将稽核情况向董事会报告。

4.5 风险管理

4.5.1 信用风险状况及其管理

信用风险主要指交易对手不履行义务的可能性，主要表现为：在贷款、资产回购、后续资金安排、担保、履约承诺、资金往来、证券投资等交易过程中，借款人、担保人、保管人（托管人）、证券投资开户券商、银行等交易对手不履行承诺，不能或不愿履行合约承诺而使信托财产或固有财产遭受潜在损失的可能性。公司信用风险资产按五级分为正常类、关注类、次级类、可疑类和损失类。2013 年期初及期末公司不良资产余额都为零；公司根据《金融企业准备金计提管理办法》（财金[2012]20 号文）及《中国银监会办公厅关于修订信托公司年报披露格式规范信息披露有关问题的通知》（银监办发[2009]407 号文）规定，参照中国人民银行《银行贷款损失计提指引》（银发[2002]98 号文）规定，对年末信用风险资产按照关注类资产 2%、次级类资产 25%、可疑类资产 50%、损失类资产 100% 的比例计提贷款损失准备、坏账准备。

在信用风险管理上，一是严格实行“贷前调查、贷中审查、贷后检查”。在贷前调查（项目立项）阶段，规范项目尽职调查的程序、重点和方法；在贷中审查（项目审批）阶段，合规部、风险管理部进行预审，项目评审委员会对业务进行项目可行性风险评估；在贷后检查（项目运营）阶段，严格执行“项目随访”制度，持续监控交易对手的履约能力。二是在产品交易结构设计上，通过引入金融机构信用、财产抵押、权利质押等担保方式，综合运用规避、预防、分散、转移、补偿等手段管理风险，分散、转移融资主体的信用风险，尽力降低信用风险敞口。三是按照中国银监会要求，定期对公司资产进行风险分类。四是严格按财政部和中国银监会的要求，提足包括呆账准备金、信托赔偿准备金在内的各项准备金。

4.5.2 市场风险状况及其管理

市场风险主要指在金融市场等投资业务过程中，投资于有公开市场价值的金融产品或者其他产品时，金融产品或者其他产品的价格发生波动导致公司信托财产或固有财产遭受损失的可能性。同时，市场风险还具有很强的传导效应，某些信用风险的根源可能也来自于交易对手的市场风险。报告期内，公司密切关注各类市场风险，及时调整投资策略，市场风险可控。

在市场风险管理上，一是打造有竞争力的研究团队，加大对资本市场和股权投资市场的研究和分析，提高对国家政策出台的预判能力，个股选择以业绩成长性和合理估值为基础，行业配置上关注热点产业和新兴产业的比重，努力提高投资绩效。二是坚持稳健原则，在投资组合中配置足够的固定收益类等低风险投资品种；对证券投资组合的净值、仓位和投资集中度等指标事先设定预警点或止损点；通过投资分散化（组合对冲）降低非系统性风险。三是在业务决策和管理过程中，分别通过压力测试进行分析和评估，进行动态跟踪管理。四是认真贯彻落实监管要求，及时对公司房地产信托业务、信政合作业务和银信合作业务进行风险提示，密切关注市场变化，加强防范业务风险的措施。

4.5.3 操作风险状况及其管理

操作风险表现为由于公司治理机制、内部控制失效或者有关责任人出现失误、欺诈等问题，公司没有充分及时地做好尽职调查、持续监控、信息披露等工作，未能及时作出应有的反应，或作出的反应明显有失专业和常理，甚至违规违约；公司没有履行勤勉尽职管理的义务，或者无法出具充分有效的证据和记录，证明自己已履行勤勉尽职管理的义务。报告期内，公司及时发现操作风险点，制定纠正措施，避免发生因操作风险造成的损失。

在操作风险管理上，一是在立项审批环节，设立非常设机构项目评审委员会，负责对公司业务事前的可行性进行评估，提出应对风险的建议和措施，并作出相应的决策；设立非常设机构信托投资决策委员会和自营证券投资决策小组，负责信托业务和自营证券投资事中的投资运作决策。二是在推介环节，制定《客户服务规范》和《合格投资者认定管理暂行办法》，严格按照新两规规范推介程序，认定合格投资者，禁止承诺"保本保息"或最低收益，禁止通过公开媒体进行营销宣传，禁止委托非金融机构推介信托计划。三是在信托财产运用和管理环节，重视风险排查，强化交易管理，完善业务操作规则和指引，开展银担合作业务检查、房地产信托业务排查等多项风险排查工作，制订《银行间市场债券交易监控管理办法》、《信托交易室管理规定》等制度，有效地防范了交易风险和案件的发生。四是在信托终止清算环节，信托产品到期前一个月，信托执行经理就产品能否按合同约定向信托受益人交付书面报告，公司对信托产品的收益、费用、效益和信托财产的净值进行核算并出具到期清算报告，最后向信托受益人实施分配清算。五是加强内部防控责任制。公司制定《案件防控工作管理办法》、《违规经营行为实名举报奖励管理办法》，开展全员案防承诺制工作，增强公司全体员工的案件防控意识，建立案件防控工作长效机制。公司根据监管要求，贯彻落实银监会"七不准、四公开"（不准以贷转存、不准存贷挂钩、不准以贷收费、不准浮利分费、不准借贷搭售、不准一浮到顶、不准转嫁成本，以及收费项目公开、服务质价公开、优惠政策公开、效用功能公开）规定，对信托业务收费进行自查、排查，严格禁止信托资金、自有资金涉及非法集资和不规范融资担保，严防客户挪用贷款资金。

4.5.4 其他风险状况及其管理

其他风险主要是指公司业务开展中的流动性风险、政策风险、信誉风险、道德风险等。报告期内，公司未发生因其他风险所造成的损失。

在其他风险管理上，一是加强员工合规培训，要求员工认真学习并执行有关的法律法规，增强合规意识和风险管理意识，提高风险管理能力。二是加强对运作项目的现金流量管理，做好公司现金流量的预测和安排。同时，组合运用多种工具，有效保证公司的流动性。三是加强职业道德教育，规范职业行为，把职业道德、职业操守作为员工教育的一个重要内容，不断增强员工的工作责任心，严格控制道德风险。

5. 报告期末及上一年度末的比较式会计报表

5.1 自营资产

5.1.1 会计师事务所审计意见

瑞华会计师事务所（特殊普通合伙）对公司所作的审计结论如下：

上海国际信托有限公司财务报表已经按照《企业会计准则》的规定编制，在所有重大方面公允反映了上海国际信托有限公司 2013 年 12 月 31 日的合并及母公司财务状况以及 2013 年度的合并及母公司经营成果和合并及母公司现金流量。

5.1.2 资产负债表

资产负债表

编制单位：上海国际信托有限公司　　2013 年 12 月 31 日　　单位：万元

资产	期末数		期初数		负债及所有者权益	期末数		期初数	
	合并	母公司	合并	母公司		合并	母公司	合并	母公司
资产					负债				
现金及存放中央银行款项	5.89	0.04	6.21	0.04	向中央银行借款				
存放同业款项	200 119.31	61 365.07	156 035.33	35 505.00	同业及其他金融机构存放款项				
贵金属					拆入资金				
拆出资金					交易性金融负债				
交易性金融资产	83 138.48	76 544.59	131 708.55	125 988.07	衍生金融负债				
衍生金融资产					卖出回购金融资产款				
买入返售金融资产			19 000.28	19 000.28	吸收存款				
应收利息	3 895.44	1 174.35	2 655.12	816.56	应付职工薪酬	33 070.99	16 388.03	24 361.71	12 003.88
发放贷款和垫款					应交税费	28 069.10	19 104.93	27 240.83	22 870.97
可供出售金融资产	287 051.48	286 376.48	162 836.58	160 405.94	应付利息				
持有至到期投资					预计负债				
长期股权投资	220 873.46	242 299.08	219 622.68	242 299.08	应付债券				
投资性房地产					递延所得税负债	86.00	86.00	946.40	913.72
固定资产	9 974.68	8 496.85	9 778.12	8 476.31	其他负债	14 266.16	6 540.84	21 529.97	13 234.07
无形资产	1 301.02	561.65	1 461.64	642.26	负债合计	75 492.25	42 119.80	74 078.91	49 022.64

续表

资产	期末数		期初数		负债及所有者权益	期末数		期初数	
	合并	母公司	合并	母公司		合并	母公司	合并	母公司
递延所得税资产	15 374.89	11 338.88	14 377.19	11 336.23					
其他资产	39 691.05	27 853.94	36 467.82	27 025.58	所有者权益				
					实收资本	250 000.00	250 000.00	250 000.00	250 000.00
					资本公积	8 593.31	8 593.31	9 372.34	9 274.29
					减:库存股				
					盈余公积	131 538.53	131 538.53	98 608.17	98 608.18
					一般风险准备	42 027.20	9 257.40	34 904.41	7 262.20
					信托赔偿准备	50 000.00	50 000.00	50 000.00	50 000.00
					未分配利润	243 420.83	224 501.91	183 100.15	167 328.04
					外币折算差额	−24.27		−10.75	
					归属于母公司所有者权益合计	725 555.59		625 974.32	
					少数股东权益	60 377.88		53 896.29	
					所有者权益合计	785 933.47	673 891.14	679 870.61	582 472.71
资产总计	861 425.72	716 010.94	753 949.52	631 495.35	负债及所有者权益总计	861 425.72	716 010.94	753 949.52	631 495.35

法定代表人:潘卫东　　主管会计工作负责人:陈　兵　　会计机构负责人:朱　红

5.1.3　利润表

利润表

2013 年度

编制单位:上海国际信托有限公司　　单位:万元

项　目	本年累计数		上年累计数	
	合并	母公司	合并	母公司
一、营业收入	297 265.56	194 793.83	218 080.00	141 001.26
利息净收入	6 619.71	1 183.02	6 611.24	641.00
利息收入	6 689.81	1 253.12	6 611.54	641.30
利息支出	70.10	70.10	0.30	0.30
手续费及佣金净收入	201 798.31	100 504.77	155 220.09	76 146.57
手续费及佣金收入	201 803.07	100 509.34	155 240.42	76 150.75
手续费及佣金支出	4.76	4.57	20.33	4.18
投资收益(损失以"－"号填列)	85 778.62	92 413.73	47 867.96	57 819.33
其中:对联营企业和合营企业的投资收益				
公允价值变动收益(损失以"－"号填列)	−2 413.52	−2 413.52	5 887.21	5 887.21
汇兑收益(损失以"－"号填列)	−447.20	−426.07	−1.93	−9.42
其他业务收入	5 929.65	3 531.89	2 495.43	516.57
二、营业支出	105 217.68	32 951.82	85 174.71	27 138.80
营业税金及附加	12 462.51	6 581.61	9 372.83	4 779.97
业务及管理费	92 730.08	26 345.13	75 444.29	22 001.24
资产减值损失			8.38	8.38
其他业务成本	25.09	25.09	349.21	349.21
三、营业利润(亏损以"－"号填列)	192 047.88	161 842.01	132 905.29	113 862.46
加:营业外收入	1 299.15	10.70	190.49	6.83
减:营业外支出	147.12	140.62	104.99	103.50
四、利润总额	193 199.91	161 712.09	132 990.79	113 765.79
减:所得税费用	34 578.03	24 612.67	25 352.56	17 663.76
五、净利润(净亏损以"－"号填列)	158 621.88	137 099.42	107 638.23	96 102.03
少数股东损益	13 149.25		10 144.95	
六、归属于母公司所有者的净利润	145 472.63	137 099.42	97 493.28	96 102.03
七、每股收益:				
基本每股收益				
稀释每股收益				

法定代表人:潘卫东　　主管会计工作负责人:陈　兵　　会计机构负责人:朱　红

5.1.4 所有者权益变动表

所有者权益变动表

2013 年度

编制单位：上海国际信托有限公司（合并）

单位：万元

项目	本期金额										上期金额									
	归属于母公司所有者权益								少数股东权益	所有者权益合计	归属于母公司所有者权益								少数股东权益	所有者权益合计
	实收资本	资本公积	盈余公积	一般风险准备金	信托赔偿准备金	未分配利润	外币报表折算差额	小计			实收资本	资本公积	盈余公积	一般风险准备金	信托赔偿准备金	未分配利润	外币报表折算差额	小计		
一、上年年末余额	250 000.00	9 372.34	98 608.17	34 904.41	50 000.00	183 100.15	-10.75	625 974.32	53 896.29	679 870.61	250 000.00	8 312.40	74 736.64	26 191.92	50 000.00	155 768.30	-10.73	564 998.53	53 152.49	618 151.02
加：会计政策变更																				
前期差错更正																				
二、本年年初余额	250 000.00	9 372.34	98 608.17	34 904.41	50 000.00	183 100.15	-10.75	625 974.32	53 896.29	679 870.61	250 000.00	8 312.40	74 736.64	26 191.92	50 000.00	155 768.30	-10.73	564 998.53	53 152.49	618 151.02
三、本年增减变动金额（减少以"-"号填列）		-779.03	32 930.35	7 122.79		60 320.68	-13.52	99 581.27	6 481.59	106 062.86		1 059.94	23 871.53	8 712.49		27 331.85	-0.02	60 975.79	743.80	61 719.59
（一）净利润						145 472.63		145 472.63	13 149.25	158 621.88						97 493.28		97 493.28	10 144.95	107 638.23
（二）直接计入所有者权益的利得和损失		-779.03					-13.52	-792.55	-12.99	-805.54		1 059.94					-0.02	1 059.92	-0.02	1 059.90
1. 可供出售金融资产公允价值变动净额		-1 038.70						-1 038.70		-1 038.70		1 413.25						1 413.25		1 413.25
2. 权益法下被投资单位其他所有者权益变动的影响																				
3. 与计入所有者权益项目相关的所得税影响		259.67						259.67		259.67		-353.31						-353.31		-353.31
4. 其他							-13.52	-13.52	-12.99	-26.51							-0.02	-0.02	-0.02	-0.04
上述（一）和（二）小计		-779.03				145 472.63	-13.52	144 680.08	13 136.26	157 816.34		1 059.94				97 493.28	-0.02	98 553.20	10 144.93	108 698.13
（三）所有者投入和减少资本																			50.00	50.00
1. 所有者投入资本																				
2. 股份支付计入所有者权益的金额																				
3. 其他																			50.00	-50.00
（四）利润分配			32 930.35	7 122.79		-85 151.95		-45 098.81	-6 654.67	-51 753.48			23 871.53	8 712.49		-70 161.43		-37 577.41	-9 451.13	-47 028.54
1. 提取盈余公积\交易风险准备\一般风险准备			32 930.35	7 122.79		-40 053.14							23 871.53	8 712.49		-32 584.02				
2. 对所有者（或股东）的分配						-45 000.00		-45 000.00	-6 606.00	-51 606.00						-37 500.00		-37 500.00	-9 413.00	-46 913.00
3. 其他						-98.81		-98.81	-48.67	-147.48						-77.41		-77.41	-38.13	-115.54
（五）所有者权益内部结转																				
1. 资本公积转增资本（或股本）																				
2. 盈余公积转增资本（或股本）																				
3. 盈余公积弥补亏损																				
4. 其他																				
四、本年年末余额	250 000.00	8 593.31	131 538.53	42 027.20	50 000.00	243 420.83	-24.27	725 555.59	60 377.88	785 933.47	250 000.00	9 372.34	98 608.17	34 904.41	50 000.00	183 100.15	-10.75	625 974.32	53 896.29	679 870.61

法定代表人：潘卫东　　主管会计工作负责人：陈　兵　　会计机构负责人：朱　红

所有者权益变动表

编制单位：上海国际信托有限公司（母公司）　　2013 年度　　单位：万元

项目	本年金额								上年金额							
	实收资本	资本公积	盈余公积	一般风险准备金	信托赔偿准备金	未分配利润	外币报表折算差额	所有者权益合计	实收资本	资本公积	盈余公积	一般风险准备金	信托赔偿准备金	未分配利润	外币报表折算差额	所有者权益合计
一、上年年末余额	250 000.00	9 274.29	98 608.18	7 262.20	50 000.00	167 328.04		582 472.71	250 000.00	8 312.39	74 736.64	2 783.70	50 000.00	137 076.05		522 908.78
加：会计政策变更																
前期差错更正																
二、本年年初余额	250 000.00	9 274.29	98 608.18	7 262.20	50 000.00	167 328.04		582 472.71	250 000.00	8 312.39	74 736.64	2 783.70	50 000.00	137 076.05		522 908.78
三、本年增减变动金额（减少以"－"号填列）		−680.98	32 930.35	1 995.20		57 173.87		91 418.43		961.90	23 871.54	4 478.50		30 251.99		59 563.93
（一）净利润						137 099.42		137 099.42						96 102.03		96 102.03
（二）直接计入所有者权益的利得和损失		−680.98						−680.98		961.90						961.90
1. 可供出售金融资产公允价值变动净额		−907.97						−907.97		1 282.53						1 282.53
2. 权益法下被投资单位其他所有者权益变动的影响																
3. 与计入所有者权益项目相关的所得税影响		226.99						226.99		−320.63						−320.63
4. 其他																
上述（一）和（二）小计		−680.98				137 099.42		136 418.44		961.90				96 102.03		97 063.93
（三）所有者投入和减少资本																
1. 所有者投入资本																
2. 股份支付计入所有者权益的金额																
3. 其他																
（四）利润分配			32 930.35	1 995.20		−79 925.55		−45 000.00			23 871.54	4 478.50		−65 850.04		−37 500.00
1. 提取盈余公积\交易风险准备\一般风险准备			32 930.35	1 995.20		−34 925.55					23 871.54	4 478.50		−28 350.04		
2. 对所有者（或股东）的分配						−45 000.00		−45 000.00						−37 500.00		−37 500.00
3. 其他																
（五）所有者权益内部结转																
1. 资本公积转增资本（或股本）																
2. 盈余公积转增资本（或股本）																
3. 盈余公积弥补亏损																
4. 其他																
四、本年年末余额	250 000.00	8 593.31	131 538.53	9 257.40	50 000.00	224 501.91		673 891.14	250 000.00	9 274.29	98 608.18	7 262.20	50 000.00	167 328.04		582 472.71

法定代表人：潘卫东　　主管会计工作负责人：陈　兵　　会计机构负责人：朱　红

5.2 信托资产

5.2.1 信托项目资产负债汇总表

信托项目资产负债汇总表

编制单位:上海国际信托有限公司　　2013 年 12 月 31 日　　单位:万元

信托资产	期末余额	年初余额	信托负债和信托权益	期末余额	年初余额
信托资产:			信托负债:		
货币资金	188 501.44	634 526.80	交易性金融负债	0.00	0.00
拆出资金	0.00	0.00	衍生金融负债	0.00	0.00
存出保证金	866.74	1 995.92	应付受托人报酬	1 821.77	4 277.37
交易性金融资产	2 603 725.41	2 606 301.45	应付托管费	2 076.86	1 496.75
衍生金融资产	703.68	1 661.02	应付受益人收益	16 419.19	7 177.73
买入返售金融资产	105 533.37	100 660.25	应交税费	0.00	0.00
应收款项	140 955.28	64 161.16	应付销售服务费	38.22	253.57
发放贷款	9 805 536.33	5 134 774.50	其他应付款	36 037.91	65 010.24
可供出售金融资产	5 259 918.85	3 059 122.20	预计负债	0.00	0.00
持有至到期投资	100 000.00	80 000.00	其他负债	0.00	0.85
长期应收款	0.00	0.00	信托负债合计	56 393.95	78 216.51
长期股权投资	789 978.28	158 421.49	信托权益:		
投资性房地产	0.00	0.00	实收信托	19 091 960.63	11 836 668.44
固定资产	0.00	0.00	资本公积	2 828.77	17 898.02
无形资产	0.00	0.00	未分配利润	77 847.96	95 832.53
长期待摊费用	28.50	118.16	外币报表折算差额	0.00	0.00
其他资产	233 283.43	186 872.55	信托权益合计	19 172 637.36	11 950 398.99
信托资产总计	19 229 031.31	12 028 615.50	信托负债及信托权益总计	19 229 031.31	12 028 615.50

企业负责人:潘卫东　　复核:潘　薇　　制表:武　莹

5.2.2 信托项目利润和利润分配汇总表

信托项目利润和利润分配汇总表

2013 年度

编制单位:上海国际信托有限公司　　单位:万元

项　目	本年金额	上年金额
1. 营业收入	1 231 551.58	673 802.42
1.1 利息收入	844 263.61	415 105.55
1.2 投资收益	363 045.01	219 656.46
1.2.1 其中:对联营企业和合营企业的投资收益	0.00	0.00
1.3 公允价值变动收益	25 877.55	37 549.35
1.4 租赁收入	0.00	0.00
1.5 汇兑损益	−1 077.58	60.87
1.6 其他收入	−557.01	1 430.19
2. 支出	163 166.28	109 895.81
2.1 营业税金及附加	324.97	69.92
2.2 受托人报酬	88 866.64	70 050.63
2.3 托管费	20 828.66	12 896.04
2.4 投资管理费	7 931.64	1 535.53
2.5 销售服务费	1 579.73	3 526.17
2.6 交易费用	1 994.39	2 705.39
2.7 资产减值损失	0.00	0.00
2.8 其他费用	41 640.25	19 112.13
3. 信托净利润	1 068 385.30	563 906.61
4. 其他综合收益	−12 751.19	−100 127.77
5. 综合收益	1 055 634.11	463 778.84

续表

项　目	本年金额	上年金额
6. 加:期初未分配信托利润	95 832.53	−35 780.89
7. 可供分配的信托利润	1 206 977.62	593 125.89
8. 减:本期已分配信托利润	1 129 129.66	497 293.36
9. 期末未分配信托利润	77 847.96	95 832.53

企业负责人:潘卫东　　复核:潘　薇　　制表:武　莹

6. 会计报表附注

6.1 报告年度会计报表编制基准、会计政策、会计估计和核算方法发生的变化

本公司 2013 年度会计报表编制基准、会计政策、会计估计和核算方法与上年度保持一致,未发生变化。

6.2 或有事项说明

报告期内,本公司未发生对外担保及其他或有事项。

6.3 重要资产转让及其出售的说明

报告期内,本公司未发生重要资产转让及其出售的事项。

6.4 会计报表中重要项目的明细资料

6.4.1 披露自营资产经营情况

6.4.1.1 按信用风险五级分类结果披露信用风险资产的期初数、期末数

信用风险资产五级分类	正常类（万元）	关注类（万元）	次级类（万元）	可疑类（万元）	损失类（万元）	信用风险资产合计（万元）	不良资产合计（万元）	不良资产率（%）
期初数	41 516.41	—	—	—	—	41 516.41	—	—
期末数	67 559.34	—	—	—	—	67 559.34	—	—

注：不良资产合计＝次级类＋可疑类＋损失类。

6.4.1.2 各项资产减值损失准备的期初、本期计提、本期转回、本期核销、期末数

单位：万元

	期初数	本期计提	本期转回	本期核销	期末数
贷款损失准备	—	—	—	—	—
一般准备	—	—	—	—	—
专项准备	—	—	—	—	—
其他资产减值准备	489.70	—	—	—	489.70
可供出售金融资产减值准备	—	—	—	—	—
持有至到期投资减值准备	—	—	—	—	—
长期股权投资减值准备	63.33	—	—	—	63.33
坏账准备	—	—	—	—	—
投资性房地产减值准备	—	—	—	—	—
抵债资产减值准备	426.37	—	—	—	426.37

6.4.1.3 按照投资品种分类，分别披露固有业务股票投资、基金投资、债券投资、股权投资等投资业务的期初数、期末数

单位：万元

	自营股票	基金	债券	长期股权投资	其他投资	合计
期初数	33 157.62	64 785.00	48 440.85	242 299.08	140 010.54	528 693.09
期末数	27 916.46	10 537.73	53 559.35	242 299.08	270 907.53	605 220.15

6.4.1.4 按投资入股金额排序，前三名的自营长期股权投资的企业名称、占被投资企业权益的比例、主要经营活动及投资收益情况等

企业名称	占被投资企业权益的比例（%）	主要经营活动	投资损益（万元）
1. 上海证券有限责任公司	33.33	证券经纪；证券投资咨询；证券自营等。	—
2. 上海浦东发展银行股份有限公司	5.23	吸收公众存款、发放贷款、办理结算等。	53 675.81
3. 香港申联投资发展有限公司	16.50	投资管理等。	2 348.59

6.4.1.5 前三名的自营贷款的企业名称、占贷款总额的比例和还款情况等

报告期末，本公司无自营贷款。

6.4.1.6 表外业务的期初数、期末数，按照代理业务、担保业务和其他类型表外业务分别披露

单位：万元

表外业务	期初数	期末数
担保业务	—	—
代理业务（委托业务）	172 864.42	152 864.42
其他	1 330.00	1 330.00
合计	174 194.42	154 194.42

6.4.1.7 公司当年的收入结构

合并口径

收入结构	金额（万元）	占比（%）
手续费及佣金收入	201 803.07	67.47
其中：信托手续费收入	100 159.79	33.49
投资银行业务收入	—	—
利息收入	6 689.81	2.24
其他业务收入	5 929.65	1.98
其中：计入信托业务收入部分	—	—
投资收益	85 778.62	28.68
其中：股权投资收益	63 167.99	21.12
证券投资收益	22 178.25	7.42
其他投资收益	432.38	0.14
公允价值变动收益	−2 413.52	−0.81
营业外收入	1 299.15	0.43
收入合计	299 086.78	100.00

母公司口径

收入结构	金额（万元）	占比（%）
手续费及佣金收入	100 509.34	51.46
其中：信托手续费收入	100 159.79	51.28
投资银行业务收入	—	—
利息收入	1 253.12	0.64
其他业务收入	3 531.89	1.81
其中：计入信托业务收入部分	—	—
投资收益	92 413.73	47.32
其中：股权投资收益	70 761.20	36.23
证券投资收益	21 652.53	11.09
其他投资收益	—	—
公允价值变动收益	−2 413.52	−1.24
营业外收入	10.70	0.01
收入合计	195 305.26	100.00

2013 年以手续费及佣金确认的信托业务收入金额为 86 036.79 万元，以业绩报酬形式确认的信托业务收入金额为 4 074.30 万元，以其他形式确认的信托业务收入金额为 10 048.70万元。

6.4.2 **披露信托财产管理情况**

6.4.2.1 信托资产的期初数、期末数

单位：万元

信托资产	期初数	期末数
集合	4 151 955.15	7 408 568.84
单一	7 682 719.54	11 595 755.21
财产权	193 940.81	224 707.26
合计	12 028 615.50	19 229 031.31

6.4.2.1.1 主动管理型信托业务的信托资产期初数、期末数

单位：万元

主动管理型信托资产	期初数	期末数
证券投资类	1 869 791.88	2 783 554.89
股权投资类	255 135.26	382 068.05
融资类	5 974 347.64	9 522 001.73
事务管理类	16 165.00	1 028 025.15
合计	8 620 963.16	14 248 877.64

6.4.2.1.2 被动管理型信托业务的信托资产期初数、期末数

单位：万元

被动管理型信托资产	期初数	期末数
证券投资类	2 615 311.08	1 241 588.75
股权投资类	31 108.50	250 020.53
融资类	333 251.22	1 511 539.89
事务管理类	152 848.43	1 108 462.07
合计	3 407 652.34	4 980 153.67

6.4.2.2 本年度已清算结束的信托项目表

6.4.2.2.1 本年度已清算结束的信托项目

已清算结束信托项目	项目个数	实收信托合计金额(万元)	加权平均实际年化收益率(%)
集合资金类	86	1 488 408.46	8.11
单一资金类	104	3 561 325.26	5.96
财产管理类	3	79 008.00	-1.84

注:加权平均实际年化收益率=(信托项目1的实际年化收益率×信托项目1的实收信托+…+信托项目n的实际年化收益率×信托项目n的实收信托)/(信托项目1的实收信托+…+信托项目n的实收信托)×100%。

6.4.2.2.2 本年度已清算结束的主动管理型信托项目

已清算结束信托项目	项目个数	实收信托合计金额(万元)	加权平均实际年化信托报酬率(%)	加权平均实际年化收益率(%)
证券投资类	19	96 499.19	1.72	1.76
股权投资类	7	246 829.00	0.66	3.97
融资类	125	3 903 499.00	1.24	7.51
事务管理类	4	33 108.00	0.69	-7.41

注:加权平均实际年化收益率=(信托项目1的实际年化收益率×信托项目1的实收信托+…+信托项目n的实际年化收益率×信托项目n的实收信托)/(信托项目1的实收信托+…+信托项目n的实收信托)×100%。

6.4.2.2.3 本年度已清算结束的被动管理型信托项目

已清算结束信托项目	项目个数	实收信托合计金额(万元)	加权平均实际年化信托报酬率(%)	加权平均实际年化收益率(%)
证券投资类	12	223 275.26	0.19	4.22
股权投资类	—	—	—	—
融资类	4	123 240.00	0.13	7.23
事务管理类	2	109 100.00	0.44	-0.03

注:加权平均实际年化收益率=(信托项目1的实际年化收益率×信托项目1的实收信托+…+信托项目n的实际年化收益率×信托项目n的实收信托)/(信托项目1的实收信托+…+信托项目n的实收信托)×100%。

6.4.2.3 本年度新增的信托项目

新增信托项目	项目个数	实收信托合计金额(万元)
集合类	121	5 650 178.86
单一类	195	8 961 287.00
财产管理类	5	346 626.88
新增合计	321	14 958 092.74
其中:主动管理型	279	11 516 052.86
被动管理型	42	3 442 039.88

注:本年新增信托项目指在本报告年度内累计新增的信托项目个数和金额。包含本年度新增并于本年度内结束的项目和本年度新增至报告期末仍在持续管理的信托项目。

6.4.2.4 信托业务创新成果和特色业务有关情况

报告期内,公司继续推进业务转型,努力培育主动管理能力,不断创新业务模式和管理模式,取得了一定的进展。在基金化业务方面,成功推出上信·万科房地产股权投资集合资金信托,募集资金规模名列国内房地产投资基金前列,同时上信健康产业基金也成功完成四期资金募集并封闭,公司基金化业务规模再创新高;在资产证券化方面,成功开发了国际成熟的产品结构和租赁双SPV交易所上市模式,进一步丰富了公司公募受托业务品种;在海外信托方面,进一步加大投资管理能力的培育,通过与境外投资管理公司的合作,不断提高对海外债券市场的跟踪和分析能力,推出"上海信托铂金系列大中华债券投资集合资金信托计划",荣获2013年度上海金融创新三等奖;在财富管理业务方面,积极开展家族财富管理和传承业务探索,成功推出公司首个主动管理型家族财富管理产品,为超高净值客户实现财富稳健增值服务。

6.4.2.5 本公司履行受托人义务情况

公司严格按照《信托法》、《信托公司管理办法》、《信托公司集合资金信托计划管理办法》及信托文件等规定,履行诚实、信用、谨慎、有效管理的义务,为受益人的最大利益处理信托事务。

根据中国银监会的要求,每个信托产品发行前均有一整套的产品相关信息备忘录等资料置于受托人的营业场所,以备委托人(受益人)查阅。

委托人在认购信托计划前,提示投资者认真阅读信托计划说明书和其他信托文件。同时,严格审核委托人为合格投资者,并以自己合法所有的资金认购信托单位。

公司将信托财产与其固有财产分别管理、分别记账。同时,对不同的信托资金建立单独的会计账户分别核算,并在银行分别开设单独的银行账户,在证券交易机构分别开设独立的证券账户与资金账户。

根据信托文件的规定，及时履行定期信托计划的信息披露义务。每个信托计划设立后5个工作日内，就信托合同数与信托资金总额向委托人（受益人）进行披露。并按照信托合同的规定，定期将信托资金运用及收益情况以书面信函告知信托文件规定的人。

信托合同终止时，根据信托合同的规定，以信托财产为限向受益人支付信托利益。同时，公司严格根据银监会的要求，在信托终止后10个工作日内作出处理信托事务的清算报告，经审计后送达信托财产归属人。

根据《信托法》要求，妥善保管处理信托事务的完整记录、原始凭证及资料，保存期自信托计划终止之日起15年。同时对委托人、受益人以及处理信托事务的情况和资料依法保密。

报告期内，公司管理的信托项目运作正常，到期信托产品合同金额512.87亿元，全部安全交付受益人，未出现因本公司自身责任而导致的信托资产损失情况。

6.5 关联方关系及其交易的披露

6.5.1 关联交易方的数量、关联交易的总金额及关联交易的定价政策等

单位：万元

	关联交易方数量	关联交易金额	定价政策
合计	3	3 971 623.71	按市场价格交易；若无市场价格，则按公允原则，以不优于对非关联方同类交易的条件定价交易。

6.5.2 关联交易方与本公司的关系性质、关联交易方的名称、法定代表人、注册地址、注册资本及主营业务等

关系性质	关联方名称	法定代表人	注册地址	注册资本（万元）	主营业务
重大影响	上海证券有限责任公司	龚德雄	上海市黄浦区西藏中路336号	261 000.00	证券经纪；证券投资咨询等。
控股子公司	上投摩根基金管理有限公司	陈开元	上海市富城路99号震旦国际大厦20层	25 000.00	基金管理。
受同一最终控制方控制	上海国际集团资产管理有限公司	张行	上海市静安区威海路511号上海国际大厦23层	233 400.00	产业基金、商业地产、财务投资。

6.5.3 逐笔披露本公司与关联方的重大交易事项

6.5.3.1 固有与关联方交易情况：贷款、投资、租赁、应收账款担保、其他方式等期初汇总数、本期借方和贷方发生额汇总数、期末汇总数

单位：万元

固有与关联方关联交易				
	期初数	借方发生额	贷方发生额	期末数
贷款	—	—	—	—
投资	5 400.50	7 861.46	13 261.46	0.50
租赁	—	—	—	—
担保	—	—	—	—
应收账款	—	—	—	—
其他	—	—	—	—
合计	5 400.50	7 861.46	13 261.46	0.50

6.5.3.2 信托与关联方交易情况：贷款、投资、租赁、应收账款、担保、其他方式等期初汇总数、本期借方和贷方发生额汇总数、期末汇总数

单位：万元

信托与关联方关联交易				
	期初数	借方发生额	贷方发生额	期末数
贷款	—	—	—	—
投资	—	—	—	—
租赁	—	—	—	—
担保	—	—	—	—
应收账款	—	—	—	—
其他	70 000.00	—	20 000.00	50 000.00
合计	70 000.00	—	20 000.00	50 000.00

6.5.3.3 本公司自有资金运用于自已管理的信托项目（固信交易）、本公司管理的信托项目之间的相互（信信交易）交易金额，包括余额和本报告年度的发生额

6.5.3.3.1 固有与信托财产之间的交易金额期初汇总数、本期发生额汇总数、期末汇总数

单位：万元

固有财产与信托财产相互交易			
	期初数	本期发生额	期末数
合计	132 577.25	913 404.43	270 224.27

6.5.3.3.2 信托项目之间的交易金额期初汇总数、本期发生额汇总数、期末汇总数

单位：万元

信托资产与信托财产相互交易			
	期初数	本期发生额	期末数
合计	434 181.75	3 017 096.36	977 345.95

6.5.4 逐笔披露关联方逾期未偿还本公司资金的详细情况以及本公司为关联方担保发生或即将发生垫款的详细情况

本公司无关联方逾期未偿还本公司资金的情况以及为关联方担保发生或即将发生垫款的情况。

6.6 会计制度的披露

公司固有业务2008年1月1日起执行财政部2006年颁布的《企业会计准则——基本准则》。

信托业务2010年1月1日起执行财政部2006年颁布的《企业会计准则——基本准则》。

7. 财务情况说明书

7.1 利润实现和分配情况

7.1.1 母公司利润实现和分配情况

本报告期母公司实现利润总额 161 712.09 万元，企业所得税费用 24 612.67 万元，实现净利润 137 099.42 万元。

报告期内，根据 2013 年第一次股东会审议通过的 2012 年度利润分配方案，对 2012 年度可供分配利润进行了分配，向股东派发现金股利 45 000 万元。

依据《公司法》、《信托公司管理办法》和《金融企业准备金计提管理办法》（财金〔2012〕20 号）的规定，2013 年度利润分配如下：

（1）提取 10% 的法定盈余公积金 13 709.94 万元；

（2）提取 20% 的任意盈余公积金 27 419.88 万元；

（3）按照《金融企业准备金计提管理办法》的规定，以标准法计算以及年末一般准备余额不低于风险资产期末余额的 1.5% 的原则，提取一般风险准备 1 995.20 万元；

上述各项提取之后，剩余部分 93 974.40 万元，加年初未分配利润 103 107.63 万元，可供分配的利润 197 082.03 万元。

根据公司第五届董事会第八次会议审议通过的 2013 年度利润分配预案，拟向全体股东派发现金股利 45 000.00 万元，未分配利润 152 082.03 万元留存以后年度进行分配。

7.1.2 合并报表利润实现和分配情况

本报告期合并报表实现利润总额 193 199.91 万元，企业所得税费用 34 578.03 万元，实现净利润 158 621.88 万元 其中归属于母公司所有者的净利润 145 472.63 万元 少数股东损益 13 149.25 万元。

依据《公司法》、《信托公司管理办法》和《金融企业准备金计提管理办法》的规定，母公司、上信资产管理有限公司、上投摩根基金管理有限公司及上海国利货币经纪有限公司的 2013 年度合并报表利润分配如下：

（1）根据母公司净利润提取 10% 的法定盈余公积 13 709.94 万元；

（2）根据母公司净利润提取 20% 的任意盈余公积 27 419.88 万元；

（3）根据母公司提取一般风险准备、上投摩根基金管理有限公司证券投资基金管理费收入提取 10% 的一般风险准备以及上海国利货币经纪有限公司提取一般风险准备按母公司投资比例确认的一般风险准备合计 7 122.79 万元；

上述各项提取之后，剩余部分 97 220.02 万元，加年初未分配利润 118 780.93 万元，可供分配的利润 216 000.95 万元。

7.2 主要财务指标

合并口径

指标名称	指标值
资本利润率（%）	21.53
加权年化信托报酬率（%）	0.9496
人均净利润（万元）	707.90

母公司口径

指标名称	指标值
资本利润率（%）	21.82
加权年化信托报酬率（%）	0.9496
人均净利润（万元）	667.15

注：1. 资本利润率 = 净利润/所有者权益平均余额 ×100%。

2. 加权年化信托报酬率 =（信托项目 1 的实际年化信托报酬率 × 信托项目 1 的实收信托 + 信托项目 2 的实际年化信托报酬率 × 信托项目 2 的实收信托 +… + 信托项目 n 的实际年化信托报酬率 × 信托项目 n 的实收信托）/（信托项目 1 的实收信托 + 信托项目 2 的实收信托 +… + 信托项目 n 的实收信托）×100%。

3. 人均净利润 = 净利润/年平均人数。

4. 平均值采取年初、年末余额简单平均法，公式为：a（平均）=（年初数 + 年末数）/2。

7.3 对本公司财务状况、经营成果有重大影响的其他事项

报告期内，本公司没有发生对财务状况、经营成果有重大影响的其他事项。

8. 特别事项揭示

8.1 前五名股东报告期内变动情况及原因

报告期内，公司前五名股东未发生变动。

8.2 董事、监事及高级管理人员变动情况及原因

公司于 2013 年 4 月 19 日召开第三届第十次职工代表大会，同意选举杨逸先生为公司第五届董事会职工董事，任期与公司第五届董事会一致。2013 年 6 月 28 日经中国银监会上海监管局任职资格核准后正式任职。庄维苏女士不再担任公司职工董事职务。

公司全体股东于 2013 年 5 月 15 日以通讯表决方式召开会议，同意选举薛国龙先生为公司第五届董事会董事，任期与公司第五届董事会一致。2013 年 7 月 16 日经中国银监会上海监管局任职资格核准后正式任职。周卫中先生不再担任公司董事职务。

公司第五届董事会于 2013 年 6 月 9 日以通讯表决方式召开会议，同意聘任杜娜伟女士为公司副总经理，任期与本届经营班子一致。2013 年 7 月 25 日经中国银监会上海监管局任职资格核准后正式任职。

公司全体股东于 2013 年 11 月 5 日以通讯表决方式召开会议，同意选举黄平先生为公司第五届董事会董事，任期与公司第五届董事会一致。2013 年 12 月 12 日经中国银监会上海监管局任职资格核准后正式任职。陆敏先生不再担任公司董事职务。

8.3 变更注册资本、变更注册地或公司名称、公司分立合并事项

报告期内，公司注册资本、注册地和公司名称未发生变更，未发生分立合并事项。

8.4 公司无重大诉讼事项

8.5 公司及其董事、监事和高级管理人员受到处罚的情况

报告期内，公司及其董事、监事和高级管理人员未发生受到处罚的情况。

8.6 中国银监会检查意见的整改情况

报告期内，公司及其董事、监事和高级管理人员未发生受到处罚的情况。

8.7 本年度公司无重大事项临时事项披露内容

9. 公司监事会意见

关于公司依法运作情况的意见。报告期内，公司的决策程序符合国家法律、法规和公司的章程及相关制度，建立健全了比较有效的内控制度，董事会全体成员及董事会聘任的高级管理人员认真履行了职责，未发现有违法、违规、违章的行为，也没有损害公司利益、股东利益和委托人利益的行为。

关于公司财务报告真实性的意见。报告期内，公司财务报告真实反映了公司财务状况和经营成果。

本年度报告的编制和审议程序符合国家法律、法规和公司章程，报告的内容和格式符合中国银监会的规定。

四川信托有限公司

1. 重要提示

1.1 本公司董事会及董事保证本报告所载资料不存在任何虚假记载、误导性陈述或者重大遗漏，并对其内容的真实性、准确性和完整性承担个别及连带责任。

1.2 公司独立董事夏斌、李光金、熊敬英声明：保证本报告的内容真实、准确、完整。

1.3 致同会计师事务所对本公司出具了标准无保留意见的审计报告。

1.4 公司拟任董事长李南峰先生、总裁陈军先生、财务总监胡应福先生、会计机构负责人帅巍先生声明：保证本年度财务报告的真实、完整。

2. 公司概况

2.1 公司简介

四川信托有限公司（以下简称四川信托）经中国银监会批准、四川省工商行政管理局登记注册，于2010年11月28日正式成立，现有员工400余人，以西部金融中心——成都为大本营，服务遍及西部和华北、华东、华南等片区，积极开辟周边省份、城市的信托业务，经营触角延伸至全国各地。

开业以来，四川信托始终坚持以市场为导向、以风险控制为核心、以稳健业务发展为基础、以创新业务探索为动力，实现了受益人、股东、合作伙伴、员工和企业共同进步、和谐发展，先后获得"诚信托·行业新秀奖"、"成长优势奖"、"年度最佳理财服务品牌"、"年度最佳信托公司"、"年度最佳集合信托公司"、"四川百强企业"等殊荣。

四川信托以机制与管理并行，风险与发展并重，合规与拓展并存，创新与监管相融为指导思想，秉承川汇沧海，信达天下的企业文化，恪守实现受益人利益最大化，为股东创造财富，为社会作出贡献，为员工创造价值的经营宗旨，稳健开展信托业务，准确把握市场规律，持续深化学习创新。

展望未来，四川信托将继续坚持"风险第一、效益第二"的经营理念，以"竞争中求发展，创新中求卓越"的企业精神，立足四川省，面向全国，力争五年内，在公司治理机制、业务经营、资产管理、队伍建设、风险控制、开拓创新、市场品牌等方面，成为业内领先的信托公司，精心打造富有川信特色的信托模式，走出一条市场化经营金融企业的成功之路。

2.1.1 公司法定中文名称：四川信托有限公司
公司法定英文名称：Sichuan Trust Co.，Ltd.（缩写为SCTC）

2.1.2 公司法定代表人：刘沧龙

2.1.3 公司注册地址：成都市锦江区人民南路2段18号川信红照壁大厦
邮政编码：610016
公司国际互联网址：http://www.schtrust.com
电子信箱：schtrust@schtrust.com

2.1.4 信息披露事务负责人：陈洪亮
信息披露事务联系人：胡杨帆
电话：028－86200639
传真：028－86200678
电子邮箱：huyangfan@schtrust.com

2.1.5 公司选定的信息披露报纸：《上海证券报》、《金融时报》
公司年度报告将备置在公司营业场所及网站供查询。

2.1.6 公司聘请的会计师事务所名称：致同会计师事务所
联系地址：四川省成都市青羊工业集中发展区（东区）敬业路229号H区7幢501号
公司常年法律顾问：泰和泰律师事务所
联系地址：成都市鼓楼南街117号世界贸易中心A座25楼、27楼

2.2 组织结构

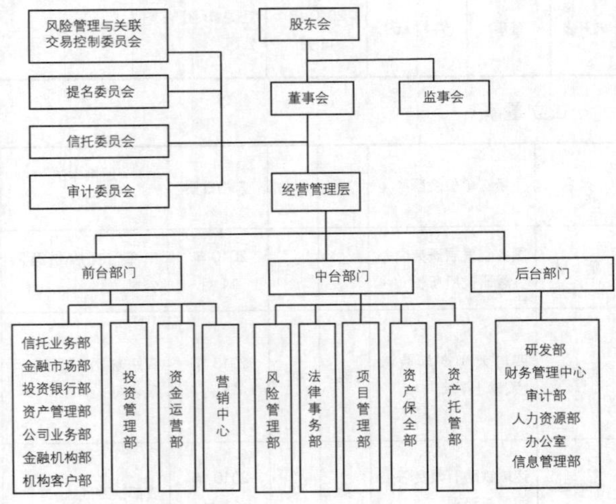

3. 公司治理

3.1 股东

报告期末公司股东总数为10个，持有本公司10%以上（含10%）股份（或出资比例）的股东分别为：四川宏达（集团）有限公司、中海信托股份有限公司、四川宏达股份有限公司。

股东名称	持股比例（%）	法人代表	注册资本（亿元）	注册地址	主要经营业务及主要财务情况
四川宏达（集团）有限公司	35.0388	赵道全	10	四川省什邡市师古镇成林村	化工机械制造及设备检测、安装；化工产品及原销售及进出口业务；对旅游业、房地产业、采矿业、化工行业、贸易业、餐饮娱乐业、仓储业投资；房地产开发及物业管理；旅游产品开发。 2013年末公司资产总额821 971.70万元、净资产314 712.72万元、2013年净利润24 853.32万元，上述为四川宏达（集团）有限公司即母公司的数据，尚未经审计数据。
中海信托股份有限公司	30.2534	陈浩鸣	25	上海市黄浦区蒙自路763号36楼	信托投资银行业务、资产管理业务及事务性信托业务。截至2013年末，公司总资产49.13亿元，净资产38.08亿元。公司管理信托资产规模达到1 774亿元，实现营业收入12.06亿元，利润总额10.24亿元，净利润8.58亿元（未经审计）。
四川宏达股份有限公司	19.1605	杨骞	10.32	四川省什邡市师古镇慈山村	化肥、锌锭、饮食娱乐、生产本企业和本成员企业自产产品及相关技术的出口业务。

股东间关联关系情况：四川宏达（集团）有限公司与四川宏达股份有限公司的实际控制人同为刘沧龙先生。

3.2 董事、董事会及其下属委员会

董事长、副董事长、董事

姓名	职务	性别	年龄	选任日期	所推举的股东名称	该股东持股比例（%）	简要履历
李南峰	董事长（拟任）	男	60	2013年11月	四川宏达（集团）有限公司	35.0388	曾任深圳国际信托投资公司副总经理、总经理、董事长、党委书记，深圳国投证券股份有限公司、国信证券股份有限公司董事长，华润深国投信托有限公司总经理、副董事长。
陈浩鸣	副董事长	男	48	2011年11月	中海信托股份有限公司	30.2534	曾任中海石油投资控股有限公司总经理，中海信托股份有限公司副总裁，中海基金公司总经理；现任中海信托股份有限公司总裁。
吴玉明	副董事长	男	47	2013年11月	四川宏达股份有限公司	19.1605	曾任中信证券交易部副总经理，中信证券天津管理总部常务副总经理、总经理，中信证券股份有限公司襄理兼经纪业务管理部总经理，中信证券公司董事总经理；现任宏信证券有限责任公司拟任董事长。
朱开友	董事	男	59	2010年11月	汇源集团有限公司	3.8436	曾任成都市金牛区医药管理局及物资局局长，成都汇源光缆厂厂长；现任汇源集团有限公司董事长，西部汇源矿业有限公司董事长，四川电器集团股份有限公司董事长，成都新汇源医药有限公司董事长，四川省政协委员等职务。

独立董事

姓名	所在单位及职务	性别	年龄	选任日期	所推举的股东名称	该股东持股比例（%）	简要履历
夏斌	国务院发展研究中心金融研究所所长	男	62	2010年11月	中海信托股份有限公司	30.2534	曾任中国人民银行总行处长、副所长，中国证监会部主任，深圳证券交易所总经理，中国人民银行总行司长。
李光金	四川大学商学院教授、博士导师	男	48	2013年11月	四川宏达（集团）有限公司	35.0388	曾在西南交通大学经济管理学院任教，在四川联合大学管理工程系任教，并担任系科研秘书，在四川大学工商管理学院任教，担任副院长，先后主管过硕士与博士研究生、MBA、ME、外事、EMBA等工作 其中2003年7月晋升教授 后被聘为博士导师。
熊敬英	达成铁路有限责任公司副总经理	女	48	2010年11月	成都铁路局	3.5691	曾任成都铁路局成都车务段助理经济师，成都铁路局财务处会计师、高级会计师、副科长、科长，成都铁路局国资办任副主任、主任，成都铁路局财务处副处长。

董事会下属委员会

董事会下属委员会名称	职责	组成人员名单	职务
风险管理与关联交易控制委员会	研究公司发生重大、突发性事项的对策；研究制定总体风险管理、关联交易控制政策供董事会审议；研究公司风险管理的战略结构和资源，并使之与公司的内部风险管理政策相兼容；研究重要的风险边界；对相关的风险管理、关联交易控制政策进行监督、审查和向董事会提出建议等。	李光金	独立董事
		李南峰	董事长（拟任）
		熊敬英	独立董事

续表

董事会下属委员会名称	职责	组成人员名单	职务
提名委员会	研究董事和总裁的选择标准和程序并提出建议；广泛搜寻合格的董事和总裁人选；对董事候选人和总裁人选进行审查并提出建议等。	李南峰	董事长（拟任）
		陈浩鸣	副董事长
		吴玉明	副董事长
信托委员会	调查研究信托行业的发展变化，对公司信托业务的发展方向和战略规划进行研究和提出建议；初审须由董事会审议的信托项目；针对中国银行业监督管理委员会及其派出机构检查公司信托业务后要求董事会组织整改的问题，研究提出具体措施；当公司或股东利益与受益人利益发生冲突时，研究提出维护受益人权益的具体措施等。	夏　斌	独立董事
		陈浩鸣	副董事长
		朱开友	董事
审计委员会	提议聘请或更换外部审计机构；监督公司的内部审计制度及其实施；负责内部审计与外部审计之间的沟通；审核公司的财务信息及其披露；审查公司内控制度等。	熊敬英	独立董事
		吴玉明	副董事长
		李光金	独立董事

3.3　监事、监事会及其下属委员会

姓　名	职　务	性别	年龄	选任日期	所推举的股东名称	该股东持股比例（%）	简　要　履　历
严俊波	监事会主席	男	56	2010 年 11 月	四川濠吉食品（集团）有限责任公司	5.0422	四川濠吉集团创始人，全国人大代表；现任四川濠吉食品（集团）有限责任公司董事长兼总经理，集团党委书记。
王静轶	监事	女	38	2013 年 1 月	四川省投资集团有限责任公司	1.3924	曾任四川川投资产管理有限责任公司财务经理、四川川投水务集团有限公司副总会计师；现任四川省投资集团有限责任公司资金财务部副经理。
余丽娜	监事	女	32	2013 年 1 月	公司职工	—	曾任四川宏达集团行政管理部副总经理、总经理，四川宏达集团总裁助理；现任四川信托办公室主任兼人力资源部总经理。

3.4　高级管理人员

报告期末，公司在职高级管理人员情况。

姓　名	职　务	性别	年龄	选任日期	金融从业年限	学历	专业	简　要　履　历
陈　军	总裁	男	44	2010 年 11 月	12	硕士	投资经济学	曾任中海信托有限责任公司信托业务总部总经理，中海信托股份有限公司营销总监、副总裁。
向前友	党委书记、副总裁	男	54	2011 年 11 月	23	硕士	工商管理	曾任中国银行自贡分行行长、党委书记，中国银行四川省分行公司业务处处长，中国银行德阳分行行长、党委书记，四川信托副董事长。
陈洪亮	常务副总裁	男	53	2011 年 10 月	22	本科	法律	曾任中国银行遂宁分行行长，四川宏达集团有限公司副总裁；四川信托有限公司副董事长。
叶伟清	副总裁	男	53	2010 年 11 月	24	本科	工商管理	曾任工商银行广东省肇庆市分行行长、党委书记，工商银行广东省分行投资银行部总经理，渤海银行总行机构发展部总经理。
刘景峰	副总裁	男	47	2011 年 4 月	21	硕士	政治经济学	曾任中融国际信托投资有限公司投资银行部副总经理，中融国际信托投资有限公司北京业务部总经理、中融国际信托投资有限公司副总裁，中植集团有限公司总裁。
严　整	副总裁	男	44	2011 年 10 月	13	博士	会计学	曾任四川证监局上市监管处副处长、法制工作处处长。
周可彤	副总裁	男	46	2012 年 8 月	26	本科	金融学	曾任四川银监局现场检查六处处长，非银行金融机构监管处处长。
陶勤海	副总裁	男	51	2012 年 5 月	31	硕士	经济学	曾任宁波市金港信托投资有限公司副总裁，上海金诚投资管理有限公司董事长。
孔维文	首席风控官	男	50	2010 年 11 月	31	本科	历史	曾任四川银监局办公室主任、达州银监分局局长。
胡应福	财务总监	男	48	2013 年 5 月	3	本科	财会	曾任中国国际期货经纪有限公司、中期证券经纪有限责任公司工作财务总监、总会计师，四川宏达股份有限公司任总会计师。
吕明昭	总稽核	女	49	2011 年 11 月	6	硕士	工商管理	曾供职于新华保险公司、中务会计师事务所、四川宏达集团副总会计师，四川信托财务总监。
于永峰	总裁助理	男	33	2012 年 5 月	8	硕士	法学	曾任中海信托股份有限公司风险管理部副总经理，现任四川信托有限公司风险管理部总经理。

3.5 公司员工

报告期末，公司职工人数为432人。

项目		报告期年度	
		人数	比例(%)
年龄分布	25岁以下	25	5.79
	25~29岁	158	36.57
	30~39岁	163	37.73
	40~49岁	62	14.35
	50岁以上	24	5.56
学历分布	博士	5	1.16
	硕士	188	43.52
	本科	183	42.36
	专科	45	10.42
	其他	11	2.55
岗位分布	高管人员	13	3.01
	自营业务人员	3	0.69
	总部中后台人员	102	23.61
	片区信托业务人员	215	49.77
	片区中后台人员	78	18.06
	营销中心人员	20	4.53
	其他	1	0.23

4. 经营管理

4.1 指导思想、经营方针、战略目标

指导思想：以科学发展观为指导，实现四川信托又好又快地发展。

经营方针：秉承“风险第一、效益第二”的经营理念，坚持“立足四川、面向全国”的基本定位，在风险可控前提下审慎合规开展业务。

战略目标：在五年内(2012－2016年)综合实力进入全国信托行业前列。在公司治理机制、业务经营、资产管理、队伍建设、风险控制、开拓创新、市场品牌等方面，成为业内领先的信托公司，精心打造富有川信特色的信托模式，走出一条市场化经营金融企业的成功之路。

4.2 经营业务的主要内容

公司经营经中国银监会批准和公司登记机关核准的业务，主要包括资金信托、动产信托、不动产信托、其他财产或财产权信托；代保管及保管箱业务、以存放同业、拆放同业、贷款、租赁、投资方式运用固有财产、从事同业拆借等。

自营资产运用与分布表

资产运用	金额(万元)	占比(%)	资产分布	金额(万元)	占比(%)
货币资产	144 701.21	41.25	基础产业	—	—
应收款	21 724.52	6.20	房地产业	40 852.64	11.65
交易性金融资产	8 426.30	2.40	证券市场	8 426.30	2.40
固定资产	43 813.30	12.49	实业	25 312.84	7.22
长期股权投资	84 646.01	24.13	金融机构	271 385.02	77.37
其他	47 458.57	13.53	其他	4,793.11	1.36
资产总计	350 769.91	100.00	资产总计	350 769.91	100.00

注：除特别说明外，本报告中数据均以人民币计量。

信托资产运用与分布表

资产运用	金额(万元)	占比(%)	资产分布	金额(万元)	占比(%)
货币资产	151 705.56	0.69	基础产业	4 942 649.52	22.60
贷款	9 330 038.00	42.67	房地产业	1 824 558.00	8.34
交易性金融资产	309 387.40	1.41	证券市场	441 935.50	2.02
可供出售金融资产	9 951 076.35	45.51	实业	7 764 815.87	35.51
长期股权投资	1 322 502.90	6.05	金融机构	2 325 616.09	10.63
其他	802 861.95	3.67	其他	4 567 997.18	20.90
信托资产总计	21 867 572.16	100.00	信托资产总计	21 867 572.16	100.00

4.3 市场分析

4.3.1 有利因素

(1)信托行业发展迅速，行业整体实力得到提高。

(2)信托规模稳步扩大，信托产品成为市场重要的理财品种。

(3)监管水平的提高和信托业协会的工作将有效地控制信托业的风险，进一步增强信托公司间的交流。

(4)创新能力不断增强，自主管理能力不断提高。

(5)公司在省政府、四川银监局的正确引导和大力支持下，紧紧抓住西部金融中心打造和四川产业升级、经济转型、工业化进程良好的契机，实现了快速发展。

4.3.2 不利因素

大资产管理时代背景下行业竞争加剧，国家信托法律规章有待健全完善，社会信托文化有待培育。

4.4 内部控制

4.4.1 内部控制环境和内部控制文化

公司建立了由股东会、董事会、监事会和高级管理层组成的治理结构，形成了权力机构、决策机构、监督机构和经营层之间分工配合、相互协调、相互制衡的运行机制。

4.4.2 内部控制措施

公司建立了动态的制度管理体系，根据业务发展的需要，对制度进行实时修订与完善，进一步健全了公司内部控制体系。

公司建立了董事会领导下的内审制度，审计部按照年度审计计划安排，开展了项目稽核审计、常规审计、机构审计、专项审计及离任审计，形成了独立的审计报告并及时督促整改，通过事后的检查和监督进一步强化内部控制的力度。

公司注重信息化系统的建设。目前，办公OA系统、恒生资管和估值系统、CRM系统、银监局专网等已经上线使用。

4.4.3 信息交流与反馈

公司制定了《信息披露管理办法》、《重大信息内部报告制度》、《向董事会报告制度》等信息披露和报告管理制度，并有专门部门负责对外的信息收集、发布及媒体关系管理，确保信息交流过程中及时发现问题、解决问题。

4.4.4 监督评价与纠正

审计部为公司审计监督检查和评价的执行部门，负责监督各项内部控制制度的执行情况，收集与评价内部控制的反馈意见，对发现的内部控制缺陷，按照规定程序有针对性地建议公司或要求相关部门或责任人予以纠正，并定期向董事会报告工作。

4.5 风险管理

4.5.1 风险管理概况

公司实施了风险管理体系改革，向各片区派驻风险管理和

法律事务人员，推行风险管理前移，总部则主要发挥服务、监督、指导职能，实行了全程风险管理的分段责任制。新的风险管理体系总体来看运转情况良好，既能适应公司当前业务发展的需要，又对各项业务的规范操作和风险控制起到了积极作用。

4.5.2 风险状况

4.5.2.1 信用风险状况

信用风险是指交易对手未能履行合同所带来的经济损失风险，或者是其信用等级下降时给公司权益造成的不确定性。报告期末，公司信托业务信用风险资产正常。

4.5.2.2 市场风险状况

市场风险是指公司在业务经营中，不可避免地因市场价格的波动而产生的风险。市场风险存在于公司的各项交易和非交易业务中，可进一步分为利率风险、汇率风险、证券交易价格波动风险和其他价格风险。报告期内，未发生因市场风险所造成的损失。

4.5.2.3 操作风险状况

操作风险是指由于不完善或有问题的内部操作过程、人员、系统或外部事件而造成的直接或间接损失的风险。报告期内，公司未发生因操作风险造成的损失。

4.5.2.4 其他风险状况

其他风险主要为政策风险、合规风险及法律风险。报告期内，公司未发生因其他风险所造成的损失。

4.5.3 风险管理

4.5.3.1 信用风险管理

公司针对信用风险，在项目的前期运作中，组织专人进行项目尽职调查。针对创新类信托项目，公司聘请律师事务所拟订或审核合同，并在合同中设立了违约金制度及担保制度。同时，对项目进行跟踪管理，发现问题及时采取措施补救。

4.5.3.2 市场风险管理

通过加强市场调查、市场研究、市场分析，尽量对股价、利率、汇率等市场要素有较全面、较准确的了解；而对于较复杂的特定市场且公司不能有效了解和把握其风险的，一般采取谨慎原则、保守操作；同时，在业务拓展或产品推介时，除有关文件明示风险因素外，业务人员必须向投资者明确说明市场因素变化带来的可能影响。

4.5.3.3 操作风险管理

在财务管理、内部稽核、资金运作、账户管控、客户档案管理等方面，严格按信托法规及信托文件设定相应的管理岗位，坚持固有业务和信托业务的分离，设置专人专岗，明确管理职责及审批权限，严格执行核保核签管理办法，并通过内部邮件系统、审批流程等标准化、系统化的管理方式，最大程度地控制内部管理方面的风险。

4.5.3.4 其他风险管理

公司十分关注宏观政策及监管政策的动向，对公司影响重大的政策变动都积极响应，及时调整内部制度和业务方向，力争与宏观政策和监管政策保持一致的步调。

4.6 净资本风险控制指标

公司报告期末的净资本风险控制指标情况。

指标名称	期末数	监管标准
净资本（亿元）	28.89	≥2
固有业务风险资本（亿元）	2.49	—
信托业务风险资本（亿元）	12.44	—
其他业务风险资本（亿元）	—	—
各项业务风险资本之和（亿元）	14.93	—
净资本/各项业务风险资本之和（%）	194	≥100
净资本/净资产（%）	89	≥40

5. 会计报表

5.1 自营资产

5.1.1 会计师事务所审计结论

审 计 报 告

致同审字（2014）第510ZB0280号

四川信托有限公司：

我们审计了后附的四川信托有限公司（以下简称四川信托公司）财务报表，包括2013年12月31日的合并及公司资产负债表，2013年度的合并及公司利润表、合并及公司现金流量表、合并及公司所有者权益变动表以及财务报表附注。

一、管理层对财务报表的责任

编制和公允列报财务报表是四川信托公司管理层的责任，这种责任包括：（1）按照企业会计准则的规定编制财务报表，并使其实现公允反映；（2）设计、执行和维护必要的内部控制，以使财务报表不存在由于舞弊或错误导致的重大错报。

二、注册会计师的责任

我们的责任是在执行审计工作的基础上对财务报表发表审计意见。我们按照中国注册会计师审计准则的规定执行了审计工作。中国注册会计师审计准则要求我们遵守中国注册会计师职业道德守则，计划和执行审计工作以对财务报表是否不存在重大错报获取合理保证。

审计工作涉及实施审计程序，以获取有关财务报表金额和披露的审计证据。选择的审计程序取决于注册会计师的判断，包括对由于舞弊或错误导致的财务报表重大错报风险的评估。在进行风险评估时，注册会计师考虑与财务报表编制和公允列报相关的内部控制，以设计恰当的审计程序，但目的并非对内部控制的有效性发表意见。审计工作还包括评价管理层选用会计政策的恰当性和作出会计估计的合理性，以及评价财务报表的总体列报。

我们相信，我们获取的审计证据是充分、适当的，为发表审计意见提供了基础。

三、审计意见

我们认为，四川信托公司财务报表在所有重大方面按照企业会计准则的规定编制，公允反映了四川信托公司2013年12月31日的合并及公司财务状况以及2013年度的合并及公司经营成果和合并及公司现金流量。

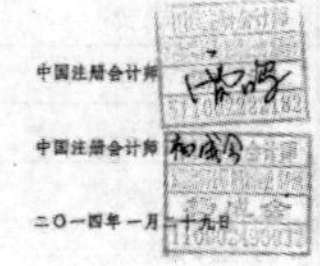

致同会计师事务所（特殊普通合伙）　　中国注册会计师

中国·北京　　中国注册会计师

二〇一四年一月二十九日

5.1.2　资产负债表

单位:元

项　　目	期末余额		期初余额	
	合并	母公司	合并	母公司
资产				
现金及存放中央银行款项	1 831.81		7 351.59	64.50
存放同业款项	3 260 452 589.01	1 447 012 137.17	2 849 398 147.36	751 033 358.35
贵金属				
结算备付金	290 046 624.59		315 480 026.96	
拆出资金				
交易性金融资产	1 632 969 020.23	84 262 992.21	1 730 484 237.27	334 118 656.34
衍生金融资产				
买入返售金融资产	95 599 075.06			
应收账款	192 126 371.68	191 921 332.19	125 820 325.77	125 598 950.99
预付款项	3 728 398.75	3 117 990.75	5 579 148.75	4 954 901.75
应收利息	36 419 862.66		37 230 255.06	982 880.31
应收股利			14 293.60	
其他应收款	36 846 143.15	25 323 941.91	175 981 542.16	21 367 086.10
存出保证金	8 179 500.06		25 851 617.55	
发放贷款和垫款	30 761 250.00	30 761 250.00	40 000 000.00	40 000 000.00
可供出售金融资产	787 309 496.22	425 500 000.00	160 000 000.00	160 000 000.00
持有至到期投资				
长期应收款				
长期股权投资	34 376 100.00	846 460 125.92	34 376 100.00	528 154 323.09
投资性房地产	31 237 245.28		23 349 360.08	
固定资产	633 991 800.93	438 132 952.03	652 725 900.81	440 629 336.29
其中:在建工程	12 379 103.46	9 276 685.96	9 291 306.45	2 805 815.55
无形资产	46 585 449.88	5 157 071.91	36 060 825.02	2 688 611.08
商誉	121 381 700.00		121 381 700.00	
递延所得税资产	25 697 267.57		17 073 465.26	1 530 210.97
其他资产	55 182 640.17	10 049 349.89	18 019 364.65	9 235 396.31
资产总计	7 322 892 367.05	3 507 699 143.98	6 368 833 661.89	2 420 293 776.08

资产负债表（续表）

项　　目	期末余额		期初余额	
	合并	母公司	合并	母公司
负债				
向中央银行借款				
同业及其他金融机构存放款项				
拆入资金				
交易性金融负债				
衍生金融负债				
卖出回购金融资产款	1 047 100 895.89		1 052 699 275.46	
代理买卖证券款	1 513 497 706.68		2 257 384 681.22	
信用交易代理买卖证券款	1 496 904.35			
代理承销证券款				
应付账款	210 555.98		128 181.50	8 239.50
预收款项	8 010 660.93	2 177 972.61	5 171 167.49	2 422 393.54
应付职工薪酬	134 444 816.39	66 187 331.64	78 093 178.97	47 402 052.00
应交税费	229 646 997.35	180 900 160.02	187 838 535.88	174 599 987.25
应付利息	1 161 893.61		976 353.42	
应付股利				
其他应付款	272 365 785.61	19 553 334.75	16 264 438.66	10 564 214.52
应付债券				

续表

项　目	期末余额		期初余额	
	合并	母公司	合并	母公司
预计负债				
递延所得税负债	26 525 062. 60	1 802 638. 54	25 968 254. 52	
其他负债			8 455. 45	
负债合计	3 234 461 279. 39	270 621 437. 56	3 624 532 522. 57	234 996 886. 81
所有者权益				
实收资本	2 000 000 000. 00	2 000 000 000. 00	1 300 000 000. 00	1 300 000 000. 00
资本公积	1 835 024. 84		1 835 024. 84	
减:库存股				
盈余公积	220 707 770. 63	220 707 770. 63	115 529 688. 92	115 529 688. 92
一般风险准备	140 892 465. 35	140 892 465. 35	67 595 895. 25	67 595 895. 25
未分配利润	1 098 235 176. 68	875 477 470. 44	862 271 106. 38	702 171 305. 10
归属于母公司所有者权益合计	3 461 670 437. 50	3 237 077 706. 42	2 347 231 715. 39	2 185 296 889. 27
少数股东权益	626 760 650. 16		397 069 423. 93	
所有者权益合计	4 088 431 087. 66	3 237 077 706. 42	2 744 301 139. 32	2 185 296 889. 27
负债和所有者权益总计	7 322 892 367. 05	3 507 699 143. 98	6 368 833 661. 89	2 420 293 776. 08

5. 1. 3　利润表

单位:元

项　目	本期金额		上期金额	
	合并	母公司	合并	母公司
一、营业收入	2 478 458 328. 34	2 044 600 694. 75	1 785 970 260. 33	1 508 978 287. 70
利息净收入	70 517 182. 34	69 335 080. 24	65 498 191. 46	18 805 116. 48
利息收入	120 254 108. 23	69 335 080. 24	79 218 063. 24	18 805 116. 48
利息支出	49 736 925. 89		13 719 871. 78	
手续费及佣金净收入	2 195 709 924. 69	1 859 465 282. 00	1 599 075 216. 46	1 421 477 640. 54
手续费及佣金收入	2 266 390 019. 37	1 905 721 482. 64	1 661 609 314. 35	1 459 849 702. 66
手续费及佣金支出	70 680 094. 68	46 256 200. 64	62 534 097. 89	38 372 062. 12
投资收益(损失以"－"号填列)	157 478 080. 05	62 628 202. 64	75 513 190. 48	35 292 256. 89
其中:对联营企业和合营企业的投资收益				
公允价值变动收益(损失以"－"号填列)	6 811 039. 25	13 331 398. 05	－3 239 545. 78	－6 353 830. 48
汇兑收益(损失以"－"号填列)				
其他业务收入	47 942 102. 01	39 840 731. 82	49 123 207. 71	39 757 104. 27
二、营业支出	925 527 171. 27	648 207 339. 89	605 589 946. 10	392 394 662. 23
营业税金及附加	146 016 176. 41	121 933 492. 67	106 097 381. 37	92 461 248. 71
业务及管理费	770 389 295. 13	523 301 868. 44	489 403 549. 68	296 787 487. 22
资产减值损失	14 952. 91		18 183. 21	
其他业务成本	9 106 746. 82	2 971 978. 78	10 070 831. 84	3 145 926. 30
三、营业利润(亏损以"－"号填列)	1 552 931 157. 07	1 396 393 354. 86	1 180 380 314. 23	1 116 583 625. 47
加:营业外收入	482 106. 15	210 851. 97	403 903. 39	143 484. 00
减:营业外支出	1 343 159. 16	500 013. 54	308 565. 94	119 823. 31
四、利润总额(亏损总额以"－"号填列)	1 552 070 104. 06	1 396 104 193. 29	1 180 475 651. 68	1 116 607 286. 16
减:所得税费用	387 591 565. 69	344 323 376. 14	301 918 883. 54	283 844 763. 40
五、净利润(净亏损以"－"号填列)	1 164 478 538. 37	1 051 780 817. 15	878 556 768. 14	832 762 522. 76
归属于母公司所有者的净利润	1 114 438 722. 11	1 051 780 817. 15	859 182 471. 38	832 762 522. 76
少数股东损益	50 039 816. 26		19 374 296. 76	
六、其他综合收益				
七、综合收益总额	1 164 478 538. 37	1 051 780 817. 15	878 556 768. 14	832 762 522. 76
归属于母公司所有者的综合收益总额	1 114 438 722. 11	1 051 780 817. 15	859 182 471. 38	832 762 522. 76
归属于少数股东的综合收益总额	50 039 816. 26		19 374 296. 76	

5.1.4 所有者权益变动表

单位:元

项目	本期金额								上期金额							
	归属于母公司所有者权益						少数股东权益	所有者权益合计	归属于母公司所有者权益						少数股东权益	所有者权益合计
	实收资本	资本公积	减:库存股	盈余公积	一般风险准备	未分配利润			实收资本	资本公积	减:库存股	盈余公积	一般风险准备	未分配利润		
一、上年末余额	1 300 000 000.00	1 385 024.84	—	115 529 688.92	67 595 895.25	882 271 106.38	397 069 423.93	2 744 301 139.32	1 300 000 000.00	917 512.42	—	32 253 436.55	16 126 718.32	407 834 064.20	377 005 506.26	2 134 137 237.85
加:会计政策变更																—
前期差错更正																—
其他																—
二、本年初余额	1 300 000 000.00	1 385 024.84	—	115 529 688.92	67 595 895.25	882 271 106.38	397 069 423.93	2 744 301 139.32	1 300 000 000.00	917 512.42	—	32 253 436.55	16 126 718.32	407 834 064.20	377 005 506.26	2 134 137 237.85
三、本年增减变动金额(减少以"－"号填列)	700 000 000.00	—	—	105 718 081.71	73 296 570.10	235 964 070.30	229 691 226.23	1 344 129 948.34	—	917 512.42	—	83 276 252.27	51 469 176.93	454 437 042.18	20 063 917.67	610 163 901.47
(一)净利润						1 114 438 722.11	50 039 816.26	1 164 478 538.37						859 182 471.38	19 374 296.76	878 556 768.14
(二)其他综合收益								—	—							
上述(一)和(二)小计						1 114 438 722.11	50 039 816.26	1 164 478 538.37						859 182 471.38	19 374 296.76	878 556 768.14
(三)所有者投入和减少资本	648 111 100.00	—	—	—	—	—	179 651 409.97	827 762 509.97	—	917 512.42	—	—	—	—	689 620.91	1 607 133.33
1. 所有者投入资本	648 111 100.00						179 651 409.97	827 762 509.97								—
2. 股份支付计入所有者权益的金额								—								—
3. 其他								—		917 512.42					689 620.91	1 607 133.33
(四)利润分配	—	—	—	105 178 081.71	73 296 570.10	-826 585 751.81	—	-648 111 100.00	—	—		83 276 252.27	51 469 176.93	-404 745 429.20	—	-70 000 000.00
1. 提取盈余公积				105 178 081.71		-105 178 081.71		—					51 469 176.93	-51 469 176.93		—
2. 提取一般风险准备					73 296 570.10	-73 296 570.10		—					51 469 176.93	-51 469 176.93		—
3. 对所有者的分配						-648 111 100.00		-648 111 100.00						-270 000 000.00		-270 000 000.00
4. 其他								—								—
(五)所有者权益内部结转	51 888 900.00	—	—	—	—	51 888 900.00		—	—	—						
1. 资本公积转增资本(或股本)								—								
2. 盈余公积转增资本(或股本)								—								
3. 盈余公积弥补亏损								—								
4. 一般风险准备弥补亏损								—								
5. 交易风险准备弥补亏损								—								
6. 其他	51 888 900.00					-51 888 900.00		—								
(六)其他								—								—
四、本年末余额	2 000 000 000.00	1 835 024.84		220 707 770.63	140 892 465.35	1 098 235 176.68	626 760 650.16	4 088 431 067.66	1 300 000 000.00	1 835 024.84	—	115 529 688.92	67 595 895.25	862 271 106.38	397 099 423.93	2 744 301 139.32

5.2 信托资产

5.2.1 信托项目资产负债汇总表

单位:万元

信托资产	期末余额	年初余额	信托负债和信托权益	期末余额	年初余额
货币资金	151 705.56	176 399.10	应付受托人报酬	73.59	
拆出资金			应付托管费	92.13	0.14
交易性金融资产	309 387.40	12 035.25	应付受益人收益	10 484.81	778.77
买入返售金融资产	11 860.37	141 500.00	应交税费	56.42	
应收款项	14 706.52	707.79	其他应付款项	146 618.28	24 979.22
贷款	9 330 038.00	5 129 043.00	其他负债	805.98	
可供出售金融资产	9 951 076.35	6 731 538.83	信托负债合计	158 131.21	25 758.13
持有至到期投资	352 000.00	39 688.56	信托权益:		
长期股权投资	1 322 502.90	1 103 345.90	实收信托	21 639 303.50	13 569 520.69
投资性房地产			资本公积	2 237.64	
固定资产			未分配利润	67 899.81	82 832.15
无形资产			信托权益合计	21 709 440.95	13 652 352.84
其他资产	424 295.06	343 852.53			
资产合计	21 867 572.16	13 678 110.98	负债和权益合计	21 867 572.16	13 678 110.98

5.2.2 信托项目利润及利润分配汇总表

单位:万元

项　目	本期数	上期数
一、营业收入	1 906 707.92	917 129.47
利息收入	836 155.56	323 407.19
投资收入	1 071 951.31	591 781.87
租赁收入	2 215.48	1 940.30
公允价值变动损益	−5 529.98	
其他收入	1 915.55	0.11
二、营业费用	365 367.77	201 859.66
三、营业税金及附加		
加:营业外收入		
减:营业外支出		
四、扣除资产减值损失前的信托利润		
减:资产减值损失		
五、净利润	1 541 340.15	715 269.81
加:期初未分配信托利润	82 832.15	19 749.89
六、可供分配的信托利润	1 624 172.30	735 019.70
减:本期已分配信托利润	1 556 272.49	652 187.54
七、期末未分配信托利润	67 899.81	82 832.15

6. 会计报表附注

6.1 简要说明报告年度会计报表编制基准、会计政策、会计估计和核算方法发生的变化

公司固有业务(自营业务)、信托业务执行的会计制度均为2006年颁布的《企业会计准则》。本报告期与上一期年度报告相比,会计政策、会计估计和核算方法均未发生变化。

6.2 或有事项

截至2013年12月31日,公司不存在对外担保等或有事项。

6.3 重要资产转让及其出售的说明

公司本年度无须披露的重要资产转让及其出售。

6.4 会计报表中重要项目的明细资料(以下为母公司口径)

以下明细表格除特别注明外,金额单位为万元,期初指2013年1月1日,期末指2013年12月31日。

6.4.1 披露自营资产经营情况

6.4.1.1 按信用风险五级分类结果披露信用风险资产的期初数、期末数

风险分类	正常类(万元)	关注类(万元)	次级类(万元)	可疑类(万元)	损失类(万元)	信用风险资产合计(万元)	不良资产合计(万元)	不良资产率(%)
期初数	196 621.02	—	—	—	—	196 621.02	0	0
期末数	169 813.66	—	—	—	—	169 813.66	0	0

注:不良资产合计=次级类+可疑类+损失类。

6.4.1.2 各项资产减值损失准备的期初、本期计提、本期转回、本期核销、期末数

单位:万元

	期初数	本期计提	本期转回	本期核销	期末数
贷款损失准备	—	—	—	—	—
一般准备	983.11	2 070.75	—	—	3 053.86
专项准备(信托赔偿准备)	5 776.48	5 258.91	—	—	11 035.39
其他资产减值准备	—	—	—	—	—
可供出售金融资产减值准备	—	—	—	—	—
持有至到期投资减值准备	—	—	—	—	—
长期股权投资减值准备	—	—	—	—	—
坏账准备					
投资性房地产减值准	—	—	—	—	—

6.4.1.3　自营股票投资、基金投资、可供出售金融资产、债券投资、股权投资等投资业务的期初数、期末数

单位：万元

	自营股票	基金	可供出售金融资产	债券	长期股权投资
期初数	7 900.82	25 511.04	16 000.00	0.00	52 815.43
期末数	8 426.30	0	42 550.00	0.00	84 646.01

6.4.1.4　前五名的自营长期股权投资的企业名称、占被投资企业权益的比例、主要经营活动及投资收益情况等

企业名称	占被投资企业权益的比例（%）	投资损益（万元）
1. 宏信证券有限责任公司	60.38	1 136.11
2. 华西证券有限责任公司	0.81	0
3. 四川川信物业管理有限责任公司	95	0

6.4.1.5　前五名的自营贷款的企业名称、占贷款总额的比例和还款情况等

企业名称	占贷款总额比例（%）	还款情况
宁南白鹤滩水泥销售有限公司	65.02	尚未到期
阿凯笛亚建材股份有限公司	34.98	尚未到期

6.4.1.6　表外业务的期初数、期末数，按照代理业务、担保业务和其他类型表外业务分别披露

本期末，无表外业务。

6.4.1.7　公司当年的收入结构

收入结构	金额（万元）	占比（%）
手续费及佣金收入	190 572.15	91.14
其中：信托报酬收入	181 183.77	86.65
财务顾问费收入	4 677.83	2.24
其他手续费及佣金收入	4 710.55	2.25
利息收入	6 933.51	3.32
其他业务收入	3 984.07	1.91
投资收益	6 262.82	3.00
其中：股权投资收益	1 136.11	0.54
交易性金融资产收益	−1 156.17	−0.57
可供出售金融资产投资收益	6 282.88	3.03
公允价值变动收益	1 333.14	0.64
营业外收入	21.09	0.01
收入合计	209 106.78	100.00

注：手续费及佣金收入、利息收入、其他业务收入、投资收益、营业外收入均应为损益表中的一级科目，其中手续费及佣金收入、利息收入、营业外收入为未抵减掉相应支出的全年累计实现收入数。

6.4.2　披露信托财产经营情况

6.4.2.1　信托资产的期初数、期末数

单位：万元

信托资产	期初数	期末数
集合	4 509 339.38	4 962 059.04
单一	8 824 919.07	16 665 660.59
财产权	343 852.53	239 852.53
合计	13 678 110.98	21 867 572.16

6.4.2.1.1　主动管理型信托资产

单位：万元

主动管理型信托资产	期初数	期末数
证券投资类	132 551.46	42 914.09
股权投资类	568 595.52	536 942.44
其他投资	1 039 979.60	1 305 627.23
融资类	2 187 100.79	2 739 397.86
事务管理类		
合计	3 928 227.38	4 624 881.62

6.4.2.1.2　被动管理型信托资产

单位：万元

被动管理型信托资产	期初数	期末数
证券投资类	86 224.03	378 631.10
股权投资类	263 215.24	128 237.55
其他投资	2 586 249.27	2 119 269.59
融资类	541 042.01	932 707.14
事务管理类	6 273 153.04	13 683 845.16
合计	9 749 883.59	17 242 690.54

6.4.2.2　本年度已清算结束的信托项目情况

6.4.2.2.1　本年度已清算结束的集合类、单一类资金信托项目和财产管理类信托项目情况

已清算结束信托项目	项目个数	实收信托合计金额（万元）	加权平均实际年化收益率（%）
集合类	101	3 226 257.00	9.29
单一类	109	3 239 235.90	8.21
财产管理类	6	169 000.00	5.46

6.4.2.2.2　本年度已清算结束的主动管理型信托项目情况

已清算结束信托项目	项目个数	实收信托合计金额（万元）	加权平均实际年化信托报酬率（%）	加权平均实际年化收益率（%）
证券投资类	2	131 000.00	0.36	10.98
股权投资类	9	471 180.00	1.25	9.05
其他投资类	36	732 098.00	1.35	10.37
融资类	37	905 918.00	2.46	9.74
事务管理类				

6.4.2.2.3　本年度已清算结束的被动管理型信托项目情况

已清算结束信托项目	项目个数	实收信托合计金额（万元）	加权平均实际年化信托报酬率（%）	加权平均实际年化收益率（%）
证券投资类	12	79 000.00	0.31	71.07
股权投资类	3	177 050.00	1.45	7.61
其他投资	35	1 261 518.00	1.03	8.7
融资类	1	19 190.00	0.8	10.13
事务管理类	81	2 857 538.90	0.59	7.15

6.4.2.3 本年度新增信托项目情况

单位:万元

新增信托项目	项目个数	实收信托合计金额
集合类	183	3 659 488.73
单一类	353	11 341 917.50
财产管理类	1	65 000.00
新增合计	537	15 066 406.22
其中:主动管理型	159	3 047 597.00
被动管理型	378	12 018 809.22

6.5 关联方关系及其交易的披露

6.5.1 关联交易方的数量、关联交易的总金额及关联交易的定价政策等

	关联交易方数量	关联交易金额(万元)	定价政策
合计	2个	537.78	本公司的关联交易以公平的市场价格定价。

注:"关联交易"定义应以《公司法》和《企业会计准则第36号——关联方披露》有关规定为准。上述关联交易金额系本年度固有资产、信托资产与关联方的发生额。

6.5.2 关联交易方与本公司的关系性质、关联交易方的名称、法定代表人、注册地址、注册资本及主营业务等

关系性质	关联方名称	法定代表人	注册地址	注册资本(万元)	主营业务
子公司	宏信证券有限责任公司	刘晓亚	四川成都	100 000	证券经纪业务。
子公司	四川川信物业管理有限责任公司	刘君谟	四川成都	500	物业管理、零售、仓储、清洁服务。

6.5.3 逐笔披露本公司与关联方的重大交易事项

6.5.3.1 固有与关联方交易情况

单位:万元

固有与关联方关联交易				
关联方	关联交易内容	关联交易定价方式及决策程序	本期发生额	上期发生额
四川川信物业管理有限责任公司	物业服务及房租代理费	川信大厦统一定价	251.72	134.94
宏信证券有限责任公司	房租收入	市场价	286.06	149.31
合计			537.78	284.25

6.5.3.2 信托资产与关联方未发生交易

6.6 信托业务创新成果和特色业务有关情况

公司设立研发部,定位于加强对市场同业产品信息的收集、统计、分析,并结合公司自身特点,对主要交易对手、业务模式以及行业特征进行了专项研究,不定期发布相关研究成果,推动公司创新业务发展及品牌价值的提升推广。

在创新业务开展方面,公司参与了信托业协会为雅安地震捐款资金所设立的"中国信托业——公益慈善——定向捐赠信托计划"的产品研发及管理工作,推出了员工股权激励信托产品"川信——广发图强长效计划单一资金信托",并启动了农村土地流转信托项目筹备工作。

为了推动信托行业转型升级发展,公司参与了"两会"期间关于信托法修改的提案建议,并根据信托业协会就《信托法》修改课题调研的相关要求,撰写完成了《完善信托制度,促进行业发展》的研究报告。

为了进一步统一思想,提高认识,全面总结2013年的工作,公司于2013年11月召开了"以服务树品牌、以创新促发展"为主题的2014年业务研讨会,并就创新型业务、家族信托、土地流转信托、并购基金及新型房地产信托等行业新兴话题展开了深入讨论,有利于公司积极应对行业变化,做好来年市场预判,明确未来发展思路,不断提升服务水平。

6.7 公司履行受托人义务情况及因公司自身责任而导致的信托资产损失情况

公司严格按照信托相关法律法规及公司制度的要求管理、运用及处分信托财产,履行诚实、信用、谨慎、有效管理的义务,维护受益人的最大利益。

无因自身责任而导致信托资产损失的情况。

7. 财务情况说明书

7.1 利润实现和分配情况

报告期公司实现利润总额139 610.42万元,税后净利润105 178.08万元。根据《公司章程》的规定,分别按当年实现净利润的10%、5%提取法定公积金10 517.81万元、信托赔偿准备金5 258.90万元;根据《金融企业准备金计提管理办法》的规定,按当年年末风险资产的0.5%计提一般准备2 070.75万元,期末累计未分配利润为87 547.75万元。

7.2 主要财务指标

公司报告期的主要财务指标。

指标名称	指标值
信托业务收入占营业收入比重(%)	90.95
资本利润率(%)	38.79
加权年化信托报酬率(%)	0.86
人均净利润(万元)	262.95

7.3 对公司财务状况、经营成果有重大影响的其他事项

报告期内,没有对公司财务状况、经营成果有重大影响的其他事项。

8. 特别事项揭示

8.1 前五名股东报告期内变动情况及原因

本报告期内,公司无股东变动情况。

8.2 董事、监事及高级管理人员变动情况及原因

2013年11月,因公司董事会换届,经公司第一届董事会

第二十二次会议、2013 年第一次临时股东会审议通过，由李南峰、陈浩鸣、吴玉明、朱开友、夏斌、李光金、熊敬英 7 人出任公司第二届董事会董事，选举李南峰任董事长，陈浩鸣、吴玉明为副董事长，夏斌、李光金、熊敬英为独立董事（李南峰的任职资格尚待监管部门审查批准）。

2013 年 1 月，因工作调整，经公司第一届董事会第二十次会议审议通过，免去吕明昭财务总监职务，聘任胡应福担任公司财务总监，其任职资格经四川银监局核准（川银监复［2013］228 号）。

2013 年 1 月，经公司第一届董事会第二十次会议审议通过，聘任吕明昭为公司总稽核。

8.3　变更注册资本、变更注册地或公司名称、公司分立合并事项

经公司 2013 年第一次临时股东会第二次会议审议通过，公司注册资本（实收资本）增加为 20 亿元，并于 2014 年 1 月完成工商变更登记。报告期内，公司无变更注册地或公司名称、公司分立合并事项。

8.4　公司的重大诉讼事项

报告期内，公司没有重大诉讼事项发生。

8.5　公司及其董事、监事和高级管理人员受到处罚的情况

报告期内，公司及其董事、监事和高级管理人员依法经营，没有违法、违规及受到监管部门处罚的事项发生。

8.6　中国银监会及其派出机构对公司检查的情况

四川银监局于 2013 年 6 月 18 日至 8 月 9 日对公司截至 2013 年 4 月 30 日的存续房地产、融资平台与金融同业合作信托项目的合规与风险情况进行了现场检查，并出具了《中国银行业监督管理委员会四川监管局现场检查意见书》（川银监检［2013］40 号）。根据现场检查意见书的要求，公司经过认真研究，提出了具体的整改措施，形成整改报告上报四川银监局，并在实际工作中认真落实。

8.7　本年度重大事项临时报告的简要内容、披露时间、所披露的媒体及版面

报告期内，公司无重大事项临时报告。

8.8　中国银监会及其省级派出机构认定的其他有必要让客户及相关利益人了解的重要信息

无。

9. 公司监事会意见

监事会认为本公司决策程序符合法律、法规和公司章程的规定，并建立了较为完善的内部控制制度，公司董事、管理层认真履行职责，未发生执行职务时有违反法律、法规、公司章程或损害公司利益的行为。公司财务报告经致同会计师事务所审计，真实反映了公司财务状况和经营成果。

苏州信托有限公司

1. 重要提示

1.1　本公司董事会及董事保证本报告所载资料不存在任何虚假记载、误导性陈述或者重大遗漏，并对本报告所载资料内容的真实性、准确性和完整性承担个别及连带责任。本年度报告摘要摘自年度报告全文，客户及相关利益人欲了解详细内容，应阅读年度报告全文。

1.2　公司独立董事姚海星女士、贝政新先生声明：本年度报告内容真实、准确、完整。

1.3　公司董事长朱立教女士、主管会计工作的负责人周也勤先生、会计机构负责人陶娟女士声明：本报告中财务会计报告内容真实、完整。

2. 公司概况

2.1　公司简介

苏州信托有限公司（以下简称苏州信托）原名苏州信托投资有限公司，于1991年3月18日经中国人民银行批准设立；2002年9月18日获准重新工商登记；2007年7月12日经中国银监会（银监复［2007］282号）批准同意，公司变更为现名称，并调整业务范围，同年9月4日换领新的金融许可证。2008年5月20日，公司获中国银行业监督管理委员会（银监复〔2008〕182号）文件的批复，同意引进新股东，实行增资扩股，注册资本增至5.9亿元。2012年9月，公司获江苏监管局（苏银监复［2012］447号）文批准同意，完成二次增资，注册资本金增至12亿元，公司股东持股比例保持不变。公司股权结构为：苏州国际发展集团有限公司占股比例70.01%，苏格兰皇家银行公众有限公司占股比例19.99%，联想控股有限公司占股比例10%。

公司中文名称	苏州信托有限公司
中文简称	苏州信托
公司英文名称	Suzhou Trust Co., Ltd.
英文缩写	Suzhou Trust
法定代表人	朱立教
注册地址	江苏省苏州市竹辉路383号
邮政编码	215007
国际互联网网址	www.trustsz.com
电子信箱	sztic@trustsz.com
公司负责信息披露事务的高级管理人员	张言
公司负责信息披露事务的联系人	联系人：张言
	联系电话：0512－65290390
	传真：0512－65726976
	电子信箱：zhangy@trustsz.com.
公司选定信息披露的报纸	《经济日报》
登载公司年度报告的国际互联网网址	www.trustsz.com
公司年度报告备置地点	苏州市工业园区苏雅路308号信投大厦18层
公司聘请的会计师事务所	德勤华永会计师事务所有限公司
会计师事务所办公住所	上海市延安东路222号外滩中心30楼
公司聘请的律师事务所	江苏苏州新天伦律师事务所
律师事务所办公场所	苏州市学士街361号

2.2　组织结构

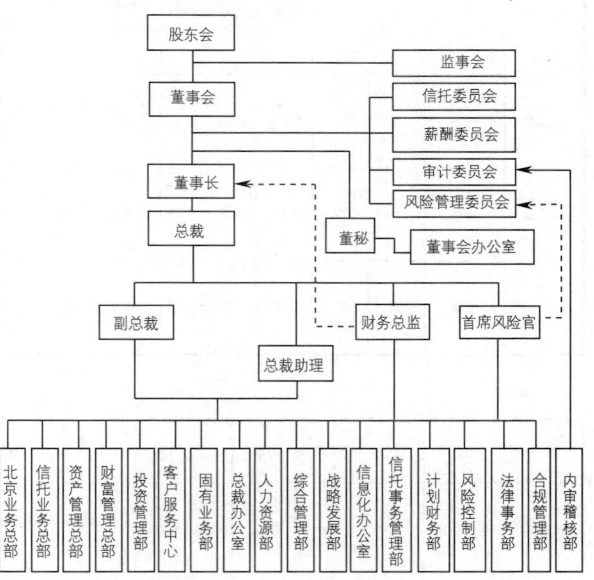

3. 公司治理

3.1　公司股东

截至报告期末公司股东有三名，相关情况如下：

股东名称	持股比例（%）	法定代表人	注册资本	注册地址	主要经营业务及主要财务情况
苏州国际发展集团有限公司	70.01	黄建林	10亿元	苏州市东大街101号	授权范围内的国有资产经营管理，国内商业、物资供销业（国家规定的专营、专项审批商品除外），及各类咨询服务。2013年末公司总资产321.83亿元，净资产123.26亿元，净利润5.40亿元（以上数据未经审计）。

续表

股东名称	持股比例(%)	法定代表人	注册资本	注册地址	主要经营业务及主要财务情况
苏格兰皇家银行公众有限公司	19.99	Ross Maxwell McEwan	66.09亿英镑	36 St Andrew Square Edinburgh EH22YB Scotland UK	公司和金融市场业务：贷款、资金清算与结算、债务管理、债券融资、零售业务；资产管理业务：货币市场基金、债券投资、票据投资、委托贷款等业务。2013 年 6 月末总资产为 12,026 亿英镑，净资产为 591 亿英镑，归属普通股与非累积优先股股东的净利润为 6.16 亿英镑。
联想控股有限公司	10	柳传志	6.61亿元	北京市海淀区科学院南路 2 号融科资讯中心 A 座 10 层	业务涉及：IT、风险投资、房地产开发、并购投资等非相关多元化领域。2011 年末公司总资产 1872.03 亿元，净资产（不包含少数股东权益）：177.8 亿元，净利润 17.3 亿元。

3.2 公司第一大股东的主要股东情况

股东名称	出资比例(%)	负责人
苏州市国有资产监督管理委员会	100	卢国柱（主任）

3.3 董事、董事会及其下属委员会

董事会成员

姓名	职务	性别	年龄	任期	选任日期	所推举的股东名称	该股东持股比例(%)	简要履历
朱立教	董事长	女	53	3 年	2008 年 6 月	苏州国际发展集团有限公司	70.01	曾先后任职于苏州市资产评估中心。苏州市财政局、苏州市国资局副科长，苏州市投资公司副总经理，苏州信托有限公司总经理，苏州国发集团财务经理、总会计师、副总经理等职；现任苏州国发集团副董事长、苏州信托有限公司董事长。
袁维静	董事	女	51	3 年	2008 年 6 月	苏州国际发展集团有限公司	70.01	曾先后任职于市财政局、江苏省高新技术风险投资公司苏州分公司副总经理，市工业发展有限公司副总经理，市营财发展集团公司党支部书记；现任国发集团公司总会计师。
李蓬	董事	男	42	3 年	2008 年 6 月	联想控股有限公司	10	曾先后任职于中国对外贸易运输公司、Solectria Corporation、Teradyne Connection Systems，后担任联想控股有限公司投资管理部总经理、企划办副主任、财务资产部总经理；现担任联想控股副总裁兼战略投资部总经理。
戈海	董事	男	45	3 年	2008 年 2 月	职工董事	—	曾任职于苏州物资信息研究中心，后担任苏州新区电力建设发展公司财务经理，苏高新风险投资股份公司副总经理，苏州信托有限公司信托部经理，总经理助理、苏州信托有限公司常务副总经理等职；现任公司副总裁。

独立董事

姓名	职务	性别	年龄	任期	选任日期	所推举的股东名称	该股东持股比例(%)	简要履历
姚海星	独立董事	女	68	3 年	2008 年 6 月	苏州国际发展集团有限公司	70.01	曾任中信兴业信托投资公司金融处长、兼任公司证券营业部总经理，中信兴业信托投资公司副总经理，中信信托公司总经理，中信信托公司副董事长；现已退休。
贝政新	独立董事	男	62	3 年	2012 年 5 月	联想控股有限公司	10	曾任苏州大学东吴商学院讲师、副教授、管理系支部书记、金融系主任，苏福马股份有限公司独立董事；现任苏州大学东吴商学院金融系教授、博士生导师，东吴基金管理有限公司独立董事，苏州工业园区设计研究院股份有限公司独立董事。

董事会下属委员会

董事会下属委员会名称	职责	组成人员姓名	职务
审计委员会	审核公司内部审计基本制度；监督公司的内部审计制度实施；审核公司的财务信息；提议聘请或更换外部审计机构；听取并审议外部审计机构报告。	李蓬	董事
		张统	监事
		郭小辉	苏格兰皇家银行代表
		陈磊	监事长

续表

董事会下属委员会名称	职责	组成人员姓名	职务
薪酬委员会	审议公司提交的薪酬管理策略和计划;审核公司人力资源计划与安排、薪酬方案和绩效考核的建议方案;跟踪、监督公司薪酬制度的落实情况。	贝政新	独立董事
		姚海星	独立董事
		李 蓬	董事
		袁维静	董事
风险管理委员会	审核和拟定公司的风险管理战略、政策和规程以及内部控制制度,并监督上述战略、政策、规程和内部控制制度的执行。	朱立教	董事长
		朱燕琳	监事
		华彪	首席风控官
信托委员会	审议公司信托业务战略发展方向;监督公司依法履行受托职责,保证公司受益人的最大利益;监督公司信托业务与固有业务之间建立有效隔离机制,保障信托财产的独立性。	姚海星	独立董事
		贝政新	独立董事
		袁维静	董事
		朱燕琳	监事

3.4 公司监事、监事会及其下属委员会

公司监事

姓 名	职 务	性别	年龄	任期	选任日期	所推举的股东名称	该股东持股比例(%)	简 要 履 历
陈 磊	监事长	男	50	3年	2013年11月	苏州国际发展集团有限公司	70.01	曾任省国资局副主任科员、主任科员,江苏省产权交易所副所长,资产评估中心副主任,江苏省财政厅工贸发展处调研员兼产权交易所所长、股权登记中心主任;现任苏州信托有限公司监事长。
黄慧华	监事	女	40	3年	2013年11月	苏格兰皇家银行公众有限公司	10	曾先后担任大和证券债务资本市场分析员、经理和副总裁;后任东方汇理资产证券化副总裁和荷兰银行资产证券化副总裁,现任苏格兰皇家银行债务资本市场董事。
朱燕琳	监事	女	35	3年	2013年11月	联想控股有限公司	10	曾先后任职于上海文广新闻传媒集团广告经营中心、上海锐界数码科技有限公司;现任联想控股有限公司战略投资部投资经理。
张 统	监事	男	43	3年	2013年11月	苏州国际发展集团有限公司	70.01	曾在苏州丝绸印花厂工作,后任江苏公证会计师事务所部门副经理;现任苏州国际发展集团有限公司部门经理。
徐李梅	监事	女	38	3年	2013年11月	职工监事		曾任职于苏州市投资公司投资部,后担任苏州信托有限公司固有业务部业务主管。

公司监事会未设立下属委员会。

3.5 高级管理人员

姓 名	职 务	性别	年龄	任期	选任日期	金融从业年限	学历	专业	简 要 履 历
沈光俊	总裁	男	44	1年	2013年11月	10年	本科	财政	曾任苏州资产评估事务所评估部项目经理、工程造价审计部经理、苏州仁合资产评估有限公司董事及南京分公司总经理,苏州信托有限公司理财服务中心副主任、主任、副总裁;现任本公司总裁。
戈 海	副总裁	男	46	1年	2011年1月	13年	本科	法律	曾任职于苏州物资信息研究中心,后担任苏州新区电力建设发展公司财务经理,苏高新风险投资股份公司副总经理、苏州信托有限公司信托部经理、总经理助理,苏州信托有限公司常务副总经理等职;现任公司副总裁。
周也勤	副总裁 财务总监	男	51	1年	2011年1月	24年	中专	会计	曾任职于苏州前进化工厂财务科,后担任苏州信托有限公司财务部经理、总经理助理;现任公司副总裁兼财务总监。
华 彪	首席风控官	女	47	1年	2011年1月	20年	硕士	商务管理	曾任职于英国毕马威会计事务所伦敦分所、美林证券欧洲部、中国毕马威会计师事务所,后担任德勤会计师事务所企业风险管理部上海地区总监;现任苏州信托有限公司首席风险官。
汪 瑜	总裁助理	女	35	1年	2011年1月	13年	硕士	行政管理	曾任职于恒远证券苏州干将路营业部,后担任苏州信托有限公司综合管理部副经理、经理等职;现任苏州信托有限公司总裁助理。
姚文德	总裁助理	男	46	1年	2011年1月	10年	本科	财政	曾任职苏州市财政局国有资产评估中心,苏州资产评估事务所评估部副经理,江苏仁合资产评估有限公司资产评估部经理,苏州信托有限公司业务一部副经理;现任公司总裁助理。

3.6 公司员工

在岗职工人数		96	
平均年龄		35	
		人数	比例(%)
年龄分布	30 岁以下	41	42.71
	31~40 岁	28	29.17
	41~50 岁	22	22.92
	51 岁以上	5	5.21
	小计	96	100.00
学历分布	博士	1	1.04
	硕士	45	46.88
	本科	41	42.71
	专科	5	5.21
	其他	4	4.17
	小计	96	100.00
岗位分布	高级管理人员	9	9.38
	自营业务人员	2	2.08
	信托业务人员	47	48.96
	中台人员	20	20.83
	后台人员	18	18.75
	小计	96	100.00

4. 经营管理

4.1 经营目标、方针、战略

公司经营目标：继续理顺治理机制；完善以规划为导向、以人才为基础、以制度为标准的科学发展模式；积极探索利用股东资源和开发战略联盟资源进行合作的方式，拓宽和加深核心业务的开发培育；逐步建立更加有效的绩效考核和激励机制，吸引更多更优秀的人才为公司发展服务；进一步提升市场营销与项目拓展能力，加大客户开发、产品供给的力度，为客户提供更丰富的产品和更优质的服务；努力实现由地方性中小机构向全国性信托公司转变，最终成为独具特色的信托理财专业机构。

公司经营方针：坚持依法合规和稳健经营，坚持以健康可持续发展为导向、以“诚信、创新、协作、敬业、自律”为核心理念的发展路径，通过规范的公司治理和不断完善的经营管理机制，以及依靠外部引进的高层次人才，推进信托主业的转型和全面发展。

公司战略规划：以“独具特色的财富受托人”为愿景，打造特色化的信托产品、综合的理财服务，以及全国性的影响力。

4.2 公司所经营业务的主要内容

自营资产运用与分布表

资产运用	金额(万元)	占比(%)	资产分布	金额(万元)	占比(%)
货币资产	13 008	5.09	基础产业	0	0.00
贷款及应收款	42 624	16.68	房地产业	13 000	5.09
交易性金融资产	251	0.10	证券市场	62 111	24.30
可供出售金融资产	133 210	52.11	实业	31 596	12.36
持有至到期投资	0	0.00	金融机构	121 883	47.68
长期股权投资	34 481	13.49	其他	27 018	10.57
其他	32 034	12.53			
资产总计	255 608		资产总计	255 608	

信托资产运用与分布表

资产运用	金额(万元)	占比(%)	资产分布	金额(万元)	占比(%)
货币资金	83 432	1	基础产业	2 849 667	45
贷款	1 875 790	29	房地产	1 015 973	16
交易性金融资产	36	0	证券	36	0
持有至到期投资	2 701 444	42	金融机构	79 900	1
长期股权投资	1 690 382	27	工商企业	676 410	10
长期应收款	0	0	其他	1 764 465	28
买入返售金融资产	0	0			
应收款项	35 367	1			
信托资产总计	6 386 451	100	信托资产总计	6 386 451	100

4.3 市场分析

4.3.1 宏观经济分析

2013 年，全球经济仍处于危机后的调整期，增长低于预期。发达经济体风险有所缓解，趋向温和复苏；新兴市场国家经济增速下滑趋势明显。中国经济增速放缓，新一届政府继续调结构、促转型，继续实施稳健的货币政策和积极的财政政策，坚持稳中求进、以稳促进的思路，努力释放改革红利，激发市场活力和社会创造力。

4.3.2 影响本公司业务发展的主要因素

报告期内，公司业务发展的有利因素主要有：中国经济持续高速增长，财富快速积累，对理财产品的需求进一步扩大；市场融资环境紧缩，银行信贷资金收紧，为公司业务的开展提供了良机；保障性住房、民生工程等政策刺激给基础设施建设领域的信托业务带来了机会；专业化的投资队伍，高效的公司治理为业务开展提供了有力的保障；三方股东支持，为公司健康发展奠定了基础。

报告期内，公司业务面临的不利影响有：金融混业的趋势下，市场竞争进一步加剧，制度红利不断削弱。监管层对政信、银信合作等的监管日益严格，在加强风险控制的同时，也限制了信托公司的快速发展。此外，经济下行带来的系统性风险、利率市场化造成的市场风险、“钱荒”引发的流动性风险、个别信托公司兑付危机带来的声誉风险都对信托公司的发展不利。

4.4 公司内部控制概况

4.4.1 内部控制环境和内部控制文化

公司始终致力于构建全面完善的内部控制管理体系，公司已经按照法律规定和公司章程的要求，建立了股东大会、董事会、监事会以及高级管理层组成的法人治理结构，董事会下设信托委员会、审计委员会、薪酬委员会、风险管理委员会，各委员会分工明确，协助董事会做好和开展公司的各项工作。监事会对公司的各项经营活动进行监督。公司完善的法人治理结构为公司内部控制目标的实现提供了合理保证。

公司积极营造合规文化，为合规管理工作的开展和内部控制建设创造出优越的内部环境，把诚信经营、合规经营作为内控文化的主旋律，并通过制度建设、员工培训、激励安排等方式将其融入日常工作和企业行为中，引导公司员工自觉主动地合规工作，将合规管理贯穿于日常经营的每个环节。

公司不断优化内部控制体系，通过合理、有效的合规制度来实现积极主动的内部控制。2013 年，公司组织开展了对《内部控制制度—信托业务》等一系列业务制度的修订工作，并颁布实施。

4.4.2 内部控制措施

公司根据业务发展、外部环境变化以及监管要求定期进行制度和流程修订工作，建立了相对完备的内部控制制度体系。公司各项业务严格按照公司内控制度及流程要求，履行了相应的审批程序。

公司董事会是公司执行机构，领导公司内部控制的建设、完善和有效实施。董事会下属的风险管理委员会、审计委员会根据董事会的决策，负责内部控制的具体操作实施和监督。公司内部控制制度由内部控制大纲、基本管理制度和部门业务规章等组成。根据内部控制制度，对不同业务与管理事项制定不同的控制措施，保证了业务管理活动的正常运行。

2013 年，公司进一步完善内部控制制度和业务流程，业务运作实现了前台、中台、后台严格分离及各部门之间高效衔接、密切合作。公司通过事前、事中、事后的监督，达到全面内部控制。公司建立了明确的授权制度，执行严格的审批程序与审批权限。根据业务需要，建立了有效的业务决策系统：各业务部门对项目进行初步筛选，风险控制部、合规管理部与法律事务部对项目进行风险审查，客观出具审查报告。公司针对信托业务和固有业务的业务特性，分别成立了信托业务决策委员会和固有业务决策委员会进行项目评审，由公司领导、前台、中台、后台部门负责人及业务骨干担任评审委员，对公司各项业务进行集体审议，科学决策。

公司设立了信托业务部、固有业务部以及信托事务管理部和计划财务部等部门，信托业务与固有业务相互独立运作，将信托财产与固有财产分别管理、分别记账，并在各部门实行有效的岗位分工制度，起到不相容岗位相分离，相互牵制的作用，进一步保证公司内部控制制度的有效执行。

在业务存续期内，由风险控制部组织季度事中风险检查工作，按季对存续的信托项目、固有业务的项目进行全面检查与重点抽查，并根据检查结果出具风险管理报告，提交风险管理委员会审议。同时向业务部门出具风险检查反馈意见，督促业务部门根据检查出的问题及时进行整改。

针对公司业务开展和管理制度的执行情况，公司内审稽核部进行内部审计。内审稽核部根据公司业务开展的情况制定内部审计稽核工作计划，有针对性地对相关项目进行内部审计。此外，公司还聘请资质优良的会计师事务所对公司的财务状况等进行外部审计。

4.4.3 信息交流与反馈

公司不断建立和完善信息交流与反馈制度，包括内部信息交流及报告与披露。

2013 年，公司新的综合业务管理系统开始运行，新系统将业务处理与办公自动化合二为一，完全采用工作流的机制，将被动系统转变为主动推送系统，从而加快了业务流转，提高了工作的协同性。公司网站及时进行了相关信息的披露。

公司建立了顺畅、双向的内部信息交流制度。公司开通各种信息交流渠道，通过公司公文、公告等传递和获取信息；充分利用信息技术，通过网络、电话会议、邮件、业务系统等方式在公司内部传递信息，确保能够将决策层的战略、政策、制度及相关规定等信息及时传达给员工，公司员工也可及时了解业务运作的有关情况并将操作中的有关信息反馈给管理层。同时，公司依法将资产经营状况等信息通过公司网站及其他媒介向社会公开披露，并根据合同约定向相关利益人定期披露约定信息。

4.4.4 监督评价与纠正

公司对内控制度的执行情况进行持续的监督和评价，保证了内控的实际效果。

公司严格按照《公司法》、《信托公司管理办法》等相关法律法规的规定开展各项经营活动，公司各项内部控制制度执行有效。2013 年，针对内审稽核部内部检查及监管部门提出的监管意见，公司均组织相关部门制定整改方案，并要求相关部门落实整改，并在今后工作中加以防范，整改落实情况良好。此外，由于公司在内部控制方面各项工作做得比较扎实，因而在近几年的经营活动中无发生任何违规经营情况。同时，公司在项目的开发过程中也严格执行中国银监会等部门的规定和公司的各项内部管理制度，风险控制意识较强，公司存续项目运行正常。

4.5 公司风险管理

4.5.1 风险管理概况

公司始终认为积极、高效的风险管理工作是公司内部控制环节中重要的组成部分，是公司持续经营、业务稳健发展的基础之一。公司风险管理的主要目的是通过积极、主动地风险管理活动，提升风险管理能力，实现风险和收益的平衡，构建覆盖全部业务、产品和活动的风险管理体系，保证各项业务可持续发展。因此公司建立了有效的风险管理体系，以识别、评估和管理各类风险。

公司在风险管理和内部控制方面已建立起符合监管要求的框架体系。公司董事会下设风险管理委员会，负责审核风险管理政策和内部控制制度，并对其实施情况及效果进行监督和评价，同时对公司的整体风险状况进行定期评估。风险控制部作为公司风险管理的职能部门，按照公司风险管理政策和制度的要求开展工作，有效识别和管理风险，做到事前防范、事中监督和控制、事后总结和分析。

4.5.2 风险状况

4.5.2.1 信用风险状况

信用风险是指由于交易对手不履行与公司的合约而给公司带来损失的风险，信用风险的主要表现为：交易对手在约定期限内，不能按照约定及时足额支付款项或履行义务，或担保人在融资主体违约时不能按约进行代偿等情形，进而给信托公司项目的正常分配、清算造成压力，并有可能损害到信托公司的声誉。

公司信用风险主要存在于融资类项目。按照贷款五级分类标准，公司目前存续信托资金项目及固有资金项目运行正常，贷款项目均在贷前落实各项抵（质）押、担保等保障措施，风险可控。

4.5.2.2 市场风险状况

市场风险主要指市场利率、汇率或金融产品价格变动等造成损失的风险。主要表现为：贷款、债券、短期票据、存款等资产损失的风险；长期投资和短期投资损失的风险；外汇资产损失的风险等。

目前，证券市场风险、房地产市场风险和利率风险是公司面临的主要市场风险。在报告期内，上述风险可控。

4.5.2.3 操作风险状况

操作风险是指由于员工的个人因素导致操作不当所引发的风险；因制度不完善引发的风险；或者是由于信息系统出现故障等导致业务无法正常运行而引发的风险。

在报告期内，公司各项业务都严格执行内部控制程序及业务操作流程，公司未发生因操作风险所造成的损失。

4.5.2.4 其他风险状况

公司所面临的政策风险、流动性风险及道德风险等其他风险。报告期内，经多次风险排查，存续项目运行情况基本正常，风险可控。

4.5.3 风险管理

4.5.3.1 信用风险管理

对于信用风险的管理，首先，从交易对手的选择上进行甄别，通过征信报告和中国银监会信息披露系统，对融资对象进行信用调查，尽量选择财务状况良好，具有一定行业优势以及信用状况较好的企业作为交易对手，通过尽职调查对企业的情况进行深入了解和分析，对于个别特殊项目，由风险控制部召集论证会，对项目的可行性和风险的可控性进行论证。其次，由风险控制部、合规管理部和法律事务部进行风险审查和评估，独立出具相关报告供决策委员会参考。最后，公司还从项目的保障措施方面着手，尽量选取资质较好的企业作为担保人，或选取易于评估和变现的、具有良好价值的核心资产作为抵（质）押物，并控制抵（质）押率，为项目提供进一步的保障。公司在业务开展过程中，根据业务需要，借鉴外部信用评级机构的信用评估信息，结合业务人员的专业判断，对交易对手的信用状况进行考察和分析。

公司在项目实施过程中，通过对项目运行的有效管理，跟踪交易对手的信用情况、对风险管理情况进行定期检查及资产分类评级等工作，对信用风险进行动态监控。公司通过对项目结束后的内部稽核和评价进行业务的事后控制和综合评价。

公司除了对交易对手的信用状况进行全过程的跟踪和监控外，还在信托产品交易结构设计上，注重信用风险的分散与补偿。通过组合和多样化的投资，避免集中度风险，通过增加担保、保证等形式来转移和减少风险。

4.5.3.2 市场风险管理

公司通过客观地分析经济形势，审慎判断市场走向，谨慎选择项目，并在项目推进前进行充分的尽职调查，分析市场风险可能对项目产生的影响。公司不仅关注市场风险的控制，更注重通过组合策略来合理规避市场风险。

公司对于证券收益权投资业务，严格按照公司相关业务管理制度的规定执行，加强对经济及金融形势的分析、判断，并据此提出合理的质押率、补仓线和处置预案；对证券投资业务，依据投资组合的净值、仓位和投资集中度等指标事先设定预警点或止损点，并严格操作；另外密切跟踪市场变化，及时调整投资策略和投资组合。

公司在开展房地产业务时，要求取得土地及在建工程等核心资产抵押，控制抵押率。2013 年，公司对存续的房地产项目进行多次压力测试，以监测和分析交易对手的现金流状况。

在报告期内，各项业务未出现任何风险损失，市场风险管理状况良好。

4.5.3.3 操作风险管理

公司在以防范风险为主的环境下制定了一系列政策及程序以识别、报告、管理和控制操作风险。公司通过对各部门、各岗位制定明确的职责和权限，坚持信托财产之间、信托财产与固有财产之间分别管理、分别记账等相互分离，相互监督、相互制约的原则，并通过严格的授权制度与过程监控来实施，其中采用了大量的技术手段，如在电脑系统对操作权限和内容进行程序设定，以及在业务和资金流转过程中实施双岗核定确认等。

在证券投资过程中，通过成立证券投资小组，指定专人负责投资决策、交易执行、风险控制、会计核算等环节，做到相对独立，相互制衡，权限明确。公司内控部门对上述业务进行事中监控、事后评估和总结，并制订相应的制度来堵截可能出现的漏洞，对业务执行人定期进行考评，通过奖惩激励对其行为进行约束。

公司加强对存续项目的管理，2013 年重点检查了所有存续的集合、单一信托项目及固有业务项下的相关项目，以及业务运作各环节的操作风险管理情况。目前内部程序系统运行有效，各项业务均严格按照公司各项制度的规定进行操作。2013 年未出现因操作失误而产生的风险，公司操作风险可控。

4.5.3.4 其他风险管理

公司积极推进业务创新，促进公司信托业务的多元化，从而避免政策调控对公司信托业务产生重大的冲击。此外，提高业务开展的前瞻性，在项目结构设计时，考虑到未来可能的政策变动，从而避免政策的调整对项目产生消极影响。

公司通过建立完善的治理结构、内控制度、业务流程等，加强对道德风险与流动性风险等其他风险的管理和控制，且专门聘请律师事务所、会计师事务所等专业机构，协助公司对所有业务进行合规审查和法律咨询。

5. 报告期末及上一年度末的比较式会计报表

5.1 自营资产

5.1.1 会计师事务所审计结论

我们认为，贵公司财务报表在所有重大方面按照企业会计准则的规定编制，公允反映了贵公司 2013 年 12 月 31 日的公司及合并财务状况以及 2013 年度的公司及合并经营成果和公司及合并现金流量。

审计报告

德师报（审）字（14）第P0643号

苏州信托有限公司董事会：

我们审计了后附的苏州信托有限公司（以下简称贵公司）的财务报表，包括2013年12月31日的公司及合并资产负债表，2013年度的公司及合并利润表、公司及合并所有权益变动表和公司及合并现金流量表以及财务报表附注。

一、管理层对财务报表的责任

编制和公允列报财务报表是贵公司管理层的责任，这种责任包括：（1）按照企业会计准则的规定编制财务报表，并使其实现公允反映；（2）设计、执行和维护必要的内部控制，以使财务报表不存在由于舞弊或错误而导致的重大错报。

二、注册会计师的责任

我们的责任是在执行审计工作的基础上对财务报表发表审计意见。我们按照中国注册会计师审计准则的规定执行了审计工作。中国注册会计审计准则要求我们遵守中国注册会计师职业道德守则，计划和执行审计工作以对财务报表是否不存在重大错报获取合理保证。

审计工作涉及实施审计程序，以获取有关财务报表金额和披露的审计证据。选择的审计程序取决于注册会计的判断，包括对由于舞弊或错误导致的财务报表重大错报风险的评估。在进行风险评估时，注册会计师考虑与财务报表编制相关的内部控制，以设计恰当的审计程序，但目的并非对内部控制的有效性发表意见。审计工作还包括评估管理层选用会计政策的恰当性和作出会计估计的合理性，以及评价财务报表的总体列报。

我们相信，我们获取的审计证据是充分、适当的，为发表审计意见提供了基础。

三、审计意见

我们认为，贵公司财务了表在所有重大方面按照企业会计准则的规定编制，公允反映了贵公司2013年12月31日的公司及合并财务状况以及2013年度的公司及合并经营成果和公司及合并现金流量。

德勤华永会计师事务所(特殊普通合伙)

中国·上海

中国注册会计师

曾浩

张洁

2014年3月28日

5.1.2 资产负债表

公司及合并资产负债表

2013年12月31日

单位：元

资产	附注	合并		公司	
		年末余额	年初余额	年末余额	年初余额
货币资金	1	130 078 672.92	221 499 098.21	54 683 014.12	218 156 360.07
交易性金融资产	2	2 505 963.56	24 494 044.61	2 505 963.56	24 494 044.61
买入返售金融资产	3	67 400 808.80	20 001 000.00	67 400 808.80	20 001 000.00
应收利息	4	1 540 611.12	1 884 819.43	1 540 611.12	1 884 819.43
发放贷款和垫款	5	409 000 000.00	454 500 000.00	409 000 000.00	454 500 000.00
可供出售金融资产	6	1 332 103 650.00	860 141 254.48	1 321 103 650.00	849 145 175.00
长期股权投资	7	344 805 146.88	345 346 714.02	427 484 581.92	357 845 626.68
固定资产	8	244 381 552.53	243 519 526.87	244 344 590.33	243 519 526.87
无形资产	9	4 621 250.00	322 166.73	4 621 250.00	322 166.73
递延所得税资产	10	—	980.13	—	—
其他资产	11	19 637 079.83	27 797 105.45	19 596 251.09	27 789 105.45
资产总计		2 556 074 735.64	2 199 506 709.93	2 552 280 720.94	2 197 657 824.84
负债					
应付职工薪酬	12	103 982 797.90	56 669 187.70	103 702 797.90	56 669 187.70
应交税费	13	21 485 487.20	15 094 524.66	21 192 931.29	15 104 917.63
递延所得税负债	10	119 377 452.05	121 914 359.32	119 377 452.05	121 914 359.32
其他负债	14	22 829 631.36	16 250 174.83	22 628 977.13	16 249 674.83
负债合计		267 675 368.51	209 928 246.51	266 902 158.37	209 938 139.48
所有者权益实收资本	15	1 200 000 000.00	1 200 000 000.00	1 200 000 000.00	1 200 000 000.00
资本公积	16	400 014 025.00	382 267 228.36	400 014 025.00	382 270 168.75
盈余公积	17	148 399 962.49	112 384 037.78	148 097 477.06	112 197 460.96
信托赔偿准备	18	68 875 071.14	50 925 063.09	68 875 071.14	50 925 063.09
一般风险准备	19	23 348 192.40	16 369 449.70	23 348 192.40	16 369 449.70
未分配利润	20	447 762 116.10	227 632 684.49	445 043 796.97	225 957 542.86
归属于母公司所有者权益合计		2 288 399 367.13	1 989 578 463.42	2 285 378 562.57	1 987 719 685.36
少数股东权益		—	—	—	—
所有者权益合计		2 288 399 367.13	1 989 578 463.42	2 285 378 562.57	1 987 719 685.36
负债和所有者权益总计		2 556 074 735.64	2 199 506 709.93	2 552 280 720.94	2 197 657 824.84

附注为财务报表的组成部分。

法定代表人：朱立教　　主管会计工作负责人：周也勤　　会计机构负责人：陶　娟

5.1.3 利润表

公司及合并利润表

2013年12月31日

单位:元

项目	附注八	合并		公司	
		本年余额	上年余额	本年余额	上年余额
一、营业收入		670 397 211.88	520 998 442.60	667 730 308.38	518 398 480.26
利息净收入	21	78 200 856.92	61 669 144.98	77 910 146.79	61 669 144.98
手续费及佣金净收入	22	489 055 396.32	431 401 204.69	489 055 396.32	431 401 204.69
投资收益	23	99 632 735.32	24 882 884.04	99 813 257.70	22 282 921.70
公允价值变动损益	24	950 912.57	3 231 204.73	950 912.57	3 231 204.73
其他业务收入	25	2 557 310.75	136 545.00	595.00	136 545.00
汇兑损益	—	(322 540.84)	—	(322 540.84)	
二、营业支出		194 783 256.85	154 665 298.96	193 769 103.12	154 583 873.33
营业税金及附加	26	36 033 206.04	27 536 990.40	35 878 996.03	27 536 990.40
业务及管理费	27	158 750 050.81	127 105 340.56	157 890 107.09	127 023 914.93
其他业务成本	28	—	22 968.00	—	22 968.00
三、营业利润		475 613 955.03	366 333 143.64	473 961 205.26	363 814 606.93
加:营业外收入	29	1 662 369.97	175 918.07	1 662 369.97	175 918.07
减:营业外支出	30	3 836 642.85	345 433.17	3 833 889.10	345 433.17
四、利润总额		473 439 682.15	366 163 628.54	471 789 686.13	363 645 091.83
减:所得税费用	31	113 280 435.08	86 917 754.20	112 789 525.17	86 274 166.03
五、净利润		360 159 247.07	279 245 874.34	359 000 160.96	277 370 925.80
其中:					
归属于母公司股东的净利润		360 159 247.07	279 245 874.34	359 000 160.96	277 370 925.80
少数股东损益		—	—	—	—
六、其他综合收益	32	17 746 796.64	377 898 552.36	17 743 856.25	377 901 492.75
八、综合收益总额		377 906 043.71	657 144 426.70	376 744 017.21	655 272 418.55
归属于母公司股东综合收益总额		377 906 043.71	657 144 426.70	376 744 017.21	655 272 418.55
归属于少数股东的综合收益总额		—	—	—	—

附注为财务报表的组成部分

5.1.4 现金流量表

公司及合并现金流量表

2013年12月31日

单位:元

项目	附注八	合并		公司	
		本年余额	上年余额	本年余额	上年余额
一、经营活动产生的现金流量:					
收取利息、手续费及佣金的现金		584 329 473.97	505 788 194.02	581 285 013.84	505 711 945.19
收到其他与经营活动有关的现金		2 220 097.98	312 963.07	2 220 092.79	312 463.07
客户贷款及垫款净减少额		45 500 000.00	—	45 500 000.00	—
经营活动现金流入小计		632 049 571.95	506 101 157.09	629 005 106.63	506 024 408.26
客户贷款及垫款净增加额		—	36 500 000.00	—	36 500 000.00
支付给职工以及为职工支付的现金		66 538 322.95	49 440 907.79	66 135 235.58	49 313 209.01
支付的各项税费		155 315 613.45	123 869 466.77	154 936 025.94	123 202 903.71
买入返售金融资产净增加额		47 399 808.80	20 001 000.00	47 399 808.80	20 001 000.00
支付其他与经营活动有关的现金		29 877 420.06	23 730 426.29	29 712 234.28	23 705 032.53
经营活动现金流出小计		299 131 165.26	253 541 800.85	298 183 304.60	252 722 145.25

续表

项　目	附注八	合并		公司	
		本年余额	上年余额	本年余额	上年余额
经营活动产生的现金流量净额	34	332 918 406. 69	252 559 356. 24	330 821 802. 03	253 302 263. 01
二、投资活动产生的现金流量:					
收回投资收到的现金		188 566 034. 48	134 599 812. 65	188 566 034. 48	134 599 812. 65
取得投资收益收到的现金		38 747 261. 60	24 889 444. 02	38 747 261. 60	22 287 295. 02
处置固定资产、无形资产和其他长期资产收回的现金净额		338 921. 78	9 465. 11	338 921. 78	9 465. 11
投资活动现金流入小计		227 652 217. 86	159 498 721. 78	227 652 217. 86	156 896 572. 78
投资支付的现金		552 500 000. 00	340 323 601. 33	622 500 000. 00	326 820 327. 33
取得子公司支付的现金		—	—	—	—
购建固定资产、无形资产和其他长期资产支付的现金		20 405 909. 84	237 452 169. 00	20 362 225. 84	237 452 169. 00
投资活动现金流出小计		572 905 909. 84	577 775 770. 33	642 862 225. 84	564 272 496. 33
投资活动产生的现金流量净额		(345 253 691. 98)	(418 277 048. 55)	(415 210 007. 98)	(407 375 923. 55)
三、筹资活动产生的现金流量:					
吸收投资收到的现金		—	230 000 000. 00	—	230 000 000. 00
筹资活动现金流入小计		—	230 000 000. 00	—	230 000 000. 00
分配股利、利润或偿付利息支付的现金		79 085 140. 00	—	79 085 140. 00	—
筹资活动现金流出小计		79 085 140. 00	—	79 085 140. 00	—
筹资活动产生的现金流量净额		(79 085 140. 00)	230 000 000. 00	(79 085 140. 00)	230 000 000. 00
四、汇率变动对现金及现金等价物的影响		—	—	—	—
五、现金及现金等价物净增加额		(91 420 425. 29)	64 282 307. 69	(163 473 345. 95)	75 926 339. 46
加:年初现金及现金等价物余额	33	221 499 098. 21	157 216 790. 52	218 156 360. 07	142 230 020. 61
六、年末现金及现金等价物余额	33	130 078 672. 92	221 499 098. 21	54 683 014. 12	218 156 360. 07

附注为财务报表的组成部分

5. 1. 5　所有者权益变动表

合并所有者权益变动表

2013 年 12 月 31 日

单位:元

	本年金额							
	归属于母公司所有者权益						少数股东权益	所有者权益合计
	实收资本	资本公积	盈余公积	信托赔偿准备	一般风险准备	未分配利润		
一、2013 年 1 月 1 日余额	1 200 000 000. 00	382 267 228. 36	112 384 037. 78	50 925 063. 09	16 369 449. 70	227 632 684. 49	—	1 989 578 463. 42
二、本年增减变动金额	—	17 746 796. 64	36 015 924. 71	17 950 008. 05	6 978 742. 70	220 129 431. 61	—	298 820 903. 71
(一)净利润	—	—	—	—	—	360 159 247. 07	—	360 159 247. 07
(二)其他综合收益	—	17 746 796. 64	—	—	—	—	—	17 746 796. 64
(一)和(二)小计	—	17 746 796. 64	—	—	—	360 159 247. 07	—	377 906 043. 71
(三)所有者投入和减少资本								
1. 所有者投入和减少资本	—	—	—	—	—	—	—	—
2. 其他	—	—	—	—	—	—	—	—
(四)利润分配								
1. 提取盈余公积	—	—	36 015 924. 71	—	—	(36 015 924. 71)	—	—
2. 提取一般风险准备	—	—	—	—	6 978 742. 70	(6 978 742. 70)	—	—
3. 提取信托赔偿准备	—	—	—	17 950 008. 05	—	(17 950 008. 05)	—	—
4. 对所有者的分配	—	—	—	—	—	(79 085 140. 00)	—	(79 085 140. 00)
三、2013 年 12 月 31 日余额	1 200 000 000. 00	400 014 025. 00	148 399 962. 49	68 875 071. 14	23 348 192. 40	447 762 116. 10	—	2 288 399 367. 13

合并所有者权益变动表（续）

	上年金额							
	归属于母公司所有者权益						少数股东权益	所有者权益合计
	实收资本	资本公积	盈余公积	信托赔偿准备	一般风险准备	未分配利润		
一、2012 年 1 月 1 日余额	590 000 000. 00	70 368 676. 00	84 460 368. 39	37 056 516. 80	5 070 668. 00	315 477 807. 53	—	1 102 434 036. 72
二、本年增减变动金额	610 000 000. 00	311 898 552. 36	27 923 669. 39	13 868 546. 29	11 298 781. 70	(87 845 123. 04)	—	887 144 426. 70
（一）净利润	—	—	—	—	—	279 245 874. 34	—	279 245 874. 34
（二）其他综合收益	—	377 898 552. 36	—	—	—	—	—	377 898 552. 36
（一）和（二）小计	—	377 898 552. 36	—	—	—	279 245 874. 34	—	657 144 426. 70
（三）所有者投入和减少资本								
1. 所有者投入和减少资本	610 000 000. 00	(66 000 000. 00)	—	—	—	(314 000 000. 00)	—	230 000 000. 00
2. 其他	—	—	—	—	—	—	—	—
（四）利润分配								
1. 提取盈余公积	—	—	27 923 669. 39	—	—	(27 923 669. 39)	—	—
2. 提取一般风险准备	—	—	—	—	11 298 781. 70	(11 298 781. 70)	—	—
3. 提取信托赔偿准备	—	—	—	13 868 546. 29	—	(13 868 546. 29)	—	—
4. 对所有者的分配	—	—	—	—	—	—	—	—
三、2012 年 12 月 31 日余额	1 200 000 000. 00	382 267 228. 36	112 384 037. 78	50 925 063. 09	16 369 449. 70	227 632 684. 49	—	1 989 578 463. 42

合并所有者权益变动表

2013 年 12 月 31 日

单位：元

	本年金额						
	实收资本	资本公积	盈余公积	信托赔偿准备	一般风险准备	未分配利润	所有者权益合计
一、2013 年 1 月 1 日余额	1 200 000 000. 00	382 270 168. 75	112 197 460. 96	50 925 063. 09	16 369 449. 70	225 957 542. 86	1 987 719 685. 36
二、本年增减变动金额	—	17 743 856. 25	35 900 016. 10	17 950 008. 05	6 978 742. 70	219 086 254. 11	297 658 877. 21
（一）净利润	—	—	—	—	—	359 000 160. 96	359 000 160. 96
（二）其他综合收益	—	17 743 856. 25	—	—	—	—	17 743 856. 25
（一）和（二）小计	—	17 743 856. 25	—	—	—	359 000 160. 96	376 744 017. 21
（三）所有者投入和减少资本							
1. 所有者投入和减少资本	—	—	—	—	—	—	—
2. 其他	—	—	—	—	—	—	—
（四）利润分配							
1. 提取盈余公积	—	—	35 900 016. 10	—	—	(35 900 016. 10)	—
2. 提取一般风险准备	—	—	—	—	6 978 742. 70	(6 978 742. 70)	—
3. 提取信托赔偿准备	—	—	—	17 950 008. 05	—	(17 950 008. 05)	—
4. 对所有者的分配	—	—	—	—	—	(79 085 140. 00)	(79 085 140. 00)
三、2013 年 12 月 31 日余额	1 200 000 000. 00	400 014 025. 00	148 097 477. 06	68 875 071. 14	23 348 192. 40	445 043 796. 97	2 285 378 562. 57

公司所有者权益变动表（续）

2013 年 12 月 31 日

	上年金额						
	实收资本	资本公积	盈余公积	信托赔偿准备	一般风险准备	未分配利润	所有者权益合计
一、2012 年 1 月 1 日余额	590 000 000. 00	70 368 676. 00	84 460 368. 39	37 056 516. 80	5 070 668. 00	315 491 037. 62	1 102 447 266. 81
二、本年增减变动金额	610 000 000. 00	311 901 492. 75	27 737 092. 57	13 868 546. 29	11 298 781. 70	(89 533 494. 76)	885 272 418. 55
（一）净利润	—	—	—	—	—	277 370 925. 80	277 370 925. 80
（二）其他综合收益	—	377 901 492. 75	—	—	—	—	377 901 492. 75
（一）和（二）小计	—	377 901 492. 75	—	—	—	277 370 925. 80	655 272 418. 55
（三）所有者投入和减少资本							
1. 所有者投入和减少资本	610 000 000. 00	(66 000 000. 00)	—	—	—	(314 000 000. 00)	230 000 000. 00
2. 其他	—	—	—	—	—	—	—
（四）利润分配							
1. 提取盈余公积	—	—	27 737 092. 57	—	—	(27 737 092. 57)	—
2. 提取一般风险准备	—	—	—	—	11 298 781. 70	(11 298 781. 70)	—
3. 提取信托赔偿准备	—	—	—	13 868 546. 29	—	(13 868 546. 29)	—
4. 对所有者的分配	—	—	—	—	—	—	—
三、2012 年 12 月 31 日余额	1 200 000 000. 00	382 270 168. 75	112 197 460. 96	50 925 063. 09	16 369 449. 70	225 957 542. 86	1 987 719 685. 36

5.2 信托资产(未经审计)

5.2.1 信托项目资产负债汇总表

信托项目资产负债汇总表

编报单位:苏州信托有限公司　　2012 年 12 月 31 日　　单位:万元

信托资产	期末余额	年初余额	信托负债和信托权益	期末余额	年初余额
信托资产			信托负债		
货币资金	83432.42	36999.90	交易性金融负债	0.00	0.00
拆出资金	0.00	0.00	衍生金融负债	0.00	0.00
存出保证金	0.00	0.00	应付受托人报酬	1304.12	2173.37
交易性金融资产	36.15	1602.22	应付托管费	0.00	57.35
衍生金融资产	0.00	0.00	应付受益人收益	4242.24	6400.02
买入返售金融资产	0.00	0.00	应交税费	0.00	0.00
应收款项	35367.00	8276.98	应付销售服务费	0.00	0.00
发放贷款	1875789.60	781548.46	其他应付款项	73351.53	19972.54
可供出售金融资产	0.00	0.00	预计负债	0.00	0.00
持有至到期投资	2701444.50	1320344.38	其他负债	0.00	0.00
长期应收款	0.00	0.00	信托负债合计	78897.89	28603.28
长期股权投资	1690381.75	971119.40	信托权益		
投资性房地产	0.00	0.00	实收信托	6264007.46	3076809.67
固定资产	0.00	0.00	资本公积	0.00	0.00
无形资产	0.00	0.00	损益平准金	0.00	0.00
长期待摊费用	0.00	0.00	未分配利润	43546.07	14478.38
其他资产	0.00	0.00	信托权益合计	6307553.53	3091288.06
信托资产总计	6386451.42	3119891.34	信托负债和信托权益总计	6386451.42	3119891.34

公司负责人:朱立教　　主管会计工作的公司负责人:周也勤　　信托会计机构负责人:刘瑞英

5.2.2 信托项目利润及利润分配汇总表

信托项目利润及利润分配汇总表

编报单位:苏州信托有限公司　　2013 年度　　单位:万元

项　目	本年金额	上年金额
1. 营业收入	431 664.78	251 586.55
1.1 利息收入	131 507.64	76 416.65
1.2 投资收益(损失以“-”号填列)	300 065.14	171 642.90
1.2.1 其中:对联营企业和合营企业的投资收益	0.00	0.00
1.3 公允价值变动收益(损失以“-”号填列)	12.00	324.17
1.4 租赁收入	0.00	1 434.60
1.5 汇兑损益(损失以“-”号填列)	0.00	0.00
1.6 其他收入	80.00	1 768.24
2. 支出	77 431.87	62 472.23
2.1 营业税金及附加	0.00	1 262.18
2.2 受托人报酬	46 090.65	42 215.32
2.3 托管费	7 938.77	8 531.35
2.4 投资管理费	0.00	0.00
2.5 销售服务费	0.00	0.00
2.6 交易费用	175.56	137.49
2.7 资产减值损失	0.00	0.00
2.8 其他费用	23 226.89	10 325.89
3. 信托净利润(净亏损以“-”号填列)	354 232.91	189 114.32
4. 其他综合收益	0.00	0.00
5. 综合收益	354 232.91	189 114.32
6. 加:期初未分配信托利润	14 478.38	13 548.14
7. 可供分配的信托利润	368 711.29	202 662.46
8. 减:本期已分配信托利润	325 165.22	188 184.08
9. 期末未分配信托利润	43 546.07	14 478.38

公司负责人:朱立教　　主管会计工作的公司负责人:周也勤　　信托会计机构负责人:刘瑞英

6. 会计报表附注

6.1 会计报表不符合会计核算基本前提的说明

无。

6.1.1 会计报表不符合会计核算基本前提的事项

无。

6.1.2 对编制合并会计报表的公司应说明纳入合并范围的子公司情况、母公司所持有的权益性资本的比例及合并期间

根据苏州市人民政府国有资产监督管理委员会文件《关于同意苏州信托设立苏州市苏信创业投资有限公司的核准意见》(苏国资改[2011]72 号),本公司于 2011 年 11 月投资 3 000 万元成立全资子公司苏州市苏信创业投资有限公司(以下简称苏信创投),并 2011 年 11 月办理工商登记获取企业法人营业执照。截至 2013 年 12 月 31 日,苏信创投的注册资本增至 1 亿元。

根据 2012 年 11 月 19 日苏信创投董事会决议,苏信创投于 2012 年 11 月 23 日投资 100 万元成立全资子公司苏州苏信宜和投资管理有限公司(以下简称苏信宜和),并于 2012 年 11 月 28 日办理工商登记获取企业法人营业执照。截至 2013 年 12 月 31 日,苏信宜和的注册资本增至 500 万元。

本公司及下属子公司(以下简称本集团)经营范围为:资金信托;动产信托;不动产信托;有价证券信托;其他财产或财产权信托;作为投资基金或基金管理公司的发起人从事投资基金业务;经营企业资产重组、购并及项目融资、公司理财、财务顾问等业务;受托经营国务院有关部门批准的证券承销业务;办

理居间、咨询、资信调查等业务；代保管及保管箱业务；以存放同业、拆放同业、贷款、租赁、投资方式运用固有财产；以固有财产为他人提供担保；从事同业拆借；股权投资等法律法规规定或中国银行业监督管理委员会批准的其他业务。

合并财务报表的合并范围以控制为基础予以确定。控制是指本集团能够决定另一个企业的财务和经营政策，并能据以从该企业的经营活动中获取利益的权力。

子公司采用的主要会计政策和会计期间按照本公司统一规定的会计政策和会计期间厘定。

本公司与子公司及子公司相互之间的所有重大账目及交易于合并时抵销。

本集团编制的财务报表符合新会计准则的要求，真实、完整地反映了本集团 2013 年 12 月 31 日的公司及合并财务状况以及 2013 年的公司及合并经营成果和公司及合并现金流量。

6.2 重要会计政策和会计估计说明

6.2.1 计提资产减值准备的范围和方法

除了以公允价值计量且其变动计入当期损益的金融资产外，本集团在每个资产负债表日对其他金融资产的账面价值进行检查，有客观证据表明金融资产发生减值的，计提减值准备。表明金融资产发生减值的客观证据是指金融资产初始确认后实际发生的、对该金融资产的预计未来现金流量有影响，且企业能够对该影响进行可靠计量的事项。

金融资产发生减值的客观证据，包括下列可观察到的各项事项：

(1) 发行方或债务人发生严重财务困难；

(2) 债务人违反了合同条款，如偿付利息或本金发生违约或逾期等；

(3) 本集团出于经济或法律等方面因素的考虑，对发生财务困难的债务人作出让步；

(4) 债务人很可能倒闭或者进行其他财务重组；

(5) 因发行方发生重大财务困难，导致金融资产无法在活跃市场继续交易；

(6) 无法辨认一组金融资产中的某项资产的现金流量是否已经减少，但根据公开的数据对其进行总体评价后发现，该组金融资产自初始确认以来的预计未来现金流量确已减少且可计量，包括：

①该组金融资产的债务人支付能力逐步恶化；

②债务人所在国家或地区经济出现了可能导致该组金融资产无法支付的状况。

(7) 债务人经营所处的技术、市场、经济或法律环境等发生重大不利变化，使权益工具投资人可能无法收回投资成本；

(8) 权益工具投资的公允价值发生严重或非暂时性下跌；

(9) 其他表明金融资产发生减值的客观证据。

以摊余成本计量的金融资产减值

以摊余成本计量的金融资产发生减值时，将其账面价值减记至按照该金融资产的原实际利率折现确定的预计未来现金流量（不包括尚未发生的未来信用损失）现值，减记金额确认为减值损失，计入当期损益。金融资产确认减值损失后，如有客观证据表明该金融资产价值已恢复，且客观上与确认该损失后发生的事项有关，原确认的减值损失予以转回，但金融资产转回减值损失后的账面价值不超过假定不计提减值准备情况下该金融资产在转回日的摊余成本。

本集团对单项金额重大的金融资产单独进行减值测试；对单项金额不重大的金融资产，单独进行减值测试或包括在具有类似信用风险特征的金融资产组合中进行减值测试。单独测试未发生减值的金融资产（包括单项金额重大和不重大的金融资产），包括在具有类似信用风险特征的金融资产组合中再进行减值测试。已单项确认减值损失的金融资产，不再包括在具有类似信用风险特征的金融资产组合中进行减值测试。

可供出售金融资产减值

可供出售金融资产发生减值时，将原直接计入资本公积的因公允价值下降形成的累计损失予以转出并计入当期损益，该转出的累计损失为该资产初始取得成本扣除已收回本金和已摊销金额、当前公允价值和原已计入损益的减值损失后的余额。

在确认减值损失后，期后如有客观证据表明该金融资产价值已恢复，且客观上与确认该损失后发生的事项有关，原确认的减值损失予以转回，可供出售权益工具投资的减值损失转回确认为其他综合收益并计入资本公积，可供出售债务工具的减值损失转回计入当期损益。

6.2.2 金融资产四分类的范围和标准

以常规方式买卖金融资产，按交易日会计进行确认和终止确认。金融资产在初始确认时划分为以公允价值计量且其变动计入当期损益的金融资产、持有至到期投资、贷款和应收款项以及可供出售金融资产。初始确认金融资产，以公允价值计量。对于以公允价值计量且其变动计入当期损益的金融资产，相关的交易费用直接计入当期损益，对于其他类别的金融资产，相关交易费用计入初始确认金额。

6.2.2.1 以公允价值计量且其变动计入当期损益的金融资产

以公允价值计量且其变动计入当期损益的金融资产包括交易性金融资产和指定为以公允价值计量且其变动计入当期损益的金融资产。本集团以公允价值计量且其变动计入当期损益的金融资产均为交易性金融资产。

交易性金融资产是指满足下列条件之一的金融资产：(1) 取得该金融资产的目的，主要是为了近期内出售。(2) 初始确认时属于进行集中管理的可辨认金融工具组合的一部分，且有客观证据表明本集团近期采用短期获利方式对该组合进行管理。(3) 属于衍生工具，但是被指定且为有效套期工具的衍生工具、属于财务担保合同的衍生工具、与在活跃市场中没有报价且其公允价值不能可靠计量的权益工具投资挂钩并须通过交付该权益工具结算的衍生工具除外。

6.2.2. 持有至到期投资

持有至到期投资是指到期日固定、回收金额固定或可确定，且本集团有明确意图和能力持有至到期的非衍生金融资产。

6.2.2.3 贷款和应收款项

贷款和应收款项是指在活跃市场中没有报价、回收金额固定或可确定的非衍生金融资产。本集团划分为贷款和应收款的金融资产包括发放贷款和垫款、应收利息及买入返售金融资产等。

6.2.2.4 可供出售金融资产

可供出售金融资产包括初始确认时即被指定为可供出售的非衍生金融资产，以及除了以公允价值计量且其变动计入当期损益的金融资产、贷款和应收款项、持有至到期投资以外的金融资产。初始确认时即被指定为可供出售的非衍生金融资产包括但不限于出于流动性管理目的或根据市场环境变化而可能提前出售的金融资产。

固有资金投资形成的长期股权投资，参照《关于证券公司执行〈企业会计准则〉有关核算问题的通知》（证监会计字［2007］34号）的规定，在被投资公司股票上市后，如对被投资公司不具有控制、共同控制或重大影响，应当于被投资公司股票上市之日将该项投资转作可供出售金融资产。

6.2.3 交易性金融资产核算方法

交易性金融资产采用公允价值进行后续计量，公允价值变动形成的利得或损失以及与该金融资产相关的股利和利息收入计入当期损益。

6.2.4 可供出售金融资产核算方法

可供出售金融资产采用公允价值进行后续计量，公允价值变动形成的利得或损失，除减值损失和外币货币性金融资产与摊余成本相关的汇兑差额计入当期损益外，确认为其他综合收益并计入资本公积，在该金融资产终止确认时转出，计入当期损益。

可供出售金融资产持有期间取得的利息及被投资单位宣告发放的现金股利，计入投资收益。

在活跃市场中没有报价且其公允价值不能可靠计量的权益工具投资，以及与该权益工具挂钩并须通过交付该权益工具结算的衍生金融资产，按照成本计量。

6.2.5 持有至到期投资核算方法

持有至到期投资采用实际利率法，按摊余成本进行后续计量，在终止确认、发生减值或摊销时产生的利得或损失，计入当期损益。

6.2.6 长期股权投资

对于企业合并形成的长期股权投资，如为同一控制下的企业合并取得的长期股权投资，在合并日按照取得被合并方股东权益账面价值的份额作为投资成本；通过非同一控制下的企业合并取得的长期股权投资，按照合并成本作为长期股权投资的投资成本。对于多次交易实现非同一控制下的企业合并，长期股权投资成本为购买日之前所持被购买方的股权投资的账面价值与购买日新增投资成本之和。除企业合并形成的长期股权投资外的其他股权投资，按成本进行初始计量。

本集团对被投资单位不具有共同控制或重大影响并且在活跃市场中没有报价、公允价值不能可靠计量的长期股权投资，采用成本法核算；此外，本公司财务报表采用成本法核算对子公司的长期股权投资。子公司是指本集团能够对其实施控制的被投资单位。

采用成本法核算时，长期股权投资按初始投资成本计价，除取得投资时实际支付的价款或者对价中包含的已宣告但尚未发放的现金股利或者利润外，当期投资收益按照享有被投资单位宣告发放的现金股利或利润确认。

本集团对联营企业和合营企业的投资采用权益法核算。联营企业是指本集团能够对其施加重大影响的被投资单位，合营企业是指本集团与其他投资方对其实施共同控制的被投资单位。

本集团对联营企业和合营企业的投资采用权益法核算。联营企业是指本集团能够对其施加重大影响的被投资单位，合营企业是指本集团与其他投资方对其实施共同控制的被投资单位。

采用权益法核算时，长期股权投资的初始投资成本大于投资时应享有被投资单位可辨认净资产公允价值份额的，不调整长期股权投资的初始投资成本；初始投资成本小于投资时应享有被投资单位可辨认净资产公允价值份额的，其差额计入当期损益，同时调整长期股权投资的成本。

采用权益法核算时，当期投资损益为应享有或应分担的被投资单位当年实现的净损益的份额。在确认应享有被投资单位净损益的份额时，以取得投资时被投资单位各项可辨认资产等的公允价值为基础，并按照本集团的会计政策及会计期间，对被投资单位的净利润进行调整后确认。对于本集团与联营企业及合营之间发生的未实现内部交易损益按照持股比例计算属于本集团的部分予以抵销，在此基础上确认投资损益。但本集团与被投资单位发生的未实现内部交易损失，属于所转让资产减值损失的，不予以抵销。对被投资单位除净损益以外的其他所有者权益变动，相应调整长期股权投资的账面价值确认为其他综合收益并计入资本公积。

在确认应分担被投资单位发生的净亏损时，以长期股权投资的账面价值和其他实质上构成对被投资单位净投资的长期权益减记至零为限。此外，如本集团对被投资单位负有承担额外损失的义务，则按预计承担的义务确认预计负债，计入当期投资损失。被投资单位以后期间实现净利润的，本集团在收益分享额弥补未确认的亏损分担额后，恢复确认收益分享额。

处置长期股权投资时，其账面价值与实际取得价款的差额，计入当期损益。采用权益法核算的长期股权投资，在处置时将原计入所有者权益的部分按相应的比例转入当期损益。

参照《关于证券公司执行〈企业会计准则〉有关核算问题的通知》（证监会计字［2007］34号），固有资金投资的被投资公司股票上市后，如对被投资公司存在控制、共同控制或重大影响，应当继续作为长期股权投资，并视对被投资公司的影响程度分别采用成本法或权益法核算；如对被投资公司不具有控制、共同控制或重大影响，应当于被投资公司股票上市之日将该项投资转作可供出售金融资产进行初始及后续计量。

控制是指有权决定一个企业的财务和经营政策，并能据以从该企业的经营活动中获取利益。共同控制是指按照合同约定对某项经济活动所共有的控制，仅在与该项经济活动相关的重要财务和经营决策需要分享控制权的投资方一致同意时存在。重大影响是指对一个企业的财务和经营政策有参与决策的权力，但并不能够控制或者与其他方一起共同控制这些政策的制定。在确定能否对被投资单位实施控制或施加重大影响时，已考虑投资企业和其他方持有的被投资单位当期可转换公司债券、当期可执行认股权证等潜在表决权因素。

本集团在每一个资产负债表日检查长期股权投资是否存在可能发生减值的迹象。如果该资产存在减值迹象，则估计其可收回金额。如果资产的可收回金额低于其账面价值，按其差额计提资产减值准备，并计入当期损益。

长期股权投资的减值损失一经确认，在以后会计期间不予转回。

6.2.7 固定资产计价和折旧办法

固定资产是指为提供劳务、出租或经营管理而持有的，使用寿命超过一个会计年度的有形资产。固定资产仅在与其有关的经济利益很可能流入本集团，且其成本能够可靠地计量时才予以确认。固定资产按成本并考虑预计弃置费用因素的影响进行初始计量。

与固定资产有关的后续支出，如果与该固定资产有关的经济利益很可能流入且其成本能可靠地计量，则计入固定资产成本，并终止确认被替换部分的账面价值。除此以外的其他后续支出，在发生时计八当期损益。

固定资产从达到预定可使用状态的次月起，采用年限平均法在使用寿命内计提折旧。各类固定资产的使用寿命、预计净残值和年折旧率如下：

类别	使用寿命（年）	预计净残值率（%）	年折旧率（%）
房屋及建筑物	30 ~35	5	2.71 ~3.17
运输设备	5	5	19.00
电子及机器设备	3 ~10	5	9.50 ~31.67
其他	5	5	19.00

预计净残值是指假定固定资产预计使用寿命已满并处于使用寿命终了时的预期状态，本集团目前从该项资产处置中获得的扣除预计处置费用后的金额。

本集团在每一个资产负债表日检查固定资产是否存在可能发生减值的迹象。如果该资产存在减值迹象，则估计其可收回金额。估计资产的可收回金额以单项资产为基础，如果难以对单项资产的可收回金额进行估计的，则以该资产所属的资产组为基础确定资产组的可收回金额。如果资产或资产组的可收回金额低于其账面价值，按其差额计提资产减值准备，并计入当期损益。

固定资产减值损失一经确认，在以后会计期间不予转回。

6.2.8 无形资产计价及摊销政策

无形资产是指本集团拥有或者控制的没有实物形态的可辨认非货币性资产。

无形资产按成本进行初始计量。使用寿命有限的无形资产自可供使用时起，对其原值减去预计净残值和已计提的减值准备累计金额在其预计使用寿命内采用直线法分期平均摊销。使用寿命不确定的无形资产不予摊销。

年末，对使用寿命有限的无形资产的使用寿命和摊销方法进行复核，必要时进行调整。

本集团在每一个资产负债表日检查使用寿命确定的无形资产是否存在可能发生减值的迹象。如果该等资产存在减值迹象，则估计其可收回金额。估计资产的可收回金额以单项资产为基础，如果难以对单项资产的可收回金额进行估计的，则以该资产所属的资产组为基础确定资产组的可收回金额。如果资产或资产组的可收回金额低于其账面价值，按其差额计提资产减值准备，并计入当期损益。

使用寿命不确定的无形资产和尚未达到可使用状态的无形资产，无论是否存在减值迹象，每年均进行减值测试。

无形资产减值损失一经确认，在以后会计期间不予转回。

6.2.9 贷款和应收款项的核算方法

贷款和应收款项是指在活跃市场中没有报价、回收金额固定或可确定的非衍生金融资产。本集团划分为贷款和应收款的金融资产包括发放贷款和垫款、应收利息及买入返售金融资产等。

贷款和应收款项采用实际利率法，按摊余成本进行后续计量，在终止确认、发生减值或摊销时产生的利得或损失，计入当期损益。

6.2.10 长期待摊费用的摊销政策

本集团已发生但应由本期和以后各期负担的分摊期限在1年以上的各项费用，按受益期限内平均摊销。

6.2.11 合并会计报表的编制方法

合并财务报表的合并范围以控制为基础予以确定。控制是指本集团能够决定另一个企业的财务和经营政策，并能据以从该企业的经营活动中获取利益的权力。

子公司采用的主要会计政策和会计期间按照本公司统一规定的会计政策和会计期间厘定。

本公司与子公司及子公司相互之间的所有重大账目及交易于合并时抵销。

子公司所有者权益中不属于母公司的份额作为少数股东权益，在合并资产负债表中股东权益项目下以“少数股东权益”项目列示。子公司当期净损益中属于少数股东权益的份额，在合并利润表中净利润项目下以“少数股东损益”项目列示。

少数股东分担的子公司的亏损超过了少数股东在该子公司期初所有者权益中所享有的份额，其余额仍冲减少数股东权益。

对于购买子公司少数股权或因处置部分股权投资但没有丧失对该子公司控制权的交易，作为权益性交易核算，调整归属于母公司所有者权益和少数股东权益的账面价值以反映其在子公司中相关权益的变化。少数股东权益的调整额与支付（收到）对价的公允价值之间的差额调整资本公积，资本公积不足冲减的，调整留存收益。

因处置部分股权投资或其他原因丧失了对原有子公司控制权的，剩余股权按照其在丧失控制权日的公允价值进行重新计量。处置股权取得的对价与剩余股权公允价值之和，减去按原持股比例计算应享有原子公司自购买日开始持续计算的净资产的份额之间的差额，计入丧失控制权当期的投资收益。与原有子公司股权投资相关的其他综合收益，在丧失控制权时转为当期投资收益。

6.2.12 收入确定原则和方法

6.2.12.1 利息收入

利息收入按照相关金融资产的摊余成本采用实际利率法确认。

6.2.12.2 手续费及佣金收入

信托报酬收入于服务已经提供且收取的金额能够可靠地计量时，按权责发生制确认收入。

财务顾问费收入于服务已经提供且收取的金额能够可靠地计量时，按权责发生制确认收入。

6.2.12.3 其他业务收入

房租收入于合同已经履行且收取的金额能够可靠地计量时，按权责发生制确认收入。

管理费收入系本集团根据与苏州苏信元和股权投资有限公司、苏州苏信元丰股权投资企业（有限合伙）（以下简称创投企业）分别签订的《委托管理协议》，接受两家创投企业委托作为投资管理者从事投资活动而收取的管理费。本集团每年发分别向两家创投企业按其股本的一定比例收取管理费。

6.2.13 所得税的会计处理方法

所得税费用包括当期所得税和递延所得税。

资产负债表日，对于当期和以前期间形成的当期所得税负债（或资产），按照税法规定计算的预期应交纳（或返还）的所得税金额计量。

对于某些资产、负债项目的账面价值与其计税基础之间的差额，以及未作为资产和负债确认但按照税法规定可以确定其计税基础的项目的账面价值与计税基础之间的差额产生的暂时性差异，采用资产负债表债务法确认递延所得税资产及递延所得税负债。

一般情况下所有暂时性差异均确认相关的递延所得税。但对于可抵扣暂时性差异，本公司以很可能取得用来抵扣可抵扣暂时性差异的应纳税所得额为限，确认相关的递延所得税资产。

对于能够结转以后年度的可抵扣亏损和税款抵减，以很可能获得用来抵扣可抵扣亏损和税款抵减的未来应纳税所得额为限，确认相应的递延所得税资产。

资产负债表日，对于递延所得税资产和递延所得税负债，根据税法规定，按照预期收回相关资产或清偿相关负债期间的适用税率计量。

除与直接计入其他综合收益或所有者权益的交易和事项相关的当期所得税和递延所得税计入其他综合收益或所有者权益，以及企业合并产生的递延所得税调整商誉的账面价值外，其余当期所得税和递延所得税费用或收益计入当期损益。

资产负债表日，对递延所得税资产的账面价值进行复核，如果未来很可能无法获得足够的应纳税所得额用以抵扣递延所得税资产的利益，则减记递延所得税资产的账面价值。在很可能获得足够的应纳税所得额时，减记的金额予以转回。

当拥有以净额结算的法定权利，且意图以净额结算或取得资产、清偿负债同时进行时，本集团当期所得税资产及当期所得税负债以抵销后的净额列报。

当拥有以净额结算当期所得税资产及当期所得税负债的法定权利，且递延所得税资产及递延所得税负债是与同一税收征管部门对同一纳税主体征收的所得税相关或者是对不同的纳税主体相关，但在未来每一具有重要性的递延所得税资产及负债转回的期间内，涉及的纳税主体意图以净额结算当期所得税资产和负债或是同时取得资产、清偿负债时，本集团递延所得税资产及递延所得税负债以抵销后的净额列报。

6.2.14 信托报酬确认原则和方法

信托报酬收入于服务已经提供且收取的金额能够可靠地计量时，按权责发生制确认收入。

6.3 或有事项说明

公司对外提供借款担保的期初、期末无余额。

6.4 重要资产转让及其出售的说明

公司无重要资产转让及出售。

6.5 会计报表中重要项目的明细资料

6.5.1 披露自营资产经营情况

6.5.1.1 按信用风险五级分类结果披露信用风险资产的期初、期末数

风险分类	正常类（万元）	关注类（万元）	次级类（万元）	可疑类（万元）	损失类（万元）	信用风险资产合计（万元）	不良资产合计（万元）	不良资产率（%）
期初数	72 495	0	0	0	0	72 495	0	0
期末数	54 832	0	0	0	0	54 832	0	0

注：不良资产合计＝次级类＋可疑类＋损失类。

6.5.1.2 资产减值损失准备的期初、本期计提、本期转回、本期核销、期末数

单位：万元

	期初数	本期计提	本期转回	本期核销	期末数
贷款损失	—	—	—	—	—
一般准备	—	—	—	—	—
专项准备	—	—	—	—	—
其他资产减值准备	—	—	—	—	—
可供出售金融资产减值准备	—	—	—	—	—
持有至到期投资减值准备	—	—	—	—	—
长期股权投资减值准备	—	—	—	—	—
坏账准备	—	—	—	—	—
投资性房地产减值准备	—	—	—	—	—

6.5.1.3 按照投资品种分类，分别披露固有业务股票投资、基金投资、债券投资、股权投资等投资业务的期初数、期末数

单位：万元

	自营股票	基金	债券	长期股权投资	其他投资	合计
期初数	2 449	—		34 535	86 014	122 998
期末数	62 111	—	—	34 481	71 350	167 942

6.5.1.4 按投资入股金额排序，前五名的自营长期股权投资的企业名称、占被投资企业权益的比例、主要经营活动及投资收益情况等（从大到小顺序排列）

企业名称	占被投资企业权益的比例（%）	主要经营活动	投资损益（万元）
1. 江苏射阳农村商业银行股份有限公司	10.00	银行业务	525
2. 江苏泰州农村商业银行股份有限公司	8.33	银行业务	520
3. 江苏姜堰农村商业银行股份有限公司	4.80	银行业务	324
4. 江苏银行股份有限公司	0.43	银行业务	723
5. 苏州苏信元和股权投资有限公司	42.86	投资业务	−36

6.5.1.5 前五名的自营贷款的企业名称、占贷款总额的比例和还款情况等（从贷款金额大到小顺序排列）

企业名称	占贷款总额比例（%）	还款情况
苏州高新区经济发展集团总公司	24.45	正常
江苏恒神纤维材料有限公司	24.45	正常
苏州太湖缘置地有限公司	19.56	正常
苏州卓运房地产开发有限公司	12.22	正常
吴江祥盛纺织染整有限公司	10.02	正常

6.5.1.6　表外业务的期初数、期末数；按照代理业务、担保业务和其他类型表外业务分别披露

单位：万元

表外业务	期初数	期末数
担保业务	—	—
代理业务（委托业务）	—	—
其他	—	—
合计	—	—

报告期内，公司未发生代理业务（委托业务）。

6.5.1.7　公司当年的收入结构

收入结构	金额（万元）	占比（%）
手续费及佣金收入	48 906	72.77
其中：信托手续费收入	48 576	72.28
投资银行业务收入		0.00
利息收入	7 820	11.64
其他业务收入	256	0.38
其中：计入信托业务收入部分	—	0.00
投资收益	9 963	14.82
其中：股权投资收益	2 050	3.05
证券投资收益	6 513	9.69
其他投资收益	1 400	2.08
公允价值变动收益	95	0.14
营业外收入	166	0.25
全年总收入	67 206	100.00

报告年度实现信托业务收入总额为 48 576 万元，全部以手续费及佣金收入形式确定。

6.5.2　披露信托财产管理情况

6.5.2.1　信托资产的期初数、期末数

单位：万元

信托资产	期初数	期末数
集合	2 225 038.65	3 500 855.59
单一	856 293.86	2 834 125.01
财产权	38 558.83	51 470.82
合计	3 119 891.34	6 386 451.42

6.5.2.1.1　主动管理型信托业务的信托资产期初数、期末数、分证券投资、非证券投资、融资、事务管理类分别披露

单位：万元

主动管理型信托资产	期初数	期末数
证券投资类	106 858.85	5 003.25
非证券投资类	683 816.66	2 338 020.83
融资类	2 302 306.85	3 050 560.31
事务管理类	26 908.98	992 867.03
合计	3 119 891.34	6 386 451.42

6.5.2.1.2　被动管理型信托业务的信托资产期初数、期末数，分证券投资、非证券投资、融资、事务管理类分别披露

单位：万元

被动管理型信托资产	期初数	期末数
证券投资类	0	0
非证券投资类	0	0
融资类	0	0
事务管理类	0	0
合计	0	0

6.5.2.2　本年度已清算结束的信托项目 79 个数、实收信托合计金额 138.48 亿元、加权平均实际年化收益率 7.64%

6.5.2.2.1　本年度已清算结束的集合类、单一类资金信托项目和财产管理类信托项目个数、实收信托金额、加权平均实际年化收益率

已清算结束信托项目	项目个数	实收信托合计金额（万元）	加权平均实际年化收益率（%）
集合类	49	954 086.00	7.60
单一类	30	430 681.00	7.73
财产管理类	0	0.00	0.00

注：1. 收益率是指信托项目清算后、给受益人赚取的实际收益水平。

2. 加权平均实际年化收益率 =（信托项目 1 的实际年化收益率 × 信托项目 1 的实收信托 + 信托项目 2 的实际年化收益率 × 信托项目 2 的实收信托 + … + 信托项目 n 的实际年化收益率 × 信托项目 n 的实收信托）/（信托项目 1 的实收信托 + 信托项目 2 的实收信托 + … + 信托项目 n 的实收信托）×100%。

6.5.2.2.2　本年度已清算结束的主动管理型信托项目个数、实收信托合计金额、加权平均实际年华收益率，分证券投资、非证券投资、融资、事务管理类分别计算并披露

已清算结束信托项目	项目个数	实收信托合计金额（万元）	加权平均实际年化信托报酬率（%）	加权平均实际年化收益率（%）
证券投资类	2	13 000.00	1.26	8.54
非证券投资类	16	339 918.00	1.00	4.35
融资类	60	982 449.00	1.95	8.62
事务管理类	1	49 400.00	1.81	10.41

注：加权平均实际年化信托报酬率 =（信托项目 1 的实际年化信托报酬率 × 信托项目 1 的实收信托 + 信托项目 2 的实际年化信托报酬率 × 信托项目 2 的实收信托 + … + 信托项目 n 的实际年化信托报酬率 × 信托项目 n 的实收信托）/（信托项目 1 的实收信托 + 信托项目 2 的实收信托 + … + 信托项目 n 的实收信托）×100%。

6.5.2.2.3　本年度已清算结束的被动管理型信托项目个数、实收信托合计金额、加权平均实际化收益率，分证券投资、非证券投资、融资、事务管理类分别计算并披露

已清算结束信托项目	项目个数	实收信托合计金额（万元）	加权平均实际年化信托报酬率（%）	加权平均实际年化收益率（%）
证券投资类	0	0	0	0
非证券投资类	0	0	0	0
融资类	0	0	0	0
事务管理类	0	0	0	0

6.5.2.3　本年度新增的集合类、单一类和财产管理类信托项目个数、实收信托合计金额

单位：万元

新增信托项目	项目个数	实收信托合计金额
集合类	56	2 298 524.25
单一类	93	2 397 738.00
财产管理类	0	0.00
新增合计	149	4 696 262.25
其中：主动管理型	149	4 696 262.25
被动管理型	0	0.00

注：本年新增信托项目指在本报告年度内累计新增的信托项目个数和金额。包括含本年度新增并于本年度内结束的项目和本年度新增至报告期末仍在持续管理的信托项目。

6.5.2.4 信托业务创新成果和特色业务有关情况

6.5.2.4.1 创新业务资格

2013年，公司向中国银监会申请“特定目的信托受托机构”业务资格，2013年8月13日经中国银监会(银监复[2013]424号)文批复，核准公司特定目的信托受托机构资格，负责管理特定目的信托财产并发行资产支持证券。

6.5.2.4.2 创新业务品种

2013年公司在发展项目融资型的传统产品模式的同时，积极推动基金型创新产品模式，在基础产业领域推出城镇建设基金型信托产品，采用了双GP的管理方式，以全力支持苏州城乡一体化建设为宗旨，通过为城乡一体化建设项目设立专向投资基金，引导社会资金流向城乡一体化建设事业。在房地产领域推动了业务模式的创新，完善了华实系列类基金型信托产品。

2013年公司在财富管理业务方面，在原有的开放式华荣信托产品的基础上，不断完善信托产品设计，优化信托计划后续管理流程。截至目前，公司设计的华荣系列信托产品涉及平衡配置和积极配置2个大类。华荣信托产品的开发和实施，有助于探索基金化信托产品的运用，培育资产配置的组合运用能力，有助于建立标准化、长期化的产品模式。

6.5.2.4.3 创新业务规模

根据公司制定的战略目标，公司加大创新力度，深化业务模式的创新，分别在基础设施、房地产投资等领域取得了实质性的突破。

(1)推动城市发展基金、房地产投资基金等基金型信托产品的发展，年度内设立城市发展基金、城镇化股权投资、房地产投资基金等基金型信托产品合计4个，规模26.75亿元。

(2)积极探索和推动财富管理业务的发展，目前已经建立起追求长期主动管理的华实系列，开放式TOT的华荣系列，专户理财服务的华丰系列等财富管理产品体系，存续管理的三大系列财富管理类信托计划总计18个，管理信托规模共计29.95亿元。

创新业务规模合计56.7亿元，占到新增总规模的12.07%。通过业务创新，优化交易对手，提高合作层次，完善了公司产品线布局，提升了公司的核心竞争力。

6.5.2.5 本公司履行受托人义务情况及因本公司自身责任而导致的信托资产损失情况(合计金额、原因等)

无。

6.5.2.6 信托赔偿准备金的提取、使用及管理情况

集团按净利润的5%计提信托赔偿准备金，本报告期内计提信托赔偿准备金1 796万元，截至2013年12月31日累计已计提信托赔偿准备金6 888万元，报告期内未使用信托赔偿准备金。

6.6 关联方关系及其交易的披露

6.6.1 关联交易方的数量、关联交易的总金额及关联交易的定价政策等

单位:元

	关联交易方数量	关联交易金额	定价政策
合计	4	280 900 000.00	市场定价原则

注:关联交易定义应以《公司法》和《企业会计准则36号——关联方披露》有关规定为准。

6.6.2 关联交易方与本公司的关系性质、关联交易方的名称、法定代表人、注册地址、注册资本及主营业务等

关系性质	关联方名称	法定代表人	注册地址	注册资本	主营业务
本公司第一大股东	苏州国际发展集团有限公司	黄建林	苏州市东大街101号	10亿元	授权范围内的国有资产经营管理，国内商业、物资供销业(国家规定的专营、专项审批商品除外)，及各类咨询服务。
本公司信托产品	苏信理财·恒信1201集合资金信托计划	无	无	实收信托规模:28 090万元	无
本公司信托产品	苏信理财·扩内需、保增长1号资金信托——绕城高速项目	无	无	实收信托规模:29 367万元	无
本公司信托产品	苏信理财·扩内需、保增长1号资金信托——绕城高速项目2期	无	无	实收信托规模:33 782.1万元	无
本公司信托产品	苏信理财·扩内需、保增长1号资金信托4号	无	无	实收信托规模:35 390万元	无

6.6.3 本公司与关联方的重大交易事项

6.6.3.1 固有与关联方交易情况:贷款、投资、租赁、应收账款、担保、其他方式等期初汇总数、本期借方和贷方发生额汇总数、期末汇总数

本期固有与关联方无交易情况发生。

6.6.3.2 信托与关联方交易情况:贷款、投资、租赁、应收账款、担保、其他方式等期初汇总数、本期借方和贷方发生额汇总数、期末汇总数

单位:万元

信托资产与关联方关联交易																				
贷款			投资			租赁			担保			应收账款			其他			合计		
期初	发生额	期末	期初	发生额	期末	期初	发生额	期末	期初	发生额	期末	期初	发生额	期末	期初	发生额	期末	期初	发生额	期末
150 000 000.00	-150 000 000.00	0.00																150 000 000.00	-150 000 000.00	0.00

6.6.3.3 信托公司自有资金运用于自己管理的信托项目(固信交易)、信托公司管理的信托项目之间的相互(信信交易)交易金额,包括余额和本报告年度的发生额

6.6.3.3.1 固有与信托财产之间的交易金额期初汇总数、本期发生额汇总数、期末汇总数

固有与信托财产之间无交易发生。

6.6.3.3.2 信托财产与信托财产之间的交易情况

单位:万元

信托资产与关联方关联交易																				
贷款			投资			租赁			担保			应收账款			其他			合计		
期初	发生额	期末	期初	发生额	期末	期初	发生额	期末	期初	发生额	期末	期初	发生额	期末	期初	发生额	期末	期初	发生额	期末
															280 900 000.00	0.00	280 900 000.00	280 900 000.00	0.00	280 900 000.00

6.6.4 关联方逾期未偿还本公司资金的详细情况及本公司为关联方担保发生或即将发生垫款的详细情况

至2013年12月31日,本公司未发生关联方逾期未偿还本公司资金情况;本公司无为关联方担保发生或即将发生垫款情况。

6.7 会计制度的披露

6.7.1 固有业务(自营业务)执行会计制度的名称、颁布年份

本公司及下属子公司(以下简称本集团)执行财政部于2006年2月15日正式颁发的《企业会计准则——基本准则》。

6.7.2 信托业务执行会计制度的名称、颁布年份

信托业务核算执行财政部于2006年2月15日正式颁发的《企业会计准则——基本准则》。

7. 财务情况说明书

7.1 利润实现和分配情况

2013年集团实现利润总额47 344万元比上年增长29.3%;实现净利润36 016万元比上年增长28.98%。

2013年初集团未分配利润22 764万元,当年分配股东利润7 908万元,2013年实现净利润36 016万元,年末提取法定盈余公积金3 602万元、信托赔偿准备金1 796万元、一般风险准备698万元,2013年末未分配利润余额44 776万元。

7.2 主要财务指标

指标名称	指标值
资本利润率(%)	16.75①
加权年化信托报酬率(%)	1.7
人均净利润(万元)	400.18②

注:1. 资本利润率=净利润/所有者权益平均余额×100%。

2. 加权年化信托报酬率=(信托项目1的实际年化信托报酬率×信托项目1的实收信托+信托项目2的实际年化信托报酬率×信托项目2的实收信托+…+信托项目n的实际年化信托报酬率×信托项目n的实收信托)/(信托项目1的实收信托+信托项目2的实收信托+…+信托项目n的实收信托)×100%。

3. 人均净利润=净利润/年平均人数。

4. 平均值采取年初、年末余额简单平均法=(年初数+年末数)/2。

7.3 对公司财务状况、经营成果有重大影响的其他事项

无。

8. 特别事项简要揭示

8.1 前五名股东报告期内变动情况及原因

报告期内公司股东及持股比例无变动。

8.2 公司董事、监事及高级管理人员变动情况及原因

报告期内,公司第三届董事会董事张立文先生、王勇先生因个人原因不再担任董事职务。独立董事陈伟恕先生因个人原因辞去公司独立董事职务。2013年第三次股东大会表决通过选举朱立教女士、袁维静女士、沈光俊先生、李鹏先生、严守敬先生为第四届董事会董事,选举汪文华先生为第四届董事会职工董事,选举胡玉鸿先生、贝政新先生为四届董事会独立董事,沈光俊先生、汪文华先生,以及胡玉鸿先生任职资格尚需江苏银监局批复。

报告期内,公司第三届监事会监事江志恒先生因个人原因,不再担任监事。2013年第三次股东大会表决通过选举张统先生、朱燕琳女士,以及黄慧华女士为第四届监事会(非职工代表)监事,选举陈磊先生、徐李梅女士为第四届监事会职工监事。

报告期内,公司原总裁张立文同志因个人原因,辞去总裁职务。公司第三届董事会第四十五次临时会议审议通过,同意其辞去本公司总裁职务。公司第三届董事会第十三次会议审议同意聘任沈光俊先生为公司总裁。沈光俊先生的总裁任职资格已经中国银监会核准(银监复[2013]519号)。

① 此利润率与监管评级时提供一致,平均所有者权益=(A0/2+a1+a2+a3+a4/2)/4。

② 此人均与监管评级时提供一致,职工平均数=(A0+A4)/2。

8.3 变更注册资本、变更注册地或公司名称、公司分立合并事项

报告期内未发生变更注册资本、注册地或公司名称、公司分立合并事项。

8.4 公司的重大诉讼事项

公司与债务人无锡丽悦置业有限公司的信托债务纠纷一案正通过司法途径解决中,涉案主债权金额为78396600元。

8.5 公司及其董事、监事和高级管理人员受到处罚情况

报告期内公司董事、监事和高级管理人员未受到任何处罚。

8.6 对中国银监会及其派出机构提出的检查整改意见处理情况

2013年9月9~18日,中国银行业监督管理委员会江苏监管局派出检查组对我公司截至2013年6月30日的信政业务进行了现场检查,并出具了现场检查意见书。根据现场检查意见书,公司立即组织了信托业务部门、合规管理部、风险控制部等部门对检查中指出的问题逐条进行了讨论和分析,积极落实监管意见,并按照监管意见,进一步优化治理、健全制度、严控风险,加强内控能力,提高执行力,推动各种业务创新,以确保公司的长远稳健发展。公司按规定及时将以上整改情况以书面形式向江苏监管局进行了报告。

8.7 本年度重大事项临时报告的简要内容、披露时间、所披露的媒体及其版面

简要内容:苏州信托有限公司关于总裁变更的公告
披露时间:2013年3月21日
披露媒体:《金融时报》信息披露06版
简要内容:苏州信托有限公司关于总裁变更的公告
披露时间:2013年11月19日
披露媒体:《金融时报》信息披露06版

8.8 中国银监会及省级派出机构认定的其他有必要让客户及相关利益人了解的重要信息

无。

9. 公司监事会意见

9.1 关于内部控制

监事会认为,公司高度重视合规风险,在经营管理运作方面能够依照相关法律法规和公司内控制度的规定依法运作。公司现行制度基本适应目前公司的管理与发展需要,能够为各项业务的正常运行和经营风险的控制提供有效保障。公司未发生由于业务行为不合规而被监管部门查处或出现法律纠纷事件。

公司在项目开发设计和后续管理过程中,严格把握和执行监管机构的规定以及公司业务管理制度,风险控制意识较强。公司固有业务及信托业务整体运转正常,均能按照相关文件约定执行。

公司内审部门在内部审计工作开展过程中,依据有关法律法规和内部工作规范,按照客观、公正的原则进行审查监督,认真履行了内审职责,较好地起到了规范经营行为、加强风险防范的作用。

9.2 关于财务报告

监事会认为,2013年面对全年宏观经济出现的复杂形势,在董事会的正确领导下,公司高管带领全体员工奋发努力、开拓创新,公司业务步入良性发展轨道、盈利能力和综合竞争实力显著提升。公司2013年度的财务报告的编制和审核程序符合法律、行政法规和监管规定,公司资产、财务收支、资金运作情况真实、公允地反映了财务状况和现金流量,报告内容真实反映了报告期内公司的财务状况和经营成果。监事会同意公司2013年度财务会计报告。

9.3 关于高管履职

监事会认为,报告期内公司高管人员在行使各自职权时遵纪守法,履行诚信、勤勉之义务,自觉维护公司利益和股东权益,能按董事会的决议认真执行,未发现上述人员违反法律法规、公司章程或损害公司利益的行为。

10. 自财务审计报告签发之日至本报告披露之日,公司发生重大会计日后事项

无。

天津信托有限责任公司

1. 重要提示

1.1 本公司董事会及董事保证本报告所载资料不存在任何虚假记载、误导性陈述或者重大遗漏,并对其内容的真实性、准确性和完整性承担个别及连带责任。本年度报告摘要摘自年度报告全文,客户及相关利益人欲了解详细内容,应阅读年度报告全文。

1.2 公司股东董事黄书平因公务未能出席董事会,但委托张维董事出席董事会并行使表决权。

1.3 公司独立董事对本年度报告所披露的内容进行了认真审查,认为本年度报告的内容是真实、准确、完整的。

1.4 中审华寅五洲会计师事务所为本公司出具了标准无保留意见的审计报告。

1.5 公司总经理张维、总会计师尹梅、财会部负责人李瑞聪声明:保证本年度报告中财务报告真实、完整。

2. 公司概况

2.1 公司简介

2.1.1 公司的法定中文名称:天津信托有限责任公司

2.1.2 公司的法定英文名称:Tianjin Trust Co. ,Ltd.

2.1.3 法定代表人:王海智

2.1.4 注册地址:天津市河西区围堤道125~127号天信大厦,邮政编码:300074

2.1.5 国际互联网网址:www. tjtrust. com,电子信箱:office@ tjtrust. com

2.1.6 信息披露事务负责人:张 维

信息披露事务联系人:冉启文

联系电话:022-28408259,传真:022-28408279,电子信箱:office@ tjtrust. com

2.1.7 公司指定信息披露报纸:《金融时报》

2.1.8 公司年度报告备置地点:天津信托有限责任公司董事会(天信大厦)

2.1.9 公司聘请的会计师事务所:中审华寅五洲会计师事务所

地址:天津开发区广场东路20号滨海金融街—E7106室

2.1.10 公司聘请的律师事务所:无

2.2 组织结构

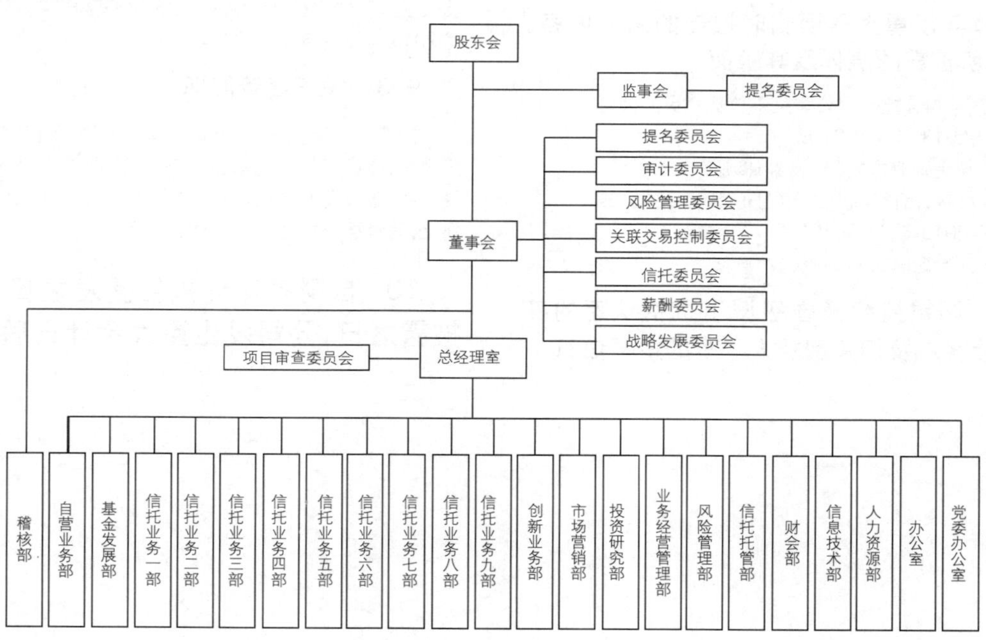

3. 公司治理

3.1 股东

截至2013年末，公司股东4家，前3位股东如下：

股东名称	持股比例(%)	法定代表人	注册资本(亿元)	注册地址	主要经营业务及主要财务情况
天津海泰控股集团有限公司★	51.58	刘津元	25.6	天津华苑产业区梅苑路6号海泰大厦11～12层	主营业务为：天津滨海高新技术产业开发区基础设施建设、土地开发与转让、高科技投资和配套服务业。2013年末总资产为330.1亿元，总负债为242.1亿元，所有者权益为88亿元。
天津市泰达国际控股（集团）有限公司	42.11	卢志永	103.7	天津经济技术开发区盛达街9号泰达金融广场11层	主营业务为：承担天津市市属国有金融资产出资人的职责，对控股金融机构的经营情况和绩效水平进行考核管理，对授权范围内的国有金融资产依法实施监督，负责国有金融资产的保值增值。2013年末总资产为276.4亿元，总负债为124.3亿元，所有者权益为152.1亿元。
天津盈鑫信恒投资咨询有限公司	5.26	李绍忠	3.14	天津西青经济技术开发区七支路8号西青经济开发投资服务中心7楼A区714、715室	主营业务为：企业投资管理咨询、企业营销策划设计、商品信息咨询、建筑材料、装饰装修材料、机械、电子设备、工艺美术品、化工产品（危险化学品及易制毒品除外）、家具装饰品、服装、纺织品销售。2013年末总资产为48766万元，总负债为22568万元，所有者权益为26198万元。

本公司股东之间不存在关联关系。

3.2 董事

截至2013年末，公司董事会人员构成。

姓　名	职　务	性别	年龄	选任日期	所推举的股东名称	该股东持股比例(%)	简　要　履　历
王海智	董事长	男	59	2007年6月	天津海泰控股集团有限公司	51.58	1974～1988年，历任河北省围场县公社、镇区秘书、劳动人事局干事、副局长；1988～2000年，历任中国银行河北省分行围场支行、中国银行承德市分行、中国银行秦皇岛市分行副行长、代行长、行长、党委书记；2000～2005年末，历任中国东方资产管理公司石家庄办事处副总经理、总经理、党委副书记、党委书记，天津办事处党委书记、总经理；2007年6月至2009年6月，任天津信托投资有限责任公司党委书记、董事长；2009年7月至今，任天津信托有限责任公司党委书记、董事长。
赵　毅	副董事长	男	40	2012年7月	天津海泰控股集团有限公司	51.58	1996年7月至1998年12月，中国投资银行天津分行国际业务部工作；1998年12月至2005年10月，国家开发银行天津分行信贷处工作，任正科级行员（其间：1999年9月至2002年7月，南开大学工商管理专业学习，并获得硕士学位；2002年9月至2005年7月，南开大学金融学专业学习，并获得博士学位）；2005年10月至2007年1月，天津松江集团财务总监；2007年1月至2008年3月，天津海泰控股集团有限公司财务管理部部长；2008年3月至2009年9月，天津新技术产业园区管委会财政局（物价局）局长兼财务管理中心主任；2009年9月至2011年5月，天津滨海高新技术产业开发区管委会财政局（物价局）局长兼财务管理中心主任；2011年5月至今天津海泰控股集团有限公司副总经理。
李　林	董事	男	50	2009年8月	天津海泰控股集团有限公司	51.58	1985年7月至1994年3月，在天津师范大学教育系任教师；1994年3月至1996年6月，在天津新技术产业园区开发总公司工作；1996年6月至1997年5月，任园区总公司工业投资分公司助理经理；1997年5月至1997年12月，任园区报关行副经理；1997年12月至2003年5月，任园区报关行经理；2003年月5至2006年6月，任天津海泰控股集团有限公司资产部部长；2006年6月至2006年12月，任天津海泰控股集团有限公司投资发展部副部长；2006年12月至今，任天津海泰控股集团有限公司企业运营部副部长、部长。
王雪利	董事	女	41	2013年10月	天津海泰控股集团有限公司	51.58	1991年9月至1995年7月，内蒙古医学院药学系药学专业学生；1995年7月至1996年8月，天津市药材公司成药分公司业务部职员；1996年8月至1998年4月，天津市药材公司成药分公司市场开发部部长助理；1998年4月至1999年9月，青岛海信（天津）经销中心经理助理；1999年9月至2002年7月，南开大学国际商学院工商管理专业学生；2002年7月至2003年6月，天津海泰科技管理咨询有限公司部长；2003年6月至2004年10月，天津海泰生物科技发展有限公司部长；2004年10月至2010年6月，天津海泰控股集团有限公司企业运营部干部（2003年9月至2007年3月，天津大学管理学院技术经济及管理专业学生，获博士学位）；2010年6月至今，天津海泰控股集团有限公司企业运营部副部长。

续表

姓　名	职　务	性别	年龄	选任日期	所推举的股东名称	该股东持股比例（%）	简　要　履　历
钟玲玲	董事	女	49	2010年4月	天津市泰达国际控股（集团）有限公司	42.11	1986年7月至1991年8月，在天津市照相机公司；1991年8月至2009年1月，天津市经济委员会引进处、投资与技术改造处调研员；2008年8月至2010年12月，任天津市泰达国际控股（集团）有限公司融资与风险管理部部长。2011年1月至今，任天津市泰达国际控股（集团）有限公司审计与合规部部长。
弓劲梅	董事	女	41	2010年4月	天津市泰达国际控股（集团）有限公司	42.11	2002年1月至2006年10月，天弘基金管理有限公司筹备组成员、高级研究员、职工监事；2006年11月至2008年7月，天津泰达投资控股有限公司资产管理部高级项目经理；2008年8月至2009年4月，天津市泰达国际控股（集团）有限公司融资与风险管理部部长助理；2009年5月至2009年12月，天津市泰达国际控股（集团）有限公司融资与风险管理部副部长；2010年1月至今，天津市泰达国际控股（集团）有限公司资产管理部副部长、部长。
刘　峰	董事	男	35	2013年10月	天津市泰达国际控股（集团）有限公司	42.11	2005年9月至2008年12月，天津泰达投资控股有限公司资产管理部项目经理；2009年1月至2009年6月，天津市泰达国际控股（集团）有限公司资产管理与合规部高级项目经理；2009年7月至2010年1月，天津市泰达国际控股（集团）有限公司资产管理与合规部部长助理；2010年2月至2010年10月，天津市泰达国际控股（集团）有限公司融资与风险控制部部长助理；2010年10月至今，天津市泰达国际控股（集团）有限公司资产管理部副部长（2011年4月起兼任恒安标准人寿保险有限公司董事）。
黄书平	董事	男	32	2010年4月	天津盈鑫信恒投资咨询有限公司	5.26	2004年11月至2005年4月，首创证券有限公司资产管理部项目经理；2005年4月至2007年2月，顺驰中国控股有限公司总裁助理；2007年2月至2007年12月，融创集团资本管理部总监；2007年12月至2009年2月，融创集团资本运作中心总经理；2009年2月至今，融创集团董事会秘书、财务总监、副总裁。
张　维	董事	男	58	2006年4月	管理层及职工代表		1972年至1999年，在天津市综合计划局生产组、天津市物资局工作，历任财务处干部、副处长、处长、总会计师；1999年至2006年4月，在天津市审计局工作，任总审计师、副局长、党组成员；2006年4月至2009年6月，任天津信托投资有限责任公司董事、总经理。2009年7月至今，任天津信托有限责任公司董事、总经理。
马君潞	独立董事	男	59	2010年10月		51.58	现任南开大学经济学院院长，1993年晋升教授职称；1994年开始享受国务院特殊津贴；1996年取得博士研究生指导教师资格；1998年被评为天津市教育系统优秀回国人员，入选国家教育部首批"跨世纪人才"，并担任高等学校经济学学科教学指导委员会委员；1999年9月至2000年8月，作为富布赖特高级访问学者在美国哥伦比亚大学进行学术交流、研究和讲学，讲授微观经济学、宏观经济学、货币银行学、国际金融学等课程，从事金融学领域的科学研究。
郭田勇	独立董事	男	46	2012年11月		42.11	1990年于山东大学获理学学士学位，之后曾在中国人民银行烟台分行工作，1996年、1999年分别于中国人民大学财政金融学院、中国人民银行研究生部获金融学硕士、博士学位。1999年至今，中央财经大学金融学院教授，博士生导师，中国银行业研究中心主任。

以上董事任期期限为3年，即2013年10月至2016年9月。

截至2013年末，公司独立董事。

姓　名	所在单位及职务	性别	年龄	选任日期	所推举的股东名称	该股东持股比例（%）	简　要　履　历
马君潞	南开大学经济学院教授	男	59	2010年10月	天津海泰控股集团有限公司	51.58	1993年晋升教授职称；1994年始享受国务院特殊津贴；1996年取得博士研究生指导教师资格；1998年被评为天津市教育系统优秀回国人员，入选国家教育部首批"跨世纪人才"，并担任高等学校经济学学科教学指导委员会委员；1999年9月至2000年8月，作为富布赖特高级访问学者在美国哥伦比亚大学进行学术交流、研究和讲学，讲授微观经济学、宏观经济学、货币银行学、国际金融学等课程，从事金融学领域的科学研究。
郭田勇	独立董事	男	46	2012年11月	天津市泰达国际控股（集团）有限公司	42.11	1990年于山东大学获理学学士学位，之后曾在中国人民银行烟台分行工作；1996年、1999年分别于中国人民大学财政金融学院、中国人民银行研究生部获金融学硕士、博士学位；1999年至今，中央财经大学金融学院教授，博士生导师，中国银行业研究中心主任。

3.3 监事会

截至2013年末,公司监事会人员构成。

姓名	职务	性别	年龄	任职日期	所推举的股东名称	该股东持股比例(%)	简要履历
朱振山	监事长	男	61	2010年4月	天津市泰达国际控股(集团)有限公司	42.11	1972年12月至1987年10月,解放军兰州军区司令部管理局财务处助理员;1987年10月至1999年5月,天津市财政局财税管理一处科员、副科长、科长、副处长、调研员;1999年5月至今,任天津市财政投资管理中心副主任(正处级)、主任;2001年11月至2004年11月,任天津市国有资产经营有限责任公司总经理;2004年11月至2012年4月,任天津市国有资产经营有限责任公司董事长、总经理。2012年5月,退休。
冯金有	监事	男	59	2007年1月	天津海泰控股集团有限公司	51.58	1970~2001年,先后在天津大沽化工厂、天津市砂轮厂、天津新技术产业园区开发总公司工作;2001~2007年,在天津海泰控股集团有限公司工作,先后任财务部长、副总会计师、总会计师;2007年至今,先后任天津市海泰担保有限公司董事长兼总经理、天津海泰控股集团有限公司副总会计师。
王丽	监事	女	51	2010年4月	天津海泰控股集团有限公司	51.58	1983年9月至1986年7月,天津市广播电视大学学生;1986年7月至1993年3月,天津市异型刃具厂财务部会计;1993年3月至1993年10月,天津市新技术产业园区开发总公司财务部会计;1993年10月至2000年8月,天津新技术产业园区进出口有限公司干部、助理经理、副经理;2000年8月至2006年12月,天津海泰控股集团有限公司财务管理部副部长;2006年12月至今,天津海泰控股集团有限公司财务管理部副部长(享受正职待遇)、部长。
康 悦	监事	男	55	2004年2月	天津市大港区财政局	1.05	1980年至2003年,在天津市大港区财政局工作,先后任会计、副科长、科长;2003年至2011年6月,任大港区财政局副局长,2011年6月至今,任大港经济技术开发区管委会主任。
丁粤军	监事	男	42	2010年4月	职工监事		1988年9月至1990年6月,西安交通大学审计专业专科学生;1990年12月至2000年12月,天津市审计局直属分局干部;2000年12月至2004年3月,天津市审计局主任科员;2004年3月至2009年6月,天津信托投资有限责任公司稽核部干部;2009年7月至2010年2月,天津信托有限责任公司稽核部干部;2010年2月至今,天津信托有限责任公司稽核部副经理、经理。

以上监事任期期限为3年,即2013年10月至2016年9月。
本公司监事会下设提名委员会。

3.4 高级管理人员

截至2013年末,公司高级管理人员构成。

姓名	职务	性别	年龄	选任日期	金融从业年限	学历	专业	简要履历
王海智	董事长	男	59	2007年6月	26	研究生	经济管理	1974年至1988年,历任河北省围场县公社、镇区秘书、劳动人事局干事、副局长;1988年至2000年,历任中国银行河北省分行围场支行、中国银行承德市分行、中国银行秦皇岛市分行副行长、代行长、行长、党委书记;2000年至2005年,历任中国东方资产管理公司石家庄办事处副总经理、总经理、党委副书记、党委书记,天津办事处党委书记、总经理;2007年6月至2009年6月,任天津信托投资有限责任公司党委书记、董事长;2009年7月至今,任天津信托有限责任公司党委书记、董事长。
张 维	总经理	男	58	2006年4月	8	大学本科	工业财务会计	1972年至1999年,在天津市综合计划局生产组、天津市物资局工作,历任财务处干部、副处长、处长、总会计师;1999年至2006年4月,在天津市审计局工作,任总审计师、副局长、党组成员;2006年4月至2009年6月,任天津信托投资有限责任公司董事、总经理;2009年7月至今,任天津信托有限责任公司董事、总经理。
韩立新	副总经理	男	45	2004年9月	24	研究生	经济学	1990年至2009年6月,历任天津信托投资有限责任公司干部、部门经理、副总经理;2009年7月至今,任天津信托有限责任公司副总经理。
李 琦	副总经理	男	51	2004年9月	19	研究生	法学	1984至1995年,在天津市民政局、天津市政府法制办公室、天津市外经贸委办公室工作;1995年至2009年6月,历任天津信托投资有限责任公司部门经理、副总经理;2009年7月至今,任天津信托有限责任公司副总经理。

续表

姓名	职务	性别	年龄	选任日期	金融从业年限	学历	专业	简要履历
杨湧	副总经理	男	45	2007年11月	19	研究生	管理	1991年至1994年，在天津油墨股份公司工作，任秘书；1994年至2009年6月，历任天津信托投资公司证券业务部干部、投资银行二部副总经理、证券投资部副经理、经理、总经理助理兼证券投资部经理、副总经理；2009年7月至今，任天津信托有限责任公司副总经理。
尹梅	财务负责人	女	50	2007年11月	9	研究生	会计	1985年至2005年，在天津化工局、天津津泰股份有限公司、天津市经委、天津华泽集团工作；2005年至2009年6月，先后任天津信托投资有限责任公司副总会计师兼财会部经理、总会计师（财务负责人）；2009年7月至今，任天津信托有限责任公司总会计师。
王辉	总经理助理	女	42	2010年12月	18	研究生	工商管理	1994年7月至2002年12月，天津信托有限责任公司国际业务部、业务三部干部；2002年12月至2004年5月，天津信托有限责任公司业务三部副经理（2003年9月至2005年12月，南开大学工商管理专业学习）；2004年5月至2008年9月，天津信托有限责任公司自营业务部、计划管理部副经理；2008年9月至2010年12月，天津信托有限责任公司计划管理部副经理（主持工作）、经理；2010年12月至2012年12月，天津信托有限责任公司总经理助理兼业务经营管理部总经理；2013年1月至今，天津信托有限责任公司总经理助理。
李文涛	总经理助理兼信托业务二部总经理	男	43	2012年5月	22	研究生	工商管理	1992年9月至2002年2月，天津信托有限责任公司信托业务二部干部；2002年2月至2008年5月，天津信托有限责任公司信托业务二部 副经理；2008年5月至2009年2月，天津信托有限责任公司信托业务二部副经理（主持工作）；2009年2月至2012年5月，天津信托有限责任公司信托业务二部总经理；2012.5至今，天津信托有限责任公司总经理助理兼任信托业务二部总经理。

3.5 公司员工

截至2013年末，公司人员基本情况。

项目		报告期年度		上年度	
		人数	比例（%）	人数	比例（%）
年龄分布	25岁以下	2	1.4	2	2
	25～29岁	17	12.0	17	12
	30～39岁	45	31.7	46	33
	40岁以上	78	54.9	74	53
学历分布	博士	3	2.1	3	2
	硕士	61	43.0	55	40
	本科	55	38.7	56	40
	专科	22	15.5	24	17
	其他	1	0.7	1	1
岗位分布	董事、监事及其他高管人员	9	6.3	9	7
	自营业务人员	13	9.2	21	15
	信托业务人员	70	49.3	70	50
	其他人员	50	35.2	39	28

4. 经营管理

4.1 经营目标、方针、战略规划

公司经营目标是本着"诚信、稳健、高效"的经营理念，坚持"对社会负责，对客户负责，对股东负责，对员工负责"的服务宗旨，立足金融信托本业，抓住2013年至2015年天津滨海新区又好又快发展的战略机遇期，加快业务转型和大力培育发展主动型资产管理类主营业务模式，做优做强信托业务，做好做精固有业务，相得益彰，共同发展，形成公司可具持续发展的盈利模式和核心竞争力，提高公司的知名度和美誉度，将公司塑造成为中国信托业的优秀品牌。

公司经营方针是以遵循国家和监管部门法规为依托，以诚信合规、稳健发展高效运营为理念，进一步健全和强化法人治理、内控严密、管理合规的内部控制体系；以业务开拓创新为动力，以风险防控为前提，进一步提升和增强公司的核心竞争力；以受益人利益最大化和股东稳定回报为原则，努力创建公司、股东、客户共赢平台。注重加强人才队伍、企业文化和长效机制建设，不断提高公司的盈利能力、风险控制能力、创新能力、营销能力，正确把握宏观经济形势和政策环境，推进公司又好又快地发展。

公司2013年至2015年三年总体战略规划是：要认真贯彻落实科学发展观，积极应对复杂的、持续低迷的宏观经济形势，充分发挥信托功能和制度优势，立足持续性、盈利性和增长性，不断提升公司价值，为天津经济建设发展服务、为股东和受益人提供较高回报。坚持科学发展、顺势而为，强化稳健经营理念，增强风险管控能力，大力培育发展主动型资产管理类主营业务模式，继续推进业务创新，不断提高理财服务能力，把公司打造成竞争能力强、投资理财好、社会信誉高、综合实力优、持续发展快的信托理财机构。

4.2 所经营业务的主要内容

4.2.1 经营范围

经中国银监会批准，公司的经营范围为：

（1）资金信托；（2）动产信托；（3）不动产信托；（4）有价证券信托；（5）其他财产或财产权信托；（6）作为投资基金或者基金管理公司的发起人从事投资基金业务；（7）经营企业资产的重组、购并及项目融资、公司理财、财务顾问等业务；（8）受托经营国务院有关部门批准的证券承销业务；（9）办理居间、咨询、

资信调查等业务;(10)代保管及保管箱业务;(11)以存放同业、拆放同业、贷款、租赁、投资方式运用固有财产;(12)以固有财产为他人提供担保;(13)从事同业拆借;法律法规规定或中国银行业监督管理委员会批准的其他业务。(以上业务范围包括本外币业务)。

4.2.2 公司经营的业务品种

4.2.2.1 固有资产业务

公司运用固有资产经营的主要业务品种包括:自营贷款、融资租赁、自营证券投资、自营金融股权投资、金融产品投资、财务顾问业务等。

4.2.2.2 信托业务

公司信托业务主要品种包括:集合资金信托、单一资金信托、财产权信托等。

4.2.3 资产分布

2013年末,公司管理的资产总规模为1 022.43亿元,其中固有资产27.47亿元,占资产总规模的2.7%;信托资产994.96亿元,占管理资产总规模的97.3%。

自营资产运用与分布表

资产运用	金额(万元)	占比(%)	资产分布	金额(万元)	占比(%)
货币资产	35 831	13.04	基础产业	10 000	3.64
贷款及应收款	106 213	38.67	房地产业	10 500	3.82
交易性金融资产	0	0.00	证券市场	62 942	22.91
可供出售金融资产	62 942	22.91	实业	116 855	42.54
持有至到期投资	5 623	2.05	金融机构	49 205	17.91
长期股权投资	13 374	4.87	其他	25 188	9.18
其他	50 703	18.46			
资产总计	274 690	100.00	资产总计	274 690	100.00

注:1. 资产运用中其他包括:买入返售资产50 000万元,投资房地产及固定资产18 886万元、无形资产3 166万元、抵债资产1 407万元、长期待摊费用92万元、预付账款698万元、递延所得税资产14 238万元、各项资产减值准备37 779万元。

2. 资产分布中其他包括:持有至到期投资5 623万元(机构理财)、投资房地产及固定资产18 886万元、无形资产3 166万元、抵债资产1 407万元、长期待摊费用92万元、预付账款698万元、应收利息774万元、其他应收款18 103万元、递延所得税资产14 238万元、各项资产减值准备37 779万元。

信托资产运用与分布表

资产运用	金额(万元)	占比(%)	资产分布	金额(万元)	占比(%)
货币资产	134 297	1.35	基础产业	2 200 090	22.11
贷款	3 127 103	31.43	房地产业	636 259	6.39
交易性金融资产	138 171	1.39	证券市场	138 171	1.39
可供出售金融资产	0	0.00	实业	4 605 514	46.29
持有至到期投资	461 712	4.64	金融机构	476 491	4.79
长期股权投资	1 278 418	12.85	其他	1 893 059	19.03
其他	4 809 883	48.34			
信托资产总计	9 949 584	100.00	信托资产总计	9 949 584	100.00

注:1. 资产运用中其他包括:买入返售资产2 165 690万元,应收账款2 604 193万元,长期应收款40 000万元。

2. 资产分布中其他项主要包括信托资金投向其他行业1 758 761万元(其中主要投向商务服务业1 527 474万元,社会工作14 000万元,体育50 000万元,公共设施管理业90 720万元,计算机服务业8 784万元,教育550万元),以及未运用、发行募集中及代保管等其他信托资金134 298万元。

4.3 市场分析

4.3.1 影响业务发展的有利因素

影响业务发展的有利因素包括:(1)党的十八届三中全会对金融重点领域和关键环节的改革进行了全面部署,进一步激发了金融发展的内在动力和活力。(2)物价水平保持在低位运行,稳健的货币政策已经确立,金融运行保持平稳,融资总额平稳适度增长为公司发展带来了更多的机会 。(3)天津市推动产业优化升级,发展的质量效益不断提高,高水平推进滨海新区的发展,为公司立足天津,服务天津实体经济提供了更广阔的平台。(4)天津市居民存款增值需求旺盛,对固定收益理财产品,特别是信托产品的需求还会增加。(5)信托监管更加严格,对监管套利和无序竞争加大了治理力度,行业自律更加规范,为公司实现转型发展创造了更好的外部条件。(6)公司在体制、机制、创新能力、风险控制等方面形成了较为明显的比较优势,资产管理能力显著提高。

4.3.2 影响业务发展的不利因素

影响业务发展的不利因素:(1)国际国内经济形势仍然错综复杂,世界经济仍将延续缓慢复苏的态势,但也存在不确定因素,国内经济发展速度放缓,处于经济换挡期。实体经济优化发展速度、结构和质量上存在不确定性,部分企业的流动性和偿债能力下降,金融风险有所积聚,对信托项目的管理和准入提出更高的要求。(2)货币市场局部和阶段性紧张现象仍可能出现,资金募集能力遭受考验。(3)国家继续严格实施控制房地产开发、对政府融资平台总量控制等调控政策,相关企业出现两极分化,信托公司风险防控能力遇到新的考验。(4)随着利率市场化进程的加快以及投资者对收益水平日益增长的需求,进一步挤压了整个行业的利润空间。(5)各类金融机构逐步获批资产管理业务,泛资产管理行业激烈竞争大大削弱了信托的制度红利。对公司体制、机制、人才和产品创新能力、市场营销能力和风险管理能力提出了新的挑战。(5)国家治理影子银行对信托资管政策更趋严厉,公司净资产低于行业平均水平,对公司实现转型创新带来了困难。

4.4 内部控制

4.4.1 内部控制环境和内部控制文化

公司遵循全面性原则、重要性原则、权威性原则、制衡性原则、适应性原则、成本效益性原则建立与实施内部控制。公司内部控制目标为确保国家法律规定和公司内部规章制度的贯彻执行;确保公司发展战略和经营目标的全面实施和充分实现;确保风险管理体系的有效性和资产安全;确保业务记录、财务信息和其他管理信息的及时、真实和完整。

为防范风险,保障公司稳健运行,公司多年来一直秉承"诚信、稳健、高效"的经营理念,把对委托人负责作为内控文化建设的重要内容,全体员工均树立了内控优先的风险防范理念;公司形成了较为完善的内部控制组织架构和岗位职责,部门设置科学、分工合理、职责明确;公司已经打造出了由业务经营管理部、风险管理部、托管部、稽核部组成的内控管理体系,对风险进行事前防范、事中控制、事后监督和纠正,形成事前出台制度—事中风险排查—事后稽核—业务整改—后续稽核—修订制度这一封闭环路,充分发挥了各环节的管理控制作用。同时公司还通过后续教育培训，不断提高内控人员的职业操守和专业能力。

4.4.2 内部控制措施

公司董事会下设战略发展委员会、风险管理委员会、薪酬委员会、信托委员会、审计委员会，主要负责审定公司中长期发展战略规划，审核和监督公司风险管理的政策、目标和程序，制定和考评公司薪酬计划或方案，监督公司依法合规管理信托财产，对公司内外部审计进行监督和审查。

公司设立项目审查委员会，负责审议公司的投融资项目，严格控制业务经营决策风险。

公司业务经营管理部负责公司业务制度、程序的拟定、审视和调整，按照公司整体战略发展要求，围绕监管动态，传达监管意图，促进管理工作的主动性和及时性，支持公司业务发展，促进业务管理、监督业务风险，提升精细化管理水平；公司托管部按照委托人利益最大化的目标要求，代表监管部门、公司股东和高管领导，严格按照公司项目后期管理制度规定履行托管职责，对各项信托业务后期管理情况进行监督，并做好充分的信息披露；公司风险管理部执行公司制度、办法、流程，实行专业化的合规管理、负责拟订和完善公司风险管理制度，通过对内外部风险的识别、评估、分析，提出应对措施和化解建议，防范公司经营活动中可能出现的风险。

公司始终坚持稳健经营的理念，坚持以信托评级指标为指导加强内控管理及合规管理工作，从完善业务管理制度、加强项目审查、强化合规管理、提升信息系统、推进人力资源改革等各个方面强化内控管理工作。

公司完善了分级授权审批体系，明确了各部门和岗位的工作职责，实施了业务前中后台操作的隔离制度，对项目实施事前准入、事中检查、事后评价的全程管理。

在新业务开发上采取制度先行的管理策略，通过发挥一系列监督管理职能保证内部运营体系的健康有效，建立应急机制以应对突发事件造成的经营风险。

公司加强了信息化建设，充分利用 OA 办公系统、信托综合业务信息系统、项目管理系统、证券信托下单、估值系统、人力资源管理系统、市场营销 TA 系统、非现场监管报表平台等系统进行业务管理和统计，2013 年电子档案系统上线运行，进一步实现了业务操作规范化、流程化、标准化。

4.4.3 信息交流与反馈

公司多项措施保障了与监管部门、董事会、高管层和员工之间的信息传递和交流。

公司定期和不定期召开股东会、董事会，通报公司经营成果、存在的风险问题、拟采取的管理手段等，股东会、董事会成员评议并通过各项内控政策和重大事项决策。

公司高管层在各层级会议上传达公司经营政策和风险管理理念，通过内部网络及时向员工发布各项监管政策、内控制度和行业信息，并将政策、制度每年装订成册后下发给各部门。公司员工可以通过直接交流、书面报告或通过内部网及总经理信箱反馈经营过程中发现的问题，使高管层、董事会能够及时了解内部控制环节中的隐患和缺陷。

公司与监管部门做到充分沟通，就新业务拓展、老业务规范等工作进行经常性交流，按监管部门要求及时对集合信托、账户开立、关联交易等事项进行备案。监管部门参加公司董事会，能充分了解公司的合规情况和经营风险状况。

4.4.4 监督评价与纠正

公司设立稽核部，稽核工作向董事会负责，接受董事会审计委员会的指导和监督。完成年度稽核工作计划，独立地履行了监督、评价职能。公司内部控制适当、有效，经营活动规范，能够遵守和执行相关法律法规、监管制度和公司内部制度规定。年内实施了专项稽核、专项稽核调查、离岗稽核、反洗钱稽核检查等现场稽核和清算信托项目的后评价、到期项目管理情况等非现场稽核。按制度规定进行了两次后续稽核。稽核发现问题及时整改，稽核结果定期向公司主要领导、审计委员会、董事会和监管机关报告。

建立了制度定期审视机制，按照审视要求，对制度进行认真梳理，及时发现公司现行制度中存在的问题，取消多余、合并重叠，以最大限度的提高公司的办事效率和办事效能为原则，增强制度体系对公司工作流程变化的敏感性及灵活性，使公司管理水平、风险防控和化解能力得到持续的提升，保证公司管理的及时性、有效性，随着国家宏观经济形势变化及监管要求不断充实、完善业务管理制度，坚持制度先行的管理理念，从改进工作流程、加强合规管理等各个方面完善内控制度，以提高公司风险控制能力，促进公司的可持续发展。

4.5 风险管理

4.5.1 风险管理概况

公司在经营活动中可能面临诸多风险。其中主要包括信用风险、市场风险、操作风险和其他风险。

为加强风险管理，提高竞争能力，公司把风险的识别、风险测量和评估、风险处理和控制、风险管理的评估和调整，以及风险准备等方面作为风险管理的核心内容，通过制定健全的内部规章制度，建立职责分工合理的组织机构，对可能产生的风险及时作出反映，采取有效措施进行事前、事中、事后的有效控制，根据实际需要，保持对风险管理体系运行情况的持续调整。

公司风险管理坚持全面性、持续性、审慎性、独立性和有效性的原则。风险管理涵盖公司的各项业务、各个部门和各级人员，渗透到决策、执行、监督、反馈各环节；风险管理是一项长期持续性的工作，贯穿于公司经营过程始终；风险管理的核心是有效防范风险；公司各专业管理委员会、风险管理部门具有相对独立性，对各部门业务风险评估、风险检查不受非正常因素干扰；公司风险管理制度是按照国家有关法律、法规要求，结合公司实际情况制定的，具有权威性、有效性，是所有员工严格遵守的行动指南，执行风险控制制度不存在例外情况，任何人不得拥有超越制度或违反规章的权力。

公司建立了较为健全的风险管理组织体系，以确保各项风险管理政策切实得以落实，确保各种风险信息可以有效传递和反馈。公司股东会、董事会、监事会、高管层及各职能部门分工协作，且互相监督制约，确保各项经营活动都在规范制度体系内得以有序进行，最大限度确保各种风险都能被有效识别、计量、监测和控制，进而实现公司总体发展战略和经营目标。

公司通过科学的机构设置，建立起以风险管理为中心的三道防线：各业务部门是风险管理的第一条防线，在业务前端识别、评估、应对、监控与报告风险；风险管理部、业务经营管理部、信托托管部、财会部和信息技术部等职能部门是风险管理的第二条防线，综合协调制定各类风险制度、标准和限额，实施风险管理措施，提出应对建议；稽核部是风险管理的第三条防线，针对公司已经建立的风险管理流程和各项风险的控制程序和活动进行监督和评价。对于公司面临每一项风险，均由以上三个层次的管理框架进行控制，确保将各种风险控制在公司可承受的范围内。

2013年度，围绕公司“坚持合规经营战略，增强风险管控能力”的总体要求，风险管理体系有效运行。报告期内，公司着重强化业务风险的识别与控制，不断优化业务风险管理流程，逐步推进风险管理信息系统的建设和应用，持续提升全员的合规经营理念和风险管理意识，公司整体风险管控能力进一步增强。

4.5.2 风险状况及风险管理

4.5.2.1 信用风险状况及信用风险管理

信用风险是指交易对手未能按照合同的约定履行义务或信用质量发生变化，影响公司债权的实现或其他金融产品的价值，使公司遭受经济损失的风险。

公司对信用风险采取如下防范控制措施：一是实行客户名单式管理，定期对客户资信情况进行级次界定，采取差异化的准入审查及期间管理标准。二是采用资产风险分类、信贷资产评级等信用度量指标进行信用风险评级并不断改进信用分析方法和技术。三是严格按照规定对固有财产进行减值测试，并按测试结果计提专项准备和一般准备。四是对所有信托资产和自营资产进行全面压力测试，对发现的问题要制定风险处置预案。五是风控措施综合考量原则，对于不同地区、不同性质、不同信誉度的企业遵循不同的风控标准。六是严格控制集团客户的融资规模，依据集团客户整体情况核定总体融资额度，实施总量控制。七是密切关注融资企业的信贷征信系统变化情况，对有风险迹象的客户及时采取控制措施。

当前形势下，融资类业务在公司业务结构中仍占据主体地位，信用风险是公司面临的最主要的风险。2013年，公司坚持以国家政策为导向，顺应经济发展趋势，对于涉及地方政府融资平台、房地产市场、“两高一剩”行业等重点领域的业务，采取更为审慎的准入标准和额度控制；对于存续业务中面临行业周期性下行趋势影响的业务，加大了后期管理力度与频度，采取压力测试、现场检查、风险预警等一系列措施，持续监控项目运行状况，管控效果总体良好。

4.5.2.2 市场风险状况及市场风险管理

市场风险是指公司固有财产和信托财产的价值或收入由于市场价格（如利率、汇率、股票或商品价格）或指数的变动而减少的风险。公司主要业务领域包括证券市场、货币市场等，在股价、汇率、利率等因素发生变动时，造成这些市场价格产生较大波动，可能给公司经营和财务状况带来重大影响。

在加强市场风险管理方面，公司采取以下控制措施。建立与公司的业务性质、规模和复杂程度相适应的、完善的、可靠的市场风险管理体系。加强对国家宏观经济政策、货币信贷政策、财政政策的研究，及时掌握市场变化，为调整投资决策提供依据；积极引进人才，开展市场调研，购置权威部门的研究成果，作为决策参考；提高资产配置的有效性，根据公司整体安排，适时调整各领域的投资规模，合理安排期限结构；建立有效的市场风险预警机制等。

2013年沪深股市呈现大幅震荡走势，创业板、中小板市场出现结构性行情。根据公司整体业务结构调整安排，利用上半年市场冲高之际大幅减持原先积累仓位，并已逐步退出了二级市场运作。债券投资方面，受宏观经济基本面、市场流动性危机、利率市场化进程加快以及海外QE影响等趋势性市场变化的影响，债券市场剧烈波动，表现为“牛尾入熊”、“先多后空”的分段式节奏。公司坚持谨慎偏保守的投资策略，严格控制久期，审慎选择投资品种，有效规避了下半年市场大幅调整的风险，获取了稳定的投资收益。

4.5.2.3 操作风险状况及操作风险管理

操作风险是指由不完善或有问题的内部程序、员工和信息科技系统，以及外部事件所造成损失的风险。

目前公司的各项控制制度和操作规程涵盖了所有业务领域，基本实现了对公司各项业务操作过程的有效控制。公司在操作风险管理方面，采取一系列措施加以控制。

制度层面：建立了适当的职责分工和监控制度；建立和完善了授权制度和业务操作规程；坚持每年修订完善风险点和对风险点进行风险排查制度；坚持实行重要岗位轮换和强制休假制度。

控制层面：加强风险管理三道防线的作用，采取对各类资产的风险评估、对内控制度执行情况和经办人员尽职情况检查等方法，约束从业人员的职业行为。

4.5.2.4 其他风险状况及其管理

主要是流动性风险、法律合规风险、政策与战略风险和声誉风险。

流动性风险是指公司虽有清偿或兑付能力，但无法及时获得充足资金或无法以合理成本及时获得充足资金以支付到期债务，或无法兑付到期信托计划的风险。流动性风险管理遵循分散性的资产负债管理原则，以公司风险承受能力为基础设定现金流期限错配限额，并设专岗逐日监测现金流量及资产配置；不断加强资产的流动性和融资来源的稳定性，以提升公司应对市场波动的能力；根据自身资产结构和业务开展情况，建立动态的净资本管理机制，确保公司固有资产充足并保持必要的流动性；建立健全信托项目流动化和应急机制，采取信托项目弹性期限设置、非现金资产分配以及信托资产转让处置等手段缓释风险。

法律合规风险是指公司因没有遵循法律、法规和监管政策可能遭受法律制裁、监管处罚的风险。法律合规风险管理遵循合规创造价值的管理理念，公司经营管理与法律、规则、监管规定和自律性行业准则相一致，公司建立健全了合规管理体系，并通过多种形式的宣传形成了全员合规的良好氛围；不断加强法律风险防控，并根据外部相关法律、法规的变化，适时调整内控制度和业务模式，确保公司各项经营活动合法合规。

政策与战略风险是指由于国家宏观经济政策或监管政策的调整和变化，给公司经营活动带来不确定影响，以及公司各项中长期经营计划、策略与外部宏观形势和经济政策不适应导致公司经营出现偏差而产生的风险。政策与战略风险管理主要遵循国家法律法规要求以及泛资管行业发展趋势，根据宏观形势、监管政策和业务模式等新变化，积极调整公司发展规划和业务方向；加强与政策制定部门的沟通，保持公司经营与国家政策的一致性；对业务集中度和行业集中度过高业务实行额度管理，严格落实风控措施，加强业务后续管理；不断拓展多元化的业务领域，并对重点领域不断提升专业化主动管理能力。

声誉风险状况及其风险管理。声誉风险是指在商业活动中或者在业务办理中，公司因违法或未能达到利益相关者需要或期望的标准而被社会公众、监管方或股东方等产生的不利评价的风险。声誉风险管理强调在合规经营和健康发展的基础上，主动、有效、灵活地管理声誉风险，应对声誉事件；公司不进行任何能够实质性地影响公司声誉的交易；对于经营活动中不可避免的声誉风险及时进行识别、评估，以依法合规、透明公开的原则处理各种突发风险事件；通过充分信息披露等方式实现与投资者的良性沟通；通过履行社会责任等方式不断提升公司品牌价值和社会形象。

5. 报告期末及上一年度末的比较式会计报表

5.1 自营资产

5.1.1 会计师事务所审计意见全文

审 计 报 告

华寅五洲津审字〔2014〕0913 号

天津信托有限责任公司全体股东：

我们审计了后附的天津信托有限责任公司（以下简称贵公司）自营业务母公司单独财务报表，包括 2013 年 12 月 31 日的资产负债表，2013 年度的利润表、所有者权益变动表和现金流量表以及财务报表附注。

一、管理层对财务报表的责任

编制和公允列报财务报表是贵公司管理层的责任，这种责任包括：(1) 按照企业会计准则的规定编制财务报表，并使其实现公允反映；(2) 设计、执行和维护必要的内部控制，以使财务报表不存在由于舞弊或错误导致的重大错报。

二、注册会计师的责任

我们的责任是在执行审计工作的基础上对财务报表发表审计意见。我们按照中国注册会计师审计准则的规定执行了审计工作。中国注册会计师审计准则要求我们遵守中国注册会计师职业道德守则，计划和执行审计工作以对财务报表是否不存在重大错报获取合理保证。

审计工作涉及实施审计程序，以获取有关财务报表金额和披露的审计证据。选择的审计程序取决于注册会计师的判断，包括对由于舞弊或错误导致的财务报表重大错报风险的评估。在进行风险评估时，注册会计师考虑与财务报表编制和公允列报相关的内部控制，以设计恰当的审计程序，但目的并非对内部控制的有效性发表意见。审计工作还包括评价管理层选用会计政策的恰当性和作出会计估计的合理性，以及评价财务报表的总体列报。

我们相信，我们获取的审计证据是充分、适当的，为发表审计意见提供了基础。

三、审计意见

我们认为，贵公司自营业务母公司单独财务报表在所有重大方面按照企业会计准则的规定编制，公允反映了贵公司 2013 年 12 月 31 日的财务状况以及 2013 年度的经营成果和现金流量。

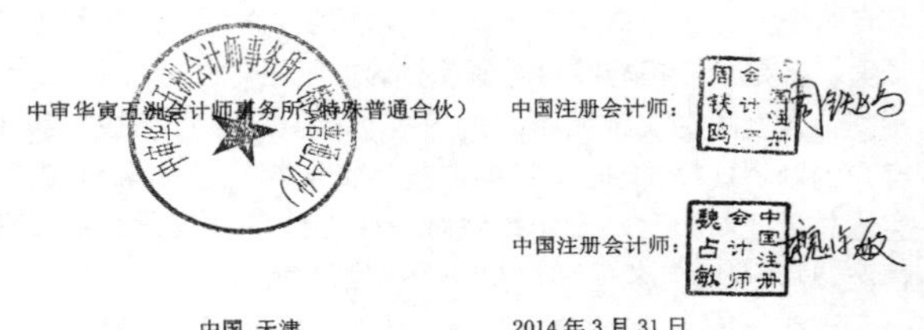

5.1.2 资产负债表

资产负债表

2013 年 12 月 31 日　　　　单位：万元

资 产	期末数	期初数	负债和股东权益	期末数	期初数
资产：			负债：		
现金及存放中央银行款项			向中央银行借款		
存放同业款项	35 831.43	33 871.09	同业及其他金融机构存放款项		
贵金属	—	—	拆入资金		
拆出资金	—	—	交易性金融负债		
交易性金融资产	—	36.50	衍生金融负债		
衍生金融资产	—	—	卖出回购金融资产款		
买入返售金融资产	35 500.00	—	吸收存款		
应收利息	774.27	534.37	应付职工薪酬	6 354.38	5 189.19
发放贷款和垫款	70 038.00	48 885.00	应交税费	8 168.28	2 907.21
可供出售金融资产	62 941.94	60 536.50	应付利息	—	—
持有至到期投资	5 622.76	28 622.76	预计负债	—	—
长期股权投资	12 163.53	11 006.99	应付债券	—	—
投资性房地产	14 102.36	14 533.90	递延所得税负债	1 040.92	939.52
固定资产	4 783.77	4 981.10	其他负债	243.58	4 541.55
无形资产	3 165.79	3 225.77	负债合计	15 807.16	13 577.47

续表

资 产	期末数	期初数	负债和股东权益	期末数	期初数
递延所得税资产	14 237.95	7 345.05	所有者权益:	—	—
其他资产	15 528.47	6 782.96	实收资本(或股本)	150 000.00	150 000.00
			资本公积	3 680.34	3 049.59
			减:库存股	—	—
			盈余公积	16 908.84	11 762.06
			一般风险准备	2 100.00	2 100.00
			信托赔偿准备	12 356.50	9 783.10
			未分配利润	73 837.43	30 089.77
			所有者权益合计	258 883.11	206 784.52
资产总计	274 690.27	220 361.99	负债及所有者权益总计	274 690.27	220 361.99

企业法定代表人:王海智　　主管会计工作负责人:尹　梅　　会计部门负责人:李瑞聪

5.1.3 利润表

利润表

2013 年度

单位:万元

项　　目	本期数	上期数
一、营业收入	113 601.97	64 042.85
利息净收入	11 145.08	7 230.03
利息收入	11 145.08	7 230.03
利息支出	—	—
手续费及佣金净收入	96 411.01	55 185.07
手续费及佣金收入	98 852.92	55 185.07
手续费及佣金支出	2 441.91	—
投资收益(损失以“-”号填列)	3 447.89	-1 016.00
其中:对联营企业和合营企业的投资收益	-573.99	-1 158.13
公允价值变动收益(损失以“-”号填列)	1.88	-1.88
汇兑收益(损失以“-”号填列)	-1.57	-0.13
其他业务收入	2 597.68	2 645.76
二、营业支出	52 125.30	30 311.91
营业税金及附加	6 501.77	3 672.65
业务及管理费	14 688.83	14 361.58
资产减值损失	30 470.76	11 715.58
其他业务成本	463.94	562.10
三、营业利润(亏损以“-”号填列)	61 476.67	33 730.94
加:营业外收入	4 951.70	10.94
减:营业外支出	218.97	39.53
四、利润总额(亏损总额以“-”号填列)	66 209.4	33 702.35
减:所得税费用	14 741.56	8 842.19
其中:当期所得税	21 927.42	12 280.19
递延所得税	-7 185.86	-3 438.00
五、净利润(净亏损以“-”号填列)	51 467.84	24 860.16

企业法定代表人:王海智　　主管会计工作负责人:尹　梅　　会计部门负责人:李瑞聪

5.1.4 所有者权益变动表

股东权益变动表

2013 年度

单位：万元

项目	本期数						
	实收资本	资本公积	盈余公积	一般风险准备	信托赔偿准备	未分配利润	所有者权益合计
一、上期期末数	150 000.00	3 049.59	11 762.06	2 100	9 783.10	30 089.77	206 784.52
加：会计政策变更							
前期差错更正							
二、本期期初数	150 000.00	3 049.59	11 762.06	2 100	9 783.10	30 089.77	206 784.52
三、本期增减变动金额（减少以“－”填列）		630.75	5 146.78		2 573.40	43 747.66	52 098.59
（一）净利润						51 467.84	51 467.84
（二）直接计入所有者权益的利得和损失		630.75					630.75
1. 可供出售金融资产公允价值变动净额		－146.57					－146.57
（1）计入所有者权益的金额		－146.57					－146.57
（2）转入当期损益的金额							
2. 权益法下被投资单位其他所有者权益变动的影响		777.32					777.32
3. 与计入所有者权益项目相关的所得税影响							
4. 其他							
上述（一）和（二）小计		630.75				51 467.84	52 098.59
（三）所有者投入资本							
1. 所有者投入资本							
2. 股份支付计入所有者权益的金额							
3. 其他							
（四）利润分配			5 146.78		2 573.40	－7 720.18	
1. 提取盈余公积			5 146.78			－5 146.78	
2. 提取一般风险准备							
3. 提取信托赔偿准备					2 573.40	－2 573.40	
4. 对所有者（股东）的分配							
5. 其他							
（五）所有者权益内部结转							
1. 资本公积转增资本（或股本）							
2. 盈余公积转增资本（或股本）							
3. 盈余公积弥补亏损							
4. 其他							
四、本期期末数	150 000.00	3 680.34	16 908.84	2 100	12 356.50	73 837.43	258 883.11

企业法定代表人：王海智　　　　主管会计工作负责人：尹　梅　　　　会计部门负责人：李瑞聪

股东权益变动表（续）

2013 年度

单位：万元

项目	上期数						
	实收资本	资本公积	盈余公积	一般风险准备	信托赔偿准备	未分配利润	所有者权益合计
一、上期期末数	150 000.00	－5 575.63	9 273.67	2 100	8 538.91	20 938.46	185 275.41
加：会计政策变更							
前期差错更正						23.73	23.73
二、本期期初数	150 000.00	－5 575.63	9 273.67	2 100	8 538.91	20 962.19	185 299.14
三、本期增减变动金额（减少以“－”填列）		8 625.22	2 488.39		1 244.19	9 127.58	21 485.38
（一）净利润						24 860.16	24 860.16
（二）直接计入所有者权益的利得和损失		8 625.22					8 625.22
1. 可供出售金融资产公允价值变动净额		11 101.44					11 101.44

续表

项目	上期数						
	实收资本	资本公积	盈余公积	一般风险准备	信托赔偿准备	未分配利润	所有者权益合计
(1)计入所有者权益的金额		2 632.65					2 632.65
(2)转入当期损益的金额		8 468.79					8 468.79
2. 权益法下被投资单位其他所有者权益变动的影响		866.86					866.86
3. 与计入所有者权益项目相关的所得税影响		-3 343.08					-3 343.08
4. 其他							
上述(一)和(二)小计		8 625.22				24 860.16	33 485.38
(三)所有者投入资本							
1. 所有者投入资本							
2. 股份支付计入所有者权益的金额							
3. 其他							
(四)利润分配			2 488.39		1 244.19	-15 732.58	-12 000.00
1. 提取盈余公积			2 488.39			-2 488.39	
2. 提取一般风险准备							
3. 提取信托赔偿准备					1 244.19	-1 244.19	
4. 对所有者(股东)的分配						-12 000.00	-12 000.00
5. 其他							
(五)所有者权益内部结转							
1. 资本公积转增资本(或股本)							
2. 盈余公积转增资本(或股本)							
3. 盈余公积弥补亏损							
4. 其他							
四、本期期末数	150 000.00	3 049.59	11 762.06	2 100	9 783.10	30 089.77	206 784.52

企业法定代表人:王海智　　主管会计工作负责人:尹　梅　　会计部门负责人:李瑞聪

5.2 信托资产

5.2.1 信托项目资产负债汇总表

信托项目资产负债表

2013 年 12 月 31 日

单位:万元

信托资产	期末余额	年初余额	信托负债和信托权益	期末余额	年初余额
信托资产			信托负债		
货币资金	134 297.49	181 047.86	交易性金融负债	—	
拆出资金	—		衍生金融负债	—	
存出保证金	—		应付受托人报酬	150.14	1 074.05
交易性金融资产	138 170.78	388 300.10	应付托管费	13.81	57.10
衍生金融资产	—		应付受益人收益	—	1 480.78
买入返售金融资产	2 165 690.11	1 584 190.00	应付销售服务费	—	
应收款项	2 604 192.56	1 095 022.97	应付投资管理费	15.14	162.48
发放贷款	3 127 103.28	2 353 432.78	应交税费	3.60	0.95
可供出售金融资产	—		其他应付款项	16 171.20	2 691.15
持有至到期投资	461 711.55	351 450.00	其他负债	—	
长期应收款	40 000.00	56 700.00	信托负债合计	16 353.89	5 466.51
长期股权投资	1 278 417.75	873 865.45	信托权益:		
投资性房地产	—		实收信托	9 820 723.98	6 735 814.96
固定资产	—		资本公积	3 816.10	6 824.27
无形资产	—		外币报表折算差额	—	
长期待摊费用	—		未分配利润	108 689.55	135 903.42
其他资产	—		信托权益合计	9 933 229.63	6 878 542.65
信托资产总计	9 949 583.52	6 884 009.16	信托负债和信托权益总	9 949 583.52	6 884 009.16

企业法定代表人:王海智　　主管会计工作负责人:尹　梅　　会计部门负责人:李瑞聪

5.2.2　信托项目利润及利润分配汇总表

信托项目利润及利润分配表

2013 年度　　　　单位：万元

项　　目	本期累计金额	上期累计金额
一、营业收入	656 603.63	444 399.04
利息收入	519 481.18	325 142.51
投资收益（损失以"－"号填列）	137 294.69	108 924.90
其中：对联营企业和合营企业的投资收益	—	
公允价值变动收益（损失以"－"号填列）	−7 513.85	6 961.63
租赁收入	7 340.25	3 260.00
汇兑损益（损失以"－"号填列）	—	
其他收入	1.36	110.00
二、营业支出	121 367.31	75 091.72
营业税金及附加	—	
受托人报酬	92 853.42	54 383.54
托管费	2 488.93	1 494.62
投资管理费	11 623.06	2 921.91
销售服务费	9 171.92	9 070.05
交易费用	1 856.91	1 775.97
资产减值损失	—	352.00
其他费用	3 373.07	5 093.63
三、信托净利润（净亏损以"－"号填列）	535 236.32	369 307.32
四、其他综合收益	4 198.10	6 622.00
五、综合收益	539 434.42	375 929.32
加：期初未分配信托利润	135 903.42	68 230.99
六、可供分配的信托利润	671 139.74	437 538.31
减：本期已分配信托利润	562 450.19	301 634.89
七、期末未分配信托利润	108 689.55	135 903.42

企业法定代表人：王海智　　主管会计工作负责人：尹　梅　　会计部门负责人：李瑞聪

6. 会计报表附注

6.1　会计报表编制基准的说明

公司以持续经营为基础，根据实际发生的交易和事项，按照财政部颁布的《企业会计准则——基本准则》和其他各项会计准则的规定进行确认和计量，在此基础上编制财务报表。

6.2　重要会计政策和会计估计说明

6.2.1　计提资产减值准备的主要范围和方法

公司计提减值准备会计政策变更

根据《关于金融企业准备金计提管理办法》（财政部[2012]20 号）和本公司制定《天津信托有限责任公司准备金计提管理办法》（津信会字[2012]1 号），为了更好地贯彻中国银监会审慎经营原则，增强公司抵御风险和持续健康发展的能力，2013 年本公司对《天津信托有限责任公司准备金计提管理办法》作出《补充规定（试行）》，修订细化各类资产计提准备金的时间要求和具体标准。上述《天津信托有限责任公司准备金计提管理办法》及《补充规定（试行）》已向天津市财政局报备。

计提资产减值准备的时间：按季度于季度末计提，但有证据证明月度资产有减值迹象的应当按月计提。

计提资产减值准备的标准：各类资产计提减值准备的标准，均依据公司《资产风险分类管理办法》（津信计字[2011]18 号）进行资产风险分类的结果进行。

计提资产减值准备的方法：

（1）贷款、应收账款、买入返售金融资产减值准备核算方法。本公司于资产负债表日对贷款、应收账款、买入返售金融资产分别进行减值测试。如有客观证据表明其发生了减值的，依据《天津信托有限责任公司准备金计提管理办法》（津信会字[2012]1 号）及 2013 年公司制定的该办法的《补充规定（试行）》计提减值准备。

（2）长期股权投资、抵债资产减值准备核算方法。资产负债表日，本公司对长期股权投资、抵债资产进行减值测试，发现有减值迹象的，依据《天津信托有限责任公司准备金计提管理办法》（津信会字[2012]1 号）及 2013 年公司制定的该办法的《补充规定（试行）》计提减值准备。长期股权投资、抵债资产减值准备一经确认，不再转回。

（3）可供出售金融资产减值损失核算方法。当可供出售金融资产公允价值低于成本的 50%，且有证据判断未来公允价值继续下跌的；可供出售金融资产公允价值持续性下跌一年以上（含一年），且下跌幅度超过 20% 的、并有证据判断未来公允价值继续下跌的。

符合上述两个条件之一的，业务部门可以认定该可供出售金融资产已经发生减值，在确认减值损失时，应当将原直接计入所有者权益的公允价值下降形成的累计损失一并转出，计入减值损失。

6.2.2　金融资产四分类的范围和标准

（1）以公允价值计量且其变动计入当期损益的金融资产指本公司为了近期内出售而持有的股票、债券、基金。包括交易性金融资产和指定以公允价值计量且其变动计入当期损益的金融资产。

（2）持有至到期投资指本公司购入的到期日固定、回收金额固定或可确定且本公司明确意图和能力持有至到期的固定利率国债、浮动利率公司债券、理财产品等。

（3）应收款项和贷款应收款项（本公司指应收利息、其他应收款和长期应收款）按合同或协议价款作为初始入账金额。贷款的后续计量以摊余成本计量。

（4）可供出售金融资产指本公司没有划分为以公允价值计量且其变动计入当期损益的金融资产、持有至到期投资、贷款和应收款项的其他金融资产。

6.2.3　交易性金融资产核算方法

取得时以公允价值（扣除已宣告但尚未发放的现金股利或已到付息期但尚未领取的债券利息）作为初始确认金额。

持有期间将取得的利息或现金股利确认为投资收益，资产负债表日将公允价值变动计入当期损益。

处置时，公允价值与初始入账金额之间的差额确认为投资收益，同时调整公允价值变动损益。

6.2.4　可供出售金融资产核算方法

取得时按公允价值（扣除已宣告但尚未发放的现金股利或已到付息期但尚未领取的债券利息）和相关交易费用之和作为初始确认金额。

持有期间将取得的利息或现金股利确认为投资收益。资产负债表日将公允价值变动计入资本公积（其他资本公积）。

处置时，将取得的价款与该金融资产账面价值之间的差额，计入投资损益；同时，将原直接计入所有者权益的公允价值变动累计额对应处置部分的金额转出，计入投资损益。

6.2.5 持有至到期投资核算方法

取得时按公允价值（扣除已到付息期但尚未领取的债券利息）和相关交易费用之和作为初始确认金额。

持有期间按照摊余成本和实际利率（如实际利率与票面利率差别较小的，按票面利率）计算确认利息收入，计入投资收益。实际利率在取得时确定，在该预期存续期间或适用的更短期间内保持不变。

处置时，将所取得价款与该投资账面价值之间的差额计入投资收益。

6.2.6 长期股权投资核算方法

6.2.6.1 权益法

公司对被投资单位具有共同控制或重大影响的长期股权投资，采用权益法核算。

6.2.6.2 成本法

（1）公司能够对被投资企业实施控制，即有权决定一个企业的财务和经营政策，并能从被投资企业的经营活动中获取利益；（2）对被投资企业不具有共同控制或重大影响，且没有活跃市场报价及无法取得可靠的公允价值，应采用成本法核算。

6.2.7 投资性房地产核算方法

投资性房地产是指为赚取租金或资本增值，或两者兼有而持有的房地产。本公司的投资性房地产为公司办公大楼出租部分的房产。

本公司的投资性房产采用成本模式计量。对按照成本模式计量的投资性房地产采用与本公司固定资产、无形资产相同的折旧或摊销政策。在资产负债表日按投资性房产的成本与可收回金额孰低计价，可收回金额低于成本的，按两者的差额计提减值准备。

6.2.8 固定资产计价和折旧方法

6.2.8.1 固定资产的标准

同时具备以下三个条件的 确认为固定资产：

（1）本公司实际拥有所有权的实物资产；（2）预计使用期限在一年以上（不含一年）；（3）单项实物资产的购置或建造价值在2 000元以上。

6.2.8.2 固定资产发生的修理费用

符合规定的固定资产确认条件的计入固定资产成本；不符合规定的固定资产确认条件的在发生时直接计入当期成本、费用。

6.2.8.3 固定资产折旧计提方法

固定资产从其投入使用的次月起采用直线法计提折旧，预计净残值为原价的3%，估计经济使用年限和年折旧率如下：

资产类别	预计使用年限（年）	年折旧率（%）
房屋建筑物	30～43	3.23～2.26
机器设备	5～10	19.40～9.70
运输设备	6	16.17
电子设备	3～5	32.33～19.40
其他	5	19.40

6.2.9 无形资产计价及摊销政策

6.2.9.1 无形资产的计价

无形资产在取得时，按实际成本计价。取得时的实际成本按以下方法确定：

（1）购入的无形资产，按实际支付的价款作为实际成本；

（2）自行开发并按法律程序申请取得的无形资产按依法取得时发生的注册费、聘请律师费等入账，开发过程中发生的费用直接计入当期损益。

6.2.9.2 无形资产的摊销

无形资产自取得当月起在预计使用年限内分期平均摊销，预计使用年限按受益年限和法律规定的有效年限两者孰短的原则确定，对无受益年限和法律规定的有效年限的则按不超过10年的摊销年限内分期平均摊销，计入当期损益。

6.2.10 长期应收款的核算方法

本公司长期应收款核算应收融资租赁本金和应收融资租赁收益，融资租赁资产出租时，将该项融资租赁资产的初始账面价值记入"长期应收款——应收融资租赁本金"，将应向承租人收取的各期租金与终止转让价款之和，扣除购入租赁物时实际支付价款及相关税费后的差额记入"长期应收款——应收融资租赁收益"。

收到融资租赁租金时，根据该项融资租赁业务的租金表或未确认融资收益分配表，按实际收到金额中的本金部分，冲减"长期应收款——应收融资租赁本金"；按实际收到金额中的收益部分，冲减"长期应收款——应收融资租赁收益"。同时，按实际收到金额中的收益部分，计入"未实现融资收益"和"租赁收入"。

6.2.11 长期待摊费用的摊销政策

本公司长期待摊费用在费用项目的受益期限内分期平均摊销。

6.2.12 合并会计报表的编制方法

对本公司拥有实际控制权的被投资企业合并财务报表，公司能够控制的特殊目的主体（如：非法人单位的合作项目）也列入合并报表范围。按照《企业会计准则》（2006）第33号"合并财务报表"准则的相关规定，编制合并财务报表。

6.2.13 收入确认原则和方法

6.2.13.1 利息收入

本公司的利息收入是指本公司存放于银行和其他金融机构的款项、对外放款、拆出资金、买入返售金融资产等业务所形成的利息收入。

（1）贷款利息收入。按季在贷款结息日，按照贷款合同（借据）金额和合同利率计算确定的应收未收利息，计入"应收利息"科目；按贷款的摊余成本和实际利率计算确定的利息收入。

（2）拆出资金和买入返售金融资产的利息收入比照贷款利息收入的规定确认。

（3）存放银行和其他金融机构款项的利息收入按结息日实际收到的金额计入利息收入。

6.2.13.2 融资租赁收益

本公司采用实际利率法计算当期应确认的融资租赁收入，并将未实现融资租赁收益在租赁期内的各个期间进行分配。

6.2.13.3 手续费及佣金净收入

本公司的手续费收入是指本公司自营业务的手续费收入以及从本公司所管理的信托业务中按信托合同规定从信托收益中提取或向委托人及第三方收取的受托人报酬。自营业务手续费收入：按合同收取时确认收入；信托业务手续费按信托报酬确认原则和方法"。

6.2.13.4　其他营业收入

本公司以合同已签订并执行，款项已收到或取得收取款项凭据时确认为收入实现。

6.2.14　所得税的会计处理方法

本公司所得税费用采用资产负债表债务法核算。资产、负债的账面价值与其计税基础存在差异的，按照规定确认所产生的递延所得税资产或递延所得税负债。

本公司在计算确定当期所得税（即当期应交所得税）以及递延税项（递延所得税费用或收益）的基础上，将两者之和确认为利润表中的所得税费用（或收益），但不包括直接计入所有者权益的交易或事项的所得税影响。

资产负债表日，本公司按照暂时性差异与适用所得税税率计算的结果，确认递延所得税负债、递延所得税资产以及相应的递延所得税费用（或收益）。一般情况下，所有应税暂时性差异产生的递延所得税负债均予确认，而递延所得税资产则只能在未来应纳税利润足以用作抵销暂时性差异的限度内，才予以确认。

6.2.15　信托报酬确认原则和方法

信托业务手续费收入（受托人报酬）：依据信托合同的约定，按季度、合同中期分配、合同到期分配收取时，计算及确认收入。

6.3　或有事项说明

未发生影响财务报表阅读的重大或有事项。

6.4　重要资产转让及其出售的说明

未发生重要资产转让及其出售事项。

6.5　会计报表中重要项目的明细资料

6.5.1　自营资产经营情况

6.5.1.1　信用风险资产的期初数、期末数（按信用风险五级分类）

信用风险资产五级分类	正常类（万元）	关注类（万元）	次级类（万元）	可疑类（万元）	损失类（万元）	信用风险资产合计（万元）	不良资产合计（万元）	不良资产率（%）
期初数	70 708.33	24 010.00	0.00	300.00	4.57	95 022.90	304.57	0.32
期末数	67 207.49	125 534.93	0.00	0.00	0.00	192 742.42	0.00	0

注：根据中国银监会印发的2011年度非现场监管报表G11《资产质量五级分类情况表》的填报说明，信托风险资产范围应包括：存放同业款项、各项贷款（含"长期应收款——应收融资租赁本金"）、应收利息、其他应收款（含"预付账款"）、拆放同业和买入返售资产、银行账户债券投资、不可撤销的承诺及或有负债。

6.5.1.2　各项资产减值损失准备的期初、本期计提、本期转回、本期核销、期末数

单位：万元

	期初数	本期计提	本期转回	本期核销	期末数
贷款损失准备	6 115.00	20 742.00	10 395.00	0.00	16 462.00
其中：一般准备	765.00	840.00	765.00	0.00	840.00
专项准备	5 350.00	19 902.00	9 630.00	0.00	15 622.00
其他资产减值准备	304.77	21 317.00	304.57	0.00	21 317.20
其中：可供出售金融资产减值准备	0.00	0.00	0.00	0.00	0.00
持有至到期投资减值准备	0.00	0.00	0.00	0.00	0.00
长期股权投资减值准备	0.00	1 210.00	0.00	0.00	1 210.00
坏账准备	304.77	5 207.00	304.57	0.00	5 207.2
投资性房地产减值准备	0.00	0.00	0.00	0.00	0.00
抵债资产减值准备	0.00	400.00	0.00	0.00	400.00
买入返售金融资产减值准备	0.00	14 500.00	0.00	0.00	14 500.00

6.5.1.3　固有业务股票投资、基金投资、债券投资、股权投资等投资业务的期初数、期末数（按照投资品种分类）

单位：万元

	自营股票	基金	债券	长期股权投资	其他投资	合计
期初数	23 533.83	1 272.16	33 686.61	11 007.00	30 703.16	100 202.76
期末数	6 945.18	201.00	17 521.22	12 163.53	43 897.30	80 728.23

6.5.1.4　按投资入股金额排序，前五名的自营长期股权投资的企业名称、占被投资企业权益的比例、主要经营活动及投资收益情况等

企业名称	占被投资企业权益的比例（%）	主要经营活动	投资收益（万元）
天弘基金管理有限公司	48.00	基金募集、基金销售、资产管理和中国证监会许可的其他业务。	-573.99
渤海证券有限责任公司	1.104	证券代理买卖、证券自营买卖、证券承销、证券投资咨询。	186.23
天津信唐货币经纪有限责任公司	19.00	境内外外汇市场交易、境内外货币市场交易、境内外债券市场交易、境内外衍生产品交易。	0.00
中国重型汽车财务有限公司	0.4623	在集团内部开展商业票据贴现、银行承兑汇票贴现、内部资金结算、汽车产品消费信贷，以及企业债券、股票上市等投资银行业务和信贷业务等。	43.45
天津国通股权投资基金管理有限公司	20.00	受托人管理股权投资企业，从事投资管理及相关咨询服务。	0.00

6.5.1.5　前五名的自营贷款的企业名称、占贷款总额的比例和还款情况等

企业名称	占贷款总额的比例（%）	还款情况
天津力神兴业科技有限公司	23.12	合同未到期
天津市万豪大厦有限公司	16.18	合同未到期
天津北融伟业贸易有限公司	12.14	合同未到期
天津市一代天成国际贸易有限公司	11.56	合同未到期
天津海丰畅远科技有限公司	11.56	合同未到期

6.5.1.6 担保业务、代理业务(委托业务)

单位:万元

表外业务	期初数	期末数
担保业务	0	0
代理业务(委托业务)	0	0
其他	0	0
合计	0	0

6.5.1.7 公司当年的收入结构

收入结构	金额(万元)	占比(%)
手续费及佣金收入	98 852.92	81.70
其中:信托手续费收入	98 852.92	81.70
投资银行业务收入	0.00	0.00
利息收入	11 145.08	9.21
其他业务收入	2 596.10	2.15
其中:计入信托业务收入部分	1 011.55	0.84
投资收益	3 447.89	2.85
其中:股权投资收益	-344.31	-0.28
证券投资收益	2 920.10	2.41
其他投资收益	872.10	0.72
公允价值变动收益	1.88	0.00
营业外收入	4 951.70	4.09
收入合计	120 995.57	100.00

其中:2013年,公司其他业务收入2 596.10万元,主要来源是融资租赁业务收入、办公大楼出租部分的房租收入及财务咨询费收入;信托业务收入总额为98 852.92万元,全部为手续费收入。

6.5.2 披露信托财产管理情况

6.5.2.1 信托资产的期初数、期末数

单位:万元

信托财产	期初数	期末数
集合	3 158 660.85	3 006 527.13
单一	2 572 716.42	4 481 508.61
财产权	1 152 631.89	2 461 547.78
合计	6 884 009.16	9 949 583.52

6.5.2.1.1 主动管理型信托业务的信托资产期初数、期末数,分证券投资、股权投资、融资、事务管理类分别披露

单位:万元

主动管理型信托资产	期初数	期末数
证券投资类	444 153.49	160 319.56
股权投资类	101 175.71	556 866.38
融资类	4 199376.80	4 571 134.46
事务管理类		
合计	4 744 706.00	5 288 320.40

6.5.2.1.2 被动管理型信托业务的信托资产期初数、期末数,分证券投资、股权投资、融资、事务管理类分别披露

单位:万元

被动管理型信托资产	期初数	期末数
证券投资类		
股权投资类		
融资类	432.26	
事务管理类	2 138 870.90	4 661 263.12
合计	2 139 303.16	4 661 263.12

6.5.2.2 本年度已清算结束的信托项目个数、实收信托合计金额、加权平均实际年化收益率

6.5.2.2.1 本年度已清算结束的集合类、单一类资金信托项目和财产管理类信托项目个数、实收信托合计金额、加权平均实际年化收益率

已清算结束信托项目	项目个数	实收信托合计金额(万元)	加权平均实际年化收益率(%)
集合类	95	1 702 927.85	8.06
单一类	142	1 502 671.25	8.93
财产管理类	3	20 395.70	0

注:收益率是指信托项目清算后,给受益人赚取的实际收益水平。加权平均实际年化收益率=(信托项目1的实际年化收益率×信托项目1的实收信托+信托项目2的实际年化收益率×信托项目2的实收信托+…+信托项目n的实际年化收益率×信托项目n的实收信托)/(信托项目1的实收信托+信托项目2的实收信托+…+信托项目n的实收信托)×100%。

6.5.2.2.2 本年度已清算结束的主动管理型信托项目个数、实收信托合计金额、加权平均实际年化收益率,分证券投资、股权投资、融资、事务管理类分别计算并披露

已清算结束信托项目	项目个数	实收信托合计金额(万元)	加权平均实际年化信托报酬率(%)	加权平均实际年化收益率(%)
证券投资类	16	274 037.85	0.39	6.89
股权投资类	3	84 746.49	0.14	4.18
融资类	126	2 050 863.72	2.04	8.88
事务管理类				

注:加权平均实际年化信托报酬率=(信托项目1的实际年化信托报酬率×信托项目1的实收信托+信托项目2的实际年化信托报酬率×信托项目2的实收信托+…+信托项目n的实际年化信托报酬率×信托项目n的实收信托)/(信托项目1的实收信托+信托项目2的实收信托+…+信托项目n的实收信托)×100%。

6.5.2.2.3 本年度已清算结束的被动管理型信托项目个数、实收信托合计金额、加权平均实际年化收益率,分证券投资、股权投资、融资、事务管理类分别计算并披露

已清算结束信托项目	项目个数	实收信托合计金额(万元)	加权平均实际年化信托报酬率(%)	加权平均实际年化收益率(%)
证券投资类				
股权投资类				
融资类				
事务管理类	95	816 346.74	0.41	8.21

6.5.2.3 本年度新增的集合类、单一类和财产管理类信托项目个数、实收信托合计金额

新增信托项目	项目个数	实收信托合计金额(万元)
集合类	65	1 302 950.00
单一类	143	3 405 873.00
财产管理类	12	1 400 249.64
新增合计	220	6 105 072.64
其中:主动管理型	98	2 814 990.00
被动管理型	122	3 294 082.64

注:本年新增信托项目指在本报告年度内累计新增的信托项目个数和金额。包含本年度新增并于本年度内结束的项目和本年度新增至报告期末仍在持续管理的信托项目。

6.5.2.4 信托业务创新成果和特色业务有关情况

2013年,公司在推进业务创新方面,主要取得以下成果:

（1）开展信托股权投资基金创新业务，支持我市实体经济发展和新型城镇化建设。

（2）积极开展与消费金融公司的创新业务合作，支持通过拉动消费、拉动内需的方式促进实体经济发展。

（3）在去年获批特定目的的信托受托机构资格的基础上，开始进行银行信贷资产证券化受托业务。

6.5.2.5　本公司履行受托人义务情况

本公司作为受托人，严格遵守信托法规的规定和信托协议（合同）的约定，尽职尽责履行受托人职责和义务，为委托人管理好各项信托财产，精心组织信托财产的运作；依照信托法规和信托协议（合同）约定，定期出具信托财产的管理报告；信托协议（合同）终止时，及时办理信托事务清算事宜；按信托协议（合同）的约定，按期及时向受益人支付信托受益并在信托协议（合同）终止时及时按约定向委托人（受益人）支付信托财产（本金）；按信托法规和信托协议（合同）的约定收取受托人报酬（手续费），本年没有发生违反受托人职责和义务的情况，没有出现信托协议（合同）到期由于受托人的责任不支付信托财产和受益人收益的情况。受托人按信托法规和信托协议（合同）管理、运用信托财产，管理和分配信托收益以及收取手续费（受托人报酬）时，没有出现侵占委托人和受益人合法权益的情况。

6.5.2.6　信托赔偿准备金的提取、使用和管理情况

信托赔偿准备金的提取情况表

单位：万元

按税后利润5%计提	期初数	本年增加	本年减少	期末数
信托赔偿准备金	9 783.10	2 573.40	0	12 356.50

注：2013 年公司未使用信托赔偿准备金，该信托赔偿准备金存放于经营稳健、具有一定实力的国内商业银行，或者用于购买低风险高流动性证券。

6.6　关联方关系及其交易的披露

6.6.1　关联交易方的数量、关联交易的总金额及管理交易的定价政策等

	关联交易数量	关联交易金额（万元）	定价政策
合计	2	125 000	按市场公允价格确定协议价

6.6.2　关联方交易与本公司的关系性质、关联交易方名称、法定代表人、注册地址、注册资本及主营业务等

关系性质	关联方名称	法定代表人	注册地址	注册资本（万元）	主营业务
与该企业受同一公司控制及重大影响	天津泰达投资控股有限公司	张秉军	天津经济技术开发区盛达街 9 号	600 000	投资控股
与该企业受同一公司控制及重大影响	天津建金成贸易有限公司	赵英	天津滨海旅游区一号楼一层 143 室	5 000	钢材、铁矿石等

6.6.3　逐笔披露本公司与关联方的重大交易事项

6.6.3.1　固有财产与关联方：贷款、投资、租赁、应收账款、担保、其他方式等期初汇总数、本期发生额汇总数、期末汇总数

单位：万元

固有与关联方关联交易				
	期初数	借方发生额	贷方发生额	期末数
贷款	0	0	0	0
投资	0	0	0	0
租赁	0	0	0	0
担保	0	0	0	0
应收账款	0	0	0	0
其他	0	0	0	0
合计	0	0	0	0

6.6.3.2　信托资产与关联方：贷款、投资、租赁、应收账款、担保、其他方式等期初汇总数、本期发生额汇总数、期末汇总数

单位：万元

信托与关联方关联交易				
	期初数	借方发生额	贷方发生额	期末数
贷款	45 000	100 000	45 000	100 000
投资	0	0	0	0
租赁	0	0	0	0
担保	0	0	0	0
应收账款	0	0	0	0
其他	25 000	0	0	25 000
合计	70 000	100 000	45 000	125 000

6.6.3.3　信托公司自有资金运用于自己管理的信托项目（固信交易）、信托公司管理的信托项目之间的相互（信信交易）交易金额，包括余额和本报告年度的发生额

6.6.3.3.1　固有财产与信托财产之间的交易金额期初汇总数、本期发生额汇总数、期末汇总数

单位：万元

固有财产与信托财产相互交易			
	期初数	本期发生额	期末数
合计	20 000	−20 000	0

6.6.3.3.2　信托项目之间的交易金额期初汇总数、本期发生额汇总数、期末汇总数

单位：万元

信托财产与信托财产相互交易			
	期初数	本期发生额	期末数
合计	25 000	−25 000	0

6.6.4　逐笔披露关联方逾期未偿还本公司资金的详细情况以及本公司为关联方担保发生或即将发生垫款的详细情况

公司本年度未出现关联方逾期未偿还本公司资金的情况，未出现本公司为关联方担保的情况。

6.7　会计制度的披露

本公司固有业务从 2008 年 1 月 1 日起、信托业务从 2010 年 1 月 1 日起按照财政部 2006 年颁布的《企业会计准则——基本准则》和其他各项会计准则的规定对固有业务及信托业务进行确认和计量，在此基础上编制财务报表。

6.8　净资本管理情况

根据《信托公司净资本管理办法》和 2011 年 2 月下发的净资本具体计算标准，2013 年末公司的净资产达 25.89 亿元，净

资本为18.38亿元(监管标准≥2亿元,各项风险资本之和为9.87亿元,净资本/各项业务风险资本为186.32%(监管标准≥100%),净资本/净资产为71.01%(监管标准为≥40%),净资本各项指标达到规定标准。

7. 财务情况说明书

7.1 利润实现和分配情况

2013年,公司实现税前利润66 209.40万元,比上年增加32 507.05万元,增幅为96.37%;净利润51 467.84万元,比上年增加26 607.68万元,增幅为107.03%。按照相关法规、公司章程,本年净提取法定盈余公积金5 146.78万元和信托赔偿准备金2 573.40万元。

7.2 主要财务指标

2013年主要财务指标情况表

指标名称	指标值
资本利润率(%)	22.1
加权年化信托报酬率(%)	1.24
人均净利润(万元)	365.02

注:全年在岗职工平均人数141人。

7.3 对本公司财务状况、经营成果有重大影响的其他事项

无。

8. 特别事项揭示

8.1 公司股东股权变动情况

无变动情况。

8.2 董事、监事及高级管理人员变动情况及原因

2013年6月4日,公司以通讯表决方式召开2013年股东会第1次临时会议,审议通过了《关于同意刘峰担任天津信托有限责任公司董事的决议》。目前,刘峰尚未取得监管部门批准的董事任职资格。

2013年10月11日,公司召开2013年股东会第3次会议,审议通过了《关于同意董建新不再担任天津信托有限责任公司董事的决议》、《关于同意樊振荣不再担任天津信托有限责任公司独立董事的决议》。审议通过了《关于同意天津信托有限责任公司第七届董事会新增董事人选,董事长、副董事长提名人选的决议》,同意原董事会成员王海智、赵毅、张维、李林、钟玲玲、弓劲梅、刘峰、黄书平、马君潞、郭田勇(其中马君潞、郭田勇为独立董事)等10人继续留任,新增董事1人,王雪利为股东董事。截至目前,王雪利尚未取得监管部门批准的董事任职资格。本次股东会同意提名王海智同志为天津信托有限责任公司第七届董事会董事长,赵毅同志为副董事长。

审议通过了《关于同意天津信托有限责任公司第七届监事会新增监事人选,监事长提名人选的决议》,同意原监事会成员朱振山、冯金有、王丽、康悦、丁粤军等5人继续留任。本次股东会同意提名朱振山同志为天津信托有限责任公司第七届监事会监事长。

2014年3月25日,公司以通讯表决方式召开2014年股东会第3次临时会议,审议通过了《关于同意马君潞不再担任天津信托有限责任公司独立董事的决议》。

除此之外,公司董事、监事及高级管理人员未有变动。

8.3 本年度,公司注册资本、注册地、公司名称、公司分立合并事项

2014年1月26日,中国银监会天津监管局下发了《关于天津信托有限责任公司增加注册资本金的批复》(津银监复[2014]30号),同意公司增加注册资本金2亿元,即公司注册资本金增至17亿元。4月15日,有关工商登记变更手续已办理完毕。

公司注册地、公司分立合并事项无变更。

8.4 公司的重大诉讼事项

无。

8.5 本年度,公司及高级管理人员受到处罚情况

无。

8.6 中国银监会派出机构风险检查情况

2013年天津银监局对公司存续的地方政府融资平台信托业务风险情况进行了现场检查,在对公司平台业务总体工作充分肯定的基础上,提出了进一步强化地方政府融资平台业务管理,有效防范风险的监管部门的监管意见,公司积极贯彻执行相关监管政策和要求,通过完善平台业务内控制度,加强项目准入审查,强化项目后期管理,提升合规和风险管理水平。

8.7 重大事项临时报告

无。

9. 公司监事会意见

9.1 公司依法运作情况

通过检查监督,监事会认为,公司建立了较为完善的公司法人治理结构,进一步加强了内部控制制度建设和风险管理,强化了内部管理和审计制度。公司决策事项程序合法,公司董事、经理和其他高级管理人员,能够按照《公司法》、“信托一法三规”、公司章程等有关法律、法规及公司监管部门的要求,认真履行相关职责,勤勉工作,积极维护股东利益、公司利益和客户利益。

9.2 关于公司财务报告

依据中审华寅五洲会计师事务所出具的审计报告和公司的财务报表,监事会认真检查和审核了公司财务状况和经营成果,认为公司本年度财务报告是客观、公允的。

万向信托有限公司

1. 重要提示

1.1 本公司董事会及董事保证本报告所载资料不存在任何虚假记载、误导性陈述或者重大遗漏,并对其内容的真实性、准确性和完整性承担个别及连带责任。本年度报告摘要摘自年度报告全文,客户及相关利益人欲了解详细内容,应阅读年度报告全文。

1.2 本公司独立董事李全、成保良、刁维仁、吴晓波认为:公司年报所记载的资料没有存在任何的虚假记载,也没有任何误导性陈述和重大遗漏,本报告的内容真实、准确、完整。

1.3 本公司董事长肖风先生、公司总裁祝旸先生、财务负责人汪文桦女士声明:保证年度报告中财务报告的真实、完整。

2. 公司概况

2.1 基本情况

公司前身为浙江省工商信托投资股份有限公司,成立于1986年11月。2012年更名为万向信托有限公司,注册资本6.5亿元。

公司法定中文名称:万向信托有限公司

法定中文名称缩写:万向信托

公司法定英文名称:Wanxiang Trust Co.,Ltd.

法定代表人:肖 风

注册地址:杭州市体育场路429号天和大厦12~17层及4层(401~403)

邮政编码:310006

国际互联网网址:www.wxtrust.com

电子信箱:wxtrust@wxtrust.com

信息披露事务联系人:陆 炯

办公电话:0571-85807978

办公传真:0571-85179809

电子信箱:jlu@wxtrust.com

信息披露报纸名称:《证券时报》

年度报告备置地点:杭州市体育场路429号天和大厦12层

聘请的会计师事务所:大华会计师事务所(特殊普通合伙)

住所:杭州市体育场路508号浙江地矿科技大楼5楼

2.2 公司组织结构

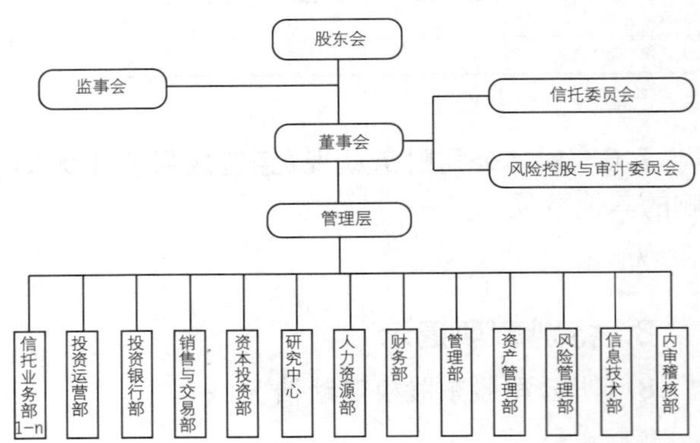

3. 公司治理结构

3.1 股东

股东构成

股东名称	持股比例(%)	法定代表人	注册资本(万元)	注册地址	主要经营业务
★中国万向控股有限公司	76.50	鲁伟鼎	115 000.00	上海浦东新区陆家嘴西路99号万向大厦	从事实业投资、投资管理,金融专业技术领域内的技术咨询、技术开发等。
浙江烟草投资管理有限责任公司	14.49	孙建华	180 714.67	杭州市浣纱路17号3楼	从事投资管理,实业投资,酒店管理,经营进出口业务等。
浙江省邮政公司	3.97	鞠勇	157 175.00	杭州市西湖区莫干山路329号	从事与邮政相关的基础业务、增值业务、金融业务、附属业务等。
巨化集团公司	2.86	杜世源	96 600.00	杭州市江城路849号	从事化肥、化工原料及产品、化学纤维、医药原料等。
浙江省财务开发公司	2.18	杜祖国	200 000.00	杭州市华浙广场1号28楼	从事实业投资、资产管理等。

注:★号代表本公司最终实际控制人。

3.2 董事、董事会及其下属委员会

董事构成

姓 名	职 务	性别	年龄	所推举的股东名称	该股东持股比例(%)	简 要 履 历
肖 风	董事长	男	53	中国万向控股有限公司	76.50	南开大学世界经济学博士，中国万向控股有限公司副董事长。
傅志芳	董事	男	49	中国万向控股有限公司	76.50	中欧国际工商学院硕士，万向财务有限公司总裁。
冯立民	董事	男	53	中国万向控股有限公司	76.50	北京国际关系学院本科学历，中国万向控股有限公司副总裁。
凌金良	董事	男	49	中国万向控股有限公司	76.50	浙江大学管理科学与工程硕士，万向租赁有限公司总经理。
葛 旋	董事	男	43	中国万向控股有限公司	76.50	长江商学院研究生，民生通惠资产管理有限公司总经理、董事。
孙建华	董事	男	57	浙江烟草投资管理有限责任公司	14.49	中央电大会计专业，浙江烟草投资管理有限责任公司总经理。
裴英杰	董事	男	51	浙江省邮政公司	3.97	北京邮电学院本科毕业，浙江省邮政公司副总经理。
李 军	董事	男	48	巨化集团公司	2.86	中共浙江省委党校硕士，巨化集团公司党委委员、人力资源部部长。
苏明波	董事	男	44	浙江省财务开发公司	2.18	湖南大学本科毕业，浙江省财务开发公司投资管理部1部经理。

独立董事构成

姓名	所在单位职务	性别	年龄	所推举的股东名称	该股东持股比例(%)
李 全	新华资产管理股份有限公司总经理	男	51	中国万向控股有限公司	76.50
成保良	上海瑞力投资基金管理有限公司董事长	男	53	中国万向控股有限公司	76.50
刁维仁	群益国际控股有限公司上海代表处首席代表	男	60	中国万向控股有限公司	76.50
吴晓波	蓝狮子出版人	男	46	中国万向控股有限公司	76.50

注：本届董事会于2011年12月组成，任期3年，届满可以连选连任。

董事会下属专门委员会构成

委员会名称	职责	组成人员姓名	职务
风险控制与审计委员会	确定公司风险管理的总体目标、风险偏好、风险承受度、风险管理策略和重大风险管理解决方案；评估公司关联交易业务风险；监督公司信托业务和自营业务的风险控制及管理；监督公司信息披露的真实、准确、完整和合规性；提出完善公司风险管理和内部控制及内部审计实施的建议等。	冯立民	主任委员
		裴英杰	委员
		刁维仁	委员
信托委员会	组织制订公司信托业务发展规划；定期评估公司信托业务运行情况；研究并提出具体措施落实监管机构提出的整改要求；当公司或股东利益与受益人利益发生冲突时，研究并提出维护受益人权益的具体措施等。	李全	主任委员
		葛旋	委员
		孙建华	委员

3.3 监事

监事构成

姓名	职务	性别	年龄	所推举的股东名称	该股东持股比例(%)	简 要 履 历
鲁伟鼎	监事长	男	43	中国万向控股有限公司	76.50	哈佛商学院MBA，中国万向控股有限公司董事长。
陈燕	监事	女	49	浙江烟草投资管理有限责任公司	14.49	杭州市烟草分公司财务处处长。
熊文斌	职工监事	男	31	由万向信托职工代表大会选举产生	-	本公司人力资源部执行总经理。

注：本届监事会于2011年12月组成，任期3年，届满可以连选连任。

3.4 高级管理人员

姓名	职务	性别	年龄	学历	专业	金融从业年限(年)
祝旸	总裁	男	44	硕士	新闻学	17
任伟珠	信托总监	女	57	本科	经济管理	36
陈敏	风险总监	女	57	大专	金融	32

注:本届管理团队于2011年12月组成,任期3年,届满可以连选连任。

3.5 公司员工

报告期末,公司员工总数86人。

项目		报告期年度(2013)		上年度(2012)	
		人数	比例(%)	人数	比例(%)
年龄分布	24岁以下	3	3.5	4	6.8
	25~29岁	29	33.7	18	30.5
	30~39岁	34	39.5	21	35.6
	40岁以上	20	23.3	16	27.1
性别分布	男	56	65.1	38	64.4
	女	30	34.9	21	35.6
学历分布	博士	2	2.3	4	6.8
	硕士	39	45.3	26	44
	本科	36	41.9	22	37.3
	专科	8	9.3	6	10.2
	其他	1	1.2	1	1.7
岗位分布	董事、监事及其他高管人员	4	4.7	4	6.8
	信托业务人员	59	68.6	30	50.8
	其他人员	23	26.7	25	42.4
合计		86	100	59	100

备注:13名董事、2名外部监事未包括在内。董事、监事及其他高管人员4人包括职工监事1人、高管3人。

4. 经营概况

4.1 经营目标、方针、战略规划

4.1.1 经营目标

通过近3~5年的努力,突出公司"质"的特色,强化公司在财富管理端的定制服务能力,强化公司在资产管理端的特定产业领域投资管理能力,强化公司在风险管理端的量化管理能力,从而跻身国内一流特色信托的行列。

4.1.2 经营方针

以受益人利益最大化为原则,以合规运营为前提,充分发挥专业团队谨慎尽职管理的能力,树立良好的社会责任形象。

4.1.3 战略规划

以"一体两翼"的战略思想,对IT战略、财富战略、产品战略和风控战略进行分解。"一体"是指以中台部门为核心的风控战略,要求做到规范、稳健、效率和创新引领;"两翼"分别指产品战略和财富战略。

产品战略要促使常规产品有序扩张与创新产品落地的双轮驱动;财富战略要实现零售板块、机构板块、高净值客户板块三个维度的"三箭齐发";IT战略将贯穿"一体两翼"全程,形成有力的技术支撑。

4.2 所经营业务的主要内容

4.2.1 信托资产运用与分布

资产运用	金额(万元)	占比(%)	资产分布	金额(万元)	占比(%)
货币资产	4 697.66	0.29	基础产业	801 949.00	50.07
贷款及应收款	943 994.74	58.94	房地产业	357 460.00	22.32
交易性金融资产	—	—	证券市场	—	—
可供出售金融资产	45 780.00	2.86	实业	231 250.00	14.44
持有至到期投资	588 207.10	36.72	金融机构	29 328.10	1.83
长期股权投资	9 380.00	0.59	其他	181 702.40	11.34
其他	9 630.00	0.60			
资产总计	1 601 689.50	100.00	资产总计	1 601 689.50	100.00

4.2.2 固有资产运用与分布

资产运用	金额(万元)	占比(%)	资产分布	金额(万元)	占比(%)
货币资产	12 565.09	8.92	基础产业	8 000.00	5.68
贷款及应收款	8 000.00	5.68	房地产业		
交易性金融资产	—	—	证券市场		
可供出售金融资产	117 840.00	83.64	实业		
持有至到期投资	—	—	金融机构		
长期股权投资	—	—	其他	132 888.19	94.32
其他	2 483.10	1.76			
资产总计	140 888.19	100.00	资产总计	140 888.19	100.00

4.3 市场分析

4.3.1 影响公司业务发展的有利因素

(1)国内经济快速发展、居民财富管理需求迅速增加,信托业凭借灵活多变的"跨界经营模式"可吸引许多高净值客户,同时也满足了受到银行信贷规模管控的企业融资需求。

(2)信托监管层建立了与金融市场需求相一致的监管体系,有利于信托公司抓住市场机会,积极开展业务创新,自主地满足市场需求。

(3)公司股东雄厚的资本实力和公司股权结构多元化,在公司治理、经营管理和董事会资源支持等方面具有独特的竞争优势。

(4)公司于2012年开始展业,直接进入信托业转型业务,具有转型成本低、高起点发展的后发优势。

4.3.2 影响公司业务发展的不利因素

(1)2012年开始,中国经济下行增加了信托公司经营的宏观风险,支撑信托业快速发展的主流业务模式,即发挥私募投行功能的融资信托业务模式(私募投行业务),在新的经济背景下开始遇到不可避免的挑战。

(2)利率市场化加大了信托公司经营的市场风险。

(3)2013年年中和年末的两次"钱慌"引发了对流动性风险的担心,频繁发生的个案风险事件引起了对信托业系统性风险的担忧。

(4)继2012年"资产管理新政"以来,2013年商业银行和保险资产管理公司资管计划的推出,全面开启了"泛资产管理时代",进一步加剧了竞争。

(5)财政部等四部委发布的规范地方政府融资行为的“463号文”以及中国银监会发布的规范商业银行理财业务投资运作的“8号文”,增加了信托公司政信合作业务和银信合作业务的不确定性。

4.4 风险管理

4.4.1 风险管理概况

公司经营活动中主要可能遇到:合规风险、信用风险、市场风险、操作风险和其他风险。公司的架构体系为风险管理奠定了组织基础和制度保障,流程管理实现了对业务审批、操作的规范管理和监控,形成了分工合理、职责明确、运行顺畅、制衡有效的风险管理机制。

2013年,公司以控实质风险为抓手,以合规经营为前提,对业务风险准入和尽职调查工作制定了一系列标准和指引,并对房地产类以及风险较高的项目实行风险经理现场风险尽调制度。

4.4.2 风险管理的基本原则

坚持“合法合规、合理匹配收益与风险”的风险管理原则,构建全面风险评审标准体系,确立的风险管理基本原则如下:

(1)合法有效性原则。内控制度应当符合国家法律法规及监管机构的监管要求,并贯穿于各项经营管理活动的始终;同时,必须随着公司经营战略、经营方针、经营理念等内部环境和国家法律法规、市场变化等外部环境的改变及时进行相应的修改和完善。

(2)全面性原则。风险管理工作须包含公司所面临的所有风险类型,覆盖公司所有部门和岗位,并渗透到各项业务的每一个操作环节。

(3)独立性原则。公司董事会下设风险控制与审计委员会,公司设立风险评估委员会、风险管理部、内审稽核部,负责识别、评估、控制及改进经营过程中所面临的风险,不受任何其他部门和个人的干涉。

(4)相互制衡原则。公司及各部门在内部组织结构的设计上要形成一种相互制约的机制,建立不同部门、不同岗位之间的相互制衡体系。各业务部门内部通过科学的岗位责任制和业务操作流程来互相制约,各业务部门之间通过明确清晰的部门职责进行互相牵制。

(5)一致性原则。风险管理策略与公司的业务发展战略有机结合,与公司的长期发展目标相一致。

(6)审慎性原则。各项业务经营活动必须防范风险,审慎经营,保证资金、财产的安全与完整;公司业务的发展必须建立在风险控制制度完善和稳固的基础上,应遵循内控优先、制度先行的原则,健全规章制度,完善业务流程,注重从源头上控制和防范风险。

(7)时效性原则。业务发生时能及时准确地识别、控制和管理风险;宏观经济、市场环境及公司经营管理发生变化时,能适时适度地调整风险管理措施。

(8)定性与定量相结合原则。逐步建立完备的风险控制指标体系,设定定性与定量相结合的评估标准,使风险管理工作更具客观性和可操作性。

(9)防火墙原则。公司各部门及其岗位,在物理上和制度上应适当隔离。对因业务需要知悉内幕信息的人员,制定严格的审批程序和监督办法。

(10)资产隔离原则。公司固有资产与信托财产、不同委托人的信托财产分别管理、分别记账,独立核算。

4.4.3 风险管理的基本政策

2013年,公司拟定政信、房地产、证券等业务类型的风险评审标准和操作细则,基本构建起全面风险评审标准体系。实行全流程、全方位项目风险控制与管理。从尽调、评审、期间管理、清算管理等四大版块入手,实行业务、风险管理、内审三道风险管理防线:

第一道防线:公司各部门。公司各部门将风险管理理念、手段和程序融入到部门工作流程中,通过部门规范、有序的工作建立风险管理的第一道防线。

第二道防线:风险管理部、资产管理部。风险管理部、资产管理部负责对各项风险进行组合管理,厘定关键风险指标,落实风险评估与计量,提出风险控制方法和手段,进行事前和事中控制。

第三道防线:内审稽核部。内审稽核部在公司保持相对独立,负责监督审核公司的运营,通过审计监督活动,排查揭露风险点,督促相关部门改进工作和防范风险。

4.4.4 风险管理组织结构与职责划分

公司风险管理组织体系由董事会、董事会下设的风险控制与审计委员会、监事会、高级管理层、风险评估委员会、风险管理部、内审稽核部和各部门组成。

(1)公司董事会承担风险控制的最终责任。负责审批公司的风险管理战略,审定公司的总体风险水平,监控和评价风险管理的有效性和公司管理层在风险管理方面的履职情况。

(2)董事会下设风险控制与审计委员会,履行董事会的风险管理决策职能。负责拟定公司风险管理策略、风险管理总体目标、风险偏好、风险承受度;对公司的经营和业务风险控制及管理情况进行监督;向董事会提交公司全面风险管理年度报告。

(3)监事会负责对公司高级管理人员的职务行为、公司财务情况和合规情况等方面进行监督和检查,督促落实公司风险管理体系的建立和实施及相关事项的整改,就涉及公司风险的重大事项向股东会报告。

(4)公司高级管理层负责实施经董事会批准的风险管理政策,并在风险可控的情况下为公司获得较高的资本回报;定期向董事会、监事会报告风险管理情况。

(5)高级管理层下设风险评估委员会,负责规划公司风险防范与控制体系,制定与完善公司风险管理制度,定期对公司进行风险评估。

(6)风险管理部负责建立健全公司风险防范、监控体系,负责公司各项业务风险(包括合规风险)管理日常工作,对公司经营管理活动中的各类风险实施有效的事前评估和全过程监控,有效化解和降低公司运营风险。

(7)内审稽核部负责检查公司内部风险管理制度的执行情况,对公司内部风险控制制度的合理性、有效性进行审查评价,提出改进意见。对检查中发现的问题,及时向其分管领导报告。

(8)公司各部门是公司风险管理的实施单位,各部门负责人为本部门风险管理的第一责任人。各部门及业务单元在公司风险管理的框架内，根据相应的职责和权限行使风险管理职能，并按照全面风险管理的要求，确保将风险管理覆盖到所有岗位、人员和业务的全过程，同时对各自职责范围内的业务进行定期及不定期自查，发现问题及时纠正，以达到风险自我控制的目的。

4.4.5 风险管理状况

2013 年，公司管理的信托项目均运营正常，没有发生风险处置事项。

4.4.5.1 信用（流动性）风险管理

信用风险主要指交易对手不履行义务的可能性，主要表现为：在贷款、资产回购、后续资金安排、担保、履约承诺等交易过程中，借款人、担保人、保管人（托管人）等交易对手不履行承诺，不能或不愿履行合约承诺而使信托财产和固有财产遭受潜在损失的可能性。同时，当信用风险发生时，如受托人没有尽职管理、安排预算不恰当时，或信托项目违法违规未能如期执行时，会导致发生流动性风险。

公司信用（流动性）风险压力主要表现在信托板块的融资类、准权益性直接投资类业务以及固有板块的贷款类业务上。公司严格按照《中国银行业监督委员会关于非银行金融机构全面推行资产质量五级分类管理的通知》，每季度对公司固有资产质量进行五级分类，对信托财产也参照上述办法进行五级分类。出于稳健性原则，作为非银行业金融企业，参照商业银行拨备覆盖率执行的有关监管精神，本着谨慎原则，按规定提取贷款损失准备，本年未发生关注及以下分类资产，本年提取贷款损失准备为零。

4.4.5.2 市场风险管理

市场风险是指因市场价格（利率、汇率、股票价格和商品价格）的不利变动而使公司各项业务发生损失的风险。

市场风险来源于利率风险、汇率风险、股票价格风险和商品价格风险，其中利率风险、股票价格风险是公司经营中承担的主要市场风险。同时，市场风险还具有很强的传导性，某些信用风险的根源可能也来自于交易对手的市场风险。这些风险的存在，将影响信托财产的价值以及信托收益水平。市场风险也包括同业竞争对公司盈利能力和财务状况产生影响产生的风险。本公司以收取固定的受托人管理佣金作为主要盈利渠道，故行业费率的变动对公司盈利具有一定影响。公司业务中传统贷款业务占一定的比例，且贷款业务主要执行固定利率，因此利率变动对公司盈利和财务状况直接影响较小。公司目前尚未开展外币业务，暂不受市场汇率变动影响。

4.4.5.3 操作风险管理

操作风险主要指因内控机制不健全、管理失误、操作系统不完善，或一些人为的失误、欺诈等问题，从而给公司造成直接或间接损失的风险。

操作风险的类型主要分为执行风险、信息风险、关系风险、法律风险、人员风险、系统事件风险。

公司已建立职责分离、相互监督制约的内部控制机制，实行全员问责制度。项目管理方面，公司根据项目审批阶段设立管理目标，与业务部门划清管理职责，要求业务人员履行过程管理职责，对项目执行过程中的关键节点进行严格把控。同时风险管理部通过查阅业务档案，评估主办业务人员对项目过程管理的慎重性，包括业务档案是否完整、抵（质）押手续是否齐备有效、信息披露及收益分配是否按时完成等；通过现场检查，跟踪项目管理目标的落实情况，并及时向公司高管层汇报。

公司遵循“政策制度化、制度流程化、流程 IT 化”管理理念，通过制定并不断完善各类业务的操作细则，将业务操作节点分解到各个部门落实到各岗位，并制定部门职责和岗位说明书，避免操作风险的产生。在报告期内，公司未发生内部控制失效或者员工故意违规、欺诈的行为，未发生误操作、违规操作导致的损失，未发生尽职管理不到位而产生的相关风险。

4.4.5.4 合规与法律风险管理

公司面临的合规风险主要指因没有遵循法律法规、规则和准则可能遭受法律制裁、监管处罚、重大财务损失和声誉损失的风险。

公司合规管理的目标是通过建立健全合规管理框架，实现对合规风险的有效识别和管理，从而促进合规管理体系的建设，确保依法合规经营。加强合规与法律风险管理既是监管机构对信托公司合法稳健经营的监管要求，也是公司自身长远健康发展的内在需要。公司从开业伊始就高度重视合规文化建设，积极倡导和培育优良的合规文化和价值观念，通过合规制度建设、合规培训、合规信息传递等方式，营造合规经营、合规决策、合规管理的氛围，将合规文化融入企业文化建设全过程。

公司密切关注相关法律法规和监管政策的变化和发展趋势，自觉理解并遵守执行国家法律、行政法规和各项监管政策，注重合规与法律风险管理制度和流程的建设，认真履行信托项目的法律合规审查，不断健全和完善公司合规与法律管理体系。

报告期内，公司业务整体合规状况良好，未出现因合规和法律问题遭受监管处罚、重大财务损失或声誉损失的事项。

4.4.5.5 其他风险管理

其他风险包括流动性风险、道德风险和声誉风险等。

（1）流动性风险。流动性风险分为非现金资产的流动性风险和资金的流动性风险。报告期内，公司非现金资产可正常变现，并且有充裕的现金流，无该类风险发生。

（2）道德风险。指由于公司内部人员蓄意违规、违法给公司带来损失的可能性。报告期内，公司未发生违法、违规、违约现象，未出现差错和失误，未发生责任事故。

（3）声誉风险。指由于公司操作失误、违反有关规定、资产质量下降不能按期兑付、不能向公众提供高质量的综合金融服务和管理不善等原因，对公司市场地位和声誉产生的消极和不良影响。报告期内，公司未发生声誉风险事项。

4.4.6 风险管理

风险管理是一个涵盖公司内外、各个业务单位、各个业务产品（包括固有和信托业务）以及公司所有员工等可能涉及各类风险因素的全过程。公司在对各类风险进行全面、有效地识别、计量、监测和控制等实施有效管理的基础上，并立足于公司整体的角度进行全面的汇总和整合，实现对组合风险的管理，形成统一的管理体系。

4.4.6.1 信用风险管理

公司主要通过对交易对手的尽职调查进行事前防范；通过采用成熟的交易结构设计、合理的风险定价、设定房地产抵押、上市公司股票质押等担保增信措施、持续进行风险评估等手段监控交易对手信用风险变化，并采取积极的应对措施。

(1)规范项目尽职调查工作,对不同类别基础资产建立完善的尽调底稿要求。分析宏观及行业经济形势,注重项目可行性分析,把握项目风险。认真尽职调查,深入了解项目所在地区、交易对手员工及上下游企业评价等,重视对交易对手及其背后的实际控制人的股权关系和背景审查。

(2)严格项目风险审查。在充分调查基础上,严格开展项目的风险评审、合规评审,充分发挥项目决策委员会的功能,坚持流程控制和集体审批。

(3)做好增信、风险转移和分散工作,科学合理控制风险敞口。在落实项目投资回款第一来源的基础上,积极落实第二回款来源,并选择土地房产抵押、上市公司股票质押等易于变现或实现的担保增信方式。

(4)重视事后检查。各业务部门、风险管理部门、内审稽核部门定期、不定期,现场、非现场检查项目执行情况,持续进行风险监控、评估,对信用风险做到早发现、早应对。

(5)积极采取量化风险管理,并逐步建立交易对手数据库,致力于建立一套适合公司实际的信用风险信息系统,通过定性和定量计算的手段全面分析拟投资项目的经营风险,并根据市场环境的变化完善和更新系统。

4.4.6.2 市场风险管理

市场风险管理是识别、计量、监测和控制市场风险的全过程,其目标是通过将市场风险控制在公司可以承受的合理范围内,实现经风险调整后的收益最大化。

公司关注国家宏观政策变化,通过业务创新不断拓展多元化的投资领域;充分考虑拟投资项目的筛选、评估、运营、退出中的策略、渠道和措施,注重投资项目的调研和分析工作,建立充足的项目储备池,制定风险处置预案锁定项目退出风险,组建专业化的管理团队,明确项目组织管理机构和管理责任,并通过对货币政策、行业政策、利率政策等的深入分析研究,进行持续的监控。

4.4.6.3 操作风险管理

公司主要通过营造良好的内部控制环境、着力内控制度建设、完善公司治理结构、落实内控制度执行来管理公司操作风险。

(1)构建良好的内控环境。公司积极提倡内控优先的风险管理理念,通过内控制度的建设与完善,使每项业务从尽职调查、产品设计、立项、审批、募集、后续管理和终止的全过程,都有章可循,并严格按程序操作。目前公司的各项控制制度和操作规程已基本涵盖了所有业务领域,实现了对公司各项业务操作过程的有效控制。

(2)注重作业规范化管理、借助外部中介机构进行管控、进行持续风险监测和风险评价、加强档案管理、规范信息披露等,切实履行勤勉尽职的管理义务。

(3)引导员工遵循良好的行为准则和道德规范,培养按制度、规章做事的习惯。通过对员工的制度与规范培训及各类操作风险案例的教育,强化公司全体员工的操作风险意识。

报告期内,公司通过不断优化业务流程,梳理、完善、补充各项制度,并持续进行制度培训,使按章操作深入人心。

4.4.6.4 合规与法律风险管理

公司密切关注国内外金融监管发展趋势,高度重视合规管理工作,将合规管理转化为提升公司内在价值和创造价值的重要手段。合规管理从基于规则限制的是否合规,发展为基于风险管理的如何合规,提倡不让合规成为风险。

公司注重合规与法律风险管理制度和流程的体系建设。通过各项规章制度和操作细则、建立OA协同管理平台以及信托业务管理系统,确保流程规范化、IT化。目前公司建立的制度和流程已基本涵盖业务的各个环节,实现了合规与法律风险管理工作的全覆盖。

4.4.6.5 其他风险管理

(1)政策风险管理。公司及时关注并跟踪研究国家宏观政策和行业政策的调整与变化,动态分析宏观政策和监管政策的变动趋势;成立专门的研究部门研究、分析外部政策法规变化对信托公司发展方向、盈利模式的影响,不断摸索适合公司发展的道路;加强与政策制定部门的沟通,及时反馈对政策制度的制订修订意见,调整发展思路和经营理念,保持公司经营策略与国家政策的一致性;坚持"遵纪守法"的经营方针和经营宗旨,保证公司的各项业务在合法合规的前提下进行。

(2)道德风险管理。公司建立良好诚信的企业文化,注重维护委托人、受益人的利益,通过制度设计完善内部控制机制,严格执行管理制度及纪律要求;同时加强道德文化教育和员工培训,不断提高员工廉洁自律和勤勉尽职的意识;公司以员工为本,强调和谐共赢,不断加强企业的凝聚力和员工的归属感,从而实现对道德风险的防控。

(3)声誉风险管理。公司对声誉风险的容忍度为零,将声誉风险管理纳入公司治理和全面风险管理体系,强调在合规经营和健康发展的基础上,主动、有效、灵活地管理声誉风险和应对声誉事件,通过加强尽职管理保障公司业务的健康运行,通过机制和制度建设明晰声誉风险监控、管理和应对流程,通过充分信息披露等方式实现与投资者的良性沟通,通过履行社会责任等积极提升公司的品牌价值和社会形象。

5. 报告期末及上一年度末的比较式会计报表

5.1 固有资产

5.1.1 会计师事务所审计结论

审 计 报 告

大华审字[2014]050091号

万向信托有限公司:

我们审计了后附的万向信托有限公司(以下简称贵公司)财务报表,包括2013年12月31日的资产负债表,2013年度的利润表、现金流量表、所有者权益变动表,以及财务报表附注。

一、管理层对财务报表的责任

编制和公允列报财务报表是贵公司管理层的责任,这种责任包括:(1)按照企业会计准则的规定编制财务报表,并使其实现公允反映;(2)设计、执行和维护必要的内部控制,以使财务报表不存在由于舞弊或错误导致的重大错报。

二、注册会计师的责任

我们的责任是在执行审计工作的基础上对财务报表发表审计意见,我们按照中国注册会计师审计准则的规定执行了审计工作。中国注册会计师审计准则要求我们遵守职业道德守则，计划和执行审计工作以对财务报表是否不存在重大错报获取合理保证。

审计工作涉及实施审计程序，以获取有关财务报表金额和披露的审计证据。选择的审计程序取决于注册会计师的判断，包括对由于舞弊或错误导致的财务报表重大错报风险的评估。在进行风险评估时，恰当的审计程序，但目的并非对内部控制的有效性发表意见。审计工作还包括评价管理层选用会计政策的恰当和作出会计估计的合理性，以及评价财务报表的总体列报。

我们相信，我们获取的审计证据是充分、适当的，为发表审计意见提供了基础。

三、审计意见

我们认为，贵公司财务报表在所有重大方面按照企业会计准则的规定编制，公允反映了贵公司2013年12月31日的财务状况以及2013年度的经营成果和现金流量。

大华会计师事务所（特殊普通合伙）浙江万邦分所

中国·杭州

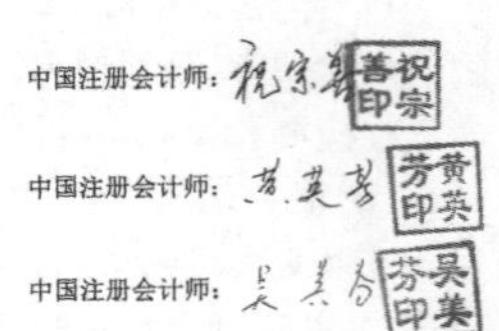

中国注册会计师：祝宗善

中国注册会计师：黄芬英

中国注册会计师：吴美芬

二〇一四年二月十五日

5.1.2 资产负债表

编制单位：万向信托有限公司　　2013年12月31日　　单位：万元

资　产	注释	期末数	期初数	负债和所有者权益（或股东权益）	注释	期末数	期初数
资产				负债			
现金及存放中央银行款项	2	—	0.62	向中央银行借款		—	—
存放同业款项	3	12 565.09	63 163.79	同业及其他金融机构存放款项		—	—
贵金属		—	—	拆入资金		—	—
拆出资金		—	—	交易性金融负债		—	—
交易性金融资产		—	—	衍生金融负债		—	—
衍生金融资产		—	—	卖出回购金融资产款		—	—
买入返售金融资产		—	—	吸收存款		—	—
应收利息		—	—	应付职工薪酬	10	2 101.38	1 349.69
发放贷款和垫款	4	8 000.00	—	应交税费	11	1 497.41	155.96
可供出售金融资产	5	117 840.00	35 760.00	应付利息		—	—
持有至到期投资	6	—	30 000.00	预计负债		—	—
长期股权投资		—	—	应付债券		—	—
投资性房地产		—	—	递延所得税负债		—	—
固定资产	7	255.66	303.37	其他负债	12	92.53	192.17
无形资产	8	10.61	13.32	负债合计		3 691.32	1 697.82
递延所得税资产		—	—	所有者权益（或股东权益）		—	—
其他资产	9	2 216.84	2 633.24	实收资本（或股本）	13	65 000.00	65 000.00
		—	—	资本公积	14	65 000.00	65 000.00
		—	—	减：库存股		—	—
		—	—	盈余公积	15	719.69	17.65
		—	—	一般风险准备	16	2 436.22	158.86
		—	—	未分配利润	17	4 040.96	—
		—	—	所有者权益（或股东权益）合计		137 196.87	130 176.51
资产总计		140 888.19	131 874.33	负债和所有者权益（或股东权益）总计		140 888.19	131 874.33

公司法定代表人：肖　风　　主管会计工作的公司负责人：祝　旸　　公司会计机构负责人：汪文桦

5.1.3 利润表

编制单位:万向信托有限公司　　2013 年度　　单位:万元

项　目	注释	本期金额	上期金额
一、营业收入		16 806.74	2 893.24
利息净收入	18	1 778.32	1 618.72
利息收入		1 823.03	1 618.72
利息支出		44.71	0.00
手续费及佣金净收入	19	6 697.97	838.14
手续费及佣金收入		6 700.43	838.56
手续费及佣金支出		2.46	0.42
投资收益(损失以"-"号填列)	20	7 915.39	361.38
其中:对联营企业和合营企业的投资收益		0.00	0.00
公允价值变动收益(损失以"-"号填列)		0.00	0.00
汇兑收益(损失以"-"号填列)		0.00	0.00
其他业务收入	21	415.06	75.00
二、营业支出		7 307.92	2 647.92
营业税金及附加	22	852.93	71.40
业务及管理费	23	6 454.99	2 576.53
资产减值损失		0.00	0.00
其他业务成本		0.00	0.00
三、营业利润(亏损以"-"号填列)		9 498.81	245.31
加:营业外收入	24	1.77	0.00
减:营业外支出	25	19.65	0.00
四、利润总额(亏损总额以"-"号填列)		9 480.94	245.31
五、净利润(净亏损以"-"号填列)		7 020.36	176.51
六、每股收益:		0.00	0.00
(一)基本每股收益		0.00	0.00
(二)稀释每股收益		0.00	0.00
六、其他综合收益		0.00	0.00
七、综合收益总额		7 020.36	176.51

公司法定代表人:肖　风　　主管会计工作的公司负责人:祝　旸　　公司会计机构负责人:汪文桦

5.1.4 所有者权益变动表

合并所有者权益变动表

2013 年度

编制单位：万向信托有限公司　　单位：万元

项目	本年金额							上年金额						
	实收资本（或股本）	资本公积	减：库存股	盈余公积	一般风险准备	未分配利润	所有者权益合计	实收资本（或股本）	资本公积	减：库存股	盈余公积	一般风险准备	未分配利润	所有者权益合计
一、上年年末余额	65 000.00	65 000.00		17.65	158.86		130 176.51	—	—	—	—	—	—	
加：会计政策变更	—	—		—	—		—	—	—	—	—	—	—	
前期差错更正	—	—		—	—		—	—	—	—	—	—	—	
二、本年年初余额	65 000.00	65 000.00		17.65	158.86		130 176.51							
三、本年增减变动金额（减少以"－"号填列）				702.04	2 277.36	4 040.96	7 020.36	65 000.00	65 000.00		17.65	158.86		130 176.51
（一）净利润				—	—	7 020.36	7 020.36	—	—	—	—	—	176.51	176.51
（二）其他综合收益				—	—	—		—	—	—	—	—	—	—
综合收益小计					—	7 020.36	7 020.36						176.51	176.51
（三）所有者投入和减少资本					—				65 000.00	65 000.00				130 000.00
1. 所有者投入资本					—				65 000.00	65 000.00	—	—	—	130 000.00
2. 股份支付计入所有者权益的金额				—	—	—		—	—	—	—	—	—	
3. 其他				—	—	—		—	—	—	—	—	—	
（四）利润分配				702.04	2 277.36	2 979.39					17.65	158.86	176.51	
1. 提取盈余公积				702.04	—	702.04		—	—	—	17.65	—	17.65	
2. 提取一般风险准备				—	2 277.36	2 277.36		—	—	—	—	158.86	158.86	
3. 对所有者（或股东）的分配				—	—	—		—	—	—	—	—	—	
4. 其他				—	—	—		—	—	—	—	—	—	
（五）所有者权益内部结转														
1. 资本公积转增资本（或股本）	—	—	—	—	—	—		—	—	—	—	—	—	
2. 盈余公积转增资本（或股本）	—	—	—	—	—	—		—	—	—	—	—	—	
3. 盈余公积弥补亏损	—	—	—	—	—	—		—	—	—	—	—	—	
4. 一般风险准备弥补亏损	—	—	—	—	—	—		—	—	—	—	—	—	
5. 其他	—	—	—	—	—	—		—	—	—	—	—	—	
四、本年年末余额	65 000.00	65 000.00	—	719.69	2 436.22	4 040.96	137 196.87	65 000.00	65 000.00	—	17.65	158.86	—	130 176.51

公司法定代表人：肖　凤　　主管会计工作的公司负责人：祝　旸　　公司会计机构负责人：汪文桦

5.2 信托资产

5.2.1 信托项目资产负债汇总表

单位：万元

信托资产	2013年12月31日	2012年12月31日	信托负债和信托权益	2013年12月31日	2012年12月31日
信托资产			信托负债		
存放同业款项	4 697.66	500.89	应交税费	—	—
拆出资金	—	—	其他应付款	139.06	0.48
衍生金融资产	—	—			
交易性金融资产	—	—			
买入返售金融资产	—	—			
应收票据	—	—	应付账款	—	—
应收账款	—	—			
应收利息	—	—			
应收股利	—	—			
其他应收款	4.74	1.28	长期应付款	—	—
贷款	943 990.00	187 350.00	信托负债合计	139.06	0.48
可供出售金融资产	45 780.00	—	信托权益	—	—
长期应收款	9 630.00	—	实收信托	1 589 257.10	271 610.00
持有至到期金融资产	588 207.10	84 260.00	资本公积	8 430.00	—
长期股权投资	9 380.00	—	未分配利润	3 863.34	501.69
其他资产	—	—	信托权益合计	1 601 550.44	272 111.69
信托资产总计	1 601 689.50	272 112.17	信托负债及权益总计	1 601 689.50	272 112.17

公司法定代表人：肖　风　　主管会计工作的公司负责人：祝　旸　　公司会计机构负责人：汪文桦

5.2.2 信托项目利润及利润分配汇总表

单位：万元

项　　目	2013年度	2012年度
一、营业收入	83 164.69	3 073.72
利息收入	45 405.89	2 227.63
投资收益	37 555.37	846.09
租赁收入	203.43	—
公允价值变动损益	—	—
汇兑损益	—	—
其他收入	—	—
二、营业费用	11 655.44	1 045.05
受托人报酬	6 722.38	838.56
托管费	2 622.81	101.21
投资管理费	—	—
销售服务费	—	—
交易费用	—	—
资产减值损失	—	—
其他费用	2 310.25	105.28
三、营业税金及附加	—	—
四、扣除资产损失前的信托利润	71 509.25	2 028.67
减：资产减值损失	—	—
五、扣除资产损失后的信托利润	71 509.25	2 028.67
加：期初未分配信托利润	501.69	—
六、可供分配的信托利润	72 010.94	2 028.67
减：本期已分配信托利润	68 147.60	1 526.98
七、期末未分配信托利润	3 863.34	501.69

公司法定代表人：肖　风　　主管会计工作的公司负责人：祝　旸　　公司会计机构负责人：汪文桦

6. 会计报表附注

6.1 会计报表编制基准不符合会计核算基本前提的说明

公司以持续经营为基础，根据实际发生的交易和事项，按照财政部2006年2月颁布的《企业会计准则——基本准则》和其他各项具体会计准则及其他相关规定（以下合称企业会计准则）进行确认和计量，在此基础上编制财务报表。本报告期会计报表编制基准不存在不符合会计核算基本前提的事项。

6.2 重要会计政策和会计估计说明

6.2.1 计提资产减值准备的范围和方法

公司按照谨慎性原则，定期对各项资产进行减值测试，对可能发生损失的资产计提减值准备。

6.2.1.1 可供出售金融资产的减值准备

期末如果可供出售金融资产的公允价值发生较大幅度下降，或在综合考虑各种相关因素后，预期这种下降趋势属于非暂时性的，就认定其已发生减值，将原直接计入所有者权益的公允价值下降形成的累计损失一并转出，确认减值损失。

6.2.1.2 债权类资产、抵债资产减值准备

按照《中国银行业监督管理委员会关于非银行金融机构全面推进资产质量五级分类管理的通知》（银监发［2004］4号）有关规定，对债权类资产（包括各种贷款（含抵押、质押、担保等贷款）、租赁资产、贴现、担保及承兑汇票垫款、与金融机构的同业债权、债券投资、应收利息、其他各种应收款项等）、抵债资产进行五级（正常、关注、次级、可疑、损失）分类，并计提各项减值准备。

正常：交易对手能够履行合同或协议，没有足够理由怀疑债务本金和收益不能按时足额偿还。不计提损失准备。

关注：尽管交易对手目前有能力偿还，但存在一些可能对偿还产生不利影响的因素的债权类资产；交易对手的现金偿还能力出现明显问题，但交易对手抵押或质押的可变现资产大于等于其债务的本金及收益。计提损失准备3%。

次级：交易对手的偿还能力出现明显问题，完全依靠其正常经营收入无法足额偿还债务本金及收益，即使执行担保，也可能会造成一定损失。计提损失准备30%。

可疑：交易对手无法足额偿还债务本金及收益，即使执行担保，也肯定要造成较大损失。计提损失准备60%。

损失：在采取所有可能的措施或一切必要的法律程序后，资产及收益仍然无法收回，或只能收回极少部分；由于技术更新的原因造成固定资产、无形资产的贬值损失。计提损失准备100%。

在五级分类中，各类资产逾期时间与分类认定的关系如下：

贷款：本金或利息逾期90天以内，一般划分为关注类；本金或利息逾期90天至180天，一般划分为次级类；本金或利息逾期180天至360天，一般划分为可疑类；本金或利息逾期360天以上，一般划分损失类。

同业债权：逾期，一般划分为次级类；逾期3个月以上，一般划分为可疑类；逾期6个月以上的，一般划分为损失类。交易对手为已撤销或破产的金融机构，其同业债权应至少划分为可疑类。交易对手虽未撤销或破产，但已停止经营、名存实亡，且无财产可执行的，应划分为损失类。

其他应收款：账龄为3个月之内，一般划分为正常类；账龄为3个月至6个月，一般划分为关注类；账龄为6个月至1年，一般划分为次级类；账龄为1年至2年的，一般划分为可疑类；账龄为2年以上，一般划分为损失类。

非上市债券：债券国债、政策性金融债以及未到期3A级企业债，一般应划分为正常类；对已到期3A级企业债、未到期其他企业债，一般应划分为关注类；对已到期其他企业债一般应划分为次级类。

对抵债资产的分类，以抵债资产的评估价值和变现能力为主要分类依据。能在市场上随时变现，且市场价值或评估价值不低于资产抵债时价值的抵债资产，划分为正常类或关注类；能在市场上随时变现，但市场价值或评估价值低于资产抵债时价值的抵债资产，至少划分为次级类；变现能力较差，或变现时资产减值幅度较大的抵债资产，至少划分为可疑类。

6.2.2 金融资产四分类的范围和标准

6.2.2.1 持有至到期投资

取得时按公允价值（扣除已到付息期但尚未领取的债券利息）和相关交易费用之和作为初始确认金额。

持有期间按照摊余成本和实际利率计算确认利息收入，计入投资收益。实际利率在取得时确定，在该预期存续期间或适用的更短期间内保持不变。

处置时，将所取得价款与该投资账面价值之间的差额计入投资收益。

6.2.2.2 贷款和应收款项

贷款和应收款项是指在活跃市场中没有报价、回收金额固定或可确定的非衍生金融资产。

贷款是指以合法方式筹集的资金自主发放的贷款，其风险自担，并收取本金和利息。当公司与其他金融机构根据双方签订的有关协议，将拥有的自营贷款所有权上的几乎所有风险和报酬让渡给对方时，应当终止确认该项贷款。当公司保留了自营贷款所有权上几乎所有的风险和报酬或继续对该项贷款拥有控制权时，不应对该项贷款进行终止确认。已逾期但尚未核销的贷款，在收到该笔贷款的还款时，应首先作为逾期本金的收回，逾期本金全部收回后，再收到的还款则作为应收利息的收回。已核销的贷款以后又收回的，作为贷款减值准备转回处理。

公司对外提供劳务或让渡资产使用权等经营活动中形成的应收债权，以及公司持有的其他企业的不包括在活跃市场上有报价的债务工具的债权，包括应收利息、其他应收款等，以向客户应收的合同或协议价款作为初始确认金额；具有融资性质的，按其现值进行初始确认。应收款项在形成时按照实际发生额计价入账。

期末时逐项进行检查，对有收回风险的，应按规定计提坏账准备。

6.2.2.3 可供出售金融资产

取得时按公允价值（扣除已宣告但尚未发放的现金股利或已到付息期但尚未领取的债券利息）和相关交易费用之和作为初始确认金额。

持有期间将取得的利息或现金股利确认为投资收益。期末以公允价值计量且将公允价值变动计入资本公积（其他资本公积）。

处置时，将取得的价款与该金融资产账面价值之间的差额，计入投资损益；同时，将原直接计入所有者权益的公允价值变动累计额对应处置部分的金额转出，计入投资损益。

6.2.2.4 其他金融负债

按其公允价值和相关交易费用之和作为初始确认金额。采用摊余成本进行后续计量。

6.2.3 交易性金融资产核算方法

存在活跃市场的金融资产，采用活跃市场中的报价确定其公允价值。不存在活跃市场的，本公司采用估值技术确定其公允价值，估值技术包括参考熟悉情况并自愿交易的各方最近进行的市场交易中使用的价格、参照实质上相同的其他金融工具的当前公允价值、现金流量折现法和期权定价模型等。

6.2.4 可供出售金融资产核算方法

取得时按公允价值（扣除已宣告但尚未发放的现金股利或已到付息期但尚未领取的债券利息）和相关交易费用之和作为初始确认金额。

持有期间将取得的利息或现金股利确认为投资收益。期末以公允价值计量且将公允价值变动计入资本公积（其他资本公积）。

处置时，将取得的价款与该金融资产账面价值之间的差额，计入投资损益；同时，将原直接计入所有者权益的公允价值变动累计额对应处置部分的金额转出，计入投资损益。

6.2.5 持有至到期投资核算方法

取得时按公允价值（扣除已到付息期但尚未领取的债券利息）和相关交易费用之和作为初始确认金额。

持有期间按照摊余成本和实际利率计算确认利息收入，计入投资收益。实际利率在取得时确定，在该预期存续期间或适用的更短期间内保持不变。

处置时，将所取得价款与该投资账面价值之间的差额计入投资收益。

6.2.6 长期股权投资核算方法

(1)长期股权投资在取得时按照初始投资成本入账。初始投资成本确定方法：

现金购入的长期投资，按实际支付的全部价款(包括支付的税金、手续费等相关费用)作为初始投资成本；实际支付的价款中包含已宣告但尚未领取的现金股利，按实际支付的价款减去已宣告但尚未领取的现金股利后的差额，作为初始投资成本。

公司接受的债务人以非现金资产抵偿债务方式取得的长期股权投资，或以应收债权换入长期股权投资的，按应收债权的账面价值加上应支付的相关税费，作为初始投资成本。

以非货币性交易换入的长期股权投资，按换出资产的账面价值加上应支付的相关税费，作为初始投资成本。

(2)公司持有被投资单位有表决权资本20%(含20%)以上，或虽投资不足20%但具有重大影响，采用权益法核算。公司持有被投资单位有表决权资本20%以下，或虽投资占20%(含20%)以上，但不具有重大影响，采用成本法核算。

(3)采用成本法核算的单位，在被投资单位宣告分派利润或现金股利时，确认投资收益；采用权益法核算的单位，期中或年末，按应分享被投资单位实现的净利润或应分担的被投资单位发生的净亏损的份额，确认投资收益。

(4)长期股权投资采用权益法核算时，取得投资时的投资成本与应享有被投资单位所有者权益份额的差额，或因追加投资等原因对长期股权投资的核算由成本法改为权益法时，投资成本与享有被投资单位所有者权益份额的差额计入“股权投资差额”。股权投资差额按合同规定的投资期限平均摊销，合同没有规定投资期限的，初始投资成本超过应享有被投资单位所有者权益份额之间的差额，按不超过10年的期限摊销；初始投资成本低于应享有被投资单位所有者权益份额之间的差额，按不低于10年的期限摊销。

(5)处置股权投资时，将投资的账面价值与实际取得价款的差额，作为当期投资损益。

6.2.7 投资性房地产核算方法

投资性房地产是指为赚取租金或资本增值，或两者兼有而持有的房地产，包括已出租的土地使用权、已出租的建筑物等。

投资性房地产按照成本进行初始计量。与投资性房地产有关的后续支出，如果与该资产有关的经济利益很可能流入且其成本能够可靠地计量，则计入投资性房地产成本。否则，于发生时计入当期损益。

本公司采用成本模式对投资性房地产进行后续计量。投资性房地产的折旧采用年限平均法计提。

6.2.8 固定资产计价和折旧方法

6.2.8.1 固定资产确认条件

固定资产指为提供金融商品服务、出租或经营管理而持有的，使用期限超过一个会计年度且不属于低值易耗品范围的有形资产。固定资产在同时满足下列条件时予以确认：

(1)与该固定资产有关的经济利益很可能流入企业；

(2)该固定资产的成本能够可靠地计量。

6.2.8.2 各类固定资产的折旧方法

固定资产折旧采用年限平均法分类计提，根据固定资产类别、预计使用寿命和预计净残值率确定折旧率。

各类固定资产折旧年限和年折旧率。

类别	折旧年限(年)	预计净残值率(%)	年折旧率(%)
运输工具	4	5	23.75
电子及其他设备	3	5	31.67
办公设备	5	5	19

6.2.8.3 固定资产的减值测试方法、减值准备计提方法

公司在每期末判断固定资产是否存在可能发生减值的迹象。

固定资产存在减值迹象的，估计其可收回金额。可收回金额根据固定资产的公允价值减去处置费用后的净额与固定资产预计未来现金流量的现值两者之间较高者确定。

当固定资产的可收回金额低于其账面价值的，将固定资产的账面价值减记至可收回金额，减记的金额确认为固定资产减值损失，计入当期损益，同时计提相应的固定资产减值准备。

固定资产减值损失确认后，减值固定资产的折旧在未来期间作相应调整，以使该固定资产在剩余使用寿命内，系统地分摊调整后的固定资产账面价值(扣除预计净残值)。

固定资产的减值损失一经确认，在以后会计期间不再转回。

有迹象表明一项固定资产可能发生减值的，企业以单项固定资产为基础估计其可收回金额。企业难以对单项固定资产的可收回金额进行估计的，以该固定资产所属的资产组为基础确定资产组的可收回金额。

6.2.9 无形资产计价及摊销政策

6.2.9.1 无形资产的计价方法

(1)公司取得无形资产时按成本进行初始计量。外购无形资产的成本，包括购买价款、相关税费以及直接归属于使该项资产达到预定用途所发生的其他支出。购买无形资产的价款超过正常信用条件延期支付，实质上具有融资性质的，无形资产的成本以购买价款的现值为基础确定。

(2)后续计量。在取得无形资产时分析判断其使用寿命。

对于使用寿命有限的无形资产，在为企业带来经济利益的期限内按直线法摊销；无法预见无形资产为企业带来经济利益期限的，视为使用寿命不确定的无形资产，不予摊销。

6.2.9.2 使用寿命有限的无形资产的使用寿命估计情况。

项目	摊销年限	依据
软件	5年	

每期末，对使用寿命有限的无形资产的使用寿命及摊销方法进行复核。

经复核，本年期末无形资产的使用寿命及摊销方法与以前估计未有不同。

6.2.9.3 无形资产减值准备的计提

对于使用寿命确定的无形资产，如有明显减值迹象的，期

末进行减值测试。

对于使用寿命不确定的无形资产，每期末进行减值测试。

对无形资产进行减值测试，估计其可收回金额。可收回金额根据无形资产的公允价值减去处置费用后的净额与无形资产预计未来现金流量的现值两者之间较高者确定。

当无形资产的可收回金额低于其账面价值的，将无形资产的账面价值减记至可收回金额，减记的金额确认为无形资产减值损失，计入当期损益，同时计提相应的无形资产减值准备。

无形资产减值损失确认后，减值无形资产的折耗或者摊销费用在未来期间作相应调整，以使该无形资产在剩余使用寿命内，系统地分摊调整后的无形资产账面价值（扣除预计净残值）。

无形资产的减值损失一经确认，在以后会计期间不再转回。

有迹象表明一项无形资产可能发生减值的，公司以单项无形资产为基础估计其可收回金额。公司难以对单项资产的可收回金额进行估计的，以该无形资产所属的资产组为基础确定无形资产组的可收回金额。

6.2.10 收入确认原则和方法

6.2.10.1 确认让渡资产使用权收入的依据

与交易相关的经济利益很可能流入企业，收入的金额能够可靠地计量时。分别下列情况确定让渡资产使用权收入金额：

（1）利息收入金额，按照他人使用本企业货币资金的时间和实际利率计算确定。

（2）使用费收入金额，按照有关合同或协议约定的收费时间和方法计算确定。

6.2.10.2 手续费及佣金收入

手续费及佣金收入可分为信托报酬和中间业务收入。其中，信托报酬在整个信托存续期间平均分摊确认收入；合理的中间业务收入在满足下列条件时确认收入：

（1）合同规定的服务已经提供；

（2）按合同收款权利已经产生；

（3）收入的金额能够可靠的计量，相关的经济利益很可能流入企业。

6.2.11 所得税的会计处理方法

采用资产负债表债务法计提递延所得税，所得税率为25%。

6.2.12 信托报酬的确认原则和方法

信托报酬依据信托合同的相关约定确认，具体方法见6.2.10.2手续费及佣金收入。

6.3 或有事项

截至2013年12月31日，本公司不存在应披露未披露的或有事项。

6.4 重要资产转让及其出售的说明

报告期内无重要资产转让及其出售。

6.5 会计报表中重要项目的明细资料

6.5.1 固有资产经营情况

6.5.1.1 信用资产五级分类情况

按照银监会《非银行金融机构资产风险分类指导原则（试行）》的分类标准，本年度末公司固有资产质量情况是：

信用风险资产五级分类	正常类（万元）	关注类（万元）	次级类（万元）	可疑类（万元）	损失类（万元）	信用风险资产合计（万元）	不良资产合计（万元）	不良资产率（%）
期初数	129 103.00	—	—	—	—	129 103.00	—	—
期末数	138 425.16	—	—	—	—	138 425.16	—	—

注：不良资产合计＝次级类＋可以类＋损失类。

6.5.1.2 资产损失准备情况

本年度提取一般风险准备2 268.38万元（其中：按净利润5%提取信托赔偿准备金342.04万元，按不低于期末风险资产余额的1.5%计提一般准备1926.34万元）。一般风险准备年末余额2 427.25万元。

6.5.1.3 固有股票投资、基金投资、债券投资、长期股权投资等投资情况

单位：万元

项目	固有股票	基金	债券	长期股权投资	其他投资	合计（万元）
期初数					65 760.00	65 760.00
期末数					125 840.00	125 840.00

6.5.1.4 固有长期股权投资的前三名

无。

6.5.1.5 固有贷款前三名

企业名称	金额（万元）	占贷款总额的比例（%）
德清县水务有限公司	8 000.00	100.00

6.5.1.6 表外业务的期初数、期末数

无。

6.5.2 信托资产管理情况

6.5.2.1 信托资产的期初数、期末数

单位：万元

信托资产	期初数	期末数
集合	85 511.72	449 090.79
单一	143 000.45	880 997.07
财产权	43 600.00	271 601.64
合计	272 112.17	1 601 689.50

6.5.2.2 本年度已清算结束的信托项目个数、实收信托集合金额、加权平均实际年化收益率

已清算结束信托项目	项目个数	实收信托合计金额（万元）	加权平均实际年化收益率（%）
集合类	1	10,000.00	9.49
单一类	3	69,000.00	6.70
财产类	0	—	—

6.5.3 信托资产损失情况

公司严格遵守信托业"一法两规"及其他相关规定，按照信托文件处理相关事务，诚实、信用、谨慎、有效管理，维护受益人的最大利益。

信托产品发行前有整套的产品相关信息备忘录等资料供委托人（受益人）查阅；认购信托计划前，严格审核委托人合格投资者资格，提示投资者认真阅读信托计划说明书和其他信托

文件，充分提示信托产品的相关风险。

公司将信托财产与固有财产分别管理、分别记账，不同的信托产品分别开户、分别管理、单独核算。根据信托文件的规定，及时向委托人、受益人履行信息披露义务。按照《信托法》的要求，妥善保管处理信托事务的完整记录、原始凭证及资料，对委托人、受益人以及处理信托事务的情况和资料依法严格保密。

报告期内，公司管理的信托计划（项目）运行正常，未出现因本公司自身责任而导致信托资产损失的情况。

6.6 关联方关系及其交易的披露

6.6.1 关联交易方的数量、关联交易的总金额及关联交易的定价政策

	关联交易方数量	关联交易金额（万元）	定价政策
合计	3	123 914.71	（1）有客观的市场价格作为参照的一律以市场价格为准；（2）如果没有市场价格，按照成本加成定价；（3）如果既没有市场价格，也不适合采用成本加成价的，按照协议价定价。

6.6.2 关联交易方与本公司的关系性质、关联交易方的名称、法定代表人、注册地址、注册资本及主营业务

6.6.2.1 本公司的母公司情况

母公司名称	注册地	业务性质	注册资本（万元）	母公司对本企业的持股比例（%）	母公司对本企业的表决权比例（%）
中国万向控股有限公司	上海	有限责任公司	115 000	76.50	76.50

本公司的最终控制方为中国万向控股有限公司，报告期内未发生变化。

6.6.2.2 其他关联方

关联方名称	注册地	业务性质	注册资本（万元）	与本公司的关系
浙江工信投资股份有限公司	杭州	股份有限公司	14 598.26	受同一母公司控制

6.6.3 公司与关联方的重大交易事项

6.6.3.1 固有财产与关联方：贷款、投资、租赁、应收账款、担保、其他方式等期初汇总数、本期发生额汇总数、期末汇总数

单位：万元

固有与关联方关联交易				
	期初数	借方发生额	贷方发生额	期末数
贷款				
投资				
租赁	1 075.00		300.00	775.00
担保				
应收账款				
其他		44.71	44.71	
合计	1 075.00	44.71	344.71	775.00

（1）租赁关联交易300万元，为本公司根据办公楼租赁合同支付给浙江工信投资股份有限公司的租金。

（2）其他关联交易44.71万元，系支付筹建期关联方垫付资金的利息，其中：浙江工信投资股份有限公司5.2万元，中国万向控股有限公司39.51万元。

6.6.3.2 信托资产与关联方：贷款、投资、租赁、应收账款、担保、其他方式等期初汇总数、本期发生额汇总数、期末汇总数

单位：万元

信托财产与关联方关联交易				
	期初数	借方发生额	贷方发生额	期末数
贷款				
投资		15 400.00		15 400.00
租赁				
担保				
应收账款				
合计		15 400.00		15 400.00

投资关联交易15 400万元，具体组成如下：

（1）中国万向控股有限公司购买本公司发行的信托计划7 500万元；

（2）浙江工信投资股份有限公司购买本公司发行的信托计划7 900万元。

6.6.3.3 固有财产和信托财产之间的交易情况、信托资产与信托财产之间的交易情况

6.6.3.3.1 固有财产和信托财产之间的交易金额期初汇总数、本期发生额汇总数、期末汇总数

单位：万元

固有财产与信托财产之间的关联交易			
	期初数	本期发生额	期末数
合计	35 760.00	82 080.00	117 840.00

此交易金额为公司以固有资金认购信托计划所产生。

6.6.3.3.2 信托项目之间的交易金额起初汇总数、本期发生额汇总数、期末汇总数

单位：万元

信托财产与信托财产之间的关联交易			
	期初数	本期发生额	期末数
合计	—	—	—

6.6.4 关联方逾期未偿还本公司资金的详细情况以及本公司为关联方担保发生或即将发生垫款的情况

无。

6.7 会计制度的披露

公司以持续经营为基础，根据实际发生的交易和事项，按照财政部2006年2月颁布的《企业会计准则——基本准则》和其他各项具体会计准则及其他相关规定进行确认和计量，在此基础上编制财务报表。

7. 财务情况说明书

7.1 利润实现和分配情况

本年实现净利润 7 020.36 万元。根据《信托公司管理办法》、公司章程、《金融企业财务规则》及其实施指南，以及其他相关规定，2013 年实施了以下利润分配事项：

根据公司章程，按本年实现净利润的 10%提取法定盈余公积 702.04 万元。

根据中国银监会发布的《信托公司管理办法》，按净利润 5%提取信托赔偿准备金 351.02 万元。

根据《金融企业财务规则》及其实施指南、《金融企业准备金计提管理办法》（财金[2012]20 号）的相关规定，对于潜在风险估计值高于资产减值准备的差额，计提一般准备。按不低于期末风险资产余额的 1.5%计提一般风险准备 1 926.34 万元。

期末可供分配的利润为 4 040.96 万元。

7.2 主要财务指标

指标名称	指标值
资本利润率（%）	5.25
人均净利润（万元）	106.36

注：1. 资本利润率＝净利润/所有者权益平均余额×100%。
2. 人均净利润＝净利润/年平均人数。
年平均人数采取累计平均法计算。
公式为：年平均人数＝各月份员工数累计/12。

7.3 净资本管理概况

报告期内，公司依据《信托公司净资本管理办法》积极推进净资本管理，在优化存量风险资产结构的同时，进一步强化增量业务的资本约束机制，确立了以净资本管理为核心的业务发展模式和管理体系。

本公司报告期末的净资本风险控制指标情况。

指标名称	期末数（万元）	监管标准
净资产（万元）	137 196.87	≥2 亿元
净资本（万元）	121 345.83	
各项业务风险资本之和（万元）	47 285.29	
净资本/各项业务风险资本之和（%）	256.62	≥100
净资本/净资产（%）	88.45	≥40

7.4 对本公司财务状况、经营成果有重大影响的其他事项

无。

8. 特别事项简要揭示

8.1 股东报告期内变动情况及原因

报告期内，根据浙江省人民政府《关于组建浙江省金融控股有限责任公司的批复》，公司原股东浙江省财务开发公司拟将其持有的我公司股份 14 183 640 股划转至浙江省金融控股有限公司，该事项已经公司股东会、董事会审议通过。2014 年拟向监管部门报请批准。

8.2 董事、监事及高级管理人员变动情况及原因

报告期内无董事、监事及高级管理人员变动事项。

8.3 变更注册资本、变更注册地或公司名称、公司分立合并事项

报告期内无上述事项。

8.4 公司的重大未决诉讼事项

报告期内公司无重大未决诉讼事项。

8.5 公司及其董事、监事和高级管理人员受到处罚情况

报告期内无上述处罚情况。

8.6 对中国银监会提出的整改意见简要说明整改情况

报告期内，完成浙江银监局非银外资处提出的董事履职改进意见；公司按时向监管机关报送各类非现场检查报表。

8.7 重大事项临时报告情况

报告期内无重大事项临时报告情况。

8.8 其他有必要让客户及相关利益人了解的重要信息

8.8.1 报告期内，公司在《理财周刊》、第一理财网主办的“2013 年度信托产品评选颁奖典礼”上荣获“最具成长性信托公司”大奖。

8.8.2 报告期内，公司在《浙商》杂志、浙商全国理事会及世界浙商网联合主办的“2013（第四届）浙商最信赖金融机构”评选上，荣获“浙商最信赖信托公司”大奖。

9. 公司监事会意见

本监事会对《万向信托有限责任公司 2013 年年度报告》和关联交易进行了审议，并提出如下独立意见：

（1）公司 2013 年年度报告的编制和审议程序符合法律、法规、公司章程和公司内部制度的各项规定。

（2）公司 2012 年年度报告的内容与格式符合监管部门的要求和规定，所包含的信息能从各方面真实的反映出公司 2013 年的经营管理和财务状况等事项。

（3）在提出本意见前，没有发现参与年度报告编制和审议的人员有违反保密规定的行为。

（4）大华会计师事务所有限公司对本公司出具的《万向信托有限责任公司审计报告及财务报表（2013 年 1 月 1 日至 2013 年 12 月 31 日）》是独立、公正的。

（5）报告期内，公司关联交易的程序合法，未发现损害公司、股东、委托人利益的行为。

五矿国际信托有限公司

1. 重要提示

1.1 本公司董事会及董事保证本报告所载资料不存在任何虚假记载、误导性陈述或者重大遗漏,并对其内容的真实性、准确性、完整性承担个别及连带责任。

1.2 本公司独立董事对年度报告内容的真实性、准确性、完整性无异议。

1.3 本公司董事长任珠峰先生、总经理徐兵先生、主管会计工作的财务总监蔡琦女士声明:保证本年度报告中财务报告的真实、准确、完整。

2. 公司概况

2.1 公司简介

五矿国际信托有限公司于2010年10月8日,经中国银行业监督管理委员会批准,在原庆泰信托投资有限责任公司完成司法重整的基础上变更设立,注册地在青海省西宁市,注册资本12亿元。2013年11月,经中国银行业监督管理委员会批准(银监复[2013]576号),公司注册资本增加至20亿元,引入新的股东并相应调整股权结构。

截至2013年末,公司净资产42.22亿元,受托管理的信托资产余额为1 960.67亿元。

2.1.1 基本信息

法定中文名称	五矿国际信托有限公司
中文名称缩写	五矿信托
法定英文名称	Minmetals International Trust Co. Ltd.
法定代表人	任珠峰
注册地址	青海生物科技产业园纬二路18号
邮政编码	810003
互联网地址	http://www.mintrust.com
电子邮箱	Mintrust-fortune@mintrust.com
聘请的会计师事务所	天健会计师事务所
办公地址	北京市中关村南大街甲18号北京国际大厦B座17层

2.1.2 信息披露事务

选定的信息披露报纸	《金融时报》
信息披露负责人	蔡琦
信息披露联系人	耿一然
办公电话	010-59837988
办公传真	010-59837987
电子邮箱	gengyr@mintrust.com
年报备置地点	青海生物科技产业园纬二路18号

2.2 组织结构

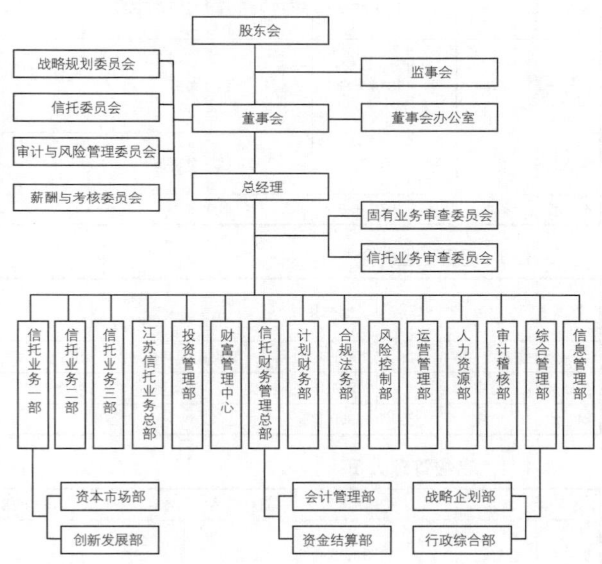

3. 公司治理

3.1 公司治理结构

3.1.1 股东

截至报告期末,公司股东总数为4家。

股东

股东名称	持股比例(%)	法定代表人	注册资本(万元)	注册地址	主要经营业务及主要财务情况
五矿资本控股有限公司	66.00	任珠峰	820 900	北京市海淀区三里河路5号	实业、高新技术产业、房地产项目的投资;资产受托管理;高新技术开发;投资策划;企业经营管理咨询;投资及投资管理;投资咨询、顾问服务。2013年末净资产为103.1亿元。
西宁城市投资管理有限公司	21.50	林博	100 000	西宁经济技术开发区金桥路36号	授权资产经营管理;项目经营开发管理与投融资;提供担保;开发高新技术项目;土地储备及综合开发;房地产开发经营;租赁;经批准的其他业务;2013年末净资产为186.25亿元。

续表

股东名称	持股比例(%)	法定代表人	注册资本(万元)	注册地址	主要经营业务及主要财务情况
青海省国有资产投资管理有限公司	12.44	姚洪仲	400 000	西宁市城北区生物园区纬二路18号	对特色经济和优势产业、金融业进行投资；受托管理和经营国有资产；构建企业融资平台和信用担保体系；发起和设立科技风险投资基金；提供相关管理和投资咨询理财服务；经营矿产品、金属及金属材料、建设材料、化肥、化工产品(不含危险化学品)、铁合金炉料经销、房屋土地租赁、经济咨询服务、实业投资及开发；矿产品开发(不含勘探开采)、销售。
青海华鼎实业股份有限公司	0.06	于世光	23 685	青海省西宁市市七一路318号	高科技机械产品开发、制造、数控机床、加工中心专用机械设备等制造、销售；经批准的其他业务。2013年末净资产为8亿元。

3.1.2 董事、董事会及其下属委员会

董事会成员

姓名	职务	性别	出生年月	所推举的股东名称	该股东持股比例(%)	简要履历
任珠峰	董事长	男	1970年9月	五矿资本控股有限公司	66.0	中央财经大学博士研究生学历，五矿资本控股有限公司总经理。
王晓东	董事	男	1962年12月	五矿资本控股有限公司	66.0	中国人民大学硕士研究生学历，五矿资本控股有限公司副总经理。
冯　鹏	董事	男	1972年5月	青海省国有资产投资管理有限公司	12.44	青海大学会计专业本科学历，青海省国有资产投资管理有限公司财务部长。
周海春	董事	男	1968年9月	西宁城市投资管理有限公司	21.5	中央党校青海函授学院政法专业本科学历，西宁城市投资管理有限公司党委副书记、纪委书记、工会主席。
马忠智	董事	男	1944年1月	独立董事	—	辽宁大学大专学历，曾任国家证券委员会办公室副主任、主任兼中国证券监督管理委员会党委委员、秘书长，国务院稽察特派员总署特派员，国务院国有重点大型企业监事会主席等职。
陈方正	董事	男	1946年10月	独立董事	—	合肥工业大学本科学历，同济大学金融学教授、博士生导师、社会保障研究所所长，仪征化纤股份有限公司、鞍钢股份有限公司独立董事。
徐　兵	董事	男	1973年8月	职工董事	—	中南大学博士研究生学历，五矿资本控股有限公司副总经理，本公司总经理。

3.1.3 监事、监事会

姓名	职务	性别	出生年月	所推举的股东名称	该股东持股比例(%)	简要履历
薛　颖	监事会主席	女	1966年10月	青海省国有资产投资管理有限公司	12.44	中央党校函授学院青海分院经济管理专业，本公司党委书记。
张幼凤	监事	女	1961年7月	五矿资本控股有限公司	66.0	厦门大学本科学历，五矿资本控股有限公司财务部总经理。
周　敏	监事	女	1980年3月	职工监事	—	安徽财经大学硕士研究生学历，本公司合规法务部总经理。

3.1.4 高级管理人员

姓名	职务	性别	出生年月	选任日期	金融从业年限	学历	专业	简要履历
徐　兵	总经理	男	1973年8月	2013年9月	8年	博士	管理科学与工程	中南大学博士研究生学历，五矿资本控股有限公司副总经理，本公司总经理。
何其联	副总经理	男	1971年10月	2013年9月	19年	本科	金融	曾任海航集团财务有限公司总经理
蔡琦	财务总监	女	1973年1月	2013年10月	13年	本科	会计学	曾任中国外贸金融租赁公司财务部经理
孟元	副总经理	男	1978年12月	2013年9月	11年	硕士	经济学	曾任中信信托有限责任公司部门负责人
杨　巍	副总经理	女	1978年12月	2013年9月	6年	大专	工艺美术装潢设计	曾任北京国影基金管理有限公司副总经理

3.1.5 公司员工

截至2013年12月31日，公司共有在册职工271人。

项　目		报告期年度	
		人数	比例(%)
年龄分布	25岁以下	16	5.9
	25～29岁	119	43.9
	30～39岁	113	41.7
	40岁以上	23	8.5

续表

项　目		报告期年度	
		人数	比例(%)
学历分布	博士	3	1.1
	硕士	101	37.3
	本科	152	56.1
	专科及其他	15	5.5
岗位分布	董事、监事及其高管人员	7	2.6
	业务人员	181	66.8
	其他人员	83	30.6

3.2 公司治理信息

3.2.1 年内召开股东会情况

报告期内,公司共召开3次股东会。

2013年3月26日,股东会2013年第一次会议召开。会议审议并批准了《公司2012年度工作报告》等议案。

2013年9月12日,股东会2013年第二次会议召开。会议审议并批准了《公司2013年上半年工作报告》等议案,选举产生公司第二届董事会、监事会组成人员。

2013年11月2日,股东会2013年第三次会议(临时会议)召开。会议审议并批准了《关于公司增资扩股的议案》、《关于修改<公司章程>的议案》。

3.2.2 董事会及下属委员会履职情况

3.2.2.1 董事会及下属委员会履职情况

在报告期内,公司进一步完善了法人治理结构,运行有效、制衡有效、激励有效的公司治理机制逐步形成,保证公司经营管理各项工作顺利进行。公司董事会在报告期内进行了换届,下属4个专业委员会组成人员作出了相应调整。

3.2.2.2 董事会召开会议情况

报告期内,董事会召开4次会议,并完成了换届。

2013年3月26日,第一届董事会2012年第一次会议召开,审议通过了《公司2012年度工作报告》等议案。

2013年9月12日,第一届董事会2012年第二次会议召开,审议通过了《公司2013年度上半年工作报告》等议案。

2013年9月13日,第二届董事会第一次会议召开,审议通过了《公司三年战略规划报告》等议案,聘任了高级管理人员。

2013年10月25日,第二届董事会第二次会议(临时会议)召开,审议通过《关于聘任蔡琦同志为公司财务总监的议案》、《关于继续聘请天健会计师事务所为公司2013年度报告审计机构的议案》。

3.2.3 监事会履行职责情况

报告期内,监事会召开3次会议,并完成了换届。

2013年3月26日,第一届监事会2013年第一次会议召开,审议通过了《公司2012年度财务决算》等议案。

2013年9月12日,第一届监事会2013年第二次会议召开,审议通过了《公司2013年度中期财务报告及预算调整方案》等议案。

2013年9月13日,第二届监事会第一次会议召开,选举薛颖为公司监事会主席。

4. 经营管理

4.1 经营目标、方针、战略规划

4.1.1 经营目标

公司致力成为信托市场上综合服务的领导者和基业长青的最佳典范,实现业务能力综合领先、客户关系稳定互信、风险管控全面完善、人才队伍成熟专业、组织体系科学合理、经营业绩持续增长的目标。

4.1.2 经营方针

公司坚持"诚、明、慎、实"的经营方针。

4.1.3 战略规划

公司充分发挥股东的品牌影响力,依托青海省的资源优势,坚持构建风险管理能力、资产管理能力和客户服务能力三大企业核心竞争力,以前瞻性的战略管理体系,高效性的组织管理体系、激励性的人力资源管理体系、稳健性的风险管理体系为保障,做大做强现有信托业务和自营业务,积极协同股东资源,加快发展产业投资基金,加大资源投入,培育做实财富管理业务和创新型信托业务,保持市场敏锐度,择机发展其他相关新业务。

4.2 经营业务的主要内容

4.2.1 信托业务

信托资产运用与分布表

资产运用	金额(万元)	占比(%)	资产分布	金额(万元)	占比(%)
货币资金	596 485.21	3.04	基础产业	5 696 828.40	29.06
贷款	6 284 333.47	32.05	房地产	1 484 330.00	7.57
交易性金融资产投资	1 001 928.99	5.11	证券市场	1 354 816.57	6.91
可供出售金融资产投资	10 382 064.64	52.95	工商企业	7 377 812.98	37.63
持有至到期投资	0.00	0.00	金融机构	829 209.55	4.23
长期股权投资	1 159 431.00	5.91	其他	2 863 739.21	14.61
其他	182 493.40	0.93			
信托资产总计	19 606 736.70	100	信托资产总计	19 606 736.70	100

4.2.2 固有业务

固有资产运用与分布表

资产运用	金额(万元)	占比(%)	资产分布	金额(万元)	占比(%)
货币资产	335 889.21	74.21	基础产业	7 000.00	1.55
贷款及应收款	17 811.00	3.93	房地产	58.50	0.01
交易性金融资产	15 893.66	3.51	证券市场	94 028.44	20.77
可供出售金融资产	26 170.28	5.78	实业		
持有至到期投资	1 964.00	0.43	金融机构	335 889.21	74.21
其他	54 912.51	12.14	其他	15 664.51	3.46
资产总计	452 640.66	100	资产总计	452 640.66	100

4.3 市场分析

4.3.1 有利因素

(1)2013年,中国经济保持了稳中有进、稳中向好的发展态势,GDP增速达到7.7%,CPI上涨2.6%,均好于年初设定的指标。

(2)信托业资产管理规模保持稳定增长。

(3)国民财富的增长和居民理财意识的增长,进一步促进财富管理市场的扩容和繁荣。

(4)公司在2013年进一步完善了公司治理,制定了新的发展战略和三年规划目标,调整了内部组织结构,注册资本从12亿元增加至20亿元,资本实力显著增强。

4.3.2 不利因素

(1)世界经济复苏缓慢,中国经济发展运行存在下行压力,经济发展处于增长速度换挡期、结构调整阵痛期和前期刺激政策消化期三期叠加的阶段。一些行业特别是产能过剩行业的风险在累积,信用风险和流动性风险发生的可能性加大。

(2)过去数年来驱动信托行业发展的动力逐渐消退。泛资产管理时代的到来,大大削弱了信托业的制度红利。

4.4 内部控制

4.4.1 内部控制环境和内部控制文化

公司积极致力于内部控制管理体系的建设和完善,以保证公司经营管理合法合规、资产安全、财务报告及相关信息真实完整,从而提高公司的经营效率和效果,维护公司的信誉和形象,促进公司战略发展目标的实现。

4.4.2 内部控制措施

公司董事会负责内部控制体系的健全、完善和有效运作,下设审计与风险管理委员会,制定内控政策并监督政策实施,定期审查公司风险管理、合规管理和内部审计等各项报告,就完善内部控制向董事会提出建议。

4.4.3 信息交流和反馈

报告期内,公司不断完善信息交流、沟通和反馈的方法和机制,对内做到信息有序顺畅的交流和传递,对外及时准确地披露信息。

4.4.4 监督评价与纠正机制

报告期内,公司进一步完善对业务的监督评价机制、对员工的考核激励机制,对经营活动开展全方位、持续性的审计监督,并突出了审计监督后的纠正和奖惩。

4.5 风险管理

4.5.1 风险管理概况

报告期内,公司进一步坚持严控风险、稳健经营的方针,以控风险、立根基,强化自身内控能力,合理配置业务结构作为风险管理工作重点,顺应市场变化,完善风险管理的组织架构和流程,调整业务方向,优化资产配置结构,降低整体运营风险。

4.5.2 风险状况

4.5.2.1 信用风险状况

公司按照中国银监会《关于非银行金融机构全面推行资产质量五级分类管理的通知》和《非银行金融机构资产风险分类指导原则(试行)》,实行资产五级分类制度。报告期末,公司账面资产余额合计约为45.26亿元,不良资产余额23 027.11万元,其中次级类资产22 793.11万元,可疑类资产234万元,不良贷款率为3.23%,各项资产减值损失准备计提13 968.61万元。

4.5.2.2 市场风险状况

报告期内,公司坚持稳健运营的策略,密切关注宏观政策导向,充分深入调研,对有价证券投资管理状况进行实时监测,建立各类分析模型测算资产风险控制指标的变化,控制总体证券投资规模和比例,设置限制性指标和止损限额,通过投资组合分散投资风险,在组合中配置合理数额的低风险投资品种,实现经风险调整的收益率的最大化。

4.5.2.3 操作风险状况

报告期内未发生上述风险情况。

4.5.2.4 声誉风险状况

公司将声誉风险管理纳入公司治理及全面风险管理体系,建立和制定声誉风险管理机制,主动、有效地防范声誉风险,应对影响声誉的媒体报道,降低负面影响。

4.5.3 风险管理

4.5.3.1 信用风险管理

公司信托业务的信用风险主要来自于融资类信托业务。公司根据国家宏观经济形势、产业发展政策以及地区和行业发展现状,积极调整和优化信托业务结构,通过多元化的业务分散风险,创新和探索信托融资与抗周期性明显的行业进行产融结合的长效机制。

4.5.3.2 市场风险管理

公司市场风险管理策略如下:一是对固有资金的证券投资业务实行风险限额管理;二是加强对宏观经济金融形势、调控政策以及行业周期性的研究;三是积极引入证券投资及风险管理系统;四是建立逐日盯市制度;五是在全面风险监控的基础上建立风险报告机制。

4.5.3.3 操作风险管理

公司操作风险的管理策略如下:一是加强内控机制建设;二是根据监管规定对固有业务和信托业务进行严格的分离和岗位设置;三是持续优化业务操作流程;四是强调业务操作关键节点管理。

4.5.3.4 其他风险管理

流动性风险管理。公司坚持稳健运营的基本原则,审时度势,在固有资产配置上以流动性和安全性为首要原则,在确保流动性及安全性的基础上取得了较好的经营成效。

声誉风险管理。公司积极采取有效措施规避和防范声誉风险,防止公司声誉受到不良损害。

4.6 企业社会责任

4.6.1 实现股东稳定回报 国有资产保值增值

公司依托中国五矿集团公司的品牌、管理及产业优势,以稳定回报股东利益、保值增值国有资产为目标,发挥信托行业本身具有的制度优势与创新理念,不断提升投资效率和效益,回归"受人之托,代人理财"的信托本源。

4.6.2 依法履行纳税义务,支持青海省经济发展

公司始终牢记作为青海省金融企业的职责使命,本着积极支持青海省经济发展的宗旨,全年上缴各项税费及附加共2.3亿元。同时公司充分利用信托投融资的平台优势,进一步支持青海省企业发展,为青海省经济的快速增长发挥了重要作用。

4.6.3 坚决贯彻人本精神,深化企业文化内蕴

公司在稳健快速发展的同时,坚持"以人为本"的精神,组织开展丰富多彩的文体运动,极大地丰富了员工的业余生活。积极履行作为央企的社会责任,雅安发生地震后,第一时间向灾区捐款30万元。同时,组织编写并发布公司成立后首份企业社会责任报告,不断强化五矿品牌的感召力、向心力和凝聚力,增强公司内部凝聚力,营造了和谐进取的企业文化氛围。

4.7 净资本管理

指标名称	期末数	监管标准
净资本(亿元)	41.29	≥2
固有业务风险资本(亿元)	1.16	
信托业务风险资本(亿元)	15.23	
其他业务风险资本(亿元)	0	
各项业务风险资本之和(亿元)	16.39	
净资本/各项业务风险资本之和(%)	251.92	≥100
净资本/净资产(%)	97.80	≥40

5. 报告期末及上一年度末的比较式会计报表

5.1 固有资产

5.1.1 会计师事务所审计意见全文

审 计 报 告

天健审〔2014〕1－17 号

五矿国际信托有限公司全体股东：

我国审计了后附的五矿国际信托有限公司(以不简称五矿信托)财务报表,包括 2013 年 12 月 31 日的资产负债表,2013 年度的利润表、现金流量表、所有者权益变动表、资产减值准备情况表,以及财务报表附注。

一、管理层对财务报表的责任

编制和公允列报务报表是管理层的责任,这种责任包括:(1)按照企业会计准则的规定编制财务报表,并使其实现公允反映;(2)设计、执行和维护必要的内部控制,以使财务报表不存在于舞弊或错误导致的重大错报。

二、注册会计师的责任

我们的责任是在实施审计工作的基础上对财务报表发表审计意见。我们按照中国注册会计师审计准则的规定执行了审计工作。中国注册会计师审计准则要求我们遵守中国注册会计师职业道德守则,计划和执行审计工作以对财务报表是否不存在重大错报获取合理保证。

审计工作涉及实施审计程序,以获取有关财务报表金额和披露的审计证据。选择的审计程序取决于注册会计师的判断,包括对由于舞弊或错误导致的财务报告重大错报风险的评估。在进行风险评估时,注册会计师考虑与财务报表编制和公允列报相关的内部控制,以设计恰当的审计程序,但目的并非对内部控制的有效性发表意见。审计工作还包括评价管理层选用会计政策的恰当性和作出会计估计的合理性,以及评价财务报表的总体列报。

我们相信,我们获取的审计证据是充分、适当的,为发表审计意见提供了基础。

三、审计意见

我们认为,五矿信托财务报表在所有重大方面按照企业会计准则的规定编制,公允反映了五矿信托 2013 年 12 月 31 日的财务状况以及 2013 年度的经营成果和现金流量。

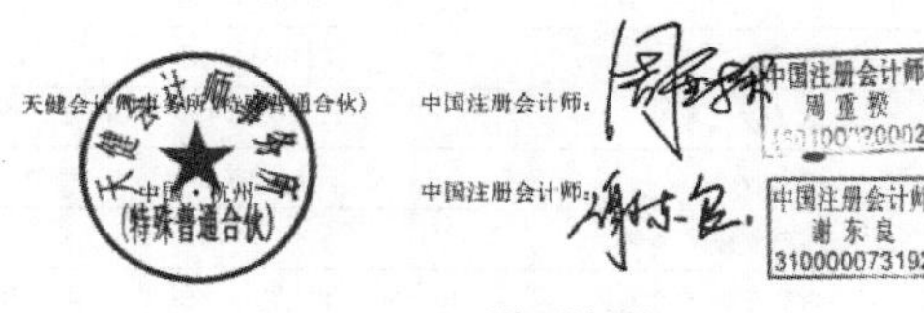

二〇一四年二月十五日

5.1.2 资产负债表

单位:万元

项　　目	2013.12.31	2012.12.31
资　产		
现金及存放中央银行款项	18.50	14.47
存放同业款项	335 870.71	143 395.14
贵金属	0	0
拆出资金	0	0
交易性金融资产	15 893.66	16 074.11
衍生金融资产	0	0
买入返售金融资产	50 000.50	0
应收利息	12.88	0
发放贷款和垫款	7 058.50	20 234.00
可供出售金融资产	26 170.28	29 105.46
持有至到期投资	1 964.00	0
长期股权投资	0	0
投资性房地产	0	0
固定资产	893.15	756.22
无形资产	377.18	558.20
递延所得税资产	2 837.29	1 276.30
其他资产	11 544.01	1 515.49
资产总计	452 640.66	212 929.39
负债		
向中央银行借款	0	0
同业及其他金融机构存放款项	0	0
拆入资金	0	0
交易性金融负债	0	0
衍生金融负债	0	0
卖出回购金融资产款	0	0
吸收存款	0	0
应付职工薪酬	2 327.77	2 026.89
应交税费	11 584.86	2 500.57
应付利息	0	0
预计负债	0	0
应付债券	0	0
递延所得税负债	0	0
其他负债	16 490.95	14 712.23
负债合计	30 403.58	19 239.69
所有者权益		
实收资本	200 000.00	120 000.00
资本公积	94 763.50	－4 560.10
减:库存股	0	0
盈余公积	15 909.18	8 453.02
一般风险准备	45 197.94	6 680.94
未分配利润	66 366.46	63 115.84
所有者权益合计	422 237.08	193 689.70
负债和所有者权益合计	452 640.66	212 929.39

法定代表人:任珠峰　　主管会计工作负责人:蔡　琦　　会计机构负责人:罗　曼

5.1.3 利润表

单位：万元

项　目	2013 年度	2012 年度
一、营业收入	131 031.18	88 416.51
利息净收入	8 760.94	4 215.10
利息收入	8 760.94	4 215.10
利息支出		0
手续费及佣金净收入	113 268.65	76 374.46
手续费及佣金收入	113 268.65	76 374.46
手续费及佣金支出		0
投资收益（损失以"－"号填列）	8 560.90	5 772.88
其中：对联营企业和合营企业的投资收益		0
公允价值变动收益（损失以"－"号填列）	440.69	2 054.07
汇兑损益（损失以"－"号填列）		0
其他业务收入		0

续表

项　目	2013 年度	2012 年度
二、营业支出	49 961.91	28 711.56
营业税金及附加	7 083.38	4 737.96
业务及管理费	29 856.64	23 009.21
资产减值损失	13 014.30	954.31
其他业务成本	7.59	10.08
三、营业利润（损失以"－"号填列）	81 069.27	59 704.95
加：营业外收入	4 859.21	3 062.33
减：营业外支出	406.27	47.57
四、利润总额（损失以"－"号填列）	85 522.21	62 719.71
减：所得税费用	10 960.61	-624.86
五、净利润（损失以"－"号填列）	74 561.60	63 344.57
六、其他综合收益	-676.40	291.24
七、综合收益总额	73 885.20	63 635.81

法定代表人：任珠峰　　主管会计工作负责人：蔡　琦　　会计机构负责人：罗　曼

5.1.4 所有者权益变动表

单位：万元

项　目	2013 年度					
	实收资本	资本公积	盈余公积	一般风险准备	未分配利润	所有者权益合计
一、2013 年 1 月 1 日余额	120 000.00	-4 560.10	8 453.02	6 680.94	63 115.84	193 689.70
二、本年增减变动金额（减少以"－"号填列）	80 000.00	99 323.60	7 456.16	38 517.00	3 250.62	228 547.38
（一）净利润					74 561.60	74 561.60
（二）直接计入所有者权益的利得和损失		-676.40				-676.40
1. 可供出售金融资产公允价值变动净额		-676.40				-676.40
（1）计入所有者权益的金额		-676.40				-676.40
（2）转入当期损益的金额						
2. 现金流量套期工具公允价值变动净额						
（1）计入所有者权益的金额						
（2）转入当期损益的金额						
（3）计入被套期项目初始确认金额中的金额						
3. 权益法下被投资单位其他所有者权益变动的影响						
4. 与计入所有者权益项目相关的所得税影响						
5. 其他						
上述（一）和（二）小计		-676.40			74 561.60	73 885.20
（三）所有者投入和减少资本	80 000.00	100 000.00				180 000.00
1. 所有者投入和减少资本	80 000.00	100 000.00				180 000.00
2. 股份支付计入所有者权益的金额						
3. 其他						
（四）利润分配			7 456.16	38 517.00	-71 310.98	-25 337.82
1. 提取盈余公积			7 456.16		-7 456.16	
2. 提取一般风险准备				38 517.00	-38 517.00	
3. 对所有者（或股东）的分配					-25 337.82	-25 337.82
4. 其他						
（五）所有者权益内部结转						
1. 资本公积转增资本（或股本）						
2. 盈余公积转增资本（或股本）						
3. 盈余公积弥补亏损						
4. 一般风险准备弥补亏损						
5. 其他						
三、2013 年 12 月 31 日余额	200 000.00	94 763.50	15 909.18	45 197.94	66 366.46	422 237.08

法定代表人：任珠峰　　主管会计工作负责人：蔡　琦　　会计机构负责人：罗　曼

所有者权益变动表(续)

单位:万元

项　　目	2012年度					
	实收资本	资本公积	盈余公积	一般风险准备	未分配利润	所有者权益合计
一、2012年1月1日余额	120 000.00	-4 851.34	2 118.56	1 591.29	17 475.71	136 334.22
二、本年增减变动金额(减少以"-"号填列)		291.24	6 334.46	5 089.65	45 640.13	57 355.48
(一)净利润					63 344.57	63 344.57
(二)直接计入所有者权益的利得和损失		291.24				291.24
1. 可供出售金融资产公允价值变动净额		291.24				291.24
(1)计入所有者权益的金额		291.24				291.24
(2)转入当期损益的金额						
2. 现金流量套期工具公允价值变动净额						
(1)计入所有者权益的金额						
(2)转入当期损益的金额						
(3)计入被套期项目初始确认金额中的金额						
3. 权益法下被投资单位其他所有者权益变动的影响						
4. 与计入所有者权益项目相关的所得税影响						
5. 其他						
上述(一)和(二)小计		291.24			63 344.57	63 635.81
(三)所有者投入和减少资本						
1. 所有者投入和减少资本						
2. 股份支付计入所有者权益的金额						
3. 其他						
(四)利润分配			6 334.46	5 089.65	-17 704.44	-6 280.33
1. 提取盈余公积			6 334.46		-6 334.46	
2. 提取一般风险准备				5 089.65	-5 089.65	
3. 对所有者(或股东)的分配					-6 280.33	-6 280.33
4. 其他						
(五)所有者权益内部结转						
1. 资本公积转增资本(或股本)						
2. 盈余公积转增资本(或股本)						
3. 盈余公积弥补亏损						
4. 一般风险准备弥补亏损						
5. 其他						
三、2012年12月31日余额	120 000.00	-4 560.10	8 453.02	6 680.94	63 115.84	193 689.70

法定代表人:任珠峰　　主管会计工作负责人:蔡　琦　　会计机构负责人:罗　曼

5.2 信托资产

5.2.1 信托项目资产负债汇总表

单位:万元

信托资产	期末数	期初数	信托负债和信托权益	期末数	期初数
信托资产			信托负债		
货币资金	596 485.20	210 295.80	应交税费		
存放同业款项			其他应付款	38 669.49	28 671.70
交易性金融资产	1 001 928.99	148 611.40	应付账款	5 005.75	1 193.88
买入返售金融资产	65 394.04		长期应付款	6 884.64	8 151.13
应收票据			其他负债		
应收账款	887.87		信托负债合计	50 559.88	38 016.70
应收利息	27 647.80	5 120.37			
其他应收款	70 100.00	76 482.74			
贷款	6 284 333.46	3 301 552.40	信托权益:		
可供出售金融资产	10 382 064.65	7 929 044.10	实收信托	19 419 281.29	11 855 974.30
长期应收款	18 087.00	23 714.20	资本公积	75 632.37	23 071.85
长期股权投资	1 159 431.00	301 034.00	未分配利润	61 263.16	84 551.64
应收股利	376.69	320.43	信托权益合计	19 556 176.82	11 963 597.79
其他资产		5 439.06			
信托资产总计	19 606 736.70	12 001 614.50	信托负债和权益总计	19 606 736.70	12 001 614.50

5.2.2 信托项目利润及利润分配汇总表

单位：万元

项　目	2013 年度
一、营业收入	1 412 350.95
利息收入	509 009.51
投资收益	904 185.45
租赁收入	1 266.49
公允价值变动损益	−2 118.00
汇兑损益	—
其他收入	7.50
二、营业费用	280 034.44
三、营业税金及附加	296.99
四、扣除资产损失前的信托利润	1 132 019.52
减：资产减值损失	—
五、扣除资产损失后的信托利润	1 132 019.52
加：期初未分配信托利润	84 551.64
六、可供分配的信托利润	1 216 571.16
减：本期已分配信托利润	1 155 308.00
七、期末未分配信托利润	61 263.16

6. 会计报表附注

6.1 报告年度会计报表编制基准、会计政策、会计估计和核算方法变化情况

6.1.1 财务报表的编制基础

本公司财务报表以持续经营为编制基础。

6.1.2 遵循企业会计准则的声明

本财务报表本公司符合企业会计准则的要求，真实、完整地反映了企业的财务状况、经营成果和现金流量等有关信息。

6.1.3 会计期间

会计年度自公历 1 月 1 日起至 12 月 31 日止。

6.1.4 记账本位币

采用人民币为记账本位币。

6.1.5 计提资产减值准备的范围和方法

公司计提资产减值准备的范围包括：贷款损失准备、长期股权投资减值准备、固定资产减值准备和无形资产减值准备。

（1）贷款损失准备。公司参照《关于非银行金融机构全面推行资产质量五级分类管理的通知》对风险资产进行风险分类，并根据风险分类结果参照以下比例进行坏账准备的计提：

贷款风险类别	计提比例（%）
关注类	2
次级类	25
可疑类	75
损失类	100

（2）长期股权投资减值准备。期末对单项投资由于市价持续下跌或被投资单位经营状况恶化等原因导致其可收回金额低于账面价值的差额分项提取长期投资减值准备。

（3）固定资产减值准备。资产负债表日，有迹象表明固定资产发生减值的，按照账面价值与可回收金额的差额计提相应的减值准备。

（4）无形资产减值准备。资产负债表日，有迹象表明发生减值的，按照账面价值与可回收金额的差额计提相应的减值准备。

6.1.6 金融资产四分类的范围和标准

金融资产于初始确认时分为以下四类：以公允价值计量且其变动计入当期损益的金融资产、持有至到期投资、贷款和应收款项、可供出售金融资产。金融资产在初始确认时以公允价值计量。对于以公允价值计量且其变动计入当期损益的金融资产，相关交易费用直接计入当期损益，其他类别的金融资产相关交易费用计入其初始确认金额。

6.1.7 交易性金融资产核算方法

以公允价值计量且其变动计入当期损益的金融资产，包括交易性金融资产和初始确认时指定为以公允价值计量且其变动计入当期损益的金融资产，采用公允价值进行后续计量，所有已实现和未实现的损益均计入当期损益。

6.1.8 可供出售金融资产核算方法

可供出售金融资产指初始确认时即指定为可供出售的非衍生金融资产，以及除上述金融资产类别以外的金融资产，此类金融资产采取公允价值进行后续计量。其折溢价采用实际利率法进行摊销并确认为利息收入。除减值损失及外币货币性金融资产的汇兑差额确认为当期损益外，可供出售金融资产的公允价值变动作为资本公积的单独部分予以确认，直到该金融资产终止确认或发生减值时，在此之前在资本公积中确认的累计利得或损失转入当期损益。与可供出售金融资产相关的股利或利息收入，计入当期损益。

6.1.9 持有至到期投资核算方法

持有至到期投资是指到期日固定、回收金额固定或可确定，且本公司有明确意图和能力持有至到期的非衍生金融资产，采用实际利率法，按照摊余成本进行后续计量，其终止确认、发生减值或摊销产生的利得或损失，均计入当期损益。

6.1.10 长期投资核算方法

6.1.10.1 长期股权投资的初始计量

长期股权投资在取得时按初始投资成本计量。初始投资成本一般为取得该项投资而付出的资产、发生或承担的负债以及发行的权益性证券的公允价值，并包括直接相关费用。但同一控制下的企业合并形成的长期股权投资，其初始投资成本为合并日取得的被合并方所有者权益的账面价值份额。

6.1.10.2 长期股权投资的后续计量

能够对被投资单位实施控制的长期股权投资，以及对被投资单位不具有共同控制或重大影响，且在活跃市场中没有报价、公允价值不能可靠计量的长期股权投资采用成本法核算；对被投资单位具有共同控制或重大影响的长期股权投资，采用权益法核算。长期股权投资采用权益法核算时，对长期股权投资初始投资成本大于投资时应享有被投资单位可辨认净资产公允价值份额的，不调整长期股权投资的初始投资成本；对长期股权投资初始投资成本小于投资时应享有被投资单位可辨认净资产公允价值份额的，其差额计入当期损益，同时调整长期股权投资的成本。按权益法对长期股权投资进行核算时，先对被投资单位的净利润进行取得投资时被投资单位各项可辨

认资产等的公允价值、会计政策和会计期间方面的调整，再按应享有或应分担的被投资单位的净损益份额确认当期投资损益。

6.1.11 固定资产计价和折旧方法

固定资产按照取得时的实际成本进行初始计量，采用年限平均法计提折旧。

6.1.12 无形资产计价及摊销政策

无形资产按照成本进行初始计量，采用直线法摊销。

6.1.13 长期待摊费用

长期待摊费用按实际发生额入账，在受益期或规定的期限内分期平均摊销。如果长期待摊的费用项目不能使以后会计期间受益则将尚未摊销的该项目的摊余价值全部转入当期损益。

6.1.14 收入确认原则和方法

在与交易相关的经济利益很可能流入公司且收入的金额能够可靠地计量时，确认提供与金融业务相关服务收入的实现。

6.1.15 所得税的会计处理方法

采用资产负债表债务法计提递延所得税，所得税率为12.5%。

6.1.16 信托报酬的确认原则和方法

在收入确认原则基础上，信托业务手续费收入按照信托合同约定的结算方法，一般以收益分配结算报告确认。

6.2 会计报表中重要项目的明细资料

6.2.1 固有资产经营情况

6.2.1.1 按照信用风险资产五级分类结果披露资产的期初数、期末数

信用风险资产五级分类	正常类（万元）	关注类（万元）	次级类（万元）	可疑类（万元）	损失类（万元）	信用风险资产合计（万元）	不良资产合计（万元）	不良资产率（%）
期初数	163 629.14	0.00	0.00	0.00	0.00	163 629.14	0.00	0.00
期末数	348 223.21	0.00	22 793.11	234.00	0.00	371 250.32	23 027.11	4.93

6.2.1.2 资产减值准备情况

单位：万元

	期初数	本期计提	本期转回	本期核销	期末数
贷款损失准备		175.50			175.50
一般准备					
专项准备					
其他资产减值准备					
可供出售金融资产减值准备					
持有至到期投资减值准备					
长期股权投资减值准备					
坏账准备	954.31	12 838.80			13 793.11
投资性房地产减值准备					

6.2.1.3 固有股票投资、基金投资、债券投资、长期股权投资等投资情况

单位：万元

	自营股票	基金	债券	合计
期初数	20 059.35	13 413.88	11 706.34	45 179.57
期末数	15 901.06	10 068.29	12 494.60	38 463.95

6.2.1.4 固有长期股权投资前五名

无。

6.2.1.5 固有贷款明细

企业名称	贷款金额（万元）	占贷款总额的比例（%）	还款情况
北京中北通达房地产开发有限公司	234	3.23	欠本息
黑龙江省建工集团有限责任公司	7 000	96.77	未到还款付息日
合 计	7 234	100.00	

6.2.1.6 公司当年收入结构

收入结构	金额（万元）	占比（%）
利息收入	8 760.94	6.69
其中：存放同业	6 406.50	4.89
发放贷款及垫款	1 954.29	1.49
买入返售证券	400.15	0.31
手续费及佣金收入	113 268.65	86.44
其中：信托手续费收入	109 146.90	83.30
顾问及咨询收入	4 117.90	3.14
其他	3.85	0.00
投资收益	8 560.90	6.53
其中：证券投资收益	6 463.95	4.93
公允价值变动收益	440.69	0.34
收入合计	131 031.18	100.00

6.2.2 披露信托资产管理情况

6.2.2.1 信托资产的期初数、期末数

单位：万元

信托资产	期初数	期末数
集合	5 577 995.23	8 744 595.75
单一	5 694 759.42	10 437 928.71
财产权	728 859.85	424 212.24
合计	12 001 614.50	19 606 736.70

6.2.2.2 主动管理型信托资产的期初数、期末数

单位：万元

主动管理型信托资产	期初数	期末数
证券投资类	863 976.75	1 121 445.68
股权投资类	301 034.00	870 725.00
其他投资类	7 663 734.26	799 969.25
融资类	3 172 869.49	9 902 055.92
事务管理类	—	
合计	12 001 614.50	12 694 195.85

被动管理型信托资产的期初数、期末数

单位：万元

被动管理型信托资产	期初数	期末数
证券投资类	—	—
股权投资类	—	—
融资类	—	—
事务管理类	—	6 912 540.85
合计	—	6 912 540.85

6.2.2.3 本年度已清算结束的信托项目个数、实收信托合计金额、加权平均实际年化收益率按集合、单一和财产管理类进行分类

已清算结束信托项目	项目个数	合计金额（万元）	加权平均实际年化收益率（%）
集合类	75	2 639 330.76	8.21
单一类	118	3 609 938.26	8.48
财产管理类	8	325 000.00	6.73

本年度清算结束的主动管理型信托项目

已清算结束信托项目	项目个数	合计金额（万元）	信托报酬率（%）	加权平均实际年化收益率（%）
证券投资类	11	593 105.32	0.28	5.64
股权投资类	4	204 279.00	3.54	10.38
其他投资类	76	2 766 587.30	1.11	8.69
融资类	65	1 913 997.40	2.00	8.82
事务管理类	—	—	—	

本年度清算结束的被动管理型信托项目

已清算结束信托项目	项目个数	合计金额（万元）	信托报酬率（%）	加权平均实际年化收益率（%）
证券投资类	—	—	—	—
股权投资类	—	—	—	—
融资类	—	—	—	—
事务管理类	45	1 096 300.00	0.46	7.40

6.2.2.4 本年度新增的集合类、单一类和财产管理类信托项目个数及金额

新增信托项目	项目个数	合计金额（万元）
集合类	78	3 103 839.64
单一类	190	7 436 920.12
财产管理类	1	7 000.00
新增合计	269	10 547 759.76
其中：主动管理型	133	4 974 330.75
被动管理型	136	5 573 429.01

6.3 关联方及其交易的披露

6.3.1 关联交易方的数量、关联交易的总金额及关联交易的定价原则等

	关联交易方数量	关联交易金额（万元）	定价政策
合计	8	251 345.69	本公司2013年发生的关联方交易均根据一般正常的交易条件进行，并以市场价格作为定价依据。

6.3.2 关联交易方与本公司的关系性质、关联交易方的名称、法定代表人、注册地址、注册资本及主营业务等

关系性质	关联方名称	法定代表人	注册地址	注册资本（亿元）	主营业务
母公司	五矿资本控股有限公司	任珠峰	北京市海淀区三里河路5号	82.09	投资、资产管理等。
股东	青海省国有资产投资管理有限公司	姚洪仲	西宁市城北区生物园区纬二路18号	40	投资，受托管理和经营国有资产等。
本公司母公司的合营企业	中国外贸金融租赁有限公司	丁建平	北京市海淀区三里河路1号院	15.07	融资租赁、经营性租赁。
受同一最终控制方控制	北京第五广场置业有限公司	江冲	北京市东城区朝阳门北大街7号三层305、306单元	4.9	开发、经营、建设、出租用地范围内的房屋等。
受同一最终控制方控制	五矿集团财务有限责任公司	俞波	北京市海淀区三里河5号	35	对成员单位办理财务融资等。
同一母公司	五矿证券有限公司	张永衡	深圳市福田区金田路4028号荣超经贸中心办公楼47层01单元	8.8	代理证券买卖业务。
同一母公司	五矿恒信投资管理（北京）有限公司	徐兵	北京市海淀区三里河路5号院1栋四层A463	0.2	投资管理、资产管理、投资咨询。
同一母公司	五矿期货有限公司	任珠峰	深圳市福田区益田路西福中路北新世界商务中心	10	商品期货经纪、金融期货经纪。

6.3.3 公司与关联方的重大交易事项

6.3.3.1 固有与关联方交易情况

单位：万元

	期初数	借方发生额	代方发生额	期末数
贷款	—	—	—	—
投资	—	—	—	—
租赁	66.42	28.48	7.59	45.53
应收账款	—	—	—	—
担保	—	—	—	—
其他	303.03	1 950 725.42	1 950 524.66	503.79
合计	369.45	1 950 753.90	1 950 532.25	549.32

6.3.3.2 信托与关联方交易情况

单位：万元

	期初数	借方发生额	贷方发生额	期末数
贷款	—	—		—
投资	0	46 000	6 018.30	39 981.70
租赁				
应收账款	—	—		—
担保	—	—		—
其他	126 964	214 534.07	161 883.40	179 614.67
合计	126 964	260 534.07	167 901.70	219 596.37

6.3.3.3 固有与信托间的交易情况

单位:万元

	期初数	本期发生额	期末数
合计	—	3 600	3 600

6.3.3.4 信托项目间的交易情况

单位:万元

	期初数	本期发生额	期末数
合计	7 600	20 000	27 600

6.3.4 报告期关联方逾期未偿还本公司资金及本公司为关联方担保发生或即将发生垫款的情况

无。

6.4 会计制度的披露

固有业务执行《企业会计准则——基本准则》(2006 年),信托业务执行《企业会计准则——基本准则》(2006 年)。

7. 财务情况说明书

7.1 利润实现和分配情况

2013 年公司实现净利润 74 562 万元。依据《公司法》、《信托公司管理办法》和公司章程,公司对 2013 年实现的净利润 74 562 万元进行分配,其中:

(1)提取 10% 法定盈余公积金 7 456 万元;

(2)按照注册资本 20% 提取信托赔偿准备金至 4 亿元,本年度提取 16 000 万元;

(3)提取一般风险准备金 2 744 万元;

(4)按照净利润的 40% 向股东分配股利 29 825 万元。

剩余未分配利润 18 537 万元,转入下一年度。

7.2 主要财务指标

指标名称	指标值
净资产收益率(%)	29.26
信托报酬率(%)	0.72
人均利润(万元)	354.86

8. 特别事项揭示

8.1 股东报告期内变动情况及原因

报告期内,公司实施增资扩股,引入青海省国有资产投资管理有限公司作为新的股东,股东数由 3 家增加到 4 家,股东持股比例也发生相应变化。

股东	增资前		增资后	
	实收资本(亿元)	股比(%)	实收资本(亿元)	股比(%)
五矿资本控股有限公司	7.92	66.00	13.20	66.00
西宁城市投资管理有限公司	4.068	33.90	4.30	21.50
青海省国有资产投资管理有限公司	—	—	2.488	12.44
青海华鼎实业股份有限公司	0.012	0.10	0.012	0.06
合计	12	100	20	100

8.2 董事、监事及高级管理人员变动情况及原因

8.2.1 董事变动情况

2013 年 9 月 12 日,公司召开股东会 2013 年第二次会议,审议通过《关于公司董事会换届选举的议案》,选举产生公司第二届董事会,任珠峰、王晓东、冯鹏、周海春、马忠智、陈方正当选为公司董事。第一届董事会成员、董事闫自军和董事唐伟明任期届满,不再担任公司董事。

8.2.2 监事变动情况

2013 年 9 月 12 日,公司召开股东会 2013 年第二次会议,审议通过《关于公司监事会换届选举的议案》,选举产生公司第二届监事会成员。薛颖、张幼凤当选为公司监事。第一届监事会成员、监事会主席曹大岭任期届满,不再担任公司监事会主席。2013 年 9 月 13 日,公司召开第二届监事会第一次会议,选举薛颖为公司监事会主席。

8.2.3 高管人员变动情况

2013 年 9 月 13 日,公司召开第二届董事会第一次会议,聘任新一届高级管理层。公司原副总经理张岚任期届满,不再担任公司副总经理。

2013 年 10 月 25 日,公司召开第二届董事会第二次会议(临时会议),审议通过《关于聘任蔡琦同志为公司财务总监的议案》,聘任蔡琦同志为公司财务总监,刘雁同志不再担任公司财务总监。

8.3 变更注册资本、注册地或公司名称、公司分立合并事项

报告期内,经公司股东会审议通过,并经中国银行业监督管理委员会《关于五矿国际信托有限公司增加注册资本及调整股权结构的批复》(银监复[2013]576 号)批准同意,公司注册资本由 12 亿元增加至 20 亿元。

8.4 对中国银监会提出的整改意见简要说明整改情况

2013 年 8 月 9 日,中国银监会青海监管局下发了《关于五矿国际信托有限公司 2013 年上半年监管意见书》,指出公司经营管理中存在的问题,并提出了监管要求。公司迅速落实监管意见,采取多项措施完善公司治理、业务合规、风险管控等方面的工作。

2013 年 10 月,中国银监会青海监管局对公司固有业务进行了现场检查,并下发《关于五矿国际信托有限公司固有业务合规性现场检查的意见书》。公司严格落实监管意见,加强固有资金贷款业务的基础管理工作。

8.5 重大事项临时报告情况

2013 年 11 月 29 日,在《金融时报》02 版对公司变更注册资本及修改公司章程事宜进行了公告。

9. 公司监事会意见

监事会认为,报告期内公司依法运作,各项决策的程序符

合国家法律、法规和公司章程及相关制度的规定，内控制度不断完善，董事会、高级管理层诚信、谨慎、认真地履行职责，未发现有违法、违规和损害受托人利益、股东利益和公司利益的行为。

监事会认为，公司本年度财务报告真实、客观地反映了公司的财务状况和经营成果。本年度财务报告已经天健会计师事务所审计，并出具了标准无保留意见的审计报告。

西部信托有限公司

1. 重要提示

1.1 本公司董事会及董事保证本报告所载资料不存在任何虚假记载、误导性陈述或重大遗漏，并对其内容的真实性、准确性和完整性承担个别及连带责任。

1.2 公司独立董事声明本年度报告内容真实、准确和完整。

1.3 希格玛会计师事务所为本公司出具了无保留意见的年度审计报告。

1.4 公司董事长徐朝晖、主管会计工作的副总经理刘洁及计划财务部经理甄明声明：保证本年度报告中财务报告的真实、完整。

2. 公司概况

2.1 公司简介

2.1.1 公司历史沿革

陕西信托投资有限公司。前身为中国人民银行陕西省分行信托投资公司，成立于1981年。1984年中国工商银行成立后，业务从人民银行分离出来，公司更名为中国工商银行陕西省分行信托投资公司，为陕西省工商银行独资公司。1991年，公司进行股份制改造，陕西省工商银行为控股方，吸收省内大中型企业出资入股，更名为中国工商银行陕西省信托投资有限公司。1997年，根据国家“银信脱钩”政策规定，中国工商银行陕西省分行所持有股份由省内29家大中型企业出资收购，组建为陕西信托投资有限公司。

陕西省西北信托投资有限公司。前身为中国农业银行陕西省信托投资有限公司，成立于1985年。1997年省农行亦因“银信脱钩”政策规定要求退出，其所持有股份由陕西省投资公司及省内外6家企业出资收购，组建为陕西省西北信托投资有限公司。

1999年，根据国家对信托业第五次整顿要求及中国人民银行和陕西省政府的部署，陕西信托投资有限公司和陕西省西北信托投资有限公司进行合并重组。经过清产核资、资产评估、增扩资本、申报登记等程序，2002年7月17日，中国人民银行(银复[2002]203号)《中国人民银行关于西部信托投资有限公司重新登记的批复》，准予西部信托投资有限公司重新登记，注册资本金为5亿元。2008年8月13日，中国银监会(银监复[2008]325号)《关于西部信托投资有限公司变更公司名称、业务范围的批复》，同意公司名称变更为：西部信托有限公司，随后中国银行业监督管理委员会陕西监管局颁发了新的注册号为K0069H261010001的中华人民共和国金融许可证；陕西省工商行政管理局颁发了新的注册号为610000100105601的企业法人营业执照。2010年5月6日，公司注册资本变更为6.2亿元。

截至2013年12月31日，公司股东总数24家，陕西省电力建设投资开发公司出资额占公司注册资金的57.78%，为公司第一大股东。

2.1.2 公司名称

(1)中文名称：西部信托有限公司

(2)中文名称简写：西部信托

(3)英文名称：Western Trust Co.,Ltd.

(4)英文名称缩写：WT

(5)法定代表人：徐朝晖

(6)注册地址：陕西省西安市东新街232号

(7)邮政编码：710004

(8)公司国际互联网网址：www.wti-xa.com

(9)电子信箱：wti-xa@wti-xa.com

2.1.3 公司信息披露负责人：张荣超
联系电话：029—87396509
传真电话：029—87406300
电子信箱：wti-xa@wti-xa.com

2.1.4 选定的信息披露报纸：《证券时报》

2.1.5 年度报告备置地点：陕西省西安市东新街232号信托大厦15楼

2.1.6 聘请的会计师事务所：希格玛会计师事务所
地址：西安市高新路25号希格玛大厦3~4层

2.1.7 聘请的律师事务所：北京市金诚同达律师事务所西安分所
地址：西安市沣惠南路华晶广场B座15层

2.2 组织结构

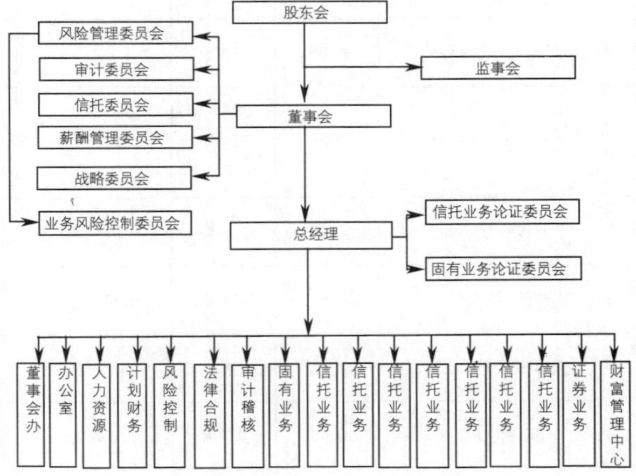

3. 公司治理

3.1 公司治理结构

3.1.1 股东

截至2013年末，公司股东总数24个。

股东名称	持股比例（%）	法人代表	注册资本	注册地址	主要经营业务及主要财务情况
陕西省电力建设投资开发公司	57.78	梁平	20亿元	西安市东新街232号	省电力建设资金的筹集、省电力建设项目的开发和管理。
陕西省产业投资有限公司	8.66	郭庆国	8亿元	西安市莲湖区青年路92号	装备制造、能源交通、电子信息、房地产等产业项目的投资建设和运营。2013年末总资产为29.81亿元。
重庆中侨置业有限公司	6.36	孙飚	1 000万元	重庆市渝北区加州花园	五金、交电、装饰材料、建筑材料，化工产品及原料。2013年末总资产为4.5亿元。
彩虹显示器件股份有限公司	5.01	郭盟权	7.367亿元	西安市高新产业开发区西区	彩色显示器件、电子产品及零部件、原材料的生产、开发、经营。2013年末总资产为72.47亿元。
北京鸿基世业房地产开发有限公司	4.24	张志鸿	1亿元	北京市丰台区花乡造甲村113号	房地产项目开发、销售商品房、房地产信息咨询。2013年末总资产为11.33亿元。
上海天迪科技投资发展有限公司	3.07	杨荔雯	3 300万元	浦东新区乳山路227号264室	科技实业投资、投资管理、从事货物及技术的进出口业务。2013年末总资产为2.05亿元。
宝钛集团有限公司	2.88	黄晓平	7.534万元	宝鸡市钛城路	钛、镍、锆、钨、钼、钽、铌、铝、镁、钢等金属及深加工。
陕西延长石油（集团）有限责任公司	2.69	沈浩	100亿元	延安市宝塔区七里铺	石油、天然气勘探、开采、加工、运输、销售。2013年末总资产为2 323亿元。
陕西金叶科教集团股份有限公司	2.12	袁汉源	4.473亿元	陕西省西安市高新区锦业路一号都市之门B座19层	包装装潢印刷品印刷、高新数字印刷技术及高新技术广告制作。
中国烟草总公司陕西省公司	1.53	张天峰	3 430万元	西安市曲江新区雁南四路19号	卷烟经营、烟叶生产经营、卷烟进口和烟叶出口业务。2013年末总资产为34.09亿元。
中铁宝桥集团有限公司	1.39	黄振宇	8.531亿元	宝鸡市高新技术产业开发区火炬路4号	钢结构，钢桥梁产品，钢结构工程、工程设备的出租等。
西安飞机工业（集团）有限责任公司	1.35	宋水云	23.893亿元	西安阎良西飞大道一号	飞机、航空零部件设计、生产等。2013年末总资产为163.68亿元。
陕西长岭电气有限责任公司	0.55	张宝会	2 862万元	陕西省宝鸡市清姜路75号	家用电器、电子通讯产品、机电产品的研制、生产、销售；软件技术的研制、开发。2013年末总资产为3.7亿元。
金堆城钼业集团有限公司	0.37	马宝平	40亿元	陕西省华县金堆城镇	矿产资源（除钼以外）的探矿、采矿、选矿、加工、科研；新型建材等工业产品的生产及销售；工程承包；房地产经营与开发等。2013年末总资产为294.7亿元。
陕西省电力公司	0.37	吕春泉	10亿元	西安市柿园路218号	电力建设、输送、销售。
韩城矿务局	0.37	王世斌	5.678亿元	韩城市新城区黄河大街	煤炭、煤炭矿山建筑及安装、煤矿采掘、洗选辅助设备制造及修理。
宝鸡石油钢管厂	0.18	白功利	14.75亿元	陕西省宝鸡市姜谭路10号	焊接钢管、石油套管、接箍、钢管防腐、自动焊剂、纵剪带钢、边角余料及其制品的加工销售。
略阳钢铁厂	0.18	陈南平	1.273亿元	陕西省略阳县城大沟口	选矿、冶炼、压延、生铁、钢锭、钢坯、钢材、水渣及冶炼付产品的生产和销售。2013年末总资产为3.72亿元。
西安航空发动机（集团）有限公司	0.18	万多波	12.129亿元	西安市北郊徐家湾	航空发动机、燃气轮机、烟气透平动力装置、航天发动机及其零部件。
西安四棉纺织有限责任公司	0.18	顾宪祥	1 000万亿	西安市纺西街168号	棉纱、棉布。

续表

股东名称	持股比例(%)	法人代表	注册资本	注册地址	主要经营业务及主要财务情况
延长油田股份有限公司	0.18	陶光强	100亿元	延安市延川县永坪镇	石油、天然气勘探、开发与油气共生或钻遇的其他矿藏的开采、销售。2013年末总资产为866.56亿元。
陕西飞机工业(集团)有限公司	0.18	李广兴	7.403亿佰	陕西省汉中市	运八飞机、微型汽车、大轿车系列产品及零配件的开发、制造、销售、服务等。
陕西汽车实业有限公司	0.09	袁宏明	50.543亿元	西安市经济技术开发区泾渭工业园陕汽大道	项目投资;资产管理;后勤管理及服务;场地租赁;投资管理及咨询。2013年末总资产为49.85亿元。
陕西省耀县水泥厂	0.09	安学辰	2.102亿元	铜川市耀州区东郊	普通硅酸盐水泥、油井水泥的销售,包装材料、商品混凝土的生产。

注:彩虹显示器件股份有限公司于2013年10月21日与彩虹集团公司签署了股权转让协议,陕西省银监局于2013年12月20日核准了彩虹集团公司的股东资格。截至报告期,工商变更正在办理中。

3.1.2 董事、董事会及其下属委员会

董事长、董事

姓名	职务	性别	年龄	选任日期	所推荐的股东名称	该股东持股比例(%)	简要履历
徐朝晖	董事长	女	41	2012年8月	陕西省电力建设投资开发公司	57.78	1994年9月参加工作,香港理工大学工商管理硕士,中共党员,西部信托有限公司董事长。
王军营	董事	男	46	2012年8月	陕西省电力建设投资开发公司	57.78	1991年7月参加工作,中共党员,大学文化程度,研究生学历,国家注册质量体系审核师,国家注册安全工程师;现任陕西能源集团副总经理。
王宗发	董事	男	60	2012年8月	陕西省电力建设投资开发公司	57.78	1975年10月参加工作,大学文化程度,高级会计师,中共党员;现任陕西能源集团总会计师。
赵　辉	董事	男	55	2012年8月	陕西省电力建设投资开发公司	57.78	1979年3月参加工作,大学文化程度,高级经济师,曾任陕西国际信托股份有限公司副总经济师、副总经理、副总裁;现任西部信托有限公司总经理。
范　明	董事	男	39	2012年8月	陕西省电力建设投资开发公司	57.78	1997年7月参加工作,大学本科文化程度,经济师职称,具有证券从业资格和保险经纪、公估、代理从业资格;现任陕西能源集团金融证券部主任。
郭庆国	董事	男	58	2012年8月	陕西省产业投资有限公司	8.66	大学本科学历,高级经济师,1973年1月参加工作,曾任陕西省计划委员会处长,陕西省投资公司总经理;现任陕西省产业投资公司董事长。
答孝棋	职工董事	男	43	2012年8月	西部信托有限公司	—	研究生学历,经济师。1992年7月参加工作,曾任新天期货经纪有限公司结算部副部长,西部信托有限公司信托业务部副经理、经理;现任公司信托业务一部经理,职工董事。

独立董事

姓名	所在单位及职务	性别	年龄	选任日期	所推举的股东名称	该股东持股比例(%)	简要履历
余　力	西安交通大学经济学院金融学教授	男	66	2012年8月	—	—	1980年7月至2000年3月在陕西财经学院金融系任教,2000年3月至今在西安交通大学经济学院金融系任教。
王鲁平	西安交通大学管理学院会计学副教授	男	51	2012年8月	—	—	1992年6月至2004年9月西安交通大学管理学院会计系任教;2004年9月至今在西安交通大学管理学院会计及财务系任教。
羿　克	陕西融德律师事务所	男	45	2012年8月	—	—	西安交通大学经济法学硕士,中国社会科学院民商专业法学博士研究生,2005年至今,西安交通大学法学院客座教授;2008年至今,陕西融德律师事务所主任。

董事会下属委员会

董事会下属五个委员会名称	职　责	组成人员名单	职务
风险管理委员会	对公司所面临的风险状况进行评估,并提出相应的意见。	徐朝晖	主任委员
		王军营	委员
		赵　辉	委员
		王鲁平	委员
		答孝棋	委员

续表

董事会下属五个委员会名称	职　责	组成人员名单	职务
信托委员会	负责监督公司依法履行受托职责，保证公司为受益人的最大利益服务。	羿　克	主任委员
		王宗发	委员
		赵　辉	委员
		范　明	委员
		答孝棋	委员
薪酬管理委员会	负责制定公司董事、高管人员的薪酬标准与方案，审查公司董事、高级管理人员履行职责并对其进行年度考核；负责对公司薪酬制度执行情况进行监督。	余　力	主任委员
		郭庆国	委员
		范　明	委员
战略委员会	对公司中长期发展战略和重大战略投资决策进行研究并提出建议。	徐朝晖	主任委员
		王军营	委员
		郭庆国	委员
		赵　辉	委员
		羿　克	委员
审计委员会	对管理层的经营情况、内控制度的制定和执行情况的监督检查。	王鲁平	主任委员
		王宗发	委员
		范　明	委员

3.1.3　监事、监事会及下属委员会

监事会成员

姓名	职务	性别	年龄	选任日期	所推荐的股东名称	该股东持股比例(%)	简　要　履　历
陈长青	监事会主席	男	41	2012 年 8 月	彩虹显示器件股份有限公司	5.01	1997 年参加工作，历任彩管二厂、一厂、集团公司资产财务部会计、彩虹结算中心主任、资本运营部副部长、彩虹总厂财务部部长；现任彩虹股份财务总监。
孙　飚	监事	男	46	2012 年 8 月	重庆中侨置业有限公司	6.36	2000 年至今担任重庆康信置业有限公司董事长，重庆中侨置业有限公司董事长，重庆金岛房地产有限公司董事长。
沈　康	职工监事	男	39	2012 年 8 月	西部信托有限公司	—	1997 年参加工作，曾任西部信托有限公司证券投资部项目经理、投资银行部副经理；现任公司信托七部部经理，职工监事。

本公司监事会未设立下属委员会。

3.1.4　高级管理人员

姓名	职务	性别	年龄	任职日期	金融从业年限	学历	专业	简　要　履　历
赵　辉	总经理	男	54	2012 年 8 月	21	本科	金融	1979 年 3 月参加工作，大学文化程度，高级经济师，曾任陕西国际信托股份有限公司副总经济师、副总经理、副总裁；现任公司总经理。
张荣超	副总经理	男	55	2012 年 8 月	15	本科	棉纺工程	曾任西部信托有限公司自有资产部经理、行政事务部主任、总经理助理；现任公司副总经理、董事会秘书。
王　珂	副总经理	男	53	2012 年 8 月	31	本科	经济管理	曾任工商银行总行信贷管理部授信处处长、工商银行陕西省分行管理部副总经理；现任公司副总经理。
武士伟	副总经理	男	38	2012 年 8 月	12	博士研究生	产业经济学	曾任中国工商银行投资银行部综合管理处副处长、中国工商银行投资银行部市场资信业务处任副处长，工银印尼有限公司副总经理；现任公司副总经理。
刘　洁	副总经理	女	44	2012 年 8 月	12	研究生	工商管理	曾任西部证券股份有限公司投资银行部高级经理，长安国际信托股份有限公司审计部总经理、风险控制部总经理、合规风险副总监、公司监事；现任公司副总经理。
高彩玲	营销总监	女	53	2012 年 8 月	32	本科	经济管理	曾任西部信托有限公司信托二部经理、总经理助理兼房地产信托部经理；现任公司营销总监兼理财中心经理。
蔡长生	稽核总监	男	53	2012 年 8 月	15	研究生	经济管理	曾在国有大中型企业担任财务处长、副总会计师、西部信托有限公司任财务部经理、总经理助理兼审计法规部经理、董事会秘书；现任稽核总监。
贾　旭	总经理助理	男	44	2012 年 8 月	20	研究生	工商 管理	中共党员，经济师，硕士。曾任西部信托有限公司市场营销部经理、信托二部经理；现任公司总经理助理。
齐　冰	总经理助理	男	41	2012 年 8 月	16	研究生	工商管理	曾任西部证券股份有限公司银证券通营销中心副总经理、西安吉祥路证券营业部副总经理、客户资产管理总部副总经理、总经理，上海第二分公司总经理；现任公司总经理助理。

3.1.5　公司员工

项　目		报告期年度		上年度	
		人数（141人）	比例（%）	人数（104人）	比例（%）
年龄分布	25岁以下	6	4.3	4	3.8
	25~29岁	39	27.7	16	15.3
	30~39岁	35	24.8	27	25.7
	40岁以上	61	43.3	58	55.2
学历分布	博士	2	1.4	1	0.9
	硕士	40	28.4	28	26.7
	本科	66	46.8	47	44.8
	专科	28	19.9	24	22.8
	其他	5	3.5	5	4.8
岗位分布	董事、监事及其高管人员	14	9.9	14	13.3
	自营业务人员	4	2.8	7	6.6
	信托业务人员	45	31.9	51	48.6
	其他人员	78	55.3	34	32.4

4. 经营管理

4.1　经营目标、方针、战略规划

4.1.1　经营目标

综合运用各类市场资源，在公司内部逐步建立健全现代企业制度，建造科学合理的经营管理体制、激励机制和风险内控系统，为客户提供专业化的综合金融服务，为信托受益人谋求利益最大化，为股东创造价值最大化，为员工提供良好的成长机会，使公司成为具有高度诚信、主营突出、持续高效发展、知识密集型的专业理财金融机构。

4.1.2 经营方针

以人为本，科学发展，打造信托行业　的一流企业。以市场为导向，坚持诚信、稳健、合规经营。以实体经济和金融投资为重点，最大限度满足市场需求。不断加强业务创新力度，努力提升自有业务和信托业务的管理水平，严格控制风险，构建具备持续发展能力的盈利模式，创造理想的经济效益和社会效益。

4.1.3　战略规划

坚持“受人之托，代人理财”的服务宗旨，以深入推进西部大开发和促进区域金融中心建设为依托，以立足陕西、逐步拓展全国性业务为路径，全面发展各类信托业务，大力提升资产管理水平，在基础设施、能源、装备制造业、证券、房地产等领域，通过若干年的努力，在西部地区形成具有自身特色和较强影响力的专业化金融资产管理公司。

4.2　所经营业务的主要内容

公司经营业务包括固有资产管理业务和信托业务。信托业务主要是资金信托、股权信托和财务顾问等业务，固有资产管理业务主要是股权投资、贷款和证券投资。

4.2.1　自营资产运用与分布表

资产运用	金额（万元）	占比（%）	资产分布	金额（万元）	占比（%）
货币资产	21 444	12.00	基础产业	3 900	2.18
贷款及应收款	10 187	5.70	房地产业	5 000	2.80
交易性金融资产			证券市场	87 414	48.90
可供出售金融资产	68 314	38.22	实业	15 000	8.39
持有至到期投资	24 000	13.42	金融机构	32 754	18.32
长期股权投资	32 754	18.32	其他	34 686	19.41
其他	22 055	12.34			
资产总计	178 754	100	资产总计	178 754	100

4.2.2　信托资产运用与分布表

资产运用	金额（万元）	占比（%）	资产分布	金额（万元）	占比（%）
货币资产	133 491	2.61	基础产业	713 147	13.95
贷款	2 847 848	55.69	房地产	354 685	6.94
交易性金融资产	106 611	2.09	证券市场	159 751	3.12
可供出售金融资产	0	0	实业	3 594 205	70.28
持有至到期投资	300 247	5.87	金融机构	60 881	1.19
长期股权投资	1 649 425	32.25	其他	231 076	4.52
其他	76 123	1.49			
信托资产总计	5 113 745	100	信托资产总计	5 113 745	100

4.3　市场分析

2013年，国民经济正处于由回升向好向稳定增长转变的关键时期。按照中央经济工作会议的总体部署，在党的十八大和十八届三中全会方针指引下，坚持以科学发展为主题，以加快转变经济发展方式为主线，实施积极的财政政策和稳健的货币政策，增强宏观调控的针对性、灵活性、有效性，加快推进经济结构调整，大力加强自主创新，切实抓好节能减排，不断深化改革开放，着力保障和改善民生，巩固和扩大应对国际金融危机冲击的成果，保持经济平稳较快发展，促进社会和谐稳定。

2013年，全国68家信托公司在“一法三规”的指导下开展信托理财业务。与此同时，信托公司分类监管的实施和净资本管理规定的颁布，标志着监管机构的监管更加科学化，也使整个信托业面临着业务调整和战略转型，步入规范运营的轨道，同时加剧了信托公司业务发展的分化，理财业务竞争将更加激烈，市场和客户细分将使信托业发展机遇与挑战共存。

4.3.1　有利因素

（1）信托公司遵照“一法三规”，真正回归主业，开始步入规范经营的轨道，专注于做合规经营的财产管理者和机构投资者，有助于降低经营性风险，促进信托行业的健康规范发展。监管部门已经或即将出台政策支持信托公司发展，制度环境在逐步改善。

（2）国家与地方扩大内需保增长的战略措施将促使国民经济保持平稳较快增长，陕西经济继续保持良好的发展态势，省委省政府提出国民经济增长目标和发展“三大支柱产业”和“四大基地”的宏伟规划，大批基础设施重点项目建设保证了投资需求的稳步增长，资金需求量很大，为公司开展信托业务提供了良好的外部机遇。

（3）经济较快增长带动了居民财富的增加，城镇和农村居民人均纯收入稳步增长，流动性充裕，理财观念逐渐转变，投资意识不断增强，居民对稳健理财的需求会更加旺盛，为公司培育市场奠定了一定的基础。

（4）金融业综合经营成为市场共识和发展趋势，信托业特有的制度与工具优势被不断发掘，在融合过程中信托公司的价值正在被重新认识，社会逐步在了解信托理财的优势，有助于公司建立可持续的市场竞争能力。

（5）公司外部形象良好，在连续多年的发展过程中，已得到了省内投资者的认可与支持。

（6）公司固自资产质量较好，长期投资收益稳定，已成为公司利润的有力支撑点。

4.3.2 不利因素

（1）受监管政策因素的影响，公司银信合作业务、信政合作业务、房地产集合资金信托等业务预计将受到较大的影响。

（2）信托公司仍处在正本清源过程中，相对于其他类型的金融机构，得到的政策扶植力度相对较弱，业务空间狭窄，限制了公司向更深层次的发展。

（3）理财市场不公平竞争加剧，信托公司缺乏专属性的业务领域，市场门槛过高，难以与银行、证券基金等理财机构展开正面竞争。

（4）配套政策有待完善，产品创新受到制度制约。

（5）西部地区经济发展相对落后，社会整体收入水平较低，合格投资者的培育尚待时日，在转型初期公司的信托业务将面临较大萎缩，公司的盈利模式构建尚处在探索过程中。

（6）信托产品难以真正满足多层次的市场需要，信托功能尚有待发掘。

（7）公司资本金偏小，创新业务资格受到限制，业务空间仍显狭窄。

4.4 内部控制概况

4.4.1 内部控制环境和内部控制文化

公司重视内控建设，公司股东会、董事会、监事会、经营管理层各自的职能分工明确，建立了决策层、执行层、监督层构成的内部控制架构，在公司的经营发展中发挥着各自的职能与作用，形成了各层既相互独立，又相互制衡、相互协调的内部控制机制。

公司一直秉承稳健经营、持续发展的经营理念，始终把风险控制放在经营管理的首要位置，多层次、全方位推动积极有效的内控文化建设。通过培训学习、印发制度汇编等多种途径使全体员工熟悉公司的各项规章制度及业务操作流程；通过经常性的审计检查，不断强化员工的风险控制意识，公司一个“全员参与、内控先行”、“风险控制、人人有责”企业文化正逐步形成。

4.4.2 内部控制措施

公司董事会下设风险管理委员会、信托委员会、薪酬管理委员会、战略委员会、审计委员会。各委员会职责清晰、分工明确，协助董事会开展公司各项工作。公司引入独立董事制度，并由独立董事出任信托委员会、薪酬管理委员会和审计委员会主任委员，以控制公司重大业务的经营风险，实现公司的稳健持续发展。

公司层面设置了信托业务论证委员会和固有业务论证委员会，建立了有效的业务咨询系统。业务部门在开办业务时首先要经过详细的可行性分析，经风险控制部进行项目预审，再提交专业论证委员会进行审议表决。公司审计稽核部负责内审工作，遵循内部审计准则和稽核工作规范，独立、客观地履行职能。公司《授权管理办法》对经营班子业务权限作出了明确规定，超过其范围的须经董事会审议通过后方可实施。

公司设立了业务风险控制委员会，人员由公司总经理、主管风控合规的副总经理、稽核总监等组成，通过定期对业务项目风险跟踪、分析，对项目运行过程中的风险情况进行认真评估，排查业务项目风险隐患，建立了风险预警机制。

公司固有财产和信托财产设立独立的部门分别管理，各部门和岗位，职权分明，职能独立。公司不断地完善制度体系，将内部综合管理、业务管理、财务管理三大类制度正进行梳理与汇总，力求公司管理活动都做到了照章办事，有据可依。

4.4.3 信息交流与反馈

公司建立了良好的信息交流与沟通制度，通过公司内网、每周例会、每月工作会与各方达到了顺畅的信息互动。

公司依照规定的程序，及时、完整、准确的向监管部门报备有关材料，向社会公众披露相关信息，并积极整合反馈信息，将其有效的运用于公司的经营管理中。公司还邀请监管机构代表列席董事会、股东会会议，就有关问题进行交流、探讨。公司能够严格执行向委托人（受益人）披露信托事务处理信息的有关制度，依据有关文件约定能及时召开委托人（受益人）会议，确保相关当事人的知情权。对于监管机构和委托人（受益人）提出的问题或建议，公司均能给予及时、详细的信息反馈。

4.4.4 监督评价与纠正

公司建立了内部控制评价、监督、纠正机制。公司审计稽核部作为公司独立的专职监督部门，以防范风险、纠正违规、加强内控为工作目标，对公司的内部控制、操作风险及合规管理进行独立监督和评价，及时发现内部控制缺陷或项目操作风险，提出改进建议并敦促改进，促进公司的稳健发展。法律合规部负责对公司的法律工作进行统一的规划、指导、监督、检查及评价，确保业务合法合规。

本报告期内，公司审计稽核部按照《企业内部控制基本规范》的有关规定，对公司目前的内部控制制度及其执行情况进行了全面深入的自我评价，对公司治理、内部控制、项目管理、风险控制与合规管理等多个方面开展了审计工作，并提出了有关审计管理建议39条。报告期内审计稽核部两次对审计工作中发现的问题进行整改检查，使有关问题及时得到解决。

4.5 风险管理

4.5.1 风险管理概况

4.5.1.1 公司经营活动中可能遇到的风险

主要有：信用风险、市场风险、操作风险、政策风险、道德风险、合规风险、流动性风险。

4.5.1.2 公司风险管理的基本原则

风险管理贯彻全面性、审慎性、及时性、有效性、独立性的原则，覆盖公司各项业务、各个部门和各级人员，并渗透到决策、执行、监督、反馈等各个环节，对风险进行事前防范、事中控制、事后监督，促进公司持续、稳健、规范、健康运行。

4.5.1.3 公司风险管理组织结构与职责划分

风险管理委员会：公司董事会下设专门的风险管理委员会，负责对公司风险控制、管理的监督和评估。

总经理办公会：公司总经理办公会为日常经营决策机构，负责对贷款、投资、担保等业务进行审查和决策。总经理办公会下设信托业务和固有业务两个专业委员会。专业委员会是非常设的分析论证咨询机构，按照职责分别审议各自业务事项，向公司提供决策意见和建议。

业务风险控制委员会：向公司董事会风险管理委员会负责，承担公司日常经营过程中业务风险的排查、监测、预警以及应急处置方案等工作。

风险控制部：负责全面风险管理工作；负责业务评审和风险评估；负责存续期间项目的风险监测工作，督促落实风险应急预案；负责业务制度、流程的建设与完善等工作。

法律合规部：负责法律事务和合规管理工作：主要包括合同审核、各项规章制度的法律审核以及其他法律事务；项目成立前以及项目运行过程中的合规性管理等工作。

计划财务部：负责会计核算和财务管理，对公司财务状况及经营情况进行分析。

审计稽核部：负责对公司的内控制度和各项业务活动进行审计、监督和评价。

公司固有业务与信托业务分离，在资金、账户、人员以及财务核算等方面严格分开，由公司不同的高管人员分管。部门与岗位设置相互独立、职责明确，建立横向与纵向相互监督的制约机制。固有业务部门与信托业务部门分别设置，投资决策机构与投资操作部门分离。信托业务中，各个信托项目的信托财产分别管理、分别记账，针对信托发行、资金划拨、信托财产管理、监督检查等各项工作设置不同的部门。

4.5.2 风险状况

4.5.2.1 信用风险状况

信用风险，又称违约风险，是指交易对手不能履行合约义务而带来的风险。对公司而言，它指的是信托当事人各自承担的对他方的责任全部或部分不能按时履行的风险。信用风险是公司面临的主要风险，主要表现为公司融资业务中融资方、担保方的信用风险；资金往来银行的信用风险；证券投资开户券商的信用风险等。

公司制定了具体的业务管理制度和流程，所有业务均严格按照事前、事中、事后的风险管理原则进行管理。公司抵（质）押品确认的主要原则是：抵（质）押品价值由公司根据其变现能力参照评估机构的评估价值，与抵押人共同商定并在合同中载明；在抵（质）押期间，如果抵（质）押品发生损毁、灭失的，抵（质）押人应及时告知公司并提供其他形式的足额担保。原则上抵（质）押品与贷款本金之比不高于50%。

公司采用“备抵法”计提一般准备，据实计提专项准备。公司贷款资产减值准备计提标准为：正常类，计提比例0%；关注类，计提比例2%；次级类，计提比例25%；可疑类，计提比例50%；损失类，计提比例100%。报告期内，公司不良资产期初数为5 128万元，期末数为4 048万元，已足额计提资产减值准备。

4.5.2.2 市场风险状况

市场风险是指公司在业务经营中所不可避免的因市场参数的波动而产生的风险。公司面临的市场风险主要是市场供求风险、股价波动风险、利率风险、汇率风险及同业竞争形成的风险和购买力风险。具体在信托业务中，如果股价波动、市场利率发生了与预期方向相反的变化，就会给相关业务带来不利影响，从而使公司净收益减少，降低投资效益。报告期内，公司密切关注各类市场风险，加强行业分析及研究，未发生因市场风险造成的损失。

4.5.2.3 操作风险状况

操作风险是指公司内部业务流程、计算机系统、工作人员在操作中未按合同约定执行而产生的失误，可能给公司造成损失的风险，也指公司外部因素例如通讯系统故障等可能给公司造成损失或影响公司正常运行的风险。报告期内，公司未发生因操作风险造成的损失。

4.5.2.4 其他风险状况

其他风险主要是指公司业务开展中的政策风险、合规风险、流动性风险、道德风险、声誉风险等。政策风险主要表现为宏观政策以及行业政策的变动对公司经营环境和发展所造成的影响。合规风险是指公司因没有遵循法律、法规和规章可能遭受法律制裁、监管处罚、重大财务损失和声誉损失的风险。流动性风险是指信托业务在运行中，企业因种种原因造成了现金流量不足，从而有可能影响项目正常兑付的风险。道德风险指公司内部人员不诚信经营、不恪尽职守的风险。报告期内，公司未发生因其他风险所造成的损失。

4.5.3 风险管理

4.5.3.1 信用风险管理

为有效防控信用风险，公司一是严格按照业务流程、制度规定和相应程序开展各项业务，确保决策者充分了解业务涉及的信用风险；二是通过对交易对手进行全面、深入的信用调查与分析，形成客观、详实的尽职调查报告，向决策机构充分揭示业务涉及的信用风险；三是严格落实担保等措施，客观、公正地评估抵押物；四是通过项目实施过程中的业务跟踪及定期的资产五级分类进行风险事中控制；五是强化业务部门的后期尽职管理职能，形成翔实的项目后期尽职管理情况报告，定期向公司经营管理层等报告，并积极推进项目期间风险管理体系的完善，形成到期前六个月兑付风险的排查和管理制度；六是公司通过提取信托赔偿准备金和计提一般准备、据实计提专项准备来提高抵御风险的能力。

4.5.3.2 市场风险管理

公司针对不同的业务品种如基础设施类资金信托、房地产资金信托、证券投资信托等的市场风险状况和特点，采取了积极的应对措施。一是注重研究和防范系统性风险，形成了定期行业分析和研究制度，加强对国内外经济金融形势的分析和把握，注意跟踪宏观经济变化，特别是消费物价指数的变动，预测相关行业发展趋势，加强对市场风险的分析、识别，增强预见性，并防范利率风险；二是通过业务种类、产品结构的多元化提高公司抵御市场风险的整体能力 自主的或会同交易对手共同把握和规避市场风险；三是通过时机选择、个股选择来寻找投资机会，妥善管理和控制股市波动带来的风险；四是控制行业集中度，关注政策导向研究，回避限制行业；五是定期不定期地对项目进展情况进行检查评估，以灵活多样的方式确保资金按期回笼；六是聘请一些专业的机构参与项目的调查与评估，吸收专家意见防控风险。

4.5.3.3　操作风险管理

为防止操作风险的发生，公司一是设定合理的决策权限、审批流程，建立严格的决策信息采集、传递程序，使决策人能够充分掌握基础决策信息；二是完善各项业务流程和操作规程，实行统一的业务标准和操作要求；三是不断完善公司的内控制度，建立职责分离、横向与纵向相互监督制约的机制；四是更新和完善信息化系统；五是加强员工培训，提高员工技能，通过技术手段对操作权限和内容进行程序设定、实行操作失误处罚、制订应急预案等措施减少人为操作失误。

4.5.3.4　其他风险管理

为防范其他风险，公司一是通过对宏观政策和行业政策的跟踪、研究，提高预见性和前瞻性，控制政策风险；二是通过建立完善的公司治理结构、内控制度、业务流程，加强思想教育，调查交易对手的诚信记录，控制道德风险；三是加强项目风险排查，及时发现风险隐患，并予以及时纠正，突出项目现金流量管理，加强对流动性风险的防范；四是加强合规风险管理制度和体系的建设，制定合规政策，重视合规文化建设，提倡全员合规、合规从高层做起的管理理念树立"风险管理是公司经营的立足之本"这一风险管理的核心价值观念。

5. 报告期末及上一年度末的比较式会计报表

5.1　自营资产

5.1.1　会计师事务所审计结论

希格玛会计师事务所（特殊普通合伙）

Xigema Cpas（Special General Partnership）

希会审字（2014）0175 号

审 计 报 告

希会审字〔2014〕0175 号

西部信托有限公司：

我们审计了后附的西部信托有限公司（以下简称贵公司）财务报表，包括 2013 年 12 月 31 日的资产负债表，2013 年度的利润表、现金流量表和所有者权益变动表以及财务报表附注。

一、管理层对财务报表的责任

编制和公允列报财务报表是贵公司管理层的责任，这种责任包括：（1）按照企业会计准则的规定编制财务报表，并使其实现公允反映；（2）设计、执行和维护必要的内部控制，以使财务报表不存在由于舞弊或错误导致的重大错报。

二、注册会计师的责任

我们的责任是在执行审计工作的基础上对财务报表发表审计意见。我们按照中国注册会计师审计准则的规定执行了审计工作。中国注册会计师审计准则要求我们遵守中国住册会计师职业道德守则，计划和执行审计工作以对财务报表是否不存在重大错报获取合理保证。

审计工作涉及实施审计程序，以获取有关财务报表金额和披露的审计证据。选择的审计程序取决于注册会计师的判断，包括对由于舞弊或错误导致的财务报表重大错报风险的评估。在进行风险评估时，注册会计师考虑与财务报表编制和公允列报相关的内部控制，以设计恰当的审计程序，但目的并非对内部控制的有效性发表意见。审计工作还包括评价管理层选用会计政策的恰当性和作出会计估计的合理性，以及评价财务报表的总体列报。

我们相信，我们获取的审计证据是充分、适当的，为发表审计意见提供了基础。

三、审计意见

我们认为，贵公司财务报表在所有重大方面按照企业会计准则的规定编制，公允反映了贵公司 2013 年 12 月 31 日的财务状况以及 2013 年度的经营成果和现金流量。

希格玛会计师事务所（特殊普通合伙）

中国·西安市

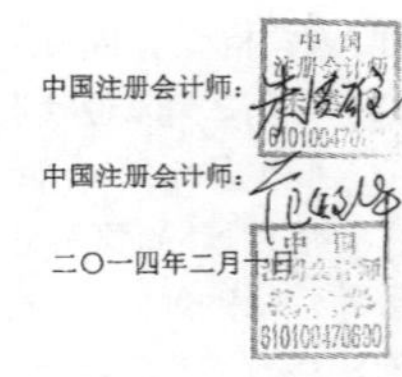

中国注册会计师：

中国注册会计师：

二〇一四年二月十日

5.1.2　资产负债表

资产负债表（自有业务）

编制单位：西部信托有限公司　　2013 年 12 月 31 日　　单位：万元

资　产	期末余额	年初余额	负债和所有者权益	期末余额	年初余额
资产：			负债：		
现金	2.08	5.95	短期借款		
银行存款	21 439.08	29 800.71	拆入资金		
结算备付金	3.06	7.42	交易性金融负债		
拆出资金			衍生金融负债		
交易性金融资产			卖出回购金融资产款		
衍生金融资产			应付职工薪酬	7 426.39	4 403.77
买入返售金融资产			应交税费	3 531.85	1 882.88
应收利息			应付利息		
应收款项	187.44	185.04	应付账款		174.19
发放贷款和垫款	10 000.00	18 000.00	其他应付款	1 753.54	2 417.98

续表

资　　产	期末余额	年初余额	负债和所有者权益	期末余额	年初余额
其他流动资产	19 000.00		应付股利	131.98	1 190.84
流动资产合计	50 631.66	47 999.12	其他流动负债		12.63
可供出售金融资产	68 314.40	53 256.06	流动负债合计	12 843.76	10 082.29
持有至到期投资	24 000.00	19 256.00	长期借款		
长期股权投资	32 753.85	32 753.85	应付债券		
投资性房地产			预计负债		
固定资产	2 641.34	2 752.83	递延所得税负债	15 141.28	11 966.74
无形资产	8.03	40.14	其他非流动负债		
商誉			非流动负债合计	15 141.28	11 966.74
递延所得税资产	405.1	675.13	负债合计:	27 985.04	22 049.03
长期待摊费用			所有者权益:		
其他非流动资产			实收资本	62 000.00	62 000.00
非流动资产合计	128 122.72	108 734.01	资本公积	45 423.86	35 900.22
			盈余公积	9 465.23	7 569.07
			信托赔偿准备	4 732.61	3 784.53
			一般准备	2 635.47	2 298.89
			未分配利润	26 512.17	23 131.39
			所有者权益合计:	150 769.34	134 684.10
资产总计:	178 754.38	156 733.13	负债及所有者权益总计	178 754.38	156 733.13

公司负责人:徐朝晖　　主管财务总经理:刘　洁　　财务经理:甄　明　　制表:甄　明

5.1.3　利润表

利润表(自有业务)

编制单位:西部信托有限公司　　2013 年　　单位:万元

项目	本年累计数	上年累计数
一、营业收入	36 884.03	30 405.29
利息收入	4 207.20	2 842.61
其中:贷款利息收入	2 872.07	1 956.26
同业存放利息收入	1 311.49	838.00
手续费及佣金收入	27 553.26	15 809.10
投资收益	5 119.67	11 330.02
其中:股权投资收入	2 567.02	8 727.79
证券销售差价收入	48.63	-294.32
公允价值变动收益		
汇兑收益		
其他业务收入	3.90	423.56
二、营业支出	11 768.96	9 208.70
利息支出	0.60	1.55
手续费及佣金支出	6.96	3.91
营业税金及附加	1 848.31	1 177.79
业务及管理费	10 993.20	8 025.45
资产减值损失	-1 080.11	
其他业务成本		
三、营业利润	25 115.07	21 196.59
加:营业外收入	194.93	1.03
减:营业外支出	23.97	5.00
四、利润总额	25 286.03	21 192.62
减:所得税费用	6 324.43	3 297.36
五、净利润	18 961.60	17 895.26
六、每股收益		
(一)基本每股收益	0.31	0.29
(二)稀释每股收益	0.31	0.29
七、其他综合收益	9 523.64	166.80
八、综合收益总额	28 485.24	18 062.06

公司负责人:徐朝晖　　主管财务总经理:刘　洁　　财务经理:甄　明　　制表:甄　明

5.1.4 所有者权益变动表

所有者权益变动表

编制单位:西部信托有限公司　　2013 年度　　单位:万元

项　目	行次	上年金额										
		归属于母公司所有者权益									少数股东权益	所有者权益合计
		实收资本(或股本)	资本公积	减:库存股	专项储备	盈余公积	一般风险准备	未分配利润	其他	小计		
栏次	—	12	13	14	15	16	17	18	19	20	21	22
一、上年年末余额	1	62 000.00	35 733.42	—	—	5 779.54	2 889.77	14 189.48	—	120 592.21	—	120 592.21
加:会计政策变更	2	—	—	—	—	—	—	—	—	—	—	—
前期差错更正	3	—	—	—	—	—	—	—	—	—	—	—
二、本年年初余额	4	62 000.00	35 733.42	—	—	5 779.54	2 889.77	14 189.48	—	120 592.21	—	120 592.21
三、本年增减变动金额(减少以"－"号填列)	5	—	166.80	—	—	1 789.53	3 193.65	8 941.91	—	14 091.89	—	14 091.89
(一)净利润	6	—	—	—	—	—	—	17 895.26	—	17 895.26	—	17 895.26
(二)其他综合收益	7	—	166.80	—	—	—	—	—	—	166.80	—	166.80
综合收益小计	8	—	166.80	—	—	—	—	17 895.26	—	18 062.06	—	18 062.06
(三)所有者投入和减少资本	9	—	—	—	—	—	—	—	—	—	—	—
1. 所有者投入资本	10	—	—	—	—	—	—	—	—	—	—	—
2. 股份支付计入所有者权益的金额	11	—	—	—	—	—	—	—	—	—	—	—
3. 其他	12	—	—	—	—	—	—	—	—	—	—	—
(四)专项储备提取和使用	13	—	—	—	—	—	—	—	—	—	—	—
1. 提取专项储备	14	—	—	—	—	—	—	—	—	—	—	—
2. 使用专项储备	15	—	—	—	—	—	—	—	—	—	—	—
(五)利润分配	16	—	—	—	—	1 789.53	3 193.65	-8 953.35	—	-3 970.17	—	-3 970.17
1. 提取盈余公积	17	—	—	—	—	1 789.53	—	-1 789.53	—	—	—	—
其中:法定公积金	18	—	—	—	—	1 789.53	—	-1 789.53	—	—	—	—
任意公积金	19	—	—	—	—	—	—	—	—	—	—	—
#储备基金	20	—	—	—	—	—	—	—	—	—	—	—
#企业发展基金	21	—	—	—	—	—	—	—	—	—	—	—
#利润归还投资	22	—	—	—	—	—	—	—	—	—	—	—
2. 提取一般风险准备	23	—	—	—	—	—	2 684.29	-2 684.29	—	—	—	—
3. 对所有者(或股东)的分配	24	—	—	—	—	—	—	-4 340.00	—	-4 340.00	—	-4 340.00
4. 其他	25	—	—	—	—	—	509.36	-139.53	—	369.83	—	369.83
(六)所有者权益内部结转	26	—	—	—	—	—	—	—	—	—	—	—
1. 资本公积转增资本(或股本)	27	—	—	—	—	—	—	—	—	—	—	—
2. 盈余公积转增资本(或股本)	28	—	—	—	—	—	—	—	—	—	—	—
3. 盈余公积弥补亏损	29	—	—	—	—	—	—	—	—	—	—	—
4. 其他	30	—	—	—	—	—	—	—	—	—	—	—
四、本年年末余额	31	62 000.00	35 900.22	—	—	7 569.07	6 083.42	23 131.39	—	134 684.10	—	134 684.10

单位负责人:徐朝晖　　主管财务总经理:刘　洁　　财力经理:甄　明　　制表:甄　明

所有者权益变动表

编制单位:西部信托有限公司　　2013 年度　　单位:万元

项　目	行次	本年金额										
		归属于母公司所有者权益									少数股东权益	所有者权益合计
		实收资本(或股本)	资本公积	减:库存股	专项储备	盈余公积	一般风险准备	未分配利润	其他	小计		
栏次	—	1	2	3	4	5	6	7	8	9	10	11
一、上年年末余额	1	62 000.00	35 900.22	—	—	7 569.07	6 083.42	23 131.39	—	134 584.10	—	134 684.10
加:会计政策变更	2	—	—	—	—	—	—	—	—	—	—	—
前期差错更正	3	—	—	—	—	—	—	—	—	—	—	—
二、本年年初余额	4	62 000.00	35 900.22	—	—	7 569.07	6 083.42	23 131.39	—	134 584.10	—	134 684.10
三、本年增减变动金额(减少以"-"号填列)	5	—	9 523.64	—	—	1 896.16	1 284.66	3 380.78	—	16 085.24	—	16 085.24
(一)净利润	6	—	—	—	—	—	—	18 961.60	—	18 962.60	—	18 961.60
(二)其他综合收益	7	—	9 523.64	—	—	—	—	—	—	9 523.64	—	9 523.64
综合收益小计	8	—	9 523.64	—	—	—	—	18 961.60	—	28 485.24	—	28 485.24
(三)所有者投入和减少资本	9	—	—	—	—	—	—	—	—	—	—	—
1. 所有者投入资本	10	—	—	—	—	—	—	—	—	—	—	—
2. 股份支付计入所有者权益的金额	11	—	—	—	—	—	—	—	—	—	—	—
3. 其他	12	—	—	—	—	—	—	—	—	—	—	—
(四)专项储备提取和使用	13	—	—	—	—	—	—	—	—	—	—	—
1. 提取专项储备	14	—	—	—	—	—	—	—	—	—	—	—
2. 使用专项储备	15	—	—	—	—	—	—	—	—	—	—	—
(五)利润分配	16	—	—	—	—	1 896.16	1 284.66	-15 580.82	—	-12 400.00	—	-12 400.00
1. 提取盈余公积	17	—	—	—	—	1 896.16	—	-1 896.16	—	—	—	—
其中:注定公积金	18	—	—	—	—	1 896.16	—	-1 896.16	—	—	—	—
任意公积金	19	—	—	—	—	—	—	—	—	—	—	—
#储备基金	20	—	—	—	—	—	—	—	—	—	—	—
#企业发展基金	21	—	—	—	—	—	—	—	—	—	—	—
#利润归还投资	22	—	—	—	—	—	—	—	—	—	—	—
2. 提取一般风险准备	23	—	—	—	—	—	1 284.66	-1 284.66	—	—	—	—
3. 对所有者(或股东)的分配	24	—	—	—	—	—	—	-12 400.00	—	-12 400.00	—	-12 400.00
4. 其他	25	—	—	—	—	—	—	—	—	—	—	—
(六)所有者权益内部结转	26	—	—	—	—	—	—	—	—	—	—	—
1. 资本公积转增资本(或股本)	27	—	—	—	—	—	—	—	—	—	—	—
2. 盈余公积转增资本(或股本)	28	—	—	—	—	—	—	—	—	—	—	—
3. 盈余公积弥补亏损	29	—	—	—	—	—	—	—	—	—	—	—
4. 其他	30	—	—	—	—	—	—	—	—	—	—	—
四、本年年末余额	31	62 000.00	45 423.86	—	—	9 465.23	7 368.07	26 512.17	—	150 769.34	—	150 769.34

单位负责人:徐朝晖　　主管财务总经理:刘　洁　　财力经理:甄　明　　制表:甄　明

5.2 信托资产

5.2.1 信托项目资产负债汇总表

信托项目资产负债表

编制单位:西部信托有限公司　　2013 年 12 月 31 日　　单位:万元

资产	期末余额	期初余额	负债和权益	期末余额	期初余额
资产:			负债:		
货币资金	102 196.21	71 208.29	交易性金融负债		
拆出资金			衍生金融负债		
结算备付金	31 294.37	4 547.86	应付账款	29 011.56	1 728.51
交易性金融资产	106 611.36	24 501.73	卖出回购金融资产		
衍生金融资产			应付赎回款		
买入返售金融资产			应付受托人报酬	8.09	
应收账款	0.50	0.50	应付受益人收益	2 621.69	67.81
应收利息			应付托管费		
应收股利			应付销售服务费		
应收票据			应交税费		
应收申购款			应付利息		
其他应收款			其他应付款		
存出保证金			其他负债		
发放贷款	2 847 847.60	1 441 376.60	负债合计	31 641.34	1 796.32
长期应收款					
可供出售金融资产					
持有至到期投资	300 247.23	63 206.23			
长期股权投资	1 649 424.63	1 509 520.25	权益:		
投资性房地产			实收信托	5 013 032.28	3 064 313.45
融资租赁资产			资本公积		
固定资产			未分配利润	69 071.28	49 374.69
固定资产清理			权益合计	5 082 103.56	3 113 688.14
无形资产					
长期待摊费用					
其他资产	76 123.00	1 123.00			
资产总计	5 113 744.90	3 115 484.46	负债和权益总计	5 113 744.90	3 115 484.46

5.2.2 信托项目利润及利润分配汇总表

信托项目利润表

编制单位:西部信托有限公司　　2013 年　　单位:万元

项　目	本年累计数	上年累计数
一、收入	432 479.82	230 920.24
利息收入	186 042.18	104 318.01
投资收益(损失以"－"号填列)	247 049.24	127 442.90
其中:对联营企业和合营企业的投资收益		
公允价值变动收益(损失以"－"号填列)	－1 298.73	－1 554.81
租赁收入		
汇兑损益(损失以"－"号填列)		
其他收入	687.13	714.14
二、支出	59 354.10	36 532.96
营业税金及附加		
受托人报酬	27 506.78	15 809.10
托管费	5 270.52	3 390.31
投资管理费	9 844.70	7 699.11
销售服务费	2 107.50	4 224.14
交易费用	2 065.05	17.07
利息支出		
资产减值损失		
其他费用	12 559.55	5 393.23
三、信托净利润(净亏损以"－"号填列)	373 125.72	194 387.28
四、其他综合收益		
五、综合收益	373 125.72	194 387.28
加:期初未分配信托利润	56 793.71	27 166.93
六、可供分配的信托利润	429 919.43	221 554.21
减:本期已分配信托利润	360 848.15	172 179.52
七、期末未分配信托利润	69 071.28	49 374.69

6. 会计报表附注

6.1 简要说明报告年度会计报表编制基准、会计政策、会计估计和核算方法发生的变化

根据财政部《金融企业准备金计提管理办法》(财金[2012]20 号)和《西部信托有限公司准备金计提管理办法》等

相关规定执行,本年对提取资产准备政策有所调整 提取的资产准备金包括资产减值准备和一般准备。

公司在资产负债表日对各项资产进行检查,分析判断资产是否发生减值,并按照中国银监会关于资产五级分类管理的相关规定进行资产分类,并计提资产减值准备。资产减值准备在税前列示 作为资产的备减项。

公司应当于每年年度终了对承担风险和损失的资产计提一般准备。公司选用标准法对风险资产所面临的风险状况定量分析,确定潜在的风险估计值,当潜在风险估计值高于资产减值准备,差额部分计提一般准备;当潜在风险估计值低于资产减值准备,不计提一般准备。一般准备原则上不得低于风险资产期末余额的 1.5%。提取一般准备是利润分配的一部分,在所有者权益列示。

除以上因法规要求变更外,2013 年度本公司会计报表编制基准、会计政策、会计估计和核算方法与上年一致,无变化。

6.2 或有事项说明

本公司无对外担保事项。截至 2013 年 12 月 31 日,未发生其他影响本年度会计报表阅读和理解的重大或有事项。

6.3 重要资产转让及其出售的说明

无。

6.4 会计报表中重要项目的明细资料

6.4.1 披露自营资产经营情况

6.4.1.1 按信用风险五级分类结果披露信用风险资产的期初数、期末数

信用风险资产五级分类	正常类(万元)	关注类(万元)	次级类(万元)	可疑类(万元)	损失类(万元)	信用风险资产合计(万元)	不良资产合计(万元)	不良资产率(%)
期初数	149 450.94				5 128.32	154 579.26	5 128.32	3.31
期末数	173 255.69				4 048.20	177 303.89	4 048.20	2.28

注:不良资产合计=次级类+可疑类+损失类。

6.4.1.2 各项资产减值损失准备的期初、本期计提、本期转回、本期核销、期末数

单位:万元

	期初数	本期计提	本期转回	本期核销	期末数
贷款损失准备	4 656.18				3 576.07
一般准备					
专项准备	4 656.18		1 080.11		3 576.07
其他资产减值准备	472.13				472.13
可供出售金融资产减值准备					
持有至到期投资减值准备					
长期股权投资减值准备	322.20				322.20
坏账准备	149.93				149.93
投资性房地产减值准					

6.4.1.3 自营股票投资、基金投资、债券投资、股权投资等投资业务的期初数、期末数

单位:万元

	自营股票	基金	债券	长期股权投资	其他投资	合计
期初数	53 256.05			33 076.05		86 332.10
期末数	68 314.40			33 076.05		101 390.45

6.4.1.4 按投资入股金额排序,前三名的自营长期股权投资的企业名称、占被投资企业权益的比例及投资收益情况等(依大小顺序排列)

企业名称	占被投资企业权益的比例(%)	投资收益(万元)
1. 西部证券股份有限公司	12.5	1 050.00
2. 长安银行股份有限公司	4.38	263.02
3 陕西精密合金股份公司	0.69	0

注:投资损益是指按照《企业会计准则》有关规定,核算股权投资确认损益并计入披露年度利润表的金额。

6.4.1.5 前三名的自营贷款的企业名称、占贷款总额的比例和还款情况等(依大小顺序排列)

企业名称	占贷款总额的比例(%)	还款情况
1. 宝鸡市陈仓房地产开发有限公司	36.83	正常
2. 西安兴正元实业投资集团有限公司	36.83	正常
3. 广州天龙大酒店	17.10	逾期

6.4.1.6 表外业务的期初数、期末数,按照代理业务、担保业务和其他类型表外业务分别披露

单位:万元

表外业务	期初数	期末数
担保业务	0	0
代理业务(委托业务)	22 383.00	22 318.00
其他	0	0
合计	22 383.00	22 318.00

注:代理业务主要反映因客观原因应规范而尚未完成规范的历史遗留委托业务,包括委托贷款和委托投资。

6.4.1.7 公司当年的收入结构(母公司口径和并表口径同时披露)

收入结构	金额(万元)	占比(%)
手续费及佣金收入	27 553.26	74.31
其中:信托手续费收入	27 553.26	74.31
投资银行业务收入		
利息收入	4 207.20	11.35
其他业务收入	3.90	0.01
其中:计入信托业务收入部分		
投资收益	5 119.67	13.81
其中:股权投资收益	2 567.02	6.92
证券投资收益	48.63	0.13
其他投资收益	2 504.02	6.76
公允价值变动收益		
营业外收入	194.93	0.52
收入合计	37 078.96	100.00

注:手续费及佣金收入、利息收入、其他业务收入、投资收益、营业外收入均应为损益表中的科目,其中手续费及佣金收入、利息收入、营业外收入为未抵减掉相应支出的全年累计实现收入数。

6.4.2 **拔露信托财产管理情况**

6.4.2.1 信托资产的期初数、期末数

单位：万元

信托资产	期初数	期末数
集合	872 475.89	898 909.26
单一	2 241 882.53	4 213 711.54
财产权	1 126.04	1 124.10
合计	3 115 484.46	5 113 744.90

6.4.2.1.1 主动管理型信托业务的信托资产期初数、期末数，分证券投资、股权投资、融资、事务管理类分别披露

单位：万元

主动管理型信托资产	期初数	期末数
证券投资类	29 206.97	191 170.38
股权投资类	349 202.71	853 909.43
融资类	2 481 250.20	3 186 356.70
事务管理类	20 364.58	96 208.39
合计	2 880 024.46	4 327 644.90

6.4.2.1.2 被动管理型信托业务的信托资产期初数、期末数，分证券投资、股权投资、融资、事务管理类分别披露

单位：万元

被动管理型信托资产	期初数	期末数
证券投资类	0	0
股权投资类	0	100 000.00
融资类	235 460.00	686 100.00
事务管理类	0	0
合计	235 460.00	786 100.00

6.4.2.2 本年度已清算结束的信托项目个数、实收信托合计金额、加权平均实际年化收益率

6.4.2.2.1 本年度已清算结束的集合类、单一类资金信托项目和财产管理类信托项目个数、实收信托金额、加权平均实际年化收益率

已清算结束信托项目	项目个数	实收信托合计金额（万元）	加权平均实际年化收益率（%）
集合类	23	351 500.35	12.95
单一类	23	750 538.00	7.74
财产管理类	0	0	0

注：收益率是指信托项目清算后，给受益人赚取的实际收益水平。加权平均实际年化收益率＝（信托项目1的实际年化收益率×信托项目1的实收信托＋信托项目2的实际年化收益率×信托项目2的实收信托＋…＋信托项目n的实际年化收益率×信托项目n的实收信托）/（信托项目1的实收信托＋信托项目2的实收信托＋…＋信托项目n的实收信托）×100%。

6.4.2.2.2 本年度已清算结束的主动管理型信托项目个数、实收信托合计金额、加权平均实际年化收益率，分证券投资、股权投资、融资、事务管理类分别计算并披露

已清算结束信托项目	项目个数	实收信托合计金额（万元）	加权平均实际年化信托报酬率（%）	加权平均实际年化收益率（%）
证券投资类	0	0	0	0
股权投资类	13	515 921.35	1.42	10.93
融资类	31	550 657.00	1.3	8.15
事务管理类	0	0.00	0.00	0.00

注：加权平均实际年化信托报酬率＝（信托项目1的实际年化信托报酬率×信托项目1的实收信托＋信托项目2的实际年化信托报酬率×信托项目2的实收信托＋…＋信托项目n的实际年化信托报酬率×信托项目n的实收信托）/（信托项目1的实收信托＋信托项目2的实收信托＋…＋信托项目n的实收信托）×100%。

6.4.2.2.3 本年度已清算结束的被动管理型信托项目个数、实收信托合计金额、加权平均实际年化收益率，分证券投资、股权投资、融资、事务管理类分别计算并披露

已清算结束信托项目	项目个数	实收信托合计金额（万元）	加权平均实际年化信托报酬率（%）	加权平均实际年化收益率（%）
证券投资类	0	0.00	0.00	0.00
股权投资类	0	0.00	0.00	0.00
融资类	2	35460.00	0.21	6.48
事务管理类	0	0.00	0.00	0.00

6.4.2.3 本年度新增集合类、单一类、财产管理类信托项目个数、实收信托合计金额

新增信托项目	项目个数	实收信托合计金额（万元）
集合类	18	435 098.00
单一类	84	2 767 090.00
财产管理类	0	0
新增合计	102	3 202 188.00
其中：主动管理型	85	2 616 088.00
被动管理型	17	586 100.00

注：本年新增信托项目指在本报告年度内累计新增的信托项目个数和金额。包含本年度新增并于本年度内结束的项目和本年度新增至报告期末仍在持续管理的信托项目。

6.4.2.4 信托业务创新成果和特色业务有关情况

无。

6.4.2.5 本公司履行受托人义务情况及因公司自身责任而导致的信托资产损失情况（合计金额、原因等）。

本年度，公司尽职履行受托人职责 没有发生因公司自身责任而导致的信托资产损失的情况。

6.5 关联方关系及其交易的披露

6.5.1 关联交易方的数量、关联交易的总金额及关联交易的定价政策等

	关联交易方数量	关联交易金额（万元）	定价政策
合计	2	265.67	按市场公允价格定价

注：关联交易定义应以《公司法》和《企业会计准则第36号——关联方披露》有关规定为准。

6.5.2 关联交易方与本公司的关系性质、关联交易方的名称、法人代表、注册地址、注册资本及主营业务等

关系性质	关联方名称	法定代表人	注册地址	注册资本	主营业务
股东	重庆中侨置业有限公司	孙飚	重庆渝北区加州花园	1 000万元	金属材料、矿产品、汽车配件、仪器仪表的经销。
股东	陕西省投资（集团）有限公司	梁平	西安市东新街232号陕西信托大厦11～13楼	30亿元	对全省性重点产业领域和重大发展项目进行投资开发和经营。

6.5.3 本公司与关联方的重大交易事项

6.5.3.1 固有与关联方交易情况：贷款、投资、租赁、应收账款担保、其他方式等期初汇总数、本期借方和贷方发生额汇

总数、期末汇总数

单位:万元

固有与关联方关联交易				
	期初数	借方发生额	贷方发生额	期末数
贷款	1 133.97	0	1 080.11	53.86
投资	0	0	0	0
租赁	0	265.67	265.67	0
担保	0	0	0	0
应收账款	0	0	0	0
其他	0	0	0	0
合计	1 133.97	265.67	1 345.78	53.86

6.5.3.2 信托与关联方交易情况:贷款、投资、租赁、应收账款、担保、其他方式等期初汇总数、本期借方和贷方发生额汇总数、期末汇总数

单位:万元

信托与关联方关联交易				
	期初数	借方发生额	贷方发生额	期末数
贷款	207 600.00			207 600.00
投资	0.00			0.00
租赁	0			0
担保	0			0
应收账款	0			0
其他	0			0
合计	207 600.00			207 600.00

6.5.3.3 信托公司自有资金运用于自己管理的信托项目(固信交易)、信托公司管理的信托项目之间的相互(信信交易)交易金额,包括余额和本报告年度的发生额

6.5.3.3.1 固有与信托财产之间的交易金额期初汇总数、本期发生额汇总数、期末汇总数

单位:万元

固有财产与信托财产相互交易			
	期初数	本期发生额	期末数
合计	19 256.00	-5 356.00	13 900.00

注:以固有资金投资公司自己管理的信托项目受益权,或购买自己管理的信托项目的信托资产均应纳入统计披露范围。

6.5.3.3.2 信托项目之间的交易金额期初汇总数、本期发生额汇总数、期末汇总数

单位:万元

信托资产与信托财产相互交易			
	期初数	本期发生额	期末数
合计	0	0	0

注:以公司受托管理的一个信托项目的资金购买自己管理的另一个信托项目的受益权或信托项下资产均应纳入统计披露范围。

6.5.4 逐笔披露关联方逾期未偿还本公司资金的详细情况以及本公司为关联方担保发生或即将发生垫款的详细情况

无。

6.6 会计制度的披露

6.6.1 固有业务自2008年1月1日起执行财政部2006年2月15日颁布的《企业会计准则——基本准则》及其后续规定。

6.6.2 信托业务2009年执行财政部《信托业务会计核算办法》(财会[2005]1号)及相关规定;自2010年1月1日起执行《企业会计准则——基本准则》及其后续规定。

7. 财务情况说明书

7.1 利润实现和分配情况

7.1.1 分配利润

本年净利润在提取法定公积金和信托赔偿准备金后,留存金额为15 780.78万元。公司以前年度留存的未分配利润10 731.39万元。

2013年度可供分配利润包括以上两部分,合计26 512.17万元。

7.1.2 分配方案

本年拟按每股0.06元分配,分配现金红利3 720万元。本次分配后剩余可供分配利润22 792.17万元结转以后年度分配。

7.2 主要财务指标

指标名称	指标值
资本利润率(%)	13.29
加权年化信托报酬率(%)	0.72
人均净利润(万元)	136.41

注:1. 资本利润率=净利润/所有者权益平均余额×100%。
2. 加权年化信托报酬率=(信托项目1的实际年化信托报酬率×信托项目1的实收信托+信托项目2的实际年化信托报酬率×信托项目2的实收信托+…信托项目n的实际年化信托报酬率×信托项目n的实收信托)/(信托项目1的实收信托+信托项目2的实收信托+…信托项目n的实收信托)×100%。
3. 人均净利润=净利润/平均人数。
4. 平均值采取年初、年末余额简单平均法,公式为:a(平均)=(年初数+年末数)/2。

7.3 对本公司财务状况、经营成果有重大影响的其他事项

无。

8. 特别事项揭示

8.1 前五名股东报告期内变动情况及原因

公司第四大股东彩虹显示器件股份有限公司于2013年10月21日与彩虹集团公司签署了股权转让协议,陕西省银监局于2013年12月20日核准了彩虹集团公司的股东资格。截至报告期,公司正在办理工商变更。

其他股东无变化。

8.2 董事、监事及高级管理人员变动情况及原因

无。

8.3 变更注册资本、变更注册地或公司名称、公司分立合并事项

无。

8.4 公司的重大诉讼事项

8.4.1 重大未决诉讼事项

信托：被诉案件1件，陕西五羊集团诉陕西智圣科技贸易有限公司、刘治安、刘治军、陕西瑞德实业发展有限公司、西部信托有限公司、陕西康华有限责任会计师事务所房屋租赁纠纷，金额297余万元，起诉时间：2008年9月。

8.4.2 以前年度发生，于本报告年度内终结的诉讼事项

无。

8.4.3 本报告年度发生，与本报告年度内终结的诉讼事项

无。

8.5 公司及其董事、监事和高级管理人员受到处罚的情况

无。

8.6 中国银监会及其派出机构对公司提出的整改意见，及整改情况说明

中国银监会陕西监管局分别于2013年6月及12月对公司相关业务开展情况进行了现场检查，并出具了《现场检查意见书》（陕银监查意见字［2013］24号）及《现场检查意见书》（陕银监查意见字［2014］8号）。公司已按监管意见逐一进行了整改和完善，相关整改报告已提交陕西银监局。

8.7 本年度重大事项临时报告的简要内容、披露时间、所披露媒体及其版面

2013年4月25日在《证券时报》B9版，对公司《2012年度报告》进行了公告。

2013年3月14日在《证券时报》在B10版，对公司独立董事、高级管理人员任职资格的批复进行了公告。

8.8 中国银监会及其省级派出机构认定的其他有必要让客户及相关利益人了解的重要信息

无。

西藏信托有限公司

1. 重要提示

1.1　本公司董事会及董事保证本报告所载资料不存在任何虚假记载、误导性陈述或者重大遗漏，并对其内容的真实性、准确性和完整性承担个别及连带责任。

1.2　公司独立董事对本报告内容真实性、完整性和准确性无异议。

1.3　公司编制的2013年度财务报告已经天职国际会计师事务所(特殊普通合伙)审计，并出具了标准无保留意见的审计报告。

1.4　公司负责人董事长苏生有、总经理查松、财务经理吴嘉怡声明：保证年度报告中财务报告的真实、完整。

2. 公司概况

2.1　公司简介

2.1.1　公司基本情况

西藏信托有限公司(以下简称本公司)成立于1991年10月，原名为西藏自治区信托投资公司，是经西藏自治区人民政府和中国人民银行批复成立，由西藏自治区财政厅全资控股的非银行金融机构。2002年3月，根据中国人民银行成都分行批复(银复[2002]63号)，公司进行了重新登记。2007年起，公司根据《信托法》、《信托公司管理办法》的规定，进行了业务调整。公司根据西藏自治区财政厅下发的"藏财企字[2009]9号"文《关于西藏自治区信托投资公司资产剥离方案的批复》以及公司与西藏自治区投资有限公司签订的资产负债划转协议，进行了资产剥离。至2010年9月完成了资产剥离、重新登记、换发金融许可证工作。根据《中国银监会关于西藏自治区信托投资公司变更公司名称和业务范围的批复》(银监复[2010]436号)，于2010年12月公司更名为西藏信托有限公司。

2.1.2　公司的法定中文名称：西藏信托有限公司；公司的法定英文名称 Tibet Trust Corporation Limited

2.1.3　法定代表人：苏生有

2.1.4　注册地址：西藏拉萨市经济开发区博达路1号阳光新城别墅区A7栋

2.1.5　邮政编码：850000

2.1.6　电子信箱：wujy@ttco.cn

2.1.7　信息披露事务负责人：吴嘉怡
联系人：吴嘉怡
联系电话：010-85353513
传　真：010-85906796
电子信箱：wujy@ttco.cn

2.1.8　公司选定的信息披露报纸名称：《上海证券报》

2.1.9　公司年度报告备置地点：公司计划财务部

2.1.10　公司聘请的审计事务所：天职国际会计师事务所(特殊普通合伙)
地址：北京海淀区车公庄西路19号外文文化创意园12号楼
邮政编码：100048

2.1.11　公司聘请的律师事务所：北京市嘉源律师事务所
地址：北京复兴门内大街158号远洋大厦F408
邮政编码：100031

2.2　组织架构

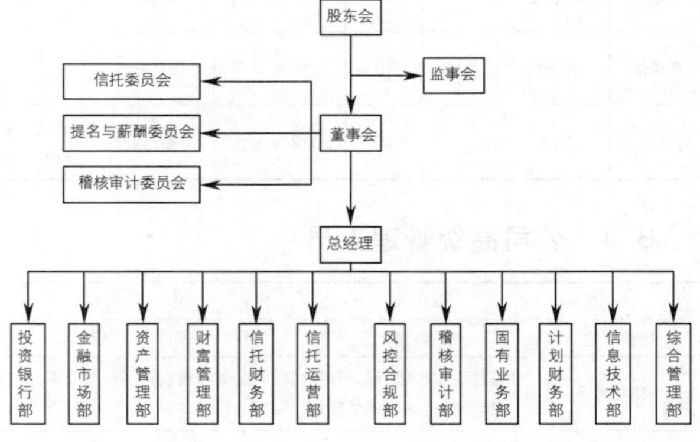

3. 公司治理结构

3.1　股东

股东名称	持股比例(%)	法人代表	注册地址	主要职能
西藏自治区财政厅	100	艾俊涛	拉萨市北京西路23号	贯彻执行国家财政税收有关方针政策和法律法规等；承担自治区各项财政收支管理相关工作、并指导全区级财政做好相关工作；负责政府非税收入管理，负责政府性基金管理，按规定管理行政事业性收费。

注：经《中国银监会关于西藏信托有限公司增加注册资本、调整股权结构及修改公司章程的批复》(银监复[2014]34号)批准，公司于2014年3月将注册资本增加至5亿元，增资完成后，西藏自治区财政厅出资金额为4亿元，出资比例为80%，西藏自治区投资有限公司出资金额为1亿元，出资比例为20%。

3.2 董事

3.2.1 董事

姓名	职务	性别	年龄	选任日期	代表股东	简要履历
苏生有	董事长	男	56	2012年9月	财政厅	曾任西藏财政厅办公室调研员、副巡视员；现任公司董事长。
王运金	董事	男	66	2012年9月	无	曾任西藏自治区信托投资公司常务副总经理、总经理、董事长，已退休；现任公司独立董事。
任显成	董事	男	50	2012年9月	财政厅	曾任西藏财贸公司总经理，西藏国有资产经营公司投资部经理，西藏自治区信托投资公司投资二部经理；现任西藏自治区投资有限公司副总经理。
唐泽平	董事	男	57	2012年9月	财政厅	西藏国资经营公司董事长、党委书记，兼任西藏银行股份公司副监事长。
多吉罗布	董事	男	41	2012年9月	财政厅	曾当选西藏青年企业家协会副会长，中华全国青年联合会第十一届委员会常委，中国共产党西藏自治区第八次代表大会代表；现任西藏天路股份有限公司党委书记、董事长兼西藏天路建筑工业集团有限公司董事长、党委副书记，长安大学研究生导师，西藏民族学院兼职教授
戴　扬	董事	男	45	2012年9月	财政厅	曾任中国证监会西藏监管局办公室主任，上市公司监管处处长；现任西藏矿业发展股份有限公司副董事长、总经理。
查松	董事	男	42	2012年9月	财政厅	曾任国泰君安证券股份有限公司董事会办公室副主任、收购兼并部副总经理、投资银行部董事总经理，西藏证券有限责任公司（现西藏同信证券）总经理；现任公司总经理。
余志平	董事	男	43	2012年9月	财政厅	曾任职东风药业股份有限公司；历任西藏证券有限责任公司北京营业部办公室主任、副总经理；现任公司副总经理。

3.2.2 独立董事

姓名	职务	性别	年龄	选任日期	代表股东	简要履历
王运金	董事	男	66	2012年9月	无	曾任西藏自治区信托投资公司常务副总经理、总经理、董事长；现任公司董事。

3.3 监事

姓名	职务	性别	年龄	选任日期	代表股东	简要履历
汪建中	监事会主席	男	59	2012年9月	财政厅	曾任西藏自治区信托投资公司副总经理，西藏证券经纪有限责任公司总经理；现任西藏大厦股份公司董事长。
晏辉清	监事	女	49	2012年9月	职工代表	曾任航天部第二研究设计院财务主管，会计师事务所审计部门经理，日啤酒伊藤忠（集团）中国有限公司财务总监，京安佳信会计师事务所有限公司副主任会计师；现任公司稽核审计部总经理。
边巴旺堆	监事	男	40	2012年9月	财政厅	曾任西藏自治区财政厅办公室副主任科员、综合处主任科员、政策研究室副调研员；现任西藏自治区财政厅教科文处副处长。

3.4 公司高级管理人员

姓名	职务	性别	年龄	选任日期	金融从业年限	学历	专业
查　松	总经理	男	42	2010年5月	15	博士	法学
简要履历	曾任职中国银行总行风险管理部、国泰君安证券股份有限公司董事会办公室副主任、收购兼并部副总经理、投资银行部董事总经理，西藏证券有限责任公司总经理；现任公司总经理。						
余志平	副总经理	男	43	2010年5月	11	本科	企业管理
简要履历	曾任职东风药业股份有限公司，历任西藏同信证券有限责任公司北京营业部办公室主任、副总经理；现任公司副总经理。						

3.5 公司员工

项目		报告期年度		上年度	
		人数	比例（%）	人数	比例（%）
年龄分布	25岁以下	1	2	2	6.45
	25~29岁	14	34	8	25.81
	30~39岁	13	32	6	19.35
	40岁以上	13	32	15	48.39

续表

项目		报告期年度		上年度	
		人数	比例（%）	人数	比例（%）
学历分布	博士	1	2	1	3.23
	硕士	9	22	5	16.13
	本科	19	46	11	35.48
	专科	12	30	11	35.48
	其他	0	0	3	9.68
岗位分布	董事、监事及高管人员	11	27	11	35.48
	自营业务人员	2	4.88	2	6.46
	信托业务人员	19	46.34	9	29.03
	其他	20	48.78	9	29.03

4. 经营管理

4.1 经营目标、方针、战略规划

公司经营目标是公司利益相关者的利益最大化。客户、股东、员工是我们最重要的利益相关者。公司认为,为客户提供安全高效的资产管理服务,为股东提供合理稳定的收益,为员工提供有尊严的工作环境(不仅仅是收入)和有预期的成长空间,是企业的使命和促进社会进步的重要组成部分。"财务保障通达自由心境"是公司不懈努力所追求的最终目标。

公司经营方针是以专业化顺应市场的变化,在控制风险的前提下,提高把握市场机会的能力。公司致力于广泛、多市场的资产管理业务,将受托资产合理配置于货币市场、银行间市场、资本市场、衍生品市场以及直接投资(PE)市场,并积极参与并购融资、房地产、资源、能源、艺术收藏品等另类投资的机会,产品线完整、丰富;公司同时关注国内及国际市场,以资源的全球配置为经营方向。

公司战略规划是:成为在资本市场和以房地产投资、并购投资为主的另类投资领域有市场影响力的优秀管理人。

4.2 所经营业务的主要内容

公司依法经营资金信托、动产信托、不动产信托等信托业务,以信托贷款、信托投资等方式将客户的委托资金用于工商业、房地产业、金融机构、证券市场等领域。

4.2.1 自营资产运用与分布表

资产运用	金额(万元)	占比(%)	资产分布	金额(万元)	占比(%)
货币资产	1 088.65	1.04	基础资产	—	—
贷款及应收款	—	—	房地产业	—	—
交易性金融资产	35 520.24	33.81	证券市场	35 520.24	33.81
可供出售金融资产	—	—	实业	—	—
持有至到期金融资产	62 866.45	59.83	金融机构	63 955.10	60.87
长期股权投资	—	—	其他	5 585.85	5.32
其他	5 585.85	5.32			
资产总计	105 061.19	100.00	资产总计	105 061.19	100.00

4.2.2 信托资产运用与分布表

资产运用	金额(万元)	占比(%)	资产分布	金额(万元)	占比(%)
货币资产	19 523.91	0.15	基础资产	3 464 131.97	26.83
贷款及应收款	6 437 073.41	49.86	房地产业	693 342.85	5.37
交易性金融资产	5 021 755.85	38.89	证券市场	165 266.08	1.28
可供出售金融资产	—	—	工商企业	2 681 700.38	20.77
持有至到期金融资产	—	—	金融机构	3 976 715.05	30.80
长期股权投资	1 093 019.32	8.47	其他	1 930 256.17	14.95
其他	340 040.01	2.63			
资产总计	12 911 412.50	100.00	资产总计	12 911 412.50	100.00

4.3 市场分析

截至2013年末,全行业信托资产总规模为10.91万亿元,较上年末7.47万亿元增长46.00%。按照信托财产来源分类,单一资金信托占比69.62%,集合资金信托占比24.90%,财产权信托占比5.48%。从信托功能分类,融资类信托占比47.76%,投资类信托占比32.54%,事务管理类信托占比19.70%。从资金信托的投向分类,工商企业占比28.14%,基础产业为25.25%,金融机构占比12.00%,证券市场占比10.35%,房地产占比10.03%,其他占比14.23。单一资金占主导的现状,说明信托行业的业务仍主要依靠银行,以提供通道为主,自主管理能力较弱,建立核心竞争力的道路还很漫长。

2013年,信托业信托资产规模创历史新高的同时,增速呈趋缓之势。2013年同比增长46.00%,较2012年55.27%的同比增速下降了9.27个百分点,首次结束了自2009年以来连续4年超过50%的同比增长率。2013年前三季度环比连续下降,分别为16.86%、8.3%和7.16% 这是信托业自2010年进入快速发展阶段之后从未出现过的情况,第四季度环比增速也仅仅回升到7.66%。

信托行业高速增长既有我国居民理财需求快速增长的外在动因,也有行业经验、人才、资本加剧集中的内在驱动。但一个不容忽视的因素是信贷宏观调控导致的信贷溢出替代效应。目前看,这个政策红利正在消失。继财政部等四部委2012年末发布的规范地方政府融资行为的"463号"文以及2013年3月中国银监会发布的规范商业银行理财业务投资运作的"8号"文后,国务院办公厅发布了《关于加强影子银行业务若干问题的通知》(107号)文。该文件禁止信托公司开展非标准化理财资金池等具有影子银行特征的业务。在银行理财资金、同业资金与信托的合作通道相继受限,资金池也受限的大背景下,信托业资产规模增速减少,乃至于绝对额减少是不争的现实,加强自主管理能力,提高业务水平,寻求合作机会将会是未来的发展趋势。

受经济下行影响,2013年个案信托项目风险事件时有发生,主要集中在矿业、光伏产业和房地产领域。据统计,2012年信托行业到期清算出现问题的信托项目大约有200亿元,2013年较此数目有所上升。

相比2012年7.47万亿元的信托资产总规模,该年不良率为2.68‰;2013年问题项目的总金额也有所上升,但是相对于10万亿元的规模而言,不良率仍是非常低的。已经披露的问题信托项目仍然属于个别事件,尚未形成行业风险。截至2013年末,信托行业计提的信托赔偿准备金已达90.60亿元,可以覆盖200亿元问题资产的45.30%;全行业净资产高达2 555.18亿元,是200亿元问题资产的12.78倍。信托资产质量到目前为止总体表现相当优良,发生系统性风险的可能性很低。

对公司而言,居民持续增长的理财需求,产业升级、城镇化,仍构成公司发展的长期驱动力量;因经济下滑带来的需求不足、自身竞争力较弱,仍制约公司快速发展。

4.4 风险管理

4.4.1 风险管理概况

公司风险管理贯彻全面性、审慎性、及时性、有效性等原则,覆盖公司各项业务、各个部门、各个环节和各级人员,对风险进行事前防范、事中控制、事后监督、促进公司持续、稳健、规范、健康运行。

公司风险管理的组织架构和分工如下:董事会是公司风险管理的最高决策机构,负责确定公司的风险管理政策、程序和人员，行使重大经营决策权。董事会下设的各专业委员会根据各自的职责对公司整体进行风险管理。信托委员会负责信托业务的风险管理，风险控制委员会和稽核审计委员会面向公司各项业务及公司内部管理进行总体的风险控制与管理。公司的风控合规部、各业务部以及各管理部在日常业务处理中均负有对应的部门风控职责。同时公司还聘请了外部法律顾问，在业务处理的一定范围内给出专业的法律意见。

报告期内，公司进一步推进组织架构、内控制度及相关业务流程的优化工作，不断完善组织健全、权责明确、合理制衡、报告路径清晰的公司治理结构，为全面风险管理提供了有效的治理结构保障。公司高度重视流动性风险的防范和管理，着力加强流动性风险防范的前瞻性、针对性和有效性，提前落实信托还款资金安排，确保流动性风险的及时转移、释放和化解，进一步巩固公司业务整体稳健运行的态势。

4.4.2　风险状况

4.4.2.1　信用风险状况

信用风险主要指交易对手不履行义务的可能性，主要表现为：在贷款、资产回购、后续资金安排、担保、履约承诺等交易过程中，借款人、担保人、保管人（托管人）等交易对手不履行承诺，不能或不愿履行合约承诺而使信托财产和固有财产遭受潜在损失的可能性。同时，当信用风险发生时，如受托人没有尽职管理、安排预算不恰当时，或信托项目违法违规未能如期执行时，会导致发生流动性风险。

报告期内，公司总体信用风险基本可控。对于可能出现交易对手违约的事件，公司将积极采取多项措施化解风险，最大限度地保护相关者合法利益，必要时将采取法律手段予以解决；同时，公司还以资产质量为依据谨慎计提足额风险及信托赔偿准备金，进一步提高了公司的风险抵补能力。

4.4.2.2　市场风险状况

市场风险主要指在开展资产管理业务过程中，投资于有公开市场价值的金融产品或者其他产品时，金融产品或者其他产品的价格发生波动导致资产遭受损失的可能性。同时，市场风险还具有很强的传导效应，某些信用风险的根源可能也来自于交易对手的市场风险（如销售下降、成本上升等）。报告期内，在公司加强对经济、金融和产业形势的预判管理、完善市场风险预警机制和市场风险管理体系的举措下，公司市场风险总体可控。

4.4.2.3　操作风险状况

操作风险表现为由于公司治理机制、内部控制失效或者有关责任人出现失误、欺诈等问题，公司没有充分及时地做好尽职调查、持续监控、信息披露等工作，未能及时作出应有的反应，或作出的反应明显有失专业和常理，甚至违规违约；公司没有履行勤勉尽职管理的义务，或者无法出具充分有效的证据和记录，证明自己已履行勤勉尽职管理的义务。报告期内公司开展了内控体系完善工作，对公司各项管理制度、业务流程、内控组织等进行了梳理，并有效地处理和解决了公司业务流程中存在的不足及问题。报告期内，公司未发生内部控制失效或者员工欺诈问题，未发生误操作、违规操作导致的财务损失，未发生系统、账户、流程引发的风险事件，未发生尽职管理不到位导致的经济损失等，公司操作风险基本可控。

4.4.2.4　其他风险状况

其他风险主要是指公司业务开展中的政策风险、声誉风险、人员道德风险等。报告期内，公司高度重视自身声誉，坚持依法合规稳健经营，风险基本可控，未发生此类风险损失。

4.4.3　风险管理

4.4.3.1　信用风险管理

公司的信用风险管理主要是通过强化贷前和贷后管理来进行风险防范。

贷前，充分评估贷款人的履约能力和履约意愿，严格按照申请立项、尽职调查、信用评估、内部审批、签约放款等步骤操作。业务审批中，重点审核贷款质押担保措施，公正地评估质押品，将质押率控制在40%以下。根据贷款人的具体情况和市场情况在一定程度上适度增加或降低担保标准。

贷后，严格按照合同约定，保持对贷款人的动态风险管理。对贷款人的资信状况和偿债能力及保证合同的履行情况定期进行监控，并采取风险预警报告及主动管理进行贷后风险应对。同时，公司注重信用风险管理的前瞻性、针对性和适时性，严格执行授权审批制度及决策流程，确保公司信用风险的可测、可控、可承受能力。

4.4.3.2　市场风险管理

公司在运营过程中面临的市场风险主要为股价、汇率、利率及其他价格对公司经营和盈利能力的影响。针对上述投资标的的市场风险，公司固有业务和证券类信托业务都制定了严格的风控流程，根据市场目前的具体状况，动态调整风控指标。一方面通过信息系统实现各项投资限制；另一方面通过风控人员逐日盯市，研究人员对市场各类政策的研究，动态调整可投资标的范围、额度及止损标准来控制此类风险。

4.4.3.3　操作风险管理

公司主要通过不断完善各部门和各岗位的职责、清晰化各业务操作流程；实行严格的复核、审核程序；加强内部员工专业知识和流程培训；制定严格的信息管理制度；从而保证业务运行安全而富有效率，降低操作风险。公司在业务尽职调查、产品规范化管理、合同档案管理、信息披露等方面不断细化管理要点和规范操作流程，提升业务操作的规范化和标准化水平，消除操作风险隐患，有效管理各类操作风险。

4.4.3.4　其他风险管理

4.4.3.4.1　政策风险管理。公司及时跟踪研究国家宏观政策和行业政策的调整与变化，动态分析宏观政策和监管政策的变动趋势；及时调整发展思路和经营理念，保持公司经营策略与国家政策的一致性；同时，持续关注有关法律、法规的最新变化，正确理解和准确把握其内涵，强化全员的合法合规经营意识，并及时对业务程序和操作指引进行梳理和修订 保证公司的各项业务在合法合规的前提下进行。

4.4.3.4.2　声誉风险管理。声誉是金融机构赖以生存的基础，是立身之本、展业之本。一直以来，公司对声誉风险的容忍度为零，将声誉风险管理纳入公司治理和全面风险管理体系。

4.4.3.4.3　道德风险管理。加强道德文化教育，要求员工遵纪守法，不断提高员工廉洁自律和勤勉尽职的意识；以员工为本，强调和谐共赢，不断加强公司的凝聚力和员工的归属感，使员工认识到与公司共同成长的重要性。

5. 报告期末及上一年度末的比较式会计报表

5.1 自营资产

5.1.1 会计师事务所审计意见全文

审计报告

天职业字[2014]5328号

西藏信托有限公司全体股东：

我们审计了后附的西藏信托有限公司（以下简称“贵公司”）财务报表，包括2013年12月31日的资产负债表，2013年度的利润表、现金流量表、所有者权益变动表以及财务报表附注。

一、管理层对财务报表的责任

编制和公允列报财务报表是贵公司管理层的责任，这种责任包括：（1）按照企业会计准则的规定编制财务报表，并使其实现公允反映；（2）设计、执行和维护必要的内部控制，以使财务报表不存在由于舞弊或错误导致的重大错报。

二、注册会计师的责任

我们的责任是在执行审计工作的基础上对财务报表发表审计意见。我们按照中国注册会计师审计准则的规定执行了审计工作。中国注册会计师审计准则要求我们遵守中国注册会计师职业道德守则，计划和执行审计工作以对财务报表是否不存在重大错报获取合理保证。

审计工作涉及实施审计程序，以获取有关财务报表金额和披露的审计证据。选择的审计程序取决于注册会计师的判断，包括对由于舞弊或错误导致的财务报表重大错报风险的评估。在进行风险评估时，注册会计师考虑与财务报表编制和公允列报相关的内部控制，以设计恰当的审计程序，但目的并非对内部控制的有效性发表意见。审计工作还包括评价管理层选用会计政策的恰当性和作出会计估计的合理性，以及评价财务报表的总体列报。

我们相信，我们获取的审计证据是充分、适当的，为发表审计意见提供了基础。

三、审计意见

我们认为，贵公司财务报表在所有重大方面按照企业会计准则的规定编制，公允反映了贵公司2013年12月31日的财务状况以及2013年度的经营成果和现金流量。

中国·北京　　二〇一四年三月五日

中国注册会计师：王清峰

中国注册会计师：迟文洲

5.1.2 资产负债表

资产负债表

编制单位：西藏信托有限公司　　2013年12月31日　　单位：万元

项　目	年末余额	年初余额
流动资产		
货币资金	1 088.65	32 731.92
△结算备付金	—	—
△拆出资金	—	—
交易性金融资产	35 520.24	11 097.61
应收票据	—	—
应收账款	—	—
预付款项	9.90	—
△应收保费	—	—
△应收分保账款	—	—
△应收分保合同准备金	—	—
应收利息	238.22	—
应收股利	—	—
其他应收款	80.23	188.48
△买入返售金融资产	—	—
存货	—	—
其中：原材料	—	—
库存商品（产成品）	—	—
一年内到期的非流动资产	—	—
其他流动资产	—	—
流动资产合计	36 937.24	44 018.01
非流动资产		
△发放贷款及垫款	3 800.00	2 000.00
可供出售金融资产	—	—
持有至到期投资	62 866.45	26 243.27
长期应收款	—	28.12
长期股权投资	—	—
投资性房地产	—	—
固定资产原价	336.48	336.48
减：累计折旧	105.60	32.52
固定资产净值	230.88	303.96
减：固定资产减值准备	—	—
固定资产净额	230.88	303.96
在建工程	—	—
工程物资	—	—
固定资产清理	—	—
生产性生物资产	—	—
油气资产	—	—
无形资产	253.03	125.43
开发支出	—	—
商誉	—	—
长期待摊费用	—	—
递延所得税资产	973.59	255.35
其他非流动资产	—	—
其中：特准储备物资	—	—
非流动资产合计	68 123.95	28 956.13
资产总计	105 061.19	72 974.14

资产负债表（续）

编制单位：西藏信托有限公司　　2013 年 12 月 31 日　　单位：万元

项　目	年末余额	年初余额
流动负债		
短期借款	—	—
△向中央银行借款	—	—
△吸收存款及同业存放	—	—
△拆入资金	—	—
交易性金融负债	—	—
应付票据	—	—
应付账款	309.28	—
预收款项	25 213.76	9 478.90
△卖出回购金融资产款	—	—
△应付手续费及佣金	—	—
应付职工薪酬	3 098.95	1 220.28
其中：应付工资	—	—
应付福利费	—	—
#其中：职工奖励及福利基金	—	—
应交税费	847.36	1 942.51
其中：应交税金	608.54	1 924.51
应付利息	—	—
应付股利	—	—
其他应付款	4.55	719.02
△应付分保账款	—	—
△保险合同准备金	—	—
△代理买卖证券款	—	—
△代理承销证券款	—	—
一年内到期的非流动负债	—	—
其他流动负债	—	—
流动负债合计	29 473.90	13 360.71
非流动负债	—	—
长期借款	—	—
应付债券	—	—
长期应付款	—	—
专项应付款	—	—
预计负债	—	—
递延所得税负债	—	—
其他非流动负债	—	—
其中：特准储备基金	—	—
非流动负债合计	—	—
负债合计	29 473.90	13 360.71

资产负债表（续）

编制单位：西藏信托有限公司　　2013 年 12 月 31 日　　单位：万元

项　目	年末余额	年初余额
所有者权益（或股东权益）：	—	—
实收资本（股本）	40 000.00	40 000.00
国有资本	40 000.00	40 000.00
其中：国有法人资本	—	—
集体资本	—	—
民营资本	—	—
其中：个人资本	—	—
外商资本	—	—
#减：已归还投资	—	—
实收资本（或股本）净额	40 000.00	40 000.00
资本公积	—	—
减：库存股	—	—
专项储备	—	—
盈余公积	9 097.39	7 500.00
其中：法定公积金	9 097.39	7 500.00
任意公积金	—	—
#储备基金	—	—
#企业发展基金	—	—
#利润归还投资	—	—
△一般风险准备	11 227.15	7 161.81
未分配利润	15 262.75	4 951.62
外币报表折算差额	—	—
归属于母公司所有者权益合计	75 587.29	59 613.43
*少数股东权益	—	—
所有者权益合计	75 587.29	59 613.43
负债和所有者权益总计	105 061.19	72 974.14

5.1.3　利润表

利润表

编制单位：西藏信托有限公司　　2013 年度　　单位：万元

项　目	本年金额	上年金额
一、营业总收入	28 505.18	22 250.58
其中：营业收入	—	—
其中：主营业务收入	—	—
其他业务收入	—	—
△利息收入	1 032.09	879.63
△已赚保费	—	—
△手续费及佣金收入	27 473.09	21 370.95

续表

项　　目	本年金额	上年金额
二、营业总成本	14 889.26	11 960.72
其中:营业成本	—	—
其中:主营业务成本	—	—
其他业务成本	—	—
△利息支出	—	—
△手续费及佣金支出	4 878.53	5 360.84
△退保金	—	—
△赔付支出净额	—	—
△提取保险合同准备金净额	—	—
△保单红利支出	—	—
△分保费用	—	—
营业税金及附加	1 560.02	963.74
销售费用	—	—
管理费用	5 561.08	3 933.82
其中:研究与开发费	—	—
财务费用	—	—
其中:利息支出	—	—
利息收入	—	—
汇兑净损失(净收益以"-"号填列)	—	—
资产减值损失	2 889.63	1 702.32
其他	—	—
加:公允价值变动收益(损失以"-"号填列)	-4 222.24	-1 337.67
投资收益(损失以"-"号填列)	4 863.48	1 201.42
其中:对联营企业和合营企业的投资收益	—	—
△汇兑收益(损失以"-"号填列)	—	—
三、营业利润(亏损以"-"号填列)	14 257.16	10 153.61
加:营业外收入	4 447.42	—
其中:非流动资产处置利得	—	—
非货币性资产交换利得	—	—
政府补助	4 447.42	—
债务重组利得	—	—
减:营业外支出	—	—
其中:非流动资产处置损失	—	—
非货币性资产交换损失	—	—
债务重组损失	—	—
四、利润总额(亏损总额以"-"号填列)	18 704.58	10 153.61
减:所得税费用	2 730.72	1 591.46
五、净利润(净亏损以"-"号填列)	15 973.86	8 562.15
归属于母公司所有者的净利润	15 973.86	8 562.15
*少数股东损益	—	—
六、每股收益:	—	—
基本每股收益	—	—
稀释每股收益	—	—
七、其他综合收益	—	—
八、综合收益总额	15 973.86	8 562.15
归属于母公司所有者的综合收益总额	15 973.86	8 562.15
*归属于少数股东的综合收益总额	—	—

5.1.4 所有者权益变动表

所有者权益变动表

编制单位：西藏信托有限公司　　2013年　　单位：万元

项目	本年金额									上年金额								
	实收资本（或股本）	资本公积	减：库存股	专项储备	盈余公积	△一般风险准备	未分配利润	其他	所有者权益合计	实收资本（或股本）	资本公积	减：库存股	专项储备	盈余公积	△一般风险准备	未分配利润	其他	所有者权益合计
栏次	1	2	3	4	5	6	7	8	9	10	11	12	13	14	15	16	17	18
一、上年年末余额	40 000.00	—	—	—	7 500.00	7 161.81	4 951.62	—	59 613.43	30 000.00	—	—	—	7 500.00	1 227.11	2 324.17	—	41 051.28
加：会计政策变更	—	—	—	—	—	—	—	—	—									—
前期差错更正	—	—	—	—	—	—	—	—	—									—
二、本年年初余额	40 000.00	—	—	—	7 500.00	7 161.81	4 951.62	—	59 613.43	30 000.00	—	—	—	7 500.00	1 227.11	2 324.17	—	41 051.28
三、本年增减变动金额（减少以"－"号填列）	—	—	—	—	1 597.39	4 065.34	10 311.13	—	15 973.86	10 000.00	—	—	—	—	5 934.70	2 627.45	—	18 562.15
（一）净利润	—	—	—	—	—	—	15 973.86	—	15 973.86	—	—	—	—	—	—	8 562.15	—	8 562.15
（二）其他综合收益	—	—	—	—	—	—	—	—	—	—	—	—	—	—	—	—	—	—
综合收益小计	—	—	—	—	—	—	15 973.86	—	15 973.86	—	—	—	—	—	—	8 562.15	—	8 562.15
（三）所有者投入和减少资本	—	—	—	—	—	—	—	—	—	10 000.00	—	—	—	—	—	—	—	10 000.00
1. 所有者投入资本	—	—	—	—	—	—	—	—	—	10 000.00	—	—	—	—	—	—	—	10 000.00
2. 股份支付计入所有者权益的金额	—	—	—	—	—	—	—	—	—	—	—	—	—	—	—	—	—	—
3. 其他	—	—	—	—	—	—	—	—	—	—	—	—	—	—	—	—	—	—
（四）专项储备提取和使用	—	—	—	—	—	—	—	—	—	—	—	—	—	—	—	—	—	—
1. 本年计提	—	—	—	—	—	—	—	—	—	—	—	—	—	—	—	—	—	—
2. 本年使用	—	—	—	—	—	—	—	—	—	—	—	—	—	—	—	—	—	—
（五）利润分配	—	—	—	—	1 597.39	4 065.34	-5 662.73	—	—	—	—	—	—	—	5 934.70	-5 934.70	—	—
1. 提取盈余公积	—	—	—	—	1 597.39	—	-1 597.39	—	—	—	—	—	—	—	—	—	—	—
其中：法定公积金	—	—	—	—	1 597.39	—	-1 597.39	—	—	—	—	—	—		—		—	—
任意公积金	—	—	—	—		—		—	—	—	—	—	—		—		—	—
#储备基金	—	—	—	—		—		—	—	—	—	—	—		—		—	—
#企业发展基金	—	—	—	—		—		—	—	—	—	—	—		—		—	—
#利润归还投资	—	—	—	—		—		—	—	—	—	—	—		—		—	—
2. 提取一般风险准备	—	—	—	—	—	4 065.34	-4 065.34	—	—	—	—	—	—	—	5 934.70	-5 934.70	—	—
3. 对所有者（或股东）的分配	—	—	—	—	—	—	—	—	—	—	—	—	—	—	—	—	—	—
4. 其他	—	—	—	—	—	—	—	—	—	—	—	—	—	—	—	—	—	—
（六）所有者权益内部结转	—	—	—	—	—	—	—	—	—	—	—	—	—	—	—	—	—	—
1. 资本公积转增资本（或股本）	—	—	—	—	—	—	—	—	—	—	—	—	—	—	—	—	—	—
2. 盈余公积转增资本（或股本）	—	—	—	—	—	—	—	—	—	—	—	—	—	—	—	—	—	—
3. 盈余公积弥补亏损	—	—	—	—	—	—	—	—	—	—	—	—	—	—	—	—	—	—
4. 其他	—	—	—	—	—	—	—	—	—	—	—	—	—	—	—	—	—	—
四、本年年末余额	40 000.00	—	—	—	9 097.39	11 227.15	15 262.75	—	75 587.29	40 000.00	—	—	—	7 500.00	7 161.81	4 951.62	—	59 613.43

5.2 信托资产

2013 年信托项目资产负债汇总表

编制单位：西藏信托有限公司　　2013 年 12 月 31 日　　单位：万元

信托资产	期末数	期初数	信托负债和信托权益	期末数	期初数
资产			信托负债	6 540.19	1 824.15
货币资金	19 523.91	14 625.73	应付账款	—	—
拆出资金			其他应付款	6 540.19	1 824.15
交易性金融资产	5 021 755.85	1 461 484.62	应交税费	—	—
应收账款	509.11	1 862.93	预计负债	—	—
应收票据			其他负债	—	—
其他应收款	—	—	信托权益	12 904 872.31	5 849 125.86
发放贷款及垫款	6 436 564.30	3 456 813.80	实收信托	12 895 644.27	5 846 144.50
长期股权投资	1 093 019.32	803 762.93	资本公积	—	847.00
其他资产	340 040.01	112 400.00	未分配利润	9 228.04	2 134.36
信托资产总计	12 911 412.50	5 850 950.01	信托负债及信托权益总计	12 911 412.50	5 850 950.01

2013 年信托项目利润及利润分配汇总表

编制单位：西藏信托有限公司　　2013 年度　　单位：万元

项　目	本年数	上年数
一、营业收入	832 963.78	318 009.88
利息收入	473 692.20	172 937.34
投资收入	358 207.06	145 916.68
租赁收入	—	—
公允价值变动损益	1 063.64	-864.48
其他收入	0.88	20.34
二、营业费用	97 658.86	44 241.96
三、营业税金及附加	—	—
四、扣除资产减值准备前的信托利润	735 304.92	273 767.92
减：资产减值损失		
五、扣除资产减值准备后的信托利润	735 304.92	273 767.92
加：期初未分配信托利润	2 134.36	3 433.91
六、可供分配的信托利润	737 439.28	277 201.83
减：本期已分配信托利润	728 211.24	275 067.47
七、期末未分配信托利润	9 228.04	2 134.36

6. 会计报表附注

6.1 简要说明会计报表年度会计报表编制基准、会计政策、会计估计和核算方法发生的变化

本公司以持续经营为基础，根据实际发生的交易和事项，按照《企 业会计准则——基本准则》和其他各项具体会计准则、应用指南及准则 解释的规定进行确认和计量，在此基础上编制财务报表。编制符合企 业会计准则要求的财务报表需要使用估计和假设，这些估计和假设会 影响到财务报告日的资产、负债和或有负债的披露，以及报告期间的收入和费用。

公司固有业务和信托业务执行的是 2006 年颁布的《新企业会计准则》

6.2 重要会计政策和会计估计说明

6.2.1 金融工具

6.2.1.1 金融资产和金融负债的分类

金融资产在初始确认时划分为以下四类：以公允价值计量且其变动计入当期损益的金融资产（包括交易性金融资产和指定为以公允价值计量且其变动计入当期损益的金融资产）、持有至到期投资、贷款和应收款项、可供出售金融资产。

金融负债在初始确认时划分为以下两类：以公允价值计量且其变动计入当期损益的金融负债（包括交易性金融负债和指定为以公允价值计量且其变动计入当期损益的金融负债）、其他金融负债。

6.2.1.2 金融资产和金融负债的确认依据、计量方法和终止确认条件

公司成为金融工具合同的一方时，确认一项金融资产或金融负债。初始确认金融资产或金融负债时，按照公允价值计量；对于以公允价值计量且其变动计入当期损益的金融资产和金融负债，相关交易费用直接计入当期损益；对于其他类别的金融资产或金融负债，相关交易费用计入初始确认金额。

公司按照公允价值对金融资产进行后续计量，且不扣除将来处置该金融资产时可能发生的交易费用，但下列情况除外：(1) 持有至到期投资以及贷款和应收款项采用实际利率法，按摊余成本计量。(2) 在活跃市场中没有报价且其公允价值不能可靠计量的权益工具投资，以及与该权益工具挂钩并须通过交付该权益工具结算的衍生金融资产，按照成本计量。

公司采用实际利率法，按摊余成本对金融负债进行后续计量，但下列情况除外：(1) 以公允价值计量且其变动计入当期损益的金融负债，按照公允价值计量，且不扣除将来结清金融负债时可能发生的交易费用。(2) 与在活跃市场中没有报价、公允价值不能可靠计量的权益工具挂钩并须通过交付该权益工具结算的衍生金融负债，按照成本计量。(3) 不属于指定为以公允价值计量且其变动计入当期损益的金融负债的财务担

保合同，或没有指定为以公允价值计量且其变动计入当期损益并将以低于市场利率贷款的贷款承诺，在初始确认后按照下列两项金额之中的较高者进行后续计量：①按照《企业会计准则第13号——或有事项》确定的金额；②初始确认金额扣除按照《企业会计准则第14号——收入》的原则确定的累积摊销额后的余额。

金融资产或金融负债公允价值变动形成的利得或损失，除与套期保值有关外，按照如下方法处理：(1) 以公允价值计量且其变动计入当期损益的金融资产或金融负债公允价值变动形成的利得或损失，计入公允价值变动损益；在资产持有期间所取得的利息或现金股利，确认为投资收益；处置时，将实际收到的金额与初始入账金额之间的差额确认为投资收益，同时调整公允价值变动损益。(2) 可供出售金融资产的公允价值变动计入资本公积；持有期间按实际利率法计算的利息，计入投资收益；可供出售权益工具投资的现金股利，于被投资单位宣告发放股利时计入投资收益；处置时，将实际收到的金额与账面价值扣除原直接计入资本公积的公允价值变动累计额之后的差额确认为投资收益。

当收取某项金融资产现金流量的合同权利已终止或该金融资产所有权上几乎所有的风险和报酬已转移时，终止确认该金融资产；当金融负债的现时义务全部或部分解除时，相应终止确认该金融负债或其一部分。

6.2.1.3 金融资产转移的确认依据和计量方法

公司已将金融资产所有权上几乎所有的风险和报酬转移给了转入方的，终止确认该金融资产；保留了金融资产所有权上几乎所有的风险和报酬的，继续确认所转移的金融资产，并将收到的对价确认为一项金融负债。公司既没有转移也没有保留金融资产所有权上几乎所有的风险和报酬的，分别下列情况处理：(1) 放弃了对该金融资产控制的，终止确认该金融资产。(2) 未放弃对该金融资产控制的，按照继续涉入所转移金融资产的程度确认有关金融资产，并相应确认有关负债。

金融资产整体转移满足终止确认条件的，将下列两项金额的差额计入当期损益：(1) 所转移金融资产的账面价值。(2) 因转移而收到的对价，与原直接计入所有者权益的公允价值变动累计额之和。金融资产部分转移满足终止确认条件的，将所转移金融资产整体的账面价值，在终止确认部分和未终止确认部分之间，按照各自的相对公允价值进行分摊，并将下列两项金额的差额计入当期损益：(1) 终止确认部分的账面价值。(2) 终止确认部分的对价，与原直接计入所有者权益的公允价值变动累计额中对应终止确认部分的金额之和。

6.2.1.4 主要金融资产和金融负债的公允价值确定方法

存在活跃市场的金融资产或金融负债，以活跃市场的报价确定其公允价值；不存在活跃市场的金融资产或金融负债，采用估值技术（包括参考熟悉情况并自愿交易的各方最近进行的市场交易中使用的价格、参照实质上相同的其他金融工具的当前公允价值、现金流量折现法和期权定价模型等）确定其公允价值；初始取得或源生的金融资产或承担的金融负债，以市场交易价格作为确定其公允价值的基础。

6.2.1.5 金融资产的减值测试和减值准备计提方法

资产负债表日对以公允价值计量且其变动计入当期损益的金融资产以外的金融资产的账面价值进行检查，如有客观证据表明该金融资产发生减值的，计提减值准备。

对单项金额重大的金融资产单独进行减值测试；对单项金额不重大的金融资产，可以单独进行减值测试，或包括在具有类似信用风险特征的金融资产组合中进行减值测试；单独测试未发生减值的金融资产（包括单项金额重大和不重大的金融资产），包括在具有类似信用风险特征的金融资产组合中再进行减值测试。

按摊余成本计量的金融资产，期末有客观证据表明其发生了减值的，根据其账面价值与预计未来现金流量现值之间的差额确认减值损失。在活跃市场中没有报价且其公允价值不能可靠计量的权益工具投资，或与该权益工具挂钩并须通过交付该权益工具结算的衍生金融资产发生减值时，将该权益工具投资或衍生金融资产的账面价值，与按照类似金融资产当时市场收益率对未来现金流量折现确定的现值之间的差额，确认为减值损失。可供出售金融资产的公允价值发生较大幅度下降，或在综合考虑各种相关因素后，预期这种下降趋势属于非暂时性的，确认其减值损失，并将原直接计入所有者权益的公允价值累计损失一并转出计入减值损失。

6.2.2 应收款项坏账准备的核算

6.2.2.1 单项金额重大并单项计提坏账准备的应收款项

单项金额重大的判断依据或金额标准	金额2 000万元以上(含)。
单项金额重大并单项计提坏账准备的计提方法	单独进行减值测试，根据其未来现金流量现值低于其账面价值的差额计提坏账准备。

6.2.2.2 按组合计提坏账准备的应收款项

6.2.2.2.1 确定组合的依据及坏账准备的计提方法

确定组合的依据	风险资产分类法组合。
按组合计提坏账准备的计提方法	风险资产分类法。

6.2.2.2.2 风险资产分类法

单位：%

应收款项五级分类	应收款项计提比例
正常类	0.00
关注类	2.00
次级类	25.00
可疑类	50.00
损失类	100.00
关联方应收款项	0.00

6.2.2.3 单项金额虽不重大但单项计提坏账准备的应收款项

单项计提坏账准备的理由	无法满足组合计提的要求，并且单项金额2 000万元以下。
坏账准备的计提方法	根据其未来现金流量现值低于其账面价值的差额计提坏账准备。

对应收票据、预付款项、应收利息、长期应收款等其他应收款项，根据其未来现金流量现值低于其账面价值的差额计提坏账准备。

对确定不能收回的款项另行按法规程序报批后单项确认坏账损失。

6.2.3　**固定资产的核算方法**

6.2.3.1　固定资产确认条件、计价和折旧方法

固定资产是指为生产商品、提供劳务、出租或经营管理而持有的，使用年限超过一个会计年度的有形资产。

固定资产以取得时的实际成本入账，并从其达到预定可使用状态的次月起采用年限平均法计提折旧。

6.2.3.2　各类固定资产的折旧方法

项　目	折旧年限（年）	预计净残值率（%）	年折旧率（%）
办公设备	3	5.00	31.67
运输设备	10	5.00	9.50

6.2.3.3　固定资产的减值测试方法、减值准备计提方法

资产负债表日，有迹象表明固定资产发生减值的，按照账面价值与可收回金额的差额计提相应的减值准备。

6.2.4　**无形资产的核算方法**

6.2.4.1　无形资产是指本公司拥有或控制的没有实物形态的可辨认非货币性资产。无形资产通常包括专利权、非专利权、商标权、著作权、特许权、土地使用权等，按成本进行初始计量。

6.2.4.2　使用寿命有限的无形资产，在使用寿命内按照与该项无形资产有关的经济利益的预期实现方式系统合理地摊销，无法可靠确定预期实现方式的，采用直线法摊销。

6.2.4.3　使用寿命确定的无形资产，在资产负债表日有迹象表明发生减值的，按照账面价值与可收回金额的差额计提相应的减值准备；使用寿命不确定的无形资产和尚未达到可使用状态的无形资产，无论是否存在减值迹象，每年均进行减值测试。

6.2.5　**长期待摊费用的核算方法**

长期待摊费用按实际发生额入账，在受益期或规定的期限内分期平均摊销。如果长期待摊的费用项目不能使以后会计期间受益则将尚未摊销的该项目的摊余价值全部转入当期损益。

6.2.6　收入确认核算

6.2.6.1　手续费及佣金收入

提供劳务交易的结果在资产负债表日能够可靠估计的（同时满足收入的金额能够可靠地计量、相关经济利益很可能流入、交易的完工情况能够可靠地确定、交易中已发生和将发生的成本能够可靠地计量）。

手续费及佣金收入主要包括：信托手续费收入和顾问费收入。信托手续费收入是根据信托合同规定的计提方法、计提标准确认应由信托项目承担的受托人报酬；顾问费收入，在所提供的服务完成时予以确认。

6.2.6.2　利息净收入

利息收入和利息支出都按存出资金或让渡资金的使用权的时间及实际利率计算确定。

6.2.7　递延所得税资产和递延所得税负债

6.2.7.1　根据资产、负债的账面价值与其计税基础之间的差额（未作为资产和负债确认的项目按照税法规定可以确定其计税基础的，该计税基础与其账面数之间的差额），按照预期收回该资产或清偿该负债期间的适用税率计算确认递延所得税资产或递延所得税负债。

6.7.7.2　确认递延所得税资产以很可能取得用来抵扣可抵扣暂时性差异的应纳税所得额为限。资产负债表日，有确凿证据表明未来期间很可能获得足够的应纳税所得额用来抵扣可抵扣暂时性差异的，确认以前会计期间未确认的递延所得税资产。

6.2.7.3　资产负债表日，对递延所得税资产的账面价值进行复核，如果未来期间很可能无法获得足够的应纳税所得额用以抵扣递延所得税资产的利益，则减记递延所得税资产的账面价值。在很可能获得足够的应纳税所得额时，转回减记的金额。

6.2.7.4　公司当期所得税和递延所得税作为所得税费用或收益计入当期损益，但不包括下列情况产生的所得税：（1）企业合并；（2）直接在所有者权益中确认的交易或者事项。

6.3　或有事项说明

截至 2013 年 12 月 31 日，本公司无或有事项。

6.4　会计报表中重要项目的明细资料

6.4.1　**自营资产经营情况**

6.4.1.1　资产风险分类的结果披露资产的期初、期末数

风险分类	正常类（万元）	关注类（万元）	次级类（万元）	可疑类（万元）	损失类（万元）	信用风险资产合计（万元）	不良资产合计（万元）	不良资产率（%）
期初数	72 974.14	—	—	—	—	72 974.14	—	—
期末数	105 061.19	—	—	—	—	105 061.19	—	—

注：不良资产合计＝次级类＋可疑类＋损失类。

6.4.1.2　资产损失准备的期初、本期计提、本期转回、本期核销、期末数

单位：万元

项　目	期初数	本期计提	本期转回	本期核销	期末数
持有至到期投资减值准备	1 702.32	2 461.81	1 702.32	621.28	1840.53
其他减值准备	—	427.82		28.12	399.70

6.4.1.3　自营股票投资、基金投资、债券投资、长期股权投资等投资的期初数、期末数

单位：万元

	自营股票	基金	债券	长期股权投资	合 计
期初数	11 097.61	—	—	—	11 097.61
期末数	35 520.24	—	—	—	35 520.24

6.4.1.4　前两名的自营贷款

单位：万元

企业名称	占自营贷款的比例（%）	还款情况
1. 三洲隆徽实业有限公司	52.63	正常
2. 北京嘉富丰裕投资管理有限公司	47.37	正常

6.4.1.5　表外业务的期初数、期末数，按照代理业务、担保业务和其他类型表外业务分别披露

本公司未开展上述业务。

6.4.2 **信托资产管理情况**

6.4.2.1 信托资产的期初数、期末数

单位：万元

信托资产	期初数	期末数
集合	934 997.51	1 082 158.50
单一	4 915 952.50	11 829 254.00
合 计	5 850 950.01	12 911 412.50

6.4.2.2 主动管理型信托业务情况

单位：万元

主动管理型信托资产	期初数	期末数
证券投资类	24 463.99	23 663.52
股权及其他投资类	608 336.50	620 404.82
融资类	302 197.02	438 090.16
合计	934 997.51	1 082 158.50

6.4.2.3 被动管理型信托业务情况

单位：万元

被动管理型信托资产	期初数	期末数
证券投资类	16 695.13	61 396.62
股权及其他投资类	2 031 156.83	1 658 503.83
融资类	1 301 292.82	685 047.01
事务管理类	1 566 807.72	9 424 306.54
合计	4 915 952.50	11 829 254.00

6.4.2.4 本年度已经清算结束的集合类、单一类资金信托项目和财产管理类信托项目数量、合计金额

信托资产	项目个数	合计金额
集合	24	480 143.32
单一	113	3 209 766.49
合计	137	3 689 909.81

6.4.2.5 本年度已经清算结束的主动管理型信托项目数量、合计金额

已清算结束信托项目（主动管理型）	项目个数	合计金额
证券投资类	4	5 700.00
股权及其他投资类	9	178 600.32
融资类	11	295 843.00
合计	24	480 143.32

6.6.2.6 本年度已经清算结束的被动管理型信托项目数量、合计金额。

已清算结束信托项目（被动管理型）	项目个数	合计金额
证券投资类	—	—
股权及其他投资类	18	387 300.00
融资类	22	755 200.80
事务管理类	73	2 067 265.69
合计	113	3 209 766.49

6.4.2.7 本年度新增的集合类、单一类资金信托项目和财产管理类信托项目数量、合计金额

单位：万元

信托资产	项目个数	合计金额
集合	34	661 783.00
单一	317	10 088 589.30
合计	351	10 750 372.30

6.4.2.8 本公司已履行受托人义务，发生因本公司自身责任导致信托资产损失的情况

无。

6.5 关联方关系及其交易的披露

6.5.1 关联交易方的数量、关联交易的总额及关联交易的定价政策

本公司无上述交易。

6.5.2 关联交易方与本公司的关系性质、关联交易方的名称、法人代表、注册地址、注册资本及主营业务

本公司无关联方。

6.5.3 公司与关联方的重大交易事项

6.5.3.1 固有财产与关联方

本公司无上述交易。

6.5.3.2 信托财产与关联方交易情况

本公司无上述交易。

6.5.3.3 信托公司自有资金运用于自己管理的信托项目、信托公司管理的信托项目之间的相互（信信交易）交易金额。包括余额和本报告年度的发生额

单位：万元

固有财产与信托财产相互交易			
	期初数	本期发生额	期末数
合计	—	28 866.46	28 866.46

单位：万元

信托资产与信托财产相互交易			
	期初数	本期发生额	期末数
合计	—	—	—

6.5.3.4 逐笔披露关联方逾期未偿还本公司资金的详细情况以及本公司为关联方担保发生或即将发生垫款的详细情况

本公司无上述事项。

7. 财务情况说明

7.1 实现利润和分配情况

（1）利润总额 18 704.58 万元。

(2)所得税费用2 730.72万元。
(3)净利润15 973.86万元。
(4)年初未分配利润4 951.62万元。
(5)可供分配利润20 925.48万元。
(6)提取信托赔偿准备金798.69万元。
(7)提取盈余公积1 597.39万元。
(8)提取一般风险准备3 266.65万元。
(9)年末未分配利润15 262.75万元。

7.2 主要财务指标

指标名称	指标值
资本利润率(%)	23.63
信托报酬率(%)	0.37
人均净利润(万元)	558.04

注:1. 资本利润率=净利润/所有者权益平均余额×100%。
2. 信托报酬率=当年信托报酬收入/实收信托平均余额×100%。
3. 人均净利润=净利润/公司年平均人数。
4. 平均值采取年初及各季末余额移动算术平均法。公式为:a(平均)=(a0/2+a1+a2+a3+a4/2)/4。

7.3 对本公司财务状况、经营成果有重大影响的其他事项

无。

8. 特别事项

8.1 前五名股东报告期内变动情况及原因

本公司无上述情况。

8.2 董事、监事及高级管理人员变动情况

8.2.1 董事变动情况

无。

8.2.2 监事变动情况

无。

8.2.3 高级管理人员变动情况

无。

8.3 公司的重大诉讼事项

本公司无上述情况。

8.4 对会计师事务所出具的有保留意见、否定意见或无法表示意见的审计报告的,公司董事会应就所涉及事项作出说明

本公司无上述情况。

8.5 公司及其董事、监事和高级管理人员受到处罚的情况

本公司无上述情况。

8.6 中国银监会及其派出机构对公司检查后提出的整改意见及整改情况

2013年11月13日,西藏银监局下发《西藏银监局关于对西藏信托有限公司信托业务合规性及整改情况的现场检查意见书》(藏银监发[2013]125号),对公司提出如下整改意见:
(1)狠抓整改落实,明确工作职责;
(2)强化公司治理,合理规范运行;
(3)完善制度框架,覆盖全面流程;
(4)树立风控观念,完善风控体系;
(5)规范操作标准,保证统计质量;
(6)强化合规管理,坚守监管底线。

就西藏银监局提出的上述整改意见,本公司组织员工认真学习,明确了整改落实目标与期限,落实整改的责任部门和责任人,目前各项整改措施均按照本公司的既定目标与期限有序进行。

8.7 本年度重大事项临时报告的简要内容、披露时间、披露的媒体及其版面

本公司无上述情况。

8.8 中国银监会及其省级派出机构认定的其他有必要让客户及相关利益人了解的重要信息

本公司无上述情况。

9. 公司监事会意见

监事会认为,报告期内,公司经营活动依法运作,操作规范,财务报告真实地反映了公司的财务状况和经营成果。

厦门国际信托有限公司

1. 重要提示

1.1 本公司董事会及董事、独立董事保证本报告所载资料不存在任何虚假记载、误导性陈述或者重大遗漏,并对其内容的真实性、准确性和完整性承担个别及连带责任。本年度报告摘要摘自年度报告全文,客户及相关利益人欲了解详细内容,应阅读年度报告全文。

1.2 致同会计师事务所为本公司出具了标准无保留意见的审计报告。

1.3 公司董事长洪文瑾、总经理李自成和会计机构负责人财务部经理陈明雅保证年度报告中财务报告的真实、完整。

2. 公司概况

2.1 公司简介

2.1.1 公司的法定中文名称:厦门国际信托有限公司
公司的法定英文名称:Xiamen International Trust Co., Ltd.

2.1.2 法定代表人:洪文瑾

2.1.3 注册地址:厦门市思明区湖滨北路莲滨里8号

2.1.4 邮政编码:361012

2.1.5 国际互联网网址:www.xmitic.com

2.1.6 信息披露事务负责人:李自成
联系人:郑 华
联系电话:0592-5311983
传 真:0592-5311906
电子信箱:zhenghua@xmitic.com

2.1.7 公司本次信息披露报纸名称:《金融时报》

2.1.8 公司年度报告备置地点:厦门市思明区湖滨北路莲滨里8号

2.1.9 公司聘请的会计师事务所:致同会计师事务所
地址:厦门市思明区珍珠湾软件园创新大厦A区12~15楼

2.1.10 公司信托事务聘请的律师事务所:福建理海律师事务所
地址:厦门市厦禾路820号帝豪大厦18楼福建天衡联合律师事务所
地址:厦门市厦禾路666号海翼大厦A栋16、17层福建闽翔律师事务所
地址:厦门市嘉禾路267号惠元大厦12层04座

2.2 组织结构

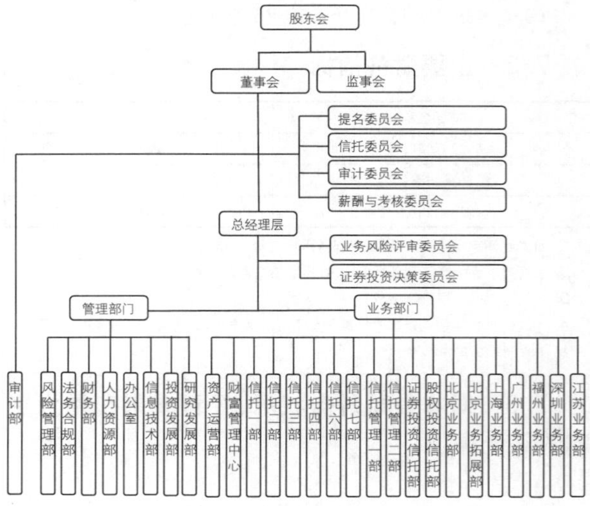

3. 公司治理

3.1 公司治理结构

3.1.1 股东情况

公司现有3个股东。

股东名称	持股比例	法人代表	注册资本	注册地址	主要经营业务及主要财务情况
★厦门市金财投资有限公司	80	许晓曦	3 578 298 934.89元	厦门市思明区展鸿路82号厦门金融中心大厦46层4605~4609单元	对金融产业的投资,创业投资,产业投资,股权投资管理与运营。2013年末总资产49亿元。
厦门建发集团有限公司	10	王宪榕	45亿元	厦门市环岛东路1699号建发国际大厦43楼	主营涉及进出口贸易和物流,房地产开发与物业管理,旅游酒店等。2013年末总资产973亿元。
厦门港务控股集团有限公司	10	郑永恩	31亿元	厦门市东渡路127号六楼	以控股、参股方式从事资产投资、监管、经营;港口工程开发与建设;与港口建设经营有关的业务。2013年末总资产266亿元。

3个股东均是厦门市属并授权经营的国有独资公司。

3.1.2 董事、董事会及其下属委员会

董事长、副董事长、董事

姓　名	职　务	性别	年龄	选任日期	所推举的股东名称	该股东持股比例(%)	简　要　履　历
洪文瑾	董事长	女	50	2008年11月	厦门市金财投资有限公司	80	2006年7月毕业于厦门大学工商管理专业；现任厦门金圆投资集团有限公司副总经理，厦门国际信托有限公司董事长兼圆信永丰证券投资基金公司董事长，中共厦门国际信托有限公司党总支委员会书记。
许晓曦	董事	男	44	2013年6月	厦门市金财投资有限公司	80	2003年12月毕业于厦门大学财政金融系；现任厦门金圆投资集团有限公司董事长、党委书记兼厦门市金财投资有限公司董事长、厦门国际金融管理学院董事长。
陈小林	董事	女	50	2013年6月	厦门市金财投资有限公司	80	1989年7月毕业于福建农学院农经系农村金融专业；现任厦门金圆投资集团有限公司副总经理兼厦门国际金融管理学院院长。
薛　荷	董事	女	48	2013年6月	厦门市金财投资有限公司	80	1986年7月毕业于南京大学经济系；现任厦门金圆投资集团有限公司副总经理兼厦门市创业投资有限公司董事长、厦门市担保有限公司董事长、金圆资本管理(厦门)有限公司董事长。
王文怀	董事	男	41	2013年6月	厦门建发集团有限公司	10	经济师。1998年毕业于厦门大学企业管理专业，获硕士学位；现任厦门建发集团有限公司投资总监。
余明凤	董事	男	50	2013年6月	厦门港务控股集团有限公司	10	1985年毕业于广州暨南大学会计系会计专业；现任厦门港务控股集团有限公司财务部经理、厦门港务控股集团纪律检查委员会副书记，职工监事。
刘持金	独立董事	男	51	2013年6月	独立董事		1997年7月毕业于美国哈佛大学工商管理专业，获硕士学位；现任北京泛太管理培训有限公司董事长。
孙立坚	独立董事	男	51	2013年6月	独立董事		2000年3月毕业于日本一桥大学商学研究科，获博士学位；现任复旦大学金融研究中心主任、复旦大学经济学院副院长。
陈　工	独立董事	男	55	2013年6月	独立董事		1999年7月毕业于厦门大学财金系，博士学历，经济学教授、博士生导师，现任厦门大学经济学院财政系教授。

独立董事

姓　名	所在单位职务	性别	年龄	选任日期	简　要　履　历
刘持金	北京泛太管理培训有限公司董事长、中国企业改革发展研究会副会长	男	51	2013年6月	1997年7月毕业于美国哈佛大学工商管理专业，获硕士学位；现任北京泛太管理培训有限公司董事长。
孙立坚	复旦大学金融研究中心主任、复旦大学经济学院副院长	男	51	2013年6月	2000年3月毕业于日本一桥大学商学研究科，获博士学位；现任复旦大学金融研究中心主任、复旦大学经济学院副院长。
陈　工	厦门大学经济学院财政系教授	男	55	2013年6月	1999年7月毕业于厦门大学财金系，博士学历，经济学教授、博士生导师；现任厦门大学经济学院财政系教授。

3.1.3　监事会成员

姓　名	职　务	性别	年龄	选任日期	所推举的股东名称	该股东持股比例(%)	简　要　履　历
黄威飘	监事长	男	49	2013年6月	厦门市金财投资有限公司	80	2003年12月毕业于中央党校法律专业；现任厦门金圆投资集团有限公司纪委书记，厦门天马微电子有限公司副董事长。
黄昆明	外部监事	男	47	2013年6月	厦门市金财投资有限公司	80	1989年9月毕业于集美财政专科学校会计系财会专业；现任厦门金圆投资集团有限公司 副总经理，厦门两岸金融中心建设开发有限公司董事长、厦门金圆置业有限公司董事长。
苏东升	职工监事	男	41	2013年6月			1994年7月毕业于厦门大学会计系；现任厦门国际信托有限公司审计部总经理。

3.1.4 高级管理人员

姓名	职务	性别	年龄	选任日期	金融从业年限	学历	专业
洪文瑾	董事长	女	50	2008 年 11 月	19	硕研	工商管理
李自成	总经理	男	52	2012 年 1 月	24	硕研	历史
林 将	副总经理	男	56	2005 年 5 月	32	大专	金融
胡荣炜	副总经理	男	39	2013 年 8 月	6	硕研	工商管理
蔡炎坤	副总经理	男	49	2013 年 8 月	25	硕研	货币银行
郭韶红	副总经理	女	45	2013 年 8 月	24	硕研	金融
苏荣坚	总经理助理	男	51	2013 年 11 月	19	本科	经济管理
郑 华	总经理助理	女	39	2010 年 5 月	19	本科	行政管理

3.1.5 公司员工

报告期末公司职工人数 135 人，平均年龄 39 岁，学历结构分布为博士 0.74%、硕士 33.33%、本科 46.67%、专科 13.33%、其他 5.93%。

4. 经营管理

4.1 经营目标、方针、战略规划

经营目标：在健全内部法人治理结构、完善和规范内控管理制度和业务流程基础上，建立并形成一批高素质、专业化的投资管理与营销团队，实现公司信托资产规模和盈利水平的双增长，为信托受益人和公司股东谋求最大利益。

经营方针：稳健经营、诚实守信、开拓创新、有效回报，即以稳健经营为前提，以诚实信用为根本，以开拓创新为动力，以有效回报为目标。

发展规划：依托国务院关于支持福建省加快建设海峡西岸经济区的发展契机，在控股股东金融发展战略指引下，以开拓创新为先导，以专注主业为核心，以风险控制为保障，加强与银行、政府、股东成员机构以及海峡两岸其他金融机构之间开展各种形式的合作，逐步实现信托业务从平台型为主向自主管理型为主的转变，增强企业竞争力，提升公司在股东金融板块的行业价值；建立健全有效的激励和约束机制，实施有效的人才战略，为公司可持续发展创造条件；着力提升公司的投融资能力、项目自开发能力、资产管理能力和市场营销能力；在确保安全性的前提下适当调整自有资产结构，提高自有资产的运作效益，成为股东金融资源整合的重要平台；积极获得股东支持，通过增资或引进战略投资者方式，提升公司净资本水平；规划期内确保在信托业务主要指标行业排名上有所进步，推动公司业务规模、经营效益、管理水平的全面提升，初步形成自身的核心盈利模式并成为国内具有一定竞争力的信托机构。

4.2 所经营业务的主要内容

目前公司经营的业务均围绕"一法两规"及中国银监会的有关规定开展，在固有资产方面，开展贷款（流动资金贷款和固定资产贷款）、融资租赁、投资（金融股权投资和证券投资）等业务。在信托业务方面，有单一信托和集合信托业务，资金信托和财产信托业务。目前信托业务主要开展了贷款信托、证券投资信托、股权投资信托和股权管理信托、财产信托（土地收益权、股权收益权、信贷资产）等，信托业务资金投向涵盖了基础设施建设、房地产、证券、优质工商企业等方面。

4.2.1 自营资产运用与分布表

资产运用	金额（万元）	占比（%）	资产分布	金额（万元）	占比（%）
货币资产	30 302	11.97	基础产业	37 246	14.71
贷款及应收款	31 500	12.44	房地产业	5 500	2.17
交易性金融资产	2 414	0.95	证券市场	2 414	0.96
可供出售金融资产	11 026	4.36	实业	—	0
持有至到期投资	102 336	40.43	金融机构	23 952	9.46
长期股权投资	61 198	24.18	其他	184 032	72.70
其他	14 368	5.67			
资产总计	253 144	100	资产总计	253 144	100

4.2.2 信托资产运用与分布表

资产运用	金额（万元）	占比（%）	资产分布	金额（万元）	占比（%）
货币资产	111 346	0.84	基础产业	1 073 572	8.11
贷款	7 888 508	59.56	房地产	3 760 840	28.40
交易性金融资产	547 798	4.14	证券市场	680 461	5.14
可供出售金融资产	2 449 749	18.5	实业	5 877 852	44.38
持有至到期投资	57 485	0.43	金融机构	515 116	3.89
长期股权投资	688 671	5.20	其他	1 336 183	10.08
其他	1 500 467	11.33			
信托资产总计	13 244 024	100	信托资产总计	13 244 024	100

4.3 市场分析

4.3.1 有利因素

高端客户理财市场蓬勃发展。国内经济持续快速发展，随着社会财富不断增加，社会财富的管理需求愈来愈大，如何使资产保值增值，成为投资者最为关心的话题，资产管理和财富管理的市场潜力巨大，这为信托业的发展提供了广阔的市场空间。

信托监管环境日臻完善。中国银监会制定了一系列信托行业监管制度和业务规范，明确引导信托公司转变经营模式，有利于促进信托业务规范化运作，促进信托公司自主管理资产能力的提升。

公司明确中长期发展规划，稳健经营，资产优良，风控体系日趋完善，树立了合规经营的品牌优势，拥有专业化的人才队伍，为公司稳步发展奠定了基础。

4.3.2 不利因素

目前社会公众对信托行业的了解程度较低，市场和合格投

资者尚需培育。信托业务相关配套法规如信托登记等制度尚未建立，较大的影响了信托创新业务开展。当前宏观经济形势下，行业面临的外部环境日趋复杂，金融机构竞争加剧，信托公司缺乏竞争优势。

4.4 内部控制

4.4.1 内部控制环境和内部控制文化

公司内部控制具体包括四项目标：一是确保国家法律法规、外部监管机构的监管要求和公司内部规章制度得到有效的贯彻执行；二是确保公司发展战略和经营目标的全面实施和充分实现；三是确保公司风险管理体系的有效性；四是确保业务记录、财务信息和其他管理信息的及时性、真实性、完整性。

公司建立了较为完善的法人治理结构，包括股东会、董事会、监事会和经营班子，各自职责明确并得到切实履行。董事会对公司建立内部控制系统和维持其有效性承担最终责任，经营班子对内部控制制度的有效执行承担责任，监事会对内部控制行使监督职责。公司董事会、监事会和经营管理层能充分认识自身对内部控制所承担的责任，并培育公司良好的内部控制文化和风险管理理念。董事会对总经理制定了明确的授权权限，总经理办公会具有明确的议事规则和决策程序。公司按照信托资产与固有资产隔离原则，分别设立不同的业务部门由不同的高管人员负责管理，各个信托项目均建立独立账户和账套分别管理、分别记账。公司按照职责明确、相互制约的原则设置组织结构，各部门有明确的授权分工，严格遵守公司部门工作职责的规定，在各自职权范围内从事活动。这些设置为公司提供了一个良好的内控环境和氛围。

4.4.2 内部控制措施

公司根据全面性、审慎性、及时性、有效性等原则，主要以业务处理流程为基础，运用目标控制、组织控制、授权控制、程序控制、检查控制等多种控制方法，致力于形成一套包括前台、中台、后台三道防线的内部监督控制体系。

公司持续不断地完善制度建设，包括信贷业务、投资业务、资金业务、会计内部控制、信息系统内部控制等各个方面在内的规章制度，排除内控盲点，建立分类科学、内容全面的制度和流程体系。2013 年制定和修订了 28 项规章制度，重新整理了制度汇编。一系列规章制度保证了公司各项业务规范、有序开展。各项制度得到良好执行。

公司内部控制职能主要通过法务合规部、风险管理部和审计部来履行。法务合规部、风险管理部主要履行事前、事中的控制职能。审计部主要履行事后检查监督职能。

4.4.3 信息交流与反馈

公司经营层与董事会保持良好的信息沟通，及时将经营管理中出现的问题、国家法律法规、政策和监管意见向董事会传达；所有经营活动均严格按照董事会对经营层的授权进行，授权是明确而有效的；根据有关监管要求，对于集合资金信托业务、关联交易等重大事项，公司均履行了报备或报批手续。针对监管意见和稽核审计中发现的问题，向公司各部门发出整改通知，把有关监管意见落实到相关部门；公司通过内部网办公系统，保证全体员工及时了解国家法律法规和公司规章制度，使风险意识和内控措施贯穿到公司各个部门、各个岗位和各个环节；业务部门、内部审计部门和其他人员发现的内部控制的问题，均能有畅通的报告渠道并采取有效纠正措施；公司严格执行向委托人、受益人信息披露的有关制度，确保相关当事人的知情权。

4.4.4 监督评价与纠正

公司设立审计部门负责内部审计工作，审计工作按照审计署关于内部审计的规定和中国银监会的有关规定进行，包括采取定期和不定期的方式，范围涉及财务和业务的各个方面，对公司内部控制制度的执行情况进行持续的监督，评价内部控制的有效性，提出意见。各个信托项目结束以及关键岗位人员离职均必须经过审计部门的审计。2013 年，审计部全年共完成 32 项常规和专项审计，其中到期信托项目审计涉及 223 个项目，运行中项目的后续跟踪和运行报告涉及 442 个项目，出具 34 份内部审计报告，提出整改意见和审计建议 88 条。内部审计工作始终得到公司董事会和高级管理层的重视，内部审计结果向董事会、监事会和经营层报告，对于内部审计中发现的问题，能得到及时有效的整改，并将整改落实情况向监管部门报告。

4.5 风险管理

4.5.1 风险管理概况

公司十分注重风险控制管理，坚持积极稳健的经营原则，规范运作，审慎经营；公司按照全面风险管理、集中风险管理、独立性、有效性、及时性、持续性的原则，通过自上而下的风险识别、自上而下的风险控制和上下结合的风险化解 将本公司业务运作和经营管理的所有内容都涵盖于风险管理制度之下；公司进一步运用现代风险管理控制手段和技术，不断改进和提高风险控制管理质量和水平。

公司建立了有效的风险管理组织结构，包括董事会、总办会、法务合规部、风险管理部（业务风险评审委员会）、审计部。董事会对风险负最终责任，负责确立适当的风险管理原则和战略；总办会发挥其应有的民主决策的积极作用；法务合规部负责业务合规性审查、法律事务；风险管理部负责日常风险管理和跟踪监督；审计部负责公司审计稽核等。

4.5.2 风险状况

4.5.2.1 信用风险状况

信用风险主要表现为公司交易对手不能履行合约义务带来的风险，其中包括业务合作伙伴、贷款对象的信用风险，资金往来银行的信用风险，从而导致公司资产价值发生变动遭受损失的风险。2013 年公司自营信用风险资产期末数为 72 141 万元；其中正常类信用风险资产为 72 141 万元，无关注类、次级类、可疑类和损失类信用风险资产。不良信用资产的期初数为 0 万元，期末数为 0 万元。已足额计提资产减值准备。

4.5.2.2 市场风险状况

市场风险是指因市场波动而使得投资者不能获得预期收益的风险，包括股价、市场汇率、利率及其他价格因素产生的不利波动。

由于公司无外汇业务，因此市场汇率的变动对公司暂时还没有影响。

4.5.2.3 操作风险状况

操作风险是指公司由于内部程序、人员、系统的不完善或失误，或外部事件造成的潜在损失。

公司目前已逐步建立和完善了一系列基本制度、管理规定和业务操作流程，公司高管和员工风险意识和责任心较强。自重新登记以来未发生过较大因员工不尽职或违规而给公司和信托财产造成损失的事件。公司基本能有效地防范各个环节的操作风险。

4.5.2.4　其他风险状况

其他风险例如政策风险，宏观政策以及监管政策的变动对公司经营环境和发展会造成的一定的影响。

4.5.3　风险管理

4.5.3.1　信用风险管理

公司根据《企业会计准则》关于资产减值准备确认、计量的规定，并参考财政部关于印发＜＜金融企业准备金计提管理办法＞＞的通知（财金[2012]20 号）文对本公司资产提取资产减值准备及一般风险准备。

针对融资对象企业的信用风险，公司主要通过严格贷款“三查”制度、审贷分离制度和逐级审批制度来加以防范，制定了统一的企业信用标准和详细的操作规程。

针对资金往来银行和开户券商风险，主要通过选择实力雄厚、信誉卓著、业绩优良的金融机构作为合作伙伴并对合作伙伴定期与不定期压力测试来及时发现问题，对风险加以防范。

办理抵押贷款，注重对抵押物的权属、有效性和变现能力以及所设定抵押的合法性进行审查，完善登记手续；对抵押物确认的主要原则为根据抵押物评估值的不同情况合理确定贷款抵押比例。

办理保证贷款，主要对保证人的保证资格、资信状况及其还款记录进行审查，并签订保证合同；原则上提供保证的企业应属于经营良好的企业，有足够的偿债能力，在贷款期间没有可预见的经营风险存在，没有不良记录，历史上信用良好等。

4.5.3.2　市场风险管理

针对证券市场风险，公司注重对证券投资的策略研究，遵循组合投资、分散风险的原则，建立对各种市场风险暴露进行实时计量和评估机制，并根据所确认和计量的风险暴露，分别制定风险限额，设立止损措施等以有效防范证券市场风险。公司根据市场需求开发信托产品，一方面满足一般受益人的风险收益偏好；另一方面有效降低优先受益人的风险。公司严格选择投资顾问，确定合理的证券投资资产配置比例和止损线。公司运用投资管理信息系统实时控制投资比例限制和产品净值变动，严格执行有关止损点措施。

4.5.3.3　操作风险管理

操作风险可以通过正确的管理程序得到控制。公司主要通过严格的授权制度与过程监控来防范操作风险。在制定和完善具体的风险管理制度时，以“一法两规”为依据，落实信托业务和自营业务分账管理、防止挪用或私自改变资金用途、规范关联交易、加强信息披露等业务操作守则和制度要求。特别是对信托经理人的道德水准和职业操守有明确的职责要求，要求其定期完成对信托业务执行风险控制点的监控报告，恪尽职守，履行诚实、信用、谨慎、有效管理的义务。

4.5.3.4　其他风险管理

其他风险例如政策风险，公司通过严格依法经营，根据法规和监管政策要求及时制定和完善公司规章、内控制度和业务规程，加强业务合规性审查以规范和控制公司业务的政策风险。同时公司保持与监管当局紧密沟通、了解政策动向，把握业务方向。

5. 报告期末及上一年度末的比较式会计报表

5.1　自营资产

5.1.1　会计师事务所审计结论

审 计 报 告

致同审字（2014）第 350FB0006 号

厦门国际信托有限公司全体股东：

我们审计了后附的厦门国际信托有限公司（以下简称厦门信托公司）自营资产财务报表，包括自营资产 2013 年 12 月 31 日的资产负债表，2013 年度的利润表、现金流量表、所有者权益变动表以及财务报表附注。

一、管理层对财务报表的责任

编制和公允列报财务报表是厦门信托公司管理层的责任，这种责任包括：（1）按照企业会计准则的规定编制财务报表，并使其实现公允反映；（2）设计、执行和维护必要的内部控制，以使财务报表不存在由于舞弊或错误导致的重大错报。

二、注册会计师的责任

我们的责任是在执行审计工作的基础上对财务报表发表审计意见。我们按照中国注册会计师审计准则的规定执行了审计工作。中国注册会计师审计准则要求我们遵守中国注册会计师职业道德守则，计划和执行审计工作以对财务报表是否不存在重大错报获取合理保证。

审计工作涉及实施审计程序，以获取有关财务报表金额和披露的审计证据。选择的审计程序取决于注册会计师的判断，包括对由于舞弊或错误导致的财务报表重大错报风险的评估。在进行风险评估时，注册会计师考虑与财务报表编制和公允列报相关的内部控制，以设计恰当的审计程序，但目的并非对内部控制的有效性发表意见。审计工作还包括评价管理层选用会计政策的恰当性和作出会计估计的合理性，以及评价财务报表的总体列报。

我们相信，我们获取的审计证据是充分、适当的，为发表审计意见提供了基础。

三、审计意见

我们认为，厦门信托公司自营资产财务报表在所有重大方面按照企业会计准则的规定编制，公允反映了厦门信托公司自营资产 2013 年 12 月 31 日的财务状况以及 2013 年度的经营成果和现金流量。

致同会计师事务所（特殊普通合伙）厦门分所

中国注册会计师

中国注册会计师

中国・厦门　　　　二〇一四年 一月二十二日

5.1.2 资产负债表

单位：厦门国际信托有限公司（自营资产）　　2013 年 12 月 31 日　　单位：万元

资　　产	期末数	期初数	负债和所有者权益	期末数	期初数
资 产			负 债		
货币资金	30 302	38 559	拆入资金		
拆出资金			衍生金融负债		
交易性金融资产	2 414	1 546	应付职工薪酬	9 301	7 552
衍生金融资产			应交税费	5 144	5 107
买入返售金融资产			应付利息		
应收利息	100	132	应付股利		
发放贷款	31 500	39 900	预计负债		
可供出售金融资产	11 026	612	递延所得税负债	106	100
长期应收款			其他负债	3 370	1 339
持有至到期投资	102 336	23 999	负债合计	17 921	14 098
长期股权投资	61 198	67 327	所有者权益		
固定资产	5 031	5 151	实收资本	160 000	100 000
递延所得税资产	3 800	1 875	资本公积	1 555	1 535
其他资产	5 437	2 410	盈余公积	21 651	17 072
			一般风险准备	3 620	2 587
			信托赔偿准备	10 517	8 228
			未分配利润	37 880	37 991
			所有者权益合计	235 223	167 413
资产总计	253 144	181 511	负债和所有者权益总计	253 144	181 511

法定代表人：洪文瑾　　主管财务负责人：胡荣炜　　财务主管：陈明雅

5.1.3 利润表

单位：厦门国际信托有限公司（自营资产）　　2013 年度　　单位：万元

项　　目	当年数	上年数
一、营业收入	79 787	69 865
利息净收入	6 561	4 518
利息收入	6 561	4 518
利息支出	—	—
手续费及佣金净收入	55 486	54 753
手续费及佣金收入	55 486	54 753
手续费及佣金支出	—	—
投资收益（损失以“-”号填列）	16 878	9 634
公允价值变动收益	-133	312
汇兑收益（损失以“-”号填列）	—	—
其他业务收入	995	648
二、营业支出	23 170	14 581
营业税金及附加	3 411	3 314
业务及管理费	12 348	9 369
资产减值损失	5 822	—
其他业务成本	1 589	1 898
三、营业利润（亏损以“-”号填列）	56 617	55 284
加：营业外收入	606	1
减：营业外支出	5	144
四、利润总额（损失以“-”号填列）	57 218	55 141
减：所得税费用	11 437	12 415
五、净利润（损失以“-”号填列）	45 781	42 726
六、每股收益：		
（一）基本每股收益	0.29	0.43
（二）稀释每股收益	0.29	0.43
七、其他综合收益	20	17
八、综合收益总额	45 801	42 743

法定代表人：洪文瑾　　主管财务负责人：胡荣炜　　财务主管：陈明雅

5.1.4

所有者权益变动表

2013 年度

单位:厦门国际信托有限公司(自营资产)　　　　单位:万元

项目	本年金额								上年金额							
	归属于母公司所有者权益							所有者权益合计	归属于母公司所有者权益							所有者权益合计
	实收资本(或股本)	资本公积	减:库存股	盈余公积	一般风险准备	信托赔偿准备	未分配利润		实收资本(或股本)	资本公积	减:库存股	盈余公积	一般风险准备	信托赔偿准备	未分配利润	
一、上年年末余额	100 000	1 535	—	17 072	2 587	8 228	37 991	167 413	100 000	1 518	—	12 800	1 462	6 091	2 799	124 670
加:会计政策变更								—								—
前期差错更正								—								—
二、本年年初余额	100 000	1 535	—	17 072	2 587	8 228	37 991	167 413	100 000	1 518	—	12 800	1 462	6 091	2 799	124 670
三、本年增减变动金额(减少以"-"号填列)	60 000	20	—	4 579	1 033	2 289	-111	67 810	—	17	—	4 272	1 125	2 137	35 192	42 743
(一)净利润							45 781	45 781							42 726	42 726
(二)其他综合收益	—	20	—	—	—	—	—	20	—	17	—	—	—	—	—	17
1. 可供出售金融资产公允价值变动净额	—	26	—	—	—	—	—	26	—	23	—	—	—	—	—	23
(1)计入所有者权益的金额		26						26		23						23
(2)转入当期损益的金额								—								—
2. 现金流量套期工具公允价值变动净额								—								—
(1)计入所有者权益的金额								—								—
(2)转入当期损益的金额								—								—
(3)计入被套期项目初始确认金额中的金额								—								—
3. 权益法下被投资单位其他所有者权益变动的影响								—								—
4. 与计入所有者权益项目相关的所得税影响		-6						-6		-6						-6
5. 其他								—								—
上述(一)和(二)小计	—	20	—	—	—	—	45 781	45 801	—	17	—	—	—	—	42 726	42 726
(三)所有者投入和减少资本	60 000	—	—	—	—	—	—	60 000	—	—	—	—	—	—	—	—
1. 所有者投入资本	60 000							60 000	—							—
2. 股份支付计入所有者权益的金额								—								—
3. 其他								—								—
(四)利润分配	—	—	—	4 579	1 033	2 289	-45 892	-37 991	—	—	—	4 272	1 125	2 137	-7 534	—
1. 提取盈余公积				4 579			-4 579	—				4 272			-4 272	—
2. 提取一般风险准备					1 033		-1 033	—					1 125		-1 125	—
3. 提取信托赔偿准备						2 289	-2 289	—						2 137	-2 137	—
4. 对所有者(或股东)的分配							-37 991	-37 991								—
(五)所有者权益内部结转	—	—	—	—	—	—	—	—	—	—	—	—	—	—	—	—
1. 资本公积转增资本								—								—
2. 盈余公积转增资本								—								—
3. 盈余公积弥补亏损								—								—
4. 其他								—								—
四、本年年末余额	160 000	1 555	—	21 651	3 620	10 517	37 880	235 223	100 000	1 535	—	17 072	2 587	8 228	37 991	167 413

法定代表人:洪文瑾　　主管会计工作负责人:胡荣炜　　会计机构负责人:陈明雅

5.2 信托资产

信托项目资产负债汇总表

单位：厦门国际信托有限公司　　2013年12月31日　　单位：万元

资　产	期末数	期初数	负债与所有者权益	期末数	期初数
资 产			负 债		
货币资金	111 346	153 706	应付受托人报酬	2 675	2 852
拆出资金	0	0	应付受益人收益	387	521
交易性金融资产	547 798	308 823	应交税金	0	0
衍生金融资产	0	0	衍生金融负债	0	0
买入返售金融资产	1 477 853	1 709 455	其他负债	16 320	36 499
发放贷款	7 888 508	5 390 107	负债合计	19 382	39 872
可供出售金融资产	2 449 749	2 965 292	所有者权益		
持有至到期投资	57 485	122 070	实收信托	13 189 264	11 262 573
应收款项	4 337	2 601	其中：集合资金信托	1 261 913	1 250 996
长期股权投资	688 671	638 672	单一资金信托	11 429 539	9 007 964
其他资产	18 277	0	财产信托	497 812	1 003 613
			资本公积	0	0
			未分配利润	35 378	−11 719
			所有者权益合计	13 224 642	11 250 854
资产总计	13 244 024	11 290 726	负债和所有者权益总计	13 244 024	11 290 726

法定代表人：洪文瑾　　主管财务负责人：胡荣炜　　财务主管：陈明雅

信托项目利润及利润分配汇总表

单位：厦门国际信托有限公司（信托业务汇总）　2013年度　　单位：万元

项　目	当年数	上年数
一、营业收入	1 124 333	745 277
利息净收入	749 937	437 025
利息收入	749 937	437 025
利息支出	0	0
投资收益（损失以"－"号填列）	373 480	269 711
公允价值变动收益	−9 690	31 060
其他业务收入	10 606	7 481
二、营业支出	144 075	124 551
营业税金及附加	0	0
信托费用	144 075	124 551
资产减值损失	0	0
三、利润总额（损失以"－"号填列）	980 258	620 726
加：期初未分配信托利润	−11 720	−38 062
损益平准金	2 620	8
四、可供分配的信托利润	971 158	582 672
减：本期已分配信托利润	935 780	594 392
五、期末未分配信托利润	35 378	−11 720

法定代表人：洪文瑾　　主管财务负责人：胡荣炜　　财务主管：陈明雅

6. 会计报表附注

6.1 会计报表编制基准、会计政策、会计估计和核算方法发生变化的说明

对比上一报告年度，本报告年度公司会计报表编制基准、会计政策、会计估计和核算方法没有发生变化。

6.2 或有事项的说明

公司的对外担保均为在重新登记前为厦门市一些市政项目提供的担保，2013年期初数为4 275万元、期末数为4 072万元。由于以上担保均由厦门市财政局提供反担保，因此，上述或有事项对公司不构成重大影响。

6.3 重要资产转让及其出售的说明

本期公司没有发生重要资产转让或出售。

6.4 会计报表中重要项目的明细资料

（注：本部分披露表格中的金额数据除有特别标注单位外均以万元为单位。）

6.4.1 自营资产经营情况

6.4.1.1 信用风险资产分类情况表

信用风险资产五级分类	正常类（万元）	关注类（万元）	次级类（万元）	可疑类（万元）	损失类（万元）	信用风险资产合计（万元）	不良资产合计（万元）	不良资产率（%）
期初数	85 090	0	0	0	0	85 090	0	0
期末数	72 141	0	0	0	0	72 141	0	0

注：资产数按照计提减值准备前的数字反映。不良资产合计＝次级类＋可疑类＋损失类。

6.4.1.2 资产减值损失准备

单位：万元

	期初数	本期计提	本期转回	本期核销	期末数
贷款损失准备	0	0	0	0	0
一般准备	0	0	0	0	0
专项准备	0	0	0	0	0
其他资产减值准备	0	0	0	0	0
可供出售金融资产减值准备	0	0	0	0	0
持有至到期投资减值准备	0	0	0	0	0
长期股权投资减值准备	0	5 822	0	0	5 822
坏账准备	0	0	0	0	0
投资性房地产减值准备	0	0	0	0	0

6.4.1.3　自营投资情况

单价：万元

	自营股票	基金	债券	长期股权投资	其他投资	合计
期初数	1 546	612	0	67 327	23 999	93 484
期末数	1 414	1 000	0	61 198	113 362	176 974

6.4.1.4　前五名长期股权投资企业情况

企业名称	占被投资企业权益的比例（%）	主要经营活动	投资损益（万元）
1. 厦门华夏国际电力发展有限公司	20	火力发电、电力销售及其他与火电厂经营相关项目的开发利用。	8 550
2. 申银万国证券股份有限公司	0.2887	证券代理买卖；代理证券的还本付息、分红派息；证券代保管、鉴证；代理登记开户；证券的自营买卖；证券的承销；证券投资咨询；受托投资管理。	194
3. 象屿期货有限责任公司	46.47	商品期货经纪；金融期货经纪。	−51
4. 福建省能源集团财务有限公司	10	对成员单位办理财务和融资顾问、信用鉴证及相关的咨询、代理业务。	300
5. 南方基金管理有限公司	15	从事证券投资基金管理、发起设立证券投资基金。	2 700

注：投资损益是指按照企业会计准则规定，核算股权投资确认损益并计入披露年度利润表的金额。

6.4.1.5　前五名自营贷款企业情况

企业名称	占贷款总额的比例（%）	还款情况
1. 厦门市集美区国有资产投资有限公司	44.44	贷款未到期、无欠息
2. 安溪县小城镇建设投资有限公司	38.10	贷款未到期、无欠息
3. 福建象屿房地产开发有限公司	17.46	贷款未到期、无欠息

6.4.1.6　表外业务

单位：万元

表外业务	期初数	期末数
担保业务	4 275	4 072
代理业务（委托业务）	3 308	3 308
其他	0	0
合计	7 583	7 380

注：代理业务主要反映因客观原因应规范而尚未完成规范的历史遗留委托业务，包括委托贷款和委托投资。

6.4.1.7　公司当年的收入结构

收入结构	金额（万元）	占比（%）
手续费及佣金收入	55 486	69.02
其中：信托手续费收入	55 486	69.02
投资银行业务收入	0	0
利息收入	6 561	8.16
其他业务收入	995	1.24

续表

收入结构	金额（万元）	占比（%）
投资收益	16 878	20.99
其中：股权投资收益	11 693	14.54
证券投资收益	72	0.09
其他投资收益	5 113	6.36
公允价值变动收益	−133	−0.16
营业外收入	606	0.75
收入合计	80 393	100

注：手续费及佣金收入、利息收入、其他业务收入、投资收益、营业外收入均为损益表中的一级科目，其中手续费及佣金收入、利息收入、营业外收入为未抵减掉相应支出的全年累计实现收入数。

6.4.2　信托资产管理情况

6.4.2.1　信托资产的期初数、期末数

单位：万元

信托资产	期初数	期末数
集合	1 381 690	1 299 776
单一	9 019 241	11 452 155
财产权	889 795	492 093
合计	11 290 726	13 244 024

6.4.2.1.1　主动管理型信托业务情况

单位：万元

主动管理型信托资产	期初数	期末数
投资类	1 356 000	1 323 645
其中：证券投资	471 459	680 461
融资类	3 479 937	4 244 375
事务管理类	1 148	254 823
合计	4 837 085	5 822 843

6.4.2.1.2　被动管理型信托业务情况

单位：万元

被动管理型信托资产	期初数	期末数
投资类	1 831 228	1 880 971
其中：证券投资	0	0
融资类	4 579 270	4 963 231
事务管理类	43 143	576 979
合计	6 453 641	7 421 181

6.4.2.2　本年度已清算结束的信托项目情况

6.4.2.2.1　本年度已清算结束的集合类、单一类、财产管理类信托项目情况

已清算结束信托项目	项目个数	实收信托合计金额（万元）	加权平均实际年化收益率（%）
集合类	47	642 335	5.79
单一类	166	6 533 081	6.70
财产管理类	6	279 716	9.35

注：收益率是指信托项目清算后，给受益人赚取的实际收益水平。加权平均实际年化收益率 =（信托项目 1 的实际年化收益率 × 信托项目 1 的实收信托 + 信托项目 2 的实际年化收益率 × 信托项目 2 的实收信托 + … + 信托项目 n 的实际年化收益率 × 信托项目 n 的实收信托）/（信托项目 1 的实收信托 + 信托项目 2 的实收信托 + … + 信托项目 n 的实收信托）×100%。

6.4.2.2.2 本年度已清算结束的主动管理型信托项目情况

已清算结束信托项目	项目个数	实收信托合计金额(万元)	加权平均实际年化信托报酬率(%)	加权平均实际年化收益率(%)
投资类	30	1 406 032	0.29	2.62
其中:证券投资类	13	1 064 662	0.17	0.87
融资类	102	2 400 731	0.78	7.85
事务管理类	2	83 500	0.58	8.96

注:加权平均实际年化信托报酬率=(信托项目1的实际年化信托报酬率×信托项目1的实收信托+信托项目2的实际年化信托报酬率×信托项目2的实收信托+…+信托项目n的实际年化信托报酬率×信托项目n的实收信托)/(信托项目1的实收信托+信托项目2的实收信托+…+信托项目n的实收信托)×100%。

6.4.2.2.3 本年度已清算结束的被动管理型信托项目情况

已清算结束信托项目	项目个数	实收信托合计金额(万元)	加权平均实际年化信托报酬率(%)	加权平均实际年化收益率(%)
投资类	34	678 832	0.46	8.80
其中:证券投资类	0	0	0	0
融资类	43	2 479 365	0.32	6.61
事务管理类	8	406 672	0.59	11.08

6.4.2.3 本年度新增的信托项目情况

单位:万元

新增信托项目	项目个数	实收信托合计金额
集合类	77	658 213
单一类	187	8 231 898
财产管理类	4	48 317
新增合计	268	8 938 428
其中:主动管理型	118	3 950 583
被动管理型	150	4 987 845

6.4.2.4 信托业务创新成果和特色业务情况

创新业务案例:厦门信托天首分层1号证券投资集合资金信托计划为公司2013年推出的证券投资集合资金信托计划。该信托计划共募集资金18000万元,投资于上海和深圳证券交易所上市交易的股票、基金、债券,银行存款以及经委托人、受托人书面同意且法律法规允许投资的其他品种。该信托计划在结构化产品的基础上,进一步在优先级内部提供信用增级,将优先级划分为A类与B类。具体而言,优先信托单位总份数和一般信托单位总份数的比例为5∶1;A类优先信托单位份数与B类优先信托单位份数的比例为9∶1,"夹层"模式更为有效地满足了对风险和收益有不同偏好投资者的需求。

6.4.2.5 本公司履行受托人义务情况及因本公司自身责任而导致的信托资产损失

公司严格按照信托法规要求,忠实履行信托合同的义务,至本年末,没有因本公司自身责任而导致的信托资产损失。

6.4.2.6 信托赔偿准备金的提取、使用和管理情况

公司每年按照净利润的5%计提信托赔偿准备金。截至2013年12月31日,信托赔偿准备金期末余额为10 517万元。本公司提取的信托赔偿准备金尚未使用过。

6.5 关联方关系及其交易

6.5.1 关联交易的数量、交易总金额及交易的定价政策

	关联交易方数量	关联交易金额(万元)	定价政策
合计	2	13 500	市场公允价格。对关联方的贷款利率定价依据参照其他商业银行对其同类贷款利率水平,及与公司发放给其他具有同等资信条件非关联方的贷款利率,其他交易方式均按公允交易价格执行。

6.5.2 关联交易方的基本情况

关系性质	关联方名称	法定代表人	注册地址	注册资本(万元)	主营业务
间接受本公司的原母公司控制	联发集团有限公司	陈龙	厦门市湖里区湖里大道31号	180 000	投资兴办独资、合资、合作及内联企业;房地产开发、经营等。
间接受本公司的原母公司控制	厦门兆裕房地产开发有限公司	林志宏	厦门市湖里区禾山街道办枋湖东路705号之一255室	20 000	房地产开发与经营及管理、工程项目代建、装修、装饰工程施工等。

6.5.3 与关联方的重大交易事项

6.5.3.1 固有与关联方交易情况

单位:万元

固有与关联方关联交易				
	期初数	借方发生额	贷方发生额	期末数
贷款	0	0	0	0
投资	0	0	0	0
租赁	0	0	0	0
担保	0	0	0	0
应收账款	0	0	0	0
其他	0	0	0	0
合计	0	0	0	0

6.5.3.2 信托与关联方交易

单位:万元

信托与关联方关联交易				
	期初数	借方发生额	贷方发生额	期末数
贷款	12 000	13 500	12 000	13 500
投资	0	0	0	0
租赁	0	0	0	0
担保	0	0	0	0
应收账款	0	0	0	0
其他	0	0	0	0
合计	12 000	13 500	12 000	13 500

6.5.3.3　固信交易、信信交易

6.5.3.3.1　固有与信托财产交易情况

单位：万元

固有财产与信托财产相互交易			
	期初数	本期发生数	期末数
合计	0	26 500	26 500

6.5.3.3.2　信托项目之间交易情况

单位：万元

信托资产与信托财产相互交易			
	期初数	本期发生额	期末数
合计	0	11 250	11 250

6.5.4　关联方逾期未偿还本公司资金的情况以及本公司为关联方担保发生或即将发生垫款的情况

报告期内无此情况。

6.6　会计制度的披露

本公司固有业务及信托业务均执行国家财政部2006年2月15日颁布的《企业会计准则》及其相关补充规定。

7. 财务情况说明书

7.1　利润实现和分配情况

项目	金额(万元)
上年年末未分配利润	37 991
加:会计政策变更	0
前期差错更正	0
本年年初未分配利润	37 991
加:本年净利润	45 781
可供分配利润	83 772
减:提取一般准备金	1 033
提取盈余公积	4 579
提取信托赔偿准备金	2 289
对所有者(或股东)的分配	37 991
可供股东分配的利润	37 880
减:应付股利	0
年末未分配利润	37 880

7.2　主要财务指标

指标名称	指标值
资本利润率(%)	22.74
加权年化信托报酬率(%)	0.50
人均净利润(万元)	369

注:1. 资本利润率=净利润/所有者权益平均余额×100%。

2. 加权年化信托报酬率=(信托项目1的实际年化信托报酬率×信托项目1的实收信托+信托项目2的实际年化信托报酬率×信托项目2的实收信托+…+信托项目n的实际年化信托报酬率×信托项目n的实收信托)/(信托项目1的实收信托+信托项目2的实收信托+…+信托项目n的实收信托)×100%。

3. 人均净利润=净利润/年平均人数。

4. 平均值采取年初、年末余额简单平均法,公式为:a(平均)=(年初数+年末数)/2。

7.3　公司净资本管理情况

截至2013年12月31日,公司净资本各项监管指标符合监管要求,各监管指标具体情况如下:

(1)净资本=18.50亿元≥2亿元

(2)净资本/各项业务风险资本之和=184 963.22/149 055.91=124.09%≥100%

(3)净资本/净资产=184 963.22/235 223.26=78.63%≥40%

7.4　对本公司财务状况、经营成果有重大影响的其他事项

本报告期内无其他重大影响事项。

8. 特别事项揭示

8.1 前五名股东报告期内变动情况及原因

无。

8.2　董事、监事及高级管理人员变动情况及原因

公司第三届董事会任期届满,经报厦门银监局任职资格核准,公司股东会选举许晓曦先生、陈小林女士、洪文瑾女士、薛荷女士、王文怀先生、余明凤先生担任公司第四届董事会董事,选举刘持金先生、孙立坚先生、陈工先生担任公司第四届董事会独立董事。其中,许晓曦先生、陈小林女士、薛荷女士、王文怀先生、余明凤先生为公司新任董事,刘持金先生、孙立坚先生、陈工先生为公司新任独立董事。第四届董事会继续选举洪文瑾女士为公司董事长。

公司第三届监事会任期届满,公司股东会选举黄威飘、黄昆明、苏东升担任公司第四届监事会成员,其中,苏东升为职工监事。第四届监事会选举黄威飘为监事长。

2013年6月20日,第四届董事会通过决议续聘总经理李自成、副总经理林将。2013年8月31日,报经厦门银监局核准任职资格后,第四届董事会聘任胡荣炜、蔡炎坤、郭韶红任公司副总经理。

8.3　变更营业场所事项

无。

8.4　公司的诉讼事项

(1)厦门辉煌装修工程有限公司股权管理信托项目委托人艾某起诉公司返还其分红收益案件,该案实为委托人艾某与厦门辉煌装修工程有限公司之间因劳动合同纠纷引起的。

(2)皓月雄风(第108期)——源兴包装案借款人违约,公司在与委托人、律师等进行沟通后,完成相关仲裁程序,公司诉求全部得到支持,该案已进入执行程序,公司积极协调担保人代偿事宜。目前已与抵押人达成和解协议,抵押人愿意进行代偿。

8.5　公司及其董事、监事和高级管理人员受到处罚的情况

报告期内未有受到处罚的情况。

8.6 中国银监会及其派出机构对公司检查后提出整改意见及其整改情况

本年厦门银监局向公司下发监管意见《中国银监会厦门监管办公室关于厦门国际信托有限公司异地信托业务风险管控后续情况的现场检查意见书》(厦银监办发[2013]124号)。公司逐一对照检查,认真落实和整改,并将有关整改计划和进展情况书面报告厦门银监局。主要整改措施包括:(1)按照监管要求由风险管理部牵头对公司相关业务制度进行梳理。(2)进一步改进审计工作程序,对发现的问题进一步提出整改要求,明确整改期限,跟进整改情况。(3)涉及各具体项目的整改及反馈,由具体经办信托经理作为责任人。要求各部门严格按照检查意见书的要求进行认真反思,对存在的问题须按规定时间提出整改方案。(4)对项目后续管理问题上,将进一步强化包括但不限于由业务部门跟踪为主,合作银行配合监管资金为辅的同时,提高公司内部审计部门抽查的力度,确保严格按照合同约定用途使用贷款资金。(5)完成公司新业务系统建设,将老系统中贷后管理模块集成到新业务系统。(6)项目正式放款前要求进行完整性审查相关要素之外,还要求各业务部门针对合规部和风险部提出的意见拟采取的具体措施进行说明或提供相应材料。在厦门银监局的检查、指导和帮助下,公司的治理结构、内控制度和经营风险管理等方面都得到了进一步的改进和完善。

8.7 本年度重大事项临时报告简要内容、披露时间、所披露的媒体及版面

2013年1月29日,在《金融时报》第6版、《厦门日报》第6版发布《厦门国际信托有限公司关于股权变更及股权结构调整的公告》。

2013年7月1日,在《金融时报》第6版发布《厦门国际信托有限公司关于注册资本变更的公告》、《厦门国际信托有限公司关于董事会成员变更的公告》。

8.8 中国银监会及其省级派出机构认定的其他有必要让客户及相关利益人了解的重要信息

无。

新华信托股份有限公司

1. 重要提示

新华信托股份有限公司(以下简称公司)董事会及董事保证:本年度报告所载资料不存在任何虚假记载、误导性陈述或者重大遗漏,并对其内容的真实性、准确性和完整性承担个别及连带责任。

公司独立董事李钢、白重恩及戴波先生声明:保证本年度报告的内容真实、准确和完整。

公司2013年度财务报告已经毕马威华振会计师事务所(特殊普通合伙)上海分所根据中国注册会计师独立审计准则审计,并出具了标准无保留意见的审计报告。

公司法定代表人翁先定先生、董事总经理郝雅军先生、主管会计工作负责人夏亮先生、会计机构负责人李容、张琴女士声明:保证本年度报告中的财务报告真实、准确和完整。

本年度报告摘要摘自《公司2013年度报告》全文,年度报告全文同时在公司网站上公布(网址:http://www.nct-china.com),客户及相关利益人欲了解详细内容,谨请登陆公司网站阅鉴。

2. 公司概况

2.1 公司简介

2.1.1 公司基本情况

公司始创于1979年。1986年5月,经中国人民银行《关于成立中国工商银行重庆信托投资公司的批复》批准,成立中国工商银行重庆信托投资公司(银复[1986]113号)。1992年3月,经中国人民银行重庆市分行和重庆市经济体制改革委员会联合以《关于完善中国工商银行重庆信托投资公司股份制体制有关问题的批复》同意改制为股份有限公司(重人行发[1992]字第66号)。1998年1月,经中国人民银行《关于中国工商银行重庆信托投资股份有限公司变更受让单位及更名等有关事宜的批复》批准,中国工商银行转让其所持公司股份给新产业投资股份有限公司,之后公司更名为重庆新华信托投资股份有限公司(银办函[1998]5号)。2001年10月,公司按照中国人民银行的要求首批完成重新登记,同时报经中国人民银行批准,公司增资扩股为5亿元(银复[2001]174号);同年12月,经中国人民银行重庆营业管理部批准,更名为新华信托投资股份有限公司(渝银复[2001]220号)。2007年9月,经中国银行业监督管理委员会(以下简称中国银监会)批准,公司更名为新华信托股份有限公司(银监复[2007]390号)。2008年8月,经中国银监会《中国银监会关于新华信托股份有限公司吸收巴克莱银行有限公司入股及股权结构调整有关事项的批复》批准,公司于2009年1月,增资扩股至6.2112亿元(银监复[2008]327号)。2012年8月,经中国银监会重庆监管局《关于新华信托股份有限公司变更注册资本及修改<公司章程>等有关事项的批复》(渝银监复[2012]70号)批准,公司于2012年12月,将部分未分配利润转增为注册资本,转增后公司注册资本为12亿元。

2.1.2 公司法定中、英文名称及缩写

公司法定中文名称:新华信托股份有限公司

中文名简称:新华信托

公司法定英文名称:New China Trust Co., Ltd.

英文名缩写:NCT

2.1.3 公司法定代表人:翁先定

2.1.4 公司注册地址、邮政编码、国际互联网网址、电子信箱

公司注册地址:重庆市江北区北城一路6号

邮政编码:400023

国际互联网网址:http://www.nct-china.com

电子信箱:service@nct-china.com

2.1.5 公司信息披露事务人员

公司信息披露事务负责人:姜志暤

公司信息披露事务联系人:刘莉薇

联系电话:(86)023 6379 9075

传　　真:(86)023 6379 2460

电子信箱:board@nct-china.com

2.1.6 公司选定的信息披露报纸、公司年度报告备置地点

公司选定的信息披露报纸:中国银监会指定的全国性报纸

公司年度报告备置地点:重庆市江北区北城一路6号

2.1.7 公司其他资料

公司聘请的会计师事务所:毕马威华振会计师事务所(特殊普通合伙)上海分所

住所:中国上海市南京西路1266号恒隆广场50楼

邮政编码:200040

2.2 组织结构

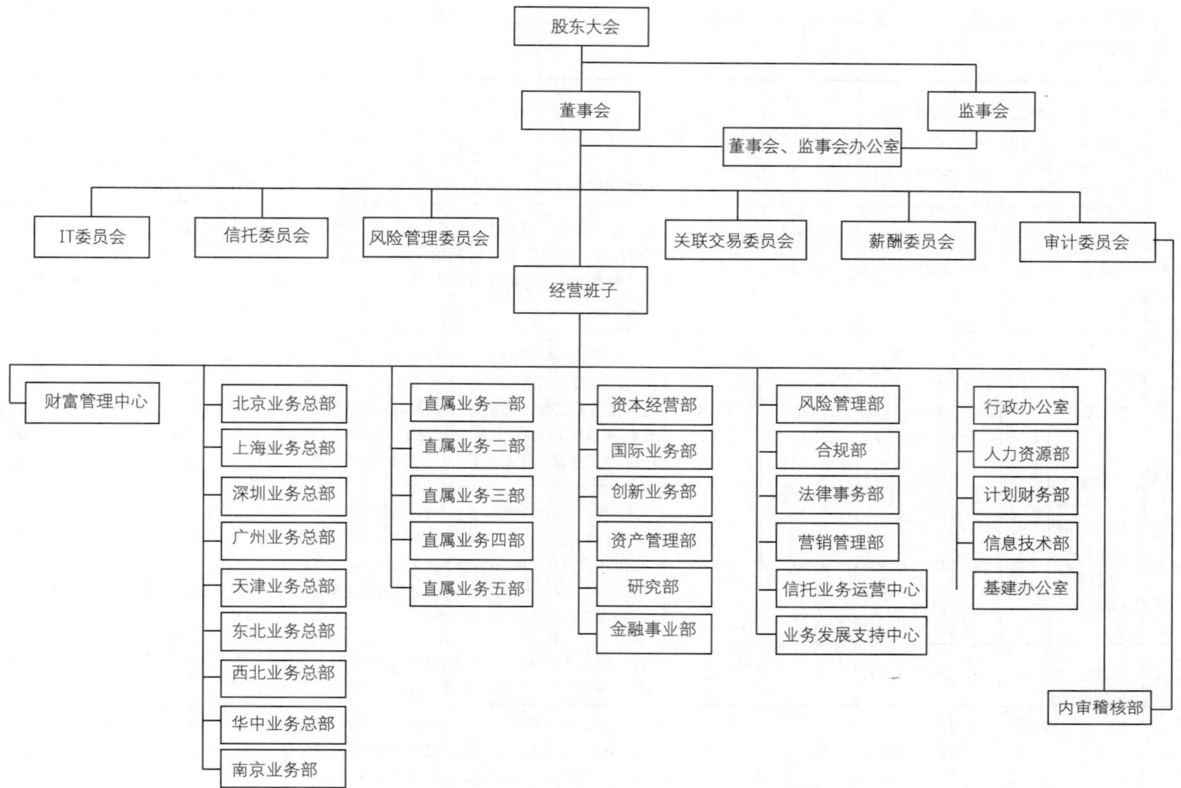

3. 公司治理结构

3.1 股东

报告期末股东总数为3位，分别为：新产业投资股份有限公司（以下简称新产业）、巴克莱银行有限公司（Barclays Bank PLC，以下简称巴克莱）和中诚信投资有限公司（以下简称中诚投）。

股东间关联关系情况：无。

公司股东简要情况介绍

股东名称	持股比例(%)	法定代表人	注册资本	注册地址	主要经营业务及报告年度主要财务情况
新产业	72.25	翁先定	190 000.00万元	深圳市福田区振兴路3号建艺大厦17楼	投资兴办实业（具体项目另行申报）；投资咨询；国内商业、物资供销业（不含专营、专卖、专控商品）。工程咨询（凭工程咨询资质证书开展咨询业务）。 主要财务情况：总资产777 025.47万元，总负债：470 028.79万元，所有者权益：306 996.68万元（未经审计）。
巴克莱	19.50	不适用	已发行普通股实收资本234 255.85万英镑	1 Churchill Place London E14 5HP UK	商业银行、信用卡、企业及投资银行、财富管理。 主要财务情况：总资产131 284 000.00万英镑，总负债124 962 000.00万英镑，所有者权益6 322 000.00万英镑。
中诚投	8.25	关敬如	10 000.00万元	青浦区新业路599号439号房	实业投资，资产管理，商务信息咨询，企业管理咨询，机电科技、计算机软硬件领域内的技术开发、技术服务。 主要财务情况：总资产130 266.00万元，总负债：45 246.00万元，所有者权益：85 020.00万元（未经审计合并数）。

3.2 董事

根据《公司章程》的规定，公司董事会由10人组成，其中独立董事3人。公司董事任期为3年，连选可连任。

董事会成员

姓　名	职　务	性别	年龄	选任日期	所推举的股东名称	该股东持股比例（%）	简　要　履　历
赵　暖	董事（拟任董事长）	男	40	2013年2月	新产业	72.25	曾任上海财经大学金融学院教师，浙江金融租赁股份有限公司总经理助理，上海国际集团金融服务有限公司总裁助理，新华信托股份有限公司副总经理等职；现任新华信托股份有限公司董事。
卢广开	副董事长	男	50	2013年2月	新产业	72.25	曾任上海爱使股份有限公司财务总监，上海新谷实业发展有限公司总经理，融达信实业发展有限公司总经理，包头市绿远控股有限公司副总经理，新时代证券有限责任公司筹备组副组长、副董事长兼总裁，新产业执行董事，新华信托股份有限公司总经理、董事等职；现任新华信托股份有限公司副董事长。
陈　雷	副董事长	男	50	2013年2月	巴克莱	19.50	曾任奥克汉金融公司住房和小型商用物业贷款部抵押资产分析主管、资金部企业融资和投资组合策略经理，苏格兰皇家银行格林威治资本市场公司信用衍生产品/资产支持融资/房地产融资部门副总裁，美联证券结构性信用产品部副总裁，中国国际金融有限公司（北京/香港）资产管理部执行董事，花旗集团环球证券化市场部（香港）董事、苏格兰皇家银行环球银行及市场部（香港）董事总经理，中国盛海投资管理有限公司（香港）执行总裁等职；现任新华信托股份有限公司副董事长。
鲁钟男	董事（2014年3月起任副董事长）	男	58	2013年12月	新产业	72.25	曾任中国人民银行黑龙江省分行科员、副科长、科长、副处长、处长，中国人民银行哈尔滨市分行副行长，中国人民银行黑龙江省分行副行长、常务副行长，中国人民银行沈阳分行副行长，东方集团实业股份有限公司董事，中国民族证券有限责任公司副董事长、总裁等职；现任中国民生银行股份有限公司监事，深圳市新产业创业投资有限公司董事长，新华信托股份有限公司董事，2014年3月起任新华信托股份有限公司副董事长。
魏　华	董事	女	35	2013年2月	新产业	72.25	曾任北京京天威科技发展有限公司总经理助理，安泰慧金投资咨询中心股权投资部经理等职；现任新产业股份有限公司副总裁，新华信托股份有限公司董事。
郝雅军	董事	男	37	2013年2月	新产业	72.25	曾任大同证券公司营业部财务经理和总部稽核监察部主管，金蝶软件公司金融事业部（北京）需求分析师和产品经理，新时代信托投资公司总裁助理和财务总监，新华信托股份有限公司首席财务官等职；现任新华信托股份有限公司总经理、董事。
张立文	董事	男	45	2013年10月	巴克莱	19.50	曾任重庆潼南县副县长（挂职），重庆市证券监督管理办公室主任助理（挂职），大鹏证券有限公司资产管理部首席评估师，重庆国际信托有限公司副总裁，苏州信托有限公司常务副总裁、总裁、董事等职；现任新华信托股份有限公司首席风险官、董事。

独立董事

姓　名	所在单位及职务	性别	年龄	选任日期	所推举的股东名称	该股东持股比例（%）	简　要　履　历
李　钢	上海毅捷股权投资管理有限公司董事长	男	54	2010年5月	新产业	72.25	曾任中国平安保险集团副总经理，生命人寿保险公司董事长、总经理，正大控股集团有限公司总裁等职；现任上海毅捷股权投资管理有限公司董事长，华夏人寿保险公司高级顾问，新华保险研究会会长，新华信托股份有限公司独立董事。
白重恩	清华大学经济管理学院副院长	男	50	2009年3月	巴克莱	19.50	曾任教于美国波士顿学院经济系，香港大学经济金融学院；现任清华大学经济管理学院副院长，新华信托股份有限公司独立董事。
戴　波	北京市智舟律师事务所律师、合伙人、主任	男	41	2009年11月	新产业	72.25	曾任机械工业部政策法规司法律服务中心科员，中国文化艺术总公司企管部副经理，北京中洋律师事务所律师、合伙人，北京衡石律师事务所律师等职；现任北京市智舟律师事务所律师、合伙人、主任，新华信托股份有限公司独立董事。

3.3 监事

根据《公司章程》的规定，公司监事会由5人组成，其中员工监事2人。公司监事任期3年，连选可连任。

监事会成员

姓　名	职　务	性别	年龄	选任日期	所推举的股东名称	该股东持股比例（%）	简　要　履　历
秦　刚	监事会主席	男	40	2012年12月	新产业	72.25	曾任北京燕山石油化工公司财务部财务主管，北京网通网络科技有限公司财务经理，包头市双环化工（集团）股份有限公司财务总监、新产业董事、财务总监及董事会秘书，新世纪基金管理有限公司监事长等职；现任新华信托股份有限公司监事会主席。

续表

姓 名	职 务	性别	年龄	选任日期	所推举的股东名称	该股东持股比例(%)	简 要 履 历
金 锋	监事	男	48	2013 年 11 月	中诚投	8.25	曾任国家经济贸易委员会国际司处长,万通国际投资公司副总经理,南非欧克菲尔兹实业公司董事总经理,普天寿金融服务集团(美国)销售经理,新华人寿保险股份有限公司、总裁特别助理兼信息管理中心总经理,新华人寿保险股份有限公司银行代理部总经理,泛华保险服务集团首席运营官、首席信息官、寿险销售集团总裁,安博教育集团副总裁等职;现任人和投资集团董事局董秘,新华信托股份有限公司监事。
毛曙光	监事	男	45	2013 年 11 月	巴克莱	19.50	曾任美国花旗集团所罗门美邦固定收益部公司债券策略师及副总裁,美国美联证券亚洲公司结构性信用产品部副总裁,巴克莱银行亚洲投资银行部金融机构组副董事,嘉实国际资产管理公司产品部主管及董事,中信证券国际资产管理香港公司产品部主管及董事;东方港湾资产管理香港公司总裁及董事总经理等职;现任巴克莱银行亚洲投资银行部董事,新华信托股份有限公司监事。
肖 磊	员工监事	男	42	2012 年 12 月	选 举	—	曾任中国重型汽车集团公司财务部财务管理岗位、资产管理处副处长、综合室主任(期间任中国重汽与沃尔沃客车公司合资项目财务组负责人),浙江金融租赁股份有限公司计划财务部总经理,北京鸿智慧通有限公司副总经理等职;现任新华信托股份有限公司内审稽核部总经理、稽核总监、监事。
安 东	员工监事	男	54	2012 年 12 月	选 举	—	曾任广东银海集团总裁助理和办公室主任,商友商务有限责任公司副总经理,新产业北京办事处主任新华信托股份有限公司总经理助理等职;现任新华信托股份有限公司工会主席、监事。

3.4 高级管理人员

姓 名	职 务	性别	年龄	选任日期	金融从业年限	学历	专业
郝雅军	总经理	男	37	2012 年 9 月	13	本科	经济学
张立文	首席风险官	男	45	2013 年 6 月	12	研究生	经济学
许耀旂	首席运营官	男	44	2013 年 3 月	15	研究生	地球科学
夏 亮	首席财务官	男	40	2012 年 11 月	6	研究生	工商管理
张 革	副总经理	男	46	2009 年 6 月	24	本科	商学
李 荻	副总经理	男	37	2009 年 6 月	12	研究生	工商管理
张 奎	副总经理	男	46	2012 年 8 月	20	研究生	世界经济
彭光萍	总经理助理	女	38	2012 年 11 月	15	研究生	工商管理

3.5 公司员工

报告期末公司职工人数为 646 人(含外部董监事 7 人),平均年龄为 32.73 岁。公司员工年龄分布、学历分布、岗位分布如下:

指标 / 年度	职工人数(人)	平均年龄(岁)	学历分布比率									
			博士		硕士		本科		专科		其他	
			(人)	(%)	(人)	(%)	(人)	(%)	(人)	(%)	(人)	(%)
2013 年	646	32.73	15	2.32	216	33.44	349	54.02	49	7.59	17	2.63

4. 经营管理

4.1 经营目标、方针、战略规划

4.1.1 经营目标

通过新产品线开发及调整存续不同业务类别的产品转变目前发展方向,进一步提高能做大公司业务规模的产品体系,通过服务高净值人群,取得规模及收益上的双向平衡,调整战略布局,经过未来三年的稳健发展,逐步成为中国一流的财富管理机构。

4.1.2 经营方针

公司秉承"珍视所托,专业理财"的经营理念,贯彻"信托为本、面向市场、勇于创新"的经营方针,以客户为中心、市场为导向,努力优化部门职能,推行"承揽、承做、承销、承管"的专业化分工模式,根据政策的变化及经营管理的需要适时调整业务流程,不断提高经营管理水平;大力推进"以人为本"的企业文化建设、合规文化建设,坚持合规、稳健经营,完善对业务风险的分析和定价系统,提高风险管理水平,切实防范经营风险;加强人才队伍建设,锐意进取、开拓创新,提升直销能力和客户服务工作;继续完善激励约束机制,推进薪酬改革,保持公司激励政

策的领先性、持续性、约束性；努力实现全面信息化，全方位培育公司核心竞争能力，树立公司一流的品牌形象，确保公司能够实现长期、可持续发展目标。

4.1.3 战略规划

从丰富产品体系出发，建立以产品体系为主线的发展战略，在财富管理市场服务个性化的机构与个人客户，实现路径包括：完善公司管理架构、建立有效的激励机制、革新风险管理方式及完善后台基础设施等。

公司架构方面：构建贴近市场的管理架构，辐射全局。从管理架构上创造公司展业近客户、降成本、用资源的有利条件。

激励机制方面：推行多渠道、多方式的员工激励模式；构建公司新型的塔式激励（合伙制）模式；落实“新华激励矩阵”，提高中后台员工的专业性、稳定性。

风险控制方面：依据业务类型差异，构建公司风控体系；通过与公司不同层面（管理层、区域负责人、业务团队）激励约束措施挂钩，实现全员控制风险的目标。

基础建设方面：IT 建设应倾向业务支持领域的投入；营销方面应逐步实现“一站式、全方位”的营销模式；研究上实现投研的真正融合，建立“引领、融合、服务”的研究体系。

4.2 经营业务的主要内容

公司的经营范围为：（1）资金信托；（2）动产信托；（3）不动产信托；（4）有价证券信托；（5）其他财产或财产权信托；（6）作为投资基金管理公司的发起人从事投资基金业务；（7）经营企业资产的重组、购并及项目融资、公司理财、财务顾问等业务；（8）受托经营国务院有关部门批准的证券承销业务；（9）办理居间、咨询、资信调查等业务；（10）代保管及保管箱业务；（11）以存放同业、拆放同业、贷款、租赁、投资方式运用固有资产；（12）以固有财产为他人提供担保；（13）从事同业拆借；（14）法律法规规定或中国银行业监督管理委员会批准的其他业务。

以上经营范围包括本外币业务。

4.2.1 自营资产运用与分布表

资产运用	金额（万元）	占比（%）	资产分布	金额（万元）	占比（%）
货币资产	113 535.18	28.55	基础产业	0.00	0.00
贷款及应收款	68 170.96	17.14	房地产业	1 517.45	0.38
交易性金融资产	25 160.10	6.33	证券市场	86 685.65	21.81
可供出售金融资产	47 782.82	12.02	实业	1 904.22	0.48
持有至到期投资	65 797.06	16.55	金融机构	131 232.75	33.00
长期股权投资	19 601.79	4.93	其他	176 284.46	44.33
其他	57 576.62	14.48			
资产总计	397 624.53	100.00	资产总计	397 624.53	100.00

资产运用	金额（万元）	占比（%）	资产分布	金额（万元）	占比（%）
货币资产	113 509.75	28.70	基础产业	0.00	0.00
贷款及应收款	67 379.30	17.04	房地产业	1 517.45	0.38
交易性金融资产	25 160.10	6.36	证券市场	77 465.65	19.59
可供出售金融资产	47 782.82	12.08	实业	10 000.00	2.53
持有至到期投资	65 797.06	16.64	金融机构	131 207.32	33.17
长期股权投资	27 697.57	7.00	其他	175 328.04	44.33
其他	48 191.86	12.18			
资产总计	395 518.46	100.00	资产总计	395 518.46	100.00

4.2.2 信托资产运用与分布表

资产运用	金额（万元）	占比（%）	资产分布	金额（万元）	占比（%）
货币资产	94 214.16	0.57	基础产业	7 647 695.23	46.09
贷款	4 819 383.89	29.04	房地产	1 438 717.98	8.67
交易性金融资产	139 383.83	0.84	证券市场	157 804.91	0.95
可供出售金融资产	90 594.51	0.55	实业	4 818 182.05	29.03
持有至到期投资	7 523 930.56	45.34	金融机构	911 452.74	5.49
长期股权投资	2 087 006.05	12.58	其他	1 620 604.69	9.77
其他	1 839 944.60	11.08			
信托资产总计	16 594 457.60	100.00	信托资产总计	16 594 457.60	100.00

4.3 市场分析

4.3.1 有利因素

宏观经济仍保持较高增速。我国处于经济快速发展时期，2013 年，国家经济仍保持了较高的增速。十八大以来，党中央、国务院采取了一系列调控措施 有效引导市场预期，经济运行企稳向好。基础设施、制造业投资回升 固定资产投资增速保持在 20% 以上；小微企业减税、营改增扩围、简政放权、铁路投资逐步放开、设立上海自贸区等，使市场活力增强，预期改善；居民消费增速企稳，结构有所改善。面对错综复杂的国内外形势，投资仍然是拉动我国经济发展的重要力量。“十二五”规划期间，工业化及城镇化发展，社会各方面对于信托等资金需求十分旺盛。

资产管理需求不断增长。得益于不断深化的市场化改革和中国经济的持续增长，形成了多元化的利益主体并积聚了巨额的财富，由此催生了巨大的资产管理需求，形成了长期增长的资产管理市场。从发达国家（美国和日本）的经验来看，信托资产的规模与 GDP 的规模具有正相关关系，一般是 GDP 规模的 2 倍上下。目前，加上信托业在内我国资产管理规模尚不足 40 万亿元。据此，中国的理财市场仍然处于成长周期之中，信托业长期增长的周期还没有结束，在未来的相当长时间内，信托业规模的快速增长仍然可以期待。

监管不断细化。中国银监会非银部副主任闵路浩在 2013 年中国信托业年会上透露，监管机构拟建立八项科学合理的机制，并酝酿让信托机构按资产或资本规模拿出一定比例的资金，成立专门的信托稳定基金。八项机制包括完善的公司治理机制、产品登记制度、分类监管、分级经营机制、以净资本管理为基础的资本约束机制、社会责任机制、以生前遗嘱计划为核心的恢复与处置机制以及行业稳定机制和监管评价机制。以上机制将有利于信托行业的规范，增强抗风险能力，增加信托产品的流动性。

信托在金融业中的行业地位不断提高。据中国信托业协会公布的数据显示，2013 年我国信托业资产总规模 10.91 万亿元，创历史新高，同比增长 46%（2013 年同比增长 55.27%）。在信托总体规模增长的同时，信托行业经营收入也高达 832.6 亿元，全行业实现利润总额 568.61 亿元，行业人均利润为 305.65 万元，成为增长最快的金融分支。

信托资产证券化业务开展条件日渐成熟。2013年8月末国务院常务会议提出要进一步扩大信贷资产证券化试点后，信贷资产证券化正在成为信托行业创新的热点领域之一。业内人士认为，信托在财富管理上具有天然的制度优势，信贷资产证券化试点扩大对信托业机遇与挑战并存。

4.3.2 不利因素

经济下行增加了信托公司经营的宏观风险。2013年中国经济发展速度放缓，整体仍处于2008年以来的下滑周期中。次贷危机的爆发结束了美欧长期以来依靠资产泡沫和过度负债拉动需求的增长模式，支撑中国制造业的外需增长大幅回落；而国内此轮地产调控伴随着整个经济转型时期，过去十年来快速推进的重工业化进程和以土地为中心的粗放型城镇化过程将明显放缓，原有增长模式下的内需增速将有所下滑。

利率市场化加大了信托公司经营的市场风险。中国人民银行宣布，自2013年7月20日起，全面放开贷款利率管制。利率市场化时间可期。信托业属于高风险、高收益的行业，近年来信托业之所以取得飞速发展、利润快速增长，主要原因之一就是在利率管制的条件下，银行信贷投放受限，因而很多无法获得银行贷款的行业转向信托渠道。利率市场化将使信托业的利率敏感性大幅提高，风险加大，并使信托业的“利率管制红利”消失，面临更加激烈的市场竞争。利率市场化所带来的利率上扬压力将使信托业的经营成本迅速上升，面临不断增大的经营风险。

监管力度不断加大。财政部等四部委2012年末发布的规范地方政府融资行为的“463号”文、中国银监会2013年3月发布的规范商业银行理财业务投资运作的“8号”文、以及地方政府债务审计，增加了信托公司政信合作业务和银信合作业务的不确定性。

泛资产管理时代开启，进一步加剧了竞争。2013年商业银行、信托公司、证券公司、基金、保险资产管理公司等悉数参与资产管理计划，这直接导致了我国资产管理进入了一个全面混战的时代。信托业所拥有的制度红利将被日益削弱，相比之下，信托公司的监管环境则要严格得多，其他资产管理机构比信托公司具有明显的监管优势，信托公司原有业务模式的“替代效应”和“挤出效应”已经开始显现。

频繁发生的个案风险事件引发了对信托业系统性风险的担忧。2013年以来，随着“青岛凯悦”、“舒斯贝尔”、“山西福裕能源”、“山西振富能源”等违约事件不断爆发，反映出信托产品市场风险积聚比较严重，加大了市场对信托产品非常态退出问题的关注。虽然信托产品“安全兑付”的“红线”尚未被打破，但是业内普遍感到信托产品兑付压力增加。

4.4 内部控制概况

4.4.1 内部控制环境和内部控制文化

公司建立了完善的“三会一层”法人治理结构。“三会一层”分工负责，互相配合、互相制约；权责明确、制衡合理、报告路线清晰、风险控制理念恰当；尽职管理、问责机制健全。现有法人治理结构营造了良好的内部控制文化环境，确保公司能够对风险做到事前防范、事中控制和事后反馈与纠正。公司坚持“风险控制优先”的原则，坚信“发展才是硬道理”，立足“在发展中求规范，以规范促发展”，不断加强内部控制制度建设。公司根据宏观经济发展状况、监管部门的要求以及目前的经营管理状况，在公司治理、财务、行政、合规法律、信息技术、人力资源和内部审计等方面，逐步健全了涵盖各管理环节的内部控制体系。目前，公司信托业务与固有业务已严格实行隔离制度，在业务流程上实行承揽、承做、承销和承管的前中后台制度，有效地促进了内部控制文化建设，大大改善了内部控制环境。

4.4.2 内部控制措施

按照《公司法》、《信托法》、《信托公司管理办法》、《信托公司治理指引》的有关规定，公司制定了公司章程等一系列内部控制制度，并建立了“三会一层”的法人治理结构。公司按照“三会一层”的架构，完整地建立了符合经营管理需要的运营体系，确立了在董事会领导下的总经理负责制，并接受监事会监督，清晰划分治理主体的职责边界，明确决策规则和程序，实现了有效监督和权力制衡。报告期内，“三会一层”认真履行了公司章程等制度赋予的各项职权，严格按照公司的决策程序审议各项议案，董事会及下属各委员会多次召开会议对公司的重大经营管理问题进行决策，在公司合规经营、风险控制等方面发挥了积极的作用。公司严格执行《董事、监事、高级管理人员考核办法》和《高管人员问责暂行办法》，加强对董事、监事和高级管理人员的履职管理，按照上述办法的规定，对董事、监事和高级管理人员进行了评估和考核，形成了有效的问责机制。公司内部控制措施的核心是实现以防范风险传递为目标的“三个分离”，即对信托业务系统和固有业务系统实施分离；信托业务的前、中、后台进行分离；信托财务和固有财务的部门、人员、账表、资产分离，对每项信托业务单独开户、单独核算、单独管理。另外，公司内部管理有明确的授权制度和报告路线，各部门和人员有明确的工作目标、职责和权限。公司通过功能化、程序化的管理方式，在内部控制的环境、程序和措施上有效地防范了各项经营管理风险事件的发生。

4.4.3 监督评价与纠正

公司建立了制度后评价办法等内部制度，内审稽核部为公司审计监督检查和评价的执行部门，负责监督各项内部控制制度的执行情况，收集与评价内部控制的反馈意见，对发现的内部控制缺陷，按照规定程序建议公司或要求相关部门或责任人予以纠正。公司健全了涵盖各个环节的内部控制体系，形成了较为规范的事前防范、事中控制和事后纠正的监督检查机制。2013年，内审稽核部对公司经营管理各方面进行了审计，并就审计报告向公司提出了意见或建议，有效地控制风险，避免了违法、违规和不道德事件的发生。

4.5 风险管理概况

公司经营活动中可能遇到合规风险、信用风险、管理责任风险、市场和金融产品流动性风险、经营风险、战略风险、品牌风险等。公司实行“分类管理、分级防范和控制”的风险管理政策，遵循独立性原则、全面控制原则、责任追究原则等风险管理基本原则。

公司对风险管理操作流程逐步优化，逐步建立了以在董事会领导和监事会监督下的总经理负责制为基础的流程。

4.5.1 信用风险

4.5.1.1 信用风险状况

信用风险主要是交易对手(项目)或债务人不能或不愿按时履约的风险,主要来自借款、对外担保、投资等业务。

公司关注交易对手的履约能力。为了持续监控交易对手的履约能力,公司注重贷前调查、贷中审查、贷后检查。

公司注重信用风险的分散和补偿。在产品交易结构设计上,公司采取的模式有:规避、预防、中和、分散(组合、多样化、限制集中度)、转移(担保、保险)、补偿(高定价)、自担七种,以降低信用风险敞口。今后将尝试使用项目对冲、互换、套期、保险等其他风险缓释手段,控制项目风险。

公司严格按中国财政部和中国银监会的要求,足值提取各项准备金。公司采用以风险为基础的分类方法评估信用风险资产质量,将其分为正常、关注、次级、可疑和损失五类,其中后三类称为不良资产。报告期内,公司不良信用风险资产期初数为0,期末数为25 109.28万元。

4.5.1.2 信用风险管理策略

4.5.1.2.1 一般准备、专项准备的计提方法和统计方法

公司合理估计信用风险资产可能发生的损失,并由财务部门按照财政部规定的呆账准备金提取范围对信用风险资产计提资产减值准备和一般准备,计提比例为1.5%~100%,其中资产分类后损失类资产应按100%计提准备。

4.5.1.2.2 公司抵押品确认的主要原则

抵押物必须足值、足额;抵押物必须合法、有效;抵押物必须容易变现。

4.5.1.2.3 公司内部确认的抵押品与贷款本金之比

根据不同的抵押资产类型,公司分别制订了详细、具有可操作性的抵押品与贷款本金的比例标准。

4.5.1.2.4 保证贷款的管理原则

保证担保符合国家法律法规;保证人必须具有很强的保证能力;保证的方式必须是连带责任保证;不接受存在连环保证的企业提供的保证担保。

4.5.2 市场风险

4.5.2.1 市场风险状况

4.5.2.1.1 股价变动对公司盈利能力和财务状况的影响分析

报告期内,公司自有资金涉及新股申购业务,截至2013年12月31日,公司新股申购共计占用资金4 479.34万元,证券投资集合资金信托规模共4 479.34万元。股票市值波动引发的市场风险对公司有一定的影响,但整体可控。

4.5.2.1.2 市场汇率变动对公司赢利能力和财务状况的影响分析

公司目前有外币存款16 361 628.38美元,暂未开展其他外币业务,汇率变动引发的市场风险对公司盈利能力和财务状况没有显著影响。

4.5.2.1.3 利率对公司盈利能力和财务状况的影响分析

市场利率的波动对公司盈利能力与财务状况可能产生不利影响,如利率在目前水平小幅波动,对公司没有显著影响,如利率大幅波动,将直接影响现金资产盈利能力,并有可能引发证券市场的大幅波动,从而加剧公司面临的市场风险。

4.5.2.1.4 其他价格因素对公司盈利能力和财务状况的影响分析

公司的主营业务之一是金融服务,主要业务收入来源于金融服务费收入,因此,其费率的变动对公司的盈利能力和财务状况具有较大的影响。

4.5.2.2 市场风险管理策略

报告期内,公司加强了风险量化分析,通过跟踪测量,分析投资组合市值的变动趋势,采取相应的控制措施将市场风险控制在合理的范围内。

4.5.3 操作风险

4.5.3.1 操作风险状况

报告期内,可能存在沟通协调不到位导致业务流程不顺畅,操作程序和标准出现理解性偏差等操作性风险。

4.5.3.2 操作风险管理策略

公司从健全组织架构、加强内部控制、优化业务流程等方面加强对操作风险的防范,并及时、充分、完整、准确地向信托当事人披露信息,勤勉尽职地履行受托人的管理义务,尽可能避免因操作不当导致风险事件的发生。

4.5.4 其他风险

4.5.4.1 其他风险状况

根据信托行业特征和信托公司自身特点,除以上一般性风险外,信托公司开展信托业务还可能面临的具体风险有:多行业展业的风险和兑付的风险等。

由于信托业近年来发展迅速,信托规模大幅增加,交易对手越发多样化,信托机构对融资企业所处的行业缺乏足够的了解和认知,展业时存在的潜在风险即为信托的展业风险。

兑付风险是指信托到期必须兑付的刚性特点所带来的风险。

4.5.4.2 其他风险管理策略

兑付风险的管理。在前期审核阶段,加强对现金流测算的审查。在信托文件中,对于到期无法还款的情形设置严格的惩罚性措施,以增强公司管理的主动性。在信托项目成立后,对项目后续情况进行实时跟踪,定期对预到期项目进行排查,及时化解兑付风险。

多行业展业风险的管理。对非传统信托业务的开展,采取谨慎的态度,遵循积极支持、逐渐放开的原则。购进行业资讯信息软件,引进具有不同专业背景和行业经历的人才,多次参与外部机构培训和内部培训,为涉足其他行业进行人才储备和知识储备。

5. 报告期末及上一年度末的比较式会计报表

5.1 自营资产

5.1.1 会计师事务所审计结论

毕马威华振会计师事务所(特殊普通合伙)上海分所认为,公司财务报表在所有重大方面按照中华人民共和国财政部颁布的企业会计准则的规定编制,公允反映了公司2013年12月31日的合并财务状况和财务状况以及2013年度的合并经营成果和经营成果及合并现金流量和现金流量。

5.1.2 资产负债表

合并资产负债表

单位：万元

资　产	期初数	期末数	负债和股东权益	期初数	期末数
资　产			负　债		
现金及存放央行款项	15.58	17.63	预收款项	37 881.00	46 801.96
存放同业款项	108 840.23	113 517.55	应付职工薪酬	23 005.34	28 937.07
买入返售金融资产	41 300.00	13 742.73			
交易性金融资产	14 001.02	25 160.10	应交税费	15 022.45	29 156.25
应收手续费及佣金	6 258.36	2 179.46	其他应付款	19 300.81	28 979.88
应收利息	35.62	0.00	递延所得税负债		
其他应收款	17 175.43	64 474.05	负债合计	95 209.60	133 875.16
发放贷款及垫款	4 487.14	1 517.45			
持有至到期投资	51 804.80	65 797.06			
可供出售金融资产	16 058.55	47 782.82	股东权益		
长期股权投资	17 940.57	19 601.79	股本	120 000.00	120 000.00
固定资产	17 971.34	18 976.58	资本公积	11 572.16	13 928.89
无形资产	112.34	604.56	盈余公积	15 494.82	20 800.07
长期待摊费用	559.98	627.35	一般风险准备	3 820.29	4 702.60
递延所得税资产	6 020.19	23 625.40	信托赔偿准备	7 629.82	10 282.44
			未分配利润	48 854.46	94 035.37
			股东权益合计	207 371.55	263 749.37
资产总计	302 581.15	397 624.53	负债及股东权益总计	302 581.15	397 624.53

母公司资产负债表

单位：万元

资　产	期初数	期末数	负债和股东权益	期初数	期末数
资　产			负　债		
现金及存放央行款项	15.58	17.63	预收款项	37 881.00	46 801.96
存放同业款项	108 840.23	113 492.12	应付职工薪酬	23 005.34	28 899.44
买入返售金融资产	41 300.00	4 522.73	应交税费	15 022.45	28 736.32
交易性金融资产	14 001.02	25 160.10	其他应付款	19 300.81	28 300.04
应收手续费及佣金	6 258.36	2 179.46	递延所得税负债		
应收利息	35.62	0.00			
其他应收款	17 175.43	63 682.39	负债合计	95 209.60	132 737.76
发放贷款及垫款	4 487.14	1 517.45			
持有至到期投资	51 804.80	65 797.06			
可供出售金融资产	16 058.55	47 782.82	股东权益		
长期股权投资	17 940.57	27 697.57	股本	120 000.00	120 000.00
固定资产	17 971.34	18 823.75	资本公积	11 572.16	13 928.89
无形资产	112.34	602.03	盈余公积	15 494.82	20 800.07
长期待摊费用	559.98	627.35	一般风险准备	3 820.29	4 702.60
递延所得税资产	6 020.19	23 616.00	信托赔偿准备	7 629.82	10 282.44
			未分配利润	48 854.46	93 066.70
			股东权益合计	207 371.55	262 780.70
资产总计	302 581.15	395 518.46	负债及股东权益总计	302 581.15	395 518.46

5.1.3 利润表和利润分配表

合并利润表和利润分配表

单位：万元

项　目	本年数	上年数
营业收入	186 644.64	144 082.94
手续费及佣金净收入	175 931.91	134 582.95
手续费及佣金收入	175 931.91	134 582.95
利息净收入	3 612.64	4 347.93
利息收入	3 612.64	4 347.93
利息支出		0
投资收益	8 187.85	5 154.56
公允价值变动收益/(损失)	−779.18	53.08
汇兑损益	−308.58	−55.58
营业支出	113 599.75	70 844.76
营业税金及附加	10 036.33	7 582.50
业务及管理费	70 818.94	54 380.25
资产减值损失	32 744.48	8 882.01
营业利润	73 044.89	73 238.18
加:营业外收入	117.25	31.17
减:营业外支出	355.54	189.87
利润总额	72 806.60	73 079.48
减:所得税费用	18 785.51	22 195.38
净利润	54 021.09	50 884.10
其他综合收益	2 356.73	−232.06
综合收益总额	56 377.82	50 652.04

母公司利润表和利润分配表

单位：万元

项　目	本年数	上年数
营业收入	182 443.99	144 082.94
手续费及佣金净收入	171 811.33	134 582.95
手续费及佣金收入	171 811.33	134 582.95
利息净收入	3 549.31	4 347.93
利息收入	3 549.31	4 347.93
利息支出		0
投资收益	8 171.11	5 154.56
公允价值变动收益/(损失)	−779.18	53.08
汇兑损益	−308.58	−55.58
营业支出	110 695.52	70 844.76
营业税金及附加	9 907.70	7 582.50
业务及管理费	68 043.34	54 380.25
资产减值损失	32 744.48	8 882.01
营业利润	71 748.47	73 238.18
加:营业外收入	117.25	31.17
减:营业外支出	355.54	189.87
利润总额	71 510.18	73 079.48
减:所得税费用	18 457.76	22 195.38
净利润	53 052.42	50 884.10
其他综合收益	2 356.73	−232.06
综合收益总额	55 409.15	50 652.04

5.1.4 所有者权益变动表

合并所有者权益变动表

单位：万元

项　目	股本	资本公积	盈余公积	一般风险准备	信托赔偿准备	未分配利润	股东权益合计
2013年1月1日余额	120 000.00	11 572.16	15 494.82	3 820.29	7 629.82	48 854.46	207 371.55
本年增减变动金额							
1. 净利润						54 021.09	54 021.09
2. 其他综合收益		2 356.73					2 356.73
上述1和2小计		2 356.73				54 021.09	56 377.82
3. 利润分配							
-提取盈余公积			5 305.25			-5 305.25	
-提取一般风险准备				882.31		-882.31	
-提取信托赔偿准备					2 652.62	-2 652.62	
2013年12月31日余额	120 000.00	13 928.89	20 800.07	4 702.6	10 282.44	94 035.37	263 749.37
2012年1月1日余额	62 112.00	11 804.22	10 406.41	2 164.54	5 085.62	71 578.72	163 151.51
本年增减变动金额							
1. 净利润						50 884.10	50 884.10
2. 其他综合收益		-232.06					-232.06
3. 利润分配							
-提取盈余公积			5 088.41			-5 088.41	
-提取一般风险准备				1 655.75		-1 655.75	
-提取信托赔偿准备					2 544.20	-2 544.20	
-对所有者的分配						-6 432.00	-6 432.00
4. 所有者权益内部结转	57 888.00					-57 888.00	
2012年12月31日余额	120 000.00	11 572.16	15 494.82	3 820.29	7 629.82	48 854.46	207 371.55

母公司所有者权益变动表

单位：万元

项　　目	股本	资本公积	盈余公积	一般风险准备	信托赔偿准备	未分配利润	股东权益合计
2013 年 1 月 1 日余额	120 000.00	11 572.16	15 494.82	3 820.29	7 629.82	48 854.46	207 371.55
本年增减变动金额							
1. 净利润						53 052.42	53 052.42
2. 其他综合收益		2 356.73					2 356.73
3. 利润分配							
–提取盈余公积			5 305.25			–5 305.25	
–提取一般风险准备				882.31		–882.31	
–提取信托赔偿准备					2 652.62	–2 652.62	
2013 年 12 月 31 日余额	120 000.00	13 928.89	20 800.07	4 702.60	10 282.44	93 066.70	262 780.70
2012 年 1 月 1 日余额	62 112.00	11 804.22	10 406.41	2 164.54	5 085.62	71 578.72	163 151.51
本年增减变动金额							
1. 净利润						50 884.10	50 884.10
2. 其他综合收益		–232.06					–232.06
3. 利润分配							
–提取盈余公积			5 088.41			–5 088.41	
–提取一般风险准备				1 655.75		–1 655.75	
–提取信托赔偿准备					2 544.20	–2 544.20	
–对所有者的分配						–6 432.00	–6 432.00
4. 所有者权益内部结转	57 888.00					–57 888.00	
2012 年 12 月 31 日余额	120 000.00	11 572.16	15 494.82	3 820.29	7 629.82	48 854.46	207 371.55

5.2　信托资产

5.2.1　信托项目资产负债汇总表

公司信托项目资产负债汇总表

单位：万元

信托资产	年初余额	期末余额	信托负债和信托权益	年初余额	期末余额
信托资产			信托负债		
货币资金	120 363.63	94 214.16	交易性金融负债		
拆出资金	0.00	0.00	衍生金融负债		
存出保证金	0.00	0.00	应付受托人报酬	1 281.12	1 729.03
交易性金融资产	133 373.80	139 383.83	应付托管费	105.56	49.69
衍生金融资产	0.00	0.00	应付受益人收益	2 271.77	8 265.16
买入返售金融资产	282 718.27	602 968.03	应交税费	0.00	0.00
应收款项	482 401.55	1 005 952.33	应付销售服务费	234.52	89.71
发放贷款	2 593 165.44	4 819 383.89	其他应付款项	128 104.37	370 582.00
可供出售金融资产	0.00	90 594.51	预计负债	0.00	0.00
持有至到期投资	3 164 480.08	7 523 930.56	其他负债	402.84	0.00
长期应收款	108 832.33	216 802.33	信托负债合计	132 400.18	380 715.59
长期股权投资	2 525 815.23	2 087 006.05			
投资性房地产	0.00	0.00	信托权益		
固定资产	0.00	0.00	实收信托	9 299 292.86	16 229 653.70
无形资产	0.00	0.00	资本公积	0.00	0.00
长期待摊费用	6 398.78	957.74	损益平准金	0.00	0.00
其他资产	13 264.17	13 264.17	未分配利润	–879.76	–15 911.69
减：各项资产减值准备		0.00	信托权益合计	9 298 413.10	16 213 742.01
信托资产总计	9 430 813.28	16 594 457.60	信托负债及信托权益总计	9 430 813.28	16 594 457.60

表外项目：1. 原有委贷业务　年初余额　1 188.79　期末余额　1 188.79
2. 应收未收利息　年初余额　73 707.53　期末余额　76 157.34
3. 代保管信托财产　年初余额　114 180.56　期末余额　114 180.63
4. 卖出信贷资产　年初余额　70 000.00　期末余额　70 000.00
5. 信托项目申购款　年初余额　0.00　期末余额　0.60

5.2.2 信托项目利润及利润分配汇总表

公司信托项目利润及利润分配汇总表

单位：万元

项　　目	本年数	上年数
1. 营业收入	1 228 767.28	768 551.26
1.1 利息收入	434 719.06	319 583.63
1.2 投资收益（损失以"－"号填列）	773 423.37	429 344.20
1.2.1 其中：对联营企业和合营企业的投资收益	44 872.71	98 738.57
1.3 公允价值变动收益（损失以"－"号填列）	4 601.00	2 659.36
1.4 租赁收入	2 090.07	3 644.27
1.5 汇总损益（损失以"－"号填列）	0.00	
1.6 其他收入	13 933.78	13 319.80
2. 支出	201 828.96	174 941.61
2.1 营业税金及附加	－0.39	
2.2 受托人报酬	137 557.55	118 322.47
2.3 托管费	8 137.49	7 273.68
2.4 投资管理费	40.00	1 850.00
2.5 销售服务费	29 815.35	32 450.16
2.6 交易费用	714.54	571.31
2.7 资产减值损失	0.00	
2.8 其他费用	25 564.42	14 473.99
3. 信托净利润（净亏损以"－"号填列）	1 026 938.32	593 609.65
4. 其他综合收益	4 463.35	3 659.43
5. 综合收益	1 031 401.67	597 269.08
6. 加：期初未分配利润	－879.76	－6 827.57
7. 可供分配的信托利润	1 030 521.91	590 441.51
8. 减：本期已分配信托利润	1 046 433.60	591 321.27
9. 期末未分配信托利润	－15 911.69	－879.76

6. 会计报表附注

6.1 报告年度会计报表编制基准、会计政策、会计估计和核算方法发生的变化

本年度新增纳入合并报表范围的全资子公司新华创新资本投资有限公司，其他未发生变化。

6.2 或有事项说明

无。

6.3 重要资产转让及其出售的说明

无。

6.4 会计报表中重要项目的明细资料

6.4.1 自营资产经营情况

6.4.1.1 产风险分类情况

信用风险资产五级分类	正常类（万元）	关注类（万元）	次级类（万元）	可疑类（万元）	损失类（万元）	信用风险资产合计（万元）	不良资产合计（万元）	不良资产率（%）
期初数	178 176.77	0.00	0.00	0.00	0.00	178 176.77	0.00	0.00
期末数	180 316.70	0.00	0.00	12 841.43	12 267.85	205 425.98	25 109.28	12.22

注：不良资产合计＝次级类＋可疑类＋损失类。

6.4.1.2 资产损失准备情况

单位：万元

	期初数	本期计提	本年转回	本期核销	期末数
贷款损失准备	80.00	2 364.86	－20.88	0.00	2 423.98
一般准备	80.00	0.00	－20.88	0.00	59.12
专项准备	0.00	2 364.86	0.00	0.00	2 364.86
其他资产减值准备	8 832.01	31 277.84	－877.34	0.00	39 232.51
可供出售金融资产减值准备	0.00	0.00	0.00	0.00	0.00
持有至到期投资减值准备	7 954.67	13 669.99	0.00	0.00	21 624.66
长期股权投资减值准备	877.34	0.00	－877.34	0.00	0.00
坏账准备	0.00	17 607.85	0.00	0.00	17 607.85
投资性房地产减值准备	0.00	0.00	0.00	0.00	0.00

6.4.1.3 固有业务股票投资、基金投资、债券投资、长期股权投资等情况

单位：万元

	自营股票	基金	债券	长期股权投资	其他投资	合计
期初数	24 987.84	0.00	5 071.73	17 940.57	51 453.85	99 453.99
期末数	40 012.06	5 910.50	21 460.36	27 697.57	71 357.06	166 437.55

6.4.1.4 前三名自营长期股权投资企业情况

报告期内，公司以自营资产对新华创新资本投资有限公司和新华基金管理有限公司进行长期股权投资的情况如下：

企业名称	占被投资企业权益的比例（%）	主要经营活动	投资收益（万元）
1. 新华创新资本投资有限公司	100.00	资产管理	—
2. 新华基金管理有限公司	48.00	基金	－243.00

注：投资损益是指按照《企业会计准则——基本准则》规定，核算股权投资确认损益并计入披露年度利润表的金额。

6.4.1.5 前三名自营贷款企业情况

报告期内，公司以自营资产对湖北盈科房地产开发有限公司发放贷款情况如下：

企业名称	占贷款总额的比例（%）	还款情况
湖北盈科房地产开发有限公司	100.00	已逾期

6.4.1.6 表外业务情况

单位:万元

表外业务	期初数	期末数
担保业务	0.00	0.00
代理业务(委托业务)	1 188.79	1 188.79
其他	0.00	0.00
合计	1 188.79	1 188.79

注:代理业务主要反映因客观原因应规范而尚未完成规范的历史遗留委托业务,包括委托贷款和委托投资。

6.4.1.7 公司当年的收入结构

合并当年收入结构

收入结构	金额(万元)	占比(%)
手续费及佣金收入	175 931.91	94.20
其中:信托手续费收入	171 811.33	
投资银行业务收入	0	
利息收入	3 612.64	1.94
其中:计入信托业务收入部分	0	
投资收益	8 187.85	4.39
其中:股权投资收益	−893.52	
证券投资收益	3 842.43	
其他投资收益	5 238.94	
公允价值变动收益	−779.18	−0.42
汇兑收益	−308.58	−0.17
营业外收入	117.25	0.06
收入合计	186 761.89	100.00

母公司当年收入结构

收入结构	金额(万元)	占比(%)
手续费及佣金收入	171 811.33	94.11
其中:信托手续费收入	171 811.33	
投资银行业务收入	0	
利息收入	3 549.31	1.95
其他业务收入	0	
其中:计入信托业务收入部分	8 171.11	4.48
投资收益	−849.35	
其中:股权投资收益	3 781.51	
证券投资收益	5 238.94	
其他投资收益	−779.18	−0.43
公允价值变动收益	−308.58	−0.17
营业外收入	117.25	0.06
收入合计	182 561.24	100.00

6.4.2 信托财产管理情况

6.4.2.1 信托资产的期初数、期末数

单位:万元

信托资产	期初数	期末数
集合	5 389 092.52	6 207 457.67
单一	3 698 835.70	9 653 154.00
财产权	342 885.06	733 845.93
合计	9 430 813.28	16 594 457.60

6.4.2.1.1 主动管理型信托资产

单位:万元

主动管理型信托资产	期初数	期末数
证券投资类	174 485.28	145 529.05
股权投资类	5 582 598.76	7 453 184.11
融资类	2 697 225.46	2 479 631.93
事务管理类	262 368.47	4 985 035.16
合计	8 716 677.97	15 063 380.25

6.4.2.1.2 被动管理型信托资产

单位:万元

被动管理型信托资产	期初数	期末数
证券投资类	5 801.04	12 962.79
股权投资类	29 760.61	4 000.66
融资类	594 243.72	533 376.98
事务管理类	84 329.94	980 736.92
合计	714 135.31	1 531 077.35

6.4.2.2 本年度已清算结束的信托项目情况

6.4.2.2.1 本年度已清算结束的集合类、单一类资金信托项目和财产管理类信托项目情况

已清算结束的信托项目	项目个数	实收信托合计金额(万元)	加权平均实际年化收益率(%)
集合类	88	2 213 208.00	9.91
单一类	44	1 198 217.00	9.73
财产管理类	6	153 698.00	6.03

6.4.2.2.2 本年度已清算结束的主动管理型信托项目情况

已清算结束信托项目	项目个数	实收信托合计金额(万元)	加权平均实际年化信托报酬率(%)	加权平均实际年化收益率(%)
证券投资类	0	—	0.00	0.00
股权投资类	61	1 992 106.00	2.26	9.46
融资类	63	1 289 259.00	2.38	9.03
事务管理类	10	240 998.00	0.89	5.67

6.4.2.2.3 本年度已清算结束的被动管理型信托项目情况

已清算结束信托项目	项目个数	实收信托合计金额(万元)	加权平均实际年化信托报酬率(%)	加权平均实际年化收益率(%)
证券投资类	—	—	0.00	0.00
股权投资类	1	25 760.00	0.51	95.48
融资类	2	11 000.00	0.91	15.78
事务管理类	1	6 000.00	0.15	6.26

6.4.2.3 本年度新增信托项目情况

新增信托项目	项目个数	实收信托合计金额（万元）
集合类	115	3 456 029.33
单一类	243	7 959 746.31
财产管理类	15	538 993.83
新增合计	373	11 954 769.47
其中：主动管理型	349	10 943 231.78
被动管理型	24	1 011 537.69

注：本年新增信托项目指在本报告年度内累计新增的信托项目个数和金额。包含本年度新增并于本年度内结束的项目和本年度新增至报告期末仍在持续管理的信托项目。

6.4.2.4 公司履行受托人义务情况及因公司自身责任而导致的信托资产损失情况

无。

6.5 关联方关系及其交易的披露

6.5.1 关联交易方的数量、关联交易的总金额及关联交易的定价政策等

	关联交易方的数量	关联交易的金额（万元）	定价政策
合计	1	266 306.63	按市场定价

注："关联交易"定义应以《公司法》和《企业会计准则第36号——关联方披露》有关规定为准。

6.5.2 关联交易方情况

关联性质	关联方名称	法定代表人	注册地址	注册资本（万元）	主营业务
母公司	新产业投资股份有限公司	翁先定	深圳市福田区振兴路3号建艺大厦17楼	190 000.00	投资兴办实业（具体项目另行申报）；投资咨询；国内商业、物资供销业（不含专营、专卖、专控商品）；工程咨询（凭工程咨询资质证书开展咨询业务）。

6.5.3 本公司与关联方的重大交易事项

6.5.3.1 固有财产与关联方关联交易

单位：万元

固有与关联方关联交易				
	期初数	借方发生额	贷方发生额	期末数
贷款	0.00	0.00	0.00	0.00
投资	0.00	0.00	0.00	0.00
租赁	0.00	212.37	212.37	0.00
担保	0.00	0.00	0.00	0.00
应收账款	0.00	29 132.35	0.00	29 132.35
其他	0.00	0.00	419.28	419.28
合计	0.00	29 344.72	631.65	29 551.63

6.5.3.2 信托财产与关联方关联交易

无。

6.5.3.3 信托公司自有资金运用于自己管理的信托项目（固信交易）、信托公司管理的信托项目之间的相互（信信交易）交易金额，包括余额和本报告年度的发生额

6.5.3.3.1 固有财产与信托财产相互交易情况

单位：万元

固有财产与信托财产相互交易			
	期初数	本期发生额	期末数
合计	55 991.00	90 382.00	146 373.00

6.5.3.3.2 信托资产与信托财产相互交易情况

单位：万元

信托资产与信托财产相互交易			
	期初数	本期发生额	期末数
合计	38 426.58	146 373.00	184 799.58

6.5.4 逐笔披露关联方逾期未偿还本公司资金的详细情况以及本公司为关联方担保发生或即将发生垫款的详细情况

无。

6.6 会计制度的披露

公司固有、信托业务均执行2006年颁布的《企业会计准则——基本准则》。

7. 财务情况说明书

7.1 利润实现和分配情况

7.1.1 合并利润实现和分配情况表

单位：万元

项 目	本年数	上年数
本年净利润	54 021.09	50 884.10
加：年初未分配利润	48 854.46	71 578.72
可供分配的利润	102 875.55	122 462.82
减：提取法定盈余公积	5 305.25	5 088.41
提取信托赔偿准备金	2 652.62	2 544.20
提取一般准备金	882.31	1 655.75
提取职工奖励及福利基金		
提取储备基金		
提取企业发展基金		
利润归还投资		
可供投资者分配的利润	94 035.37	113 174.46
减：应付优先股股利		
提取任意盈余公积		
股利分配		6 432.00
未分配利润转增股本		57 888.00
年末未分配利润	94 035.37	48 854.46

7.1.2 母公司利润实现和分配情况表

单位：万元

项 目	本年数	上年数
本年净利润	53 052.42	50 884.10
加：年初未分配利润	48 854.46	71 578.72
可供分配的利润	101 906.88	122 462.82

续表

项目	本年数	上年数
减:提取法定盈余公积	5 305.25	5 088.41
提取信托赔偿准备金	2 652.62	2 544.20
提取一般准备金	882.31	1 655.75
提取职工奖励及福利基金		
提取储备基金		
提取企业发展基金		
利润归还投资		
可供投资者分配的利润	93 066.70	113 174.46
减:应付优先股股利		
提取任意盈余公积		
股利分配		6 432.00
未分配利润转增股本		57 888.00
年末未分配利润	93 066.70	48 854.46

7.2 主要财务指标

指标名称	指标值并表	指标值母公司
资本利润率(%)	22.93	22.57
加权年化信托报酬率(%)	2.19	2.19
人均净利润率(万元)	88.27	86.68

注:1. 资本利润率=净利润/所有者权益平均余额×100%。

2. 加权年化信托报酬率=(信托项目1的实际年化信托报酬率×信托项目1的实收信托+信托项目2的实际年化信托报酬率×信托项目2的实收信托+…+信托项目n的实际年化信托报酬率×信托项目n的实收信托)/(信托项目1的实收信托+信托项目2的实收信托+…+信托项目n的实收信托)×100%。

3. 人均净利润=净利润/年平均人数。

4. 平均值采取年初、年末余额简单平均法,公式为:a(平均)=(年初数+年末数)/2。

7.3 对本公司财务状况、经营成果有重大影响的其他事项

无。

8. 特别事项简要揭示

8.1 前五名股东报告期内变动情况及原因

(1)中国嘉陵工业股份有限公司(集团)因产业结构调整需要,将所持公司0.33%股份,共3 970 304股转让给新产业,该等事项经公司股东大会审议通过,并于2013年3月8日经中国银监会重庆监管局《关于批准新华信托股份有限公司调整公司股权结构的批复》(渝银监复[2013]21号)核准,工商变更手续已于5月6日完成。

此次股权变更完成后,公司股权结构调整至如下:

股东名称	股份额(股)	股份比例(%)
新产业投资股份有限公司	867 020 800	72.25
巴克莱银行有限公司(Barclays Bank PLC)	234 001 600	19.50
中诚信投资有限公司	98 977 600	8.25
合计	1 200 000 000	100.00

鉴于上述,公司召开临时股东大会对公司章程中相关内容进行修订,于2013年4月1日经中国银监会重庆监管局《关于新华信托股份有限公司修改公司章程的批复》(渝银监复[2013]27号)核准。

(2)中诚投拟将所持公司8.25%股权,共计98 977 600股转让给人和投资控股股份有限公司;新产业拟将所持公司867 020 800股份中139 208 338股转让给人和投资控股股份有限公司。该等事项经公司股东大会审议通过,已于2013年12月12日上报中国银监会重庆监管局。

8.2 董事、监事及高级管理人员变动情况及原因

8.2.1 董事变动情况

鉴于公司第四届董事会任期届满,经股东大会和董事会审议并作出决议,第五届董事会成员由翁先定、卢广开、陈雷、许洛圣、郝雅军、赵暖、魏华、李钢(独立董事)、白重恩(独立董事)、戴波(独立董事)组成,欧阳锦绍和秦刚不再担任董事;翁先定继续担任董事长,卢广开、陈雷担任副董事长。相关董事的任职资格请示已于2013年2月25日经中国银监会重庆监管局《关于卢广开等同志任职资格的批复》(渝银监复[2013]18号)核准。

鉴于许洛圣辞去董事职务,经股东大会审议并作出决议,同意选举张立文为董事,许洛圣不再担任董事职务。张立文的董事任职资格于2013年10月16日经中国银监会重庆监管局《关于张立文任职资格的批复》(渝银监复[2013]131号)核准。

鉴于翁先定辞去董事、董事长职务,经股东大会审议作出决议,同意选举鲁钟男为董事;经董事会审议作出决议,同意赵暖为董事长,翁先定不再担任董事长职务,赵暖不再担任副总经理职务。鲁钟男的董事任职资格已于2013年12月23日经中国银监会重庆监管局《关于鲁钟男任职资格的批复》(渝银监复[2013]177)核准。赵暖的董事长任职资格申请材料已于2014年3月3日上报监管部门。

8.2.2 监事变动情况

鉴于修订后的公司章程规定,经股东单位提名,股东大会审议并作出决议,同意选举金锋、毛曙光为监事。

8.2.3 高级管理层变动情况

鉴于欧阳锦绍辞去首席运营官职务,经董事会和股东大会审议并作出决议,同意聘任许耀旂为首席运营官,欧阳锦绍不再担任首席运营官职务。许耀旂的任职资格于2013年3月12日经中国银监会重庆监管局《关于许耀旂同志任职资格的批复》(渝银监复[2013]22号)核准。

经董事会审议并作出决议,同意聘任张立文为首席风险官。张立文的高级管理人员任职资格于2013年6月25日经中国银监会重庆监管局《关于张立文任职资格的批复》(渝银监复[2013]76号)核准。

8.3 公司的重大诉讼事项

本年度重大诉讼共计15个。其中:固有业务2个,起诉案件1个,被诉案件1个;信托业务13个,起诉案件9个,被诉案件4个。

序号	诉讼案件	诉讼类别	金额(万元)	发生时间	案件事由	审理进度
1	新华信托诉长寿望江运输队	信托业务	100.00	1999年12月	委托贷款	胜诉、执行中
2	新华信托诉林华房地产开发有限公司	固有业务	2 500.00	2002年12月	购房37套林华未交付	胜诉,执行中(中止执行,提出执行申请)。
3	惠州腊梅信息咨询诉新华信托债权纠纷	固有业务	220.00	2010年6月	债权纠纷	一审中,尚未开庭,无实质进展。
4	新华信托诉凯翔集团有限公司、陈建明、席皎合同纠纷案	信托业务	7 410.00	2012年2月	债权纠纷	胜诉,已收回贷款本息。
5	新华信托诉山东火炬置业有限公司、山东火炬房地产开发集团有限公司、陈岭合同纠纷案	信托业务	31 960.00	2013年1月	债权纠纷	一审受理,公司已进行财产保全 开庭时间2014年3月20日。
6	新华信托诉张修杰、张庆国、李莉、于清志合同纠纷案	信托业务	9 076.43	2013年2月	合同纠纷	一审受理,原告张修杰、张庆国提出管辖权异议,开庭时间待定。
7	佛山市南海区林海燃料有限公司诉新华信托等质押合同纠纷案	信托业务	520.00	2013年1月	债权纠纷	一审已判决,新华信托不承担责任。
8	重庆帝多农业发展有限公司诉东启房地产开发有限公司、新华信托股份有限公司股权转让纠纷案	信托业务	520.00	2013年1月	股权纠纷	原告撤诉。
9	新华人寿诉北京天寰房地产开发有限公司、新华信托借款合同纠纷案	信托业务	77 300.00	2013年3月	债权纠纷	一审已判决未生效,新华信托不承担责任。
10	新华信托诉吴泰集团有限公司、肇庆亘泰商务港置业有限公司、肇庆亘泰金旺置业有限公司、吴敏、聚融(海门)商务城公司贷款纠纷案	信托业务	20 500.00	2013年4月	债权纠纷	已采取资产保全措施,一审已开庭一次。
11	新华信托诉北京时光房地产开发有限公司、兴安盟时光房地产开发有限公司合同纠纷案	信托业务	12 173.00	2013年5月	合同纠纷	一审已开庭一次。
12	新华信托诉鄂尔多斯市众友路桥集团有限责任公司、邱永胜、郝喜亮贷款纠纷案	信托业务	1 696.02	2013年10月	债权纠纷	一审已受理,尚未开庭。
13	新华信托诉湖北盈科房地产有限公司、袁晔、刘忆凝贷款纠纷案	信托业务	4 985.03	2013年10月	债权纠纷	2013年11月调解结案,被告承担全部本息偿还责任。
14	新华信托诉泰州市金鹰房地产开发有限公司、张龙根、王毅、魏新中、马长龙、夏鹏程、周国庆贷款纠纷案	信托业务	8 320.00	2013年12月	债权纠纷	一审已受理,尚未开庭。
15	秦伟平诉新华信托、王毅、魏新中、马长龙、周国庆、夏鹏程股权转让纠纷案	信托业务	3 688.00	2013年12月	股权转让纠纷	一审已开庭一次。

注:1、上述1~3项均为本金金额;4~15项本息合计金额为起诉时暂算金额,随时间推移,金额还会增加。

2、按公司与新产业的协议,上述案件1~3的相关权利义务由其承担。

8.4 对会计师事务所出具的有保留意见、否定意见或无法表示意见的审计报告的,公司董事会应就所涉及事项作出说明

无。

8.5 公司及其董事、监事和高级管理人员受到处罚的情况

报告期内,公司董、监事及高级管理人员勤勉履职,未发生公司及董事、监事和高级管理人员受到中国银监会或相关部门处罚的情况。

8.6 中国银监会及其派出机构整改意见的整改情况

报告期内,中国银监会重庆监管局对公司内控管理情况,包括公司治理、内控制度建设及执行、信息科技建设及管理、关联交易管理等方面进行了专项现场检查,并出具了现场检查意见书,公司已按照监管意见逐笔开展整改工作。

8.7 公司重大事项临时报告的简要内容

8.7.1 2013年5月10日、5月11日,公司分别在上海证券报第A65版、金融时报第07版刊登了《公告》,内容如下:

新华信托股份有限公司(以下简称公司)董事会保证本公告所载内容不存在任何虚假记载、误导性陈述,并对其内容的真实性、准确性和完整性承担责任。

经重庆银监局《关于新华信托股份有限公司变更注册资本及修改<公司章程>等有关事项的批复》(渝银监复[2012]70号)核准,公司将部分未分配利润57 888.00万元转增为注册资本,并于2012年12月10日完成相关工商登记变更手续。转增后,公司注册资本120 000.00万元,各股东股份额及股份比例如下:

股东名称	股份额(股)	股份比例(%)
新产业投资股份有限公司	863 050 496	71.92
巴克莱银行有限公司(Barclays Bank PLC)	234 001 600	19.50
中诚信投资有限公司	98 977 600	8.25
中国嘉陵工业股份有限公司(集团)	3 970 304	0.33
合计	1 200 000 000	100.00

经重庆银监局《关于批准新华信托股份有限公司调整公司股权结构的批复》(渝银监复[2013]21 号)核准,中国嘉陵工业股份有限公司(集团)将所持公司 0.33% 股份,共 3 970 304 股转让给新产业投资股份有限公司。公司于 2013 年 5 月 6 日完成相关工商登记变更手续。此次股权变更完成后,公司股权结构将调整至如下:

股东名称	股份额(股)	股份比例(%)
新产业投资股份有限公司	867 020 800	72.25
巴克莱银行有限公司(Barclays Bank PLC)	234 001 600	19.50
中诚信投资有限公司	98 977 600	8.25
合计	1 200 000 000	100.00

股权变更、董事会、监事会换届及章程变更等事项,具体内容请查询当地工商登记部门。

特此公告。

8.7.2　2013 年 10 月 28 日,重庆银监局下发《关于新华信用股份有限公司迁址和章程修订的批复》(渝银监复[2013]142 号),同意公司迁址于江北区北城一路 6 号,并更换金融许可证。公司于 2013 年 12 月 13 日在《重庆日报》第 18 版刊登了《中国银行业监督管理委员会重庆监管局关于颁发〈中华人民共和国金融许可证〉的公告》,内容如下:

下列机构经中国银行业监督委员管理委员会重庆监管局核准,颁发中华人民共和国金融许可证,现予以公告。

新华信托股份有限公司

机构编码:K0052H250000001

许可证流水号:374907

业务范围:许可该机构经营中国银行业监督管理委员会依照有关法律、行政法规和其他规定批准的业务。经营范围以批准文件所列的为准。

地址:重庆市江北区北城一路 6 号

邮编:400010

电话:023-63792370

批准成立日期:1986-05-17

发证机关:中国银行业监督管理委员会重庆监管局

发证日期:2013-10-31

8.8　社会责任履行情况

报告期内,公司严格遵守"一法两规"以及信托文件的规定,恪尽职守管理信托财产,为受益人的最大利益处理信托事务,切实履行了《信托法》规定的"诚实、信用、谨慎、有效管理"的受托人义务。

在继续贯彻"兼容并包、崇尚道德、负有责任感和使命感"企业文化精神的基础上,树立"苟利国家生死以,岂因祸福避趋之"的责任意识,做到"有责任、有担当",将社会责任意识融入公司战略规划中。

通过准确研判和把握,放缓房地产项目节奏,严控政府投融资平台潜在风险,不断优化项目结构,重点支持国家重点扶持的科技行业,促使产业结构的调整升级,充分发挥金融杠杆的作用,积极贯彻国家宏观调控政策,严守系统性区域性风险底线,进一步有效服务实体经济,推动银行业改革转型,为公司社会责任的履行打下基础。

普惠银行惠及广大社会层面。包括支持"三农"、惠及小微、发展个人金融惠及民生、支持保障性住房建设和文化产业发展、助学助业、力推社区银行惠及社区金融、"走出去"发展海外金融等。

重庆地方特性方面的金融服务。包括支持三峡库区经济、黔东南经济建设、边远山区金融服务、重庆五大功能区建设等。

严格按照国家法律法规要求,积极申报并按期缴纳各种税款。2008 年起,公司已经 4 次被评为"A 级纳税人"荣誉称号,并获得 2012 年度重庆市独立企业纳税 50 强称号。2013 年公司为国家贡献税收共计 3.3 亿元,实现 12 年连续增长。

促进区域经济金融稳健与可持续发展。因在服务实体经济中发挥的积极作用,在重庆市人民政府办公厅关于 2013 年度支持重庆经济发展成绩突出金融机构的通报中,公司被评为金融贡献优秀单位。

支持地方企业升级转型。在加快转型、壮大自身的过程中,以服务地方经济发展为己任,立足助推企业发展,与助推地方经济达到"同频共振"的双赢效果。

改进服务公平善待消费者。采取多种有效方式和措施完善客户沟通渠道,提高投诉受理效率及改进客户服务质量。继 2012 年客户服务部荣膺"第十届中国最佳呼叫中心"奖项后,公司再次成为全国六十多家信托公司中首家且唯一一家获得五星级认证的信托公司。

推行绿色金融促进绿色经济发展。严格审核建设项目环评手续,加大对绿色低碳产业的扶持力度,积极引导信托资金进入环保产业。包括支持推进碳交易、控制压缩两高一剩、节能环保、新能源战略、提供绿色金融产品等。

热心公益事业。包括完善公益管理体系、丰富公益实践活动、树立行业公益品牌、积极参加绿色公益、支持公益慈善事业等。2013 年,四川省雅安市发生 7.0 级地震,公司积极响应中国信托业协会倡议,捐款 80 万元。公司工会组织员工捐款 138 700元,采取直接定点支援的方式,落实具体支援项目。报告期内,公司在公益信托道路上积极探索,发行了普照系列、蒲公英系列、火炬系列等一系列公益信托,总规模为 1.32 亿元。其中,普照一号募集资金近800 万元,主要在内部发行,并将因此产生的全部信托收益用于包括但不限于配合教育机构设立奖学金计划对特困学生和贫困学生进行教育资助,以及对地震、洪涝等自然灾害地区进行救灾资助和灾后重建进行捐助等。

构建和谐劳动关系。包括提高员工综合素质、激励员工职业成长、关爱员工以人为本、营造和谐环境氛围等。

8.9　中国银监会及其派出机构认定的其他有必要让客户及相关利益人了解的重要信息

无。

9. 公司监事会意见

报告期内，公司监事会根据《公司法》、《信托法》和公司章程有关规定，对公司董事、高级管理人员履行职责的情况进行了监督。并评价认为：公司“三会一层”能够勤勉工作，较好地完成了2013年既定的工作任务，经营管理过程中尚未发现违法、违规的案件。

9.1 公司依法运作情况

公司依法运作，决策程序基本符合《公司法》、《信托法》、《信托公司管理办法》和公司章程等有关制度的规定；内控制度基本健全、有效；公司董事、总经理等高级管理人员履行职责时，尚未发现有违法和故意损害公司利益的行为。

9.2 财务报告真实情况

公司本年度财务报告真实反映了公司的财务状况及经营管理成果；本年度财务报告已经毕马威华振会计师事务所（特殊普通合伙）上海分所根据中国注册会计师独立审计准则审计，并出具了标准无保留意见的审计报告。

新时代信托股份有限公司

1. 重要提示

1.1 本公司董事会及董事保证本报告所载资料不存在任何虚假记载、误导性陈述或者重大遗漏，对其内容的真实性、准确性和完整性承担个别及连带责任。

1.2 本公司独立董事杜惠芬女士认为：本年度报告真实、准确、完整。

本公司独立董事何海峰先生认为：本年度报告真实、准确、完整。

本公司独立董事刘剑雄先生认为：本年度报告真实、准确、完整。

1.3 公司董事长赵利民先生、主管会计工作负责人杨明国先生及会计机构（自营）负责人张美荣女士、会计机构（信托）负责人许伊萍女士声明：保证年度报告中财务报告的真实、完整。

2. 公司概况

2.1 公司简介

新时代信托股份有限公司前身为包头市信托投资公司，初创于1987年，2003年12月，经中国银行业监督管理委员会核准重新登记并更名为新时代信托投资股份有限公司，2009年6月，经中国银行业监督管理委员会批复，公司名称变更为新时代信托股份有限公司并变更公司业务范围，目前注册资本金12亿元。

公司以"为客户创造价值"为使命，坚持"抱诚守拙，谨行致远"的核心理念，积极拓展以资产管理业务为基础，以资金信托和投资银行业务为两翼的业务架构，为投资者提供全面、优质的理财服务。

2.1.1 公司法定中文名称：新时代信托股份有限公司
公司法定中文名称缩写：新时代信托
公司法定英文名称：New Times Trust Co.,Ltd.
公司法定英文名称缩写：NTTC

2.1.2 公司法定代表人：赵利民

2.1.3 公司注册地址：内蒙古包头市钢铁大街甲5号信托金融大楼
公司邮政编码：014030
公司国际互联网网址：www.xsdxt.com
公司电子邮箱：xsdxt@xsdxt.com

2.1.4 公司负责信息披露事务人：陈永利
联系电话：0472-6969996
传真电话：0472-6969996
电子邮箱：chenyongli@xsdxt.com

2.1.5 公司选定的信息披露报刊：《证券日报》
公司年报报告备置地点：内蒙古包头市钢铁大街甲5号信托金融大楼

2.1.6 公司聘请的会计师事务所名称：瑞华会计师事务所
办公地址：北京市东城区永定门西滨河路8号院7号楼中海地产广场西塔5~11层。
公司聘请的律师事务所名称：内蒙古晨鹿律师事务所
办公地址：包头市工商联大厦六楼A2号

2.2 组织结构

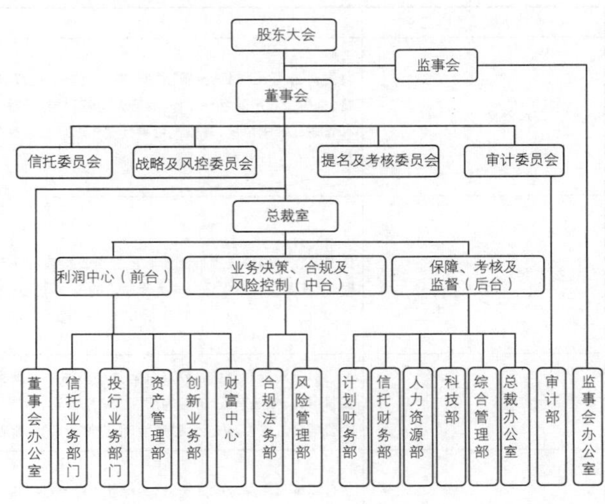

3. 公司治理

3.1 公司治理结构

3.1.1 股东情况

报告期末新时代信托股份有限公司股份总数共计1 200 000 000股（壹拾贰亿股），共有4个股东。

股东名称	持股比例（%）	法人代表	注册资本（万元）	注册地址	主要经营业务
新时代远景（北京）投资有限公司	58.54	赵利民	150 000	北京市朝阳区东三环北路38号3号楼2309室	项目投资、投资管理、投资咨询。
上海人广实业发展有限公司	24.39	郭庆明	40 000	上海市浦东新区长青路92号306室	计算机软硬件开发、投资咨询、国内贸易。
潍坊科微投资有限公司	14.63	张辉	30 000	潍坊高新开发区东方路336号	对信息产业、电子、房地产、交通运输、商业企业的投资及投资咨询，财务顾问等业务。
包头市鑫鼎盛贸易有限责任公司	2.44	童志丹	20 000	包头市稀土高新区曙光路22号	稀土产品、化工产品、钢材、建材、计算机软件硬件及外围设备、办公设备的销售。

3.1.2 董事、董事会及其下属委员会

公司董事（不包括独立董事）

姓 名	职 务	性别	年龄	选任日期	所推举的股东	该股东持股比例（%）	简 要 履 历
赵利民	董事长	男	50	2012 年 5 月	高管董事		曾在天津大港石化公司，新时代证券有限责任公司等机构任职。
李树新	副董事长	女	46	2012 年 5 月	高管董事		曾在人民银行包头市中心支行等机构任职。
刘鸿雁	董事	男	40	2012 年 5 月	高管董事		曾在北京科宇恒信科技有限公司，上海爱使股份有限公司，北京国际信托有限公司任职。
于 雷	董事	男	37	2012 年 5 月	新时代远景（北京）投资有限公司	58.54	曾在天健正信会计师事务所任职；现在新时代远景（北京）投资有限公司任职。
丹常彤	董事	男	47	2012 年 5 月	上海人广实业发展有限公司	24.39	曾在北京优仕行技术咨询有限公司任职；现在上海人广实业发展有限公司任职。
丁德胜	董事	男	44	2012 年 5 月	潍坊科微投资有限公司	14.63	曾在青岛啤酒股份有限公司任职；现在潍坊科微投资有限公司任职。

独立董事

姓 名	所在单位及职务	性别	年龄	选任日期	所推举的股东	该股东持股比例（%）	简 要 履 历
杜惠芬	中央财经大学金融学院副院长	女	51	2012 年 5 月	无		曾在山西财经学院任职；现在中央财经大学任教。
何海峰	中国社科院金融政策研究中心主任	男	44	2012 年 5 月	无		曾在华北电力大学任教；现在中国社科院任职。
刘剑雄	中国社科院经济研究所副研究员	男	36	2012 年 5 月	无		曾在社会科学院研究生院政府政策与公共管理系任职。

董事会下属委员会

董事会下属委员会名称	职责	组成人员姓名	职务
战略及风控委员会	负责对公司长期发展战略规划、重大战略性投资进行可行性研究；负责全面监督、指导公司风险管理工作，检查公司管理层贯彻和执行董事会确立的风险取向和管理战略的情况，并根据董事会授权进行业务决策的常设机构，对公司董事会负责。	赵利民	主任委员
		刘鸿雁	委员
		何海峰	委员
		刘剑雄	委员
		于雷	委员
信托委员会	负责督促公司依法履行受托职责。当公司或股东利益与受益人利益发生冲突时，信托委员会应保证公司为受益人的最大利益服务。	何海峰	主任委员
		杜惠芬	委员
		李树新	委员
		刘鸿雁	委员
		丁德胜	委员
审计委员会	专门负责对公司财务活动及其有关经济活动的真实、合法、合规、准确和效益的监督审计，依法审议、拟定内部监督活动方案，指导稽核部门实施稽核审计，为维护公司合法权益，防范金融风险，促进增收节支，提高经济效益服务。	杜惠芬	主任委员
		于雷	委员
		丁德胜	委员
提名及考核委员会	对公司董事和总裁的人选、选择标准和程序进行选择并提出建议，同时对总裁提名的财务负责人、以及总裁提名的其他高级管理人员、董事长提名的董事会秘书人选进行审查并提出建议；负责制定公司董事、高级管理人员以及其他员工的全员考核标准并进行考核，对董事会负责。	刘剑雄	主任委员
		赵利民	委员
		李树新	委员
		刘鸿雁	委员
		丹常彤	委员

3.1.3 监事、监事会及其下属委员会

姓 名	职 务	性别	年龄	选任日期	所推举的股东名称	该股东持股比例（%）	简 要 履 历
胡宇峰	监事长	男	51	2012 年 5 月	新时代远景（北京）投资有限公司	58.54	曾在中国兵器工业五二研究所、证券日报内蒙记者站任职。
申洋	监事	女	30	2012 年 5 月	包头市鑫鼎盛贸易有限责任公司	2.44	现在包头市鑫鼎盛贸易有限责任公司任职。
张红权	监事	男	45	2012 年 5 月	职工代表		曾在包头绿远控股有限公司任职；现任公司总裁办主任。

注：监事会无下设委员会。

3.1.4 高级管理人员

姓名	职务	性别	年龄	选任日期	从业年限	学历	专业	简要履历
刘鸿雁	总裁	男	40	2012年9月	16	本科	应用数学	曾在北京科宇恒信科技有限公司，上海爱使股份有限公司，北京国际信托有限公司任职。
陈祥盛	常务副总裁	男	37	2013年8月	9	硕士	经济管理	曾在北京林业大学外语学院任职。
杨明国	财务总监	男	40	2011年9月	16	博士	经济学	曾在湛江华垦有限公司，北方创业股份有限公司任职。
边风杰	副总裁	男	48	2009年3月	23	硕士	商业经济	曾在工商银行包头分行任职。
王晓滨	副总裁	男	45	2013年8月	21	本科	机械动力	曾在人民银行哈尔滨分行、哈尔滨证券、联合证券、大通证券等机构任职。
闫锋	副总裁	男	39	2013年8月	17	本科	金融	曾在内蒙古网通计算机有限责任公司任职。
李永丰	总裁助理	男	42	2011年9月	18	本科	数学	曾在海口市建设银行、海南港澳国际信托投资有限公司、中银国际证券、新时代证券等机构任职。
边涛	总裁助理	男	42	2012年4月	22	硕士	工商管理	曾在工商银行莱芜市分行、北京银行西直门支行、安邦财产保险股份有限公司任职。
陈永明	总裁助理	男	51	2012年7月	26	本科	金融	曾在内蒙古师范大学财务处、华宸信托有限责任公司任职。
崔延辉	总裁助理	男	36	2013年8月	13	本科	信息管理	曾在北京元恒时代科技有限公司、新时代信托股份有限公司任职

3.1.5 公司员工

项目		2013年度		2012年度	
		人数	比例(%)	人数	比例(%)
年龄分布	20岁以下	0	0	0	0
	20~29岁	96	39.67	99	48.53
	30~39岁	99	40.91	68	33.33
	40岁以上	47	19.42	37	18.14
学历分布	博士	2	0.83	2	0.98
	硕士	63	26.03	69	33.82
	本科	132	54.54	101	49.51
	专科	36	14.88	23	11.28
	其他	9	3.72	9	4.41
岗位分布	董事、监事及其高管人员	15	6.20	14	6.86
	自营业务人员	4	1.65	4	1.96
	信托业务人员	134	55.37	112	54.90
	其他人员	89	36.78	74	36.28

4. 经营管理

4.1 公司新年度的经营目标、方针、战略规划

4.1.1 核心理念

抱诚守拙：信托公司是经营信用的机构，诚信当为经营的第一要义。坚守受益人利益最大化的原则，并追求股东稳定的回报，是信托业不可逾越、不可取巧的拙朴之道。

谨行致远：唯有审慎稳健，持续加强基础管理、质量管理、合规管理和风险管理；唯有前瞻性的决策和判断，公司才能更远更久，历经风雨而基业长青。

4.1.2 经营方针

合规经营，管控风险：依法合规是公司经营活动的前提和宗旨，管控风险贯穿于经营活动的全过程。

有效激励，稳健发展：以卓有成效的绩效考核和薪酬体系激励员工和团队的积极性、创造性。公司更加追求的是快速增长和可持续发展之间的均衡状态。

4.1.3 战略规划

公司在2012年制定了新的战略规划，公司将发挥金融信托的独特优势，有效拓展公司的业务领域，培育核心盈利模式和盈利能力。公司将依托内蒙古自治区资源型区域经济优势，有效的将金融服务优势和内蒙地区资源优势结合起来，发挥强强效应，逐步形成"金融服务＋资源"、具有公司特色的业务发展方向和模式，形成"立足内蒙、辐射全国"的业务和发展格局；公司将树立"审慎经营、内控优先"的意识，建立决策科学、运营规范、管理高效的公司组织、制度建设体系，形成完善的员工培育和发展模式，促进员工向个性化理财专家方向发展，始终保持公司持续、稳定、健康发展，为将新时代信托股份有限公司建设成一个全国一流的信托公司不断努力。

4.2 所经营业务的主要内容

自营资产运用与分布

资产运用	金额（万元）	占比（%）	资产分布	金额（万元）	占比（%）
货币资金	31 861.02	9.66	基础产业	—	—
应收账款	2 112.12	0.64	房地产	—	—
贷款	12 500.00	3.79	证券	46 785.53	14.18
交易性金融资产	3 517.66	1.07	金融	262 341.02	79.52
可供出售金融资产	230 480.00	69.86	实业	12 500.00	3.79
长期股权投资	43 267.87	13.11	其他	8 297.80	2.51
其他资产	6 185.68	1.87			
资产总计	329 924.35	100.00	资产总计	329 924.35	100.00

信托资产运用与分布

资产运用	金额（万元）	占比（%）	资产分布	金额（万元）	占比（%）
货币资产	74 655.32	0.47	基础产业	1 513 628.00	9.55
贷款及应收款	8 818 680.76	55.67	房地产	1 030 189.06	6.50
交易性金融资产	482 705.53	3.05	证券	12 408.98	0.08
可供出售金融资产投资	0.00	0.00	实业	12 351 667.05	77.97
持有至到期投资	6 084 689.14	38.41	金融机构	353 497.06	2.23
长期股权投资	319 549.00	2.02	其他	103 955.50	0.66
买入返售金融资产	10 120.00	0.06	债券	476 577.87	3.01
其他	51 942.45	0.32	基金	418.68	0.00
资产总计	15 842 342.20	100	资产总计	15 842 342.20	100

4.3 市场分析

4.3.1 影响公司发展的有利因素

信托业正处于快速发展期，信托产品创新成为业内共识，居民财富持续增长，信托产品潜在客户增多；信托理财逐渐获得社会认可，信托专业资产管理和投资管理服务能力得到提升。

公司总部位于内蒙古，内蒙古自治区资源主导型的地区经济发展规划为公司发挥信托连接货币、资本、产业起到桥梁的作用，并为抢先一步进入地区资源开发与可持续发展经济领域提供强有力的支持。

公司组织结构合理，人力资源结构符合业务开展需求，在产品创新、业务拓展等方面有着较强的优势。

4.3.2 影响公司发展的不利因素

我国依然面临复杂的国际国内形势，世界经济复苏的过程充满不确定性，国内面临调整经济结构与保持经济快速增长的矛盾。

证券、基金等金融子行业资产管理业务发展快速，与信托行业存在竞争关系，对信托行业发展造成不利的影响。

信托行业创新能力不足，产品类型较少，伴随信托行业内部竞争加大，公司资产管理能力、创新能力等需要进一步加强。

公司自有品牌市场影响力初步建立，但公司品牌战略需要进一步深化并得到切实执行，公司销售渠道受制于第三方，直销渠道需进一步加强。

4.4 风险管理

4.4.1 风险管理概况

风险管理能力是决定信托公司能否健康发展的重要指标，公司风险管理工作遵循全面性、持续性、前瞻性、审慎性、独立性和一致性原则，通过风险制度建设、风险文化教育、风险管理流程设置、风险处置预案及应对、风险管理指标体系设立等措施，全面有效识别风险、防范风险、控制风险、化解风险，保证公司的良性发展。

4.4.2 风险状况

4.4.2.1 信用风险状况

主要表现为信托业务交易对手的信用状况，资金往来的信用风险等。交易对手及其担保人根据自身的经营状况，结合各类外部因素，综合而成的影响其还款能力或担保能力的风险。

4.4.2.2 市场风险状况

主要表现为：一是信托业所涉及的货币、资本、实业三大领域，其各自受政策、市场规律等因素影响所形成的波动风险；二是受其他金融机构激烈竞争与挤压，导致公司市场环境与客户资源恶化的风险。

4.4.2.3 操作风险状况

主要表现在公司内部人员在处理信托业务过程中因操作失误而出现的风险。

4.4.2.4 其他风险状况

4.4.2.4.1 政策风险状况

主要表现为宏观政策以及监管政策的变动对公司经营环境和发展所造成的风险。

4.4.2.4.2 经营风险状况

主要表现为在经营过程中因管理与经营能力造成的风险。

4.4.2.4.3 道德风险状况

主要表现为公司内部人员是否诚信经营、恪尽职守的道德风险。

4.4.3 风险管理

4.4.3.1 信用风险管理

对于信用风险的防范，公司主要是通过对交易对手的信用调查，合规法务部、风险管理部以及业务决策及风控委员会对项目的审核、信托项目抵押、质押、保证担保等条款的科学设计等来进行风险事前防范；通过项目实施过程中的业务跟踪以及资产分类评级来进行风险事中控制；通过项目结束后的稽查与评价进行事后控制。在防范银行和券商信用风险方面，公司制定系列选择标准，选择实力雄厚、信誉卓著、业绩优良的金融机构作为合作伙伴，同时以对合作伙伴定期与不定期的压力测试来及时发现问题，对风险加以控制。担保物确认原则为：合法性原则，即要求抵押物和质押物必须符合国家法律规定，抵押人、出质人对抵押物和质押物享有完整的所有权。充足性原则，即公司根据抵押物、质押物的保值能力和变现难易程度对不同抵押、质押物设置不同的抵押率，对于需要估价的抵（质）押财产，必须经过公司认可的资产评估公司进行估价。可操作性原则，即要求抵（质）押财产标的权属明确、易于保管、转让和变现。

公司保证担保管理原则：保证人应具有独立的法人资格，并对其拥有的财产享有所有权或依法处分权；担保人应具备良好的资信状况，近3年经营业绩稳定，财务状况良好，具备足够的担保能力。

4.4.3.2 市场风险管理

对于市场风险的防范，公司主要是通过加强业务决策及风控委员会的运作力度，通过研究、决策、操纵、评价相互制衡的机制，结合严格的授权制度，以防范市场风险。加强对多种信息资料的收集、整理、研究，正确把握市场的整体走势；建立健全市场风险的预警系统，对风险及其程度进行量化预测，包括主要业务的风险评估和监测办法、重要部门风险考核指标体系等，定期对公司的市场风险进行检查和监控。公司坚持不以风险换业务，而以诚信换市场的原则。

4.4.3.3 操作风险管理

对于操作风险的防范，主要通过严格的授权制度与过程控制以及定期的员工业务培训来实施。一是指导、协助各部门建立健全内部风险控制制度，检查各项业务的作业流程和部门衔接可能存在的风险；二是明确界定部门的目标、职责和权限，确保其在授权范围内行使经营管理职能；三是在各主要业务部门之间建立健全防火墙制度，确保信托业务与自有业务相对独立；四是定期组织员工进行业务培训以及对外的同业交流活动。

4.4.3.4 其他风险管理

4.4.3.4.1 政策风险管理

对于政策风险的防范，公司通过严格依法经营，并根据国家法律法规和银监会要求制订公司章程和内控制度，以规范与控制公司业务范围和行为。加强对各种政策及其变动趋势的研究，并按照研究结果来决定或调整信托项目及自有业务的投融资计划；实行信托项目的分散化和期限结构的均衡化，以降低系统性政策风险；对突如其来的政策变化可能产生的较大风险建立一整套应急措施;加强与银监会(局)、政府有关部门的联络和沟通。及时学习新出台的法律法规以及监管政策,并向公司员工通告发布。

4.4.3.4.2 经营风险管理

对于经营风险的防范,公司有健全的法人治理结构,股东会、董事会和监事会职责明确,对经营层有严格的约束,保证其合法合规经营。公司依据自身经营特点设立顺序递进、权责统一、严密有效的三道监控防线:建立一线岗位双人、双职、双责,业务内容至少双人知道为基础的第一道监控防线;建立相关部门、相关岗位之间相互监督制衡的第二道监控防线;建立对风险现场全面实施监督、检查和反馈的第三道监控防线。严格按照内部规章与流程开展各项业务,同时通过事后稽核与评价来对其进行正负激励,以防范经营风险。

4.4.3.4.3 道德风险管理

对于道德风险的防范,公司主要通过完善的法人治理结构对高管进行约束,使其经营行为符合委托人利益和股东利益,并通过严格的规章制度与内控体系对公司员工行为进行规范。在组织架构方面,公司严格按照信托法规的要求对自营资产与信托资产分别管理,并由不同高管分管,以保护委托人的利益。加强内部廉政建设,坚守行业自律,不断完善自身职业道德的提升。与此同时,接受银监部门定期不定期的检查,构成了外部监督体系。

5. 报告期末及上一年度末的比较式会计报表

5.1 自营资产

5.1.1 会计师事务所审计意见全文

审计报告

瑞华审字[2014]第01690011号

新时代信托股份有限公司董事会:

我们审计了后附的新时代信托股份有限公司(以下简称贵公司)的财务报表,包括2013年12月31日的资产负债表;2013年度的利润表、现金流量表和股东权益变动表以及财务报表附注。

一、管理层对财务报表的责任

编制和公允列报财务报表是贵公司管理层的责任。这种责任包括:(1)按照企业会计准则的规定编制财务报表,并使其实现公允反映;(2)设计、执行和维护必要的内部控制;以使财务报表不存在由于舞弊或错误导致的重大错报。

二、注册会计师的责任

我们的责任是在执行审计工作的基础上对财务报表发表审计意见。我们按照中国注册会计师审计准则的规定执行了审计工作。中国注册会计师审计准则要求我们遵守中国注册会计师职业道德守则,计划和执行审计工作以对财务报表是否不存在重大错报获取合理保证。

审计工作涉及实施审计程序,以获取有关财务报表金额和披露的审计证据。选择的审计程序取决于注册会计师的判断,包括对由于舞弊或错误导致的财务报表重大错报风险的评估。在进行风险评估时,注册会计师考虑与财务报表编制和公允列报相关的内部控制,以设计恰当的审计程序,但目的并非对内部控制的有效性发表意见。审计工作还包括评价管理层选用会计政策的恰当性和作出会计估计的合理性,以及评价财务报表的总体列报。

我们相信,我们获取的审计证据是充分、适当的,为发表审计意见提供了基础。

三、审计意见

我们认为,上述财务报表在所有重大方面按照企业会计准则的规定编制,公允反映了新时代信托股份有限公司2013年12月31日的财务状况以及2013年度的经营成果和现金流量。

瑞华会计师事务所(特殊普通合伙) 中国注册会计师:

中国·北京 中国注册会计师:

二〇一四年二月二十八日

5.1.2 资产负债表

资产负债表

2013年12月31日

编制单位:新时代信托股份有限公司 单位:元

项 目	附注	年末数	年初数
货币资金	七、1	318 610 160.58	215 196 791.88
其中:其他货币资金	七、1	1.06	1.31
买入返售金融资产			
应收款项	七、2	21 121 233.48	33 576 094.51
应收股利			
交易性金融资产	七、3	35 176 600.00	49 448 262.96
发放贷款和垫款	七、4	125 000 000.00	50 000 000.00
持有至到期投资			
可供出售金融资产	七、5	2 304 800 000.00	916 400 000.00
长期股权投资	七、6	432 678 695.76	432 678 695.76
投资性房地产	七、7	162 625.62	19 004 014.82
固定资产	七、8	26 628 555.35	23 867 447.24
无形资产	七、9	3 689 276.31	2 354 031.02
递延所得税资产	七、10	10 839 082.11	8 599 932.59
其他资产	七、11		3 270 236.97
资产总计		3 299 243 494.40	1 754 395 507.75

法定代表人:赵利民 主管会计工作负责人:杨明国 会计机构负责人:张美荣

资产负债表（续）

2013 年 12 月 31 日

编制单位:新时代信托股份有限公司　　　　单位:元

项　目	注释	年末数	年初数
负债			
拆入资金			
交易性金融负债			
应付款项	七、12	4 948 277.12	5 366 805.51
卖出回购金融资产			
应付职工薪酬	七、13	57 882 320.18	34 443 253.73
应付股利			
应交税费	七、14	34 834 139.40	16 991 863.44
递延所得税负债			
其他负债		22 503.26	22 503.26
负债合计		97 687 239.96	56 824 425.94
所有者权益			
实收资本（或股本）	七、15	1 200 000 000.00	800 000 000.00
资本公积	七、16	1 386 869 111.21	587 319 111.21
盈余公积	七、17	109 953 391.27	79 509 874.01
一般风险准备	七、18	43 663 311.71	47 839.27
信托赔偿准备金	七、19	103 871 094.09	58 205 818.20
未分配利润	七、20	357 199 346.16	167 750 909.12
所有者权益合计		3 201 556 254.44	1 697 571 081.81
负债和所有者权益总计		3 299 243 494.40	1 754 395 507.75

法定代表人:赵利民　　主管会计工作负责人:杨明国　　会计机构负责人:张美荣

5.1.3 利润表

利润表

2013 年度

编制单位:新时代信托股份有限公司　　　　单位:元

项　目	注释	本年数	上年数
一、营业收入	七、21	676 540 264.47	505 388 856.74
利息收入	七、21	8 840 304.99	2 329 095.00
金融企业往来收入	七、21	10 689 393.95	12 243 853.32
手续费收入	七、21	523 262 174.85	403 797 736.82
投资收益	七、21	93 206 552.63	31 632 254.01
其中:对联营企业和合营企业的投资收益			
其他营业收入	七、21	30 528 436.19	45 800 501.62
公允价值变动损益	七、21	10 013 401.86	9 585 415.97
二、营业支出	七、22	266 527 140.96	235 327 658.05
业务及管理费	七、22	207 428 353.39	203 254 219.28
其他业务成本	七、22	1 407 081.87	1 472 675.16
资产减值损失	七、22	20 350 000.00	1 733 239.01
营业税金及附加	七、22	37 341 705.70	28 867 524.60
三、营业利润（亏损以“－”号填列）		410 013 123.51	270 061 198.69
加:营业外收入	七、23	10 967 500.00	3 686 512.00
减:营业外支出	七、24	347 972.57	160 796.79
四、利润总额（亏损总额以“－”号填列）		420 632 650.94	273 586 913.90
减:所得税费用	七、25	116 197 478.31	73 151 811.57
五、净利润（净亏损以“－”号填列）		304 435 172.63	200 435 102.33
六、每股收益:			
（一）基本每股收益		0.29	0.27
（二）稀释每股收益			
七、其他综合收益		－450 000.00	
八、综合收益总额		303 985 172.63	200 435 102.33

法定代表人:赵利民　　主管会计工作负责人:杨明国　　会计机构负责人:张美荣

5.1.4 现金流量表

现金流量表

2013 年度

编制单位:新时代信托股份有限公司　　　　单位:元

项　目	注释	本年数	上年数
一、经营活动产生的现金流量:			
收取利息、手续费及佣金的现金		528 209 397.07	403 797 736.82
处置交易性金融资产净增加额		26 610 797.29	
金融企业往来收到的现金		10 689 393.95	12 243 853.32
其他业务收到的现金		30 173 835.46	45 800 501.62
收到的税费返还			
收到其他与经营活动有关的现金		9 510 890.35	3 300 000.00
经营活动现金流入小计		605 194 314.12	465 142 091.76
客户贷款及垫款净增加额		75 000 000.00	50 000 000.00
支付利息、手续费及佣金的现金			
购买交易性金融资产净增加额			4 398 654.50
支付给职工以及为职工支付的现金		48 006 756.70	58 694 479.60
支付的各项税费		142 119 139.37	123 127 822.41
支付其他与经营活动有关的现金		125 647 155.01	120 282 821.55
经营活动现金流出小计		390 773 051.08	356 503 778.06
经营活动产生的现金流量净额	七、26	214 421 263.04	108 638 313.70
二、投资活动产生的现金流量:			
收回投资收到的现金		4 258 312 499.99	381 204 922.22
取得投资收益收到的现金		88 597 820.16	50 968 940.82
处置子公司、联营企业及合营企业投资收到的现金			
处置固定资产、无形资产和其他长期资产所收到的现金		35 000.00	419 710.50
收到其他与投资活动有关的现金			
投资活动现金流入小计		4 346 945 320.15	432 593 573.54
投资支付的现金		5 647 312 499.99	1 096 400 000.00
购建固定资产、无形资产和其他长期资产支付的现金		10 640 714.50	3 803 354.50
取得子公司、联营企业及合营企业投资支付的现金			
支付的其他与投资活动有关的现金			
投资活动现金流出小计		5 657 953 214.49	1 100 203 354.50
投资活动产生的现金流量净额		－1 311 007 894.34	－667 609 780.96
三、筹资活动产生的现金流量:			
吸收投资收到的现金		1 200 000 000.00	560 000 000.00
其中:子公司吸收少数股东投资收到的现金			
少数股东行使认股权时收到的现金			
发行债券收到的现金			
收到其他与筹资活动有关的现金			
筹资活动现金流入小计		1 200 000 000.00	560 000 000.00
分配股利、利润或偿付利息支付的现金			
其中:向本行股东分配股利支付的现金			
子公司支付给少数股东的股利			
偿还债务支付的现金			
支付其他与筹资活动有关的现金			
筹资活动现金流出小计		－	－
筹资活动产生的现金流量净额		1 200 000 000.00	560 000 000.00
四、汇率变动对现金及现金等价物的影响额			
五、现金及现金等价物净增加额	七、26	103 413 368.70	1 028 532.74
加:期初现金及现金等价物余额	七、26	215 196 791.88	214 168 259.14
六、期末现金及现金等价物余额	七、26	318 610 160.58	215 196 791.88

法定代表人:赵利民　　主管会计工作负责人:杨明国　　会计机构负责人:张美荣

5.1.5 所有者权益变动

2013 年度所有者权益变动表

编制单位:新时代信托股份有限公司　　　　单位:元

项　目	实收资本	资本公积	减:库存股	盈余公积	一般风险准备	信托赔偿准备金	未分配利润	所有者权益合计
一、上年末余额	800 000 000.00	587 319 111.21		79 509 874.01	4 785 369.27	58 205 818.20	167 750 909.12	1 697 571 081.81
加:会计政策变更								
前期差错更正								
其他								
二、本年年初余额	800 000 000.00	587 319 111.21		79 509 874.01	4 785 369.27	58 205 818.20	167 750 909.12	1 697 571 081.81
三、本年增减变动金额(减少以"-"号填列)	400 000 000.00	799 550 000.00		30 443 517.26	38 877 942.44	45 665 275.89	189 448 437.04	1 503 985 172.63
(一)净利润							304 435 172.63	304 435 172.63
(二)其他综合收益		-450 000.00						-450 000.00
上述(一)和(二)小计		-450 000.00	—				304 435 172.63	303 985 172.63
(三)所有者投入和减少资本	400 000 000.00	800 000 000.00	—					1 200 000 000.00
1. 所有者投入资本	400 000 000.00	800 000 000.00						1 200 000 000.00
2. 股份支付计入所有者权益的金额								—
3. 其他								
(四)利润分配			—	30 443 517.26	38 877 942.44		-69 321 459.70	—
1. 提取盈余公积				30 443 517.26			-30 443 517.26	—
2. 提取一般风险准备					38 877 942.44		-38 877 942.44	—
3. 对所有者(或股东)的分配								
4. 其他								
(五)所有者权益内部结转								
1. 资本公积转增资本(或股本)								
2. 盈余公积转增资本(或股本)								
3. 盈余公积弥补亏损								
4. 其他								
(六)信托赔偿准备金			—			45 665 275.89	-45 665 275.89	—
1. 本期提取						45 665 275.89	-45 665 275.89	—
2. 本期使用								
(七)其他								
四、本年年末余额	1 200 000 000.00	1 386 869 111.21		109 953 391.27	43 663 311.71	103 871 094.09	357 199 346.16	3 201 556 254.44

2013 上年度所有者权益变动表

编制单位:新时代信托股份有限公司　　　　单位:元

项　目	实收资本	资本公积	减:库存股	盈余公积	一般风险准备	信托赔偿准备金	未分配利润	所有者权益合计
一、上年年末余额	300 000 000.00	227 319 111.21		59 466 363.78	4 258 039.444	28 140 552.85	317 951 912.20	937 135 979.48
加:1. 会计政策变更								
2. 前期差错更正								
3. 其他								
二、本年年初余额	300 000 000.00	227 319 111.21	—	59 466 363.78	4 258 039.444	28 140 552.85	317 951 912.20	937 135 979.48
三、本年增减变动金额(减少以"-"号填列)	500 000 000.00	360 000 000.00	—	20 043 510.23	527 329.83	30 065 265.35	-150 201 003.08	760 435 102.33
(一)净利润							200 435 102.33	200 435 102.33
(二)其他综合收益								
上述(一)和(二)小计			—				200 435 102.33	200 435 102.33
(三)所有者投入和减少资本	200 000 000.00	360 000 000.00	—					560 000 000.00
1. 所有者投入资本	200 000 000.00	360 000 000.00						560 000 000.00

续表

项　　目	上年数							
	实收资本	资本公积	减:库存股	盈余公积	一般风险准备	信托赔偿准备金	未分配利润	所有者权益合计
2. 股份支付计入所有者权益的金额								
3. 其他								
(四)利润分配			—	20 043 510. 23	527 329. 83		-20 570 840. 06	
1. 提取盈余公积				20 043 510. 23			-20 043 510. 23	
2. 提取一般风险准备					527 329. 83		-527 329. 83	
3. 对所有者(或股东)的分配								
4. 其他								
(五)所有者权益内部结转	300 000 000. 00		—				-300 000 000. 00	
1. 资本公积转增资本(或股本)								
2. 盈余公积转增资本(或股本)								
3. 盈余公积弥补亏损								
4. 其他	300 000 000. 00						-300 000 000. 00	
(六)信托赔偿准备金			—			30 065 265. 35	-30 065 265. 35	
1. 本期提取						30 065 265. 35	-30 065 265. 35	
2. 本期使用								
四、本年年末余额	800 000 000. 00	587 319 111. 21	—	79 509 874. 01	4 785 369. 27	58 205 818. 20	167 750 909. 12	1 697 571 081. 81

法定代表人:赵利民　　主管会计工作负责人:杨明国　　会计机构负责人:张美荣

5.2 信托资产

5.2.1 信托项目资产负债汇总表

信托项目资产负债表

2013 年 12 月 31 日

编制单位:新时代信托股份有限公司　　单位:万元

信托资产	期末数	年初数
信托资产		
货币资金	74 655. 32	48 420. 83
拆出资金	—	—
存出保证金	—	—
交易性金融资产	482 705. 53	459 532. 33
衍生金融资产	—	—
买入返售金融资产	10 120. 00	27 720. 28
应收款项	13 233. 76	13 870. 08
发放贷款	8 805 447. 00	4 666 432. 56
可供出售金融资产	—	—
持有至到期投资	6 084 689. 14	7 176 160. 00
长期应收款	—	—
长期股权投资	319 549. 00	209 905. 00
投资性房地产	—	—
固定资产	—	—
无形资产	—	—
长期待摊费用	—	—
其他资产	51 942. 45	51 942. 45
信托资产总计	15 842 342. 20	12 653 983. 53

信托项目资产负债表(续)

2013 年 12 月 31 日

编制单位:新时代信托股份有限公司　　单位:万元

信托负债和信托权益	期末数	年初数
信托负债		
交易性金融负债	—	—
衍生金融负债	—	—
应付受托人报酬	201. 82	400. 19
应付托管费	34. 64	32. 84
应付受益人收益	—	—
应缴税费	—	—
应付销售服务费	—	—
其他应付款项	12 379. 82	1 299. 76
预计负债	—	—
其他负债	—	—
信托负债合计	12 616. 28	1 732. 79
信托权益	—	—
实收信托	15 787 531. 42	12 561 625. 91
资本公积	1 290. 00	190. 00
其中:损益平准金	—	—
未分配利润	40 904. 50	90 434. 83
信托权益合计	15 829 725. 92	12 652 250. 74
信托负债及信托权益总计	15 842 342. 20	12 653 983. 53

5.2.2 信托项目利润及利润分配汇总表

信托项目利润及利润分配表

2013年12月31日

编制单位:新时代信托股份有限公司　　单位:万元

项　目	本年累计数	上年累计数
一、营业收入	1 295 933.93	844 396.33
利息收入	626 587.70	217 968.73
投资收益	724 530.96	586 782.63
公允价值变动收益	-55 187.24	39 639.29
租赁收入	—	—
其他收入	2.51	5.68
二、营业支出	173 517.93	102 994.11
三、信托净利润	1 122 416.00	741 402.22
四、扣除资产损失前的信托利润		
五、其他综合收益	—	—
六、扣除资产损失后的信托利润	1 122 416.00	741 402.22
七、综合收益		
八 加:期初未分配信托利润	90 434.83	33 335.83
九、可供分配的信托利润	1 212 850.83	774 738.05
减:本期已分配信托利润	1 171 946.33	684 303.22
十、期末未分配信托利润	40 904.50	90 434.83

6. 会计报表附注

6.1 会计报表编制基准不符合会计核算基本前提的说明

无。

6.2 主要会计政策、会计估计和会计核算方法说明

本公司2013年度会计政策、会计估计和会计核算方法与上年度保持一致,未发生变化。

6.3 或有事项说明

报告期内,本公司未发生对外担保及其他或有事项。

6.4 重要资产转让及其出售的说明

报告期内,本公司未发生重大资产转让及出售情况。

6.5 会计报表中重大项目的明细资料

6.5.1 披露自营资产经营情况

6.5.1.1 按信用风险五级分类结果披露信用风险资产的期初数、期末数

风险类	正常类(万元)	关注类(万元)	次级类(万元)	可疑类(万元)	损失类(万元)	信用风险资产合计(万元)	不良资产合计(万元)	不良资产率(%)
期初数	1 322.61	2 000.00	—	150	518.75	3 991.36	668.75	0.38
期末数	2 112.12	—	—	—	2 668.75	4 780.87	2 668.75	0.81

6.5.1.2 资产减值损失准备的期初数、本期计提、本期转回、本期核销、期末数

单位:万元

	期初数	本期计提	本期转回	本期核销	期末数
坏账准备	633.75	2 035.00	—	—	2 668.75
贷款损失准备	200.00	—	—	200.00	0
一般准备	2.00	—	—	2.00	0
专项准备	198.00	—	—	198.00	0
固定资产减值准备	—	—	—	—	—
合计	833.75	2 035.00	—	200.00	2 668.75

6.5.1.3 固有业务股票投资、基金投资、债券投资、股权投资等投资业务的期初数、期末数

单位:万元

	自营股票	基金	债券	长期股权投资	合计
期初数	4 944.83	—	—	43 267.87	48 212.70
期末数	3 517.66	—	9 940.00	43 267.87	56 725.53

6.5.1.4 前三名自营长期股权投资企业名称、投资比例、主要经营活动

被投资单位名称	投资比例(%)	主要经营活动
新时代证券有限责任公司	12.971	证券经纪、自营、承销业务

6.5.1.5 前三名自营贷款企业名称、占贷款比例、还款情况

企业名称	金额(万元)	占贷款总额的比例(%)	还款情况
中能发展实业有限公司	12 500.00	100.00	未到期

6.5.1.6 公司当年的收入结构

收入结构	金额(万元)	占比(%)
手续费及佣金收入	52 326.22	76.11
利息收入	884.03	1.29
金融企业往来收入	1 068.94	1.55
其他业务收入	3 052.84	4.44
投资收益	9 320.66	13.56
其中:股权投资收益	0	0.00
其他投资收益	9 320.66	13.56
公允价值变动收益	1001.34	1.46
营业外收入	1096.75	1.60
收入合计	68 750.78	100.00

6.5.2 披露信托资产管理情况

6.5.2.1 信托资产的期初数、期末数

单位:万元

信托资产	期初数	期末数
集合	2 526 147.52	3 484 411.11
单一	10 075 877.14	12 305 975.29
财产权	51 958.87	51 955.80
合计	12 653 983.53	15 842 342.20

6.5.2.1.1 主动管理型信托业务期初数、期末数

单位:万元

主动管理型信托资产	期初数	期末数
证券投资类	260 353.71	21 618.57
股权投资类	24 905.06	96 416.34
其他投资	231 092.79	1 638 592.90
融资类	6 036 762.68	6 914 636.00
事务管理类	51 958.87	51 958.87
合计	6 605 073.11	8 723 219.61

6.5.2.1.2 被动管理型信托业务期初数、期末数

单位:万元

被动管理型信托资产	期初数	期末数
证券投资类	241 967.28	493 291.44
股权投资类	185 107.22	741 722.14
其他投资	397 731.95	274 203.48
融资类	5 224 103.97	5 609 905.53
事务管理类	—	—
合计	6 048 910.42	7 119 122.59

6.5.2.2 本年度已清算结束的信托项目465个,信托规模13 424 450.30万元,加权平均实际年化收益率8.34%

6.5.2.2.1 本年度已清算结束信托项目个数、合计金额、加权平均实际年化收益率

已清算结束信托项目	项目个数	合计金额(万元)	加权平均实际年化收益率(%)
集合类	299	3 099 868.00	8.79
单一类	166	10 324 582.30	7.89

6.5.2.2.2 本年度已清算结束的主动管理型信托项目402个,合计金额6 874 392.59万元,加权平均实际年化收益率8.18%

已清算结束信托项目	项目个数	合计金额(万元)	信托报酬率(%)	加权平均实际年化收益率(%)
证券投资类	1	228 000.00	0.29	6.80
股权投资类	9	51 701.00	1.41	9.10
其他投资	—	218 973.00	—	—
融资类	392	6 375 718.59	1.22	8.63
事务管理类				

6.5.2.2.3 本年度已清算结束的被动管理型信托项目个数63个,合计金额6 550 057.71万元,加权平均实际年化收益率8.45%

已清算结束信托项目	项目个数	合计金额(万元)	信托报酬率(%)	加权平均实际年化收益率(%)
证券投资类	1	3 911 320.21	0.23	3.73
股权投资类	3	22 000.00	0.56	7.88
其他投资	1	20 500.00	0.30	8.50
融资类	58	2 596 237.50	0.58	7.37
事务管理类	—	—	—	—

6.5.2.3 本年度新增的集合类信托项目319个,信托规模4 097 648.00万元,单一类信托项目267个,信托规模12 552 707.81万元

单位:万元

新增信托项目	项目个数	合计金额
集合类	319	4 097 648.00
单一类	267	12 552 707.81
财产管理类	—	—
新增合计	586	16 650 355.81
其中:主动管理型	408	6 918 232.33
被动管理型	178	9 732 123.48

6.5.2.4 本公司履行受托人义务情况及因本公司自身责任而导致的信托资产损失情况(合计金额、原因等)

无。

6.5.2.5 信托赔偿准备金的提取、使用和管理情况

公司当年提取盈余公积3 044.35万元提取一般风险准备3 887.79万元,提取信托赔偿准备金4 566.53万元。截至2013年12月31日,信托赔偿准备金余额为10387.11万元。

6.6 关联方关系及其交易的披露

6.6.1 关联交易的数量、总金额及关联交易的定价政策等

无。

6.6.2 关联交易方与本公司的关系

无。

6.6.3 本公司与关联方的重大交易事项

6.6.3.1 固有财产与关联方:贷款、投资、租赁、应收账款、担保、其他方式等

无。

6.6.3.2 信托资产与关联方:贷款、投资、租赁、应收账款担保、其他方式等

无。

6.6.3.3 固有财产与信托财产关联交易

本公司本年度购买自己管理的信托理财产品289 740.00万元,本期赎回160 840.00万元,本年度共计产生投资收益8 766.00万元。

6.6.3.4 信托资产与信托财产之间的交易金额期初汇总数、本期发生额汇总数、期末汇总数

无。

6.6.4 逐笔披露关联方逾期未偿还本公司资金的详细情况以及本公司为关联方担保发生或即将发生垫款的详细情况。

无。

6.7 会计制度的披露

本公司固有业务自2008年1月1日起执行财政部2006年颁布的《企业会计准则——基本准则》。

信托业务2010年1月1日起执行财政部2006年颁布的《企业会计准则——基本准则》。

7. 财务情况说明书

7.1 利润实现和分配情况

经瑞华会计师事务所(特殊普通合伙)审计,公司2013年

度实现净利润30 443.52万元，根据《企业会计准则——基本准则》及本公司章程规定，提取10%的法定公积金3 044.35万元；提取15%的信托赔偿准备4 566.53万元，截至2013年末，公司可供股东分配利润为35 719.93万元。

本报告期未向股东派发股利。

7.2 主要财务指标

指标名称	指标值	指标计算说明
资本利润率(%)	11.51	资本利润率=净利润/所有者权益
信托报酬率(%)	0.34	信托报酬率=信托业务收入/实际信托平均余额
人均净利润(万元)	125.80	人均净利润=净利润/职工人数

7.3 对本公司财务状况、经营成果有重大影响的其他事项

报告期内公司进行增资扩股，新增注册资本40 000万元，募集资金120 000万元。

8. 特别事项揭示

8.1 前五名股东报告期内变动情况及原因

2013年4月23日，根据中国银行业监督管理委员会包头监管分局文件（包银监发[2013]35号）及本公司2012年度股东会决议和修改后的章程规定，本公司申请增加注册资本40 000万元，各股东以货币形式等比例进行增资，持股比例未发生变化。

股东名称	配股前持股数量（万股）	持股比例（%）	配股数量（万股）	配股后持股数量（万股）
新时代远景（北京）投资有限公司	46 832.00	58.54	23 416.00	70 248.00
上海人广实业发展有限公司	19 512.00	24.39	9 756.00	29 268.00
潍坊科微投资有限公司	11 704.00	14.63	5 852.00	17 556.00
包头市鑫鼎盛贸易有限责任公司	1 952.00	2.44	976.00	2 928.00
合计	80 000.00	100.00	40 000.00	120 000.00

8.2 董事、监事及高级管理人员变动情况及原因

报告期内，聘任陈祥盛先生为公司常务副总裁；聘任王晓滨先生、闫锋先生为公司副总裁；聘任崔延辉先生为公司总裁助理，均已获得内蒙古银监局的任职资格核准批复。

8.3 变更注册资本、变更注册地或公司名称、公司分立合并事项

2013年4月27日，公司以2012年末每股净资产为参考，按每10股配售5股的原则向现有股东配售新股，配股价格为3元/股。此次配股共募集资金120 000万元，其中，40 000万元作为公司新增注册资本，溢价部分转入资本公积。配股方案实施后，公司股本增至120 000万股，公司注册资本由原来的80 000万元变更为120 000万元，同时，对公司章程相应条款进行修改。5月4日公司在《证券日报》刊登公告。

8.4 公司的重大诉讼事项

无。

8.5 公司及其董事、监事和高级管理人员受到处罚的情况

无。

8.6 中国银监会及其派出机构对公司检查后提出整改意见的，应简单说明整改情况

2013年包头银监分局对新时代信托股份有限公司进行了例行检查，并就2013年监管工作、2012年监管评级工作及银行业内控机制建设强化年活动等分别向公司下发了《金融监管意见》，就"优化公司治理，完善内控机制；严守风险底线，加强风险防范与化解；加强合规体系建设，提升合规管理能力；加强净资本管理，建立风险缓释机制；转变发展方式，积极探索创新"等方面工作下达了监管意见，新时代信托依据监管意见进行了落实，并向包头银监分局报送了落实情况报告。

8.7 本年度重大事项临时报告的简要内容、披露时间、所披露的媒体及其版面

披露时间	简要内容	披露媒体	版面
2013年3月27日	刊登2012年年度报告摘要	证券日报	E9版
2013年5月4日	刊登公司注册资本变更为12亿元的公告 刊登公司变更律师事务所的公告	证券日报	A4版
2013年12月4日	刊登关于公司2013年度审计机构更名的公告	证券日报	D4版

8.8 中国银监会及其省级派出机构认定的其他有必要让客户及相关利益人了解的重要信息

无。

9. 公司监事会意见

公司监事会认为：2013年度财务报表按照中国会计准则编制，会计处理方法遵循了一贯性原则；本报告年度，报表数据真实、公允地反映了新时代信托的财务状况和经营业绩。

兴业国际信托有限公司

1. 重要提示

1.1 本公司董事会及董事保证本报告所载资料不存在任何虚假记载、误导性陈述或者重大遗漏,并对其内容的真实性、准确性和完整性承担个别及连带责任。

1.2 没有个别董事的异议声明。

1.3 本公司独立董事保证本报告所载资料不存在任何虚假记载、误导性陈述或者重大遗漏,并对其内容的真实性、准确性和完整性承担个别及连带责任,没有异议声明。

1.4 本公司年度财务报表已经德勤华永会计师事务所(特殊普通合伙)根据中国注册会计师审计准则审计,并出具了标准无保留意见的审计报告。

1.5 本公司董事长杨华辉、总裁林静、财务总监林艳及财务部门负责人张国生声明:保证年度报告中财务报告的真实、完整。

2. 公司概况

2.1 本公司基本情况

2.1.1 法定中文名称:兴业国际信托有限公司
中文名称简称:兴业信托
英文名称全称:China Industrial International Trust Limited
英文名称简称:Industrial Trust
英文名称缩写:CIIT

2.1.2 法定代表人:杨华辉

2.1.3 注册地址:福州市鼓楼区五四路137号信和广场25~26层
邮政编码:350003
国际互联网网址:www.ciit.com.cn
联系信箱:contact@ciit.com.cn

2.1.4 信息披露负责人:杨刚强
联系地址:福州市鼓楼区五四路137号信和广场25~26层
电话:(86)591-88263888
传真:(86)591-87824530

2.1.5 选定的信息披露报纸:《上海证券报》、《证券时报》
年度报告备置地点:福州市鼓楼区五四路137号信和广场26层

2.1.6 本公司聘请的国内会计师事务所:德勤华永会计师事务所(特殊普通合伙)
办公地址:中国上海市延安东路222号外滩中心30楼
邮编:200002
电话:(86)21-61418888

2.2 组织结构

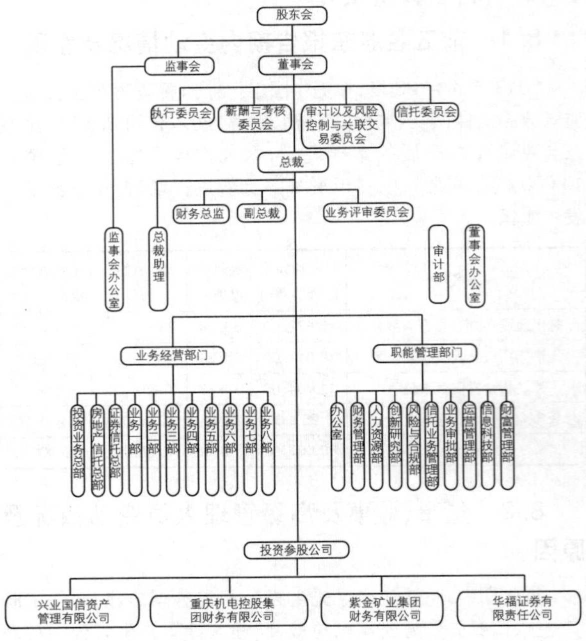

3. 公司治理结构

3.1 股东

截至报告期末,本公司股东总数为4家。

股东名称	持股比例(%)	法人代表	注册资本(亿元)	注册地址	主要经营业务及主要财务情况
兴业银行股份有限公司★	73.0000	高建平	190.52	福建省福州市湖东路154号	主要经营业务:商业银行业务。 主要财务情况:截至2013年末(母公司口径)资产总额36 276.35亿元,负债总额34 309.57亿元,所有者权益1 966.78亿元。

续表

股东名称	持股比例(%)	法人代表	注册资本(亿元)	注册地址	主要经营业务及主要财务情况
澳大利亚国民银行	16.8334	—	281.39(亿澳元)	澳大利亚维多利亚州墨尔本市伯克街800号1层	主要经营业务:银行业服务、信用卡和现金卡服务、租赁、房屋和其他融资、国际银行业务、投资银行业务、财富管理、基金管理、人寿保险,以及托管、受托和提名服务。 主要财务情况:澳大利亚国民银行年报的截止日为9月30日。截至2013年9月30日资产总额8 084.27亿澳元,负债总额7 618.07亿澳元,所有者权益466.20亿澳元。
福建华投投资有限公司	9.3333	苏文生	2.10	福建省福州市湖东路152号华信大厦1－6层	主要经营业务:对金融、基础设施、高新技术、服务业的投资。 主要财务情况(未经审计):截至2013年末资产总额6.46亿元,负债总额1.01亿元,所有者权益5.45亿元。
南平市投资担保中心	0.8333	钟昌荣	0.51	福建省南平市解放路93号	主要经营业务:为南平市的重点项目和城市建设筹措资金;房地产开发、担保、见证、租赁、典当、拍卖等。 主要财务情况(未经审计):截至2013年末资产总额1.65亿元,负债总额0.50亿元,所有者权益1.15亿元。

注:1. ★为本公司控股股东。

2. 2014年2月,经中国银监会福建监管局以(闽银监复[2013]352号)批准,本公司注册资本金由25.76亿元增加至50亿元,并相应调整股权结构。此次增资后本公司股东名称、出资额及出资比例情况如下:(1)兴业银行股份有限公司,出资额为3 650 000 000元,出资比例73%;(2)澳大利亚国民银行(National Australia Bank Limited),出资额为841 667 000元,出资比例16.8334%;(3)福建华投投资有限公司,出资额为240 426 600元,出资比例4.8085%;(4)福建省华兴集团有限责任公司(新引入股东),出资额为226 239 900元,出资比例4.5248%;(5)南平市投资担保中心,出资额为41 666 500元,出资比例0.8333%。其中,新引入股东—福建省华兴集团有限责任公司有关情况如下:截至报告期末,福建省华兴集团有限责任公司注册资本为17.30亿元,法定代表人为陈建武先生,公司住址为福建省福州市鼓楼区华林路69号,主要经营业务:国有资产管理营运、股权投资、物业管理、咨询服务、实物租赁、工业及农业生产资料等;主要财务情况(未经审计):截至2013年末资产总额43.14亿元,负债总额14.12亿元,所有者权益29.02亿元。

3.2 董事

截至报告期末,本公司董事会共有9名董事,其中股权董事6名,独立董事3名。

董事长、董事

姓 名	职 务	性别	年龄	选任日期	所推举的股东名称	该股东持股比例(%)	简 要 履 历
杨华辉	董事长	男	48	2012年9月	兴业银行股份有限公司	73	现任兴业国际信托有限公司党委书记、董事长;曾任兴业银行总行上海证券部总经理,兴业证券公司上海业务部总经理,兴业银行上海分行党委委员、副行长,兴业银行杭州分行党委书记、行长,联华国际信托有限公司党委书记、董事长、代理总裁,兴业国际信托有限公司党委书记、董事长兼代理总裁等职务。
郑新林	董事	男	44	2012年9月	兴业银行股份有限公司	73	现任兴业银行同业业务部总经理,九江银行股份有限公司董事;曾任兴业银行上海分行计划财务部总经理,兴业银行上海分行行长助理,兴业银行上海分行副行长,兴业银行资金营运中心副总经理等职务。
林 静	董事	女	51	2012年9月	兴业银行股份有限公司	73	现任兴业国际信托有限公司党委委员、董事、总裁;曾任中国建设银行福州市鼓楼支行副行长,中国建设银行福州市晋安支行行长,中国建设银行福建省分行营业部副总经理,兴业银行福州分行党委委员、副行长等职务。
林 艳	董事	女	43	2012年9月	兴业银行股份有限公司	73	现任兴业国际信托有限公司党委委员、董事、财务总监;曾任兴业银行总行财务会计部财务科副科长,兴业银行杭州分行计划财务部副总经理、总经理,兴业银行总行计划财务部总经理助理,兴业银行总行计划财务部副总经理等职务。
蓝玉权	董事	男	56	2013年8月	澳大利亚国民银行	16.8334	现任澳大利亚国民银行大中华区高级顾问。曾任美国大通银行香港分行货币市场及表外业务主管、副总裁,花旗银行香港分行资本及货币市场交易主管、副总裁,Carr Indosuez Asia Ltd董事总经理,英国苏格兰皇家银行环球银行及市场部大中华区主席等职务。
苏文生	董事	男	48	2012年9月	福建华投投资有限公司	4.8085	现任福建华投投资有限公司总经理。曾任中闽国贸发展公司业务三部副经理,中闽公司投资管理部科长,福建省国有资产管理有限公司董事长,福建华侨投资(控股)公司副总经理等职务。

独立董事

姓　名	所在单位及职务	性别	年龄	选任日期	提名方	简　要　履　历
许　斌	光大永明人寿保险公司董事	男	70	2012 年 9 月	本公司	现任光大永明人寿保险公司董事；曾任辽宁省丹东市人民银行办事处主任、市分行副行长，辽宁省人民银行副行长，国家外汇管理局副局长，中国光大银行行长、董事长，中国光大（集团）总公司副董事长、香港中国光大集团有限公司副董事长、中国光大控股有限公司副董事长等职务。
周业樑	浙江省股权投资行业协会会长、浙江大学金融研究院特聘高级研究员	男	64	2012 年 9 月	本公司	现任浙江省股权投资行业协会会长、浙江大学金融研究院特聘高级研究员；曾任中国人民银行福建省分行副行长，中国人民银行福州中心支行行长，中国人民银行杭州中心支行行长，中国人民银行总行参事等职务。
张希东	—	男	63	2012 年 9 月	本公司	曾任中国人民银行福建省分行综合计划处副处长、办公室副主任，福建金融管理干部学院党委副书记、副院长，福建金融管理干部学院党委书记，中国人民银行福建省分行纪检组长，福建银监局党委委员、纪委书记，福建银监局巡视员等职务。

3.3　监事

截至报告期末，本公司监事会共有 3 名监事，其中包括 1 名职工监事。

监事长、监事

姓　名	职　务	性别	年龄	选任日期	所推举的股东名称	该股东持股比例（%）	简　要　履　历
赖少英	监事长	女	57	2012 年 9 月	兴业银行股份有限公司	73	现任兴业国际信托有限公司党委委员、纪委书记、监事长、工会主席；曾任福建漳州信托投资公司总经理，福建省二轻工业总公司副总经理，福建省华侨信托投资公司副总经理，兴业国际信托有限公司董事、副总裁等职务。
叶美秀	监事	女	57	2012 年 9 月	南平市投资担保中心	0.8333	现任南平投资集团副董事长；曾任闽北武夷信托投资公司副总经理、南平市投资担保中心总经理等职务。
张国生	职工监事	男	42	2012 年 9 月	本公司职工代表大会	—	现任兴业国际信托有限公司纪委委员、财务管理部总经理，曾任厦门市物价局副主任科员，厦门中诚信会计师事务所项目经理，兴业银行计划财务部财务管理处高级副理等职务。

3. 4　高级管理人员

截至报告期末，本公司共有 5 名高级管理人员。

高级管理人员

姓　名	职　务	性别	年龄	选任日期	金融从业年限（年）	学历/学位	专业	简　要　履　历
林　静	总裁	女	51	2012 年 9 月	35	大学本科	金融	现任兴业国际信托有限公司党委委员、董事、总裁；曾任中国建设银行福州市鼓楼支行副行长，中国建设银行福州市晋安支行行长，中国建设银行福建省分行营业部副总经理，兴业银行福州分行党委委员、副行长等职务。
司　斌	副总裁	男	41	2012 年 9 月	19	大学本科/经济学学士	金融	现任兴业国际信托有限公司党委委员、副总裁；曾任兴业银行公司业务部业务管理处高级经理，兴业银行公司业务部总经理助理，兴业银行郑州分行副行长等职务。
林　艳	财务总监	女	43	2012 年 9 月	20	大学本科/工商管理硕士	会计	现任兴业国际信托有限公司党委委员、财务总监；曾任兴业银行财务会计部财务科副科长，兴业银行杭州分行计划财务部总经理，兴业银行计划财务部副总经理等职务。
黄德良	副总裁	男	41	2012 年 9 月	18	大学本科/工商管理硕士	会计	报告期内任兴业国际信托有限公司党委委员、副总裁；曾任兴业银行福州分行、兴业银行计划财务部科员，兴业银行重庆分行计划财务部总经理、同业业务部负责人、公司业务部总经理，兴业银行重庆分行党委委员、行长助理等职务。
江腾飞	副总裁	男	48	2012 年 9 月	27	研究生学历/经济学学士	财金	现任兴业国际信托有限公司党委委员、副总裁；曾任海南汇通国际信托投资有限公司总经理助理，长城证券股份有限公司副总裁，国都期货有限公司董事，国华房地产有限公司董事，中诚信托有限责任公司总裁助理，国都证券有限责任公司副总经理，国都证券（香港）有限公司董事等职务。

3.5 员工情况

报告期末，公司在职员工 344 人，平均年龄为 31.51 岁。其中：博士学历 13 人，占 3.78%；硕士学历 186 人，占 54.07%；本科学历 137 人，占 39.83%；专科学历 8 人，占 2.32%。

4. 经营管理

4.1 经营目标、方针、战略规划

4.1.1 经营目标

以科学发展观为指导，认真贯彻落实国家宏观经济政策和金融监管要求，按照"稳规模、调结构、防风险、增效益、重创新"的经营思路，以深化转型、强化创新和夯实管理为抓手，改革完善经营管理体制机制，促进业务转型和结构调整，全面提升主动管理能力、业务创新能力、风险控制能力、财富管理能力和综合经营能力，持续打造行业领先、创新能力突出、具有较强市场竞争力的全国一流信托公司。

4.1.2 经营方针

以市场为导向、以客户为中心、以人才为根本、以创新为动力，综合化经营，专业化服务。

4.1.3 战略规划

作为银行系信托公司，本公司将充分运用兴业银行等主要股东的资源与优势，全面建立与各股东单位的战略协同与业务协同，努力塑造公司的经营特色和核心竞争力，致力于发展成为卓越的全国性综合信托业务经营商。卓越的基本内涵包括：一流的经营能力、较强的品牌影响力和领先的行业地位。本公司 2011—2015 年发展战略规划分三阶段实施：

第一阶段：整合期（2011 年）。在这一阶段，本公司业务主要以战略基础业务为主，同时探索性开展战略核心业务，主要经营目标是解决生存问题，在行业中站稳脚跟。该阶段发展目标已圆满完成。

第二阶段：发展期（2012—2013 年）。实现公司业务的快速发展。在这一阶段，形成公司稳定的业务模式、完善的组织与流程、较强的风险管理能力。在此基础上，公司的战略基础业务已初具规模，战略核心业务全面启动。截至报告期末，本公司已完成第二阶段的发展目标，信托业务规模已位居全国信托行业第二位，资本实力大幅提升，组织架构体系和规章制度体系已搭建完成并日趋成熟，具有较强的风险控制能力，行业地位和市场影响力跻身行业前列。

第三阶段：品牌期（2014—2015 年）。建立以品牌为核心的竞争优势，在此基础上实现公司业务的稳步增长。这一阶段，公司组织与流程进一步优化，具有完善的风险管理体系；战略基础业务和战略核心业务均具有相当规模，在行业中处于领先地位。

4.2 所经营业务的主要内容

自营资产运用与分布表

2013 年 12 月 31 日

资产运用	金额（万元）	占比（%）	资产分布	金额（万元）	占比（%）
货币资产	48 202.78	8.96	基础产业	—	—
贷款及应收款	18 721.27	3.48	房地产业	—	—
交易性金融资产	2 440.13	0.45	证券市场	40 615.37	7.55
可供出售金融资产	257 695.17	47.92	实业	355 135.95	66.05
持有至到期投资	—	—	金融机构	51 740.28	9.62
应收款项类投资	157 351.41	29.26	其他	90 218.38	16.78
长期股权投资	42 815.25	7.96			
其他	10 483.97	1.97			
资产总计	537 709.98	100.00	资产总计	537 709.98	100.00

信托资产运用与分布表

2013 年 12 月 31 日

资产运用	金额（万元）	占比（%）	资产分布	金额（万元）	占比（%）
货币资产	624 001.60	1.10	基础产业	20 169 988.48	35.70
贷款	38 366 969.63	67.91	房地产	6 468 133.29	11.45
交易性金融资产投资	4 406 408.20	7.80	证券市场	4 959 205.78	8.78
可供出售金融资产投资	12 534 166.03	22.18	实业	14 950 664.54	26.46
持有至到期投资	75 000.00	0.13	金融机构	9 154 260.32	16.20
长期股权投资	221 136.76	0.39	其他	797 964.29	1.41
其他	272 534.48	0.49			
信托资产总计	56 500 216.70	100.00	信托资产总计	56 500 216.70	100.00

4.3 市场分析

4.3.1 有利因素

（1）党的十八届三中全会确立了以市场化为核心的改革思路，市场将在资源配置中起决定性作用。从政府通过行政化手段配置资源向市场化资源配置方式转变，有助于提高资源配置效率，提高中国潜在 GDP 增长率和全要素生产率，为中国信托行业发展提供了良好的外部环境。

（2）中国经济持续增长和社会财富不断积累，居民理财意识日益提高，理财需求更加丰富和多元化，为中国信托行业财富管理业务的发展创造了有利条件。同时随着中国第一代富裕人群年龄的增长，财富传承成为重要的关注点。凭借信托在财富传承中独特的制度优势，中国信托行业将迎来财富传承、家族财富管理信托等业务的发展机遇。

（3）在当前泛资产管理时代，银行、券商、基金、保险等金融机构进入资产管理市场，根据自身特点和优势构建特色资产管理业务，也为中国信托公司与金融同业开展广泛合作创造了条件。信托公司将充分利用信托独有优势，加强资源整合，向客户提供丰富的理财产品和全方位的金融服务。

（4）新型城镇化的升级和发展、国有资产管理运营体制机制的转变、混合所有制的实施、农村土地制度的改革尝试、产业结构的升级调整等系列改革举措，将激发出经济社会的巨大活力，也为信托提供了新的资产运用领域和发展空间。

（5）近年来本公司围绕建设"多元化、综合性、有特色的全国一流信托公司"战略发展目标，依托良好的公司治理和风险控制能力，实现跨越式发展，各项主要业务指标均居全国同业前列，品牌形象大幅提升，综合实力、行业影响力不断增强，为公司进一步发展打下了坚实的基础。

4.3.2 不利因素

(1)随着中国经济改革步伐进一步加快，宏观经济形势更趋复杂多变，经济发展压力加大，经济发展风险增加。外部发展环境中不确定性因素加大，对信托公司经营能力提出了更高的要求。

(2)随着资产管理行业政策逐步放开，券商、保险、基金等金融机构及子公司在进入资产管理市场初期开展与信托公司同质化资产管理业务。这使得信托公司面临的市场竞争更加激烈，对信托公司的业务发展带来一定冲击。

(3)随着利率市场化进程进一步加快，中国信托行业利率双轨制下的制度红利面临冲击，对信托公司的业务转型发展提出了迫切要求。

(4)由于不同监管机构在监管目标和理念上存在差异，造成资产管理业务监管标准不统一。相比其他金融机构，信托公司开展同类型资产管理业务需要满足更高的监管标准。

4.4 内部控制

4.4.1 内部控制环境和内部控制文化

本公司具有完善的法人治理结构。本公司建立了由股东会、董事会、监事会和高级管理层组成的公司治理结构，完善分层授权体系，形成了权力机构、决策机构、监督机构和管理层之间分工配合、各司其职、协调运作、相互制衡的内控运行机制，从而确保对各类风险的事前防范、事中控制、事后监督得到有效执行，为公司的发展提供了良好的内部控制环境。

本公司高度重视内部控制文化的建设和培育，通过建立和完善内部控制制度、业务培训、信息系统控制等传导贯彻内部控制理念，通过合规培训、合规检查、法律讲座等多种形式开展合规文化建设，加强合规经营管理，培养员工合规理念与风险防范意识，营造良好的内控文化氛围。

4.4.2 内部控制措施

本公司董事会负责建立并实施充分而有效的内部控制体系，董事会下设审计以及风险控制与关联交易委员会，负责监督公司内部控制的有效实施和内部控制自我评价的情况。报告期内，本公司继续进一步完善内部控制工作，通过建立经营部门、风险管理部门、内部审计部门三道风险防御体系，配以明确的授权体系及规范的风险管理报告机制，从内部控制环境、程序和措施上防范各类风险。

本公司严格按照前台、中台、后台划分：前台负责对业务进行立项、论证、审批前的尽职调查、业务方案设计和提交，完成项目审批后投资交易和运作管理、客户服务等工作；中台贯穿业务的决策程序和管理环节，负责业务项目的合法合规性审核、风险评估、议事决策、业务综合管理和过程控制，对各类风险提出指导意见和改进措施，对个别性风险发出预警信号，与前台部门共同完成事前防范和事中控制；后台负责对信托业务和自营业务财务管理和会计核算、科技支持、客户维护、风险检查和审计监督，对前中台提供支持服务和监督评价。前台、中台、后台有效配合且相互制衡，从而确保业务项目顺利开展与风险管理全面实施。

报告期内，本公司继续健全完善规章制度体系，全面梳理各项规章制度，累计新制定约 40 项规章制度、修订 16 项规章制度，形成现行有效的规章制度约 220 项；持续调整优化业务审批部、风险与合规部内设机构，将证券信托业务存续期间的运营管理职责集中调整由运营管理部承担，实现证券信托项目中后期事务集中管理；调整优化业务评审委员会组成、工作规则及评审流程，全面梳理修订信托业务操作规程，及时出台或修订多项业务指引，认真组织开展风险合规检查，加强舆情的日常监测管理，同时建立起有效的声誉风险事件应对机制；积极发挥内部审计监督作用，加大内部审计覆盖的深度和广度；不定期组织开展法律法规、内部控制制度和内部控制流程、风险管理等方面培训，保障了内部控制制度及操作流程的有效执行。

4.4.3 监督评价与纠正

本公司对内部控制建立和执行情况进行定期和不定期的监督检查，评价内部控制有效性，发现内部控制缺陷并及时加以改进，确保内部控制有效运行。

本公司各业务部门对各项业务的经营状况和风险管理情况进行经常性自我评估，及时发现内部控制缺陷并切实整改落实到位；风险与合规部负责组织、指导内部控制自我评估工作的开展，结合监督检查以及各部门的内部控制自我评估结果进行抽查、复评、督促、追踪内部控制缺陷的整改情况；审计部依照内部审计工作程序开展独立的审计监督活动，出具内部审计报告，督促各部门对审计发现问题进行及时整改并跟踪落实。

4.5 风险管理

4.5.1 风险管理概况

本公司在经营活动中可能遇到的风险主要包括信用风险、市场风险、操作风险、政策风险、法律风险、道德风险等。

本公司风险管理遵循合规性、全面性、独立性、制衡性、程序性等基本原则。合规性，即本公司经营活动应遵守所涉及的法律、法规、监管规定及公司规章制度；全面性，即本公司风险管理涵盖各项业务管理各环节，并渗透到各项业务过程中；独立性，即本公司风险管理部门与各业务部门及支持保障部门保持相互独立，可直接向董事会和高级管理层报告，保证风险管理得到切实有效的执行；制衡性，即明确划分相关部门、岗位之间的职责，建立职责分离、横向与纵向相互监督制约的机制；程序性，即本公司风险管理组织系统的安排遵循事前授权审批、事中控制和事后监督三道程序。

在风险管理组织建设方面，本公司分别于董事会、经营管理层面设立了相应的风险管理机构，风险防范制度贯穿于业务全过程。

(1)在董事会层面设立了审计以及风险控制与关联交易委员会，负责指导本公司的风险控制、管理、监督和评估工作。

(2)在经营管理层面设立了业务评审委员会。业务评审委员会是公司自营业务与信托业务项目的决策机构。

(3)本公司业务审批部负责对所有拟开展的业务进行初审，向业务评审委员会提交审查意见；风险与合规部负责履行业务风险管理和合规管理职责；运营管理部负责履行业务存续期事务的集中运营管理职责。

(4)本公司设立审计部，负责对公司内部控制和业务风险管理状况进行监督评价，并向董事会报告。

4.5.2 风险状况

4.5.2.1 信用风险状况

信用风险是指交易对手未能履行合同所带来的经济损失风险。本公司高度关注交易对手的履约能力，针对各类业务特点制定了相应的业务操作规程，将信用风险管理运用于贷前调查、贷中审查和贷后管理阶段。

信用风险资产分类情况：(1)信托业务方面，截至报告期末，本公司信托资产5650.02亿元，无不良资产。(2)固有业务方面，截至报告期末，本公司信用风险资产总计37.35亿元，无不良资产。

本公司一般准备、资产减值准备的计提和信托赔偿准备金提取方法如下：(1)一般准备：根据国家财政部《关于印发<金融企业准备金计提管理办法>的通知》(财金[2012]20号)规定，本公司从当年净利润中提取一般风险准备作为利润分配处理，用于弥补尚未识别的可能性损失的准备。一般风险准备按风险资产期末余额的1.5%提取。(2)资产减值准备：计提资产减值准备的范围和方法见会计报表附注。(3)信托赔偿准备金：根据《信托公司管理办法》第49条规定，从税后利润中提取5%作为信托赔偿准备金。

对于抵押品确认原则：抵押品必须是抵押人合法所有的或依法有处分权的财产，且须经过有资质的中介机构评估，抵押贷款应签订抵押合同，并按规定到有关部门登记。本公司在参考中介机构评估价值的基础上，结合业务实际情况，综合评判抵押价值。

4.5.2.2 市场风险状况

市场风险是指因为股价、房价、市场汇率、利率或其他价格因素变动而产生的或可能产生的风险。市场风险具有很强的传导性，某些信用风险的根源可能也来自于交易对手的市场风险。

信托资产方面，截至报告期末，本公司房地产信托规模637.64亿元，其中融资用于支持保障安居工程86.04亿元，占房地产信托规模的13.49%，属于国家政策鼓励开展的业务，项目建设与资金回笼保障度较高，市场风险相对较小；其他类型房地产项目金额551.60亿元，占房地产信托规模的86.51%，该类项目受国家宏观调控政策影响相对较大，房地产市场价格与销售状况将影响信托项目的资金回笼，公司集合类房地产信托融资担保较为充足，融资人违约成本高，各项风险控制措施设置得当，因此房地产价格变化对本公司的盈利能力和财务状况影响相对较小。报告期内，本公司证券投资信托业务发展平稳，主要运用为债券、二级市场股票和基金投资等。截至报告期末，本公司证券投资信托业务(含股票、债券、基金)规模为489.19亿元。

固有资产方面，截至报告期末，本公司证券投资(含股票、债券、基金)公允价值209 960.10万元，其中债券投资公允价值209 343.30万元，基金投资公允价值0万元，股票投资公允价值3 057万元，市场风险相对较小；长期股权投资余额42 815万元，包括紫金矿业集团财务有限公司2 500万元，华福证券有限责任公司17 988万元，重庆机电控股集团财务有限公司12 327万元 兴业国信资产管理有限公司10 000万元。

4.5.2.3 操作风险状况

操作风险主要是指因内部控制系统不完善、管理失误、控制缺失、或其他一些人为错误而导致的风险。本公司各项控制制度和操作规程涵盖了所有的业务领域，合理调整部门配置，建立岗位相互制衡机制，对业务流程进行优化，严格按照本公司问责制度的有关规定对违规操作的人员进行问责，操作风险控制较好。

4.5.2.4 其他风险状况

本公司可能面临的其他风险主要有政策风险、法律风险、道德风险等。报告期内本公司未发生此类风险。

4.5.3 风险管理

4.5.3.1 信用风险管理

本公司信用风险管理策略：一是针对各类业务特点制定了相应的评审指引、准入标准和操作规程等管理办法；二是加强事前对交易对手的尽职调查，进行事前控制；三是严格落实贷款担保措施，客观、公正地评估抵(质)押物，并通过关注交易对手担保物情况和资信状况，持续跟踪进行事中和事后控制；四是对所购入的债券进行信用级别限制；五是风险管理部门对业务项目信用风险情况进行风险排查，以及时发现问题并采取相应措施；六是遵照监管机关及风险管控的要求，进行资产风险分类，实施动态管理；七是严格按财政部和中国银监会的要求，足额提取包括呆账准备金、信托赔偿准备金在内的各项准备金。

4.5.3.2 市场风险管理

本公司市场风险管理策略：一是加强宏观经济及金融形势的分析预测，提出业务主要发展方向和调整方案；二是根据市场行情，加强对交易对手在其所处行业的市场竞争能力分析，准确把握资金进入时机，密切跟踪市场变化，及时调整投资策略，通过资产或投资的合理组合实现风险的有效对冲和补偿，以规避市场风险；三是在业务决策和业务流程管理过程中，通过压力测试和动态监控，对项目进行严格管理；四是积极贯彻落实监管部门有关法律法规的精神，及时对相关业务作出风险提示，密切关注市场变化，加强风险防范，确保风险可控。

4.5.3.3 操作风险管理

本公司操作风险管理策略：一是不断完善各项规章制度和业务操作流程，构建了职责分离、相互监督制约的组织架构，制定了科学的审批程序，切实加强执行力度。二是实行严格的复核、审核程序，报告期内本公司全面启动全流程系统建设，严格防范操作风险。三是加强对员工培训、教育，增强员工责任感和道德水平，执行问责制度，提高业务合规管理和风险管理质量。四是对内控执行情况和项目合规情况进行定期检查，督促及时整改。

4.5.3.4 其他风险管理

针对可能面临的其他风险如政策风险、法律风险、道德风险等，本公司通过制定相应的风险控制制度加以防范和化解。

5. 报告期末及上一年度末的比较式会计报表

5.1 自营资产

5.1.1 会计师事务所审计意见全文

审 计 报 告

德师报(审)字(2014)第P0109号

兴业国际信托有限公司董事会：

我们审计了后附的兴业国际信托有限公司（以下简称贵公司）的财务报表，包括2013年12月31日的公司及合并资产负债表，2013年度的公司及合并利润表、公司及合并所有者权益变动表和公司及合并现金流量表以及财务报表附注。

一、管理层对财务报表的责任

编制和公允列报财务报表是贵公司管理层的责任，这种责任包括：（1）按照企业会计准则的规定编制财务报表，并使其实现公允反映；（2）设计、执行和维护必要的内部控制，以使财务报表不存在由于舞弊或错误而导致的重大错报。

二、注册会计师的责任

我们的责任是在执行审计工作的基础上对财务报表发表审计意见。我们按照中国注册会计师审计准则的规定执行了审计工作。中国注册会计师审计准则要求我们遵守中国注册会计师职业道德守则，计划和执行审计工作以对财务报表是否不存在重大错报获取合理保证。

审计工作涉及实施审计程序，以获取有关财务报表金额和披露的审计证据。选择的审计程序取决于注册会计师的判断，包括对由于舞弊或错误导致的财务报表重大错报风险的评估。在进行风险评估时，注册会计师考虑与财务报表编制和公允列报相关的内部控制，以设计恰当的审计程序，但目的并非对内部控制的有效性发表意见。审计工作还包括评价管理层选用会计政策的恰当性和作出会计估计的合理性，以及评价财务报表的总体列报。

我们相信，我们获取的审计证据是充分、适当的，为发表审计意见提供了基础。

三、审计意见

我们认为，贵公司财务报表在所有重大方面按照企业会计准则的规定编制，公允反映了贵公司2013年12月31日的公司及合并财务状况以及2013年度的公司及合并经营成果和公司及合并现金流量。

德勤华永会计师事务所（特殊普通合伙）

中国注册会计师：陶坚

中国·上海　　王金翠

2014年3月21日

5.1.2 资产负债表

资产负债表

单位：万元

项目	合并		母公司	
	2013年12月31日	2012年12月31日	2013年12月31日	2012年12月31日
资产				
货币资金	49 280.21	27 716.92	48 202.78	27 716.92
交易性金融资产	2 795.07	—	2 440.13	—
应收手续费及佣金	13 704.11	12 673.33	13 704.11	12 673.33
应收利息	5 017.16	2 583.22	5 017.16	2 583.22
发放贷款及垫款	—	14 850.00	—	14 850.00
可供出售金融资产	257 695.17	197 332.07	257 695.17	197 332.07
应收款项类投资	166 490.65	118 204.74	157 351.41	118 204.74
长期股权投资	32 820.25	31 888.35	42 815.25	31 888.35
固定资产	2 672.67	2 834.38	2 671.45	2 834.38
无形资产	859.36	501.11	859.36	501.11
递延所得税资产	5 167.78	2 167.25	5 147.78	2 167.25
其他资产	1 885.08	2 446.95	1 805.38	2 446.95
资产总计	538 387.51	413 198.32	537 709.98	413 198.32
负债				
应付职工薪酬	19 954.49	10 073.40	19 868.63	10 073.40
应交税费	15 010.97	9 576.84	14 942.20	9 576.84
递延所得税负债	—	—	—	—
其他负债	3 018.73	2 005.42	3 020.29	2 005.42
负债合计	37 984.19	21 655.66	37 831.12	21 655.66
所有者权益				
实收资本	257 600.00	257 600.00	257 600.00	257 600.00
资本公积	46 234.58	47 953.65	46 234.58	47 953.65
盈余公积	24 143.68	13 138.15	24 143.68	13 138.15
一般风险准备	7 168.83	5 688.21	7 168.83	5 688.21
信托赔偿准备	11 960.57	6 457.81	11 960.57	6 457.81
未分配利润	153 295.66	60 704.84	152 771.20	60 704.84
所有者权益合计	500 403.32	391 542.66	499 878.86	391 542.66
负债和所有者权益合计	538 387.51	413 198.32	537 709.98	413 198.32

5.1.3 利润表

利润表

单位：万元

项目	合并		母公司	
	2013 年度	2012 年度	2013 年度	2012 年度
一、营业收入				
利息收入	2 465.10	5 141.48	2 454.68	5 141.48
利息支出	305.77	(17.90)	305.77	(17.90)
利息净收入	2 159.33	5 123.58	2 148.91	5 123.58
手续费及佣金收入	165 483.50	110 109.24	165 482.47	110 109.24
手续费及佣金支出	750.23	(764.84)	750.23	(764.84)
手续费及佣金净收入	164 733.27	109 344.40	164 732.24	109 344.40
投资收益	38 478.64	29 927.72	37 958.32	29 927.72
公允价值变动损益	5.14	—	5.14	—
汇兑损益		—		—
其他业务收入	0.10	129.53	0.10	129.53
营业收入合计	205 376.48	144 525.23	204 844.71	144 525.23
二、营业支出				
营业税金及附加	(11 084.94)	(7 774.56)	(11 084.88)	(7 774.56)
业务及管理费	(47 818.61)	(32 468.06)	(47 587.71)	(32 468.06)
资产减值损失	150.00	(952.03)	150.00	(952.03)
营业支出合计	(58 753.55)	(41 194.65)	(58 522.59)	(41 194.65)
三、营业利润	146 622.93	103 330.58	146 322.12	103 330.58
加:营业外收入	300.00	41.72	—	41.72
减:营业外支出	(176.35)	(189.49)	(176.34)	(189.49)
四、利润总额	146 746.58	103 182.81	146 145.78	103 182.81
减:所得税费用	(36 166.86)	(25 961.23)	(36 090.51)	(25 961.23)
五、净利润	110 579.73	77 221.58	110 055.27	77 221.58
六、其他综合收益	(1 719.07)	1 274.13	(1 719.07)	1 274.13
七、综合收益总额	108 860.66	78 495.71	108 336.20	78 495.71

5.1.4 所有者权益变动表

所有者权益变动表

单位：万元

项　　目	2013 年度(合并)						
	实收资本	资本公积	盈余公积	一般风险准备	信托赔偿准备	未分配利润	合计
一、报告期初余额	257 600.00	47 953.65	13 138.15	5 688.21	6 457.81	60 704.84	391 542.66
二、报告期内增减变动金额		(1 719.07)	11 005.53	1 480.62	5 502.76	92 590.82	108 860.66
(一)净利润净利润						110 579.73	110 579.73
(二)其他综合收益其他综合收益		(1 719.07)					(1 719.07)
综合收益总额		(1 719.07)				110 579.73	108 860.66
(三)所有者投入资本							0.00
(四)利润分配			11 005.53	1 480.62	5 502.76	(17 988.91)	0.00
1. 提取盈余公积			11 005.53			(11 005.53)	0.00
2. 提取一般风险准备				1 480.62		(1 480.62)	0.00
3. 提取信托赔偿准备					5 502.76	(5 502.76)	0.00
4. 对所有者的分配							
(五)所有者权益内部结转							
三、报告期末余额	257 600.00	46 234.58	24 143.68	7 168.83	11 960.57	153 295.66	500 403.32

续表

项　目	2013年度(母公司)						
	实收资本	资本公积	盈余公积	一般风险准备	信托赔偿准备	未分配利润	合计
一、报告期初余额	257 600.00	47 953.65	13 138.15	5 688.21	6 457.81	60 704.84	391 542.66
二、报告期内增减变动金额		(1 719.07)	11 005.53	1 480.62	5 502.76	92 066.36	108 336.20
(一)净利润净利润						110 055.27	110 055.27
(二)其他综合收益其他综合收益		(1 719.07)					(1 719.07)
综合收益总额		(1 719.07)				110 055.27	108 336.20
(三)所有者投入资本							0.00
(四)利润分配			11 005.53	1 480.62	5 502.76	(17 988.91)	0.00
1. 提取盈余公积			11 005.53			(11 005.53)	0.00
2. 提取一般风险准备				1 480.62		(1 480.62)	0.00
3. 提取信托赔偿准备					5 502.76	(5 502.76)	0.00
4. 对所有者的分配							
(五)所有者权益内部结转							
三、报告期末余额	257 600.00	46 234.58	24 143.68	7 168.83	11 960.57	152 771.20	499 878.86

5.2 信托资产

5.2.1 信托项目资产负债汇总表

信托项目资产负债汇总表

单位：万元

信托资产	期初数	期末数	信托负债和信托权益	期初数	期末数
信托资产			信托负债		
货币资金	545 604.23	624 001.60	交易性金融负债	—	—
拆出资金	—	—	衍生金融负债	52.72	—
存出保证金	—	—	应付受托人报酬	864.50	1374.66
交易性金融资产	1 799 434.16	4 406 408.20	应付保管费	377.95	1489.51
衍生金融资产	3.13	588.19	应付受益人收益	4 748.51	17830.24
买入返售金融资产	138 104.02	118 361.95	其他应付款项	—	—
应收款项	57 750.04	153 584.34	应交税费	—	—
发放贷款	25 288 199.00	38 366 969.63	应付销售服务费	135.85	1894.02
可供出售金融资产	5 346 639.10	12 534 166.03	其他应付款项	67 648.58	29 385.18
持有至到期投资	80 000.00	75 000.00	其他负债	—	—
长期应收款	—	—	信托负债合计	73 828.11	51 973.61
长期股权投资	349 200.00	221 136.76			
投资性房地产	—	—	信托权益		
固定资产	—	—	实收信托	33 514 477.20	56 328 644.46
无形资产	—	—	资本公积	—	—
长期待摊费用	—	—	未分配利润	16 628.37	119 598.63
其他资产	—	—	信托权益合计	33 531 105.57	56 448 243.09
信托资产总计	33 604 933.68	56 500 216.70	信托负债及权益总计	33 604 933.68	56 500 216.70

5.2.2 信托项目利润及利润分配汇总表

信托项目利润及利润分配表

单位：万元

项　目	2013 年度	2012 年度
一、营业收入	3 824 726.74	1 767 985.00
利息收入	3 009 497.32	1 284 026.54
投资收益	319 948.07	131 762.05
公允价值变动损益	(208.36)	141 092.77
租赁收入	—	301.53
汇兑损益	—	—
其他收入	495 489.71	210 802.11
二、支出	545 896.98	303 520.87
营业税金及附加	—	—
受托人报酬	149 982.24	102 214.32
保管费	69 401.53	31 121.57
投资管理费	142 372.11	37 204.46
销售服务费	60 366.65	34 295.01
交易费用	1 291.57	22 130.95
资产减值损失	—	—
其他费用	122 482.88	76 554.56
三、信托净利润	3 278 829.76	1 464 464.13
四、其他综合收益	—	—
五、综合收益	3 278 829.76	1 464 464.13
加：期初未分配信托利润	16 628.37	(240 036.50)
六、可供分配的信托利润	3 295 458.13	1 224 427.63
减：本期已分配信托利润	3 175 859.50	1 207 799.26
七、期末未分配信托利润	119 598.63	16 628.37

6. 会计报表附注

6.1 报告期内公司会计报表编制基准、会计政策和核算方法未发生变化

公司本年度出资 10 000 万元设立全资子公司兴业国信资产管理有限公司，并将其纳入合并会计报表范围，纳入合并报表的基准日为 2013 年 6 月 3 日。

纳入本公司合并报表范围的子公司的情况。

子公司名称	业务性质	注册地	注册资本（万元）	实际投资额（万元）	母公司持有的权益性资本的比例（%）	合并期间
兴业国信资产管理有限公司	资产管理	上海	10 000	10 000	100	2013 年 6 月至 2013 年 12 月

6.2 截至资产负债表日，本公司需要披露的重大或有事项

无。

6.3 报告期内本公司重要资产转让及出售事项

无。

6.4 会计报表中重要项目的明细资料

6.4.1 自营资产经营情况

6.4.1.1 信用风险资产情况

信用风险资产五级分类	正常类（万元）	关注类（万元）	次级类（万元）	可疑类（万元）	损失类（万元）	信用风险资产合计（万元）	不良资产合计（万元）	不良资产率（%）
期初数	161 263	0	0	0	0	161 263	0	0
期末数	373 525	0	0	0	0	373 525	0	0

6.4.1.2 各项资产减值损失准备情况

单位：万元

	期初数	本期计提	本年转回	本期核销	期末数
贷款损失准备	150	0	150	0	0
一般准备	150	0	150	0	0
专项准备	0	0	0	0	0
其他资产减值准备	802	0	54	0	748
可供出售金融资产减值准备	802	0	54	0	748
持有至到期投资减值准备	0	0	0	0	0
长期股权投资减值准备	0	0	0	0	0
坏账准备	0	0	0	0	0
投资性房地产减值准备	0	0	0	0	0

6.4.1.3 固有业务股票投资、基金投资、债券投资、股权投资等投资业务情况

单位：万元

	自营股票	基金	债券	长期股权投资	其他投资	合计
期初数	570	22 004	96 539	31 888	196 424	347 425
期末数	3 057	0	209 343	42 815	205 087	460 302

6.4.1.4 自营长期股权投资情况

企业名称	占被投资企业权益的比例（%）	主要经营活动	投资收益（万元）
紫金矿业集团财务有限公司	5	为成员单位提供金融服务	185
华福证券有限责任公司	4.3519	证券的代理买卖	1 323
重庆机电集团财务有限公司	19	为成员单位提供金融服务	927
兴业国信资产管理有限公司	100	资产管理	—

6.4.1.5 自营贷款情况

截至报告期末，本公司发放的自营贷款已全部到期并偿还，自营贷款余额为 0。

6.4.1.6 表外业务情况

单位：万元

表外业务	期初数	期末数
担保业务	0	0
代理业务（委托业务）	0	0
其他	0	0
合计	0	0

6.4.1.7 公司当年度收入结构

收入结构	合并		母公司	
	金额(万元)	占比(%)	金额(万元)	占比(%)
手续费及佣金收入	165 483	80.05	165 482	80.37
其中:信托手续费收入	163 081	78.89	163 081	79.20
投资银行业务收入	2 402	1.16	2 402	1.17
资产管理收入	1	0.00	—	0.00
利息收入	2 465	1.19	2 455	1.19
其他业务收入	0	0.00	0	0.00
其中:计入信托业务收入部分	0	0.00	0	0.00
投资收益	38 479	18.61	37 958	18.44
其中:股权投资收益	2 435	1.18	2 435	1.18
证券投资收益	9 821	4.75	9 821	4.77
其他投资收益	26 223	12.68	25 703	12.48
公允价值变动收益	5	0.00	5	0.00
营业外收入	300	0.15	—	0.00
收入合计	206 732	100.00	205 901	100.00

6.4.2 信托财产管理情况

6.4.2.1 信托资产情况

单位:万元

信托资产	期初数	期末数
集合	2 844 889	2 680 572
单一	29 942 127	52 241 806
财产权	817 918	1 577 839
合计	33 604 934	56 500 217

6.4.2.1.1 主动管理型信托业务情况

单位:万元

主动管理型信托资产	期初数	期末数
证券投资类	1 581 463	1 478 253
股权及其他投资类	1 226 005	850 767
融资类	19 456 814	15 501 145
事务管理类	612 400	0
合计	22 876 682	17 830 165

6.4.2.1.2 被动管理型信托业务情况

单位:万元

被动管理型信托资产	期初数	期末数
证券投资类	678 030	3 413 662
股权及其他投资类	1 916 972	8 576 965
融资类	0	0
事务管理类	8 133 250	26 679 425
合计	10 728 252	38 670 052

6.4.2.2 本年度已清算结束的信托项目情况

报告期内,本公司已清算结束的信托项目 769 个,实收信托金额 20 445 865 万元,加权平均实际年化收益率 6.54%。

6.4.2.2.1 报告期内已清算结束的集合类、单一类资金信托项目和财产管理类信托项目情况

已清算结束信托项目	项目个数	实收信托合计金额(万元)	加权平均实际收益率(%)
集合类	126	1 623 405	8.10
单一类	640	18 677 460	6.38
财产管理类	3	145 000	8.70

6.4.2.2.2 报告期内已清算结束的主动管理型信托项目情况

已清算结束信托项目(主动管理型)	项目个数	合计金额(万元)	信托报酬率(%)	加权平均实际年化收益率(%)
证券投资类	30	395 297	0.77	2.24
股权及其他投资类	19	677 915	1.52	11.36
融资类	475	10 089 617	0.49	6.85
事务管理类	—	—	—	—

6.4.2.2.3 报告期内已清算结束的被动管理型信托项目情况

已清算结束信托项目(被动管理型)	项目个数	合计金额(万元)	信托报酬率(%)	加权平均实际年化收益率(%)
证券投资类	—	—	—	—
股权及其他投资类	7	595 186	0.10	6.10
融资类	—	—	—	—
事务管理类	238	8 687 850	0.20	6.03

6.4.2.3 报告期内新增的集合类、单一类和财产管理类信托项目情况

新增信托项目	项目个数	合计金额(万元)
集合类	134	1 742 878
单一类	1294	41 304 986
财产管理类	13	1 095 500
新增合计	1441	44 143 364
其中:主动管理型	365	7 838 311
被动管理型	1076	36 305 053

6.4.2.4 信托业务创新成果和特色业务有关情况

报告期内,本公司积极应对市场变化,认真贯彻落实金融监管要求,以推动业务转型与结构调整为契机,发挥创新业务资格作用促进业务品种及模式创新,开展实施了多项创新信托业务,涵盖结构化融资、艺术品信托、公益信托等,公司产品设计能力和客户服务能力显著提升。其中典型创新产品包括:(1)兴业信托·紫砂艺术品投资基金集合信托计划。该信托计划是国内首单紫砂艺术品投资信托。通过结构化设计、投资管理人到期滞销艺术品回购义务等设置,确保风险可控。该产品作为资产配置手段可满足客户多元化投资需求,通过整合专业资源,为各方提供包含藏品资源、鉴定技术、资金匹配和风险控制等在内的艺术品金融服务。(2)兴业信托·慈善基金信托计划。该信托计划为本公司首单公益性质集合资金信托业务。从公益信托要求出发,本信托计划在交易结构、合作机构选聘、投资管理、风险控制等方面建立了相对完善的业务模式。信托募集资金 100 余万元定向用于向雅安地震受灾地区提供赈灾援助。(3)兴业信托·绿地能源集团有限公司贷款集合资金信

托计划。该计划采用结构化分层模式，优先级资金采用保险资金，降低了资金成本，拓宽了资金来源渠道。同时，信托计划引入信用评级机构对优先级信用等级进行评级，为保险、基金等大型机构资金认购信托产品提供评判依据。

下阶段，本公司将继续把握金融行业全面深化改革带来的发展机遇，继续加大在资产证券化、产业投资基金、证券类衍生品量化投资业务、城市发展基金、国际化投资等业务创新投入力度，积极探索公益信托、家族信托等长期创新业务，丰富和提升公司参与各类市场的投资手段和管理能力，更好地服务实体经济、金融同业和广大投资者。

6.4.2.5　本公司履行受托人义务情况及因本公司自身责任而导致的信托资产损失情况（合计金额、原因等）

无。

6.5　关联方关系及其交易的披露

6.5.1　关联交易方的数量、关联交易总金额及定价政策等

6.5.1.1　固有业务关联方情况

	关联交易方数量	关联交易金额（万元）	定价政策
合计	1	47 023	依照法律法规、监管要求，以及公司关于关联交易的内部规定进行定价。

6.5.1.2　信托业务关联方情况

	关联交易方数量	关联交易金额（万元）	定价政策
合计	2	3 939 438	依照法律法规、监管要求，以及公司关于关联交易的内部规定进行定价。

6.5.2　关联交易方情况

关联性质	关联方名称	法定代表人	注册地址	注册资本（亿元）	主营业务
股　东	兴业银行股份有限公司	高建平	福建省福州市湖东路154号	190.52	商业银行业务
受控股股东重大影响的公司	九江银行股份有限公司	刘羡庭	江西省九江市长虹大道619号	15.16	商业银行业务

6.5.3　本公司与关联方的重大交易事项

6.5.3.1　固有财产与关联方交易情况

单位：万元

固有与关联方关联交易				
	期初数	借方发生额	贷方发生额	期末数
贷款	0	0	0	0
投资	0	0	0	0
租赁	0	0	0	0
担保	0	0	0	0
应收账款	0	0	0	0
其他	27 700	1 337 259	1 317 936	47 023
合计	27 700	1 337 259	1 317 936	47 023

6.5.3.2　信托资产与关联方交易情况

单位：万元

信托与关联方关联交易				
	期初数	借方发生额	贷方发生额	期末数
贷款	0	0	0	0
投资	0	0	0	0
租赁	0	0	0	0
担保	0	0	0	0
应收账款	0	0	0	0
其他	3 058 709	4 346 117	5 226 846	3 939 438
合计	3 058 709	4 346 117	5 226 846	3 939 438

6.5.3.3　固有财产与信托财产、信托财产与信托财产之间交易情况

6.5.3.3.1　固有财产与信托财产之间的交易情况

单位：万元

固有财产与信托财产相互交易			
	期初数	本期发生额	期末数
合计	145 690	-21 643	124 047

6.5.3.3.2　信托资产与信托财产之间的交易情况

单位：万元

信托资产与信托财产相互交易			
	期初数	本期发生额	期末数
合计	207 443	-99 172	108 271

6.5.4　报告期内，本公司发生关联方逾期未偿还本公司资金的情况以及本公司为关联方担保发生或即将发生垫款的情况

无。

6.6　会计制度的披露

本公司固有业务从2008年1月1日起执行财政部2006年2月发布的《企业会计准则——基本准则》；信托业务从2010年1月1日起执行《企业会计准则——基本准则》。

7. 财务情况说明书

7.1　利润实现和分配情况

单位：万元

项目	合并	母公司
利润总额	146 747	146 146
减：所得税	36 167	36 091
净利润	110 580	110 055
加：年初未分配利润	60 705	60 705
减：已分配利润	0	0
可供分配利润	171 285	170 760
减：提取法定盈余公积金	11 006	11 006
减：提取信托赔偿准备金	5 503	5 503
减：提取（转回）一般准备金	1 481	1 481
可供股东分配的利润	153 296	152 771

7.2 主要财务指标

指标名称	合并值	母公司
资本利润率(%)	24.80	24.69
信托报酬率(%)	—	0.31
人均净利润(万元)	381.97	380.16

注:1. 资本利润率=净利润/所有者权益平均余额×100%。
2. 信托报酬率=信托业务收入/实收信托平均余额×100%。
3. 人均净利润=净利润/年平均人数。

7.3 对本公司财务状况、经营成果有重大影响的其他事项

无。

8. 特别事项简要揭示

8.1 前五名股东报告期内变动情况及原因

报告期内本公司股东未发生变动。

2014年2月,经中国银监会福建监管局以闽银监复[2013]352号批准,本公司注册资本金由25.76亿元增加至50亿元,并相应调整股权结构。此次增资后本公司股东名称、出资额及出资比例情况如下:(1)兴业银行股份有限公司,出资额为3 650 000 000元,出资比例73%;(2)澳大利亚国民银行(National Australia Bank Limited),出资额为841 667 000元,出资比例16.8334%;(3)福建华投投资有限公司,出资额为240 426 600元,出资比例4.8085%;(4)福建省华兴集团有限责任公司(新股东),出资额为226 239 900元,出资比例4.5248%;(5)南平市投资担保中心,出资额为41 666 500元,出资比例0.8333%。

8.2 董事、监事及高级管理人员变动情况及原因

报告期内,本公司董事会成员发生以下变动:2013年8月22日,本公司2013年第三次临时股东会审议同意Robert Bettridge先生因个人原因辞去本公司第四届董事会董事职务,并选举蓝玉权先生为本公司第四届董事会董事。蓝玉权先生任职资格已经福建银监局核准。

本公司其他董事、监事及高级管理人员未发生变动。

8.3 报告期内本公司重大未决诉讼事项

报告期内,本公司固有业务无重大未决诉讼事项;信托业务于2013年6月发生1笔信托业务项下涉诉事项,该项目为单一资金信托业务,风险由受益人承担,公司履行受托管理职责,根据受益人的指示提起诉讼,被诉人为中冶纸业银河有限公司,涉及本金18670万元及相关利息。

8.4 德勤华永会计师事务所(特殊普通合伙)出具的审计报告

出具了标准无保留意见的审计报告。

8.5 报告期内,本公司发生公司及其董事、监事和高级管理人员受到处罚的情况

无。

8.6 中国银监会及其派出机构对公司的检查意见及公司整改情况

2013年1月29日,中国银行业监督管理委员会福建监管局印发《现场检查意见书》(闽银监[2013]8号),就本公司截至2012年6月30日存续的所有房地产信托业务的现场检查结果出具检查意见。本公司根据监管要求,严把客户准入关,严格甄别资金来源,强化风险管控,做好信息披露工作,增强合规经营意识,夯实基础管理。有关整改报告已书面报告福建银监局。

2013年4月2日,中国银行业监督管理委员会福建监管局印发《关于兴业信托公司2012年度经营管理情况的监管意见》(闽银监发[2013]28号),(以下简称《意见》)。本公司认真按照《意见》的监管要求,积极推动业务转型,提升自主管理核心竞争力,严守风险底线,防范项目单体风险,加强尽职管理,提升精细化水平,加强内控建设,夯实业务发展基础。有关落实报告已书面报告福建银监局。

2013年7月3日,中国银行业监督管理委员会福建监管局印发《关于兴业信托公司加强信托业务管理的监管意见》(闽银监发[2013]96号)。本公司认真按照监管要求,合理把握业务发展节奏,提升风险管控能力,控制融资平台信托贷款风险,稳健开展房地产信托业务,认真排查防范,密切关注流动性风险。有关落实报告已书面报告福建银监局。

8.7 本年度重大事项临时报告

无。

8.8 中国银监会及其省级派出机构认定的其他有必要让客户及相关利益人了解的重要信息

无。

9. 公司监事会独立意见

报告期内,本公司监事会按照本公司章程、监事会议事规则有关规定,通过列席公司股东会、董事会会议及高级管理层相关会议、组织开展调研等方式,依法对公司依法经营、财务情况、内部控制等事项进行了监督。

9.1 依法经营情况

报告期内,公司依照《公司法》及有关信托业法律法规、本公司章程有关规定规范管理运作,董事会能够严格按照有关法律法规和公司治理规则履行职责,董事会决策程序合法有效,股东会、董事会决议能够得到有效贯彻落实,经营业绩客观真实。报告期内,公司各董事、高级管理人员均廉洁勤勉、审慎管理、尽职尽责,努力推动公司各项事业持续健康发展,未发现董事、高级管理人员在履职时违反国家有关法律法规、本公司章程以及其他损害公司利益、股东利益和委托人、受益人利益的行为。

9.2 财务情况

报告期内,公司财务会计内控制度健全,管理规范;财务收

支真实、合法，自营资产质量良好，风险可控；信托财产管理状况良好，未发生集合信托计划延付、涉诉或赔付问题。德勤华永会计师事务所（特殊普通合伙）对公司 2013 年度财务报表进行了审计，并出具了标准无保留意见的审计报告，该报告能真实、公允、完整地反映公司报告期内财务状况和经营成果，不存在虚假记载、误导性陈述或者重大遗漏。

9.3 内部控制情况

报告期内，公司持续加强全面风险管理，健全完善内部控制体系，不断加大审计监督力度，内部控制情况总体良好。公司现有内部控制制度符合我国有关法律法规和监管要求，符合公司当前经营管理实际，在公司对外投资、业务开展、风险控制、内部管理等方面发挥了积极的作用。公司"三会一层"的职责和运行机制规范有效，决策程序和议事规则民主、科学，内部监督和反馈体系基本健全。公司法人治理结构符合法律和监管要求，组织控制、信息披露、财务管理、业务开展、内部审计等制定了健全的规章制度并得到了有效而良好的执行，保障了公司内部控制体系完整、有效和公司规范、安全、顺畅运营。

10、净资本管理情况

报告期内，本公司按照中国银监会《信托公司净资本管理办法》，积极采取增加资本金、提高净资本使用效率等措施加强净资本管理，各项净资本指标均符合监管要求：截至报告期末，本公司净资产 49.99 亿元，净资本 44.33 亿元（监管要求为≥2 亿元），各项风险资本之和为 29.01 亿元，净资本/各项风险资本之和为 153%（监管要求为≥100%），净资本/净资产为 89%（监管要求为≥40%）。

英大国际信托有限责任公司

1. 重要提示

1.1 本公司董事会及董事保证本报告所载资料不存在任何虚假记载、误导性陈述或者重大遗漏，并对其内容的真实性、准确性和完整性承担个别及连带责任。

1.2 本公司董事长盖永光、总经理张传良、财务负责人刘卫东声明：保证年度报告中财务报告的真实、完整。

1.3 独立董事马林、梁哲、刘海宇声明：保证年度报告中财务报告的真实、准确、完整。

2. 公司概况

2.1 公司简介

英大国际信托有限责任公司的前身为济南市国际信托投资公司，成立于1987年5月。2000年6月，经山东省政府和中国人民银行正式核准予以单独保留。2001年12月31日，经中国人民银行（银复[2001]264号）文批复，获得《中华人民共和国信托机构法人许可证》，注册资本增至5亿元，名称变更为英大国际信托投资有限责任公司。2003年11月26日，经中国银行业监督管理委员会山东监管局核准，获得《中华人民共和国金融许可证》。2006年，公司实施增资扩股，国家电网公司成为公司第一大股东，公司注册资本由5亿元增至15亿元。2007年9月，经中国银监会审批，换发了新的金融许可证，公司名称变更为英大国际信托有限责任公司。2009年9月，国家电网公司将持有的公司股权划转至国网资产管理有限公司（现已更名为国网英大国际控股集团有限公司），国网资产管理有限公司（国网英大国际控股集团有限公司）成为公司的控股股东。2010年7月，经监管及政府部门批准，公司注册地迁址到北京，成为中国银监会直接监管的信托公司。2012年12月，公司注册资本由15亿元增加至18.22亿元。

20多年来，英大国际信托有限责任公司秉承“诚信为本、依法理财”的经营理念，积极践行“诚信、责任、创新、奉献”的核心价值观，在各级政府、监管部门以及股东的帮助和支持下，逐步走出了一条服务大企业集团、服务社会投资者的特色经营之路，并取得了良好业绩。2008年以来，公司连续六年荣登由金融时报社、中国社会科学院金融所共同举办的“中国金融机构金牌榜”，2013年度荣获“年度最具影响力信托公司”称号。

公司中文名称：英大国际信托有限责任公司

英文：Yingda International Trust Co. ,Ltd.

缩写：英大信托

法定代表人：盖永光

注册地址：北京市东城区建国门内大街乙18号院1号楼英大国际大厦4层

邮编：100005

国际互联网网址：www. yditc. sgcc. com. cn

电子信箱：yditc@ yditc. sgcc. com. cn

信息披露负责人：吴金宝

联系电话：010 –51960292

传　　真：010 –51960222

电子信箱：jinbao –wu@ yditc. sgcc. com. cn

信息披露媒体：《金融时报》

公司年报备置地点：北京市东城区建国门内大街乙18号院1号楼

聘请的会计师事务所：北京中证天通会计师事务所

住所：北京市海淀区西直门北大街甲43号金运大厦B座13层

聘请的律师事务所：北京华贸硅谷律师事务所

住所：北京市朝阳区慧中路5号远大中心C座17层

2.2 组织结构

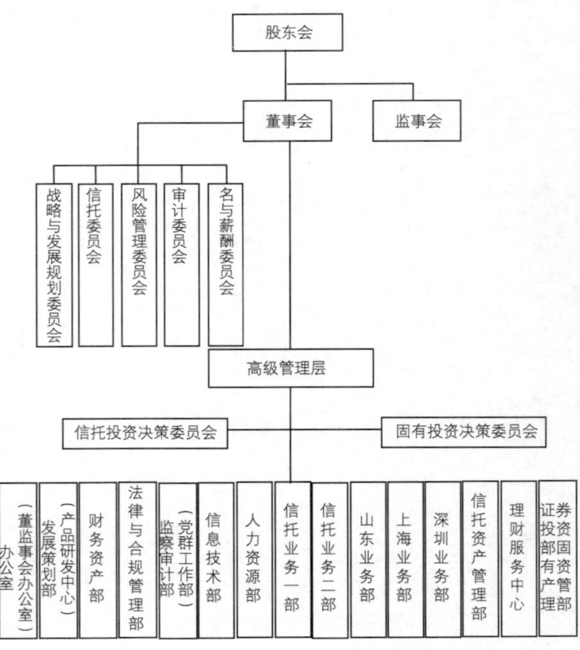

3. 公司治理

3.1 公司治理结构

3.1.1 股东

股东总数6家，持股股东中持股比例超过10%的股东及前三名股东的情况。

前三名股东持股情况

股东名称	持股比例(%)	法人代表	注册资本(亿元)	注册地址	主要经营业务及主要财务情况
国网英大国际控股集团有限公司	84.55	费圣英	190	北京市东城区建国门内大街乙18号院1号楼	投资与资产经营管理;资产托管;为企业重组、并购、战略配售、创业投资提供服务;投资咨询、投资顾问。
中国电力财务有限公司	5.21	孔庆军	50	北京市东城区建国门内大街乙18号院1号楼	对成员单位办理财务和融资顾问、信用鉴证及相关的咨询、代理业务;办理成员单位之间的委托贷款及委托投资;办理成员单位之间的内部转账结算及相应的结算、清算方案设计;经批准发行财务公司债券等
济南市能源投资有限责任公司	4.38	王智太	2	济南市天桥区英贤街19号(吉华大厦)	济南市基建基金的运营管理,对济南市市属范围内的建设项目进行投资,重点向能源、金融、高新技术产业投资。

股东之间关联关系说明:国网英大国际控股集团有限公司投资于第二位股东中国电力财务有限公司。

3.1.2 董事

董事长、董事

姓名	职务	性别	年龄	选任日期	所推举的股东名称	该股东持股比例(%)	任职单位及职务
盖永光	董事长	男	53	2008年12月	国网英大国际控股集团有限公司	84.55	英大国际信托有限责任公司董事长
张传良	职工董事(拟任)	男	46	2013年12月	工会会员大会	—	英大国际信托有限责任公司总经理(拟任)
马晓燕	董事	女	44	2012年4月	国网英大国际控股集团有限公司	84.55	国网英大国际控股集团有限公司总会计师
曾宪泽	董事	男	47	2012年4月	国网英大国际控股集团有限公司	84.55	国网英大国际控股集团有限公司总经理助理
张彤宇	董事	男	44	2008年12月	国网英大国际控股集团有限公司	84.55	国网英大国际控股集团有限公司风险管理部主任
张守合	董事	男	49	2010年5月	济南市能源投资有限责任公司	4.38	济南市能源投资有限责任公司副总经理

注:张传良的董事任职资格已于2014年4月经中国银监会(银监复[2014]238号)文件核准批复。

独立董事

姓名	性别	年龄	选任日期	所推举的股东名称	该股东持股比例(%)	任职单位及职务
马林	男	60	2012年4月	国网英大国际控股集团有限公司	84.55	退休干部,原国家税务总局干部
梁哲	男	50	2012年4月	国网英大国际控股集团有限公司	84.55	长城金桥金融咨询有限公司总经理
刘海宇	男	61	2012年7月	国网英大国际控股集团有限公司	84.55	退休干部,原审计署干部

3.1.3 监事

监事会成员

姓名	职务	性别	年龄	选任日期	所推举的股东名称	该股东持股比例(%)	任职单位及职务
丁勇	监事长	男	50	2012年4月	国网英大国际控股集团有限公司	84.55	国家电网公司审计部副主任
金嘉民	监事	男	45	2012年4月	上海市电力公司	3.84	上海市电力公司审计部主任
翟红卫	职工监事	女	46	2012年4月	工会会员大会	—	英大国际信托有限责任公司法律与合规管理部主任

3.1.4 高级管理人员

姓名	职务	性别	年龄	选任日期	金融从业年限(年)	学历/学位	专业	任职单位及职务
盖永光	董事长	男	53	2010年5月	15年	研究生	货币银行学	英大国际信托有限责任公司董事长
丁勇	监事长	男	50	2012年4月	2年	大学	经济管理	国家电网公司审计部副主任
张传良	总经理(拟任)	男	45	2007年4月	13年	研究生	工商管理	英大国际信托有限责任公司总经理(拟任)
刘卫东	总会计师	男	50	2011年11月	4年	研究生	工商管理	英大国际信托有限责任公司总会计师
王迎新	副总经理(拟任)	男	45	2013年12月	14	研究生	工商管理	英大国际信托有限责任公司副总经理(拟任)

注:张传良、王迎新的任职资格已于2014年4月经中国银监会(银监复[2014]238号)文件核准批复。

3.1.5 公司员工

项目		报告期年度		上年度	
		人数	比例(%)	人数	比例(%)
年龄分布	20岁及以下	0	0.00	0	0
	20~29岁	40	28.37	30	24
	30~39岁	46	32.62	42	33
	40岁及以上	55	39.01	54	43
学历分布	博士	7	4.96	6	5
	硕士	67	47.52	50	40
	本科	48	34.05	46	36
	专科	11	7.80	15	12
	其他	8	5.67	9	7
岗位分布	董事、监事及其他高管人员	6	4.26	6	5
	自营业务人员	10	7.09	12	9
	信托业务人员	70	49.65	60	48
	其他人员	55	39.00	48	38

3.1.6 公司监事会独立意见

报告期内,公司认真贯彻执行国家经济金融政策,按照监管要求加强法人治理和内部控制建设。董事会严格履职,着力提高执行力,规范信息披露,加强合规建设,有效保障了公司依法合规经营、规范管理,切实维护了公司、公司股东和信托受益人的合法权益。公司财务报告真实准确地反映了公司的财务管理状况和经营成果。

4. 经营管理

4.1 所经营业务的主要内容

自营资产运用与分布表

2012年12月31日

资产运用	金额(万元)	占比(%)	资产分布	金额(万元)	占比(%)
货币资产	27 985.40	6.85	基础产业	108 005.63	26.44
贷款及应收款	108 241.11	26.50	房地产业	0	0
交易性金融资产			证券市场	53 973.16	13.21
可供出售金融资产	67 039.11	16.41	实业	0	0
持有至到期投资	105 441.00	25.81	金融机构	215 568.36	52.77
长期股权投资	40 060.91	9.81	其他	30 970.48	7.58
其他	59 750.09	14.63			
资产总计	408 517.62	100.00	资产总计	408 517.62	100.00

注:资产分布中的"其他"栏目主要为货币资产。

信托资产运用与分布表

2012年12月31日

资产运用	金额(万元)	占比(%)	资产分布	金额(万元)	占比(%)
货币资产	2 943.96	0.01	基础产业	16 032 917.81	76.25
贷款	16 295 597.83	77.50	房地产	140 223.00	0.67
交易性金融资产	0.00	0.00	证券市场	0.00	0.00
可供出售金融资产	0.00	0.00	实业	0.00	0.00
持有至到期投资	611 779.00	2.91	金融机构	439 680.00	2.09
长期股权投资	353 160.00	1.68	其他	4 414 008.50	20.99
其他	3 763 348.52	17.90			
信托资产总计	21 026 829.31	100.00	信托资产总计	21 026 829.31	100.00

注:资产分布中的"其他"栏目主要为公司受托管理的财产权信托和货币资产。

4.2 内部控制

4.2.1 内部控制环境和内部控制文化

公司建立了股东会、董事会、监事会、高级管理层组成的权责清晰、合理制衡的公司治理结构;完善了部门和岗位设置,科学划分职责和权限;不断健全市场化用人机制、加快人才梯队建设。

公司重视内控文化建设、制度建设和队伍建设。坚持"抓合规、控风险、促发展"的管理理念,努力营造"全员参与内控,业务发展坚持内控优先"的内控文化氛围。

4.2.2 内部控制措施

内部控制措施主要包括:不相容岗位分离控制、授权审批、业务流程控制、会计系统控制、财产保护控制、预算控制、信息系统控制和绩效考评控制。

4.2.3 信息交流与反馈

公司建立了无障碍信息交流与反馈的平台。通过各项制度确立了清晰完整的报告线,明确公司股东会、董事会及其专门委员会、监事会、高级管理层、各部门和员工的职责范围和报告路径。

4.2.4 监督评价与纠正

公司财务部和法律合规部分别行使后台监督及风险管理职能,审计部对内部控制进行再监督,负责常规及专项稽核工作的实施,督促相关整改建议的落实,独立向董事会及高管层报告。

4.3 风险管理

4.3.1 风险管理概况

完善以董事会为核心的全方位、多层次的风险管理组织体系。

4.3.2 风险状况

风险管理对象包括公司在经营过程中可能遇到的信用风险、市场风险、操作风险以及政策风险、流动性风险、法律风险、声誉及战略风险等。

4.3.2.1 信用风险状况

报告期内,公司资产质量保持平稳增长,自营业务与信托业务的风险敞口均保持在可接受的范围内,信托和固有业务信用风险可控。按照公司本部口径,2013年不良资产的期初数为2 603.81万元,期末数为1 540.96万元,报告期不良资产降低1 062.9万元。2013年不良资产率由期初的0.72%降至期末的0.38%,降低0.34个百分点。

4.3.2.2 市场风险状况

报告期内,公司投资业绩良好,各项业务均实现了不同程度的业绩增长。

4.3.2.3 操作风险状况

报告期内,公司未发生因操作风险所造成的损失。

4.3.2.4 其他风险状况

报告期内,公司未发生因法律风险和道德风险所造成的损失。

4.4 2013年净资本、风险资本及风险控制指标状况

报告期内,公司净资本风险控制指标不断优化,全部达到

监管要求。截至 2013 年 12 月 31 日,公司净资本额 33.57 亿元,净资本/各项业务风险资本之和为 179%,净资本/净资产为 87%。

5. 报告期末及上一年度末的比较式会计报表

5.1 自营资产

5.1.1 会计师事务所审计意见全文

审 计 报 告

中证天通〔2014〕审字第 0201104 号

英大国际信托有限责任公司全体股东:

我们审计了后附的英大国际信托有限任公司(以下简称英大信托公司)财务报表,包括 2013 年 12 月 31 日的合并资产负债表,2013 年度的合并利润表、合并现金流量表和合并股东权益变动表以及财务报表附注。

一、管理层对财务报表的责任

编制和公允列报财务报表是英大信托公司管理层的责任,这种现任包括:(1)按照企业会计准则的规定编制财务报表,并使其实现公允反映:(2)设计、执行和维护必要的内部控制,以使财务报表不存在由于舞弊或错误导致的重大错报。

二、注册会计师的责任

我们的责任是在执行审计工作的基础上对财务报表发表审计意见。我们按照中国注册会计师审计准则的规定执行了审计工作。中国注册会计师审计准则要求我们遵守中国注山会计师职业道德守则,计划和执行审计工作以对财务报表是否不存在重大错报获取合理保证。

审计工作涉及实施审计程序,以获取有关财务报表金额和披露的审计证据。选择的审计程序取决于注册会计师的判断,包括对由于舞弊或错误导致的财报表后果大错报风险的评估。在进行风险评估时,注册会计师考虑与财务报表编制和公允列报相关的内部控制,以设计恰当的审计程序,但目的并非对内部控制的有效性发表意见。审计工作还所括评价管理层选用会计政策的恰当性和作出会计估计的合理性,以及评价财务报表的总体列报。

我们相信,我们获取的审计证据是充分、适当的,为发表审计意见提供了基础。

三、审计意见

我们认为,英大信托公司财务报表所有重大方面按照企业会计准则的规定编制,公允反映了英大信托公司 2013 年 12 月 31 日的财务状况以及 2013 年度的经营成果和现金流量。

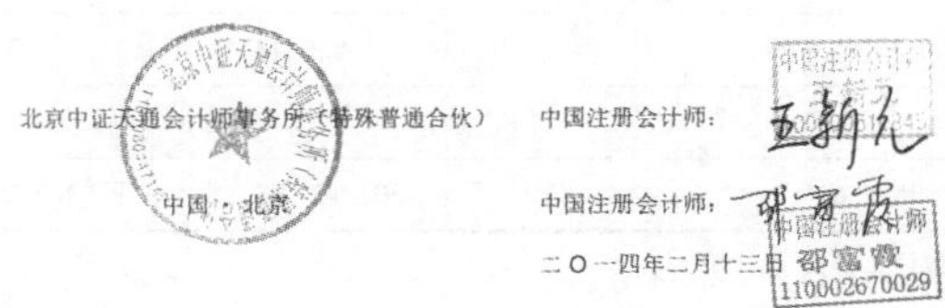

5.1.2 资产负债表

合并资产负债表

编制单位:英大国际信托有限责任公司　　2013 年 12 月 31 日　　单位:万元

资产	2013 年初	2013 年末	负债及所有者权益	2013 年初	2013 年末
资产			负债		
现金及存放中央银行	0.09	0.08	拆入资金		
存放同业款项	110 381.09	32 468.50	应付职工薪酬	490.83	425.18
拆出资金			应交税费	6 629.81	6 091.18
买入返售金融资产	7 400.21	57 000.49	递延所得税负债	446.09	412.59
应收利息			其他负债	19 909.62	14 951.78
发放贷款和垫款	129 535.63	108 005.63	负债合计	27 476.35	21 880.73
可供出售金融资产	36 053.34	67 755.81	所有者权益	#VALUE!	—
持有至到期投资	43 800.00	106 541.00	实收资本(或股本)	182 175.45	182 175.45
长期股权投资	34 530.61	33 534.41	资本公积	17 998.35	18 112.46
固定资产	2 331.14	2 134.18	盈余公积	17 794.84	23 479.53
无形资产	1 400.09	1 242.72	一般风险准备	13 033.28	16 476.32
递延所得税资产	579.97	635.81	未分配利润	104 279.05	145 170.24
其他资产	1 419.90	1 871.03	少数股东权益	4 674.75	3 894.93
			所有者权益合计	339 955.72	389 308.94
资产总计	367 432.07	411 189.67	负债和所有者权益总计	367 432.07	411 189.67

单位负责人:张传良　　财务负责人:刘卫东　　会计人员:张平丽

资产负债表

编制单位:英大国际信托有限责任公司　　2013 年 12 月 31 日　　单位:万元

资产	2013 年初	2013 年末	负债及所有者权益	2013 年初	2013 年末
资产			负债		
现金及存放中央银行	0.09	0.08	拆入资金		
存放同业款项	103 315.36	27 985.31	应付职工薪酬	421.05	286.98
拆出资金	—	—	应交税费	6 595.12	6 002.42
买入返售金融资产	7 400.21	57 000.49	递延所得税负债	446.09	408.41
应收利息	—	—	其他负债	19 693.93	14 802.57
发放贷款和垫款	129 535.63	108 005.63	负债合计	27 156.19	21 500.39
可供出售金融资产	36 053.34	67 039.11	所有者权益:	—	—
持有至到期投资	43 000.00	105 441.00	实收资本(或股本)	182 175.45	182 175.45
长期股权投资	41 057.11	40 060.91	资本公积	17 993.67	18 101.64
固定资产	1 641.23	1 554.85	盈余公积	17 794.84	23 479.53
无形资产	197.57	180.94	一般风险准备	13 033.28	16 456.76
递延所得税资产	579.97	635.81	未分配利润	105 153.53	146 803.86
其他资产	526.43	613.49	少数股东权益	—	—
			所有者权益合计	336 150.76	387 017.23
资产总计	363 306.95	408 517.62	负债和所有者权益总计	363 306.95	408 517.62

单位负责人:张传良　　财务负责人:刘卫东　　会计人员:张平丽

5.1.3 利润和利润分配表

合并利润表

2013 年度

编制单位:英大国际信托有限责任公司　　单位:万元

项　目	2013 年度	2012 年度
一、营业收入	97 399.21	92 489.76
利息净收入	10 707.69	8 592.99
利息收入	10 707.69	8 592.99
利息支出	—	—
手续费及佣金净收入	78 031.25	79 912.95
手续费及佣金收入	78 596.90	79 926.25
手续费及佣金支出	565.65	13.30
投资收益	7 952.90	3 906.82
公允价值变动收益	—	—
汇兑收益	-12.69	-0.76
其他业务收入	720.06	77.78
二、营业支出	24 757.71	25 724.37
营业税金及附加	5 313.81	5 099.76
业务及管理费	19 325.71	19 654.92
资产减值损失	118.20	969.69
其他业务成本	—	—
三、营业利润	72 641.49	66 765.39
加:营业外收入	1 658.66	448.68
减:营业外支出	0.43	361.02
四、利润总额	74 299.73	66 853.05
减:所得税费用	18 978.65	17 653.77
五、净利润	55 321.08	49 199.28

续表

项　目	2013 年度	2012 年度
归属于母公司所有者的净利润	56 107.29	50 644.52
少数股东损益	-786.21	-1 445.25
六、其他综合收益	120.50	1 382.36
七、综合收益总额	55 441.58	50 581.64
归属于母公司所有者的综合收益总额	56 221.41	52 026.89
归属于少数股东的综合收益总额	-779.82	-1 445.25

单位负责人:张传良　　财务负责人:刘卫东　　会计人员:张平丽

合并利润分配表

2013 年度

编制单位:英大国际信托有限责任公司　　单位:万元

项　目	2013 年度	2013 年度
一、净利润(亏损以"-"表示)	56 107.29	50 644.52
加:年初未分配利润	104 279.05	69 633.11
其他调整因素	—	—
二、当年可供分配利润	160 386.34	120 277.63
减:提取法定盈余公积	5 684.69	5 202.38
提取一般准备	3 443.05	5 796.21
三、可供投资者分配利润	151 258.61	109 279.05
应付投资者利润	6 088.37	5 000.00
四、未分配利润	145 170.24	104 279.05

单位负责人:张传良　　财务负责人:刘卫东　　会计人员:张平丽

利润表

2013 年度

编制单位:英大国际信托有限责任公司　　单位:万元

项目	2013 年度	2012 年度
一、营业收入	94 971. 68	91 923. 07
利息净收入	10 403. 30	8 287. 29
利息收入	10 403. 30	8 287. 29
利息支出	—	—
手续费及佣金净收入	76 724. 06	79 735. 62
手续费及佣金收入	76 865. 98	79 748. 71
手续费及佣金支出	141. 91	13. 10
投资收益	7 835. 63	3 865. 24
公允价值变动收益	—	—
汇兑收益	-12. 69	-0. 76
其他业务收入	21. 37	35. 69
二、营业支出	19 949. 38	21 892. 93
营业税金及附加	5 219. 94	5 082. 11
业务及管理费	14 611. 25	15 841. 14
资产减值损失	118. 20	969. 69
其他业务成本	—	—
三、营业利润	75 022. 30	70 030. 14
加:营业外收入	710. 00	0. 03

续表

项目	2013 年度	2012 年度
减:营业外支出	0. 43	360. 90
四、利润总额	75 731. 87	69 669. 28
减:所得税费用	18 885. 01	17 645. 48
五、净利润	56 846. 87	52 023. 79
六、其他综合收益	107. 98	1 382. 36
七、综合收益总额	56 954. 84	53 406. 15

单位负责人:张传良　　财务负责人:刘卫东　　会计人员:张平丽

利润分配表

2013 年度

编制单位:英大国际信托有限责任公司　　单位:万元

项　　目	2013 年度	2012 年度
一、净利润(亏损以"-"表示)	56 846. 87	52 023. 79
加:年初未分配利润	105 153. 53	69 128. 32
其他调整因素		
二、当年可供分配利润	162 000. 39	121 152. 11
减:提取法定盈余公积	5 684. 69	5 202. 38
提取一般风险准备	3 423. 48	5 796. 21
三、可供投资者分配利润	152 892. 23	110 153. 53
应付投资者利润	6 088. 37	5 000. 00
四、未分配利润	146 803. 86	105 153. 53

单位负责人:张传良　　财务负责人:刘卫东　　会计人员:张平丽

5. 1. 4　所有者权益变动表

合并所有者权益变动表

编制单位:英大国际信托有限责任公司　　2013 年　　单位:万元

项　　目	本年金额						
	归属于母公司所有者权益					少数股东权益	所有者权益合计
	实收资本(或股本)	资本公积	盈余公积	一般风险准备	未分配利润		
一、上年年末余额	182 175. 45	17 998. 35	17 794. 84	13 033. 28	104 279. 05	4 674. 75	339 955. 72
加:会计政策变更							
前期差错更正							
二、本年年初余额	182 175. 45	17 998. 35	17 794. 84	13 033. 28	104 279. 05	4 674. 75	339 955. 72
三、本年增减变动金额(减少以"-"号填列)		114. 11	5 684. 69	3 443. 05	40 891. 19	-779. 82	49 353. 22
(一)净利润					56 107. 29	-786. 21	55 321. 08
(二)其他综合收益		114. 11				6. 39	120. 50
综合收益小计		114. 11			56 107. 29	-779. 82	55 441. 58
(三)所有者投入和减少资本							
1. 所有者投入资本							
2. 股份支付计入所有者权益金额							
3. 其他							
(四)专项储备提取和使用							
1. 提取专项储备							
2. 使用专项储备							
(五)利润分配			5 684. 69	3 443. 05	-15 216. 10		-6 088. 37
1. 提取盈余公积			5 684. 69		-5 684. 69		
其中:法定盈余公积			5 684. 69		-5 684. 69		

续表

项　目	本年金额						
	归属于母公司所有者权益					少数股东权益	所有者权益合计
	实收资本（或股本）	资本公积	盈余公积	一般风险准备	未分配利润		
任意盈余公积							
储备基金							
企业发展基金							
利润归还投资							
2. 提取一般风险准备				3 443. 05	−3 443. 05		
3. 所有者（或股东）的分配					−6 088. 37		−6 088. 37
4. 其他							
（六）所有者权益内部结转							
1. 资本公积转增资本							
2. 盈余公积转增资本							
3. 盈余公积弥补亏损							
4. 其他							
四、本年年末余额	182 175. 45	18 112. 46	23 479. 53	16 476. 32	145 170. 24	3 894. 93	389 308. 94

项　目	上年金额						
	归属于母公司所有者权益					少数股东权益	所有者权益合计
	实收资本（或股本）	资本公积	盈余公积	一般风险准备	未分配利润		
一、上年年末余额	150 000. 00	−1 208. 57	12 592. 46	7 237. 07	69 633. 11		238 254. 08
加：会计政策变更							
前期差错更正							
二、本年年初余额	150 000. 00	−1 208. 57	12 592. 46	7 237. 07	69 633. 11		238 254. 08
三、本年增减变动金额（减少以“－”号填列）	32 175. 45	19 206. 92	5 202. 38	5 796. 21	34 645. 94	4 674. 75	101 701. 64
（一）净利润					50 644. 52	−1 445. 25	49 199. 28
（二）其他综合收益		1 382. 36					1 382. 36
综合收益小计		1 382. 36			50 644. 52	−1 445. 25	50 581. 64
（三）所有者投入和减少资本	32 175. 45	17 824. 55				6 120. 00	56 120. 00
1. 所有者投入资本	32 175. 45	17 824. 55				6 120. 00	56 120. 00
2. 股份支付计入所有者权益金额							
3. 其他							
（四）专项储备提取和使用							
1. 提取专项储备							
2. 使用专项储备							
（五）利润分配			5 202. 38	5 796. 21	−15 998. 59		−5 000. 00
1. 提取盈余公积			5 202. 38		−5 202. 38		
其中：法定盈余公积			5 202. 38		−5 202. 38		
任意盈余公积							
储备基金							
企业发展基金							
利润归还投资							
2. 提取一般风险准备				5 796. 21	−5 796. 21		
3. 所有者（或股东）的分配					−5 000. 00		−5 000. 00
4. 其他							
（六）所有者权益内部结转							
1. 资本公积转增资本							
2. 盈余公积转增资本							
3. 盈余公积弥补亏损							
4. 其他							
四、本年年末余额	182 175. 45	17 998. 35	17 794. 84	13 033. 28	104 279. 05	4 674. 75	339 955. 72

单位负责人：张传良　　　　财务负责人：刘卫东　　　　会计人员：张平丽

所有者权益变动表

编制单位：英大国际信托有限责任公司　　2013年度　　单位：万元

项目	本年金额						
	归属于母公司所有者权益					少数股东权益	所有者权益合计
	实收资本（或股本）	资本公积	盈余公积	一般风险准备	未分配利润		
一、上年年末余额	182 175.45	17 993.67	17 794.84	13 033.28	105 153.53		336 150.76
加：会计政策变更							
前期差错更正							
二、本年年初余额	182 175.45	17 993.67	17 794.84	13 033.28	105 153.53		336 150.76
三、本年增减变动金额（减少以"－"号填列）		107.98	5 684.69	3 423.48	41 650.33		50 866.47
（一）净利润					56 846.87		56 846.87
（二）其他综合收益		107.98					107.98
综合收益小计		107.98			56 846.87		56 954.84
（三）所有者投入和减少资本							
1. 所有者投入资本							
2. 股份支付计入所有者权益金额							
3. 其他							
（四）专项储备提取和使用							
1. 提取专项储备							
2. 使用专项储备							
（五）利润分配			5 684.69	3 423.48	－15 196.53		－6 088.37
1. 提取盈余公积			5 684.69		－5 684.69		
其中：法定盈余公积			5 684.69		－5 684.69		
任意盈余公积							
储备基金							
企业发展基金							
利润归还投资							
2. 提取一般风险准备				3 423.48	－3 423.48		
3. 所有者（或股东）的分配					－6 088.37		－6 088.37
4. 其他							
（六）所有者权益内部结转							
1. 资本公积转增资本							
2. 盈余公积转增资本							
3. 盈余公积弥补亏损							
4. 其他							
四、本年年末余额	182 175.45	18 101.64	23 479.53	16 456.76	146 803.86		387 017.23

项目	上年金额						
	归属于母公司所有者权益					少数股东权益	所有者权益合计
	实收资本（或股本）	资本公积	盈余公积	一般风险准备	未分配利润		
一、上年年末余额	150 000.00	－1 213.25	12 592.46	7 237.07	69 128.32		237 744.60
加：会计政策变更							
前期差错更正							
二、本年年初余额	150 000.00	－1 213.25	12 592.46	7 237.07	69 128.32		237 744.60
三、本年增减变动金额（减少以"－"号填列）	32 175.45	19 206.92	5 202.38	5 796.21	36 025.21		98 406.15
（一）净利润					52 023.79		52 023.79
（二）其他综合收益		1 382.36			—		1 382.36
综合收益小计		1 382.36			52 023.79		53 406.15
（三）所有者投入和减少资本	32 175.45	17 824.55					50 000.00
1. 所有者投入资本	32 175.45	17 824.55					
2. 股份支付计入所有者权益金额							

续表

项　目	上年金额						
	归属于母公司所有者权益					少数股东权益	所有者权益合计
	实收资本（或股本）	资本公积	盈余公积	一般风险准备	未分配利润		
3. 其他							
（四）专项储备提取和使用							
1. 提取专项储备							
2. 使用专项储备							
（五）利润分配			5 202.38	5 796.21	-15 998.59		-5 000.00
1. 提取盈余公积			5 202.38		-5 202.38		
其中：法定盈余公积			5 202.38		-5 202.38		
任意盈余公积							
储备基金							
企业发展基金							
利润归还投资							
2. 提取一般风险准备				5 796.21	-5 796.21		
3. 所有者（或股东）的分配					-5 000.00		-5 000.00
4. 其他							
（六）所有者权益内部结转							
1. 资本公积转增资本							
2. 盈余公积转增资本							
3. 盈余公积弥补亏损							
4. 其他							
四、本年年末余额	182 175.45	17 993.66	17 794.84	13 033.28	105 153.53		336 150.76

单位负责人：张传良　　　　财务负责人：刘卫东　　　　会计人员：张平丽

5.2 信托资产

5.2.1 信托项目资产负债汇总表

信托项目资产负债表

编制单位：英大国际信托有限责任公司　　　　2013 年 12 月 31 日　　　　单位：万元

信托资产	行次	期初数	期末数	信托负债和信托权益	行次	期初数	期末数
信托资产：				信托负债：			
货币资金		5 125.81	2 943.96	交易性金融负债			
其他货币资金				衍生金融负债			
存出保证金				应付受托人报酬		26.67	
交易性金融资产				应付托管费			
衍生金融资产				应付受益人收益			
买入返售金融资产				应交税费			
应收款项				应付销售服务费			
发放贷款		16 380 148.25	16 295 597.83	其他应付款项		15.20	666.20
可供出售金融资产				其他负债			
持有至到期投资		1 077 258.70	1 971 069.23	信托负债合计		41.87	666.20
长期应收款		2 424 108.75	2 404 058.29				
长期股权投资		341 818.99	353 160	信托权益：			
投资性房地产				实收信托		20 223 334.70	21 023 250.35
固定资产				资本公积			
无形资产				外币报表折算差额			
长期待摊费用				未分配利润		5 083.93	2 912.76
其他资产				信托权益合计		20 228 418.63	21 026 163.11
信托资产总计		20 228 460.50	21 026 829.31	信托负债及信托权益总计		20 228 460.50	21 026 829.31

会计主管：冯　书　　　　复核：潘嘉玲　　　　制表：李　欣

5. 2. 2　信托项目利润及利润分配汇总表

信托项目利润及利润分配汇总表

编制单位:英大国际信托有限责任公司　　　　单位:万元

项 目	行次	2013 年	2012 年
一、营业收入	1	1 242 808. 68	1 236 924. 51
利息收入	2	1 084 931. 74	1 125 713. 92
投资收益	3	130 888. 95	79 046. 96
公允价值变动损益	4		
租赁收入	5	26 731. 76	32 000. 74
汇兑损益	6		
其他收入	7	256. 23	162. 90
二、支出	8	126 070. 71	133 785. 32
营业税金及附加	9	52 919. 54	55 907. 71
受托人报酬	10	71 720. 18	76 748. 43
保管费	11		
投资管理费	12		
销售服务费	13	53. 53	
交易费用	14		
资产减值损失	15		
其他费用	16	1 377. 46	1 129. 18
三、信托净利润	17	1 116 737. 97	1 103 139. 19
四、其他综合收益	18		
五、综合收益	19	1 116 737. 97	1 103 139. 19
加:期初未分配信托利润	20	5 083. 93	5 096. 99
六、可供分配的信托利润	21	1 121 821. 90	1 108 236. 17
减:本期已分配信托利润	22	1 118 909. 14	1 103 152. 24
七、期末未分配信托利润	23	2 912. 76	5 083. 93

6. 会计报表附注

6. 1　会计报表编制基准不符合会计核算基本前提的说明

6. 1. 1　公司无会计报表编制基准不符合会计核算基本前提的情况

6. 1. 2　2013 年度合并财务报表的编制范围为公司及所属子公司山东英大投资顾问有限责任公司和英大基金管理有限公司,共 3 户。无拥有表决权超过半数但未纳入合并范围的被投资单位

本年纳入合并报表范围的子企业基本情况

序号	企业名称	持股比例(%)	享有表决权比例(%)	注册资本(万元)	实际投资额(万元)	业务性质	注册地
1	山东英大投资顾问有限责任公司	100	100	560	560	证券投资咨询业务服务和企业管理咨询服务	济南
2	英大基金管理有限公司	49	49	12 000	5 880	基金募集、基金销售、资产管理	北京

6. 2　报告期内会计报表编制基准、会计政策、会计估计和核算方法无变化

6. 3　或有事项

无。

6. 4　重要资产转让及其出售的说明

无。

6. 5　会计报表中重要项目的明细资料

6. 5. 1　自营资产经营情况

6. 5. 1. 1　资产风险分类

信用风险资产五级分类	正常类(万元)	关注类(万元)	次级类(万元)	可疑类(万元)	损失类(万元)	信用风险资产合计(万元)	不良资产合计(万元)	不良资产率(%)
期初数	360 703. 12		7. 5	2 572. 39	23. 92	363 306. 95	2 603. 81	0. 72
期末数	406 976. 67		7. 50		1 533. 45	408 517. 62	1 540. 96	0. 38

6. 5. 1. 2　资产损失准备

单位:万元

项目	期初数	本期计提	本期转回	本期核销	期末数
贷款损失准备	1 832. 56		750. 6		1 081. 96
一般准备	1 300. 68		220. 6		1 080. 08
专项准备	531. 88		530		1. 88
其他资产减值准备	1789. 89	756. 19	2. 86		2543. 22
可供出售金融资产减值准备	1009. 77				1009. 77
持有至到期投资减值准备					
长期股权投资减值准备	756. 2	756. 19			1512. 39
坏账准备	23. 92		2. 86		21. 06
投资性房地产减值准备					

6. 5. 1. 3　投资

单位:万元

项目	自营股票	基金	债券	长期股权投资	其他投资	合计
期初数	215. 38	—	18 500. 00	35 286. 81	61 137. 96	115 140. 15
期末数	1 324. 12	—	18 500. 00	35 046. 81	154 472. 69	209 343. 62

6. 5. 1. 4　前五名自营长期股权投资情况

企业名称	占被投资企业权益的比例(%)	主要经营活动	投资收益(万元)
1. 英大期货有限公司	32. 86	期货经纪	
2. 英大证券有限责任公司	3. 78	证券经纪	
3. 山东阳谷电缆股份有限公司	11. 32	制造业	
4. 山东玉泉集团股份有限公司	1. 08	制造业	

6.5.1.5 前五名自营贷款情况

企业名称	占贷款总额的比例（%）	还款情况
忻州广宇煤电有限公司	23.15	正常
国电宝鸡发电有限责任公司	18.52	正常
云南滇东雨汪能源有限公司	18.52	正常
内蒙古华电玫瑰营风力发电有限公司	13.89	正常
华电置业有限公司	13.89	正常

6.5.1.6 表外业务的期初数、期末数

表外业务	期初数	期末数
担保业务	0	0
代理业务（委托业务）	0	0
其他	0	0
合计	0	0

6.5.1.7 公司当年的收入结构（母公司、并表）

项目	母公司		并表	
收入结构	金额（万元）	占比（%）	金额（万元）	占比（%）
手续费及佣金收入	76 865.98	80.21	78 596.90	78.88
其中：信托手续费收入	76 765.98	80.10	76 765.98	77.05
投资银行业务收入	100.00	0.10	705.87	0.71
基金手续费收入			1 125.06	1.13
利息收入	10 403.30	10.86	10 707.69	10.75
其他业务收入	21.37	0.02	720.06	0.72
其中：计入信托业务收入部分				
投资收益	7 835.63	8.18	7 952.90	7.98
其中：股权投资收益	732.00	0.76	732.00	0.73
证券投资收益	2 048.76	2.14	2 048.76	2.06
其他投资收益	5 054.87	5.27	5 172.14	5.19
公允价值变动收益				
营业外收入	710.00	0.74	1 658.66	1.66
收入合计	95 836.29	100.00	99 636.21	100.00

6.5.2 信托资产管理情况

6.5.2.1 信托资产的期初数、期末数

单位：万元

信托资产	期初数	期末数
集合	505 372.28	895 038.02
单一	17 142 467.15	17 168 395.77
财产权	2 580 621.07	2 963 395.53
合计	20 228 460.50	21 026 829.32

6.5.2.1.1 主动管理型信托业务的信托资产期初数、期末数

单位：万元

主动管理型信托资产	期初数	期末数
证券投资类	0.00	0.00
股权投资类	50 000.00	110 000.00
融资类	489 692.54	822 596.95
事务管理类	0.00	0.00
合计	1 464 776.94	2 046 201.27

6.5.2.1.2 被动管理型信托业务期初数、期末数

单位：万元

被动管理型信托资产	期初数	期末数
证券投资类	0.00	0.00
股权投资类	103 818.99	95 160.00
融资类	5 428 663.55	11 360 109.83
事务管理类	13 171 075.22	7 281 445.92
合计	18 758 557.76	18 977 049.09

6.5.2.2 本年度已清算结束的信托项目个数、实收信托合计金额、加权平均实际年化收益率

6.5.2.2.1 本年度已清算结束的集合类、单一类资金信托项目和财产管理类信托项目个数、实收信托金额、加权平均实际年化收益率

已清算结束信托项目	项目个数	实收信托合计金额（万元）	加权平均实际年化收益率（%）
集合类	15	119 177.99	10.69
单一类	54	884 488.57	5.81
财产管理类	22	169 832.43	8.42

6.5.2.2.2 本年度已清算结束的主动管理型信托项目个数、实收信托合计金额、加权平均实际年化收益率

已清算结束信托项目	项目个数	实收信托合计金额（万元）	加权平均实际年化信托报酬率（%）	加权平均实际年化收益率（%）
证券投资类	0	0.00	0.00	0.00
股权投资类	1	19 000.00	0.30	0.00
融资类	20	266 085.00	0.76	6.65
事务管理类	0	0.00	0.00	0.00

6.5.2.2.3 本年度已清算结束的被动管理型信托项目个数、实收信托合计金额、加权平均实际年化收益率

已清算结束信托项目	项目个数	实收信托合计金额（万元）	加权平均实际年化信托报酬率（%）	加权平均实际年化收益率（%）
证券投资类	0	0.00	0.00	0.00
股权投资类	5	103 685.99	0.01	4.63
融资类	39	512 608.57	0.31	6.59
事务管理类	20	140 012.43	0.27	7.77

6.5.2.3 本年度新增的集合类、单一类和财产管理类信托项目个数、实收信托合计金额

新增信托项目	项目个数	实收信托合计金额（万元）
集合类	29	514 238.95
单一类	88	1 738 991.46
财产管理类	49	1 318 761.46
新增合计	166	3 571 991.87
其中：主动管理型	52	1 082 471.95
被动管理型	114	2 489 519.92

6.5.2.4 信托业务创新成果和特色业务有关情况

无。

6.5.2.5 本公司履行受托人义务情况及因本公司自身责任而导致的信托资产损失情况(合计金额、原因等)

公司受托人对受托管理的全部信托财产均履行了尽职管理义务:对信托财产履行"诚实、信用、谨慎、有效"的管理,始终以受益人利益最大化原则处理信托相关事务;对信托财产与固有财产实行了分账管理,对每个信托项目实现了专户核算,不存在受托人侵占信托财产或利用信托财产谋取利益的情况;对信托项目的经营状况及存续期间发生的重大事项均进行了及时披露。

报告期内,未发生因本公司自身责任而导致信托资产损失的情况。

6.6 关联方关系及其交易

6.6.1 关联交易方的数量、关联交易的总金额及关联交易的定价政策

	关联交易数量	关联交易金额(万元)	定价政策
合计	31	14 497 055.81	市场公允

6.6.2 关联交易方与本公司的关系性质、关联交易方的名称、法定代表人、注册地址、注册资本及主营业务

关联性质	关联方名称	法人代表	注册地址	注册资本(亿元)	主营业务
股东单位及受同一单位控制	国家电网公司及下属企业	刘振亚等	北京	2 000	电力

6.6.3 逐笔披露本公司与关联方的重大交易事项

6.6.3.1 固有财产与关联方:贷款、投资、租赁、应收账款担保、其他方式等期初汇总数、本期借方和贷方发生额汇总数、期末汇总数

单位:万元

固有与关联方关联交易				
	期初数	借方发生额	贷方发生额	期末数
贷款	0	0	0	0
投资	0	0	0	0
租赁	0	0	0	0
担保	0	0	0	0
应收账款	0	0	0	0
其他	0	0	0	0
合计	0	0	0	0

6.6.3.2 信托与关联方:贷款、投资、租赁、应收账款、担保、其他方式等期初汇总数、本期发生额汇总数、期末汇总数

单位:万元

信托与关联方关联交易				
	期初数	借方发生额(清算)	贷方发生额(新增)	期末数
贷款	15 463 345.00	7 499 759.03	6 258 800.00	14 222 385.97
投资	50 000.00	50 000.00	0.00	0.00
租赁	334 071.96	89 402.12	30 000.00	274 669.84
担保	0.00	0.00	0.00	0.00
应收账款	0.00	0.00	0.00	0.00
其他	0.00	0.00	0.00	0.00
合计	15 847 416.96	7 639 161.15	6 288 800.00	14 497 055.81

6.6.3.3 信托公司自有资金运用于自己管理的信托项目(固信交易)、信托公司管理的信托项目之间的相互(信信交易)交易金额,包括余额和本报告年度的发生额

6.6.3.3.1 固有财产与信托财产之间的交易金额期初汇总数、本期发生额汇总数、期末汇总数

单位:万元

固有财产与信托财产相互交易			
	期初数	本期发生额	期末数
合计	0	68 941.00	68 941.00

6.6.3.3.2 信托资产与信托财产之间的交易金额期初汇总数、本期发生额汇总数、期末汇总数

单位:万元

信托资产与信托财产相互交易			
	期初数	本期发生额	期末数
合计	0	0	0

6.6.4 逐笔披露关联方逾期未偿还本公司资金的详细情况以及本公司为关联方担保发生或即将发生垫款的详细情况

报告期内公司无关联方逾期未偿还本公司资金的情况及本公司为关联方担保发生或即将发生垫款的情况。

6.7 会计制度的披露

公司固有业务、信托业务均执行财政部2006年颁布的《企业会计准则——基本准则》。

7. 财务情况说明书

7.1 利润实现和分配情况

2013年公司实现利润总额为75 731.87万元,净利润56 846.87万元,提取盈余公积5 684.69万元,提取一般风险准备3 423.49万元,未分配利润余额为146 803.86万元。

2013年合并公司实现利润总额为74 299.73万元,净利润55 321.08万元,提取盈余公积5 684.69万元,提取一般风险准备3 443.05万元,未分配利润余额为145 170.24万元。

7.2 主要财务指标

指标名称	母公司指标值	并表指标值
资本利润率(%)	15.72	15.17
加权年化信托报酬率(%)	0.43	0.43
人均净利润(万元)	437.28	310.79

7.3 本报告期内未发生对本公司财务状况、经营成果有重大影响的其他事项

8. 特别事项揭示

8.1 前五名股东变动情况及原因

无。

8.2 董事、监事及高级管理人员变动情况及原因

(1)本年度董事会成员变动情况说明:公司职工董事陈书

堂由于工作变动向工会会员大会辞去职工董事职务，工会会员大会同意陈书堂辞去职工董事职务，并选举张传良担任职工董事，该项任职正经中国银监会核准过程中。张传良的董事任职资格已于2014年4月经中国银监会（银监复［2014］238号）文件核准批复。

（2）本年度高级管理人员变动情况说明：公司总经理陈书堂由于工作变动，向董事会申请辞去总经理职务，董事会同意其辞职申请，并聘任张传良担任公司总经理；根据工作需要，董事会聘任王迎新担任公司副总经理。以上任职正经中国银监会核准过程中。张传良、王迎新的高管任职资格已于2014年4月经中国银监会（银监复［2014］238号）文件核准批复。

8.3 变更注册资本、变更注册地或公司名称、公司分立合并事项

无。

8.4 公司的重大诉讼事项

无。

8.5 公司及其董事、监事和高级管理人员受到处罚的情况

无。

8.6 中国银监会及其派出机构对公司检查后提出整改意见的，应简单说明整改情况

无。

8.7 本年度重大事项临时报告的简要内容、披露时间、所披露的媒体及其版面

无。

8.8 中国银监会及其省级派出机构认定的其他有必要让客户及相关利益人了解的重要信息

无。

云南国际信托有限公司

1. 重要提示

1.1 本公司董事会及董事保证本报告所载资料不存在任何虚假记载、误导性陈述或者重大遗漏,并对其内容的真实性、准确性和完整性承担个别及连带责任。本年度报告摘要摘自年度报告全文,客户及相关利益人欲了解详细内容,应阅读年度报告全文。

1.2 独立董事意见

本公司独立董事梁旻松、曹红辉对本报告内容的真实性、准确性和完整性表示认可。

1.3 本公司负责人董事长刘刚、总裁、主管会计工作负责人田泽望、主管信托会计工作负责人舒广及会计机构负责人杨春和、李峥保证:本年度报告中的财务报告真实、完整。

2. 公司概况

2.1 公司简介

2.1.1 公司历史沿革

云南国际信托有限公司(下称云南信托),是2003年经中国人民银行(银复[2003]33号)文批准,由原云南省国际信托投资公司增资改制后重新登记的非银行金融机构。公司注册资本为4亿元。2007年,根据《信托公司管理办法》的有关规定,公司经中国银行业监督管理委员会(银监复[2007]315号)文批准同意,换领《中华人民共和国金融许可证》。2013年,经中国银行业监督管理委员会云南银监局以(云银监复[2013]293号)文批准同意变更注册资本为10亿元。

2.1.2 公司法定名称

中文名称:云南国际信托有限公司

中文缩写:云南信托

英文名称:Yunnan International Trust Co. ,Ltd.

英文缩写:YNTRUST

公司法定代表人:刘刚

公司注册地址:昆明市南屏街(云南国托大厦)

邮政编码:650021

公司国际互联网网址:http://www. yntrust. com

电子信箱:ynxt@ yntrust. com

公司信息披露事务负责人:舒广

联系人:秦少敏

联系电话:0871 -63173981

传真:0871 -63155739

电子信箱:ynxt@ yntrust. com

公司选定的信息披露报纸名称:金融时报

公司年度报告备置地点:云南省昆明市南屏街4号A座33层

公司聘请的会计师事务所:中审亚太会计师事务所有限公司

住所:昆明市白塔路131号汇都国际C座6层

公司聘请的律师事务所:云南八谦律师事务所

住所:云南省昆明市十里长街德瀛华府综合楼

2.2 组织结构

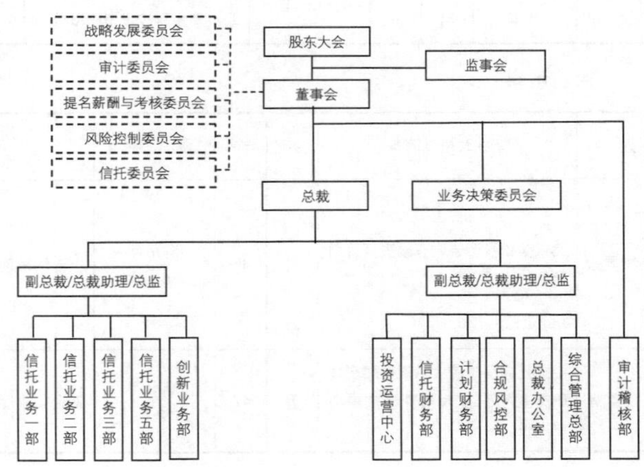

3. 公司治理结构

3.1 股东

本报告期末本公司共有7家股东。

股东名称	持股比例(%)	法人代表	注册资本(亿元)	注册地址	主要经营业务及主要财务情况
云南省财政厅	25	陈秋生		昆明市五华山云南省政府内	
★涌金实业(集团)有限公司	24.5	ZHAO JUN	2	上海浦东新区陆家嘴环路958号1711室	主营业务:物业管理、旅游资源开发、国内贸易、室内装潢、农业产品的购销、实业投资咨询等。 主要财务情况:截至2013年末,总资产110 541万元 所有者权益86 380万元。
上海纳米创业投资有限公司	23	刘　明	3	上海浦东陆家嘴环路958号华能联合大厦17楼01室	主营业务:实业投资、资产管理(非金融业务),科技项目开发及以上相关业务的咨询服务,国内贸易。 主要财务情况:截至2013年末,总资产64 318万元,所有者权益59 626万元。

本公司股东之中，涌金实业（集团）有限公司、上海纳米创业投资有限公司及北京知金科技投资有限公司之间存在关联关系。

公司前三位股东的主要股东情况：

（1）云南省财政厅（政府部门）。

（2）涌金实业（集团）有限公司主要股东：陈金霞50%。

（3）上海纳米创业投资有限公司主要股东：陈金霞75%。

3.2 董事、董事会及其下属委员会

董事长、副董事长、董事

姓名	职务	性别	年龄	选任日期	所推举的股东名称	该股东持股比例（%）	简要履历
刘刚	董事长	男	48	2006年3月	涌金实业（集团）有限公司	24.5	研究生学历，曾任云南国际信托投资有限公司副董事长兼常务副总经理。
谢超	董事	男	47	2009年12月	涌金实业（集团）有限公司		研究生学历；现任涌金实业（集团）有限公司执行总裁。
赵煜	董事	男	44	2012年4月	涌金实业（集团）有限公司		研究生学历，曾任职于上海浦东中软科技发展有限公司、北京顶峰贸易公司；现任涌金实业（集团）有限公司董事长助理。
孙国棋	董事	男	57	2009年12月	云南省财政厅	25	研究生学历，高级经济师职称，曾任云南省财政厅党组秘书，云南省财政厅办公室副主任，云南省财政厅政策法规处副处长；云南省财政厅《云南财政与会计》编辑部主任；云南省财政厅法制处（税政处）处长；现任云南省财政厅总会计师。
邓耘波	董事	男	56	2009年12月	云南省财政厅		研究生学历，注册会计师职称，曾任云南省曲靖市财政局党组书记、局长，云南省财政厅派驻红塔证券股份有限公司任党委书记、监事长；现任云南省财政厅金融处处长。
索克明	董事	男	58	2009年12月	云南省财政厅		研究生学历，注册会计师、高级会计师职称，曾任云南省国资局资产评估管理处处长；现任注册会计师协会副会长兼秘书长。
刘凤春	董事	女	40	2012年4月	上海纳米创业投资有限公司	23	本科学历，曾任职于北京市海淀区委、北京市国联律师事务所；现任上海纳米创业投资有限公司法律部经理。
杨利华	董事	男	32	2013年1月	上海纳米创业投资有限公司	23	研究生学历；现任涌金实业（集团）有限公司法律部经理。
徐迅	董事	男	57	2008年3月	北京知金科技投资有限公司	7.5	研究生学历，曾任涌金集团副总裁；现任北京知金科技投资有限公司总经理。

独立董事

姓名	所在单位及职务	性别	年龄	选任日期	所推举的股东名称	该股东持股比例（%）	简要履历
梁旻松	北京弘松投资咨询有限责任公司合伙人。	男	45	2007年6月	上海纳米创业投资有限公司	23	经济学、法学博士，曾任美国纽约 Kelly Drye & Warren LIP公司/项目融资部律师、美国贝克·麦肯斯国际律师事务所香港办公室中国业务部律师及北京博雅新港资本投资咨询有限公司首席执行官；现任北京弘松投资咨询有限责任公司合伙人。
曹红辉	中国社会科学院金融所金融市场研究室主任，支付清算研究中心秘书长。	男	47	2009年12月	涌金实业（集团）有限公司	24.5	博士研究生，曾任中国社会科学院金融所金融市场研究室主任，支付清算研究中心秘书长；现任国家开发银行研究院副院长。

董事会下属委员会

委员会名称	职责	组成人员姓名及职务
董事会战略发展委员会	对公司的发展战略规划进行研究并提出建议	主任委员：刘刚 成员：孙国棋、邓耘波、曹红辉、赵煜
董事会审计委员会	监督公司的内部审计制度及其实施	主任委员：索克明 成员：刘刚、孙国棋、赵煜、马凌宇（公司审计稽核部负责人）
董事会风险控制委员会	研究、考核公司的风险控制制度，并提出建议	主任委员：刘刚 成员：邓耘波、谢超、徐迅、刘凤春
董事会薪酬、提名、考核委员会	研究董事、总裁的选择标准和程序及考核标准，并提出建议	主任委员：刘刚 成员：赵煜、谢超、杨利华、田泽望（公司分管人力资源高管）
董事会信托委员会	督促公司依法履行受托人职责，当信托公司与其股东利益与受益人利益发生冲突时保证公司为受益人的最大利益服务。	主任委员：梁旻松 成员：赵煜、刘凤春、杨利华、舒广（公司分管信托业务高管）

3.3 监事、监事会及其下属委员会

监事会成员

姓名	职务	性别	年龄	选任时间	所推举的股东名称	该股东持股比例(%)	简要履历
曹芹	监事长	女	56	2009年6月	云南省财政厅	25	研究生学历,高级经济师,历任云南省财政厅综合处副处长、人事教育处处长、党组秘书;云南省国际信托投资公司副总经理、党委副书记、总经理;现任云南国际信托有限公司监事长兼党委书记。
章卫红	监事	女	37	2012年6月	上海纳米创业投资有限公司	23	研究生学历,注册会计师,注册税务师,高级国际财务管理师;现任涌金实业(集团)有限公司财务部经理。
王润稣	监事	男	37	2011年6月	新疆广汇实业投资(集团)有限责任公司	10	本科学历,国际内部审计师。曾任上海医药集团审计部审计员、上海汽车股份有限公司审计部审计专员、中化国际股份有限公司审计部高级审计经理;现任涌金集团审计部经理。
李双友	监事	男	45	2009年6月	云南红塔集团有限公司	2.5	本科学历,高级会计师;现任云南红塔集团有限公司副总经理、计划财务科科长。
苏颖	职工监事	女	35	2012年6月	—	—	大专学历;现任云南国际信托有限公司北京联络处经理助理。
杨永忠	职工监事	男	45	2009年12月	—	—	大专学历;现任云南国际信托有限公司综合管理总部副总经理。
朱炜明	职工监事	男	33	2013年5月	—	—	本科学历;现任云南国际信托有限公司综合管理部副总经理

3.4 高级管理人员

高级管理人员

姓名	职务	性别	年龄	选任日期	金融从业年限	学历	专业	简要履历
刘刚	董事长	男	48	2004年3月	13	硕士研究生	生物	参见3.2
曹芹	监事长	女	56	2006年12月	15	硕士研究生	财政学	参见3.3
田泽望	总裁	男	42	2012年10月	17	双学士	管理工程	双学士学历,曾任云南国际信托有限司总裁助理。
舒广	副总裁	男	35	2013年2月	9	硕士研究生	法律	硕士研究生学历,曾任云南国际信托有限公司总裁办公室主任、合规部总经理。
邓国山	总裁助理	男	36	2011年12月	9	硕士研究生	工商管理	硕士研究生学历,曾任云南国际信托有限公司创新业务总部总经理、市场总监。

3.5 公司员工

本报告期内,公司实有员工134人(含股东派出董事、监事15人),平均年龄为34岁。其中具有大专以上学历的员工127人(其中:博士研究生3人,研究生56人,本科59人,大专9人),占总人数的94.78%;其他学历的员工7人,占总人数的5.22%。

4. 经营管理

4.1 经营目标、方针、战略规划

4.1.1 经营目标

公司要成为一家以专业化和诚信为理念,提供国内顶级金融理财服务,并朝着国内一流目标迈进的卓越的理财机构。公司将致力于最大化的实现客户价值、员工价值、股东价值和社会价值。

4.1.2 经营方针

在金融投资和理财领域不断创新和进取,追求可控风险下的投资回报最大化。

4.1.3 战略规划

融合货币、资本、实业三大领域,充分发挥信托投融资平台优势。树立在投资理财领域的核心竞争力,打造一流金融服务品牌,为客户提供专业化的金融与资产管理服务。

4.2 公司经营业务的主要内容

报告期内,公司经营的业务主要包括:

(1)自营业务:包括证券一级市场投资、股权投资、债券投资、信托受益权投资、经营性租赁业务等方面。

(2)信托业务:包括证券投资类信托业务、新股申购类信托业务、股权投资类信托业务、信贷资产转让类信托业务、房地产及基础设施类信托业务等。

(3)自营资产及信托资产运用与分布情况。

自营资产运用与分布表

资产运用	金额(万元)	占比(%)	资产分布	金额(万元)	占比(%)
货币资产	47 290.22	29.30	基础产业	0.00	0.00
贷款	0.00	0.00	房地产业	0.00	0.00
短期投资	416.15	0.26	证券	416.15	0.26
长期投资	0.00	0.00	实业	0.00	0.00
其他	113 663.06	70.44	其他	160 953.28	99.74
资产总计	161 369.43	100.00	资产总计	161 369.43	100.00

信托资产运用与分布表

资产运用	金额（万元）	占比（%）	资产分布	金额（万元）	占比（%）
货币资产	168 560.46	0.75	基础产业	8 564 782.50	38.04
贷款	16 182 022.50	71.87	房地产业	685 000.00	3.04
交易性金融资产	1 032 641.65	4.59	证券	1 291 359.57	5.74
长期投资	140 031.31	0.62	金融机构	2 175 014.00	9.66
买入返售资产	87 602.77	0.39	工商企业	5 602 010.06	24.88
其他	4 904 010.87	21.78	其他	4 196 703.43	18.64
资产总计	22 514 869.56	100.00	资产总计	22 514 869.56	100.00

4.3 市场分析

4.3.1 影响本公司业务发展的有利因素

4.3.1.1 外部因素

（1）2013年，被称为中国“新改革元年”，中国经济实现了“稳中有进、稳中向好”的目标。新一届的中国政府适时实施了有利于小微企业发展的税收制度；放开金融贷款利率管制；推动民营资本进入金融业等一系列改革措施，这将对中国未来的经济发展产生深远的影响。

（2）2013年我国金融市场各项改革和发展政策措施也稳步推进，产品创新不断深化，规范管理进一步加强，市场制度和监管体制也进一步完善。

（3）信托行业得到迅猛发展，2013年信托行业资产管理规模突破10万亿元，良好的发展态势使信托业在金融业中的地位得以提升、在财富管理市场中树立了良好口碑，为信托公司实现业务持续、健康、稳健发展创造了良好的外部环境。

（4）随着金融领域泛资产管理时代的到来，更多资产管理机构从更广、更深的层面介入资产管理市场，中国资产管理市场孕育着巨大的发展空间。

（5）信托制度具有灵活多变、投资范围宽广等优势，在中国金融监管较为严格的背景下，信托机构既可以涉足资本市场、货币市场，受托进行证券投资，又可以涉足实体经济，进行股权投资，是联系虚拟经济和实体经济的重要纽带，在中国经济建设中起着重要的金融中介和桥梁作用。

4.3.1.2 内部因素

（1）随着公司资本实力的不断增强，受托管理的资产规模持续增长，团队建设初具规模，业务能力进一步有效提升，为未来业务发展创造了条件。

（2）公司不断加强管理基础建设，进一步梳理、完善业务流程、制度，加强风控体系的建设，推进业务管理信息化进程，为未来业务加速发展提供了条件。

4.3.2 影响本公司业务发展的不利因素

（1）金融环境的变化。随着金融改革的逐渐展开，银行信贷融资和资本市场融资加速市场化，主流融资环境势必日益宽松，历史上通过信托融资的优质企业和优质项目将渐次回归银行和资本市场，真正需要通过信托融资的客户资质将逐渐降低。

（2）经济环境的变化。我国经济增长开始步入了一个调整时期。新增长动力的形成涉及到政治、经济、技术、文化、社会等方方面面的进一步改革，其过程将充满着艰险。可以预见，在未来相当长的时间内，我国的经济增长在宏观上将处于一个增速放缓的周期之中。

（3）经营环境的变化。随着各监管部门陆续推出了资产管理“新政”，赋予证券、基金、保险等其他资产管理机构的理财产品具有不同程度的类似信托产品的功能，泛资产管理时代已经到来，信托公司将面临多方面的竞争。

（4）监管环境的变化。2013年初中国银监会发布的“8号文”和2013年末国务院办公厅发布的“107号”文对银行理财资金的投资、银行为信托产品的代销、银行为信托产品增信以及信托公司资金池业务等方面进行了严格的限制。上述监管文件直接或间接影响着信托公司原有业务的发展。

4.4 内部控制

4.4.1 内部控制环境和内部控制文化

公司遵循“诚信、谨慎、勤勉、高效”的原则，依法经营、科学管理，维护信托财产及股东权益为经营宗旨；秉承“诚信引领未来、专业创造价值”的企业经营理念，以“资产管理、功能信托、投资银行”为核心竞争力，致力于最大化的实现客户价值、社会价值、员工价值和股东价值，营造良好的公司治理文化和股东信用文化。

公司董事会负责督促、检查、评价公司风险管理工作，专设信托委员会、风控委员会两个专业委员会对公司重大信托项目合规及风险控制进行督导，对公司风险管理负最终责任。公司监事会通过列席公司业务决策会、不受限制参与公司业务流全过程，监督检查并督促落实公司风险管理体系的建立和实施及相关事项的整改，就涉及公司风险的重大事项向股东会汇报。充分发挥了监事会独立监督职能。

公司倡导合规经营和风险管理的理念，努力培养全体员工遵纪守法和风险防范意识，通过定期内部培训学习保证全体员工及时了解国家法律法规和公司规章制度。使合规和风险防范意识贯穿到公司各个部门、岗位和环节。

4.4.2 内部控制措施

4.4.2.1 健全有效的议事决策机制

公司建立了以总裁为主任委员的公司业务决策委员会并制定具体的《业务决策委员会工作细则》。对于公司拟实施的每个项目，都必须经由公司业务决策委员会讨论通过后才能组织实施，并且主任委员对需决定的所有事项具有一票否决权。业务决策委员会通过的业务项目，若存在反对票，则应提请董事会风险控制委员会行使对该项目的最终风险审查权。从而加强对公司项目的事前风险控制。

4.4.2.2 建立内部分工明确相互监督制衡的职责构架

公司设立相对独立的内部审计稽核部门，直接对董事会负责，由其负责对公司所有业务每半年至少进行一次稽核，对公司自营业务和信托业务分离的情况按季度进行稽核，对终止或结束的业务在一个月内进行审计稽核，对业务开展过程中发现的问题随时进行稽核，并将稽核情况及时向董事会报告。

公司的合规风控部独立行使职能，对公司业务开展事前、事中、事后的风险防范、控制、监督并出具独立意见。

审计稽核部及合规风控部对重要业务及资金管理实施全程监控并保持各自独立的监督、预警报告机制。

4.4.2.3 强化行业政策贯彻与业务同步

公司严格按照中国银行业监督管理委员会规定,执行信托业务与自营业务分岗、分账独立运行,分别对自营业务和信托业务制定业务流程、操作规程和风险控制制度,保证各项业务的前中后台相对独立,建立、健全、完善内外部防火墙。

2013 年公司继续深化内控体系建设,加强对业务制度、流程、岗位职责、操作规程等各项制度梳理与完善,确保各项制度的规范性、实用性和有效性,并着力抓好各项制度监督执行与落实,从整体上提高了工作效率。制度约束力覆盖所有部门、所有业务,并贯彻落实到每个具体岗位,有效地提升了公司内控能力。

4.4.3 信息交流与反馈

公司优化了内部信息交流、反馈机制和平台。交易系统、业务管理系统、财务会计核算、估值系统等保持稳定、有效运转,公司股东会、董事会、监事会、经营管理层可及时了解公司的经营状况和风险情况。员工的工作情况信息能顺畅到达经营管理层,管理层相关的反馈信息也能够及时传递给相关的员工和部门。

公司为提速信托业务发展,斥资建立了覆盖公司业务前台、中台、后台的业务管理系统,并扩充完善了原有信息管理系统,使得软硬件满足业务提升的需要。

4.4.4 监督评价与纠正

为了确保公司快速稳定的发展,在坚持做好业务决策委员会事前控制机制的基础上,公司进一步加强对各运行项目的事中和事后管理,定期或不定期的开展对各业务操作流程和风险控制措施进行自我检查和评价,做到自查、自省、自纠和自律。

4.5 风险管理

4.5.1 风险管理概况

4.5.1.1 司经营活动中可能遇到的风险

公司经营活动中可能遇到的风险主要有信用风险、市场风险、操作风险、道德风险、法律风险等。

4.5.1.2 公司风险管理的基本原则与政策

公司风险管理遵循全面性、独立性、制约性的原则。同时结合定性、定量的分析决策,通过制定风险管理制度和业务操作流程对风险进行事前防范、事中控制、事后监督,使风控措施和内控制度覆盖了公司所有部门和岗位,渗透到决策、执行、监督、反馈业务过程中,促进公司持续、稳健、合规经营。

4.5.1.3 公司风险管理组织结构及职责划分

董事会风险控制委员会:负责公司风险控制制度建设、审查重大业务风险、监督、评估、控制并管理公司的风险,同时负责认定及监督规范公司的关联交易。

董事会审计委员会:负责公司内部审计以及内、外部审计的沟通、监督和核查工作。

业务决策委员会:负责审定业务管理制度、业务流程、重大投资、信托产品、业务项目决策委员会成员变更、信托经理名单以及其他重大经营事项。

合规风控部:统一处理各类法律事务,制定和审查法律文件,对创新业务进行法律论证,提出专业意见,防范法律风险,维护公司及投资人的合法权益。对与其他金融机构开展的具体项目进行独立审核,控制合规风险及评价项目经济风险,对异常情况作出预警提示。

审计稽核部:负责风险管理制度和流程执行的监督、审计,进行独立风险评估。

产品研发、市场营销、资产管理、财务管理、后勤服务支持等部门按照权责分明、有效制衡的原则分别设立。

4.5.2 风险状况

4.5.2.1 信用风险状况

信用风险指公司在业务经营过程中因交易对手违约而产生的风险。针对信用风险,公司开展业务时,在审慎选择交易对手的同时,认真进行尽职调查和管理,落实交易的抵押、担保等法律保证措施来防范信用风险。本报告期内公司的信托风险暴露数、不良资产期末数为零,继续保持信托业务资产质量良好的态势。

4.5.2.2 市场风险状况

市场风险是由于市场价格或利率波动而产生的资产价值负面波动的风险,其主要包括证券市场波动、汇率及利率的变化。公司的市场风险主要来源于证券市场下跌,而汇率变动对公司影响较小,利率变动对公司有一定的影响。

4.5.2.3 操作风险状况

公司的操作风险来源于决策程序、内部业务流程、计算机系统、员工的尽职情况。针对任一环节的不完善和失误都可能给公司造成损失或影响,公司通过完善规章制度、细化业务操作流程,加强员工专业培训及奖惩激励,设定计算机业务系统操作权限、制定应急预案等措施控制操作风险。

4.5.2.4 其他风险状况

(1)政策风险状况。关于政策风险,国家宏观政策及行业政策的变动对公司经营环境和发展会造成影响。目前,公司业务定位于高端理财、投资银行等特色金融服务 机遇与挑战并存。为此,公司一方面通过对国家宏观政策及行业政策的跟踪、研究,提高预见性;另一方面及时调整战略思路,防范政策风险。

(2)法律风险状况。关于法律风险,指公司经营活动不符合法律规定或者外部法律事件导致公司或者投资人资产损失的风险。公司通过设立具有独立审核项目权的合规风控部,加强了合规意见在风险监控决策中的重要性;通过定期与律师事务所的互动,确保创新业务法律解读的正确性。从多方面降低触发法律风险的可能。

(3)道德风险状况。关于道德风险,公司内部个别员工的不诚信、不尽职可能会给公司或投资人造成损失和影响。公司通过完善公司治理结构、健全内控制度、规范合理分工有效制衡的操作流程、加强员工职业道德的培养、提高员工对公司的热爱和对岗位的热情,来控制道德风险。强化审计监督,完善风险预警机制。

4.5.3 风险管理

4.5.3.1 信用风险管理

(1)提前做好充分的交易对手尽职调查。

(2)审慎选择交易对手。

(3)落实抵押保全措施。抵押品确认的主要原则:完备的所有权证、公允的市场价值、未涉及诉讼案件、办理他项权利证书。

(4)足额计提资产减值准备。

4.5.3.2　市场风险管理

公司的证券类信托业务通过结合多年风控经验和市场最新动态来制定和优化证券资产配置结构比例、设置科学的风控阀值及严格的止损机制来规避证券市场风险，确保信托资金的安全。同时通过密切关注国家政策变化以防范汇率风险；密切跟踪宏观经济变化以防范利率风险。

4.5.3.3　操作风险管理

公司通过完善规章制度、规范业务操作流程、加强员工操作培训、优化计算机业务软件平台、设定业务软件系统操作权限以及制定应急预案等措施控制操作风险。

4.5.3.4　其他风险管理

(1)政策风险管理。公司通过对国家宏观政策及行业政策的跟踪、研究，提高预见性，防范政策风险。

(2)法律风险管理。公司通过加强创新业务的法律论证和独立审核机制，及时正确解读新出台的法律文件，保持与律师事务所的合规审核互动，建立科学、规范的法律合规审核机制，提前预警并防范风险的发生。

5. 财务会计报表

5.1　自营资产

5.1.1　会计师事务所审计结论

我们认为，云南国托公司财务报表在所有重大方面按照企业会计准则的规定编制，公允反映了云南国托公司 2013 年 12 月 31 日的财务状况以及 2013 年度的经营成果和现金流量。

5.1.2　资产负债表

资产负债表

编制单位：云南国际信托有限公司　　2013 年 12 月 31 日　　单位：元

资产	期末数	期初数
货币资金	472 902 154.17	887 603 243.68
拆出资金	0.00	0.00
交易性金融资产	4 161 505.64	6 936 683.36
衍生金融资产	0.00	0.00
买入返售金融资产	0.00	0.00
应收账款	28 209 635.32	9 309 350.45
其他应收款	406 300.64	36 732.80
预付款项	1 737 430.26	808 346.41
应收股利	0.00	0.00
应收利息	0.00	0.00
长期应收款	0.00	0.00
贷款	0.00	0.00
可供出售金融资产	0.00	0.00
持有至到期投资	0.00	0.00
长期股权投资	0.00	0.00
投资性房地产	45 223 242.86	49 865 078.27
固定资产	21 812 520.40	19 727 691.50
无形资产	2 414 179.58	2 073 203.31
信托受益权	1 002 023 462.96	288 742 449.71
递延所得税资产	34 102 144.99	10 642 157.50
长期待摊费用	701 745.58	176 444.96
其他资产	0.00	0.00
资产总计	1 613 694 322.40	1 275 921 381.95

续表

负债和所有者权益	期末数	期初数
拆入资金	0.00	0.00
交易性金融负债	0.00	0.00
衍生金融负债	0.00	0.00
代理承销证券款	0.00	0.00
应付账款	0.00	0.00
其他应付款	5 504 846.21	5 767 311.68
预收账款	0.00	0.00
应付职工薪酬	133 534 668.79	38 147 571.13
应交税费	74 328 313.43	71 020 627.21
应付股利	0.00	0.00
预计负债	0.00	0.00
长期应付款	0.00	0.00
递延所得税负债	0.00	0.00
其他负债	0.00	0.00
负债合计	213 367 828.43	114 935 510.02
所有者权益	0.00	0.00
实收资本	1 000 000 000.00	400 000 000.00
资本公积	174 345.00	174 345.00
盈余公积	118 015 214.89	94 081 152.69
信托赔偿准备	59 007 607.45	47 040 576.35
一般风险准备	24 205 414.84	19 138 820.73
未分配利润	198 923 911.79	600 550 977.16
其中：本年利润	0.00	0.00
所有者权益合计	1 400 326 493.97	1 160 985 871.93
负债及股东权益总计	1 613 694 322.40	1 275 921 381.95

法人代表：刘　刚　　主管会计工作负责人：田泽望　　会计机构负责人：杨春和

5.1.3　利润表

利润表

编制单位：云南国际信托有限公司　　2013 年度　　单位：元

报表项目名称	本年累计数	上年累计数
营业收入	529 962 637.71	308 562 649.78
利息净收入	31 558 177.98	32 990 026.89
利息收入	31 558 177.98	32 990 026.89
利息支出	0.00	0.00
手续费及佣金净收入	468 824 799.84	256 759 426.70
手续费及佣金收入	487 458 055.60	260 787 870.38
手续费及佣金支出	18 633 255.76	4 028 443.68
投资收益	3 848 818.33	9 863 881.77
汇兑损益	0.00	0.00
公允价值变动损益	436 822.28	3 742 542.18
其他业务净收入	25 294 019.28	5 206 772.24
其他业务收入	25 912 681.96	5 816 029.16
其他业务支出	618 662.68	609 256.92
营业支出	209 068 986.08	100 538 065.37
营业税金及附加	28 447 075.62	15 228 492.27
业务及管理费	180 621 910.46	85 309 573.10
资产减值损失	0.00	0.00
营业利润	320 893 651.63	208 024 584.41
加：营业外收入	1.00	121 173.64
减：营业外支出	454 092.78	7 869.91
利润总额	320 439 559.85	208 137 888.14
减：所得税费用	81 098 937.81	52 641 789.61
净利润	239 340 622.04	155 496 098.53
归属于母公司所有者的净利润	239 340 622.04	155 496 098.53
*少数股东损益	0.00	0.00
每股收益	0.00	0.00
基本每股收益	0.00	0.00
稀释每股收益	0.00	0.00
其他综合收益	0.00	0.00
综合收益总额	239 340 622.04	155 496 098.53
归属于母公司所有者的综合收益总额	239 340 622.04	155 496 098.53
*归属于少数股东的综合收益总额	0.00	0.00

法定代表人：刘　刚　　主管会计工作负责人：田泽望　　会计机构负责人：杨春和

5.1.4 所有者权益变动表

所有者权益变动表

编制单位：云南国际信托有限公司　　2013 年度　　单位：元

项　目	本年金额							
	实收资本（或股本）	资本公积	减：库存股	盈余公积	一般风险准备	信托赔偿准备	未分配利润	所有者权益合计
一、上年年末余额	400 000 000.00	174 345.00	0.00	94 081 152.69	19 138 820.73	47 040 576.35	600 550 977.16	1 160 985 871.93
加：会计政策变更								
前期差错变更								
二、本年年初余额	400 000 000.00	174 345.00	0.00	94 081 152.69	19 138 820.73	47 040 576.35	600 550 977.16	1 160 985 871.93
三、本年增减变动金额（减少以“－”号填列）	600 000 000.00	0.00	0.00	23 934 062.20	5 066 594.11	11 967 031.10	－401 627 065.37	239 340 622.04
（一）净利润							239 340 622.04	239 340 622.04
（二）直接计入所有者权益的利得和损失								0.00
1. 可供出售金融资产公允价值变动净额								0.00
(1) 计入所有者权益的金额								0.00
(2) 转入当期损益的金额								0.00
2. 现金流量套期工具公允价值变动净额								0.00
(1) 计入所有者权益的金额								0.00
(2) 转入当期损益的金额								0.00
(3) 计入被套期项目初始确认金额中的金额								0.00
3. 权益法下被投资单位其他所有者权益变动的影响								0.00
4. 与计入所有者权益项目相关的所得税影响								0.00
5. 其他								0.00
上述（一）和（二）小计								0.00
（三）所有者投入和减少资本								0.00
1. 所有者投入资本								0.00
2. 股份支付计入所有者权益的金额								0.00
3. 其他								0.00
（四）利润分配				23 934 062.20	5 066 594.11	11 967 031.10	－640 967 687.41	－600 000 000.00
1. 提取盈余公积				23 934 062.20			－23 934 062.20	0.00
2. 提取一般风险准备					5 066 594.11		－5 066 594.11	0.00
3. 提取信托赔偿准备						11 967 031.10	－11 967 031.10	0.00
4. 对所有者（或股本）的分配								0.00
5. 其他							－600 000 000.00	－600 000 000.00
（五）信托赔偿准备弥补信托项目亏损								0.00
（六）所有者权益内部结转								0.00
1. 资本公积转增资本（或股本）								0.00
2. 盈余公积转增资本（或股本）								0.00
3. 盈余公积弥补亏损								0.00
4. 一般风险准备弥补亏损								0.00
5. 其他								0.00
四、本年年末余额	1 000 000 000.00	174 345.00	0	118 015 214.89	24 205 414.84	59 007 607.45	198 923 911.79	1 400 326 493.97

法定代表人：刘　刚　　主管会计工作负责人：田泽望　　会计机构负责人：杨春和

所有者权益变动表（续）

编制单位：云南国际信托有限公司　　2013年度　　单位：元

项目	本年金额							
	实收资本（或股本）	资本公积	减：库存股	盈余公积	一般风险准备	信托赔偿准备	未分配利润	所有者权益合计
一、上年年末余额	400 000 000. 00	174 345. 00	0. 00	78 531 542. 84	11 110 213. 94	39 265 771. 42	476 407 900. 20	1 005 489 773. 40
加：会计政策变更								
前期差错变更								
二、本年年初余额	400 000 000. 00	174 345. 00	0. 00	78 531 542. 84	11 110 213. 94	39 265 771. 42	476 407 900. 20	1 005 489 773. 40
三、本年增减变动金额（减少以“－”号填列）	0. 00	0. 00	0. 00	15 549 609. 85	8 028 606. 79	7 774 804. 93	124 143 076. 96	155 496 098. 53
（一）净利润							155 496 098. 53	155 496 098. 53
（二）直接计入所有者权益的利得和损失								0. 00
1. 可供出售金融资产公允价值变动净额								0. 00
(1) 计入所有者权益的金额								0. 00
(2) 转入当期损益的金额								0. 00
2. 现金流量套期工具公允价值变动净额								0. 00
(1) 计入所有者权益的金额								0. 00
(2) 转入当期损益的金额								0. 00
(3) 计入被套期项目初始确认金额中的金额								0. 00
3. 权益法下被投资单位其他所有者权益变动的影响								0. 00
4. 与计入所有者权益项目相关的所得税影响								0. 00
5. 其他								0. 00
上述（一）和（二）小计								0. 00
（三）所有者投入和减少资本								0. 00
1. 所有者投入资本								0. 00
2. 股份支付计入所有者权益的金额								0. 00
3. 其他								0. 00
（四）利润分配				15 549 609. 85	8 028 606. 79	7 774 804. 93	－31 353 021. 57	0. 00
1. 提取盈余公积				15 549 609. 85			－15 549 609. 85	0. 00
2. 提取一般风险准备					8 028 606. 79		－8 028 606. 79	0. 00
3. 提取信托赔偿准备						7 774 804. 93	－7 774 804. 93	0. 00
4. 对所有者（或股本）的分配								0. 00
5. 其他								0. 00
（五）信托赔偿准备弥补信托项目亏损								0. 00
（六）所有者权益内部结转								0. 00
1. 资本公积转增资本（或股本）								0. 00
2. 盈余公积转增资本（或股本）								0. 00
3. 盈余公积弥补亏损								0. 00
4. 一般风险准备弥补亏损								0. 00
5. 其他								0. 00
四、本年年末余额	400 000 000. 00	174 345. 00	0. 00	94 081 152. 69	19 138 820. 73	47 040 576. 35	600 550 977. 16	1 160 985 871. 93

法定代表人：刘　刚　　主管会计工作负责人：田泽望　　会计机构负责人：杨春和

5.2 信托业务

编制单位：云南国际信托有限公司　　　　单位：万元

项　目	2013 年末数	2013 年初数
信托资产		
货币资金	168 560. 46	181 410. 80
拆出资金	0. 00	0. 00
存出保证金	0. 00	0. 00
交易性金融资产	1 032 641. 65	468 567. 02
衍生金融资产	0. 00	0. 00
买入返售金融资产	87 602. 77	123 241. 51
其中：买入返售证券	87 602. 77	123 241. 51
买入返售信贷资产	0. 00	0. 00
应收款项	23 956. 23	3 506. 84
贷款	16 182 022. 50	4 611 665. 00
可供出售金融资产	3 543 900. 89	257 011. 58
持有至到期投资	840 861. 80	1 470 184. 83
长期应收款	0. 00	0. 00
长期股权投资	140 031. 31	265 115. 94
投资性房地产	0. 00	0. 00
固定资产	0. 00	0. 00
无形资产	0. 00	0. 00
长期待摊费用	0. 00	0. 00
其他资产	495 291. 96	420 847. 00
信托资产总计	22 514 869. 56	7 801 550. 52
信托负债		
交易性金融负债	0. 00	0. 00
衍生金融负债	0. 00	0. 00
应付受托人报酬	1 117. 95	678. 27
应付托管费	1 341. 59	787. 97
应付受益人收益	6 407. 72	1 258. 40
应交税费	0. 00	0. 00
应付销售服务费	62. 31	0. 00
其他应付款项	41 173. 72	9 622. 73
其他负债	0. 00	0. 00
信托负债合计	50 103. 29	12 347. 37
信托权益		
实收信托	22 401 782. 01	7 685 330. 88
其中：资金信托	21 876 809. 05	6 404 048. 88
财产信托	524 972. 96	1 281 282. 00
资本公积	－19 872. 23	0. 00
外币报表折算差额	0. 00	0. 00
未分配利润	82 856. 48	103 872. 27
信托权益合计	22 464 766. 27	7 789 203. 15
信托负债及信托权益总计	22 514 869. 56	7 801 550. 52

法定代表人：刘　刚　　　　主管会计工作负责人：舒　广
财务经理：李　峥　　　　制表：冀永超

5.2.2 信托项目利润及利润分配汇总表

编制单位：云南国际信托有限公司　　　　单位：万元

项目	2013 年度	2012 年度
一、营业收入	1 238 053. 08	201 457. 58
利息收入	1 003 349. 98	128 542. 04
投资收益	326 908. 87	22 048. 17
公允价值变动损益	－92 602. 64	50 793. 18
租赁收入	0. 00	0. 00
汇兑损益	0. 00	0. 00
其他收入	396. 88	74. 19
二、营业支出	182 666. 92	49 246. 39
营业税金及附加	0. 00	0. 00
受托人报酬	44 586. 51	24 447. 22
托管费	18 007. 05	3 937. 01
投资管理费	12 897. 35	240. 70
销售服务费	1 828. 84	0. 00
交易费用	4 888. 60	3 492. 99
资产减值损失	0. 00	0. 00
其他费用	100 458. 58	17 128. 47
三、信托净利润	1 055 386. 16	152 211. 19
四、其他综合收益	－19 872. 23	0. 00
五、综合收益	152 211. 19	152 211. 19
加：期初未分配信托利润	103 872. 27	41 641. 91
加：未分配信托利润平准金	22 898. 13	19 335. 34
六、可供分配的信托利润	1 182 156. 56	213 188. 44
减：本期已分配信托利润	1 099 300. 07	109 316. 17
七、期末未分配信托利润	82 856. 48	103 872. 27

法定代表人：刘　刚　　主管会计工作负责人：舒　广　　财务经理：李　峥
制表：冀永超

6. 财务报表附注

6.1 会计报表编制基准不符合会计核算基本前提的说明

本公司的财务报表编制以持续经营假设作为基础，根据实际发生的交易和事项，按照财政部颁布的《企业会计准则》及其他相关法规的有关规定，并基于主要会计政策和会计估计进行编制。本财务报告编制不存在不符合会计核算基本前提的事项。

6.2 或有事项说明

本公司本期无对外担保及其他重大的或有事项。

6.3 重要资产转让及其出售的说明

本公司本期无重要的资产转让及出售事项。

6.4 会计报表中重要项目的说明

6.4.1 自营资产经营情况

6.5.1.1 按信用风险五级分类结果披露信用风险资产的期初数、期末数

以下注释中期末余额是指 2013 年 12 月 31 日的余额，期初余额是指 2012 年 12 月 31 日的余额；本期数是指 2013 年 1

月1日至2013年12月31日的发生额，上期数是指2012年1月1日至2012年12月31日的发生额

信用风险资产五级分类	正常类（万元）	关注类（万元）	次级类（万元）	可疑类（万元）	损失类（万元）	信用风险资产合计（万元）	不良资产合计（万元）	不良资产率（%）
期初数	897 757 673.34	0.00	0.00	0.00	0.00	897 757 673.34	0.00	0.00
期末数	503 255 520.39	0.00	0.00	0.00	0.00	503 255 520.39	0.00	0.00

注：本公司信用风险资产的范围包括报表项目货币资金、应收账款、预付账款、其他应收款。

6.4.1.2　各项风险减值损失准备

单位：万元

	期初余额	本期计提	本期转回	本期核销	期末余额
贷款损失准备	0.00	0.00	0.00	0.00	0.00
一般准备	0.00	0.00	0.00	0.00	0.00
专项准备	0.00	0.00	0.00	0.00	0.00
其他资产减值准备	0.00	0.00	0.00	0.00	0.00
可供出售金融资产减值准备	0.00	0.00	0.00	0.00	0.00
持有至到期投资减值准备	0.00	0.00	0.00	0.00	0.00
长期股权投资减值准备	0.00	0.00	0.00	0.00	0.00
坏账准备	0.00	0.00	0.00	0.00	0.00
投资性房地产减值准备	0.00	0.00	0.00	0.00	0.00
合　计	0.00	0.00	0.00	0.00	0.00

注：本公司2013年以上各项资产未发生减值，无需计提资产减值损失.

6.4.1.3　自营股票投资、基金投资、债券投资、股权投资等投资业务的期初数、期末数

单位：万元

	股票	基金	债券	长期股权投资	信托受益权	合计
期初数	693.67	0.00	0.00	0.00	28 874.24	29 567.91
期末数	416.15	0.00	0.00	0.00	100 202.35	100 618.50

6.4.1.4　本公司2013年自营长期股权投资

无。

6.4.1.5　本公司2013年自营贷款业务

无。

6.4.1.6　本公司2013年表外业务

无。

6.4.1.7　本公司当年的收入结构

项　目	本期发生额（万元）	占比（%）
手续费及佣金净收入	46 882.48	88.46
其中：信托业务净收入	43 456.96	82.00
利息净收入	3 155.82	5.95
其他业务净收入	2 529.40	4.77
投资收益	384.88	0.73
其中：股权投资收益	0.00	0.00
证券投资收益	60.81	0.11
其他投资收益	324.07	0.61
公允价值变动收益	43.68	0.08
合计	52 996.26	100.00

6.4.2　披露信托资产管理情况

6.4.2.1　信托资产的期初数、期末数

单位：万元

信托资产	期初数	期末数
集合	1 214 583.52	1 704 619.85
单一	5 305 684.78	20 285 276.24
财产权	1 281 282.22	524 973.48
合计	7 801 550.52	22 514 869.56

6.4.2.1.1　主动管理型信托业务的信托资产期初数、期末数分证券投资、股权投资、其他投资、融资、事务管理类分别

单位：万元

主动管理型信托资产	期初数	期末数
证券投资类	887 604.46	1 566 432.61
股权投资类	306 598.93	237 540.41
其他投资类	193 769.80	20 642.32
融资类		82 722.79
事务管理类		1 715 566.60
合计	1 387 973.19	3 622 904.73

6.4.2.1.2　被动管理型信托业务的信托资产期初数、期末数，分证券投资、股权投资、其他投资、融资、事务管理类分别披露

单位：万元

被动管理型信托资产	期初数	期末数
证券投资类	40 974.00	86 074.54
股权投资类	87 357.01	122 852.92
其他投资类		210 971.56
融资类		0.00
事务管理类	6 285 246.32	18 472 065.81
合计	6 413 577.33	18 891 964.83

6.4.2.2　本年度已清算结束的信托项目个数、实收信托合计金额、加权平均实际年化收益率

6.4.2.2.1　本年度已清算结束的集合类、单一类资金信托项目和财产管理类信托项目个数、实收信托金额、加权平均实际年化收益率

已清算结束信托项目	项目个数	实收信托合计金额（万元）	加权平均实际年化收益率（%）
集合类	69	453 427.79	5.60
单一类	93	2 707 845.00	6.42
财产管理类	15	914 664.61	7.60

注：收益率是指信托项目清算后，给受益人赚取的实际收益水平。加权平均实际年化收益率 =（信托项目1的实际年化收益率×信托项目1的实收信托 + 信托项目2的实际年化收益率×信托项目2的实收信托 +… + 信托项目n的实际年化收益率×信托项目n的实收信托）/（信托项目1的实收信托 + 信托项目2的实收信托 +… + 信托项目n的实收信托）×100%。

6.4.2.2.2 本年度已清算结束的主动管理型信托项目个数、实收信托合计金额、加权平均实际年化收益率，分证券投资、股权投资、其他投资、融资、事务管理类分别计算并披露

已清算结束信托项目	项目个数	实收信托合计金额（万元）	加权平均实际年化信托报酬率（%）	加权平均实际年化收益率（%）
证券投资类	9	11 893.79	0.67	3.17
股权投资类	11	165 360.00	0.63	7.72
其他投资类	54	341 200.00	0.31	5.51
融资类				
事务管理类				

注：加权平均实际年化信托报酬率=（信托项目1的实际年化信托报酬率×信托项目1的实收信托+信托项目2的实际年化信托报酬率×信托项目2的实收信托+…+信托项目n的实际年化信托报酬率×信托项目n的实收信托）/（信托项目1的实收信托+信托项目2的实收信托+…+信托项目n的实收信托）×100%。

6.5.2.2.3 本年度已清算结束的被动管理型信托项目个数、实收信托合计金额、加权平均实际年化收益率，分证券投资、股权投资、其他投资、融资、事务管理类分别计算并披露

已清算结束信托项目	项目个数	实收信托合计金额（万元）	加权平均实际年化信托报酬率（%）	加权平均实际年化收益率（%）
证券投资类	1	37 974.00	0.20	4.39
股权投资类	1	25 543.00	0.63	13.48
其他投资类				
融资类	1	50 000.00	4.62	12.22
事务管理类	100	3 443 966.61	0.22	6.55

6.4.2.3 本年度新增的集合类、单一类和财产管理类信托项目个数、实收信托合计金额

新增信托项目	项目个数	实收信托合计金额（万元）
集合类	66	1 065 029.09
单一类	468	17 768 699.82
财产管理类	10	254 755.57
新增合计	544	19 088 484.48
其中：主动管理型	106	2 750 716.04
被动管理型	438	16 337 768.44

注：本年新增信托项目指在本报告年度内累计新增的信托项目个数和金额。包含本年度新增并于本年度内结束的项目和本年度新增至报告期末仍在持续管理的信托项目。

6.4.2.4 信托业务创新成果和特色业务有关情况。

2013年公司着力探索新的业务领域，并根据公司发展目标及自身风险偏好以及专业能力等因素，分别成立了资产证券化、房地产信托、证券类信托创新等多个课题组，同时借助市场三方研究机构，对行业当前发展情况做了深入研究，并形成相关报告，对公司未来拓展相关项目提供可研分析。根据上述研究成果，2013年，公司在证券投资领域，审慎推进了以“瑞□系列”、“私募工厂项目”为代表的具有市场竞争力的差异化证券类信托产品。

6.4.2.5 本公司履行受托人义务情况及因公司自身责任而导致的信托资产损失情况

本公司根据《信托法》、《信托公司管理办法》、《信托公司集合资金信托计划管理办法》等相关法律法规的规定，在管理或处分信托财产时，履行了恪尽职守，诚实、信用、谨慎、有效管理的义务。具体为：（1）遵守信托文件的规定，为受益人的最大利益处理信托事务的义务；（2）将受托人的固有财产与信托财产进行分别管理、分别记账，并将不同委托人的信托财产分别管理、分别记账的义务。

截至2013年12月31日，未发生因本公司自身责任而导致的信托资产损失。

6.4.2.6 信托赔偿准备金的提取、使用和管理情况

单位：万元

项 目	期初余额	本期增加	本期减少	期末余额
信托赔偿准备金	4 704.06	1 196.70	0.00	5 900.76

注：本公司按税后利润的5%计提信托赔偿准备金，本公司2013年税后利润23 934.06万元，按5%计提信托赔偿准备金1 196.70万元。

6.5 关联方关系及交易

6.5.1 关联交易方的数量、关联交易的总金额及定价政策

单位：万元

	关联交易数量（笔）	关联交易金额（万元）	定价政策
合计	1	5400	市价

注：关联交易是指信托公司以自有资产、信托资产为关联方提供投融资等服务，或以担保等方式为关联方融资提供便利的业务。

6.5.2 关联交易方与本公司的关系性质、关联交易方的名称、法人代表、注册地址、注册资本及主营业务等

关系性质	关联方名称	法定代表人	注册地址	注册资本（万元）	主营业务
控股股东关联方	国金证券股份有限公司	冉云	中国四川	129 407.17	证券经纪；证券投资咨询；与证券交易、证券投资活动有关的财务顾问；证券承销与保荐；证券自营；证券资产管理；融资融券；证券投资基金代销；为期货公司提供中间介绍业务。

6.5.3 本年度公司与关联方重大交易事项

6.5.3.1 固有财产与关联方关联情况：贷款、投资、租赁、应收账款担保、其他方式等期初汇总数、本期借方和贷方发生额汇总数、期末汇总数

固有财产与关联方关联交易

单位：万元

	固有资产与关联方联交易			
	期初数	借方发生额	贷方发生额	期末数
贷款	0	0	0	0
投资	0	0	0	0
租赁	0	0	0	0
担保	0	0	0	0
应收账款	0	0	0	0
其他	0	0	0	0
合计	0	0	0	0

注：本年度内，公司固有财产未与关联方发生投融资等关联交易。另外，关联方为公司提供咨询及代销服务，公司向其支付相关费用120万元。

6.5.3.2　信托与关联方交易情况：贷款、投资、租赁、应收账款、担保、其他方式等期初汇总数、本期借方和贷方发生额汇总数、期末汇总数。

单位：万元

信托与关联方关联交易				
	期初数	借方发生额	贷方发生额	期末数
贷款	0	0	0	0
投资	0	0	0	0
租赁	0	0	0	0
担保	0	0	0	0
应收账款	0	0	0	0
其他	3 122.82	5 400.00	122.82	8 400.00
合计	0	0	0	0

注：其他类为公司管理的信托产品资金加入国金证券管理的资产管理计划，年末余额8 400万元。另外，关联方管理之资产管理计划加入公司管理的信托产品，年末余额为82 400万元。公司信托产品委托国金证券作为证券交易经纪商，共向国金证券支付交易佣金354万元。

6.5.3.3　信托公司自有资金运用于自已管理的信托项目（固信交易）、信托公司管理的信托项目之间的相互（信信交易）交易金额，包括余额和本报告年度的发生额

6.5.3.3.1　固有财产与信托财产之间的交易金额期初汇总数、本期发生额汇总数、期末汇总数

固有财产与信托财产相互交易

单位：万元

固有财产与信托财产相互交易			
	期初数	本期发生额	期末数
合计	28 874.24	71 328.11	100 202.35

注：以上交易为公司固有财产加入信托产品而持有的信托受益权。

6.5.3.3.2　信托项目之间的交易金额期初汇总数、本期发生额汇总数、期末汇总数

信托资产与信托财产相互交易			
	期初数	本期发生额	期末数
合计	20 650	14 840	35 490

注：以公司受托管理的一个信托项目的资金购买自己管理的另一个信托项目的受益权或信托项下资产均应纳入统计披露范围。

6.5.4　关联方逾期未偿还本公司资金的详细情况以及本公司为关联方担保发生或即将发生垫款的详细情况

本公司无上述情况。

6.6　会计制度的披露

公司固有业务及信托业务均执行2006年财政部颁布的《企业会计准则——基本准则》。

7. 财务情况说明

7.1　利润的实现和分配情况

单位：万元

项　目	期末余额
本年净利润	23 934.06
加：年初未分配利润	60 055.10
减：提取法定盈余公积	2 393.41
减：提取任意盈余公积金	0.00
减：信托赔偿准备金	1 196.70
减：一般风险准备	506.66
减：应付普通股股利	0.00
减：未分配利润转增实收资本	60 000.00
年末未分配利润	19 892.39

7.2　主要财务指标

指标名称	指标值
资本利润率（%）	18.69
加权年化信托报酬率（%）	0.25
人均净利润（万元）	234.65

注：1. 资本利润率＝净利润/所有者权益平均余额×100%。

2. 加权年化信托报酬率＝（信托项目1的实际年化信托报酬率×信托项目1的实收信托＋信托项目2的实际年化信托报酬率×信托项目2的实收信托＋…＋信托项目n的实际年化信托报酬率×信托项目n的实收信托）/（信托项目1的实收信托＋信托项目2的实收信托＋…＋信托项目n的实收信托）×100%。

3. 人均净利润＝净利润/年平均人数。

4. 平均值采取年初、年末余额简单平均法，公式为：a（平均）＝（年初数＋年末数）/2。

7.3　对本公司财务状况、经营成果有重大影响的其他事项

无。

8. 特别事项揭示

8.1　前五名股东报告期内变动情况及原因

无。

8.2　董事、监事及高级管理人员变动情况及原因

8.2.1　本报告期内，董事变动情况

2013年1月，监管部门核准杨利华先生担任本公司董事的资格。

8.2.2　本报告期内，监事变动情况

2013年5月经全体员工选举朱炜明为公司职工监事。

8.2.3　本报告期，高管变动情况

2013年2月，监管部门核准舒广先生担任本公司副总裁职务的资格。

8.2.4　期后事项

2014年2月12日原公司董事刘凤春因个人原因提出辞去公司董事职务。

2014 年 3 月 27 日公司股东云南省财政厅发来《关于孙国棋、邓耘波、索克明三同志不再提任公司董事的函》。

8.3 变更注册资本、变更注册地或公司名称、公司分立合并事项

本公司经 2013 年 5 月 29 日召开的“2012 年年度股东会议”审议通过了《关于利润转增资本金方案的议案》，且形成相关决议。2013 年 10 月 17 日获得《中国银监会云南监管局核准云南信托变更注册资本及修改公司章程的批复》的批准文件，据此，本公司已于 2013 年 11 月 13 日办理完毕工商变更登记手续并按行政许可办法完成重大事项信息披露工作。

通过此次转增资本方案的实施，公司注册资本金已由 4 亿元变更为 10 亿元。

8.4 公司重大诉讼事项

无。

8.5 公司及其董事、监事和高级管理人员受到处罚的情况

无。

8.6 中国银监会及其派出机构对公司检查后的整改情况

(1) 切实加强基础管理工作。一是公司根据业务发展的特点，全面梳理业务流程，在立项、评审、成立、管理、监管报告等环节，均建立了流程节点控制。公司根据业务发展的情况，已经建立了多种类别的业务开展标准，并根据监管及市场环境的变化适时调整。二是严格执行监管要求，深入学习监管政策法规，贯彻落实监管的指导思想，切实按照监管制度要求做好信息披露工作。三是强化公司内相关部门内部数据传送工作，避免出现数据报送错误、遗漏，提高监管数据报送质量。

(2) 进一步加强委托人资质审核。

(3) 进一步加强融资平台贷款管理，落实“降旧控新”。

8.7 本年度净资本管理情况

项　　目	期初余额	期末余额	监管标准
净资本(万元)	105 839. 40	120 236. 20	≥2 亿元
净资产(万元)	116 098. 59	140 032. 00	≥3 亿元
固有业务风险资本(万元)	3 883. 20	11 407. 90	—
信托业务风险资本(万元)	22 768. 60	34 453. 73	—
其他业务风险资本(万元)	0. 00	0. 00	—
各项业务风险资本之和(万元)	26 651. 80	45 861. 63	—
净资本/各项业务风险资本之和(%)	397. 12	262. 17	≥100%
净资本/净资产(%)	91. 16	85. 86	≥40%

8.8 本年度重大事项临时报告的简要内容、披露时间、所披露的媒体及其版面

2013 年 11 月 20 日《金融时报》第七版刊登《关于云南国际信托有限公司增加注册资本金的公告》。

8.9 中国银监会及其省级派出机构认定的其他有必要让客户及相关利益人了解的重要信息

无。

9. 监事会对公司运作及财务报告的独立意见

9.1 公司依法运作情况

监事会认为，本报告期内公司运作合法规范，经营管理决策程序不存在越权违规行为，公司董事及经理等高级管理人员在执行公司职务时没有违反法律、法规、公司章程或损害公司利益的行为。

9.2 财务报告的真实性

监事会认为，公司年度财务报告客观公允，真实反映了公司报告期内的财务状况和经营成果。公司年度财务报告经中审亚太会计师事务所云南分所审计，出具标准无保留意见。

9.3 高级管理人员履职情况

本报告期内，公司高级管理人员均认真履行了《公司法》和《公司章程》所赋予的各项职责，严格贯彻执行董事会各项决议。公司高级管理人员职责清晰、分工明确。每位高管在抓好各自分管工作的前提下，积极参与公司的重大决策，谨慎、认真、勤勉地履行了各项职责，保证了公司各项业务和工作的顺利开展。

浙商金汇信托股份有限公司

1. 重要提示

1.1　本公司董事会及董事保证本报告所载资料不存在任何虚假记载、误导性陈述或者重大遗漏，并对其内容的真实性、准确性和完整性承担个别及连带责任。

1.2　独立董事周小明先生、孙振洲先生、衣锡群先生认为，本报告的内容真实、准确、完整。

1.3　大华会计师事务所（特殊普通合伙）为本公司出具了标准无保留意见的审计报告。

1.4　董事长徐德良先生、总经理辛洁先生、财务总监朱晓平先生、计划财务部负责人何卫仙女士声明：保证年度报告中财务报告的真实、完整。

2. 公司概况

2.1　公司简介

中文名称	浙商金汇信托股份有限公司（简称浙金信托）
英文名称	Zheshangjinhui Trust Co.,Ltd.（简称 Zhejin Trust）
法定代表人	徐德良
注册地址	浙江省杭州市庆春路 199 号 6 楼
邮政编码	310006
国际互联网网址	http://www.zhejintrust.com/
电子邮箱	zjtrust@zjtrust.com
负责信息披露事务的高管	戴俊
负责信息披露联系人	蒋巍峰
联系电话	0571-87386135
传真	0571-87386123
电子邮箱	jiangwf@zjtrust.com
选定的信息披露报纸名称	《金融时报》

续表

年度报告备置地点	公司董事会办公室
聘请的会计师事务所名称及住所	大华会计师事务所（特殊普通合伙） 北京市海淀区西四环中路 16 号院 7 号楼 12 层
聘请的律师事务所名称及住所	通力律师事务所 上海市银城中路68号时代金融中心 19 楼 上海锦天城律师事务所 上海市浦东新区花园石桥路33号花旗集团大厦 14 楼

2.2　组织结构

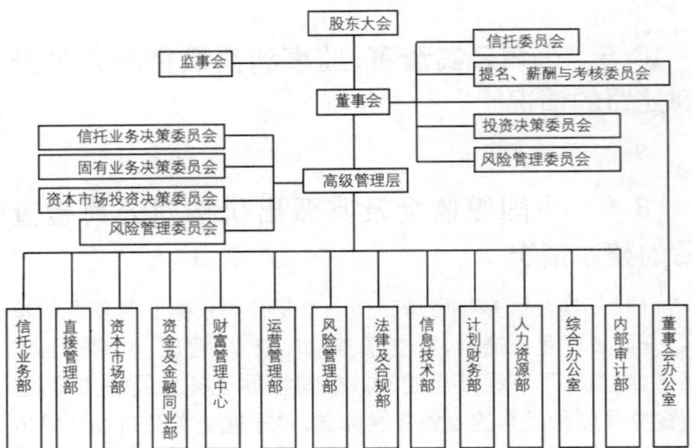

3. 公司治理结构

3.1　股东

股东名称	持股比例（%）	法人代表
浙江省国际贸易集团有限公司	56	丁康生
中国国际金融有限公司	35	金立群
传化集团有限公司	9	徐冠巨

3.2　董事会成员

董事长、董事

姓　名	职　务	性别	年龄	选任日期	所推举的股东名称	该股东持股比例（%）	简　要　履　历
徐德良	董事长	男	50	2011 年 6 月	浙江省国际贸易集团有限公司	56	现任浙江省国际贸易集团有限公司董事，浙商金汇信托股份有限公司董事长。
林光	董事	男	44	2013 年 9 月	浙江省国际贸易集团有限公司	56	现任浙江省国际贸易集团有限公司资产管理部副总经理，浙商金汇信托股份有限公司董事。
程兴华	董事	男	50	2011 年 6 月	浙江省国际贸易集团有限公司	56	现任浙商金汇信托股份有限公司董事、董事会法务总监。
戴　俊	董事	男	37	2011 年 6 月	浙江省国际贸易集团有限公司	56	现任浙商金汇信托股份有限公司董事、董事会秘书。
林寿康	董事	男	50	2012 年 4 月	中国国际金融有限公司	35	现任中国国际金融有限公司董事总经理和首席运营官，浙商金汇信托股份有限公司董事。

续表

姓　名	职　务	性别	年龄	选任日期	所推举的股东名称	该股东持股比例(%)	简　要　履　历
李　弘	董事	女	59	2011年6月	中国国际金融有限公司	35	现任中国国际金融有限公司董事总经理和战略委员会负责人，浙商金汇信托股份有限公司董事。
辛　洁	董事	男	39	2012年4月	中国国际金融有限公司	35	现任浙商金汇信托股份有限公司董事、总经理。
杨柏樟	董事	男	56	2011年6月	传化集团有限公司	9%	现任传化集团有限公司副总裁，浙商金汇信托股份有限公司董事。

独立董事

姓　名	职务	性别	年龄	选任日期	所推举的股东名称	该股东持股比例(%)	简　要　履　历
周小明	北京市君泽君律师事务所高级合伙人、中国人民大学信托与基金研究所所长	男	47	2011年6月	浙江省国际贸易集团有限公司	56	现任北京市君泽君律师事务所高级合伙人，中国人民大学信托与基金研究所所长，浙商金汇信托股份有限公司独立董事。
孙振洲	—	男	62	2011年6月	浙江省国际贸易集团有限公司	56	现任浙商金汇信托股份有限公司独立董事。
衣锡群	—	男	66	2011年6月	中国国际金融有限公司	35	现任浙商金汇信托股份有限公司独立董事，招商银行股份有限公司独立董事，SOHO中国有限公司独立董事，中国工商银行股份有限公司独立董事，招商证券股份有限公司独立董事，卓亚资本有限公司独立董事。

3.3　监事会成员

监事会成员

姓　名	职务	性别	年龄	选任日期	所推举的股东名称	该股东持股比例(%)	简　要　履　历
李亚鸣	监事会主席	女	59	2011年6月	浙江省国际贸易集团有限公司	56	现任浙商金汇信托股份有限公司监事会主席。
王利生	监事	女	67	2011年6月	中国国际金融有限公司	35	现任浙商金汇信托股份有限公司监事。
吴国基	职工监事	男	40	2012年9月	公司职工大会		现任浙商金汇信托股份有限公司监事、法律及合规部执行总经理。

3.4　高级管理人员

高级管理人员

姓　名	职　务	性别	年龄	选任日期	金融从业年限	学历	专业
辛　洁	总经理	男	39	2012年6月	15	硕士研究生	世界经济
刘伟	常务副总经理(运营总监)	男	43	2012年11月	19	本科	价格学
谢捷	副总经理	男	34	2012年7月	12	研究生	企业管理
朵元	副总经理	男	35	2013年4月	13	硕士研究生	工商管理
朱晓平	财务总监	男	45	2013年7月	13	本科	金融学
张逢伟	风险总监	男	46	2011年6月	19	硕士研究生	经济学

3.5 公司员工

报告期末职工总数100人，平均年龄32周岁。

公司员工学历分布比率

项目		报告期年度		上年度	
		人数	比例(%)	人数	比例(%)
年龄分布	博士	2	2%	2	3%
	硕士	51	51%	33	48%
	本科	47	47%	33	48%
	专科	0	0%	1	1%
	其他	0	0%	0	0%

4. 经营管理

4.1 经营目标、方针、战略规划。

4.1.1 经营目标

建设成为一家行业领先、特色鲜明、经营稳健、品牌卓越、能够为当地经济发展提供强大支持、具有核心竞争力和独特价值的优秀信托公司。

4.1.2 经营方针

诚信经营、创新发展、互利共赢。

4.1.3 战略规划

立足浙江，面向全国，依托各方资源，逐步形成以信托投融资、债券投资为主的受托资产管理、股权投资信托（基金）业务为主要业务方向，其他融资类信托和中介服务等为补充的总体业务架构及盈利模式，打造专业化、职业化的高素质人才队伍，构建科学高效的组织管理、运作流程、交易系统和内控机制，形成良好的市场形象和品牌影响力，不断提高公司的核心能力和价值。

4.2 所经营业务的主要内容

自营资产运用与分布

资产运用	金额（万元）	占比（%）	资产分布	金额（万元）	占比（%）
货币资产	48 081.42	70.32	基础产业	—	—
贷款及应收款	2 856.26	4.18	房地产业	—	—
交易性金融资产投资	5 814.83	8.50	证券市场	6 880.37	10.06
可供出售金融资产投资	330.00	0.48	实业	—	—
持有至到期投资	—	—	金融机构	50 202.14	73.42
长期股权投资	—	—	其他	11 295.92	16.52
其他	11 295.92	16.52			
资产总计	68 378.43	100	资产总计	68 378.43	100

信托资产运用与分布

资产运用	金额（万元）	占比（%）	资产分布	金额（万元）	占比（%）
货币资产	13 825.89	0.63	基础产业	732 120.00	33.43
贷款	1 603 165.00	73.20	房地产	648 745.00	29.62
交易性金融资产投资	57 771.41	2.64	证券市场	87 771.41	4.01
可供出售金融资产投资	176 428.89	8.06	实业	516 700.00	23.59
持有至到期投资	85 990.00	3.92	金融机构	13 825.89	0.63
长期股权投资	140 410.00	6.41	其他	190 929.95	8.72
其他	112 501.06	5.14			
信托资产总计	2 190 092.25	100	信托资产总计	2 190 092.25	100

4.3 市场分析

4.3.1 有利因素

信托公司发展将面临新的良好机遇。党的十八届三中全会是新一届政府启动新一轮改革的战略起点，全面深化改革，尤其是围绕市场在资源配置中起决定性作用的深化经济体制改革，对信托业发展是长期利好。随着改革的深入，一直困扰信托业发展的法律法规、信托理念、诚信体系等顶层设计和长效机制问题有望得以改善。鼓励金融创新、土地制度和税收改革、新型城镇化、产业结构调整升级、构建开放性经济新体制等改革举措将给信托公司带来新的业务拓展领域与空间。

4.3.2 不利因素

信托公司发展也面临着前所未有的挑战。始于2012年下半年的金融业泛资产管理化趋势，已经给信托公司带来了较大冲击，而2014年信托公司将面临更为复杂严峻的国内外经济金融环境。在经济增速放缓、实体经济发展短期内将更为困难的背景下，随着金融市场体系的进一步规范和完善，特别是利率市场化、资本市场多层次化、金融机构多元化以及相应货币政策调控等，将对信托公司债性融资、“通道”业务等传统领域带来更大冲击。

4.4 内部控制概况

4.4.1 内部控制环境和内部控制文化

公司建立了完善的法人治理结构，形成了各治理主体之间分工合作、相互协调、互为制衡的运行机制。公司股东大会、董事会、监事会均按照相关法律、法规、规范性文件及《公司章程》的规定，规范有效地运作。

公司高度重视内控文化建设，全力打造以信任文化为前提，以人本思想为核心，以制度规范为原则，以诚信尽责为准则，以激情创新为源泉的文化体系，创造内部效率、激情、和谐的氛围，树立外部信誉、品牌形象，为实现公司宗旨和发展目标构筑良好的发展环境。

4.4.2 内部控制措施

公司董事会负责内控机制的建立健全和有效实施。董事会下设风险管理委员会，作为董事会风险管理工作的专门议事机构。公司设有独立的风险管理部、法律及合规部和内部审计部，对公司内部控制的执行情况进行监督和检查。风险管理部协助公司高级管理层有效预防、识别、评估和管理各类风险。

法律及合规部负责识别公司经营活动中的合规风险，计量、检测和评估公司合规政策和程序的适当性。内部审计部负责涉及经营目标、内部控制及财务管理等各方面的审计与稽核工作。公司已形成了事前、事中、事后"三位一体"的风险管理和监督检查体系。公司业务运作基本实现了前台、中台、后台严格分离及各部门之间高效衔接与密切合作。

4.4.3 监督评价与纠正

报告期内，公司内部审计部按计划开展各类专项审计和检查工作，及时发现问题并督促整改。相关审计报告及时送达董事会、监事会和监管机构。

此外，在案件防控工作方面，公司通过建立案件防控制度、定期开展案例解读、风险提示的培训工作等加强所有员工的案防意识，报告期内未发生任何案件风险事件。

4.5 风险管理概况

4.5.1 信用风险状况

公司严格落实监管政策和要求，严格执行各项业务流程标准，强化风险监测，报告期内未发生信用风险情况，无不良金融资产。

4.5.2 市场风险状况

公司通过严格的业务操作管理、良好的结构化安排和合适的投资顾问选择，报告期内无资金不安全情况发生。

4.5.3 操作风险状况

公司通过规范各项业务流程、加强内控等手段，高度警惕、严格管理操作风险，报告期内未发生操作风险事件。

4.5.4 法律及合规风险状况

公司严格依法行事，严格合规管控，报告期内未发生法律风险或合规风险事件。

4.5.5 流动性风险状况

公司严格流动性管理，报告期内未发生流动性风险事件。

4.5.6 声誉风险状况

报告期内未发生各类声誉受损事项。

5. 报告期末及上一年度末的比较式会计报表

5.1 自营资产

5.1.1 会计师事务所审计结论

大华审字[2014]003475号

我们审计了后附的浙商金汇信托股份有限公司（以下简称浙金信托公司）财务报表，包括2013年12月31日的资产负债表，2013年度的利润表、现金流量表、所有者权益变动表，以及财务报表附注。

一、管理层对财务报表的责任

编制和公允列报财务报表是浙金信托公司管理层的责任，这种责任包括：(1)按照企业会计准则的规定编制财务报表，并使其实现公允反映；(2)设计、执行和维护必要的内部控制，以使财务报表不存在由于舞弊或错误导致的重大错报。

二、注册会计师的责任

我们的责任是在执行审计工作的基础上对财务报表发表审计意见。我们按照中国注册会计师审计准则的规定执行了审计工作。中国注册会计师审计准则要求我们遵守职业道德守则，计划和执行审计工作以对财务报表是否不存在重大错报获取合理保证。

审计工作涉及实施审计程序，以获取有关财务报表金额和披露的审计证据。选择的审计程序取决于注册会计师的判断，包括对由于舞弊或错误导致的财务报表重大错报风险的评估。在进行风险评估时，注册会计师考虑与财务报表编制和公允列报相关的内部控制，以设计恰当的审计程序，但目的并非对内部控制的有效性发表意见。审计工作还包括评价管理层选用会计政策的恰当性和作出会计估计的合理性，以及评价财务报表的总体列报。

我们相信，我们获取的审计证据是充分、适当的，为发表审计意见提供了基础。

三、审计意见

我们认为，浙金信托公司的财务报表在所有重大方面按照企业会计准则的规定编制，公允反映了浙金信托公司2013年12月31日的财务状况以及2013年度的经营成果和现金流量。

大华会计师事务所（特殊普通合伙）

中国·北京　　中国注册会计师：虞瑞明

中国注册会计师：胡　超

二〇一四年四月十一日

5.1.2 资产负债表

编制单位：浙商金汇信托股份有限公司　　2013年12月31日　　单位：万元

资　产	年初余额	年末余额	负债和所有者权益（或股东权益）	年初余额	年末余额
资产			负债		
现金及存放中央银行款项	—	—	向中央银行借款	—	—
存放同业款项	15 813.59	48 081.42	同业及其他金融机构存放款项	—	—
贵金属	—	—	拆入资金	—	—
拆出资金	—	—	交易性金融负债	—	—
交易性金融资产	28 028.31	5 814.83	衍生金融负债	—	—
衍生金融资产	499.65	—	卖出回购金融资产款	—	—
买入返售金融资产	—	—	吸收存款	—	—
应收利息	477.05	251.83	应付职工薪酬	3 315.58	4 657.30
贷款及应收款项类投资	—	2 856.26	应交税费	1 260.79	1 462.00

续表

资　　产	年初余额	年末余额	负债和所有者权益(或股东权益)	年初余额	年末余额
可供出售金融资产	5 073.50	330.00	应付利息	—	—
持有至到期投资	650.72	—	预计负债	—	—
长期股权投资	—	—	应付债券	—	—
投资性房地产	—	—	递延所得税负债	167.4	—
固定资产	113.16	284.59	其他负债	877.79	1 869.79
无形资产	7 346.39	7 369.71	负债合计	5 621.56	7 989.09
递延所得税资产	355.03	606.44	所有者权益(或股东权益)	—	—
其他资产	1 717.98	2 783.35	实收资本(或股本)	50 000.00	50 000.00
			资本公积	55.13	—
			减:库存股	—	—
			盈余公积	439.87	1 038.93
			信托赔偿准备	219.93	519.47
			未分配利润	3 738.89	8 830.94
			所有者权益(或股东权益)合计	54 453.82	60 389.34
资产总计	60 075.38	68 378.43	负债和所有者权益(或股东权益)总计	60 075.38	68 378.43

企业负责人:徐德良　　财务总监:朱晓平　　会计机构负责人:何卫仙　　制表人:陈　频

5.1.3 利润和利润分配表

编制单位:浙商金汇信托股份有限公司　　2013 年度　　单位:万元

项　　目	本期金额	上期金额
一、营业收入	19 906.42	11 128.54
利息净收入	-1 116.43	914
利息收入	902.66	1 391.26
利息支出	2 019.09	477.26
手续费及佣金净收入	18 508.41	8 996.65
手续费及佣金收入	18 687.08	10 716.98
手续费及佣金支出	178.67	1 720.33
投资收益(损失以"-"号填列)	3 201.12	621.77
其中:对联营企业和合营企业的投资收益	—	—
公允价值变动收益(损失以"-"号填列)	-686.68	596.12
汇兑收益(损失以"-"号填列)	—	—
其他业务收入	—	—
二、营业支出	11 818.41	8 078.83
营业税金及附加	1 235.19	622.95
业务及管理费	10 583.22	7 455.88
资产减值损失	—	—
其他业务成本	—	—
三、营业利润(亏损以"-"号填列)	8 088.01	3 049.71
加:营业外收入	12.70	2 200.00
减:营业外支出	20.00	—
四、利润总额(亏损总额以"-"号填列)	8 080.71	5 249.71
减:所得税费用	2 090.06	1 367.37
五、净利润(净亏损以"-"号填列)	5 990.65	3 882.34
六、每股收益:	—	—
(一)基本每股收益	—	—
(二)稀释每股收益	—	—
七、其他综合收益	-55.13	55.13
八、综合收益总额	5 935.52	3 937.47

企业负责人:徐德良　　财务总监:朱晓平　　会计机构负责人:何卫仙　　制表人:陈　频

5.1.4 所有者权益变动表

编制单位:浙商金汇信托股份有限公司　　　　2013 年度　　　　单位:万元

项　　目	本年金额								上年金额							
	实收资本(或股本)	资本公积	减:库存股	盈余公积	一般风险准备	信托赔偿准备	未分配利润	所有者权益合计	实收资本(或股本)	资本公积	减:库存股	盈余公积	一般风险准备	信托赔偿准备	未分配利润	所有者权益合计
一、上年年末余额	50 000.00	55.13	—	439.87	—	219.93	3 738.89	54 453.82	50 000.00	—	—	51.64	—	25.82	438.89	50 516.35
加:会计政策变更	—	—	—	—	—	—	—	—	—	—	—	—	—	—	—	—
前期差错更正	—	—	—	—	—	—	—	—	—	—	—	—	—	—	—	—
二、本年年初余额	50 000.00	55.13	—	439.87	—	219.93	3 738.89	54 453.82	50 000.00	—	—	51.64	—	25.82	438.89	50 516.35
三、本年增减变动金额(减少以"-"号填列)	—	-55.13	—	599.06	—	299.54	5 092.05	5 935.52	—	55.13	—	388.23	—	194.11	3 300.00	3 937.47
(一)净利润	—	—	—	—	—	—	5 990.65	5 990.65	—	—	—	—	—	—	3 882.34	3 882.34
(二)其他综合收益	—	-55.13	—	—	—	—	—	-55.13	—	55.13	—	—	—	—	—	55.13
综合收益小计	—	-55.13	—	—	—	—	5 990.65	5 935.52	—	55.13	—	—	—	—	3 882.34	3 937.47
(三)所有者投入和减少资本	—	—	—	—	—	—	—	—	—	—	—	—	—	—	—	—
1. 所有者投入资本	—	—	—	—	—	—	—	—	—	—	—	—	—	—	—	—
2. 股份支付计入所有者权益的金额	—	—	—	—	—	—	—	—	—	—	—	—	—	—	—	—
3. 其他	—	—	—	—	—	—	—	—	—	—	—	—	—	—	—	—
(四)利润分配	—	—	—	599.06	—	299.54	-898.60	—	—	—	—	388.23	—	194.11	-582.34	—
1. 提取盈余公积	—	—	—	599.06	—	—	-599.06	—	—	—	—	388.23	—	—	-388.23	—
2. 提取一般风险准备	—	—	—	—	—	—	—	—	—	—	—	—	—	—	—	—
3. 对所有者(或股东)的分配	—	—	—	—	—	—	—	—	—	—	—	—	—	—	—	—
4. 提取信托赔偿准备	—	—	—	—	—	299.54	-299.54	—	—	—	—	—	—	194.11	-194.11	—
(五)所有者权益内部结转	—	—	—	—	—	—	—	—	—	—	—	—	—	—	—	—
1. 资本公积转增资本(或股本)	—	—	—	—	—	—	—	—	—	—	—	—	—	—	—	—
2. 盈余公积转增资本(或股本)	—	—	—	—	—	—	—	—	—	—	—	—	—	—	—	—
3. 盈余公积弥补亏损	—	—	—	—	—	—	—	—	—	—	—	—	—	—	—	—
4. 一般风险准备弥补亏损	—	—	—	—	—	—	—	—	—	—	—	—	—	—	—	—
5. 其他	—	—	—	—	—	—	—	—	—	—	—	—	—	—	—	—
四、本年年末余额	50 000.00	—	—	1 038.93	—	519.47	8 830.94	60 389.34	50 000.00	55.13	—	439.87	—	219.93	3 738.89	54 453.82

企业负责人:徐德良　　　　财务总监:朱晓平会计机构负责人:何卫仙　　　　制表人:陈　频

5.2 信托资产

5.2.1 信托项目资产负债汇总表

2013 年 12 月 31 日 单位：万元

信托资产	年初数	年末数	信托负债和信托权益	年初数	年末数
信托资产			信托负债		
货币资金	3 805.92	13 825.89	交易性金融负债	—	—
拆出资金	—	—	衍生金融负债	—	—
存出保证金	—	—	应付受托人报酬	1 215.28	1 345.86
交易性金融资产	248 730.18	57 771.41	应付托管费	181.58	502.52
衍生金融资产	—	—	应付受益人收益	25.57	24.07
买入返售金融资产	80 000.00	98 000.00	应交税费	35.19	221.44
应收款项	8 072.31	14 501.06	应付销售服务费	166.60	—
发放贷款	521 385.00	1 603 165.00	其他应付款项	394.72	430.80
可供出售金融资产	106 976.33	176 428.89	预计负债	—	—
持有至到期投资	68 300.00	85 990.00	其他负债	—	—
长期应收款	—	—	信托负债合计	2 018.94	2 524.69
长期股权投资	—	140 410.00			
投资性房地产	—	—	信托权益		
固定资产	—	—	实收信托	1 021 963.00	2 161 274.47
无形资产	—	—	资本公积	246.33	6 728.89
长期待摊费用	—	—	损益平准金	—	—
其他资产	—	—	未分配利润	13 041.47	19 564.20
减：各项资产减值准备	—	—	信托权益合计	1 035 250.80	2 187 567.56
信托资产总计	1 037 269.74	2 190 092.25	信托负债及信托权益总计	1 037 269.74	2 190 092.25

企业负责人：徐德良 财务总监：朱晓平 会计机构负责人：何卫仙 制表人：詹雯雯

5.2.2 信托项目利润及利润分配汇总表

2013 年度 单位：万元

项目	本年金额	上年金额
1. 营业收入	178 931.00	35 352.89
1.1 利息收入	138 079.83	29 325.27
1.2 投资收益（损失以“－”号填列）	36 836.88	220.39
1.2.1 其中：对联营企业和合营企业的投资收益	—	—
1.3 公允价值变动收益（损失以“－”号填列）	−2 195.90	3 367.96
1.4 租赁收入	—	—
1.5 汇兑损益（损失以“－”号填列）	—	—
1.6 其他收入	6 210.19	2 439.27
2. 支出	23 324.92	5 473.86
2.1 营业税金及附加	221.44	35.19
2.2 受托人报酬	11 284.70	2 779.77
2.3 托管费	2 757.49	293.38
2.4 投资管理费	—	—
2.5 销售服务费	3 526.11	1 234.85
2.6 交易费用	—	—
2.7 资产减值损失	—	—
2.8 其他费用	5 535.18	1 130.67
3. 信托净利润（净亏损以“－”号填列）	155 606.08	29 879.03
4. 其他综合收益	—	—
5. 综合收益	155 606.08	29 879.03
6. 加：期初未分配信托利润	13 041.47	254.72
7. 可供分配的信托利润	168 647.55	30 133.75
8. 减：本期已分配信托利润	149 083.35	17 092.28
9. 期末未分配信托利润	19 564.20	13 041.47

企业负责人：徐德良 财务总监：朱晓平
会计机构负责人：何卫仙 制表人：詹雯雯

6. 会计报表附注

6.1 会计报表编制基准、会计政策、会计估计和核算方法等情况

公司会计报表编制基准无不符合会计核算基本前提的情况。

公司执行新企业会计准则，本期未发生会计政策及会计估计变更。公司以人民币为记账本位币，会计年度自 2013 年 1 月 1 日至 2013 年 12 月 31 日。

6.2 或有事项说明

无。

6.3 重要资产转让及其出售的说明

报告期内公司无重大资产转让及出售事项。

6.4 会计报表中重要项目的明细资料

6.4.1 披露自营资产经营情况

6.4.1.1 按信用风险五级分类结果披露信用风险资产的期初数、期末数

信用风险资产五级分类	正常类（万元）	关注类（万元）	次级类（万元）	可疑类（万元）	损失类（万元）	信用风险资产合计（万元）	不良资产合计（万元）	不良资产率（%）
期初数	17 973.36	—	—	—	—	17 973.36	—	0
期末数	49 931.24	—	—	—	—	49 931.24	—	0

注：不良资产合计＝次级类＋可疑类＋损失类。

6.4.1.2 各项资产减值损失准备的期初、本期计提、本期转回、本期核销、期末数

单位：万元

	期初数	本期计提	本期转回	本期核销	期末数
贷款损失准备	—	—	—	—	—
一般准备	—	—	—	—	—
专项准备	—	—	—	—	—
其他资产减值准备	—	—	—	—	—
可供出售金融资产减值准备	—	—	—	—	—
持有至到期投资减值准备	—	—	—	—	—
长期股权投资减值准备	—	—	—	—	—
坏账准备	—	—	—	—	—
投资性房地产减值准	—	—	—	—	—

6.4.1.3 自营股票投资、基金投资、债券投资、股权投资等投资业务的期初数、期末数

单位：万元

	自营股票	基金	债券	长期股权投资	其他投资	合计
期初数	—	—	28 527.95	—	5 724.22	34 252.17
期末数	—	—	6 880.37	—	2 120.72	9 001.09

6.4.1.4 前三名的自营长期股权投资的企业名称、占被投资企业权益的比例及投资收益情况等

无。

6.4.1.5 前三名的自营贷款的企业名称、占贷款总额的比例和还款情况等

无。

6.4.1.6 表外业务的期初数、期末数，按照代理业务、担保业务和其他类型表外业务分别披露

无。

6.4.1.7 公司当年的收入结构

收入结构	金额（万元）	占比（%）
手续费及佣金收入	18 687.08	84.49
其中：信托手续费收入	17 474.05	79.00
投资银行业务收入	—	—
利息收入	902.66	4.08
其他业务收入	—	—
其中：计入信托业务收入部分	—	—
投资收益	2 514.44	11.37
其中：股权投资收益	—	—
证券投资收益	2 809.78	12.70
公允价值变动收益	-686.68	-3.10
其他投资收益	391.34	1.77
营业外收入	12.7	0.06
收入合计	22 116.88	100.00

注：手续费及佣金收入、利息收入、其他业务收入、投资收益、营业外收入均应为损益表中的一级科目，其中手续费及佣金收入、利息收入、营业外收入为未抵减掉相应支出的全年累计实现收入数。

6.4.2 披露信托资产管理情况

6.4.2.1 信托资产的期初数、期末数

单位：万元

信托资产	期初数	期末数
集合	762 869.69	724 734.63
单一	190 400.02	1 375 857.41
财产权	84 000.03	89 500.21
合计	1 037 269.74	2 190 092.25

6.4.2.1.1 主动管理型信托业务期初数、期末数

单位：万元

主动管理型信托资产	期初数	期末数
证券投资类	321 896.20	144 721.06
股权投资类	—	125 915.72
融资类	631 373.50	642 264.57
事务管理类	—	863 539.62
合计	953 269.70	1 776 440.97

6.4.2.1.2 被动管理型信托业务期初数、期末数

单位：万元

被动管理型信托资产	期初数	期末数
证券投资类	—	30 000.00
股权投资类	—	—
融资类	84 000.04	—
事务管理类	—	383 651.28
合计	84 000.04	413 651.28

6.4.2.2 本年度已清算结束的信托项目个数、实收信托合计金额、加权平均实际年化收益率

6.4.2.2.1 本年度已清算结束的集合类、单一类资金信托项目和财产管理类信托项目个数、金额、加权平均实际年化收益率

已清算结束信托项目	项目个数	合计金额（万元）	加权平均实际年化收益率（%）
集合类	10	356 220.00	9.51
单一类	7	51 843.38	10.70
财产管理类	1	18 000.00	8.15

注：加权平均实际年化收益率 =（信托项目 1 的实际年化收益率 × 信托项目 1 的资产总计 + 信托项目 2 的实际年化收益率 × 信托项目 2 的资产总计 + … + 信托项目 n 的实际年化收益率 × 信托项目 n 的资产总计）/（信托项目 1 的资产总计 + 信托项目 2 的资产总计 + … + 信托项目 n 的资产总计）×100%。

6.4.2.2.2 本年度已清算结束的主动管理型信托项目个数、合计金额、加权平均实际年化收益率

已清算结束信托项目	项目个数	实收信托合计金额（万元）	加权平均实际年化信托报酬率（%）	加权平均实际年化收益率（%）
证券投资类	2	102 730.00	0.32	7.05
股权投资类	1	6 000.00	0.52	17.93
融资类	12	291 690.00	2.41	10.53
事务管理类	2	7 643.38	237.09	4.85

6.4.2.2.3 本年度已清算结束的被动管理型信托项目个数、合计金额、加权平均实际年化收益率

已清算结束信托项目	项目个数	实收信托合计金额（万元）	加权平均实际年化信托报酬率（%）	加权平均实际年化收益率（%）
证券投资类	—	—	—	—
股权投资类	—	—	—	—
融资类	1	18 000	1.02	8.15
事务管理类	—	—	—	—

6.4.2.3 本年度新增的集合类、单一类、财产管理类信托项目个数、合计金额

单位：万元

新增信托项目	项目个数	合计金额
集合类	17	446 950.00
单一类	38	1 234 852.85
财产管理类	1	30 000.00
新增合计	56	1 711 802.85
其中：主动管理型	40	1 359 302.85
被动管理型	16	352 500.00

注：本年新增信托项目指在本报告年度内累计新增的信托项目个数和金额。包含本年度新增并于本年度内结束的项目和本年度新增至报告期末仍在持续管理的信托项目。

6.4.2.4 信托业务创新成果和特色业务有关情况

2013年，公司根据自身业务战略安排，继续加大业务创新力度，年内公司通过“私募股权投资俱乐部”模式顺利完成第一单私募股权投资项目；作为主承销商和财务顾问，设计推出塔牌手工原酒（庚寅典藏）投资私募债券，该债券在浙江股权交易中心挂牌交易。

6.4.2.5 本公司履行受托人义务情况及因公司自身责任而导致的信托资产损失情况（合计金额、原因等）

无。

6.5 关联方关系及其交易的披露

6.5.1 关联交易方的数量、关联交易的总金额及关联交易的定价政策等

	关联交易方数量	关联交易金额（万元）	定价政策
合计	4	780.13	市场交易价格

6.5.2 关联交易方与本公司的关系性质、关联交易方的名称、法定代表人、注册地址、注册资本及主营业务等

关系性质	关联方名称	法定代表人	注册地址	注册资本（万元）	主营业务
母公司	浙江省国际贸易集团有限公司	丁康生	杭州市庆春路199号	9.8亿元	进出口业务、国内贸易、实业投资、咨询服务等。
对本公司有重大影响的股东	中国国际金融有限公司	金立群	北京市建国门外大街1号国贸大厦2座27层及28层	2.25亿美元	证券业务、股票发行、投资顾问、资产管理等。

续表

关系性质	关联方名称	法定代表人	注册地址	注册资本（万元）	主营业务
与本公司同受一母公司控制	浙江国贸东方房地产有限公司	胡承江	杭州市西湖区文三路453号	5亿元	房地产开发经营。
本公司母公司的合营企业	中韩人寿保险有限公司	夏晓曙	杭州市江干区新业路8号华联时代大厦23~24层	5亿元	人寿保险、健康保险和意外伤害保险等保险业务。

6.5.3 本公司与关联方的重大交易事项

6.5.3.1 固有财产与关联方：贷款、投资、租赁、应收账款担保、其他方式等期初汇总数、本期发生额汇总数、期末汇总数

单位：万元

固有与关联方关联交易				
	期初数	借方发生额	贷方发生额	期末数
贷款	—	—	—	—
投资	—	—	—	—
租赁	—	451.62	451.62	—
担保	—	—	—	—
应收账款	—	—	—	—
其他	50.10	328.51	360.36	18.25
合计	50.10	780.13	811.98	18.25

6.5.3.2 信托资产与关联方：贷款、投资、租赁、应收账款、担保、其他方式等期初汇总数、本期发生额汇总数、期末汇总数

单位：万元

信托资产与关联方关联交易				
	期初数	借方发生额	贷方发生额	期末数
贷款	—	—	—	—
投资	—	—	—	—
租赁	—	—	—	—
担保	—	—	—	—
应收账款	—	—	—	—
其他	—	1 079.42	1 079.42	—
合计	—	1 079.42	1 079.42	—

6.5.3.3 固有财产与信托财产之间的交易金额期初汇总数、本期发生额汇总数、期末汇总数

单位：万元

固有财产与信托财务相互交易			
	期初数	本期发生额	期末数
合计	5 724.22	−3 603.50	2 120.72

注：以固有资金投资公司自己管理的信托项目受益权，或购买自己管理的信托项目的信托资产均应纳入统计披露范围。

6.5.3.4 信托资产与信托财产之间的交易金额期初汇总数、本期发生额汇总数、期末汇总数

单位:万元

信托资产与信托财产相互交易			
	期初数	本期发生额	期末数
合计	46 210.00	-46 210.00	—

注:以公司受托管理的一个信托项目的资金购买自己管理的另一个信托项目的受益权或信托项下资产均应纳入统计披露范围。

6.6 会计制度的披露

公司执行中华人民共和国财政部于2006年2月份颁布的《企业会计准则——基本准则》和38项具体会计准则、其后颁布的应用指南、解释以及其他相关规定。

7. 财务情况说明书

7.1 利润实现和分配情况

2013年公司实现利润总额为8 080.71万元,应缴纳企业所得税2 090.06万元,实现净利润5 990.65万元。本年提取信托赔偿准备金299.54万元,提取法定公积金599.06万元,剩余可供分配利润未向公司股东分配。

7.2 主要财务指标

指标名称	指标值
资本利润率(%)	10.43
信托报酬率(%)	0.94

注:1. 资本利润率=净利润/所有者权益平均余额×100%。
2. 信托报酬率=信托业务收入/实收信托年平均余额×100%。
3. 平均值采取年初及各季末余额移动算术平均法。
4. 公式为:a(平均)=(a_0/2+a_1+a_2+a_3+a_4/2)/4。

7.3 对本公司财务状况、经营成果有重大影响的其他事项

报告期内未发生对本公司财务状况、经营成果有重大影响的其他事项。

8. 特别事项简要揭示

8.1 前五名股东报告期内变动情况及原因。

报告期内,本公司股东未发生变动。

股东名称	期初持股比例(%)	期末持股比例(%)
浙江省国际贸易集团有限公司	56	56
中国国际金融有限公司	35	35
传化集团有限公司	9	9
合计	100	100

8.2 董事、监事及高级管理人员变动情况及原因

8.2.1 董事变动情况及原因

因李天林先生提出辞去公司董事职务,股东大会于2013年6月选举林光先生为公司董事,浙江银监局于2013年9月核准林光先生担任公司董事的任职资格。

8.2.2 监事变动情况及原因

无。

8.2.3 高级管理人员变动情况及原因

经公司总经理提名,董事会于2013年4月聘任朵元先生为公司副总经理,浙江银监局于2013年7月核准朵元先生担任公司副总经理的任职资格。

2013年11月,因辛洁先生提出辞去公司总经理职务,公司董事会聘任程兴华先生为公司总经理,程兴华先生担任公司总经理的任职资格已报中国银监会审核。

8.3 变更注册资本、变更注册地或公司名称、公司分立合并事项

无。

8.4 公司的重大诉讼事项

无。

8.5 公司及其董事、监事和高级管理人员受到处罚的情况

无。

8.6 本年度重大事项临时报告的简要内容、披露时间、所披露的媒体及其版面

无。

9. 公司监事会意见

监事会认为,报告期内公司依法合规经营,本报告的财务报告真实、客观地反映了公司的财务状况和经营结果。

中诚信托有限责任公司

1. 重要提示

1.1 本公司董事会及董事保证本报告所载资料不存在任何虚假记载、误导性陈述或者重大遗漏，并对其内容的真实性、准确性和完整性承担个别及连带责任。

1.2 未出席董事会董事情况：洪小源未出席第三届董事会第六次会议，授权其他董事行使表决权；俞小平、周语菡未出席第三届董事会第七次会议，授权其他董事行使表决权。

1.3 本公司独立董事对年度报告的真实性、准确性、完整性无异议。

1.4 公司董事长邓红国、总经理王少华、财务总监丛雪萍声明：保证年度报告中财务报告的真实、完整。

2. 公司概况

2.1 公司简介

中诚信托有限责任公司初创于1995年11月，原名称为中煤信托投资有限责任公司，注册资本金4亿元(含1500万美元)；2001年9月首家获准重新登记，是中国银监会直接监管的信托公司；2004年2月完成增资扩股后，注册资本金增加到12亿元，公司名称变更为中诚信托投资有限责任公司；2007年8月，根据新颁布实施的《信托公司管理办法》公司完成了重新登记，首批获准直接换发金融许可证，名称变更为中诚信托有限责任公司；2010年10月完成增资扩股后，注册资本金增加到24.57亿元。

法定中文名称	中诚信托有限责任公司
法定中文缩写名称	中诚信托
公司法定英文名称	China Credit Trust Co. ,Ltd.
法定英文缩写名称	CCT
法定代表人	邓红国
注册地址	北京市东城区安定门外大街2号
邮政编码	100013
国际互联网网址	http://www. cctic. com. cn/
电子信箱	contactus@ cctic. com. cn
信息披露事务负责人	魏青，电话：010－84267098；传真：010－84267118 电子信箱：weiqing@ cctic. com. cn
选定的信息披露报纸	《金融时报》
公司年报备置地点	北京市东城区安定门外大街2号
聘请的会计师事务所	中准会计师事务所有限公司
聘请的会计师事务所住所	北京海淀区首体南路22号国兴大厦四层

2.2 组织结构

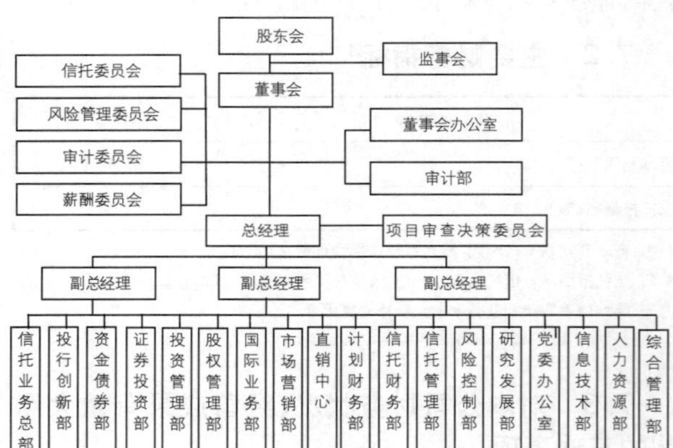

3. 公司治理

3.1 股东

股东名称	持股比例(%)	法人代表	注册资本(万元)	注册地址	主要经营业务及主要财务状况
中国人民保险集团股份有限公司★	32.9206	吴焰	4 242 399.0583	北京市宣武区东河沿路69号	投资并持有上市公司、保险机构和其他金融机构的股权；监督管理控股投资企业的各种国内、外业务；国家授权或委托的政策性保险业务；经中国保监会和国家有关部门批准的其他业务。
国华能源投资有限公司	20.3528	解建宁	310 044.08	北京市东城区东直门南大街3号楼	管理和经营煤代油资金形成的所有资产，对能源、交通、金融、卫生行业投资等。
兖矿集团有限公司	10.1764	王信	335 338.80	邹城市凫山南路298号	煤炭采选、热电、建筑材料、水泥、高岭土、煤炭产品的生产销售，矿用设备、机电设备及成套设备的制造、安装、维修、销售

3.2 董事

董事长、董事

姓名	职务	性别	年龄	选任日期	所推举的股东名称	该股东持股比例(%)	简要履历
邓红国	董事长	男	58	2010年11月			曾任物资部政策法规司副处长，中国人民银行国际司、外资司、一司、监管司副司长，中国银监会三部、四部主任，现任中诚信托有限责任公司董事长、党委书记。
俞小平	董事	女	56	2010年11月	中国人民保险集团股份有限公司	32.9206	曾任中国人民建设银行建经处干部、建经部房贷处处长、房地产信贷部干部副主任，国家开发银行国际金融局副局长、武汉分行行长、深圳分行党委书记、行长；现任中国人民保险集团股份有限公司党委委员、首席投资执行官。
王会娟	董事	女	51	2010年11月	国华能源投资有限公司	20.3528	曾任国家计委主任科员、副处长，国家开发银行技改司副处长、处长，中国爱地集团总经理助理，中远集团资产经营中心副主任，国华能源投资有限公司总经理助理、副总经理；现任该公司总经理、党委副书记。
张胜东	董事	男	56	2011年4月	兖矿集团有限公司	10.1764	曾任兖矿集团有限公司副总会计师兼财务处处长，兖矿集团有限公司副总会计师、财务部长兼财务公司筹备处主任，现任兖矿集团有限公司总经理助理、副总会计师兼财务部长、财务公司筹备处主任、结算中心主任、财务公司董事长。
张　毅	董事	男	41	2010年11月	永城煤电控股集团有限公司	5.0882	曾任永城煤电集团有限责任公司财务部副部长、部长、副总会计师、财务总监，永煤控股代总会计师、财务公司董事长、总会计师、党委常委、董事、总会计师，国龙投资董事长、财务公司董事长，河南煤业化工集团董事会秘书、董事；现任河南能源化工集团董事会秘书、董事。
赵荣哲	董事	男	48	2010年11月	中国中煤能源集团公司	3.3921	曾任中国统配煤矿总公司，煤炭工业部财劳司干部，中煤装备集团财务审计处副处长，现任中国中煤能源集团公司副总会计师、财务总部总经理。
尹新全	董事	男	56	2010年11月	盘江煤电(集团)有限责任公司	3.3921	曾任盘江矿务局火铺矿财务科干部，盘江矿务局财务处干部，盘江煤电(集团)公司财务部主任、副总会计师、董事会董事、总会计师，现任贵州盘江投资控股(集团)有限公司党委委员、总会计师。
赵海龙	董事	男	49	2010年11月	中国平煤神马能源化工集团有限责任公司	3.3921	曾任平顶山煤业(集团)有限责任公司会计、科长、内部银行行长、结算中心主任、处长、集团副总会计师、平煤集团总会计师，现任中国平煤神马集团总会计师、董事。
周语菡	董事	女	45	2013年6月	招商局中国基金有限公司	3.3297	曾任ASI公司项目发展副主任，美国全球网联公司高级财务分析员及咨询委员会委员、亚太区执行董事，中国国际海运集装箱(集团)股份有限公司担任南美项目组负责人，现任招商局中国投资管理有限公司董事总经理，招商局中国基金有限公司执行董事，上海第一财经传媒有限公司；广州珠江数码集团有限公司和北京东方银广文化传媒有限公司董事，江西世龙有限公司独立非执行董事。
王少华	董事	男	57	2010年11月			曾任煤炭管理干部学院干部，南方证券海口分公司总经理，中煤信托投资有限责任公司副总经理，现任中诚信托有限责任公司总经理，党委委员。

独立董事

姓名	职务	性别	年龄	选任日期	所推举的股东名称	该股东持股比例(%)	简要履历
杨化彭	独立董事	男	65	2010年11月			曾任大同矿务局财务处会计、副处长，中国统配矿总公司审计局副处长，中国煤矿工程机械装备集团公司副总经理，现任中国煤炭协会副会长、高级会计师。
杨胜刚	独立董事	男	48	2010年11月			曾任湖南理工学院讲师，湖南财经学院副教授、系主任，现任湖南大学金融学院院长、教授、博士生导师。
张晓森	独立董事	男	55	2010年11月			曾任中国政法大学副教授、系副主任，香港胡关李罗律师事务所中国法顾问，天达律师事务所合伙人，现任中咨律师事务所合伙人。

3.3 监事

监事会成员

姓名	职务	性别	年龄	选任日期	所推举的股东名称	该股东持股比例(%)	简要履历
连福忠	监事长	男	53	2010年11月	山西焦煤集团有限责任公司	2.5441	曾任西山煤电集团公司财务处副科长、科长；现任西山煤电集团公司财务处副处长、内部银行行长。

续表

姓 名	职 务	性别	年龄	选任日期	所推举的股东名称	该股东持股比例(%)	简 要 履 历
刘瑞生	监事	男	46	2010年11月	国华能源投资有限公司	20.3528	曾任国家审计署科员、主任科员，国华能源投资有限公司风险控制部副总经理、总经理、副总会计师兼风险控制部总经理；现任国华能源投资有限公司总经理助理兼风险控制部总经理。
王玉江	监事	男	50	2010年11月	冀中能源邢台矿业集团有限责任公司	3.3921	曾任邯郸矿务局王凤矿财务科科长，邯郸矿业集团有限公司结算中心主任，金牛能源有限责任公司产权资本运营部部长；现任冀中能源邢台矿业集团有限责任公司总会计师。
杨广玉	监事	男	45	2010年11月	山西潞安矿业（集团）有限责任公司	2.5441	曾任潞安矿业集团财务处会计科科长，潞安环能股份公司财务部副部长、部长、财务负责人；现任山西潞安矿业（集团）有限责任公司财务处处长。
俞建辉	监事	男	55	2010年11月	福建省能源集团有限责任公司	2.5441	曾任福建永定矿务局会计、科长，福建省煤炭工业总公司副处长、处长，福建省天湖山矿务局副局长、总会计师；现任福建省煤炭工业总公司，福建省能源集团有限责任公司审计处处长、副总审计师、改革与综合管理部经理。
王言彬	监事	男	57	2010年11月	淮北矿业（集团）有限责任公司	1.6961	曾任淮北矿业（集团）科长、副处长、处长、副总会计师；现任淮北矿业（集团）有限责任公司总会计师。
吉祥	监事	男	28	2013年2月	赤峰富龙热电股份有限公司	1.6283	曾任内蒙古兴业集团股份有限公司副总裁、副董事长；现任内蒙古兴业集团股份有限公司副总经理。
王桂华	监事	女	49	2010年11月	中诚信托有限责任公司职工代表		曾任煤炭科学研究总院财务处会计，中煤信托计财部会计、负责人、副总经理，现任中诚信托有限责任公司审计部总经理。
秦岭	监事	男	39	2011年10月	中诚信托有限责任公司职工代表		曾在西南证券有限责任公司工作；现任中诚信托有限责任公司信托业务总部总经理、中诚资本管理（北京）有限公司总经理。

3.4 高级管理人员

姓 名	职 务	性别	年龄	选任日期	金融从业年限	学历	专业
王少华	总经理	男	57	2002年3月13日	19	大本	财务与信用
刘成相	党委副书记	男	57	2013年6月13日	13	大本	会计
吴大永	副总经理	男	58	2002年3月13日	19	大本	金融
赵建平	纪委书记	男	49	2006年3月3日	10	研究生	经济
高 方	副总经理	男	55	2006年4月7日	29	大本	财务与信用
罗学东	副总经理	男	47	2011年10月17日	24	大本	金融
李振蓬	副总经理	女	41	2011年10月17日	15	硕士	投资管理

3.5 公司员工

项 目		报告期年度		上年度	
		人数	比例(%)	人数	比例(%)
年龄分布	25岁以下	6	2.7	6	3.37
	25~29岁	66	29.73	38	21.35
	30~39岁	107	48.19	97	54.49
	40岁以上	43	19.37	37	20.79
学历分布	博士	8	3.59	7	3.93
	硕士	134	60.09	104	58.43
	本科	76	34.08	63	35.39
	专科	5	2.24	4	2.25
	其他	0	0	0	0
岗位分布	董事、监事及高管人员	10	4.46	9	5.06
	自营业务人员	21	9.38	16	8.99
	信托业务人员	126	56.25	96	53.93
	其他人员	67	29.91	57	32.02

4. 经营管理

4.1 经营目标、方针、战略规划

4.1.1 经营目标

公司将坚持业务创新发展和内部基础建设并重，业务开展与风险管理并重，信托业务和固有业务并重，着力提升信托投资银行和资产管理能力，加快转型成为比较优势明显、核心业务较为突出、风险管理能力较强、盈利模式清晰、内部管理先进的专业资产管理机构，综合实力保持全国信托同业前五名；远期力争发展成为国内一流、具有一定国际影响力的财富管理机构。

4.1.2 经营方针

规范经营、专业理财、诚信服务、稳健发展。

4.1.3 战略规划

坚持稳健审慎的理念，提高投资管理能力和风险管理水平，创新信托业务和产品模式，构建多元化的资产管理产品体系；提升财富管理服务水平，为个人高净值客户和机构投资者提供个性化、专业化的综合金融服务和解决方案；继续保持行业领先优势，最大程度地实现受益人回报、股东回报和员工回报的多赢发展的格局。

在业务发展上,以培养资产管理能力和提升风险管理水平为核心,以提高盈利水平为导向,以持续的产品创新为突破,做大做强信托主业,稳健发展固有业务,坚持推进专业化分工,优化业务布局,在企业融资需求服务中成为优秀资产管理专家,通过向机构和高净值个人客户提供理财产品和资产管理服务过程中,成为机构和高净值个人客户的财富管理专家。

在内部管理上,牢固树立内控优先的理念,建立规范、高效的公司治理结构和内控体系,不断提高对各类风险的识别、防范和控制能力;大力加强信息管理系统的建设,提高管理效率,优化决策流程;高度重视专业化人才的引进和培养,建立有竞争力的薪酬激励机制,打造一支在行业内具有较高素养和精干高效的专业团队。

4.2 所经营业务的主要内容

4.2.1 自营资产运用与分布

资产运用	金额(万元)	占比(%)	资产分布	金额(万元)	占比(%)
货币资产	234 441.45	18.45	基础产业	23 261.83	1.83
贷款及应收款	700 864.88	55.17	房地产业	490 211.52	38.59
交易性金融资产	15 604.82	1.23	证券市场	39 212.58	3.09
可供出售金融资产	18 460.22	1.45	实业	106 484.02	8.38
持有至到期投资			金融机构	465 791.56	36.66
长期股权投资	276 426.01	21.76	其他	145 449.67	11.45
其他	24 613.80	1.94			
资产总计	1 270 411.18	100.00	资产总计	1 270 411.18	100.00

4.2.2 信托资产运用与分布

资产运用	金额(万元)	占比(%)	资产分布	金额(万元)	占比(%)
货币资产	1 666 620.84	4.67	基础产业	4 947 976.13	13.85
贷款	10 344 239.23	28.96	房地产	2 376 677.41	6.65
交易性金融资产	9 376 413.97	26.25	证券市场	8 641 619.90	24.19
可供出售金融资产	24 000.00	0.06	实业	10 064 751.85	28.18
持有至到期投资	—		金融机构	6 815 162.55	19.08
长期股权投资	4 692 352.64	13.14	其他	2 874 930.42	8.05
买入返售金融资产	—	0.00			
应收账款	9 617 481.18	26.92			
其他	10.40	0.00			
信托资产总计	35 721 118.26	100	信托资产总计	35 721 118.26	100

4.3 市场分析

4.3.1 有利因素

(1)金融改革深化带来的影响。十八届三中全会提出完善金融市场体系,促进国际国内要素有序自由流动,构建开放型经济新体制。这有利于发展民营金融机构、非银行金融机构,促进利率市场化和建立多层次的资本市场。金融脱媒的趋势进一步确立,实现金融资源市场化,这为信托业的发展创造了有利的环境。

(2)城镇化已成为未来十年的国家战略。广义基建的增长是推动我国经济和社会发展的重要力量,其中保障性安居工程、农业、重大水利、中西部铁路、节能环保、社会事业仍需要扩大投资,社会各方面对包括信托资金在内的资金需求仍然旺盛。在城镇化持续推进过程中,信托公司可以依托信托制度本源,积极探求城镇化过程中的新的业务开展方式,促进主动管理能力的提升。

(3)居民财富持续增长,信托市场潜力巨大。根据招商银行和贝恩公司的调查,2012 年中国个人持有的可投资资产总体规模达到 80 万亿元,年均复合增长率达到 14%。预计到 2013 年末,中国高净值人群数量将达 84 万人,高净值人群持有的可投资资产规模将达 27 万亿元。信托产品以其风险相对较低、收益稳健的特性,符合现阶段高净值人群的资产配置需求。随着更多的高净值人士关注高回报、多样化的资产配置形式,通过分散投资和追求稳健收益来规避市场波动带来的风险也成为越来越多投资者的共识。大多数信托产品由于具有类固定收益产品的特征,成为近两年的市场热点,在高净值人群的资产组合中占比上升显著,上升约 11 个百分点。

4.3.2 不利因素

(1)宏观经济环境并不乐观,经济增长速度放缓,利率上升总体基调确立。预计 2014 年 GDP 增速小幅下降至 7.5% 左右,经济整体下行与利率高企叠加,使得企业净利润水平与社会融资成本之间的空间进一步压缩,将造成企业借新还旧的压力。信托行业风险缓释手段将受到不利的外部环境的制约,项目违约则可能对信托公司产生重大冲击。

(2)信托行业风险积累的影响。跨入 10 万亿元时代的信托业资产投向过度集中于房地产、基础设施等产业,其中房地产周期对信托资产质量影响显著,中央加强地方政府债务风险管控也将使地方政府融资平台承压,同时随着利率市场化的推进,带动资金成本上升,部分信托机构单一客户融资占比相对较高,资产流动性相对较低,这在短期内对信托产品尤其是高风险类信托将带来一定的冲击。

(3)泛资产管理市场竞争加剧,逼迫信托加速转型。2012 年以来,中国证监会、中国保监会发布了一系列规章,支持证券公司、基金公司、私募证券管理公司、保险资产管理公司等机构开展资产管理业务,2013 年,中国银监会也推行了银行资产管理计划,成为泛资产管理时代最具实力的竞争者,我国资产管理领域进入多头竞争时代,信托制度优势已经被多类机构共享。

4.4 内部控制概况

4.4.1 内部控制环境和内部控制文化

完善的公司治理结构是内部控制环境建设的基础,公司已经按照法律规定和公司章程要求建立了以股东会、董事会、监事会以及经营管理层为核心的治理结构"三会一层"之间分工明确,职责清晰;内控体系设置明晰;内部审计工作独立运作,审计部依照国家有关法律法规、财务会计制度和公司内部规定,独立行使内部审计监督权,对公司董事长负责并报告工作;内控文化建设不断深化,公司倡导务实高效的风险管理文化,把诚信经营、合规经营作为内控文化的主旋律,并通过制度建设、员工培训、激励安排等方式将其融入日常工作和企业行为中,使恪守信用原则成为员工基本的职业道德和行为准则。

4.4.2 内部控制措施

4.4.2.1 严格实施授权审批控制

公司根据业务授权开展相关业务,董事会、管理层及公司业务人员都在业务权限范围内开展工作，对于重大决策、重要人事任免、重大项目安排和大额度资金运作等“三重一大”事项，坚持集体决策原则；对大额采购工作制定了专门制度，集体决策，分级管理，确保大额采购符合法律规定和公司相关制度要求。

4.4.2.2　建立岗位分离和资产隔离制度

岗位分离制度主要表现在：一是自营业务部门和信托业务部门单独设立，在管理上隶属于不同的公司主管领导，内部人员不相互兼岗；二是财务部门中会计、出纳岗位相互独立，且出纳不得兼顾稽核、会计档案保管等工作；三是业务开展与风险管理相互分离，各职能部门和流程设置明晰，前台、中台、后台既相互分离，又相互制约。资产隔离制度主要表现在：公司对自营业务和信托业务单独建账、独立核算，对公司信托业务的管理遵循“分类管理、专户核算”原则，每项信托业务都要单独设立账户和编制管理报告。

4.4.2.3　加强运营分析控制

公司管理层定期、不定期地根据风险控制部、计划财务部提交的有关报告，对公司运营情况及风险状况进行分析，制订相应解决方案并实施。为了应对经营中可能出现的突发事件，公司还专门制定了突发事件应急预案制度。

4.4.2.4　实施绩效考评控制

公司建立了科学的绩效考评制度，合理设定岗位系列，按照岗位职责、任职资格等进行职位价值评估，制定并完善了适合不同专业技术工作特点和岗位特点的考核指标体系。

4.4.3　信息交流与反馈

根据监管要求和规章制度规定，公司制定并实施了信息披露制度。在公司内部信息交流与反馈方面，公司根据内部组织之间的关系和各自的职责权限，建立了从上到下的授权流程和从下到上的汇报路径。根据国家有关法规和公司有关文件要求，公司建立了反舞弊机制，对于员工举报的潜在舞弊或违规行为，审计部、纪检监察部门都会及时跟进和调查，并在公司范围内建立并实施了投诉举报机制。

4.4.4　监督评价与纠正

公司建立了多层次的内控监督体系：监事会依法履行监督职能，对公司董事、高级管理层履职情况进行监督；审计部独立行使内部审计监督权；风险控制部等部门在对内部控制的实施情况进行持续监督的基础上，还会开展有针对性的专项检查，指出存在的问题提出整改意见和建议。

4.5　风险管理

4.5.1　风险管理概况

公司实施以项目管理为核心的风险管理战略，建立了以风险管理委员会、经营管理层、风险控制部为主线的风险管理组织体系，制定了以《风险管理办法》为核心的风险管理规章制度，遵循全面、审慎、及时、有效和独立性的风险管理原则，将风险管理贯穿到公司前台、中台以及后台的各个环节，并根据业务类别制定相应的风险控制措施，形成了“事前防范、事中控制、事后评价”的风险管理机制，逐步形成了体现“稳健、审慎”经营理念的风险管理文化。

4.5.2　风险状况

公司经营活动中面临的风险主要有：合规风险、信用风险、市场风险、操作风险及其他风险等。

4.5.2.1　合规风险状况

合规风险是指公司因没有遵守法律、法规和准则而可能遭受法律制裁、监管处罚，从而给公司发展带来重大损失的风险。监管部门不仅持续关注信托公司在房地产、信政等领域的业务风险，提出规范性要求，还通过净资本管理加强对信托公司的资本约束。

4.5.2.2　信用风险状况

信用风险是公司面临的主要风险之一，如果交易对手不按期履行合约义务，或因经营不善、资金周转不灵甚至恶意欺诈等原因而给信托财产或公司财产的造成损失的风险。政府宏观调控力度进一步加大，经济增速下降，使部分交易对手流动性困难，导致交易对手的履约能力下降，从而使公司业务开展面临一定风险。

4.5.2.3　市场风险状况

市场风险是指由于市场价格的波动而给信托财产或公司财产带来损失的可能性，常见的风险表现形式包括利率风险、证券价格波动风险、商品价格波动风险和汇率风险等。如果利率变化与公司预期相反，将对公司的贷款以及收益产生不利的影响；证券价格、商品价格下跌会对公司相关项目担保物价值带来不利的影响；汇率变化也可能使公司外汇资本金发生减值的风险。

4.5.2.4　操作风险状况

操作风险是指在经营管理过程中，由于内控机制不健全、内部业务操作程序不完善或操作系统发生故障，从而给公司经营带来隐患的风险。同时，在业务开展过程中，业务人员未能充分获得准确的市场信息，不熟悉市场交易涉及的法律法规，或者工作失误和效率低下都可能会产生操作风险。

4.5.2.5　其他风险状况

其他风险主要还有法律风险、声誉风险等。法律风险是由于公司在经营过程中，因为无法满足或违反法律要求，导致不能履行合同而发生争议、诉讼或其他法律纠纷，可能给公司或投资人造成经济损失的风险。声誉风险主要是指由于公司经营、管理及其他行为或外部事件导致利益相关方对公司负面评价的风险。

4.5.3　风险管理

4.5.3.1　合规风险管理

公司通过宣传并解读监管政策和对员工的法规培训，来营造良好的合规文化氛围，提高全体员工防范风险的意识；结合监管部门要求和实际情况，修改完善内部制度规定，搭建了董事会—经营管理层—风险控制部—合规岗四个层次的合规管理组织体系；根据监管规定，制定了净资本管理的相关制度，成立了净资本管理委员会，按年度制订净资本配置方案，对公司净资本管理指标进行动态监督；继续加强业务的合规管理和项目的合规性审查。

4.5.3.2　信用风险管理

公司不断完善项目评审相关制度，优化项目评审流程，加强对员工业务能力的培训，提高项目甄别和筛选能力；重视对交易对手经营状况、资信状况的尽职调查，审慎选择交易对手；继续加强对项目前期风险评估工作，强化对项目运行管理的监督力度，严格审查项目资金使用，逐步推行按风险等级分类对项目运行进行管理，加大对重点项目进行监督检查力度，并建立风险预警制度，有效地防范信用风险。

4.5.3.3 市场风险管理

公司通过设置合理的交易结构，在资金放贷中引入浮动利率机制，实现对风险的有效对冲和补偿，以规避市场风险；通过加强对证券投资产品单位净值、抵（质）押物价格变化的日常监控，以防范市场价格波动带来的风险；定期对房地产业务进行压力测试，分析在不同风险程度下房地产项目的抗风险能力，从而及时发现并预防市场风险；合理配置外汇资产，防范汇率波动给公司外汇资本金带来的市场风险。

4.5.3.4 操作风险管理

公司定期对业务操作流程进行修订和完善，以业务流程为主线，不断完善前台、中台、后台的内部控制体系，对重要的业务环节，实行双人双岗复核、审批；及时对业务管理系统和证券交易系统进行升级，更新相关数据，同时加强对新员工在制定合同文本、熟悉业务流程等方面的培训，有效防范操作风险；重视项目的抵押担保手续办理工作，要求风险控制部人员参与办理担保相关手续。

4.5.3.5 其他风险管理

法律风险管理方面，公司高度重视法律风险的防范，数次修订《合同管理办法》，定期对合同文本进行更新，不断加强对合同的审查力度；公司聘请外部律师对重大项目出具法律意见，从业务源头和操作环节防范和化解法律风险。

声誉风险管理方面，公司及时向投资者和监管层进行信息披露，持续关注新闻舆情，还借助信托业协会的《信托资讯》、《每日舆情》等做好舆情监测，就重点事件积极采取应对措施，防范和化解声誉风险。

5. 报告期末及上一年度末的比较式会计报表

5.1 自营资产

5.1.1 会计师事务所审计意见全文

审 计 报 告

中准审字[2014]1094号

中诚信托有限责任公司董事会：

我们审计了后附的中诚信托有限责任公司财务报表，包括2013年12月31日的资产负债表，2013年度的利润表、现金流量表和所有者权益变动表以及财务报表附注。

一、管理层对财务报表的责任

编制和公允列报财务报表是中诚信托有限责任公司管理层的责任，这种责任包括：（1）按照企业会计准则的规定编制财务报表，并使其实现公允反映；（2）设计、执行和维护必要的内部控制，以使财务报表不存在由于舞弊或错误导致的重大错报。

二、注册会计师的责任

我们的责任是在实施审计工作的基础上对财务报表发表审计意见。我们按照中国注册会计师审计准则的规定执行了审计工作。中国注册会计师审计准则要求我们遵守职业道德规范，计划和实施审计工作以对财务报表是否不存在重大错报获取合理保证。

审计工作涉及实施审计程序，以获取有关财务报表金额和披露的审计证据。选择的审计程序取决于注册会计师的判断，包括对由于舞弊或错误导致的财务报表重大错报风险的评估。在进行风险评估时，我们考虑与财务报表编制相关的内部控制，以设计恰当的审计程序，但目的并非对内部控制的有效性发表意见。审计工作还包括评价管理层选用会计政策的恰当性和作出会计估计的合理性，以及评价财务报表的总体列报。

我们相信，我们获取的审计证据是充分、适当的，为发表审计意见提供了基础。

三、审计意见

我们认为，中诚信托有限责任公司财务报表在所有重大方面按照企业会计准则的规定编制，公允反映了中诚信托有限责任公司2013年12月31日的财务状况以及2013年度的经营成果和现金流量。

中准会计师事务所有限公司　　中国注册会计师：田　雍

中国注册会计师：王　健

中国·北京　　二〇一三年四二十五日

5.1.2 资产负债表

资产负债表

编制单位：中诚信托有限责任公司　　2013年12月31日　　单位：万元

项　目	期末余额	期初余额	项　目	期末余额	期初余额
资产			负债		
现金及银行存款	234 441.45	194 229.93	应付职工薪酬	81 215.75	74 419.12
交易性金融资产	15 604.82	64 551.22	应交税费	36 804.38	37 428.30
买入返售金融资产	14 740.23	15 000.32	预收及应付手续费及佣金	434.81	38.24
预付款项	18.05		其他应付款	39 790.85	36 433.48
应收利息	1 301.73	1 528.78	递延所得税负债	7 729.36	7 177.32
应收手续费及佣金	37 429.65	32 671.74	负债合计	165 975.15	155 496.46
其他应收款	12 246.66	24 606.05	所有者权益（或股东权益）：		
应收款项类金融资产	356 403.10	254 059.22	实收资本（或股本）	245 666.67	245 666.67
发放贷款和垫款	278 725.45	288 575.45	其中：国有资本		
可供出售金融资产	18 460.22	15 676.33	国有法人资本	224 624.99	224 624.99

续表

项　目	期末余额	期初余额	项　目	期末余额	期初余额
长期股权投资	276 426.01	246 617.95	外商资本	8 180.00	8 180.00
固定资产	2 087.97	2 407.52	资本公积	262 310.79	261 523.92
无形资产	335.69	407.18	盈余公积	100 609.06	82 108.68
长期待摊费用	48.27	192.22	一般风险准备	43 272.82	34 022.63
递延所得税资产	22 141.88	19 601.27	未分配利润	452 576.69	381 306.82
其他资产			外币报表折算差额		
			所有者权益（或股东权益）合计	1 104 436.03	1 004 628.72
资产总计	1 270 411.18	1 160 125.18	负债和所有者权益（或股东权益）总计	1 270 411.18	1 160 125.18

法定代表人：邓红国　　主管会计工作负责人：丛雪萍　　制表人：吴静玲

5.1.3 利润表

利润表

编制单位：中诚信托有限责任公司　　2013 年度　　单位：万元

项　目	本期金额	上期金额
一、营业收入	306 503.44	269 293.99
（一）利息净收入	58 272.88	60 021.74
利息收入	58 272.88	60 021.74
利息支出		
（二）手续费及佣金净收入	180 805.64	155 883.86
手续费及佣金收入	181 464.98	158 407.89
手续费及佣金支出	659.34	2 524.03
（三）投资收益（损失以"－"号填列）	67 649.01	50 835.76
其中：对联营企业和合营企业的投资收益	32 005.08	24 468.89
（四）公允价值变动收益（损失以"－"号填列）	-270.77	2 451.79
（五）其他收入	46.68	100.84
汇兑收益（损失以"－"号填列）	-87.84	1.02
其他业务收入	134.52	99.82
二、营业支出	69 589.26	63 215.91
（一）营业税金及附加	14 982.16	13 236.09
（二）业务及管理费	47 361.22	44 722.36
（三）资产减值损失或呆账损失（转回金额以"－"号填列）	7 245.88	5 257.46
（四）其他业务成本		
三、营业利润（亏损以"－"号填列）	236 914.18	206 078.08
加：营业外收入	60.63	35.76
减：营业外支出	152.37	72.32
四、利润总额（亏损以"－"号填列）	236 822.44	206 041.52
减：所得税费用	51 818.67	45 312.89
五、净利润（亏损以"－"号填列）	185 003.77	160 728.63
六、每股收益：		
（一）基本每股收益（元）	0.75	0.65
（二）稀释每股收益（元）	0.75	0.65
七、其他综合收益	786.88	2 301.16
八、综合收益总额	185 790.65	163 029.79

法定代表人：邓红国　　主管会计工作负责人：丛雪萍　　制表人：吴静玲

5.1.4 所有者权益变动表

所有者权益变动表

编制单位：中诚信托有限责任公司　　2013 年度　　单位：万元

项　目	本年金额						上年金额					
	实收资本（或股本）	资本公积	盈余公积	一般风险准备	未分配利润	所有者权益合计	实收资本（或股本）	资本公积	盈余公积	一般风险准备	未分配利润	所有者权益合计
一、上年年末余额	245 666.67	261 523.92	82 108.68	34 022.63	381 306.82	1 004 628.72	245 666.67	259 222.75	66 035.82	25 986.20	281 537.49	878 448.93
加：会计政策变更												
前期差错变更												
二、本年年初余额	245 666.67	261 523.92	82 108.68	34 022.63	381 306.82	1 004 628.72	245 666.67	259 222.75	66 035.82	25 986.20	281 537.49	878 448.93
三、本年增减变动金额（减少以"－"号填列）		786.87	18 500.38	9 250.19	71 269.87	99 807.31		2 301.17	16 072.86	8 036.43	99 769.33	126 179.79
（一）净利润					185 003.77	185 003.77					160 728.62	160 728.62
（二）其他综合收益		786.87				786.87		2 301.17				2 301.17
1. 可供出售金融资产公允价值变动净额		2 471.71				2 471.71		380.84				380.84
（1）计入所有者权益的金额		2 451.94				2 451.94		435.78				435.78
（2）转入当期损益的金额		19.77				19.77		-54.94				-54.94
2. 现金流量套期工具公允价值变动净额												
3. 权益法下被投资单位其他所有者权益变动的影响		-1 066.91				-1 066.91		2 015.54				2 015.54
4. 与计入所有者权益项目相关的所得税影响		-617.93				-617.93		-95.21				-95.21
5. 其他												
上述（一）和（二）小计		786.87			185 003.77	185 790.64		2 301.17			160 728.62	163 029.79
（三）所有者投入和减少资本												
（四）利润分配			18 500.38	9 250.19	-113 733.90	-85 983.33			16 072.86	8 036.43	-60 959.29	-36 850.00
1. 提取盈余公积			18 500.38		-18 500.38				16 072.86		-16 072.86	
2. 提取一般风险准备				9 250.19	-9 250.19					8 036.43	-8 036.43	
3. 对所有者（或股本）的分配					-85 983.33	-85 983.33					-36 850.00	-36 850.00
4. 其他												
（五）信托赔偿准备弥补信托项目亏损												
（六）所有者权益内部结转												
四、本年年末余额	245 666.67	262 310.79	100 609.06	43 272.82	452 576.69	1 104 436.03	245 666.67	261 523.92	82 108.68	34 022.63	381 306.82	1 004 628.72

法定代表人：邓红国　　主管会计工作负责人：丛雪萍　　制表人：吴静玲

5.2 合并报告

5.2.1 会计师事务所审计意见全文

审 计 报 告

中准审字[2014]1143 号

中诚信托有限责任公司董事会：

我们审计了后附的中诚信托有限责任公司财务报表，包括2013年12月31日的合并及母公司资产负债表，2013年度的合并及母公司利润表、合并及母公司现金流量表和合并及母公司所有者权益变动表以及财务报表附注。

一、管理层对财务报表的责任

编制和公允列报财务报表是中诚信托有限责任公司的管理层的责任，这种责任包括：(1)按照企业会计准则的规定编制财务报表，并使其实现公允反映；(2)设计、执行和维护必要的内部控制，以使财务报表不存在由于舞弊或错误导致的重大错报。

二、注册会计师的责任

我们的责任是在执行审计工作的基础上对财务报表发表审计意见。我们按照中国注册会计师审计准则的规定执行了审计工作。中国注册会计师审计准则要求我们遵守中国注册会计师职业道德守则，计划和执行审计工作以对财务报表是否不存在重大错报获取合理保证。

审计工作涉及实施审计程序，以获取有关财务报表金额和披露的审计证据。选择的审计程序取决于注册会计师的判断，包括对由于舞弊或错误导致的财务报表重大错报风险的评估。在进行风险评估时，注册会计师考虑与财务报表编制和公允列报相关的内部控制，以设计恰当的审计程序，但目的并非对内部控制的有效性发表意见。审计工作还包括评价管理层选用会计政策的恰当性和作出会计估计的合理性，以及评价财务报表的总体列报。

我们相信，我们获取的审计证据是充分、适当的，为发表审计意见提供了基础。

三、审计意见

我们认为，中诚信托有限责任公司财务报表在所有重大方面按照企业会计准则的规定编制，公允反映了中诚信托有限责任公司2013年12月31日的合并及母公司财务状况以及2013年度的合并及母公司经营成果和合并及母公司现金流量。

中准会计师事务所有限公司　　中国注册会计师：田　雍

中国注册会计师：王　健

中国·北京　　二〇一四年四月二十五日

5.2.2 合并资产负债表

编制单位：中诚信托有限责任公司　　2013年12月31日　　单位：万元

资　　产	期末余额	年初余额	负债和所有者权益（或股东权益）	期末余额	年初余额
流动资产：			流动负债：		
货币资金	248 890.80	214 030.97	应付账款	18.69	480.03
交易性金融资产	18 904.82	64 551.22	预收款项	705.66	88.19
应收账款	38 292.46	33 182.01	应付手续费及佣金	0.00	0.00
预付款项	125.77	63.50	应付职工薪酬	81 869.01	74 565.32
应收利息	1 301.73	1 528.78	应交税费	38 724.47	37 743.38
其他应收款	7 742.84	9 140.80	其他应付款	41 454.61	39 457.01
买入返售金融资产	14 740.23	15 000.32	其他流动负债		
存货	69.92	62.76	流动负债合计	162 772.44	152 333.93
其他流动资产		0.00	非流动负债：		
流动资产合计	330 068.57	337 560.36	长期应付款	4 250.00	4 750.00
非流动资产：			递延所得税负债	7 729.36	7 177.32
发放货款及垫款	278 725.45	288 575.45	其他非流动负债		
可供出售金融资产	22 141.25	16 926.34	非流动负债合计	11 979.36	11 927.32
持有至到期投资			负债合计	174 751.80	164 261.25
应收款项类金融资产	356 403.10	257 559.22	所有者权益（或股东权益）：		
长期股权投资	236 779.26	207 522.06	实收资本（或股本）	245 666.67	245 666.67
投资性房地产	33 421.84	34 842.50	资本公积	262 322.39	261 523.92
固定资产	10 233.43	10 751.66	盈余公积	100 609.06	82 108.68
无形资产	359.25	408.41	一般风险准备	43 272.82	34 022.63
商誉	68.54	22.02	未分配利润	460 849.90	384 269.31
长期待摊费用	287.80	369.05	外币报表折算差额	-64.90	-3.10
递延所得税资产	21 999.32	19 417.09	归属于母公司所有者权益合计	1 112 655.94	1 007 588.11
其他非流动资产			少数股东权益	3 080.07	2 104.80
非流动资产合计	960 419.24	836 393.80	所有者权益合计	1 115 736.01	1 009 692.91
资产总计	1 290 487.81	1 173 954.16	负债和所有者权益总计	1 290 487.81	1 173 954.16

法定代表人：邓红国　　主管会计工作负责人：丛雪萍　　制表人：吴静玲

5.2.3 合并利润表

合并利润表

编制单位：中诚信托有限责任公司　　2013 年度　　单位：万元

项　　目	本年金额	上年金额
一、营业收入	252 904.80	226 589.03
其中：营业收入	6 176.42	5 773.56
利息收入	58 480.47	60 229.58
已赚保费		
手续费及佣金收入	188 247.91	160 585.89
二、营业总成本	81 589.55	72 311.05
其中：营业成本	1 993.94	2 059.93
利息支出		
手续费及佣金支出	659.34	2 524.03
退保金		
赔付支出净额		
提取保险责任准备金净额		
保单红利支出		
分保费用		
营业税金及附加	16 485.11	14 154.46
销售费用	6.37	104.20
管理费用	55 039.06	48 279.29
财务费用	1.96	2.57
资产减值损失	7 403.77	5 186.57
加：公允价值变动收益（损失以"—"号填列）	−270.77	2 451.79
投资收益（损失以"—"号填列）	73 100.28	51 110.74
其中：对联营企业和合营企业的投资收益	32 005.08	24 468.89
汇兑收益（损失以"—"号填列）	−88.32	0.91
三、营业利润（亏损以"—"号填列）	244 056.44	207 841.42
加：营业外收入	80.88	63.03
减：营业外支出	154.22	77.67
其中：非流动资产处置损失	4.19	0.76
四、利润总额（亏损总额以"—"号填列）	243 983.10	207 826.78
减：所得税费用	53 483.35	45 916.91
五、净利润（净亏损以"—"号填列）	190 499.75	161 909.87
归属于母公司所有者的净利润	190 314.49	162 130.48
少数股东损益	185.26	−220.61
六、每股收益：		
（一）基本每股收益	0.77	0.66
（二）稀释每股收益	0.77	0.66
七、其他综合收益	734.96	2 295.09
八、综合收益总额	191 234.71	164 204.96
归属于母公司所有者的综合收益总额	191 051.16	164 428.54
归属于少数股东的综合收益总额	183.55	−223.58

法定代表人：邓红国　　主管会计工作负责人：丛雪萍　　制表人：吴静玲

5.2.4 合并所有者权益变动表

合并所有者权益变动表

编制单位：中诚信托有限责任公司　　2013 年　　单位：万元

项目	本年金额								上年金额							
	归属于母公司所有者权益						少数股东权益	所有者权益合计	归属于母公司所有者权益						少数股东权益	所有者权益合计
	实收资本（或股本）	资本公积	盈余公积	一般风险准备	未分配利润	其他			实收资本（或股本）	资本公积	盈余公积	一般风险准备	未分配利润	其他		
一、上年年末余额	245 666.67	261 523.92	82 108.68	34 022.63	384 269.31	-3.10	2 104.80	1 009 692.91	245 666.67	259 222.75	66 035.82	25 986.20	283 098.12		1 153.22	881 162.78
加：会计政策变更																
前期差错变更																
二、本年年初余额	245 666.67	261 523.92	82 108.68	34 022.63	384 269.31	-3.10	2 104.80	1 009 692.91	245 666.67	259 222.75	66 035.82	25 986.20	283 098.12		1 153.22	881 162.78
三、本年增减变动金额（减少以"-"号填列）		798.47	18 500.38	9 250.19	76 580.59	-61.80	975.27	106 043.10		2 301.17	16 072.86	8 036.43	101 171.19	-3.10	951.58	128 530.13
（一）净利润					190 314.49		185.26	190 499.75					162 130.48		-220.61	161 909.87
（二）其他综合收益		798.47				-61.80	-1.71	734.96		2 301.17				-3.10	-2.98	2 295.09
1. 可供出售金融资产公允价值变动净额		2 471.71						2 471.71		380.84						380.84
计入所有者权益的金额		2 451.94						2 451.94		435.78						435.78
转入当期损益的金额		19.77						19.77		-54.94						-54.94
2. 现金流量套期工具公允价值变动净额																
3. 权益法下被投资单位其他所有者权益变动的影响		-1 055.31						-1 055.31		2 015.54						2 015.54
4. 与计入所有者权益项目相关的所得税影响		-617.93						-617.93		-95.21						-95.21
5. 其他						-61.80	-1.71	-63.51						-3.10	-2.98	-6.08
上述（一）和（二）小计		798.47			190 314.49	-61.80	183.55	191 234.71		2 301.17			162 130.48	-3.10	-223.59	164 204.96
（三）所有者投入和减少资本							791.72	791.72							1 175.17	1 175.17
（四）利润分配			18 500.38	9 250.19	-113 733.90			-85 983.33			16 072.86	8 036.43	-60 959.29			-36 850.00
1. 提取盈余公积			18 500.38		-18 500.38						16 072.86		-16 072.86			
2. 提取一般风险准备				9 250.19	-9 250.19							8 036.43	-8 036.43			
3. 对所有者（或股本）的分配					-85 983.33			-85 983.33					-36 850.00			-36 850.00
4. 其他																
（五）信托赔偿准备弥补信托项目亏损																
（六）所有者权益内部结转																
四、本年年末余额	245 666.67	262 322.39	100 609.06	43 272.82	460 849.90	-64.90	3 080.07	1 115 736.01	245 666.67	261 523.92	82 108.68	34 022.63	384 269.31	-3.10	2 104.80	1 009 692.91

法定代表人：邓红国　　主管会计工作负责人：丛雪萍　　制表人：吴静玲

5.3 信托资产

5.3.1 信托项目资产负债汇总表

信托项目资产负债汇总表

编制单位：中诚信托有限责任公司　　2013年12月31日　　单位：万元

资　　产	行次	期末余额	期初余额	负债和所有者权益	行次	期末余额	期初余额
信托资产：				信托负债：			
银行存款	1	1 666 620.84	1 012 373.55	应付受托人报酬	18	36 035.23	16 842.93
交易性金融资产	2	9 376 413.97	9 830 047.34	应付受益人收益	19	1 544.10	4 384.27
买入返售金融资产	3			应付托管费	20	231.56	2 177.61
应收账款	4	9 617 481.18	3 432 713.76	应交税费	21	524.71	741.32
应收利息	5		62.59	其他应付款	22	86 224.43	157 864.49
拆出资金	6						
其他应收款	7	10.40	180.23	信托负债合计	23	124 560.03	182 010.62
贷款	8	10 344 239.23	8 667 905.86				
持有至到期投资	9						
可供出售金融资产	10	24 000.00	600 308.67	信托权益：			
长期股权投资	11	4 692 352.64	3 593 154.55	实收信托	24	35 681 506.55	26 784 960.16
固定资产	12			资本公积	25	1 043.16	1 249.62
在建工程	13			未分配利润	26	-85 991.48	168 526.15
无形资产	14			信托权益合计	27	35 596 558.23	26 954 735.93
长期待摊费用	15						
其他资产	16						
资产总计	17	35 721 118.26	27 136 746.55	负债和所有者权益合计	28	35 721 118.26	27 136 746.55

5.3.2 信托项目利润及利润分配汇总表

信托项目利润及利润分配表

2013年度

编制单位：中诚信托有限责任公司　　单位：万元

项　　目	行次	本年金额	上年金额
一、营业收入	1	1 748 931.52	1 742 108.49
利息收入	2	899 890.78	748 011.84
投资收益	3	583 689.09	561 473.54
公允价值变动损益	4	-278 250.39	51 357.34
租赁收入	5		
其他业务收入	6	545 349.24	383 201.95
汇兑损益	7	-1 747.20	-1 936.18
二、手续费及佣金支出			
三、业务及管理费	8	285 903.69	233 286.70
四、营业税金及附加	9	1 964.25	2 182.01
五、扣除财产损失前的信托利润	10	1 461 063.58	1 506 639.78
加：以前年度损益调整			
六、扣除资产损失后的信托利润	11	1 461 063.58	1 506 639.78
加：期初未分配信托利润	12	168 526.15	24 078.16
七、可供分配的信托利润	13	1 629 589.73	1 530 717.94
减：本期已分配的信托利润	14	1 715 581.21	1 362 191.79
八、期末未分配利润	15	-85 991.48	168 526.15

6. 会计报表附注

6.1 会计报表编制基准不符合会计核算基本前提的说明

6.1.1 会计核算基本前提的说明

公司以持续经营为基础，根据实际发生的交易和事项，按照《企业会计准则——基本准则》和其他各项具体会计准则、应用指南及准则解释的规定进行确认和计量，在此基础上编制财务报表。

公司所编制的会计报表符合企业会计准则的要求，真实、完整地反映了公司的财务状况、经营成果、股东权益变动和现金流量等有关信息。

6.1.2 编制合并会计报表的说明

本期本公司将所有控股公司纳入合并会计报表范围。

公司名称	业务性质	注册地	注册资本（万元）	公司持有的权益性资本的比例（%）	关联方关系
北京三侨物业管理有限责任公司	物业管理	北京市东城区安外大街2号	25 000.00	100.00	全资子公司
北京安贞大厦物业管理有限责任公司	物业管理	北京市东城区安外大街2号	1 000.00	100.00	三侨物业全资子公司
中诚宝捷思货币经纪有限公司	境内外外汇、货币、债券、衍生品市场交易	北京市西城区太平桥大街18号1008-1009室	5 000.00	67.00	控股子公司
中诚资本管理（北京）有限公司	项目投资、资本管理	北京市平谷区平谷镇林荫北街13号1栋8层802室	10 000.00	100.00	全资子公司

公司本期新增纳入合并范围的控股公司为中诚国际资本有限公司的全资子公司深圳前海中诚股权投资基金管理有限公司，公司对已无控制权的北京中诚稳进投资管理中心（有限合伙）不再纳入本期合并范围内。期末纳入合并范围的控股子公司为北京三侨物业管理有限责任公司（简称三侨物业）、北京安贞大厦物业管理有限责任公司（该公司为三侨物业的全资子公司）、中诚宝捷思货币经纪有限公司、中诚资本管理（北京）有

限公司（简称中诚资本）、中诚国际资本有限公司（简称中诚国际）、深圳前海中诚股权投资基金管理有限公司（该公司为中诚国际的全资子公司）。

6.1.3 重要会计政策和会计估计说明

公司自2008年1月1日起执行财政部2006年2月15日颁布的《企业会计准则——基本准则》（财会[2006]3号）及其后续规定。

6.2 或有事项说明

单位：万元

或有事项	期初数	期末数
对外担保	5 000	6 000

除上述担保事项外，本公司无其他或有事项。公司所有的担保业务均采取了相应的反担保措施，公司不存在代偿风险。

6.3 重要资产转让及其出售的说明

本年公司无重要资产转让及出售事项。

6.4 会计报表中重要事项的明细资料

6.4.1 披露自营资产经营情况

6.4.1.1 按信用风险五级分类的结果披露资产的期初数、期末数

信用风险资产五级分类	正常类（万元）	关注类（万元）	次级类（万元）	可疑类（万元）	损失类（万元）	信用风险资产合计（万元）	不良资产合计（万元）	不良资产率（%）
期初数	359 604.65	7 709.19				367 313.83		
期末数	345 847.12			7 709.19		353 556.30	7 709.19	2.18

注：不良资产合计 ＝ 次级类＋可疑类＋损失类。

6.4.1.2 各项资产减值损失准备的期初、本期计提、本期转回、本期核销、期末数

单位：万元

	期初数	本期计提	本期转回	本期核销	期末数
贷款损失准备	4 394.55	-150.00			4 244.55
一般准备					
专项准备	4 394.55	-150.00			4 244.55
其他资产减值准备					
可供出售金融资产减值准备	4 997.83	1 767.63		1 849.88	4 915.58
持有至到期投资减值准备					
长期股权投资减值准备	2 591.60				2 591.60
坏账准备	4 649.17	5 628.25			10 277.42
投资性房地产减值准备					

6.4.1.3 自营股票投资、基金投资、债券投资、股权投资等投资业务的期初数、期末数

单位：万元

	自营股票	基金	债券	长期股权投资	其他投资	合计
期初数	19 758.24	59 156.84	1 312.47	246 617.95	254 059.22	580 904.72
期末数	18 679.54	13 212.58	2 172.92	276 426.01	356 403.10	666 894.15

6.4.1.4 按投资入股金额排序，前三名的自营长期股权投资的企业名称，占被投资企业权益的比例，主要经营活动及投资收益情况

企业名称	占被投资企业权益的比例（%）	主要经营活动	投资收益（万元）
1. 嘉实基金管理有限公司	40.00	基金管理	25 479.08
2. 国都证券有限责任公司	15.35	证券服务	5 928.17
3. 北京三侨物业管理有限责任公司	100.00	物业管理	

注：投资损益是指按照《企业会计准则——基本准则》规定，核算股权投资确认损益并计入披露年度利润表的金额。

6.4.1.5 前三名的自营贷款的企业名称，占贷款总额的比例和还款情况

企业名称	占贷款总额的比例（%）	还款情况
1. 北京市八仙房地产开发有限责任公司	42.41	正常
2. 福建顺华置业发展有限公司	22.97	正常
3. 重庆金阳房地产开发有限公司	15.90	正常

6.4.1.6 表外业务的期初数、期末数，按照代理业务担保业务和其他类型表外业务分别披露

单位：万元

表外业务	期初数	期末数
担保业务	5 000.00	6 000.00
代理业务（委托业务）		
其他		
合计	5 000.00	6 000.00

注：本公司无因客观原因应规范而尚未完成规范的历史遗留委托业务。

6.4.1.7 公司当年的收入结构

收入结构	母公司		合并	
	金额（万元）	占比（%）	金额（万元）	占比（%）
手续费及佣金收入	181 464.98	59.07	188 247.91	57.79
其中：信托手续费收入	149 818.40	48.77	149 818.40	46.00
投资银行业务收入				
利息收入	58 272.89	18.97	58 480.47	17.95
其他业务收入	46.68	0.01	6 088.10	1.87
其中：计入信托业务收入部分				
投资收益	67 649.01	22.02	73 100.28	22.44
其中：股权投资收益	32 317.58	10.52	32 317.58	9.92
证券投资收益	6 176.68	2.01	6 386.03	1.96
其他投资收益	29 154.75	9.49	34 396.67	10.56
公允价值变动收益	-270.77	-0.09	-270.77	-0.08
营业外收入	60.63	0.02	80.88	0.03
收入合计	307 223.41	100.00	325 726.87	100.00

6.4.2 **披露信托资产管理情况**

6.4.2.1 信托资产的期初数、期末数

单位:万元

信托资产	期初数	期末数
集合	4 540 849.46	5 145 954.93
单一	21 106 744.42	26 806 920.45
财产权	1 489 152.67	3 768 242.88
合计	27 136 746.55	35 721 118.26

6.4.2.1.1 主动管理型信托业务的信托资产期初数、期末数

单位:万元

主动管理型信托资产	期初数	期末数
证券投资类	4 853 175.2	4 406 904.23
股权投资类	1 481 192.78	1 583 899.78
融资类	10 778 526.80	8 061 729.22
事务管理类	609 667.71	806 153.84
合计	17 722 562.49	14 858 687.07

6.4.2.1.2 被动管理型信托业务的信托资产期初数、期末数

单位:万元

被动管理型信托资产	期初数	期末数
证券投资类	6 244 377.18	11 394 522.33
股权投资类	131 364.56	67 560.17
融资类	2 166 652.88	7 114 396.57
事务管理类	871 789.44	2 285 952.12
合计	9 414 184.06	20 862 431.19

6.4.2.2 本年度已清算结束的信托项目个数、实收信托合计金额、加权平均实际年化收益率

6.4.2.2.1 本年度已清算结束的集合类,单一类资金信托项目和财产管理类信托项目数量、合计金额、加权平均实际年化收益率

已清算结束信托项目	项目个数	实收信托合计金额(万元)	加权平均实际年化收益率(%)
集合类	54	3 187 797.00	6.78
单一类	211	9 570 010.11	4.51
财产管理类	13	169 865.70	8.00

6.4.2.2.2 本年度已清算结束的主动管理型信托项目个数、实收信托合计金额、加权平均实际年化收益率

已清算结束信托项目	项目个数	实收信托合计金额(万元)	加权平均实际年化收益率(%)
证券投资类	10	437 000.00	10.98
股权投资类	23	1 106 939.52	7.42
融资类	157	5 757 244.00	6.93
事务管理类	10	55 865.70	4.08

6.4.2.2.3 本年度已清算结束的被动管理型信托项目个数、实收信托合计金额、加权平均实际年化收益率

已清算结束信托项目	项目个数	实收信托合计金额(万元)	加权平均实际年化收益率(%)
证券投资类	13	3 342 538.05	0.52
股权投资类	2	91 329.00	-18.02
融资类	60	1 657 038.04	6.37
事务管理类	3	479 718.50	4.92

6.4.2.3 本年度新增的集合类、单一类资金信托项目和财产管理类信托项目数量、实收信托合计金额

新增信托项目	项目个数	实收信托合计金额(万元)
单一类	282	15 272 652.40
集合类	40	4 318 680.46
财产管理类	44	2 573 542.56
新增合计	366	2 2164 875.42
其中:主动管理型	100	5 101 934.02
被动管理型	266	17 062 941.40

6.4.2.4 信托业务创新成果和特色业务有关情况

(1)2013年12月,中诚信托作为受托人和发行人,在银行间市场成功发行民生银行"民生2013年第一期信贷资产支持证券",发行总金额13.67亿元。该证券化产品入池基础资产均为优质中小微企业贷款,属SME CLO(中小企业信贷资产证券化)产品,在国内已经发行的信贷资产证券化产品中尚属首例。

(2)中诚信托牵头完成了中国信托业协会《信托公司风险缓释机制研究》课题,从信用风险、操作风险、市场风险等不同风险类型的角度系统梳理了信托业务管理中引入不同的缓释机制安排,提升信托公司风险管理能力 同时就构建信托稳定基金、加强净资本动态调整等行业风险缓释机制建设提出建议。

6.4.2.5 本公司未发生履行受托人义务情况及因本公司自身责任而导致的信托财产损失情况

6.5 关联方关系及其交易的披露

6.5.1 关联交易方的数量、关联交易的总金额及关联交易的定价政策等

	关联交易数量	关联交易金额(万元)	定价政策
自营与关联	2	1 203.95	双方协议确定
信托与关联	68	54 473.50	双方协议确定
信托与固有	11	24 500.00	双方协议确定
信托与信托	21	26 600.00	—
合计	102	107 777.45	

定价政策:关联交易定价政策以不损伤第三方利益为首要原则,主要定价政策如下:(1)根据中国人民银行颁布的指导利率及上下浮动范围确定贷款利率;(2)双方协议确定交易价格;(3)双方参照证券市场成交价格,协商确定交易价格;(4)根据

资产账面价值进行交易；(5)根据信托委托人指定价格进行交易；(6)根据原始投资额及持有期间的应获取的收益确定交易价格；(7)依据中介机构评估报告，确定交易价格。

6.5.2 关联交易方与本公司的关系性质、关联交易方的名称、法定代表人、注册地址、注册资本及主营业务等

关系性质	关联方名称	法定代表人	注册地址	注册资本（万元）	主营业务
第一大股东	中国人民保险集团股份有限公司	吴焰	北京市宣武区东河沿路69号	4 242 399	投资并持有上市公司、保险机构和其他金融机构的股份等
全资子公司	北京三侨物业管理有限责任公司	高方	北京市东城区安外大街2号	25 000	物业管理
控股子公司	中诚宝捷思货币经纪有限公司	吴大永	北京市西城区太平桥大街18号1008～1009室	5 000	境内外外汇、货币、债券、衍生品市场交易
全资子公司	中诚资本管理（北京）有限公司	王少华	北京市平谷区平谷镇林荫北街13号1栋8层802室	10 000	资产管理
控股子公司	中诚国际资本有限公司	高方	ROOM 1307 13/F BANK OF AMERICA TOWER 12 HARCOURT ROAD CENTRAL HK	港币8 167	项目投资、资本管理
中诚国际全资子公司	深圳前海中诚股权投资基金管理有限公司	朱蕾	深圳市南山区粤兴二道6号武汉大学产学研大楼B815房	2 000.00	股权投资
三侨物业全资子公司	北京安贞大厦物业管理有限责任公司	高方	北京市东城区安外大街2号	1 000	物业管理
联营企业	国都证券有限责任公司	常喆	北京市东城区东直门南大街3号国华投资大厦9层10层	262 298	证券服务
联营企业	嘉实基金管理有限公司	安奎	上海市浦东新区世纪大道8号上海国金中心二期23楼01～03单元	15 000	基金管理
联营企业	国都期货有限公司	叶晓	北京市东城区东直门南大街3号国华投资大厦8层10层	20 000	期货服务
联营企业	中关村兴业（北京）投资管理有限公司	董建邦	北京市昌平区昌平镇科技园区白浮泉路南侧永安路东侧	16 182	资产管理、项目投资
联营企业	旭诚（上海）股权投资基金管理有限公司	张子牛	上海市浦东新区浦东大道2123号3E－1812室	10 000	股权投资管理、资产管理、财务咨询

6.5.3 本公司与关联方的重大交易事项

6.5.3.1 固有财产与关联方：贷款、投资、租赁、应收账款、担保、其他方式等期初汇总数、本期发生额汇总数、期末汇总数

单位：万元

固有与关联方关联交易				
	期初数	借方发生额	贷方发生额	期末数
贷款				
投资				
租赁		1 134.44	1 134.44	
担保				
应收账款	15 900.00	6 600.00	17 700.00	4 800.00
其他		69.51	69.51	
合计	15 900.00	7 803.95	18 903.95	4 800.00

6.5.3.2 信托与关联方交易情况：贷款、投资、租赁、应收账款、担保、其他方式等期初汇总数、本期借方和贷方发生额汇总数、期末汇总数

单位：万元

信托与关联方关联交易				
	期初数	借方发生额	贷方发生额	期末数
贷款	522 690.00	43 000.00	338 215.00	227 475.00
投资	1 130 000.00	1 067 400.00	409 200.00	1 788 200.00
租赁	0.00	0.00	0.00	0.00
担保	0.00	0.00	0.00	0.00
应收账款	732 298.50	1 175 224.47	1 261 224.47	646 298.50
其他	222 511.50	0.00	222 511.50	0.00
合计	2 607 500.00	2 285 624.47	2 231 150.97	2 661 973.50

6.5.3.3 信托公司自有资金运用于自己管理的信托项目（固信交易）、信托公司管理的信托项目之间的相互（信信交易）交易金额，包括余额和本报告年度的发生额

6.5.3.3.1 固有与信托财产之间的交易金额期初汇总数、本期发生额汇总数、期末汇总数

单位：万元

固有财产与信托财产相互交易			
	期初数	本期发生额	期末数
合计	227 200.00	24 500.00	251 700.00

6.5.3.3.2 信托财产与信托财产之间的交易金额期初汇总数、本期发生额汇总数、期末汇总数

单位：万元

信托财产与信托财产相互交易			
	期初数	本期发生额	期末数
合计	469 435.00	26 600.00	496 035.00

6.5.4 本年度未发生关联方逾期未偿还本公司资金的情况以及本公司为关联方担保发生或即将发生垫款的情况

6.6 会计制度的披露

公司固有业务自2008年1月1日起执行财政部2006年2月15日颁布的《企业会计准则》（财会[2006]3号）及其后续规定。以持续经营为基础，根据实际发生的交易和事项，按照《企业会计准则——基本准则》和其他各项具体会计准则、应用

指南及准则解释的规定进行确认和计量，在此基础上编制财务报表。

7. 财务情况说明书

7.1 利润实现和分配情况

单位：万元

项　目	母公司	合并
税前利润	236 822.44	243 983.10
减：所得税	51 818.67	53 483.35
净利润	185 003.77	190 499.75
其中：归属于母公司所有者的净利润	185 003.77	190 314.49
少数股东损益		185.26
加：年初未分配利润	381 306.82	384 269.31
其中：归属于母公司所有者的未分配利润	381 306.82	384 269.31
少数股东损益		0.00
减：提取法定盈余公积	18 500.38	18 500.38
减：提取一般准备	9 250.19	9 250.19
减：股利分配	85 983.33	85 983.33
年末未分配利润	452 576.69	461 035.16
其中：归属于母公司所有者的未分配利润	452 576.69	460 849.90
少数股东损益		185.26

7.2 主要财务指标

指标名称	母公司	合并
资本利润率（%）	17.54	17.95
加权年化信托报酬率（%）		
人均净利润（万元）	906.88	932.91

7.3 本年度无对本公司财务状况、经营成果有重大影响的其他事项

8. 特别事项揭示

8.1 报告期内前五名股东发生变动情况

无。

8.2 董事、监事及高级管理人员变动情况及原因

2013年2月21日，取得国家工商行政管理总局关于变更吉祥为公司监事的备案通知书，新任监事正式履职。

2013年6月13日，取得《中国银监会关于核准周语菡任职资格的批复》。

2013年6月18日，取得国家工商行政管理总局关于变更周语菡为公司董事的备案通知书，新任董事正式履职。

2013年6月13日，中国银监会党委任命刘成相同志为公司党委副书记。

2013年12月17日，经公司股东会审议通过《关于进行中诚信托公司董事会换届选举的议案》，选举张树忠同志为新一届公司董事，俞小平同志不再担任公司董事职务，选举邓红国、王少华、张树忠、王会娟、张胜东、张毅、周语菡、赵海龙、尹新全、赵荣哲为公司董事；杨化彭、杨胜刚，张晓森为公司独立董事；《关于进行中诚信托公司监事会换届选举的议案》选举连福忠、刘瑞生、王玉江、吉祥、杨广玉、俞建辉、王言彬为公司监事；王桂华、秦岭为公司职工监事。

8.3 报告期内公司发生变更注册资本、变更注册地或公司名称、公司分立合并事项

无。

8.4 报告期内公司发生重大诉讼事项

无。

8.5 报告期内公司及其董事、监事和高级管理人员受到处罚情况

无。

8.6 报告期内公司收到监管部门关于检查的整改通知

无。

8.7 报告期内公司重大事项临时报告进行披露

无。

8.8 公司净资本管理情况

截至2013年12月31日，公司净资本余额69.16亿元（≥2亿元），净资本/各项业务风险资本之和为184.37%（≥100%），净资本/净资产的比例为62.62%（≥40%），各项指标均符合监管要求。

8.9 履行社会责任情况

公司在业务发展的同时，始终秉承诚信经营、依法纳税的理念，自觉遵守相关法律法规，切实履行社会责任，服务国家经济建设和社会发展。公司通过有效的公司治理、严密的风险控制、充分的信息披露，切实保护信托投资者利益。2013年公司向投资者累计给付信托本金1293亿元，返还收益80亿元，到期的信托产品均顺利实现兑付。公司继续参加银监会的试点扶贫工作，向甘肃省和政县捐赠扶贫款50万元；响应中国信托业协会的号召，向四川省芦山灾区捐赠了100万元。此外，公司及员工还积极捐款、捐物，参与公益活动，2013年还获得北京市慈善义工协会"北京最美慈善义工榜样团体"奖项等。

9. 公司监事会意见

公司监事会认为，本报告期内，公司决策程序合法，内部控制制度较为完善，没有发现公司董事、经理和其他高级管理人员在执行公司职务时有违法违纪和有损公司及股东利益的行为。公司财务报告真实地反映了公司的财务状况和经营成果。

中国对外经济贸易信托有限公司

1. 重要提示

1.1 中国对外经济贸易信托有限公司(以下简称本公司、外贸信托)董事会及董事保证本报告所载资料不存在任何虚假记载、误导性陈述或者重大遗漏,并对其内容的真实性、准确性和完整性承担个别及连带责任。本年度报告摘要摘自年度报告全文,客户及相关利益人欲了解详细内容,应阅读年度报告全文。

1.2 个别董事声明

无。

1.3 独立董事意见

本人作为中国对外经济贸易信托有限公司的独立董事,保证本报告内容的真实性、准确性、完整性。

独立董事:李保民

独立董事:孙向东

1.4 天职国际会计师事务所对本公司年度财务报告进行审计,出具了标准无保留意见的审计报告。

1.5 本公司董事长王引平、总经理徐卫晖、财务总监帅立新声明:保证年度报告中财务报告的真实、完整。

2. 公司概况

2.1 公司简介

2.1.1 公司的法定中文名称:中国对外经济贸易信托有限公司中文名称缩写:外贸信托

公司的法定英文名称:China Foreign Economy and Trade Trust Co., Ltd.

英文名称缩写:FOTIC

2.1.2 法定代表人:王引平

2.1.3 注册地址:北京市西城区复兴门内大街28号凯晨世贸中心中座6层

邮政编码:100031

2.1.4 国际互联网网址:www.fotic.com.cn

电子信箱:fotic@sinochem.com

2.1.5 信息披露事务负责人:张一冰

联系电话:010-59568823

传真:010-59569888

电子信箱:zhangyibing@sinochem.com

2.1.6 信息披露报纸:《上海证券报》

2.1.7 年度报告备置地点:外贸信托总经理办公室

2.1.8 聘请的会计师事务所:天职国际会计师事务所(特殊普通合伙)

办公地址:中国北京市海淀区车公庄西路乙19号华通大厦B座208室

2.2 组织结构图

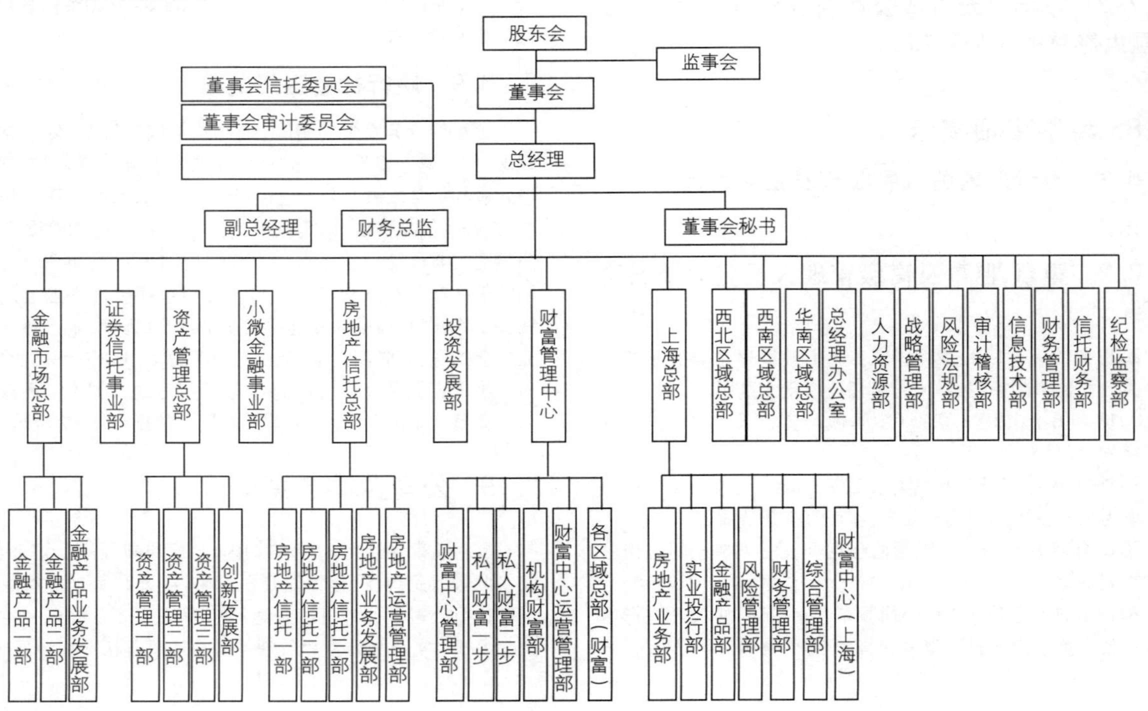

3. 公司治理

3.1 股东

股东总数:2

股东结构

股东名称	持股比例(%)	法人代表	注册资本(万元)	注册地址	主要经营业务及主要财务情况
★中国中化股份有限公司	96.22	刘德树	人民币 3 980 000 万元	北京市西城区复兴门内大街 28 号凯晨世贸中心中座	公司主营业务范围包括石油、化肥、化工品、金融服务、酒店和房地产业务等。 截至 2013 年 12 月 31 日,公司资产总额 3 005.02 亿元(未经审计)。2013 年,公司实现营业收入 4 364.19 亿元(未经审计),利润总额 88.22 亿元(未经审计)。
中化集团财务有限责任公司	3.78	杨林	人民币 300 000	北京市西城区复兴门内大街 28 号凯晨世贸中心中座	公司主要经营业务为集团内结算业务、融资业务、金融中介业务、资产保值增值业务、金融股权管理业务和风险管理业务。 截至 2013 年 12 月 31 日,公司资产总额 386.17 亿元(未经审计)。2013 年,公司实现营业收入 5.27 亿元(未经审计),税前利润 4.29 亿元(未经审计)。

注:★为最终实际控制人。

股东关联关系说明:中国中化股份有限公司是中化集团财务有限责任公司的股东。

3.2 董事

3.2.1 董事会成员

姓 名	职 务	性别	年龄	选任日期	所推举的股东名称	该股东持股比例(%)	简 要 履 历
王引平	董事长	男	53	2010 年 11 月	中国中化股份有限公司	96.22	曾任中国化工进出口总公司海南公司副总经理,中国化工进出口总公司出口三处科长,中国化工进出口总公司浦东公司总经理,中国对外经济贸易信托投资公司副总经理,中国化工进出口总公司人事部总经理,中国化工进出口总公司副总经理兼人事部总经理,中国化工进出口总公司副总经理、党委委员,中国化工进出口总公司党组成员兼中化国际贸易股份有限公司总经理,中国中化集团公司副总经理、党组成员;现任中国中化集团公司副总经理、党组成员兼中国中化股份有限公司副总经理。
於乐民	董事	男	50	2012 年 7 月	中国中化股份有限公司	96.22	曾任中国化工进出口总公司法律室干部,中国化工进出口总公司美国农化公司法律顾问,中国化工进出口总公司法律室副主任;现任中化集团总法律顾问兼中国中化股份有限公司法律部总经理,中国对外经济贸易信托有限公司董事。
徐卫晖	董事	男	43	2012 年 7 月	中国中化股份有限公司	96.22	曾任中国化工进出口总公司财会本部财务处科长、财务部副总经理,中化国际贸易股份有限公司副总经理,中化河北进出口公司总经理,中化国际贸易股份有限公司总经理,中国中化股份有限公司投资发展部副总经理,2012 年任中国中化股份有限公司战略规划部总经理兼投资发展部总经理,中国对外经济贸易信托有限公司董事;现任中国对外经济贸易信托有限公司总经理、党委书记(兼)、董事(兼)。
张宝红	董事	男	47	2012 年 7 月	中国中化股份有限公司	96.22	曾任中国化工进出口总公司财务部职员,中化日本有限公司财务部财务经理,中国化工进出口总公司财会部国内财务科副经理,中化国际化肥贸易有限公司财务部总经理,化肥中心财务总经理兼化肥公司财务部总经理,化肥中心财务总经理、中化国际化肥贸易公司副总经理兼财务部总经理,化肥中心副主任兼中化化肥公司副总经理、首席财务官,中化蓝天集团有限公司常务副总经理;现任中国中化股份有限公司风险管理部总经理,中国对外经济贸易信托有限公司董事。
蒋承宏	董事	男	39	2013 年 1 月	中国中化股份有限公司	96.22	曾任中国化工进出口总公司保险部职员,中国化工进出口总公司总裁办公室秘书部职员,中国化工进出口总公司财务部职员,中国中化集团公司资金管理部融资部职员,中国中化集团公司资金管理部资金分析部职员,中国中化集团公司资金管理部副总经理,中化集团财务有限责任公司副总经理,中国中化股份有限公司资金管理部副总经理;现任中国中化股份有限公司资金管理部总经理,中国对外经济贸易信托有限公司董事。
程永	董事	男	41	2013 年 1 月	中国中化股份有限公司	96.22	曾任重庆市石柱县人民政府县长助理(挂职锻炼),中国化工进出口总公司战略规划部规划科副经理,中国化工进出口总公司战略规划部规划科经理,中国化工进出口总公司战略规划部总经理助理,中国中化集团公司战略规划部副总经理,中国中化股份有限公司战略规划部副总经理;现任中国中化股份有限公司战略规划部总经理,中国对外经济贸易信托有限公司董事。

注:王引平 2014 年 3 月 31 日起不再担任外贸信托董事、董事长职务;杨林自 2014 年 3 月 31 日起担任外贸信托董事,2014 年 4 月 8 日当选外贸信托董事长,其任职资格中国银监会正在审批中。

3.2.2 独立董事

姓 名	所在单位及职务	性别	年龄	选任日期	所推举的股东名称	该股东持股比例(%)	简 要 履 历
李保民	国务院国资委研究中心党委书记、主任	男	58	2009 年 6 月	中国中化股份有限公司	96.22	曾任甘肃省职工财院教务处副处长，甘肃省职工财院教务处长、院党委委员(常委)，国家体改委生产司处长、副司长、党支部委员，中国建设银行会计部、大客户办公室副总经理、党支部副书记，国务院体改办产业司副司长、党支部委员，国家发改委体改研究所党委书记、副所长(正司级)；现任国务院国资委研究中心党委书记、主任，中国对外经济贸易信托有限公司独立董事。
孙向东	杭州久利投资有限责任公司董事长	男	51	2012 年 7 月	中国中化股份有限公司	96.22	曾任建设银行浙江省分行投资研究所研究室副主任、副所长、市场开发部主任，浙江省信托投资有限责任公司副总经理，国民信托有限责任公司董事、副总经理、执行董事；现任杭州久利投资有限责任公司董事长、中国对外经济贸易信托有限公司独立董事。

注：2014 年 3 月 1 日，公司独立董事李保民申请辞去外贸信托独立董事职务。

3.3 监事

监事会成员

姓 名	职务	性别	年龄	选任日期	所推举的股东名称	该股东持股比例(%)	简 要 履 历
姜爱萍	监事会主席	男	61	2008 年 7 月	中国中化股份有限公司	96.22	曾任中国化工进出口总公司财会处科长、副处长、审计稽核部处长；现任中国中化集团公司，中化股份审计稽核部总经理，中国对外经济贸易信托有限公司监事会主席。
刘剑	监事	男	48	2012 年 7 月	中化集团财务有限责任公司	3.78	曾任中国机械进出口总公司工业机械进出口公司财会部，中国机械进出口总公司工业机械进出口公司财会科副科长，中化化肥公司财务部，中国中化集团公司化肥中心财务部副总经理，中国中化集团公司保险部副总经理、中国中化集团公司保险部总经理；现任中化集团财务有限责任公司总经理，中国对外经济贸易信托有限公司监事。
梁 虹	监事	男	50	2008 年 6 月	职工代表	—	现任职于中国对外经济贸易信托有限公司证券信托事业部－运营部总经理，中国对外经济贸易信托有限公司监事。

注：姜爱萍自 2014 年 3 月 31 日起不再担任外贸信托监事、监事长职务，宋玉增自 2014 年 3 月 31 日起当选为外贸信托监事。

3.4 高级管理人员

姓名	职务	性别	年龄	选任日期	金融从业年限	学历	专业
徐卫晖	总经理	男	43	2013 年	4	本科	EMBA
帅立新	财务总监	女	47	2009 年	5	本科	EMBA
齐斌	副总经理	男	46	2013 年	23	硕士研究生	货币银行学
伊力扎提·艾合买提江	副总经理	男	39	2011 年	3	本科	EMBA
李银熙	副总经理	女	49	2010 年	28	本科	国民经济管理
李京	副总经理	男	44	2010 年	8	硕士研究生	企业管理
范华	副总经理	女	48	2011 年	26	本科	金融
刘燕松	副总经理	男	33	2013 年	10	本科	金融
张一冰	董事会秘书	女	46	2011 年	24	硕士研究生	金融

注：齐斌、刘燕松的任职资格银监会尚在审批过程中。

3.5 公司员工

项 目		报告期年度		上年度	
		人数	比例(%)	人数	比例(%)
年龄分布	25 岁以下	8	2.57	28	11.91
	25 ~29 岁	131	42.12	88	37.45
	30 ~39 岁	130	41.80	85	36.17
	40 岁以上	42	13.50	34	14.47
学历分布	博士	8	2.57	5	2.13
	硕士	184	59.16	136	57.87
	本科	108	34.73	86	36.60
	专科	11	3.54	8	3.40
	其他	0	0	0	0.00
岗位分布	董事、监事及其高管人员	9	2.89	9	3.83
	自营业务人员	7	2.25	3	1.28
	信托业务人员	223	71.70	165	70.21
	其他人员	72	23.15	58	24.68

4. 经营管理

4.1 经营目标、方针、战略规划

(1)战略愿景。国内理财市场的金字招牌,国际金融市场的百年老店。

(2)战略使命。为客户提供专业的产品和服务;为股东创造可持续的投资回报;为员工搭建和谐的事业发展平台。

(3)战略目标。成为中国信托业具有若干细分领域领先优势的领军企业。

(4)核心理念。全球视野、中国市场、细分领先、创业情怀。

(5)发展战略。继续推进"一、二、三、四"发展战略,即:一个目标:细分领先;二个方向:私募投融资与信托本源业务;三个阶段:聚焦核心、拓展延伸、精品金融;四大重点:产品、财富、区域、管理。通过巩固、聚焦、延伸主营业务,持续培育创新型本源业务,秉持转型升级理念,不断提升经营管理水平,巩固细分领域市场地位,加速核心竞争力的形成,将外贸信托打造为信托业内具有若干细分领域领先优势的领军企业。

(6)经营措施。围绕"产品、财富、区域、管理"四大战略重点,持续推动公司转型升级。一是聚焦金融合作类、证券类、私募投融资类、财富管理业务类四大主营业务群,形成可持续业务发展模式,在细分市场占据领先地位;二是加快财富管理转型升级步伐,快速构建以客户为核心、以专业化资产配置为主要服务内容的信托财富管理模式;三是推进上海总部建设,形成区域化经营示范效应,加快业务项目和财富营销的全国布局;四是着力打造以人力资源、风险控制、质量管理、信息化为主要内容的有效管理保障体系,为公司转型升级提供强有力的支持。

4.2 所经营业务的主要内容

4.2.1 公司业务

公司自营业务主要包括金融股权投资、金融产品投资等,涉及金融、房地产、基础产业、证券市场等行业和领域。公司信托业务主要包括资金信托、财产信托、财产权信托、股权投资信托等,涉及基础产业、房地产、证券市场、矿产能源、金融等行业和领域。

4.2.1.1 自营资产运用与分布

资产运用	金额(万元)	占比(%)	资产分布	金额(万元)	占比(%)
货币资产	62 884.05	11.26	基础产业	75 120.11	13.45
贷款及应收款	27 842.12	4.99	房地产	114 539.64	20.51
交易性金融资产	502.57	0.09	证券市场	126 841.83	22.72
可供出售金融资产	126 339.26	22.63	实业	18 143.35	3.25
持有至到期投资	270 521.47	48.45	金融机构	50 510.24	9.05
长期股权投资	53 318.24	9.55	其他	173 212.25	31.02
其他	16 959.71	3.04			
资产总计	558 367.42	100.00	资产总计	558 367.42	100.00

4.2.1.2 信托资产运用与分布表

资产运用	金额(万元)	占比(%)	资产分布	金额(万元)	占比(%)
货币资产	1 285 377.70	4.05	基础产业	2 901 738.77	9.14
贷款	7 374 190.24	23.23	房地产	1 158 030.42	3.65
交易性金融资产	7 039 567.88	22.18	证券市场	12 774 871.38	40.25
可供出售金融资产	2 569 583.53	8.10	实业	6 393 716.27	20.15
持有至到期投资	10 245 555.06	32.28	金融机构	5 933 932.98	18.70
长期股权投资	1 317 751.32	4.15	其他	2 575 403.83	8.11
其他	1 905 667.92	6.00		—	0.00
信托资产总计	31 737 693.65	100.00	信托资产总计	31 737 693.65	100.00

4.3 市场分析

4.3.1 宏观环境

2013年,世界经济仍处于后危机时代的脆弱复苏阶段,维持着弱增长格局。其中,美国经济逐渐走出泥潭,新能源及高科技产业成为经济复苏动力,美联储逐步退出经济刺激政策的预期增强,美元复苏成为大概率事件;欧洲经济尚未走出债务危机阴影,欧元区经济增长仍显疲软;新兴市场增速下滑,面临经济结构调整的挑战,短期内难以重现高速增长。

在复杂严峻的经济形势下,我国经济保持7.7%增速,与上年持平,国民经济整体平稳、结构调整稳步推进。在淡化经济增速、强化改革创新背景下,我国将逐步由"人口红利期"进入"改革红利期"。但是实体经济内生动力不足、产能过剩等结构性问题依然存在,进一步扩大改革开放,释放经济增长活力的需求依旧迫切。

4.3.2 影响公司的发展因素

4.3.2.1 有利因素

(1)我国信托业继续保持高速发展,全行业资产管理规模突破10万亿元,作为仅次于银行的第二大金融子行业,信托业在金融业和中国经济中的影响力日趋扩大,投资者对信托的了解也大幅度提高。

(2)宏观经济持续稳定增长,城镇化、工业化和信息化进程持续推进,实体企业投融资需求随之增加。同时高净值财富人群迅猛增长,财富管理需求明显增强。

(3)十八届三中全会出台一系列经济金融改革政策,如健全多层次资本市场体系、加快城镇化建设、降低金融机构准入门槛等,为信托公司开拓业务领域,创新业务模式带来更多契机。

4.3.2.2 不利因素

(1)随着各金融子行业监管政策放开,混业经营趋势愈加明显,信托工具普惠化致使信托行业特有的制度红利逐渐消逝,业务边界日益模糊,行业竞争加剧,传统通道类业务受到冲击,规模和利润均遭受挤压。

(2)2013年利率市场化改革持续推进并进入深水区,必将进一步抬高整个市场的利率中枢,对资金的争夺将更加激烈,对信托公司现有业务模式和盈利水平带来巨大压力,信托公司业务空间可能遭受进一步压缩。

(3)房地产、基础设施、矿产能源等行业受宏观调控、经济周期影响大，信托业务发展面临的波动性和不确定性增加，信托业务收益率降低、风险上升、拓展难度加大。

4.4 内部控制概况

公司已建立比较完善的公司治理机制，股东会、董事会、独立董事、监事会及高管层之间权责分明、各司其职。股东会是公司的最高权力机构，代表股东对公司行使最终的控制权和决策权。董事会是公司经营决策的最高权力机构，对股东会负责。董事会下设有各专业委员会，其中，风险控制委员会根据董事会授权行使公司业务决策及风险控制等管理职能，包括以全面风险管理为目的，对公司管理层风险管理工作进行指导及监督，为董事会提供决策支持意见和管理改善建议，并对超出高管层决策权限的自营和信托业务事项进行审批决策；信托委员会负责对信托业务运行情况进行定期评估，督促公司依法履行信托职责；审计委员会负责内部及外部审计工作，对公司内部控制管理工作进行监督，核查财务信息披露等。监事会作为独立的监督机构对股东会负责，对董事长和公司总经理的任职行为和公司的经营管理情况进行有效监督。公司高管层是公司的决策执行机构，对董事会负责，在公司章程和董事会授权范围内行使职权，牢固树立内控优先的风险管理理念，使风险防范意识贯穿到公司各个部门、各个岗位和工作的各个环节。公司所构建的股东会、董事会、监事会和高管层之间的权力制衡结构，能切实发挥科学激励和约束监督的治理机制，有效地抑制"道德风险"的发生，为公司内部控制建设提供良好的环境。

公司始终秉承"稳健思变，诚客礼才"的经营理念，树立"国内理财市场的金字招牌，国际金融市场的百年老店"的愿景，强化合规经营和尽职管理，重视内控文化的建设和培育，建立充分的信息交流和共享机制，持续开展内控制度建设，强化内控制度约束。通过培训和学习等多种途径，不断强化员工的风险控制意识和职业道德教育，使全体员工熟悉监管法律法规和公司规章制度以及业务操作流程。通过建立实施风险管理问责制，对风险管理过程中的违规、不尽职以及过失等行为进行责任追究。公司将风险管理的执行情况与绩效评价相结合，强化"风险先行"的内控导向。全体员工对内控制度和机制已充分理解并达成共识。

公司内部控制的主要政策导向为合规经营、严控风险，在提升业务开拓能力、实现公司经营战略目标的同时，不断提高公司的业务风险管控能力。目前，公司已建立职责明确、分工合理、相互制衡的组织结构和内部牵制机制，以及一套较为完善的内控制度和操作流程体系。

公司建立和设置适时跟踪报告公司内控情况的信息反馈机制，内容包括项目审批决策报告体系、项目执行过程管理报告体系以及证券自营业务报表体系等报告机制，并通过包括NOTES平台、财务软件、电子业务台账等在内的电子化信息交流渠道的建立，实现信息在各部门之间的共享与交流，确保公司董事会和高管层能够及时了解公司的经营和内控情况。此外，通过公开信息披露机制的建立以及客户关系管理软件、公司网站等的建设，增进公司与监管部门、委托人、受益人的信息沟通与交流。

公司审计稽核部负责内部审计工作，独立行使对公司内部控制情况的监督、评价和纠正职责。在审计过程中发现的内部控制缺陷，可向被审计部门提出改进建议并敦促被审计部门及时改进。审计稽核部有权直接向审计委员会、董事会、监事会和公司高管层报告内部控制的审计情况。

此外，公司对确定的重点项目在终止后进行项目后评价。通过对项目尽职调查、项目和合同审批、资金拨付、执行过程管理等全过程进行分析和复核，评价项目是否达到预期效果，分析项目执行的实际情况与预测的差别及原因，找出存在的问题，总结经验教训，提出改进措施与建议。

4.5 风险管理概况

公司实行全面风险管理原则。风险管理覆盖公司所有的部门、岗位和人员，实现全员参与；风险管理渗透至公司的各项业务及各个操作环节，实行全过程风险控制；重视公司经营过程中面临的市场、信用、操作、法律、案防、声誉等各类风险，对各类风险因素实行全方位管理。对其中关键风险实施重点管理，并按照不同业务类型和不同交易对手等确定差异化风险管理策略。公司自2009年推行全面风险管理以来，每年定期进行重新评估。全面风险管理由审计稽核部牵头，公司各部门参加全面风险管理沟通会，查找识别公司在日常经营中面临的重大风险，经对各类业务风险进行事前预测，做到风险可知，通过分析、评估并制定风险管理策略和措施加以防范和控制，将风险降至各自可承受范围之内。公司已形成就经营管理中存在的包括市场风险、财务风险和运营风险在内的重大风险的管理状况以及开展的风险管理工作定期报告制度。公司实施独立性原则，风险法规部、信托财务部、审计稽核部与各业务部门及支持保障部门保持相互独立，可直接向董事会和高管层报告，保证风险管理得到切实公正的执行。公司实施程序性原则，公司在风险管理过程中设立事前审批、事中执行和事后监督三道程序，为风险管理提供三道防火墙。公司实施责任追究原则，风险管理的每个环节都要有明确的责任人，并按规定对违反制度的直接责任人、以及对负有领导责任的高级管理人员进行问责。

公司董事会是风险管理的最高决策机构，负责确定公司的风险管理战略、政策和程序，行使重大经营决策权，对公司风险管理负有最终责任。董事会下设风险控制委员会、信托委员会和审计委员会等专业委员会。其中，风险控制委员会根据董事会授权行使公司业务决策及风险控制等管理职能，包括负责制定公司业务决策授权范围，审议公司主要风险管理制度，监督、检查公司风险管理制度、业务流程规范的执行情况，并对超出高管层决策权限的自营和信托业务事项进行审批决策。信托委员会负责督促公司依法履行受托职责，对公司信托业务运行情况进行定期评估，以及针对银监会及其派出机构检查公司信托业务后提出的整改意见，研究提出具体措施。当公司或股东利益与受益人利益发生冲突时，信托委员会应保证公司为受益人利益服务，研究提出维护受益人利益的具体措施。审计委员会负责公司内部及外部审计工作，对公司内部控制管理工作进行监督，核查财务信息披露，并协同董事会风险控制委员会工作，指导风险管理评价、审计等工作。公司高管层负责拟定公司的风险管理战略、政策和程序，确定公司风险管理制度，定期审查和监督其执行情况，获取公司风险管理状况的报告。风险法规部、信托财务部、财务管理部、信息技术部和审计稽核部是公司负责风险管理的中后台部门，负责全面风险管理工作的组织和协调工作。其中，风险法规部是业务风险、法律风险及合规风险的事中控制部门，信托财务部是信托业务的财务管理部门，财务管理部是固有资产的财务管理部门，信息技术部是信息化管理和技术服务部门，审计稽核部是负责全面质量管理和内控体系建设、对在运行项目进行风险监测和报告、履行内部审计稽核职责的部门。公司各业务部门承担一线风险管理职责。各业务部门按照公司风险制度与业务操作流程开展自营和信托等业务，在尽职调查、产品设计、资金募集、执行过程管理、信息披露、终止清算等整个业务过程中对信用风险、股价/资产价值波动风险、信托项目执行风险、发行风险、信息披露风险、尽职调查风险等重点风险进行管理。

公司在经营活动中所面临的主要风险包括信用风险、市场风险和操作风险。公司面临的信用风险主要体现为信贷业务中交易对手不能按合同约定履约所带来的损失。公司按照《非银行金融机构资产风险分类指导原则（试行）》确定的资产风险分类标准，将资产分为正常、关注、次级、可疑和损失五类，其中后三类合称为不良资产。截至 2013 年 12 月 31 日，公司自营业务信贷资产余额为 0 万元。2013 年末公司不良资产金额为 0 万元。

公司面临的市场风险主要体现为在开展信贷业务中由于利率水平的不利变动以及证券投资业务中由于股价的不利变动给公司经营业绩带来的风险。

在信贷类信托业务方面，公司开展的信托类信贷业务，主要为中短期信贷，公司严格执行人民银行的利率政策，能较好地抵御利率上调可能产生的风险。

在自营证券方面，为加强对证券市场的研究，完善投资决策机制并减少自营证券价格波动的影响，经充分调研和公司论证，公司设立专业部门负责中长线投资管理，严格按照公司规章制度开展相关业务。上述措施，较为有效地规避了证券市场波动风险。

在证券投资信托业务方面，针对证券投资信托业务规模的不断增长，公司通过加强对交易人员的专业培训，开发应用专业的证券交易系统，详细梳理业务流程及其风险管控和操作要点等的方式，强化证券投资业务的操作风险管理。

对于投资顾问和委托人作为投资管理人的非自主管理类证券信托业务，公司采取业务开发、交易和执行管理分设团队进行管理的方式，实现过程管理的专业化，提高工作效率。同时，为加强尽职管理，审计稽核部作为风险监测部门，对证券类信托业务进行监控，及时将违反合同或监管制度的情况向业务部门和信托经理提交风险提示，有力地保障了证券信托业务合法、合规运行。

公司持续对现有制度和流程定期进行集中梳理，建立健全相关制度，并对所开展的业务工作进行操作流程优化。截至 2013 年末，公司已建立起一整套涵盖公司治理、业务管理、财务管理、业务操作等多方面的操作流程规范及各项管理制度体系。同时，公司的制度修订和工作流程优化工作已实现制度化和规范化，公司经营管理水平迈上一个新的台阶。

公司定期开展业务操作流程执行状况检查，跟踪检查公司的各项操作流程的执行情况，保障业务操作流程的有效执行。业务部门通过严格规范的尽职调查和开展现场检查、及时进行信息查询以及实地拜访企业等方式，强化尽职管理职责。审计稽核部作为业务运行监督与管理部门，按照风险分类原则，制定专项监管计划，通过定期报送风险管理报告以及不定期对相关项目进行现场检查等方式，重点检查相关项目建设和销售进度、交易对手及关联方的财务状况和还款能力等，严格按照合同约定及时获取交易对手的财务报表等资料，督促并强化业务部门尽职管理。审计稽核部于 2013 年对房地产和矿产能源等重点项目开展现场检查 100 余次并及时出具现场检查报告，有力地提升项目监控力度和深度。

公司设置专门的内部审计岗位，至少每半年对公司的各项内控制度执行状况、财务核算等内容进行检查，根据检查结果提出调整及改进意见，并向审计委员会、董事会和高管层提交内部审计报告，有效督促各项制度的贯彻执行。

4.6 公司履行社会责任情况

报告期内，公司严格遵守国家法律法规、监管部门规章、规范性文件以及公司章程；坚持诚信经营，自觉履行纳税义务；关注社会整体利益，坚决履行反洗钱义务，维护国家金融秩序和金融安全。公司始终恪守社会公德和商业道德，自觉遵守信托业自律规则和业务相关领域的各项规定，积极维护信托业市场竞争秩序，秉承“受人之托，代人理财”的信托精神，积极履行应尽的社会责任。

5. 报告期末及上一年度的比较式会计报表

5.1 自营资产

5.1.1 会计师事务所审计结论

本公司已经由天职国际会计师事务所出具标准的无保留意见的审计报告（天职业字［2014］6964 号）。

天职国际会计师事务所（特殊普通合伙）

中国注册会计师王清峰

中国注册会计师迟文洲

二〇一四年四月三日

5.1.2 资产负债表

2013 年 12 月 31 日

编制单位：中国对外经济贸易信托有限公司　　单位：万元

项　目		行次	年末数	年初数
一、	流动资产	1		
	货币资金	2	62 884. 05	103 637. 03
	拆出资金	3	—	—
	交易性金融资产	4	502. 57	105 005. 59
	衍生金融产品	5	—	—
	买入返售金融资产	6	—	—
	应收票据	7	—	—
	应收账款	8	27 842. 12	16 970. 95
	预付款项	9	95. 75	93. 87
	应收利息	10	—	—
	应收股利	11	—	—
	其他应收款	12	13 671. 20	1 258. 31

续表

项 目	行次	年末数	年初数
发放贷款及垫款	13	—	—
一年内到期的非流动资产	14	135 227. 146	56 481. 206
代理业务资产	15	—	—
其他流动资产	16	—	—
流动资产合计	17	240 222. 82	283 446. 95
二、非流动资产	18		
可供出售金融资产	19	126 339. 26	179 429. 53
持有至到期投资	20	135 294. 33	31 300. 89
长期应收款	21	—	—
长期股权投资	22	53 318. 24	49 510. 09
投资性房地产	23	—	—
固定资产	24	1 128. 33 1 093. 19	1 093. 19 1 093. 19
在建工程	25	—	—
工程物资	26	—	—
固定资产清理	27	—	—
生产性生物资产	28	—	—
油气资产	29	—	—
无形资产	30	1 403. 79	1 016. 20
开发支出	31	—	—
商誉	32	—	—
长期待摊费用	33	660. 65	971. 86
递延所得税资产	34	—	—
其他非流动资产	35	—	—
非流动资产合计	36	318 144. 60	263 321. 76
资产总计	37	558 367. 42	546 768. 71
三、流动负债	38		
拆入资金	39	—	—
交易性金融负债	40	—	—
衍生金融负债	41	—	—
卖出回购金融资产款	42	—	—
应付票据	43	—	—
应付账款	44	—	—
预收款项	45	—	—
应付职工薪酬	46	5 482. 66	4 950. 19
应交税费	47	15 248. 93	11 196. 06
应付利息	48	—	—
应付股利	49	—	—
其他应付款	50	4 822. 63	2 775. 97
一年内到期的非流动负债	51	—	—
代理业务负债	52	— 2 775. 97	— 2 775. 97
其他流动负债	53	—	—
流动负债合计	54	25 554. 22	18 922. 22
四、非流动负债	55		
长期借款	56	—	—
应付债券	57	—	—
长期应付款	58	—	—
专项应付款	59	—	—

续表

项 目	行次	年末数	年初数
预计负债	60	—	—
递延所得税负债	61	1 419. 0112 250. 36	12 250. 3612 250. 36
其他非流动负债	62	—	—
非流动负债合计	63	1 419. 01	12 250. 36
负债合计	64	26 973. 23	31 172. 58
五、所有者权益（或股东权益）	65		
实收资本（或股本）	66	220 000. 00	220 000. 00
资本公积	67	8 414. 2238 954. 54	38 954. 5438 954. 54
减：库存股	68	—	—
盈余公积	69	53 519. 69	40 557. 55
一般风险准备	70	32 968. 93	24 746. 62
未分配利润	71	216 491. 35	191 337. 42
所有者权益合计	72	531 394. 19	515 596. 13
负债和所有者权益总计	73	558 367. 42	546 768. 71

5. 1. 3 利润表

2013 年 12 月 31 日

编制单位：中国对外经济贸易信托有限公司　　单位：万元

项目	本年数	上年数
一、营业收入	202 969. 31	164 868. 83
利息净收入	1 652. 66	1 301. 89
利息收入	1 652. 66	1 301. 89
利息支出	—	—
手续费及佣金净收入	120 703. 21	116 541. 62
手续费及佣金收入	120 703. 21	116 541. 62
手续费及佣金支出	—	—
租赁收益	—	—
投资收益	82 870. 49	44 918. 38
公允价值变动收益（损失以"－"号填列）	−2 236. 45	2 108. 02
汇兑损益（损失以"－"号填列）	−20. 60	−1. 08
其他业务收入	—	—
二、营业支出	32 840. 98	26 547. 72
营业税金及附加	10 625. 12	9 739. 26
业务及管理费	21 973. 99	16 540. 13
资产减值损失	86. 10	135. 98
其他业务成本	155. 77	132. 35
三、营业利润（亏损以"－"号填列）	170 128. 33	138 321. 11
加：营业外收入	43. 64	25. 54
减：营业外支出	61. 71	25. 27
其中：非流动资产处置损失	0. 20	0. 23
四、利润总额（亏损总额以"－"号填列）	170 110. 26	138 321. 38
减：所得税费用	40 488. 87	32 588. 38
五、净利润（净亏损以"－"号填列）	129 621. 39	105 733. 00
六、每股收益：		
（一）基本每股收益	—	—
（二）稀释每股收益	—	—

5.1.4 所有者权益变动表

单位：万元

项目	本年金额							
	实收资本	资本公积	减：库存股	专项储备	盈余公积	一般风险准备	未分配利润	所有者权益合计
一、上年年末余额	220 000.00	38 954.54	—	—	40 557.55	24 746.62	191 337.42	515 596.13
加：1. 会计政策变更	—	—	—	—	—	—	—	—
2. 前期差错更正	—	—	—	—	—	—	—	—
3. 其他	—	—	—	—	—	—	—	—
二、本年年初余额	220 000.00	38 954.54	—	—	40 557.55	24 746.62	191 337.42	515 596.13
三、本年增减变动金额（减少以"－"号填列）	—	—30 540.32	—	—	12 962.14	8 222.31	25 153.93	15 798.06
（一）净利润	—	—	—	—	—	—	129 621.38	129 621.38
（二）其他综合收益	—	—30 540.32	—	—	—	—	—	−30 540.32
上述（一）和（二）小计	—	−30 540.32	—	—	—	—	129 621.38	99 081.06
（三）所有者投入和减少资本	—	—	—	—	—	—	—	—
1. 所有者投入资本	—	—	—	—	—	—	—	—
2. 股份支付计入所有者权益的金额	—	—	—	—	—	—	—	—
3. 其他	—	—	—	—	—	—	—	—
（四）利润分配	—	—	—	—	12 962.14	8 222.31	−104 467.45	−83 283.00
1. 提取盈余公积	—	—	—	—	12 962.14	—	−12 962.14	—
2. 提取一般风险准备	—	—	—	—	—	8 222.31	−8 222.31	—
3. 对所有者（或股东）的分配	—	—	—	—	—	—	−83 283.00	−83 283.00
4. 其他	—	—	—	—	—	—	—	—
（五）所有者权益内部结转	—	—	—	—	—	—	—	—
1. 资本公积转增资本（或股本）	—	—	—	—	—	—	—	—
2. 盈余公积转增资本（或股本）	—	—	—	—	—	—	—	—
3. 盈余公积弥补亏损	—	—	—	—	—	—	—	—
4. 其他	—	—	—	—	—	—	—	—
（六）专项储备	—	—	—	—	—	—	—	—
1. 本期提取	—	—	—	—	—	—	—	—
2. 本期使用	—	—	—	—	—	—	—	—
四、本年年末余额	220 000.00	8 414.22	—	—	53 519.69	32 968.93	216 491.35	531 394.19

5.2 信托资产

5.2.1 信托项目资产负债汇总表

编制单位：中国对外经济贸易信托有限公司　　单位：万元

资产	年末数	年初数	负债和所有者权益	年末数	年初数
流动资产			流动负债		
货币资金	1 285 377.70	914 947.69	拆入资金	0.00	0.00
拆出资金	0.00	0.00	交易性金融负债	0.00	0.00
交易性金融资产	7 039 567.88	4 970 587.52	衍生金融负债	0.00	0.00
衍生金融资产	0.00	0.00	卖出回购金融资产款	0.00	0.00
买入返售金融资产	1 181 157.97	323 774.55	应付职工薪酬	0.00	0.00
应收票据	0.00	0.00	应交税费	1 589.49	1 579.47
应收账款	128 010.05	208 022.69	应付利息	0.00	0.00
预付账款	0.00	0.00	应付股利	77 251.16	24 458.98
应收利息	126 580.32	47 511.52	应付账款	36 862.89	25 607.73
应收股利	39.09	0.00	其他应付款	94 794.25	60 212.27
其他应收款	248 972.26	193 624.19	代理业务负债	0.00	0.00
发放贷款及垫款	7 374 190.24	6 567 343.30	流动负债合计	210 497.79	111 858.45
代理业务资产	0.00	0.00			

续表

资产	年末数	年初数	负债和所有者权益	年末数	年初数
其他流动资产	0.00	0.00			
流动资产合计	17 383 895.51	13 225 811.46	非流动负债		
			长期应付款	0.00	0.00
非流动资产			预计负债	0.00	0.00
可供出售金融资产	2 569 583.53	2 832 275.31	递延所得税负债	0.00	0.00
长期应收款	0.00	0.00	其他非流动负债	0.00	0.00
持有至到期投资	10 245 555.06	1 806 587.39	非流动负债合计	0.00	0.00
长期股权投资	1 317 751.32	3 033 879.75	负债合计	210 497.79	111 858.45
固定资产	0.00	0.00		0.00	
固定资产清理	0.00	0.00		0.00	
无形资产	0.00	0.00		0.00	
商誉	0.00	0.00	所有者权益:	0.00	
长期待摊费用	0.00	0.00	实收信托	30 928 562.08	21 312 730.80
递延所得税资产	0.00	0.00	资本公积	68 145.50	88 685.43
其他非流动资产	220 908.23	620 063.85	盈余公积	0.00	0.00
非流动资产合计	14 353 798.14	8 292 806.30	信托赔偿准备金	0.00	0.00
			未分配利润	530 488.28	5 343.08
			所有者权益合计	31 527 195.86	21 406 759.31
资产总计	31 737 693.65	21 518 617.76	负债和所有者权益总计	31 737 693.65	21 518 617.76

5.2.2 信托项目利润及利润分配表

编制单位：中国对外经济贸易信托有限公司　　单位：万元

项目	本年实际数	上年实际数
一、营业收入	2 353 572.07	1 318 808.55
利息净收入	1 017 773.05	811 475.32
利息收入	1 017 773.05	811 475.32
利息支出	—	—
手续费及佣金净收入	—	—
手续费及佣金收入	—	—
手续费及佣金支出	—	—
租赁收益	3 906.67	28 417.16
投资收益（损失以“-”号填列	1 310 673.43	232 744.51
其中：对联营企业合营企业的投资收益	65 505.68	34 479.07
公允价值变动损益（损失以“-”号填列）	16 278.02	241 064.81
汇兑损益（损失以“-”填列）	—	—
其他业务收入	4 940.90	5 106.75
二、营业支出	272 096.31	295 290.96
营业税金及附加	5 020.91	5 175.26
业务及管理费	267 075.40	290 115.70
资产减值损失	—	—
其他业务成本	—	—
三、营业利润（亏损以“-”号填列）	2 081 475.76	1 023 517.59
加：营业外收入	0.02	0.50
减：营业外支出	15.00	0.01
四、利润总额（亏损总额以“-”号填列）	2 081 460.78	1 023 518.08
减：所得税费用	—	—
五、净利润（净亏损以“-”号填列）	2 081 460.78	1 023 518.08

续表

项目	本年实际数	上年实际数
加：期初未分配信托利润	5 343.08	15 860.62
六、可供分配的信托利润	2 086 803.86	1 039 378.70
减：本期已分配的信托利润	1 556 315.58	1 034 035.62
七、期末未分配信托利润	530 488.28	5 343.08

6. 会计报表附注

6.1 会计报表编制基准

本报表按照中华人民共和国财政部2006年2月15日颁布的《企业会计准则》编制。本公司报告期内会计报表编制基准无不符合会计核算基本前提的事项。本公司无合并会计报表。

6.2 或有事项说明

本公司报告期内无或有事项。

6.3 重要资产转让及其出售的说明

本公司报告期内无重要资产转让及其出售的事项。

6.4 会计报表中重要项目的明细资料

6.4.1 自营资产经营情况

6.4.1.1 资产风险分类结果（以净值列示）

信用风险资产五级分类	正常类（万元）	关注类（万元）	次级类（万元）	可疑类（万元）	损失类（万元）	信用风险资产合计（万元）	不良资产合计（万元）	不良资产率（%）
期初数	545 189.92	1 578.79	—	—	—	546 768.71	—	0.00
期末数	557 951.11	391.29	24.04	0.98	—	558 367.42	25.02	0.00

6.4.1.2　资产损失准备计提转回情况

单位:万元

	期初数	本期计提	本期转回	本期核销	期末数
贷款损失准备					
一般准备	—	—	—	—	—
专项准备	—	—	—	—	—
其他资产减值准备	—	—	—	—	—
可供出售金融资产减值准备	—	—	—	—	—
持有至到期投资减值准备	59.55	—	59.55	—	—
长期股权投资减值准备	401.79	—	—	—	401.79
坏账准备	295.81	145.65	—	—	441.46
投资性房地产减值准备	—	—	—	—	—

6.4.1.3　金融资产和长期股权投资

单位:万元

	自营股票	基金	债券	持有至到期投资	长期股权投资
期初数	179 226.62	105 208.50	—	87 782.09	49 510.09
期末数	126 043.36	798.47	—	270 521.47	53 318.24

6.4.1.4　前三名的自营长期股权投资的企业名称、占被投资企业权益的比例、主要经营活动及投资收益情况(按持股比例排列)

企业名称	占被投资企业权益的比例(%)	主要经营活动	投资收益(万元)
1. 冠通期货经纪有限公司	48.72	期货	360.60
2. 诺安基金管理公司	40.00	基金管理	7 645.38
3. 宝盈基金管理公司	25.00	基金管理	1 085.73

6.4.1.5　前五名的自营贷款的企业名称、占贷款总额的比例和还款情况

企业名称	占贷款总额的比例	还款情况
—	—	—

6.4.1.6　代理业务的期初数、期末数

单位:万元

	期初数	期末数
代理业务(委托业务)	—	—
其他	—	—
合计	—	—

6.4.1.7　公司当年的收入结构

单位:万元

收入结构	金额
手续费及佣金收入	120 703.21
其中:信托手续费收入	108 050.45
投资银行业务收入	12 652.76
利息收入	1 652.67
其他业务收入	-20.61
其中:计入信托业务收入部分	—
投资收益	82 870.49
其中:股权投资收益	9 168.94
证券投资收益	55 102.41
其他投资收益	18 599.14
公允价值变动收益	-2 236.45
营业外收入	43.64
收入合计	203 012.95

6.4.2　信托资产管理情况

6.4.2.1　信托资产情况

单位:万元

信托资产	期初数	期末数
集合	9 474 670.39	16 571 824.25
单一	11 067 103.93	14 332 591.50
财产权	976 843.44	833 277.90
合计	21 518 617.76	31 737 693.65

6.4.2.1.1　主动管理型信托业务情况

单位:万元

主动管理型信托资产	期初数	期末数
证券投资类	6 657 035.17	7 489 958.09
股权投资类	1 472 701.86	4 999 810.68
融资类	6 910 129.02	6 289 610.03
事务管理类	—	18 835.21
合计	15 039 866.05	18 798 214.01

6.4.2.1.2　被动管理型信托业务情况

单位:万元

被动管理型信托资产	期初数	期末数
证券投资类	2 947 441.69	5 505 983.22
股权投资类	1 568 059.72	2 612 317.88
融资类	1 963 250.30	4 816 178.54
事务管理类	—	5 000.00
合计	6 478 751.71	12 939 479.64

6.4.2.2　本年度已清算结束的信托项目情况

6.4.2.2.1　本年度已经清算结束信托项目情况

已清算结束信托项目	项目个数	实收信托合计金额(万元)	加权平均实际年化收益率(%)
集合类	508	6 209 410.20	5.82
单一类	100	5 516 954.11	10.49
财产管理类	6	453 900.00	4.96

6.4.2.2.2　本年度已经清算结束的主动管理型信托项目情况

已清算结束信托项目	项目个数	实收信托合计金额(万元)	加权平均实际年化信托报酬率(%)	加权平均实际年化收益率(%)
证券投资类	51	780 487.12	0.42	3.99
股权投资类	19	861 717.00	0.92	6.20
融资类	490	7 498 117.99	0.57	5.79
事务管理类	—	—	—	—

6.4.2.2.3　本年度已经清算结束的被动管理型信托项目情况

已清算结束信托项目	项目个数	实收信托合计金额(万元)	加权平均实际年化信托报酬率(%)	加权平均实际年化收益率(%)
证券投资类	13	479 412.20	0.23	4.33
股权投资类	1	265 000.00	0.10	5.00
融资类	40	2 295 530.00	0.18	5.65
事务管理类	—	—	—	—

6.4.2.3　本年度新增信托项目情况

单位：万元

新增信托项目	项目个数	实收信托合计金额
集合类	518	14 709 086.46
单一类	140	7 499 836.17
财产管理类	27	356 260.07
新增合计	685	22 565 182.70
其中：主动管理型	531	13 640 924.35
被动管理型	154	8 924 258.35

6.4.2.4　信托业务创新成果和特色业务有关情况

2013年外贸信托发行了国内首单真正意义上的家族信托，开创了回归信托本源、服务财富传承的先河，随后外贸信托迅速实现了对家族信托产品的批量化复制和推广，进一步扩大了先发优势，巩固了行业地位。

外贸信托积极布局小微金融领域，在已有的消费信贷业务基础上，积极调整发展策略、拓宽业务渠道、丰富产品种类，发行规模同比增长迅速，目前已形成针对不同客户群体的多条成熟的业务线，全面覆盖了消费信用贷款、小额抵押贷款、中小企业贷款等领域。

此外，外贸信托积极提升自主管理能力，推动产品发行与融资的适度分离，实现从卖产品到为客户提供财富管理、资产配置服务的转变，丰富了客户的投资品种，提升了公司品牌形象。

6.4.2.5　本公司履行受托人义务情况及因本公司自身责任而导致的信托资产损失情况

公司管理信托财产恪尽职守，履行诚实、信用、谨慎、有效管理的义务。没有因公司自身责任而导致信托资产损失的情况。

6.5　关联方关系及其交易的披露

6.5.1　关联交易方的数量、关联交易的总金额及关联交易的定价政策

6.5.1.1　固有业务关联方情况

	关联交易数量	关联交易金额（万元）	定价政策
合计	3	1 782.06	公允价值定价

6.5.1.2　信托业务关联方情况

	关联交易数量	关联交易金额（万元）	定价政策
合计	—	—	—

6.5.2　关联交易方与本公司的关系性质、关联交易方的名称、法定代表人、注册地址、注册资本及主营业务

6.5.2.1　固有业务关联方情况

关系性质	关联方名称	法定代表人	注册地	注册资本	主营业务
股东	中国中化股份有限公司	刘德树	北京	3 980 000.00万元	石油、化肥、化工、金融等行业投资。
股东	中化集团财务有限责任公司	杨林	北京	300 000.00万元	财务和融资顾问。
同受母公司控制	北京凯晨置业有限公司	何操	北京	10 240.00万美元	房地产开发。
同受母公司控制	中化金茂物业管理（北京）有限公司	盖剑高	北京	500.00万元	物业管理。
同受母公司控制	中化国际物业酒店管理有限公司	蓝海青	北京	38 760.00万元	房地产开发。

6.5.2.2　信托业务关联方情况

关系性质	关联方名称	法定代表人	注册地	注册资本	主营业务
—	—	—	—	—	—

6.5.3　本公司与关联方的重大交易事项

6.5.3.1　固有财产与关联方：贷款、投资、租赁、应收账款、担保、其他方式等期初汇总数、本期发生额汇总数、期末汇总数

固有财产与关联方关联交易

单位：万元

	期初数	借方发生额	贷方发生额	期末数
贷款	—	—	—	—
投资	—	—	—	—
租赁	—	—	—	—
担保	—	—	—	—
应收账款	—	—	—	—
其他	1 572.05	210.01	—	1 782.06
合计	1 572.05	210.01	—	1 782.06

注：固有财产与关联方关联交易主要是房屋租赁费用等。

6.5.3.2　信托资产与关联方：贷款、投资、租赁、应收账款、担保、其他方式等期初汇总数、本期发生额汇总数、期末汇总数

信托资产与关联方关联交易

单位：万元

	期初数	借方发生额	贷方发生额	期末数
贷款	—	—	—	—
投资	—	—	—	—
租赁	—	—	—	—
担保	—	—	—	—
应收账款	—	—	—	—
其他	—	—	—	—
合计	—	—	—	—

6.5.3.3　信托公司自有资金运用于自己管理的信托项目（固信交易）、信托公司管理的信托项目之间的相互交易金额

6.5.3.3.1　固有财产与信托财产之间的交易金额期初汇总数、本期发生额汇总数、期末汇总数

公司没有固有财产与信托财产之间的交易。

6.5.3.3.2 信托资产与信托财产之间的交易金额期初汇总数、本期发生额汇总数、期末汇总数

公司没有信托资产与信托财产之间的交易。

6.5.4 关联方逾期未偿还本公司资金的详细情况以及本公司为关联方担保发生或即将发生垫款的详细情况

固有财产没有关联方逾期未偿还本公司资金及本公司为关联方担保发生或即将发生垫款的事项。

信托业务没有关联方逾期未偿还本公司资金及本公司为关联方担保发生或即将发生垫款的事项。

6.6 会计制度的披露

本公司固有业务和信托业务自2008年1月1日起均执行中华人民共和国财政部于2006年2月15日颁布的《企业会计准则——基本准则》。

7. 财务情况说明书

7.1 利润实现和分配情况

2013年本公司实现净利润129 621.39万元,分配方案如下:

(1)按当年净利润的10%提取法定公积金12 962.14万元;

(2)按当年净利润的5%提取信托赔偿准备金6 481.07万元;

(3)提取一般准备1 741.24万元。

可供股东分配的利润108 436.94万元。

7.2 主要财务指标

指标名称	指标值
资本利润率(%)	24.76
加权年化信托报酬率(%)	0.48
人均利润(万元)	611.91

注:1. 资本利润率=净利润/所有者权益平均余额×100%。

2. 人均利润=利润总额/年平均人数。

7.3 对本公司财务状况、经营成果有重大影响的其他事项

本公司没有对财务状况、经营成果有重大影响的其他事项。

7.4 本公司净资本情况

净资本风险控制指标报表

编制单位:中国对外经济贸易信托有限公司　　2013年12月31日

项目	期末余额	监管标准
净资本(万元)	462 525.03	≥2亿元
固有业务风险资本(万元)	75 575.39	
信托业务风险资本(万元)	299 751.44	
其他业务风险资本(万元)	—	
各项业务风险资本之和(万元)	375 326.83	
净资本/各项业务风险资本之和(%)	123.23	≥100%
净资本/净资产(%)	87.55	≥40%

8. 特别事项简要揭示

8.1 前五名股东报告期内变动情况及原因

无。

8.2 董事、监事及高级管理人员变动情况及原因

2013年1月8日,公司第五届董事会第五次会议聘任徐卫晖担任外贸信托总经理;2013年1月11日,公司第五届董事会第六次会议聘任齐斌为公司副总经理;2013年1月21日,公司2013年第一次股东决定书决定选举蒋承宏、程永任外贸信托董事;2013年9月2日,公司第五届董事会第十三次会议决定聘任刘燕松为公司副总经理。齐斌、刘燕松的任职资格中国银监会尚在审批过程中。

2014年3月31日,公司2014年第一次股东决定书选举杨林为外贸信托董事,王引平不再担任外贸信托董事、董事长职务;选举宋玉增为外贸信托监事,姜爱萍不再担任外贸信托监事、监事长职务。2014年4月8日。公司第五届董事会第十六次会议选举杨林为外贸信托董事长。杨林的任职资格中国银监会尚在审批过程中。

2014年3月1日,公司独立董事李保民申请辞去外贸信托独立董事职务。

8.3 本公司报告期内变更注册资本金、变更注册地或公司名称、公司分立合并事项

无。

8.4 重大诉讼事项

无。

8.5 本报告期内公司及其董事、监事和高级管理人员受到处罚的情况

无。

8.6 中国银监会及其派出机构对公司检查情况

无。

8.7 本报告期内公司重大事项临时报告

无。

8.8 本报告期内公司中国银监会及其省级派出机构认定的其他有必要让客户及相关利益人了解的重要信息

无。

9. 公司监事会意见

9.1 公司依法运作情况

报告期内,公司的决策程序符合国家法律、法规和公司的

章程及相关制度，建立健全了比较有效的内控制度，董事会全体成员及董事会聘任的高级管理人员认真履行了职责，未发现有违法、违规、违章的行为，也没有损害公司利益、股东利益和委托人利益的行为。

9.2　财务报告的真实性

报告期内，公司财务报告真实反映了公司财务状况和经营成果。

中国金谷国际信托有限责任公司

1. 重要提示

1.1 本公司董事会及董事保证本报告所载资料不存在任何虚假记载、误导性陈述或者重大遗漏，并对其内容的真实性、准确性和完整性承担个别及连带责任。本年度报告摘要摘自年度报告全文，客户及相关利益人欲了解详细内容，应阅读年度报告全文。

1.2 本公司独立董事王为强、郭朝田对本报告的真实性、准确性和完整性无异议。

1.3 德勤华永会计师事务所（特殊普通合伙）北京分所为本公司出具了标准无保留意见的审计报告。

1.4 本公司董事长徐兴建、总经理张利、主管会计工作负责人副总经理张秀娟声明：保证年度报告中财务会计报告的真实、完整。

2. 公司概况

2.1 公司简介

2.1.1 公司名称：

法定中文名称：中国金谷国际信托有限责任公司

中文名称缩写：金谷信托

英文名称：China Jingu International Trust Co. ,Ltd.

英文名称缩写：Jingu Trust

2.1.2 公司法定代表人：徐兴建

2.1.3 公司注册资本：22 亿元

2.1.4 公司注册地址：北京市西城区金融大街 33 号通泰大厦 C 座 10 层 邮政编码：100040

2.1.5 公司官方网站网址：www. jingutrust. com

2.1.6 公司信息披露事务负责人：王 崇

电话：010 -88086819 传真：010 -88086546

电子信箱：wangchong@ cinda. com. cn

2.1.7 公司选定的信息披露报纸名称：《金融时报》

2.1.8 公司年度报告备置地点：北京市西城区金融大街 33 号通泰大厦 C 座 10 层

2.1.9 公司聘请的会计师事务所：德勤华永会计师事务所（特殊普通合伙）北京分所

住所：北京市东长安街 1 号东方广场东方经贸城德勤大楼 8 层

2.1.10 其他有关资料：

公司法人营业执照注册号：100000000013649

公司金融许可证：K0075H111000001

2.2 公司组织结构

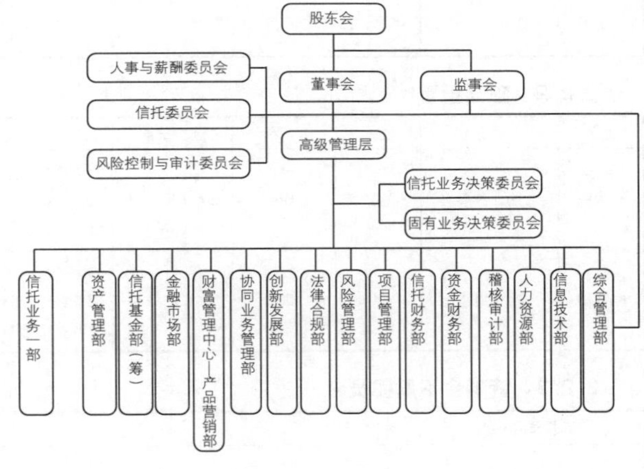

3. 公司治理结构

3.1 股东和股东会

报告期末，公司股东总数为 3 家。

股东名称	持股比例（%）	法人代表	注册资本（亿元）	注册地址	主要经营业务
中国信达资产管理股份有限公司	92.29	侯建杭	301.4002 亿元	北京市西城区闹市口大街 9 号院 1 号楼	收购、受托经营金融机构和非金融机构不良资产，对不良资产进行管理、投资和处置；债权转股权，对股权资产进行管理、投资和处置；破产管理；对外投资；买卖有价证券；发行金融债券、同业拆借和向其他金融机构进行商业融资；经批准的资产证券化业务、金融机构托管和关闭清算业务；财务、投资、法律及风险管理咨询和顾问；资产及项目评估；国务院银行业监督管理机构批准的其他业务。
中国妇女活动中心	6.25	郭象	3 000 万元	北京市东城区建国门内大街 19 号	特大型餐馆；饭店投资管理；承接国际、国内会议；文化艺术、科技交流活动。
中国海外工程有限责任公司	1.46	王紫光	9.78537 亿元	北京市海淀区紫竹院路 1 号 7 号楼	许可经营：向境外派遣各类劳务人员（不含海员，有效期至 2017 年 10 月 10 日）。一般经营：承包各类国外工程和境内外资工程；外派劳务人员培训；承担各类海外工业、民用建筑工程的勘查、设计和咨询；利用外方资源、资金和技术在境内开展劳务合作；进出口业务；工业与民用建筑工程的总承包；市政工程、装饰工程、水力电力工程、港口建设、道路桥梁工程施工；设备安装；建筑材料、工程机械的销售；自有房屋出租；房地产的开发经营及物业管理。

3.2 董事、董事会及其下属委员会

3.2.1 董事长、副董事长及董事

姓名	职务	性别	年龄	选任日期	所推举的股东名称	该股东持股比例(%)	简要履历
徐兴建	董事长	男	48	2013年6月	中国信达	92.29	1981年参加工作，曾任兴业银行知春路支行行长，华建国际集团有限公司投资总监，信达财产保险股份有限公司执行董事、副总裁，中国信达公司管理部、市场开发部总经理，其间兼任信达地产股份有限公司董事。
刘学敬	副董事长	男	56	2013年6月	中国信达	92.29	1976年参军入伍，1980年至今，担任国家审计署金融审计司副处长、处长、沈阳特派办特派员助理，金谷信托副总裁、总裁、监事会主席、总经理、副董事长等职务。
张　利	董事	男	47	2013年6月	中国信达	92.29	1988年参加工作，曾任武汉国际信托投资公司证券业务部总经理，北京证券有限责任公司部门总经理，中房置业股份有限公司副总经理，中国房地产开发集团公司总经理助理兼中汽财务有限责任公司总经理，中房置业股份有限公司监事长，中国信达资产管理部、资产经营部副总经理。
索巧梅	董事	女	59	2011年6月	中国信达	92.29	1984年至今，担任建设银行山西省分行副处长、国际业务部总经理、迎泽支行行长，中国信达太原办事处副主任（主任级），金谷信托董事。
傅彬	董事	女	43	2011年6月	中国信达	92.29	1995年至今，任职中国建设银行江西省分行，中国信达资本金管理委员会办公室、集团协同部、公司管理部、综合计划部高级副经理。
郭象	董事	女	59	2008年10月	中国妇女活动中心	6.25	1990年至今，担任团中央权益部副部长、全国妇联中国儿童中心副主任、党委副书记、党委书记，中国妇女活动中心主任、党委书记等职务。
王贺彩	董事	男	49	2011年6月	中国海外	1.46	1994年至今，担任铁道部建厂工程局北京一处副总会计师、总会计师，中铁建工集团北京分公司党委书记，中国海外工程有限责任公司总会计师、总法律顾问等职务。

3.2.2 独立董事

姓名	职务	性别	年龄	选任日期	简要履历
王为强	独立董事	男	66	2009年3月	自1988年起，先后担任中国建设银行辽宁省分行副行长、陕西省分行行长，陕西省人民政府秘书长，中国人民银行成都分行（大区行）行长，国有重点金融机构监事会主席兼任中国农业银行监事会主席，中国工商银行监事会主席、党委副书记、工银国际控股有限公司监事长等职务。
郭朝田	独立董事	男	68	2009年3月	1969年参加工作，曾任中国社会科学院经济所行政处副处长，院部房产处处长，中国农村信托公司房地产部总经理、高级经济师，深圳市建领投资发展有限公司董事长兼总经理，中国水业集团（香港上市公司）独立非执行董事。

3.2.3 董事会下属委员会

委员会名称	职责	组成人员
人事与薪酬委员会	负责制定、审查公司高级管理人员（以下简称高管人员）的薪酬政策与方案，拟定公司高管人员的考核标准并进行考核，接受董事会授权的其他事项。	徐兴建（主任） 王为强 郭朝田
信托委员会	督促公司依法履行受托职责。当公司或股东利益与受益人利益发生冲突时，信托委员会应保证公司为受益人的最大利益服务。	王为强（主任） 郭　象 傅　彬
风险控制与审计委员会	负责公司的风险控制、管理、监督和评估以及公司内外部审计的沟通、监督和核查等工作。	郭朝田（主任） 张　利 王贺彩

3.3 监事和监事会

姓名	职务	性别	年龄	选任日期	所推举的股东名称	该股东持股比例(%)	简要履历
贾　放	监事会主席	男	60	2012年4月	中国信达	92.29	1985年至今，历任国家计委财金司副处长、处长，国家计委宏观经济研究院综合研究部副主任，建设银行政策研究室副主任、投资研究所副所长，中国信达部门总经理、公司总裁助理（兼信达投资有限公司副董事长、总经理、党委副书记，信达地产股份有限公司董事长、党委书记），金谷信托党委副书记、监事会主席等职务。

续表

姓名	职务	性别	年龄	选任日期	所推举的股东名称	该股东持股比例(%)	简要履历
邵　颖	监事	女	43	2008年10月	中国信达	92.29	1999年至今，担任中国信达资金财务部、人力资源部经理、高级副经理、高级经理、部门总经理助理等职。
任　侠	监事	女	45	2011年6月	中国妇女活动中心	6.25	1987年至今，先后任职地质矿产部航空物探遥感中心，金谷信托主管会计、处级经理、高级副经理，中国妇女活动中心财务部部长。
王军民	监事	男	58	2008年10月	中国海外	1.46	1988年至今，担任中国海外工程有限责任公司企管部、进出口部、成套设备部、法务合约部、企业风险管理办公室等部门副经理、部长、公司总法律顾问、副总经济师等职务。
王　娜	职工监事	女	40	2011年6月	—	—	1991年至今，担任北京赛特集团管理有限责任公司主管，中国信达业务经理、团委委员，金谷信托人力资源部高级副经理、部门总经理级、公司工会副主席。

3.4　高级管理人员

姓名	职务	性别	年龄	选任日期	金融从业年限	学历/学位	专业
张　勇	党委书记	男	58	2008年10月	32	本科	基建财务与信用
张利	总经理	男	47	2013年6月	18	研究生班	政治经济学
刘元生	纪委书记	男	59	2009年5月	32	本科	基建财务与信用
张秀娟	副总经理	女	50	2009年5月	23	硕士	工商管理
刘志明	副总经理	男	58	2009年10月	16	硕士	工商管理
陈　玮	总经理助理	男	51	2009年5月	22	本科	企业管理
冯彦明	总经理助理	女	54	2009年5月	31	硕士	货币银行学

3.5　公司员工

项目		2013年度	
		人数	比例(%)
年龄分布	25岁以下	13	7
	25~29岁	57	29
	30~39岁	66	34
	40岁以上	59	30
学历分布	博士	13	7
	硕士	108	55
	本科	65	33
	专科及其他	9	5
岗位分布	董事、监事及高管人员	11	6
	自营业务人员	9	5
	信托业务人员	105	54
	其他	70	35

4. 经营管理

4.1　经营目标、方针、战略规划

4.1.1　经营目标

努力成为在资产管理、资金融通、投资理财等领域具有竞争力的专业理财服务机构和具有创新能力及持续盈利能力的信托公司。

4.1.2　经营方针

秉承诚信、高效、专业、创新的经营理念，恪守谨慎、稳健的经营方针，以受益人的利益最大化为宗旨，专注于信托产品的创新与推广。

4.1.3　战略规划

公司以中央“十二五”规划有关精神为指导，深入贯彻落实科学发展观，全面落实控股股东发展规划，抓住行业发展的大好时机，坚持以价值创新为目标，以客户需求为导向，以谋发展、防风险为主线，以合规经营、开拓创新为保障，从自身实际出发，依托股东优势，构建独具特色、可持续发展的业务架构和盈利模式，力争在3~5年将公司建设成为具有核心竞争优势的现代金融服务企业。

4.2　所经营业务的主要内容

4.2.1　自营资产运用与分布表

资产运用	金额(万元)	占比(%)	资产分布	金额(万元)	占比(%)
货币资产	136 309.63	38.76	基础产业		
贷款及应收款	73 704.06	20.96	房地产业	40 000.00	11.37
交易性金融资产			证券市场		
可供出售金融资产	120 924.19	34.39	实业	6 700.00	1.91
持有至到期投资			金融机构	281 518.44	80.05
长期股权投资	5 000.00	1.42	其他	23 437.79	6.67
其他	15 718.35	4.47			
资产总计	351 656.23	100	资产总计	351 656.23	100

4.2.2　信托资产运用与分布表

资产运用	金额(万元)	占比(%)	资产分布	金额(万元)	占比(%)
货币资产	59 151.96	0.63	基础产业	3 682 995.30	39.26
贷款	5 734 528.50	61.13	房地产	2 123 866.77	22.64
交易性金融资产			证券市场		

续表

资产运用	金额（万元）	占比（%）	资产分布	金额（万元）	占比（%）
可供出售金融资产	1 750 501.60	18.66	实业	1 695 890.05	18.08
持有至到期投资	2 936.00	0.03	金融机构	210 327.56	2.24
长期股权投资	1 150 663.06	12.27	其他	1 668 001.82	17.78
其他	683 300.38	7.28			
信托资产总计	9 381 081.50	100.00	信托资产总计	9 381 081.50	100.00

4.3 市场分析

4.3.1 经济形势分析

2013 年是全面贯彻落实党的十八大精神的开局之年，也是国民经济增速调整背景下加快发展方式转变的关键之年。在全球经济缓慢复苏，美国、欧盟及日本等发达经济体呈现经济持续回暖的国际背景下，2013 年我国的经济运行较为平稳，经济增长呈现稳中有进、稳中向好的发展态势。

4.3.2 金融形势分析

2013 年以来我国稳健的货币政策坚持中性取向，以公开市场操作为主要政策工具。除常规操作外，监管层还进一步规范银行理财、稽查银行间债券市场、加强外汇资金流入管理、逐步放开金融机构贷款利率管制等。总体来看，金融调控主要围绕“防风险、调结构、促改革”发力。

4.3.3 影响公司业务发展的有利因素

（1）党的十八届三中全会通过的《中共中央关于全面深化改革若干重大问题的决定》，确立了未来改革的基本方向。这些改革举措为信托行业的持续发展注入了强心剂，随着改革措施的推进和落实，或将深刻地影响信托行业发展的高度、深度以及广度。

（2）监管部门鼓励创新型信托业务、特色信托业务等的发展。多家信托公司在土地流转信托、家族信托、消费权信托等业务领域取得突破。信托公司追求创新的动力强劲，对信托业的长期、可持续发展十分有利。

4.3.4 影响公司业务发展的不利因素

（1）传统业务发展已基本饱和且受限较多，新的市场增长点尚未完全形成。房地产市场的结构分层和两级分化使得优质项目的稀缺性越发明显；四部委联合下发的《关于制止地方政府违法违规融资行为的通知》（财预［2012］463 号）的持续发酵以及市场对地方政府高额债务的担忧，引发了信托行业对基础产业类信托的重新思考。以往信托规模增长的“双核驱动力”——房地产类信托和基础产业信托在 2013 年都面临艰难的处境。

（2）金融同业在资产管理领域中的竞争加剧。券商资管计划和基金子公司的快速发展对信托公司的传统业务形成了挤压，影响了通道类业务的市场份额和费率。而银行资产管理计划试点的推出及发展甚至可能会导致信托业务去通道化成为现实。

4.4 内部控制概况

4.4.1 内部控制环境和内部控制文化

（1）公司治理的内部控制环境。公司按照现代企业制度的要求，建立了股东会、董事会、监事会以及经营管理层的法人治理结构，明确了股东会、董事会、监事会和经营管理层的权责关系。公司设立前中后台相互制衡的业务职能部门，信托业务与固有业务在人员配置、经营决策、会计核算和账务处理上完全分开。

（2）有效的内控培训和学习文化。公司积极建设和培育自身的内控文化，通过业务研讨、讲座、交流和培训，不断将最新的制度、经验和理念传递给公司员工，强化全员的合规和风险防范意识，将内控工作切实贯彻到各业务岗位和操作环节。

4.4.2 内部控制措施

本年度，公司梳理和修订了《公司内部控制手册》，涉及公司层面、业务流程层面、信息系统层面共计 29 个主流程，在制度、流程上进一步加强和规范了企业内部控制。

（1）内控制度规范。公司制定并实施了涵盖前台、中台、后台的内部控制制度和操作流程，包括了业务经营、业务授权、合规管理、风险管理、业务决策全过程，涵盖稽核审计、财务管理、人力资源、信息技术以及综合管理等各方面，并随着业务的开展进行持续完善。

（2）业务流程管理。公司实施全方位的业务流程内控管理，对业务操作各关键环节实行多人或多部门的交叉审核制度，保障公司业务内部控制的有效性。年度内，公司进一步梳理和优化了业务流程，并通过了 ISO 9001 质量管理体系认证，通过标准化的形式将各个流程控制节点以记录表单的形式固化在业务流程内，项目审查、决策审批等程序更趋严格和细化，期间管理和审计监督等工作日益加强。

4.4.3 监督评价与纠正

本年度对照《企业内部控制评价指引》修订了内控评价手册，定期对各个内部控制流程进行测试，对内部控制的有效性进行评价，发现内部控制缺陷并及时加以改进，监督后续整改工作，并将相关报告提交公司董事会。

4.5 风险管理

4.5.1 风险管理概况

公司风险管理工作遵从全面性、审慎性和有效性的原则，积极构建公司风险文化的核心理念，完善风险管理指标体系，明确风险管理绩效考核，以保证公司业务的稳健经营和发展。公司建立了董事会、经营层、职能管理部门和前台业务部门组成的四级风险管理体系，并形成了事前、事中、事后三条风险管理条线。风险管理部等职能部门定期对公司整体风险状况进行分析评估，并提交相关报告。

4.5.2 风险状况

4.5.2.1 信用风险状况

信用风险是公司经营过程中面临的主要风险。信用风险主要指交易对手不履行其义务的风险。主要表现为交易对手、担保人等义务主体在贷款偿还、资产（权益）回购、担保等交易环节不履行合同义务，从而使信托财产、固有财产有遭受损失的可能性。

4.5.2.2 市场风险状况

市场风险是指公司资产管理业务中，投资于具有公开市场价值的金融产品或者其他产品时，由于价格波动导致资产遭受损失的可能性。同时，某些交易对手发生的信用风险也可能来自于其自身遭受的市场风险（成本上升、销售下降等）。

4.5.2.3 操作风险状况

操作风险主要表现在公司内部人员在相关业务办理中因错误疏忽或操作失误而出现的风险，以及由于内部控制制度不完善引发的缺乏监控监督的风险。

4.5.2.4 其他风险状况

主要有政策风险、声誉风险等。政策风险主要是国家政策变化对公司业务发展可能产生的不利影响。声誉风险是指由于经营、管理及其他行为或外部事件导致利益相关方对公司作出负面评价的风险,影响公司正常运营。

4.5.3 风险管理

4.5.3.1 信用风险管理

第一,通过持续关注交易对手的履约能力,注重项目前期尽职调查及加强中后期检查等方式控制项目信用风险;第二,注重通过组合、多样化、限制集中度等方式分散信用风险;第三,通过在交易结构中设定抵押担保等方式转移风险;第四,公司以自有的信用风险评分系统数据作为重要参考依据。

4.5.3.2 市场风险管理

第一,注重定期对国家宏观经济的研判,把握国家重点调控政策;第二,加强对不同行业和区域的市场风险分析,注意建立与公司规模和管理能力相适应的风险管理制度;第三,开展与公司发展阶段相适应的业务品种,积极探索组合投资方案,分散市场风险;第四,贷款合同及相关文件尽量对利率浮动变化进行事前约定,规避利率风险。

4.5.3.3 操作风险管理

针对操作风险的不同类别,公司采取了不同的管理策略和解决方案。公司通过构建内部控制环境和体系加强尽职风险管理;以严谨的制度流程和清晰的授权体系明确责任,形成不同部门、不同岗位之间的监督控制关系,从而做到人尽其职。

4.5.3.4 其他风险管理

公司通过密切研究和关注国家经济形势和政策变化,尽早作出经营思路和业务方向调整方案来减少政策风险;通过审慎选择交易对手,尽职尽责履行受托人责任,切实维护委托人的利益,维护企业声誉。

5. 报告期末及上一年度末的比较式会计报表

5.1 自营资产

5.1.1 会计师事务所审计意见全文

审 计 报 告

德师京报(审)字(2014)第P0177号

中国金谷国际信托有限责任公司董事会:

我们审计了后附的中国金谷国际信托有限责任公司(以下简称贵公司)的财务报表,包括2013年12月31日的资产负债表、2013年度的利润表、所有者权益变动表和现金流量表以及财务报表附注。

一、管理层对财务报表的责任

编制和公允列报财务报表是贵公司管理层的责任。这种责任包括:(1)按照企业会计准则的规定编制财务报表,并使其实现公允反映;(2)设计、执行和维护必要的内部控制,以使财务报表不存在由于舞弊或错误而导致的重大错报。

二、注册会计师的责任

我们的责任是在执行审计工作的基础上对财务报表发表审计意见。我们按照中国注册会计师审计准则的规定执行了审计工作。中国注册会计师审计准则要求我们遵守中国注册会计师职业道德守则,计划和执行审计工作以对财务报表是否不存在重大错报获取合理保证。

审计工作涉及实施审计程序,以获取有关财务报表金额和披露的审计证据。选择的审计程序取决于注册会计师的判断,包括对由于舞弊或错误导致的财务报表重大错报风险的评估。在进行风险评估时,注册会计师考虑与财务报表编制和公允列报相关的内部控制,以设计恰当的审计程序,但目的并非对内部控制的有效性发表意见。审计工作还包括评价管理层选用会计政策的恰当性和作出会计估计的合理性,以及评价财务报表的总体列报。

我们相信,我们获取的审计证据是充分、适当的,为发表审计意见提供了基础。

三、审计意见

我们认为,贵公司财务报表在所有重大方面按照企业会计准则的规定编制,公允反映了贵公司2013年12月31日的财务状况以及2013年度的经营成果和现金流量。

德勤华永会计师事务所(特殊普通合伙)北京分所中国注册会计师

姜长征 巩慧芳

2014年3月20日

5.1.2 资产负债表

资产负债表

2013年12月31日

单位:万元

项目	年末数	年初数	项目	年末数	年初数
资产			负债		
货币资金	136 309.63	75 849.60	应付职工薪酬	13 722.85	11 689.23
交易性金融资产		20 000.00	应交税费	7 324.53	11 118.59
应收利息	6 840.94	155.56	预收账款	6 215.31	11 742.48
发放贷款和垫款	46 700.00	50 000.00	其他负债	1 047.57	1 711.57
可供出售金融资产	120 924.19	61 586.28	负债合计	28 310.26	36 261.87

续表

项　目	年末数	年初数	项目	年末数	年初数
应收款项类投资	10 000.00	10 000.00			
长期股权投资	5 000.00	5 000.00			
固定资产	2 211.64	2 518.15	所有者权益		
无形资产	216.84	118.86	实收资本	220 000.00	120 000.00
递延所得税资产	12 507.28	2 997.01	资本公积	23 064.78	23 064.78
其他资产	10 945.71	10 394.10	盈余公积	8 598.59	5 875.78
			风险准备金	8 490.50	6 283.35
			未分配利润	63 192.10	47 133.78
			所有者权益合计	323 345.97	202 357.69
资产总计	351 656.23	238 619.56	负债及所有者权益总计	351 656.23	238 619.56

5.1.3　利润表

利润表

2013 年度

单位:万元

项　目	本年累计数	上年累计数
一、营业收入	109 702.05	94 536.55
(一)利息净收入	17 464.97	15 986.11
利息收入	17 464.97	15 986.11
利息支出		
(二)手续费及佣金净收入	88 401.10	75 152.45
手续费及佣金收入	88 903.76	75 215.52
手续费及佣金支出	502.66	63.07
(三)投资收益(损失以"-"号填列)	3 835.98	3 397.99
二、营业支出	64 814.20	25 995.62
(一)营业税金及附加	6 118.95	5 175.40
(二)业务及管理费	22 648.49	20 444.01
(三)资产减值损失	36 046.76	376.21
三、营业利润(亏损以"-"号填列)	44 887.85	68 540.93
加:营业外收入	53.44	24.38
减:营业外支出	9 899.05	8
四、利润总额(亏损以"-"号填列)	35 042.24	68 557.31
减:所得税费用	7 814.07	17 298.13
五、净利润(亏损以"-"号填列)	27 228.17	51 259.18
六、其他综合收益		1 255.94
七、综合收益总额	27 228.17	52 515.12

5.1.4 所有者权益变动表

所有者权益变动表

2013 年度

单位:万元

项目	本年金额						上年金额					
	实收资本	资本公积	盈余公积	风险准备金	未分配利润	所有者权益合计	实收资本	资本公积	盈余公积	风险准备金	未分配利润	所有者权益合计
一、上年年末余额	120 000.00	23 064.78	5 875.78	6 283.35	47 133.78	202 357.69	120 000.00	21 808.84	749.86	1749.33	5 534.54	149 842.57
加:会计政策变更												
前期差错变更												
二、本年年初余额	120 000.00	23 064.78	5 875.78	6 283.35	47 133.78	202 357.69	120 000.00	21 808.84	749.86	1749.33	5 534.54	149 842.57
三、本年增减变动金额(减少以"-"号填列)	100 000.00		2 722.81	2 207.15	16 058.32	120 988.28		1 255.94	5 125.92	4 534.02	41 599.24	52 515.12
(一)净利润					272 28.17	272 28.17					51 259.18	51 259.18
(二)其他综合收益								1 255.94				1 255.94
上述(一)和(二)小计					272 28.17	27 228.17		1 255.94			51 259.18	52 515.12
(三)所有者投入和减少资本	100 000.00					100 000.00						
(四)利润分配			2 722.81	2 207.15	-11 169.85	-6 239.89			5 125.92	4 534.02	-9 659.94	
1. 提取盈余公积			2 722.81		-2722.81				5 125.92		-5125.92	
2. 提取风险准备金				2207.15	-2207.15					4 534.02	-4 534.02	
4. 对所有者(或股本)的分配					-6239.89	-6239.89						
四、本年年末余额	220 000.00	23 064.78	8 598.59	8 490.50	63 192.10	323 345.97	120 000.00	23 064.78	5 875.78	6 283.35	47 133.78	202 357.69

5.2 信托资产

5.2.1 信托项目资产负债汇总表

信托项目资产负债汇总表

2013 年 12 月 31 日　　单位：万元

资产	期末余额	期初余额	负债和所有者权益	期末余额	期初余额
信托资产			信托负债		
银行存款	59 151.96	34 458.44	应付受托人报酬		
交易性金融资产			应付受益人收益		
买入返售金融资产	133 990.00	37 090.00	应付托管费		
应收账款	393 248.38	358 416.44	应交税费		
应收利息			其他应付款	18 645.64	13 168.72
拆出资金					
其他应收款			信托负债合计	18 645.64	13 168.72
贷款	5 734 528.50	6 891 200.00			
持有至到期投资	2 936.00				
可供出售金融资产	1 750 501.60	1 879 802.49	信托权益		
长期股权投资	1 150 663.06	819 400.00	实收信托	9 311 356.21	10 142 335.85
固定资产	50 000.00	50 000.00	资本公积		
在建工程			未分配利润	51 079.65	27 948.88
无形资产			信托权益合计	9 362 435.86	10 170 284.73
长期待摊费用					
其他资产	106 062.00	113 086.08			
资产总计	9 381 081.50	10 183 453.45	负债和所有者权益合计	9 381 081.50	10 183 453.45

5.2.2 信托项目利润及利润分配汇总表

信托项目利润及利润分配汇总表

2013 年度　　单位：万元

项　目	本年金额	上年金额
一、营业收入	937 050.56	805 748.72
利息收入	599 841.41	377 324.57
投资收益	332 348.70	427 382.02
公允价值变动损益		
租赁收入	4 816.01	1 039.68
其他业务收入	44.44	2.45
二、支出	154 204.16	139 345.55
（一）营业税金及附加		
（二）受托人报酬	79 994.66	66 725.29
（三）保管费	13 090.55	25 408.76
（四）资产减值损失		
（五）其他费用	61 118.95	47 211.50
三、信托净利润（净亏损以"－"号填列）	782 846.40	666 403.17
四、其他综合收益		
五、综合收益	782 846.40	666 403.17
六、加：期初未分配信托利润	27 948.88	3 353.93
七、可供分配的信托利润	810 795.28	669 757.10
八、减：本期已分配信托利润	759 715.63	641 808.22
九、期末未分配信托利润	51 079.65	27 948.88

6. 会计报表附注

6.1 会计报表编制基准不符合会计核算基本前提的说明

本公司无上述情况。

6.2 重要会计政策和会计估计的变化情况

无。

6.3 或有事项说明

无。

6.4 重要资产转让及其出售的说明

无。

6.5 会计报表中重要事项的明细资料

6.5.1 自营资产经营情况

6.5.1.1 信用风险五级分类情况

信用风险资产五级分类	正常类（万元）	关注类（万元）	次级类（万元）	可疑类（万元）	损失类（万元）	信用风险资产合计（万元）	不良资产合计（万元）	不良资产率（%）
期初数	92 026.00	0	0	0	0	92 026	0	0
期末数	191 908.65	0	5 231.92	7 918.95	0	205 059.52	13 150.87	6.41

6.5.1.2 各项资产减值损失准备情况

单位：万元

	期初数	本期计提	本期转回	本期核销	期末数
贷款损失准备					
其中：一般准备					
专项准备					
其他资产减值准备					
可供出售金融资产减值准备		26 999.89			26 999.89

续表

	期初数	本期计提	本期转回	本期核销	期末数
持有至到期投资减值准备					
长期股权投资减值准备					
坏账准备	376.21	9046.87			9423.08
投资性房地产减值准备					

6.5.1.3 固有业务股票投资、基金投资、债券投资、长期股权投资等投资业务情况

单位：万元

	自营股票	基金	债券	长期股权投资	其他投资	合计
期初数				5 000.00	91 586.28	96 586.28
期末数				5 000.00	130924.19	135924.19

6.5.1.4 长期股权投资情况

单位：万元

企业名称	占被投资企业权益的比例(%)	主要经营活动	投资收益（万元）
山东重工集团财务有限公司	5	对成员单位办理财务和融资顾问业务	

6.5.1.5 自营贷款业务情况

企业名称	占贷款总额的比例(%)	还款情况
中佳(徐州)房地产开发有限公司	85.65	正常
北京捷宸阳光科技发展有限公司	14.35	正常

6.5.1.6 表外业务情况

无。

6.5.1.7 公司当年的收入结构

收入结构	金额(万元)	占比(%)
手续费及佣金收入	88 401.10	80.54
其中:信托手续费收入	84 388.02	76.89
投资银行业务收入		
利息收入	17 464.97	15.91
其他业务收入		
其中:计入信托业务收入部分		
投资收益	3 835.99	3.50
其中:股权投资收益		
证券投资收益		
其他投资收益	3 835.99	3.50
公允价值变动收益		
营业外收入	53.43	0.05
收入合计	109 755.49	100.00

6.5.2 信托资产管理情况

6.5.2.1 信托资产的期初数、期末数

单位：万元

信托资产	期初数	期末数
集合	2 226 873.48	2 223 941.04
单一	7 543 676.87	6 580 161.39
财产权	412 903.10	576 979.07
合计	10 183 453.45	9 381 081.50

6.5.2.1.1 主动管理型信托业务的信托资产期初数、期末数

单位：万元

主动管理型信托资产 信托资产	期初数	期末数
证券投资类		
股权投资类	1 541 568.91	1 584 390.80
融资类	5 116 057.37	4 081 375.39
事务管理类	278 331.50	448 577.14
合计	6 935 957.78	6 114 343.33

6.5.2.1.2 被动管理型信托业务的信托资产期初数、期末数

单位：万元

被动管理型信托资产	期初数	期末数
证券投资类		
股权投资类	792 204.38	903 445.65
融资类	2 405 630.26	2 313 692.27
事务管理类	49 661.03	49 600.25
合计	3 247 495.67	3 266 738.17

6.5.2.2 本年度已清算结束的信托项目个数、实收信托合计金额、加权平均实际年化收益率

6.5.2.2.1 本年度已清算结束的集合类，单一类资金信托项目和财产管理类信托项目

已清算结束信托项目	项目个数	合计金额(万元)	加权平均实际年化收益率(%)
集合类	28	829 183.30	7.85
单一类	62	1 919 803.98	6.66
财产管理类	2	47 850.00	11.62

6.5.2.2.2 本年度已清算结束的主动管理型信托项目

已清算结束信托项目	项目个数	实收信托合计金额(万元)	加权平均实际年化收益率(%)
证券投资类			
股权投资类	19	564 822.20	6.58
融资类	46	1 443 107.00	7.23
事务管理类	2	47 850.00	11.62

6.5.2.2.3 本年度已清算结束的被动管理型信托项目

已清算结束信托项目	项目个数	实收信托合计金额(万元)	加权平均实际年化收益率(%)
证券投资类			
股权投资类	6	147 900.00	7.03
融资类	19	593 158.08	6.90
事务管理类			

6.5.2.3 本年度新增的集合类、单一类资金信托项目和财产管理类信托项目

新增信托项目	项目个数	实收信托合计金额（万元）
集合类	20	879 332.30
单一类	45	1 079 293.89
财产管理类	5	223 100.95
新增合计	70	2 181 727.14
其中：主动管理型	63	1 839 827.14
被动管理型	7	341 900.00

6.5.2.4 信托业务创新成果和特色业务有关情况

公司自重新登记开业以来一直非常重视业务创新和开拓。2013 年，为积极参与国内信贷资产证券化的实践，推动金融业务创新，充分发挥信托制度在资产证券化中的优势，公司基于自身的专业化受托管理能力和为开展资产证券化业务所作的前期准备工作，积极申请并最终获得由中国银监会核准的“特定目的的信托受托机构资格”。以此为契机，公司积极参与并赢得了中国银行总规模近 94 亿元的资产证券化项目的受托机构暨发行人资格。该项目对于公司积累资产证券化业务经验、优化公司信托业务结构、培育公司新的业务模式、强化与各大金融机构的战略合作关系等具有重要战略意义。

公司在公益信托领域也进行了积极的探索，推出经营性信托嵌套公益性信托的模式，既有助于突破现有公益信托普遍面临的资金募集瓶颈，还通过引进信托制度，促使公益事业的资金募集、运作更加规范、透明。

6.5.2.5 披露信托财产的损失情况

无。

6.5.2.6 本公司履行受托人义务情况及因公司自身责任而导致的信托资产损失情况

无。

6.6 关联方关系及其交易的披露

6.6.1 关联交易方的数量、关联交易的总金额及关联交易的定价政策

	关联交易方数量	关联交易金额（万元）	定价政策
合计	4	78 722.14	按照市场公允价格定价

6.6.2 关联交易方与本公司的关系性质、关联交易方的名称、法定代表人、注册地址、注册资本及主营业务

关系性质	关联方名称	法定代表人	注册地址	注册资本（万元）	主营业务
母公司	中国信达资产管理股份有限公司	侯建杭	北京市西城区闹市口大街 9 号院 1 号楼	301.4002	收购、受托经营金融机构和非金融机构不良资产，对不良资产进行管理、投资和处置；债权转股权，对股权资产进行管理、投资和处置；破产管理；对外投资；买卖有价证券；发行金融债券、同业拆借和向其他金融机构进行商业融资；经批准的资产证券化业务、金融机构托管和关闭清算业务；财务、投资、法律及风险管理咨询和顾问；资产及项目评估；国务院银行业监督管理机构批准的其他业务。
同一母公司	信达投资有限公司	李德燃	北京市西城区闹市口大街 9 号院 1 号楼	20	对外投资；商业地产管理、酒店管理、物业管理；资产管理、资产重组；投资咨询、投资顾问。
同一母公司	信达财产保险股份有限公司	左凤高	北京市东城区东中街 29 号东环广场 B 座 3 层	30	财产损失保险、责任保险、信用保险、保证保险、短期健康保险和意外伤害保险，及上述业务的再保险业务；同时，还包括国家法律、法规允许的保险资金运用业务及经保监会批准的其他业务等。
同一母公司	幸福人寿保险股份有限公司	李传学	北京市东城区东中街 29 号东环广场 B 座 8 层	39	各类人寿保险、健康保险、人身意外伤害保险以及与人身保险相关的再保险业务。

6.6.3 公司与关联方的重大交易事项

6.6.3.1 固有财产与关联方交易情况

单位：万元

	期初数	借方发生额	贷方发生额	期末数
贷 款				
投 资				
租 赁				
担 保				
应收账款				
其 他	4 028.19	1 960.15	5 988.34	0
合 计	4 028.19	1 960.15	5 988.34	0

6.6.3.2 信托资产与关联方交易情况

单位：万元

	期初数	借方发生额	贷方发生额	期末数
贷 款				
投 资				
租 赁				
担 保				
应收账款				
其他	205 521.07		72 733.80	132 787.27
合 计	205 521.07		72 733.80	132 787.27

6.6.3.3 信托公司自有资金运用于自己管理的信托项目(固信交易)、信托公司管理的信托项目之间的相互(信信交易)交易金额,包括余额和本报告年度的发生额

6.6.3.3.1 固有与信托财产之间的交易金额

单位:万元

固有财产与信托财产相互交易			
	期初数	本期发生额	期末数
合计	43 586.28	43 586.28	0

6.6.3.3.2 信托财产与信托财产之间的交易金额

单位:万元

信托财产与信托财产相互交易			
	期初数	本期发生额	期末数
合计	3 520	3 520	0

6.6.4 关联方逾期未偿还本公司资金的详细情况以及本公司为关联方担保发生或即将发生垫款的情况

无。

7. 财务情况说明书

7.1 利润实现和分配情况

2013 年公司实现净利润 27 228.17 万元,根据相关规定,公司对本年实现的净利润 27 228.17 万元进行分配,其中按照净利润 10% 提取法定盈余公积金 2 722.82 万元,按照净利润 5% 提取信托赔偿准备金 1 361.41 万元,按照风险资产期末余额的 1.5% 提取一般风险准备金 845.74 万元。根据股东会决议,向全体股东分配股利 3 344.73 万元。

7.2 主要财务指标

指标名称	指标值
资本利润率(%)	10.36
信托报酬率(%)	0.86
人均净利润(万元)	166.02

注:1. 资本利润率 = 净利润/所有者权益平均余额 ×100%。
2. 信托报酬率 = 信托业务收入/实收信托平均余额 ×100%。
实收信托平均余额是指年初及各季末实收信托余额的移动算数平均数。
公式为 A(平均) = (A0/2 + A1 + A2 + A3 + A4/2)/4。
3. 人均利润 = 净利润/平均职工人数。

7.3 公司净资本监管指标

指标名称	指标值	监管标准
净资本(万元)	274 981.37	≥2 亿元
各项业务风险资本之和(万元)	130 695.20	
净资本/各项业务风险资本之和(%)	210.40	≥100%
净资本/净资产(%)	85.04	≥40%

7.4 本年度对本公司财务状况、经营成果有重大影响的其他事项

2013 年 12 月股东向公司增资 10 亿元。

8. 特别事项简要揭示

8.1 前五名股东发生变动情况及原因

无。

8.2 董事、监事及高级管理人员变动情况及原因

经金谷信托 2013 年第二次临时股东会审议通过,推选徐兴建、张利为公司董事,张勇、罗振宏不再担任公司董事;经第六届董事会第五次会议审议通过,中国银行业监督管理委员会核准,选举徐兴建为公司董事长、刘学敬为公司副董事长,聘任张利为公司总经理;李廷芳不再担任公司常务副总经理。

8.3 变更注册资本、变更注册地或公司名称、公司分立合并事项

2013 年 12 月,经公司股东会审议通过,中国银行业监督管理委员会同意,公司注册资本增至 22 亿元,并于 12 月 23 日完成工商变更登记手续,换领新的营业执照。

8.4 公司的重大诉讼事项

金谷信托根据具有强制执行效力的公证债权文书,以黄山市江滨大厦度假有限公司、张兴明、石立岩、薛宽宏、马宝根为被申请人,向人民法院申请了强制执行,申请强制执行的标的金额为 150 113 665.75 元。

金谷信托根据具有强制执行效力的公证债权文书,以徐州日成房地产开发有限公司、镇江龙山豪苑置业有限公司、融资方实际控制人为被申请人,向人民法院申请了强制执行,申请强制执行的标的金额为 530 508 701.10 元。

8.5 公司及其高级管理人员受到处罚的情况

中国银监会于 2013 年 2 月 8 日对本公司下发了《中国银监会办公厅关于金谷国际信托有限责任公司的监管意见》(银监办发[2013]47 号)。

8.6 中国银监会现场检查意见及整改情况

报告期内,中国银监会向公司下发了监管意见及现场检查意见书,提出公司要强化治理执行机制、完善内控体系和流程、加强内控执行力、提高自主资产管理能力等意见。公司高度重视,有针对性地制订了整改方案,并成立公司治理整改小组,围绕公司治理、合规管理、内控建设等方面进行认真整改。从业务管理、决策管理、期间管理、资金管理等四个条线共修订 26 项规章制度,完善绩效考核和问责机制;组织员工培训,提高全员合规意识。整改工作得到了中国银监会、公司股东单位及董事会的及时指导和帮助。同时,公司依托 ISO9001 质量管理体系的认证和审核,持续加强公司内控建设,切实提高公司风险防范和应对能力,以实现公司持续健康发展。

8.7 本年度重大事项临时报告的简要内容、披露时间、所披露的媒体及其版面

无。

8.8 中国银监会及其省级派出机构认定的其他有必要让客户及相关利益人了解的重要信息

无。

9. 监事会意见

监事会认为：公司能够按照《公司法》和公司章程运作，各项经营管理活动的开展是积极谨慎的。没有发现公司董事、高级管理人员在执行公司职务时有违反法律、公司章程或损害公司及受益人利益的行为。

报告期内，经德勤华永会计师事务所审计的公司2013年度财务报告客观、公允地反映了公司财务状况和经营成果，会计处理方法体现了一贯性和审慎性的原则。公司2013年度报告的编制和审议程序符合相关法律、法规和公司章程的有关规定。

中国民生信托有限公司

1. 重要提示

1.1 本公司董事会及董事保证本报告所载资料不存在任何虚假记载、误导性陈述或者重大遗漏，并对其内容的真实性、准确性和完整性承担个别及连带责任。

1.2 公司独立董事谢伯阳先生、齐逢昌先生、田忠华先生声明：保证本年度报告内容的真实性、准确性和完整性。

1.3 公司董事长卢志强先生、副董事长冯宗苏先生、财务总监赵东先生和计划财务部总经理仝昭旸先生声明：保证本年度报告中财务报告的真实、完整。

2. 公司概况

2.1 公司简介

2.1.1 公司的法定名称

中文：中国民生信托有限公司（简称：中国民生信托）

英文：China MinSheng Trust Co., Ltd.（缩写：CMT）

2.1.2 公司法定代表人：卢志强

2.1.3 公司注册地址：北京市东城区建国门内大街28号民生金融中心C座19层

邮政编码：100005

公司网址：www.msxt.com

公司电子信箱：minshengtrust@msxt.com

2.1.4 公司负责信息披露事务的高级管理人员：董事会秘书 齐子鑫

公司信息披露事务联系人：董事会办公室主任 李永平

办公电话：8610－85259066

办公传真：8610－85259080

电子信箱：liyongping@msxt.com

2.1.5 公司选定的信息披露报纸：《金融时报》

2.1.6 公司年度报告备置地点：公司董事会办公室

2.1.7 公司聘请的会计师事务所：中兴华会计师事务所（特殊普通合伙）

住所：北京市西城区阜外大街1号东塔楼15层

2.2 公司组织结构

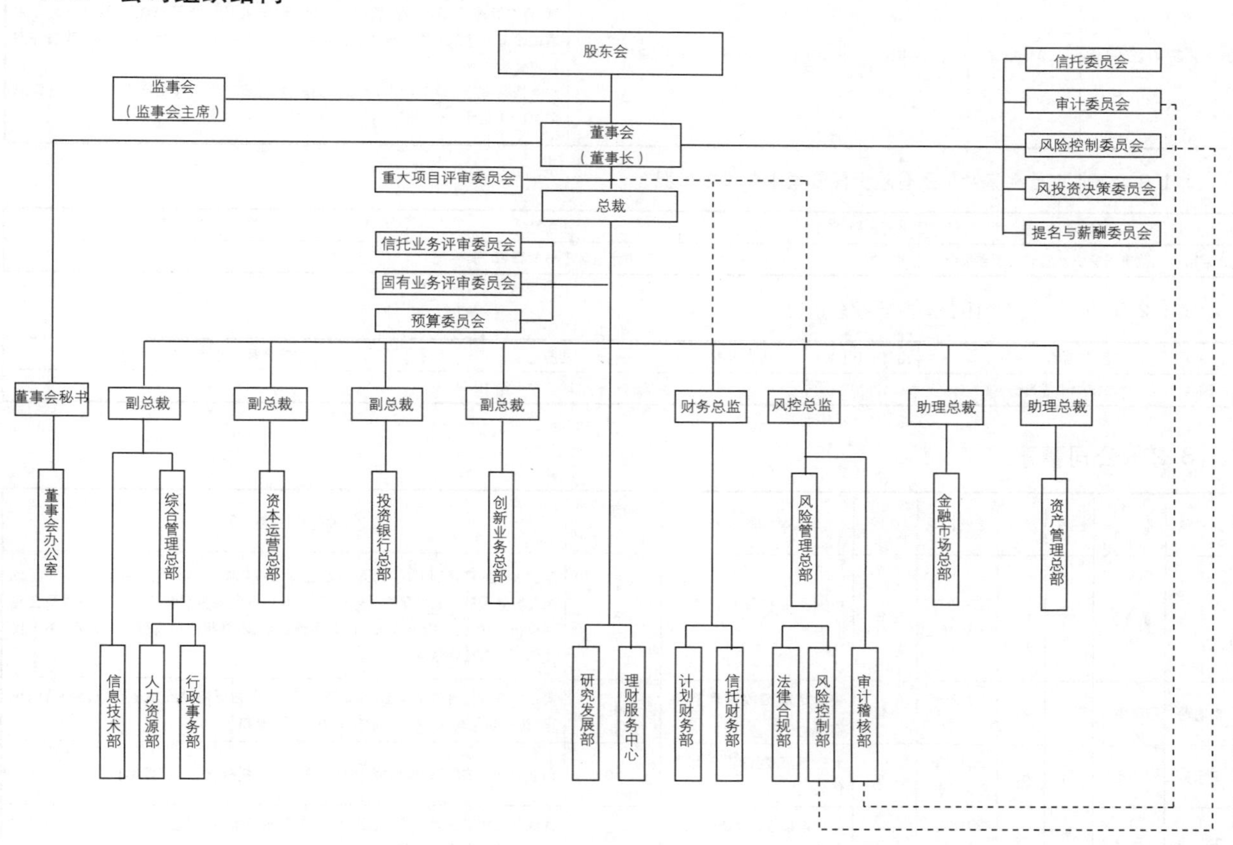

3. 公司治理结构

3.1 公司股东

3.1.1 截至2013年12月31日，公司共有5家股东。持有本公司10%以上（含10%）出资比例的股东情况：

股东名称	持股比例（%）	法人代表	注册资本（亿元）	注册地址	主要经营业务及主要财务情况
中国泛海控股集团有限公司★	69.3	卢志强	780 000	北京市东城区建国门内大街28号民生金融中心C座23层	主要经营业务：科技、文化、教育、房地产、基础设施项目及产业的投资；资本经营、资产管理；酒店及物业管理；会议及会展服务；出租商业用房、办公用房、车位；通讯、办公自动化、建筑装饰材料及设备的销售；与上述业务相关的经济、技术、管理咨询。 财务情况：截至2013年末，中国泛海总资产988亿元，净资产236亿元，利润总额10.7亿元（未经审计）。
北京首都旅游集团有限责任公司	30	段　强	236 867	北京市朝阳区雅宝路10号3层	主要经营业务：以投资经营管理旅游业及现代化服务业为主业；涵盖酒店、商业、餐饮、旅行、汽车、景区和旅游地产。 财务情况：截至2013年末，首旅集团总资产397亿元，净资产124亿元，利润总额15.6亿元（未经审计）。

注：1. ★为本公司控股股东。
2. 上述股东之间不存在关联关系。

3.1.2 公司前三位股东的主要情况

3.1.2.1 中国泛海控股集团有限公司主要股东情况

股东名称	出资比例（%）	法人代表	注册地址	主要经营业务及主要财务情况
泛海集团有限公司	97.43	卢志强	山东省潍坊市潍城区和平路198号	主要经营业务：科技、文化、教育、房地产、基础设施项目及产业的投资；资本经营，资产管理；酒店及物业管理；房屋拆迁；绿化工程；电子、机械、通讯（不含无线通讯设备）、建筑装饰材料及设备销售；与上述业务相关的经济、技术、管理咨询及中介服务业务。 财务情况：截至2013年末，泛海集团总资产967亿元，净资产161亿元，利润总额10.81亿元（未经审计）。

3.1.2.2 北京首都旅游集团有限责任公司主要股东情况

股东名称	出资比例（%）	法人代表	注册地址	主要经营业务及主要财务情况
北京市人民政府国有资产监督管理委员会	100	—	北京市西城区枣林前街70号	—

3.1.2.3 中国青旅集团公司主要股东情况

股东名称	出资比例（%）	法人代表	注册地址	主要经营业务及主要财务情况
中国共产主义青年团中央委员会	100	—	北京市东城区前门东大街10号	—

3.2 公司董事

姓　名	职　务	性别	年龄	选任日期	任期	所推举的股东名称	该股东持股比例（%）	简　要　履　历
卢志强	董事长	男	62	2012年12月16日	3年	中国泛海控股集团有限公司	69.3	复旦大学经济学硕士，研究员，现任全国政协常委，中国民间商会副会长，中国泛海控股集团有限公司董事长兼总裁，中共中国泛海控股集团有限公司委员会党委书记，中国民生银行股份有限公司副董事长，联想控股有限公司董事，中国民生信托有限公司董事长。
李明海	副董事长	男	47	2012年12月16日	3年	中国泛海控股集团有限公司	69.3	复旦大学政治经济学博士，副研究员；现任中国泛海控股集团有限公司执行董事、执行副总裁，中国民生信托有限公司副董事长。
冯宗苏	副董事长	男	60	2012年12月16日	3年	北京首都旅游集团有限责任公司	30	西北大学经济学硕士，教授；现任中国民生信托有限公司副董事长。
王志强	董事	男	58	2012年12月16日	3年	北京首都旅游集团有限责任公司	30	武汉工业大学管理学硕士；现任北京首都旅游集团有限责任公司总经理助理，中国民生信托有限公司董事。

续表

姓 名	职 务	性别	年龄	选任日期	任期	所推举的股东名称	该股东持股比例(%)	简 要 履 历
齐子鑫	董事	男	38	2012年12月16日	3年	中国泛海控股集团有限公司	69.3	北京大学法学硕士,现任中国泛海控股集团有限公司董事、副总裁;中国民生信托有限公司董事、董事会秘书。
杨自理	董事	男	48	2012年12月16日	3年	中国泛海控股集团有限公司	69.3	对外经济贸易大学经济学硕士;曾任中国民生信托有限公司董事、总裁。
谢伯阳	独立董事	男	59	2012年12月16日	3年	中国泛海控股集团有限公司	69.3	长江商学院高级管理人员工商管理硕士。现任中国光彩事业基金会理事长;曾任中国民生信托有限公司独立董事。
齐逢昌	独立董事	男	67	2012年12月16日	3年	中国泛海控股集团有限公司	69.3%	高级经济师;现任天津滨海农村商业银行名誉董事长,中国民生信托有限公司独立董事。
田忠华	独立董事	男	65	2012年12月16日	3年	中国泛海控股集团有限公司	69.3	复旦大学经济学硕士,高级经济师;现任中国民生信托有限公司独立董事。

注:报告期内,谢伯阳先生、杨自理先生因个人原因离职,已辞去董事职务。

3.3 监事

姓 名	职 务	性别	年龄	选任日期	任期	所推举的股东名称	该股东持股比例(%)	简 要 履 历
刘 毅	监事会主席	男	53	2012年12月16日	3年	北京首都旅游集团有限责任公司	30	清华大学高级管理人员工商管理硕士,高级经济师;现任北京首都旅游集团有限责任公司党委副书记、副董事长、总经理;中国民生信托有限公司监事会主席。
王 宏	监事会副主席	男	54	2012年12月16日	3年	中国泛海控股集团有限公司	69.3	东北财经大学(原辽宁财经学院)经济学学士,高级会计师、注册会计师;现任中国泛海控股集团有限公司董事、副总裁,中国民生信托有限公司监事会副主席。
赵英伟	监事	男	42	2012年12月16日	3年	中国泛海控股集团有限公司	69.3	中国人民大学经济学学士,高级会计师,高级国际财务管理师资格(SIFM);现任中国泛海控股集团有限公司监事、副总裁、财务总监,中国民生信托有限公司监事。
李永平	职工监事	男	43	2012年12月16日	3年	中国泛海控股集团有限公司	69.3	清华大学工商管理硕士,经济师;现任中国民生信托有限公司职工监事、董事会办公室主任、综合管理总部总裁。
安 岩	职工监事	女	32	2012年12月16日	3年	中国泛海控股集团有限公司	69.3	中国人民大学经济学硕士;现任中国民生信托有限公司职工监事、风险控制部风控专业总监。

3.4 高级管理人员

姓 名	职 务	性别	年龄	选任日期	金融从业年限	学历	专 业
杨自理	总裁	男	48	2012年12月16日	18	研究生学历,硕士学位	国际金融专业
齐子鑫	董事会秘书	男	38	2012年12月16日	5	研究生学历,硕士学位	政治学理论专业
易宏伟	副总裁	男	55	2012年12月16日	19	大学本科学历,硕士学位	经济学专业
周益华	风控总监	男	45	2012年12月16日	14	大学本科学历,硕士学位	法律专业
李庆平	副总裁	男	35	2012年12月16日	8	研究生学历,硕士学位	金融学专业
郭庆卫	副总裁	男	43	2012年12月16日	20	大学本科学历,硕士学位	经济学专业
赵 东	财务总监	男	43	2012年12月16日	14	大学本科学历,硕士学位	会计学专业

注:报告期内,杨自理先生因个人原因离职,已辞去总裁职务,董事会委派副董事长冯宗苏先生暂代行总裁职责。

3.5 公司员工

报告期末，公司职工人数为 147 人。其中，40 岁以下的占 91.2%，40 岁以上的占 8.8%；博士学历占 2.0%，硕士学历占 63.9%，本科学历占 31.3%，其他学历占 2.8%。

4. 经营管理

4.1 经营目标、方针和战略规划

公司的经营理念是："社会目标、企业目标、个人目标相统一，社会责任、企业责任、个人责任相统一，社会利益、企业利益、个人利益相统一。"公司立志成为一家具备全球视野的、一流的金融服务公司；成为一家具有自身特色的企业文化，理念先进、模式领先、业绩稳定、灵活高效、值得尊敬的金融服务公司；为客户创造价值，为中国金融业的创新发展作出贡献。

公司以保障委托人的合法利益为最高准则，秉承合规、稳健的经营思路，着力开发优质项目，走低风险、差异化的发展道路，追求风险可控的经济利益。

未来 3 年，公司要在整体经营管理上稳中求进、严控风险、提高效益、夯实基础，推行严格、高效的风险控制措施，保持适度且健康的规模增长，提高效率和效益，扎扎实实打基础，稳进有为，厚积薄发。

4.2 所经营业务的主要内容

报告期内，公司业务保持平稳较快发展，截至 2013 年末，公司实际管理信托资产规模 390.26 亿元，公司固有资产达到 11.55 亿元。

4.2.1 信托业务

信托资产运用与分布表

资产运用	金额（万元）	占比（%）	资产分布	金额（万元）	占比（%）
货币资产	7 801.38	0.20	基础产业	687 563.80	17.62
贷款	2 332 875.77	59.78	房地产	567 645.00	14.55
交易性金融资产	0.00	0.00	证券市场	0.00	0.00
可供出售金融资产	676 530.00	17.34	工商企业	1 545 739.02	39.60
长期股权投资	215 690.00	5.52	金融机构	760 070.00	19.48
其他	669 706.50	17.16	其他	341 585.83	8.75
信托资产总计	3 902 603.65	100.00	信托资产总计	3 902 603.65	100.00

4.2.2 固有业务

固有资产运用与分布表

资产运用	金额（万元）	占比（%）	资产分布	金额（万元）	占比（%）
货币资产	62 277.54	53.92	基础产业	0.00	0.00
交易性金融资产	51 448.00	44.55	房地产业	0.00	0.00
可供出售金融资产	0.00	0.00	金融机构	62 277.54	53.92
其他	1 763.19	1.53	其他	53 211.19	46.08
资产总计	115 488.73	100.00	资产总计	115 488.73	100.00

4.3 市场分析

4.3.1 宏观经济金融形势

2013 年，中国 GDP 增长 7.7%，超过政府年初提到的经济增长目标。总体来看，2014 年中国经济发展势头仍然会朝着结构优化的良好方向变化，物价基本稳定，就业市场相对繁荣。整体宏观经济稳定为信托行业发展提供了坚实的发展基础。

监管部门在行业监管方面出台了一系列政策，对规范信托行业发展、控制行业经营风险及调整行业盈利等方面均取得了成果。

4.3.2 影响本公司业务发展的主要因素

4.3.2.1 促进公司业务发展的有利因素

企业及居民的多元化金融意识逐步加强。随着利率市场化、互联网金融及投资渠道多元化趋势的逐步深入，信托为企业及居民提供综合金融解决方案的能力逐步增强。信托安排作为一种法律框架，在解决企业融资需求及居民投资需求方面的优势逐步显现，未来信托行业的业务范围将进一步扩大。

信托创新愈发突出。随着经济改革的逐步推进，信托行业的创新功能得到更进一步体现，信托行业在包括家族信托、土地信托等方面均有其他金融机构所没有的优势，未来在新的业务方面，信托公司将发挥更大的作用。

4.3.2.2 影响公司业务发展的不利因素

经济增长中的结构性问题仍然突出。主要表现在部分产业，如房地产、钢铁水泥、矿产能源等，面临经济周期波动，会呈现出比较大的行业波动。对于信托行业来说，房地产等行业的信托资产的风险控制将面临比较大的挑战。因此，信托公司应当加强对宏观经济，特别是房地产等重点行业的研发工作。

监管环境有趋紧的态势。由于媒体对部分信托公司的个别高风险项目连续进行报道，导致公众对信托产品的风险认识产生误区，不利于行业发展。此外，监管层对影子银行的治理会导致信托行业可能会面临一些较严厉的监管政策。

资产管理行业竞争加剧。随着金融改革浪潮的推进，包括银行、证券、保险、基金、信托等金融子行业之间将发生更多的业务竞争。信托行业的制度红利逐渐弱化，将促使行业寻找更加有竞争力的盈利模式，从而寻求信托行业的转型之路。

4.4 内部控制

4.4.1 内部控制环境和内部控制文化

公司的组织结构是管理和控制经营活动的基础，设置合理、健全的公司治理结构有利于建立良好的内部控制环境。公司已建立了以股东会、董事会、监事会以及经营层为核心的公司治理结构，"三会一层"分工明确，权责清晰。股东会是公司的最高权力机构，依照《公司法》以及公司章程行使权力，董事会是公司股东会的执行机构，代表股东对公司行使控制权和决策权。监事会作为独立的监督机构对公司股东会负责，对公司经营管理层和公司运营情况进行监督。经营管理层对董事会负责，在公司章程和董事会授权范围内行使职权。

公司通过"三会一层"的沟通与制约，将公司的风险管理理念贯穿到公司的日常经营当中并形成公司特有的风险管理文化。

4.4.2 内部控制措施

4.4.2.1 履行内部控制职能的部门

公司根据业务发展的需要设立了业务部门和职能部门，并按照职责分离的原则设立相应的工作岗位，各个岗位有明确的岗位职责说明和清晰的报告关系。在此基础上，公司努力建立健全内部约束机制，实行前台、中台、后台的岗位职责分离。

4.4.2.2 内部控制的主要政策、制度、程序及执行情况

公司已建立职责明确、分工合理、相互制衡的组织结构和

内部牵制机制，以及一套较为完善的内控制度和操作流程体系。

（1）基本制度。公司已建立比较完善的“三会一层”治理结构，股东会、董事会、监事会以及总裁办公会均制定了相应的议事规则，在董事会层面公司引入了独立董事制度。在会计核算和财务管理方面，公司分为自营财务和信托财务两大体系，并分别建立了对应的财务会计管理制度。

（2）业务控制制度。在项目和合同文本审核、资金拨付和执行过程管理方面，公司制定自营和信托两大体系的管理制度。在业务前期审核、资金拨付和执行过程管理等环节，制定了《事务管理类信托业务操作指引》、《房地产信托项目操作指引》、《政信业务操作指引》、《工商企业信托项目操作指引》、《信托计划后续管理工作指引》、《档案管理制度》等制度，规范相关工作流程和标准，并能根据信托行业发展及时予以修订和完善。在信息披露方面，公司已制定《信托计划信息披露管理办法》并对信托计划发行和进行信息披露。

（3）对外担保制度。为规范公司对外担保行为，防范公司对外担保风险，公司在《公司章程》中对对外担保的权限和信息披露作出明确规定。

（4）内部监督与问责制度。公司已制定《内部审计制度》和《全员问责制度》，定期开展内部审计工作，并及时将内部审计报告报送公司高管及董事会、监事会。公司根据宏观经济环境的变化和监管政策的调整以及业务和管理的实际需要，对上述制度进行修订。

4.4.3 信息交流与反馈

在公司内部信息交流与反馈方面，公司通过建立各项规章制度，明确了公司自上而下的授权机制和自下而上的报告机制。在公司与外部信息交流方面，公司根据监管机构的要求制定并实施了信息披露制度，采取书面、媒体发布等形式，向监管部门、受益人报告公司的重大事项和项目管理情况，同时公司建立了公司网站，及时更新和发布公司概况、公司动态、产品推介、信息披露、客户服务等内容，力求最大限度的履行诚实、信用、谨慎、有效管理的义务，切实维护受益人的利益。

4.4.4 监督评价与纠正

根据公司的治理结构，公司监督评价与纠正体系体现在多个层次：监事会作为独立的监督机构对公司股东会负责，对公司经营管理层和公司运营情况进行监督；审计稽核部依照国家有关法律法规、会计制度和公司内部规定，独立行使内部审计监督权；公司风险控制部和法律合规部在对公司内部控制进行持续监督的基础上，还通过现场调查、法律文本审核、资金拨付审核、过程管理等措施对业务全过程进行监督，并及时提出存在的问题和改进措施。

4.5 风险管理

4.5.1 风险管理概况

公司的风险管理组织架构是在公司目前的组织结构上，根据不同职能构建而成，共分为四道防线。公司第一道防线由业务部门搭建。业务部门在项目承接阶段即开始承担风险的初步筛查职责，并在之后按照公司各项风险管理制度展开项目初选、尽职调查、交易结构设计，对项目过程中的信用风险、市场风险、操作风险以及法律风险进行管理。公司第二道防线主要由风险控制部以及法律合规部搭建，通过审核业务部门提交的尽调报告、参与制定项目合同、参与贷后管理，对项目全过程的风险进行控制。公司的第三道防线由公司各业务评审委员会构成，根据董事会授权负责对公司各类业务进行评审。公司的第四道防线由审计稽核部搭建。审计稽核部根据国家相关法律及公司规定对公司的运营进行独立的审计与监督。

4.5.2 风险状况

4.5.2.1 信用风险状况

信用风险主要指交易对手不履行义务的可能性，主要表现为：在贷款、资产回购、后续资金安排、担保、履约承诺等交易过程中，借款人、担保人、保管人（托管人）等交易对手不履行承诺，不能或不愿履行合约承诺而使信托财产和固有财产遭受潜在损失的可能性。同时，当信用风险发生时，如受托人没有尽职管理、安排预算不恰当时，或信托项目违法违规未能如期执行时，会导致发生流动性风险。公司面临的信用风险主要来自于交易对手不愿或者不能全部履行其合同义务，或者其信用等级下降时给公司权益造成的不确定性。

4.5.2.2 市场风险状况

市场风险主要指在开展资产管理业务的过程中，投资于有公开市场价值的金融产品或者其他产品时，金融产品或者其他产品的价格发生波动导致资产遭受损失的可能性。同时，市场风险还具有很强的传导效应，某些信用风险的根源可能也来自于交易对手的市场风险（如销售下降、成本上升等）。

4.5.2.3 操作风险状况

操作风险表现为由于公司治理机制、内部控制失效或者有关责任人出现失误、欺诈等问题，公司没有充分及时地做好尽职调查、持续监控、信息披露等工作，未能及时作出应有的反应，或作出的反应明显有失专业和常理，甚至违规违约；公司没有履行勤勉尽职管理的义务，或者无法出具充分有效的证据和记录，证明自己已履行勤勉尽职管理的义务。

4.5.2.4 其他风险状况

公司面临的其他风险主要还有法律风险以及声誉风险。法律风险是指公司因没有遵守法律、法规或监管规定而可能遭受法律制裁、监管处罚，从而给公司或投资人带来经济损失的风险。声誉风险是指公司经营管理行为导致外部负面评价的风险。

4.5.3 风险管理

4.5.3.1 信用风险管理

公司的信用风险管理主要是以业务准入制度的制定为核心，通过投贷前交易对手的尽职调查、投贷中风控措施设定及交易对手的履约评估、投贷后交易对手持续跟踪及主动管理实现对交易对手信用风险的把控。

公司强调风险管理关口前移，将以房地产信托、政信合作等各类业务的准入政策为抓手，推动项目与政策制定的相互完善与交融，根据业务中出现的新情况研究修订各类业务的准入标准。

公司强调对交易对手履约能力的分析与跟踪。在确保投贷前尽调翔实、投贷中审查严谨的同时，加强投贷后的项目管理工作。公司将进一步明确后续管理部门的职能归属，要求业务部门配合全面收集交易对手的财务报表、经营状况及相关信息，同时后续管理部门定期对交易对手进行现场检查与非现场检查，及时掌握项目进展情况，以早发现早应变的方式提高应对和处置突发事件的能力。

本公司参照《非银行金融机构资产风险分类指导原则》（试行）对风险资产进行五级分类。信用类风险资产按照以下标准计提减值准备（不含以公允价值计量且变动计入当期损益的金融资产）：正常类计提比例为 1%；关注类计提比例为 2%；次级类计提比例为 25%；可疑类计提比例为 50%；损失类计提比例为 100%。

4.5.3.2　市场风险管理

市场风险管理是识别、评估、决策、监控、报告和处置市场风险的全过程，其目标是通过将市场风险控制在公司可承受的合理范围内，实现经风险调整后的收益最大化。公司对市场风险的管理主要通过设置合理的收益率对风险进行定价，实现对风险的有效补偿；通过加强对证券投资产品单位净值、抵（质）押物价格变化的日常监控，以防范市场价格波动带来的风险；定期对房地产业务进行压力测试，分析在不同风险程度下房地产项目的抗风险能力，从而及时发现并预防市场风险。

4.5.3.3　操作风险管理

公司定期对公司制度及业务流程进行梳理和完善，以业务流程为主线，不断完善前台、中台、后台的协作与制约体系，对重要的业务环节，实行双人双岗复核，及时对业务管理系统进行升级，同时通过发布公司标准的合同文本，有效的防范操作风险。

4.5.3.4　其他风险管理

法律风险管理方面，公司高度重视法律风险的防范，定期对合同模板进行修订，不断加强对合同的审查力度。对于创新及重大项目，公司均聘请外部律师出具法律意见，从业务源头和操作环节防范和化解法律风险。

声誉风险管理方面，公司及时向投资者和监管层进行信息披露，持续关注新闻舆情，还借助信托业协会的《信托资讯》、《每日舆情》等做好舆情监测，就重点事件积极采取应对措施，防范和化解声誉风险。

5. 2013 年度及上年度比较式会计报表

5.1　固有资产

5.1.1　会计师事务所审计意见全文

审 计 报 告

中兴华审字（2014）第 BJ04 -050 号

中国民生信托有限公司全体股东：

我们审计了后附的中国民生信托有限公司（以下简称民生信托公司）财务报表，包括 2013 年 12 月 31 日的资产负债表（固有），2013 年度的利润表（固有）、现金流量表（固有）和股东权益变动表（固有）以及财务报表附注（固有）。

一、管理层对财务报表的责任

编制和公允列报财务报表是民生信托公司管理层的责任，这种责任包括：（1）按照企业会计准则的规定编制财务报表，并使其实现公允反映；（2）设计、执行和维护必要的内部控制，以使财务报表不存在由于舞弊或错误而导致的重大错报。

二、注册会计师的责任

我们的责任是在执行审计工作的基础上对财务报表发表审计意见。我们按照中国注册会计师审计准则的规定执行了审计工作。中国注册会计师审计准则要求我们遵守中国注册会计师职业道德守则，计划和执行审计工作以对财务报表是否不存在重大错报获取合理保证。

审计工作涉及实施审计程序，以获取有关财务报表金额和披露的审计证据。选择的审计程序取决于注册会计师的判断，包括对由于舞弊或错误导致的财务报表重大错报风险的评估。在进行风险评估时，注册会计师考虑与财务报表编制和公允列报相关的内部控制，以设计恰当的审计程序，但目的并非对内部控制的有效性发表意见。审计工作还包括评价管理层选用会计政策的适当性和作出会计估计的合理性，以及评价财务报表的总体列报。

我们相信，我们获取的审计证据是充分，适当的，为发表审计意见提供了基础。

三、审计意见

我们认为，民生信托公司财务报表在所有重大方面按照企业会计准则的规定编制，公允反映了民生信托公司 2013 年 12 月 31 日的财务状况以及 2013 年度的经营成果和现金流量。

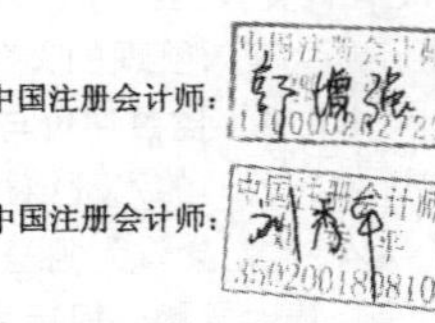

中兴华会计师事务所（特殊普通合伙）　　中国注册会计师：

中国·北京　　中国注册会计师：

二〇一四年三月三日

5.1.2　资产负债表

资产负债表

编制单位：中国民生信托有限公司　　2013 年 12 月 31 日　　单位：元

资　产	期末余额	年初余额	负债及所有者（股东）权益	期末余额	年初余额
资 产			负 债		
货币资金	622 775 427.09	1 004 543 514.61	拆入资金		
拆出资金			交易性金融负债		
交易性金融资产	514 479 959.45		卖出回购金融资产款		
买入返售金融资产			应付手续费及佣金		
应收手续费及佣金			应付职工薪酬	20 234 710.26	
预付账款	1 220 075.16		预收账款	36 296 792.80	
应收利息	868 895.50		应交税费	29 664 715.12	2 998 328.84
应收股利			应付利息		

续表

资　　产	期末余额	年初余额	负债及所有者(股东)权益	期末余额	年初余额
其他应收款	5 285 703. 58	7 325 377. 39	应付股利		
贷款			其他应付款	2 025 150. 84	770 270 789. 51
供出售金融资产			预计负债		
有至到期投资			递延收益		
长期股权投资			递延所得税负债	1 619 989. 86	
投资性房地产			其他负债		
长期待摊费用	1 399 262. 08		负债合计	89 841 358. 88	773 269 118. 35
固定资产	2 205 257. 89		所有者(股东)权益		
固定资产清理			实收资本(或股本)	1 000 000 000. 00	230 000 000. 00
无形资产	3 125 519. 64		资本公积		
递延所得税资产	3 527 196. 46		减:库存股		
其他资产			盈余公积	5 644 616. 43	
			一般风险准备	111 737. 49	
			信托赔偿准备	2 822 308. 21	
			未分配利润	56 467 275. 84	8 599 773. 65
			外币报表折算差额		
			所有者(股东)权益合计	1 065 045 937. 97	238 599 773. 65
资产总计	1 154 887 296. 85	1 011 868 892. 00	负债和所有者(股东)权益总计	1 154 887 296. 85	1 011 868 892. 00

5. 1. 3　利润表

利润表

编制单位:中国民生信托有限公司　　2013 年度　　单位:元

项　　目	本年累计数	上年同期数
一、营业收入	166 194 904. 36	8 140 439. 64
利息净收入	34 386 186. 99	10 334 183. 03
利息收入	34 386 186. 99	10 334 183. 03
利息支出		
手续费及佣金净收入	108 509 446. 64	
手续费及佣金收入	108 527 049. 87	
手续费及佣金支出	17 603. 23	
公允价值变动收益(损失以“-”号填列)	6 479 959. 45	
投资收益(损失以“-”号填列)	15 547 508. 77	-12 002 618. 39
其中:对联营企业和合营企业的投资收益		
汇兑收益(损失以“-”号填列)	-3 187. 49	
其他业务收入	1 274 990. 00	9 808 875. 00
二、营业成本	89 260 962. 50	21 079 221. 70
其中:营业支出		
营业税金及附加	7 019 574. 71	688 348. 80
业务及管理费	82 166 896. 13	20 390 872. 90
资产减值损失	74 491. 66	
其他业务成本		
三、营业利润(亏损以“-”号填列)	76 933 941. 86	-12 938 782. 06
加:营业外收入		42 226 083. 77
减:营业外支出	150 189. 50	79 124. 33
四、利润总额(亏损总额以“-”号填列)	76 783 752. 36	29 208 177. 38
减:所得税费用	20 337 588. 04	2 852 183. 58
五、净利润(净亏损以“-”号填列)	56 446 164. 32	26 355 993. 80
六、每股收益:		
(一)基本每股收益		
(二)稀释每股收益		

5.1.4 所有者权益变动表

单位：元

项目	本年金额						
	实收资本	资本公积	盈余公积	一般风险准备	信托赔偿准备金	未分配利润	所有者权益合计
一、上年年末余额	230 000 000.00					8 599 773.65	238 599 773.65
二、本年年初余额	230 000 000.00					8 599 773.65	238 599 773.65
三、本年增减变动金额（减少以"－"号填列）	770 000 000.00		5 644 616.43	111 737.49	2 822 308.21	47 867 502.19	826 446 164.32
（一）净利润						56 446 164.32	56 446 164.32
（二）其他综合收益							
（三）所有者投入和减少资本	770 000 000.00						770 000 000.00
1. 所有者投入资本	770 000 000.00						770 000 000.00
2. 股份支付计入所有者权益的金额							
3. 其他							
（四）利润分配			5 644 616.43	111 737.49	2 822 308.21	-8 578 662.13	
1. 提取盈余公积			5 644 616.43			-5 644 616.43	
2. 提取一般风险准备				111 737.49		-111 737.49	
3. 提取信托赔偿准备金					2 822 308.21	-2 822 308.21	
4. 对所有者（或股东）的分配							
5. 其他							
（五）所有者权益内部结转							
1. 资本公积转增资本（或股本）							
2. 盈余公积转增资本（或股本）							
3. 盈余公积弥补亏损							
4. 其他							
四、本年年末余额	1 000 000 000.00		5 644 616.43	111 737.49	2 822 308.21	56 467 275.84	1 065 045 937.97

5.1.4 所有者权益变动表（续表）

单位：元

项目	上年金额						
	实收资本	资本公积	盈余公积	一般风险准备	信托赔偿准备金	未分配利润	所有者权益合计
一、上年年末余额	230 000 000.00					-571 935 050.47	-341 935 050.47
二、本年年初余额	230 000 000.00					-571 935 050.47	-341 935 050.47
三、本年增减变动金额（减少以"－"号填列）						580 534 824.12	580 534 824.12
（一）净利润						26 355 993.80	26 355 993.80
（二）其他综合收益						554 178 830.32	554 178 830.32
（三）所有者投入和减少资本							
1. 所有者投入资本							
2. 股份支付计入所有者权益的金额							
3. 其他							
（四）利润分配							
1. 提取盈余公积							
2. 提取一般风险准备							
3. 提取信托赔偿准备金							
4. 对所有者（或股东）的分配							
5. 其他							
（五）所有者权益内部结转							
1. 资本公积转增资本（或股本）							
2. 盈余公积转增资本（或股本）							
3. 盈余公积弥补亏损							
4. 其他							
四、本年年末余额	230 000 000.00					8 599 773.65	238 599 773.65

5.2 信托资产

5.2.1 信托项目资产负债汇总表

信托项目资产负债表(汇总表)

编制单位:杭州工商信托股份有限公司 单位:万元

信托资产	2013 年 12 月 31 日	2012 年 12 月 31 日
信托资产:		
货币资金	7 801.37	0.00
拆出资金	0.00	0.00
存出保证金	0.00	0.00
交易性金融资产	0.00	0.00
衍生金融资产	0.00	0.00
买入返售金融资产	0.00	0.00
应收款项	184 098.27	0.00
发放贷款	2 332 875.76	0.00
可供出售金融资产	676 530.00	0.00
持有至到期投资	0.00	0.00
长期应收款	340 550.00	0.00
长期股权投资	215 690.00	0.00
投资性房地产	0.00	0.00
固定资产	0.00	0.00
无形资产	0.00	0.00
长期待摊费用	266.18	0.00
其他资产	144 792.07	0.00
减:各项资产减值准备	0.00	0.00
信托资产总计	3 902 603.65	0.00
信托负债和信托权益	2013 年 12 月 31 日	2012 年 12 月 31 日
信托负债:		
交易性金融负债	0.00	0.00
衍生金融负债	0.00	0.00
应付受托人报酬	41.86	0.00
应付托管费	0.00	0.00
应付受益人收益	0.00	0.00
应交税费	0.00	0.00
应付销售服务费	0.00	0.00
其他应付款项	146.27	0.00
预计负债	0.00	0.00
其他负债	0.00	0.00
信托负债合计	188.13	0.00
信托权益:		
实收信托	3 890 847.83	0.00
资本公积	0.00	0.00
外币报表折算差额	0.00	0.00
未分配利润	11 567.69	0.00
信托权益合计	3 902 415.52	0.00
信托负债及信托权益总计	3 902 603.65	0.00

5.2.2 信托项目利润及利润分配汇总表

单位:万元

项目	2013 年度	2012 年度
1. 营业收入	80 996.68	0.00
1.1 利息收入	58 405.68	0.00
1.2 投资收益	22 555.32	0.00
1.2.1 对联营企业和合营企业的投资收益	0.00	0.00
1.3 公允价值变动损益	0.00	0.00
1.4 租赁收入	0.00	0.00
1.5 汇兑损益	0.00	0.00
1.6 其他收入	35.68	0.00
2. 支出	16 016.24	0.00
2.1 营业税金及附加	0.00	0.00
2.2 受托人报酬	6 130.45	0.00
2.3 托管费	460.38	0.00
2.4 投资管理费	0.00	0.00
2.5 销售服务费	165.40	0.00
2.6 交易费用	0.00	0.00
2.7 资产减值损失	0.00	0.00
2.8 其他费用	9 260.01	0.00
3. 信托净利润	64 980.44	0.00
4. 其他综合收益	0.00	0.00
5. 综合收益	64 980.44	0.00
6. 加:期初未分配信托利润	0.00	0.00
7. 可供分配的信托利润	64 980.44	0.00
8. 减:本期已分配信托利润	53 412.75	0.00
9. 期末未分配信托利润	11 567.69	0.00

6. 会计报表附注

6.1 会计报表编制基准不符合会计核算基本前提的说明

公司会计报表编制基准不存在不符合会计核算基本前提的情况。

公司执行财政部 2006 年 2 月 15 日颁布的《企业会计准则》(财会[2006]3 号)及其后续规定。公司以持续经营为基础,根据实际发生的交易和事项,按照《企业会计准则——基本准则》和其他各项会计准则的规定进行确认和计量,在此基础上编制 2013 年度财务报表。

6.2 重要会计政策和会计估计说明

6.2.1 计提资产减值准备的范围和方法

6.2.1.1 本公司计提减值准备范围

以公允价值计量且其变动计入当期损益的金融资产以外的金融资产、长期股权投资、投资性房地产、固定资产、无形资产等。

6.2.1.2 计提减值准备的方法

6.2.1.2.1 金融资产的减值

本公司在资产负债表日对以公允价值计量且其变动计入

当期损益的金融资产以外的金融资产的账面价值进行检查，有客观证据表明该金融资产发生减值的，将确认减值损失，计入当期损益。对于预期未来事项可能导致的损失，无论其发生的可能性有多大，均不作为减值损失予以确认。

（1）持有至到期投资、贷款和应收款项减值损失的计量。

持有至到期投资、贷款和应收款项（以摊余成本后续计量的金融资产）的减值准备，按该金融资产预计未来现金流量现值低于其账面价值的差额计提，计入当期损益。

本公司对单项金额重大的金融资产单独进行减值测试，对单项金额不重大的金融资产，单独或包括在具有类似信用风险特征的金融资产组合中进行减值测试。单独测试未发生减值的金融资产，无论单项金额重大与否，仍将包括在具有类似信用风险特征的金融资产组合中再进行减值测试。已单独确认减值损失的金融资产，不包括在具有类似信用风险特征的金融资产组合中进行减值测试。本公司对以摊余成本计量的金融资产确认资产减值损失后，如有客观证据表明该金融资产价值已经恢复，且客观上与确认该损失后发生的事项有关，原确认的减值损失予以转回，计入当期损益。

（2）可供出售金融资产。

可供出售金融资产的公允价值发生非暂时性下跌时，即使该金融资产没有终止确认，原直接计入资本公积的因公允价值下降形成的累计损失，亦予以转出，计入当期损益。

在活跃市场中没有报价且其公允价值不能可靠计量的可供出售权益工具投资，或与该权益工具挂钩并须通过交付该权益工具结算的衍生金融资产发生减值时，本公司将该权益工具投资或衍生金融资产的账面价值，与按照类似金融资产当时市场收益率对未来现金流量折现确定的现值之间的差额，确认为减值损失，计入当期损益。

对可供出售债务工具确认资产减值损失后，如有客观证据表明该金融资产价值已经恢复，且客观上与确认损失后发生的事项有关，原确认的减值损失予以转回，计入当期损益。

可供出售权益工具投资发生的减值损失，不得通过损益转回。同时，在活跃市场中没有报价且其公允价值不能可靠计量的权益工具投资或与该权益工具挂钩并须通过交付该权益工具结算的衍生金融资产发生的减值损失，不予转回。

6.2.1.2.2 长期股权投资的减值

长期股权投资运用个别方法评估减值损失。长期股权投资发生减值时，本公司将此长期股权投资的账面价值，与按照类似金融资产当时市场收益率对未来现金流量折现确定的现值之间的差额，确认为减值损失，计入当期损益。

6.2.1.2.3 其他非金融长期资产的减值

本公司在资产负债表日根据内部及外部信息以确定下列资产是否存在减值的迹象，包括：固定资产、无形资产、采用成本模式计量的投资性房地产。

本公司对存在减值迹象的资产进行减值测试，估计资产的可收回金额。可收回金额的估计结果表明，资产的可收回金额低于其账面价值的，资产的账面价值会减记至可收回金额，减记的金额确认为资产减值损失，计入当期损益，同时计提相应的资产减值准备。

6.2.2 金融资产四分类的范围和标准

本公司在初始确认时按取得资产的目的，把金融资产分为不同类别：以公允价值计量且其变动计入当期损益的金融资产、持有至到期投资、贷款及应收款项以及可供出售金融资产。

6.2.2.1 金融资产、金融负债公允价值的确定

存在活跃市场的金融资产或金融负债，以活跃市场的报价确定其公允价值，活跃市场的报价包括易于定期从交易所、经纪商、行业协会、定价服务机构等获得的价格，且代表了在公平交易中实际发生的市场交易额的价格；不存在活跃市场的金融资产或金融负债，采用估值技术确定其公允价值。估值技术包括参考熟悉情况并自愿交易的各方最近进行的市场交易中使用的价格、参照实质上相同的其他金融资产或金融负债的当前公允价值、现金流量折现法和期权定价模型等。

6.2.2.2 金融资产转移确认依据和计量

本公司在已将金融资产所有权上几乎所有的风险和报酬转移给转入方时终止对该项金融资产的确认。本公司在金融资产整体转移满足终止确认条件时，将下列两项的差额计入当期损益：

（1）所转移金融资产的账面价值；

（2）因转移而收到的对价，与原直接计入所有者权益的公允价值变动累计额（涉及转移的金融资产为可供出售金融资产的情形）之和。

本公司的金融资产部分转移满足终止确认条件的，将所转移金融资产整体的账面价值，在终止确认部分和未终止确认部分之间，按照各自的相对公允价值进行分摊，并将下列两项金额的差额计入当期损益：

（1）终止确认部分的账面价值；

（2）终止确认部分的对价，与原直接计入所有者权益的公允价值变动累计额中对应终止确认部分的金额（涉及转移的金融资产为可供出售金融资产的情形）之和。

原直接计入所有者权益的公允价值变动累计额中对应终止确认部分的金额，应当按照金融资产终止确认部分和未终止确认部分的相对公允价值，对该累计额进行分摊后确定。

金融资产转移不满足终止确认条件的，继续确认所转移金融资产整体，并将所收到的对价确认为一项金融负债。

对于继续涉入条件下的金融资产转移，公司根据继续涉入所转移金融资产的程度确认有关金融资产和金融负债，以充分反映企业所保留的权利和承担的义务。

6.2.3 交易性金融资产核算方法

以公允价值计量且其变动计入当期损益的金融资产，包括交易性金融资产和直接指定为以公允价值计量且其变动计入当期损益的金融资产。

公司购入的股票、债券、基金等，确定以公允价值计量且其变动计入当期损益的金融资产，按照取得时的公允价值作为初始确认金额，相关的交易费用在发生时计入当期损益。支付的价款中包含已宣告但尚未发放的现金股利或债券利息，单独确认为应收项目。

公司在持有该等金融资产期间取得的利息或现金股利，应当确认为投资收益。

资产负债表日，公司将该等金融资产的公允价值变动计入当期损益。

处置该等金融资产时，该等金融资产公允价值与初始入账金额之间的差额确认为投资收益，同时调整公允价值变动

损益。

6.2.4 **持有至到期投资**

持有至到期投资是指到期日固定、回收金额固定或可确定，且公司有明确意图和能力持有至到期的非衍生金融资产。

公司购入的固定利率国债、浮动利率公司债券等持有至到期投资，按取得时的公允价值和相关交易费用之和作为初始确认金额。支付的价款中包含已宣告发放债券利息的，单独确认为应收项目。

持有至到期投资在持有期间按照摊余成本和实际利率确认利息收入，计入投资收益。实际利率在取得持有至到期投资时确定，在随后期间保持不变。实际利率与票面利率差别很小的，也可按票面利率计算利息收入，计入投资收益。

处置持有至到期投资时，将所取得价款与该投资账面价值之间的差额确认为投资收益。

如公司因持有意图或能力发生改变，使某项投资不再适合作为持有至到期投资，则将其重分类为可供出售金融资产，并以公允价值进行后续计量。重分类日，该投资的账面价值与公允价值之间的差额计入所有者权益，在该可供出售金融资产发生减值或终止确认时转出，计入当期损益。

6.2.5 **可供出售金融资产**

可供出售金融资产是指初始确认时即被指定为可供出售的非衍生金融资产，以及除下列各类资产以外的金融资产：(1)以公允价值计量且其变动计入当期损益的金融资产；(2)持有至到期投资；(3)贷款和应收款项。

公司可供出售金融资产按取得时的公允价值和相关交易费用之和作为初始确认金额。支付的价款中包含已到付息期但尚未领取的债券利息或已宣告但尚未发放的现金股利，单独确认为应收项目。

公司可供出售金融资产持有期间取得的利息或现金股利，应当确认为投资收益。

资产负债表日，可供出售金融资产按公允价值计量，其公允价值变动计入资本公积——其他资本公积。

处置可供出售金融资产时，将取得的价款和该金融资产的账面价值之间的差额，计入投资损益，同时，将原直接计入所有者权益的公允价值变动累计额对应处置部分的金额转出，计入投资损益。

6.2.6 **长期股权投资**

长期股权投资按取得时的初始投资成本入账，初始投资成本的确定遵循《企业会计准则第2号——长期股权投资》的有关规定。

根据《企业会计准则第2号——长期股权投资》的规定，本公司对于纳入合并范围的子公司采用成本法核算，编制合并报表时按照权益法进行调整；对于不具有共同控制或重大影响并且在活跃市场中没有报价、公允价值不能可靠计量的长期股权投资也采用成本法核算；对于具有共同控制和重大影响的长期股权投资，采用权益法核算。

长期股权投资的后续计量，遵循《企业会计准则第2号——长期股权投资》的有关规定。

6.2.7 **投资性房地产核算方法**

公司为赚取租金或资本增值，或两者兼有而持有的房地产，包括已出租的土地使用权、持有并准备增值后转让的土地使用权和已出租的建筑物。

投资性房地产按其取得时的成本进行初始计量，与投资性房地产有关的后续支出，如果与该资产有关的经济利益很可能流入且其成本能够可靠地计量的，则计入投资性房地产成本。其他后续支出，在发生时计入当期损益。

公司采用成本模式对投资性房地产进行后续计量，采用成本模式计量的建筑物，采用直线法平均计算折旧；采用成本模式计量的土地使用权，采用直线法，按土地使用权的使用年限进行摊销。

6.2.8 **固定资产计价和折旧方法**

本公司固定资产是指为生产商品、提供劳务、出租或经营管理而持有的使用寿命超过一个会计年度的有形资产。

6.2.8.1 固定资产在同时满足下列条件时，按照成本进行初始计量：

(1)与该固定资产有关的经济利益很可能流入企业；

(2)固定资产的成本能够可靠地计量。

6.2.8.2 固定资产折旧

与固定资产有关的后续支出，符合规定的固定资产确认条件的计入固定资产成本；不符合规定的固定资产确认条件的在发生时直接计入当期损益。

本公司的固定资产折旧方法为年限平均法。

各类固定资产的使用年限、残值率、年折旧率列示如下：

类 别	预计使用年限	残值率(%)	年折旧率(%)
办公电子设备	3	5	31.67
办公用具	3	5	31.67
器具工具家具	5	5	19

本公司在每个会计年度终了，对固定资产的使用寿命、预计净残值和折旧方法进行复核。使用寿命与原先估计数有差异的，调整固定资产使用寿命；预计净残值预计数与原先估计数有差异的，调整预计净残值；与固定资产有关的经济利益预期实现方式有重大改变的，改变固定资产折旧方法。固定资产使用寿命、预计净残值和折旧方法的改变作为会计估计变更。

6.2 **无形资产计价及摊销政策**

6.2.9.1 无形资产的确认

公司将企业拥有或者控制的没有实物形态，并且与该资产相关的预计未来经济利益很可能流入企业、该资产的成本能够可靠计量的可辨认非货币性资产确认为无形资产。

6.2.9.2 初始计量

(1)外购无形资产的成本，包括购买价款、进口关税和其他税费以及直接归属于使该项资产达到预定用途所发生的其他支出。

(2)投资者投入的无形资产，按照投资合同或协议约定的价值作为成本，但合同或协议预定价值不公允的除外。

6.2.9.3 无形资产的摊销

土地使用权按土地使用权证所列的使用年限平均摊销；外购的专业软件在估计的其能够带来经济利益的期限内平均摊销。

资产负债表日公司将对使用寿命有限的无形资产的使用寿命及摊销方法进行复核。无形资产的使用寿命及摊销方法与以前估计不同的，可改变其摊销期限和摊销方法。

6.2.10 长期待摊费用核算方法

长期待摊费用是指已经支出且金额大于3万元，且受益期限在1年以上（不含1年）的各项费用，长期待摊费用在受益期限内平均摊销，受益期限不能预测的，按5年摊销。如果长期待摊费用项目不能使以后会计期间受益的，则将其尚未摊销的摊余价值全部转入当期损益。

6.2.11 收入确认原则和方法

本公司收入是在与交易相关的经济利益很可能流入本企业，且有关收入的金额可以可靠地计量时，确认收入。

6.2.11.1 利息收入

（1）发放贷款和垫款利息收入。按照客户使用本公司货币资金的时间和实际利率计算确定。实际利率与合同约定利率差别较小的，按合同约定利率确认为当期收入。

（2）存放同业利息收入。活期存款按结息日实际收到的金额计入利息收入；定期存款按存款利率和存款时间计算确认利息收入。

6.2.11.2 中间业务收入

按照有关合同或协议约定，在向客户提供相关服务并收到款项时确认收入。

6.2.11.3 投资收益

公司持有交易性金融资产和可供出售金融资产期间取得的利息或现金股利确认为当期收益；处置交易性金融资产时其公允价值与初始入账金额之间的差额，确认为投资收益，同时调整公允价值变动收益。处置可供出售金融资产时，取得的价款与原直接计入所有者权益的公允价值变动累计额的和与该金融资产账面价值的差额，计入投资收益。

采用成本法核算的长期股权投资，被投资单位宣告分派的现金股利或利润，确认为当期投资收益；采用权益法核算的长期股权投资，根据被投资单位实现的净利润或经调整的净利润计算应享有的份额确认投资收益。

6.2.12 所得税的会计处理方法

公司的所得税采用资产负债表债务法核算。当公司的可抵扣暂时性差异在可预见的未来很可能转回且未来很可能获得用来抵扣可抵扣暂时性差异的应纳税所得额时，确认递延所得税资产；当公司存在应纳税暂时性差异时，确认为递延所得税负债。

在资产负债表日，对于当期和以前期间形成的当期所得税负债（或资产），按照税法规定计算的预期应交纳（或返还）的所得税金额计量；对于递延所得税资产和递延所得税负债，根据税法规定，按照预期收回该资产或清偿该负债期间的适用税率计量。

资产负债表日，公司对递延所得税资产的账面价值进行复核。除企业合并、直接在所有者权益中确认的交易或者事项产生的所得税外，公司当期所得税和递延所得税作为所得税费用或收益计入当期损益。

6.2.13 信托报酬确认原则和方法

被动管理型信托业务的报酬收入按有关合同、协议规定的时间和方法确认信托报酬收入的实现。

主动管理型信托业务的报酬收入按信托存续期间平均分摊确认收入。

6.3 或有事项说明

报告期内本公司无对外担保及其他或有事项。

6.4 重要资产转让及其出售的说明

报告期内本公司无重要资产转让及出售事项。

6.5 会计报表中重要项目的明细资料

6.5.1 固有资产经营情况

6.5.1.1 信用风险资产五级分类情况

信用风险资产五级分类	正常类（万元）	关注类（万元）	次级类（万元）	可疑类（万元）	损失类（万元）	信用风险资产合计（万元）	不良资产合计（万元）	不良资产率（%）
期初数	0.00	0.00	0.00	0.00	0.00	0.00	0.00	0
期末数	63 014.78	0.00	0.00	0.00	0.00	63 014.78	0.00	0

6.5.1.2 资产损失准备情况

单位：万元

	期初数	本期计提	本年转回	本期核销	期末数
贷款损失准备	0.00	0.00	0.00	0.00	0.00
一般准备	0.00	0.00	0.00	0.00	0.00
专项准备	0.00	0.00	0.00	0.00	0.00
其他资产减值准备	0.00	7.45	0.00	0.00	7.45
可供出售金融资产减值准备	0.00	0.00	0.00	0.00	0.00
持有至到期投资减值准备	0.00	0.00	0.00	0.00	0.00
长期股权投资减值准备	0.00	0.00	0.00	0.00	0.00
坏账准备	0.00	7.45	0.00	0.00	7.45
投资性房地产减值准备	0.00	0.00	0.00	0.00	0.00

6.5.1.3 股票投资、基金投资、债券投资、股权投资等投资业务情况

单位：万元

	自营股票	基金	债券	长期股权投资	其他投资	合计
期初数	0.00	0.00	0.00	0.00	0.00	0.00
期末数	0.00	0.00	0.00	0.00	51 448.00	51 448.00

6.5.1.4 公司当年的收入结构

收入结构	金额（万元）	占比（%）
手续费及佣金收入	10 850.94	65.29
其中：信托手续费收入	10 850.94	65.29
投资银行业务收入	—	—
利息收入	3 438.62	20.69
其他业务收入	127.50	0.77
其中：计入信托业务收入部分	—	—
投资收益	1 554.75	9.35
其中：股权投资收益	—	—
证券投资收益	—	—
其他投资收益	1 554.75	9.35
公允价值变动收益	648.00	3.90
营业外收入	—	—
收入合计	16 619.81	100.00

6.5.2 **信托资产管理情况**

6.5.2.1 信托资产的期初数、期末数

单位:万元

信托资产	期初数	期末数
集合类	0.00	951 084.43
单一类	0.00	2 806 723.34
财产权类	0.00	144 795.88
合计	0.00	3 902 603.65

6.5.2.1.1 主动管理型信托业务的信托资产期初数、期末数

单位:万元

主动管理型信托资产	期初数	期末数
证券投资类	0.00	0.00
股权投资类	0.00	363 437.48
融资类	0.00	514 254.57
事务管理类	0.00	0.00
其他投资	0.00	55 686.36
合计	0.00	933 378.41

6.5.2.1.2 被动管理型信托业务的信托资产期初数、期末数

单位:万元

被动管理型信托资产	期初数	期末数
证券投资类	0.00	0.00
股权投资类	0.00	0.00
融资类	0.00	77 789.57
事务管理类	0.00	2 841 435.54
其他投资	0.00	50 000.13
合计	0.00	2 969 225.24

6.5.2.2 本年度已清算结束的信托项目个数、实收信托合计金额、加权平均实际年化收益率

6.5.2.2.1 本年度已清算结束的集合类、单一类资金信托项目和财产管理类信托项目个数、实收信托金额、加权平均实际年化收益率

已清算结束信托项目	项目个数	实收信托合计金额(万元)	加权平均实际收益率(%)
集合类	—	—	—
单一类	4	173 000.00	7.72
财产管理类	—	—	—

注:1. 收益率是指信托项目清算后,给受益人赚取的实际收益水平。

2. 加权平均实际年化收益率 =(信托项目 1 的实际年化收益率 × 信托项目 1 的实收信托 + 信托项目 2 的实际年化收益率 × 信托项目 2 的实收信托 +… + 信托项目 n 的实际年化收益率 × 信托项目 n 的实收信托)/(信托项目 1 的实收信托 + 信托项目 2 的实收信托 +… + 信托项目 n 的实收信托) ×100%。

6.5.2.2.2 本年度已清算结束的主动管理型信托项目个数、实收信托合计金额、加权平均实际年化收益率

已清算结束信托项目	项目个数	实收信托合计金额(万元)	加权平均实际年化收益率(%)
证券投资类	—	—	—
股权投资类	—	—	—
融资类	—	—	—
事务管理类	—	—	—

6.5.2.2.3 本年度已清算结束的被动管理型信托项目个数、实收信托合计金额、加权平均实际年化收益率

已清算结束信托项目	项目个数	实收信托合计金额(万元)	加权平均实际年化收益率(%)
证券投资类	—	—	—
股权投资类	—	—	—
融资类	—	—	—
事务管理类	4	173 000.00	7.72

6.5.2.3 本年度新增的集合类、单一类和财产管理类信托项目个数、实收信托合计金额

新增信托项目	项目个数	合计金额(万元)
集合类	21	953 545.00
单一类	87	3 024 695.59
财产管理类	3	144 792.06
新增合计	111	4 123 032.65
其中:主动管理型	21	935 848.80
被动管理型	90	3 187 183.85

注:本年新增信托项目指在本报告年度内累计新增的信托项目个数和金额。包含本年度新增并于本年度内结束的项目和本年度新增至报告期末仍在持续管理的信托项目。

6.6 关联方关系及其交易的披露

6.6.1 关联交易方的数量、关联交易的总金额及关联交易的定价原则等

	关联交易方数量	关联交易金额(万元)	定价政策
合 计	6	51 191.17	市场公允价格

6.6.2 关联交易方情况

关联性质	关联方名称	法定代表人	注册地址	注册资本(亿元)	主营业务
控股股东	中国泛海控股集团有限公司	卢志强	北京市东城区	780 000.00	资本经营、资产管理
股东	北京首都旅游集团有限责任公司	段 强	北京市朝阳区	236 867.00	旅游业及现代化服务业
同一控股股东	民生证券投资有限公司	余 政	北京市东城区	10 000.00	投资管理
同一最终控制人	泛海物业管理有限公司	黄翼云	北京市朝阳区	5 000.00	物业服务
同一控股股东	北京经观信成广告有限公司	齐子鑫	北京市房山区	500.00	广告服务
同一最终控制人	通海建设有限公司	李 强	上海市黄浦区	250 000.00	房地产开发

6.6.3 本公司与关联方的重大交易事项

6.6.3.1 固有与关联方交易情况

单位:万元

固有与关联方关联交易				
	期初数	借方发生数	贷方发生数	期末数
贷款	0.00	0.00	0.00	0.00
投资	0.00	0.00	0.00	0.00
租赁	568.00	1 704.00	1 848.58	423.43
担保	0.00	0.00	0.00	0.00
应收账款	0.00	0.00	0.00	0.00
其他	-21.80	178.01	188.47	-32.26
合 计	546.20	1 882.01	2 037.05	391.17

注:租赁的期初数为租赁押金及预付租金,发生数为租赁关联方办公场所发生的租赁及物业费。

6.6.3.2 信托与关联方交易情况

报告期内无上述事项。

6.6.3.3 公司固有资金运用于自己管理的信托项目(固信交易),信托公司管理的信托项目之间的相互(信信交易)交易金额,包括余额和本报告年度的发生额。

6.6.3.3.1 固有与信托财产之间的交易

单位:万元

固有财产与信托财产相互交易			
	期初数	本期发生额	期末数
合计	0.00	50 800.00	50 800.00

6.6.3.3.2 信托项目之间的交易

单位:万元

信托财产与信托财产相互交易			
	期初数	本期发生额	期末数
合计	0.00	0.00	0.00

7. 财务情况说明书

7.1 利润实现和分配情况

2013年公司实现净利润5 644.62万元。根据财政部《金融企业准备金计提管理办法》(财金[2012]20号)规定,从净利润中足额提取一般准备金11.17万元;根据公司章程规定,以净利润的10%足额提取了法定盈余公积金564.46万元,以净利润的5%足额提取了信托赔偿准备金282.23万元;期末未分配利润累计为5 646.73万元。

7.2 主要财务指标

指标名称	指标值
资本利润率(%)	8.66
人均净利润(万元)	62.72

注:1. 资本利润率=净利润/所有者权益平均余额×100%。

2. 人均净利润=净利润/年平均人数。

3. 平均值采取年初、年末余额简单平均法。

4. 公式为:a(平均)=(年初数+年末数)/2。

7.3 对本公司财务状况、经营成果有重大影响的其他事项

报告期内无上述事项。

8. 特别事项揭示

8.1 前五名股东报告期内变动情况及原因

报告期内无上述事项。

8.2 董事、监事及高级管理人员变动情况及原因

报告期内,杨自理先生因个人原因,辞去公司董事(含专门委员会委员)、总裁职务。公司董事会同意杨自理先生提出的辞职申请,并委派副董事长冯宗苏先生暂代行总裁职责。

报告期内,谢伯阳先生因个人原因,辞去公司独立董事职务,谢伯阳先生的辞职报告在下任独立董事填补其缺额后生效。

除上述事项外,报告期内无其他应揭示事项。

8.3 变更注册资本、注册地或公司名称及公司分立合并事项

2013年4月16日,中国银监会下发《中国银监会关于中国旅游国际信托投资有限公司重新登记等有关事项的批复》(银监复[2013]181号)。该批复同意公司注册资本为10亿元;公司名称由中国旅游国际信托投资有限公司变更为中国民生信托有限公司;注册地址由北京市北京站东街6号金安皇都大酒店四层变更为北京市东城区建国门内大街28号民生金融中心C座19层。2013年4月26日前,公司完成上述事项的行政登记。

除上述事项外,报告期内无其他应揭示事项。

8.4 公司的重大诉讼事项

报告期内无上述事项。

8.5 公司及其董事、监事和高级管理人员受到处罚的情况

报告期内无上述事项。

8.6 对中国银监会及其派出机构所提监管意见的整改情况

报告期内无上述事项。

8.7 重大事项临时报告情况

报告期内无上述事项。

8.8 其他有必要让客户及相关利益人了解的重要信息

报告期内无上述事项。

9. 公司监事会意见

监事会认为，公司建立了较为完善的公司法人治理结构，进一步加强了内部控制制度建设和风险管理，强化了内部管理制度、业务流程和审计制度。公司决策事项程序合法，公司董事及高级管理人员能够按照公司法、“信托一法三规”等有关法律、法规、监管部门的要求以及公司章程，认真履行相关职责，勤勉工作，积极维护股东利益、公司利益和客户利益。

中海信托股份有限公司

1. 重要提示

1.1 本公司董事会及董事保证本报告所载资料不存在任何虚假记载、误导性陈述或者重大遗漏，并对其内容的真实性、准确性和完整性承担个别及连带责任。

1.2 公司独立董事王国樑先生、胡维翊先生声明：保证本报告的内容真实、准确、完整。

1.3 信永中和会计师事务所对本公司出具了标准无保留意见的审计报告。

1.4 公司董事长吴孟飞先生、总裁陈浩鸣先生、财务总监周炯先生、会计机构负责人朱玲女士声明：保证年度报告中财务报告的真实、完整。

2. 公司概况

2.1 公司简介

中海信托股份有限公司（以下简称中海信托或公司）系由中国海洋石油总公司（以下简称中国海油）和中国中信股份有限公司（以下简称中信股份）共同投资设立的国有非银行金融机构。

中海信托秉承“诚信稳健、忠人所托”的经营理念，坚持“风控优先”的低风险发展道路，经过多年的探索和实践，资产管理能力持续提升。2013 年，中海信托管理信托资产余额为1774.44 亿元，全年累计管理信托资产规模 3284.09 亿元，实现营业收入 12.07 亿元，实现利润总额 10.25 亿元，人均净利润 659.95 万元。多年来，公司未发生任何信托项目不能按期兑付、损害受益人利益的情况，连续十年保持新增不良资产为零。

2.1.1 公司情况简表

公司名称（简称）	中海信托股份有限公司（中海信托）
公司英文名称（缩写）	Zhonghai Trust Co., Ltd.（ZHTRUST）
公司法定代表人	陈浩鸣
主要营业场所	上海市蒙自路 763 号 36 楼
公司网站	http://www.zhtrust.com

2.1.2 主要联系人及联系方式

信息披露负责人	周 炯
联系电话	021-23191688
传真	021-63086070
电子信箱	service@zhtrust.com
联系地址	上海市蒙自路 763 号 36 楼
邮政编码	200023

2.1.3 其他事项

2.1.3.1 公司选定《中国证券报》、《证券时报》、《上海证券报》作为本次信息披露的报纸。公司年报全文将备置在公司营业场所及网站供查询。

2.1.3.2 公司年报审计会计师事务所：信永中和会计师事务所

联系地址：北京市东城区朝阳门北大街 8 号富华大厦 A 座 9 层

邮政编码：100027

2.1.3.3 公司常年法律顾问：上海市锦天城律师事务所

联系地址：上海市浦东新区花园石桥路 33 号花旗大厦 14 层

邮政编码：200120

2.2 组织结构

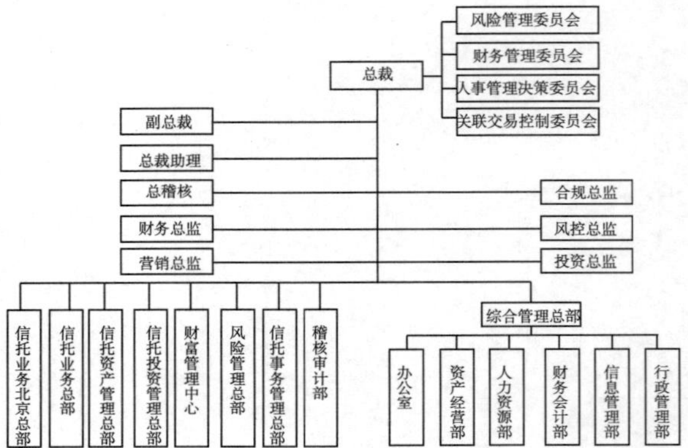

3. 公司治理

3.1 股东

股东总数：2 个。

股东

股东名称	持股比例（%）	法人代表	注册资本（亿元）	注册地址	主要经营业务及主要财务情况
★中国海洋石油总公司	95	王宜林	949	北京市东城区朝阳门北大街 25 号	海上石油、天然气勘探、开发、生产及炼油等。近几年来，公司国内油气产量持续保持在 5 000万吨级水平，实现营业收入超过 5 000 亿元，利润总额达 1 000 亿元以上。
中国中信股份有限公司	5	常振明	1 280	北京市朝阳区新源南路 6 号	金融与实业并举的大型综合性跨国企业集团，业务涉及银行、证券、信托、保险、基金、资产管理等金融领域和房地产、工程承包、资源能源、基础设施、机械制造、信息产业等实业领域。

注：最终实际控制人在股东名称一栏中加★表示。

3.2 董事、董事会及其下属委员会

董事长、副董事长、董事

姓 名	职 务	性别	年龄	选任日期	所推举的股东名称	该股东持股比例(%)	简 要 履 历
吴孟飞	董事长	男	58	2011 年	中国海洋石油总公司	95	1988 年加入中国海洋石油总公司,曾任计划资金部总经理、中国海洋石油有限公司 CFO、中海油田服务股份有限公司 CFO 兼执行副总裁、中海石油化学股份有限公司董事长,2005 年 12 月起任中国海洋石油总公司总会计师,2011 年 12 月起,担任中海信托股份有限公司董事长;目前还担任海康人寿保险有限公司董事长,中海石油保险有限公司董事长,中海石油投资控股有限公司董事长,中海石油财务有限公司董事长。
窦建中	董事	男	58	2011 年	中国中信股份有限公司	5	历任中信银行副行长、行长,中国中信集团公司常务董事兼协理、常务董事兼副总经理;2011 年 3 月至今,担任中信集团常务董事、副总经理,中信国际金融控股有限公司行政总裁,中信银行国际有限公司(嘉华银行)董事长,中信控股有限责任公司董事长、总裁,信诚人寿保险公司董事长、中国中海直总公司董事长。
高建华	董事	男	51	2013 年	中国海洋石油总公司	95	历任中国海洋石油总公司人力资源部副总经理、有限公司人力资源部副总经理,曾兼任海康人寿保险有限公司董事,2013 年 12 月至今,任中国海洋石油总公司思想政治工作部(新闻办公室)主任;2014 年 3 月起,不再担任中海信托董事职务。
陈浩鸣	董事	男	47	2011 年	中国海洋石油总公司	95	2005 年 8 月至 2009 年 8 月,任中海信托股份有限公司副总裁;2009 年 8 月至 2011 年 1 月,任中海基金管理有限公司总经理;2011 年 1 月至今担任中海信托总裁,兼任中海基金董事长、四川信托副董事长。
周 炯	董事	男	53	2013 年	中国海洋石油总公司	95	2002 年至 2008 年 7 月,历任中海石油财务有限责任公司资金部经理、总会计师;2008 年 8 月至今担任中海信托股份有限公司副总裁兼财务总监。

独立董事

姓 名	所在单位及职务	性别	年龄	选任日期	所推举的股东名称	该股东持股比例(%)	简 要 履 历
王国樑	中国石油天然气集团公司党组成员	男	61	2013 年	—	—	1995 年至 1998 年,任中油财务有限责任公司副总裁;1998 年至 1999 年,任中国石油勘探开发公司副总经理、总会计师;1999 年至 2007 年,任中国石油天然气股份有限公司财务总监;2007 年至 2013 年,任中国石油天然气集团公司总会计师、党组成员。
胡维翊	北京市天铎律师事务所合伙人、常务副主任	男	47	2011 年	—	—	历任全国人大常委会办公厅研究室政治组干部;北京市乾坤律师事务所合伙人;北京市中凯律师事务所律师。2001 年 5 月至今,任北京市天铎律师事务所合伙人、常务副主任。

董事会下属委员会

董事会下属委员会	职责	组成人员姓名	职务
审计委员会	提议聘请或更换外部审计机构;监督公司的内部审计制度及其实施;负责内部审计与外部审计之间的沟通;审核公司的财务信息及其披露;审查公司内控制度等。	王国樑	独立董事
		高建华	董事
薪酬与考核委员会	研究董事与总裁人员考核的标准,进行考核并提出建议;研究和审查董事、高级管理人员的薪酬政策与方案等。	高建华	董事
		胡维翊	独立董事
发展与战略委员会	对公司长期发展与战略规划进行研究并提出建议;对其他影响公司发展战略的重大事项进行研究并提出建议;研究金融市场及金融专项工具,并提出建议等。	吴孟飞	董事长
		窦建中	董事
		陈浩鸣	董事
提名委员会	研究董事和总裁的选择标准和程序并提出建议;广泛搜寻合格的董事和总裁人选;对董事候选人和总裁人选进行审查并提出建议。	胡维翊	独立董事
		王国樑	独立董事
		高建华	董事
信托委员会	调查研究信托行业的发展变化;对公司信托业务的发展方向和战略规划进行研究和提出建议;初审需由董事会审议的信托项目;针对中国银监会及其派出机构检查公司信托业务后要求董事会组织整改的问题,研究提出具体措施;当公司或股东利益与受益人利益发生冲突时,研究提出维护受益人权益的具体措施等。	陈浩鸣	董事
		周炯	董事

续表

董事会下属委员会	职责	组成人员姓名	职务
风险管理与关联交易控制委员会	研究公司发生重大、突发性事项的对策；研究制定总体风险管理、关联交易控制政策供董事会审议；研究公司风险管理的战略结构和资源，并使之与公司的内部风险管理政策相兼容；研究重要的风险边界；对相关的风险管理、关联交易控制政策进行监督、审查和向董事会提出建议等。	窦建中	董事
		周炯	董事
		胡维翊	独立董事

3.3 监事、监事会及其下属委员会

监事会成员

姓名	职务	性别	年龄	选任日期	所推举的股东名称	该股东持股比例（%）	简要履历
逄本利	主席	男	53	2013 年	中国海洋石油总公司	95	历任中国海洋石油总公司审计监察部审计业务处处长、审计中心审计业务处处长；2013 年 4 月至今任审计中心副主任；2013 年 12 月起，担任中海信托股份有限公司监事会主席。
陈素婷	监事	女	43	2013 年	中国中信股份有限公司	5	历任中国中信集团公司稽核审计部审计管理处高级主管、主任助理兼审计管理处处长；2011 年 12 月至今，担任中国中信股份有限公司稽核审计部主任助理兼审计管理处处长。
石枫	监事	女	31	2013 年	职工代表	—	历任中海信托创新业务总部信托助理、稽核审计部审计经理、稽核审计部审计高级经理；2012 年 6 月至今，任稽核审计部副经理。

3.4 高级管理人员

高级管理人员

姓名	职务	性别	年龄	选任日期	金融从业年限	学历	专业	简要履历
陈浩鸣	总裁、党委书记	男	47	2011 年 1 月	13	硕士	工商管理	2005 年 8 月至 2009 年 8 月，任中海信托股份有限公司副总裁；2009 年 8 月至 2011 年 1 月，任中海基金管理有限公司总经理；2011 年 1 月至今担任中海信托总裁，兼任中海基金董事长、四川信托副董事长。
周炯	副总裁兼财务总监、总信息师、党委副书记、纪委书记	男	53	2008 年 7 月	13	硕士	工商管理	2002 年至 2008 年 7 月，历任中海石油财务有限责任公司资金部经理、总会计师；2008 年 8 月至今担任中海信托股份有限公司副总裁兼财务总监。
张德荣	副总裁	男	49	2013 年 12 月	19	硕士	法律	2007 年 12 月至 2011 年 2 月，任中海信托股份有限公司独立董事；2010 年 8 月至 2013 年 4 月，任大业信托有限责任公司副总经理兼首席风控官；2013 年 7 月至今，任中海信托副总裁。
魏志刚	副总裁	男	40	2013 年 11 月	13	双硕士	金融、工商管理	2010 年 2 月起担任公司营销总监；2010 年 11 月至 2013 年 10 月任公司总裁助理，兼任营销总监；2013 年 11 月至今，任中海信托副总裁。
卓新桥	总裁助理	男	43	2013 年 6 月	14	硕士	经济学	曾在中国工商银行广东省分行、中海石油财务公司任职；2013 年 6 月至今，任中海信托总裁助理。
余庆军	总裁助理	男	42	2013 年 6 月	19	硕士	金融、工商管理	曾在平安人寿、海康人寿任职；2013 年 6 月至今，任中海信托总裁助理。
张悦	纪委副书记、总稽核兼合规总监	女	44	2011 年 11 月	8	硕士	管理	2005 年 9 月进入中海信托；目前担任公司纪委副书记、总稽核、合规总监，同时兼稽核审计部总经理、信托事务管理总部总经理。

3.5　公司员工

公司员工

项　目		报告期年度		上年度	
		人数	比例(%)	人数	比例(%)
年龄分布	20岁以下	—	—	—	—
	20~29岁	54	41.54	44	38.94
	30~39岁	54	41.54	55	48.67
	40岁以上	22	16.92	14	12.39
学历分布	博士	3	2.31	3	2.65
	硕士	75	57.69	72	63.72
	本科	47	36.15	31	27.43
	专科	5	3.85	7	6.19
	其他	—	—	—	—
岗位分布	董事、监事及其高管人员	7	5.38	6	5.31
	自营业务人员	1	0.77	6	5.31
	信托业务人员	74	56.92	59	52.21
	其他人员	48	36.92	42	37.17

注:自营业务人员是指按照岗位分工,专门或至少主要从事固有资金使用和固有资产管理有关业务的职工;信托业务人员是指按照岗位分工,专门或主要从事信托资金使用和信托资产管理各项业务的职工;对于人力资源部等类似无法明确区分的综合部门归为其他人员。

4. 经营管理

4.1　经营目标、方针、战略规划

经营目标:中海信托将创造条件,前瞻布局,依托金融产业链和金融创新,致力成为一家国内一流的综合型金融服务商。

经营方针:以保障委托人、受益人合法利益为最高准则,秉承“诚信稳健、忠人所托”的经营理念,建立和完善全面风险管理体系完善金融服务功能,走创新型金融发展道路,追求风险可控的经济效益。

战略规划:公司确定了创新引领、人才为本、风控优先、文化保障、品牌发展等策略,结合行业特点和自身优势,分别制定了信托业务、风险控制、信息技术、人力资源发展规划,稳步推进战略目标的实现。

4.2　所经营业务的主要内容

公司经营中国银行业监督管理委员会核准的信托业务及自有业务。信托业务包括事务管理类信托和非事务管理类信托业务,主要包括信托贷款、信贷资产证券化、结构化证券投资、私募股权基金、股权信托、财务顾问等业务。

4.2.1　自营资产运用与分布表

资产运用	金额(万元)	占比(%)	资产分布	金额(万元)	占比(%)
货币资产	134 313.30	27.33	基础产业	—	—
贷款及应收款	100 000.00	20.35	房地产业	—	—
交易性金融资产投资	10 720.25	2.18	证券市场	32 058.43	6.52

续表

资产运用	金额(万元)	占比(%)	资产分布	金额(万元)	占比(%)
可供出售金融资产投资	102 638.18	20.89	实业	100 000.00	20.35
长期股权投资	105 398.29	21.45	金融机构	239 711.59	48.78
其他	38 323.44	7.80	其他	119 623.44	24.35
资产总计	491 393.46	100.00	资产总计	491 393.46	100.00

注:资产分布“其他”项主要包括信托产品投资等。

4.2.2　信托资产运用与分布表

资产运用	金额(万元)	占比(%)	资产分布	金额(万元)	占比(%)
货币资产	236 471.00	1.33	基础产业	5 518 199.00	31.10
贷款	6 196 947.00	34.92	房地产	564 258.00	3.18
交易性金融资产投资	6 784 517.00	38.24	其他实业	841 128.00	4.74
可供出售金融资产投资	2 701 794.00	15.23	证券市场	5 041 309.00	28.41
持有至到期投资	0.00	0.00	金融机构	1 677 651.00	9.45
长期股权投资	988 334.00	5.57	其他	4 101 821.00	23.12
其他	836 303.00	4.71	—	—	—
信托资产总计	17 744 366.00	100.00	信托资产总计	17 744 366.00	100.00

4.3　市场分析

4.3.1　有利因素

(1)国民财富的快速积累为信托业务市场发展壮大提供了强大的推动力。

(2)随着国内多层次资本市场的加快建设,创新金融工具不断推出,为公司提供了更广阔的业务拓展空间。

(3)公司秉承合规、稳健的经营理念,风险控制体系日趋完善;专业化的资产管理团队成为公司可持续发展的基础。

(4)公司在信托业已建立了较强的品牌优势,积累了一批优质的机构客户和高端个人客户资源,具有较高的客户忠诚度。

4.3.2　不利因素

(1)信托行业政策调整频繁,对公司既有业务模式形成冲击。

(2)随着国内金融改革的进一步深化,现有业务模式受到利率市场化、混业经营的威胁,公司与证券公司、基金管理公司、保险公司、商业银行以及外资金融机构等其他金融机构的全面竞争将更加激烈。

4.4　内部控制

4.4.1　内部控制环境和内部控制文化

公司坚持“全面风险管理”和“只有风险可控的发展才是真正的可持续发展”的风险管理理念,并在制度的设计、决策的进行、业务的开展各个层面加以深入贯彻,形成了科学、清晰、合理的组织架构,前台、中台、后台形成有效的制衡机制,为公司营造了健康的内部控制环境。

公司法人治理结构完善，股东不干涉公司经营，董事会、监事会、各专业委员会以提高业务的安全性和维护委托人的利益为根本出发点，不以利润作为对经营层的主要考核指标，追求在风险可控的前提下效益稳步增长，在公司形成了良好的内部控制文化。

4.4.2 内部控制措施

公司根据业务发展、外部环境变化以及监管要求滚动修订制度和流程，建立了相对完备的内部控制制度体系。内控制度体系主要包括基本管理制度、组织管理制度、合规管理制度和风险管理制度、自有资产运用管理制度、证券投资管理制度、信托业务管理制度、财务会计管理制度、行政管理制度、人力资源管理制度、计算机系统管理制度等。同时，中海信托还建立了内部控制优化机制，在日常经营中不断改进风险管理手段与方法，完善风险识别、评估和控制措施。

公司的内部控制措施不断完善。建立了多层次的分级有限授权制度；在开展具体业务时遵循前中后台分离的原则；在开办新业务前，均通过引入外部专业机构进行充分论证、沟通和调研，并遵循制度和流程先行的原则，确保了对潜在风险的有效防范和控制；通过明晰各部门职责，保证了内部运营体系的健康有效；加大投入，完善灾备系统；以信息化建设为依托，逐步建立起覆盖各个业务领域的数据库和计算机信息系统，有力地支持了公司业务的快速发展。

4.4.3 信息交流与反馈

公司建立起信息交流与反馈机制，搭建起畅通的信息交流渠道，建立了内部审计的报告制度和报告路线，由专人负责，能够有效地执行。

2013 年 4 月，公司按照相关规定在指定报纸上刊登了公司 2012 年年报。

根据有关监管要求，对于集合资金信托业务、关联交易、高管更替等重大事项，公司均履行了完备的报备或报批手续。对于监管机构提出的问题或建议，公司均给予及时、详细的信息反馈或制定整改措施。公司还邀请监管机构代表列席董事会会议，现场就有关问题进行交流、探讨。

公司能够严格执行向委托人、受益人披露信托事务处理信息的有关制度，确保相关当事人的知情权。

4.4.4 监督评价与纠正

公司建立了有效的内部监控制度，对公司内控制度的执行情况进行持续的监督，保证了内控的实际效果；建立了重大事故或案件责任人追究制度，通过风险教育使各部门和员工明确了有关风险和职责关系。公司对内部审计和外部审计中发现的问题能够及时整顿和改正，做好反馈工作，不断提升管理水平。

公司风险管理和内部控制能够贯穿、覆盖到每一个部门、每一类业务和每一个员工，同时保持随时跟踪和监控。公司针对信托和自有业务制定了风险识别、计量、监测和控制的具体制度、程序和方法，风险管理总部和稽核审计部在业务运作的各个阶段予以通盘考量和全程监控。稽核审计部定期开展内部审计，对公司的经营活动和风险状况进行独立、客观的监督和评价，通过监督和检查发挥督导作用。公司重视外部审计对公司运营的促进作用，通过相关制度和措施，保证外部审计的有效性，借助外部审计改善公司经营。

4.5 风险管理

4.5.1 风险管理概况

风险控制体系和风险管理能力是金融企业最核心的技术和最重要的能力之一，公司紧紧围绕“诚信稳健、忠人所托”的经营战略和目标，坚持“只有风险可控的发展才是真正的可持续发展”的风控理念，建立了较健全的风险控制组织结构和机制，基本形成了前台、中台、后台相分离、信托资金运作与自有资金运作相分离的风险管理框架。责任明晰、运行高效的“全面、全员、全程”风险管理机制基本建成。

风险管理组织结构：

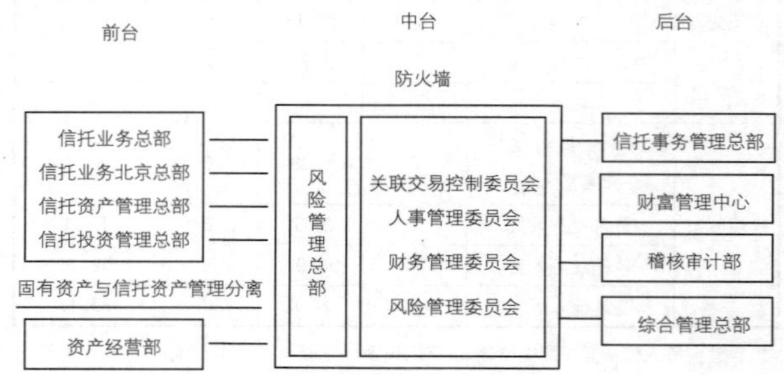

公司的前台由信托业务总部、信托业务北京总部、信托资产管理总部、信托投资管理总部和资产经营部构成，分别负责信托业务开拓和固有资产管理。

公司的中台由风险管理总部和公司非常设的 4 个委员会组成，中台的主要作用是集体决策和事中控制。风险管理总部的职责是建立健全内部风险管理体系，防范和控制风险。4 个委员会的主要职责是对公司业务、财务工作、机构人事安排和关联交易事项进行审议，并在相关授权范围内进行决策。公司制定了上述 4 个委员会的议事规则，明确了职责和议事程序。

公司的后台由信托事务管理总部、稽核审计部、财富管理中心和综合管理总部构成，其职责是完成信托资金托管清算、财务核算、项目管理、审计监督、客户服务与维护、信托项目直销、行政人事等后台支持。

4.5.2 风险状况

4.5.2.1 信用风险状况

信用风险指是指交易对手未能履行约定契约中的义务而造成经济损失的风险。公司面临的信用风险具体表现为：在开展信托业务或固有业务时，交易对手或融资方违约造成的风险。2013 年，公司面临的信用风险状况：由于宏观经济政策的变化加大了对融资方信用风险判断的难度；国际、国内复杂的经济形势加大了交易对手的信用风险；公司选择项目、甄别客户、识别信用风险的工作量及压力大增，公司信用风险管理能力在复杂的经济形势中面临考验。公司在复杂多变的形势下采取多种措施积极应对，2013 年，公司未发生任何信用风险事件，信托均安全顺利兑付，目前仍存续的业务信用风险也较小。

4.5.2.2 市场风险状况

市场风险是指由于证券价格波动、商品价格波动、利率变化、汇率变动等金融市场波动而导致公司自营资产或信托资产损失的风险。市场风险主要存在于公司证券投资业务，以及其他与股票价格、利率、汇率、商品价格等挂钩的特定金融产品投资业务中。2013年,公司面临的市场风险主要是证券市场价格波动较大,股票市场走势出现明显分化,主板单边下跌,创业板单边上扬,公司证券投资信托的净值随之波动,受益人的获利难度较大;同时,证券市场价格的波动也对公司固有资金投资的股票、金融股权的价值造成了一定影响;此外,市场利率波动,导致信托产品整体收益率下降;汇率波动对公司外汇资产保值增值带来一定的风险。公司通过交易结构设计、预警、止损、风险揭示等手段努力降低市场风险,锁定公司收益,公司未因市场风险而对公司的盈利能力及财务状况产生重大影响。

4.5.2.3 操作风险状况

操作风险是指公司由于内部程序、人员、系统的不完善或失误,或外部事件导致公司自营资产或信托资产损失的风险。2013年,公司未发生因内部原因或外部冲击造成的直接或间接损失,也未发现滥用操作权,追求私利的情况。

4.5.2.4 其他风险状况

公司面临的其他风险主要表现为法律风险与合规风险。法律风险是由于违反有关法律法规、监管规定及合同等原因可能造成经济损失或企业信誉损失的风险。合规风险是指因未能遵循法律、监管规定、规则、自律性组织制定的有关准则以及适用于自身业务活动的行为准则而可能遭受法律制裁或监管处罚、重大财务损失或声誉损失的风险。2013年,公司合法合规经营,未发生从业人员违反法律法规和职业操守的行为;公司本年度未遭受法律制裁或监管处罚,未因此导致任何财务损失或声誉损失。

4.5.3 风险管理

4.5.3.1 信用风险管理

公司设立了信托业务总部、资产管理总部、投资管理总部、资产经营部、信托事务管理总部、风险管理总部、稽核审计部等部门,按照职能划分,进行机构分离,强化制约机制;通过流程再造,标准化程序设计,完善了事前评估、事中控制、事后检查的风险控制流程;通过建立客户关系管理系统,持续关注交易对手的资信状况、履约能力及其变化,防范信用风险;通过设定客户准入门槛及业务准入标准,筛选出高质量客户;通过实行重点客户、区域倾斜、保持一定程度的客户集中度,在依托各种信用增级手段的基础上,切实降低了信用风险;通过法律条款的设定,借助外部律师的专业意见,提高抵御信用风险的能力。

抵押品确认的主要原则为根据具备资格的第三方评估机构的评估报告确定,抵押率标准及保证贷款管理原则由风险管理委员会按项目逐一评估确定,风险管理总部不定期对信托存续期间抵押品的价值波动做监控,对于抵押品价值下降明显的,及时通知业务团队协调补充抵押物。

4.5.3.2 市场风险管理

对市场风险的控制主要通过以下几方面实现:定期对宏观经济运行和政策趋势、证券市场发展政策和思路等方面因素进行跟踪研究,及时作出相关的研究报告,为投资决策提供依据等;公司成立了证券投资风险控制机构。证券投资风险控制机构对证券交易部门提交的资产配置方案、投资策略进行审议,决定资产配置比例、行业分配比例等;公司对证券投资业务采用限额管理,确保市场风险控制在可以承受的合理范围内,市场风险限额包括交易限额、止损限额等,风险限额设定后不得随意突破;公司通过系统和人工密切监控各项风控指标,通过压力测试评估市场风险亏损承受能力。证券交易部门在制定主动管理的投资方案中明确各证券品种的止损线、警示线、止赢的线等量化指标,经风险管理委员会批准后由风险管理总部和证券交易部门负责对止损、止赢的执行情况进行系统和人工监控,对发生大幅波动及达到止损点的投资品种及时采取措施。

4.5.3.3 操作风险管理

公司已经建立了以SAP系统为核心的业务系统平台,所有业务的实施和后台管理均通过系统完成,减少了手工操作失误可能导致的损失;逐步完善公司的内控制度,制定了各种业务管理办法和岗位职责制度,对公司每一项业务内容,均制定了操作细则和操作流程,明确流程中每一环节的责任及权限;对各个环节规定了严格的岗位标准,在强化目标管理的同时坚持过程控制,防范人为因素带来的经营风险。同时,公司依据行业监管要求从每年的税后利润中充分计提信托赔偿准备金,用以弥补由于公司的可能过失而导致的信托业务损失,充分保证受益人的利益。

4.5.3.4 其他风险管理

公司所有重大合同均通过法律事务岗审核同意,并出具独立意见;重大、创新和复杂项目均聘请专业外部律师事务所进行审查,并出具无保留意见的法律意见书后方可实施。公司设有合规总监和风控总监,把握公司整体运营风险,并设立专门的合规岗、制度岗,负责业务的合规审查和制度完善。

5. 报告期末及上一年度末的比较式会计报表

5.1 自营资产

5.1.1 会计师事务所审计意见全文

审 计 报 告

XYZH/2013A4038

中海信托股份有限公司:

我们审计了后附的中海信托股份有限公司(以下简称贵公司)财务报表,包括2013年12月31日的资产负债表,2013年度的利润表、现金流量表和股东权益变动表以及财务报表附注。

一、管理层对财务报表的责任

编制和公允列报财务报表是贵公司管理层的责任,这种责任包括:(1)按照企业会计准则的规定编制财务报表,并使其实现公允反映;(2)设计、执行和维护必要的内部控制,以使财务报表不存在由于舞弊或错误导致的重大错报。

二、注册会计师的责任

我们的责任是在执行审计工作的基础上对财务报表发表审计意见。我们按照中国注册会计师审计准则的规定执行了审计工作。中国注册会计师审计准则要求我们遵守职业道德守则,计划和执行审计工作以对财务报表是否不存在重大错报获取合理保证。

审计工作涉及实施审计程序,以获取有关财务报表金额和披露的审计证据。选择的审计程序取决于注册会计师的判断,包括对由于舞弊或错误导致的财务报表重大错报风险的评估。在进行风险评估时,注册会计师考虑与财务报表编制和公允列报相关的内部控制，以设计恰当的审计程序，但目的并非对内部控制的有效性发表意见。审计工作还包括评价管理层选用会计政策的恰当性和作出会计估计的合理性，以及评价财务报表的总体列报。

我们相信，我们获取的审计证据是充分、适当的，为发表审计意见提供了基础。

三、审计意见

我们认为，贵公司财务报表在所有重大方面按照企业会计准则的规定编制，公允反映了贵公司2013年12月31日的财务状况以及2013年度的经营成果和现金流量。

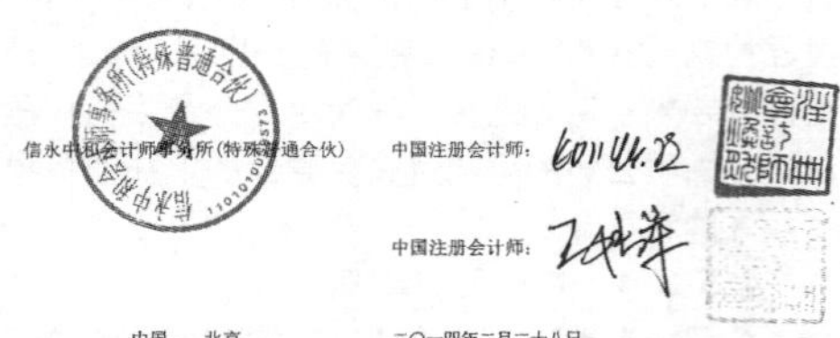

信永中和会计师事务所（特殊普通合伙）　　中国注册会计师：

中国注册会计师：

中国　北京　　二〇一四年二月二十八日

5.1.2 资产负债表

资产负债表

2013年12月31日

编制单位：中海信托股份有限公司　　单位：万元

项　目	期末余额	年初余额
资产		
现金及存放中央银行存款	0.02	—
存放同业存款	134 313.28	77 943.91
贵金属	—	—
拆出资金	—	—
交易性金融资产	10 720.25	5 501.75
衍生金融资产	—	—
买入返售金融资产	—	—
应收利息	897.09	384.95
发放贷款和垫款	100 000.00	130 000.00
可供出售金融资产	102 638.18	89 703.81
持有至到期投资	—	—
长期股权投资	105 398.29	91 515.94
投资性房地产	—	—
固定资产	734.55	501.05
无形资产	138.29	167.23
递延所得税资产	4 751.43	3 520.22
其他资产	31 802.08	769.92
资产总计	491 393.46	400 008.78
负债	—	—
向中央银行借款	—	—
同业及其他金融机构存放款项	—	—
拆入资金	—	—
交易性金融负债	—	—
衍生金融负债	—	—
卖出回购金融资产款	—	—
吸收存款	—	—
应付职工薪酬	12 143.22	9 076.40

续表

项　目	期末余额	年初余额
应交税费	12 976.12	10 697.35
应付利息	—	—
预计负债	—	—
应付债券	—	—
递延所得税负债	160.87	76.00
其他负债	85 312.59	137.14
负债合计	110 592.80	19 986.89
所有者权益(或股东权益)		
实收资本(股本)	250 000.00	250 000.00
资本公积	2 548.54	2 563.65
减:库存股	—	—
专项储备	—	—
盈余公积	40 599.72	32 020.34
一般风险准备	76 253.21	89 665.24
未分配利润	11 399.19	5 772.66
所有者权益合计	380 800.66	380 021.89
负债和所有者权益总计	491 393.46	400 008.78

5.1.3 利润表

利润表

2013年度

编制单位：中海信托股份有限公司　　单位：万元

项　目	本期金额	上期金额
一、营业总收入	120 662.95	110 849.16
利息净收入	14 314.04	11 153.99
利息收入	14 314.04	11 153.99
利息支出	—	—
手续费及佣金净收入	61 442.46	59 841.42
手续费及佣金收入	61 470.60	60 311.65
手续费及佣金支出	28.14	470.23
投资收益(损失以"-"号填列)	45 571.60	39 554.37
其中:对联营企业和合营企业的投资收益	34 647.93	26 934.09
公允价值变动收益(损失以"-"号填列)	-355.72	56.57
汇兑收益(损失以"-"号填列)	-360.52	-29.67
其他业务收入	51.09	272.48
二、营业成本	21 602.96	17 180.34
营业税金及附加	4 700.80	4 488.08
业务及管理费	15 924.95	12 416.01
资产减值损失	955.43	240.17
其他业务成本	21.78	36.08
三、营业利润(亏损以"-"号填列)	99 059.99	93 668.82
加:营业外收入	3 487.42	4 824.83
减:营业外支出	74.71	27.4
四、利润总额(亏损总额以"-"号填列)	102 472.70	98 466.25
减:所得税费用	16 678.82	17 738.20
五、净利润(净亏损以"-"号填列)	85 793.88	80 728.05

5.1.4 所有者权益变动表

所有者权益变动表

编制单位：中海信托股份有限公司　　2013 年度　　单位：万元

项目	本年金额										上年金额									
	归属于母公司所有者权益								少数股东权益	所有者权益合计	归属于母公司所有者权益								少数股东权益	所有者权益合计
	实收资本（或股本）	资本公积	减：库存股	专项储备	盈余公积	一般风险准备	未分配利润	其他			实收资本（或股本）	资本公积	减：库存股	专项储备	盈余公积	一般风险准备	未分配利润	其他		
一、上年年末余额	250 000	2 563.65	0	0	32 020.34	89 665.24	5772.66			380 021.89	250 000	1 618.44			23 947.54	132 061.38	20 721.27			428 348.63
加：会计政策变更																				
前期差错更正																				
其他																				
二、本年年初余额	250 000	2 563.65	0	0	32 020.34	89 665.24	5 772.66			380 021.89	250 000	1 618.44			23 947.54	132 061.38	20 721.27			428 348.63
三、本年增减变动金额（减少以"－"号填列）		－15.11	0	0	8 579.38	－13 412.03	5 626.53			778.77		945.21			8 072.8	－42 396.14	－14 948.61			－48 326.74
（一）净利润							85 793.88			85 793.88							80 728.05			80 728.05
（二）直接计入所有者权益的利得和损失		－15.11								－15.11		945.21								945.21
上述（一）和（二）小计		－15.11					85 793.88			85 778.77		945.21					80 728.05			81 673.26
（三）所有者投入和减少资本																				
1. 所有者投入资本																				
2. 股份支付计入所有者权益的金额																				
3. 其他																				
（四）专项储备提取和使用																				
1. 提取专项储备																				
2. 使用专项储备																				
（五）利润分配					8 579.38	－13 412.03	－80 167.35			－85 000					8 072.8	－42 396.14	－95 676.66			－130 000
1. 提取盈余公积					8 579.38		－8 579.38								8 072.8		－8 072.8			
其中：法定盈余公积					8 579.38		－8 579.38								8 072.8		－8 072.8			
2. 提取一般风险准备						57 664.69	－57 664.69									75 113.13	－75 113.13			
3. 对所有者（或股东）分配							－85 000			－85 000							－130 000			－130 000
其中：现金股利							－85 000			－85 000							－130 000			－130 000
4. 其他						－71 076.73	71 076.73									－117 509.27	117 509.27			
（六）所有者权益内部结转																				
1. 资本公积转增资本（或股本）																				
2. 盈余公积转增资本（或股本）																				
3. 盈余公积弥补亏损																				
4. 其他																				
四、本年年末余额	250 000	2 548.54	0	0	40 599.72	76 253.21	11 399.19			380 800.66	250 000	2 563.65			32 020.34	89 665.24	5 772.66			380 021.89

5.2 信托资产

5.2.1 信托项目资产负债汇总表

信托项目资产负债表

编制单位：中海信托股份有限公司　　2013 年 12 月 31 日　　单位：万元

信托资产	期末数	期初数	信托负债和信托权益	期末数	期初数
信托资产	—	—	一、信托负债	—	—
货币资金	236 470.91	243 042.69	交易性金融负债	—	—
拆出资金	—	—	应付利息	—	—
交易性金融资产	6 784 516.57	4 812 024.55	应付受托人报酬	3 374.06	4 589.46
买入返售金融资产	722 121.48	83 735.83	应付托管费	3 425.06	1 660.49
应收款项	114 106.38	85 767.43	应付受益人收益	4 403.48	8 916.60
发放贷款和垫款	6 196 947.00	4 863 757.00	其他应付款	9 267.28	29 619.78
可供出售金融资产	2 701 793.57	1 547 128.06	应交税费	—	—
持有至到期投资	—	—	卖出回购金融资产款	—	—
长期股权投资	988 334.38	948 465.38	信托负债合计	20 469.88	44 786.33
固定资产	—	—	二、信托权益	—	—
无形资产	—	—	实收信托	17 414 692.39	12 493 505.93
长期应收款	—	—	资本公积	101 426.71	97 621.31
其他资产	75.26	776.62	未分配利润	207 776.57	—51 216.01
	—	—	信托权益合计	17 723 895.67	12 539 911.23
信托资产总计	17 744 365.55	12 584 697.56	信托负债及信托权益总计	17 744 365.55	12 584 694.56

5.2.2 信托项目利润及利润分配汇总表

信托项目利润及利润分配表

2013 年度

编制单位：中海信托股份有限公司　　单位：万元

项　目	本年数	上年数
一、营业收入	1 049 179.28	906 026.70
利息收入	563 580.25	617 168.33
投资收益	444 385.18	232 721.08
公允价值变动损益	41 213.85	56 137.29
租赁收入	—	—
其他收入	—	—
二、营业费用	126 587.75	191 201.55
三、营业税金及附加	1 396.69	0.00
四、扣除资产损失前的信托利润	921.194.84	714 825.15
减：资产减值损失	—	—
五、扣除资产损失后的信托利润	921 194.84	714 825.15
加：期初未分配信托利润	-51 216.01	-122 655.26
六、可供分配的信托利润	869 978.83	592 169.89
减：本期已分配信托利润	662 202.26	643 385.90
七、期末未分配信托利润	207 776.57	-51 216.01

6. 会计报表附注

6.1 会计报表编制基准不符合会计核算基本前提的说明

6.1.1 会计报表不符合会计核算基本前提的事项

本公司会计报表不存在不符合会计核算基本前提的情况。

6.1.2 本年度未纳入合并报表范围的公司

本公司本年度无未纳入合并报表范围的公司。

6.2 或有事项说明

本公司报告期内无对外担保及其他或有事项。

6.3 重要资产转让及其出售的说明

本公司本年度无需披露的重要资产转让及其出售的说明。

6.4 会计报表中重要项目的明细资料

以下注释项目除特别注明外，金额单位为人民币万元，年初指 2013 年 1 月 1 日，年末指 2013 年 12 月 31 日，上年指 2012 年度，本年指 2013 年度。

6.4.1 披露自营资产经营情况

6.4.1.1 按信用风险五级分类结果披露资产的期初数、期末数

信用风险资产五级分类	正常类（万元）	关注类（万元）	次级类（万元）	可疑类（万元）	损失类（万元）	信用风险资产合计（万元）	不良资产合计（万元）	不良资产率（%）
期初数	387 127.27	12 881.51	—	—	—	400 008.78	—	—
期末数	478 175.11	13 218.35	—	—	—	491 393.46	—	—

注：不良资产合计＝次级类＋可疑类＋损失类。

6.4.1.2 各项资产减值损失准备的期初、本期计提、本期转回、本期核销、期末数；贷款的一般准备、专项准备和其他资产减值准备应分别披露

单位:万元

	期初数	本期计提	本期转回	本期核销	期末数
贷款损失准备	—	—	—	—	—
一般准备	—	—	—	—	—
专项准备	—	—	—	—	—
其他资产减值准备	—	—	—	—	—
可供出售金融资产减值准备	—	—	—	—	—
持有至到期投资减值准备	—	—	—	—	—
长期股权投资减值准备	—	—	—	—	—
坏账准备	458.15	—	—	—	458.15
投资性房地产减值准	—	—	—	—	—

6.4.1.3 自营股票投资、基金投资、债券投资、股权投资等投资业务的期初数、期末数

单位:万元

	自营股票	基金	债券	长期股权投资
期初数	9 776.21	17 486.08	1 443.27	91 515.94
期末数	7 520.63	19 522.52	5 015.28	105 398.29

6.4.1.4 前五名的自营长期股权投资的企业名称、占被投资企业权益的比例、主要经营活动及投资收益情况等(从大到小顺序排列)

企业名称	占被投资企业权益的比例(%)	主要经营活动	投资收益(万元)
1. 中海基金管理有限公司	41.591	基金募集、基金销售、资产管理、中国证监会许可的其他业务(涉及行政许可的凭许可证经营)。	1 214.77
2. 四川信托有限公司	30.00	信托、投资基金业务。	33,433.16
3. 信达证券股份有限公司	0.60	证券经纪;证券投资咨询;与证券交易、证券投资活动有关的财务顾问;证券承销与保荐。	80.31

6.4.1.5 前五名的自营贷款的企业名称、占贷款总额的比例和还款情况等(从大到小顺序排列)

企业名称	占贷款总额的比例(%)	还款情况
1. 浙江省交通投资集团有限公司	100	尚未到期,正常付息

6.4.1.6 表外业务的期初数、期末数,按照代理业务、担保业务和其他类型表外业务分别披露

单位:万元

表外业务	期初数	期末数
担保业务	—	—
代理业务(委托业务)	—	—
其他	—	—
合计	—	—

注:代理业务主要反映因客观原因应规范而尚未完成规范的历史遗留委托业务,包括委托贷款和委托投资。

6.4.1.7 公司当年的收入结构。

收入结构	金额(万元)	占比(%)
手续费及佣金收入	61 442.46	49.5
利息收入	14 314.04	11.5
其他业务收入	51.09	0.0
投资收益	45 571.60	36.7
其中:股权投资收益	34 728.24	28.0
其他投资收益	10 843.36	8.7
公允价值变动收益	−355.72	−0.3
汇兑收益	−360.52	−0.3
营业外收入	3 487.42	2.8
收入合计	124 150.37	100.0

注:手续费及佣金收入、利息收入、其他业务收入、投资收益、营业外收入均应为损益表中的一级科目。

6.4.2 披露信托资产管理情况

6.4.2.1 信托资产的期初数、期末数

单位:万元

信托资产	期初数	期末数
集合	3 436 978.00	5 423 207.00
单一	8 844 071.00	11 946 221.00
财产权	303 649.00	374 938.00
合计	12 584 698.00	17 744 366.00

6.4.2.1.1 主动管理型信托业务期初数、期末数,分证券投资、股权投资、融资、事务管理类分别披露

单位:万元

主动管理型信托资产	期初数	期末数
证券投资类	3 051 330.00	3 141 579.00
股权投资类	—	—
融资类	2 278 434.00	3 245 167.00
事务管理类	—	—
合计	5 329 764.00	6 386 746.00

6.4.2.1.2 被动管理型信托业务期初数、期末数,分证券投资、股权投资、融资、事务管理类分别披露

单位:万元

被动管理型信托资产	期初数	期末数
证券投资类	—	—
股权投资类	—	—
融资类	—	—
事务管理类	7 254 934.00	11 357 620.00
合计	7 254 934.00	11 357 620.00

6.4.2.2 本年度已清算结束的信托项目个数、实收信托合计金额

6.4.2.2.1 本年度已清算结束的集合类、单一类资金信托项目和财产管理类信托项目个数、金额

已清算结束信托项目	项目个数	实收信托金额合计(万元)
集合类	33	1 005 062.45
单一类	31	2 405 291.18
财产管理类	—	—

6.4.2.2.2 本年度已清算结束的主动管理型信托项目个数、合计金额，分证券投资、股权投资、融资、事务管理类分别披露

单位：万元

已清算结束信托项目	项目个数	实收信托合计金额（万元）
证券投资类	16	532 091.12
股权投资类	—	—
融资类	18	1 014 800.00
事务管理类	—	—

6.4.2.2.3 本年度已清算结束的被动管理型信托项目个数、合计金额，分证券投资、股权投资、融资、事务管理类分别披露

已清算结束信托项目	项目个数	实收信托合计金额（万元）
证券投资类	—	—
股权投资类	—	—
融资类	—	—
事务管理类	30	1 863 462.51

6.4.2.3 本年度新增的集合类、单一类和财产管理类信托项目个数、实收信托合计金额

新增信托项目	项目个数	实收信托合计金额（万元）
集合类	72	2 991 291.45
单一类	32	5 507 441.18
财产管理类	4	71 289.00
新增合计	108	8 570 021.63
其中：主动管理型	53	2 603 873.12
被动管理型	55	5 966 148.51

注：本年新增信托项目指在报告年度内累计新增的信托项目个数和金额。包含本年度新增并于本年度内结束的项目和本年度新增至报告期末仍在持续管理的信托项目。

6.4.2.4 信托业务创新成果和特色业务有关情况

公司视创新为发展的动力，坚持以市场为导向，以客户为中心，充分利用跨市场配置的信托制度优势进行产品和业务创新。

2013年，公司在严格控制风险的前提下，加大创新力度，不断提升主动管理能力，拓展资产管理产品线。

为积极响应监管部门关于信贷资产证券化创新业务的开展，公司继2012年开展“交银2012年第一期信贷资产支持证券”后，于2013年3月发行“工元2013年第一期信贷资产支持证券”。该项目由公司和中国工商银行担任发行人，中金公司、中信证券等担任联席主承销商，发行规模超过35亿元。第二单资产证券化业务的发行，标志着公司资产管理能力再上一个新的台阶。

6.4.2.5 本公司履行受托人义务情况及因本公司自身责任而导致的信托资产损失情况

本公司无因自身责任而导致信托资产损失的情况。

6.4.2.6 信托赔偿准备金的提取、使用和管理情况

公司按净利润的5%计提一般风险准备4 289.69万元，根据年末银信合作信托贷款余额按2.5%计提一般风险准备53 375万元，合计57 664.69万元，年末余额为76 253.21万元。在会计报表中以“一般风险准备”科目列示。

6.5 关联方关系及其交易的披露

以下明细表格除特别注明外，金额单位为人民币万元，期初指2013年1月1日，期末指2013年12月31日。

6.5.1 关联交易方的数量、关联交易的总金额及关联交易的定价政策等

	关联交易方数量	关联交易金额（万元）	定价政策
合计	5个	1 456 720.94	本公司的关联交易以公平的市场价格定价。

注：“关联交易”定义应以《公司法》和《企业会计准则第36号——关联方披露》有关规定为准。上述关联交易金额系本年度固有、信托与关联方的发生额。

6.5.2 关联交易方与本公司的关系性质、关联交易方的名称、法定代表人、注册地址、注册资本及主营业务等

关系性质	关联方名称	法定代表人	注册地址	注册资本（亿元）	主营业务
母公司	中国海洋石油总公司	王宜林	中国北京	949	组织海上石油、天然气勘探、开发、生产及炼油等。
股东	中国中信集团公司	常振明	中国北京	1 837	国内外投资业务、国际国内金融业务等。
同受一方控制	中海投资管理有限公司	周炯	中国上海	2.5	企业投资与资产管理，企业管理信息咨询，社会经济信息咨询（除中介）。
同受一方控制	中海石油气电集团有限责任公司	王家祥	中国北京	96.93	石油天然气（含液化天然气）、油气化工有关的技术开发、技术服务和咨询等。
同受一方控制	中海油（北京）贸易有限责任公司	孙大陆	中国北京	1	批发（不存储）石油原油，销售化工产品（不含危险化学品）；货物进出口；技术进出口；代理进出口；仓储服务；货运代理；经济贸易咨询；投资咨询。

6.5.3 逐笔披露本公司与关联方的重大交易事项

6.5.3.1 固有与关联方交易情况

单位：万元

固有与关联方关联交易				
	期初数	借方发生额	贷方发生额	期末数
贷款	—	—	—	—
投资	—	—	—	—
租赁	—	—	—	—
担保	—	—	—	—
应收账款	—	—	—	—
其他	—	—	—	—
合计	—	—	—	—

6.5.3.2　信托与关联方交易情况：贷款、投资、租赁、应收账款、担保、其他方式等期初汇总数、本期借方和贷方发生额汇总数、期末汇总数

单位：万元

信托与关联方关联交易				
	期初数	借方发生额	贷方发生额	期末数
贷款	—	—	—	—
投资	—	—	—	—
租赁	—	—	—	—
担保	—	—	—	—
应收账款	—	—	—	—
其他	803 194.81	1 456 720.94	648 498.42	1 611 417.33
合计	803 194.81	1 456 720.94	648 498.42	1 611 417.33

6.5.3.3　信托公司自有资金运用于自己管理的信托项目（固信交易）、信托公司管理的信托项目之间的相互（信信交易）交易金额，包括余额和本报告年度的发生额

6.5.3.3.1　固有与信托财产之间的交易金额期初汇总数、本期发生额汇总数、期末汇总数

单位：万元

固有财产与信托财产相互交易			
	期初数	本期发生额	期末数
合计	57 500.00	23 800.00	81 300.00

注：以固有资金投资公司自己管理的信托项目受益权，或购买自己管理的信托项目的信托资产均应纳入统计披露范围。本期清算结束 37 500.00 万元。

6.5.3.3.2　信托项目之间的交易金额期初汇总数、本期发生额汇总数、期末汇总数

单位：万元

信托财产与信托财产相互交易			
	期初数	本期发生额	期末数
合计	180 147.87	394 144.94	574 292.81

注：以公司受托管理的一个信托项目的资金购买自己管理的另一个信托项目的受益权或信托项下资产均应纳入统计披露范围。本期清算结束 113 469.98 万元。

6.5.4　逐笔披露关联方逾期未偿还本公司资金的详细情况以及本公司为关联方担保发生或即将发生垫款的详细情况

报告期内，公司关联方无逾期未偿还本公司资金的情况，无本公司为关联方担保发生或即将发生垫款的情况。

6.6　会计制度的披露

本公司自 2008 年 1 月 1 日起固有业务（自营业务）、信托业务执行的会计制度均为 2006 年颁布的《企业会计准则——基本准则》。

7. 财务情况说明书

7.1　利润实现和分配情况

本公司 2013 年共实现利润总额 102 472.70 万元，税后净利润 85 793.88 万元。公司按照持股比例向两家股东中国海洋石油总公司和中国中信股份有限公司进行了利润分配，分配金额为 8.5 亿元。

7.2　主要财务指标

指标名称	指标值
信托资产规模（亿元）	1 774.44
人均信托资产规模（亿元）	13.65
资本利润率（%）	22.55
人均净利润（万元）	659.95
不良资产率（%）	0

注：1. 资本利润率 = 净利润/所有者权益平均余额 ×100%。
2. 人均净利润 = 净利润/年平均人数。
3. 平均值采取年初、年末简单平均法。
4. 公式为：a（平均）=（年初数 + 年末数）/2。

7.3　对本公司财务状况、经营成果有重大影响的其他事项

公司于 2013 年 12 月参与了四川信托有限公司定向增资扩股计划，并同比例增持其他股东放弃的增资份额，增资款 2.15 亿元已划出。2014 年 1 月，四川信托增资扩股完成工商变更后，计入长期股权投资，公司持有四川信托股权比例由 30% 变更为 30.2534%。

2013 年 12 月 13 日 公司股东大会 2013 年第四次临时会议审议通过《关于中海信托参与国联期货增资扩股计划的提案》，股东大会同意以固有资金参股国联期货有限责任公司 39% 的股权。2014 年 3 月，完成出资 27 202.50 万元，并办理完毕工商变更，计入公司长期股权投资。

8. 特别事项揭示

8.1　前五名股东报告期内变动情况及原因

报告期内股东未有变动情况。

8.2　董事、监事及高级管理人员变动情况及原因

8.2.1　董事变更

2013 年 1 月 25 日，股东大会 2013 年第一次临时会议审议通过《关于修订 <中海信托股份有限公司章程> 的议案》，同意增加董事会成员人数，由 7 名增加为 8 名，并对公司章程进行相应修订；选举周炯为中海信托第二届董事会董事。

2013 年 12 月 18 日，公司召开股东大会 2013 年第五次临时会议，审议通过《关于选举中海信托股份有限公司第三届董事会董事的议案》等，选举吴孟飞、窦建中、高建华、陈浩鸣、周炯、王国樑、胡维翊为中海信托股份有限公司第三届董事会董事。其中王国樑、胡维翊为独立董事。原独立董事王国刚、邝志强已履职两届董事会，任职期满，不再继续在新一届董事会任职。

2013 年 12 月 18 日，公司召开董事会三届一次会议，选举吴孟飞继续担任公司第三届董事会董事长。

8.2.2　监事变更

2013 年 5 月 31 日，公司股东大会 2013 年第二次临时会

议审议通过《关于选举汤全荣为公司监事会监事的提案》，张兆善不再担任公司监事会监事、主席。

2013年6月4日，公司召开监事会二届七次会议，审议通过《关于选举汤全荣为公司第二届监事会主席的议案》，选举汤全荣担任公司第二届监事会主席。

2013年8月29日，公司召开2013年第一次职工代表大会，选举石枫担任公司监事会职工监事，张悦不再担任职工监事。

2013年12月18日，公司召开股东大会2013年第五次临时会议，审议通过《关于选举中海信托股份有限公司第三届监事会监事的议案》。选举逄本利、陈素婷为公司监事会监事，与职工监事共同组成第三届监事会。

2013年12月18日，公司召开监事会三届一次会议，审议通过《关于选举中海信托股份有限公司第三届监事会主席的议案》，选举逄本利为公司第三届监事会主席。

8.2.3 高级管理人员变更

2013年1月21日，公司董事会二届十次会议审议通过《关于同意胡旭鹏辞去中海信托副总裁、董事会秘书职务的议案》，同意胡旭鹏辞去公司副总裁、董事会秘书职务。

2013年2月26日，公司董事会二届十一次会议审议通过《关于聘任张德荣担任公司副总裁职务的议案》，董事会同意聘任张德荣担任公司副总裁职务；审议通过《关于聘任余庆军担任公司总裁助理职务的议案》，董事会同意聘任余庆军担任公司总裁助理职务。6月，余庆军的高管任职资格获得上海银监局核准，并已到任。7月，张德荣的高管任职资格获得上海银监局核准，并已到任。

2013年4月7日，公司董事会二届十二次会议审议通过《关于聘任卓新桥担任公司总裁助理职务的议案》，董事会同意聘任卓新桥担任公司总裁助理职务。6月，卓新桥的高管任职资格获得上海银监局核准，并已到任。

2013年9月6日，公司董事会二届十四次会议审议通过《关于免去魏志刚的公司总裁助理职务及聘任其担任公司副总裁的议案》，董事会同意聘任魏志刚为公司副总裁，并免去其公司总裁助理职务。

2013年12月18日，公司召开董事会三届一次会议，审议通过《关于续聘陈浩鸣担任公司总裁的议案》，同意续聘陈浩鸣先生为公司总裁，聘任期同公司第三届董事会。

8.3 变更注册资本、变更注册地或公司名称、公司分立合并事项

本公司在报告期内完成了注册地变更：

2013年11月，经中国银行业监督管理委员会上海监管局《关于同意中海信托股份有限公司变更住所、修改公司章程的批复》（沪银监复[2013]711号）同意，中海信托股份有限公司办公场所由上海市黄浦区中山东二路15号7楼迁至上海市黄浦区蒙自路763号36楼。本公司已办理完成所有法定变更手续。

本公司在报告期内无变更注册资本或公司名称、公司分立合并等事项。

8.4 公司的重大诉讼事项

8.4.1 重大未决诉讼事项

本公司无重大未决诉讼事项。

8.4.2 以前年度发生，于本报告期内终结的诉讼事项

本公司无以前年度发生、于本报告期内终结的诉讼事项。

8.5 公司及其董事、监事和高级管理人员受到处罚的情况

本公司无公司及其董事、监事和高级管理人员受到处罚的情况。

8.6 中国银监会及其派出机构对公司检查后提出整改意见的，应简单说明整改情况

本年度中国银监会及其派出机构未对公司做检查，未提出整改要求。

8.7 本年度重大事项临时报告的简要内容、披露时间、所披露的媒体及其版面

2013年1月23日，在《中国证券报》、《上海证券报》及中海信托网站发布《中海信托股份有限公司关于股东变更及章程修改的公告》。公司第二大股东中国中信集团公司变更为中国中信股份有限公司。公司股权变更及有关章程修改事宜已经中国银监会核准（沪银监复[2012]1071号）。

2013年11月12日，在《中国证券报》、《上海证券报》、《证券时报》及中海信托网站发布《中海信托股份有限公司关于迁址的公告》。关于公司变更住所、修改章程的事宜已经中国银行业监督管理委员会上海监管局批准同意（沪银监复[2013]711号），公司办公场所由上海市黄浦区中山东二路15号7楼迁至上海市黄浦区蒙自路763号36楼。

2013年11月22日，在《上海金融报》和中海信托网站上发布了《中海信托股份有限公司关于换领＜中华人民共和国金融许可证＞的公告》。

8.8 中国银监会及其省级派出机构认定的其他有必要让客户及相关利益人了解的重要信息

2013年3月，公司荣获“2012年度上海市黄浦区经济发展突出贡献100强企业第14位”荣誉称号，较2012年提升4位。

2013年6月，公司荣获上海证券报社、中国证券网联合举办的第七届诚信托评选“诚信托——卓越公司奖”，是公司多次获得该活动奖项。

2013年6月，公司荣获证券时报社、新财富杂志社联合主办的“创新·突围——2013中国信托业峰会暨第六届优秀信托公司评选”——“中国最具区域影响力信托公司”奖，公司已多次获得该活动奖项。

8.9 社会责任履行情况报告

公司始终坚持把维护受益人的利益放在首位，把好风险关，切实承担起国有金融企业维护金融稳定的社会责任。自2004年以来，公司累计管理信托资产规模达到22 000亿元，连续10年未发生1笔信托不能到期兑付的情况，未发生任何1笔损害委托人、受益人利益的情况，未新增任何不良资产。同时，公司发挥信托制度优势，有效支持了实体经济发展。

公司建立起较为完善的公司治理架构和健全的监督制约机制。公司设置有多层次的分级有限授权制度，形成了科学、

清晰、合理的组织架构，为公司营造了健康的内部控制环境。

公司持续完善风险控制体系，确保各项业务发展风险可控。结合业务发展实际，公司实施动态的制度管理，从加强全程风控、完善量化风控标准入手，着重提高项目管理各环节的风险防范，形成了有效的管理标准并贯彻实施。

公司坚持服务社会、奉献社会、回报社会，积极参与各项公益活动。2013 年，公司组织开展了"心系雅安，你我同在"主题捐款活动，支援灾区重建。

9. 公司监事会意见

监事会认为本公司决策程序符合法律、法规和公司章程的规定，并建立了较为完善的内部控制制度，公司董事、管理层认真履行职责，未发生执行职务时有违反法律、法规、公司章程或损害公司利益的行为。公司财务报告经信永中和会计师事务所审计，真实反映了公司财务状况和经营成果。

中航信托股份有限公司

1. 重要提示

1.1 本公司董事会及董事保证本报告所载资料不存在任何虚假记载、误导性陈述或者重大遗漏，并对其内容的真实性、准确性和完整性承担个别及连带责任。

1.2 本公司独立董事对年度报告内容的真实性、准确性、完整性无异议。

1.3 本公司董事长朱幼林先生、总经理姚江涛先生、财务总监王守军先生保证年度报告中财务报告的真实和完整。

2. 公司概况

2.1 沿革

中航信托股份有限公司由中国航空工业集团公司、中国航空技术深圳有限公司、(新加坡)华侨银行有限公司等5家机构共同发起设立，2009年12月28日，完成重新登记并正式开业；2010年12月末，公司更名为中航信托股份有限公司，并同城迁址至南昌市红谷滩新区赣江北大道1号。2013年12月，公司完成第三期增资扩股并调整股权结构，注册资本增至168648.52万元。

2.2 法定名称

中文：中航信托股份有限公司

英文：AVIC Trust Co.，Ltd.

2.3 法定代表人：朱幼林

2.4 注册地址：江西省南昌市红谷滩新区赣江北大道1号中航广场24～25层330038

互联网网址：www.avictc.com

2.5 负责信息披露事务的高级管理人员：罗国华

信息披露事务联系人：王漪澜

办公电话：0791－86667992

办公传真：0791－86772268

电子邮箱：zhxt@avictc.com

2.6 选定的信息披露报纸：《金融时报》、《证券时报》

2.7 年报备置地点：江西省南昌市红谷滩新区赣江北大道1号中航国际广场24～25层

2.8 聘请的会计师事务所：致同会计师事务所(特殊普通合伙)

办公地址：北京朝阳区建外大街22号赛特广场10层

2.9 聘请的律师事务所：北京市君泽君律师事务所

办公地址：北京市西城区金融大街9号金融街中心南楼六层

2.10 公司组织结构

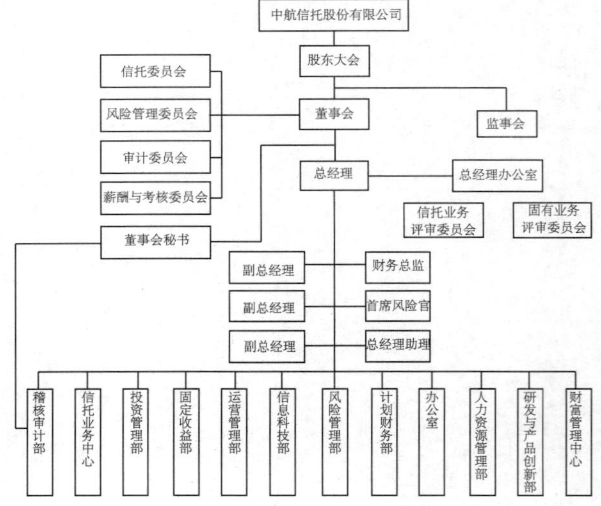

3. 公司治理

3.1 公司治理结构

3.1.1 股东总数：报告期末，公司总股本168 648.52万股，实收资本168 648.52万元，股东单位共5家，具体情况如下：

股东名称	持股数(万股)	比例(%)	法人代表	注册资本	注册地址
中航投资控股有限公司	106 548.92	63.18	孟祥泰	34亿元	北京市朝阳区东三环中路乙10号20层
中国航空技术深圳有限公司	16099.5	9.55	由镭	10亿元	深圳市福田区深南中路中航苑航都大厦24层
华侨银行有限公司	33 727.74	19.99	Cheong Choong Kong	新币82.1亿	65 Chulia Street #09－00 OCBC Centre Singapore 049513
共青城羽绒服装创业基地公共服务有限公司	7 866.86	4.67	万顺华	500万元	共青大道经济发展局内
江西省财政投资管理公司	4 405.5	2.61	陈林芳	12亿元	南昌市孺子路47号鑫源大厦
合计	168 648.52	100			

3.1.2 董事、董事会及其下属委员

董事会成员

姓名	职务	性别	年龄	所推举的股东名称	该股东持股比例(%)	工作单位
朱幼林	董事长	男	51	中航投资控股有限公司	63.18	中航工业资产事业部
周宝义	董事	男	45	中航投资控股有限公司	63.18	中航投资控股股份有限公司
刘敏	董事	男	53	中航投资控股有限公司	63.18	中航工业集团财务公司
孙泽群	董事	男	62	华侨银行有限公司	19.99	华侨银行有限公司
黎庆光	董事	男	56	华侨银行有限公司	19.99	华侨银行有限公司
曾军	董事	男	45	中航投资控股有限公司	63.18	中国航空技术深圳有限公司

独立董事

姓名	职务	性别	年龄	工作单位
吴晓球	独立董事	男	54	中国人民大学
巴曙松	独立董事	男	44	国务院发展研究中心
孟焰	独立董事	男	58	中央财经大学

董事会下设专业委员会成员

委员会名称	职责	组成人员姓名	职务
信托委员会	督促公司依法履行受托职责，当公司或股东利益与受益人利益发生冲突时，保证公司为受益人的最大利益服务。	巴曙松	主任委员
		朱幼林	委员
		黎庆光	委员
风险管理委员会	监督、评估公司的风险管理状况，提出完善风险管理意见，监督、评估公司风险管理部门的工作。	朱幼林	主任委员
		孙泽群	委员
		曾军	委员
审计委员会	负责监督公司内、外部审计工作。	孟　焰	主任委员
		吴晓球	委员
		黎庆光	委员
薪酬与考核委员会	研究董事与高级管理人员考核的标准，进行考核并提出建议；研究与审查董事、高级管理人员的薪酬政策与方案。	吴晓球	主任委员
		朱幼林	委员
		黎庆光	委员

3.1.3 监事、监事会

姓名	职务	性别	年龄	所推举的股东名称	该股东持股比例(%)	工作单位
孔令芬	监事会主席	女	51	中航投资控股有限公司	63.18	中航投资控股股份有限公司
李军	监事	男	51	中国航空技术深圳有限公司	9.55	中国航空技术国际控股有限公司
陈林芳	监事	男	58	江西省财政投资管理公司	2.61	江西省财政投资管理公司
叶少波	监事	男	50	职工监事		中航信托股份有限公司
刘合	监事	男	42	职工监事		中航信托股份有限公司

注：本公司监事会未下设专业委员会。

3.1.4 高级管理人员

姓名	职务	分管领域	任该职务时间	金融从业年限	国别	学位	专业	年龄
姚江涛	总经理	负责公司经营管理全面工作	2009年12月	32	中国	硕士	国民经济	50
余萌	副总经理	协助总经理分管人力资源及固有业务	2009年12月	33	中国	硕士	西方经济学	50
曹华	副总经理	协助总经理分管IT、项目后续管理及研发工作	2009年12月	21	中国	学士	价格学	43
王守军	财务总监	协助总经理分管财务工作	2009年12月	31	中国	学士	经济管理	52
罗国华	董事会秘书	协助总经理分管行政、稽核审计工作；负责股东会、董事会、监事会具体工作	2009年12月	26	中国	硕士	工商管理	49
郭若强	首席风险官	协助总经理分管风险管理工作	2010年9月	22	新加坡	硕士	应用金融	48
魏颖晖	副总经理	协助总经理分管信托业务	2013年10月	18	中国	硕士	工商管理	42
严固	总经理助理	协助总经理分管财富管理中心业务	2012年12月	26	中国	学士	农业财务	46

3.1.5 公司员工

2013年末，公司在岗员工221人，分布如下：

项目		报告期年度	
		人数	比例(%)
年龄分布	20～30岁	101	45.70
	30～40岁	75	33.94
	40～50岁	37	16.74
	50岁以上	8	3.62
学历分布	博士	3	1.36
	硕士	87	39.37
	本科	100	45.25
	专科	25	11.31
	其他	6	2.71
岗位分布	董事、监事及高管人员	9	4.07
	固有业务人员	10	4.52
	信托业务人员	110	49.77
	其他人员	92	41.64

4. 经营管理

4.1 经营目标、方针、战略规划

4.1.1 经营目标

依托私募投资银行业务、资产管理业务与财富管理业务三大战略业务，建立与公司发展相匹配的产品体系、客户体系、组织体系与管理体系"四大体系"，建立客户价值、社会价值、股东价值和员工价值"四位一体"的分享型价值创造和价值增长的公司运营机制，为核心客户提供个性化、全方位的金融解决方案，致力于发展成为国内具有核心竞争优势的专业化的一流金融服务商。

4.1.2 经营方针

高起点、高境界、可持续、快发展。

4.1.3 战略规划

成为专业化的一流金融服务商。一流的基本内涵包括一流的经营能力、强大的品牌影响力和牢固的行业地位。力争通过5～10年的运营，使信托资产规模、信托报酬率、信托资产收益率、净资产回报率等关键经营指标位居行业前10名。

4.2 所经营业务的主要内容

报告期内，公司主要开展业务分为信托业务和固有业务两部分。其中，信托业务主要包括融资类信托、投资类信托和事务管理类业务；固有业务主要包括贷款、金融产品投资和股权投资业务。

4.2.1 固有资产运用与分布表

资产运用	金额（万元）	占比（%）	资产分布	金额（万元）	占比（%）
货币资产	29 192.19	6.77	基础产业	—	
贷款及应收款	57 889.36	13.42	房地产业	33 000.00	7.65
交易性金融资产	19 540.40	4.53	证券市场	19 540.00	4.53
可供出售金融资产	271 757.68	62.98	实业	7 400.00	1.72

续表

资产运用	金额（万元）	占比（%）	资产分布	金额（万元）	占比（%）
持有至到期投资			金融机构	46 522.00	10.78
长期股权投资	46 522.00	10.78	其他*	324 995.39	75.32
其他	6555.76	1.52			
资产总计	431 457.39	100.00	资产总计	431 457.39	100.00

4.2.2 信托资产运用与分布表

资产运用	金额（万元）	占比（%）	资产分布	金额（万元）	占比（%）
货币资产	165 529.35	0.74	基础产业	6 915 346.43	31.27
贷款	13 935 753.34	63.01	房地产	2 800 122.21	12.66
交易性金融资产	—	—	证券市场	260 314.86	1.18
可供出售金融资产	1 589 157.21	7.19	实业	8 466 594.23	38.28
持有至到期投资	974 928.33	4.41	金融机构	—	—
长期股权投资	2 595 611.11	11.74	其他	3 675 018.02	16.61
其他	2 856 416.41	12.91	—	—	—
信托总资产	22 117 395.75	100	信托总资产	22 117 395.75	100

4.3 内部控制概况

公司现行的内部控制制度较为完整、合理及有效，能够适应管理的要求和发展的需要，能够较好地保证会计资料的真实性、合法性及完整性，能够确保财产物资的安全、完整，能够严格按照法律、法规和公司章程规定的信息披露内容和格式要求，真实、准确、完整、及时地报送及披露信息。

4.4 风险管理概况

公司注重风险控制管理，坚持积极稳健的经营原则，规范运作，审慎经营；通过开展风险识别、风险控制和风险应对等风险管理流程 逐步形成事前防范、事中控制、事后监督的风险管理规程，制定了系统的风险控制制度。公司将进一步运用现代风险管理控制手段和技术，不断改进和提高风险控制管理质量和水平。

4.4.1 信用风险状况

2013年末，公司融资类信托业务中涉及信用风险的资产总额为49 000万元，其中正常类资产是49 000万元，不良类资产为0。报告期内公司按风险类资产总额足额计提了准备金。报告期末公司信托业务信用风险资产均为正常。

4.4.2 市场风险状况

报告期内公司固有业务对证券二级市场予以风险回避，采取较为保守的态度；公司信托业务中涉及证券投资的项目为上市公司定向增发项目及上市公司股票质押信托项目，证券价格的下跌会对公司该类项目价值带来不利影响。

4.4.3 操作风险状况

操作风险广泛存在于公司所有业务活动中，公司通过规范各项业务流程、加强内控等手段管理操作风险，同时通过明确操作风险责任部门的方式，提升公司信托项目的独立管理能力，降低了公司操作风险，报告期内，公司未发生因操作风险所造成的损失。

4.4.4　合规风险状况

报告期内公司未发生因合规风险所造成的损失。

4.4.5　净资本管理状况

2013年末公司净资本33.33亿元，各项业务风险资本26.81亿元，净资本与各项业务风险资本之和之比为124.33%，净资本与净资产之比为86.83%。各项净资本风险控制指标均符合监管政策要求。

4.4.6　其他风险状况

其他风险主要是指公司业务开展中的流动性风险、声誉风险等。

报告期内公司未发生因其他风险所造成的损失。

4.5　企业社会责任

中航信托以“做受人尊敬的信托公司”为企业梦想，积极履行作为企业公民所应承担的社会责任。大力促进机构发展，依法纳税，服务实体经济发展，99%的信托资金均服务于实体经济发展；依法合规经营，提升客户服务与管理，稳健审慎开展业务，信托项目未出现延付兑付、未出现重大风险项目与责任事故，很好地维护了股东的利益与受益人的利益；积极发展社会公益事业，帮助弱势群体，关爱农村儿童，积极回馈社会。8月，公司再度荣膺“中国最具成长性信托公司”荣膺称号。

5. 报告期末及上一年度末的比较式会计报表

5.1　固有资产

5.1.1　致同会计师事务所（特殊普通合伙）审计意见

中航信托公司财务报表在所有重大方面按照企业会计准则的规定编制，公允反映了中航信托公司2013年12月31日的公司财务状况以及2013年度的公司经营成果和现金流量。

5.1.2　资产负债表

资产负债表

单位：万元

项　　目	2013年12月31日	2012年12月31日
流动资产		
货币资金	29 192.19	36 891.48
△结算备付金		
△拆出资金		
交易性金融资产	19 540.40	
应收票据		
应收账款		
预付款项	225.27	145.14
应收利息	211.97	151.55
应收股利		
其他应收款	9 167.39	11 460.77
△买入返售金融资产		
一年内到期的非流动资产		
其他流动资产		
流动资产合计	58 337.22	48 648.94
非流动资产		
△发放贷款及垫款	48 510.00	26 730.00
可供出售金融资产	271 757.68	161 993.24
持有至到期投资		

续表

项　　目	2013年12月31日	2012年12月31日
长期应收款		
长期股权投资	46 522.00	31 042.00
投资性房地产		
固定资产原价	6 633.50	6 273.89
减：累计折旧	1 330.56	762.44
固定资产净值	5 302.94	5 511.45
减：固定资产减值准备	—	
固定资产净额	5 302.94	5 511.45
无形资产	117.34	147.95
开发支出		
长期待摊费用	578.49	632.26
递延所得税资产	331.72	201.64
其他非流动资产		
其中：特准储备物资		
非流动资产合计	373 120.17	226 258.54
资　产　总　计	431 457.39	274 907.48

公司法定代表人：朱幼林　主管会计工作公司负责人：王守军　会计机构负责人：刘　燕

资产负债表（续）

单位：万元

项　　目	2013年12月31日	2012年12月31日
流动负债：		
△吸收存款及同业存放		
交易性金融负债		
应付票据		
应付账款		
预收款项		
△卖出回购金融资产款		
△应付手续费及佣金		
应付职工薪酬	15 803.50	13 539.73
应交税费	6 610.34	9 252.21
应付利息		
应付股利	1 530.00	
其他应付款	23 641.58	7 185.30
一年内到期的非流动负债		
其他流动负债		
流动负债合计	47 585.42	29 977.24
非流动负债：		
长期应付款		
专项应付款		
预计负债		
递延所得税负债		
其他非流动负债		
其中：特准储备基金		
非流动负债合计		
负 债 合 计	47 585.42	29 977.24
所有者权益（或股东权益）：		
实收资本（股本）	168 648.52	150 000.50
资本公积	61 351.98	
减：库存股		
专项储备		
盈余公积	16 887.15	9 492.97
△一般风险准备	14 546.39	4 746.49
未分配利润	122 437.93	80 690.28
外币报表折算差额		
归属于母公司所有者权益合计		244 930.24
少数股东权益		
所有者权益合计	383 871.97	244 930.24
负债和所有者权益总计	431 457.39	274 907.48

公司法定代表人：朱幼林　主管会计工作公司负责人：王守军　会计机构负责人：刘　燕

5.1.3 利润表

单位：万元

项　　目	2013 年度	2012 年度
一、营业总收入	153 722.09	128 839.63
利息净收入	7 085.00	5 352.68
其中：利息收入	7 085.00	5 352.68
利息支出		
手续费及佣金净收入	134 099.93	112 010.73
其中：手续费及佣金收入	134 141.67	112 068.57
手续费及佣金支出	41.74	57.84
投资收益（损失以"－"号填列）	13 163.33	11 600.81
公允价值变动收益（损失以"－"号填列）	－506.37	－124.59
汇兑收益	－119.80	
其他收入		

续表

项　　目	2013 年度	2012 年度
二、营业总成本	55 463.72	45 353.09
营业税金及附加	8 526.21	7 168.21
业务及管理费	46 675.81	37 861.09
资产减值损失	261.70	323.79
其他业务支出		
三、营业利润（亏损以"－"号填列）	98 258.37	83 486.54
加：营业外收入	100.58	266.00
减：营业外支出	45.79	249.63
四、利润总额（亏损总额以"－"号填列）	98 313.16	83 502.91
减：所得税费用	24 371.38	20 350.31
五、净利润（净亏损以"－"号填列）	73 941.78	63 152.60
归属于母公司所有者的净利润	73 941.78	63 152.60
少数股东损益		

公司法定代表人：朱幼林　主管会计工作公司负责人：王守军　会计机构负责人：刘　燕

5.1.4 所有者权益变动表

单位：万元

项目	2013 年 12 月 31 日						
	归属于母公司所有者权益						所有者权益合计
	实收资本	资本公积	盈余公积	一般风险准备	未分配利润	小计	
一、上年年末余额	150 000.50		9 492.97	4 746.49	80 690.28	244 930.24	244 930.24
加：会计政策变更							
前期差错更正							
二、本年年初余额	150 000.50		9 492.97	4 746.49	80 690.28	244 930.24	244 930.24
三、本年增减变动金额（减少以"－"号填列）							
（一）净利润					73 941.78	73 941.78	73 941.78
（二）其他综合收益							
综合收益小计					73 941.78	73 941.78	73 941.78
（三）所有者投入和减少资本							
1. 所有者投入资本	18 648.02	61 351.98				80 000.00	80 000.00
2. 股份支付计入所有者权益的金额							
3. 其他							
（四）专项储备提取和使用							
1. 提取专项储备							
2. 使用专项储备							
（五）利润分配			7 394.18	9 799.90	-32194.13	－15 000.05	－15 000.05
1. 提取盈余公积			7 394.18		－7 394.18	—	—
其中：法定盈余公积			7 394.18		－7 394.18	—	—
任意盈余公积							
储备基金							
企业发展基金							
利润归还投资							
2. 提取信托风险准备				9 799.90	－9 799.90	—	—
3. 所有者（或股东）的分配					－15 000.05	－15 000.05	－15000.05
4. 其他							
（六）所有者权益内部结转							
1. 资本公积转增资本（或股本）							
2. 盈余公积转增资本（或股本）							
3. 盈余公积弥补亏损							
4. 其他							
四、本年年末余额	168 648.52	61 351.98	16 887.15	14 546.39	1224 37.93	383 871.97	383 871.97

公司法定代表人：朱幼林　　主管会计工作公司负责人：王守军　　会计机构负责人：刘　燕

所有者权益变动表(续)

单位:万元

项目	2012 年 12 月 31 日						
	归属于母公司所有者权益						所有者权益合计
	实收资本	资本公积	盈余公积	一般风险准备	未分配利润	小计	
一、上年年末余额	150 000. 50		3 177. 71	1 588. 86	27 010. 57	181 777. 64	181 777. 64
加:会计政策变更							
前期差错更正							
二、本年年初余额	150 000. 50		3 177. 71	1 588. 86	27 010. 57	181 777. 64	181 777. 64
三、本年增减变动金额(减少以“-”号填列)			6 315. 26	3 157. 63	53 679. 71	63 152. 60	63 152. 60
(一)净利润					63 152. 60	63 152. 60	63 152. 60
(二)其他综合收益							
综合收益小计					63 152. 60	63 152. 60	63 152. 60
(三)所有者投入和减少资本							
1. 所有者投入资本							
2. 股份支付计入所有者权益的金额							
3. 其他							
(四)专项储备提取和使用							
1. 提取专项储备							
2. 使用专项储备							
(五)利润分配			6 315. 26	3 157. 63	-9 472. 89		
1. 提取盈余公积			6 315. 26		-6 315. 26		
其中:法定盈余公积			6 315. 26		-6 315. 26		
任意盈余公积							
储备基金							
企业发展基金							
利润归还投资							
2. 提取信托风险准备				3 157. 63	-3 157. 63		
3. 所有者(或股东)的分配							
4. 其他							
(六)所有者权益内部结转							
1. 资本公积转增资本(或股本)							
2. 盈余公积转增资本(或股本)							
3. 盈余公积弥补亏损							
4. 其他							
四、本年年末余额	150 000. 50		9 492. 97	4 746. 49	80 690. 28	244 930. 24	244 930. 24

公司法定代表人:朱幼林　　主管会计工作公司负责人:王守军　　会计机构负责人:刘　燕

5. 2　信托资产

5. 2. 1　信托项目资产负债表

单位:万元

信托资产	2013 年 12 月 31 日	信托负债和信托权益	2013 年 12 月 31 日
信托资产	—	信托负债	—
货币资金	165 529. 35	交易性金融负债	—
拆出资金	—	衍生金融负债	—
存出保证金	—	应付受托人报酬	2 065. 58
交易性金融资产	—	应付托管费	571. 45
衍生金融资产	—	应付受益人收益	4 912. 66
买入返售金融资产	2 780 595. 21	应交税费	
应收款项	75 821. 20	应付销售服务费	13. 77
发放贷款	13 935 753. 34	其他应付款项	78 684. 62

续表

信托资产	2013 年 12 月 31 日	信托负债和信托权益	2013 年 12 月 31 日
可供出售金融资产	1 589 157. 21	预计负债	—
持有至到期投资	974 928. 33	其他负债	—
长期应收款	—		—
长期股权投资	2 595 611. 11	信托负债合计	86 248. 08
投资性房地产	—		—
固定资产	—	信托权益:	—
无形资产	—	实收信托	21 998 784. 34
长期待摊费用	—	资本公积	-2 287. 88
其他资产	—	未分配利润	34 651. 21
减:各项资产减值准备	—	信托权益合计	22 031 147. 67
信托资产总计	22 117 395. 75	信托负债及信托权益总计	22 117 395. 75

5. 2. 2 信托项目利润及利润分配表

单位:万元

项　目	2013 年度
1. 营业收入	1 533 720. 05
1. 1 利息收入	1 163 699. 79
1. 2 投资收益(损失)	370 013. 99
1. 2. 1 其中:对联营企业和合营企业的投资收益	
1. 3 公允价值变动收益(损失)	
1. 4 租赁收入	
1. 5 汇兑损益(损失)	
1. 6 其他收入	6. 27
2. 支出	252 070. 85
2. 1 营业税金及附加	
2. 2 受托人报酬	132 796. 64
2. 3 托管费	30 586. 88
2. 4 投资管理费	321. 00
2. 5 销售服务费	25 818. 92
2. 6 交易费用	17. 24
2. 7 资产减值损失	
2. 8 其他费用	62 530. 17
3. 信托净利润(净亏损)	1 281 649. 20
4. 其他综合收益	
5. 综合收益	1 281 649. 20
6. 加:期初未分配信托利润	56 517. 62
7. 可供分配的信托利润	1 338 166. 82
8. 减:本期已分配信托利润	1 303 515. 60
9. 期末未分配信托利润	34 651. 22

6. 会计报表附注

6.1 会计报表编制基准不符合会计核算基本前提的说明

本公司无上述情况。

6.2 重要会计政策和会计估计说明

公司执行财政部颁布的《企业会计准则》(财会[2006]3号)及后续规定。报告期内公司会计政策、会计估计和核算方法未发生变化。

6.3 或有事项说明

截至报告期末,本公司无须要披露的重大或有事项。

6.4 重要资产转让及其出售的说明

本公司报告期内未发生重要资产转让及出售事项。

6.5 会计报表中重要项目的明细资料

6.5.1 自营资产经营情况

6.5.1.1 信用风险资产五级分类情况

信用风险资产五级分类	正常类(万元)	关注类(万元)	次级类(万元)	可疑类(万元)	损失类(万元)	信用风险资产合计(万元)	不良资产合计(万元)	不良资产率(%)
期初数	38 342. 32	—	—	—	—	38 342. 32	—	—
期末数	57 889. 35	—	—	—	—	57 889. 35	—	—

注:不良资产合计 = 次级类 + 可疑类 + 损失类。

6.5.1.2 资产减值准备情况

单位:万元

项目	期初数	本期计提	本期转回	本期核销	期末数
贷款损失准备	270. 00	220. 00			490. 00
一般准备	270. 00	220. 00			490. 00
专项准备	—	—	—	—	—
其他资产减值准备	742. 15	41. 70			783. 85
可供出售金融资产减值准备	—	—	—	—	—
持有至到期投资减值准备	—	—	—	—	—
长期股权投资减值准备	—	—	—	—	—
坏账准备	742. 15	41. 70			783. 85
投资性房地产减值准备	—	—	—	—	—

6.5.1.3 固有股票投资、基金投资、债券投资、长期股权投资等投资情况

单位:万元

	自营股票	基金	债券	长期股权投资	其他投资	合计
期初数	—	—	—	31 042. 00	161 993. 24	193 035. 24
期末数		5 862. 08	13 678. 31	46 522. 00	271 757. 68	337 820. 07

6.5.1.4 固有长期股权投资的前五名

企业名称	占被投资企业权益的比例(%)	主要经营活动	投资收益(万元)
南昌农村商业银行股份有限公司	4.92	银行服务	250.00
景德镇农村商业银行股份有限公司	8.25	银行服务	500.00
景德镇市商业银行股份有限公司	9.52	银行服务	529.50
吉安农村商业银行股份有限公司	4.50	银行服务	270.00
新余农村商业银行股份有限公司	4.42	银行服务	—

6.5.1.5 固有贷款前五名

企业名称	占贷款总额的比例(%)	还款情况
安顺开发区银和房地产开发有限公司	40.82	正常
江西中力地产有限公司	26.53	正常
江西省玉山县顺鑫矿业有限责任公司	10.20	正常
新疆诺亚方舟酒店管理有限公司	10.20	正常
安徽国购投资管理有限公司	7.35	正常

6.5.1.6 表外业务的期初数、期末数

本报告期内无。

6.5.1.7 公司当年的收入结构

收入结构	金额(万元)	占比(%)
手续费及佣金收入	134 141.67	87.11
其中:信托手续费收入	134 097.72	87.09
投资银行业务收入		
利息收入	7 085.00	4.60
其他业务收入		
其中:计入信托业务收入部分		
投资收益	13 163.33	8.55
其中:股权投资收益	1 549.50	1.01
证券投资收益	2 093.57	1.36
其他投资收益	9 520.26	6.18
公允价值变动收益	-506.37	-0.33
营业外收入	100.58	0.07
收入合计	153 984.21	100.00

6.5.2 披露信托资产管理情况

6.5.2.1 信托资产的期初数、期末数对比分析

信托资产	2013年12月31日金额(万元)	2012年12月31日金额(万元)	增减变动额(万元)	增减幅度(%)
集合	5 326 972.79	3 859 153.23	1 467 819.56	38.03
单一	16 358 560.72	9 792 542.49	6 566 018.23	67.05
财产权	431 862.24	303 000.49	128 861.75	42.53
合计	22 117 395.75	13 954 696.21	8 162 699.54	58.49

6.5.2.1.1 主动管理型信托业务的信托资产期初数、期末数对比分析

主动管理型信托资产	2013年12月31日金额(万元)	2012年12月31日金额(万元)	增减变动额(万元)	增减幅度(%)
投资类	2 746 056.31	3 040 684.43	-294 628.12	-9.69
融资类	3 481 725.75	2 231 914.50	1 249 811.25	56.00
事务管理类	—	33 315.00	-33 315.00	-100
合计	6 227 782.06	5 305 913.93	921 868.13	17.37

6.5.2.1.2 被动管理型信托业务的信托资产期初数、期末数对比分析

被动管理型信托资产	2013年12月31日金额(万元)	2012年12月31日金额(万元)	增减变动额(万元)	增减幅度(%)
投资类	2 275 565.14	921 609.29	1 353 955.85	146.89
融资类	8 722 117.87	5 826 083.24	2 896 034.63	49.70
事务管理类	4 891 930.67	1 901 089.75	2 990 840.92	157.29
合计	15 889 613.68	8 648 782.28	7 240 831.40	83.70

6.5.2.2 本年已清算结束的信托项目情况

6.5.2.2.1 本年度已清算结束的集合类、单一类资金信托项目和财产管理类信托项目情况

已清算结束信托项目	项目个数	实收信托合计金额(万元)	加权平均实际年化收益率(%)
集合	66	1 781 613.11	8.42
单一	139	7 385 126.24	6.56
财产权	3	17 900.00	7.63

注:实收信托合计金额是信托本金累计给付额。

6.5.2.2.2 本年度已清算结束的主动管理型信托项目情况

已清算结束信托项目	项目个数	实收信托合计金额(万元)	加权平均实际年化报酬(%)	加权平均实际年化收益率(%)
投资类	35	991 441.11	1.63	8.53
融资类	40	1 132 172.00	3.05	8.30
事务管理类	5	234 857.94	5.07	8.16

注:实收信托合计金额是信托本金累计给付额。

6.5.2.2.3 本年度已清算结束的被动管理型信托项目情况

已清算结束信托项目	项目个数	实收信托合计金额(万元)	加权平均实际年化报酬(%)	加权平均实际年化收益率(%)
投资类	6	2 765 288.30	0.18	5.11
融资类	86	2 796 415.00	0.58	6.82
事务管理类	36	1 264 465.00	0.57	7.95

6.5.2.3 本年度新增的集合类、单一类资金信托项目和财产管理类信托项目情况

新增信托项目	项目个数	实收信托合计金额(万元)
集合	111	3 236 124.18
单一	425	11 597 327.92
财产权	7	182 800.00
合计	543	15 016 252.10
其中:主动管理型	141	4 321 399.35
被动管理型	402	10 694 852.75

注:实收信托合计金额是本年新增信托项目累计新增的实收信托金额。

6.5.2.4　信托业务创新成果和特色业务有关情况

报告期内,中航信托继续加大创新力度,优化升级产品系列,加大特色业务开发力度。主要体现在:一是根据国家和产业新的政策导向推出的节能减排项目、廉租房、经适房等保障性住房项目,按照新型城镇化要求开发的城市周边建设项目等;二是发行了天宜、天汇、天池产品系列,通过结构化的信托设计和不同期限的产品组合,有效支持了个人信用贷、车辆抵押贷融资需求;三是通过灵活的分层、股债结合方式,发行了并购贷款信托计划,为并购方提供项目贷款和夹层融资;四是开发设计了类年金管理信托计划天福系列产品,为交易对手提供了投资多样化、账户管理系统化的服务,切实提升了合作企业的员工福利水平、员工稳定度及人才吸引力;五是成立了合智金融与法律研究促进基金集合资金信托计划,采用基金化的管理方式,产生收益指定用于资助金融与法律方面的整合研究,具有一定的社会公益性。

6.5.2.5　本公司履行受托人义务情况及因公司自身责任而导致的信托资产损失情况

报告期内,未发生因公司自身责任导致信托资产损失,集合信托资产管理没有发生重大涉诉及赔付等情况。

6.5.2.6　信托赔偿准备的提取、使用和管理情况

公司从2013年税后利润中提取5%的信托赔偿准备金3 697.09万元,累计提取8 443.58万元。报告期内公司未使用信托赔偿准备金。

6.6　关联方及其交易的披露

6.6.1　关联交易方的数量、关联交易的总金额及关联交易的定价原则等

6.6.1.1　固有业务关联方情况

	关联交易数量	关联交易金额(万元)	定价政策
合计	10	10 180.34	按市场价格交易,或按公允原则,以不优于对非关联方同类交易的条件定价交易。

6.6.1.2　信托业务关联方情况

	关联交易数量	关联交易金额(万元)	定价政策
合计	13	701 200	按市场价格交易,或按公允原则,以不优于对非关联方同类交易的条件定价交易。

6.6.2　关联交易方与本公司的关系性质、关联交易方的名称、法定代表人、注册地址、注册资本及主营业务等

关系性质	关联方名称	法定代表人	注册地址	注册资本(万元)
同一实际控制人	中航投资控股有限公司	孟祥泰	北京朝阳区东三环中路乙10号艾维克大厦20层	340 000.00
同一实际控制人	中航证券有限公司	王宜四	江西省南昌市红谷滩新区红谷中大道1619号南昌国际金融大厦A栋41层	198 522.10
同一实际控制人	中航万科有限公司	顾惠忠	北京朝阳区东三环中路乙10号艾维克大厦23层05-06A号	100 000.00
同一实际控制人	江西中航地产有限责任公司	钟宏伟	江西省南昌市红谷滩新区赣江北大道1号中航广场	10 000.00
同一实际控制人	中国航空技术国际控股有限公司	吴光权	北京市朝阳区北辰东路18号	742 200.00
同一实际控制人	苏州艾维克建设发展有限公司	文涛	苏州高新区培源路1号	20 000.00
同一实际控制人	江西中航商贸有限公司	楼建强	南昌市红谷大道鼎峰中央C单元601、602房	5 000.00
同一实际控制人	北京瑞赛科技有限公司	文涛	北京市朝阳区东环南路2号	110 176.00
同一实际控制人	航发投资管理有限公司	肖临骏	北京市朝阳区北辰东路18号凯迪克大酒店23层	8 000.00
同一实际控制人	沧州市博远房地产开发有限公司	王树刚	河北省沧州市中捷产业园区工兴南路南侧汇鑫街西	1 000.00
同一实际控制人	天津市远达置业发展有限公司	王树刚	天津市武清开发区福源道北侧	3 000.00

6.6.3　公司与关联方的重大交易事项

6.6.3.1　固有财产与关联方:贷款、投资、租赁、应收账款、担保、其他方式等期初汇总数、本期发生额汇总数、期末汇总数

单位:万元

	期初数	借方发生额	贷方发生额	期末数
贷款	—	—	—	—
投资	—	—	—	—
租赁	—	—	—	—
担保	—	—	—	—
应收账款	—	—	—	—
其他	—	9.45	5 257.29	—
合计	—	9.45	5 257.29	—

注:固有财产与关联方关联交易主要是咨询费和业务收入。

6.6.3.2 信托与关联方交易情况

单位:万元

	期初数	借方发生额	贷方发生额	期末数
贷款	390 900.00	320 000.00	20 200.00	690 700.00
投资	—	10 500.00	—	10 500.00
租赁	—	—	—	—
担保	—		—	—
应收账款	—	—	—	—
其他	—	—	—	—
合计	390 900.00	330 500.00	20 200.00	701 200.00

6.6.3.3 固有财产和信托财产之间的交易金额期初汇总数、本期发生额汇总数、期末汇总数。

本期无固有财产与信托财产之间的交易。

6.6.3.4 信托资产与信托财产之间的交易金额期初汇总数、本期发生额汇总数、期末汇总数

本期无信托项目之间的交易。

6.6.4 关联方逾期未偿还本公司资金的详细情况以及本公司为关联方担保发生或即将发生垫款的情况

报告期内本公司无关联方逾期未偿还本公司资金的情况，没有为关联方提供担保。

6.7 会计制度的披露

公司固有业务、信托业务均执行财政部2006年2月颁布的《企业会计准则》。

7. 财务情况说明书

7.1 利润实现和分配情况

公司2013年初未分配利润80 690.28万元,2012年实现净利润73 941.78万元。分配股东现金红利15 000.05万元，按净利润的10%提取法定盈余公积金7 394.18万元，按净利润的5%提取信托赔偿准备金3 697.09万元，按风险资产期末余额1.5%计提一般风险准备金6 102.81万元。截至2013年12月31日，公司未分配利润为122 437.93万元。

7.2 主要财务指标

指标名称	指标值	计算公式
净资产收益率(%)	23.52	净利润/所有者权益平均数×100%
信托报酬率(%)	0.92	[Σ项目合同总收入(信托报酬+财务顾问收入)/信托项目总月份×12]/信托资产总规模
人均利润(万元)	486.70	利润总额/年平均人数

7.3 对本公司财务状况、经营成果有重大影响的其他事项

报告期内，根据公司2013年第二次(临时)股东会议决议，公司以每股4.29元价格进行增资扩股，公司股东中航投资控股有限公司、华侨银行有限公司、共青城羽绒服装创业基地公共服务有限公司和江西省财政投资管理公司共同出资8亿元增资，增资后公司注册资本168 648.52万元。

8. 特别事项揭示

8.1 报告期内股东变动情况及原因

报告期内，因调整股权结构与增资扩股，公司股东单位发生变动由6家减为5家，中国航空工业集团公司将其所持有的中航信托10.2%股权全部转让给中航投资控股有限公司，不再持有公司股权。

8.2 董事、监事及高级管理人员变动情况及原因

本报告期内，公司股东大会对董事会、监事会进行了换届，选举了第二届董事会与第二届监事会成员，因新任董事任职资格须经过监管部门核准，在此期间，一届董事会继续履职。

高级管理人员中，经公司一届董事会十八次会议审议通过，聘任魏颖晖同志担任公司副总经理。魏颖晖任职资格已于2013年10月得到江西银监局核准(赣银监复[2013]378号)。

8.3 变更注册资本、注册地或公司名称、公司分立合并事项

2013年11月27日，中国银监会核准了公司第三期增资扩股与股权调整事项，公司4家股东中航投资控股有限公司、华侨银行有限公司、共青城羽绒服装创业基地公共服务有限公司、江西省财政投资管理公司以溢价方式追加投入8亿元，公司注册资本从150 000.5万元增至168 648.52万元。

8.4 公司的重大诉讼事项

报告期内无。

8.5 公司及其董事、监事和高级管理人员受到处罚情况

报告期内无公司及其董事、监事和高级管理人员受到处罚情况。

8.6 对中国银监会提出的整改意见简要说明整改情况

2013年5月，江西银监局来公司开展了监管评级现场检查工作。

8.7 中国银监会及其省级派出机构认定的其他有必要让客户及相关利益人了解的重要信息

报告期内无。

9. 监事会意见

公司监事会认为，本报告期内，公司依法运作，决策程序合法有效，没有发现公司董事、高级管理层履行职务时有违法违规、违反公司章程或损害公司及股东利益的行为。公司2013年度财务报告中披露的财务信息，真实反映了公司的财务状况和经营成果。

中建投信托有限责任公司

1. 重要提示

1.1 本公司董事会及董事保证本报告所载资料不存在任何虚假记载、误导性陈述或者重大遗漏，并对其内容的真实性、准确性和完整性承担个别及连带责任。

1.2 独立董事王保树、陈忠阳声明：保证本年度报告的内容真实、完整、准确。

1.3 董事长杨金龙，总经理刘屹，主管会计工作负责人江峡及财务部门负责人吕深远声明：保证本年度报告中财务会计报告的真实、完整、准确。

2. 公司概况

2.1 公司简介

中建投信托有限责任公司的前身是原浙江省国际信托投资公司。浙江省国际信托投资公司创建于 1979 年 8 月，1983 年 12 月经中国人民银行批准成为非银行金融机构，是国内最早经营信托投资业务的公司之一。在信托业第五次清理整顿中，公司更名为浙江省国际信托投资有限责任公司，成为浙江省首家获准重新登记的信托公司。

2007 年 3 月，中国建银投资有限责任公司收购浙江省国际信托投资有限责任公司原股东持有的全部股权。2007 年 4 月，浙江省国际信托投资有限责任公司获得一人有限责任公司营业执照，成为中国建银投资有限责任公司的全资子公司。经中国银监会批准，2007 年 11 月，浙江省国际信托投资有限责任公司更名为中投信托有限责任公司，注册资本为 5 亿元。2010 年 1 月，公司股东中国建银投资有限责任公司对公司单家增资，注册资本增至 15 亿元。2013 年 6 月 21 日，经中国银行业监督管理委员会浙江监管局批复同意，并报浙江省工商行政管理局核准，正式更名为中建投信托有限责任公司。2013 年 10 月 12 日，经中国银行业监督管理委员会浙江监管局批复同意，公司英文名称更名为 JIC Trust Co.，Ltd，英文名称缩写更名为 JIC Trust。

2013 年 12 月 17 日，经中国银行业监督管理委员会浙江监管局批复，同意公司注册资本由 15 亿元变更到 166 574 万元，其中：中国建银投资有限责任公司出资金额为 150 000 万元，持有公司 90.05% 的股权；建投控股有限责任公司出资金额为 16 574 万元，持有公司 9.95% 的股权。2014 年 1 月 27 日，公司在浙江省工商行政管理局完成工商登记变更手续，领取新的营业执照。2014 年 1 月 30 日，公司完成对外临时重大信息披露。

中文名称	中建投信托有限责任公司
英文名称	JIC Trust Co. Lt
英文名称缩写	JIC TRUST
法定代表人	杨金龙

续表

注册地址	浙江省杭州市教工路 18 号世贸丽晶城欧美中心 1 号楼（A 座）18～19 层 C D 区
邮政编码	310012
国际互联网网址	http://www.jictrust.cn/
电子信箱	jictrust@jictrust.cn
负责信息披露的高管	刘屹
负责信息披露联系人	陈建军
联系电话	0571－85069311
传真	0571－85154216
电子信箱	chenjianjun@jictrust.cn
公司信息披露报纸名称	《金融时报》
年度报告备置地点	中建投信托有限责任公司综合办公室
聘请的会计师事务所及住所	德勤华永会计师事务所（特殊普通合伙）住所：上海市黄浦区延安东路 222 号外滩中心 30 楼
聘请的律师事务所及住所	上海锦天城律师事务所杭州分所住所：浙江省杭州市天目山路 238 号华鸿大厦 A 座 5 楼

2.2 组织结构

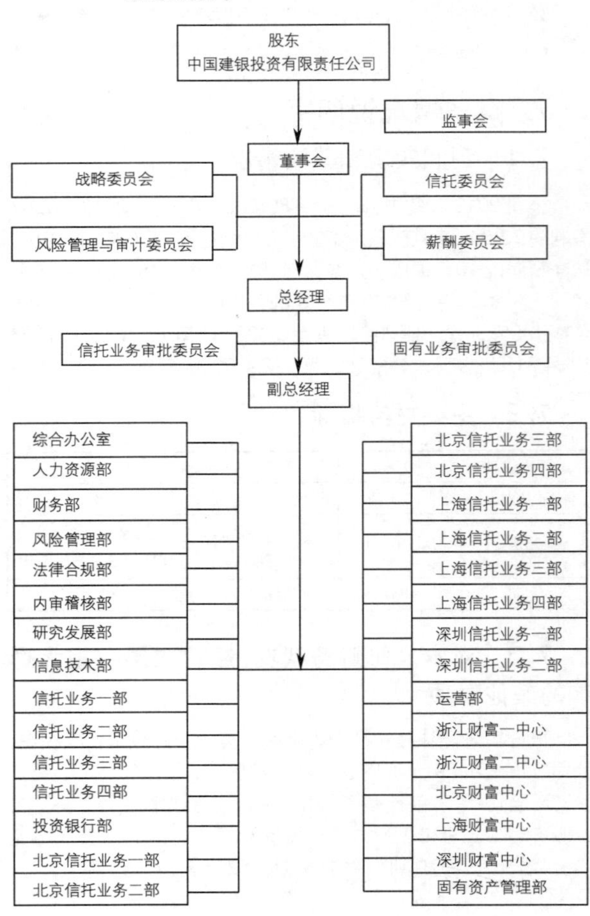

3. 公司治理结构

3.1 股东

报告期末，公司股东数为 2 家，详情见下表：
股东总数：2

股东名称	持股比例（%）法人代表		注册资本（万元）	注册地址	主要经营业务及主要财务情况
★中国建银投资有限责任公司	90.05	仲建安	2 069 225	北京市西城区闹市口大街 1 号院 2 号楼 7～14 层	投资与投资管理；资产管理与处置；企业管理；房地产租赁；咨询。2013 年，中国建投实现合并营业收入 110.85 亿元，归属于母公司净利润 42.05 亿元（未经审计数据）。
建投控股有限责任公司	9.95	庄　喆	200 000	北京市西城区闹市口大街 1 号院 4 号楼 9F、9G	投资与投资管理；企业管理与咨询；房地产与设备租赁；房地产开发；宾馆酒店管理；物业管理。2013 年，建投控股实现合并营业收入 11.41 亿元，归属于母公司净利润 0.63 亿元（经审计数据）

3.2 董事

董事会董事长、董事

姓名	职务	性别	年龄	选任日期	所推荐的股东名称	该股东持股比例（%）	简 要 履 历
杨金龙	董事长	男	58	2012 年 12 月	中国建银投资有限责任公司	100	曾任中国建设银行总行信贷二部副主任、稽核审计部副主任级审计员、资产保全部副主任、信贷管理委员会办公室副主管、风控委信贷审批办公室副主任、信贷审批部副总经理、云南省分行副行长、党委委员，2005 年 1 月加入中国建投，曾任审计与风险控制部总经理、风险管理部负责人、审计部负责人；现任中建投信托有限责任公司党委书记、董事长。
陈良秋	董事	男	44	2011 年 8 月	中国建银投资有限责任公司	100	曾任职于中国建设银行厦门分行、中国建投，历任公司清理实体办公室副主任，企业管理部总经理助理、副总经理，投资部负责人，负责对股权投资业务的全面管理；现任中国建投运营官，兼任办公室、风险管理部负责人，国泰基金董事，中投资本董事，绵阳产业基金咨询委员会委员，中粮农业食品投资基金管理公司董事、投资委员会委员，南京莱斯董事；现任中建投信托有限责任公司董事。
刘　屹	董事	男	42	2013 年 1 月	中国建银投资有限责任公司	100	曾任中国建设银行河南省分行客户经理、科长，中国建设银行河南省分行中间业务部副总经理，百瑞信托有限责任公司副总裁，华泰资产管理有限责任公司副总经理、投资总监；现任中建投信托有限责任公司党委委员、董事、总经理。

独立董事

姓 名	所在单位及职务	性别	年龄	选任日期	所推举的股东名称	该股东持股比例（%）	简 要 履 历
王保树	清华大学法学院教授、博士生导师	男	72	2010 年 10 月	中国建银投资有限责任公司	100	曾任中国社会科学院法学研究所研究员（教授）、副所长、博士生导师，现任清华大学法学院教授、博士生导师；中建投信托有限责任公司独立董事。
陈忠阳	中国人民大学财政金融学院教授、博士生导师	男	45	2010 年 10 月	中国建银投资有限责任公司	100	曾任广西自治区南宁市清秀区人民政府副区长（挂职）；现任中国人民大学财政金融学院教授、博士生导师，中建投信托有限责任公司独立董事。

3.3 监事

监事会成员

姓名	职务	性别	年龄	选任日期	所推举的股东名称	该股东持股比例(%)	简要履历
屠佑良	监事长	男	59	2012年8月	中国建银投资有限责任公司	100	曾任浙江省石油化学工业厅计财处财务负责人、主任科员、副处长，浙江省国际信托投资公司金融信托部副经理、经理，浙江省国信控股集团公司监察审计室主任、香港公司、深圳公司总经理，浙江国信典当有限责任公司董事长、浙江国信拍卖行有限公司董事长，浙江省国际信托投资有限责任公司党委副书记；现任中建投信托有限责任公司党委委员、纪委书记、监事长、工会主席。
赵白羽	监事	女	54	2011年5月	中国建银投资有限责任公司	100	曾任职于东北财经大学，历任助教、讲师、副教授、教研室主任，中国经济开发信托投资公司，历任咨询部副总经理、研究发展部副总经理、总经理办公室副主任，中央国债登记结算有限公司研发部副主任，国家财政部，中国建投；现任中建投信托有限责任公司监事。
李启兵	职工监事	男	38	2013年5月	职工工会	—	曾任职于浙江国信汽车租赁有限公司，浙江省国信集团，浙江省国际信托投资有限责任公司，中投信托有限责任公司；现任中建投信托有限责任公司职工监事。

3.4 高级管理人员

高管层

姓名	职务	性别	年龄	选任日期	金融从业年限	学历	专业
刘屹	总经理	男	42	2013年1月	21	硕士研究生	工商管理
周雄	副总经理	女	54	2010年10月	30	硕士研究生	政治经济学
曹丽娜	副总经理	女	44	2011年1月	15	硕士研究生	管理学
余海	副总经理	男	40	2013年3月	14	硕士研究生	国际银行及金融学
江峡	副总经理	女	45	2013年6月	22	硕士研究生	金融会计学
吴凌翔	首席风险控制官	男	35	2013年8月	11	硕士研究生	法学、工商管理
张映	总经理助理	男	43	2013年12月	21	大学本科	金融学

3.5 公司员工

项目		报告期年度		上年度	
		人数	比例(%)	人数	比例(%)
年龄分布	25岁以下	4	2.76	3	2.9
	25~29岁	46	31.72	30	28.6
	30~39岁	70	48.28	48	45.7
	40岁以上	25	17.24	24	22.8
学历分布	博士	3	2.07	1	1
	硕士	74	51.03	46	43.8
	本科	64	44.14	54	51.4
	专科	3	2.07	2	1.9
	其他	1	0.69	2	1.9
岗位分布	董事、监事及其高管人员	9	6.21	7	6.7
	自营业务人员	5	3.45	4	3.8
	信托业务人员	52	35.86	40	38.1
	其他人员	79	54.48	54	51.4

4. 经营管理

4.1 经营目标、方针、战略规划

4.1.1 经营目标

塑造“最值得信赖的专业受托人”形象，发展成为一家有价值、值得信赖的品牌资产管理机构。

公司将始终以受益人利益为核心来履行受托管理职责，将“忠诚、诚信、尽责”等善良管理义务的道德标准贯穿于经营实践过程中。

公司将基于对信托制度的深刻理解，通过信托金融工具的综合运用和创新发展，培育在重点行业的价值提升能力，最终成为具有突出经济价值、社会价值和品牌价值的资产管理机构。

4.1.2 经营方针

合规经营。成为最值得委托人信赖的专业受托机构，切实维护信托关系各方当事人的合法利益，要牢固树立“诚信为本、合规经营”的理念，在经营管理活动中全面深入贯彻依法合规经营的基本原则，始终做到用制度和流程规范经营行为，使各项业务始终在监管的要求内规范发展。

创新发展。通过体制机制的创新提高经营能力和管理水平；利用信托的制度优势，通过产品创新为投资者提供更加多样化、个性化的金融服务。

专业化经营。即顺应信托行业发展的趋势，坚持专业化经营的发展方向，在产业投资等领域探索形成自身的经营特色。

4.1.3 战略规划

公司将在规划期内完成由行业的跟随者向行业领先者的稳步转变。依托并充分发掘股东的有利资源和战略支持，适时进一步增强资本实力，实现外延式增长与内涵式增长的有机结合。坚持多元化经营基础上的专业化导向，以专业经营为发展方向，与信托行业发展的趋势相适应，重点提高资产管理能力、价值研判能力和风险管理能力。坚持全国性的展业布局思路，在发挥区位优势，深耕长三角市场的基础上，逐步实现对全国重点区域的业务覆盖。

4.2 所经营业务的主要内容

4.2.1 信托资产运用与分布表

资产运用	金额（万元）	占比（%）	资产分布	金额（万元）	占比（%）
货币资产	54 794.18	13.35	基础产业	27 720.00	6.75
贷款及应收款	286 084.16	69.69	房地产业	130 912.62	31.89
交易性金融资产	2 128.00	0.52	证券市场	24 234.50	5.90
可供出售金融资产	54 309.23	13.23	实业	—	0.00
持有至到期投资	—	0.00	金融机构	211 942.37	51.63
长期股权投资	903.29	0.22	其他	15 684.82	3.82
其他	12 275.45	2.99		—	0.00
资产总计	410 494.31	100.00	资产总计	410 494.31	100.00

4.2.2 信托资产运用与分布表

资产运用	金额（万元）	占比（%）	资产分布	金额（万元）	占比（%）
货币资产	133 569.56	1.36	基础产业	2 212 042.00	22.53
贷款	5 732 965.81	58.39	房地产	2 360 470.00	24.04
交易性金融资产	0.00	0.00	证券市场	77 574.75	0.79
可供出售金融资产	1 771 989.39	18.05	实业	1 265 249.45	12.89
持有至到期投资	1 087 533.01	11.07	金融机构	470 206.79	4.79
长期股权投资	286 031.85	2.91	其他	3 433 652.11	34.96
其他	807 105.48	8.22			
信托资产总计	9 819 195.10	100.00	信托资产总计	9 819 195.10	100.00

4.3 市场分析

4.3.1 有利因素

4.3.1.1 信托公司与其他金融机构相比，在制度和功能上的比较优势可以得到较好的体现。信托公司跨越货币市场、资本市场和产业市场，可以运用多种资产管理方式，在市场变化中调整业务方向，在不同的领域发挥丰富的资产管理功能。

4.3.1.2 信托具有财产隔离等独特的制度优势，可以研究推出有别于其他金融机构的特色产品，满足客户的个性化理财需要。

4.3.1.3 在业务发展上，十八届三中全会深化改革给行业发展带来机遇，信托公司将有较多的展业机会可以挖掘探索。房地产业务和市政基础设施建设业务、战略重组并购业务等业务领域仍有较好的展业机会。

4.3.1.4 民间财富快速积累，居民理财需求持续高涨，各类型企业资金需求旺盛。

4.3.2 不利因素

4.3.2.1 世界经济复苏存在不稳定、不确定因素，全球经济格局深度调整，国际竞争更趋激烈。我国正处于结构调整阵痛期、增长速度换挡期，到了爬坡过坎的紧要关口，经济下行压力依然较大。

4.3.2.2 监管层提出“八项机制”加强信托业治理体系，信托公司将受到更加严格的监管，信托公司的制度优势被削弱，信托行业面临转型发展的瓶颈。

4.3.2.3 资产管理业务市场竞争加剧，明显受到来自银行、券商、基金子公司、保险机构的严峻挑战，利率市场化导致的产品收益的压力也逐渐显现。

4.3.2.4 行业内个别信托项目出现流动性风险影响，对信托行业声誉风险带来一定的负面影响。

4.4 内部控制

4.4.1 内部控制环境和内部控制文化

公司有完善的治理结构，明确董事会、监事会、高管层、各部门的职责分工。并设有独立的风险管理部、法律合规部和内审稽核部，对公司的业务开展和内部控制的执行情况进行监督和检查。公司根据国家政策法规的变化和公司业务发展的需要及时对内部制度进行更新和完善，并切实加强制度的执行力度，定期或不定期对制度的执行情况进行检查，做到“有章可循，违章必究”。

公司重视企业内控文化的建设，一直以合规、稳健和专业化经营为基本原则，贯彻“诚信为本、合规经营”的核心理念，发挥信托制度优势，提升资产管理能力和风险管理能力，逐步成为资本充实，内控严密，管理规范，具有较强发展能力和竞争能力的金融信托机构。

4.4.2 内部控制措施

（1）流程控制。公司业务风险管理流程分为前台业务部门、中台风险管理部和法律合规部、后台财务运营等服务部门三大模块，实行前中后台分离原则。现行的流程和制度监控着公司各项业务的每个操作环节。公司前台业务人员按照公司内控和经营制度进行业务拓展，实现内控流程的前端落实；中台人员以公司业务指引和风险偏好为准绳，评估拟开展业务风险和并在存续期间监控各业务风险动态；后台人员通过公司内控制度和流程管理对公司业务和经营进行后台维护和支持，实现内控流程的后端终结。

（2）组织控制。公司董事会下设风险管理与审计委员会，作为董事会风险管理与审计工作的专门议事机构。公司董事会下设信托委员会，确保公司依法履行受托职责，保证公司为受益人的利益最大化服务。公司风险管理部为公司风险管理的具体职能部门，协助公司高级管理层识别、评估和管理业务风险。公司法律合规部负责识别公司经营活动中的法律合规风险，监测和评估公司合规政策和程序的适当性，提出改进意见和建议。公司内审稽核部为公司内控管理组织机构的重要组成部分，对公司经营活动的合规性进行监督和评价。公司基本形成了"事前防范、事中控制、事后监督和纠正"的健全的内控机制。

（3）制度控制。公司建立和完善内控制度，从各方面保障固有财产和信托财产分别管理、分别核算，并将不同委托人的信托财产分别管理、分别记账，同时，按照"审办分离，集体审批"原则，信托业务和固有业务实行决策分离，分别由信托业务审批委员会和固有业务审批委员会审批。业务决策正逐步从定性层面过渡至定量与定性相结合的业务决策方式。

4.4.3 信息交流与反馈

（1）完整的报告体系。为确保上下级以及部门之间信息交流的通畅，公司初步建立了多层次、多途径的报告体系，通过划分部门和人员职责、确立清晰完整的报告线路，明确了员工、各部门、高管人员、董事会和监事会的职责范围和报告路径。

（2）信息交流与共享平台的搭建。公司通过包括 OA 平台、综合业务系统、财务管理系统等在内的电子化信息交流渠道建立综合管理信息技术系统，实现"统一平台、信息共享、操作简便、安全高效"的目的，确保了公司董事会和高管层能够及时了解公司的经营和内控情况。

（3）外部信息共享机制。公司通过公开信息披露机制的建立、公司网站建设、书面和公告通知等多种方式，增进了公司与委托人、受益人和社会公众的信息沟通与交流。

（4）监管信息沟通机制。公司通过定期报告、临时报告、事前报备、信托计划成立报告、非现场监管报告等方式向监管部门及时报送公司相关信息，并及时收取和办理监管部门文件和指示，形成了良好的监管信息交流体系。

4.4.4 监督评价与纠正

（1）外部监督与评价。公司定期接受监管部门的现场检查和会计师事务所的审计，并根据检查意见和审计结果及时修订完善内部控制制度。

（2）内部监督与评价。公司实行由风险管理部门开展业务的识别评估，存续期间的管理和内审稽核部门开展的流程控制和业务终止时的稽核审计，以此作为公司内控制度执行情况检查、评价和完善的重要手段。

4.5 风险管理

公司认为有效的风险管理是公司得以生存、发展的关键。因此，公司建立了一套完整的风险管理体系来识别、评估、监控以及管理公司的各类风险，包括市场风险，信用风险和操作风险。为保证公司稳健发展，业务开展合规有序，严格控制公司经营风险，2013 年公司在公司党委和董事会的领导下，主要围绕公司风险管理政策制定、审批流程优化、客户准入标准设定、尽职调查配套制度、业务风险排查、项目风险预警和应对等重要工作，建立健全公司风险管理体系，为公司业务快速稳健发展提供了有力的保障。公司目前存续的各项业务运行稳健，到期终止的各项信托业务能够按照交易文件的约定履行受托人的义务，在约定的期限内足额向信托受益人分配信托利益，业务风险得到了有效的防范与控制。

4.5.1 风险管理概况

公司的风险管理坚持全面性、有效性和独立性，根据业务类别制定了相应的风险控制措施和政策，形成了事前防范、事中控制、事后监督的风险管理规程，制定了系统的内部控制制度。在项目的选择上，实行尽职调查制度，并由风险、法律、信托经理等人员组成尽调小组参与项目尽职调查，并引入外部律师和外部信用评级机构的专业服务；在项目的决策上，实行分级、分类审批制度；在项目的执行上，实行信托经理负责制；在项目运做过程中，实行项目后续管理专人全程跟踪制度；在财务管理方面，实行信托财产与自有财产分户管理、不同信托财产开立不同账户管理制度等。

公司确立了风险管理部的内部组织架构，并试行专业审批人制度，聘任了专业审批人，每一位专业审批人负责一个风控小组，不同的风控小组分别负责不同业务类型和不同业务区域的风险管理工作，每个风控小组从项目尽职调查、审查审批、放款、信后管理等全流程跟踪管理，进一步健全风险管理部门内部组织结构。

为加强项目审查，控制项目风险，实现风险管理关口前移，公司风险管理部门参与大部分项目的现场调查，部分项目则聘请外部律师参与尽职调查，同时优化了项目立项审批，提高了工作效率，使业务运作更加流畅。

公司持续优化信托业务审批机制，强调委员会委员的专业化和公正性，明确了信托业务审批委员会议事规则，充实了委员会的专家库。目前信托业务审批委员会实行例会制，原则上每周召开一次。信托业务审批委员会对参加人数、召开方式、审议时限、回避原则等进行了相应的规定，提高了项目审批效率，增强了风险管理水平。

4.5.1.1 公司经营活动中可能遇到的风险

公司经营活动中可能遇到的风险主要有：信用风险、市场风险、操作风险、法律风险、流动性风险、声誉风险、战略风险。

4.5.1.2 风险管理的基本原则与政策

公司坚持以科学发展观为指导，以建立完善的风险管理机制为目标，以重点业务和创新业务的风险管理为重点，不断引入科学的风险管理技术，实现风险有效控制与业务发展的协调统一，不断提升公司风险管理能力。

4.5.1.3 风险管理组织结构与职责划分

董事会风险管理与审计委员会是董事会设立的负责风险管理与审计工作的专门委员会，主要职责是根据公司发展战略，制订、审核公司风险管理工作规划，评价公司战略目标和经营计划所涉及的风险因素，并向董事会提出建议；定期审核、评议公司风险管理政策，促进风险管理政策的合法合规和及时有效；从风险控制角度，监督公司各项规章制度的执行情况，并对公司重大经营决策进行风险监测和评价；审阅公司风险管理工作报告，对风险管理工作提出改善意见和建议；审核、检测和调整公司的风险控制流程与风险计量模型和方法；审核、评议公司年度审计工作规划；负责对公司内部审计制度的有效性及其执行情况进行监督；负责内部审计与外部审计之间的沟通与协调；提议聘请或更换外部审计机构；董事会授权的其他事宜等。

风险管理部主要职责是拟订公司风险管理政策，根据董事会及相关专业委员会确定和批准的风险管理战略、政策与程序，实施公司风险管理工作；拟定风险管理规章制度；负责对尽职调查工作提出指引或标准，参与公司重大项目尽职调查，就特定事项独立提出事前风险评估报告；参与公司创新业务与产品的风险评估，研究创新业务与产品有关风险管理的问题，提供风险控制建议和措施；审核公司业务审批委员会要求落实情况的相关文件；负责对业务实施定期或不定期、现场或非现场检查，协助与督促业务部门实施风险监测与预警，受理风险预警信息，履行风险预警报告相关职责；贯彻监管部门风险管理相关政策，提出政策落实建议与意见，检查政策落实情况等工作。

法律合规部主要职责是识别公司经营活动中的合规风险，监测和评估公司合规政策和程序的适当性，提出改进意见和建议，及时向公司高级管理层报告；归口管理公司的规章制定工作，根据公司经营管理需要，提出公司规章体系的设计与调整方案，起草公司规章编制计划、监督落实执行，整理、编纂公司规章文件；起草或参与起草公司的基本规章，起草公司的合规管理和法律事务工作规章，并对公司其他部门起草的规章进行合规性审查；负责对公司信托业务和固有业务的合规性审查工作，提出书面合规意见和建议；归口管理公司授权工作，负责公司有权签字人签字样本的制作、管理工作等。

内审稽核部主要职责是对公司内控制度执行情况实行严格的检查和监督，对各部门的业务活动和财务活动进行审计、稽核，出具内部审计稽核报告，并在监督检查过程中对公司内控制度适时作出评价。

4.5.2 风险状况

4.5.2.1 信用风险状况

信用风险，称违约风险，是指交易对方不能履行合约义务而带来的风险。对公司而言，它指的是信托当事人各自承担的对他方的责任不能全部或部分按时履行的风险。公司严格按照《中国银行业监督管理委员会关于非银行金融机构全面推行资产质量五级分类管理的通知》的要求，定期对公司资产质量进行五级分类。2013 年公司按照法律法规的相关规定提取了相应比例的风险准备金，未发生重大不利信用风险。

(1)信托业务信用风险状况。截至 2013 年 12 月末，公司存续信托项目规模 976.85 亿元，按照资产风险分类标准，正常类信托资产 967.83 亿元，关注类信托资产 7.6 亿元，次级类信托资产实收余额为 1.42 亿元，无可疑类信托资产，也无损失类信托资产。

(2)固有业务信用风险状况。截至 2013 年 12 月末，公司固有资产余额为 41.05 亿元，按照公司《资产风险分类管理办法》规定的分类标准，正常类固有资产余额 40.65 亿元，关注类固有资产余额 0.31 亿元，无次级类固有资产，无可疑类固有资产，损失类固有资产余额 0.09 亿元。

4.5.2.2 市场风险状况

市场风险是指公司在信托资产和其自有资产合法经营中，所不可避免的因市场参数的波动而产生的风险。这些市场参数包括：利率、汇率、股票指数、商品价格和隐含波动性等。因此，信托公司的市场风险又可以分为：利率风险、汇率风险、股市风险和价格风险(也称通货膨胀风险或购买力风险)等。

4.5.2.3 操作风险状况

操作风险主要是指因交易系统不完善、管理失误、控制缺失或其他一些人为的错误而导致损失的可能性，尤其是因管理失误和内部控制缺失带来的损失。2013 年，公司未发生因操作风险所造成的损失。

4.5.2.4 其他风险状况

除以上三种风险外，公司还可能面临的风险包括：法律风险、道德风险、政策风险、创新风险等。法律风险主要是指因合约的内容在法律上有缺陷或不完善而发生法律纠纷甚至无法履约的情况。道德风险是指由于公司内部人员蓄意违规违法或与公司的利益主体串通而给信托受益人或公司自身带来损失的可能性。政策风险主要是指因与信托相关的产业政策或政府各种经济和非经济政策的变化给公司的经营带来的风险。创新风险是指公司因创新业务活动而带来的风险。2013 年，公司未发生因其他风险所造成的损失。

4.5.3 风险管理策略

公司针对目前经营中存在的风险，在认真分析风险成因和影响方式的基础上，提出了相应的风险管理策略和防范控制措施。

4.5.3.1 信用风险管理策略

针对交易对手带来的信用风险，2013 年度，公司对于重点展业领域制定了项目筛选指引，明确了项目和交易对手的选择与准入标准，同时加强事前对交易对手的尽职调查工作，制定了尽职调查手册等相关制度，同时引入外部信用评级机构的评级服务，注重对各类企业财务状况和信用状况的调查，并通过对机构资质、声誉、综合能力等方面进行定性和定量相结合的分析，以达到预防为主的效果。对于存续项目，公司采用前述方式持续跟踪和分析，根据分析评价结果，公司及时采取必要的风险管控措施，风险被控制在初期阶段，未造成委托人损失和公司重大损失。

(1)统一公司风险政策，明晰项目和交易对手的选择标准，加强事前对交易对手(项目)的尽职调查。2013 年公司针对房地产和市政基础设施行业的市场情况，制定了《房地产类信托项目筛选指引》和《信政合作类信托项目筛选指引》，明确了交易对手、用款项目、区域等重要指标的准入标准，大幅提高了投资类房地产项目的准入标准。

公司 2013 年合作的交易对手实力与上年的相比，有了明显的提升，交易对手抗市场风险能力提高，相应提高了公司投放资金的安全度。

(2)实行对交易对手/项目风险评估制度，设立事前审批、事中执行和事后监督三道程序，为信用风险管理提供三道防火墙。投资类房地产项目的标准提高后，项目的区域、物业类型和市场定位更具竞争力，同时一般采取优先劣后的内部增信措施。在项目评审过程中公司的前台、中台、后台以及管理层、决策层须对项目风险进行层层把关，建立了分层次的风险预防线。

(3)认真落实债权担保措施，客观、公正地评估抵押品，严格控制债权本金与不同抵押品价值之比，增加有效的风险对冲，保障信托财产安全。

(4)事中对交易对手(项目)进行动态管理，定期检查，及时将有关情况向公司高管层和董事会报告。

(5)足额提取风险准备金在内的各项准备金。

4.5.3.2 市场风险管理策略

目前公司信托业务主要承担信用风险，市场风险敞口较小，但公司对含有市场风险的产品做好风险揭示，监控市场风险敞口，做好缓释市场风险准备。公司固有业务在持有股性资产时，公司固有业务将有市场风险敞口。公司所面临的市场风险主要是指由于市场价格包括利率、股票价格、债券价格等波动而造成的信托财产/所投资资产损失的风险。公司采用分散化投资策略，降低非系统市场风险。

对于市场风险，公司密切关注国家政策变化，并据此提出相应对策及业务调整方案。针对资产市场风险，公司通过组合投资，分散投资风险。

4.5.3.3　操作风险管理策略

目前公司主要的操作风险管理方法是流程管理和系统控制。流程管理包括分层授权，流程系统控制，业务复核，审批会决策等方式落实；系统控制是建立业务管理系统，确立系统节点控制和授权管理原则。公司主要运用内控制度建设、流程与系统控制、分层授权等方式，重点围绕公司治理、内部控制体系、风险文化、信息系统建设等方面，建立健全操作风险管控体系：一是加强流程管理，实现留痕机制；二是定期开展流程风险评估，不断健全业务评审机制；三是进一步健全公司内部授权体系；四是进一步改造业务信息系统，健全系统功能；五是建立内部问责制度。公司设置专门的内部审计人员，定期对公司的各项内控制度执行状况、财务核算等内容进行检查，根据检查结果提出调整及改进意见，并向董事会和管理层提交相关报告，有效督促各项制度的贯彻执行。

4.5.3.4　其他风险管理策略

对公司其他风险的管理，公司完善制度建设，加强合规经营，建立较为完善的公司治理结构，推进内部约束和监督机制。同时，强化对宏观经济政策和行业政策的跟踪和研究；保持业务管理制度与法律、规则和准则的一致性；积极倡导和培育公司的风险文化，形成全员风控的理念。

5. 2013 年度及 2012 年度的比较式会计报表

5.1　自营资产

5.1.1　会计师事务所审计结论

审 计 报 告

德师报（审）字（2014）第 P1593 号

中建投信托有限责任公司全体股东：

我们审计了后附的中建投信托有限责任公司（以下简称中建投信托）的财力报表，包括 2013 年 12 月 3 日的资产负债表、2013 年度的利润表、所有者权益变动表和现金流量表以及财务报表附注。

一、管理层对财务报表的责任

编制和公允列报财务报表是中建投信托管理层的责任。这种责任包括：（1）按照企业会计准则的规定编制财务报表，并使其实现公允反映；（2）设计、执行和维护必要摧部控制，以使财务报表不存在由于舞弊或错误而导致的重大错报。

二、注册会计师的责任

我们的责任是在执行审计工作的基础上对财务报表发表审计意见。我们按照中国注册会计师审计准则的规定执行了审计工作。中国注册会计师审计准则要求我们遵守中国注册会计师职业道德守则。计划和执行审计茶以对财务报表是否不存在重大错报获取合理保证。

审计工作涉及实施审计程序，以获取有关财务报表金额和披露的审计证据。选择的审计程序取决于注册会计师的判断。包括对由于舞弊或错误导致的财务报表重大错报风险的评估。在进行风险评估时，注册会计师考虑与财务报表编制和公允列报相关的内部控制，以设计恰当的审计程序，但目的并非对内部控制的有效性发表意见，审计工作还包括评价管理层选用会计政策的恰当性和作出会计估计的合理性，以及评价财务报表的总体列报。

我们相信，我们获取的审计证据是充分、适当的，为发表审计意见提供了基础。

三、审计意见

我们认为，中建投信托财务报表在所有重大方面按照企业会计准则的规定编制，公允反映了中建投信托 2013 年 12 月 31 日的财务状况以及 2013 年度的经营成果和现金流量。

德勤华永会计师事务所(特殊普通合伙)

中国•上海

中国注册会计师

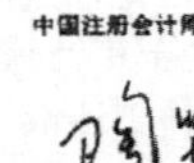

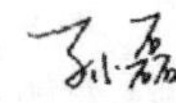

2014 年 4 月 25 日

5.1.2　资产负债表

资产负债表

编制单位：中建投信托有限责任公司　2013 年 12 月 31 日　　人民币：万元

资产	年末数	年初数
货币资金	54 794.18	34 545.95
应收账款	8 464.50	2 487.79
应收利息	1 311.78	2 157.91
交易性金融资产	2 128.00	2 480.82
发放贷款和垫款	163 702.80	92 070.00
可供出售金融资产	54 309.23	92 872.96
应收款项类投资	110 182.17	61 888.00
长期股权投资	903.29	-
投资性房地产	7 262.89	7 561.92
固定资产	2 354.66	2 360.03
无形资产	413.18	231.03
其他资产	4 667.63	1 532.15
资产总计	410 494.31	300 188.56
负债	年末数	年初数
应付账款	23 290.84	174.05
预收款项	2 455.50	4 998.74
应付职工薪酬	14 455.53	5 834.09
应交税费	7 993.26	9 455.91
其他应付款	6 502.13	4 139.02
递延所得税负债	1 416.48	3 631.31
负债合计	56 113.74	28 233.12
实收资本	166 574.00	150 000.00

续表

资产	年末数	年初数
资本公积	27 126. 19	14 502. 73
盈余公积	18 015. 96	12 693. 19
信托赔偿准备	9 007. 98	6 346. 60
一般风险准备	2 885. 09	2 874. 57
未分配利润	130 771. 35	85 538. 35
所有者权益合计	354 380. 57	271 955. 44
负债和所有者权益总计	410 494. 31	300 188. 56

单位负责人:刘　屹　　主管会计工作负责人:江　峡　　会计机构负责人:吕深远

5. 1. 3　利润表

利润表

编制单位:中建投信托有限责任公司　2013 年 12 月 31 日　　人民币:万元

项　　目	本年累计数	上年累计数
一、营业收入	102 373. 13	53 399. 62
利息净收入	18 514. 47	9 088. 40
利息收入	18 517. 80	9 091. 24
利息支出	3. 33	2. 84
手续费及佣金净收入	73 769. 06	30 243. 17
手续费及佣金收入	74 817. 18	30 243. 17

续表

项　　目	本年累计数	上年累计数
手续费及佣金支出	1 048. 12	—
投资收益	9 888. 87	12 866. 11
公允价值变动损益	-252. 69	135. 39
汇兑损益	-3. 55	-0. 28
其他业务收入	456. 97	1 066. 83
二、营业支出	31 761. 38	15 896. 18
营业税金及附加	5 074. 17	2 746. 79
业务及管理费	24 738. 12	12 325. 33
资产减值损失	1 650. 06	525. 00
其他业务成本	299. 03	299. 06
三、营业利润	70 611. 75	37 503. 44
加:营业外收入	0. 50	733. 60
减:营业外支出	79. 51	65. 01
四、利润总额	70 532. 74	38 172. 03
减:所得税费用	17 305. 07	9 170. 42
五、净利润	53 227. 67	29 001. 61
六、其他综合收益	-802. 54	3 401. 85
七、综合收益总额	52 425. 13	32 403. 46

单位负责人:刘　屹　　主管会计工作负责人:江　峡　　会计机构负责人:吕深远

5. 1. 4　所有者权益变动表

编制单位:中建投信托有限责任公司　　2013 年度　　单位:万元

2013 年度	实收资本	资本公积	盈余公积	信托赔偿准备金	一般风险准备金	未分配利润	所有者权益合计
一、2013 年 1 月 1 日余额	150 000. 00	14 502. 73	12 693. 19	6 346. 60	2 874. 57	85 538. 35	271 955. 44
二、本年增减变动金额	16 574. 00	12 623. 46	5 322. 77	2 661. 38	10. 52	45 233. 00	82 425. 13
(一)净利润						53 227. 67	53 227. 67
(二)其他综合收益		-802. 54					-802. 54
(一)和(二)小计		-802. 54				53 227. 67	52 425. 13
(三)股东投入和减少资本	16 574. 00	13 426. 00					30 000. 00
(四)利润分配			5 322. 77	2 661. 38	10. 52	-7 994. 67	
1. 提取法定盈余公积			5 322. 77			-5 322. 77	
2. 提取风险准备金				2 661. 38	10. 52	-2 671. 90	
3. 对股东分配						-	
三、2013 年 12 月 31 日余额	166 574. 00	27 126. 19	18 015. 96	9 007. 98	2 885. 09	130 771. 35	354 380. 57
2012 年度	实收资本	资本公积	盈余公积	信托赔偿准备金	一般风险准备金	未分配利润	所有者权益合计
一、2012 年 1 月 1 日余额	150 000. 00	11 100. 88	9 793. 03	4 896. 52	1 294. 26	62 467. 29	239 551. 98
二、本年增减变动金额		3 401. 85	2 900. 16	1 450. 08	1 580. 31	23 071. 06	32 403. 46
(一)净利润						29 001. 61	29 001. 61
(二)其他综合收益		3 401. 85					3 401. 85
(一)和(二)小计		3 401. 85				29 001. 61	32 403. 46
(三)利润分配			2 900. 16	1 450. 08	1 580. 31	-5 930. 55	
1. 提取法定盈余公积			2 900. 16			-2 900. 16	
2. 提取风险准备金				1 450. 08	1 580. 31	-3 030. 39	
3. 对股东分配							
三、2012 年 12 月 31 日余额	150 000. 00	14 502. 73	12 693. 19	6 346. 60	2 874. 57	85 538. 35	271 955. 44

单位负责人:刘　屹　　主管会计工作负责人:江　峡　　会计机构负责人:吕深远

5.2 信托资产

5.2.1 信托项目资产负债汇总表

信托项目资产负债表

编制单位：中建投信托有限责任公司　　2013年12月31日　　单位：万元

信托资产	期末余额	年初余额	信托负债和信托权益	期末余额	年初余额
信托资产			信托负债		
货币资金	133 569.56	61 197.30	交易性金融负债	—	—
拆出资金	—	—	衍生金融负债	—	—
存出保证金	—	—	应付受托人报酬	—	3.73
交易性金融资产	—	2 232.57	应付托管费	—	0.75
衍生金融资产	—	—	应付受益人收益	8 525.84	162.93
买入返售金融资产	567 928.46	540 440.00	应交税费	1 087.55	1 973.71
应收款项	52 080.29	395.30	应付销售服务费	—	—
发放贷款	5 732 965.81	1 742 282.20	其他应付款项	7 495.30	4 083.76
可供出售金融资产	1 771 989.39	1 068 086.98	预计负债	—	—
持有至到期投资	1 087 533.01	854 130.37	其他负债	—	—
长期应收款	—	—	信托负债合计	17 108.69	6 224.88
长期股权投资	286 031.85	118 621.85			
投资性房地产	—	—	信托权益		
固定资产	—	—	实收信托	9 768 533.58	4 360 428.48
无形资产	—	—	资本公积	—	—
长期待摊费用	—	—	损益平准金	—	—
其他资产	187 096.73	—	未分配利润	33 552.83	20 733.21
减：各项资产减值准备	—	—	信托权益合计	9 802 086.41	4 381 161.69
信托资产总计	9 819 195.10	4 387 386.57	信托负债和信托权益总计	9 819 195.10	4 387 386.57

单位负责人：刘　屹　　主管会计工作负责人：江　峡　　会计机构负责人：吕深远

5.2.2 信托项目利润及利润分配汇总表

利润及利润分配表

编制单位：中建投信托有限责任公司　2013年度　　单位：万元

项　目	本年金额	上年金额
1. 营业收入	548 300.09	216 825.99
1.1 利息收入	350 104.02	91 322.17
1.2 投资收益（损失以"－"号填列）	110 066.80	70 562.54
1.2.1 其中：对联营企业和合营企业的投资收益	—	—
1.3 公允价值变动收益（损失以"－"号填列）	15.42	354.71
1.4 租赁收入	—	—
1.5 汇兑损益（损失以"－"号填列）	—	—
1.6 其他收入	88 113.85	54 586.57
2. 支出	79 801.86	47 930.45
2.1 营业税金及附加	3 478.57	5 206.38
2.2 受托人报酬	39 450.02	22 428.06
2.3 托管费	5 683.38	1 411.12
2.4 投资管理费	2 237.63	336.04
2.5 销售服务费	9 191.26	7 528.05
2.6 交易费用	8.67	60.21
2.7 资产减值损失	—	—
2.8 其他费用	19 752.33	10 960.59
3. 信托净利润（净亏损以"－"号填列）	468 498.23	168 895.54
4. 其他综合收益	—	—
5. 综合收益	468 498.23	168 895.54
6. 加：期初未分配信托利润	20 733.21	2 816.12
7. 可供分配的信托利润	489 231.44	171 711.66
8. 减：本期已分配信托利润	455 678.61	150 978.45
9. 期末未分配信托利润	33 552.83	20 733.21

单位负责人：刘　屹　　主管会计工作负责人：江　峡　　会计机构负责人：吕深远

6. 会计报表附注

6.1 会计报表编制基准、会计政策、会计估计和核算方法发生的变化

本公司执行财政部2006年2月公布的《企业会计准则——基本准则》，报告期内会计报表编制基准、会计政策、会计估计和核算方法与上一报告期一致，未发生变化。

6.2 或有事项说明

无或有事项。

6.3 重要资产转让及其出售的说明

无。

6.4 会计报表中重要项目的明细资料

6.4.1 披露自营资产经营情况

6.4.1.1 按信用风险五级分类结果披露信用风险资产的期初数、期末数

信用风险资产五级分类	正常类（万元）	关注类（万元）	次级类（万元）	可疑类（万元）	损失类（万元）	信用风险资产合计（万元）	不良资产合计（万元）	不良资产率（%）
期初数	133 625.47					133 625.47	0	0
期末数	234 405.53					234 405.53	0	0

注：不良资产合计 = 次级类 + 可疑类 + 损失类。

6.4.1.2 各项资产减值损失准备的期初、本期计提、本期转回、本期核销、期末数

单位：万元

	期初数	本期计提	本期转回	本期核销	期末数
贷款损失准备	1 395.00	1 840.80	750.00	—	2 485.80
一般准备	465.00	3.60			468.60
专项准备	930.00	1 837.20	750.00		2 017.20
其他资产减值准备					—
可供出售金融资产减值准备		562.85			562.85
持有至到期投资减值准备					—
长期股权投资减值准备					—
坏账准备					—
投资性房地产减值准备					—

6.4.1.3 自营股票投资、基金投资、债券投资、股权投资等投资业务的期初数、期末数

单位：万元

	自营股票	基金	债券	长期股权投资	其他投资	合计
期初数	26 853.56				130 388.22	157 241.78
期末数	24 234.50			903.29	142 384.90	167 522.69

6.4.1.4 按投资入股金额排序，前三名的自营长期股权投资的企业名称、占被投资企业权益的比例、主要经营活动及投资收益情况等（依大小顺序排列）

企业名称	持股比例（%）	主要经营活动	2013 年度投资收益（万元）
国泰元鑫资产管理有限公司	30	特定客户资产管理业务以及中国证监会许可的其他业务。	3.29

6.4.1.5 前三名的自营贷款的企业名称、占贷款总额的比例和还款情况等（依大小顺序排列）

企业名称	占贷款总额的比例（%）	还款情况
融信（漳州）房地产有限公司	19.31	已于2014 年3 月份归还。
杭州莱茵达枫潭置业有限公司	18.10	
南京交通投资置业有限公司	15.09	

6.4.1.6 表外业务的期初数、期末数；按照代理业务、担保业务和其他类型表外业务分别披露

单位：万元

	期初数	期末数
担保业务	0.00	0.00
代理业务（委托业务）	4 399.00	4 379.97
其他	0.00	0.00
合计	4 399.00	4 379.97

6.4.1.7 公司当年的收入结构（母公司口径、并表口径同时披露）

收入结构	金额（万元）	占比（%）
手续费及佣金收入	74 817.18	72.34
其中：信托手续费收入	74 817.18	72.34
投资银行业务收入	–	0.00
利息收入	18 514.47	17.90
其他业务收入	453.42	0.44
其中：计入信托业务收入部分	—	0.00
投资收益	9 888.87	9.56
其中：股权投资收益	3.29	0.00
证券投资收益	1 461.49	1.52
其他投资收益	8 424.09	8.04
公允价值变动收益	−252.69	−0.24
营业外收入	0.50	0.00
收入合计	103 421.75	100.00

6.4.2 披露信托财产管理情况

6.4.2.1 信托资产的期初数、期末数

单位：万元

信托资产	期初数	期末数
集合	1 458 958.17	2 640 472.06
单一	1 955 284.90	5 885 247.05
财产权	973 143.50	1 293 475.99
合计	4 387 386.57	9 819 195.10

6.4.2.1.1 主动管理型信托业务的信托资产期初数、期末数，分证券投资、股权投资、融资、事务管理类分别披露

单位：万元

主动管理型信托资产	期初数	期末数
证券投资类	14 313.03	56 422.84
股权投资类	192 257.06	552 305.07
融资类	2 075 044.37	2 701 817.14
事务管理类	568 497.65	1 191 962.21
合计	2 850 112.11	4 502 507.26

6.4.2.1.2 被动管理型信托业务的信托资产期初数、期末数，分证券投资、股权投资、融资、事务管理类分别披露

单位：万元

被动管理型信托资产	期初数	期末数
证券投资类	0.00	0.00
股权投资类	0.00	0.00
融资类	902 898.60	3 284 025.86
事务管理类	634 375.86	2 032 661.95
合计	1 537 274.46	5 316 687.81

6.4.2.2 本年度已清算结束的信托项目个数、实收信托合计金额、加权平均实际年化收益率

6.4.2.2.1 本年度已清算结束的集合类、单一类资金信托项目和财产管理类信托项目个数、实收信托金额、加权平均实际年化收益率

已清算结束信托项目	项目个数	实收信托合计金额（万元）	加权平均实际收益率（%）
集合类	28	556 000.01	9.40
单一类	34	1 401 027.00	6.28
财产管理类	10	98 046.66	—

6.4.2.2.2 本年度已清算结束的主动管理型信托项目个数、实收信托合计金额、加权平均实际年化收益率，分证券投资、股权投资、融资、事务管理类分别计算并披露

已清算结束信托项目	项目个数	实收信托合计金额（万元）	加权平均实际年化收益率（%）
证券投资类	1	3 000.01	2.35
股权投资类	1	36 000.00	10.28
融资类	46	829 035.00	8.03
事务管理类	1	3 201.66	3.31

6.4.2.2.3 本年度已清算结束的被动管理型信托项目个数、实收信托合计金额、加权平均实际年化收益率，分证券投资、股权投资、融资、事务管理类分别计算并披露

已清算结束信托项目	项目个数	实收信托合计金额（万元）	加权平均实际年化收益率（%）
证券投资类	0	0.00	0.00
股权投资类	0	0.00	0.00
融资类	20	1 119 200.00	5.74
事务管理类	3	64 637.00	8.68

6.4.2.3 本年度新增的集合类、单一类和财产管理类信托项目个数、实收信托合计金额

新增信托项目	项目个数	实收信托合计金额（万元）
集合类	50	1 733 908 61
单一类	126	5 793 928.00
财产管理类	18	610 693.27
新增合计	194	8 138 529.88
其中：主动管理型	83	2 754 251.88
被动管理型	111	5 384 278.00

6.4.2.4 信托业务创新成果和特色业务有关情况

2013年，公司加大了行业研究及业务创新投入力度。编撰出版了《信托蓝皮书：中国信托业研究报告》（社会科学文献出版社2013年9月出版），成功举办了第一届“信托发展高峰论坛”，在《21世纪经济报道》开设了“中建投信托观察”专栏，另有多篇研究成果在《金融时报》、《新产经》等国内主流媒体发表。

公司信托业务坚持以产业投资为核心，加强探索与大企业、大金融机构的战略合作，深度挖掘产业投资机会，创新产品模式，提升投资能力和价值研判能力，加快向以投资型业务为主的业务结构转变。2013年，公司持续加大了具备长期战略合作前景的合作方的开拓力度，与一批在全国具有较强影响力的企业建立了长期战略合作关系。2013年9月以来，公司与陆家嘴金融资产交易所合作，通过陆金所开展了类信贷资产证券化业务，总业务规模近25亿元。

6.4.2.5 本公司履行受托人义务情况及因本公司自身责任而导致的信托资产损失情况（合计金额、原因等）

本公司作为信托计划的受托人，按照国家法律、法规和信托文件的约定管理、运用和处分信托财产，按期进行信息披露；对委托人、受益人以及处理信托事务的情况和资料依法保密；以信托财产为限向受益人支付信托利益。本年度未发生因本公司自身责任而导致的信托资产损失情况。

6.5 关联方关系及其交易的披露

6.5.1 关联交易方的数量、关联交易的总金额及关联交易的定价政策等

	关联交易方数量	关联交易金额（万元）	定价政策
合计	8	3 923.34	合同

6.5.2 关联交易方与本公司的关系性质、关联交易方的名称、法定代表人、注册地址、注册资本及主营业务等

关系性质	关联方名称	法定代表人	注册地址	注册资本（万元）	主营业务
控股股东	中国建银投资有限责任公司	仲建安	北京市西城区闹市口大街1号院2号楼7－14层	2 069 225	投资与投资管理；资产管理与处置；企业管理；房地产租赁；咨询。
控股股东之子公司	国泰基金管理有限公司	陈勇胜	上海市浦东新区世纪大道100号上海环球金融中心39楼	11 000	基金设立、基金业务管理，中国证监会批准的其他业务。
控股股东之子公司	建投控股有限责任公司	庄 喆	北京市西城区闹市口大街1号院4号楼9F、9G	200 000	投资与投资管理；企业管理与咨询；房地产与设备租赁；房地产开发；宾馆酒店管理；物业管理。

续表

关系性质	关联方名称	法定代表人	注册地址	注册资本（万元）	主营业务
控股股东之子公司	宏源证券股份有限公司	冯 戎	新疆乌鲁木齐市文艺路233号宏源大厦	397 241	证券经纪，证券投资咨询，与证券交易、证券投资活动有关的财务顾问，证券承销与保荐，证券自营，证券资产管理，证券投资基金代销，为期货公司提供中间介绍业务，融资融券业务等。
控股股东之子公司	中国投资咨询有限责任公司	聂 敏	北京市西城区闹市口大街1号院4号楼9层	11 140	投资咨询、项目投资、投资管理、企业管理。
控股股东之子公司	建投嘉昱（上海）投资有限公司	王 征	上海市虹口区东大名路1191号17912室	160 000	实业投资，投资管理，资产管理，房地产经营，物业管理，商务咨询，企业管理及咨询。
控股股东之二级子公司	北京建银出租汽车有限责任公司	湛 波	北京市门头沟区石龙南路6号1幢6-246室	400	租赁。

6.5.3 逐笔披露本公司与关联方的重大交易事项

6.5.3.1 固有与关联方交易情况：贷款、投资、租赁、应收账款、担保、其他方式等期初汇总数、本期借方和贷方发生额汇总数、期末汇总数

单位：万元

固有财产与关联方关联交易				
	期初数	借方发生额	贷方发生额	期末数
贷款				
投资				
租赁		1 948.41		—
担保				
应收账款				
其他			1 974.93	—
合计		1 948.41	1 974.93	—

6.5.3.2 信托与关联方交易情况：贷款、投资、租赁、应收账款、担保、其他方式等期初汇总数、本期借方和贷方发生额汇总数、期末汇总数

单位：万元

信托资产与关联方关联交易				
	期初数	借方发生额	贷方发生额	期末数
贷款	78 396.20	34 949.28	40 000.00	73 345.48
投资	0.00	0.00	0.00	0.00
租赁	0.00	0.00	0.00	0.00
担保	0.00	0.00	0.00	0.00
应收账款	0.00	0.00	0.00	0.00
其他	0.00	0.00	0.00	0.00
合计	73 500.00	78 396.20	73 500.00	78 396.20

6.5.3.3 信托公司自有资金运用于自己管理的信托项目（固信交易）、信托公司管理的信托项目之间的相互（信信交易）交易金额，包括余额和本报告年度的发生额

6.5.3.3.1 固有与信托财产之间的交易金额期初汇总数、本期发生额汇总数、期末汇总数

单位：万元

固有财产与信托财产相互交易			
	期初数	本期发生额	期末数
合计	83 388.00	31 062.00	114 450.00

6.5.3.3.2 信托项目之间的交易金额期初汇总数、本期发生额汇总数、期末汇总数

单位：万元

信托资产与信托财产相互交易			
	期初数	本期发生额	期末数
合计	57 837.37	94 578.00	152 415.37

6.5.4 逐笔披露关联方逾期未偿还本公司资金的详细情况以及本公司为关联方担保发生或即将发生垫款的详细情况

无。

6.6 会计制度的披露

公司固有业务、信托业务均执行财政部2006年2月公布的《企业会计准则——基本准则》。

7. 财务情况说明书

7.1 利润实现和分配情况

公司2013年初未分配利润85 538.35万元，2013年度实现净利润53 227.67万元。按净利润的10%提取法定盈余公积5 322.77万元，按净利润的5%提取信托赔偿准备金2 661.38万元 按期末承担风险和损失的资产余额计提一般准备10.52万元 截至2013年12月31日，公司未分配利润为130 771.35万元。

7.2 主要财务指标

指标名称	指标值
资本利润率（%）	17.00
人均净利润（万元）	425.82

7.3 对本公司财务状况、经营成果有重大影响的其他事项

无。

7.4 公司净资本情况

指标名称	指标值	监管标准
净资产(万元)	354 380.57	
净资本(万元)	281 164.89	≥2 亿元
各项业务风险资本之和(万元)	176 723.27	
净资本/各项业务风险资本之和(%)	159.10	≥100%
净资本/净资产(%)	79.34	≥40%

以上指标均符合《信托公司净资本管理办法》(中国银监会令[2010]第5号)各项监管要求。

8. 特别事项简要揭示

8.1 本报告期内股东变动情况

2013年12月17日,经中国银行业监督管理委员会浙江监管局批复,同意公司注册资本由15亿元变更到166 574万元,其中:中国建银投资有限责任公司出资金额为150 000万元,持有公司90.05%的股权;建投控股有限责任公司出资金额为16 574万元,持有公司9.95%的股权。2014年1月27日,公司在浙江省工商行政管理局完成工商登记变更手续,领取新的营业执照。2014年1月30日,公司完成对外临时重大信息披露。

8.2 本报告期内董事、监事及高级管理人员变动情况

因工作需要,刘屹任公司董事、总经理,张剑平不再担任公司董事、总经理;因个人原因,曹学文不再公司任职,辞去职工监事一职;公司职工大会选举李启兵为职工监事;因工作需要,秦程宏不再担任公司副总经理、财务总监。余海、江峡任公司副总经理;吴凌翔任公司首席风险控制官;张昳任公司总经理助理。

上述事项属正常人事变动,进一步加强了公司经营层力量。

8.3 本报告期内无公司重大未决诉讼事项

8.4 本报告期内无公司及其董事、监事和高级管理人员受到处罚的情况

8.5 本报告期内银监会及其派出机构对公司检查后提出整改意见的情况

报告期内,中国银行业监督管理委员会浙江监管局多次对公司进行监管检查与指导,充分肯定了公司所取得的成绩,认为公司能够积极采取有效措施,不断加强内部管理、优化业务流程、拓展信托主业,各项风险管控基础持续强化,内审稽核作用有所提升,各项业务得到了稳步发展,主动管理能力提升明显,盈利水平保持良好,发展总体稳健,体现了较好的经营管理能力。但从监管情况来看,信托业务调查材料、后期管理的精细化程度有待进一步提升。

8.6 本报告期内重大事项临时报告

8.6.1 《中投信托有限责任公司关于公司总经理变动的公告》,2013年1月15日(星期二),《金融时报》第4版。

8.6.2 《中建投信托有限责任公司关于公司名称及章程变更的公告》,2013年6月29日(星期六),《金融时报》第6版。

8.7 本报告期内无中国银监会及其省级派出机构认定的其他有必要让客户及相关利益人了解的重要信息

9. 公司监事会意见

公司监事会在此声明:2013年度,本公司依法经营,本报告披露的财务报告真实反映公司的财务状况和经营成果。

中江国际信托股份有限公司

1. 重要提示

1.1 本公司董事会及董事保证报告所载资料不存在任何虚假记载、误导性陈述或者重大遗漏，并对其内容的真实性、准确性和完整性承担个别及连带责任。

1.2 大信会计师事务所（特殊普通合伙）为本公司出具了无保留意见的审计报告，本公司董事会对相关事项亦有详细说明，请客户及相关利益人注意阅读。

1.3 本公司负责人董事长裘强、主管会计工作负责人曾海及财务负责人彭缅良声明：保证年度报告中财务报告的真实、完整。

2. 公司概况

2.1 公司简介

中江国际信托股份有限公司（以下简称中江信托或本公司）的前身是成立于1981年6月的江西省国际信托投资公司。2003年3月，江西省国际信托投资公司、江西省发展信托投资股份有限公司、赣州地区信托投资公司以新设合并方式重新登记成立江西国际信托投资股份有限公司。2009年3月，经中国银监会核准换发新牌，本公司名称变更为江西国际信托股份有限公司。2012年10月，本公司更名为中江国际信托股份有限公司。本公司注册资本为115 578.9134万元。

1	法定中文名称（缩写）	中江国际信托股份有限公司（中江信托）
2	法定英文名称（缩写）	ZhongJiang International Trust Co., Ltd (ZJI)
3	法定代表人	裘强
4	注册地址	南昌市北京西路88号江信国际金融大厦
5	邮政编码	330046
6	国际互联网网址	http://www.jxi.cn
7	电子信箱	http://www.jxi.cn
8	负责信息披露事务的高管人员	余森清
9	联系人姓名	易勤华
10	联系电话	0791-6304512
11	传真电话	0791-6304500
12	电子信箱	yqh-jx@163.com
13	公司信息披露的报纸名称	《上海证券报》
14	公司年度报告备置地点	南昌市北京西路88号江信国际金融大厦25楼
15	公司聘请的会计师事务所名称及住所	大信会计师事务所
16	公司聘请的律师事务所名称及住所	江西求正沃德律师事务所，江西·南昌

2.2 组织结构

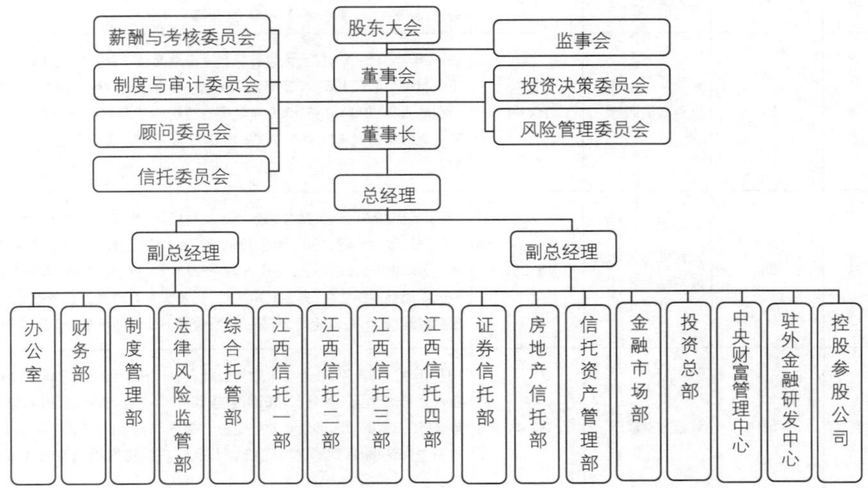

3. 公司治理结构

3.1 股东

2013 年末，本公司股东总数 15 名，本公司前三位股东的名称、出资比例如下：

股东名称	法人代表	持股比例(%)	注册资本（万元）	注册地址	主要经营业务及主要财务情况
领锐资产管理股份有限公司	张霄静	32.74	358 000	天津市华苑产业区	对工业、基础设施开发建设、金融、房地产业、物流业、酒店进行投资，资产投资，债务重组与企业重组咨询等。
江西省财政厅	胡 强	20.44		江西省 南昌市	制定全省性财政立法规划，拟订全省地方性财政、税收、财务、会计管理、国有资产管理的法规草案及实施办法和规章制度；参与制定全省各项有关宏观经济政策，拟订和执行全省财政分配政策；编制省本级年度预算草案和汇编全省年度预算和决算草案；负责组织实施地方税法和税收条例、决定、规定及有关实施细则；管理和监督各项财政收入、支出；监管全省政府采购工作；管理省级财政社会保障支出；负责地方性金融机构的财务监管工作；管理全省有关政府性基金和行政事业性收费项目的立项及标准等。
北京供销社投资管理中心	符敬群	17.94	55 801.439925	北京市宣武区儒福里 40 号	投资管理，接受委托进行物业管理，接受委托出租房屋，出租自有房屋。

3.2 董事

本公司董事会由 9 名董事组成 由各股东推荐 8 名，独立董事 1 名。

姓名	职务	性别	年龄	所推荐的股东名称	该股东持股比例(%)	简 要 履 历
裘 强	董事长	男	55	江西省财政厅	20.44	1974 年至 1978 年，任江西省清江县昌付公社知青办主任；1978 年至 1981 年，任空军十一航校警卫排副排长；1981 年至 1989 年，任宜春市委组织部正科级组织员、上高县政府县长助理；1989 年至 1990 年任江西省委农工部副处长；后调江西省展览中心任主任，期间曾兼任南昌佳盛典当行有限公司副董事长主持全面工作；1997 年，后曾任江西省人民政府办公厅副主任，协助副省长分管商贸、金融工作；2000 年至 2004 年，任江西省民政厅党组副书记、副厅长；2004 年 6 月至今，任中江国际信托股份有限公司党委书记、董事长。先后在南昌大学、中央党校、上海浦东干部管理学院、长江商学院学习，获得哲学硕士、高级管理人员工商管理硕士。
吴伟光	董事	男	58	江西省财政厅	20.44	1983 年至 1986 年，任赣州地区公路局宣传部干部；自 1986 年起，历任公司员工、业务部门经理、办公室主任、副总经理、总经理、董事。
余森清	副董事长	男	51	江西省财政厅	20.44	1978 年至 1982 年，江西大学计算数学专业学生；1982 年至 1984 年，江西省上饶地区统计局干部；1984 年至 1987 年厦门大学计划统计专业研究生；1987 年至 1989 年江西省社科院经济所科研人员；1989 年至 1999 年江西省政府办公厅商金处干部、副处长；1999 年至 2009 年江西省委政策研究室副主任；2009 年 5 月起任中江国际信托股份有限公司党委副书记、副董事长。
康 毅	董事	男	59	江西江信国际大厦有限公司	5.29	1973 年至 1976 年，南昌县东新乡大洲村插队；1976 年至 1983 年，福州军区独立防化学营战士、排长、政治指导；1983 年至 1998 年，武警江西省总队司令部直政处正连职干事、副营职干事、正营职干事、副处长、处长，萍乡市支队政治委员；1998 年至今，历任中江国际信托股份有限公司监察室副主任，办公室副主任，江信置业有限责任公司董事长、经营总监、总经理助理、副总经理，常务副总经理，天安保险股份有限公司副董事长。
陈林芳	董事	男	59	江西省财政厅	20.44	1976 年到 1978 年，在宜丰县敖桥公社农机厂任会计；1980 年至 1993 年，历任江西省财政厅农财处干部、组长、副处长；1993 年至 1995 年在高安市人民政府挂职副市长；1995 年至 1996 年，任江西省财政厅条法税政处处长；1996 年至今，在江西省财政投资管理公司任负责人（主持工作）、董事长，期间曾任江西省发展信托投资股份有限董事长；现任江西省财政厅副巡视员。
曾福星	董事	男	53	江西省财政厅	20.44	1983 年至 1990 年，在江西省财政厅农税处工作任主任科员；1993 年至 1995 年，在井冈山财政干部培训基地挂职锻炼，任基地主任兼支部书记；1995 年至 1996 年，在江西省财政厅预算处工作；1996 年 7 月至今，任江西省财政投资管理中心任副主任；期间曾担任江西省发展信托投资股份有限公司监事召集人。

续表

姓名	职务	性别	年龄	所推荐的股东名称	该股东持股比例(%)	简要履历
陈出新	董事	男	50	江西省财政厅	20.44	1982年至1986年,江西财经学院计统系国民经济专业学习;1986年至1989年,四川省财政厅预算处工作;1989年至2009年,江西省财政厅会计处助调、副处长,2001年获得华中科技大学硕士学位,2006年至2007年,派驻天津滨海新区筹建天津锦绣置业公司,2007年12月组织安排到江西博苑房地产公司工作;现任江西省财政厅投资管理中心(公司)主任(总经理)。
钟镰斧	董事	男	45	江西省金象置业有限公司	0.90	1987年至1991年,南昌航空工业学院电子工程系本科毕业;1991年至1993年,江西大茅山企业集团开发部工作;1993年至1996年,江西省江信房地产公司贸易部经理;1996年至2009年,江信置业有限责任公司副总经理、总经理、董事长;2006年至今,任中江国际信托股份有限公司总监、总经理助理、副总经理、代理总经理、党委副书记。

3.3 监事

本公司监事会由3名监事组成,其中江西省财政厅和江西省金象置业有限公司各推荐1名,职工代表监事1名,设1名监事会召集人。

姓名	职务	性别	年龄	所推举的股东名称	该股东持股比例(%)	简要履历
周志宏	监事会召集人	男	56	江西省金象置业有限公司	0.90	1975年至1976年,吉林省东辽县渭津公社福民大队知青;1976年至1981年,兰州军区空军高炮14师40团3营8连士兵;1981年至1991年,兰州军区空军混成4旅军官;1991年至1993年,兰州军区空军政治部秘书处少校;1993年至今,现在中江国际信托股份有限公司科长、人事处处长、制度管理部部长、制度总监督。
贾　俊	监事	男	51	江西省财政厅	20.44	1981年至1988年,在南昌铁路局工作;1988年至1997年,江西省工商银行信托投资股份有限公司部门副经理;1997年至2003年,江西省发展信托投资股份有限公司总经理助理、办公室主任;2003年至2010年,历任中江国际信托股份有限公司办公室副主任、董事会秘书、战略中心主任、行政总管、行政总监、总稽核;现任江信国际投资集团有限公司总裁。
万国钦	监事	男	55	职代会		1977年2月至1979年3月,江西省上高县镇渡公社知青;1979年4月至1993年5月,江西省南昌市市政工程处监察科副科长;1993年6月至今,先后任中江国际信托股份有限公司人事处劳资科长、办公室主任助理、人力资源部部长、行政总部总管。

3.4 高级管理人员

姓　名	职　务	性　别	年　龄	选任日期	金融从业年限(年)	学　历	专　业	简要履历
王志辉	总经理	男	47	2011年	26	在职研究生	EMBA	1987年至2003年,历任江西省国际信托投资公司证券业务部发行交易科科长、南昌营业部主任、信托部副经理(主持工作);2004年至2004年,任江西国际信托股份有限公司信托一部总经理;2005年至今,任中江国际信托股份有限公司首席高级信托经理、金融总监、总经理助理、副总经理、常务副总经理、总经理。
钟镰斧	代理总经理	男	45	2013年	22	在职研究生	产业经济学	1987年至1991年,南昌航空工业学院电子工程系本科毕业;1991年至1993年,江西大茅山企业集团开发部工作;1993年至1996年,江西省江信房地产公司贸易部经理;1996年至2009年,江信置业有限责任公司副总经理、总经理、董事长;2006年至今,任中江国际信托股份有限公司总监、总经理助理、副总经理、代理总经理、党委副书记。
曾海	副总经理	男	50	2011年	20	在职研究生	产业经济学	1983年至1989年,在江西木材厂工作;1989年至1992年,任江西省林化公司(原江西省林业工业公司林产品供应站)财务科科长;1992年至1995年,在江西省木材公司财务科副科长、科长;1995年至今,历任中江国际信托股份有限公司计划财务处综合管理科科长、计划处处长助理、副处长、财务部总经理、财务总监、副总会计师、总会计师、总经理助理、副总经理。

续表

姓 名	职 务	性 别	年 龄	选任日期	金融从业年限(年)	学 历	专 业	简 要 履 历
易勤华	副总经理	男	48	2011 年	22	博士	古代文学	1986 年至 1989 年，江西安福中学教师；1992 年至 1993 年，江西经济技术信息开发公司办公室主任、江西经济管理干部学院财会系行政干事兼教师；1993 年至 2002 年，江西省国际信托投资公司秘书科科长、经济研究所所长助理；2002 年至 2005 年，宜春市袁州区政府挂职副区长；2005 至今中江国际信托股份有限公司战略投资开发部副部长、部长、党办副主任、办公室主任、行政总监、副总经理
陈华玲	首席风险官	男	49	2011 年	22	研究生	自然辩证法	1984 年至 1987 年，在江西龙南师范学校任教；1990 年至 1993 年，江西中医学院社科部讲师；1993 年至今，先后任中江国际信托股份有限公司办公室秘书、国际金融部信贷员、信贷科付科长、江信律师事务所副主任、法律事务中心主任、法律风险监管部部长、风险控制委员会委员副主任、总法律顾问、副风险控制官、法务总监、首席风险官。
黄雪梅	副总经理	女	50	2011 年	22	大学	电子	1986 年 8 月至 1993 年 7 月，南昌洪都无线电厂工程师；1993 年 8 月至 2000 年 3 月，江西省瑞德改革咨询中心职员、江西省瑞德资产评估事务所职员、江西省中昊会计师事务所职员；2000 年 3 月至 2003 年 5 月，国盛证券有限责任公司职员；2003 年 6 月至今，中江国际信托股份有限公司信托二部总经理助理、信托四部副总经理、金融理财中心总经理、总监、副总经理。
周跃明	副总经理	男	55	2012 年	21	大学	会计	1975 年 6 月至 1978 年 2 月，下放南昌县；1978 年 2 月至 1980 年 1 月，江西银校学生；1980 年 1 月至 1985 年 8 月，人民银行南昌市支行四交办，干部；1985 年 7 月至 1998 年 12 月人民银行南昌市分行历任稽核处副主任科员、副处长、安义县支行行长、科技处处长；1998 年 12 月至 2003 年 10 月人民银行南昌中心支行历任科技处副处长、清算中心副主任、合作金融处副处长；2003 年 10 月至 2011 年 10 月江西银监局历任农行处副处长、股份处副处长、处长、非银行金融机构处处长。2011 年 10 月至今，任中江国际信托股份有限公司总经理助理、副总经理
黄 昊	总经理助理	男	37	2012 年	18	大学	金融	1992 年 9 月至 1995 年 7 月，就读于江西省银行学校；1995 年 8 月至今，在中江国际信托股份有限公司工作，历任信托业务部执行经理、副经理、北京信托业务一部经理、总经理助理

3.5 公司员工

项 目		2013 年		2012 年	
人数		180		168	
平均年龄		36		37	
		人数（人）	比例（%）	人数（人）	比例（%）
年龄分布	20 岁以下	0	0.00	0	0.00
	20 ~29 岁	72	40.00	52	30.95
	30 ~39 岁	44	24.44	48	28.57
	40 岁以上	64	35.56	68	40.48
学历分布	博士	2	1.11	2	1.19
	硕士	31	17.22	27	16.07
	本科	107	59.44	87	51.79
	专科	40	22.22	52	30.95
	其他	0	0.00	0	0.00
岗位分布	董事、监事及其他高管人员	12	6.67	11	6.55
	自营业务人员	22	12.22	32	19.05
	信托业务人员	143	79.44	122	72.62
	其他人员	3	1.67	2	1.19

4. 经营管理

4.1 经营目标、方针、战略规划

4.1.1 经营目标

立足信托本业，发挥地方金融机构的职能，在市场中求生存，在竞争中求发展，确保信托财产的安全高效，促进本公司稳健经营和可持续发展，为股东实现稳定的回报，为受益人的利益服务，为地方经济建设提供金融支持。

4.1.2 经营方针

坚持“为了共同利益”的核心价值观，坚持“诚信理财、服务社会”的经营宗旨，坚持“风险第一、效益第一”的经营理念，坚持“简单直接”的管理理念，以多元化的资产管理手段，谋求信托、证券、保险、期货、基金等金融工具及货币、资本和产业等多种行业的融合，实现收益的最大化。

4.1.3 战略规划

通过不懈的努力，把本公司发展成为地方性金融（控股）集团，进入全国信托业先进行列。

4.2 所经营业务的主要内容

本公司所经营业务主要分为固有业务和信托业务两大块，其中固有业务包括自有资金投资等业务，各种业务所形成的资

产组合与分布情况如下：

4.2.1 自营资产运用与分布

资产运用	金额（万元）	占比（%）	资产分布	金额（万元）	占比（%）
货币资产	117 735.82	28.70	基础产业		
拆出资金			房地产业		
贷款			证券、保险	280 227.13	68.31
其他流动资产	10 366.33	2.53	实业		
可供出售金融资产	52 941.52	12.90			
持有至到期投资		0.00			
长期股权投资	227 285.61	55.40	其他	130 031.03	31.69
其他	1 928.88	0.47			
资产合计	410 258.16	100.00	资产合计	410 258.16	100.00

4.2.2 信托资产运用与分布

资产运用	金额（万元）	占比（%）	资产分布	金额（万元）	占比（%）
货币资产	106 880.29	0.64	基础产业	6 251 171.98	37.33
交易性金融资产	519 453.80	3.10	房地产业	1 192 758.38	7.12
贷款	9 842 517.90	58.77	证券	563 656.26	3.37
应收帐款	1 086 363.93	6.49	金融机构	108 158.24	0.65
可供出售金融资产	736 483.30	4.40	工商企业	6 646 374.49	39.69
长期股权投资	1 343 182.04	8.02	其他	1 985 168.83	11.85
其他	3 112 406.92	18.58			
资产合计	16 747 288.18	100.00	资产合计	16 747 288.18	100.00

4.3 市场分析（影响本公司业务发展的主要因素）

4.3.1 有利因素

（1）区域环境优势。江西省委、省政府及监管部门的支持和帮助为公司发展提供了较好的区域发展环境。

（2）股东资源优势。通过引进战略投资者，优化了公司的股东背景，实现了公司股权多元化，推动了法人治理结构的进一步完善，有利于依托股东资源优势进一步做强做大。

（3）经营管理团队优势。本公司领导班子有很强的凝聚力和战斗力，在中江信托企业文化的熏陶和引领下，打造了一支“忠诚拼搏、艰苦创业”的经营管理团队。

（4）业务拓展和战略扩张优势。本公司具备了对外扩张的基础。一是控股国盛证券有限责任公司，参股了天安财产保险股份有限公司，并通过国盛证券有限责任公司收购或设立了期货公司、基金管理公司，实现了综合金融业务的融合；二是本公司经营业绩逐年大幅度攀升，创新能力不断增强，抗风险能力显著提高；三是本公司与国家开发银行、中国工商银行、中国农业银行、中国银行、中国建设银行、交通银行、招商银行、光大银行、民生银行、兴业银行、浦发银行等金融机构及新湖中宝、复兴集团等上市公司建立了稳固的战略合作伙伴关系，银信合作、企信合作业务稳步推开；四是政信合作业务有成熟的操作模式，稳中求进，风险可控；五是本公司在全国主要城市设立35个金融研发中心，业务渠道辐射全国，为公司下一步的业务拓展和战略扩张奠定了基础。

4.3.2 不利的因素

（1）经济周期波动性加大。全球经济及中国经济周期波动性将进一步加大，面临较多不确定性。

（2）行业竞争加剧。

（3）地处欠发达地区，客户资源相对有限，尤其是高端客户缺乏，合格投资者的培育拓展难度相对较大。

4.4 内部控制概况

4.4.1 内部控制环境和内部控制文化

合规性是风险控制的核心，是信托公司健康持续发展的生命线。提高合规意识，树立合规理念，健全合规文化是实现公司长治久安的保障。

本公司建立健全了以股东会、董事会、监事会以及经营管理层为主体的组织架构和公司治理结构，并形成了一整套涵盖本公司所有业务的制度体系。

此外，重视企业文化建设，营造成熟的内部控制文化是本公司稳健发展的重要手段。本公司通过“忠诚拼搏、艰苦创业”等系列主题教育活动和“员工行为管理年”活动，向员工传达风险管理、内部控制、合规经营的重要性，引导员工树立合规意识、风险意识和诚信理念，着力提高员工职业道德水准，规范员工职业行为，逐步塑造和形成以“风险第一、效益第一”经营理念和“内控第一、全员遵守”为主题的内控文化。

4.4.2 内部控制措施

本公司董事会下设的各委员会在授权范围内以明晰的分级授权制度，通过体系建设和及时完整的过程控制，使决策、研发、操作、审核及监督评价程序化、体系化。为加强制度执行力度，本公司制度管理部作为审计与制度委员会的办事机构，除监督制度执行外，主要负责本公司内部稽核审计，以相对独立的审计工作程序和规范扮演着内部警察角色；法律风险监管部代表风险管理委员会负责风险控制及风险评价，建立风险预警和纠错机制，做到警钟长鸣。两大内控机构与财务部、综合托管部等相互配合、相互制衡，分别独立、客观地履行各自内部控制职能，从组织结构上完善了公司内部控制体系。

在业务运作方面，明确前台、中台、后台业务的工作职责，规范程序，形成有监督、有制衡的业务运作体系。本公司主要职能部门之间建立健全了防火墙制度，不同部门人员不得相互兼职，保证了自营、信托业务各成体系，独立运行。

在文化意识形态方面，本公司坚持晨会制度，在潜移默化中加深有关对企业文化的理解和践行。本公司设立了中江国际金融大学，每周进行员工学习培训和教育，宣传合法合规经营的理念，使员工树立起合规经营优先、风险控制优先的意识。制定了“十八支持、十八反对”的员工行为准则、职业道德规范，严格诚信记录，营造本公司合规经营的制度、文化环境。

4.4.3 信息交流与反馈

通过强有力的制度执行，向风险管理委员会、高级管理层和董事会报告，及时披露业务开展和内控过程中的实质性缺陷或失控，以完善的信息系统确保了报告程序的有效性和保密性。同时，定期披露或通报各责任主体或责任人履行职责情况、制度执行情况。各有关部门对项目运作、公司决议的执行实行跟踪，按照公司制度规定的流程及时将跟踪信息反馈，保证了本公司对项目和合同履行等的控制。

4.4.4 监督评价与纠正

本公司董事会和高级管理层定期和不定期召开内控工作

会议和风险例会，听取制度管理部、法律风险监管部、综合托管部、财务部在稽核审计、内控检查、财务执行和风险监督过程中有关情况的汇报，对内控工作定期评价，对有关问题及时处理，切实防范各类风险。公司管理层和内控部门对存在的问题进行现场检查和督促，及时有效地纠正运行中的偏差。

4.5 风险管理

4.5.1 风险管理概况

本公司风险管理坚持全面性、全员性、独立性、相互制衡、防火墙、适时有效、风险控制与业务发展同等重要、定性与定量相结合等原则。风险管理委员会是本公司的最高风险管理机构，直接隶属于董事会，主要负责制定和实施投资风险管理政策和措施。法律风险监管部作为风险控制委员会的办事机构，下设了项目预审处、项目复核处、合规管理处、风险管理处、项目后期管理处，是具体的风险管理专职部门，负责制定和实施识别、计量、监测和管理风险的制度、程序和方法，并按照这些制度、程序和方法对本公司经营业务进行风险管理、检查，监测风险，全面揭示风险、分析风险和化解风险，以提高风险管理水平。

4.5.2 风险状况

本公司经营活动中主要面临信用风险、市场风险、操作风险、政策风险、道德风险和其他风险等。

4.5.2.1 信用风险状况

信用风险是指交易对方因各种原因，不愿或无力履行约定义务的可能性。本报告期内，本公司固有业务项下未发生交易对方信用风险事项。信托业务项下，本公司管理的“金鹰323号”、“银虎6号”及“银鹤45号”单一信托项目因融资人经营发生重大变故不能按期偿还本息出现违约，本公司及时行使了债权人权利，采取了与相关当事人协商、调解、债权申报、诉讼等方式，积极、有效地维护了信托财产安全。

4.5.2.2 市场风险状况

本公司所管理的资产主要集中在民生工程、股权及权益投资、信贷资产、债券投资、财产管理等，少量涉足房地产项目，尚未涉足外汇市场，其中，房地产项目主要为政府保障房项目建设，商业地产项目仅与全国排名前30名或在当地排名前5名的大型房地产企业合作。集合资金信托计划的信贷资产规模比例控制在30%以下，固有业务无新增贷款；对于较复杂的特定市场且公司不能有效了解和把握其风险的，一般采取谨慎原则，保守操作，受市场波动风险较小。

4.5.2.3 操作风险状况

本公司可能面临的操作风险主要来自于内部管理风险或决策风险。报告期内各项投资运行正常，无一例因管理人的失职而引发赔付的风险事项发生。

4.5.2.4 政策风险状况

本公司坚持以宏观调控为导向，依法合规实施各项投融资业务，未有一例因违反政策或法规的违规事件。坚持以《信托公司净资本管理办法》为业务指导，重点开展监管部门鼓励的自主投资类信托业务，逐步降低平台类融资信托业务。

4.5.2.5 道德风险状况

本公司尚未发生一起因内部人员蓄意违规违法或与公司的利益主体串通而给信托受益人或本公司自身带来损失的案件。

4.5.2.6 其他风险状况

本公司报告期内未发生法律和道德风险事项，但相关政策的变化对本公司的发展预期产生了一定的影响。

4.5.3 风险管理

本公司风险管理坚持“事前防范为主、事中控制及事后补救为辅”的基本原则，涉及信用风险、市场风险及操作风险等风险管理的各个领域。

4.5.3.1 信用风险管理

本公司针对信用风险管理，采取的主要措施有：一是加强项目前期调查，谨慎选择交易对手。二是加强项目评审，根据项目情况按优良、一般和差等三个档次进行风险评级，对不同风险评级的项目和交易对手提出不同的风控要求。三是根据项目情况采取不同的信用增级措施，降低风险敞口。采用信用担保的，优先选择代为清偿债务能力强、信誉状况好的保证人；需要提供物的担保的，坚持抵（质）押品确认原则，明确权属，评估价值及流通性，设置合理的抵（质）押率；通过设置预警及平仓线，建立风险缓冲；采取优先和劣后的结构化设计增强信托优先受益人的利益保障。四是加强存续项目的持续监管，对交易对手的资信状况和履约能力等定期进行了解或检查。五是通过协商、调解、债权申报以及诉讼等多种方式，积极主张权利，化解风险，有效维护信托财产的安全。六是严格按有关规定足额计提一般及专项准备金。

4.5.3.2 市场风险管理

本公司所管理的资产主要集中在证券投资、股权投资、信贷资产、财产管理等，尚未涉足外汇市场，相应的风险管理措施主要有：集合类信托项目信贷资产规模比例控制在30%以下，固有业务无新增贷款；证券投资类信托产品部分采用结构化设计，增强对优先受益人的保障，同时不断压缩规模，有效控制了市场波动带来的影响；通过加强市场调查、市场研究、市场分析，尽量对股价、利率、汇率等市场要素有较全面、较准确的了解，尽量规避市场风险；对于较复杂的特定市场且本公司不能有效了解和把握其风险的，一般采取谨慎原则，保守操作；在业务拓展或产品推介时，业务人员须向投资者明确说明市场因素变化对收益的影响。

4.5.3.3 操作风险管理

针对内部管理风险：在项目审查、财务管理、内部稽核、资金运作、账户管控、客户档案管理等方面，严格按信托法规及信托文件设定相应的管理岗位，明确管理职责及审批权限，做到责任落实、跟踪有效，最大限度地控制内部管理方面的风险。

4.5.3.4 决策风险

决策风险主要来源于决策失误、决策程序不规范，本公司通过严格决策控制程序来规避决策风险，本公司制定了项目审查“五个两、十环节”的程序，逐一落实责任人员，并制定了责任终身追究制度。

4.5.3.5 政策风险管理

本公司通过加强对宏观政策和监管政策的调查研究，通过加强与监管部门和行业的沟通联系，尽可能更准确地了解现有宏观政策和监管政策，尽可能准确地分析宏观政策和监管政策的未来趋势；同时，坚持遵纪守法的经营方针和经营宗旨，切实规范各项经营管理，保证各项业务在合法合规的前提下进行。

4.5.3.6　道德风险管理

本公司在作为受托人进行产品推介时，严格按照规定向委托人申明项目可能存在的风险及防范措施，严格履行不承诺或不变相承诺信托收益的规定；严格按信托法规及信托合同规定，将信托财产与固有财产分设账户，实行单独管理；严格按照规定将信托资金运用于信托文件所列示的用途；严格履行受托人的监管义务，妥善管理信托投资项目，把风险控制在最低限度；严格按照公开、公正的原则，真实地进行会计核算、财务处理及信息披露。同时，本公司制定了《员工职业操守指引》、《员工行为排查规定》，建立合同、付款复核专员，加强监督和约束，防止道德风险。

4.5.3.7　其他风险管理

针对可能面临的各类其他风险，本公司通过定期组织法律法规知识学习，宣传宏观政策，并推出系列主题文化教育和员工忠诚教育，防患于未然，及时掌握政策动向，降低各种不利因素的影响。

5. 报告期末及上一年度末的比较式会计报表

5.1　自营资产（经审计）

5.1.1　会计师事务所审计结论

审计报告

大信审字〔2014〕第00037号

中江国际信托股份公司：

我们审计了后附的中江国际信托股份公司（以下简称贵公司）财务报表，包括2013年12月31日合并及母公司资产负债表、2013年度合并及母公司利润表及母公司现金流量表、合并及母公司股东权益变动表，以及财务报表附注。

一、管理层对财务报表的责任

编制和公允列报财务报表是贵公司管理层的责任，这种责任包括：（1）按照企业会计准则的规定编制财务报表，并使其实现公允反映；（2）设计、执行和维护必要的内部控制，以使财务报表不存在由于舞弊或错误导致的重大错报。

二、注册会计师的责任

我们的责任是在执行审计工作的基础 上对财务报表发表审计意见。我们按照中国注册会计师审计准则的规定执行了审计工作。中国注册会计师准则要求我们遵守中国注册会计师职业道德守则，计划执行审计工作以对财务报表是否不存在重大错报获取合理保证。

审计工作涉及实施审计程序，以获取有关财务报表金额和披露的审计证据。选择的审计程序取决于注册会计师的判断，包括对由于舞弊或错误导致的财务报表重大错报风险的评估。在进行风险评估时，注册会计师考虑与财务报表编制和公允列报相关的内部控制，以设计恰当的审计程序，但目的并非对内部控制的有效性发表意见。审计工作还包括评估管理层选用会计政策的恰当性和作出会计的合理性，以及评估财务报表的总体列报。

我们相信，我们获取的审计证据是充分，适当的，为发表审计意见提供了基础。

三、审计意见

我们认为，贵公司财务报表在所有重大方面按照企业会计的规定编制，公允反映了贵公司2013年12月31日的财务状况以及2013年度的经营成果和现金流量

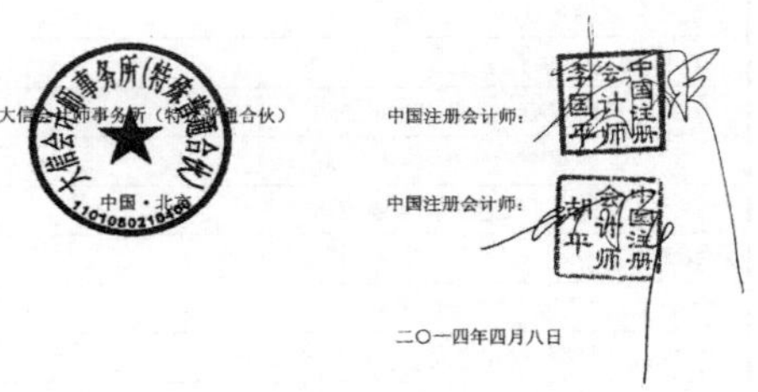

5.1.2　资产负债表

资产负债表

单位：中江国际信托股份有限公司　　2013年12月31日　　单位：万元

资产	行次	期初数	期末数	负债和信托权益	行次	期初数	期末数
资产：				负债：			
货币资金	1	1 174 589 826.06	1 177 358 228.04	短期借款	1		
其中：客户资金存款	2			其中：质押借款	2		
结算备付金	3			拆入资金	3		
其中：客户备付金	4			交易性金融负债	4		
拆出资金	5			衍生金融负债	5		
交易性金融资产	6			卖出回购金融资产款	6		
衍生金融资产	7			代理买卖证券款	7		
买入返售金融资产	8			代理承销证券款	8		
应收利息	9			应付职工薪酬	9	125 065 205.54	178 190 309.46
存出保证金	10			应交税费	10	99 300 978.39	147 519 337.47
其他流动资产	11	9 948 105.52	103 663 339.76	应付利息	11		
其中：1. 应收账款	12			预计负债	12		
2. 其他应收款	13	17 535 918.52	104 163 339.76	长期借款	13		

续表

资产	行次	期初数	期末数	负债和信托权益	行次	期初数	期末数
3. 坏账准备	14	7 587 813.00	500 000.00	应付债券	14		
4. 待摊费用	15			递延所得税负债	15	13 366 998.61	12 555 056.35
流动资产合计	16	1 184 537 931.58	1 281 021 567.80	其他负债	16	409 701 067.81	10 883 838.51
可供出售金融资产	17	103 392 822.02	529 415 152.75	负债合计	17	647 434 250.35	349 148 541.79
持有至到期投资	18			所有者权益:	18		
长期股权投资	19	2 188 784 283.29	2 272 856 135.05	实收资本	19	1 036 581 817.00	1 155 789 134.00
投资性房地产	20			资本公积	20	1 032 064 471.45	1 301 421 327.64
固定资产	21	16 816 757.65	16 943 718.65	减:库存股	21		
无形资产	22	1 905 100.00	2 220 100.00	盈余公积	22	95 303 052.97	150 777 167.20
其中:交易席位费	23			一般风险准备	23		
商誉	24			交易风险准备	24		
递延所得税资产	25	1 896 953.25	125 000.00	信托赔偿准备金	25	31 139 085.48	19 104 362.12
其他资产	26			未分配利润	26	654 811 170.54	1 126 341 141.50
其中:长期待摊费用	27			归属于母公司所有者权益	27	2 849 899 597.44	3 753 433 132.46
				少数股东权益	28		
				所有者权益合计	29	2 849 899 597.44	3 753 433 132.46
资产总计	28	3 497 333 847.79	4 102 581 674.25	负债和股东权益总计	30	3 497 333 847.79	4 102 581 674.25

公司负责人:裘　强　　主管会计工作负责人:曾　海　　财务负责人:彭缅良

5.1.3　利润表

利润表

编制单位:中江国际信托股份有限公司　　2013 年度　　单位:元

项　　目	行次	本年数	上年数
一、营业收入	1	1 196 391 763.17	993 792 942.84
手续费及佣金净收入	2	1 166 979 564.11	978 701 197.16
其中:信托手续费净收入	3	1 166 979 564.11	978 701 197.16
代理买卖证券业务净收入	4		
证券承销业务净收入	5		
受托客户资金管理业务净收入	6		
利息净收入	7	24 586 227.06	11 596 867.98
投资收益(损失以"-"号填列)	8	4 470 972.00	3 191 217.70
其中:对联营企业和合营企业的投资收益	9		
公允价值变动收益(损失以"-"号填列)	10		
汇兑收益(损失以"-"号填列)	11		
其他业务收入	12	355 000	303 660
二、营业支出	13	439 641 949.46	375 719 507.83
营业税金及附加	14	65 607 110.00	54 964 213.50
业务及管理费	15	332 439 836.73	297 416 243.04
资产减值损失	16	-7 087 813.00	—
其他业务成本	17	48 682 815.73	23 339 051.29
三、营业利润(亏损以"-"号填列)	18	756 749 813.71	618 073 435.01
加:营业外收入	19	2 341 384.65	14 314 360.88
减:营业外支出	20	5 475 521.90	1 523 313.25
四、利润总额(亏损总额以"-"号填列)	21	753 615 676.46	630 864 482.64
减:所得税费用	22	198 874 534.16	173 420 839.42
五、净利润(净亏损以"-"号填列)	23	554 741 142.30	457 443 643.22
归属于母公司所有者的净利润	24		
少数股东损益	25		—
六、其他综合收益	26	-2 435 826.81	-9 760 882.38
七、综合收益总额	27	552 305 315.49	447 682 760.84
归属于母公司所有者的综合收益总额	28		
归属于少数股东的综合收益总额	29		—

公司负责人:裘　强　　主管会计工作负责人:曾　海　　财务部负责人:彭缅良

5.1.4 现金流量表

母公司现金流量表

编制单位:中江国际信托股份有限公司　　2013 年度　　单位:万元

项　目	附注	本期金额	上期金额
一、经营活动产生的现金流量			
客户存款和同业存放款项净增加额			
收取利息、手续费及佣金的现金		1 191 565 791. 17	990 301 725. 14
收到其他与经营活动有关的现金		2 696 384. 65	3 069 931. 27
经营活动现金流入小计		1 194 262 175. 82	993 371 656. 41
客户贷款及垫款净增加额			
支付手续费及佣金的现金			
支付给职工以及为职工支付的现金		192 860 110. 21	133 054 892. 39
支付的各项税费		223 012 551. 60	202 914 727. 98
支付其他与经营活动有关的现金		262 622 492. 47	91 761 504. 97
经营活动现金流出小计		678 495 154. 28	427 731 125. 34
经营活动产生的现金流量净额		515 767 021. 54	565 640 531. 07
二、投资活动产生的现金流量			
收回投资收到的现金			
取得投资收益收到的现金		4 470 972. 00	3 003 717. 70
处置固定资产无形资产及其他长期资产收回的现金		289 800. 00	275 440. 00
收到其他与投资活动有关的现金			
投资活动现金流入小计		4 760 772. 00	3 279 157. 70
投资支付的现金		84 071 851. 76	391 005 000. 00
购建固定资产、无形资产和其他长期资产支付的现金		4 417 440. 00	9 812 457. 00
可供出售金融资产净额		429 270 099. 80	15 609 900. 20
支付其他与投资活动有关的现金			
投资活动现金流出小计		517 759 391. 56	416 427 357. 20
投资活动产生的现金流量净额		−512 998 619. 56	−413 148 199. 50
三、筹资活动产生的现金流量			
吸收投资收到的现金			391 000 000. 00
发行债券收到的现金			
收到其他与筹资活动有关的现金			
筹资活动现金流入小计			391 000 000. 00
偿还债务支付的现金			
分配股利、利润或偿付利息支付的现金			
支付其他与筹资活动有关的现金			
筹资活动现金流出小计			
筹资活动产生的现金流量净额			391 000 000. 00
四、汇率变动对现金及现金等价物的影响			
五、现金及现金等价物净增加额		2 768 401. 98	543 492 331. 57
加:年初现金及现金等价物余额		1 174 589 826. 06	631 097 494. 49
六、期末现金及现金等价物余额		1 177 358 228. 04	1 174 589 826. 06

公司负责人:裘　强　　主管会计工作负责人:曾　海　　会计机构负责人:彭缅良

5.1.5 所有者权益变动表

所有者权益变动表(1)

单位名称:中江国际信托股份有限公司　　　　单位:万元

项　目	2013 年					
	实收资本(或股本)	资本公积	盈余公积	信托赔偿准备	未分配利润	所有者权益合计
一、本年年初余额	1 036 518 817.00	1 032 064 471.45	95 303 052.97	31 139 085.48	654 811 170.54	2 849 899 597.44
加:会计政策变更						
前期差错更正						
二、本年年初余额	1 036 518 817.00	1 032 064 471.45	95 303 052.97	31 139 085.48	654 811 170.54	2 849 899 597.44
三、本年增减变动金额	119 207 317.00	269 356 856.19	55 474 114.23	−12 034 723.36	471 529 970.96	903 533 535.02
(一)净利润					554 741 142.30	554 741 142.30
(二)其他综合收益		−2 435 826.81				−2 435 826.81
上述(一)和(二)小计	—	−2 435 826.81	—	—	554 741 142.30	552 305 315.49
(三)所有者投入和减少资本	119 207 317.00	271 792 683.00	—		—	391 000 000.00
1. 所有者投入资本	119 207 317.00	271 792 683.00				391 000 000.00
2. 股份支付计入所有者权益的金额					—	—
3. 其他						—
(四)利润分配	—	—	55 474 114.23	27 737 057.11	−83 211 171.34	—
1. 提取盈余公积			55 474 114.23		−55 474 114.23	—
2. 提取信托赔偿准备金				27 737 057.11	−27 737 057.11	—
3. 对所有者(或股东)的分配					—	—
4. 其他						—
(五)所有者权益内部结转	—	—	—	−37 771 780.47	—	−39 771 780.47
1. 资本公积转增资本(或股本)						—
2. 盈余公积转增资本(或股本)						—
3. 盈余公积弥补亏损						—
4. 其他				−39 771 780.47		−39 771 780.47
(六)专项储备	—	—	—		—	
1. 本期提取						—
2. 本期使用						
(七)其他						—
四、本年年末余额	1 155 789 134.00	1 301 421 327.64	150 777 167.20	1 126 341 141.50	3 753 433 132.46	

公司负责人:裘　强　　　　主管会计工作负责人:曾　海　　　　财务负责人:彭缅良

所有者权益变动表(2)

单位名称:中江国际信托股份有限公司　　　　单位:元

项　目	2012 年					
	实收资本(或股本)	资本公积	盈余公积	信托赔偿准备	未分配利润	所有者权益合计
一、上年年末余额	1 036 581 817.00	1 041 825 353.83	49 558 688.65	24 779 344.32	265 984 073.80	2 418 729 277.60
加:会计政策变更						—
前期差错更正						—
二、本年年初余额	1 036 581 817.00	1 041 825 353.83	49 558 688.65	24 779 344.32	265 984 073.80	2 418 729 277.60
三、本年增减变动金额	—	−9 760 882.38	45 744 364.32	6 359 741.16	388 827 096.74	431 170 319.84
(一)净利润					457 443 643.22	457 443 643.22
(二)其他综合收益		−9 760 882.38				−9 760 882.38
上述(一)和(二)小计	—	−9 760 882.38	—	—	457 443 643.22	447 682 760.84
(三)所有者投入和减少资本	—	—	—		—	—
1. 所有者投入资本						—
2. 股份支付计入所有者权益的金额					—	—
3. 其他						—
(四)利润分配	—	—	45 744 364.32	22 872 182.16	−68 616 546.48	—
1. 提取盈余公积			45 744 364.32		−45 744 364.32	—

续表

项　　目	2012 年					
	实收资本(或股本)	资本公积	盈余公积	信托赔偿准备	未分配利润	所有者权益合计
2. 提取信托赔偿准备金				22 872 182. 16	-22 872 182. 16	—
3. 对所有者(或股东)的分配					—	—
4. 其他						—
(五)所有者权益内部结转	—	—	—	-16 512 441. 00	—	-16 512 441. 00
1. 资本公积转增资本(或股本)						—
2. 盈余公积转增资本(或股本)						—
3. 盈余公积弥补亏损						—
4. 其他				-16 512 441. 00		-16 512 441. 00
(六)专项储备						
1. 本期提取						
2. 本期使用						
(七)其他						
四、本年年末余额	1 036 581 817. 00	1 032 064 471. 45	95 303 052. 97	31 139 085. 48	654 811 170. 54	2 849 899 597. 44

公司负责人:裘　强　　　　主管会计工作负责人:曾　海　　　　财务负责人:彭缅良

5. 1. 6　合并资产负债表

合并资产负债表

编制单位:中江信托有限责任公司　　　　2013 年 12 月 31 日　　　　单位:元

资　　产	行次	期初数	期末数	负债及所有者权益	行次	期初数	期末数
资产:				负债:			
货币资金	1	4 260 068 522. 77	3 217 801 493. 44	短期借款	1		41 980 000. 00
其中:客户资金存款	2	2 193 709 462. 86	1 786 785 439. 97	其中:质押借款	2		
结算备付金	3	172 213 802. 55	246 350 922. 85	拆入资金	3		
其中:客户备付金	4	127 134 966. 24	180 336 317. 91	交易性金融负债	4		
拆出资金	5			衍生金融负债	5		
交易性金融资产	6	651 350 779. 93	1 520 761 714. 97	卖出回购金融资产款	6	200 600 000. 00	993 600 000. 00
衍生金融资产	7			代理买卖证券款	7	2 377 287 618. 81	1 980 212 105. 96
买入返售金融资产	8		352 270 000. 00	代理承销证券款	8		
应收利息	9		6 284 365. 40	应付职工薪酬	9	174 796 614. 67	251 684 239. 38
存出保证金	10	70 460 613. 45	71 791 524. 54	应交税费	10	119 833 072. 85	177 106 328. 59
其他流动资产	11	134 880 209. 29	708 989 140. 18	应付利息	11	21 250 000. 00	3 274 506. 45
其中:1. 应收账款	12	32 759 041. 86	27 489 554. 66	预计负债	12		
2. 其他应收款	13	17 535 918. 52	104 163 339. 76	长期借款	13		
3. 坏账准备	14	8 587 610. 49	871 854. 76	应付债券	14		
4. 待摊费用	15	1 500 634. 46	2 462 554. 57	递延所得税负债	15	13 366 998. 61	12 637 470. 74
流动资产合计	16	5 288 973 927. 99	6 124 249 161. 38	其他负债	16	515 412 981. 85	60 662 658. 36
可供出售金融资产	17	124 384 063. 79	571 552 605. 80	负债合计	17	3 422 547 286. 79	3 521 157 309. 48
持有至到期投资	18			所有者权益:	18		
长期股权投资	19	1 626 085 343. 27	1 670 968 708. 09	实收资本	19	1 036 581 817. 00	1 155 789 134. 00
投资性房地产	20			资本公积	20	1 032 064 471. 45	1 277 455 977. 66
固定资产	21	66 935 232. 87	57 101 627. 68	减:库存股	21		
无形资产	22	34 952 294. 17	28 307 386. 54	盈余公积	22	95 303 052. 97	150 777 167. 20
其中:交易席位费	23	34 964. 30		一般风险准备	23		
商誉	24	177 461 853. 05	177 461 853. 05	交易风险准备	24		
递延所得税资产	25	15 301 019. 41	9 787 206. 04	信托赔偿准备金	25	31 139 085. 48	19 104 362. 12
其他资产	26	16 672 093. 04	16 572 734. 69	未分配利润	26	1 038 658 937. 95	1 587 210 160. 33
其中:长期待摊费用	27	16 672 093. 04	15 988 034. 69	归属于母公司所有者权益合计	27	3 233 747 364. 85	4 190 336 801. 31
				少数股东权益	28	694 471 175. 95	944 507 172. 48
				所有者权益合计	29	3 928 218 540. 80	5 134 843 973. 79
资产总计	28	7 350 765 827. 59	8 656 001 283. 27	负债和股东权益总计	30	7 350 765 827. 59	8 656 001 283. 27

公司负责人:裘　强　　　　主管会计工作负责人:曾　海　　　　财务负责人:彭缅良

5.1.7 合并利润表

合并利润表

编制单位：中江国际信托股份有限公司　　2013 年度　　单位：元

项　目	行次	本年数	上年数
一、营业收入	1	1 714 087 475. 33	1 365 055 460. 24
手续费及佣金净收入	2	1 545 083 596. 75	1 285 093 597. 21
其中：信托手续费净收入	3	1 166 979 564. 11	978 701 197. 16
代理买卖证券业务净收入	4	288 719 694. 27	202 614 903. 44
证券承销业务净收入	5	36 889 261. 49	67 180 000. 00
受托客户资金管理业务净收入	6	48 224 236. 26	17 485 969. 90
利息净收入	7	103 057 201. 29	76 025 553. 49
投资收益（损失以"－"号填列）	8	51 449 438. 06	3 573 533. 10
其中：对联营企业和合营企业的投资收益	9		
公允价值变动收益（损失以"－"号填列）	10	13 591 485. 15	−519 032. 03
汇兑收益（损失以"－"号填列）	11	−405 540. 72	−19 986. 51
其他业务收入	12	1 311 294. 80	901 794. 98
二、营业支出	13	773 873 353. 76	678 674 865. 43
营业税金及附加	14	95 437 016. 38	73 796 662. 63
业务及管理费	15	650 880 309. 49	592 091 822. 75
资产减值损失	16	−7 416 787. 84	547 328. 76
其他业务成本	17	34 972 815. 73	12 239 051. 29
三、营业利润（亏损以"－"号填列）	18	940 214 121. 57	686 380 594. 81
加：营业外收入	19	24 354 126. 41	15 258 478. 15
减：营业外支出	20	11 462 842. 03	2 756 548. 79
四、利润总额（亏损总额以"－"号填列）	21	953 105 405. 95	698 882 524. 17
减：所得税费用	22	253 767 163. 56	195 086 239. 49
五、净利润（净亏损以"－"号填列）	23	699 338 242. 39	503 796 284. 68
归属于母公司所有者的净利润	24	631 762 393. 72	482 248 204. 71
少数股东损益	25	67 575 848. 67	21 548 079. 97
六、其他综合收益	26	−2 313 083. 93	−9 760 882. 38
七、综合收益总额	27	697 025 158. 45	494 035 402. 30
归属于母公司所有者的综合收益总额	28	629 449 309. 79	472 487 322. 33
归属于少数股东的综合收益总额	29	67 575 848. 67	21 548 079. 97

公司负责人：裘　强　　主管会计工作负责人：曾　海　　财务部负责人：彭缅良

5.1.8 合并现金流量表

合并现金流量表

编制单位：中江国际信托股份有限公司　　2013 年度　　单位：元

项　目	附注	本期金额	上期金额
一、经营活动产生的现金流量			
收取利息、手续费及佣金的现金		1 774 700 596. 24	1 435 203 239. 64
回购业务资金净增加额		440 730 000. 00	200 600 000. 00
代理买卖证券收到的现金净额		0. 00	109 684 018. 03
收到其他与经营活动有关的现金		9 180 601. 21	32 761 147. 26
经营活动现金流入小计		2 224 611 197. 45	1 778 248 404. 93
处置交易性金融资产净减少额		854 611 072. 05	147 649 953. 94
融出资金净减少额		484 073 321. 01	91 672 224. 94
代理买卖证券支付的现金净额		361 272 239. 62	0. 00
支付手续费及佣金的现金		70 857 163. 52	76 041 191. 35

续表

项　　目	附注	本期金额	上期金额
支付给职工以及为职工支付的现金		340 571 855.08	273 986 791.08
支付的各项税费		301 988 486.97	237 963 125.51
支付其他与经营活动有关的现金		379 798 611.23	228 476 786.82
经营活动现金流出小计		2 793 172 749.48	1 055 790 073.64
经营活动产生的现金流量净额		−568 561 552.03	722 458 331.29
二、投资活动产生的现金流量			
取得投资收益收到的现金		4 470 972.00	3 003 717.70
处置固定资产无形资产及其他长期资产收回的现金		289 800.00	275 440.00
收到其他与投资活动有关的现金		114 527.05	
投资活动现金流入小计		4 875 299.05	3 279 157.70
投资支付的现金		49 491 902.32	391 005 000.00
购建固定资产、无形资产和其他长期资产支付的现金		18 921 452.09	25 216 784.52
可供出售金融资产净额		449 270 099.80	36 601 141.97
支付其他与投资活动有关的现金			
投资活动现金流出小计		517 683 454.21	452 822 926.49
投资活动产生的现金流量净额		−512 808 155.16	−449 543 768.79
三、筹资活动产生的现金流量			
吸收投资收到的现金		158 247 554.72	391 000 000.00
取得借款收到的现金		41 980 000.00	
筹资活动现金流入小计		200 227 554.72	391 000 000.00
偿还债务支付的现金		85 000 000.00	
分配股利、利润或偿付利息支付的现金		1 582 215.85	
筹资活动现金流出小计		86 582 215.85	0.00
筹资活动产生的现金流量净额		113 645 338.87	391 000 000.00
四、汇率变动对现金及现金等价物的影响		−405 540.72	0.00
五、现金及现金等价物净增加额		−968 129 909.03	663 914 562.50
加:年初现金及现金等价物余额		4 432 282 325.32	3 768 367 762.82
六、期末现金及现金等价物余额		3 464 152 416.29	4 432 282 325.32

公司负责人:裘　强　　　　主管会计工作负责人:曾　海　　　　会计机构负责人:彭缅良

5.1.9　合并所有者权益变动表

合并所有者权益变动表(1)

单位名称:中江国际信托股份有限公司　　　　2013 年　　　　单位:元

项　　目	实收资本(或股本)	资本公积	盈余公积	信托赔偿准备	未分配利润	少数股东权益	所有者权益合计
一、上年年末余额	1 036 581 817.00	1 032 064 471.45	95 303 052.97	31 139 085.48	1 038 658 937.95	694 471 175.95	3 928 218 540.80
加:会计政策变更							—
前期差错更正					—		—
二、本年年初余额	1 036 581 817.00	1 032 064 471.45	95 303 052.97	31 139 085.48	1 038 658 937.95	694 471 175.95	3 928 218 540.80
三、本年增减变动金额	119 207 317.00	245 391 506.21	55 474 114.23	−12 034 723.36	548 551 222.38	250 035 996.53	1 206 625 432.99
(一)净利润					631 762 393.72	67 575 848.67	699 338 242.39
(二)其他综合收益		−2 313 083.93				124 500.28	−2 188 583.65
上述(一)和(二)小计	—	−2 313 083.93	—	—	631 762 393.72	67 700 348.95	697 149 658.74
(三)所有者投入和减少资本	119 207 317.00	247 704 590.14	—	—	—	182 335 647.58	549 247 554.72
1. 所有者投入资本	119 207 317.00	271 792 683.00				158 247 554.72	549 247 554.72
2. 股份支付计入所有者权益的金额							—
3. 其他		−24 088 092.86				24 088 092.86	—
(四)利润分配	—	—	55 474 114.23	27 737 057.11	−83 211 171.34	—	—
1. 提取盈余公积			55 474 114.23		−55 474 114.23		—

续表

项　　目	实收资本(或股本)	资本公积	盈余公积	信托赔偿准备	未分配利润	少数股东权益	所有者权益合计
2. 提取信托赔偿准备金				27 737 057. 11	−27 737 057. 11		—
3. 对所有者(或股东)的分配							—
4. 其他							—
(五)所有者权益内部结转	—	—	—	−39 771 780. 47	—	—	—
1. 资本公积转增资本(或股本)							—
2. 盈余公积转增资本(或股本)							—
3. 盈余公积弥补亏损							—
4. 其他				−39 771 780. 47			−39 771 780. 47
(六)专项储备	—	—	—		—	—	
1. 本期提取							—
2. 本期使用							
(七)其他							—
四、本年年末余额	1 155 789 134. 00	1 277 455 977. 66	150 777 167. 20	19 104 362. 12	1 587 210 160. 33	944 507 172. 48	5 134 843 973. 79

公司负责人:裘　强　　　　主管会计工作负责人:曾　海　　　　财务负责人:彭缅良

合并所有者权益变动表(2)

单位名称:中江国际信托股份有限公司　　　　2012 年　　　　单位:元

项　　目	实收资本(或股本)	资本公积	盈余公积	信托赔偿准备	未分配利润	少数股东权益	所有者权益合计
一、上年年末余额	1 036 581 817. 00	1 041 825 353. 83	49 558 688. 65	24 779 344. 32	625 027 279. 72	672 923 095. 98	3 450 695 579. 50
加:会计政策变更							—
前期差错更正							
二、本年年初余额	1 036 581 817. 00	1 041 825 353. 83	49 558 688. 65	24 779 344. 32	625 027 279. 72	672 923 095. 98	3 450 695 579. 50
三、本年增减变动金额	—	−9 760 882. 38	45 744 364. 32	6 359 741. 16	413 631 658. 23	21 548 079. 97	477 522 961. 30
(一)净利润					482 248 204. 71	21 548 079. 97	503 796 284. 68
(二)其他综合收益		−9 760 882. 38					−9 760 882. 38
上述(一)和(二)小计	—	−9 760 882. 38	—	—	482 248 204. 71	21 548 079. 97	494 035 402. 30
(三)所有者投入和减少资本	—	—	—	—	—	—	—
1. 所有者投入资本						—	—
2. 股份支付计入所有者权益的金额							—
3. 其他					—	—	—
(四)利润分配	—	—	45 744 364. 32	22 872 182. 16	−68 616 546. 48	—	—
1. 提取盈余公积			45 744 364. 32		−45 744 364. 32		—
2. 提取信托赔偿准备金				22 872 182. 16	−22 872 182. 16		—
3. 对所有者(或股东)的分配							—
4. 其他							—
(五)所有者权益内部结转	—	—	—	−16 512 441. 00	—	—	−16 512 441. 00
1. 资本公积转增资本(或股本)							—
2. 盈余公积转增资本(或股本)							—
3. 盈余公积弥补亏损							—
4. 其他				−16 512 441. 00			−16 512 441. 00
(六)专项储备							
1. 本期提取							
2. 本期使用							
(七)其他							
四、本年年末余额	1 036 581 817. 00	1 032 064 471. 45	95 303 052. 97	31 139 085. 48	1 038 658 937. 95	694 471 175. 95	3 928 218 540. 80

公司负责人:裘　强　　　　主管会计工作负责人:曾　海　　　　财务负责人:彭缅良

5.2 信托资产

5.2.1 信托项目资产负债汇总表

信托项目资产负债表

编制单位:中江国际信托股份有限公司　　2013 年 12 月 31 日　　单位:万元

信托资产	行次	年初数	期末数	信托负债和信托权益	行次	年初数	期末数
信托资产:				信托负债:			
货币资金	1	170 581.31	106 880.29	应付受托人报酬	1		
拆出资金	2			应付托管费	2		
交易性金融资产	3	838 702.46	519 453.80	衍生金融负债	3		
应收款项	4	1 032 598.77	1 086 363.93	应付受益人收益	4		60.08
买入返售资产	5	288 000.00	38 077.50	其他应付款	5	13 314.40	7 454.45
短期投资	6			应交税金	6		
长期债权投资	7			卖出回购资产款	7		
长期股权投资	8	2 891 089.64	1 343 182.04	应付帐款	8	1 181.93	-
客户贷款	9	7 505 241.58	9 842 517.90	其他负债	9		
可供出售金融资产	10	342 594.00	736 483.30	信托负债合计	10	14 496.33	7 514.53
应收融资租赁款	11			信托权益:	11		
固定资产	12			实收信托	12	13 581 362.94	16 685 512.83
无形资产	13			资本公积	13	13 999.63	7 202.88
长期待摊费用	14			未分配利润	14	3 393.06	47057.94
其他资产	15	544 444.20	3 074 329.42	信托权益合计	15	13 598 755.63	16 739 773.65
信托资产总计	16	13 613 251.96	16 747 288.18	信托负债和信托权益总计	16	13 613 251.96	16 747 288.18

公司负责人:裘　强　　主管会计工作负责人:曾　海　　综合托管部负责人:殷素芳

5.2.2 信托项目利润及利润分配汇总表

2012 年度

编制单位:中江国际信托股份有限公司　　单位:万元

项　目	行次	本年数	上年数
一、营业收入	1	12 864 83.79	801460.21
利息收入	2	618610.53	374786.61
投资收益	3	588817.20	318500.06
公允价值变动损益	4	35388.67	2822.51
其他收入	5	43667.40	105351.03
二、营业费用	6	149686.67	82507.04
三、营业税金及附加	7	0.00	0.00
四、扣除资产损失前的信托利润	8	1136797.13	718953.17
减:资产减值损失	9	0.00	0.00
五、扣除资产损失后的信托利润	10	1136797.13	718953.17
加:期初未分配信托利润	11	3393.06	-60018.17
六、可供分配的信托利润	12	1140190.19	658935.00
减:本期已分配信托利润	13	1093132.25	655541.94
七、期末未分配信托利润	14	47057.94	3393.06

公司负责人:裘　强　　主管会计工作负责人:曾　海　综合托管部负责人:殷素芳

6. 会计报表附注

6.1 会计报表编制基准、会计政策、会计估计和核算方法发生的变化情况

本公司以持续经营为基础,根据实际发生的交易和事项,按照《企业会计准则——基本准则》和其他各项会计准则的规定进行确认和计量,在此基础上编制财务报表。本公司 2007 年以前执行企业会计制度,2008 年 1 月 1 日起执行新企业会计准则。

6.2 或有事项的说明

报告期内,本公司无需要披露的或有事项。

6.3 重要资产转让及其出售的说明

报告期内 本公司无重大资产转让与出售活动。

6.4 会计报表中重要项目的明细资料(以下为母公司口径)

6.4.1 自营资产情况

6.4.1.1 按信用风险五级分类结果披露信用风险资产的期初数、期末数

信用风险资产五级分类	正常类(万元)	关注类(万元)	次级类(万元)	可疑类(万元)	损失类(万元)	信用风险资产合计(万元)	不良资产合计(万元)	不良资产率(%)
年初数	349 024.60			1 417.56	50.00	350 492.16	1 467.56	0.42
年末数	410 258.17				50.00	410 308.17	50.00	0.01

注:不良资产合计 = 次级类 + 可疑类 + 损失类。

6.4.1.2 资产损失准备

单位：万元

	期初数	本期计提	本期转回	本期核销	期末数
专项准备	758.78		708.78		50.00
合计	758.78		708.78		50.00

6.4.1.3 自营股票投资、基金投资、债券投资、股权投资等投资业务的期初数、期末数

单位：万元

项目	期末数	期初数
权益工具	54 941.52	10 339.28
其中：基金	3 245.39	2 142.76
债券及信托产品	46 488.00	
股票	5 208.13	8 196.52
合计	54 941.52	10 339.28

6.4.1.4 前二名自营长期股权投资情况

被投资单位	投资余额（万元）	投资比例（%）	经营范围	备注
国盛证券有限责任公司	64 817.08	49.64	证券经纪、自营、承销、财务顾问、资产管理等业务	成本法
天安财产保险股份有限公司	162 458.53	20.00	各种财产保险、责任保险、信用保险、水险、意外伤害保险及金融服务保险等业务	成本法

6.4.1.5 本年的收入结构

收入结构	金额（万元）	占比（%）
手续费及佣金收入	1 166 979 564.11	97.54
其中：信托手续费	1 166 979 564.11	97.54
投资银行业务收入		
利息收入	24 586 227.06	2.06
其他业务收入	355 000.00	0.03
其中：计入信托业务收入部分		
投资收益	4 470 972.00	0.37
其中：股权投资收益		
证券投资收益	250 000.00	
其他投资收益	4 220 972.00	
合计	1 196 391 763.17	100

6.4.1.6 表外业务

表外业务	期初数	期末数
担保业务	无	无
代理业务（委托业务）	无	无
其他	无	无
合计	无	无

6.4.2 信托资产管理情况

6.4.2.1 信托资产的期初数、期末数

单位：万元

信托资产	期初数	期末数
集合	3 099 453.81	4 613 345.30
单一	10 250 722.37	11 678 775.33
财产权	263 075.78	393 392.20
合计	13 613 251.96	16 685 512.83

6.4.2.1.1 主动管理型信托业务的信托资产期初数、期末数

单位：万元

主动管理型信托资产	期初数	期末数
证券投资类	1 013 004.48	563 656.26
股权及其他投资类	2 270 274.62	1 841 224.71
融资类	3 483 122.14	3 748 231.84
事务管理类	263 075.78	395 915.86
合计	7 029 477.02	6 549 028.67

6.4.2.1.2 被动管理型信托业务的信托资产期初数、期末数

单位：万元

证券投资类	1 333.15	0
股权及其他投资类	847 262.15	1 880 004.05
融资类	5 735 179.64	8 318 255.46
事务管理类	0	0
合计	6 583 774.94	10 198 259.51

6.4.2.2 本年度已清算结束的信托项目个数、实收信托合计金额、加权平均年化收益率

6.4.2.2.1 本年度已清算结束的集合类、单一类资金信托项目和财产管理类信托项目个数、实收信托金额、加权平均年化收益率

已清算结束信托项目	项目个数	实收信托合计金额（万元）	加权平均实际收益率（%）
集合类	143	1 202 212.54	5.30
单一类	161	6 634 556.80	5.70
财产管理类	5	18 990.00	7.08
合计	309	7 855 759.35	5.64

6.4.2.2.2 本年度已清算结束的主动管理型信托项目个数、实收信托合计金额、加权平均实际年化收益率

已清算结束信托项目	项目个数	实收信托合计金额（万元）	加权平均实际年化信托报酬率（%）	加权平均实际年化收益率（%）
证券投资类	12	1 331 554.05	0.14	0.90
股权投资类	121	1 545 392.40	0.58	6.58
融资类	58	1 338 802.10	0.76	8.03
事务管理类	5	18 990.00	0.45	7.08

6.4.2.2.3 本年度已清算结束的被动管理型信托项目个数、实收信托合计金额、加权平均实际年化收益率

已清算结束信托项目	项目个数	实收信托合计金额(万元)	加权平均实际年化信托报酬率(%)	加权平均实际年化收益率(%)
证券投资类	0	0	0	0
股权投资类	15	1 494 421	0.33	5.25
融资类	98	2 126 599.8	0.57	6.69
事务管理类	0	0	0	0

6.4.2.3

新增信托项目	项目个数	实收信托合计金额(万元)
集合类	304	2 767 183
单一类	193	5 780 249.9
财产管理类	11	195 576
新增合计	508	8 743 008.9
其中:主动管理型	364	4 461 183
被动管理型	144	4 281 825.9

6.4.2.4 信托业务创新情况

2013年公司非常重视创新业务,一是项目增信手段不断创新。公司在承接中国银行总行业务的过程中,考虑到大行对银行主导的单一资金项目不能出具保函,于是成功引入了保险对企业还款进行承保,满足了公司对项目的增信要求。二是信托产品推陈出新。公司推出了信托、证券、银行合作的银马系列集合产品。三是推出了锐盈、锐增系列产品,有效地解决了项目发行难的问题。四是是传统业务不断改进。公司在操作银信业务时,由初期的单笔设立到现在的先定总规模,再分期设立及受益权转让、买入返售。

6.4.2.5 本公司履行受托人义务情况及因本公司自身责任而导致的信托资产损失情况

本公司按照《中华人民共和国信托法》、《信托公司管理办法》和《信托公司集合资金信托计划管理办法》的规定,严格履行受托人的义务:严格遵守信托文件的规定,恪尽职守,履行诚实、信用、谨慎、有效管理的义务,为受益人的最大利益处理信托事务。

2012年未发生因本公司自身责任导致的信托资产损失。

6.5 关联方关系及其交易

6.5.1 关联交易方的数量、关联交易的总金额及关联交易的定价政策等

	关联交易方数量	关联交易金额(万元)	定价政策
合计	2	397 746	公允价格

6.5.2 本公司与关联方的重大交易事项

6.5.2.1 固有财产与关联方:贷款、投资、租赁、应收账款、担保、其他方式等期初汇总数、本期发生额汇总数、期末汇总数

单位:万元

投资			担保			其他应收款			合计		
期初	发生额	期末	期初	发生额	期末	期初	发生额	期末	期初	发生额	期末
0	0	0	0	0	0	0	0	0	0	0	0

6.5.2.2 信托资产与关联方:贷款、投资、租赁、应收账款、担保、其他方式等期初汇总数、本期发生额汇总数、期末汇总数

单位:万元

贷款			投资及附加回购			其他			合计		
期初	发生额	期末	期初	发生额	期末	期初	发生额	期末	期初	发生额	期末
45 000	227 230	272 230	30 000	75 000	105 000	0	20 516	20 516	75 000	322 746	397 746

6.5.2.3 固有财产与信托财产之间的交易金额期初汇总数、本期发生额汇总数、期末汇总数

固有财产与信托财产之间未发生关联交易。

6.5.2.4 信托财产与信托财产之间的交易金额期初汇总数、本期发生额汇总数、期末汇总数

信托财产与信托财产之间未发生交易。

6.5.3 关联方逾期未偿还本公司资金的详细情况以及本公司为关联方担保发生或即将发生垫款的详细情况

报告期内,本公司无上述情况发生。

6.6 会计制度

6.6.1 自营业务(固有业务)

本公司自营业务(固有业务)执行财政部2006年颁布的《企业会计准则》及相关解释。

6.6.2 信托业务

本公司信托业务执行财政部2005年颁布并实施的《信托业务会计核算办法》及相关规定。

7. 财务情况说明书

7.1 利润实现和分配情况

经大信会计师事务所(特殊普通合伙)审计 本公司2013年实现利润总额75 361.57万元,净利润55 474.11万元。按规定提取信托赔偿准备金2 773.71万元,提取盈余公积5 547.41万元,加上年初未分配65 481.12万元,年末未分配利润为112 634.11万元。

7.2 主要财务指标

指标名称	指标值
净资产收益率(%)	16.80
信托报酬率(%)	0.80
净资本(万元)	344 414.14
人均净利润(万元)	308.19

7.3 对本公司财务状况、经营成果有重大影响的其他事项

无。

8. 特别事项简要揭示

8.1 前五名股东报告期内变动情况及原因

报告期内,本公司对原有股东定向增资,我公司股权结构

发生变化，前五名股东的持股比例分别为领锐资产管理股份有限公司32.7354%，江西省财政厅20.4444%，北京供销社投资管理中心17.9372%，大连昱辉科技发展有限公司7.1749%，天津瀚晟同创贸易有限公司7.1749%。

8.2 董事、监事及高管人员变动情况及原因

报告期内，本公司董事、监事及高级管理人员无变动。

8.3 公司的重大诉讼事项

无。

8.4 会计师事务所审计意见及公司董事会关于审计意见的说明

报告期内，经公司第二次临时董事会表决，一致同意聘请大信会计师事务所（特殊普通合伙）为公司2013年度审计机构。

大信会计师事务所（特殊普通合伙）注册会计师胡平、李国平对本公司出具了无保留意见的审计报告。

8.5 公司及其董事、监事和高级管理人员受到处罚的情况

无。

8.6 银监会及其派出机构对公司的检查意见及公司整改情况

本报告期内，本公司存续的信托计划均运作正常，未发现影响信托财产安全性的因素，到期信托项目均按合同约定向受益人交付信托财产。2013年，江西银监局对本公司2013上半年新增政府平台信托贷款业务进行了现场检查，认为本公司政府融资平台信托业务整体运行基本平稳，针对此类业务所制定的一些具有针对性的风险管理措施，如根据地方政府财政收入核定发行规模、属地推介等，有效地降低了信用风险，尚不存在到期不能安全对付的信托项目，也未发现存在明显风险隐患以致影响到期安全终止的信托项目。但检查中发现，本公司此类业务中有个别项目存在运用信托资金与信托合同约定的投资方向不一致的问题，本公司已整改到位。

8.7 本年度重大事项临时报告的简要内容、披露时间、所披露的媒体及版面

无。

8.8 银监会及其省级派出机构认定的其他有必要让客户及相关利益人了解的重要信息

无。

9. 履行社会责任情况

9.1 守法合规稳健发展

本公司按照“突出主业、服务经济”的经营宗旨，坚持“风险第一、效益第一”的原则，依法合规经营，各项业务稳步开展，内部管理进一步规范，经营效益和抗风险能力明显提高，在中国信托业协会的精心指导和安排下，本公司积极履行协会行业自律公约。

2013年，本公司作为江西省委第一批党的群众路线教育实践活动单位，积极贯彻落实中央“八项规定”，坚决反对形式主义、官僚主义、享乐主义和奢靡之风。在江西省国资委第二督导组的正确指导下，公司开展了”节约开支、降低成本“活动，加强了日常开支管理，提倡节约，反对浪费，最大限度地控制了一切不必要的开支。同时，本公司还组织了反腐败、反商业贿赂培训和反洗钱培训510人次，合规培训960人次。

另外，本公司全年通过开展了“员工行为管理年”活动，对员工进行了一次系统的行为规范教育，健全和完善了相关制度，提高了内控和管理水平，从思想、制度和行为上筑牢“防火墙”，有效防范道德风险，遏制各类案件发生。

9.2 缓释化解环境与社会风险

本公司的经营理念是“风险第一、效益第一”，强调在风险可识别、可控制、可承受的情况下，健全全面风险管理体系，追求效益最大化。在风险管理中，本公司充分考虑环境和社会因素，尽可能有效的缓释、化解风险，避免引起社会负面影响和为当地金融环境带来的不利后果。具体做法：在银信合作的通道类业务中，本公司在项目设计中要求银行指定项目、银行评审、银行后期管理、现状交付；在政信合作项目中，本公司坚持土地抵押、属地发行，使当地政府按时还款；在股票质押项目中，本公司坚持警戒线、平仓线设计，防范融资人违约。

9.3 重视管理创新

本公司一直注重动态化的制度管理，强调在制度面前人人平等，坚持以制度管人管事管财，目前已形成了300多项制度，编印下发了第四版制度汇编，每个季度编辑下发补丁制度，涵盖了经营管理的各个环节。2013年，为适应市场情况和监管政策的变化，本公司组织制度修订小组对原有制度中不符合现实要求的制度进行了全面梳理和修改，对经营管理中的制度漏洞进行补充完善，形成新的制度汇编。

9.4 注入经济调整活力

本公司立足于促进经济结构调整转型，通过信托融资大力支持基础设施建设，如为中国铁路总公司提供信托贷款200亿元，为河北高速公路管理局提供信托贷款20亿元。支持省内城镇化建设186.86亿元，其中，为省重点项目—上饶市旧火车站改造提供信托融资15亿元，为南昌市重点工程—南昌昌南大道延伸工程提供信托融资10亿元。此外，本公司分别通过受让应收账款的业务模式，支持中联重科股份有限公司技术升级改造、资金流转，提供信托融资26亿元。

本公司积极支持中小企业腾飞，通过创新银信合作、证信合作等业务模式，以信托贷款或受让信贷资产等方式，大力支持中小企业发展。支持的中小企业覆盖了制造业，批发与零售业，文化体育娱乐业，住宿与餐饮业，采掘业以及农、林、牧、渔业等多个行业。支持中小企业数量超过2000家，提供信托资金总额超过200亿元。

本公司主动投身民生改善，通过信托贷款和受让应收账款

方式，大力支持保障性住房建设。报告期内为保障性住房提供信托资金75.35亿元，项目覆盖江西、江苏、四川、安徽、福建、黑龙江、浙江等20多个省份。

本公司报告期内为农、林、牧、渔业等涉“三农”方面提供金融支持25.66亿元。

本公司关注教育医疗事业，投入教育产业2.9亿元，投入医药行业3.58亿元，主要是服务于江西省内的大专院校以及省内的医药中小企业。

9.5 致力推进财富管理

本公司充分发挥信托产品的多样性、灵活性，拓展投资渠道，为投资者提供多层次、各种收益水平、风险等级不同的产品。例如，本公司发行的集合资金信托产品，有较稳定收益的政信合作产品，收益较高的股票收益权转让信托产品，风险较高、享受劣后收益的证券投资信托产品；又例如，本公司发行的单一资金产品，为机构客户、银行理财和非理财资金、证券公司资产管理计划提供良好的投资服务。本公司已发行的信托产品收益水平比银行存款高，风控可控，受到客户的好评。

本公司始终倡导客户至上的经营原则，充分保护客户的合法权益。本公司制定了《信托产品营销管理规定》、《信托客户服务管理规定》、《信托业务客户服务应对方（预）案》等有关规定。在产品营销中，严格按照监管部门的法规操作，进行风险提示，如签订认购风险说明书；信托投资不承诺保底；集合资金信托计划营销执行合格投资者购买的监管规定。在项目的风险控制措施上，采取了多种保证措施，如属地发行、土地抵押、股票质押、第三方保证、预警线及平仓线的设计等，极大地保护了投资者利益，提升客户服务水平。

9.6 热心参与社会事业

本公司积极探索公益信托，2012年末已形成方案，即将予以实施。

本公司热心公益慈善，报告期内公益捐赠总额688万元，其中，捐资助学644万元、赈灾5万元、对口扶贫39万元。组织员工开展志愿者活动5次，共300多人次参加。

10. 公司监事会意见

报告期内本公司董事会决策程序合法，业务经营符合《信托法》等有关法律和银监会有关监管规定的要求，内部控制制度完善，未发现本公司董事及高级管理人员在执行职务时发生违反法律法规、本公司章程，损害本公司利益和股东、受益人权益的行为。

本公司经大信会计师事务所（特殊普通合伙）审计后的2013年度财务报告真实地反映了本公司的财务状况和经营成果。

中粮信托有限责任公司

1. 重要提示

1.1　本公司董事会及董事保证本报告所载资料不存在任何虚假记载、误导性陈述或者重大遗漏，并对其内容的真实性、准确性和完整性承担个别及连带责任。本年度报告摘要摘自年度报告全文，客户及相关利益人欲了解详细内容，应阅读年度报告全文。

1.2　天职国际会计师事务所（特殊普通合伙）对公司出具了标准无保留意见的审计报告。

1.3　公司董事长邬小蕙女士、总经理辛伟先生、财务总监陈众先生声明：保证年度报告中财务会计报告的真实、完整。

2. 公司概况

2.1　公司简介

中粮信托有限责任公司（以下简称中粮信托或本公司）是2009年7月经中国银行业监督管理委员会批准设立的非银行金融机构，注册地为北京市。

2012年经中国银行业监督管理委员会批准，公司成功引进战略投资者——蒙特利尔银行。公司于2012年、2013年分别增资29981.2523万元、80018.7477万元，目前公司注册资本金为23亿元。公司现有股东4家，分别为：中粮集团有限公司持股72.009%，蒙特利尔银行持股19.99%，中粮财务有限责任公司持股4.0005%，中粮粮油有限公司持股4.0005%。

2.1.1　公司情况简表

公司名称（简称）	中粮信托有限责任公司（中粮信托）
公司英文名称（缩写）	COFCO Trust Co., Ltd.（COFCO TRUST）
公司法定代表人	邬小蕙
注册地址	北京市朝阳区朝阳门南大街8号中粮福临门大厦11层
邮政编码	100020
公司网站	http://www.cofco-trust.com

2.1.2　主要联系人及联系方式

信息披露负责人	辛伟
联系人	罗峰
联系电话	010-85005184
传真	010-85638655
电子信箱	luofeng@cofco.com
联系地址	北京市朝阳区朝阳门南大街8号中粮福临门大厦1108
邮政编码	100020

2.1.3　其他事项

2.1.3.1　公司选定《金融时报》作为本次信息披露的报纸。公司年报全文将备置在公司注册地址及网站供查询。

2.1.3.2　公司聘请的会计师事务所：天职国际会计师事务所（特殊普通合伙）

联系地址：北京市海淀区车公庄西路19号68号楼A-1和A-5区域

2.1.3.3　公司聘请的律师事务所：北京市君泽君律师事务所

联系地址：北京市西城区金融大街9号金融街中心南楼6层

2.2　组织结构

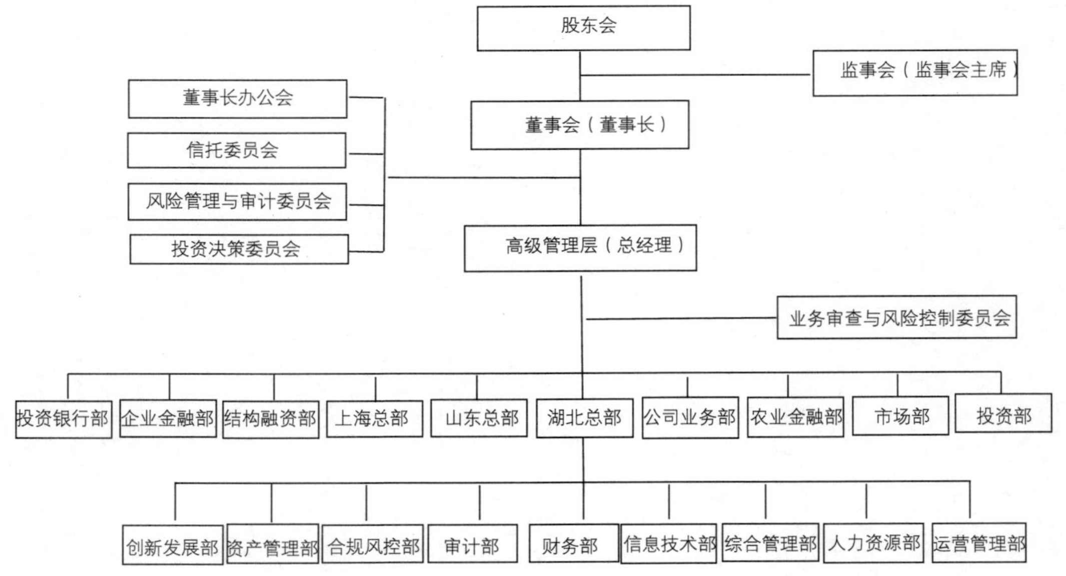

3. 公司治理结构

3.1 股东

3.1.1 报告期末股东总数，持有公司15%以上（含15%）股份（或出资比例）的股东名称（不足三个的，全部披露）、持股情况及其法定代表人等。若股东之间存在关联关系，应予以说明

股东总数:4个。

股东名称	出资比例(%)	法人代表
中粮集团有限公司★	72.009	宁高宁
中粮财务有限责任公司	4.0005	邬小蕙
中粮粮油有限公司	4.0005	栗明
蒙特利尔银行	19.99	不适用

注:1. 最终实际控制人在股东名称一栏中加★表示。

2. 中粮集团有限公司持有中粮粮油有限公司100%股权，持有中粮财务有限责任公司82.74%股权;中粮粮油有限公司持有中粮财务有限责任公司13%股权，与中粮财务有限责任公司同受中粮集团有限公司控制。

3.1.2 公司第一大股东的主要股东的名称、出资比例、法定代表人等

公司第一大股东中粮集团有限公司是国务院国有资产监督管理委员会履行出资人职责的国有独资公司。

3.2 董事

董事会成员

姓 名	职 务	性别	年龄	选任日期	所推举的股东名称	该股东持股比例(%)	简 要 履 历
邬小蕙	董事长	女	53	2012年10月	中粮集团有限公司	72.009	2012年11月至今任中粮集团有限公司副总裁，2002年2月至2012年11月任中粮集团有限公司总会计师，2003年至今兼任中英人寿保险有限公司、中怡保险经纪责任有限公司董事长，2004年10月至今兼任中粮集团有限公司金融事业部总经理，2009年7月至今任中粮信托有限责任公司董事长。
马建平	董事	男	50	2012年10月	中粮集团有限公司	72.009	2010年5月至今任中粮集团有限公司副总裁，2006年1月至今任中粮集团有限公司战略部总监，2009年7月至今任中粮信托有限责任公司董事。
马王军	董事	男	49	2012年10月	中粮集团有限公司	72.009	2012年11月至今任中粮集团总会计师，2010年5月至2012年11月任中粮集团有限公司集团总裁助理、副总会计师，2009年7月至今任中粮信托有限责任公司董事。
秦涛	董事	男	56	2012年10月	中粮集团有限公司	72.009	2000年8月至今任中粮集团有限公司财务部资金管理部总经理，2009年7月至今任中粮信托有限责任公司董事。
孙彦敏	董事	男	47	2012年10月	中粮财务有限责任公司	4.0005	2013年2月至今任中粮集团有限公司财务部总监，2002年5月至2013年5月担任中粮财务有限责任公司总经理，2009年7月至今任中粮信托有限责任公司董事。
俞 宁	董事	男	43	2012年10月	中粮粮油有限公司	4.0005	2003年1月至今任中英人寿保险有限公司资深副总裁。2009年7月至今任中粮信托有限责任公司董事。
Edgar Normund Legzdins(李凯昇)	董事	男	55	2012年10月	蒙特利尔银行	19.99	2008年至今任BMO国际业务集团高级副总裁及董事总经理;现任中粮信托有限责任公司董事。
Albert Chun-Ming Yu(余俊明)	董事	男	52	2012年10月	蒙特利尔银行	19.99	2009年至今任BMO银行金融集团亚洲区首席执行官，蒙特利尔银行(中国)有限公司行长;现任中粮信托有限责任公司董事。

注:第二届董事会于2012年10月组成，任期三年。

公司暂未设立独立董事，正在积极协调独立董事人选。

3.3 监事会

监事会成员

姓 名	职务	性别	年龄	选任日期	所推举的股东名称	该股东持股比例(%)	简要履历
戴昂	监事会主席、职工监事	男	59	2012年10月	职工代表大会	—	2000年7月至2009年5月任中粮集团有限公司审计部副总监，2009年5月至今任中粮集团有限公司审计部调研员，2009年7月至今任中粮信托有限责任公司监事、监事会主席。
初丰城	监事	男	50	2012年10月	中粮财务有限责任公司	4.0005	2000年至今任中粮集团财务部会计管理部总经理，2009年7月至今兼任中粮信托有限责任公司监事。

续表

姓 名	职务	性别	年龄	选任日期	所推举的股东名称	该股东持股比例(%)	简要履历
王 伟	监事	男	47	2012 年 10 月	中粮粮油有限公司	4.0005	2003 年 1 月加入中英人寿保险有限公司任职助理总裁，现任中英人寿保险有限公司副总裁，2009 年 7 月至今兼任中粮信托有限责任公司监事。
Roger Kung-Kit Heng(幸公杰)	监事	男	58	2012 年 10 月	蒙特利尔银行	19.99	1987 年加入蒙特利尔银行，历任北京代表处高级代表、蒙特利尔银行广州分行行长、负责全中国业务的董事、中国区总经理兼北京分行行长、中国区执行董事；现任蒙特利尔银行(中国)副行长；2012 年 10 月至今兼任中粮信托有限责任公司监事。

注：第二届监事会于 2012 年 10 月组成，任期 3 年。

3.4 高级管理人员

姓 名	职 务	性别	年龄	选任日期	金融从业年限	学历	专业
辛 伟	总经理	男	39	2009 年 7 月	17	博士研究生	政治经济学
陆吕佳	副总经理	女	41	2009 年 7 月	9	本科	经济学
应雷	副总经理	男	44	2009 年 7 月	19	本科	工业经济管理
马建泽	副总经理	男	41	2011 年 9 月	17	本科	国际金融
陈德彪	副总经理	男	41	2013 年 12 月	1	硕士研究生	EMBA
张勇	总经理助理	男	40	2009 年 7 月	15	博士研究生	政治经济学
陈众	总经理助理	男	41	2009 年 7 月	18	本科	会计学
吴江	总经理助理	男	40	2012 年 9 月	17	本科	国际金融
杨勇	总经理助理	男	35	2013 年 12 月	13	硕士研究生	金融学
张文生	总经理助理	男	40	2013 年 12 月	9	硕士研究生	EMBA
张瑜	董事会秘书	女	33	2013 年 12 月	7	硕士研究生	经济学/金融学

注：副总经理陈德彪、总经理助理吴江、杨勇、张文生的任职资格尚待银监会审查核准。

3.5 公司员工

项 目		报告期年度		上年度	
		人数	比例(%)	人数	比例(%)
年龄分布	20 岁以下	—	—	—	—
	20～29 岁	42	35.29	45	43.69
	30～39 岁	45	37.82	45	43.69
	40 岁以上	32	26.89	13	12.62
学历分布	博士	7	5.88	7	6.80
	硕士	69	57.98	64	62.14
	本科	38	31.93	27	26.21
	专科	4	3.36	4	3.88
	其他	1	0.84	1	0.97
岗位分布	董事、监事及其高管人员	11	9.24	7	6.80
	自营业务人员	5	4.20	5	4.85
	信托业务人员	65	54.62	58	56.31
	其他人员	38	31.93	33	32.04

4. 经营管理

4.1 经营目标、方针、战略规划

依托集团行业优势，把公司建成有产业特色的金融股权投资管理平台、农业金融服务平台和财富管理平台。

4.2 所经营业务的主要内容

4.2.1 固有资产运用与分布表(母公司)

资产运用	金额(万元)	占比(%)	资产分布	金额(万元)	占比(%)
货币资产	148 065.78	44.64	基础产业	9 900.00	2.98
贷款及应收款	66 900.00	20.17	房地产业	—	—
交易性金融资产	2 654.32	0.80	证券市场	2 654.32	0.80
可供出售金融资产	102 987.80	31.05	实业	—	—
持有至到期投资	—	—	金融机构	159 987.80	48.23
长期股权投资	9 510.00	2.87	其他	159 156.48	47.99
其他	1 580.70	0.47			
资产总计	331 698.60	100.00	资产总计	331 698.60	100.00

4.2.2 信托资产运用与分布表

资产运用	金额(万元)	占比(%)	资产分布	金额(万元)	占比(%)
货币资产	160 569.50	3.02	基础产业	1 823 020.41	34.34
贷款	4 208 752.56	79.27	房地产	177 904.14	3.35
交易性金融资产	—	—	证券市场	3 000.00	0.06
可供出售金融资产	148 096.71	2.79	实业	2 312 878.25	43.56
持有至到期投资	62 000.00	1.17	金融机构	577 544.27	10.88
长期股权投资	363 199.83	6.84	其他	414 840.34	7.81
其他	366 568.81	6.90			
信托资产总计	5 309 187.41	100.00	信托资产总计	5 309 187.41	100.00

4.3 市场分析

2013年中国经济仍处在复苏进程中，信托的运营受到宏观微观各层次经济变量的影响。

4.3.1 有利因素

(1)中国经济仍在快速发展的通道，以M_2为代表的货币财富增长显著。资产管理逐步进入分类牌照有序放开的大资管竞争时期，新技术发展带来新的金融创新，财富增长及金融工具平台的多样化给信托带来新的合作空间。

(2)货币政策转型及经济结构转型带来新的资产及资产定价机会，给信托资产管理带来新的机遇。

(3)以信托收益权转让、信托登记等监管及实务结合的规范化理念建设正在进行，这将进一步推进信托产品的认知、创新及良性发展。

4.3.2 不利因素

(1)宏观货币总量宽松与结构性钱荒并存，货币政策由宽松转为稳健，中国经济调结构正在进行时，信托之前快速发展所依托的货币环境及业务模式正在转型。

(2)中国利率正处在市场化的进程当中，收益率的提升间接影响信托资金来源的成本。

(3)货币环境转型及经济结构调整，有可能带来显性或隐性信用风险的暴露，给信托资产信用风险的管理带来新的挑战。

4.4 内部控制概况

4.4.1 内部控制环境和内部控制文化

公司严格按照《公司法》、《信托法》、《信托公司管理办法》等法律法规的框架建立信托业务的法人治理结构和运行模式，形成了股东会、董事会、监事会和经营管理层相互分离、相互制衡的机制，风险管理坚持合规优先、全程监控、细化流程三个原则，内部控制环境良好。

公司"三会"和高管层高度重视内部控制建设，业务部门主动开展动态检查，合规风控部对重点业务风险管理进行提示、监督，审计部定期评估内部控制体系的有效性。

4.4.2 内部控制措施

4.4.2.1 内控制度体系

严格分离。即对信托财产和固有财产严格实行分别管理、分别核算、分别记账。

制度保障。构建完善的公司内控体系，实现业务操作和内部管理的规范化、科学化。

公司不断加强信息化建设，财务系统、信托业务管理系统等逐步完善，从而提高了公司管理运作效率和风险控制能力。

4.4.3 信息交流与反馈

公司已根据监管部门的要求，认真按时报送各类业务信息、报告和报表，对监管机构提出的问题或建议，公司均给予及时、详细的信息反馈或制定整改措施。

公司能够严格执行向委托人、受益人披露信托事务处理信息的有关制度，确保相关当事人的知情权。

4.4.4 监督评价与纠正

监事(会)列席董事会、业务审查与风险控制委员会、高管层例会，对董事、高管层的行为实施监督；董事会通过听取高管层工作报告、月度、季度运行分析报告等，检查公司的日常工作，监督高管层的日常经营；高管层通过各部门月度、季度运行分析报告、部门日常汇报、列席部门会议、签署业绩合同、绩效考核等形式，保障公司各部门的正常运转。

4.5 风险管理

4.5.1 风险管理概况

4.5.1.1 信用风险状况

信用风险指交易对手不能履约而带来的风险。因宏观调控、经济周期引发的地方政府平台偿债能力下降、房地产及资本市场价格下跌，公司可能面临此类风险。

4.5.1.2 市场风险状况

市场风险是指公司在运营过程中可能因股价、市场汇率、利率及其他价格因素等变动而产生的风险。

2013年公司密切关注各类市场风险动态，有效防范和避免了市场风险。

4.5.1.3 操作风险状况

操作风险是由于内部程序、人员、系统的不完善或失误，或外部事件造成的风险。

报告期内，公司未发生此类操作风险。

4.5.1.4 其他风险状况

公司面临的其他风险主要表现为政策风险等。

报告期内，公司未发生其他风险。

4.5.2 风险管理

4.5.2.1 信用风险管理

公司加强项目动态检查，及时制订风险预案，集中力量防范和处置单体项目信用风险。

公司修订和完善《信托业务风险控制标准及操作指引(暂行)》、《信托业务动态管理工作指引(试行)》、《信托业务抵、质押登记操作管理办法(试行)》、《资产管理部信托业务档案管理操作细则(暂行)》等制度，完善了事前评估、事中控制、事后检查的风险控制流程，严格筛选交易对手，从源头上控制风险。

4.5.2.2 市场风险管理

公司指定专人跟踪证券市场、房地产、金融市场的变化；关注国家宏观政策变化，进行相应的资产组合管理；对股票质押类项目逐日盯市，定期重点检查房地产信托、集合信托项目，制定风险处置预案，增强可操作性并严格执行。

4.5.2.3 操作风险管理

对公司每一项业务内容，均制定了操作细则和操作流程，明确流程中每一环节的责任及权限。

4.5.2.4 其他风险管理

针对政策风险，公司密切关注监管政策变化，加强政策研究，加强与监管部门和同业的交流，充分发挥律师事务所、外部审计的职能与作用。

4.6 净资本管理概况

截至2013年12月31日，公司净资本≥2亿元，净资本/各项业务风险资本之和≥100%，净资本/净资产≥40%，符合监管要求。

5. 报告期末及上一年度末的比较式会计报表

5.1 自营资产

5.1.1 会计师事务所审计意见全文

审 计 报 告

天职业字〔2014〕6727 号

中粮信托有限责任公司全体股东：

我们审计了后附的中粮信托有限责任公司（以下简称“中粮信托”）财务报表，包括2013 年 12 月 31 日的合并资产负债表，2013 年度的合并利润表、合并所有者权益变动变动表和合并现金流量表以及财务报表附注。

一、管理层对财务报表的责任

编制和公允列报财务报表是中粮信托管理层的责任。这种责任包括：(1) 按照企业会计准则的规定编制财务报表，并使其实现公允反映。(2) 设计、执行和维护必要的内部控制，以使财务报表不存在由于舞弊或错误导致的重大错报。

二、注册会计师的责任

我们的责任是在执行审计工作的基础上对财务报表发表审计意见。我们按照中国注册会计师审计准则的规定执行了审计工作。中国注册会计师审计准则要求我们遵守中国注册会计师职业道德守则，计划和执行审计工作以对财务报表是否不存在重大错报获取合理保证。

审计工作涉及实施审计程序，以获取有关财务报表金额和披露的审计证据。选择的审计程序取决于注册会计师的判断，包括对由于舞弊或错误导致的财务报表重大错报风险的评估。在进行风险评估时，注册会计师考虑与财务报表编制和公允列报相关的内部控制，以设计适当的审计程序，但目的并非对内部控制的有效性发表意见。审计工作还包括评价管理层选用会计政策的恰当性和作出会计估计的合理性，以及评价财务报表的总体列报。

我们相信，我们获取的审计证据是充分、适当的，为发表审计意见提供了基础。

三、审计意见

我们认为，中粮信托财务报表在所有重大方面，按照企业会计准则的规定编制，公允反映了中粮信托 2013 年 12 月 31 日的合并财务状况以及 2013 年度的合并经营成果和合并现金流量。

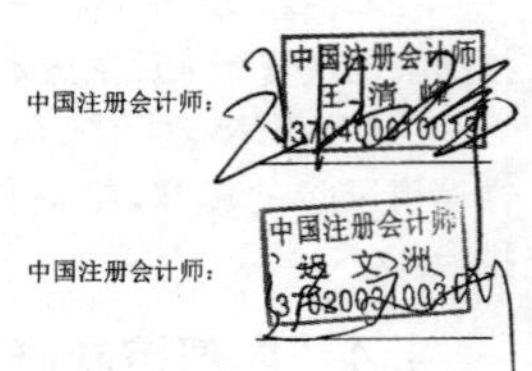

5.1.2 资产负债表

合并资产负债表

编制单位：中粮信托有限责任公司　　2013 年 12 月 31 日　　单位：元

项　　目	行次	期末数	期初数	附注编号
流动资产	1			
货币资金	2	1 535 944 573. 47	1 259 960 079. 95	八、(一)
△结算备付金	3			
△拆出资金	4			
交易性金融资产	5	26 543 224. 79	25 449 960. 75	八、(二)
应收票据	6			
应收账款	7	13 577 867. 47		八、(三)
预付款项	8	7 232 185. 13	128 664. 80	八、(四)
△应收保费	9			
△应收分保账款	10			
△应收分保合同准备金	11			
应收利息	12			
应收股利	13			
其他应收款	14	5 628 448. 16	2 577 917. 66	八、(五)
△买入返售金融资产	15			
存货	16			
其中：原材料	17			
库存商品(产成品)	18			
一年内到期的非流动资产	19			
其他流动资产	20			
流动资产合计	21	1 588 926 299. 02	1 288 116 623. 16	
非流动资产	22			

续表

项　　目	行次	期末数	期初数	附注编号
△发放贷款及垫款	23	669 000 000. 00	669 000 000. 00	八、(六)
可供出售金融资产	24	1 050 563 178. 63	364 127 555. 68	八、(七)
持有至到期投资	25			
长期应收款	26			
长期股权投资	27	75 157 979. 74	2 229 974. 72	八、(八)
投资性房地产	28			
固定资产原价	29	4 211 904. 96	3 900 539. 16	八、(九)
减:累计折旧	30	2 520 780. 74	1 625 442. 81	八、(九)
固定资产净值	31	1 691 124. 22	2 275 096. 35	八、(九)
减:固定资产减值准备	32			
固定资产净额	33	1 691 124. 22	2 275 096. 35	八、(九)
在建工程	34			
工程物资	35			
固定资产清理	36			
生产性生物资产	37			
油气资产	38			
无形资产	39	427 960. 64	1 050 655. 40	八、(十)
开发支出	40			
商誉	41			
长期待摊费用	42	862 590. 07	4 916 838. 79	八、(十一)
递延所得税资产	43	2 755 654. 04	1 337 114. 12	八、(十二)
其他非流动资产	44			
其中:特准储备物资	45			
非流动资产合计	46	1 800 458 487. 34	1 044 937 235. 06	
资产总计	65	3 389 384 786. 36	2 333 053 858. 22	

法定代表人:邬小蕙　　主管会计工作负责人:陈　众　　会计机构负责人:陈　众

合并资产负债表(续)

编制单位:中粮信托有限责任公司　　2013 年 12 月 31 日　　单位:元

项　　目	行次	期末数	期初数	附注编号
流动负债	66			
短期借款	67			
△向中央银行借款	68			
△吸收存款及同业存放	69			
△拆入资金	70			
交易性金融负债	71			
应付票据	72			
应付账款	73			
预收款项	74			
△卖出回购金融资产款	75			
△应付手续费及佣金	76			
应付职工薪酬	77	73 912 855. 77	48 526 577. 84	八、(十三)
其中:应付工资	78	69 125 745. 75	46 172 697. 50	
应付福利费	79			
#其中:职工奖励及福利基金	80			
应交税费	81	34 459 423. 85	24 045 801. 70	八、(十四)
其中:应交税金	82	34 182 963. 44	23 907 230. 96	
应付利息	83			

续表

项　目	行次	期末数	期初数	附注编号
应付股利	84			
其他应付款	85	1 790 800. 56	3 882 836. 05	八、(十五)
△应付分保账款	86			
△保险合同准备金	87			
△代理买卖证券款	88			
△代理承销证券款	89			
一年内到期的非流动负债	90			
其他流动负债	91			
流动负债合计	92	110 163 080. 18	76 455 215. 59	
非流动负债:	93			
长期借款	94			
应付债券	95			
长期应付款	96			
专项应付款	97			
预计负债	98			
递延所得税负债	99	628 626. 91	462 086. 43	八、(十二)
其他非流动负债	100	79 626. 17	1 743 688. 99	八、(十六)
其中:特准储备基金	101			
非流动负债合计	102	708 253. 08	2 205 775. 42	
负债合计	103	110 871 333. 26	78 660 991. 01	
所有者权益(或股东权益)	104			
实收资本(股本)	105	2 300 000 000. 00	1 499 812 523. 00	八、(十七)
国有资本	106			
集体资本	107			
法人资本	108	1 840 230 000. 00	1 200 000 000. 00	
其中:国有法人资本	109	1 840 230 000. 00	1 200 000 000. 00	
集体法人资本	110			
个人资本	111			
外商资本	112	459 770 000. 00	299 812 523. 00	
#减:已归还投资	113			
实收资本(或股本)净额	114	2 300 000 000. 00	1 499 812 523. 00	
资本公积	115	428 851 536. 64	429 163 711. 40	八、(十八)
减:库存股	116			
专项储备	117			
盈余公积	118	48 914 617. 60	28 462 767. 27	八、(十九)
其中:法定公积金	119	48 914 617. 60	28 462 767. 27	
任意公积金	120			
#储备基金	121			
#企业发展基金	122			
#利润归还投资	123			
△一般风险准备	124	124 561 248. 86	98 865 517. 92	八、(二十)
未分配利润	125	333 412 923. 58	165 267 631. 81	八、(二十一)
外币报表折算差额	126			
归属于母公司所有者权益合计	127	3 235 740 326. 68	2 221 572 151. 40	
*少数股东权益	128	42 773 126. 42	32 820 715. 81	
所有者权益合计	129	3 278 513 453. 10	2 254 392 867. 21	
负债和所有者权益总计	130	3 389 384 786. 36	2 333 053 858. 22	

法定代表人:邬小蕙　　　　主管会计工作负责人:陈　众　　　　会计机构负责人:陈　众

资产负债表

编制单位:中粮信托有限责任公司 2013年12月31日 单位:元

项目	行次	期末数	期初数	附注编号	项目	行次	期末数	期初数	附注编号
资产	1				负债	22			
现金及存放同业款项	2	1 480 657 843.47	1 187 983 681.60	七、(一)	向中央银行借款	23			
存放中央银行款项	3				同业及其他金融机构存放款项	24			
贵金属	4				拆入资金	25			
拆出资金	5				交易性金融负债	26			
交易性金融资产	6	26 543 224.79	25 449 960.75	七、(二)	衍生金融负债	27			
预付款项	7	7 139 961.65		七、(三)	卖出回购金融资产款	28			
衍生金融资产	8				吸收存款	29			
买入返售金融资产	9				应付职工薪酬	30	66 422 998.08	44 387 466.99	七、(十一)
应收利息	10				应交税费	31	30 777 016.71	19 623 224.66	七、(十二)
发放贷款及垫款	11	669 000 000.00	669 000 000.00	七、(四)	应付利息	32			
可供出售金融资产	12	1 029 877 973.15	364 127 555.68	七、(五)	预计负债	33			
持有至到期投资	13				应付债券	34			
长期股权投资	14	95 100 000.00	25 100 000.00	七、(六)	递延所得税负债	35	457 325.54		七、(九)
投资性房地产	15				其他负债	36	1 604 983.93	3 835 805.20	七、(十三)
固定资产	16	1 487 320.69	1 961 695.30	七、(七)	其中:其他应付款	37	1 604 983.93	3 835 805.20	
无形资产	17	408 494.44	1 001 989.00	七、(八)	递延收益	38			
递延所得税资产	18	993 996.17	346 619.09	七、(九)	负债合计	39	99 262 324.26	67 846 496.85	
其他资产	19	5 777 150.92	6 462 810.81	七、(十)	所有者权益	40			
其中:其他应收款	20	5 052 430.24	2 156 623.74		实收资本	41	2 300 000 000.00	1 499 812 523.00	七、(十四)
长期待摊费用	21	724 720.68	4 306 187.07		资本公积	42	428 577 465.10	429 147 619.72	七、(十五)
					减:库存股	43			
					盈余公积	44	48 914 617.60	28 462 767.27	七、(十六)
					风险准备金	45	124 561 248.86	98 865 517.92	七、(十七)
					未分配利润	46	315 670 309.46	157 299 387.47	七、(十八)
					所有者权益合计	47	3 217 723 641.02	2 213 587 815.38	
资产总计	21	3 316 985 965.28	2 281 434 312.23		负债和所有者权益总计	48	3 316 985 965.28	2 281 434 312.23	

法定代表人:邬小蕙 主管会计工作负责人:陈 众 会计机构负责人:陈 众

5.1.3 利润和利润分配表

合并利润表

编制单位:中粮信托有限责任公司 2013年度 单位:元

项 目	行次	本期金额	上期金额	附注编号
一、营业总收入	1	462 630 308.19	358 962 637.10	
其中:营业收入	2	43 506 718.92	31 153 175.49	八、(二十二)
其中:主营业务收入	3	43 506 718.92	31 153 175.49	
其他业务收入	4			
利息净收入	5	99 589 980.37	62 642 928.60	八、(二十三)
利息收入	6	99 589 980.37	62 642 928.60	八、(二十三)
利息支出	7			
△已赚保费	8			
手续费及佣金净收入	9	252 565 732.60	223 148 450.73	八、(二十四)
手续费及佣金收入	10	252 565 732.60	223 241 097.92	八、(二十四)
手续费及佣金支出	11		92 647.19	八、(二十四)
公允价值变动收益(损失以"允价号填列)	12	6 655 394.26	−1 321 568.55	八、(二十九)
投资收益(损失以"−"号填列)	13	60 456 649.25	54 763 657.09	八、(三十)

续表

项　　目	行次	本期金额	上期金额	附注编号
△汇兑收益(损失以"汇兑号填列)	14	-144 167.21	-11 424 006.26	
二、营业总成本	15	161 276 760.45	125 630 193.56	
其中:营业成本	16			
其中:主营业务成本	17			
其他业务成本	18			
△退保金	19			
△赔付支出净额	20			
△提取保险合同准备金净额	21			
△保单红利支出	22			
△分保费用	23			
营业税金及附加	24	21 669 992.37	19 928 592.46	八、(二十五)
销售费用	25			
管理费用	26	140 462 420.68	105 061 239.56	八、(二十六)
财务费用	27	-855 652.60	-359 638.46	八、(二十七)
其中:利息支出	28			
利息收入	29	-1 004 240.28	-358 283.62	
汇兑净损失(净收益以"兑净号填列)	30	144 729.31	-3 831.53	
资产减值损失	31		1 000 000.00	八、(二十八)
其他	32			
投资收益	33	1 091 426.18	878 216.44	八、(三十)
三、营业利润(亏损以"-"号填列)	34	302 444 973.92	234 210 659.98	
加:营业外收入	35	3 459 971.38	7 750 114.55	八、(三十一)
其中:非流动资产处置利得	36	888.46	108.20	
非货币性资产交换利得	37			
政府补助	38	2 428 030.82	7 750 006.35	
债务重组利得	39			
减:营业外支出	40	446 953.59	3 422.88	八、(三十二)
其中:非流动资产处置损失	41	368.37		
非货币性资产交换损失	42			
债务重组损失	43			
四、利润总额(亏损总额以"-"号填列)	44	305 457 991.71	241 957 351.65	
减:所得税费用	45	81 468 632.31	68 457 630.78	八、(三十三)
五、净利润(净亏损以"-"号填列)	46	223 989 359.40	173 499 720.87	
归属于母公司所有者的净利润	47	214 292 873.04	166 519 256.74	
*少数股东损益	48	9 696 486.36	6 980 464.13	
六、每股收益	49			
基本每股收益	50			
稀释每股收益	51			
七、其他综合收益	52	-56 250.51	230 327.68	八、(三十四)
八、综合收益总额	53	223 933 108.89	173 730 048.55	
归属于母公司所有者的综合收益总额	54	213 980 698.28	166 747 127.73	
*归属于少数股东的综合收益总额	55	9 952 410.61	6 982 920.82	

法定代表人:邬小蕙　　主管会计工作负责人:陈　众　　会计机构负责人:陈　众

利润表

编制单位:中粮信托有限责任公司　　2013 年度　　单位:元

项　　目	行次	本期金额	上期金额	附注编号
一、营业收入	1	419 123 589.27	327 977 461.61	
利息净收入	2	99 589 980.37	62 642 928.60	七、(十九)
利息收入	3	99 589 980.37	62 642 928.60	
利息支出	4			
手续费及佣金净收入	5	252 565 732.60	223 148 450.73	七、(二十)
手续费及佣金收入	6	252 565 732.60	223 241 097.92	
手续费及佣金支出	7		92 647.19	
投资收益(损失以"－"号填列)	8	60 456 649.25	54 763 657.09	七、(二十一)
其中:对联营企业和合营企业的投资收益	9			
公允价值变动收益(损失以"－"号填列)	10	6 655 394.26	－1 321 568.55	七、(二十二)
汇兑收益(损失以"－"号填列)	11	－144 167.21	－11 424 006.26	七、(二十九)
其他业务收入	12		168 000.00	七、(二十三)
二、营业支出	13	139 708 074.62	110 769 850.52	
营业税金及附加	14	20 021 761.39	18 387 743.59	七、(二十四)
业务及管理费	15	119 686 313.23	91 382 106.93	七、(二十五)
资产减值损失	16		1 000 000.00	七、(二十六)
其他业务成本	17			
三、营业利润(亏损以"－"号填列)	18	279 415 514.65	217 207 611.09	
加:营业外收入	19	947 140.10	5 921 268.26	七、(二十七)
减:营业外支出	20	446 585.22	378.02	七、(二十八)
四、利润总额(亏损总额以"－"号填列)	21	279 916 069.53	223 128 501.33	
减:所得税费用	22	75 397 566.27	63 645 776.70	七、(三十)
五、净利润(净亏损以"－"号填列)	23	204 518 503.26	159 482 724.63	
六、每股收益	24			
基本每股收益	25			
稀释每股收益	26			
七、其他综合收益	27	－570 154.62	225 394.55	七、(三十一)
八、综合收益总额	28	203 948 348.64	159 708 119.18	

法定代表人:邬小蕙　　主管会计工作负责人:陈　众　　会计机构负责人:陈　众

5.1.4 所有者权益变动表

合并所有者权益变动表

编制单位：中粮信托有限责任公司　　　　2013 年度　　　　单位：元

项目	行次	本年金额										
		归属于母公司所有者权益									少数股东权益	所有者权益合计
		实收资本（或股本）	资本公积	减：库存股	专项储备	盈余公积	Δ一般风险准备	未分配利润	其他	小计		
栏次	—	1	2	3	4	5	6	7	8	9	10	11
一、上年年末余额	1	1 499 812 523.00	429 163 711.40	—	—	28 462 767.27	98 865 517.92	165 267 631.81	—	2 221 572 151.40	32 820 715.81	2 254 392 867.21
加：会计政策变更	2	—	—	—	—	—	—	—	—	—	—	—
前期差错更正	3	—	—	—	—	—	—	—	—	—	—	—
二、本年年初余额	4	1 499 812 523.00	429 163 711.40	—	—	28 462 767.27	98 865 517.92	165 267 631.81	—	2 221 572 151.40	32 820 715.81	2 254 392 867.21
三、本年增减变动金额（减少以"—"号填列）	5	800 187 477.00	-312 174.76	—	—	20 451 850.33	25 695 730.94	168 145 291.77	—	1 014 168 175.28	9 952 410.61	1 024 120 585.89
（一）净利润	6							214 292 873.04		214 292 873.04	9 696 486.36	223 989 359.40
（二）其他综合收益	7		-312 174.76							-312 174.76	255 924.25	-56 250.51
综合收益小计	8	—	-312 174.76	—	—	—	—	214 292 873.04	—	213 980 698.28	9 952 410.61	223 933 108.89
（三）所有者投入和减少资本	9	800 187 477.00	—	—	—	—	—	—	—	800 187 477.00	—	800 187 477.00
1. 所有者投入资本	10	800 187 477.00								800 187 477.00		800 187 477.00
2. 股份支付计入所有者权益的金额	11									—		—
3. 其他	12									—		—
（四）专项储备提取和使用	13	—	—	—	—	—	—	—	—	—		—
1. 提取专项储备	14									—		—
2. 使用专项储备	15									—		—
（五）利润分配	16					20 451 850.33	25 695 730.94	-46 147 581.27		—		—
1. 提取盈余公积	17					20 451 850.33		-20 451 850.33		—		—
其中：法定公积金	18					20 451 850.33		-20 451 850.33		—		—
任意公积金	19									—		—
#储备基金	20									—		—
#企业发展基金	21									—		—
#利润归还投资	22									—		—
2. 提取一般风险准备	23						25 695 730.94	-25 695 730.94		—		—
3. 对所有者（或股东）的分配	24									—		—
4. 其他	25									—		—
（六）所有者权益内部结转	26	—	—	—	—	—	—	—	—	—	—	—
1. 资本公积转增资本（或股本）	27									—		—
2. 盈余公积转增资本（或股本）	28									—		—
3. 盈余公积弥补亏损	29									—		—
4. 其他	30									—		—
四、本年年末余额	31	2 300 000 000.00	428 851 536.64	—	—	48 914 617.60	124 561 248.86	333 412 923.58	—	3 235 740 326.68	42 773 126.42	3 278 513 453.10

合并所有者权益变动表

编制单位:中粮信托有限责任公司　　2013 年度　　单位:元

项　目	行次	上年金额										
		归属于母公司所有者权益									少数股东权益	所有者权益合计
		实收资本(或股本)	资本公积	减:库存股	专项储备	盈余公积	△一般风险准备	未分配利润	其他	小计		
栏次	12	13	14	15	16	17	18	19	20	21	22	
一、上年年末余额	1	1 200 000 000. 00	−1 251 636. 59			12 514 494. 81	47 450 000. 00	66 112 165. 45	—	1 324 825 023. 67	25 837 794. 99	1 350 662 818. 66
加:会计政策变更	2									—		
前期差错更正	3									—		
二、本年年初余额	4	1 200 000 000. 00	−1 251 636. 59	—	—	12 514 494. 81	47 450 000. 00	66 112 165. 45	—	1 324 825 023. 67	25 837 794. 99	1 350 662 818. 66
三、本年增减变动金额(减少以"−"号填列)	5	299 812 523. 00	430 415 347. 99	—	—	15 948 272. 46	51 415 517. 92	99 155 466. 36	—	896 747 127. 73	6 982 920. 82	903 730 048. 55
(一)净利润	6							166 519 256. 74		166 519 256. 74	6 980 464. 13	173 499 720. 87
(二)其他综合收益	7		227 870. 99							227 870. 99	2 456. 69	230 327. 68
综合收益小计	8	—	227 870. 99	—	—	—	—	166 519 256. 74	—	166 747 127. 73	6 982 920. 82	173 730 048. 55
(三)所有者投入和减少资本	9	299 812 523. 00	430 187 477. 00	—	—	—	—	—	—	730 000 000. 00	—	730 000 000. 00
1. 所有者投入资本	10	299 812 523. 00	430 187 477. 00							730 000 000. 00		730 000 000. 00
2. 股份支付计入所有者权益的金额	11									—		—
3. 其他	12									—		—
(四)专项储备提取和使用	13	—	—	—	—	—	—	—	—	—		—
1. 提取专项储备	14									—		—
2. 使用专项储备	15									—		—
(五)利润分配	16					15 948 272. 46	51 415 517. 92	−67 363 790. 38		—		—
1. 提取盈余公积	17					15 948 272. 46		−15 948 272. 46		—		—
其中:法定公积金	18					15 948 272. 46		−15 948 272. 46		—		—
任意公积金	19									—		—
#储备基金	20									—		—
#企业发展基金	21									—		—
#利润归还投资	22									—		—
2. 提取一般风险准备	23						51 415 517. 92	−51 415 517. 92		—		—
3. 对所有者(或股东)的分配	24									—		—
4. 其他	25									—		—
(六)所有者权益内部结转	26	—	—	—	—	—	—	—	—	—	—	—
1. 资本公积转增资本(或股本)	27									—		—
2. 盈余公积转增资本(或股本)	28									—		—
3. 盈余公积弥补亏损	29									—		—
4. 其他	30									—		—
四、本年年末余额	31	1 499 812 523. 00	429 163 711. 40	—	—	28 462 767. 27	98 865 517. 92	165 267 631. 81	—	2 221 572 151. 40	32 820 715. 81	2 254 392 867. 21

法定代表人:邬小蕙　　主管会计工作负责人:陈众　　会计机构负责人:陈众

所有者权益变动表

编制单位：中粮信托有限责任公司　　　　2013 年度　　　　单位：元

项目	行次	本期金额							上期金额						
		实收资本（或股本）	资本公积	减：库存股	盈余公积	风险准备金	未分配利润	所有者权益合计	实收资本（或股本）	资本公积	减：库存股	盈余公积	风险准备金	未分配利润	所有者权益合计
一、上年年末余额	1	1 499 812 523.00	429 147 619.72		28 462 767.27	98 865 517.92	157 299 387.47	2 213 587 815.38	1 200 000 000.00	−1 265 251.83		12 514 494.81	47 450 000.00	65 180 453.22	1 323 879 696.20
加：会计政策变更	2														
前期差错更正	3														
其他	4														
二、本年年初余额	5	1 499 812 523.00	429 147 619.72		28 462 767.27	98 865 517.92	157 299 387.47	2 213 587 815.38	1 200 000 000.00	−1 265 251.83		12 514 494.81	47 450 000.00	65 180 453.22	1 323 879 696.20
三、本年增减变动金额（减少以"－"号填列）	6	800 187 477.00	−570 154.62		20 451 850.33	25 695 730.94	158 370 921.99	1 004 135 825.64	299 812 523.00	430 412 871.55		15 948 272.46	51 415 517.92	92 118 934.25	889 708 119.18
（一）净利润	7						204 518 503.26	204 518 503.26						159 482 724.63	159 482 724.63
（二）其他综合收益	8		−570 154.62					−570 154.62		225 394.55					225 394.55
上述（一）和（二）小计	9		−570 154.62				204 518 503.26	203 948 348.64		225 394.55				159 482 724.63	159 708 119.18
（三）所有者投入和减少资本	10	800 187 477.00						800 187 477.00	299 812 523.00	430 187 477.00					730 000 000.00
1. 所有者投入资本	11	800 187 477.00						800 187 477.00	299 812 523.00	430 187 477.00					730 000 000.00
2. 股份支付计入所有者权益的金额	12														
3. 其他	13														
（四）利润分配	14				20 451 850.33	25 695 730.94	−46 147 581.27					15 948 272.46	51 415 517.92	−67 363 790.38	
1. 提取盈余公积	15				20 451 850.33		−20 451 850.33					15 948 272.46		−15 948 272.46	
2. 提取一般风险准备	16					25 695 730.94	−25 695 730.94						51 415 517.92	−51 415 517.92	
3. 对所有者（或股东）的分配	17														
4. 其他	18														
（五）所有者权益内部结转	19														
1. 资本公积转增资本（或股本）	20														
2. 盈余公积转增资本（或股本）	21														
3. 盈余公积弥补亏损	22														
4. 其他	23														
（六）专项储备	24														
1. 本期提取	25														
2. 本期使用	26														
（七）其他	27														
四、本年年末余额	28	2 300 000 000.00	428 577 465.10		48 914 617.60	124 561 248.86	315 670 309.46	3 217 723 641.02	1 499 812 523.00	429 147 619.72		28 462 767.27	98 865 517.92	157 299 387.47	2 213 587 815.38

法定代表人：邹小蕙　　　　主管会计工作负责人：陈　众　　　　会计机构负责人：陈　众

5.2 信托资产

5.2.1 信托项目资产负债汇总表

信托项目资产负债表

编制单位：中粮信托有限责任公司　　2013 年 12 月 31 日　　单位：万元

信托资产	年初数	期末数	信托负债和信托权益	年初数	期末数
信托资产			信托负债		
货币资金	6 340 900. 03	160 569. 50	交易性金融负债	—	—
拆出资金	—	—	衍生金融负债	—	—
存出保证金	—	—	应付受托人报酬	—	—
交易性金融资产	10 148. 82	—	应付托管费	—	—
衍生金融资产	—	—	应付受益人收益	—	—
买入返售金融资产	95 000. 00	60 000. 00	应交税费	—	—
应收款项	196 730. 00	266 226. 81	应付销售服务费	—	—
发放贷款	4 734 440. 64	4 208 752. 56	其他应付款项	5 826. 93	12 532. 24
可供出售金融资产	293 518. 19	148 096. 71	预计负债	—	—
持有至到期投资	64 695. 00	62 000. 00	其他负债	—	—
长期应收款	—	—	信托负债合计	5 826. 93	12 532. 24
长期股权投资	579 419. 81	363 199. 83			
投资性房地产	—	—	信托权益		
固定资产	—	—	实收信托	12 358 807. 17	5 279 396. 99
无形资产	—	—	资本公积	—	—
长期待摊费用	—	—	损益平准金	—	—
其他资产	84 870. 00	40 342. 00	未分配利润	35 088. 39	17 258. 18
减：各项资产减值	—	—	信托权益合计	12 393 895. 56	5 296 655 17
信托资产总计	12 399 722. 49	5 309 187. 41	信托负债及信托权益总计	12 399 722. 49	5 309 187. 41

5.2.2 信托项目利润及利润分配汇总表

信托项目利润及利润分配表

编制单位：中粮信托有限责任公司　2013 年度　　单位：万元

项　目	本年累计数	上年累计数
1. 营业收入	529 415. 06	596 886. 70
1. 1 利息收入	410 886. 12	485 852. 55
1. 2 投资收益（损失以“－”号填列）	114 910. 45	108 768. 12
1. 2. 1 其中：对联营企业和合营企业的投资收益	—	—
1. 3 公允价值变动收益（损失以“—”号填列）	—	—
1. 4 租赁收入	—	—
1. 5 汇兑损益（损失以“—”号填列）	—	—
1. 6 其他收入	3 618. 49	2 266. 03
2. 支出	45 848. 72	58 110. 04
2. 1 营业税金及附加	702. 45	445. 11
2. 2 受托人报酬	22 660. 99	20 123. 72
2. 3 托管费	3 361. 43	3 719. 16
2. 4 投资管理费	—	6 717. 24
2. 5 销售服务费	1 791. 62	2 063. 43
2. 6 交易费用	—	12. 13
2. 7 资产减值损失	—	—
2. 8 其他费用	17 332. 22	25 029. 25

续表

项　目	本年累计数	上年累计数
3. 信托净利润（净亏损以“—”号填列）	483 566. 34	538 776. 66
4. 其他综合收益	—	—
5. 综合收益	483 566. 34	538 776. 66
6. 加：期初未分配信托利润	35 088. 39	43 391. 81
7. 可供分配的信托利润	518 654. 73	582 168. 47
8. 减：本期已分配信托利润	501 396. 55	547 080. 08
9. 期末未分配信托利润	17 258. 18	35 088. 39

6. 会计报表附注

6.1 报告年度会计报表编制基准、会计政策、会计估计和核算方法发生的变化

报告年度公司会计报表编制基准、会计政策、会计估计和核算方法未发生变化。

6.2 或有事项说明

公司报告期内无或有事项。

6.3 重要资产转让及其出售的说明

公司报告期内无重要资产转让及出售情况。

6.4 会计报表中重要项目的明细资料

6.4.1 披露自营资产经营情况

6.4.1.1 按信用风险五级分类结果披露信用风险资产的期初数、期末数

信用风险资产五级分类	正常类（万元）	关注类（万元）	次级类（万元）	可疑类（万元）	损失类（万元）	信用风险资产合计（万元）	不良资产合计（万元）	不良资产率（%）
期初数	10 000.00	60 000.00	—	—	—	—	—	—
期末数	10 000.00	60 000.00	—	—	—	—	—	—

注：不良资产合计＝次级类＋可疑类＋损失类。

6.4.1.2 各项资产减值损失准备的期初、本期计提、本期转回、本期核销、期末数，贷款的一般准备、专项准备和其他资产减值准备应分别披露

单位：万元

	期初数	本期计提	本期转回	本期核销	期末数
贷款损失准备	3 100.00	—	—	—	3 100.00
一般准备	—	—	—	—	—
专项准备	3 100.00	—	—	—	3 100.00
其他资产减值准备	—	—	—	—	—
可供出售金融资产减值准备	—	—	—	—	—
持有至到期投资减值准备	—	—	—	—	—
长期股权投资减值准备	—	—	—	—	—
坏账准备	—	—	—	—	—
投资性房地产减值准备	—	—	—	—	—

6.4.1.3 自营股票投资、基金投资、债券投资、股权投资等投资业务的期初数、期末数

单位：万元

	自营股票	基金	债券	长期股权投资
期初数	2 545.00	—	2 905.80	2 510.00
期末数	2 654.32	14 182.93	14 244.87	9 510.00

6.4.1.4 前五名的自营长期股权投资的企业名称、占被投资企业权益的比例、主要经营活动及投资收益情况等

企业名称	占被投资企业权益的比例（%）	主要经营活动	投资收益（万元）
1. 中粮农业产业基金管理有限责任公司	50.20	投资管理及咨询	—
2. 贵州茅台酒厂（集团）习酒有限责任公司	1.3222	生产、销售白酒等	—

6.4.1.5 前五名的自营贷款的企业名称、占贷款总额的比例和还款情况等

企业名称	占贷款总额的比例（%）	还款情况（万元）
1. 北京高华证券有限责任公司	85.71	尚未到期
2. 成都市新津县工业投资经营有限责任公司	14.29	尚未到期

6.4.1.6 表外业务的期初数、期末数，按照代理业务、担保业务和其他类型表外业务分别披露

单位：万元

表外业务	期初数	期末数
担保业务	—	—
代理业务（委托业务）	—	—
其他	—	—
合计	—	—

注：代理业务主要反映因客观原因应规范而尚未完成规范的历史遗留委托业务，包括委托贷款和委托投资。

6.4.1.7 公司当年的收入结构

收入结构	金额（万元）	占比（%）
营业收入	4 350.68	9.33
手续费及佣金收入	25 256.57	54.19
其中：信托手续费收入	25 256.57	
投资银行业务收入	—	
利息收入	9 959.00	21.37
其他业务收入	—	
其中：计入信托业务收入部分	—	
投资收益	6 045.66	12.97
其中：交易性金融资产投资收益	70.92	
可供出售金融资产收益	5 974.74	
公允价值变动收益	665.54	1.43
汇兑损益	−14.42	−0.03
营业外收入	346.00	0.74
收入合计	46 609.03	100.00

注：营业收入是子公司基金管理费收入，手续费及佣金收入、利息收入、其他业务收入、投资收益、营业外收入均应为损益表中的一级科目，其中手续费及佣金收入、利息收入、营业外收入为未抵减掉相应支出的全年累计实现收入数。

6.4.2 披露信托资产管理情况

6.4.2.1 信托资产的期初数、期末数

单位：万元

信托资产	期初数	期末数
集合	1 007 152.00	705 499.45
单一	11 025 390.12	4 454 265.86
财产权	367 180.37	149 422.10
合计	12 399 722.49	5 309 187.41

6.4.2.1.1 主动管理型信托业务期初数、期末数，分证券投资、股权投资、融资、事务管理类分别披露

单位：万元

主动管理型信托资产	期初数	期末数
证券投资类	—	—
股权投资类	500 816.11	284 148.09
融资类	1 617 101.19	977 881.24
事务管理类	76 583.31	53 603.02
其他投资类	899 788.94	455 103.88
合计	3 094 289.55	1 770 736.23

6.4.2.1.2　被动管理型信托业务期初数、期末数，分证券投资、股权投资、融资、事务管理类分别披露

单位：万元

被动管理型信托资产	期初数	期末数
证券投资类	—	—
股权投资类	50 000.00	50 002.92
融资类	2 947 409.33	3 367 945.54
事务管理类	—	3 600.00
其他类	6 308 023.61	116 902.72
合计	9 305 432.94	3 538 451.18

6.4.2.2　本年度已清算结束的信托项目个数、实收信托合计金额、加权平均实际年化收益率

6.4.2.2.1　本年度已清算结束的集合类、单一类资金信托项目和财产管理类信托项目个数、金额、加权平均实际年化收益率

已清算结束信托项目	项目个数	合计金额（万元）	加权平均实际年化收益率（%）
集合类	17	291 166.18	9.23
单一类	90	3 186 205.00	6.63
财产管理类	11	84 585.82	7.47

注：1. 加权平均实际年化收益率 =（信托项目 1 的实际年化收益率 × 信托项目 1 的资产总计 + 信托项目 2 的实际年化收益率 × 信托项目 2 的资产总计 + … + 信托项目 n 的实际年化收益率 × 信托项目 n 的资产总计）/（信托项目 1 的资产总计 + 信托项目 2 的资产总计 + … + 信托项目 n 的资产总计）×100%。

2. 包含已完成兑付但截至 2013 年末尚未完成银行销户手续的项目。

6.4.2.2.2　本年度已清算结束的主动管理型信托项目个数、合计金额、加权平均实际年化收益率，分证券投资、股权投资、融资、事务管理类分别披露

已清算结束信托项目	项目个数	合计金额（万元）	加权平均实际年化收益率（%）
证券投资类	—	—	—
股权投资类	1	200 000.00	7.9
融资类	41	1 153 696.18	8.11
事务管理类	3	94 000.00	7.28
其他投资类	23	158 975.82	9.42

6.4.2.2.3　本年度已清算结束的被动管理型信托项目个数、合计金额、加权平均实际年化收益率，分证券投资、股权投资、融资、事务管理类分别披露

已清算结束信托项目	项目个数	合计金额（万元）	加权平均实际年化收益率（%）
证券投资类	—	—	—
股权投资类	—	—	—
融资类	40	1 808 250.00	5.90
事务管理类	8	1 900.00	—
其他投资类	2	145 135.00	5.87

6.4.2.3　本年度新增的集合类、单一类和财产管理类信托项目个数、合计金额

单位：万元

新增信托项目	项目个数	合计金额
集合类	8	677 400.00
单一类	76	3 336 100.00
财产管理类	10	77 500.00
新增合计	94	4 091 000.00
其中：主动管理型	20	1 036 279.00
被动管理型	74	3 054 721.00

6.4.2.4　信托业务创新成果和特色业务有关情况

2013 年中粮信托加大“金融支农”力度，探索农业金融服务新模式，共成立了作为特色业务的农业金融信托项目 23 个，成立的信托项目如“中粮·东升农民玉米种植专业合作社农村土地承包经营权信托”、“中粮·胜平农民玉米种植合作社农村土地承包经营权信托”等，发行规模 31.49 亿元，服务涉农企业 42 家，惠及农户约 3458 户、土地 9 万多亩。

6.4.2.5　公司履行受托人义务情况及因公司自身责任而导致的信托资产损失情况（合计金额、原因等）

公司在报告期内无上述情况。

6.5　关联方关系及其交易的披露

6.5.1　关联交易方的数量、关联交易的总金额及关联交易的定价政策等

	关联交易数量（个）	关联交易金额（万元）	定价政策
合计	7	19 155.24	本公司与关联方之间的交易采用市场价格进行定价

注：关联交易是指信托公司以自有资产、信托资产为关联方提供投融资等服务，或以担保等方式为关联方融资提供便利的业务。关联交易的统计范围应基本与银监会非现场监管信息系统中关于关联交易的范围和口径一致，也可增加为关联方提供咨询等其他非投融资类业务服务的信息。

6.5.2　关联交易方与公司的关系性质、关联交易方的名称、法定代表人、注册地址、注册资本及主营业务等

关系性质	关联方名称	法定代表人	注册地址	注册资本（万元）	主营业务
母公司	中粮集团有限公司	宁高宁	北京	197 776.80	贸易
子公司	中粮农业产业基金管理有限责任公司	邬小蕙	北京	5 000.00	投资管理及咨询
受本公司之母公司重大影响	龙江银行股份有限公司	杨进先	哈尔滨	436 000.00	商业银行业务

6.5.3　逐笔披露公司与关联方的重大交易事项

6.5.3.1　固有财产与关联方：贷款、投资、租赁、应收账款、担保、其他方式等期初汇总数、本期发生额汇总数、期末汇总数

单位：万元

固有财产与关联方关联交易				
	期初数	借方发生额	贷方发生额	期末数
贷款	—	—	—	—
投资	—	—	—	—
租赁	—	402.78	102.06	300.72
担保	—	—	—	—
应收账款	—	—	—	—
其他	—	—	—	—
合计	—	402.78	102.06	300.72

6.5.3.2 信托资产与关联方：贷款、投资、租赁、应收账款、担保、其他方式等期初汇总数、本期发生额汇总数、期末汇总数

单位：万元

信托资产与关联方关联交易				
	期初数	借方发生额	贷方发生额	期末数
贷款	2 000.00	—	—	2 000.00
投资	—	—	—	—
租赁	—	—	—	—
担保	—	—	—	—
应收账款	—	—	—	—
其他	—	15 492.46	—	15 492.46

6.5.3.3 固有财产与信托财产之间的交易金额期初汇总数、本期发生额汇总数、期末汇总数

单位：万元

固有财产与信托财产相互交易			
	期初数	本期发生额	期末数
合计	—	3 260.00	3 260.00

6.5.3.4 信托资产与信托财产之间的交易金额期初汇总数、本期发生额汇总数、期末汇总数

单位：万元

信托资产与信托财产相互交易			
	期初数	本期发生额	期末数
合计	20 000.00	—	20 000.00

6.5.4 逐笔披露关联方逾期未偿还公司资金的详细情况以及公司为关联方担保发生或即将发生垫款的详细情况

无。

6.6 会计制度的披露

公司固有业务和信托业务，同时执行财政部 2006 年 2 月 15 日颁布的《企业会计准则——基本准则》和 38 项具体会计准则、其后颁布的企业会计准则应用指南、企业会计准则解释以及其他相关规定。

7. 财务情况说明书

7.1 利润实现和分配情况

2013 年度，公司实现净利润 20 451.85 万元。提取法定盈余公积 2 045.19 万元，提取一般风险准备 1 546.98 万元，提取信托赔偿准备 1 022.59 万元，年末可供分配的利润 31 567.03 万元。

7.2 主要财务指标

指标名称	指标值（%）
资本利润率（%）	8.83
人均净利润（万元）	182.61

注：1. 资本利润率＝净利润/所有者权益平均余额×100%。

2. 人均净利润＝净利润/年平均人数。

3. 平均值采取年初及各季末余额移动算术平均法。

4. 公式为：a（平均）＝（$a_0/2+a_1+a_2+a_3+a_4/2$）/4。

7.3 对本公司财务状况、经营成果有重大影响的其他事项

公司无上述事项。

8. 特别事项揭示

8.1 前五名股东报告期内变动情况及原因

报告期内股东未发生变动。

8.2 董事、监事及高级管理人员变动情况及原因

12 月 31 日，公司董事会同意选聘陈德彪先生担任公司副总经理、张文生先生、杨勇先生担任公司总经理助理，张瑜女士担任公司董事会秘书。上述新任副总经理、总经理助理人选的任职资格尚待中国银行业监督管理委员会核准。

8.3 公司的重大诉讼事项

因“中粮信托·九合地产股权投资集合资金信托计划”项下相关义务人未履行义务，公司于 2013 年 1 月 6 日在北京市第二中级人民法院对相关义务人提起了营业信托纠纷诉讼，要求北京九合创业房地产开发有限公司（“九合地产”）的股东红香坊（北京）国际服装贸易有限公司等义务人支付信托受益权受让价款，并支付违约金。

经北京市第二中级人民法院调解，公司与相关义务人达成了和解，并由北京市第二中级人民法院制作了调解书。根据调解书，九合地产的董事会成员、法定代表人及管理层成员均全部变更为公司指定的人担任；九合地产除公司以外的股东所持九合地产的股权（合计 25%）全部划转至公司名下；公司给予九合地产原股东收购公司所持九合地产股权的权利。调解书生效后，公司相继按照调解书的规定更换了九合地产的董事会成员及法定代表人，并将九合地产其他两个股东的股权全部过户至公司名下。

8.4 对会计师事务所出具的有保留意见、否定意见或无法表示意见的审计报告的，公司董事会应就所涉及事项作出说明

会计师事务所对公司出具了标准无保留意见的审计报告。

8.5 公司及其董事、监事和高级管理人员受到处罚的情况

2013年12月30日中国银监会对公司下发了《中国银监会办公厅关于中粮信托有限责任公司现场检查意见书》(银监办发[2013]313号)。

8.6 中国银监会及其派出机构对公司检查后提出整改意见的,应简单说明整改情况

对于监管意见(银监办发[2013]313号),公司高度重视,认真研究形成整改方案,全面落实检查意见,对检查中发现的问题逐一整改。提高合规经营意识,加强合规管理,强化公司治理执行机制,完善合规风控组织架构。确立科学战略定位,提高自主资产管理能力。梳理内控体系和流程,查找薄弱环节和风险隐患,加强公司中后台管理基础工作力度,加强与监管部门的沟通机制,细化完善岗位问责机制。目前,公司已将整改情况书面呈报中国银监会。

8.7 本年度重大事项临时报告的简要内容、披露时间、所披露的媒体及其版面

2014年1月24日,公司在《金融时报》第7版登载了增资、修改公司章程的公告。

8.8 中国银监会及其省级派出机构认定的其他有必要让客户及相关利益人了解的重要信息

无。

9. 公司监事会意见

监事会认为报告期内,公司依法运作、决策程序合法有效,没有发现公司董事、高级管理层履行职务时有违法违规、违反公司章程或损害公司股东利益的行为。公司财务报告经天职国际会计师事务所(特殊普通合伙)审计,真实反映了公司财务状况和经营成果。

中融国际信托有限公司

1. 重要提示

本公司董事会及董事保证本报告所载资料不存在任何虚假记载、误导性陈述或者重大遗漏，并对其内容的真实性、准确性和完整性承担个别及连带责任。本年度报告摘要摘自年度报告全文，客户及相关利益人欲了解详细内容，应阅读年度报告全文。

本公司独立董事保证本报告所载资料不存在任何虚假记载、误导性陈述或者重大遗漏，并对其内容的真实性、准确性和完整性承担个别及连带责任。

公司董事长刘洋先生、财务总监连晋华先生声明：保证年度报告中财务报告的真实、完整。

2. 公司概况

2.1 公司简介

2.1.1 法定中文名称：中融国际信托有限公司（简称中融信托，以下称公司或本公司）

2.1.2 法定英文名称：Zhongrong International Trust Co.，Ltd.（缩写："ZRT"）

2.1.3 法定代表人：刘洋

2.1.4 注册地址：黑龙江省哈尔滨市南岗区嵩山路33号
邮政编码：150090

2.1.5 公司国际互联网网址：www.zritc.com

2.1.6 电子邮箱：zritc@zritc.com

2.1.7 公司信息披露事务负责人姓名：黄威
联系电话：010－58878260
传真：010－58878111
电子信箱：huangwei@zritc.com

2.1.8 公司选定的信息披露报纸名称：《金融时报》

2.1.9 年度报告备置地点：黑龙江省哈尔滨市南岗区嵩山路33号2层　北京市西城区金融街武定侯街2号泰康国际大厦9层

2.1.10 公司聘请的会计师事务所名称：天职国际会计师事务所
住所：北京市海淀区车公庄西路19号外文文化创意园12号楼

2.1.11 公司聘请的律师事务所名称：中伦律师事务所上海分所
住所：上海市浦东新区世纪大道8号国金中心二期10～11楼

2.2 组织结构

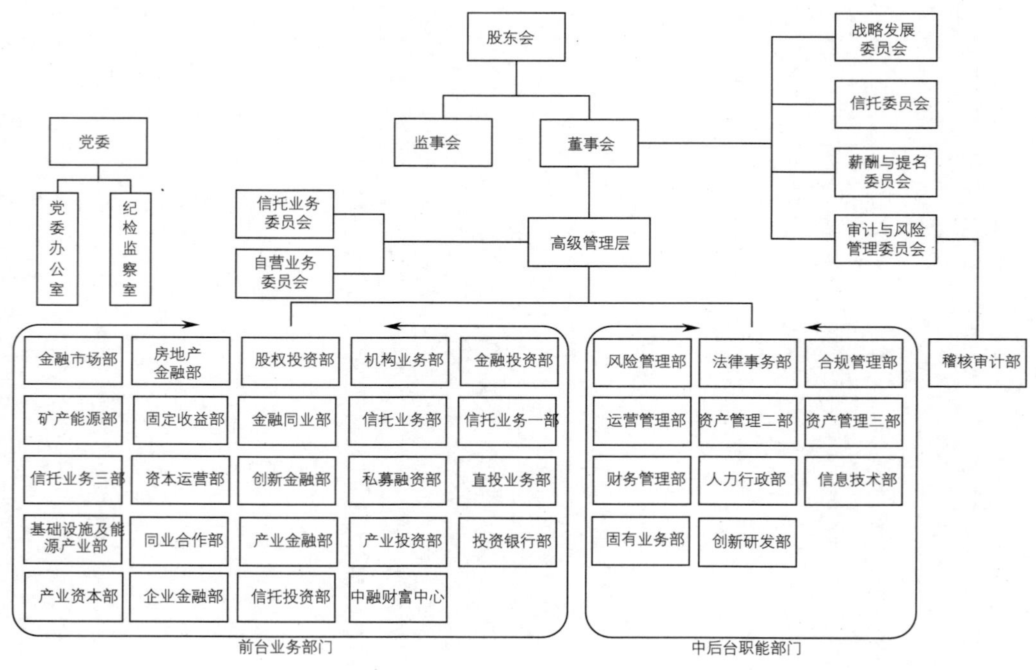

3. 公司治理结构

3.1 股东

3.1.1 持股股东情况

报告期末，本公司由4家股东共同出资构成，经纬纺织机械股份有限公司为实际控制人。出资比例达10%以上的股东情况如下：

股东

股东名称	出资比例(%)	法人代表
经纬纺织机械股份有限公司	37.47	叶茂新
中植企业集团有限公司	32.99	刘秀坤
哈尔滨投资集团有限责任公司	21.54	冯晓江

3.1.2 公司第一大股东的主要股东情况

公司第一大股东为经纬纺织机械股份有限公司，其主要股东情况如下：

第一大股东

股东名称	出资比例(%)	法定代表人
中国纺织机械(集团)有限公司	31.13	张　杰

3.2 董事

董事长、副董事长、董事

姓名	职务	性别	年龄	选任日期	所推举的股东名称	所推举的股东持股比例(%)
刘　洋	董事长	男	39	2009年5月	经纬纺织机械股份有限公司	37.47
姚育明	副董事长	男	53	2010年7月	经纬纺织机械股份有限公司	37.47
赫小铂	董事	女	50	2010年4月	哈尔滨投资集团有限责任公司	21.54
范　韬	董事	男	46	2005年3月	经纬纺织机械股份有限公司	37.47

董事长、副董事长、董事

	董事简要履历
刘　洋	自2009年5月起任本公司董事长，曾任中植高科技投资有限公司负责人，上海中植金智科技投资有限公司财务总监，中植企业集团副总裁兼财务总监，中植企业集团首席执行官。
姚育明	自2010年7月起任本公司副董事长，现任经纬纺织机械股份有限公司总经理、中国恒天集团有限公司党委委员；曾任经纬纺机厂厂长助理兼金融办公室主任，中国纺机集团财务有限公司董事长，内蒙古日信证券有限责任公司董事长，经纬纺织机械股份有限公司常务副总经理。
赫小铂	自2010年4月起任本公司董事，现任哈尔滨投资集团有限责任公司总经理助理、资本运营部部长；曾任哈尔滨市投资公司总经理办公室副部长、综合计划部部长。
范　韬	自2005年3月起任本公司董事，曾任职于中国证监会哈尔滨特派员办事处发行监管处、机构监管处。

独立董事

姓　名	所在单位及职务	性别	年龄	选任日期	所推举的股东名称	所推荐的股东持股比例(%)	简　要　履　历
李　辉	瑞信方正证券有限责任公司企业融资部执行董事	男	43	2010年7月	—	—	自2010年7月起任本公司独立董事；现任瑞信方正证券有限责任公司企业融资部执行董事，曾任联合证券投资银行部高级经理，汉唐证券投资银行部副总经理，银河证券投资银行部业务总监，安信证券投资银行部业务总监。

3.3 监事

监事

姓　名	职务	性别	年龄	选任日期	所推举的股东名称	该股东持股比例(%)	简　要　履　历
高兴山	监事长	男	50	2009年4月	中植企业集团有限公司	32.99	自2009年4月起任本公司监事长，曾任中植企业集团有限公司副总裁、本公司董事长。
毛发青	监事	男	45	2010年7月	经纬纺织机械股份有限公司	37.47	自2010年7月起任本公司监事，现任经纬纺织机械股份有限公司财务总监；曾任经纬纺织机械股份有限公司会计室主任、财务部部长。
刘立刚	监事	男	44	2010年1月	职工监事	—	自2010年1月起任本公司监事，现为本公司稽核审计部副总经理；曾任利安达信隆会计师事务所部门经理，黑龙江省宇华担保投资股份有限公司财务总监，北亚实业(集团)股份有限公司财务部副部长，内蒙古立丰房地产开发有限公司财务总监。

3.4 高级管理人员

高级管理人员

姓名	职务	性别	年龄	选任日期	金融从业年限	学历	专业
范　韬	总裁	男	46	2010 年 2 月	17 年	本科	矿业机械
游　宇	常务副总裁	男	40	2013 年 6 月	17 年	硕士	金融管理
王　海	副总裁	男	51	2010 年 2 月	31 年	硕士	EMBA
吴侨峰	副总裁	男	38	2010 年 2 月	15 年	硕士	金融学
刘伟器	副总裁	男	40	2010 年 2 月	11 年	本科	俄语
何志强	副总裁	男	39	2011 年 10 月	8 年	硕士	工商管理
张　东	副总裁	男	42	2013 年 6 月	16 年	本科	焊接工艺及设备
杨　巍	副总裁	女	36	2013 年 6 月	6 年	硕士	民法学
连晋华	财务总监	男	55	2010 年 6 月	5 年	本科	会计学
黄　威	合规总监	女	40	2010 年 10 月	16 年	硕士	会计学

高级管理人员

	高级管理人员简要履历
范　韬	自 2010 年 2 月起任本公司总裁，曾任职于中国证监会哈尔滨特派员办事处发行监管处、机构监管处。
游　宇	自 2013 年 6 月起任本公司常务副总裁，曾任中国银监会非银部副处长。
王　海	自 2010 年 2 月起任本公司副总裁，曾任哈尔滨国际信托投资公司金融租赁部经理，本公司信托业务部总经理。
吴侨峰	自 2010 年 2 月起任本公司副总裁，曾任本公司金融市场部总经理、本公司总裁助理。
刘伟器	自 2010 年 2 月起任本公司副总裁，曾任济南发祥置业有限公司董事长，中植企业集团副总裁，哈尔滨市融兴典当行主管会计，上海中融汇投资担保公司财务总监。
何志强	自 2011 年 10 月起任本公司副总裁，曾任北京盟科置业有限公司工程部总经理助理，本公司金融市场部总经理，本公司总裁助理。
张　东	自 2013 年 6 月起任本公司副总裁，曾任哈尔滨铁路局工程师，天元证券经纪有限公司信息技术部总经理，江海证券经纪有限公司信息技术部副总经理，本公司信息技术部总经理，人力资源部总经理（兼行政管理部总经理），行政总监。
杨　巍	自 2013 年 6 月任本公司副总裁，曾任北京兆泰置地房地产公司法务部主任，总裁办主任，北京证泰律师事务所律师，北京中银律师事务所律师，本公司金融市场部副总经理，房地产金融部总经理，机构业务部总经理、执行总裁。
连晋华	自 2010 年 6 月起任本公司财务总监，曾任经纬纺机厂审计室主任，经纬机械集团山西纺织机械有限公司总会计师，经纬纺织机械股份有限公司战略管理部部长。
黄　威	自 2010 年 10 月起任本公司合规总监，曾任中国银监会业务创新监管协作部理财业务监管岗主理。

3.5 公司员工

公司员工

项　目		2012 年度		2013 年度	
		人数	比例（%）	人数	比例（%）
年龄分布	25 岁以下	95	7.78	142	8.77
	25～29 岁	552	45.21	720	44.44
	30～39 岁	473	38.74	637	39.32
	40 岁以上	101	8.27	121	7.47
学历分布	博士	6	0.49	12	0.73
	硕士	508	41.61	745	45.99
	本科	599	49.06	739	45.62
	专科	94	7.70	103	6.36
	其他	14	1.14	21	1.30
岗位分布	董事、监事及高管人员	19（外部 6 人）	1.06	19（外部 6 人）	0.80
	自营业务人员	6	0.49	2	0.12
	信托业务人员	784	64.21	1045	64.51
	其他人员	418	34.24	560	34.57

4. 经营管理

4.1 经营目标、方针、战略规划

公司积极推动实现业务增长方式和发展模式的转变，持续优化风险管理体系、人力资源管理体系、信息管理系统、财务管理体系和品牌管理体系，重点提升项目专业管理能力，大力培养专业管理人才，有序扩大市场份额；建立创新激励驱动机制，搭建产品创新平台，发掘新的业务领域和交易模式，实现传统优势业务和新兴市场业务的多元化产品配置；进一步优化资产配置，逐步扩大资产规模，提升资源使用效率；提高客户管理水平，通过信息管理平台逐步完善客户服务内容，提高客户忠诚度和满意度。在保证资产规模、收入规模、市场占有率的基础上逐步推进产品结构的调整和“渐进式”的管理体制调整，从规范风险管理、人力资源管理、系统管理、品牌管理、财务管理等方面推动业务良性发展，逐步实现公司向持续型、精细化发展的经营模式转型。

4.2 所经营业务的主要内容

4.2.1 经营概况

年末，公司管理资产 4 882.23 亿元，较年初增加 1 825.10

亿元，增长59.70%。自有资产96.88亿元，占1.98%；信托资产4 785.35亿元，占98.02%。公司实现收入48.98亿元，较上年增加10.89亿元，增长28.60%；公司净资产76.45亿元，较年初增长57.85%；净资本69.48亿元，较年初增长60.06%；风险资本48.31亿元，较年初增长85.01%；净资本覆盖率(净资本/风险资本)143.81%，较年初下降22.41个百分点，净资本结余21.17亿元，较年初增加3.87亿元。

4.2.2 信托业务

公司遵循业务结构调整战略，各项业务分布相对呈均衡态势。

报告期末，信托资产运用与投向的明细情况见下表。

信托资产运用与分布表

资产运用	金额(万元)	占比(%)	资产分布	金额(万元)	占比(%)
货币资产	976 633.98	2.04	基础产业	13 347 418.05	27.89
贷款	16 030 399.93	33.50	房地产	5 305 915.30	11.09
交易性金融资产投资	3 143 788.81	6.57	证券市场	4 991 912.64	10.43
可供出售金融资产投资	5 321 088.95	11.12	实业	16 808 618.47	35.12
持有至到期投资	—	—	金融机构	5 118 786.56	10.70
长期股权投资	8 148 028.69	17.03	其他	2 280 839.37	4.77
其他	14 233 550.03	29.74			
信托资产总计	47 853 490.39	100.00	信托资产总计	47 853 490.39	100.00

4.2.3 自营业务

本年度，公司自有资金主要以高流动性的资产形式管理，同时为满足自有资金保值和增值的需要，还在一定范围内进行了投资管理，主要用于交易性金融产品及可供出售金融产品的投资。

自营资产运用与分布表

资产运用	金额(万元)	占比(%)	资产分布	金额(万元)	占比(%)
货币资产	843 153	87.04	基础产业		
贷款及应收款			房地产业		
交易性金融资产投资	23 910	2.47	证券市场	56 999	5.88
可供出售金融资产投资	37 679	3.89	实业		
持有至到期投资			金融机构	2 867	0.30
长期股权投资	7 511	0.78	其他	908 885	93.82
其他	56 498	5.82			
资产总计	968 751	100	资产总计	968 751	100

4.3 市场分析

4.3.1 有利因素

从外部环境看，2013年，国内宏观经济运行整体平稳，无论是资本、产业还是货币市场，均保持了较为旺盛的信托投融资需求。十八届三中全会提出提高直接融资比重、推进社会融资结构转变，为信托业的稳定增长提供了良好的政策保障；居民财富的增长、城镇化等国家战略的推进都为信托业带来了巨大的发展空间。此外，《关于规范商业银行理财业务投资运作有关问题的通知》出台，使得银信合作进一步得以规范，从长期看有利于信托业规范发展，有助于进一步推动信托公司向构建内涵式发展、高附加值产品结构、差异化市场定位的创新业务模式迅速转变。

从内部环境看，2013年，公司资本实力持续增强，受托管理资产规模稳定增长，近两年公司前瞻性地对业务结构和信托资产投向进行合理布局的优势得以显现，盈利结构较为健康，对市场和政策环境变化带来的风险与冲击的抵御能力进一步增强。顺利完成第四届董事会、监事会的过渡，公司治理结构日趋完善、运行良好、运作高效，专业化、创新化的资产管理能力和贯穿前中后台的风险管理能力持续提升。

4.3.2 不利因素

国际金融危机的深度影响仍在继续，世界经济呈现复苏缓慢的态势，国内宏观经济在"十二五"期间进入下行通道，产业结构转型带来的矛盾依然突出。此外，保险、证券、基金行业的监管政策开放力度进一步加大，其他金融机构涉足信托传统领域，金融混业竞争加剧，信托业面临着在经济改革发展中重新定位、实现全面战略转型的挑战。

4.4 内部控制

4.4.1 内部控制环境和内部控制文化

公司高度重视内部控制基础建设，全面夯实和完善公司治理、组织架构、人力资源和信息系统建设，为有效实施内部控制营造了良好的环境。公司建立了规范的公司治理机制，形成了授权清晰、运作规范、科学有效的决策、执行、监督机制，公司董事会、监事会、管理层和各部门均认真履行内控职责；根据信托业务、固有业务流程和内部控制的需要，建立了合理的组织架构，职责分工明确，报告路线清晰；建立了与内部控制相适应的人力资源政策，确保关键岗位的人员具有专业胜任能力并定期接受相关培训；建立了安全实用、覆盖所有业务环节的信息系统，使各项业务活动信息化、流程化、自动化，减少或消除人为干预和操作失误，为内部控制提供技术保障和系统支持。

公司十分关注并逐步培育"管理层高度重视、内控人人有责和违规必受追究"的内控文化，初步形成了以风险控制为导向的管理理念和经营风格，提高了全体员工的风险防范意识，使内控制度得到自觉遵守。2013年，公司通过不定期开展宣导教育、优化和完善内控制度与流程、坚决贯彻内控问责制度等方式，努力培育内控文化，公司内部控制能力得到有效提升。

4.4.2 内部控制措施

公司在内部控制基础、程序等各项环节均建立了比较完整的制度和流程，包括内部控制制度和涉及信托业务、自营业务、风险管理、合规管理、运营管理、营销发行、财务管理、人力资源、信息系统、法律事务、稽核审计、行政管理等全方位的制度和流程。2013年，公司开展了以全面风险管理为导向的内控体系建设项目，编制了《企业内部控制手册》，并通过风险现状及内部控制评估，对可能面临的潜在风险因素进行全面、系统的识别和分析，发现并确定风险点，对重要风险点进行定性和定量评估，确定风险应对策略和控制重点，推进公司内部控制体系的完善和优化。此外，公司大幅提升信息化水平，各项业务及基础管理工作主要依靠信息系统完成，搭建了包括 TCMP 综合业务管理平台、集合理财产品登记过户系统、恒生资产管理系统、恒生股指期货系统及档案管理系统等，实现了业务流程审批、资金运用审批以及集合理财产品信息和合同登记、委托人信息保管、档案信息保管的电子化，实现了信息化建设与业务发展和经营管理需要相匹配。

4.4.3 信息交流与反馈

公司建立了信息报告、信息披露、信息分享和举报投诉等机制。对重要事项的跟踪、报告机制涵盖了报告事项、报告责任主体、报告形式、报告流程、报告频率等内容，对规定事项及时向股东会、董事会、监事会、高级管理层和监管部门报告。2013 年，根据监管要求，对集合资金信托计划、房地产信托计划、增加注册资本、高级管理人员变更等重要事项，公司均按要求履行了报备或报批程序；对于监管部门提出的意见，均予以及时详细地反馈，并报告了整改措施与落实情况；对于内外部经营管理信息、创新业务和行业研究报告等进行定期收集和分析，并通过网络平台、会议交流等方式实现信息广泛共享；对于不涉及商业秘密、知识产权的信息，均在公司内部网站公开，便于全体员工学习。公司通过公开信息披露机制，接受社会公众的监督，增进了公司与委托人之间的信息交流和沟通。公司通过搭建全方位的信息交流与反馈平台，加强了运行透明度和反舞弊机制的建设。公司设置了举报途径便捷、处理原则公开、处理程序公正、保护举报人合法权益的举报投诉机制，防止由于隐瞒违规行为而造成的损失扩大或内控缺陷得不到及时整改的情况发生。

4.4.4 监督评价与纠正

公司建立了风险管理和内部控制的监督评价体系，对经营管理及业务运行过程进行全面的监督和评价。公司建立健全内控制度、完善业务流程，实现制度监督；加强项目尽职调查管理、风险审查、合规审查，并进行审查监督；对信托项目后续管理进行运营监督、风险管控；通过常规审计、专项审计、内控评价，对业务情况、财务状况、内部控制进行全方位、全过程审计监督。对各项监督评价活动中发现的制度流程设计缺陷、违规行为、执行不力等问题，建立了规范的报告和整改跟踪程序，确保缺陷得到改进、违规行为得到处罚，有效地提升了公司内控管理水平。

2013 年，公司内审部门按照规定完成了内部控制评价工作，认为公司各项内控制度健全，内控流程设计合理，并能够得到有效执行，为公司经营管理合法合规、业务发展平稳健康提供了保障。

4.5 风险管理概况

4.5.1 风险状况

4.5.1.1 信用风险状况

（1）信用风险主要集中领域。根据 2013 年末的统计，公司融资类信托资产占全部信托资产 47.31%，按信贷资产五级分类口径统计，无不良融资类信托资产及不良贷款。

（2）抵押品确认的主要原则。最大限度降低价格变动对第二还款来源造成的不利影响，选择质地优良的证券作为质押物，以价格稳定的土地和房产作为抵押，一般设置 50% 的抵（质）押率；保证贷款要求担保人财务状况、经营效益良好，按银行信用等级评定标准核定，原则上信用等级必须为 A 级（含）以上。

（3）一般准备与专项准备的计提方法：依据《信托公司管理办法》，信托赔偿准备金按净利润 5% 提取，报告期公司提取信托赔偿准备金 13 097.40 元，期末余额 32 000.00 万元；依据财政部《金融企业准备金计提管理办法》（财金［2012］20 号），一般风险准备按照风险资产的 1.5% 计提，报告期计提一般风险准备 –118.60 万元。

4.5.1.2 市场风险状况

公司市场风险主要涉及证券投资自营业务、信托业务以及上市公司股权收益权信托业务等。

2013 年末，上述信托资产规模占全部信托资产的 7.45%。对于此类业务，公司通过结构化信托安排和严密管理措施，始终能够确保优先受益人的资金安全。

4.5.1.3 操作风险状况

操作风险广泛存在于公司所有业务活动中，监控效果不仅受客观条件制约，也受到员工主观因素的影响。公司规范各项业务流程、加强内控的同时，也注重提高员工素质和责任心的培养，避免因责任心不足导致操作失误。报告期未发生因操作风险所造成的损失，未发现较大的操作风险事件暴露。

4.5.1.4 其他风险状况

其他风险主要包括法律风险、合规风险及声誉风险等。法律风险是指因公司违反法律规定、监管协议或者因交易对手产生合同纠纷，致使公司遭受处罚或者诉讼的风险。合规风险是指因公司没有遵循法律、规则和准则而遭受法律制裁、监管处罚、出现重大损失的风险。公司面临的声誉风险是指因缺少声誉应急处理能力、不能妥善处理媒体关系以及未建立声誉风险管理机制而导致声誉损失的风险。目前，公司的法律风险、合规风险及声誉风险均处于较低水平。

4.5.2 风险管理

4.5.2.1 信用风险管理

信用风险管理的具体措施包括：一是完善信用风险管理制度体系；二是完善信用风险限额管理和监测；三是完善行业研究和准入机制；四是完善投资业务的担保措施管理。

4.5.2.2 市场风险管理

为做好市场风险管理，公司成立资产管理三部对证券业务的市场风险进行管理，并且配备了较强的软硬件支持。目前，该部拥有 100 条业务专线，并搭建了恒生资管系统、恒生期货资管系统、铭创资管系统、铭创伞形资管系统等先进的信息化操作系统和风控系统，重点对产品的警戒线和止损线进行一对一跟踪监控，及时控制风险。

4.5.2.3 操作风险管理

重点管理措施包括：一是进一步完善操作风险管理制度；二是先后上线了项目管理、会计管理等系统；三是通过强化内控基础，优化内控措施，持续提升“三道防线体系”的运行效率和效果。

4.5.2.4 其他风险管理

(1)法律风险。公司高度重视法律风险管理,由高级管理层负责对法律风险控制情况进行监督,将法律风险防范贯穿项目始终。

(2)合规风险。公司积极稳妥地推进合规管理体系建设。年度内,公司制定了多项合规制度,补充了合规性风险管理的内涵和外延。公司加强对员工的培训,要求员工合法合规开展各项业务。此外,公司积极配合监管部门的工作,确保监管政策得以贯彻落实。

(3)声誉风险。公司完善了声誉风险管理机制,搭建了全面的声誉风险管理框架。

5. 报告期末及上一年度末的比较式会计报表

5.1 自营资产

5.1.1 会计师事务所审计意见

天职业字[2014]2589号审计报告审计意见:"中融信托财务报表在所有重大方面按照企业会计准则的规定编制,公允反映了中融信托2013年12月31日的财务状况及合并财务状况以及2013年度的经营成果和现金流量及合并经营成果和合并现金流量。"

5.1.2 资产负债表

合并资产负债表

编制单位:中融国际信托有限公司　　2013年12月31日　　单位:元

项目	行次	合并		母公司	
		期末数	期初数	期末数	期初数
资产	1				
货币资金	2	8 431 528 471.74	4 936 999 730.05	8 102 684 486.03	4 822 553 334.22
结算备付金	3				
拆出资金	4				
交易性金融资产	5	239 097 846.44	276 665 724.16	239 097 846.44	276 665 724.16
买入返售金融资产	6				
应收账款	7	436 252.30			
应收利息	8	64 114.99			
发放贷款及垫款	9				
存出保证金	10				
存货	11				
可供出售金融资产	12	376 788 993.41	570 852 379.82	374 788 993.41	570 852 379.82
长期股权投资	13	75 108 024.37	49 357 636.42	320 208 930.24	148 377 636.42
商誉	14				
投资性房地产	15				
固定资产	16	33 900 861.94	33 766 441.72	27 422 115.04	32 204 449.33
无形资产	17	25 374 571.55	7 348 500.76	20 357 927.63	7 334 197.05
递延所得税资产	18	447 010 225.56	281 569 681.53	447 010 225.56	281 569 681.53
其他资产	19	58 197 129.96	69 626 866.75	51 438 930.97	69 044 522.87
其中:其他应收款	20	37 473 699.52	44 408 888.37	33 721 418.35	43 826 544.49
长期待摊费用	21	20 723 430.44	25 217 978.38	17 717 512.62	25 217 978.38
	22				
	23				
	24				
资产总计	25	9 687 506 492.26	6 226 186 961.21	9 583 009 455.32	6 208 601 925.40

法定代表人:刘　洋　　主管会计工作负责人:连晋华　　会计机构负责人:代宝香

合并资产负债表(续)

编制单位:中融国际信托有限公司　　2013年12月31日　　单位:元

项目	行次	合并		母公司	
		期末数	期初数	期末数	期初数
负债及所有者权益	26				
短期借款	27				
拆入资金	28				
卖出回购金融资产款	29				

续表

项　目	行次	合并		母公司	
		期末数	期初数	期末数	期初数
代理买卖证券款	30				
代理承销证券款	31				
应付账款	32	316 466. 21			
预收账款	33	23 921 136. 53	29 745 346. 54	23 886 172. 03	29 745 346. 54
应付职工薪酬	34	1 527 249 852. 24	1 005 886 550. 66	1 514 455 279. 07	1 005 491 398. 78
应交税费	35	460 371 082. 11	319 614 756. 19	459 065 960. 81	316 545 385. 18
应付利息	36				
长期借款	37				
递延所得税负债	38				
其他负债	39	30 163 399. 90	27 548 639. 54	27 326 636. 08	27 548 639. 54
负债总计	40	2 042 021 936. 99	1 382 795 292. 93	2 024 734 047. 99	1 379 330 770. 04
实收资本(股本)	41	1 600 000 000. 00	1 475 000 000. 00	1 600 000 000. 00	1 475 000 000. 00
资本公积	42	1 273 699 094. 95	511 210 988. 04	1 273 699 094. 95	511 210 988. 04
盈余公积	43	585 039 617. 41	375 888 002. 91	585 039 617. 41	375 888 002. 91
一般风险准备	44	334 587 179. 94	204 799 168. 53	334 587 179. 94	204 799 168. 53
未分配利润	45	3 736 867 334. 02	2 276 493 508. 80	3 764 949 515. 03	2 262 372 995. 88
外币报表折算差额	46				
归属于母公司所有者权益合计	47	7 530 193 226. 32	4 843 391 668. 28	7 558 275 407. 33	4 829 271 155. 36
少数股东权益	48	115 291 328. 95			
所有者权益总计	49	7 645 484 555. 27	4 843 391 668. 28	7 558 275 407. 33	4 829 271 155. 36
负债和所有者权益总计	50	9 687 506 492. 26	6 226 186 961. 21	9 583 009 455. 32	6 208 601 925. 40

法定代表人：刘　洋　　　主管会计工作负责人：连晋华　　　会计机构负责人：代宝香

5. 1. 3　利润表

利润表

编制单位：中融国际信托有限公司　　　2013 年度　　　单位：元

项　目	行次	合并		母公司	
		本期数	上期数	本期数	上期数
一、营业总收入	1	4 898 115 721. 11	3 808 931 196. 53	4 895 552 308. 88	3 755 491 782. 12
利息净收入	2	340 742 194. 17	80 833 253. 62	337 848 791. 68	80 833 253. 62
利息收入	3	340 742 194. 17	81 660 031. 30	337 848 791. 68	81 660 031. 30
利息支出	4		826 777. 68		826 777. 68
手续费及佣金净收入	5	4 542 050 100. 01	3 533 810 991. 94	4 540 657 245. 93	3 533 810 991. 94
手续费及佣金收入	6	4 542 050 100. 01	3 533 810 991. 94	4 540 657 245. 93	3 533 810 991, 94
手续费及佣金支出	7				
营业收入	8		53 439 414. 41		
投资收益	9	−36 589 452. 81	−6 437 885. 02	−36 568 546. 94	−6 437 885. 02
公允价值变动损益	10	−10 108 433. 46	43 053 026. 34	−10 108 433. 46	43 053 026. 34
汇兑损益	11	−2 074 191. 54	−30 297. 13	−372 253. 07	−30 297. 13
其他业务收入	12	64 095 504. 74	104 262 692. 37	64 095 504. 74	104 262 692. 37
二、营业总支出	13	2 191 126 688. 50	1 781 517 496. 43	2 113 971 187. 86	1 740 094 687. 56
营业成本	14				
营业税金及附加	15	262 216 891. 70	210 896 900. 40	262 136 933. 84	207 904 293. 20
业务及管理费	16	1 928 909 796. 80	1 570 620 596. 03	1 851 834 254. 02	1 532 190 394. 36
资产减值损失	17				
其他业务成本	18	—	—		
三、营业利润	19	2 706 989 032. 61	2 027 413 700. 10	2 781 581 121. 02	2 015 397 094. 56

续表

项　　目	行次	合并		母公司	
		本期数	上期数	本期数	上期数
加:营业外收入	20	3 549 149.49	12 138 449.92	2 787 149.49	12 138 449.92
减:营业外支出	21	2 128 016.11	4 637 746.23	2 128 016.11	4 624 404.27
四、利润总额	22	2 708 410 165.99	2 034 914 403.79	2 782 240 254.40	2 022 911 140.21
减:所得税费用	23	690 805 385.91	510 602 541.11	690 724 109.34	507 585 265.57
五、净利润	24	2 017 604 780.08	1 524 311 862.68	2 091 516 145.06	1 515 325 874.64
归属于母公司所有者的净利润	25	2 049 313 451.13	1 524 311 862.68	2 091 516 145.06	1 515 325 874.64
少数股东损益	26	−31 708 671.05	—	—	—
六、其他综合收益/(亏损)	27	−112 511 893.09	−2 022 758.37	−112 511 893.09	−2 022 758.37
七、综合收益/(亏损)总额	28	1 905 092 886.99	1 522 289 104.31	1 979 004 251.97	1 513 303 116.27
归属公司所有者的综合收益/(亏损)总额	29	1 936 801 558.04	1 522 289 104.31	1 979 004 251.97	1 513 303 116.27
归属少数股东的综合收益/(亏损)总额	30	−31 708 671.05	—	—	—

法定代表人:刘　洋　　　　主管会计工作负责人:连晋华　　　　会计机构负责人:代宝香

5.2　信托资产

5.2.1　信托项目资产负债汇总表

单位:万元

项　　目	2013 年 12 月 31 日	2012 年 12 月 31 日
信托资产		
货币资金	976 633.98	921 309.32
交易性金融资产	3 143 788.81	2 116 076.50
买入返售金融资产	494 172.99	227 187.51
应收款项	370 752.94	154 113.68
发放贷款	16 030 399.93	4 759 021.71
可供出售金融资产	5 321 088.95	2 523 345.07
长期股权投资	8 148 028.69	6 684 521.64
长期待摊费用	5 664.09	11 101.94
其他资产	13 362 960.01	12 551 954.82
信托资产总计	47 853 490.39	29 948 632.19
信托负债		
应付受托人报酬	43 043.88	21 221.57
应付托管费	9 917.16	5 237.52
应付受益人收益	132 396.43	69 759.62
应付销售服务费	24.00	2 824.64
其他应付款项	172 068.66	79 840.24
其他负债	39.27	16.08
信托负债合计	357 489.40	178 899.67
信托权益		
实收信托	45 496 660.72	28 096 338.74
资本公积	1 988 999.56	1 913 861.85
未分配利润	10 340.71	−240 468.07
信托权益合计	47 496 000.99	29 769 732.52
信托负债和信托权益总计	47 853 490.39	29 948 632.19

5.2.2　信托项目利润及利润分配汇总表

单位:万元

项　　目	2013 年度	2012 年度
营业收入	3 686 527.67	1 988 542.51
利息收入	1 224 283.79	431 998.51
投资收益	2 459 535.07	1 323 992.38

续表

项　　目	2013 年度	2012 年度
公允价值变动收益	−4 269.43	201 198.46
其他收入	6 978.24	31 353.16
支出	791 352.13	532 350.84
受托人报酬	327 089.32	295 488.83
托管费	55 342.01	40 340.67
投资管理费	11 045.74	3 084.23
销售服务费	1 543.87	24 428.54
交易费用	39 530.62	29 869.51
其他费用	356 800.57	139 139.06
信托净利润	2 895 175.54	1 456 191.67
其他综合收益	1 844 216.47	1 780 670.45
综合收益	4 739 392.01	3 236 862.12
加:期初未分配信托利润	−240 468.07	−437 288.83
可供分配的信托利润	2 654 707.47	1 018 902.84
减:本期已分配信托利润	2 644 366.76	1 259 370.91
期末未分配信托利润	10 340.71	−240 468.07

6. 会计报表附注

6.1　会计报表编制基准、会计政策等情况

公司会计报表按照财政部 2006 年 2 月 15 日颁布的《企业会计准则——基本准则》及其相关规定编制,会计报表编制基准、会计政策、会计估计和核算方法与上年保持一致,本报告期也未发生变化,无不符合会计核算基本前提的说明。

6.2　或有事项说明

报告期内,本公司无相关说明事项。

6.3　重要资产转让及其出售的说明

报告期内,本公司无重要资产转让及其出售。

6.4　会计报表中重要项目的明细资料

6.4.1　自营资产经营情况

6.4.1.1　按信用风险五级分类结果披露信用风险资产的

期初数、期末数

信用风险资产五级分类	正常类（万元）	关注类（万元）	次级类（万元）	可疑类（万元）	损失类（万元）	信用风险资产合计（万元）	不良资产合计（万元）	不良资产率（%）
期初数	498 140					498 140		
期末数	846 950					846 950		

注：不良资产合计＝次级类＋可疑类＋损失类。

6.4.1.2 各项资产减值损失准备的期初、本期计提、本期转回、本期核销、期末数

单位：万元

	期初数	本期计提	本期转回	本期核销	期末数
贷款损失准备					
一般准备					
专项准备					
其他资产减值准备					
可供出售金融资产减值准备					
持有至到期投资减值准备					
长期股权投资减值准备	339			339	—
坏账准备	47				47

6.4.1.3 自营股票投资、基金投资、债券投资、股权投资等投资业务的期初数、期末数

单位：万元

	自营股票	基金	债券	长期股权投资
期初数	76 136		2 961	4 936
期末数	53 955		3 044	7 511

6.4.1.4 前五名的自营长期股权投资的企业名称、占被投资企业权益的比例、主要经营活动及投资收益情况

企业名称	占被投资企业权益的比例（%）	主要经营活动	投资收益（万元）
江海证券经纪有限公司	2.10	证券	—
深圳铧融股权投资基金管理有限公司	49	基金	458
新湖财富投资管理有限公司	23.08	投资与资产管理	1 425
上海融欧股权投资基金管理有限公司	40.00	投资与资产管理	—
深圳市瑞源宝兴基金管理有限公司	49.00	投资与资产管理	—

注：投资损益是指按照企业会计准则规定，核算股权投资确认损益并计入披露年度利润表的金额。

6.4.1.5 前五名的自营贷款的企业名称、占贷款总额的比例和还款情况

公司期末无贷款余额。

6.4.1.6 表外业务的期初数、期末数，按照代理业务、担保业务和其他类型表外业务分别披露

表外业务	期初数	期末数
担保业务	0	0
代理业务（委托业务）	0	0
其他	0	0
合计	0	0

注：代理业务主要反映因客观原因应规范而尚未完成规范的历史遗留委托业务，包括委托贷款和委托投资。

6.4.1.7 公司当年的收入结构

收入结构	金额（万元）	占比（%）
手续费及佣金收入	454 205	92.66
其中：信托手续费收入	454 205	92.66
投资银行业务收入		
利息收入	34 074	6.95
其他业务收入	6 410	1.31
其中：计入信托业务收入部分		
投资收益	−4 670	−0.95
其中：股权投资收益	3 093	0.63
公允价值变动收益	−1 011	−0.21
其他投资收益	−6 752	−1.37
汇兑损益	−207	−0.04
营业外收入	355	0.07
收入合计	490 167	100.00

注：手续费及佣金收入、利息收入、其他业务收入、投资收益、营业外收入均应为损益表中的一级科目，其中手续费及佣金收入、利息收入、营业外收入为未抵减掉相应支出的全年累计实现收入数。报告年度实现信托业务收入的总额，其中以手续费及佣金确认的信托业务收入金额，以业绩报酬形式确认的信托业务收入金额和以其他形式确认的信托业务收入金额。

6.4.2 披露信托资产管理情况

6.4.2.1 信托资产的期初数、期末数

单位：万元

信托资产	期初数	期末数
集合	12 470 795.94	20 402 146.56
单一	9 025 690.95	19 111 560.67
财产权	8 452 145.30	8 339 783.16
合计	29 948 632.19	47 853 490.39

6.4.2.1.1 主动管理型信托业务的信托资产期初数、期末数

单位：万元

主动管理型信托资产	期初数	期末数
证券投资类	2 355 083.37	3 381 792.23
股权投资类	4 671 794.69	5 138 430.62
其他投资类	5 157 481.02	6 668 023.81
融资类	7 627 176.04	16 318 060.52
事务管理类	8 441 806.02	8 180 909.36
合计	28 253 341.14	39 687 216.54

6.4.2.1.2 被动管理型信托业务的信托资产期初数、期末数

单位：万元

被动管理型信托资产	期初数	期末数
证券投资类	271 231.86	184 920.08
股权投资类	103 270.00	785 000.20
其他投资类	195 897.89	716 280.05
融资类	1 114 552.02	6 321 199.72
事务管理类	10 339.28	158 873.80
合计	1 695 291.05	8 166 273.85

6.4.2.2 本年度已清算结束的信托项目情况

6.4.2.2.1 本年度已清算信托项目情况

已清算结束信托项目	项目个数	合计金额（万元）	加权平均实际年化收益率（%）
集合类	157	3 671 545.72	9.49
单一类	106	4 222 386.00	7.46
财产管理类	96	1 957 675.00	8.43

注：加权平均实际年化收益率＝（信托项目1的实际年化收益率×信托项目1的资产总计＋信托项目2的实际年化收益率×信托项目2的资产总计＋…＋信托项目n的实际年化收益率×信托项目n的资产总计）/（信托项目1的资产总计＋信托项目2的资产总计＋…＋信托项目n的资产总计）×100%。

6.4.2.2.2 本年度已清算结束的主动管理型信托情况

已清算结束信托项目	项目个数	合计金额（万元）	信托报酬率（%）	加权平均实际年化收益率（%）
证券投资类	48	525 622.32	0.87	-4.26
股权投资类	32	2 520 294.00	2.80	7.64
其他投资类	33	915 566.40	1.62	22.76
融资类	138	3 398 609.00	2.37	7.72
事务管理类	96	1 957 675.00	1.95	8.43

6.4.2.2.3 本年度已清算结束的被动管理型信托项目情况

已清算结束信托项目	项目个数	合计金额（万元）	信托报酬率（%）	加权平均实际年化收益率（%）
证券投资类	—	—	—	—
股权投资类	—	—	—	—
其他投资类	1	80 000.00	0.61	12.37
融资类	11	453 840.00	0.28	6.99
事务管理类	—	—	—	—

6.4.2.3 本年度新增信托项目情况

新增信托项目	项目个数	合计金额（万元）
集合类	243	9 499 484.88
单一类	385	13 463 207.81
财产管理类	102	1 856 478.00
新增合计	730	24 819 170.69
其中：主动管理型	545	17 868 145.55
被动管理型	185	6 951 025.14

6.4.2.4 信托业务创新成果和特色业务有关情况

公司积极调整经营策略，加大创新产品开发和研发团队建设力度，紧跟市场形势，充分挖掘创新产品的潜在机会，以模式创新、风险可控、投资者认可作为产品设计的基础，将产品创新提升到新的战略高度，树立财富管理的品牌优势。

6.4.2.5 本公司履行受托人义务情况及因本公司自身责任而导致的信托资产损失情况

报告期内，本公司严格履行受托人义务，不存在因本公司自身责任而导致的信托资产损失情况。

6.5 关联方关系及其交易的披露

报告期内，本公司未发生关联交易，无须披露的信息。

6.6 会计制度的披露

本公司执行中华人民共和国财政部2006年2月15日颁布的《企业会计准则——基本准则》及有关的补充规定。

7. 财务情况说明书

7.1 利润实现和分配情况

2013年共实现利润总额270 841.02万元，净利润201 760.48万元，计提盈余公积20 915.16万元，计提信托赔偿准备金13 097.40万元，计提一般风险准备－118.60万元。

7.2 主要财务指标

指标名称	指标值
资本利润率（%）	30.57
信托报酬率（%）	1.19
人均净利润（万元）	142.16

注：1. 资本利润率＝净利润/所有者权益平均余额×100%。

2. 信托报酬率＝信托业务收入/实收信托平均余额×100%。

3. 人均净利润＝净利润/年平均人数。

4. 平均值采取年初及各季末余额移动算术平均法，公式为：a（平均）＝（$a_0/2+a_1+a_2+a_3+a_4/2$）/4。

7.3 对本公司财务状况、经营成果有重大影响的其他事项

公司2011年第四次临时股东会决议，同意公司增加注册资本12 500万元。本次增资于2012年8月24日获得中国银行业监督管理委员会黑龙江监管局的批准；2012年12月13日，公司控股股东经纬纺织机械股份有限公司增资款项募集完毕；2013年1月25日，公司股东增资款项入账；2013年1月29日，公司完成变更注册资本、调整股权结构及修改公司章程工商变更登记，注册资本增加至16亿元。

8. 特别事项揭示

8.1 前五名股东报告期内变动情况及原因

报告期内，本公司股东没有发生变动情况。

8.2 董事、监事及高级管理人员变动情况及原因

8.2.1 董事变动情况及原因

报告期内，董事离任一人，具体情况如下：

离任高级管理人员情况表			
姓名	前任职位	离任时间	离职原因及内部决议
赵林政	独立董事	2013年4月	换届选举，2013年第二次临时股东会审议通过

8.2.2 监事变动情况及原因

报告期内，公司监事人员没有变动。

8.2.3 高级管理人员变动情况及原因

报告期内，高级管理人员离任1人，新任3人，具体情况如下：

离任高级管理人员情况表			
姓名	前任职位	离任时间	离职原因及内部决议
谢丙武	副总裁	2013 年 4 月	工作变动，第三届董事会第二十四次会议审议通过

新任高级管理人员情况表			
姓名	职位	新任时间	任职原因及内部决议
游宇	常务副总裁	2013 年 6 月	竞聘上岗，总裁提名，第四届董事会第二次会议审议通过
张东	副总裁	2013 年 6 月	竞聘上岗，总裁提名，第三届董事会第二十三次会议审议通过
杨巍	副总裁	2013 年 6 月	竞聘上岗，总裁提名，第三届董事会第二十三次会议审议通过

8.3 变更注册资本事项

公司2011 年第四次临时股东会决议，同意公司增加注册资本 12 500 万元。本次增资于 2012 年 8 月 24 日获得中国银行业监督管理委员会黑龙江监管局的批准；2012 年 12 月 13 日，公司控股股东经纬纺织机械股份有限公司增资款项募集完毕；2013 年 1 月 25 日，公司股东增资款项入账；2013 年 1 月 29 日，公司完成变更注册资本、调整股权结构及修改公司章程工商变更登记，注册资本增加至 16 亿元。

8.4 公司的重大诉讼事项

报告期内，本公司没有重大诉讼事项发生。

8.5 公司及其董事、监事和高级管理人员受到处罚的情况

报告期内，本公司及其董事、监事和高级管理人员依法经营，没有违法、违规及受到监管部门处罚的事项发生。

8.6 中国银监会及其派出机构对公司检查后提出的整改意见及公司整改情况

报告期内，黑龙江银监局现场检查工作组对公司类基金项目管理情况进行了现场检查与调研。检查与调研的主要内容包括“汇聚金 1 号货币基金集合资金信托计划”（下称汇聚金）的运营情况、日常管理情况、资产管理情况等内容。公司对检查问题和监管意见高度重视，认真落实，加强了对汇聚金业务的管理。

8.7 本年度重大事项临时报告的简要内容、披露时间、所披露的媒体

报告期内，公司重大事项临时报告的披露媒体为《金融时报》，本年度合计刊登各类公告二则，具体如下：

临时披露重大事项

披露时间	披露公告名称	披露内容	披露媒体
2013 年 2 月 7 日	中融国际信托有限公司增加注册资本公告	本公司根据 2011 年第四次临时股东会决议，注册资本由 14.75 亿元增加至 16 亿元，并于 2012 年 8 月 24 日取得中国银行业监督管理委员会黑龙江监管局核准批复。2013 年 1 月 25 日，公司收到股东新增出资合计 10 亿元，其中新增注册资本 1.25 亿元，新增资本公积 8.75 亿元。2013 年 1 月 29 日，公司完成工商变更登记。	《金融时报》
2013 年 4 月 17 日	《中融国际信托有限公司 2012 年度报告摘要》	中融国际信托有限公司 2012 年度报告摘要	《金融时报》

8.8 中国银监会及其省级派出机构认定的其他有必要让客户及相关利益人了解的重要信息

无。

9. 监事会意见

监事会认为，公司的财务数据资料真实、客观和准确地反映了公司的财务状况和经营成果。

中泰信托有限责任公司

1. 重要提示

1.1 本公司董事会及董事保证本报告所载资料不存在任何虚假记载、误导性陈述或者重大遗漏，并对其内容的真实性、准确性和完整性承担个别及连带责任。本年度报告摘要摘自年度报告全文，客户及相关利益人欲了解详细内容，应阅读年度报告全文。

1.2 独立董事刘廷焕先生、陈朝阳先生认为本年度报告真实、准确、完整。独立董事王克力先生未参加审议本年度报告的董事会会议。

1.3 中审亚太会计师事务所（特殊普通合伙）对本公司2013年度财务会计报告出具了标准无保留意见的审计报告。

1.4 公司董事长吴庆斌、总裁周雄，主管会计工作负责人沈烁及财务会计部负责人罗建宇声明：保证年度报告中财务会计报告的真实、完整。

2. 公司概况

2.1 公司简介

2.1.1 公司的法定中文名称：中泰信托有限责任公司
公司的法定英文名称：Zhongtai Trust Co.，Ltd.

2.1.2 法定代表人：吴庆斌

2.1.3 注册地址：上海市中华路1600号黄浦中心大厦17、18层

2.1.4 邮政编码：200021

2.1.5 国际互联网网址：www. zhongtai trust. com

2.1.6 电子信箱：ZHONGTAI@ZHONGTAITRUST. COM

2.1.7 信息披露事务负责人：于潇
信息披露事务联系人：李颖
联系电话：021-63871888-2920
传真：021-63872700
电子信箱：liying@zhongtaitrust. com

2.1.8 公司选定的信息披露报纸名称：《证券时报》

2.1.9 公司年度报告备置地点：上海市中华路1600号黄浦中心大厦18层办公室

2.1.10 公司聘请的会计师事务所：中审亚太会计师事务所有限公司
地址：北京市海淀区复兴路47号天行建商务大厦22~23层

2.1.11 公司聘请的律师事务所：上海市金茂律师事务所
地址：上海市愚园路168号18层

2.2 组织结构

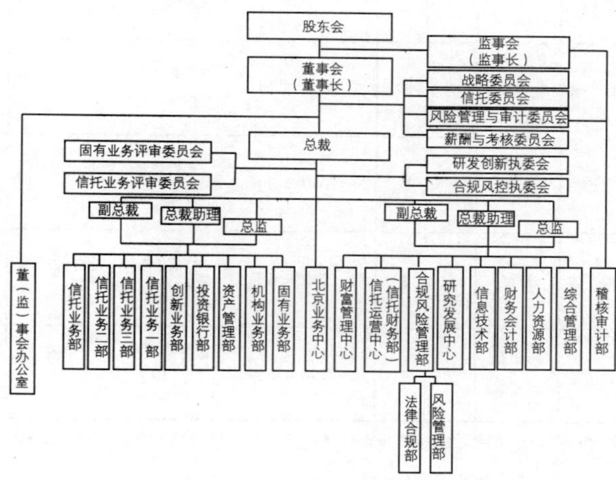

3. 公司治理结构

3.1 股东

报告期末，股东总数6家；持有公司15%以上股份的股东情况如下表：

股东名称	持股比例（%）	法人代表
中国华闻投资控股有限公司	31.57	李民吉
上海新黄浦置业股份有限公司	29.97	王伟旭
广联（南宁）投资股份有限公司	20	吴庆斌

公司前三位股东的主要股东情况如下表：

股东名称	主要股东	出资比例（%）	法定代表人	注册资本（万元）	注册地址	主要经营业务
中国华闻投资控股有限公司（华闻控股）	北京国际信托有限公司（德瑞股权投资基金集合资金信托计划）	100	李民吉	140 000	北京市朝阳区安立路30号院1、2号楼	资金信托、动产信托、不动产信托、企业资产重组等。
上海新黄浦置业股份有限公司（新黄浦置业）	上海新华闻投资有限公司	14.32	李民吉	50 000	上海市闸北区天目中路383号501室	实业投资、资产经营及管理（非金融业务）、国内贸易等。
广联（南宁）投资股份有限公司（广联投资）	北京国际信托有限公司（德瑞股权投资基金集合资金信托计划）	54.21	李民吉	140 000	北京市朝阳区安立路30号院1、2号楼	资金信托、动产信托、不动产信托、企业资产重组等。

公司股东华闻控股、广联投资与新黄浦置业存在关联关系：北京国际信托有限公司（德瑞股权投资基金集合资金信托计划）分别持有华闻控股100%和广联投资54.21%的股权，华闻控股及广联投资分别持有上海新华闻投资有限公司（上海新华闻）50%的股权，上海新华闻持有新黄浦置业14.32%股权，为其第一大股东。

3.2 董事

3.2.1 董事

姓 名	职务	性别	年龄	选任日期	所推举的股东名称	该股东持股比例（%）	简 要 履 历
吴庆斌	董事长	男	41	2012年6月	中国华闻投资控股有限公司	31.57	毕业于清华大学水利水电工程系水利水电建筑工程专业及法学专业，获得双学士学位，先后任职于北京国际信托有限公司等机构，并担任重要管理职务，具有十余年金融工作及管理经验。
李小平	董事	女	64	2012年6月	中国华闻投资控股有限公司	31.57	毕业于中央财经大学金融学院金融学专业，先后任职于中国人民银行及其北京市分行、中国金币总公司、中国长城硬币投资有限公司，并担任高级管理职务，具有近30年的金融监管及管理经验。
郭 强	董事	男	37	2012年6月	中国华闻投资控股有限公司	31.57	毕业于中央财经大学税务系税务专业，先后任职于中税广通税务师事务所、北京亨元运才投资管理有限公司，并担任高级管理职务，具有十余年的财务及经济工作经验。
陆却非	董事	男	58	2010年3月	上海新黄浦置业股份有限公司	29.97	毕业于中国科技大学，博士研究生学历，先后在中科院上海生理研究所、上海新黄浦置业股份有限公司等机构工作，并担任高级管理职务，具有30余年的经济及管理工作经验。
穆 瞳	董事	女	31	2012年6月	广联（南宁）投资股份有限公司	20	毕业于西北工业大学自动化专业和宾夕法尼亚大学电子工程专业，先后任职于GroGroup投资管理公司、天行国际集团以及日盛嘉富证券，并担任管理职务，积累了相当的市场及金融相关领域工作经验。
沈 烁	职工代表董事	男	41	2010年3月	—	—	1993年参加工作，先后在九州股份公司法律事务部、中泰信托有限责任公司工作，并担任中泰信托有限责任公司总裁助理职务，具有长期的金融及管理工作经验。

注：李小平女士、郭强先生与穆瞳女士已于2012年6月14日经公司股东会决议选举为公司第五届董事会成员，其任职资格尚待上海银监局核准。

3.2.2 独立董事

姓 名	所在单位及职务	性别	年龄	选任日期	所推举的股东名称	该股东持股比例（%）	简 要 履 历
刘廷焕	已退休	男	71	2010年3月	中国华闻投资控股有限公司	31.57	1966年参加工作，先后于中国人民银行总行及其分支机构、中国工商银行、中国银联股份有限公司工作，并担任高级管理职务。
王克力	广东惠丰拍卖有限公司董事长	男	55	2010年3月	中国华闻投资控股有限公司	31.57	1987年参加工作，先后在美国柯达化工中国区、天津宝利城市信用社、广东惠丰拍卖有限公司等单位工作。
陈朝阳	天津汇融股权投资基金管理合伙企业合伙人	男	43	2010年3月	中国华闻投资控股有限公司	31.57	1997年参加工作，先后在华夏证券、天相投资顾问有限公司、天津汇融股权投资基金管理合伙企业等单位任职。

3.3 监事

姓 名	职务	性别	年龄	选任日期	所推举的股东名称	该股东持股比例（%）	简 要 履 历
刘 卓	监事会主席	男	50	2012年11月	广联（南宁）投资股份有限公司	20	毕业于武汉水运工程学院船机制造专业，先后在哈尔滨团市委、中泰信托有限责任公司等机构任职，并担任重要管理职务，具备近30年的管理工作经验。
刘忠宁	股东代表监事	男	59	2012年11月	中国华闻投资控股有限公司	31.57	毕业于北京大学无线电电子学专业和新加坡国立大学工商管理专业，先后在中华电子有限公司、武汉商业城有限公司、上海凌志置业有限公司及中泰信托有限责任公司等机构任职，并担任重要管理职务，具备近30年经济及管理工作经验。
刘 莹	职工代表监事	女	46	2010年3月	—	—	先后在厦门建发集团公司下属公司、厦门象屿集团、中泰信托有限责任公司工作。

3.4 高级管理人员

姓名	职务	性别	年龄	任职日期	金融从业年限	学历	专业
周　雄	总裁	男	48	2010年4月	20	博士	金融学
陈乃道	副总裁	男	53	2010年4月	22	博士	经济学
余钧	总裁助理	男	45	2010年4月	25	本科	经济学
沈烁	总裁助理	男	41	2010年4月	18	本科	经济法
周旭	总裁助理	男	49	2010年4月	28	本科	经济学
于潇	合规总监	女	33	2013年12月	9	硕士	法学

3.5 公司员工

报告期末，公司共有员工164人(不含外部董事、监事)，平均年龄34岁，大部分员工具有大学本科以上学历。

项　目		报告年度		上年度	
		人数	比例(%)	人数	比例(%)
年龄分布	25岁以下	7	4.27	12	12.12
	25~29岁	61	37.20	21	21.22
	30~39岁	58	35.37	33	33.33
	40岁以上	38	23.17	33	33.33
学历分布	博士	3	1.83	3	3.04
	硕士	57	34.76	35	35.35
	本科	81	49.39	38	38.38
	专科	15	9.15	15	15.15
	其他	8	4.88	8	8.08
学历分布	董事、监事及其他高管	7	4.27	7	7.07
	自营业务人员	4	2.44	3	3.04
	信托业务人员	72	43.90	40	40.40
	其他人员	81	49.39	49	49.49

4. 经营管理

4.1 经营目标、方针、战略规划

公司秉承为客户创造价值、崇尚创新、诚实透明、团结协作的精神，坚持与新老客户、核心产业、区域经济一起成长、服务实体经济的理念，以公司价值最大化为目标，倡导"简单可依赖"的企业文化和"合规优先，人人合规、主动合规、合规创造价值"的合规文化，不断根据客户的不同需求，为客户提供专业、全面的金融服务，为投资者创造价值。公司坚持创新与发展，重视吸收先进金融理念和治理经验，进一步完善法人治理结构和内控机制，为下一步发展奠定良好基础。

未来，公司将通过合理分配资源，推动公司按照向资产管理本源业务稳妥转型的战略发展方向，以明确的企业价值观体系、以人为本的人力资本体系、权责明晰的公司治理体系、开放平等的互联网思维为支撑，着力提升资产管理能力、风险控制能力和财富管理能力，为各利益相关者创造价值。

4.2 所经营业务的主要内容

报告期内，固有业务除长期金融股权投资外，主要运用是活期存款、固定收益类产品投资、国债回购等。实现利息收入1 654.71万元、投资收益31 523.62万元、其他业务收入2 112.25万元。

截至2013年12月31日，公司资产总计23.16亿元，负债总计2.25亿元，所有者权益为20.91亿元，净资产收益率为18.26%，净资本为16.89亿元，净资本/净资产的比率为80.77%，净资本/各项风险资本之和的比率为226.41%，均远高于40%及100%的监管标准。公司的净资产保持稳定和充足，公司资产保持较高的流动性水平，公司主要经营数据均发生不同程度提升，信托业务发展势头良好，为公司下一步大力拓展业务奠定了良好的基础。

自营资产运用与分布表

资产运用	金额(万元)	占比(%)	资产分布	金额(万元)	占比(%)
货币资产	73 724.47	31.82	基础产业		
贷款及应收款	29 283.36	12.64	房地产业		
交易性金融资产投资	50 588.88	21.84	证券市场	17 920.00	7.74
可供出售金融资产投资	36 220.00	15.64	实业		
持有至到期投资	5 158.51	2.23	金融机构	21 306.14	9.20
长期股权投资	21 306.14	9.2	其他	192 406.81	83.06
其他	15 351.59	6.63			
资产总计	231 632.95	100	资产总计	231 632.95	100

注："资产分布"项下"其他"主要为现金、银行存款、固定资产、递延税款等无法归属于特定产业的资产。

信托业务方面，报告期内新增信托项目88个，新增信托本金3 601 510.35万元；清算信托项目32个，清算信托本金984 725.00万元；全年累计分配信托收益353 743.47万元。

信托资产运用与分布表

资产运用	金额(万元)	占比(%)	资产分布	金额(万元)	占比(%)
货币资产	193 035.39	3.10	基础产业	804 960.67	12.95
贷款	2 235 961.43	35.96	房地产	164 014.60	2.64
交易性金融资产投资	239 293.06	3.85	证券市场	106 193.07	1.71
可供出售金融资产投资	2 191 107.79	35.24	实业	3 650 786.62	58.72
持有至到期投资	57 234.00	0.92	金融机构	34 534.00	0.55
长期股权投资	681 442.48	10.96	其他	1 457 280.38	23.43
其他	619 695.19	9.97			
信托资产总计	6 217 769.34	100.00	信托资产总计	6 217 769.34	100.00

注："资产分布"项下"其他"主要为对固定收益类金融产品投资。

4.3 市场分析

4.3.1 有利因素

(1)"新型城镇化"的战略背景下信托将大有可为。在"新

型城镇化”的战略背景下，中国的“两横三纵”格局依然明确，城市群建设逐步成为新的经济增长极。以城市发展规划为引导，以市场化运作为手段，以资源整合为着力点，围绕城市经济特色的核心，让资源充分发挥产业优势和资源优势，信托业围绕“新型城镇化”进行了诸多有益的探索，凭借着信托特有的制度优势，在“新型城镇化”的大背景下，信托业必定大有可为。

（2）信托制度优势引领信托行业快速发展。从基本面看，信托业已初步形成以基本法规为核心，各专项业务规章为补充的制度体系，推动并引导信托公司向主动型管理转型，信托行业健康发展的趋势已确立，利于信托业的长期发展。

作为唯一横跨货币、资本、实业市场的金融制度安排，信托最为显著的优势之一就在于制度的灵活性。信托公司可以充分运用信托优势，以资源整合的思维，将竞争向合作转化推进，通过高效的资产配置，统筹全局资源，为不同风险偏好的客户提供最优的金融解决方案。

（3）社会发展与财富积累催生了长期增长的资产管理市场。得益于不断深化的市场化改革和中国经济的持续增长，形成了多元化的利益主体并积聚了巨额的财富，由此催生了巨大的资产管理需求，形成了长期增长的资产管理市场。中国的理财市场仍然处于成长周期之中，理财需求规模的拐点尚远未到来。这预示着信托业长期增长的周期还没有结束，在未来的相当长时间内，信托业规模的快速增长仍然可以期待。

（4）信托行业社会公信力的提升。随着信托产品规模不断增长，信托业成为金融业中仅次于银行的第二大行业，社会各界对其关注度和了解也不断加深。公众认知度的提升、更多的关注和监督有助于信托业有速度、有品质的发展。

4.3.2 不利因素

（1）宏观环境变化 。2013 年对于信托业乃至整个金融业都是极不平凡的一年。过去依靠投资拉动与货币超发来维持的经济增长模式将一去不返，取而代之的是以“盘活存量、用好增量”为特征的结构性调整与更为审慎的货币政策。货币政策的收紧也使流动性不再宽裕，宏观经济形势在 2013 年出现了一定程度的波动，而这种波动也使一些在过去经济上行周期内被掩盖的风险不断的显现出来。结构调整和更健康的经济增长，将给信托行业和公司展业带来新的挑战。

（2）金融机构间竞争加剧。2012 年下半年各监管部门陆续推出了资产管理“新政”，赋予其他资产管理机构的理财产品具有不同程度的类似信托产品的私募融资功能，资产管理泛信托时代已经到来。这意味着在私募投行业务市场上，信托公司将面临多方面的竞争，各类机构的横向竞争将更激烈。创新转型是信托行业和公司发展的必然。

（3）信托公司的专业能力和人才短板。信托公司的投资管理能力尚未跟上行业发展速度，随着信托规模的扩展和涉足领域的延伸，专业能力和人才积累的不足制约了信托行业的进一步发展。

（4）信托产品的市场营销瓶颈。信托公司在营销渠道和网络建设方面受到较大的限制，影响了客户资源和相关信息的收集和整合，市场营销面临较大挑战。

渠道是制约信托公司快速发展的一个主要因素。销售渠道，尤其是掌握在信托公司自己手中的销售渠道，是非常关键的一环。信托公司自建财富管理中心是必然，但其构建、成长和营销能力的提升需要时间。

（5）信托配套制度的完善。信托产品流通、信托财产登记、信托财产税收等问题依然没有得到根本解决，限制了信托产品创新和业务拓展的能力。

4.4 内部控制概况

4.4.1 内部控制环境和内部控制文化

公司建立了较为完备的法人治理结构和内部组织机构，股东会、董事会和监事会依照法律和公司章程履行职责，总裁负责公司的经营管理，对董事会负责。制订了明确的部门职责和岗位职责，建立并实施包括绩效考评和激励制度在内的一整套制度体系，重视员工的合规经营与风险管控意识的培养，开展相关培训教育工作，在公司内部树立合规优先，严守风险底线的内控文化。

4.4.2 内部控制措施

公司通过颁布和持续修订、完善各项管理制度、对不同业务和管理事项制定有针对性的控制措施，形成事前、事中、事后紧密衔接的内控防线，推动各经营事项合法合规运行。风险管理部、法律合规部和稽核审计部作为公司内控管理的主要职能部门，拟定和修订内控制度，监督检查和评价内控的科学性、规范性和可操作性。

公司建立了较为完备的业务管理制度和操作流程，为各项业务开展提供了比较清晰详细的业务流程和工作规范，每类业务都有相应的规章制度、操作规程和风险管理制度。保证了各项业务前中后台操作上的相对独立和相互制衡。

公司固有业务和信托业务相互分离，部门设置和业务人员相互分离，业务信息相互独立，分别建账，分别核算。

经营授权方面，实行逐级授权体系，公司内部不同级次、不同部门之间有明确的授权关系和报告关系，固有业务和信托业务分别授权以及一般授权和特殊授权相结合的机制，被授权人都有向授权人报告工作和承担责任的义务。

公司针对信托业务和固有业务的业务特性，分别成立了信托业务评审委员会和固有业务评审委员会进行项目评审，在内部控制的环境、程序和措施上防范各项业务风险。针对具体的业务，根据信托业务和固有业务不同特点，采取既有共性又有个性的具体内部控制对策。

4.4.3 信息交流与反馈

日常经营管理方面，建立了完整的会计、统计和业务档案，各项原始记录、合同、报表资料得到完整妥善的保管，信息和资料的交流和查询都有成文的规定和程序。公司通过定期工作报告制度，确保经营管理层及时了解经营和风险状况。通过 OA 系统和业务管理系统，建立了贯穿各部门的共享信息平台，及时准确的传递管理信息和数据，保证部门和员工的有关信息能够顺畅交流和反馈。

4.4.4 监督评价与纠正

公司稽核审计部门依照相关法律法规要求，根据公司运营节奏开展稽核工作，每半年对公司进行一次全面内部审计。通过内部审计，找出公司在管理、业务操作、内部控制、财务及资金管理方面的可进一步完善之处，并提出了针对性的建议及意见，推动公司持续稳健运营。

4.5 风险管理概况

公司经营活动面临的主要风险包括信用风险、市场风险、操作风险和其他风险等几大类。

公司风险管理坚持全面性、独立性、连续性、审慎性、有效性等基本原则，以风险最小化、风险成本最低化为目标，坚持以风险管理为核心开展经营活动，平衡业务发展与风险管理之间的关系，建立并逐步完善了基于制度和流程的风险管理制度体系，基本形成了前台、中台、后台相分离，信托资金运作与自有资金运作相分离的风险管理框架，力求将风险管理制度与措施贯穿到公司各项业务、各个部门、各个岗位，覆盖公司运营的全过程。同时，通过建立有效的风险管理组织体系，保障风险管理制度的适用性和有效性，并根据国家政策、法律及公司经营管理的发展变化，定期对公司相关风险管理制度进行补充和修订。

公司的风险管理组织结构由公司董事会、管理层、风险管理部门、各业务部门及主要业务人员组成 具体风险管理职责划分情况如下：

董事会：进行公司风险管理战略、偏好、政策、最高风险承受水平设定和风险管理决策制定，监控和评价风险管理的全面性、有效性以及高级管理层在风险管理方面的履职情况，审批重大业务项目实施方案，倡导公司全员风险管理意识和风险管理文化，并对公司风险管理承担最终责任。

风险管理与审计委员会：对公司总体风险管理体系的建立和运行情况向董事会提供咨询意见；对公司风险管理制度的执行情况提出咨询意见；针对业务过程中出现的异常情况作出预警并及时提出指导意见。

管理层：负责定期审查和监督执行公司风险管理政策、程序以及具体操作规程，不断完善公司各项风险管理措施，确保公司风险管理体系的有效性；及时了解公司各类风险水平及其管理状况，确保通过恰当的组织结构、管理信息系统和技术水平来有效地识别、计量、监测和控制各项业务所承担的各类风险。

固有/信托业务评审委员会：具体负责公司各项业务风险的事前管理和控制，与承担风险的业务部门保持相对独立。对公司所有经立项的固有/信托业务项目，识别其各项风险水平，在综合风险分析和可行性论证后给出评审意见，通过集体决策实现业务项目风险的事前管理和有效控制。

风险管理部：跟随公司发展战略，定位于中端、前端风险管控，建立集中型的风险管理模式，将信用风险、市场风险、操作风险等纳入统一的风险管理体系，实现业务决策与风险管理的适度分离，风险管理覆盖公司的全部经营活动与过程，与业务部门的风险自律形成制衡。

稽核审计部：通过实行重大业务项目流程稽核，对单个业务项目进行事中和事后风险管理监督，开展定期的全面内部审计，对公司各项经营管理活动进行检查，并向公司董事会及上级监管单位提交审计报告。

法律合规部：承担公司法律事务及合规风险管理，对各项业务项目进行法律咨询，评估业务的合规风险，对外签署法律文件前审核法律文本并签署意见，充分把控业务法律风险。

业务部门：进行项目的风险研判和风险控制环节的设计和防范，构成调研、决策和管理职责相互分离的风险自律体系，承担与其项目相关的风险管理责任。

4.5.1 信用风险状况

公司2013年资产账面余额为231 632.95万元，其中风险资产账面余额为142 556.89万元。不良信用风险资产期初数为35 416.06万元，期末数为35 416.06万元，贷款损失准备30 716.06万元，应收股利减值准备4 700万元，都已按《资产五级分类管理办法》的规定足额计提。特别是公司已就不良信用风险资产100%全额计提拨备，全面覆盖不良信用风险资产，故上述不良信用风险资产不影响公司资产质量。

公司通过对交易对手的综合信用分析进行事前控制，以及通过交易结构设计、定价、制定借款人限额、定期风险评估等手段规避和监控交易对手信用风险的变化，明确界定业务经理、业务部门、风险管理部门以及公司高级管理层的风险管理责任，强调业务管理的前期调研和过程控制，严格授权审批制度、决策限额和投资比例。

4.5.2 市场风险状况

公司年度内投资类业务开展有限。固有业务中除原有的金融机构股权投资外，年度内主要开展的是固定收益的信托产品投资，受资本市场交易价格波动带来的市场风险影响较小；信托业务方面，通过信托产品的结构化设计和组合投资，严格执行权限设定和止损操作，最大限度的降低市场风险对投资人权益的影响。

公司制定与业务性质、规模、复杂程度和风险特征相适应的且与公司总体业务发展战略、管理能力、资本实力和能够承担的总体风险水平相一致的市场风险管理原则和程序；同时，对每项业务和产品中的市场风险因素进行分解和分析，及时、准确地识别所有交易和非交易业务中市场风险的类别和性质，建立和完善市场风险管理内部控制体系，并将其作为公司整体内部控制体系的有机组成部分。

4.5.3 操作风险状况

报告期内公司操作风险管控能力不断提升，内控制度体系基本覆盖公司经营的每一个过程和环节，各项制度和流程能够得到有效的执行，并通过“大运营”体系的建立进一步提高了信托业务管控水平。同时，强调内控制度的有效执行，跟进和适应公司业务开展和管理要求。

报告期内无该类风险的发生。

4.5.4 其他风险状况

法律风险管理策略包括设置法律合规部门，在项目审批前提供法律顾问服务，在法律文件签署时进行文本审核，充分利用法律手段，优化产品结构和法律文本设计。

合规风险管理策略包括提高公司全员的法律风险意识，及时掌握和了解外部法律覆盖和监管政策动向，严格在现有政策允许的范围内开展业务，充分维护信托关系人的利益。

声誉风险管理策略包括将公司声誉构建与公司发展战略、企业文化建设等进行有机的结合，提升专业能力，强化风险意识，审慎经营和诚信发展，维护和塑造公司良好的社会公众形象。

公司报告期内上述风险得以有效防范。

5. 报告期末及上年度末的比较式会计报表

5.1 自营资产（经审计）

5.1.1 会计师事务所审计全文

审计报告

中审亚太审字[2014]010025号

中泰信托有限责任公司：

我们审计了后附的中泰信托有限责任公司（以下简称贵公司）财务报表，包括2013年12月31日的合并及母公司资产负债表（固有业务），2013年度的合并及母公司利润来（固有业务）、合并及母公司现金流量表（固有业务）、合并及母公司所有者权益变动表〔固有业务），以及财务报表附注。

一、管理层对财务报表的责任

编制和公允列报财务报表是贵公司管理层的责任，这种责任包括：（1）按照企业会计准则的规定编制财务报表，并使其实现公允反映；（2）设计、执行和维护必要的内部控制，以使财务报表中存在由于舞弊或错误导致的重大错报。

二、注册会计师的责任

我们的责任是在执行审计工作的基础上对财务报表发表审计意见。我们按照中国注册会计师审计准则的规定执行了审计工作。中国注册会计师审计准则要求我们遵守中国注册会计师职业道德守则，计划和执行审计工作以对财务报表是否不存在重大错报获取合理保证。

审计工作涉及实施审计程序，以获取有关财务报表金额和披露的审计证据。选择的审计程序取决于注册会计师的判断，包括对由于舞弊或错误导致的财务报表重大错报风险的评估。在进行风险评估时，注册会计师考虑与财务报表编制和公允列报相关的内部控制，以设计恰当的审计程序，但目的并非对内部控制的有效性发表意见。审计工作还包括评价管理层选用会计政策的恰当性和作出会计估计的合理性，以及评价财务报表的总体列报。

我们相信，我们获取的审计证据是充分、适当的，为发表审计意见提供了基础。

三、审计意见

我们认为，贵公司财务报表在所有重大方面按照企业会计准则的规定编制，公允反映了贵公司2013年12月31日的合并及母公司财务状况以及2013年度的合并及母公司经营成果和现金流量。

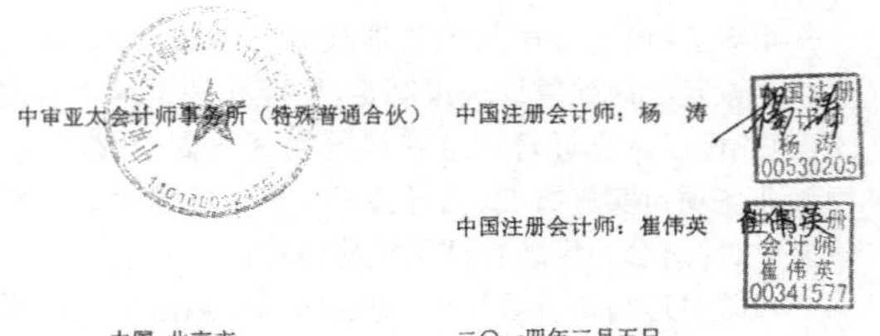

中审亚太会计师事务所（特殊普通合伙）　中国注册会计师：杨涛

中国注册会计师：崔伟英

中国.北京市　二〇一四年三月五日

5.1.2 资产负债表

资产负债表（资产部分）

编制单位：中泰信托有限责任公司　2013年12月31日　单位：万元

资产	附注五	合并		母公司	
		期末余额	期初余额	期末余额	期初余额
现金	(一)	3.73	4.16	2.90	2.23
银行存款	(一)	16 472.17	16 969.78	4 310.07	2 330.90
其他货币资金	(一)	69 442.53	310.61	69 411.50	22.94
存出保证金	(二)	374.18	657.78		
拆出资金					
交易性金融资产	(三)	51 999.87	50 011.71	50 588.88	49 658.85
衍生金融资产					
买入返售金融资产	(四)	6 600.00	60 000.00		
应收账款	(五)	7 857.14	8 160.95		
应收利息	(六)	1 145.99	65.19		
应收股利	(七)		2 350.00		2 350.00
预付账款	(八)	316.82	596.03		
其他应收款	(九)	30 920.76	11 120.71	29 283.36	8 534.88
存货					
其他流动资产					
发放贷款和垫款	(十)				
可供出售金融资产	(十一)	120 421.36	89 098.72	36 220.00	60 451.04
持有至到期投资	(十二)	5 158.51	50 974.56	5 158.51	50 974.56

续表

资　产	附注五	合并		母公司	
		期末余额	期初余额	期末余额	期初余额
长期股权投资		5 103.90	0.00	21 306.14	21 306.14
投资性房地产					
在建工程	（十三）	10 350.99	4 268.50		
固定资产	（十四）	13 913.26	12 680.30	2 217.13	2 031.24
无形资产	（十五）	60 271.69	60 219.03	1 175.39	289.92
商誉	（十六）	14 015.40	14 015.40		
长期待摊费用	（十七）	725.99	539.69	625.26	170.40
递延所得税资产	（十八）	19 904.35	16 688.31	11 333.81	8 974.84
其他资产					
资产总计		434 998.64	398 731.43	231 632.95	207 097.93

法定代表人：吴庆斌　　主管会计工作的负责人：沈　烁　　会计机构负责人：罗建宇

资产负债表续（负债和所有者权益部分）

编制单位：中泰信托有限责任公司　　2013 年 12 月 31 日　　单位：万元

负债和所有者权益	附注五	合并		母公司	
		期末余额	期初余额	期末余额	期初余额
拆入资金					
交易性金融负债					
衍生金融负债					
卖出回购金融资产款					
应付账款	（二十）	9 394.31	6 629.05	0.00	0.00
应付职工薪酬	（二十一）	22 022.74	19 201.14	10 337.93	3 391.12
应交税费	（二十二）	13 954.92	7 612.09	8 633.02	2 871.92
应付利息		0.00	0.00	0.00	0.00
应付股利	（二十三）	719.14	475.54	470.63	470.63
其他应付款	（二十四）	4 558.48	2 936.51	1 402.15	684.18
其他流动负债		0.00	0.00	0.00	0.00
长期借款		0.00	0.00	0.00	0.00
专项应付款		0.00	0.00	0.00	0.00
预计负债		0.00	0.00	0.00	0.00
递延所得税负债	（十八）	1 700.56	8 072.29	1 700.56	8 072.29
其他非流动负债	（二十五）	16 750.80	17 107.20	0.00	0.00
负债合计		69 100.95	62 033.82	22 544.29	15 490.15
所有者权益		0.00	0.00	0.00	0.00
实收资本	（二十六）	51 660.00	51 660.00	51 660.00	51 660.00
资本公积	（二十七）	8 252.73	27 122.78	8 368.88	27 465.22
减：库存股		0.00	0.00	0.00	0.00
盈余公积	（二十八）	16 362.59	12 704.87	16 362.59	12 704.87
一般风险准备	（二十九）	2 675.09	3 397.48	2 675.09	3 397.48
信托赔偿准备金	（三十）	7 648.31	5 819.45	7 648.31	5 819.45
未分配利润	（三十一）	194 092.32	156 942.97	122 373.79	90 560.77
外币报表折算差额		−253.18	−187.83	0.00	0.00
归属于母公司的权益小计		280 437.86	257 459.72	209 088.66	191 607.78
少数股东权益		85 459.83	79 237.89	0.00	0.00
所有者权益合计		365 897.69	336 697.61	209 088.66	191 607.78
负债和所有者权益总计		434 998.64	398 731.43	231 632.95	207 097.93

法定代表人：吴庆斌　　主管会计工作的负责人：沈　烁　　会计机构负责人：罗建宇

5.1.3 利润表

利润表

编制单位：中泰信托有限责任公司　　2013 年度　　单位：万元

项目	合并		母公司	
	本年数	上年数	本年数	上年数
一、营业收入	153 821.49	115 690.77	68 354.42	32 006.69
利息净收入	2 618.53	2 240.29	1 654.71	1 701.75
利息收入	2 618.53	2 240.29	1 654.71	1 701.75
利息支出	0.00	0.00	0.00	0.00
手续费及佣金净收入	34 858.99	13 493.99	33 088.99	11 999.59
手续费及佣金收入	35 331.73	13 715.36	33 561.73	12 220.97
手续费及佣金支出	472.74	221.37	472.74	221.37
管理费收入	85 609.91	88 121.83	0.00	0.00
投资收益（损失以"－"号填列）	28 680.69	10 778.98	31 523.62	17 354.92
其中：对联营企业和合营企业的投资收益	0.00	0.00	0.00	0.00
公允价值变动收益（损失以"－"号填列）	−200.85	771.05	−25.15	755.65
汇兑收益（损失以"－"号填列）	34.51	0.00	0.00	0.00
其他业务收入	2 219.70	284.62	2 112.25	194.77
二、营业支出	82 676.97	63 843.28	22 183.12	4 979.62
营业成本	0.00	0.00	0.00	0.00
财务费用	0.00	0.00	0.00	0.00
营业税金及附加	7 272.77	6 155.45	2 358.76	1 085.65
业务及管理费	72 077.18	57 556.94	17 155.54	5 688.79
资产减值损失	3 217.78	124.95	2 559.58	−1 800.76
其他业务成本	109.24	5.94	109.24	5.94
三、营业利润（亏损以"－"号填列）	71 144.52	51 847.49	46 171.30	27 027.08
加：营业外收入	1 364.84	1 363.74	773.53	851.96
减：营业外支出	229.59	25.03	132.02	23.75
四、利润总额（亏损总额以"－"号填列）	72 279.76	53 186.20	46 812.81	27 855.28
减：所得税费用	18 213.59	12 787.56	10 235.59	4 056.44
五、净利润（净亏损以"－"号填列）	54 066.17	40 398.64	36 577.22	23 798.84
归属于母公司所有者的净利润	41 913.54	25 826.26	36 577.22	23 798.84
少数股东损益	12 152.63	14 572.38	0.00	0.00
六、每股收益	0.00	0.00	0.00	0.00
（一）基本每股收益	0.00	0.00	0.00	0.00
（二）稀释每股收益	0.00	0.00	0.00	0.00
七、其他综合收益	−18 761.04	4 430.31	−19 096.34	4 682.71
八、综合收益总额	−118 500.97	44 828.95	17 480.88	28 481.55
归属于母公司所有者的综合收益总额	22 978.14	30 387.82	17 480.88	28 481.55
归属于少数的综合收益总额	12 326.99	14 441.13	0.00	0.00

法定代表人：吴庆斌　　会计工作负责人：沈　烁　　会计机构负责人：罗建宇

5.1.4 所有者权益变动表

所有者权益变动表(母公司)

编制单位:中泰信托有限责任公司　　　　2013 年度　　　　单位:万元

项　　目	本年数							
	归属于母公司所有者权益							股东权益合计
	股本	资本公积	减:库存股	盈余公积	一般风险准备	信托赔偿准备金	未分配利润	
一、上年年末余额	51 660.00	27 465.22		12 704.87	3 397.48	5 819.45	90 560.77	191 607.78
加:会计政策变更					—	—	—	—
前期差错更正	—	—		—	—	—	—	—
二、本年年初余额	51 660.00	27 465.22	—	12 704.87	3 397.48	5 819.45	90 560.77	191 607.78
三、本年增减变动金额(减少以"—"号填列)	—	-19 096.34		3 657.72	-722.38	1 828.86	31 813.02	17 480.88
(一)净利润	—	—		—	—	—	36 577.22	36 577.22
(二)直接计入股东权益的利得和损失	—	-19 096.34		—	—	—	—	-19 096.34
1. 可供出售金融资产公允价值变动净额	—	-25 461.79		—	—	—	—	-25 461.79
(1)计入所有者权益的金额	—	-3 796.68		—	—	—	—	-3 796.68
(2)转入当期损益的金额	—	-21 665.11		—	—	—	—	-21 665.11
2. 现金流量套期工具公允价值变动净额	—	—		—	—	—	—	—
(1)计入所有者权益的金额	—	—		—	—	—	—	—
(2)转入当期损益的金额	—	—		—	—	—	—	—
(3)计入被套期项目初始确认金额中的金额	—	—		—	—	—	—	—
3. 权益法下被投资单位其他股东权益变动的影响	—	—		—	—	—	—	—
4. 与计入股东权益项目相关的所得税影响	—	6 365.45		—	—	—	—	6 365.45
5. 其他	—			—	—	—	—	—
上述(一)和(二)小计	—	-19 096.34		—	—	—	36 577.22	17 480.88
(三)股东投入和减少资本	—	—		—	—	—	—	—
1. 股东投入股本	—	—		—	—	—	—	—
2. 股份支付计入股东权益的金额	—	—		—	—	—	—	—
3. 其他	—	—		—	—	—	—	—
(四)利润分配		—		3 657.72	-722.38	1 828.86	-4 764.20	
1. 提取盈余公积	—	—		3 657.72	—	—	-3 657.72	
2. 提取一般风险准备	—	—		—	-722.38	—	-722.38	
3. 信托赔偿准备金	—	—		—	—	1 828.86	-1 828.86	
4. 对股东的分配	—	—		—	—	—	—	—
(五)股东权益内部结转	—	—		—	—	—	—	—
1. 资本公积转增股本	—	—		—	—	—	—	—
2. 盈余公积转增股本	—	—		—	—	—	—	—
3. 盈余公积弥补亏损	—	—		—	—	—	—	—
4. 其他	—	—		—	—	—	—	—
四、本年年末余额	51 660.00	8 368.88		16 362.59	2 675.09	7 648.31	122 373.79	209 088.66

法定代表人:吴庆斌　　　　主管会计工作负责人:沈　烁　　　　会计机构负责人:罗建宇

所有者权益变动表（合并报表）

编制单位：中泰信托有限责任公司　　2013 年度　　单位：万元

项目	本年数									
	归属于母公司所有者权益								少数股东权益	股东权益合计
	股本	资本公积	减：库存股	盈余公积	一般风险准备	信托赔偿准备金	未分配利润	外币报表折算差额		
一、上年年末余额	51 660.00	27 122.78		12 704.87	3 397.48	5 819.45	156 942.97	−187.83	79 237.89	336 697.61
加：会计政策变更	0.00	0.00		0.00	0.00	0.00	0.00	0.00	0.00	0.00
前期差错更正	0.00	0.00		0.00	0.00	0.00	0.00	0.00	0.00	0.00
二、本年年初余额	51 660.00	27 122.78	0.00	12 704.87	3 397.48	5 819.45	156 942.97	−187.83	79 237.89	336 697.61
三、本年增减变动金额（减少以"－"号填列）	0.00	−18 870.05		3 657.72	−722.38	1 828.86	37 149.34	−65.35	6 221.94	29 200.09
（一）净利润	0.00	0.00		0.00	0.00	0.00	41 913.54	0.00	12 152.63	54 066.17
（二）直接计入股东权益的利得和损失	0.00	−18 870.05	0.00	0.00	0.00	0.00	0.00	0.00	245.06	−18 624.99
1. 可供出售金融资产公允价值变动净额	0.00	−25 160.06		0.00	0.00	0.00	0.00	0.00	326.87	−24 833.19
（1）计入所有者权益的金额	0.00	−3 367.79		0.00	0.00	0.00	0.00	0.00	464.63	−2 903.17
（2）转入当期损益的金额	0.00	−21 792.27		0.00	0.00	0.00	0.00	0.00	−137.76	−21 930.03
2. 现金流量套期工具公允价值变动净额	0.00	—		0.00	0.00	0.00	0.00	0.00	0.00	0.00
（1）计入所有者权益的金额	0.00	—		0.00	0.00	0.00	0.00	0.00	0.00	0.00
（2）转入当期损益的金额	0.00	—		0.00	0.00	0.00	0.00	0.00	0.00	0.00
（3）计入被套期项目初始确认金额中的金额	0.00	—		0.00	0.00	0.00	0.00	0.00	0.00	0.00
3. 权益法下被投资单位其他股东权益变动的影响	0.00	—		0.00	0.00	0.00	0.00	0.00	0.00	0.00
4. 与计入股东权益项目相关的所得税影响	0.00	6 290.02		0.00	0.00	0.00	0.00	0.00	−81.82	6 208.20
5. 其他	0.00	—		0.00	0.00	0.00	0.00	0.00	0.00	0.00
上述（一）和（二）小计	0.00	−18 870.05		0.00	0.00	0.00	41 913.54	0.00	12 397.68	35 441.18
（三）股东投入和减少资本	0.00	0.00		0.00	0.00	0.00	0.00	0.00	0.00	0.00
1. 股东投入股本	0.00	0.00		0.00	0.00	0.00	0.00	0.00	0.00	0.00
2. 股份支付计入股东权益的金额	0.00	0.00		0.00	0.00	0.00	0.00	0.00	0.00	0.00
3. 其他	0.00	0.00		0.00	0.00	0.00	0.00	0.00	0.00	0.00
（四）利润分配	0.00	0.00		3 657.72	−722.38	1 828.86	−4 764.20	0.00	−6 344.00	−6 344.00
1. 提取盈余公积	0.00	0.00		3 657.72	—	—	−3 657.72	0.00	0.00	0.00
2. 提取一般风险准备	0.00	0.00		—	−722.38	—	722.38	0.00	0.00	0.00
3. 信托赔偿准备金	0.00	0.00		—	—	1 828.86	−1 828.86	0.00	0.00	0.00
4. 对股东的分配	0.00	0.00		0.00	0.00	0.00	0.00	0.00	−6 344.00	−6 344.00
（五）股东权益内部结转	0.00	0.00		0.00	0.00	0.00	0.00	0.00	0.00	0.00
1. 资本公积转增股本	0.00	0.00		0.00	0.00	0.00	0.00	0.00	0.00	0.00
2. 盈余公积转增股本	0.00	0.00		0.00	0.00	0.00	0.00	0.00	0.00	0.00
3. 盈余公积弥补亏损	0.00	0.00		0.00	0.00	0.00	0.00	0.00	0.00	0.00
4. 其他	0.00	0.00		0.00	0.00	0.00	0.00	0.00	0.00	0.00
（六）外币报表折算差额	0.00	0.00		0.00	0.00	0.00	0.00	−65.35	168.26	102.91
四、本年年末余额	51 660.00	8 252.73		16 362.59	2 675.09	7 648.31	194 092.32	−253.18	85 459.83	365 897.69

法定代表人：吴庆斌　　主管会计工作负责人：沈　烁　　会计机构负责人：罗建宇

5.2 信托资产

5.2.1 信托项目资产负债汇总表

编制单位:中泰信托有限责任公司　　单位:万元

信托资产	期末数	期初数	信托负债和信托权益	期末数	期初数
信托资产			信托负债:		
货币资金	193 035.39	71 492.35	交易性金融负债	0.00	0.00
拆出资金	0.00	0.00	衍生金融负债	0.00	0.00
存出保证金	0.00	0.00	应付受托人报酬	0.00	0.00
交易性金融资产	239 293.06	58 058.55	应付托管费	86.30	128.89
衍生金融资产	0.00	0.00	应付受益人收益	0.00	0.00
买入返售资产	0.00	0.00	应交税费	0.00	0.00
应收款项	575 805.03	127 724.29	应付销售服务费	0.00	0.00
发放贷款	2 235 961.43	1 461 435.97	其他应付款项	28951.70	25 980.98
可供出售金融资产	2 191 107.79	1 166 940.62	其他负债	0.00	0.00
持有至到期投资	57 234.00	6 000.00	信托负债合计	29 038.00	26 109.87
长期应收款	0.00	0.00		0.00	0.00
长期股权投资	681 442.48	225 862.48	信托权益:	0.00	0.00
投资性房地产	0.00	0.00	实收信托	6 169 000.64	3 128 400.01
固定资产	1 390.16	2 131.95	资本公积	0.00	0.00
无形资产	42 500.00	42 500.00	外币报表折算差额	0.00	0.00
长期待摊费用	0.00	0.00	未分配利润	19 730.70	7 636.33
其他资产	0.00	0.00	信托权益合计	6 188 731.34	3 136 036.34
信托资产总计	6 217 769.34	3 162 146.21	信托负债及信托权益总计	6 217 769.34	3 162 146.21

法定代表人:吴庆斌　　财务负责人:余　钧　　会计人员:龚小云

5.2.2 信托项目利润及利润分配汇总表

编制单位:中泰信托有限责任公司　　单位:万元

信托资产	本年数	上年数
一、营业收入	455 938.11	149 305.80
利息收入	178 281.76	69 924.83
投资收益	274 832.50	78 777.16
其中:对联营企业和合营企业的投资收益	0.00	0.00
公允价值变动收益(损失以"-"号填列)	136.51	239.42
租赁收入	205.63	264.39
汇兑损益(损失以"-"号填列)	0.00	0.00
其他收入	2 481.71	100.00
二、营业支出	90 100.26	31 233.05
营业税金及附加	21.29	18.81
受托人报酬	33 561.73	12 220.97
托管费	23 174.31	5 106.29
投资管理费	0.00	550.00
销售服务费	13 392.21	1 434.49
交易费用	0.00	0.00
资产减值损失	0.00	0.00
其他费用	19 950.72	11 902.49
三、信托净利润(净亏损以"-"号填列)	365 837.85	118 072.74
四、其他综合收益	0.00	0.00
五、综合收益	365 837.85	118 072.74
加:期初未分配信托利润	7 636.33	7 689.32
六、可供分配的信托利润	373 474.18	125 762.07
减:本期已分配信托利润	353 743.48	118 125.74
七、期末未分配信托利润	19 730.70	7 636.33

法定代表人:吴庆斌　　财务负责人:余　钧　　会计人员:龚小云

6. 会计报表附注

6.1 本会计报表无不符合会计核算基本前提的事项

6.2 或有事项说明

本公司对发放的已逾期的贷款提起诉讼,全部已判决并胜诉,公司正积极对相关债权进行追讨。

单位:万元

或有事项项目	期初金额	期末金额
合计	46 716.06	46 716.06

6.3 重要资产转让及其出售的有关说明

报告期内公司无重要资产转让或出售。

6.4 会计报表中重要项目的明细资料

6.4.1 自营资产经营情况

6.4.1.1 信用风险资产情况(按信用风险五级分类结果)

信用风险资产五级分类	正常类(万元)	关注类(万元)	次级类(万元)	可疑类(万元)	损失类(万元)	信用风险资产合计(万元)	不良资产合计(万元)	不良资产率(%)
期初数	1 681.09	7 010.81		4 700.00	30 716.06	44 107.96	35 416.06	80.29
期末数	96 360.72	7 010.81			35 416.06	138 787.59	35 416.06	25.52

注:1. 不良信用风险资产合计=次级类+可疑类+损失类。

2. 信用风险资产合计=正常类+关注类+次级类+可疑类+损失类。

3. 信用风险资产不良率=不良信用风险资产合计/信用风险资产合计×100%。

上述不良信用风险资产均为历史形成，公司已就其100%全额计提拨备，全面覆盖不良信用风险资产，故上述不良信用风险资产不影响公司资产质量。信用风险资产不良率仅反映报告期内公司信用风险资产相关情况。

6.4.1.2　资产减值损失准备情况

单位：万元

	期初数	本期计提	本期转回	本期核销	期末数
贷款损失准备	30 716.06				30 716.10
一般准备	—				—
专项准备	30 716.06				30 716.10
其他资产减值准备					
可供出售金融资产减值准备	—				—
持有至到期投资减值准备	—				—
长期股权投资减值准备	—				—
坏账准备	2 507.03	2 559.58			5 066.61
投资性房地产减值准备					

6.4.1.3　投资业务情况

单位：万元

	自营股票	基金	债券	长期股权投资	其他投资	合计
期初数	42 151.04	—	19 500.10	21 306.14	99 423.33	182 380.61
期末数	17 920.00	—	—	21 306.14	74 047.39	113 273.53

6.4.1.4　自营长期股权投资情况

单位：万元

企业名称	占被投资企业权益的比例(%)	主要经营活动	投资损益（万元）
大成基金管理有限公司	48.00	公募基金的募集和管理	5 856.00

6.4.1.5　前三名的自营贷款的企业名称、占贷款总额的比例和还款情况等

企业名称	占贷款总额的比例(%)	还款情况
1. 深圳市凯泰隆实业发展有限公司	22.79	逾期
2. 海南金盟发实业有限公司	22.79	逾期
3. 黄山长江徽杭高速公路有限公司	22.79	逾期

6.4.1.6　表外业务情况

单位：万元

表外业务	期初数	期末数
担保业务	0.00	0.00
代理业务（委托业务）	0.00	0.00
其他	—	—
合计	0.00	0.00

6.4.1.7　本公司当年的收入结构

收入结构	合并		母公司	
	金额（万元）	占比(%)	金额（万元）	占比(%)
手续费及佣金收入	34 858.99	22.46	33 088.99	47.87
其中：信托手续费收入	33 088.99	21.32	33 088.99	47.87
投资银行业务收入		0.00		0.00
利息收入	2 618.53	1.69	1 654.71	2.39
其他业务收入	2 219.70	1.43	2 112.25	3.06
投资收益	28 680.69	18.48	31 523.62	45.60
其中：股权投资收益	647.41	0.42	6 503.41	9.41
证券投资收益	23 586.06	15.20	21 012.14	30.40
其他投资收益	4 447.22	2.87	4 008.07	5.80
公允价值变动收益	-200.85	-0.13	-25.15	-0.04
管理费收入	85 609.91	55.17		0.00
汇兑损益	34.51	0.02		
营业外收入	1 364.84	0.88	773.53	1.12
收入合计	155 186.32	100	69 127.95	100

2013年本公司信托业务收入为33 088.99万元，均为以手续费及佣金确认的信托业务收入。

6.4.2　披露信托财产管理情况

6.4.2.1　信托资产的期初数、期末数

单位：万元

信托资产	期初数	期末数
集合	1 534 294.63	2 470 107.49
单一	1 525 168.11	3 540 037.89
财产权	102 683.47	207 623.96
合计	3 162 146.21	6 217 769.34

6.4.2.1.1　主动管理型信托业务

单位：万元

主动管理型信托资产	期初数	期末数
证券投资类	1 268.76	6 389.09
股权投资类	54 324.76	157 088.32
融资类	1 903 799.08	4 455 948.91
事务管理类	—	—
其他类	1 152 661.11	1 559 316.31
合计	3 112 053.71	6 178 742.63

6.4.2.1.2　被动管理型信托业务

单位：万元

被动管理型信托资产	期初数	期末数
证券投资类	—	—
股权投资类	—	—
融资类	—	—
事务管理类	50 092.50	39 026.71
其他类	—	
合计	50 092.50	39 026.71

6.4.2.2　本年度已清算结束的信托项目个数、实收信托合计金额、加权平均实际年化收益率

6.4.2.2.1　本年度已清算结束的集合类、单一类资金信

托项目和财产管理类信托项目个数、实收信托金额、加权平均实际年化收益率

已清算结束信托项目	项目个数	实收信托合计金额（万元）	加权平均实际年化收益率（%）
集合类	9	193 775.00	9.94
单一类	23	790 950.00	8.31
财产管理类	—	—	—

6.4.2.2.2 本年度已清算结束的主动管理型信托项目个数、实收信托合计金额、加权平均实际年化收益率

已清算结束信托项目	项目个数	实收信托合计金额（万元）	加权平均实际年化信托报酬率（%）	加权平均实际年化收益率（%）
证券投资类	—	—	—	—
股权投资类	1	18 600.00	0.19	—
融资类	25	933 275.00	0.77	8.75
事务管理类	—	—	—	—
其他类	1	30 000.00	0.40	6.20

注："其他类"指除投向证券及股权外的其他投资类业务。

6.4.2.2.3 本年度已清算结束的被动管理型信托项目个数、实收信托合计金额、加权平均实际年化收益率

已清算结束信托项目	项目个数	实收信托合计金额（万元）	加权平均实际年化信托报酬率（%）	加权平均实际年化收益率（%）
证券投资类	—	—	—	—
股权投资类	—	—	—	—
融资类	—	—	—	—
事务管理类	5	2 850.00	17.89	—
其他类	—	—	—	—

6.4.2.3 本年度新增的集合类、单一类和财产管理类信托项目个数、实收信托合计金额

单位：万元

新增信托项目	项目个数	实收信托合计金额
集合类	24	651 216.35
单一类	61	2 845 294.00
财产管理类	3	105 000.00
新增合计	88	3 601 510.35
其中：主动管理型	84	3 588 975.35
被动管理型	4	12 535.00

6.4.2.4 报告期内，本公司依法依规审慎履行受托人职责，未发生因本公司自身责任导致信托资产损失的情况

本年度提取信托赔偿准备金 1 828.86 万元，因未发生管理失职的情况，本年度未使用信托赔偿准备金。公司按照中国银监会的有关规定管理信托赔偿准备金。

6.5 关联方关系及其交易的披露

6.5.1 关联交易方的数量、关联交易的总金额及关联交易的定价政策等

	关联交易方数量	关联交易金额（万元）	定价政策
合计	4	50 498.99	按照市场公允价格确定

注："关联交易"定义以《公司法》和《企业会计准则第36号——关联方披露》有关规定为准。

具体定价政策：首先，按照市场公允价格确定；如果缺乏市场公允价格的，比照相关类似业务或资产的市价确定；如果上述两种价格都不存在，则按照中介机构出具的评估价确定。

6.5.2 关联交易方与本公司的关系性质、关联交易方的名称、法定代表人、注册地址、注册资本及主营业务等

关系性质	关联方名称	法人代表	注册地址	注册资本	主营业务
股东	中国华闻投资控股有限公司	李民吉	北京市朝阳区东三环北路38号院1号泰康金融大厦25层2501内5室	120 000 万元	实业投资、机械电子建材销售等。
股东	广联（南宁）投资股份有限公司	吴庆斌	南宁市民族大道38－2号18层	13 900 万元	对高新技术产业、金融业、证券、期货业的投资等。
股东	上海新黄浦置业股份有限公司	王伟旭	上海市北京东路668号西楼32层	56 116.30 万元	房地产经营、旧危房改造，室内外建筑装潢，物业管理，房产咨询，机械设备安装，餐饮业等。
受同一股东控制	上海新华闻投资有限公司	李民吉	上海市闸北区天目中路383号501室	50 000 万元	实业投资、资产经营及管理等。
受同一股东控制	上海嘉庆投资管理有限公司	王磊	上海市浦东新区牡丹路60号A2001室	16 000 万元	实业投资、企业管理咨询等。
受同一股东控制	杭州华溥实业有限公司	程齐鸣	杭州市上城区湖滨路30号	4 240 万美元	经营住宿、餐饮、娱乐、商场等。
受同一股东控制	厦门联信投资管理有限公司	余钧	厦门思明区湖滨南路299－309号裙楼201室	500 万元	投资咨询。
受同一股东控制	上海久峰投资咨询有限公司	彭传发	上海市松江区松汇西路1558号A－287	1 000 万元	企业投资咨询、商务咨询、财务管理咨询、企业管理咨询服务。
控股子公司	大成基金管理有限公司	张树忠	深圳市福田区深南大道7088号招商银行大厦32层	20 000 万元	基金募集；基金销售；资产管理；中国证监会许可的其他业务。
子公司之子公司	大成国际资产管理有限公司		香港中环金融街8号国际金融中心二期58楼5811室	港币 10 000 万元	证券交易、就证券提供意见、资产管理业务。

续表

关系性质	关联方名称	法人代表	注册地址	注册资本	主营业务
子公司之子公司	大成创新资本管理有限公司	撤承德	深圳市前海深港合作区前湾一路鲤鱼门街一号前海深港合作区管理局综合办公楼A楼201室（入驻深圳市前海商务秘书有限公司）	10 000 万元	特定客户资产管理业务及中国证监会许可的其他业务
子公司大成基金的股东	光大证券股份有限公司	薛峰	上海市口安区新闸路1508号	341 800 万元	证券经纪；证券投资咨询；与证券交易、证券投资活动有关的财务顾问；证券承销与保荐；证券自营；证券资产管理；为期货公司提供中间介绍业务；证券投资基金代销；融资融券业务等。
子公司大成基金的股东	中国银河投资管理有限公司	许国平	北京市西城区金融大街35号国际企业大厦C座16层	450 000 万元	投资业务及资产管理。

6.5.3　本公司与关联方的重大交易事项

6.5.3.1　固有与关联方交易情况

固有与关联方关联交易

单位：万元

	期初数	借方发生额	贷方发生额	期末数
贷款	7 000.00		7 000.00	0.00
投资				
租赁				
担保				
应收账款	6 407.8	5 718.91	159.47	11 967.24
其他	47.61			47.61
合计	13 455.41	5 718.91	7 159.47	12 014.85

6.5.3.2　信托与关联方交易情况

信托与关联方关联交易

单位：万元

	期初数	借方发生额	贷方发生额	期末数
贷款	35 909.68	—	2 425.54	33 484.14
投资	—	—	—	—
租赁	—	—	—	—
担保	—	—	—	—
应收账款	—	—	—	—
其他	0	—	—	0
合计	35 909.68	—	2 425.54	33 484.14

6.5.3.3　信托公司自有资金运用于自己管理的信托项目（固信交易）、信托公司管理的信托项目之间的相互（信信交易）交易金额，包括余额和本报告年度的发生额

6.5.3.3.1　固信交易情况

固有财产与信托财产相互交易

单位：万元

	期初数	本期发生额		期末数
		借方发生额	贷方发生额	
合计	9 000.00	—	7 000.00	2 000.00

6.5.3.3.2　信信交易情况

信托资产与信托财产相互交易

单位：万元

	期初数	本期发生额	期末数
合计	837 728.00	126 682.00	964 410.00

6.5.4　本公司本期无关联方逾期未偿还本公司资金的情况，且没有为关联方担保发生垫款的事项

6.6　会计制度的披露

6.6.1　固有业务执行的会计制度

本公司固有业务从2008年1月1日起执行财政部2006年2月颁布的《企业会计准则——基本准则》和38项具体会计准则、其后颁布的应用指南、解释以及其他相关规定（统称企业会计准则）。

6.6.2　信托业务执行会计制度

本公司信托业务从2010年1月1日起执行财政部2006年2月颁布的《企业会计准则——基本准则》和38项具体会计准则、其后颁布的应用指南、解释以及其他相关规定（统称企业会计准则）。

7. 财务情况说明书

7.1　利润实现和分配情况

7.1.1　利润实现情况

单位：万元

项目	合并	母公司
投资收益	28 680.69	31 523.62
营业利润	71 144.52	46 171.30
利润总额	72 279.76	46 812.81
所得税	18 213.59	10 235.59
净利润	54 066.17	36 577.22

7.1.2　利润分配情况

单位：万元

项目	合并（归属于母公司）	母公司
本年度净利润	41 913.54	36 577.22
上年未分配利润	156 942.97	90 560.77
本年其他转入	0	0
可供分配的利润	198 856.51	127 137.99
提取法定盈余公积	3 657.72	3 657.72
提取法定公益金		
提取信托赔偿准备金	1 828.86	1 828.86
提取一般准备金	−722.38	−722.38
可供投资者分配利润	194 092.31	122 373.79
未分配利润	194 092.31	122 373.79

7.2 主要财务指标(母公司口径和并表口径同时披露)

指标名称	合并(归属于母公司)	母公司
资本利润率(%)	15.58	18.26
加权年化信托报酬率(%)	0.60	0.60
人均净利润	200.54	278.15

注:1. 资本利润率=净利润/所有者权益平均余额×100%。

2. 加权年化信托报酬率=(信托项目1的实际年化信托报酬率×信托项目1的实收信托 +信托项目2的实际年化信托报酬率x信托项目2的实收信托 +…+信托项目n的实际年化信托报酬率x信托项目n的实收信托)/(信托项目1的实收信托 +信托项目2的实收信托+…+信托项目n的实收信托)。

3. 人均净利润=净利润/平均人数。

4. 平均值采取年初、年末余额简单平均法,公式为:a(平均)=(年初数+年末数)/2。

7.3 对本公司财务状况、经营成果有重大影响的其他事项

无。

8. 特别事项简要揭示

8.1 报告期内本公司股东未发生变动

8.2 董事、监事及高级管理人员变动情况及原因

经中国银行业监督管理委员会核准,吴庆斌董事长正式到任,并完成相关工商登记变更及信息披露事宜。

公司董事会审议通过,并经中国银行业监督管理委员会上海监管局核准,于潇女士正式就任公司合规总监职务。

公司董事会审议通过,何德见先生不再担任公司总会计师职务,并不再担任公司任何职务。

叶晓军先生辞任公司总裁助理事宜经董事会批准,报告期内,完成相关手续办理工作。

8.3 公司的重大诉讼事项

8.3.1 固有项下诉讼①

(1)2009年8月,公司向上海市第一中级人民法院起诉深圳市凯泰隆实业发展有限公司及海南金盟发实业有限公司,要求判决被告归还贷款本金7 000万元及利息、复利和罚息。上海市第一中级人民法院于2010年1月18日判决公司胜诉。该案正处于强制执行阶段。

(2)2009年8月,公司向上海市第一中级人民法院起诉华星建设工程有限公司及黄山金汇经济开发有限公司,要求判决被告归还贷款本金4 000万元及利息、复利和罚息。上海市第一中级人民法院于2010年1月18日判决公司胜诉。该案正处于强制执行阶段。2012年12月28日北京天台资产管理公司代黄山金汇经济开发有限公司支付贷款本息3 000万元。

(3)2009年8月,公司向上海市第一中级人民法院起诉华星建设工程有限公司及海南宁达远实业有限公司,要求判决被告归还贷款本金3 000万元及利息、复利和罚息。上海市第一中级人民法院于2010年1月18日判决公司胜诉。该案正处于强制执行阶段。

(4)2009年9月,公司向上海市第一中级人民法院起诉海南金盟发实业有限公司及深圳市凯泰隆实业发展有限公司,要求判决被告归还贷款本金7 000万元及利息、复利和罚息。上海市第一中级人民法院于2010年2月5日判决公司胜诉。该案正处于强制执行阶段。

(5)2009年9月,公司向上海市第一中级人民法院起诉海南海金宁实业有限公司,要求判决被告归还贷款本金4 600万元及利息、复利和罚息。上海市第一中级人民法院于2010年2月5日判决公司胜诉。该案正处于强制执行阶段。

(6)2011年1月,公司向上海市第二中级人民法院起诉黄山徽杭高速公路有限公司及黄山金汇经济开发有限公司,请求判决被告归还贷款本金7 000万元及利息、复利和罚息。上海市第二中级人民法院于2011年10月21日判决公司胜诉。本公司业已申请强制执行。

8.3.2 信托项下诉讼

(1)2006年7月,根据信托受益人要求,本公司就与杭州华溥实业有限公司金融借款8亿元合同纠纷向上海市第一中级人民法院提起民事诉讼,该案经上海市第一中级人民法院一审、上海高级人民法院终审,公司诉讼请求得到支持。目前该案件处于强制执行阶段。

(2)2010年8月5日,本公司就与北京中润博达国际能源开发有限公司金融借款16 000万元合同纠纷向上海市高级人民法院提起民事诉讼,上海市高级人民法院判决公司胜诉。本公司业已申请该项目的强制执行。

8.4 公司及其董事、监事和高级管理人员在报告期内未受处罚

8.5 中国银监会及其派出机构对公司检查整改意见落实情况

2012年10月23日至11月23日,上海银监局派出现场检查组,对公司截至2011年8月31日的房地产信托业务以及与其他金融机构合作业务进行了现场检查,公司于2013年3月收到上海银监局《关于对中泰信托有限责任公司现场检查意见》(沪银监发[2013]65号)(以下简称《检查意见》)。

根据上海银监局现场检查意见,公司迅速组织相关部门人员召开专门会议认真研究和学习,逐项排查《检查意见》中指出的问题,积极落实整改措施。为配合整改,提升公司业务管理和风险控制水平,公司召开了多次总裁办公会和业务整改、机制调整专项会议,就强化风险意识、修订公司制度、调整有关机制、加强后续管理、排查业务隐患等事项出台了多项措施,并将《检查意见》和公司整改情况通报董事会、监事会及股东会。

本次现场检查整改意见落实措施主要有:(1)全面提升风险意识,建设大风控体系;(2)改革业务评审工作机制,完善信托业务有关制度和流程;(3)提高尽职调查质量,完善有关制度和流程;(4)强化后续管理、确保风控措施落实;(5)高度重视并加强合规风险管理,整改有关项目合规问题;(6)完善合

① 公司固有项下逾期贷款已全额计提坏账损失,对当年盈利不构成影响,为最大限度保障公司权益,决定以诉讼方式清收欠款。

规风控部门职能，强化合规风险控制体系。

通过整改，公司进一步提升了项目选择和后续管理水平，提高了信托业务整体管控能力，有利于防范业务风险，确保业务健康有序发展。

8.6 本年度公司发布重大事项临时报告情况

本公司于2013年7月20日在《证券时报》B45版发布《中泰信托有限责任公司关于董事长变更的公告》。

8.7 报告期内，公司未发生中国银监会及其省级派出机构认定的其他有必要让客户及相关利益人了解的重要信息

9. 监事会意见

公司监事会认为：报告期内，公司决策程序合法，内部控制实施符合监管要求，公司董事、高级管理人员履职行为过程中未见违法违纪或有损公司及股东利益的行为。

中审亚太会计师事务所（特殊普通合伙）为公司2013年度财务报告出具了标准无保留意见的审计报告。监事会认为该财务报告真实反映了公司的财务状况和经营成果。

中铁信托有限责任公司

1. 重要提示

1.1 本公司董事会及董事保证本报告所载资料不存在任何虚假记载、误导性陈述或者重大遗漏，并对其内容的真实性、准确性和完整性承担个别及连带责任。本年度报告摘要摘自年度报告全文，客户及相关利益人欲了解详细内容，应阅读年度报告全文。

1.2 因工作原因，杨良董事书面委托景开强董事代为行使表决权，本公司其他董事均亲自出席了审议本次年报的董事会会议，全体监事、高管列席了会议。

1.3 本公司独立董事曾勇先生、傅代国先生、周国华先生声明：保证年度报告内容的真实性、准确性和完整性。

1.4 德勤华永会计师事务所（特殊普通合伙）北京分所根据中国注册会计师独立审计准则对本公司年度财务报告进行审计，出具了无保留意见的审计报告。

1.5 本公司总经理景开强先生、财务负责人解义才先生和会计机构负责人（会计主管人员）李正斌先生声明：保证年度报告中财务报告的真实、完整。

2. 公司概况

2.1 公司简介

2.1.1 公司法定中文名称：中铁信托有限责任公司
中文名称缩写：中铁信托
公司法定英文名称：China Railway Trust Co.，Ltd.
英文名称缩写：CRTC

2.1.2 法定代表人：王俊明

2.1.3 注册地址：成都市航空路1号国航世纪中心B座

2.1.4 邮政编码：610041

2.1.5 公司国际互联网网址：www.crtrust.com

2.1.6 电子信箱：crtc@crtrust.com

2.1.7 公司负责信息披露事务的高级管理人员：陈 赤
联系人：邹纯余
电话/传真：028－86029131
电子信箱：zcy@crtrust.com

2.1.8 公司选定的信息披露报纸：《证券时报》

2.1.9 公司年度报告备置地点：成都市航空路1号国航世纪中心B座26楼

2.1.10 公司聘请的会计师事务所名称：德勤华永会计师事务所（特殊普通合伙）北京分所
住所：北京市东城区长安街1号东方经贸城西二办公楼

2.1.11 公司聘请的律师事务所名称：泰和泰律师事务所
住所：成都市高新区天府大道中段199号棕榈泉国际中心16楼、17楼

2.2 组织结构

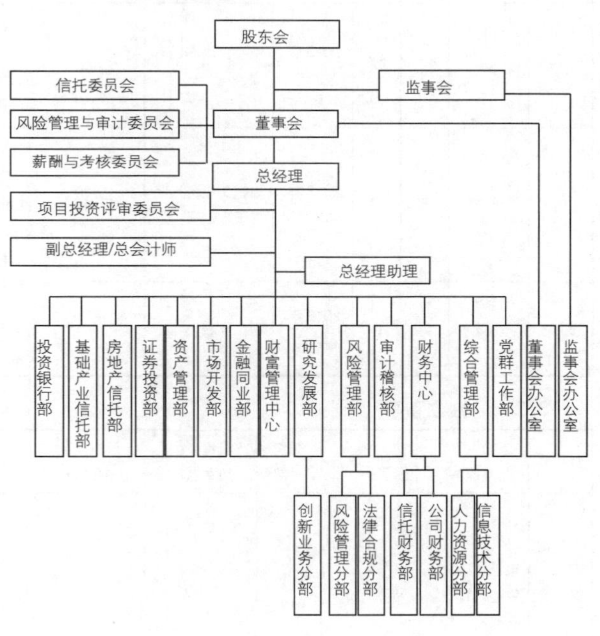

3. 公司治理结构

3.1 公司前三位股东的主要股东

公司前三位股东名称	股东的主要股东	出资比例（%）	法定代表人	注册资本（亿元）	注册地址	主要经营业务
中国中铁股份有限公司	中国铁路工程总公司	56.10	李长进	108	北京市丰台区星火路1号	建筑工程，相关工程技术研究、勘察、设计、服务与专用设备制造，房地产开发经营。
中铁二局集团有限公司	中国中铁股份有限公司	100.00	李长进	213	北京市丰台区星火路1号	基建建设、勘察设计与咨询服务、工程设备和零部件制造和房地产开发业务，另外还从事多项其他业务，如物资贸易、矿产资源开发和物业管理业务等。
成都工投资产经营有限公司	成都工业投资集团有限公司	66.80	石 磊	50	成都市顺城街221号	企业托管、资产托管、债务托管、企业产权转让、租赁、承包、出售、投资咨询、融资担保、资本运营。

3.2 董事

3.2.1 董事会成员

姓 名	职务	性别	年龄	选任日期	所推举的股东名称	该股东持股比例（%）	简 要 履 历
郭敬辉	董事长（拟任）	男	57	2013 年 12 月	中国中铁股份有限公司	78.911	历任铁道部第二工程局（简称铁二局）一处工人、宣传科干事、副科长，铁道建设报社记者，铁二局办公室秘书，铁二局房屋建设综合开发公司副总经理，铁二局、中铁二局集团有限公司办公室主任，中铁二局集团有限公司董事会秘书兼办公室主任，中铁二局集团有限公司副总经理，中铁二局集团有限公司监事会主席、党委副书记、纪委书记，中铁二局股份有限公司监事会主席、党委副书记、纪委书记，中铁信托有限责任公司党委书记、纪委书记；现任中铁信托有限责任公司党委副书记，拟任中铁信托有限责任公司董事、董事长。
景开强	董事	男	55	2013 年 12 月	中国中铁股份有限公司	78.911	历任铁道部第二工程局机筑处广州、深圳、珠海项目部会计师、财务主管，中铁二局机筑公司财务科科长、总会计师，中铁二局股份有限公司财务部部长，中铁八局集团有限公司总会计师、总法律顾问，衡平信托有限责任公司副董事长；现任中铁信托有限责任公司董事、总经理、党委副书记，宝盈基金管理有限公司董事。
杨良	董事	男	44	2013 年 12 月	中国中铁股份有限公司	78.911	历任中国铁路工程总公司助理会计师，中国铁路工程总公司内昆铁路指挥部财务部部长，中国铁路工程总公司财务部副部长、会计师、高级会计师，北京程诚源财务服务中心总经理，中国中铁股份有限公司财务部部长，中铁信托有限责任公司监事；现任中国中铁股份有限公司党委常委、财务总监，中铁信托有限责任公司董事。
王大奇	董事	男	44	2013 年 12 月	中铁二局集团有限公司	7.232	历任铁道部第二工程局（简称铁二局）财会处助理会计师，铁二局厦门工程公司财务部副科长，铁二局财务处科长，中铁二局股份有限公司财务部科长、副总会计师、副部长，中铁二局第五工程有限公司总会计师，中铁八局财务部部长，中铁二局集团有限公司财务部部长；现任中铁二局集团有限公司副总会计师兼财务部部长，中铁信托有限责任公司董事。
喻培忠	董事	男	57	2013 年 12 月	成都工投资产经营有限公司	3.429	历任四川省送变电工程公司支部书记、科长、办公室主任、经理助理，成都市热电公司办公室主任、工会主席、副总经理、党委委员，成都工投资产经营有限责任公司委贷管理部经理，成都工业投资（控股）有限责任公司总经理；现任成都工业投资集团有限公司总经理助理，成都工投资产经营有限公司总经理，成都工业投资（控股）有限责任公司董事长，成都工投融资租赁有限公司董事长，成都工业典当有限公司董事长，中铁信托有限责任公司董事。
解义才	职工董事	男	44	2013 年 12 月	职工代表	—	历任铁道部第二工程局二滩指挥部助理会计师、财务处科长，中铁二局财务部副部长，中铁二局股份有限公司财务部副部长、证券部部长，中铁二局财务部部长、副总会计师，中铁信托有限责任公司董事；现任中铁信托有限责任公司职工董事、副总经理、总会计师、党委委员、工会主席。

3.2.2 独立董事

姓 名	所在单位及职务	性别	年龄	选任日期	所推举的股东名称	该股东持股比例（%）	简 要 履 历
曾 勇	电子科技大学经济与管理学院教授	男	50	2013 年 12 月	—	—	历任电子科技大学经济与管理学院助教、讲师、副教授、教授、院长；现任电子科技大学教授、博士生导师，中铁信托有限责任公司独立董事、董事会信托委员会主任委员；国务院特殊津贴专家，四川省学术与技术带头人，兼任中国管理现代化研究会常务理事，中国系统工程学会常务理事和金融系统工程专委会委员，中国数量经济学会常务理事、中国金融学会金融工程专委会常务委员、中国金融学年会理事会理事、中国会计学会理事等；四川省技术经济及管理现代化研究会副理事长、四川省系统工程学会副理事长，四川省数量经济学会副理事长等；《金融学季刊》副主编，《管理工程学报》、《系统工程学报》、《管理学报》、《投资研究》、《管理评论》、《运筹与管理》等学术期刊编委等职。
傅代国	西南财经大学西部商学院副院长	男	49	2013 年 12 月	—	—	历任西南财经大学会计学院讲师、副教授、教研室副主任、副院长；现任西南财经大学西部商学院副院长，中铁信托有限责任公司独立董事、董事会风险管理与审计委员会主任委员，利尔化学股份有限公司独立董事，北京君正集成电路股份有限公司独立董事，兼任成都市政协常委，中国会计学会会员、中国中青年财务成本研究会理事、成都市会计学会副会长、成都市高级会计师评审委员会副主任委员、成都市会计电算化专家组成员、四川省会计人才培养基地负责人。
周国华	西南交通大学企业与项目管理研究所所长	男	47	2013 年 12 月	—	—	历任西南交通大学经济管理学院企业管理教研室主任、院教学秘书、院长助理、副院长；现任西南交通大学企业与项目管理研究所所长，物流与信息管理研究所所长，中铁信托有限责任公司独立董事、董事会薪酬与考核委员会主任委员；兼任国际项目管理专业资质（IPMP）评估师，中国项目管理研究委员会常务理事，四川省现代物流协会常务理事，四川省省属企业管理信息化专家组专家，全国 MBA 教学指导委员会生产运作管理教学指导组成员，四川省技术经济与管理现代化研究会理事，四川省人民政府特邀专家，《项目管理技术》杂志编委，《管理科学学报》等十余本杂志审稿专家等职。

3.3 监事

姓　名	职务	性别	年龄	选任日期	所推举的股东名称	该股东持股比例(%)	简　要　履　历
何　文	监事长	男	49	2013年12月	中国中铁股份有限公司	78.911	历任铁道部第四工程局(简称铁四局)财务处会计员,铁四局济青公路工指财务组副组长,铁四局财务处财务科副科长,铁四局内部银行副行长、信贷部副主任、襄樊支行负责人,铁四局资金结算中心资金科副科长,中铁四局集团有限公司财务处副处长、资金结算中心主任、资金处处长、资金部部长,中铁四局集团有限公司副总会计师兼资金部部长、投资(管理)有限公司筹备组副组长,中铁四局集团有限公司总会计师、董事、党委常委,中铁信托有限责任公司监事长、党委书记、纪委书记;现任中国中铁股份有限公司副总会计师兼财务部部长,中铁信托有限责任公司监事长。
王怀远	监事	男	57	2013年12月	中国中铁股份有限公司	78.911	历任铁道部大桥工程局三桥处子弟学校教员、物资处技术员、长东黄河桥指挥部技术员,铁道部大桥工程局办公室秘书、科长,铁道部大桥工程局企管办副主任;铁道部大桥工程局办公室主任,中铁大桥局集团有限公司副总经济师、董事会秘书、副总法律顾问、法律事务部部长,中铁大桥局集团(股份)有限公司副总经济师、董事会秘书、副总法律顾问、法律事务部部长;现任中国中铁股份有限公司法律事务部部长,中铁信托有限责任公司监事。
陈家均	监事	男	50	2013年12月	成都高新发展股份有限公司	0.692	历任贵州省计划管理干部学院会计、省计委财贸处科员、罗甸县委农工部科员,四川省审计局商贸部副主任科员,成都高新发展股份有限公司财务部职员、财务部副部长、部长、总会计师、副总经理;现任成都高新发展股份有限公司监事会主席,中铁信托有限责任公司监事。
彭玖雯	职工监事	女	44	2013年12月	职工代表	—	历任成都市金通信托投资公司财务部助理会计师、会计师,衡平信托投资有限责任公司董事会审计部;现任中铁信托有限责任公司审计稽核部总经理、职工监事、纪委委员、工会委员。
严　震	职工监事	男	37	2013年12月	职工代表	—	历任衡平信托投资有限责任公司董事会办公室副主任、主任,资产管理部副经理,中铁信托有限责任公司风险管理部副总经理;现任中铁信托有限责任公司风险管理部(法律事务部)总经理、职工监事、纪委委员。

3.4 高级管理人员

姓名	职务	性别	年龄	任职日期	金融从业年限	学历	专业
景开强	总经理	男	55	2013年12月	8	研究生	财会
解义才	副总经理、总会计师	男	44	2013年12月	9	研究生	财会
李文众	副总经理、总法律顾问	男	54	2013年12月	34	本科	财会
陈　赤	副总经理、董事会秘书	男	47	2013年12月	15	博士研究生	金融学
孙　毅	副总经理	男	58	2013年12月	21	本科	经济管理
董　寰	副总经理	男	58	2013年12月	33	本科	财会
王　石	副总经理	男	53	2013年12月	32	本科	经济管理
王　兴	副总经理	男	45	2013年12月	15	博士研究生	会计学

3.5 公司员工

报告期内在岗员工人数为116人,平均年龄38.7岁。

学历分布比例:

学　历	人　数	比　例(%)
博士	4	3.45
硕士	38	32.76
本科	63	54.31
专科	10	8.62
其他	1	0.86

4. 经营管理

4.1 经营目标、方针、战略规划

4.1.1 经营目标

建立体现中国中铁品牌优势和市场机制相结合的经营机制,增强公司专业化、差异化和持续创新的核心竞争力,创建中国一流的信托企业;提高公司资产管理能力,力争主要指标达到行业先进水平。持续深入贯彻"创新、服务、可持续"的经营理念,在公司近年来奠定的坚实发展基础上,围绕"创新与提升"的主题,以成本优化为核心,以创新推动业务拓展、营销提升、风险控制、精细化管理新能力建设为重点,不断夯实公司可持续发展能力和综合竞争力。

4.1.2 经营方针

公司所秉承的经营方针是:稳健、进取、合作共赢。

4.1.3 战略规划

以信托业价值链纵向一体化、适度相关多元,实施成本领先、专业化、差异化服务的内涵型发展,致力成为国内行业一流的现代金融综合服务企业。

在巩固现有主营业务的基础上,优化业务结构,培育新兴业务,构建符合市场需求的融资类业务组合,构建符合公司自身资源与能力相匹配的投资类业务;遵循金融集成发展思路,构建依托信托,以股权投资为纽带,参股国内有关联的、发展潜力大的银行、证券、保险等金融机构,打造致力于较为完整的金融产业链,提升金融集约化、规模化的能力,更大程度地推进产融结合提升到新的水平。与此同时，通过组织结构优化，改进完善风险管理、人力资源及 IT 三大后台体系，支撑公司实现战略目标。

4.2 所经营业务主要内容

公司业务分为自营业务和信托业务。

4.2.1 自营业务

主要包括基金管理、自营贷款、自营证券、金融产品投资等。

自营资产运用与分布表

资产运用	金额（万元）	占比（%）	资产分布	金额（万元）	占比（%）
货币资产	63 113.83	10.40	基础产业	0.00	0.00
贷款及应收款	4 900.00	0.81	房地产业	4 900.00	0.81
交易性金融资产	2 127.36	0.35	证券市场	1 273.62	0.21
可供出售金融资产	472 367.19	77.84	实业	1 058.00	0.17
持有至到期投资	0.00	0.00	金融机构	20 004.35	3.30
长期股权投资	20 004.35	3.30	其他	579 575.43	95.51
其他	44 298.67	7.30			
资产总计	606 811.40	100.00	资产总计	606 811.40	100.00

4.2.2 信托业务

信托业务是本公司的主营业务和主要收入来源，主要包括集合资金信托、单一资金信托、财产信托等。

信托资产运用与分布表

资产运用	金额（万元）	占比（%）	资产分布	金额（万元）	占比（%）
贷款	6 579 436.00	43.71	基础产业	2 456 026.00	16.32
交易性金融资产	1 616.00	0.01	房地产	1 896 520.00	12.60
可供出售及持有至到期投资	2 395 387.00	15.91	证券市场（股票）	1 616.00	0.01
长期股权投资	1 031 980.00	6.86	证券市场（债券）	145 280.00	0.97
租赁	0	0.00	证券市场（基金）	0.00	0.00
买入返售	1 780.00	0.01	金融机构	991 817.00	6.59
存放同业	634 140.00	4.21	工业企业	5 950 903.00	39.53
其他	4 408 750.00	29.29	其他	3 610 917.00	23.99
信托资产总计	15 053 089.00	100.00	信托资产总计	15 053 079.00	100.00

4.3 市场分析

4.3.1 有利因素

（1）宏观政策给信托业带来的机遇。2013 年，货币政策仍然维持了稳健偏紧的基调，实体企业的融资需求无法完全从银行方面得到满足，因此给信托公司提供了较多业务机会。同时，由城镇化进程带来的基建、房地产、消费、现代农业等方面的需求都为信托带来了相应的业务发展机会。

（2）财富管理市场规模增长迅速，信托的普及程度逐渐提高。据招商银行和贝恩管理咨询公司联合发布的《2013 中国私人财富报告》显示，2012 年中国个人总体持有的可投资资产规模超过 80 万亿元，较 2010 年年均复合增长率达到 14%；可投资资产规模超过 1 000 万元的高净值人士超过 70 万人。预计 2013 年全国个人可投资资产规模将达到 92 万亿元，高净值人群将达到 84 万人。高速扩张的财富管理市场给信托产品带来了大量需求。

（3）证券市场的机遇。尽管 2013 年证券二级市场的总体表现差强人意，创业板与中小板的整体行情却可圈可点，这样的市场环境给信托公司的证券类业务带来了发展机遇，年内证券类信托产品发行数量同比也有了较大幅度提升。

4.3.2 不利因素

（1）行业监管政策趋紧。2012 年年末财政部等四部委联合发布了《关于制止地方政府违法违规融资行为的通知》（财预[2012]463 号），针对基础产业信托的融资对象、增信措施等方面进行了进一步的规范；2013 年 3 月中国银监会下发《关于规范商业银行理财业务投资运作有关问题的通知》（银监发[2013]8 号），对银信合作类业务产生了较大的影响。与此同时，针对房地产信托的监管并未放松，对于风险的整体监测与控制也更加严格。

（2）市场竞争加剧。全国各家信托公司业务类同，区域重合，竞争趋于白热化，同时，券商资管、基金子公司、第三方理财机构、私募基金等机构的类信托业务发展迅速，分食国内财富管理市场。截至 2013 年末，券商资管规模已达 5 万亿元左右，基金子公司的资产管理规模截至 2013 年 9 月末约为 4 600 亿元。此外，网络现金管理金融工具也以其灵活性、相对较高的收益改变着普通老百姓的理财观念，预计将对以中等收益、中等期限、中等风险为特点的信托产品产生一定的影响。

（3）制度建设不够完善影响创新落地。近年来信托公司在创新业务进行了不断积累和探索，但部分业务受制于制度的不完善而无法真正实现落地。比如，信托登记制度缺位，使得家族信托、公益信托的发展受到限制；由于信托受益权转让流通性不足，使得信托公司参与资产证券化业务时无法发挥主要作用。

4.4 内部控制概况

4.4.1 内部控制环境和内部控制文化

公司按照国家有关法律法规和自身实际，在组织架构上构建了层次清晰、覆盖完整的“三位一体”的内部控制体系。首先，建立了规范的公司治理结构，股东会、董事会、监事会“三会”分工明确并相互制衡、各司其职、规范运作。董事会在对公司长期发展战略、重大投资风险控制、关联交易、高管任职与考核、信息披露等方面发挥了管理和监督作用。其次，公司建立了授权管理制度。经理层在董事会授权范围内，对日常业务进行风险管理和控制。公司经理层下设投资评审委员会，主要负责公司总经理授权范围内的信托项下、自营项下等业务的审查和决策，以及需要报公司董事会审批事项的初审。最后，公司合理划分各经营管理部门的职责分工，通过明确岗位职责，界定工作权限，制定作业流程，形成了业务管理、合规检查和内部审计有序分工的内部控制三道防线及全流程、全方位覆盖各层级的内部控制监督体系。

公司高度重视内部控制和风险管理，建立了“依法合规、审慎稳健、诚信尽责、创造价值”的核心价值观和“创新、服务、可持续”的经营理念，积极倡导和推进合规风控文化建设，持续、有效地实施多层次的合规宣导、培训，开展廉洁从业教育活动，提高员工的合规意识，形成全员参与的合规风险管理企业文化。同时，公司还建立了以目标为导向、绩效为依据的整体式绩效考核机制，将合规风控管理的有效性和执业行为的合规性，纳入各部门及其工作人员的绩效考评范围，建立绩效与风险控制并重的激励机制，引导员工讲求绩效贡献、关注专业能力发展的价值观。

4.4.2 内部控制措施

公司严格按照信托业监督法规，建立健全了公司内部控制制度体系，内控体系覆盖公司治理、业务操作、监督评价、标准化流程等层面，对决策、业务、财务和各项管理活动进行全面的内部控制。本年度聘请德勤会计师事务所对公司重点内控领域提供咨询及诊断服务，提升了内控体系建设。

公司建立了业务管理流程。主要包括尽职调查、项目立项及审批、合同审查、发行流程、放款审计、后期管理、到期前预审、清算分配等。对业务存在的风险建立"三道防线"：第一道防线是业务部门风险自我控制；第二道防线是风险管理部和法律合规部，及时发现、揭示业务一线的风险点及疏漏并推动化解风险，实行风险管理员制度，具体落实风险、合规工作；第三道防线是审计稽核部进行稽核检查工作，发现、揭示风险防范体系和制度建设的健全性、制度执行的有效性等方面存在的问题，提出改进建议并督导落实整改。

公司对固有资产和信托资产设立了相互独立的运作部门，在财务核算等环节，公司建立了完善的会计系统内部控制，规范了公司财务收支的计划、执行、控制、分析预测和考核工作；设置了信托财务部与公司财务部，通过核算岗位隔离与财务信息隔离，进一步保证了公司固有财产与信托财产的独立管理。

公司建立了集中统一的营销及客户服务序列等前台人员管理制度，并通过不定期审计检查，防范人员执业行为不合规风险。

实时发布系列风控指引，就在建工程抵押相关操作细节、信政业务管理、房地产业务管理、异地项目现场尽职调查影像资料的留存等业务拓展及管理的重点、难点、要点，及时发布了7个《关于进一步加强信托业务风险控制的指引》，确保了公司依法合规，风险可控，积极稳健地开展业务。

严格落实放款稽核工作，重点检查项目履行事前尽职调查情况、公司内部审批流程、发行流程、合同签订及公证、抵（质）押登记办理等情况，跟踪股权投资项目的验资及工商变更、派驻人员等情况，最终出具放款稽核意见，放款稽核强化了抵质押措施和资金监控，极大地减少了放款过程中的操作风险。

公司建立了突发事件预警机制和预警指标，对公司信托业务及自营业务中可能发生的突发事件进行预警，启动预警响应程序。

公司进一步完善了反洗钱内控制度体系，明确了反洗钱组织架构、分工条线，形成较完善的反洗钱工作组织架构；规范各类具体事项的操作流程，提高反洗钱工作的可操作性。

公司审计稽核部按照年度计划安排，定期对相关制度的落实与执行情况进行监督与检查，2013年完成了薪酬及绩效考评情况审计、反洗钱工作专项审计、净资本专项审计、异地团队专项审计；向业务部门派驻审计员，采取双线平行作业方式，分别从业务的前中后各阶段切入，围绕业务重点风险环节适时开展放款审计、事中定期审计、到期前滚动监测、结束后审计等工作，进一步推进审计关口前移；审计涵盖每一岗位、每一风险环节，实现对信托项目的全过程动态审计监督。同时加大了整改问责力度，对检查中发现的不规范行为逐个给予处罚问责处理，强化了合规管理力度。

4.4.3 监督评价与纠正

公司的董事会风险管理与审计委员会、监事会、业务部门、风险管理部、法律事务部、审计稽核部等分工协作，按照监管机构要求和公司规定，对各部门的内部控制制度执行情况进行定期、不定期监督检查，构建和完善了以监测预警机制为手段，多层次、多渠道共同监督内部控制有效性的检查与监督工作体系。

董事会及其下设的风险管理与审计委员会不定期召开会议，责成有关部门提交书面报告检查监督内部控制体系的运行情况，获取内部控制设计和运行中存在的缺陷，积极采取整改措施并督促整改，促进实现内部控制目标。监事会依法履行监督职责，并就监督过程中发现的公司治理及经营管理中需要关注的问题，及时与董事会和经理层沟通。业务部门和风险管理员对各项业务执行的规范性进行即时检查；风险管理部、法律合规部通过立项审查、合同审查方式检查业务合规性，不断加强对内部控制薄弱环节和风险易发部位开展合规检查，配合业务部门对项目运行过程中的突发事件制定风险应急措施；审计稽核部依据法律、法规及规章制度，严格执行董事会批准的年度审计计划，对公司各职能部门经营管理活动及有关工作人员的经营管理行为行使稽核、监督、检查，并加大整改问责力度，按照问责管理办法和规章制度对检查中发现有违规行为的相关责任人甄别具体情节逐个给予处理处罚问责，及时跟进事故定级责任认定、轻微积分处罚考核。对内控制度体系建设、业务管理情况及内控制度执行情况、公司业务可能面临的风险等方面作出总体评价，并提出完善建议；公司管理层高度重视内部控制各职能部门和监管机构的报告及建议，对于发现的问题采取各种措施及时纠正控制运行中产生的偏差，最大限度避免各种业务差错发生，有效地提高各部门的规范化程度，提高公司内部控制管理水平。

4.5 风险管理概况

4.5.1 风险状况

4.5.1.1 信用风险状况

信用风险是指公司在经营活动中面临的交易对手不能按合同约定履约给信托当事人和公司带来的损失。报告期内，自营资产采用以风险等级为基础的分类方法评估资产质量，将其分为正常、关注、次级、可疑和损失五类，其中后三类称为不良资产。截至2013年12月31日，自营资产为606 811万元，其中正常类资产595 599万元；关注类资产4 056万元；次级类资产0万元；可疑类资产3 621万元；损失类资产3 535万元。公司自营不良资产的期初数和期末数分别为7 156万元和7 156万元，已足额计提资产损失准备金。报告期内，公司信托资产无不良资产。

4.5.1.2 市场风险状况

市场风险是指公司在信托和自营业务中，因股价、汇率、利率及其他价格因素变动对公司盈利能力和财务状况的影响，其可以分为金融资产价格风险、汇率风险、利率风险等。2013年，公司在面临多种不确定因素的市场环境下继续谨慎对待新股申购业务，在证券二级市场开展的业务量在公司信托总规模中占比极小，因此证券市场的股价变动对公司的盈利和财务状况的影响有限；同时公司大多数证券信托业务的市场风险由受益人承担，公司依靠收取受托人固定报酬作为盈利主要渠道，故股价变动的影响有限。公司目前暂未开展外汇业务，不会给公司的盈利和财务状况造成影响。公司集合资金信托业务中贷款类业务占比一直偏低，且信贷业务的执行利率多数为固定利率，因此利率变动对公司盈利能力和财务状况的直接影响较小；公司的主营业务之一是投资银行业务，主要业务收入来源于财务顾问费、咨询费等收入，因而其行业费率的变动（特别是监管政策的变化及同业竞争）对公司的盈利能力和财务状况具有一定影响。

4.5.1.3　操作风险状况

操作风险是指公司由于内部程序缺失、人员信息系统的不完善、运营环节的工作错误，或外部事件造成的影响或损失。2013 年公司异地业务占比继续上升，异地项目管理也给项目组前期尽职调查和后期监控带来了一定难度。为此公司已着手增加风险管理员人员编制，确保所有异地集合项目由风险管理员面签合同并办理抵押登记手续。在业绩考核方面，异地团队不仅考核业务收入指标，还要加入相当权重的风控指标，并与项目延期支付挂钩，确保形成有效的考核和管理方法；同时，明确异地团队负责人与公司分管领导对异地项目风险等负主要责任。

4.5.1.4　其他风险状况

主要是政策法律风险和道德风险。政策法律风险指因国家政策，如财政政策、货币政策、产业政策、地区发展政策等发生变化，或法律及其配套制度的不完善或修订，给信托业务带来的风险。道德风险是指公司员工在获取信息不对称的情况下，采取以自身效用最大化的自私行为，侵占公司和客户的利益，给公司财产和信托财产带来的损失。报告期内，公司未发生因其他风险所造成的损失。

4.5.2　风险管理

4.5.2.1　信用风险管理

公司的信用风险控制策略是重点做好前台的尽职调查工作，论证项目可行性，在项目立项阶段从产品设计上设定风险控制关键点；同时加强中台、后台的监控，建立严密的事中决策和控制机制。

公司加强对交易对手的评估和识别工作，实事求是地对融资方、关联方、控制方、担保方的资信状况进行分析，确保第一还款来源可靠；落实合法、有效的信用增级措施（保证、抵押、质押），对同一债权设置保证、抵押、质押等多重担保，确保第二还款来源充足，风险可控；办理抵押贷款注意对抵押物权属有效性、变现能力以及合法性进行审查；办理保证贷款对保证人资格、资信状况进行审查；严格执行审贷分离和集体审议制度。

公司强化了项目后期管理和风险监控的职能，项目组人员通过贷后管理跟踪项目进度，每月召开预审计会议，对 6 个月内到期的项目进行逐个风险排查，建立风险预警机制，及时掌握交易对手情况变化；对自营资产按风险等级进行五级分类，加强风险监控，防止信用风险的发生。

4.5.2.2　市场风险管理

通过多领域的业务组合来分散风险。业务开展中，在公司较为精通的业务领域内，逐渐建立有固定业务关系的目标客户群，减少因不熟悉行业情况而造成的风险和损失。加强对交易对手在其所处行业的市场竞争能力的分析，准确把握资金进入时机，密切跟踪市场，及时调整投资策略和投资组合，密切关注经济运行状况，严格规避宏观政策调控带来的不良影响。根据项目的期限长短以及交易对手的财务状况和资金调剂能力，合理约定信托资金的还款方式、价格、期限及有效的内控措施，避免市场风险带来的信托财产收益的不确定性。

4.5.2.3　操作风险管理

建立科学的风险内控体系，明确各项业务的操作规程；继续完善法人治理结构，从体制上严防操作风险的产生；积极培育全员风险管理文化，在公司树立强化风险防范的理念；优化内部风险管控模式。

4.5.2.4　其他风险管理

公司根据法律法规和中国银监会要求制定公司规章和内控制度，公司法律顾问和风险管理部负责对业务的合法合规性进行审查，以规范业务行为，控制业务范围，确保业务部门严格按照现有法规进行信托业务创新；强化合法合规经营的理念，建立健全各项规章制度，通过严格的内控体系对员工的行为进行规范；完善人事管理制度，建立合理的奖惩制度并严格执行，落实责任追究制度；加强思想政治工作和职业道德教育，增强员工的工作责任心，树立勤勉尽责的思想；加强内部稽核。

5. 报告期末及上一年度末的比较式会计报表

5.1　自营资产

5.1.1　会计师事务所审计结论

德勤华永会计师事务所（特殊普通合伙）北京分所认为，中铁信托财务报表在所有重大方面按照企业会计准则的规定编制，公允反映了中铁信托 2013 年 12 月 31 日的公司及合并财务状况以及 2013 年度的公司及合并经营成果和公司及合并现金流量。

5.1.2　资产负债表

公司及合并资产负债表

编制单位：中铁信托有限责任公司　　2013 年 12 月 31 日　　单位：元

	合并		公司	
	年末数	年初数	年末数	年初数
资产货币资金	867 293 712.66	1 014 932 946.99	631 138 285.80	856 588 271.84
以公允价值计量且其变动				
计入当期损益的金融资产	22 226 898.34	92 625 936.75	21 273 627.59	103 491 063.21

续表

	合并		公司	
	年末数	年初数	年末数	年初数
发放贷款和垫款	343 200 000. 00	79 041 161. 98	49 000 000. 00	79 041 161. 98
可供出售金融资产	4 434 212 475. 98	2 177 154 658. 13	4 723 671 854. 40	2 394 837 490. 29
应收款项类投资	172 000 000. 00	434 230 000. 00	—	—
长期股权投资	—	—	200 043 541. 50	200 043 541. 50
投资性房地产	46 438 653. 69	48 202 607. 25	46 438 653. 69	48 202 607. 25
固定资产	55 252 186. 68	58 084 608. 02	32 398 491. 38	34 432 866. 65
无形资产	44 784 528. 25	44 385 425. 90	42 345 487. 72	41 683 447. 21
递延所得税资产	42 015 792. 60	60 603 091. 12	41 697 213. 93	54 195 577. 65
其他资产	381 303 588. 33	237 696 065. 39	280 106 835. 23	107 941 854. 15
资产总计	6 408 727 836. 53	4 246 956 501. 53	6 068 113 991. 24	3 920 457 881. 73
负债				
预收账款	1 552 110 197. 80	592 596 185. 60	1 552 110 197. 80	592 596 185. 60
应付职工薪酬	140 195 821. 24	94 975 907. 47	115 065 821. 24	81 844 660. 51
应交税费	387 762 353. 88	317 266 808. 75	380 924 850. 20	314 205 193. 37
应付股利	—	8 870 868. 40	—	8 870 868. 40
其他负债	272 619 680. 43	300 295 368. 97	134 980 237. 94	123 576 134. 55
负债合计	2 352 688 053. 35	1 314 005 139. 19	2 183 081 107. 18	1 121 093 042. 43
所有者权益				
实收资本	2 000 000 000. 00	2 000 000 000. 00	2 000 000 000. 00	2 000 000 000. 00
资本公积	58 381 204. 01	25 947 643. 60	57 480 818. 55	22 633 098. 14
盈余公积	313 919 244. 24	208 837 211. 80	313 919 244. 24	208 837 211. 80
风险准备金	325 767 563. 28	223 933 825. 19	235 930 719. 72	147 558 592. 29
未分配利润	1 290 190 292. 10	415 806 296. 22	1 277 702 101. 55	420 335 937. 07
归属于母公司所有者权益合计	3 988 258 303. 63	2 874 524 976. 81	3 885 032 884. 06	2 799 364 839. 30
少数股东权益	67 781 479. 55	58 426 385. 53	—	—
所有者权益合计	4 056 039 783. 18	2 932 951 362. 34	3 885 032 884. 06	2 799 364 839. 30
负债和所有者权益总计	6 408 727 836. 53	4 246 956 501. 53	6 068 113 991. 24	3 920 457 881. 73

附注为财务报表的组成部分

法定代表人：王俊明　　主管会计工作负责人：解义才　　会计机构负责人：李正斌

5. 1. 3　利润表

公司及合并利润表

编制单位：中铁信托有限责任公司　　2013 年 12 月 31 日　　单位：元

	合并		公司	
	本年累计数	上年累计数	本年累计数	上年累计数
营业收入	1 753 856 338. 73	1 333 337 403. 95	1 578 840 617. 89	1 215 718 620. 19
利息净收入	327 056 041. 19	190 153 420. 46	318 439 109. 05	182 780 433. 09
利息收入	327 277 362. 10	197 719 990. 16	318 660 429. 96	190 347 002. 79
利息支出	221 320. 91	7 566 569. 70	221 320. 91	7 566 569. 70
手续费及佣金净收入	1 315 479 359. 76	1 105 629 730. 40	1 158 065 340. 62	994 319 724. 94
手续费及佣金收入	1 315 479 359. 76	1 105 629 730. 40	1 158 065 340. 62	994 319 724. 94
手续费及佣金支出	—	—	—	—
投资收益	79 198 062. 46	26 972 704. 13	70 313 514. 34	28 066 318. 44
公允价值变动损益	28 582 644. 38	6 789 650. 83	28 582 644. 38	6 789 650. 83
其他业务收入	3 540 230. 94	3 791 898. 13	3 440 009. 50	3 762 492. 89
营业支出	336 773 588. 73	268 738 060. 30	220 954 336. 70	173 295 103. 20
营业税金及附加	93 924 322. 50	73 392 814. 65	85 103 524. 99	67 157 807. 64
业务及管理费	241 085 312. 67	193 581 292. 09	134 086 858. 15	104 373 342. 00
其他业务成本	1 763 953. 56	1 763 953. 56	1 763 953. 56	1 763 953. 56

续表

	合并		公司	
	本年累计数	上年累计数	本年累计数	上年累计数
营业利润	1 417 082 750. 00	1 064 599 343. 65	1 357 886 281. 19	1 042 423 516. 99
加:营业外收入	42 799 084. 44	21 550 756. 13	42 798 816. 03	21 462 556. 13
减:营业外支出	2 519 055. 83	136 274. 96	200 000. 00	67 386. 94
利润总额	1 457 362 778. 61	1 086 013 824. 82	1 400 485 097. 22	1 063 818 686. 18
减:所得税费用	365 205 698. 18	272 008 880. 46	349 664 772. 87	265 720 260. 89
净利润	1 092 157 080. 43	814 004 944. 36	1 050 820 324. 35	798 098 425. 29
归属于母公司所有者的净利润	1 081 299 766. 41	809 617 689. 55	1 050 820 324. 35	798 098 425. 29
少数股东损益	10 857 314. 02	4 387 254. 81	—	—
其他综合收益	31 628 840. 41	2 418 692. 09	34 847 720. 41	1 922 374. 42
综合收益总额	1 123 785 920. 84	816 423 636. 45	1 085 668 044. 76	800 020 799. 71
归属于母公司所有者的				
综合收益总额	1 113 733 326. 82	811 912 302. 22	1 085 668 044. 76	800 020 799. 71
归属于少数股东的综合收益总额	10 052 594. 02	4 511 334. 23	—	—

附注为财务报表的组成部分

法定代表人:王俊明　　主管会计工作负责人:解义才　　会计机构负责人:李正斌

5. 1. 4　公司及合并现金流量表

编制单位:中铁信托有限责任公司　　2013 年 12 月 31 日　　单位:元

	合并		公司	
	本年累计数	上年累计数	本年累计数	上年累计数
经营活动产生的现金流量				
收到信托业务咨询费和手续费取得的现金	2 127 736 693. 45	1 278 576 097. 91	2 121 222 686. 16	1 275 528 465. 09
收到基金管理费取得的现金	130 548 621. 23	100 276 808. 40	—	—
收到贷款利息和可供出售金融				
资产利息取得的现金	187 400 653. 31	135 744 217. 19	187 400 653. 31	135 744 217. 19
收到金融企业往来利息取得的现金	46 029 735. 66	29 408 019. 30	41 782 137. 97	26 290 200. 94
拆出资金净减少额	—	38 804 637. 10	—	38 804 637. 10
客户贷款及垫款净减少额	—	98 512 380. 20	30 041 161. 98	98 512 380. 20
收到其他与经营活动有关的现金	175 385 327. 90	198 581 051. 93	46 766 505. 25	27 945 428. 09
经营活动现金流入小计	2 667 101 031. 55	1 879 903 212. 03	2 427 213 144. 67	1 602 825 328. 61
支付的各项与营销活动有关的现金	10 708 971. 96	11 666 335. 97	—	—
支付利息、手续费及佣金的现金	221 320. 91	7 566 569. 70	221 320. 91	7 566 569. 70
支付给职工以及为职工支付的现金	123 630 667. 13	94 838 873. 35	66 054 445. 62	42 099 825. 28
支付的各项税费	381 536 150. 97	290 836 283. 53	368 498 186. 29	279 434 938. 17
客户贷款及垫款净增加额	264 158 838. 02	—	—	—
支付其他与经营活动有关的现金	108 344 477. 90	203 950 964. 88	103 041 004. 93	172 305 245. 68
经营活动现金流出小计	888 600 426. 89	608 859 027. 43	537 814 957. 75	501 406 578. 83
经营活动产生的现金流量净额	1 778 500 604. 66	1 271 044 184. 60	1 889 398 186. 92	1 101 418 749. 78
投资活动产生的现金流量				
收回投资收到的现金	2 393 658 613. 24	1 377 422 097. 70	2 380 860 670. 67	1 375 468 107. 83
取得投资收益收到的现金	95 792 768. 72	26 423 818. 45	70 313 514. 34	28 066 318. 44
处置固定资产、无形资产和				
其他长期资产收回的现金净额	—	176 380. 00	—	167 510. 00
投资活动现金流入小计	2 489 451 381. 96	1 404 022 296. 15	2 451 174 185. 01	1 403 701 936. 27
投资支付的现金	4 416 935 793. 86	2 597 760 297. 27	4 554 350 590. 67	2 407 760 297. 27
购建固定资产、无形资产和				
其他长期资产支付的现金	6 479 965. 76	5 950 057. 27	2 800 898. 90	4 381 496. 69
投资活动现金流出小计	4 423 415 759. 62	2 603 710 354. 54	4 557 151 489. 57	2 412 141 793. 96
投资活动产生的现金流量净额	(1 933 964 377. 66)	(1 199 688 058. 39)	(2 105 977 304. 56)	(1 008 439 857. 69)
筹资活动产生的现金流量				
吸收投资所收到现金	—	800 000 000. 00	—	800 000 000. 00

续表

	合并		公司	
	本年累计数	上年累计数	本年累计数	上年累计数
筹资活动现金流入小计	—	800 000 000.00	—	800 000 000.00
分配股利、利润或偿付利息支付的现金	9 568 368.40	741 782 970.38	8 870 868.40	741 235 470.38
其中:子公司支付给少数股东的股利、利润	697 500.00	547 500.00	—	—
筹资活动现金流出小计	9 568 368.40	741 782 970.38	8 870 868.40	741 235 470.38
筹资活动产生的现金流量净额	(9 568 368.40)	58 217 029.62	(8 870 868.40)	58 764 529.62
汇率变动对现金及现金等价物的影响	—	—	—	—
现金及现金等价物净增加额	(165 032 141.40)	129 573 155.83	(225 449 986.04)	151 743 421.71
加:年初现金及现金等价物余额	913 992 824.19	784 419 668.36	856 588 271.84	704 844 850.13
年末现金及现金等价物余额	748 960 682.79	913 992 824.19	631 138 285.80	856 588 271.84

5.1.5 所有者权益变动表

公司及合并所有者权益变动表(合并)

编制单位:中铁信托有限责任公司　　2013 年 12 月 31 日　　单位:元

合　并	2013 年度							
	归属于母公司所有者权益						少数股东权益	所有者权益合计
	实收资本	资本公积	盈余公积	信托赔偿准备金	风险准备金	未分配利润		
一、2013 年 1 月 1 日余额	2 000 000 000.00	25 947 643.60	208 837 211.80	104 278 265.62	119 655 559.57	415 806 296.22	58 426 385.53	2 932 951 362.34
二、本年增减变动金额								
(一)净利润	—	—	—	—	—	1 081 299 766.41	10 857 314.02	1 092 157 080.43
(二)其他综合收益	—	32 433 560.41	—	—	—	—	(804 720.00)	31 628 840.41
(一)和(二)小计	—	32 433 560.41	—	—	—	1 081 299 766.41	10 052 594.02	1 123 785 920.84
(三)利润分配								
1. 提取法定盈余公积	—	—	105 082 032.44	—	—	(105 082 032.44)	—	—
2. 提取风险准备金	—	—	—	52 541 016.22	49 292 721.87	(101 833 738.09)	—	—
3. 对股东分配	—	—	—	—	—	—	(697 500.00)	(697 500.00)
三、2013 年 12 月 31 日余额	2 000 000 000.00	58 381 204.01	313 919 244.24	156 819 281.84	168 948 281.44	1 290 190 292.10	67 781 479.55	4 056 039 783.18

合　并	2012 年度							
	归属于母公司所有者权益						少数股东权益	所有者权益合计
	实收资本	资本公积	盈余公积	信托赔偿准备金	风险准备金	未分配利润		
一、2012 年 1 月 1 日余额	1 200 000 000.00	23 653 030.93	129 027 369.27	64 373 344.36	87 069 010.51	508 596 258.30	54 462 551.30	2 067 181 564.67
二、本年增减变动金额								
(一)净利润	—	—	—	—	—	809 617 689.55	4 387 254.81	814 004 944.36
(二)其他综合收益	—	2 294 612.67	—	—	—	—	124 079.42	2 418 692.09
(一)和(二)小计	—	2 294 612.67	—	—	—	809 617 689.55	4 511 334.23	816 423 636.45
(三)所有者投入和减少资本								
1. 所有者投入资本	631 014 355.58	168 985 644.42	—	—	—	—	—	800 000 000.00
(四)利润分配								
1. 提取法定盈余公积	—	—	79 809 842.53	—	—	(79 809 842.53)	—	—
2. 提取风险准备金	—	—	—	39 904 921.26	32 586 549.06	(72 491 470.32)	—	—
3. 对股东分配	—	—	—	—	—	(750 106 338.78)	(547 500.00)	(750 653 838.78)
(五)所有者权益内部结转								
1. 资本公积转增资本	168 985 644.42	(168 985 644.42)	—	—	—	—	—	—
三、2012 年 12 月 31 日余额	2 000 000 000.00	25 947 643.60	208 837 211.80	104 278 265.62	119 655 559.57	415 806 296.22	58 426 385.53	2 932 951 362.34

公司及合并所有者权益变动表（公司）

2013 年 12 月 31 日　　单位：元

公　司	2013 年度						
	实收资本	资本公积	盈余公积	信托赔偿准备金	风险准备金	未分配利润	所有者权益合计
一、2013 年 1 月 1 日余额	2 000 000 000. 00	22 633 098. 14	208 837 211. 80	104 278 265. 62	43 280 326. 67	420 335 937. 07	2 799 364 839. 30
二、本年增减变动金额							
（一）净利润	—	—	—	—	—	1 050 820 324. 35	1 050 820 324. 35
（二）其他综合收益	—	34 847 720. 41	—	—	—	—	34 847 720. 41
（一）和（二）小计	—	34 847 720. 41	—	—	—	1 050 820 324. 35	1 085 668 044. 76
（三）利润分配							
1. 提取法定盈余公积	—	—	105 082 032. 44	—		（105 082 032. 44）	—
2. 提取风险准备金	—	—	—	52 541 016. 22	35 831 111. 21	（88 372 127. 43）	—
三、2013 年 12 月 31 日余额	2 000 000 000. 00	57 480 818. 55	313 919 244. 24	156 819 281. 84	79 111 437. 88	1 277 702 101. 55	3 885 032 884. 06
公　司	2012 年度						
	实收资本	资本公积	盈余公积	信托赔偿准备金	风险准备金	未分配利润	所有者权益合计
一、2012 年 1 月 1 日余额	1 200 000 000. 00	20 710 723. 72	129 027 369. 27	64 373 344. 36	20 447 975. 31	514 890 965. 71	1 949 450 378. 37
二、本年增减变动金额							
（一）净利润	—	—	—	—	—	798 098 425. 29	798 098 425. 29
（二）其他综合收益	—	1 922 374. 42	—	—	—	—	1 922 374. 42
（一）和（二）小计	—	1 922 374. 42	—	—	—	798 098 425. 29	800 020 799. 71
（三）所有者投入和减少资本							
所有者投入资本	631 014 355. 58	168 985 644. 42	—	—	—	—	800 000 000. 00
（四）利润分配）							
1. 提取法定盈余公积	—	—	79 809 842. 53	—	—	（79 809 842. 53）	—
2. 提取风险准备金	—	—	—	39 904 921. 26	22 832 351. 36	（62 737 272. 62）	—
3. 对股东分配	—	—	—	—	—	（750 106 338. 78）	（750 106 338. 78）
（五）所有者权益内部结转							
资本公积转增资本	168 985 644. 42	（168 985 644. 42）	—	—	—	—	—
三、2012 年 12 月 31 日余额	2 000 000 000. 00	22 633 098. 14	208 837 211. 80	104 278 265. 62	43 280 326. 67	420 335 937. 07	2 799 364 839. 30

附注为财务报表的组成部分

5. 2　信托资产

5. 2. 1　信托项目资产负债汇总表

信托项目资产负债汇总表

编制单位：中铁信托有限责任公司　　2013 年 12 月 31 日　　单位：万元

信托资产	期初数	期末数	信托负债和信托权益	期初数	期末数
信托资产			信托负债		
货币资金	692 806	634 140	应付受托人报酬	31	24
拆出资金			应付保管费	25	40
交易性金融资产	10 381	1 616	应付受益人收益		
买入返售金融资产	0	1 780	其他应付款项	113 666	98 066
应收款项	3 028 860	4 348 750	应交税费		
发放贷款	3 989 651	6 579 436	应付销售服务费		
可供出售金融资产	149 942	230 742	其他负债		
持有至到期投资	1 803 355	2 164 645	信托负债合计	1113 722	98 130

续表

信托资产	期初数	期末数	信托负债和信托权益	期初数	期末数
长期应收款					
长期股权投资	828 325	1 031 980	信托权益		
固定资产			实收信托	10 274 041	14 682 966
无形资产			资本公积	211	-169
长期待摊费用	1		未分配利润	176 346	272 162
其他资产	60 999	60 000	信托权益合计	10 450 598	14 954 959
信托资产总计	10 564 320	15 053 089	信托负债及信托权益总计	10 564 320	15 053 089

法人代表：王俊明　　信托财务分部负责人：邓文英　　制表：郭　磊

5.2.2　信托项目利润及利润分配汇总表

信托项目利润及利润分配表

2013 年 12 月 31 日

编制单位：中铁信托有限责任公司　　单位：万元

项　目	本期数	上期数
一、营业收入	1 345 521	580 076
利息收入	607 247	184 567
投资收益	279 513	177 480
公允价值变动收益	972	-720
租赁收入	28 037	0
其他收入	429 752	218 749
二、营业支出	178 687	103 093
三、扣除资产减值准备前的信托利润	173 631	173 631
减：资产减值损失		
四、扣除资产减值准备后的信托利润	1 166 834	476 983
五、损益平准金	-791	-6 793
六、综合收益	1 166 043	470 190
加：期初未分配利润	177 613	86 028
七、可供分配的信托利润	1 343 656	556 218
减：本期已分配信托利润	1 071 494	379 872
七、期末未分配信托利润	272 162	176 346

法人代表：王俊明　　信托财务分部负责人：邓文英　　制表：郭　磊

6. 会计报表附注

6.1　简要说明报告年度会计报表编制基准、会计政策、会计估计和核算方法发生的变化

无。

6.2　或有事项说明

截至 2013 年 12 月 31 日，本公司不存在作为被告或者无独立请求权第三方的未决诉讼。对于本公司作为原告方的未决诉讼，本公司已根据实际情况对相关贷款计提贷款损失准备，未决诉讼不会对公司产生进一步的重大财务影响。

截至 2013 年 12 月 31 日，本公司并无其他重大的担保事项及其他需要说明的或有事项。

6.3　重要资产转让及其出售的说明

无。

6.4　会计报表中重要项目的明细资料

6.4.1　自营资产经营情况

6.4.1.1　按信用风险五级分类结果披露信用风险资产的期初数、期末数

信用风险资产五级分类	正常类（万元）	关注类（万元）	次级类（万元）	可疑类（万元）	损失类（万元）	信用风险资产合计（万元）	不良资产合计（万元）	不良资产率（%）
期初数	380 834	4 056	—	3 621	3 535	392 046	7 156	1.83
期末数	595 599	4 056	—	3 621	3 535	606 811	7 156	1.18

注：不良资产合计＝次级类＋可疑类＋损失类。

6.4.1.2　各项资产减值损失准备的期初、本期计提、本期转回、本期核销、期末数

单位：万元

	期初数	本期计提	本期转回	本期核销/处置	期末数
贷款损失准备	1 063	—	—	5	1 058
一般准备	—	—	—	—	—
专项准备	—	—	—	—	—
其他资产减值准备	2 746	—	—	—	2 746
可供出售金融资产减值准备	243	—	—	—	243
持有至到期投资减值准备	—	—	—	—	—
长期股权投资减值准备	—	—	—	—	—
坏账准备	6 473	—	—	812	5 661
投资性房地产减值准备	—	—	—	—	—

6.4.1.3　自营股票投资、基金投资、债券投资、股权投资等投资业务的期初数、期末数

单位：万元

	自营股票	基金	债券	长期股权投资
期初数	962	—	—	20 004
期末数	1 112	—	—	20 004

6.4.1.4　按投资入股金额排序，前三名的自营长期股权投资的企业名称、占被投资企业权益的比例、主要经营活动及

投资收益情况等(从大到小顺序排列)

单位:万元

企业名称	占被投资企业权益的比例(%)	投资收益(万元)
1. 宝盈基金管理有限公司	75	209.25
2. —	—	—
3.		

6.4.1.5 前三名的自营贷款的企业名称、占贷款总额的比例和还款情况等(从大到小顺序排列)

单位:万元

企业名称	占贷款总额的比例(%)	还款情况
1. 广厦建设集团有限责任公司	61.22	正常
2. 四川通达铁路工程有限公司	38.78	正常
3.		

6.4.1.6 表外业务的期初数、期末数,按照代理业务、担保业务和其他类型表外业务分别披露

单位:万元

表外业务	期初数	期末数
担保业务	—	—
代理业务(委托业务)	3 901	3 954
其他	50	50
合计	3 951	4 004

6.4.1.7 公司当年的收入结构

收入结构	金额(万元)	占比(%)
手续费及佣金收入	115 807	72.68
利息收入	31 866	20.00
其他业务收入	344	0.22
投资收益	7 031	4.41
其中:股权投资收益	209	0.13
营业外收入	4 280	2.69
收入合计	159 328	100.00

6.4.2 信托资产管理情况

6.4.2.1 信托资产的期初数、期末数

单位:万元

信托资产	期初数	期末数
集合	5 025 417	6 433 326
单一	5 129 490	7 962 786
财产权	409 413	656 977
合计	10 564 320	15 053 089

6.4.2.1.1 主动管理型信托业务期初数、期末数,分证券投资、股权投资、融资、事务管理类分别披露

单位:万元

主动管理型信托资产	期初数	期末数
证券投资类	21 890	8 124
股权投资类	624 625	787 900
其他投资类	869 703	1 315 465
融资类	5 901 705	8 569 442
事务管理类	1 746 011	3 044 833
合计	9 163 934	13 725 764

6.4.2.1.2 被动管理型信托业务期初数、期末数,分证券投资、股权投资、融资、事务管理类分别披露

单位:万元

被动管理型信托资产	期初数	期末数
证券投资类	0	0
股权投资类	190 000	183 848
其他投资类	333 500	43 500
融资类	467 473	333 000
事务管理类	409 413	766 977
合计	1 400 386	1 327 325

6.4.2.2 本年度已清算结束的信托项目个数、实收信托合计金额、加权平均实际年化收益率

6.4.2.2.1 本年度已清算结束的集合类、单一类资金信托项目和财产管理类信托项目个数、实收信托金额、加权平均实际年化收益率

已清算结束信托项目	项目个数	合计金额(万元)	加权平均实际年化收益率(%)
集合类	159	2 412 451	9.04
单一类	86	3 021 427	6.88
财产管理类	3	16 199	0

6.4.2.2.2 本年度已清算结束的主动管理型信托项目个数、实收信托合计金额、加权平均实际年化收益率,分证券投资、股权投资、融资、事务管理类分别披露

已清算结束信托项目	项目个数	合计金额(万元)	信托报酬率(%)	加权平均实际年化收益率(%)
证券投资类	1	11 131	0.00	-2.89
股权投资类	8	366 363	1.78	8.91
其他投资类	4	87 971	0.31	10.09
融资类	215	4 284 530	1.39	8.48
事务管理类	—	—	—	

6.4.2.2.3 本年度已清算结束的被动管理型信托项目个数、实收信托合计金额、加权平均实际年化收益率,分证券投资、股权投资、融资、事务管理类分别披露

已清算结束信托项目	项目个数	合计金额(万元)	信托报酬率(%)	加权平均实际年化收益率(%)
证券投资类	—	—	—	—
股权投资类	—	—	—	—
其他投资类	3	300	0.30	10.89
融资类	5	122 798	0.34	6.18
事务管理类	12	576 984	0.35	6.49

6.4.2.3 本年度新增的集合类、单一类和财产管理类信托项目个数、实收信托合计金额

单位：万元

新增信托项目	项目个数	合计金额
集合类	167	4 259 467
单一类	174	9 439 246
财产管理类	12	274 194
新增合计	353	13 972 907
其中：主动管理型	317	12 553 681
被动管理型	36	1 419 226

6.4.2.4　本公司履行受托人义务情况及因本公司自身责任而导致的信托资产损失情况（合计金额、原因等）

本公司遵守信托法和信托文件对受托人义务的规定，为受益人的最大利益处理信托事务。管理信托财产时，恪尽职守，履行诚实、信用、谨慎、有效管理的义务，没有因本公司自身责任而导致的信托资产损失情况。

6.5　关联方关系及其交易的披露

6.5.1　关联交易方的数量、关联交易的总金额及关联交易的定价政策

	关联交易方数量	关联交易金额（万元）	定价政策
合计	4	207 873	按市场公允价格定价

6.5.2　关联交易方与本公司的关系性质、关联交易方的名称、法定代表人、注册地址、注册资本及主营业务等

关系性质	关联方名称	法定代表人	注册地址	注册资本（万元）	主营业务
股东	中铁二局集团有限公司	唐志成	成都市通锦路16号	164 382.26	各类型工业、能源交通、民用工程建设项目施工总承包、工程建设项目的勘察、设计工程管理与施工、工程材料与设备采购、技术开发、咨询，对外劳务合作，房地产综合开发，工程装饰装修等。
控股股东的子公司	中铁资源集团有限公司	易政青	北京市门头沟区石龙经济开发区永安路20号3号楼B1－2666室	311 197.69	贵金属、有色金属、黑色金属和非金属等资源开采、销售（限境外开采）；仓储服务、国内外自然资源开发的技术研究、技术咨询、勘探及设计、货物进出口、施工总承包、项目投资。
控股股东的子公司	中铁建工集团有限公司	刘荣耀	北京市丰台区南四环西路128号诺德中心1号楼	238 500.28	勘测设计、房地产开发到铁路站房及新线、大型房屋建设、设备安装、装修装饰、市政交通、工程监理、大型钢结构制作安装。
控股股东的子公司	中铁置业集团有限公司	王子光	北京市丰台区科学城海鹰路9号2号楼124室	210 000.00	房地产开发与经营、策划、咨询，建筑工程施工，市政工程，装饰装修，建筑材料销售，机械设备租赁，投资管理，物业管理及相关服务。

6.5.3　本公司与关联方的重大交易事项

6.5.3.1　固有财产与关联方交易情况：贷款、投资、租赁、应收账款、担保、其他方式等期初汇总数、本期借方和贷方发生额汇总数、期末汇总数

固有与关联方关联交易

单位：万元

	期初数	借方发生额	贷方发生额	期末数
贷款	0	0	0	0
投资	0	0	0	0
租赁	0	0	0	0
担保	0	0	0	0
应收款项	0	0	0	0
其他	0	0	0	0
合计	0	0	0	0

6.5.3.2　信托资产与关联方交易情况：贷款、投资、租赁、应收账款、担保、其他方式等期初汇总数、本期借方和贷方发生额汇总数本期发生额汇总数、期末汇总数

信托与关联方关联交易

单位：万元

	期初数	借方发生额	贷方发生额	期末数
贷款	116 363	56 498	73 562	99 299
投资	0	0	0	0
租赁	0	0	0	0

续表

	期初数	借方发生额	贷方发生额	期末数
担保	0	0	0	0
应收款项	0	0	0	0
其他	94 897	24 000	10 323	108 574
合计	211 260	80 498	83 885	207 873

6.5.3.3　信托公司自有资金运用于自己管理的信托项目（固信交易）、信托公司管理的信托项目之间的相互（信信交易）交易金额，包括余额和本报告年度的发生额

6.5.3.3.1　固有财产与信托财产之间的交易金额期初汇总数、本期发生额汇总数、期末汇总数

固有财产与信托财产相互交易

单位：万元

	期初数	本期发生额	期末数
合计	43 500	0	43 500

6.5.3.3.2　信托项目之间的交易金额：期初汇总数、本期发生额汇总数、期末汇总数

信托资产与信托财产相互交易

单位：万元

	期初数	本期发生额	期末数
合计	0	0	0

6.5.4 **关联方逾期未偿还本公司资金的详细情况以及本公司为关联方担保发生或即将发生垫款的详细情况**

报告期内，本公司无上述情况。

6.6 会计制度的披露

固有业务、信托业务均执行财政部于2006年2月15日颁布的企业会计准则。

7. 财务情况说明书

7.1 利润实现和分配情况

根据有关规定提足相关准备后，母公司报告期实现利润总额140 049万元，税后净利润105 082万元，按规定计提法定盈余公积10 508万元，一般风险准备金3 583万元，信托赔偿准备金5 254万元，2012年末未分配利润42 033万元，2013年末未分配利润127 770万元。

合并后资产总额640 873万元，负债总额235 269万元，所有者权益405 604万元（其中，少数股东权益6 778万元）。所有者权益中实收资本200 000万元，资本公积5 838万元，盈余公积31 392万元，风险准备金32 577万元，未分配利润129 019万元。2013年12月31日，合并未分配利润余额中包括子公司已提取的盈余公积为21 814 992.71元（2012年12月31日：18 495 251.66元）。

合并后净利润为109 216万元，合并后归属母公司所有者的净利润为108 130万元。

7.2 主要财务指标

指标名称	指标值（%）
资本利润率（%）	54.06
加权年化信托报酬率（%）	0.65
人均净利润（万元）	932

7.3 对本公司财务状况、经营成果有重大影响的其他事项

无。

8. 特别事项简要揭示

8.1 前五名股东报告期内变动情况及原因

8.1.1 前五名股东变更

无。

8.1.2 控股股东变更

无。

8.2 董事、监事、高级管理人员变动情况及原因

8.2.1 董事变更

第三届董事会任期届满，12月17日公司股东会2013年第二次会议选举郭敬辉、景开强、杨良、王大奇、喻培忠为股东董事，选举曾勇、傅代国、周国华为独立董事，公司职代会推选解义才为职工董事，上述9名董事组成第四届董事会。12月17日，四届一次董事会选举郭敬辉为董事长（拟任）。

8.2.2 监事变更

第三届监事会任期届满，12月17日公司股东会2013年第二次会议选举何文、王怀远、陈家均为股东监事，公司职代会推选彭玖雯、严震为职工监事，上述5名监事组成第四届监事会。12月17日，四届一次监事会选举何文为监事长。

8.2.3 高级管理人员变更

经理层成员中，新任2人。经中国中铁股份有限公司2013年11月29日批准，董寰由监事长改任副总经理；王兴任副总经理；其他经理层成员没有变化。

8.3 公司的重大未决诉讼事项

无。

8.4 公司及其董事、监事和高级管理人员受到处罚的情况

报告期内，公司及其董事、监事和高级管理人员未发生受到处罚的情况。

8.5 中国银监会及其派出机构对公司检查后提出整改意见的整改情况说明

2013年4月28日至6月14日，四川银监局对公司实施了现场检查，并根据检查情况下发了《现场检查意见书》（川银监检[2013]41号），提出了如下整改意见：严格平台公司融资准入条件，完善风险缓释措施；完善信托项目评审机制；进一步提升内控执行的有效性；严格资金募集要求；对检查发现问题的相关责任人实施问责整改。

报告期内，针对上述监管意见，公司高度重视，董事会、经理层及各部门都组织了学习和讨论，对存在的问题进行了及时纠正，并制定了整改措施：

（1）遵照现场检查整改意见，加强对项目的审核力度，严格平台公司融资准入条件，完善风险缓释措施。新增融资平台业务的拓展严格遵循《中国银监会关于2013年地方政府融资平台贷款风险监管的指导意见》有关融资主体、资金投向等各项规定，严禁放宽准入条件为不符合相关规定的平台公司提供资金支持。

（2）着手对信托项目评审的管理进行改善，合理评审委员会人员结构，科学评审流程，规范评审行为。

（3）确保严格按照内部控制制度和流程开展业务，切实履行受托管理职责；对于档案资料不完整、合同要素不齐等问题，督促各部门自查并完成落实。审计稽核部实施业务全过程审计监督，从业务前、中、后各阶段开展监督核查，并在审计稽核报告中提出整改要求和处罚建议。风险管理部不定期面向全公司进行业务培训，并不断出台新的风控指引，针对不同问题进行制度性规范，提高公司全员合法合规经营理念。

（4）严格资金募集要求。公司内部制定合格投资者认定制度，财富管理中心严格执行公司合格投资人制度，制作合格投资者认证标准文本，坚持合格投资者的认证。

（5）按照四川银监局整改意见及公司《统计管理办法》、《事故定级管理办法（试行）》等制度规定，由审计稽核部提交

对检查发现问题的相关责任人员及部门进行事故定级问责的建议，纳入对责任部门、个人的年度绩效工资考核。

8.6 本年度重大事项临时报告的简要内容、披露时间、所披露的媒体及其版面

公司于2013年4月25日在《证券时报》B8、B7版进行了2012年年度报告摘要的公开信息披露。

8.7 本年度净资本管理情况

项目	期初余额	期末余额	监管标准
净资本(万元)	234 880.71	309 373.61	≥20 000
净资产(万元)	279 936.48	378 335.76	≥30 000
固有业务风险资本(万元)	54 610.64	100 934.74	
信托业务风险资本(万元)	110 268.28	147 200.10	
其他业务风险资本(万元)	—	—	
各项业务风险资本之和(万元)	164 878.92	248 134.84	
净资本/各项业务风险资本之和(%)	142.46	124.68	≥100%
净资本/净资产(%)	83.91	81.77	≥40%

8.8 中国银监会及其省级派出机构认定的其他有必要让客户及相关利益人了解的重要信息

无。

9. 公司监事会意见

公司监事会认为，本报告期内，董事会运作规范、决策合理、程序合法；公司董事、高管人员能够认真执行董事会、股东会决议，忠实履行诚信勤勉义务，未发现公司董事、高管人员在执行公司职务时违反法律法规、公司章程或损害公司、股东和员工利益的行为；公司建立了较为完善的内部控制体系，并具有合法性、合理性和有效性；公司财务报告真实地反映了公司财务状况和经营成果，聘请的会计师事务所出具的审计报告客观真实；公司严格执行信息披露相关规定，认真履行信息披露人的义务和责任，真实、准确、完整、及时披露公司应披露的信息；公司关联交易公平、公正，交易价格合理，未发现违规关联交易；在重大经营活动中，未发现内幕交易、损害公司和股东权益的情况。

中信信托有限责任公司

1. 重要提示

1.1 本公司董事会及董事保证本报告所载资料不存在任何虚假记载、误导性陈述或者重大遗漏，并对其内容的真实性、准确性和完整性承担个别及连带责任。本年度报告摘要摘自年度报告全文，客户及相关利益人欲了解详细内容，应阅读年度报告全文。

1.2 本公司独立董事林义相、徐经长、姜国华对年度报告内容的真实性、准确性、完整性无异议。

1.3 本公司董事长蒲坚、总经理陈一松、主管信托会计的副总经理张继胜、主管固有会计工作的财务总监余金树保证年度报告中财务报告的真实和完整。

2. 公司概况

2.1 公司简介

2.1.1 公司的法定名称

中文：中信信托有限责任公司（缩写：中信信托）

英文：CITIC Trust Co.，Ltd.

2.1.2 公司法定代表人：蒲 坚

2.1.3 公司注册地址：北京市朝阳区新源南路6号京城大厦

邮政编码：100004

公司互联网网址：http://trust.ecitic.com

公司电子信箱：citict@citic.com

2.1.4 公司负责信息披露事务的高级管理人员：张继胜

公司信息披露事务联系人：王 珂

办公电话：8610－84862332

办公传真：8610－84861380

电子信箱：wangket@citic.com

2.1.5 公司选定的信息披露报纸：《金融时报》

2.1.6 年报备置地点：北京市朝阳区新源南路6号京城大厦13层

2.1.7 公司聘请的会计师事务所：致同会计师事务所

住所：北京建国门外大街22号赛特广场5层

2.1.8 公司聘请的律师事务所：北京市嘉源律师事务所

住所：北京市西城区复兴门内大街158号远洋大厦F407室

2.2 组织结构

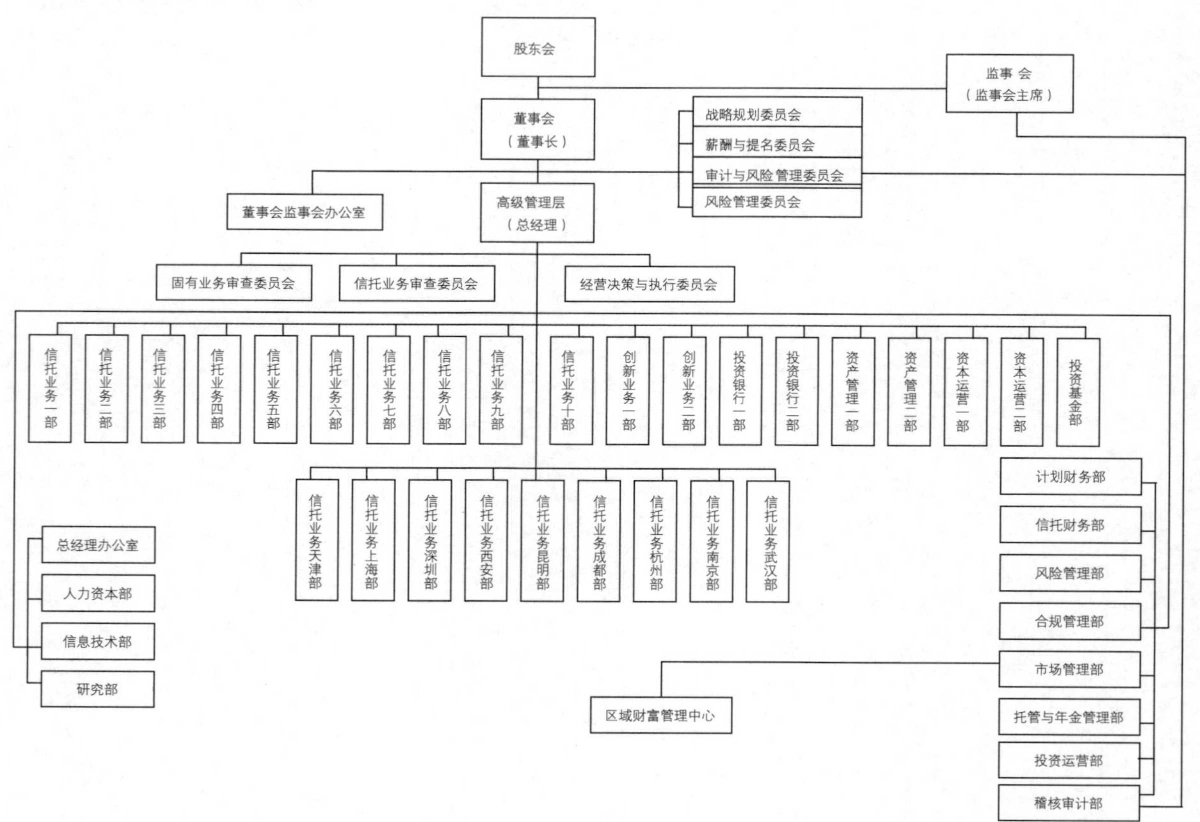

3. 公司治理结构

3.1 股东

股东名称	持股比例(%)	法定代表人	注册资本(亿元)	注册地址	主要经营业务及主要财务情况
中国中信股份有限公司	80	常振明	1 280.00	北京市朝阳区新源南路6号	金融、实业,2013年底净资产为2 719亿元。
中信兴业投资集团有限公司	20	王炯	16.00	上海市虹口区四川北路859号55楼	实业投资、国内贸易,2013年末净资产为120亿元。

注:中国中信集团有限公司是中国中信股份有限公司的母公司,为本公司最终实际控制人。

3.2 董事

董事长、董事

姓 名	职 务	性别	年龄	选任日期	所推举的股东名称	该股东持股比例(%)	简 要 履 历
蒲 坚	董事长	男	53	2012年5月	中国中信股份有限公司	80	美国福坦莫大学硕士研究生学历。
陈一松	董事	男	45	2012年5月	中国中信股份有限公司	80	湖南大学硕士研究生学历。
路京生	董事	男	57	2012年5月	中国中信股份有限公司	80	中央党校在职研究生毕业。
张翔燕	董事	女	48	2012年5月	中国中信股份有限公司	80	清华大学硕士研究生学历、中信控股有限公司副总裁。
赵小凡	董事	男	49	2012年5月	中国中信股份有限公司	80	北京大学博士研究生学历、信诚人寿保险有限公司总经理。
张 立	董事	女	41	2012年5月	中信兴业投资集团有限公司	20	中央财经大学硕士研究生学历、中信兴业投资集团有限公司副总经理。

独立董事

姓 名	职 务	性别	年龄	选任日期	所推举的股东名称	该股东持股比例(%)	简 要 履 历
林义相	独立董事	男	50	2012年5月	中国中信股份有限公司	80	法国巴黎第十大学应用宏观经济博士、天相投资顾问有限公司董事长兼总经理。
徐经长	独立董事	男	49	2012年5月	中国中信股份有限公司	80	中国人民大学经济学博士、中国人民大学商学院会计系主任。
姜国华	独立董事	男	43	2012年5月	中国中信股份有限公司	80	美国加利福尼亚大学伯克利分校会计学博士、北京大学研究生院副院长、光华管理学院会计系副主任。

3.3 监事

监事会成员

姓 名	职 务	性别	年龄	选任日期	所推举的股东名称	该股东持股比例(%)	简 要 履 历
吕君芳	监事会主席	女	42	2013年7月	中国中信股份有限公司	80	浙江大学文学硕士。
关颐	监事	男	45	2012年5月	中国中信股份有限公司	80	对外经济贸易大学毕业、中信集团战略与计划部处长。
蔡成维	监事	男	43	2012年3月			中国政法大学法律硕士。

注:蔡成维系职工代表监事。

3.4 高级管理人员

高级管理人员

姓名	职务	性别	年龄	选任日期	学历	专业	简 要 履 历
陈一松	总经理	男	45	2011年5月	硕士	金融学	湖南大学硕士研究生学历,从事金融工作21年。
路京生	党委副书记	男	57	2010年5月	在职研究生	经济管理、科学与技术哲学	中央党校在职研究生毕业,曾任中组部干部五局副巡视员。
马春光	副总经理	男	62	2009年3月	研究生结业	企业管理	在职研究生结业、从事金融工作31年。
张子镁	副总经理	男	59	2009年3月	学士	日语、经济	曾任中信集团驻日本代表处首席代表,从事金融工作28年。
王道远	副总经理	男	44	2011年5月	硕士	工商管理	北京大学国际工商管理硕士,从事金融工作19年。
李峰	副总经理	男	39	2011年5月	学士	生物生化专业	武汉大学本科毕业,从事金融工作18年。
张继胜	副总经理	男	46	2011年5月	博士	管理科学与工程	哈尔滨工程大学博士,从事金融工作13年。
李子民	副总经理	男	42	2011年5月	硕士	工商管理	清华大学硕士,从事金融工作19年。
包学勤	副总经理	男	44	2011年5月	硕士	工商管理	复旦大学硕士,从事金融工作22年。

3.5 公司员工

报告期末，公司职工人数为 488 人。

项目		2013 年度		2012 年度	
		人数	比例(%)	人数	比例(%)
年龄分布	25 岁以下	19	4	22	5
	25～29 岁	163	33	146	34
	30～39 岁	216	44	184	42
	40 岁以上	80	16	84	19
学历分布	博士	14	3	13	3
	硕士	291	60	247	57
	本科	163	33	157	36
	专科	20	4	19	4
	其他	0	0	0	0

4. 经营管理

4.1 经营目标、方针、战略规划

4.1.1 经营目标

公司致力于成为信托法规范下综合金融解决方案的提供商和多种金融功能的集成者，以差异化竞争、持续性创新为标志，达成国内领先、综合优势明显、核心竞争力持续的智慧型信托公司。

4.1.2 经营方针

公司追求和谐、科学的价值文化，秉承“无边界服务、无障碍运行”的经营理念，把握市场规律，超前适变应变，持续学习创新，统筹价值实现。

4.1.3 战略规划

公司充分发挥“中信”的品牌影响力和中信金融的协同效应，以差异化的竞争策略，通过不断学习和创新，提升服务境界，建立可持续增长的盈利模式；提高风险管理水平，完善对业务风险的分析和定价体系，以使各类风险被准确识别、合理定价和安全控制；增加对人力资本的投入，以富含内涵价值的综合报酬和激励机制，实现对创新型、智慧型人才的培养、引进和保持；通过公众化进程，扩大资产和业务规模，优化业务布局，实现经营效益、股东回报和职工成果分享的稳健增长，推动业务覆盖和模式的新发展，探索建立有特色的符合自身发展节奏和信托规律的国际化业务模式。

4.2 所经营业务的主要内容

公司经营业务主要分为信托业务、固有业务以及基金类业务。报告期内，公司业务保持平稳较快发展，截至 2013 年末，公司实际资产管理规模达到 8 174 亿元，其中信托资产规模为 7 297 亿元，通过基金管理子公司等形式管理的资产规模为 877 亿元。公司固有资产达到 148.77 亿元。

4.2.1 信托业务

信托资产运用与分布表

资产运用	金额（万元）	占比（%）	资产分布	金额（万元）	占比（%）
货币资产	15 255 273.06	20.91	基础产业	29 973 450.69	41.08
贷款	29 841 775.22	40.90	房地产	5 622 330.35	7.71
交易性金融资产投资	7 090 997.74	9.72	证券市场	6 517 722.86	8.93
可供出售金融资产投资	3 087 527.24	4.23	实业	9 354 814.84	12.82
持有至到期投资	1 087 620.62	1.49	金融机构	16 364 960.10	22.43
长期股权投资	7 365 921.41	10.09	其他	5 132 800.94	7.03
其他	9 236 964.49	12.66			
资产总计	72 966 079.78	100	资产总计	72 966 079.78	100

4.2.2 固有业务

固有资产运用与分布表

资产运用	金额（万元）	占比（%）	资产分布	金额（万元）	占比（%）
货币资产	287 669.86	19.34	基础产业	—	—
贷款及应收款	399 162.56	26.83	房地产业	226 513.25	15.23
交易性金融资产	—	—	证券市场	41 590.51	2.80
可供出售金融资产	553 878.28	37.23	实业	—	—
持有至到期投资	—	—	金融机构	418 345.23	28.12
长期股权投资	178 190.38	11.98	其他	801 238.90	53.85
其他	68 786.81	4.62			
资产总计	1 487 687.89	100.00	资产总计	1 487 687.89	100.00

4.2.3 基金类业务

公司通过中信聚信（北京）资本管理有限公司开展股权投资基金类业务。截至 2013 年末，公司共管理 PE 基金 21 支，基金规模 167.20 亿元，投向房地产行业、交通运输业、冶金行业、能源产业及环保产业等多个领域。

4.3 市场分析

4.3.1 有利因素

（1）十八届三中全会以后，中国经济社会发展进入新的历史发展时期。众多改革措施出台，涉及各个领域各个环节，经济结构持续调整优化，经济发展内生动力不断增强。从宏观经济走势看，未来我国经济社会发展将实现稳中有进、稳中向好，这为信托业发展创造了有利环境。

（2）当前我国发展处于重要战略机遇期，城镇化、信息化、工业化、农业现代化不断深入，市场需求潜力巨大，为信托业发展提供了广阔的市场空间。

（3）我国的资产管理市场在相当长的时间内将处于成长阶段，为信托业发展提供了雄厚的市场基础。与此同时，信托业在资产管理领域的地位和作用不断增强，对中国经济社会发展的价值不断凸显，在中国金融体系中的地位和影响力不断提升。

（4）信托业监管战略与时俱进，风险防范与创新发展并举，积极引导信托公司增强主动管理能力和实现内涵式增长，推动信托业的持续健康发展。

4.3.2 不利因素

当前国内经济正在进行新一轮的结构调整,经济差异性复苏和行业差别性变化对信托行业提出了新的挑战。国家在稳中求进的政策目标下,采取了强化部分领域的宏观调控、严守财政金融领域风险等重大举措,给宏观经济和金融市场运行带来了深刻影响。监管部门顺应政策环境和市场环境的变化,及时调整监管要求,短期内可能对信托公司业务开展产生一定影响。

4.4 内部控制

4.4.1 内部控制环境和内部控制文化

公司建立了由股东会、董事会、监事会、高级管理层组成的分工明确、权责对应、合理制衡的公司治理结构。董事会下设战略规划委员会、审计与风险管理委员会、薪酬与提名委员会和信托委员会;公司不断完善选贤举能、优胜劣汰、约束监督、科学激励的治理机制。

公司重视环境文化、制度文化、组织文化和行为文化等内控文化建设,通过网络大学、讲座、交流研讨等多种形式,学习掌握内部控制的最新法规制度和政策;制定和修订公司系列制度,强化员工的职业操守;充实风险管理、合规管理和稽核审计等内部控制部门人员,提高内控人员综合素质。

4.4.2 内部控制措施

公司内部控制措施主要包括:不相容职务分离控制、授权审批控制、业务流程控制、会计系统控制、财产保护控制、运营分析控制、信息系统控制、绩效考评控制,以及业务预警、应急机制等。公司不断修订和完善内部控制制度,监督检查和评价内控的科学性、规范性和可操作性。

4.4.3 监督评价与纠正

公司建立了多层次的内控评价、后评价和监督纠正体系。一是股东层面,监事会履行对董事会和公司经营管理情况的监督职能;二是董事会层面,董事会及其专门委员会通过会议、书面审议等形式,对公司重大经营管理事项进行审议;三是公司管理层面,稽核审计部定期审计公司内部控制情况,提出存在问题和整改意见,连同整改情况向管理层和董事会报告;四是纪检监察层面,公司纪检部门与人力资本部门一起实施监督评价程序,督促相关部门和人员限期改正。

4.5 风险管理

4.5.1 风险状况

公司面对的主要风险是:信用(流动性)风险、市场风险、操作风险和其他风险。

4.5.1.1 信用(流动性)风险状况

公司信托业务的信用(流动性)风险压力主要表现在信托板块的融资类、准权益性直接投资类业务上。2013年末,公司上述两类业务实收信托余额小计1 372亿元,占公司实收信托总额的20%。报告期内,公司成功完成了76个集合资金信托计划的清算退出,实现了信托业务的主要预期目标。

公司固有业务信用风险主要集中在固有资金贷款、担保业务和具有融资属性的金融产品投资。2013年末,公司上述三类业务规模共计120.3亿元。在固有资金贷款和担保业务中,大部分项目有土地、房产抵押或上市公司股票质押担保,除个别项目外,抵(质)押率均低于50%。在具有融资属性的金融产品投资业务中,大多数投资于其他公司管理的融资性金融产品,具有较充分的风险保障措施,各产品均处于正常运行状态。

4.5.1.2 市场风险状况

公司市场风险压力主要体现在信托板块的直接投资类、金融投资类业务以及固有板块的长期股权投资、证券投资类业务上。2013年末,公司信托直接投资类、金融投资类业务实收信托余额小计2 392亿元,占公司实收信托总额的34%;固有信托产品及其他投资、长期股权投资、证券投资余额21.2亿元,占公司固有资产总额的14%。公司通过建立动态的市场风险管理体系,进一步提高了风险管理的适用性与可持续性,有效地防范各类市场风险。

4.5.1.3 操作风险状况

随着公司信托及固有业务规模的持续增长、各类创新业务的不断涌现,公司承担的操作风险管理压力也同步增长。报告期内,公司内部控制和业务操作流程清晰,各项管理制度完善,运营操作规范,公司内控管理充分有效,操作风险基本可控。

4.5.1.4 其他风险状况

其他风险包括合规与法律风险、道德风险和声誉风险等。上述风险基本可控。

4.5.2 风险管理

4.5.2.1 信用风险管理

2013年,公司进一步强化过程管理和风险预警处置,及时转移、释放和化解信用风险。在对交易对手的尽职调查方面,公司强调经营分析与财务分析密切衔接、定性分析与定量分析相结合,关注交易对手的财务结构与其业务现状和发展规划的协调性;成立"交易对手风险独立审查委员会",检索搜集交易对手及其实际控制人的各种信息,为业务评审提供支持。在风险监测方面,公司细化项目过程管理,强化项目执行落实情况责任,密切关注合作企业重大事项的进展情况。

4.5.2.2 市场风险管理

为管理金融投资的市场风险,公司注重对金融投资的策略研究;遵循组合投资、分散风险的投资原则,注重债券和基金等稳健性投资品种的开发;严格筛选合作伙伴,选择具有较强资产管理能力的私募基金公司;实时监控信托业务的投资比例和产品净值变动,严格执行有关止损措施。

为管理股权投资的市场风险,公司强化对国家宏观政策及金融形势的跟踪判断;控制行业集中度,通过业务创新不断拓展多元化的投资领域;加强对交易对手在其所处行业的市场竞争能力分析;充分考虑拟投资项目筛选、评估、运营、退出中的策略、渠道和措施;明确项目组织管理结构与投资管理责任。

4.5.2.3 操作风险管理

公司要求每项业务在全过程中都按照程序和流程操作;项目的评审工作、审批工作都做到依法合规进行,杜绝不正当交易等违法行为;各相关主体按照各自的职责在授权范围内独立运作,上级领导不能利用自身的权力干预风险评估工作;不断细化各流程管理要点和规范操作流程,提升业务操作的规范化和标准化水平。

4.5.2.4 其他风险管理

为强化合规与法律风险管理,公司贯彻执行"合规风险全覆盖"策略,通过事前调查、事中控制、事后检查实现对每笔业务在时间、空间上的全程管理;注重合规和法律风险的全面管理，要求从两个视角审视、评价每笔业务，强调"两手抓、两手硬"、合规和法律并重的风险管理策略。

为加强道德风险管理，公司加强人员素质培训，严控道德风险，加强职业道德和风险防范意识的培养；建立"纪委—监事会联席会议机制"，对重大事项进行监督；设立纪检观察员岗位，定期向公司汇报有悖于从业操守规范的倾向性、苗头性问题。

为加强声誉风险管理，公司确定"全员有责、动态预防、及时报告、审慎管理"的管理方针，设立了公共关系管理委员会，统一管理声誉风险；制定、修订《重大突发事件报告制度及其应急预案》、《公司公共关系管理办法》、《信托项目信息披露管理办法》等制度。

4.6 净资本管理概况

截至2013年末，公司净资本为685 438万元，各项业务风险资本之和为376 233万元，净资本/各项业务风险资本之和的比率为182%，净资本/净资产的比率为53%。包括上述两个指标在内的净资本各项指标均符合监管要求。

5. 报告期末及上一年度末的比较式会计报表

5.1 固有资产

5.1.1 会计师事务所审计结论

致同会计师事务所认为，公司财务报表在所有重大方面按照企业会计准则的规定编制，公允反映了公司2013年12月31日的合并及公司财务状况以及2013年度的合并及公司经营成果和合并及公司现金流量。

5.1.2 资产负债表

单位：万元

项目	合并		母公司	
	2013年12月31日	2012年12月31日	2013年12月31日	2012年12月31日
资产				
货币资金	289 206.22	477 420.67	287 669.86	471 824.10
存放联行款项	—	—	—	—
拆出资金	—	—	—	—
交易性金融资产	—	9 283.33	—	9 283.33
衍生金融资产	—	—	—	—
买入返售金融资产	48 000.48	—	48 000.48	—
应收账款	11 603.31	19 570.67	11 603.31	19 570.67
应收利息	2 083.52	733.71	2 083.52	733.71
预付款项	487.06	298.10	477.47	288.93
其他应收款	5 590.96	7 033.74	5 584.59	7 027.65
发放贷款和垫款	337 475.25	242 935.07	337 475.25	242 935.07
可供出售金融资产	561 878.28	124 723.35	553 878.28	119 723.35
持有至到期投资	—	74 000.00	—	74 000.00
长期股权投资	169 602.28	169 312.49	178 190.38	179 759.56
投资性房地产	—	—	—	—
固定资产	3 219.93	2 808.28	3 216.41	2 804.78
无形资产	1 675.53	1 754.12	1 675.53	1 754.12
递延所得税资产	57 832.81	52 392.30	57 832.81	52 392.30
其他资产	—	—	—	—
资产总计	1 488 655.63	1 182 265.83	1 487 687.89	1 182 097.57
负债				
向中央银行借款	—	—	—	—
同业及其他金融机构存放款项	—	—	—	—
拆入资金	—	—	—	—
交易性金融负债	—	—	—	—
衍生金融负债	—	—	—	—
卖出回购金融资产款	—	—	—	—
预收款项	20 496.64	18 207.00	20 496.64	18 207.00
应付职工薪酬	69 794.25	66 178.62	69 794.25	66 178.62
应交税费	70 541.16	80 805.59	70 527.74	80 783.19
应付利息	—	—	—	—
预计负债	—	—	—	—
应付债券	—	—	—	—
其他应付款	20 919.82	18 129.81	20 919.82	18 129.81

续表

项　目	合并		母公司	
	2013年12月31日	2012年12月31日	2013年12月31日	2012年12月31日
递延所得税负债	4 028.79	5 108.42	4 028.79	5 108.42
其他负债	—	—	—	—
负债合计	185 780.66	188 429.44	185 767.24	188 407.04
所有者权益:	—		—	
实收资本	120 000.00	120 000.00	120 000.00	120 000.00
资本公积	10 168.95	15 489.62	10 165.76	15 489.62
减:库存股	—	—	—	—
盈余公积	121 656.55	90 301.16	121 656.55	90 301.16
一般风险准备	82 503.87	61 817.68	82 503.87	61 817.68
未分配利润	968 545.60	706 227.93	967 594.47	706 082.07
所有者权益合计	1 302 874.97	993 836.39	1 301 920.65	993 690.53
负债和所有者权益总计	1 488 655.63	1 182 265.83	1 487 687.89	1 182 097.57

公司法定代表人:蒲　坚　　主管会计工作的公司负责人:余金树　　公司会计机构负责人:李　玎

5.1.3　利润表

单位:万元

项　目	合并		母公司	
	2013年度	2012年度	2013年度	2012年度
一、营业总收入	548 683.73	447 595.83	547 823.36	447 432.83
营业收入	—	—	—	—
利息净收入	43 712.33	77 955.23	43 712.33	77 955.23
利息收入	43 712.33	77 955.23	43 712.33	77 955.23
利息支出	—	—	—	—
手续费及佣金净收入	462 460.46	330 278.71	462 460.46	330 278.71
手续费及佣金收入	462 460.46	330 278.71	462 460.46	330 278.71
手续费及佣金支出	—	—	—	—
投资收益(损失以"-"填列)	42 080.87	34 434.77	41 220.50	34 271.77
公允价值变动收益(损失以"-"填列)	442.89	4 928.17	442.89	4 928.17
汇兑收益(损失以"-"号填列)	-12.82	-1.05	-12.82	-1.05
其他业务收入	—	—	—	—
二、营业总成本	128 830.03	86 857.42	128 783.89	86 852.01
营业成本	—	—	—	—
营业税金及附加	28 724.81	23 019.57	28 720.36	23 015.32
业务及管理费	83 941.49	67 098.37	83 941.49	67 098.37
销售费用	—	—	—	—
管理费用	65.86	44.65	—	—
财务费用	-24.17	-43.49	—	—
资产减值损失	16 122.04	-3 261.68	16 122.04	-3 261.68
其他业务成本	—	—	—	—
三、营业利润(亏损以"-"号填列)	419 853.70	360 738.41	419 039.47	360 580.82
加:营业外收入	1 614.97	24.57	1 614.97	18.06
减:营业外支出	2 063.70	0.1	2 063.70	—
四、利润总额(亏损总额以"-"号填列)	419 404.97	360 762.88	418 590.74	360 598.88
减:所得税费用	105 045.72	89 065.44	105 036.76	89 047.30
五、净利润(净亏损以"-"号填列)	314 359.25	271 697.44	313 553.98	271 551.58

公司法定代表人:蒲　坚　　主管会计工作的公司负责人:余金树　　公司会计机构负责人:李　玎

5.1.4 所有者权益变动表

单位：万元

项目	2013年度（合并）							2013年度（母公司）					
	归属于母公司所有者权益					少数股东权益	所有者权益合计	实收资本	资本公积	盈余公积	一般风险准备	未分配利润	所有者权益合计
	实收资本	资本公积	盈余公积	一般风险准备	未分配利润								
一、上年年末余额	120 000.00	15 489.62	90 301.16	61 817.68	706 227.93		993 836.39	120 000.00	15 489.62	90 301.16	61 817.68	706 082.07	993 690.53
加：会计政策变更							—						—
前期差错更正							—						—
其他							—						—
二、本年年初余额	120 000.00	15 489.62	90 301.16	61 817.68	706 227.93		993 836.39	120 000.00	15 489.62	90 301.16	61 817.68	706 082.07	993 690.53
三、本年增减变动金额（减少以"－"号填列）		−5 320.67	31 355.39	20 686.19	262 317.67		309 038.58		−5 323.86	31 355.39	20 686.19	261 512.40	308 230.12
（一）净利润					314 359.25		314 359.25					313 553.98	313 553.98
（二）其他综合收益		−5 320.67					−5 320.67		−5 323.86				−5 323.86
上述（一）和（二）小计		−5 320.67			314 359.25		309 038.58		−5 323.86			313 553.98	308 230.12
（三）所有者投入和减少资本							—						—
1. 所有者投入资本							—						—
2. 股份支付计入所有者权益的金额							—						—
3. 其他							—						—
（四）利润分配			31 355.39	20 686.19	−52 041.58		—			31 355.39	20 686.19	−52 041.58	—
1. 提取盈余公积			31 355.39		−31 355.39		—			31 355.39		−31 355.39	—
2. 对所有者（或股东）的分配							—						—
3. 一般风险准备				20 686.19	−20 686.19		—				20 686.19	−20 686.19	—
4. 其他							—						—
（五）所有者权益内部结转							—						—
1. 资本公积转增股本							—						—
2. 盈余公积转增股本							—						—
3. 盈余公积弥补亏损							—						—
4. 其他							—						—
四、本年年末余额	120 000.00	10 168.95	121 656.55	82 503.87	968 545.60		1 302 874.97	120 000.00	10 165.76	121 656.55	82 503.87	967 594.47	1 301 920.65

所有者权益变动表(续)

单位:万元

项　目	2012年度(合并)							2012年度(母公司)					
	归属于母公司所有者权益					少数股东权益	所有者权益合计	实收资本	资本公积	盈余公积	一般风险准备	未分配利润	所有者权益合计
	实收资本	资本公积	盈余公积	一般风险准备	未分配利润								
一、上年年末余额	120 000.00	7 493.63	63 146.00	37 811.05	485 692.28		714 142.96	120 000.00	7 493.63	63 146.00	37 811.05	485 692.28	714 142.96
加:会计政策变更							—						—
前期差错更正							—						—
其他							—						—
二、本年年初余额	120 000.00	7 493.63	63 146.00	37 811.05	485 692.28		714 142.96	120 000.00	7 493.63	63 146.00	37 811.05	485 692.28	714 142.96
三、本年增减变动金额(减少以"-"号填列)		7 995.99	27 155.16	24 006.63	220 535.65		279 693.43		7 995.99	27 155.16	24 006.63	220 389.79	279 547.57
(一)净利润					271 697.44		271 697.44					271 551.58	271 551.58
(二)其他综合收益		7 995.99					7 995.99		7 995.99				7 995.99
上述(一)和(二)小计		7 995.99			271 697.44		279 693.43		7 995.99			271 551.58	279 547.57
(三)所有者投入和减少资本							—						—
1. 所有者投入资本							—						—
2. 股份支付计入所有者权益的金额							—						—
3. 其他							—						—
(四)利润分配			27 155.16	24 006.63	-51 161.79		—			27 155.16	24 006.63	-51 161.79	—
1. 提取盈余公积			27 155.16		-27 155.16		—			27 155.16		-27 155.16	—
2. 对所有者(或股东)的分配							—						—
3. 一般风险准备				24 006.63	-24 006.63		—				24 006.63	-24 006.63	—
4. 其他							—						—
(五)所有者权益内部结转							—						—
1. 资本公积转增股本							—						—
2. 盈余公积转增股本							—						—
3. 盈余公积弥补亏损							—						—
4. 其他							—						—
四、本年年末余额	120 000.00	15 489.62	90 301.16	61 817.68	706 227.93		993 836.39	120 000.00	15 489.62	90 301.16	61 817.68	706 082.07	993 690.53

公司法定代表人:蒲　坚　　　主管会计工作的公司负责人:余金树　　　公司会计机构负责人:李　玎

5.2 信托资产

5.2.1 信托项目资产负债汇总表

单位：万元

信托资产	2013 年 12 月 31 日	2012 年 12 月 31 日
信托资产		
存放同业款项	15 255 273.06	15 114 895.83
拆出资金	—	—
衍生金融资产	—	—
交易性金融资产	7 090 997.74	6 085 834.73
买入返售金融资产	344 756.23	162 367.67
应收票据	—	—
应收账款	7 845 185.36	4 765 391.03
应收利息	116 526.34	81 224.14
应收股利	2 498.56	530.26
其他应收款	798 845.72	1 289 154.55
贷款	29 841 775.22	22 390 623.74
可供出售金融资产	3 087 527.24	2 665 349.55
长期应收款	100 579.29	116 729.59
持有至到期金融资产	1 087 620.62	—
长期股权投资	7 365 921.41	6 462 813.09
其他资产	28 572.99	—
信托资产总计	72 966 079.78	59 134 914.18
信托负债和信托权益	2013.12.31	2012.12.31
信托负债		
交易性金融负债	82.00	50.01
应交税费	112.59	118.87
其他应付款	864 643.94	429 841.87
应付账款	50 354.04	26 393.84
长期应付款	10 875.50	8 635.27
信托负债合计	926 068.07	465 039.86
信托权益		
实收信托	70 439 706.36	57 646 824.19
资本公积	1 968 487.05	958 333.76
未分配利润	−368 181.70	64 716.37
信托权益合计	72 040 011.71	58 669 874.32
信托负债及权益总计	72 966 079.78	59 134 914.18

法定代表人：蒲　坚　　主管信托财务公司负责人：张继胜　会计机构负责人：李　青

5.2.2 信托项目利润及利润分配汇总表

单位：万元

项目	2013 年度	2012 年度
一、营业收入	3 318 829.39	3 081 299.03
利息收入	2 172 580.38	1 554 744.98
投资收益	890 545.13	673 101.78
租赁收入	7 808.69	11 559.79
公允价值变动损益	−63 641.94	338 612.86
汇兑损益	−0.13	176.46
其他收入	311 537.26	503 103.16
二、营业费用	808 539.59	478 295.85
三、营业税金及附加	14 460.07	13 324.81
四、扣除资产损失前的信托利润	2 495 829.73	2 589 678.37
减：资产减值损失	−90.52	−20.78
五、扣除资产损失后的信托利润	2 495 920.25	2 589 699.15
加：期初未分配信托利润	64 716.37	−420 785.61
六、可供分配的信托利润	2 560 636.62	2 168 913.54
减：本期已分配信托利润	2 928 818.32	2 104 197.17
七、期末未分配信托利润	−368 181.70	64 716.37

法定代表人：蒲　坚　　主管信托财务公司负责人：张继胜　会计机构负责人：李　青

6. 会计报表附注

6.1 年度会计报表编制基准、会计政策、会计估计和核算方法发生的变化

本公司无上述情况。

6.2 或有事项说明

期末，公司对外担保余额为 15.80 亿元，占期末净资产的 12.14%。

6.3 重要资产转让及其出售的说明

报告期内无重要资产转让及其出售。

6.4 会计报表中重要项目的明细资料

6.4.1 固有资产经营情况

6.4.1.1 信用风险资产五级分类情况

按照《中国银行业监督管理委员会关于非银行金融机构全面推行资产质量五级分类管理的通知》的分类标准，本年度末公司固有资产质量情况：

信用风险资产五级分类	正常类（万元）	关注类（万元）	次级类（万元）	可疑类（万元）	损失类（万元）	信用风险资产合计（万元）	不良资产合计（万元）	不良资产率（%）
期初数	582 875.74	256 567.32	59 731.61	—	11 000.00	910 174.67	70 731.61	7.77
期末数	595 040.23	150 422.89	36 731.61	16 500.00	11 000.00	809 694.73	64 231.61	7.93

注：不良资产合计 = 次级类 + 可疑类 + 损失类。

6.4.1.2 资产减值准备情况

单位:万元

	期初数	本期计提	本期转回	本期核销	期末数
贷款损失准备	168 083.87	17 302.00	68 106.62	—	117 279.25
一般准备	—	—	—	—	—
专项准备	168 083.87	17 302.00	68 106.62	—	117 279.25
其他资产减值准备	6 385.09	66 926.66	—	—	73 311.75
可供出售金融资产减值准备	5 671.93	66 926.66	—	—	72 598.59
持有至到期投资减值准备	—	—	—	—	—
长期股权投资减值准备	713.16	—	—	—	713.16
坏账准备	—	—	—	—	—
投资性房地产减值准备	—	—	—	—	—

6.4.1.3 固有股票投资、基金投资、债券投资、长期股权投资等投资情况

单位:万元

	固有股票	基金	债券	长期股权投资	其他投资	合计
期初数	59 006.68	—	—	179 759.56	144 000.00	382 766.24
期末数	41 590.51	—	—	178 190.38	512 287.77	732 068.66

6.4.1.4 固有长期股权投资的前三名

企业名称	占被投资企业权益的比例(%)	主要经营活动	投资收益(万元)
泰康人寿保险股份有限公司	8.80	人寿保险	—
中信聚信(北京)资本管理有限公司	100.00	投资管理、经济信息咨询	—
信诚基金管理有限公司	49.00	证券投资基金	3 052.84

6.4.1.5 固有贷款前三名

企业名称	占贷款总额的比例(%)	还款情况
昆山红枫房地产有限公司	13.09	欠息
阳光新业地产股份有限公司	9.90	按时归还贷款利息
宜昌市夷陵国有资产经营有限公司	8.80	按时归还贷款利息

6.4.1.6 表外业务的期初数、期末数

单位:万元

表外业务	期初数	期末数
担保业务	—	158 000.00
代理业务(委托业务)	72 527.79	72 527.79
其他	—	—
合计	72 527.79	230 527.79

6.4.1.7 公司当年的收入结构

收入结构	合并		母公司	
	金额(万元)	占比(%)	金额(万元)	占比(%)
营业收入	—	—	—	—
手续费及佣金收入	462 460.46	84.04	462 460.46	84.17
其中:信托手续费收入	450 167.02	81.80	450 167.02	81.93
投资银行业务收入	—	—	—	—
利息收入	43 712.33	7.94	43 712.33	7.96
其他业务收入	—	—	—	—
其中:计入信托业务收入部分	—	—	—	—
投资收益	42 080.87	7.65	41 220.50	7.50
其中:股权投资收益	11 324.55	2.06	10 543.77	1.92
证券投资收益	2 514.25	0.46	2 514.25	0.46
其他投资收益	28 242.07	5.13	28 162.48	5.13
公允价值变动收益	442.89	0.08	442.89	0.08
营业外收入	1 614.97	0.29	1 614.97	0.29
收入合计	550 311.52	100.00	549 451.15	100.00

6.4.2 信托资产管理情况

6.4.2.1 信托资产的期初数、期末数

单位:万元

信托资产	期初数	期末数
集合	11 378 295.39	11 983 326.16
单一	42 002 145.11	51 175 733.49
财产权	5 754 473.68	9 807 020.13
合计	59 134 914.18	72 966 079.78

6.4.2.1.1 主动管理型信托业务期初数、期末数

单位:万元

主动管理型信托资产	期初数	期末数
证券投资类	18 822 324.87	20 448 184.25
股权投资类	4 890 536.38	3 954 583.19
融资类	9 706 512.66	13 141 151.42
事务管理类	—	—
合计	33 419 373.91	37 543 918.86

6.4.2.1.2 被动管理型信托业务期初数、期末数

单位:万元

被动管理型信托资产	期初数	期末数
证券投资类	—	—
股权投资类	—	—
融资类	—	—
事务管理类	25 715 540.27	35 422 160.92
合计	25 715 540.27	35 422 160.92

6.4.2.2 本年度已清算结束的信托项目个数、实收信托合计金额、加权平均实际年化收益率

6.4.2.2.1 本年度已清算结束的集合类、单一类资金信

托项目和财产管理类信托项目个数、金额、加权平均实际年化收益率

已清算结束信托项目	项目个数	合计金额（万元）	加权平均实际年化收益率（%）
集合类	76.00	5 623 465.02	9.59
单一类	216.00	13 607 931.05	7.01
财产管理类	8.00	764 882.49	8.87

6.4.2.2.2 本年度已清算结束的主动管理型信托项目个数、合计金额、加权平均实际年化收益率

已清算结束信托项目	项目个数	合计金额（万元）	加权平均实际年化收益率（%）
证券投资类	21.00	3 663 819.58	5.16
股权投资类	22.00	2 214 571.51	9.53
融资类	39.00	3 569 599.43	9.67
事务管理类	—	—	—

6.4.2.2.3 本年度已清算结束的被动管理型信托项目个数、合计金额、加权平均实际年化收益率

已清算结束信托项目	项目个数	合计金额（万元）	加权平均实际年化收益率（%）
证券投资类	—	—	—
股权投资类	—	—	—
融资类	—	—	—
事务管理类	218	10 548 288.05	7.73

6.4.2.3 本年度新增的集合类、单一类和财产管理类信托项目个数、合计金额。

新增信托项目	项目个数	合计金额（万元）
集合类	106	5 194 939.23
单一类	490	20 714 265.46
财产管理类	49	4 260 326.20
新增合计	645	30 169 530.89
其中：主动管理型	138	7 366 944.00
被动管理型	507	22 802 586.89

注：上述统计未包括尚未清算的开放式信托项目本年度内发生的申购和赎回金额，故期初余额－本期清算＋本期新增≠期末余额。

6.4.2.4 信托创新研究成果

报告期内，公司在创新研究上取得重大突破，推出多个行业第一。

2013年10月，公司与安徽省宿州市埇桥区政府合作，成立国内第一支农村土地承包经营权流转信托计划。土地信托充分发挥了信托的制度性优势，保护并提升农民的利益，对改善城乡二元结构、推进城镇化建设起到了里程碑式的作用，受到社会各界的广泛关注。

2013年，公司探索开发了国内第一单“消费信托”。与传统项目不同，该信托计划的功能不是获取资金增值，而是帮助消费者优选商家和服务机构，借助集中采购获取价格优惠，并监管预付资金的使用，最终使受益人在有保障的前提下获取性价比高的优质消费服务。消费信托首次将信托受益权的内容从资金收益扩展至消费权益，革新了信托服务的模式。

此外，2013年公司还推出了国内第一支医养健康产业基金。公司与国内外知名医疗、健康服务机构合作，以“嘉丽泽国际健康岛”为载体，逐步打造以医疗、养生、养老为中心，旅游、度假综合服务为支撑的医养综合体。

6.4.2.5 本公司履行受托人义务情况及因公司自身责任而导致的信托资产损失情况

报告期内，公司管理的信托计划（项目）运行正常，到期的信托产品实收信托金额1 999.63亿元及其收益，全部安全交付受益人，未出现因本公司自身责任而导致信托资产损失的情况。

6.5 关联方关系及其交易的披露

6.5.1 关联交易方的数量、关联交易的总金额及关联交易的定价原则等

	关联交易方数量	关联交易金额（万元）	定价政策
合计	30	1 447 424.92	遵循市场价格的原则，有客观的市场价格作为参照的一律以市场价格为准；如果没有市场价格，按照成本加成定价；如果既没有市场价格，也不适合采用成本加成价的，按照协议价定价。

6.5.2 关联交易方与本公司的关系性质、关联交易方的名称、法定代表人、注册地址、注册资本及主营业务等

关系性质	关联方名称	法定代表人	注册地址	注册资本（亿元）	主营业务
最终实际控制人	中国中信集团有限公司	常振明	北京市朝阳区新源南路6号	1839.70	金融、实业
同一母公司	中信银行股份有限公司	常振明	北京东城区朝阳门北大街8号富华大厦C座	467.87	银行业务
同一母公司	中信证券股份有限公司	王东明	广东省深圳市福田区中心三路8号卓越时代广场（二期）北座	110.17	证券经纪、投行业务
同一母公司	中信房地产股份有限公司	田国立	北京市朝阳区新源南路6号	67.90	房地产开发

注：公司本年度共有关联方30个，主要来自中信集团内部，表中为公司主要关联方。

6.5.3 公司与关联方的重大交易事项

6.5.3.1 固有财产与关联方：贷款、投资、租赁、应收账款、担保、其他方式等期初汇总数、本期发生额汇总数、期末汇总数

单位：万元

固定财产与信托财产相互交易				
	期初数	借方发生额	贷方发生额	期末数
贷款	—	—	—	—
投资	—	852.07	852.07	—
租赁	1 369.37	1 659.45	3 028.82	—
担保	—	—	—	—
应收账款	0.81	3 322.25	23.63	3 299.43
其他	41 791.36	16 996 917.83	17 026 472.65	12 236.54
合计	43 161.54	17 002 751.60	17 030 377.17	15 535.97

6.5.3.2　信托资产与关联方:贷款、投资、租赁、应收账款、担保、其他方式等期初汇总数、本期发生额汇总数、期末汇总数

单位:万元

信托与关联方关联交易				
	期初数	借方发生	贷方发生	期末数
贷款	2 620 631.97	46 000.00	1 650 978.00	1 015 653.97
投资	10 746.21	—	—	10 746.21
租赁	—	—	—	—
担保	—	—	—	—
应收账款	—	—	—	—
其他	—	—	—	—
合计	2 631 378.18	46 000.00	1 650 978.00	1 026 400.18

注:此外,还包括支付给关联方中信银行的托管费 5 172.37 万元。

6.5.3.3　固有财产和信托财产之间的交易情况、信托资产与信托财产之间的交易情况

6.5.3.3.1　固有财产和信托财产之间的交易金额期初汇总数、本期发生额汇总数、期末汇总数

单位:万元

固有财产与信托财产相互交易			
	期初数	本期发生额	期末数
合计	91 671.93	45 544.43	137 216.36

6.5.3.3.2　信托项目之间的交易金额期初汇总数、本期发生额汇总数、期末汇总数

单位:万元

信托资产与信托财产相互交易			
	期初数	本期发生额	期末数
合计	241 787.21	26 485.20	268 272.41

6.5.4　关联方逾期未偿还本公司资金的详细情况以及本公司为关联方担保发生或即将发生垫款的情况

关联方无逾期不偿还本公司资金情况,本公司无为关联方担保发生或即将发生垫款情况。

6.6　会计制度的披露

本公司固有业务和信托业务均执行 2006 年颁布的《企业会计准则——基本准则》。

7. 财务情况说明书

7.1　利润实现和分配情况

2013 年母公司净利润为 313 553.98 万元,合并净利润为 314 359.25 万元。

依据《公司法》、《信托公司管理办法》和公司章程,公司对本年实现的母公司净利润 313 553.98 万元进行分配,其中:提取 10% 法定盈余公积金 31 355.40 万元,提取 5% 信托赔偿准备 15 677.70 万元。

7.2　主要财务指标

指标名称	指标值	
	合并	母公司
资本利润率(%)	27.37	27.32
人均净利润(单位:人民币万元)	680.43	678.69

注:1. 资本利润率 = 净利润/所有者权益平均余额 ×100% 。

2. 人均净利润 = 净利润/年平均人数。

3. 平均值采取期初、期末余额简单平均法。

4. 公式为:a(平均) = (期初数 + 期末数)/2。

7.3　对本公司财务状况、经营成果有重大影响的其他事项

公司 2013 年出资 2 250 万元设立中信信诚资产管理有限公司,持股比例为 45%。

8. 特别事项揭示

8.1　股东报告期内变动情况及原因

报告期内无上述事项。

8.2　董事、监事及高级管理人员变动情况及原因

2013 年 6 月,舒扬因工作原因辞去公司监事、监事会主席职务。

2013 年 7 月,公司股东会选举吕君芳担任监事职务。

2013 年 10 月,公司监事会选举吕君芳担任监事会主席职务。

8.3　变更注册资本、注册地或公司名称、公司分立合并事项

报告期内无上述事项。

8.4　公司的重大未决诉讼事项

报告期内公司无重大未决诉讼事项。

8.5　公司及其董事、监事和高级管理人员受到处罚情况

报告期内无上述处罚情况。

8.6　中国银监会及其派出机构对公司进行检查及提出整改意见的情况

报告期内,中国银监会及其派出机构未对公司进行现场检查及提出整改意见,公司按时向监管机关报送非现场检查报表。

8.7　重大事项临时报告情况

报告期内无上述事项。

8.8　其他有必要让客户及相关利益人了解的重要信息

报告期内,公司继续得到政府、学界、媒体及市场的积极评

价，获得主要荣誉如下：

（1）荣获第五届全国金融系统“年度学习型组织先进单位”。

（2）荣获北京市国家税务局和北京市地方税务局联合授予的“纳税信用A级企业”荣誉称号。

（3）荣获《金融理财杂志》“年度金牌收益力信托公司奖”、“年度金牌研发力信托奖”和“年度金牌透明力信托公司奖”。

（4）荣获《理财周刊》、第一理财网和极元金融颁发的“最具影响力信托品牌”。

（5）荣获《上海证券报》、中国证券网“诚信托”综合大奖——“卓越公司奖”。

（6）荣获《经济观察报》“中国卓越金融奖”。

（7）荣获《南方都市报》“最佳金融创新奖”。

（8）荣获《每日经济新闻》“年度综合实力最佳信托公司奖”。

（9）荣获《华夏时报》“2013品牌价值表现最佳信托公司奖”。

（10）荣获“东方财富风云榜—最佳信托公司奖”。

（11）荣获《金融时报》“年度最具创新力信托公司奖”。

（12）荣获“2013领航中国—最佳品牌奖”。

（13）荣获2013第一财经金融价值榜“年度信托公司奖”。

9. 公司监事会意见

公司监事会根据有关法律、法规，监督检查了公司依法运作、重大决策、重大经营活动情况及财务状况，认为公司能够合规运作，公司董事、总经理等在履行公司职务时未有违反法律、法规、公司章程或损害公司利益的行为，公司年度报告真实反映了公司的财务状况和经营成果。

中原信托有限公司

1. 重要提示

本公司董事会及董事保证本报告所载资料不存在任何虚假记载、误导性陈述或者重大遗漏，并对其内容的真实性、准确性和完整性承担个别及连带责任。

独立董事于萍女士、杨松令先生认为本报告内容是真实、准确、完整的。

本公司总裁崔泽军、主管会计工作的副总裁李信凤及计划财务部总经理石翠云声明：保证年度报告中财务报告的真实、完整。

2. 公司概况

2.1 公司简介

中原信托有限公司于 1985 年 8 月成立。2002 年 10 月中国人民银行批准重新登记。2007 年 10 月中国银监会批准公司变更名称为现名，并核准了新的业务范围，换发了中华人民共和国金融许可证。2008 年 5 月公司注册资本由 59 227.2 万元增加到 120 200 万元，2008 年 8 月获得特定目的的信托受托机构资格，2010 年 10 月获得固有资产从事股权投资业务资格。2012 年 6 月注册资本增加至 15 亿元。

公司中文名称：中原信托有限公司

中文简称：中原信托

英文名称：Zhongyuan Trust Co.，Ltd.

英文缩写：Zhongyuan Trust

法定代表人：黄曰珉

注册地址：中国河南省郑州市商务外环路 24 号中国人保大厦

邮政编码：450016

公司互联网网址：http://www.zyxt.com.cn

电子信箱：info@zyxt.com.cn

信息披露事务负责人：刘 飞

信息披露联系人：张 进

电话（传真）：0371 - 88861888　　电子信箱：info@zyxt.com.cn

信息披露报纸：《证券时报》、《金融时报》

年度报告备置地点：总裁办公室（郑州市商务外环路 24 号中国人保大厦 27 层）

公司聘请的会计师事务所：中兴华会计师事务所（特殊普通合伙）

地址：北京市西城区阜外大街 1 号四川大厦东座 15 层

公司聘请的律师事务所：北京市大成律师事务所郑州分所

地址：郑州市紫荆山路 60 号金成国贸大厦 19 层

2.2 组织结构

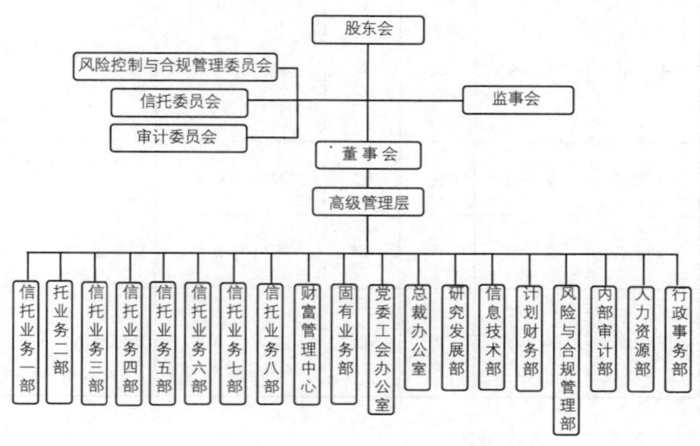

3. 公司治理结构

3.1 股东

3.1.1 截至报告期末公司股东共 3 家。股东情况如下：

股东名称	持股比例(%)	法定代表人
河南投资集团有限公司	48.42	朱连昌
河南中原高速公路股份有限公司	33.28	金 雷
河南盛润控股集团有限公司	18.30	李喜朋

以上股东不存在关联关系。

3.1.2 公司第一大股东的主要股东的情况如下：

股东名称	其主要股东	出资比例(%)	注册资本	股东之主要股东的主要经营业务及主要财务情况
河南投资集团有限公司	河南省人民政府	100	—	—

3.2 董事

3.2.1 董事会成员

姓 名	职 务	性别	年龄	选任日期	所推举的股东名称	该股东持股比例(%)	简 要 履 历
黄曰珉	董事长	男	56	2011 年 6 月	河南投资集团有限公司	48.42	历任河南省计划委员会投资处主任科员，中原信托有限公司国际业务部经理、副总经理、总经理、董事长；现任中原信托有限公司董事长。

续表

姓 名	职 务	性别	年龄	选任日期	所推举的股东名称	该股东持股比例（%）	简 要 履 历
袁顺兴	董 事	男	47	2011年6月	河南投资集团有限公司	48.42	历任河南省财政厅项目经理、河南省经济技术开发公司副主任、主任、总经理助理、副总经理，河南投资集团有限公司计划总监；现任河南投资集团有限公司副总经理。
代 岩	董 事	女	42	2013年11月	河南投资集团有限公司	48.42	历任中原国际博览中心，河南省审计厅、河南豫能控股有限公司、河南蓝宝包装技术有限公司、河南省建设投资总公司职员，河南投资集团监察审计部、纪委监察部高级经理、审计部副主任；现任河南投资集团有限公司资产管理一部副主任。
顾光印	董 事	男	57	2011年6月	河南中原高速公路股份有限公司	33.28	历任河南省交通厅人事处主任科员，河南交通建设投资公司副总经理，河南高速公路发展有限责任公司党委副书记，河南高速房地产开发有限公司董事长；现任河南中原高速公路股份有限公司党委书记、董事，河南高速房地产开发有限公司董事。
张 华	董 事	女	39	2011年6月	河南中原高速公路股份有限公司	33.28	历任河南省交通厅高速公路建设管理局财务处会计主管，河南高速公路发展有限责任公司财务处会计主管，河南中原高速公路股份有限公司财务总监、财务会计部负责人；现任秉原投资控股有限公司董事长。
李喜朋	董 事	男	50	2011年6月	河南盛润控股集团有限公司	18.30	历任河南省煤矿供应公司、河南省煤炭厅供应处科员，河南省豫盛石化公司经理；现任河南盛润控股集团有限公司董事长。
崔泽军	董 事	男	49	2011年6月	职务董事		历任郑州粮食学院教师，中原信托有限公司财务部经理、副总经理；现任中原信托有限公司总裁。
范战谋	董 事	男	40	2011年6月	职工董事		历任中原信托有限公司人力资源部职员、资产管理部职员、投资银行部经理、信托业务一部经理；现任中原信托有限公司总裁办公室主任。

3.2.2 独立董事

姓 名	所在单位及职务	性别	年龄	所推举的股东名称	该股东持股比例（%）	简 要 履 历
于 萍	北京市大成律师事务所郑州分所高级律师	女	48	—	—	北京大成（郑州）律师事务所律师，合伙人，高级律师，法学硕士，河南省公司证券专业委员会副主任委员，河南省金融保险专业委员会委员，河南省招商引资律师服务团成员，具有上市公司独立董事任职资格和金融机构高级管理人员任职资格。
杨松令	北京工业大学教授	男	48	—	—	中国会计学会理事，美国会计学会会员，西澳大利亚大学会计与财务系访问学者，中国教育会计学会工科分会秘书长；现为北京工业大学经济与管理学院教授，博士生导师。

3.3 监事会成员

姓 名	职 务	性别	年龄	选任日期	所推举的股东名称	该股东持股比例（%）	简 要 履 历
金 雷	监事会主席	男	42	2013年7月	河南中原高速公路股份有限公司	33.28	历任河南省交通厅公路局工程处副处长，河南省交通厅工程处副处长，河南高速公路发展有限责任公司董事、总经理、党委委员；现任中原高速公路股份有限公司董事长。
易 华	监 事	男	33	2013年11月	河南投资集团有限公司	48.42	历任中国建设银行常州培训中心业务副经理、业务经理，河南投资集团有限公司资产二部业务经理；现任河南投资集团人力资源部业务经理。
林 洁	监事	女	52	2011年6月	河南盛润控股集团有限公司	18.30	历任郑州列车段财务科会计，河南省盛润置业有限公司财务部经理；现任河南盛润控股集团有限公司财务总监。
魏 磊	职工监事	男	39	2011年6月	—	—	曾任河南农业大学讲师；现任中原信托有限公司风险与合规管理部总经理。
杨志勇	职工监事	男	44	2013年12月	—	—	历任中原信托有限公司计划财务部副经理、内部审计部副经理；现任中原信托有限公司内部审计部总经理。

3.4 高级管理人员

姓名	职务	性别	年龄	选任日期	金融从业年限	学历	专业	简要履历
崔泽军	总裁	男	49	2011年6月	22	博士研究生	西方经济学	历任郑州粮食学院教师，中原信托有限公司财务部经理、副总经理、总经理；现任中原信托有限公司总裁。
姬宏俊	副总裁	男	50	2011年6月	16	硕士研究生	工商管理	历任河南省计经委财金处、外经处副主任科员、主任科员，投资处、财金处副处长，国家开发银行河南省分行客户一处副处长，中原信托有限公司副总经理；现任中原信托有限公司副总裁。
薛怀宇	副总裁	男	45	2011年6月	24	博士研究生	西方经济学	历任人民银行河南省分行货币信贷处副科长，人民银行郑州中心支行非银处信托科科长，中原信托有限公司副总经理；现任中原信托有限公司副总裁。
李信凤	副总裁	女	48	2011年6月	26	硕士研究生	工商管理	历任中原信托有限公司金融部、财务部经理、总裁助理；现任中原信托有限公司副总裁兼总会计师。
赵　阳	副总裁	男	42	2013年1月	19	硕士研究生	工商管理	历任中保信期货经纪有限公司郑州期货业务部总经理，中原信托证券营业部总经理、信托市场部经理、信托业务管理总部副总经理、信托综合部经理、风险管理部经理、总裁助理；现任中原信托有限公司副总裁。

3.5 公司员工

项　目		报告期年度		上年度	
在职员工数		164		134	
人数		比例（%）	人数	比例（%）	
年龄分布	20岁以下	0	0	0	0
	20～29岁	54	32.9	35	26.1
	30～39岁	52	31.7	36	26.9
	40岁以上	58	35.4	63	47.0
学历分布	博　士	5	3.1	4	3.0
	硕　士	96	58.5	57	42.5
	本　科	40	24.4	48	35.8
	专　科	15	9.1	17	12.7
	其　他	8	4.9	8	6.0
岗位分布	董事、监事及其高管人员	14	8.5	14	10.5
	自营业务人员	9	5.5	11	8.2
	信托业务人员	102	62.2	74	55.2
	其他人员	39	23.8	35	26.1

4. 经营管理

4.1 经营目标、方针、战略规划

经营目标：实现信托业务结构转型升级，产品创新能力提高，固有资产配置优化，经济效益和管理水平持续提升。

经营方针：实施“合作、转型、走出去”战略，走诚信、合规、创新、可持续发展道路。

战略规划：有效整合资源，构建有特色的信托服务平台和核心竞争力，提供专业化资产配置和财富管理服务，服务中国机构和高端个人客户对高品质金融理财的需求。

4.2 经营业务的主要内容

本公司的业务主要是信托业务和自营资产管理业务。报告期内，公司信托业务的主要品种有中原财富－成长系列信托、中原财富－宏业系列信托、中原财富－安益系列信托以及服务高端机构和个人客户特定需求的单一信托业务等；自营资产管理业务主要包括股权投资、金融产品投资、贷款等。

2013年，面对经济增速放缓、利率市场化以及资产管理市场向各类金融机构开放带来的挑战，本公司认真研究宏观形势，着力调整业务结构，创新业务模式，从加快信托主业发展、长远布局固有资金、加强营销体系建设、坚守风险管理底线、确保项目安全运行等方面开展工作，实现了持续、健康发展。全年累计新增信托规模996亿元，同比增长48%；按时交付到期信托财产613亿元，分配信托收益78亿元，自主开发信托项目到期清算率、信托收益实现率继续保持100%，信托资产不良率继续保持为零，项目管理达到行业优良水平，获得中国金融机构金牌榜“2013年度最佳稳健增长信托公司”奖项；新增自主开发类项目规模比上年同期增长33.03%；实现净利润55 774万元，同比增长73%；净资产收益率26.92%，比上年提高了8.57个百分点。

自营资产运用与分布表

资产运用	金额（万元）	占比（%）	资产分布	金额（万元）	占比（%）
货币资产	13 976	5.54	基础产业		
贷款及应收款	69 019	27.35	房地产业	26 119	10.35
交易性金融资产投资			证券市场		
可供出售金融资产投资	70 083	27.78	实业	35 075	13.90
持有至到期投资			金融机构	78 964	31.30
长期股权投资	78 964	31.30	其他	112 147	44.45
其他	20 263	8.03			
资产总计	252 305	100	资产总计	252 305	100

信托资产运用与分布表

资产运用	金额（万元）	占比（%）	资产分布	金额（万元）	占比（%）
货币资产	128 710.56	1.08	基础产业	1 614 061.80	13.55
贷款	7 376 780.40	61.92	房地产	1 310 710.00	11.00
交易性金融资产投资	11 442.74	0.10	证券市场	11 442.75	0.10
可供出售金融资产投资	90030	0.76	实业	4 183 948.60	35.12
持有至到期投资		0.00	金融机构	265 969.56	2.23
长期股权投资	486 820.18	4.09	其他	4 528 109.65	38.01
其他	3 820 458.48	32.07			0.00
信托资产总计	11 914 242.36	100.00	信托资产总计	11 914 242.36	100.00

4.3 市场分析

影响公司经营发展的有利条件：(1)从宏观经济运行来看，十八大以来，国内经济在稳增长、调结构的大背景下，整体上保持稳健发展态势；社会居民财富积累持续加快，互联网金融激发投资理财热情，财富管理业务需求升级；政府深化改革释放的红利给信托公司业务创新带来新机遇。(2)行业监管日趋科学规范，为信托业发展创造了良好的制度环境，促使信托公司在提升资产管理能力的同时更加有针对性地开展业务创新和转型。(3)近年来公司进一步完善内部机构设置，加强人才队伍建设，运营体制和风险管理体系日益健全，信托产品发行服务能力和整体运营效率逐渐提高，专业化的核心竞争力不断稳固。

影响公司经营发展的不利条件有：(1)国际上主要发达经济体复苏乏力，欧债危机持续，全球经济处于低速增长时期；国内经济增速放缓，经济形势较为复杂，业务发展和风险管理的难度加大。(2)经济结构调整的宏观背景下，地方政府债务压力有所增加，区域房地产市场泡沫积聚，房地产、政府融资平台等业务风险攀升。(3)金融领域"泛资管"形势下，部分传统信托业务受到来自基金、证券、保险、期货等多方面的冲击，资产管理业务的同质化竞争加剧。(4)信托业配套法规不够健全，制约了行业发展步伐，一些符合信托未来发展趋势的创新业务领域(如PE、REITs、资产证券化等)由于缺乏相关配套制度以及政策支持，尚难以正常开展，信托登记制度迟迟未能出台。

4.4 内部控制

4.4.1 内部控制环境和内部控制文化

本公司坚持强化科学的风控理念，内控制度涵盖部门、岗位和工作的各个环节，通过内部审计、考核和问责制度确保内部控制要求得到落实。本公司秉承诚信、合规的内控理念，坚持以人为本，在高效稳健的环境中实现员工与公司的共同成长。

4.4.2 内部控制措施

(1)风险与合规管理部和内部审计部作为内控管理的主要职能部门，拟定和修订内控制度，监督检查和评价内控的科学性、规范性和可操作性。

(2)建立并完善了基本授权体系，对各部门、岗位制定了明确的职责和权限；严格按照相互分离、相互制约的原则设定岗位职责，确保内控有效。

(3)顺应市场需求和风控需要，适时修订主要业务品种的授信原则、风控标准、尽职调查及尽职管理的标准化要求。

(4)继续坚持和优化由业务部、风险管理部、主管副总、项审会和总裁办公会构建的"五级"评审决策程序，坚持业务发展和风险管控"双轮驱动"，准确把握业务发展和风险管理的辩证统一关系；建立了中台、后台对前台的监督制约机制，通过风险控制、内部审计等手段对前台业务进行有效监督、制约，保障公司健康可持续发展。

4.4.3 信息交流与反馈

本公司遵循为受益人利益最大化处理信托事务的原则，通过问卷调查、客户面谈、电话沟通、代理金融机构意见反馈等方式，对委托人进行适应性调查，并对信托产品进行充分的风险揭示；指定专职人员负责官方网站维护和信息收集整理，实现信息披露的及时、规范和完整；建立了舆情监测制度，及时收集舆情，解答客户疑问，不断提升服务水平；建立了新闻发言人制度，保持与外界及广大客户良好沟通；就业务开展、风险管理、内外部审计及合规管理等方面的情况及时完整地向监管部门报告，并贯彻落实监管部门的意见；建立了信托业务信息管理系统、财务管理系统、CRM系统和协同办公等应用系统，2013年对核心系统进行了升级优化，进一步规范了信息交流与反馈机制。

4.4.4 监督评价与纠正

报告期内，本公司内部审计部共开展包括信托业务管理、固有业务管理、产品营销与客服管理、关联交易、反洗钱和员工离职等21项专项审计，覆盖信托和固有项目760多个，涉及资产超过1 100亿元，提出审计意见或管理建议50多条，并对整改情况进行持续跟踪落实。通过审计总结了工作中的成功经验和做法，揭示了不规范管理问题，审计提出的意见及建议已转化为管理措施，充分发挥了内部审计在加强内部控制、防范经营风险和促进尽职管理等方面的作用。

4.5 风险管理

4.5.1 风险管理概况

本公司经营活动中可能遇到的主要风险有信用风险、市场风险、操作风险和其他风险等。公司风险管理的基本原则：强化风险管理意识，明确风险管理责任，提高识别、量化和控制风险的能力，建立涵盖业务发展、资产管理、部门设置、人员安排以及决策、执行、监督、反馈等各个内控环节的全面风险管理体系，实行全面风险管理，坚决杜绝重大、实质性风险。

4.5.2 风险状况

4.5.2.1 信用风险状况

报告期末本公司固有业务信用风险资产(包括贷款、拆借、租赁)按照资产五级分类标准分类的情况为：正常49 130万元、关注0万元、次级0万元、可疑0万元、损失0万元。其中：不良信用资产的期初数为0万元，期末数为0万元，报告期末准备金余额为3 322万元。报告期末本公司自主开发类信托业务信用风险资产按照资产五级分类标准均为"正常"。

4.5.2.2 市场风险状况

报告期内，宏观经济不景气加上投资者负面情绪导致证券市场走势较弱，公司固有资金持有股票额度较少，市场波动对业绩影响较小。对于股票质押融资业务，严格落实保证金或股票质押追加措施，目前质押股票二级市场价格均高于质押价格，风险可控。

4.5.2.3 操作风险状况

公司实行规范化、标准化、制度化管理，管理制度比较健全，报告期内未发生操作风险。

4.5.2.4 其他风险状况

公司面临的其他风险主要有合规风险、法律风险、流动性风险、声誉风险等。公司能够根据外部监管政策和法律法规的变化及时调整公司相关制度，主动配合监管部门对公司业务的监管，未发生重大合规风险和法律风险。报告期内公司未开展负债业务，截至报告期末现金类资产、股票、基金、债券等流动性资产占比34.33%，流动性风险较小。公司重视风险管控和声誉风险管理，勤勉尽职履行受托人责任，与受益人建立了良好的沟通渠道，自主开发类信托项目到期清算率和信托收益兑付率继续保持为100%。

4.5.3 风险管理

4.5.3.1 信用风险管理

优选交易对手。根据主要业务类型的授信原则，明确各类业务的交易对手准入门槛。优选抵（质）押品，审慎确定抵（质）押率，定期对抵（质）押物进行价值评估和压力测试。认真开展项目风险排查，定期检查交易对手的资信状况、经营状况、代偿能力、履约情况，做到风险苗头早发现、早处置。

报告期内本公司计提2013年信托赔偿准备金2 789万元，期末信托赔偿准备金8 995万元，报告期内未使用信托赔偿准备金，均存放于商业银行。

4.5.3.2 市场风险管理

对市场风险实行限额管理，将固有资金投资股票的比重控制在与投资管理和风险承受能力相适应的水平；加强宏观经济金融形势、调控政策以及行业周期性研究，规避限制类行业和相关项目，增强证券投资决策的预见性，提高反应速度；利用证券投资及风险管理系统，提高证券估值效率和风险评估的科学性，强化止盈、止损等风险防范措施；建立股票质押融资项目风险预警台账，逐日盯市，动态监测项目安全边际，做实保证金、股票追加机制。

4.5.3.3 操作风险管理

动态修订和完善内控制度体系，细化业务操作流程，明确岗位职责和操作规范；推动项目评审标准化，针对不同项目，制订相应的评审流程细则；加强业务流程的信息化管理，引入证券投资和风险管理系统，实现了证券交易的自动化，并对操作风险进行有效防范；持续加强员工培训，增强员工责任意识和道德水准，坚持轮岗和内部审计制度等。

4.5.3.4 其他风险管理

强调风险管理的关口前移、风险管理全流程覆盖及风险管理精细化，严格执行决策流程，确保各项风险的可测、可控、可承受。以“合规长效机制建设年”为抓手，推动合规文化建设，强化合规性内部审计监督，全面推行合规风险管理；加强法律法规和监管政策培训，提高员工法律风险防范意识和能力；将声誉风险管理与发展战略和企业文化有机结合，增强员工责任心和团队意识。

4.6 净资本管理指标

截至2013年末，本公司净资产23.72亿元，净资本17.81亿元，各项业务风险资本14.43亿元，净资本对风险资本的覆盖率达到123%；净资本与净资产的比值达到77%，各项指标均达到监管标准。

4.7 履行社会责任

报告期内，本公司贯彻落实“三重一大”决策制度，进一步完善法人治理结构、内控体系及风险管理，有效管控各类风险；积极发展主动管理类信托业务，完善客户服务体系，优化业务结构，经营业绩持续提升；发挥信托优势，为郑州航空港经济综合实验区等国家战略实施提供了高效的信托金融服务；加强反腐倡廉建设，夯实道德和法纪防线；保障员工基本权益，提供专业的培训、健全的保险保障和丰富的活动，倡导健康生活、快乐工作；推行绿色金融，支持低碳经济；积极支持城市发展，捐赠400万元用于公益事业；以专业知识服务社区，多种方式宣传信托知识，解答市民金融理财问题。

5. 报告期末及上一年度末的比较式会计报表

5.1 自营资产

5.1.1 会计师事务所审计结论

中兴华会计师事务所（特殊普通合伙）审计了中原信托有限公司2013年度财务报表，出具了标准无保留意见的审计报告书。

5.1.2 资产负债表

资产负债表

编制单位：中原信托有限公司　　2013年12月31日　　单位：万元

资产	行次	期末数	期初数	负债及所有者权益	行次	期末数	期初数
流动资产	1			流动负债	36		
货币资金	2	13 976.13	11 468.87	短期借款	37		
拆出资金	3			拆入资金	38		
交易性金融资产	4			交易性金融负债	39		
衍生金融资产	5			衍生金融负债	40		
买入返售金融资产	6			卖出回购金融资产款	41		

续表

资产	行次	期末数	期初数	负债及所有者权益	行次	期末数	期初数
应收账款	7	9 436.52	5 529.43	应付账款	42		
预付款项	8			预收款项	43		
应收利息	9	381.24	245.04	应付职工薪酬	44	2299.95	1878.3
应收股利	10			应交税费	45	10 866.65	11 135.68
其他应收款	11	10 071.32	21 297.13	应付利息	46		
存货	12			应付股利	47		
一年内到期的非流动资产	13			其他应付款	48	1 925.39	1 337.79
其他流动资产	14			一年内到期的非流动负债	49		
	15			其他流动负债	50		
流动资产合计	16	33 865.22	38 540.47	流动负债合计	51	15 091.99	14 351.77
非流动资产	17			非流动负债	52		
发放贷款及垫款	18	49 130.00	44 500.00	长期借款	53		
可供出售金融资产	19	70 083.05	34 842.47	应付债券	54		
持有至到期投资	20			预计负债	55		
长期应收款	21			递延所得税负债	56		
长期股权投资	22	78 964.22	78 964.22	其他非流动负债	57		
投资性房地产	23	2 611.74	2 749.58	非流动负债合计	58		
固定资产	24	10 454.96	10 567.46	负债合计	59	15 091.99	14 351.77
在建工程	25				60		
工程物资	26			所有者权益	61		
固定资产清理	27			实收资本	62	150 000.00	150 000.00
无形资产	28	5246.71	730	资本公积	63	0.25	0.25
递延所得税资产	29			减:库存股	64		
抵债资产	30	1 912.33	1 148.89	盈余公积	65	18 106.76	12 529.37
其他非流动资产	31	36.76	44.39	一般风险准备	66	9 276.58	6 487.88
	32			未分配利润	67	59 829.40	28 718.21
非流动资产合计	33	218 439.76	173 547.01	外币报表折算差额	68		
	34			所有者权益合计	69	237 212.99	197 735.71
资产总计	35	252 304.98	212 087.48	负债及所有者权益总计	70	252 304.98	212 087.48

法定代表人:黄曰珉　　财务经理:石翠云　　复核:金新建　　制表:山　岩

5.1.3　利润和利润分配表

利润及利润分配表

制表单位:中原信托有限公司　　2012 年度　　单位:万元

项　目	行次	当年数	上年数
一、营业收入	1	96 117.94	60 173.78
利息净收入	2	7 718.32	4 178.96
利息收入	3	7 718.32	4 182.85
利息支出	4		3.89
手续费及佣金净收入	5	81 207.02	51 692.68
手续费及佣金收入	6	81 207.02	51 692.68
手续费及佣金支出	7		
投资收益(损失以"-"号填列)	8	6 880.57	1 992.54
其中:对联营企业和合营企业的投资收益	9		
公允价值变动收益(损失以"-"号填列)	10		826.75
汇兑收益(损失以"-"号填列)	11	-0.8	-0.05
其他业务收入	12	312.83	1482.9
二、营业支出	13	22 705.41	17 447.81
营业税金及附加	14	5 276.91	3 227.99
业务及管理费	15	18 136.66	13 142.65

续表

项　目	行次	当年数	上年数
资产减值损失	16	-882	
其他业务成本	17	173.85	1077.17
三、营业利润(亏损以"-"号填列)	18	73 412.53	42 725.97
加:营业外收入	19	575.16	8.22
减:营业外支出	20	402.17	22.38
四、利润总额(亏损以"-"号填列)	21	73 585.52	42 711.81
减:所得税费用	22	17 811.60	10 379.05
五、净利润(净亏损以"-"号填列)	23	55 773.93	32 332.76
六、每股收益	24		
(一)基本每股收益	25		
(二)稀释每股收益	26		
减:其他调整事项	27		
七、其他综合收益	28		1 070.70
八、综合收益总和	29	55 773.93	33 403.46

法定代表人:黄曰珉　　财务经理:石翠云　　复核:金新建　　制表:山　岩

5.2 信托资产

5.2.1 信托项目资产负债汇总表

信托项目资产负债表

编制单位:中原信托有限公司　　2013 年 12 月 31 日　　单位:万元

信托资产	期末数	期初数	信托负债和信托权益	期末数	期初数
信托资产			信托负债		
货币资金	128 710. 56	118 482. 06	交易性金融负债	—	
拆出资金	—		衍生金融负债	—	
存出保证金	—		应付受托人报酬	9 677. 52	5 385. 37
交易性金融资产	11 442. 74	15 302. 24	应付托管费	176. 56	281. 99
衍生金融资产	—		应付受益人收益	207. 88	12 074. 01
买入返售金融资产	5 300. 02	2 180. 02	应交税费	—	
应收款项	94 208. 39	8 024. 48	应付销售服务费	—	
发放贷款	7 376 780. 40	5 487 339. 30	其他应付款项	16 195. 22	52 451. 96
可供出售金融资产	90 030. 00		预计负债	—	
持有至到期投资	—		其他负债	—	
长期应收款	—		信托负债合计	26 257. 18	70 193. 33
长期股权投资	486 820. 18	283 167. 77		—	
投资性房地产	—		信托权益	—	
固定资产	2 480. 85	2 480. 85	实收信托	11 753 829. 76	7 926 851. 70
无形资产	—		资本公积	2 583. 79	2 496. 95
长期待摊费用	13 646. 76	12 895. 44	外币报表折算差额	—	
其他资产	3 704 822. 46	2 106 581. 50	未分配利润	131 571. 63	36 911. 68
减:各项资产减值准备	—		信托权益合计	11 887 985. 18	7 966 260. 33
信托资产总计	11 914 242. 36	8 036 453. 66	信托负债及信托权益总计	11 914 242. 36	8 036 453. 66

法定代表人:黄曰珉　　财务经理:石翠云　　复核:鲁　耀　　制表:邓　燕

5.2.2 信托项目利润及利润分配汇总表

信托项目利润及利润分配表

编报单位:中原信托有限公司　　2013 年度　　单位:万元

项　目	当年数	上年数
1. 营业收入	1 015 533. 19	550 172. 28
1. 1 利息收入	607 596. 26	363 828. 80
1. 2 投资收益(损失以"-"号填列)	93 793. 59	17 327. 79
1. 2. 1 其中:对联营企业和合营企业的投资收益	—	
1. 3 公允价值变动收益(损失以"-"号填列)	276. 93	1 644. 44
1. 4 租赁收入	—	
1. 5 汇兑损益(损失以"-"号填列)	—	
1. 6 其他收入	313 866. 42	167 371. 25
2. 支出	138 437. 75	57 755. 27
2. 1 营业税金及附加	—	
2. 2 受托人报酬	64 038. 03	36 503. 16
2. 3 托管费	7 269. 06	3 047. 25
2. 4 投资管理费	26. 04	5. 60
2. 5 销售服务费	—	136. 67
2. 6 交易费用	459. 39	233. 55
2. 7 资产减值损失	—	
2. 8 其他费用	66 645. 22	17 829. 04
3. 信托净利润(损失以"-"号填列)	877 095. 44	492 417. 01
4. 其他综合收益	—	
5. 综合收益	877 095. 44	492 417. 01
6. 加:期初未分配信托利润	36 911. 68	2 264. 19
7. 可供分配的信托利润	914 007. 12	494 681. 20
8. 减:本期已分配信托利润	782 435. 49	457 769. 52
9. 期末未分配信托利润	131 571. 63	36 911. 68

法定代表人:黄曰珉　　财务经理:石翠云
复核:鲁　耀　　制表:邓　燕

6. 会计报表附注

6.1 简要说明报告年度会计报表编制基准、会计政策、会计估计和核算方法发生的变化

本公司于 2008 年 1 月 1 日起执行新《企业会计准则》,按照新《企业会计准则》要求进行会计核算。

6.2 或有事项说明

本会计期未发生对外担保及其他或有事项。

6.3 重要资产转让及其出售的说明

本会计期根据《关于对中原信托有限公司处置广州市和珠海市抵债房产的批复》（豫财金[2012]60 号）文，公司处置广州市抵债房产实现收入 198.51 万元。

6.4 会计报表中重要项目的明细资料

6.4.1 自营资产经营情况

6.4.1.1 按信用风险五级分类结果披露信用风险资产的期初数、期末数

信用风险资产五级分类	正常类（万元）	关注类（万元）	次级类（万元）	可疑类（万元）	损失类（万元）	信用风险资产合计（万元）	不良资产合计（万元）	不良资产率（%）
期初数	44 500					44 500		
期末数	49 130					49 130		

6.4.1.2 各项资产减值损失准备的期初、本期计提、本期转回、本期核销、期末数；贷款的一般准备、专项准备和其他资产减值准备

单位：万元

	期初数	本期计提	本期转回	本期核销	期末数
贷款损失准备	2 591.40		1767.96		823.44
一般准备					
专项准备	2 591.40		1767.96		823.44
其他资产减值准备	2 068.05	1037.26	606.5		2498.81
可供出售金融资产减值准备					
持有至到期投资减值准备					
长期股权投资减值准备					
坏账准备	783.60		0.21		783.39
投资性房地产减值准备					
抵债资产减值准备	1 284.45	1037.26	606.29		1715.42

6.4.1.3 自营股票投资、基金投资、债券投资、股权投资等投资业务的期初数、期末数

单位：万元

	自营股票	基金	债券	长期股权投资
期初数			7 352.47	78 964.22
期末数			2 441.54	78 964.22

6.4.1.4 前五名的自营长期股权投资的企业名称、占被投资企业权益的比例、主要经营活动及投资收益情况

企业名称	占被投资企业权益的比例（%）	主要经营活动	投资收益（万元）
焦作市商业银行股份有限公司	10.07	商业银行	10 送 1 股
长城基金管理有限公司	17.65	基金管理	1 358.82
郑州银行股份有限公司	5.2	商业银行	无
光大银行股份有限公司	0.01	商业银行	28.25

6.4.1.5 前五名的自营贷款的企业名称、占贷款总额的比例和还款情况

企业名称	占贷款总额的比例（%）	还款情况
金基不动产（郑州）有限公司	38.67	正常
河南国原贸易有限公司	30.33	正常
河南天明广告有限公司	14.25	正常
郑州市郑汴热力有限公司	14.04	正常
河南省莲花味精企业集团	1.32	非正常

6.4.1.6 表外业务的期初数、期末数；按照代理业务、担保业务和其他类型表外业务

单位：万元

表外业务	期初数	期末数
担保业务	0	0
代理业务（委托业务）	0	0
其他	0	0
合计	0	0

6.4.1.7 公司当年的收入结构

收入结构	金额（万元）	占比（%）
手续费及佣金收入	81 207.02	83.98
其中：信托手续费收入	81 130.44	83.91
投资银行业务收入		
利息收入	7 718.32	7.98
其他业务收入	312.03	0.32
其中：计入信托业务收入部分		
投资收益	6 880.57	7.12
其中：股权投资收益	1 387.06	1.43
公允价值变动收益		0
其他投资收益	5493.51	5.68
营业外收入	575.16	0.6
收入合计	96 693.10	100

6.4.2 信托资产管理情况

6.4.2.1 信托资产的期初数、期末数

单位：万元

信托资产	期初数	期末数
集合	1 641 427.14	2 276 519.67
单一	6 217 397.67	9 227 253.61
财产权	177 628.85	410 469.08
合计	8 036 453.66	11 914 242.36

6.4.2.1.1 主动管理型信托业务期初数、期末数，分证券投资、股权投资、融资、事务管理类分别披露

单位：万元

主动管理型信托资产	期初数	期末数
证券投资类	9 011.92	5 469.19
股权投资类	1 552 004.62	3 068 522.19
融资类	3 346 470.23	6 410 123.53
事务管理类	148 045.51	130 770.93
合计	5 055 532.28	9 614 885.84

6.4.2.1.2 被动管理型信托业务期初数、期末数，分证券投资、股权投资、融资、事务管理类分别披露

单位：万元

被动管理型信托资产	期初数	期末数
证券投资类	10 213.20	9 045.91
股权投资类	—	569 494.02
融资类	2 908 957.77	1 690 566.31
事务管理类	61 750.41	30 250.28
合计	2 980 921.38	2 299 356.52

6.4.2.2 本年度已清算结束的信托项目个数、实收信托合计金额、加权平均实际年化收益率

6.4.2.2.1 本年度已清算结束的集合类、单一类资金信托项目和财产管理类信托项目个数、金额、加权平均实际年化收益率

已清算结束信托项目	项目个数	合计金额（万元）	加权平均实际年化收益率（%）
集合类	84	870 836.00	8.50
单一类	180	4 009 660.53	6.70
财产管理类	4	19 660.60	6.59

6.4.2.2.2 本年度已清算结束的主动管理型信托项目个数、合计金额、加权平均实际年化收益率，分证券投资、股权投资、融资、事务管理类分别披露

已清算结束信托项目	项目个数	合计金额（万元）	加权平均实际年化收益率（%）
证券投资类	1	8 000	0.59
股权投资类	47	836 550	7.26
融资类	165	2 324 396.50	7.64
事务管理类	5	17 661	12.52

6.4.2.2.3 本年度已清算结束的被动管理型信托项目个数、合计金额、加权平均实际年化收益率，分证券投资、股权投资、融资、事务管理类分别披露

已清算结束信托项目	项目个数	合计金额（万元）	加权平均实际年化收益率（%）
证券投资类	0	0	
股权投资类	6	242 785.42	5.97
融资类	41	1 453 764.21	6.47
事务管理类	3	17 000	5.86

6.4.2.3 本年度新增的集合类、单一类和财产管理类信托项目个数、合计金额

新增信托项目	项目个数	合计金额（万元）
集合类	115	1 609 096
单一类	308	8 087 360
财产管理类	12	260 050
新增合计	435	9 956 506
其中：主动管理型	376	7 846 345
被动管理型	59	2 110 161

6.4.2.4 信托业务创新成果和特色业务有关情况

报告期内，本公司高度重视创新工作。一是将房地产信托业务由债权模式向股权投资模式转型，扩大了客户范围，增加了交易机会，提高了项目运作和专业化管理能力。二是创新银行非理财资金银信合作业务，参与合作金融机构对项目的交易结构设计、风险控制、风险评估等工作，深化了合作内涵，提升了合作层次和风险防控水平。三是借鉴银行同融资租赁公司保理业务模式，实现了信托公司、融资租赁公司优势互补，专业分工，风险分担。

6.4.2.5 信托赔偿准备金的提取、使用和管理情况

公司按净利润的5%计提信托赔偿准备金，报告期内计提2013年信托赔偿准备金2788.69万元，期末信托赔偿准备金8994.78万元，报告期内未使用信托赔偿准备金，所提取信托赔偿准备金存放于商业银行。

6.5 关联方关系及其交易的披露

6.5.1 关联交易方的数量、关联交易的总金额及关联交易的定价政策等

	关联交易数量	关联交易金额（万元）	定价政策
合计	85	809 241.50	市场公平价格

6.5.2 关联交易方与本公司的关系性质、关联交易方的名称、法定代表人、注册地址、注册资本及主营业务等

关系性质	关联方名称	法定代表人	注册地址	注册资本（万元）	主营业务
公司股东	河南投资集团有限公司	朱连昌	郑州市	1 200 000	项目投资管理
公司股东	河南中原高速公路股份有限公司	金　雷	郑州市	224 7375	交通设施投资
公司股东	河南盛润控股集团有限公司	李喜朋	郑州市	85 000	实业投资管理

6.5.3 本公司与关联方的重大交易事项

6.5.3.1 固有财产与关联方：贷款、投资、租赁、应收账款、担保、其他方式等期初汇总数、本期发生额汇总数、期末汇总数

无。

6.5.3.2 信托资产与关联方：贷款、投资、租赁、应收账款、担保、其他方式等期初汇总数、本期发生额汇总数、期末汇总数

信托资产与关联方关联交易

单位：万元

	期初	发生额	期末
贷款	55 922	−40 922	15 000
投资	70 000	−30 000	40 000
租赁	—	—	—
担保	—	—	—
应收账款	—	—	—
其他	8 000	−8 000	0
合计	133 922	78 922	55 000

6.5.3.3 固有财产与信托财产之间的交易金额期初汇总数、本期发生额汇总数、期末汇总数

固有财产与信托财产相互交易

单位:万元

	期初数	本期发生额	期末数
合计	27 490	30 151.50	57 641.50

6.5.3.4 信托资产与信托财产之间的交易金额期初汇总数、本期发生额汇总数、期末汇总数

信托资产与信托财产相互交易

单位:万元

	期初数	本期发生额	期末数
合计	0	696 600	696 600

6.5.4 逐笔披露关联方逾期未偿还本公司资金的详细情况以及本公司为关联方担保发生或即将发生垫款的详细情况

无。

6.6 会计制度的披露

6.6.1 自营业务

本公司执行2006年财政部颁发的《企业会计准则——基本准则》及相关规定。

6.6.2 信托业务

本公司执行2006年财政部颁发的《企业会计准则——基本准则》及相关规定。

7. 财务情况说明书

7.1 利润实现和分配情况

2013年度本公司实现利润总额73 585.52万元,所得税费用17 811.59万元,实现净利润55 773.93万元,按10%计提法定盈余公积5 577.39万元,按5%计提信托赔偿准备金2 788.69万元,加上以前年度未分配利润,期末未分配利润余额为59 829.40万元。

7.2 主要财务指标

指标名称	指标值
资本利润率(%)	26.92
加权年化信托报酬率(%)	0.78
人均净利润(万元)	369.98

7.3 对本公司财务状况、经营成果有重大影响的其他事项

无。

8. 特别事项揭示

8.1 前五名股东报告期内变动情况及原因。

无。

8.2 董事、监事及高级管理人员变动情况及原因

8.2.1 董事变动情况

经股东单位申请,股东会选举河南投资集团资产管理一部副主任代岩同志担任董事,崔凯同志不再担任董事。

8.2.2 监事变动情况

经股东单位申请,股东会选举河南中原高速公路股份有限公董事长金雷同志担任监事,关健同志不再担任监事和监事会主席,第四届监事会选举金雷监事担任第四届监事会主席。

经股东单位申请,股东会选举河南投资集团人力资源部业务经理易华同志担任监事,孙彦军同志不再担任监事。

公司内部审计部总经理杨志勇同志被选举为职工监事,孟凡君同志不再担任职工监事。

8.2.3 高级管理人员变动情况

董事会聘任赵阳同志担任本公司副总裁。

8.3 变更注册资本、变更注册地或公司名称、公司分立合并事项

无。

8.4 公司的未决重大诉讼事项

无。

8.5 公司及其高级管理人员受到处罚的情况

无。

8.6 中国银监会及其派出机构对公司检查后提出整改意见的整改情况

2013年,河南银监局对本公司开展了包括现场检查、非现场检查、监管评级、专项检查等在内的系列监督检查活动,在肯定公司依法合规经营、信托主业快速发展、业务结构持续改善、风控能力进一步提升的同时,提出了抓紧推进增资扩股、强化内控制度建设、审慎开展房地产信托业务、确保业务合规操作、提升创新能力优化业务结构等意见和建议。公司高度重视,研究制订系统整改方案并积极推进实施:一是全面启动了新一轮增资扩股进程,计划将注册资本由15亿元增加至25亿元,使净资产达到40亿元以上,报告期内已完成增资扩股前期基础工作。二是组织全员参与合规制度建设,提高了员工合规意识,完善了合规制度体系。三是把握好房地产信托业务准入标准,控制业务规模和节奏。四是通过加强培训、完善全流程管理、强化违规问责等措施,培育员工勤勉审慎的职业素养,提高精细化水平。五是大力发展主动管理类信托业务,鼓励业务和产品结构优化升级。2013年新增自主开发项目规模同比提高了33.03%,业务结构和产品结构呈现出积极变化。

8.7 本年度重大事项临时报告的简要内容、披露时间、所披露的媒体及其版面

无。

8.8 中国银监会及其省级派出机构认定的其他有必要让客户及相关利益人了解的重大信息

无。

9. 公司监事会意见

监事会认为：本报告期内，公司经营活动依法运作，操作规范，未发现违反《公司法》、公司章程、财务会计制度及国家法律、法规的行为，财务报告真实地反映了公司的财务状况和经营成果。公司董事、高级管理人员勤勉履职、守法经营、规范管理、开拓创新，维护了公司全体股东的根本利益，未发现违反《公司法》、公司章程及国家法律、法规的行为。

紫金信托有限责任公司

1. 重要提示

1.1 紫金信托有限责任公司董事会及董事保证本报告所载资料不存在任何虚假记载、误导性陈述或者重大遗漏，并对其内容的真实性、准确性和完整性承担个别及连带责任。

1.2 公司股东会已建立独立董事制度，独立董事保证本报告内容真实、完整和准确。

1.3 公司编制的2013年度财务报告已经立信会计师事务所（特殊普通合伙）审计，并出具了标准无保留意见的审计报告。

1.4 公司法定代表人王海涛、主管会计部门负责人陈峥和会计部门负责人杨黎文声明并保证年度报告中财务报告的真实、完整。

2. 公司概况

2.1 公司简介

紫金信托有限责任公司（简称紫金信托或公司）前身为南京市信托投资公司，成立于1992年。在历经股权变更后，2010年经中国银行业监督管理委员会批准公司实施增资重组，公司控股股东为国资全资设立的南京紫金投资集团有限责任公司（简称紫金投资集团），引入国际著名的信托金融机构——三井住友信托银行股份有限公司（Sumitomo Mitsui Trust Bank，Limited.）（简称三井住友信托）以及三胞集团等多家国内知名企业作为战略投资者，注册资本为5亿元。2010年10月，经中国银行业监督管理委员会《中国银监会关于南京市信托投资公司重新登记等有关事项的批复》（银监复[2010]485号）批准重新登记并正式更名为紫金信托有限责任公司，经中国银监会江苏监管局颁发《金融许可证》并于2010年11月28日在南京开业。

2013年9月3日，经中国银监会《中国银监会关于紫金信托有限责任公司变更股权、增加注册资本及修改公司章程的批复》（银监复[2013]448号）批准，公司注册资本由5亿元增至12亿元。

公司秉持“责任·专业·开放·分享”的经营理念，认真贯彻各项法律法规的要求，立足信托主业，发挥“受人之托、代人理财”的功能，完善法人治理结构，优化经营机制，探索业务创新，加强队伍建设，经济效益稳步增长，切实维护受益人的利益。公司正努力发展成为行业中资产质量优良、管理规范、经营合规、风控力强、信息透明的信托公司。

公司法定中文名称：紫金信托有限责任公司

中文缩写：紫金信托

公司法定英文名称：Zijin Trust Co.，Ltd.

英文缩写：ZJT

法定代表人：王海涛

注册地址：江苏省南京市中山北路2号紫峰大厦30层

邮编：210008

公司国际互联网网址：Http://www.zjtrust.com.cn

公司电子邮箱：zjtrust@zjtrust.com.cn

公司负责信息披露事务的高级管理人员：高晓俊

联系人姓名：高晓俊

联系电话：025－66775859

传真：025－66770666

电子信箱：Gaoxiaojun@zjtrust.com.cn

公司选定的信息披露报纸名称：《经济日报》

公司年度报告备置地点：南京市中山北路2号紫峰大厦30层

公司聘请的会计师事务所：

立信会计师事务所（特殊普通合伙）

地址：上海市黄浦区南京东路61号4楼

公司聘请的律师事务所：

（1）上海市锦天城律师事务所

地址：上海市浦东新区花园石桥路33号花旗集团大厦14楼

（2）江苏高的律师事务所

地址：南京市长江路69号保险大厦16层

2.2 组织结构

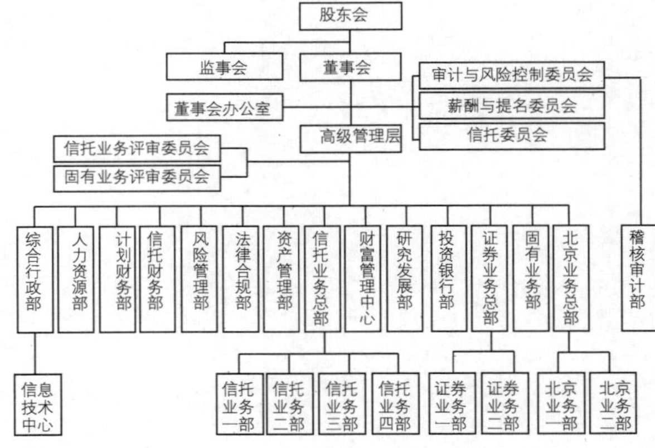

3. 公司治理结构

3.1 股东

报告期末公司股东总数为5家，最终实际控制人为南京紫金投资集团有限责任公司。出资比例在10%及以上的股东及出资情况如下表：

股东名称	持股比例(%)	法人代表	注册资本	注册地址	主要经营业务
★南京紫金投资集团有限责任公司	60.01	王海涛	人民币50亿元	南京市建邺区江东中路269号新城大厦B座2701室	投资与资产管理。
三井住友信托银行股份有限公司	19.99	常阴均	3420亿日元	1－4－1，MARUNOUCHI，CHIYODA－KU，TOKYO，100－8233 JAPAN	信托业务、商业银行业务、证券/债券方面的投资咨询与资产管理业务等。
三胞集团有限公司	10	袁亚非	人民币10亿元	南京市白下区中山东路18号第11层A2座	商业连锁、信息服务、电子商务、房地产业、金融服务。

3.2 董事

董事长、副董事长、董事

姓 名	职 务	性别	年龄	选任日期	所推举的股东名称	该股东持股比例(%)	简 要 履 历
王海涛	董事长	男	53	2010年10月	南京紫金投资集团有限责任公司	60.01	男，1961年2月出生，1982年8月毕业于哈尔滨工业大学，研究员级高级经济师，历任南京晨光机器厂工程师，共青团南京市委常委、研究室主任，南京市信托投资公司经理、副总经理，南京市投资公司总经理；现任南京市国资集团董事长，南京紫金投资集团董事长，紫金信托董事长，南京银行董事，南京证券副董事长。
浅井英彦	副董事长	男	61	2010年10月	三井住友信托银行股份有限公司	19.99	男，1953年12月出生，日本国籍。1976年起任职于日本住友信托银行股份有限公司，历任住友信托银行新加坡分行行长，美国地区统筹支配人兼纽约分行行长，执行役员、美国地区统筹支配人兼纽约分行行长，执行役员、名古屋地区统筹支配人兼名古屋分行行长，执行役员兼总行支配人、三井住友信托银行董事兼常务执行役员；现任三井住友信托银行首席全球战略官兼紫金信托副董事长。
陈 峥	董事、总裁	女	46	2010年10月	南京紫金投资集团有限责任公司	60.01	女，1968年5月出生，工商管理学硕士研究生，高级经济师，历任上海星火制浆造纸厂技术员、助理工程师，南京国际信托投资公司部门经理，南京市国资集团资产管理部经理、投资管理部经理、金融资产部经理，南京市国资集团副总经理；现任南京紫金投资集团总经理，紫金信托总裁，南京证券董事。
王 瑞	董事	女	41	2010年10月	南京紫金投资集团有限责任公司	60.01	男，1974年3月出生，管理学博士，获得证券、期货从业资格、律师资格，曾在江苏联合信托投资公司、南京财经大学金融学院、江苏宏图高科技股份有限公司任职；2009年3月至今任三胞集团有限公司副总裁。
仪垂林	董事	男	40	2010年10月	三胞集团有限公司	10	女，1973年5月出生，硕士研究生，经济师，历任南京市投资公司项目经理，投资部经理，副总经理，南京市国资集团投资管理部副经理；现任南京市国资委综合处副处长。

独立董事

姓 名	职 务	性别	年龄	选任日期	所推举的股东名称	该股东持股比例(%)	简 要 履 历
白世春	原中国人民银行总行参事	男	70	2010年10月	南京紫金投资集团有限责任公司	60.01	男，1944年2月出生，中共党员，历任南京市财政金融局副科长、科长、南京市财政局副局长，南京市计经委副主任，南京市计委副主任，中国人民银行南京市分行副行长、行长、党组书记，中国人民银行江苏省分行副行长、行长、党组书记，中国人民银行济南分行行长、党委书记，中国人民银行总行参事，南京银行独立董事，紫金农商行独立董事，芜湖津盛农村商业银行独立董事；现任紫金信托独立董事。
黄泽民	华东师大国际金融研究所所长	男	62	2011年1月	三井住友信托银行股份有限公司	19.99	男，1952年12月出生，经济学博士，华东师范大学终身教授、博士生导师，曾担任华东师大商学院院长，第十、十一届全国政协委员；现任华东师大国际金融研究所所长，华东师大应用经济学学位委员会主席；兼任上海世界经济学会副会长，中国金融学会学术委员，中国国际金融学会理事，中国国际经济关系学会常务理事，全国日本经济学会副会长，第十二届全国政协委员，上海市人民政府参事，紫金信托独立董事。

3.2 监事

监事会成员

姓 名	职 务	性别	年龄	选任日期	所推举的股东名称	该股东持股比例(%)	简 要 履 历
骆芝惠	监事会主席	女	58	2010年5月	南京紫金投资集团有限责任公司	60.01	女,1956年10月出生,会计学大专学历,高级会计师,历任镇江丹徒基本建设局经理部主管会计,镇江市丹徒审计局财贸金融科审计员,南京市国际信托投资公司计划财务部副经理;现任南京市国资集团总会计师,南京紫金投资集团总会计师,紫金信托第一届监事会主席。
高长福	监事	男	50	2011年2月	南京高新技术产业开发区	5	男,1964年8月出生,大学学历,助理统计师,1984年7月参加工作,历任江宁县农村经济调查队副队长,江宁县统计局局长助理、副局长,江宁滨江开发区经济与社会事业发展局局长,滨江开发区管委会办公室副主任、副总经理,江宁区外经局副局长,浦口区财政局副局长、国资办副主任;现任南京高新技术产业开发区财政局局长,紫金信托第一届监事会监事。
李 薇	职工代表监事	女	35	2013年3月	—	—	女,1979年2月4日出生,硕士研究生学历;历任南京证券投资银行一部职员、南京市国资集团资产管理部、投资管理部、金融资产部高级业务经理、总经理助理、南京紫金投资控股有限责任公司投资运营部经理;现任紫金信托有限责任公司法律合规部总经理,紫金信托第一届监事会职工监事。

3.4 高级管理人员

职务	姓名	性别	年龄	选任日期	金融从业年限	学历	专业
陈 峥	总裁	女	46	2010年10月18日	16	硕士	工商管理
刘建春	副总裁	男	48	2010年10月18日	25	本科	金融
甲斐伸一郎	副总裁	男	49	2013年7月16日	25	本科	法律
高晓俊	总裁助理	男	43	2011年5月25日	12	硕士	工商管理
伍兵	总裁助理	男	48	2013年9月23日	25	博士	技术经济及管理

3.5 公司员工

项 目		报告期年度		上年度	
		人数	比例(%)	人数	比例(%)
年龄分布	20岁以下	0	0.0	0	0.0
	20～29岁	46	43.4	37	43.5
	30～39岁	46	43.4	32	37.7
	40岁以上	14	13.2	16	18.8
学历分布	博士	1	0.9	1	1.2
	硕士	44	41.5	33	38.8
	本科	56	52.8	46	54.1
	专科	3	2.8	3	3.5
	其他	2	1.9	2	2.4
岗位分布	董事、监事及高管人员	5	4.7	5	5.9
	自营业务人员	6	5.7	6	7.1
	信托业务人员	37	34.9	28	32.9
	其他人员	58	54.7	46	54.1

4. 经营管理

4.1 经营目标、方针、战略规划

公司2013年的经营目标:积极推进各项业务的稳健有序发展,做大信托主业,做强财富中心,做稳固有业务,开拓证券业务。加强风险控制体系建设,持续优化业务流程,不断完善组织架构,全面保障公司业务发展。完成增资扩股增强公司自身实力,制定新3年战略规划为公司未来发展指明方向。推进品牌战略,打造公司品牌形象。

公司的经营方针是:抢抓市场机遇,大力开拓业务,强化风险控制,探索产品创新,优化运营管理,打造品牌形象。

公司的战略规划:公司开业之初即提出将“为客户提供定制式服务的财富管理人”作为长期发展愿景。过去3年,公司坚持以市场为导向,依托公司区域、股东、团队的三大优势,发挥信托业务特点,提高团队素质,健全风险控制机制,加强业务创新,提升产品直销能力,增强核心竞争力。

未来3年,公司将继续坚持既定发展愿景,跟随主流市场的同时积极创新,做强基石业务,发展创新业务。同时以“成为中小金融机构产品供应商,中产阶级理财好伙伴”为目标,拓展基石客户群。

4.2 经营业务的主要内容

4.2.1 公司经营业务和品种

经中国银行业监督管理委员会批准,公司许可经营项目为:(1)资金信托;(2)动产信托;(3)不动产信托;(4)有价证券信托;(5)其他财产或财产权信托;(6)作为投资基金或者基金管理公司的发起人从事投资基金业务;(7)经营企业资产的重组、购并及项目融资、公司理财、财务顾问等业务;(8)受托经营国务院有关部门批准的证券承销业务;(9)办理居间、咨询、资信调查等业务;(10)代保管及保管箱业务;(11)以存放同业、

拆放同业、贷款、租赁、投资方式运用固有财产;(12)以固有财产为他人提供担保;(13)从事同业拆借;(14)中国法律法规规定或中国银监会批准的其他业务。(外资比例低于25%)

一般经营项目:无。

4.2.2 公司资产组合和分布

自营资产运用与分布表

资产运用	金额(万元)	占比(%)	资产分布	金额(万元)	占比(%)
货币资产	36 246.52	24.04	基础产业		
贷款及应收款	26 000.00	17.24	房地产业	16 000.00	10.61
交易性金融资产	6 617.67	4.39	证券市场	11 530.24	7.65
可供出售金融资产	68 992.00	45.75	实业	10 000.00	6.63
持有至到期投资	4 912.57	3.26	金融机构	105 835.52	70.19
长期股权投资	597.00	0.40	其他	7 425.20	4.92
其他	7 425.20	4.92			
资产总计	150 790.96	100.00	资产总计	150 790.96	100.00

信托资产运用与分布表

资产运用	金额(万元)	占比(%)	资产分布	金额(万元)	占比(%)
货币资产	203 925.20	5.22	基础产业	1 973 103.00	50.48
贷款	1 387 825.00	35.51	房地产	354 416.37	9.07
交易性金融资产	0.00	0.00	证券市场	0.00	0.00
可供出售金融资产	2 187 410.22	55.96	实业	992 743.00	25.40
持有至到期投资	0.00	0.00	金融机构	580 724.05	14.86
长期股权投资	124 900.00	3.20	其他	7 716.91	0.20
其他	4 642.91	0.12			
信托资产总计	3 908 703.33	100.00	信托资产总计	3 908 703.33	100.00

4.3 市场分析

4.3.1 影响公司发展的有利因素

(1)中国共产党十八届三中全会明确了今后中国改革发展方向。会议提出“建设统一开放、竞争有序的市场体系”与“市场在资源配置中起决定性作用”为信托行业发挥制度优势,更好地服务实体经济提供有力保障。

(2)财富管理市场不断成熟。中国仍处于居民财富快速增长的上升通道中,资产管理和财富管理的需求依然强劲,信托行业发展具备较好的市场基础。

(3)信托行业整体发展态势良好。2013年信托行业继续保持了较快发展速度,信托业务结构更加合理。信托行业健康发展不仅提升了行业在金融体系中的地位和影响力,而且有利于推动解决影响行业发展制度障碍。

(4)信托行业不断拓展“蓝海业务”。土地流转信托、消费权信托、家族财富管理信托等“蓝海业务”成功突破,为信托公司在泛资产管理时代实现差异化发展奠定了基础。

4.3.2 影响公司发展的不利因素

(1)宏观经济增长乏力。宏观经济处于弱增长周期,流动性收紧成为常态,金融风险趋于增加,房地产投资增速放缓。这些不利因素不仅对于信托公司传统业务造成一定冲击,而且对于信托公司稳健经营,控制风险提出更高要求。

(2)资产管理市场竞争加剧。受到监管创新推动,券商、基金、保险开始加大对国内资产管理市场开拓,商业银行也在2013年开始试点理财管理计划。激烈的市场竞争导致信托行业利差逐步收窄,信托行业传统优势面临挑战。

4.4 内部控制概况

4.4.1 内部控制环境和内部控制文化

公司按照《公司法》、《信托公司管理办法》、《信托公司治理指引》和监管部门的要求完善公司治理的相关制度和实施细则,进一步明确了股东会、董事会和监事会的权责和制约关系,明确了董事会、监事会、经营班子的权责和授权制约关系;公司经营班子与下属部门形成了有效的授权分责关系。

公司坚持“责任・专业・开放・分享”的文化理念,讲求团队合作和奉献精神,尊重人才,努力实现员工价值,提高员工对公司的归属感和忠诚度,构筑以团队精神实现公司价值、以公司发展实现个人价值的企业文化体系。公司坚持依法合规经营的理念和风险控制优先的原则,形成业务不断发展和风险有效控制的运行机制,建立起员工职业道德规范和诚信记录,营造良好的合规经营文化环境。

4.4.2 内部控制措施

公司坚持“内控优先、稳健运行”管理理念,持续加强内控制度体系建设和完善细化工作,制定出台有关业务管理和基础管理制度,全面覆盖信托业务、固有业务和基础管理工作。公司建立健全各项业务决策机构和决策程序。公司加强对投资策略、规模、品种、结构、期限等的决策管理。公司主要业务部门之间建立并逐步健全严格的隔离制度,实现四个分离:即信托业务与自营业务及其他业务相分离;不同的信托财产之间相分离;同一信托财产运用与保管相分离;业务操作与风险管控相分离。

对于信托业务,在信托项目尽职调查、业务审批、产品销售、存续管理、信息披露、清算核算、风险管控等各环节分别制定了管理办法和操作规程,业务运行规范化程度明显提高。在设立环节,公司通过制定各专项业务项目的尽职调查指引、建立科学有效的信托业务决策机制、严格按照公司制度和流程开展信托项目审查审批、根据法律法规制定规范的信托文件等措施实现内部控制;在运用环节,公司对信托财产运用严格遵守法律法规规定,实现信托财产的审批、运用和保管(托管)分离等措施;在管理环节,公司初步建立各类信托业务风险识别、评估、监测、报告控制体系,公司信托业务的前台、中台、后台信息交流保持渠道畅通和信息对称,建立信托项目及时分析、跟踪检查的管理制度,设立业务管理台账做好记录,实现内部控制;在清算终止环节,公司严格依据法律法规、信托文件制作处理信托事务的清算报告,及时向委托人、受益人进行披露,同时规范信托业务档案管理机制,以实现内部控制。截至2013年12月31日,公司信托赔付为零。

对于固有业务,公司全面加强资金投放的事前、事中和事后管理,业务运行继续保持良好,到期项目资金全部收回。遵循谨慎原则,建立健全固有业务决策机构和决策程序,制定年度自有资金配置计划与风险容忍度,严格按照董事会的有关规定及公司相关制度规定的程序与决策权限进行报审与审批,加强对固有业务的投资策略、规模、品种、结构、期限等的决策管理；公司坚持自有资金“低风险、高流动”的配置要求，根据经济形势、市场情况的变化，适时进行固有业务投资策略的调整；公司通过合理的预警机制、严密的账户管理、严格的资金审批调度、规范的交易操作及完善的业务档案管理制度等，控制固有业务的运作风险；公司投资决策有充分的投资依据，重要投资要有详细的研究报告和风控意见支持，并有决策流程和记录。截至2013年12月31日，公司不良资产为零。

4.4.3 监督评价与纠正

公司的稽核审计部独立行使公司内部控制的监督、评价与纠正职责。在审计过程中发现的内部控制缺陷，向被审部门提出改进建议并敦促被审部门及时改进完善。稽核审计部有权直接向董事会、监事会和公司高管层报告内部控制审计情况。

公司实行事前、事中与事后“三位一体”的风险管理和监督评价体系，对业务环节和经营管理进行持续性的全方位、全过程的监督、评价、后评价与纠正。2013年稽核审计部全面完成了内部控制检查评价工作，符合监管规定、完善公司治理结构和强化内部控制体系建设的总体要求。事前监督主要从制度建设、流程设计与完善，风险信息收集、识别、评估与监测等方面开展，对公司的内部控制进行事前管理；事中监控，包括资产管理部门定期适时的业务监控、业务部门持续性监控以及稽核审计平台的过程监控；事后监督通过常规稽核、专项稽核、离任稽核等形式发现、评价公司经营中存在的制度和流程缺陷，并建立规范的后续整改跟踪程序，确保合理建议得到落实和改进，有效地提升公司的内控水平。

4.5 风险管理

4.5.1 风险管理概况

报告期内，公司根据有关法规和监管规定，结合现代金融企业风险管理的基本原则，进一步建立健全了各类规章制度，细化了风险管控的组织分工，梳理优化了业务运行的全部流程，持续利用风险管理技术，对全业务品种风险和全业务流程风险进行了充分有效地识别、评估和处置。截至报告期末，“以全业务流程制度体系为经，以全业务品种制度规范为纬”的全面风险管控体系已基本建立，规章制度体系运行有力，固有财产与信托财产全部安全受控。

4.5.2 风险状况

4.5.2.1 信用风险状况

截至2013年12月31日，固有业务贷款余额2.6亿元，均为正常类贷款，无不良资产，风险分类真实、准确。

截至2013年12月31日，信托业务中信托融资类业务（含贷款）270亿元，占比69.1%，行业投向包括制造业、房地产、租赁和商务服务业、住宿和餐饮业、建筑业等，信托贷款资金投放全部符合国家产业政策和宏观调控要求。期末信托贷款无不良贷款，信托贷款质量良好。

4.5.2.2 市场风险状况

截至2013年12月31日，固有业务投资余额81 119.24万元，包括：交易性金融资产6 617.67万元、可供出售金融资产68 992.00万元、持有至到期投资4 912.57万元、长期股权投资597.00万元；其中，具有公开市值的投资11 530.24万元。

截至2013年12月31日，投资类信托业务实收信托规模120.78亿元，主要是：(1)从投资人结构来看，集合投资类实收信托规模44.69亿元，单一投资类实收信托规模76.09亿元；(2)从投资方式来看，存放同业17.62亿元，可供出售及持有至到期投资87.69亿元，股权投资15.01亿元，其他类4 642.91万元。

对于存放同业投资，公司通过优选存放金融机构，市场风险较低；对于其他投资，公司通过优选交易对手、谨慎选择项目或标的物、严格的投后管理措施、对股票类标的物进行实时盯盘及设置预警机制，确保投资类信托业务的市场风险可控。

4.5.2.3 操作风险状况

截至2012年12月31日，公司未出现重要操作风险事项。

4.5.2.4 其他风险状况

包括流动性风险、声誉风险和集中度风险。

流动性风险：截至2013年12月31日，固有业务贷款余额为2.6亿元，未进行任何主动负债，流动性指标稳定性高；公司流动性资产为4.67亿元，流动性负债0.95亿元，流动性比例为4.92。2013年公司流动性指标进入正常水平，公司流动性充足。整体固有化程度低。目前公司同业存款项目风险较低，近期面临的兑付集中度和清算压力较小，流动性风险低。

声誉风险：截至2013年12月31日，公司未有任何信托项目赔付，存量信托项目运行正常，潜在赔偿责任风险较小。

集中度风险：截至2013年12月31日，固有业务贷款2.6亿元，贷款主要投向租赁和商务服务业及房地产业。信托业务融资类实收信托规模270亿元，最大三个行业依次为租赁和商务服务业、水利、环境和公共设施管理业、建筑业，三个行业合计占比69.81%。整体行业集中度不高，行业风险较低。

4.5.2 风险管理

4.5.3.1 信用风险管理

报告期内，公司对信用风险进行管理的措施主要集中在全面风险管控体系的建立健全与有效执行。具体包括：(1)纵向上持续对既有业务流程进行梳理和优化，构建和完善了涵盖项目投前、投中和投后的信用风险防范制度体系，该制度体系的有效运行，使得公司在投前尽职调查中，能有效约束信托经理，使其对信用风险应查尽查、应知尽知，并在有效识别信用风险的基础上主动防范风险；在投中审查审批中，能独立对信用风险进行进一步识别、评估和处置；在投后管理中，能明确投后工作的业务内容、职责分工和运行流程，对信用风险的管理做到责任清晰、管理有效、披露充分。(2)横向上认真对成熟业务品种进行梳理和分类，以重点业务板块房地产和基础设施为中心向两端进行覆盖，公司先后于报告期内推出《住宅类房地产股权投资信托业务展业指引》、《住宅类房地产融资业务展业指引》、《融资平台展业指引(2013)》等专项业务品种制度规范，初步建立覆盖房地产类业务、基础设施类业务和证券类业务在内的全业务品种制度体系，实现了对全业务品种的信用风险有效管控。

4.5.3.2 市场风险管理

报告期内，在董事会制定的战略指导下，针对市场风险，经营层采取了以培养人才、锻炼队伍为出发点，以少量、分散为原则的投资策略，稳健地开展相关领域投资，合理规避市场风险。具体经营措施包括：(1)培养和引进了与投资业务规模和市场风险管理需求相适应的专业团队,相关岗位人员投资经验丰富、对市场风险的认识充分、投资行为审慎。(2)逐步完善市场风险防控制度,并在业务决策流程中坚决执行。(3)使用的风险计量工具和方法与公司投资业务规模和复杂程度基本适应。(4)在产品投资前进行深入细致的尽职调查。(5)对敏感性行业和国家宏观调控重点行业的投资采取特殊的风险防范措施。

4.5.3.3 操作风险管理

报告期间,公司在以内控措施为主的环境下制定了一系列政策及程序以识别、评估、报告、管理和控制操作风险。这套机制涵盖财务、固有业务、信托业务、信息系统的应用与管理和法律合规等业务维度,该机制致力于使公司能够全面识别并应对于所有主要产品、活动、流程和系统中的内在操作风险。具体措施包括:(1)持续稳步推进操作风险与内部控制自我评估工作,识别评估关键风险点,优化、完善内部控制措施。(2)完善员工违规行为的内部报告制度。(3)健全内部控制制度,加强员工培训以保障政策和程序的遵循性。(4)加强不同部门、不同岗位之间的业务操作制约平衡机制。(5)完善系统的授权管理和业务操作制度。(6)督促反洗钱团队履行反洗钱各项法定义务,认真做好客户身份识别、客户身份资料及交易记录保存等工作。(7)加强执行层面关键环节操作风险监控工作,开展执行层面关键风险点监控检查工作,强化执行层面内部控制和风险管理。(8)加强信息系统的建设工作。

4.5.3.4 其他风险管理

包括流动性风险管理、声誉风险管理和集中度风险管理。

报告期内,流动性风险管理措施主要包括:(1)在决策层面,从金融企业整体运营安全的高度制定出识别风险、监测风险、调控头寸的策略;(2)在执行层面,运营团队中配备了专岗专人测算流动性缺口,并设立预警机制应对流动性风险;(3)在监督层面,风险管理部门、稽核审计部门按制度要求对流动性风险管理体系运行的有效性进行常效监督检查。

报告期内,声誉风险管理的措施主要包括:(1)加强员工对声誉风险的认识,培养以声誉为导向的公司文化,积极探索声誉风险评估机制和考核机制,在公司内部形成自上而下的声誉管理意识;(2)建立舆情监测机制,及时有效地识别、监测、评估、报告声誉风险;加强信息的透明化,及时全面地向投资者披露各种信息,把增强公司透明度作为完善公司治理的重要内容,使投资者和社会对整个公司有充分的了解;(3)积极开展包括设立公益信托在内的各类履行社会责任的活动,树立良好的品牌和形象,提高公司的知名度、美誉度。

报告期内,集中度风险管理的措施主要包括:(1)结合公司的经营特点,适度进行分散化、多元化的经营策略,避免单一行业、单一客户的过度集中;(2)加强数量统计分析和市场监测,提升技术分析能力,有效防范和控制因集中度风险引致的损失。

5. 报告期末及上一年末的比较式会计报表

5.1 自营资产

5.1.1 会计师事务所审计结论

立信会计师事务所(特殊普通合伙)审计了紫金信托有限责任公司财务报表,包括2013年12月31日的资产负债表、2013年度利润表、2013年度现金流量表和所有者权益变动表以及财务报表附注,出具《审计报告》(信会师报字[2014]第530001号),认为:紫金信托有限责任公司财务报表在所有重大方面按照企业会计准则的规定编制,公允反映了紫金信托有限责任公司2013年12月31日的财务状况以及2013年度的经营成果和现金流量。

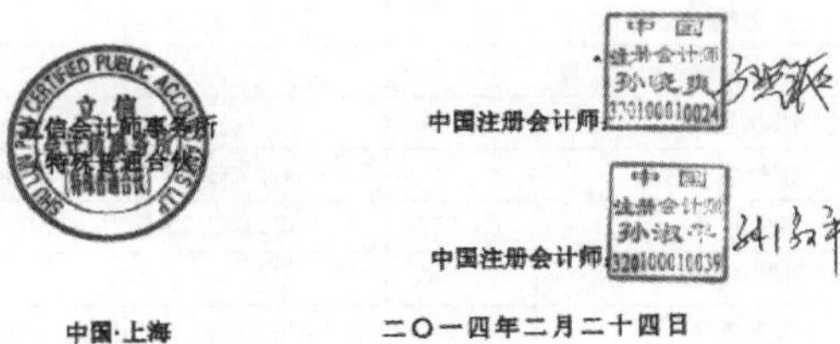

中国·上海　　　　二〇一四年二月二十四日

5.1.2 资产负债表

资产负债表

单位单位:紫金信托有限责任公司　2013年12月31日　　单位:元

资产	期末余额	年初余额
资产		
现金及存放中央银行款项	4 282.22	18 522.25
存放同业款项	362 460 855.37	149 460 957.71
贵金属		
拆出资金		
交易性金融资产	66 176 715.69	83 056 338.81
衍生金融资产		
买入返售金融资产		
应收利息		
发放贷款和垫款	260 000 000.00	60 000 000.00
可供出售金融资产	689 920 000.00	324 610 000.00
持有至到期投资	49 125 716.67	21 300 000.00
证券投资-贷款及应收款项		
长期股权投资	5 970 000.00	5 970 000.00
投资性房地产		
固定资产	68 716 168.38	71 139 577.79
无形资产	1 642 945.01	1 358 472.67
递延所得税资产		
其他资产	3 892 940.40	5 283 042.50
资产总计	1 507 909 623.74	722 196 911.73

法定代表人:王海涛　　主管会计工作负责人:陈　峥　　会计机构负责人:杨黎文

资产负债表（续）

单位单位：紫金信托有限责任公司　2013 年 12 月 31 日　单位：元

负债及股东权益	期末余额	年初余额
负债		
向中央银行借款	—	—
同业及其他金融机构存放款项	—	—
拆入资金	—	—
交易性金融负债	—	—
衍生金融负债	—	—
卖出回购金融资产款	—	—
吸收存款	—	—
应付职工薪酬	78 809 738. 28	44 734 961. 38
应交税费	14 878 936. 93	21 991 939. 75
应付利息		
预计负债		
应付债券		
递延所得税负债		
其他负债	1 093 608. 26	1 268 712. 39
负债合计	94 782 283. 47	67 995 613. 52
股东权益		
股本	1 200 000 000. 00	500 000 000. 00
资本公积		49 052 015. 70
减：库存股		
盈余公积	29 207 532. 45	10 514 928. 25
一般风险准备	21 563 193. 42	9 745 205. 08
信托赔偿准备	14 603 766. 23	5 257 464. 13
未分配利润	147 752 848. 17	79 631 685. 05
其中：拟分配现金股利		
股东权益合计	1 413 127 340. 27	654 201 298. 21
负债和股东权益总计	1 507 909 623. 74	722 196 911. 73

法定代表人：王海涛　主管会计工作负责人：陈　峥　会计机构负责人：杨黎文

5. 1. 3　利润表

利润表

单位单位：紫金信托有限责任公司　2013 年度　单位：元

项目	本期余额	上期余额
一、营业收入	375 976 632. 83	263 892 344. 42
利息净收入	30 214 872. 92	29 010 065. 04
利息收入	30 214 872. 92	29 010 065. 04
利息支出		
手续费及佣金净收入	321 772 058. 64	229 597 408. 62
手续费及佣金收入	321 772 058. 64	229 597 408. 62
手续费及佣金支出		
投资收益	24 776 779. 46	5 544 913. 61
其中：对联营企业和合营企业的投资收益		
公允价值变动收益	418 172. 00	−260 042. 85
汇兑收益	−1 205 250. 19	
其他业务收入		
二、营业支出	127 113 995. 54	96 366 877. 56
营业税金及附加	21 713 531. 79	17 061 136. 83
业务及管理费	105 400 463. 75	79 305 740. 73
资产减值损失		
其他业务成本		
三、营业利润	248 862 637. 29	167 525 466. 86
加：营业外收入	1 444 442. 45	138 578. 00
减：营业外支出	200 000. 00	1 000. 00
四、利润总额	250 107 079. 74	167 663 044. 86
减：所得税费用	63 181 037. 68	44 779 452. 55
五、净利润	186 926 042. 06	122 883 592. 31
六、其他综合收益		
七、综合收益总额	186 926 042. 06	122 883 592. 31

法定代表人：王海涛　主管会计工作负责人：陈　峥　会计机构负责人：杨黎文

5. 1. 4　所有者权益变动表

所有者权益变动表

编制单位：紫金信托有限责任公司　2013 年度　单位：万元

项　目	本期金额							
	股本	资本公积	减：库存股	盈余公积	一般风险准备	信托赔偿准备	未分配利润	所有者权益合计
一、上年年末余额	500 000 000. 00	49 052 015. 70		10 514 928. 25	9 745 205. 08	5 257 464. 13	79 631 685. 05	654 201 298. 21
加：会计政策变更								
前期差错更正								
二、本年年初余额	500 000 000. 00	49 052 015. 70		10 514 928. 25	9 745 205. 08	5 257 464. 13	79 631 685. 05	654 201 298. 21
三、本年增减变动金额（减少以"－"号填列）	700 000 000. 00	-49 052 015. 70		18 692 604. 20	11 817 988. 34	9 346 302. 10	68 121 163. 12	758 926 042. 06
（一）净利润							186 926 042. 06	186 926 042. 06
（二）其他综合收益								
上述（一）和（二）小计							186 926 042. 06	186 926 042. 06
（三）所有者投入和减少资本	572 000 000. 00							
1. 所有者投入资本	572 000 000. 00							
2. 股份支付计入所有者权益的金额								

续表

项　　目	本期金额							
	股本	资本公积	减:库存股	盈余公积	一般风险准备	信托赔偿准备	未分配利润	所有者权益合计
3. 其他								
(四)利润分配				18 692 604. 20	11 817 988. 34	9 346 302. 10	-39 856 894. 64	
1. 提取盈余公积				18 692 604. 20			-18 692 604. 20	
2. 提取一般风险准备					11 817 988. 34		-11 817 988. 34	
3. 提取信托赔偿准备						9 346 302. 10	-9 346 302. 10	
4. 对所有者(或股东)的分配								
5. 其他								
(五)所有者权益内部结转	128 000 000. 00	-49 052 015. 70					-78 947 984. 30	
1. 资本公积转增资本(或股本)	49 052 015. 70	-49 052 015. 70						
2. 盈余公积转增资本(或股本)								
3. 盈余公积弥补亏损								
4. 其他	78 947 984. 30						-78 947 984. 30	
(六)专项储备								
1. 本期提取								
2. 本期使用								
(七)其他								
四、本年年末余额	1 200 000 000. 00			29 207 532. 45	21 563 193. 42	14 603 766. 23	147 752 848. 17	1 413 127 340. 27
后附的财务报表附注为财务报表的组成部分。								

法定代表人:王海涛　　　　主管会计工作负责人:陈　峥　　　　会计机构负责人:杨黎文

5. 2　信托资产

5. 2. 1　信托项目资产负债汇总表

编制单位:紫金信托有限责任公司　　　　2013 年 12 月 31 日　　　　单位:元

信托资产	期末数	年初数	信托负债和信托权益	期末数	年初数
信托资产			信托负债		
货币资金	2 039 251 979. 06	5 883 017 652. 29	交易性金融负债		
拆出资金			衍生金融负债		
存出保证金			应付受托人报酬	24 177 807. 87	3 261 974. 72
交易性金融资产			应付托管费	103 563. 29	
衍生金融资产			应付受益人收益	3 000. 00	3 025 236. 72
买入返售金融资产			应交税费		
应收款项	46 429 096. 72	61 289 823. 30	应付销售服务费		
发放贷款	13 878 250 000. 00	4 623 488 000. 00	应付手续费及佣金		
可供出售金融资产	21 874 102 264. 67	11 417 596 510. 60	其他应付款项	64 572 146. 56	298 515 893. 39
持有至到期投资			其他负债		
长期应收款			信托负债合计	88 856 517. 72	304 803 104. 83
长期股权投资	1 249 000 000. 00	1 000 000 000. 00			
投资性房地产					
固定资产			信托权益		
无形资产			实收信托	38 703 649 720. 79	22 548 964 510. 60
长期待摊费用			资本公积		
其他资产			未分配利润	294 527 101. 94	131 624 370. 76
减:各项资产减值准备			信托权益合计	38 998 176 822. 73	22 680 588 881. 36
信托资产总计	39 087 033 340. 45	22 985 391 986. 19	信托负债和信托权益总计	39 087 033 340. 45	22 985 391 986. 19

法定代表人:王海涛　　　　主管会计工作负责人:陈　峥　　　　会计机构负责人:蒋为强

5.2.2 信托项目利润及利润分配汇总表

编制单位：紫金信托有限责任公司 2013 年度 单位：元

项目	本期金额
一、营业收入	2 888 497 975.43
1.1 利息收入	1 046 839 196.17
1.2 投资收益	1 841 658 779.26
1.2.1 其中：对联营企业和合营企业的投资收益	
1.3 公允价值变动收益	
1.4 租赁收入	
1.5 汇兑损益（损失以"－"号填列）	
1.6 其他收入	
二、支出	400 634 959.44
2.1 营业税金及附加	
2.2 受托人报酬	249 036 129.00
2.3 托管费	75 050 286.46
2.4 手续费及佣金	6 154.40
2.5 销售服务费	
2.6 交易费用	73 702.31
2.7 资产减值损失	
2.8 其他费用	76 468 687.27
三、信托净利润（净亏损以"－"号填列）	2 487 863 015.99
四、其他综合收益	
五、综合收益	
六、加：期初未分配信托利润	131 624 370.76
七、可供分配的信托利润	2 619 487 386.75
八、减：本期已分配信托利润	2 324 960 284.81
九、期末未分配信托利润	294 527 101.94

法定代表人：王海涛 主管会计工作负责人：陈 峥 会计机构负责人：蒋为强

6. 会计报表附注

6.1 会计报表编制基准和说明

（1）公司会计报表编制基准不符合会计核算基本前提的情况

（2）公司财务报表是根据财政部于 2006 年颁布的《企业会计准则——基本准则》和 38 项具体会计准则、其后颁布的应用指南、解释以及其他相关规定（统称"企业会计准则"）编制。

（3）报告年度会计报表编制基准、会计政策、会计估计和核算方法与上年同期未发生变化。

6.2 或有事项说明

本公司无需要披露的或有事项。

6.3 重要资产转让及出售的说明

报告期内，公司未发生重要资产转让及出售行为。

6.4 会计报表中重要项目的明细资料

6.4.1 披露自营资产经营情况

6.4.1.1 按信用风险五级分类结果披露信用风险资产的期初数、期末数

信用风险资产五级分类	正常类（万元）	关注类（万元）	次级类（万元）	可疑类（万元）	损失类（万元）	信用风险资产合计（万元）	不良资产合计（万元）	不良资产率（%）
期初数	21 474.40	—	—	—	—	21 474.40	—	—
期末数	62 635.38	—	—	—	—	62 635.38	—	—

注：不良资产合计＝次级类＋可疑类＋损失类。

6.4.1.2 各项资产减值损失准备的期初、本期计提、本期转回、本期核销、期末数；贷款的一般准备和专项准备和其他资产减值准备

单位：万元

	期初数	本期计提	本期转回	本期核销	期末数
贷款损失准备	—	—	—	—	—
一般准备	—	—	—	—	—
专项准备	—	—	—	—	—
其他资产减值准备	—	—	—	—	—
可供出售金融资产减值准备	—	—	—	—	—
持有至到期投资减值准备	—	—	—	—	—
长期股权投资减值准备	—	—	—	—	—
坏账准备	—	—	—	—	—
投资性房地产减值准备	—	—	—	—	—

6.4.1.3 自营股票投资、基金投资、债券投资、长期股权投资等投资的期初数、期末数

单位：万元

	自营股票	基金	债券	长期股权投资	其他投资	合计
期初数	928.36	307.24	7 070.03	597.00	34 591.00	43 493.63
期末数	2 374.47	619.88	8 535.89	597.00	68 992.00	81 119.24

6.4.1.4 自营长期股权投资的企业名称、占被投资企业权益的比例、主要经营活动及投资收益情况

企业名称	占被投资企业权益的比例（%）	主要经营活动	投资损益（万元）
南京证券有限责任公司	0.38	证券经纪、证券承销、证券自营、客户资产管理、财务顾问等	36.40

6.4.1.5 自营贷款的企业名称、占贷款总额的比例和还款情况

企业名称	贷款金额（万元）	占贷款总额的比例（%）	还款情况
1. 镇江诚基房地产开发有限公司	11 000.00	42.31%	贷款未到期，按时付息
2. 南京市国有资产投资管理控股（集团）有限责任公司	10 000.00	38.46%	贷款未到期，按时付息
3. 安庆舜天置业有限公司	5 000.00	19.23%	贷款未到期，按时付息

6.4.1.6　表外业务

单位:万元

表外业务	期初数	期末数
担保业务	—	—
代理业务	—	—
其他	—	—
合计	—	—

6.4.1.7　公司当年的收入结构

收入结构	金额(万元)	占比(%)
手续费及佣金收入	32 177.21	85.26
其中:信托手续费收入	32 177.21	85.26
投资银行业务收入		
利息收入	3 021.49	8.01
其他业务收入		
其中:计入信托业务收入部分		
投资收益	2 477.68	6.56
其中:股权投资收益	36.40	0.09
证券投资收益	969.45	2.57
其他投资收益	1 471.83	3.90
公允价值变动收益	41.82	0.11
汇兑损益	−120.53	−0.32
营业外收入	144.44	0.38
收入合计	37 742.11	100.00

注:手续费及佣金收入、利息收入、其他业务收入、投资收益、营业外收入均为损益表中的一级科目,其中手续费及佣金收入、利息收入、营业外收入为未抵减掉相应支出的全年累计实现收入数。

6.4.2　信托资产管理情况

6.4.2.1　信托资产的期初数、期末数

单位:万元

信托资产	期初数	期末数
集合	1 087 997.03	1 454 645.18
单一	751 789.28	2 158 957.62
财产权	458 752.89	295 100.53
合计	2 298 539.20	3 908 703.33

6.4.2.2　主动管理型信托业务期初数、期末数

单位:万元

主动管理型信托资产	期初数	期末数
证券投资类	—	—
股权投资类	100 000.00	124 900.00
融资类	1 431 855.54	1 963 089.17
事务管理类	60.00	74.00
合计	2 257 539.20	2 539 291.36

注:"合计"行为主动管理型信托项目的总额,它包含所有运用方式的主动型产品。"证券投资类"、"股权投资类"、"融资类"、"事务管理类"是主动管理型信托中的几个重点类别,包含在"合计"中,但是与"合计"行没有勾稽关系,"合计"行大于或等于这四类之和。

6.4.2.2　被动管理型信托业务期初数、期末数,分证券投资、股权投资、融资、事务管理类分别披露

单位:万元

被动管理型信托资产	期初数	期末数
证券投资类	—	—
股权投资类	—	—
融资类	—	736 456.00
事务管理类	—	1 334.11
合计	41 000.00	1 369 411.97

6.4.2.2　本年度已清算信托项目个数、实收信托合计金额、加权平均实际年化收益率

6.4.2.2.1　本年度已清算结束的集合类、单一类资金信托项目和财产管理类信托项目个数、实收信托金额、加权平均实际年化收益率

已清算结束信托项目	项目个数	合计金额(万元)	加权平均实际年化收益率(%)
集合类	17	509 739.46	8.45
单一类	22	668 767.65	8.28
财产管理类	7	194 795.00	9.43

6.4.2.2.2　本年度已清算结束的主动管理型信托项目个数、实收信托合计金额、加权平均实际年化收益率

已清算结束信托项目	项目个数	实收信托合计金额(万元)	加权平均实际年化信托报酬率(%)	加权平均实际年化收益率(%)
证券投资类	—	—	—	—
股权投资类	—	—	—	—
融资类	39	895 887.00	1.77	9.13
事务管理类	1	97.46	—	—

6.4.2.2.3　本年度已清算结束的被动管理型信托项目个数、实收信托合计金额、加权平均实际年化收益率

已清算结束信托项目	项目个数	实收信托合计金额(万元)	加权平均实际年化信托报酬率(%)	加权平均实际年化收益率(%)
证券投资类	—	—	—	—
股权投资类	—	—	—	—
融资类	1	5 600.00	0.19	7.80
事务管理类	—	—	—	—

6.4.2.3　本年度新增的集合类、单一类和财产管理类信托项目个数、实收信托合计金额

新增信托项目	项目个数	实收信托合计(万元)
集合	44	1 217 981.00
单一	81	1 814 455.97
财产权	2	40 770.00
新增合计	127	3 073 206.97
其中:主动管理型	72	1 501 051.00
被动管理型	55	1 572 155.97

注:本年新增信托项目指在本报告年度内累计新增的信托项目个数和金额。包含本年度新增并于本年度内结束的项目和本年度新增至报告期末仍在持续管理的信托项目。

6.4.2.4　信托业务创新成果和特色业务有关情况

2013 年，公司围绕（准）资产证券化业务开展探索和实践，与兴业银行合作开展了信用卡信贷资产转让业务，信托资金用于受让兴业银行持有的信用卡持卡人因申请账单分期、消费分期、现金分期付款业务形成的信用类债权资产，信托存续规模约 20 亿元。该类项目是公司在信贷资产证券化领域的一次创新实践，也是信托业在信用卡应收账款证券化方向的先行探索。

同时公司成立专门小组，正式启动了资产证券化业务特殊目的信托（SPT）的资格申请工作。

除上述围绕（准）资产证券化业务创新工作的开展外，在土地流转信托、家族传承信托、信托公司金融股权投资等领域公司也进行了着重于实务层面进行的探讨，为后续推进相关业务打下了一定的基础。

在未来工作中，公司还将不断根据市场和宏观环境，努力发展创新业务，为提升公司盈利能力、实现持续发展奠定良好的基础。

6.4.2.5 本公司履行受托人义务情况及因本公司自身责任而导致的信托资产损失情况。

截至 2013 年 12 月 31 日，本公司未出现因自身责任导致信托资产损失的情况。

6.5 关联方关系及其交易

6.5.1 关联交易方的数量、关联交易的总金额及关联交易的定价政策等

	关联交易方数量	关联交易金额（万元）	定价政策
合计	5	150 597.00	详见注

注：关联交易的定价政策：（1）本公司对关联方交易价格根据市场价或协议价确定，与对非关联方的交易价格基本一致，无重大高于或低于正常交易价格的情况。（2）固有财产、信托资产与关联方贷款按人民银行规定的利率执行，投资按市场公允价确定。（3）信托财产与信托财产之间的关联交易按交易双方协商价格执行。

6.5.2 关联交易方与本公司的关系性质、关联交易方的名称、法人代表、注册地址、注册资本及主营业务等

关系性质	关联方名称	法定代表人	注册地址	注册资本	主营业务
本公司股东在中国设立的分支机构	三井住友信托银行上海分行	芥川佳久	上海市	人民币5亿元和5 000万美元	在银监会批准范围之内，经营对各类客户的外汇业务以及对除中国境内公民以外客户的人民币业务。
受同一母公司控制	南京银行股份有限公司	林复	江苏省南京市	人民币29.69亿元	吸收存款、发放贷款等。
本公司股东	南京紫金投资集团有限责任公司	王海涛	江苏省南京市	人民币50亿元	投资与资产管理。
受同一母公司控制	南京市投资公司	李小林	江苏省南京市	人民币10.6亿元	投资与资产管理。
受同一母公司控制	南京证券有限责任公司	张华东	江苏省南京市	人民币18.79亿元	证券经纪、证券承销、证券自营、客户资产管理、财务顾问等。

6.5.3 逐笔披露本公司与关联方的重大交易事项

6.5.3.1 固有财产与关联方：贷款、投资、租赁、应收账款担保、其他方式等期初汇总数、本期借方和贷方发生额汇总数、期末汇总数

单位：万元

固有与关联方关联交易				
	期初数	借方发生额	贷方发生额	期末数
贷款				
投资	597.00			597.00
租赁				
担保				
应收账款				
其他		121 253.34	121 253.34	
合计	597.00	121 253.34	121 253.34	597.00

6.5.3.2 信托资产与关联方：贷款、投资、租赁、应收账款、担保、其他方式等期初汇总数、本期借方和贷方发生额汇总数、期末汇总数

单位：万元

信托与关联方关联交易				
	期初数	借方发生额	贷方发生额	期末数
贷款	2 000.00	45 000.00	2 000.00	45 000.00
投资				—
租赁				—
担保				—
应收账款				—
其他	—	105 000.00	—	105 000.00
合计	2 000.00	150 000.00	2 000.00	150 000.00

6.5.3.3 信托公司自有资金运用于自己管理的信托项目（固信交易）、信托公司管理的信托项目之间的相互（信信交易）交易金额，包括余额和本报告年度的发生额

6.5.3.3.1 固有财产与信托财产之间的交易金额期初汇总数、本期发生额汇总数、期末汇总数

单位：万元

固有财产与信托财产相互交易			
	期初数	本期发生额	期末数
合计	34 591.00	34 401.00	68 992.00

6.5.3.3.2 信托资产与信托财产之间的交易金额期初汇总数、本期发生额汇总数、期末汇总数

单位：万元

信托资产与信托财产相互交易			
	期初数	本期发生额	期末数
合计	47 362.00	189 096.76	99 368.65

6.5.4 逐笔披露关联方逾期未偿还本公司资金的详细情况以及本公司为关联方担保发生或即将发生垫款的详细情况

截至 2013 年 12 月 31 日，本公司未发生关联方逾期未偿还本公司资金的情况，也无本公司为关联方担保发生或即将发生垫款的情况。

6.6 会计制度的披露

本公司固有业务、信托业务执行的会计制度为财政部2006年新修订颁布的《企业会计准则——基本准则》及其应用指南。

7. 财务情况说明书

7.1 利润实现和分配情况

经立信会计师事务所(特殊普通合伙)审计,2013年公司实现利润总额25 010.71万元,扣除所得税6 318.10万元后,实现净利润18 692.60万元。按规定计提法定盈余公积1 869.26万元、计提信托赔偿准备934.63万元、计提一般风险准备1 181.80万元,2013年实现可供分配利润为14 706.91万元。加上调整后年初未分配利润7 963.17万元,减去转增资本部分7 894.80万元,可供股东分配的利润余额为14 775.28万元。

报告期内,根据股东大会审议通过的2013年度利润分配方案,分配现金红利为2013年实现可供分配利润的30%,即4 412万元。

7.2 主要财务指标

指标名称	指标值
资本利润率(%)	23.00①
加权年化信托报酬率(%)	1.55
人均净利润(万元)	198.86②

7.3 对本公司财务状况、经营成果有重大影响的其他事项

无。

8. 特别事项提示

8.1 前五名股东在报告期内变动情况及原因

无。

8.2 董事、监事及高级管理人员变动情况及原因

2013年4月5日,公司股东三井住友信托银行推荐甲斐伸一郎先生接替浅野寿夫先生担任公司副总裁。2013年5月3日,公司一届二十一次董事会通过了聘任甲斐伸一郎先生担任副总裁的议案。2013年7月16日,中国银监会江苏监管局下发《江苏银监局关于甲斐伸一郎(KAI Shinichiro)任职资格的批复》(苏银监复[2013]343号)核准甲斐伸一郎紫金信托有限责任公司副总裁任职资格。甲斐伸一郎先生在风险管理方面从业经验丰富,其到任有利于紫金信托未来的稳健发展。

2013年7月25日,公司一届二十五次董事会通过了《关于聘任伍兵先生为公司总裁助理的议案》。2013年9月23日,中国银监会江苏监管局下发《江苏银监局关于伍兵任职资格的批复》(苏银监复[2013]497号)核准伍兵紫金信托有限责任公司总裁助理任职资格。伍兵先生具有多年资本市场从业经验,其到任为紫金信托证券投资业务和固有业务的未来发展奠定了良好的基础。

8.3 公司的重大诉讼事项

无。

8.4 报告期内公司及其董事、监事和高级管理人员受到处罚情况

无。

8.5 报告期内中国银监会及其派出机构提出整改意见的整改情况

报告期内中国银监会及其派出机构未提出整改意见。

8.6 本年度重大事项临时报告的简要内容、披露时间、所披露的媒体及版面

公司网站为信息披露的主要媒介,2013年无重大事项临时报告。

8.7 中国银监会及其省级派出机构认定的其他有必要让客户及相关利益人了解的重要信息

无。

9. 公司监事会意见

(1)公司股东会、董事会、监事会、经营管理层职责明确,有效行使了公司权力机构、决策机构、监督机构和执行机构的职能。

(2)2013年公司董事会认真加强科学决策和风险管理,严格遵守《公司法》、公司章程和相关法规开展工作。公司按照《信托法》、《信托公司管理办法》、《信托公司集合资金信托计划管理办法》和中国银监会有关规定依法经营。本报告期内未发现董事及高级管理人员在执行公司职务时存在违法违纪和有损公司及股东利益的行为。

(3)公司2013年财务报告客观真实地反映了公司的实际财务状况和经营成果。

---

① 此利润率与监管评级时提供一致,平均所有者权益 = $(a_0/2 + a_1 + a_2 + a_3 + a_4/2)/4$。

② 此人均与监管评级时提供一致,职工平均数 = $(a_0 + a_4)/2$。